中国语言资源保护工程

中国语言资源集 · 甘肃　编委会

教育部语言文字信息管理司　指导
甘　肃　省　教　育　厅

中国语言资源保护研究中心　统筹

中国语言资源集

甘肃

语音卷

莫超 主编

中華書局
ZHONGHUA BOOK COMPANY

图书在版编目(CIP)数据

中国语言资源集. 甘肃/莫超主编. —北京:中华书局,2022.5
ISBN 978-7-101-15599-0

Ⅰ.中… Ⅱ.莫… Ⅲ.汉语方言-方言研究-甘肃 Ⅳ.H1

中国版本图书馆 CIP 数据核字(2022)第 009794 号

书　　名	中国语言资源集·甘肃(全三册)
主　　编	莫　超
责任编辑	张　可
封面设计	周　玉
出版发行	中华书局 (北京市丰台区太平桥西里 38 号　100073) http://www.zhbc.com.cn E-mail:zhbc@zhbc.com.cn
印　　刷	北京盛通印刷股份有限公司
版　　次	2022 年 5 月第 1 版 2022 年 5 月第 1 次印刷
规　　格	开本/787×1092 毫米　1/16 印张 56½　插页 9　字数 1330 千字
印　　数	1-1000 册
国际书号	ISBN 978-7-101-15599-0
定　　价	298.00 元

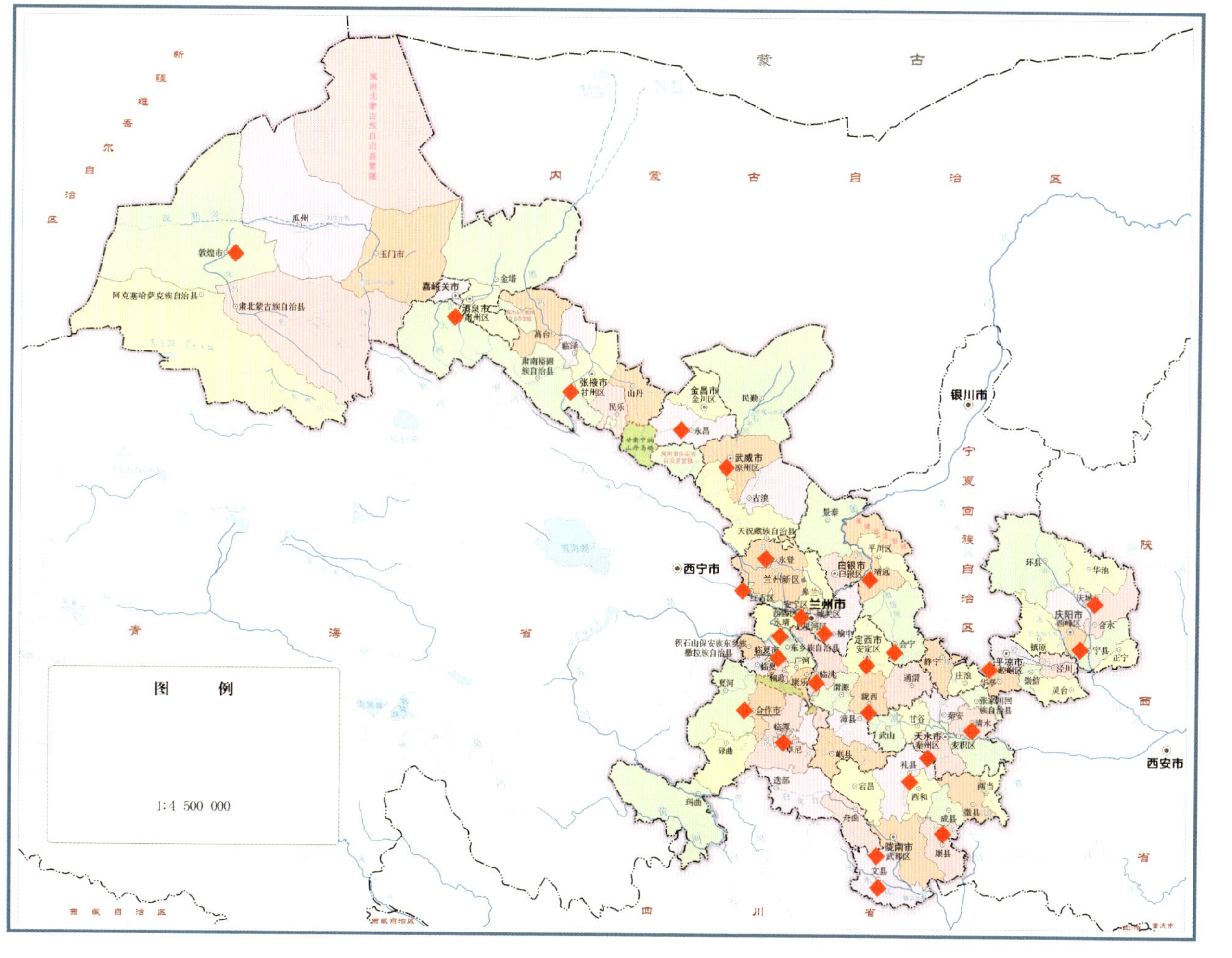

图 1　中国语言资源保护工程甘肃项目 27 个调查点示意图

（底图采用甘肃省标准地图，审图号为甘 S〔2017〕54 号）

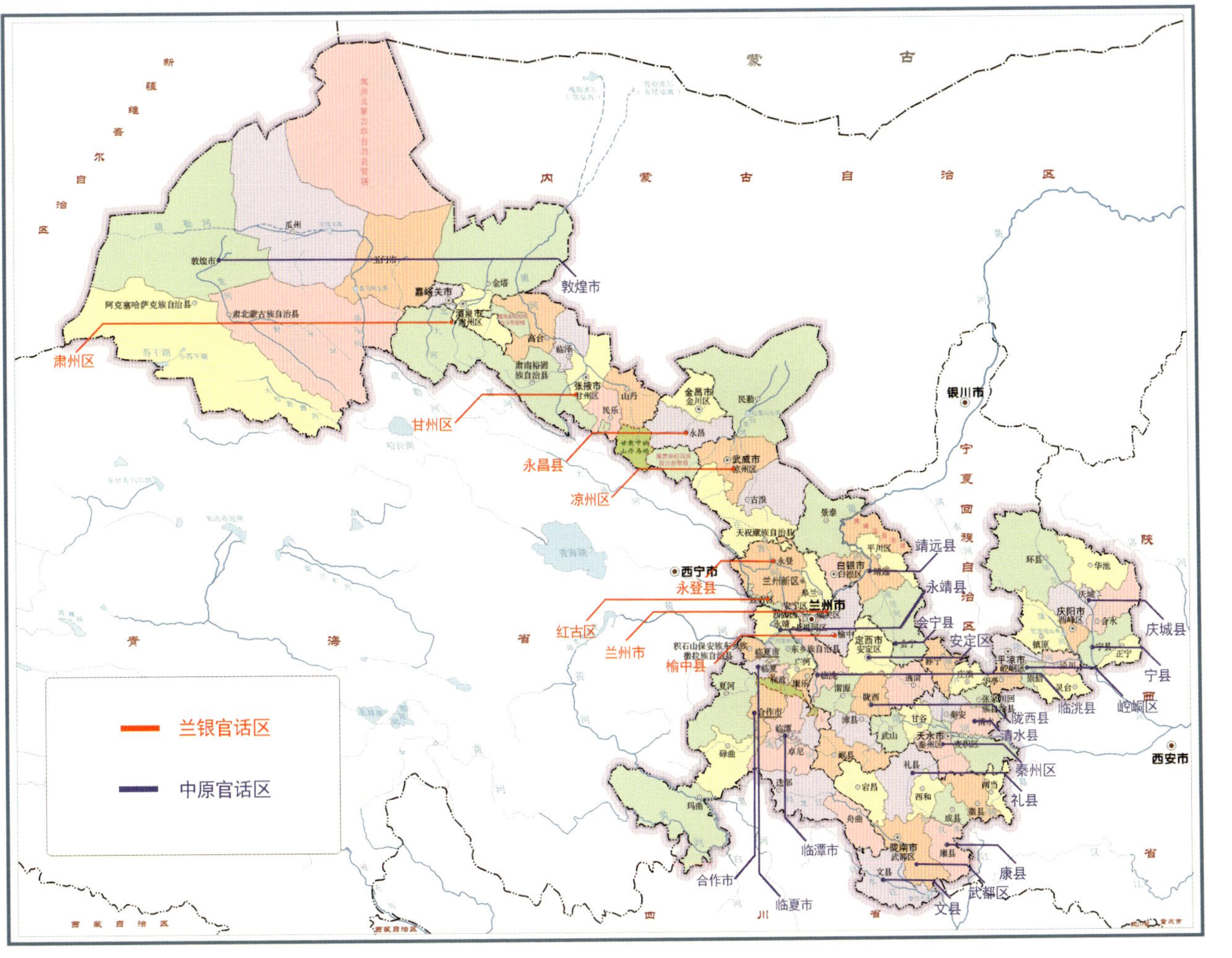

图 2　中国语言资源保护工程甘肃项目 27 个调查点及其方言归属示意图

（底图采用甘肃省标准地图，审图号为甘 S〔2017〕54 号）

总目录

总 序

教育部、国家语言文字工作委员会于2015年5月发布《教育部 国家语委关于启动中国语言资源保护工程的通知》（教语信司函〔2015〕2号），启动中国语言资源保护工程（以下简称语保工程），在全国范围开展以语言资源调查、保存、展示和开发利用等为核心的各项工作。

在教育部、国家语委统一领导下，经各地行政主管部门、专业机构、专家学者和社会各界人士共同努力，至2019年底，语保工程超额完成总体规划的调查任务。调查范围涵盖包括港澳台在内的全国所有省份、123个语种及其主要方言。汇聚语言和方言原始语料文件数据1000多万条，其中音视频数据各500多万条，总物理容量达100TB，建成世界上最大规模的语言资源库和展示平台。

语保工程所获得的第一手原始语料具有原创性、抢救性、可比性和唯一性，是无价之宝，亟待开展科学系统的整理加工和开发应用，使之发挥应有的重要作用。编写《中国语言资源集（分省）》（以下简称资源集）是其中的一项重要工作。

早在2016年，教育部语言文字信息管理司就委托中国语言资源保护研究中心（以下简称语保中心）编写了《中国语言资源集（分省）编写出版规范（试行）》。2017年1月，语信司印发《关于推进中国语言资源集编写出版工作的通知》（教语信司函〔2017〕6号），要求"各地按照工程总体要求和本地区进展情况，在资金筹措、成果设计等方面早设计、早谋划、早实施，积极推进分省资源集编写出版工作"；"努力在第一个'百年'到来之际，打造标志性的精品成果"。2018年5月，又印发了《关于启动中国语言资源集（分省）编写出版试点工作的通知》（教语信司函〔2018〕27号），部署在北京、上海、山西等地率先开展资源集编写出版试点工作，并明确"中国语言资源集（分省）编写出版工作将于2019年在全国范围内全面铺开"。2019年3月，教育部办公厅印发《关于部署中国语言资源保护工程2019年度汉语方言调查及中国语言资源集编制工作的通知》（教语信司函〔2019〕2号），要求"在试点基础上，在全国范围内开展资源集编制工作"。

为科学有效开展资源集编写工作，语信司和语保中心通过试点、工作会、研讨会等形式，广泛收集意见建议，不断完善工作方案和编写规范。语信司于2019年7月印发了修订后的《中国语言资源集（分省）实施方案》和《中国语言资源集（分省）编写出版规范》（教语信司函〔2019〕30号）。按规定，资源集收入本地区所有调查点的全部字词句语料，并列表对照排列。该方案和规范既对全国作出统一要求，保证了一致性和可比性，也兼顾各地具体情况，保持了一定的灵活性。

各省（区、市）语言文字管理部门高度重视本地区资源集的编写出版工作，在组织领导、管理监督和经费保障等方面做了大量工作，给予大力支持。各位主编认真负责，严格要求，专家团队团结合作，协同作战，保证了资源集的高水准和高质量。我们有信心期待《中国语言资源集》将成为继《中国语言文化典藏》《中国濒危语言志》之后语保工程的又一重大标志性成果。

语保工程最重要的成果就是语言资源数据。各省（区、市）的语言资源按照国家统一规划规范汇集出版，这在我国历史上尚属首次。而资源集所收调查点数之多，材料之全面丰富，编排之统一规范，在全世界范围内亦未见出其右者。从历史的眼光来看，本系列资源集的出版无疑具有重大意义和宝贵价值。我本人作为语保工程首席专家，在此谨向多年来奋战在语保工作战线上的各位领导和专家学者致以崇高的敬意！

曹志耘

2020 年 10 月 5 日

前　言

一、中国语言资源保护工程甘肃项目的实施

为科学保护中国语言资源，教育部、国家语委于2015年下发了《关于启动中国语言资源保护工程的通知》（教语信司函〔2015〕2号），正式启动了中国语言资源保护工程。甘肃省语委、省教育厅于2015年12月正式启动了中国语言资源保护工程甘肃项目，首先成立了以时任甘肃省教育厅厅长王嘉毅同志为组长，时任甘肃省教育厅总督学、国家督学李晶同志，兰州城市学院副校长莫超教授为副组长的专家组。随即报请国家语言资源保护中心审定同意，特聘莫超和雒鹏（西北师范大学副教授）两位同志为首席专家，并组建了6个专家团队，分别负责全省首批15个县（区）的10个汉语方言调查点。6个团队及人员组成如下：

1. 莫超、张建军、任丽花、李泽琴（兰州城市学院文学院）
2. 雒鹏、杨同军、黄海英（西北师范大学文学院）、莫昱鼎（陕西师大博士生）
3. 敏春芳、邓文靖、雷雨（兰州大学文学院）、付康（中国社科院博士生）
4. 李永宏、胡阿旭、王红洁（西北民族大学）
5. 卢兰花（天水师范学院）、谭治琪（陇东学院）、朱富林（西安外国语大学）
6. 黄大祥（河西学院）、吴开华（武威市教育局）、曹兴隆（陕西师大博士生）

其中李永宏、胡阿旭负责的团队凭借西北民大雄厚的技术力量，单独承担所有调查点的摄录工作，其他团队则负责各点的调查、转写、校对等系列工作。经过2016、2017两年的努力，顺利完成了15个点的各项工作，并得到了国家语言资源保护中心专家的一致好评。

因甘肃是一个语言资源大省，除了有特有少数民族语言（如东乡语、保安语等），汉语方言的种类也比较丰富，有中原官话、兰银官话、西南官话，还有少量晋语方言。基于此，省语委、省教育厅又向教育部语信司申请增加12个调查点。语信司领导和国家语言资源保护中心专家同意了我省的请求，增拨了12个调查点，使甘肃省的语保资源调查点达到27个，基本涵盖了全省各市（州）。因前期工作已培养了团队，调查、转写、摄录、核审的能力都有显著的提升，2018、2019两年顺势而上，如期并圆满完成了所有项目点的验收工作。这27点分别是：

兰州市城关区、榆中县、永登县、红古区，武威市凉州区，张掖市甘州区，酒泉市肃

州区、敦煌市（党河东），金昌市永昌县，平凉市崆峒区，庆阳市庆城县、宁县，陇南市武都区、文县、康县、礼县，天水市秦州区、清水县，白银市靖远县、会宁县，定西市安定区、陇西县、临洮县，临夏回族自治州临夏市、永靖县，甘南藏族自治州合作市、临潭县。

这些点的负责人分别如下：兰州市城关区（莫超）、榆中县（邓文靖）、永登县（雒鹏）、红古区（雒鹏），武威市凉州区（吴开华），张掖市甘州区（黄大祥），酒泉市肃州区（黄海英）、敦煌市党河东（雒鹏），金昌市永昌县（黄大祥），平凉市崆峒区（雒鹏），庆阳市庆城县（邓文靖）、宁县（谭治琪），陇南市武都区（卢兰花）、文县（莫超）、康县（付康）、礼县（莫超），天水市秦州区（任丽花）、清水县（曹兴隆），白银市靖远县（雒鹏）、会宁县（张建军），定西市安定区（任丽花）、陇西县（朱富林）、临洮县（任丽花），临夏回族自治州临夏市（张建军）、永靖县（莫超），甘南藏族自治州合作市（张建军）、临潭县（敏春芳）。

二、《中国语言资源集·甘肃》的编写

为进一步落实语保工程总体规划，教育部语信司于 2017 年和 2018 年先后下发了《关于推进中国语言资源集编写出版工作的通知》（教语信司函〔2017〕6 号）和《关于启动中国语言资源集（分省）编写出版试点工作的通知》（教语信司函〔2018〕27 号）。为落实这两个通知精神，甘肃省教育厅语委办制定了《“中国语言资源集·甘肃”项目实施方案》和整体规划，在省语委的指导下组织成立了《中国语言资源集·甘肃》编委会，聘任了主编、副主编，组建了编写专家团队。

1. 组织架构及职责

（1）编委会的构成

编委会主任：王海燕

副主任：张晓东

主　编：莫超

委　员：李晶、杨坚、刘彦文、卢苇、雒鹏、李永宏、黄大祥、张建军、任丽花、胡阿旭

语音卷负责人：莫超、雒鹏、黄大祥

词汇卷负责人：莫超、张建军、任丽花

语法卷负责人：莫超、李永宏、胡阿旭

（2）职责

编委会负责《中国语言资源集·甘肃》编写出版的组织管理工作，包括制定《中国语言资源集·甘肃》编写出版计划，组织实施编写工作，审稿工作及出版、宣传等。

主编负责《中国语言资源集·甘肃》的具体编写工作。其主要职责是制定《中国语言资源集·甘肃》编写方案，组织、指导编写工作。最后负责《中国语言资源集·甘肃》统稿工作。

2. 管理和实施

（1）项目管理

甘肃省语委办负责全省（区、市）项目的组织管理工作，包括组织《中国语言资源集·甘肃》项目的申报、中期检查、验收、结项等，向语保中心报送相关材料。

（2）项目实施

检查和验收：项目检查验收分为中期检查、预验收、验收三个阶段。因《中国语言资源集·甘肃》项目启动较晚，加之新冠疫情影响，这三个环节都略有滞后，中期检查在2020年7月底进行，预验收在2020年10月底进行，验收在2021年1月中旬进行。

（3）联系出版

2020年，主编及编写团队随时跟国家语言资源保护中心专家沟通，就《中国语言资源集·甘肃》进行了一整年的修订、核审，最终完成了《中国语言资源集·甘肃》的编纂任务，总计110多万字，分为《语音卷》《词汇卷》《语法例句与口头文化卷》三卷。最后与中华书局达成了出版协议。

教育部语信司、中国语言资源保护中心对《中国语言资源集·甘肃》的编写进行了全程指导；语信司给予了经费的大力支持；中华书局周绚隆总编、责任编辑张可女士对本成果的出版付出了辛勤的劳动。并致谢忱！

《中国语言资源集·甘肃》主编　莫超

2021年5月1日

语 音 卷

本卷目录

第一章　各地音系

说　明

1. 本章各节根据“方言区——方言片——方言小片”排序；方言小片按在当地重要性结合地理分布排列。每个调查点为1节，共27节，其中兰州方言至红古区方言为兰银官话金城片，凉州区方言至永昌县方言为兰银官话河西片，崆峒区方言至陇西县方言为中原官话秦陇片，秦州区方言至敦煌市方言为中原官话陇中片，临夏市方言至临潭县方言为中原官话河州片。

2. 每节一般分概况、声韵调、连读变调、异读、儿化和小称音、其他主要音变规律六部分内容，有个别点（如兰州市）缺少儿化和小称音、其他主要音变规律，只有前四部分内容。概况部分介绍调查点的地理、民族、人口、方言种类、地方曲艺等情况，以及方言老男、方言青男的姓名、出生年月、出生地、文化程度、家庭背景、个人经历等情况；其余部分列出方言老男的声母、韵母和声调，说明声韵调的数量、连读变调、异读、儿化和小称音、其他主要音变等情况。其中“新老异读”部分详细介绍方言老男和方言青男的读音差异。

第一节　兰州方言

壹　概况

一、调查点:兰州市城关区

兰州市城关区是甘肃省委、省政府所在地,位于甘肃省中东部,介于东经103°46′—103°59′,北纬35°58′—36°9′之间,东西长20.02千米,南北宽22.6千米,面积220平方千米。根据“六普”数据,总人口128万,有回、满、藏、蒙古、东乡等51个少数民族共6.64万人,其中回族5万人,少数民族流动人口1万人,少数民族人口占全区总人口5.19%。无少数民族语言。兰州话属于兰银官话金城片,分布在城关区各街道乡镇,使用人口120多万,为本地普遍通用的方言。近年来变化较快,正在向普通话靠拢。

地方曲艺主要是兰州鼓子。兰州鼓子原称“兰州鼓子词”,简称“鼓子”,主要流行于甘肃兰州地区,是用兰州方音表演的一种民间曲艺形式。兰州鼓子产生及形成的具体历史年代,学术界目前还没有一致的看法。从声腔上来讲,可分为平调、鼓子、越调三种,平调多为单支的小令和大曲;鼓子腔是由鼓子头加若干曲牌再加鼓子尾联缀而成;越调腔也是由越调加若干曲牌再加越尾联套而成。

二、发音合作人

方言老男：毛建虎，汉族，1961年11月出生于兰州市城关区张掖路街道办西城巷。1967—1972年在兰州市城关区永昌路小学就读。1972—1975年在兰州市第十九中学就读。1978—1981年在兰州16中（今兰州民族中学）就读。1981—1982年在家待业。1982—1986年在兰州市煤炭公司当装卸工。1986年至今在兰州城市学院（原兰州师范高等专科学校）工作。父母亲、妻子都说兰州话。本人一直说兰州话。

方言青男：王锡东，汉族，1991年10月出生于兰州市城关区杨家园。1998—2004年在兰州市新华小学就读。2004—2007年在兰州市外国语学校就读。2007—2008年在兰州市第二中学就读。2008—2010年在兰州市文科职业学校就读。2010—2014年在兰州大学文学院就读。2014年至今在甘肃世纪消防技术有限公司工作。父母亲都说兰州话。未婚。本人会说兰州话和普通话，日常以兰州话为多。

贰　声韵调

一、声母

声母27个，包括零声母在内：

p 八兵病	p^h 派片爬	m 麦明	f 飞蜂副顺双书肥饭	v 味问温王
pf 竹柱装主	pf^h 初床春船			
t 多东毒	t^h 讨天甜			l 脑南连路
ts 资早租坐	ts^h 刺草寸祠		s 丝三酸	z 饶
tʂ 张争纸	tʂ^h 抽抄茶城		ʂ 事山守	ʐ 热软
tɕ 酒九	tɕ^h 清全轻权	ȵ 年泥	ɕ 想谢响	ʑ 艺
k 高共	k^h 开客		x 好灰活	
ø 熬月安云				

说明：

1. v与单元音韵母u相拼时，实际读成自成音节的v。

2. n、l是自由变体，一般读l。

3. tɕ在i、y韵母前发音偏前偏紧，其发音部位介于tɕ和ts之间。

4. 开口呼零声母部分字实际读音带浊擦音ɣ。例如：鹅、饿、矮、二、儿、而、耳。现统一处理为零声母。

5. x发音时喉部有明显的摩擦。

二、韵母

韵母32个：

ɿ 丝四祠	i 米戏急七	u 苦五骨出	y 雨橘局
ʅ 十直尺			
ɯ 儿而耳二			
a 巴爬辣	ia 牙鸭	ua 瓜刮花	
ɤ 鹅德客		uɤ 多脱活	
	iɛ 野铁切灭		yɛ 月靴脚略

ɛ 哀来盖外　　　　　　　　uɛ 乖块槐坏
ei 飞水倍妹　　　　　　　　uei 堆雷随鬼
ɔ 熬饱桃老　　iɔ 要条小咬
əu 欧丑收斗　　iəu 油丢牛秋
æ̃ 安三含慢　　iæ̃ 烟闲减面　　uæ̃ 端船官宽　　yæ̃ 圆宣卷权
ən 恩本灯翁　　iən 音林井性　　uən 孙魂东公　　yən 云军穷用
ɑ̃ 昂帮党缸　　iɑ̃ 秧良讲香　　uɑ̃ 光黄广筐

说明：

1. i、u、y 作单元音韵母带摩擦。在 m、n、l 三个声母后面摩擦非常小；在 p、p^h、t、t^h 四个声母开头有摩擦；在 tɕ、$tɕ^h$、ɕ 三个声母后摩擦明显。

2. 高元音 ɿ、ʅ、i、u、y 单独作韵母时，带有明显的后滑音 ə，实际发音为 ɿə、ʅə、jə、ʋə、ɥə。

3. ɔ 实际发音有轻微的向 u 的动程。

4. æ̃组韵母中主要元音实际音值为 ɛ。

5. 北京话 əŋ 组韵母韵尾为 n。

三、声调

单字调 4 个：

阴平　55　东该灯风通开天春
阳平　53　门龙牛油铜皮糖红毒白盒罚
上声　34　懂古鬼九统苦讨草买老五有
去声　13　动罪怪半痛快卖路谷哭六月

说明：

1. 平声先平后降，实际音值为 552。

2. 上声大部分字读 34，少量字读 44，统一记为 34。

叁　连读变调

一、两字组连读变调规律

兰州方言有四个单字调，阴平、阳平、上声、去声。古清平归阴平；古浊平、全浊入归阳平；古清上、次浊上归上声；古去声、全浊上、清入、次浊入归去声。兰州方言两字组连读变调有 16 种连读调类组合，具体变调情况见下表：

兰州方言两字组连读变调例词表

前字＼后字	阴平 55	阳平 53	上声 34	去声 13
阴平 55	55 + 42 高空 53 + 21 当中	55 + 42 骚牛 55 + 21 清明、今年	55 + 42 亲嘴 55 + 13 山水	55 + 21 天气、冬至、鸡蛋、汤药、师傅 53 + 13 天亮 55 + 13 猪圈

续表

前字＼后字	阴平 55	阳平 53	上声 34	去声 13
阳平 53	53 + 44 台风 53 + 42 提亲 53 + 13 棉花、元宵 53 + 21 洋葱	53 + 13 长虫 55 + 13 赶集 53 + 21 煤油、前门	53 + 13 红薯、棉袄	53 + 13 蚊帐、名字 55 + 13 跑肚 53 + 21 黄历
上声 34	55 + 42 养猪、打针 55 + 21 米汤 44 + 21 眼睛	55 + 42 母牛、口条 34 + 21 马勺	34 + 21 笋子	53 + 13 闪电、扫地、炒菜 55 + 13 水地、保佑 53 + 21 大豆 34 + 21 韭菜、满月
去声 13	22 + 55 地方、定亲 22 + 42 饭锅、结婚 55 + 21 事情	21 + 53 日食 22 + 42 后年、腊月、大油、中暑 22 + 53 电壶	22 + 42 下雨	22 + 42 柱子、豆浆 55 + 13 地震、号脉、喝药 22 + 13/24 对面、月亮、木炭、做饭、见面

说明：

1. 阴平作前字，前字不变，后字变，有三种模式：55 + 42、55 + 21、55 + 13；或前字变为 53，有两种模式：53 + 21、53 + 13。

2. 阳平作前字，前字不变，后字变，有四种模式：53 + 13、53 + 21、53 + 44、53 + 42；或前字变为 55，只有一种模式：55 + 13。

3. 上声作前字，除了 34 + 21 外，还有其他的模式：55 + 42、55 + 21、55 + 13、44 + 21、53 + 13、53 + 21。

4. 去声作前字，以前字变为 22，后字变为 42 和 53 为常，此外还有 55 + 21、55 + 13 等模式。

5. 清入和次浊入变调模式跟去声走，全浊入变调跟阳平走。

二、"重叠＋子" 连读变调规律

兰州方言 "重叠 + 子" 连读变调规律如下表：

兰州方言 "重叠 + 子" 连读变调例词表

前字＼后字	阴平 55	阳平 53	上声 34	去声 13
阴平 55	55 + 42 + 21 抽抽子衣服口袋、姑姑子尼姑			
阳平 53		53 + 13 + 42 沿沿子、坛坛子、瓶瓶子、胡胡子二胡		
上声 34			34 + 33 + 21 碗碗子、嘴嘴子、草草子	
去声 13				22 + 42 + 21 角角子、巷巷子 22 + 22 + 42 缝缝子、盖盖子

肆　异读

兰州方言只有新老异读，情况如下：

1. 新老声母异读

额老 nɛ^{13} ≠额新 ɤ^{13}　　熬老 nɔ^{53} ≠熬新 ɔ^{53}

爱老 nɛ^{13} ≠爱新 ɛ^{13}　　赚老 pfæ̃^{13} ≠赚新 tʂuæ̃^{13}

拴老 fæ̃^{55} ≠拴新 ʂuæ̃^{55}

2. 新老韵母异读

新老韵母异读主要体现在前后鼻音的读法上，老派读前鼻音，新派读后鼻音，如：

林老 lin^{55} ≠林新 liŋ^{44}　　深老 ʂən^{55} ≠深新 ʂəŋ^{44}

循老 ɕyn^{53} ≠寻新 ɕiŋ^{53}　　金老 tɕin^{55} ≠金新 tɕiŋ^{44}

其他韵母的新老异读如：

墨老 mɤ^{13} ≠墨新 mɛ^{13}　　北老 pɤ^{13} ≠北新 pɛ^{13}

白老 pɤ^{51} ≠白新 pɛ^{53}　　刻老 kʰɤ^{13} ≠刻新 kʰɛ^{13}

3. 新老声调异读

新老声调异读表现在阴平的读法上，老派读高平 55，新派读半高平 44，如：

林老 lin^{55} ≠林新 liŋ^{44}　　金老 tɕin^{55} ≠金新 tɕiŋ^{44}

深老 ʂən^{55} ≠深新 ʂəŋ^{44}

第二节　榆中县方言

壹　概况

一、调查点：兰州市榆中县

榆中县，位于甘肃省中部，兰州市东面，属兰州市管辖。介于东经 103° 49′ —104° 34′，北纬 35° 34′ —36° 26′之间，截至 2016 年，总人口 43.7 万人，汉族占总人口 99%，回族、蒙古族、壮族、东乡族、维吾尔族、藏族、满族、土族、朝鲜族、苗族等少数民族占人口比例 1%。县域内无少数民族语言。榆中县方言可分为四种口音。南片口音，分布在城关镇、小康乡、三角城乡、银山乡、清水驿乡、马坡乡等 6 乡镇，以城关镇城关村、北关村、南关村为代表，人口约为 169215。其中城关镇口音是中原官话与兰银官话的混合体，本次调查的对象即是这种口音。西片口音，分布在金崖镇、来紫堡乡、和平镇、定远镇、连搭乡、夏官营镇等 6 乡镇，以金崖镇为代表，与兰州话音系相同，人口约为 157201。北片口音，分布在青城乡、园子岔乡、上花岔乡、哈岘乡、贡井乡等 5 乡镇，以青城话为代表，当地人称为“条城话”，人口约为 48862。西片和北片口音均属于兰银官话。东片口音，分布在甘草店镇、高崖镇、新营乡、龙泉乡、韦营乡、中连川等 6 乡镇，以甘草店为代表，带有定西口音，属于中原官话陇中片，人口约为 75918。受普通话的强势影响，近年逐渐向普通话靠拢中。

方言曲艺和地方戏种主要有秦腔和小曲。秦腔用关中方言演唱。小曲用榆中方言演唱，一般在社火活动时演出。

二、发音合作人

方言老男：豆桂珊，汉族，1953 年 9 月出生于榆中县城关镇北关村；1953—1961 年在当地生活；1962—1968 年在榆中县文成小学就读；1968—1970 年在榆中县一悟初级中学就读；1971—1973 年在榆中县第一中学就读；1973—2010 年，先后在北关村任文书、会计、书记；1988—1989 年在北京农科院学习；2010 年至今，在城关镇综合文化站任站长。高中文化，农民。父母亲、妻子都是榆中县城关镇人，平常都说榆中城关话。

方言青男：董鹏，汉族，1987 年 3 月出生于榆中县城关镇。1987—1995 年在当地生活；1995—2001 年在榆中县一悟小学就读；2001—2004 年在榆中县第六中学就读；2004—2007 年在榆中县第一中学就读；2007—2010 年在江西蓝天学院就读；2010 年至今，在榆中县城工作。大专文化，司机。本人日常使用榆中城关话和地方普通话，父母、妻子都是榆中县城关镇人，平常都说本地话。

贰 声韵调

一、声母

声母 26 个，包括零声母在内：

p 八兵病	p^{h} 派片爬	m 麦明	f 飞蜂副肥饭	v 味问温王
t 多东毒	t^{h} 讨天甜	n 脑南		l 老蓝连路
ts 资早租字贼坐	ts^{h} 刺草寸祠		s 丝三酸	z 娆
tʂ 张竹柱争装纸	tʂ^{h} 抽拆茶抄床车船城		ʂ 山双事顺手书十	ʐ 热软
tɕ 酒九	tɕ^{h} 清全轻权	ȵ 年泥	ɕ 想谢响县	
k 高共	k^{h} 开		x 好灰活	ɣ 二饿
∅ 安云用药熬月				

说明：

1. 有唇齿擦音声母 v。

2. 有舌面后擦音声母 ɣ。

3. 齐齿呼零声母，音节开头有比较重的摩擦色彩。

4. 词条 887“高兴”，本方言说为 zɔ^{312}（记为“娆”），声母为舌尖前的 z，与舌尖后的 ʐ 对立，单列为一个辅音音位。

5. v、z、ʐ、ɣ 的音值都是近音。

6. tɕ、tɕ^{h}、ɕ 与单元音韵母 i、y 相拼时，音值为舌叶音 ʧ、ʧ^{h}、ʃ。

二、韵母

韵母 32 个：

ɿ 丝	i 米戏急七一锡	u 苦五猪骨出谷绿	y 雨橘局
ʅ 师试十直尺			
ɤ 二			
a 茶瓦塔法辣	ia 牙鸭	ua 刮	
ə 歌盒热壳北色	iᴇ 写接贴节	uə 坐过活郭国托	yᴇ 靴月药学

ɛ 开排鞋		uɛ 快	
ɔ 宝饱	iɔ 笑桥		
ei 赔飞		uei 对鬼	
əu 豆走	iəu 油六		
an 南山半	ian 盐年	uan 短官	yan 权
ən 深根灯升争	in 新心硬病星	uən 寸滚春东横	yn 云兄用
aŋ 糖王	iaŋ 讲响	uaŋ 床双	

说明：

1. i 和 y 单独作韵母时，舌叶抬起，靠近上齿龈。
2. ə“鹅恶饿”与 ɤ“儿耳二”构成对立。ɤ 的舌位较高、靠后，实际发音在 ɯ 与 ɤ 之间。
3. ɔ 和 iɔ 中的主要元音 ɔ 的舌位较高。
4. 单韵母 ə、ɤ、ɛ、ɔ 的实际发音略有动程。
5. ei 和 uei 中的主要元音 e 的舌位较高，实际发音在 ɪ 和 e 之间。
6. əu 和 iəu 中的主要元音 ə 的舌位较高。
7. an、ian、uan、yan 一组韵母，主要元音时长较短，略有鼻化色彩。
8. aŋ、iaŋ、uaŋ 一组韵母，主要元音舌位靠后，实际音值为 ɑ，时长较短，略有鼻化色彩。
9. “新、星”同音，“根、耕”同音，“吨、东”同音，“运、用”同音。其中“根、耕”一组略带后鼻音，其余都为前鼻音。由于不构成音位对立，一律记为前鼻音韵尾 n。

三、声调

单字调 4 个：

阴平	51	东该灯风通开天春讨
阳平	312	门牛铜红谷六毒罚
上声	44	懂古鬼九统苦草买老五
去声	213	冻怪半四卖路硬乱洞地动罪百麦

说明：

1. 阴平是全降调。记为 51。
2. 阳平是降升调。起点较高，但是低于阴平调，折点靠后，终点低于起点。记为 312。
3. 上声在强调、拖长读时，前半段为平，末尾略降；在不强调时，没有降尾。记为 44。
4. 去声是降升调，起点很低，折点靠前，终点高于起点。记为 213。

叁 连读变调

榆中方言有四个单字调，阴平、阳平、上声、去声。古清平归阴平；古浊平、全浊入归阳平；古清上、次浊上归上声；古去声、全浊上、清入、次浊入归去声。榆中方言有 16 种连读调类组合。具体变调情况见下表：

榆中方言非轻声组连调例词表

前字 \ 后字	阴平 51	阳平 312	上声 44	去声 213
阴平 51	51 + 51 飞机、山沟	51 + 312 光荣、开门	51 + 44 工厂、加减	51 + 213 车票、冰棍
阳平 312	31 + 51 洋灰、元宵	13 + 312 河沿、煤油	31 + 44 峡水、白雨	31 + 213 绿豆、木炭
上声 44	44 + 51 水坑、剪刀	44 + 312 打牌、水壶	31 + 44 草狗、数九	44 + 213 炒菜、小麦
去声 213	21 + 51 订婚、后爹	13 + 312 种田、叫鸣	21 + 44 下午、舅母	13 + 213 地震、旱地

说明：

1. 阴平字做前字时，调尾比单独念时高，实际调值为 53。

2. 阳平字做前字时，在阴平、上声、去声和轻声前，调值由降升调 312 变为降调 31；在阳平前，调值由降升调 312 变为升调 13。

3. 上声做前字时，在阴平、阳平、去声和轻声前，读平调 44；在上声前，读为 31，因此"上声＋上声"，读同"阳平＋上声"。

4. 上声作后字，在阳平和上声后时，前半段有升幅，实际调值为 34。

5. 去声做前字时，在阴平、上声和轻声前，读为 21；在阳平和去声前，读为 13。

榆中方言轻声组连调例词表

前字 \ 后字	词汇性轻声	语法性轻声			
		重叠	＋方位词	＋词缀	＋助词
阴平 51	51 + 0 西瓜、收成、宽展、腥气	51 + 0 亲亲、兜兜	51 + 0 街上、乡里	51 + 0 窗子、高头、歌儿	51 + 0 收了、新的
阳平 312	31 + 213 棉花、明白、行李、时候	31 + 213 爷爷、娃娃	31 + 213 门上、头里	31 + 213 房子、石头、鱼儿	31 + 213 赔了、白的
上声 44	44 + 0 点心、脸盆、耳朵、眼泪	44 + 0 奶奶、哑哑	44 + 0 手上、井里	44 + 0 本子、枕头、枣儿	31 + 0 好了、好的
去声 213	21 + 44 地方、事情、下水、味道	21 + 44 妹妹、巷巷	21 + 44 树上、地里	21 + 44 兔子、后头、被儿	21 + 44 罢了、大的

轻声词包括词汇性轻声词和语法性轻声词，共同特征是在阴平、阳平、上声或去声后，无论后字的原调类是什么，都失去原有特征，音高变得相同，但调值表现各有不同。阴平和上声后的轻声，又轻又短，记为 0。阳平和去声后的轻声，并不轻短：阳平后的轻声为低升调，调值接近去声，记为 213；去声后的轻声为平调，调值接近上声，记为 44。

肆　异读

一、新老异读

1. 新老声母异读

所老 ʂuə^{44} ≠所新 suo^{55}　　　测老 tʂʰə^{412} ≠测新 tsʰə^{312}

2. 新老韵母异读

雷老 luei^{312} ≠雷新 lei^{312}　　　课老 kʰuə^{213} ≠课新 kʰə^{213}

吞$_{老}$ t^{h}ən^{51} ≠吞$_{新}$ t^{h}uən^{51}

3. 新老声调异读

新老声调异读表现在上声的不同读法，老派上声读半高平 44，新派读高平 55，如：所$_{老}$ ʂuə^{44} ≠所$_{新}$ suo^{55}。

二、文白异读

“业”老、青男均白读 ȵiᴇ^{312}，文读 iᴇ^{312}。

“雀”老、青男均白读 $tɕ^{h}$iɔ^{44}，文读 $tɕ^{h}$yᴇ^{312}。

“街”老男白读 kɛ^{51}，文读 tɕiᴇ^{51}。

“抖”青男白读 t^{h}əu^{55}，文读 təu^{55}，老男读 təu^{44}。

伍　儿化和小称音

榆中县方言有词缀“儿”，但是自成音节，没有儿化音变，例如“花儿 xua^{51}ɣɤ^{0}、桃儿 t^{h}ɔ^{31}ɣɤ^{213}”。

榆中县方言的表小形式是“重叠＋词缀儿 / 子”，例如“板板子 pan^{44}pan^{0}tsɿ^{0}、盆盆子 p^{h}ən^{31}p^{h}ən^{0}tsɿ^{44}、根根儿 kən^{51}kən^{0}ɣɤ^{0}、盘盘儿 p^{h}an^{31}p^{h}an^{0}ɣɤ^{44}”。

第三节　永登县方言

壹　概况

一、调查点：兰州市永登县

永登县，位于甘肃省中部，属兰州市管辖。介于东经 102°36′至 103°45′，北纬 36°12′至 37°07′之间。截至 2010 年，全县总人口 52.2 万人，年末常住人口 41.94 万人。主要有汉族、回族、满族、藏族、土族、东乡族等 17 个民族，其中汉族占 98%，回族占 1.2%，藏族占 0.2%，其他少数民族占 0.6%。本县境内无少数民族语言。本县方言属于兰银官话，内部有 8 种口音，我们据以调查的是县城口音，包括城关镇、柳树、清水、中堡四个乡镇。其他 7 种为民乐、大有口音，武胜驿口音，河桥、连城口音，七山、通远口音，红城、龙泉、大同口音，秦王川、中川、树屏、古山口音，苦水口音。这几种口音的划分为老男提供，我们没有具体调查，几种口音的异同无法说明。随着普通话的推广普及，永登方言向普通话靠拢。

方言曲艺和地方戏种主要秦腔(眉户)，属于自乐班形式，近年来有衰减趋势。

二、发音合作人

方言老男：时建国，汉族，1951 年 7 月出生于永登县城关镇。出生至 1960 年在当地生活，1960—1965 年在永登县解放街小学(过去叫城关二小)就读，1965—1968 年在永登县第一中学就读，1968 年 12 月—1970 年初在永登县清水公社(今归柳树乡)插队，1970 年进县商业系统工作，1971—1976 年在县运输公司工作，1982 年调入永登县检察院工作，直至退休。一直在当地生活，无其他地方生活经历。会说永登话、地方普通话，学过少许俄语。父母亲、妻子都是永登县城关镇人，都说永登县城关镇方言。

方言青男：李晓东，汉族，1989 年 9 月出生于永登县中堡镇。出生后即迁居城关镇白灵关村,1997—2002 年在白灵关小学就读,2002—2008 年在永登县第六中学就读,2009 年补习,2009—2013 年在天水师范学院数学与统计学院就读,2013 年至今在永登县第七中学任教师。本人日常用永登县城方言,教学用普通话,会英语。父母亲都是永登县城人,都说当地方言。未婚。

贰 声韵调

一、声母

声母共 27 个,包括零声母:

p 八兵病	p^h 派片爬	m 麦明	f 飞风副蜂双书	v 味问软威王
pf 竹柱装主	pf^h 初床春船			
t 多东毒	t^h 讨天甜	n 脑南		l 老蓝连路
ts 资早租字贼坐	ts^h 刺草寸祠		s 丝三酸	z 饶
tʂ 张争纸	tʂ^h 抽拆茶抄春城		ʂ 事山手十	ʐ 热
tɕ 酒九	tɕ^h 清全轻权	ȵ 年泥	ɕ 想谢响县	
k 高共	k^h 开		x 好灰活	
∅ 熬月安云用药				

说明:

1. v 在 u 前实际是自成音节,在其他韵母前摩擦较弱,近 ʋ,统一记为 v。
2. z 为舌尖前浊擦音,例字较少,只在口语音里出现。
3. n 拼洪音,ȵ 拼细音,作两个声母处理。

二、韵母

韵母共 31 个:

ɿ 丝	i 米戏急七一锡	u 苦五猪骨出谷	y 雨橘局
ʅ 师试十直尺			
a 茶瓦二塔法辣八	ia 牙鸭	ua 刮	
ə 歌盒热壳色		uə 坐过盒活托郭	yə 靴月药学
ɛ 开排鞋	iɛ 写接贴节	uɛ 快	
ei 赔飞		uei 对鬼	
ɔ 宝饱	iɔ 笑桥		
ɤu 豆走	iɤu 油六		
æ̃南山半	iæ̃盐年	uæ̃短官	yæ̃权
ə̃n 深根春灯升争	iə̃n 心新硬病星	uə̃n 横寸滚东	yn 云兄用
ɒ̃ 糖床王双	iɒ̃ 讲响	uɒ̃ 光	

说明:

1. i、y 有一定程度的摩擦。
2. a 韵母里的“二”字读 a 的翘舌音,与其他例字略有不同。
3. u 拼 v 为自成音节的 v;拼 pf、pf^h 摩擦较重;拼其他声母或作介音为 u。
4. ə 拼非 p 组声母舌位较后,统一记为央元音。
5. iɛ 韵母音值接近 iə。

6. ei 和 ɤu、ɛ 和 ɔ 的动程较窄。
7. ə̃n 组四韵母的鼻尾近似舌面中的鼻音 ɲ。

三、声调

单字调 4 个：

阴平	42	东该灯风通开天春
阳平	53	门龙牛油毒白罚急
上声	354	懂古鬼讨草买老有
去声	13	冻怪卖路动罪谷麦

说明：
1. 平声分阴阳。阴平为 42，也有念成 44 的趋势。阳平有时有读 52 的，统一记为 53。
2. 上声有读 55 的，有读 354 的，统一记为 354，拱调的特征比较明显。
3. 去声记为 13，也有开头微降的 213 情况，也有开头较平的 113 情况。

叁　连读变调

永登方言有四个单字调，阴平、阳平、上声、去声。古清平归阴平；古浊平、全浊入归阳平；古清上、次浊上归上声；古去声、全浊上、清入、次浊入归去声。永登方言有 16 种连读调类组合，26 种连调模式。连读调有 8 个，包括 4 个单字调 42、53、354、13 和 4 个新调值 44、22、35、55。永登方言的变调情况比较复杂。具体见下表：

永登方言两字组连读变调例词表

前字＼后字	阴平 42	阳平 53	上声 354	去声 13
阴平 42	42 + 21 丝瓜 44 + 21 当中 44 + 42 乌龟	42 + 21 天爷 44 + 21 灰尘、锅头 44 + 53 骚牛	44 + 21 山水、沙子 44 + 354 公狗	44 + 21 星宿 44 + 42 甘蔗 44 + 13 天亮
阳平 53	55 + 21 时间 22 + 44 台风 22 + 35 梅花	53 + 53 石头 53 + 21 核桃、前头 22 + 53 洋油 22 + 55 男人 22 + 35 前年、锤头	53 + 21 镯子 55 + 21 城里、茄子 55 + 55 折本 22 + 55 黏糕 35 + 21 食指	53 + 13 银杏 55 + 21 名字 22 + 13 煤炭 22 + 55 学校
上声 354	354 + 21 母猪 35 + 53 牡丹 55 + 21 养猪	35 + 53 炒勺、斧头 35 + 21 里头 22 + 55 鲤鱼、上头	354 + 21 果子 35 + 53 保佑、本子 22 + 55 冷水 22 + 53 晌午	354 + 21 柳树 55 + 13 扫地
去声 13	22 + 42 一天 22 + 44 地方	13 + 53 化脓 35 + 53 下来 22 + 35 热头 22 + 55 后年、后头	35 + 21 上午 22 + 354 下雨 22 + 35 竹子 22 + 55 露水、杏子 22 + 53 扫帚	13 + 13 稻谷 13 + 21 变蛋 13 + 44 放屁 35 + 53 上去 22 + 13 木炭 22 + 35 木匠 22 + 55 旱地 22 + 53 豆浆

说明：

先从前字看。

1. 阴平做前字有不变调和变调两种情况。不变调时，后字主要为阴平和阳平，且后字变21。变调时读44，后字有三种连调情形。一是都读21调，二是阴平和去声做后字读42调，三是非阴平后字不变调。

2. 阳平做前字有不变调和变调两种情况。不变调的情况主要是在非阴平字前，有两种情形，一是阳平和去声做后字时可不变调，二是阳平和上声做后字时变21。变调的情况比较复杂，可以变55，也可以变22，还可以变35。55连调出现在非阳平字前，有两种连读模式，一种是后字都变21；一种只在上声前，且后字读55。22调多出现在非上声字前，后字有两种情况，一是不变，如阳平和去声做后字；一是变调。后者有两种情形，一是变成一个平调，除了后字阴平是44外，其他都是55连调模式；二是阴平和阳平后字变为35。35调只出现在后字是上声变来的21前，如"食指"，变调比较特殊。可能跟"指"读阴平和上声两个调有关。

3. 上声做前字有不变调和变调两种情况。不变调的情况主要是在非阳平字前，且后字都读21。变调的情况比较多，可以变35，也可以变55，还可以变22。变35的，后字有两种情形，一是在非去声前，后字读53；一是只跟阳平字组合，且这个阳平字读21。变55的，只在阴平和去声字前出现，且后字阴平读21，后字去声不变调。变22的，只出现在阳平和上声字前，有两种情形，一是后字变55，一是后字变53。

4. 去声做前字有不变调和变调两种情况。不变调的情况只出现在阳平和去声字前，有两种情况，一是后字不变调，一是后字变调。后者只是后字去声的变21和44，但"放屁"的读法比较特殊。变调有变35和22两种情况，变35的，后字是阳平的读53不变调，后字是去声的变53，后字是上声的变21；变22的，后字为阴平、上声、去声时可不变调，变调又分三种情况，一是变平调，后字阴平读44，后字非阴平变55；一是后字上声和去声变53；一是后字非阴平的变35。

再从后字看。

1. 阴平做后字连调有两种情况，一种是不变，一种是变调。在阴平和去声后有不变调的情形，在非去声后有变21的情形，在阳平和去声后变44，在阳平后有变35的情形，在上声后有变53的情形。后两种情形比较特殊，如"梅花"读在阳平后变35，读22＋35模式，再如"牡丹"在上声后变53，读35＋53模式。

2. 阳平做后字一种是不变调，另一种是变调，前一种不论在哪个调类后都不变。后一种情况，在非去声后有变21的情形，在非阴平后变为55，在阳平和去声后还可变为35。

3. 上声做后字，一种是不变调，另一种是变调。前者主要出现在阴平和去声字后，后者的情况比较复杂，有在任何调类后都变21的情况，有在非阴平字变55的情况，有在上声和去声后变53的情况，还有在去声后变35的情况。

附带说说语法功能词的变调。在北京话里，语法功能词一般来说总读轻声，即轻而短，高低随前字声调的值而不同。在永登方言里，语法功能词也随前字而变，但有不是轻而短的情况，如子尾和头尾的"子"和"头"，有读21、35、55、53的情况。据此，我们认为永登方言里读21调，不能认为是轻声，只能认为是变调。词汇里例子很多，不再一一举例。因为，轻声在任何环境里都是轻而短的，所以，词汇里的记音，后字21调我们不把它做轻声看待。

肆　异读

永登县方言只有新老异读，情况如下：

1. 新老声母异读

所老 fə^{354} ≠所新 suə^{55}　　色老 ʂə^{13} ≠色新 sɤ^{13}

糙老 ts^{h}ɔ^{13} ≠糙新 tsɔ^{13}　　荣老 yn^{53} ≠荣新 ʐuə̃n^{53}

如老 vu^{13} ≠如新 ʐu^{13}

2. 新老韵母异读

课老 k^{h}uə^{13} ≠课新 k^{h}ɤ^{13}　　墨老 miɛ^{13} ≠墨新 miə^{13}

雷老 luei^{53} ≠雷新 lei^{53}　　刻老 k^{h}ɛ^{13} ≠刻新 k^{h}ɤ^{13}

北老 piɛ^{13} ≠北新 piə^{13}　　寻老 ɕin^{53} ≠寻新 ɕỹn^{53}

白老 piɛ^{53} ≠白新 piə^{53}　　金老 tɕin^{42} ≠金新 tɕĩn^{42}

测老 ts^{h}ə^{13} ≠测新 ts^{h}ɤ^{13}　　择老 tʂə^{53} ≠择新 tsɤ^{53}

3. 新老声调异读

新老声调的异读表现在上声的读法上，上声老派读 354，新派读 55，如：所老 fə^{354} ≠所新 suə^{55}。

还有声韵调均不同的异读，如：尾老 i^{354} ≠尾新 vei^{55}。

伍　儿化和小称音

永登方言里“儿”读 a 的翘舌音（不是卷舌），从构词法的角度来说算儿尾，但数量和出现的频率不高。加在其他词或语素后表小称、亲昵等色彩。加在以 a、ia、ua 为韵母的字后，a 的时长较长，如“刀把儿、豆芽儿、花儿”。加在其他韵母后自成音节。老男也有读翘舌韵的。词汇调查表和语法例句调查表中涉及的很少，所以调查的不多。

永登方言里的小称一般用词汇手段，在表名物的词前加“尕”或“小”，也用叠音式加“子”表达。如“尕娃、盘盘子、草草子、沟沟子”等。

陆　其他主要音变规律

根据所调查的词汇和语法现象，我们能够确定的其他音变规律主要有合音、同化、异化等音变现象。

一、合音现象

“嫑 pɔ^{53}”为“不要”的合音；“啥 sa^{13}”为“什么”的合音；“□ tsua^{13}”为“做啥”的合音。

二、同化现象

“新新妇 ɕin^{44}ɕin^{21}fu^{13}”的第二个“新”字为“媳”受前字同化韵母而来；“蛛蛛 pfu^{44}pfu^{21}”由“蜘蛛 tʂʅ^{44}pfu^{21}”逆同化而来。

三、异化现象

“癞蛤蟆 lɛ^{22}xə^{44}ma^{21}”的“蛤”读 xə 属于异化现象；“打喝欠 ta^{354}xə^{22}ɕiæ̃^{13}”的“喝”由“哈 xa^{42}”韵母异化而来，“打、哈”同韵。

第四节　红古区方言

壹　概况

一、调查点:兰州市红古区

红古,位于甘肃省中部,属兰州市管辖。介于东经 102°50′—102°54′,北纬 36°19′—36°21′之间,截至 2017 年,总人口 15 万人,汉族人口占全区人口的 92.26%,回族、满族、蒙古族、壮族、苗族、瑶族、土家族、朝鲜族、藏族、彝族、裕固族、维吾尔族、侗族、锡伯族、布依族、土族、俄罗斯族、达斡尔族等 18 个少数民族人口占总人口的 7.74%。本区无少数民族语言。红古区方言内部口音有窑街口音和红古口音。窑街口音主要分布在区内窑街镇,其语音系统与兰州话基本相同。红古口音主要分布在海石湾镇、红古乡、花庄镇、河嘴乡、平安乡,其语音系统受青海话、临夏话影响很重,与兰州方言系统有明显差别。窑街话有 4 个声调,红古话有 2 个声调。随着普通话的推广普及,红古方言向普通话靠拢。一些方言词语已绝于青少年之口,年轻人发音已接近普通话音系。

红古地区流行的主要剧种有秦腔、眉户。一般在年节、庙会演出或伴随社会庆典活动时演出,多为折子戏,也有连台本戏。

二、发音合作人

方言老男:李新民,汉族,1948 年 10 月出生于红古区海石湾镇。上小学前一直生活在当地。1958—1964 年在海石湾小学就读,1965—1966 年底在水车湾初中就读,半耕半读形式一年半。1967 年回海石湾务农,1969 年开始当赤脚医生,后进合作医疗站当医生至今。一直生活在当地,无其他地方生活经历。不会说其他话,只说海石湾话。父亲是本地人,亲生母亲是青海省民和县上川口人,于李新民 5 岁时去世。继母是当地人,说当地话。妻子是青海省湟源县寺寨乡小寺村人,说娘家话和当地话。对发音人口音无影响。

方言青男:祁万禄,汉族,1984 年 4 月出生于红古区海石湾镇。从出生至 2000 年前一直在当地生活,1991—1997 年在海石湾第一小学就读,1997—2000 年在兰州市第十八中初中就读,2000—2004 年在兰州师范学校就读,2007—2009 年在红古区上滩小学(平安镇)任教,2009—2013 年在若连小学任教,2013 年 8 月之后在复兴小学任教至今,担任校长职务。本人日常用海石湾话,教学用普通话。父亲是当地人,只会说海石湾话,母亲是新庄村人,只会说新庄话,妻子是窑街人,会说窑街话和普通话。

贰　声韵调

一、声母

声母 25 个,含零声母:

p 八兵病	pʰ 派片爬	m 麦明泥	f 飞风副顺书	v 味问温王
t 多东毒	tʰ 讨天甜	n 脑南		l 老蓝连路
ts 资早贼坐	tsʰ 刺草寸祠		s 丝三酸	z 衣
tʂ 张竹柱主纸	tʂʰ 抽床茶城		ʂ 事山手十	ʐ 热
tɕ 酒九	tɕʰ 清全轻权	ȵ 年	ɕ 想谢响县	
k 高共	kʰ 开		x 好灰活	

ø 熬月安云

说明：

1. ts 组拼 ɿ 韵母，有的字声母发音近似舌叶音，如“戏”。
2. 零声母齐齿呼和撮口呼韵母的字，开头有较重的摩擦，如“叶、月、药”等字。
3. tʂ、$tʂ^h$ 拼 u 韵母，有唇齿特征。

二、韵母

韵母 32 个：

ɿ 米戏急七一	i（只作介音）	u 苦五骨出谷	ʮ 雨橘局
ʅ 师试十直尺			
ər 二			
a 茶瓦塔法辣	ia 牙鸭	ua 刮	
ə 歌盒热壳		uə 坐过托国	
ɛ 开排鞋	iɛ 写接贴节	uɛ 快	yɛ 靴月药学
ɔ 宝饱	iɔ 笑桥		
ei 赔飞		uei 对鬼	
ɤu 豆走	iɤu 油六绿白		
an 山半南	ian 盐年	uan 短官	yan 权
ən 深根灯争横	in 新心硬病星	uən 寸滚春东	yn 云兄用
ɑŋ 糖王	iɑŋ 讲响	uɑŋ 床双	

说明：

1. ər 的开口度稍大，舌位也稍后。
2. ɿ、ʮ 韵母后面有轻微的 ə 音，似 ɿə 和 ʮə，如“米、泥”读 ɿə 韵母，“雨”读 ʮə 韵母等。
3. u 韵母拼 tʂ 组声母，实际音值为 ʋ；u 韵母拼 k 组声母，实际音值为 v；u 韵母拼 t 组声母，开口度较大，后有轻微的拖音 o，实际音值为 uo，如“土”。
4. ei 的动程较小。
5. yɛ 韵母中的主要元音 ɛ 的舌位稍后，但不到 ə，开口度稍小，但不到 ᴇ。
6. iɛ 的主要元音开口度稍小，但不到 ᴇ。
7. iɤu 动程较小，似 iɷ。
8. ən 组韵母的韵尾 n 近似舌面中音 ɲ。
9. ɑŋ 韵的主要元音有鼻化色彩。

三、声调

声调 2 个：

平去声	13	东该门龙动最卖路谷哭毒罚
上　声	55	懂古鬼九统苦讨草买老五有

说明：

1. 平声的字，绝大多数读升调 13，少数字有读降升调的，如“天、饭”；也有读平调的，如“该、卖、去”；还有读升降调的，如“罪路”。非 13 调的读法，成因是多方面的，但字数不多，所以平声还是记为 13。

2. 上声的字，绝大多数读平调 55，个别字如“老”读高降调，“五有”读升降调，“讨”读升调。由于上声字读平调的占绝大多数，还是记为 55。

3. 古入声基本归入平声。

叁 连读变调

红古方言有两个单字调，平去声 13 和上声 55，两字组连读调有 13、35、22、55、33、53、21 等 7 个。红古方言的声调组合有 4 种，连调模式有 12 种。根据从词汇材料中统计的结果，“平去声＋平去声、上声＋平去声、上声＋上声”3 种声调组合里有不变调的组合，也有变调的组合；“平去声＋上声”组合里只有变调的组合，具体见下表。表中的例词都是从本手册“词汇”调查表中选取的，所以，不能全面反映两字组连读变调规律。

红古方言两字组连读变调例词表

前字＼后字	平去声 13	上声 55
平去声 13	13 + 13 山沟、洋灰、生活、猪血、洋葱、红苕、熟脓、发烧、说媒、喝药、挡牛、做活、地震 22 + 55 棉花、推头、抽匣、正月、梯架、台风、头发、姨父、石头、切刀、出来、出去、木梳、外头、腊月、地方、大麦、大豆 22 + 35 牙猪、砖头、年成、木头 22 + 13 公鸡、包谷、阴历、天气、煤油、萝卜、阳历、黄豆、白菜、宿宿、柏树、木匠、涝坝 22 + 53 河沿、吸铁 22 + 33 生姜、冬至 33 + 35 下来 33 + 33 进去 55 + 21 姑姑、娘娘 55 + 53 梳头、面前 55 + 13 家庙、划算	22 + 55 山水、云彩、着火、咂奶、热水、筷子 22 + 35 开水、蚊子、席子、黑了、桌子、辣子 55 + 21 锄子、柿子
上声 55	55 + 13 养猪、炒菜、满月、扫地 55 + 21 手巾、枕头、马勺、草药、水地 55 + 53 乳牛、板炕	55 + 55 扯谎、洗澡 55 + 21 耳朵、埂子、走了 22 + 55 老鼠、母狗

说明：

平去声做前字，有 13、22、33、55 四个连调；平去声做后字，有 13、35、33、55、53、21 六个连调。上声做前字，有 55 和 22 两个连调；上声做后字，有 35、55、21 三个连调。

先说上声的变调。

1. 一般来说，上声做前字以不变调居多，尤其是动宾型的两字组一般前后字都不变调，如“炒菜、扫地”等。如果前字上声变 22，后字是上声就不变调，如“老鼠、母狗”，其连调式为“22 + 55”。

2. 上声做后字也以不变调居多，但在“22 + 35”和“55 + 21”两种连调式里，可变 35 和 21。“22 + 35”出现在平去声与上声的连读调里；“55 + 21”既出现在“平去声＋上声”的连读调里，也出现在“上声＋上声”的连读调里，这两种连调里的后字大都是语法功能词“子、了”等，也有一些是非语法功能词。如“耳朵、埂子、走了”等两字组的后字读 21，这些后字相当于北京话里的轻声，但在红古方言里，因很多的这类字也读其他调值，如“席子、黑了”后字读 35，“筷子”后字读 55，所以，我们把它们当做变调处理，不称为轻声。平去声做后字里也有同类情况，我们做相同处理。

再说平去声的变调。

平去声因为所辖字的来源较多，所以变调比较复杂。从今音的读法方面看不出明显的规律。但从其他方面，我们还可找出几条规律。

1. 前字变 33 的连调里，只有“下来、进去”两个例词，都是表趋向的动词。33 的连调只出现在平去声与平去声的组合里。

2. 前字变 55 的连调里，后字如读 21，分两种情况：如果后字是平去声，都是重叠式，如“姑姑尼姑、娘娘姑姑”；如果后字是上声，都是语法功能词“子”，如“锄子、柿子”。

3. 前字变 55 的连调里，后字如读 53，都是古浊声母平声字。

4. 后字变 35 的连调，多出现在前字是 22 的连调后，一般是上声字和古浊声母平声字；也可出现在 33 的连调后，一般是古浊声母平声字。

总之，平去声做前后字，一般都会变，不变的比较少。

肆　异读

一、新老异读

1. 新老声母异读

泥老 mɿ^{13} ≠泥新 ȵɿ^{13}

糙老 tsʰɔ^{13} ≠糙新 tsɔ^{13}

黏老 tʂan^{13} ≠黏新 ʐan^{13}

测老 tʂʰə^{13} ≠测新 tsʰə^{13}

踢老 tsʰɿ^{13} ≠踢新 tʰɿ^{13}

2. 新老韵母异读

雷老 luei^{13} ≠雷新 lei^{13}

类老 luei^{53} ≠类新 lei^{13}

中老 tʂuən^{13} ≠中新 tʂuŋ^{13}

眉老 mɿ^{13} ≠眉新 mei^{13}

盒老 xuə^{13} ≠盒新 xə^{13}

凶老 ɕyn^{13} ≠凶新 ɕyŋ^{13}

二、文白异读

“尾”老男白读 zɿ^{53}，文读 vei^{55}。

“渴”老男白读 kʰɑŋ^{13}，文读 kʰə^{13}。

“血”老男白读 ɕiɛ^{13}，文读 ɕyɛ^{13}。

“色”老男白读 ʂə^{13}，文读 sə^{13}。

“荣”老男白读 in^{13}，文读 ʐuən^{13}。

“项”老男白读 xɑŋ^{13}，文读 ɕiɑŋ^{13}。

“雀”老男白读 tɕʰiɔ^{53}，文读 tɕʰyɛ^{55}。

“恩”老男白读 ŋən^{13}，文读 ən^{13}。

“所”青男白读 fə^{55}，文读 suə^{55}。

“瞎”青男白读 xa^{13}，文读 ɕia^{13}。

“嫩”青男白读 nuŋ^{13}，文读 nən^{13}。

“业”老、青男均白读 ȵiɛ^{13}，文读 iɛ^{13}。

伍　儿化和小称音

一、儿化和儿尾

红古方言中既有儿化又有儿尾，其读音形式各有特色。儿化形式是在前一音节后加卷舌韵尾 r，跟前一音节融合为一个音节。儿尾是在前一音节后加 ər 音节，跟前一音节拼合，但分属两个音节。

1. 儿化

红古方言的儿化现象比较丰富，其变化大致与北京话相同，韵母儿化后有一个卷舌的韵尾 r，且会影响前一音节的韵母发生音变。

根据词汇表中的调查材料，我们归纳出 16 个儿化韵。红古方言中基本韵母和儿化韵并不全是一一对应的，有一对一的，比如：yɛ—yər、iɛ—iər、ua—uɐr；也有一对多的，比如：u—ur/ər、a—ɐr/ər；还有多对一的，比如：ə/uə/ei/ɛ/u/a/an—ər 等。儿化的方式，有直接儿化的，即主要元音直接卷舌，在韵母后面直接加 r 的，比如：ur、iɔr 等；也有间接儿化的，即通过改变前一音节主要元音或韵尾再加卷舌，比如：ɐr、iɐr 等。

红古方言儿化韵与基本韵母对应关系及例词表

方式	儿化韵	基本韵母	例词
直接儿化	ur	u	致乎儿 tʂʅ^{22}xur^{55}　夜蝙虎⁼儿 iɛ^{22}piɛ^{55}xur^{53}　尕猪儿 ka^{55}tʂur^{13}　兔儿 tʰur^{13}　衩裤儿 tʂʰa^{55}kʰur^{21}
	ər	ə	水窝窝儿 fei^{55}və^{53}vər^{35}　勺勺儿 fə^{22}fər^{55}　左半个儿 tsuə^{55}pan^{53}kər^{21}　打扑克儿 ta^{55}pʰu^{53}kʰər^{53}
	uər	uə	颗儿 kʰuər^{53}　背罗锅儿 pei^{55}lə^{53}kuər^{21}
	ɔr	ɔ	醪糟儿 lɔ^{22}tsɔr^{35}
	iɔr	iɔ	主腰儿 tʂu^{55}iɔr^{21}
间接儿化	ər	u	说媳妇儿 fə^{13}sɿ^{22}fər^{13}　新新妇儿 ɕin^{22}ɕin^{22}fər^{53}
		a	顶搭儿 tin^{55}tər^{21}　疤疤儿 pa^{22}pər^{35}　哑巴儿 ia^{55}pər^{21}
		an	汗褟儿 xan^{22}tər^{55}　脸蛋儿 lian^{55}tər^{21}
		ɛ	盖盖儿 kɛ^{22}kər^{55}　脖⁼棱盖儿 pə^{22}lə^{55}kər^{35}
		ei	一辈辈儿 zɿ^{22}pei^{22}pər^{55}
		uə	花骨朵儿 xua^{22}ku^{55}tər^{21}
	iər	iɛ	叶叶儿 iɛ^{22}iər^{55}　叶蝶儿 iɛ^{22}tʰiər^{55}　褯褯儿 tɕʰiɛ^{22}tɕʰiər^{55}　面叶儿 mian^{22}iər^{55}
	uər	uei	柜柜儿 kuei^{22}kuər^{55}　锤锤儿 tʂʰuei^{22}tʂʰuər^{55}
	yər	yɛ	角角儿 tɕyɛ^{22}tɕyər^{55}
	ʯər	ʯ	鱼儿 zʯər^{13}
	ɔr	ɑŋ	瓤瓤儿 ʐɑŋ^{22}ʐɔr^{55}　双双儿 fɑŋ^{22}fɔr^{55}
	ɐr	a	把把儿 pa^{22}pɐr^{55}　月娃娃儿 yə^{22}va^{22}vɐr^{55}　学徒娃儿 ɕyə^{35}tʰu^{21}vɐr^{55}
	iɐr	ia	甲甲儿 tɕia^{22}tɕiɐr^{55}
		ian	点点儿 tian^{55}tiɐr^{21}　羞脸儿大 ɕiɤu^{22}liɐr^{55}ta^{21}

续表

方式	儿化韵	基本韵母	例词
间接儿化	uɐr	ua	梅花儿 mei^{22}xuɐr^{55} 猪爪爪儿 tʂu^{22}tʂua^{55}tʂuɐr^{21}
	ɐ̃r	an	冰蛋蛋儿 pin^{22}tan^{13}tɐ̃r^{55}
		ɑŋ	行儿 xɐ̃r^{13}
	iɐ̃r	ian	瓦片儿 va^{55}pʰiɐ̃r^{53} 边边儿 pian^{22}piɐ̃r^{13} 面面儿 mian^{22}miɐ̃r^{53} 往生钱儿 vɑŋ^{55}ʂən^{21}tɕʰiɐ̃r^{13}
	ə̃r	ən	蜜蜂儿 mʅ^{22}fə̃r^{55} 缝缝儿 fən^{22}fə̃r^{55} 根儿 kə̃r^{13} 调羹儿 tʰiɔ^{22}kə̃r^{55} 沟门儿 kɤu^{55}mə̃r^{35}
	iə̃r	in	手巾儿 ʂɤu^{55}tɕiə̃r^{21}
	uə̃r	uən	冰棍儿 pin^{22}kuə̃r^{13} 光棍儿 kuɑŋ^{22}kuə̃r^{13}

2. 儿尾

红古方言中的儿尾现象也比较多，“儿” 自成音节，且有自己的声调，跟前一个字的韵母不会融合。具体有两种情形，一种是 ər 跟前字结合得较紧密的，但 ər 还能辨认出是独立的音节（据王福堂先生文章的观点，这种情形应该属于拼合型儿化，此处据邢向东先生的意见作为儿尾处理）；一种是 ər 跟前字各属独立的音节，ər 有清晰的声调。

前一种中 “儿” 跟前面一个音节的韵母结合较紧密，但还能清楚辨认基本韵母，并且整个音节发音时长较长。举例如下：

被儿 pʅər^{213}　屄儿 pʰʅər^{213}　嘴皮儿 tsuei^{55}pʰiər^{21}
笛儿 tsʅər^{213}　鸡儿 tsʅər^{213}　肚母脐儿 tu^{22}mu^{55}tsʰʅər^{213}
蚂蚁儿 ma^{22}zʅər^{353}　戒指儿 kɛ^{22}tʂʅər^{55}　中指儿 tʂuən^{22}tʂʅər^{35}
无名指儿 vu^{13}min^{55}tʂʅər^{21}　尕拇指儿 ka^{22}mu^{55}tʂʅər^{21}　花苞儿 xua^{22}pɔər^{53}
公猫儿 kuən^{22}mər^{55}　枣儿 tsɔər^{53}　豆脑儿 tɤu^{22}nɔər^{53}
雀儿 tɕʰiɔər^{553}　麻雀儿 ma^{22}tɕʰiɔər^{553}　猴儿 xɤuər^{213}
石榴儿 ʂʅ^{22}liɤuər^{553}　屎儿 tɕʰiɤuər^{213}　洞洞儿 tuən^{22}tuənər^{553}

后一种儿尾词举例如下：

猫儿 mɔ^{22}ər^{35}　桃儿 tʰɔ^{22}ər^{55}　枣儿糕 tsɔ^{53}ər^{21}kɔ^{55}
豆儿 tɤu^{22}ər^{55}　狗儿 kɤu^{55}ər^{21}　水沟沟儿 fei^{55}kɤu^{53}kɤu^{21}ər^{13}
后儿个 xɤu^{22}ər^{55}kə^{21}　大后儿个 ta^{22}xɤu^{55}ər^{21}kə^{21}　昨儿个 tsuə^{22}ər^{22}kə^{55}
蚕儿 tsʰan^{22}ər^{55}　桑儿 sɑŋ^{22}ər^{35}　前儿个 tɕʰian^{22}ər^{22}kə^{55}
炮仗儿 pʰɔ^{22}tʂɑŋ^{53}ər^{21}　葱秧儿 tsʰuən^{22}iɑ̃^{35}ər^{55}　今儿个 tɕin^{22}ər^{22}kə^{55}
明儿个 min^{22}ər^{22}kə^{55}　杏儿 xən^{13}ər^{55}　虫儿 tʂʰuən^{22}ər^{35}
推车儿 tʰuei^{22}tʂʰə^{53}ər^{21}

二、小称音变

红古方言中表示小称的方式主要有词汇手段和语法手段。

1. 词汇手段

主要是在名词前面加表示 “小” 义的 “尕”，比如：

尕娃娃小孩 ka^{55}va^{53}va^{21}　尕爸叔父 ka^{55}pa^{53}　尕猪儿小猪 ka^{55}tʂur^{13}

尕巷道小胡同 ka^{22}xaŋ^{22}tɔ^{55}　尕拇指儿小拇指 ka^{22}mu^{55}tʂʅər^{21}

2. 语法手段

主要是用"N＋儿"式或者重叠式加"儿"，即"NN＋儿"式来表示，比如：

颗儿粒儿 kʰuər^{53}　虫儿 tʂʰuən^{22}ər^{35}　调羹儿小勺子 tʰiɔ^{22}kə̃r^{55}

推车儿独轮车 tʰuei^{22}tʂʰər^{53}　姜窝儿臼 tɕiaŋ^{22}vər^{55}　柜柜儿小柜子 kuei^{22}kuər^{55}

缝缝儿小缝子 fən^{22}fə̃r^{55}　叶叶儿小叶子 iɛ^{22}iər^{55}　月娃娃儿婴儿 yə^{22}va^{22}vɐr^{55}

把把儿小把儿 pa^{22}pɐr^{55}　锤锤儿小锤子 tʂʰuei^{22}tʂʰuər^{55}　棍棍儿小棍子 kuən^{22}kuər^{55}

水沟沟儿小水沟 fei^{55}kɤu^{53}kɤu^{21}ər^{13}　水窝窝儿小水坑儿 fei^{55}və^{53}vər^{35}

此外，加儿尾或儿化除了可以表示小称外还具有一定的语用功能，加"儿"通常表示喜爱或者亲切的感情色彩，比如：

学徒娃儿 ɕyə^{35}tʰu^{21}vɐr^{55}　哑巴儿 ia^{55}pɐr^{21}

陆　其他主要音变规律

根据目前所调查的语料，红古方言中其他音变规律主要有同化、异化和合音等现象。

一、同化现象

三十晚夕 san^{22}ʂʅ^{13}van^{55}ɕin^{21}，"夕"本读 ɕĩ，是受到前字"晚"的韵母的影响而变成鼻化韵。

端阳 tan^{22}iaŋ^{35}，"端"本读 tuan^{13}，受后字不圆唇韵母影响，由合口呼变为开口呼韵母。

核桃 xə^{22}tʰɤu^{55}，"桃"本读 tʰɔ^{13}，受前字影响，主要元音变为不圆唇元音。

新媳妇儿 ɕin^{22}ɕin^{22}fər^{53}，"媳"本读 sɿ^{13}，受前字影响，声韵与前字全同。

先后妯娌 ɕiaŋ^{22}xɤu^{55}，本读 ɕian^{13}xɤu^{13}，前字韵尾 -n 受后字声母部位影响，变为后鼻尾 -ŋ。

二、异化现象

背罗锅儿驼子 pei^{55}lɔ^{53}kuər^{21}，"罗锅"二字韵母相同为 uə，此词中"罗"字的韵母异化为 ɔ。

花骨朵儿花蕾 xua^{22}ku^{55}tər^{21}，"骨朵"本来都是合口呼韵母，"朵"异化为开口呼韵母。

毽子 tɕyan^{22}tsɿ^{55}，"毽子"二字韵母本来都是不圆唇的，"毽"韵母介音 i 异化为圆唇的 y。

三、合音现象

"随便"在红古话里读"[是阿]木家 ʂa^{55}mu^{21}tɕia^{21}"，其中"是阿"合为一个音节读 ʂa^{55}。

第五节　凉州区方言

壹　概况

一、调查点：武威市凉州区

凉州区，位于甘肃省河西走廊东段，属武威市管辖。介于东经 101°59′—103°23′，北纬 37°23′—38°12′之间，截至 2018 年，总人口 102.25 万。汉族 1008579 人，满族 3292 人，回族 6155 人，其他 4474 人。境内无少数民族语言。凉州话为兰银官话河西片方言，分布在凉州城区及各乡镇，为本地普遍通用的方言，以城区为中心分城区话、东乡话、西乡话、南乡话、北乡话。其共性是没有前鼻韵母，所有的前鼻韵母读为后鼻韵母。全区口音差异不大，但也有一定的区域性差异。城区话：因受党政机关、新闻媒体、教育教学和公共服务等领域及外来人口与外部交流的影响，口语主要以凉州普通话为主。东乡话：包括发放镇、大柳乡、清水乡、清源镇和长城乡。其中以清源镇为典型的所谓的“秃嘴子话”最为突出，既无前鼻韵母，又无舌尖前音。西乡话：包括松树乡、柏树乡、怀安乡、五和乡、丰乐镇、金山乡、康林乡和西营镇。口语突出特点是没有前鼻韵母。南乡话：包括金塔乡、高坝镇、新华乡、和平镇、武南镇、东河乡、河东乡、谢河镇、吴家井乡、韩佐乡、古城镇、黄羊镇和张义镇。其中武南镇和黄羊镇地处铁路沿线，受周边工矿企业和大专院校外来人口的影响，口语比较混杂。城镇人口语言与本地土著居民有区别。张义镇因地接天祝藏族自治县和古浪县，其口语与其他乡镇有差异，有前鼻韵母和后鼻韵母。北乡话：包括金沙乡、金羊镇、中坝镇、羊下坝镇、下双乡、九墩乡、永昌镇、四坝镇、洪祥镇和双城镇。永昌镇、四坝镇、洪祥镇和双城镇，因地接永昌县和民勤县，受其语言影响，其口语与其他乡镇有差异，有前鼻韵母和后鼻韵母。

凉州话近年来变化较快，城区公务员及企事业单位公职人员大多说普通话或不标准的普通话，中小学生逐渐向普通话靠拢。

方言曲艺和地方戏种：主要有凉州宝卷、凉州小曲戏和凉州贤孝。目前，凉州宝卷和凉州小曲戏已处濒危状态。

二、发音合作人

方言老男：李国才，汉族，1954 年 9 月出生于武威市城关镇（今凉州区）。1954—1961 年在凉州区度过童年；1961—1966 年在武威师范学校附属小学就读；1966—1970 年在武威第一中学就读，毕业后到本地农村上山下乡；1979—1999 年在武威师范学校做后勤管理工作；2000—2017 年，自主择业，在甘肃省武威正耀工贸有限责任公司工作。高中学历，职员。平常说凉州话和地方普通话。父母亲、妻子都是凉州区城关镇人，平常都说凉州话。

方言青男：周化昌，汉族，1981 年 9 月出生于凉州区城关镇。1981—1988 年在凉州区度过童年；1988—1994 年在凉州区东关小学就读；1994—2000 年在武威第六中学就读；2000—2006 年在甘肃河西学院就读；2006—2017 年在武威第六中学工作。大学学历，教师。本人日常使用凉州话和地方普通话，父母亲和配偶都是凉州区城关镇人，平常都说凉州话。

贰　声韵调

一、声母

声母 26 个，含零声母在内：

p 八兵病	p^h 派片爬	m 麦明	f 飞风副蜂肥饭	v 味问温王
t 多东毒	t^h 讨天甜	n 脑南		l 老蓝连路
ts 资早租贼坐纸	ts^h 刺草寸祠拆茶抄		s 丝三酸事山	
tʂ 张竹柱装主	tʂ^h 抽初床车船城		ʂ 双顺手书十	ʐ 热软
tɕ 酒九	tɕ^h 清全轻权	ȵ 年泥	ɕ 想谢响县	ʑ 衣玉
k 高共	k^h 开		x 好灰活	
ʁ 二鹅				
Ø 熬月安云用药				

说明：

1. p、p^h、m、t、t^h 与单韵母 u 相拼时有唇齿化色彩，双唇有轻微颤动。
2. v 是唇齿浊擦音，作单元音韵母时，可自成音节，统一记作 vu。
3. n、l分立。n拼洪音，ȵ拼细音，作两个声母处理；l与齐齿呼韵母相拼时带有闪音色彩。
4. ts 组声母与单韵母 i、u 相拼时气流摩擦较大。
5. tʂ 组声母的卷舌度较小，舌尖略前。
6. tɕ 组声母与单韵母 i、y 相拼时气流摩擦较大。
7. x 的发音部位靠后，发音时有阻碍，与韵母相拼时有小舌颤音色彩。

二、韵母

韵母共 30 个：

ɿ 丝师试　　i 米戏急七一锡　　u 苦五骨出谷绿白　　y 雨橘绿文局
ʅ 十直尺
ɯ 二
a 茶瓦塔法辣八　　ia 牙鸭　　ua 刮
ə 歌盒热壳白北白　　iə 写接贴节鞋文　　uə 坐过活托郭国　　yə 靴月药白学
æ 开排鞋白　　uæ 快
ei 赔飞北文　　iei 煤妹民明　　uei 对鬼
ɑo 宝饱　　iɑo 笑桥药文
əu 豆走　　iəu 油六文
ɑŋ 南山半糖王　　iɑŋ 盐年讲响　　uɑŋ 短官床双　　yɑŋ 双
ɤŋ 深根灯争横文　　iŋ 新心硬病星　　uŋ 寸滚春横白东　　yŋ 云兄用

说明：

1. i、u、y 后有时带有拖音 ə，语流中拖音自行消失。u 及韵头 u 圆唇度较小，有明显的唇齿摩擦特征。i、y 有一定程度的摩擦，与 tɕ 组韵母相拼，y 发音较低，实际音值近似 ʏ，统一记作 y。

2. ə 的舌位略高、略前，介于 e 与 ə 之间，与声母 p^h、t^h、ts^h、$tʂ^h$、k、k^h、x 相拼时实际音值近似 ɤ，带有明显的小舌颤音色彩，统一记作 ə。

3. uə 的实际音值有时近似 uɤ，且大多带有轻微的小舌颤音色彩，统一记作 uə。

4. ɑo、iɑo 的主要元音开口度较小。

5. ɑŋ、ɤŋ 两组韵母主要元音有鼻化色彩。

6. uŋ 与 k 组声母相拼有时发音为 õŋ，统一记作 uŋ。

三、声调

单字调 2 个：

平上声　35　东该灯门龙牛懂古鬼买老急毒白罚
去　声　31　动罪近怪冻卖路硬饭哭拍谷六麦月

说明：

1. 平上声 35 有时起调略高，近 45，统一记作 35。
2. 去声 31 有时起调略高，近 41，统一记作 31。

叁　连读变调

凉州方言老派有两个单字调：平上声 35、去声 31。古清平、古浊平、古清上、次浊上、全浊入归平上声；古全浊上、清入（"急"归阴平）、次浊入归去声。凉州方言有 4 种连读调组合，3 种连调模式。连读调有 4 个，包括 2 个单字调 35、31 和 2 个新调值 21、53。具体见下表：

凉州方言两字组连读变调例词表

后字 前字	平上声 35	去声 31
平上声 35	35 + 53 观音、祠堂、耳朵、眉毛 53 + 35 本钱、眼睛、苕屣、洗澡	35 + 53 松树、黄豆、闪电、油菜 53 + 35 瓦片、柳树、韭菜、眼泪
去声 31	31 + 21 地方、后晌、下来、坝墙 53 + 35 杀猪、叫鸣、中暑、订婚	31 + 21 见面、吸铁、木匠、腊月

说明：

1. 平上声字作前字一种不变调，另一种变调。不变调做前字，后字都是 53；变为 53 作前字，后字都是 35。平上声字作后字一种不变调，另一种变调。不变调做后字，前字都是 53；变为 53 作后字，前字是 35，变为 21 作后字，前字是 31。

2. 去声字作前字一种不变调，另一种变调。不变调做前字，后字都是 21，变 53 做前字，后字是 35。去声字做后字全部变调。在平上声 35 后变为 53，在平上声 53 后变为 35，在去声后变为 21。

肆　异读

一、新老异读

1. 新老声母异读

（1）古疑母果开去声字，老派读 v，新派读 ʀ。如：饿老 $və^{31}$ ≠饿新 $ʀə^{31}$。

（2）古晓母、匣母假开去声字，老派读 x，新派读 ɕ。如：下老 xa^{31} ≠下新 $ɕia^{31}$，吓老 xa^{31} ≠吓新 $ɕia^{31}$。

（3）古云母梗合、以母通合平声字，老派读 Ø，新派读 ʐ。如：荣老 $yuŋ^{35}$ ≠荣新 $ʐuŋ^{35}$，容老 $yuŋ^{35}$ ≠容新 $ʐuŋ^{35}$。

（4）古见母蟹开平声、去声字，老派读 k，新派读 tɕ。如：街老 $kæ^{35}$ ≠街新 $tɕiə^{44}$，芥老 $kæ^{31}$ ≠芥新 $tɕiə^{31}$。

（5）古匣母宕开上声字、去声字，老派读 x，新派读 ɕ。如：项老 $xɑŋ^{31}$ ≠项新 $ɕiɑŋ^{31}$，巷老 $xɑŋ^{31}$ ≠巷新 $ɕiɑŋ^{31}$。

2. 新老韵母异读

（1）古来母止合去声字，老派读 uei，新派读 ei。如：类老 $luei^{35}$ ≠类新 lei^{31}。

（2）古明母止开平声字，老派读 i，新派读 ei。如：眉老 mi^{35} ≠眉新 mei^{35}。

（3）鼻韵母：老派没有前鼻韵母，所有的前鼻韵母读为后鼻韵母。如：安 $ɑŋ^{35}$ ＝昂 $ɑŋ^{35}$，恩 $əŋ^{35}$ ＝鞥 $əŋ^{35}$，音 $iŋ^{35}$ ＝英 $iŋ^{35}$，温 $vəŋ^{35}$ ＝翁 $vəŋ^{35}$。

新派与老派不同的是后鼻韵母 iŋ 全部读作前鼻韵母 in。如：英 in^{44} ＝音 in^{44}。其他和老派一样。

二、文白异读

凉州话中的部分字有文白异读现象，主要表现在声母和韵母两个方面（举例为老派读音）。

1. 声母文白异读

（1）古疑母果开去声字，白读 v，文读 ʀ：饿白 və^{31} ≠饿文 ʀə^{31}。

（2）古影母果开入声字，白读 v，文读 ʀ：恶～心，白 və^{31} ≠恶～心，文 ʀə^{31}。

（3）古书母遇合上声字，白读 tʂ^{h}，文读 ʂ：鼠老～，白 tʂ^{h}u^{35} ≠鼠老～，文 ʂu^{35}。

（4）古见母蟹开平声字，白读 k，文读 tɕ：街～道，白 kæ^{35} ≠街～道，文 tɕiə^{35}。

（5）古匣母蟹开上声字，白读 k，文读 tɕ：解～开，白 kæ^{35} ≠解～开，文 tɕiə^{35}。

（6）古匣母蟹开平声字，白读 x，文读 ɕ：鞋～带，白 xæ^{35} ≠鞋～带，文 ɕiə^{35}。

（7）古微母止合上声字，白读 ʐ，文读 v：尾白 ʐi^{35} ≠尾文 vei^{35}。

（8）古匣母咸开平声字，白读 x，文读 ɕ：咸白 xɑŋ^{35} ≠咸文 ɕiɑŋ^{35}。

（9）古晓母、匣母假开去声字，白读 x，文读 ɕ。如：下白 xa^{31} ≠下文 ɕia^{31}，吓白 xa^{31} ≠吓文 ɕia^{31}。

（10）古云母梗合、以母通合平声字，白读 Ø，文读 z̩。如：荣白 yuŋ^{35} ≠荣文 z̩uŋ^{35}，容白 yuŋ^{35} ≠容文 z̩uŋ^{35}。

（11）古匣母宕开上声字、去声字，白读 x，文读 ɕ。如：项白 xɑŋ^{31} ≠项文 ɕiɑŋ^{31}，巷白 xɑŋ^{31} ≠巷文 ɕiɑŋ^{31}。

2. 韵母文白异读

（1）古精母遇合一去声字“做”，白读 u，文读 uə：做～饭，白 tsu^{31} ≠做～饭，文 tsuə^{31}。

（2）古溪母遇合三去声字“去”，白读 i，文读 y：去上～，白 tɕ^{h}i^{31} ≠去上～，文 tɕ^{h}y^{31}。

（3）古见母蟹开平声字“街”，白读 æ，文读 iə：街～道，白 kæ^{35} ≠街～道，文 tɕiə^{35}。

（4）古匣母蟹开上声字“解”，白读 æ，文读 iə：解～开，白 kæ^{35} ≠解～开，文 tɕiə^{35}。

（5）古匣母蟹开平声字“鞋”，白读 æ，文读 iə：鞋～带，白 xæ^{35} ≠鞋～带，文 ɕiə^{35}。

（6）古明母止开平声字“眉”，白读 i，文读 ei：眉白 mi^{35} ≠眉文 mei^{35}。

（7）古微母止合上声字“尾”，白读 i，文读 ei：尾白 ʐi^{35} ≠尾文 vei^{35}。

（8）古来母通合三入声字“绿”，白读 u，文读 y：绿白 lu^{31} ≠绿文 ly^{31}。

（9）古匣母宕开上声字、去声字，白读 ɑŋ，文读 iɑŋ。如：项白 xɑŋ^{31} ≠项文 ɕiɑŋ^{31}，巷白 xɑŋ^{31} ≠巷文 ɕiɑŋ^{31}。

（10）古来母臻合三逢来母的部分阳声韵字，韵母白读为 yŋ，文读为 uŋ。如：轮白 lyŋ^{35} ≠轮文 luŋ^{35}。

伍　儿化和小称音

一、儿化和儿尾

凉州方言没有儿化韵。儿尾自成音节，有时表示小称，如“笛儿 ti^{35}ʀɯ^{53}、曲儿 tɕ^{h}y^{31}ʀɯ^{21}”。儿尾在不同声调的字后有不同的变调。具体见下表：

凉州方言儿尾音变例词表

平上声	去声
35 + 53 花儿、鸡儿、猫儿、笛儿 53 + 35 枣儿、鸟儿	31 + 21 曲儿

二、小称音变

凉州方言小称一般用加子尾或重叠式加子尾的方式表示，如“水沟子、水坑子、窟窿子、花苞子、雀娃子、猪娃子、沟沟子、叶叶子、缝缝子、虫虫子、锤锤子、面面子”等。“子”在不同声调的字后有不同的变调，具体见下表：

凉州方言子尾音变例词表

平上声	去声
35 + 53 沙子、庄子、茄子、猴子 53 + 35 果子、嗓子、笋子、膀子	31 + 21 竹子、叶子、杏子、橘子

陆　其他主要音变规律

一、重叠词音变规律

平上声重叠，前字不变，后字变为 53；前字变为 53，后字变为 35。去声重叠，前字不变，后字变为 21。具体见下表：

凉州方言重叠音变例词表

平上声	去声
35 + 53 蛛蛛、痂痂、娃娃、爷爷 53 + 35 奶奶、婶婶、姐姐、点点	31 + 21 舅舅、会会

二、头尾音变规律

头尾在不同声调的字后有不同的变调。平上声不变，头尾变为 53；平上声变为 53，头尾变为 35。去声后，头尾变为 21。具体见下表：

凉州方言头尾音变例词表

平上声	去声
35 + 53 砖头、锅头、前头、舌头 53 + 35 里头、枕头、斧头、锄头	31 + 21 日头、木头、上头、下头

三、轻声

凉州方言轻声的特点：（1）有高降、中升和低降三种完整的调型。（2）调值随前字声调的变化而不同，有 53、35、21 三个变调；（3）音强不减弱，轻声不轻。这些特点在儿尾、子尾、头尾和重叠词的音变中都有体现。因此，记音过程中，轻声全部按变调后的实际调值做了标注。

第六节　甘州区方言

壹　概况

一、调查点:张掖市甘州区

甘州区,位于甘肃省河西走廊中部,属张掖市管辖。介于东经100° 6′—100° 52′,北纬38° 32′—39° 24′之间,截至2020年总人口519096人。其中汉族508986人;少数民族共计10110人,包括裕固族1518人,藏族2158人,回族3562人,蒙古族326人,其他民族2546人。有蒙古语、藏语、裕固语等民族语言。蒙古语分布在平山湖蒙古族自治乡,使用人口约200人。藏语、裕固语分布在城区,具体使用人口不详。汉语方言为兰银官话河西片张掖小片。域内各地区别不明显,大致可分为南片,包括安阳乡、花寨乡、甘浚镇等,人口约6万;城区及周边片,包括市区及三闸、碱滩、上秦、梁家墩、党寨、大满、小满、长安、新墩等乡镇,人口约30万;西北片,包括沙井、乌江、明永、靖安等乡镇,人口约10万。其中南片、西北片变化慢,城区及周边语言变化较快。近年来受普通话的影响,正在向普通话靠拢。

方言曲艺和地方戏种主要有念卷、小曲子、甘州小调等。念卷即诵念宝卷,为国家级非物质文化遗产,有代表性传承人。小曲子是一种地方小戏,多为二人合作说唱,有音乐伴奏。

二、发音合作人

方言老男:马世荣,汉族,1953年4月出生于张掖县城关镇。1953—1960年在张掖县城关镇生活;1960—1966年在张掖县新墩第一小学就读;1966—1968年在张掖县城关镇生活;1968—1972年到张掖县乌江公社下乡劳动;1972—1997年在张掖县食品公司工作;1997—2000年在张掖市蔬菜果品公司工作;2000—2013年下岗自主择业;2013年退休。父母亲都是张掖甘州区人,都说甘州区方言。妻子是甘州区碱滩乡人,会说张掖话和地方普通话。本人一直说甘州区方言。

方言青男:郝永波,汉族,1991年11月出生于甘州区大满镇。1991—1997年在大满镇柏家沟村生活;1997—2003年在大满镇柏家沟村小学就读;2003—2006年在张掖市第三中学就读;2006—2010年在张掖市张掖中学就读;2010—2013年在甘肃省钢铁职业技术学院就读;2013年至今在张掖市从事婚庆服务。大专文化,自由职业。本人日常使用甘州话和普通话,父母亲都是甘州区大满镇人,只会说甘州话。本人未婚。

贰　声韵调

一、声母

声母28个,含零声母在内:

p 八兵病	p^h 派片爬	m 麦明	f 飞风副饭双书	v 味问软温王
pf 竹柱主	pf^h 初			
t 多东毒	t^h 讨天甜	n 脑南		l 老蓝连路
ts 资早租字贼坐	ts^h 刺草寸祠		s 丝三酸	
tʂ 张争纸	$tʂ^h$ 拆抽茶抄车城		ʂ 事山手十	ʐ 热
tɕ 酒九	$tɕ^h$ 清全轻权	ȵ 年泥	ɕ 想谢响县	ʑ 雨一

k 高共装　　k^h 床春船开　　x 好灰活
ɣ 二
ø 熬月安云用药

说明：
1. 塞音声母 p、p^h、t、t^h 等与韵母 u 拼有时带双唇颤音。
2. 声母 pf、pf^h 有时听觉近似 k、k^h，但从发音口型看两者区别明显。
3. 声母 l 与齐齿呼韵母拼有时带有较明显的闪音色彩。
4. 清擦音声母、送气音声母除 pf、pf^h 外在低元音前有时带有小舌压舌根形成的擦音或颤音。
5. tʂ 组声母卷舌程度较高。

二、韵母

韵母共 29 个：

ɿ 丝　　i 米戏急七一锡　　u 苦五骨出六白局白　　y 雨橘局文
ʅ 师试十直尺
ɤ 二
a 茶瓦塔法辣八　　ia 牙鸭　　ua 刮
ə 歌盒热壳色　　iə 写接贴节北鞋文　　uə 坐过盒活托郭学白　　yə 月药学文
ɛ 开排鞋白　　uɛ 快
ɔ 宝饱　　iɔ 笑桥
ei 赔飞　　uei 对鬼
ɤu 豆走　　iɤu 油六文
ɑŋ 南山半糖王双　　iɑŋ 盐年讲响　　uɑŋ 短官床　　yɑŋ 权
ɤŋ 深根灯争横　　iŋ 新心硬病星　　uŋ 寸滚春东　　yŋ 云兄用

说明：
1. 韵母 i、y 发音靠前，但不是舌尖音 ɿ、ʮ。
2. u 可单独构成音节，记作 vu。
3. u 韵母在唇齿声母 pf、pf^h、f，舌根声母 k、k^h 后实际读 v；在双唇声母 p、p^h 后实际读 w；在其他声母后读 u。
4. a 单做韵母时，介于 a 与 ʌ 之间。
5. 韵母 ə 与唇音声母 f、v 拼时，其唇形略圆，有时读作 o。
6. 韵母 iə 与声母 t、t^h 拼时，iə、yə 与 tɕ 组声母拼时其韵头带有同部位的摩擦。
7. 韵母 iə 在个别字中读 iɛ，但两者无别义作用，故统一记作 iə。
8. 韵母 uə 与舌根声母拼时，韵头 u 实际读为 v。

三、声调

单字调 3 个：

阴　平　44　东该灯风通开天春
阳平上　53　门龙牛懂古鬼卖老五毒白痛急
去　声　31　动罪近怪办树卖路谷百六麦月

说明：

1. 阴平是一个半高平调，有时起调略低，近似 34 调，但总体是平调，记作 44。
2. 阳平上是一个高降调，起调较阴平高，收调较阴平低，记作 53。
3. 去声是一个中降调，起调较阴平略低，个别可达 4 度，记作 31。

叁　连读变调

甘州区方言有 3 个单字调，阴平、阳平上和去声。古清平今归阴平；古浊平、全浊入、清上、次浊上今归阳平上；古去声、全浊上、清入、次浊入今归去声。由于阳平和上声在两字组中的连调情况不同，所以两字组按阴平、阳平、上声和去声 4 个单字调进行组合，共有 16 种连读调组合。具体见下表：

甘州方言两字组连读变调例词表

前字＼后字	阴平 44	阳平 53	上声 53	去声 31
阴平 44	44 + 44 花生、西瓜、朱砂、搬家	44 + 44 中学、边墙、猪毛、开学	44 + 44 汤水、甘草、牲口、烧火	44 + 44 针线、亲戚、三月、开会
阳平 53	35 + 42 学生、棉花、良心 53 + 44 提亲	35 + 42 敌人、羊毛 53 + 53 白糖、拔毛	53 + 53 门板、白狗、糖水、骑马	35 + 42 白菜、棉裤 53 + 31 熟铁、还愿
上声 53	44 + 44 水烟、眼睛 53 + 44 首都、赶车	22 + 44 伙食、口粮 22 + 53 酒瓶、锁门	35 + 42 水土、井水、小鬼 53 + 53 铲草	22 + 44 孔雀、板凳 53 + 31 小雪、写字
去声 31	31 + 21 北风、木工 22 + 44 月薪、冒烟	31 + 21 叫驴 22 + 53 铁皮、木楼、放羊	31 + 21 月饼、对手 22 + 53 铁板、上火	31 + 21 半夜、绿豆 24 + 31 黑户、下蛋

说明：

1. 甘州方言复合式两字组连读变调较为复杂，一是单字调中，古阳平和古上声合流为阳平上，但连读中，古阳平来源的字和古上声来源的字的变调情况有差异。二是连读中的后字有类似普通话的轻声，但并不轻短，而有较为清晰的调型。三是声调的变化与否还与词语的语法类型有一定的关系。四是连读中除原有的三个单字调值外，还出现了 21、22、24、42、35 等几个新调值。

2. 连读中凡后字读 21 调的，均与后字变读 42 调者一样按一般变调处理，不记做轻声。

3. 阴平的变调：

作为前字概不变调。

作为后字，在动宾结构中不变调，其他结构中可变可不变。前字原调若为阳平（包括全浊入），或变为 42 调；前字原调若为上声，不变调；前字若为去声（包括次浊入、清入），或变 21 调。

4. 阳平上变调：因其来源略有不同。

原调为阳平（包括全浊入）的变调情况：

做为前字，在动宾结构中概不变调；在其他结构的词语中，有的不变调，有的变 35 调。

作为后字，在动宾结构中不变调，在其他结构中或变或不变。具体是，在阴平后变44调；在原调为阳平的阳平上（包括全浊入）后或变42调；在原调为上声的阳平上（包括全浊入）后或变44调；在去声（包括清入、次浊入）后或变21调。

原调为上声的变调情况：

作为前字，在原调为阳平的阳平上前，一律变22调。后字为其他声调的，在动宾结构中不变调，在其他结构中则或变或不变。具体是，在阴平前或变44；在原调为上声的阳平上前变35调；在去声前或变22调。

作为后字，在动宾结构中概不变调。在其他结构中或变或不变，具体是，在阴平后变44调；在原调为阳平的阳平上（包括全浊入）后不变调；在原调为上声的阳平上后变42调；去声后或变21调。

5. 去声的变调：

作为前字一般须变调，在动宾结构中，于阴平、阳平上前变22调，在去声前变24调；在其他结构中，有22、24两种不同的变调。与后字的具体读法有关，后字若读44、53调，或变22调；后字读31调（去声），变24调。

作为后字，在动宾结构中基本不变调。其他结构中，前字若为阴平，或变44调；前字若为原调为阳平的阳平上（包括全浊入），或变42调；前字为原调为上声的阳平上，或变44调；前字若为去声，或变21调。

肆　异读

甘州方言只有新老异读，情况如下：

1. 新老声母异读

（1）古见系合口、知章庄合口，今普通话韵母为u、uə的字，老派多读k、kʰ声母，新派多读pf、pfʰ声母，如：

果老kuə^{53} ≠果新pfə^{53}

过老kuə^{31} ≠过新pfə^{31}

课老kʰuə^{31} ≠课新pfʰə^{31}

箍老ku^{44} ≠箍新pfu^{44}

古老ku^{53} ≠古新pfu^{53}

苦老kʰu^{53} ≠苦新pfʰu^{53}

裤老kʰu^{31} ≠裤新pfʰu^{31}

骨老ku^{31} ≠骨新pfu^{31}

着老kuə^{53} ≠着新pfə^{53}

郭老kuə^{44} ≠郭新pfə^{31}

桌老kuə^{31} ≠桌新pfə^{31}

镯老kuə^{53} ≠镯新pfə^{53}

国老kuə^{31} ≠国新pfə^{31}

谷老ku^{53} ≠谷新pfu^{53}

哭老kʰu^{53} ≠哭新pfʰu^{53}

（2）一些见系合口字、个别精组合口字，老派读ts、tsʰ、s声母，新派读tɕ、tɕʰ、ɕ声母。如：

江摄东群平：穷老tsʰuŋ^{53} ≠穷新tɕʰyŋ^{53}

江摄东喻平：雄老suŋ^{44} ≠雄新ɕyŋ^{44}

臻摄文见平：军老tsuŋ^{44} ≠军新tɕyŋ^{44}

果摄戈晓平：靴老suə^{44} ≠靴新ɕyə^{44}

通摄屋心：宿老su^{31} ≠宿新ɕy^{31}

江摄东喻平：熊老suŋ^{53} ≠熊新ɕyŋ^{53}

江摄烛群：局老tsu^{53} ≠局新tɕy^{53}

臻摄文群平：裙老tsʰuŋ^{53} ≠裙新tɕʰyŋ^{53}

江摄觉匣：学老suə^{53} ≠学新ɕyə^{53}

（3）通摄喻母字"容"，老派读零声母，新派读ʐ声母：容老yŋ^{53} ≠容新ʐuŋ^{53}。

（4）通摄来母字“弄”，泥母字“浓”，老派读 l 声母，新派读 n 声母：弄老 $luŋ^{31}$ ≠弄新 $nuŋ^{31}$，浓老 $luŋ^{53}$ ≠浓新 $nuŋ^{53}$。

2. 新老韵母异读

（1）一些帮组果摄、山摄、宕摄、江摄，今读普通话 o 韵母的字，老派读 uə 韵母，新派读 ə 韵母。如：

果摄戈滂去：破老 $p^huə^{31}$ ≠破新 $p^hə^{31}$　　果摄戈滂平：婆老 $p^huə^{53}$ ≠婆新 $p^hə^{53}$

果摄戈明去：磨老 $muə^{31}$ ≠磨新 $mə^{31}$　　山摄末帮：拨老 $puə^{31}$ ≠拨新 $pə^{31}$

山摄末滂：泼老 $p^huə^{31}$ ≠泼新 $p^hə^{31}$　　山摄末明：末老 $muə^{31}$ ≠末新 $mə^{31}$

宕摄铎並：薄老 $puə^{53}$ ≠薄新 $pə^{53}$　　宕摄铎明：摸老 $muə^{44}$ ≠摸新 $mə^{44}$

江摄觉帮：剥老 $puə^{31}$ ≠剥新 $pə^{31}$

（2）遇摄泥母字“奴”，老派读 ɤu 韵母，新派读 u 韵母：奴老 $nɤu^{53}$ ≠奴新 nu^{53}。

（3）山摄泥母字“暖”，老派读 uaŋ 韵母，新派读 aŋ 韵母：暖老 $nuaŋ^{53}$ ≠暖新 $naŋ^{53}$。

（4）臻摄入声微母字“佛”，老派读 u 韵母，新派读 ə 韵母：佛老 fu^{53} ≠佛新 $fə^{53}$

（5）曾摄入声端母字“得”，老派读 iə 韵母，新派读 ə 韵母：得老 $tiə^{31}$ ≠得新 $tə^{31}$。

3. 新老声调异读

（1）遇摄见母上声字“举”，老派读 44 调，新派读 53 调：举老 $tɕy^{44}$ ≠举新 $tɕy^{53}$。

（2）蟹摄疑母去声字“艺”，老派读 53 调，新派读 31 调：艺老 $ʐi^{53}$ ≠艺新 $ʐi^{31}$。

（3）蟹摄喻母去声字“卫”，老派读 44 调，新派读 31 调：卫老 vei^{44} ≠卫新 vei^{31}。

（4）效摄明母平声字“猫”，老派读 53 调，新派读 44 调：猫老 $mɔ^{53}$ ≠猫新 $mɔ^{44}$。

（5）梗摄见母入声字“击”，老派读 31 调，新派读 44 调：击老 $tɕi^{31}$ ≠击新 $tɕi^{44}$。

（6）通摄书母入声字“叔”，老派读 53 调，新派读 44 调：叔老 fu^{53} ≠叔新 fu^{44}。

（7）宕摄心母入声字“索”，老派读 44 调，新派读 53 调：索老 $suə^{44}$ ≠索新 $suə^{53}$。

第七节　肃州区方言

壹　概况

一、调查点：酒泉市肃州区

肃州区，位于甘肃省河西走廊西部，属酒泉市管辖。介于东经 98° 20′ —99°18′，北纬 39° 10′ —39° 59′ 之间，总人口 42.8 万（酒泉市肃州区地方志办公室，2017 年调查数据），其中汉族人口约 42 万人，回族约 2800 人，裕固族约 2700 人，其余蒙古族、藏族、满族等，都不足 400 人。本区的主要少数民族语言是裕固语，集中分布在黄泥堡裕固族乡，约 2700 人使用。酒泉市肃州区辖 6 个街道、10 个镇、5 个乡。酒泉肃州区的汉语方言只有一种口音，属于兰银官话河西片方言。近年来受普通话的影响，正在向普通话靠拢。

方言曲艺和地方戏种：无。

二、发音合作人

方言老男：阎建成，汉族，1956 年 12 月出生于酒泉县城关。自 1956 年出生起，一直生活在本地。1963—1970 年在酒泉县共和一校小学、初中就读；1970—1972 年在酒泉中学就读;1972—1976 年在酒泉县派出所工作;1976—1983 年在酒泉地区建筑公司工作;1983—2016 年在酒泉市轻工业公司工作,职业为工人,2016 年退休。本人只会说肃州区方言;父母亲、妻子都是酒泉肃州区人,也都说肃州区方言。

方言青男:夏静洲,汉族,1993 年 10 月出生于酒泉市肃州区。自 1993 年出生至 2000 年上小学前一直生活在本地;2000—2006 年就读于酒泉市实验小学;2006—2012 年就读于酒泉市第一中学;2012—2015 年就读于河北省美术学院环境艺术设计专业;2015—2016 年在家待业,2016 年至今在甘肃省酒泉市建筑设计院工作。大专学历,设计师。本人日常用酒泉肃州话和地方普通话,父母亲都是肃州区人,都说当地方言。本人未婚。

贰　声韵调

一、声母

声母 25 个,含零声母在内:

p 八兵病	p^h 派片爬	m 麦明泥	f 飞风副蜂肥饭	v 味问温王
t 多东毒	t^h 讨天甜	n 脑南		l 老蓝连路
ts 资早租贼坐争纸	ts^h 刺草寸祠拆茶		s 丝三酸事山	
tʂ 张竹柱装主	tʂ^h 抽初床车春船		ʂ 双顺手书十	ʐ 热软
tɕ 酒九	tɕ^h 清全轻权	ȵ 年	ɕ 想谢响县	ʑ 月云用药
k 高共	k^h 开		x 好灰活	
Ø 熬安				

说明:

1. p、p^h、m、f 与 u 相拼时,带有唇齿摩擦特征。
2. t、t^h 与 i 相拼时,实际读音为 ȶ、ȶ^h。
3. tʂ、tʂ^h、ʂ、ʐ 为卷舌音,舌尖往后卷,与 u 相拼时尤为明显。
4. tɕ、tɕ^h、ɕ 有时发音近似于舌叶音。
5. ʑ 在单韵母 i、y 前,摩擦要强于其他韵母前,在其他韵母前,有时近似于 j。
6. k、k^h 声母与 u 相拼时,带有唇齿摩擦特征。

二、韵母

韵母共 32 个:

ɿ 丝师试	i 米戏急七一锡	u 苦五猪骨出谷	y 雨橘局
ʅ 十直尺			
ɯ 儿二			
a 茶瓦二塔法辣八	ia 牙鸭	ua 刮	
ə 歌二盒热壳色		uə 坐过盒活托郭	yə 靴月药学
ɛ 开排鞋	iɛ 写接贴节	uɛ 快	
ɔ 宝饱	iɔ 笑桥		
ei 赔飞北白		uei 对鬼	
əu 豆走	iəu 油六		
æ南山半	iæ盐年	uæ短官	yæ权

ɑŋ 糖王　　ioŋ 讲响　　uɑŋ 床双
ɤŋ 深根灯争横　　iŋ 新心硬病星　　uŋ 寸滚春东　　yŋ 云兄用

说明:

1. i、y 作单韵母时,有较强的摩擦,作介音时,摩擦略轻;i、y 后带有较弱的 ə 或 ɛ。

2. u 与 p、p^h、m、f、k、k^h 等声母相拼时,实际读音为 ʋ;与 x 相拼时,u 后面有个弱 ə。

3. ə 与 k、k^h、x 等声母相拼时,实际音值为 ɤ。

4. ei 动程较窄,在非降调里实际读音为 eɪ,在降调中近似于单元音 ɪ。

5. ɔ 在降升调中略有动程,近似于 ɔo;iɔ 在降升调中近似于 iɔo。

6. æ的实际音值接近于 ã。

7. uŋ 中的 u 开口度略大,实际音值近似于 o。

三、声调

单字调 3 个:

阴　平　44　东该灯风通开天春
阳平上　51　门龙牛懂古鬼老五毒白痛急
去　声　213　动罪近怪办卖路谷百六麦月

说明:

1. 阴平为半高平调,略低于阳平上起点,记为 44。

2. 阳平上为全降调,记为 51。实际接近 53 或 52。

3. 去声为降升调,起点略高于阳平上的终点,终点略低于阴平,记为 213。部分字时长略短,实际调值为 212;个别字声调曲线调头下降不明显,实际调值为 13。

叁　连读变调

酒泉市肃州区方言有 3 个单字调,阴平、阳平上和去声。古清平今归阴平;古浊平、全浊入、清上、次浊上今归阳平上;古去声、全浊上、清入、次浊入今归去声。由于阳平和上声在两字组中的连调情况不同,所以两字组按阴平、阳平、上声和去声 4 个单字调进行组合,共有 16 种连读调组合。具体见下表:

肃州方言两字组连读变调例词表

前字＼后字	阴平 44	阳平 51	上声 51	去声 213	语法功能词
阴平 44	44 + 44 星星、花生、相亲、亲戚、休息 35 + 44 今天、蛛蛛、公猪、应该、公公	44 + 51 灰尘、香油、梳头、心疼、经常 44 + 44 冰雹、清明、收拾、舒服、三十	44 + 51 温水、中午、编谎、亏本 44 + 44 端午、烧酒、肩膀、宽敞、多少 35 + 44 家里、烧纸、姑老、公狗、中指	44 + 44 正月、松树、开剥、兄弟、思慕、欺负、干净 35 + 44 天气、包谷、豌豆、菠菜、钢笔 44 + 21 天亮、山谷、公历、相信、商店	44 + 44 沙子、他们、丫头、乡里 35 + 44 包子、钉子

续表

前字＼后字	阴平 44	阳平 51	上声 51	去声 213	语法功能词
阳平 51	51 ＋ 44 洋灰、年初、年糕、聊天、年轻 44 ＋ 21 前天、旁边、梅花、洋葱、黄瓜 35 ＋ 21 台风、娃娃、邻居、姨妈、熟悉	51 ＋ 51 煤油、洋芋、着凉、划拳、调皮 44 ＋ 21 婆婆、床单、裁缝、年成、便宜 35 ＋ 21 爷爷、围裙、醪糟、眉毛、犁铧	51 ＋ 51 田埂、着火、年底、洋火、锣鼓 44 ＋ 21 洪水、苹果、红薯、柴火、朋友 35 ＋ 21 凉水、梨子、黄酒、毛笔	51 ＋ 21 肥皂、划算、难受、着气、责怪 44 ＋ 21 磁铁、蚊帐、茶叶、狐臭、学校 35 ＋ 21 黄豆、名字、难过、折扣、埋怨	44 ＋ 21 城里、坛子、瓶子、馒头、回来 35 ＋ 21 梨子、胡子、舌头、咱们
上声 51	51 ＋ 44 水沟、水坑、每天、养猪、打针 21 ＋ 51 牡丹、手巾、点心、扁担、喜欢	21 ＋ 51 水田、炒勺、打牌、暖和、老实	51 ＋ 51 马桶、把屎、洗澡 21 ＋ 51 奶奶、手指、婶婶 44 ＋ 21 水果、蚂蚁、可以、晌午 35 ＋ 21 滚水、老鼠、母狗、左手、旅社	51 ＋ 21 闪电、扫地、手电、打架、反正 21 ＋ 51 姊妹、柳树、炒菜、眼热、打算	21 ＋ 51 埂子、剪子、斧头、我们、枣儿、起来
去声 213	21 ＋ 44 历书、豆浆、扎针、发烧、一千 21 ＋ 13 后天、大妈、大方、弟兄、插秧	21 ＋ 51 放牛、电壶、不行、说媒、大油 21 ＋ 13 太阳、睡房、认识、记得、二十 21 ＋ 21 日食、月食	21 ＋ 51 下雨、热水、中暑、父母、后悔 21 ＋ 13 露水、木耳、下水、入殓、一百	21 ＋ 13 舅舅、月亮、吸铁、惦记、嫉妒 13 ＋ 21 旱地、地震、现在、尿尿、看病	21 ＋ 13 日头、缝子、谷子、黑了、出来

说明：

1. 阴平做前字

阴平做前字为原调 44 时，有两种情况：一是后字阴平、阳平和上声，分别为原调 44、51，而去声后字变为 21；另一是后字阳平、上声和去声都变为 44。

阴平做前字为 35 时，后字无论何调均为 44。

阴平做前字，后字为功能词时，前字无论何调，后字始终为 44。

2. 阳平做前字

前字阳平为 51 时，后字阴平、阳平和上声，分别为原调 44、51、51，去声变为 21。

前字阳平为 44 或 35 时，后字无论何调都变为 21。

阳平做前字，后字为功能词时，前字无论何调，后字始终为 21。

3. 上声做前字

前字上声为 51 时，后字阴平和上声分别为原调 44、51，去声为 21。

前字上声为 21 时，后字无论何调均为 51。

前字上声为 44 或 35 时，后字无论何调都变为 21。

上声做前字，后字为功能词时，前字为21，后字为51。

4. 去声做前字

去声做前字为21时，有3种情况：一是后字阴平、阳平和上声分别为原调44、51、51，去声为13；二是后字无论何调均变为13；三是后字变为21。

去声做前字为13时，只出现后字去声前，后字去声变为21。

去声做前字，后字为功能词时，前字为21，后字为13。

上述变调中的21调值，居前字的21是个低降调，实际读音与普通话中半上的读音基本相同。居后字的21分为两种情况，一种是时长较短、音强较弱的低降调，一种时长、音强都与前音节差不多，是个低降调21。

肆 异读

一、新老异读

1. 新老声母异读

牙老 ʑia^{51} ≠牙新 ia^{51}
余老 ʑy^{51} ≠余新 y^{51}
雨老 ʑy^{51} ≠雨新 y^{51}
艺老 ʑi^{213} ≠艺新 i^{213}
义老 ʑi^{213} ≠义新 i^{213}
眼老 ʑiæ̃^{51} ≠眼新 iæ̃^{51}
盐、炎、严老 ʑiæ̃^{51} ≠盐、炎、严新 iæ̃^{51}
月老 ʑyə^{213} ≠月新 yə^{213}
匀老 ʑyŋ^{51} ≠匀新 yŋ^{51}
云老 ʑyŋ^{51} ≠云新 yŋ^{51}
痒老 ʑiɑŋ^{51} ≠痒新 iɑŋ^{51}
厌老 ʑiæ̃^{213} ≠厌新 iæ̃^{213}
硬老 ʑiŋ^{213} ≠硬新 iŋ^{213}

2. 新老韵母异读

女老 mi^{51} ≠女新 ny^{51}
雷老 luei^{51} ≠雷新 lei^{51}
眉老 mi^{51} ≠眉新 mei^{51}
勺老 ʂuə^{5} ≠勺新 ʂɔ^{51}
脚老 tɕyə^{213} ≠脚新 tɕiɔ^{51}
北老 pə^{213} ≠北新 pei^{213}
白老 pei^{51} ≠白新 pɛ^{51}

二、文白异读

“雀”老男青男均白读 tɕʰiɔ^{51}，文读 tɕʰyə^{51}。

“渴”老男青男均白读 kʰɑŋ^{213}，文读 kʰə^{51}。

“瞎”老男青男均白读 xa^{213}，文读 ɕia^{213}。

“绿”老男白读 lu^{213}，文读 ly^{213}，青男读 ly^{213}。

“下”老男白读 xa^{213}，文读 ɕia^{213}，青男读 ɕia^{213}。

“尾”老男白读 ʑi^{51}，文读 vei^{51}，青男读 vei^{51}。

“药”老男读 ʑyə^{213}，青男白读 yə^{213}，文读 iɔ^{213}。

伍 儿化和小称音

酒泉肃州区方言中的“儿”读为 ɯ，只出现少数词的词尾，如“枣儿 tsɔ^{21}ɯ^{51}、鸟儿 ȵiɔ^{21}ɯ^{51}、门槛儿 mɤŋ^{35}kɑŋ^{42}ɯ^{0}”。普通话中用儿尾的词，酒泉方言中多用子尾，如“面儿、馅儿”，肃州话说“面子 miæ̃^{21}tsɿ^{13}、馅子 ɕyæ̃^{21}tsɿ^{13}”。

酒泉肃州区方言中的“娃子”有表小意，如“猪娃子猪崽 tṣu^{44}va^{44}tsɿ^{44}、月娃子婴儿 ʑyə^{21}va^{44}tsɿ^{0}、雀娃子 tɕʰiɔ^{21}va^{13}tsɿ^{31}、男娃子小男孩 næ̃^{44}va^{21}tsɿ^{21}、鱼娃子小鱼 ʑy^{44}va^{21}tsɿ^{21}”。

陆　其他主要音变规律

一、同化

“门槛”读为 mɤŋ^{35}kɑŋ^{42}，“槛”的读音由 kʰæ̃被 ŋ 同化为 kɑŋ。

二、增音

“电壶”和“暖壶”的读音分别为 tiæ̃^{21}xuə^{51} 和 nuæ̃^{21}xuə^{51}，x 与 u 相拼时，音节尾常带弱的 ə，在这个两个词中，u 直接变成了 uə，与“火 xuə^{51}”的读音完全相同。

第八节　永昌县方言

壹　概况

一、调查点：金昌市永昌县

永昌县，位于甘肃省河西走廊中部，属金昌市管辖。介于东经 101°4′—102°43′，北纬 37°47′—38°39′之间。据 2013 年普查，总人口 23.5 万人，其中汉族 23.3585 万人，藏族 265 人、回族 632 人、蒙古族 58 人、裕固族 31 人、土族 133 人、满族 242 人、其他 54 人。境内无少数民族语言。汉语方言为兰银官话河西片，分布在各乡镇，使用人口 20 多万，为本地普遍通用的方言。近年来变化较快，正在向普通话靠拢。

方言曲艺和地方戏种主要有宝卷，小曲子等。宝卷即诵念经卷故事，为省级非物质文化遗产，有代表性传承人。小曲子是一种二人说唱表演的地方小戏，有音乐伴奏，民间较为流行，现在民间仍有表演。

二、发音合作人

方言老男：孙积庆，汉族，1960 年 6 月出生于永昌县城关镇。1960—1967 年在永昌县城关镇生活；1967—1972 年在永昌城关镇一校就读；1972—1976 年在永昌一中就读；1976—1979 年在永昌县红山窑公社下乡插队；1980—1981 年在永昌县六坝公社五坝小学任教；1981—1988 年在永昌县东寨中学任教；1988—1991 年在永昌第二中学任教；1991—2002 年在城关镇中学任教；2002 年至今在永昌第四中学任教。大学学历。本人一直说永昌话和地方普通话。父母亲、妻子都是永昌县城关镇人，平常都说永昌方言。

方言青男：肖有伟，汉族，1990 年 8 月出生于永昌县城关镇。1990—1996 年在永昌城关镇金川西村生活；1996—2003 年在金川西小学就读；2003—2006 年在永昌第四中学就读；2006—2009 年在永昌第一中学就读；2009—2012 年在兰州理工大学就读；2012—2015 年在北京亿阳信通公司工作；2015 年至今在金昌市金川神雾公司工作。本人日常使用永昌话和普通话，父母亲都是永昌县城关镇人，只会说永昌话。本人未婚。

贰　声韵调

一、声母

声母 26 个，含零声母在内：

p 八兵病	p^h 派片爬	m 麦明泥白	f 飞风副蜂肥饭	v 味问温王
t 多东毒	t^h 讨天甜	n 脑南		l 老蓝连路
ts 资早租字贼坐	ts^h 刺草寸祠		s 丝三酸	
tʂ 张竹柱争装纸	$tʂ^h$ 拆抽茶抄车城		ʂ 事山双顺手十	ʐ 热软
tɕ 酒九	$tɕ^h$ 清全轻权	ȵ 年泥文	ɕ 想谢响县	ʑ 雨一
k 高共	k^h 开		x 好灰活	
ɣ 二儿				
ø 熬月安云用药				

说明：

1. 送气声母送气较重。
2. 塞音声母 p、p^h、t、t^h 等与韵母 u 拼有时带双唇颤音。
3. 声母 l 与齐齿呼韵母拼有时带有较明显的闪音色彩。
4. 送气音声母在低元音前有时带有小舌压舌根形成的擦音或颤音。
5. tʂ 组声母拼开口呼时的卷舌程度比北京话高，拼合口呼韵母时接近 tʃ 组，拼 u 韵母时尤其明显。

二、韵母

韵母共 30 个：

ɿ 丝	i 米戏急七一锡	u 苦五骨出谷六白	y 雨橘局
ʅ 师试十直尺			
ɤ 二			
a 茶瓦塔法辣八	ia 牙鸭	ua 刮	
ə 歌盒热壳色	iə 写接贴节鞋文	uə 坐过活托郭国	yə 月药学
	iɛ 盐年		yɛ 权
ɛe 开排鞋白山半		uɛe 快短官	
ei 赔飞		uei 对鬼	
əu 豆走	iəu 油六文		
ɔo 宝饱	iɔo 笑桥		
ɑŋ 安糖王	iɑŋ 盐讲响	uɑŋ 官床双	
ɤŋ 深根灯争横	iŋ 新心硬病星		
oŋ 寸滚春东			yəŋ 云兄用

说明：

1. 韵母 i、y 发音靠前，特别是与 tɕ 组声母拼时更加明显，但不是舌尖音 ɿ、ʮ。
2. u 可单独构成音节，记作 vu。
3. u 韵母在唇齿声母 f 后实际读 ʋ；在双唇声母 p、p^h 后实际读 w；在其他声母后读 u。
4. a 单做韵母时，介于 a 与 ᴀ 之间。

5. 韵母 ə 与唇音声母拼时，其唇形略圆，有时即读作 o。

6. 韵母 iə 与声母 t、t^h 拼时，iə、yə 与 tɕ 组声母拼时其韵头带有同部位的摩擦。

7. 韵母 iə 在个别字中读 iɛ，但两者无别义作用，故统记作 iə。

三、声调

单字调 3 个：

阴　平	44	东该灯风通开天春
阳平上	13	门龙牛懂古鬼卖老五毒白痛急
去　声	53	动罪近怪办树卖路谷百六麦月

说明：

1. 阴平是一个次高平调，有时起调略低，近似 45 调，但总体是平调，记作 44。

2. 阳平基本是一个低升调，起调最低，但不稳定，有时收调略高，有时收调略低，个别时候似带有一点曲折。记作 13。

3. 去声是一个高降调，一般降到 3 度，有时更低，记作 53。

叁　连读变调

金昌市永昌县方言有 3 个单字调，阴平、阳平上和去声。古清平今归阴平；古浊平、全浊入、清上、次浊上今归阳平上；古去声、全浊上、清入、次浊入今归去声。由于阳平和上声在两字组中的连调情况不同，所以两字组按阴平、阳平、上声和去声 4 个单字调进行组合，共有 16 种连读调组合。具体见下表：

永昌方言两字组连读变调例词表

前字＼后字	阴平 44	阳平 13	上声 13	去声 53
阴平 44	44 + 44 花生、西瓜、朱砂、搬家	44 + 44 边墙、猪毛、中学、开门	44 + 44 汤水、甘草、牲口 44 + 13 烧火、烧纸	44 + 44 亲戚、三月 44 + 53 霜降、开会
阳平 13	13 + 42 棉花、别针、人中 53 + 44 滑冰	13 + 42 敌人、羊毛、粮食 35 + 13 扬场	13 + 42 石板、糖水、塘土 35 + 13 罚款	13 + 42 白菜、羊圈 13 + 53 学费、还愿
上声 13	44 + 44 水烟、眼睛 21 + 44 雨衣、赶车	53 + 44 口粮、伙食 53 + 13 酒瓶、打锤	13 + 42 水土、井水、滚水 35 + 13 铲草	53 + 21 韭菜、板凳 44 + 53 小雪、写字
去声 53	53 + 21 大家、北风 53 + 44 岳飞、冒烟	53 + 13 铁皮、木楼、放牛 53 + 21 价钱	53 + 13 木板、上火 53 + 21 月饼、对手	53 + 21 半夜、笑话 22 + 53 出纳、落脚

说明：

1. 永昌方言复合式两字组连读变调较为复杂，一是单字调中，古阳平和古上声合流为阳平上，但连读中，古阳平来源的字和古上声来源的字的变调情况有差异。二是连读中的后字有类似普通话的轻声，但并不轻短，而有较为清晰的调型。三是声调的变化与否还与词语的语法类型有一定的关系。四是连读中除原有的三个单字调调值外，还出现了 21、22、

42、35 等几个连读调值。

2. 连读中凡后字读 21 调的，均按一般变调处理，不记做轻声。

3. 阴平的变调：

阴平作为前字，一般不变调。作为后字，在动宾结构中一般不变调；其他结构中，古阴平、古上声后不变调，前字若为阳平或变 42 调，前字若为去声或变 21 调。

4. 阳平上的变调：

阳平上因其来源不同，连读中变调情况有差异。

原调为古阳平的变调：

做为前字，去声前概不变调。在阴平前，动宾结构中变 53 调，其他结构中不变调；古阳平、古上声前，动宾结构中变35调，其他结构中一般不变调。作为后字，阴平后一律变44调；在古阳平、古上声后，动宾结构中不变调，其他结构中或变 42 调；在去声后动宾结构中不变调，其他结构中或变 21 调。

原调为古上声的变调：

作为前字，在动宾结构中不变调；在非动宾结构中，阴平前变 44 调或 21 调，古阳平（包括全浊入）前变 53 调，古上声前或变 35 调，去声前变 44 调或 53 调。做后字，在动宾结构中不变调；在非动宾结构中，阴平后变 44 调，古上声、古阳平后变 42 调，去声后不变调或变 21 调。

5. 去声的变调：

作为前字，动宾结构中，在阴平、阳平上前不变调，在去声前变 22 调。其他结构中，在阴平、阳平上前不变调，去声前不变调或变 22 调。作为后字，动宾结构中均不变调。其他结构中，阴平后或变 44 调，古阳平后变 42 调，古上声后或变 21 调，去声后或变 21 调。

肆　异读

永昌方言只有新老异读，情况如下：

1. 新老声母异读

（1）古果摄疑母字“饿”，老派读零声母，新派读唇齿声母：饿老 ə^{53} ≠饿新 və^{53}。

（2）古遇摄生母字“所”，老派读卷舌声母，新派读舌尖后声母：所老 ʂuə^{53} ≠所新 suə^{13}。

（3）古流摄生母字“瘦”，老派读舌尖前生母，新派读卷舌声母：瘦老 səu^{53} ≠瘦新 ʂəu^{53}。

（4）古江摄澄母字“撞”，老派读送气声母，新派读不送气声母：撞老 tʂ^{h}uaŋ^{53} ≠撞新 tʂuaŋ^{53}。

（5）古江摄影母字“握”，老派读零声母，新派读唇齿声母：握老 uə^{53} ≠握新 və^{53}。

2. 新老韵母异读

（1）古帮组声母今普通话韵母为 i 的字，老派韵母读 i，新派读 ɿ。如：

蟹摄祭並去：币老 pi^{53} ≠币新 pɿ^{53}　　蟹摄齐明上：米老 mi^{44} ≠米新 mɿ^{13}

蟹摄齐泥平：泥老 mi^{13} ≠泥新 mɿ^{13}　　止摄支並上：被老 pi^{53} ≠被新 pɿ^{53}

止摄脂帮上：比老 pi^{13} ≠比新 pɿ^{13}　　止摄脂並去：鼻老 pi^{13} ≠鼻新 pɿ^{13}

止摄脂明平：眉老 mi^{13} ≠眉新 mɿ^{13}　　止摄脂滂去：屁老 p^{h}i^{53} ≠屁新 p^{h}ɿ^{53}

臻摄质滂：匹老 p^{h}i^{53} ≠匹新 p^{h}ɿ^{13}　　臻摄质明：密老 mi^{53} ≠密新 mɿ^{53}

臻摄质帮：笔老 pi^{53} ≠笔新 pɿ^{13}　　曾摄职帮：逼老 pi^{53} ≠逼新 pɿ^{53}

梗摄锡帮：壁老 pi^{53} ≠壁新 pɿ^{53}
梗摄锡滂：劈老 pʰi^{53} ≠劈新 pʰɿ^{53}

（2）遇摄泥母字“女”，永昌声母读 m。其韵母新老派区别如上述帮组字：女老 mi^{13} ≠女新 mɿ^{13}。

（3）臻摄来母字“轮”，老派韵母读 yəŋ，新派读 oŋ：轮老 lyəŋ^{13} ≠轮新 loŋ^{13}。

（4）臻摄微母字“物”，老派韵母读 ə，新派读 u：物老 və^{53} ≠物新 vu^{53}。

（5）深摄邪母字“寻”，老派韵母读 iŋ，新派读 yəŋ：寻老 ɕiŋ^{13} ≠寻新 ɕyəŋ^{13}。

3. 新老声调异读

（1）部分古上声字，老派读 44 调或 53 调，新派读 13 调；或老派读 13 调，新派读 44 调。如：

蟹摄佳影上：矮老 ɛe^{44} ≠矮新 ɛe^{13}
止摄微见上：几老 tɕi^{44} ≠几新 tɕi^{13}
流摄侯明上：母老 mu^{44} ≠母新 mu^{13}
流摄侯端上：抖老 təu^{44} ≠抖新 təu^{13}
咸摄咸见上：剪老 tɕiɛ^{44} ≠剪新 tɕiɛ^{13}
山摄元微上：晚老 vɛe^{44} ≠晚新 vɛe^{13}
宕摄唐端上：党老 tɑŋ^{44} ≠党新 tɑŋ^{13}
止摄支疑上：蚁老 ʑi^{53} ≠蚁新 ʑi^{13}
止摄之日上：耳老 ɣɤ^{13} ≠耳新 ɣɤ^{44}
效摄豪泥上：脑老 nɔo^{13} ≠脑新 nɔo^{44}
效摄豪心上：嫂老 sɔo^{13} ≠嫂新 sɔo^{44}
流摄尤见上：九老 tɕiəu^{13} ≠九新 tɕiəu^{44}
山摄先晓上：显老 ɕiɛ^{13} ≠显新 ɕiɛ^{44}
山摄桓影上：碗老 vɛe^{13} ≠碗新 vɛe^{44}
宕摄阳晓上：响老 ɕiaŋ^{13} ≠响新 ɕiaŋ^{44}
山摄寒心上：伞老 sɛe^{13} ≠伞新 sɛe^{44}

（2）一些古为入声字，今普通话为阴平的字，老派读 53 调，新派读 44 或 13 调；今普通话为上声的字，老派读 53 或 44 调，新派读 13 调；今普通话为阳平的字，老派读 53 或 44 调，新派读 13 调。如：

普通话上声：

咸摄乏非：法老 fa^{53} ≠法新 fa^{13}
咸摄盍透：塔老 tʰa^{53} ≠塔新 tʰa^{13}
宕摄铎心：索老 suə^{44} ≠索新 suə^{13}

普通话阴平：

咸摄覃透：搭老 ta^{53} ≠搭新 ta^{44}
咸摄洽初：插老 tʂa^{53} ≠插新 tʂa^{44}
咸摄叶精：接老 tɕiə^{53} ≠接新 tɕiə^{44}
深摄缉章：汁老 tʂʅ^{53} ≠汁新 tʂʅ^{44}
山摄末透：脱老 tʰuə^{53} ≠脱新 tʰuə^{44}
山摄屑溪：缺老 tɕʰyə^{53} ≠缺新 tɕʰyə^{44}
宕摄铎见：郭老 kuə^{53} ≠郭新 kuə^{44}
山摄黠影：挖老 va^{53} ≠挖新 va^{44}
梗摄锡心：锡老 ɕi^{53} ≠锡新 ɕi^{44}
山摄黠帮：八老 pa^{53} ≠八新 pa^{44}
山摄曷清：擦老 tsʰa^{53} ≠擦新 tsʰa^{44}
山摄月晓：歇老 ɕiə^{53} ≠歇新 ɕiə^{44}
江摄觉帮：剥老 pə^{53} ≠剥新 pə^{44}
臻摄质书：失老 ʂʅ^{53} ≠失新 ʅʂʅ^{44}
梗摄麦知：摘老 tʂə^{53} ≠摘新 tʂə^{13}

普通话阳平：

咸摄洽见：夹老 tɕia^{53} ≠夹新 tɕia^{13}
深摄缉邪：习老 ɕi^{53} ≠习新 ɕi^{13}
咸摄叶章：折老 tʂə^{53} ≠折新 tʂə^{13}
臻摄质见：吉老 tɕi^{53} ≠吉新 tɕi^{13}
山摄屑精：节老 tɕiə^{53} ≠节新 tɕiə^{13}
通摄屋见：菊老 tɕy^{53} ≠菊新 tɕy^{13}
梗摄麦见：隔老 kə^{53} ≠隔新 kə^{13}
通摄烛章：烛老 tʂu^{53} ≠烛新 tʂu^{13}
臻摄术见：橘老 tɕy^{44} ≠橘新 tɕy^{13}
梗摄陌疑：额老 ə^{44} ≠额新 ə^{13}

伍　儿化和小称音

永昌话无儿化音变。小称一般通过重叠或儿尾、子尾表达。其叠音名词、子尾、儿尾词的变调情况如下：

叠音名词的变调方式和子尾、儿尾词的变调相同。连读中前字单字调为阴平的，前字读原调，后字读44调。前字为阳平上的因其来源的不同，表现为两类：前字原调为古阳平的，前字读原调，后字读42调；前字原调为古上声的，前字变53调，后字读21调。前字为去声的，前字读原调，后字读21调。具体情况见下表：

永昌方言小称音变例词表

第一字调		调型	重叠名词例	儿尾词例	子尾词例
阴平	阴＋	44＋44	包包 杯杯 抽抽	鸡儿 花儿 歌儿	庄子 梯子 车子
阳平上	古阳平＋	13＋42	爷爷 瓶瓶 裙裙	钱儿 梨儿 桃儿	茄子 猴子 头子
	古上声＋	53＋21	本本 碗碗 奶奶	枣儿 雀儿 嘴儿	领子 里子 锁子
去声	去＋	53＋21	舅舅 袋袋 裤裤	被儿 兔儿 旋儿	袜子 柱子 瞎子

第九节　崆峒区方言

壹　概况

一、调查点：平凉市崆峒区

崆峒区，位于甘肃省东部，属平凉市管辖。介于东经106°25′—107°21′，北纬35°12′—35°45′之间。截至2016年，总人口49万人，34个民族，其中汉族338610人，约占70%；回族115658人，约占23.6%。其他民族35732人，约占6.4%。回族主要分布在7个回族乡，即大寨、峡门、上杨、大秦、寨河、西阳、白庙回族乡。本区无少数民族语言。崆峒区方言属于中原官话秦陇片。汉民口音与回民不同。我们主要调查的是平凉市政府所在地崆峒区城区的汉民方言，与周边的乡镇口音略有不同。城区内部有老派与新派之分。老派ŋ声母字少，新派字多；老派yɤ韵母字，新派分化读yɤ和yɛ，与普通话的影响有关。随着普通话的推广普及，崆峒区方言向普通话靠拢。一些方言词语已绝于青少年之口，年轻人发音已接近普通话音系。

方言曲艺和地方戏种主要是秦腔，近年已衰微了。还有皮影戏，但演出的市场也萎缩了。

二、发音合作人

方言老男：郑曙青，汉族，1951年3月出生于崆峒区。13岁中山街小学毕业，1964—1970年在平凉第二中学就读，高中学历。1971年起在平凉机械厂工作，1982年起在平凉市（县级）经委工作，1984年转干，在公路、交通系统工作，2011年退休。一直生活在当地，无其他地方生活经历。不会说其他话，只说崆峒区方言。父母亲、妻子都是崆峒区人，都说崆峒区方言。

方言青男：康凯，汉族，1983年4月出生于平凉市崆峒区。1989—1995年在平凉市（县级）解放路小学就读，1995—2001 年在平凉市第八中学就读，2001—2004 年在兰州城市学院（旧名兰州师专）美术系就读大学专科。2004 年至今在崆峒区职业中学和兴合庄小学任教。一直生活在当地。本人日常用崆峒区方言，教学用普通话。父母亲、妻子都是崆峒区人，都说崆峒区方言。

贰　声韵调

一、声母

声母共 24 个，包括零声母：

p 八兵病	pʰ 派片爬	m 麦明	f 飞风副蜂肥饭	
t 多东毒	tʰ 讨天甜	n 脑南熬安		l 老蓝连路
ts 资早租字贼坐争纸	tsʰ 刺草寸祠拆茶抄		s 丝三酸事山	
tʂ 张竹柱装主	tʂʰ 抽初床车春船城		ʂ 双顺手书十	ʐ 热软
tɕ 酒九	tɕʰ 清全轻权	ȵ 年泥	ɕ 想谢响县	
k 高共	kʰ 开	ŋ 饿	x 好灰活	
∅ 味问月温王云用药				

二、韵母

韵母共 33 个：

ɿ 师丝试	i 米戏急七一锡	u 苦五猪骨出谷	y 雨橘局
ʅ 十直尺			
ɚ 二			
a 茶塔法辣八	ia 牙鸭	ua 瓦刮	
ɤ 歌热壳		uo 坐过盒活托郭	yɤ 靴月药学
ɛ 开排鞋	iɛ 写接贴节	uɛ 快	
ei 赔飞北色白		uei 对鬼国	
ɔ 宝饱	iɔ 笑桥		
əu 豆走	iəu 油六绿		
æ̃南山半	iæ̃盐年	uæ̃短官	yæ̃权
ɑŋ 糖	iɑŋ 响讲	uɑŋ 床王双	
ɤŋ 深根灯升争	iɤŋ 心新硬病星	uɤŋ 温	
oŋ 寸滚春横东	ioŋ 云兄用		

说明：

1. a、ia、ua 韵母中的 a 舌位偏后。
2. 在非降调里，ɛ、ɔ 韵母有明显的动程，iɛ、iɔ 韵母相应也有较宽的动程。
3. ei、əu 的动程稍窄，uei、iəu 相应动程也窄。

三、声调

单字调 4 个：

阴平	低降调	21	东该灯风通开天春　谷百搭节哭拍塔切刻　六麦叶月
阳平	中升调	24	门龙牛油铜皮糖红　急　毒白盒罚

上声　高降调　53　懂古鬼九统苦讨草买老五有
去声　半高平调　44　冻怪半四痛快寸去卖路硬乱洞地饭树　动罪近后

说明：
1. 阴平有时近似31，统一记为21。
2. 去声有拱调特征，值为454，统一记为44。

叁　连读变调

崆峒区方言有四个单字调，阴平、阳平、上声、去声。古清平、清入、次浊入归阴平；古浊平、全浊入归阳平；古清上、次浊上归上声；古去声、全浊上归去声。崆峒区方言有16种连读调类组合，19种连调模式。连读调有7个，包括4个单字调21、24、53、44和3个新调值22、55、35。16种连读调组合里，以阴平做前字，后字是阴平、阳平、上声的，都要变调，没有不变调的；其他13种都有变调和不变调的情况。具体见下表：

崆峒方言两字组连读变调例词表

前字＼后字	阴平 21	阳平 24	上声 53	去声 44
阴平 21	53 + 21 宿宿 24 + 21 杀猪	53 + 21 日头 22 + 24 日食	53 + 21 山水、沙子 22 + 53 失火 53 + 53 热水	53 + 21 月亮 22 + 44 高兴 21 + 44 干菜
阳平 24	24 + 21 台风 22 + 53 梅花	24 + 24 油条 22 + 53 长虫、石头、娃娃	24 + 53 黏糕 22 + 53 苹果、茄子	24 + 44 难过 22 + 53 白菜
上声 53	53 + 21 打针 55 + 21 牡丹	53 + 24 纸钱 55 + 21 伙房、里头 35 + 53 女猫	53 + 53 雨伞 55 + 21 老虎、冷子 35 + 53 椅子 53 + 21 左手	53 + 44 闪电 55 + 21 底下
去声 44	44 + 21 号脉 35 + 53 地方	44 + 24 剃头 35 + 53 后年、上头 35 + 21 界棱	44 + 53 裤腿 35 + 53 下雨、柱子	44 + 44 变蛋 35 + 53 道士、舅舅 35 + 21 涝坝

说明：
先从前字看。

1. 阴平做前字变53时，后字是21；阴平做前字变22时，后字不变调；阴平做前字变24时，后字是阴平21。“热水”和“干菜”比较特殊。据我们向其他人调查，“热水”读22 + 53，“干菜”读22 + 44模式。

2. 阳平做前字变22，后字都是53。

3. 上声做前字变55，后字是21；上声做前字变35时，后字是53。

4. 去声做前字变35，后字是53。其中后字是阳平和去声时，还可变21，比较特殊，如“界棱、涝坝”，但据我们向其他人调查，它们都读35 + 53模式。

再从后字看。

1. 阴平做后字一种是不变调,另一种是变调。前一种不论在哪个调类后都不变;后一种只在在阳平和去声里变为 53。

2. 阳平做后字一种是不变调,另一种是变调。前一种不论在哪个调类后都不变;后一种情况,在非阳平后可以变为 21,在非阴平后可以变为 53。

3. 上声做后字,以不变居多,也有在阴平和上声后变 21 的情况。

4. 去声做后字一种是不变调,另一种是变调。前一种不论在哪个调类后都不变。后一种情况,在非阳平后可以变为 21;在阳平和去声后可以变为 53。

附带说说语法功能词的变调。在北京话里,语法功能词一般来说总读轻声,即轻而短,高低随前字声调的值而不同。在崆峒区方言里,语法功能词也随前字而变,但不是轻而短,如子尾和头尾的“子”和“头”,阳平和去声后读 53,阴平和上声后读 21(“椅子”的特殊读法是例外,据我们向其他人调查,读 55 + 21 模式)。在崆峒区方言两字组连读调里,前字里没有 21 调,后字里有 21 调。如果后字本字是阴平读 21 调,我们认为不变调;如果后字本字是非阴平字读 21 调,我们认为是变调。词汇里例子很多,不再一一举例。因为轻声在任何环境里都是轻而短的,所以词汇里的记音,后字 21 调我们不把它做轻声看待。据此,我们认为在该方言里没有轻声。

肆　异读

崆峒方言只有新老异读,情况如下:

1. 新老声母异读

古全浊声母仄声字老派今读送气声母,新派今读不送气声母,如:

步老 p^{h}u^{44} ≠步新 pu^{44}　　抖老 t^{h}əu^{53} ≠抖新 təu^{53}

跪老 k^{h}uei^{44} ≠跪新 kuei^{44}

其余新老声母的异读还有:

黏老 ȵiæ̃^{24} ≠黏新 ʐæ̃^{24}　　糙老 ts^{h}ɔ^{44} ≠糙新 tsɔ^{44}

项老 xɑŋ^{44} ≠项新 ɕiɑŋ^{44}　　藕老 nəu^{53} 藕新 ŋəu^{53}

2. 新老韵母异读

可老 k^{h}uo^{53} ≠可新 k^{h}ɤ^{53}　　盒老 xuo^{24} ≠盒新 xɤ^{24}

鹅老 uo^{24} ≠鹅新 ŋɤ^{24}　　瞎老 xa^{21} ≠瞎新 ɕia^{21}

破老 p^{h}uo^{44} ≠破新 p^{h}ɤ^{44}　　吞老 t^{h}ɤŋ^{21} ≠吞新 t^{h}uɤŋ^{21}

课老 k^{h}uo^{44} ≠课新 k^{h}ɤ^{4}　　滚老 koŋ^{53} ≠滚新 kuɤŋ^{53}

奴老 nəu^{24} ≠奴新 nu^{24}　　俊老 tɕioŋ^{44} ≠俊新 tɕyɤŋ^{44}

眉老 mi^{24} ≠眉新 mei^{24}　　准老 tʂoŋ^{53} ≠准新 tʂuɤŋ^{53}

匀老 ioŋ^{24} ≠匀新 yɤŋ^{24}　　色老 sei^{21} ≠色新 sɤ^{21}

云老 ioŋ^{24} ≠云新 yɤŋ^{24}　　额老 nε^{53} ≠额新 ŋɤ^{24}

鹤老 xuo^{24} ≠鹤新 xɤ^{44}　　荣老 ioŋ^{24} ≠荣新 ʐuɤŋ^{24}

雀老 tɕ^{h}iɔ^{53} ≠雀新 tɕ^{h}yɤ^{21}　　重老 tʂoŋ^{44} ≠重新 tʂuɤŋ^{44}

墨老 mei^{24} ≠墨新 mɤ^{21}　　凶老 ɕioŋ^{21} ≠凶新 ɕyɤŋ^{21}

刻老 k^{h}ei^{21} ≠刻新 k^{h}ɤ^{21}　　绿老 liəu^{21} ≠绿新 ly^{21}

测老 ts^{h}ei^{21} ≠测新 ts^{h}ɤ^{21}

3. 新老声调异读

鹤老 xuo^{24} ≠鹤新 xɤ^{44}　　额老 ŋɛ^{53} ≠额新 ŋɤ^{24}

伍　儿化和小称音

一、儿化和儿尾

崆峒区方言里有儿化韵，可以表小和喜爱的色彩。儿尾可影响其前韵母发生变化。根据词汇调查表里出现的儿化现象，我们把儿化韵归纳为 13 个。具体如下：

崆峒方言儿化音变例词表

ʅər 三十儿 sæ̃^{44}ʂʅər^{24}		ur 兔儿 t^{h}ur^{44}	
ər 菜籽儿 ts^{h}ɛ^{35}tsər^{53} 唱歌儿 tʂ^{h}ɑŋ^{44}kər^{2} 蜂儿 fər^{53}	iər 今儿个 tɕiər^{53}kɤ^{21}	uər 木耳 muər^{53}	yər 女儿 nyər^{53}
ɐr 蚕儿 ts^{h}ɐr^{24}	iɐr 前儿个 tɕ^{h}iɐr^{24}kɤ^{21}	uɐr 画画儿书 xua^{35}xuɐr^{35}ʂu^{21}	yɐr 馅儿 ɕyɐr^{44} 钢元儿 kɑŋ^{22}yɐr^{24}
ɔr 枣儿 tsɔr^{53} 后儿个 xɔr^{44}kɤ^{21}	iɔr 面条儿 miæ̃^{44}t^{h}iɔr^{24}		
əur 猴儿 xəur^{24}			

二、小称音变

崆峒区方言里小称一般用重叠式加子尾表示，如“草草子、叶叶子、水沟沟子、褯褯子、盖盖子、袪袪子、面面子”等。“子”在不同声调的字后有不同的变调，在阴平和上声后读 21，在阳平和去声后读 53。具体见“崆峒方言两字组连读变调例词表”。

陆　其他主要音变规律

根据所调查的词汇和语法现象，我们能够确定的其他音变规律主要有同化和合音等。

一、同化现象

蜓蜓 t^{h}iɤŋ^{53}t^{h}iɤŋ^{21}，前字声母本为 tɕ^{h}，后字声母影响前字声母变化。

左半个 tsuo^{55}pɑŋ^{53}kɤ^{21}，“个”的声母影响“半”的韵尾变为舌面后鼻音。

秀溜$^{=}$ ɕiəu^{35}liəu^{53}，本为“秀丽”，后字韵母受前字韵母影响变得相同了。

打哈吸 ta^{53}xa^{53}ɕi^{21}，本为“打哈欠 ta^{55}xa^{53}tɕ^{h}iæ̃^{21}”，连读中读为 ta^{55}xa^{53}tɕ^{h}i^{21}，tɕ^{h} 受前一字声母 x 摩擦音的影响进一步变为 ɕ。当然这个例子里还伴随有弱化和脱落的音变现象。

二、合音现象

“咋 tsa^{21}”是“怎么 tsɤŋ^{53}ma^{21}”的合音；“□ tsua^{44}”是“做啥 tsu^{44}sa^{44}”的合音；“玻$^{=}$

puo^{21}”是“不了 pu^{22}liɔ^{53}”的合音。

后两条在词汇调查表里没有，特此说明。

第十节　庆城县方言

壹　概况

一、调查点：庆阳市庆城县

庆城县，位于甘肃省东部，属庆阳市管辖。介于东经 107°16′32″—108°05′49″，北纬 35°42′29″—36°17′22″之间，总人口 26.85 万人，其中汉族 268046 人，回族 317 人，满族 29 人，壮族 13 人，其他民族 95 人（2018 年统计数据）。县域内无少数民族语言。庆城境内方言相近，都属于中原官话秦陇片，大致可分为以下几种口音：一、城关口音，分布在庆城镇、高楼、赤城、家庙、三十里铺南面、玄马南面、驿马镇、熊家庙、桐川等乡镇。二、东片口音，分布在三十里铺北面，接近环县话。三、东北片口音，分布在玄马、南庄北面，接近华池县城话。四、西片口音，分布在太白梁乡、土桥、冰淋岔等乡镇，接近镇原口音。五、中部口音，以西峰话为代表，分布在西峰、温泉、彭原、后官寨、董志等乡镇。六、南片口音，分布在肖金、什社、陈户、显胜等乡镇，接近宁县话。庆城方言近年逐渐向普通话靠拢。

方言曲艺和地方戏种主要有秦腔、小曲和民歌信天游。秦腔用关中方言演唱。小曲用庆城方言演唱，一般在社火活动时演出。民歌用当地方言演唱。

二、发音合作人

方言老男：温世民，汉族，1962 年 10 月出生在甘肃省庆城县庆城镇钟楼巷；1962—1970 年在当地生活；1970—1975 年在庆城县东方红小学、北小就读；1976—1978 年在庆城镇东方红中学就读；1978—1981 年在庆城县陇东中学就读；1981—1994 年在家劳动；1994—1997 年在庆城县食品公司开车；1998 至今干个体。本人一直说庆城话。父母亲都是庆城县庆城镇人，妻子是庆城县玄马乡人，平常都说庆城话。

方言青男：樊龙江，汉族，1989 年 7 月出生在甘肃省庆城县庆城镇南大街；1989—1996 年在当地生活；1996—2002 年在庆城镇逸夫小学上学；2002—2005 年在庆城镇庆城初中就读；2005—2008 年在庆城县陇东中学就读；2008—2011 年在甘肃交通职业技术学院就读；2011—2013 年在庆城县公安局工作；2013—2016 年在庆阳市西峰镇工作；2016 至今在庆城镇北街社区工作。大专文化，干部。本人日常使用庆城话和普通话，父母、妻子都是庆城县庆城镇人，平常都说本地话。

贰　声韵调

一、声母

声母共 25 个，包括零声母：

p 八兵病	p^h 派片爬	m 麦明	f 飞风副蜂肥饭	v 味问温王
t 多东毒	t^h 讨天甜	n 脑南熬安		l 老蓝连路
ts 资早租字贼争纸	ts^h 刺草寸祠拆茶抄		s 丝三酸事山	

ʈʂ 张竹柱装主	ʈʂʰ 抽初床车春船城		ʂ 双顺手书十	ʐ 热软
tɕ 酒九	tɕʰ 清全轻权	ȵ 年泥	ɕ 想谢响县	
k 高共	kʰ 开	ŋ 我	x 好灰活	
∅ 月云用药				

说明：

1. p、pʰ、t、tʰ 与齐齿呼韵母相拼时，摩擦强烈。t、tʰ 带有舌面音色彩，实际读音为 ȶ、ȶʰ。

2. p、pʰ、m 与 u 相拼时，带有唇齿音特点，音值为 pf、pfʰ、ɱ。

3. v 有时候摩擦不强烈。

4. ʈʂ、ʈʂʰ、ʂ、ʐ 发音部位靠前，与合口呼韵母相拼时，音值为舌叶音 ʧ、ʧʰ、ʃ、ʒ。

5. 送气音声母的送气色彩较重，有时带动小舌颤动。

6. 调查语料中，ŋ 声母只出现在第一人称代词“我”中。

二、韵母

韵母共 33 个：

ɿ 师丝试	i 米戏急七一锡	u 苦五猪骨出谷	y 雨橘局绿文
ʅ 十直尺			
ɚ 二			
a 茶瓦塔法辣	ia 牙鸭	ua 刮	
ə 歌		uə 坐过盒活托郭壳	yə 药学
ɛ 开排鞋热	iᴇ 贴节	uɛ 快	yᴇ 靴月
ɔ 宝饱	iɔ 笑桥		
ei 赔飞北色白		uei 对鬼国	
əu 豆走	iəu 油六绿白		
ɛ̃ 南山半	iɛ̃ 盐年	uɛ̃ 短官	yɛ̃ 权
ɑ̃ 糖王	iɑ̃ 响讲	uɑ̃ 床双	
ɤŋ 深根灯升争	iŋ 心新硬病星	uŋ 寸滚春东	yŋ 云兄用

说明：

1. 高元音 i、u、y、ɿ、ʅ 尾部有时有后滑音，i 后有个含混的 ə，ɿ、ʅ、u 后有个含混的央 ə，y 后有个 ɪ。

2. u 单独做韵母，与 ts、tsʰ、s 相拼时音值为 ʮ，尾部有衍音，音值接近 ʮᵊ。与 ʈʂ、ʈʂʰ、ʂ、ʐ 相拼时音值为 ʯ，尾部有衍音，音值接近 ʯᵊ。与其他声母相拼时，唇形平展，上齿接近下唇，音值接近 ʋ。

3. ɚ 略带圆唇色彩。

4. ə、uə 和 yə 中，主要元音 ə 的舌位较低，唇形较圆。

5. ɛ 略有动程，实际音值为 ɛe。

6. ɔ 略有动程，实际音值为 ɔo。

7. ɛ̃、iɛ̃、uɛ̃、yɛ̃ 鼻化较弱，但没有完全消失。

8. ɑ̃、iɑ̃、uɑ̃ 一组韵母，主要元音有圆唇色彩，音值接近 ɒ̃。

三、声调

单字调 4 个：

阴平　51　东该灯风通开天春 谷百搭节哭拍塔切刻 六麦叶月
阳平　113　门龙牛油铜皮糖红 毒白盒罚 急
上声　44　懂古鬼九统苦讨草买老五有 痛
去声　244　冻怪半四痛快寸去卖路硬乱洞地饭树 动罪近后

说明：

1. 阳平为低升调。起点很低，记为 113。
2. 上声在强调、拖长读时，前半段为平，末尾略降；不强调时，降尾不明显。记为 44。
3. 去声是中升平调，起点比阳平高，后半段略平。强调读时，有时候有降尾。记为 244。

叁　连读变调

庆城方言有四个单字调，阴平、阳平、上声、去声。古清平、清入、次浊入归阴平；古浊平、全浊入归阳平；古清上、次浊上归上声；古去声、全浊上归去声。庆城方言有 16 种连读调类组合。具体见下表：

庆城方言非轻声组连调例词表

前字＼后字	阴平 51	阳平 113	上声 44	去声 244
阴平 51	53 + 51 发烧、擦黑	53 + 113 日食、多年	21 + 44 烧火、开水	21 + 244 木炭、天气
阳平 113	21 + 51 台风、洋灰	113 + 113 从前、煤油	21 + 44 年底、牙狗	21 + 244 白菜、蚊帐
上声 44	44 + 51 我爹、你爹	44 + 113 响雷、鲤鱼	44 + 44 水果、转板 21 + 44 早晚、赶紧	44 + 244 水地、炒菜
去声 244	244 + 51 跰跤、种麦	244 + 113 盖房、地棱	244 + 44 下雨、裤腿	244 + 244 地震、看病

庆城方言轻声组连调例词表

前字＼后字	词汇性轻声	语法性轻声			
		重叠	+方位词	+词缀	+助词
阴平 51	51 + 0 东西、清明、热水、月亮	51 + 0 星星、角角	51 + 0 乡里、山上	51 + 0 包子、木头	51 + 0 贴了、新的
阳平 113	21 + 0 头发、石榴、朋友、棉花 113 + 0 禾草、零钱	21 + 0 娃娃、蛾蛾	21 + 0 城里、门上	21 + 0 茄子、石头	21 + 0 凉了、白的
上声 44	44 + 0 哑巴、柳树、老虎、冷水	44 + 0 奶奶、姐姐	44 + 0 手上、井里	44 + 0 冷子、里头	44 + 0 好了、好的 113 + 0 椅子

续表

前字 \ 后字	词汇性轻声	语法性轻声			
		重叠	+方位词	+词缀	+助词
去声 244	244 + 0 大麦、事情、露水、旱地	244 + 0 妹妹、棒棒	244 + 0 树上、地里	244 + 0 辫子、后头	244 + 0 病了、大的

说明：

1. 阴平做前字时，在阴平和阳平之前，仍读高降调，但是调尾比单独念时高，实际调值为 53。在上声和去声之前，由高降调变为低降调 21。

2. 阳平做前字时，在阴平、上声、去声和轻声前，调值由低升调 113 或变为低降调 21，或不变调。

3. 上声做前字时，在上声前，有两种读法，一是读平调 44，如“水果、转板”，二是读低降调 21，如“早晚、赶紧”。

4. 轻声词包括词汇性轻声词和语法性轻声词，共同特征是在阴平、阳平、上声或去声后，无论后字的原调类是什么，都失去原有特征，音高变得相同，但调值表现各有不同。阴平、上声和去声后的轻声，又轻又短；阳平后的轻声，为高平调，并不轻短。为表示其类型化特征，以上两种轻声都记为 0。

肆　异读

一、新老异读

1. 新老声母异读

零声母合口呼字老派读 v 声母，新派读零声母，如：

瓦老 va^{44} ≠瓦新 ua^{44}　　弯老 $v\tilde{ɛ}^{51}$ ≠弯新 $u\tilde{ɛ}^{51}$

外老 $vɛ^{244}$ ≠外新 $uɛ^{244}$　　晚老 $v\tilde{ɛ}^{44}$ ≠晚新 $u\tilde{ɛ}^{44}$

位老 vei^{244} ≠位新 uei^{244}　　屋老 vu^{51} ≠屋新 u^{51}

其他声母的新老异读如：

所老 $ʂuə^{44}$ ≠所新 $suə^{44}$

有的字老派两读，新派只有一种读法，如：

“步”老派 p^hu^{244}、pu^{244} 两读，新派读 pu^{244}。

“类”老派 $nuei^{244}$、$luei^{244}$ 两读，新派读 $luei^{244}$。

“眼”老派 $ȵi\tilde{ɛ}^{44}$、$i\tilde{ɛ}^{44}$ 两读，新派读 $ȵi\tilde{ɛ}^{44}$。

“荣”老派 $yŋ^{113}$、$ʐuŋ^{113}$ 两读，新派读 $ʐuŋ^{113}$。

有的字新派两读，老派只有一种读法，如：

“藕”新派 $nɤu^{44}$、$ɤu^{44}$ 两读，老派读 $nɤu^{44}$。

2. 新老韵母异读

可老 $k^hɔ^{44}$ ≠可新 $k^hɤ^{44}$　　眉老 mi^{113} ≠眉新 mei^{113}

路老 $lɤu^{244}$ ≠路新 lu^{244}　　吞老 $t^hɤŋ^{51}$ ≠吞新 $t^huŋ^{51}$

有的字老派两读，新派只有一种读法，如：

"雀" 老派 tɕʰiɔ⁴⁴、tɕʰyə⁴⁴ 两读，新派读 tɕʰiɔ⁴⁴。
"绿" 老派 liɤu⁵¹、ly⁵¹ 两读，新派读 liɤu⁵¹。
"戒" 老派 kɛ²⁴⁴、tɕiᴇ²⁴⁴ 两读，新派读 tɕiᴇ²⁴⁴。
有的字新派两读，老派只有一种读法，如：
"寻" 新派 ɕiŋ¹¹³、ɕyŋ¹¹³ 两读，老派读 ɕiŋ¹¹³。

二、文白异读

"步" 老派白读 pʰu²⁴⁴，文读 pu²⁴⁴。
"眼" 老派白读 ȵiɛ̃⁴⁴，文读 iɛ̃⁴⁴。
"荣" 老派白读 yŋ¹¹³，文读 zʮŋ¹¹³。
"藕" 新派白读 nɤu⁴⁴，文读 ɤu⁴⁴。

伍　儿化和小称音

一、儿化和儿尾

庆城有词缀"儿"和儿化音变，即前面音节与后缀"儿"结合为一个音节，带上卷舌色彩。音变规律如下表。

庆城方言儿化音变例词表

韵母	儿化时的变化规律	儿化韵国际音标	举例
ɿ ʅ	主要元音变为 ɤr	ɤr	瓜子儿 kua²¹tsɤr⁴⁴、侄儿 tʂɤr¹¹³
i u y	主要元音后加上 ɤr	iɤr uɤr yɤr	猪蹄儿 tʂu⁵¹tʰiɤr¹¹³、夜蝙虎⁼儿 iᴇ²⁴⁴piᴇ⁰ xuɤr¹¹³、曲儿 tɕʰyɤr⁵¹
a ia ua ɔ iɔ ɤu iɤu ɛ uɛ iᴇ yᴇ	主要元音略微央化并卷舌	ar iar uar ɔr iɔr ɤur iɤur ɛr uɛr iᴇr yᴇr	花儿 xuar⁵¹、雀儿 tɕʰiɔr⁴⁴、后儿 xɤur²⁴⁴、鞋儿 xɛr¹¹³
ə uə yə	主要元音抬高变为 ɤ 并卷舌	ɤr uɤr yɤr	鸽儿 kɤr⁵¹、老婆儿 lɔ⁴⁴pʰuɤr⁰
ei uei	韵尾脱落，主要元音变为 ɤr	ɤr uɤr	气味儿 tɕʰi²⁴⁴vɤr²⁴⁴、多会儿 tuə²¹xuɤr²⁴⁴
ɛ̃ iɛ̃ uɛ̃ yɛ̃ ã iã uã yã	主要元音略微央化并卷舌	ɛ̃r iɛ̃r uɛ̃r yɛ̃r ãr iãr uãr yãr	两半儿 liã²¹pɛ̃r²⁴⁴、冰棒儿 piŋ²¹pãr²⁴⁴
ɤŋ iŋ uŋ yŋ	韵尾脱落，i、u、y 后加上 ɤ，ɤ 鼻化并卷舌	ɤ̃r iɤ̃r uɤ̃r yɤ̃r	蜂儿 fɤ̃r⁵¹、杏儿 ɕiɤ̃r²¹³

二、小称音变

表小形式是词根重叠，后字读为轻声。如"车车 tɕʰɛ⁵¹tɕʰɛ¹、根根 kɤŋ⁵¹kɤŋ¹、牌牌 pʰɛ²¹pʰɛ⁰、盆盆 pʰɤŋ²¹pʰɤŋ⁰、本本 pɤŋ⁴⁴pɤŋ⁰、板板 pɛ̃⁴⁴pɛ̃⁰、罐罐 kuɛ̃²⁴⁴kuɛ̃⁰、棍棍 kuŋ²⁴⁴kuŋ⁰"。

陆　其他主要音变规律

子尾弱化音变。后缀“子”有两读，一是读轻声，声母和韵母不变，读 tsɿ，如“冷子 lɤŋ^{44}tsɿ^{1}”；二是读轻声，但是声母浊擦音化，读为 zɿ，如“缝子 fɤŋ^{244}zɿ^{1}”。

第十一节　宁县方言

壹　概况

一、调查点：庆阳市宁县

宁县，位于甘肃省东部，属庆阳市管辖。地理坐标在东经 107°41′—108°34′，北纬 35°15′—35°52′之间。总人口 56.06 万人（2015 年统计）。县域内无少数民族语言。按照古深臻摄和曾梗通摄今读分混，宁县方言可分为新宁话和早胜话两片。新宁话深臻摄和曾梗通摄阳声韵合流，读作 əŋ、iŋ、uŋ、yŋ，跟中原官话秦陇片方言相同；早胜话深臻摄和曾梗通摄阳声韵分立，深臻摄读 ẽ、iẽ、uẽ、yẽ，曾梗通摄读 əŋ、iŋ、uŋ、yŋ，跟中原官话关中片方言一致。早胜话分布在宁县南部早胜塬上的早胜镇、良平镇和中村镇，使用人口约 7.7 万人。新宁话分布在除早胜塬三镇以外的其他乡镇，使用人口约 48.36 万人。近些年随着经济发展，当地外出打工、经商的人比较多，方言变化速度加快，尤其年轻人方言受普通话影响较大。

方言曲艺和地方戏种：本地传统流行唱秦腔，过去还有道情皮影戏、“泥头戏”（木偶戏）和山歌小曲。

二、发音合作人

方言老男：郑千里，汉族，1957 年 8 月出生在宁县新宁镇高山堡村；1957—1963 年在家；1964—1970 年在新宁镇高山堡小学就读；1971—1974 年在宁县第二中学就读；1975—1979 年回乡参加劳动；1980 至今在新宁镇学区任教。中师学历，小学教师。只说新宁镇话。其父母亲、妻子都是宁县新宁镇人，都说新宁镇话。

方言青男：李睿，汉族，1985 年 5 月出生在宁县新宁镇高山堡村；1985—1992 年在家；1992—1998 年在新宁镇小学就读；1998—2001 年在宁县第二中学就读；2001—2006 年先后在宁县师范学校、庆阳师范学校就读；2006 年 9 月分配春荣乡古城小学任教至今。大专学历，小学教师。教学说普通话，平时说新宁话。其父母亲、妻子都是宁县新宁镇人，都说新宁镇话。

贰　声韵调

一、声母

声母共 28 个，包括零声母：

p 八兵病文	p^h 派片爬病白	m 麦明泥白	f 飞风副蜂肥饭	
t 多东毒文	t^h 讨毒白	n 脑南熬安		l 老蓝连路
ts 资早租字文贼文坐文争纸	ts^h 刺草寸字白贼白坐白全白祠拆茶抄		s 丝三酸事	

ʈʂ 张	$ʈʂ^h$ 抽车城		ʂ 十手	ʐ 热
tʃ 竹柱文主装	$tʃ^h$ 柱白初床春船文		ʃ 双船白顺书	ʒ 软
tɕ 酒九	$tɕ^h$ 天甜清全文轻权	ȵ 年泥文	ɕ 想谢响县	
k 高共	k^h 开	ŋ 我讹	x 好灰活	
ø 味问温王云用药				

说明：

1. 塞音 p、t、k 阻塞较紧。送气塞音、塞擦音和擦音气流较强，尤其以 p^h、f、$tʃ^h$、ʃ 四声母拼单韵母时比较突出。

2. t^h 拼 u 韵母偶尔带唇颤色彩。

3. n 拼洪音，ȵ 拼细音，二者呈互补分布。

4. l 声母拼 ei 韵母有时（逢高降调上声）略带舌颤音色彩。

5. ʈʂ 组声母只拼开口呼韵母。ʈʂ、$ʈʂ^h$ 拼 ʅ、ə 以外的韵母，偶尔阻塞加重、摩擦减轻，实际音值为 ʈʂ、$ʈʂ^h$，如"州 $ʈʂou^{31}$、张 $ʈʂaŋ^{31}$、绸 $ʈʂ^hou^{24}$、唱 $ʈʂ^haŋ^{44}$"。

6. tʃ 组声母只拼合口呼韵母。发音时舌尖和前舌面接触硬腭前部，伴随翘唇动作，拼 u 韵母时唇形略圆，拼以 u 外的韵母时唇形偏扁，老派有时舌位略靠前带舌尖前音色彩。

7. 今读 tɕ 组声母拼齐齿呼韵母的古精组、透母（定母今送气音）字，老派有时带舌尖前音色彩（女性比较突出）。

二、韵母

韵母共 34 个：

ɿ 师丝试	i 戏急七一锡	u 苦五猪骨出谷	y 雨橘局绿文
ʅ 十直尺			
ɚ 二			
a 茶塔法辣八	ia 牙鸭	ua 瓦刮	
ə 歌热壳文		uə 坐过盒壳白活托郭国文	yə 药学
ɛ 开排鞋	iɛ 写接贴节	uɛ 快	yɛ 靴月
ɔ 宝饱	iɔ 笑桥		
ɯ 胳核~桃咳~嗽口~袋			
ei 赔飞北色白李		uei 对国白	
ou 豆走绿文：~林好汉	iou 油六绿白：~色		
æ̃ 南山半	iæ̃ 盐年	uæ̃ 短官	yæ̃ 权
aŋ 糖	iaŋ 响讲	uaŋ 床王双	
əŋ 深根灯升争	iŋ 心新硬病星	uŋ 寸滚春东	yŋ 云兄用

说明：

1. u 韵母拼 f 母时带唇齿摩擦音色彩，实际音值为 ʋ；拼 ts 组声母时带舌尖前元音色彩，实际音值为 ɥ；拼舌叶音 tʃ 组声母时舌位跟声母一致，实际为舌叶元音，其作介音拼 tʃ 组声母时较暗，有被声母吸收的趋势，由于无合适的音标符号可记，统一标为 u。

2. a、ia、ua 中的 a 偏央，实际音值为 ᴀ。

3. ə 拼 ʈʂ 组声母音值近似 ʅə。

4. ɛ、uɛ 中的 ɛ 舌位介于 ᴇ、ɛ 之间。ɛ 逢阳平偶尔出现调值分韵现象，读作 æ，如老派“打牌”的“牌”读 pʰæ²⁴。

5. ɯ 只拼 k 组声母，常用字有“胳～膊蛇～蚤圪～瘩，～摇：摇摆口～袋柯树～杈核～桃”。

6. ei 拼 l 时偶尔韵腹高化近似 ɪi。

7. uei 拼 t、tʰ 时介音 u 较弱，有失落的趋势，音值为 uei。例如“对 tuei⁴⁴”。

8. aŋ 组韵母中的 a 实际音值为 ɑ，鼻韵尾 ŋ 弱。

9. əŋ 韵母中的 ə 舌位略靠后。

三、声调

单字调 4 个：

阴平	31	东该灯风通开天春 谷百搭节哭拍塔切刻 六麦叶月
阳平	24	门龙牛油铜皮糖红 毒白盒罚 急
上声	53	懂古鬼九统苦讨草买老五有
去声	44	冻怪半四痛快寸去卖路硬乱洞地饭树 动罪近后

说明：

1. 阴平有时起点比 3 高，读作 41，有时起点比 3 低，接近 21，统一记 31。
2. 阳平有时略带平头，读作 224。
3. 上声调尾有时比 3 低，读作 52。
4. 去声有时调尾略升，读作 45。

叁 连读变调

宁县方言有四个单字调，阴平、阳平、上声、去声。古清平、清入、次浊入归阴平；古浊平、全浊入归阳平；古清上、次浊上归上声；古去声、全浊上归去声。宁县方言有 16 种连读调类组合。具体见下表：

宁县方言两字组连读变调例词表

前字 \ 后字		阴平 31	阳平 24	上声 53	去声 44
阴平 31	甲	24 + 31 操心、天天	31 + 24 日食、跟集	22 + 53 丢盹、收款	22 + 44 街道、冬至
	乙	53 + 21 星星、正月	53 + 21 日头、蜂糖	53 + 21 山水、青果 31 + 21 老了	53 + 21 烟雾、松树 31 + 21 咳嗽
阳平 24	甲	24 + 31 成天、洋蜡	24 + 24 煤油、流氓	24 + 53 年底、白果	24 + 44 时运、蚊帐
	乙	22 + 53 黄瓜、茶叶	22 + 53 明年、娃娃	22 + 53 锣鼓、茄子	22 + 53 白菜、和尚
上声 53	甲	53 + 31 请客、碾麦	53 + 24 水泥、养娃	53 + 53 洗澡、雨伞 22 + 53 冷水、水果	53 + 44 闪电、小气
	乙	55 + 21 纸烟、点心 53 + 21 解锥 31 + 21 紫的	55 + 21 本钱、奶头 45 + 42 女猫、母猫	55 + 21 耳朵、草草 53 + 21 晌午、老虎 45 + 42 冷子	55 + 21 小路、柳树 53 + 21 几个、两个

续表

前字＼后字		阴平 31	阳平 24	上声 53	去声 44
去声 44	甲	44 + 31 喂猪	44 + 24 大河、放牛	44 + 53 下雨、臭眼	44 + 44 看病、庙会
	乙	45 + 42 外甥、地方	45 + 42 后头、后年	45 + 42 涝坝、筷子	45 + 42 半夜、味味

说明：

宁县方言两字组连读变调可分为甲、乙两种模式（表中以虚线隔开）：甲类连调式的调值由前后字共同控制，变调只起调节发音的作用；乙类连调式后字失去了原有声调，其调型、调值由前字决定，形成有限的几种模式，类似普通话的轻声。下面分别说明。

1. 甲类

此类两字组共形成 17 种连调模式。连读中多数字组前后字都不发生变调，少数前字变调，后字不变。变调值有 24 和 22 两个，其中 24 跟阳平的单字调相同，22 是个新调值。发生变调的情况如下：

（1）阴平＋阴平，前字变 24，变调后跟“阳平＋阴平”的连调模式 24 + 31 合并；

（2）阴平＋上声、阴平＋去声，前字都要变 22，后字都不变调；

（3）上声＋上声，少数前字变 22，变调后跟“阴平＋上声”的连调模式 22 + 53 合并。

2. 乙类

此类两字组共形成五种模式，即 53 + 21、31 + 21、22 + 53、55 + 21、45 + 42。从后字看，其读音高低、轻重有三种表现：

（1）在阴平、上声后为 21（上声后有个别例外为 42），相对轻短、弱化程度较高；

（2）在阳平后读作 53 调，读得又重又长，跟上声的单字调 53 相同；

（3）在去声后为 42（不太稳定，有时接近上声），读得略重略长。从前字看，大多前字受后字影响要发生变调。其中前字阴平一般变读上声 53，也有个别变 31；前字阳平变读 22；前字上声多数变 55，个别变 31 或 45，也有不变调的情况。前字去声变读 45。

由于乙类连调模式的后字均有清晰的调型，所以有一部分跟甲类连调模式相同而发生合流。其中乙类前字阳平的连调模式 22 + 53 跟甲类“阴平＋上声”的连读模式 22 + 53 归并；乙类前字上声的连读模式 53 + 21 跟甲类“上声＋阴平”的连调模式 53 + 21 归并。

宁县方言乙类连调式所辖双音节词语较多，包括前后字由表音字组成，内部结构关系不明或意义不是字面义加结构义的词语，AA 式重叠名词、量词、象声词，带“圪、老、打”等前缀的词语，带“子、儿、的、头、打、实”等后缀以及后附“着、了、过、也 ia^{53}、哩”等虚词的词语。有些字经常在双音节词语中出现，受乙类连调模式影响，有时单字调会发生“窜调”现象。如古清入字“掇”只在“拾掇”一词中作后字，受乙类 22 + 53 连调模式影响，单字调读 53；又如古清上字“紫”经常在“紫色、紫的”中作前字，受乙类 31 + 21 连调模式影响，单字调读成了阴平；再如古清上字“左”读上声和去声两种调值，作姓氏单用时读上声，作方位词时读去声，去声读法当是在“左面”中作前字，受乙类 45 + 42 连调模式影响所致。

肆　异读

宁县方言只有新老异读，情况如下：

1. 声母的新老异读

（1）古全浊声母仄声，老派只读白读送气音的部分字，新派有文白两读，白读送气、文读不送气。例如：

果合一上声从母字“坐”：老派读 tsʰuə^{44}，新派白读 tsʰuə^{44}、文读 tsuə^{44}。

遇合一去声並母字“步”：老派读 pʰu^{44}，新派白读 pʰu^{44} 几～路、文读 pu^{44} ～调、～行街。

遇合三上声澄母字“柱”：老派读 tʃʰu^{44}，新派白读 tʃʰu^{44} ～顶石、～子、文读 tʃu^{44} 顶梁～、偷梁换～。

蟹开二去声並母字“败”：老派读 pʰɛ^{44}，新派白读 pʰɛ^{44} ～家子、～月、文读 pɛ^{44} 失～、～坏。

蟹开四上声定母字“弟”：老派读 tɕʰi^{44}，新派白读 tɕʰi^{44}、文读 ti^{44}。

止开三去声並母字“鼻”：老派读 pʰi^{24}，新派白读 pʰi^{24} ～子、文读 pi^{24} ～音、～窦炎。

止合三上声群母字“跪”：老派读 kʰuei^{44}，新派白读 kʰuei^{44}、文读 kuei^{44}。

止合三去声群母字“柜”：老派读 kʰuei^{44}，新派白读 kʰuei^{44} 木～、文读 kuei^{44} ～台。

流开三去声群母字“旧”：老派读 tɕʰiou^{44}，新派白读 tɕʰiou^{44} 新～、文读 tɕiou^{44} 守～、喜新厌～。

臻开三入声澄母字“侄”：老派读 tʂʰʅ^{24}，新派白读 tʂʰʅ^{24}、文读 tʂʅ^{24}。

宕开一入声並母字“薄”：老派读 pʰuə^{24}，新派白读 pʰuə^{24}、文读 puə^{24}。

通合一入声定母字“毒”：老派读 tʰu^{24}，新派白读 tʰu^{24} 中～、有～、文读 tu^{24} ～辣。

通合三上声澄母字“重”：老派读 tʃʰuŋ^{44}，新派白读 tʃʰuŋ^{44}、文读 tʃuŋ^{44}。

通合三入声群母字“局”：老派读 tɕʰy^{24}，新派白读 tɕʰy^{24}、文读 tɕy^{24}。

（2）古透母今逢齐齿呼韵母部分字，老派只有白读 tɕʰ，新派有文白读，白读 tɕʰ、文读 tʰ。例如：

蟹开四平声透母字“剃”：老派读 tɕʰi^{44}，新派白读 tɕʰi^{44}、文读 tʰi^{44}。

效开四平声定母字“条”：老派读 tɕʰiɔ^{24}，新派白读 tɕʰiɔ^{24}、文读 tʰiɔ^{24}。

山开四平声透母字“天”：老派读 tɕʰiæ̃^{31}，新派白读 tɕʰiæ̃^{31}、文读 tʰiæ̃^{31}。

山开四平声定母字“田”：老派读 tɕʰiæ̃^{24}，新派白读 tɕʰiæ̃^{24}、文读 tʰiæ̃^{24}。

山开四入声透母字“铁”：老派读 tɕʰiɛ^{31}，新派白读 tɕʰiɛ^{31}、文读 tʰiɛ^{31}。

梗开四平声透母字“厅”：老派读 tɕʰiŋ^{31}，新派白读 tɕʰiŋ^{31}、文读 tʰiŋ^{31}。

梗开四平声透母字“听”：老派读 tɕʰiŋ^{31}，新派白读 tɕʰiŋ^{31}、文读 tʰiŋ^{31}。

梗开四平声定母字“停”：老派读 tɕʰiŋ^{24}，新派白读 tɕʰiŋ^{24}、文读 tʰiŋ^{24}。

梗开四入声透母字“踢”：老派读 tɕʰi^{31}，新派白读 tɕʰi^{31}、文读 tʰi^{31}。

（3）通合三精组字（除“粟续”两字）老派一般只有白读 tɕ 组声母，新派有文白异读，白读 tɕ 组、文读 ts 组。例如通合三入声心母字“宿”：老派读 ɕy^{31}，新派白读 ɕy^{31}、文读 su^{31}。

（4）来母今逢 y 韵的字，宁县普遍失落 l 读零声母，但有个别字新派出现文读音 l 母。例如遇合三上声来母字“吕”：老派读 y^{53}，新派白读 y^{53} 姓～、文读 ly^{53} ～布。

（5）遇合三上声生母字“所”：老派读 ʃuə^{53}，新派白读 ʃuə^{53}、文读 suə^{53}。

（6）个别字古泥母在 i 韵老派有文白读，文读 ȵ，白读 m，而新派只有文读 ȵ。例如蟹开四平声泥母字“泥”：老派文读 ȵi^{24} 名词、白读 mi^{44} 动词，用泥抹：～炉子，新派只读 ȵi^{24}。

（7）古全清声母今读送气音的个别字，老派只读送气音，新派有文白读，文读不送气，白读送气。例如流开一上声端母字“抖”:老派只读 t^hou^{53},新派白读 t^hou^{53}、文读 tou^{53}。

(8)古见系开口二等字少数字老派只有白读 k 组,新派有文白读,文读 tɕ 组,白读 k 组。例如山开二上声匣母字“限”:老派只读 $xæ̃^{44}$,新派文读 $ɕiæ̃^{44}$、白读 $xæ̃^{44}$。

(9)臻合一去声泥母字“嫩”:老派只读白读 $lyŋ^{44}$,新派白读 $lyŋ^{44}$、文读 $nəŋ^{44}$。

(10)江开二入声溪母字“壳”:老派白读 $tɕ^hyə^{31}$、文读 $kə^{31}$,新派只有文读 $tɕ^hyə^{31}$。

2. 韵母的新老异读

(1)蟹摄开口一、二等字老派读 ɛ 韵母阳平字,新派又读发生调值分韵现象,读 æ̃韵。例如蟹开二平声並母字“排”:$p^hɛ^{24}$ 老≠ $p^hæ̃^{24}$ 新,又读音。

(2)山摄合口三等精组见晓组字、山摄合口四等见组字老派读 yɛ,新派读 yə。例如:

山合三从母字“绝”:$tɕyɛ^{24}$ 老≠ $tɕyə^{24}$ 新。

山合三心母字“雪”:$ɕyɛ^{31}$ 老≠ $ɕyə^{31}$ 新。

山合三疑母字“月”:$yɛ^{31}$ 老≠ $yə^{31}$ 新。

山合三云母字“越”:$yɛ^{31}$ 老≠ $yə^{31}$ 新。

山合四溪母字“缺”:$tɕ^hyɛ^{31}$ 老≠ $tɕ^hyə^{31}$ 新。

(3)山、臻摄合口一等泥来母字介音老派只有白读 y,新派有文白读,白读 y,文读 u。例如:

山合一来母字“乱”:老派读 $lyæ̃^{44}$,新派白读 $lyæ̃^{44}$、文读 $luæ̃^{44}$。

臻合一泥母字“嫩”:老派读 $lyŋ^{44}$,新派白读 $lyŋ^{44}$、文读 $nəŋ^{44}$。

(4)江开二影母字“握”:老派白读 $yə^{31}$、文读 $uə^{31}$,新派只有文读 $uə^{31}$。

(5)通合三入声来母字“绿”:老派只有白读 $liou^{31}$,新派白读 $liou^{31}$、文读 ly^{31}。

3. 声调的新老异读

(1)遇合三去声以母字“裕”,老派读阳平 24,新派读去声 44:y^{24} 老≠ y^{44} 新。

(2)蟹合三去声云母字“卫”,老派读阳平 24,新派读去声 44:uei^{24} 老≠ uei^{44} 新。

(3)流开三去声影母字“幼”,老派读去声 44,新派读上声 53:iou^{44} 老≠ iou^{53} 新。

(4)咸开三去声见母字“剑”,老派读去声 44,新派读上声 53:$tɕiæ̃^{44}$ 老≠ $tɕiæ̃^{53}$ 新。

(5)山开三去声见母字“建”,老派读去声 44,新派读上声 53:$tɕiæ̃^{44}$ 老≠ $tɕiæ̃^{53}$ 新。

(6)山开三群母去声字“健”,老派读去声 44,新派读上声 53:$tɕiæ̃^{44}$ 老≠ $tɕiæ̃^{53}$ 新。

(7)臻开三入声来母字“栗”,老派读阴平 31,新派读上声 53:li^{31} 老≠ li^{53} 新。

(8)宕开一入声心母字“索”,老派读阴平 31,新派读上声 53:$suə^{31}$ 老≠ $suə^{53}$ 新。

伍　儿化和小称音

一、儿化

宁县方言有少数儿化韵,以下是《调查手册》中出现的儿化韵:

宁县方言儿化音变例词表

儿化韵	基本韵母	例词
ʅər	ʅ	大年三十儿
ar	a	裤衩儿

续表

儿化韵	基本韵母	例词
ur	u	裤儿、燕蝙虎⁼儿
uər		木耳
iər	iɛ	白夜儿
ɔr	ɔ	枣儿、黑梢儿
iɔr	iɔ	雀儿
əur	əu	猴儿
yæ̃r	yæ̃	钢元儿
uɐr	uŋ	冰棍儿
iŋr	iŋ	杏儿

二、"A: 子"式词语首音节韵母拖长的音变现象

宁县方言有一些"A: 子"式名词和量词，发音时首音节韵母部分明显拖长。这类词语实际是"AA 子"式名词、量词，"AB 子"式名词的音变，即第二音节（A、B）弱化后跟首音节（A）发生合音，合音后整个字组的声调根据原来"AA 子、AB 子"的连调模式略有缩合，发音时拖长了首音节的韵母。其连调模式是：阴平作前字为 532 + 21，阳平作前字为 25 + 21，上声作前字为 552 + 21，去声作前字为 454 + 21。下面依次举例。例词中合音部分放在"[ ]"内，韵母后的":"表示拖音，"←"表示前面的音由后面的音变来，括号内的音口语中已很少出现。

前字阴平：

[疤疤]子 paː^{532}tsɿ^{21} ← pa^{53}pa^{21}tsɿ^{21}

花[苞苞]子 xua^{31}pɔː^{532}tsɿ^{21} ← xua^{31}pɔ^{53}pɔ^{21}tsɿ^{21}

[媳妇]子 ɕiouː^{532}tsɿ^{21} ←(ɕi^{53}fu^{21}tsɿ^{21})

[衫衫]子 sæ̃ː^{532}tsɿ^{21} ← sæ̃^{53}sæ̃^{21}tsɿ^{21}

前字阳平：

[瓶瓶]子 p^{h}iŋː^{25}tsɿ^{21} ← p^{h}iŋ^{22}piŋ^{55}tsɿ^{21}

[盒盒]子 xuəː^{25}tsɿ^{21} ← xuə^{22}xuə^{55}tsɿ^{21}

[蛾蛾]子 ŋuəː^{25}tsɿ^{21} ← ŋuə^{22}ŋuə^{55}tsɿ^{21}

[前晌]午 tɕ^{h}iɑŋː^{25}u^{21} ←(tɕ^{h}iæ̃^{22}ʂɑŋ^{53}u^{21})

前字上声：

[水水]子 ʃueiː^{552}tsɿ^{21} ← ʃuei^{55}ʃuei^{21}tsɿ^{21}

[眼眼]子 ȵiæ̃ː^{552}tsɿ^{21} ← ȵiæ̃^{55}ȵiæ̃^{21}tsɿ^{21}

[点点]子 tiæ̃ː^{552}tsɿ^{21} ← tiæ̃^{55}tiæ̃^{21}tsɿ^{21}

[捆捆]子 k^{h}uŋː^{552}tsɿ^{21} ← k^{h}uŋ^{55}k^{h}uŋ^{21}tsɿ^{21}

前字去声：

[盖盖]子 kɛː^{454}tsɿ^{21} ← kɛ^{45}kɛ^{42}tsɿ^{21}

[阵阵]子 tʂəŋː^{454}tsɿ^{21} ← tʂəŋ^{45}tʂəŋ^{42}tsɿ^{21}

[凳凳]子 təŋː^{454}tsɿ^{21} ← təŋ^{45}təŋ^{42}tsɿ^{21}

［后晌］午 xuaŋː^{454}u^{21} ←（xou^{45}ʂɑŋ^{42}u^{21}）

陆　其他主要音变规律

一、同化

眨 tsæ^{31}，读 æ韵，当是经常跟"眼睛"搭配使用，受"眼 ȵiæ^{53}"字韵母同化所致。

新女婿 ɕiŋ^{22}ȵy^{55}ɕiŋ^{21}，"婿"被"新"的韵母同化读 iŋ。

三个 saŋ^{53}uɛ^{21}，"三"受量词"个"的声母 k 发音部位影响韵尾变为 ŋ，相同情况的还有"半个"的"半"受"个"声母影响韵母读 paŋ^{44}。

猪圈 tʃʰu^{22}tɕʰyæ^{44}，"猪"受"圈"强气流影响由不送气变为送气音。

二、合音

1. 名词

"媳妇"合音为 ɕiouː^{532}，如"［媳妇］子 ɕiouː^{532}tsɿ^{21}、新［媳妇］子 ɕiŋ^{22}ɕiouː^{532}tsɿ^{21}、娃［媳妇］子 ua^{24}ɕiouː^{532}tsɿ^{21}"。

"前晌"合音为 tɕʰiaŋː^{25}，如"［前晌］午 tɕʰiaŋː^{25}u^{21}"。

"后晌"合音为 xuaŋː^{454}，如"［后晌］午 xuaŋː^{454}u^{21}"。

另外，"门上（门外面）"在新宁、和盛等乡镇合音为 maŋ^{24}，早胜镇有 i 介音读 miaŋ^{24}（《调查手册》中没有出现）。

2. 代词

"人家"合音为 ȵiæ^{53}；"咱家 tsʰa^{24}tɕia^{31}"合音为 tɕʰia^{24}；"这个 tsɿ^{22}kɛ^{53}"合音为 tsɛ^{53}；"这搭儿"的"搭儿"合音为 tər^{44} 后减去"这"。

3. 其他

数量词"一个"经常合音为 iɛ^{31} 或 iə^{31}，如"一个猪、一个牛"。

"了也"合音为 lia^{53}，如"快来了也"。

三、脱落

量词"个"跟数词结合时读 uɛ，应是"个"脱落声母 k 所致。如"一个 i^{53}uɛ^{21}、两个 liaŋ^{55}uɛ^{21}、十个 ʂʅ^{22}uɛ^{53}"。

"家 tɕia^{31}"作后缀，常附在亲属称谓后指"某姓亲属"，姓氏后指"某人的妻子"或"某姓人"时，声母 tɕ 脱落，读作零声母。如"婆家 puə^{22}ia^{53}、张家 tʂaŋ^{53}ia^{21}"（《调查手册》中没有出现）。

光棍汉 kuaŋ^{53}ku^{21}xæ^{21}，"棍"轻读弱化导致鼻韵尾脱落。

四、人称代词单复数用声调变化表示

宁县方言人称代词复数一般不用"们"缀，而是通过声调变化表示（或加后缀"的"），读高调 53 表单数，读低调 31 表复数。例如：你 ȵi^{53} 姓啥？你（的）ȵi^{31}（ti^{21}）得是是不是一个村的？

五、亲属称谓声调类化现象

宁县单音节亲属称谓词存在声调类化现象。如"爷、爹（音同"达"）、爸新、伯、姨"读阳平 24，"奶、妈、姑、哥、姐、妹"读去声 44。有的类化现象也移用在双音词节亲属称谓词中。如"外奶 uei^{44}nɛ^{44}、碎爹 suei^{44}ta^{24}、后爹 xou^{44}ta^{24}、大妈 ta^{44}ma^{44}、后妈 xou^{44}ma^{44}、妈妈婶子

$ma^{45}ma^{42}$”。

六、介词“把”读鼻音 m

宁县方言老派口音中介词“把”声母读双唇鼻音 m。这种现象在陕甘其他方言也存在，如陕北绥德、甘肃陇西方言，可能是“把”字读音弱化的结果。

第十二节 武都区方言

壹 概况

一、调查点：陇南市武都区

武都区，位于甘肃省南部，属陇南市管辖。介于东经 104°34′—105°38′，北纬 32°47′—33°42′之间。截至 2018 年，总人口 58 万人，除汉族外，主要有回、藏、蒙等 10 个少数民族，13786 人，约占该区总人口的 2.4%。县域内只有坪垭、磨坝两个乡的藏民会说康巴藏语，他处无少数民族语言。武都区方言主要是中原官话秦陇片，东南部的枫相乡属于西南官话。受普通话的强势影响，近年逐渐向普通话靠拢中。

方言曲艺和地方戏种主要是高山戏。

二、发音合作人

方言老男：罗社平，汉族，1957 年出生在武都区城郊乡大堡村；1966—1971 年在城郊乡大堡小学就读；1972—1973 年在城郊乡向阳附中就读；1974—1975 年在武都区继抗中学就读；1976—1977 年在家劳动；1978—1980 年在成县师范学校就读；1980 年至今，先后在岷县十里中学、武都区教师进修学校、两水中学、陇南第一中学等地任教。大专文化，教师，平常说武都话和地方普通话。父母亲、妻子都是武都区城关镇人，平常都说武都城关镇方言。

方言青男：张举，汉族，1981 年出生在武都区城关镇；1987—1993 年在武都区莲湖小学就读；1993—2000 年在武都一中就读；2000—2003 年在兰州师范高等专科学校就读；2003—2006 年在武都区洛塘小学任教；2006—2008 年在武都八一中学任教；2008 年至今在武都区教育局工作。大专学历，干部。本人日常使用武都城关话和地方普通话，父母、妻子都是武都区城关镇人，平常都说本地话。

贰 声韵调

一、声母

声母 29 个，含零声母：

p 八兵病	p^h 派片爬	m 麦明	f 飞风蜂肥饭	v 味问温王
t 多东	t^h 讨天甜毒			l 脑南老蓝连路
ts 资早租字贼坐争纸	ts^h 刺草寸祠拆茶抄		s 丝酸三山	z 揉
tʂ 张	$tʂ^h$ 抽车城		ʂ 手十	ʐ 热
tʃ 竹柱装主	$tʃ^h$ 初床春		ʃ 双船顺书	ʒ 软
tɕ 九酒	$tɕ^h$ 清全轻权	ȵ 年泥	ɕ 想谢响县	
k 高共	k^h 开	ŋ 熬安	x 好灰活	
ø 月云用药				

说明：

1. t、t^{h} 拼 u 韵母时双唇的颤动比较明显。

2. tʃ、tʃ^{h}、ʃ、ʒ 发音时，舌尖与下齿背接触，没有舌下腔，带圆唇动作。

3. tʂ、tʂ^{h}、ʂ、ʐ 发音时，舌尖接近或者顶住硬腭的部位比北京话靠后。

4. tɕ、tɕ^{h}、ɕ 声母和 i、y 韵母相拼时，伴有轻微的圆唇动作。

5. 古泥来母今声母在洪音前读 l 声母，在细音前分别读 ȵ 和 l 声母。但是个别字声母读 n，如“老、聋、弄”，统一处理为 ȵ、l。

6. l 发音时，舌尖与硬腭接触。

7. ŋ 是带有较强塞音色彩的 ŋg。

8. x 声母在有些音节中有小舌颤音伴随，如“害”。

二、韵母

韵母 34 个：

ɿ 师丝试	i 米戏急七一锡	u 苦猪骨出谷	y 雨橘局
ʅ 十直尺			
v 五			
ɥ 租做			
ɚ 儿二			
a 茶瓦塔法辣	ia 牙鸭	ua 刮	
ɤ 歌热壳		uɤ 坐过盒托郭	yɤ 靴月学药
ɛɪ 开排鞋	iᴇ 写接贴节	uɛɪ 快	
ei 赔飞北色白		uei 对鬼国	
ɔo 宝饱	iɔo 笑桥		
əu 豆走	iəu 油六绿		
æ̃南山半	iæ̃盐年	uæ̃短官	yæ̃权
ɑŋ 糖王	iɑŋ 讲响	uɑŋ 床双	
əŋ 根灯升争横	iŋ 硬病星新心	uŋ 寸滚东	yŋ 云用兄

说明：

1. i、u、y 有较强的摩擦。

2. u 与 p、p^{h}、m、f 相拼，实际读音是 v；韵母 u 和以 u 为介音的韵母与舌叶音声母相拼时，实际读音为 ʮ，记为 u。

3. a 的实际音值是央偏后。

4. 韵母 ɛɪ 的动程较短。

5. 韵母 uɤ、yɤ 的介音 u、y 动程较长，音强较强，主元音 ɤ 动程稍轻短。

6. 韵母 əu、iəu 的主元音比 ə 略后略高。

7. æ̃的鼻化很轻。

8. 韵母 iŋ 读音比较复杂：有的读 ĩ，有的读 ĩi，有的是 i 带一点微弱的鼻化，甚至读成 i，有时 i 动程较长，最后带一个很弱的鼻尾，记作 iŋ。

9. yŋ 中的 y 有的动程较长，最后带一个很弱的鼻尾；有的读作 yĩ，有的读作 yĩːn，记作 yŋ。

三、声调

单字调4个：

阴平　31　东风通天百节哭切六月

阳平　13　门龙铜皮糖急毒白盒罚

上声　55　懂古鬼九统讨草买五有

去声　24　动罪近冻怪卖路乱饭树

说明：

1. 阳平13，起头是一个略微下降的弯头。

2. 上声55或554或454，记作55。

叁　连读变调

武都方言有四个单字调，阴平、阳平、上声、去声。古清平、清入、次浊入归阴平；古浊平、全浊入归阳平；古清上、次浊上归上声；古去声、全浊上归去声。武都方言有16种连读调类组合。具体见下表：

武都方言非叠字组连读变调例词表

前字＼后字	阴平31	阳平13	上声55	去声24
阴平31	31＋21 丝瓜 13＋31 冰渣	31＋21 今年 53＋21 天爷 53＋13 黑白	22＋31 山水 31＋21 热水	31＋21 月亮 22＋24 高兴
阳平13	22＋53 梅花 13＋31 台风	24＋24 油条 22＋53 长虫	22＋53 苹果 22＋33 折本	22＋24 白菜
上声55	55＋21 打针、牡丹	55＋21 纸钱	55＋21 左手 31＋21 老虎	55＋21 柳树、扫地
去声24	24＋21 订亲 24＋53 正经	24＋13 剃头 24＋31 界塄	24＋31 下雨	24＋24 变蛋 22＋24 木炭 24＋21 旱地 31＋21 木匠

说明：

1. 阴平做前字，或不变调，或变为13、53、22；阴平做后字，或不变调，或变为21、53。

2. 阳平做前字，或不变调，或变为22、24；阳平做后字，少数不变调，多变为21，也有变24、53、31的。

3. 上声做前字，基本不变调，只有在上声前或变为31；上声做后字，或不变调，或变为31、21、53、33。

4. 去声做前字，多数不变调，只有在去声前或变为22、31；去声做后字，或不变调，或变为21调值。

肆　异读

一、新老异读

1. 新老声母异读

步老 p^{h}u^{24} ≠步新 pu^{24}　　林老 ȵin^{13} ≠林新 lin^{13}

所老 ʃuɤ^{55} ≠所新 suɤ^{13}　　立老 ȵi^{31} ≠立新 li^{31}

糙老 ts^{h}ɔu^{24} ≠糙新 tsɔu^{24}

老派两读，新派只有一种读法的，如：

“黏” 老男 zæ̃^{13}、ȵiæ̃^{13} 两读，青男读 ʒæ̃^{13}。

“集” 老男 tɕ^{h}i^{13}、tɕi^{13} 两读，青男读 tɕi^{55}。

“街” 老男 kɛɪ^{31}、tɕiᴇ^{31} 两读，青男读 kɛɪ^{31}。

2. 新老韵母异读

课老 k^{h}uɤ^{24} ≠课新 k^{h}ɤ^{24}　　吞老 t^{h}əŋ^{31} ≠吞新 t^{h}uŋ^{31}

眉老 mi^{13} ≠眉新 mei^{13}　　准老 tʃuŋ^{55} ≠准新 tʃəŋ^{55}

类老 luei^{55} ≠类新 lei^{24}　　勺老 ʂɤ^{13} ≠勺新 ʂɔu^{13}

二老 ɚ^{13} ≠二新 ɐr^{24}　　脚老 tɕyɤ^{31} ≠脚新 tɕyᴇ^{31}

儿老 ɚ^{13} ≠儿新 ɐr^{13}　　药老 iɔu^{31} ≠药新 yᴇ^{31}

耳老 ɚ^{55} ≠耳新 ɐr^{55}　　墨老 mi^{13} ≠墨新 mei^{13}

3. 新老声调的异读

类老 luei^{55} ≠类新 lei^{24}　　二老 ɚ^{13} ≠二新 ɐr^{24}

所老 ʃuɤ^{55} ≠所新 suɤ^{13}

二、文白异读

“黏” 老男白读 zæ̃^{13}，文读 ȵiæ̃^{13}。

“集” 老男白读 tɕ^{h}i^{13}，文读 tɕi^{13}。

“街” 老男白读 kɛɪ^{31}，文读 tɕiᴇ^{31}。

“项” 老男白读 xɑŋ^{24}，文读 ɕiɑŋ^{24}。

“恶” 青男文读 ɤ^{24}，白读 ŋɤ^{31}。

“择” 老男青男均白读 ts^{h}ei^{13}，文读 tsei^{13}。

伍　儿化和小称音

武都方言有儿尾，也有儿化。如果不加“儿”，有些词在交际时不能使用，如“雀儿、枣儿、梨儿”等。儿尾对前面音节的声母、韵母没有影响。儿化有些改变前面音节的韵母，如“冷子儿 ləŋ^{55}tsər^{21}”；有些对前字的声母、韵母没有影响。根据词汇调查表里出现的儿化现象，我们把儿化韵归纳为 10 个。具体如下：

武都方言儿化音变例词表

ər 冷子儿 ləŋ^{55}tsər^{21} 中指儿 ʃuŋ^{31}tsər^{21} 新媳妇儿 ɕin^{31}ɕi^{53}fər^{21}	iər 撩皮儿 liɔu^{53}pʰiər^{21}	uər 吸乎儿 ɕi^{22}xuər^{53} 大伙儿 ta^{24}xuər^{31}
ɐr 蚕娃儿 tsʰæ̃^{22}vɐr^{53} 月娃儿 yɤ^{31}vɐr^{21}		
ɤr 鹁鸽儿 pʰu^{31}kɤr^{24} 双个儿 ʃuɑŋ^{24}kɤr^{31} 背个儿 pei^{31}kɤr^{21}		
or 醪糟儿 lɔu^{22}tsor^{31} 公猫儿 kuŋ^{31}mor^{21} 豆腐脑儿 təu^{24}fu^{21}lor^{31} 外号儿 vɛɪ^{24}xor^{21}	ior 眼眼儿 ȵiæ̃^{55}ȵior^{21} 麻眼儿 ma^{31}ȵior^{53}	
ə̃r 脸盆儿 ȵiæ̃^{55}pʰə̃r^{21} 风筝儿 fəŋ^{31}tsə̃r^{21} 本本儿 pəŋ^{55}pə̃r^{21}	iə̃r 背心儿 pei^{24}ɕiə̃r^{31}	uə̃r 冰棍儿 pin^{22}kuə̃r^{31}

武都方言的小称一般采用重叠加“子”的方式，如“棍棍子、草草子、筐筐子”等。“子”一般读轻声。

陆 其他主要音变规律

根据所调查的词汇和语法现象，我们能够确定的其他音变规律主要有声调方面及合音等。

一、声调方面的音变规律

1. 浊上归去；清入和次浊入归阴平，但是，“急”读如阳平，全浊入归阳平。

2. 有些阳平字读作去声，有些去声字读阳平，阳平和去声有合流的趋势。

二、合音现象

“□ ȵia^{24}”是“人家 zəŋ^{13}tɕia^{21}”的合音；“□ ka^{31}”是“给下 kei^{24}xa^{21}”的合音。

第十三节 文县方言

壹 概况

一、调查点：陇南市文县

文县，位于甘肃省最南部，属陇南市管辖。介于东经104°16′—105°27′，北纬32°36′—33°20′之间。截至2017年，总人口24.4765万人，汉族占绝大多数。少数民族共8442人，占全县总人口的3.4%，以白马藏族和回族为主，分散居住在铁楼、碧口、石鸡坝、堡子坝、梨坪、天池、丹堡、刘家坪、中寨等十个乡镇。还有少量撒拉族、彝族、苗族、满族、土家族、东乡族、朝鲜族、仡佬族等。除白马藏族双语之外其他族均使用汉语。文县地处中原官话和西南官话交界地带，碧口镇为西南官话，文县其他地方为中原官话。受普通话的强势影响，近年逐渐向普通话靠拢中。

方言曲艺和地方戏种有玉垒花灯戏、临江洋滩号子、中寨土琵琶弹唱、铁楼肖家女子歌谣。

二、发音合作人

方言老男：汪若浩，汉族，1957 年 12 月出生于文县城关镇。1957—1964 年在家中；1965—1971 年在文县城关小学就读；1972—1975 年在文县第三中学就读；1978—1980 年在陇南成县师范就读；1980—1987 年在文县石鸡坝小学任教；1987—1997 年在贾昌小学任教；1997—2017 年在文县教师进修学校任教。平常说文县话和地方普通话。父母亲、妻子都是文县城关镇人，平常都说文县城关镇方言。

方言青男：张亚鹏，汉族，1990 年 3 月出生于文县城关镇。1996—2002 年在文县城关第一小学就读；2002—2005 年在文县城关中学就读；2005—2008 年在文县第一中学就读；2009—2013 年在重庆南方翻译学院就读；2013 年至今在文县林业局工作。本科学历，公务员。本人日常使用文县话和普通话，父母亲、妻子都是文县城关镇人，平常都说城关镇话。

贰　声韵调

一、声母

声母 21 个，含零声母：

p 八兵	pʰ 派片爬病	m 麦明	f 飞风副蜂肥饭	v 味问温
t 多东	tʰ 讨天甜毒			l 脑南老蓝连路
ts 资早租张竹装争纸主	tsʰ 刺草寸坐祠抽茶抄床船城		s 丝三酸事山双顺受书十	z 软揉
tɕ 九酒	tɕʰ 清全车轻权	ȵ 年泥	ɕ 想谢响县	
k 高共	kʰ 开	ŋ 熬安	x 好灰活	
ø 热王云用药				

说明：

1. n 和 l 为自由变读，此处记为 l。

2. ŋ 声母塞音成分较重，更近似 ɡ，此处记为 ŋ。

二、韵母

韵母 31 个：

ɿ 师丝试十七直尺	i 米戏急锡	u 苦五猪骨出谷	y 雨橘局
ɯ 二			
a 茶塔法辣八	ia 牙鸭	ua 瓜刮	
ɤ 歌盒热壳	iɛ 写接贴节	uɤ 坐过托郭活	yɛ 靴月药学
ɛe 开排鞋白色		uɛe 快国	
ei 赔飞北白		uei 对鬼	
ɔo 宝饱	iɔo 笑桥		
ɤu 豆走	iɤu 油六绿		

æ̃南山半	iæ̃盐年	uæ̃短官	yæ̃权
ã 糖	iã 讲响	uã 床王双	
əŋ 根灯升争	iəŋ 心新硬病星	oŋ 寸滚春横东	yəŋ 云用兄

说明：

1. i 韵母摩擦较重；y 韵母摩擦较重。
2. u 韵母逢 ts 组声母读有舌叶音色彩。
3. a、ia、ua 中的 a 实际音值是央偏后。
4. æ̃韵母实际音值中舌位偏低，鼻化较轻。
5. əŋ、iəŋ、yəŋ 三韵母所辖例字有读 ə̃、iə̃、yə̃ 的情况。

三、声调

单字调 4 个：

阴平	31	东风通天百节哭切六月
阳平	13	门龙铜皮急毒白盒罚
上声	55	懂古苦草买五
去声	24	冻四快去路饭

说明：

1. 阳平调头略有降感，整个调值像 213。这里记 13。
2. 上声调值近似 554，这里记 55。

叁 连读变调

文县城关话有四个单字调，阴平 31，阳平 13，上声 55，去声 24。古清平、清入、次浊入归阴平；古浊平、全浊入归阳平；古清上、次浊上归上声；古去声、全浊上归去声。具体见下表：

文县方言两字组连读变调例词表

前字＼后字	阴平 31	阳平 13	上声 55	去声 24
阴平 31	31 + 21 铅笔 31 + 33 公猪	31 + 13 坚强	31 + 21 山水 31 + 55 铁板、烧水	31 + 24 针线、开会
阳平 13	13 + 31 学生	13 + 42 男人、长虫	13 + 21 石板 13 + 55 十九、抬水 13 + 21 凉水	13 + 24 洋蒜
上声 55	55 + 21 九月	55 + 21 老人	55 + 21 左手	55 + 24 保佑 55 + 21 韭菜
去声 24	24 + 31 树枝	24 + 42 睡房	24 + 21 露水、对手	24 + 21 背后

1. 阴平作前字时不变调；作后字时或不变调，或变为 33，或变为 21。
2. 阳平作前字时不变调；作后字时或为本调，或变为 42，或变为 21。
3. 上声作前字时不变调，作后字或不变调，或变为 21。

4. 去声作前字不发生变调，作后字或不变调，或变为 21。

文县的阴平单字调为 31；本记音库中多有 42 和 31 的差别，但对于本地人而言不具备绝对的区别意义。文县的上声单字调音值偏高，虽为高平调，从相对音高上可以明显区别开来，但进入连读以后 55 出现的几率就变得比较小；本记音采用的标准是听到什么记什么，并遵照发音人听感区别。

肆　异读

一、新老异读

1. 新老声母异读

吕老 ȵy^{55} ≠吕新 ly^{55}

低老 tɕi^{31} ≠低新 ti^{31}

梯老 tɕ^{h}i^{31} ≠梯新 t^{h}i^{31}

集老 tɕ^{h}i^{13} ≠集新 tɕi^{13}

柱老 ts^{h}u^{44} ≠柱新 tsu^{44}

李老 ȵi^{55} ≠李新 li^{55}

立老 ȵi^{31} ≠立新 li^{31}

岸老 ŋæ̃^{24} ≠岸新 æ̃^{24}

重老 ts^{h}oŋ^{13} ≠重新 tsoŋ^{24}

“局”老派读 tɕ^{h}y^{13}，新派 tɕ^{h}y^{13}、tɕy^{13} 两读。

2. 新老韵母异读

课老 k^{h}uɤ^{24} ≠课新 k^{h}ɤ^{24}

刻老 k^{h}ei^{31} ≠刻新 k^{h}ɤ^{31}

测老 ts^{h}ei^{13} ≠测新 ts^{h}ɤ^{31}

绿老 liɤu^{31} ≠绿新 ly^{31}

额老 ŋɤ^{31} ≠额新 ŋɛ^{31}

病老 piəŋ^{24} ≠病新 piə̃^{24}

凶老 ɕyəŋ^{31} ≠凶新 ɕyə̃^{31}

近老 tɕ^{h}iəŋ^{24} ≠近新 tɕ^{h}iə̃^{24}

嫩老 loŋ^{24} ≠嫩新 lə̃^{24}

俊老 tɕyəŋ^{24} 俊新 tɕyə̃^{24}

匀老 yəŋ^{13} ≠匀新 yə̃^{13}

云老 yəŋ^{13} ≠云新 yə̃^{13}

吞老 t^{h}əŋ^{31} ≠吞新 t^{h}uŋ^{31}

金老 tɕiəŋ^{31} ≠金新 tɕiə̃^{31}

深老 səŋ^{31} ≠深新 sə̃^{31}

寻老 ɕiəŋ^{13} ≠寻新 ɕyə̃^{13}

林老 liəŋ^{13} ≠林新 liə̃^{13}

恩老 ŋəŋ^{31} ≠恩新 ŋə̃^{31}

贫老 p^{h}iəŋ^{13} ≠贫新 p^{h}iə̃^{13}

鹤老 xuə^{31} ≠鹤新 xɤ^{24}

血老 ɕyɛ^{31} ≠血新 ɕiɛ^{31}

盒老 xuə^{13} ≠盒新 xə^{13}

街老 kɛe^{31} ≠街新 kɛ^{31}

爱老 ŋɛe^{24} ≠爱新 ŋɛ^{24}

眉老 mi^{13} ≠眉新 mei^{13}

二老 ɯ^{24} ≠二新 ɚ^{24}

耳老 ɯ^{55} ≠耳新 ɚ^{55}

儿老 ɯ^{13} ≠儿新 ɚ^{13}

“痒”老派读 ȵiɔo^{55}，新派 ȵiɔo^{55}、iɑ̃^{55} 两读。

3. 新老声韵母都异读

荣老 yəŋ^{13} ≠荣新 zoŋ^{13}

择老 ts^{h}ɛe^{13} ≠择新 tsɤ^{13}

项老 xɑ̃^{24} ≠项新 ɕiɑ̃^{24}

下老 xa^{24} ≠下新 ɕia^{24}

“黏”老派读 ȵiæ̃^{13}，新派 ȵiæ̃^{13}、zæ̃^{31} 两读。

“尾”老派 uei^{55}、ʐi^{55} 两读，新派读 uei^{55}。

4. 新老声调异读

“匹”老派读 p^{h}i^{13}，新派读 p^{h}i^{55}。

"警" 老派读 $tɕiəŋ^{31}$，新派读 $tɕiəŋ^{55}$。

"先" 老派 $ɕiæ̃^{31}$、$ɕiæ̃^{55}$ 两读，新派读 $ɕiæ̃^{31}$。

二、文白异读

"尾" 老派白读 $ʑi^{55}$，文读 uei^{55}。

"痒" 新派白读 $ȵiɔo^{55}$，文读 $iɑ̃^{55}$。

"局" 新派白读 $tɕ^hy^{13}$，文读 $tɕy^{13}$。

"黏" 新派白读 $zæ̃^{31}$，文读 $ȵiæ̃^{13}$。

"舌" 老新都白读 $ɕiɛ^{13}$，文读 $ʂɤ^{13}$。

"热" 老新都白读 $iɛ^{31}$，文读 $ʐɤ^{31}$。

"鲜" 老新都白读 $ɕyæ̃^{31}$，文读 $ɕæ̃^{31}$。

伍　儿化和小称音

文县方言有儿尾和子尾，儿尾相对较少。阴平＋"子"，后字读 21，阳平＋"子"，后字读 24，上声＋"子"，后字读 21，去声＋"子"，后字读 21；重叠后＋"子"，阴平后读 24，阳平、上声、去声后都读 21。

陆　其他主要音变规律

阴平＋"的"，前字不变，后字读 13；阴平＋"了"，后字读 21。

阳平＋"的" 或＋"了"，前字变读 21，后字读 24。

上声＋"的" 或＋"了"，后字读 21。

去声＋"的" 或＋"了"，后字读 21。

第十四节　康县方言

壹　概况

一、调查点：陇南市康县

康县，位于甘肃省南部，属陇南市管辖。介于东经 105° 18′—105° 58′，北纬 32° 53′—33° 39′之间。截至 2015 年，总人口 20.32 万人，汉族占总人口 99.78%；回族、满族、壮族、蒙古族、瑶族、维吾尔族共占总人口 0.22%。县域内无少数民族语言。康县地处中原官话和西南官话交界地带，方言属中原官话秦陇片西汉水流域小片，全县依据山川河流地理条件分康北口音、康中口音和康南口音；北片包括太石、豆坪、望关、平洛、长坝、大南峪、云台、大堡、寺台、迷坝等乡镇；中片包括城关、碾坝、豆坝、王坝、岸门口等乡镇；南片包括阳坝、两河、三河、铜钱、白杨、店子等乡镇。中片与北片方言有较强的一致性，南片内部差别很大，属于中原官话向西南官话过渡地带。受普通话的强势影响，近年逐渐向普通话靠拢中。

方言曲艺和地方戏种有从祖辈传下来的羊皮鼓。

二、发音合作人

方言老男：崔怀富，汉族，1963 年 1 月出生于康县城关镇香子坝；1973—1976 年在香子坝小学就读，1976 年至今于香子坝务农，现任村主任。平常说康县话。父母亲、妻子都是康县城关镇人，平常都说康县城关镇方言。

方言青男：李应龙，汉族，1988 年 5 月出生于康县城关镇。1994—2000 年在康县孙家院小学就读；2000—2004 年在康县王坝中学就读；2004—2007 年在康县第一中学就读；之后进修过网络学校，后来一直当个体户，主要活动区域在康县。高中文化，自由职业。本人日常使用康县话和地方普通话，父母都是康县城关镇人，平常都说本地话。本人未婚。

贰　声韵调

一、声母

声母 26 个，含零声母：

p 八兵病	pʰ 派片爬	m 麦明	f 飞风副蜂双顺书	v 味问温王软
pf 竹柱装主	pfʰ 初床船春			
t 多东毒	tʰ 讨			l 脑南老蓝连路
ts 资早租字坐争刺白	tsʰ 天田草寸祠刺文		s 丝三酸谢	
tʂ 张纸	tʂʰ 抽拆茶抄车城		ʂ 事山手十	ʐ 热
tɕ 九酒	tɕʰ 清全轻权	ȵ 年泥	ɕ 想响县	
k 高共	kʰ 开	ŋ 熬安	x 好灰活	
ø 月云用药				

说明：

1. ts 组声母舌位介于舌尖前与舌面前。
2. k 组声母逢单元音 u 韵母有唇齿化色彩。

二、韵母

韵母 32 个：

ɿ 丝	i 米戏急七一锡	u 苦五猪骨出谷	y 雨橘局
ʅ 师试十直尺			
ɚ 二			
a 茶瓦塔法辣八	ia 牙鸭	ua 刮	
ɤ 热壳文		uɤ 歌坐过活托郭壳白	
ɛ 开排鞋	iɛ 写接贴节	uɛ 快	yɛ 靴月药学
ei 赔北色白		uei 对鬼国	
ɔo 宝饱	iɔo 笑桥		
ɤu 豆走	iɤu 油六绿		
an 南山半	ian 盐年	uan 短官	yan 权
aŋ 糖床王双	iaŋ 讲响	uaŋ 黄	
ɤŋ 深根灯升争	iŋ 心新硬病星	uŋ 寸滚春横东	yŋ 云用兄

说明：

1. i、u、y 单元音韵母有摩擦，u 较松。
2. a 实际音值为央偏后。
3. ɛ 韵母实际音值为 ᴇ。
4. uɤ 韵母中的 ɤ 有时会央化为 ə，无特定环境，为自由变体，另有个别读 o 的，此处统一记为 uɤ。

5. ei、uei 组韵母有时读 eᴇ 或 eɪ，此处统一记为 ei。

6. an 和 aŋ 组韵母有鼻化的情况，读鼻尾的居多数，这里暂定为鼻尾；aŋ 组韵母 a 实际音值为央偏后。

7. yŋ 韵母鼻尾介于前鼻与后鼻之间，此处记为后鼻尾。

三、声调

单字调 4 个：

阴平　53　东风通开天春百节哭切六月

阳平　211　门龙牛油铜皮急毒白盒罚

上声　55　懂古鬼统苦讨买老五有

去声　24　动罪近后冻四快去路饭

说明：

1. 阴平有 53 和 52 两读，此处记为 53。

2. 阳平实际读音中有 11、312、213 的情况，其中 11 比较稳定，定为 211。

3. 上声有 45、55 和 453、553、44 五种读法，此处记为 55。

4. 去声有 24 和 243 两读，此处记为 24。

叁　连读变调

康县方言单字调有四个：阴平 53、阳平 211、上声 55、去声 24。古清平、清入、次浊入归阴平；古浊平、全浊入归阳平；古清上、次浊上归上声；古去声、全浊上归去声。康县方言有 16 种连读调类组合。下表的语料内容来源于调查手册及个别额外补充调查，调查表词目分动宾式和非动宾式，每个组合中最后的词目为动宾结构，其他为偏正、主谓等非动宾结构。

康县方言两字组连读变调例词表

前字＼后字	阴平 53	阳平 211	上声 55	去声 24
阴平 53	53 + 21 花生、声音、飞机	53 + 211 灰尘、新郎、梳头	53 + 21 铅笔、甘草、牲口	53 + 21 烟雾、天气、鸡蛋、出嫁
	21 + 53 说亲、发抖	53 + 211 开门	21 + 55 烧火	
阳平 211	13 + 53 台风 13 + 21 前天 211 + 55 白天、良心、棉花	13 + 211 煤油、农民 42 + 35 眉毛	53 + 35 洋火 211 + 53 油笔、毛笔 53 + 55 年底	24 + 21 阳历、徒弟、羊圈
	211 + 53 提亲	13 + 211 扬场	211 + 55 骑马	211 + 24 还愿
上声 55	35 + 21 水坑、眼睛 21 + 53 打工	35 + 211 小河、口粮、女人	53 + 21 马桶 55 + 21 水笔、左手	55 + 21 水坝、韭菜 55 + 53 米饭 35 + 53 眼泪
	55 + 53 打针	55 + 211 打牌、锁门	55 + 55 铲草	55 + 24 考试、炒菜

续表

后字 前字	阴平 53	阳平 211	上声 55	去声 24
去声 24	24 + 53 电灯、半天	24 + 53 面条、价钱、叫驴 24 + 211 剃头、跳绳	24 + 53 露水、上午、戒指、下午	24 + 53 旱地、睡房 53 + 24 木炭 53 + 21 木匠
	24 + 53 看亲、订婚	24 + 13 上坟	24 + 55 上火	24 + 24 半夜、寺院、做饭、看病

说明：

1. 前字：

阴平：基本读 53，动宾结构中一般读 21；

阳平：读 211、13、42、53、24；

上声：读 35、55（居多），少数读 21、53；

去声：基本读 24，有读 53 情况。

2. 后字：

阴平：阴平、上声、去声后读 53，或读 21，阳平后读 55，或读 53 和 21；

阳平：多数读 211，也有变读为 53、35、13 的；

上声：多为 55、53，也有变读为 21、35 的；

去声：多数不变，其余读 21，少数读 53。

由此，阴平作前字，非动宾结构主要调式为 53 + 21 或 53 + 211；动宾结构后字阳平为 53 + 211、去声为 53 + 21，后字阴平为 21 + 53，后字上声为 21 + 55。即共有三种调式。阳平作前字，后字阴平主要调式为 211 + 55，后字阳平 13 + 211，后字上声 211 + 53，后字去声 24 + 21，动宾结构中各有一个调式依次是 211 + 53、13 + 211、211 + 55、211 + 24；上声作前字，后字阴平 35 + 21，后字阳平 35 + 211，后字上声、去声 55 + 21；动宾结构中，各有一个调式依次是 55 + 53、55 + 211、55 + 55、55 + 24。去声作前字，非动宾结构主要调式为 24 + 53，动宾结构后字阴平与非动宾式同，后字非阴平时各有一个调式依次是 24 + 13、24 + 55、24 + 24。

再从后字来看，在古音来历条件下动宾结构中阴平作后字，后字读本调 53 不发生变调，阳平作后字，有两个变调 211 和 13，出现的条件是前字非去声时为 211，前字去声为 13；上去声作后字不发生变调，仍旧读本调 55 和 24。非动宾结构中变调与不变调无明显共时条件，基本变调模式与之前总结的主要调式相同。

康县的“的、了”，音 tɛ、lɔo。

这两个后缀，在前字阴平后读 21、阳平后读 13、上声后读 21、去声后读 42。

肆　异读

宁县方言只有新老异读，情况如下：

1. 新老声母异读

姐老 tsiɛ^{211} ≠姐新 tɕiɛ^{55}　　　　藕老 ŋɤu^{55} ≠藕新 ɤu^{55}

低老 tsi^{53} ≠低新 ti^{53}

梯老 ts^{h}i^{53} ≠梯新 t^{h}i^{53}

轿老 tɕ^{h}iɔo^{24} ≠轿新 tɕiɔo^{24}

酒老 tsiɤu^{55} ≠酒新 tɕiɤu^{55}

赚老 tʂuan^{24} ≠赚新 pfan^{24}

荣老 yŋ^{211} ≠荣新 zɤŋ^{211}

2. 新老韵母异读

雷老 luei^{211} ≠雷新 lei^{211}

眉老 mi^{211} ≠眉新 mei^{211}

类老 luei^{24} ≠类新 lei^{24}

俊老 tɕuŋ^{24} ≠俊新 tɕyŋ^{24}

3. 新老声调异读

姐老 tsiɛ^{211} ≠姐新 tɕiɛ^{55}

伍　儿化和小称音

康县有子尾和儿化。儿化韵列表如下：

康县方言儿化音变例词表

本韵母	儿化韵	普通话词形	方言举例	音标记音
ʅ	ər	冰雹	冷子儿	lɤŋ^{53}tsər^{21}
i	ir	梨	梨儿	lir^{211}
u	ur	短裤	短裤儿	tuan^{55}k^{h}ur^{24}
a	ar	自行车	洋马儿	iaŋ^{21}mar^{53}
ua	uar	连环画	画儿书	xuar^{24}fu^{53}
ɛ	ər	膝盖	髁膝盖儿	k^{h}uɤ^{53}sɿ^{21}kər^{24}
ɤ	ər	勺子	调羹勺儿	tɕ^{h}iɔo^{53}kɤŋ^{55}ʂuər^{13}
uɤ	uər	去年	年时个儿	ȵian^{13}ʂʅ^{21}kuər^{24}
ɔo	ɔor	花蕾	花苞儿	xua^{21}pɔor^{53}
ɤu	əur	绿豆	绿豆儿	liɤu^{53}təur^{21}
an	ãr	蚕	蚕儿	tsãr^{211}
yan	ər ãr	元宵 旋	汤圆儿 旋儿	t^{h}ɑŋ^{53}yər^{13} ɕyãr^{24}
ɤŋ	ɤ̃r	杏	杏儿	xɤ̃r^{24}
iŋ	iə̃r	背心	背心儿	pei^{24}ɕiə̃r^{53}
uŋ	ũr	冰棍	冰棍儿	piŋ^{53}kũr^{24}

陆　其他主要音变规律

端组细音腭化之后并入 ts 组声母，其音值介于舌尖前和舌面前。

第十五节　礼县方言

壹　概况

一、调查点：陇南市礼县

礼县，位于甘肃省南部，属陇南市管辖。礼县介于东经 104° 37′—105° 36′，北纬 33° 35′—34° 31′之间。人口 53.8665 万，其中汉族 510154 人，满族 21172 人，回族 6155 人，蒙古族 55 人，壮族 196 人，其他民族 930 余人（截至 2017 年）。无少数民族语言。本县方言属于中原官话秦陇片，分布在礼县各乡镇，使用人口 50 多万，为本地普遍通用的方言。近年来变化较快，正在向普通话靠拢。

地方曲艺主要是当地山歌和乞巧节唱的民歌。

二、发音合作人

方言老男：张奋效，汉族，1956 年出生在礼县县城；1964—1970 年在礼县东关小学就读；1970—1974 年在礼县第一中学就读；1974—1976 年在礼县锣坝乡中川村插队；1976—1982 年在礼县建设银行工作；1982—1987 年在礼县崖城乡工作；1987—2016 年在礼县建设银行工作；2016 年退休。大专文化程度。会说礼县话、地方普通话，但主要说礼县话。父母亲都是本地人，平常都说礼县话。

方言青男：杜伯坤，汉族，1992 年出生在礼县城关镇北关村；2000—2006 年在礼县实验小学就读；2006—2009 年在礼县第四中学就读；2009—2012 年在礼县第一中学就读；2013—2017 年在四川传媒学院就读；2017 年起在礼县电视台工作。本人会说礼县话、普通话。父母亲都是本地人，平常都说礼县话。未婚。

贰　声韵调

一、声母

声母 30 个，含零声母：

p 八兵	p^h 派片爬病	m 麦明	f 飞风副蜂	v 味问温王
t 多东	t^h 讨天	n 脑男老蓝路		l 连
ts 资早争纸	ts^h 刺贼茶抄		s 丝三事山	z 揉
tʂ 张	$tʂ^h$ 抽车城		ʂ 手十	ʐ 热
tʃ 租竹装	$tʃ^h$ 寸柱初床春		ʃ 酸双船顺书	ʒ 软
tɕ 九酒	$tɕ^h$ 清全轻权	ȵ 年泥	ɕ 想谢响县	
k 高共	k^h 开	ŋ 熬安	x 好灰	
ø 月云用味				

说明：

1. p^h、t^h、ts^h、$tʂ^h$、k^h、x 逢开口呼和合口呼时（ɿ、ʅ 除外），有较重的喉部擦音。
2. f 声母逢 u 韵母时摩擦较强。
3. tʃ、$tʃ^h$、ʃ、ʒ 是舌叶音，舌位略靠近舌尖，有圆唇色彩，只拼合口呼。
4. 泥来母在洪音前大都读为 n，记作其主要表现形式 n；在细音前分别读 ȵ 和 l。

5. t、t^h 和细音相拼时摩擦较重。

6. m 声母拼 i 时阻塞较重。

7. v 声母拼单韵母 u 时摩擦较轻。

二、韵母

韵母 32 个：

ɿ 师丝试	i 米戏急七一	u 苦五猪骨出谷	y 雨橘局
ʅ 十直尺			
ɚ 儿二			
a 茶瓦	ia 牙鸭	ua 瓜刮	
ɤ 歌盒热壳		uɤ 坐过托郭活	yɤ 瘸靴月学药
	iɛ 写接贴节		
ai 开排鞋色		uai 快	
ei 赔飞北白		uei 对鬼国	
ɔo 宝饱	iɔo 笑桥		
əu 豆走	iəu 油六绿		
æ̃山半南	iæ̃盐年	uæ̃短官	yæ̃权
ɑŋ 糖王	iɑŋ 讲响	uɑŋ 床双	
ɤŋ 根灯升争横	iŋ 硬病星新心	uŋ 寸滚东	yŋ 云用兄

说明：

1. i 韵母逢 p、m、t、t^h、ȵ、l、ɕ 时有擦感。

2. u 与舌叶音 ʧ、$ʧ^h$、ʃ、ʒ 相拼时，表示位于舌叶部位的圆唇元音，该元音目前国际音标没有符号，这里用 u 来表示。和其他声母相拼时唇形较松，实际音值为 ʊ。

3. ei、uei 两韵母主元音开口较大，实际音值为 ᴇi、uᴇi。

4. əu、iəu 韵母中 ə 发音时舌位靠后，韵尾 u 发音时唇形稍扁。

5. yɤ、yɛ 是自由变体，此处记作 yɤ。

6. æ̃、iæ̃、uæ̃、yæ̃中的主元音介于 æ 和 a 之间，尾部有轻微鼻音，实际音值为 æ̃^{n}。

7. ɑŋ、iɑŋ、uɑŋ 韵母的主元音有一定的鼻化。

三、声调

声调 4 个：

阴平	31	东风通天百节哭切六月
阳平	13	门龙铜皮急毒白盒罚
上声	52	懂古苦草买五
去声	44	冻四快去路饭

说明：

1. 阴平调首稍平，下降幅度小。

2. 阳平调首大多平起，个别有轻微下降，实际调值近 113。

3. 上声的尾音较低，基本接近全降调，有时调首稍平或稍升。

叁　连读变调

礼县城关话有四个单字调,阴平 31,阳平 13,上声 52,去声 44。古清平、清入、次浊入归阴平;古浊平、全浊入归阳平;古清上、次浊上归上声;古去声、全浊上归去声。具体见下表:

礼县方言两字组连读变调例词表

前字＼后字	阴平 31	阳平 13	上声 52	去声 44
阴平 31	31 + 21 飞机、丝瓜 24 + 21 花生、生日 24 + 13 发烧	31 + 24 清明、日食 31 + 44 热头	31 + 52 山水、失火 31 + 21 热水 24 + 21 开水、中午 24 + 52 辣酒、发抖	
阳平 13	13 + 21 梅花、台风	13 + 13 煤油、零钱 13 + 21 石头	13 + 52 白酒、莲藕 13 + 21 云彩、凉水	13 + 21 前面、徒弟 13 + 44 白面、蚊帐
上声 52	52 + 21 火车、大方 52 + 31 打针、打工 52 + 13 改锥	52 + 13 斧头、打捶	52 + 52 屉屎、洗澡 24 + 52 马桶 24 + 21 老虎	52 + 21 韭菜、眼泪 52 + 44 考试、水地 52 + 13 底下
去声 44	44 + 21 菜籽、地方	44 + 21 大门、太阳 44 + 13 上坟、放牛	44 + 52 信纸、下雨 44 + 21 露水、后悔 24 + 21 稻草	44 + 44 路费 44 + 21 右边、后面 44 + 13 上去、进去

说明:

礼县话有 35 组连调模式,根据前后字变调情况分为四类:(1)前后字均不变调,共有 11 组;(2)前字不变调,后字变调,共有 17 组;(3)前字变调,后字不变调,共 2 组;(4)前后字都变调,共有 5 组。变调的 24 组中,合并变调模式相同的情况,礼县话共有 31 + 21、24 + 21、24 + 13、52 + 21、44 + 21、52 + 13、31 + 24、31 + 44、24 + 52、13 + 21、44 + 13 等 11 组变调模式。

产生两个新调值 21 和 24。21 调和 31 调对立,动宾结构保持单字调不变,如:打针[52 + 31]。24 调和 13 调对立,24 调只出现在阴平、上声、去声为前字的情况下。

阴平作前字时,有两种情况:(1)不发生变调;(2)产生新调值 24,只出现在后字为阴平(花生)和上声(开水)的情况下。阴平作后字时,有三种情况:(1)动宾结构保持单字调不变,依然读 31,如:打针[52 + 31];(2)在上声+阴平中读 21,如:火车[52 + 21];(3)在上声+阴平中读 13,如:改锥[52 + 13]。

阳平作前字时,不发生变调。阳平作后字时,有三种情况:(1)阴平+阳平中,分别读 24 和 44,如:清明[31 + 24],热头[31 + 44];(2)阳平+阳平(乙)中读 21,如:石头[13 + 21];在去声+阳平(甲)中读 21,如:大门[44 + 21]。

上声作前字时,在上声+上声中读 24,如:马桶[24 + 52]、老虎[24 + 21],其余不变调。上声作后字时,在阴平+上声、阳平+上声、上声+上声、去声+上声中读 21。

去声作前字时,在去声+上声中读 24,如:稻草[24 + 21],其余不变调。去声作后字时有两种情况:(1)阳平+去声、上声+去声、去声+去声中读 21;(2)在上声+去声、去声+去声中读 13。

肆　异读

一、新老异读

1. 新老声母异读

左老 tʃuɤ^{52} ≠左新 tsuɤ^{52}
吕老 ȵy^{52} ≠吕新 ly^{52}
猪老 tʃu^{31} ≠猪新 tʂu^{31}
所老 ʃuɤ^{52} ≠所新 suɤ^{52}
柱老 tʃʰu^{44} ≠柱新 tʂʰu^{44}
赚老 tʃuæ̃^{44} ≠赚新 tʂuæ̃^{44}
重老 tʃuɤŋ^{44} ≠重新 tʂʰuɤŋ^{44}
嫩老 nuɤŋ^{44} ≠嫩新 luɤŋ^{44}
拴老 ʃuæ̃^{44} ≠拴新 ʂuæ̃^{31}
砖老 tʃuæ̃^{31} ≠砖新 tʂuæ̃^{31}
准老 tʃuɤŋ^{52} ≠准新 tʂuɤŋ^{52}
装老 tʃuaŋ^{31} ≠装新 tʂuaŋ^{31}
疮老 tʃʰuaŋ^{31} ≠疮新 tʂʰuaŋ^{31}
中老 tʃuɤŋ^{31} ≠中新 tʂuɤŋ^{31}
荣老 yŋ^{13} ≠荣新 zʐuɤŋ^{13}

2. 新老韵母异读

吞老 tʰɤŋ^{31} ≠吞新 tʰuɤŋ^{31}
荣老 yŋ^{13} ≠荣新 zʐuɤŋ^{13}
额老 ŋai^{31} ≠额新 ŋɤ^{13}
色老 sai^{31} ≠色新 sei^{31}

二、文白异读

"严" 老派新派均白读 ȵiæ̃^{13},文读 iæ̃^{13}。
"集" 老派新派均白读 tɕʰi^{13},文读 tɕi^{13}。
"屋" 老派白读 vei^{31},文读 vu^{31}。

伍　儿化和小称音

一、儿化和儿尾

礼县话既有儿化又有儿尾,处于儿尾向儿化的发展的过渡阶段。礼县话的儿化音变主要有两点:

1. 儿化变调

有的字儿化后声调发生改变,如"绿豆 liəu^{31}təur^{52}、豇豆 tɕiaŋ^{31}təur^{52}",声调由 44 变为 52。

2. 儿化变韵

有的字受儿化的影响韵尾脱落,如"缝缝儿 fɤŋ^{44}fɤr^{21}、水坑坑儿 ʃuei^{52}kʰɤŋ^{21}kʰɤr^{24}、窟窿儿 kʰu^{31}nur^{24}"。

二、小称音变

礼县方言表小称的形式有四种:

1. 重叠:

面面 miæ̃^{44}miæ̃^{21}　匣匣 ɕia^{13}ɕia^{21}　眼眼 ȵiæ̃^{52}ȵiæ̃^{13}　蛋蛋 tæ̃^{44}tæ̃^{21}

2. 儿尾:

桃儿 tʰɔo^{13}ɚ^{21}　梨儿 li^{13}ɚ^{21}　花儿 xua^{31}ɚ^{52}

3. 儿化:

缝缝儿 fɤŋ^{44}fɤr^{21}　水坑坑儿 ʃuei^{52}kʰɤŋ^{21}kʰɤr^{24}

4. 子尾：

刀子 tɔo^{21}tsɿ^{24}　棍子 kuɤŋ^{44}tsɿ^{21}　板子 pæ̃^{52}tsɿ^{21}

陆　其他主要音变规律

一、特殊读音

词汇调查中有一些读音特殊的词，大多属于其中的某个字不符合单字音的，罗列如下，括号中注出单字音或相关的其他词的读音。

牡丹 mɔo^{52}tæ̃^{21}（牡 mu^{52}）　女婿 ȵy^{52}ɕi^{21}（婿 ɕy^{44}）

门槛 mɤŋ^{13}kʰɑŋ^{21}（槛 kʰæ̃^{52}）　星宿 ɕiəu^{21}ɕiəu^{44}(星 ɕiŋ^{31})

亲戚 tɕʰiŋ^{21}tɕʰiŋ^{13}（戚 tɕʰi^{31}）　核桃 kɤ^{13}tʰɔo^{21}（核 xɤ^{13}）

今年个 tɕi^{31}ȵiæ̃^{24}kɤ^{21}（今 tɕiŋ^{31}）

二、合音

[我们] ŋɔo^{13}　[你们] ȵiəu^{13}

三、语法功能词"的、了、子"的变调

语法功能词"的、了、子"的变调取决于前字。

1."的"的变调

前字是阴平时，"的"调值为 24；前字是阳平、上声和去声时，"的"调值为 21。如：

瞎的 xa^{31}tai^{24}

小的 ɕiɔo^{52}tai^{21}　长的 tʂʰɑŋ^{13}tai^{21}　大的 ta^{44}tai^{21}

2."了"的变调

前字是阴平和上声时，"了"调值为 24；前字是阳平和去声时，"了"调值为 21。如：

高了 kɔo^{31}nɔo^{24}　走了 tsəu^{52}nɔo^{24}

红了 xuɤŋ^{13}nɔo^{21}　见了 tɕiæ̃^{44}nɔo^{21}

3."子"的变调

前字是阴平时，"子"的调值为 24；前字是阳平、上声和去声时，"子"的调值为 21。如：

单子 tæ̃^{31}tsɿ^{24}　桌子 tʃuɤ^{31}tsɿ^{24}

绳子 ʂɤŋ^{13}tsɿ^{21}　盆子 pʰɤŋ^{13}tsɿ^{21}

李子 li^{52}tsɿ^{21}　拐子 kuai^{52}tsɿ^{21}

盖子 kai^{44}tsɿ^{21}　豆子 təu^{44}tsɿ^{21}

第十六节　靖远县方言

壹　概况

一、调查点：白银市靖远县

靖远县，位于甘肃省中部，属白银市管辖。介于东经 104° 13′—105° 15′，北纬 36°—37° 15′之间。截至 2017 年，总人口 50.1576 万，以汉族为主，回族人口次之。本县无少数民族语言。靖远方言属于官话方言中原官话秦陇片。靖远方言内部有五种口音：一是城里话口音,主要分布在县政府所在地的乌兰镇及其周边的北湾、中堡、糜滩、三滩、东湾、曹岘、若笠、大芦、高湾、刘川等乡镇的部分地区;二是上河话,主要分布在平堡乡及周围;三是下河话,主要分布在石门、双龙、兴隆、永新、北滩、东升、五合、靖安等八个乡镇;四是南干儿话,主要分布在大芦乡大部及周边东、西部的一些地方;五是条城话,以方言岛的形式存在于北湾镇、刘川乡、乌兰镇、东湾乡、五合乡的部分地方。五种口音的交汇地带具有混合或过渡性的特点。近年来变化较快,正在向普通话靠拢。

地方曲艺无。

二、发音合作人

方言老男:宋林侠,汉族,1957 年 6 月出生于靖远县乌兰镇城关村。1957—1963 年自出生到上小学前一直生活在当地;1963—1968 年在西关小学就读;1968—1972 年在靖远第二中学就读;1973—1980 年在西关一队务农;1980 年至今先后在靖远第一中学、糜滩中学工作。会说靖远话、普通话。父母亲、妻子都是本县乌兰镇城关村人,都说靖远话。

方言青男:金秀龙,汉族,1989 年 12 月出生于本县乌兰镇城关村。1989—1996 年自出生到上小学前一直生活在当地;1996—2002 年在靖远县乌兰小学就读;2002—2005 年在城关中学就读;2006—2012 年在靖远第四中学就读;2012—2015 年在兰州资源环境职业技术学院就读;2015 年至今在靖远县建德广告公司以及德庄火锅店工作。本人会说靖远话、普通话,日常说靖远话。父亲是乌兰镇城关人,母亲是宁夏海原人,平常都说靖远话。未婚。

贰 声韵调

一、声母

声母 26 个(含零声母):

p 八兵病	p^h 派片爬	m 麦明泥	f 飞风副蜂肥	v 维问温王
t 多东毒	t^h 讨天甜	n 脑男安泥		l 老蓝连路
ts 资早争纸	ts^h 刺寸茶抄		s 丝三事山	z 一衣雨
tʂ 张竹柱装	tʂ^h 抽床船城		ʂ 双顺手书	ʐ 热软
tɕ 酒九	tɕ^h 清全轻权	ȵ 年	ɕ 想谢响县	
k 高共	k^h 开	ŋ 我	x 好灰活	
∅ 熬月用药				

说明:

1. p、p^h、m 拼合口呼 u 韵母,有齿唇接触现象,可记为 pf、pf^h、ɱ。
2. v 拼 u 为自成音节的 v,拼其他韵母时,摩擦较弱。
3. n 拼洪音,ȵ 拼细音。
4. ts、ts^h 与 ɿ 相拼时,音值近于舌叶音。
5. tʂ、tʂ^h、ʂ、ʐ 舌尖稍卷。
6. k、k^h 拼开口呼韵母是舌面中塞音,拼合口呼韵母是舌根塞音。

二、韵母

韵母 32 个:

ɿ 师米戏急七　　u 苦五骨出谷　　y 雨橘绿局

ʅ 十直尺		ʯ 猪	
ər 二			
a 茶瓦塔法	ia 牙鸭	ua 刮	
ɤ 婆波热壳		uə 歌坐过托郭活	yə 靴月学药
ɛ 开排鞋	iɛ 写接贴节	uɛ 快	
ei 赔飞北白		uei 对鬼国	
ɑo 宝饱	iɑo 笑桥		
ɤu 豆走	iɤu 油六绿		
æ̃ 山半南	iæ̃ 盐年	uæ̃ 短官	yæ̃ 权
ɤŋ 深根灯争横	iŋ 新心硬病星		
oŋ 寸滚春东	ioŋ 云兄用		
ɑŋ 糖王	iɑŋ 讲响	uɑŋ 床双	

说明：

1. ɿ、ʅ 后有较弱的 ə。

2. u 拼 p、pʰ、m、f、t、tʰ、n、l、k、kʰ、x 声母时为 v。u 作介音时，拼 ts 组声母为 ɥ，拼 tʂ 组声母为 ʯ，拼其他组的声母为半元音的 ʋ。

3. ɤ、ɤu、iɤu 韵母中的 ɤ，舌位前后介于 ə 和 ɤ 之间，开口度与 ɤ 的一样。

4. iɛ 拼 tɕ、tɕʰ、ɕ 声母时，ɛ 较弱，基本脱落，整个韵母近似 i；拼其他声母近似 ie。

5. ei、ɤu、ɑo 在降调里近似单元音 ɪ、ʊ、ɔ，在非降调里有比较小的动程，似 eɪ、ɤʊ、ɑɔ。

6. ɑŋ 组韵母的主要元音带有鼻化。

三、声调

声调 4 个：

阴平	41	东风通天百节哭切六
阳平	24	门龙铜皮急毒白盒罚
上声	55	懂古鬼九草买五有痛
去声	33	动罪近冻怪卖路饭树

说明：

1. 阴平为高降调。记为 41。

2. 阳平是中升调。记为 24。

3. 上声是高平调。记为 55。

4. 去声是中平调。起点和终点略低于中点，记为 33。

叁　连读变调

靖远县方言有四个单字调，阴平、阳平、上声、去声。古清平、清入、次浊入归阴平；古浊平、全浊入归阳平；古清上、次浊上归上声；古去声、全浊上归去声。靖远方言有 16 种连读调类组合，15 种连调模式。连读调有 7 个，包括 4 个单字调 41、24、55、33 和 3 个新调值 22、35、21。具体如下表：

靖远方言两字组连读变调例词表

前字＼后字	阴平 41	阳平 24	上声 55	去声 33
阴平 41	41 + 21 星星、阴历 22 + 41 一天 22 + 55 当中	41 + 21 日食、今年、木头 22 + 24 腊梅、梳头	41 + 21 山水、沙子、端午 22 + 55 开水、咂奶	41 + 21 月亮、出去 22 + 33 天亮、木炭、鸡蛋
阳平 24	22 + 41 台风 22 + 55 时间、棉花、茶叶	24 + 24 煤油、油条 22 + 55 阳婆、石头、馍馍	22 + 55 凉水、苹果	22 + 33 河岸、油菜、划算 22 + 55 白菜
上声 55	55 + 41 嘴干 55 + 21 每天、水笔、满月	55 + 24 炒勺、打牌、以前 55 + 21 小河、本钱、斧头	55 + 55 洗澡、米酒 55 + 21 奶奶、椅子、爪子 41 + 21 左手、拐拐、李子 22 + 55 水果	55 + 33 扫院、闪电、柳树 55 + 21 早上、眼泪
去声 33	35 + 41 地方、号脉	35 + 41 放牛、上头、算盘 33 + 24 上门、下棋、大河	35 + 41 露水、去年 35 + 55 挂水、下雨、上午	35 + 41 涝坝、大豆、舅舅 33 + 33 种菜、旱地、算卦 55 + 33 做饭、地动

说明：

阴平做前字为本调 41 时，后字无论何调都变为 21；阴平做前字为 22 时，后字的声调有两种情况：一是后字无论何调都为本调，二是后字（本调为阴平）变为 55，如“花生”。

阳平做前字为本调 24 时，后字阳平亦为本调 24；阳平作前字变 22 时，后字声调有两种情况：一是后字（阴平、上声、去声）都为本调，二是后字（阴平、阳平、去声）都变为 55。

上声作前字为本调 55 时，后字分为两种情况：一是后字阴平、阳平和去声为原调，二是后字无论何调都变为 21；上声作前字为 22 时，后字上声为本调 55；上声作前字为 41 时，后字都变为 21。

去声做前字变为 35 时，后字分为两种情况：一种是后字无论何调都为 41，另一种是后字阴平和上声都为本调；去声做前字为本调 33 时，后字阳平和去声都为本调；去声作前字变为 55，后字去声为本调 33。

肆　异读

一、新老异读

1. 新老声母异读

步老 pʰu^{33} ≠步新 pu^{35}　　泥老 ȵʅ^{24} ≠泥新 nʅ^{24}

糙老 tsʰɑo^{33} ≠糙新 tsɑo^{33}　　抖老 tʰɤu^{55} ≠抖新 tɤu^{55}

酒老 tsiɤu^{55} ≠酒新 tɕiɤu^{55}　　瘦老 sɤu^{35} ≠瘦新 ʂɤu^{35}

2. 新老韵母异读

勺老 ʂuə^{24} ≠勺新 ʂɑo^{24}　　刻老 kʰei^{41} ≠刻新 kʰɤ^{41}

测老 tsʰei^{41} ≠测新 tsʰɤ^{41}　　色老 sei^{41} ≠色新 sɤ^{41}

择老 tsei^{24} ≠择新 tsɤ^{24}　　歌老 kuə^{41} ≠歌新 kɤ^{41}

眉老 mɿ^{24} ≠眉新 mei^{24}　　雷老 luei^{24} ≠雷新 lei^{24}

吞老 t^{h}əŋ^{41} ≠吞新 t^{h}uŋ^{41}　　类老 luei^{35} ≠类新 lei^{35}

3. 个别字新老声韵母皆异读，如：

黏老 ʐæ̃^{24} ≠黏新 ȵiæ̃^{24}　　俊老 tsoŋ^{33} ≠俊新 tɕioŋ^{33}

嫩老 lioŋ^{35} ≠嫩新 nɤŋ^{35}

4. 有的字老派两读，新派只有一种读法，如：

"雀" 老男 tɕ^{h}iɑo^{41}、tɕ^{h}yə^{41} 两读，青男读 tɕ^{h}yə^{41}。

"尾" 老男 zɿ^{55}、vei^{55} 两读，青男读 vei^{55}。

有的字新派两读，老派只有一种读法，如：

"绿" 老男读 liɤu^{41}，新派 liɤu^{41}、lɥ^{41} 两读。

"鹅" 老男读 nuə^{24}，新派 nuə^{24}、ɤ^{24} 两读。

"盒" 老男读 xuə^{24}，新派 xuə^{24}、xɤ^{24} 两读。

5. 新老声调异读，包括韵母和声调都异读，声韵调都异读两种情形，前者如：鹤老 xuə^{24} ≠鹤新 xɤ^{51}，墨老 mei^{24} ≠墨新 mɤ^{41}，后者如：额老 ŋɛ^{41} ≠额新 ɤ^{24}。

二、文白异读

"绿" 老男白读 liɤu^{41}，文读 lɥ^{41}。

"雀" 老男白读 tɕ^{h}iɑo^{41}，文读 tɕ^{h}yə^{41}。

"尾" 老男白读 zɿ^{55}，文读 vei^{55}。

"鹅" 青男白读 nuə^{24}，文读 ɤ^{24}。

"盒" 青男白读 xuə^{24}，文读 xɤ^{24}。

伍　儿化和小称音

靖远方言的儿化规律见下表：

靖远方言儿化规律表

<table>
<tr><th colspan="3">开口呼</th><th colspan="3">齐齿呼</th></tr>
<tr><th>例词</th><th>儿化韵</th><th>原韵母</th><th>例词</th><th>儿化韵</th><th>原韵母</th></tr>
<tr><td>被儿
笛儿
隔壁儿</td><td>ɿər</td><td>ɿ（位于 t 组、p 组后）</td><td rowspan="4">些儿
蝴蝶儿</td><td rowspan="5">iɔr</td><td rowspan="4">iɛ</td></tr>
<tr><td>这儿</td><td rowspan="3">ər</td><td>ɤ</td></tr>
<tr><td>耍把戏儿
蚂蚂蚁儿</td><td>ɿ（位于 ts 组声母后）</td></tr>
<tr><td>前日儿</td><td>ʅ（位于 tʂ 组声母后）</td></tr>
<tr><td>那儿
骚嘎儿
小拇尕儿
徒弟娃儿
蚍蜉蚂儿</td><td>ɐr</td><td>a</td><td>雀儿</td><td>iɑo</td></tr>
</table>

续表

<table>
<tr><td colspan="3">开口呼</td><td colspan="3">齐齿呼</td></tr>
<tr><td>例词</td><td>儿化韵</td><td>原韵母</td><td>例词</td><td>儿化韵</td><td>原韵母</td></tr>
<tr><td>挨挨儿</td><td>ɐr</td><td>ɛ</td><td>石榴儿</td><td>iɔr</td><td>iɤu</td></tr>
<tr><td>秋蝉儿</td><td>ẽr</td><td>æ̃</td><td rowspan="2">钱儿
件儿
点儿
对面儿
肚脐眼儿</td><td rowspan="2">iẽr</td><td rowspan="2">iæ̃</td></tr>
<tr><td>猴儿
后儿</td><td rowspan="2">ɔr</td><td>ɤu</td></tr>
<tr><td>桃儿
猫儿
枣儿
醪糟儿
一老儿</td><td>ɑo</td><td>明儿
杏儿
今儿</td><td>iə̃r</td><td>iŋ</td></tr>
<tr><td>行儿</td><td>ãr</td><td>ɑŋ</td><td></td><td></td><td></td></tr>
<tr><td>缝儿</td><td>ə̃r</td><td>ɤŋ</td><td></td><td></td><td></td></tr>
<tr><td colspan="3">合口呼</td><td colspan="3">撮口呼</td></tr>
<tr><td>例词</td><td>儿化韵</td><td>原韵母</td><td>例词</td><td>儿化韵</td><td>原韵母</td></tr>
<tr><td>冰棍儿</td><td>õr</td><td>oŋ</td><td>女儿
鱼儿</td><td>ɥər</td><td>ɥ</td></tr>
<tr><td rowspan="2">兔儿
蘑菇儿
胡胡儿
利故鹿⁼儿
险乎儿</td><td rowspan="2">ur</td><td rowspan="2">u</td><td>猪儿</td><td>ʮər</td><td>ʮ</td></tr>
<tr><td>旋儿</td><td>yẽr</td><td>yæ̃</td></tr>
<tr><td>颗儿
唱歌儿
做活儿
花骨朵儿</td><td rowspan="2">uər</td><td>uə</td><td></td><td></td><td></td></tr>
<tr><td>亲嘴儿
缓一会儿</td><td>uei</td><td></td><td></td><td></td></tr>
<tr><td>花儿</td><td rowspan="2">uɐr</td><td>ua</td><td></td><td></td><td></td></tr>
<tr><td>块儿</td><td>uɛ</td><td></td><td></td><td></td></tr>
</table>

说明：

靖远方言的儿化音变规律可分为 5 类：

1. 韵母为 u、uə 时，韵母（韵腹）直接卷舌。如：

蘑菇儿 mɤ^{22}kur^{41}　险乎儿 ɕiæ̃^{22}xur^{41}　利故鹿$^{=}$儿 lʅ^{55}ku^{33}lur^{41}

胡胡儿 xu^{22}xur^{41}　兔儿 t^{h}ur^{41}

唱歌儿 tʂ^{h}ɑŋ^{35}kuər^{41}　做活儿 tsɤu^{55}xuər^{24}　花骨朵儿 xuɑ^{22}ku^{22}tuər^{41}

颗儿 k^{h}uər^{41}

2. 除韵母 u、uə 外，其他复韵母的主要元音稍有变化后卷舌。如：

ɤu—ɔr　猴儿 xɔr^{24}　后儿 xɔr^{33}

ɑo—ɔr　桃儿 t^{h}ɔr^{24}　猫儿 mɔr^{24}　枣儿 tsɔr^{41}　醪糟儿 lɑo^{22}tsɔr^{41}　一老儿 zʅ^{22}lɔr^{41}

iɑo—iɔr　雀儿 tɕʰiɔr^{41}

iɤu—iɔr　石榴儿 ʂʅ^{22}liɔr^{41}

iɛ—iɔr　些儿 ɕiɔr^{41}　蝴蝶儿 xu^{22}tiɔr^{41}

a—ɐr　小拇尕儿 ɕiɑo^{55}mu^{21}kɐr^{24}　徒弟娃儿 tʰu^{22}tɿ^{55}vɐr^{24}　骚嘎儿 sɑo^{22}kɐr^{41}

　　那儿 vɐr^{41}　蚍蜉蚂儿 pʰɿ^{24}fu^{55}mɐr^{41}

ɛ—ɐr　挨挨儿 nɛ^{22}nɐr^{24}

ɤ—ər　这儿 tʂər^{41}　自行车儿 tsɿ^{41}ɕiŋ^{22}tʂʰər^{41}

ua—uɐr　花儿 xuɐr^{41}

uɛ—uɐr　块儿 kʰuɐr^{41}

uei—uər　亲嘴儿 tɕʰiŋ^{22}tsɥər^{41}

ɿ（位于 ts 组声母后）—ər　鸡儿 tsər^{41}　要把戏儿 ʂua^{55}pa^{55}sər^{21}　食指儿 ʂʅ^{22}tsər^{41}

　　蚂蚂蚁儿 ma^{22}ma^{55}zər^{41}

3. 韵母是ɿ（位于 t 组、p 组后）、ʅ、ʮ、ɥ的，后面直接加 ər。如：

ɿ—ɿər　被儿 pɿər　笛儿 tɿər^{24}　隔壁儿 kei^{22}pɿər^{41}

ʅ—ʅər　前日儿 tɕʰiæ̃^{22}ʐʅər^{41}　啥印⁼实⁼儿 sa^{33}iŋ^{35}ʂʅər^{41}

ʮ—ʮər　猪儿 tʂʮər^{41}

ɥ—ɥər　女儿 mɥər^{41}　鱼儿 zɥər^{24}

4. 韵腹是鼻化元音时，主要元音变为ɐ̃，并卷舌。例如：

æ̃—ɐ̃r　秋蝉儿 tɕʰiɤu^{41}ʂɐ̃r^{24}　蚕儿 tsʰɐ̃r^{24}

iæ̃—iɐ̃r　钱儿 tɕʰiɐ̃r^{24}　对面儿 tuei^{33}miɐ̃r^{33}　件儿 tɕiɐ̃r^{33}　点儿 tiɐ̃r^{41}

　　肚脐眼儿 tu^{33}tsʰɿ^{21}ȵiɐ̃r^{41}

yæ̃—yɐ̃r　旋儿 ɕyɐ̃r^{24}

5. 韵尾是ŋ时，丢掉韵尾，韵腹（或央化为ə）鼻化并卷舌。如：

ɑŋ—ɑ̃r　行儿 xɑ̃r^{33}

oŋ—õr　冰棍儿 piŋ^{22}kõr^{33}

ɤŋ—ə̃r　脸盆儿 liæ̃^{55}pʰə̃r^{21}　蜜蜂儿 mɿ^{41}fə̃r^{21}　阵儿 tʂə̃r^{33}　缝儿 fə̃r^{33}

　　风筝鼻化比较弱 fɤŋ^{41}tsə̃r^{21}　画本儿 xua^{35}pə̃r^{41}

但韵母为iŋ时，丢掉韵尾，加上鼻化的ə̃r。如：

iŋ—iə̃r　明儿 miə̃r^{24}　杏儿 ɕiə̃r^{33}　今儿 tɕiə̃r^{41}

陆　其他主要音变规律

一、同化

门槛 mɤŋ^{22}kʰɑŋ^{550}，"槛"字读音为 kʰæ̃^{55}，æ̃变为ɑŋ，是受 kʰ 的同化所致。

利故鹿⁼儿 lɿ^{55}ku^{33}lur^{41}，"鹿"的本字应为"意 lɿ"，受前字韵母 u 影响而同化为 lu。

二、异化

蚍蜉蚂儿 pʰɿ^{24}fɤŋ^{55}mɐr^{41}，"蜉"字读音为 fu^{55}，由于 u 与 pʰ 都是唇音，导致 fu 中的 u 异化并弱化为ɤ，后又受鼻音 m 的影响而增加了鼻音ŋ，故"蜉"的读音变为 fɤŋ。

三、增音

搜$^{=}$皮 sɤu^{22}p^{h}ɿ^{24},"搜"的本字应为"啬 sɤ",韵母 ɤ 受后一音节 p^{h}(圆唇)影响增音 u,最后变为 ɤu。

四、合音

得很 tɤ^{22}xɤŋ^{55},合音为"腾$^{=}$ t^{h}ɤŋ^{55}"。

第十七节　陇西县方言

壹　概况

一、调查点:定西市陇西县

陇西县,位于甘肃省中部,属定西市管辖。介于东经 104°18′—104°54′,北纬 34°50′—35°23′之间。截至 2016 年,总人口 51.92 万,其中汉族 51.73 万人,回族 1396 人,蒙古族 170 人,其他 342 人。无少数民族语言。陇西方言有 4 种口音:县城话,首阳话,福星话,马河话。县城话分布在巩昌、文峰、菜子、云田等乡镇,人口约 20 万人;首阳话分布在首阳、雪山、碧岩、双泉等乡镇,人口约 10 万人;福星话分布在福星、柯寨、德兴、权家湾、渭阳、和平、永吉等乡镇,人口约 15 万人;马河话分布在马河、通安、宏伟等乡镇,人口约 7 万人。近年来变化较快,正在向普通话靠拢。

地方曲艺主要是陇西秧歌,另外有陇西民歌、秦腔。

二、发音合作人

方言老男:汪世丰,汉族,1958 年 5 月出生于北京。自小在陇西县巩昌镇长大,1982—1984 年在定西市定西教育学院学习,之后在陇西工作。会说陇西话、普通话。父母亲、妻子都是本县巩昌镇人,都说陇西话。

方言青男:田明武,汉族,1984 年 7 月出生于陇西县巩昌镇。自小在陇西县巩昌镇长大,2005—2008 年在兰州上学,之后在陇西县巩昌镇工作。研究生学历,公务员。本人会说陇西话、普通话,日常说陇西话。父亲是巩昌镇人,母亲是福星镇人,妻子也是巩昌镇人,平常都说陇西话。

贰　声韵调

一、声母

声母 28 个,包括零声母在内:

p 八兵	p^{h} 派片爬病	m 麦明	f 飞蜂副肥饭	v 味问威王云
t 多东	t^{h} 讨毒			l 脑南老连路
ts 资早租争纸	ts^{h} 刺草字贼坐		s 丝三酸事山	z 扔
tʂ 张	tʂ^{h} 初抽船文		ʂ 双守船白	ʐ 热软
tʃ 竹装主	tʃ^{h} 柱床春		ʃ 顺书	ʒ 如
tɕ 酒九	tɕ^{h} 天甜清权		ɕ 想谢响县	ʑ 艺
k 高共熬安	k^{h} 开		x 好灰活	
ø 月用药				

说明：

1. 声母 v 与韵母 u 相拼，整个音节读 v 或 ʋ，有时其后还带尾音 ə。声母 v 跟其他韵母相拼，强调时多读 v，其他情况多读 ʋ。

2. 声母 l 逢细音韵母，有时塞音性较强，可记为 l^{d}；偶尔还读 n。

3. 声母 tʂ、tʂ^{h}、ʂ、ʐ 发音被动部位比北京话的发音部位稍前。舌叶音声母 tʃ、tʃ^{h}、ʃ、ʒ 没有舌下腔，带圆唇性。

4. 陇西话读 k 声母而普通话读零声母的字，单字读 k，在词汇、语流中有时读 ŋ。

5. 声母 x 和送气音声母逢洪音韵母，有时带有软腭轻颤音。

二、韵母

韵母共 42 个，其中包含一个自成音节的：

ɿ 丝师二白	i 米戏急七	u 苦五猪骨	y 雨橘局
ʅ 十直尺			ʯ 出
ɐr 二文			
ʌ 儿			
a 茶瓦塔法	ia 牙鸭	ua 刮	ʯa 抓
ɛ 开排鞋	iɛ 写接贴节	uɛ 快	ʯɛ 帅
ɔ 宝饱	iɔ 笑桥		
e 赔飞北色		ue 对鬼	ʯe 水
ɤ 歌盒热壳		uɤ 坐过托	yɤ 靴月药学文
			ʯɤ 桌
ɤu 豆走	iɤu 油六绿白		
æ̃山半南	iæ̃盐年	uæ̃短官	yæ̃权
			ʯæ̃船
aŋ 糖王	iaŋ 想讲	uaŋ 双	ʯaŋ 床
ɤŋ 深根灯升	iŋ 心新硬病	uŋ 寸滚东	yŋ 兄用
			ʯŋ 春
ŋ̲ 嗯			

说明：

1. ʯ 代表位于舌叶部位的圆唇元音，其所在的韵母与舌叶音声母相拼。

2. 一些韵母有时在末尾带一个尾音 ə 或 æ，其中一些鼻尾韵母带尾音后变为鼻化韵。它们分别是：ɿ—ɿə，ʅ—ʅə，i—iæ，u—uə，y—yæ，ʯ—ʯə，e—eə，ue—ueə，ɤu—ɤuə，iɤu—iuə，iŋ—ĩə̃，uŋ—ũə̃，yŋ—ỹə̃，ʯŋ—ʯ̃ə̃。这些韵母所在的音节在单念、两字组的后字位置时韵母尾音有时保留，有时没有；在两字组的前字位置时没有尾音。

3. 韵母 ɿ 摩擦强。韵母 ʅ 逢声母 tʂ、ʐ 摩擦强，逢声母 tʂ^{h}、ʂ 为轻度摩擦。韵母 i 摩擦强，介于舌面前和音舌尖前音之间。韵母 y 大都摩擦强，但逢声母 l 无摩擦。

4. 韵母 u 逢声母 f、v 时读唇齿部位的圆唇半元音 ʋ；逢声母 p、p^{h}、m、t、t^{h}、l、k、k^{h}、x 时，多读唇齿部位的圆唇半元音 ʋ，有时也读 u；逢声母 ts、ts^{h}、s 时多读舌尖前圆唇元音 ʮ，有时也读 u；逢声母 tʂ、tʂ^{h}、ʂ、ʐ 时多读舌尖后圆唇元音 ʯ，有时也读 u。韵母 u 有时还带尾音 ə。这里统一记为 u。

5. 元音 a 的实际音值为央偏前。韵母 a、ia、ua、ɥa 偶尔带鼻化，读为 ã、iã、uã、ɥã，但不同于韵母 æ̃、iæ̃、uæ̃、ɥæ̃。元音 ε、e 有时舌位偏高。

6. 韵母 uɤ 在两字组的前字位置有时读 o。韵母 ɔ、iɔ 的韵腹有时为后偏央，读为 ɵo、iɵo。韵母 ɤu、iu 有时读 ʊ、iʊ。

7. 韵母 æ̃、iæ̃、uæ̃、yæ̃、ɥæ̃中的 æ̃发音的突出特点首先是嘴角向两边尽量裂开，而不是舌位尽量降低，且跟韵母 a、ia、ua、ɥa 中的 a 偶尔带鼻化音的 ã 不同，因此这里将 æ̃组韵母记为 æ̃元音，不是 ã 元音。

8. 韵母 ɤŋ、iŋ、uŋ、yŋ、ɥŋ 有时读鼻化韵母，分别是：ə̃、ĩ、ũ、ỹ、ɥ̃；有时鼻化后还带尾音 ə̃。另外，韵母 iŋ 有时还读 in。

三、声调

单字调 4 个：

阴平　21　东该通风谷百哭拍六麦

阳平　13　门龙牛油铜急毒白盒罚

上声　53　懂古鬼九苦讨买老五有

去声　44　动罪后近冻怪卖路饭树

说明：

1. 阴平 21 调偶尔读 313 调。

2. 阳平 13 调在缓读或重读时为 113 调。

3. 去声 44 调有时读为 43 调或 45 调。

叁　连读变调

陇西县方言有四个单字调，阴平、阳平、上声、去声。古清平、清入、次浊入归阴平；古浊平、全浊入归阳平；古清上、次浊上归上声；古去声、全浊上归去声。具体变调情况如下表：

陇西方言两字组连读变调例词表

前字＼后字	阴平 21	阳平 13	上声 53	去声 44
阴平 21	22 + 21 花生、搬家、星星、天天 42 + 13 木掀、蛛蛛 44 + 42 一天	42 + 13 干粮、积极、消毒	22 + 53 山水、风水、烧火	42 + 44 针线、招认 22 + 44 师傅
阳平 13	13 + 31 良心、毛笔、提亲、流血	13 + 13 平时、扬场 13 + 31 羊毛、零食 22 + 44 厨房	13 + 53 白纸、骑马 24 + 42 门板、回回每一回	22 + 44 徒弟、还愿、馍馍、爷爷
上声 53	55 + 42 眼睛、粉笔、赶车	55 + 13 口粮、锁门 55 + 42 主席、党员、纂纂、妈妈	22 + 53 井水、水果、铲草、碗碗	55 + 44 韭菜、赌咒
去声 44	44 + 42 士兵、办法、冒烟	44 + 13 外行、放羊 44 + 44 四十、叫驴、趟趟每一趟 44 + 42 价钱、下属、混混、舅舅	44 + 53 市长、上火 44 + 42 对手	44 + 44 半夜、下蛋 44 + 42 下数

说明：

1. 阴平＋阴平、阳平、上声、去声，前字有 22、42、44 三种变调，后字为阴平时有 13、42 两种变调，后字为阳平、上声、去声时均不变调。

2. 阳平＋阴平、阳平、上声、去声，前字有 22、24 两种变调，后字有 31、44、42 三种变调，其中去声作后字时不变调。

3. 上声＋阴平、阳平、上声、去声，后字为阴平、阳平、去声时，前字变为 55，后字为上声时前字变为 22。后字为阴平时变为 42，后字为阳平时或变为 42，或不变调，后字为上声和去声时不变调。

4. 去声＋阴平、阳平、上声、去声，前字均不变调，后字都有一个 42 的变调，后字为阳平时还多出一个 44 的变调。

肆　异读

一、新老异读

1. 新老声母异读

（1）中古泥母字今逢细音，老派读 l，新派读 ȵ。例如：泥老 li^{13} ≠泥新 ȵi^{13}；年老 liæ̃^{13} ≠年新 ȵiæ̃^{13}。

（2）中古知系合口字，老派多读 tʃ 组，有时读 tʂ 组；新派统一读 tʂ 组。例如：竹老 tʃʮ^{21} ≠竹新 tʂu^{21}；柱老 tʃʰʮ^{44} ≠柱新 tʂʰu^{44}；书老 ʃʮ^{21} ≠书新 ʂu^{21}；如老 ʒʮ^{13} ≠如新 ʐu^{13}。

2. 新老韵母异读

（1）中古止摄日母"儿"字，老派读 ᴀ，新派读 ɐr。

（2）今读合口呼的字，老派多读舌叶圆唇元音 -ʮ- 介音；新派有时读舌尖后圆唇元音 -ʯ- 介音，有时读舌面后圆唇元音 -u- 介音。例如：出老 tʃʰʮ^{21} ≠出新 tʂʰu^{21}。

（3）"开、飞"等类字韵母的韵腹，老派开口度较大读 ɛ、e，新派开口度较小读 ᴇ、ɪ。例如：开老 kʰɛ^{21} ≠开新 kʰᴇ^{21}；写老 ɕiɛ^{53} ≠写新 ɕiᴇ^{53}；快老 kʰuɛ^{44} ≠快新 kʰuᴇ^{44}；飞老 fe^{21} ≠飞新 fɪ^{21}；对老 tue^{44} ≠对新 tuɪ^{44}。

（4）中古宕江摄的字，老派韵母读 ɑŋ 组，新派读 ɑ̃ 组。例如：糖老 tʰɑŋ^{13} ≠糖新 tʰɑ̃^{13}；讲老 tɕiɑŋ^{53} ≠讲新 tɕiɑ̃^{53}；床老 tʂʰʯɑŋ^{13} ≠床新 tʃʰuɑ̃^{13}。

其他声母、韵母，还有声调，新派和老派没有大的差别。

二、文白异读

陇西话中的一部分字有文白异读现象，主要表现在声母和韵母两个方面。

1. 声母文白异读

（1）中古全浊声母仄声的部分字，声母白读送气，文读不送气。例如：地白 tɕʰi^{44} ≠地文 ti^{44}；道白 tʰɔo^{44} ≠道文 tɔo^{44}；杂白 tsʰa^{13} ≠杂文 tsa^{13}；集白 tɕʰi^{13} ≠集文 tɕi^{13}。

（2）中古澄母字"赚"，声母白读为 tɕ，文读为 tʂ。即：赚白 tɕiæ̃^{44} ≠赚文 tʂuæ̃^{44}。

（3）中古生母字"缩"，声母白读为 ʂ，文读为 s。即：缩白 ʂuɑŋ^{53} ≠赚文 suɤ^{21}。

（4）中古船母部分字，声母白读为 ʃ，文读为 tʂʰ。例如：船白 ʃʮæ̃^{13} ≠船文 tʂʰʮæ̃^{13}。

（5）中古见、群母的部分字，声母白读为 k 类，文读为 tɕ 类。例如：戒白 kɛ^{44} ≠戒文 tɕiɛ^{44}；角白 kɤ^{21} ≠角文 tɕyɤ^{21}；休白 xɤu^{21} ≠休文 ɕiu^{21}。

（6）中古疑、影母的部分字，今逢洪音白读为k，文读为零声母或v声母；今逢细音白读为l，文读为零声母。例如：握白kɤ13 ≠握文vɤ21；严白liæ̃13 ≠严文iæ̃13；哑白lia53 ≠哑文ia53。

2. 韵母文白异读

（1）中古止摄字"尾"，韵母白读为i，文读为e。即：尾白ʑi53 ≠尾文ve53。

（2）中古止开三逢日母的部分字，韵母白读为ʅ或舌叶圆唇元音ɥ，文读为ʌ或ɐr。例如：儿白zʅ13 ≠儿文ʌ13；二白zʅ44 ≠二文ɐr44；耳白ʒɥ53 ≠耳文ɐr53。

（3）中古山开二的"闩"字，韵母白读为uɑŋ，文读为uæ̃。即：闩白ʂuɑŋ44 ≠闩文ʂuæ̃44。

（4）中古山开四的"扁"字，韵母白读为æ̃，文读为iæ̃。即：扁白pæ̃53 ≠扁文piæ̃53。

（5）中古臻开三的入声"日"字，韵母白读为ɤ，文读为ʅ。即：日白zɤ21 ≠日文zʅ21。

（6）中古臻合三逢来母的部分阳声韵字，韵母白读为yŋ，文读为uŋ。例如：轮白lyŋ13 ≠轮文luŋ13。

（7）中古宕摄的部分字，韵母白读为开、齐二呼，文读为合、撮二呼。例如：落白lɤ21 ≠落文luɤ21；约白iɛ21 ≠约文yɤ21。

（8）中古曾摄一等、梗摄二等的多数入声字，韵母的韵腹白读为ɛ或e，文读为ɤ。例如：特白tʰɛ13 ≠特文tʰɤ13；或白xue13 ≠或文xuɤ13；格白kɛ21 ≠格文kɤ21；客白kʰɛ21 ≠客文kʰɤ21；策白tsʰɛ21 ≠策文tsʰɤ21。

（9）中古梗开二阳声韵"耕"字，韵母白读为e，文读为ɤŋ。即：耕白ke21 ≠耕文kɤŋ21。

（10）中古通合三入声韵"缩"字，韵母白读为uɑŋ，文读为uɤ。即：缩白uɑŋ53 ≠缩文suɤ21。

（11）中古通合三入声韵"绿"字，韵母白读为iu，文读为y或u。即：绿白，~颜色liu21 ≠绿文，~颜色ly21 ≠绿文，~化lu21。

三、其他异读

陇西方言全县口音差异不太大，但也有一定的城乡异读。前已述及，陇西方言有4种口音：县城话，首阳话，福星话，马河话。县城话特点是古知系今逢合口呼的字新派多读舌尖后音，"说"字声母读舌面前音ɕ。首阳话特点是古知系今逢合口呼的字读tʃ组舌叶音，"这"字读舌尖前音ts。福星话特点是古知系今逢合口呼的字读tʃ组舌叶音，"这"字读舌尖后音tʂ，"膏⁼我们"声调为阴平21。马河话特点是古知系今逢合口呼的字读tʃ组舌叶音，"这"字读舌尖后音tʂ，"膏⁼我们"的声调为上声53。

伍　儿化和小称音

陇西方言没有儿化，但有儿尾。陇西方言单字"儿"的音值为zʅ13。在词语中儿尾的声韵读zʅ，声调有13、21、44、42等4个连读调值，其变调规律基本同阳平字（见上面"陇西方言两字组连读调例词表"）。儿尾在许多词语中有小称义，但基本没有属于自己的小称音。

陆　其他主要音变规律

一、合音现象

典型的就是人称代词复数的合音现象。陇西话的第一、二、三人称单数为：我kɤ53，你

tɕi53，他 tʰa21；第一、二、三人称复数为：𠹋⁼kɔ21，交⁼tɕiɔ21，涛⁼tʰɔ21，复数形式都是单数加“曹 tsʰɔ13”的合音，即“我曹、你曹、他曹”的合音。如下表：

陇西方言人称代词合音表

单复数及合音＼音值	第一人称	第二人称	第三人称
单数	我 kɤ53	你 tɕi53	他 tʰa21
复数	𠹋⁼kɔ21	交⁼tɕiɔ21	涛⁼tʰɔ21
复数合音过程	我曹 kɤ53 ＋ tsʰɔ13	你曹 tɕi53 ＋ tsʰɔ13	他曹 tʰa21 ＋ tsʰɔ13
	kɔ21	tɕiɔ21	tʰɔ21

二、同化现象

一些词语中，第一个音节的读音对第二个音节具有同化作用，使得第二个音节的韵母发生变化，读音跟第一个音节的韵母相同或接近。例如：裹肚儿棉衣 kuɤ ＋ tʰu ＋ zɿ→kuɤ ＋ tʰuɤ ＋ zɿ→kuɤ55tʰuɤ42 ＋ zɿ13；活计活儿 xuɤ ＋ tɕi→xuɤ ＋ tɕiɛ→xuɤ24tɕiɛ42；炕落头炕头 kʰaŋ ＋ lɤ ＋ tʰɤu→kʰaŋ ＋ laŋ ＋ tʰɤu→kʰaŋ44 ＋ laŋ44 ＋ tʰɤu13。

第十八节　秦州区方言

壹　概况

一、调查点：天水市秦州区

秦州区，位于甘肃省东南部，属天水市管辖。介于东经 105° 43′—105° 72′、北纬 34° 34′—34° 58′之间。截至 2017 年，总人口 70.86 万人。汉族 66.75 万人，占 94.2%；少数民族 4.11 万人，占 5.8%。回族占 5.7%；蒙古族占 0.08%；其他民族在几十人左右，呈散杂居状态。区域内无少数民族语言。本区汉语方言分三种：南路口音分布在本区南部地区，使用人口 27.08 万人；西路口音分布在本区西部地区，使用人口 17.46 万人；城区内口音分布在城区，使用人口 26.32 万人。城区内口音为当地强势方言，使用人口较多，南路口音和西路口音也在向城区方言靠拢；城区内方言近年来变化较快，逐渐向普通话靠拢。

方言曲艺和地方戏种主要是秦州小曲。秦州小曲是天水区域内的一种曲艺戏种，亦是西秦腔发源的母本戏曲，主要分布在秦州区的郊区农村。

二、发音合作人

方言老男：钱生虎，汉族，1958 年出生在秦州区娘娘坝镇中寨村；小学在秦州区娘娘坝镇就读；中学在秦州城区就读；1978—1980 年在天水渭南师范学校就读；1980—1990 年在秦州区岷山中学任教；中专学历，1990 年以后成为自由职业者。本人一直说天水话和普通话。父母亲、妻子都是天水市秦州区人，平常都说天水话。

方言青男：刘成，汉族，1990 年 3 月出生在秦州区；1996—2002 年在天水市公园小学就读；2002—2005 年在天水市第六中学就读；2005—2009 年在天水市林业职业学校就读；

2009—2013 年先后在拉萨、成都、武汉、南京、合肥从事通讯工程建设工作；2013 年 4 月至今在天水移动公司工作。大专学历，信息工程师。本人日常使用天水话和普通话，父母都是天水市秦州区人，平常都说秦州区话。本人未婚。

贰　声韵调

一、声母

声母 29 个，包括零声母在内：

p 八兵	pʰ 派片爬病	m 麦明	f 飞蜂副肥饭	v 味问温王
t 多东	tʰ 讨天甜毒			l 脑南老蓝连路
ts 资早租争纸	tsʰ 刺草字贼坐祠拆茶抄初		s 丝三酸事山	z 揉
tʂ 张	tʂʰ 抽车城		ʂ 守十	ʐ 热
tʃ 竹装主	tʃʰ 柱床春船	ʃ 双顺书		ʒ 软
tɕ 酒九	tɕʰ 清全轻权	ȵ 年泥	ɕ 想谢响县	
k 高共	kʰ 开	ŋ 熬安	x 好灰活	
ø 月云用药				

说明：

1. 送气塞音有小舌轻微颤动特征。

2. 知系鱼韵和止合三的字读 ts、tsʰ、s、z 声母，知系其他合口韵都读 tʃ、tʃʰ、ʃ、ʒ 声母，拼 ɥ 或 ɥ-。

3.x 发音部位靠后，喉部有较明显的摩擦音色彩。

二、韵母

韵母 32 个：

ɿ 师丝试	i 米戏急七一锡	u 苦五骨谷	y 雨橘局
ʅ 十直尺			ɥ 猪出
a 茶瓦塔法辣八	ia 牙鸭	ua 刮	
ɤ 热	iə 写接贴节	uə 歌坐过活托郭国	yə 靴月药学
ɛ 开排鞋二		uɛ 快	
ɔ 宝饱	iɔ 笑桥		
ei 赔飞北色白		uei 对鬼国	
ɤu 豆走	iɤu 油六绿白		
æ̃ 山半南	iæ̃ 盐年	uæ̃ 短官	yæ̃ 权
ɑŋ 糖王	iɑŋ 讲响	uɑŋ 床王双	
ɤŋ 深根灯升争横	iŋ 心新硬病星	uŋ 寸滚春东	yŋ 云用兄

说明：

1. 在平声、去声里，ɛ、ɔ 韵母有明显的动程。

2. a 的开口度接近 ɔ。

3. 见系字在单韵母 u 前个别字发音时有摩擦，发音时口形稍松，且开口度稍大。

4.ua、uə、uɛ、uæ̃、uɑŋ、uŋ 拼 tʃ 组为 ɥa、ɥə、ɥɛ、ɥæ̃、ɥɑŋ、ɥɤŋ。

三、声调

单字调 3 个：

平声　13　东该通开门龙铜皮油谷哭六麦毒白盒罚

上声　53　懂古鬼九统苦讨草买老五有

去声　44　动罪近后冻怪痛快卖路硬乱洞地饭树

说明：

1. 平声字的发音，个别声调的起头有轻微下降。

2. 去声少量字近似 454，统一记为 44。

叁　连读变调

天水秦州区方言有三个单字调，平声、上声、去声。平声不分阴阳，入声派入平声；古清上、次浊上归上声；去声、古全浊上归去声。具体变调情况如下表：

秦州方言两字组连读变调例词表

前字＼后字	平声 13	上声 53	去声 44
平声 13	13 + 21 花生、长虫、时间 13 + 13 结婚、洋蜡、调皮 21 + 13 天明、腊梅、今年	13 + 21 苹果、蚊子、毛笔 13 + 53 编谎、黄酒、城里 21 + 53 勤苦、欢火、梯子	13 + 21 黄豆、茶叶 13 + 44 蚊帐、游世、难受 21 + 44 高兴、菠菜、冬至 21 + 53 腊月、生涩、街道
上声 53	53 + 21 咬人、老实、暖和 53 + 13 打捶、女猫、水塘	53 + 21 冷子、椅子 53 + 53 洗澡、早已 21 + 53 炒菜、冷水、晌午	53 + 21 板凳、眼泪、底下 53 + 44 水地、把脉、反正
去声 44	44 + 21 界棱、算盘、弟兄 44 + 53 后妈 44 + 13 剃头、麦蝉、下来	44 + 21 柱子、戒指 44 + 53 裤腿、后悔、下雨	44 + 21 舅舅、叫唤、胀气 44 + 44 变蛋、旱地、地动

说明：

1. 平声＋平声、上声、去声，有下列三种情况：

（1）前后字都不变，保持原调；

（2）前字不变，后字变 21；

（3）前字变 21，后字为平声、上声则不变；后字为去声时也能变为 53。

2. 上声＋平声、上声、去声，有下列三种情况：

（1）前后字都不变，保持原调；

（2）前字不变，后字变 21；

（3）前字变 21，后字不变。

3. 去声＋平声、上声、去声，有下列两种情况：

（1）前后字都不变，保持原调；

（2）前字不变，后字变 21，平声后字也可变为 53。

肆　异读

一、新老异读

1. 新老声母异读

（1）中古从母、定母的部分入声字，老派读送气，新派读不送气。例如：杂老 tsʰa^{13} ≠杂新 tsa^{13}；笛老 tʰi^{13} ≠笛新 ti^{13}；读老 tʰu^{13} ≠读新 tu^{13}。

（2）中古泥母的字，老派读 l，新派在洪音韵母前与 l 成自由变体。例如：南老 læ̃^{13} ≠南新 næ̃^{13}；脑老 lɔ^{53} ≠脑新 nɔ^{53}。

（3）中古知母、澄母、章母、昌母的部分字，老派读为 tʃ、tʃʰ，新派读为 ts、tsʰ。例如：桩老 tʃuɑŋ^{13} ≠桩新 tsuɑŋ^{13}；撞老 tʃuɑŋ^{44} ≠撞新 tsuɑŋ^{44}；肿老 tʃuɤŋ^{53} ≠肿新 tsuɤŋ^{53}；种老 tʃuɤŋ^{44} ≠种新 tsuɤŋ^{44}；冲老 tʃʰuɤŋ^{13} ≠冲新 tsʰuɤŋ^{13}。

（4）中古帮母字"别"，老派读为 p，新派读为 pʰ。即：别老 piə^{13} ≠别新 pʰiə^{13}。

（5）中古见母字"规"，老派读为 kʰ，新派读为 k。即：规老 kʰuei^{13} ≠规新 kuei^{13}。

（6）中古书母字"式"，老派读为 ʂ，新派读为 s。即：式老 ʂʅ^{13} ≠式新 sɿ^{44}。

（7）中古书母字"鼠"，老派读为 tsʰ，新派读为 s。即：鼠老 tsʰɥ^{53} ≠鼠新 su^{53}。

2. 新老韵母异读

（1）中古果开一见母字"个"，老派读为 uə，新派读为 ɛ。即：个老 kuə^{44} ≠个新 kɛ^{53}。

（2）中古梗开二疑母字"额"，老派读为 ɛ，新派读为 uə。即：额老 ŋɛ^{13} ≠额新 ŋuə^{13}。

（3）中古遇合三章母字"主"，通合一从母字"族"，老派读为 u，新派读为 ɥ。即：主老 tʃu^{53} ≠主新 tʃɥ^{53}；族老 tsu^{13} ≠族新 tsɥ^{13}。

（4）中古止开三帮母字"碑"，老派读为 i，新派读为 ei。即：碑老 pi^{13} ≠碑新 pei^{13}。

（5）中古臻开一透母字"吞"，老派读为 ɤŋ，新派读为 uɤŋ。即：吞老 tʰɤŋ^{13} ≠吞新 tʰuɤŋ^{13}。

（6）中古通合一透母字"痛"，老派读为 ɤŋ，新派读为 uɤŋ。即：痛老 tʰɤŋ^{13} ≠痛新 tʰuɤŋ^{44}。

（7）中古蟹合一、止合三来母字"雷、类"，老派读为 uei，新派读为 ei。即：雷老 luei^{13} ≠雷新 lei^{13}；类老 luei^{44} ≠类新 lei^{44}。

（8）中古曾开一明母字"墨"，老派读为 ei，新派读为 ɤ。即：墨老 mei^{13} ≠墨新 mɤ^{13}。

（9）中古臻合三微母字"物"，老派读为 ɤ，新派读为 u。即：物老 vɤ^{13} ≠物新 vu^{13}。

（10）中古梗合三云母字"荣"，老派读为 yɤŋ，新派读为 uɤŋ。即：荣老 yɤŋ^{13} ≠荣新 ʐuɤŋ^{13}。

3. 新老声调异读

（1）中古非母、明母、匣母、日母、影母、彻母、知母、章母中的部分上声、去声、入声字，老派读 53，新派读 44。例如：付老 fu^{53} ≠付新 fu^{44}；买老 mɛ^{53} ≠买新 mɛ^{44}；校老 ɕiɔ^{53} ≠校新 ɕiɔ^{44}；绕老 ʐɔ^{53} ≠绕新 ʐɔ^{44}；暗老 ŋæ̃^{53} ≠暗新 ŋæ̃^{44}；撤老 tʂʰɤ^{53} ≠撤新 tʂʰɤ^{44}；转老 tʃuæ̃^{53} ≠转新 tʃuæ̃^{44}；震老 tʂɤŋ^{53} ≠震新 tʂɤŋ^{44}；鹤老 xuə^{53} ≠鹤新 xuə^{44}。

（2）中古书母、溪母、影母、帮母、以母的部分入声、去声字，老派读为 13，新派读为 44。例如：设老 ʂɤ^{13} ≠设新 ʂɤ^{44}；阔老 kʰuə^{13} ≠阔新 kʰuə^{44}；益老 i^{13} ≠益新 i^{44}；壁老 pi^{13} ≠壁新 pi^{44}；裕老 y^{13} ≠裕新 y^{44}。

（3）中古见母、心母、奉母的部分入声字，老派读为 13，新派读为 53。例如：甲老 $tɕia^{13}$ ≠甲新 $tɕia^{53}$；索老 $suə^{13}$ ≠索新 $suə^{53}$；缚老 fu^{13} ≠缚新 fu^{53}。

（4）中古崇母、生母的部分字，老派读为 44，新派读为 13。例如：闸老 tsa^{44} ≠闸新 tsa^{13}；闩老 $suæ̃^{44}$ ≠闩新 $suæ̃^{13}$。

（5）中古並母、群母的部分字，老派读为 44，新派读为 53。例如：被老 pi^{44} ≠被新 pi^{53}；件老 $tɕ^hiæ̃^{44}$ ≠件新 $tɕ^hiæ̃^{53}$。

二、文白异读

天水话中的一部分字有文白异读现象，主要表现在声母和韵母两个方面。

1. 声母文白异读

（1）中古全浊声母仄声的部分字，声母白读送气，文读不送气。例如：道白 $t^hɔ^{44}$ ≠道文 $tɔ^{44}$；鼻白 p^hi^{13} ≠鼻文 pi^{13}；轿白 $tɕ^hiɔ^{44}$ ≠轿文 $tɕiɔ^{44}$；动白 $t^huŋ^{44}$ ≠动文 $tuŋ^{44}$；匠白 $tɕ^hiã^{44}$ ≠匠文 $tɕiã^{44}$。

（2）中古端母字"鸟"，声母白读为 $tɕ^h$，文读为 ȵ。即：鸟白 $tɕ^hiɔ^{53}$ ≠鸟文 $ȵiɔ^{53}$。

（3）中古端母字"抖"，声母白读为 t^h，文读为 t。即：抖白 $t^hɤu^{53}$ ≠抖文 $tɤu^{53}$。

（4）中古微母字"物"，声母白读为 v，文读为 Ø。即：物白 vu^{13} ≠物文 u^{13}。

2. 韵母文白异读

（1）中古遇合三溪母字"去"，韵母白读为 i，文读为 y。即：去白 $tɕ^hi^{44}$ ≠去文 $tɕ^hy^{44}$。

（2）中古止合三微母字"尾"，韵母白读为 i，文读为 ei。即：尾白 i^{53} ≠尾文 vei^{53}。

（3）中古宕开三精母字"雀"，韵母白读为 iɔ，文读为 ye。即：雀白 $tɕ^hiɔ^{53}$ ≠雀文 $tɕ^hye^{44}$。

（4）中古通合一透母字"痛"，韵母白读为 ɤŋ，文读为 uɤŋ。即：痛白 $t^hɤŋ^{44}$ ≠痛文 $t^huɤŋ^{13}$。

（5）中古止开三明母字"眉"，韵母白读为 i，文读为 ei。即：眉白 mi^{13} ≠眉文 mei^{13}。

（6）中古咸开一见母字"鸽"，韵母白读为 uə，文读为 ɤ。即：鸽白 $kuə^{13}$ ≠鸽文 $kɤ^{13}$。

伍　儿化和小称音

秦州区方言里没有儿化韵，只有儿尾。

秦州区方言里小称一般用重叠式表示，如"水渠渠 $suei^{53}tɕ^hy^{13}tɕ^hy^{21}$、水沟沟 $suei^{53}kɤu^{21}kɤu^{13}$、水坑坑 $suei^{53}k^hɤŋ^{21}k^hɤŋ^{13}$、缝缝 $fɤŋ^{44}fɤŋ^{21}$、眼眼 $ȵiæ̃^{53}ȵiæ̃^{21}$、洞洞 $t^huɤŋ^{44}t^huɤŋ^{21}$、草草 $ts^hɔ^{53}ts^hɔ^{21}$、瓶瓶 $p^hiɤŋ^{13}p^hiɤŋ^{21}$、勺勺 $ʂuə^{13}ʂuə^{21}$"等。

陆　其他主要音变规律

根据所调查的词汇和语法现象，我们能够确定的其他音变规律主要有同化和合音等。

一、同化现象

鸡蛋 $tɕ^hi^{21}t^hæ̃^{44}$，后字声母影响前字声母变化。

檐蝙蝠 $yæ̃^{13}piə^{21}fu^{21}$，中间字受前字韵母与后字声母的影响而变化。

二、合音现象

"敖 $ŋɔ^{13}$"是"我曹 $ŋu^{53}ts^hɔ^{13}$"的合音。

"咋 tsa^{13}"是"怎么 $tsɤŋ^{53}mɤ^{21}$"的合音。

第十九节　安定区方言

壹　概况

一、调查点:定西市安定区

安定区,位于甘肃省中部,属定西市管辖。介于东经 104°12′—105°01′,北纬 35°17′—36°02′之间,总人口 42.74 万(2016 年统计数据)。汉族占总人口的 98.93%,有回族、东乡族、蒙古族、满族、壮族、土族等少数民族。境内无少数民族语言。安定区方言属于中原官话陇中片。本区北片接近会宁口音;南片接近陇西、通渭、渭源口音;城中口音属城区方言。受普通话的强势影响,近年逐渐向普通话靠拢中。

方言曲艺和地方戏种有定西民间小曲,城区有小剧团定期表演,群众自娱自乐。

二、发音合作人

方言老男:马维铭,汉族。1963 年 8 月出生于安定区凤翔镇;1963—1970 年在家;1970—1976 年在安定区景家店小学就读;1976—1978 年在安定区景家店中学就读;1978—1980 年在安定区东方红中学就读;1980—1982 年在家务农;1982—1994 年做民办教师;1994—1996 年在陇西师范就读;1996—2001 年在定西县城关乡小西岔小学任教;2001—2015 年在安定区榆河小学任教;2015 年至今在景家店学校任教。平常说凤翔镇话和普通话。父母亲、妻子都是安定区凤翔镇人,平常都说凤翔镇方言。

方言青男:马喜,汉族。1993 年 9 月出生于安定区凤翔镇;1993—2001 年在家;2001—2007 年在安定区中华路小学就读;2007—2010 年在安定区公园路中学就读;2010—2014 年在定西第一中学就读;2014—2017 年在兰州交通大学铁道技术学院就读;2017 年至今在兰州铁路局兰州供电段定西站工作。大专学历,网络技术员。本人日常使用凤翔镇话和普通话,父母亲都是安定区凤翔镇人,平常都说凤翔镇话。本人未婚。

贰　声韵调

一、声母

声母 31 个,含零声母:

p 八兵	pʰ 派片爬病	m 麦明	f 飞风副蜂肥饭	v 味问温王
t 多东	tʰ 讨天毒甜	n 脑南老蓝		l 连路
ts 资早字文争纸	tsʰ 刺寸坐字白茶抄		s 丝三酸事山	z 二
tʂ 张	tʂʰ 抽车城		ʂ 手十	ʐ 热
tʃ 竹装主	tʃʰ 柱初床春船文		ʃ 双顺书船白	ʒ 软
tɕ 酒九	tɕʰ 清全轻权	ȵ 年泥	ɕ 想谢响县	ʑ 一鱼
k 高共	kʰ 开	ŋ 熬安	x 好灰活	
ø 月云用药				

说明:

1. pʰ、tʰ、kʰ 和韵母 u 相拼时,送气较强。

2. t、tʰ 和齐齿呼相拼时,实际音值为 ȶ、ȶʰ。l 和 i 相拼时,实际音值为 ȴ。

3. n、l 在实际发音时自由变体。

4. v 声母在 u 韵母前摩擦较强，在其他韵母前摩擦较弱，实际音值为 ʋ。

5. ʑ 声母是韵母 ɪ 和 y 摩擦而产生的。

6. tʃ、tʃʰ、ʃ、ʒ 与合口呼相拼时，音值带有强烈的合口色彩，韵母的合口成分很轻。

二、韵母

韵母 31 个：

ɿ 师丝试二白	i 米戏急七一	u 苦五猪骨出谷	y 雨橘局
ʅ 十直尺			
ɚ 二文			
a 茶瓦塔法辣	ia 牙鸭	ua 刮	
ə 歌盒热托壳色文	iə 写接贴节药学	uə 坐过活郭国	yə 靴月
ɛ 开排鞋赔白色白			
ɔ 宝饱	iɔ 笑桥		
ei 飞		uei 对快鬼	
əu 豆走	iəu 油六		
æ̃山半南	iæ̃盐年	uæ̃短官	yæ̃权
ɑŋ 糖王	iɑŋ 讲响	uɑŋ 床双	
ɤŋ 深根灯争横	iŋ 新心硬病星	uŋ 寸滚春东	yŋ 云兄用

说明：

1. 单韵母 i、u、y 发音时舌位稍高，有明显的摩擦色彩。

2. ɛ 在平声、去声字中多有拖音。

3. ɔ 在平声、去声字中多有延音，实际音值为 ɔu（青男 ɔ 发音时舌位稍高，实际音值有时接近 o）。

4. 单韵母 u 发音时略有 ə 衍音；与 ts、tsʰ、s 相拼时，实际音值近似 ɥ。

5. əu 在平声、去声字中多有拖音，听感上收音比 u 低一些，松一些（青男 əu、iəu 中的 ə 弱化，u 偏前，近似于 ʉ）。

6. iə、yə 中的 ə，发音时实际音值稍偏高偏前一些。

7. uə 中的 ə，有时有弱化现象，实际音值接近于 uo。

8. 韵母 ɑŋ、ɤŋ、iŋ、uŋ、yŋ 中的鼻尾 ŋ，发音时舌根稍低稍前。iŋ 作为零声母或与 tɕ、tɕʰ、ɕ 相拼时，实际音值为 ĩ。

9. 韵母 uŋ 发音时主元音丢失，u 带鼻化，实际音值为 ũŋ。

三、声调

单字调 3 个：

平声	13	东该通开门龙铜谷哭月毒盒罚
上声	53	懂古鬼九统苦讨草买五有
去声	44	动罪近冻怪半痛快卖路乱饭树

说明：

1. 平声字的发音，有些字前面有轻微的曲折，听起来像 213，统一记作 13。

2. 上声字的发音,有些字降为 52,统一记作 53。

叁 连读变调

安定区凤翔镇方言有三个单字调,平声 13、上声 53、去声 44。平声不分阴阳,入声派入平声;古清上、次浊上归上声;古去声、全浊上归去声。两字组连读调有 13、21、53、44 共 4 个,声调组合有 9 种,连调模式有 13 种。

安定方言两字组连读变调例词表

前字＼后字	平声 13	上声 53	去声 44
平声 13	13 + 21 花生、台风、明年、白天 13 + 13 河边、油条、划拳、扎针 21 + 13 公猫、今年、跟集、刷牙	13 + 21 苹果、门槛、吸铁、毛笔 13 + 53 红薯、洋碱、连手、着火 21 + 53 开水、中午、窗眼、发抖	13 + 21 山药、蜂蜜、正月、开阔 13 + 13 黄历、输液、合适、喝药 21 + 44 白菜、街道、洋芋、学校
上声 53	53 + 21 眼睛、纸烟、小月、打发 53 + 13 养猪、草房、脸盆、打针 21 + 13 鲫鱼、辱人	44 + 21 左手、红火 21 + 53 老虎、母狗、可以、老女	53 + 21 韭菜、米饭、眼泪、喜鹊 53 + 44 扫地、手电、炒菜、保佑 21 + 44 反正、柏树
去声 44	44 + 21 后年、地方、背心、旱烟 44 + 13 放牛、下棋、订亲、上学	44 + 21 露水、菜籽、翅膀、下水 44 + 53 下雨、中暑、右手、后悔	44 + 21 害怕、教室、笑话 44 + 44 种菜、庙会、唱戏、看病

说明:

1. 平声作前字

(1)前字不变,后字多变为 21,上声后字可不变,去声后字也有变为 13 的。

(2)前字变为 21,后字不变。

2. 上声作前字

(1)前字不变,后字变为 21。

(2)前后字不变调。

(3)前字变为 21,后字不变。

(4)前后字均为上声时,前字变为 44。

3. 去声作前字

(1)前字不变,后字一律变为 21。

(2)前后字不变调。

安定方言语法功能词和两字组名词重叠的变调表

后字 前字	＋子	＋头	＋儿	名词重叠
平声 13	21 ＋ 13 竹子、橘子、庄子、单子、桌子、梳子、包子、瞎子、孙子、瓜子 21 ＋ 44 胡子、脖子、蚊子、骡子、房子、钉子、聋子、儿子	21 ＋ 13 砖头 21 ＋ 44 舌头、石头、前头	21 ＋ 13 花儿、蜂儿、蚕儿、鸡儿、梯儿 21 ＋ 44 茄儿、桃儿、猴儿	21＋13 灰灰、边边、角角、亲亲
上声 53	53 ＋ 21 冷子、笋子、果子、檩子、锁子、剪子、纽子、跛子、嫂子、本子、嗓子、馆子	53＋21 斧头、枕头、奶头	53 ＋ 21 枣儿、鸟儿	53＋21 草草、衩衩、哑哑
去声 44	44 ＋ 21 柿子、柚子、筷子、柱子、盖子、袖子、馅子、粽子、样子、肚子、妹子、把子、铺子、毽子、味子 21 ＋ 13 褥子、袜子	44＋21 后头、上头、外头、灶头 21 ＋ 13 木头、日头	44 ＋ 21 杏儿、兔儿、被儿、裤儿、帽儿	44＋21 缝缝、巷巷

说明：

1. 在平声后面，前字变 21，后字变为 13 或 44。
2. 在上声和去声后面，前字不变调，后面“子、头、儿”变为 21。
3. 在去声后面，前字变 21，后面“子、头”变为 13。
4. 名词重叠的变调规律和相应的语法功能词的变调是一致的。

肆　异读

一、新老异读

1. 新老声母异读

（1）中古泥、来母的部分字，老派新派在洪音韵母前 n 与 l 均成自由变体。例如：奴老 lu^{13} ≠奴新 nu^{13}；龙老 luŋ^{13} ≠龙新 nuŋ^{13}；聋老 luŋ^{13} ≠聋新 nuŋ^{13}；辣老 na^{13} ≠辣新 la^{13}；暖老 nuæ̃^{53} ≠暖新 luæ̃^{53}。

（2）中古並、定母的字“败、递”，老派读送气，新派读不送气。即：败老 pʰɛ^{44} ≠败新 pɛ^{44}；递老 tʰi^{53} ≠递新 ti^{53}。

（3）中古定、章、见母的字“弟、指、吉”，老派读不送气，新派读送气。即：弟老 ti^{44} ≠弟新 tʰi^{44}；指老 tsɿ^{13} ≠指新 tsʰɿ^{13}；吉老 tɕi^{13} ≠吉新 tɕʰi^{13}。

（4）中古疑母的部分字，老派读为 k，新派读为 ŋ。即：岸老 kæ̃^{44} ≠岸新 ŋæ̃^{44}；额老 kə^{13} ≠额新 ŋə^{13}。

（5）中古精母字“租”，老派读为 tsʰ，新派读为 ts。即：租老 tsʰu^{53} ≠租新 tsu^{13}。

（6）中古生母字“所”，老派读为 ʃ，新派读为 s。即：所老 ʃuə^{53} ≠所新 suə^{53}。

（7）中古书母字“世”，老派读为 ʂ，新派读为 s。即：世老 ʂʅ^{44} ≠世新 sɿ^{44}。

（8）中古生母字“省”，老派读为 s，新派读为 ʂ。即：省老 səŋ^{53} ≠省新 ʂəŋ^{53}。

2. 新老韵母异读

（1）中古蟹合一帮、滂、並母部分字，曾开一从、心、晓母的部分字和臻开三生母部分字，老派发音时复韵母动程短，开口度较大读 ɛ，新派开口度稍小，实际音值为 ei。例如：配老 pʰɛ^{44} ≠配新 pʰei^{44}；杯老 pɛ^{13} ≠杯新 pʰei^{13}；背老 pɛ^{44} ≠背新 pei^{44}；贼老 tsʰɛ^{13} ≠贼新 tsʰei^{13}；塞老 sɛ^{13} ≠塞新 sei^{13}；黑老 xɛ^{13} ≠黑新 xei^{13}；虱老 sɛ^{13} ≠虱新 sei^{13}。

（2）中古宕开一透、精母部分字和宕开三日母部分字，老派读为 ə，新派读为 uə。例如：托老 tə^{13} ≠托新 tʰuə^{13}；作老 tsə^{13} ≠作新 tsuə^{13}；弱老 ʐə^{13} ≠弱新 ʐuə^{13}。

（3）中古梗开二见母字"隔"，老派读为 ɛ，新派读为 ə。即：隔老 kɛ^{13} ≠隔新 kə^{13}。

（4）中古蟹合一、止合三来母字"雷、类"，老派读为 uei，新派读为 ei。即：雷老 luei^{13} ≠雷新 lei^{13}；类老 luei^{44} ≠类新 lei^{44}。

（5）中古止开三帮母字"碑"，老派读为 i，新派读为 ei。即：碑老 pi^{13} ≠碑新 pei^{13}。

（6）中古臻开一透母字"吞"，老派读为 əŋ，新派读为 uŋ。即：吞老 tʰəŋ^{13} ≠吞新 tʰuŋ^{13}。

（7）中古宕开三心母字"削"，老派读为 yə，新派读为 iɔ。即：削老 ɕyə^{13} ≠削新 ɕiɔ^{13}。

（8）中古宕开三影母字"约"，老派读为 iə，新派读为 yə。即：约老 iə^{13} ≠约新 yə^{13}。

（9）中古梗合三云母字"荣"，老派读为 yŋ，新派读为 uŋ。即：荣老 yŋ^{13} ≠荣新 ʐuŋ^{13}。

（10）中古效摄韵母 ɔ 老派在平声、去声字中多有延音，实际音值为 ɔu；新派发音时舌位稍高，实际音值有时接近 o。

（11）中古流摄韵母 əu 老派在平声、去声字中多有拖音，听感上收音比 u 低一些，松一些；新派 əu、iəu 中的 ə 弱化，u 偏前，近似于 ʉ。

3. 新老声调异读

（1）中古溪、见、帮、晓、云母中的部分去、入声字，老派读 53，新派读 44。例如：契老 tɕʰi^{53} ≠契新 tɕʰi^{44}；剑老 tɕiæ̃^{53} ≠剑新 tɕiæ̃^{44}；扮老 pæ̃^{53} ≠扮新 pæ̃^{44}；霍老 xuə^{53} ≠霍新 xuə^{44}；旺老 vaŋ^{53} ≠旺新 vaŋ^{44}。

（2）中古以、匣、疑、书、明、来、影、奉、溪、帮、心、彻母的部分入声及个别去、上声字，老派读为 13，新派读为 44。例如：裕老 ʑy^{13} ≠裕新 ʑy^{44}；蟹老 ɕiə^{13} ≠蟹新 ɕiə^{44}；艺老 ʑi^{13} ≠艺新 ʑi^{44}；设老 ʂə^{13} ≠设新 ʂə^{44}；篾老 miə^{13} ≠篾新 miə^{44}；律老 ly^{13} ≠律新 ly^{44}；恶老 ŋə^{13} ≠恶新 ŋə^{44}；缚老 fu^{13} ≠缚新 fu^{44}；客老 kʰə^{13} ≠客新 kʰə^{44}；壁老 pi^{13} ≠壁新 pi^{44}；宿老 su^{13} ≠宿新 su^{44}；畜老 tʃʰu^{13} ≠畜新 tʃʰu^{44}。

（3）中古见、泥、云母的部分上声字，老派读为 13，新派读为 53。例如：古老 ku^{13} ≠古新 ku^{53}；女老 ȵy^{13} ≠女新 ȵy^{53}；永老 yŋ^{13} ≠永新 yŋ^{53}。

（4）中古云、生、匣、敷母的部分平声字，老派读为 44，新派读为 13。例如：炎老 iæ̃^{44} ≠炎新 iæ̃^{13}；闩老 ʃuæ̃^{44} ≠闩新 ʃuæ̃^{13}；横老 xəŋ^{44} ≠横新 xəŋ^{13}；丰老 fəŋ^{44} ≠丰新 fəŋ^{13}。

（5）中古影母的部分上声字，老派读为 53，新派读为 13。例如：矮老 ŋɛ^{53} ≠矮新 ŋɛ^{13}；拥老 yŋ^{53} ≠拥新 yŋ^{13}。

（6）中古见母上声字"梗"，老派读为 44，新派读为 53。即：梗老 kəŋ^{44} ≠梗新 kəŋ^{53}。

二、文白异读

安定话中的一部分字有文白异读现象，主要表现在声母和韵母两个方面。

1. 声母文白异读

（1）中古全浊声母仄声的部分字，声母白读送气，文读不送气。例如：杜白 tʰu^{44} ≠杜文 tu^{44}；道白 tʰɔ^{44} ≠道文 tɔ^{44}；弟白 tʰi^{44} ≠弟文 ti^{44}；鼻白 pʰi^{13} ≠鼻文 pi^{13}；字白 tsʰɿ^{44} ≠字文 tsɿ^{44}；集白 tɕʰi^{13} ≠集文 tɕi^{13}；撞白 tʃʰuaŋ^{44} ≠撞文 tʃuaŋ^{44}；直白 tʂʰʅ^{13} ≠直文 tʂʅ^{13}。

（2）中古禅母字“尝”，声母白读为 ʂ，文读为 tʂʰ。即：尝白 ʂaŋ^{13} ≠尝文 tʂʰaŋ^{13}。

（3）中古匣母字“项”，声母白读为 x，文读为 ɕ。即：项白 xaŋ^{44} ≠项文 ɕiaŋ^{44}。

（4）中古船母字“船”，声母白读为 ʃ，文读为 tʃʰ。即：船白 ʃuæ̃^{13} ≠船文 tʃʰuæ̃^{13}。

（5）中古书母字“鼠”，声母白读为 tʃʰ，文读为 ʃ。即：鼠白 tʃʰu^{44} ≠鼠文 ʃu^{53}。

（6）中古见母的部分字，声母白读为 k 类，文读为 tɕ 类。例如：角白 kə^{13} ≠角文 tɕyɛ^{13}；街白 kɛ^{13} ≠街文 tɕiə^{13}。

2. 韵母文白异读

（1）中古遇合三溪母字“去”，韵母白读为 i，文读为 y。即：去白 tɕʰi^{44} ≠去文 tɕʰy^{44}。

（2）中古止合三微母字“尾”，韵母白读为 i，文读为 ei。即：尾白 ʑi^{53} ≠尾文 vei^{53}。

（3）中古止开三日母的部分字，韵母白读为 ɿ，文读为 ɐr。例如：儿白 zɿ^{13} ≠儿文 ɐr^{13}；二白 zɿ^{44} ≠二文 ɐr^{13}；耳白 zɿ^{53} ≠耳文 ɐr^{13}。

（4）中古咸开一字“喊”，韵母白读为 æ̃，文读为 ə。即：喊白 xæ̃^{53} ≠喊文 xə^{53}。

（5）中古宕开三精、心母的“雀、削”字，韵母白读为 iɔ，文读为 yə。即：雀白 tɕʰiɔ^{53} ≠雀文 tɕʰyə^{53}；削白 ɕiɔ^{13} ≠削文 ɕyə^{13}。

（6）中古曾开三生母字“色”，韵母白读为 ɛ，文读为 ə。即：色白 sɛ^{13} ≠色文 sə^{13}。

伍 儿化和小称音

安定凤翔镇方言没有儿化，只有儿尾。定西凤翔镇“儿”读 zɿ^{13}。如“桃儿 tʰɔ^{21}zɿ^{44}、杏儿 ɕiŋ^{44}zɿ^{21}、枣儿 tsɔ^{53}zɿ^{21}、花儿 xua^{21}zɿ^{13}、蜂儿 fəŋ^{21}zɿ^{13}”。

安定凤翔镇方言里小称一般用重叠式或“重叠式＋子”表示，如“草草、草房房、水沟沟、水渠渠、刀刀子、边边子、角角子、瓶瓶子、叶叶子、盒盒子、珠珠子、面面子”等。

陆 其他主要音变规律

安定凤翔镇方言里存在着变声、变韵、同化、弱化、脱落、合音等音变现象。如“夜别虎$_{蝙蝠}$ iə^{44}piə^{44}xu^{21}、毽子 tɕyæ̃^{44}tsɿ^{21}、簸箕 pə^{53}tɕiə^{21}、咳嗽 kʰə^{21}sɔ^{44}、尾干尾巴 ʑi^{53}kæ̃^{53}、阿么不管 a^{21}məŋ^{44}、亲戚 tɕʰiŋ^{21}tɕʰiŋ^{13}、眼眉眉眉毛 ȵiæ̃^{53}mi^{21}mi^{21}、眼泪 ȵiæ̃^{53}ly^{21}、女婿 ȵy^{53}ɕi^{13}、[我们] ŋɔ^{13}、[你们] ȵiəu^{13}”。

第二十节 会宁县方言

壹 概况

一、调查点：白银市会宁县

会宁县，位于甘肃省中部，属白银市管辖。介于东经 104°29′—105°31′，北纬

35°24′—36°26′之间。截至2020年,常住总人口401581人,汉族占绝大多数,境内无少数民族语言。会宁方言属于中原官话陇中片。会宁方言分四种口音:中部口音以县城为中心,包括会师镇、八里、韩家集等乡镇。北部口音接近靖远话,包括河畔、郭城等乡镇。东部口音接近静宁话,包括杨集、太平等乡镇。南部口音以新添回族口音为主,接近陕西口音。受普通话的强势影响,近年逐渐向普通话靠拢中。

方言曲艺和地方戏种主要是漫花儿,群众自娱自乐。

二、发音合作人

方言老男:刘振环,汉族,1951年4月出生于会宁县城关镇。1951—1958年在家中;1958—1965年在会宁县城关小学就读;1965—1968年在会宁第一中学就读;1968—1979年上山下乡,在会宁县新庄乡拖拉机站工作;1980—1981年在会宁县砖瓦厂工作;1981—1984年在会宁县二轻公司工作;1984年起在会宁县亚麻公司工作直到退休。初中文化,干部。平常说会宁话和地方普通话。父母亲、妻子都是会宁县会师镇人,平常都说会宁会师镇方言。

方言青男:王富强,汉族,1981年11月出生于会宁县会师镇。1988—1993年在会宁县北关小学就读;1993—1996年在会宁县枝阳中学就读;1996—1999年在定西县巉口中学就读;1999—2002年在四川职业技术学院就读;2002年至今在定西市盐业局工作。大专文化,工人。本人日常使用会宁话和普通话,父母亲都是会宁县会师镇人,平常都说会师镇话。本人未婚。

贰 声韵调

一、声母

声母29个,含零声母:

p 八兵	p^h 派片爬病	m 麦明	f 飞风副蜂肥饭	
t 多东	t^h 讨天毒甜			l 脑南老蓝连路
ts 资早租争纸	ts^h 刺草寸字贼坐茶抄		s 丝三酸事山	z 二
tʂ 张	tʂ^h 抽车城		ʂ 手十	ʐ 热
tʃ 竹装主	tʃ^h 柱初床春船文		ʃ 双白顺书船	ʒ 软
tɕ 酒九	tɕ^h 清全轻权	ȵ 年泥	ɕ 想谢响县	ʑ 一
k 高共	k^h 开	ŋ 熬安	x 好灰活	
ø 味问月温王云用药				

说明:

1. p^h、t^h、k^h 和韵母 u 相拼时,送气较强。
2. t^h 和齐齿呼相拼时,实际音值为 ȶ^h。
3. tʃ、tʃ^h、ʃ、ʒ 与合口呼相拼时,音值带有强烈的合口色彩,韵母的合口成分很轻。
4. ʑ 声母是韵母 i 摩擦产生的。其与兰州、临夏等地方言相比,摩擦程度较弱。
5. 少数零声母合口呼发音时,上齿和下唇有轻微的接触。

二、韵母

韵母 33 个：

	i 米戏急七一锡	u 苦五猪骨出谷	y 雨橘局
ɿ 师丝试二白		ʮ 租族宿	
ʅ 十尺			
ɚ 二文			
a 茶塔法辣	ia 牙鸭	ua 瓦刮	
ə 歌盒热壳色	iə 写接贴节药学	uə 坐过活托郭国	yə 靴月
ɛ 开排鞋白赔白色		uɛ 快	
ɔ 宝饱	iɔ 笑桥		
ei 飞		uei 对鬼	
əu 豆走	iəu 油六绿白		
æ̃山半南	iæ̃盐年	uæ̃短官	yæ̃权
ɑŋ 糖	iɑŋ 讲响	uɑŋ 床王双	
ɤŋ 深根灯争横	iŋ 新心硬病星	uŋ 寸滚春东	yŋ 云兄用

说明：

1. i 与 l 相拼时，舌头向舌面中间走，不再是典型的舌面前元音。
2. u 有轻微齿唇色彩，其音值接近 ʋ。
3. 韵母 a、ia、ua 的实际读音是 ᴀ、iᴀ、uᴀ。
4. ɛ 和 p、p^h、m 相拼时，开口度稍小一点。
5. ɔ 略有动程。
6. 韵母 ɤŋ、iŋ、uŋ、yŋ 鼻尾不明显，韵腹鼻化，实际音值为 ə̃ŋ、ĩŋ、ũŋ、ỹŋ。韵尾 ŋ 在开口呼和齐齿呼韵母前面位置靠前，在合口呼和撮口呼韵母前位置靠后。
7. 韵母 uŋ 中有一部分字实际读音是 oŋ。我们统一记为 uŋ。

三、声调

单字调 3 个：

平声	13	东该通开门龙铜谷哭月毒盒罚
上声	53	懂古鬼九统苦讨草买五有
去声	44	动罪近冻怪半痛快卖路乱饭树

说明：

平声 13 发音时，前面有轻微的弯头，有时听起来像 213。

叁　连读变调

会宁会师镇方言有 3 个单字调：平声、上声、去声。古清入、次浊入、全浊入归平声；古清上、次浊上归上声；古去声、全浊上归去声。具体变调情况如下：

会宁方言两字组连读变调例词表

前字＼后字	平声 13	上声 53	去声 44
平声 13	13 + 21 香菇、书包、明年、七月、腊月 21 + 13 鸡公、刷牙、香油、月亮、年轻 13 + 13 山沟、花生、杀猪、打针、喝药	13 + 21 苹果、洋火、着火、锣鼓 21 + 53 热水、公狗、输水、宽展 13 + 53 凉水、十五、连手	21 + 44 天气、冬至、木炭、光棍、高兴、黄豆、和尚、学校
上声 53	53 + 21 小月、水笔、纸烟、点心、扁担 53 + 13 眼前、脸盆、养猪、上坟、起床	21 + 53 滚水、水果、老虎、老鼠、洗澡	53 + 21 水地、韭菜、短裤、米饭、眼泪 53 + 44 闪电、扫地、手电、炒菜、保佑
去声 44	44 + 21 后年、地方、大门、背心、旱烟 44 + 13 放牛、盖房、酱油、订婚、送丧	44 + 21 露水、大水、稻谷、下水、中暑 44 + 53 下雨、裤腿、过嘴亲嘴、后悔	44 + 21 旱地、半夜、下雨、变蛋 44 + 44 地动、做饭、相貌、看病、见面

说明：

1. 平声作前字

（1）前后字不变调。后字为平声和上声时，分别为 13 + 13 和 13 + 53；

（2）前字不变，后字变，后字为平声和上声时，一律变为 21；

（3）前字变，后字不变。后字为平声、上声和去声，前字一律变为 21，后字不变。

2. 上声作前字

（1）前后字不变调。后字为平声和去声时，分别为 53 + 13 和 53 + 44；

（2）前字不变，后字变。后字为平声和去声，一律变为 21；

（3）后字为上声时，前字变 21，后字不变。

3. 去声作前字

（1）前后都不变调。后字为平声、上声、去声时，分别为 44 + 13、44 + 53 和 44 + 44；

（2）前字不变，后字变。当后字为平声、上声、去声时，后字一律变为 21。

会宁方言语法功能词和两字组名词重叠的变调表

调类＼方式	+子	+头	名词重叠
平声 13	21 + 13 边子、角子、竹子、橘子、鸭子、褥子、胰子 21 + 44 胡子、脖子、厨子	21 + 44 石头、前头	21 + 13 沟沟、蛛蛛 13 + 21 绳绳、坛坛、瓶瓶、橛橛
上声 53	53 + 21 冷子、笋子、椅子、锁子、剪子、纽子、拐子、嫂子、本子	53 + 21 枕头、斧头	53 + 21 眼眼、点点

续表

调类＼方式	＋子	＋头	名词重叠
去声 44	44 + 21 稻子、柿子、柚子、案子、筷子、袖子、馅子、粽子、肚子、妗子、妹子、磨子、铺子、毽子	44 + 21 后头、外头、灶头	44 + 21 盖盖、棍棍、褯褯

变调模式略述如下：

1. 在上声和去声后面，前字不变调，后面"子、头"变为 21；
2. 在平声后面，前字变 21，后字有两种情况。其中"子"变为 13 和 44；"头"变为 44。
3. 名词重叠的变调规律和相应的语法功能词的变调基本一致，少量例词中后字变为 21。

肆　异读

一、新老异读

1. 中古蟹合三祭韵去声心母字"岁"：tsuei^{44} 老；suei^{44} 新。
2. 中古止开三脂韵去声日母字"二"：zʅ^{44} 老；ɚ^{44} 新。
3. 中古止开三之韵上声日母字"耳"：zʅ^{53} 老；ɚ^{53} 新。
4. 中古效开一豪韵上声定母字"道"：t^{h}ɔ^{44} 老；tɔ^{44} 新。
5. 中古流开一侯韵去声定母字"豆"：t^{h}əu^{44} 老；təu^{44} 新。
6. 中古咸开四帖韵入声定母字"碟"：t^{h}iə^{13} 老；tiə^{13} 新。
7. 中古深开三缉韵入声从母字"集"：tɕ^{h}i^{13} 老；tɕi^{13} 新。
8. 中古山开四屑韵入声从母字"截"：tɕ^{h}iə^{13} 老；tɕiə^{13} 新。
9. 中古山合三仙韵平声船母字"船"：ʃuæ̃^{13} 老；tʃ^{h}uæ̃^{13} 新。
10. 中古梗开二陌韵入声並母字"白"：p^{h}ɛ^{13} 老；pɛ^{13} 新。
11. 中古通合一董韵上声定母字"动"：t^{h}uŋ^{44} 老；tuŋ^{44} 新。

二、文白异读

1. 中古遇合三鱼韵平声书母字"鼠"：tʃ^{h}u^{44} 白；ʃu^{44} 文。
2. 中古遇合三鱼韵去声溪母字"去"：tɕ^{h}i^{44} 白；tɕ^{h}y^{44} 文。
3. 中古止开三支韵平声日母字"儿"：zʅ^{13} 白；ɚ^{13} 文。
4. 中古止开三脂韵去声日母字"二"：zʅ^{44} 白；ɚ^{44} 文。
5. 中古止开三之韵上声日母字"耳"：zʅ^{53} 白；ɚ^{53} 文。
6. 中古止合三微韵上声微母字"尾"：ʑi^{53} 白；uei^{53} 文。
7. 中古深开三缉韵入声从母字"集"：tɕ^{h}i^{13} 白；tɕi^{13} 文。
8. 中古山开四屑韵入声从母字"截"：tɕ^{h}iə^{13} 白；tɕiə^{13} 文。
9. 中古宕开三药韵入声精母字"雀"：tɕ^{h}iɔ^{53} 白；tɕ^{h}yə^{13} 文。
10. 中古江开二讲韵上声匣母字"项"：xɑŋ^{44} 白；ɕiɑŋ^{44} 文。
11. 中古江开二觉韵入声见母字"角"：kə^{13} 白；tɕyə^{13} 文。

三、其他异读

1. 中古蟹开二佳韵去声滂母字"派"：p^{h}ɛ^{53} 名词；p^{h}ɛ^{44} 动词。

2. 中古蟹合三祭韵去声心母字“岁”：tsuei^{44}；suei^{44} 又读。

3. 中古止开三脂韵上声章母字“指”：tsɿ^{13} ～头；tsɿ^{53} ～望。

4. 中古效开一豪韵上声定母字“道”：tʰɔ^{44}；tɔ^{44} 又读。

5. 中古流开一侯韵去声定母字“豆”：tʰəu^{44}；təu^{44} 又读。

6. 中古咸开四帖韵入声定母字“碟”：tʰiə^{13}；tiə^{13} 又读。

7. 中古山开一曷韵入声溪母字“渴”：kʰɑŋ^{44}；kʰə^{13} 又读。

8. 中古山合三仙韵平声船母字“船”：ʃuæ̃^{13}；tʃʰuæ̃^{13} 又读。

9. 中古宕开三阳韵平声精母字“浆”：tɕiɑŋ^{13}；tɕiɑŋ^{53} 又读。

10. 中古梗开二陌韵入声並母字“白”：pʰɛ^{13}；pɛ^{13} 又读。

11. 中古梗开三昔韵入声禅母字“石”：ʂʅ^{13} ～头；tæ̃^{44} 一～粮食。

12. 中古通合一董韵上声定母字“动”：tʰuŋ^{44}；tuŋ^{44} 又读。

伍　儿化和小称音

会师镇方言没有儿化，只有儿尾。会宁会师镇“儿”读 zɿ^{13}，例如“水沟儿 ʃuei^{53}kəu^{21}zɿ^{44}、碎眼眼儿 suei^{44}ȵiæ̃^{44}ȵiæ̃^{21}zɿ^{44}、兔儿 tʰu^{44}zɿ^{21}、房儿 fɑŋ^{21}zɿ^{44}”。

陆　其他主要音变规律

一、脱落韵尾

例如“跟前 kə^{21}tɕiæ̃^{13}、芫荽 iæ̃^{13}ɕy^{21}、板凳儿 pæ̃^{53}tʰəu^{44}zɿ^{21}、板凳 pæ̃^{53}tʰəu^{21}”。

二、其他

例如“牙齿 ȵia^{21}zɿ^{13}、咳嗽 kʰə^{21}sɔ^{44}、新女婿 ɕiŋ^{13}ȵy^{44}ɕi^{21}、簸箕 pə^{53}tɕiə^{21}、蛤蟆 xə^{21}ma^{44}”。

第二十一节　临洮县方言

壹　概况

一、调查点：定西市临洮县

临洮县，位于甘肃省中部，属于定西市管辖。介于东经 103°29′—104°19′，北纬 35° 03′—35°56′之间。截至 2020 年，常住总人口 48.0149 万人，民族以汉族为主，少数民族有东乡族、回族、蒙古族、藏族、朝鲜族、布依族、苗族、侗族、佤族、纳西族、保安族、京族、独龙族、壮族、裕固族、维吾尔族、满族、土族等 18 个民族，占总人口的 0.25%。县域内无少数民族语言。临洮方言属于中原官话陇中片，分平声、上声和去声三个声调。县域北片接近临夏口音；西南片接近渭源口音；东片接近定西话。城区口音现今逐渐向普通话靠拢。

方言曲艺和地方戏种：本县南乡地区唱“花儿”，属“洮岷花儿”，北乡唱秦腔。无地方戏曲。

二、发音合作人

方言老男：孙爱中，汉族，1955 年 8 月出生在临洮县城；1964—1973 年在临洮县城关镇上学；1973—1976 年在临洮农村插队；1976—1981 年在白银西北铜加工厂工作；1981—2015 年先后在临洮县农机局、粮食局、发改局工作。中专学历，干部。2015 年 8 月退休在家。本人一直说洮阳镇话，父母亲、妻子都是洮阳镇人，平常都说洮阳镇话。

方言青男：王立宝，汉族，1989 年 4 月出生于临洮县城；1995—2001 年在临洮县北街小学就读；2002—2004 年在临洮县洮阳镇初级中学就读；2005—2010 年在永安保险临洮县支公司工作；2010 至今，自主创业。初中学历，个体户。本人一直说洮阳话和地方普通话。父母亲、妻子都是洮阳镇人，平常都说洮阳镇话。

贰　声韵调

一、声母

声母 26 个，包括零声母在内：

p 八兵	pʰ 派片爬病	m 麦明	f 飞风副蜂肥饭	v 味问温王
t 多东	tʰ 讨天甜毒	n 脑南		l 老蓝连路
ts 资早租字坐争纸	tsʰ 刺草寸贼拆茶抄		s 丝三酸祠事山	
tʂ 张竹装主	tʂʰ 抽柱初床车春船城		ʂ 双顺守书十	ʐ 热软
tɕ 酒九	tɕʰ 清全轻权	ȵ 年泥	ɕ 想谢响县	ʑ 一
k 高共	kʰ 开	ŋ 熬安	x 好灰活	
ø 月云用药				

说明：

1. t、tʰ 拼齐齿呼时音值为 ȶ、ȶʰ，在其他韵母前为 t、tʰ。
2. tʂ、tʂʰ 拼 u 韵母时实际音值为 ʈ、ʈʰ。
3. tɕ 组声母与单韵母 i 配合时音值近似于带舌尖色彩的不典型舌叶音。
4. k、kʰ、x 拼 ɤ 韵母时，有明显的摩擦音色彩，其音值介于舌根与小舌之间。
5. ʑ 声母是韵母 i 摩擦产生的。其与兰州、临夏等地方言相比，摩擦程度较弱。

二、韵母

韵母 32 个：

ɿ 师丝试	i 米戏急七一锡	u 苦五猪骨出谷	y 雨橘绿文局
ʅ 十直尺			
ɚ 二			
a 茶瓦塔法辣八	ia 牙鸭	ua 刮	
ɤ 歌盒壳		ue 坐过活托郭国	
	ie 写接贴节		ye 靴月药学
ɛ 开排鞋热色		uɛ 快	
ɔ 宝饱	iɔ 笑桥		
ei 赔飞北白		uei 对鬼	
ɤu 豆走	iɤu 油六绿白		
æ̃ 南山半	iæ̃ 盐年	uæ̃ 短官	yæ̃ 权
ɑ̃ 糖王	iɑ̃ 讲响	uɑ̃ 床王双	

ɤŋ 深根灯升争横　　iŋ 心新硬病星　　uŋ 寸滚春东　　yŋ 云兄用

说明：

1. 单韵母 i、u、y 发音时有强烈的摩擦色彩。
2. i 韵母中个别字如“眉、妹、煤、墨”带有鼻化音色彩，实际音值为 ĩ。
3. 单韵母 ɤ 与 k、k^h、x 配合时有的实际音值接近 ou。
4. ie、ye、ei、uei 韵母中，主要元音 e 的开口度稍大。
5. ɤu、iɤu 中的 ɤ 实际音值介于 ɯ 与 ɤ 之间。

三、声调

单字调 3 个：

平声　13　东该通开门龙铜皮谷哭六麦毒白盒罚
上声　53　懂古鬼九统苦讨草买老五有
去声　44　动罪近后冻怪痛快卖路硬乱洞地饭树

说明：

1. 平声字的发音，有些字起头有轻微下降，也可记为 213。
2. 上声个别字的调值为 51。

叁　连读变调

临洮洮阳镇方言有三个单字调，平声 13、上声 53、去声 44。平声不分阴阳，入声派入平声；古清上、次浊上归上声；古去声、全浊上归去声。两字组连读调有 13、21、55、53、44 等 5 个，声调组合有 9 种，连调模式有 14 种。

临洮方言两字组连读变调例词表

前字 \ 后字	平声 13	上声 53	去声 44
平声 13	13 + 21 生日、媒人、风筝、眉毛、风筝、观音 13 + 13 蜂蜜、开车、爬山、钢笔、逢集、划拳、花书 21 + 13 清明、刷牙、今年、心疼、说媒 21 + 55 农村、勤快、头发、婆娘	21 + 53 身体、牛奶、骑马、宽展、红火	21 + 44 开会、学校、高兴、徒弟、出去、干净、容易、着气
上声 53	53 + 21 眼睛、打发、老实、姐夫、小心 53 + 13 打针、倒霉、取药、可能	21 + 53 水果、打水、死狗、左手、老板 53 + 53 井水	53 + 21 板凳、手艺、韭菜、姊妹、米饭 53 + 44 炒菜、水地、保佑、打仗、肯定、总共
去声 44	44 + 21 背心、算盘、办法、弟兄、事情 44 + 13 面条、树叶、教室、上学、订婚、上坟 21 + 44 唱歌、认真、技术	44 + 21 大水、户口、后悔 44 + 53 送礼、下雨、中暑、下午	44 + 21 孝顺 44 + 44 看病、种菜、庙会、唱戏 53 + 44 上去、进去、会计、运气

说明：

1. 平声作前字

（1）前字不变，后字变，后字为平声时，变为 21；

（2）前后字不变调。后字为平声时，为 13 + 13；

（3）前字变，后字不变。后字为平声、上声和去声，前字一律变为 21，后字不变；

（4）前后字都变。后字为平声时，为 21 + 55。

2. 上声作前字

（1）前后字不变调。后字为平声、上声和去声时，分别为 53 + 13、53 + 53 和 53 + 44；

（2）前字不变，后字变。后字为平声和去声，一律变为 21；

（3）后字为上声时，前字变 21，后字不变。

3. 去声作前字

（1）前后都不变调。后字为平声、上声、去声时，分别为 44 + 13、44 + 53 和 44 + 44；

（2）前字不变，后字变。当后字为平声、上声、去声时，后字一律变为 21；

（3）后字为平声和去声时，前字分别变 21 和 53，后字不变。

临洮方言语法功能词变调例词表

方式 调类	+子	+头	名词重叠
平声 13	13 + 21 镯子、桌子、聋子 21 + 13 刀子、珠子、竹子、橘子、麦子、叶子、褥子 21 + 55 绳子、勺子、盆子、胡子、脖子、儿子、蚊子	13 + 21 捶头 21 + 13 热头、高头、梳头、额头 21 + 44 石头、前头、舌头、馒头	13 + 21 天天、瓶瓶、房房、虫虫 21 + 13 沟沟、蛛蛛、亲亲、边边、叶叶 21 + 55 馍馍
上声 53	53 + 21 冷子、嗓子、锁子、椅子、拐子、笋子、嫂子	53 + 21 枕头、斧头、錾头	53 + 21 粉粉
去声 44	44 + 21 肚子、毽子、盖子、豆子、柿子、帽子、筷子	44 + 21 后头、外头、芋头、灶头 44 + 13 剃头	44 + 21 盖盖、面面、缝缝、蔓蔓、罐罐

变调模式略述如下：

1. 在平声、上声和去声后面，前字不变调，后面“子、头”变为 21。

2. 在平声后面，前字变 21，后字有两种情况：其中“子”变为 13 和 55；“头”变为 13 和 44。

3. 名词重叠的变调规律与相应的语法功能词的变调是一致的。

肆　异读

一、新老异读

1. 新老声母异读

（1）中古泥、来母的部分字，老派读 l，新派读 n。例如：弄老 $luŋ^{44}$ ≠ 弄新 $nuŋ^{44}$；脓老 $luŋ^{13}$ ≠ 脓新 $nuŋ^{13}$；浓老 $luŋ^{13}$ ≠ 浓新 $nuŋ^{13}$。

（2）中古邪母字“祠”，老派读为 s，新派读为 ts^h。即：祠老 $sɿ^{13}$ ≠ 祠新 $ts^hɿ^{13}$。

（3）中古生母字“使”，老派读为 s，新派读为 ʂ。即：使老 sɿ^{53} ≠使新 ʂʅ^{53}。

（4）中古庄母字“找”，老派读为 ts，新派读为 tʂ。即：找老 tsɔ^{53} ≠找新 tʂɔ^{53}。

（5）中古从母字“截”，老派读为 tɕ^{h}，新派读为 tɕ。即：截老 tɕ^{h}ie^{13} ≠截新 tɕie^{13}。

（6）中古澄母字“侄”，老派读为 tʂ^{h}，新派读为 tʂ。即：侄老 tʂ^{h}ʅ^{13} ≠侄新 tʂʅ^{13}。

（7）中古知母字“着”，老派读为 tʂ，新派读为 tʂ^{h}。即：着老 tʂuɤ^{13} ≠着新 tʂ^{h}uɤ^{13}。

（8）中古定母字“递、毒”，老派读为 t^{h}，新派读为 t。即：递老 t^{h}i^{13} ≠递新 ti^{44}，毒老 t^{h}u^{13} ≠毒新 tu^{13}。

（9）中古见母字“解”，老派读为 k，新派读为 tɕ。即：解老 kɛ^{53} ≠解新 tɕie^{53}。

2. 新老韵母异读

（1）中古效摄韵母 ɔ、iɔ 中的 ɔ 老派音值为 ɔ，新派实际音值介于 o 与 ɔ 之间。

（2）中古流摄韵母 ɤu、iɤu 中的 ɤ 老派实际音值介于 ɯ 与 ɤ 之间；新派实际音值为 ɯ。例如：头老 t^{h}ɤu^{13} ≠头新 t^{h}ɯu^{13}；口老 k^{h}ɤu^{53} ≠口新 k^{h}ɯu^{53}；丢老 tiɤu^{13} ≠丢新 tiɯu^{13}。

（3）中古果合一溪母字“课”，老派读为 uɤ，新派读为 ɤ。即：课老 k^{h}uɤ^{44} ≠课新 k^{h}ɤ^{44}。

（4）中古止开三帮母字“碑”，老派读为 i，新派读为 ei。即：碑老 pi^{13} ≠碑新 pei^{13}。

（5）中古臻开一透母字“吞”，老派读为 ɤŋ，新派读为 uŋ。即：吞老 t^{h}ɤŋ^{13} ≠吞新 t^{h}uŋ^{13}。

（6）中古梗合二匣母字“横”，老派读为 uŋ，新派读为 ɤŋ。即：横老 xuŋ^{44} ≠横新 xɤŋ^{44}。

（7）中古曾开一溪母字“刻”，梗开二疑母字“额”、见母字“隔”，老派读为 ɛ，新派读为 ɤ。即：刻老 k^{h}ɛ^{13} ≠刻新 k^{h}ɤ^{13}；额老 ŋɛ^{13} ≠额新 ŋɤ^{13}；隔老 kɛ^{13} ≠隔新 kɤ^{13}。

（8）中古梗合三云母字“荣”，老派读为 yŋ，新派读为 uŋ。即：荣老 yŋ^{13} ≠荣新 ʐuŋ^{13}。

3. 新老声调异读

（1）中古並母、明母、溪母、匣母中的部分上声、去声字，老派读 53，新派读 44。例如：簿老 p^{h}u^{53} ≠簿新 p^{h}u^{44}；买老 mɛ^{53} ≠买新 mɛ^{44}；卖老 mɛ^{53} ≠卖新 mɛ^{44}；契老 tɕ^{h}i^{53} ≠契新 tɕ^{h}i^{44}；恨老 xɤŋ^{53} ≠恨新 xɤŋ^{44}。

（2）中古以母、精母的部分去声字，老派读为 44，新派读为 13。例如：裕老 y^{44} ≠裕新 y^{13}；浸老 tɕ^{h}iŋ^{44} ≠浸新 tɕ^{h}iŋ^{13}。

（3）中古明母、心母、帮母的部分入声字，老派读为 13，新派读为 53 或 44。例如：摸老 mɤ^{13} ≠摸新 mɤ^{53}；索老 suɤ^{13} ≠索新 suɤ^{53}；壁老 pi^{13} ≠壁新 pi^{44}。

二、文白异读

临洮话中的一部分字有文白异读现象，主要表现在声母和韵母两个方面。

1. 声母文白异读

（1）中古全浊声母仄声的部分字，声母白读送气，文读不送气。例如：道白 t^{h}ɔ^{44} ≠道文 tɔ^{44}；鼻白 p^{h}i^{13} ≠鼻文 pi^{13}；字白 ts^{h}ɿ^{44} ≠字文 tsɿ^{44}；集白 tɕ^{h}i^{13} ≠集文 tɕi^{13}；撞白 tʂ^{h}uã^{44} ≠撞文 tʂuã^{44}；动白 t^{h}uŋ^{44} ≠动文 tuŋ^{44}；匠白 tɕ^{h}iã^{44} ≠匠文 tɕiã^{44}。

（2）中古禅母字“尝”，声母白读为 ʂ，文读为 tʂ^{h}。即：尝白 ʂã^{13} ≠尝文 tʂ^{h}ã^{13}。

（3）中古匣母字“项”，声母白读为 x，文读为 ɕ。即：项白 xã^{44} ≠项文 ɕiã^{44}。

（4）中古透母字“胎”，声母白读为 t^{h}，文读为 t。即：胎白 t^{h}ɛ^{13} ≠胎文 tɛ^{44}。

（5）中古书母字“鼠”，声母白读为 tʂ^{h}，文读为 ʂ。即：鼠白 tʂ^{h}u^{44} ≠鼠文 ʂu^{53}。

（6）中古见母字“角”，声母白读为 k，文读为 tɕ。即：角白 kɤ^{13} ≠角文 tɕye^{13}。

2. 韵母文白异读

（1）中古遇合三溪母字“去”，韵母白读为 i，文读为 y。即：去白 tɕʰi^{44} ≠去文 tɕʰy^{44}。

（2）中古止合三微母字“尾”，韵母白读为 i，文读为 ei。即：尾白 ʑi^{53} ≠尾文 vei^{53}。

（3）中古宕开三精母字“雀”，韵母白读为 iɔ，文读为 ye。即：雀白 tɕʰiɔ^{53} ≠雀文 tɕʰye^{44}。

（4）中古曾开一明母字“墨”，韵母白读为 i，文读为 ɤ。即：墨白 mi^{13} ≠墨文 mɤ^{13}。

（5）中古梗开三心母字“惜”，韵母白读为 i，文读为 ie。即：惜白 ɕi^{13} ≠惜文 ɕie^{13}。

（6）中古通合三来母字“绿”，韵母白读为 iɤu，文读为 y。即：绿白 liɤu^{13} ≠绿文 ly^{13}。

伍　儿化和小称音

一、儿化和儿尾

临洮洮阳镇方言里有大量的儿化现象，如“茄儿、猫儿、鸟儿、苍蝇儿、哑巴儿、孙子儿、左半个儿、自行车儿”等。其儿化韵变化大致与北京话相同，韵母儿化后有一个卷舌的韵尾 r，其会影响前一音节的韵母发生音变。

根据词汇表中的调查材料，我们归纳出 20 个儿化韵，临洮洮阳镇方言中基本韵母和儿化韵并不全是一一对应的，有一对一的，比如：a—ar、ɔ—ɔr、ɤŋ—ə̃r；也有一对多的，比如：u—ur/ər；还有多对一的，比如：ɿ/u/ɤ/ɛ/ɤu—ər 等。儿化的方式，有直接儿化的，即主要元音直接卷舌，在韵母后面直接加 r 的，比如：ur、iɔr 等；也有间接儿化的，即通过改变前一音节主要元音或韵尾再加卷舌，比如：ər、ɐr、ə̃r、ɐ̃r 等。

临洮方言儿化韵与基本韵母对应关系及例词表

方式	儿化韵	基本韵母	例　词
直接儿化	ur	u	兔儿 tʰur^{53}　蘑菇儿 mɤ^{44}kur^{21}　牙猪儿 ia^{13}tʂur^{21}
	ar	a	哑巴儿 ia^{53}par^{21}　疙瘩儿 kɤ^{21}tar^{53}　疤疤儿 pa^{21}par^{13}　花儿 xuar^{13}　猪娃儿 tʂu^{21}var^{13}
	ɔr	ɔ	醪糟儿 lɔ^{13}tsɔr^{21}　外号儿 vɛ^{44}xɔr^{53}　枣儿 tsɔr^{53}　桃儿 tʰɔr^{13}　猫儿 mɔr^{13}　豆腐脑儿 tɤu^{44}fu^{21}nɔr^{53}　书包儿 ʂu^{13}pɔr^{13}
	iar	ia	抽匣儿 tʂʰɤu^{21}ɕiar^{13}
	iɔr	iɔ	雀儿 tɕʰiɔr^{53}　面条儿 miæ̃^{44}tʰiɔr^{13}　麻雀儿 ma^{21}tɕʰiɔr^{53}
	uar	ua	花儿 xuar^{13}
间接儿化	ər	ɿ	沙子儿 ʂa^{21}tsər^{53}　刺儿 tsʰər^{53}
		u	新媳妇儿 ɕiŋ^{13}ɕi^{13}fər^{21}
		ɤ	鸡婆儿 tɕi^{21}pər^{13}　角角儿 kɤ^{21}kər^{13}　唱歌儿 tʂʰɑ̃^{44}kər^{13}　左半个儿 tsuɤ^{53}pæ̃^{42}kər^{21}　自行车儿 tsɿ^{21}ɕiŋ^{44}tʂʰər^{13}
		ɛ	盖盖儿 kɛ^{44}kər^{21}
		ɤu	小豌豆儿 ɕiɔ^{53}væ^{42}tər^{21}　猴儿 xər^{13}　手指头儿 ʂɤu^{53}tsɿ^{21}tʰər^{13}
	ə̃r	ɤŋ	调羹儿 tʰiɔ^{13}kə̃r^{21}　盖楞儿 kɛ^{44}lə̃r^{21}　赔本儿 pʰei^{13}pə̃r^{53}　眼仁儿 n̥iæ̃^{53}zə̃r^{13}　脸盆儿 n̥iæ̃^{53}pʰə̃r^{13}　缝缝儿 fɤŋ^{44}fə̃r^{21}　板凳儿 pæ̃^{53}tə̃r^{21}　蜂儿 fə̃r^{13}
	iər	i	被儿 piər^{53}　猪蹄儿 tʂu^{21}tʰiər^{13}　小米儿 ɕiɔ^{21}miər^{53}　笛儿 tiər^{13}　耍把戏儿 ʂua^{13}pa^{53}ɕiər^{21}　鸡儿 tɕiər^{13}
		ie	叶叶儿 ie^{21}iər^{13}　褯褯儿 tɕʰi^{44}tɕʰiər^{21}　蝴蝶儿 xu^{13}tiər^{21}　茶叶儿 tsʰa^{13}iər^{13}　茄儿 tɕʰiər^{13}

续表

方式	儿化韵	基本韵母	例　词
间接儿化	iə̃r	iŋ	今儿个 tɕiə̃r^{21}kɤ^{44}　明儿个 miə̃r^{21}kɤ^{44}　银杏儿 iŋ^{21}ɕiə̃r^{53}　瓶瓶儿 pʰiŋ^{13}pʰiə̃r^{21}　背心儿 pei^{44}ɕiə̃r^{21}
	uər	uɤ	锅儿 kuər^{13}　花骨朵儿 xua^{21}ku^{13}tuər^{53}　背锅儿 pei^{44}kuər^{21}
		uei	裤腿儿 kʰu^{44}tʰuər^{53}　会儿 xuər^{53}
	uə̃r	uŋ	冰棍儿 piŋ^{21}kuə̃r^{53}　窟窿儿 ku^{21}luə̃r^{13}　虫虫儿 tʂʰuŋ^{13}tʂʰuə̃r^{21}　嘴唇儿 tsuei^{53}tʂuə̃r^{13}　丢盹儿 tiɤu^{21}tuə̃r^{53}
	yər	y	鱼儿 yər^{13}
	yə̃r	yŋ	围裙儿 vei^{13}tɕʰyə̃r^{21}
	ɐr	æ̃	猪肝儿 tʂu^{13}kɐr^{13}　床单儿 tʂʰuɑ̃^{13}tɐr^{21}　门槛儿 mɤŋ^{21}kʰɐr^{53}　麦子杆杆儿 mɛ^{21}tsɿ^{13}kæ̃^{53}kɐr^{21}　蚕儿 tsʰɐr^{13}
	ɐ̃r	ɑ̃	翅膀儿 tsʰɿ^{44}pɐ̃r^{21}　巷巷儿 xɑ̃^{44}xɐ̃r^{21}　眼盲儿 ȵiæ̃^{53}mɐ̃r^{13}　草房房儿 tsʰɔ^{53}fɑ̃^{13}fɐ̃r^{21}
	iɐr	iæ̃	边边儿 piæ̃^{21}piɐr^{13}　鳞片儿 liŋ^{21}pʰiɐr^{53}　钱儿 tɕʰiɐr^{13}　馅儿 ɕiɐr^{53}
	uɐr	uæ̃	罐罐儿 kuæ̃^{44}kuɐr^{21}　新郎官儿 ɕiŋ^{21}lɑ̃^{13}kuɐr^{21}
	uɐ̃r	uɑ̃	筐筐儿 kʰuɑ̃^{21}kʰuɐ̃r^{13}　双双儿 ʂuɑ̃^{44}ʂuɐ̃r^{21}
	yɐr	yæ̃	旋儿 ɕyɐr^{53}

二、小称音变

临洮洮阳镇方言里小称一般用重叠式或“重叠式＋儿化”表示，如“草房房、山沟沟、水坑坑儿、缝缝儿、边边儿、角角儿、一点点儿、底底儿、瓶瓶儿、盖盖儿、叶叶儿”等。有时也以子尾表示，如“茶缸子、刀子、凳子、腿子、卷子”等。

陆　其他主要音变规律

临洮洮阳镇方言里存在着变声、变韵、弱化、脱落、合音等音变现象。如：“啥地方 sa^{53}tʰi^{44}fɑ̃^{21}、傍晚 pʰɑ̃^{22}væ̃^{53}、扁担 pʰiæ̃^{53}tæ̃^{21}、磕膝盖 kʰuɤ^{22}tɕʰi^{44}kɛ^{44}、簸箕 pɤ^{53}tɕie^{21}、星星 ɕiɤu^{22}ɕiɤu^{44}、夜蝙虫儿蝙蝠 ie^{44}pie^{42}tʂʰuŋr^{21}、煤油 mĩ^{13}iɤu^{13}、马勺 va^{53}ʂuɤ^{21}、鼻孔 pʰi^{44}kuŋ^{44}、待招 tɛ^{44}tʂɤu^{21}”等。

第二十二节　清水县方言

壹　概况

一、调查点：天水市清水县

清水县，位于甘肃省中南部，属天水市管辖。介于东经 105°45′—106°30′，北纬 34°32′—34°56′之间。截至 2018 年，总人口 33.2364 万。有汉族和回族，以汉族为主，回族人口仅 5466 人。无少数民族语言。本县主要有三种口音：（1）北部口音：主要分布在松树镇（北部）、王河镇、黄门镇（部分）、新城乡（部分）；（2）中部口音：分布在永清镇（老派）、白沙镇、红堡镇、山门镇、白驼镇、松树镇（南部）；（3）南部口音：分布在远门镇、土门镇、贾川乡、郭川镇、金集镇、秦亭镇、陇东镇等。其中，以中部、南部口音分布较广，使用人数较多。

南部中的郭川、陇东又与其他地区不同，郭川口音与天水地区的口音相近；中部地区，新派又有向南部靠拢的趋势。近年来变化较快，正在向普通话靠拢。

地方曲艺为清水小曲（有《五更鸟》《绣荷包》等曲目，只有少数人会唱）、秦腔（本地人唱秦腔多用本地方言，专业演员则用陕西话）。

二、发音合作人

方言老男：温湘江，汉族，1949 年 5 月出生于清水县永清镇温沟村。1956—1961 年就读于温沟小学；1961—1966 年在家劳动；1966—1970 年在清水县文工队工作；1970—2001 年在清水县文化馆工作；2001 年退休至今。会说永清镇话、普通话，但主要说永清镇话。父亲是本县永清镇温沟村人，母亲是本县白沙镇人，妻子是天水市人，都说永清镇话。

方言青男：王金平，汉族，1983 年 9 月出生于永清镇皇庙巷。1989—1995 年就读于清水县原泉小学；1995—1998 年就读于清水县第一中学（初中）；1998—2002 年就读于清水县第一中学（高中）；2002—2005 年就读于天水师范学院；2006—2013 年在清水县贾川乡中学任教；2013—2017 年抽调到清水县文广局工作，后回到贾川乡中学任教。本人会说永清镇话、普通话和英语，日常说永清镇话。父亲是永清镇皇庙巷人，母亲和妻子都是清水县黄门镇人，但日常都说永清镇话。

贰　声韵调

一、声母

声母 28 个，包括零声母在内：

p 八兵勃布	p^h 派片爬病	m 麦明磨木	f 飞蜂副肥饭	v 味问威王
t 多东	t^h 讨毒			l 脑南连路
ts 资早租酒	ts^h 刺草字贼坐		s 丝三酸想谢	
tʂ 张	tʂ^h 抽车城		ʂ 守十	ʐ 热
tʃ 竹争装主	tʃ^h 拆茶柱抄	ʃ 事山双顺		ʒ 软
tɕ 九	tɕ^h 全轻权	ȵ 年泥	ɕ 响县	
k 高共	k^h 开	ŋ 熬安	x 好灰活	
ø 月云用药				

说明：

1. p、p^h、m 分别有两个变体：逢 ə、u 其实际音值为 pf、pf^h、ɱ，为唇齿音，发音时上齿、上唇均与下唇接触，逢其他韵母其实际音值为 p、p^h、m。

2. ts、ts^h、s 与细音韵母相拼时，实际音值为 tɕ̺、tɕ̺^{h}、ɕ̺，舌尖色彩十分明显。

3. tɕ、tɕ^h、ɕ 的实际音值舌位更加靠后，介于舌面前和舌面中之间。

4. tʃ、tʃ^h、ʃ、ʒ 为舌叶音，舌位略靠近舌尖，不圆唇，只与开口呼韵母相拼。

5. k、k^h、ŋ、x 的实际音值略靠前，介于舌根和舌面中之间。

6. 声母 p^h、t^h、ts^h、tʃ^h、tʂ^h、k^h、x 跟开口呼或合口呼韵母相拼时（ɿ、ʅ 除外），带有明显的小舌部位擦音。

二、韵母

韵母 33 个：

ɿ 资祠丝	i 米戏急七	u 苦五骨六白	y 雨橘局
ɨ 猪师试二白			
ʅ 十直尺			
ɚ 二文			
a 茶瓦	ia 牙鸭	ua 瓜刮	
ə 热		uə 歌坐过学白	
ɛ 开排鞋	iɛ 写接贴节	uɛ 快	yɛ 靴月药学文
ɔ 宝饱	iɔ 笑桥		
əi 赔飞北色		uəi 对鬼国	
əu 豆走	iəu 油六绿白		
æ̃ 南山半	iæ̃ 盐年	uæ̃ 短官	yæ̃权
ɒ̃ 糖王	iɒ̃ 讲响	uɒ̃ 床双	
əŋ 深根灯升	iŋ 新心硬病	uŋ 寸滚横东	yŋ 云用兄

说明：

1. ɨ 表示与 tʃ、tʃʰ、ʃ、ʒ 一组声母相拼的舌叶元音，发音部位与声母 ʒ 相同，不圆唇，该元音目前国际音标没有符号，这里暂借用 ɨ 来表示。

2. iɛ、yɛ 的主元音实际音值偏央。

3. ɛ、uɛ 主元音实际音值接近于 ᴇ，在非高降调（平声、去声）音节中，有轻微的动程。

4. əi、uəi、əu、iəu 韵母中的 əi、əu 动程较小，在高降调（上声）音节中，接近于单元音。

5. əŋ、iŋ、uŋ、yŋ 韵母的韵尾实际音值为 ɳ。

6. uŋ、yŋ 韵母发音时，其实际音值分别接近于 uəŋ、yəŋ。

三、声调

单字调 3 个：

平声	13	东该通门龙油谷百毒白
上声	52	懂古鬼统苦讨买老五有
去声	443	冻怪痛快卖路洞地动罪

说明：

1. 清水话声调调域较窄。

2. 在单字调的末尾有轻微的下降，去声较为明显，记为 443。

3. 平声 13 实际音值接近于 132，仍记为 13。

叁　连读变调

清水方言三个单字调，平声、上声、去声。平声不分阴阳，入声派入平声；古清上、次浊上归上声；古去声、全浊上归去声。以下表左为前字，表端为后字。另，为方便计，将平声分为阴平（包含古清入、次浊入）和阳平（包含古全浊入）分别来描写。

清水方言两字组连读变调例词表

前字＼后字		平声 13 阴平	平声 13 阳平	上声 52	去声 443
平声 13	阴平	13 + 13 当官、针尖	21 + 13 清明、专门	21 + 52 山水、拍手	21 + 443 书记、当路
	阳平	13 + 13 天黑、毛笔	13 + 13 扬场、房檐	13 + 52 门口、拔草	13 + 443 还账、洋芋
上声 52		52 + 13 火车、刮风	52 + 13 检查、水泥	52 + 52 井水、洗脸 21 + 52 水果、老板	52 + 443 手艺、擀饭
去声 443		44 + 13 认真、裤腰	44 + 13 面条、秤砣	44 + 52 信纸、下雨	44 + 443 路费、放炮

说明：

1. 前字平声，前后字都不变调；或前字变 21，后字不变调。

2. 前字上声，前后字都不变调；或后字为上声，前字变为 21。

3. 前字去声，前字变为 44，后字不变调。

清水方言语法功能词变调例词表

前字＼后字		+子	+儿
平声 13	阴平	21 + 21 边子、疤子 21 + 52 瞎子、孙子	21 + 12 花儿、蜂儿
	阳平	13 + 21 钳子、蚊子	13 + 21 桃儿、蝉儿
上声 52		52 + 21 稻子、爪子	52 + 21 枣儿、鸟儿
去声 443		443 + 21 柿子、妹子	443 + 21 杏儿、数儿

说明：

1. 前字为阴平，前字都变为 21；“子”有 21 和 52 两种调值，52 实际保留了本调；“儿”变为 12 调值。

2. 前字为阳平、上声和去声，前字都不变调，“子”和“儿”都为 21。

肆　异读

一、新老异读

1. 新老声母异读

清水方言新老派声母的差异，主要表现在两类字中：（1）部分知庄章组字（开口知二庄+止开三章+合口知庄章）的音值；（2）端精见细音字的分合及音值。

清水方言新老派声母系统的差异

<table>
<tr><td colspan="7">老派</td><td>新派</td></tr>
<tr><td colspan="2">ʧ 扎抓争助</td><td colspan="2">ʧʰ 迟白柴船出</td><td colspan="2">ʃ 船白时顺书</td><td>ʒ 如仍闰</td><td rowspan="2">ts、tsʰ、s、z</td></tr>
<tr><td rowspan="2">ts</td><td>杂祖</td><td rowspan="2">tsʰ</td><td>次粗</td><td rowspan="2">s</td><td>撒寺素</td><td></td></tr>
<tr><td>第积将</td><td>天贱墙</td><td>洗想</td><td></td><td rowspan="2">tɕ、tɕʰ、ɕ</td></tr>
<tr><td colspan="2">tɕ 纪经俊卷</td><td colspan="2">tɕʰ 起腔绝白劝</td><td colspan="2">ɕ 戏香选玄</td><td></td></tr>
</table>

主要差异如下：

（1）部分知庄章组字老派为舌叶音（接近不圆唇）ʧ、ʧʰ、ʃ、ʒ，新派为 ts、tsʰ、s、z，和精组洪音字声母音值相同。如（"|"前为老派，后为新派，下同）：笊庄 ʧɔ^{44}|tsɔ^{44}，迟澄 ʧʰʅ^{13}|tsʰɿ^{13}。

（2）端、精组和齐齿呼韵母（含 i 韵母）相拼的字，老派声母音值为 tɕ̡、tɕ̡ʰ、ɕ̡，带有明显的舌尖色彩，新派音值为 tɕ、tɕʰ、ɕ，和见组拼齐齿呼韵母（含 i 韵母）的字合流。新派不分尖团。如：点端 tsiɛ̃^{53}|tɕiɛ̃^{53}，剪精 tsiɛ̃^{53}|tɕiɛ̃^{53}。

需要说明的是，老派尖音字（端、精组和 i 韵母或 i 介音相拼的字）声母实际音值为 tɕ̡、tɕ̡ʰ、ɕ̡，精组洪音字声母音值为 ts、tsʰ、s，很接近，但并不完全相同。在音位归纳中，将其合为一组，记为 ts、tsʰ、s。

（3）舌根音声母的唇化。如：苦 pfʰʋ^{53}|kʰu^{53}，裤 pfʰʋ^{53}|kʰu^{44}，窟~窿 pfʰʋ^{13}|kʰu^{13}，库 pfʰʋ^{44}|kʰu^{44}。

2. 新老韵母异读

（1）清水方言新老派部分知庄章字（开口知二庄+止开三章+合口知庄章）的韵母不同。这类字韵母的差异和声母的音值的差异密切相关。老派声母音值为 ʧ、ʧʰ、ʃ、ʒ，韵母为相应的舌叶元音（不圆唇），新派声母为 ts、tsʰ、s、z，韵母为 ɿ。如：柱 ʧʰɨ^{44}|tsʰɿ^{44}，铡 ʧʰa^{13}|tsʰa^{13}，树 ʃɨ^{44}|sɿ^{44}。

（2）心邪母字的异读。一些心邪母合口字声母老派读为 s 新派读为 ɕ，相应地，韵母老派属今洪音合口呼，新派属今细音撮口呼。如：肃 ɕy^{13}|su^{13}，宿 ɕy^{13}|su^{13}，俗 ɕy^{13}|su^{13}，损 ɕyŋ^{53}|suŋ^{53}。

（3）中古臻合三通合三来母的部分阳声韵字，老派韵母为 yŋ，新派为 uŋ。例如：轮 lyŋ^{13}|luŋ^{13}，龙 lyŋ^{13}|luŋ^{13}。

二、文白异读

1. 声母文白异读

清水方言的文白异读主要表现在声母上。主要可以归为以下几类：

（1）中古见系开口二等字。如（"|"前为白读，后为文读，下同）：腔~子：胸部 kʰɔ̃^{13}| 腔秦~ tɕʰiɔ̃^{13}，项~圈 xɔ̃^{44}| 项~目 ɕiɔ̃^{44}，巷~道 xɔ̃^{13}| 巷文 ɕiɔ̃^{44}，解~开 kɛ^{53}| 解理~ tɕiə^{53}。

（2）部分影、疑母字。文读为零声母齐齿呼，白读有前鼻音声母。如：压~住 nia^{44}| 压~力 ia^{44}，芽~面 nia^{13}| 芽豆~ ia^{13}，言~传 niɛ̃^{13}| 言~语 iɛ̃^{13}，仰~般子：躺着的姿势 niɔ̃^{53}| 仰~望 iɔ̃^{53}。

（3）部分中古全浊声母仄声字。文读为不送气音，白读为送气音。如：绝~种，~物 tɕʰyə^{13}|

绝~对 tɕyə^{13}，动~弹 tʰuŋ^{44}| 动文，运~会 tuŋ^{44}，背耳朵~，~后地里 pʰəi^{44}| 背动词 pəi^{13}。

（4）部分禅、心、邪母字。文读为塞擦音，白读为擦音。如：仇 ʂəu^{13}|tʂəu^{13}，蝉麦~儿 ʂɛ̃^{13}|蝉貂~ tʂɛ̃^{13}；辞推~ sɿ^{13}| 辞~别 tsʰɿ^{13}，赐 sɿ^{13}|tsʰɿ^{13}。

（5）止摄日母字。如：耳~朵 ʒʅ^{53}| 耳~机 ər^{53}，二 ʒʅ^{44}|ər^{44}。

2. 韵母文白异读

韵母的文白异读主要可以归为以下几类：

（1）对转类。如：耕 kəi^{13}|kəŋ^{13}，缩 ʃə^{13}|ʃɒ̃^{53}。

（2）支微入鱼类。如：尾~巴 i^{53}| 尾~气 vəi^{53}，味 y^{44}|vəi^{44}，讳 ɕy^{13}|xuəi^{44}。

（3）部分见系字。如：角 kuə^{13}|tɕyə^{13}，解 kɛ^{53}|tɕiɛ^{53}，鞋 xɛ^{13}|ɕiɛ^{13}。

（4）止摄日母字。如：耳~朵 ʒʅ^{53}| 耳~机 ər^{53}，二 ʒʅ^{44}|ər^{44}。

（5）中古通合三入声韵“绿”字，韵母白读为 iu，文读为 y 或 u：绿~颜色 liu^{21}| 绿~色食品 lu^{13}。

三、其他异读

清水方言中还存在辨义异读。如：瓦砖~；~了：变形 va^{53}| 瓦动词，~房 va^{44}，左姓 tsuə^{53}| 左~右 tsuə^{44}，饮~料 iŋ^{53}| 饮~牲口 iŋ^{44}，装假~ ʧɒ̃^{13}| 装~枕头：往枕头里填充 ʧɒ̃^{44}，烫~手 tʰɒ̃^{13}| 烫~头发 tʰɒ̃^{44}。

伍　儿化和小称音

清水话没有儿化、小称等音变。

表小的方式主要有：

1. 子尾。如：盅子 tʃɤŋ^{21}tsɿ^{53}，沙子 ʃa^{21}tsɿ^{53}；

2. 儿尾。如：桃儿 tʰɔ^{13}ɚ^{21}，雀儿 tsʰiɔ^{53}ɚ^{21}；

3. AA 子。如：瓶瓶子 pʰiŋ^{13}pʰiŋ^{21}tsɿ^{21}，缝缝子 fɤŋ^{44}fɤŋ^{21}tsɿ^{21}。

陆　其他主要音变规律

词汇调查中有一些读音特殊的词，大多属于其中的某个字不符合单字音的，罗列如下，括号中注出单字音或相关的其他词的读音。

1. 转入“宕江曾梗”一类韵母

　待诏 tɛ^{44}tʂɒ̃^{21}（诏 tʂɔ^{13}）

　盘缠 pʰæ̃^{13}tʂʰɒ̃^{21}（缠 tʂʰæ̃^{13}）

　门槛 mɤŋ^{13}kʰɒ̃^{21}（槛 kʰæ̃^{13}）

　牢靠 lɔ^{13}kʰɒ̃^{21}（靠 kʰɔ^{443}）

　栓 ʃɒ̃^{13}（又音 ʃæ̃^{13}）

　檐蝙蝠 yæ̃^{13}piæ̃^{21}fɤŋ^{21}（檐 iæ̃^{13}，蝠 fu^{13}）

2. 鼻尾或鼻化成分失落

　今儿 tɕi^{21}ɚ^{13}（今 tɕiŋ^{13}）

　今年 tɕi^{21}ȵiæ̃^{13}（今 tɕiŋ^{13}）

　先后伍 siɛ^{44}xu^{21}vu^{21}（先 siæ̃^{13}）

3. 其他

核桃 $xuə^{13}t^hou^{21}$（桃 $t^hɔ^{13}$）

醪糟子 $lɔ^{13}tʃɔ^{21}tsɿ^{21}$（糟 $tsɔ^{13}$）

疥蛤蟆 $kɛ^{44}xu^{21}ma^{21}$（蛤蟆 $xuə^{13}ma^{21}$）

喉咙眼 $xu^{13}lu^{21}ȵiæ̃^{21}$（喉 xou^{13}，“咙”不单说）

马莲红 $ma^{52}ȵiæ̃^{21}xuŋ^{13}$（莲 $liæ̃^{13}$）

指甲 $tɕi^{21}tɕia^{13}$（指 $tʃɨ^{52}$）

日食 $ɚ^{21}ʂʅ^{443}$（食 $ʂʅ^{13}$）

月食 $yɛ^{21}ʂʅ^{443}$（食 $ʂʅ^{13}$）

第二十三节　永靖县方言

壹　概况

一、调查点：临夏回族自治州永靖县

永靖县，位于甘肃省中东部，属临夏回族自治州管辖。介于东经 102°53′—103°39′，北纬 35°47′—36°12′之间。截至 2018 年，总人口 21.26 万，其中汉族 18.21 万人，回族 2.4 万人，东乡族 4105 人，土族 1579 人，其他少数民族 828 人。无少数民族语言。永靖方言情况比较复杂，靠兰州市的 3 个乡镇说的是兰银官话金城片方言，黄河以南靠临夏县的乡镇说的是中原官话河州片方言，黄河以北包括太极镇等地说的是中原官话陇中片方言。当地人将永靖口音分为大百姓口音和旧白塔口音两种，大百姓口音分布在永靖黄河北岸的刘家峡镇、太极镇、盐锅峡镇等，旧白塔口音分布在黄河南岸的三塬、岘塬、杨塔等地。近年来变化较快，正在向普通话靠拢。

地方曲艺也以黄河为界，黄河以南主要是河州花儿，其传唱曲调有“河州大令、河州二令、河州三令”等。黄河以北主要表演兰州“太平鼓”。

二、发音合作人

方言老男：孔令杰，汉族，1954 年 9 月出生于永靖县刘家峡镇大庄村六社。1954—1965 年生活在永靖县刘家峡镇大庄村；1966—1968 年在永靖县刘家峡镇高峰小学就读；1969—1971 年在甘肃省公路局当临时工；1971—1972 年在永靖县刘家峡镇大庄村鸡儿台当副队长；1972—1973 年在永靖县水电四局水工厂当临时工；1973 年至今，在家务农。父母亲、妻子都是永靖刘家峡人，一直说永靖刘家峡话。

方言青男：孔维纲，汉族，1982 年 8 月出生于永靖县刘家峡镇大庄村七社。1982—1990 年生活在永靖县刘家峡镇大庄村；1990—1995 年在永靖县刘家峡镇大庄小学就读；1996 年小学毕业至今，在永靖县城打工。父母亲都是永靖刘家峡人，一直说永靖刘家峡话。未婚。本人一直说永靖刘家峡话。

贰　声韵调

一、声母

声母 24 个，含零声母：

p 八兵病	p^h 派片爬	m 麦明	f 飞蜂副峰肥饭	v 味问温王
t 多东毒	t^h 讨	n 脑南		l 老蓝连路
ts 资早租字贼坐	ts^h 刺草寸祠		s 丝三酸	
tʂ 张竹柱争装纸主	$tʂ^h$ 抽拆茶抄初床车船城		ʂ 事山双顺手书十	ʐ 热软
tɕ 酒九	$tɕ^h$ 天甜清全轻权	ȵ 年泥	ɕ 想谢响县	
k 高共	k^h 开		x 好灰活	
ø 熬月安云用药				

说明：

1. v 声母在 u 韵母前摩擦较强。
2. 端组细声字送气声母归入见组，实际音值接近 $ȶ^h$。
3. 卷舌声母与合口呼韵母相拼时，有舌叶色彩。
4. “安、熬”等开口呼音节前略带 ɣ。
5. 舌根音 k、k^h、x 与单韵母 u 相拼时有唇齿色彩。

二、韵母

韵母 32 个：

ɿ 丝	i 米戏急七一锡	u 苦五猪骨出六白	y 雨橘局
ʅ 师试十直尺			
ɯ 二			
a 茶瓦塔法辣	ia 牙鸭	ua 刮	
ɛ 开排鞋	iɛ 写接贴节	uɛ 快	yɛ 靴月药学
ɔ 宝饱	iɔ 笑桥		
ɤ 歌热壳北色		uɤ 坐过盒托郭活	
ei 赔飞		uei 对鬼	
ɤu 豆走	iɤu 油六文		
æ̃ 南山半	iæ̃ 盐年	uæ̃ 短官	yæ̃ 权
ɑŋ 糖王	iɑŋ 讲响	uɑŋ 床双	
ŋ 深根灯升争	iŋ 新心硬病星	uŋ 寸滚春横东	yŋ 云兄用

说明：

1. i 与唇音相拼时，有舌尖擦化现象，与双唇音相拼擦化尤其明显，单韵母 i 在零声母音节中带摩擦，实际音值为 ʑ。

2. u、y 作单元音韵母带摩擦。在 m、n、l 三个声母后面摩擦非常小；在 p、p^h、t、t^h 四个声母后头有摩擦；在 tɕ、$tɕ^h$、ɕ 三个声母后摩擦明显。

3. ʅ 由于收音影响，会产生延音，实际音值为 ʅə。

4. ɯ 较松，略有动程。

5. ɛ 略有动程。在单韵母或 u 后，实际音值为 ɛe；在 i 或 y 后，实际音值为 ɛə。

6. ɔ 有轻微动程,实际音值为 ɔo。
7. ɤ 的开口度略小。
8. y 略有动程,实际音值为 yi。
9. 单元音韵母 a 实际音值靠后。

三、声调

单字调 3 个:

平声	213	东该通开门龙铜讨谷哭毒白
上声	53	懂古鬼九统苦草买老五有
去声	44	动罪近后冻怪快卖路乱饭树

说明:
1. 上声 53 实际音值接近 453。
2. 去声 44 实际音值尾部略微上扬。

叁　连读变调

永靖话有 3 个声调:平声 213,上声 53 和去声 44。平声不分阴阳,入声派入平声;古清上、次浊上归上声;古去声、全浊上归去声。有 9 种连调组合。其变调规律如下表所示:

永靖方言两字组连读变调例词表

前字＼后字	平声 213	上声 53	去声 44
平声 213	22 + 53 飞机、工人 22 + 44 棉花、良心 21 + 13 头发、年时 13 + 213 山沟、扎针 13 + 13 洋灰、当媒 13 + 21 台风、长虫	22 + 53 着火、乡长	22 + 53 书记、天气 22 + 44 车票、还账
上声 53	53 + 21 眼睛、口粮 44 + 13 检查、以前 53 + 213 养猪、口条 44 + 21 往年、晚夕	22 + 53 老板、打水 53 + 21 指甲、掌尺	53 + 21 米饭、保佑 53 + 44 打仗、韭菜 44 + 21 水地、两个
去声 44	44 + 21 后娘、二胡 44 + 13 挡牛、散学 44 + 53 大门、酱油	44 + 53 辣酒、中暑	44 + 21 孝顺、害怕 21 + 44 不会、不是 44 + 44 做饭、寺庙

说明:

1. 平声作前字时,有 22、21、13 三种变体。当后字为平声时,有 53、44、13、21 四种变体;后字为上声和去声时,前字变体为 22,去声后字或变为 53。

2. 前字为上声时,有 44、22 两种变体。当后字为平声时,后字有 21、13 两个变体;后字为上声和去声时,或读本调,或变为 21。

3. 去声为前字时，一般读本调 44，在去声前或变为 21。后字为平声时，有 21、13、53 三个变调；后字为上声时前后都不变调；后字为去声时除本调 44 外也可变为 21。

值得注意的是，轻声字在永靖话中也有一定的调值，实际读法如下：

永靖方言轻声变调例词表

调类	轻声
平声	22 + 42 刀子、珠子　22 + 13 绳子、盆子　21 + 44 窄的、辣的　22 + 53 庄子、包子
上声	53 + 21 李子、拐子　44 + 21 把子、里头
去声	44 + 42 盖子、豆子　44 + 21 大的、见了

肆　异读

一、新老异读

1. 新老声母异读

梯老 tɕʰi^{213} ≠梯新 tʰi^{213}

糙老 tsɔ^{213} ≠糙新 tsʰɔ^{213}

黏老 ȵian^{213} ≠黏新 ʐæ̃^{213}

碟老 ʰiε^{213} ≠碟新 tiε^{213}

荣老 yŋ^{213} ≠荣新 ʐuɤŋ^{213}

踢老 tɕʰi^{213} ≠踢新 tʰi^{213}

2. 新老韵母异读

饿老 ɯ^{44} ≠饿新 vɤ^{44}

河老 xuɤ^{213} ≠河新 xɤ^{213}

绿老 lu^{44} ≠绿新 ly^{44}

血老 ɕiε^{213} ≠血新 ɕyε^{213}

眼老 iæ̃^{53} ≠眼新 ian^{53}

断老 tuæ̃^{44} ≠断新 tuan^{44}

砖老 tʂuæ̃^{213} ≠砖新 tʂuan^{213}

岸老 æ̃^{213} ≠岸新 an^{44}

抖老 tɤu^{53} ≠抖新 tɤɯ^{53}

课老 kʰuɤ^{44} ≠课新 kʰɤ^{44}

外老 vei^{44} ≠外新 vε^{44}

眉老 mi^{213} ≠眉新 mei^{213}

藕老 ɤu^{53} ≠藕新 ɤɯ^{53}

酒老 tɕiɤu^{53} ≠酒新 tɕiɤɯ^{53}

瘦老 ʂɤu^{44} ≠瘦新 ʂɤɯ^{44}

盒老 xuɤ^{213} ≠盒新 xɤ^{213}

赚老 tʂuæ̃^{44} ≠赚新 tʂuan^{44}

有的字老派两读，新派只有一种读法，如：

"戒" 老派 kε^{44}、tɕiε^{44} 两读，新派只读 tɕiε^{53}。

"六" 老派 liɤu^{213}、lu^{213} 两读，新派只读 liɤɯ^{213}。

"尾" 老派 i^{53}、vei^{53} 两读，新派只读 i^{53}。

3. 新老韵母和声调异读

岸老 æ̃^{213} ≠岸新 an^{44}

二、文白异读

永靖话中的一部分字有文白异读现象，主要表现在声母和韵母两个方面。

1. 声母文白异读

（1）中古见母字 "戒"，声母白读为 k，文读为 tɕ。即：戒白 kε^{44} ≠戒文 tɕiε^{44}。

（2）中古微母字 "尾"，声母白读为 ∅，文读为 v。即：尾白 i^{53} ≠尾文 vei^{53}。

（3）中古见母字“角”，声母白读为 k，文读为 tɕ。即：角白 kə13 ≠角文 tɕiɔ13。

2. 韵母文白异读

（1）中古止合三的“尾”字，韵母白读为 i，文读为 e。即：尾白 i53 ≠尾文 ve53。

（2）中古宕开三入声字“雀”，韵母白读为 iɔ，文读为 yɛ。即：雀白 tɕʰiɔ53 ≠雀文 tɕʰyɛ53。

（3）中古通合三入声字“六”，韵母白读为 u，文读为 iɤu。即：六白 lu13 ≠六文 liɤu13。

（4）中古江开二入声字“角”，韵母白读为 ə，文读为 iɔ。即：角白 kə13 ≠角文 tɕiɔ13。

（5）中古通合三入声字“绿”，韵母白读为 u，文读为 y。即：绿白 lu44 ≠绿文 ly44。

（6）中古曾开一入声字“塞”，韵母白读为 ə，文读为 ɛ。即：塞白 sə13 ≠塞文 sɛ13。

三、其他异读

永靖方言全县口音差异较大，以黄河为界，除了部分字音、用词方面有别外，主要表现在声调上，黄河以北方言三个声调，平声合为一个调，入声都归平声，属于中原官话陇中片；黄河以南方言两个声调，平上声合为一个调（第一调），去声一个调（第二调），入声都归第一调，属于中原官话河州片。

伍　儿化和小称音

永靖方言没有儿化，但有儿尾，如“鱼儿、桃儿”等。永靖方言单字“儿”的音值为 ɯ13。在词语中儿尾的声韵读 ɯ，声调有 13、53、44、22 等 4 个连读调值，其变调规律基本同阳平字。

儿尾在永靖方言中鲜有小称义，小称除“尕”前缀外，多以重叠的形式表示，如“水坑坑 ʂuei44kʰəŋ21kʰəŋ42、花包包 xua13pɔ21pɔ42”，音变规律如下：

平声叠字	上声叠字	去声叠字
21 + 42 刀刀、包包 22 + 13 坛坛、瓶瓶 21 + 13 婆婆、娘娘 22 + 44 捏捏 44 + 21 甲甲	44 + 21 爪爪 22 + 44 姐姐	24 + 21 棍棍 44 + 21 盖盖、妹妹

第二十四节　敦煌市方言

壹　概况

一、调查点：酒泉市敦煌市

敦煌，位于甘肃省西北部，属酒泉市管辖。介于东经 92°13′—95°30′，北纬 39°53′—41°35′之间。截至 2020 年，常住人口 18.5231 万人，城市化率达 68.45%。总人口中汉族占绝大多数，回、蒙、藏、维吾尔、苗、满、土、哈萨克、东乡、裕固等 27 个少数民族仅占总人口的 2.2%。本县无少数民族语言。敦煌方言内部有两种口音：河东话和河西话。河东话分布在党河以东的乡镇，河西话分布在党河以西的肃州镇和黄渠镇的芭子场村。河东话属中原官话，河西话属兰银官话。河西话的使用人口大致 2.2 万人，河东话的使用人口 12 万多人（以 2015 年统计数据计算），这两种口音的形成与历史上雍正初年的几次移民有关。说河西口音的人口，祖上大部分来自酒泉（古肃州）等地。说河东口音的人口，祖上大多来自河西走廊以东的甘肃各地县。敦煌市境内有几个移民村，人口大多从甘肃中部干旱地区迁来，方言大多保留了迁出地的口音，这些移民村的方言可以被看作是方言岛，尤以转渠口镇的定西村为典型（2018 年 6 月 14 日下午实地调查）。近年来变化较快，正在向普通话靠拢。

地方曲艺为用敦煌方言说唱的"曲子戏"，源于清代雍正年间移民的引入。曲子戏由剧本、曲调、曲牌三部分组成，吸收了秦腔、眉户及甘肃各地曲子戏的不同曲调。这种曲艺正处于自生自灭的境地。其唱腔有"欢腔"和"苦腔"之分。其演出组织因为民间自发形成，又称"自乐班"。种类主要有：神戏、白事戏、红事戏、广告戏四大类。传统曲目有《杀狗》《三娘教子》《怕老婆顶灯》《下四川》《小放牛》等。主要曲调有《月调》《六月花》《哭长城》《五更调》《缸调》《东调》等。

二、发音合作人

方言老男：程永生，汉族，1962 年 3 月出生于敦煌市城关镇。出生至上小学前在出生地生活，1969 年在南街小学就读，老师都用当地话教学。1974—1975 年在南街学校就读。1976—1978 年在育红中学就读。1978—1980 年为待业青年，在当地打工（干临时工）补课等待招工就业。1981 年被招工在手工业管理局工作，随着机构改革在市经贸委、二轻工业局、工业交通局、经贸局等单位工作。1999 年 9 月调至审计局至今（退休）。一直生活在当地，无其他地方生活经历。会说敦煌河东话、地方普通话。父母亲、妻子都是本地人，日常都说敦煌话。

方言青男：王赛，汉族，1985 年 4 月出生于敦煌市沙洲镇。上大学前一直生活在敦煌市沙州镇。1992—1998 年在敦煌市东街小学就读。1999—2001 年在敦煌市第二中学就读。2001—2005 年在敦煌中学就读。2005—2009 年在南京林业大学土木工程专业就读。大学毕业后在敦煌市工作至今。本人会说敦煌话、普通话、英语。父母亲、妻子都是敦煌市人，父母亲平常都说敦煌话，妻子平时说普通话和敦煌话。

贰　声韵调

一、声母

声母 26 个，含零声母：

p 八兵病	pʰ 派片爬	m 麦明	f 飞风副蜂肥	v 味问温王
t 多东毒	tʰ 讨天甜	n 脑南		l 老蓝连路
ts 资早坐争纸	tsʰ 刺寸茶抄		s 丝三酸事山	
tʂ 张竹柱装主	tʂʰ 抽床船城		ʂ 双顺手书	ʐ 热软
tɕ 酒九	tɕʰ 清全轻权	ȵ 年泥	ɕ 想谢响县	ʑ 艺
k 高共	kʰ 开	ŋ 熬安	x 好灰活	
∅ 月云用药				

说明：

1. 塞音声母 t、tʰ 与韵母 u 相拼，有时有双唇颤动特征。

2. tʂ 组四声母卷舌程度比北京音后。

3. ʂ 拼合口呼韵母时发 f 音，如"书勺"等字。

4. tɕ 组声母拼 i、y 及细音韵母实际为舌尖兼舌叶音。

二、韵母

韵母 32 个：

ɿ 师丝试	i 米戏急七一	u 苦五骨出谷	y 雨橘绿文局
ʅ 十直尺			
ər 二			
a 茶瓦塔法辣	ia 牙鸭	ua 刮	
ə 婆波热壳文	iɛ 写接贴节	uə 坐过托国文	yə 靴月药壳白
ɛ 开排鞋		uɛ 快	
ɔ 宝饱	iɔ 笑桥		
ei 赔飞北白		uei 对鬼国	
əu 豆走	iəu 油六绿白		
æ̃ 山半南	iæ̃ 盐年	uæ̃ 短官	yæ̃ 权
ɑŋ 糖王	iɑŋ 讲响	uɑŋ 床双	
ɤŋ 深根灯争横	iŋ 新心硬病星	uŋ 寸滚春东	yŋ 云兄用

说明：

1. 有时候，ɿ、ʅ、i、y 四韵母快结束时有一个较弱的偏央的含混的 ə，在 u 后面是个略带圆唇的央元音 ə。

2. i、y 拼 tɕ、tɕʰ、ɕ、ʑ 四个声母似为舌叶元音，但听觉上又像舌尖音，我们还是记为 i、y。i 拼 p 组和 t 组声母在词汇中已经高化并前化为舌尖前元音，可记为 ɿ，在单字中没有完全舌尖化，但与 ts 组的又不同，为了区别，我们还是记为 i。

3. u 拼 v 为自成音节的 v，我们记为 vu。u 拼卷舌声母时近 ʮ。

4. ər 韵母的主元音舌位较低，近于 ɐ。

5. ə 组四韵母中 ə 的舌位略低略后。“茄”字的韵母为 iɛ，但只是少数个别字，可能受了普通话的影响。

6. ɛ 韵母，在降调音节里近似单元音 ᴇ，在非降调字里有一定的动程，可记为 ɛe。

7. æ̃ 和 uæ̃ 两韵母的实际音值似为 aæ̃ 和 uaæ̃。

8. iæ̃、yæ̃ 两个韵母的主要元音实际为 ɛ̃，鼻化色彩较弱，记为鼻化音。但考虑到来源，与 æ̃ 和 uæ̃ 归为一组。

9. ɤŋ 韵母的主要元音介于 ə、ɤ 之间，我们记为 ɤ。

10. iŋ 韵母中的鼻尾部位略靠前。

11. ɑŋ 组三韵母的主要元音为鼻化音，有较弱的鼻尾，我们记为鼻韵尾韵母。

12. uŋ 韵母近似 oŋ，yŋ 韵母近似 ioŋ。

三、声调

声调 3 个：

平声	213	东该门龙谷哭毒罚
上声	51	懂古鬼九买五有塔
去声	44	动罪近冻怪半卖路饭

说明：

1. 平声是一个降升调。有些字起调略低于 2 度，近似 113 调，有些字强调时升尾能到 5 度，统一记作 213。“该”字发音人读为平调了，疑似受普通话影响。

2. 上声是一个降调，有 52 的，有 53 的，大部分是 51，我们统一记作 51。

3. 去声大部分是一个平调，但这个平调的变体较多，有 454 的，有 343 的，有 34 的，有 45 的，语流中还有高升调 35 的，我们统一记作 44。

叁 连读变调

敦煌方言老男口音，单字调 3 个，平声、上声、去声，平声不分阴阳，入声大部分归入平声，但也有少数字归到去声或上声里。敦煌方言的两字调组合有 9 种，连调有 13 种，具体见下表。连读调有 21、13、213、51、53、44、35 七个，其中新调有 21、13、53、35 四个。

敦煌方言连读调组合表

前字＼后字	平声 213	上声 51	去声 44	语法功能词
平声 213	21 + 13 13 + 213 35 + 21 22 + 51	21 + 13 35 + 21 22 + 51	21 + 13 21 + 44 22 + 51	21 + 13 35 + 21 22 + 51
上声 51	53 + 21 53 + 213 53 + 44 55 + 21 35 + 21	51 + 21 22 + 51	51 + 21 53 + 44 35 + 21	51 + 21 55 + 21 35 + 21
去声 44	44 + 44 44 + 21 35 + 21 35 + 213	44 + 21 35 + 21	44 + 44 44 + 21 35 + 21 35 + 44	35 + 21

说明：

从上表中可以看出，不同两字组合的连调读法，少者 2 种，多者 7 种。9 种两字组合的连调读法，不计重复的，共有 13 种连调式：21 + 13、21 + 44、13 + 213、22 + 51、53 + 21、53 + 213、53 + 44、55 + 21、44 + 44、44 + 21、35 + 21、35 + 213、35 + 44。由此可以看出敦煌方言两字组连读变调规律是比较复杂的。下面主要从今音的环境和后字是语法功能词的配合方面揭示两字组的连读变调规律。后字是语法功能词的情况，主要是“子、头、了、们”尾，也包括一些叠音形式和趋向动词“下”构成的两字组。

敦煌方言两字组的变调，有四条比较一致的规律，结合语法功能词看得更清楚。第一，平声做前字有“21 + 13”和“22 + 51”两个连调式，其中读 21 的字基本上都是古清平、清入和次浊入字（“娘娘”例外），读 22 的字基本上都是古浊平（也有少数清平字，听起来似 21）和全浊入字。由此可以推出，敦煌方言早期某个时间段是分阴阳平的。今天的这种平声不分阴阳的情况，可能是后来合并的结果。第二，上声做前字除平声做后字外，在其他几种两字调组合都有"51 + 21"的连调式。第三，去声做前字在所有两字调组合都有"35 + 21"的连调式。第四，两字组轻声变调整体上有一个特点，即：前字低调，后字轻声为高调；前字高调，后字轻声为低调。下面从三个单字调分别做前后字的角度再简单介绍一下变调情况。

1. 平声的变调

（1）平声做前字，有 21、13、35、22 四种连读调，其中 21 连读调的字基本上都是古清平、清入和次浊入字，22 连读调的字是古浊平（也有少数清平字）和全浊入字。35 应该是去声的一个连调，但在平声的连调里出现，一个跟单字的多声调读法有关，如"切"有去声的读法，所以"切刀"的"切"就与去声变调规律一致了；一个可能是受了普通话读法的影响，如"橘子"；再一个与某个字的早期读法有关，如"木梳"的"木"是个次浊入声字，在河西走廊的兰银官话里归去声，虽然单字今天读平声了，但在"木梳"这个词里还读去声，这也反映了方言接触影响的一个事实。13 连调的字，阴平和阳平的都有。

（2）平声做后字，有 213、13、44、21、51 五个连调，其中 213 是本调，属于不变调，且它们出现的环境，前字都是 5 度或 3 度，就是说比 213 起头的 2 度要高。13 只出现在平声字的后面。读 44 连调的字都是清入字，早期应该是读如去声，与"木"字的情形一样。读 21 连调的字，主要出现在上声和去声字后，平声里的主要出现在前字读 35 的连调后，也就是说，跟去声里的变调规律一致。读 51 连调的字，只出现在前字 22 连调的字后，而 22 连调的字是阳平字，这就跟"上声＋上声"两字组的前字变调为阳平的规律正好对上，因为 51 调也正是上声的本调。

2. 上声的变调

（1）上声做前字，有 51、53、55、22、35 五种连读调，其中 22 出现在"上声＋上声"两字组的连调里，属前字变调，且与平声里阳平类的字的变调一致，即符合前字变调为阳平的规律。53 的连调很多，应该是上声的一个普遍的变调。有 55 连调的两字组，后字都是 21 连调。

（2）上声做后字，有 13、51、21 三种连读调，51 是本调，属于不变调。13 连调只出现在前字是平声变来的 21 连调后。21 在平上去三个单字调后都能出现。

3. 去声的变调

（1）去声做前字，有 44、35 两种连读调，44 是本调，属于不变调；35 是一个变调，且后字一般是 21 调。

（2）去声做后字，有 13、51、21、44 四种连读调，其中 44 是本调，属于不变调。其他三种，51 只出现在 22 调后面，13 只出现在 21 调后面，21 出现在 44、35 后面。

肆　异读

一、新老异读

1. 新老声母异读

鹅老 ŋə^{213} ≠鹅新 ə^{213}　　硬老 ȵiŋ^{44} ≠硬新 iŋ^{44}

雨老 ʑy^{51} ≠雨新 zʮ^{51}　　余老 ʑy^{213} ≠余新 zʮ^{213}

中老 tʂʰuŋ^{213} ≠中新 tʂuŋ^{213}　　爱老 ŋɛ^{44} ≠爱新 ɛ^{44}

局老 tsɥ^{213} ≠局新 tɕy^{213}

溪老 sɿ^{213} ≠溪新 ɕi^{213}

义老 ẓi^{44} ≠义新 zɿ^{44}

艺老 ẓi^{44} ≠艺新 zɿ^{44}

橘老 tsɥ^{213} ≠橘新 tɕy^{213}

有的字老派两读,新派只有一种读法,如:

"步"老派 pʰu^{44}、pu^{44} 两读,新派只读 pu^{44}。

"所"老派 ṣuə^{51}、suə^{51} 两读,新派只读 suə^{51}。

"解~开"老派 kɛ^{51}、tɕiə^{51} 两读,新派只读 tɕiə^{51}。

"敲"老派 kʰɔ^{213}、tɕʰiɔ^{213} 两读,新派只读 tɕʰiɔ^{213}。

"赚"老派 tɕiɛ̃^{44}、tṣuæ̃^{44} 两读,新派只读 tṣuæn^{44}。

"瞎"老派 xa^{213}、ɕia^{213} 两读,新派只读 xa^{213}。

"课"老派 kʰuɤ^{44}、kuɤ^{44} 两读,新派只读 kʰɤ^{44}。

2. 新老韵母异读

吕老 ly^{51} ≠吕新 lɥ^{51}

低老 ti^{213} ≠低新 tɿ^{213}

梯老 tʰi^{213} ≠梯新 tʰɿ^{213}

泥老 ṇi^{213} ≠泥新 ṇɿ^{213}

立老 li^{213} ≠立新 lɿ^{213}

犁老 li^{213} ≠犁新 lɿ^{213};

眉老 mi^{24} ≠眉新 mei^{24}

李老 li^{51} ≠李新 lɿ^{51}

类老 luei^{44} ≠类新 lei^{44}

集老 tɕi^{213} ≠集新 tsɿ^{213}

岸老 ŋæ̃^{44} ≠岸新 ŋæn^{44}

眼老 ṇiɛ̃^{51} ≠眼新 ṇiæn^{51}

断老 tuæ̃^{44} ≠断新 tuæn^{44}

拴老 ṣuæ̃^{44} ≠拴新 ṣuæn^{213}

砖老 tṣuæ̃^{213} ≠砖新 tṣuæn^{213}

弯老 væ̃^{213} ≠弯新 væn^{213}

墨老 mei^{213} ≠墨新 mə^{213}

有的字老派两读,新派只有一种读法,如:

"绿"老派 liɤu^{213}、ly^{213} 两读,新派只读 lɥ^{213}。

"择"老派 tsei^{213}、tsə^{213} 两读,新派只读 tsə^{213}。

"色"老派 sei^{213}、sə^{213} 两读,新派只读 sei^{213}。

"测"老派 tsʰei^{213}、tsʰə^{213} 两读,新派只读 tsʰə^{213}。

"痒"老派 ṇiɔ^{51}、iɑŋ^{51} 两读,新派只读 iɑŋ^{51}。

"入"老派 ẓʅ^{213}、ẓu^{213} 两读,新派只读 ẓu^{213}。

"渴"老派 kʰɑŋ^{44}、kʰə^{213} 两读,新派只读 kʰə^{51}。

3. 新老声调异读

拴老 ṣuæ̃^{44} ≠拴新 ṣuæn^{213}

二、文白异读

"黏"老派白读 ẓæn^{213},文读 ṇiæn^{213},新派白读 ẓæ̃^{213},文读 ṇiɛ̃^{213}。

"严"新老均白读 ṇiɛ̃^{213},文读 iɛ̃^{213}。

"血"新老均白读 ɕiə^{213},文读 ɕyə^{213}。

"雀"新老均白读 tɕʰiɔ^{51},文读 tɕʰyə^{213}。

伍 儿化和小称音

敦煌方言带“儿”的词语在1200词语调查表里不多，包括“木耳”一词。这些带“儿”的词语的读法，有些是“儿”前的音节与“儿”合为一个音节，有些是“儿”前的音节与“儿”分属两个音节，前者我们叫儿化，后者叫儿尾。儿化有直接卷舌和间接卷舌（即发生音变后卷舌），其中有的是融合型儿化，有的是拼合型儿化。儿尾里的“儿”受前字影响有变调，与两字组变调规律一致。

1. 儿化词

敦煌方言中的儿化分为直接卷舌和间接卷舌两种，我们就这些有限的语料将其儿化韵与本韵之间的对应关系及规律作一初步整理，具体见下表。值得注意的是，在敦煌方言中有些词语在听感上介于儿化和儿尾之间，但更倾向于儿化韵，故在这里我们将其归为儿化韵，如“梨儿”。

（1）直接卷舌

花儿 xuar^{213}　梅花儿 mei^{22}xuar^{51}　荷花儿 xə^{22}xuar^{51}
枣儿 tsɔr^{51}　豆腐脑儿 tɤu^{35}fu^{21}nɔr^{51}　副儿 fur^{44}
屎儿 tɕʰiɤur^{213}　新媳妇儿 ɕiŋ^{213}ɕi^{21}fur^{13}　媳妇儿 ɕi^{21}fur^{13}
唱歌儿 tʂʰɑŋ^{35}kər^{213}　些儿 ɕiər^{44}　洗澡儿 ɕi^{22}tsɔr^{51}
大伙儿 ta^{35}xuər^{51}　扎=儿 tsar^{51}　麻雀儿 ma^{22}tɕʰiɔr^{51}
喜鹊儿 ɕi^{53}tɕʰyər^{21}　哪儿 nar^{51}

（2）间接卷舌

今儿个 tɕiər^{213}kə^{21}　明儿个 miər^{213}kə^{21}　三十儿晚上 sæ̃^{21}ʂər^{35}væ̃^{21}ʂɑŋ^{21}
梨儿 liər^{213}　杏儿 xə̃r^{44}　鱼儿 ʐyər^{213}
兔儿 tʰuər^{44}　鸡儿 tɕiər^{213}　被儿 piər^{44}
馅儿 ɕyər^{44}　冰棍儿 piŋ^{22}kuə̃r^{51}　面儿 miər^{44}
块儿 kʰuər^{51}　点点儿 tiɛ̃^{53}tiər^{21}　会儿 xuər^{44}

敦煌方言儿化规律表

儿化韵	基本韵母	儿化方式	儿化规律	儿化词
ar	a	直接儿化	前字韵母后加卷舌	扎=儿、哪儿
uar	ua	直接儿化		花儿、梅花儿、荷花儿
ɔr	ɔ	直接儿化		枣儿、豆腐脑儿、洗澡儿
iɔr	iɔ	直接儿化		麻雀儿
ur	u	直接儿化		副儿、新媳妇儿、媳妇儿
iɤur	iɤu	直接儿化		屎儿
ər	ə	直接儿化	前字韵母后加卷舌	唱歌儿
	ʅ	间接儿化	韵母变 ə 再卷舌	三十儿晚上

续表

儿化韵	基本韵母	儿化方式	儿化规律	儿化词
iər	i	间接儿化	韵母后加 ə 再卷舌	梨儿、鸡儿、被儿
	iə	直接儿化	前字韵母后加卷舌	些儿
	iɛ̃	间接儿化	韵腹丢掉鼻化音变 ə 再卷舌	面儿、点点儿
	iŋ	间接儿化	丢掉鼻尾,韵腹变 ə 再卷舌	今儿个、明儿个
uər	u	间接儿化	韵母后加 ə 再卷舌	兔儿
	uə	直接儿化	韵母后加卷舌	大伙儿
	uɛ	间接儿化	韵腹变 ə 再卷舌	块儿
	uei	间接儿化	丢掉元音韵尾,韵腹变 ə 再卷舌	会儿
yər	y	间接儿化	韵母后加 ə 再卷舌	鱼儿
	yə	直接儿化	韵母后加卷舌	喜鹊儿
	yɛ̃	间接儿化	韵腹丢掉鼻化音变 ə 再卷舌	馅儿
ə̃r	ɤŋ	间接儿化	丢掉鼻尾,韵腹变鼻化的 ə 再卷舌	杏儿
uə̃r	uŋ	间接儿化	丢掉鼻尾,韵腹变鼻化的 ə 再卷舌	冰棍儿

2. 儿尾词

后儿个 xɤu^{35}ər^{21}kə^{21}　昨儿个 tsuə^{213}ər^{53}kə^{21}　前儿个 tɕʰiɛ̃^{213}ər^{53}kə^{21}

桃儿 tʰɔ^{22}ər^{51}　木耳 mu^{21}ər^{13}　味儿 vei^{35}ər^{21}

根儿 kɤŋ^{21}ər^{13}　猴儿 xɤu^{13}ər^{21}　猫儿 mɔ^{22}ər^{51}

公猫儿 kuŋ^{21}mɔ^{13}ər^{21}　米⁼猫儿 mi^{35}mɔ^{22}ər^{51}

3. 表示小称的方式

敦煌方言里小称的表示,多为词汇手段,即在名词前加“尕”或“小”字,也有用重叠和加子尾及儿尾的方式,它们的变调情况基本与两字组变调一致。

第二十五节 临夏市方言

壹 概况

一、调查点:临夏回族自治州临夏市

临夏市,位于甘肃省西南部,属于临夏回族自治州管辖。介于东经 102° 23′—103° 51′,

北纬 35° 25′—35° 28′之间。截至 2020 年,总人口 41 万人,其中回、东乡、保安、萨拉等少数民族人口占全市总人口的 52.9%。市区内无少数民族语言。临夏方言属中原官话河州片。该方言分老城区汉族口音(临夏话)和八坊回族口音(八坊话)两种。临夏话分布在临夏市各乡镇,使用人口 35 万多,为本地普遍通用的方言。近年来变化较快,正在向普通话靠拢。八坊话分布在临夏市西南部八坊街道办事处,使用人口 2 万多。近年来变化较快,正在向强势方言临夏话靠拢。

方言曲艺和地方戏种:本地用方言演唱的是河州花儿。河州花儿分南乡派(包括今和政、康乐、广河、临洮)、东乡派(今东乡族自治县)、北乡派(今永靖、民和)、西乡派(临夏、积石山,俗称小西乡;循化、化隆、同仁、贵德、大通等,俗称大西乡)。中华人民共和国成立后,又出现了回族“花儿”、汉族“花儿”、撒拉族“花儿”、保安族“花儿”、东乡族“花儿”、土族“花儿”、裕固族“花儿”、藏族“花儿”的提法。

二、发音合作人

方言老男:许成科,汉族,1959 年 4 月 14 日出生于临夏县北塬乡前石村。1978—1992 年在河南、西藏、青海、临夏等地当兵。1992 年转业至临夏市环保局工作至今。高中文化,司机。本人一直说临夏话和地方普通话,现在主要说临夏话。父母亲、妻子都是临夏市人,平常都说临夏话。

方言青男:陈开明,汉族,1985 年 11 月出生于临夏市忠诚路 59 号。1992—1998 年在临夏市新华小学就读。1998—2001 年在临夏市第一中学就读。2005—2007 年入伍参军。2009 年在临夏市城管局工作至今。本人一直说临夏话和地方普通话,现在主要说临夏话。父母亲、妻子都是临夏市人,平常都说临夏话。

贰　声韵调

一、声母

声母 26 个,包括零声母在内:

p 八兵	p^h 派片爬	m 麦明	f 飞风副蜂肥饭	v 味问温王
t 多东毒	t^h 讨天甜	n 脑南安		l 老蓝连路
ts 资早租字贼坐	ts^h 刺草寸祠		s 丝三酸	
tʂ 张竹柱争装纸主	$tʂ^h$ 抽抄初茶车春船城		ʂ 事山双顺守书十	ʐ 热软
tɕ 酒九	$tɕ^h$ 清全轻权	ȵ 年泥	ɕ 想谢响县	ʑ 雨一
k 高共	k^h 开	ŋ 鹅饿	x 好灰活	
∅ 熬月云用药				

说明:

1. 唇音与单元音韵母 u 相拼时,双唇轻微颤动,有齿唇化色彩。

2. v 声母在 u 韵母前摩擦较强,在其他韵母前摩擦较弱,实际音值为 ʋ。

3. k、k^h、x 拼 ɤ 韵母时,有明显的摩擦音色彩,其音值介于舌根与小舌之间。

4. ʑ 声母是韵母 i 和 y 摩擦而产生的。
5. 疑母部分零声母开口呼字读 ŋ 声母。
6. x 发音时喉部有明显的摩擦。

二、韵母

韵母 32 个：

ɿ 丝	i 米戏急七一锡	u 苦五猪骨出谷绿白	y 雨橘局
ʅ 师试十直尺			
ɯ 二			
ɑ 茶瓦塔法辣八	iɑ 牙鸭	uɑ 刮	
ɛ 开排鞋北色白	iɛ 写接贴节	uɛ 快	yɛ 靴月药学
ɔ 宝饱	iɔ 笑桥		
ɤ 歌盒热壳		uɤ 坐过活托郭国	
ei 赔飞		uei 对鬼	
ɤu 豆走	iɤu 油六绿白		
ã 南山半	iɛ̃ 盐年	uã 短官	yɛ̃ 权
ɑŋ 糖王	iɑŋ 讲响	uɑŋ 床双	
əŋ 深根灯升争横	iŋ 心新硬病星	uŋ 寸滚春东	yŋ 云兄用

说明：

1. i、u、y 作单元音韵母带摩擦。在 m、n、l 三个声母后面摩擦非常小；在 p、p^h、t、t^h 四个声母后面有摩擦；在 tɕ、$tɕ^h$、ɕ 三个声母后面摩擦明显。
2. ʅ 发音时舌尖前伸，开口度逐渐增大，收音时接近 ə，实际读音为 ʅə。
3. ɯ 较松，有动程。
4. ei 动程较窄，uei 相应动程也窄。其中“儿、耳”的实际音值为 ɯ。

三、声调

单字调 3 个：

平声	13	东该通开门龙铜皮谷哭六麦毒白盒罚
上声	42	懂古鬼九统苦讨草买老五有
去声	53	动罪近后冻怪痛快卖路硬乱洞地饭树

说明：

1. 上声有时读 44、42，现统一记为 42。

叁　连读变调

临夏方言有三个单字调，平声、上声、去声，平声不分阴阳，入声派入平声；古清上、次浊上归上声；去声、古全浊上归去声。有八种连调组合方式。具体变调情况如下表：

临夏方言两字组连读变调例词表

前字＼后字	平声 13	上声 42	去声 53
平声 13	13 + 24 吃药、煤油、毛笔 44 + 21 苞谷 44 + 24 花生 13 + 42 台风 21 + 53 今年、腊月、棉花	44 + 21 开水 13 + 42 黄酒、入殓 21 + 53 木耳、麦子	44 + 21 夜鹊 13 + 42 干菜 21 + 53 菠菜、冰蛋、黄豆 22 + 53 白豆 21 + 44 便宜、划算、难受 44 + 42 输液
上声 42	44 + 24 养猪、牡丹、鲤鱼、打针、老实 21 + 53 指甲	13 + 42 老虎	44 + 42 韭菜、笋菜、板凳、炒菜 44 + 21 眼泪
去声 53	44 + 21 兔娃、豆浆、嫁妆、二十 44 + 24 号脉、酱油、大河	44 + 21 下水 44 + 24 外奶 44 + 42 中暑	44 + 21 做饭、旱地 44 + 42 看病、打算

说明：

1. 平声作前字，除保持本调外，有 44、21 两个共同变体，此外，还有变为 22 的（去声前）；平声后字有 24、21、42、53 四个变体，上声后字有 21、53 两个变体，去声后字有 21、42、44 三个变体。

2. 上声作前字，有 44、21、13 三个变体；平声后字有 24、53 两个变体，去声后字有 42、21 两个变体。

3. 去声作前字时都变为 44；平声后字和上声后字都有 21、24 两个变体，去声后字有 21、42 两个变体。

4. 句法结构制约声调系统，动宾关系两字组几乎是强制性地读同单字调，尤其是后字。

肆　异读

一、新老异读

中古遇合三鱼韵去声溪母字“去”：$\text{tɕ}^{h}\text{i}^{53}$ 老；$\text{tɕ}^{h}\text{u}^{53}$ 新。

中古止合三微韵上声微母字“尾”：ʑi^{42} 老；vei^{42} 新。

中古宕开三药韵入声精母字“雀”：$\text{tɕ}^{h}\text{iɔ}^{53}$ 老；$\text{tɕ}^{h}\text{yɛ}^{13}$ 新。

二、文白异读

1. 声母异读

中古臻合三谆韵平声船母字“唇”：ʂuəŋ^{13} 白；$\text{tʂ}^{h}\text{uəŋ}^{13}$ 文。

2. 韵母异读

中古遇合三鱼韵去声溪母字“去”：$\text{tɕ}^{h}\text{i}^{53}$ 白；$\text{tɕ}^{h}\text{u}^{53}$ 文。

3. 声韵母异读

中古江开二讲韵上声匣母字“项”：xɑŋ^{53} 白；ɕiɑŋ^{53} 文。

中古蟹开二皆韵去声见母字“戒”：kɛ^{53} 白；tɕiɛ^{53} 文。

中古止合三微韵上声微母字“尾”：ʑi^{42} 白；vei^{42} 文。

中古江开二觉韵入声见母字“角”：kɤ^{13} 白；tɕiɔ^{13} 文。

4. 韵母声调异读

中古宕开三药韵入声精母字“雀”：tɕ^{h}iɔ^{53} 白；tɕ^{h}yɛ^{13} 文。

伍　儿化和小称音

临夏方言只有儿化，没有儿尾。儿化同小称音变。

小称音变规律：在 əŋ 组后变为 ei。例如“杏 xei^{53}、虫儿 tʂ^{h}uei^{13}、蜜蜂儿 mi^{21}fei^{53}、沟子门儿肛门 kɤu^{21}tsɿ^{42}mei^{24}、绳绳绳儿 ʂəŋ^{13}ʂei^{21}”。

陆　其他主要音变规律

个别现象，不成系统。例如“和尚 xu^{21}ʂaŋ^{53}、先后妯娌 ɕiaŋ^{21}xɤu^{53}”。

第二十六节　合作市方言

壹　概况

一、调查点：甘南藏族自治州合作市

合作市，位于甘肃省西南部，属于甘南藏族自治州管辖。介于东经 100° 44′—103° 52′，北纬 33° 06′—35° 32′之间。截至 2017 年，总人口 9.50 万人，全市有藏、回、汉等 18 个民族，其中藏族 4.97 万人。藏语安多方言，分布在佐盖多玛、佐盖曼玛、卡加道、卡加曼、勒秀、那吾等乡镇。本市汉语方言分为三种：第一，回民汉语方言，分布在市区盘旋路、江卡拉村一带；第二，汉民话（带有临夏腔），分布在合作市坚木克尔街道（以前叫旧街）一带；第三，汉藏杂居区汉民话（带有藏腔），分布在加拉村一带。

方言曲艺和地方戏种有临夏花儿，秧歌曲。分布在合作市坚木克尔街道一带，由当地汉民传唱。

二、发音合作人

方言老男：郭正强，汉族，1958 年 2 月 28 日出生于合作。1967—1973 年在合作镇东方红小学（现为合作市第二小学）就读。1973—1978 年在合作第二中学就读。1978—1980 年在合作大队担任会计。1981—1982 年在夏河县唐尕昂乡山卡林小学任民办教师。1982 年至今打工。本人一直说合作话和简单的地方普通话，现在主要说合作话。父母亲、妻子都是合作市人，平常都说合作话。

方言青男：郭俊军，汉族，1985 年 2 月出生于合作市。1993—1997 年在合作市东方红小学就读。1999 年起在合作市第三中学就读，半年后因病辍学在家。2002—2007 年在合作市打工。2007—2014 年给单位开车。2014 年至今带团导游。本人一直说合作话和地方普通话。父母亲都是合作市人，平常都说合作话。本人未婚。

贰　声韵调

一、声母

声母 26 个，包括零声母在内：

p 八兵病	p^h 派片爬	m 麦明	f 飞风副蜂肥饭双顺书	v 味问温王软
t 多东毒	t^h 讨天甜	n 脑南		l 老蓝连路
ts 资早租字贼坐	ts^h 刺草寸祠		s 丝三酸	
tʂ 张竹柱争装纸主	tʂ^h 抽拆茶抄初床车春船城		ʂ 事山手十	ʐ 热
tɕ 酒九	tɕ^h 清全轻权	ȵ 年泥	ɕ 想谢响县	ʑ 雨一
k 高共	k^h 开	ŋ 熬安	x 好灰活	
ø 月云用药				

说明：

1. 唇音与单韵母 u 相拼时，双唇有轻微颤动。
2. ʂ 和今合口呼相拼时，一部分字读 f。
3. t、t^h、l 拼齐齿呼时，音值近似于 ȶ、ȶ^h、ȴ。
4. tɕ 在 i 和 y 韵母前偏前偏紧，其发音部位介于 tɕ 和 ts 之间。
5. tʂ、tʂ^h 与合口呼相拼时，带有唇齿色彩。
6. ʑ 声母是韵母 i 和 y 摩擦而产生的。
7. x 发音时喉部有明显的摩擦。

二、韵母

韵母 32 个：

ɿ 丝	i 米戏急七锡	u 苦五猪骨出谷绿文	y 雨橘局
ʅ 师试十直尺			
ɚ 二新			
ᴀ 茶瓦塔法辣八	iᴀ 牙鸭	uᴀ 瓦刮	
ɛe 开排鞋北白		uɛe 快	
ɔ 宝饱	iɔ 笑桥		
ə 歌盒热壳色	yə 写接贴节	uə 坐过活托郭国	yə 靴月药学
ei 赔二老飞		uei 对鬼	
əɯ 豆走	iəɯ 油六绿白		
ã 南山半	iɛ̃ 盐年	uã 短官	yɛ̃ 权
ɑŋ 糖王双	iɑŋ 讲响	uɑŋ 床	
əŋ 深根灯升争	iŋ 心新云老硬病星	uŋ 寸滚春横东	yŋ 云新兄用

说明：

1. i、u、y 作单元音韵母带摩擦。在 m、n、l 三个声母后面摩擦非常小；在 p、p^h、t、t^h 四个声母后面有摩擦；在 tɕ、tɕ^h、ɕ 三个声母后面摩擦明显。

2. u 跟 ts、ts^h、s 相拼时，实际音值为 ɥ。

3. ʅ 发音时舌尖前伸，开口度逐渐增大，收音时接近 ə，实际读音为 ʅə。

4. ɔ、iɔ 有动程，实际音值为 ɔu、iɔu。

5. ei 实际音值接近 ɪ。
6. ɑŋ、iɑŋ、uɑŋ 鼻化非常弱，收音时鼻化几近消失。
7. əŋ 组韵母鼻韵尾靠前。

三、声调

单字调 3 个：

平声	13	东该通开门龙铜皮谷哭六麦毒白盒罚
上声	44	懂古鬼九统苦讨草买老五有
去声	53	动罪近后冻怪痛快卖路硬乱洞地饭树

说明：
1. 平声和上声有拖音现象。
2. 上声起头平，实际音值为 442。
3. 去声有 53 和 553 两个变体，相较看来，53 更为典型，故定为 53。
4. 声调不稳定，有窜调现象，上声和去声更加突出。

叁　连读变调

一、一般两字组连读规律

合作方言有三个单字调，平声、上声、去声，平声不分阴阳，入声派入平声；古清上、次浊上归上声；古去声、全浊上归去声。有 9 种连调组合方式。具体变调情况如下表：

合作方言两字组连读变调例词表

前字＼后字	平声 13	上声 44	去声 53
平声 13	13 + 13 扎针、煤油 13 + 21 农村、明年 44 + 21 生姜、吸铁 44 + 13 山沟、梳头 21 + 44 棉花、墨汁 21 + 53 公鸡、高粱	13 + 44 云彩、咂奶 13 + 53 明早、锣鼓 13 + 21 牙齿、洋火 21 + 44 城里、萝卜 44 + 21 苞谷、烧纸	13 + 21 螃蟹、蚊帐 21 + 53 天气、星宿 21 + 44 月亮、冰蛋
上声 44	44 + 13 水沟、挡牛放牛	13 + 21 晌午下午、老虎 21 + 53 死狗流氓、指甲	44 + 53 闪电、笋菜
去声 53	44 + 21 地方、背心 44 + 13 寿材、上学	44 + 21 大水、柿饼	44 + 21 旱地、故意 44 + 53 大坝、地动

说明：
1. 平声＋平声有四种情况：
（1）前后字都不变。
（2）前字不变，后字变。13 + 21，后字变 21。
（3）前字变，后字不变。44 + 13，前字变 44。
（4）前后字都变。有两种模式。第一种 44 + 21；第二种前字为 21，后字或变为 44，或变为 53。

2. 平声＋上声有四种情况：

（1）前后字都不变。

（2）前字不变，后字变。有两种模式。第一种后字变为 53；第二种后字变为 21。

（3）前字变，后字不变。前字变为 21。

（4）前后字都变。前字变 44，后字变 21。

3. 平声＋去声有两种情况：

（1）前字不变，后字变 21。

（2）前字变为 21，后字变为 44。

4. 上声＋平声前后字不变。

5. 上声＋上声前后字都变，有两种模式：第一种前字变 13，后字为 21；第二种前字变 21，后字为 53。

6. 上声＋去声前后字都不变。

7. 去声＋平声前后字都变，前字变 44，后字或变为 21，或变为 13。

8. 去声＋上声，前字变 44，后字变 21。

9. 去声＋去声。有两种情况：第一种，前字变 44，后字变 21；第二种，前字变 44，后字不变。

二、两字组叠音词连读规律

1. 平声重叠，21 ＋ 53。例如：珠珠、刀刀、包包、馍馍、盆盆、边边、角角、蛛蛛蜘蛛、馍馍、抽抽、渣渣。

2. 上声重叠，44 ＋ 44。例如：眼眼、本本、爪爪。

3. 去声重叠，44 ＋ 21。例如：盖盖、凳凳、妹妹。

三、"子、的、了"语法功能词的连读规律

见下表。

合作方言＋"子、的、了"连读规律表

方式 / 调类	＋子	＋的	＋了
平声 13	21 ＋ 53 刀子、辣子、胡子、桌子	21 ＋ 53 方的	21 ＋ 53 高了、黑了
上声 44	44 ＋ 13 李子、纽子、椅子、檩子 44 ＋ 53 笋子、果子、嗓子、腿子	21 ＋ 44 小的	21 ＋ 44 走了
去声 53	44 ＋ 21 盖子、肚子、裤子、柱子	44 ＋ 21 大的	44 ＋ 21 见了

肆　异读

一、新老异读

1. 中古遇合三鱼韵上声书母字"鼠"：fu^{44} 老；$ʂu^{44}$ 新。

2. 中古遇合三鱼韵去声溪母字"去"：$tɕ^hi^{53}$ 老；$tɕ^hy^{53}$ 新。

3. 中古止开三止韵去声日母字"二"：ei^{44} 老；$ɚ^{44}$ 新。

4. 中古止合三微韵上声微母字“尾”：ʑi^{44} 老；vei^{44} 新。
5. 中古宕开三药韵入声精母字“雀”：tɕʰiɔ^{53} 老；tɕʰyə^{53} 新。

二、文白异读

1. 中古遇合三鱼韵上声书母字“鼠”：fu^{44} 白；ʂu^{44} 文。
2. 中古蟹开二皆韵去声见母字“戒”：kɛe^{53} 白；tɕiə^{53} 文。
3. 中古止开三止韵去声日母字“二”：ei^{44} 白；ɚ^{44} 文。
4. 中古止合三微韵上声微母字“尾”：ʑi^{44} 白；vei^{44} 文。
5. 中古臻合三谆韵平声船母字“唇”：ʂuəŋ^{13} 白；tʂʰuəŋ^{13} 文。
6. 中古宕开三药韵入声精母字“雀”：tɕʰiɔ^{53} 白；tɕʰyə^{53} 文。
7. 中古江开二觉韵入声见母字“角”：kə^{13} 白；tɕyə^{13} 文。

三、其他异读

1. 中古遇合三鱼韵去声溪母字“去”：tɕʰi^{53}；tɕʰy^{53} 又音。
2. 中古止开三脂韵去声日母字“二”：ei^{53}；ɚ^{53} 又音。
3. 中古臻合三文韵平声云母字“云”：iŋ^{13}；yəŋ^{13} 又音。

伍　儿化和小称音

合作方言没有儿化。

其他零星的小称音变，没有规律可寻。例如“窟窿小的 kʰu^{13}lei^{53}、杏 xei^{53}、虫 tʂʰuei^{13}、鱼鳞 ʑi^{13}liŋ^{13}、过寿 kuə^{44}ʂei^{21}、磕膝盖 kʰɛe^{21}ɕiə^{44}kɛe^{53}、嘴唇 tsuei^{44}ʂuei^{13}、背锅 pei^{44}kə^{21}”。

第二十七节　临潭县方言

壹　概况

一、调查点：甘南藏族自治州临潭县

临潭县，位于甘肃省西南部，属于甘南藏族自治州管辖。介于东经 103° 10′—103° 52′，北纬 34° 30′—35° 05′之间。截至 2020 年，全县常住人口 12.7387 万人，除汉族外，有回族、藏族等 10 个少数民族，少数民族人口占总人口的 26%。县内无成区域性分布的少数民族语言。临潭方言属于北方方言区西北方言中原官话秦陇片，是甘肃洮泯方言中的一支。临潭最初的优势语言是羌、藏语，随着中原汉、回民的迁入，汉语成为优势语言。当地根据口音可分为新城和旧城两种口音。北路一带冶力关、羊沙方言主要受临夏、临洮方言的影响，陈旗、陇原、石门为主的东路则受渭源、岷县语言影响，西路以旧城为主，夹杂少量藏语成分和西域语言成分。

方言曲艺和地方戏种：临潭花儿又叫洮州花儿，以新城为中心，分为东西南北四派。东路花儿流行于陈旗、龙云、三岔、石门等地，代表性曲调有“两叶儿令、三闪令”等，南路花儿流行于新堡等地，以“折麻杆令”为代表，节拍较为自由。西路花儿流行于城关、古战等地，以单、双套“尕怜儿会”著称。曲令以微词为主，行腔中增加和变换调式色彩。北路花儿流行于羊沙、冶力关，调值高扬，粗犷响亮，代表曲令“莲花山令”。

二、发音合作人

方言老男：金玉泉，汉族，1960 年 12 月出生于临潭县城关镇。从出生至今一直生活在当地，小学就读于临潭县城关第四小学，初中、高中都就读于临潭县第二中学，高中毕业后从事小学教育工作，2006 年调至县志办工作至今。本人一直说临潭话和地方普通话，现在主要说临潭话。父母亲、妻子都是临潭县城关镇人，平常都说临潭话。

方言青男：李锦，汉族，1989 年 6 月出生于临潭县羊永镇。1998—2004 年就读于后池小学，2004—2010 年就读于临潭县第一中学，2010—2011 年就读于临洮县青霖中学，2011—2014 年就读于甘肃民族师范学院，2015 年至今在临潭县政协办公室工作。大学学历，公务员。本人一直说临潭话和地方普通话，现在主要说临潭话。父母亲都是临潭县人，平常都说临潭话。本人未婚。

贰　声韵调

一、声母

声母 26 个，包括零声母在内：

p 八兵病	p^h 派片爬	m 麦明	f 飞风副蜂肥饭	v 味问温王
t 多东毒	t^h 讨天甜	n 脑南		l 老蓝连路
ts 资早租字贼坐争装纸竹	ts^h 刺草寸祠拆茶抄初床		s 丝三酸事山双	z 扔
tʂ 张柱主	$tʂ^h$ 抽车春船城		ʂ 顺手书十	ʐ 热软
tɕ 酒九	$tɕ^h$ 清全轻权	ȵ 年泥	ɕ 想谢响县	
k 高共	k^h 开	ŋ 熬安	x 好灰活	
ø 月云用药				

说明：

1. 唇音与单韵母 u 相拼，唇齿化色彩明显，上齿轻咬下唇内沿，双唇有轻微颤动，如：布、普、木。

2. v 在与单元音韵母 u 相拼时，上唇与下齿触及不松开，实际音值为 ʋ。

3. tɕ、$tɕ^h$、ɕ 与 i、y 相拼有舌叶色彩。

4. x 的发音部位靠后，发音时有轻微阻碍，与韵母相拼时有小舌颤音 ʀ，如：河、活。

5. 零声母中“月云用药”声母的实际发音带有轻微浊擦音 j 色彩。

二、韵母

韵母 32 个：

ɿ 丝师试	i 米戏急七一锡	u 苦五猪骨谷绿白	y 雨橘局
ʅ 十直尺			
ɐr 二			
a 茶瓦塔法辣八	ia 牙鸭	ua 刮	
ɤ 歌盒热壳色		uɤ 坐过活托郭国	
	iɛ 写鞋接贴节		yɛ 靴月药学
ɛe 开排		uɛe 快	
ɔ 宝饱	iɔ 笑桥		

ɪi 赔飞北白　　uɪi 对鬼
əɯ 豆走　　iəɯ 油六绿白
æ̃南山半　　iæ̃盐年　　uæ̃短官　　yæ̃权
ɑŋ 糖王　　iɑŋ 讲响　　uɑŋ 床双
əŋ 深根灯升争横　　iŋ 心新硬病星　　uŋ 寸滚春东　　yŋ 云兄用

说明：

1. i 单独作韵母或与 tɕ、tɕʰ、ɕ 相拼，实际音值接近 j。
2. y 作单韵母或 y 作为介音时，实际音值接近 ɥ。
3. əɯ 发音时韵尾略圆，实际音值接近 əu。
4. ɛe 韵母与 k 组声母相拼，实际音值接近 ᴇe。如：盖、害。

三、声调

单字调 3 个：

平声　24　东该通开铜皮糖红百搭节急毒白盒罚
上声　51　懂古鬼九统苦讨草买老五有
去声　44　动罪近后冻怪卖路哭塔切六麦月

说明：

1. 清声母平声字与去声调值相同，但去声中有个别字的实际发音接近 55，不具区别特征。
2. 上声字实际调值接近 52。

叁　连读变调

临潭方言有三个单字调，即平声、上声、去声。古浊平、清入、全浊入归平声；古清上、次浊上归上声；古清平、全浊上、去声、次浊入归去声。有 9 种连调组合方式。具体变调情况如下表：

一、两字组连读变调

例词表如下：

临潭方言两字组连读变调例词表

前字＼后字	平声 24	上声 51	去声 44
平声 24	24 ＋ 21 羊毛、皮实 21 ＋ 44 绵羊、眉毛 24 ＋ 51 媒人、学术 21 ＋ 24 婆娘	21 ＋ 51 洋火、马桶 24 ＋ 21 食指、锣鼓 21 ＋ 44 茄子、鼻子	24 ＋ 21 棉花、黄瓜 24 ＋ 51 年糕、南瓜 21 ＋ 44 难过、宁愿
上声 51	51 ＋ 21 纸钱、女人	24 ＋ 21 母狗、小产 53 ＋ 24 椅子、腿子 51 ＋ 24 奶头、馆子 24 ＋ 51 洗澡	51 ＋ 21 柳树、米饭 53 ＋ 24 眼睛、手巾

续表

前字＼后字	平声 24	上声 51	去声 44
去声 44	24 + 51 日食 44 + 44 高粱 24 + 24 跳绳 44 + 21 二胡、后年	44 + 21 中指、筷子 44 + 44 梯子、钢笔	44 + 21 菜锅、大麦 21 + 44 绿豆、知道 44 + 51 木梳、割稻 44 + 24 教室

说明：

1. 平声＋平声有三种情况：

（1）前字不变，后字变。有两种模式：第一种 24 + 21，后字变 21；第二种 24 + 51，后字变成 51。

（2）前字变，后字不变，有一种模式：21 + 24，前字变 21。

（3）前后字都变。有一种模式：21 + 44，前字变 21，后字变 44。

2. 平声＋上声有三种情况：

（1）前字不变，后字变。有一种模式：24 + 21，后字变为 21。

（2）前字变，后字不变，有一种模式：21 + 51，前字变 21。

（3）前后字都变。有一种模式：21 + 44，前字变 21，后字变 44。

3. 平声＋去声有两种情况：

（1）前字不变，后字变，有两种模式：第一种 24 + 21，后字变 21；第二种 24 + 51，后字变 51。

（2）前字变，后字不变，有一种模式，21 + 44，前字变为 21。

4. 上声＋平声，前字不变，后字变，有一种模式：51 + 21，后字变 21。

5. 上声＋上声有三种情况：

（1）前字不变，后字变。有一种模式：51 + 24，后字变 24。

（2）前字变，后字不变，有一种模式：24 + 51，前字变 24。

（3）前后字都变。有两种模式：第一种 24 + 21，前字变 24，后字变 21；第二种 53 + 24，前字变 53，后字变 24。

6. 上声＋去声有两种情况：

（1）前字不变，后字变，有一种模式：51 + 21，后字变 21。

（2）前后字都变，有一种模式：53 + 24，前字变为 53，后字变为 24。

7. 去声＋平声有三种情况：

（1）前字不变，后字变，有两种模式：第一种 44 + 44，后字变 44；第二种 44 + 21，后字变 21。

（2）前字变，后字不变，有一种模式：24 + 24，前字变 24。

（3）前后字都变，有一种模式：24 + 51，前字变为 24，后字变为 51。

8. 去声＋上声，都是前字不变，后字变，有两种模式：第一种 44 + 21，后字变 21；第二种 44 + 44，后字变 44。

9. 去声＋去声有两种情况：

（1）前字不变，后字变，有三种模式：第一种 44 + 21，后字变 21；第二种 44 + 51，后字变 51；第三种 44 + 24，后字变 24。

（2）前字变，后字不变，有一种模式：21 + 44，前字变 21。

二、“的、了、子、头”语法功能词的连读变调

临潭方言里，语法功能词随前字而变，但不是轻而短，如子尾和头尾以及“的、了”的变调 21 调不读轻声，具体与前字组合读音如下（列举语法功能词与前字组合不同的用法，有的是不发生变调的情况）：

临潭方言＋“的、了、子、头”连读规律表

后字 / 前字	的	了	子	头
平声 24	21 + 51 毒的、白的 24 + 21 红的、蓝的	21 + 51 急了、熟了、来了 24 + 21 晴了、来了	21 + 44 儿子、房子 21 + 24 笼子 24 + 21 猴子	24 + 21 笼头 21 + 51 前头 21 + 44 石头、舌头 44 + 44 撅头
上声 51	51 + 21 好的、女的 24 + 21 尕的	51 + 21 好了、小了	53 + 24 椅子、腿子 51 + 24 眼子、锁子	51 + 24 斧头、枕头
去声 44	44 + 21/51 多的、绿的	44 + 21/51 多了、热了	44 + 51 鸭子、刷子 44 + 44 麦子、叶子 44 + 21 兔子、柱子 51 + 24 巷子、筛子	44 + 44 对头、木头 44 + 21 罐头、外头

“的、了”在平声、去声后受前字的影响都有读 21 和 51 两种情况，上声后只读 21；“子”本字是上声调，在平声、去声后受前字的影响都有读 44、21 和 24 三种情况（在去声后出现 44 + 51，“鸭子、刷子”不发生变调），“子”在上声字后只有 24 一个变调；“头”本字是平声调，只有在上声字后不发生变调，在与前字平声字组合时有 21、51、44 三个变调，在去声字后有 44 和 21 两个变调。

肆　异读

临潭方言只有新老异读，情况如下：

1. 新老声母异读

女老 mi^{51} ≠女新 ny^{51}

跪老 k^{h}uɪi^{44} ≠跪新 kueɪ^{44}

局老 tɕ^{h}y^{24} ≠局新 tɕy^{24}

鹅老 ŋɤ^{24} ≠鹅新 ɤ^{24}

饿老 ŋɤ^{44} ≠饿新 ɤ^{44}

恩老 ŋəŋ^{44} ≠恩新 əŋ^{44}

硬老 ȵin^{44} ≠硬新 ĩ^{44}

额老 ŋɤ^{24} ≠额新 ɤ^{24}

藕老 ŋəɯ^{51} ≠藕新 əɯ^{51}

瞎老 xa^{44} ≠瞎新 ɕia^{44}

恶老 ŋɤ^{44} ≠恶新 ɤ^{44}

2. 新老韵母异读

二老 ɐr^{44} ≠二新 ɚ^{44}

俊老 tɕyn^{51} ≠俊新 tɕioŋ^{51}

耳老 ɐr^{51} ≠耳新 ɚ^{51}
儿老 ɐr^{24} ≠儿新 ɚ^{24}
位老 vɪi^{44} ≠位新 veɪ^{44}
尾老 i^{51} ≠尾新 veɪ^{51}
林老 lin^{24} ≠林新 lĩ^{24}
寻老 ɕyn^{24} ≠寻新 ɕioŋ^{24}
金老 tɕin^{44} ≠金新 tɕĩ^{44}
吞老 tʰəŋ^{44} ≠吞新 tʰuəŋ^{44}
贫老 pʰin^{24} ≠贫新 pʰĩ^{24}
近老 tɕin^{44} ≠近新 tɕĩ^{44}
匀老 yn^{24} ≠匀新 ioŋ^{24}
云老 yn^{24} ≠云新 ioŋ^{24}
疮老 tsʰuɒ^{44} ≠疮新 tʂʰuɑ̃^{44}
勺老 ʂuɤ^{24} ≠勺新 ʂɔo^{24}
北老 pɪi^{44} ≠北新 peɪ^{44}
白老 pɪi^{24} ≠白新 peɪ^{24}
病老 pin^{44} ≠病新 pĩ^{44}
凶老 ɕyn^{24} ≠凶新 ɕioŋ^{44}
绿老 lu^{44} ≠绿新 ly^{44}
柜老 kuɪi^{44} ≠柜新 kueɪ^{44}

伍　儿化和小称音

一、儿化音变规律

临潭方言里有儿化韵，可以表小和喜爱的色彩。“儿”尾可影响其前韵母发生变化。根据词汇调查表里出现的儿化现象，我们把儿化韵归纳为 11 个，具体如下：

临潭方言儿化规律表

儿化韵母	本韵母	举例
ʅər	ʅ	侄儿娃 tʂʅər^{24}va^{21}
ar	a	疤疤儿 pa^{44}par^{44}
uar	ua	画画儿书 xua^{44}xuar^{51}ʂu^{44}
ər	u	列⁼蝙蝠儿 liɛ^{44}piæ̃^{44}fər^{21}
	ɪi	一辈辈儿 i^{21}pɪi^{44}pər^{21}
	ɔo	明早儿 məŋ^{24}tsər^{21}
	əɯ	手指头儿 ʂəɯ^{51}tsʅ^{21}tʰər^{51}
	æ̃	杆杆儿 kæ̃^{51}kər^{24}
	əŋ	蜜蜂儿 mi^{44}fər^{51}
iər	i	梨儿 liər^{24}
	iɛ	茶叶儿 tsʰa^{24}iər^{24}
	yɛ	麻雀儿 ma^{24}tɕʰiər^{21}
	iɔo	棉主腰儿 miæ̃^{44}tʂu^{51}iər^{24}
	iæ̃	麻眼儿 ma^{24}ȵiər^{44}
	in	手巾儿 ʂəɯ^{53}tɕiər^{24}
uər	u	尕路路儿 ka^{21}lu^{44}luər^{24}
	uɒ	双双儿 suɒ^{44}suər^{21}

续表

儿化韵母	本韵母	举例
uər	uɪi	奥会儿傢 ɔo^{44}xuər^{51}tɕia^{21}
	uəŋ	冰棍儿 pin^{21}kuər^{51}
yər	y	老女儿 lɔo^{24}ȵyər^{21}
	yɛ	角角儿钱 tɕyɛ^{44}tɕyər^{51}tɕʰiæ̃^{24}
ɤr	ɤ	大豆蛾儿 ta^{21}təɯ^{44}ŋɤr^{24}
	ɒ	炮仗儿 pʰɔo^{21}tʂɤr^{44}
	ɔo	母猫儿 mu^{51}mɤr^{24}
uɤr	uɤ	花骨朵儿 xua^{44}ku^{21}tuɤr^{51}
iɒr	iɒ	箱箱儿 ɕiɒ^{44}ɕiɒr^{51}
uɒr	uɒ	筐筐儿 kʰuɒ^{44}kuɒr^{51}

二、小称音变规律

临潭方言的小称表示细小、轻松或亲切喜爱的感情色彩，主要有两种形式：第一种是词汇范畴的构词，即在名词前加“尕”，在平声、上声、去声前发生变调，读 24，如“尕李、尕鸡、尕水沟”；第二种是名词重叠式加儿化表示，如“盘盘儿、盒盒儿、包包儿、棍棍儿”，“儿”与前韵母发生儿化，随重叠字韵母的变化有不同的变调：在平声后与前字儿化读 21，上声字后读 51 不发生变调，如“本本儿 pəŋ^{51}pər^{44}”，在去声后变调为 51 和 24，如“钉钉儿 tin^{44}tiər^{51}、棍棍儿 kuəŋ^{44}kuər^{24}”。

第二章　字音对照

说　明

1. 本章调查对象为《中国语言资源保护工程调查手册》“二　单字（方言老男）”的 1000 个单字音。

2. 各点语料以表格形式排列，体例基本仿照北大《汉语方言字汇》（1989）。其中每页横排 8 个字目，以《调查手册》“二　单字（方言老男）”为序排列；竖排 27 个调查点，以本书第一章“各地音系”各节先后为序排列。

3. 部分有必要释义或举例说明的字目后，以小字释义或距离。如“大~小”。

4. 字目下列出中古音韵地位，如“多”字下列“果开一平歌端”（“果开一”和“平歌端”分行）。

5. 所有方言语音的描写用国际音标，调类的标示使用数字标调法。有多种异读的可列出多种，其中较常用的字音排列在前。

	0001 多	0002 拖	0003 大~小	0004 锣	0005 左	0006 歌	0007 个	0008 可
	果开一 平歌端	果开一 平歌透	果开一 去歌定	果开一 平歌来	果开一 上歌精	果开一 平歌见	果开一 去歌见	果开一 上歌溪
兰州市	tuɤ^{55}	tʰuɤ^{55}	ta^{13}	luɤ^{53}	tsuɤ^{34}	kɤ^{55}	kɤ^{13}	kʰɤ^{34}
榆中县	tuə^{51}	tʰuə^{51}	ta^{213}	luə^{312}	tsuə^{44}	kə^{51}	kə^{213}	kʰə^{44}
永登县	tuə^{42}	tʰuə^{42}	ta^{13}	luə^{53}	tsuə^{354}	kə^{42}	kə^{13}	kʰə^{354}
红古区	tuə^{13}	tʰuə^{13}	ta^{13}	luə^{13}	tsuə^{53}	kə^{13}	kə^{13}	kʰə^{53}
凉州区	tuə^{35}	tʰuə^{35}	ta^{31}	luə^{35}	tsuə^{35}	kə^{35}	kə^{31}	kʰə^{35}
甘州区	tuə^{44}	tʰuə^{44}	ta^{31}	luə^{53}	tsuə^{53}	kə^{44}	kə^{31}	kʰə^{53}
肃州区	tuə^{44}	tʰuə^{44}	ta^{213}	luə^{51}	tsuə^{51}	kə^{44}	kə^{213}	kʰə^{51}
永昌县	tuə^{44}	tʰuə^{44}	ta^{53}	luə^{13}	tsuə^{13}	kə^{44}	kə^{53}	kʰə^{13}
崆峒区	tuo^{21}	tʰuo^{21}	ta^{44}	luo^{24}	tsuo^{53}	kɤ^{21}	kɤ^{44}	kʰuo^{53}
庆城县	tuə^{51}	tʰuə^{51}	ta^{244}	luə^{113}	tsuə^{44}	kə^{51}	kə^{244}	kʰə^{44}
宁县	tuə^{31}	tʰuə^{31}	ta^{44}	luə^{24}	tsuə^{44} tsuə^{52}	kə^{31}	kə^{44}	kʰə^{52} kʰuə^{52}
武都区	tuɤ^{31}	tʰuɤ^{31}	ta^{24}	luɤ^{13}	tsuɤ^{55}	kɤ^{31}	kɤ^{13}	kʰɤ^{55}
文县	tuə^{31}	tʰuə^{31}	ta^{24}	luə^{13}	tsuə^{55}	kɤ^{31}	kɤ^{24}	kʰɤ^{55}
康县	tuɤ^{53}	tʰuɤ^{53}	ta^{24}	luɤ^{211}	tsuɤ^{55}	kuɤ^{53}	kuɤ^{24}	kʰuɤ^{55}
礼县	tuɤ^{31}	tʰuɤ^{31}	ta^{44}	nuɤ^{13}	tʃuɤ^{52}	kɤ^{31}	kɤ^{44}	kʰɤ^{52}
靖远县	tuə^{41}	tʰuə^{41}	ta^{33}	luə^{24}	tsuə^{55}	kuə^{41}	kɤ^{33}	kʰɤ^{55}
陇西县	tuɤ^{21}	tʰuɤ^{21}	ta^{44}	luɤ^{13}	tsuɤ^{44} tsuɤ^{53}	kɤ^{21}	ke^{21} kɤ^{21}	kʰɤ^{53} kʰɤ^{21}
秦州区	tuə^{13}	tʰuə^{13}	ta^{44}	luə^{13}	tsuə^{44}	kuə^{13}	kuə^{44}	kʰuə^{53}
安定区	tə^{13}	tʰə^{13}	ta^{44}	lə^{13}	tsə^{53}	kə^{13}	kə^{44}	kʰə^{53}
会宁县	tə^{13}	tʰə^{13}	ta^{44}	lə^{13}	tsə^{44}	kə^{13}	kə^{44}	kʰə^{53}
临洮县	tuɤ^{13}	tʰuɤ^{13}	ta^{44}	luɤ^{13}	tsuɤ^{53}	kɤ^{13}	kɤ^{44}	kʰɤ^{53}
清水县	tuə^{13}	tʰuə^{13}	ta^{443}	luə^{13}	tsuə^{443}	kuə^{13}	kɛ^{52} kuə^{443}	kʰuə^{52}
永靖县	tuɤ^{213}	tʰuɤ^{213}	ta^{44}	luɤ^{213}	tsuɤ^{53}	kɤ^{213}	kɤ^{44}	kʰɤ^{53}
敦煌市	tuə^{213}	tʰuə^{213}	ta^{44}	luə^{213}	tsuə^{51}	kə^{213}	kə^{44}	kʰə^{51}
临夏市	tuɤ^{13}	tʰuɤ^{13}	tɑ^{42}	luɤ^{13}	tsuɤ^{42}	kɤ^{13}	kɤ^{53}	kʰɤ^{42}
合作市	tuə^{13}	tʰuə^{13}	tᴀ^{44}	luə^{13}	tsuə^{44}	kə^{44}	kə^{53}	kʰə^{13}
临潭县	tuɤ^{44}	tʰuɤ^{44}	ta^{44}	luɤ^{24}	tsuɤ^{51}	kɤ^{44}	kɤ^{44}	kʰɤ^{51}

	0009 鹅	0010 饿	0011 河	0012 茄	0013 破	0014 婆	0015 磨动	0016 磨名
	果开一平歌疑	果开一去歌疑	果开一平歌匣	果开三平戈群	果合一去戈滂	果合一平戈並	果合一平戈明	果合一去戈明
兰州市	ɤ^{53}	ɤ^{13}	xɤ^{53}	tɕʰiɛ^{53}	pʰɤ^{13}	pʰɤ^{53}	mɤ^{53}	mɤ^{13}
榆中县	ɣə^{312}	ɣə^{213}	xə^{312}	tɕʰiᴇ^{312}	pʰə^{213}	pʰə^{312}	mə^{312}	mə^{213}
永登县	ə^{53}	ə^{13}	xə^{53}	tɕʰiɛ^{53}	pʰə^{13}	pʰə^{53}	mə^{13}	mə^{13}
红古区	ə^{13}	və^{13}	xə^{13}	tɕʰiɛ^{13}	pʰə^{13}	pʰə^{13}	mə^{13}	mə^{13}
凉州区	ʀə^{35}	və^{31}	xə^{35}	tɕʰiə^{35}	pʰə^{31}	pʰə^{35}	mə^{35}	mə^{31}
甘州区	ə^{53}	və^{31}	xə^{53}	tɕʰiə^{53}	pʰuə^{31}	pʰuə^{53}	muə^{31}	muə^{31}
肃州区	ɣə^{51}	və^{213}	xə^{51}	tɕʰiɛ^{51}	pʰə^{213}	pʰə^{51}	mə^{51}	mə^{213}
永昌县	ə^{13}	ə^{53}	xə^{13}	tɕʰiə^{13}	pʰə^{53}	pʰə^{53}	mə^{13}	mə^{53}
崆峒区	uo^{24}	ŋɤ^{44}	xuo^{24}	tɕʰiɛ^{24}	pʰuo^{44}	pʰuo^{24}	muo^{24}	muo^{44}
庆城县	nuə^{113}	nuə^{244}	xuə^{113}	tɕʰiᴇ^{113}	pʰuə^{244}	pʰuə^{113}	muə^{113}	muə^{244}
宁县	ŋuə^{24}	ŋuə^{44}	xuə^{24}	tɕʰiɛ^{24}	pʰuə^{44}	pʰuə^{24}	muə^{24}	muə^{44}
武都区	ŋɤ^{13}	ŋɤ^{13}	xuɤ^{13}	tɕʰiᴇ^{13}	pʰuɤ^{13}	pʰuɤ^{13}	muɤ^{13}	muɤ^{13}
文县	ŋɤ^{13}	ŋɤ^{24}	xuə^{13}	tɕʰiɛ^{13}	pʰɤ^{24}	pʰɤ^{13}	mɤ^{24}	mɤ^{24}
康县	ŋuɤ^{211}	ŋuɤ^{24}	xuɤ^{211}	tɕʰiɛ^{211}	pʰuɤ^{24}	pʰuɤ^{211}	muɤ^{24}	muɤ^{24}
礼县	ŋɤ^{13}	ŋɤ^{44}	xɤ^{13}	tɕʰiɛ^{13}	pʰɤ^{44}	pʰɤ^{13}	mɤ^{44} mɤ^{13}	mɤ^{44}
靖远县	nuə^{24}	ɤ^{24}	xuə^{24}	tɕʰiɛ^{24}	pʰɤ^{33}	pʰɤ^{24}	mɤ^{33}	mɤ^{24}
陇西县	kɤ^{13}	kɤ^{44}	xɤ^{13}	tɕʰiɛ^{13}	pʰɤ^{44}	pʰɤ^{13}	mɤ^{13} mɤ^{44}	mɤ^{44}
秦州区	ŋuə^{13}	ŋuə^{44}	xuə^{13}	tɕʰiə^{13}	pʰɤ^{44}	pʰɤ^{13}	mɤ^{13}	mɤ^{44}
安定区	kə^{13}	ŋə^{44}	xə^{13}	tɕʰiə^{13}	pʰə^{44}	pʰə^{13}	mə^{13}	mə^{44}
会宁县	ŋə^{13}	ŋə^{44}	xə^{13}	tɕʰiə^{13}	pʰə^{44}	pʰə^{13}	mə^{44}	mə^{44}
临洮县	ŋɤ^{13}	ŋɤ^{44}	xɤ^{13}	tɕʰie^{13}	pʰɤ^{44}	pʰɤ^{13}	mɤ^{44} mɤ^{13}	mɤ^{44}
清水县	ŋuə^{13}	ŋuə^{443}	xuə^{13}	tɕʰiɛ^{13}	pʰə^{443}	pʰə^{13}	mə^{13} mə^{443}	mə^{443}
永靖县	ɯ^{213}	ɯ^{44}	xuɤ^{213}	tɕʰiɛ^{213}	pʰɤ^{44}	pʰɤ^{213}	mɤ^{213}	mɤ^{44}
敦煌市	ŋə^{213}	ŋə^{44}	xə^{213}	tɕʰiə^{213}	pʰə^{44}	pʰə^{213}	mə^{44}	mə^{44}
临夏市	ŋɤ^{13}	ŋɤ^{53}	xɤ^{13}	tɕʰiɛ^{13}	pʰɤ^{53}	pʰɤ^{13}	mɤ^{53}	mɤ^{13}
合作市	ŋə^{13}	ŋə^{44}	xə^{13}	tɕʰiə^{13}	pʰə^{53}	pʰə^{13}	mə^{13}	mə^{44}
临潭县	ŋɤ^{24}	ŋɤ^{44}	xɤ^{24}	tɕʰiɛ^{24}	pʰɤ^{44}	pʰɤ^{24}	mɤ^{44}	mɤ^{44}

	0017 躲	0018 螺	0019 坐	0020 锁	0021 果	0022 过~来	0023 课	0024 火
	果合一上戈端	果合一平戈来	果合一上戈从	果合一上戈心	果合一上戈见	果合一去戈见	果合一去戈溪	果合一上戈晓
兰州市	tuɤ^{34}	luɤ^{53}	tsuɤ^{13}	suɤ^{34}	kuɤ^{34}	kuɤ^{13}	kʰɤ^{13}	xuɤ^{34}
榆中县	tuə^{44}	luə^{312}	tsuə^{213}	suə^{44}	kuə^{44}	kuə^{213}	kʰuə^{213}	xuə^{44}
永登县	tuə^{354}	luə^{53}	tsuə^{13}	suə^{354}	kuə^{354}	kuə^{13}	kʰuə^{13}	xuə^{354}
红古区	tuə^{53}	luə^{13}	tsuə^{13}	suə^{53}	kuə^{53}	kuə^{13}	kʰə^{13}	xuə^{53}
凉州区	tuə^{35}	luə^{35}	tsuə^{31}	suə^{35}	kuə^{35}	kuə^{31}	kʰuə^{31}	xuə^{35}
甘州区	tuə^{53}	luə^{53}	tsuə^{31}	suə^{53}	kuə^{53}	kuə^{31}	kʰuə^{31}	xuə^{53}
肃州区	tuə^{51}	luə^{51}	tsuə^{213}	suə^{51}	kuə^{51}	kuə^{213}	kʰə^{213}	xuə^{51}
永昌县	tuə^{13}	luə^{13}	tsuə^{53}	suə^{13}	kuə^{13}	kuə^{53}	kʰə^{53}	xuə^{13}
崆峒区	tuo^{53}	luo^{24}	tsuo^{44}	suo^{53}	kuo^{53}	kuo^{44}	kʰuo^{44}	xuo^{53}
庆城县	tuə^{44}	luə^{113}	tsʰuə^{244}	suə^{44}	kuə^{44}	kuə^{244}	kʰuə^{244}	xuə^{44}
宁县	tuə^{52}	luə^{24}	tsʰuə^{44}	suə^{52}	kuə^{52}	kuə^{44}	kʰuə^{44}	xuə^{52}
武都区	tuɤ^{55}	luɤ^{13}	tsuɤ^{24}	suɤ^{55}	kuɤ^{55}	kuɤ^{24}	kʰuɤ^{24}	xuɤ^{55}
文县	tuə^{55}	luə^{13}	tsʰuə^{24}	suə^{55}	kuə^{55}	kuə^{24}	kʰuə^{24}	xuə^{55}
康县	tuɤ^{55}	luɤ^{211}	tsuɤ^{24}	suɤ^{55}	kuɤ^{55}	kuɤ^{24}	kʰuɤ^{24}	xuɤ^{55}
礼县	tuɤ^{52}	nuɤ^{13}	tʃʰuɤ^{44}	ʃuɤ^{52}	kuɤ^{52}	kuɤ^{44}	kʰɤ^{44}	xuɤ^{52}
靖远县	tuə^{55}	luə^{24}	tsuə^{33}	suə^{55}	kuə^{55}	kuə^{33}	kʰuə^{33}	xuə^{55}
陇西县	tuɤ^{53}	luɤ^{13}	tsʰuɤ^{44}	suɤ^{53}	kuɤ^{53}	kuɤ^{44}	kʰuɤ^{44}	xuɤ^{53}
秦州区	tuə^{53}	luə^{13}	tsʰuə^{44}	suə^{53}	kuə^{53}	kuə^{44}	kʰuə^{44}	xuə^{53}
安定区	tuə^{53}	lə^{13}	tsʰuə^{44}	suə^{53}	kuə^{53}	kuə^{44}	kʰə^{44}	xuə^{53}
会宁县	tuə^{53}	lə^{13}	tsʰuə^{44}	suə^{53}	kuə^{53}	kuə^{44}	kʰuə^{44}	xuə^{53}
临洮县	tuɤ^{53}	luɤ^{13}	tsuɤ^{44}	suɤ^{53}	kuɤ^{53}	kuɤ^{44}	kʰuɤ^{44}	xuɤ^{53}
清水县	tuə^{52}	luə^{13}	tsʰuə^{443}	suə^{52}	kuə^{52}	kuə^{443}	kʰuə^{443}	xuə^{52}
永靖县	tuɤ^{53}	luɤ^{213}	tsuɤ^{44}	suɤ^{53}	kuɤ^{53}	kuɤ^{44}	kʰuɤ^{44}	xuɤ^{53}
敦煌市	tuə^{51}	luə^{213}	tsuə^{44}	suə^{51}	kuə^{51}	kuə^{44}	kʰuə^{44} kʰə^{44}	xuə^{51}
临夏市	tuɤ^{42}	luɤ^{13}	tsuɤ^{53}	suɤ^{42}	kuɤ^{42}	kuɤ^{53}	kʰuɤ^{53}	xuɤ^{42}
合作市	tuə^{13}	luə^{13}	tsuə^{53}	suə^{44}	kuə^{44}	kuə^{44}	kʰuə^{53}	xuə^{44}
临潭县	tuɤ^{51}	luɤ^{24}	tsuɤ^{44}	suɤ^{51}	kuɤ^{51}	kuɤ^{44}	kʰuɤ^{44}	xuɤ^{51}

	0025 货	0026 祸	0027 靴	0028 把量	0029 爬	0030 马	0031 骂	0032 茶
	果合一去戈晓	果合一上戈匣	果合三平戈晓	假开二上麻帮	假开二平麻並	假开二上麻明	假开二去麻明	假开二平麻澄
兰州市	xuɤ^{13}	xuɤ^{13}	ɕyɛ^{55}	pa^{34}	p^{h}a^{53}	ma^{34}	ma^{13}	tʂa^{55}
榆中县	xuə^{213}	xuə^{213}	ɕyᴇ^{51}	pa^{44}	p^{h}a^{312}	ma^{44}	ma^{213}	tʂ^{h}a^{312}
永登县	xuə^{13}	xuə^{13}	ɕyə^{42}	pa^{13}	p^{h}a^{53}	ma^{354}	ma^{13}	tʂ^{h}a^{53}
红古区	xuə^{13}	xuə^{13}	ɕyɛ^{13}	pa^{13}	p^{h}a^{13}	ma^{53}	ma^{13}	tʂ^{h}a^{13}
凉州区	xuə^{31}	xuə^{31}	ɕyə^{35}	pa^{31}	p^{h}a^{35}	ma^{35}	ma^{31}	ts^{h}a^{35}
甘州区	xuə^{53}	xuə^{31}	suə^{44}	pa^{53}	p^{h}a^{53}	ma^{53}	ma^{31}	tʂ^{h}a^{53}
肃州区	xuə^{213}	xuə^{213}	ɕyə^{44}	pa^{51}	p^{h}a^{51}	ma^{51}	ma^{213}	ts^{h}a^{51}
永昌县	xuə^{53}	xuə^{53}	ɕyə^{44}	pa^{53}	p^{h}a^{13}	ma^{13}	ma^{53}	tʂ^{h}a^{13}
崆峒区	xuo^{44}	xuo^{44}	ɕyɤ^{21}	pa^{53}	p^{h}a^{24}	ma^{53}	ma^{44}	ts^{h}a^{24}
庆城县	xuə^{244}	xuə^{244}	ɕyᴇ^{51}	pa^{44}	p^{h}a^{113}	ma^{44}	ma^{244}	ts^{h}a^{113}
宁县	xuə^{44} xu^{31}	xuə^{44}	ɕyɛ^{31}	pa^{52}	p^{h}a^{24}	ma^{52}	ma^{44}	ts^{h}a^{24}
武都区	xuɤ^{24}	xuɤ^{24}	ɕyɤ^{31}	pa^{55}	p^{h}a^{13}	ma^{55}	ma^{13}	ts^{h}a^{13}
文县	xuə^{24}	xuə^{24}	ɕyɛ^{31}	pa^{55}	p^{h}a^{13}	ma^{55}	tɕ^{h}yɛ^{13}	ts^{h}a^{13}
康县	xuɤ^{24}	xuɤ^{24}	ɕyɛ^{53}	pa^{55}	p^{h}a^{211}	ma^{55}	ma^{24}	tʂ^{h}a^{211}
礼县	xuɤ^{44}	xuɤ^{44}	ɕyɤ^{31}	pa^{52}	p^{h}a^{13}	ma^{52}	ma^{44}	ts^{h}a^{13}
靖远县	xuə^{33}	xuə^{33}	ɕyə^{41}	pa^{41}	p^{h}a^{24}	ma^{55}	ma^{33}	ts^{h}a^{24}
陇西县	xuɤ^{44}	xuɤ^{44}	ɕyɤ^{21}	pa^{53}	p^{h}a^{13}	ma^{53}	ma^{44}	ts^{h}a^{13}
秦州区	xuə^{44}	xuə^{44}	ɕyə^{13}	pa^{53}	p^{h}a^{13}	ma^{53}	ma^{44}	ts^{h}a^{13}
安定区	xuə^{44}	xuə^{44}	ɕyə^{13}	pa^{53}	p^{h}a^{13}	ma^{53}	ma^{44}	ts^{h}a^{13}
会宁县	xuə^{44}	xuə^{44}	ɕyə^{13}	pa^{53}	p^{h}a^{13}	ma^{53}	ma^{44}	ts^{h}a^{13}
临洮县	xuɤ^{44}	xuɤ^{44}	ɕye^{13}	pa^{53}	p^{h}a^{13}	ma^{53}	ma^{44}	ts^{h}a^{13}
清水县	xuə^{443}	xuə^{443}	ɕyɛ^{13}	pa^{52}	p^{h}a^{13}	ma^{52}	ma^{443}	tʃ^{h}a^{13}
永靖县	xuɤ^{44}	xuɤ^{44}	xyɛ^{213}	pa^{53}	p^{h}a^{213}	ma^{53}	ma^{44}	tʂ^{h}a^{213}
敦煌市	xuə^{44}	xuə^{44}	ɕyə^{213}	pa^{51}	p^{h}a^{213}	ma^{51}	ma^{44}	ts^{h}a^{213}
临夏市	xuɤ^{53}	xuɤ^{53}	ɕyɛ^{13}	pɑ^{13}	p^{h}ɑ^{13}	mɑ^{42}	mɑ^{53}	tʂ^{h}ɑ^{13}
合作市	xuə^{53}	xuə^{53}	ɕyə^{13}	pᴀ^{13}	p^{h}ᴀ^{13}	mᴀ^{44}	mᴀ^{44}	tʂ^{h}ᴀ^{13}
临潭县	xuɤ^{44}	xuɤ^{44}	ɕyɛ^{44}	pa^{24}	p^{h}a^{24}	ma^{51}	ma^{44}	ts^{h}a^{24}

	0033 沙	0034 假 真～	0035 嫁	0036 牙	0037 虾	0038 下 方位	0039 夏 春～	0040 哑
	假开二 平麻生	假开二 上麻见	假开二 去麻见	假开二 平麻疑	假开二 平麻晓	假开二 上麻匣	假开二 去麻匣	假开二 上麻影
兰州市	ʂa^{55}	tɕia^{34}	tɕia^{13}	ia^{53}	ɕia^{55}	xa^{13}	ɕia^{13}	ia^{34}
榆中县	ʂa^{51}	tɕia^{44}	tɕia^{213}	ia^{312}	ɕia^{312}	xa^{213} ɕia^{213}	ɕia^{213}	ia^{44}
永登县	ʂa^{42}	tɕia^{354}	tɕia^{13}	ia^{53}	ɕia^{42}	xa^{13}	ɕia^{13}	ia^{354}
红古区	ʂa^{13}	tɕia^{53}	tɕia^{13}	ia^{13}	ɕia^{13}	xa^{13}	ɕia^{13}	ia^{53}
凉州区	sa^{35}	tɕia^{35}	tɕia^{31}	ia^{35}	ɕia^{35}	xa^{31} ɕia^{31}	ɕia^{31}	ia^{35}
甘州区	ʂa^{44}	tɕia^{53}	tɕia^{31}	ia^{53}	ɕia^{44}	xa^{31} ɕia^{31}	ɕia^{31}	ia^{53}
肃州区	sa^{44}	tɕia^{51}	tɕia^{213}	ʑia^{51}	ɕia^{44}	xa^{213} ɕia^{213}	ɕia^{213}	ʑia^{51}
永昌县	ʂa^{44}	tɕia^{13}	tɕia^{53}	ia^{13}	ɕia^{44}	xa^{53} ɕia^{53}	ɕia^{44}	ia^{13}
崆峒区	sa^{21}	tɕia^{53}	tɕia^{44}	ia^{24}	ɕia^{21}	xa^{44}	ɕia^{44}	ia^{53}
庆城县	sa^{51}	tɕia^{44}	tɕia^{244}	ia^{113}	ɕia^{51}	xa^{244} ɕia^{244}	ɕia^{244}	ia^{44}
宁县	sa^{31} sa^{44}	tɕia^{52}	tɕia^{44}	ȵia^{24} ia^{24}	ɕia^{31}	xa^{44}	ɕia^{44}	ȵia^{52} ia^{52}
武都区	sa^{31}	tɕia^{55}	tɕia^{13}	ȵia^{13} ia^{13}	ɕia^{31}	xa^{24} ɕia^{24}	ɕia^{24}	ia^{55}
文县	sa^{31}	tɕia^{55}	tɕia^{24}	ȵia^{13}	ɕia^{31}	xa^{24}	ɕia^{24}	ȵia^{55}
康县	ʂa^{53}	tɕia^{55}	tɕia^{24}	ia^{211}	ɕia^{53}	xa^{24}	ɕia^{24}	ia^{55}
礼县	sa^{31}	tɕia^{52}	tɕia^{44}	ȵia^{13}	ɕia^{31}	xa^{44}	ɕia^{44}	ȵia^{52}
靖远县	sa^{41}	tɕia^{55}	tɕia^{33}	ia^{24}	ɕia^{41}	xa^{33}	ɕia^{33}	ia^{55}
陇西县	sa^{21}	tɕia^{53}	tɕia^{44}	ia^{13}	ɕia^{21}	xa^{44}	ɕia^{44}	lia^{53} ia^{53}
秦州区	sa^{13}	tɕia^{53}	tɕia^{44}	ȵia^{13}	ɕia^{13}	xa^{44}	ɕia^{44}	ȵia^{53}
安定区	sa^{13}	tɕia^{53}	tɕia^{44}	ȵia^{13}	ɕia^{13}	xa^{44}	ɕia^{44}	ȵia^{53}
会宁县	sa^{13}	tɕia^{53}	tɕia^{44}	ȵia^{13}	ɕia^{13}	xa^{44}	ɕia^{44}	ȵia^{53}
临洮县	sa^{13}	tɕia^{53}	tɕia^{44}	ia^{13}	ɕia^{13}	xa^{44}	ɕia^{44}	ia^{53}
清水县	ʃa^{13}	tɕia^{52}	tɕia^{443}	ȵia^{13} ia^{13}	ɕia^{13}	xa^{443}	ɕia^{443}	ia^{52}
永靖县	ʂa^{213}	tɕia^{53}	tɕia^{44}	ia^{213}	ɕia^{213}	ɕia^{44}	ɕia^{44}	ia^{53}
敦煌市	sa^{213}	tɕia^{51}	tɕia^{44}	ia^{213}	ɕia^{213}	xa^{44} ɕia^{44}	ɕia^{44}	ia^{213}
临夏市	ʂɑ^{13}	tɕiɑ^{42}	tɕiɑ^{53}	iɑ^{13}	ɕiɑ^{13}	xɑ^{42}	ɕiɑ^{53}	iɑ^{42}
合作市	ʂᴀ^{13}	tɕiᴀ^{44}	tɕiᴀ^{53}	iᴀ^{13}	ɕiᴀ^{13}	xᴀ^{53}	ɕiᴀ^{53}	iᴀ^{44}
临潭县	sa^{44}	tɕia^{44}	tɕia^{44}	ia^{24}	ɕia^{24}	ɕia^{44}	ɕia^{44}	ia^{51}

	0041 姐	0042 借	0043 写	0044 斜	0045 谢	0046 车～辆	0047 蛇	0048 射
	假开三 上麻精	假开三 去麻精	假开三 上麻心	假开三 平麻邪	假开三 去麻邪	假开三 平麻昌	假开三 平麻船	假开三 去麻船
兰州市	tɕiɛ^{34}	tɕiɛ^{13}	ɕiɛ^{34}	ɕiɛ^{53}	ɕiɛ^{13}	tʂ^{h}ɤ^{55}	ʂɤ^{53}	ʂɤ^{13}
榆中县	tɕiᴇ^{44}	tɕiᴇ^{213}	ɕiᴇ^{44}	ɕiᴇ^{312}	ɕiᴇ^{213}	tʂ^{h}ə^{51}	ʂə^{312}	ʂə^{213}
永登县	tɕiɛ^{354}	tɕiɛ^{13}	ɕiɛ^{354}	ɕiɛ^{53}	ɕiɛ^{13}	tʂ^{h}ə^{42}	ʂə^{53}	ʂə^{13}
红古区	tɕiɛ^{53}	tɕiɛ^{13}	ɕiɛ^{53}	ɕiɛ^{13}	ɕiɛ^{13}	tʂ^{h}ə^{13}	ʂə^{13}	ʂə^{53}
凉州区	tɕiə^{35}	tɕiə^{31}	ɕiə^{35}	ɕiə^{35}	ɕiə^{31}	tʂ^{h}ə^{35}	ʂə^{35}	ʂə^{31}
甘州区	tɕiə^{53}	tɕiə^{31}	ɕiə^{53}	ɕiə^{53}	ɕiə^{31}	tʂ^{h}ə^{44}	ʂə^{53}	ʂə^{31}
肃州区	tɕiɛ^{213}	tɕiɛ^{213}	ɕiɛ^{51}	ɕiɛ^{51}	ɕiɛ^{213}	tʂ^{h}ə^{44}	ʂə^{51}	ʂə^{213}
永昌县	tɕiə^{13}	tɕiə^{53}	ɕiə^{13}	ɕiə^{13}	ɕiə^{53}	tʂ^{h}ə^{44}	ʂə^{13}	ʂə^{53}
崆峒区	tɕiɛ^{53}	tɕiɛ^{44}	ɕiɛ^{53}	ɕiɛ^{24}	ɕiɛ^{44}	tʂ^{h}ɤ^{21}	ʂɤ^{24}	ʂɤ^{44}
庆城县	tɕiᴇ^{44}	tɕiᴇ^{244}	ɕiᴇ^{44}	ɕiᴇ^{113}	ɕiᴇ^{244}	tʂ^{h}ɛ^{51}	ʂɛ^{113}	ʂɛ^{244}
宁县	tɕiɛ^{44} tɕiɛ^{52}	tɕiɛ^{44} tɕ^{h}iɛ^{44}	ɕiɛ^{52}	ɕiɛ^{24}	ɕiɛ^{44}	tʂ^{h}ə^{31}	ʂə^{24}	ʂə^{52}
武都区	tɕiᴇ^{55}	tɕiᴇ^{13}	ɕiᴇ^{55}	ɕiᴇ^{13}	ɕiᴇ^{24}	tʂ^{h}ɤ^{31}	ʂɤ^{13}	ʂɤ^{55}
文县	tɕiɛ^{55}	tɕiɛ^{24}	ɕiɛ^{55}	ɕiɛ^{13}	ɕiɛ^{24}	tɕ^{h}iɛ^{31}	ɕiɛ^{13}	ɕiɛ^{24}
康县	tsiɛ^{211}	tsiɛ^{24}	siɛ^{55}	siɛ^{211}	siɛ^{24}	tʂ^{h}ɤ^{53}	ʂɤ^{211}	ʂɤ^{55}
礼县	tɕiɛ^{31}	tɕiɛ^{44}	ɕiɛ^{52}	ɕiɛ^{13}	ɕiɛ^{44}	tʂ^{h}ɤ^{31}	ʂɤ^{13} tʂ^{h}æ̃^{44}	ʂɤ^{44}
靖远县	tɕiɛ^{41}	tɕiɛ^{33}	ɕiɛ^{55}	ɕiɛ^{24}	ɕiɛ^{33}	tʂ^{h}ɤ^{41}	ʂɤ^{24}	ʂɤ^{33}
陇西县	tɕiɛ^{53}	tɕiɛ^{44}	ɕiɛ^{53}	ɕiɛ^{13} ɕyɤ^{13}	ɕiɛ^{44}	tʂ^{h}ɤ^{21}	ʂɤ^{13}	ʂɤ^{44}
秦州区	tɕiə^{13}	tɕiə^{44}	ɕiə^{53}	ɕiə^{13}	ɕiə^{44}	tʂ^{h}ɤ^{13}	ʂɤ^{13}	ʂɤ^{44}
安定区	tɕiə^{53}	tɕiə^{44}	ɕiə^{53}	ɕiə^{13}	ɕiə^{44}	tʂ^{h}ə^{13}	ʂə^{13}	ʂə^{44}
会宁县	tɕiə^{13}	tɕiə^{44}	ɕiə^{53}	ɕiə^{13}	ɕiə^{44}	tʂ^{h}ə^{13}	ʂə^{13}	ʂə^{44}
临洮县	tɕiɛ^{53}	tɕiɛ^{44}	ɕiɛ^{53}	ɕiɛ^{13}	ɕiɛ^{44}	tʂ^{h}ɛ^{13}	ʂɛ^{13}	ʂɛ^{44}
清水县	tsiɛ^{13}	tsiɛ^{443}	siɛ^{52}	siɛ^{13}	siɛ^{443}	tʂ^{h}ə^{13}	ʂə^{13}	ʂə^{443}
永靖县	tɕiɛ^{53}	tɕiɛ^{44}	ɕiɛ^{53}	ɕiɛ^{213}	ɕiɛ^{44}	tʂ^{h}ɤ^{213}	ʂɤ^{213}	ʂɤ^{53}
敦煌市	tɕiə^{51}	tɕiə^{44}	ɕiə^{51}	ɕiə^{213}	ɕiə^{44}	tʂ^{h}ə^{213}	ʂə^{213}	ʂə^{44}
临夏市	tɕiɛ^{42}	tɕiɛ^{53}	ɕiɛ^{42}	ɕiɛ^{13}	ɕiɛ^{53}	tʂ^{h}ɤ^{13}	ʂɤ^{13}	ʂɤ^{53}
合作市	tɕiə^{44}	tɕiə^{53}	ɕiə^{44}	ɕiə^{13}	ɕiə^{44}	tʂ^{h}ə^{13}	ʂə^{13}	ʂə^{53}
临潭县	tɕiɛ^{51}	tɕiɛ^{44}	ɕiɛ^{51}	ɕiɛ^{24}	ɕiɛ^{44}	tʂ^{h}ɤ^{44}	ʂɤ^{24}	ʂɤ^{51}

	0049 爷	0050 野	0051 夜	0052 瓜	0053 瓦名	0054 花	0055 化	0056 华中～
	假开三平麻以	假开三上麻以	假开三去麻以	假合二平麻见	假合二上麻疑	假合二平麻晓	假合二去麻晓	假合二平麻匣
兰州市	iɛ^{53}	iɛ^{34}	iɛ^{13}	kua^{55}	va^{34}	xua^{55}	xua^{13}	xua^{53}
榆中县	iᴇ^{312}	iᴇ^{44}	iᴇ^{213}	kua^{51}	va^{44}	xua^{51}	xua^{213}	xua^{51}
永登县	iɛ^{53}	iɛ^{354}	iɛ^{13}	kua^{42}	va^{354}	xua^{42}	xua^{13}	xua^{42}
红古区	iɛ^{13}	iɛ^{13}	iɛ^{13}	kua^{13}	va^{53}	xua^{13}	xua^{13}	xua^{13}
凉州区	iə^{35}	iə^{35}	iə^{31}	kua^{35}	va^{35}	xua^{35}	xua^{31}	xua^{35}
甘州区	iə^{53}	iə^{53}	iə^{31}	kua^{44}	va^{53}	xua^{44}	xua^{31}	xua^{44}
肃州区	ʐ̩iɛ^{51}	ʐ̩iɛ^{51}	ʐ̩iɛ^{213}	kua^{44}	va^{51}	xua^{44}	xua^{213}	xua^{44}
永昌县	iə^{13}	iə^{13}	iə^{53}	kua^{44}	va^{44}	xua^{44}	xua^{53}	xua^{44}
崆峒区	iɛ^{24}	iɛ^{53}	iɛ^{44}	kua^{21}	ua^{53}	xua^{21}	xua^{44}	xua^{21}
庆城县	iᴇ^{113}	iᴇ^{44}	iᴇ^{244}	kua^{51}	va^{44}	xua^{51}	xua^{244}	xua^{51}
宁县	iɛ^{24}	iɛ^{52}	iɛ^{44}	kua^{31}	ua^{52}	xua^{31}	xua^{44}	xua^{31}
武都区	iᴇ^{13}	iᴇ^{55}	iᴇ^{13}	kua^{31}	va^{55}	xua^{31}	xua^{24}	xua^{31}
文县	iɛ^{13}	iɛ^{55}	iɛ^{24}	kua^{31}	ua^{55}	xua^{31}	xua^{24}	xua^{31}
康县	iɛ^{211}	iɛ^{55}	iɛ^{24}	kua^{53}	va^{55}	xua^{53}	xua^{24}	xua^{53}
礼县	iɛ^{13}	iɛ^{52}	iɛ^{44}	kua^{31}	va^{52}	xua^{31}	xua^{44}	xua^{31}
靖远县	iɛ^{24}	iɛ^{55}	iɛ^{33}	kua^{41}	va^{55}	xua^{41}	xua^{33}	xua^{41}
陇西县	iɛ^{13}	iɛ^{53}	iɛ^{44}	kua^{21}	va^{53}	xua^{21}	xua^{44}	xua^{21}
秦州区	iə^{13}	iə^{53}	iə^{44}	kua^{13}	va^{53}	xua^{13}	xua^{44}	xua^{13}
安定区	iə^{13}	iə^{53}	iə^{44}	kua^{13}	va^{53}	xua^{13}	xua^{44}	xua^{13}
会宁县	iə^{13}	iə^{53}	iə^{44}	kua^{13}	ua^{53}	xua^{13}	xua^{44}	xua^{13}
临洮县	ie^{13}	ie^{53}	ie^{44}	kua^{13}	va^{53}	xua^{13}	xua^{44}	xua^{13}
清水县	iɛ^{13}	iɛ^{52}	iɛ^{443}	kua^{13}	va^{52}	xua^{13}	xua^{443}	xua^{13}
永靖县	iɛ^{213}	iɛ^{53}	iɛ^{44}	kua^{213}	va^{53}	xua^{213}	xua^{44}	xua^{213}
敦煌市	iə^{213}	iə^{51}	iə^{44}	kua^{213}	va^{51}	xua^{213}	xua^{44}	xua^{51}
临夏市	iɛ^{13}	iɛ^{42}	iɛ^{53}	kuɑ^{13}	vɑ^{42}	xuɑ^{13}	xuɑ^{53}	xuɑ^{13}
合作市	iə^{13}	iə^{44}	iə^{53}	kuᴀ^{13}	vᴀ^{44}	xuᴀ^{44}	xuᴀ^{13}	xuᴀ^{13}
临潭县	iɛ^{24}	iɛ^{51}	iɛ^{44}	kua^{44}	va^{51}	xua^{44}	xua^{44}	xua^{44}

	0057谱家～	0058 布	0059 铺动	0060 簿	0061 步	0062 赌	0063 土	0064 图
	遇合一上模帮	遇合一去模帮	遇合一平模滂	遇合一上模並	遇合一去模並	遇合一上模端	遇合一上模透	遇合一平模定
兰州市	$p^{h}u^{34}$	pu^{13}	$p^{h}u^{55}$	pu^{13}	pu^{13}	tu^{34}	$t^{h}u^{34}$	$t^{h}u^{53}$
榆中县	$p^{h}u^{44}$	pu^{213}	$p^{h}u^{51}$	pu^{213}	pu^{213}	tu^{44}	$t^{h}u^{44}$	$t^{h}u^{312}$
永登县	$p^{h}u^{354}$	pu^{13}	$p^{h}u^{13}$	pu^{13}	pu^{13}	tu^{354}	$t^{h}u^{354}$	$t^{h}u^{53}$
红古区	$p^{h}u^{53}$	pu^{13}	$p^{h}u^{13}$	$pə^{13}$	pu^{13}	tu^{53}	$t^{h}u^{53}$	$t^{h}u^{13}$
凉州区	$p^{h}u^{35}$	pu^{31}	$p^{h}u^{35}$	pu^{31}	pu^{31}	tu^{35}	$t^{h}u^{35}$	$t^{h}u^{35}$
甘州区	$p^{h}u^{53}$	pu^{31}	$p^{h}u^{44}$	pu^{53}	pu^{31}	tu^{53}	$t^{h}u^{53}$	$t^{h}u^{53}$
肃州区	$p^{h}u^{51}$	pu^{213}	$p^{h}u^{44}$	pu^{213}	pu^{213}	tu^{51}	$t^{h}u^{51}$	$t^{h}u^{51}$
永昌县	$p^{h}u^{13}$	pu^{53}	$p^{h}u^{44}$	$pə^{13}$	pu^{53}	tu^{13}	$t^{h}u^{13}$	$t^{h}u^{13}$
崆峒区	$p^{h}u^{53}$	pu^{44}	$p^{h}u^{21}$	$p^{h}u^{44}$	$p^{h}u^{44}$	tu^{53}	$t^{h}u^{53}$	$t^{h}u^{24}$
庆城县	$p^{h}u^{44}$	pu^{244}	$p^{h}u^{51}$	$p^{h}u^{244}$	$p^{h}u^{244}$ pu^{244}	tu^{44}	$t^{h}u^{44}$	$t^{h}u^{113}$
宁县	$p^{h}u^{44}$	pu^{44}	$p^{h}u^{31}$	$p^{h}u^{44}$	$p^{h}u^{44}$	tu^{52}	$t^{h}u^{52}$	$t^{h}u^{24}$
武都区	$p^{h}u^{55}$	pu^{24}	$p^{h}u^{31}$	pu^{31}	$p^{h}u^{24}$	tu^{55}	$t^{h}u^{55}$	$t^{h}u^{13}$
文县	$p^{h}u^{55}$	pu^{24}	$p^{h}u^{24}$	$p^{h}u^{24}$	$p^{h}u^{24}$	tu^{55}	$t^{h}u^{55}$	$t^{h}u^{13}$
康县	$p^{h}u^{55}$	pu^{55}	$p^{h}u^{53}$	$puɤ^{211}$	$p^{h}u^{24}$	tu^{55}	$t^{h}u^{55}$	$t^{h}u^{211}$
礼县	$p^{h}u^{52}$	pu^{44}	$p^{h}u^{31}$	$p^{h}u^{52}$	$p^{h}u^{44}$	tu^{52}	$t^{h}u^{52}$	$t^{h}u^{13}$
靖远县	$p^{h}u^{55}$	pu^{33}	$p^{h}u^{41}$	$pɤ^{24}$	$p^{h}u^{33}$	tu^{55}	$t^{h}u^{55}$	$t^{h}u^{24}$
陇西县	$p^{h}u^{53}$	pu^{44}	$p^{h}u^{21}$	$p^{h}u^{44}$	$p^{h}u^{44}$	tu^{53}	$t^{h}u^{53}$	$t^{h}u^{13}$
秦州区	$p^{h}u^{53}$	pu^{44}	$p^{h}u^{13}$	$p^{h}u^{53}$	$p^{h}u^{44}$	tu^{53}	$t^{h}u^{53}$	$t^{h}u^{13}$
安定区	$p^{h}u^{53}$	pu^{44}	$p^{h}u^{44}$	$p^{h}u^{44}$	$p^{h}u^{44}$	tu^{53}	$t^{h}u^{53}$	$t^{h}u^{13}$
会宁县	$p^{h}u^{53}$	pu^{44}	$p^{h}u^{13}$	$p^{h}u^{44}$	$p^{h}u^{44}$	tu^{53}	$t^{h}u^{53}$	$t^{h}u^{13}$
临洮县	$p^{h}u^{53}$	pu^{44}	$p^{h}u^{13}$	$p^{h}u^{53}$	$p^{h}u^{44}$	tu^{53}	$t^{h}u^{53}$	$t^{h}u^{13}$
清水县	$p^{h}u^{443}$	pu^{443}	$p^{h}u^{13}$	$p^{h}u^{443}$	$p^{h}u^{443}$	tu^{52}	$t^{h}u^{52}$	$t^{h}u^{13}$
永靖县	$p^{h}u^{53}$	pu^{213}	$p^{h}u^{53}$	pu^{44}	pu^{44}	tu^{53}	$t^{h}u^{53}$	$t^{h}u^{213}$
敦煌市	$p^{h}u^{51}$	pu^{44}	$p^{h}u^{213}$	$p^{h}u^{51}$	$p^{h}u^{44}$ pu^{44}	tu^{51}	$t^{h}u^{51}$	$t^{h}u^{213}$
临夏市	$p^{h}u^{42}$	pu^{53}	$p^{h}u^{42}$	pu^{53}	pu^{53}	tu^{42}	$t^{h}u^{42}$	$t^{h}u^{13}$
合作市	$p^{h}u^{13}$	pu^{53}	$p^{h}u^{13}$	$pə^{13}$	pu^{53}	tu^{44}	$t^{h}u^{44}$	$t^{h}u^{13}$
临潭县	$p^{h}u^{51}$	pu^{44}	$p^{h}u^{51}$	$p^{h}u^{24}$	pu^{44}	tu^{51}	$t^{h}u^{51}$	$t^{h}u^{24}$

	0065 杜	0066 奴	0067 路	0068 租	0069 做	0070 错对～	0071 箍～桶	0072 古
	遇合一上模定	遇合一平模泥	遇合一去模来	遇合一平模精	遇合一去模精	遇合一去模清	遇合一平模见	遇合一上模见
兰州市	tu^{13}	nu^{53}	lu^{13}	tsu^{55}	tsu^{13}	ts^{h}uɤ^{13}	ku^{13}	ku^{34}
榆中县	tu^{213}	nu^{312}	lu^{213}	tsu^{51}	tsuə^{213}	ts^{h}uə^{213}	ku^{51}	ku^{44}
永登县	tu^{13}	nu^{53}	lu^{13}	tsu^{42}	tsu^{13}	ts^{h}uə^{13}	ku^{42}	ku^{354}
红古区	tu^{13}	nu^{13}	lu^{13}	tsɥ^{13}	tsuə^{13}	ts^{h}uə^{13}	ku^{13}	ku^{53}
凉州区	tu^{31}	nu^{35}	lu^{31}	tsu^{35}	tsu^{31} tsuə^{31}	ts^{h}uə^{31}	ku^{35}	ku^{35}
甘州区	tu^{31}	nɤu^{53}	lu^{31}	tsu^{44}	tsu^{31} tsuə^{31}	ts^{h}uə^{31}	ku^{44}	ku^{53}
肃州区	tu^{213}	nu^{51}	lu^{213}	tsu^{44}	tsu^{213}	ts^{h}uə^{213}	ku^{44}	ku^{51}
永昌县	tu^{53}	nu^{13}	lu^{53}	tsu^{44}	tsu^{53} tsuə^{53}	ts^{h}uə^{53}	ku^{44}	ku^{44}
崆峒区	tu^{44}	nəu^{24}	lu^{44}	tsu^{21}	tsu^{44}	ts^{h}uo^{44}	ku^{21}	ku^{53}
庆城县	tu^{244}	nɤu^{113}	lɤu^{244}	tsu^{51}	tsu^{244}	ts^{h}uə^{244} ts^{h}uə^{51}	ku^{51}	ku^{44}
宁县	t^{h}u^{44}	nou^{24}	lou^{44}	tsu^{31}	tsu^{44} tsuə^{31}	ts^{h}uə^{31}	ku^{31}	ku^{52}
武都区	tu^{24}	lu^{13}	lu^{24}	tsɥ^{31}	tsɥ^{24}	ts^{h}uɤ^{24}	ku^{31}	ku^{55}
文县	t^{h}u^{24}	lu^{13}	lu^{24}	tsu^{31}	tsu^{24}	ts^{h}u^{24}	k^{h}u^{31}	ku^{55}
康县	tu^{24}	lu^{211}	lu^{24}	tsu^{53}	tsu^{24}	ts^{h}uɤ^{24}	k^{h}u^{53}	ku^{55}
礼县	t^{h}u^{44}	nu^{13}	nu^{44}	tɕy^{31} tʃu^{31}	tʃu^{44} tʃuɤ^{31}	tʃ^{h}uɤ^{31}	ku^{31}	ku^{52}
靖远县	tu^{33}	nu^{24}	lu^{33}	tsɥ^{41}	tsɤu^{33}	ts^{h}uə^{33}	ku^{41}	ku^{55}
陇西县	t^{h}u^{44}	lu^{13}	lu^{44}	tsu^{53}	tsu^{44}	ts^{h}uɤ^{44}	ku^{21}	ku^{53}
秦州区	t^{h}u^{44}	lu^{13}	lu^{44}	tsɥ^{13}	tsɥ^{44}	ts^{h}uə^{44}	ku^{13}	ku^{53}
安定区	t^{h}u^{44} tu^{44}	lu^{13}	lu^{44}	ts^{h}u^{53}	tsu^{44}	ts^{h}ə^{44}	ku^{13}	ku^{13}
会宁县	t^{h}u^{44}	lu^{13}	lu^{44}	tsɥ^{13}	tsɥ^{44}	ts^{h}ə^{44}	ku^{13}	ku^{53}
临洮县	t^{h}u^{44}	nu^{13}	lu^{44}	tsu^{13}	tsu^{44}	ts^{h}uɤ^{44}	ku^{13}	ku^{53}
清水县	t^{h}u^{443}	lu^{13}	lu^{443}	tsu^{13}	tsu^{443}	ts^{h}uə^{13} ts^{h}uə^{443}	ku^{13}	ku^{52}
永靖县	tu^{44}	nu^{44}	lu^{44}	tsu^{213}	tsu^{44}	ts^{h}uɤ^{44}	ku^{213}	ku^{53}
敦煌市	tu^{44}	nu^{213}	lu^{44}	tsu^{213}	tsu^{44} tsuə^{213}	ts^{h}uə^{44}	ku^{213}	ku^{51}
临夏市	tu^{53}	nu^{13}	lu^{53}	tsu^{13}	tsu^{53}	ts^{h}uɤ^{53}	ku^{13}	ku^{42}
合作市	tu^{53}	nu^{13}	lu^{44}	tsu^{13}	tsuə^{13}	ts^{h}uə^{53}	ku^{13}	ku^{44}
临潭县	tu^{44}	nu^{24}	lu^{44}	tsu^{44}	tsuɤ^{24}	ts^{h}uɤ^{44}	ku^{44}	ku^{51}

	0073 苦	0074 裤	0075 吴	0076 五	0077 虎	0078 壶	0079 户	0080 乌
	遇合一上模溪	遇合一去模溪	遇合一平模疑	遇合一上模疑	遇合一上模晓	遇合一平模匣	遇合一上模匣	遇合一平模影
兰州市	k^hu^{34}	k^hu^{13}	vu^{53}	vu^{34}	xu^{34}	xu^{53}	xu^{13}	vu^{55}
榆中县	k^hu^{44}	k^hu^{213}	vu^{312}	vu^{44}	xu^{44}	xu^{312}	xu^{213}	vu^{51}
永登县	k^hu^{354}	k^hu^{13}	vu^{53}	vu^{354}	xu^{354}	xu^{53}	xu^{13}	vu^{42}
红古区	k^hu^{53}	k^hu^{13}	vu^{13}	vu^{53}	xu^{53}	xu^{13}	xu^{13}	vu^{13}
凉州区	k^hu^{35}	k^hu^{31}	vu^{35}	vu^{35}	xu^{35}	xu^{35}	xu^{31}	vu^{35}
甘州区	k^hu^{53}	k^hu^{31}	vu^{53}	vu^{53}	xu^{53}	xu^{53}	xu^{31}	vu^{44}
肃州区	k^hu^{51}	k^hu^{213}	vu^{51}	vu^{51}	xu^{51}	xu^{51}	xu^{213}	vu^{44}
永昌县	k^hu^{13}	k^hu^{53}	vu^{13}	vu^{13}	xu^{13}	xu^{13}	xu^{53}	vu^{44}
崆峒区	k^hu^{53}	k^hu^{44}	u^{24}	u^{53}	xu^{53}	xu^{24}	xu^{44}	u^{21}
庆城县	k^hu^{44}	k^hu^{244}	vu^{113}	vu^{44}	xu^{44}	xu^{113}	xu^{244}	vu^{51}
宁县	fu^{52} k^hu^{52}	fu^{44} k^hu^{44}	u^{24}	u^{52}	xu^{52}	xu^{24}	xu^{44}	u^{31}
武都区	k^hu^{55}	k^hu^{24}	v^{24}	v^{55}	xu^{55}	xu^{13}	xu^{24}	v^{31}
文县	k^hu^{55}	k^hu^{24}	vu^{13}	vu^{55}	$xuə^{55}$	$xuə^{13}$	$xuə^{24}$	vu^{31}
康县	k^hu^{55}	k^hu^{24}	vu^{211}	vu^{55}	xu^{55}	xu^{211}	xu^{24}	vu^{53}
礼县	k^hu^{52}	k^hu^{44}	vu^{13}	vu^{52}	xu^{52}	xu^{13}	xu^{44}	vu^{31}
靖远县	k^hu^{55}	k^hu^{33}	vu^{24}	vu^{33}	xu^{55}	xu^{24}	xu^{33}	vu^{41}
陇西县	k^hu^{53}	k^hu^{44}	vu^{13}	vu^{53}	xu^{53}	xu^{13}	xu^{44}	vu^{21}
秦州区	k^hu^{53}	k^hu^{44}	vu^{13}	vu^{53}	xu^{53}	xu^{13}	xu^{44}	vu^{13}
安定区	k^hu^{53}	k^hu^{44}	vu^{13}	vu^{53}	xu^{53}	xu^{13}	xu^{44}	vu^{13}
会宁县	k^hu^{53}	k^hu^{44}	u^{13}	u^{53}	xu^{53}	xu^{13}	xu^{44}	u^{13}
临洮县	k^hu^{53}	k^hu^{44}	vu^{13}	vu^{53}	xu^{53}	xu^{13}	xu^{44}	vu^{13}
清水县	p^hu^{52}	p^hu^{443}	vu^{13}	vu^{52}	xu^{52}	xu^{13}	xu^{443}	vu^{13}
永靖县	k^hu^{53}	k^hu^{44}	vu^{213}	vu^{53}	xu^{53}	xu^{213}	xu^{44}	vu^{213}
敦煌市	k^hu^{51}	k^hu^{44}	vu^{213}	vu^{51}	xu^{51}	xu^{213}	xu^{44}	vu^{213}
临夏市	k^hu^{42}	k^hu^{53}	vu^{13}	vu^{42}	xu^{42}	xu^{13}	xu^{53}	vu^{13}
合作市	k^hu^{44}	k^hu^{53}	vu^{13}	vu^{44}	xu^{44}	xu^{13}	xu^{53}	vu^{13}
临潭县	k^hu^{51}	k^hu^{44}	vu^{24}	vu^{51}	xu^{51}	xu^{24}	xu^{44}	vu^{44}

	0081 女	0082 吕	0083 徐	0084 猪	0085 除	0086 初	0087 锄	0088 所
	遇合三 上鱼泥	遇合三 上鱼来	遇合三 平鱼邪	遇合三 平鱼知	遇合三 平鱼澄	遇合三 平鱼初	遇合三 平鱼崇	遇合三 上鱼生
兰州市	ȵy^{34}	ly^{34}	ɕy^{53}	pfu^{55}	pfʰu^{53}	pfʰu^{55}	pfʰu^{53}	fɤ^{13}
榆中县	ȵy^{44}	ly^{44}	ɕy^{312}	tʂu^{51}	tʂʰu^{312}	tʂʰu^{51}	tʂʰu^{312}	ʂuə^{44}
永登县	ȵy^{53}	ly^{53}	ɕy^{53}	pfu^{42}	pfʰu^{53}	pfʰu^{42}	pfʰu^{53}	fə^{354}
红古区	mɿ^{53} mʮ^{55}	lʮ^{53}	sʮ^{53}	tʂu^{13}	tʂʰu^{13}	tʂʰu^{13}	tʂʰu^{13}	fə^{53}
凉州区	mi^{35}	ly^{35}	ɕy^{35}	tʂu^{35}	tʂʰu^{35}	tʂʰu^{35}	tʂʰu^{35}	ʂuə^{35}
甘州区	mi^{53}	ly^{53}	ɕy^{53}	pfu^{44}	pfʰu^{53}	pfʰu^{44}	pfʰu^{53}	fə^{53}
肃州区	mi^{51}	ly^{51}	ɕy^{51}	tʂu^{44}	tʂʰu^{51}	tʂʰu^{44}	tʂʰu^{51}	suə^{51}
永昌县	mi^{13}	ly^{13}	ɕy^{13}	tʂu^{44}	tʂʰu^{13}	tʂʰu^{44}	tʂʰu^{13}	ʂuə^{13}
崆峒区	ȵy^{53}	ly^{53}	ɕy^{24}	tʂu^{21}	tʂʰu^{24}	tʂʰu^{21}	tʂʰu^{24}	suo^{53}
庆城县	ȵy^{44}	ly^{44}	ɕy^{113}	tʂu^{51}	tʂʰu^{113}	tʂʰu^{51}	tʂʰu^{113}	ʂuə^{44}
宁县	ȵy^{52}	y^{52}	ɕy^{24}	tʃu^{31}	tʃʰu^{24}	tʃʰu^{31}	tʃʰu^{24}	ʃuə^{52}
武都区	mi^{55}	ly^{55}	ɕy^{13}	tʃu^{31}	tʃʰu^{13}	tʃʰu^{31}	tʃʰu^{13}	ʃuɤ^{55}
文县	ȵy^{55}	ȵy^{55}	ɕy^{13}	tsu^{31}	tsʰu^{13}	tsʰu^{31}	tsʰu^{13}	suə^{55}
康县	ȵy^{55}	ly^{55}	sy^{211}	pfu^{53}	pfʰu^{211}	pfʰu^{53}	pfʰu^{211}	suɤ^{55}
礼县	ȵy^{52}	ȵy^{52}	ɕy^{13}	tʃu^{31}	tʃʰu^{13}	tʃʰu^{31}	tʃʰu^{13}	ʃuɤ^{52}
靖远县	mʮ^{55}	lʮ^{55}	sʮ^{24}	tʂʮ^{41}	tʂʰʮ^{24}	tʂʰʮ^{55}	tʂʰʮ^{24}	suə^{55}
陇西县	ly^{53}	ly^{53}	ɕy^{13}	tʂu^{21}	tʂʰu^{13}	tʂʰu^{21}	tʃʰʮ^{13}	ʂuɤ^{53}
秦州区	mi^{53}	ly^{53}	ɕy^{13}	tsʮ^{13}	tsʰʮ^{13}	tsʰʮ^{13}	tsʰʮ^{13}	suə^{53}
安定区	ȵy^{13}	ly^{53}	ɕy^{13}	tʃu^{13}	tʃʰu^{13}	tʃʰu^{13}	tʃʰu^{13}	ʃuə^{53}
会宁县	ȵy^{53}	ȵy^{53}	ɕy^{13}	tʃu^{13}	tʃʰu^{13}	tʃʰu^{13}	tʃʰu^{13}	ʃuə^{53}
临洮县	ny^{53}	ly^{53}	ɕy^{13}	tʂu^{13}	tʂʰu^{13}	tʂʰu^{13}	tʂʰu^{13}	ʂuɤ^{53}
清水县	ȵy^{52}	ly^{52}	ɕy^{13}	tʃɨ^{13}	tʃʰɨ^{13}	tʃʰɨ^{13}	tʃʰɨ^{13}	ʃə^{52}
永靖县	ny^{53}	ly^{44}	ɕy^{213}	tʂu^{213}	tʂʰu^{213}	tʂʰu^{213}	tʂʰu^{213}	ʂuɤ^{53}
敦煌市	ȵy^{51}	ly^{51}	ɕy^{213}	tʂu^{213}	tʂʰu^{213}	tʂʰu^{51}	tʂʰu^{213}	ʂuə^{51} suə^{51}
临夏市	mi^{42}	ly^{42}	ɕy^{13}	tʂu^{13}	tʂʰu^{13}	tʂʰu^{13}	tʂʰu^{13}	suɤ^{53}
合作市	mi^{44}	ly^{44}	ɕy^{13}	tʂu^{13}	tʂʰu^{13}	tʂʰu^{13}	tʂʰu^{13}	suə^{13}
临潭县	mi^{51}	ly^{51}	ɕy^{24}	tʂu^{44}	tʂʰu^{24}	tsʰu^{51}	tsʰu^{24}	suɤ^{51}

	0089 书	0090 鼠	0091 如	0092 举	0093 锯名	0094 去	0095 渠～道	0096 鱼
	遇合三 平鱼书	遇合三 上鱼书	遇合三 平鱼日	遇合三 上鱼见	遇合三 去鱼见	遇合三 去鱼溪	遇合三 平鱼群	遇合三 平鱼疑
兰州市	fu^{55}	tʂʰu^{13}	vu^{53}	tɕy^{34}	tɕy^{34}	tɕʰy^{13}	tɕʰy^{53}	ʑy^{53}
榆中县	ʂu^{51}	tʂʰu^{44}	ʐu^{312}	tɕy^{44}	tɕy^{213}	tɕʰi^{213} tɕʰy^{213}	tɕʰy^{312}	y^{312}
永登县	fu^{42}	pfʰu^{354}	vu^{13}	tɕy^{53}	tɕy^{13}	tɕʰi^{13}	tɕʰy^{53}	y^{53}
红古区	fu^{13}	tʂʰu^{53}	vu^{13}	tsʮ^{53}	tsʮ^{13}	tsʰɿ^{13}	tsʰʮ^{13}	zʮ^{13}
凉州区	ʂu^{35}	tʂʰu^{35} ʂu^{35}	ʐu^{31}	tɕy^{35}	tɕy^{31}	tɕʰi^{31}	tɕʰy^{35}	ʑy^{35}
甘州区	fu^{44}	pfʰu^{53}	vu^{31}	tɕy^{44}	tɕy^{31}	kʰə^{31}	tɕʰy^{53}	ʑy^{53}
肃州区	ʂu^{44}	tʂʰu^{51}	ʐu^{213}	tɕy^{51}	tɕy^{213}	tɕʰi^{213}	tɕʰy^{51}	ʑy^{51}
永昌县	ʂu^{44}	tʂʰu^{13}	ʐu^{53}	tɕy^{13}	tɕy^{53}	tɕʰi^{53} tɕʰy^{53}	tɕʰy^{13}	ʑy^{13}
崆峒区	ʂu^{21}	ʂu^{53}	ʐu^{21}	tɕy^{53}	tɕy^{44}	tɕʰi^{44}	tɕʰy^{24}	y^{24}
庆城县	ʂu^{51}	ʂu^{44}	ʐu^{113}	tɕy^{44}	tɕy^{244}	tɕʰi^{244} tɕʰy^{244}	tɕʰy^{113}	y^{113}
宁县	ʃu^{31}	ʃu^{52}	ʒu^{31}	tɕy^{52}	tɕy^{44}	tɕʰi^{44} tɕʰy^{44}	tɕʰy^{24}	y^{24}
武都区	ʃu^{31}	tʃʰu^{31} ʃu^{55}	ʒu^{31}	tɕy^{55}	tɕy^{24}	tɕʰi^{24} tsʰʮ^{24}	tɕʰy^{24}	y^{13}
文县	su^{31}	su^{55}	zu^{13}	tɕy^{55}	tɕy^{24}	tɕʰi^{24}	tɕʰy^{13}	y^{13}
康县	fu^{53}	fu^{55}	ʐu^{211}	tɕy^{55}	tɕy^{24}	tɕʰi^{24} tɕʰy^{24}	tɕʰy^{211}	y^{211}
礼县	ʃu^{31}	tʃʰu^{31} ʃu^{52}	ʒu^{13}	tɕy^{52}	tɕy^{44}	tɕʰi^{44}	tɕʰy^{13}	y^{13}
靖远县	ʂʮ^{41}	ʂʮ^{55}	ʐʮ^{24}	tsʮ^{55}	tsʮ^{33}	tɕʰʅ^{33}	tsʰʮ^{24}	zʮ^{24}
陇西县	ʃʮ^{21}	ʂu^{53} tʂʰu^{21}	ʒʮ^{13}	tɕy^{53}	tɕy^{44}	tɕʰi^{44} tɕia^{13}	tɕʰy^{13}	y^{13}
秦州区	ʃʮ^{13}	tsʰʮ^{53}	zʮ^{13}	tɕy^{53}	tɕy^{44}	tɕʰi^{44}	tɕʰy^{13}	y^{13}
安定区	ʃu^{13}	tʃʰu^{44} ʃu^{53}	ʒu^{13}	tɕy^{53}	tɕy^{44}	tɕʰi^{44} tɕʰy^{44}	tɕʰy^{13}	ʑy^{13}
会宁县	ʃu^{13}	tʃʰu^{44} ʃu^{44}	ʒu^{13}	tɕy^{53}	tɕy^{44}	tɕʰi^{44} tɕʰy^{44}	tɕʰy^{13}	y^{13}
临洮县	ʂu^{13}	tʂʰu^{53} ʂu^{44}	ʐu^{13}	tɕy^{53}	tɕy^{44}	tɕʰi^{44} tɕʰy^{44}	tɕʰy^{13}	y^{13}
清水县	ʃɨ^{13}	tʃʰɨ^{52} ʃɨ^{52}	ʒɨ^{13}	tɕy^{52}	tɕy^{443}	tɕʰi^{443}	tɕʰy^{13}	y^{13}
永靖县	ʂu^{213}	tʂʰu^{53}	ʐu^{213}	tɕy^{53}	tɕy^{44}	tɕʰy^{44}	tɕʰy^{213}	y^{213}
敦煌市	ʂu^{213}	tʂʰu^{51}	ʐu^{213}	tɕy^{51}	tɕy^{44}	tɕʰi^{44} tɕʰy^{44}	tɕʰy^{213}	ʑy^{213}
临夏市	ʂu^{13}	tʂʰu^{53}	ʐu^{13}	tɕy^{42}	tɕy^{42}	tɕʰi^{53} tsʰu^{53}	tɕʰy^{13}	ʑy^{13}
合作市	fu^{13}	fu^{44} ʂu^{44}	vu^{13}	tɕy^{13}	tɕy^{53}	tɕʰi^{53} tɕʰy^{53}	tɕʰy^{13}	ʑy^{13}
临潭县	ʂu^{44}	ʂu^{51}	ʐu^{24}	tɕy^{44}	tɕy^{44}	tɕʰy^{51}	tɕʰy^{24}	y^{24}

	0097 许	0098 余剩~,多~	0099 府	0100 付	0101 父	0102 武	0103 雾	0104 取
	遇合三 上鱼晓	遇合三 平鱼以	遇合三 上虞非	遇合三 去虞非	遇合三 上虞奉	遇合三 上虞微	遇合三 去虞微	遇合三 上虞清
兰州市	ɕy13	ʑy53	fu34	fu13	vu13	vu34	vu13	tɕʰy34
榆中县	ɕy44	y312	fu44	fu213 fu44	fu213	vu44	vu213	tɕʰy44
永登县	ɕy354	y53	fu354	fu13	fu13	vu53	vu13	tɕʰy354
红古区	sʮ53	zʮ13	fu53	fu53	fu13	vu53	vu13	tsʰʮ53
凉州区	ɕy35	ʑy35	fu31	fu31	fu31	vu35	vu35	tɕʰy35
甘州区	ɕy53	ʑy53	fu53	fu31	fu31	vu53	vu31	tɕʰy53
肃州区	ɕy51	ʑy51	fu51	fu213	fu213	vu51	vu213	tɕʰy51
永昌县	ɕy13	ʑy13	fu53	fu53	fu53	vu13	vu44	tɕʰy13
崆峒区	ɕy53	y24	fu53	fu53	fu44	u53	u44	tɕʰy53
庆城县	ɕy44	y113	fu244	fu44	fu244	vu44	vu244	tɕʰy44
宁县	ɕy52	y24	fu52	fu44	fu44	u52	u44	tsʰu52 tɕʰy52
武都区	ɕy55	y13	fu55	fu55	fu24	v55	v24	tɕʰy55
文县	ɕy55	y13	fu55	fu24	fu24	vu55	vu24	tɕʰy55
康县	ɕy55	y211	fu55	fu24	fu24	vu55	vu24	tɕʰy55
礼县	ɕy52	y13	fu52	fu44	fu44	vu52	vu44	tɕʰy52
靖远县	sʮ41	zʮ24	fu41	fu55	fu33	vu55	vu33	tsʰʮ55
陇西县	ɕy53	y13	fu53	fu44 fu53	fu44	vu53	vu44	tɕʰy53
秦州区	ɕy53	y13	fu53	fu53	fu44	vu53	vu44	tɕʰy53
安定区	ɕy53	ʑy13	fu53	fu44	fu44	vu53	vu44	tɕʰy53
会宁县	ɕy53	y13	fu53	fu44	fu44	u53	u44	tɕʰy53
临洮县	ɕy53	y13	fu53	fu44	fu44	vu53	vu44	tɕʰy53
清水县	ɕy52	y13	fu52	fu52	fu443	vu52	vu443	tɕʰy52
永靖县	ɕy53	y213	fu53	fu213	fu53	vu53	vu44	tɕʰy53
敦煌市	ɕy213	ʑy213	fu51	fu44	fu44	vu51	vu44	tɕʰy51
临夏市	ɕy13	ʑy13	fu42	fu53	fu53	vu42	vu53	tsʰu42
合作市	ɕy13	ʑy13	fu13	fu13	fu53	vu44	vu44	tɕʰy44
临潭县	ɕy24	y24	fu51	fu51	fu44	vu51	vu44	tɕʰy51

	0105 柱	0106 住	0107 数动	0108 数名	0109 主	0110 输	0111 竖	0112 树
	遇合三 上虞澄	遇合三 去虞澄	遇合三 上虞生	遇合三 去虞生	遇合三 上虞章	遇合三 平虞书	遇合三 上虞禅	遇合三 去虞禅
兰州市	pfu^{13}	pfu^{13}	fu^{34}	fu^{34}	pfu^{34}	fu^{55}	fu^{13}	fu^{13}
榆中县	tʂu^{213}	tʂu^{213}	ʂu^{44}	ʂu^{213}	tʂu^{44}	ʂu^{51}	ʂu^{312}	ʂu^{213}
永登县	pfu^{13}	pfu^{13}	fu^{354}	fu^{13}	pfu^{354}	fu^{13}	fu^{13}	fu^{13}
红古区	tʂu^{13}	tʂu^{13}	fu^{53}	fu^{13}	tʂu^{53}	fu^{13}	fu^{13}	fu^{13}
凉州区	tʂu^{31}	tʂu^{31}	ʂu^{35}	ʂu^{31}	tʂu^{35}	ʂu^{35}	ʂu^{31}	ʂu^{31}
甘州区	pfu^{31}	pfu^{31}	fu^{53}	fu^{31}	pfu^{53}	fu^{31}	fu^{31}	fu^{31}
肃州区	tʂu^{213}	tʂu^{213}	ʂu^{51}	ʂu^{213}	tʂu^{51}	ʂu^{44}	ʂu^{213}	ʂu^{213}
永昌县	tʂu^{53}	tʂu^{53}	ʂu^{44}	ʂu^{53}	tʂu^{13}	ʂu^{44}	ʂu^{53}	ʂu^{53}
崆峒区	tʂu^{44}	tʂu^{44}	ʂu^{53}	ʂu^{44}	tʂu^{53}	ʂu^{21}	ʂu^{53}	ʂu^{44}
庆城县	tʂu^{244}	tʂʰu^{244} tʂu^{244}	ʂu^{44}	ʂu^{244}	tʂu^{44}	ʂu^{44}	ʂu^{51}	ʂu^{244}
宁县	tʃʰu^{44}	tʃu^{44}	ʃu^{52}	ʃu^{44}	tʃu^{52}	ʃu^{31}	ʃu^{31}	ʃu^{44}
武都区	tʃu^{13}	tʃu^{13}	ʃu^{31}	ʃu^{24}	tʃu^{55}	ʃu^{31}	ʃu^{31}	ʃu^{24}
文县	tsʰu^{24}	tsu^{24}	su^{55}	su^{24}	tsu^{55}	su^{31}	su^{24}	su^{24}
康县	pfu^{24}	pfu^{24}	fu^{55}	fu^{24}	pfu^{55}	fu^{53}	fu^{24}	fu^{24}
礼县	tʃʰu^{44}	tʃu^{44}	ʃu^{52}	ʃu^{44}	tʃu^{44}	ʃu^{31}	ʃu^{44}	ʃu^{44}
靖远县	tʂʯ^{33}	tʂʯ^{33}	ʂʯ^{33}	ʂʯ^{55}	tʂʯ^{55}	ʂʯ^{41}	ʂʯ^{41}	ʂʯ^{33}
陇西县	tʃʰʯ^{44}	tʃʯ^{44} tʃʰʯ^{44}	ʃʯ^{53}	ʃʯ^{44}	tʃʯ^{53}	ʃʯ^{21}	ʃʯ^{44}	ʃʯ^{44}
秦州区	tʃʰʮ^{44}	tʃʮ^{44}	sʮ^{53}	sʮ^{53}	tʃu^{53}	sʮ^{13}	sʮ^{44}	sʮ^{44}
安定区	tʃʰu^{44}	tʃu^{44}	ʃu^{53}	ʃu^{44}	tʃu^{53}	ʃu^{13}	ʃu^{53}	ʃu^{44}
会宁县	tʃʰu^{44}	tʃu^{44}	ʃu^{53}	ʃu^{44}	tʃu^{53}	ʃu^{13}	ʃu^{44}	ʃu^{44}
临洮县	tʂʰu^{44}	tʂu^{44}	ʂu^{53}	ʂu^{44}	tʂu^{53}	ʂu^{13}	ʂu^{13}	ʂu^{44}
清水县	tʃʰɨ^{443}	tʃɨ^{443}	ʃɨ^{52}	ʃɨ^{443}	tʃɨ^{52}	ʃɨ^{13}	ʃɨ^{443}	ʃɨ^{443}
永靖县	tʂu^{44}	tʂu^{44}	ʂu^{53}	ʂu^{44}	tʂu^{53}	ʂu^{44}	ʂu^{213}	ʂu^{44}
敦煌市	tʂu^{44}	tʂu^{213}	ʂu^{51}	ʂu^{44}	tʂu^{51}	ʂu^{51}	ʂu^{44}	ʂu^{44}
临夏市	tʂu^{53}	tʂu^{53}	ʂu^{42}	ʂu^{53}	tʂu^{42}	ʂu^{13}	ʂu^{53}	ʂu^{53}
合作市	tʂu^{53}	tʂu^{53}	fu^{44}	fu^{44}	tʂu^{44}	fu^{53}	fu^{53}	fu^{53}
临潭县	tʂu^{44}	tʂu^{44}	su^{51}	su^{44}	tʂu^{51}	ʂu^{44}	ʂu^{51}	ʂu^{44}

	0113 句	0114 区地～	0115 遇	0116 雨	0117 芋	0118 裕	0119 胎	0120 台戏～
	遇合三去虞见	遇合三平虞溪	遇合三去虞疑	遇合三上虞云	遇合三去虞云	遇合三去虞以	蟹开一平咍透	蟹开一平咍定
兰州市	tɕy¹³	tɕʰy⁵⁵	ʑy¹³	ʑy¹³	ʑy¹³	ʑy¹³	tʰɛ⁵⁵	tʰɛ⁵³
榆中县	tɕy²¹³	tɕʰy⁵¹	y²¹³	y⁴⁴	y²¹³	y²¹³	tʰɛ⁵¹	tʰɛ³¹²
永登县	tɕy¹³	tɕʰy⁴²	y¹³	y³⁵⁴	y⁵³	y¹³	tʰɛ⁴²	tʰɛ⁵³
红古区	tsʮ¹³	tsʰʮ¹³	zʮ¹³	zʮ⁵³	zʮ⁵³	zʮ¹³	tʰɛ¹³	tʰɛ¹³
凉州区	tɕy³¹	tɕʰy³⁵	ʑy³¹	ʑy³⁵	ʑy³⁵	ʑy³¹	tʰæ³⁵ tæ³¹	tʰæ³⁵
甘州区	tɕy³¹	tɕʰy⁴⁴	ʑy³¹	ʑy⁵³	ʑy³¹	ʑy⁵³	tɛ³¹ tʰɛ⁴⁴	tʰɛ⁵³
肃州区	tɕy²¹³	tɕʰy⁴⁴	ʑy²¹³	ʑy⁵¹	ʑy⁵¹	ʑy⁵¹	tʰɛ⁴⁴	tʰɛ⁵¹
永昌县	tɕy⁵³	tɕʰy⁴⁴	ʑy⁵³	ʑy¹³	ʑy⁵³	ʑy⁵³	tɛe⁵³ tʰɛe⁴⁴	tʰɛe¹³
崆峒区	tɕy⁴⁴	tɕʰy²¹	y⁴⁴	y⁵³	y⁴⁴	y²⁴	tʰɛ²¹	tʰɛ²⁴
庆城县	tɕy²⁴⁴	tɕʰy⁵¹	y²⁴⁴	y⁴⁴	y²⁴⁴	y²⁴⁴	tʰɛ⁵¹	tʰɛ¹¹³
宁县	tɕy⁴⁴	tɕʰy³¹	y⁴⁴	y⁵²	y⁴⁴	y²⁴	tʰɛ³¹	tʰɛ²⁴
武都区	tɕy²⁴	tɕʰy³¹	y²⁴	y⁵⁵	y²⁴	y²⁴	tʰɛɪ³¹	tʰɛɪ¹³
文县	tɕy²⁴	tɕʰy³¹	y²⁴	y⁵⁵	y³¹	y³¹	tʰɛe³¹	tʰɛe¹³
康县	tɕy²⁴	tɕʰy²¹¹	y²⁴	y⁵⁵	y²¹¹	y²⁴	tʰɛ⁵³	tʰɛ²¹¹
礼县	tɕy⁴⁴	tɕʰy³¹	y⁴⁴	y⁵²	y⁴⁴	y¹³	tʰai³¹	tʰai¹³
靖远县	tsʮ³³	tsʰʮ⁴¹	zʮ³³	zʮ⁵⁵	zʮ³³	zʮ³³	tʰɛ⁴¹	tʰɛ²⁴
陇西县	tɕy⁴⁴	tɕʰy²¹	y⁴⁴	y⁵³	y⁴⁴	y²¹	tʰɛ²¹	tʰɛ¹³
秦州区	tɕy⁴⁴	tɕʰy¹³	y⁴⁴	y⁵³	y⁴⁴	y¹³	tʰɛ¹³	tʰɛ¹³
安定区	tɕy⁴⁴	tɕʰy¹³	ʑy⁴⁴	ʑy⁵³	ʑy⁴⁴	ʑy¹³	tʰɛ¹³	tʰɛ¹³
会宁县	tɕy⁴⁴	tɕʰy¹³	y⁴⁴	y⁵³	y⁵³	y¹³	tʰɛ¹³	tʰɛ¹³
临洮县	tɕy⁴⁴	tɕʰy¹³	y⁴⁴	y⁵³	y⁴⁴	y⁴⁴	tʰɛ¹³ tɛ⁴⁴	tʰɛ¹³
清水县	tɕy⁴⁴³	tɕʰy¹³	y⁴⁴³	y⁵²	y⁴⁴³	y¹³	tʰɛ¹³	tʰɛ¹³
永靖县	tɕy⁴⁴	tɕʰy²¹³	y⁴⁴	y⁵³	y⁴⁴	y²¹³	tʰɛ²¹³	tʰɛ²¹³
敦煌市	tɕy⁴⁴	tɕʰy²¹³	ʑy⁴⁴	ʑy⁵¹	ʑy²¹³	ʑy²¹³	tʰɛ²¹³	tʰɛ²¹³
临夏市	tɕy⁵³	tɕʰy¹³	ʑy⁵³	ʑy⁴²	ʑy⁴²	ʑy¹³	tʰɛ¹³	tʰɛ¹³
合作市	tɕy⁵³	tɕʰy¹³	ʑy⁴⁴	ʑy⁴⁴	ʑy¹³	ʑy⁵³	tʰɛe¹³	tʰɛe¹³
临潭县	tʂʅ²⁴	tɕʰy²⁴	y⁴⁴	y⁵¹	y⁴⁴	y²⁴	tʰɛe²⁴	tʰɛe²⁴

	0121 袋	0122 来	0123 菜	0124 财	0125 该	0126 改	0127 开	0128 海
	蟹开一 去咍定	蟹开一 平咍来	蟹开一 去咍清	蟹开一 平咍从	蟹开一 平咍见	蟹开一 上咍见	蟹开一 平咍溪	蟹开一 上咍晓
兰州市	tε^{13}	lε^{53}	ts^{h}ε^{13}	ts^{h}ε^{53}	kε^{55}	kε^{13}	k^{h}ε^{55}	xε^{34}
榆中县	tε^{213}	lε^{312}	ts^{h}ε^{213}	ts^{h}ε^{312}	kε^{51}	kε^{44}	k^{h}ε^{51}	xε^{44}
永登县	tε^{13}	lε^{53}	ts^{h}ε^{13}	ts^{h}ε^{53}	kε^{42}	kε^{354}	k^{h}ε^{42}	xε^{354}
红古区	tε^{13}	lε^{13}	ts^{h}ε^{13}	ts^{h}ε^{13}	kε^{53}	kε^{53}	k^{h}ε^{13}	xε^{53}
凉州区	tæ^{31}	læ^{35}	ts^{h}æ^{31}	ts^{h}æ^{35}	kæ^{35}	kæ^{35}	k^{h}æ^{35}	xæ^{35}
甘州区	tε^{31}	lε^{53}	ts^{h}ε^{31}	ts^{h}ε^{53}	kε^{44}	kε^{53}	k^{h}ε^{44}	xε^{53}
肃州区	tε^{213}	lε^{51}	ts^{h}ε^{213}	ts^{h}ε^{51}	kε^{44}	kε^{51}	k^{h}ε^{44}	xε^{51}
永昌县	tεe^{53}	lεe^{13}	ts^{h}εe^{53}	ts^{h}εe^{13}	kεe^{44}	kεe^{13}	k^{h}εe^{44}	xεe^{13}
崆峒区	tε^{44}	lε^{24}	ts^{h}ε^{44}	ts^{h}ε^{24}	kε^{21}	kε^{53}	k^{h}ε^{21}	xε^{53}
庆城县	tε^{244}	lε^{113}	ts^{h}ε^{244}	ts^{h}ε^{113}	kε^{51}	kε^{44}	k^{h}ε^{51}	xε^{44}
宁县	t^{h}ε^{44} tε^{44}	lε^{44}	ts^{h}ε^{44}	ts^{h}ε^{24}	kε^{31}	kε^{52}	k^{h}ε^{31}	xε^{52}
武都区	t^{h}εɪ^{31} tεɪ^{24}	lεɪ^{13}	ts^{h}εɪ^{13}	ts^{h}εɪ^{13}	kεɪ^{31}	kεɪ^{55}	k^{h}εɪ^{31}	xεɪ^{55}
文县	tεe^{24}	lεe^{24}	ts^{h}εe^{24}	tsεe^{13}	kεe^{31}	kεe^{55}	k^{h}εe^{31}	xεe^{55}
康县	tε^{24}	lε^{211}	ts^{h}ε^{24}	ts^{h}ε^{211}	kε^{53}	kε^{55}	k^{h}ε^{53}	xε^{55}
礼县	tai^{44}	nai^{13}	ts^{h}ai^{44}	ts^{h}ai^{13}	kai^{31}	kai^{52}	k^{h}ai^{31}	xai^{52}
靖远县	tε^{33}	lε^{24}	ts^{h}ε^{33}	ts^{h}ε^{24}	kε^{41}	kε^{55}	k^{h}ε^{41}	xε^{55}
陇西县	tε^{44} t^{h}ε^{21}	lε^{13} la^{13}	ts^{h}ε^{44}	ts^{h}ε^{13}	kε^{21}	kε^{53}	k^{h}ε^{21}	xε^{53}
秦州区	tε^{44}	lε^{13}	ts^{h}ε^{44}	ts^{h}ε^{13}	kε^{13}	kε^{53}	k^{h}ε^{13}	xε^{53}
安定区	tε^{44}	lε^{13}	ts^{h}ε^{44}	ts^{h}ε^{13}	kε^{13}	kε^{53}	k^{h}ε^{13}	xε^{53}
会宁县	tε^{44}	lε^{13}	ts^{h}ε^{44}	ts^{h}ε^{13}	kε^{13}	kε^{53}	k^{h}ε^{13}	xε^{53}
临洮县	tε^{44}	lε^{13}	ts^{h}ε^{44}	ts^{h}ε^{13}	kε^{13}	kε^{53}	k^{h}ε^{13}	xε^{53}
清水县	tε^{443}	lε^{13}	ts^{h}ε^{443}	ts^{h}ε^{13}	kε^{13}	kε^{52}	k^{h}ε^{13}	xε^{52}
永靖县	tε^{44}	lε^{213}	ts^{h}ε^{44}	ts^{h}ε^{213}	kε^{213}	kε^{53}	k^{h}ε^{213}	xε^{53}
敦煌市	t^{h}ε^{213} tε^{44}	lε^{213}	ts^{h}ε^{44}	ts^{h}ε^{213}	kε^{44}	kε^{51}	k^{h}ε^{213}	xε^{51}
临夏市	tε^{53}	lε^{13}	ts^{h}ε^{53}	ts^{h}ε^{13}	kε^{13}	kε^{42}	k^{h}ε^{13}	xε^{42}
合作市	tεe^{53}	lεe^{13}	ts^{h}εe^{53}	ts^{h}εe^{13}	kεe^{13}	kεe^{44}	k^{h}εe^{13}	xεe^{44}
临潭县	tεe^{44}	lεe^{24}	ts^{h}εe^{44}	ts^{h}εe^{24}	kεe^{44}	kεe^{51}	k^{h}εe^{44}	xεe^{51}

	0129 爱	0130 贝	0131 带动	0132 盖动	0133 害	0134 拜	0135 排	0136 埋
	蟹开一去咍影	蟹开一去泰帮	蟹开一去泰端	蟹开一去泰见	蟹开一去泰匣	蟹开二去皆帮	蟹开二平皆並	蟹开二平皆明
兰州市	$ɛ^{13}$	pei^{13}	$tɛ^{13}$	$kɛ^{13}$	$xɛ^{13}$	$pɛ^{13}$	$p^hɛ^{53}$	$mɛ^{53}$
榆中县	$ɛ^{213}$	pei^{213}	$tɛ^{213}$	$kɛ^{213}$	$xɛ^{213}$	$pɛ^{213}$	$p^hɛ^{312}$	$mɛ^{312}$
永登县	$ɛ^{13}$	pei^{42}	$tɛ^{13}$	$kɛ^{13}$	$xɛ^{354}$	$pɛ^{13}$	$p^hɛ^{53}$	mei^{53}
红古区	$ɛ^{13}$	pei^{13}	$tɛ^{13}$	$kɛ^{13}$	$xɛ^{13}$	$pɛ^{13}$	$p^hɛ^{13}$	mei^{13}
凉州区	$æ^{31}$	pei^{31}	$tæ^{31}$	$kæ^{31}$	$xæ^{31}$	$pæ^{31}$	$p^hæ^{35}$	$mæ^{35}$
甘州区	$ɛ^{31}$	pei^{31}	$tɛ^{31}$	$kɛ^{31}$	$xɛ^{31}$	$pɛ^{31}$	$p^hɛ^{53}$	$mɛ^{53}$
肃州区	$ɣɛ^{213}$	pei^{213}	$tɛ^{213}$	$kɛ^{213}$	$xɛ^{213}$	$pɛ^{213}$	$p^hɛ^{51}$	$mɛ^{51}$
永昌县	$ɛe^{53}$	pei^{53}	$tɛe^{53}$	$kɛe^{53}$	$xɛe^{53}$	$pɛe^{53}$	$p^hɛe^{13}$	$mɛe^{13}$
崆峒区	$nɛ^{44}$	pei^{21}	$tɛ^{44}$	$kɛ^{44}$	$xɛ^{44}$	$pɛ^{44}$	$p^hɛ^{24}$	$mɛ^{24}$
庆城县	$nɛ^{244}$	pei^{244}	$tɛ^{244}$	$kɛ^{244}$	$xɛ^{244}$	$pɛ^{44}$	$p^hɛ^{113}$	$mɛ^{113}$
宁县	$nɛ^{44}$	pei^{44}	$tɛ^{44}$	$kɛ^{44}$	$xɛ^{44}$	$pɛ^{44}$	$p^hɛ^{24}$	$mɛ^{24}$
武都区	$ŋɛɪ^{24}$	pei^{31}	$tɛɪ^{24}$	$kɛɪ^{24}$	$xɛɪ^{24}$	$pɛɪ^{24}$	$p^hɛɪ^{24}$	$mɛɪ^{24}$
文县	$ŋɛe^{24}$	pei^{24}	$tɛe^{24}$	$kɛe^{24}$	$xɛe^{24}$	$pɛe^{24}$	$p^hɛe^{13}$	$mɛe^{13}$
康县	$ŋɛ^{24}$	pei^{53}	$tɛ^{24}$	$kɛ^{24}$	$xɛ^{24}$	$pɛ^{24}$	$p^hɛ^{211}$	$mɛ^{211}$
礼县	$ŋai^{44}$	pei^{44}	tai^{44}	kai^{44}	xai^{44}	pai^{44}	p^hai^{13}	mai^{13}
靖远县	$nɛ^{33}$	pei^{33}	$tɛ^{33}$	$kɛ^{33}$	$xɛ^{33}$	$pɛ^{33}$	$p^hɛ^{24}$	$mɛ^{24}$
陇西县	$kɛ^{44}$	$pɛ^{44}$	$tɛ^{44}$	$kɛ^{44}$	$xɛ^{44}$	$pɛ^{44}$	$p^hɛ^{13}$	$mɛ^{13}$
秦州区	$ŋɛ^{44}$	pei^{44}	$tɛ^{44}$	$kɛ^{44}$	$xɛ^{44}$	$pɛ^{44}$	$p^hɛ^{13}$	$mɛ^{13}$
安定区	$kɛ^{44}$	$pɛ^{44}$	$tɛ^{44}$	$kɛ^{44}$	$xɛ^{44}$	$pɛ^{44}$	$p^hɛ^{13}$	$mɛ^{13}$
会宁县	$ŋɛ^{44}$	$pɛ^{44}$	$tɛ^{44}$	$kɛ^{44}$	$xɛ^{44}$	$pɛ^{44}$	$p^hɛ^{13}$	$mɛ^{13}$
临洮县	$ŋɛ^{44}$	pei^{13}	$tɛ^{44}$	$kɛ^{44}$	$xɛ^{44}$	$pɛ^{44}$	$p^hɛ^{13}$	$mɛ^{13}$
清水县	$ŋɛ^{443}$	$pəi^{443}$	$tɛ^{443}$	$kɛ^{443}$	$xɛ^{443}$	$pɛ^{443}$	$p^hɛ^{13}$	$mɛ^{13}$
永靖县	$ɛ^{44}$	pei^{53}	$tɛ^{44}$	$kɛ^{44}$	$xɛ^{44}$	$pɛ^{44}$	$p^hɛ^{213}$	mei^{213}
敦煌市	$ɛ^{44}$	pei^{44}	$tɛ^{44}$	$kɛ^{44}$	$xɛ^{213}$	$pɛ^{213}$	$p^hɛ^{213}$	mei^{213} $mɛ^{213}$
临夏市	$nɛ^{53}$	pei^{53}	$tɛ^{53}$	$kɛ^{53}$	$xɛ^{53}$	$pɛ^{53}$	$p^hɛ^{13}$	$mɛ^{13}$
合作市	$ŋɛe^{53}$	pei^{53}	$tɛe^{53}$	$kɛe^{53}$	$xɛe^{53}$	$pɛe^{53}$	$p^hɛe^{13}$	$mɛe^{13}$
临潭县	$ŋɛe^{44}$	$pɪi^{44}$	$tɛe^{44}$	$kɛe^{44}$	$xɛe^{44}$	$pɛe^{44}$	$p^hɛe^{24}$	$mɛe^{24}$

	0137 戒 蟹开二 去皆见	0138 摆 蟹开二 上佳帮	0139 派 蟹开二 去佳滂	0140 牌 蟹开二 平佳並	0141 买 蟹开二 上佳明	0142 卖 蟹开二 去佳明	0143 柴 蟹开二 平佳崇	0144 晒 蟹开二 去佳生
兰州市	tɕiɛ^{13}	pɛ^{34}	pʰɛ^{13}	pʰɛ^{53}	mɛ^{34}	mɛ^{13}	tʂʰɛ^{53}	ʂɛ^{13}
榆中县	tɕiᴇ^{213}	pɛ^{44}	pʰɛ^{213}	pʰɛ^{312}	mɛ^{44}	mɛ^{213}	tʂʰɛ^{312}	ʂɛ^{213}
永登县	tɕiɛ^{13}	pɛ^{354}	pʰɛ^{13}	pʰɛ^{53}	mɛ^{354}	mɛ^{13}	tʂʰɛ^{53}	ʂɛ^{13}
红古区	tɕiɛ^{13}	pɛ^{53}	pʰɛ^{13}	pʰɛ^{13}	mɛ^{53}	mɛ^{53}	tʂʰɛ^{13}	ʂɛ^{13}
凉州区	tɕiə^{31}	pæ^{35}	pʰæ^{31}	pʰæ^{35}	mæ^{35}	mæ^{31}	tsʰæ^{35}	sæ^{31}
甘州区	kɛ^{31} tɕiə^{31}	pɛ^{53}	pʰɛ^{31}	pʰɛ^{53}	mɛ^{53}	mɛ^{31}	tʂʰɛ^{53}	ʂɛ^{31}
肃州区	tɕi^{213}	pɛ^{51}	pʰɛ^{213}	pʰɛ^{51}	mɛ^{51}	mɛ^{213}	tsʰɛ^{51}	sɛ^{213}
永昌县	kɛe^{53} tɕiə^{53}	pɛe^{44}	pʰɛe^{53}	pʰɛe^{13}	mɛe^{44}	mɛe^{53}	tʂʰɛe^{13}	ʂɛe^{53}
崆峒区	tɕiɛ^{44}	pɛ^{53}	pʰɛ^{44}	pʰɛ^{24}	mɛ^{53}	mɛ^{44}	tsʰɛ^{24}	sɛ^{44}
庆城县	kɛ^{244} tɕiᴇ^{244}	pɛ^{44}	pʰɛ^{244}	pʰɛ^{113}	mɛ^{44}	mɛ^{244}	tsʰɛ^{113}	sɛ^{244}
宁县	tɕiɛ^{44}	pɛ^{52}	pʰɛ^{52} pʰɛ^{52}	pʰɛ^{24}	mɛ^{52}	mɛ^{44}	tsʰɛ^{24}	sɛ^{44}
武都区	tɕiᴇ^{24}	pɛɪ^{55}	pʰɛɪ^{24}	pʰɛɪ^{24}	mɛɪ^{55}	mɛɪ^{55}	tsʰɛɪ^{13}	sɛɪ^{13}
文县	tɕiɛ^{24}	pɛe^{55}	pʰɛe^{24}	pʰɛe^{13}	mɛe^{55}	mɛe^{55}	tsʰɛe^{13}	sɛe^{24}
康县	tɕiɛ^{24}	pɛ^{55}	pʰɛ^{55} pʰɛ^{24}	pʰɛ^{211}	mɛ^{55}	mɛ^{55} mɛ^{24}	tʂʰɛ^{211}	ʂɛ^{24}
礼县	tɕiɛ^{44}	pai^{52}	pʰai^{44}	pʰai^{13}	mai^{52}	mai^{44}	tsʰai^{13}	sai^{44}
靖远县	tɕiɛ^{33}	pɛ^{55}	pʰɛ^{33}	pʰɛ^{24}	mɛ^{55}	mɛ^{55}	tsʰɛ^{24}	sɛ^{33}
陇西县	kɛ^{44} tɕiɛ^{44}	pɛ^{53}	pʰɛ^{53} pʰe^{44}	pʰɛ^{13}	mɛ^{53}	mɛ^{44}	tsʰɛ^{13}	sɛ^{44}
秦州区	tɕiə^{44}	pɛ^{53}	pʰɛ^{44}	pʰɛ^{13}	mɛ^{53}	mɛ^{53}	tsʰɛ^{13}	sɛ^{44}
安定区	tɕiə^{44}	pɛ^{53}	pʰɛ^{44} pʰɛ^{53}	pʰɛ^{13}	mɛ^{44}	mɛ^{44}	tsʰɛ^{13}	sɛ^{44}
会宁县	tɕiə^{44}	pɛ^{53}	pʰɛ^{53} pʰɛ^{44}	pʰɛ^{13}	mɛ^{44}	mɛ^{44}	tsʰɛ^{13}	sɛ^{44}
临洮县	tɕiɛ^{44}	pɛ^{53}	pʰɛ^{44} pʰɛ^{53}	pʰɛ^{13}	mɛ^{53}	mɛ^{53}	tsʰɛ^{13}	sɛ^{44}
清水县	kɛ^{443} tɕiɛ^{443}	pɛ^{52}	pʰɛ^{443} pʰɛ^{52}	pʰɛ^{13}	mɛ^{52} mɛ^{443}	mɛ^{52} mɛ^{443}	tʃʰɛ^{13}	ʃɛ^{443}
永靖县	kɛ^{44} tɕiɛ^{44}	pɛ^{53}	pʰɛ^{44}	pʰɛ^{213}	mɛ^{53}	mɛ^{213}	tʂʰɛ^{213}	ʂɛ^{44}
敦煌市	tɕiə^{44}	pɛ^{51}	pʰɛ^{44}	pʰɛ^{213}	mɛ^{51}	mɛ^{44}	tsʰɛ^{213}	sɛ^{44}
临夏市	kɛ^{53} tɕiɛ^{53}	pɛ^{42}	pʰɛ^{53}	pʰɛ^{13}	mɛ^{53}	mɛ^{53}	tʂʰɛ^{13}	ʂɛ^{53}
合作市	kɛe^{53} tɕiə^{53}	pɛe^{44}	pʰɛe^{53}	pʰɛe^{13}	mɛe^{44}	mɛe^{53}	tʂʰɛe^{13}	ʂɛe^{53}
临潭县	tɕiɛ^{44}	pɛe^{51}	pʰɛe^{44}	pʰɛe^{24}	mɛe^{44}	mɛe^{44}	tsʰɛe^{24}	sɛe^{44}

	0145 街	0146 解~开	0147 鞋	0148 蟹	0149 矮	0150 败	0151 币	0152 制~造
	蟹开二 平佳见	蟹开二 上佳见	蟹开二 平佳匣	蟹开二 上佳匣	蟹开二 上佳影	蟹开二 去夬並	蟹开三 去祭並	蟹开三 去祭章
兰州市	kε^{55}	kε^{34}	xε^{53}	ɕiε^{34}	ε^{34}	pε^{13}	pi^{13}	tʂʅ^{34}
榆中县	kε^{51} tɕiᴇ^{51}	kε^{44} tɕiᴇ^{44}	xε^{312} ɕiᴇ^{51}	ɕiᴇ^{312}	ε^{44}	pε^{213}	pi^{213}	tʂʅ^{213}
永登县	kε^{42}	kε^{354}	xε^{53}	ɕiε^{13}	ε^{354}	pε^{13}	pi^{13}	tʂʅ^{13}
红古区	kε^{13} tɕiε^{13}	kε^{53} tɕiε^{55}	xε^{13} ɕiε^{13}	ɕiε^{13}	ε^{53}	pε^{13}	pɿ^{13}	tʂʅ^{13}
凉州区	kæ^{35} tɕiə^{35}	kæ^{35} tɕiə^{35}	xæ^{35} ɕiə^{35}	ɕiə^{31}	æ^{35}	pæ^{31}	pi^{31}	tʂʅ^{31}
甘州区	kε^{44} tɕiə^{44}	kε^{53} tɕiə^{53}	xε^{53} ɕiə^{53}	ɕiə^{31}	ε^{53}	pε^{31}	pi^{31}	tʂʅ^{31}
肃州区	kε^{44} tɕiε^{44}	kε^{51} tɕiε^{51}	xε^{51} ɕiε^{51}	ɕiε^{213}	ɣε^{51}	pε^{213}	pi^{213}	tʂʅ^{213}
永昌县	kεe^{44} tɕiə^{44}	kεe^{13} tɕiə^{13}	xεe^{13} ɕiə^{13}	ɕiə^{53}	εe^{44}	pεe^{53}	pi^{53}	tʂʅ^{53}
崆峒区	kε^{21}	kε^{53}	xε^{24}	ɕiε^{21}	nε^{21}	pε^{44}	pi^{44}	tʂʅ^{44}
庆城县	kε^{51}	kε^{44}	xε^{113}	ɕiᴇ^{51}	nε^{44}	p^{h}ε^{244}	pi^{244}	tʂʅ^{244}
宁县	tɕiε^{31}	tɕiε^{52}	xε^{24}	ɕiε^{31}	nε^{52}	p^{h}ε^{44}	pi^{44}	tʂʅ^{44}
武都区	kεɪ^{31} tɕiᴇ^{31}	kεɪ^{55}	xεɪ^{13}	xεɪ^{31}	ŋεɪ^{55}	p^{h}εɪ^{24}	pi^{24}	tʂʅ^{24}
文县	kεe^{31}	tɕiε^{55}	xεe^{13}	ɕiε^{24} xε^{31}	ŋεe^{55}	p^{h}εe^{24}	pi^{24}	tsɿ^{24}
康县	kε^{53}	kε^{55}	xε^{211}	xε^{55}	ŋε^{55}	p^{h}ε^{24}	pi^{24}	tʂʅ^{24}
礼县	kai^{31}	kai^{52}	xai^{13}	ɕiε^{44}	ŋai^{52}	p^{h}ai^{44}	pi^{44}	tʂʅ^{44}
靖远县	kε^{41} tɕiε^{41}	kε^{55} tɕiε^{55}	xε^{24} ɕiε^{24}	ɕiε^{33}	nε^{41}	pε^{33}	pɿ^{33}	tʂʅ^{33}
陇西县	kε^{21} tɕiε^{21}	tɕiε^{53}	xε^{13}	ɕiε^{21}	kε^{53}	p^{h}ε^{44}	pi^{44}	tʂʅ^{44}
秦州区	kε^{13}	kε^{53}	xε^{13}	ɕiə^{44}	ŋε^{53}	p^{h}ε^{44}	pi^{44}	tʂʅ^{44}
安定区	kε^{13} tɕiə^{13}	kε^{53}	xε^{13}	ɕiə^{13}	ŋε^{53}	p^{h}ε^{44}	pi^{44}	tʂʅ^{44}
会宁县	kε^{13}	kε^{53}	xε^{13}	ɕiə^{13}	ε^{53}	p^{h}ε^{44}	pi^{44}	tʂʅ^{44}
临洮县	kε^{13}	kε^{53}	xε^{13}	ɕie^{44}	ŋε^{13}	pε^{44}	pi^{44}	tʂʅ^{44}
清水县	kε^{13} tɕiε^{13}	kε^{52}	xε^{13}	ɕiε^{13}	lε^{52} ŋε^{52}	p^{h}ε^{443}	pi^{443}	tʂʅ^{443}
永靖县	kε^{213}	kε^{53}	xε^{213}	ɕiε^{44}	ε^{213}	pε^{44}	pi^{44}	tʂʅ^{44}
敦煌市	kε^{213} tɕiə^{213}	kε^{51} tɕiə^{51}	xε^{213} ɕiə^{213}	ɕiə^{213}	ε^{213}	pε^{44}	pi^{44}	tʂʅ^{44}
临夏市	kε^{13}	kε^{42}	xε^{13}	ɕiε^{53}	nε^{42}	pε^{53}	pi^{53}	tʂʅ^{53}
合作市	kεe^{13}	kεe^{44}	xεe^{13}	ɕiə^{13}	εe^{13}	pεe^{53}	pi^{53}	tʂʅ^{53}
临潭县	kεe^{44}	tɕiε^{51}	ɕiε^{24}	ɕiε^{24}	ŋεe^{51}	pεe^{44}	pi^{44}	tʂʅ^{44}

	0153 世	0154 艺	0155 米	0156 低	0157 梯	0158 剃	0159 弟	0160 递
	蟹开三去祭书	蟹开三去祭疑	蟹开四上齐明	蟹开四平齐端	蟹开四平齐透	蟹开四去齐透	蟹开四上齐定	蟹开四去齐定
兰州市	ʂʅ^{13}	ʑi^{13}	mi^{34}	ti^{55}	t^{h}i^{55}	t^{h}i^{13}	ti^{13}	ti^{13}
榆中县	ʂʅ^{213}	i^{213}	mi^{44}	ti^{51}	t^{h}i^{51}	t^{h}i^{213}	ti^{213}	ti^{312}
永登县	ʂʅ^{13}	i^{53}	mi^{354}	ti^{42}	t^{h}i^{42}	t^{h}i^{13}	ti^{13}	ti^{13}
红古区	ʂʅ^{13}	zɿ^{13}	mɿ^{53}	tsɿ^{13}	ts^{h}ɿ^{13}	ts^{h}ɿ^{13}	tsɿ^{13}	tsɿ^{13}
凉州区	ʂʅ^{31}	ʑi^{31}	mi^{35}	ti^{35}	t^{h}i^{35}	t^{h}i^{31}	ti^{31}	ti^{31}
甘州区	ʂʅ^{31}	ʑi^{53}	mi^{53}	ti^{44}	t^{h}i^{44}	t^{h}i^{31}	ti^{31}	ti^{31}
肃州区	ʂʅ^{213}	ʑi^{213}	mi^{51}	ti^{44}	t^{h}i^{44}	t^{h}i^{213}	ti^{213}	ti^{213}
永昌县	ʂʅ^{53}	ʑi^{53}	mi^{44}	ti^{44}	t^{h}i^{44}	t^{h}i^{53}	ti^{53}	ti^{53}
崆峒区	ʂʅ^{44}	i^{44}	mi^{53}	ti^{21}	t^{h}i^{21}	t^{h}i^{44}	ti^{44}	ti^{44}
庆城县	sɿ^{244} ʂʅ^{244}	i^{244}	mi^{44}	ti^{51}	t^{h}i^{51}	t^{h}i^{244}	ti^{244}	ti^{244}
宁县	ʂʅ^{44}	i^{44}	mi^{52}	ti^{31}	tɕ^{h}i^{31}	tɕ^{h}i^{44}	tɕ^{h}i^{44} ti^{44}	tɕ^{h}i^{44} ti^{44}
武都区	ʂʅ^{24}	ʅ^{24}	mi^{31}	ti^{31}	t^{h}i^{31}	t^{h}i^{24}	ti^{24}	ti^{24}
文县	sɿ^{24}	ʑi^{24}	mi^{55}	tɕi^{31}	tɕ^{h}i^{31}	tɕ^{h}i^{24}	tɕ^{h}i^{24}	tɕi^{24}
康县	ʂʅ^{24}	i^{24}	mi^{55}	tsɿ^{53}	ts^{h}ɿ^{53}	ts^{h}ɿ^{24}	tsɿ^{24}	tsɿ^{24}
礼县	ʂʅ^{44}	i^{44}	mi^{52}	ti^{31}	t^{h}i^{31}	t^{h}i^{44}	t^{h}i^{44}	ti^{44}
靖远县	ʂʅ^{33}	zɿ^{33}	mɿ^{55}	tsɿ^{41}	ts^{h}ɿ^{41}	ts^{h}ɿ^{33}	tsɿ^{33}	tsɿ^{33}
陇西县	ʂʅ^{44}	ʑi^{13}	mi^{53}	ti^{21}	tɕ^{h}i^{21}	tɕ^{h}i^{44}	ti^{44}	ti^{44}
秦州区	ʂʅ^{44}	i^{44}	mi^{53}	ti^{13}	t^{h}i^{13}	t^{h}i^{44}	ti^{44}	ti^{44}
安定区	ʂʅ^{44}	ʑi^{13}	mi^{53}	ti^{13}	t^{h}i^{13}	t^{h}i^{44}	ti^{44}	t^{h}i^{53}
会宁县	ʂʅ^{44}	ʑi^{13}	mi^{53}	ti^{13}	t^{h}i^{13}	t^{h}i^{44}	t^{h}i^{44}	ti^{53}
临洮县	ʂʅ^{44}	ʑi^{13}	mi^{53}	ti^{13}	t^{h}i^{13}	t^{h}i^{44}	ti^{44}	t^{h}i^{13}
清水县	ʂʅ^{443}	i^{443}	mi^{52}	tsɿ^{13}	ts^{h}ɿ^{13}	ts^{h}ɿ^{443}	ts^{h}ɿ^{443} tsɿ^{443}	tsɿ^{443}
永靖县	ʂʅ^{44}	i^{213}	mi^{53}	ti^{213}	tɕ^{h}i^{213}	tɕ^{h}i^{44}	ti^{44}	ti^{44}
敦煌市	ʂʅ^{44}	ʑi^{44}	mi^{51}	ti^{213}	t^{h}i^{213}	t^{h}i^{44}	ti^{44}	ti^{44}
临夏市	ʂʅ^{53}	ʑi^{53}	mi^{42}	ti^{13}	t^{h}i^{13}	t^{h}i^{53}	ti^{53}	ti^{53}
合作市	ʂʅ^{53}	ʑi^{53}	mi^{44}	ti^{13}	t^{h}i^{13}	t^{h}i^{53}	ti^{53}	ti^{13}
临潭县	ʂʅ^{44}	i^{44}	mi^{51}	ti^{44}	t^{h}i^{44}	t^{h}i^{44}	ti^{44}	ti^{24}

	0161 泥	0162 犁	0163 西	0164 洗	0165 鸡	0166 溪	0167 契	0168 系联~
	蟹开四 平齐泥	蟹开四 平齐来	蟹开四 平齐心	蟹开四 上齐心	蟹开四 平齐见	蟹开四 平齐溪	蟹开四 去齐溪	蟹开四 去齐匣
兰州市	ȵi^{53}	li^{53}	ɕi^{55}	ɕi^{34}	tɕi^{55}	ɕi^{55}	tɕ^{h}i^{13}	ɕi^{13}
榆中县	ȵi^{312}	li^{312}	ɕi^{51}	ɕi^{44}	tɕi^{51}	ɕi^{312}	tɕ^{h}i^{44}	ɕi^{213}
永登县	ȵi^{53}	li^{53}	ɕi^{42}	ɕi^{354}	tɕi^{42}	ɕi^{42}	tɕ^{h}i^{13}	ɕi^{53}
红古区	mɿ^{13}	lɿ^{13}	sɿ^{13}	sɿ^{53}	tsɿ^{13}	sɿ^{13}	ts^{h}ɿ^{13}	sɿ^{13}
凉州区	ȵi^{35}	li^{35}	ɕi^{35}	ɕi^{35}	tɕi^{35}	ɕi^{35}	tɕ^{h}i^{31}	ɕi^{31}
甘州区	ȵi^{53}	li^{53}	ɕi^{44}	ɕi^{53}	tɕi^{44}	ɕi^{44}	tɕ^{h}i^{31}	ɕi^{31}
肃州区	mi^{51}	li^{51}	ɕi^{44}	ɕi^{51}	tɕi^{44}	ɕi^{44}	tɕ^{h}i^{213}	ɕi^{213}
永昌县	mi^{13} ȵi^{13}	li^{13}	ɕi^{44}	ɕi^{13}	tɕi^{44}	ɕi^{44}	tɕ^{h}i^{53}	ɕi^{53}
崆峒区	ȵi^{24}	li^{24}	ɕi^{21}	ɕi^{53}	tɕi^{21}	ɕi^{21}	tɕ^{h}i^{53}	ɕi^{44}
庆城县	ȵi^{113}	li^{113}	ɕi^{51}	ɕi^{44}	tɕi^{51}	ɕi^{244}	tɕ^{h}i^{244}	ɕi^{244}
宁县	ȵi^{24} mi^{44}	li^{24}	ɕi^{31}	ɕi^{52}	tɕi^{31}	ɕi^{31}	tɕ^{h}iɛ^{31} tɕ^{h}i^{31}	ɕi^{52}
武都区	ȵi^{24}	li^{24}	ɕi^{31}	ɕi^{55}	tɕi^{31}	ɕi^{31}	tɕ^{h}i^{24}	ɕi^{24}
文县	ȵi^{13}	ȵi^{13}	ɕi^{31}	ɕi^{55}	tɕi^{31}	ɕi^{31}	tɕ^{h}i^{31}	ɕi^{24}
康县	ȵi^{211}	li^{211}	si^{53}	si^{55}	tɕi^{53}	ɕi^{53}	tɕ^{h}i^{53}	ɕi^{24}
礼县	ȵi^{13}	li^{13}	ɕi^{31}	ɕi^{52}	tɕi^{31}	ɕi^{31}	tɕ^{h}i^{44}	ɕi^{44}
靖远县	ȵɿ^{24}	lɿ^{24}	sɿ^{41}	sɿ^{55}	tsɿ^{41}	sɿ^{41}	ts^{h}ɿ^{33}	sɿ^{41}
陇西县	li^{13}	li^{13}	ɕi^{21}	ɕi^{53}	tɕi^{21}	ɕi^{21}	tɕ^{h}i^{44}	ɕi^{44}
秦州区	ȵi^{13}	li^{13}	ɕi^{13}	ɕi^{53}	tɕi^{13}	ɕi^{13}	tɕ^{h}i^{44}	ɕi^{44}
安定区	ȵi^{13}	li^{13}	ɕi^{13}	ɕi^{53}	tɕi^{13}	ɕi^{13}	tɕ^{h}i^{53}	tɕi^{44}
会宁县	ȵi^{13}	li^{13}	ɕi^{13}	ɕi^{53}	tɕi^{13}	ɕi^{13}	tɕ^{h}i^{53}	ɕi^{44}
临洮县	ȵi^{13}	li^{13}	ɕi^{13}	ɕi^{53}	tɕi^{13}	ɕi^{13}	tɕ^{h}i^{53}	ɕi^{44}
清水县	ȵi^{13}	li^{13}	si^{13}	si^{52}	tɕi^{13}	ɕi^{13}	tɕ^{h}i^{443}	ɕi^{443}
永靖县	ȵi^{213}	li^{213}	ɕi^{213}	ɕi^{53}	tɕi^{213}	ɕi^{44}	tɕ^{h}i^{44}	ɕi^{44}
敦煌市	ȵi^{213}	li^{213}	ɕi^{213}	ɕi^{51}	tɕi^{213}	ɕi^{213}	tɕ^{h}i^{213}	ɕi^{44}
临夏市	ȵi^{13}	li^{13}	ɕi^{13}	ɕi^{42}	tɕi^{13}	ɕi^{13}	tɕ^{h}i^{13}	ɕi^{53}
合作市	ȵi^{13}	li^{13}	ɕi^{13}	ɕi^{44}	tɕi^{44}	ɕi^{13}	tɕ^{h}i^{53}	ɕi^{53}
临潭县	ȵi^{24}	li^{24}	ɕi^{24}	ɕi^{51}	tɕi^{44}	ɕi^{44}	tɕ^{h}i^{44}	ɕi^{44}

	0169 杯	0170 配	0171 赔	0172 背~诵	0173 煤	0174 妹	0175 对	0176 雷
	蟹合一 平灰帮	蟹合一 去灰滂	蟹合一 平灰並	蟹合一 去灰並	蟹合一 平灰明	蟹合一 去灰明	蟹合一 去灰端	蟹合一 平灰来
兰州市	pei^{55}	p^{h}ei^{13}	p^{h}ei^{53}	pei^{13}	mei^{53}	mei^{13}	tuei^{13}	luei^{53}
榆中县	pei^{51}	p^{h}ei^{213}	p^{h}ei^{312}	pei^{213}	mei^{312}	mei^{213}	tuei^{213}	luei^{312}
永登县	pei^{42}	p^{h}ei^{13}	p^{h}ei^{53}	pei^{13}	mei^{53}	mei^{13}	tuei^{13}	luei^{53}
红古区	pei^{13}	p^{h}ei^{13}	p^{h}ei^{13}	pei^{13}	mei^{13}	mei^{13}	tuei^{13}	luei^{13}
凉州区	pei^{35}	p^{h}ei^{31}	p^{h}ei^{35}	pei^{31}	miei^{35}	miei^{31}	tuei^{31}	luei^{35}
甘州区	pei^{44}	p^{h}ei^{31}	p^{h}ei^{53}	pei^{31}	mei^{53}	mei^{31}	tuei^{53}	luei^{53}
肃州区	pei^{44}	p^{h}ei^{213}	p^{h}ei^{51}	pei^{213}	mei^{51}	mei^{213}	tuei^{213}	luei^{51}
永昌县	pei^{44}	p^{h}ei^{53}	p^{h}ei^{13}	pei^{53}	mei^{13}	mei^{53}	tuei^{53}	luei^{13}
崆峒区	p^{h}ei^{21}	p^{h}ei^{44}	p^{h}ei^{24}	pei^{44}	mei^{24}	mei^{44}	tuei^{44}	luei^{24}
庆城县	p^{h}ei^{51}	p^{h}ei^{244}	p^{h}ei^{113}	pei^{244}	mei^{113}	mei^{244}	tuei^{244}	luei^{113}
宁县	p^{h}ei^{31}	p^{h}ei^{44}	p^{h}ei^{24}	p^{h}ei^{44} pei^{44}	mei^{24}	mei^{44}	tuei^{44}	luei^{24}
武都区	p^{h}ei^{31}	p^{h}ei^{13}	p^{h}ei^{24}	pei^{24}	mi^{24}	mi^{24}	tuei^{24}	luei^{24}
文县	pεe^{31}	p^{h}ei^{24}	p^{h}ei^{13}	pei^{24}	mei^{13}	mei^{55}	tuei^{24}	luei^{13}
康县	p^{h}ei^{53}	p^{h}ei^{24}	p^{h}ei^{211}	pei^{24}	mei^{211}	mei^{24}	tuei^{24}	luei^{211}
礼县	p^{h}ei^{31}	p^{h}ei^{44}	p^{h}ei^{13}	pei^{44}	mei^{13}	mei^{44}	tuei^{44}	nuei^{13}
靖远县	pei^{41}	p^{h}ei^{33}	p^{h}ei^{24}	pei^{33}	mei^{24}	mei^{33}	tuei^{33}	luei^{24}
陇西县	p^{h}ε^{21}	p^{h}e^{44}	p^{h}e^{13}	p^{h}e^{44}	me^{13}	me^{44}	tue^{44}	lue^{13}
秦州区	p^{h}ei^{13}	p^{h}ei^{44}	p^{h}ei^{13}	pei^{44}	mei^{13}	mei^{44}	tuei^{44}	luei^{13}
安定区	pε^{13}	p^{h}ε^{44}	p^{h}ε^{13}	pε^{44}	mε^{13}	mε^{44}	tuei^{44}	luei^{13}
会宁县	p^{h}ε^{13}	p^{h}ε^{44}	p^{h}ε^{13}	p^{h}ε^{44}	mε^{13}	mε^{44}	tuei^{44}	luei^{13}
临洮县	pei^{13}	p^{h}ei^{44}	p^{h}ei^{13}	pei^{44}	mi^{13}	mi^{44}	tuei^{44}	luei^{13}
清水县	p^{h}əi^{13}	p^{h}əi^{443}	p^{h}əi^{13}	p^{h}əi^{443} pəi^{443}	məi^{13}	məi^{443}	tuəi^{443}	luəi^{13}
永靖县	pei^{213}	p^{h}ei^{44}	p^{h}ei^{213}	pei^{44}	mei^{213}	mei^{44}	tuei^{44}	luei^{213}
敦煌市	pei^{213}	p^{h}ei^{44}	p^{h}ei^{213}	pei^{44}	mei^{213}	mei^{44}	tuei^{44}	luei^{213}
临夏市	pei^{13}	p^{h}ei^{53}	p^{h}ei^{13}	pei^{53}	mei^{13}	mei^{53}	tuei^{53}	luei^{13}
合作市	pei^{13}	p^{h}ei^{53}	p^{h}ei^{13}	pei^{53}	mei^{13}	mei^{53}	tuei^{53}	luei^{13}
临潭县	pɪi^{44}	p^{h}ɪi^{44}	p^{h}ɪi^{24}	pɪi^{44}	mɪi^{24}	mɪi^{44}	tuɪi^{44}	lɪi^{24}

	0177 罪	0178 碎	0179 灰	0180 回	0181 外	0182 会开～	0183 怪	0184 块
	蟹合一上灰从	蟹合一去灰心	蟹合一平灰晓	蟹合一平灰匣	蟹合一去泰疑	蟹合一去泰匣	蟹合二去皆见	蟹合一去皆溪
兰州市	tsuei^{13}	suei^{13}	xuei^{55}	xuei^{53}	vɛ^{13}	xuei^{13}	kuɛ^{13}	kʰuɛ^{13}
榆中县	tsuei^{213}	suei^{213}	xuei^{51}	xuei^{312}	vɛ^{213}	xuei^{213}	kuɛ^{213}	kʰuɛ^{44}
永登县	tsuei^{13}	suei^{13}	xuei^{42}	xuei^{53}	vɛ^{13}	xuei^{13}	kuɛ^{13}	kʰuɛ^{354}
红古区	tsuei^{13}	suei^{13}	xuei^{13}	xuei^{13}	vɛ^{13}	xuei^{13}	kuɛ^{13}	kʰuɛ^{53}
凉州区	tsuei^{31}	suei^{31}	xuei^{35}	xuei^{35}	væ^{31}	xuei^{31}	kuæ^{31}	kʰuæ^{31}
甘州区	tsuei^{31}	suei^{31}	xuei^{44}	xuei^{53}	vɛ^{31}	xuei^{31}	kuɛ^{31}	kʰuɛ^{31}
肃州区	tsuei^{213}	suei^{213}	xuei^{44}	xuei^{51}	vɛ^{213}	xuei^{213}	kuɛ^{213}	kʰuɛ^{51}
永昌县	tsuei^{53}	suei^{53}	xuei^{44}	xuei^{13}	vɛe^{53}	xuei^{53}	kuɛe^{53}	kʰuɛe^{53}
崆峒区	tsuei^{44}	suei^{44}	xuei^{21}	xuei^{24}	uɛ^{44}	xuei^{44}	kuɛ^{44}	kʰuɛ^{53}
庆城县	tsuei^{244}	suei^{244}	xuei^{51}	xuei^{113}	vɛ^{244}	xuei^{244}	kuɛ^{244}	kʰuɛ^{44}
宁县	tsʰuei^{44} tsuei^{44}	suei^{44}	xuei^{31}	xuei^{24}	uei^{44} uɛ^{44}	xuei^{44}	kuɛ^{44}	kʰuɛ^{52}
武都区	tsuei^{24}	suei^{24}	xuei^{31}	xuei^{24}	vɛɪ^{24}	xuei^{24}	kuɛɪ^{24}	kʰuɛɪ^{55}
文县	tsuei^{24}	tsʰuei^{24}	xuei^{31}	xuei^{13}	uɛe^{24}	xuei^{24}	kuɛe^{24}	kʰuɛe^{55}
康县	tsuei^{24}	suei^{55}	xuei^{53}	xuei^{211}	vɛ^{24}	xuei^{24}	kuɛ^{24}	kʰuɛ^{55}
礼县	tʃuei^{44}	ʃuei^{44}	xuei^{31}	xuei^{13}	vai^{44}	xuei^{44}	kuai^{44}	kʰuai^{52}
靖远县	tsuei^{33}	suei^{33}	xuei^{41}	xuei^{24}	vɛ^{33}	xuei^{33}	kuɛ^{33}	kʰuɛ^{33}
陇西县	tsʰue^{44}	sue^{44}	xue^{21}	xue^{13}	vɛ^{44}	xue^{44}	kuɛ^{44}	kʰuɛ^{53}
秦州区	tsuei^{44}	suei^{44}	xuei^{13}	xuei^{13}	vɛ^{44}	xuei^{44}	kuɛ^{44}	kʰuɛ^{53}
安定区	tsuei^{44}	suei^{44}	xuei^{13}	xuei^{13}	vei^{44}	xuei^{44}	kuei^{44}	kʰuei^{53}
会宁县	tsuei^{44}	suei^{44}	xuei^{13}	xuei^{13}	uei^{44}	xuei^{44}	kuɛ^{44}	kʰuɛ^{53}
临洮县	tsuei^{44}	suei^{44}	xuei^{13}	xuei^{13}	vɛ^{44}	xuei^{44}	kuɛ^{44}	kʰuɛ^{53}
清水县	tsuəi^{443}	suəi^{443}	xuəi^{13}	xuəi^{13}	vɛ^{443}	xuəi^{443}	kuɛ^{443}	kʰuɛ^{52}
永靖县	tsuei^{44}	suei^{44}	xuei^{213}	xuei^{213}	vei^{44}	xuei^{44}	kuɛ^{44}	kʰuɛ^{44}
敦煌市	tsuei^{44}	suei^{44}	xuei^{213}	xuei^{213}	vɛ^{44}	xuei^{44}	kuɛ^{44}	kʰuɛ^{51}
临夏市	tsuei^{53}	suei^{53}	xuei^{13}	xuei^{13}	vɛ^{53}	xuei^{53}	kuɛ^{53}	kʰuɛ^{53}
合作市	tsuei^{53}	suei^{53}	xuei^{13}	xuei^{13}	vɛe^{53}	xuei^{53}	kuɛe^{53}	kʰuɛe^{53}
临潭县	tsuɪi^{44}	suɪi^{44}	xuɪi^{44}	xuɪi^{24}	vɛe^{44}	xuɪi^{44}	kuɛe^{44}	kʰuɛe^{51}

	0185 怀	0186 坏	0187 拐	0188 挂	0189 歪	0190 画	0191 快	0192 话
	蟹合二 平皆匣	蟹合二 去皆匣	蟹合二 上佳见	蟹合二 去佳见	蟹合二 平佳晓	蟹合二 去佳匣	蟹合二 去夬溪	蟹合二 去夬匣
兰州市	xuɛ^{53}	xuɛ^{13}	kuɛ^{34}	kua^{13}	vɛ^{55}	xua^{13}	k^{h}uɛ^{13}	xua^{13}
榆中县	xuɛ^{312}	xuɛ^{213}	kuɛ^{44}	kua^{213}	vɛ^{51}	xua^{213}	k^{h}uɛ^{213}	xua^{213}
永登县	xuɛ^{53}	xuɛ^{13}	kuɛ^{53}	kua^{13}	vɛ^{42}	xua^{13}	k^{h}uɛ^{13}	xua^{13}
红古区	xuɛ^{13}	xuɛ^{13}	kuɛ^{53}	kua^{13}	vɛ^{13}	xua^{13}	k^{h}uɛ^{13}	xua^{13}
凉州区	xuæ^{35}	xuæ^{31}	kuæ^{35}	kua^{31}	væ^{35}	xua^{31}	k^{h}uæ^{31}	xua^{31}
甘州区	xuɛ^{53}	xuɛ^{31}	kuɛ^{53}	kua^{31}	vɛ^{44}	xua^{31}	k^{h}uɛ^{31}	xua^{31}
肃州区	xuɛ^{51}	xuɛ^{213}	kuɛ^{51}	kua^{213}	vɛ^{44}	xua^{213}	k^{h}uɛ^{213}	xua^{213}
永昌县	xuɛe^{13}	xuɛe^{53}	kuɛe^{13}	kua^{53}	vɛe^{44}	xua^{53}	k^{h}uɛe^{53}	xua^{53}
崆峒区	xuɛ^{24}	xuɛ^{44}	kuɛ^{53}	kua^{44}	uɛ^{21}	xua^{44}	k^{h}uɛ^{44}	xua^{44}
庆城县	xuɛ^{113}	xuɛ^{244}	kuɛ^{44}	kua^{244}	vɛ^{51}	xua^{244}	k^{h}uɛ^{244}	xua^{244}
宁县	xuɛ^{24}	xuɛ^{44}	kuɛ^{52}	kua^{44}	uɛ^{52} uɛ^{31}	xua^{44}	k^{h}uɛ^{44}	xua^{44}
武都区	xuɛɪ^{13}	xuɛɪ^{24}	kuɛɪ^{55}	kua^{24}	vɛɪ^{31}	xua^{24}	k^{h}uɛɪ^{24}	xua^{24}
文县	xuɛe^{13}	xuɛe^{24}	kuɛe^{55}	kua^{24}	uɛe^{31}	xua^{24}	k^{h}uɛe^{24}	xua^{24}
康县	xuɛ^{211}	xuɛ^{24}	kuɛ^{55}	kua^{24}	vɛ^{53}	xua^{24}	k^{h}uɛ^{24}	xua^{24}
礼县	xuai^{13}	xuai^{44}	kuai^{52}	kua^{44}	vai^{31}	xua^{44}	k^{h}uai^{44}	xua^{44}
靖远县	xuɛ^{24}	xuɛ^{33}	kuɛ^{55}	kua^{33}	vɛ^{41}	xua^{33}	k^{h}uɛ^{33}	xua^{33}
陇西县	xuɛ^{13}	xuɛ^{44}	kuɛ^{53}	kua^{44}	vɛ^{21}	xua^{44}	k^{h}uɛ^{44}	xua^{44}
秦州区	xuɛ^{13}	xuɛ^{44}	kuɛ^{53}	kua^{44}	vɛ^{13}	xua^{53}	k^{h}uɛ^{44}	xua^{44}
安定区	xuei^{13}	xuei^{44}	kuei^{53}	kua^{44}	vei^{13}	xua^{44}	k^{h}uei^{44}	xua^{44}
会宁县	xuɛ^{13}	xuɛ^{44}	kuɛ^{53}	kua^{44}	uɛ^{13}	xua^{44}	k^{h}uɛ^{44}	xua^{44}
临洮县	xuɛ^{13}	xuɛ^{44}	kuɛ^{53}	kua^{44}	vɛ^{13}	xua^{44}	k^{h}uɛ^{44}	xua^{44}
清水县	xuɛ^{13}	xuɛ^{443}	kuɛ^{52}	kua^{443}	vɛ^{13}	xua^{443}	k^{h}uɛ^{443}	xua^{443}
永靖县	xuɛ^{213}	xuɛ^{44}	kuɛ^{53}	kua^{44}	vɛ^{213}	xua^{44}	k^{h}uɛ^{44}	xua^{44}
敦煌市	xuɛ^{213}	xuɛ^{44}	kuɛ^{51}	kua^{44}	vɛ^{213}	xua^{44}	k^{h}uɛ^{44}	xua^{44}
临夏市	xuɛ^{13}	xuɛ^{53}	kuɛ^{42}	kuɑ^{53}	vɛ^{13}	xuɑ^{53}	k^{h}uɛ^{53}	xuɑ^{53}
合作市	xuɛe^{13}	xuɛe^{53}	kuɛe^{44}	kuᴀ^{53}	vɛe^{13}	xuᴀ^{53}	k^{h}uɛe^{53}	xuᴀ^{53}
临潭县	xuɛe^{24}	xuɛe^{44}	kuɛe^{51}	kua^{44}	vɛe^{44}	xua^{44}	k^{h}uɛe^{44}	xua^{44}

	0193 岁	0194 卫	0195 肺	0196 桂	0197 碑	0198 皮	0199 被~子	0200 紫
	蟹合三 去祭心	蟹合三 去祭云	蟹合三 去废敷	蟹合四 去齐见	止开三 平支帮	止开三 平支並	止开三 上支並	止开三 上支精
兰州市	suei^{13}	vei^{13}	fei^{13}	kuei^{13}	pei^{55}	p^{h}i^{53}	pi^{13}	tsɿ^{34}
榆中县	suei^{213}	vei^{51}	fei^{213}	kuei^{213}	pei^{51}	p^{h}i^{312}	pi^{213}	tsɿ^{44}
永登县	suei^{13}	vei^{53}	fei^{13}	kuei^{13}	pei^{42}	p^{h}i^{53}	pei^{13}	tsɿ^{354}
红古区	suei^{13}	vei^{13}	fei^{13}	kuei^{13}	pei^{13}	p^{h}ɿ^{13}	pɿ^{13}	tsɿ^{53}
凉州区	suei^{31}	vei^{35}	fei^{31}	kuei^{31}	pei^{35}	p^{h}i^{35}	pi^{31}	tsɿ^{35}
甘州区	suei^{31}	vei^{44} vei^{53}	fei^{31}	kuei^{31}	pei^{44}	p^{h}i^{53}	pi^{31}	tsɿ^{53}
肃州区	suei^{213}	vei^{44}	fei^{213}	kuei^{213}	pei^{44}	p^{h}i^{51}	pei^{213}	tsɿ^{51}
永昌县	suei^{53}	vei^{44}	fei^{53}	kuei^{53}	pei^{44}	p^{h}i^{13}	pi^{53}	tsɿ^{13}
崆峒区	suei^{44}	uei^{44}	fei^{44}	kuei^{44}	pi^{21}	p^{h}i^{24}	pi^{44}	tsɿ^{53}
庆城县	suei^{244}	vei^{244}	fei^{244}	kuei^{244}	p^{h}i^{113}	p^{h}i^{113}	pi^{244}	tsɿ^{44}
宁县	tsuei^{44} suei^{44}	uei^{24}	fei^{44}	kuei^{44}	pi^{31}	p^{h}i^{24}	pi^{44}	tsɿ^{31}
武都区	tsuei^{24} suei^{24}	vei^{24}	fei^{24}	kuei^{24}	pi^{31}	p^{h}i^{13}	pi^{24}	tsɿ^{31}
文县	suei^{24}	uei^{24}	fei^{24}	kuei^{24}	pi^{31}	p^{h}i^{13}	pi^{24}	tsɿ^{55}
康县	suei^{24}	vei^{24}	fei^{24}	kuei^{24}	pi^{53}	p^{h}i^{211}	pei^{24}	tsɿ^{55}
礼县	ʃuei^{44}	vei^{44}	fei^{44}	kuei^{44}	pi^{31}	p^{h}i^{13}	pi^{44}	tsɿ^{52}
靖远县	suei^{33}	vei^{24}	fei^{33}	kuei^{33}	pɿ^{41}	p^{h}ɿ^{24}	pɿ^{33}	tsɿ^{55}
陇西县	tsue^{44} sue^{44}	ve^{21} ve^{44}	fe^{44}	kue^{44}	pi^{21}	p^{h}i^{13}	pi^{44}	tsɿ^{53}
秦州区	suei^{44}	vei^{44}	fei^{44}	kuei^{44}	pi^{13}	p^{h}i^{13}	pi^{44}	tsɿ^{53}
安定区	suei^{44}	vei^{13}	fei^{44}	kuei^{44}	pi^{13}	p^{h}i^{13}	pi^{44}	tsɿ^{13}
会宁县	tsuei^{44} suei^{44}	uei^{13}	fei^{44}	kuei^{44}	pi^{13}	p^{h}i^{13}	pi^{44}	tsɿ^{53}
临洮县	suei^{44}	vei^{13}	fei^{44}	kuei^{44}	pi^{13}	p^{h}i^{13}	pi^{44}	tsɿ^{53}
清水县	tsuəi^{443} suəi^{443}	vuəi^{443}	fəi^{443}	kuəi^{443}	pəi^{13}	p^{h}i^{13}	pi^{443}	tsɿ^{52}
永靖县	suei^{44}	vei^{213}	fei^{44}	kuei^{44}	pei^{213}	p^{h}i^{213}	pi^{44}	tsɿ^{53}
敦煌市	suei^{44}	vei^{213}	fei^{44}	kuei^{44}	pei^{213}	p^{h}i^{213}	pi^{44}	tsɿ^{51}
临夏市	suei^{53}	vei^{13}	fei^{53}	kuei^{53}	pei^{13}	p^{h}i^{13}	pi^{53}	tsɿ^{42}
合作市	suei^{53}	vei^{13}	fei^{53}	kuei^{53}	pei^{13}	p^{h}i^{13}	pi^{53}	tsɿ^{44}
临潭县	suɪi^{44}	vɪi^{24}	fɪi^{44}	kuɪi^{44}	pɪi^{44}	p^{h}i^{24}	pi^{44}	tsɿ^{51}

	0201 刺	0202 知	0203 池	0204 纸	0205 儿	0206 寄	0207 骑	0208 蚁
	止开三去支清	止开三平支知	止开三平支澄	止开三上支章	止开三平支日	止开三去支见	止开三平支群	止开三上支疑
兰州市	tsʰɿ^{13}	tʂʅ^{55}	tʂʰʅ^{53}	tʂʅ^{34}	ɯ^{53}	tɕi^{13}	tɕʰi^{13}	ʑi^{34}
榆中县	tsʰɿ^{213}	tʂʅ^{51}	tʂʰʅ^{312}	tʂʅ^{44}	ɣɤ^{312}	tɕi^{312}	tɕʰi^{312}	i^{213}
永登县	tsʰɿ^{13}	tʂʅ^{42}	tʂʅ^{53}	tʂʅ^{354}	a^{53}	tɕi^{13}	tɕʰi^{53}	i^{13}
红古区	tsʰɿ^{13}	tʂʅ^{13}	tʂʰʅ^{13}	tʂʅ^{53}	ər^{13}	tsɿ^{13}	tsʰɿ^{13}	zɿ^{13}
凉州区	tsʰɿ^{31}	tʂʅ^{35}	tʂʰʅ^{35}	tsɿ^{35}	ʀɯ^{35}	tɕi^{31}	tɕʰi^{35}	ʑi^{31}
甘州区	tsʰɿ^{31}	tʂʅ^{44}	tʂʰʅ^{53}	tʂʅ^{53}	ɣɤ^{53}	tɕi^{31}	tɕʰi^{53}	ʑi^{31}
肃州区	tsʰɿ^{213}	tʂʅ^{44}	tʂʰʅ^{51}	tsɿ^{51}	ɣə^{51}	tɕi^{213}	tɕʰi^{51}	ʑi^{213}
永昌县	tsʰɿ^{53}	tʂʅ^{44}	tʂʰʅ^{13}	tʂʅ^{13}	ɣɤ^{13}	tɕi^{53}	tɕʰi^{13}	ʑi^{53}
崆峒区	tsʰɿ^{44}	tʂʅ^{21}	tʂʰʅ^{24}	tsɿ^{53}	ɚ^{24}	tɕi^{44}	tɕʰi^{24}	i^{21}
庆城县	tsʰɿ^{244}	tʂʅ^{51}	tʂʰʅ^{113}	tsɿ^{44}	ɚ^{113}	tɕi^{244}	tɕʰi^{113}	i^{244}
宁县	tsʰɿ^{44}	tʂʅ^{31}	tʂʰʅ^{24} tsʰɿ^{24}	tsɿ^{52}	ər^{24}	tɕi^{44}	tɕʰi^{24}	i^{31}
武都区	tsʰɿ^{24}	tʂʅ^{31}	tʂʰʅ^{24}	tsɿ^{55}	ɚ^{13}	tɕi^{24}	tɕʰi^{13}	i^{24}
文县	tsʰɿ^{24}	tsɿ^{31}	tsʰɿ^{13}	tsɿ^{55}	ɯ^{13}	tɕi^{24}	tɕʰi^{13}	ʑi^{13}
康县	tsʰɿ^{24} tsɿ^{24}	tʂʅ^{53}	tʂʰʅ^{211}	tʂʅ^{55}	ɚ^{211}	tɕi^{24}	tɕʰi^{211}	i^{24}
礼县	tsʰɿ^{44}	tʂʅ^{31}	tʂʰʅ^{13}	tsɿ^{52}	ɚ^{13}	tɕi^{44}	tɕʰi^{13}	i^{13}
靖远县	tsʰɿ^{33}	tʂʅ^{41}	tʂʰʅ^{24}	tsɿ^{55}	ər^{24}	tsɿ^{41}	tsʰɿ^{24}	zɿ^{24}
陇西县	tsʰɿ^{53} tsʰɿ^{44}	tʂʅ^{21}	tsʰɿ^{13}	tsɿ^{53}	zɿ^{13} ʌ^{13}	tɕi^{44}	tɕʰi^{13}	ʑi^{21}
秦州区	tsʰɿ^{44}	tʂʅ^{13}	tʂʰʅ^{13}	tsɿ^{53}	ɛ^{13}	tɕi^{44}	tɕʰi^{13}	i^{53}
安定区	tsʰɿ^{44}	tʂʅ^{13}	tʂʰʅ^{13}	tsɿ^{53}	zɿ^{13} ɚ^{13}	tɕi^{44}	tɕʰi^{13}	ʑi^{44}
会宁县	tsʰɿ^{44}	tʂʅ^{13}	tʂʰʅ^{13}	tsɿ^{53}	zɿ^{13} ɚ^{13}	tɕi^{44}	tʰi^{13}	ʑi^{53}
临洮县	tsʰɿ^{44}	tʂʅ^{13}	tʂʰʅ^{13}	tsɿ^{53}	ɚ^{13}	tɕi^{13}	tɕʰi^{13}	ʑi^{53}
清水县	tsʰɿ^{443} tsʰɿ^{13}	tʂʅ^{13}	tʃʰɨ^{13} tʂʰʅ^{13}	tʃɨ^{52}	ʒɨ^{13} ɚ^{13}	tɕi^{443}	tɕʰi^{13}	i^{52}
永靖县	tsʰɿ^{44}	tʂʅ^{213}	tʂʰʅ^{213}	tʂʅ^{53}	ɯ^{213}	tɕʰi^{213}	tɕʰi^{213}	i^{44}
敦煌市	tsʰɿ^{44}	tʂʅ^{213}	tʂʰʅ^{213}	tsɿ^{51}	ər^{213}	tɕi^{44}	tɕʰi^{213}	ʑi^{51}
临夏市	tsʰɿ^{53}	tʂʅ^{13}	tʂʰʅ^{13}	tʂʅ^{42}	ɯ^{13}	tɕi^{53}	tɕʰi^{13}	ʑi^{53}
合作市	tsʰɿ^{53}	tʂʅ^{13}	tʂʰʅ^{13}	tʂʅ^{44}	ei^{13}	tɕi^{13}	tɕʰi^{13}	ʑi^{13}
临潭县	tsʰɿ^{44}	tʂʅ^{44}	tʂʰʅ^{24}	tsɿ^{51}	ɐr^{24}	tɕi^{44}	tɕʰi^{24}	i^{44}

	0209 义	0210 戏	0211 移	0212 比	0213 屁	0214 鼻	0215 眉	0216 地
	止开三去支疑	止开三去支晓	止开三平支以	止开三上脂帮	止开三去脂滂	止开三去脂並	止开三平脂明	止开三去脂定
兰州市	ʑi13	ɕi13	ʑi53	pi34	pʰi13	pi13	mi53	ti13
榆中县	i213	ɕi213	i312	pi44	pʰi213	pi312	mi312	ti213
永登县	i13	ɕi13	i53	pi354	pʰi13	pi53	mi53	ti13
红古区	zɿ13	sɿ13	zʮ13	pɿ53	pʰɿ13	pɿ13	mɿ13	tsɿ13
凉州区	ʑi31	ɕi31	ʑi35	pi35	pʰi31	pi35	mi35	ti31
甘州区	ʑi31	ɕi31	ʑi53	pi53	pʰi31	pi53	mi53	ti31
肃州区	ʑi213	ɕi213	ʑi51	pi51	pʰi213	pi51	mi51	ti213
永昌县	ʑi53	ɕi53	ʑi13	pi13	pʰi53	pi13	mi13	ti53
崆峒区	i44	ɕi44	i24	pi53	pʰi44	pi24	mi24	ti44
庆城县	i244	ɕi244	i113	pi44	pʰi244	pi113	mi113	ti244
宁县	i44	ɕi44	i24	pi52	pʰi44	pʰi24	mi24	tɕʰi44 ti44
武都区	i13	ɕi24	i13	pi55	pʰi24	pʰi24	mi13	ti24
文县	ʑi24	ɕi24	ʑi13	pi55	pʰi24	pʰi13	mi13	tɕʰi24
康县	i24	ɕi24	i211	pi55	pʰi24	pʰi211	mi211	ti24
礼县	i44	ɕi44	i13	pi52	pʰi44	pʰi13	mi13	tʰi44
靖远县	zɿ24	sɿ33	zɿ24	pɿ55	pʰɿ33	pɿ24	mɿ24	tsɿ33
陇西县	ʑi44	ɕi44	ʑi13	pi53	pʰi44	pʰi13	mi13	tɕʰi44 ti44
秦州区	i44	ɕi44	i13	pi53	pʰi44	pʰi13	mi13	tʰi44
安定区	ʑi44	ɕi44	ʑi13	pi53	pʰi44	pʰi13 pi13	mi13	tʰi44
会宁县	ʑi44	ɕi44	ʑi13	pi53	pʰi44	pʰi13	mi13	tʰi44
临洮县	ʑi44	ɕi44	ʑi13	pi53	pʰi44	pʰi13 pi13	mi13	tʰi44
清水县	i443	ɕi443	i13	pi52	pʰi443	pʰi13	mi13	tsʰi443
永靖县	i44	ɕi44	i53	pi53	pʰi44	pi213	mi213	ti44
敦煌市	ʑi44	ɕi44	ʑi213	pi51	pʰi44	pi213	mi213	ti44
临夏市	ʑi53	ɕi53	ʑi13	pi42	pʰi53	pi13	mi13	ti53
合作市	ʑi53	ɕi53	ʑi44	pi44	pʰi53	pi13	mi13	ti53
临潭县	i24	ɕi44	i44	pi51	pʰi44	pi24	mi24	ti44

	0217 梨	0218 资	0219 死	0220 四	0221 迟	0222 师	0223 指	0224 二
	止开三 平脂来	止开三 平脂精	止开三 上脂心	止开三 去脂心	止开三 平脂澄	止开三 平脂生	止开三 上脂章	止开三 去脂日
兰州市	li^{53}	tsɿ^{55}	sɿ^{13}	sɿ^{13}	tʂʰʅ^{53}	ʂʅ^{55}	tʂʅ^{55}	ɯ^{13}
榆中县	li^{312}	tsɿ^{51}	sɿ^{44}	sɿ^{213}	tʂʰʅ^{312}	ʂʅ^{51}	tʂʅ^{44}	ɣɤ^{213}
永登县	li^{53}	tsɿ^{42}	sɿ^{354}	sɿ^{13}	tʂʰʅ^{53}	ʂʅ^{42}	tʂʅ^{354}	a^{13}
红古区	lɿ^{13}	tsɿ^{13}	sɿ^{53}	sɿ^{13}	tʂʰʅ^{13}	ʂʅ^{13}	tʂʅ^{53}	ər^{13}
凉州区	li^{35}	tsɿ^{35}	sɿ^{35}	sɿ^{31}	tsʰɿ^{35}	sɿ^{35}	tsɿ^{35}	ʀɯ^{31}
甘州区	li^{53}	tsɿ^{44}	sɿ^{53}	sɿ^{31}	tʂʰʅ^{53}	ʂʅ^{44}	tʂʅ^{53}	ɣɤ^{31}
肃州区	li^{51}	tsɿ^{44}	sɿ^{51}	sɿ^{213}	tsʰɿ^{51}	sɿ^{44}	tsɿ^{51}	ɣə^{213}
永昌县	li^{13}	tsɿ^{44}	sɿ^{13}	sɿ^{53}	tʂʰʅ^{13}	ʂʅ^{44}	tʂʅ^{13}	ɣɤ^{13}
崆峒区	li^{24}	tsɿ^{21}	sɿ^{53}	sɿ^{44}	tsʰɿ^{24}	sɿ^{21}	tsɿ^{53}	ɚ^{44}
庆城县	li^{113}	tsɿ^{51}	sɿ^{44}	sɿ^{244}	tsʰɿ^{113}	sɿ^{51}	tsɿ^{44}	ɚ^{244}
宁县	li^{24}	tsɿ^{31}	sɿ^{52}	sɿ^{44}	tsʰɿ^{24} tʂʰʅ^{24}	sɿ^{31}	tsɿ^{52}	ər^{44}
武都区	li^{24}	tsɿ^{31}	sɿ^{55}	sɿ^{24}	tsʰɿ^{13}	sɿ^{31}	tsɿ^{55}	ɚ^{13}
文县	ȵi^{13}	tsɿ^{31}	sɿ^{55}	sɿ^{24}	tsʰɿ^{13}	sɿ^{31}	tsɿ^{31}	ɯ^{24}
康县	li^{211}	tsɿ^{53}	sɿ^{55}	sɿ^{24}	tʂʰʅ^{211}	ʂʅ^{53}	tʂʅ^{55}	ɚ^{24}
礼县	li^{13}	tsɿ^{31}	sɿ^{52}	sɿ^{44}	tsʰɿ^{13}	sɿ^{31}	tsɿ^{52}	ɚ^{44}
靖远县	lɿ^{24}	tsɿ^{41}	sɿ^{55}	sɿ^{33}	tsʰɿ^{24}	sɿ^{41}	tsɿ^{55}	ər^{33}
陇西县	li^{13}	tsɿ^{21}	sɿ^{53}	sɿ^{44}	tsʰɿ^{13}	sɿ^{21}	tsɿ^{21} tsɿ^{53}	zɿ^{44} ɐr^{44}
秦州区	li^{13}	tsɿ^{13}	sɿ^{53}	sɿ^{44}	tsʰɿ^{13}	sɿ^{13}	tsɿ^{53}	ε^{44}
安定区	li^{13}	tsɿ^{13}	sɿ^{53}	sɿ^{44}	tsʰɿ^{13}	sɿ^{13}	tsɿ^{13} tsɿ^{53}	zɿ^{44} ɚ^{13}
会宁县	li^{13}	tsɿ^{13}	sɿ^{53}	sɿ^{44}	tsʰɿ^{13}	sɿ^{13}	tsɿ^{13} tsɿ^{53}	zɿ^{44} ɚ^{44}
临洮县	li^{13}	tsɿ^{13}	sɿ^{53}	sɿ^{44}	tsʰɿ^{13}	sɿ^{13}	tsɿ^{53}	ɚ^{44}
清水县	li^{13}	tsɿ^{13}	sɿ^{52}	sɿ^{443}	tʃʰɨ^{13}	ʃɨ^{13}	tʃʰɨ^{52}	ɚ^{443}
永靖县	li^{213}	tsɿ^{53}	sɿ^{53}	sɿ^{44}	tʂʰʅ^{213}	ʂʅ^{213}	tʂʅ^{53} tʂʅ^{213}	ɯ^{44}
敦煌市	li^{213}	tsɿ^{213}	sɿ^{51}	sɿ^{44}	tsʰɿ^{213}	sɿ^{213}	tsɿ^{213}	ər^{44}
临夏市	li^{13}	tsɿ^{13}	sɿ^{42}	sɿ^{53}	tʂʰʅ^{13}	ʂʅ^{13}	tʂʅ^{42}	ɯ^{53}
合作市	li^{13}	tsɿ^{13}	sɿ^{44}	sɿ^{53}	tʂʰʅ^{13}	ʂʅ^{13}	tʂʅ^{13}	ei^{53} ɚ^{53}
临潭县	li^{24}	tsɿ^{44}	sɿ^{51}	sɿ^{44}	tʂʰʅ^{24}	sɿ^{44}	tsɿ^{51}	ɐr^{44}

	0225 饥~饿	0226 器	0227 姨	0228 李	0229 子	0230 字	0231 丝	0232 祠
	止开三 平脂见	止开三 去脂溪	止开三 平脂以	止开三 上之来	止开三 上之精	止开三 去之从	止开三 平之心	止开三 平之邪
兰州市	tɕi^{55}	tɕʰi^{13}	ʑi^{53}	li^{34}	tsɿ^{34}	tsɿ^{13}	sɿ^{55}	tsʰɿ^{13}
榆中县	tɕi^{51}	tɕʰi^{213}	i^{312}	li^{44}	tsɿ^{44}	tsɿ^{213}	sɿ^{51}	tsʰɿ^{312}
永登县	tɕi^{42}	tɕʰi^{13}	i^{53}	li^{354}	tsɿ^{354}	tsɿ^{13}	sɿ^{42}	tsʰɿ^{53}
红古区	tsɿ^{13}	tsʰɿ^{13}	zɿ^{53}	lɿ^{53}	tsɿ^{53}	tsɿ^{13}	sɿ^{13}	tsʰɿ^{13}
凉州区	tɕi^{35}	tɕʰi^{31}	ʑi^{35}	li^{35}	tsɿ^{35}	tsɿ^{31}	sɿ^{35}	tsʰɿ^{35}
甘州区	tɕi^{44}	tɕʰi^{31}	ʑi^{53}	li^{53}	tsɿ^{53}	tsɿ^{31}	sɿ^{44}	tsʰɿ^{53}
肃州区	tɕi^{44}	tɕʰi^{213}	ʑi^{51}	li^{51}	tsɿ^{51}	tsɿ^{213}	sɿ^{44}	tsʰɿ^{51}
永昌县	tɕi^{44}	tɕʰi^{53}	ʑi^{13}	li^{13}	tsɿ^{13}	tsɿ^{53}	sɿ^{44}	tsʰɿ^{13}
崆峒区	tɕi^{21}	tɕʰi^{44}	i^{24}	li^{53}	tsɿ^{53}	tsɿ^{44}	sɿ^{21}	tsʰɿ^{24}
庆城县	tɕi^{51}	tɕʰi^{244}	i^{113}	li^{44}	tsɿ^{44}	tsɿ^{244}	sɿ^{51}	tsʰɿ^{113}
宁县	tɕi^{31}	tɕʰi^{44}	i^{24}	li^{52}	tsɿ^{31}	tsʰɿ^{44} tsɿ^{44}	sɿ^{31}	tsʰɿ^{24}
武都区	tɕi^{31}	tɕʰi^{24}	i^{55}	li^{55}	tsɿ^{55}	tsɿ^{24}	sɿ^{31}	tsʰɿ^{13}
文县	tɕi^{31}	tɕʰi^{24}	ʑi^{13}	ȵi^{55}	tsɿ^{55}	tsɿ^{24}	sɿ^{31}	tsʰɿ^{13}
康县	tɕi^{53}	tɕʰi^{24}	i^{24}	li^{55}	tsɿ^{55}	tsɿ^{24}	sɿ^{53}	tsʰɿ^{211}
礼县	tɕi^{31}	tɕʰi^{44}	i^{13}	li^{52}	tsɿ^{31}	tsʰɿ^{44}	sɿ^{31}	tsʰɿ^{13}
靖远县	tsɿ^{41}	tsʰɿ^{33}	zɿ^{24}	lɿ^{55}	tsɿ^{55}	tsɿ^{33}	sɿ^{41}	tsʰɿ^{24}
陇西县	tɕi^{21}	tɕʰi^{44}	ʑi^{13}	li^{53}	tsɿ^{53}	tsʰɿ^{44}	sɿ^{21}	tsʰɿ^{13}
秦州区	tɕi^{13}	tɕʰi^{44}	i^{13}	li^{53}	tsɿ^{53}	tsʰɿ^{44}	sɿ^{13}	tsʰɿ^{13}
安定区	tɕi^{13}	tɕʰi^{44}	ʑi^{13}	li^{53}	tsɿ^{53}	tsʰɿ^{44} tsɿ^{44}	sɿ^{13}	tsʰɿ^{13}
会宁县	tɕi^{13}	tɕʰi^{44}	ʑi^{13}	li^{53}	tsɿ^{53}	tsʰɿ^{44}	sɿ^{13}	tsʰɿ^{13}
临洮县	tɕi^{13}	tɕʰi^{44}	ʑi^{13}	li^{53}	tsɿ^{53}	tsʰɿ^{44} tsɿ^{44}	sɿ^{13}	sɿ^{13}
清水县	tɕi^{13}	tɕʰi^{443}	i^{13}	li^{52}	tsɿ^{52}	tsʰɿ^{443}	sɿ^{13}	tsʰɿ^{13}
永靖县	tɕi^{213}	tɕʰi^{44}	i^{213}	li^{53}	tsɿ^{53}	tsɿ^{44}	sɿ^{213}	tsʰɿ^{213}
敦煌市	tɕi^{213}	tɕʰi^{44}	zi^{213}	li^{51}	tsɿ^{51}	tsɿ^{44}	sɿ^{213}	tsʰɿ^{213}
临夏市	tɕi^{13}	tɕʰi^{53}	ʑi^{13}	li^{42}	tsɿ^{42}	tsɿ^{53}	sɿ^{13}	tsʰɿ^{13}
合作市	tɕi^{13}	tɕʰi^{53}	ʑi^{13}	li^{44}	tsɿ^{44}	tsɿ^{53}	sɿ^{13}	tsʰɿ^{13}
临潭县	tɕi^{24}	tɕʰi^{44}	i^{24}	li^{51}	tsɿ^{51}	tsɿ^{44}	sɿ^{44}	tsʰɿ^{24}

	0233 寺	0234 治	0235 柿	0236 事	0237 使	0238 试	0239 时	0240 市
	止开三去之邪	止开三去之澄	止开三上之崇	止开三去之崇	止开三上之生	止开三去之书	止开三平之禅	止开三上之禅
兰州市	sɿ^{13}	tʂʅ^{13}	ʂʅ^{13}	ʂʅ^{13}	ʂʅ^{34}	ʂʅ^{13}	ʂʅ^{53}	ʂʅ^{13}
榆中县	sɿ^{213}	tʂʅ^{213}	ʂʅ^{213}	ʂʅ^{213}	ʂʅ^{44}	ʂʅ^{213}	ʂʅ^{312}	ʂʅ^{213}
永登县	sɿ^{13}	tʂʅ^{13}	ʂʅ^{13}	ʂʅ^{13}	ʂʅ^{354}	ʂʅ^{13}	ʂʅ^{53}	ʂʅ^{13}
红古区	sɿ^{13}	tʂʅ^{13}	ʂʅ^{13}	ʂʅ^{13}	ʂʅ^{53}	ʂʅ^{13}	ʂʅ^{13}	ʂʅ^{13}
凉州区	sɿ^{31}	tʂʅ^{31}	sɿ^{31}	sɿ^{31}	sɿ^{35}	sɿ^{31}	sɿ^{35}	sɿ^{31}
甘州区	sɿ^{31}	tʂʅ^{31}	ʂʅ^{31}	ʂʅ^{31}	ʂʅ^{53}	ʂʅ^{31}	ʂʅ^{53}	ʂʅ^{31}
肃州区	sɿ^{213}	tʂʅ^{213}	sɿ^{213}	sɿ^{213}	sɿ^{51}	sɿ^{213}	sɿ^{51}	sɿ^{213}
永昌县	sɿ^{44}	tʂʅ^{53}	ʂʅ^{53}	ʂʅ^{53}	ʂʅ^{13}	ʂʅ^{53}	ʂʅ^{13}	ʂʅ^{53}
崆峒区	sɿ^{44}	tʂʅ^{44}	sɿ^{44}	sɿ^{44}	sɿ^{44}	sɿ^{44}	sɿ^{24}	sɿ^{44}
庆城县	sɿ^{51}	tsɿ^{44} tʂʅ^{44}	sɿ^{244}	sɿ^{244}	sɿ^{244}	sɿ^{244}	sɿ^{113}	sɿ^{244}
宁县	sɿ^{44}	tʂʅ^{44}	sɿ^{44}	sɿ^{44}	sɿ^{52}	tsɿ^{44} sɿ^{44}	sɿ^{24}	sɿ^{44}
武都区	sɿ^{24}	tʂʅ^{24}	sɿ^{24}	sɿ^{24}	sɿ^{55}	sɿ^{13}	sɿ^{24}	sɿ^{24}
文县	sɿ^{24}	tsɿ^{24}	sɿ^{24}	sɿ^{24}	sɿ^{55}	sɿ^{24}	sɿ^{13}	sɿ^{24}
康县	sɿ^{24}	tʂʅ^{24}	ʂʅ^{24}	ʂʅ^{24}	ʂʅ^{55}	ʂʅ^{24}	ʂʅ^{211}	ʂʅ^{24} sɿ^{24}
礼县	sɿ^{44}	tʂʅ^{44}	sɿ^{44}	sɿ^{44}	sɿ^{52}	sɿ^{44}	sɿ^{13}	sɿ^{44}
靖远县	sɿ^{33}	tʂʅ^{33}	sɿ^{33}	sɿ^{33}	sɿ^{55}	sɿ^{33}	sɿ^{24}	sɿ^{33}
陇西县	sɿ^{44}	tʂʅ^{44}	sɿ^{44}	sɿ^{44}	sɿ^{53}	sɿ^{44}	sɿ^{13}	sɿ^{44}
秦州区	sɿ^{44}	tʂʅ^{44}	sɿ^{44}	sɿ^{44}	sɿ^{53}	sɿ^{44}	sɿ^{13}	sɿ^{44}
安定区	sɿ^{13}	tʂʅ^{44}	sɿ^{44}	sɿ^{44}	sɿ^{53}	sɿ^{44}	sɿ^{13}	sɿ^{44}
会宁县	sɿ^{44}	tʂʅ^{44}	sɿ^{44}	sɿ^{44}	sɿ^{53}	sɿ^{44}	sɿ^{13}	sɿ^{44}
临洮县	sɿ^{44}	tʂʅ^{44}	sɿ^{44}	sɿ^{44}	sɿ^{53}	sɿ^{44}	sɿ^{13}	sɿ^{44}
清水县	sɿ^{443}	tʂʅ^{443}	ʃɨ^{443}	ʃɨ^{443}	ʃɨ^{52}	ʃɨ^{443}	ʃɨ^{13}	ʃɨ^{443}
永靖县	sɿ^{44}	tʂʅ^{44}	ʂʅ^{44}	ʂʅ^{53}	ʂʅ^{53}	ʂʅ^{44}	ʂʅ^{213}	ʂʅ^{44}
敦煌市	sɿ^{44}	tʂʅ^{44}	sɿ^{44}	sɿ^{44}	sɿ^{51}	sɿ^{44}	sɿ^{213}	sɿ^{44}
临夏市	sɿ^{53}	tʂʅ^{53}	ʂʅ^{53}	ʂʅ^{53}	ʂʅ^{42}	ʂʅ^{53}	ʂʅ^{13}	ʂʅ^{53}
合作市	sɿ^{53}	tʂʅ^{53}	ʂʅ^{53}	ʂʅ^{53}	ʂʅ^{53}	ʂʅ^{53}	ʂʅ^{13}	ʂʅ^{53}
临潭县	sɿ^{44}	tʂʅ^{44}	sɿ^{44}	sɿ^{44}	sɿ^{44}	sɿ^{44}	sɿ^{24}	sɿ^{44}

	0241 耳	0242 记	0243 棋	0244 喜	0245 意	0246 几~个	0247 气	0248 希
	止开三 上之日	止开三 去之见	止开三 平之群	止开三 上之晓	止开三 去之影	止开三 上微见	止开三 去微溪	止开三 平微晓
兰州市	ɯ^{34}	tɕi^{13}	tɕʰi^{53}	ɕi^{34}	ʑi^{13}	tɕi^{34}	tɕʰi^{13}	ɕi^{55}
榆中县	ɣɤ^{44}	tɕi^{213}	tɕʰi^{312}	ɕi^{44}	i^{213}	tɕi^{44}	tɕʰi^{213}	ɕi^{312}
永登县	a^{354}	tɕi^{13}	tɕʰi^{53}	ɕi^{354}	i^{13}	tɕi^{354}	tɕʰi^{13}	ɕi^{42}
红古区	ər^{53}	tsɿ^{13}	tsʰɿ^{13}	sɿ^{53}	zɿ^{13}	tsɿ^{53}	tsʰɿ^{13}	sɿ^{13}
凉州区	ʀɯ^{35}	tɕi^{31}	tɕʰi^{35}	ɕi^{35}	ʑi^{31}	tɕi^{35}	tɕʰi^{31}	ɕi^{35}
甘州区	ɣɤ^{53}	tɕi^{31}	tɕʰi^{53}	ɕi^{53}	ʑi^{31}	tɕi^{53}	tɕʰi^{31}	ɕi^{44}
肃州区	ɣə^{51}	tɕi^{213}	tɕʰi^{51}	ɕi^{51}	ʑi^{213}	tɕi^{51}	tɕʰi^{213}	ɕi^{44}
永昌县	ɣɤ^{13}	tɕi^{53}	tɕʰi^{13}	ɕi^{13}	ʑi^{53}	tɕi^{44}	tɕʰi^{53}	ɕi^{44}
崆峒区	ɚ^{53}	tɕi^{44}	tɕʰi^{24}	ɕi^{53}	i^{44}	tɕi^{53}	tɕʰi^{44}	ɕi^{21}
庆城县	ɚ^{44}	tɕi^{244}	tɕʰi^{113}	ɕi^{44}	i^{244}	tɕi^{44}	tɕʰi^{244}	ɕi^{51}
宁县	ər^{52}	tɕi^{44}	tɕʰi^{24}	ɕi^{52}	i^{44}	tɕi^{52}	tɕʰi^{44}	ɕi^{52}
武都区	ɚ^{55}	tɕi^{24}	tɕʰi^{24}	ɕi^{55}	i^{13}	tɕi^{55}	tɕʰi^{24}	ɕi^{31}
文县	ɯ^{55}	tɕi^{24}	tɕʰi^{13}	ɕi^{55}	ʑi^{24}	tɕi^{55}	tɕʰi^{24}	ɕi^{13}
康县	ɚ^{55}	tɕi^{24}	tɕʰi^{211}	ɕi^{55}	i^{24}	tɕi^{55}	tɕʰi^{24}	ɕi^{53}
礼县	ɚ^{52}	tɕi^{44}	tɕʰi^{13}	ɕi^{52}	i^{44}	tɕi^{52}	tɕʰi^{44}	ɕi^{31}
靖远县	ər^{55}	tsɿ^{33}	tsʰɿ^{24}	sɿ^{41}	zɿ^{33}	tsɿ^{55}	tsʰɿ^{33}	sɿ^{41}
陇西县	ʒʮ^{53} ɐr^{53}	tɕi^{44}	tɕʰi^{13}	ɕi^{53}	ʑi^{44}	tɕi^{53}	tɕʰi^{44}	ɕi^{21}
秦州区	ɛ^{53}	tɕi^{44}	tɕʰi^{13}	ɕi^{53}	i^{44}	tɕi^{53}	tɕʰi^{44}	ɕi^{13}
安定区	zɿ^{53} ɚ^{13}	tɕi^{44}	tɕʰi^{13}	ɕi^{53}	ʑi^{44}	tɕi^{13}	tɕʰi^{44}	ɕi^{13}
会宁县	zɿ^{53} ɚ^{53}	tɕi^{44}	tɕʰi^{13}	ɕi^{53}	ʑi^{44}	tɕi^{53}	tɕʰi^{44}	ɕi^{13}
临洮县	ɚ^{53}	tɕi^{44}	tɕʰi^{13}	ɕi^{53}	ʑi^{44}	tɕi^{53}	tɕʰi^{44}	ɕi^{13}
清水县	ʒɨ^{52} ɚ^{52}	tɕi^{443}	tɕʰi^{13}	ɕi^{52}	i^{443}	tɕi^{52}	tɕʰi^{443}	ɕi^{13}
永靖县	ɯ^{53}	tɕi^{44}	tɕʰi^{213}	ɕi^{53}	i^{44}	tɕi^{53}	tɕʰi^{44}	ɕi^{213}
敦煌市	ər^{51}	tɕi^{44}	tɕʰi^{213}	ɕi^{51}	ʑi^{44}	tɕi^{51}	tɕʰi^{44}	ɕi^{213}
临夏市	ɯ^{42}	tɕi^{53}	tɕʰi^{13}	ɕi^{42}	ʑi^{53}	tɕi^{42}	tɕʰi^{53}	ɕi^{13}
合作市	ei^{44} ɚ^{44}	tɕi^{53}	tɕʰi^{13}	ɕi^{44}	ʑi^{44}	tɕi^{44}	tɕʰi^{53}	ɕi^{13}
临潭县	ɐr^{51}	tɕi^{44}	tɕʰi^{24}	ɕi^{51}	i^{44}	tɕi^{51}	tɕʰi^{44}	ɕi^{44}

	0249 衣	0250 嘴	0251 随	0252 吹	0253 垂	0254 规	0255 亏	0256 跪
	止开三 平微影	止合三 上支精	止合三 平支邪	止合三 平支昌	止合三 平支禅	止合三 平支见	止合三 平支溪	止合三 上支群
兰州市	ʑi^{55}	tsuei^{34}	suei^{53}	pfʰuei^{55}	pfʰuei^{53}	kuei^{55}	kʰuei^{55}	kuei^{13}
榆中县	i^{51}	tsuei^{44}	suei^{312}	tʂʰuei^{51}	tʂʰuei^{312}	kuei^{51}	kʰuei^{51}	kuei^{213}
永登县	i^{42}	tsuei^{354}	suei^{53}	pfʰei^{42}	pfei^{13}	kei^{42}	kʰuei^{42}	kuei^{13}
红古区	zɿ^{13}	tsuei^{53}	suei^{13}	tʂʰuei^{13}	tʂʰuei^{13}	kuei^{13}	kʰuei^{13}	kuei^{13}
凉州区	ʑi^{35}	tsuei^{35}	suei^{35}	tʂʰuei^{35}	tʂʰuei^{35}	kuei^{35}	kʰuei^{35}	kuei^{31}
甘州区	ʑi^{44}	tsuei^{53}	suei^{53}	kʰuei^{44}	kʰuei^{44}	kuei^{44}	kʰuei^{44}	kuei^{31}
肃州区	ʑi^{44}	tsuei^{51}	suei^{51}	tʂʰuei^{44}	tʂʰuei^{51}	kuei^{44}	kʰuei^{44}	kuei^{213}
永昌县	ʑi^{44}	tsuei^{13}	suei^{13}	tʂʰuei^{44}	tʂʰuei^{44}	kuei^{44}	kʰuei^{44}	kuei^{53}
崆峒区	i^{21}	tsuei^{53}	suei^{24}	tʂʰuei^{21}	tʂʰuei^{44}	kuei^{21}	kʰuei^{21}	kʰuei^{44}
庆城县	i^{51}	tsuei^{44}	suei^{113}	tʂʰuei^{51}	tʂʰuei^{113}	kuei^{51} kʰuei^{51}	kʰuei^{51}	kʰuei^{244}
宁县	ȵiɛ^{31} i^{31}	tsuei^{52}	suei^{24}	tʃʰuei^{31}	tʃʰuei^{44}	kʰuei^{31} kuei^{31}	kʰuei^{31}	kʰuei^{44}
武都区	i^{31}	tsuei^{55}	suei^{13}	tʃʰuei^{31}	tʃʰuei^{13}	kʰuei^{31}	kʰuei^{31}	kʰuei^{24}
文县	ʑi^{31}	tsuei^{55}	suei^{13}	tsʰuei^{31}	tsʰuei^{13}	kʰuei^{31}	kʰuei^{31}	kʰuei^{24}
康县	i^{53}	tsuei^{55}	suei^{211}	pfʰuei^{53}	pfʰuei^{211}	kuei^{53}	kʰuei^{53}	kʰuei^{24}
礼县	i^{31}	tʃuei^{52}	ʃuei^{13}	tʃʰuei^{31}	tʃʰuei^{13}	kʰuei^{31}	kʰuei^{31}	kʰuei^{44}
靖远县	zɿ^{41}	tsuei^{55}	suei^{24}	tʂʰuei^{41}	tʂʰuei^{24}	kuei^{41}	kʰuei^{41}	kuei^{33}
陇西县	ʑi^{21}	tsue^{53}	sue^{13}	tʃʰʯe^{21}	tʂʰue^{13}	kue^{21}	kʰue^{21}	kʰue^{44}
秦州区	i^{13}	tsuei^{53}	suei^{13}	tsʰuei^{13}	tsʰuei^{13}	kʰuei^{13}	kʰuei^{13}	kʰuei^{44}
安定区	ʑi^{13}	tsuei^{53}	suei^{13}	tʃʰuei^{13}	tʃʰuei^{13}	kuei^{13}	kʰuei^{13}	kʰuei^{44}
会宁县	ʑi^{13}	tsuei^{53}	suei^{13}	tʃʰuei^{13}	tʃʰuei^{44}	kʰuei^{13}	kʰuei^{13}	kʰuei^{44}
临洮县	ʑi^{13}	tsuei^{53}	suei^{13}	tʂʰuei^{13}	tʂʰuei^{44}	kʰuei^{13}	kʰuei^{13}	kʰuei^{44}
清水县	i^{13}	tsuəi^{52}	suəi^{13}	tʃʰəi^{13}	tʃʰəi^{13}	kʰuəi^{13}	kʰuəi^{13}	kʰuəi^{443}
永靖县	i^{213}	tsuei^{53}	suei^{213}	tʂʰuei^{213}	tʂʰuei^{213}	kuei^{213}	kʰuei^{213}	kuei^{44}
敦煌市	ʑi^{213}	tsuei^{51}	suei^{213}	tʂʰuei^{213}	tʂʰuei^{44}	kuei^{213}	kʰuei^{213}	kuei^{44}
临夏市	ʑi^{13}	tsuei^{42}	suei^{13}	tʂʰuei^{13}	tʂʰuei^{13}	kuei^{13}	kʰuei^{13}	kʰuei^{53}
合作市	ʑi^{13}	tsuei^{44}	suei^{13}	tʂʰuei^{13}	tʂʰuei^{13}	kuei^{13}	kʰuei^{13}	kʰuei^{53}
临潭县	i^{44}	tsuɪ^{51}	suɪ^{24}	tsʰuɪ^{44}	tsʰuɪ^{24}	kʰuɪ^{24}	kʰuɪ^{44}	kʰuɪ^{44}

	0257 危	0258 类	0259 醉	0260 追	0261 锤	0262 水	0263 龟	0264 季
	止合三平支疑	止合三去脂来	止合三去脂精	止合三平脂知	止合三平脂澄	止合三上脂书	止合三平脂见	止合三去脂见
兰州市	vei^{55}	luei^{13}	tsuei^{13}	pfei^{55}	pf^{h}ei^{53}	fei^{34}	kuei^{55}	tɕi^{13}
榆中县	vei^{51}	luei^{213}	tsuei^{213}	tʂuei^{51}	tʂ^{h}uei^{312}	ʂuei^{44}	kuei^{51}	tɕi^{213}
永登县	vei^{53}	nuei^{13}	tsuei^{13}	pfei^{42}	pf^{h}ei^{53}	fei^{354}	kuei^{42}	tɕi^{13}
红古区	vei^{53}	luei^{53}	tsuei^{13}	tʂuei^{13}	tʂ^{h}uei^{13}	fei^{53}	kuei^{13}	tsʅ^{13}
凉州区	vei^{35}	luei^{35}	tsuei^{31}	tʂuei^{35}	tʂ^{h}uei^{35}	ʂuei^{35}	kuei^{35}	tɕi^{31}
甘州区	vei^{44}	luei^{53}	tsuei^{31}	kuei^{44}	k^{h}uei^{53}	fei^{53}	kuei^{44}	tɕi^{31}
肃州区	vei^{44}	lei^{213}	tsuei^{213}	tʂuei^{44}	tʂ^{h}uei^{51}	ʂuei^{51}	kuei^{44}	tɕi^{213}
永昌县	vei^{44}	luei^{13}	tsuei^{53}	tʂuei^{44}	tʂ^{h}uei^{13}	ʂei^{13}	kuei^{44}	tɕi^{53}
崆峒区	uei^{21}	luei^{53}	tsuei^{44}	tʂuei^{21}	tʂ^{h}uei^{24}	ʂuei^{53}	kuei^{21}	tɕi^{44}
庆城县	vei^{51}	nuei^{244} luei^{244}	tsuei^{244}	tʂuei^{51}	tʂ^{h}uei^{113}	ʂuei^{44}	kuei^{51}	tɕi^{244}
宁县	uei^{31}	luei^{44}	tsuei^{44}	tʃuei^{31}	tʃ^{h}uei^{24}	ʃuei^{52}	kuei^{31}	tɕi^{44}
武都区	vei^{31}	luei^{55}	tsuei^{24}	tʃuei^{31}	tʃ^{h}uei^{13}	ʃuei^{55}	kuei^{31}	tɕi^{24}
文县	uei^{31}	luei^{24}	tsuei^{24}	tsuei^{31}	ts^{h}uei^{13}	suei^{55}	kuei^{31}	tɕi^{24}
康县	vei^{211}	luei^{24}	tsuei^{24}	pfuei^{53}	pf^{h}uei^{211}	fei^{55}	kuei^{53}	tɕi^{24}
礼县	vei^{31}	nuei^{44}	tʃuei^{44}	tʃuei^{31}	tʃ^{h}uei^{13}	ʃuei^{52}	kuei^{31}	tɕi^{44}
靖远县	vei^{41}	luei^{33}	tsuei^{33}	tʂuei^{41}	tʂ^{h}uei^{24}	ʂuei^{55}	kuei^{41}	tsʅ^{33}
陇西县	ve^{53}	lue^{44}	tsue^{44}	tʃʮe^{21}	tʃ^{h}ʮe^{13}	ʃʮe^{53}	kue^{21}	tɕi^{44}
秦州区	vei^{13}	luei^{44}	tsuei^{44}	tsuei^{13}	ts^{h}uei^{13}	suei^{53}	kuei^{13}	tɕi^{44}
安定区	vei^{53}	luei^{44}	tsuei^{44}	tʃuei^{13}	tʃ^{h}uei^{13}	ʃuei^{53}	kuei^{13}	tɕi^{44}
会宁县	uei^{53}	luei^{44}	tsuei^{44}	tʃuei^{13}	tʃ^{h}uei^{13}	ʃuei^{53}	kuei^{13}	tɕi^{44}
临洮县	vei^{13}	luei^{44}	tsuei^{44}	tʂuei^{13}	tʂ^{h}uei^{13}	ʂuei^{53}	kuei^{13}	tɕi^{44}
清水县	vəi^{13}	luəi^{443}	tsuəi^{443}	tʃəi^{13}	tʃ^{h}əi^{13}	ʃəi^{52}	kuəi^{13}	tɕi^{443}
永靖县	vei^{213}	luei^{44}	tsuei^{44}	tʂuei^{213}	tʂ^{h}uei^{213}	ʂuei^{53}	kuei^{213}	tɕi^{44}
敦煌市	vei^{213}	luei^{44}	tsuei^{44}	tʂuei^{213}	tʂ^{h}uei^{213}	ʂuei^{51}	kuei^{213}	tɕi^{44}
临夏市	vei^{13}	luei^{53}	tsuei^{53}	tʂuei^{13}	tʂ^{h}uei^{13}	ʂuei^{42}	kuei^{13}	tɕi^{53}
合作市	vei^{13}	luei^{53}	tsuei^{53}	tʂuei^{13}	tʂ^{h}uei^{13}	ʂuei^{44}	kuei^{13}	tɕi^{53}
临潭县	vɪi^{51}	luɪi^{51}	tsuɪi^{44}	tsuɪi^{44}	ts^{h}uɪi^{24}	suɪi^{51}	kuɪi^{44}	tɕi^{44}

	0265 柜	0266 位	0267 飞	0268 费	0269 肥	0270 尾	0271 味	0272 鬼
	止合三 去脂群	止合三 去脂云	止合三 平微非	止合三 去微敷	止合三 平微奉	止合三 上微微	止合三 去微微	止合三 上微见
兰州市	kuei^{13}	vei^{13}	fei^{55}	fei^{13}	fei^{53}	ʐi^{34}	vei^{13}	kuei^{34}
榆中县	kuei^{213}	vei^{213}	fei^{51}	fei^{213}	fei^{312}	i^{44} vei^{51}	vei^{213}	kuei^{44}
永登县	kuei^{13}	vei^{13}	fei^{42}	fei^{13}	fei^{53}	i^{354}	vei^{13}	kuei^{354}
红古区	kuei^{13}	vei^{13}	fei^{13}	fei^{13}	fei^{13}	zɿ^{53} vei^{55}	vei^{13}	kuei^{53}
凉州区	kuei^{31}	vei^{31}	fei^{35}	fei^{31}	fei^{35}	ʐi^{35} vei^{35}	vei^{31}	kuei^{35}
甘州区	kuei^{31}	vei^{31}	kei^{44}	fei^{31}	fei^{53}	ʐi^{53} vei^{53}	vei^{31}	kuei^{53}
肃州区	kuei^{213}	vei^{213}	fei^{44}	fei^{213}	fei^{51}	ʐi^{51} vei^{51}	vei^{213}	kuei^{51}
永昌县	kuei^{53}	vei^{53}	fei^{44}	fei^{53}	fei^{13}	ʐi^{13} vei^{13}	vei^{53}	kuei^{13}
崆峒区	kuei^{44}	uei^{44}	fei^{21}	fei^{44}	fei^{24}	uei^{53}	uei^{44}	kuei^{53}
庆城县	kuei^{244}	vei^{244}	fei^{51}	fei^{244}	fei^{113}	i^{44} vei^{51}	vei^{244}	kuei^{44}
宁县	k^{h}uei^{44}	uei^{44}	fei^{31}	fei^{44}	fei^{24}	i^{52} uei^{52}	uei^{44}	kuei^{52}
武都区	k^{h}uei^{24}	vei^{24}	fei^{31}	fei^{24}	fei^{24}	ɿ^{55}	y^{24} vei^{24}	kuei^{55}
文县	k^{h}uei^{24}	uei^{24}	fei^{31}	fei^{24}	fei^{13}	uei^{55} ʐi^{55}	uei^{24}	kuei^{55}
康县	k^{h}uei^{24}	vei^{24}	fei^{53}	fei^{24}	fei^{211}	vei^{55}	vei^{24}	kuei^{55}
礼县	k^{h}uei^{44}	vei^{44}	fei^{31}	fei^{44}	fei^{13}	i^{52} vei^{52}	y^{44} vei^{44}	kuei^{52}
靖远县	kuei^{33}	vei^{33}	fei^{41}	fei^{33}	fei^{24}	zɿ^{55} vei^{55}	vei^{33}	kuei^{55}
陇西县	k^{h}ue^{44}	ve^{44}	fe^{21}	fe^{44}	fe^{13}	ʐi^{53} ve^{53}	ve^{44}	kue^{53}
秦州区	kuei^{44}	vei^{44}	fei^{13}	fei^{44}	fei^{13}	vei^{53}	vei^{44}	kuei^{53}
安定区	k^{h}uei^{44}	vei^{44}	fei^{13}	fei^{44}	fei^{13}	ʐi^{53} vei^{13}	vei^{44}	kuei^{53}
会宁县	k^{h}uei^{44}	uei^{44}	fei^{13}	fei^{44}	fei^{13}	ʐi^{53} uei^{53}	uei^{44}	kuei^{53}
临洮县	k^{h}uei^{44}	vei^{44}	fei^{13}	fei^{44}	fei^{13}	ʐi^{53} vei^{53}	vei^{44}	kuei^{53}
清水县	k^{h}uəi^{443}	vəi^{443}	fəi^{13}	fəi^{443}	fəi^{52}	i^{52} vəi^{52}	y^{443} vəi^{443}	kuəi^{52}
永靖县	kuei^{44}	vei^{44}	fei^{213}	fei^{44}	fei^{213}	i^{53} vei^{53}	vei^{44}	kuei^{53}
敦煌市	kuei^{44}	vei^{44}	fei^{213}	fei^{44}	fei^{213}	ʐi^{51} vei^{51}	vei^{44}	kuei^{51}
临夏市	kuei^{53}	vei^{53}	fei^{13}	fei^{53}	fei^{13}	ʐi^{42} vei^{42}	vei^{53}	kuei^{42}
合作市	kuei^{53}	vei^{53}	fei^{13}	fei^{53}	fei^{13}	ʐi^{44} vei^{44}	vei^{53}	kuei^{44}
临潭县	kuɪi^{44}	vɪi^{44}	fɪi^{44}	fɪi^{44}	fɪi^{24}	i^{51}	vɪi^{51}	kuɪi^{51}

	0273 贵	0274 围	0275 胃	0276 宝	0277 抱	0278 毛	0279 帽	0280 刀
	止合三去微见	止合三平微云	止合三去微云	效开一上豪帮	效开一上豪並	效开一平豪明	效开一去豪明	效开一平豪端
兰州市	kuei^{13}	vei^{53}	vei^{13}	pɔ^{34}	pɔ^{13}	mɔ^{53}	mɔ^{13}	tɔ^{55}
榆中县	kuei^{213}	vei^{312}	vei^{213}	pɔ^{44}	mɔ^{213}	mɔ^{312}	mɔ^{213}	tɔ^{51}
永登县	kuei^{13}	vei^{53}	vei^{13}	pɔ^{354}	pɔ^{13}	mɔ^{53}	mɔ^{13}	tɔ^{42}
红古区	kuei^{13}	vei^{13}	vei^{13}	pɔ^{53}	pɔ^{13}	mɔ^{13}	mɔ^{13}	tɔ^{13}
凉州区	kuei^{31}	vei^{35}	vei^{31}	pɑo^{35}	pɑo^{31}	mɑo^{35}	mɑo^{31}	tɑo^{35}
甘州区	kuei^{31}	vei^{44}	vei^{31}	pɔ^{53}	pɔ^{31}	mɔ^{53}	mɔ^{31}	tɔ^{44}
肃州区	kuei^{213}	vei^{51}	vei^{213}	pɔ^{51}	pɔ^{213}	mɔ^{51}	mɔ^{213}	tɔ^{44}
永昌县	kuei^{53}	vei^{44}	vei^{53}	pɔo^{13}	pɔo^{53}	mɔo^{13}	mɔo^{53}	tɔo^{44}
崆峒区	kuei^{44}	uei^{24}	uei^{44}	pɔ^{53}	pɔ^{44}	mɔ^{24}	mɔ^{44}	tɔ^{21}
庆城县	kuei^{244}	vei^{113}	vei^{244}	pɔ^{44}	mɔ^{244}	mɔ^{113}	mɔ^{244}	tɔ^{51}
宁县	kuei^{44}	uei^{24}	uei^{44}	pɔ^{52}	pɔ^{44}	mu^{24} mɔ^{24}	mɔ^{44}	tɔ^{31}
武都区	kuei^{24}	vei^{13}	vei^{13}	pɔu^{55}	pɔu^{24}	mɔu^{13}	mɔu^{24}	tɔu^{31}
文县	kuei^{24}	uei^{13}	uei^{24}	pɔo^{55}	pɔo^{24}	mɔo^{13}	mɔo^{24}	tɔo^{31}
康县	kuei^{24}	vei^{211}	vei^{24}	pɔo^{55}	pɔo^{24}	mɔo^{211}	mɔo^{24}	tɔo^{53}
礼县	kuei^{44}	vei^{13}	vei^{44}	pɔo^{52}	pɔo^{44}	mɔo^{13}	mɔo^{44}	tɔo^{31}
靖远县	kuei^{33}	vei^{24}	vei^{33}	pɑo^{55}	pɑo^{33}	mɑo^{24}	mɑo^{33}	tɑo^{41}
陇西县	kue^{44}	ve^{13}	ve^{44}	pɔo^{53}	pɔo^{44}	mɔo^{13}	mɔo^{44}	tɔo^{21}
秦州区	kuei^{44}	vei^{13}	vei^{44}	pɔ^{53}	pɔ^{44}	mɔ^{13}	mɔ^{44}	tɔ^{13}
安定区	kuei^{44}	vei^{13}	vei^{44}	pɔ^{53}	pɔ^{44}	mɔ^{13}	mɔ^{44}	tɔ^{13}
会宁县	kuei^{44}	uei^{13}	uei^{44}	pɔ^{53}	pɔ^{44}	mɔ^{13}	mɔ^{44}	tɔ^{13}
临洮县	kuei^{44}	vei^{13}	vei^{44}	pɔ^{53}	pɔ^{44}	mɔ^{13}	mɔ^{44}	tɔ^{13}
清水县	kuəi^{443}	vəi^{13}	vəi^{443}	pɔ^{52}	pɔ^{443}	mɔ^{13}	mɔ^{443}	tɔ^{13}
永靖县	kuei^{44}	vei^{213}	vei^{44}	pɔ^{53}	pɔ^{44}	mɔ^{213}	mɔ^{44}	tɔ^{213}
敦煌市	kuei^{44}	vei^{213}	vei^{44}	pɔ^{51}	pɔ^{44}	mɔ^{213}	mɔ^{44}	tɔ^{213}
临夏市	kuei^{53}	vei^{13}	vei^{53}	pɔ^{42}	pɔ^{53}	mɔ^{13}	mɔ^{53}	tɔ^{13}
合作市	kuei^{53}	vei^{13}	vei^{53}	pɔ^{44}	pɔ^{53}	mɔ^{13}	mɔ^{53}	tɔ^{13}
临潭县	kuɪi^{44}	vɪi^{24}	vɪi^{44}	pɔo^{51}	pɔo^{44}	mɔo^{24}	mɔo^{44}	tɔo^{44}

	0281 讨 效开一 上豪透	0282 桃 效开一 平豪定	0283 道 效开一 上豪定	0284 脑 效开一 上豪泥	0285 老 效开一 上豪来	0286 早 效开一 上豪精	0287 灶 效开一 去豪精	0288 草 效开一 上豪清
兰州市	tʰɔ^{34}	tʰɔ^{53}	tɔ^{13}	nɔ^{34}	lɔ^{34}	tsɔ^{34}	tsɔ^{13}	tsʰɔ^{34}
榆中县	tʰɔ^{51}	tʰɔ^{312}	tɔ^{213}	nɔ^{44}	lɔ^{44}	tsɔ^{44}	tsɔ^{213}	tsʰɔ^{44}
永登县	tʰɔ^{354}	tʰɔ^{53}	tɔ^{13}	nɔ^{354}	lɔ^{354}	tsɔ^{354}	tsɔ^{13}	tsʰɔ^{354}
红古区	tʰɔ^{13}	tʰɔ^{13}	tɔ^{13}	nɔ^{53}	lɔ^{53}	tsɔ^{53}	tsɔ^{13}	tsʰɔ^{53}
凉州区	tʰɑo^{35}	tʰɑo^{35}	tɑo^{31}	nɑo^{35}	lɑo^{35}	tsɑo^{35}	tsɑo^{31}	tsʰɑo^{35}
甘州区	tʰɔ^{53}	tʰɔ^{53}	tɔ^{31}	nɔ^{53}	lɔ^{53}	tsɔ^{53}	tsɔ^{31}	tsʰɔ^{53}
肃州区	tʰɔ^{51}	tʰɔ^{51}	tɔ^{213}	nɔ^{51}	lɔ^{51}	tsɔ^{213}	tsɔ^{213}	tsʰɔ^{51}
永昌县	tʰɔo^{13}	tʰɔo^{13}	tɔo^{53}	nɔo^{13}	lɔo^{13}	tsɔo^{13}	tsɔo^{53}	tsʰɔo^{13}
崆峒区	tʰɔ^{53}	tʰɔ^{24}	tɔ^{44}	nɔ^{53}	lɔ^{53}	tsɔ^{53}	tsɔ^{44}	tsʰɔ^{53}
庆城县	tʰɔ^{44}	tʰɔ^{113}	tɔ^{244}	nɔ^{44}	lɔ^{44}	tsɔ^{44}	tsɔ^{244}	tsʰɔ^{44}
宁县	tʰɔ^{52}	tʰɔ^{24}	tʰɔ^{44} tɔ^{44}	nɔ^{52}	lɔ^{52}	tsɔ^{52}	tsɔ^{44}	tsʰɔ^{52}
武都区	tʰɔu^{55}	tʰɔu^{13}	tɔu^{24}	lɔu^{31}	lɔu^{55}	tsɔu^{55}	tsɔu^{24}	tsʰɔu^{55}
文县	tʰɔo^{55}	tʰɔo^{13}	tɔo^{24}	lɔo^{55}	lɔo^{55}	tsɔo^{55}	tsɔo^{24}	tsʰɔo^{55}
康县	tʰɔo^{55}	tʰɔo^{211}	tɔo^{24}	lɔo^{55}	lɔo^{55}	tsɔo^{55}	tsɔo^{24}	tsʰɔo^{55}
礼县	tʰɔo^{52}	tʰɔo^{13}	tʰɔo^{44} tɔo^{44}	nɔo^{52}	nɔo^{52}	tsɔo^{52}	tsɔo^{44}	tsʰɔo^{52}
靖远县	tʰɑo^{55}	tʰɑo^{24}	tɑo^{33}	nɑo^{55}	lɑo^{55}	tsɑo^{55}	tsɑo^{33}	tsʰɑo^{55}
陇西县	tʰɔo^{53}	tʰɔo^{13}	tʰɔo^{44} tɔo^{44}	lɔo^{53}	lɔo^{53}	tsɔo^{53}	tsɔo^{44}	tsʰɔo^{53}
秦州区	tʰɔ^{53}	tʰɔ^{13}	tɔ^{44}	lɔ^{53}	lɔ^{53}	tsɔ^{53}	tsɔ^{44}	tsʰɔ^{53}
安定区	tʰɔ^{53}	tʰɔ^{13}	tʰɔ^{44} tɔ^{44}	nɔ^{53}	nɔ^{53}	tsɔ^{53}	tsɔ^{44}	tsʰɔ^{53}
会宁县	tʰɔ^{53}	tʰɔ^{13}	tʰɔ^{44} tɔ^{44}	lɔ^{53}	lɔ^{53}	tsɔ^{53}	tsɔ^{44}	tsʰɔ^{53}
临洮县	tʰɔ^{53}	tʰɔ^{13}	tʰɔ^{44} tɔ^{44}	nɔ^{53}	lɔ^{53}	tsɔ^{53}	tsɔ^{44}	tsʰɔ^{53}
清水县	tʰɔ^{52}	tʰɔ^{13}	tʰɔ^{443} tɔ^{443}	lɔ^{52}	lɔ^{52}	tsɔ^{52}	tsɔ^{443}	tsʰɔ^{52}
永靖县	tʰɔ^{213}	tʰɔ^{213}	tɔ^{44}	nɔ^{53}	lɔ^{53}	tsɔ^{53}	tsɔ^{44}	tsʰɔ^{53}
敦煌市	tʰɔ^{213}	tʰɔ^{213}	tɔ^{44}	nɔ^{51}	lɔ^{51}	tsɔ^{51}	tsɔ^{44}	tsʰɔ^{51}
临夏市	tʰɔ^{42}	tʰɔ^{13}	tɔ^{53}	nɔ^{42}	lɔ^{42}	tsɔ^{42}	tsɔ^{53}	tsʰɔ^{42}
合作市	tʰɔ^{13}	tʰɔ^{13}	tɔ^{53}	lɔ^{44}	lɔ^{44}	tsɔ^{44}	tsɔ^{53}	tsʰɔ^{44}
临潭县	tʰɔo^{51}	tʰɔo^{24}	tɔo^{44}	nɔo^{51}	lɔo^{51}	tsɔo^{51}	tsɔo^{44}	tsʰɔo^{51}

	0289 糙	0290 造	0291 嫂	0292 高	0293 靠	0294 熬	0295 好~坏	0296 号名
	效开一去豪清	效开一上豪从	效开一上豪心	效开一平豪见	效开一去豪溪	效开一平豪疑	效开一上豪晓	效开一去豪匣
兰州市	ts^{h}ɔ^{13}	tsɔ^{13}	sɔ^{34}	kɔ^{55}	k^{h}ɔ^{13}	nɔ^{53}	xɔ^{13}	xɔ^{13}
榆中县	ts^{h}ɔ^{213}	tsɔ^{213}	sɔ^{44}	kɔ^{51}	k^{h}ɔ^{213}	ɔ^{312}	xɔ^{44}	xɔ^{213}
永登县	ts^{h}ɔ^{13}	tsɔ^{13}	sɔ^{354}	kɔ^{42}	k^{h}ɔ^{13}	ɔ^{53}	xɔ^{354}	xɔ^{13}
红古区	tsɔ^{13}	tsɔ^{13}	sɔ^{53}	kɔ^{13}	k^{h}ɔ^{13}	ɔ^{13}	xɔ^{53}	xɔ^{13}
凉州区	ts^{h}ɑo^{31}	tsɑo^{31}	sɑo^{35}	kɑo^{35}	k^{h}ɑo^{31}	ɑo^{35}	xɑo^{35}	xɑo^{31}
甘州区	tsɔ^{44}	tsɔ^{31}	sɔ^{53}	kɔ^{44}	k^{h}ɔ^{31}	ɔ^{44}	xɔ^{53}	xɔ^{31}
肃州区	ts^{h}ɔ^{44}	tsɔ^{213}	sɔ^{51}	kɔ^{44}	k^{h}ɔ^{213}	ɣɔ^{51}	xɔ^{51}	xɔ^{213}
永昌县	ts^{h}ɔo^{44}	tsɔo^{53}	sɔo^{13}	kɔo^{44}	k^{h}ɔo^{53}	ɔo^{44}	xɔo^{13}	xɔo^{53}
崆峒区	ts^{h}ɔ^{44}	tsɔ^{44}	sɔ^{53}	kɔ^{21}	k^{h}ɔ^{44}	nɔ^{24}	xɔ^{53}	xɔ^{44}
庆城县	ts^{h}ɔ^{244}	tsɔ^{244}	sɔ^{44}	kɔ^{51}	k^{h}ɔ^{244}	nɔ^{113}	xɔ^{44}	xɔ^{244}
宁县	ts^{h}ɔ^{44}	ts^{h}ɔ^{44} tsɔ^{44}	sɔ^{52}	kɔ^{31}	k^{h}ɔ^{44}	nɔ^{31} nɔ^{24}	xɔ^{52}	xɔ^{44}
武都区	ts^{h}ɔu^{24}	ts^{h}ɔu^{24}	sɔu^{55}	kɔu^{31}	k^{h}ɔu^{24}	ŋɔu^{13}	xɔu^{55}	xɔu^{13}
文县	ts^{h}ɔo^{24}	tsɔo^{24}	sɔo^{55}	kɔo^{31}	k^{h}ɔo^{24}	ŋɔo^{13}	xɔo^{55}	xɔo^{24}
康县	ts^{h}ɔo^{24}	tsɔo^{24}	sɔo^{55}	kɔo^{53}	k^{h}ɔo^{24}	ŋɔo^{211}	xɔo^{55}	xɔo^{24}
礼县	ts^{h}ɔo^{44}	ts^{h}ɔo^{44}	sɔo^{52}	kɔo^{31}	k^{h}ɔo^{44}	ŋɔo^{13}	xɔo^{52}	xɔo^{44}
靖远县	ts^{h}ɑo^{33}	tsɑo^{33}	sɑo^{55}	kɑo^{41}	k^{h}ɑo^{33}	nɑo^{24}	xɑo^{55}	xɑo^{33}
陇西县	ts^{h}ɔo^{44}	ts^{h}ɔo^{44}	sɔo^{53}	kɔo^{21}	k^{h}ɔo^{44}	kɔo^{13}	xɔo^{53}	xɔo^{44}
秦州区	ts^{h}ɔ^{44}	ts^{h}ɔ^{44}	sɔ^{53}	kɔ^{13}	k^{h}ɔ^{44}	ŋɔ^{13}	xɔ^{53}	xɔ^{44}
安定区	ts^{h}ɔ^{44}	tsɔ^{44}	sɔ^{53}	kɔ^{13}	k^{h}ɔ^{44}	ŋɔ^{13}	xɔ^{53}	xɔ^{44}
会宁县	ts^{h}ɔ^{44}	ts^{h}ɔ^{44}	sɔ^{53}	kɔ^{13}	k^{h}ɔ^{44}	ŋɔ^{13}	xɔ^{53}	xɔ^{44}
临洮县	ts^{h}ɔ^{44}	tsɔ^{44}	sɔ^{53}	kɔ^{13}	k^{h}ɔ^{44}	ŋɔ^{13}	xɔ^{53}	xɔ^{44}
清水县	ts^{h}ɔ^{443}	ts^{h}ɔ^{443}	sɔ^{52}	kɔ^{13}	k^{h}ɔ^{443}	ŋɔ^{13}	xɔ^{52}	xɔ^{443}
永靖县	tsɔ^{213}	tsɔ^{44}	sɔ^{53}	kɔ^{213}	k^{h}ɔ^{44}	ɔ^{213}	xɔ^{53}	xɔ^{213}
敦煌市	tsɔ^{44}	tsɔ^{44}	sɔ^{51}	kɔ^{213}	k^{h}ɔ^{44}	ŋɔ^{44}	xɔ^{51}	xɔ^{44}
临夏市	ts^{h}ɔ^{42}	tsɔ^{53}	sɔ^{42}	kɔ^{13}	k^{h}ɔ^{53}	ɔ^{13}	xɔ^{42}	xɔ^{53}
合作市	ts^{h}ɔ^{13}	tsɔ^{53}	sɔ^{44}	kɔ^{13}	k^{h}ɔ^{53}	ŋɔ^{13}	xɔ^{53}	xɔ^{53}
临潭县	ts^{h}ɔo^{44}	tsɔo^{44}	sɔo^{51}	kɔo^{44}	k^{h}ɔo^{44}	ŋɔo^{24}	xɔo^{51}	xɔo^{44}

	0297 包	0298 饱	0299 炮	0300 猫	0301 闹	0302 罩	0303 抓 用手～牌	0304 找 ～零钱
	效开二 平肴帮	效开二 上肴帮	效开二 去肴滂	效开二 平肴明	效开二 去肴泥	效开二 去肴知	效开二 平肴庄	效开二 上肴庄
兰州市	pɔ^{55}	pɔ^{34}	pʰɔ^{13}	mɔ^{53}	nɔ^{13}	tʂɔ^{13}	pfa^{55}	tʂɔ^{13}
榆中县	pɔ^{51}	pɔ^{44}	pʰɔ^{213}	mɔ^{312}	nɔ^{213}	tʂɔ^{213}	tʂua^{51}	tʂɔ^{44}
永登县	pɔ^{42}	pɔ^{354}	pʰɔ^{13}	mɔ^{53}	nɔ^{13}	tʂɔ^{13}	pfa^{42}	tʂɔ^{354}
红古区	pɔ^{13}	pɔ^{53}	pʰɔ^{13}	mɔ^{13}	nɔ^{13}	tʂɔ^{13}	tʂua^{13}	tʂɔ^{53}
凉州区	pɑo^{35}	pɑo^{35}	pʰɑo^{31}	mɑo^{35}	nɑo^{31}	tsɑo^{31}	tʂua^{35}	tsɑo^{35}
甘州区	pɔ^{44}	pɔ^{53}	pʰɔ^{31}	mɔ^{53}	nɔ^{31}	tʂɔ^{31}	kua^{44}	tʂɔ^{53}
肃州区	pɔ^{44}	pɔ^{51}	pʰɔ^{213}	mɔ^{44}	nɔ^{213}	tsɔ^{213}	tʂua^{44}	tsɔ^{51}
永昌县	pɔo^{44}	pɔo^{13}	pʰɔo^{53}	mɔo^{44}	nɔo^{53}	tʂɔo^{53}	tʂua^{44}	tʂɔo^{13}
崆峒区	pɔ^{21}	pɔ^{53}	pʰɔ^{44}	mɔ^{24}	nɔ^{44}	tsɔ^{44}	tʂua^{21}	tsɔ^{53}
庆城县	pɔ^{51}	pɔ^{44}	pʰɔ^{244}	mɔ^{113}	nɔ^{244}	tsɔ^{244}	tʂua^{51}	tsɔ^{44}
宁县	pɔ^{31}	pɔ^{52}	pʰɔ^{44}	mɔ^{24}	nɔ^{44}	tsɔ^{44}	tʃua^{31}	tsɔ^{52}
武都区	pɔu^{31}	pɔu^{55}	pʰɔu^{24}	mɔu^{13}	lɔu^{13}	tsɔu^{24}	tʃua^{31}	tsɔu^{55}
文县	pɔo^{31}	pɔo^{55}	pʰɔo^{24}	mɔo^{13}	lɔo^{24}	tsɔo^{24}	tsua^{31}	tsɔo^{55}
康县	pɔo^{53}	pɔo^{55}	pʰɔo^{24}	mɔo^{24}	lɔo^{24}	tʂɔo^{24}	pfa^{53}	tʂɔo^{55}
礼县	pɔo^{31}	pɔo^{52}	pʰɔo^{44}	mɔo^{13}	nɔo^{44}	tsɔo^{44}	tʃua^{31}	tsɔo^{44}
靖远县	pɑo^{41}	pɑo^{55}	pʰɑo^{33}	mɑo^{24}	nɑo^{33}	tsɑo^{33}	tʂua^{41}	tsɑo^{55}
陇西县	pɔo^{21}	pɔo^{53}	pʰɔo^{44}	mɔo^{13}	lɔo^{44}	tsɔo^{44}	tʃɥa^{21}	tsɔo^{53}
秦州区	pɔ^{13}	pɔ^{53}	pʰɔ^{44}	mɔ^{13}	lɔ^{44}	tsɔ^{44}	tsua^{13}	tsɔ^{53}
安定区	pɔ^{13}	pɔ^{53}	pʰɔ^{44}	mɔ^{13}	lɔ^{44}	tsɔ^{44}	tʃua^{13}	tsɔ^{53}
会宁县	pɔ^{13}	pɔ^{53}	pʰɔ^{44}	mɔ^{13}	lɔ^{44}	tsɔ^{44}	tʃua^{13}	tsɔ^{53}
临洮县	pɔ^{13}	pɔ^{53}	pʰɔ^{44}	mɔ^{13}	nɔ^{44}	tsɔ^{44}	tʂua^{13}	tsɔ^{53}
清水县	pɔ^{13}	pɔ^{52}	pʰɔ^{443}	mɔ^{13}	lɔ^{443}	tʃɔ^{443}	tʃa^{13}	tʃɔ^{52}
永靖县	pɔ^{53}	pɔ^{53}	pʰɔ^{44}	mɔ^{213}	nɔ^{44}	tʂɔ^{44}	tʂua^{213}	tʂɔ^{53}
敦煌市	pɔ^{213}	pɔ^{51}	pʰɔ^{44}	mɔ^{213}	nɔ^{44}	tsɔ^{44}	tʂua^{213}	tsɔ^{51}
临夏市	pɔ^{13}	pɔ^{42}	pʰɔ^{53}	mɔ^{13}	nɔ^{53}	tʂɔ^{53}	tʂuɑ^{13}	tʂɔ^{42}
合作市	pɔ^{13}	pɔ^{44}	pʰɔ^{53}	mɔ^{13}	nɔ^{53}	tʂɔ^{53}	tʂuᴀ^{13}	tʂɔ^{44}
临潭县	pɔo^{44}	pɔo^{51}	pɔo^{44}	mɔo^{24}	nɔo^{44}	tsɔo^{44}	tsua^{24}	tsɔo^{51}

	0305 抄	0306 交	0307 敲	0308 孝	0309 校学~	0310 表手~	0311 票	0312 庙
	效开二 平肴初	效开二 平肴见	效开二 平肴溪	效开二 去肴晓	效开二 去肴匣	效开三 上宵帮	效开三 去宵滂	效开三 去宵明
兰州市	tʂʰɔ^{55}	tɕiɔ^{55}	tɕʰiɔ^{55}	ɕiɔ^{13}	ɕiɔ^{13}	piɔ^{34}	pʰiɔ^{13}	miɔ^{13}
榆中县	tʂʰɔ^{51}	tɕiɔ^{51}	tɕʰiɔ^{51}	ɕiɔ^{213}	ɕiɔ^{213}	piɔ^{44}	pʰiɔ^{213}	miɔ^{213}
永登县	tʂʰɔ^{42}	tɕiɔ^{42}	tɕʰiɔ^{42}	ɕiɔ^{13}	ɕiɔ^{13}	piɔ^{354}	pʰiɔ^{13}	miɔ^{13}
红古区	tʂʰɔ^{13}	tɕiɔ^{13}	tɕʰiɔ^{13}	ɕiɔ^{13}	ɕiɔ^{13}	piɔ^{53}	pʰiɔ^{13}	miɔ^{13}
凉州区	tsʰɑo^{35}	tɕiɑo^{35}	tɕʰiɑo^{35}	ɕiɑo^{31}	ɕiɑo^{31}	piɑo^{35}	pʰiɑo^{31}	miɑo^{31}
甘州区	tʂʰɔ^{44}	tɕiɔ^{44}	tɕʰiɔ^{44}	ɕiɔ^{31}	ɕiɔ^{31}	piɔ^{53}	pʰiɔ^{31}	miɔ^{31}
肃州区	tsʰɔ^{44}	tɕiɔ^{44}	tɕʰiɔ^{44}	ɕiɔ^{213}	ɕiɔ^{213}	piɔ^{51}	pʰiɔ^{213}	miɔ^{213}
永昌县	tʂʰɔo^{44}	tɕiɔo^{44}	tɕʰiɔo^{44}	ɕiɔo^{53}	ɕiɔo^{53}	piɔo^{13}	pʰiɔo^{53}	miɔo^{53}
崆峒区	tsʰɔ^{21}	tɕiɔ^{21}	tɕʰiɔ^{21}	ɕiɔ^{44}	ɕiɔ^{44}	piɔ^{53}	pʰiɔ^{44}	miɔ^{44}
庆城县	tsʰɔ^{51}	tɕiɔ^{51}	tɕʰiɔ^{51}	ɕiɔ^{244}	ɕiɔ^{244}	piɔ^{44}	pʰiɔ^{244}	miɔ^{244}
宁县	tsʰɔ^{31}	tɕiɔ^{31}	tɕʰiɔ^{31}	ɕiɔ^{44}	ɕiɔ^{44}	piɔ^{52}	pʰiɔ^{44}	miɔ^{44}
武都区	tsʰɔu^{31}	tɕiɔu^{31}	tɕʰiɔu^{31}	ɕiɔu^{24}	ɕiɔu^{24}	piɔu^{55}	pʰiɔu^{24}	miɔu^{13}
文县	tsʰɔo^{31}	tɕiɔo^{31}	tɕʰiɔo^{31}	ɕiɔo^{24}	ɕiɔo^{24}	piɔo^{55}	pʰiɔo^{24}	miɔo^{24}
康县	tʂʰɔo^{53}	tɕiɔo^{53}	tɕʰiɔo^{53}	ɕiɔo^{24}	ɕiɔo^{24}	piɔo^{55}	pʰiɔo^{24}	miɔo^{24}
礼县	tsʰɔo^{31}	tɕiɔo^{31}	tɕʰiɔo^{31}	ɕiɔo^{44}	ɕiɔo^{44}	piɔo^{52}	pʰiɔo^{44}	miɔo^{44}
靖远县	tsʰɑo^{41}	tɕiɑo^{41}	tɕʰiɑo^{41}	ɕiɑo^{33}	ɕiɑo^{33}	piɑo^{55}	pʰiɑo^{33}	miɑo^{33}
陇西县	tsʰɔo^{21}	tɕiɔo^{21}	tɕʰiɔo^{21}	ɕiɔo^{44}	ɕiɔo^{44}	piɔo^{53}	pʰiɔo^{44}	miɔo^{44}
秦州区	tsʰɔ^{13}	tɕiɔ^{13}	tɕʰiɔ^{13}	ɕiɔ^{44}	ɕiɔ^{53}	piɔ^{53}	pʰiɔ^{44}	miɔ^{44}
安定区	tsʰɔ^{13}	tɕiɔ^{13}	tɕʰiɔ^{13}	ɕiɔ^{44}	ɕiɔ^{44}	piɔ^{53}	pʰiɔ^{44}	miɔ^{44}
会宁县	tsʰɔ^{13}	tɕiɔ^{13}	tɕʰiɔ^{13}	ɕiɔ^{44}	ɕiɔ^{44}	piɔ^{53}	pʰiɔ^{44}	miɔ^{44}
临洮县	tsʰɔ^{13}	tɕiɔ^{13}	tɕʰiɔ^{13}	ɕiɔ^{44}	ɕiɔ^{44}	piɔ^{53}	pʰiɔ^{44}	miɔ^{44}
清水县	tʃʰɔ^{13}	tɕiɔ^{13}	tɕʰiɔ^{13}	ɕiɔ^{443}	ɕiɔ^{443}	piɔ^{52}	pʰiɔ^{443}	miɔ^{443}
永靖县	tʂʰɔ^{213}	tɕiɔ^{213}	tɕʰiɔ^{213}	ɕiɔ^{44}	ɕiɔ^{44}	piɔ^{53}	pʰiɔ^{44}	miɔ^{44}
敦煌市	tsʰɔ^{213}	tɕiɔ^{213}	kʰɔ^{213} tɕʰiɔ^{213}	ɕiɔ^{44}	ɕiɔ^{44}	piɔ^{51}	pʰiɔ^{44}	miɔ^{44}
临夏市	tʂʰɔ^{13}	tɕiɔ^{13}	tɕʰiɔ^{13}	ɕiɔ^{53}	ɕiɔ^{53}	piɔ^{42}	pʰiɔ^{53}	miɔ^{53}
合作市	tʂʰɔ^{13}	tɕiɔ^{13}	tɕʰiɔ^{13}	ɕiɔ^{53}	ɕiɔ^{53}	piɔ^{44}	pʰiɔ^{53}	miɔ^{53}
临潭县	tsʰɔo^{44}	tɕiɔo^{44}	tɕʰiɔo^{44}	ɕiɔo^{44}	ɕiɔo^{44}	piɔo^{51}	pʰiɔo^{44}	miɔo^{44}

	0313 焦	0314 小	0315 笑	0316 朝~代	0317 照	0318 烧	0319 绕~线	0320 桥
	效开三 平宵精	效开三 上宵心	效开三 去宵心	效开三 平宵澄	效开三 去宵章	效开三 平宵书	效开三 去宵日	效开三 平宵群
兰州市	tɕiɔ^{55}	ɕiɔ^{34}	ɕiɔ^{13}	tʂʰɔ^{53}	tʂɔ^{13}	ʂɔ^{55}	ʐɔ^{34}	tɕʰiɔ^{53}
榆中县	tɕiɔ^{51}	ɕiɔ^{44}	ɕiɔ^{213}	tʂʰɔ^{312}	tʂɔ^{213}	ʂɔ^{51}	ʐɔ^{44}	tɕʰiɔ^{312}
永登县	tɕiɔ^{42}	ɕiɔ^{354}	ɕiɔ^{13}	tʂʰɔ^{53}	tʂɔ^{13}	ʂɔ^{42}	ʐɔ^{354}	tɕʰiɔ^{53}
红古区	tɕiɔ^{13}	ɕiɔ^{53}	ɕiɔ^{13}	tʂʰɔ^{13}	tʂɔ^{13}	ʂɔ^{13}	ʐɔ^{53}	tɕʰiɔ^{13}
凉州区	tɕiao^{35}	ɕiao^{35}	ɕiao^{31}	tʂʰao^{35}	tʂao^{31}	ʂao^{35}	ʐao^{31}	tɕʰiao^{35}
甘州区	tɕiɔ^{44}	ɕiɔ^{53}	ɕiɔ^{31}	tʂʰɔ^{53}	tʂɔ^{31}	ʂɔ^{44}	ʐɔ^{31}	tɕʰiɔ^{53}
肃州区	tɕiɔ^{44}	ɕiɔ^{51}	ɕiɔ^{213}	tʂʰɔ^{51}	tʂɔ^{213}	ʂɔ^{44}	ʐɔ^{213}	tɕʰiɔ^{51}
永昌县	tɕiɔo^{44}	ɕiɔo^{13}	ɕiɔo^{53}	tʂʰɔo^{13}	tʂɔo^{53}	ʂɔo^{44}	ʐɔo^{53}	tɕʰiɔo^{13}
崆峒区	tɕiɔ^{21}	ɕiɔ^{53}	ɕiɔ^{44}	tʂʰɔ^{24}	tʂɔ^{44}	ʂɔ^{21}	ʐɔ^{53}	tɕʰiɔ^{24}
庆城县	tɕiɔ^{51}	ɕiɔ^{44}	ɕiɔ^{244}	tʂʰɔ^{113}	tʂɔ^{244}	ʂɔ^{51}	ʐɔ^{44}	tɕʰiɔ^{113}
宁县	tɕiɔ^{31}	ɕiɔ^{52}	ɕiɔ^{44}	tʂʰɔ^{24}	tʂɔ^{44}	ʂɔ^{31} ʂɔ^{44}	ʐɔ^{44}	tɕʰiɔ^{24}
武都区	tɕiɔu^{31}	ɕiɔu^{55}	ɕiɔu^{24}	tʂʰɔu^{24}	tʂɔu^{24}	ʂɔu^{31}	ʐɔu^{55}	tɕʰiɔu^{13}
文县	tɕiɔo^{31}	ɕiɔo^{55}	ɕiɔo^{55}	tsʰɔo^{13}	tsɔo^{24}	sɔo^{31}	zɔo^{55}	tɕʰiɔo^{13}
康县	tsiɔo^{53}	siɔo^{55}	siɔo^{211}	tʂʰɔo^{211}	tʂɔo^{24}	ʂɔo^{53}	ʐɔo^{55}	tɕʰiɔo^{211}
礼县	tɕiɔo^{31}	ɕiɔo^{52}	ɕiɔo^{44}	tʂʰɔo^{13}	tʂɔo^{44}	ʂɔo^{31}	ʐɔo^{52}	tɕʰiɔo^{13}
靖远县	tɕiao^{41}	ɕiao^{55}	ɕiao^{33}	tʂʰao^{24}	tʂao^{33}	ʂao^{41}	ʐao^{55}	tɕʰiao^{24}
陇西县	tɕiɔo^{21}	ɕiɔo^{53}	ɕiɔo^{44}	tʂʰɔo^{13}	tʂɔo^{44}	ʂɔo^{21} ʂɔo^{44}	ʐɔo^{53}	tɕʰiɔo^{13}
秦州区	tɕiɔ^{13}	ɕiɔ^{53}	ɕiɔ^{44}	tʂʰɔ^{13}	tʂɔ^{44}	ʂɔ^{13}	ʐɔ^{53}	tɕʰiɔ^{13}
安定区	tɕiɔ^{13}	ɕiɔ^{53}	ɕiɔ^{44}	tʂʰɔ^{13}	tʂɔ^{44}	ʂɔ^{13}	ʐɔ^{53}	tɕʰiɔ^{13}
会宁县	tɕiɔ^{13}	ɕiɔ^{53}	ɕiɔ^{44}	tʂʰɔ^{13}	tʂɔ^{44}	ʂɔ^{13}	ʐɔ^{53}	tɕʰiɔ^{13}
临洮县	tɕiɔ^{13}	ɕiɔ^{53}	ɕiɔ^{44}	tʂʰɔ^{13}	tʂɔ^{44}	ʂɔ^{13}	ʐɔ^{53}	tɕʰiɔ^{13}
清水县	tsiɔ^{13}	siɔ^{52}	siɔ^{443}	tʂʰɔ^{13}	tʂɔ^{443}	ʂɔ^{13}	ʐɔ^{52}	tɕʰiɔ^{13}
永靖县	tɕiɔ^{213}	ɕiɔ^{53}	ɕiɔ^{44}	tʂʰɔ^{213}	tʂɔ^{44}	ʂɔ^{213}	ʐɔ^{53}	tɕʰiɔ^{213}
敦煌市	tɕiɔ^{213}	ɕiɔ^{51}	ɕiɔ^{44}	tʂʰɔ^{213}	tʂɔ^{44}	ʂɔ^{213}	ʐɔ^{44}	tɕʰiɔ^{213}
临夏市	tɕiɔ^{13}	ɕiɔ^{42}	ɕiɔ^{53}	tʂʰɔ^{13}	tʂɔ^{53}	ʂɔ^{13}	ʐɔ^{42}	tɕʰiɔ^{13}
合作市	tɕiɔ^{13}	ɕiɔ^{44}	ɕiɔ^{53}	tʂʰɔ^{13}	tʂɔ^{53}	ʂɔ^{13}	ʐɔ^{44}	tɕʰiɔ^{13}
临潭县	tɕiɔo^{44}	ɕiɔo^{51}	ɕiɔo^{44}	tʂʰɔo^{24}	tʂɔo^{44}	ʂɔo^{44}	ʐɔo^{51}	tɕʰiɔo^{24}

	0321 轿	0322 腰	0323 要重~	0324 摇	0325 鸟	0326 钓	0327 条	0328 料
	效开三 去宵群	效开三 平宵影	效开三 去宵影	效开三 平宵以	效开四 上萧端	效开四 去萧端	效开四 平萧定	效开四 去萧来
兰州市	tɕiɔ^{13}	iɔ^{55}	iɔ^{13}	iɔ^{53}	ȵiɔ^{34}	tiɔ^{13}	t^{h}iɔ^{53}	liɔ^{13}
榆中县	tɕiɔ^{213}	iɔ^{51}	iɔ^{213}	iɔ^{312}	ȵiɔ^{44}	tiɔ^{213}	t^{h}iɔ^{312}	liɔ^{213}
永登县	tɕiɔ^{13}	iɔ^{42}	iɔ^{13}	iɔ^{53}	ȵiɔ^{354}	tiɔ^{13}	t^{h}iɔ^{53}	liɔ^{13}
红古区	tɕiɔ^{13}	iɔ^{13}	iɔ^{13}	iɔ^{13}	ȵiɔ^{53}	tiɔ^{13}	t^{h}iɔ^{13}	liɔ^{13}
凉州区	tɕiɑo^{31}	iɑo^{35}	iɑo^{31}	iɑo^{35}	ȵiɑo^{35}	tiɑo^{31}	t^{h}iɑo^{35}	liɑo^{31}
甘州区	tɕiɔ^{31}	iɔ^{44}	iɔ^{31}	iɔ^{53}	ȵiɔ^{53}	tiɔ^{31}	t^{h}iɔ^{53}	liɔ^{31}
肃州区	tɕiɔ^{213}	ʑiɔ^{44}	ʑiɔ^{213}	ʑiɔ^{51}	ȵiɔ^{51}	tiɔ^{213}	t^{h}iɔ^{51}	liɔ^{213}
永昌县	tɕiɔo^{53}	iɔo^{44}	iɔo^{53}	iɔo^{13}	ȵiɔo^{13}	tiɔo^{53}	t^{h}iɔo^{13}	liɔo^{53}
崆峒区	tɕiɔ^{44}	iɔ^{21}	iɔ^{44}	iɔ^{24}	ȵiɔ^{53}	tiɔ^{44}	t^{h}iɔ^{24}	liɔ^{44}
庆城县	tɕiɔ^{244}	iɔ^{51}	iɔ^{244}	iɔ^{113}	ȵiɔ^{44}	tiɔ^{244}	t^{h}iɔ^{113}	liɔ^{244}
宁县	tɕ^{h}iɔ^{44} tɕiɔ^{44}	iɔ^{31}	iɔ^{44}	iɔ^{24}	ȵiɔ^{52}	tiɔ^{44}	tɕ^{h}iɔ^{24}	liɔ^{44}
武都区	tɕ^{h}iɔu^{13}	iɔu^{31}	iɔu^{13}	iɔu^{13}	ȵiɔu^{55}	tiɔu^{24}	t^{h}iɔu^{24}	liɔu^{13}
文县	tɕiɔo^{24}	iɔo^{31}	iɔo^{24}	iɔo^{13}	ȵiɔo^{55}	tiɔo^{24}	t^{h}iɔo^{13}	liɔo^{24}
康县	tɕ^{h}iɔo^{24}	iɔo^{53}	iɔo^{24}	iɔo^{211}	ȵiɔo^{55}	tiɔo^{24}	ts^{h}iɔo^{211}	liɔo^{24}
礼县	tɕ^{h}iɔo^{44}	iɔo^{31}	iɔo^{44}	iɔo^{13}	ȵiɔo^{52}	tiɔo^{44}	t^{h}iɔo^{13}	liɔo^{44}
靖远县	tɕiɑo^{33}	iɑo^{41}	iɑo^{33}	iɑo^{24}	ȵiɑo^{55}	tiɑo^{33}	t^{h}iɑo^{24}	liɑo^{33}
陇西县	tɕ^{h}iɔo^{44}	iɔo^{21}	iɔo^{44}	iɔo^{13}	liɔo^{53}	tiɔo^{44}	tɕ^{h}iɔo^{13}	liɔo^{44}
秦州区	tɕ^{h}iɔ^{44}	iɔ^{13}	iɔ^{44}	iɔ^{13}	tɕ^{h}iɔ^{53}	tiɔ^{44}	t^{h}iɔ^{13}	liɔ^{44}
安定区	tɕ^{h}iɔ^{44}	iɔ^{13}	iɔ^{44}	iɔ^{13}	ȵiɔ^{53}	tiɔ^{44}	t^{h}iɔ^{13}	liɔ^{44}
会宁县	tɕ^{h}iɔ^{44}	iɔ^{13}	iɔ^{44}	iɔ^{13}	ȵiɔ^{53}	tiɔ^{44}	t^{h}iɔ^{13}	liɔ^{44}
临洮县	tɕ^{h}iɔ^{44} tɕiɔ^{44}	iɔ^{13}	iɔ^{44}	iɔ^{13}	ȵiɔ^{53}	tiɔ^{44}	t^{h}iɔ^{13}	liɔ^{44}
清水县	tɕ^{h}iɔ^{443}	iɔ^{13}	iɔ^{443}	iɔ^{13}	ȵiɔ^{52}	tsiɔ^{443}	ts^{h}iɔ^{13}	liɔ^{443}
永靖县	tɕiɔ^{44}	iɔ^{213}	iɔ^{44}	iɔ^{213}	ȵiɔ^{53}	tiɔ^{44}	tɕ^{h}iɔ^{213}	liɔ^{44}
敦煌市	tɕiɔ^{44}	iɔ^{213}	iɔ^{44}	iɔ^{213}	ȵiɔ^{51}	tiɔ^{44}	t^{h}iɔ^{213}	liɔ^{44}
临夏市	tɕiɔ^{53}	iɔ^{13}	iɔ^{53}	iɔ^{13}	ȵiɔ^{42}	tiɔ^{53}	t^{h}iɔ^{13}	liɔ^{53}
合作市	tɕiɔ^{53}	iɔ^{13}	iɔ^{53}	iɔ^{13}	ȵiɔ^{44}	tiɔ^{53}	t^{h}iɔ^{13}	liɔ^{53}
临潭县	tɕiɔo^{44}	iɔo^{44}	iɔo^{44}	iɔo^{24}	ȵiɔo^{51}	kəɯ^{24}	t^{h}iɔo^{24}	liɔo^{44}

	0329 箫	0330 叫	0331 母丈～，舅～	0332 抖	0333 偷	0334 头	0335 豆	0336 楼
	效开四平萧心	效开四去萧见	流开一上侯明	流开一上侯端	流开一平侯透	流开一平侯定	流开一去侯定	流开一平侯来
兰州市	ɕiɔ^{55}	tɕiɔ^{13}	mu^{13}	təu^{34}	t^{h}əu^{55}	t^{h}əu^{53}	təu^{13}	ləu^{53}
榆中县	ɕiɔ^{51}	tɕiɔ^{213}	mu^{44}	t^{h}əu^{44}	t^{h}əu^{51}	t^{h}əu^{312}	təu^{213}	ləu^{312}
永登县	ɕiɔ^{42}	tɕiɔ^{13}	mu^{354}	tɤu^{354}	t^{h}ɤu^{42}	t^{h}ɤu^{53}	tɤu^{13}	lɤu^{53}
红古区	ɕiɔ^{13}	tɕiɔ^{13}	mu^{53}	tɤu^{13}	t^{h}ɤu^{13}	t^{h}ɤu^{13}	tɤu^{13}	lɤu^{13}
凉州区	ɕiɑo^{35}	tɕiɑo^{31}	mu^{35}	təu^{35}	t^{h}əu^{35}	t^{h}əu^{35}	təu^{31}	ləu^{35}
甘州区	ɕiɔ^{44}	tɕiɔ^{31}	mu^{53}	tɤu^{53}	t^{h}ɤu^{44}	t^{h}ɤu^{53}	tɤu^{31}	lɤu^{53}
肃州区	ɕiɔ^{44}	tɕiɔ^{213}	mu^{51}	təu^{51}	t^{h}əu^{44}	t^{h}əu^{51}	təu^{213}	ləu^{51}
永昌县	ɕiɔo^{44}	tɕiɔo^{53}	mu^{44}	təu^{44}	t^{h}əu^{44}	t^{h}əu^{13}	təu^{53}	ləu^{13}
崆峒区	ɕiɔ^{21}	tɕiɔ^{44}	mu^{53}	t^{h}əu^{53}	t^{h}əu^{21}	t^{h}əu^{24}	təu^{44}	ləu^{24}
庆城县	ɕiɔ^{51}	tɕiɔ^{244}	mu^{51}	tɤu^{44}	t^{h}ɤu^{51}	t^{h}ɤu^{113}	tɤu^{244}	lɤu^{113}
宁县	ɕiɔ^{31}	tɕiɔ^{44}	mu^{52}	t^{h}ou^{52}	t^{h}ou^{31}	t^{h}ou^{24}	tou^{44}	lou^{24}
武都区	ɕiɔu^{31}	tɕiɔu^{24}	mu^{55}	t^{h}əu^{55}	t^{h}əu^{31}	t^{h}əu^{13}	təu^{24}	ləu^{13}
文县	ɕiɔo^{31}	tɕiɔo^{24}	mu^{55}	t^{h}ɤu^{55}	t^{h}ɤu^{31}	t^{h}ɤu^{13}	tɤu^{24}	lɤu^{13}
康县	siɔo^{53}	tɕiɔo^{24}	mu^{55}	t^{h}ɤu^{55}	t^{h}ɤu^{53}	t^{h}ɤu^{211}	tɤu^{24}	lɤu^{211}
礼县	ɕiɔo^{31}	tɕiɔo^{44}	mu^{52}	t^{h}əu^{52}	t^{h}əu^{31}	t^{h}əu^{13}	təu^{44}	nəu^{13}
靖远县	ɕiɑo^{41}	tɕiɑo^{33}	mu^{55}	tɤu^{55}	t^{h}ɤu^{41}	t^{h}ɤu^{24}	tɤu^{33}	lu^{24}
陇西县	ɕiɔo^{21}	tɕiɔo^{44}	mu^{53}	tɤu^{53}	t^{h}ɤu^{21}	t^{h}ɤu^{13}	tɤu^{44} t^{h}ɤu^{13}	lu^{13}
秦州区	ɕiɔ^{13}	tɕiɔ^{44}	mu^{53}	t^{h}ɤu^{53}	t^{h}ɤu^{13}	t^{h}ɤu^{13}	tɤu^{44}	lu^{13}
安定区	ɕiɔ^{13}	tɕiɔ^{44}	mu^{53}	t^{h}əu^{53}	t^{h}əu^{13}	t^{h}əu^{13}	t^{h}əu^{13} təu^{44}	lu^{13}
会宁县	ɕiɔ^{13}	tɕiɔ^{44}	mu^{53}	t^{h}əu^{53}	t^{h}əu^{13}	t^{h}əu^{13}	t^{h}əu^{44} təu^{44}	lu^{13}
临洮县	ɕiɔ^{13}	tɕiɔ^{44}	mu^{53}	t^{h}ɤu^{53} tɤu^{53}	t^{h}ɤu^{13}	t^{h}ɤu^{13}	tɤu^{44}	lɤu^{13}
清水县	siɔ^{13}	tɕiɔ^{443}	mu^{52}	t^{h}ou^{52}	t^{h}ou^{13}	t^{h}ou^{13}	tou^{443}	lu^{13}
永靖县	ɕiɔ^{213}	tɕiɔ^{44}	mu^{53}	tɤu^{53}	t^{h}ɤu^{213}	t^{h}ɤu^{213}	tɤu^{44}	lɤu^{213}
敦煌市	ɕiɔ^{213}	tɕiɔ^{44}	mu^{51}	tɤu^{51}	t^{h}ɤu^{213}	t^{h}ɤu^{213}	tɤu^{44}	lɤu^{213}
临夏市	ɕiɔ^{13}	tɕiɔ^{53}	mu^{42}	tɤu^{42}	t^{h}ɤu^{13}	t^{h}ɤu^{13}	tɤu^{53}	lɤu^{13}
合作市	ɕiɔ^{13}	tɕiɔ^{53}	mu^{13}	t^{h}əɯ^{44}	t^{h}əɯ^{13}	t^{h}əɯ^{13}	təɯ^{53}	ləɯ^{13}
临潭县	ɕiɔo^{44}	tɕiɔo^{44}	mu^{51}	təɯ^{51}	t^{h}əɯ^{44}	t^{h}əɯ^{24}	təɯ^{44}	ləɯ^{24}

	0337 走	0338 凑	0339 钩	0340 狗	0341 够	0342 口	0343 藕	0344 后前～
	流开一 上侯精	流开一 去侯清	流开一 平侯见	流开一 上侯见	流开一 去侯见	流开一 上侯溪	流开一 上侯疑	流开一 上侯匣
兰州市	tsəu^{34}	ts^{h}əu^{13}	kəu^{55}	kəu^{34}	kəu^{13}	k^{h}əu^{34}	nəu^{34}	xəu^{13}
榆中县	tsəu^{44}	ts^{h}əu^{213}	kəu^{51}	kəu^{44}	kəu^{213}	k^{h}əu^{44}	əu^{44}	xəu^{213}
永登县	tsɤu^{354}	ts^{h}ɤu^{13}	kɤu^{42}	kɤu^{354}	kɤu^{13}	k^{h}ɤu^{354}	ɤu^{354}	xɤu^{13}
红古区	tsɤu^{53}	ts^{h}ɤu^{13}	kɤu^{13}	kɤu^{53}	kɤu^{13}	k^{h}ɤu^{53}	ɤu^{53}	xɤu^{13}
凉州区	tsəu^{35}	ts^{h}əu^{31}	kəu^{35}	kəu^{35}	kəu^{31}	k^{h}əu^{35}	əu^{35}	xəu^{31}
甘州区	tsɤu^{53}	ts^{h}ɤu^{31}	kɤu^{44}	kɤu^{53}	kɤu^{31}	k^{h}ɤu^{53}	ɤu^{53}	xɤu^{31}
肃州区	tsəu^{51}	ts^{h}əu^{213}	kəu^{44}	kəu^{51}	kəu^{213}	k^{h}əu^{51}	ɣəu^{51}	xəu^{213}
永昌县	tsəu^{13}	tṣ^{h}əu^{53}	kəu^{44}	kəu^{13}	kəu^{53}	k^{h}əu^{13}	əu^{13}	xəu^{53}
崆峒区	tsəu^{53}	ts^{h}əu^{44}	kəu^{21}	kəu^{53}	kəu^{44}	k^{h}əu^{53}	nəu^{53}	xəu^{44}
庆城县	tsɤu^{44}	ts^{h}ɤu^{244}	kɤu^{51}	kɤu^{44}	kɤu^{244}	k^{h}ɤu^{44}	nɤu^{44}	xɤu^{244}
宁县	tsou^{52}	ts^{h}ou^{44}	kou^{31}	kou^{52}	kou^{44}	k^{h}ou^{52}	nou^{52}	xou^{44}
武都区	tsəu^{55}	ts^{h}əu^{24}	kəu^{31}	kəu^{55}	kəu^{24}	k^{h}əu^{55}	ŋəu^{55}	xəu^{24}
文县	tsɤu^{55}	ts^{h}ɤu^{24}	kɤu^{31}	kɤu^{55}	kɤu^{24}	k^{h}ɤu^{55}	ŋɤu^{55}	xɤu^{24}
康县	tsɤu^{55}	ts^{h}ɤu^{24}	kɤu^{53}	kɤu^{55}	kɤu^{24}	k^{h}ɤu^{55}	ŋɤu^{55}	xɤu^{24}
礼县	tsəu^{52}	ts^{h}əu^{44}	kəu^{31}	kəu^{52}	kəu^{44}	k^{h}əu^{52}	ŋəu^{52}	xəu^{44}
靖远县	tsɤu^{55}	ts^{h}ɤu^{33}	kɤu^{41}	kɤu^{55}	kɤu^{33}	k^{h}ɤu^{55}	ɤu^{55}	xɤu^{33}
陇西县	tsɤu^{53}	ts^{h}ɤu^{44}	kɤu^{21}	kɤu^{53}	kɤu^{44}	k^{h}ɤu^{53}	kɤu^{53}	xɤu^{44}
秦州区	tsɤu^{53}	ts^{h}ɤu^{44}	kɤu^{13}	kɤu^{53}	kɤu^{44}	k^{h}ɤu^{53}	ŋɤu^{53}	xɤu^{44}
安定区	tsəu^{53}	ts^{h}əu^{44}	kəu^{13}	kəu^{53}	kəu^{44}	k^{h}əu^{53}	kəu^{53}	xəu^{44}
会宁县	tsəu^{53}	ts^{h}əu^{44}	kəu^{13}	kəu^{53}	kəu^{44}	k^{h}əu^{53}	ŋəu^{53}	xəu^{44}
临洮县	tsɤu^{53}	ts^{h}ɤu^{44}	kɤu^{13}	kɤu^{53}	kɤu^{44}	k^{h}ɤu^{53}	ŋɤu^{53}	xɤu^{44}
清水县	tsou^{52}	ts^{h}ou^{443}	kou^{13}	kou^{52}	kou^{443}	k^{h}ou^{52}	ŋou^{52}	xou^{443}
永靖县	tsɤu^{53}	ts^{h}ɤu^{44}	kɤu^{213}	kɤu^{53}	kɤu^{44}	k^{h}ɤu^{53}	ɤu^{53}	xɤu^{44}
敦煌市	tsɤu^{51}	ts^{h}ɤu^{44}	kɤu^{213}	kɤu^{51}	kɤu^{44}	k^{h}ɤu^{51}	ŋɤu^{51}	xɤu^{44}
临夏市	tsɤu^{42}	ts^{h}ɤu^{53}	kɤu^{13}	kɤu^{42}	kɤu^{53}	k^{h}ɤu^{42}	ŋɤu^{42}	xɤu^{53}
合作市	tsəɯ^{44}	ts^{h}əɯ^{53}	kəɯ^{13}	kəɯ^{44}	kəɯ^{53}	k^{h}əɯ^{44}	əɯ^{44}	xəɯ^{53}
临潭县	tsəɯ^{51}	ts^{h}əɯ^{44}	kəɯ^{24}	kəɯ^{51}	kəɯ^{44}	k^{h}əɯ^{51}	ŋəɯ^{51}	xəɯ^{44}

	0345 厚	0346 富	0347 副	0348 浮	0349 妇	0350 流	0351 酒	0352 修
	流开一上侯匣	流开三去尤非	流开三去尤敷	流开三平尤奉	流开三上尤奉	流开三平尤来	流开三上尤精	流开三平尤心
兰州市	xəu^{13}	fu^{13}	fu^{13}	fu^{53}	fu^{13}	liəu^{53}	tɕiəu^{34}	ɕiəu^{55}
榆中县	xəu^{213}	fu^{213}	fu^{213}	fu^{312}	fu^{213}	liəu^{312}	tɕiəu^{44}	ɕiəu^{51}
永登县	xɤu^{13}	fu^{13}	fu^{13}	fu^{13}	fu^{13}	liɤu^{53}	tɕiɤu^{354}	ɕiɤu^{42}
红古区	xɤu^{13}	fu^{13}	fu^{13}	fu^{13}	fu^{13}	liɤu^{13}	tɕiɤu^{53}	ɕiɤu^{13}
凉州区	xəu^{31}	fu^{31}	fu^{31}	fu^{35}	fu^{35}	liəu^{35}	tɕiəu^{35}	ɕiəu^{35}
甘州区	xɤu^{31}	fu^{31}	fu^{31}	fu^{53}	fu^{31}	liɤu^{53}	tɕiɤu^{53}	ɕɤu^{44}
肃州区	xəu^{213}	fu^{213}	fu^{213}	fu^{51}	fu^{213}	liəu^{51}	tɕiəu^{51}	ɕiəu^{44}
永昌县	xəu^{53}	fu^{53}	fu^{53}	fu^{13}	fu^{53}	liəu^{13}	tɕiəu^{13}	ɕiəu^{44}
崆峒区	xəu^{44}	fu^{44}	fu^{44}	fu^{24}	fu^{44}	liəu^{24}	tɕiəu^{53}	ɕiəu^{21}
庆城县	xɤu^{244}	fu^{244}	fu^{244}	fu^{113}	fu^{244}	liɤu^{113}	tɕiɤu^{44}	ɕiɤu^{51}
宁县	xou^{44}	fu^{44}	fu^{44}	fu^{24}	fu^{44}	liou^{24}	tɕiou^{52}	ɕiou^{31}
武都区	xəu^{24}	fu^{24}	fu^{24}	fu^{31}	fu^{24}	liəu^{13}	tɕiəu^{55}	ɕiəu^{31}
文县	xɤu^{24}	fu^{24}	fu^{24}	fu^{13}	fu^{24}	liɤu^{13}	tɕiɤu^{55}	ɕiɤu^{31}
康县	xɤu^{24}	fu^{24}	fu^{24}	fu^{211}	fu^{24}	liɤu^{211}	tsiɤu^{55}	siɤu^{53}
礼县	xəu^{44}	fu^{44}	fu^{44}	fu^{13}	fu^{44}	liəu^{13}	tɕiəu^{52}	ɕiəu^{31}
靖远县	xɤu^{33}	fu^{33}	fu^{33}	fu^{24}	fu^{33}	liɤu^{24}	tɕiɤu^{55}	ɕiɤu^{41}
陇西县	xɤu^{44}	fu^{44}	fu^{44}	fu^{13}	fu^{44}	liu^{13}	tɕiu^{53}	ɕiu^{21}
秦州区	xɤu^{44}	fu^{44}	fu^{44}	fu^{13}	fu^{44}	liɤu^{13}	tɕiɤu^{53}	ɕiɤu^{13}
安定区	xəu^{44}	fu^{44}	fu^{44}	fu^{13}	fu^{44}	liəu^{13}	tɕiəu^{53}	ɕiəu^{13}
会宁县	xəu^{44}	fu^{44}	fu^{44}	fu^{13}	fu^{44}	liəu^{13}	tɕiəu^{53}	ɕiəu^{13}
临洮县	xɤu^{44}	fu^{44}	fu^{13}	fu^{13}	fu^{44}	liɤu^{13}	tɕiɤu^{53}	ɕiɤu^{13}
清水县	xou^{443}	fu^{443}	fu^{443}	fu^{13}	fu^{443}	liou^{13}	tsiou^{52}	siou^{13}
永靖县	xɤu^{44}	fu^{44}	fu^{44}	fu^{44}	fu^{44}	liɤu^{213}	tɕiɤu^{53}	ɕiɤu^{213}
敦煌市	xɤu^{44}	fu^{44}	fu^{44}	fu^{213}	fu^{44}	liɤu^{213}	tɕiɤu^{51}	ɕiɤu^{213}
临夏市	xɤu^{53}	fu^{53}	fu^{53}	fu^{13}	fu^{53}	liɤu^{13}	tɕiɤu^{42}	ɕiɤu^{13}
合作市	xəɯ^{53}	fu^{53}	fu^{53}	fu^{13}	fu^{53}	liəɯ^{13}	tɕiəɯ^{44}	ɕiəɯ^{13}
临潭县	xəɯ^{44}	fu^{44}	fu^{44}	fu^{24}	fu^{44}	liəɯ^{24}	tɕiəɯ^{51}	ɕiəɯ^{44}

	0353 袖	0354 抽	0355 绸	0356 愁	0357 瘦	0358 州	0359 臭香～	0360 手
	流开三去尤邪	流开三平尤彻	流开三平尤澄	流开三平尤崇	流开三去尤生	流开三平尤章	流开三去尤昌	流开三上尤书
兰州市	ɕiəu^{13}	tʂʰəu^{55}	tʂʰəu^{53}	tʂʰəu^{53}	ʂəu^{13}	tʂəu^{53}	tʂʰəu^{13}	ʂəu^{34}
榆中县	ɕiəu^{213}	tʂʰəu^{51}	tʂʰəu^{312}	tʂʰəu^{312}	ʂəu^{213}	tʂəu^{51}	tʂʰəu^{213}	ʂəu^{44}
永登县	ɕiɤu^{13}	tʂʰɤu^{42}	tʂʰɤu^{53}	tʂʰɤu^{53}	ʂɤu^{13}	tʂɤu^{42}	tʂʰɤu^{13}	ʂɤu^{354}
红古区	ɕiɤu^{13}	tʂʰɤu^{13}	tʂʰɤu^{13}	tʂʰɤu^{13}	ʂɤu^{13}	tʂɤu^{53}	tʂʰɤu^{13}	ʂɤu^{53}
凉州区	ɕiəu^{31}	tʂʰəu^{35}	tʂʰəu^{35}	tsʰəu^{35}	səu^{31}	tʂəu^{35}	tʂʰəu^{31}	ʂəu^{35}
甘州区	ɕɤu^{31}	tʂʰɤu^{44}	tʂʰɤu^{53}	tʂʰɤu^{53}	sɤu^{31}	tʂɤu^{44}	tʂʰɤu^{31}	ʂɤu^{53}
肃州区	ɕiəu^{213}	tʂʰəu^{44}	tʂʰəu^{51}	tsʰəu^{51}	səu^{213}	tʂəu^{44}	tʂʰəu^{213}	ʂəu^{51}
永昌县	ɕiəu^{53}	tʂʰəu^{44}	tʂʰəu^{13}	tʂʰəu^{13}	səu^{53}	tʂəu^{44}	tʂʰəu^{53}	ʂəu^{13}
崆峒区	ɕiəu^{44}	tʂʰəu^{21}	tʂʰəu^{24}	tsʰəu^{24}	səu^{44}	tʂəu^{21}	tʂʰəu^{44}	ʂəu^{53}
庆城县	ɕiɤu^{244}	tʂʰɤu^{51}	tʂʰɤu^{113}	tsʰɤu^{113}	sɤu^{244}	tʂɤu^{51}	tʂʰɤu^{244}	ʂɤu^{44}
宁县	ɕiou^{44}	tʂʰou^{31}	tʂʰou^{24}	tsʰou^{24}	sou^{44}	tʂou^{31}	tʂʰou^{44}	ʂou^{52}
武都区	ɕiəu^{24}	tʂʰəu^{31}	tʂʰəu^{24}	tsʰəu^{24}	səu^{24}	tʂəu^{31}	tʂʰəu^{24}	ʂəu^{55}
文县	ɕiɤu^{24}	tsʰɤu^{31}	tsʰɤu^{13}	tsʰɤu^{13}	sɤu^{24}	tsɤu^{31}	tsʰɤu^{24}	sɤu^{55}
康县	siɤu^{24}	tʂʰɤu^{53}	tʂʰɤu^{211}	tsʰɤu^{211}	sɤu^{24}	tʂɤu^{53}	tʂʰɤu^{24}	ʂɤu^{55}
礼县	ɕiəu^{44}	tʂʰəu^{31}	tʂʰəu^{13}	tsʰəu^{13}	səu^{44}	tʂəu^{31}	tʂʰəu^{44}	ʂəu^{52}
靖远县	ɕiɤu^{33}	tʂʰɤu^{41}	tʂʰɤu^{24}	tsʰɤu^{24}	sɤu^{33}	tʂɤu^{41}	tʂʰɤu^{33}	ʂɤu^{55}
陇西县	ɕiu^{44}	tʂʰɤu^{21}	tʂʰɤu^{13}	tsʰɤu^{13}	sɤu^{44}	tʂɤu^{21}	tʂʰɤu^{44}	ʂɤu^{53}
秦州区	ɕiɤu^{44}	tʂʰɤu^{13}	tʂʰɤu^{13}	tsʰɤu^{13}	sɤu^{44}	tʂɤu^{13}	tʂʰɤu^{44}	ʂɤu^{53}
安定区	ɕiəu^{44}	tʂʰəu^{13}	tʂʰəu^{13}	tsʰəu^{13}	səu^{44}	tʂəu^{13}	tʂʰəu^{44}	ʂəu^{53}
会宁县	ɕiəu^{44}	tʂʰəu^{13}	tʂʰəu^{13}	tsʰəu^{13}	səu^{44}	tʂəu^{13}	tʂʰəu^{44}	ʂəu^{53}
临洮县	ɕiɤu^{44}	tʂʰɤu^{13}	tʂʰɤu^{13}	tsʰɤu^{13}	sɤu^{44}	tʂɤu^{13}	tʂʰɤu^{44}	ʂɤu^{53}
清水县	siou^{443}	tʂʰou^{13}	tʂʰou^{13}	tʃʰou^{13}	ʃou^{443}	tʂou^{13}	tʂʰou^{443}	ʂou^{52}
永靖县	ɕiɤu^{44}	tʂʰɤu^{213}	tʂʰɤu^{213}	tʂʰɤu^{213}	ʂɤu^{44}	tʂɤu^{213}	tʂʰɤu^{44}	ʂɤu^{53}
敦煌市	ɕiɤu^{44}	tʂʰɤu^{213}	tʂʰɤu^{213}	tʂʰɤu^{213}	sɤu^{44}	tʂɤu^{213}	tʂʰɤu^{44}	ʂɤu^{51}
临夏市	ɕiɤu^{53}	tʂʰɤu^{13}	tʂʰɤu^{13}	tʂʰɤu^{13}	ʂɤu^{53}	tʂɤu^{13}	tʂʰɤu^{53}	ʂɤu^{42}
合作市	ɕiəɯ^{53}	tʂʰəɯ^{13}	tʂʰəɯ^{13}	tʂʰəɯ^{13}	ʂəɯ^{53}	tʂəɯ^{13}	tʂʰəɯ^{53}	ʂəɯ^{44}
临潭县	ɕiəɯ^{44}	tʂʰəɯ^{44}	tʂʰəɯ^{24}	tsʰəɯ^{24}	səɯ^{44}	tʂəɯ^{44}	tʂʰəɯ^{44}	ʂəɯ^{51}

	0361 寿	0362 九	0363 球	0364 舅	0365 旧	0366 牛	0367 休	0368 优
	流开三去尤禅	流开三上尤见	流开三平尤群	流开三上尤群	流开三去尤群	流开三平尤疑	流开三平尤晓	流开三平尤影
兰州市	ʂəu^{13}	tɕiəu^{34}	tɕʰiəu^{53}	tɕiəu^{13}	tɕiəu^{13}	ȵiəu^{53}	ɕiəu^{55}	iəu^{55}
榆中县	ʂəu^{213}	tɕiəu^{44}	tɕʰiəu^{312}	tɕiəu^{213}	tɕiəu^{213}	ȵiəu^{312}	ɕiəu^{51}	iəu^{51}
永登县	ʂɤu^{13}	tɕiɤu^{354}	tɕʰiɤu^{53}	tɕiɤu^{13}	tɕiɤu^{13}	ȵiɤu^{53}	ɕiɤu^{42}	iɤu^{42}
红古区	ʂɤu^{13}	tɕiɤu^{53}	tɕʰiɤu^{13}	tɕiɤu^{13}	tɕiɤu^{13}	ȵiɤu^{13}	ɕiɤu^{13}	iɤu^{13}
凉州区	ʂəu^{31}	tɕiəu^{35}	tɕʰiəu^{35}	tɕiəu^{31}	tɕiəu^{31}	ȵiəu^{35}	ɕiəu^{35}	iəu^{35}
甘州区	ʂɤu^{31}	tɕiɤu^{53}	tɕʰiɤu^{44}	tɕiɤu^{31}	tɕiɤu^{31}	ȵiɤu^{53}	ɕiɤu^{44}	iɤu^{44}
肃州区	ʂəu^{213}	tɕiəu^{51}	tɕʰiəu^{44}	tɕiəu^{213}	tɕiəu^{213}	ȵiəu^{51}	ɕiəu^{44}	ʑiəu^{44}
永昌县	ʂəu^{53}	tɕiəu^{13}	tɕʰiəu^{44}	tɕiəu^{53}	tɕiəu^{53}	ȵiəu^{13}	ɕiəu^{44}	iəu^{44}
崆峒区	ʂəu^{44}	tɕiəu^{53}	tɕʰiəu^{24}	tɕiəu^{44}	tɕiəu^{44}	ȵiəu^{24}	ɕiəu^{21}	iəu^{21}
庆城县	ʂɤu^{244}	tɕiɤu^{44}	tɕʰiɤu^{113}	tɕiɤu^{244}	tɕiɤu^{244}	ȵiɤu^{113}	ɕiɤu^{51}	iɤu^{51}
宁县	ʂou^{44}	tɕiou^{52}	tɕʰiou^{24}	tɕʰiou^{44} tɕiou^{44}	tɕʰiou^{44}	ȵiou^{24}	ɕiou^{31}	iou^{31}
武都区	ʂəu^{24}	tɕiəu^{55}	tɕʰiəu^{31}	tɕiəu^{24}	tɕiəu^{24}	ȵiəu^{13}	ɕiəu^{31}	iəu^{31}
文县	sɤu^{24}	tɕiɤu^{55}	tɕʰiɤu^{13}	tɕiɤu^{24}	tɕʰiɤu^{24}	ȵiɤu^{13}	ɕiɤu^{31}	iɤu^{31}
康县	ʂɤu^{24}	tɕiɤu^{55}	tɕʰiɤu^{211}	tɕiɤu^{24}	tɕiɤu^{24}	ȵiɤu^{211}	siɤu^{53}	iɤu^{53}
礼县	ʂəu^{44}	tɕiəu^{52}	tɕʰiəu^{13}	tɕiəu^{44}	tɕʰiəu^{44}	ȵiəu^{13}	ɕiəu^{31}	iəu^{31}
靖远县	ʂɤu^{33}	tɕiɤu^{55}	tɕʰiɤu^{41}	tɕiɤu^{33}	tɕiɤu^{33}	ȵiɤu^{24}	ɕiɤu^{41}	iɤu^{41}
陇西县	ʂɤu^{44}	tɕiu^{53}	tɕʰiu^{21}	tɕiu^{44}	tɕʰiu^{44}	liu^{13}	xɤu^{21} ɕiu^{21}	iu^{21}
秦州区	ʂɤu^{44}	tɕiɤu^{53}	tɕʰiɤu^{13}	tɕiɤu^{44}	tɕiɤu^{44}	ȵiɤu^{13}	ɕiɤu^{13}	iɤu^{13}
安定区	ʂəu^{44}	tɕiəu^{53}	tɕʰiəu^{13}	tɕiəu^{44}	tɕʰiəu^{44}	ȵiəu^{13}	ɕiəu^{13}	iəu^{13}
会宁县	ʂəu^{44}	tɕiəu^{53}	tɕʰiəu^{13}	tɕiəu^{44}	tɕʰiəu^{44}	ȵiəu^{13}	ɕiəu^{13}	iəu^{13}
临洮县	ʂɤu^{44}	tɕiɤu^{53}	tɕʰiɤu^{13}	tɕiɤu^{44}	tɕiɤu^{44}	ȵiɤu^{13}	ɕiɤu^{13}	iɤu^{13}
清水县	ʂou^{443}	tɕiou^{52}	tɕʰiou^{13}	tɕiou^{443}	tɕʰiou^{443}	ȵiou^{13}	siou^{13}	iou^{13}
永靖县	ʂɤu^{44}	tɕiɤu^{53}	tɕʰiɤu^{213}	tɕiɤu^{44}	tɕiɤu^{44}	ȵiɤu^{213}	ɕiɤu^{213}	iɤu^{213}
敦煌市	ʂɤu^{44}	tɕiɤu^{51}	tɕʰiɤu^{213}	tɕiɤu^{44}	tɕiɤu^{44}	ȵiɤu^{213}	ɕiɤu^{213}	iɤu^{213}
临夏市	ʂɤu^{53}	tɕiɤu^{42}	tɕʰiɤu^{13}	tɕiɤu^{53}	tɕiɤu^{53}	ȵiɤu^{13}	ɕiɤu^{13}	iɤu^{13}
合作市	ʂəɯ^{53}	tɕiəɯ^{44}	tɕʰiəɯ^{13}	tɕiəɯ^{53}	tɕiəɯ^{53}	ȵiəɯ^{13}	ɕiəɯ^{53}	iəɯ^{13}
临潭县	ʂəɯ^{44}	tɕiəɯ^{51}	tɕʰiəɯ^{44}	tɕiəɯ^{44}	tɕiəɯ^{44}	ȵiəɯ^{24}	ɕiəɯ^{44}	iəɯ^{24}

	0369 有	0370 右	0371 油	0372 丢	0373 幼	0374 贪	0375 潭	0376 南
	流开三 上尤云	流开三 去尤云	流开三 平尤以	流开三 平幽端	流开三 去幽影	咸开一 平覃透	咸开一 平覃定	咸开一 平覃泥
兰州市	iəu^{34}	iəu^{13}	iəu^{13}	tiəu^{55}	iəu^{13}	tʰæ̃^{55}	tʰæ̃^{53}	næ̃^{53}
榆中县	iəu^{44}	iəu^{213}	iəu^{312}	tiəu^{51}	iəu^{213} iəu^{51}	tʰan^{51}	tʰan^{312}	nan^{312}
永登县	iɤu^{354}	iɤu^{13}	iɤu^{53}	tiɤu^{42}	iɤu^{13}	tʰæ̃^{42}	tʰæ̃^{53}	næ̃^{53}
红古区	iɤu^{53}	iɤu^{13}	iɤu^{13}	tiɤu^{13}	iɤu^{13}	tʰan^{13}	tʰan^{13}	nan^{13}
凉州区	iəu^{35}	iəu^{31}	iəu^{35}	tiəu^{35}	iəu^{31}	tʰɑŋ^{35}	tʰɑŋ^{35}	nɑŋ^{35}
甘州区	iɤu^{53}	iɤu^{31}	iɤu^{53}	tiɤu^{44}	iɤu^{31}	tʰaŋ^{44}	tʰaŋ^{53}	naŋ^{53}
肃州区	ʑiəu^{51}	ʑiəu^{213}	ʑiəu^{51}	tiəu^{44}	ʑiəu^{213}	tʰæ̃^{44}	tʰæ̃^{51}	næ̃^{51}
永昌县	iəu^{13}	iəu^{53}	iəu^{13}	tiəu^{44}	iəu^{53}	tʰɛe^{44}	tʰɛe^{13}	nɛe^{13}
崆峒区	iəu^{53}	iəu^{44}	iəu^{24}	tiəu^{21}	iəu^{44}	tʰæ̃^{21}	tʰæ̃^{24}	næ̃^{24}
庆城县	iɤu^{44}	iɤu^{44}	iɤu^{113}	tiɤu^{51}	iɤu^{51}	tʰɛ̃^{51}	tʰɛ̃^{113}	nɛ̃^{113}
宁县	iou^{52}	iou^{44}	iou^{24}	tiou^{31}	iou^{44}	tʰæ̃^{31}	tʰæ̃^{24}	næ̃^{24}
武都区	iəu^{55}	iəu^{24}	iəu^{24}	tiəu^{31}	iəu^{24}	tʰæ̃^{31}	tʰæ̃^{13}	læ̃^{13}
文县	iɤu^{55}	iɤu^{24}	iɤu^{13}	tiɤu^{31}	iɤu^{24}	tʰæ̃^{31}	tʰæ̃^{13}	læ̃^{13}
康县	iɤu^{55}	iɤu^{24}	iɤu^{211}	tsiɤu^{53}	iɤu^{24}	tʰan^{53}	tʰan^{211}	lan^{211}
礼县	iəu^{52}	iəu^{44}	iəu^{13}	tiəu^{31}	iəu^{44}	tʰæ̃^{31}	tʰæ̃^{13}	næ̃^{13}
靖远县	iɤu^{55}	iɤu^{33}	iɤu^{24}	tiɤu^{41}	iɤu^{33}	tʰæ̃^{41}	tʰæ̃^{24}	næ̃^{24}
陇西县	iu^{53}	iu^{44}	iu^{13}	tiu^{21}	iu^{44}	tʰæ̃^{21}	tʰæ̃^{13}	læ̃^{13}
秦州区	iɤu^{53}	iɤu^{44}	iɤu^{13}	tiɤu^{13}	iɤu^{44}	tʰæ̃^{13}	tʰæ̃^{13}	læ̃^{13}
安定区	iəu^{53}	iəu^{44}	iəu^{13}	tiəu^{13}	iəu^{44}	tʰæ̃^{13}	tʰæ̃^{13}	næ̃^{13}
会宁县	iəu^{53}	iəu^{44}	iəu^{13}	tiəu^{13}	iəu^{44}	tʰæ̃^{13}	tʰæ̃^{13}	læ̃^{13}
临洮县	iɤu^{53}	iɤu^{44}	iɤu^{13}	tiɤu^{13}	iɤu^{44}	tʰæ̃^{13}	tʰæ̃^{13}	næ̃^{13}
清水县	iou^{52}	iou^{443}	iou^{13}	tsiou^{13}	iou^{443}	tʰæ̃^{13}	tʰæ̃^{13}	læ̃^{13}
永靖县	iɤu^{53}	iɤu^{44}	iɤu^{213}	tiɤu^{213}	iɤu^{44}	tʰæ̃^{213}	tʰæ̃^{213}	næ̃^{213}
敦煌市	iɤu^{51}	iɤu^{44}	iɤu^{213}	tiɤu^{213}	iɤu^{44}	tʰæ̃^{213}	tʰæ̃^{213}	næ̃^{213}
临夏市	iɤu^{42}	iɤu^{53}	iɤu^{13}	tiɤu^{13}	iɤu^{53}	tʰã^{13}	tʰã^{13}	nã^{13}
合作市	iəɯ^{44}	iəɯ^{53}	iəɯ^{13}	tiəɯ^{13}	iəɯ^{53}	tʰæ̃^{13}	tʰæ̃^{13}	næ̃^{13}
临潭县	iəɯ^{51}	iəɯ^{44}	iəɯ^{24}	tiəɯ^{44}	iəɯ^{44}	tʰæ̃^{44}	tʰæ̃^{24}	næ̃^{24}

	0377 蚕	0378 感	0379 含～一口水	0380 暗	0381 搭	0382 踏	0383 拉	0384 杂
	咸开一平覃从	咸开一上覃见	咸开一平覃匣	咸开一去覃影	咸开一入合端	咸开一入合透	咸开一入合来	咸开一入合从
兰州市	$ts^hæ̃^{53}$	$kæ̃^{34}$	$xæ̃^{53}$	$æ̃^{13}$	ta^{13}	t^ha^{13}	la^{13}	tsa^{53}
榆中县	ts^han^{312}	kan^{44}	xan^{312}	an^{213}	ta^{312}	t^ha^{312}	la^{51}	tsa^{312}
永登县	$ts^hæ̃^{53}$	$kæ̃^{354}$	$xæ̃^{53}$	$æ̃^{13}$	ta^{13}	t^ha^{53}	la^{42}	tsa^{53}
红古区	ts^han^{13}	kan^{53}	xan^{13}	an^{13}	ta^{13}	t^ha^{13}	la^{13}	tsa^{13}
凉州区	$ts^hɑŋ^{35}$	$kɑŋ^{35}$	$xɑŋ^{35}$	$ɑŋ^{31}$	ta^{31}	t^ha^{35}	la^{35}	tsa^{35}
甘州区	$ts^haŋ^{53}$	$kaŋ^{53}$	$xaŋ^{53}$	$aŋ^{31}$	ta^{31}	t^ha^{53}	la^{44}	tsa^{53}
肃州区	$ts^hæ̃^{51}$	$kæ̃^{51}$	$xæ̃^{51}$	$ɣæ̃^{213}$	ta^{213}	t^ha^{51}	la^{44}	tsa^{51}
永昌县	$ts^hɛe^{13}$	$kɛe^{13}$	$xɛe^{13}$	$ɛe^{53}$	ta^{53}	t^ha^{13}	la^{44}	tsa^{13}
崆峒区	$ts^hæ̃^{24}$	$kæ̃^{53}$	$xæ̃^{24}$	$næ̃^{44}$	ta^{21}	t^ha^{24}	la^{21}	tsa^{24}
庆城县	ts^ha^{113} $ts^hɛ̃^{113}$	$kɛ̃^{44}$	$xɛ̃^{113}$	$nɛ̃^{244}$	ta^{51}	t^ha^{113}	la^{51}	tsa^{113}
宁县	$ts^hæ̃^{24}$	$kæ̃^{52}$	$xæ̃^{24}$	$næ̃^{44}$	ta^{31}	t^ha^{24}	la^{31} la^{44}	tsa^{24}
武都区	$ts^hæ̃^{13}$	$kæ̃^{55}$	$xæ̃^{13}$	$ŋæ̃^{55}$	ta^{31}	t^ha^{13}	la^{31}	tsa^{13}
文县	$ts^hæ̃^{13}$	$kæ̃^{55}$	$xæ̃^{13}$	$ŋæ̃^{24}$	ta^{31}	t^ha^{13}	la^{31}	tsa^{13}
康县	ts^han^{211}	kan^{55}	xan^{211}	$ŋan^{55}$	ta^{53}	t^ha^{211}	la^{53}	tsa^{211}
礼县	$ts^hæ̃^{13}$	$kæ̃^{52}$	$xæ̃^{13}$	$ŋæ̃^{44}$ $ŋæ̃^{52}$	ta^{31}	t^ha^{13}	na^{31}	tsa^{13}
靖远县	$ts^hæ̃^{24}$	$kæ̃^{55}$	$xæ̃^{24}$	$næ̃^{33}$	ta^{41}	t^ha^{24}	la^{41}	tsa^{24}
陇西县	$ts^hæ̃^{13}$	$kæ̃^{53}$	$xæ̃^{13}$	$kæ̃^{44}$	ta^{21}	t^ha^{13} t^ha^{21}	la^{21}	ts^ha^{13} tsa^{13}
秦州区	$ts^hæ̃^{13}$	$kæ̃^{53}$	$xæ̃^{13}$	$ŋæ̃^{53}$	ta^{13}	t^ha^{13}	la^{13}	ts^ha^{13}
安定区	$ts^hæ̃^{13}$	$kæ̃^{53}$	$xæ̃^{13}$	$kæ̃^{53}$	ta^{13}	t^ha^{13}	na^{13}	tsa^{13}
会宁县	$ts^hæ̃^{13}$	$kæ̃^{53}$	$xæ̃^{13}$	$ŋæ̃^{44}$	ta^{13}	t^ha^{13}	la^{13}	tsa^{13}
临洮县	$ts^hæ̃^{13}$	$kæ̃^{53}$	$xæ̃^{13}$	$ŋæ̃^{44}$	ta^{13}	t^ha^{13}	la^{13}	tsa^{13}
清水县	$ts^hæ̃^{13}$	$kæ̃^{52}$	$xæ̃^{13}$	$ŋæ̃^{52}$ $ŋæ̃^{443}$	ta^{13}	t^ha^{13}	la^{13}	ts^ha^{13}
永靖县	$ts^hæ̃^{213}$	$kæ̃^{53}$	$xæ̃^{213}$	$æ̃^{44}$	ta^{213}	t^ha^{213}	la^{213}	tsa^{213}
敦煌市	$ts^hæ̃^{213}$	$kæ̃^{51}$	$xæ̃^{213}$	$ŋæ̃^{44}$	ta^{213}	t^ha^{213}	la^{213}	tsa^{213}
临夏市	$ts^hã^{13}$	$kã^{42}$	$xã^{13}$	$nã^{53}$	$tɑ^{13}$	$t^hɑ^{13}$	$lɑ^{13}$	$tsɑ^{13}$
合作市	$ts^hæ̃^{13}$	$kæ̃^{44}$	$xæ̃^{13}$	$ŋæ̃^{53}$	$tᴀ^{13}$	$t^hᴀ^{13}$	$lᴀ^{13}$	$tsᴀ^{13}$
临潭县	$ts^hæ̃^{24}$	$kæ̃^{51}$	$xæ̃^{24}$	$ŋæ̃^{44}$	ta^{44}	t^ha^{24}	la^{44}	tsa^{24}

	0385 鸽	0386 盒	0387 胆	0388 毯	0389 淡	0390 蓝	0391 三	0392 甘
	咸开一 入合见	咸开一 入合匣	咸开一 上谈端	咸开一 上谈透	咸开一 上谈定	咸开一 平谈来	咸开一 平谈心	咸开一 平谈见
兰州市	kɤ^{55}	xɤ^{53}	tæ̃^{34}	t^{h}æ̃^{34}	tæ̃^{13}	læ̃^{53}	sæ̃^{55}	kæ̃^{55}
榆中县	kə^{312}	xə^{312}	tan^{44}	t^{h}an^{44}	tan^{213}	lan^{312}	san^{51}	kan^{51}
永登县	kə^{13}	xə^{53}	tæ̃^{354}	t^{h}æ̃^{354}	tæ̃^{13}	læ̃^{53}	sæ̃^{42}	kæ̃^{42}
红古区	kə^{13}	xuə^{13}	tan^{53}	t^{h}an^{53}	tan^{13}	lan^{13}	san^{13}	kan^{13}
凉州区	kə^{31}	xə^{35}	tɑŋ^{35}	t^{h}ɑŋ^{35}	tɑŋ^{31}	lɑŋ^{35}	sɑŋ^{35}	kɑŋ^{35}
甘州区	kə^{31}	xə^{53}	taŋ^{53}	t^{h}aŋ^{53}	taŋ^{31}	laŋ^{53}	saŋ^{44}	kaŋ^{44}
肃州区	kə^{213}	xə^{51}	tæ̃^{51}	t^{h}æ̃^{51}	tæ̃^{213}	læ̃^{51}	sæ̃^{44}	kæ̃^{44}
永昌县	kə^{53}	xə^{13}	tɛe^{13}	t^{h}ɛe^{13}	tɛe^{53}	lɛe^{13}	sɛe^{44}	kɛe^{44}
崆峒区	kɤ^{21}	xuo^{24}	tæ̃^{53}	t^{h}æ̃^{53}	tæ̃^{44}	læ̃^{24}	sæ̃^{21}	kæ̃^{21}
庆城县	kə^{51} kə^{51}	xuə^{113}	tɛ̃^{44}	t^{h}ɛ̃^{44}	tɛ̃^{244}	lɛ̃^{113}	sɛ̃^{51}	kɛ̃^{51}
宁县	kə^{31}	xuə^{24}	tæ̃^{52}	t^{h}æ̃^{52}	t^{h}æ̃^{44} tæ̃^{44}	læ̃^{24}	sæ̃^{31}	kæ̃^{31}
武都区	kɤ^{24}	xuɤ^{24}	tæ̃^{55}	t^{h}æ̃^{55}	tæ̃^{13}	læ̃^{13}	sæ̃^{31}	kæ̃^{31}
文县	kɤ^{31}	xuə^{13}	tæ̃^{55}	t^{h}æ̃^{55}	tæ̃^{24}	læ̃^{13}	sæ̃^{31}	kæ̃^{31}
康县	kuɤ^{53}	xuɤ^{211}	tan^{55}	t^{h}an^{55}	tan^{24}	lan^{211}	san^{53}	kan^{53}
礼县	kɤ^{31}	xɤ^{13}	tæ̃^{52}	t^{h}æ̃^{52}	tæ̃^{44}	næ̃^{13}	sæ̃^{31}	kæ̃^{31}
靖远县	kuə^{41}	xuə^{24}	tæ̃^{55}	t^{h}æ̃^{55}	tæ̃^{33}	læ̃^{24}	sæ̃^{41}	kæ̃^{41}
陇西县	kɤ^{21}	xɤ^{13}	tæ̃^{53} t^{h}æ̃^{53}	t^{h}æ̃^{53}	tæ̃^{44}	læ̃^{13}	sæ̃^{21}	kæ̃^{21}
秦州区	kuə^{13}	xuə^{13}	tæ̃^{53}	t^{h}æ̃^{53}	t^{h}æ̃^{44}	læ̃^{13}	sæ̃^{13}	kæ̃^{13}
安定区	kə^{44}	xə^{13}	tæ̃^{53}	t^{h}æ̃^{53}	tæ̃^{44}	næ̃^{13}	sæ̃^{13}	kæ̃^{13}
会宁县	kə^{13}	xə^{13}	tæ̃^{53}	t^{h}æ̃^{53}	tæ̃^{44}	læ̃^{13}	sæ̃^{13}	kæ̃^{13}
临洮县	kɤ^{13}	xɤ^{13}	tæ̃^{53}	t^{h}æ̃^{53}	tæ̃^{44}	læ̃^{13}	sæ̃^{13}	kæ̃^{13}
清水县	kuə^{13}	xuə^{13}	tæ̃^{52}	t^{h}æ̃^{52}	t^{h}æ̃^{443}	læ̃^{13}	sæ̃^{13}	kæ̃^{13}
永靖县	kɤ^{213}	xuɤ^{213}	tæ̃^{53}	t^{h}æ̃^{53}	tæ̃^{44}	læ̃^{213}	sæ̃^{213}	kæ̃^{213}
敦煌市	kə^{213}	xə^{213}	tæ̃^{51}	t^{h}æ̃^{51}	tæ̃^{44}	læ̃^{213}	sæ̃^{213}	kæ̃^{213}
临夏市	kɤ^{13}	xɤ^{13}	tã^{42}	t^{h}ã^{42}	tã^{53}	lã^{13}	sã^{13}	kã^{13}
合作市	kə^{13}	xə^{13}	tæ̃^{44}	t^{h}æ̃^{44}	tæ̃^{53}	læ̃^{13}	sæ̃^{13}	kæ̃^{13}
临潭县	kɤ^{44}	xɤ^{24}	tæ̃^{51}	t^{h}æ̃^{51}	tæ̃^{44}	læ̃^{24}	sæ̃^{44}	kæ̃^{44}

	0393 敢	0394 喊	0395 塔	0396 蜡	0397 赚	0398 杉~木	0399 减	0400 咸~淡
	咸开一 上谈见	咸开一 上谈晓	咸开一 入盍透	咸开一 入盍来	咸开二 去咸澄	咸开二 平咸生	咸开二 上咸见	咸开二 平咸匣
兰州市	kæ̃^{34}	xæ̃^{34}	tʰa^{34}	la^{13}	tʂuæ̃^{13}	ʂæ̃^{55}	tɕiæ̃^{34}	xæ̃^{53}
榆中县	kan^{44}	xan^{44}	tʰa^{312}	la^{312}	tʂuan^{213}	ʂan^{51}	tɕian^{44}	xan^{312} ɕian^{312}
永登县	kæ̃^{354}	xæ̃^{354}	tʰa^{13}	la^{13}	pfæ̃^{13}	ʂæ̃^{42}	tɕiæ̃^{354}	ɕiæ̃^{53}
红古区	kan^{53}	xan^{53}	tʰa^{13}	la^{13}	tʂuan^{13}	ʂan^{13}	tɕian^{53}	xan^{13} ɕian^{13}
凉州区	kɑŋ^{35}	xɑŋ^{35}	tʰa^{31}	la^{31}	tʂuɑŋ^{31}	sɑŋ^{35}	tɕiɑŋ^{35}	xɑŋ^{35}
甘州区	kaŋ^{53}	xaŋ^{53}	tʰa^{31}	la^{31}	kuaŋ^{31}	ʂaŋ^{44}	tɕiaŋ^{53}	xaŋ^{53}
肃州区	kæ̃^{51}	xæ̃^{51}	tʰa^{213}	la^{213}	tʂuæ̃^{213}	sæ̃^{44}	tɕiæ̃^{51}	xæ̃^{51} ɕiæ̃^{51}
永昌县	kɛe^{13}	xɛe^{13}	tʰa^{53}	la^{53}	tʂuɛe^{53}	ʂɛe^{44}	tɕiɛ^{13}	xɛe^{13}
崆峒区	kæ̃^{53}	xæ̃^{53}	tʰa^{21}	la^{21}	tɕiæ̃^{44}	sæ̃^{21}	tɕiæ̃^{53}	xæ̃^{24}
庆城县	kɛ̃^{44}	xɛ̃^{44}	tʰa^{51}	la^{51}	tʂuɛ̃^{244}	sɛ̃^{51}	tɕiɛ̃^{44}	xɛ̃^{113}
宁县	kæ̃^{52}	xæ̃^{52}	tʰa^{31}	la^{31}	tʃuæ̃^{44}		tɕiæ̃^{52}	xæ̃^{24}
武都区	kæ̃^{55}	xæ̃^{55}	tʰa^{31}	la^{31}	tʃuæ̃^{24}	sæ̃^{31}	tɕiæ̃^{55}	xæ̃^{13}
文县	kæ̃^{55}	xæ̃^{55}	tʰa^{31}	la^{31}	tsuæ̃^{24}	sæ̃^{31}	tɕiæ̃^{55}	ɕæ̃^{13}
康县	kan^{55}	xan^{55}	tʰa^{53}	la^{53}	tʂuan^{24}	ʂan^{53}	tɕian^{55}	xan^{211}
礼县	kæ̃^{52}	xæ̃^{52}	tʰa^{31}	na^{31}	tʃuæ̃^{44}	sæ̃^{31}	tɕiæ̃^{52}	xæ̃^{13} ɕiæ̃^{13}
靖远县	kæ̃^{55}	xæ̃^{55}	tʰa^{41}	la^{41}	tʂuæ̃^{33}	sæ̃^{41}	tɕiæ̃^{55}	xæ̃^{24}
陇西县	kæ̃^{53}	xæ̃^{53}	tʰa^{21}	la^{21}	tɕiæ̃^{44} tʂuæ̃^{44}	sæ̃^{21}	tɕiæ̃^{53}	xæ̃^{13}
秦州区	kæ̃^{53}	xæ̃^{53}	tʰa^{13}	la^{13}	tɕiæ̃^{44}	sæ̃^{13}	tɕiæ̃^{53}	xæ̃^{13}
安定区	kæ̃^{53}	xæ̃^{53} xə^{53}	tʰa^{13}	la^{13}	tʃuæ̃^{44}	sæ̃^{13}	tɕiæ̃^{53}	xæ̃^{13}
会宁县	kæ̃^{53}	xæ̃^{53}	tʰa^{13}	la^{13}	tɕiæ̃^{44}	sæ̃^{13}	tɕiæ̃^{53}	xæ̃^{13}
临洮县	kæ̃^{53}	xæ̃^{53}	tʰa^{13}	la^{13}	tʂuæ̃^{44}	sæ̃^{13}	tɕiæ̃^{53}	xæ̃^{13}
清水县	kæ̃^{52}	xæ̃^{52}	tʰa^{13}	la^{13}	tʃæ̃^{443}	ʃæ̃^{13}	tɕiæ̃^{52}	xæ̃^{13}
永靖县	kæ̃^{53}	xæ̃^{53}	tʰa^{213}	la^{213}	tʂuæ̃^{44}	ʂæ̃^{213}	tɕiæ̃^{53}	xæ̃^{213}
敦煌市	kæ̃^{51}	xæ̃^{51}	tʰa^{51}	la^{213}	tɕiɛ̃^{44} tʂuæ̃^{44}	sæ̃^{213}	tɕiɛ̃^{51}	xæ̃^{213} ɕiɛ̃^{213}
临夏市	kã^{42}	xã^{42}	tʰɑ^{42}	lɑ^{13}	tʂuã^{53}	ʂã^{13}	tɕiɛ̃^{42}	xã^{13}
合作市	kæ̃^{44}	xæ̃^{44}	tʰᴀ^{53}	lᴀ^{13}	tʂuæ̃^{53}	ʂæ̃^{13}	tɕiæ̃^{44}	xæ̃^{13}
临潭县	kæ̃^{51}	xæ̃^{51}	tʰa^{44}	la^{44}	tʂuæ̃^{44}	sæ̃^{44}	tɕiæ̃^{51}	xæ̃^{24}

	0401 插	0402 闸	0403 夹～子	0404 衫	0405 监	0406 岩	0407 甲	0408 鸭
	咸开二入洽初	咸开二入洽崇	咸开二入洽见	咸开二平衔生	咸开二平衔见	咸开二平衔疑	咸开二入狎见	咸开二入狎影
兰州市	tʂʰa^{55}	tʂa^{53}	tɕia^{13}	ʂæ̃^{55}	tɕiæ̃^{55}	iæ̃^{53}	tɕia^{13}	ia^{13}
榆中县	tʂʰa^{312}	tʂa^{312}	tɕia^{312}	ʂan^{51}	tɕian^{51}	ian^{312}	tɕia^{213}	ia^{312}
永登县	tʂʰa^{13}	tʂa^{53}	tɕia^{13}	ʂæ̃^{42}	tɕiæ̃^{42}	iæ̃^{53}	tɕia^{13}	ia^{13}
红古区	tʂʰa^{13}	tʂa^{13}	tɕia^{13}	ʂan^{13}	tɕian^{13}	ian^{13}	tɕia^{13}	ia^{13}
凉州区	tsʰa^{31}	tsa^{35}	tɕia^{31}	sɑŋ^{35}	tɕiɑŋ^{35}	iɑŋ^{35}	tɕia^{31}	ia^{31}
甘州区	tʂʰa^{31}	tʂa^{53}	tɕia^{31}	ʂaŋ^{44}	tɕiaŋ^{44}	iaŋ^{53}	tɕia^{31}	ia^{31}
肃州区	tsʰa^{213}	tsa^{51}	tɕia^{213}	sæ̃^{44}	tɕiæ̃^{44}	ʑiæ̃^{51}	tɕia^{213}	ʑia^{213}
永昌县	tʂʰa^{53}	tʂa^{13}	tɕia^{53}	ʂɛe^{44}	tɕiɛ^{44}	iɛ^{13}	tɕia^{53}	ia^{53}
崆峒区	tsʰa^{21}	tsa^{44}	tɕia^{21}	sæ̃^{21}	tɕiæ̃^{21}	iæ̃^{24}	tɕia^{21}	ia^{21}
庆城县	tsʰa^{51}	tsa^{244}	tɕia^{51}	sɛ̃^{51}	tɕiɛ̃^{51}	iɛ̃^{113}	tɕia^{51}	ia^{51}
宁县	tsʰa^{31}	tsa^{44}	tɕia^{31}	sæ̃^{31}	tɕiæ̃^{31}	iæ̃^{24}	tɕia^{31}	ia^{31}
武都区	tsʰa^{31}	tsa^{13}	tɕia^{31}	sæ̃^{31}	tɕiæ̃^{31}	iæ̃^{13}	tɕia^{31}	ia^{31}
文县	tsʰa^{31}	tsa^{24}	tɕia^{31}	sæ̃^{31}	tɕiæ̃^{31}	iæ̃^{13}	tɕia^{31}	ia^{31}
康县	tʂʰa^{53}	tʂa^{211}	tɕia^{53}	ʂan^{53}	tɕian^{53}	ian^{211}	tɕia^{53}	ia^{53}
礼县	tsʰa^{31}	tsa^{44}	tɕia^{31}	sæ̃^{31}	tɕiæ̃^{31}	iæ̃^{13}	tɕia^{31}	ia^{31}
靖远县	tsʰa^{41}	tsa^{33}	tɕia^{41}	sæ̃^{41}	tɕiæ̃^{41}	iæ̃^{24}	tɕia^{41}	ia^{41}
陇西县	tsʰa^{21}	tʂa^{13}	tɕia^{21}	sæ̃^{21}	tɕiæ̃^{21}	iæ̃^{13}	tɕia^{21}	ia^{21}
秦州区	tsʰa^{13}	tsa^{44}	tɕiæ̃^{13}	sæ̃^{13}	tɕiæ̃^{13}	iæ̃^{13}	tɕia^{13}	ia^{13}
安定区	tsʰa^{13}	tsa^{13}	tɕia^{13}	sæ̃^{13}	tɕiæ̃^{13}	iæ̃^{13}	tɕia^{13}	ia^{13}
会宁县	tsʰa^{13}	tsa^{44}	tɕia^{13}	sæ̃^{13}	tɕiæ̃^{13}	iæ̃^{13}	tɕia^{13}	ia^{13}
临洮县	tsʰa^{13}	tsa^{44}	tɕia^{13}	sæ̃^{13}	tɕiæ̃^{13}	iæ̃^{13}	tɕia^{13}	ia^{13}
清水县	tʃʰa^{13}	tʃa^{443}	tɕia^{13}	ʃæ̃^{13}	tɕiæ̃^{13}	iæ̃^{13}	tɕia^{13}	ia^{13}
永靖县	tʂʰa^{213}	tʂa^{44}	tɕia^{213}	ʂæ̃^{213}	tɕiæ̃^{213}	iæ̃^{44}	tɕia^{53}	ia^{213}
敦煌市	tsʰa^{213}	tsa^{44}	tɕia^{213}	sæ̃^{213}	tɕiɛ̃^{213}	iɛ̃^{213}	tɕia^{213}	ia^{213}
临夏市	tʂʰɑ^{13}	tʂɑ^{13}	tɕiɑ^{13}	ʂã^{13}	tɕiɛ̃^{13}	iɛ̃^{13}	tɕiɑ^{13}	iɑ^{13}
合作市	tʂʰᴀ^{13}	tʂᴀ^{13}	tɕiᴀ^{13}	ʂæ̃^{13}	tɕiæ̃^{13}	iæ̃^{13}	tɕiᴀ^{13}	iᴀ^{13}
临潭县	tsʰa^{44}	tsa^{44}	tɕia^{44}	sæ̃^{44}	tɕiæ̃^{44}	iæ̃^{24}	tɕia^{44}	ia^{44}

	0409 黏 ~液	0410 尖	0411 签 ~名	0412 占 ~领	0413 染	0414 钳	0415 验	0416 险
	咸开三平盐泥	咸开三平盐精	咸开三平盐清	咸开三去盐章	咸开三上盐日	咸开三平盐群	咸开三去盐疑	咸开三上盐晓
兰州市	ȵiæ̃^{53}	tɕiæ̃^{55}	tɕʰiæ̃^{55}	tʂæ̃^{13}	ʐæ̃^{34}	tɕʰiæ̃^{53}	iæ̃^{13}	iæ̃^{34}
榆中县	ȵian^{312}	tɕian^{51}	tɕʰian^{51}	tʂan^{213}	ʐan^{44}	tɕʰian^{312}	ian^{213}	ɕian^{44}
永登县	ȵiæ̃^{53}	tɕiæ̃^{42}	tɕʰiæ̃^{42}	tʂæ̃^{13}	ʐæ̃^{354}	tɕʰiæ̃^{53}	iæ̃^{13}	ɕiæ̃^{354}
红古区	ʐan^{13}	tɕian^{13}	tɕʰian^{13}	tʂan^{13}	ʐan^{53}	tɕʰian^{13}	ian^{13}	ɕian^{53}
凉州区	ȵiɑŋ^{35}	tɕiɑŋ^{35}	tɕʰiɑŋ^{35}	tʂɑŋ^{31}	ʐɑŋ^{35}	tɕʰiɑŋ^{35}	iɑŋ^{31}	ɕiɑŋ^{35}
甘州区	ȵiaŋ^{53}	tɕiaŋ^{44}	tɕʰiaŋ^{44}	tʂaŋ^{31}	ʐaŋ^{53}	tɕʰiaŋ^{53}	iaŋ^{31}	ɕiaŋ^{53}
肃州区	ȵiæ̃^{51}	tɕiæ̃^{44}	tɕʰiæ̃^{44}	tʂæ̃^{213}	ʐæ̃^{51}	tɕʰiæ̃^{51}	ʑiæ̃^{213}	ɕiæ̃^{51}
永昌县	ȵiɛ^{13}	tɕiɛ^{44}	tɕʰiɛ^{44}	tʂɛe^{53}	ʐɛe^{13}	tɕʰiɛ^{13}	iɛ^{53}	ɕiɛ^{13}
崆峒区	ʐæ̃^{24}	tɕiæ̃^{21}	tɕʰiæ̃^{21}	tʂæ̃^{44}	ʐæ̃^{53}	tɕʰiæ̃^{24}	iæ̃^{44}	ɕiæ̃^{53}
庆城县	ȵiɛ̃^{113}	tɕiɛ̃^{51}	tɕʰiɛ̃^{51}	tʂɛ̃^{244}	ʐɛ̃^{44}	tɕʰiɛ̃^{113}	iɛ̃^{244}	ɕiɛ̃^{44}
宁县	ʐæ̃^{24}	tɕiæ̃^{31}	tɕʰiæ̃^{31}	tʂæ̃^{44}	ʐæ̃^{52}	tɕʰiæ̃^{24}	iæ̃^{44}	ɕiæ̃^{52}
武都区	ʒæ̃^{13}	tɕiæ̃^{31}	tɕʰiæ̃^{31}	tʂæ̃^{13}	ʐæ̃^{55}	tɕʰiæ̃^{13}	iæ̃^{24}	ɕiæ̃^{55}
文县	ȵiæ̃^{13} tsæ̃^{31}	tɕiæ̃^{31}	tɕʰiæ̃^{31}	tsæ̃^{24}	zæ̃^{55}	tɕʰiæ̃^{13}	iæ̃^{24}	ɕiæ̃^{55}
康县	ȵian^{211}	tsian^{53}	tsʰian^{53}	tʂan^{24}	ʐan^{55}	tɕʰian^{211}	ian^{24}	ɕian^{55}
礼县	ȵiæ̃^{13}	tɕiæ̃^{31}	tɕʰiæ̃^{31}	tʂæ̃^{44}	ʐæ̃^{52}	tɕʰiæ̃^{13}	iæ̃^{44}	ɕiæ̃^{52}
靖远县	ʐæ̃^{24}	tɕiæ̃^{41}	tɕʰiæ̃^{41}	tʂæ̃^{33}	ʐæ̃^{55}	tɕʰiæ̃^{24}	iæ̃^{33}	ɕiæ̃^{55}
陇西县	ʐæ̃^{13}	tɕiæ̃^{21}	tɕʰiæ̃^{21}	tʂæ̃^{44}	ʐæ̃^{53}	tɕʰiæ̃^{13}	iæ̃^{44}	ɕiæ̃^{53}
秦州区	ȵiæ̃^{13}	tɕiæ̃^{13}	tɕʰiæ̃^{13}	tʂæ̃^{44}	ʐæ̃^{53}	tɕʰiæ̃^{13}	iæ̃^{44}	ɕiæ̃^{53}
安定区	ȵiæ̃^{13}	tɕiæ̃^{13}	tɕʰiæ̃^{13}	tʂæ̃^{44}	ʐæ̃^{53}	tɕʰiæ̃^{13}	iæ̃^{44}	ɕiæ̃^{53}
会宁县	ʐæ̃^{13}	tɕiæ̃^{13}	tɕʰiæ̃^{13}	tʂæ̃^{44}	ʐæ̃^{53}	tɕʰiæ̃^{13}	iæ̃^{44}	ɕiæ̃^{53}
临洮县	ȵiæ̃^{13}	tɕiæ̃^{13}	tɕʰiæ̃^{13}	tʂæ̃^{44}	ʐæ̃^{53}	tɕʰiæ̃^{13}	iæ̃^{44}	ɕiæ̃^{53}
清水县	ʐæ̃^{13} ȵiæ̃^{13}	tsiæ̃^{13}	tsʰiæ̃^{13}	tʂæ̃^{443}	ʐæ̃^{52}	tɕʰiæ̃^{13}	iæ̃^{443}	ɕiæ̃^{52}
永靖县	ʐæ̃^{213}	tɕiæ̃^{213}	tɕʰiæ̃^{213}	tʂæ̃^{44}	ʐæ̃^{53}	tɕʰiæ̃^{213}	iæ̃^{44}	ɕiæ̃^{53}
敦煌市	ʐæ̃^{213} ȵiɛ̃^{213}	tɕiɛ̃^{213}	tɕʰiɛ̃^{213}	tʂæ̃^{44}	ʐæ̃^{51}	tɕʰiɛ̃^{213}	iɛ̃^{44}	ɕiɛ̃^{51}
临夏市	ȵiɛ̃^{13}	tɕiɛ̃^{13}	tɕʰiɛ̃^{13}	tʂã^{53}	ʐã^{42}	tɕʰiɛ̃^{13}	iɛ̃^{53}	ɕiɛ̃^{42}
合作市	ȵiæ̃^{13}	tɕiæ̃^{13}	tɕʰiæ̃^{13}	tʂæ̃^{53}	ʐæ̃^{44}	tɕʰiæ̃^{13}	iæ̃^{53}	ɕiæ̃^{44}
临潭县	ȵiæ̃^{24}	tɕiæ̃^{44}	tɕʰiæ̃^{44}	tʂæ̃^{44}	ʐæ̃^{51}	tɕʰiæ̃^{24}	iæ̃^{44}	ɕiæ̃^{51}

	0417 厌	0418 炎	0419 盐	0420 接	0421 折~叠	0422 叶树~	0423 剑	0424 欠
	咸开三去盐影	咸开三平盐云	咸开三平盐以	咸开三入叶精	山开三入薛章	咸开三入叶以	咸开三去严见	咸开三去严溪
兰州市	iæ̃^{13}	iæ̃^{13}	iæ̃^{53}	tɕiɛ^{13}	tʂɤ^{13}	iɛ^{13}	tɕiæ̃^{13}	tɕʰiæ̃^{13}
榆中县	ian^{213}	ian^{51}	ian^{312}	tɕiᴇ^{312}	tʂə^{312}	iᴇ^{312}	tɕian^{44}	tɕʰian^{213}
永登县	iæ̃^{13}	iæ̃^{13}	iæ̃^{53}	tɕiɛ^{42}	tʂə^{53}	iɛ^{13}	tɕiæ̃^{13}	tɕʰiæ̃^{13}
红古区	ian^{13}	ian^{13}	ian^{13}	tɕiɛ^{13}	tʂə^{13}	iɛ^{13}	tɕian^{53}	tɕʰian^{13}
凉州区	iɑŋ^{31}	iɑŋ^{35}	iɑŋ^{35}	tɕiə^{31}	tʂə^{31}	iə^{31}	tɕiɑŋ^{31}	tɕʰiɑŋ^{31}
甘州区	iaŋ^{31}	iaŋ^{44}	iaŋ^{53}	tɕiə^{31}	tʂə^{31}	iə^{31}	tɕiaŋ^{31}	tɕʰiaŋ^{31}
肃州区	ʑiæ̃^{213}	ʑiæ̃^{51}	ʑiæ̃^{51}	tɕiɛ^{213}	tʂə^{213}	ʑiɛ^{213}	tɕiæ̃^{213}	tɕʰiæ̃^{213}
永昌县	iɛ^{53}	iɛ^{44}	iɛ^{13}	tɕiə^{53}	tʂə^{53}	iə^{53}	tɕiɛ^{53}	tɕʰiɛ^{53}
崆峒区	iæ̃^{44}	iæ̃^{44}	iæ̃^{24}	tɕiɛ^{21}	tʂɤ^{24}	iɛ^{21}	tɕiæ̃^{44}	tɕʰiæ̃^{44}
庆城县	iɛ̃^{244}	iɛ̃^{244}	iɛ̃^{113}	tɕiᴇ^{51}	tʂɛ^{44}	iᴇ^{51}	tɕiɛ̃^{244}	tɕʰiɛ̃^{244}
宁县	iæ̃^{44}	iæ̃^{44}	iæ̃^{24}	tɕiɛ^{31}	tʂə^{31}	iɛ^{31}	tɕiæ̃^{44}	tɕʰiæ̃^{44}
武都区	iæ̃^{13}	iæ̃^{13}	iæ̃^{13}	tɕiᴇ^{31}	tʂɤ^{31}	iᴇ^{31}	tɕiæ̃^{55}	tɕʰiæ̃^{24}
文县	iæ̃^{24}	iæ̃^{24}	iæ̃^{13}	tɕiɛ^{31}	tsɤ^{31}	iɛ^{31}	tɕiæ̃^{55}	tɕʰiæ̃^{24}
康县	ian^{24}	ian^{211}	ian^{211}	tsiɛ^{53}	tʂɤ^{53}	iɛ^{53}	tɕian^{55}	tɕʰian^{24}
礼县	iæ̃^{44}	iæ̃^{13}	iæ̃^{13}	tɕiɛ^{31}	tʂɤ^{31}	iɛ^{31}	tɕiæ̃^{52}	tɕʰiæ̃^{44}
靖远县	iæ̃^{33}	iæ̃^{33}	iæ̃^{24}	tɕiɛ^{41}	tʂɤ^{24}	iɛ^{41}	tɕiæ̃^{33}	tɕʰiæ̃^{33}
陇西县	iæ̃^{44}	iæ̃^{44}	iæ̃^{13}	tɕiɛ^{21}	tʂɤ^{21}	iɛ^{21}	tɕiæ̃^{53}	tɕʰiæ̃^{44}
秦州区	iæ̃^{44}	iæ̃^{44}	iæ̃^{13}	tɕiə^{13}	tʂɤ^{13}	iə^{13}	tɕiæ̃^{53}	tɕʰiæ̃^{44}
安定区	iæ̃^{44}	iæ̃^{44}	iæ̃^{13}	tɕiə^{13}	tʂə^{13}	iə^{13}	tɕiæ̃^{53}	tɕʰiæ̃^{44}
会宁县	iæ̃^{44}	iæ̃^{44}	iæ̃^{13}	tɕiə^{13}	tʂə^{13}	iə^{13}	tɕiæ̃^{44}	tɕʰiæ̃^{44}
临洮县	iæ̃^{44}	iæ̃^{13}	iæ̃^{13}	tɕiɛ^{13}	tʂɛ^{13}	iɛ^{13}	tɕiæ̃^{53}	tɕʰiæ̃^{44}
清水县	iæ̃^{443}	iæ̃^{443}	iæ̃^{13}	tsiɛ^{13}	tʂə^{13}	iɛ^{13}	tɕiæ̃^{443}	tɕʰiæ̃^{443}
永靖县	iæ̃^{44}	iæ̃^{44}	iæ̃^{213}	tɕiɛ^{213}	tʂɤ^{213}	iɛ^{44}	tɕiæ̃^{53}	tɕʰiæ̃^{44}
敦煌市	iɛ̃^{44}	iɛ̃^{213}	iɛ̃^{213}	tɕiə^{213}	tʂə^{213}	iə^{213}	tɕiɛ̃^{51}	tɕʰiɛ̃^{44}
临夏市	iɛ̃^{53}	iɛ̃^{53}	iɛ̃^{13}	tɕiɛ^{13}	tʂɤ^{13}	iɛ^{53}	tɕiɛ̃^{53}	tɕʰiɛ̃^{53}
合作市	iæ̃^{53}	iæ̃^{13}	iæ̃^{13}	tɕiə^{13}	tʂə^{13}	iə^{53}	tɕiæ̃^{53}	tɕʰiæ̃^{53}
临潭县	iæ̃^{44}	iæ̃^{44}	iæ̃^{24}	tɕiɛ^{44}	tʂɤ^{51}	iɛ^{44}	tɕiæ̃^{51}	tɕʰiæ̃^{44}

	0425 严	0426 业	0427 点	0428 店	0429 添	0430 甜	0431 念	0432 嫌
	咸开三 平严疑	咸开三 入业疑	咸开四 上添端	咸开四 去添端	咸开四 平添透	咸开四 平添定	咸开四 去添泥	咸开四 平添匣
兰州市	iæ̃^{13}	ȵiɛ^{13}	tiæ̃^{34}	tiæ̃^{13}	t^{h}iæ̃^{55}	t^{h}iæ̃^{53}	ȵiæ̃^{13}	ɕiæ̃^{53}
榆中县	ian^{51}	ȵiᴇ^{312} iᴇ^{312}	tian^{44}	tian^{213}	t^{h}ian^{51}	t^{h}ian^{312}	ȵian^{213}	ɕian^{312}
永登县	iæ̃^{53}	ȵiɛ^{13}	tiæ̃^{354}	tiæ̃^{13}	t^{h}iæ̃^{42}	t^{h}iæ̃^{53}	ȵiæ̃^{13}	ɕiæ̃^{53}
红古区	ian^{13}	ȵiɛ^{13} iɛ^{13}	tian^{53}	tian^{13}	t^{h}ian^{13}	t^{h}ian^{13}	ȵian^{13}	ɕian^{13}
凉州区	iɑŋ^{35}	ȵiə^{31} iə^{31}	tiɑŋ^{35}	tiɑŋ^{31}	t^{h}iɑŋ^{35}	t^{h}iɑŋ^{35}	ȵiɑŋ^{31}	ɕiɑŋ^{35}
甘州区	iaŋ^{53}	ȵiə^{31} iə^{31}	tiaŋ^{53}	tiaŋ^{31}	t^{h}iaŋ^{44}	t^{h}iaŋ^{53}	ȵiaŋ^{31}	ɕiaŋ^{53}
肃州区	ʑiæ̃^{51}	ʑiɛ^{213}	tiæ̃^{51}	tiæ̃^{213}	t^{h}iæ̃^{44}	t^{h}iæ̃^{51}	ȵiæ̃^{213}	ɕiæ̃^{51}
永昌县	iɛ^{13}	ȵiə^{53} iə^{53}	tiɛ^{13}	tiɛ^{53}	t^{h}iɛ^{44}	t^{h}iɛ^{13}	ȵiɛ^{53}	ɕiɛ^{13}
崆峒区	ȵiæ̃^{24}	ȵiɛ^{21}	tiæ̃^{53}	tiæ̃^{44}	t^{h}iæ̃^{21}	t^{h}iæ̃^{24}	ȵiæ̃^{44}	ɕiæ̃^{24}
庆城县	iɛ̃^{113}	ȵiᴇ^{51}	tiɛ̃^{44}	tiɛ̃^{244}	t^{h}iɛ̃^{51}	t^{h}iɛ̃^{113}	ȵiɛ̃^{244}	ɕiɛ̃^{113}
宁县	ȵiæ̃^{24} iæ̃^{24}	ȵiɛ^{31}	tiæ̃^{52}	tiæ̃^{44}	tɕ^{h}iæ̃^{31}	tɕ^{h}iæ̃^{24}	ȵiæ̃^{44}	ɕiæ̃^{24}
武都区	iæ̃^{24}	ȵiᴇ^{31}	tiæ̃^{55}	tiæ̃^{13}	t^{h}iæ̃^{31}	t^{h}iæ̃^{13}	ȵiæ̃^{13}	ɕiæ̃^{13}
文县	iæ̃^{13}	ȵiɛ^{31}	tiæ̃^{55}	tiæ̃^{24}	t^{h}iæ̃^{31}	t^{h}iæ̃^{13}	ȵiæ̃^{24}	ɕiæ̃^{13}
康县	ian^{211}	ȵiɛ^{53}	tsian^{55}	tsian^{24}	ts^{h}ian^{53}	ts^{h}ian^{211}	ȵian^{24}	ɕian^{211}
礼县	ȵiæ̃^{13} iæ̃^{13}	ȵiɛ^{31}	tiæ̃^{52}	tiæ̃^{44}	t^{h}iæ̃^{31}	t^{h}iæ̃^{13}	ȵiæ̃^{44}	ɕiæ̃^{13}
靖远县	ȵiæ̃^{24}	ȵiɛ^{41}	tiæ̃^{55}	tiæ̃^{33}	t^{h}iæ̃^{41}	t^{h}iæ̃^{24}	ȵiæ̃^{33}	ɕiæ̃^{24}
陇西县	liæ̃^{13} iæ̃^{13}	iɛ^{21}	tiæ̃^{53}	tiæ̃^{44}	tɕ^{h}iæ̃^{21}	tɕ^{h}iæ̃^{13}	liæ̃^{44}	ɕiæ̃^{13}
秦州区	iæ̃^{13}	iə^{13}	tiæ̃^{53}	tiæ̃^{44}	t^{h}iæ̃^{13}	t^{h}iæ̃^{13}	ȵiæ̃^{44}	ɕiæ̃^{13}
安定区	iæ̃^{13}	ȵiə^{13}	tiæ̃^{53}	tiæ̃^{44}	t^{h}iæ̃^{13}	t^{h}iæ̃^{13}	ȵiæ̃^{44}	ɕiæ̃^{13}
会宁县	iæ̃^{13}	ȵiə^{13}	tiæ̃^{53}	tiæ̃^{44}	t^{h}iæ̃^{13}	t^{h}iæ̃^{13}	ȵiæ̃^{44}	ɕiæ̃^{13}
临洮县	iæ̃^{13}	ȵie^{13}	tiæ̃^{53}	tiæ̃^{44}	t^{h}iæ̃^{13}	t^{h}iæ̃^{13}	ȵiæ̃^{44}	ɕiæ̃^{13}
清水县	ȵiæ̃^{13} iæ̃^{13}	ȵiɛ^{13}	tsiæ̃^{52}	tsiæ̃^{443}	ts^{h}iæ̃^{13}	ts^{h}iæ̃^{13}	ȵiæ̃^{443}	ɕiæ̃^{13}
永靖县	iæ̃^{213}	ȵiɛ^{213}	tiæ̃^{53}	tiæ̃^{44}	tɕ^{h}iæ̃^{213}	tɕ^{h}iæ̃^{213}	ȵiæ̃^{44}	ɕiæ̃^{213}
敦煌市	ȵiɛ̃^{213} iɛ̃^{213}	iə^{213}	tiɛ̃^{51}	tiɛ̃^{44}	t^{h}iɛ̃^{213}	t^{h}iɛ̃^{213}	ȵiɛ̃^{44}	ɕiɛ̃^{213}
临夏市	iɛ̃^{13}	ȵiɛ^{13}	tiɛ̃^{42}	tiɛ̃^{53}	t^{h}iɛ̃^{42}	t^{h}iɛ̃^{13}	ȵiɛ̃^{53}	ɕiɛ̃^{13}
合作市	iæ̃^{13}	ȵiə^{13}	tiæ̃^{44}	tiæ̃^{53}	t^{h}iæ̃^{44}	t^{h}iæ̃^{13}	ȵiæ̃^{53}	ɕiæ̃^{13}
临潭县	iæ̃^{24}	iɛ^{44}	tiæ̃^{51}	tiæ̃^{44}	t^{h}iæ̃^{44}	t^{h}iæ̃^{24}	ȵiæ̃^{44}	ɕiæ̃^{24}

	0433 跌	0434 贴	0435 碟	0436 协	0437 犯	0438 法	0439 品	0440 林
	咸开四 入帖端	咸开四 入帖透	咸开四 入帖定	咸开四 入帖匣	咸合三 上凡奉	咸合三 入乏非	深开三 上侵滂	深开三 平侵来
兰州市	tiɛ^{13}	t^{h}iɛ^{13}	tiɛ^{13}	ɕiɛ^{53}	fæ̃^{13}	fa^{13}	p^{h}in^{34}	lin^{55}
榆中县	tiᴇ^{312}	t^{h}iᴇ^{312}	tiᴇ^{312}	ɕiᴇ^{312}	fan^{213}	fa^{312}	p^{h}in^{44}	lin^{312}
永登县	tiɛ^{13}	t^{h}iɛ^{13}	tiɛ^{53}	ɕiɛ^{53}	fæ̃^{13}	fa^{13}	p^{h}in^{354}	lin^{53}
红古区	tiɛ^{13}	t^{h}iɛ^{13}	tiɛ^{13}	ɕiɛ^{13}	fan^{13}	fa^{13}	p^{h}in^{53}	lin^{13}
凉州区	tiə^{31}	t^{h}iə^{31}	tiə^{35}	ɕiə^{35}	fɑŋ^{31}	fa^{31}	p^{h}iŋ^{35}	liŋ^{35}
甘州区	tiə^{31}	t^{h}iə^{31}	tiə^{53}	ɕiə^{53}	faŋ^{31}	fa^{31}	p^{h}iŋ^{53}	liŋ^{53}
肃州区	tiɛ^{213}	t^{h}iɛ^{213}	tiɛ^{51}	ɕiɛ^{51}	fæ̃^{213}	fa^{213}	p^{h}iŋ^{51}	liŋ^{51}
永昌县	tiə^{53}	t^{h}iə^{53}	tiə^{13}	ɕiə^{13}	fɛe^{53}	fa^{53}	p^{h}iŋ^{13}	liŋ^{13}
崆峒区	tiɛ^{21}	t^{h}iɛ^{21}	tiɛ^{24}	ɕiɛ^{24}	fæ̃^{44}	fa^{21}	p^{h}iɤŋ^{53}	liɤŋ^{24}
庆城县	tiᴇ^{51}	t^{h}iᴇ^{51}	tiᴇ^{113}	ɕiᴇ^{113}	fɛ̃^{244}	fa^{51}	p^{h}iŋ^{44}	liŋ^{113}
宁县	tiɛ^{31}	tɕ^{h}iɛ^{31}	tɕ^{h}iɛ^{24} tiɛ^{24}	ɕiɛ^{24}	fæ̃^{44}	fa^{31}	p^{h}iŋ^{52}	liŋ^{24}
武都区	tiᴇ^{31}	t^{h}iᴇ^{31}	t^{h}iᴇ^{13}	ɕiᴇ^{13}	fæ̃^{13}	fa^{31}	p^{h}in^{55}	ȵin^{13}
文县	tiɛ^{31}	t^{h}iɛ^{31}	t^{h}iɛ^{13}	ɕiɛ^{13}	fæ̃^{24}	fa^{31}	p^{h}iəŋ^{55}	liəŋ^{13}
康县	ts^{h}iɛ^{53}	ts^{h}iɛ^{53}	tsiɛ^{211}	ɕiɛ^{211}	fan^{24}	fa^{53}	p^{h}iŋ^{55}	liŋ^{211}
礼县	tiɛ^{31}	t^{h}iɛ^{31}	t^{h}iɛ^{13}	ɕiɛ^{13}	fæ̃^{44}	fa^{31}	p^{h}iŋ^{52}	liŋ^{13}
靖远县	tiɛ^{41}	t^{h}iɛ^{41}	tiɛ^{24}	ɕiɛ^{24}	fæ̃^{33}	fa^{41}	p^{h}iŋ^{55}	liŋ^{24}
陇西县	tiɛ^{21}	tɕ^{h}iɛ^{21}	tɕ^{h}iɛ^{13} tiɛ^{13}	ɕiɛ^{13}	fæ̃^{44}	fa^{21}	p^{h}iŋ^{53} p^{h}iŋ^{13}	liŋ^{13}
秦州区	tiə^{13}	t^{h}iə^{13}	t^{h}iə^{13}	ɕiə^{13}	fæ̃^{44}	fa^{13}	p^{h}iɤŋ^{53}	liɤŋ^{13}
安定区	tiə^{13}	t^{h}iə^{13}	t^{h}iə^{13} tiə^{13}	ɕiə^{13}	fæ̃^{44}	fa^{13}	p^{h}iŋ^{53}	liŋ^{13}
会宁县	tiə^{13}	t^{h}iə^{13}	t^{h}iə^{13} tiə^{13}	ɕiə^{13}	fæ̃^{44}	fa^{13}	p^{h}iŋ^{53}	liŋ^{13}
临洮县	tie^{13}	t^{h}ie^{13}	t^{h}ie^{13} tie^{13}	ɕie^{13}	fæ̃^{44}	fa^{13}	p^{h}iŋ^{53}	liŋ^{13}
清水县	tsiɛ^{13}	ts^{h}iɛ^{13}	ts^{h}iɛ^{13}	ɕiɛ^{13}	fæ̃^{443}	fa^{13}	p^{h}iŋ^{52}	liŋ^{13}
永靖县	tiɛ^{213}	tɕ^{h}iɛ^{213}	tiɛ^{213}	ɕiɛ^{213}	fæ̃^{44}	fa^{213}	p^{h}iɤŋ^{53}	liɤŋ^{213}
敦煌市	tiə^{213}	t^{h}iə^{213}	tiə^{213}	ɕiə^{213}	fæ̃^{44}	fa^{213}	p^{h}iŋ^{51}	liŋ^{213}
临夏市	tiɛ^{13}	t^{h}iɛ^{13}	tiɛ^{13}	ɕiɛ^{13}	fɑ̃^{53}	fɑ^{13}	p^{h}iŋ^{42}	liŋ^{13}
合作市	tiə^{13}	t^{h}iə^{13}	tiə^{13}	ɕiə^{13}	fæ̃^{53}	fᴀ^{13}	p^{h}iŋ^{44}	liŋ^{13}
临潭县	tiɛ^{44}	t^{h}iɛ^{44}	tiɛ^{24}	ɕiɛ^{24}	fæ̃^{44}	fa^{44}	p^{h}in^{51}	lin^{24}

	0441 浸	0442 心	0443 寻	0444 沉	0445 参人~	0446 针	0447 深	0448 任责~
	深开三 去侵精	深开三 平侵心	深开三 平侵邪	深开三 平侵澄	深开三 平侵生	深开三 平侵章	深开三 平侵书	深开三 去侵日
兰州市	tɕ^{h}in^{13}	ɕin^{55}	ɕin^{53}	tʂ^{h}ən^{53}	ʂən^{55}	tʂən^{55}	ʂən^{55}	ʐən^{13}
榆中县	tɕin^{213}	ɕin^{51}	ɕyn^{312}	tʂ^{h}ən^{312}	ʂən^{51}	tʂən^{51}	ʂən^{51}	ʐən^{213}
永登县	tɕin^{13}	ɕin^{42}	ɕin^{53}	tʂ^{h}ə̃n^{13}	ʂə̃n^{42}	tʂə̃n^{42}	ʂə̃n^{42}	ʐə̃n^{13}
红古区	tɕ^{h}in^{13}	ɕin^{13}	ɕyn^{13}	tʂ^{h}ən^{13}	ʂən^{13}	tʂən^{13}	ʂən^{13}	ʐən^{13}
凉州区	tɕiŋ^{31}	ɕiŋ^{35}	ɕiŋ^{35}	tʂ^{h}əŋ^{35}	səŋ^{35}	tʂəŋ^{35}	ʂəŋ^{35}	ʐəŋ^{31}
甘州区	tɕ^{h}iŋ^{53}	ɕiŋ^{44}	ɕyŋ^{53}	tʂ^{h}ɤŋ^{53}	ʂɤŋ^{44}	tʂɤŋ^{44}	ʂɤŋ^{44}	ʐɤŋ^{31}
肃州区	tɕ^{h}iŋ^{213}	ɕiŋ^{44}	ɕyŋ^{51}	tʂ^{h}ɤŋ^{51}	sɤŋ^{44}	tʂɤŋ^{44}	ʂɤŋ^{44}	ʐɤŋ^{213}
永昌县	tɕ^{h}iŋ^{44}	ɕiŋ^{44}	ɕiŋ^{13} ɕyəŋ^{13}	tʂ^{h}əŋ^{13}	ʂəŋ^{44}	tʂəŋ^{44}	ʂəŋ^{44}	ʐəŋ^{53}
崆峒区	tɕ^{h}iɤŋ^{44}	ɕiɤŋ^{21}	ɕiɤŋ^{24}	tʂ^{h}ɤŋ^{24}	sɤŋ^{21}	tʂɤŋ^{21}	ʂɤŋ^{21}	ʐɤŋ^{44}
庆城县	tɕ^{h}iŋ^{51}	ɕiŋ^{51}	ɕiŋ^{113}	tʂ^{h}ɤŋ^{113}	sɤŋ^{51}	tʂɤŋ^{51}	ʂɤŋ^{51}	ʐɤŋ^{244}
宁县	tɕ^{h}iŋ^{31}	ɕiŋ^{31}	ɕiŋ^{24}	tʂ^{h}əŋ^{24} tʂ^{h}əŋ^{44}	səŋ^{31}	tʂəŋ^{31}	ʂəŋ^{31}	ʐəŋ^{44}
武都区	tɕ^{h}in^{31}	ɕin^{31}	ɕin^{13}	tʂ^{h}əŋ^{13}	səŋ^{31}	tʂəŋ^{31}	ʂəŋ^{31}	ʐəŋ^{13}
文县	tɕ^{h}iəŋ^{31}	ɕiəŋ^{31}	ɕiəŋ^{13}	ts^{h}əŋ^{13}	səŋ^{31}	tsəŋ^{31}	səŋ^{31}	zəŋ^{24}
康县	ts^{h}iŋ^{53}	siŋ^{53}	ɕyŋ^{211}	tʂ^{h}ɤŋ^{211}	sɤŋ^{53}	tʂɤŋ^{53}	ʂɤŋ^{53}	ʐɤŋ^{24}
礼县	tɕ^{h}iŋ^{31}	ɕiŋ^{31}	ɕiŋ^{13}	tʂ^{h}ɤŋ^{13}	sɤŋ^{31}	tʂɤŋ^{31}	ʂɤŋ^{31}	ʐɤŋ^{44}
靖远县	tɕ^{h}iŋ^{33}	ɕiŋ^{41}	ɕioŋ^{24}	tʂ^{h}ɤŋ^{24}	sɤŋ^{41}	tʂɤŋ^{41}	ʂɤŋ^{41}	ʐɤŋ^{33}
陇西县	tɕ^{h}iŋ^{21} tɕiŋ^{21}	ɕiŋ^{21}	ɕiŋ^{13}	tʂ^{h}ɤŋ^{13}	sɤŋ^{21}	tʂɤŋ^{21}	ʂɤŋ^{21}	ʐɤŋ^{44}
秦州区	tɕ^{h}iɤŋ^{44}	ɕiɤŋ^{13}	ɕiɤŋ^{13}	tʂ^{h}ɤŋ^{13}	sɤŋ^{13}	tʂɤŋ^{13}	ʂɤŋ^{13}	ʐɤŋ^{44}
安定区	tɕ^{h}iŋ^{53}	ɕiŋ^{13}	ɕiŋ^{13}	tʂ^{h}əŋ^{13}	səŋ^{13}	tʂəŋ^{13}	ʂəŋ^{13}	ʐəŋ^{44}
会宁县	tɕ^{h}iŋ^{13}	ɕiŋ^{13}	ɕiŋ^{13}	tʂ^{h}əŋ^{13}	səŋ^{13}	tʂəŋ^{13}	ʂəŋ^{13}	ʐəŋ^{44}
临洮县	tɕ^{h}iŋ^{44}	ɕiŋ^{13}	ɕiŋ^{13}	tʂ^{h}ɤŋ^{13}	sɤŋ^{13}	tʂɤŋ^{13}	ʂɤŋ^{13}	ʐɤŋ^{44}
清水县	ts^{h}iŋ^{13}	siŋ^{13}	siŋ^{13}	tʂ^{h}ɤŋ^{13}	ʃɤŋ^{13}	tʂɤŋ^{13}	ʂɤŋ^{13}	ʐɤŋ^{443}
永靖县	tɕ^{h}iɤŋ^{213}	ɕiɤŋ^{213}	ɕiɤŋ^{213}	tʂ^{h}ɤŋ^{213}	ʂɤŋ^{44}	tʂɤŋ^{213}	ʂɤŋ^{213}	ʐɤŋ^{44}
敦煌市	tɕ^{h}iŋ^{51}	ɕiŋ^{213}	ɕyŋ^{213}	tʂ^{h}ɤŋ^{213}	sɤŋ^{213}	tʂɤŋ^{213}	ʂɤŋ^{213}	ʐɤŋ^{44}
临夏市	tɕ^{h}iŋ^{13}	ɕiŋ^{13}	ɕiŋ^{13}	tʂ^{h}əŋ^{13}	ʂəŋ^{13}	tʂəŋ^{13}	ʂəŋ^{13}	ʐəŋ^{53}
合作市	tɕ^{h}iŋ^{13}	ɕiŋ^{13}	ɕiŋ^{13}	tʂ^{h}əŋ^{13}	ʂəŋ^{13}	tʂəŋ^{13}	ʂəŋ^{13}	ʐəŋ^{53}
临潭县	tɕin^{44}	ɕin^{44}	ɕyn^{24}	tʂ^{h}əŋ^{24}	səŋ^{44}	tʂəŋ^{44}	ʂəŋ^{44}	ʐəŋ^{44}

	0449 金	0450 琴	0451 音	0452 立	0453 集	0454 习	0455 汁	0456 十
	深开三 平侵见	深开三 平侵群	深开三 平侵影	深开三 入缉来	深开三 入缉从	深开三 入缉邪	深开三 入缉章	深开三 入缉禅
兰州市	tɕin^{55}	tɕʰin^{53}	in^{55}	li^{13}	tɕi^{53}	ɕi^{13}	tʂʅ^{13}	ʂʅ^{13}
榆中县	tɕin^{51}	tɕʰin^{312}	in^{51}	li^{312}	tɕi^{312}	ɕi^{312}	tʂʅ^{213} tʂʅ^{51}	ʂʅ^{312}
永登县	tɕin^{42}	tɕʰin^{53}	in^{42}	li^{13}	tɕi^{13}	ɕi^{13}	tʂʅ^{13}	ʂʅ^{13}
红古区	tɕin^{13}	tɕʰin^{13}	in^{13}	lɿ^{13}	tsɿ^{13}	sɿ^{13}	tʂʅ^{13}	ʂʅ^{13}
凉州区	tɕiŋ^{35}	tɕʰiŋ^{35}	iŋ^{35}	li^{31}	tɕi^{31}	ɕi^{31}	tʂʅ^{31}	ʂʅ^{35}
甘州区	tɕiŋ^{44}	tɕʰiŋ^{53}	iŋ^{44}	li^{31}	tɕi^{31}	ɕi^{31}	tʂʅ^{44}	ʂʅ^{53}
肃州区	tɕiŋ^{44}	tɕʰiŋ^{51}	ʑiŋ^{44}	li^{213}	tɕi^{213}	ɕi^{213}	tʂʅ^{213}	ʂʅ^{51}
永昌县	tɕiŋ^{44}	tɕʰiŋ^{13}	iŋ^{44}	li^{53}	tɕi^{53}	ɕi^{53}	tʂʅ^{53}	ʂʅ^{13}
崆峒区	tɕiɤŋ^{21}	tɕʰiɤŋ^{24}	iɤŋ^{21}	li^{21}	tɕi^{24}	ɕi^{24}	tʂʅ^{21}	ʂʅ^{24}
庆城县	tɕiŋ^{51}	tɕʰiŋ^{113}	iŋ^{51}	li^{51}	tɕi^{113}	ɕi^{113}	tʂʅ^{51}	ʂʅ^{113}
宁县	tɕiŋ^{31}	tɕʰiŋ^{24}	iŋ^{31}	li^{31}	tɕʰi^{24} tɕi^{24}	ɕi^{24}	tʂʅ^{31}	ʂʅ^{24}
武都区	tɕin^{31}	tɕʰin^{13}	in^{31}	ȵi^{31}	tɕʰi^{13} tɕi^{13}	ɕi^{13}	tʂʅ^{31}	ʂʅ^{13}
文县	tɕiəŋ^{31}	tɕʰiəŋ^{13}	iəŋ^{31}	ȵi^{31}	tɕʰi^{13}	ɕi^{13}	tsʅ^{31}	sʅ^{13}
康县	tɕiŋ^{53}	tɕʰiŋ^{211}	iŋ^{53}	li^{53}	tɕi^{211}	si^{211}	tʂʅ^{53}	ʂʅ^{211}
礼县	tɕiŋ^{31}	tɕʰiŋ^{13}	iŋ^{31}	li^{31}	tɕʰi^{13} tɕi^{13}	ɕi^{13}	tʂʅ^{31}	ʂʅ^{13}
靖远县	tɕiŋ^{41}	tɕʰiŋ^{24}	iŋ^{41}	lɿ^{41}	tsɿ^{24}	sɿ^{24}	tʂʅ^{41}	ʂʅ^{24}
陇西县	tɕiŋ^{21}	tɕʰiŋ^{13}	iŋ^{21}	li^{21}	tɕʰi^{13} tɕi^{44}	ɕi^{13}	tʂʅ^{21}	ʂʅ^{13}
秦州区	tɕiɤŋ^{13}	tɕʰiɤŋ^{13}	iɤŋ^{13}	li^{13}	tɕʰi^{44}	ɕi^{13}	tʂʅ^{13}	ʂʅ^{13}
安定区	tɕiŋ^{13}	tɕʰiŋ^{13}	iŋ^{13}	li^{13}	tɕʰi^{13} tɕi^{13}	ɕi^{13}	tʂʅ^{13}	ʂʅ^{13}
会宁县	tɕiŋ^{13}	tɕʰiŋ^{13}	iŋ^{13}	li^{13}	tɕʰi^{13} tɕi^{13}	ɕi^{13}	tʂʅ^{13}	ʂʅ^{13}
临洮县	tɕiŋ^{13}	tɕʰiŋ^{13}	iŋ^{13}	li^{13}	tɕʰi^{13} tɕi^{13}	ɕi^{13}	tʂʅ^{13}	ʂʅ^{13}
清水县	tɕiŋ^{13}	tɕʰiŋ^{13}	iŋ^{13}	li^{13}	tsʰi^{13} tsʰi^{443} tsʰi^{52}	si^{13}	tʂʅ^{13}	ʂʅ^{13}
永靖县	tɕiɤŋ^{213}	tɕʰiɤŋ^{213}	iɤŋ^{213}	li^{213}	tɕi^{213}	ɕi^{44}	tʂʅ^{44}	ʂʅ^{213}
敦煌市	tɕiŋ^{213}	tɕʰiŋ^{213}	iŋ^{213}	li^{213}	tɕi^{213}	ɕi^{213}	tʂʅ^{213}	ʂʅ^{213}
临夏市	tɕiŋ^{13}	tɕʰiŋ^{13}	iŋ^{13}	li^{13}	tɕi^{13}	ɕi^{13}	tʂʅ^{13}	ʂʅ^{13}
合作市	tɕiŋ^{13}	tɕʰiŋ^{13}	iŋ^{13}	li^{13}	tɕi^{13}	ɕi^{13}	tʂʅ^{53}	ʂʅ^{13}
临潭县	tɕin^{44}	tɕʰin^{24}	in^{44}	li^{44}	tɕi^{44}	ɕi^{24}	tʂʅ^{44}	ʂʅ^{24}

	0457 入	0458 急	0459 及	0460 吸	0461 单 简～	0462 炭	0463 弹 ～琴	0464 难 ～易
	深开三入缉日	深开三入缉见	深开三入缉群	深开三入缉晓	山开一平寒端	山开一去寒透	山开一平寒定	山开一平寒泥
兰州市	vu^{13}	tɕi^{53}	tɕi^{53}	ɕi^{13}	tæ̃^{55}	tʰæ̃^{13}	tʰæ̃^{53}	næ̃^{53}
榆中县	ʐu^{312}	tɕi^{312}	tɕi^{213}	ɕi^{312}	tan^{51}	tʰan^{213}	tʰan^{312}	nan^{312}
永登县	vu^{13}	tɕi^{53}	tɕi^{13}	ɕi^{13}	tæ̃^{42}	tʰæ̃^{13}	tʰæ̃^{53}	næ̃^{53}
红古区	vu^{13}	tsɿ^{13}	tsɿ^{13}	sɿ^{13}	tan^{13}	tʰan^{13}	tʰan^{13}	nan^{13}
凉州区	ʐu^{31}	tɕi^{35}	tɕi^{31}	ɕi^{31}	tɑŋ^{35}	tʰɑŋ^{31}	tʰɑŋ^{35}	nɑŋ^{35}
甘州区	vu^{31}	tɕi^{53}	tɕi^{53}	ɕi^{31}	taŋ^{44}	tʰaŋ^{31}	tʰaŋ^{53}	naŋ^{53}
肃州区	ʐu^{213}	tɕi^{51}	tɕi^{213}	ɕi^{213}	tæ̃^{44}	tʰæ̃^{213}	tʰæ̃^{51}	næ̃^{51}
永昌县	ʐu^{53}	tɕi^{13}	tɕi^{13}	ɕi^{53}	tɛe^{44}	tʰɛe^{53}	tʰɛe^{13}	nɛe^{13}
崆峒区	ʐu^{21}	tɕi^{24}	tɕi^{21}	ɕi^{21}	tæ̃^{21}	tʰæ̃^{24}	tʰæ̃^{24}	næ̃^{24}
庆城县	ʐu^{51}	tɕi^{113}	tɕi^{113}	ɕi^{51}	tɛ̃^{51}	tʰɛ̃^{244}	tʰɛ̃^{113}	nɛ̃^{113}
宁县	ʒu^{31}	tɕi^{24}	tɕi^{24}	ɕi^{31}	tæ̃^{31}	tʰæ̃^{44}	tʰæ̃^{24}	næ̃^{24}
武都区	ʒu^{31}	tɕi^{13}	tɕi^{24}	ɕi^{31}	tæ̃^{31}	tʰæ̃^{13}	tʰæ̃^{13}	læ̃^{13}
文县	zu^{31}	tɕi^{13}	tɕi^{13}	ɕi^{31}	tæ̃^{31}	tʰæ̃^{24}	tʰæ̃^{13}	læ̃^{13}
康县	vu^{53}	tɕi^{211}	tɕi^{211}	ɕi^{53}	tan^{53}	tʰan^{24}	tʰan^{211}	lan^{211}
礼县	ʒu^{31}	tɕi^{13}	tɕi^{13}	ɕi^{31}	tæ̃^{31}	tʰæ̃^{44}	tʰæ̃^{13}	næ̃^{13}
靖远县	ʐʮ^{41}	tsɿ^{24}	tsɿ^{24}	sɿ^{41}	tæ̃^{41}	tʰæ̃^{33}	tʰæ̃^{24}	næ̃^{24}
陇西县	ʒʮ^{21}	tɕi^{13}	tɕi^{13}	ɕi^{21}	tæ̃^{21}	tʰæ̃^{44}	tʰæ̃^{13}	læ̃^{13}
秦州区	zʮ^{13}	tɕi^{13}	tɕi^{13}	ɕi^{13}	tæ̃^{13}	tʰæ̃^{44}	tʰæ̃^{13}	læ̃^{13}
安定区	ʒu^{13}	tɕi^{13}	tɕi^{13}	ɕi^{13}	tæ̃^{13}	tʰæ̃^{44}	tʰæ̃^{13}	næ̃^{13}
会宁县	ʒu^{13}	tɕi^{13}	tɕi^{13}	ɕi^{13}	tæ̃^{13}	tʰæ̃^{44}	tʰæ̃^{13}	læ̃^{13}
临洮县	ʐu^{13}	tɕi^{13}	tɕi^{13}	ɕi^{13}	tæ̃^{13}	tʰæ̃^{44}	tʰæ̃^{13}	næ̃^{13}
清水县	ʒɨ^{13}	tɕi^{13}	tɕi^{13}	ɕi^{13}	tæ̃^{13}	tʰæ̃^{443}	tʰæ̃^{13}	læ̃^{13}
永靖县	ʐu^{213}	tɕi^{213}	tɕi^{213}	ɕi^{213}	tæ̃^{213}	tʰæ̃^{44}	tʰæ̃^{213}	næ̃^{213}
敦煌市	ʐʅ^{213} ʐu^{213}	tɕi^{213}	tɕi^{213}	ɕi^{213}	tæ̃^{213}	tʰæ̃^{44}	tʰæ̃^{213}	næ̃^{213}
临夏市	ʐu^{13}	tɕi^{13}	tɕi^{13}	ɕi^{13}	tã^{13}	tʰã^{53}	tʰã^{13}	nã^{13}
合作市	ʐu^{13}	tɕi^{13}	tɕi^{13}	ɕi^{13}	tæ̃^{13}	tʰæ̃^{53}	tʰæ̃^{13}	læ̃^{13}
临潭县	ʐu^{24}	tɕi^{24}	tɕi^{44}	ɕi^{44}	tæ̃^{44}	tʰæ̃^{44}	tʰæ̃^{24}	næ̃^{24}

	0465 兰	0466 懒	0467 烂	0468 伞	0469 肝	0470 看～见	0471 岸	0472 汉
	山开一平寒来	山开一上寒来	山开一去寒来	山开一上寒心	山开一平寒见	山开一去寒溪	山开一去寒疑	山开一去寒晓
兰州市	læ̃^{53}	læ̃^{34}	læ̃^{13}	sæ̃^{34}	kæ̃^{55}	kʰæ̃^{13}	næ̃^{13}	xæ̃^{13}
榆中县	lan^{312}	lan^{44}	lan^{213}	san^{44}	kan^{51}	kʰan^{213}	an^{213}	xan^{213}
永登县	læ̃^{53}	læ̃^{354}	læ̃^{13}	sæ̃^{354}	kæ̃^{42}	kʰæ̃^{13}	æ̃^{13}	xæ̃^{13}
红古区	lan^{13}	lan^{53}	lan^{13}	san^{53}	kan^{13}	kʰan^{13}	an^{13}	xan^{13}
凉州区	lɑŋ^{35}	lɑŋ^{35}	lɑŋ^{31}	sɑŋ^{35}	kɑŋ^{35}	kʰɑŋ^{31}	ɑŋ^{31}	xɑŋ^{31}
甘州区	laŋ^{53}	laŋ^{53}	laŋ^{31}	saŋ^{53}	kaŋ^{44}	kʰaŋ^{31}	aŋ^{31}	xaŋ^{31}
肃州区	læ̃^{51}	læ̃^{51}	læ̃^{213}	sæ̃^{51}	kæ̃^{44}	kʰæ̃^{213}	ɣæ̃^{213}	xæ̃^{213}
永昌县	lɛe^{13}	lɛe^{13}	lɛe^{53}	sɛe^{13}	kɛe^{44}	kʰɛe^{53}	ɛe^{53}	xɛe^{53}
崆峒区	læ̃^{24}	læ̃^{53}	læ̃^{44}	sæ̃^{53}	kæ̃^{21}	kʰæ̃^{44}	næ̃^{44}	xæ̃^{44}
庆城县	lɛ̃^{113}	lɛ̃^{44}	lɛ̃^{244}	sɛ̃^{44}	kɛ̃^{51}	kʰɛ̃^{244}	nɛ̃^{244}	xɛ̃^{244}
宁县	læ̃^{24}	læ̃^{52}	læ̃^{44}	sæ̃^{52}	kæ̃^{31}	kʰæ̃^{44}	næ̃^{44}	xæ̃^{44}
武都区	læ̃^{13}	læ̃^{55}	læ̃^{13}	sæ̃^{55}	kæ̃^{31}	kʰæ̃^{24}	ŋæ̃^{13}	xæ̃^{24}
文县	læ̃^{13}	læ̃^{55}	læ̃^{24}	sæ̃^{55}	kæ̃^{31}	kʰæ̃^{24}	ŋæ̃^{24}	xæ̃^{24}
康县	lan^{211}	lan^{55}	lan^{24}	san^{55}	kan^{53}	kʰan^{24}	ŋan^{24}	xan^{24}
礼县	næ̃^{13}	næ̃^{52}	næ̃^{44}	sæ̃^{52}	kæ̃^{31}	kʰæ̃^{44}	ŋæ̃^{44}	xæ̃^{44}
靖远县	læ̃^{24}	læ̃^{55}	læ̃^{33}	sæ̃^{55}	kæ̃^{41}	kʰæ̃^{33}	næ̃^{33}	xæ̃^{33}
陇西县	læ̃^{13}	læ̃^{53}	læ̃^{44}	sæ̃^{53}	kæ̃^{21}	kʰæ̃^{44}	kæ̃^{44}	xæ̃^{44}
秦州区	læ̃^{13}	læ̃^{53}	læ̃^{44}	sæ̃^{53}	kæ̃^{13}	kʰæ̃^{44}	ŋæ̃^{44}	xæ̃^{44}
安定区	næ̃^{13}	næ̃^{53}	næ̃^{44}	sæ̃^{53}	kæ̃^{13}	kʰæ̃^{44}	kæ̃^{44}	xæ̃^{44}
会宁县	læ̃^{13}	læ̃^{53}	læ̃^{44}	sæ̃^{53}	kæ̃^{13}	kʰæ̃^{44}	ŋæ̃^{44}	xæ̃^{44}
临洮县	læ̃^{13}	læ̃^{53}	læ̃^{44}	sæ̃^{53}	kæ̃^{13}	kʰæ̃^{44}	ŋæ̃^{44}	xæ̃^{44}
清水县	læ̃^{13}	læ̃^{52}	læ̃^{443}	sæ̃^{52}	kæ̃^{13}	kʰæ̃^{443}	ŋæ̃^{443}	xæ̃^{443}
永靖县	læ̃^{213}	læ̃^{53}	læ̃^{53}	sæ̃^{53}	kæ̃^{213}	kʰæ̃^{44}	æ̃^{213}	xæ̃^{44}
敦煌市	læ̃^{213}	læ̃^{51}	læ̃^{44}	sæ̃^{51}	kæ̃^{213}	kʰæ̃^{44}	ŋæ̃^{44}	xæ̃^{44}
临夏市	lã^{13}	lã^{42}	lã^{53}	sã^{42}	kã^{13}	kʰã^{53}	nã^{53}	xã^{53}
合作市	læ̃^{13}	læ̃^{44}	læ̃^{53}	sæ̃^{44}	kæ̃^{13}	kʰæ̃^{53}	ŋæ̃^{53}	xæ̃^{53}
临潭县	læ̃^{24}	læ̃^{51}	læ̃^{44}	sæ̃^{51}	kæ̃^{44}	kʰæ̃^{44}	ŋæ̃^{44}	xæ̃^{44}

	0473 汗	0474 安	0475 达	0476 辣	0477 擦	0478 割	0479 渴	0480 扮
	山开一 去寒匣	山开一 平寒影	山开一 入曷定	山开一 入曷来	山开一 入曷清	山开一 入曷见	山开一 入曷溪	山开二 去山帮
兰州市	xæ̃^{13}	æ̃^{55}	ta^{53}	la^{13}	ts^{h}a^{13}	kɤ^{13}	k^{h}ɤ^{13}	pæ̃^{13}
榆中县	xan^{213}	an^{51}	ta^{312}	la^{312}	ts^{h}a^{312}	kə^{312}	k^{h}ə^{312}	pan^{213}
永登县	xæ̃^{13}	æ̃^{42}	ta^{53}	la^{13}	ts^{h}a^{13}	kə^{13}	k^{h}ə^{13}	pæ̃^{42}
红古区	xan^{13}	nan^{13} an^{13}	ta^{13}	la^{13}	ts^{h}a^{13}	kuə^{13}	k^{h}ɑŋ^{13} k^{h}ə^{13}	pan^{13}
凉州区	xɑŋ^{31}	ɑŋ^{35}	ta^{35}	la^{31}	ts^{h}a^{31}	kə^{31}	k^{h}ə^{31}	pɑŋ^{31}
甘州区	xaŋ^{31}	aŋ^{44}	ta^{53}	la^{31}	ts^{h}a^{31}	kə^{31}	k^{h}ə^{31}	paŋ^{31}
肃州区	xæ̃^{213}	ʑæ̃^{44}	ta^{51}	la^{213}	ts^{h}a^{213}	kə^{213}	k^{h}ɑŋ^{213} k^{h}ə^{213}	pæ̃^{213}
永昌县	xɛe^{53}	ɛe^{44}	ta^{13}	la^{53}	ts^{h}a^{53}	kə^{53}	k^{h}ə^{53}	pɛe^{53}
崆峒区	xæ̃^{44}	næ̃^{21}	ta^{24}	la^{21}	ts^{h}a^{21}	kuo^{21}	k^{h}ɑŋ^{44}	pæ̃^{44}
庆城县	xɛ̃^{244}	nɛ̃^{51}	ta^{113}	la^{51}	ts^{h}a^{51}	kuə^{51}	k^{h}uə^{51}	pɛ̃^{44}
宁县	xæ̃^{44}	næ̃^{31}	ta^{24}	la^{31}	ts^{h}a^{31}	kuə^{31}	k^{h}ə^{31}	pæ̃^{44}
武都区	xæ̃^{24}	ŋæ̃^{31}	ta^{13}	la^{31}	ts^{h}a^{31}	kɤ^{31}	k^{h}ɤ^{31}	pæ̃^{31}
文县	xæ̃^{24}	ŋæ̃^{31}	ta^{13}	la^{31}	ts^{h}a^{31}	kɤ^{31}	k^{h}ɤ^{31}	pæ̃^{31}
康县	xan^{24}	ŋan^{53}	ta^{211}	la^{53}	ts^{h}a^{53}	kuɤ^{53}	k^{h}uɤ^{53}	p^{h}an^{24}
礼县	xæ̃^{44}	ŋæ̃^{31}	ta^{13}	na^{31}	ts^{h}a^{31}	kɤ^{31}	k^{h}ɤ^{31}	pæ̃^{44}
靖远县	xæ̃^{33}	næ̃^{41}	ta^{24}	la^{41}	ts^{h}a^{41}	kuə^{41}	k^{h}ɤ^{41}	pæ̃^{33}
陇西县	xæ̃^{44}	kæ̃^{21}	ta^{13}	la^{21}	ts^{h}a^{21}	kɤ^{21}	k^{h}ɤ^{21}	p^{h}æ̃^{44} pæ̃^{21}
秦州区	xæ̃^{44}	ŋæ̃^{13}	ta^{13}	la^{13}	ts^{h}a^{13}	kuə^{13}	k^{h}uə^{13}	p^{h}æ̃^{44}
安定区	xæ̃^{44}	ŋæ̃^{13}	ta^{13}	na^{13}	ts^{h}a^{13}	kə^{13}	k^{h}ə^{13}	pæ̃^{53}
会宁县	xæ̃^{44}	ŋæ̃^{13}	ta^{13}	la^{13}	ts^{h}a^{13}	kə^{13}	k^{h}ɑŋ^{44} k^{h}ə^{13}	pæ̃^{53}
临洮县	xæ̃^{44}	ŋæ̃^{13}	ta^{13}	la^{13}	ts^{h}a^{13}	kɤ^{13}	k^{h}ɤ^{13}	pæ̃^{44}
清水县	xæ̃^{443}	ŋæ̃^{13}	ta^{13}	la^{13}	ts^{h}a^{13}	kuə^{13}	k^{h}uə^{13}	p^{h}æ̃^{443} pæ̃^{443}
永靖县	xæ̃^{44}	æ̃^{213}	ta^{213}	la^{213}	ts^{h}a^{213}	kɤ^{213}	k^{h}ɤ^{213}	pæ̃^{44}
敦煌市	xæ̃^{44}	ŋæ̃^{213}	ta^{213}	la^{213}	ts^{h}a^{213}	kə^{213}	k^{h}ɑŋ^{44} k^{h}ə^{213}	pæ̃^{44}
临夏市	xã^{53}	nã^{13}	tɑ^{13}	lɑ^{13}	ts^{h}ɑ^{13}	kɤ^{13}	k^{h}ɤ^{13}	pã^{53}
合作市	xæ̃^{53}	ŋæ̃^{13}	tᴀ^{13}	lᴀ^{13}	ts^{h}ᴀ^{13}	kə^{13}	k^{h}ə^{13}	pæ̃^{53}
临潭县	xæ̃^{44}	ŋæ̃^{44}	ta^{24}	la^{44}	ts^{h}a^{44}	kɤ^{44}	k^{h}ɤ^{44}	pæ̃^{44}

	0481 办	0482 铲	0483 山	0484 产 ～妇	0485 间 房～，一～房	0486 眼	0487 限	0488 八
	山开二 去山並	山开二 上山初	山开二 平山生	山开二 上山生	山开二 平山见	山开二 上山疑	山开二 上山匣	山开二 入黠帮
兰州市	pæ̃^{13}	tʂ^{h}æ̃^{34}	ʂæ̃^{55}	tʂ^{h}æ̃^{34}	tɕiæ̃^{55}	iæ̃^{34}	ɕiæ̃^{13}	pa^{13}
榆中县	pan^{213}	tʂ^{h}an^{44}	ʂan^{51}	tʂ^{h}an^{44}	tɕian^{51}	ian^{44}	ɕian^{213}	pa^{312}
永登县	pæ̃^{13}	tʂ^{h}æ̃^{354}	ʂæ̃^{42}	tʂ^{h}æ̃^{354}	tɕiæ̃^{42}	iæ̃^{354}	ɕiæ̃^{13}	pa^{13}
红古区	pan^{13}	tʂ^{h}an^{53}	ʂan^{13}	tʂ^{h}an^{53}	tɕian^{13}	ian^{53}	ɕian^{13}	pa^{13}
凉州区	pɑŋ^{31}	ts^{h}ɑŋ^{35}	sɑŋ^{35}	ts^{h}ɑŋ^{35}	tɕiɑŋ^{31}	iɑŋ^{35}	ɕiɑŋ^{31}	pa^{31}
甘州区	paŋ^{31}	tʂ^{h}aŋ^{53}	ʂaŋ^{44}	tʂ^{h}aŋ^{53}	tɕiaŋ^{44}	iaŋ^{53}	ɕiaŋ^{31}	pa^{31}
肃州区	pæ̃^{213}	ts^{h}æ̃^{51}	sæ̃^{44}	ts^{h}æ̃^{51}	tɕiæ̃^{44}	ʑiæ̃^{51}	ɕiæ̃^{213}	pa^{213}
永昌县	pɛe^{53}	tʂ^{h}ɛe^{13}	ʂɛe^{44}	tʂ^{h}ɛe^{13}	tɕiɛ^{53}	iɛ^{13}	ɕiɛ^{53}	pa^{53}
崆峒区	pæ̃^{44}	ts^{h}æ̃^{53}	sæ̃^{21}	ts^{h}æ̃^{53}	tɕiæ̃^{21}	ȵiæ̃^{53}	ɕiæ̃^{44}	pa^{21}
庆城县	pɛ̃^{244}	ts^{h}ɛ̃^{44}	sɛ̃^{51}	ts^{h}ɛ̃^{44}	tɕiɛ̃^{51}	ȵiɛ̃^{44} iɛ̃^{44}	ɕiɛ̃^{244}	pa^{51}
宁县	p^{h}æ̃^{44} pæ̃^{44}	ts^{h}æ̃^{52}	sæ̃^{31}	ts^{h}æ̃^{52}	tɕiæ̃^{31}	ȵiæ̃^{52}	xæ̃^{44} ɕiæ̃^{44}	pa^{31}
武都区	pæ̃^{24}	ts^{h}æ̃^{55}	sæ̃^{31}	ts^{h}æ̃^{55}	tɕiæ̃^{31}	ȵiæ̃^{55}	ɕiæ̃^{24}	pa^{31}
文县	pæ̃^{24}	ts^{h}æ̃^{55}	sæ̃^{31}	ts^{h}æ̃^{55}	tɕiæ̃^{31}	ȵiæ̃^{55}	ɕiæ̃^{24}	pa^{31}
康县	pan^{24}	tʂ^{h}an^{55}	ʂan^{53}	tʂ^{h}an^{55}	tɕian^{53}	ȵian^{55}	ɕian^{24}	pa^{53}
礼县	p^{h}æ̃^{44} pæ̃^{44}	ts^{h}æ̃^{52}	sæ̃^{31}	ts^{h}æ̃^{52}	tɕiæ̃^{52} tɕiæ̃^{31}	ȵiæ̃^{52}	ɕiæ̃^{44}	pa^{31}
靖远县	pæ̃^{33}	ts^{h}æ̃^{55}	sæ̃^{41}	ts^{h}æ̃^{55}	tɕiæ̃^{41}	ȵiæ̃^{55}	ɕiæ̃^{33}	pa^{41}
陇西县	p^{h}æ̃^{44} pæ̃^{44}	ts^{h}æ̃^{53}	sæ̃^{21}	ts^{h}æ̃^{53}	tɕiæ̃^{21}	liæ̃^{53}	ɕiæ̃^{44}	pa^{21}
秦州区	pæ̃^{44}	ts^{h}æ̃^{53}	sæ̃^{13}	ts^{h}æ̃^{53}	tɕiæ̃^{13}	ȵiæ̃^{53}	ɕiæ̃^{44}	pa^{13}
安定区	pæ̃^{44}	ts^{h}æ̃^{53}	sæ̃^{13}	ts^{h}æ̃^{53}	tɕiæ̃^{13}	ȵiæ̃^{53}	ɕiæ̃^{44}	pa^{13}
会宁县	pæ̃^{44}	ts^{h}æ̃^{53}	sæ̃^{13}	ts^{h}æ̃^{53}	tɕiæ̃^{13}	ȵiæ̃^{53}	ɕiæ̃^{44}	pa^{13}
临洮县	pæ̃^{44}	ts^{h}æ̃^{53}	sæ̃^{13}	ts^{h}æ̃^{53}	tɕiæ̃^{13}	ȵiæ̃^{53}	ɕiæ̃^{44}	pa^{13}
清水县	p^{h}æ̃^{443} pæ̃^{443}	tʃ^{h}æ̃^{52}	ʃæ̃^{13}	tʃ^{h}æ̃^{52}	tɕiæ̃^{13}	ȵiæ̃^{52}	ɕiæ̃^{443}	pa^{13}
永靖县	pæ̃^{44}	tʂ^{h}æ̃^{53}	ʂæ̃^{213}	tʂ^{h}æ̃^{53}	tɕiæ̃^{213}	iæ̃^{53}	ɕiæ̃^{44}	pa^{213}
敦煌市	pæ̃^{44}	ts^{h}æ̃^{51}	sæ̃^{213}	ts^{h}æ̃^{51}	tɕiɛ̃^{213}	ȵiɛ̃^{51}	ɕiɛ̃^{44}	pa^{213}
临夏市	pã^{53}	tʂã^{42}	ʂã^{13}	tʂ^{h}ã^{42}	tɕiɛ̃^{13}	ȵiɛ̃^{42}	ɕiɛ̃^{53}	pɑ^{13}
合作市	pæ̃^{53}	tʂ^{h}æ̃^{44}	ʂæ̃^{13}	tʂ^{h}æ̃^{44}	tɕiæ̃^{13}	ȵiæ̃^{44}	ɕiæ̃^{53}	pᴀ^{13}
临潭县	pæ̃^{44}	ts^{h}æ̃^{51}	sæ̃^{44}	ts^{h}æ̃^{51}	tɕiæ̃^{51}	ȵiæ̃^{51}	ɕiæ̃^{44}	pa^{44}

	0489 扎	0490 杀	0491 班	0492 板	0493 慢	0494 奸	0495 颜	0496 瞎
	山开二入黠庄	山开二入黠生	山开二平删帮	山开二上删帮	山开二去删明	山开二平删见	山开二平删疑	山开二入鎋晓
兰州市	tʂa^{13}	ʂa^{13}	pæ̃^{55}	pæ̃^{34}	mæ̃^{13}	tɕiæ̃^{55}	iæ̃^{53}	xa^{13}
榆中县	tʂa^{312}	ʂa^{312}	pan^{51}	pan^{44}	man^{213}	tɕian^{51}	ian^{312}	xa^{312}
永登县	tʂa^{13}	ʂa^{13}	pæ̃^{42}	pæ̃^{354}	mæ̃^{13}	tɕiæ̃^{42}	iæ̃^{53}	xa^{13}
红古区	tʂa^{13}	ʂa^{13}	pan^{13}	pan^{53}	man^{13}	tɕian^{13}	ian^{13}	xa^{13} ɕia^{13}
凉州区	tsa^{31}	sa^{31}	pɑŋ^{35}	pɑŋ^{35}	mɑŋ^{31}	tɕiɑŋ^{35}	iɑŋ^{35}	xa^{31}
甘州区	tʂa^{31}	ʂa^{31}	paŋ^{44}	paŋ^{53}	maŋ^{31}	tɕiaŋ^{44}	iaŋ^{53}	xa^{31}
肃州区	tsa^{213}	sa^{213}	pæ̃^{44}	pæ̃^{51}	mæ̃^{213}	tɕiæ̃^{44}	ʑiæ̃^{51}	xa^{213} ɕia^{213}
永昌县	tʂa^{53}	ʂa^{53}	pɛe^{44}	pɛe^{13}	mɛe^{53}	tɕiɛ^{44}	iɛ^{13}	xa^{53} ɕia^{53}
崆峒区	tsa^{21}	sa^{21}	pæ̃^{21}	pæ̃^{53}	mæ̃^{44}	tɕiæ̃^{21}	iæ̃^{24}	xa^{21}
庆城县	tsa^{51}	sa^{51}	pɛ̃^{51}	pɛ̃^{44}	mɛ̃^{244}	tɕiɛ̃^{51}	iɛ̃^{113}	xa^{51}
宁县	tsa^{31}	sa^{31}	pæ̃^{31}	pæ̃^{52}	mæ̃^{44}	tɕiæ̃^{31}	iæ̃^{24}	xa^{31}
武都区	tsa^{31}	sa^{31}	pæ̃^{31}	pæ̃^{55}	mæ̃^{24}	tɕiæ̃^{31}	iæ̃^{13}	xa^{31}
文县	tsa^{31}	sa^{31}	pæ̃^{31}	pæ̃^{55}	mæ̃^{24}	tɕiæ̃^{31}	iæ̃^{13}	xa^{31}
康县	tʂa^{53}	ʂa^{53}	pan^{53}	pan^{55}	man^{24}	tɕian^{53}	ian^{211}	xa^{53}
礼县	tsa^{31}	sa^{31}	pæ̃^{31}	pæ̃^{52}	mæ̃^{44}	tɕiæ̃^{31}	iæ̃^{13}	xa^{31}
靖远县	tsa^{41}	sa^{41}	pæ̃^{41}	pæ̃^{55}	mæ̃^{33}	tɕiæ̃^{41}	iæ̃^{33}	xa^{41}
陇西县	tsa^{21}	sa^{21}	pæ̃^{21}	pæ̃^{53}	mæ̃^{44}	tɕiæ̃^{21}	iæ̃^{13}	xa^{21}
秦州区	tsa^{13}	sa^{13}	pæ̃^{13}	pæ̃^{53}	mæ̃^{44}	tɕiæ̃^{13}	iæ̃^{13}	xa^{13}
安定区	tsa^{13}	sa^{13}	pæ̃^{13}	pæ̃^{53}	mæ̃^{44}	tɕiæ̃^{13}	iæ̃^{13}	xa^{13}
会宁县	tsa^{13}	sa^{13}	pæ̃^{13}	pæ̃^{53}	mæ̃^{44}	tɕiæ̃^{13}	iæ̃^{13}	xa^{13}
临洮县	tsa^{13}	sa^{13}	pæ̃^{13}	pæ̃^{53}	mæ̃^{44}	tɕiæ̃^{13}	iæ̃^{13}	xa^{13}
清水县	tʃa^{13}	ʃa^{13}	pæ̃^{13}	pæ̃^{52}	mæ̃^{443}	tɕiæ̃^{13}	iæ̃^{13}	xa^{13}
永靖县	tʂa^{213}	ʂa^{213}	pæ̃^{213}	pæ̃^{53}	mæ̃^{44}	tɕiæ̃^{213}	iæ̃^{44}	xa^{213}
敦煌市	tsa^{213}	sa^{213}	pæ̃^{213}	pæ̃^{51}	mæ̃^{44}	tɕiɛ̃^{213}	iɛ̃^{213}	xa^{213} ɕia^{213}
临夏市	tʂɑ^{13}	ʂɑ^{13}	pã^{13}	pã^{42}	mã^{53}	tɕiɛ̃^{13}	iɛ̃^{13}	xɑ^{13}
合作市	tʂᴀ^{13}	ʂᴀ^{13}	pæ̃^{13}	pæ̃^{44}	mæ̃^{53}	tɕiæ̃^{13}	iæ̃^{13}	xᴀ^{13}
临潭县	tsa^{44}	sa^{44}	pæ̃^{44}	pæ̃^{51}	mæ̃^{44}	tɕiæ̃^{44}	iæ̃^{24}	xa^{44}

	0497 变	0498 骗 欺～	0499 便 方～	0500 棉	0501 面 ～孔	0502 连	0503 剪	0504 浅
	山开三去仙帮	山开三去仙滂	山开三去仙並	山开三平仙明	山开三去仙明	山开三平仙来	山开三上仙精	山开三上仙清
兰州市	piæ̃^{13}	p^{h}iæ̃^{13}	piæ̃^{13}	miæ̃^{53}	miæ̃^{13}	liæ̃^{55}	tɕiæ̃^{34}	tɕ^{h}iæ̃^{34}
榆中县	pian^{213}	p^{h}ian^{213}	pian^{213}	mian^{312}	mian^{213}	lian^{312}	tɕian^{44}	tɕ^{h}ian^{44}
永登县	piæ̃^{13}	p^{h}iæ̃^{13}	piæ̃^{13}	miæ̃^{53}	miæ̃^{13}	liæ̃^{53}	tɕiæ̃^{354}	tɕ^{h}iæ̃^{354}
红古区	pian^{13}	p^{h}ian^{13}	pian^{13}	mian^{13}	mian^{13}	lian^{13}	tɕian^{53}	tɕ^{h}ian^{53}
凉州区	piɑŋ^{31}	p^{h}iɑŋ^{31}	piɑŋ^{31}	miɑŋ^{35}	miɑŋ^{31}	liɑŋ^{35}	tɕiɑŋ^{35}	tɕ^{h}iɑŋ^{35}
甘州区	piaŋ^{31}	p^{h}iaŋ^{31}	piaŋ^{31}	miaŋ^{53}	miaŋ^{31}	liaŋ^{53}	tɕiaŋ^{53}	tɕ^{h}iaŋ^{53}
肃州区	piæ̃^{213}	p^{h}iæ̃^{213}	piæ̃^{213}	miæ̃^{51}	miæ̃^{213}	liæ̃^{51}	tɕiæ̃^{51}	tɕ^{h}iæ̃^{51}
永昌县	piɛ^{53}	p^{h}iɛ^{53}	piɛ^{53}	miɛ^{13}	miɛ^{53}	liɛ^{13}	tɕiɛ^{44}	tɕ^{h}iɛ^{13}
崆峒区	piæ̃^{44}	p^{h}iæ̃^{44}	piæ̃^{44}	miæ̃^{24}	miæ̃^{44}	liæ̃^{24}	tɕiæ̃^{53}	tɕ^{h}iæ̃^{53}
庆城县	piɛ̃^{244}	p^{h}iɛ̃^{244}	piɛ̃^{244}	miɛ̃^{113}	miɛ̃^{244}	liɛ̃^{113}	tɕiɛ̃^{44}	tɕ^{h}iɛ̃^{44}
宁县	p^{h}iæ̃^{44} piæ̃^{44}	p^{h}iæ̃^{44}	piæ̃^{44}	miæ̃^{24}	miæ̃^{44}	liæ̃^{24} liæ̃^{44}	tɕiæ̃^{52}	tɕ^{h}iæ̃^{52}
武都区	piæ̃^{24}	p^{h}iæ̃^{24}	piæ̃^{24}	miæ̃^{24}	miæ̃^{24}	liæ̃^{13}	tɕiæ̃^{55}	tɕ^{h}iæ̃^{55}
文县	piæ̃^{24}	p^{h}iæ̃^{24}	piæ̃^{24}	miæ̃^{13}	miæ̃^{24}	liæ̃^{13}	tɕiæ̃^{55}	tɕ^{h}iæ̃^{55}
康县	pian^{24}	p^{h}ian^{24}	pian^{24}	mian^{211}	mian^{24}	lian^{211}	tsian^{55}	ts^{h}ian^{55}
礼县	piæ̃^{44}	p^{h}iæ̃^{44}	piæ̃^{44}	miæ̃^{13}	miæ̃^{44}	liæ̃^{13}	tɕiæ̃^{52}	tɕ^{h}iæ̃^{52}
靖远县	piæ̃^{33}	p^{h}iæ̃^{33}	piæ̃^{33}	miæ̃^{24}	miæ̃^{33}	liæ̃^{24}	tɕiæ̃^{55}	tɕ^{h}iæ̃^{55}
陇西县	piæ̃^{44}	p^{h}iæ̃^{44}	piæ̃^{44}	miæ̃^{13}	miæ̃^{44}	liæ̃^{13} læ̃^{13}	tɕiæ̃^{53}	tɕ^{h}iæ̃^{53}
秦州区	piæ̃^{44}	p^{h}iæ̃^{44}	piæ̃^{44}	miæ̃^{13}	miæ̃^{44}	liæ̃^{13}	tɕiæ̃^{53}	tɕ^{h}iæ̃^{53}
安定区	piæ̃^{44}	p^{h}iæ̃^{44}	piæ̃^{44}	miæ̃^{13}	miæ̃^{44}	liæ̃^{13}	tɕiæ̃^{53}	tɕ^{h}iæ̃^{53}
会宁县	piæ̃^{44}	p^{h}iæ̃^{44}	piæ̃^{44}	miæ̃^{13}	miæ̃^{44}	liæ̃^{13}	tɕiæ̃^{53}	tɕ^{h}iæ̃^{53}
临洮县	piæ̃^{44}	p^{h}iæ̃^{44}	piæ̃^{44}	miæ̃^{13}	miæ̃^{44}	liæ̃^{13}	tɕiæ̃^{53}	tɕ^{h}iæ̃^{53}
清水县	piæ̃^{443}	p^{h}iæ̃^{443}	piæ̃^{443}	miæ̃^{13}	miæ̃^{443}	liæ̃^{13}	tsiæ̃^{52}	ts^{h}iæ̃^{52}
永靖县	piæ̃^{44}	p^{h}iæ̃^{44}	piæ̃^{44}	miæ̃^{213}	miæ̃^{44}	liæ̃^{213}	tɕiæ̃^{53}	tɕ^{h}iæ̃^{53}
敦煌市	piɛ̃^{44}	p^{h}iɛ̃^{44}	piɛ̃^{44}	miɛ̃^{213}	miɛ̃^{44}	liɛ̃^{213}	tɕiɛ̃^{51}	tɕ^{h}iɛ̃^{51}
临夏市	piɛ̃^{53}	p^{h}iɛ̃^{53}	piɛ̃^{53}	miɛ̃^{13}	miɛ̃^{53}	liɛ̃^{13}	tɕiɛ̃^{42}	tɕ^{h}iɛ̃^{42}
合作市	piæ̃^{53}	p^{h}iæ̃^{53}	piæ̃^{53}	miæ̃^{13}	miæ̃^{53}	liæ̃^{13}	tɕiæ̃^{44}	tɕ^{h}iæ̃^{44}
临潭县	piæ̃^{44}	p^{h}iæ̃^{44}	piæ̃^{44}	miæ̃^{24}	miæ̃^{44}	liæ̃^{24}	tɕiæ̃^{51}	tɕ^{h}iæ̃^{51}

	0505 钱	0506 鲜	0507 线	0508 缠	0509 战	0510 扇名	0511 善	0512 件
	山开三 平仙从	山开三 平仙心	山开三 去仙心	山开三 平仙澄	山开三 去仙章	山开三 去仙书	山开三 上仙禅	山开三 上仙群
兰州市	tɕʰiæ̃^{53}	ɕiæ̃^{55}	ɕiæ̃^{13}	tʂʰæ̃^{53}	tʂæ̃^{13}	ʂæ̃^{13}	ʂæ̃^{13}	tɕiæ̃^{13}
榆中县	tɕʰian^{312}	ɕian^{51}	ɕian^{213}	tʂʰan^{312}	tʂan^{213}	ʂan^{213}	ʂan^{213}	tɕian^{213}
永登县	tɕʰiæ̃^{53}	ɕiæ̃^{53}	ɕiæ̃^{13}	tʂʰæ̃^{53}	tʂæ̃^{13}	ʂæ̃^{13}	ʂæ̃^{13}	tɕiæ̃^{13}
红古区	tɕʰian^{13}	ɕian^{53}	ɕian^{13}	tʂʰan^{13}	tʂan^{13}	ʂan^{13}	ʂan^{13}	tɕian^{13}
凉州区	tɕʰiɑŋ^{35}	ɕiɑŋ^{35}	ɕiɑŋ^{31}	tʂʰɑŋ^{35}	tʂɑŋ^{31}	ʂɑŋ^{31}	ʂɑŋ^{31}	tɕiɑŋ^{31}
甘州区	tɕʰiaŋ^{53}	ɕiaŋ^{44}	ɕiaŋ^{31}	tʂʰaŋ^{53}	tʂaŋ^{31}	ʂaŋ^{31}	ʂaŋ^{31}	tɕiaŋ^{31}
肃州区	tɕʰiæ̃^{51}	ɕiæ̃^{44}	ɕiæ̃^{213}	tʂʰæ̃^{51}	tʂæ̃^{213}	ʂæ̃^{213}	ʂæ̃^{213}	tɕiæ̃^{213}
永昌县	tɕʰiɛ^{13}	ɕiɛ^{44}	ɕiɛ^{53}	tʂʰɛe^{13}	tʂɛe^{53}	ʂɛe^{53}	ʂɛe^{53}	tɕiɛ^{53}
崆峒区	tɕʰiæ̃^{24}	ɕiæ̃^{21}	ɕiæ̃^{44}	tʂʰæ̃^{24}	tʂæ̃^{44}	ʂæ̃^{44}	ʂæ̃^{44}	tɕiæ̃^{44}
庆城县	tɕʰiɛ̃^{113}	ɕiɛ̃^{44}	ɕiɛ̃^{244}	tʂʰɛ̃^{113}	tʂɛ̃^{244}	ʂɛ̃^{244}	ʂɛ̃^{244}	tɕiɛ̃^{244}
宁县	tɕʰiæ̃^{24}	ɕiæ̃^{31}	ɕiæ̃^{44}	tʂʰæ̃^{24} tʂʰæ̃^{44}	tʂæ̃^{44}	ʂæ̃^{44}	ʂæ̃^{44} tʂʰæ̃^{52}	tɕʰiæ̃^{44} tɕiæ̃^{44}
武都区	tɕʰiæ̃^{13}	ɕiæ̃^{55}	ɕiæ̃^{24}	tʂʰæ̃^{13}	tʂæ̃^{13}	ʂæ̃^{13}	ʂæ̃^{24}	tɕiæ̃^{24}
文县	tɕʰiæ̃^{13}	ɕyæ̃^{31}	ɕiæ̃^{24}	tsʰæ̃^{13}	tsæ̃^{24}	sæ̃^{24}	sæ̃^{24}	tɕʰiæ̃^{24}
康县	tsʰian^{211}	sian^{55}	sian^{24}	tʂʰan^{211}	tʂan^{24}	ʂan^{24}	ʂan^{24}	tɕian^{24}
礼县	tɕʰiæ̃^{13}	ɕiæ̃^{52}	ɕiæ̃^{44}	tʂʰæ̃^{13}	tʂæ̃^{44}	ʂæ̃^{44}	ʂæ̃^{44}	tɕʰiæ̃^{44}
靖远县	tɕʰiæ̃^{24}	ɕiæ̃^{55}	ɕiæ̃^{33}	tʂʰæ̃^{24}	tʂæ̃^{33}	ʂæ̃^{33}	ʂæ̃^{33}	tɕiæ̃^{33}
陇西县	tɕʰiæ̃^{13}	ɕiæ̃^{53}	ɕiæ̃^{44}	tʂʰæ̃^{13}	tʂæ̃^{44}	ʂæ̃^{44}	ʂæ̃^{44}	tɕʰiæ̃^{44}
秦州区	tɕʰiæ̃^{13}	ɕiæ̃^{53}	ɕiæ̃^{44}	tʂʰæ̃^{13}	tʂæ̃^{44}	ʂæ̃^{44}	ʂæ̃^{44}	tɕʰiæ̃^{44}
安定区	tɕʰiæ̃^{13}	ɕiæ̃^{53}	ɕiæ̃^{44}	tʂʰæ̃^{13}	tʂæ̃^{44}	ʂæ̃^{44}	ʂæ̃^{44}	tɕʰiæ̃^{44}
会宁县	tɕʰiæ̃^{13}	ɕiæ̃^{53}	ɕiæ̃^{44}	tʂʰæ̃^{13}	tʂæ̃^{44}	ʂæ̃^{44}	ʂæ̃^{44}	tɕʰiæ̃^{44}
临洮县	tɕʰiæ̃^{13}	ɕiæ̃^{53}	ɕiæ̃^{44}	tʂʰæ̃^{13}	tʂæ̃^{44}	ʂæ̃^{44}	ʂæ̃^{44}	tɕiæ̃^{44}
清水县	tsʰiæ̃^{13}	siæ̃^{52}	siæ̃^{443}	tʂʰæ̃^{13}	tʂæ̃^{443}	ʂæ̃^{443}	ʂæ̃^{443}	tɕʰiæ̃^{443}
永靖县	tɕʰiæ̃^{213}	ɕiæ̃^{53}	ɕiæ̃^{44}	tʂʰæ̃^{213}	tʂæ̃^{44}	ʂæ̃^{44}	ʂæ̃^{44}	tɕiæ̃^{44}
敦煌市	tɕʰiɛ̃^{213}	ɕiɛ̃^{51}	ɕiɛ̃^{44}	tʂʰæ̃^{213}	tʂæ̃^{44}	ʂæ̃^{44}	ʂæ̃^{44}	tɕiɛ̃^{44}
临夏市	tɕʰiɛ̃^{13}	ɕiɛ̃^{42}	ɕiɛ̃^{53}	tʂʰã^{13}	tʂã^{53}	ʂã^{13}	ʂã^{53}	tɕiɛ̃^{53}
合作市	tɕʰiæ̃^{13}	ɕiæ̃^{13}	ɕiæ̃^{53}	tʂʰæ̃^{13}	tʂæ̃^{53}	ʂæ̃^{53}	ʂæ̃^{53}	tɕiæ̃^{53}
临潭县	tɕʰiæ̃^{24}	ɕiæ̃^{51}	ɕiæ̃^{44}	tʂʰæ̃^{24}	tʂæ̃^{44}	ʂæ̃^{44}	ʂæ̃^{44}	tɕiæ̃^{44}

	0513 延	0514 别~人	0515 灭	0516 列	0517 撤	0518 舌	0519 设	0520 热
	山开三 平仙以	山开三 入薛帮	山开三 入薛明	山开三 入薛来	山开三 入薛彻	山开三 入薛船	山开三 入薛书	山开三 入薛日
兰州市	iæ̃^{53}	piɛ^{53}	miɛ^{13}	liɛ^{13}	tʂʰɤ^{13}	ʂɤ^{53}	ʂɤ^{13}	ʐɤ^{13}
榆中县	ian^{51} ian^{213}	piᴇ^{312}	miᴇ^{312}	liᴇ^{312}	tʂʰə^{44}	ʂə^{312}	ʂə^{213}	ʐə^{312}
永登县	iæ̃^{53}	piɛ^{53}	miɛ^{13}	ȵiɛ^{13}	tʂʰə^{53}	ʂə^{53}	ʂə^{13}	ʐə^{13}
红古区	ian^{13}	piɛ^{13}	miɛ^{13}	liɛ^{13}	tʂʰə^{13}	ʂə^{13}	ʂə^{53}	ʐə^{13}
凉州区	iɑŋ^{35}	piə^{35}	miə^{31}	liə^{31}	tʂʰə^{31}	ʂə^{35}	ʂə^{31}	ʐə^{31}
甘州区	iaŋ^{44}	piə^{53}	miə^{31}	liə^{31}	tʂʰə^{31}	ʂə^{53}	ʂə^{31}	ʐə^{31}
肃州区	ʑiæ̃^{51}	piɛ^{51}	miɛ^{213}	liɛ^{213}	tʂʰə^{213}	ʂə^{51}	ʂə^{213}	ʐə^{213}
永昌县	iɛ^{44}	piə^{13}	miə^{53}	liə^{53}	tʂʰə^{53}	ʂə^{13}	ʂə^{53}	ʐə^{53}
崆峒区	iæ̃^{24}	piɛ^{24}	miɛ^{21}	liɛ^{21}	tʂʰɤ^{53}	ʂɤ^{24}	ʂɤ^{53}	ʐɤ^{21}
庆城县	iɛ̃^{113}	piᴇ^{113}	miᴇ^{51}	liᴇ^{51}	tʂʰɛ^{44}	ʂɛ^{113}	ʂɛ^{244}	ʐɛ^{51}
宁县	iæ̃^{24}	piɛ^{24}	miɛ^{31}	liɛ^{31}	tʂʰə^{52}	ʂə^{24}	ʂə^{52}	ʐə^{31}
武都区	iæ̃^{31}	piᴇ^{13}	miᴇ^{31}	liᴇ^{31}	tʂʰɤ^{55}	ʂɤ^{13}	ʂʅ^{31}	ʐɤ^{31}
文县	iæ̃^{13}	piɛ^{13}	miɛ^{31}	liɛ^{31}	tɕʰiɛ^{55}	ɕiɛ^{13}	ɕiɛ^{31}	iɛ^{31}
康县	ian^{211}	piɛ^{211}	miɛ^{53}	liɛ^{53}	tʂʰɤ^{55}	ʂɤ^{211}	ʂɤ^{53}	ʐɤ^{53}
礼县	iæ̃^{13}	piɛ^{13}	miɛ^{31}	liɛ^{31}	tʂʰɤ^{52}	ʂɤ^{13}	ʂɤ^{31}	ʐɤ^{31}
靖远县	iæ̃^{24}	piɛ^{24}	miɛ^{41}	liɛ^{41}	tʂʰɤ^{55}	ʂɤ^{24}	ʂɤ^{41}	ʐɤ^{41}
陇西县	iæ̃^{13}	piɛ^{13}	miɛ^{21}	liɛ^{21}	tʂʰɤ^{53}	ʂɤ^{13}	ʂɤ^{21}	ʐɤ^{21}
秦州区	iæ̃^{13}	piə^{13}	miə^{13}	liə^{13}	tʂʰɤ^{53}	ʂɤ^{13}	ʂɤ^{13}	ʐɤ^{13}
安定区	iæ̃^{13}	piə^{13}	miə^{13}	liə^{13}	tʂʰə^{53}	ʂə^{13}	ʂə^{13}	ʐə^{13}
会宁县	iæ̃^{13}	piə^{13}	miə^{13}	liə^{13}	tʂʰə^{53}	ʂə^{13}	ʂə^{13}	ʐə^{13}
临洮县	iæ̃^{13}	pie^{13}	mie^{13}	lie^{13}	tʂʰɤ^{53}	ʂɛ^{13}	ʂɛ^{13}	ʐɛ^{13}
清水县	iæ̃^{13}	pʰiɛ^{13} piɛ^{13}	miɛ^{13}	liɛ^{13}	tʂʰə^{52}	ʂə^{13}	ʂə^{13}	ʐə^{13}
永靖县	iæ̃^{44}	piɛ^{213}	miɛ^{213}	liɛ^{213}	tʂʰɤ^{53}	ʂɤ^{213}	ʂɤ^{53}	ʐɤ^{213}
敦煌市	iɛ̃^{213}	piə^{213}	miə^{213}	liə^{213}	tʂʰə^{51}	ʂə^{213}	ʂə^{213}	ʐə^{213}
临夏市	iɛ̃^{13}	piɛ^{13}	miɛ^{13}	liɛ^{13}	tʂʰɤ^{13}	ʂɤ^{13}	ʂɤ^{13}	ʐɤ^{13}
合作市	iæ̃^{13}	piə^{13}	miə^{13}	liə^{13}	tʂʰə^{53}	ʂə^{13}	ʂə^{53}	ʐə^{13}
临潭县	iæ̃^{24}	piɛ^{24}	miɛ^{44}	liɛ^{44}	tʂʰɤ^{51}	ʂɤ^{24}	ʂɤ^{44}	ʐɤ^{44}

	0521 杰	0522 孽	0523 建	0524 健	0525 言	0526 歇	0527 扁	0528 片
	山开三入薛群	山开三入薛疑	山开三去元见	山开三去元群	山开三平元疑	山开三入月晓	山开四上先帮	山开四去先滂
兰州市	tɕiɛ^{53}	ȵiɛ^{13}	tɕiæ̃^{13}	tɕiæ̃^{13}	iæ̃^{53}	ɕiæ̃^{13}	piæ̃^{34}	pʰiæ̃^{13}
榆中县	tɕiᴇ^{312}	ȵiᴇ^{312}	tɕian^{213}	tɕian^{213}	ian^{312}	ɕiᴇ^{312}	pian^{44}	pʰian^{44}
永登县	tɕiɛ^{13}	ȵiɛ^{13}	tɕiæ̃^{13}	tɕiæ̃^{13}	iæ̃^{53}	ɕiɛ^{13}	piæ̃^{354}	pʰiæ̃^{354}
红古区	tɕiɛ^{13}	ȵiɛ^{13}	tɕian^{53}	tɕian^{53}	ian^{13}	ɕiɛ^{13}	pian^{53}	pʰian^{53}
凉州区	tɕiə^{35}	ȵiə^{31}	tɕiɑŋ^{31}	tɕiɑŋ^{31}	iɑŋ^{35}	ɕiə^{31}	piɑŋ^{35}	pʰiɑŋ^{31}
甘州区	tɕiə^{53}	ȵiə^{31}	tɕiaŋ^{31}	tɕiaŋ^{31}	iaŋ^{53}	ɕiə^{31}	piaŋ^{53}	pʰiaŋ^{53}
肃州区	tɕiɛ^{51}	ȵiɛ^{213}	tɕiæ̃^{213}	tɕiæ̃^{213}	ʑiæ̃^{51}	ɕiɛ^{213}	piæ̃^{51}	pʰiæ̃^{213}
永昌县	tɕiə^{13}	ȵiə^{53}	tɕiɛ^{53}	tɕiɛ^{53}	iɛ^{13}	ɕiə^{53}	piɛ^{44}	pʰiɛ^{53}
崆峒区	tɕiɛ^{24}	ȵiɛ^{21}	tɕiæ̃^{44}	tɕiæ̃^{44}	iæ̃^{24}	ɕiɛ^{21}	piæ̃^{53}	pʰiæ̃^{53}
庆城县	tɕiᴇ^{113}	ȵiᴇ^{51}	tɕiɛ̃^{244}	tɕiɛ̃^{244}	iɛ̃^{113}	ɕiᴇ^{51}	piɛ̃^{44}	pʰiɛ̃^{44}
宁县	tɕiɛ^{24}	ȵiɛ^{31}	tɕiæ̃^{44}	tɕiæ̃^{44}	ȵiæ̃^{24} iæ̃^{24}	ɕiɛ^{31}	piæ̃^{52}	pʰiæ̃^{52} pʰiæ̃^{44}
武都区	tɕiᴇ^{13}	ȵiᴇ^{31}	tɕiæ̃^{24}	tɕiæ̃^{24}	iæ̃^{13}	ɕiᴇ^{31}	piæ̃^{55}	pʰiæ̃^{55}
文县	tɕiɛ^{13}	ȵiɛ^{31}	tɕiæ̃^{24}	tɕiæ̃^{24}	iæ̃^{13}	ɕiɛ^{31}	piæ̃^{55}	pʰiæ̃^{55}
康县	tɕiɛ^{211}	ȵiɛ^{53}	tɕian^{24}	tɕian^{24}	ian^{211}	ɕiɛ^{53}	pian^{55}	pʰian^{55}
礼县	tɕiɛ^{13}	ȵiɛ^{31}	tɕiæ̃^{44}	tɕiæ̃^{44}	ȵiæ̃^{13} iæ̃^{13}	ɕiɛ^{31}	piæ̃^{52}	pʰiæ̃^{52}
靖远县	tɕiɛ^{24}	ȵiɛ^{41}	tɕiæ̃^{33}	tɕiæ̃^{33}	iæ̃^{24}	ɕiɛ^{41}	piæ̃^{55}	pʰiæ̃^{55}
陇西县	tɕiɛ^{13}	liɛ^{21}	tɕiæ̃^{44}	tɕiæ̃^{44}	iæ̃^{13}	ɕiɛ^{21}	pæ̃^{53} piæ̃^{53}	pʰiæ̃^{53}
秦州区	tɕiə^{13}	ȵiə^{13}	tɕiæ̃^{44}	tɕiæ̃^{44}	iæ̃^{13}	ɕiə^{13}	piæ̃^{53}	pʰiæ̃^{53}
安定区	tɕiə^{13}	ȵiə^{13}	tɕiæ̃^{44}	tɕiæ̃^{44}	iæ̃^{13}	ɕiə^{13}	piæ̃^{53}	pʰiæ̃^{53}
会宁县	tɕiə^{13}	ȵiə^{13}	tɕiæ̃^{44}	tɕiæ̃^{44}	iæ̃^{13}	ɕiə^{13}	piæ̃^{53}	pʰiæ̃^{44}
临洮县	tɕie^{13}	ȵie^{13}	tɕiæ̃^{44}	tɕiæ̃^{44}	iæ̃^{13}	ɕie^{13}	piæ̃^{53}	pʰiæ̃^{53}
清水县	tɕiɛ^{13}	ȵiɛ^{13}	tɕiæ̃^{443}	tɕiæ̃^{443}	ȵiæ̃^{13} iæ̃^{13}	ɕiɛ^{13}	piæ̃^{52}	pʰiæ̃^{52}
永靖县	tɕiɛ^{213}	ȵiɛ^{213}	tɕiæ̃^{44}	tɕiæ̃^{44}	iæ̃^{213}	ɕiɛ^{213}	piæ̃^{53}	pʰiæ̃^{53}
敦煌市	tɕiə^{213}	ȵiə^{213}	tɕiɛ̃^{44}	tɕiɛ̃^{44}	iɛ̃^{213}	ɕiə^{213}	piɛ̃^{51}	pʰiɛ̃^{51}
临夏市	tɕiɛ^{13}	ȵiɛ^{13}	tɕiɛ̃^{53}	tɕiɛ̃^{53}	iɛ̃^{13}	ɕiɛ^{13}	piɛ̃^{42}	pʰiɛ̃^{53}
合作市	tɕiə^{13}	ȵiə^{13}	tɕiæ̃^{53}	tɕiæ̃^{53}	iæ̃^{13}	ɕiə^{13}	piæ̃^{44}	pʰiæ̃^{53}
临潭县	tɕiɛ^{24}	ȵiɛ^{44}	tɕiæ̃^{44}	tɕiæ̃^{44}	iæ̃^{24}	ɕiɛ^{44}	piæ̃^{51}	pʰiæ̃^{51}

	0529 面～条	0530 典	0531 天	0532 田	0533 垫	0534 年	0535 莲	0536 前
	山开四 去先明	山开四 上先端	山开四 平先透	山开四 平先定	山开四 去先定	山开四 平先泥	山开四 平先来	山开四 平先从
兰州市	miæ̃^{13}	tiæ̃^{34}	t^{h}iæ̃^{55}	t^{h}iæ̃^{53}	tiæ̃^{13}	ȵiæ̃^{53}	liæ̃^{53}	tɕ^{h}iæ̃^{53}
榆中县	mian^{213}	tian^{44}	t^{h}ian^{51}	t^{h}ian^{312}	tian^{213}	ȵian^{312}	lian^{312}	tɕ^{h}ian^{312}
永登县	miæ̃^{13}	tiæ̃^{354}	t^{h}iæ̃^{42}	t^{h}iæ̃^{53}	tiæ̃^{13}	ȵiæ̃^{53}	liæ̃^{53}	tɕ^{h}iæ̃^{53}
红古区	mian^{13}	tian^{53}	t^{h}ian^{13}	t^{h}ian^{13}	tian^{13}	ȵian^{13}	lian^{13}	tɕ^{h}ian^{13}
凉州区	miɑŋ^{31}	tiɑŋ^{31}	t^{h}iɑŋ^{35}	t^{h}iɑŋ^{35}	tiɑŋ^{31}	ȵiɑŋ^{35}	liɑŋ^{35}	tɕ^{h}iɑŋ^{35}
甘州区	miaŋ^{31}	tiaŋ^{53}	t^{h}iaŋ^{44}	t^{h}iaŋ^{53}	tiaŋ^{31}	ȵiaŋ^{53}	liaŋ^{53}	tɕ^{h}iaŋ^{53}
肃州区	miæ̃^{213}	tiæ̃^{51}	t^{h}iæ̃^{44}	t^{h}iæ̃^{51}	tiæ̃^{213}	ȵiæ̃^{51}	liæ̃^{51}	tɕ^{h}iæ̃^{51}
永昌县	miɛ^{53}	tiɛ^{53}	t^{h}iɛ^{44}	t^{h}iɛ^{13}	tiɛ^{53}	ȵiɛ^{13}	liɛ^{13}	tɕ^{h}iɛ^{13}
崆峒区	miæ̃^{44}	tiæ̃^{53}	t^{h}iæ̃^{21}	t^{h}iæ̃^{24}	tiæ̃^{44}	ȵiæ̃^{24}	liæ̃^{24}	tɕ^{h}iæ̃^{24}
庆城县	miɛ̃^{244}	tiɛ̃^{44}	t^{h}iɛ̃^{51}	t^{h}iɛ̃^{113}	tiɛ̃^{244}	ȵiɛ̃^{113}	liɛ̃^{113}	tɕ^{h}iɛ̃^{113}
宁县	miæ̃^{44}	tiæ̃^{52}	tɕ^{h}iæ̃^{31}	tɕ^{h}iæ̃^{24}	tɕ^{h}iæ̃^{44} tiæ̃^{44}	ȵiæ̃^{24}	liæ̃^{24}	tɕ^{h}iæ̃^{24}
武都区	miæ̃^{13}	tiæ̃^{55}	t^{h}iæ̃^{31}	t^{h}iæ̃^{13}	tiæ̃^{24}	ȵiæ̃^{13}	liæ̃^{13}	tɕ^{h}iæ̃^{13}
文县	miæ̃^{24}	tiæ̃^{55}	t^{h}iæ̃^{31}	t^{h}iæ̃^{13}	tiæ̃^{24}	ȵiæ̃^{13}	liæ̃^{13}	tɕ^{h}iæ̃^{13}
康县	mian^{24}	tsian^{55}	ts^{h}ian^{53}	ts^{h}ian^{211}	ts^{h}ian^{24}	ȵian^{211}	lian^{211}	tɕ^{h}ian^{211}
礼县	miæ̃^{44}	tiæ̃^{52}	t^{h}iæ̃^{31}	t^{h}iæ̃^{13}	t^{h}iæ̃^{44}	ȵiæ̃^{13}	liæ̃^{13}	tɕ^{h}iæ̃^{13}
靖远县	miæ̃^{33}	tiæ̃^{55}	t^{h}iæ̃^{41}	t^{h}iæ̃^{24}	tiæ̃^{33}	ȵiæ̃^{24}	liæ̃^{24}	tɕ^{h}iæ̃^{24}
陇西县	miæ̃^{44}	tiæ̃^{53}	tɕ^{h}iæ̃^{21}	tɕ^{h}iæ̃^{13}	tiæ̃^{44}	liæ̃^{13}	liæ̃^{13}	tɕ^{h}iæ̃^{13}
秦州区	miæ̃^{44}	tiæ̃^{53}	t^{h}iæ̃^{13}	t^{h}iæ̃^{13}	tiæ̃^{44}	ȵiæ̃^{13}	liæ̃^{13}	tɕ^{h}iæ̃^{13}
安定区	miæ̃^{44}	tiæ̃^{53}	t^{h}iæ̃^{13}	t^{h}iæ̃^{13}	t^{h}iæ̃^{44}	ȵiæ̃^{13}	liæ̃^{13}	tɕ^{h}iæ̃^{13}
会宁县	miæ̃^{44}	tiæ̃^{53}	t^{h}iæ̃^{13}	t^{h}iæ̃^{13}	t^{h}iæ̃^{44}	ȵiæ̃^{13}	liæ̃^{13}	tɕ^{h}iæ̃^{13}
临洮县	miæ̃^{44}	tiæ̃^{53}	t^{h}iæ̃^{13}	t^{h}iæ̃^{13}	t^{h}iæ̃^{44}	ȵiæ̃^{13}	liæ̃^{13}	tɕ^{h}iæ̃^{13}
清水县	miæ̃^{443}	tsiæ̃^{52}	ts^{h}iæ̃^{13}	ts^{h}iæ̃^{13}	ts^{h}iæ̃^{443}	ȵiæ̃^{13}	liæ̃^{13}	ts^{h}iæ̃^{13}
永靖县	miæ̃^{44}	tiæ̃^{44}	tɕ^{h}iæ̃^{213}	tɕ^{h}iæ̃^{213}	tiæ̃^{44}	ȵiæ̃^{213}	liæ̃^{213}	tɕ^{h}iæ̃^{213}
敦煌市	miɛ̃^{44}	tiɛ̃^{51}	t^{h}iɛ̃^{213}	t^{h}iɛ̃^{213}	tiɛ̃^{44}	ȵiɛ̃^{213}	liɛ̃^{213}	tɕ^{h}iɛ̃^{213}
临夏市	miɛ̃^{53}	tiɛ̃^{42}	t^{h}iɛ̃^{13}	t^{h}iɛ̃^{13}	tiɛ̃^{53}	ȵiɛ̃^{13}	liɛ̃^{13}	tɕ^{h}iɛ̃^{13}
合作市	miæ̃^{53}	tiæ̃^{44}	t^{h}iæ̃^{13}	t^{h}iæ̃^{13}	tiæ̃^{53}	ȵiæ̃^{13}	liæ̃^{13}	tɕ^{h}iæ̃^{13}
临潭县	miæ̃^{44}	tiæ̃^{51}	t^{h}iæ̃^{44}	t^{h}iæ̃^{24}	tiæ̃^{44}	ȵiæ̃^{24}	liæ̃^{24}	tɕ^{h}iæ̃^{24}

	0537 先	0538 肩	0539 见	0540 牵	0541 显	0542 现	0543 烟	0544 憋
	山开四 平先心	山开四 平先见	山开四 去先见	山开四 平先溪	山开四 上先晓	山开四 去先匣	山开四 平先影	山开四 入屑滂
兰州市	ɕiæ̃^{55}	tɕiæ̃^{55}	tɕiæ̃^{13}	tɕʰiæ̃^{55}	ɕiæ̃^{34}	ɕiæ̃^{13}	iæ̃^{55}	piɛ^{13}
榆中县	ɕian^{51}	tɕian^{51}	tɕian^{213}	tɕʰian^{51}	ɕian^{44}	ɕian^{213}	ian^{51}	piᴇ^{312}
永登县	ɕiæ̃^{42}	tɕiæ̃^{42}	tɕiæ̃^{13}	tɕʰiæ̃^{42}	ɕiæ̃^{354}	ɕiæ̃^{13}	iæ̃^{42}	piɛ^{53}
红古区	ɕian^{53}	tɕian^{53}	tɕian^{13}	tɕʰian^{13}	ɕian^{53}	ɕian^{53}	ian^{13}	piɛ^{13}
凉州区	ɕiɑŋ^{35}	tɕiɑŋ^{35}	tɕiɑŋ^{31}	tɕʰiɑŋ^{35}	ɕiɑŋ^{35}	ɕiɑŋ^{31}	iɑŋ^{35}	piə^{31}
甘州区	ɕiaŋ^{44}	tɕiaŋ^{44}	tɕiaŋ^{31}	tɕʰiaŋ^{44}	ɕiaŋ^{53}	ɕiaŋ^{31}	iaŋ^{44}	piə^{31}
肃州区	ɕiæ̃^{44}	tɕiæ̃^{44}	tɕiæ̃^{213}	tɕʰiæ̃^{44}	ɕiæ̃^{51}	ɕiæ̃^{213}	ʑiæ̃^{44}	piɛ^{213}
永昌县	ɕiɛ^{44}	tɕiɛ^{44}	tɕiɛ^{53}	tɕʰiɛ^{44}	ɕiɛ^{13}	ɕiɛ^{53}	iɛ^{44}	piə^{53}
崆峒区	ɕiæ̃^{21}	tɕiæ̃^{21}	tɕiæ̃^{44}	tɕʰiæ̃^{53}	ɕiæ̃^{53}	ɕiæ̃^{44}	iæ̃^{21}	piɛ^{21}
庆城县	ɕiɛ̃^{51}	tɕiɛ̃^{51}	tɕiɛ̃^{244}	tɕʰiɛ̃^{51}	ɕiɛ̃^{44}	ɕiɛ̃^{244}	iɛ̃^{51}	piᴇ^{51}
宁县	ɕiæ̃^{31} ɕiæ̃^{44}	tɕiæ̃^{31}	tɕiæ̃^{44}	tɕʰiæ̃^{31}	ɕiæ̃^{52}	ɕiæ̃^{44}	iæ̃^{31}	piɛ^{31}
武都区	ɕiæ̃^{31}	tɕiæ̃^{31}	tɕiæ̃^{24}	tɕʰiæ̃^{31}	ɕiæ̃^{55}	ɕiæ̃^{13}	iæ̃^{31}	piᴇ^{31}
文县	ɕiæ̃^{31}	tɕiæ̃^{31}	tɕiæ̃^{24}	tɕʰiæ̃^{31}	ɕiæ̃^{55}	ɕiæ̃^{24}	iæ̃^{31}	piɛ^{31}
康县	sian^{53}	tɕian^{53}	tɕian^{24}	tɕʰian^{53}	ɕian^{53}	ɕian^{24}	ian^{53}	piɛ^{53}
礼县	ɕiæ̃^{31}	tɕiæ̃^{31}	tɕiæ̃^{44}	tɕʰiæ̃^{31}	ɕiæ̃^{52}	ɕiæ̃^{44}	iæ̃^{31}	piɛ^{31}
靖远县	ɕiæ̃^{41}	tɕiæ̃^{41}	tɕiæ̃^{33}	tɕʰiæ̃^{41}	ɕiæ̃^{55}	ɕiæ̃^{33}	iæ̃^{41}	piɛ^{41}
陇西县	ɕiæ̃^{21}	tɕiæ̃^{21}	tɕiæ̃^{44}	tɕʰiæ̃^{21}	ɕiæ̃^{53}	ɕiæ̃^{44}	iæ̃^{21}	piɛ^{21}
秦州区	ɕiæ̃^{13}	tɕiæ̃^{13}	tɕiæ̃^{44}	tɕʰiæ̃^{13}	ɕiæ̃^{53}	ɕiæ̃^{44}	iæ̃^{13}	piə^{13}
安定区	ɕiæ̃^{13}	tɕiæ̃^{13}	tɕiæ̃^{44}	tɕʰiæ̃^{13}	ɕiæ̃^{53}	ɕiæ̃^{44}	iæ̃^{13}	piə^{13}
会宁县	ɕiæ̃^{13}	tɕiæ̃^{13}	tɕiæ̃^{44}	tɕʰiæ̃^{13}	ɕiæ̃^{53}	ɕiæ̃^{44}	iæ̃^{13}	piə^{13}
临洮县	ɕiæ̃^{13}	tɕiæ̃^{13}	tɕiæ̃^{44}	tɕʰiæ̃^{13}	ɕiæ̃^{53}	ɕiæ̃^{44}	iæ̃^{13}	pie^{13}
清水县	siæ̃^{13}	tɕiæ̃^{13}	tɕiæ̃^{443}	tɕʰiæ̃^{13}	ɕiæ̃^{52}	ɕiæ̃^{443}	iæ̃^{13}	piɛ^{13}
永靖县	ɕiæ̃^{213}	tɕiæ̃^{213}	tɕiæ̃^{44}	tɕʰiæ̃^{213}	ɕiæ̃^{53}	ɕiæ̃^{44}	iæ̃^{213}	piɛ^{213}
敦煌市	ɕiɛ̃^{213}	tɕiɛ̃^{213}	tɕiɛ̃^{44}	tɕʰiɛ̃^{213}	ɕiɛ̃^{51}	ɕiɛ̃^{44}	iɛ̃^{213}	piə^{213}
临夏市	ɕiɛ̃^{13}	tɕiɛ̃^{13}	tɕiɛ̃^{53}	tɕʰiɛ̃^{13}	ɕiɛ̃^{42}	ɕiɛ̃^{53}	iɛ̃^{13}	piɛ^{13}
合作市	ɕiæ̃^{13}	tɕiæ̃^{13}	tɕiæ̃^{53}	tɕʰiæ̃^{13}	ɕiæ̃^{44}	ɕiæ̃^{44}	iæ̃^{13}	piə^{13}
临潭县	ɕiæ̃^{24}	tɕiæ̃^{44}	tɕiæ̃^{44}	tɕʰiæ̃^{51}	ɕiæ̃^{51}	ɕiæ̃^{44}	iæ̃^{44}	piɛ^{44}

	0545 篾	0546 铁	0547 捏	0548 节	0549 切动	0550 截	0551 结	0552 搬
	山开四入屑明	山开四入屑透	山开四入屑泥	山开四入屑精	山开四入屑清	山开四入屑从	山开四入屑见	山合一平桓帮
兰州市	$miɛ^{13}$	$t^hiɛ^{13}$	$ȵiɛ^{13}$	$tɕiɛ^{13}$	$tɕ^hiɛ^{13}$	$tɕiɛ^{53}$	$tɕiɛ^{13}$	$pæ̃^{55}$
榆中县	miE^{312}	t^hiE^{312}	$ȵiE^{312}$	$tɕiE^{312}$	$tɕ^hiE^{312}$	$tɕiE^{312}$	$tɕiE^{312}$	pan^{51}
永登县	mi^{53}	$t^hiɛ^{13}$	$ȵiɛ^{13}$	$tɕiɛ^{13}$	$tɕ^hiɛ^{13}$	$tɕiɛ^{53}$	$tɕiɛ^{13}$	$pæ̃^{42}$
红古区	$mɿ^{53}$	$t^hiɛ^{13}$	$ȵiɛ^{13}$	$tɕiɛ^{13}$	$tɕ^hiɛ^{13}$	$tɕiɛ^{13}$	$tɕiɛ^{13}$	pan^{13}
凉州区	$miə^{31}$	$t^hiə^{31}$	$ȵiə^{31}$	$tɕiə^{31}$	$tɕ^hiə^{31}$	$tɕiə^{35}$	$tɕiə^{31}$	$pɑŋ^{35}$
甘州区	$miə^{31}$	$t^hiə^{31}$	$ȵiə^{31}$	$tɕiə^{31}$	$tɕ^hiə^{31}$	$tɕiə^{53}$	$tɕiə^{31}$	$paŋ^{44}$
肃州区	$miɛ^{213}$	$t^hiɛ^{213}$	$ȵiɛ^{213}$	$tɕiɛ^{213}$	$tɕ^hiɛ^{213}$	$tɕiɛ^{51}$	$tɕiɛ^{213}$	$pæ̃^{44}$
永昌县	$miə^{53}$	$t^hiə^{53}$	$ȵiə^{53}$	$tɕiə^{53}$	$tɕ^hiə^{53}$	$tɕiə^{13}$	$tɕiə^{53}$	$pɛe^{44}$
崆峒区	mi^{24}	$t^hiɛ^{21}$	$ȵiɛ^{21}$	$tɕiɛ^{21}$	$tɕ^hiɛ^{21}$	$tɕiɛ^{24}$	$tɕiɛ^{21}$	$pæ̃^{21}$
庆城县	miE^{51}	t^hiE^{51}	$ȵiE^{51}$	$tɕiE^{51}$	$tɕ^hiE^{51}$	$tɕiE^{113}$	$tɕiE^{51}$	$pæ̃^{51}$
宁县	mi^{24}	$tɕ^hiɛ^{31}$	$ȵiɛ^{31}$	$tɕiɛ^{31}$	$tɕ^hiɛ^{31}$	$tɕ^hiɛ^{24}$ $tɕiɛ^{24}$	$tɕiɛ^{31}$	$pæ̃^{31}$
武都区	mi^{24}	t^hiE^{31}	$ȵiE^{31}$	$tɕiE^{31}$	$tɕ^hiE^{31}$	$tɕ^hiE^{13}$ $tɕiE^{13}$	$tɕiE^{31}$	$pæ̃^{31}$
文县	mi^{13}	$t^hiɛ^{31}$	$ȵiɛ^{31}$	$tɕiɛ^{31}$	$tɕ^hiɛ^{31}$	$tɕ^hiɛ^{13}$	$tɕiɛ^{31}$	$pæ̃^{31}$
康县	mi^{211}	$t^hiɛ^{53}$	$ȵiɛ^{53}$	$tsiɛ^{53}$	$thiɛ^{53}$	$thiɛ^{211}$	$tɕiɛ^{53}$	pan^{53}
礼县	mi^{13}	$t^hiɛ^{31}$	$ȵiɛ^{31}$	$tɕiɛ^{31}$	$tɕ^hiɛ^{31}$	$tɕ^hiɛ^{13}$	$tɕiɛ^{31}$	$pæ̃^{31}$
靖远县	$miɛ^{41}$	$t^hiɛ^{41}$	$ȵiɛ^{41}$	$tɕiɛ^{41}$	$tɕ^hiɛ^{41}$	$tɕiɛ^{24}$	$tɕiɛ^{24}$	$pæ̃^{41}$
陇西县	$miɛ^{21}$	$tɕ^hiɛ^{21}$	$liɛ^{21}$	$tɕiɛ^{21}$	$tɕ^hiɛ^{21}$	$tɕiɛ^{13}$	$tɕiɛ^{21}$	$pæ̃^{21}$
秦州区	pi^{44}	$t^hiə^{13}$	$ȵiə^{13}$	$tɕiə^{13}$	$tɕ^hiə^{13}$	$tɕiə^{13}$	$tɕiə^{13}$	$pæ̃^{13}$
安定区	$miə^{13}$	$t^hiə^{13}$	$ȵiə^{13}$	$tɕiə^{13}$	$tɕ^hiə^{13}$	$tɕhiə^{13}$ $tɕiə^{13}$	$tɕiə^{13}$	$pæ̃^{13}$
会宁县	mi^{13}	$t^hiə^{13}$	$ȵiə^{13}$	$tɕiə^{13}$	$tɕ^hiə^{13}$	$tɕhiə^{13}$ $tɕiə^{13}$	$tɕiə^{13}$	$pæ̃^{13}$
临洮县	mi^{13}	t^hie^{13}	$ȵie^{13}$	$tɕie^{13}$	$tɕ^hie^{13}$	$tɕ^hie^{13}$	$tɕie^{13}$	$pæ̃^{13}$
清水县	mi^{13}	$ts^hiɛ^{13}$	$ȵiɛ^{13}$	$tsiɛ^{13}$	$ts^hiɛ^{13}$	$ts^hiɛ^{13}$ $tsiɛ^{13}$	$tɕiɛ^{13}$	$pæ̃^{13}$
永靖县	$miɛ^{213}$	$tɕ^hiɛ^{213}$	$ȵiɛ^{213}$	$tɕiɛ^{213}$	$tɕ^hiɛ^{44}$	$tɕiɛ^{213}$	$tɕiɛ^{213}$	$pæ̃^{213}$
敦煌市	$miə^{213}$	$t^hiə^{51}$	$ȵiə^{213}$	$tɕiə^{213}$	$tɕ^hiə^{213}$	$tɕiə^{213}$	$tɕiə^{213}$	$pæ̃^{213}$
临夏市	$miɛ^{13}$	$t^hiɛ^{13}$	$ȵiɛ^{13}$	$tɕiɛ^{13}$	$tɕ^hiɛ^{13}$	$tɕiɛ^{13}$	$tɕiɛ^{13}$	$pɑ̃^{13}$
合作市	mi^{13}	$t^hiə^{13}$	$ȵiə^{13}$	$tɕiə^{13}$	$tɕ^hiə^{13}$	$tɕiə^{13}$	$tɕiə^{13}$	$pæ̃^{13}$
临潭县	$miɛ^{44}$	$t^hiɛ^{44}$	$ȵiɛ^{44}$	$tɕiɛ^{24}$	$tɕ^hiɛ^{44}$	$tɕiɛ^{24}$	$tɕiɛ^{44}$	$pæ̃^{44}$

	0553 半	0554 判	0555 盘	0556 满	0557 端 ~午	0558 短	0559 断 绳~了	0560 暖
	山合一 去桓帮	山合一 去桓滂	山合一 平桓並	山合一 上桓明	山合一 平桓端	山合一 上桓端	山合一 上桓定	山合一 上桓泥
兰州市	pæ̃^{13}	p^{h}æ̃^{13}	p^{h}æ̃^{53}	mæ̃^{34}	tuæ̃^{55}	tuæ̃^{34}	tuæ̃^{13}	luæ̃^{34}
榆中县	pan^{213}	p^{h}an^{213}	p^{h}an^{312}	man^{44}	tuan^{51}	tuan^{44}	tuan^{213}	luan^{44}
永登县	pæ̃^{13}	p^{h}æ̃^{13}	p^{h}æ̃^{53}	mæ̃^{354}	tuæ̃^{42}	tuæ̃^{354}	tuæ̃^{13}	nuæ̃^{354}
红古区	pan^{13}	p^{h}an^{13}	p^{h}an^{13}	man^{53}	tuan^{13}	tuan^{53}	tuan^{13}	nuan^{53}
凉州区	pɑŋ^{31}	p^{h}ɑŋ^{31}	p^{h}ɑŋ^{35}	mɑŋ^{35}	tɑŋ^{35}	tuɑŋ^{35}	tuɑŋ^{31}	nɑŋ^{35}
甘州区	paŋ^{31}	p^{h}aŋ^{31}	p^{h}aŋ^{53}	maŋ^{53}	tuaŋ^{44}	tuaŋ^{53}	tuaŋ^{31}	nuaŋ^{53}
肃州区	pæ̃^{213}	p^{h}æ̃^{213}	p^{h}æ̃^{51}	mæ̃^{51}	tuæ̃^{44}	tuæ̃^{51}	tuæ̃^{213}	nuæ̃^{51}
永昌县	pɛe^{53}	p^{h}ɛe^{53}	p^{h}ɛe^{13}	mɛe^{13}	tuɛe^{44}	tuɛe^{13}	tuɛe^{53}	nuɛe^{13}
崆峒区	pæ̃^{44}	p^{h}æ̃^{44}	p^{h}æ̃^{24}	mæ̃^{53}	tuæ̃^{21}	tuæ̃^{53}	tuæ̃^{44}	nuæ̃^{53}
庆城县	pɛ̃^{244}	p^{h}ɛ̃^{244}	p^{h}ɛ̃^{113}	mɛ̃^{44}	tuɛ̃^{51}	tuɛ̃^{44}	tuɛ̃^{244}	nɛ̃^{44}
宁县	pæ̃^{44}	p^{h}æ̃^{44}	p^{h}æ̃^{24}	mæ̃^{52}	tæ̃^{31} tuæ̃^{31}	tuæ̃^{52}	t^{h}uæ̃^{44} tuæ̃^{44}	lyæ̃^{52}
武都区	pæ̃^{13}	p^{h}æ̃^{13}	p^{h}æ̃^{24}	mæ̃^{55}	tuæ̃^{31}	tuæ̃^{55}	tuæ̃^{13}	luæ̃^{55}
文县	pæ̃^{24}	p^{h}æ̃^{24}	p^{h}æ̃^{13}	mæ̃^{55}	tuæ̃^{31}	tuæ̃^{55}	t^{h}uæ̃^{24}	luæ̃^{55}
康县	pan^{24}	p^{h}an^{24}	p^{h}an^{211}	man^{55}	tuan^{53}	tuan^{55}	tuan^{24}	luan^{55}
礼县	pæ̃^{44}	p^{h}æ̃^{44}	p^{h}æ̃^{13}	mæ̃^{52}	tuæ̃^{31}	tuæ̃^{52}	t^{h}uæ̃^{44}	nuæ̃^{52}
靖远县	pæ̃^{33}	p^{h}æ̃^{33}	p^{h}æ̃^{24}	mæ̃^{55}	tuæ̃^{41}	tuæ̃^{55}	tuæ̃^{33}	luæ̃^{55}
陇西县	pæ̃^{44}	p^{h}æ̃^{44}	p^{h}æ̃^{13}	mæ̃^{53}	tuæ̃^{21}	tuæ̃^{53}	t^{h}uæ̃^{44}	luæ̃^{53}
秦州区	pæ̃^{44}	p^{h}æ̃^{44}	p^{h}æ̃^{13}	mæ̃^{53}	tuæ̃^{13}	tuæ̃^{53}	tuæ̃^{44}	luæ̃^{53}
安定区	pæ̃^{44}	p^{h}æ̃^{44}	p^{h}æ̃^{13}	mæ̃^{53}	tuæ̃^{13}	tuæ̃^{53}	t^{h}uæ̃^{44}	nuæ̃^{53}
会宁县	pæ̃^{44}	p^{h}æ̃^{44}	p^{h}æ̃^{13}	mæ̃^{53}	tuæ̃^{13}	tuæ̃^{53}	t^{h}uæ̃^{44}	luæ̃^{53}
临洮县	pæ̃^{44}	p^{h}æ̃^{44}	p^{h}æ̃^{13}	mæ̃^{53}	tuæ̃^{13}	tuæ̃^{53}	t^{h}uæ̃^{44}	luæ̃^{53}
清水县	pæ̃^{443}	p^{h}æ̃^{443}	p^{h}æ̃^{13}	mæ̃^{52}	tuæ̃^{13}	tuæ̃^{52}	t^{h}uæ̃^{443}	luæ̃^{52}
永靖县	pæ̃^{44}	p^{h}æ̃^{44}	p^{h}æ̃^{213}	mæ̃^{53}	tuæ̃^{213}	tuæ̃^{53}	tuæ̃^{44}	luæ̃^{53}
敦煌市	pæ̃^{44}	p^{h}æ̃^{44}	p^{h}æ̃^{213}	mæ̃^{51}	tæ̃^{213} tuæ̃^{213}	tuæ̃^{51}	tuæ̃^{44}	luæ̃^{51}
临夏市	pã^{53}	p^{h}ã^{53}	p^{h}ã^{13}	mã^{42}	tuã^{13}	tuã^{42}	tuã^{53}	luã^{42}
合作市	pæ̃^{53}	p^{h}æ̃^{53}	p^{h}æ̃^{13}	mæ̃^{44}	tuæ̃^{13}	tuæ̃^{44}	tuæ̃^{53}	luæ̃^{44}
临潭县	pæ̃^{44}	p^{h}æ̃^{44}	p^{h}æ̃^{24}	mæ̃^{51}	tuæ̃^{44}	tuæ̃^{51}	tuæ̃^{44}	luæ̃^{51}

	0561 乱	0562 酸	0563 算	0564 官	0565 宽	0566 欢	0567 完	0568 换
	山合一 去桓来	山合一 平桓心	山合一 去桓心	山合一 平桓见	山合一 平桓溪	山合一 平桓晓	山合一 平桓匣	山合一 去桓匣
兰州市	luæ̃^{13}	suæ̃^{55}	suæ̃^{13}	kuæ̃^{55}	k^{h}uæ̃^{55}	xuæ̃^{55}	væ̃^{53}	xuæ̃^{13}
榆中县	luan^{213}	suan^{51}	suan^{213}	kuan^{51}	k^{h}uan^{51}	xuan^{51}	van^{312}	xuan^{213}
永登县	luæ̃^{13}	suæ̃^{42}	suæ̃^{13}	kuæ̃^{42}	k^{h}uæ̃^{42}	xuæ̃^{42}	væ̃^{53}	xuæ̃^{13}
红古区	luan^{13}	suan^{13}	suan^{13}	kuan^{13}	k^{h}uan^{13}	xuan^{13}	van^{13}	xuan^{13}
凉州区	luɑŋ^{31}	suɑŋ^{35}	suɑŋ^{31}	kuɑŋ^{35}	k^{h}uɑŋ^{35}	xuɑŋ^{35}	vɑŋ^{35}	xuɑŋ^{31}
甘州区	luaŋ^{31}	suaŋ^{44}	suaŋ^{31}	kuaŋ^{44}	k^{h}uaŋ^{44}	xuaŋ^{44}	vaŋ^{53}	xuaŋ^{31}
肃州区	luæ̃^{213}	suæ̃^{44}	suæ̃^{213}	kuæ̃^{44}	k^{h}uæ̃^{44}	xuæ̃^{44}	væ̃^{51}	xuæ̃^{213}
永昌县	luɛe^{53}	suɛe^{44}	suɛe^{53}	kuɛe^{44}	k^{h}uɛe^{44}	xuɛe^{44}	vɛe^{13}	xuɛe^{53}
崆峒区	luæ̃^{44}	suæ̃^{21}	suæ̃^{44}	kuæ̃^{53}	k^{h}uæ̃^{21}	xuæ̃^{21}	uæ̃^{24}	xuæ̃^{44}
庆城县	luɛ̃^{244}	suɛ̃^{51}	suɛ̃^{244}	kuɛ̃^{51}	k^{h}uɛ̃^{51}	xuɛ̃^{51}	vɛ̃^{113}	xuɛ̃^{244}
宁县	lyæ̃^{44}	suæ̃^{31}	suæ̃^{44}	kuæ̃^{31}	k^{h}uæ̃^{31}	xuæ̃^{31}	uæ̃^{24}	xuæ̃^{44}
武都区	luæ̃^{13}	suæ̃^{31}	suæ̃^{24}	kuæ̃^{31}	k^{h}uæ̃^{31}	xuæ̃^{31}	væ̃^{13}	xuæ̃^{13}
文县	luæ̃^{24}	suæ̃^{31}	suæ̃^{24}	kuæ̃^{31}	k^{h}uæ̃^{31}	xuæ̃^{31}	uæ̃^{13}	xuæ̃^{24}
康县	luan^{24}	suan^{53}	suan^{24}	kuan^{53}	k^{h}uan^{53}	xuan^{53}	van^{211}	xuan^{24}
礼县	nuæ̃^{44}	ʃuæ̃^{31}	ʃuæ̃^{44}	kuæ̃^{31}	k^{h}uæ̃^{31}	xuæ̃^{31}	væ̃^{13}	xuæ̃^{44}
靖远县	luæ̃^{33}	suæ̃^{41}	suæ̃^{33}	kuæ̃^{41}	k^{h}uæ̃^{41}	xuæ̃^{41}	væ̃^{24}	xuæ̃^{33}
陇西县	luæ̃^{44}	suæ̃^{21}	suæ̃^{44}	kuæ̃^{21}	k^{h}uæ̃^{21}	xuæ̃^{21}	væ̃^{13}	xuæ̃^{44}
秦州区	luæ̃^{44}	suæ̃^{13}	suæ̃^{44}	kuæ̃^{13}	k^{h}uæ̃^{13}	xuæ̃^{13}	væ̃^{13}	xuæ̃^{44}
安定区	luæ̃^{44}	suæ̃^{13}	suæ̃^{44}	kuæ̃^{13}	k^{h}uæ̃^{13}	xuæ̃^{13}	væ̃^{13}	xuæ̃^{44}
会宁县	luæ̃^{44}	suæ̃^{13}	suæ̃^{44}	kuæ̃^{13}	k^{h}uæ̃^{13}	xuæ̃^{13}	uæ̃^{13}	xuæ̃^{44}
临洮县	luæ̃^{44}	suæ̃^{13}	suæ̃^{44}	kuæ̃^{13}	k^{h}uæ̃^{13}	xuæ̃^{13}	væ̃^{13}	xuæ̃^{44}
清水县	luæ̃^{443}	suæ̃^{13}	suæ̃^{443}	kuæ̃^{13}	k^{h}uæ̃^{13}	xuæ̃^{13}	væ̃^{13}	xuæ̃^{443}
永靖县	luæ̃^{44}	suæ̃^{213}	suæ̃^{44}	kuæ̃^{213}	k^{h}uæ̃^{213}	xuæ̃^{213}	væ̃^{213}	xuæ̃^{213}
敦煌市	luæ̃^{44}	suæ̃^{213}	suæ̃^{44}	kuæ̃^{213}	k^{h}uæ̃^{213}	xuæ̃^{213}	væ̃^{213}	xuæ̃^{44}
临夏市	luã^{53}	suã^{13}	suã^{53}	kuã^{13}	k^{h}uã^{13}	xuã^{13}	vã^{13}	xuã^{53}
合作市	luæ̃^{53}	suæ̃^{13}	suæ̃^{53}	kuæ̃^{13}	k^{h}uæ̃^{13}	xuæ̃^{13}	væ̃^{13}	xuæ̃^{53}
临潭县	luæ̃^{44}	suæ̃^{44}	suæ̃^{44}	kuæ̃^{44}	k^{h}uæ̃^{44}	xuæ̃^{24}	væ̃^{24}	xuæ̃^{44}

	0569 碗	0570 拨	0571 泼	0572 末	0573 脱	0574 夺	0575 阔	0576 活
	山合一 上桓影	山合一 入末帮	山合一 入末滂	山合一 入末明	山合一 入末透	山合一 入末定	山合一 入末溪	山合一 入末匣
兰州市	væ̃^{34}	pɤ^{13}	p^{h}ɤ^{13}	mɤ^{13}	t^{h}uɤ^{13}	tuɤ^{53}	kuɤ^{13}	xuɤ^{53}
榆中县	van^{44}	pə^{312}	p^{h}ə^{312}	mə^{312}	t^{h}uə^{312}	tuə^{312}	k^{h}uə^{213}	xuə^{312}
永登县	væ̃^{354}	pə^{13}	p^{h}ə^{13}	mə^{13}	t^{h}uə^{13}	tuə^{53}	k^{h}uə^{13}	xuə^{53}
红古区	van^{53}	pə^{13}	p^{h}ə^{13}	mə^{13}	t^{h}uə^{13}	tuə^{13}	k^{h}uə^{13}	xuə^{13}
凉州区	vɑŋ^{35}	pə^{31}	p^{h}ə^{31}	mə^{31}	t^{h}uə^{31}	tuə^{35}	k^{h}uə^{31}	xuə^{35}
甘州区	vaŋ^{53}	puə^{31}	p^{h}uə^{31}	muə^{31}	t^{h}uə^{31}	tuə^{53}	k^{h}uə^{31}	xuə^{53}
肃州区	væ̃^{51}	pə^{213}	p^{h}ə^{213}	mə^{213}	t^{h}uə^{213}	tuə^{51}	k^{h}uə^{213}	xuə^{51}
永昌县	vɛe^{13}	pə^{53}	p^{h}ə^{53}	mə^{53}	t^{h}uə^{53}	tuə^{13}	k^{h}uə^{53}	xuə^{13}
崆峒区	uæ̃^{53}	puo^{21}	p^{h}uo^{21}	muo^{21}	t^{h}uo^{21}	tuo^{24}	k^{h}uo^{21}	xuo^{24}
庆城县	vɛ̃^{44}	puə^{51}	p^{h}uə^{51}	muə^{51}	t^{h}uə^{51}	tuə^{113}	k^{h}uə^{51}	xuə^{113}
宁县	uæ̃^{52}	puə^{31}	p^{h}uə^{31}	muə^{31}	t^{h}uə^{31}	t^{h}uə^{24} tuə^{24}	k^{h}uə^{31}	xuə^{24}
武都区	væ̃^{55}	puɤ^{31}	p^{h}uɤ^{31}	muɤ^{31}	t^{h}uɤ^{31}	tuɤ^{13}	k^{h}uɤ^{31}	xuɤ^{13}
文县	uæ̃^{55}	p^{h}a^{13}	p^{h}ɤ^{31}	muə^{31}	t^{h}uə^{31}	t^{h}uə^{13}	k^{h}uə^{31}	xuə^{13}
康县	van^{55}	puɤ^{53}	p^{h}uɤ^{53}	muɤ^{53}	t^{h}uɤ^{53}	t^{h}uɤ^{211}	k^{h}uɤ^{53}	xuɤ^{211}
礼县	væ̃^{52}	pɤ^{31}	p^{h}ɤ^{31}	mɤ^{31}	t^{h}uɤ^{31}	t^{h}uɤ^{13}	k^{h}uɤ^{31}	xuɤ^{13}
靖远县	væ̃^{55}	pɤ^{41}	p^{h}ɤ^{41}	mɤ^{41}	t^{h}uə^{41}	tuə^{24}	k^{h}uə^{41}	xuə^{24}
陇西县	væ̃^{53}	pɤ^{21}	p^{h}ɤ^{21}	mɤ^{21}	t^{h}uɤ^{21}	t^{h}uɤ^{13} tuɤ^{13}	k^{h}uɤ^{21}	xuɤ^{13}
秦州区	væ̃^{53}	pɤ^{13}	p^{h}ɤ^{13}	mɤ^{13}	t^{h}uə^{13}	tuə^{13}	k^{h}uə^{13}	xuə^{13}
安定区	væ̃^{53}	pə^{13}	p^{h}ə^{13}	mə^{13}	t^{h}uə^{13}	tuə^{13}	k^{h}uə^{13}	xuə^{13}
会宁县	uæ̃^{53}	pə^{13}	p^{h}ə^{13}	mə^{13}	t^{h}uə^{13}	t^{h}uə^{13}	k^{h}uə^{13}	xuə^{13}
临洮县	væ̃^{53}	pɤ^{13}	p^{h}ɤ^{13}	mɤ^{13}	t^{h}uɤ^{13}	tuɤ^{13}	k^{h}uɤ^{13}	xuɤ^{13}
清水县	væ̃^{52}	pə^{13}	p^{h}ə^{13}	mə^{13}	t^{h}uə^{13}	t^{h}uə^{13}	k^{h}uə^{13}	xuə^{13}
永靖县	væ̃^{53}	pɤ^{213}	p^{h}ɤ^{213}	mɤ^{53}	t^{h}uɤ^{213}	tuɤ^{213}	k^{h}uɤ^{213}	xuɤ^{213}
敦煌市	væ̃^{51}	pə^{213}	p^{h}ə^{213}	mə^{213}	t^{h}uə^{213}	tuə^{213}	k^{h}uə^{213}	xuə^{213}
临夏市	vã^{42}	pɤ^{13}	p^{h}ɤ^{13}	mɤ^{13}	t^{h}uɤ^{13}	tuɤ^{13}	k^{h}uɤ^{13}	xuɤ^{13}
合作市	væ̃^{44}	pə^{13}	p^{h}ə^{13}	mə^{13}	t^{h}uə^{13}	tuə^{13}	k^{h}uə^{13}	xuə^{13}
临潭县	væ̃^{51}	pa^{24}	p^{h}ɤ^{44}	mɤ^{44}	t^{h}uɤ^{44}	tuɤ^{24}	k^{h}uɤ^{44}	xuɤ^{24}

	0577 顽 ～皮，～固	0578 滑	0579 挖	0580 闩	0581 关 ～门	0582 惯	0583 还 动	0584 还 副
	山合二 平山疑	山合二 入黠匣	山合二 入黠影	山合二 平删生	山合二 平删见	山合二 去删见	山合二 平删匣	山合二 平删匣
兰州市	væ̃¹³	xua⁵³	va¹³	ʂuæ̃¹³	kuæ̃¹³	kuæ̃¹³	xuæ̃⁵³	xæ̃¹³
榆中县	van³¹²	xua³¹²	va³¹²	ʂuan²¹³	kuan⁵¹	kuan²¹³	xuan³¹²	xan³¹²
永登县	væ̃⁵³	xua⁵³	va⁴²	fæ̃⁵³	kuæ̃⁴²	kuæ̃¹³	xuæ̃⁵³	xæ̃⁵³
红古区	van¹³	xua¹³	va⁵³	fan¹³	kuan¹³	kuan¹³	xuan¹³	xan¹³
凉州区	vɑŋ³⁵	xua³⁵	va³⁵ va³¹	ʂuɑŋ³⁵	kuɑŋ³⁵	kuɑŋ³¹	xuɑŋ³⁵	xɑŋ³⁵
甘州区	vaŋ⁵³	xua⁵³	va⁴⁴	faŋ³¹	kuaŋ⁴⁴	kuaŋ³¹	xuaŋ⁵³	xaŋ⁵³
肃州区	væ̃⁵¹	xua⁵¹	va⁴⁴	ʂuæ̃⁴⁴	kuæ̃⁴⁴	kuæ̃²¹³	xuæ̃⁵¹	xæ̃⁵¹
永昌县	vɛe¹³	xua¹³	va⁵³	ʂuɛe⁵³	kuɛe⁴⁴	kuɛe⁵³	xuɛe¹³	xɛe¹³
崆峒区	uæ̃²⁴	xua²⁴	ua²¹	ʂuæ̃⁴⁴	kuæ̃²¹	kuæ̃⁴⁴	xuæ̃²⁴	xæ̃²⁴
庆城县	vɛ̃¹¹³	xua¹¹³	va⁵¹	ʂuɛ̃²⁴⁴	kuɛ̃⁵¹	kuɛ̃²⁴⁴	xuɛ̃¹¹³	xɛ̃¹¹³
宁县	uæ̃²⁴	xua²⁴	ua³¹	ʃuæ̃⁴⁴	kuæ̃³¹	kuæ̃⁴⁴	xuæ̃²⁴	xa²⁴
武都区	væ̃²⁴	xua²⁴	va³¹	ʃuæ̃²⁴	kuæ̃³¹	kuæ̃²⁴	xuæ̃¹³	xæ̃¹³
文县	uæ̃¹³	xua¹³	ua³¹	suæ̃²⁴	kuæ̃³¹	kuæ̃²⁴	xuæ̃¹³	xæ̃¹³
康县	van²¹¹	xua²¹¹	va⁵³	fan²¹¹	kuan⁵³	kuan²⁴	xuan²¹¹	xan²¹¹
礼县	væ̃¹³	xua¹³	va³¹	ʃuæ̃⁴⁴	kuæ̃³¹	kuæ̃⁴⁴	xuæ̃¹³	xæ̃¹³
靖远县	væ̃²⁴	xua²⁴	va⁴¹	ʂuæ̃³³	kuæ̃⁴¹	kuæ̃³³	xuæ̃²⁴	xæ̃²⁴
陇西县	væ̃¹³	xua¹³	va²¹	ʂuɑŋ⁴⁴ ʂuæ̃⁴⁴	kuæ̃²¹	kuæ̃⁴⁴	xuæ̃¹³	xæ̃¹³
秦州区	væ̃¹³	xua¹³	va¹³	suæ̃⁴⁴	kuæ̃¹³	kuæ̃⁴⁴	xuæ̃¹³	xæ̃¹³
安定区	væ̃¹³	xua¹³	va¹³	ʃuæ̃⁴⁴	kuæ̃¹³	kuæ̃⁴⁴	xuæ̃¹³	xæ̃¹³
会宁县	uæ̃¹³	xua¹³	ua¹³	ʃuæ̃⁴⁴	kuæ̃¹³	kuæ̃⁴⁴	xuæ̃¹³	xæ̃¹³
临洮县	væ̃¹³	xua¹³	va¹³	ʂuæ̃⁴⁴	kuæ̃¹³	kuæ̃⁴⁴	xuæ̃¹³	xæ̃¹³
清水县	væ̃¹³	xua¹³	va¹³	ʃæ̃⁴⁴³	kuæ̃¹³	kuæ̃⁴⁴³	xuæ̃¹³	xæ̃¹³
永靖县	væ̃²¹³	xua²¹³	va²¹³	ʂuæ̃⁴⁴	kuæ̃²¹³	kuæ̃⁴⁴	xuæ̃²¹³	xæ̃²¹³
敦煌市	væ̃²¹³	xua²¹³	va²¹³	ʂuæ̃⁴⁴	kuæ̃²¹³	kuæ̃⁴⁴	xuæ̃²¹³	xæ̃²¹³
临夏市	vã¹³	xuɑ¹³	vɑ¹³	ʂuã¹³	kuã¹³	kuã⁵³	xuã¹³	xã¹³
合作市	væ̃¹³	xuᴀ¹³	vᴀ¹³	fæ̃¹³	kuæ̃¹³	kuæ̃⁵³	xuæ̃¹³	xæ̃¹³
临潭县	væ̃²⁴	xua²⁴	va⁴⁴	suæ̃⁴⁴	kuæ̃⁴⁴	kuæ̃⁴⁴	xuæ̃²⁴	xɛe²⁴

	0585 弯	0586 刷	0587 刮	0588 全	0589 选	0590 转 ～眼，～送	0591 传 ～下来	0592 传 ～记
	山合二 平删影	山合二 入鎋生	山合二 入鎋见	山合三 平仙从	山合三 上仙心	山合三 上仙知	山合三 平仙澄	山合三 去仙澄
兰州市	væ̃^{55}	ʂua^{13}	kua^{13}	tɕʰyæ̃^{53}	ɕyæ̃^{34}	pfæ̃^{34}	pfʰæ̃^{53}	pfæ̃^{13}
榆中县	van^{51}	ʂua^{312}	kua^{312}	tɕʰyan^{312}	ɕyan^{44}	tʂuan^{213}	tʂʰuan^{312}	tʂuan^{213}
永登县	væ̃^{42}	fa^{13}	kua^{354}	tɕʰyæ̃^{53}	ɕyæ̃^{354}	pfæ̃^{354}	pfʰæ̃^{53}	pfæ̃^{13}
红古区	van^{13}	fa^{13}	kua^{53}	tɕʰyan^{13}	ɕyan^{53}	tʂuan^{13}	tʂʰuan^{13}	tʂuan^{13}
凉州区	vɑŋ^{35}	ʂua^{31}	kua^{31}	tɕʰyɑŋ^{35}	ɕyɑŋ^{35}	tʂuɑŋ^{31}	tʂʰuɑŋ^{35}	tʂuɑŋ^{31}
甘州区	vaŋ^{44}	fa^{31}	kua^{31}	tɕʰyaŋ^{53}	ɕyaŋ^{53}	kuaŋ^{31}	kʰuaŋ^{53}	kuaŋ^{31}
肃州区	væ̃^{44}	ʂua^{213}	kua^{213}	tɕʰyæ̃^{51}	ɕyæ̃^{51}	tʂuæ̃^{51}	tʂʰuæ̃^{51}	tʂuæ̃^{213}
永昌县	vɛe^{44}	ʂua^{53}	kua^{53}	tɕʰyɛ^{13}	ɕyɛ^{13}	tʂuɛe^{53}	tʂʰuɛe^{13}	tʂuɛe^{53}
崆峒区	uæ̃^{21}	ʂua^{21}	kua^{21}	tɕʰyæ̃^{24}	ɕyæ̃^{53}	tʂuæ̃^{44}	tʂʰuæ̃^{24}	tʂuæ̃^{44}
庆城县	vɛ̃^{51}	ʂua^{51}	kua^{51}	tɕʰyɛ̃^{113}	ɕyɛ̃^{44}	tʂuɛ̃^{44}	tʂʰuɛ̃^{113}	tʂuɛ̃^{244}
宁县	uæ̃^{31}	ʃua^{31}	kua^{31}	tsʰuæ̃^{24} tɕʰyæ̃^{24}	ɕyæ̃^{52}	tʃuæ̃^{44} ʧuæ̃^{52}	tʃʰuæ̃^{24}	tʃuæ̃^{44}
武都区	væ̃^{31}	ʃua^{31}	kua^{55}	tɕʰyæ̃^{13}	ɕyæ̃^{55}	tʃuæ̃^{55}	tʃʰuæ̃^{13}	tʃuæ̃^{24}
文县	uæ̃^{31}	sua^{31}	kua^{31}	tɕʰyæ̃^{13}	ɕyæ̃^{55}	tsuæ̃^{24}	tsʰuæ̃^{13}	tsuæ̃^{24}
康县	van^{53}	fa^{53}	kua^{55}	tɕʰyan^{211}	syan^{55}	pfan^{55}	pfʰan^{211}	pfan^{24}
礼县	væ̃^{44} væ̃^{31}	ʃua^{31}	kua^{31}	tɕʰyæ̃^{13}	ɕyæ̃^{52}	tʃuæ̃^{44} tʃuæ̃^{52}	tʃʰuæ̃^{13}	tʃuæ̃^{44}
靖远县	væ̃^{41}	ʂua^{41}	kua^{41}	tɕʰyæ̃^{24}	ɕyæ̃^{55}	tʂuæ̃^{33}	tʂʰuæ̃^{24}	tʂuæ̃^{33}
陇西县	væ̃^{21} væ̃^{44}	ʂua^{21}	kua^{21} kua^{53}	tɕʰyæ̃^{13}	ɕyæ̃^{53}	tʂuæ̃^{53}	tʂʰuæ̃^{13}	tʂuæ̃^{44}
秦州区	væ̃^{13}	ʃua^{13}	kua^{44}	tɕʰyæ̃^{13}	ɕyæ̃^{53}	tʃuæ̃^{53}	tʃʰuæ̃^{13}	tʃuæ̃^{44}
安定区	væ̃^{13}	ʃua^{13}	kua^{13}	tɕʰyæ̃^{13}	ɕyæ̃^{53}	tʃuæ̃^{44}	tʃʰuæ̃^{13}	tʃuæ̃^{44}
会宁县	uæ̃^{13}	ʃua^{13}	kua^{13}	tɕʰyæ̃^{13}	ɕyæ̃^{53}	tʃuæ̃^{44}	tʃʰuæ̃^{13}	tʃuæ̃^{44}
临洮县	væ̃^{13}	ʂua^{13}	kua^{13}	tɕʰyæ̃^{13}	ɕyæ̃^{53}	tʂuæ̃^{44}	tʂʰuæ̃^{13}	tʂuæ̃^{44}
清水县	væ̃^{13} væ̃^{443}	ʃa^{13}	kua^{13} kua^{52}	tɕʰyæ̃^{13}	ɕyæ̃^{52}	tʃæ̃^{443} tʃæ̃^{52}	tʃʰæ̃^{13}	tʃæ̃^{443}
永靖县	væ̃^{213}	ʂua^{213}	kua^{213}	tɕʰyæ̃^{213}	ɕyæ̃^{53}	tʂuæ̃^{44}	tʂʰuæ̃^{213}	tʂuæ̃^{44}
敦煌市	væ̃^{213}	ʂua^{213}	kua^{51}	tɕʰyɛ̃^{213}	ɕyɛ̃^{51}	tʂuæ̃^{44}	tʂʰuæ̃^{213}	tʂuæ̃^{44}
临夏市	vã^{13}	ʂuɑ^{13}	kuɑ^{13}	tɕʰyɛ̃^{13}	ɕyɛ̃^{42}	tʂuã^{42}	tʂʰuã^{13}	tʂuã^{53}
合作市	væ̃^{13}	ʂuᴀ^{13}	kuᴀ^{13}	tɕʰyæ̃^{13}	ɕyæ̃^{44}	tʂuæ̃^{44}	tʂʰuæ̃^{13}	tʂuæ̃^{53}
临潭县	væ̃^{44}	sua^{44}	kua^{44}	tɕʰyæ̃^{24}	ɕyæ̃^{51}	tʂuæ̃^{44}	tʂʰuæ̃^{24}	tʂuæ̃^{44}

	0593 砖	0594 船	0595 软	0596 卷～起	0597 圈圆～	0598 权	0599 圆	0600 院
	山合三平仙章	山合三平仙船	山合三上仙日	山合三上仙见	山合三平仙溪	山合三平仙群	山合三平仙云	山合三去仙云
兰州市	pfæ̃^{55}	pf^{h}æ̃^{53}	væ̃^{34}	tɕyæ̃^{34}	tɕ^{h}yæ̃^{55}	tɕ^{h}yæ̃^{53}	yæ̃^{53}	yæ̃^{13}
榆中县	tʂuan^{51}	tʂ^{h}uan^{312}	ʐuan^{44}	tɕyan^{44}	tɕ^{h}yan^{51}	tɕ^{h}yan^{312}	yan^{312}	yan^{213}
永登县	pfæ̃^{42}	pf^{h}æ̃^{53}	væ̃^{354}	tɕyæ̃^{354}	tɕ^{h}yæ̃^{42}	tɕ^{h}yæ̃^{53}	yæ̃^{53}	yæ̃^{13}
红古区	tʂuan^{13}	tʂ^{h}uan^{13}	van^{53}	tɕyan^{53}	tɕ^{h}yan^{13}	tɕ^{h}yan^{13}	yan^{13}	yan^{13}
凉州区	tʂuɑŋ^{35}	tʂ^{h}uɑŋ^{35}	ʐuɑŋ^{35}	tɕyɑŋ^{35}	tɕ^{h}yɑŋ^{35}	tɕ^{h}yɑŋ^{35}	yɑŋ^{35}	yɑŋ^{31}
甘州区	kuaŋ^{44}	k^{h}uaŋ^{53}	vaŋ^{53}	tɕyaŋ^{53}	tɕ^{h}yaŋ^{44}	tɕ^{h}yaŋ^{53}	yaŋ^{53}	yaŋ^{31}
肃州区	tʂuæ̃^{44}	tʂ^{h}uæ̃^{51}	ʐuæ̃^{51}	tɕyæ̃^{51}	tɕ^{h}yæ̃^{44}	tɕ^{h}yæ̃^{51}	ʑyæ̃^{51}	ʑyæ̃^{213}
永昌县	tʂuɛe^{44}	tʂ^{h}uɛe^{13}	ʐuɛe^{13}	tɕyɛ^{13}	tɕ^{h}yɛ^{44}	tɕ^{h}yɛ^{13}	yɛ^{13}	yɛ^{53}
崆峒区	tʂuæ̃^{21}	tʂ^{h}uæ̃^{24}	ʐuæ̃^{53}	tɕyæ̃^{53}	tɕ^{h}yæ̃^{21}	tɕ^{h}yæ̃^{24}	yæ̃^{24}	yæ̃^{44}
庆城县	tʂuɛ̃^{51}	tʂ^{h}uɛ̃^{113}	ʐuɛ̃^{44}	tɕyɛ̃^{44}	tɕ^{h}yɛ̃^{51}	tɕ^{h}yɛ̃^{113}	yɛ̃^{113}	yɛ̃^{244}
宁县	tʃuæ̃^{31}	ʃuæ̃^{24} tʃ^{h}uæ̃^{24}	ʒuæ̃^{52}	tɕyæ̃^{52}	tɕ^{h}yæ̃^{31}	tɕ^{h}yæ̃^{24}	yæ̃^{24}	yæ̃^{44}
武都区	tʃuæ̃^{31}	ʃuæ̃^{13}	ʒuæ̃^{55}	tɕyæ̃^{55}	tɕ^{h}yæ̃^{31}	tɕ^{h}yæ̃^{13}	yæ̃^{13}	yæ̃^{24}
文县	tsuæ̃^{31}	ts^{h}uæ̃^{13}	zuæ̃^{55}	tɕyæ̃^{55}	tɕ^{h}yæ̃^{31}	tɕ^{h}yæ̃^{13}	yæ̃^{13}	yæ̃^{24}
康县	pfan^{53}	pf^{h}an^{211}	van^{55}	tɕyan^{55}	tɕ^{h}yan^{53}	tɕ^{h}yan^{211}	yan^{211}	yan^{24}
礼县	tʃuæ̃^{31}	ʃuæ̃^{13} tʃ^{h}uæ̃^{13}	ʒuæ̃^{52}	tɕyæ̃^{52}	tɕ^{h}yæ̃^{44}	tɕ^{h}yæ̃^{13}	yæ̃^{13}	yæ̃^{44}
靖远县	tʂuæ̃^{41}	ʂuæ̃^{24}	ʐuæ̃^{55}	tɕyæ̃^{55}	tɕ^{h}yæ̃^{41}	tɕ^{h}yæ̃^{24}	yæ̃^{24}	yæ̃^{33}
陇西县	tʂuæ̃^{21}	ʂuæ̃^{13} tʂ^{h}uæ̃^{13}	ʐuæ̃^{53}	tɕyæ̃^{53}	tɕ^{h}yæ̃^{21}	tɕ^{h}yæ̃^{13}	yæ̃^{13}	yæ̃^{44}
秦州区	tʃuæ̃^{13}	tʃ^{h}uæ̃^{13}	ʒuæ̃^{53}	tɕyæ̃^{53}	tɕ^{h}yæ̃^{13}	tɕ^{h}yæ̃^{13}	yæ̃^{13}	yæ̃^{44}
安定区	tʃuæ̃^{13}	ʃuæ̃^{13} tʃ^{h}uæ̃^{13}	ʒuæ̃^{53}	tɕyæ̃^{53}	tɕ^{h}yæ̃^{13}	tɕ^{h}yæ̃^{13}	yæ̃^{13}	yæ̃^{44}
会宁县	tʃuæ̃^{13}	ʃuæ̃^{13} tʃ^{h}uæ̃^{13}	ʒuæ̃^{53}	tɕyæ̃^{53}	tɕ^{h}yæ̃^{13}	tɕ^{h}yæ̃^{13}	yæ̃^{13}	yæ̃^{44}
临洮县	tʂuæ̃^{13}	tʂ^{h}uæ̃^{13}	ʐuæ̃^{53}	tɕyæ̃^{53}	tɕ^{h}yæ̃^{13}	tɕ^{h}yæ̃^{13}	yæ̃^{13}	yæ̃^{44}
清水县	tʃæ̃^{13}	tʃ^{h}æ̃^{13}	ʒæ̃^{52}	tɕyæ̃^{52}	tɕ^{h}yæ̃^{13}	tɕ^{h}yæ̃^{13}	yæ̃^{13}	yæ̃^{443}
永靖县	tʂuæ̃^{213}	tʂ^{h}uæ̃^{213}	ʐuæ̃^{53}	tɕyæ̃^{53}	tɕ^{h}yæ̃^{213}	tɕ^{h}yæ̃^{213}	yæ̃^{213}	yæ̃^{44}
敦煌市	tʂuæ̃^{213}	tʂ^{h}uæ̃^{213}	ʐuæ̃^{51}	tɕyɛ̃^{51}	tɕ^{h}yɛ̃^{213}	tɕ^{h}yɛ̃^{213}	yɛ̃^{213}	yɛ̃^{44}
临夏市	tʂuã^{13}	tʂ^{h}uã^{13}	ʐuã^{42}	tɕyɛ̃^{42}	tɕ^{h}yɛ̃^{13}	tɕ^{h}yɛ̃^{13}	yɛ̃^{13}	yɛ̃^{53}
合作市	tʂuæ̃^{13}	tʂ^{h}uæ̃^{13}	væ̃^{44}	tɕyæ̃^{44}	tɕ^{h}yæ̃^{13}	tɕ^{h}yæ̃^{13}	yæ̃^{13}	yæ̃^{53}
临潭县	tʂuæ̃^{44}	tʂ^{h}uæ̃^{24}	ʐuæ̃^{51}	tɕyæ̃^{44}	tɕ^{h}yæ̃^{44}	tɕ^{h}yæ̃^{24}	yæ̃^{24}	yæ̃^{44}

	0601 铅 ~笔	0602 绝	0603 雪	0604 反	0605 翻	0606 饭	0607 晚	0608 万 麻将牌
	山合三 平仙以	山合三 入薛从	山合三 入薛心	山合三 上元非	山合三 平元敷	山合三 去元奉	山合三 上元微	山合三 去元微
兰州市	tɕiæ̃^{55}	tɕyɛ^{53}	ɕyɛ^{13}	fæ̃^{34}	fæ̃^{55}	fæ̃^{13}	væ̃^{34}	væ̃^{13}
榆中县	tɕʰian^{51}	tɕyᴇ^{312}	ɕyᴇ^{312}	fan^{44}	fan^{51}	fan^{213}	van^{44}	van^{213}
永登县	tɕʰiæ̃^{42}	tɕyə^{53}	ɕyə^{13}	fæ̃^{354}	fæ̃^{42}	fæ̃^{13}	væ̃^{354}	væ̃^{13}
红古区	tɕʰian^{13}	tɕyɛ^{13}	ɕyɛ^{13}	fan^{53}	fan^{13}	fan^{13}	van^{53}	van^{13}
凉州区	tɕʰiɑŋ^{35}	tɕyə^{35}	ɕyə^{31}	fɑŋ^{35}	fɑŋ^{35}	fɑŋ^{31}	vɑŋ^{35}	vɑŋ^{31}
甘州区	tɕʰiaŋ^{44}	tɕyə^{53}	ɕyə^{31}	faŋ^{53}	faŋ^{44}	faŋ^{31}	vaŋ^{53}	vaŋ^{31}
肃州区	tɕʰiæ̃^{44}	tɕyə^{51}	ɕyə^{213}	fæ̃^{51}	fæ̃^{44}	fæ̃^{213}	væ̃^{51}	væ̃^{213}
永昌县	tɕʰiɛ^{44}	tɕyə^{13}	ɕyə^{53}	fɛe^{13}	fɛe^{44}	fɛe^{53}	vɛe^{44}	vɛe^{53}
崆峒区	tɕʰiæ̃^{21}	tɕyɤ^{24}	ɕyɤ^{21}	fæ̃^{53}	fæ̃^{21}	fæ̃^{44}	uæ̃^{53}	uæ̃^{44}
庆城县	tɕʰiɛ̃^{51}	tɕyᴇ^{113}	ɕyᴇ^{51}	fɛ̃^{44}	fɛ̃^{51}	fɛ̃^{244}	vɛ̃^{44}	vɛ̃^{244}
宁县	tɕʰiæ̃^{31}	tɕyɛ^{24}	ɕyɛ^{31}	fæ̃^{31} fæ̃^{52}	fæ̃^{31}	fæ̃^{44}	uæ̃^{52}	uæ̃^{44}
武都区	tɕʰiæ̃^{31}	tɕyɤ^{13}	ɕyɤ^{31}	fæ̃^{55}	fæ̃^{31}	fæ̃^{24}	væ̃^{55}	væ̃^{13}
文县	tɕʰiæ̃^{31}	tɕyɛ^{13}	ɕyɛ^{31}	fæ̃^{55}	fæ̃^{31}	fæ̃^{24}	uæ̃^{55}	uæ̃^{24}
康县	tɕʰian^{53}	tɕyɛ^{211}	syɛ^{53}	fan^{55}	fan^{53}	fan^{24}	van^{55}	van^{24}
礼县	tɕʰiæ̃^{31}	tɕyɤ^{13}	ɕyɤ^{31}	fæ̃^{52}	fæ̃^{31}	fæ̃^{44}	væ̃^{52}	væ̃^{44}
靖远县	tɕʰiæ̃^{41}	tɕyə^{24}	ɕyə^{41}	fæ̃^{55}	fæ̃^{41}	fæ̃^{33}	væ̃^{55}	væ̃^{33}
陇西县	tɕʰiæ̃^{21}	tɕyɤ^{13}	ɕyɤ^{21}	fæ̃^{53}	fæ̃^{21}	fæ̃^{44}	væ̃^{53}	væ̃^{44}
秦州区	tɕʰiæ̃^{13}	tɕyə^{13}	ɕyə^{13}	fæ̃^{53}	fæ̃^{13}	fæ̃^{44}	væ̃^{53}	væ̃^{44}
安定区	tɕʰiæ̃^{13}	tɕyə^{13}	ɕyə^{13}	fæ̃^{53}	fæ̃^{13}	fæ̃^{44}	væ̃^{53}	væ̃^{44}
会宁县	tɕʰiæ̃^{13}	tɕyə^{13}	ɕyə^{13}	fæ̃^{53}	fæ̃^{13}	fæ̃^{44}	uæ̃^{53}	uæ̃^{44}
临洮县	tɕʰiæ̃^{13}	tɕye^{13}	ɕye^{13}	fæ̃^{53}	fæ̃^{13}	fæ̃^{44}	væ̃^{53}	væ̃^{44}
清水县	tɕʰiæ̃^{13}	tɕʰyɛ^{13} tɕyɛ^{13}	ɕyɛ^{13}	fæ̃^{52}	fæ̃^{13}	fæ̃^{443}	væ̃^{52}	væ̃^{443}
永靖县	tɕʰiæ̃^{213}	tɕyɛ^{213}	ɕyɛ^{213}	fæ̃^{53}	fæ̃^{213}	fæ̃^{44}	væ̃^{53}	væ̃^{44}
敦煌市	tɕʰiɛ̃^{213}	tɕyə^{213}	ɕyə^{213}	fæ̃^{51}	fæ̃^{213}	fæ̃^{44}	væ̃^{51}	væ̃^{44}
临夏市	tɕʰiɛ̃^{13}	tɕyɛ^{13}	ɕyɛ^{13}	fã^{42}	fã^{13}	fã^{53}	vã^{42}	vã^{53}
合作市	tɕʰiæ̃^{13}	tɕyə^{13}	ɕyə^{13}	fæ̃^{44}	fæ̃^{13}	fæ̃^{53}	væ̃^{44}	væ̃^{53}
临潭县	tɕʰiæ̃^{44}	tɕyɛ^{24}	ɕyɛ^{44}	fæ̃^{51}	fæ̃^{44}	fæ̃^{44}	væ̃^{51}	væ̃^{44}

	0609 劝	0610 原	0611 冤	0612 园	0613 远	0614 发头～	0615 罚	0616 袜
	山合三去元溪	山合三平元疑	山合三平元影	山合三平元云	山合三上元云	山合三入月非	山合三入月奉	山合三入月微
兰州市	tɕʰyæ̃¹³	yæ̃⁵³	yæ̃⁵⁵	yæ̃⁵³	yæ̃³⁴	fa¹³	fa⁵³	va¹³
榆中县	tɕʰyan²¹³	yan³¹²	yan⁵¹	yan²¹³	yan⁴⁴	fa³¹²	fa³¹²	va³¹²
永登县	tɕʰyæ̃¹³	yæ̃⁵³	yæ̃⁴²	yæ̃⁵³	yæ̃³⁵⁴	fa¹³	fa⁵³	va¹³
红古区	tɕʰyan¹³	yan¹³	yan¹³	yan¹³	yan⁵³	fa¹³	fa¹³	va¹³
凉州区	tɕʰyɑŋ³¹	yɑŋ³⁵	yɑŋ³⁵	yɑŋ³⁵	yɑŋ³⁵	fa³¹	fa³⁵	va³¹
甘州区	tɕʰyaŋ³¹	yaŋ⁵³	yaŋ⁴⁴	yaŋ⁵³	yaŋ⁵³	fa³¹	fa⁵³	va³¹
肃州区	tɕʰyæ̃²¹³	ʑyæ̃⁵¹	ʑyæ̃⁴⁴	ʑyæ̃⁵¹	ʑyæ̃⁵¹	fa²¹³	fa⁵¹	va²¹³
永昌县	tɕʰyɛ⁵³	yɛ¹³	yɛ⁴⁴	yɛ¹³	yɛ¹³	fa⁵³	fa¹³	va⁵³
崆峒区	tɕʰyæ̃⁴⁴	yæ̃²⁴	yæ̃²¹	yæ̃²⁴	yæ̃⁵³	fa²¹	fa²⁴	ua²¹
庆城县	tɕʰyɛ̃²⁴⁴	yɛ̃¹¹³	yɛ̃⁵¹	yɛ̃¹¹³	yɛ̃⁴⁴	fa¹¹³	fa¹¹³	va⁵¹
宁县	tɕʰyæ̃⁴⁴	yæ̃²⁴	yæ̃³¹	yæ̃²⁴	yæ̃⁵²	fa³¹	fa²⁴	ua³¹
武都区	tɕʰyæ̃²⁴	yæ̃¹³	yæ̃³¹	yæ̃¹³	yæ̃⁵⁵	fa³¹	fa¹³	va³¹
文县	tɕʰyæ̃²⁴	yæ̃¹³	yæ̃³¹	yæ̃¹³	yæ̃⁵⁵	fa³¹	fa¹³	ua³¹
康县	tɕʰyan²⁴	yan²¹¹	yan⁵³	yan²¹¹	yan⁵⁵	fa⁵³	fa²¹¹	va⁵³
礼县	tɕʰyæ̃⁴⁴	yæ̃¹³	yæ̃³¹	yæ̃¹³	yæ̃⁵²	fa³¹	fa¹³	va³¹
靖远县	tɕʰyæ̃³³	yæ̃²⁴	yæ̃⁴¹	yæ̃²⁴	yæ̃⁵⁵	fa⁴¹	fa²⁴	va⁴¹
陇西县	tɕʰyæ̃⁴⁴	yæ̃¹³	yæ̃²¹	yæ̃¹³	yæ̃⁵³	fa²¹	fa¹³	va²¹
秦州区	tɕʰyæ̃⁴⁴	yæ̃¹³	yæ̃¹³	yæ̃¹³	yæ̃⁵³	fa¹³	fa¹³	va¹³
安定区	tɕʰyæ̃⁴⁴	yæ̃¹³	yæ̃¹³	yæ̃¹³	yæ̃⁵³	fa¹³	fa¹³	va¹³
会宁县	tɕʰyæ̃⁴⁴	yæ̃¹³	yæ̃¹³	yæ̃¹³	yæ̃⁵³	fa¹³	fa¹³	ua¹³
临洮县	tɕʰyæ̃⁴⁴	yæ̃¹³	yæ̃¹³	yæ̃¹³	yæ̃⁵³	fa¹³	fa¹³	va¹³
清水县	tɕʰyæ̃⁴⁴³	yæ̃¹³	yæ̃¹³	yæ̃¹³	yæ̃⁵²	fa¹³	fa¹³	va¹³
永靖县	tɕʰyæ̃⁴⁴	yæ̃²¹³	yæ̃²¹³	yæ̃²¹³	yæ̃⁵³	fa²¹³	fa²¹³	va²¹³
敦煌市	tɕʰyɛ̃⁴⁴	yɛ̃²¹³	yɛ̃²¹³	yɛ̃²¹³	yɛ̃⁵¹	fa²¹³	fa²¹³	va²¹³
临夏市	tɕʰyɛ̃⁵³	yɛ̃¹³	yɛ̃¹³	yɛ̃¹³	yɛ̃⁴²	fɑ¹³	fɑ¹³	vɑ¹³
合作市	tɕʰyæ̃⁵³	yæ̃¹³	yæ̃¹³	yæ̃¹³	yæ̃⁴⁴	fᴀ¹³	fᴀ¹³	vᴀ¹³
临潭县	tɕʰyæ̃⁴⁴	yæ̃²⁴	yæ̃⁴⁴	yæ̃²⁴	yæ̃⁵¹	fa⁴⁴	fa²⁴	va⁴⁴

	0617 月	0618 越	0619 县	0620 决	0621 缺	0622 血	0623 吞	0624 根
	山合三 入月疑	山合三 入月云	山合四 去先匣	山合四 入屑见	山合四 入屑溪	山合四 入屑晓	臻开一 平痕透	臻开一 平痕见
兰州市	yɛ^{13}	yɛ^{13}	ɕiæ̃^{13}	tɕyɛ^{13}	tɕʰyɛ^{13}	ɕiɛ^{13}	tʰuən^{55}	kən^{55}
榆中县	yᴇ^{312}	yᴇ^{312}	ɕian^{213}	tɕyᴇ^{44}	tɕʰyᴇ^{312}	ɕiᴇ^{312}	tʰən^{51}	kən^{51}
永登县	yə^{13}	yə^{13}	ɕiæ̃^{13}	tɕyə^{53}	tɕʰyə^{13}	ɕiɛ^{13}	tʰuə̃n^{42}	kə̃n^{42}
红古区	yɛ^{13}	yɛ^{13}	ɕian^{13}	tɕyɛ^{13}	tɕʰyɛ^{13}	ɕiɛ^{13} ɕyɛ^{13}	tʰuən^{53}	kən^{13}
凉州区	yə^{31}	yə^{31}	ɕiɑŋ^{31}	tɕyə^{35}	tɕʰyə^{31}	ɕiə^{31} ɕyə^{31}	tʰuŋ^{35}	kəŋ^{35}
甘州区	yə^{31}	yə^{31}	ɕiaŋ^{31}	tɕyə^{53}	tɕʰyə^{31}	ɕiə^{31} ɕyə^{31}	tʰuŋ^{44}	kɤŋ^{44}
肃州区	ʑyə^{213}	ʑyə^{213}	ɕiæ̃^{213}	tɕyə^{51}	tɕʰyə^{213}	ɕiɛ^{213}	tʰuŋ^{44}	kɤŋ^{44}
永昌县	yə^{53}	yə^{53}	ɕiɛ^{53}	tɕyə^{13}	tɕʰyə^{53}	ɕiə^{53} ɕyə^{53}	tʰoŋ^{44}	kəŋ^{44}
崆峒区	yɤ^{21}	yɤ^{21}	ɕiæ̃^{44}	tɕyɤ^{24}	tɕʰyɤ^{21}	ɕiɛ^{21}	tʰɤŋ^{21}	kɤŋ^{21}
庆城县	yᴇ^{51}	yᴇ^{51}	ɕiɛ̃^{244}	tɕyᴇ^{113}	tɕʰyᴇ^{51}	ɕiᴇ^{51}	tʰɤŋ^{51}	kɤŋ^{51}
宁县	yɛ^{31}	yɛ^{31}	ɕiæ̃^{44}	tɕyɛ^{24}	tɕʰyɛ^{31}	ɕiɛ^{31}	tʰəŋ^{31}	kəŋ^{31}
武都区	yɤ^{31}	yɤ^{31}	ɕiæ̃^{13}	tɕyɤ^{13}	tɕʰyɤ^{31}	ɕiᴇ^{31}	tʰəŋ^{31}	kəŋ^{13}
文县	yɛ^{31}	yɛ^{31}	ɕiæ̃^{24}	tɕyɛ^{13}	tɕʰyɛ^{31}	ɕyɛ^{31}	tʰəŋ^{31}	kəŋ^{31}
康县	yɛ^{53}	yɛ^{53}	ɕian^{24}	tɕyɛ^{211}	tɕʰyɛ^{53}	ɕiɛ^{53}	tʰɤŋ^{53}	kɤŋ^{53}
礼县	yɤ^{31}	yɤ^{31}	ɕiæ̃^{44}	tɕyɤ^{13}	tɕʰyɤ^{31}	ɕiɛ^{31}	tʰɤŋ^{31}	kɤŋ^{31} kɤŋ^{13}
靖远县	yə^{41}	yə^{41}	ɕiæ̃^{33}	tɕyə^{55}	tɕʰyə^{41}	ɕiɛ^{41}	tʰɤŋ^{41}	kɤŋ^{41}
陇西县	yɤ^{21}	yɤ^{21}	ɕiæ̃^{44}	tɕyɤ^{13}	tɕʰyɤ^{21}	ɕiɛ^{21}	tʰɤŋ^{21}	kɤŋ^{21} kɤŋ^{13}
秦州区	yə^{13}	yə^{13}	ɕiæ̃^{53}	tɕyə^{13}	tɕʰyə^{13}	ɕiə^{13}	tʰɤŋ^{13}	kɤŋ^{13}
安定区	yə^{13}	yə^{13}	ɕiæ̃^{44}	tɕyə^{13}	tɕʰyə^{13}	ɕiə^{13}	tʰəŋ^{13}	kəŋ^{13}
会宁县	yə^{13}	yə^{13}	ɕiæ̃^{44}	tɕyə^{13}	tɕʰyə^{13}	ɕiə^{13}	tʰəŋ^{13}	kəŋ^{13}
临洮县	ye^{13}	ye^{13}	ɕiæ̃^{44}	tɕye^{13}	tɕʰye^{13}	ɕie^{13}	tʰɤŋ^{13}	kɤŋ^{13}
清水县	yɛ^{13}	yɛ^{13}	ɕiæ̃^{443}	tɕyɛ^{13}	tɕʰyɛ^{13}	ɕiɛ^{13}	tʰɤŋ^{13}	kɤŋ^{13}
永靖县	yɛ^{213}	yɛ^{213}	ɕiæ̃^{44}	tɕyɛ^{213}	tɕʰyɛ^{213}	ɕiɛ^{213}	tʰuɤŋ^{213}	kɤŋ^{213}
敦煌市	yə^{213}	yə^{213}	ɕiɛ̃^{44}	tɕyə^{213}	tɕʰyə^{213}	ɕiə^{213} ɕyə^{213}	tʰuŋ^{213}	kɤŋ^{213}
临夏市	yɛ^{13}	yɛ^{13}	ɕiɛ̃^{53}	tɕyɛ^{13}	tɕʰyɛ^{13}	ɕiɛ^{13}	tʰuəŋ^{13}	kəŋ^{13}
合作市	yə^{13}	yə^{13}	ɕiæ̃^{53}	tɕyə^{13}	tɕʰyə^{13}	ɕiə^{13}	tʰəŋ^{13}	kəŋ^{13}
临潭县	yɛ^{44}	yɛ^{44}	ɕiæ̃^{44}	tɕyɛ^{24}	tɕʰyɛ^{44}	ɕiɛ^{44}	tʰəŋ^{44}	kəŋ^{44}

	0625 恨	0626 恩	0627 贫	0628 民	0629 邻	0630 进	0631 亲~人	0632 新
	臻开一 去痕匣	臻开一 平痕影	臻开三 平真並	臻开三 平真明	臻开三 平真来	臻开三 去真精	臻开三 平真清	臻开三 平真心
兰州市	xən^{13}	ən^{55}	p^{h}in^{53}	min^{53}	lin^{53}	tɕin^{13}	tɕ^{h}in^{55}	ɕin^{55}
榆中县	xən^{213}	ən^{51}	p^{h}in^{312}	min^{312}	lin^{312}	tɕin^{213}	tɕ^{h}in^{51}	ɕin^{51}
永登县	xə̃n^{13}	ə̃n^{42}	p^{h}in^{53}	min^{53}	lin^{53}	tɕin^{13}	tɕ^{h}in^{42}	ɕin^{42}
红古区	xən^{13}	nən^{13} ən^{13}	p^{h}in^{13}	min^{13}	lin^{13}	tɕin^{13}	tɕ^{h}in^{13}	ɕin^{13}
凉州区	xəŋ^{31}	əŋ^{35}	p^{h}iŋ^{35}	miei^{35}	liŋ^{35}	tɕiŋ^{31}	tɕ^{h}iŋ^{35}	ɕiŋ^{35}
甘州区	xɤŋ^{31}	ɤŋ^{44}	p^{h}iŋ^{53}	miŋ^{53}	liŋ^{53}	tɕiŋ^{31}	tɕ^{h}iŋ^{44}	ɕiŋ^{44}
肃州区	xɤŋ^{213}	ɣɤŋ^{44}	p^{h}iŋ^{51}	miŋ^{51}	liŋ^{51}	tɕiŋ^{213}	tɕ^{h}iŋ^{44}	ɕiŋ^{44}
永昌县	xəŋ^{53}	əŋ^{44}	p^{h}iŋ^{13}	miŋ^{13}	liŋ^{13}	tɕiŋ^{53}	tɕ^{h}iŋ^{44}	ɕiŋ^{44}
崆峒区	xɤŋ^{44}	nɤŋ^{21}	p^{h}iɤŋ^{24}	miɤŋ^{24}	liɤŋ^{24}	tɕiɤŋ^{44}	tɕ^{h}iɤŋ^{21}	ɕiɤŋ^{21}
庆城县	xɤŋ^{244}	nɤŋ^{51}	p^{h}iŋ^{113}	miŋ^{113}	liŋ^{113}	tɕiŋ^{244}	tɕ^{h}iŋ^{51}	ɕiŋ^{51}
宁县	xəŋ^{44}	nəŋ^{31}	p^{h}iŋ^{24}	miŋ^{24}	liŋ^{24}	tɕiŋ^{44}	tɕ^{h}iŋ^{31}	ɕiŋ^{31}
武都区	xəŋ^{13}	ŋəŋ^{31}	p^{h}in^{13}	min^{13}	lin^{13}	tɕin^{13}	tɕ^{h}in^{31}	ɕin^{31}
文县	xəŋ^{24}	ŋəŋ^{31}	p^{h}iəŋ^{13}	miəŋ^{13}	liəŋ^{13}	tɕiəŋ^{24}	tɕ^{h}iəŋ^{31}	ɕiəŋ^{31}
康县	xɤŋ^{24}	ŋɤŋ^{53}	p^{h}iŋ^{211}	miŋ^{211}	liŋ^{211}	tsiŋ^{24}	ts^{h}iŋ^{53}	siŋ^{53}
礼县	xɤŋ^{44}	ŋɤŋ^{31}	p^{h}iŋ^{13}	miŋ^{13}	liŋ^{13}	tɕiŋ^{44}	tɕ^{h}iŋ^{31}	ɕiŋ^{31}
靖远县	xɤŋ^{33}	nɤŋ^{41}	p^{h}iŋ^{24}	miŋ^{24}	liŋ^{24}	tɕiŋ^{33}	tɕ^{h}iŋ^{41}	ɕiŋ^{41}
陇西县	xɤŋ^{44}	kɤŋ^{21}	p^{h}iŋ^{13}	miŋ^{13}	liŋ^{13}	tɕiŋ^{44}	tɕ^{h}iŋ^{21}	ɕiŋ^{21}
秦州区	xɤŋ^{44}	ŋɤŋ^{13}	p^{h}iɤŋ^{13}	miɤŋ^{13}	liɤŋ^{13}	tɕiɤŋ^{44}	tɕ^{h}iɤŋ^{13}	ɕiɤŋ^{13}
安定区	xəŋ^{44}	ŋəŋ^{13}	p^{h}iŋ^{13}	miŋ^{13}	liŋ^{13}	tɕiŋ^{44}	tɕ^{h}iŋ^{13}	ɕiŋ^{13}
会宁县	xəŋ^{44}	ŋəŋ^{13}	p^{h}iŋ^{13}	miŋ^{13}	liŋ^{13}	tɕiŋ^{44}	tɕ^{h}iŋ^{13}	ɕiŋ^{13}
临洮县	xɤŋ^{53}	ŋɤŋ^{13}	p^{h}iŋ^{13}	miŋ^{13}	liŋ^{13}	tɕiŋ^{44}	tɕ^{h}iŋ^{13}	ɕiŋ^{13}
清水县	xɤŋ^{443}	ŋɤŋ^{13}	p^{h}iŋ^{13}	miŋ^{13}	liŋ^{13}	tsiŋ^{443}	ts^{h}iŋ^{13}	siŋ^{13}
永靖县	xɤŋ^{44}	ɤŋ^{213}	p^{h}iɤŋ^{213}	miɤŋ^{213}	liɤŋ^{213}	tɕiɤŋ^{44}	tɕ^{h}iɤŋ^{213}	ɕiɤŋ^{213}
敦煌市	xɤŋ^{44}	ŋɤŋ^{213}	p^{h}iŋ^{213}	miŋ^{213}	liŋ^{213}	tɕiŋ^{44}	tɕ^{h}iŋ^{213}	ɕiŋ^{213}
临夏市	xəŋ^{53}	nəŋ^{13}	p^{h}iŋ^{13}	miŋ^{13}	liŋ^{13}	tɕiŋ^{53}	tɕ^{h}iŋ^{13}	ɕiŋ^{13}
合作市	xəŋ^{53}	ŋəŋ^{53}	p^{h}iŋ^{13}	miŋ^{13}	liŋ^{13}	tɕiŋ^{53}	tɕ^{h}iŋ^{13}	ɕiŋ^{13}
临潭县	xəŋ^{44}	əŋ^{44}	p^{h}in^{24}	min^{24}	lin^{24}	tɕin^{44}	tɕ^{h}in^{44}	ɕin^{44}

	0633 镇	0634 陈	0635 震	0636 神	0637 身	0638 辰	0639 人	0640 认
	臻开三 去真知	臻开三 平真澄	臻开三 去真章	臻开三 平真船	臻开三 平真书	臻开三 平真禅	臻开三 平真日	臻开三 去真日
兰州市	tʂən^{13}	tʂ^{h}ən^{53}	tʂən^{13}	ʂən^{53}	ʂən^{55}	tʂ^{h}ən^{53}	ʐən^{53}	ʐən^{13}
榆中县	tʂən^{213}	tʂ^{h}ən^{312}	tʂən^{213}	ʂən^{312}	ʂən^{51}	tʂ^{h}ən^{312}	ʐən^{312}	ʐən^{213}
永登县	tʂə̃n^{13}	tʂ^{h}ə̃n^{53}	tʂə̃n^{13}	ʂə̃n^{53}	tʂə̃n^{42}	tʂ^{h}ə̃n^{53}	ʐə̃n^{53}	ʐə̃n^{13}
红古区	tʂən^{13}	tʂ^{h}ən^{13}	tʂən^{13}	ʂən^{13}	ʂən^{13}	tʂ^{h}ən^{13}	ʐən^{13}	ʐən^{13}
凉州区	tʂəŋ^{31}	tʂ^{h}əŋ^{35}	tʂəŋ^{31}	ʂəŋ^{35}	ʂəŋ^{35}	tʂ^{h}əŋ^{35}	ʐəŋ^{35}	ʐəŋ^{31}
甘州区	tʂɤŋ^{31}	tʂ^{h}ɤŋ^{53}	tʂɤŋ^{31}	ʂɤŋ^{53}	ʂɤŋ^{44}	tʂ^{h}ɤŋ^{53}	ʐɤŋ^{53}	ʐɤŋ^{31}
肃州区	tʂɤŋ^{213}	tʂ^{h}ɤŋ^{51}	tʂɤŋ^{213}	ʂɤŋ^{51}	ʂɤŋ^{44}	tʂ^{h}ɤŋ^{51}	ʐɤŋ^{51}	ʐɤŋ^{213}
永昌县	tʂəŋ^{53}	tʂ^{h}əŋ^{13}	tʂəŋ^{53}	ʂəŋ^{13}	ʂəŋ^{44}	tʂ^{h}əŋ^{13}	ʐəŋ^{13}	ʐəŋ^{53}
崆峒区	tʂɤŋ^{44}	tʂ^{h}ɤŋ^{24}	tʂɤŋ^{44}	ʂɤŋ^{24}	ʂɤŋ^{21}	tʂ^{h}ɤŋ^{24}	ʐɤŋ^{24}	ʐɤŋ^{44}
庆城县	tʂɤŋ^{244}	tʂ^{h}ɤŋ^{113}	tʂɤŋ^{244}	ʂɤŋ^{113}	ʂɤŋ^{51}	tʂ^{h}ɤŋ^{113}	ʐɤŋ^{113}	ʐɤŋ^{244}
宁县	tʂəŋ^{44}	tʂ^{h}əŋ^{24}	tʂəŋ^{44}	ʂəŋ^{24}	ʂəŋ^{31}	tʂ^{h}əŋ^{24}	ʐəŋ^{24}	ʐəŋ^{44}
武都区	tʂəŋ^{24}	tʂ^{h}əŋ^{13}	tʂəŋ^{55}	ʂəŋ^{13}	ʂəŋ^{31}	tʂ^{h}əŋ^{24}	ʐəŋ^{13}	ʐəŋ^{24}
文县	tsəŋ^{24}	ts^{h}əŋ^{13}	tsəŋ^{55}	səŋ^{13}	səŋ^{31}	ts^{h}əŋ^{13}	zəŋ^{13}	zəŋ^{24}
康县	tʂɤŋ^{24}	tʂ^{h}ɤŋ^{211}	tʂɤŋ^{55}	ʂɤŋ^{211}	ʂɤŋ^{53}	tʂ^{h}ɤŋ^{211}	ʐɤŋ^{211}	ʐɤŋ^{24}
礼县	tʂɤŋ^{44}	tʂ^{h}ɤŋ^{13}	tʂɤŋ^{44}	ʂɤŋ^{13}	sɤŋ^{31}	tʂ^{h}ɤŋ^{13}	ʐɤŋ^{13}	ʐɤŋ^{44}
靖远县	tʂɤŋ^{33}	tʂ^{h}ɤŋ^{24}	tʂɤŋ^{33}	ʂɤŋ^{24}	ʂɤŋ^{41}	tʂ^{h}ɤŋ^{24}	ʐɤŋ^{24}	ʐɤŋ^{33}
陇西县	tʂɤŋ^{44}	tʂ^{h}ɤŋ^{13}	tʂɤŋ^{53}	ʂɤŋ^{13}	ʂɤŋ^{21}	tʂ^{h}ɤŋ^{13}	ʐɤŋ^{13}	ʐɤŋ^{44}
秦州区	tʂɤŋ^{44}	tʂ^{h}ɤŋ^{13}	tʂɤŋ^{53}	ʂɤŋ^{13}	ʂɤŋ^{13}	tʂ^{h}ɤŋ^{13}	ʐɤŋ^{13}	ʐɤŋ^{44}
安定区	tʂəŋ^{44}	tʂ^{h}əŋ^{13}	tʂəŋ^{53}	ʂəŋ^{13}	ʂəŋ^{13}	tʂ^{h}əŋ^{13}	ʐəŋ^{13}	ʐəŋ^{44}
会宁县	tʂəŋ^{44}	tʂ^{h}əŋ^{13}	tʂəŋ^{44}	ʂəŋ^{13}	ʂəŋ^{13}	tʂ^{h}əŋ^{13}	ʐəŋ^{13}	ʐəŋ^{44}
临洮县	tʂɤŋ^{44}	tʂ^{h}ɤŋ^{13}	tʂɤŋ^{53}	ʂɤŋ^{13}	ʂɤŋ^{13}	tʂ^{h}ɤŋ^{13}	ʐɤŋ^{13}	ʐɤŋ^{44}
清水县	tʂɤŋ^{443}	tʂ^{h}ɤŋ^{13}	tʂɤŋ^{52}	ʂɤŋ^{13}	ʂɤŋ^{13}	tʂ^{h}ɤŋ^{13}	ʐɤŋ^{13}	ʐɤŋ^{443}
永靖县	tʂɤŋ^{44}	tʂ^{h}ɤŋ^{213}	tʂɤŋ^{44}	ʂɤŋ^{213}	ʂɤŋ^{213}	tʂ^{h}ɤŋ^{213}	ʐɤŋ^{213}	ʐɤŋ^{44}
敦煌市	tʂɤŋ^{44}	tʂ^{h}ɤŋ^{213}	tʂɤŋ^{44}	ʂɤŋ^{213}	ʂɤŋ^{213}	tʂ^{h}ɤŋ^{213}	ʐɤŋ^{213}	ʐɤŋ^{44}
临夏市	tʂəŋ^{53}	tʂ^{h}əŋ^{13}	tʂəŋ^{53}	ʂəŋ^{13}	ʂəŋ^{13}	tʂ^{h}əŋ^{13}	ʐəŋ^{13}	ʐəŋ^{53}
合作市	tʂəŋ^{53}	tʂ^{h}əŋ^{13}	tʂəŋ^{53}	ʂəŋ^{13}	ʂəŋ^{13}	tʂ^{h}əŋ^{13}	ʐəŋ^{13}	ʐəŋ^{53}
临潭县	tʂəŋ^{44}	tʂ^{h}əŋ^{24}	tʂəŋ^{51}	ʂəŋ^{24}	ʂəŋ^{44}	tʂ^{h}əŋ^{24}	ʐəŋ^{24}	ʐəŋ^{44}

	0641 紧	0642 银	0643 印	0644 引	0645 笔	0646 匹	0647 密	0648 栗
	臻开三 上真见	臻开三 平真疑	臻开三 去真影	臻开三 上真以	臻开三 入质帮	臻开三 入质滂	臻开三 入质明	臻开三 入质来
兰州市	tɕin^{34}	in^{53}	in^{13}	in^{34}	pi^{13}	pʰi^{13}	mi^{13}	li^{13}
榆中县	tɕin^{44}	in^{312}	in^{213}	in^{44}	pi^{312}	pʰi^{51}	mi^{312}	li^{312}
永登县	tɕin^{354}	in^{53}	in^{13}	in^{354}	pi^{13}	pʰi^{53}	mi^{13}	li^{53}
红古区	tɕin^{53}	in^{13}	in^{13}	in^{53}	pʅ^{13}	pʰʅ^{13}	mʅ^{13}	lʅ^{53}
凉州区	tɕiŋ^{35}	iŋ^{35}	iŋ^{31}	iŋ^{35}	pi^{31}	pʰi^{35}	mi^{31}	li^{31}
甘州区	tɕiŋ^{53}	iŋ^{53}	iŋ^{31}	iŋ^{53}	pi^{31}	pʰi^{31}	mi^{31}	li^{31}
肃州区	tɕiŋ^{51}	ʑiŋ^{51}	ʑiŋ^{213}	ʑiŋ^{51}	pi^{213}	pʰi^{44}	mi^{213}	li^{213}
永昌县	tɕiŋ^{13}	iŋ^{13}	iŋ^{53}	iŋ^{13}	pi^{53}	pʰi^{53}	mi^{53}	li^{53}
崆峒区	tɕiɤŋ^{53}	iɤŋ^{24}	iɤŋ^{44}	iɤŋ^{53}	pi^{21}	pʰi^{53}	mi^{21}	li^{21}
庆城县	tɕiŋ^{44}	iŋ^{113}	iŋ^{244}	iŋ^{44}	pi^{51}	pʰi^{113}	mi^{51}	li^{244}
宁县	tɕiŋ^{52}	iŋ^{24}	iŋ^{44}	iŋ^{52}	pi^{31}	pʰi^{52}	mi^{31}	li^{31}
武都区	tɕin^{55}	in^{13}	in^{24}	in^{55}	pi^{31}	pʰi^{55}	mi^{31}	li^{31}
文县	tɕiəŋ^{55}	iəŋ^{13}	iəŋ^{24}	iəŋ^{55}	pi^{31}	pʰi^{24}	mi^{31}	li^{31}
康县	tɕiŋ^{55}	iŋ^{211}	iŋ^{24}	iŋ^{55}	pi^{53}	pʰi^{211}	mi^{53}	li^{53}
礼县	tɕiŋ^{52}	iŋ^{13}	iŋ^{44}	iŋ^{52}	pi^{31}	pʰi^{52} pʰi^{44}	mi^{31}	li^{44}
靖远县	tɕiŋ^{55}	iŋ^{24}	iŋ^{33}	iŋ^{55}	pʅ^{41}	pʰʅ^{55}	mʅ^{41}	lʅ^{24}
陇西县	tɕiŋ^{53}	iŋ^{13}	iŋ^{44}	iŋ^{53}	pi^{21}	pʰi^{53}	mi^{21}	li^{13}
秦州区	tɕiɤŋ^{53}	iɤŋ^{13}	iɤŋ^{44}	iɤŋ^{53}	pi^{13}	pʰi^{53}	mi^{13}	li^{13}
安定区	tɕiŋ^{53}	iŋ^{13}	iŋ^{44}	iŋ^{53}	pi^{13}	pʰi^{53}	mi^{13}	li^{13}
会宁县	tɕiŋ^{53}	iŋ^{13}	iŋ^{44}	iŋ^{53}	pi^{13}	pʰi^{53}	mi^{13}	li^{13}
临洮县	tɕiŋ^{53}	iŋ^{13}	iŋ^{44}	iŋ^{53}	pi^{13}	pʰi^{13}	mi^{13}	li^{13}
清水县	tɕiŋ^{52}	iŋ^{13}	iŋ^{443}	iŋ^{52}	pi^{13}	pʰi^{52}	mi^{13}	li^{52}
永靖县	tɕiɤŋ^{53}	iɤŋ^{213}	iɤŋ^{44}	iɤŋ^{53}	pi^{213}	pʰi^{44}	mi^{44}	li^{53}
敦煌市	tɕiŋ^{51}	iŋ^{213}	iŋ^{44}	iŋ^{51}	pi^{213}	pʰi^{51}	mi^{213}	li^{213}
临夏市	tɕiŋ^{42}	iŋ^{13}	iŋ^{53}	iŋ^{42}	pi^{13}	pʰi^{13}	mi^{13}	li^{13}
合作市	tɕiŋ^{44}	iŋ^{13}	iŋ^{53}	iŋ^{44}	pi^{13}	pʰi^{13}	mi^{13}	li^{53}
临潭县	tɕin^{51}	in^{24}	in^{44}	in^{51}	pi^{44}	pʰi^{24}	mi^{44}	li^{24}

	0649 七	0650 侄	0651 虱	0652 实	0653 失	0654 日	0655 吉	0656 一
	臻开三 入质清	臻开三 入质澄	臻开三 入质生	臻开三 入质船	臻开三 入质书	臻开三 入质日	臻开三 入质见	臻开三 入质影
兰州市	tɕʰi^{13}	tʂʅ^{53}	ʂɤ^{13}	ʂʅ^{53}	ʂʅ^{13}	ʐʅ^{13}	tɕi^{13}	ʑi^{13}
榆中县	tɕʰi^{312}	tʂʅ^{213}	ʂə^{312}	ʂʅ^{312}	ʂʅ^{312}	ʐʅ^{312}	tɕi^{213}	i^{312}
永登县	tɕʰi^{13}	tʂʅ^{13}	ʂə^{13}	ʂʅ^{53}	ʂʅ^{13}	ʐʅ^{13}	tɕi^{13}	i^{13}
红古区	tsʰɿ^{13}	tʂʅ^{13}	ʂə^{13}	ʂʅ^{13}	ʂʅ^{13}	ʐʅ^{13}	tsɿ^{13}	zɿ^{13}
凉州区	tɕʰi^{31}	tʂʅ^{35}	sə^{31}	ʂʅ^{35}	ʂʅ^{31}	ʐʅ^{31}	tɕi^{31}	ʑi^{31}
甘州区	tɕʰi^{31}	tʂʅ^{53}	ʂə^{31}	ʂʅ^{53}	ʂʅ^{31}	ʐʅ^{31}	tɕi^{31}	ʑi^{31}
肃州区	tɕʰi^{213}	tʂʅ^{51}	sɿ^{213}	ʂʅ^{51}	ʂʅ^{213}	ʐʅ^{213}	tɕi^{213}	ʑi^{213}
永昌县	tɕʰi^{53}	tʂʅ^{13}	ʂə^{53}	ʂʅ^{13}	ʂʅ^{53}	ʐʅ^{53}	tɕi^{53}	ʑi^{53}
崆峒区	tɕʰi^{21}	tʂʅ^{24}	sei^{21}	ʂʅ^{24}	ʂʅ^{21}	ʐʅ^{21}	tɕi^{21}	i^{21}
庆城县	tɕʰi^{51}	tʂʅ^{113}	sei^{51}	ʂʅ^{113}	ʂʅ^{113}	ʐʅ^{51}	tɕi^{51}	i^{51}
宁县	tɕʰi^{31}	tʂʰʅ^{24}	sei^{31}	ʂʅ^{24}	ʂʅ^{31}	ər^{31} ʐʅ^{31}	tɕi^{31}	i^{31}
武都区	tɕʰi^{31}	tʂʅ^{13}	sei^{31}	ʂʅ^{13}	ʂʅ^{31}	ʐʅ^{31}	tɕi^{31}	i^{31}
文县	tɕʰi^{31}	tsʰɿ^{13}	sei^{31}	sɿ^{13}	sɿ^{31}	zɿ^{31}	tɕi^{13}	ʑi^{31}
康县	tsʰi^{53}	tʂʅ^{211}	sei^{53}	ʂʅ^{211}	ʂʅ^{53}	ʐʅ^{53}	tɕi^{53}	i^{53}
礼县	tɕʰi^{31}	tʂʰʅ^{13}	sei^{31}	ʂʅ^{13}	ʂʅ^{31}	ʐʅ^{31}	tɕi^{31}	i^{31}
靖远县	tsʰɿ^{41}	tʂʅ^{24}	sei^{41}	ʂʅ^{24}	ʂʅ^{41}	ʐʅ^{41}	tsɿ^{24}	zɿ^{41}
陇西县	tɕʰi^{21}	tʂʰʅ^{13}	se^{21}	ʂʅ^{13}	ʂʅ^{21}	ʐɤ^{21} ʐʅ^{21}	tɕi^{21}	ʑi^{21}
秦州区	tɕʰi^{13}	tʂʰʅ^{13}	sei^{13}	ʂʅ^{13}	ʂʅ^{13}	ʐʅ^{13}	tɕi^{13}	ɕi^{13}
安定区	tɕʰi^{13}	tʂʰʅ^{13}	sɛ^{13}	ʂʅ^{13}	ʂʅ^{13}	ʐʅ^{13}	tɕi^{13}	ʑi^{13}
会宁县	tɕʰi^{13}	tʂʰʅ^{13}	sɛ^{13}	ʂʅ^{13}	ʂʅ^{13}	ʐʅ^{13}	tɕi^{13}	ʑi^{13}
临洮县	tɕʰi^{13}	tʂʰʅ^{13}	sɛ^{13}	ʂʅ^{13}	ʂʅ^{13}	ʐʅ^{13}	tɕi^{13}	ʑi^{13}
清水县	tsʰi^{13}	tʂʰʅ^{13}	ʃəi^{13}	ʂʅ^{13}	ʂʅ^{13}	ʐʅ^{13} ɚ^{13}	tɕi^{13}	i^{13}
永靖县	tɕʰi^{213}	tʂʅ^{44}	ʂɤ^{213}	ʂʅ^{213}	ʂʅ^{213}	ʐʅ^{213}	tɕi^{213}	i^{213}
敦煌市	tɕʰi^{213}	tʂʅ^{213}	sei^{213}	ʂʅ^{213}	ʂʅ^{213}	ʐʅ^{213}	tɕi^{213}	ʑi^{213}
临夏市	tɕʰi^{13}	tʂʅ^{13}	ʂɤ^{13}	ʂʅ^{13}	ʂʅ^{13}	ʐʅ^{13}	tɕi^{13}	ʑi^{13}
合作市	tɕʰi^{13}	tʂʅ^{13}	ʂə^{13}	ʂʅ^{13}	ʂʅ^{13}	ʐʅ^{13}	tɕi^{13}	ʑi^{13}
临潭县	tɕʰi^{44}	tʂʅ^{24}	sɛe^{44}	ʂʅ^{24}	ʂʅ^{44}	ʐʅ^{44}	tɕi^{44}	i^{44}

	0657 筋	0658 劲有～	0659 勤	0660 近	0661 隐	0662 本	0663 盆	0664 门
	臻开三 平殷见	臻开三 去殷见	臻开三 平殷群	臻开三 上殷群	臻开三 上殷影	臻合一 上魂帮	臻合一 平魂並	臻合一 平魂明
兰州市	tɕin^{55}	tɕin^{13}	tɕʰin^{53}	tɕin^{13}	in^{34}	pən^{55}	pʰən^{53}	mən^{53}
榆中县	tɕin^{51}	tɕin^{213}	tɕʰin^{312}	tɕin^{213}	in^{44}	pən^{44}	pʰən^{312}	mən^{312}
永登县	tɕin^{42}	tɕin^{13}	tɕʰin^{53}	tɕin^{13}	in^{354}	pə̃n^{354}	pʰə̃n^{53}	mə̃n^{53}
红古区	tɕin^{13}	tɕin^{13}	tɕʰin^{13}	tɕin^{13}	in^{53}	pən^{53}	pʰən^{13}	mən^{13}
凉州区	tɕiŋ^{35}	tɕiŋ^{31}	tɕʰiŋ^{35}	tɕiŋ^{31}	iŋ^{35}	pəŋ^{35}	pʰəŋ^{35}	məŋ^{35}
甘州区	tɕiŋ^{44}	tɕiŋ^{31}	tɕʰiŋ^{53}	tɕiŋ^{31}	iŋ^{53}	pɤŋ^{53}	pʰɤŋ^{53}	mɤŋ^{53}
肃州区	tɕiŋ^{44}	tɕiŋ^{213}	tɕʰiŋ^{51}	tɕiŋ^{213}	ʑiŋ^{51}	pɤŋ^{51}	pʰɤŋ^{51}	mɤŋ^{51}
永昌县	tɕiŋ^{44}	tɕiŋ^{53}	tɕʰiŋ^{13}	tɕiŋ^{53}	iŋ^{13}	pəŋ^{44}	pʰəŋ^{13}	məŋ^{13}
崆峒区	tɕiɤŋ^{21}	tɕiɤŋ^{44}	tɕʰiɤŋ^{24}	tɕiɤŋ^{44}	iɤŋ^{53}	pɤŋ^{53}	pʰɤŋ^{24}	mɤŋ^{24}
庆城县	tɕiŋ^{51}	tɕiŋ^{244}	tɕʰiŋ^{113}	tɕiŋ^{244}	iŋ^{44}	pɤŋ^{44}	pʰɤŋ^{113}	mɤŋ^{113}
宁县	tɕiŋ^{31}	tɕiŋ^{44}	tɕʰiŋ^{24}	tɕʰiŋ^{44} tɕiŋ^{44}	iŋ^{52}	pəŋ^{52}	pʰəŋ^{24}	məŋ^{24}
武都区	tɕin^{31}	tɕin^{24}	tɕʰin^{13}	tɕin^{24}	in^{55}	pəŋ^{55}	pʰəŋ^{24}	məŋ^{24}
文县	tɕiəŋ^{31}	tɕiəŋ^{24}	tɕʰiəŋ^{13}	tɕʰiəŋ^{24}	iəŋ^{55}	pəŋ^{55}	pʰəŋ^{13}	məŋ^{13}
康县	tɕiŋ^{53}	tɕiŋ^{24}	tɕʰiŋ^{211}	tɕiŋ^{24}	iŋ^{55}	pɤŋ^{55}	pʰɤŋ^{211}	mɤŋ^{211}
礼县	tɕiŋ^{31}	tɕiŋ^{44}	tɕʰiŋ^{13}	tɕʰiŋ^{44}	iŋ^{52}	pɤŋ^{52}	pʰɤŋ^{13}	mɤŋ^{13}
靖远县	tɕiŋ^{41}	tɕiŋ^{33}	tɕʰiŋ^{24}	tɕiŋ^{33}	iŋ^{55}	pɤŋ^{55}	pʰɤŋ^{24}	mɤŋ^{24}
陇西县	tɕiŋ^{21}	tɕiŋ^{44}	tɕʰiŋ^{13}	tɕʰiŋ^{44}	iŋ^{53}	pɤŋ^{53}	pʰɤŋ^{13}	mɤŋ^{13}
秦州区	tɕiɤŋ^{13}	tɕiɤŋ^{44}	tɕʰiɤŋ^{13}	tɕʰiɤŋ^{44}	iɤŋ^{53}	pɤŋ^{53}	pʰɤŋ^{13}	mɤŋ^{13}
安定区	tɕiŋ^{13}	tɕiŋ^{44}	tɕʰiŋ^{13}	tɕʰiŋ^{44}	iŋ^{53}	pəŋ^{53}	pʰəŋ^{13}	məŋ^{13}
会宁县	tɕiŋ^{13}	tɕiŋ^{44}	tɕʰiŋ^{13}	tɕʰiŋ^{44}	iŋ^{53}	pəŋ^{53}	pʰəŋ^{13}	məŋ^{13}
临洮县	tɕiŋ^{13}	tɕiŋ^{44}	tɕʰiŋ^{13}	tɕʰiŋ^{44} tɕiŋ^{44}	iŋ^{53}	pɤŋ^{53}	pʰɤŋ^{13}	mɤŋ^{13}
清水县	tɕiŋ^{13}	tɕiŋ^{443}	tɕʰiŋ^{13}	tɕʰiŋ^{443}	iŋ^{52}	pɤŋ^{52}	pʰɤŋ^{13}	mɤŋ^{13}
永靖县	tɕiɤŋ^{213}	tɕiɤŋ^{44}	tɕʰiɤŋ^{213}	tɕiɤŋ^{44}	iɤŋ^{53}	pɤŋ^{53}	pʰɤŋ^{213}	mɤŋ^{213}
敦煌市	tɕiŋ^{213}	tɕiŋ^{44}	tɕʰiŋ^{213}	tɕiŋ^{44}	iŋ^{51}	pɤŋ^{51}	pʰɤŋ^{213}	mɤŋ^{213}
临夏市	tɕiŋ^{13}	tɕiŋ^{53}	tɕʰiŋ^{13}	tɕiŋ^{53}	iŋ^{42}	pəŋ^{42}	pʰəŋ^{13}	məŋ^{13}
合作市	tɕiŋ^{13}	tɕiŋ^{53}	tɕʰiŋ^{13}	tɕiŋ^{53}	iŋ^{13}	pəŋ^{44}	pʰəŋ^{13}	məŋ^{13}
临潭县	tɕin^{44}	tɕin^{44}	tɕʰin^{24}	tɕin^{44}	in^{51}	pəŋ^{51}	pʰəŋ^{24}	məŋ^{24}

	0665 墩	0666 嫩	0667 村	0668 寸	0669 蹲	0670 孙~子	0671 滚	0672 困
	臻合一平魂端	臻合一去魂泥	臻合一平魂清	臻合一去魂清	臻合一平魂从	臻合一平魂心	臻合一上魂见	臻合一去魂溪
兰州市	tuən^{55}	nən^{13}	ts^{h}uən^{55}	ts^{h}uən^{13}	tuən^{55}	suən^{55}	kuən^{34}	k^{h}uən^{13}
榆中县	tuən^{51}	nuən^{213}	ts^{h}uən^{213}	ts^{h}uən^{213}	tuən^{51}	suən^{51}	kuən^{44}	k^{h}uən^{213}
永登县	tuə̃n^{42}	nə̃n^{13}	ts^{h}uə̃n^{42}	ts^{h}uə̃n^{13}	tuə̃n^{42}	suə̃n^{42}	kuə̃n^{354}	k^{h}uə̃n^{13}
红古区	tuən^{53}	nuən^{13}	ts^{h}uən^{13}	ts^{h}uən^{13}	tuən^{13}	suən^{13}	kuən^{53}	k^{h}uən^{13}
凉州区	tuŋ^{35}	nəŋ^{31}	ts^{h}uŋ^{35}	ts^{h}uŋ^{31}	tuŋ^{35}	suŋ^{35}	kuŋ^{35}	k^{h}uŋ^{31}
甘州区	tuŋ^{44}	nɤŋ^{31}	ts^{h}uŋ^{44}	ts^{h}uŋ^{31}	tuŋ^{44}	suŋ^{44}	kuŋ^{53}	k^{h}uŋ^{31}
肃州区	tuŋ^{44}	nɤŋ^{213}	ts^{h}uŋ^{44}	ts^{h}uŋ^{213}	tuŋ^{44}	suŋ^{44}	kuŋ^{51}	k^{h}uŋ^{213}
永昌县	toŋ^{44}	noŋ^{53}	ts^{h}oŋ^{44}	ts^{h}oŋ^{53}	toŋ^{44}	soŋ^{44}	koŋ^{13}	k^{h}oŋ^{53}
崆峒区	toŋ^{21}	nɤŋ^{44}	ts^{h}oŋ^{21}	ts^{h}oŋ^{44}	toŋ^{21}	soŋ^{21}	koŋ^{53}	k^{h}oŋ^{44}
庆城县	tuŋ^{51}	lyŋ^{244}	ts^{h}uŋ^{51}	ts^{h}uŋ^{244}	tuŋ^{51}	suŋ^{51}	kuŋ^{44}	k^{h}uŋ^{244}
宁县	tuŋ^{31}	lyŋ^{44}	ts^{h}uŋ^{31}	ts^{h}uŋ^{44}	tuŋ^{31}	suŋ^{31}	kuŋ^{52}	k^{h}uŋ^{44}
武都区	tuŋ^{31}	luŋ^{13}	ts^{h}uŋ^{31}	ts^{h}uŋ^{24}	tuŋ^{31}	suŋ^{31}	kuŋ^{55}	k^{h}uŋ^{13}
文县	toŋ^{31}	loŋ^{24}	ts^{h}oŋ^{31}	ts^{h}oŋ^{24}	toŋ^{31}	soŋ^{31}	koŋ^{55}	k^{h}oŋ^{24}
康县	tuŋ^{53}	lɤŋ^{24}	ts^{h}uŋ^{53}	ts^{h}uŋ^{24}	tuŋ^{53}	suŋ^{53}	kuŋ^{55}	k^{h}uŋ^{24}
礼县	tuɤŋ^{31}	nuɤŋ^{44}	tʃ^{h}uɤŋ^{31}	tʃ^{h}uɤŋ^{44}	tuɤŋ^{31}	ʃuɤŋ^{31}	kuɤŋ^{52}	k^{h}uɤŋ^{44}
靖远县	toŋ^{41}	lioŋ^{33}	ts^{h}oŋ^{41}	ts^{h}oŋ^{33}	toŋ^{41}	soŋ^{41}	koŋ^{55}	k^{h}oŋ^{33}
陇西县	tuŋ^{21}	luŋ^{44}	ts^{h}uŋ^{21}	ts^{h}uŋ^{44}	tuŋ^{21}	suŋ^{21}	kuŋ^{53}	k^{h}uŋ^{44}
秦州区	tuɤŋ^{13}	luɤŋ^{53}	ts^{h}uɤŋ^{13}	ts^{h}uɤŋ^{44}	tuɤŋ^{13}	suɤŋ^{13}	kuɤŋ^{53}	k^{h}uɤŋ^{44}
安定区	tuŋ^{13}	nuŋ^{44}	ts^{h}uŋ^{13}	ts^{h}uŋ^{44}	tuŋ^{13}	suŋ^{13}	kuŋ^{53}	k^{h}uŋ^{44}
会宁县	tuŋ^{13}	luŋ^{44}	ts^{h}uŋ^{13}	ts^{h}uŋ^{44}	tuŋ^{13}	suŋ^{13}	kuŋ^{53}	k^{h}uŋ^{44}
临洮县	tuŋ^{13}	nuŋ^{44}	ts^{h}uŋ^{44}	ts^{h}uŋ^{44}	tuŋ^{13}	suŋ^{13}	kuŋ^{53}	k^{h}uŋ^{44}
清水县	tuŋ^{13}	luŋ^{443}	ts^{h}uŋ^{13}	ts^{h}uŋ^{443}	tuŋ^{13}	suŋ^{13}	kuŋ^{52}	k^{h}uŋ^{443}
永靖县	tuɤŋ^{213}	nuɤŋ^{44}	ts^{h}uɤŋ^{44}	ts^{h}uɤŋ^{44}	tuɤŋ^{213}	suɤŋ^{213}	kuɤŋ^{53}	k^{h}uɤŋ^{53}
敦煌市	tuŋ^{213}	nuŋ^{44}	ts^{h}uŋ^{213}	ts^{h}uŋ^{44}	tuŋ^{213}	suŋ^{213}	kuŋ^{51}	k^{h}uŋ^{44}
临夏市	tuəŋ^{13}	nəŋ^{53}	ts^{h}uəŋ^{13}	ts^{h}uəŋ^{53}	tuəŋ^{13}	suəŋ^{13}	kuəŋ^{42}	k^{h}uəŋ^{53}
合作市	tuəŋ^{13}	ləŋ^{53}	ts^{h}uəŋ^{53}	ts^{h}uəŋ^{53}	tuəŋ^{13}	suəŋ^{13}	kuəŋ^{44}	k^{h}uəŋ^{53}
临潭县	tuəŋ^{44}	nuəŋ^{44}	ts^{h}uəŋ^{44}	ts^{h}uəŋ^{44}	tuəŋ^{44}	suəŋ^{44}	kuəŋ^{51}	k^{h}uəŋ^{44}

	0673 婚	0674 魂	0675 温	0676 卒棋子	0677 骨	0678 轮	0679 俊	0680 笋
	臻合一平魂晓	臻合一平魂匣	臻合一平魂影	臻合一入没精	臻合一入没见	臻合三平谆来	臻合三去谆精	臻合三上谆心
兰州市	xuən^{55}	xuən^{53}	vən^{55}	tsu^{13}	ku^{13}	lyn^{13}	tɕyn^{13}	suən^{34}
榆中县	xuən^{51}	xuən^{312}	vən^{51}	tsu^{312}	ku^{312}	lyn^{312} luən^{312}	tɕyn^{213}	suən^{44}
永登县	xuə̃n^{42}	xuə̃n^{53}	və̃n^{42}	tsu^{53}	ku^{13}	lyn^{53}	tɕyn^{13}	suə̃n^{354}
红古区	xuən^{13}	xuən^{13}	vən^{13}	tsʮ^{13}	ku^{13}	lyn^{13} luən^{13}	tɕyn^{13}	suən^{53}
凉州区	xuŋ^{35}	xuŋ^{35}	vəŋ^{35}	tsu^{35}	ku^{31}	lyŋ^{35} luŋ^{35}	tɕuŋ^{31}	suŋ^{35}
甘州区	xuŋ^{44}	xuŋ^{53}	vɤŋ^{44}	tɕy^{53}	ku^{31}	luŋ^{53}	tɕyŋ^{31}	suŋ^{53}
肃州区	xuŋ^{44}	xuŋ^{51}	vɤŋ^{44}	tsu^{51}	ku^{213}	luŋ^{51}	tɕyŋ^{213}	suŋ^{51}
永昌县	xoŋ^{44}	xoŋ^{13}	vəŋ^{44}	tsu^{44}	ku^{53}	lyəŋ^{13}	tɕyəŋ^{53}	soŋ^{13}
崆峒区	xoŋ^{21}	xoŋ^{24}	uɤŋ^{21}	tsu^{24}	ku^{21}	lioŋ^{24}	tɕioŋ^{44}	soŋ^{53}
庆城县	xuŋ^{51}	xuŋ^{113}	vɤŋ^{51}	tsu^{113}	ku^{51}	lyŋ^{113}	tɕyŋ^{244}	suŋ^{44}
宁县	xuŋ^{31}	xuŋ^{24}	uŋ^{31}	tsu^{24}	ku^{31}	lyŋ^{24}	tɕyŋ^{44}	suŋ^{52}
武都区	xuŋ^{31}	xuŋ^{13}	vəŋ^{31}	tsʮ^{13}	ku^{31}	luŋ^{13}	tɕyn^{24}	suŋ^{55}
文县	xoŋ^{31}	xoŋ^{13}	vəŋ^{31}	tsu^{13}	ku^{55}	lyəŋ^{13}	tɕyəŋ^{24}	soŋ^{55}
康县	xuŋ^{53}	xuŋ^{211}	vɤŋ^{53}	tsu^{211}	ku^{53}	lyŋ^{211}	tɕuŋ^{24}	suŋ^{55}
礼县	xuɤŋ^{31}	xuɤŋ^{13}	vɤŋ^{31}	tʃu^{13}	ku^{31}	nuɤŋ^{13}	tɕyŋ^{44}	ʃuɤŋ^{52}
靖远县	xoŋ^{41}	xoŋ^{24}	vɤŋ^{41}	tsʮ^{24}	ku^{41}	lioŋ^{24}	tsoŋ^{33}	soŋ^{55}
陇西县	xuŋ^{21}	xuŋ^{13}	vɤŋ^{21}	tsu^{13}	ku^{21}	lyŋ^{13} luŋ^{13}	tɕyŋ^{44}	suŋ^{53}
秦州区	xuɤŋ^{13}	xuɤŋ^{13}	vɤŋ^{13}	tsʮ^{13}	ku^{13}	luɤŋ^{13}	tɕuɤŋ^{44}	suɤŋ^{53}
安定区	xuŋ^{13}	xuŋ^{13}	vəŋ^{13}	tsu^{13}	ku^{13}	nuŋ^{13}	tɕyŋ^{44}	suŋ^{53}
会宁县	xuŋ^{13}	xuŋ^{13}	uŋ^{13}	tsu^{13}	ku^{13}	luŋ^{13}	tɕyŋ^{44}	suŋ^{53}
临洮县	xuŋ^{13}	xuŋ^{13}	vɤŋ^{13}	tsu^{13}	ku^{13}	luŋ^{13}	tɕyŋ^{44}	suŋ^{53}
清水县	xuŋ^{13}	xuŋ^{13}	vɤŋ^{13}	ts^{h}u^{13}	ku^{13}	luŋ^{13}	tɕyŋ^{443}	suŋ^{52}
永靖县	xuɤŋ^{213}	xuɤŋ^{213}	vɤŋ^{213}	tsu^{213}	ku^{213}	luɤŋ^{213}	tɕyŋ^{44}	suɤŋ^{53}
敦煌市	xuŋ^{213}	xuŋ^{213}	vɤŋ^{213}	tsu^{213}	ku^{213}	luŋ^{213}	tɕyŋ^{44}	suŋ^{51}
临夏市	xuəŋ^{13}	xuəŋ^{13}	vəŋ^{13}	tsu^{13}	ku^{13}	lyəŋ^{13}	tɕyəŋ^{53}	suəŋ^{42}
合作市	xuəŋ^{13}	xuəŋ^{13}	vəŋ^{13}	tɕy^{13}	ku^{13}	luəŋ^{13}	tɕyəŋ^{53}	suəŋ^{13}
临潭县	xuəŋ^{44}	xuəŋ^{24}	vəŋ^{44}	tsu^{24}	ku^{44}	lui^{24}	tɕyn^{51}	suəŋ^{51}

	0681 准	0682 春	0683 唇	0684 顺	0685 纯	0686 闰	0687 均	0688 匀
	臻合三上谆章	臻合三平谆昌	臻合三平谆船	臻合三去谆船	臻合三平谆禅	臻合三去谆日	臻合三平谆见	臻合三平谆以
兰州市	tʂuən^{34}	tʂʰuən^{55}	ʂuən^{53}	fən^{13}	pfʰən^{53}	vən^{13}	tɕyn^{55}	yn^{53}
榆中县	tʂuən^{44}	tʂʰuən^{51}	tʂʰuən^{312}	ʂuən^{213}	tʂʰuən^{312}	ʐuən^{213}	tɕyn^{51}	yn^{312}
永登县	pfə̃n^{354}	pfʰə̃n^{42}	pfʰə̃n^{53}	fə̃n^{13}	pfʰə̃n^{53}	və̃n^{13}	tɕyn^{42}	yn^{53}
红古区	tʂuən^{53}	tʂʰuən^{13}	tʂʰuən^{13}	fən^{13}	tʂʰuən^{13}	vən^{13}	tɕyn^{13}	yn^{13}
凉州区	tʂuŋ^{35}	tʂʰuŋ^{35}	tʂʰuŋ^{35}	ʂuŋ^{31}	tʂʰuŋ^{35}	ʐuŋ^{31}	tɕuŋ^{35}	yŋ^{35}
甘州区	kuŋ^{53}	kʰuŋ^{44}	kʰuŋ^{53}	fɤŋ^{31}	kʰuŋ^{53}	vɤŋ^{31}	tɕyŋ^{44}	yŋ^{53}
肃州区	tʂuŋ^{51}	tʂʰuŋ^{44}	tʂʰuŋ^{51}	ʂuŋ^{213}	tʂʰuŋ^{51}	ʐuŋ^{213}	tɕyŋ^{44}	ʑyŋ^{51}
永昌县	tʂoŋ^{13}	tʂʰoŋ^{44}	tʂʰoŋ^{13}	ʂoŋ^{53}	tʂʰoŋ^{13}	ʐoŋ^{53}	tɕyəŋ^{44}	yəŋ^{13}
崆峒区	tʂoŋ^{53}	tʂʰoŋ^{53}	ʂoŋ^{24}	ʂoŋ^{44}	tʂʰoŋ^{24}	ʐoŋ^{44}	tɕioŋ^{21}	ioŋ^{24}
庆城县	tʂuŋ^{44}	tʂʰuŋ^{51}	ʂuŋ^{113}	ʂuŋ^{244}	tʂʰuŋ^{113}	ʐuŋ^{244}	tɕyŋ^{51}	yŋ^{113}
宁县	tʃuŋ^{52}	tʃʰuŋ^{31}	ʃuŋ^{24} tʃʰuŋ^{24}	ʃuŋ^{44}	tʃʰuŋ^{24}	ʒuŋ^{44}	tɕyŋ^{31}	iŋ^{24}
武都区	tʃuŋ^{55}	tʃʰuŋ^{31}	tʃʰuŋ^{13}	ʃuŋ^{13}	tʃʰuŋ^{13}	ʒuŋ^{13}	tɕyn^{31}	yn^{13}
文县	tsoŋ^{55}	tsʰoŋ^{31}	tsʰoŋ^{13}	soŋ^{24}	tsʰoŋ^{13}	zoŋ^{24}	tɕyəŋ^{31}	yəŋ^{13}
康县	pfɤŋ^{55}	pfʰɤŋ^{53}	pfʰɤŋ^{211}	fɤŋ^{24}	pfʰɤŋ^{211}	vuŋ^{24}	tɕyŋ^{53}	yŋ^{211}
礼县	tʃuɤŋ^{52}	tʃʰuɤŋ^{31}	tʃʰuɤŋ^{13}	ʃuɤŋ^{44}	tʃʰuɤŋ^{13}	ʒuɤŋ^{44}	tɕyŋ^{31}	yŋ^{13}
靖远县	tʂoŋ^{55}	tʂʰoŋ^{41}	tʂʰoŋ^{24}	ʂoŋ^{33}	tʂʰoŋ^{24}	ʐoŋ^{33}	tɕioŋ^{41}	ioŋ^{24}
陇西县	tʂuŋ^{53}	tʃʰɥŋ^{21}	tʂʰuŋ^{13}	ʃɥŋ^{44}	tʃʰɥŋ^{13}	ʐuŋ^{44}	tɕyŋ^{21}	yŋ^{13}
秦州区	tʃuɤŋ^{53}	tʃʰuɤŋ^{13}	tʃʰuɤŋ^{13}	ʃuɤŋ^{44}	tʃʰuɤŋ^{13}	ʒuɤŋ^{44}	tɕyɤŋ^{13}	yɤŋ^{13}
安定区	tʃuŋ^{53}	tʃʰuŋ^{13}	tʃʰuŋ^{13}	ʃuŋ^{44}	tʃʰuŋ^{13}	ʒuŋ^{44}	tɕyŋ^{13}	yŋ^{13}
会宁县	tʃuŋ^{53}	tʃʰuŋ^{13}	tʃʰuŋ^{13}	ʃuŋ^{44}	tʃʰuŋ^{13}	ʒuŋ^{44}	tɕyŋ^{13}	yŋ^{13}
临洮县	tʂuŋ^{53}	tʂʰuŋ^{13}	tʂʰuŋ^{13}	ʂuŋ^{44}	tʂʰuŋ^{13}	ʐuŋ^{44}	tɕyŋ^{53}	yŋ^{13}
清水县	tʃɤŋ^{52}	tʃʰɤŋ^{13}	ʃɤŋ^{13} tʃʰɤŋ^{13}	ʃɤŋ^{443}	tʃʰɤŋ^{13}	ʒɤŋ^{443}	tɕyŋ^{13}	yŋ^{13}
永靖县	tʂuɤŋ^{53}	tʂʰuɤŋ^{213}	tʂʰuɤŋ^{213}	ʂuɤŋ^{44}	tʂʰuɤŋ^{213}	ʐuɤŋ^{44}	tɕyŋ^{213}	yŋ^{213}
敦煌市	tʂuŋ^{51}	tʂʰuŋ^{213}	tʂʰuŋ^{213}	ʂuŋ^{44}	tʂʰuŋ^{51}	ʐɤŋ^{44}	tɕyŋ^{213}	yŋ^{213}
临夏市	tʂuəŋ^{42}	tʂʰuəŋ^{13}	ʂuəŋ^{13} tʂʰuəŋ^{13}	ʂuəŋ^{53}	tʂʰuəŋ^{13}	ʐuəŋ^{53}	tɕyəŋ^{13}	yəŋ^{13}
合作市	tʂuəŋ^{44}	tʂʰuəŋ^{13}	ʂuəŋ^{13} tʂʰuəŋ^{13}	fəŋ^{53}	tʂʰuəŋ^{13}	vəŋ^{53}	tɕyəŋ^{13}	yəŋ^{13}
临潭县	tsuəŋ^{51}	tsʰuəŋ^{44}	tsʰuəŋ^{24}	ʂuəŋ^{44}	tʂʰuəŋ^{24}	ʐuəŋ^{44}	tɕyn^{51}	yn^{24}

	0689 律	0690 出	0691 橘	0692 分动	0693 粉	0694 粪	0695 坟	0696 蚊
	臻合三 入术来	臻合三 入术昌	臻合三 入术见	臻合三 平文非	臻合三 上文非	臻合三 去文非	臻合三 平文奉	臻合三 平文微
兰州市	ly^{13}	tʂ^{h}u^{13}	tɕy^{13}	fən^{55}	fən^{34}	fən^{13}	fən^{53}	vən^{53}
榆中县	lyᴇ^{312}	tʂ^{h}u^{312}	tɕy^{51}	fən^{51}	fən^{44}	fən^{213}	fən^{312}	vən^{312}
永登县	ly^{13}	pf^{h}u^{13}	tɕy^{13}	fə̃n^{42}	fə̃n^{354}	fə̃n^{13}	fə̃n^{53}	və̃n^{53}
红古区	lɥ^{53}	tʂ^{h}u^{13}	tsɥ^{13}	fən^{13}	fən^{53}	fən^{13}	fən^{13}	vən^{13}
凉州区	ly^{31}	tʂ^{h}u^{31}	tɕy^{31}	fəŋ^{35}	fəŋ^{35}	fəŋ^{31}	fəŋ^{35}	vəŋ^{35}
甘州区	ly^{31}	pf^{h}u^{31}	tɕy^{31}	fɤŋ^{44}	fɤŋ^{53}	fɤŋ^{31}	fɤŋ^{53}	vɤŋ^{53}
肃州区	ly^{213}	tʂ^{h}u^{213}	tɕy^{213}	fɤŋ^{44}	fɤŋ^{51}	fɤŋ^{213}	fɤŋ^{51}	vɤŋ^{51}
永昌县	ly^{53}	tʂ^{h}u^{53}	tɕy^{44}	fəŋ^{44}	fəŋ^{13}	fəŋ^{53}	fəŋ^{13}	vəŋ^{13}
崆峒区	ly^{21}	tʂ^{h}u^{21}	tɕy^{21}	fɤŋ^{21}	fɤŋ^{53}	fɤŋ^{44}	fɤŋ^{24}	uɤŋ^{24}
庆城县	ly^{51}	tʂ^{h}u^{51}	tɕy^{51}	fɤŋ^{51}	fɤŋ^{44}	fɤŋ^{244}	fɤŋ^{113}	vɤŋ^{113}
宁县	ly^{31}	tʃ^{h}u^{31}	tɕy^{31}	fəŋ^{31}	fəŋ^{52}	fəŋ^{44}	fəŋ^{24}	məŋ^{24} uŋ^{24}
武都区	ly^{31}	tʃ^{h}u^{31}	tɕy^{31}	fəŋ^{31}	fəŋ^{55}	fəŋ^{24}	fəŋ^{13}	vəŋ^{13}
文县	ȵy^{31}	ts^{h}u^{31}	tɕy^{13}	fəŋ^{31}	fəŋ^{55}	fəŋ^{24}	fəŋ^{13}	vəŋ^{13}
康县	ly^{53}	pf^{h}u^{53}	tɕy^{53}	fɤŋ^{53}	fɤŋ^{55}	fɤŋ^{24}	fɤŋ^{211}	vɤŋ^{211}
礼县	ly^{31}	tʃ^{h}u^{31}	tɕy^{31}	fɤŋ^{31}	fɤŋ^{52}	fɤŋ^{44}	fɤŋ^{13}	vɤŋ^{13}
靖远县	lɥ^{41}	tʂ^{h}ʮ^{41}	tsɥ^{41}	fɤŋ^{41}	fɤŋ^{55}	fɤŋ^{33}	fɤŋ^{24}	vɤŋ^{24}
陇西县	ly^{21}	tʃ^{h}ʮ^{21}	tɕy^{21}	fɤŋ^{21}	fɤŋ^{53}	fɤŋ^{44}	fɤŋ^{13}	vɤŋ^{13}
秦州区	ly^{13}	tʃ^{h}ɥ^{13}	tɕy^{13}	fɤŋ^{13}	fɤŋ^{53}	fɤŋ^{44}	fɤŋ^{13}	vɤŋ^{13}
安定区	ly^{13}	tʃ^{h}u^{13}	tɕy^{13}	fəŋ^{13}	fəŋ^{53}	fəŋ^{44}	fəŋ^{13}	vəŋ^{13}
会宁县	ȵy^{53}	tʃ^{h}u^{13}	tɕy^{13}	fəŋ^{13}	fəŋ^{53}	fəŋ^{44}	fəŋ^{13}	uŋ^{13}
临洮县	ly^{13}	tʂ^{h}u^{13}	tɕy^{13}	fɤŋ^{13}	fɤŋ^{53}	fɤŋ^{44}	fɤŋ^{13}	vɤŋ^{13}
清水县	ly^{13}	tʃ^{h}ɨ^{13}	tɕy^{13}	fɤŋ^{13}	fɤŋ^{52}	fɤŋ^{443}	fɤŋ^{13}	vɤŋ^{13}
永靖县	li^{44}	tʂ^{h}u^{213}	tɕy^{213}	fɤŋ^{213}	fɤŋ^{53}	fɤŋ^{44}	fɤŋ^{213}	vɤŋ^{213}
敦煌市	ly^{213}	tʂ^{h}u^{213}	tɕy^{213}	fɤŋ^{213}	fɤŋ^{51}	fɤŋ^{44}	fɤŋ^{213}	vɤŋ^{213}
临夏市	ly^{13}	tʂ^{h}u^{13}	tɕy^{13}	fəŋ^{13}	fəŋ^{42}	fəŋ^{53}	fəŋ^{13}	vəŋ^{13}
合作市	ly^{53}	tʂ^{h}u^{13}	tɕy^{13}	fəŋ^{13}	fəŋ^{44}	fəŋ^{53}	fəŋ^{13}	vəŋ^{13}
临潭县	ly^{51}	tʂ^{h}u^{44}	tɕy^{24}	fəŋ^{44}	fəŋ^{51}	fəŋ^{44}	fəŋ^{24}	vəŋ^{24}

	0697 问	0698 军	0699 裙	0700 熏	0701 云～彩	0702 运	0703 佛～像	0704 物
	臻合三 去文微	臻合三 平文见	臻合三 平文群	臻合三 平文晓	臻合三 平文云	臻合三 去文云	臻合三 入物奉	臻合三 入物微
兰州市	vən^{13}	tɕyn^{55}	tɕʰyn^{53}	ɕyn^{55}	yn^{53}	yn^{13}	fɤ^{53}	vɤ^{13}
榆中县	vən^{213}	tɕyn^{51}	tɕʰyn^{312}	ɕyn^{51}	yn^{312}	yn^{213} yn^{51}	fə^{312}	vu^{312}
永登县	və̃n^{13}	tɕyn^{42}	tɕʰyn^{53}	ɕyn^{42}	yn^{53}	yn^{13}	fə^{53}	və^{13}
红古区	vən^{13}	tɕyn^{13}	tɕʰyn^{13}	ɕyn^{13}	yn^{13}	yn^{13}	fə^{13}	və^{13}
凉州区	vəŋ^{31}	tɕuŋ^{35}	tɕʰuŋ^{35}	ɕuŋ^{35}	yŋ^{35}	yŋ^{31}	fu^{35}	və^{31}
甘州区	vɤŋ^{31}	tsuŋ^{44} tɕyŋ^{44}	tsʰuŋ^{53} tɕʰyŋ^{53}	ɕyŋ^{44}	yŋ^{53}	yŋ^{31}	fu^{53}	vu^{31}
肃州区	vɤŋ^{213}	tɕyŋ^{44}	tɕʰyŋ^{51}	ɕyŋ^{44}	ʑyŋ^{51}	ʑyŋ^{213}	fə^{51}	vu^{213}
永昌县	vəŋ^{53}	tɕyəŋ^{44}	tɕʰyəŋ^{13}	ɕyəŋ^{44}	yəŋ^{13}	yəŋ^{53}	fu^{13}	və^{53}
崆峒区	uɤŋ^{44}	tɕioŋ^{21}	tɕʰioŋ^{24}	ɕioŋ^{21}	ioŋ^{24}	ioŋ^{44}	fuo^{24}	uo^{21}
庆城县	vɤŋ^{244}	tɕyŋ^{51}	tɕʰyŋ^{113}	ɕyŋ^{51}	yŋ^{113}	yŋ^{244}	fuə^{113}	vuə^{51} vu^{51}
宁县	uŋ^{44}	tɕyŋ^{31}	tɕʰyŋ^{24}	ɕyŋ^{31}	yŋ^{24}	yŋ^{44}	fuə^{24}	uə^{31}
武都区	vəŋ^{24}	tɕyn^{31}	tɕʰyn^{13}	ɕyn^{31}	yn^{13}	yn^{24}	fɤ^{13}	vɤ^{31}
文县	vəŋ^{24}	tɕyəŋ^{31}	tɕʰyəŋ^{13}	ɕyəŋ^{31}	yəŋ^{13}	yəŋ^{24}	fɤ^{13}	uə^{31}
康县	vɤŋ^{24}	tɕyŋ^{53}	tɕʰyŋ^{211}	ɕyŋ^{53}	yŋ^{211}	yŋ^{24}	fɤ^{211}	vu^{53}
礼县	vɤŋ^{44}	tɕyŋ^{31}	tɕʰyŋ^{13}	ɕyŋ^{31}	yŋ^{13}	yŋ^{44}	fɤ^{13}	vɤ^{31}
靖远县	vɤŋ^{33}	tɕioŋ^{41}	tɕʰioŋ^{24}	ɕioŋ^{41}	ioŋ^{24}	ioŋ^{33}	fɤ^{24}	vɤ^{41}
陇西县	vɤŋ^{44}	tɕyŋ^{21}	tɕʰyŋ^{13}	ɕyŋ^{21}	vɤŋ^{13}	yŋ^{53}	fɤ^{13}	vɤ^{21}
秦州区	vɤŋ^{44}	tɕyɤŋ^{13}	tɕʰyɤŋ^{13}	ɕyɤŋ^{13}	yɤŋ^{13}	yɤŋ^{44}	fɤ^{13}	vɤ^{13}
安定区	vəŋ^{44}	tɕyŋ^{13}	tɕʰyŋ^{13}	ɕyŋ^{13}	yŋ^{13}	yŋ^{44}	fə^{13}	və^{13}
会宁县	uŋ^{44}	tɕyŋ^{13}	tɕʰyŋ^{13}	ɕyŋ^{13}	yŋ^{13}	yŋ^{44}	fə^{13}	uə^{13}
临洮县	vɤŋ^{44}	tɕyŋ^{13}	tɕʰyŋ^{13}	ɕyŋ^{13}	yŋ^{13}	yŋ^{44} yŋ^{53}	fɤ^{13}	vɤ^{13}
清水县	vɤŋ^{443}	tɕyŋ^{13}	tɕʰyŋ^{13}	ɕyŋ^{13}	yŋ^{13}	yŋ^{443}	fə^{13}	və^{13}
永靖县	vɤŋ^{44}	tɕyŋ^{213}	tɕʰyŋ^{213}	ɕyŋ^{213}	yŋ^{213}	yŋ^{44}	fɤ^{213}	vu^{213}
敦煌市	vɤŋ^{44}	tɕyŋ^{213}	tɕʰyŋ^{213}	ɕyŋ^{213}	yŋ^{213}	yŋ^{44}	fə^{213}	və^{213}
临夏市	vəŋ^{53}	tɕyəŋ^{13}	tɕʰyəŋ^{13}	ɕyəŋ^{13}	yəŋ^{13}	yəŋ^{53}	fɤ^{13}	vɤ^{13}
合作市	vəŋ^{53}	tɕyəŋ^{13}	tɕʰyəŋ^{13}	ɕyəŋ^{13}	yəŋ^{13}	yəŋ^{53}	fə^{13}	uə^{13}
临潭县	vəŋ^{44}	tɕyn^{24}	tɕyn^{24}	ɕyn^{44}	yn^{24}	yn^{51}	fɤ^{24}	vu^{44}

	0705 帮	0706 忙	0707 党	0708 汤	0709 糖	0710 浪	0711 仓	0712 钢名
	宕开一平唐帮	宕开一平唐明	宕开一上唐端	宕开一平唐透	宕开一平唐定	宕开一去唐来	宕开一平唐清	宕开一平唐见
兰州市	pã^{55}	mã^{53}	tã^{34}	t^{h}ã^{55}	t^{h}ã^{53}	lã^{13}	ts^{h}ã^{55}	kã^{55}
榆中县	paŋ^{51}	maŋ^{312}	taŋ^{44}	t^{h}aŋ^{51}	t^{h}aŋ^{312}	laŋ^{213}	ts^{h}aŋ^{51}	kaŋ^{51}
永登县	pã^{42}	mã^{53}	tã^{354}	t^{h}ã^{42}	t^{h}ã^{53}	lã^{13}	ts^{h}ã^{42}	kã^{42}
红古区	pɑŋ^{13}	mɑŋ^{13}	tɑŋ^{53}	t^{h}ɑŋ^{13}	t^{h}ɑŋ^{13}	lɑŋ^{13}	ts^{h}ɑŋ^{13}	kɑŋ^{13}
凉州区	pɑŋ^{35}	mɑŋ^{35}	tɑŋ^{35}	t^{h}ɑŋ^{35}	t^{h}ɑŋ^{35}	lɑŋ^{31}	ts^{h}ɑŋ^{35}	kɑŋ^{35}
甘州区	pɑŋ^{44}	mɑŋ^{53}	tɑŋ^{53}	t^{h}ɑŋ^{44}	t^{h}ɑŋ^{53}	lɑŋ^{31}	ts^{h}ɑŋ^{44}	kɑŋ^{44}
肃州区	pɑŋ^{44}	mɑŋ^{51}	tɑŋ^{51}	t^{h}ɑŋ^{44}	t^{h}ɑŋ^{51}	lɑŋ^{213}	ts^{h}ɑŋ^{44}	kɑŋ^{44}
永昌县	pɑŋ^{44}	mɑŋ^{13}	tɑŋ^{44}	t^{h}ɑŋ^{44}	t^{h}ɑŋ^{13}	lɑŋ^{53}	ts^{h}ɑŋ^{44}	kɑŋ^{44}
崆峒区	pɑŋ^{21}	mɑŋ^{24}	tɑŋ^{53}	t^{h}ɑŋ^{21}	t^{h}ɑŋ^{24}	lɑŋ^{44}	ts^{h}ɑŋ^{21}	kɑŋ^{21}
庆城县	pã^{51}	mã^{113}	tã^{44}	t^{h}ã^{51}	t^{h}ã^{113}	lã^{244}	ts^{h}ã^{51}	kã^{51}
宁县	pɑŋ^{31}	mɑŋ^{24}	tɑŋ^{52}	t^{h}ɑŋ^{31}	t^{h}ɑŋ^{24}	lɑŋ^{44}	ts^{h}ɑŋ^{31}	kɑŋ^{31}
武都区	pɑŋ^{31}	mɑŋ^{13}	tɑŋ^{55}	t^{h}ɑŋ^{31}	t^{h}ɑŋ^{13}	lɑŋ^{24}	ts^{h}ɑŋ^{31}	kɑŋ^{31}
文县	pã^{31}	mã^{13}	tã^{55}	t^{h}ã^{31}	t^{h}ã^{13}	lã^{24}	ts^{h}ã^{31}	kã^{31}
康县	pɑŋ^{53}	mɑŋ^{211}	tɑŋ^{55}	t^{h}ɑŋ^{53}	t^{h}ɑŋ^{211}	lɑŋ^{24}	ts^{h}ɑŋ^{53}	kɑŋ^{53}
礼县	pɑŋ^{31}	mɑŋ^{13}	tɑŋ^{52}	t^{h}ɑŋ^{31}	t^{h}ɑŋ^{13}	nɑŋ^{44}	ts^{h}ɑŋ^{31}	kɑŋ^{31}
靖远县	pɑŋ^{41}	mɑŋ^{24}	tɑŋ^{55}	t^{h}ɑŋ^{41}	t^{h}ɑŋ^{24}	lɑŋ^{33}	ts^{h}ɑŋ^{41}	kɑŋ^{41}
陇西县	pɑŋ^{21}	mɑŋ^{13}	tɑŋ^{53} tɑŋ^{44}	t^{h}ɑŋ^{21}	t^{h}ɑŋ^{13}	lɑŋ^{44}	ts^{h}ɑŋ^{21}	kɑŋ^{21}
秦州区	pɑŋ^{13}	mɑŋ^{13}	tɑŋ^{53}	t^{h}ɑŋ^{13}	t^{h}ɑŋ^{13}	lɑŋ^{44}	ts^{h}ɑŋ^{13}	kɑŋ^{13}
安定区	pɑŋ^{13}	mɑŋ^{13}	tɑŋ^{53}	t^{h}ɑŋ^{13}	t^{h}ɑŋ^{13}	lɑŋ^{44}	ts^{h}ɑŋ^{13}	kɑŋ^{13}
会宁县	pɑŋ^{13}	mɑŋ^{13}	tɑŋ^{53}	t^{h}ɑŋ^{13}	thɑŋ^{13}	lɑŋ^{44}	ts^{h}ɑŋ^{13}	kɑŋ^{13}
临洮县	pã^{13}	mã^{13}	tã^{53}	t^{h}ã^{13}	t^{h}ã^{13}	lã^{44}	ts^{h}ã^{13}	kã^{13}
清水县	pɒ̃^{13}	mɒ̃^{13}	tɒ̃^{52}	t^{h}ɒ̃^{13}	t^{h}ɒ̃^{13}	lɒ̃^{443}	ts^{h}ɒ̃^{13}	kɒ̃^{13}
永靖县	pɑŋ^{213}	mɑŋ^{213}	tɑŋ^{53}	t^{h}ɑŋ^{213}	t^{h}ɑŋ^{213}	lɑŋ^{44}	ts^{h}ɑŋ^{213}	kɑŋ^{213}
敦煌市	pɑŋ^{213}	mɑŋ^{213}	tɑŋ^{51}	t^{h}ɑŋ^{213}	t^{h}ɑŋ^{213}	lɑŋ^{44}	ts^{h}ɑŋ^{213}	kɑŋ^{213}
临夏市	pɑŋ^{13}	mɑŋ^{13}	tɑŋ^{42}	t^{h}ɑŋ^{13}	t^{h}ɑŋ^{13}	lɑŋ^{53}	ts^{h}ɑŋ^{13}	kɑŋ^{13}
合作市	pɑŋ^{13}	mɑŋ^{13}	tɑŋ^{44}	t^{h}ɑŋ^{13}	t^{h}ɑŋ^{13}	lɑŋ^{53}	ts^{h}ɑŋ^{13}	kɑŋ^{13}
临潭县	pɒ^{44}	mɒ^{24}	tɒ^{51}	t^{h}ɒ^{44}	t^{h}ɒ^{24}	lɒ^{44}	ts^{h}ɒ^{24}	kɒ^{44}

	0713 糠	0714 薄形	0715 摸	0716 托	0717 落	0718 作	0719 索	0720 各
	宕开一平唐溪	宕开一入铎並	宕开一入铎明	宕开一入铎透	宕开一入铎来	宕开一入铎精	宕开一入铎心	宕开一入铎见
兰州市	k^{h}ã^{55}	pɤ^{53}	mɤ^{13}	t^{h}uɤ^{13}	luɤ^{13}	tsuɤ^{13}	suɤ^{13}	kɤ^{13}
榆中县	k^{h}aŋ^{51}	pə^{312}	mə^{312}	t^{h}uə^{51}	luə^{312}	tsuə^{213}	suə^{44}	kə^{312}
永登县	k^{h}ã^{42}	pə^{13}	mə^{53}	t^{h}uə^{42}	luə^{13}	tsuə^{13}	suə^{354}	kə^{13}
红古区	k^{h}ɑŋ^{13}	pə^{13}	mə^{53}	t^{h}uə^{13}	luə^{13}	tsuə^{13}	suə^{53}	kə^{13}
凉州区	k^{h}ɑŋ^{35}	pə^{35}	mə^{35}	t^{h}uə^{35}	luə^{31}	tsuə^{31}	suə^{35}	kə^{31}
甘州区	k^{h}aŋ^{44}	puə^{53}	muə^{44}	t^{h}uə^{44}	la^{31} luə^{31}	tsuə^{31}	suə^{44}	kə^{31}
肃州区	k^{h}ɑŋ^{44}	pə^{51}	mə^{44}	t^{h}uə^{44}	luə^{213}	tsuə^{213}	suə^{51}	kə^{213}
永昌县	k^{h}ɑŋ^{44}	pə^{13}	mə^{44}	t^{h}uə^{44}	la^{53} luə^{53}	tsuə^{53}	suə^{44}	kə^{53}
崆峒区	k^{h}ɑŋ^{21}	puo^{24}	muo^{21}	t^{h}uo^{21}	luo^{21}	tsuo^{21}	suo^{21}	kuo^{21}
庆城县	k^{h}ã^{51}	puə^{113}	muə^{51}	t^{h}uə^{51}	luə^{51}	tsuə^{51}	suə^{44}	kə^{113}
宁县	k^{h}aŋ^{31}	p^{h}uə^{24}	mə^{31} muə^{31}	t^{h}uə^{31}	luə^{31} la^{44}	tsuə^{31}	suə^{31}	kə^{31}
武都区	k^{h}ɑŋ^{31}	p^{h}uɤ^{13}	muɤ^{24}	t^{h}uɤ^{55}	luɤ^{31}	tsuɤ^{31}	suɤ^{31}	kɤ^{31}
文县	k^{h}ã^{31}	p^{h}ɤ^{13}	mɤ^{55}	t^{h}uə^{31}	luə^{31}	tsuə^{31}	suə^{31}	kɤ^{31}
康县	k^{h}ɑŋ^{53}	puɤ^{211}	muɤ^{55}	t^{h}uɤ^{53}	luɤ^{53}	tsuɤ^{53}	suɤ^{53}	kuɤ^{53}
礼县	k^{h}ɑŋ^{31}	p^{h}ɤ^{13}	mɤ^{52}	t^{h}uɤ^{31}	nuɤ^{31}	tʃuɤ^{31}	ʃuɤ^{52}	kɤ^{31}
靖远县	k^{h}ɑŋ^{41}	pɤ^{24}	mɤ^{55}	t^{h}uə^{41}	la^{41} luə^{41}	tsuə^{41}	suə^{55}	kuə^{41}
陇西县	k^{h}ɑŋ^{21}	p^{h}ɤ^{13}	mɤ^{53}	t^{h}uɤ^{21}	lɤ^{21} luɤ^{21}	tsuɤ^{21}	suɤ^{21}	kɤ^{21}
秦州区	k^{h}ɑŋ^{13}	p^{h}ɤ^{13}	mɤ^{53}	t^{h}uə^{13}	luə^{13}	tsuə^{13}	suə^{13}	kuə^{13}
安定区	k^{h}ɑŋ^{13}	p^{h}ə^{13}	mə^{53}	tə^{13}	lə^{13}	tsə^{13}	suə^{13}	kə^{13}
会宁县	k^{h}ɑŋ^{13}	p^{h}ə^{13}	mə^{44}	t^{h}uə^{13}	lə^{13}	tsə^{13}	suə^{13}	kə^{13}
临洮县	k^{h}ã^{13}	p^{h}ɤ^{13}	mɤ^{13}	t^{h}uɤ^{13}	luɤ^{13}	tsuɤ^{13}	suɤ^{13}	kɤ^{13}
清水县	k^{h}ɒ̃^{13}	p^{h}ə^{13}	mə^{52}	t^{h}uə^{13}	luə^{13}	tsuə^{13}	suə^{13}	kuə^{13}
永靖县	k^{h}ɑŋ^{213}	pɤ^{213}	mɤ^{213}	t^{h}uɤ^{213}	luɤ^{213}	tsuɤ^{213}	suɤ^{53}	kɤ^{213}
敦煌市	k^{h}ɑŋ^{213}	pə^{213}	mə^{51}	t^{h}uə^{213}	luə^{213}	tsuə^{213}	suə^{51}	kə^{213}
临夏市	k^{h}ɑŋ^{13}	pɤ^{13}	mɤ^{13}	t^{h}uɤ^{13}	luɤ^{13}	tsuɤ^{13}	suɤ^{13}	kɤ^{13}
合作市	k^{h}ɑŋ^{13}	pə^{13}	mə^{13}	t^{h}uə^{13}	luə^{13}	tsuə^{13}	suə^{13}	kə^{13}
临潭县	k^{h}ɒ^{44}	pɤ^{24}	mɤ^{51}	t^{h}uɤ^{44}	luɤ^{44}	tsuɤ^{24}	suɤ^{44}	kɤ^{24}

	0721 鹤	0722 恶 形，入声	0723 娘	0724 两 斤～	0725 亮	0726 浆	0727 抢	0728 匠
	宕开一入铎匣	宕开一入铎影	宕开三平阳泥	宕开三上阳来	宕开三去阳来	宕开三平阳精	宕开三上阳清	宕开三去阳从
兰州市	xɤ^{53}	ɤ^{34}	ȵiã^{53}	liã^{34}	liã^{13}	tɕiã^{55}	tɕʰiã^{34}	tɕiã^{13}
榆中县	xə^{312}	ɣə^{312}	ȵiaŋ^{312}	liaŋ^{44}	liaŋ^{213}	tɕiaŋ^{51}	tɕʰiaŋ^{44}	tɕiaŋ^{213}
永登县	xə^{13}	ə^{13}	ȵiã^{53}	liã^{354}	liã^{13}	tɕiã^{42}	tɕʰiã^{354}	tɕiã^{13}
红古区	xə^{13}	ə^{13}	ȵiaŋ^{13}	liaŋ^{53}	liaŋ^{13}	tɕiaŋ^{13}	tɕʰiaŋ^{53}	tɕiaŋ^{13}
凉州区	xə^{31}	və^{31} ʀə^{31}	ȵiaŋ^{35}	liaŋ^{35}	liaŋ^{31}	tɕiaŋ^{31}	tɕʰiaŋ^{35}	tɕiaŋ^{31}
甘州区	xə^{31}	və^{31} vu^{31} ə^{31}	ȵiaŋ^{53}	liaŋ^{53}	liaŋ^{31}	tɕiaŋ^{44}	tɕʰiaŋ^{53}	tɕiaŋ^{31}
肃州区	xə^{213}	ɣə^{213}	ȵiaŋ^{51}	liaŋ^{51}	liaŋ^{213}	tɕiaŋ^{44}	tɕʰiaŋ^{51}	tɕiaŋ^{213}
永昌县	xə^{53}	vu^{53} ə^{53}	ȵiaŋ^{13}	liaŋ^{13}	liaŋ^{53}	tɕiaŋ^{53}	tɕʰiaŋ^{13}	tɕiaŋ^{53}
崆峒区	xuo^{24}	ŋɤ^{21}	ȵiaŋ^{24}	liaŋ^{53}	liaŋ^{44}	tɕiaŋ^{21}	tɕʰiaŋ^{53}	tɕiaŋ^{21}
庆城县	xuə^{51}	nuə^{51}	ȵiã^{113}	liã^{44}	liã^{244}	tɕiã^{244}	tɕʰiã^{44}	tɕiã^{244}
宁县	xə^{31}	ŋuə^{31}	ȵiaŋ^{24}	liaŋ^{52}	liaŋ^{44}	tɕiaŋ^{31} tɕiaŋ^{44}	tɕʰiaŋ^{52}	tɕʰiaŋ^{44} tɕiaŋ^{44}
武都区	xuɤ^{31}	ŋɤ^{31}	ȵiaŋ^{13}	liaŋ^{55}	liaŋ^{24}	tɕiaŋ^{24}	tɕʰiaŋ^{55}	tɕiaŋ^{24}
文县	xuə^{31}	ŋɤ^{31}	ȵiã^{13}	liã^{55}	liã^{24}	tɕiã^{24}	tɕʰiã^{31}	tɕʰiã^{24}
康县	xuɤ^{53}	ŋuɤ^{53}	ȵiaŋ^{211} ȵia^{13}	liaŋ^{55}	liaŋ^{24}	tɕiaŋ^{24}	tɕʰiaŋ^{55}	tɕiaŋ^{24}
礼县	xɤ^{44}	ŋɤ^{31}	ȵiaŋ^{13}	liaŋ^{52}	liaŋ^{44}	tɕiaŋ^{31}	tɕʰiaŋ^{52}	tɕʰiaŋ^{44}
靖远县	xuə^{24}	nuə^{41}	ȵiaŋ^{24}	liaŋ^{55}	liaŋ^{33}	tɕiaŋ^{41}	tɕʰiaŋ^{55}	tɕiaŋ^{41}
陇西县	xɤ^{44}	kɤ^{21}	liaŋ^{13}	liaŋ^{53}	liaŋ^{44}	tɕiaŋ^{21}	tɕʰiaŋ^{53}	tɕʰiaŋ^{44}
秦州区	xuə^{53}	ŋuə^{13}	ȵiaŋ^{13}	liaŋ^{53}	liaŋ^{44}	tɕiaŋ^{53}	tɕʰiaŋ^{53}	tɕʰiaŋ^{44}
安定区	xə^{13}	ŋə^{13}	ȵiaŋ^{13}	liaŋ^{53}	liaŋ^{44}	tɕiaŋ^{13}	tɕʰiaŋ^{53}	tɕʰiaŋ^{44}
会宁县	xə^{13}	ŋə^{13}	ȵiaŋ^{13}	liaŋ^{53}	liaŋ^{44}	tɕiaŋ^{13} tɕiaŋ^{53}	tɕʰiaŋ^{53}	tɕʰiaŋ^{44}
临洮县	xɤ^{44}	ŋɤ^{13}	ȵiã^{13}	liã^{53}	liã^{44}	tɕiã^{13}	tɕʰiã^{53}	tɕiã^{44}
清水县	xuə^{13}	ŋuə^{13}	ȵia^{13} ȵiɒ̃^{13}	liɒ̃^{52}	liɒ̃^{443}	tsiɒ̃^{13} tsiɒ̃^{443}	tsʰiɒ̃^{52}	tsʰiɒ̃^{443} tsiɒ̃^{443}
永靖县	xɤ^{213}	ɯ^{213}	ȵiaŋ^{213}	liaŋ^{53}	liaŋ^{44}	tɕiaŋ^{213}	tɕʰiaŋ^{53}	tɕiaŋ^{44}
敦煌市	xə^{44}	ŋə^{213}	ȵiaŋ^{213}	liaŋ^{51}	liaŋ^{44}	tɕiaŋ^{213}	tɕʰiaŋ^{51}	tɕiaŋ^{44}
临夏市	xɤ^{53}	ŋɤ^{13}	ȵiaŋ^{13}	liaŋ^{42}	liaŋ^{53}	tɕiaŋ^{53}	tɕʰiaŋ^{42}	tɕiaŋ^{53}
合作市	xə^{53}	ŋə^{13}	ȵiaŋ^{13}	liaŋ^{44}	liaŋ^{53}	tɕiaŋ^{53}	tɕʰiaŋ^{44}	tɕiaŋ^{53}
临潭县	xɤ^{44}	ŋɤ^{44}	ȵiɒ^{24}	liɒ^{51}	liɒ^{44}	tɕiɒ^{44}	tɕʰiɒ^{51}	tɕiɒ^{44}

	0729 想	0730 像	0731 张量	0732 长～短	0733 装	0734 壮	0735 疮	0736 床
	宕开三上阳心	宕开三上阳邪	宕开三平阳知	宕开三平阳澄	宕开三平阳庄	宕开三去阳庄	宕开三平阳初	宕开三平阳崇
兰州市	ɕiã^{34}	ɕiã^{13}	tʂʰã^{55}	tʂʰã^{53}	pfã^{55}	pfã^{13}	pfʰã^{55}	pfʰã^{53}
榆中县	ɕiaŋ^{44}	ɕiaŋ^{213}	tʂaŋ^{51}	tʂʰaŋ^{44}	tʂuaŋ^{51}	tʂuaŋ^{213}	tʂʰuaŋ^{51}	tʂʰuaŋ^{312}
永登县	ɕiã^{354}	ɕiã^{13}	tʂã^{42}	tʂʰã^{53}	pfã^{42}	pfã^{13}	pfʰã^{42}	pfʰã^{53}
红古区	ɕiaŋ^{53}	ɕiaŋ^{13}	tʂaŋ^{13}	tʂʰaŋ^{13}	tʂuaŋ^{13}	tʂuaŋ^{13}	tʂʰuaŋ^{13}	tʂʰuaŋ^{13}
凉州区	ɕiaŋ^{35}	ɕiaŋ^{31}	tʂaŋ^{35}	tʂʰaŋ^{35}	tʂuaŋ^{35}	tʂuaŋ^{31}	tʂʰuaŋ^{35}	tʂʰuaŋ^{35}
甘州区	ɕiaŋ^{53}	ɕiaŋ^{31}	tʂaŋ^{44}	tʂʰaŋ^{53}	kuaŋ^{44}	kuaŋ^{31}	kʰuaŋ^{44}	kʰuaŋ^{53}
肃州区	ɕiaŋ^{51}	ɕiaŋ^{213}	tʂaŋ^{44}	tʂʰaŋ^{51}	tʂuaŋ^{44}	tʂuaŋ^{213}	tʂʰuaŋ^{44}	tʂʰuaŋ^{51}
永昌县	ɕiaŋ^{13}	ɕiaŋ^{53}	tʂaŋ^{44}	tʂʰaŋ^{13}	tʂuaŋ^{44}	tʂuaŋ^{53}	tʂʰuaŋ^{44}	tʂʰuaŋ^{13}
崆峒区	ɕiaŋ^{53}	ɕiaŋ^{44}	tʂaŋ^{21}	tʂʰaŋ^{24}	tʂuaŋ^{21}	tʂuaŋ^{44}	tʂʰuaŋ^{21}	tʂʰuaŋ^{24}
庆城县	ɕiã^{44}	ɕiã^{244}	tʂã^{51}	tʂʰã^{113}	tʂuã^{51}	tʂuã^{244}	tʂʰuã^{51}	tʂʰuã^{113}
宁县	ɕiaŋ^{52}	ɕiaŋ^{44}	tʂaŋ^{31}	tʂʰaŋ^{24}	tʃuaŋ^{31} tʃuaŋ^{44}	tʃuaŋ^{44}	tʃʰuaŋ^{31}	tʃʰuaŋ^{24}
武都区	ɕiaŋ^{55}	ɕiaŋ^{24}	tʂaŋ^{31}	tʂʰaŋ^{13}	tʃuaŋ^{31}	tʃuaŋ^{24}	tʃʰuaŋ^{31}	tʃʰuaŋ^{24}
文县	ɕiã^{55}	ɕiã^{24}	tsã^{31}	tsʰã^{13}	tsuã^{31}	tsuã^{24}	tsʰuã^{31}	tsʰuã^{13}
康县	siaŋ^{55}	siaŋ^{24}	tʂaŋ^{53}	tʂʰaŋ^{211}	pfaŋ^{53}	pfaŋ^{24}	pfʰaŋ^{53}	pfʰaŋ^{211}
礼县	ɕiaŋ^{52}	ɕiaŋ^{44}	tʂaŋ^{31}	tʂʰaŋ^{13}	tʃuaŋ^{31}	tʃuaŋ^{44}	tʃʰuaŋ^{31}	tʃʰuaŋ^{13}
靖远县	ɕiaŋ^{55}	ɕiaŋ^{33}	tʂaŋ^{41}	tʂʰaŋ^{24}	tʂuaŋ^{41}	tʂuaŋ^{33}	tsʰuaŋ^{41}	tʂʰaŋ^{24}
陇西县	ɕiaŋ^{53}	ɕiaŋ^{44}	tʂaŋ^{13}	tʂʰaŋ^{13}	tʃɥaŋ^{21}	tʂuaŋ^{44}	tʃʰɥaŋ^{21}	tʃʰɥaŋ^{13}
秦州区	ɕiaŋ^{53}	ɕiaŋ^{44}	tʂaŋ^{13}	tʂʰaŋ^{13}	tʃuaŋ^{13}	tʃuaŋ^{44}	tʃʰuaŋ^{13}	tʃʰuaŋ^{13}
安定区	ɕiaŋ^{53}	ɕiaŋ^{44}	tʂaŋ^{13}	tʂʰaŋ^{13}	tʃuaŋ^{13}	tʃuaŋ^{44}	tʃʰuaŋ^{13}	tʃʰuaŋ^{13}
会宁县	ɕiaŋ^{53}	ɕiaŋ^{44}	tʂaŋ^{13}	tʂʰaŋ^{13}	tʃuaŋ^{13}	tʃuaŋ^{44}	tʃʰuaŋ^{13}	tʃʰuaŋ^{13}
临洮县	ɕiã^{53}	ɕiã^{44}	tʂã^{13}	tʂʰã^{13}	tʂuã^{13}	tʂuã^{44}	tʂʰuã^{13}	tʂʰuã^{13}
清水县	siɒ̃^{13}	siɒ̃^{443}	tʂɒ̃^{13}	tʂɒ̃^{13}	tʃɒ̃^{13} tʃɒ̃^{443}	tʃɒ̃^{443}	tʃʰɒ̃^{13}	tʃʰɒ̃^{13}
永靖县	ɕiaŋ^{53}	ɕiaŋ^{44}	tʂaŋ^{213}	tʂʰaŋ^{213}	tʂuaŋ^{213}	tʂuaŋ^{44}	tʂʰuaŋ^{213}	tʂʰuaŋ^{213}
敦煌市	ɕiaŋ^{51}	ɕiaŋ^{44}	tʂaŋ^{213}	tʂʰaŋ^{213}	tʂuaŋ^{213}	tʂuaŋ^{44}	tʂʰuaŋ^{213}	tʂʰuaŋ^{213}
临夏市	ɕiaŋ^{42}	ɕiaŋ^{53}	tʂaŋ^{13}	tʂʰaŋ^{13}	tʂuaŋ^{13}	tʂuaŋ^{53}	tʂʰuaŋ^{13}	tʂʰuaŋ^{13}
合作市	ɕiaŋ^{44}	ɕiaŋ^{44}	tʂaŋ^{13}	tʂʰaŋ^{13}	tʂuaŋ^{13}	tʂuaŋ^{53}	tʂʰaŋ^{13}	tʂʰuaŋ^{13}
临潭县	ɕiɒ^{51}	ɕiɒ^{44}	tʂɒ^{44}	tʂʰɒ^{24}	tsuɒ^{44}	tsuɒ^{44}	tsʰuɒ^{44}	tsʰuɒ^{24}

	0737 霜	0738 章	0739 厂	0740 唱	0741 伤	0742 尝	0743 上～去	0744 让
	宕开三 平阳生	宕开三 平阳章	宕开三 上阳昌	宕开三 去阳昌	宕开三 平阳书	宕开三 平阳禅	宕开三 上阳禅	宕开三 去阳日
兰州市	fɑ̃^{55}	tʂɑ̃^{55}	tʂʰɑ̃^{34}	tʂʰɑ̃^{13}	ʂɑ̃^{55}	tʂʰɑ̃^{53}	ʂɑ̃^{13}	ʐɑ̃^{13}
榆中县	ʂuaŋ^{51}	tʂaŋ^{51}	tʂʰaŋ^{44}	tʂʰaŋ^{213}	ʂaŋ^{51}	tʂʰaŋ^{312}	ʂaŋ^{213}	ʐaŋ^{213}
永登县	fɑ̃^{42}	tʂɑ̃^{42}	tʂʰɑ̃^{354}	tʂʰɑ̃^{13}	ʂɑ̃^{42}	tʂʰɑ̃^{53}	ʂɑ̃^{13}	ʐɑ̃^{13}
红古区	fɑŋ^{13}	tʂɑŋ^{13}	tʂʰɑŋ^{53}	tʂʰɑŋ^{13}	ʂɑŋ^{13}	ʂɑŋ^{13} tʂʰɑŋ^{13}	ʂɑŋ^{13}	ʐɑŋ^{13}
凉州区	ʂuɑŋ^{35}	tʂɑŋ^{35}	tʂʰɑŋ^{35}	tʂʰɑŋ^{31}	ʂɑŋ^{35}	tʂʰɑŋ^{35}	ʂɑŋ^{31}	ʐɑŋ^{31}
甘州区	faŋ^{44}	tʂaŋ^{44}	tʂʰaŋ^{53}	tʂʰaŋ^{31}	ʂaŋ^{44}	tʂʰaŋ^{53}	ʂaŋ^{31}	ʐaŋ^{31}
肃州区	ʂuɑŋ^{44}	tʂɑŋ^{44}	tʂʰɑŋ^{51}	tʂʰɑŋ^{213}	ʂɑŋ^{44}	tʂʰɑŋ^{51}	ʂɑŋ^{213}	ʐɑŋ^{213}
永昌县	ʂuɑŋ^{44}	tʂɑŋ^{44}	tʂʰɑŋ^{13}	tʂʰɑŋ^{53}	ʂɑŋ^{44}	tʂʰɑŋ^{13}	ʂiaŋ^{53}	ʐiaŋ^{53}
崆峒区	ʂuɑŋ^{21}	tʂɑŋ^{21}	tʂʰɑŋ^{53}	tʂʰɑŋ^{44}	ʂɑŋ^{21}	ʂɑŋ^{24}	ʂɑŋ^{44}	ʐɑŋ^{44}
庆城县	ʂuɑ̃^{51}	tʂɑ̃^{51}	tʂʰɑ̃^{44}	tʂʰɑ̃^{244}	ʂɑ̃^{51}	ʂɑ̃^{113}	ʂɑ̃^{244}	ʐɑ̃^{244}
宁县	ʃuaŋ^{31}	tʂaŋ^{31}	tʂʰaŋ^{52}	tʂʰaŋ^{44}	ʂaŋ^{31}	ʂaŋ^{24}	ʂaŋ^{44}	ʐaŋ^{44}
武都区	ʃuɑŋ^{31}	tʂɑŋ^{31}	tʂʰɑŋ^{55}	tʂʰɑŋ^{13}	ʂɑŋ^{31}	ʂɑŋ^{13}	ʂɑŋ^{24}	ʐɑŋ^{24}
文县	suɑ̃^{31}	tsɑ̃^{31}	tsʰɑ̃^{55}	tsʰɑ̃^{24}	sɑ̃^{31}	sɑ̃^{13}	sɑ̃^{24}	zɑ̃^{24}
康县	fɑŋ^{53}	tʂɑŋ^{53}	tʂʰɑŋ^{55}	tʂʰɑŋ^{24}	ʂɑŋ^{53}	ʂɑŋ^{211}	ʂɑŋ^{24}	ʐɑŋ^{24}
礼县	ʃuɑŋ^{31}	tʂɑŋ^{31}	tʂʰɑŋ^{52}	tʂʰɑŋ^{44}	ʂɑŋ^{31}	ʂɑŋ^{13}	ʂɑŋ^{44}	ʐɑŋ^{44}
靖远县	ʂuɑŋ^{41}	tʂɑŋ^{41}	tʂʰɑŋ^{55}	tʂʰɑŋ^{33}	ʂɑŋ^{41}	tʂʰɑŋ^{24}	ʂɑŋ^{33}	ʐɑŋ^{33}
陇西县	ʂuɑŋ^{21}	tʂɑŋ^{21}	tʂʰɑŋ^{53}	tʂʰɑŋ^{44}	ʂɑŋ^{21}	ʂɑŋ^{13}	ʂɑŋ^{44}	ʐɑŋ^{44}
秦州区	ʃuɑŋ^{13}	tʂɑŋ^{13}	tʂʰɑŋ^{53}	tʂʰɑŋ^{44}	ʂɑŋ^{13}	tʂʰɑŋ^{13}	ʂɑŋ^{44}	ʐɑŋ^{44}
安定区	ʃuɑŋ^{13}	tʂɑŋ^{13}	tʂʰɑŋ^{53}	tʂʰɑŋ^{44}	ʂɑŋ^{13}	ʂɑŋ^{13} tʂʰɑŋ^{13}	ʂɑŋ^{44}	ʐɑŋ^{44}
会宁县	ʃuɑŋ^{13}	tʂɑŋ^{13}	tʂʰɑŋ^{53}	tʂʰɑŋ^{44}	ʂɑŋ^{13}	ʂɑŋ^{13}	ʂɑŋ^{44}	ʐɑŋ^{44}
临洮县	ʂuɑ̃^{13}	tʂɑ̃^{13}	tʂʰɑ̃^{53}	tʂʰɑ̃^{44}	ʂɑ̃^{13}	ʂɑ̃^{13} tʂʰɑ̃^{13}	ʂɑ̃^{44}	ʐɑ̃^{44}
清水县	ʃɒ̃^{13}	tʂɒ̃^{13}	tʂʰɒ̃^{52}	tʂʰɒ̃^{443}	ʂɒ̃^{13}	ʂɒ̃^{13}	ʂɒ̃^{443}	ʐɒ̃^{443}
永靖县	ʂuɑŋ^{213}	tʂɑŋ^{213}	tʂʰɑŋ^{53}	tʂʰɑŋ^{44}	ʂɑŋ^{213}	ʂɑŋ^{213}	ʂɑŋ^{44}	ʐɑŋ^{44}
敦煌市	ʂuɑŋ^{213}	tʂɑŋ^{213}	tʂʰɑŋ^{51}	tʂʰɑŋ^{44}	ʂɑŋ^{213}	ʂɑŋ^{213} tʂʰɑŋ^{213}	ʂɑŋ^{44}	ʐɑŋ^{44}
临夏市	ʂuɑŋ^{13}	tʂɑŋ^{13}	tʂʰɑŋ^{42}	tʂʰɑŋ^{53}	ʂɑŋ^{13}	tʂʰɑŋ^{13}	ʂɑŋ^{53}	ʐɑŋ^{53}
合作市	ʂuɑŋ^{13}	tʂɑŋ^{13}	tʂʰɑŋ^{44}	tʂʰɑŋ^{53}	ʂɑŋ^{13}	tʂʰɑŋ^{13}	ʂɑŋ^{53}	ʐɑŋ^{53}
临潭县	suɒ^{44}	tʂɒ^{44}	tʂʰɒ^{51}	tʂʰɒ^{44}	ʂɒ^{44}	ʂɒ^{24}	ʂɒ^{44}	ʐɒ^{44}

	0745 姜生~	0746 响	0747 向	0748 秧	0749 痒	0750 样	0751 雀	0752 削
	宕开三 平阳见	宕开三 上阳晓	宕开三 去阳晓	宕开三 平阳影	宕开三 上阳以	宕开三 去阳以	宕开三 入药精	宕开三 入药心
兰州市	tɕiã^{55}	ɕiã^{34}	ɕiã^{13}	iã^{55}	iã^{34}	iã^{13}	tɕ^{h}iɔ^{13}	ɕyɛ^{13}
榆中县	tɕiaŋ^{51}	ɕiaŋ^{44}	ɕiaŋ^{213}	iaŋ^{51}	iaŋ^{44}	iaŋ^{213}	tɕ^{h}iɔ^{44} tɕ^{h}yE^{312}	ɕyE^{312}
永登县	tɕiã^{42}	ɕiã^{354}	ɕiã^{13}	iã^{53}	iã^{354}	iã^{13}	tɕ^{h}yə^{42}	ɕyə^{13}
红古区	tɕiaŋ^{13}	ɕiaŋ^{53}	ɕiaŋ^{13}	iaŋ^{13}	iaŋ^{53}	iaŋ^{13}	tɕ^{h}iɔ^{53} tɕ^{h}yɛ^{55}	ɕyɛ^{53}
凉州区	tɕiaŋ^{35}	ɕiaŋ^{35}	ɕiaŋ^{31}	iaŋ^{35}	iaŋ^{35}	iaŋ^{31}	tɕ^{h}iao^{31} tɕ^{h}yə^{31}	ɕyə^{31}
甘州区	tɕiaŋ^{44}	ɕiaŋ^{53}	ɕiaŋ^{31}	iaŋ^{44}	iaŋ^{53}	iaŋ^{31}	tɕ^{h}iɔ^{53} tɕ^{h}yə^{31}	ɕyə^{31}
肃州区	tɕiaŋ^{44}	ɕiaŋ^{51}	ɕiaŋ^{213}	ʑiaŋ^{44}	ʑiaŋ^{51}	ʑiaŋ^{213}	tɕ^{h}iɔ^{51} tɕ^{h}yə^{51}	ɕyə^{213}
永昌县	tɕiaŋ^{44}	ɕiaŋ^{13}	ɕiaŋ^{53}	iaŋ^{44}	iaŋ^{13}	iaŋ^{53}	tɕ^{h}iɔo^{13} tɕ^{h}yə^{53}	ɕyə^{53}
崆峒区	tɕiaŋ^{21}	ɕiaŋ^{53}	ɕiaŋ^{44}	iaŋ^{21}	iaŋ^{53}	iaŋ^{44}	tɕ^{h}iɔ^{53}	ɕyɤ^{21}
庆城县	tɕiã^{51}	ɕiã^{44}	ɕiã^{244}	iã^{51}	iã^{44}	iã^{244}	tɕ^{h}iɔ^{44} tɕ^{h}yə^{44}	ɕyə^{51}
宁县	tɕiaŋ^{31}	ɕiaŋ^{52}	ɕiaŋ^{44}	iaŋ^{31}	iaŋ^{52}	iaŋ^{44}	tɕ^{h}iɔ^{52}	ɕyə^{31}
武都区	tɕiaŋ^{31}	ɕiaŋ^{55}	ɕiaŋ^{13}	iaŋ^{31}	iaŋ^{55}	iaŋ^{13}	tɕ^{h}yɛ^{31}	ɕyɤ^{31}
文县	tɕiã^{31}	ɕiã^{55}	ɕiã^{24}	iã^{31}	ȵiɔo^{55}	iã^{24}	tɕ^{h}yɛ^{31}	ɕyɛ^{31}
康县	tɕiaŋ^{53}	ɕiaŋ^{55}	ɕiaŋ^{24}	iaŋ^{53}	iaŋ^{55}	iaŋ^{24}	tɕ^{h}yɛ^{53}	ɕyɛ^{53}
礼县	tɕiaŋ^{31}	ɕiaŋ^{52}	ɕiaŋ^{44}	iaŋ^{31}	iaŋ^{52}	iaŋ^{44}	tɕ^{h}yɤ^{52}	ɕyɤ^{31}
靖远县	tɕiaŋ^{41}	ɕiaŋ^{55}	ɕiaŋ^{33}	iaŋ^{41}	iaŋ^{55}	iaŋ^{33}	tɕ^{h}iao^{41} tɕ^{h}yə^{41}	ɕyə^{41}
陇西县	tɕiaŋ^{21}	ɕiaŋ^{53}	ɕiaŋ^{44}	iaŋ^{21}	iaŋ^{53}	iaŋ^{44}	tɕ^{h}iɔo^{53}	ɕyɤ^{21}
秦州区	tɕiaŋ^{13}	ɕiaŋ^{53}	ɕiaŋ^{44}	iaŋ^{13}	iaŋ^{53}	iaŋ^{44}	tɕ^{h}iɔ^{53}	ɕyə^{13}
安定区	tɕiaŋ^{13}	ɕiaŋ^{53}	ɕiaŋ^{44}	iaŋ^{13}	iaŋ^{13}	iaŋ^{44}	tɕ^{h}iɔ^{53} tɕ^{h}yə^{13}	ɕyə^{13}
会宁县	tɕiaŋ^{13}	ɕiaŋ^{53}	ɕiaŋ^{44}	iaŋ^{13}	iaŋ^{53}	iaŋ^{44}	tɕ^{h}iɔ^{53} tɕyə^{13}	ɕyə^{13}
临洮县	tɕiã^{13}	ɕiã^{53}	ɕiã^{44}	iã^{13}	iã^{53}	iã^{44}	tɕ^{h}iɔ^{53} tɕ^{h}ye^{13}	ɕye^{13}
清水县	tɕiɒ̃^{13}	ɕiɒ̃^{52}	ɕiɒ̃^{443}	iɒ̃^{13}	iɒ̃^{52}	iɒ̃^{443}	ts^{h}iɔ^{52} tɕ^{h}yɛ^{13}	ɕyɛ^{13}
永靖县	tɕiaŋ^{213}	ɕiaŋ^{53}	ɕiaŋ^{44}	iaŋ^{213}	iɔ^{53}	iaŋ^{213}	tɕ^{h}iɔ^{53} tɕ^{h}yɛ^{53}	ɕyɛ^{213}
敦煌市	tɕiaŋ^{213}	ɕiaŋ^{51}	ɕiaŋ^{44}	iaŋ^{213}	ȵiɔ^{51} iaŋ^{51}	iaŋ^{44}	tɕ^{h}iɔ^{51} tɕ^{h}yə^{213}	ɕyə^{213}
临夏市	tɕiaŋ^{13}	ɕiaŋ^{42}	ɕiaŋ^{53}	iaŋ^{13}	iaŋ^{42}	iaŋ^{53}	tɕ^{h}iɔ^{53} tɕ^{h}yɛ^{13}	ɕyɛ^{13}
合作市	tɕiaŋ^{13}	ɕiaŋ^{44}	ɕiaŋ^{53}	iaŋ^{13}	iaŋ^{44}	iaŋ^{53}	tɕ^{h}iɔ^{53} tɕ^{h}yə^{53}	ɕyə^{13}
临潭县	tɕiɒ^{44}	ɕiɒ^{51}	ɕiɒ^{44}	iɒ^{44}	iɒ^{51}	iɒ^{44}	tɕ^{h}yɛ^{44}	ɕyɛ^{44}

	0753 着 火～了	0754 勺	0755 弱	0756 脚	0757 约	0758 药	0759 光 ～线	0760 慌
	宕开三入药知	宕开三入药禅	宕开三入药日	宕开三入药见	宕开三入药影	宕开三入药以	宕合一平唐见	宕合一平唐晓
兰州市	tʂuɤ^{53}	ʂuɤ^{13}	ʐuɤ^{13}	tɕyɛ^{13}	yɛ^{13}	yɛ^{13}	kuɑ̃^{55}	xuɑ̃^{55}
榆中县	tʂʰuə^{312}	ʂuə^{312}	ʐuə^{51}	tɕyᴇ^{312}	yᴇ^{312}	yᴇ^{312}	kuɑŋ^{51}	xuɑŋ^{51}
永登县	pfə^{53}	fə^{53}	və^{42}	tɕyə^{13}	yə^{13}	yə^{13}	kuɑ̃^{42}	xuɑ̃^{42}
红古区	tʂuə^{13}	fə^{13}	və^{13}	tɕyɛ^{13}	yɛ^{13}	yɛ^{13}	kuɑŋ^{13}	xuɑŋ^{53}
凉州区	tʂuə^{35}	ʂuə^{35}	ʐuə^{31}	tɕyə^{31} tɕiɑo^{31}	yə^{31}	yə^{31} iɑo^{31}	kuɑŋ^{35}	xuɑŋ^{35}
甘州区	kuə^{53}	fə^{53}	və^{31}	tɕyə^{31}	yə^{31}	yə^{31}	kuɑŋ^{44}	xuɑŋ^{44}
肃州区	tʂuə^{51}	ʂuə^{51}	ʐuə^{213}	tɕyə^{213}	ʑyə^{213}	ʑyə^{213}	kuɑŋ^{44}	xuɑŋ^{44}
永昌县	tʂuə^{13}	ʂuə^{13}	ʐuə^{53}	tɕyə^{53}	yə^{53}	yə^{53}	kuɑŋ^{44}	xuɑŋ^{44}
崆峒区	tʂuo^{24}	ʂuo^{24}	ʐuo^{21}	tɕyɤ^{21}	yɤ^{21}	yɤ^{21}	kuɑŋ^{21}	xuɑŋ^{21}
庆城县	tʂʰuə^{113}	ʂuə^{113}	ʐuə^{51}	tɕyə^{51}	yə^{51}	yə^{51}	kuɑ̃^{51}	xuɑ̃^{51}
宁县	tʃʰuə^{24}	ʃuə^{24}	ʒuə^{31}	tɕyə^{31}	yə^{31} iɔ^{31}	yə^{31}	kuɑŋ^{31}	xuɑŋ^{31}
武都区	tʂʰɤ^{13}	ʂɤ^{13}	ʒɤ^{31}	tɕyɤ^{31}	iəu^{31}	iəu^{31}	kuɑŋ^{31}	xuɑŋ^{31}
文县	tsʰuə^{13}	suə^{13}	zuə^{31}	tɕyɛ^{31}	yɛ^{31}	yɛ^{31}	kuɑ̃^{31}	xuɑ̃^{31}
康县	pfʰɤ^{211}	fɤ^{211}	vɤ^{53}	tɕyɛ^{53}	yɛ^{53}	yɛ^{53}	kuɑŋ^{53}	xuɑŋ^{53}
礼县	tʂɔo^{13}	ʂɤ^{13}	ʒuɤ^{31}	tɕyɤ^{31}	yɤ^{31}	yɤ^{31}	kuɑŋ^{31}	xuɑŋ^{31}
靖远县	tʂuə^{24}	ʂuə^{24}	ʐuə^{41}	tɕyə^{41}	yə^{41}	yə^{41}	kuɑŋ^{41}	xuɑŋ^{41}
陇西县	tʂʰɤ^{13}	ʂɤ^{13}	ʐɤ^{21}	tɕyɤ^{21}	iɛ^{21} yɤ^{21}	yɤ^{21}	kuɑŋ^{21}	xuɑŋ^{21}
秦州区	tʂʰuə^{13}	ʂuə^{13}	ʐuə^{13}	tɕyə^{13}	yə^{13}	yə^{13}	kuɑŋ^{13}	xuɑŋ^{13}
安定区	tʂʰə^{13}	ʂə^{13}	ʐə^{13}	tɕiə^{13}	iə^{13}	iə^{13}	kuɑŋ^{13}	xuɑŋ^{13}
会宁县	tʂʰə^{13}	ʂə^{13}	ʐə^{13}	tɕiə^{13}	iə^{13}	iə^{13}	kuɑŋ^{13}	xuɑŋ^{13}
临洮县	tʂuɤ^{13}	ʂuɤ^{13}	ʐuɤ^{13}	tɕye^{13}	ye^{13}	ye^{13}	kuɑ̃^{13}	xuɑ̃^{13}
清水县	tʂʰuə^{13}	ʂə^{13}	ʐə^{13}	tɕyɛ^{13}	iɔ^{13} yɛ^{13}	yɛ^{13}	kuɒ̃^{13}	xuɒ̃^{13}
永靖县	tʂuɤ^{213}	ʂuɤ^{213}	ʐuɤ^{213}	tɕyɛ^{213}	yɛ^{213}	yɛ^{213}	kuɑŋ^{213}	xuɑŋ^{213}
敦煌市	tʂuə^{213}	ʂuə^{213}	ʐuə^{213}	tɕyə^{213}	yə^{213}	yə^{213}	kuɑŋ^{213}	xuɑŋ^{213}
临夏市	tʂuɤ^{13}	ʂuɤ^{13}	ʐuɤ^{13}	tɕyɛ^{13}	yɛ^{13}	yɛ^{13}	kuɑŋ^{13}	xuɑŋ^{13}
合作市	tʂuə^{13}	fə^{13}	ʐuə^{53}	tɕyə^{13}	yə^{13}	yə^{13}	kuɑŋ^{13}	xuɑŋ^{13}
临潭县	tʂuɤ^{24}	ʂuɤ^{24}	ʐuɤ^{44}	tɕyɛ^{44}	yɛ^{44}	yɛ^{44}	kuɒ^{44}	xuɒ^{44}

	0761 黄	0762 郭	0763 霍	0764 方	0765 放	0766 纺	0767 房	0768 防
	宕合一 平唐匣	宕合一 入铎见	宕合一 入铎晓	宕合三 平阳非	宕合三 去阳非	宕合三 上阳敷	宕合三 平阳奉	宕合三 平阳奉
兰州市	xuɑ̃⁵³	kuɤ¹³	xɤ¹³	fɑ̃⁵⁵	fɑ̃¹³	fɑ̃³⁴	fɑ̃⁵³	fɑ̃⁵³
榆中县	xuaŋ³¹²	kuə³¹²	xə³¹² xuə³¹²	faŋ⁵¹	faŋ²¹³	faŋ⁴⁴	faŋ³¹²	faŋ³¹²
永登县	xuɑ̃⁵³	kuə¹³	xə⁵³	fɑ̃⁴²	fɑ̃¹³	fɑ̃³⁵⁴	fɑ̃⁵³	fɑ̃⁵³
红古区	xuɑŋ¹³	kuə¹³	xuə¹³	fɑŋ¹³	fɑŋ¹³	fɑŋ⁵³	fɑŋ¹³	fɑŋ¹³
凉州区	xuɑŋ³⁵	kuə³¹	xə³¹ xuə³¹	fɑŋ³⁵	fɑŋ³¹	fɑŋ³⁵	fɑŋ³⁵	fɑŋ³⁵
甘州区	xuaŋ⁵³	kuə³¹	xuə³¹	faŋ⁴⁴	faŋ³¹	faŋ⁵³	faŋ⁵³	faŋ⁵³
肃州区	xuaŋ⁵¹	kuə²¹³	xuə²¹³	faŋ⁴⁴	faŋ²¹³	faŋ⁵¹	faŋ⁵¹	faŋ⁵¹
永昌县	xuaŋ¹³	kuə⁵³	xuə⁵³	faŋ⁴⁴	faŋ⁵³	faŋ¹³	faŋ¹³	faŋ¹³
崆峒区	xuaŋ²⁴	kuo²¹	xuo⁴⁴	faŋ²¹	faŋ⁴⁴	faŋ⁵³	faŋ²⁴	faŋ²⁴
庆城县	xuɑ̃¹¹³	kuə⁵¹	xuə⁵¹	fɑ̃⁵¹	fɑ̃²⁴⁴	fɑ̃²⁴⁴	fɑ̃¹¹³	fɑ̃¹¹³
宁县	xuaŋ²⁴	kuə³¹	xuə³¹	faŋ³¹	faŋ⁴⁴	faŋ⁵²	faŋ²⁴	faŋ²⁴
武都区	xuaŋ¹³	kuɤ³¹	xuɤ³¹	faŋ³¹	faŋ²⁴	faŋ⁵⁵	faŋ¹³	faŋ¹³
文县	xuɑ̃¹³	kuə³¹	xuə³¹	fɑ̃³¹	fɑ̃²⁴	fɑ̃⁵⁵	fɑ̃¹³	fɑ̃¹³
康县	xuaŋ²¹¹	kuɤ⁵³	xuɤ⁵³	faŋ⁵³	faŋ²⁴	faŋ⁵⁵	faŋ²¹¹	faŋ²¹¹
礼县	xuaŋ¹³	kuɤ³¹	xuɤ⁵²	faŋ³¹	faŋ⁴⁴	faŋ⁵²	faŋ¹³	faŋ¹³
靖远县	xuaŋ²⁴	kuə⁴¹	xuə⁴¹	faŋ⁴¹	faŋ³³	faŋ⁵⁵	faŋ²⁴	faŋ²⁴
陇西县	xuaŋ¹³	kuɤ²¹	xuɤ²¹	faŋ²¹	faŋ⁴⁴	faŋ⁵³	faŋ¹³	faŋ¹³
秦州区	xuaŋ¹³	kuə¹³	xuə¹³	faŋ¹³	faŋ⁴⁴	faŋ⁵³	faŋ¹³	faŋ¹³
安定区	xuaŋ¹³	kuə¹³	xuə⁵³	faŋ¹³	faŋ⁴⁴	faŋ⁵³	faŋ¹³	faŋ¹³
会宁县	xuaŋ¹³	kuə¹³	xuə¹³	faŋ¹³	faŋ⁴⁴	faŋ⁵³	faŋ¹³	faŋ¹³
临洮县	xuɑ̃¹³	kuɤ¹³	xɤ⁴⁴	fɑ̃¹³	fɑ̃⁴⁴	fɑ̃⁵³	fɑ̃¹³	fɑ̃¹³
清水县	xuɒ̃¹³	kuə¹³	xuə⁴⁴³	fɒ̃¹³	fɒ̃⁴⁴³	fɒ̃⁵²	fɒ̃¹³	fɒ̃¹³
永靖县	xuaŋ²¹³	kuɤ²¹³	xuɤ⁴⁴	faŋ⁵³	faŋ⁴⁴	faŋ⁵³	faŋ²¹³	faŋ²¹³
敦煌市	xuaŋ²¹³	kuə²¹³	xə⁴⁴	faŋ²¹³	faŋ⁴⁴	faŋ⁵¹	faŋ²¹³	faŋ²¹³
临夏市	xuaŋ¹³	kuɤ¹³	xɤ¹³	faŋ¹³	faŋ⁵³	faŋ⁴²	faŋ¹³	faŋ¹³
合作市	xuaŋ¹³	kuə¹³	xuə⁵³	faŋ¹³	faŋ⁵³	faŋ⁴⁴	faŋ¹³	faŋ¹³
临潭县	xuɒ²⁴	kuɤ⁴⁴	xɤ⁴⁴	fɒ⁴⁴	fɒ⁴⁴	fɒ⁵¹	fɒ²⁴	fɒ²⁴

	0769 网	0770 筐	0771 狂	0772 王	0773 旺	0774 缚	0775 绑	0776 胖
	宕合三 上阳微	宕合三 平阳溪	宕合三 平阳群	宕合三 平阳云	宕合三 去阳云	宕合三 入药奉	江开二 上江帮	江开二 去江滂
兰州市	vã^{34}	k^{h}uã^{55}	k^{h}uã^{53}	vã^{53}	vã^{13}	fu^{13}	pã^{34}	p^{h}ã^{13}
榆中县	vaŋ^{44}	k^{h}uaŋ^{51}	k^{h}uaŋ^{312}	vaŋ^{312}	vaŋ^{213}	fu^{312}	paŋ^{44}	p^{h}aŋ^{213}
永登县	vã^{354}	k^{h}uã^{42}	k^{h}uã^{13}	vã^{53}	vã^{13}	fu^{13}	pã^{354}	p^{h}ã^{13}
红古区	vaŋ^{53}	k^{h}uaŋ^{13}	k^{h}uaŋ^{13}	vaŋ^{13}	vaŋ^{13}	fu^{53}	paŋ^{53}	p^{h}aŋ^{13}
凉州区	vaŋ^{35}	k^{h}uaŋ^{35}	k^{h}uaŋ^{35}	vaŋ^{35}	vaŋ^{31}	fu^{31}	paŋ^{35}	p^{h}aŋ^{31}
甘州区	vaŋ^{53}	k^{h}uaŋ^{44}	k^{h}uaŋ^{53}	vaŋ^{53}	vaŋ^{31}	fu^{31}	paŋ^{53}	p^{h}aŋ^{31}
肃州区	vaŋ^{51}	k^{h}uaŋ^{44}	k^{h}uaŋ^{51}	vaŋ^{51}	vaŋ^{213}	fu^{213}	paŋ^{51}	p^{h}aŋ^{213}
永昌县	vaŋ^{13}	k^{h}aŋ^{44}	k^{h}aŋ^{13}	vaŋ^{13}	vaŋ^{53}	fu^{53}	paŋ^{13}	p^{h}aŋ^{53}
崆峒区	uaŋ^{53}	k^{h}uaŋ^{53}	k^{h}uaŋ^{24}	uaŋ^{24}	uaŋ^{44}	fuo^{24}	paŋ^{53}	p^{h}aŋ^{44}
庆城县	vã^{44}	k^{h}uã^{51}	k^{h}uã^{113}	vã^{113}	vã^{244}	fu^{44}	pã^{44}	p^{h}ã^{244}
宁县	uaŋ^{52}	k^{h}uaŋ^{31}	k^{h}uaŋ^{24}	uaŋ^{24}	uaŋ^{44}	fuə^{24}	paŋ^{52}	p^{h}aŋ^{44}
武都区	vaŋ^{55}	k^{h}uaŋ^{31}	k^{h}uaŋ^{13}	vaŋ^{13}	vaŋ^{24}	fu^{55}	paŋ^{55}	p^{h}aŋ^{24}
文县	uã^{55}	k^{h}uã^{31}	k^{h}uã^{13}	uã^{13}	uã^{24}	fu^{55}	pã^{55}	p^{h}ã^{24}
康县	vaŋ^{55}	k^{h}uaŋ^{53}	k^{h}uaŋ^{211}	vaŋ^{211}	vaŋ^{24}	fu^{24}	paŋ^{55}	p^{h}aŋ^{24}
礼县	vaŋ^{52}	k^{h}uaŋ^{31}	k^{h}uaŋ^{13}	vaŋ^{13}	vaŋ^{44}	fu^{52}	paŋ^{52}	p^{h}aŋ^{44}
靖远县	vaŋ^{55}	k^{h}uaŋ^{41}	k^{h}uaŋ^{24}	vaŋ^{24}	vaŋ^{33}	fɤ^{55}	paŋ^{55}	p^{h}aŋ^{33}
陇西县	vaŋ^{53}	k^{h}uaŋ^{21}	k^{h}uaŋ^{13}	vaŋ^{13}	vaŋ^{44}	fu^{53}	paŋ^{53}	p^{h}aŋ^{44}
秦州区	vaŋ^{53}	k^{h}uaŋ^{13}	k^{h}uaŋ^{13}	vaŋ^{13}	vaŋ^{44}	fu^{13}	paŋ^{53}	p^{h}aŋ^{44}
安定区	vaŋ^{53}	k^{h}uaŋ^{13}	k^{h}uaŋ^{13}	vaŋ^{13}	vaŋ^{53}	fu^{13}	paŋ^{53}	p^{h}aŋ^{44}
会宁县	uaŋ^{53}	k^{h}uaŋ^{13}	k^{h}uaŋ^{13}	uaŋ^{13}	uaŋ^{44}	fu^{53}	paŋ^{53}	p^{h}aŋ^{44}
临洮县	vã^{53}	k^{h}uã^{13}	k^{h}uã^{13}	vã^{13}	vã^{44}	fu^{44}	pã^{53}	p^{h}ã^{44}
清水县	vɒ̃^{52}	k^{h}uɒ̃^{13}	k^{h}uɒ̃^{13}	vɒ̃^{13}	vɒ̃^{443}	fə^{13}	pɒ̃^{52}	p^{h}ɒ̃^{443}
永靖县	vaŋ^{53}	k^{h}uaŋ^{213}	k^{h}uaŋ^{213}	vaŋ^{213}	vaŋ^{44}	fu^{213}	paŋ^{44}	p^{h}aŋ^{44}
敦煌市	vaŋ^{51}	k^{h}uaŋ^{213}	k^{h}uaŋ^{213}	vaŋ^{213}	vaŋ^{44}	fu^{44}	paŋ^{51}	p^{h}aŋ^{44}
临夏市	vaŋ^{42}	k^{h}uaŋ^{13}	k^{h}uaŋ^{13}	vaŋ^{13}	vaŋ^{53}	fu^{53}	paŋ^{42}	p^{h}aŋ^{53}
合作市	vaŋ^{44}	k^{h}uaŋ^{13}	k^{h}uaŋ^{13}	vaŋ^{13}	vaŋ^{53}	fu^{13}	paŋ^{44}	p^{h}aŋ^{53}
临潭县	vɒ^{51}	k^{h}uɒ^{44}	k^{h}uɒ^{24}	vɒ^{24}	vɒ^{44}	fu^{51}	pɒ^{51}	p^{h}ɒ^{44}

	0777 棒	0778 桩	0779 撞	0780 窗	0781 双	0782 江	0783 讲	0784 降投～
	江开二 上江並	江开二 平江知	江开二 去江澄	江开二 平江初	江开二 平江生	江开二 平江见	江开二 上江见	江开二 平江匣
兰州市	pã^{13}	tʂuã^{55}	tʂʰuã^{13}	tʂʰuã^{55}	fã^{55}	tɕiã^{55}	tɕiã^{34}	ɕiã^{13}
榆中县	paŋ^{213}	tʂuaŋ^{51}	tʂʰuaŋ^{213}	tʂʰuaŋ^{51}	ʂuaŋ^{51}	tɕiaŋ^{51}	tɕiaŋ^{44}	ɕiaŋ^{312}
永登县	pã^{13}	pfã^{42}	pfʰã^{13}	pfʰã^{42}	fã^{42}	tɕiã^{42}	tɕiã^{354}	ɕiã^{53}
红古区	paŋ^{13}	tʂuaŋ^{13}	tʂʰuaŋ^{13} tʂuaŋ^{13}	tʂʰuaŋ^{13}	faŋ^{13}	tɕiaŋ^{53}	tɕiaŋ^{53}	ɕiaŋ^{13}
凉州区	paŋ^{35}	tʂuaŋ^{35}	tʂʰuaŋ^{31} tʂuaŋ^{31}	tʂʰuaŋ^{35}	ʂuaŋ^{35}	tɕiaŋ^{35}	tɕiaŋ^{35}	ɕiaŋ^{35}
甘州区	paŋ^{31}	kuaŋ^{44}	kuaŋ^{31}	kʰuaŋ^{44}	faŋ^{44}	tɕiaŋ^{44}	tɕiaŋ^{53}	ɕiaŋ^{53}
肃州区	paŋ^{51}	tʂuaŋ^{44}	tʂʰuaŋ^{213} tʂuaŋ^{213}	tʂʰuaŋ^{44}	ʂuaŋ^{44}	tɕiaŋ^{44}	tɕiaŋ^{51}	ɕiaŋ^{51}
永昌县	paŋ^{13}	tʂuaŋ^{44}	tʂʰuaŋ^{53}	tʂʰuaŋ^{44}	ʂuaŋ^{44}	tɕiaŋ^{44}	tɕiaŋ^{13}	ɕiaŋ^{13}
崆峒区	paŋ^{44}	tʂuaŋ^{21}	tʂuaŋ^{44}	tʂʰuaŋ^{21}	ʂuaŋ^{21}	tɕiaŋ^{21}	tɕiaŋ^{53}	ɕiaŋ^{24}
庆城县	pã^{244}	tʂuã^{51}	tʂʰuã^{244}	tʂʰuã^{51}	ʂuã^{51}	tɕiã^{51}	tɕiã^{44}	ɕiã^{113}
宁县	pʰaŋ^{44} paŋ^{44}	tʃuaŋ^{31}	tʃʰuaŋ^{44} tʃuaŋ^{44}	tʃʰuaŋ^{31}	ʃuaŋ^{31} ʃuaŋ^{44}	tɕiaŋ^{31}	tɕiaŋ^{52}	ɕiaŋ^{24}
武都区	paŋ^{24}	tʃuaŋ^{31}	tʃʰuaŋ^{55}	tʃʰuaŋ^{31}	ʃuaŋ^{31}	tɕiaŋ^{31}	tɕiaŋ^{55}	ɕiaŋ^{13}
文县	pã^{24}	tsuã^{31}	tsʰuã^{24}	tsʰuã^{31}	suã^{31}	tɕiã^{31}	tɕiã^{55}	ɕiã^{13}
康县	paŋ^{24}	pfaŋ^{53}	pfʰaŋ^{24}	pfʰaŋ^{53}	faŋ^{53}	tɕiaŋ^{53}	tɕiaŋ^{55}	ɕiaŋ^{211}
礼县	pʰaŋ^{44}	tʃuaŋ^{31}	tʃʰuaŋ^{44}	tʃʰuaŋ^{31}	ʃuaŋ^{31}	tɕiaŋ^{31}	tɕiaŋ^{52}	ɕiaŋ^{13}
靖远县	paŋ^{33}	tʂuaŋ^{41}	tʂuaŋ^{33}	tʂʰuaŋ^{41}	ʂuaŋ^{41}	tɕiaŋ^{41}	tɕiaŋ^{55}	ɕiaŋ^{24}
陇西县	pʰaŋ^{44}	tʂuaŋ^{21}	tʃʰɥaŋ^{44}	tʃʰɥaŋ^{21}	ʂuaŋ^{21} ʂuaŋ^{44}	tɕiaŋ^{21}	tɕiaŋ^{53}	ɕiaŋ^{13}
秦州区	pʰaŋ^{44}	tʃuaŋ^{13}	tʃʰuaŋ^{44}	tʃʰuaŋ^{13}	ʃuaŋ^{13}	tɕiaŋ^{13}	tɕiaŋ^{53}	ɕiaŋ^{13}
安定区	paŋ^{44}	tʃuaŋ^{13}	tʃʰuaŋ^{44}	tʃʰuaŋ^{13}	ʃuaŋ^{13}	tɕiaŋ^{13}	tɕiaŋ^{53}	ɕiaŋ^{13}
会宁县	paŋ^{44}	tʃuaŋ^{13}	tʃʰuaŋ^{44}	tʃʰuaŋ^{13}	ʃuaŋ^{13}	tɕiaŋ^{13}	tɕiaŋ^{53}	ɕiaŋ^{13}
临洮县	pã^{44}	tʂuã^{13}	tʂʰuã^{44} tʂuã^{44}	tʂʰuã^{13}	ʂuã^{13}	tɕiã^{13}	tɕiã^{53}	ɕiã^{13}
清水县	pʰɒ̃^{443}	tʃɒ̃^{13}	tʃʰɒ̃^{443}	tʃʰɒ̃^{13}	ʃɒ̃^{13}	tɕiɒ̃^{13}	tɕiɒ̃^{52}	ɕiɒ̃^{13}
永靖县	paŋ^{44}	tʂuaŋ^{213}	tʂʰuaŋ^{44}	tʂʰuaŋ^{213}	ʂuaŋ^{213}	tɕiaŋ^{53}	tɕiaŋ^{53}	ɕiaŋ^{44}
敦煌市	paŋ^{44}	tʂuaŋ^{213}	tʂʰuaŋ^{44}	tʂʰuaŋ^{213}	ʂuaŋ^{213}	tɕiaŋ^{213}	tɕiaŋ^{51}	ɕiaŋ^{213}
临夏市	paŋ^{53}	tʂuaŋ^{13}	tʂʰuaŋ^{53}	tʂʰuaŋ^{13}	ʂuaŋ^{13}	tɕiaŋ^{13}	tɕiaŋ^{42}	ɕiaŋ^{13}
合作市	paŋ^{53}	tʂuaŋ^{13}	tʂuaŋ^{53}	tʂʰaŋ^{13}	faŋ^{13}	tɕiaŋ^{13}	tɕiaŋ^{44}	ɕiaŋ^{13}
临潭县	pɒ^{44}	tʂuɒ^{44}	tsʰuɒ^{44}	tsʰuɒ^{44}	suɒ^{44}	tɕiɒ^{44}	tɕiɒ^{51}	ɕiɒ^{24}

	0785 项	0786 剥	0787 桌	0788 镯	0789 角	0790 壳	0791 学	0792 握
	江开二 上江匣	江开二 入觉帮	江开二 入觉知	江开二 入觉崇	江开二 入觉见	江开二 入觉溪	江开二 入觉匣	江开二 入觉影
兰州市	ɕiã^{13}	pɤ^{13}	tʂuɤ^{13}	tʂuɤ^{53}	tɕyɛ^{13}	kʰɤ^{13}	ɕyɛ^{53}	vɤ^{13}
榆中县	ɕiɑŋ^{213}	pə^{312}	tʂuə^{312}	tʂuə^{312}	kə^{312} tɕyE^{312}	kʰə^{44}	ɕyE^{312}	və^{312}
永登县	ɕiã^{13}	pə^{13}	pfə^{13}	pfə^{53}	tɕyə^{13}	kʰə^{53}	ɕyə^{53}	və^{42}
红古区	xɑŋ^{13} ɕiɑŋ^{13}	pə^{13}	tʂuə^{13}	tʂuə^{13}	tɕyɛ^{13}	kʰə^{53}	ɕyɛ^{13}	və^{13}
凉州区	xɑŋ^{31} ɕiɑŋ^{31}	pə^{31}	tʂuə^{31}	tʂuə^{35}	tɕyə^{31} kə^{31} tɕiɑo^{31}	kʰə^{31} tɕʰyə^{31} tɕʰiɑo^{31}	ɕyə^{35}	və^{31}
甘州区	xɑŋ^{31} ɕiɑŋ^{31}	puə^{31}	kuə^{31}	kuə^{53}	kə^{31} tɕyə^{31}	kʰə^{44}	suə^{53} ɕyə^{53}	və^{31}
肃州区	ɕiɑŋ^{213}	pə^{213}	tʂuə^{213}	tʂuə^{51}	tɕyə^{213}	kʰə^{213}	ɕyə^{51}	və^{213}
永昌县	xɑŋ^{53} ɕiɑŋ^{53}	pə^{53}	tʂuə^{53}	tʂuə^{13}	kə^{53} tɕyə^{53}	kʰə^{44}	ɕyə^{13}	uə^{53}
崆峒区	xɑŋ^{44}	puo^{21}	tʂuo^{21}	tʂuo^{24}	tɕyɤ^{21}	kʰɤ^{21}	ɕyɤ^{24}	uo^{21}
庆城县	ɕiã^{244}	pɔ^{51} puə^{51}	tʂuə^{51}	tʂuə^{113}	tɕyə^{51}	kʰuə^{51}	ɕyə^{113}	vuə^{51}
宁县	xɑŋ^{44} ɕiɑŋ^{44}	puə^{31} pɔ^{31}	tʃuə^{31}	tsʰuə^{24} tsʰuə^{24}	tɕyə^{31}	tɕʰyə^{31} kʰə^{31}	ɕyə^{24}	yə^{31} uə^{31}
武都区	xɑŋ^{24} ɕiɑŋ^{24}	puɤ^{31}	tʃuɤ^{31}	tʃuɤ^{13}	kɤ^{31}	kʰɤ^{31}	ɕyɤ^{13}	vɤ^{31}
文县	xã^{24}	pɤ^{31}	tsuə^{31}	tsuə^{13}	tɕyɛ^{31}	kʰɤ^{13}	ɕyɛ^{13}	uə^{13}
康县	ɕiɑŋ^{24}	puɤ^{53}	pfuɤ^{53}	pfuɤ^{211}	kuɤ^{53} tɕyɛ^{53}	kʰuɤ^{53} kʰɤ^{53}	ɕyɛ^{211}	vɤ^{53}
礼县	ɕiɑŋ^{44}	pɤ^{31}	tʃuɤ^{31}	tʃuɤ^{13}	kɤ^{31} tɕyɤ^{31}	kʰɤ^{31}	ɕyɤ^{13}	vɤ^{31}
靖远县	xɑŋ^{33} ɕiɑŋ^{33}	pɤ^{24}	tʂuə^{41}	tʂuə^{24}	kɤ^{41} tɕyə^{41}	kʰuə^{41} kʰɤ^{41}	ɕyə^{24}	vɤ^{41}
陇西县	xɑŋ^{44} ɕiɑŋ^{44}	pɤ^{21}	tʂuɤ^{21}	tʂuɤ^{13}	kɤ^{21} tɕyɤ^{21}	kʰɤ^{21}	ɕyɤ^{13}	kɤ^{13} vɤ^{21}
秦州区	ɕiɑŋ^{44}	pɤ^{13}	tsuə^{13}	tsuə^{13}	tɕyə^{13}	kʰuə^{13}	ɕyə^{13}	vɤ^{13}
安定区	xɑŋ^{44} ɕiɑŋ^{44}	pə^{13}	tʃuə^{13}	tʃuə^{13}	kə^{13} tɕyɛ^{13}	kʰə^{13}	ɕiə^{13}	və^{13}
会宁县	xɑŋ^{44} ɕiɑŋ^{44}	pə^{13}	tʃuə^{13}	tʃuə^{13}	kə^{13} tɕyɛ^{13}	kʰə^{13}	ɕiə^{13}	uə^{13}
临洮县	xã^{44} ɕiã^{44}	pɤ^{13}	tʂuɤ^{13}	tʂuɤ^{13}	kɤ^{13} tɕye^{13}	kʰɤ^{13}	ɕye^{13}	vɤ^{13}
清水县	xɒ̃^{443} ɕiɒ̃^{443}	pə^{13}	tʃə^{13}	tʃə^{13}	kuə^{13} tɕyɛ^{13}	kʰuə^{13} tɕʰyɛ^{13}	xuə^{13} ɕyɛ^{13}	və^{13}
永靖县	ɕiɑŋ^{44}	pɤ^{213}	tʂuɤ^{213}	tʂuɤ^{213}	tɕyɛ^{213}	kʰɤ^{53}	ɕyɛ^{213}	vɤ^{213}
敦煌市	xɑŋ^{44} ɕiɑŋ^{44}	pə^{213}	tʂuə^{213}	tʂuə^{213}	kə^{213} tɕyə^{213}	tɕʰyə^{213} kʰə^{213}	ɕyə^{213}	və^{213}
临夏市	xɑŋ^{53} ɕiɑŋ^{53}	pɤ^{13}	tʂuɤ^{13}	tʂuɤ^{13}	kɤ^{13} tɕiɔ^{13}	kʰɤ^{13}	ɕyɛ^{13}	vɤ^{13}
合作市	ɕiɑŋ^{53}	pə^{13}	tʂuə^{13}	tʂuə^{13}	kə^{13} tɕyə^{13}	kʰə^{13}	ɕyə^{13}	və^{13}
临潭县	ɕiɒ^{44}	pɤ^{44}	tʂuɤ^{44}	tʂuɤ^{24}	tɕyɛ^{44}	kʰɤ^{44}	ɕyɛ^{24}	vɤ^{44}

	0793 朋	0794 灯	0795 等	0796 凳	0797 藤	0798 能	0799 层	0800 僧
	曾开一平登並	曾开一平登端	曾开一上登端	曾开一去登端	曾开一平登定	曾开一平登泥	曾开一平登从	曾开一平登心
兰州市	p^{h}ən^{53}	tən^{55}	tən^{34}	tən^{13}	t^{h}ən^{53}	nən^{53}	ts^{h}ən^{53}	sən^{55}
榆中县	p^{h}ən^{312}	tən^{51}	tən^{44}	tən^{213}	t^{h}ən^{312}	nən^{312}	ts^{h}ən^{312}	sən^{51}
永登县	p^{h}ə̃n^{53}	tə̃n^{42}	tə̃n^{354}	tə̃n^{13}	t^{h}ə̃n^{53}	nə̃n^{53}	ts^{h}ə̃n^{53}	sə̃n^{42}
红古区	p^{h}ən^{13}	tən^{13}	tən^{53}	tən^{13}	t^{h}ən^{13}	nən^{13}	ts^{h}ən^{13}	sən^{13}
凉州区	p^{h}əŋ^{35}	təŋ^{35}	təŋ^{35}	təŋ^{31}	t^{h}əŋ^{35}	nəŋ^{35}	ts^{h}əŋ^{35}	səŋ^{35}
甘州区	p^{h}ɤŋ^{53}	t^{h}ɤŋ^{44}	tɤŋ^{53}	tɤŋ^{31}	t^{h}ɤŋ^{53}	nɤŋ^{53}	ts^{h}ɤŋ^{53}	sɤŋ^{44}
肃州区	p^{h}ɤŋ^{51}	tɤŋ^{44}	tɤŋ^{51}	tɤŋ^{213}	t^{h}ɤŋ^{51}	nɤŋ^{51}	ts^{h}ɤŋ^{51}	sɤŋ^{44}
永昌县	p^{h}əŋ^{13}	t^{h}əŋ^{44}	təŋ^{13}	təŋ^{53}	t^{h}əŋ^{13}	nəŋ^{13}	ts^{h}əŋ^{13}	səŋ^{44}
崆峒区	p^{h}ɤŋ^{24}	tɤŋ^{21}	tɤŋ^{53}	tɤŋ^{44}	t^{h}ɤŋ^{21}	nɤŋ^{24}	ts^{h}ɤŋ^{24}	sɤŋ^{21}
庆城县	p^{h}ɤŋ^{113}	tɤŋ^{51}	tɤŋ^{44}	tɤŋ^{244}	t^{h}ɤŋ^{113}	nɤŋ^{113}	ts^{h}ɤŋ^{113}	sɤŋ^{51}
宁县	p^{h}əŋ^{24}	təŋ^{31}	təŋ^{52}	təŋ^{44}	t^{h}əŋ^{31}	nəŋ^{24} nəŋ^{44}	ts^{h}əŋ^{24}	səŋ^{31}
武都区	p^{h}əŋ^{13}	təŋ^{31}	təŋ^{55}	təŋ^{24}	t^{h}əŋ^{24}	ləŋ^{13}	ts^{h}əŋ^{13}	səŋ^{31}
文县	p^{h}əŋ^{13}	təŋ^{31}	təŋ^{55}	təŋ^{24}	t^{h}əŋ^{13}	ləŋ^{13}	ts^{h}əŋ^{13}	səŋ^{31}
康县	p^{h}ɤŋ^{211}	tɤŋ^{53}	tɤŋ^{55}	tɤŋ^{24}	t^{h}ɤŋ^{211}	lɤŋ^{211}	ts^{h}ɤŋ^{211}	sɤŋ^{53}
礼县	p^{h}ɤŋ^{13}	tɤŋ^{31}	tɤŋ^{52}	tɤŋ^{44}	t^{h}ɤŋ^{13}	nɤŋ^{13}	ts^{h}ɤŋ^{13}	sɤŋ^{31}
靖远县	p^{h}ei^{24} p^{h}ɤŋ^{24}	tɤŋ^{41}	tɤŋ^{55}	tɤŋ^{33}	t^{h}ɤŋ^{24}	nɤŋ^{24}	ts^{h}ɤŋ^{24}	sɤŋ^{41}
陇西县	p^{h}ɤŋ^{13}	tɤŋ^{21}	tɤŋ^{53}	tɤŋ^{44}	t^{h}ɤŋ^{21}	lɤŋ^{13}	ts^{h}ɤŋ^{13}	sɤŋ^{21}
秦州区	p^{h}ɤŋ^{13}	tɤŋ^{13}	tɤŋ^{53}	tɤŋ^{44}	t^{h}ɤŋ^{13}	lɤŋ^{13}	ts^{h}ɤŋ^{13}	sɤŋ^{13}
安定区	p^{h}əŋ^{13}	təŋ^{13}	təŋ^{53}	təŋ^{44}	t^{h}əŋ^{13}	nəŋ^{13}	ts^{h}əŋ^{13}	səŋ^{13}
会宁县	p^{h}əŋ^{13}	təŋ^{13}	təŋ^{53}	təŋ^{44}	t^{h}əŋ^{13}	ləŋ^{13}	ts^{h}əŋ^{13}	səŋ^{13}
临洮县	p^{h}ɤŋ^{13}	tɤŋ^{13}	tɤŋ^{53}	tɤŋ^{44}	t^{h}ɤŋ^{13}	nɤŋ^{13}	ts^{h}ɤŋ^{13}	sɤŋ^{13}
清水县	p^{h}ɤŋ^{13}	tɤŋ^{13}	tɤŋ^{52}	tɤŋ^{443}	t^{h}ɤŋ^{13}	lɤŋ^{13}	ts^{h}ɤŋ^{13}	sɤŋ^{13}
永靖县	p^{h}ɤŋ^{213}	tɤŋ^{213}	tɤŋ^{53}	tɤŋ^{44}	t^{h}ɤŋ^{213}	nɤŋ^{213}	ts^{h}ɤŋ^{213}	sɤŋ^{44}
敦煌市	p^{h}ɤŋ^{213}	tɤŋ^{213}	tɤŋ^{51}	tɤŋ^{44}	t^{h}ɤŋ^{213}	nɤŋ^{213}	ts^{h}ɤŋ^{213}	sɤŋ^{213}
临夏市	p^{h}əŋ^{13}	təŋ^{13}	təŋ^{42}	təŋ^{53}	t^{h}əŋ^{13}	nəŋ^{13}	ts^{h}əŋ^{13}	səŋ^{13}
合作市	p^{h}əŋ^{13}	təŋ^{13}	təŋ^{44}	təŋ^{53}	t^{h}əŋ^{13}	ləŋ^{13}	ts^{h}əŋ^{13}	səŋ^{13}
临潭县	p^{h}əŋ^{24}	təŋ^{44}	təŋ^{51}	təŋ^{44}	t^{h}əŋ^{44}	nəŋ^{24}	ts^{h}əŋ^{44}	səŋ^{44}

	0801 肯	0802 北	0803 墨	0804 得	0805 特	0806 贼	0807 塞	0808 刻
	曾开一上登溪	曾开一入德帮	曾开一入德明	曾开一入德端	曾开一入德定	曾开一入德从	曾开一入德心	曾开一入德溪
兰州市	kʰən^{34}	pɛ^{13}	mɛ^{13}	tɛ^{13}	tʰɛ^{53}	tsei^{53}	sɛ^{13}	kʰɛ^{13}
榆中县	kʰən^{44}	pə^{312}	mə^{312}	tə^{312}	tʰə^{312}	tsei^{312}	sə^{312}	kʰə^{312}
永登县	kʰə̃n^{354}	piɛ^{13}	miɛ^{13}	tə^{13}	tʰə^{13}	tsei^{53}	sə^{13}	kʰiɛ^{13}
红古区	kʰən^{53}	pə^{13}	mə^{13}	tə^{13}	tʰə^{13}	tsei^{13}	sə^{13}	kʰə^{13}
凉州区	kʰəŋ^{35}	pə^{31} pei^{31}	mə^{31}	tə^{31}	tʰə^{31}	tsei^{35}	sə^{31} sæ^{31}	kʰə^{31}
甘州区	kʰɤŋ^{53}	piə^{31} pei^{31}	miə^{31}	tiə^{31}	tʰə^{31}	tsei^{53}	sə^{31}	kʰə^{31}
肃州区	kʰɤŋ^{51}	pei^{213}	mə^{213}	tə^{213}	tʰə^{213}	tsei^{51}	sɛ^{213}	kʰə^{213}
永昌县	kʰəŋ^{13}	pə^{53}	mə^{53}	tə^{53}	tʰə^{53}	tsei^{13}	sə^{53}	kʰə^{53}
崆峒区	kʰɤŋ^{53}	pei^{21}	mei^{24}	tei^{21}	tʰei^{53}	tsei^{24}	sei^{21}	kʰei^{21}
庆城县	kʰɤŋ^{44}	pei^{51}	mei^{113}	tei^{51}	tʰei^{51}	tsei^{113}	sei^{51}	kʰei^{51}
宁县	kʰəŋ^{52}	pei^{31}	mei^{24}	tei^{31}	tʰei^{31}	tsʰei^{24} tsei^{24}	sei^{31}	kʰei^{31}
武都区	kʰəŋ^{55}	pei^{31}	mi^{13}	tei^{31}	tʰei^{31}	tsei^{13}	sei^{31}	kʰei^{31}
文县	kʰəŋ^{55}	pei^{31}	mɤ^{31}	tei^{31}	tʰɛe^{31}	tsei^{13}	sei^{31}	kʰei^{31}
康县	kʰɤŋ^{55}	pei^{53}	mei^{211}	tei^{53}	tʰɛ^{53}	tsei^{211}	sei^{53}	kʰei^{53}
礼县	kʰɤŋ^{52}	pei^{31}	mei^{13}	tai^{31}	tʰɤ^{31}	tsʰei^{13}	sei^{31}	kʰɤ^{31}
靖远县	kʰɤŋ^{55}	pei^{41}	mei^{24}	tei^{41}	tʰɛ^{41}	tsei^{24}	sei^{41}	kʰei^{41}
陇西县	kʰɤŋ^{53}	pe^{21}	me^{13}	te^{21}	tʰɛ^{13} tʰɤ^{13}	tsʰe^{13}	sɛ^{21} sɛ^{44}	kʰɛ^{21} kʰɤ^{21}
秦州区	kʰɤŋ^{53}	pei^{13}	mei^{13}	tei^{13}	tʰei^{13}	tsʰei^{13}	sei^{13}	kʰei^{13}
安定区	kʰəŋ^{53}	pɛ^{13}	mɛ^{13}	tɛ^{13}	tʰə^{13}	tsʰɛ^{13}	sɛ^{13}	kʰə^{13}
会宁县	kʰəŋ^{53}	pɛ^{13}	mɛ^{13}	tɛ^{13}	tʰɛ^{13}	tsʰei^{13}	sɛ^{13}	kʰɛ^{13}
临洮县	kʰɤŋ^{53}	pei^{13}	mi^{13} mɤ^{13}	tei^{13}	tʰɛ^{13}	tsʰei^{13}	sɛ^{13}	kʰɛ^{13}
清水县	kʰɤŋ^{52}	pəi^{13}	məi^{13}	təi^{13}	tʰɛ^{13}	tsʰəi^{13}	tsəi^{13} səi^{13}	kʰɛ^{13}
永靖县	kʰɤŋ^{53}	pɤ^{213}	mɤ^{213}	tɤ^{213}	tʰɤ^{44}	tsei^{213}	sɛ^{213}	kʰɤ^{213}
敦煌市	kʰɤŋ^{51}	pei^{213}	mei^{213}	tei^{213}	tʰə^{213}	tsei^{213}	sei^{213}	kʰə^{213}
临夏市	kʰəŋ^{42}	pɛ^{13}	mɛ^{13}	tɛ^{13}	tʰɛ^{13}	tsei^{13}	sɛ^{13}	kʰɛ^{13}
合作市	kʰəŋ^{44}	pɛe^{13}	mɛe^{13}	tə^{13}	tʰɛe^{13}	tsei^{13}	sɛe^{13}	kʰə^{13}
临潭县	kʰəŋ^{51}	pɪi^{44}	mɤ^{44}	tɪi^{44}	tʰɤ^{51}	tsɪi^{24}	sɪi^{44}	kʰɤ^{44}

	0809 黑	0810 冰	0811 证	0812 秤	0813 绳	0814 剩	0815 升	0816 兴高～
	曾开一入德晓	曾开三平蒸帮	曾开三去蒸章	曾开三去蒸昌	曾开三平蒸船	曾开三去蒸船	曾开三平蒸书	曾开三去蒸晓
兰州市	xei^{13}	pin^{55}	tʂən^{13}	tʂʰən^{13}	ʂən^{53}	ʂən^{13}	ʂən^{55}	ɕin^{13}
榆中县	xə^{312}	pin^{51}	tʂən^{213}	tʂʰən^{213}	ʂən^{312}	ʂən^{213}	ʂən^{51}	ɕin^{44}
永登县	xiɛ^{13}	pin^{42}	tʂə̃n^{13}	tʂʰə̃n^{13}	ʂə̃n^{53}	ʂə̃n^{13}	ʂə̃n^{42}	ɕin^{13}
红古区	xə^{13}	pin^{13}	tʂən^{13}	tʂʰən^{13}	ʂən^{13}	ʂən^{13}	ʂən^{13}	ɕin^{13}
凉州区	xɯ^{31}	piŋ^{35}	tʂəŋ^{31}	tʂʰəŋ^{31}	ʂəŋ^{35}	ʂəŋ^{31}	ʂəŋ^{35}	ɕiŋ^{31}
甘州区	xə^{31}	piŋ^{44}	tʂɤŋ^{31}	tʂʰɤŋ^{31}	ʂɤŋ^{53}	ʂɤŋ^{31}	ʂɤŋ^{44}	ɕiŋ^{31}
肃州区	xə^{213} xei^{213}	piŋ^{44}	tʂɤŋ^{213}	tʂʰɤŋ^{213}	ʂɤŋ^{51}	ʂɤŋ^{213}	ʂɤŋ^{44}	ɕiŋ^{213}
永昌县	xə^{53}	piŋ^{44}	tʂəŋ^{53}	tʂʰəŋ^{53}	ʂəŋ^{13}	ʂəŋ^{53}	ʂəŋ^{44}	ɕiŋ^{53}
崆峒区	xei^{21}	piɤŋ^{21}	tʂɤŋ^{44}	tʂʰɤŋ^{44}	ʂɤŋ^{24}	ʂɤŋ^{44}	ʂɤŋ^{21}	ɕiɤŋ^{44}
庆城县	xei^{51}	piŋ^{51}	tʂɤŋ^{244}	tʂʰɤŋ^{244}	ʂɤŋ^{113}	ʂɤŋ^{244}	ʂɤŋ^{51}	ɕiŋ^{244}
宁县	xei^{31}	piŋ^{31} piŋ^{44}	tʂəŋ^{44}	tʂʰəŋ^{44}	ʂəŋ^{24}	ʂəŋ^{44}	ʂəŋ^{31}	ɕin^{44}
武都区	xei^{31}	pin^{31}	tʂəŋ^{24}	tʂʰəŋ^{24}	ʂəŋ^{13}	ʂəŋ^{24}	ʂəŋ^{31}	ɕin^{24}
文县	xei^{31}	piəŋ^{31}	tsəŋ^{24}	tsʰəŋ^{24}	səŋ^{13}	səŋ^{24}	səŋ^{31}	ɕiəŋ^{24}
康县	xei^{53}	piŋ^{53}	tʂɤŋ^{24}	tʂʰɤŋ^{24}	ʂɤŋ^{211}	ʂɤŋ^{24}	ʂɤŋ^{53}	ɕiŋ^{24}
礼县	xei^{31}	piŋ^{31}	tʂɤŋ^{44}	tʂʰɤŋ^{44}	ʂɤŋ^{13}	ʂɤŋ^{44}	ʂɤŋ^{31}	ɕiŋ^{44}
靖远县	xei^{41}	piŋ^{41}	tʂɤŋ^{33}	tʂʰɤŋ^{33}	ʂɤŋ^{24}	ʂɤŋ^{33}	ʂɤŋ^{41}	ɕiŋ^{33}
陇西县	xe^{21}	piŋ^{21}	tʂɤŋ^{44}	tʂʰɤŋ^{44}	ʂɤŋ^{13}	ʂɤŋ^{44}	ʂɤŋ^{21}	ɕiŋ^{44}
秦州区	xei^{13}	piɤŋ^{13}	tʂɤŋ^{44}	tʂʰɤŋ^{44}	ʂɤŋ^{13}	ʂɤŋ^{44}	ʂɤŋ^{13}	ɕiɤŋ^{44}
安定区	xɛ^{13}	piŋ^{13}	tʂəŋ^{44}	tʂʰəŋ^{44}	ʂəŋ^{13}	ʂəŋ^{44}	ʂəŋ^{13}	ɕiŋ^{44}
会宁县	xɛ^{13}	piŋ^{13}	tʂəŋ^{44}	tʂʰəŋ^{44}	ʂəŋ^{13}	ʂəŋ^{44}	ʂəŋ^{13}	ɕiŋ^{44}
临洮县	xei^{13}	piŋ^{13}	tʂɤŋ^{44}	tʂʰɤŋ^{44}	ʂɤŋ^{13}	ʂɤŋ^{44}	ʂɤŋ^{13}	ɕiŋ^{44}
清水县	xəi^{13}	piŋ^{13}	tʂɤŋ^{443}	tʂʰɤŋ^{443}	ʂɤŋ^{13}	ʂɤŋ^{443}	ʂɤŋ^{13}	ɕiŋ^{443}
永靖县	xɤ^{213}	piɤŋ^{213}	tʂɤŋ^{44}	tʂʰɤŋ^{44}	ʂɤŋ^{213}	ʂɤŋ^{44}	ʂɤŋ^{213}	ɕiɤŋ^{44}
敦煌市	xei^{213}	piŋ^{213}	tʂɤŋ^{44}	tʂʰɤŋ^{44}	ʂɤŋ^{213}	ʂɤŋ^{44}	ʂɤŋ^{213}	ɕiŋ^{44}
临夏市	xei^{13}	piŋ^{13}	tʂəŋ^{53}	tʂʰəŋ^{53}	ʂəŋ^{13}	ʂəŋ^{53}	ʂəŋ^{13}	ɕiŋ^{53}
合作市	xei^{13}	piŋ^{13}	tʂəŋ^{53}	tʂʰəŋ^{53}	ʂəŋ^{13}	ʂəŋ^{53}	ʂəŋ^{13}	ɕiŋ^{13}
临潭县	xɪi^{44}	pin^{44}	tʂəŋ^{44}	tʂʰəŋ^{44}	ʂəŋ^{24}	ʂəŋ^{44}	ʂəŋ^{44}	ɕin^{44}

	0817 蝇	0818 逼	0819 力	0820 息	0821 直	0822 侧	0823 测	0824 色
	曾开三平蒸以	曾开三入职帮	曾开三入职来	曾开三入职心	曾开三入职澄	曾开三入职庄	曾开三入职初	曾开三入职生
兰州市	in^{53}	pi^{13}	li^{13}	ɕi^{13}	tʂʅ^{53}	tʂʰɤ^{13}	tʂʰɤ^{13}	ʂɤ^{13}
榆中县	in^{44}	pi^{312}	li^{312}	ɕi^{312}	tʂʅ^{312}	tʂʰə^{312}	tsʰə^{312}	ʂə^{312}
永登县	in^{53}	pi^{13}	li^{13}	ɕi^{13}	tʂʅ^{53}	tsʰə^{354}	tsʰə^{13}	ʂə^{13}
红古区	in^{13}	pɿ^{13}	lɿ^{13}	sɿ^{13}	tʂʅ^{13}	tʂə^{13} tʂʰə^{13}	tʂʰə^{13}	ʂə^{13} tsʰə^{13}
凉州区	iŋ^{35}	pi^{31}	li^{31}	ɕi^{31}	tʂʅ^{35}	tsʰə^{31}	tsʰə^{31}	sə^{31}
甘州区	iŋ^{44}	pi^{31}	li^{31}	ɕi^{31}	tʂʅ^{53}	tʂə^{31} tsʰə^{31}	tsʰə^{31}	ʂə^{31}
肃州区	ʑiŋ^{44}	pi^{213}	li^{213}	ɕi^{213}	tʂʅ^{51}	tsʰə^{213}	tsʰə^{213}	sə^{213}
永昌县	iŋ^{44}	pi^{53}	li^{53}	ɕi^{53}	tʂʅ^{13}	tsʰə^{53}	tsʰə^{53}	ʂə^{53}
崆峒区	iɤŋ^{24}	pi^{21}	li^{21}	ɕi^{21}	tʂʅ^{24}	tsʰei^{21}	tsʰei^{21}	sei^{21}
庆城县	iŋ^{113}	pi^{51}	li^{51}	ɕi^{51}	tʂʅ^{113}	tsʰei^{51}	tsʰei^{51}	sei^{51}
宁县	iŋ^{24}	pi^{31}	li^{31}	ɕi^{31}	tʂʰʅ^{24} tʂʅ^{24}	tsʰei^{31} tsei^{31}	tsʰei^{31}	sei^{31}
武都区	in^{31}	pɿ^{31}	lɿ^{31}	ɕi^{31}	tʂʅ^{13}	tsei^{31} tsʰei^{24}	tsʰei^{24}	sei^{31}
文县	iəŋ^{13}	pi^{31}	ȵi^{31}	ɕi^{31}	tsɿ^{13}	tsʰei^{13}	tsʰei^{13}	sei^{31}
康县	iŋ^{53}	pi^{53}	li^{53}	si^{53}	tʂʅ^{211}	tsʰɤ^{53}	tsʰɤ^{53}	sei^{53}
礼县	iŋ^{13}	pi^{31}	li^{31}	ɕi^{31}	tʂʰʅ^{13}	tsʰai^{31}	tsʰai^{31}	sai^{31}
靖远县	iŋ^{24}	pɿ^{41}	lɿ^{41}	sɿ^{41}	tʂʅ^{24}	tsʰei^{41}	tsʰei^{41}	sei^{41}
陇西县	iŋ^{13}	pi^{21}	li^{21}	ɕi^{21}	tʂʰʅ^{13}	tsʰe^{21}	tsʰe^{21}	se^{21}
秦州区	iɤŋ^{13}	pi^{13}	li^{13}	ɕi^{13}	tʂʅ^{13}	tsʰei^{13}	tsʰei^{13}	sei^{13}
安定区	iŋ^{13}	pi^{13}	li^{13}	ɕi^{13}	tʂʰʅ^{13} tʂʅ^{13}	tsʰə^{13}	tsʰə^{13}	sɛ^{13} sə^{13}
会宁县	iŋ^{13}	pi^{13}	li^{13}	ɕi^{13}	tʂʰʅ^{13}	tsʰɛ^{13}	tsʰɛ^{13}	sɛ^{13}
临洮县	iŋ^{13}	pi^{13}	li^{13}	ɕi^{13}	tʂʅ^{13}	tsʰɛ^{13}	tsʰɛ^{13}	sɛ^{13}
清水县	iŋ^{13}	pi^{13}	li^{13}	si^{13}	tʂʰʅ^{13}	tʃʰəi^{13}	tʃʰəi^{13}	ʃəi^{13}
永靖县	iɤŋ^{213}	pi^{213}	li^{213}	ɕi^{213}	tʂʅ^{213}	tʂʰɤ^{213}	tʂʰɤ^{213}	ʂɤ^{213}
敦煌市	iŋ^{213}	pi^{213}	li^{213}	ɕi^{213}	tʂʅ^{213}	tsei^{213} tsʰei^{213}	tsʰei^{213} tsʰə^{213}	sei^{213} sə^{213}
临夏市	iŋ^{13}	pi^{13}	li^{13}	ɕi^{13}	tʂʅ^{13}	tʂʰɤ^{13}	tʂʰɤ^{13}	ʂɤ^{13}
合作市	iŋ^{13}	pi^{13}	li^{13}	ɕi^{13}	tʂʅ^{13}	tsʰə^{13}	tʂʰə^{13}	ʂə^{13}
临潭县	in^{44}	pi^{44}	li^{44}	ɕi^{44}	tʂʅ^{24}	tsʰɤ^{24}	tsʰɤ^{44}	sɤ^{44}

	0825 织 曾开三 入职章	0826 食 曾开三 入职船	0827 式 曾开三 入职书	0828 极 曾开三 入职群	0829 国 曾合一 入德见	0830 或 曾合一 入德匣	0831 猛 梗开二 上庚明	0832 打 梗开二 上庚端
兰州市	tʂʅ^{13}	ʂʅ^{53}	ʂʅ^{13}	tɕi^{53}	kuɤ^{13}	xuɤ^{53}	mən^{34}	ta^{34}
榆中县	tʂʅ^{213}	ʂʅ^{312}	ʂʅ^{213}	tɕi^{312}	kuə^{312}	xuə^{312}	mən^{44}	ta^{44}
永登县	tʂʅ^{13}	ʂʅ^{53}	ʂʅ^{13}	tɕi^{13}	kuə^{13}	xuə^{13}	mə̃n^{354}	ta^{354}
红古区	tʂʅ^{13}	ʂʅ^{13}	ʂʅ^{13}	tsʅ^{13}	kuə^{13}	xuɛ^{13} xuə^{13}	mən^{53}	ta^{53}
凉州区	tʂʅ^{31}	ʂʅ^{35}	ʂʅ^{31}	tɕi^{35}	kuə^{31}	xuə^{31}	məŋ^{35}	ta^{35}
甘州区	tʂʅ^{31}	ʂʅ^{53}	ʂʅ^{31}	tɕi^{53}	kuə^{31}	xuə^{31}	mɤŋ^{53}	ta^{53}
肃州区	tʂʅ^{213}	ʂʅ^{51}	ʂʅ^{213}	tɕi^{213}	kuə^{213}	xuə^{213}	mɤŋ^{51}	ta^{51}
永昌县	tʂʅ^{53}	ʂʅ^{13}	ʂʅ^{53}	tɕi^{13}	kuə^{53}	xuə^{53}	məŋ^{13}	ta^{13}
崆峒区	tʂʅ^{21}	ʂʅ^{24}	ʂʅ^{21}	tɕi^{24}	kuei^{21}	xuɛ^{24}	mɤŋ^{53}	ta^{53}
庆城县	tʂʅ^{51}	ʂʅ^{113}	tʂʰʅ^{51}	tɕi^{113}	kuei^{51}	xuei^{113}	mɤŋ^{44}	ta^{44}
宁县	tʂʅ^{31}	ʂʅ^{24}	ʂʅ^{31}	tɕi^{24}	kuei^{31}	xuei^{24}	məŋ^{52}	ta^{52}
武都区	tʂʅ^{31}	ʂʅ^{13}	ʂʅ^{31}	tɕi^{13}	kuei^{31}	xuei^{13}	məŋ^{55}	ta^{55}
文县	tsʅ^{31}	sʅ^{13}	sʅ^{24}	tɕi^{13}	kuə^{31}	xuə^{24}	məŋ^{55}	ta^{55}
康县	tʂʅ^{53}	ʂʅ^{211}	ʂʅ^{24}	tɕi^{211}	kuɛ^{53}	xuɛ^{211}	mɤŋ^{55}	ta^{55}
礼县	tʂʅ^{31}	ʂʅ^{13}	ʂʅ^{31}	tɕi^{13}	kuei^{31}	xuai^{13}	mɤŋ^{52}	ta^{52}
靖远县	tʂʅ^{41}	ʂʅ^{24}	tʂʰʅ^{41}	tsʅ^{24}	kuei^{41}	xuei^{24}	mɤŋ^{55}	ta^{55}
陇西县	tʂʅ^{21}	ʂʅ^{13}	ʂʅ^{21}	tɕi^{13}	kuɤ^{21}	xue^{13} xuɤ^{13}	mɤŋ^{53}	ta^{53}
秦州区	tʂʅ^{13}	ʂʅ^{13}	ʂʅ^{13}	tɕi^{13}	kuei^{13}	xuei^{13}	mɤŋ^{53}	ta^{53}
安定区	tʂʅ^{13}	ʂʅ^{13}	ʂʅ^{13}	tɕi^{13}	kuə^{13}	xuə^{13}	məŋ^{53}	ta^{53}
会宁县	tʂʅ^{13}	ʂʅ^{13}	ʂʅ^{13}	tɕi^{13}	kuə^{13}	xuei^{13}	məŋ^{53}	ta^{53}
临洮县	tʂʅ^{13}	ʂʅ^{13}	ʂʅ^{13}	tɕi^{13}	kuɤ^{13}	xuɤ^{53}	mɤŋ^{53}	ta^{53}
清水县	tʂʅ^{13}	ʂʅ^{13}	ʂʅ^{13}	tɕi^{13}	kuəi^{13}	xuəi^{13}	mɤŋ^{52}	ta^{52}
永靖县	tʂʅ^{213}	ʂʅ^{213}	ʂʅ^{44}	tɕi^{53}	kuɤ^{213}	xuɤ^{213}	mɤŋ^{53}	ta^{53}
敦煌市	tʂʅ^{213}	ʂʅ^{213}	ʂʅ^{44}	tɕi^{213}	kuei^{213} kuə^{213}	xuei^{213} xuə^{213}	mɤŋ^{51}	ta^{51}
临夏市	tʂʅ^{13}	ʂʅ^{13}	ʂʅ^{13}	tɕi^{13}	kuɤ^{13}	xuɤ^{13}	məŋ^{42}	tɑ^{42}
合作市	tʂʅ^{13}	ʂʅ^{13}	ʂʅ^{53}	tɕi^{13}	kuə^{13}	xə^{53}	məŋ^{44}	tᴀ^{44}
临潭县	tʂʅ^{44}	ʂʅ^{24}	ʂʅ^{44}	tɕi^{24}	kuɤ^{44}	xuɤ^{24}	məŋ^{51}	ta^{51}

	0833 冷	0834 生	0835 省 ~长	0836 更 三~，打~	0837 梗	0838 坑	0839 硬	0840 行 ~为，~走
	梗开二 上庚来	梗开二 平庚生	梗开二 上庚生	梗开二 平庚见	梗开二 上庚见	梗开二 平庚溪	梗开二 去庚疑	梗开二 平庚匣
兰州市	lən^{34}	ʂən^{13}	ʂən^{34}	kən^{55}	kən^{13}	kʰən^{55}	ȵin^{13}	ɕin^{53}
榆中县	lən^{44}	ʂən^{51}	ʂən^{44}	kən^{51}	kən^{44}	kʰən^{51}	ȵin^{213}	ɕin^{312}
永登县	lə̃n^{354}	ʂə̃n^{42}	ʂə̃n^{354}	kə̃n^{42}	kə̃n^{354}	kə̃n^{42}	ȵin^{13}	ɕin^{53}
红古区	lən^{53}	ʂən^{13}	ʂən^{53}	kən^{13}	kən^{13}	kʰən^{13}	ȵin^{13}	ɕin^{13}
凉州区	ləŋ^{35}	səŋ^{35}	səŋ^{35}	tɕiŋ^{31} kəŋ^{31}	kəŋ^{31}	kʰəŋ^{35}	liŋ^{31} iŋ^{31}	ɕiŋ^{35}
甘州区	lɤŋ^{53}	ʂɤŋ^{44}	ʂɤŋ^{53}	kɤŋ^{44}	kɤŋ^{53}	kʰɤŋ^{44}	ȵiŋ^{31}	ɕiŋ^{53}
肃州区	lɤŋ^{51}	sɤŋ^{44}	sɤŋ^{51}	kɤŋ^{44}	kɤŋ^{51}	kʰɤŋ^{44}	ȵiŋ^{213}	ɕiŋ^{51}
永昌县	ləŋ^{13}	ʂəŋ^{44}	ʂəŋ^{13}	kəŋ^{44}	kəŋ^{13}	kʰəŋ^{44}	ȵiŋ^{53}	ɕiŋ^{13}
崆峒区	lɤŋ^{53}	sɤŋ^{21}	sɤŋ^{53}	kɤŋ^{44}	kɤŋ^{44}	kʰɤŋ^{21}	ȵiɤŋ^{44}	ɕiɤŋ^{24}
庆城县	lɤŋ^{44}	sɤŋ^{51}	sɤŋ^{44}	kɤŋ^{51}	kɤŋ^{44}	kʰɤŋ^{51}	ȵiŋ^{244}	ɕiŋ^{113}
宁县	ləŋ^{52}	səŋ^{31}	səŋ^{52}	kəŋ^{44}	kəŋ^{44}	kʰəŋ^{31}	ȵiŋ^{44}	ɕiŋ^{24}
武都区	ləŋ^{55}	səŋ^{31}	səŋ^{55}	kəŋ^{24}	kəŋ^{24}	kʰəŋ^{31}	ȵin^{24}	ɕin^{13} xəŋ^{13}
文县	ləŋ^{55}	səŋ^{31}	səŋ^{55}	kəŋ^{24}	kəŋ^{55}	kʰəŋ^{31}	ȵiəŋ^{24}	ɕiəŋ^{13}
康县	lɤŋ^{55}	sɤŋ^{53}	sɤŋ^{55}	kɤŋ^{211}	kɤŋ^{55}	kʰɤŋ^{53}	ȵiŋ^{24}	ɕiŋ^{211}
礼县	nɤŋ^{52}	sɤŋ^{31}	sɤŋ^{52}	kɤŋ^{31}	kɤŋ^{52}	kʰɤŋ^{31}	ȵiŋ^{44}	ɕiŋ^{13} xɤŋ^{13}
靖远县	lɤŋ^{55}	sɤŋ^{41}	sɤŋ^{55}	kɤŋ^{41}	kɤŋ^{55}	kʰɤŋ^{41}	ȵiŋ^{33}	ɕiŋ^{24}
陇西县	lɤŋ^{53}	sɤŋ^{21}	sɤŋ^{53}	kɤŋ^{44} tɕiŋ^{21}	kɤŋ^{53}	kʰɤŋ^{21}	liŋ^{44}	ɕiŋ^{13}
秦州区	lɤŋ^{53}	sɤŋ^{13}	sɤŋ^{53}	kɤŋ^{13}	kɤŋ^{53}	kʰɤŋ^{13}	ȵiɤŋ^{44}	ɕiɤŋ^{13}
安定区	ləŋ^{53}	səŋ^{13}	səŋ^{53}	kəŋ^{44}	kəŋ^{44}	kʰəŋ^{13}	ȵiŋ^{44}	ɕiŋ^{13}
会宁县	ləŋ^{53}	səŋ^{13}	səŋ^{53}	kəŋ^{44}	kəŋ^{53}	kʰəŋ^{13}	ȵiŋ^{44}	ɕiŋ^{13}
临洮县	lɤŋ^{53}	sɤŋ^{13}	sɤŋ^{53}	kɤŋ^{44}	kɤŋ^{53}	kʰɤŋ^{13}	ȵiŋ^{44}	ɕiŋ^{13}
清水县	lɤŋ^{52}	ʃɤŋ^{13}	ʃɤŋ^{52}	kɤŋ^{443}	kɤŋ^{52}	kʰɤŋ^{13}	ȵiŋ^{443}	ɕiŋ^{13}
永靖县	lɤŋ^{53}	ʂɤŋ^{213}	ʂɤŋ^{53}	kɤŋ^{213}	kɤŋ^{213}	kʰɤŋ^{213}	ȵiɤŋ^{44}	ɕiɤŋ^{213}
敦煌市	lɤŋ^{51}	sɤŋ^{213}	sɤŋ^{51}	kɤŋ^{51}	kɤŋ^{51}	kʰɤŋ^{213}	ȵiŋ^{44}	ɕiŋ^{213}
临夏市	ləŋ^{42}	ʂəŋ^{13}	ʂəŋ^{42}	kəŋ^{13}	kəŋ^{13}	kʰəŋ^{13}	ȵiŋ^{53}	ɕiŋ^{13}
合作市	ləŋ^{44}	ʂəŋ^{13}	ʂəŋ^{44}	kəŋ^{13}	kəŋ^{13}	kʰəŋ^{13}	ȵiŋ^{53}	ɕiŋ^{13}
临潭县	ləŋ^{51}	səŋ^{44}	səŋ^{51}	kəŋ^{44}	kəŋ^{44}	kʰəŋ^{44}	ȵin^{44}	ɕin^{24}

	0841 百	0842 拍	0843 白	0844 拆	0845 择	0846 窄	0847 格	0848 客
	梗开二入陌帮	梗开二入陌滂	梗开二入陌並	梗开二入陌彻	梗开二入陌澄	梗开二入陌庄	梗开二入陌见	梗开二入陌溪
兰州市	pɛ^{13}	pʰɛ^{13}	pɛ^{53}	tʂɛ^{13}	tʂɤ^{53}	tʂɤ^{13}	kɛ^{13}	kʰɛ^{13}
榆中县	pə^{312}	pʰə^{312}	pə^{312}	tʂʰə^{312}	tsə^{312}	tʂə^{312}	kə^{312}	kʰə^{312}
永登县	piɛ^{13}	pʰiɛ^{13}	piɛ^{53}	tʂʰə^{13}	tʂə^{53}	tʂə^{13}	kiɛ^{13}	kʰiɛ^{13}
红古区	pə^{13}	pʰiɛ^{13} pʰə^{13}	pə^{13}	tʂʰə^{13}	tʂə^{13}	tʂə^{13}	kə^{13}	kʰə^{13}
凉州区	pə^{31} pæ^{31}	pʰə^{31} pʰa^{35} pʰæ^{31}	pə^{35} pæ^{35}	tsʰə^{31}	tsə^{35}	tsə^{31}	kə^{31}	kʰə^{31}
甘州区	piə^{31}	pʰiə^{31}	piə^{53}	tʂʰə^{31}	tʂə^{53}	tʂə^{31}	kə^{31}	kʰə^{31}
肃州区	pei^{213}	pʰə^{213}	pei^{51}	tsʰə^{213}	tsə^{51}	tsə^{213}	kə^{213}	kʰə^{213}
永昌县	pə^{53}	pʰə^{53}	pə^{13}	tʂʰə^{53}	tʂə^{13}	tʂə^{53}	kə^{53}	kʰə^{53}
崆峒区	pei^{21}	pʰei^{21}	pei^{24}	tsʰei^{21}	tsei^{24}	tsei^{21}	kei^{21}	kʰei^{21}
庆城县	pei^{51}	pʰei^{51}	pei^{113}	tsʰei^{51}	tsei^{113}	tsei^{51}	kei^{51}	kʰei^{51}
宁县	pei^{31}	pʰei^{31}	pʰei^{24} pei^{24}	tsʰei^{31}	tsʰei^{24} tsei^{24}	tsei^{31}	kei^{31}	kʰei^{31}
武都区	pei^{31}	pʰei^{31}	pei^{13}	tsʰei^{31}	tsʰei^{13} tsei^{13}	tsei^{31}	kɤ^{31}	kʰei^{31}
文县	pei^{31}	pʰei^{31}	pei^{13}	tsʰei^{31}	tsʰɛe^{13}	tsei^{31}	kei^{31}	kʰei^{31}
康县	pei^{53}	pʰei^{53}	pei^{211}	tsʰei^{53}	tsɤ^{211}	tsei^{53}	kei^{53}	kʰei^{53}
礼县	pei^{31}	pʰei^{31}	pʰei^{13}	tsʰei^{31}	tsʰei^{13} tsai^{13}	tsei^{31}	kai^{31}	kʰai^{31}
靖远县	pei^{41}	pʰei^{41}	pei^{24}	tsʰei^{41}	tsei^{24}	tsei^{41}	kei^{41}	kʰei^{41}
陇西县	pe^{21}	pʰɛ^{21}	pʰe^{13}	tsʰɛ^{21}	tsʰɛ^{13} tsɛ^{13}	tse^{21}	kɛ^{21} kɤ^{21}	kʰɛ^{21} kʰɤ^{21}
秦州区	pei^{13}	pʰei^{13}	pʰei^{13}	tsʰei^{13}	tsei^{13}	tsei^{13}	kei^{13}	kʰei^{13}
安定区	pɛ^{13}	pʰɛ^{13}	pʰɛ^{13}	tsʰɛ^{13}	tsə^{13}	tsɛ^{13}	kə^{13}	kʰə^{13}
会宁县	pɛ^{13}	pʰɛ^{13}	pʰɛ^{13} pɛ^{13}	tsʰɛ^{13}	tsɛ^{13}	tsɛ^{13}	kə^{13}	kʰɛ^{13}
临洮县	pei^{13}	pʰɛ^{13}	pei^{13}	tsʰɛ^{13}	tsɛ^{13}	tsɛ^{13}	kɤ^{13}	kʰɛ^{13}
清水县	pəi^{13}	pʰəi^{13}	pʰəi^{13}	tʃʰəi^{13}	tʃʰɛ^{13}	tʃəi^{13}	kəi^{13}	kʰɛ^{13}
永靖县	pɤ^{213}	pʰiɛ^{213}	pɤ^{213}	tʂʰɤ^{213}	tʂɤ^{213}	tʂɤ^{213}	kɤ^{213}	kʰɤ^{213}
敦煌市	pei^{213}	pʰiə^{213} pʰa^{213} pʰei^{213}	pei^{213}	tsʰei^{213} tsʰə^{213}	tsei^{213} tsə^{213}	tʂei^{213} tsə^{213}	kei^{213} kə^{213}	kʰei^{213} kʰə^{213}
临夏市	pɛ^{13}	pʰɛ^{13}	pɛ^{13}	tʂʰɛ^{13}	tʂɤ^{13}	tʂɤ^{13}	kɛ^{13}	kʰɛ^{13}
合作市	pɛe^{13}	pʰɛe^{13}	pɛe^{13}	tʂʰə^{13}	tʂə^{13}	tʂə^{13}	kɛe^{13}	kʰə^{53}
临潭县	pɛe^{24}	pʰɪi^{44}	pɪi^{24}	tsʰɪi^{44}	tsɤ^{24}	tsɪi^{44}	kɤ^{44}	kʰɤ^{44}

	0849 额	0850 棚	0851 争	0852 耕	0853 麦	0854 摘	0855 策	0856 隔
	梗开二 入陌疑	梗开二 平耕並	梗开二 平耕庄	梗开二 平耕见	梗开二 入麦明	梗开二 入麦知	梗开二 入麦初	梗开二 入麦见
兰州市	nɛ^{13}	p^{h}ən^{53}	tʂən^{55}	kən^{55}	mɛ^{13}	tʂɤ^{13}	tʂ^{h}ɤ^{13}	kɛ^{13}
榆中县	ɣə^{312}	p^{h}ən^{312}	tʂən^{51}	kən^{51}	mə^{312}	tʂə^{312}	tʂ^{h}ə^{312}	kə^{312}
永登县	ə^{53}	p^{h}ə̃n^{53}	tʂə̃n^{42}	kə̃n^{42}	miɛ^{13}	tʂə^{53}	ts^{h}ə^{13}	kiɛ^{13}
红古区	ə^{13}	p^{h}ən^{13}	tʂən^{13}	kən^{13}	mə^{13}	tʂə^{53}	tʂ^{h}ə^{13}	kə^{13}
凉州区	ʀə^{35}	p^{h}əŋ^{35}	tsəŋ^{35}	kəŋ^{35}	mə^{31} mæ^{31}	tsə^{35}	ts^{h}ə^{31}	kə^{31}
甘州区	ə^{53}	p^{h}ɤŋ^{53}	tʂɤŋ^{44}	kɤŋ^{44}	miə^{31}	tʂə^{31}	tʂ^{h}ə^{31}	kə^{31}
肃州区	ɣə^{44}	p^{h}ɤŋ^{51}	tsɤŋ^{44}	kɤŋ^{44}	mə^{213}	tsə^{213}	ts^{h}ə^{213}	kə^{213}
永昌县	ə^{44}	p^{h}əŋ^{13}	tʂəŋ^{44}	kəŋ^{44}	mə^{53}	tʂə^{53}	tʂ^{h}ə^{53}	kə^{53}
崆峒区	nɛ^{53}	p^{h}ɤŋ^{24}	tsɤŋ^{21}	kɤŋ^{21}	mei^{21}	tsei^{24}	ts^{h}ei^{21}	kei^{21}
庆城县	nɛ^{51}	p^{h}ɤŋ^{113}	ts^{h}ɤŋ^{51}	kɤŋ^{51}	mei^{51}	tsei^{113}	ts^{h}ei^{51}	kei^{51}
宁县	nei^{31}	p^{h}əŋ^{24}	tsəŋ^{31}	tɕiɛ^{31} kəŋ^{31}	mei^{31}	ts^{h}ei^{24} tsei^{24}	ts^{h}ei^{31}	kei^{31}
武都区	ŋɛɪ^{31}	p^{h}əŋ^{13}	tsəŋ^{31}	kəŋ^{31}	mi^{31}	tsei^{31}	ts^{h}ei^{31}	kei^{31}
文县	ŋɤ^{31}	p^{h}əŋ^{13}	tsəŋ^{31}	kəŋ^{31}	mei^{31}	tsei^{31}	ts^{h}ei^{31}	kei^{31}
康县	ŋɛ^{211}	p^{h}ɤŋ^{211}	tsɤŋ^{53}	kɤŋ^{53}	mei^{53}	tʂɤ^{53}	ts^{h}ei^{53}	kei^{53}
礼县	ŋai^{31}	p^{h}ɤŋ^{13}	tsɤŋ^{31}	kai^{31} kɤŋ^{31}	mei^{31}	tsei^{31}	ts^{h}ai^{31}	kai^{31}
靖远县	nɛ^{41}	p^{h}ɤŋ^{24}	tsɤŋ^{41}	kɤŋ^{41}	mei^{41}	tsei^{24}	ts^{h}ei^{41}	kei^{41}
陇西县	kɛ^{21} kɤ^{21}	p^{h}ɤŋ^{13}	tsɤŋ^{21}	ke^{21} kɤŋ^{21}	me^{21}	tsɛ^{21}	ts^{h}ɛ^{21} ts^{h}ɤ^{21}	kɛ^{21} kɤ^{21}
秦州区	ŋɛ^{13}	p^{h}ɤŋ^{13}	ts^{h}ɤŋ^{13}	kɤŋ^{13}	mei^{13}	tsei^{13}	ts^{h}ei^{13}	kei^{13}
安定区	kə^{13}	p^{h}əŋ^{13}	tsəŋ^{13}	kəŋ^{13}	mɛ^{13}	tsɛ^{13}	ts^{h}ə^{13}	kɛ^{13}
会宁县	ŋɛ^{13}	p^{h}əŋ^{13}	tsəŋ^{13}	kɛ^{13}	mɛ^{13}	tsɛ^{13}	ts^{h}ɛ^{13}	kɛ^{13}
临洮县	ŋɛ^{13}	p^{h}ɤŋ^{13}	tsɤŋ^{13}	kɤŋ^{13}	mɛ^{13}	tsɛ^{13}	ts^{h}ɛ^{13}	kɛ^{13}
清水县	ŋɛ^{13}	p^{h}ɤŋ^{13}	tʃɤŋ^{13}	kəi^{13} kɤŋ^{13}	məi^{13}	tʂə^{13}	tʃ^{h}ɛ^{13}	kəi^{13}
永靖县	ɯ^{213}	p^{h}ɤŋ^{213}	tʂɤŋ^{213}	kɤŋ^{213}	mɤ^{213}	tʂɤ^{53}	tʂ^{h}ɤ^{213}	kɤ^{44}
敦煌市	ŋə^{213}	p^{h}ɤŋ^{213}	tsɤŋ^{213}	kɤŋ^{213}	mei^{213}	tsei^{213}	ts^{h}ei^{213}	kei^{213}
临夏市	nɛ^{13}	p^{h}əŋ^{13}	tʂəŋ^{13}	kəŋ^{13}	mɛ^{13}	tʂɤ^{13}	tʂ^{h}ɤ^{13}	kɛ^{13}
合作市	ŋə^{13}	p^{h}əŋ^{13}	tʂəŋ^{13}	kəŋ^{13}	mɛe^{13}	tʂə^{44}	tʂ^{h}ə^{13}	kɛe^{13}
临潭县	ŋɤ^{24}	p^{h}əŋ^{24}	tsəŋ^{44}	kəŋ^{44}	mɪ^{44}	tsɪ^{24}	ts^{h}ɤ^{44}	kɤ^{44}

	0857 兵	0858 柄	0859 平	0860 病	0861 明	0862 命	0863 镜	0864 庆
	梗开三平庚帮	梗开三去庚帮	梗开三平庚並	梗开三去庚並	梗开三平庚明	梗开三去庚明	梗开三去庚见	梗开三去庚溪
兰州市	pin^{55}	pin^{34}	p^{h}in^{53}	pin^{13}	min^{53}	min^{13}	tɕin^{13}	tɕ^{h}in^{13}
榆中县	pin^{51}	pin^{44}	p^{h}in^{312}	pin^{213}	min^{312}	min^{213}	tɕin^{213}	tɕ^{h}in^{213}
永登县	pin^{42}	pin^{354}	p^{h}in^{53}	pin^{13}	min^{53}	min^{13}	tɕin^{13}	tɕ^{h}in^{13}
红古区	pin^{13}	pin^{53}	p^{h}in^{13}	pin^{13}	min^{13}	min^{13}	tɕin^{13}	tɕ^{h}in^{13}
凉州区	piŋ^{35}	piŋ^{31}	p^{h}iŋ^{35}	piŋ^{31}	miei^{35}	miei^{31}	tɕiŋ^{31}	tɕ^{h}iŋ^{31}
甘州区	piŋ^{44}	piŋ^{53}	p^{h}iŋ^{53}	piŋ^{31}	miŋ^{53}	miŋ^{31}	tɕiŋ^{31}	tɕ^{h}iŋ^{31}
肃州区	piŋ^{44}	piŋ^{51}	p^{h}iŋ^{51}	piŋ^{213}	miŋ^{51}	miŋ^{213}	tɕiŋ^{213}	tɕ^{h}iŋ^{213}
永昌县	piŋ^{44}	piŋ^{13}	p^{h}iŋ^{13}	piŋ^{53}	miŋ^{13}	miŋ^{53}	tɕiŋ^{53}	tɕ^{h}iŋ^{53}
崆峒区	piɤŋ^{21}	piɤŋ^{53}	p^{h}iɤŋ^{24}	piɤŋ^{44}	miɤŋ^{24}	miɤŋ^{44}	tɕiɤŋ^{44}	tɕ^{h}iɤŋ^{44}
庆城县	piŋ^{51}	piŋ^{44}	p^{h}iŋ^{113}	piŋ^{244}	miŋ^{113}	miŋ^{244}	tɕiŋ^{244}	tɕ^{h}iŋ^{244}
宁县	piŋ^{31}	piŋ^{52}	p^{h}iŋ^{24}	p^{h}iŋ^{44} piŋ^{44}	miŋ^{24}	miŋ^{44}	tɕiŋ^{44}	tɕ^{h}iŋ^{44}
武都区	pin^{31}	pin^{55}	p^{h}in^{13}	pin^{24}	min^{13}	min^{24}	tɕi^{24}	tɕ^{h}i^{24}
文县	piəŋ^{31}	piəŋ^{55}	p^{h}iəŋ^{13}	piəŋ^{24}	miəŋ^{13}	miəŋ^{24}	tɕiəŋ^{24}	tɕ^{h}iəŋ^{24}
康县	piŋ^{53}	piŋ^{55}	p^{h}iŋ^{211}	piŋ^{24}	miŋ^{211}	miŋ^{24}	tɕiŋ^{24}	tɕ^{h}iŋ^{24}
礼县	piŋ^{31}	piŋ^{52}	p^{h}iŋ^{13}	p^{h}iŋ^{44}	miŋ^{13}	miŋ^{44}	tɕiŋ^{44}	tɕ^{h}iŋ^{44}
靖远县	piŋ^{41}	piŋ^{55}	p^{h}iŋ^{24}	piŋ^{33}	miŋ^{24}	miŋ^{33}	tɕiŋ^{33}	tɕ^{h}iŋ^{33}
陇西县	piŋ^{21}	piŋ^{53}	p^{h}iŋ^{13}	p^{h}iŋ^{44}	miŋ^{13}	miŋ^{44}	tɕiŋ^{44}	tɕ^{h}iŋ^{44}
秦州区	piɤŋ^{13}	piɤŋ^{53}	p^{h}iɤŋ^{13}	p^{h}iɤŋ^{44}	miɤŋ^{13}	miɤŋ^{44}	tɕiɤŋ^{53}	tɕ^{h}iɤŋ^{44}
安定区	piŋ^{13}	piŋ^{53}	p^{h}iŋ^{13}	p^{h}iŋ^{44}	miŋ^{13}	miŋ^{44}	tɕiŋ^{44}	tɕ^{h}iŋ^{44}
会宁县	piŋ^{13}	piŋ^{53}	p^{h}iŋ^{13}	p^{h}iŋ^{44}	miŋ^{13}	miŋ^{44}	tɕiŋ^{44}	tɕ^{h}iŋ^{44}
临洮县	piŋ^{13}	piŋ^{53}	p^{h}iŋ^{13}	p^{h}iŋ^{44}	miŋ^{13}	miŋ^{44}	tɕiŋ^{44}	tɕ^{h}iŋ^{44}
清水县	piŋ^{13}	piŋ^{52}	p^{h}iŋ^{13}	p^{h}iŋ^{443}	miŋ^{13}	miŋ^{443}	tɕiŋ^{443}	tɕ^{h}iŋ^{443}
永靖县	piɤŋ^{213}	piɤŋ^{53}	p^{h}iɤŋ^{213}	piɤŋ^{44}	miɤŋ^{213}	miɤŋ^{44}	tɕiɤŋ^{44}	tɕ^{h}iɤŋ^{44}
敦煌市	piŋ^{213}	piŋ^{51}	p^{h}iŋ^{213}	piŋ^{44}	miŋ^{213}	miŋ^{44}	tɕiŋ^{44}	tɕ^{h}iŋ^{44}
临夏市	piŋ^{13}	piŋ^{42}	p^{h}iŋ^{13}	piŋ^{53}	miŋ^{13}	miŋ^{53}	tɕiŋ^{53}	tɕ^{h}iŋ^{53}
合作市	piŋ^{13}	piŋ^{53}	p^{h}iŋ^{13}	piŋ^{53}	miŋ^{13}	miŋ^{53}	tɕiŋ^{53}	tɕ^{h}iŋ^{53}
临潭县	pin^{44}	pin^{51}	p^{h}in^{24}	pin^{44}	min^{24}	min^{44}	tɕin^{44}	tɕ^{h}in^{44}

	0865 迎	0866 影	0867 剧戏～	0868 饼	0869 名	0870 领	0871 井	0872 清
	梗开三 平庚疑	梗开三 上庚影	梗开三 入陌群	梗开三 上清帮	梗开三 平清明	梗开三 上清来	梗开三 上清精	梗开三 平清清
兰州市	in^{53}	in^{34}	tɕy^{13}	pin^{34}	min^{53}	lin^{34}	tɕin^{34}	tɕʰin^{55}
榆中县	in^{312}	in^{44}	tɕy^{213}	pin^{44}	min^{312}	lin^{44}	tɕin^{44}	tɕʰin^{51}
永登县	in^{53}	in^{354}	tɕy^{13}	pin^{354}	min^{53}	lin^{354}	tɕin^{354}	tɕʰin^{42}
红古区	in^{13}	in^{53}	tsɥ^{13}	pin^{53}	min^{13}	lin^{53}	tɕin^{53}	tɕʰin^{13}
凉州区	iŋ^{35}	iŋ^{35}	tɕy^{31}	piŋ^{35}	miei^{35}	liŋ^{35}	tɕiŋ^{35}	tɕʰiŋ^{35}
甘州区	iŋ^{53}	iŋ^{53}	tɕy^{31}	piŋ^{53}	miŋ^{53}	liŋ^{53}	tɕiŋ^{53}	tɕʰiŋ^{44}
肃州区	ʑiŋ^{51}	ʑiŋ^{51}	tɕy^{213}	piŋ^{51}	miŋ^{51}	liŋ^{51}	tɕiŋ^{51}	tɕʰiŋ^{44}
永昌县	iŋ^{13}	iŋ^{13}	tɕy^{53}	piŋ^{13}	miŋ^{13}	liŋ^{13}	tɕiŋ^{13}	tɕʰiŋ^{44}
崆峒区	iɤŋ^{24}	iɤŋ^{53}	tɕy^{44}	piɤŋ^{53}	miɤŋ^{24}	liɤŋ^{53}	tɕiɤŋ^{53}	tɕʰiɤŋ^{21}
庆城县	iŋ^{113}	iŋ^{44}	tɕy^{244}	piŋ^{44}	miŋ^{113}	liŋ^{44}	tɕiŋ^{44}	tɕʰiŋ^{51}
宁县	iŋ^{24}	iŋ^{52}	tɕy^{44}	piŋ^{52}	miŋ^{24}	liŋ^{52}	tɕiŋ^{52}	tɕʰiŋ^{31}
武都区	in^{13}	in^{55}	tɕy^{24}	pin^{55}	min^{13}	lin^{55}	tɕin^{55}	tɕʰin^{31}
文县	iəŋ^{13}	iəŋ^{55}	tɕy^{24}	piəŋ^{55}	miəŋ^{13}	liəŋ^{55}	tɕiəŋ^{55}	tɕʰiəŋ^{31}
康县	iŋ^{211}	iŋ^{55}	tɕy^{24}	piŋ^{55}	miŋ^{211}	liŋ^{55}	tsiŋ^{55}	tsʰiŋ^{53}
礼县	iŋ^{13}	iŋ^{52}	tɕy^{44}	piŋ^{52}	miŋ^{13}	liŋ^{52}	tɕiŋ^{52}	tɕʰiŋ^{31}
靖远县	iŋ^{24}	iŋ^{55}	tsɥ^{33}	piŋ^{55}	miŋ^{24}	liŋ^{55}	tɕiŋ^{55}	tɕʰiŋ^{41}
陇西县	iŋ^{13}	iŋ^{53}	tɕy^{44}	piŋ^{53}	miŋ^{13}	liŋ^{53}	tɕiŋ^{53}	tɕʰiŋ^{21}
秦州区	iɤŋ^{13}	iɤŋ^{53}	tɕy^{44}	piɤŋ^{53}	miɤŋ^{13}	liɤŋ^{53}	tɕiɤŋ^{53}	tɕʰiɤŋ^{13}
安定区	iŋ^{13}	iŋ^{53}	tɕy^{44}	piŋ^{53}	miŋ^{13}	liŋ^{53}	tɕiŋ^{53}	tɕʰiŋ^{13}
会宁县	iŋ^{13}	iŋ^{53}	tɕy^{44}	piŋ^{53}	miŋ^{13}	liŋ^{53}	tɕiŋ^{53}	tɕʰiŋ^{13}
临洮县	iŋ^{13}	iŋ^{53}	tɕy^{44}	piŋ^{53}	miŋ^{13}	liŋ^{53}	tɕiŋ^{53}	tɕʰiŋ^{13}
清水县	iŋ^{13}	iŋ^{52}	tɕy^{443}	piŋ^{52}	miŋ^{13}	liŋ^{52}	tsiŋ^{52}	tsʰiŋ^{13}
永靖县	iɤŋ^{213}	iɤŋ^{53}	tɕy^{44}	piɤŋ^{53}	miɤŋ^{213}	liɤŋ^{53}	tɕiɤŋ^{53}	tɕʰiɤŋ^{213}
敦煌市	iŋ^{213}	iŋ^{51}	tɕy^{44}	piŋ^{51}	miŋ^{213}	liŋ^{51}	tɕiŋ^{51}	tɕʰiŋ^{213}
临夏市	iŋ^{13}	iŋ^{42}	tɕy^{13}	piŋ^{42}	miŋ^{13}	liŋ^{42}	tɕiŋ^{42}	tɕʰiŋ^{13}
合作市	iŋ^{13}	iŋ^{44}	tɕy^{53}	piŋ^{44}	miŋ^{13}	liŋ^{44}	tɕiŋ^{44}	tɕʰiŋ^{13}
临潭县	in^{24}	in^{51}	tɕy^{44}	pin^{51}	min^{24}	lin^{51}	tɕin^{51}	tɕʰin^{44}

	0873 静	0874 姓	0875 贞	0876 程	0877 整	0878 正~反	0879 声	0880 城
	梗开三 上清从	梗开三 去清心	梗开三 平清知	梗开三 平清澄	梗开三 上清章	梗开三 去清章	梗开三 平清书	梗开三 平清禅
兰州市	tɕin^{13}	ɕin^{13}	tʂən^{55}	tʂʰən^{53}	tʂən^{34}	tʂən^{13}	ʂən^{55}	tʂʰən^{53}
榆中县	tɕin^{213}	ɕin^{213}	tʂən^{51}	tʂʰən^{312}	tʂən^{44}	tʂən^{213}	ʂən^{51}	tʂʰən^{312}
永登县	tɕin^{13}	ɕin^{13}	tʂə̃n^{42}	tʂʰə̃n^{53}	tʂə̃n^{354}	tʂə̃n^{13}	ʂə̃n^{42}	tʂʰə̃n^{53}
红古区	tɕin^{13}	ɕin^{13}	tʂən^{13}	tʂʰən^{13}	tʂən^{53}	tʂən^{13}	ʂən^{13}	tʂʰən^{13}
凉州区	tɕiŋ^{31}	ɕiŋ^{31}	tʂəŋ^{35}	tʂʰəŋ^{35}	tʂəŋ^{35}	tʂəŋ^{31}	ʂəŋ^{35}	tʂʰəŋ^{35}
甘州区	tɕiŋ^{31}	ɕiŋ^{31}	tʂɤŋ^{44}	tʂʰɤŋ^{53}	tʂɤŋ^{53}	tʂɤŋ^{31}	ʂɤŋ^{44}	tʂʰɤŋ^{53}
肃州区	tɕiŋ^{213}	ɕiŋ^{213}	tʂɤŋ^{44}	tʂʰɤŋ^{51}	tʂɤŋ^{51}	tʂɤŋ^{213}	ʂɤŋ^{44}	tʂʰɤŋ^{51}
永昌县	tɕiŋ^{53}	ɕiŋ^{53}	tʂəŋ^{44}	tʂʰəŋ^{13}	tʂəŋ^{13}	tʂəŋ^{53}	ʂəŋ^{44}	tʂʰəŋ^{13}
崆峒区	tɕiɤŋ^{44}	ɕiɤŋ^{44}	tʂɤŋ^{21}	tʂʰɤŋ^{24}	tʂɤŋ^{53}	tʂɤŋ^{44}	ʂɤŋ^{21}	tʂʰɤŋ^{24}
庆城县	tɕiŋ^{244}	ɕiŋ^{244}	tʂɤŋ^{51}	tʂʰɤŋ^{113}	tʂɤŋ^{44}	tʂɤŋ^{244}	ʂɤŋ^{51}	tʂʰɤŋ^{113}
宁县	tɕiŋ^{44}	ɕiŋ^{44}	tʂəŋ^{31}	tʂʰəŋ^{24}	tʂəŋ^{52}	tʂəŋ^{44}	ʂəŋ^{31}	tʂʰəŋ^{24}
武都区	tɕin^{24}	ɕin^{24}	tʂəŋ^{31}	tʂʰəŋ^{13}	tʂəŋ^{55}	tʂəŋ^{24}	ʂəŋ^{31}	tʂʰəŋ^{13}
文县	tɕiəŋ^{24}	ɕiəŋ^{24}	tsəŋ^{31}	tsʰəŋ^{13}	tsəŋ^{55}	tsəŋ^{24}	səŋ^{31}	tsʰəŋ^{13}
康县	tsiŋ^{24}	siŋ^{24}	tʂɤŋ^{53}	tsʰɤŋ^{211}	tʂɤŋ^{55}	tʂɤŋ^{24}	ʂɤŋ^{53}	tʂʰɤŋ^{211}
礼县	tɕiŋ^{44}	ɕiŋ^{44}	tʂɤŋ^{31}	tʂʰɤŋ^{13}	tʂɤŋ^{52}	tʂɤŋ^{44}	ʂɤŋ^{31}	tʂʰɤŋ^{13}
靖远县	tɕiŋ^{33}	ɕiŋ^{33}	tʂɤŋ^{41}	tʂʰɤŋ^{24}	tʂɤŋ^{55}	tʂɤŋ^{33}	ʂɤŋ^{41}	tʂʰɤŋ^{24}
陇西县	tɕiŋ^{44}	ɕiŋ^{44}	tʂɤŋ^{21}	tʂʰɤŋ^{13}	tʂɤŋ^{53}	tʂɤŋ^{44}	ʂɤŋ^{21}	tʂʰɤŋ^{13}
秦州区	tɕʰiɤŋ^{44}	ɕiɤŋ^{44}	tʂɤŋ^{13}	tʂʰɤŋ^{13}	tʂɤŋ^{53}	tʂɤŋ^{44}	ʂɤŋ^{13}	tʂʰɤŋ^{13}
安定区	tɕiŋ^{44}	ɕiŋ^{44}	tʂəŋ^{13}	tʂʰəŋ^{13}	tʂəŋ^{53}	tʂəŋ^{44}	ʂəŋ^{13}	tʂʰəŋ^{13}
会宁县	tɕiŋ^{44}	ɕiŋ^{44}	tʂəŋ^{13}	tʂʰəŋ^{13}	tʂəŋ^{53}	tʂəŋ^{44}	ʂəŋ^{13}	tʂʰəŋ^{13}
临洮县	tɕiŋ^{44}	ɕiŋ^{44}	tʂɤŋ^{13}	tʂʰɤŋ^{13}	tʂɤŋ^{53}	tʂɤŋ^{44}	ʂɤŋ^{13}	tʂʰɤŋ^{13}
清水县	tsʰiŋ^{443} tɕiŋ^{44}	siŋ^{443}	tʂɤŋ^{13}	tʂʰɤŋ^{13}	tʂɤŋ^{52}	tʂɤŋ^{443}	ʂɤŋ^{13}	tʂʰɤŋ^{13}
永靖县	tɕiɤŋ^{44}	ɕiɤŋ^{44}	tʂɤŋ^{44}	tʂʰɤŋ^{213}	tʂɤŋ^{44}	tʂɤŋ^{44}	ʂɤŋ^{213}	tʂʰɤŋ^{213}
敦煌市	tɕiŋ^{44}	ɕiŋ^{44}	tʂɤŋ^{213}	tʂʰɤŋ^{213}	tʂɤŋ^{51}	tʂɤŋ^{44}	ʂɤŋ^{213}	tʂʰɤŋ^{213}
临夏市	tɕiŋ^{53}	ɕiŋ^{53}	tʂəŋ^{13}	tʂʰəŋ^{13}	tʂəŋ^{42}	tʂəŋ^{53}	ʂəŋ^{13}	tʂʰəŋ^{13}
合作市	tɕiŋ^{53}	ɕiŋ^{53}	tʂəŋ^{13}	tʂʰəŋ^{13}	tʂəŋ^{44}	tʂəŋ^{53}	ʂəŋ^{13}	tʂʰəŋ^{13}
临潭县	tɕin^{44}	ɕin^{44}	tʂəŋ^{44}	tʂʰəŋ^{24}	tʂəŋ^{51}	tʂəŋ^{44}	ʂəŋ^{44}	tʂʰəŋ^{24}

	0881 轻	0882 赢	0883 积	0884 惜	0885 席	0886 尺	0887 石	0888 益
	梗开三 平清溪	梗开三 平清以	梗开三 入昔精	梗开三 入昔心	梗开三 入昔邪	梗开三 入昔昌	梗开三 入昔禅	梗开三 入昔影
兰州市	tɕʰin^{55}	in^{53}	tɕi^{13}	ɕi^{13}	ɕi^{53}	tʂʰʅ^{13}	ʂʅ^{53}	ʑi^{13}
榆中县	tɕʰin^{51}	in^{312}	tɕi^{312}	ɕi^{312}	ɕi^{312}	tʂʰʅ^{312}	ʂʅ^{312}	i^{213}
永登县	tɕʰin^{42}	in^{53}	tɕi^{13}	ɕi^{13}	ɕi^{53}	tʂʰʅ^{13}	ʂʅ^{53}	i^{13}
红古区	tɕʰin^{13}	in^{13}	tsɿ^{13}	sɿ^{13}	sɿ^{13}	tʂʰʅ^{13}	ʂʅ^{13}	zɿ^{13}
凉州区	tɕʰiŋ^{35}	iŋ^{35}	tɕi^{31}	ɕi^{35}	ɕi^{35}	tʂʰʅ^{31}	ʂʅ^{35}	ʑi^{31}
甘州区	tɕʰiŋ^{44}	iŋ^{53}	tɕi^{31}	ɕi^{31}	ɕi^{53}	tʂʰʅ^{31}	ʂʅ^{53}	ʑi^{31}
肃州区	tɕʰiŋ^{44}	ʑiŋ^{51}	tɕi^{213}	ɕi^{213}	ɕi^{51}	tʂʰʅ^{213}	ʂʅ^{51}	ʑi^{213}
永昌县	tɕʰiŋ^{44}	iŋ^{13}	tɕi^{53}	ɕi^{53}	ɕi^{13}	tʂʰʅ^{53}	ʂʅ^{13}	ʑi^{53}
崆峒区	tɕʰiɤŋ^{21}	iɤŋ^{24}	tɕi^{21}	ɕi^{21}	ɕi^{24}	tʂʰʅ^{21}	ʂʅ^{24}	i^{21}
庆城县	tɕʰiŋ^{51}	iŋ^{113}	tɕi^{51}	ɕi^{51}	ɕi^{113}	tʂʰʅ^{51}	ʂʅ^{113}	i^{244}
宁县	tɕʰiŋ^{31}	iŋ^{24}	tɕi^{31}	ɕi^{31}	ɕi^{24}	tʂʰʅ^{31}	ʂʅ^{24} tæ̃^{44}	i^{31}
武都区	tɕʰin^{31}	in^{13}	tɕi^{31}	ɕi^{31}	ɕi^{13}	tʂʰʅ^{31}	ʂʅ^{13}	ɿ^{31}
文县	tɕʰiəŋ^{31}	iəŋ^{13}	tɕi^{31}	ɕi^{31}	ɕi^{13}	tsʰɿ^{31}	sɿ^{13}	ʑi^{31}
康县	tɕʰiŋ^{53}	iŋ^{211}	tɕi^{53}	si^{53}	si^{211}	tʂʰʅ^{53}	ʂʅ^{211}	i^{24}
礼县	tɕʰiŋ^{31}	iŋ^{13}	tɕi^{31}	ɕi^{31}	ɕi^{13}	tʂʰʅ^{31}	ʂʅ^{13}	i^{44}
靖远县	tɕʰiŋ^{41}	iŋ^{24}	tsɿ^{41}	sɿ^{41}	sɿ^{24}	tʂʰʅ^{41}	ʂʅ^{24}	zɿ^{24}
陇西县	tɕʰiŋ^{21}	iŋ^{13}	tɕi^{21}	ɕi^{21}	ɕi^{13}	tʂʰʅ^{21}	ʂʅ^{13}	ʑi^{44}
秦州区	tɕʰiɤŋ^{13}	iɤŋ^{13}	tɕi^{13}	ɕi^{13}	ɕi^{13}	tʂʰʅ^{13}	ʂʅ^{13}	i^{13}
安定区	tɕʰiŋ^{13}	iŋ^{13}	tɕi^{13}	ɕi^{13}	ɕi^{13}	tʂʰʅ^{13}	ʂʅ^{13} tæ̃^{44}	ʑi^{44}
会宁县	tɕʰiŋ^{13}	iŋ^{13}	tɕi^{13}	ɕi^{13}	ɕi^{13}	tʂʰʅ^{13}	ʂʅ^{13} tæ̃^{44}	ʑi^{13}
临洮县	tɕʰiŋ^{13}	iŋ^{13}	tɕi^{13}	ɕi^{13} ɕie^{13}	ɕi^{13}	tʂʰʅ^{13}	ʂʅ^{13}	ʑi^{44}
清水县	tɕʰiŋ^{13}	iŋ^{13}	tsi^{13}	siɛ^{13} si^{13}	si^{13}	tʂʰʅ^{13}	ʂʅ^{13}	i^{13}
永靖县	tɕʰiɤŋ^{213}	iɤŋ^{213}	tɕi^{213}	ɕiɛ^{53}	ɕi^{213}	tʂʰʅ^{213}	ʂʅ^{213} t　^{44}	i^{44}
敦煌市	tɕʰiŋ^{213}	iŋ^{213}	tɕi^{213}	ɕi^{213}	ɕi^{213}	tʂʰʅ^{213}	ʂʅ^{213}	ʑi^{213}
临夏市	tɕʰiŋ^{13}	iŋ^{13}	tɕi^{13}	ɕi^{13}	ɕi^{13}	tʂʰʅ^{13}	ʂʅ^{13}	ʑi^{13}
合作市	tɕʰiŋ^{13}	iŋ^{13}	tɕi^{13}	ɕi^{13}	ɕi^{13}	tʂʰʅ^{13}	ʂʅ^{13}	ʑi^{53}
临潭县	tɕin^{44}	in^{24}	tɕi^{44}	ɕi^{44}	ɕi^{24}	tʂʰʅ^{44}	ʂʅ^{24}	i^{44}

	0889 瓶	0890 钉名	0891 顶	0892 厅	0893 听~见	0894 停	0895 挺	0896 定
	梗开四平青並	梗开四平青端	梗开四上青端	梗开四平青透	梗开四平青透	梗开四平青定	梗开四上青定	梗开四去青定
兰州市	p^{h}in^{53}	tin^{55}	tin^{34}	t^{h}in^{55}	t^{h}in^{55}	t^{h}in^{53}	t^{h}in^{34}	tin^{13}
榆中县	p^{h}in^{312}	tin^{51}	tin^{44}	t^{h}in^{51}	t^{h}in^{51}	t^{h}in^{213}	t^{h}in^{44}	tin^{213}
永登县	p^{h}in^{53}	tin^{42}	tin^{354}	t^{h}in^{42}	t^{h}in^{42}	t^{h}in^{13}	t^{h}in^{53}	tin^{13}
红古区	p^{h}in^{13}	tin^{13}	tin^{53}	t^{h}in^{13}	t^{h}in^{13}	t^{h}in^{13}	t^{h}in^{53}	tin^{13}
凉州区	p^{h}iŋ^{35}	tiŋ^{35}	tiŋ^{35}	t^{h}iŋ^{35}	t^{h}iŋ^{35}	t^{h}iŋ^{35}	t^{h}iŋ^{35}	tiŋ^{31}
甘州区	p^{h}iŋ^{53}	tiŋ^{31}	tiŋ^{53}	t^{h}iŋ^{44}	t^{h}iŋ^{44}	t^{h}iŋ^{53}	t^{h}iŋ^{53}	tiŋ^{31}
肃州区	p^{h}iŋ^{51}	tiŋ^{44}	tiŋ^{51}	t^{h}iŋ^{44}	t^{h}iŋ^{44}	t^{h}iŋ^{51}	t^{h}iŋ^{51}	tiŋ^{213}
永昌县	p^{h}iŋ^{13}	tiŋ^{44}	tiŋ^{13}	t^{h}iŋ^{44}	t^{h}iŋ^{44}	t^{h}iŋ^{13}	t^{h}iŋ^{13}	tiŋ^{53}
崆峒区	p^{h}iɤŋ^{24}	tiɤŋ^{21}	tiɤŋ^{53}	t^{h}iɤŋ^{53}	t^{h}iɤŋ^{21}	t^{h}iɤŋ^{44}	t^{h}iɤŋ^{53}	tiɤŋ^{44}
庆城县	p^{h}iŋ^{113}	tiŋ^{51}	tiŋ^{44}	t^{h}iŋ^{51}	t^{h}iŋ^{51}	t^{h}iŋ^{113}	t^{h}iŋ^{44}	tiŋ^{244}
宁县	p^{h}iŋ^{24}	tiŋ^{31}	tiŋ^{52}	tɕ^{h}iŋ^{31}	tɕ^{h}iŋ^{31}	tɕ^{h}iŋ^{24}	tɕ^{h}iŋ^{52}	tɕ^{h}iŋ^{44} tiŋ^{44}
武都区	p^{h}in^{13}	tin^{31}	tin^{55}	t^{h}in^{31}	t^{h}in^{31}	t^{h}in^{13}	t^{h}i^{55}	tin^{24}
文县	p^{h}iəŋ^{13}	tiəŋ^{31}	tiəŋ^{55}	t^{h}iəŋ^{31}	t^{h}iəŋ^{31}	t^{h}iəŋ^{13}	t^{h}iəŋ^{55}	tiəŋ^{24}
康县	p^{h}iŋ^{211}	tsiŋ^{53}	tsiŋ^{55}	ts^{h}iŋ^{53}	ts^{h}iŋ^{53}	ts^{h}iŋ^{211}	ts^{h}iŋ^{55}	tsiŋ^{24}
礼县	p^{h}iŋ^{13}	tiŋ^{31}	tiŋ^{52}	t^{h}iŋ^{31}	t^{h}iŋ^{31}	t^{h}iŋ^{13}	t^{h}iŋ^{52}	tiŋ^{44}
靖远县	p^{h}iŋ^{24}	tiŋ^{41}	tiŋ^{55}	t^{h}iŋ^{41}	t^{h}iŋ^{41}	t^{h}iŋ^{24}	t^{h}iŋ^{55}	tiŋ^{33}
陇西县	p^{h}iŋ^{13}	tiŋ^{21}	tiŋ^{53}	tɕ^{h}iŋ^{21}	tɕ^{h}iŋ^{21}	tɕ^{h}iŋ^{13}	tɕ^{h}iŋ^{53}	tiŋ^{44}
秦州区	p^{h}iɤŋ^{13}	tiɤŋ^{13}	tiɤŋ^{53}	t^{h}iɤŋ^{13}	t^{h}iɤŋ^{13}	t^{h}iɤŋ^{13}	t^{h}iɤŋ^{53}	tiɤŋ^{44}
安定区	p^{h}iŋ^{13}	tiŋ^{13}	tiŋ^{53}	t^{h}iŋ^{13}	t^{h}iŋ^{13}	t^{h}iŋ^{44}	t^{h}iŋ^{53}	tiŋ^{44}
会宁县	p^{h}iŋ^{13}	tiŋ^{13}	tiŋ^{53}	t^{h}iŋ^{13}	t^{h}iŋ^{13}	t^{h}iŋ^{44}	t^{h}iŋ^{53}	tiŋ^{44}
临洮县	p^{h}iŋ^{13}	tiŋ^{13}	tiŋ^{53}	t^{h}iŋ^{13}	t^{h}iŋ^{13}	t^{h}iŋ^{44}	t^{h}iŋ^{53}	tiŋ^{44}
清水县	p^{h}iŋ^{13}	tsiŋ^{13}	tsiŋ^{52}	ts^{h}iŋ^{13}	ts^{h}iŋ^{13}	ts^{h}iŋ^{13}	ts^{h}iŋ^{52}	tsiŋ^{443}
永靖县	p^{h}iɤŋ^{213}	tiɤŋ^{213}	tiɤŋ^{53}	tɕ^{h}iɤŋ^{213}	tɕ^{h}iɤŋ^{213}	tɕ^{h}iɤŋ^{44}	tɕ^{h}iɤŋ^{213}	tiɤŋ^{44}
敦煌市	p^{h}iŋ^{213}	tiŋ^{213}	tiŋ^{51}	t^{h}iŋ^{213}	t^{h}iŋ^{213}	t^{h}iŋ^{44}	t^{h}iŋ^{51}	tiŋ^{44}
临夏市	p^{h}iŋ^{13}	tiŋ^{13}	tiŋ^{42}	t^{h}iŋ^{13}	t^{h}iŋ^{13}	t^{h}iŋ^{13}	t^{h}iŋ^{42}	tiŋ^{53}
合作市	p^{h}iŋ^{13}	tiŋ^{13}	tiŋ^{44}	t^{h}iŋ^{13}	t^{h}iŋ^{13}	t^{h}iŋ^{53}	t^{h}iŋ^{13}	tiŋ^{53}
临潭县	p^{h}in^{24}	tin^{44}	tin^{51}	t^{h}in^{44}	t^{h}in^{44}	t^{h}in^{44}	t^{h}in^{51}	tin^{44}

	0897 零	0898 青	0899 星	0900 经	0901 形	0902 壁	0903 劈	0904 踢
	梗开四 平青来	梗开四 平青清	梗开四 平青心	梗开四 平青见	梗开四 平青匣	梗开四 入锡帮	梗开四 入锡滂	梗开四 入锡透
兰州市	lin^{53}	tɕin^{55}	ɕin^{55}	tɕin^{55}	ɕin^{53}	pi^{13}	p^{h}i^{24}	t^{h}i^{13}
榆中县	lin^{312}	tɕ^{h}in^{51}	ɕin^{51}	tɕin^{51}	ɕin^{312}	pi^{312}	p^{h}i^{51}	t^{h}i^{312}
永登县	lin^{53}	tɕ^{h}in^{42}	ɕin^{42}	tɕin^{42}	ɕin^{53}	pi^{13}	p^{h}i^{354}	t^{h}i^{13}
红古区	lin^{13}	tɕ^{h}in^{13}	ɕin^{13}	tɕin^{13}	ɕin^{13}	pɿ^{13}	p^{h}ɿ^{13}	ts^{h}ɿ^{13}
凉州区	liŋ^{35}	tɕ^{h}iŋ^{35}	ɕiŋ^{35}	tɕiŋ^{35}	ɕiŋ^{35}	pi^{31}	p^{h}i^{31}	t^{h}i^{31}
甘州区	liŋ^{53}	tɕ^{h}iŋ^{44}	ɕiŋ^{44}	tɕiŋ^{44}	ɕiŋ^{53}	pi^{31}	p^{h}i^{31}	t^{h}i^{31}
肃州区	liŋ^{51}	tɕ^{h}iŋ^{44}	ɕiŋ^{44}	tɕiŋ^{44}	ɕiŋ^{51}	pi^{213}	p^{h}i^{213}	t^{h}i^{213}
永昌县	liŋ^{13}	tɕ^{h}iŋ^{44}	ɕiŋ^{44}	tɕiŋ^{44}	ɕiŋ^{13}	pi^{53}	p^{h}i^{53}	t^{h}i^{53}
崆峒区	liɤŋ^{24}	tɕ^{h}iɤŋ^{21}	ɕiɤŋ^{21}	tɕiɤŋ^{21}	ɕiɤŋ^{24}	pi^{21}	p^{h}i^{53}	t^{h}i^{21}
庆城县	liŋ^{113}	tɕ^{h}iŋ^{51}	ɕiŋ^{51}	tɕiŋ^{51}	ɕiŋ^{113}	pi^{51}	p^{h}i^{44}	t^{h}i^{51}
宁县	liŋ^{24}	tɕ^{h}iŋ^{31}	ɕiŋ^{31}	tɕiŋ^{31}	ɕiŋ^{24}	pi^{31}	p^{h}i^{52}	tɕ^{h}i^{31}
武都区	lin^{13}	tɕ^{h}in^{31}	ɕin^{31}	tɕin^{31}	ɕin^{13}	pi^{31}	p^{h}i^{55}	t^{h}i^{31}
文县	liəŋ^{13}	tɕ^{h}iəŋ^{31}	ɕiəŋ^{31}	tɕiəŋ^{31}	ɕiəŋ^{13}	pi^{31}	p^{h}i^{55}	t^{h}i^{31}
康县	liŋ^{211}	tɕ^{h}iŋ^{53}	ɕiŋ^{53}	tɕiŋ^{53}	ɕiŋ^{211}	pi^{53}	p^{h}i^{55}	t^{h}i^{53}
礼县	liŋ^{13}	tɕ^{h}iŋ^{31}	ɕiŋ^{31}	tɕiŋ^{31}	ɕiŋ^{13}	pi^{31}	p^{h}i^{52}	t^{h}i^{31}
靖远县	liŋ^{24}	tɕ^{h}iŋ^{41}	ɕiŋ^{41}	tɕiŋ^{41}	ɕiŋ^{24}	pɿ^{41}	p^{h}ɿ^{55}	t^{h}ɿ^{41}
陇西县	liŋ^{13}	tɕ^{h}iŋ^{21}	ɕiŋ^{21}	tɕiŋ^{21}	ɕiŋ^{13}	pi^{21}	p^{h}i^{53}	tɕ^{h}i^{21}
秦州区	liɤŋ^{13}	tɕiɤŋ^{13}	ɕiɤŋ^{13}	tɕiɤŋ^{13}	ɕiɤŋ^{13}	pi^{13}	p^{h}i^{53}	t^{h}i^{13}
安定区	liŋ^{13}	tɕ^{h}iŋ^{13}	ɕiŋ^{13}	tɕiŋ^{13}	ɕiŋ^{13}	pi^{13}	p^{h}i^{53}	t^{h}i^{13}
会宁县	liŋ^{13}	tɕ^{h}iŋ^{13}	ɕiŋ^{13}	tɕiŋ^{13}	ɕiŋ^{13}	pi^{13}	p^{h}i^{53}	t^{h}i^{13}
临洮县	liŋ^{13}	tɕ^{h}iŋ^{13}	ɕiŋ^{13}	tɕiŋ^{13}	ɕiŋ^{13}	pi^{13}	p^{h}i^{53}	t^{h}i^{13}
清水县	liŋ^{13}	ts^{h}iŋ^{13}	siŋ^{13}	tɕiŋ^{13}	ɕiŋ^{13}	pi^{13}	p^{h}iæ̃^{52} p^{h}i^{52}	ts^{h}i^{13}
永靖县	liɤŋ^{213}	tɕ^{h}iɤŋ^{44}	ɕiɤŋ^{213}	tɕiɤŋ^{213}	ɕiɤŋ^{213}	pi^{44}	p^{h}i^{44}	tɕ^{h}i^{213}
敦煌市	liŋ^{213}	tɕ^{h}iŋ^{213}	ɕiŋ^{213}	tɕiŋ^{213}	ɕiŋ^{213}	pi^{213}	p^{h}i^{44}	t^{h}i^{213}
临夏市	liŋ^{13}	tɕ^{h}iŋ^{13}	ɕiŋ^{13}	tɕiŋ^{13}	ɕiŋ^{13}	pi^{13}	p^{h}i^{13}	t^{h}i^{13}
合作市	liŋ^{13}	tɕ^{h}iŋ^{13}	ɕiŋ^{13}	tɕiŋ^{13}	ɕiŋ^{13}	pi^{53}	p^{h}i^{53}	t^{h}i^{13}
临潭县	lin^{24}	tɕ^{h}in^{44}	ɕin^{44}	tɕin^{44}	ɕin^{24}	pi^{51}	p^{h}i^{51}	t^{h}i^{44}

	0905 笛	0906 历 农～	0907 锡	0908 击	0909 吃	0910 横 ～竖	0911 划 计～	0912 兄
	梗开四入锡定	梗开四入锡来	梗开四入锡心	梗开四入锡见	梗开四入锡溪	梗合二平庚匣	梗合二入麦匣	梗合三平庚晓
兰州市	ti^{53}	li^{13}	ɕi^{13}	tɕi^{13}	tʂʅ^{13}	xən^{13}	xua^{13}	ɕyn^{55}
榆中县	ti^{312}	li^{213}	ɕi^{312}	tɕi^{312}	tʂʰʅ^{312}	xuən^{44}	xua^{213}	ɕyn^{51}
永登县	ti^{53}	li^{13}	ɕi^{13}	tɕi^{13}	tʂʰʅ^{13}	xuə̃n^{13}	xua^{13}	ɕyn^{42}
红古区	tsɿ^{13}	lɿ^{13}	sɿ^{13}	tsɿ^{13}	tʂʰʅ^{13}	xuən^{13}	xua^{13}	ɕyn^{13}
凉州区	ti^{35}	li^{31}	ɕi^{35}	tɕi^{31}	tʂʰʅ^{31}	xuŋ^{31} xəŋ^{31}	xua^{31}	ɕyŋ^{35}
甘州区	ti^{53}	li^{31}	ɕi^{44}	tɕi^{31}	tʂʰʅ^{31}	xɤŋ^{31}	xua^{31}	ɕyŋ^{44}
肃州区	ti^{51}	li^{213}	ɕi^{213}	tɕi^{213}	tʂʰʅ^{213}	xɤŋ^{213}	xua^{213}	ɕyŋ^{44}
永昌县	ti^{13}	li^{53}	ɕi^{53}	tɕi^{53}	tʂʰʅ^{53}	xəŋ^{53}	xua^{44}	ɕyəŋ^{44}
崆峒区	ti^{24}	li^{24}	ɕi^{21}	tɕi^{21}	tʂʰʅ^{21}	xoŋ^{44}	xua^{44}	ɕioŋ^{21}
庆城县	ti^{113}	li^{244}	ɕi^{51}	tɕi^{51}	tʂʰʅ^{51}	xɤŋ^{244}	xua^{244}	ɕyŋ^{51}
宁县	tɕʰi^{24} ti^{24}	li^{31}	ɕi^{31}	tɕi^{31}	tʂʰʅ^{31}	xuŋ^{44}	xua^{44}	ɕyŋ^{31}
武都区	tʰi^{13}	li^{24}	ɕi^{31}	tɕi^{31}	tʂʰʅ^{31}	xuŋ^{13}	xua^{24}	ɕyn^{31}
文县	ti^{13}	ȵi^{13}	ɕi^{31}	tɕi^{31}	tsʰɿ^{31}	xoŋ^{13}	xua^{24}	ɕyəŋ^{13}
康县	tsi^{211}	li^{53}	si^{53}	tɕi^{53}	tʂʰʅ^{53}	xuŋ^{24}	xua^{24}	ɕyŋ^{53}
礼县	tʰi^{13}	li^{13}	ɕi^{31}	tɕi^{31}	tʂʰʅ^{31}	xɤŋ^{13}	xua^{44}	ɕyŋ^{31}
靖远县	tsɿ^{24}	lɿ^{33}	sɿ^{41}	tsɿ^{41}	tʂʰʅ^{41}	xɤŋ^{33}	xua^{33}	ɕioŋ^{41}
陇西县	tɕʰi^{13} ti^{13}	li^{13}	ɕi^{21}	tɕi^{21}	tʂʰʅ^{21}	xɤŋ^{44}	xua^{44}	ɕyŋ^{21}
秦州区	tʰi^{13}	li^{13}	ɕi^{13}	tɕi^{13}	tʂʅ^{13}	xɤŋ^{13}	xua^{44}	ɕyɤŋ^{13}
安定区	tʰi^{13}	li^{13}	ɕi^{13}	tɕi^{13}	tʂʰʅ^{13}	xəŋ^{44}	xua^{13}	ɕyŋ^{13}
会宁县	tʰi^{13}	li^{13}	ɕi^{13}	tɕi^{13}	tʂʰʅ^{13}	xuŋ^{44}	xua^{44}	ɕyŋ^{13}
临洮县	ti^{13}	li^{44}	ɕi^{13}	tɕi^{13}	tʂʰʅ^{13}	xuŋ^{44}	xua^{13}	ɕyŋ^{13}
清水县	tsʰi^{13}	li^{13}	si^{13}	tɕi^{13}	tʂʰʅ^{13}	xuŋ^{443} xɤŋ^{13}	xua^{443}	ɕyŋ^{13}
永靖县	ti^{213}	li^{213}	ɕi^{53}	tɕi^{53}	tʂʰʅ^{213}	xuɤŋ^{44}	xua^{44}	ɕyŋ^{213}
敦煌市	ti^{213}	li^{44}	ɕi^{213}	tɕi^{213}	tʂʰʅ^{213}	xɤŋ^{44}	xua^{44}	ɕyŋ^{213}
临夏市	ti^{13}	li^{13}	ɕi^{13}	tɕi^{13}	tʂʰʅ^{13}	xəŋ^{53}	xuɑ^{53}	ɕyəŋ^{13}
合作市	ti^{13}	li^{53}	ɕi^{13}	tɕi^{13}	tʂʰʅ^{13}	xuəŋ^{53}	xuA^{13}	ɕyəŋ^{13}
临潭县	ti^{24}	li^{44}	ɕi^{44}	tɕi^{24}	tʂʰʅ^{44}	xəŋ^{44}	xua^{44}	ɕyn^{44}

	0913 荣	0914 永	0915 营	0916 蓬～松	0917 东	0918 懂	0919 冻	0920 通
	梗合三 平庚云	梗合三 上庚云	梗合三 平清以	通合一 平东並	通合一 平东端	通合一 上东端	通合一 去东端	通合一 平东透
兰州市	yn^{53}	yn^{34}	in^{53}	p^{h}ən^{53}	tuən^{55}	tuən^{34}	tuən^{13}	t^{h}uən^{55}
榆中县	ʐuən^{312}	yn^{44}	in^{312}	p^{h}ən^{312}	tuən^{51}	tuən^{44}	tuən^{213}	t^{h}uən^{51}
永登县	yn^{53}	yn^{354}	in^{53}	p^{h}ə̃n^{53}	tuə̃n^{42}	tuə̃n^{354}	tuə̃n^{13}	t^{h}uə̃n^{42}
红古区	in^{13} ʐuən^{13}	yn^{53}	in^{13}	p^{h}ən^{13}	tuən^{13}	tuən^{53}	tuən^{13}	t^{h}uən^{13}
凉州区	yŋ^{35} ʐuŋ^{35}	yŋ^{35}	iŋ^{35}	p^{h}əŋ^{35}	tuŋ^{35}	tuŋ^{35}	tuŋ^{31}	t^{h}uŋ^{35}
甘州区	yŋ^{53}	yŋ^{53}	iŋ^{53}	p^{h}ɤŋ^{53}	tuŋ^{44}	tuŋ^{53}	tuŋ^{31}	t^{h}uŋ^{44}
肃州区	ʐuŋ^{51}	ʑyŋ^{51}	ʑiŋ^{51}	p^{h}ɤŋ^{51}	tuŋ^{44}	tuŋ^{51}	tuŋ^{213}	t^{h}uŋ^{44}
永昌县	yəŋ^{13} ʐoŋ^{13}	yəŋ^{13}	iŋ^{13}	p^{h}əŋ^{13}	toŋ^{44}	toŋ^{13}	toŋ^{53}	t^{h}oŋ^{44}
崆峒区	ioŋ^{24}	ioŋ^{53}	iɤŋ^{24}	p^{h}ɤŋ^{24}	toŋ^{21}	toŋ^{53}	toŋ^{44}	t^{h}oŋ^{21}
庆城县	yŋ^{113} ʐuŋ^{113}	yŋ^{44}	iŋ^{113}	p^{h}ɤŋ^{113}	tuŋ^{51}	tuŋ^{44}	tuŋ^{244}	t^{h}uŋ^{51}
宁县	yŋ^{24}	yŋ^{52}	iŋ^{24}	p^{h}əŋ^{24}	tuŋ^{31}	tuŋ^{52}	tuŋ^{44}	t^{h}uŋ^{31}
武都区	yn^{13}	yn^{55}	in^{13}	p^{h}əŋ^{13}	tuŋ^{31}	tuŋ^{55}	tuŋ^{24}	t^{h}uŋ^{31}
文县	yəŋ^{13}	yəŋ^{55}	iəŋ^{13}	p^{h}əŋ^{13}	toŋ^{31}	toŋ^{55}	toŋ^{24}	t^{h}oŋ^{31}
康县	yŋ^{211}	yŋ^{55}	iŋ^{211}	p^{h}ɤŋ^{211}	tuŋ^{53}	tuŋ^{55}	tuŋ^{24}	t^{h}uŋ^{53}
礼县	yŋ^{13}	yŋ^{52}	iŋ^{13}	p^{h}ɤŋ^{13}	tuɤŋ^{31}	tuɤŋ^{52}	tuɤŋ^{44}	t^{h}uɤŋ^{31}
靖远县	ioŋ^{24}	ioŋ^{55}	iŋ^{24}	p^{h}ɤŋ^{24}	toŋ^{41}	toŋ^{55}	toŋ^{33}	t^{h}oŋ^{41}
陇西县	yŋ^{13}	yŋ^{53}	iŋ^{13}	p^{h}ɤŋ^{13}	tuŋ^{21}	tuŋ^{53}	tuŋ^{44}	t^{h}uŋ^{21}
秦州区	yɤŋ^{13}	yɤŋ^{53}	iɤŋ^{13}	p^{h}ɤŋ^{13}	tuɤŋ^{13}	tuɤŋ^{53}	tuɤŋ^{44}	t^{h}uɤŋ^{13}
安定区	yŋ^{13}	yŋ^{13}	iŋ^{13}	p^{h}əŋ^{13}	tuŋ^{13}	tuŋ^{53}	tuŋ^{44}	t^{h}uŋ^{13}
会宁县	yŋ^{13}	yŋ^{53}	iŋ^{13}	p^{h}əŋ^{13}	tuŋ^{13}	tuŋ^{53}	tuŋ^{44}	t^{h}uŋ^{13}
临洮县	yŋ^{13}	yŋ^{53}	iŋ^{13}	p^{h}ɤŋ^{13}	tuŋ^{13}	tuŋ^{53}	tuŋ^{44}	t^{h}uŋ^{13}
清水县	yŋ^{13}	yŋ^{52}	iŋ^{13}	p^{h}ɤŋ^{13}	tuŋ^{13}	tuŋ^{52}	tuŋ^{443}	t^{h}uŋ^{13}
永靖县	yŋ^{213}	yŋ^{53}	iɤŋ^{213}	p^{h}ɤŋ^{213}	tuɤŋ^{213}	tuɤŋ^{53}	tuɤŋ^{44}	t^{h}uɤŋ^{213}
敦煌市	ʐuŋ^{213}	yŋ^{51}	iŋ^{213}	p^{h}ɤŋ^{213}	tuŋ^{213}	tuŋ^{51}	tuŋ^{44}	t^{h}uŋ^{213}
临夏市	yəŋ^{13}	yəŋ^{42}	iŋ^{13}	p^{h}əŋ^{13}	tuəŋ^{13}	tuəŋ^{42}	tuəŋ^{53}	t^{h}uəŋ^{13}
合作市	yəŋ^{13}	yəŋ^{13}	iŋ^{13}	p^{h}əŋ^{13}	tuəŋ^{13}	tuəŋ^{44}	tuəŋ^{53}	t^{h}uəŋ^{13}
临潭县	ʐuəŋ^{24}	yn^{24}	in^{24}	p^{h}əŋ^{24}	tuəŋ^{44}	tuəŋ^{51}	tuəŋ^{44}	t^{h}uəŋ^{44}

	0921 桶	0922 痛	0923 铜	0924 动	0925 洞	0926 聋	0927 弄	0928 粽
	通合一 上东透	通合一 去东透	通合一 平东定	通合一 上东定	通合一 去东定	通合一 平东来	通合一 去东来	通合一 去东精
兰州市	tʰuən^{34}	tʰuən^{13}	tʰuən^{53}	tuən^{13}	tuən^{13}	luən^{53}	luən^{13}	tsuən^{13}
榆中县	tʰuən^{44}	tʰuən^{312}	tʰuən^{312}	tuən^{213}	tuən^{213}	luən^{312}	luən^{213}	tsuən^{213}
永登县	tʰuə̃n^{354}	tʰuə̃n^{53}	tʰuə̃n^{53}	tuə̃n^{13}	tuə̃n^{13}	luə̃n^{53}	luə̃n^{13}	tsuə̃n^{13}
红古区	tʰuən^{53}	tʰuən^{13}	tʰuən^{13}	tuən^{13}	tuən^{13}	luən^{13}	luən^{13}	tsuən^{13}
凉州区	tʰuŋ^{35}	tʰuŋ^{31}	tʰuŋ^{35}	tuŋ^{31}	tuŋ^{31}	luŋ^{35}	luŋ^{31}	tsuŋ^{31}
甘州区	tʰuŋ^{53}	tʰuŋ^{31}	tʰuŋ^{53}	tuŋ^{31}	tuŋ^{31}	luŋ^{53}	luŋ^{31}	tsuŋ^{31}
肃州区	tʰuŋ^{51}	tʰuŋ^{51}	tʰuŋ^{51}	tuŋ^{213}	tuŋ^{213}	luŋ^{51}	nuŋ^{213}	tsuŋ^{213}
永昌县	tʰoŋ^{13}	tʰoŋ^{53}	tʰoŋ^{13}	toŋ^{53}	toŋ^{53}	loŋ^{13}	loŋ^{53}	tsoŋ^{53}
崆峒区	tʰoŋ^{53}	tʰoŋ^{44}	tʰoŋ^{24}	toŋ^{44}	toŋ^{44}	loŋ^{24}	noŋ^{44}	tsoŋ^{44}
庆城县	tʰuŋ^{44}	tʰuŋ^{44}	tʰuŋ^{113}	tuŋ^{244}	tuŋ^{244}	luŋ^{113}	nuŋ^{244}	tsuŋ^{244}
宁县	tʰuŋ^{52}	tʰuŋ^{44}	tʰuŋ^{24}	tʰuŋ^{44} tuŋ^{44}	tʰuŋ^{44} tuŋ^{44}	luŋ^{24}	luŋ^{44}	tsuŋ^{44}
武都区	tʰuŋ^{55}	tʰuŋ^{24}	tʰuŋ^{24}	tuŋ^{24}	tuŋ^{24}	luŋ^{13}	luŋ^{13}	tʃuŋ^{13}
文县	tʰoŋ^{55}	tʰəŋ^{13}	tʰoŋ^{13}	toŋ^{24}	toŋ^{24}	loŋ^{13}	loŋ^{24}	tsoŋ^{31}
康县	tʰuŋ^{55}	tʰuŋ^{24}	tʰuŋ^{211}	tuŋ^{24}	tuŋ^{24}	luŋ^{211}	luŋ^{24}	tsɤŋ^{24}
礼县	tʰuɤŋ^{52}	tʰuɤŋ^{44}	tʰuɤŋ^{13}	tʰuɤŋ^{44} tuɤŋ^{44}	tuɤŋ^{44}	nuɤŋ^{13}	nuɤŋ^{44}	tsɤŋ^{44}
靖远县	tʰoŋ^{55}	tʰoŋ^{55}	tʰoŋ^{24}	toŋ^{33}	toŋ^{33}	loŋ^{24}	loŋ^{33}	tsoŋ^{33}
陇西县	tʰuŋ^{53}	tʰuŋ^{44}	tʰuŋ^{13}	tʰuŋ^{44} tuŋ^{44}	tʰuŋ^{44} tuŋ^{44}	luŋ^{13}	luŋ^{44}	tsuŋ^{44}
秦州区	tʰuɤŋ^{53}	tʰuɤŋ^{44}	tʰuɤŋ^{13}	tʰuɤŋ^{44}	tʰuɤŋ^{44}	luɤŋ^{13}	luɤŋ^{44}	tsuɤŋ^{44}
安定区	tʰuŋ^{53}	tʰuŋ^{44}	tʰuŋ^{13}	tʰuŋ^{44} tuŋ^{44}	tʰuŋ^{44}	luŋ^{13}	nuŋ^{44}	tsuŋ^{44}
会宁县	tʰuŋ^{53}	tʰəŋ^{13}	tʰuŋ^{13}	tʰuŋ^{44} tuŋ^{44}	tʰuŋ^{44}	luŋ^{13}	luŋ^{44}	tsuŋ^{44}
临洮县	tʰuŋ^{53}	tʰuŋ^{44}	tʰuŋ^{13}	tʰuŋ^{44} tuŋ^{44}	tuŋ^{44}	luŋ^{13}	luŋ^{44}	tsuŋ^{44}
清水县	tʰuŋ^{52}	tʰuŋ^{443}	tʰuŋ^{13}	tʰuŋ^{443} tuŋ^{443}	tʰuŋ^{443} tuŋ^{443}	luŋ^{13}	luŋ^{443}	tsuŋ^{443}
永靖县	tʰuɤŋ^{53}	tʰuɤŋ^{213}	tʰuɤŋ^{213}	tuɤŋ^{44}	tuɤŋ^{44}	luɤŋ^{213}	luɤŋ^{44}	tsuɤŋ^{53}
敦煌市	tʰuŋ^{51}	tʰuŋ^{44}	tʰuŋ^{213}	tuŋ^{44}	tuŋ^{44}	luŋ^{213}	luŋ^{44}	tsuŋ^{44}
临夏市	tʰuəŋ^{42}	tʰuəŋ^{53}	tʰuəŋ^{13}	tuəŋ^{53}	tuəŋ^{53}	luəŋ^{13}	luəŋ^{53}	tsuəŋ^{53}
合作市	tʰuəŋ^{44}	tʰəŋ^{13}	tʰuəŋ^{13}	tuəŋ^{53}	tuəŋ^{53}	luəŋ^{13}	luəŋ^{53}	tsuəŋ^{13}
临潭县	tʰuəŋ^{51}	tʰuəŋ^{24}	tʰuəŋ^{24}	tuəŋ^{44}	tuəŋ^{44}	luəŋ^{24}	luəŋ^{44}	tsuəŋ^{44}

	0929 葱	0930 送	0931 公	0932 孔	0933 烘~干	0934 红	0935 翁	0936 木
	通合一平东清	通合一去东心	通合一平东见	通合一上东溪	通合一平东晓	通合一平东匣	通合一平东影	通合一入屋明
兰州市	tsʰuən55	suən13	kuən55	kʰuən34	xuən55	xuən53	kuən55	mu13
榆中县	tsʰuən51	suən213	kuən51	kʰuən44	xuən51	xuən312	vən51	mu312
永登县	tsʰuə̃n42	suə̃n13	kuə̃n42	kʰuə̃n354	xuə̃n42	xuə̃n53	və̃n42	mu13
红古区	tsʰuən13	suən13	kuən13	kʰuən53	xuən13	xuən13	vən13	muə13
凉州区	tsʰuŋ35	suŋ31	kuŋ35	kʰuŋ35 kʰuŋ31	xuŋ35	xuŋ35	vəŋ35	mu31
甘州区	tsʰuŋ44	suŋ31	kuŋ44	kʰuŋ53	xuŋ44	xuŋ53	vɤŋ44	mu31
肃州区	tsʰuŋ44	suŋ213	kuŋ44	kʰuŋ51	xuŋ44	xuŋ51	vɤŋ44	mu213
永昌县	tsʰoŋ44	soŋ53	koŋ44	kʰoŋ13	xoŋ44	xoŋ13	vəŋ44	mu53
崆峒区	tsʰoŋ21	soŋ44	koŋ21	kʰoŋ53	xoŋ44	xoŋ24	uɤŋ21	mu21
庆城县	tsʰuŋ51	suŋ244	kuŋ51	kʰuŋ44	xuŋ51	xuŋ113	vɤŋ51	mu51
宁县	tsʰuŋ31	suŋ44	kuŋ31	kʰuŋ52	xuŋ31	xuŋ24	uŋ31	mu31 mu44
武都区	tsʰuŋ31	suŋ24	kuŋ31	kʰuŋ55	xuŋ31	xuŋ13	vəŋ31	mu31
文县	tsʰoŋ31	soŋ24	koŋ31	kʰoŋ55	xoŋ31	xoŋ13	vəŋ31	mu31
康县	tsʰuŋ53	suŋ24	kuŋ53	kʰuŋ55	xuŋ53	xuŋ211	vɤŋ53	mu53
礼县	tʃʰuɤŋ31	ʃuɤŋ44	kuɤŋ31	kʰuɤŋ52	xuɤŋ31	xuɤŋ13	vɤŋ31	mu31
靖远县	tsʰoŋ41	soŋ33	koŋ41	kʰoŋ55	xoŋ41	xoŋ24	vɤŋ41	mu41
陇西县	tsʰuŋ21	suŋ44	kuŋ21	kʰuŋ53	xuŋ21	xuŋ13	vɤŋ21	mu21
秦州区	tsʰuɤŋ13	suɤŋ44	kuɤŋ13	kʰuɤŋ53	xuɤŋ13	xuɤŋ13	vɤŋ13	mu13
安定区	tsʰuŋ13	suŋ44	kuŋ13	kʰuŋ53	xuŋ13	xuŋ13	vəŋ13	mu13
会宁县	tsʰuŋ13	suŋ44	kuŋ13	kʰuŋ53	xuŋ13	xuŋ13	uŋ13	mu13
临洮县	tsʰuŋ13	suŋ44	kuŋ13	kʰuŋ53	xuŋ13	xuŋ13	vɤŋ13	mu13
清水县	tsʰuŋ13	suŋ443	kuŋ13	kʰuŋ52	xuŋ13	xuŋ13	vɤŋ13	mu13
永靖县	tsʰuɤŋ213	suɤŋ44	kuɤŋ213	kʰuɤŋ53	xuɤŋ213	xuɤŋ213	vɤŋ213	mu213
敦煌市	tsʰuŋ213	suŋ44	kuŋ213	kʰuŋ51	xuŋ213	xuŋ213	vɤŋ213	mu213
临夏市	tsʰuəŋ13	suəŋ53	kuəŋ13	kʰuəŋ42	xuəŋ13	xuəŋ13	kuəŋ13	mu13
合作市	tsʰuəŋ13	suəŋ53	kuəŋ13	kʰuəŋ53	xuəŋ53	xuəŋ13	vəŋ13	mu13
临潭县	tsʰuəŋ44	suəŋ44	kuəŋ44	kʰuəŋ51	xuəŋ44	xuəŋ24	vəŋ44	mu44

	0937 读	0938 鹿	0939 族	0940 谷稻～	0941 哭	0942 屋	0943 冬～至	0944 统
	通合一入屋定	通合一入屋来	通合一入屋从	通合一入屋见	通合一入屋溪	通合一入屋影	通合一平冬端	通合一去冬透
兰州市	tu^{53}	lu^{13}	tsu^{53}	ku^{13}	k^{h}u^{13}	vu^{13}	tuən^{55}	t^{h}uən^{34}
榆中县	tu^{312}	lu^{312}	ts^{h}u^{312}	ku^{312}	k^{h}u^{312}	vu^{312}	tuən^{51}	t^{h}uən^{44}
永登县	tu^{53}	lu^{13}	ts^{h}u^{13}	ku^{13}	k^{h}u^{13}	vu^{13}	tuə̃n^{13}	t^{h}uə̃n^{354}
红古区	tu^{13}	lu^{13}	tsʮ^{13}	ku^{13}	k^{h}u^{13}	vu^{13}	tuən^{13}	t^{h}uən^{53}
凉州区	tu^{35}	lu^{31}	ts^{h}u^{31} tsu^{31}	ku^{31}	k^{h}u^{31}	vu^{31}	tuŋ^{35}	t^{h}uŋ^{35}
甘州区	tu^{53}	lu^{31}	ts^{h}u^{31}	ku^{31}	k^{h}u^{31}	vu^{31}	tuŋ^{44}	t^{h}uŋ^{53}
肃州区	tu^{51}	lu^{213}	ts^{h}u^{51}	ku^{213}	k^{h}u^{213}	vu^{213}	tuŋ^{44}	t^{h}uŋ^{51}
永昌县	tu^{13}	lu^{53}	ts^{h}u^{53}	ku^{53}	k^{h}u^{53}	vu^{53}	toŋ^{44}	t^{h}oŋ^{13}
崆峒区	tu^{24}	lu^{21}	tsu^{24}	ku^{21}	k^{h}u^{21}	u^{21}	toŋ^{21}	t^{h}oŋ^{53}
庆城县	tu^{113}	lɤu^{51}	tsu^{113}	ku^{51}	k^{h}u^{51}	vu^{51}	tuŋ^{51}	t^{h}uŋ^{44}
宁县	t^{h}u^{24}	lou^{31}	ts^{h}u^{24} tsu^{24}	ku^{31}	fu^{31} k^{h}u^{31}	u^{31}	tuŋ^{31}	t^{h}uŋ^{52}
武都区	tu^{13}	lu^{31}	tsʮ^{13}	ku^{31}	k^{h}u^{31}	v^{31}	tuŋ^{31}	t^{h}uŋ^{55}
文县	tu^{13}	lu^{31}	tsu^{13}	ku^{31}	k^{h}u^{31}	vu^{31}	toŋ^{31}	t^{h}oŋ^{55}
康县	tu^{211}	lu^{53}	tsu^{211}	ku^{53}	k^{h}u^{53}	vu^{53}	tuŋ^{53}	t^{h}uŋ^{55}
礼县	t^{h}u^{13}	nu^{31}	tʃu^{13}	ku^{31}	k^{h}u^{31}	vei^{31} vu^{31}	tuɤŋ^{31}	t^{h}uɤŋ^{52}
靖远县	tu^{24}	lu^{41}	ts^{h}ʮ^{41}	ku^{41}	k^{h}u^{41}	vu^{41}	toŋ^{41}	t^{h}oŋ^{55}
陇西县	t^{h}u^{13}	lu^{21}	tsu^{13}	ku^{21}	ku^{21}	vu^{21}	tuŋ^{21}	t^{h}uŋ^{53}
秦州区	t^{h}u^{13}	lu^{13}	tsu^{13}	ku^{13}	k^{h}u^{13}	vu^{13}	tuɤŋ^{13}	t^{h}uɤŋ^{53}
安定区	tu^{13}	lu^{13}	ts^{h}u^{13}	ku^{13}	k^{h}u^{13}	vu^{13}	tuŋ^{13}	t^{h}uŋ^{53}
会宁县	tu^{13}	lu^{13}	ts^{h}ʮ^{13}	ku^{13}	k^{h}u^{13}	u^{13}	tuŋ^{13}	t^{h}uŋ^{53}
临洮县	tu^{13}	lu^{13}	tsu^{13}	ku^{13}	k^{h}u^{13}	vu^{13}	tuŋ^{13}	t^{h}uŋ^{53}
清水县	tu^{13}	lu^{13}	ts^{h}u^{13}	ku^{13}	p^{h}u^{13}	vu^{13}	tuŋ^{13}	t^{h}uŋ^{52}
永靖县	tu^{213}	lu^{213}	ts^{h}u^{213}	ku^{213}	k^{h}u^{213}	vu^{213}	tuɤŋ^{213}	t^{h}uɤŋ^{53}
敦煌市	tu^{213}	lu^{213}	ts^{h}u^{213}	ku^{213}	k^{h}u^{213}	vu^{213}	tuŋ^{213}	t^{h}uŋ^{51}
临夏市	tu^{13}	lu^{13}	tsu^{13}	ku^{13}	k^{h}u^{13}	vu^{13}	tuəŋ^{13}	t^{h}uəŋ^{42}
合作市	tu^{13}	lu^{13}	tsu^{13}	ku^{13}	k^{h}u^{13}	vu^{13}	tuəŋ^{13}	t^{h}uəŋ^{44}
临潭县	tu^{24}	lu^{44}	tsu^{51}	ku^{44}	k^{h}u^{44}	vu^{44}	tuəŋ^{44}	t^{h}uəŋ^{51}

	0945 脓	0946 松~紧	0947 宋	0948 毒	0949 风	0950 丰	0951 凤	0952 梦
	通合一 平冬泥	通合一 平冬心	通合一 去冬心	通合一 入沃定	通合三 平东非	通合三 平东敷	通合三 去东奉	通合三 去东明
兰州市	luən^{53}	suən^{55}	suən^{13}	tu^{53}	fən^{55}	fən^{55}	fən^{13}	mən^{13}
榆中县	nuən^{312}	suən^{51}	suən^{213}	tu^{312}	fən^{51}	fən^{51}	fən^{213}	mən^{213}
永登县	nə̃n^{53}	suə̃n^{42}	suə̃n^{13}	tu^{53}	fə̃n^{42}	fə̃n^{42}	fə̃n^{42}	mə̃n^{13}
红古区	nuən^{13}	suən^{13}	suən^{13}	tu^{13}	fən^{13}	fən^{13}	fən^{13}	mən^{13}
凉州区	nəŋ^{35}	suŋ^{35}	suŋ^{31}	tu^{35}	fəŋ^{35}	fəŋ^{35}	fəŋ^{31}	məŋ^{31}
甘州区	nɤŋ^{53}	suŋ^{44}	suŋ^{31}	tu^{53}	fɤŋ^{44}	fɤŋ^{44}	fɤŋ^{31}	mɤŋ^{31}
肃州区	nuŋ^{51}	suŋ^{44}	suŋ^{213}	tu^{51}	fɤŋ^{44}	fɤŋ^{44}	fɤŋ^{213}	mɤŋ^{213}
永昌县	noŋ^{13}	soŋ^{44}	soŋ^{53}	tu^{13}	fəŋ^{44}	fəŋ^{44}	fəŋ^{53}	məŋ^{53}
崆峒区	loŋ^{24}	soŋ^{21}	soŋ^{44}	tu^{24}	fɤŋ^{21}	fɤŋ^{21}	fɤŋ^{44}	mɤŋ^{44}
庆城县	luŋ^{113}	suŋ^{51}	suŋ^{244}	tu^{113}	fɤŋ^{51}	fɤŋ^{51}	fɤŋ^{244}	mɤŋ^{244}
宁县	luŋ^{24}	suŋ^{31}	suŋ^{44}	t^{h}u^{24}	fəŋ^{31}	fəŋ^{31}	fəŋ^{44}	məŋ^{44}
武都区	luŋ^{13}	suŋ^{31}	suŋ^{24}	t^{h}u^{13}	fəŋ^{31}	fəŋ^{31}	fəŋ^{24}	məŋ^{24}
文县	loŋ^{13}	soŋ^{31}	soŋ^{24}	t^{h}u^{13}	fəŋ^{31}	fəŋ^{31}	fəŋ^{24}	məŋ^{24}
康县	luŋ^{211}	suŋ^{53}	suŋ^{24}	tu^{211}	fɤŋ^{53}	fɤŋ^{53}	fɤŋ^{24}	mɤŋ^{24}
礼县	nuɤŋ^{13}	ʃuɤŋ^{31}	ʃuɤŋ^{44}	t^{h}u^{13}	fɤŋ^{31}	fɤŋ^{31}	fɤŋ^{44}	mɤŋ^{44}
靖远县	loŋ^{24}	soŋ^{41}	soŋ^{33}	tu^{24}	fɤŋ^{41}	fɤŋ^{41}	fɤŋ^{33}	mɤŋ^{33}
陇西县	luŋ^{13}	suŋ^{21}	suŋ^{44}	t^{h}u^{13}	fɤŋ^{21}	fɤŋ^{21}	fɤŋ^{44}	mɤŋ^{44}
秦州区	luɤŋ^{13}	suɤŋ^{13}	suɤŋ^{44}	t^{h}u^{13}	fɤŋ^{13}	fɤŋ^{13}	fɤŋ^{44}	mɤŋ^{44}
安定区	nuŋ^{13}	suŋ^{13}	suŋ^{44}	t^{h}u^{13}	fəŋ^{13}	fəŋ^{44}	fəŋ^{44}	məŋ^{44}
会宁县	luŋ^{13}	suŋ^{13}	suŋ^{44}	t^{h}u^{13}	fəŋ^{13}	fəŋ^{44}	fəŋ^{44}	məŋ^{44}
临洮县	luŋ^{13}	suŋ^{13}	suŋ^{44}	t^{h}u^{13}	fɤŋ^{13}	fɤŋ^{13}	fɤŋ^{44}	mɤŋ^{44}
清水县	luŋ^{13}	suŋ^{13}	suŋ^{443}	t^{h}u^{13}	fɤŋ^{13}	fɤŋ^{13}	fɤŋ^{443}	mɤŋ^{443}
永靖县	nuɤŋ^{213}	suɤŋ^{213}	suɤŋ^{44}	tu^{213}	fɤŋ^{213}	fɤŋ^{44}	fɤŋ^{44}	mɤŋ^{44}
敦煌市	nɤŋ^{213}	suŋ^{213}	suŋ^{44}	tu^{213}	fɤŋ^{213}	fɤŋ^{213}	fɤŋ^{44}	mɤŋ^{44}
临夏市	luəŋ^{13}	suəŋ^{13}	suəŋ^{53}	tu^{13}	fəŋ^{13}	fəŋ^{13}	fəŋ^{53}	məŋ^{53}
合作市	luəŋ^{13}	suəŋ^{13}	suəŋ^{53}	tu^{13}	fəŋ^{13}	fəŋ^{53}	fəŋ^{53}	məŋ^{53}
临潭县	luəŋ^{24}	suəŋ^{44}	suəŋ^{44}	tu^{24}	fəŋ^{44}	fəŋ^{44}	fəŋ^{44}	məŋ^{44}

	0953 中当～	0954 虫	0955 终	0956 充	0957 宫	0958 穷	0959 熊	0960 雄
	通合三 平东知	通合三 平东澄	通合三 平东章	通合三 平东昌	通合三 平东见	通合三 平东群	通合三 平东云	通合三 平东云
兰州市	tʂuən55	tʂʰuən53	tʂuən55	tʂʰuən55	kuən55	tɕʰyn53	ɕyn53	ɕyn53
榆中县	tʂuən51	tʂʰuən312	tʂuən51	tʂʰuən51	kuən51	tɕʰyn312	ɕyn312	ɕyn312
永登县	pfə̃n42	pfʰə̃n53	pfə̃n42	pfʰə̃n42	kuə̃n42	tɕʰyn53	ɕyn53	ɕyn53
红古区	tʂuən13	tʂʰuən13	tʂuən13	tʂʰuən13	kuən13	tɕʰyn13	ɕyn13	ɕyn13
凉州区	tʂuŋ35	tʂʰuŋ35	tʂuŋ35	tʂʰuŋ35	kuŋ35	tɕʰyŋ35	ɕyŋ35	ɕyŋ35
甘州区	kuŋ44	kʰuŋ53	kuŋ44	kʰuŋ44	kuŋ44	tsʰuŋ53 tɕʰyŋ53	suŋ53 ɕyŋ53	suŋ44 ɕyŋ44
肃州区	tʂuŋ44	tʂʰuŋ51	tʂuŋ44	tʂʰuŋ44	kuŋ44	tɕʰyŋ51	ɕyŋ51	ɕyŋ51
永昌县	tʂoŋ44	tʂʰoŋ13	tʂoŋ44	tʂʰoŋ44	koŋ44	tɕʰyəŋ13	ɕyəŋ13	ɕyəŋ13
崆峒区	tʂoŋ21	tʂʰoŋ24	tʂoŋ21	tʂʰoŋ53	koŋ21	tɕʰioŋ24	ɕioŋ24	ɕioŋ24
庆城县	tʂuŋ51	tʂʰuŋ113	tʂuŋ51	tʂʰuŋ44	kuŋ51	tɕʰyŋ113	ɕyŋ113	ɕyŋ113
宁县	tʃuŋ31	tʃʰuŋ24	tʃuŋ31	tʃʰuŋ52	kuŋ31	tɕʰyŋ24	ɕyŋ24	ɕyŋ24
武都区	tʃuŋ31	tʃʰuŋ13	tʃuŋ31	tʃʰuŋ55	kuŋ31	tɕʰyn13	ɕyn13	ɕyn13
文县	tsoŋ31	tsʰoŋ13	tsoŋ31	tsʰoŋ31	koŋ31	tɕʰyəŋ13	ɕyəŋ13	ɕyəŋ13
康县	pfɤŋ53	pfʰɤŋ211	pfɤŋ53	pfʰɤŋ53	kuŋ53	tɕʰyŋ211	ɕyŋ211	ɕyŋ211
礼县	tʃuɤŋ31	tʃʰuɤŋ13	tʃuɤŋ31	tʃʰuɤŋ31	kuɤŋ31	tɕʰyŋ13	ɕyŋ13	ɕyŋ13
靖远县	tʂoŋ41	tʂʰoŋ24	tʂoŋ41	tʂʰoŋ55	koŋ41	tɕʰioŋ24	ɕioŋ24	ɕioŋ24
陇西县	tʃɥ̩ŋ21	tʃʰɥ̩ŋ13	tʃɥ̩ŋ21	tʃʰɥ̩ŋ21	kuŋ21	tɕʰyŋ13	ɕyŋ13	ɕyŋ13
秦州区	tʃuɤŋ13	tʃʰuɤŋ13	tʃuɤŋ13	tʃʰuɤŋ13	kuɤŋ13	tɕʰyɤŋ13	ɕyɤŋ13	ɕyɤŋ13
安定区	tʃuŋ13	tʃʰuŋ13	tʃuŋ13	tʃʰuŋ13	kuŋ13	tɕʰyŋ13	ɕyŋ13	ɕyŋ13
会宁县	tʃuŋ13	tʃʰuŋ13	tʃuŋ13	tʃʰuŋ13	kuŋ13	tɕʰyŋ13	ɕyŋ13	ɕyŋ13
临洮县	tʂuŋ13	tʂʰuŋ13	tʂuŋ13	tʂʰuŋ53	kuŋ13	tɕʰyŋ13	ɕyŋ13	ɕyŋ13
清水县	tʃɤŋ13	tʃʰɤŋ13	tʃɤŋ13	tʃʰɤŋ13	kuŋ13	tɕʰyŋ13	ɕyŋ13	ɕyŋ13
永靖县	tʂuɤŋ213	tʂʰuɤŋ213	tʂuɤŋ213	tʂʰuɤŋ213	kuɤŋ213	tɕʰyŋ213	ɕyŋ213	ɕyŋ213
敦煌市	tʂʰuŋ213	tʂʰuŋ213	tʂuŋ213	tʂʰuŋ51	kuŋ213	tɕʰyŋ213	ɕyŋ213	ɕyŋ213
临夏市	tʂuəŋ13	tʂʰuəŋ13	tʂuəŋ13	tʂʰuəŋ13	kuəŋ13	tɕʰyəŋ13	ɕyəŋ13	ɕyəŋ13
合作市	tʂuəŋ13	tʂʰuəŋ13	tʂuəŋ13	tʂʰuəŋ13	kuəŋ13	tɕʰyəŋ13	ɕyəŋ13	ɕyəŋ13
临潭县	tsuəŋ44	tsʰuəŋ24	tsuəŋ44	tsʰuəŋ51	kuəŋ44	tɕyn24	ɕyn24	ɕyn24

	0961 福	0962 服	0963 目	0964 六	0965 宿 住～，～舍	0966 竹	0967 畜 ～生	0968 缩
	通合三入屋非	通合三入屋奉	通合三入屋明	通合三入屋来	通合三入屋心	通合三入屋知	通合三入屋彻	通合三入屋生
兰州市	fu^{13}	fu^{53}	mu^{13}	liəu^{13}	su^{13}	pfu^{13}	pfʰu^{13}	suɤ^{13}
榆中县	fu^{312}	fu^{312}	mu^{312}	liəu^{312} lu^{312}	ɕy^{312} su^{213}	tʂu^{312}	tʂʰu^{51}	suə^{51}
永登县	fu^{13}	fu^{13}	mu^{13}	liɤu^{13}	ɕy^{13}	pfu^{13}	pfʰu^{13}	suə^{53}
红古区	fu^{13}	fu^{13}	mu^{13}	liɤu^{13}	sɥ^{13}	tʂu^{13}	tʂʰu^{13}	fə^{13}
凉州区	fu^{31}	fu^{31}	mu^{31}	lu^{31} liəu^{31}	ɕy^{31} su^{31}	tʂu^{31}	tʂʰu^{31}	suə^{35}
甘州区	fu^{31}	fu^{53}	mu^{31}	lu^{31} liɤu^{31}	su^{31}	pfu^{31}	pfʰu^{31}	suə^{44}
肃州区	fu^{213}	fu^{213}	mu^{213}	liəu^{213}	su^{213}	tʂu^{213}	tʂʰu^{213}	suə^{44}
永昌县	fu^{53}	fu^{53}	mu^{53}	lu^{53} liəu^{53}	su^{53}	tʂu^{53}	tʂʰu^{53}	suə^{44}
崆峒区	fu^{21}	fu^{24}	mu^{21}	liəu^{21}	ɕy^{21}	tʂu^{21}	tʂʰu^{53}	suo^{21}
庆城县	fu^{51}	fu^{113}	mu^{51}	liɤu^{51}	ɕy^{51}	tʂu^{51}	tʂʰu^{51}	ʂuə^{51}
宁县	fu^{31}	fu^{24}	mu^{31}	liou^{31}	ɕy^{31}	tʃu^{31}	tʃʰu^{31}	ʃuə^{24}
武都区	fu^{31}	fu^{13}	mu^{31}	liəu^{31}	sɥ^{31}	tʃu^{31}	tʃʰu^{31}	suɤ^{31}
文县	fu^{31}	fu^{13}	mu^{31}	liɤu^{31}	su^{31}	tsu^{31}	tsʰu^{31}	suə^{31}
康县	fu^{53}	fu^{211}	mu^{53}	liɤu^{53}	ɕy^{53}	pfu^{53}	pfʰu^{55}	suɤ^{53}
礼县	fu^{31}	fu^{13}	mu^{31}	liəu^{31}	ɕy^{31}	tʃu^{31}	tʃʰu^{31}	ʃuɤ^{13}
靖远县	fu^{41}	fu^{24}	mu^{41}	liɤu^{41}	sɥ^{41}	tʂʯ^{41}	tʂʰʯ^{41}	suə^{24}
陇西县	fu^{21}	fu^{13}	mu^{21}	liu^{21} lu^{21}	ɕy^{21}	tʃʯ^{21}	tʂʰu^{21}	ʂuaŋ^{53} suɤ^{21}
秦州区	fu^{13}	fu^{13}	mu^{13}	liɤu^{13}	ɕy^{13}	tʃɥ^{13}	tʃʰɥ^{53}	suə^{13}
安定区	fu^{13}	fu^{13}	mu^{13}	liəu^{13}	su^{13}	tʃu^{13}	tʃʰu^{13}	suə^{13}
会宁县	fu^{13}	fu^{13}	mu^{13}	liəu^{13}	sɥ^{13}	tʃu^{13}	tʃʰu^{13}	suə^{13}
临洮县	fu^{13}	fu^{13}	mu^{13}	liɤu^{13}	ɕy^{13}	tʂu^{13}	tʂʰu^{13}	ʂuɤ^{13}
清水县	fu^{13}	fu^{13}	mu^{13}	liou^{13}	su^{13}	tʃɨ^{13}	ɕy^{13} tʃʰɨ^{52}	ʃə^{13}
永靖县	fu^{213}	fu^{213}	mu^{213}	liɤu^{213} lu^{213}	ɕi^{53}	tʂu^{213}	tʂʰu^{44}	suɤ^{53}
敦煌市	fu^{213}	fu^{213}	mu^{213}	liɤu^{213}	ɕy^{44}	tʂu^{213}	tʂʰu^{213}	suə^{213}
临夏市	fu^{13}	fu^{13}	mu^{13}	liɤu^{13}	su^{13}	tʂu^{13}	tʂʰu^{13}	suɤ^{13}
合作市	fu^{13}	fu^{13}	mu^{13}	liəɯ^{13}	su^{53}	tʂu^{13}	tʂʰu^{53}	suə^{13}
临潭县	fu^{44}	fu^{24}	mu^{44}	liəɯ^{44}	su^{24}	tsu^{44}	tsʰu^{44}	ɕy^{44}

	0969 粥	0970 叔	0971 熟	0972 肉	0973 菊	0974 育	0975 封	0976 蜂
	通合三 入屋章	通合三 入屋书	通合三 入屋禅	通合三 入屋日	通合三 入屋见	通合三 入屋以	通合三 平钟非	通合三 平钟敷
兰州市	tʂəu^{13}	fu^{13}	fu^{53}	ʐəu^{13}	tɕy^{13}	y^{13}	fən^{55}	fən^{55}
榆中县	tʂəu^{51}	ʂu^{51}	ʂu^{312}	ʐəu^{213}	tɕy^{312}	y^{312}	fən^{51}	fən^{51}
永登县	tʂɤu^{42}	fu^{13}	fu^{53}	ʐɤu^{13}	tɕy^{13}	y^{13}	fə̃n^{42}	fə̃n^{42}
红古区	tʂu^{13}	fu^{53}	fu^{13}	ʐɤu^{13}	tsʮ^{13}	zʮ^{13}	fən^{13}	fən^{13}
凉州区	tʂəu^{31}	ʂu^{31}	ʂu^{35}	ʐəu^{31} ʐu ～桂	tɕy^{31}	ʑy^{31}	fəŋ^{35}	fəŋ^{35}
甘州区	tʂɤu^{44}	fu^{53}	fu^{53}	ʐɤu^{31}	tɕy^{31}	y^{31}	fɤŋ^{44}	fɤŋ^{44}
肃州区	tʂəu^{44}	ʂu^{213}	ʂu^{51}	ʐəu^{213}	tɕy^{213}	ʑy^{213}	fɤŋ^{44}	fɤŋ^{44}
永昌县	tʂəu^{44}	ʂu^{53}	ʂu^{13}	ʐəu^{53}	tɕy^{53}	y^{53}	fəŋ^{44}	fəŋ^{44}
崆峒区	tʂəu^{21}	ʂu^{24}	ʂu^{24}	ʐəu^{44}	tɕy^{21}	y^{44}	fɤŋ^{21}	fɤŋ^{21}
庆城县	tʂɤu^{51}	ʂu^{51}	ʂu^{113}	ʐɤu^{244}	tɕy^{51}	y^{244}	fɤŋ^{51}	fɤŋ^{51}
宁县	tʃu^{24}	ʃu^{31}	ʃu^{24}	ʐou^{44}	tɕy^{31}	y^{44}	fəŋ^{31}	fəŋ^{31}
武都区	tʂəu^{31}	ʃu^{31}	ʃu^{13}	ʐəu^{13}	tɕy^{31}	y^{24}	fəŋ^{31}	fəŋ^{31}
文县	tsu^{31}	su^{31}	su^{13}	zɤu^{24}	tɕy^{31}	y^{13}	fəŋ^{31}	fəŋ^{31}
康县	tʂɤu^{53}	fu^{53}	fu^{211}	ʐɤu^{55}	tɕy^{53}	y^{24}	fɤŋ^{53}	fɤŋ^{53}
礼县	tʃu^{31}	ʃu^{31}	ʃu^{13}	ʒu^{31} ʐəu^{44}	tɕy^{31}	y^{44}	fɤŋ^{31}	fɤŋ^{13}
靖远县	tʂɤu^{41}	ʂʮ^{41}	ʂʮ^{24}	ʐɤu^{33}	tsʮ^{41}	zʮ^{33}	fɤŋ^{41}	fɤŋ^{41}
陇西县	tʂɤu^{21}	ʃʮ^{21}	ʃʮ^{13}	ʐɤu^{44}	tɕy^{21}	y^{44}	fɤŋ^{21} fɤŋ^{44}	fɤŋ^{21}
秦州区	tʂɤu^{13}	ʃʮ^{13}	ʃʮ^{13}	ʐɤu^{44}	tɕy^{13}	y^{44}	fɤŋ^{13}	fɤŋ^{13}
安定区	tʂəu^{13}	ʃu^{13}	ʃu^{13}	ʐəu^{44}	tɕy^{13}	ʑy^{13}	fəŋ^{13}	fəŋ^{13}
会宁县	tʂəu^{13}	ʃu^{13}	ʃu^{13}	ʐəu^{44}	tɕy^{13}	y^{13}	fəŋ^{13}	fəŋ^{13}
临洮县	tʂɤu^{13}	ʂu^{13}	ʂu^{13}	ʐɤu^{44}	tɕy^{13}	y^{44}	fɤŋ^{13}	fɤŋ^{13}
清水县	tʂou^{13}	ʃɨ^{13}	ʃɨ^{13}	ʒɨ^{13} ʐou^{443}	tɕy^{13}	y^{443}	fɤŋ^{13}	fɤŋ^{13}
永靖县	tʂɤu^{213}	ʂu^{44}	ʂu^{213}	ʐɤu^{44}	tɕy^{44}	y^{44}	fɤŋ^{213}	fɤŋ^{213}
敦煌市	tʂɤu^{213}	ʂu^{213}	ʂu^{213}	ʐɤu^{44}	tɕy^{213}	ʑy^{44}	fɤŋ^{213}	fɤŋ^{213}
临夏市	tʂɤu^{13}	ʂu^{13}	ʂu^{13}	ʐɤu^{13}	tɕy^{13}	ʑy^{13}	fəŋ^{13}	fəŋ^{13}
合作市	tʂəɯ^{13}	ʂu^{53}	fu^{13}	ʐəɯ^{53}	tɕy^{13}	ʑy^{53}	fəŋ^{13}	fəŋ^{13}
临潭县	tʂəɯ^{44}	ʂu^{51}	su^{24}	ʐəɯ^{44}	tɕy^{44}	y^{44}	fəŋ^{44}	fəŋ^{44}

	0977 缝 一条～	0978 浓	0979 龙	0980 松 ～树	0981 重 轻～	0982 肿	0983 种 ～树	0984 冲
	通合三去钟奉	通合三平钟泥	通合三平钟来	通合三平钟邪	通合三上钟澄	通合三上钟章	通合三去钟章	通合三平钟昌
兰州市	fən^{13}	luən^{53}	luən^{53}	suən^{55}	pfən^{13}	pfən^{34}	pfən^{13}	pf^{h}ən^{55}
榆中县	fən^{213}	nuən^{312}	luən^{312}	suən^{51}	tʂuən^{213}	tʂuən^{44}	tʂuən^{213}	tʂ^{h}uən^{51}
永登县	fə̃n^{53}	luə̃n^{53}	luə̃n^{53}	suə̃n^{42}	pfə̃n^{13}	pfə̃n^{354}	pfə̃n^{13}	pf^{h}ə̃n^{42}
红古区	fən^{13}	nuən^{13}	luən^{13}	suən^{13}	tʂuən^{13}	tʂuən^{53}	tʂuən^{13}	tʂ^{h}uən^{53}
凉州区	fəŋ^{31}	nuŋ^{35}	luŋ^{35}	suŋ^{35}	tʂuŋ^{31}	tʂuŋ^{35}	tʂuŋ^{31}	tʂ^{h}uŋ^{31}
甘州区	fɤŋ^{31}	luŋ^{53}	luŋ^{53}	suŋ^{44}	kuŋ^{31}	kuŋ^{53}	kuŋ^{31}	k^{h}uŋ^{44}
肃州区	fɤŋ^{213}	nuŋ^{51}	luŋ^{51}	suŋ^{44}	tʂuŋ^{213}	tʂuŋ^{51}	tʂuŋ^{213}	tʂ^{h}uŋ^{44}
永昌县	fəŋ^{53}	loŋ^{13}	loŋ^{13}	soŋ^{44}	koŋ^{53}	koŋ^{13}	koŋ^{53}	k^{h}oŋ^{53}
崆峒区	fɤŋ^{44}	noŋ^{24}	loŋ^{24}	soŋ^{21}	tʂoŋ^{44}	tʂoŋ^{53}	tʂoŋ^{44}	tʂ^{h}oŋ^{21}
庆城县	fɤŋ^{244}	luŋ^{113}	luŋ^{113}	suŋ^{51}	tʂuŋ^{244}	tʂuŋ^{44}	tʂuŋ^{244}	tʂ^{h}uŋ^{51}
宁县	fəŋ^{44}	luŋ^{24}	luŋ^{24}	suŋ^{31}	tʃ^{h}uŋ^{44}	tʃuŋ^{52}	tʃuŋ^{44}	tʃ^{h}uŋ^{31}
武都区	fəŋ^{13}	luŋ^{13}	luŋ^{13} luei^{13}	suŋ^{31}	tʃuŋ^{24}	tʃuŋ^{55}	tʃuŋ^{24}	tʃ^{h}uŋ^{31}
文县	fəŋ^{13}	loŋ^{13}	loŋ^{13}	soŋ^{31}	ts^{h}oŋ^{13}	tsoŋ^{55}	tsoŋ^{24}	ts^{h}oŋ^{55}
康县	fɤŋ^{211}	luŋ^{211}	luŋ^{211}	suŋ^{53}	pfɤŋ^{24}	pfɤŋ^{55}	pfɤŋ^{24}	pf^{h}ɤŋ^{53}
礼县	fɤŋ^{44}	nuɤŋ^{13}	nuɤŋ^{13}	ʃuɤŋ^{31}	tʃuɤŋ^{44}	tʃuɤŋ^{52}	tʃuɤŋ^{44}	tʃ^{h}uɤŋ^{31}
靖远县	fɤŋ^{33}	loŋ^{24}	loŋ^{24}	soŋ^{41}	tʂoŋ^{33}	tʂoŋ^{55}	tʂoŋ^{33}	tʂ^{h}oŋ^{41}
陇西县	fɤŋ^{44}	luŋ^{13}	luŋ^{13}	suŋ^{21}	tʃ^{h}ɥŋ^{44}	tʂuŋ^{53}	tʂuŋ^{44}	tʃ^{h}ɥŋ^{21}
秦州区	fɤŋ^{44}	luɤŋ^{13}	luɤŋ^{13}	suɤŋ^{13}	tʃ^{h}uɤŋ^{44}	tʃuɤŋ^{53}	tʃuɤŋ^{44}	tʃ^{h}uɤŋ^{13}
安定区	fəŋ^{44}	nuŋ^{13}	luŋ^{13}	suŋ^{13}	tʃ^{h}uŋ^{44}	tʃuŋ^{53}	tʃuŋ^{44}	tʃ^{h}uŋ^{13}
会宁县	fəŋ^{44}	luŋ^{13}	luŋ^{13}	suŋ^{13}	tʃ^{h}uŋ^{44}	tʃuŋ^{53}	tʃuŋ^{44}	tʃ^{h}uŋ^{13}
临洮县	fɤŋ^{44}	luŋ^{13}	luŋ^{13}	suŋ^{13}	tʂ^{h}uŋ^{44} tʂuŋ^{44}	tʂuŋ^{53}	tʂuŋ^{44}	tʂ^{h}uŋ^{13}
清水县	fɤŋ^{443}	luŋ^{13}	luŋ^{13}	suŋ^{13}	tʃ^{h}ɤŋ^{443}	tʃɤŋ^{52}	tʃɤŋ^{443}	tʃ^{h}ɤŋ^{13}
永靖县	fɤŋ^{44}	nuɤŋ^{213}	luɤŋ^{213}	suɤŋ^{44}	tʂuɤŋ^{44}	tʂuɤŋ^{53}	tʂuɤŋ^{44}	tʂ^{h}uɤŋ^{44}
敦煌市	fɤŋ^{44}	nuŋ^{213}	luŋ^{213}	suŋ^{213}	tʂuŋ^{44}	tʂuŋ^{51}	tʂuŋ^{44}	tʂ^{h}uŋ^{213}
临夏市	fəŋ^{53}	luəŋ^{13}	luəŋ^{13}	suəŋ^{13}	tʂuəŋ^{53}	tʂuəŋ^{42}	tʂuəŋ^{53}	tʂ^{h}uəŋ^{13}
合作市	fəŋ^{53}	luəŋ^{13}	luəŋ^{13}	suəŋ^{13}	tʂuəŋ^{53}	tʂuəŋ^{44}	tʂuəŋ^{53}	tʂ^{h}uəŋ^{53}
临潭县	fəŋ^{24}	luəŋ^{24}	luəŋ^{24}	suəŋ^{44}	tsuəŋ^{44}	tsuəŋ^{51}	tsuəŋ^{44}	ts^{h}uəŋ^{44}

	0985 恭	0986 共	0987 凶 吉～	0988 拥	0989 容	0990 用	0991 绿	0992 足
	通合三平钟见	通合三去钟群	通合三平钟晓	通合三上钟影	通合三平钟以	通合三去钟以	通合三入烛来	通合三入烛精
兰州市	kuən^{55}	kuən^{13}	ɕyn^{55}	yn^{34}	zyn^{53}	yn^{13}	lu^{13}	tsu^{13}
榆中县	kuən^{51}	kuən^{213}	ɕyn^{51}	yn^{51}	yn^{312}	yn^{213}	lu^{312}	tsu^{312}
永登县	kuə̃n^{42}	kuə̃n^{13}	ɕyn^{42}	yn^{42}	yn^{53}	yn^{13}	lu^{13}	tsu^{13}
红古区	kuən^{13}	kuən^{13}	ɕyn^{13}	yn^{53}	yn^{13} ʐuən^{13}	yn^{13}	lu^{13}	tsɥ^{13}
凉州区	kuŋ^{35}	kuŋ^{31}	ɕyŋ^{35}	yŋ^{35}	yŋ^{35} ʐuŋ^{35}	yŋ^{31}	lu^{31} ly^{31}	tsu^{35}
甘州区	kuŋ^{44}	kuŋ^{31}	ɕyŋ^{44}	yŋ^{44}	yŋ^{53}	yŋ^{31}	lu^{31}	tsu^{31}
肃州区	kuŋ^{44}	kuŋ^{213}	ɕyŋ^{44}	ʑyŋ^{44}	ʐuŋ^{51}	ʑyŋ^{213}	lu^{213} ly^{213}	tsu^{213}
永昌县	koŋ^{44}	koŋ^{53}	ɕyəŋ^{44}	yəŋ^{44}	yəŋ^{13}	yəŋ^{53}	lu^{53}	tsu^{13}
崆峒区	koŋ^{21}	koŋ^{44}	ɕioŋ^{21}	ioŋ^{21}	ioŋ^{24}	ioŋ^{44}	liəu^{21}	tsu^{21}
庆城县	kuŋ^{51}	kuŋ^{244}	ɕyŋ^{51}	yŋ^{44}	yŋ^{113} ʐuŋ^{113}	yŋ^{244}	liɤu^{51} ly^{51}	tsu^{51}
宁县	kuŋ^{31}	kuŋ^{44}	ɕyŋ^{31}	yŋ^{52}	yŋ^{24}	yŋ^{44}	liou^{31}	tɕy^{31}
武都区	kuŋ^{31}	kuŋ^{24}	ɕyn^{31}	yn^{31}	yn^{13}	yn^{24}	liəu^{31} ly^{31}	tsɥ^{31}
文县	koŋ^{31}	koŋ^{24}	ɕyəŋ^{31}	yəŋ^{31}	yəŋ^{13}	yəŋ^{24}	liɤu^{31}	tsu^{31}
康县	kuŋ^{53}	kuŋ^{24}	ɕyŋ^{53}	yŋ^{55}	yŋ^{211}	yŋ^{24}	liɤu^{53}	tsu^{53}
礼县	kuɤŋ^{31}	kuɤŋ^{44}	ɕyŋ^{31}	yŋ^{52}	yŋ^{13}	yŋ^{44}	liəu^{31}	tʃu^{13}
靖远县	koŋ^{41}	koŋ^{33}	ɕioŋ^{41}	ioŋ^{55}	ioŋ^{24}	ioŋ^{33}	liɤu^{41} lɥ^{41}	tsɥ^{41}
陇西县	kuŋ^{21}	kuŋ^{44}	ɕyŋ^{21}	yŋ^{21}	yŋ^{13}	yŋ^{44}	liu^{21} ly^{21} lu^{21}	tsu^{21}
秦州区	kuɤŋ^{13}	kuɤŋ^{44}	ɕyɤŋ^{13}	yɤŋ^{13}	yɤŋ^{13}	yɤŋ^{44}	liɤu^{13}	tsɥ^{13}
安定区	kuŋ^{13}	kuŋ^{44}	ɕyŋ^{13}	yŋ^{53}	yŋ^{13}	yŋ^{44}	lu^{13}	tsu^{13}
会宁县	kuŋ^{13}	kuŋ^{44}	ɕyŋ^{13}	yŋ^{53}	yŋ^{13}	yŋ^{44}	liəu^{13}	tsu^{13}
临洮县	kuŋ^{13}	kuŋ^{44}	ɕyŋ^{13}	yŋ^{13}	ʐuŋ^{13}	yŋ^{44}	liɤu^{13} ly^{13}	tsu^{13}
清水县	kuŋ^{13}	kuŋ^{443}	ɕyŋ^{13}	yŋ^{13}	yŋ^{13}	yŋ^{443}	liou^{13} ly^{13}	tsu^{13}
永靖县	kuɤŋ^{44}	kuɤŋ^{44}	ɕyŋ^{213}	yŋ^{53}	yŋ^{213}	yŋ^{44}	lu^{44}	tsu^{44}
敦煌市	kuŋ^{213}	kuŋ^{44}	ɕyŋ^{213}	yŋ^{51}	ʐuŋ^{213}	yŋ^{44}	liɤu^{213} ly^{213}	tsu^{213}
临夏市	kuəŋ^{13}	kuəŋ^{53}	ɕyəŋ^{13}	yəŋ^{42}	ʐuəŋ^{13}	yəŋ^{53}	lu^{13}	tsu^{13}
合作市	kuəŋ^{13}	kuəŋ^{53}	ɕyəŋ^{13}	yəŋ^{53}	ʐuəŋ^{13}	yəŋ^{53}	lu^{13}	tsu^{13}
临潭县	kuəŋ^{44}	kuəŋ^{44}	ɕyn^{24}	yn^{44}	ʐuəŋ^{24}	yn^{44}	lu^{44}	tsu^{24}

	0993 烛	0994 赎	0995 属	0996 褥	0997 曲～折，歌～	0998 局	0999 玉	1000 浴
	通合三入烛章	通合三入烛船	通合三入烛禅	通合三入烛日	通合三入烛溪	通合三入烛群	通合三入烛疑	通合三入烛以
兰州市	tʂu^{13}	ʂu^{53}	fu^{13}	ʐu^{13}	tɕʰy^{13}	tɕy^{53}	ʑy^{13}	ʑy^{13}
榆中县	tʂu^{312}	ʂu^{312}	ʂu^{213}	ʐu^{312}	tɕʰy^{312}	tɕy^{312}	y^{312}	y^{312}
永登县	pfu^{13}	fu^{13}	fu^{13}	vu^{13}	tɕʰy^{42}	tɕy^{53}	y^{13}	y^{13}
红古区	tʂu^{13}	fu^{13}	fu^{53}	vu^{13}	tsʰɥ^{13}	tsɥ^{13}	zɥ^{13}	zɥ^{13}
凉州区	tʂu^{31}	ʂu^{35}	ʂu^{31}	ʐu^{31}	tɕʰy^{31}	tɕy^{35}	ʑy^{31}	ʑy^{31}
甘州区	pfu^{31}	fu^{53}	fu^{31}	vu^{31}	tɕʰy^{44}	tsu^{53} tɕy^{53}	ʑy^{31}	ʑy^{31}
肃州区	tʂu^{213}	ʂu^{51}	ʂu^{51}	ʐu^{213}	tɕʰy^{51}	tɕy^{51}	ʑy^{213}	ʑy^{213}
永昌县	tʂu^{53}	ʂu^{13}	ʂu^{53}	ʐu^{53}	tɕʰy^{44} tɕʰy^{53}	tɕy^{13}	ʑy^{53}	ʑy^{53}
崆峒区	tʂu^{24}	ʂu^{24}	ʂu^{53}	ʐu^{21}	tɕʰy^{21}	tɕy^{24}	y^{21}	y^{21}
庆城县	tʂu^{113}	ʂu^{113}	ʂu^{44}	ʐu^{51}	tɕʰy^{51}	tɕʰy^{113}	y^{51}	y^{244}
宁县	tʃu^{24}	ʃu^{24}	ʃu^{24} ʃu^{52}	ʒu^{31}	tɕʰy^{31}	tɕʰy^{24}	y^{31}	y^{31}
武都区	tʃu^{31}	ʃu^{13}	ʃu^{13}	ʒu^{31}	tɕʰy^{31}	tɕʰy^{13}	y^{24}	y^{24}
文县	tsu^{13}	su^{13}	su^{13}	zu^{31}	tɕʰy^{31}	tɕʰy^{13}	y^{24}	y^{31}
康县	tʂu^{211}	fu^{211}	fu^{211}	vu^{53}	tɕʰy^{211}	tɕʰy^{211}	y^{24}	y^{24}
礼县	tʃu^{13}	ʃu^{13}	ʃu^{13}	ʒu^{31}	tɕʰy^{31}	tɕʰy^{13}	y^{31}	y^{31}
靖远县	tʂʮ^{24}	ʂʮ^{24}	ʂʮ^{55}	ʐʮ^{41}	tsʰɥ^{41}	tsɥ^{24}	zɥ^{33}	zɥ^{33}
陇西县	tʃɥ^{13}	ʂu^{13}	ʃɥ^{13}	ʐu^{21}	tɕʰy^{21}	tɕʰy^{13}	y^{44}	y^{21}
秦州区	tʃɥ^{13}	ʃɥ^{13}	ʃɥ^{13}	ʒɥ^{13}	tɕʰy^{13}	tɕʰy^{13}	y^{44}	y^{13}
安定区	tʃu^{13}	ʃu^{13}	ʃu^{13}	ʒu^{13}	tɕʰy^{13}	tɕʰy^{13} tɕy^{13}	ʑy^{44}	ʑy^{44}
会宁县	tʃu^{13}	ʃu^{13}	ʃu^{13}	ʒu^{13}	tɕʰy^{13}	tɕʰy^{13}	y^{44}	y^{13}
临洮县	tʂu^{13}	ʂu^{13}	ʂu^{53}	ʐu^{13}	tɕʰy^{13}	tɕy^{13}	y^{13}	y^{44}
清水县	tʃɨ^{13}	ʃɨ^{13}	ʃɨ^{13}	ʒɨ^{13}	tɕʰy^{13}	tɕʰy^{13}	y^{13}	y^{13}
永靖县	tʂu^{213}	ʂu^{213}	ʂu^{53}	ʐu^{213}	tɕʰy^{213}	tɕy^{213}	y^{44}	y^{213}
敦煌市	tʂu^{213}	ʂu^{213}	ʂu^{51}	ʐu^{213}	tɕʰy^{213}	tɕy^{213}	ʑy^{44}	ʑy^{44}
临夏市	tʂu^{13}	ʂu^{13}	ʂu^{13}	ʐu^{13}	tɕʰy^{13}	tɕy^{13}	ʑy^{13}	ʑy^{13}
合作市	tʂu^{13}	fu^{13}	fu^{53}	vu^{13}	tɕʰy^{13}	tɕy^{13}	ʑy^{53}	ʑy^{53}
临潭县	tʂu^{44}	su^{24}	su^{44}	zu^{44}	tɕʰy^{24}	tɕʰy^{24}	y^{44}	y^{44}

本卷参考文献

安丽卿 2017 甘肃夏河方言音系，《兰州文理学院学报·社会科学版》第 4 期。

曹兴隆 2014 甘肃清水方言语音调查研究，河北大学硕士论文。

车 瑞 2014 甘肃方言永登话声调实验研究，西北民族大学硕士论文。

达晶晶 2018 百年兰州方音研究，南京师范大学硕士论文。

邓文靖 2009 三声调方言康乐话的两字组连读变调，《甘肃高师学报》第 1 期。

邓旭东、张志先、黄大祥 1992 张掖音系略说，《张掖师专学报·综合版》第 2 期。

付 康 2018 甘肃临夏城区也是两声调方言，《方言》第 2 期。

高 霞 2000 高台方言语音简论，《天水师专学报》第 3 期。

高葆泰 1980 兰州音系略说，《方言》第 3 期。

高葆泰 1983 兰州音变略说，《宁夏大学学报·社会科学版》第 3 期。

高葆泰 1983 兰州语音跟北京语音的对应规律，《社会科学》第 4 期。

高葆泰 1985 《兰州方言音系》，甘肃人民出版社。

何剑丽 2008 临泽方言音系记略，《甘肃高师学报》第 4 期。

何茂活 2002 "张掖方言无上声"辩，《河西学院学报》第 1 期。

胡振远 2012 甘肃环县话的音韵特点，《甘肃联合大学学报·社会科学版》第 5 期。

黄大祥 2005 民勤方言音系说略，《甘肃高师学报》第 6 期。

黄大祥 2009 甘肃张掖方言同音字汇，《方言》第 4 期。

李 蓝 2018 甘肃红古方言的单字调与连读调——兼论甘肃汉语方言的连读调，《语文研究》第 1 期。

李 蓝 2019 甘肃秦安（吴川村）方言声母的特点，《方言》第 1 期。

李 蓝 2020 甘肃方言的声调类型及其历史文化背景，《汉语学报》第 1 期。

李嘉慧 2011 兰州方言声调特点，《语文学刊》第 23 期。

李娟霞 2010 甘肃徽县方言的语音辨正，《甘肃高师学报》第 6 期。

李娟霞、王 莉 2006 甘肃徽县汉语方言的声韵调及其特点，《甘肃高师学报》第 6 期。

李映忠 2012 甘肃省礼县燕河流域方言的两字组连读变调及语音特点，《陇东学院学报》第 4 期。

李玉瑾 2015 榆中方言语音研究，天津师范大学硕士论文。

林 涛 2009 中亚回族陕西话与甘肃话语音的比较，《咸阳师范学院学报》第 3 期。

刘　杰 2012　兰州话阻塞辅音的声学研究，西北民族大学硕士论文。
刘小丽、何　浩 2016　甘肃临潭话中的儿化现象，《甘肃高师学报》第 8 期。
柳　春 2010　甘肃临夏方言回腔语音格局研究，西北民族大学博士论文。
柳　春、于洪志、李永宏 2010　甘肃临夏方言元音声学特征研究，《甘肃社会科学》第 2 期。
柳　春、于洪志、李永宏 2013　甘肃临夏方言回腔元音格局研究，《甘肃高师学报》第 6 期。
柳　春、于洪志、武光利 2010　甘肃临夏话单字音声调的声学研究，《科学经济社会》第 2 期。
彭明权 2010　甘肃西峰方言两字组变调，《陇东学院学报》第 3 期。
龙选英 2011　永登方言声韵调及特点，《鸡西大学学报》第 10 期。
芦兰花 2016　甘肃镇原方言的一些语音特点，《方言》第 3 期。
雒　鹏 1999　一种只有两个声调的汉语方言——兰州红古话的声韵调，《西北师大学报·社会科学版》第 6 期。
雒　鹏 2001　甘肃汉语方言声韵调及特点，《西北师大学报·社会科学版》第 2 期。
雒　鹏 2002　甘肃靖远方言两字组变调，《西北师大学报·社会科学版》第 5 期。
雒　鹏 2003　甘肃靖远方言儿化变调，《西北师大学报(社会科学版)》第 5 期。
雒　鹏 2011a　甘肃方言里上古音的遗存，《西北师大学报·社会科学版》第 5 期。
雒　鹏 2011b　甘肃靖远方言音系，《甘肃高师学报》第 3 期。
吕超荣 2012　甘肃静宁(城川乡)方言音系，《甘肃高师学报》第 4 期。
吕超荣 2013　甘肃静宁（城川）方言语音研究，陕西师范大学硕士论文。
马建东 2003　天水方言声母特点，《天水师范学院学报》第 4 期。
马亚芳 2018　兰州回腔声调实验研究，西北师范大学硕士论文。
莫　超 2003　甘肃文县中寨话的［ʅ］和［ʮ］,《西北师大学报(社会科学版)》第 4 期。
钱秀琴 2009　甘肃民乐方言音系记略，《河西学院学报》第 1 期。
邱晓岚 2011　甘肃西和方言的语音辨正，《甘肃高师学报》第 4 期。
邱晓岚 2012　甘肃陇南西和方言的声韵调及特点，《语文学刊》第 11 期。
冉启斌、田弘瑶佳、祁褒然 2013　二声调方言红古话声调的声学分析，《中国语音学报》第 0 期。
申文安 1988　兰州方言与英语语音比较浅析，《西北民族大学学报·哲学社会科学版》第 4 期。
申文芳 2018　西和方言音系研究，西北师范大学硕士论文。
宋　珊 2016　武威市凉州区汉语方言音系，《兰州文理学院学报·社会科学版》第 4 期。

宋　佳 2014　兰州方言语音研究，天津师范大学硕士论文。
苏建军 2012　甘肃陇中方言中保留的古音举隅，《甘肃高师学报》第3期。
孙依晨 2017a　甘肃泾川方言的连续变调研究，《陇东学院学报》第4期。
孙依晨 2017b　甘肃泾川方言的连续变调研究（续），《甘肃高师学报》第8期。
谭治琪、赵红 2013　甘肃环县方言同音字汇，《陇东学院学报》第6期。
王　森 1995　临夏方言的儿化音变，《语言研究》第1期。
王　森、赵小刚 1997 《兰州话音档》，上海教育出版社。
王红洁 2019　甘肃红古话声调感知研究，西北民族大学硕士论文。
王继霞 2015a　甘肃静宁（李店镇）方言语音研究，西北师范大学硕士论文。
王继霞 2015b　甘肃会宁（桃花镇）方言音系，《现代语文 · 学术综合版》第1期。
王建弢 2009　甘肃礼县方言声韵调及其特点，《天水师范学院学报》第6期。
王建弢 2011　甘肃礼县方言同音字汇，《天水师范学院学报》第4期。
王军虎 2004　晋陕甘方言的“支微入鱼”现象和唐五代西北方音，《中国语文》第3期。
王可峰 2011　甘肃甘谷方言声韵调及其特点，《甘肃高师学报》第6期。
王可峰 2012　甘肃洮州方言音系及其特点分析——河洮岷地区方言文化研究之二，《陇东学院学报》第2期。
王齐虎 2012　甘肃省礼县燕河流域方言的重叠式（上），《陇东学院学报》第6期。
王晓斌 2011　张掖方言语音研究，西北大学硕士论文。
王晓斌 2015　张掖方言两字组的连调模式，《甘肃高师学报》第1期。
王应龙 2011　甘肃武山方言语音特点，《宝鸡文理学院学报 · 社会科学版》第5期。
王毓兰 1983　兰州方言与普通话的语音差异，《社科科学》第4期。
吴开华 2009　甘肃民勤方言音系，《方言》第1期。
星　雨 2008　东干语陕西方言语音研究，北京语言大学硕士论文。
杨海莲 2018　陇南武都方言声韵调声学研究，西北民族大学硕士论文。
衣　莉 2014　兰州话的“上声”，《第十一届中国语音学学术会议论文集》。
岳贵明 2016　甘肃徽县方言的语音特点，《大众文艺》第24期。
张　黎、刘　伶 2015　甘肃张掖方音与〈广韵〉音系比较研究，《汉字文化》第2期。
张　颖 2015　甘肃靖远方言全浊及轻音声母尖团分化研究，《2015年中国语言文学研究暨汉语教学国际学术研讨会摘要集》。
张建军 2009　河州方言语音研究，陕西师范大学博士论文。
张建军 2015　临夏方言声调不稳定现象初探，《中国社会科学报》。
张建民 2011　古平声和古入声在甘肃会宁方言中的演变，《甘肃高师学报》第3期。
张军民、王骁勇 2004　甘肃会宁方音特点及辩正，《甘肃高师学报》第3期。
张文轩 1981　舌尖后音在兰州方言中的分化，《兰州大学学报》第1期。

张文轩 1982 兰州方言中的古入声字,《兰州学刊》第4期。

张文轩 1993 永登话的语音特点,《兰州学刊》第2期。

张文轩 2000 武威方言及其"秃嘴子话"的语音特点,《兰州大学学报》第5期。

张文轩 2006 高本汉所记兰州声韵系统检讨,《西北师大学报·社会科学版》第1期。

张文轩 2011 兰州方言的文白异读,《西北师大学报·社会科学版》第5期。

张文轩 2013 河桥话与兰州城区话的语音异同,载《西北语言与文化研究·第一辑》,莫超主编,华东师范大学出版社出版。

赵 红 2018a 甘肃环县车毛方言音系,《开封教育学院学报》第3期。

赵 红 2018b 甘肃宁县方言同音字汇,《陇东学院学报》第2期。

赵 浚 1963 甘肃方言里n、ŋ不分的问题,《兰州大学学报》第2期。

赵 颖 2014 浅析甘肃武威方言语音与普通话的差异,《语文建设》第2期。

朱富林、莫 超 2014 甘肃临洮康家崖方言的一些语音特点,《方言》第2期。

中国语言资源集

甘肃

莫超 主编

中華書局
ZHONGHUA BOOK COMPANY

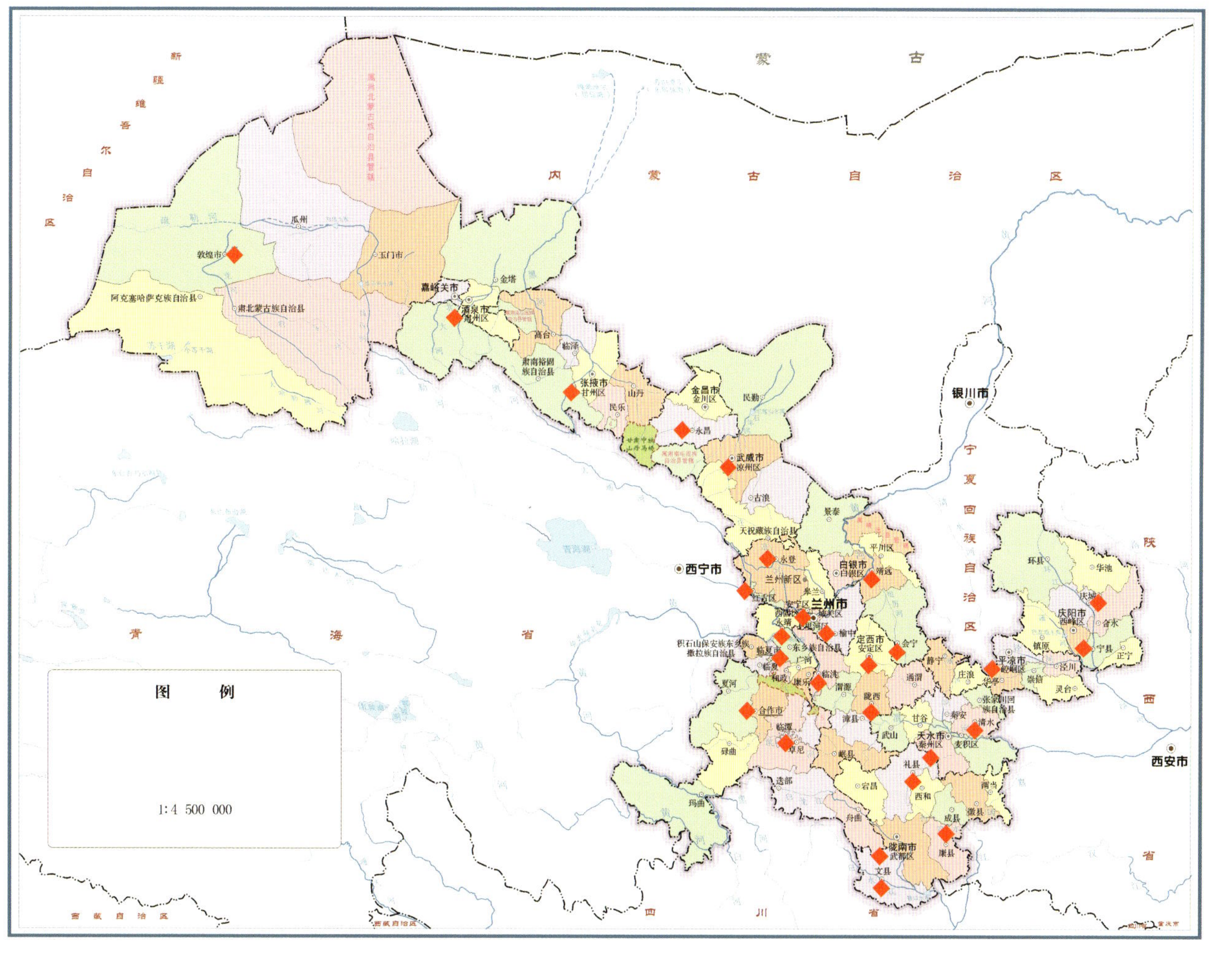

图 1　中国语言资源保护工程甘肃项目 27 个调查点示意图

（底图采用甘肃省标准地图，审图号为甘 S〔2017〕54 号）

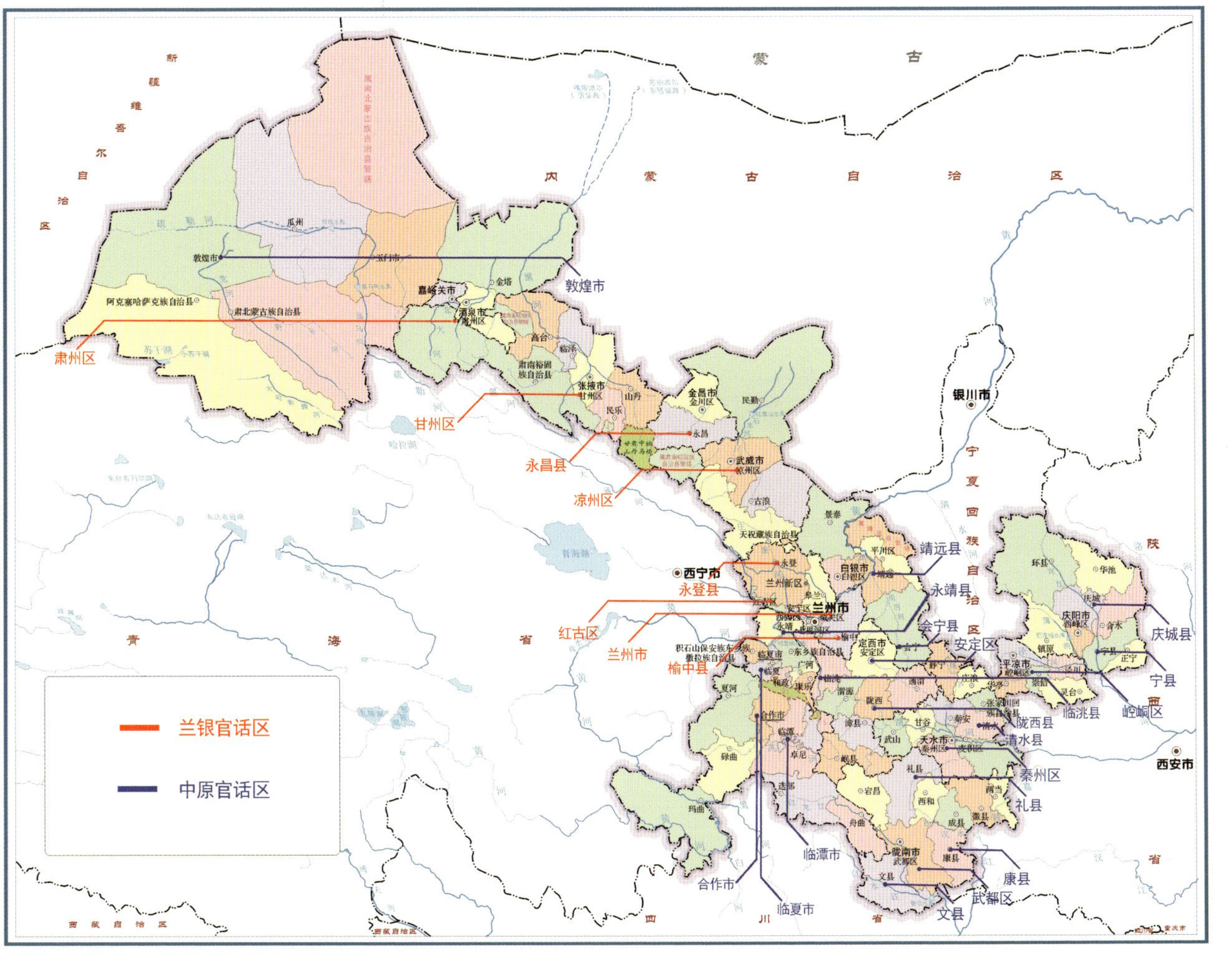

图 2　中国语言资源保护工程甘肃项目 27 个调查点及其方言归属示意图
（底图采用甘肃省标准地图，审图号为甘 S〔2017〕54 号）

词 汇 卷

本卷目录

第三章　词汇对照

说　明

1. 本章调查对象为《中国语言资源保护工程调查手册》“叁　词汇”的 1200 个词。

2. 各点语料以表格形式排列，其中每页横排 3 个词目，以《调查手册》“叁　词汇”为序排列；竖排 27 个调查点，以本书第一章“各地音系”各节先后为序排列。兰州方言至红古方言为兰银官话金城片，凉州方言至永昌方言为兰银官话河西片，崆峒区方言至陇西方言为中原官话秦陇片，秦州区方言至敦煌市方言为中原官话陇中片，临夏市方言至临潭县方言为中原官话河州片。

3. 表格中列出该词在相应调查点的说法。有多种常见说法的可列出多种，其中较常用的说法排列在前。

4. 所有方言语音的描写用国际音标，调类的标示使用数字标调法。有多种异读的，不同读法间用“/”区隔。

	0001 太阳～下山了	0002 月亮～出来了	0003 星星
兰州市	热头 ʐɤ^{22}tʰəu^{13}	月亮 yɛ^{22}liɑ̃^{24}	星星 ɕin^{53}ɕin^{21}
榆中县	热头 ʐə^{31}tʰəu^{213}	月亮 yᴇ^{31}liaŋ^{213}	星宿 ɕin^{51}ɕiəu^{0}
永登县	热头 ʐə^{22}tʰɤu^{35}	月亮 yə^{22}liɑ̃^{35}	星宿 ɕin^{44}ɕiɤu^{21}
红古区	热头 ʐə^{22}tʰɤu^{55}	月亮 yɛ^{22}liɑŋ^{13}	宿宿 ɕiɤu^{22}ɕiɤu^{13}
凉州区	日头 ʐʅ^{31}tʰəu^{21}	月亮 yə^{31}liɑŋ^{21}	宿宿 ɕiəu^{35}ɕiəu^{53}
甘州区	日头 ʐʅ^{31}tʰɤu^{21} 太阳 tʰɛ^{31}iaŋ^{21}	月亮 yə^{31}liaŋ^{21}	星宿 ɕiŋ^{44}ɕiɤu^{44}
肃州区	太阳 tʰɛ^{21}ʑiɑŋ^{13} 日头 ʐʅ^{21}tʰəu^{13}	月亮 ʑyə^{21}liɑŋ^{13}	星星 ɕiŋ^{44}ɕiŋ^{44}
永昌县	日头 ʐʅ^{53}tʰəu^{21} 太阳 tʰɛe^{53}iaŋ^{21}	月亮 yə^{53}liaŋ^{21}	星宿 ɕiŋ^{44}ɕiəu^{44}
崆峒区	日头 ɚ^{53}tʰəu^{21}	月亮 yɤ^{53}liɑŋ^{21}	宿宿 ɕiəu^{53}ɕiəu^{21}
庆城县	日头 ʐʅ^{51}tʰɤu^{0} 太阳 tʰɛ^{244}iɑ̃^{0}	月亮 yᴇ^{51}liɑ̃^{0}	星星 ɕiŋ^{51}ɕiŋ^{0}
宁县	日头 ər^{31}tʰou^{0} 日头爷 ər^{31}tʰou^{0}iɛ^{24} 太阳 tʰɛ^{44}iaŋ^{0}	月亮 yɛ^{31}liaŋ^{0}	星星 ɕiŋ^{31}ɕiŋ^{0}
武都区	太阳 tʰɛɪ^{24}iɑŋ^{31} 阳婆 iɑŋ^{21}pʰuɤ^{31}	月亮 yɤ^{31}liɑŋ^{21}	宿宿 ɕiəu^{31}ɕiəu^{21} 星星 ɕin^{31}ɕin^{21}
文县	热头 iɛ^{31}tʰɤu^{13}	月亮 yɛ^{31}liɑ̃^{24}	星宿 ɕiəŋ^{31}ɕiɤu^{24}
康县	热头 ʐɤ^{53}tʰɤu^{21} 阳婆 iɑŋ^{21}pʰuɤ^{55}	月亮 yɛ^{53}liɑŋ^{21}	宿宿 ɕiɤu^{53}ɕiɤu^{21}
礼县	热头 ʐɤ^{31}tʰəu^{44} 太阳 tʰai^{44}iɑŋ^{21}	月亮 yɤ^{31}liɑŋ^{44}	宿宿 ɕiəu^{31}ɕiəu^{44}
靖远县	阳婆 iɑŋ^{22}pʰɤ^{55}	月亮 yə^{41}liɑŋ^{21}	星星 ɕiŋ^{41}ɕiŋ^{21} 宿宿 ɕiɤu^{41}ɕiɤu^{21}
陇西县	日头 ʐɤ^{42}tʰɤu^{13}	月亮 yɛ^{42}liɑŋ^{44}	星宿 ɕiŋ^{21}ɕiu^{21}
秦州区	热头 ʐɤ^{21}tʰɤu^{13}	月亮 yə^{21}liɑŋ^{44}	星宿 ɕiɤŋ^{21}ɕiɤu^{44}
安定区	日头 ʐʅ^{21}tʰəu^{13}	月亮 yə^{21}liɑŋ^{44}	星星 ɕiŋ^{21}ɕiŋ^{13}
会宁县	阳婆 iɑŋ^{13}pʰə^{21}	月亮 yə^{21}liɑŋ^{13}	宿宿 ɕiəu^{21}ɕiəu^{44}
临洮县	热头 ʐɛ^{21}tʰɤu^{13}	月亮 ye^{21}liɑ̃^{44}	宿宿 ɕiɤu^{21}ɕiɤu^{44}
清水县	热头爷 ʐə^{21}tʰou^{13}iɛ^{21} 热头 ʐə^{21}tʰou^{13}	月亮 yɛ^{21}liɒ̃^{443} 月亮光光 yɛ^{21}liɒ̃^{44}kuɒ̃^{13}kuɒ̃^{21}	宿宿 siou^{21}siou^{443} 星宿 siŋ^{21}siou^{443}
永靖县	热头 ʐɤ^{22}tʰɤu^{44}	月亮 yɛ^{22}liɑŋ^{44}	星宿 ɕiɤŋ^{22}ɕiɤu^{53}
敦煌市	太阳 tʰɛ^{44}iɑŋ^{21}	月亮 yə^{21}liɑŋ^{13}	星宿 ɕiŋ^{21}ɕiɤu^{44} 星星 ɕiŋ^{21}ɕiŋ^{13}
临夏市	热头 ʐɤ^{21}tʰɤu^{53}	月亮 yɛ^{21}liɑŋ^{53}	星宿 ɕiŋ^{21}ɕiɤu^{53}
合作市	热头 ʐə^{21}tʰəɯ^{53}	月亮 yə^{21}liɑŋ^{44}	星宿 ɕiŋ^{21}ɕiəɯ^{53}
临潭县	热头 ʐɤ^{44}tʰəɯ^{44}	月亮 yɛ^{44}liɒ^{44}	宿宿 ɕiəɯ^{44}ɕiəɯ^{44}

	0004 云	0005 风	0006 台风
兰州市	云彩 yn^{53}tsʰɛ^{13}	风 fən^{55}	台风 tʰɛ^{53}fən^{44}
榆中县	云彩 yn^{31}tɕʰɛ^{213}	风 fən^{51}	台风 tʰɛ^{31}fən^{51}
永登县	云 yn^{53}	风 fə̃n^{42}	台风 tʰɛ^{22}fə̃n^{44}
红古区	云彩 yn^{22}tsʰɛ^{55}	风 fən^{13}	台风 tʰɛ^{22}fən^{55}
凉州区	云 yŋ^{35}	风 fəŋ^{35}	
甘州区	云 yŋ^{53}	风 fɤŋ^{44}	台风 tʰɛ^{35}fɤŋ^{42}
肃州区	云 ʑyŋ^{51}	风 fɤŋ^{44}	台风 tʰɛ^{35}fɤŋ^{21}
永昌县	云 yəŋ^{13}	风 fəŋ^{44}	台风 tʰɛe^{13}fəŋ^{42}
崆峒区	云 ioŋ^{24}	风 fɤŋ^{21}	台风 tʰɛ^{24}fɤŋ^{21}
庆城县	云彩 yŋ^{21}tɕʰɛ^{44}	风 fɤŋ^{51}	台风 tʰɛ^{21}fɤŋ^{51}
宁县	云 yŋ^{24}	风 fəŋ^{31}	暴风 pɔ^{44}fəŋ^{0}
武都区	云 yn^{13}	风 fəŋ^{31}	台风 tʰɛɪ^{13}fəŋ^{31}
文县	云 yəŋ^{13}	风 fəŋ^{31}	台风 tʰɛ^{13}fəŋ^{31}
康县	云 yŋ^{13}	风 fɤŋ^{53}	台风 tʰɛ^{13}fɤŋ^{53}
礼县	云彩 yŋ^{13}tsʰai^{21}	风 fɤŋ^{31}	台风 tʰai^{13}fɤŋ^{21}
靖远县	云 ioŋ^{24}	风 fɤŋ^{41}	台风 tʰɛ^{22}fɤŋ^{41}
陇西县	文彩 vɤŋ^{24}tsʰɛ^{42}	风 fɤŋ^{21}	台风 tʰɛ^{24}fɤŋ^{42}
秦州区	云彩 yɤŋ^{13}tsʰɛ^{21}	风 fɤŋ^{13}	
安定区	文彩 vəŋ^{13}tsʰɛ^{21}	风 fəŋ^{13}	台风 tʰɛ^{13}fəŋ^{21}
会宁县	云 yŋ^{13}	风 fəŋ^{13}	台风 tʰɛ^{13}fəŋ^{21}
临洮县	云 yŋ^{13}	风 fɤŋ^{13}	台风 tʰɛ^{13}fɤŋ^{21}
清水县	云 yŋ^{13}	风 fɤŋ^{13}	
永靖县	云彩 yn^{22}tsʰɛ^{44}	风 fɤŋ^{213}	台风 tʰɛ^{13}fɤŋ^{21}
敦煌市	云 yŋ^{213}	风 fɤŋ^{213}	台风 tʰɛ^{22}fɤŋ^{51}
临夏市	云彩 yəŋ^{21}tsʰɛ^{53}	风 fəŋ^{13}	台风 tʰɛ^{13}fəŋ^{42}
合作市	云彩 iŋ^{13}tsʰɛe^{53}	风 fəŋ^{13}	台风 tʰɛe^{13}fəŋ^{21}
临潭县	云彩 yn^{24}tsʰɛe^{21}	风 fəŋ^{44}	大风 ta^{44}fəŋ^{44}

	0007 闪电名词	0008 雷	0009 雨
兰州市	闪电 ʂæ̃⁵³tiæ̃¹³	雷 luei⁵³	雨 ʑy³⁴
榆中县	打闪 ta³¹ʂan⁴⁴	雷 luei³¹²	雨 y⁴⁴
永登县	闪电 ʂæ̃³⁵⁴tiæ̃²¹	雷 luei⁵³	雨 y³⁵⁴
红古区	闪电 ʂan⁵⁵tian²¹	雷 luei¹³	雨 zɥ⁵³
凉州区	闪电 ʂɑŋ³⁵tiɑŋ⁵³	呼噜爷 xu³⁵lu³⁵iə⁵³	雨 ʑy³⁵
甘州区	闪电 ʂaŋ⁵³tiaŋ³¹	呼噜爷 xu⁴⁴lu⁴⁴iə⁴⁴	雨 ʑy⁵³
肃州区	闪电 ʂæ̃⁵³tiæ̃²¹ 雷电 luei⁵³tiæ̃²¹	雷 luei⁵¹ 呼噜爷 xu⁴⁴lu⁴⁴ʑiɛ⁴⁴	雨 ʑy⁵¹
永昌县	闪电 ʂɛe⁵³tiɛ¹³	呼噜爷 xu⁴⁴lu⁴⁴iə⁴⁴	雨 ʑy¹³
崆峒区	闪电 ʂæ̃⁵³tiæ̃⁴⁴	雷 luei²⁴	雨 y⁵³
庆城县	闪电 ʂɛ̃⁴⁴tiɛ̃²⁴⁴	响雷 ɕiɑ̃⁴⁴luei¹¹³	雨 y⁴⁴
宁县	闪电 ʂæ̃⁵²tiæ̃⁴⁴	雷 luei²⁴	雨 y⁵²
武都区	火闪子 xuɤ⁵⁵ʂæ̃³¹tsɿ²¹	雷 luei¹³	雨 y³¹
文县	火闪子 xuə⁵⁵sæ̃⁴²tsɿ²¹	雷 luei¹³	雨 y⁵⁵
康县	火闪子 xuɤ⁵⁵ʂan⁵³tsɿ²¹	雷 luei¹³	雨 y⁵⁵
礼县	火闪子 xuɤ⁵²ʂæ̃²¹tsɿ²⁴	雷 nuei¹³	雨 y⁵²
靖远县	闪电 ʂæ̃⁵⁵tiæ̃³³	雷 luei²⁴	雨 zɥ⁵⁵
陇西县	火闪儿 xuɤ⁵⁵ʂæ̃²¹zɿ²¹	雷 lue¹³	雨 y⁵³
秦州区	火闪 xuə⁵³ʂæ̃²¹	雷 luei¹³	雨 y⁵³
安定区	火闪子 xuə⁵³ʂæ̃¹³tsɿ²¹	雷 luei¹³	雨 ʑy⁵³
会宁县	闪电 ʂæ̃⁵³tiæ̃⁴⁴	雷 luei¹³	雨 y⁵³
临洮县	闪电 ʂæ̃⁵³tiæ̃⁴⁴	雷 luei¹³	雨 y⁵³
清水县	火闪子 xuə⁵²ʂæ̃²¹tsɿ²¹	呼噜爷 xu²¹lu¹³iɛ²¹	雨 y⁵²
永靖县	闪电 ʂæ̃²²tiæ̃⁴⁴	雷 luei²¹³	雨 y⁵³
敦煌市	闪电 ʂæ̃⁵³tiɛ̃⁴⁴	呼噜爷 xu³³lu³³iə⁵¹	雨 ʑy⁵³
临夏市	闪电 ʂɑ̃⁴⁴tiɛ̃⁴²	雷 luei¹³	雨 ʑy⁴²
合作市	闪电 ʂæ̃⁴⁴tiæ̃⁵³	雷 luei¹³	雨 ʑy⁴⁴
临潭县	火闪子 xuɤ⁵¹ʂæ̃²¹tsɿ⁴⁴	雷 luɪi²⁴	雨 y⁵¹

	0010 下雨	0011 淋衣服被雨~湿了	0012 晒~粮食
兰州市	下雨 $ɕia^{22}ʑy^{53}$	淋 lin^{53}	晒 $ʂɛ^{13}$
榆中县	下雨 $ɕia^{21}y^{44}$	下 $ɕia^{213}$ 煮 $tʂu^{44}$	晒 $ʂɛ^{213}$
永登县	下雨 $ɕia^{22}y^{354}$	淋 lyn^{53}	晒 $ʂɛ^{13}$
红古区	下雨 $ɕia^{22}zʮ^{53}$	泡 $p^{h}ɔ^{13}$	晒 $ʂɛ^{13}$
凉州区	下雨 $ɕia^{53}ʑy^{35}$	下 $ɕia^{31}$ 泼 $p^{h}ə^{31}$	晾 $liɑŋ^{31}$ 晒 $sæ^{31}$
甘州区	下雨 $ɕia^{22}ʑy^{53}$	滮 $p^{h}iə^{31}$	晒 $ʂɛ^{31}$
肃州区	下雨 $ɕia^{21}ʑy^{51}$	淋 $liŋ^{51}$	晒 $sɛ^{213}$
永昌县	下雨 $ɕia^{53}ʑy^{13}$	泡 $p^{h}ɔo^{53}$	晒 $ʂɛe^{53}$
崆峒区	下雨 $ɕia^{44}y^{53}$	淋 $lioŋ^{24}$	晒 $sɛ^{44}$
庆城县	下雨 $ɕia^{244}y^{44}$	下 $ɕia^{244}$	晒 $sɛ^{244}$
宁县	下雨 $ɕia^{44}y^{52}$	下 $ɕia^{44}$	晒 $sɛ^{44}$
武都区	下雨 $ɕia^{24}y^{31}$	泡 $p^{h}ɔu^{24}$	晒 $sɛɪ^{24}$
文县	下雨 $ɕia^{24}y^{55}$	泡 $p^{h}ɔo^{24}$	晒 $sɛe^{24}$
康县	下雨 $ɕia^{21}y^{53}$	淋 $liŋ^{13}$	晒 $ʂɛ^{24}$
礼县	下雨 $ɕia^{44}y^{52}$	泡 $p^{h}ɔo^{44}$	晒 sai^{44}
靖远县	下雨 $ɕia^{33}zʮ^{55}$	浇 $tɕiɑo^{41}$	晒 $sɛ^{33}$
陇西县	下雨 $ɕia^{44}y^{53}$	下湿 $ɕia^{44}ʂʅ^{21}$	晒 $sɛ^{44}$
秦州区	下雨 $ɕia^{44}y^{53}$	泡 $p^{h}ɔ^{44}$	晒 $s\tilde{æ}^{44}$
安定区	下雨 $ɕia^{44}ʑy^{53}$	下 $ɕia^{44}$	晒 $sɛ^{44}$
会宁县	下雨 $ɕia^{44}y^{21}$	掇⁼ $tuə^{13}$	晒 $sɛ^{44}$
临洮县	下雨 $ɕia^{44}y^{53}$	下 $ɕia^{44}$	晒 $sɛ^{44}$
清水县	下雨 $ɕia^{44}y^{52}$	泡 $p^{h}ɔ^{443}$	晒 $ʃɛ^{443}$ 晾 $li\tilde{ɒ}^{443}$
永靖县	下雨 $ɕia^{22}y^{53}$	泡 $p^{h}ɔ^{44}$	晒 $ʂɛ^{44}$
敦煌市	下雨 $ɕia^{35}ʑy^{51}$	下 $ɕia^{44}$	晒 $sɛ^{44}$
临夏市	下雨 $xɑ^{44}ʑy^{42}$	淋 $liŋ^{13}$	晒 $ʂɛ^{53}$
合作市	雨下开了 $ʑy^{44}ɕiᴀ^{53}k^{h}ɛe^{21}liɔ^{21}$	泡 $p^{h}ɔ^{53}$	晒 $ʂɛe^{53}$
临潭县	下雨 $xa^{44}y^{51}$	泡 $p^{h}ɔo^{44}$	晒 $sɛe^{44}$

	0013 雪	0014 冰	0015 冰雹
兰州市	雪 ɕyɛ^{13}	冰 pin^{55}	冰蛋子 pin^{53}tæ̃^{22}tsɿ^{44}
榆中县	雪 ɕyᴇ^{312}	冰 pin^{51}	白雨 pə^{31}y^{213} 白雨蛋子 pə^{31}y^{213}tan^{21}tsɿ^{44}
永登县	雪 ɕyə^{44}	冰 pin^{42}	冰蛋蛋 pin^{44}tæ̃^{22}tæ̃^{44} 冰雹 pin^{44}pɔ^{13}
红古区	雪 ɕyɛ^{13}	冰 pin^{13}	冰蛋蛋儿 pin^{22}tan^{13}tɐ̃r^{53}
凉州区	雪 ɕyə^{31}	冰 piŋ^{35}	冷子 ləŋ^{53}tsɿ^{21}
甘州区	雪 ɕyə^{31}	冰 piŋ^{44}	冰蛋子 piŋ^{44}taŋ^{44}tsɿ^{44}
肃州区	雪 ɕyə^{213}	冰 piŋ^{44}	冰雹 piŋ^{44}pɔ^{44} 冰雹冷子 piŋ^{44}pɔ^{44}lɤŋ^{21}tsɿ^{51}
永昌县	雪 ɕyə^{53}	冰 piŋ^{44}	冷子 ləŋ^{53}tsɿ^{21}
崆峒区	雪 ɕyɤ^{21}	冰 piŋ^{21}	冷子 lɤŋ^{55}tsɿ^{21}
庆城县	雪 ɕyᴇ^{51}	冰 piŋ^{51}	冷子 lɤŋ^{44}tsɿ^{0}
宁县	雪 ɕyɛ^{31}	冰 piŋ^{31}	冷子 ləŋ^{44}tsɿ^{31}
武都区	雪 ɕyɤ^{31}	冰 pin^{31}	冰渣 pin^{13}tsa^{31} 冷子儿 ləŋ^{55}tsər^{21}
文县	雪 ɕyɛ^{31}	凌冰 liəŋ^{13}piəŋ^{31}	冷子 ləŋ^{55}tsɿ^{21}
康县	雪 ɕyɛ^{53}	冰 piŋ^{53}	冷子儿 lɤŋ^{53}tsər^{21}
礼县	雪 ɕyɤ^{31}	冰凌 piŋ^{31}liŋ^{24}	生点子 sɤŋ^{24}tiæ̃^{21}tsɿ^{21} 生蛋子 sɤŋ^{31}tæ̃^{44}tsɿ^{21}
靖远县	雪 ɕyə^{41}	冰 piŋ^{41}	冰蛋蛋子 piŋ^{22}tæ̃^{35}tæ̃^{41}tsɿ^{21} 冷子 lɤŋ^{55}tsɿ^{21}
陇西县	雪 ɕyɤ^{21}	冰 piŋ^{21}	冰疙瘩 piŋ^{22}kɤ^{22}ta^{21}
秦州区	雪 ɕyə^{13}	冰凌 piɤŋ^{21}liɤŋ^{13}	冷子疙瘩 lɤŋ^{53}tsɿ^{21}kuə^{13}ta^{13} 生雨疙瘩 ʂɤŋ^{44}y^{53}kuə^{21}ta^{13}
安定区	雪 ɕyə^{13}	冰 piŋ^{13}	冷子 ləŋ^{53}tsɿ^{21}
会宁县	雪 ɕyə^{13}	冰 piŋ^{13}	冷子 ləŋ^{53}tsɿ^{21}
临洮县	雪 ɕye^{13}	冰 piŋ^{13}	冷子 lɤŋ^{53}tsɿ^{21}
清水县	雪 ɕyɛ^{13}	冰凌 piŋ^{21}lɤŋ^{13}	冷子 lɤŋ^{52}tsɿ^{21} 硬雨 ȵiŋ^{44}y^{21}
永靖县	雪 ɕyɛ^{213}	冰 piɤŋ^{213}	蛋蛋 tæ̃^{44}tæ̃^{21}
敦煌市	雪 ɕyə^{213}	冰 piŋ^{213}	冷子疙瘩 lɤŋ^{53}tsɿ^{21}kɤ^{21}ta^{21}
临夏市	雪 ɕyɛ^{13}	冰 piŋ^{13}	冰蛋 piŋ^{21}tã^{53}
合作市	雪 ɕyə^{13}	冰 piŋ^{13}	冰蛋 piŋ^{21}tæ̃^{44}
临潭县	雪 ɕyɛ^{44}	冰 pin^{44}	圪针子 kɤ^{44}tʂəŋ^{44}tsɿ^{21}

	0016 霜	0017 雾	0018 露
兰州市	霜 fɑ̃^{55}	雾 vu^{13}	露 lu^{13}
榆中县	霜 ʂuɑŋ^{51}	雾 vu^{213}	露水 lu^{21}ʂuei^{44}
永登县	霜 fɑ̃^{42}	雾 vu^{13}	露水 lu^{22}fei^{55}
红古区	霜 fɑŋ^{13}	雾 vu^{13}	露水 lu^{22}fei^{55}
凉州区	霜 ʂuɑŋ^{35}	雾 vu^{35}	露水 lu^{31}ʂuei^{21}
甘州区	霜 fɑŋ^{44}	雾 vu^{31}	露水 lu^{31}fei^{21}
肃州区	霜 ʂuɑŋ^{44}	雾 vu^{213}	露水 lu^{21}ʂuei^{13}
永昌县	霜 ʂuɑŋ^{44}	雾 vu^{44}	露水 lu^{53}ʂuei^{21}
崆峒区	霜 ʂuɑŋ^{21}	烟雾 iæ̃^{53}u^{21}	露 lu^{44}
庆城县	霜 ʂuɑ̃^{51}	雾 vu^{244}	露水 lu^{244}ʂuei^{0}
宁县	霜 ʃuɑŋ^{31}	烟雾 iæ̃^{31}u^{0}	汽露水 tɕʰi^{44}lou^{55}ʃuei^{0}
武都区	霜 ʃuɑŋ^{31}	烟雾 iæ̃^{31}v^{21}	露水 lu^{24}ʃuei^{31}
文县	霜 suɑ̃^{31}	雾气 vu^{24}tɕʰi^{24}	露水 lu^{24}suei^{21}
康县	霜 fɑŋ^{53}	烟雾 ian^{53}vu^{21}	露水 lu^{24}fei^{53}
礼县	霜 ʃuɑŋ^{31}	雾 vu^{44}	露水 nu^{44}ʃuei^{21}
靖远县	霜 ʂuɑŋ^{41}	雾 vu^{33}	露水 lu^{35}ʂuei^{41}
陇西县	霜 ʃɥɑŋ^{21}	雾 vu^{44}	露水 lu^{44}ʃɥe^{21}
秦州区	凌霜 liɤŋ^{13}ʃuɑŋ^{21}	雾 vu^{44}	露水 lu^{44}suei^{21}
安定区	霜 ʃuɑŋ^{13}	潮气 tʂʰɔ^{21}tɕʰi^{44}	露水 lu^{44}ʃuei^{21}
会宁县	霜 ʃuɑŋ^{13}	雾 u^{44}	露水 lu^{44}ʃuei^{21}
临洮县	霜 ʂuɑ̃^{13}	雾 vu^{44}	露水 lu^{44}ʂuei^{21}
清水县	霜 ʃɒ̃^{13}	雾 vu^{443}	露水 lu^{44}ʃəi^{21}
永靖县	霜 ʂuɑŋ^{213}	雾 vu^{44}	露水 lu^{44}ʂuei^{53}
敦煌市	霜 ʂuɑŋ^{213}	雾 vu^{44}	露水 lu^{35}ʂuei^{21}
临夏市	霜 ʂuɑŋ^{13}	雾 vu^{53}	露水 lu^{44}ʂuei^{21}
合作市	霜 ʂuɑŋ^{13}	雾 vu^{53}	露水 lu^{13}ʂuei^{21}
临潭县	霜 suɒ^{44}	雾 vu^{44}	露 lu^{44}

	0019 虹统称	0020 日食	0021 月食
兰州市	彩虹 tsʰɛ^{34}xuən^{42}	日食 ʐʅ^{22}ʂʅ^{53}	月食 yɛ^{22}ʂʅ^{53}
榆中县	虹 kaŋ^{213}	日食 ʐʅ^{21}ʂʅ^{44}	天狗把月亮吃到了 tʰian^{51}kəu^{44}pa^{13} yᴇ^{31}liaŋ^{213}tʂʰʅ^{31}tɔ^{213}lɔ^{0}
永登县	虹 kɑ̃^{13}	日食 ʐʅ^{22}ʂʅ^{55}	月食 yə^{22}ʂʅ^{44}
红古区	虹 kɑŋ^{13}	狗吃热头 kɤu^{55}tʂʰʅ^{21} ʐə^{22}tʰɤu^{13}	狗吃月亮 kɤu^{55}tʂʰʅ^{21}yɛ^{22}liɑŋ^{13}
凉州区	虹 kɑŋ^{31}	日食 ʐʅ^{31}ʂʅ^{21}	月食 yə^{31}ʂʅ^{21}
甘州区	虹 kaŋ^{31}	天狗吃太阳 tʰiaŋ^{44} kɤu^{44}tʂʰʅ^{24}tʰɛ^{31}iaŋ^{21}	天狗吃月亮 tʰiaŋ^{44}kɤu^{44}tʂʰʅ^{24}yə^{31}liaŋ^{21}
肃州区	虹 xuŋ^{51}	狗吃天 kəu^{53}tʂʰʅ^{42}tʰiæ̃^{44} 日食 ʐʅ^{21}ʂʅ^{13}	狗吃月 kəu^{53}tʂʰʅ^{42}ʑyə^{31} 月食 ʑyə^{21}ʂʅ^{13}
永昌县	虹 kɑŋ^{53}	天狗吃太阳 tʰiɛ^{44}kəu^{44} tʂʰʅ^{22}tʰɛe^{53}iaŋ^{21}	天狗吃月亮 tʰiɛ^{44}kəu^{44}tʂʰʅ^{22}yə^{53}liaŋ^{21}
崆峒区	虹 tɕiɑŋ^{44}	日食 ʐʅ^{22}ʂʅ^{24}	天狗吃月亮 tʰiæ̃^{22}kəu^{53}tʂʰʅ^{21}yɤ^{53}liɑŋ^{21}
庆城县	彩虹 tsʰɛ^{44}xuŋ^{113} 虹 tɕiɑ̃^{244}	日食 ʐʅ^{51}ʂʅ^{113}	天狗吃月亮 tʰiɛ̃^{21}kɤu^{44}tʂʰʅ^{51}yᴇ^{51}liɑ̃^{0}
宁县	虹 tɕiaŋ^{44}	日食 ər^{31}ʂʅ^{24}	天狗吃月亮 tɕʰiæ̃^{22}kou^{52}tʂʰʅ^{22}yɛ^{31}liaŋ^{0} 月食 yɛ^{31}ʂʅ^{24}
武都区	虹 tɕiɑŋ^{24} 彩虹 tsʰɛɪ^{55}xuŋ^{21}	天狗吃太阳 tʰiæ̃^{22} kəu^{55}tʂʰʅ^{21}tʰɛɪ^{24}iɑŋ^{31}	天狗吃月亮 tʰiæ̃^{22}kəu^{55}tʂʰʅ^{21}yɤ^{31}liɑŋ^{21}
文县	虹 tɕiɑ̃^{24}	日食 zʅ^{31}sʅ^{13}	天狗吃月亮 tʰiæ̃^{31}kɤu^{42}tsʅ^{31}yɛ^{21}liɑ̃^{24}
康县	虹 tɕiɑŋ^{24}	日食 ʐʅ^{53}ʂʅ^{21}	天狗吃月亮 tsʰian^{53}kɤu^{33}tʂʰʅ^{21}yɛ^{53}liɑŋ^{21}
礼县	虹 tɕiɑŋ^{44}	日食 ʐʅ^{31}ʂʅ^{24}	月食 yɤ^{31}ʂʅ^{24}
靖远县	虹 kɑŋ^{33}	日食 ʐʅ^{41}ʂʅ^{21}	月食 yə^{41}ʂʅ^{21}
陇西县	虹 kɑŋ^{44}	天狗吃日头 tɕʰiæ̃^{21} kɤu^{55}tʂʰʅ^{21}ʐɤ^{21}tʰɤu^{13}	天狗吃月亮 tɕʰiæ̃^{21}kɤu^{53}tʂʰʅ^{21}yɛ^{21}liɑŋ^{44}
秦州区	虹 tɕiɑŋ^{44}	金河蟆吃热头 tɕiɤŋ^{21} xuə^{13}ma^{21}tʂʰʅ^{13}ʐɤ^{21} tʰɤu^{13}	天狗吃月亮 tʰiæ̃^{21}kɤu^{53}tʂʰʅ^{13}yə^{21}liɑŋ^{44}
安定区	虹 kɑŋ^{44}	日食 ʐʅ^{21}ʂʅ^{13}	月亮叫天狗吃上了 yə^{21}liɑŋ^{44}tɕiɔ^{21} tʰiæ̃^{21}kəu^{53}tʂʰʅ^{21}ʂɑŋ^{13}liɔ^{21}
会宁县	虹 tɕiɑŋ^{44}	日食 ʐʅ^{21}ʂʅ^{13}	月食 yə^{21}ʂʅ^{13}
临洮县	虹 kɑ̃^{44}	日食 ʐʅ^{21}ʂʅ^{13}	月食 ye^{21}ʂʅ^{13}
清水县	虹 tɕiɒ̃^{443}	日食 ɚ^{21}ʂʅ^{443}	月食 yɛ^{21}ʂʅ^{443}
永靖县	虹 kɑŋ^{44}	天狗吃热头 tʰiæ̃^{22} kɤu^{53}tʂʰʅ^{44}ʐɤ^{22}tʰɤu^{44}	天狗吃月亮 tʰiæ̃^{22}kɤu^{53}tʂʅ^{44}yɛ^{22}liɑŋ^{44}
敦煌市	彩虹 tsʰɛ^{53}xuŋ^{213}	天狗吃太阳 tʰiɛ̃^{22} kɤu^{53}tʂʰʅ^{21}tʰɛ^{44}iɑŋ^{21} 日食 ʐʅ^{21}ʂʅ^{13}	天狗吃月亮 tʰiɛ̃^{22}kɤu^{53}tʂʰʅ^{213}yə^{21}liɑŋ^{13} 月食 yə^{21}ʂʅ^{13}
临夏市	虹 kɑŋ^{53}	天狗吃热头 tʰiɛ̃^{44}kɤu^{21} tʂʰʅ^{13}ʐɤ^{21}tʰɤu^{53}	天狗吃月亮 tʰiɛ̃^{44}kɤu^{21}tʂʰʅ^{13}yɛ^{21}liɑŋ^{53}
合作市	虹 kɑŋ^{53}	天狗吃热头 tʰiæ̃^{44}kəɯ^{21} tʂʰʅ^{13}ʐə^{21}tʰəɯ^{53}	天狗吃月亮 tʰiæ̃^{44}kəɯ^{21}tʂʰʅ^{13}yə^{21}liɑŋ^{53}
临潭县	虹 kɒ^{44}	日食 ʐʅ^{24}ʂʅ^{51}	月食 yɛ^{44}ʂʅ^{51}

	0022 天气	0023 晴天~	0024 阴天~
兰州市	天气 tʰiæ̃55tɕʰi21	晴 tɕʰin53	阴 in55
榆中县	天气 tʰian51tɕʰi0	晴 tɕʰin312	阴 in51
永登县	天爷 tʰiæ̃42iɛ21	晴 tɕʰin53	阴 in42
红古区	天气 tʰian22tsʰɿ13	晴 tɕʰin13	阴 in13
凉州区	天爷 tʰiaŋ35iə53	晴 tɕʰiŋ35	阴 iŋ35
甘州区	天爷 tʰiaŋ44iə44	晴 tɕʰiŋ53	阴 iŋ44
肃州区	天气 tʰiæ̃35tɕʰi44	晴 tɕʰiŋ51	阴 ʑiŋ44
永昌县	天气 tʰiɛ44tɕʰi44	晴 tɕʰiŋ13	阴 iŋ44
崆峒区	天气 tʰiæ̃53tɕʰi21	晴 tɕʰiɤŋ24	阴 iɤŋ21
庆城县	天气 tʰiɛ̃21tɕʰi244	晴 tɕʰiŋ113	阴 iŋ51
宁县	天气 tɕʰiæ̃31tɕʰi0	晴 tɕʰiŋ24	阴 ȵiŋ31/iŋ31
武都区	天气 tʰiæ̃22tɕʰi13	晴 tɕʰin13	阴 ȵin31
文县	天气 tʰiæ̃31tɕʰi24	晴 tɕʰiəŋ13	阴 iəŋ31
康县	天气 tsʰian53tɕʰi21	晴 tsʰiŋ13	阴 iŋ53
礼县	天气 tʰiæ̃31tɕʰi44 天色 tʰiæ̃13sai21	晴 tɕʰiŋ13	阴 iŋ31
靖远县	天气 tʰiæ̃41tsʰɿ21	晴 tɕʰiŋ24	阴 iŋ41
陇西县	天色 tɕʰiæ̃21se21	晴 tɕʰiŋ13	阴 iŋ21
秦州区	天气 tʰiæ̃21tɕʰi44	晴 tɕʰiɤŋ13	阴 iɤŋ13
安定区	天气 tʰiæ̃21tɕʰi44	晴 tɕʰiŋ13	阴 iŋ13
会宁县	天气 tʰiæ̃21tɕʰi44	晴 tɕʰiŋ13	阴 ȵiŋ13
临洮县	天气 tʰiæ̃21tɕʰi44	晴 tɕʰiŋ13	阴 iŋ13
清水县	天气 tsʰiæ̃21tɕʰi44	晴 tsʰiŋ13	阴 ȵiŋ13
永靖县	天气 tʰiæ̃22tɕʰi53	晴 tɕʰiɤŋ213	阴 iɤŋ213
敦煌市	天爷 tʰiɛ̃21iə13	晴 tɕʰiŋ213	阴 iŋ213
临夏市	天气 tʰiɛ̃21tɕʰi53	晴 tɕʰiŋ13	阴 iŋ13
合作市	天气 tʰiæ̃21tɕʰi53	晴 tɕʰiŋ13	阴 iŋ13
临潭县	天气 tʰiæ̃44tɕʰi51	晴 tɕʰin44	阴 in44

	0025 旱天～	0026 涝天～	0027 天亮
兰州市	旱 xæ̃^{13}	涝 lɔ^{13}	天亮 tʰiæ̃^{53}liɑ̃^{13}
榆中县	旱 xan^{213}	涝 lɔ^{312}	天麻麻亮 tʰian^{51}ma^{31}ma^{131}iaŋ^{213}
永登县	旱 xæ̃^{13}	涝 lɔ^{42}	天亮 tʰiæ̃^{44}liɑ̃^{13}
红古区	旱 xan^{13} 干 kan^{13}	涝 lɔ^{13} 漫 man^{13}	天亮 tʰian^{22}liɑŋ^{13}
凉州区	旱 xɑŋ^{31}		天爷亮了 tʰiɑŋ^{35}iə^{53}liɑŋ^{31}liɑo^{21}
甘州区	旱 xaŋ^{31}	涝 lɔ^{31}	麻亮子 ma^{35}liaŋ^{42}tsʅ^{21}
肃州区	旱 xæ̃^{213}	涝 lɔ^{213} 水都汪下咧 ʂuei^{53}təu^{42}vɑŋ^{44}xa^{21}liɛ^{44}	天亮 tʰiæ̃^{44}liɑŋ^{21}
永昌县	旱 xɛe^{53}	涝 lɔo^{53}	天亮 tʰiɛ^{44}liaŋ^{53}
崆峒区	旱 xæ̃^{44}	涝 lɔ^{44}	天亮咧 tʰiæ̃^{22}liɑŋ^{44}liɛ^{21}
庆城县	干 kɛ̃^{51} 旱 xɛ̃^{244}	涝 lɔ^{244} 雨水多 y^{21}ʂuei^{44}tuə^{51}	天亮 tʰiɛ̃^{211}iɑ̃^{244}
宁县	旱 xæ̃^{44}	涝 lɔ^{44}	天明 tʰiæ̃^{31}miŋ^{24} 天亮 tɕʰiæ̃^{31}liaŋ^{44}
武都区	旱 xæ̃^{13}	涝 lɔu^{13}	天明 tʰiæ̃^{31}min^{21} 天亮 tʰiæ̃^{22}liɑŋ^{13}
文县	旱 xæ̃^{24}	水淹了 suei^{24}iæ̃^{42}lɔo^{21}	天亮了 tʰiæ̃^{21}liɑ̃^{24}lɔo^{21}
康县	干 kan^{53}	水淹了 fei^{35}ian^{53}lɔo^{21}	天亮了 tsʰian^{53}liɑŋ^{24}lɔo^{53}
礼县	旱 xæ̃^{44} 干 kæ̃^{31}	涝 nɔo^{44}	天爷明了 tʰiæ̃^{31}iɛ^{13}miŋ^{13}nɔo^{21} 明了 miŋ^{13}nɔo^{21}
靖远县	旱 xæ̃^{33}	涝 lɑo^{33}	天亮 tʰiæ̃^{22}liɑŋ^{33}
陇西县	旱 xæ̃^{44}	水吹 ʃʮe^{55}tʃʰʮe^{21}	天亮 tɕʰiæ̃^{42}liaŋ^{44}
秦州区	旱 xæ̃^{44}	雨水多 y^{21}suei^{53}tuə^{13}	天明 tʰiæ̃^{21}miɤŋ^{13}
安定区	旱 xæ̃^{44}	害 xɛ^{44}	天明 tʰiæ̃^{21}miŋ^{13}
会宁县	旱 xæ̃^{44}	涝 lɔ^{44}	天亮 tʰiæ̃^{21}liɑŋ^{44}
临洮县	旱 xæ̃^{44}	涝 lɔ^{44}	天亮 tʰiæ̃^{21}liɑ̃^{44}
清水县	干 kæ̃^{13} 旱 xæ̃^{443}	涝 lɔ^{443}	天明 tsʰiæ̃^{21}miŋ^{13} 明 miŋ^{13}
永靖县	旱 xæ̃^{44}	涝 lɔ^{213}	天亮 tʰiæ̃^{22}liɑŋ^{44}
敦煌市	旱 xæ̃^{44}	遭了水灾 tsɔ^{21}lɔ^{11}ʂuei^{53}tsɛ^{21}	天亮 tʰiɛ̃^{21}liɑŋ^{44}
临夏市	旱 xɑ̃^{53}	雨水多 ʑy^{13}ʂuei^{42}tuɤ^{13}	天亮 tʰiɛ̃^{44}liɑŋ^{21}
合作市	旱 xæ̃^{53}	水灾了 ʂuei^{44}tsɛe^{21}liɔ^{44}	天亮了 tʰiæ̃^{21}liɑŋ^{44}liɔ^{21}
临潭县	旱着呢 xæ̃^{44}tʂɤ^{44}ȵi^{21}	发大水 fa^{21}ta^{44}suɪ^{51}	鸡叫唤 tɕi^{21}tɕiɔo^{44}xuæ̃^{21}

	0028 水田	0029 旱地浇不上水的耕地	0030 田埂
兰州市	水地 fei^{55}ti^{13}	旱地 xæ̃^{55}ti^{21}	界堎 kɛ^{22}lən^{53}
榆中县	水地 ʂuei^{44}ti^{213}	旱地 xan^{21}ti^{44}	埂子 kən^{51}tsɿ^{0} 埂耧 kən^{51}ləu^{0}
永登县	水地 fei^{354}ti^{21}	旱地 xæ̃^{22}ti^{55}	地埂子 ti^{22}kə̃n^{354}tsɿ^{42}
红古区	水地 fei^{55}tsɿ^{21}	旱地 xan^{22}tsɿ^{55}	埂子 kən^{55}tsɿ^{21}
凉州区	水浇地 ʂuei^{53}tɕiao^{35}ti^{53}	旱田 xaŋ^{31}t^{h}iaŋ^{21}	埂子 kəŋ^{53}tsɿ^{35}
甘州区	水浇地 fei^{53}tɕiɔ^{44}ti^{31}	荒地 xuaŋ^{44}ti^{44}	田埂子 t^{h}iaŋ^{53}kɤŋ^{22}tsɿ^{44}
肃州区	水田 ʂuei^{21}t^{h}iæ^{51} 水浇地 ʂuei^{53}tɕiɔ^{35}ti^{21}	旱地 xæ̃^{13}ti^{21}	埂子 kɤŋ^{21}tsɿ^{51} 田埂 t^{h}iæ^{53}kɤŋ^{51}
永昌县	水浇地 ʂuei^{53}tɕiɔo^{44}ti^{53}	旱地 xɛe^{44}ti^{44}	田埂子 t^{h}iɛe^{13}kəŋ^{42}tsɿ^{21}
崆峒区	水地 ʂuei^{53}ti^{44}	旱地 xæ̃^{44}ti^{44}	界堎 kɛ^{35}lɤŋ^{21}
庆城县	水地 ʂuei^{44}ti^{244}	旱地 xɛ̃^{244}ti^{0}	地堎 ti^{244}lɤŋ^{113}
宁县	水地子 ʃuei^{55}tɕ^{h}i^{0}tsɿ^{0}	旱地子 xæ̃^{44}tɕ^{h}i^{55}tsɿ^{0}	硷⁼畔 tɕiæ̃^{55}p^{h}æ̃^{0}
武都区	水地 ʃuei^{55}ti^{21}	旱地 xæ̃^{24}ti^{21}	界堎 kɛɪ^{24}ləŋ^{31}
文县	稻田 t^{h}ɔo^{55}t^{h}iæ̃^{13}	旱地 xæ̃^{24}tɕ^{h}i^{42}	界堎子 kɛe^{21}liəŋ^{42}tsɿ^{42}
康县	谷田 ku^{53}ts^{h}ian^{21} 秧田 iaŋ^{53}ts^{h}ian^{21}	旱地 xan^{24}ti^{53}	堎坎子 lɤŋ^{13}k^{h}an^{53}tsɿ^{21}
礼县	水地 ʃuei^{52}t^{h}i^{44}	旱地 xæ̃^{44}t^{h}i^{44}	圪劳⁼儿 kɤ^{31}nɔor^{24}
靖远县	水地 ʂuei^{55}tsɿ^{33}	旱地 xæ̃^{33}tsɿ^{33}	界堎子 kɛ^{55}lɤŋ^{41}tsɿ^{21}
陇西县	水地 ʃɥe^{55}tɕ^{h}i^{44}	旱地 xæ̃^{44}tɕ^{h}i^{44}	埂子 kɤŋ^{55}tsɿ^{21}
秦州区	水地 suei^{53}t^{h}i^{44}	旱地 xæ̃^{44}t^{h}i^{44}	界堎 kɛ^{44}lɤŋ^{21}
安定区	水地 ʃuei^{53}t^{h}i^{44}	旱地 xæ̃^{44}t^{h}i^{44}	地埂子 t^{h}i^{44}kəŋ^{53}tsɿ^{21}
会宁县	水地 ʃuei^{53}t^{h}i^{21}	旱地 xæ̃^{44}t^{h}i^{21}	地埂子 t^{h}i^{44}kəŋ^{53}tsɿ^{21}
临洮县	水地 ʂuei^{53}ti^{44}	旱地 xæ̃^{44}ti^{21}	界堎儿 kɛ^{44}lə̃r^{21}
清水县	水地 ʃəi^{52}ts^{h}ɿ^{443}	地 ts^{h}ɿ^{443}	地界垄 ts^{h}ɿ^{44}kɛ^{44}luŋ^{21} 地埂子 ts^{h}ɿ^{44}kɤŋ^{52}tsɿ^{21}
永靖县	水地 ʂuei^{44}ti^{21}	旱地 xæ̃^{44}ti^{21}	界堎 kɛ^{44}lɤŋ^{21}
敦煌市	水浇地 ʂuei^{53}tɕiɔ^{21}ti^{44}	撞天地 tʂ^{h}uaŋ^{35}t^{h}iɛ̃^{42}ti^{21}	地埂子 ti^{44}kɤŋ^{53}tsɿ^{21}
临夏市	水地 ʂuei^{44}ti^{42}	旱地 xã^{44}ti^{21}	界堎 kɛ^{13}ləŋ^{24}
合作市	水地 ʂuei^{44}ti^{53}	旱地 xæ̃^{44}ti^{21}	地界堎 ti^{44}kɛe^{44}ləŋ^{13}
临潭县	水田 suɪi^{51}t^{h}iæ̃^{24}	地 ti^{44}	堎界 ləŋ^{24}kæ̃^{44}

	0031 路野外的	0032 山	0033 山谷
兰州市	路 lu^{13}	山 ʂæ̃^{55}	沟 kəu^{55}
榆中县	路 lu^{213}	山 ʂan^{51}	山沟 ʂan^{51}kəu^{51}
永登县	路 lu^{13}	山 ʂæ̃^{42}	山里 ʂæ̃^{55}li^{44} 小沟沟子 ɕiɔ^{55}kɤu^{44}kɤu^{21}tsɿ^{21}
红古区	路 lu^{13}	山 ʂan^{13}	山沟 ʂan^{13}kɤu^{13}
凉州区	路 lu^{31}	山 sɑŋ^{35}	山夹道 sɑŋ^{35}tɕia^{35}tɑo^{53}
甘州区	路 lu^{31}	山 ʂaŋ^{44}	山沟 ʂaŋ^{44}kɤu^{44}
肃州区	路 lu^{213}	山 sæ̃^{44}	山谷 sæ̃^{44}ku^{21}
永昌县	路 lu^{53}	山 ʂɛe^{44}	山道 ʂɛe^{44}tɔ^{21}
崆峒区	路 lu^{44}	山 sæ̃^{21}	沟 kəu^{21}
庆城县	小路 ɕiɔ^{44}lu^{244}	山 sɛ̃^{51}	沟 kɤu^{51}
宁县	小路 ɕiɔ^{55}lou^{0}	山 sæ̃^{31}	沟渠 kou^{31}tɕʰy^{24}
武都区	小路 ɕiɔu^{55}lu^{13}	山 sæ̃^{31}	山沟沟子 sæ̃^{2}kəu^{53}kəu^{31}tsɿ^{21}
文县	路 lu^{24}	山 sæ̃^{31}	山谷 sæ̃^{31}ku^{21}
康县	路 lu^{24}	山 ʂan^{53}	峡谷 ɕia^{21}ku^{53}
礼县	路 nu^{44}	山 sæ̃^{31}	沟 kəu^{31}
靖远县	路 lu^{33}	山 sæ̃^{41}	山沟沟子 sæ̃^{2}kɤu^{41}kɤu^{21}tsɿ^{21}
陇西县	路 lu^{44}	山 sæ̃^{21}	山沟 sæ̃^{21}kɤu^{21}
秦州区	路 lu^{44}	山 sæ̃^{13}	沟壑 kɤu^{21}xuə^{13}
安定区	路 lu^{44}	山 sæ̃^{13}	山沟沟 ʂæ̃^{13}kəu^{21}kəu^{13}
会宁县	路 lu^{44}	山 sæ̃^{13}	山沟 ʂæ̃^{13}kəu^{13} 山沟沟 ʂæ̃^{13}kəu^{21}kəu^{13}
临洮县	路 lu^{44}	山 ʂæ̃^{13}	山沟沟 ʂæ̃^{13}kɤu^{21}kɤu^{13}
清水县	路 lu^{443}	山 ʃæ̃^{13}	沟 kou^{13}
永靖县	路 lu^{44}	山 ʂæ̃^{213}	山沟 ʂæ̃^{13}kɤu^{213}
敦煌市	路 lu^{44}	山 sæ̃^{213}	山沟 sæ̃^{13}kɤu^{213}
临夏市	路 lu^{53}	山 ʂã^{13}	山沟沟 ʂã^{44}kɤu^{21}kɤu^{53}
合作市	路 lu^{53}	山 ʂæ̃^{13}	山沟沟 ʂæ̃^{44}kəɯ^{21}kəɯ^{44} 山沟 ʂæ̃^{44}kəɯ^{13}
临潭县	尕路路儿 ka^{21}lu^{44}luər^{24}	山 sæ̃^{44}	山沟沟儿 sæ̃^{44}kəɯ^{44}kəɯr^{51}

	0034 江大的河	0035 溪小的河	0036 水沟儿较小的水道
兰州市	河 xɤ^{53}	河 xɤ^{53}	水沟沟子 fei^{44}kəu^{55}kəu^{42}tsɿ^{21}
榆中县	河 xə^{312}	峡水 ɕia^{31}ʂuei^{44}	水沟 ʂuei^{44}kəu^{0}
永登县	江 tɕiã^{42}	沟沿子 kɤu^{44}iæ̃^{53}tsɿ^{21}	沟沿子 kɤu^{44}iæ̃^{53}tsɿ^{21}
红古区	江 tɕiaŋ^{53}	岔河 tʂ^{h}a^{22}xuə^{53}	水沟沟儿 fei^{55}kɤu^{21}kɤu^{21}ər^{13}
凉州区	江 tɕiaŋ^{35}	水沟子 ʂuei^{35}kəu^{35}tsɿ^{53}	沟沟子 kəu^{35}kəu^{35}tsɿ^{53}
甘州区	河 xə^{53}	水沟 fei^{22}kɤu^{44}	沟沟子 kɤu^{44}kɤu^{44}tsɿ^{44}
肃州区	江 tɕiaŋ^{44}	溪 ɕi^{44}	水沟 ʂuei^{53}kəu^{44} 小水沟 ɕiɔ^{53}ʂuei^{53}kəu^{21}
永昌县	河 xə^{13}	水沟 ʂuei^{44}kəu^{44}	水沟子 ʂuei^{44}kəu^{44}tsɿ^{21}
崆峒区	江 tɕiaŋ^{21}	水渠 ʂuei^{53}tɕ^{h}y^{24}	水沟沟子 ʂuei^{53}kəu^{53}kəu^{21}tsɿ^{21}
庆城县	河 xuə^{113}	小沟水 ɕiɔ^{44}kɤu^{0}ʂuei^{0}	小河 ɕiɔ^{44}xuə^{113}
宁县	大河 ta^{44}xuə^{24}	河渠子 xuə^{22}tɕ^{h}y^{55}tsɿ^{0}	水沟 ʃuei^{55}kou^{0}
武都区	江 tɕiaŋ^{31}	山水 sæ̃^{22}ʃuei^{31}	埝 ȵiæ̃^{13} 埝渠 ȵiæ̃^{13}tɕ^{h}y^{21}
文县	江 tɕiã^{31}	小河子 ɕiɔo^{55}xuə^{42}tsɿ^{21}	水沟子 suei^{44}kɤu^{42}tsɿ^{21}
康县	大河 ta^{24}xuɤ^{21} 江 tɕiaŋ^{53}	小河 siɔo^{35}xuɤ^{21}	水沟沟 fei^{35}kɤu^{53}kɤu^{21}
礼县	河 xɤ^{13}	河 xɤ^{13}	水渠 ʃuei^{52}tɕ^{h}y^{13} 水沟沟儿 ʃuei^{52}kəu^{21}kəur^{24}
靖远县	大河 ta^{33}xuə^{24}	小河 ɕiɑo^{55}xuə^{21}	水沟沟子 ʂuei^{55}kɤu^{41}kɤu^{21}tsɿ^{21}
陇西县	江 tɕiaŋ^{21}	细水 ɕi^{44}ʃɥe^{53}	水沟儿 ʃɥe^{55}kɤu^{42}zɿ^{13}
秦州区	江 tɕiaŋ^{13}	水渠渠 suei^{53}tɕ^{h}y^{13}tɕ^{h}y^{21}	水沟沟 suei^{53}kɤu^{21}kɤu^{13}
安定区	大河 ta^{44}xə^{13}	河 xə^{13}	水沟沟 ʃuei^{53}kəu^{21}kəu^{13}
会宁县	河 xə^{13}	河 xə^{13}	水渠儿 ʃuei^{53}tɕ^{h}y^{21}zɿ^{44} 水沟儿 ʃuei^{53}kəu^{21}zɿ^{44}
临洮县	河 xɤ^{13}	河 xɤ^{13}	水沟沟 ʂuei^{53}kɤu^{21}kɤu^{13}
清水县	河 xuə^{13}	河 xuə^{13}	水渠 ʃəi^{52}tɕ^{h}y^{13}
永靖县	河 xuɤ^{213}	河 xuɤ^{213}	水沟沟 ʂuei^{44}kɤu^{21}kɤu^{21}
敦煌市	河 xə^{213}	水沟 ʂuei^{53}kɤu^{21} 小渠 ɕiɔ^{53}ts^{h}y^{213}	水沟沟子 ʂuei^{53}kɤu^{44}kɤu^{11}tsɿ^{51}
临夏市	大河 tɑ^{44}xɤ^{24}	尕河 kɑ^{13}xɤ^{24}	水沟沟 ʂuei^{44}kɤu^{21}kɤu^{53}
合作市	大河 tᴀ^{44}xə^{21}	尕河 kᴀ^{13}xə^{13}	水沟 ʂuei^{44}kəɯ^{13}
临潭县	大河 ta^{44}xɤ^{24}	尕河沟儿 ka^{24}xɤ^{24}kəɯr^{24}	尕河沟儿 ka^{24}xɤ^{24}kəɯr^{24}

	0037 湖	0038 池塘	0039 水坑儿地面上有积水的小洼儿
兰州市	湖 xu^{53}	涝坝 lɔ^{22}pa^{53}	水坑坑子 fei^{44}k^{h}ən^{55}k^{h}ən^{42}tsɿ^{21}
榆中县	湖 xu^{312}	涝坝 lɔ^{21}pa^{44}	水坑 ʂuei^{44}k^{h}ən^{51}
永登县		涝坝 lɔ^{22}pa^{55}	水坑坑子 fei^{55}k^{h}ə̃n^{44}k^{h}ə̃n^{42}tsɿ^{21}
红古区	湖 xu^{13}	涝坝 lɔ^{22}pa^{13}	水窝窝儿 fei^{55}və^{21}vər^{53}
凉州区	湖 xu^{35}	涝坝 lɑo^{31}pa^{21} 涝池 lɑo^{31}ts^{h}ɿ^{21}	水坑子 ʂuei^{35}k^{h}əŋ^{35}tsɿ^{53}
甘州区	湖 xu^{53}	涝池 lɔ^{31}tʂ^{h}ʅ^{21}	水坑子 fei^{44}k^{h}ɤŋ^{44}tsɿ^{44}
肃州区	湖 xu^{51}	涝坝 lɔ^{21}pa^{13}	水坑 ʂuei^{53}k^{h}ɤŋ^{44}
永昌县	海子 xɛe^{53}tsɿ^{21}	涝池 lɔo^{53}tʂ^{h}ʅ^{21}	水坑子 ʂuei^{44}k^{h}əŋ^{44}tsɿ^{21}
崆峒区	湖 xu^{24}	涝坝 lɔ^{35}pa^{21}	水坑坑子 ʂuei^{53}k^{h}ɤŋ^{53}k^{h}ɤŋ^{21}tsɿ^{21}
庆城县	湖 xu^{113}	涝坝 lɔ^{244}pa^{0} 水坝 ʂuei^{44}pa^{244}	水坑 ʂuei^{44}k^{h}ɤŋ^{0}
宁县	涝池 lɔ^{44}ts^{h}ɿ^{31}	涝坝 lɔ^{44}pa^{31}	水池子 ʃuei^{55}ts^{h}ɿ^{0}tsɿ^{0}
武都区		水潭 ʃuei^{55}t^{h}æ̃^{21}	水潭子 ʃuei^{55}t^{h}æ̃^{31}tsɿ^{21}
文县	湖 xuə^{13}	池子 ts^{h}ɿ^{13}tsɿ^{24}	水坑 suei^{55}k^{h}əŋ^{31}
康县	湖 xu^{13}	水塘 fei^{35}t^{h}ɑŋ^{21}	水坑 fei^{35}k^{h}ɤŋ^{21}
礼县	湖 xu^{13}	涝坝 nɔo^{44}pa^{21}	水坑坑儿 ʃuei^{52}k^{h}ɤŋ^{21}k^{h}ɤ̃r^{24}
靖远县		涝坝 lɑo^{35}pa^{41}	水坑坑子 ʂuei^{55}k^{h}ɤŋ^{41}k^{h}ɤŋ^{21}tsɿ^{21}
陇西县	湖 xu^{13}	池塘 ts^{h}ɿ^{13}t^{h}ɑŋ^{13}	水坑儿 ʂue^{55}k^{h}ɤŋ^{42}zɿ^{13}
秦州区	湖 xu^{13}	水塘 suei^{53}t^{h}ɑŋ^{13}	水坑坑 suei^{53}k^{h}ɤŋ^{21}k^{h}ɤŋ^{13}
安定区	湖 xu^{13}	涝坝 lɔ^{44}pa^{21}	水坑坑 ʃuei^{53}k^{h}əŋ^{21}k^{h}əŋ^{13}
会宁县	湖 xu^{13}	涝坝 lɔ^{44}pa^{44}	水坑儿 ʃuei^{53}k^{h}əŋ^{21}zɿ^{13}
临洮县	湖 xu^{13}	涝坝 lɔ^{44}pa^{21}	水坑坑儿 ʂuei^{53}k^{h}ɤŋ^{21}k^{h}ə̃r^{13}
清水县	湖 xu^{13}	涝坝 lɔ^{44}pa^{21}	水池池 ʃəi^{52}tʃ^{h}ɨ^{13}tʃ^{h}ɨ^{21} 水坑坑子 ʃəi^{52}k^{h}ɤŋ^{21}k^{h}ɤŋ^{13}tsɿ^{21}
永靖县	湖 xu^{213}	涝池 lɔ^{44}tʂ^{h}ʅ^{21}	水坑坑 ʂuei^{44}k^{h}ɤŋ^{21}k^{h}ɤŋ^{42}
敦煌市	湖 xu^{213}	涝坝 lɔ^{35}pa^{21}	水坑坑 ʂuei^{53}k^{h}ɤŋ^{21}k^{h}ɤŋ^{13}
临夏市	湖 xu^{13}	涝池 lɔ^{44}tʂ^{h}ʅ^{21}	水坑坑 ʂuei^{42}k^{h}əŋ^{21}k^{h}əŋ^{53}
合作市	湖 xu^{13}	涝池 lɔ^{44}tʂ^{h}ʅ^{21}	水坑坑 ʂuei^{44}k^{h}əŋ^{21}k^{h}əŋ^{53}
临潭县	湖 xu^{24}	池塘 tʂ^{h}ʅ^{24}t^{h}ɒ^{24}	水坑坑儿 suɪi^{51}k^{h}əŋ^{44}k^{h}ər^{51}

	0040 洪水	0041 淹被水～了	0042 河岸
兰州市	山水 ṣæ̃^{53}fei^{13}	淹 iæ̃^{55}	河沿边 xɤ^{53}iæ̃^{31}piæ̃^{42}
榆中县	山水 ṣan^{51}ṣuei^{0}	淹 ian^{51}	河沿 xə^{13}ian^{312}
永登县	山水 ṣæ̃^{44}fei^{21}	淹 iæ̃^{42}	岸上 æ̃^{22}ṣɑ̃^{53}
红古区	山水 ṣan^{22}fei^{55}	淹 ian^{13} 漫 man^{13}	河沿 xə^{22}ian^{53}
凉州区	山水 sɑŋ^{35}ṣuei^{53}	泡 pʰɑo^{31}	河沿 xə^{35}iɑŋ^{53}
甘州区	洪水 xuŋ^{35}fei^{42}	淹 iaŋ^{44}	河沿 xə^{35}iaŋ^{42}
肃州区	洪水 xuŋ^{35}ṣuei^{21}	淹 ẓiæ̃^{44}	河沿 xə^{44}ẓiæ̃^{51} 河岸 xə^{53}ɣæ̃^{21}
永昌县	山水 ṣɛe^{44}ṣuei^{44}	淹 iɛ^{44}	河沿 xə^{13}iɛ^{42}
崆峒区	山水 sæ̃^{53}ṣuei^{21}	淹 iæ̃^{21}	河沿 xuo^{24}iæ̃^{24}
庆城县	山水 sɛ̃^{51}ṣuei^{0}	淹 iɛ̃^{51} 吹 tṣʰuei^{51}	河边儿 xuə^{21}piɛ̃r^{51}
宁县	山水 sæ̃^{31}ʃuei^{0}	淹 iæ̃^{31}	河边 xuə^{24}piæ̃^{31}
武都区	大河 ta^{24}xuɤ^{21}	淹 iæ̃^{31}	河坎儿 xuɤ^{22}kʰæ̃^{24}ɚ^{21}
文县	山水 sæ̃^{31}suei^{21}	淹 iæ̃^{31}	河岸 xuə^{13}ŋæ̃^{24}
康县	山水 ṣan^{53}fei^{55}	淹 ian^{53}	河坝 xuɤ^{53}pa^{24}
礼县	山水 sæ̃^{31}ʃuei^{52}	淌 tʰɑŋ^{44} 淹 iæ̃^{31}	河坝里 xɤ^{13}pa^{21}li^{24} 河边里 xɤ^{13}piæ̃^{21}li^{124}
靖远县	山水 sæ̃^{41}ṣuei^{21}	淹 iæ̃^{41}	河岸 xuə^{22}næ̃^{33}
陇西县	白雨水 pe^{13}y^{55}ʃʮe^{53}	淹 iæ̃^{21}	河岸 xɤ^{21}kæ̃^{44}
秦州区	发大水 fa^{21}ta^{44}suei^{53}	淹 iæ̃^{53}	河坝边里 xuə^{13}pa^{21}piæ̃^{21}li^{53}
安定区	大水 ta^{44}ʃuei^{53}	淹 iæ̃^{53}	河边 xə^{13}piæ̃^{13}
会宁县	大水 ta^{44}ʃuei^{21}	淹 iæ̃^{13}	河边 xə^{13}piæ̃^{21}
临洮县	大水 ta^{44}ṣuei^{53}	淹 iæ̃^{13}	河边儿 xɤ^{13}piɐr^{13}
清水县	山水 ʃæ̃^{21}ʃəi^{52}	吹 tʃʰəi^{13} 淹 iæ̃^{13}	河畔里 xuə^{13}pʰæ̃^{44}li^{21} 河边里 xuə^{13}piæ̃^{21}li^{13}
永靖县	山水 ṣæ̃^{22}ṣuei^{53}	淹 iæ̃^{213}	河沿边 xuɤ^{22}iæ̃^{44}piæ̃^{213}
敦煌市	洪水 xuŋ^{22}ṣuei^{51}	淹 iɛ̃^{213}	河沿 xə^{13}iɛ̃^{21}
临夏市	山水 ṣɑ̃^{44}ṣuei^{21}	淹 iɛ̃^{13}	河边边 xɤ^{13}piɛ̃^{21}piɛ̃^{53}
合作市	大水 tᴀ^{44}ṣuei^{21}	淹 iæ̃^{13}	河边边 xə^{13}piæ̃^{21}piæ̃^{53}
临潭县	大水 ta^{44}suɪi^{51}	淹 iæ̃^{44}	河边里 xɤ^{24}piæ̃^{44}ȵi^{51}

	0043 坝拦河修筑拦水的	0044 地震	0045 窟窿小的
兰州市	坝 pa^{13}	地震 ti^{55}tʂən^{13}	窟窿 k^{h}u^{53}luən^{21}
榆中县	坝 pa^{213}	地震 ti^{13}tʂən^{213} 天牛打了个滚 t^{h}ian^{51}ȵiəu^{0} ta^{44}lɔ^{0}kə^{0}kuən^{44}	窟窿 k^{h}u^{31}luən^{213} 窟圈 k^{h}u^{31}tɕ^{h}yan^{213}
永登县	坝 pa^{13}	地震 ti^{13}tʂə̃n^{13}	窟窿子 ku^{22}luə̃n^{22}tsɿ^{354}
红古区	拦洪坝 lan^{13}xuən^{21}pa^{13}	地震 tsɿ^{13}tʂən^{13}	洞洞儿 tuən^{22}tuən^{53}ər^{21}
凉州区	坝 pa^{31} 坝墙 pa^{31}tɕ^{h}iɑŋ^{21}	地动 ti^{31}tuŋ^{31}	窟窿子 k^{h}u^{35}luŋ^{35}tsɿ^{53}
甘州区	坝 pa^{31}	地震 ti^{24}tʂɤŋ^{31}	窟窿 k^{h}u^{44}luŋ^{44}
肃州区	坝 pa^{213}	地震 ti^{13}tʂɤŋ^{41} 地动 ti^{13}tuŋ^{21}	窟窿眼子 k^{h}u^{21}luŋ^{53} ʑiæ̃^{21}tsɿ^{51}
永昌县	坝 pa^{53}	地震 ti^{22}tʂəŋ^{53}	窟窿 k^{h}u^{44}loŋ^{44}
崆峒区	水坝 ʂuei^{53}pa^{44}	地动 ti^{44}toŋ^{44}	窟窿 k^{h}u^{53}loŋ^{21}
庆城县	坝 pa^{244}	地震 ti^{244}tʂɤŋ^{244}	窟窿 k^{h}uŋ^{51}lɤu^{0} 窟窿 k^{h}uŋ^{51}luŋ^{0}
宁县	坝 pa^{44}	地动 tɕ^{h}i^{44}t^{h}uŋ^{44}	窟窿 fu^{31}luŋ^{0}
武都区	闸子 tsa^{24}tsɿ^{21}	摇 iɔu^{13}	眼眼儿 ȵiæ̃^{55}ȵior^{21} 洞洞儿 tuŋ^{24}tu^{21}ɚ^{21}
文县	坝 pa^{24}	摇地震 iɔo^{13}ti^{24}tsəŋ^{24}	洞洞子 toŋ^{24}toŋ^{31}tsɿ^{21}
康县	水坝 fei^{55}pa^{21}	地动 tsi^{24}tuŋ^{24} 地震 tsi^{24}tʂɤŋ^{24}	洞洞子 tuŋ^{24}tuŋ^{53}tsɿ^{21} 眼眼子 ȵian^{55}ȵian^{53}tsɿ^{21}
礼县	坝 pa^{44}	地动 t^{h}i^{44}t^{h}uɤŋ^{44}	窟窿儿 k^{h}u^{31}nur^{24}
靖远县	坝 pa^{33}	地动 tsɿ^{55}toŋ^{33}	眼眼子 ȵiæ̃^{55}ȵiæ̃^{21}tsɿ^{21}
陇西县	水坝 ʃɥe^{55}pa^{44}	地动 ti^{44}t^{h}uŋ^{44}	窟窿 k^{h}u^{21}luŋ^{21}
秦州区	河坝 xuə^{13}pa^{21}	地动 t^{h}i^{44}t^{h}uɤŋ^{44}	眼眼 ȵiæ̃^{53}ȵiæ̃^{21} 洞洞 t^{h}uɤŋ^{44}t^{h}uɤŋ^{21}
安定区	坝 pa^{44}	地震 t^{h}i^{44}tʂəŋ^{53}	窟窿眼眼 k^{h}u^{21}luŋ^{13} ȵiæ̃^{53}ȵiæ̃^{21}
会宁县	坝 pa^{44}	地动 t^{h}i^{44}tuŋ^{44}	碎眼眼 suei^{44}ȵiæ̃^{44}ȵiæ̃^{21}
临洮县	坝 pa^{44}	地震 ti^{44}tʂɤŋ^{53}	窟窿儿 ku^{21}luə̃r^{13}
清水县	坝 pa^{443}	地动 ts^{h}i^{44}t^{h}uŋ^{443} 摇 iɔ^{13}	窟窿 p^{h}u^{21}lɤŋ^{13}
永靖县	坝 pa^{213}	地震 ti^{22}tʂɤŋ^{44}	尕窟窿 ka^{13}k^{h}u^{22}luɤŋ^{44}
敦煌市	坝 pa^{44}	地动 ti^{44}tuŋ^{44} 地震 ti^{44}tʂɤŋ^{44}	窟窿子 k^{h}u^{44}luŋ^{22}tsɿ^{51}
临夏市	坝 pɑ^{53}	地动 ti^{44}tuəŋ^{42}	尕窟窿 kɑ^{13}k^{h}u^{21}ləŋ^{53}
合作市	大坝 tA^{44}pA^{53}	地动 ti^{44}tuəŋ^{53}	窟窿 k^{h}u^{13}lei^{53}
临潭县	河坝 xɤ^{24}pa^{51}	地动 ti^{44}tuəŋ^{51}	窟窿 k^{h}u^{44}luəŋ^{51}

	0046 缝儿统称	0047 石头统称	0048 土统称
兰州市	缝缝子 fən²²fən²²tsɿ⁴²	石头 ʂʅ⁵³tʰəu²¹	土 tʰu³⁴
榆中县	口子 kʰəu⁴⁴tsɿ⁰	石头 ʂʅ³¹tʰəu²¹³	土 tʰu⁴⁴
永登县	缝缝子 fə̃n²²fə̃n²²tsɿ³⁵⁴	石头 ʂʅ⁵⁵tʰɤu⁵³	土 tʰu³⁵⁴
红古区	缝缝儿 fən²²fə̃r⁵³	石头 ʂʅ²²tʰɤu⁵⁵	土 tʰu⁵³
凉州区	缝缝子 fəŋ³¹fəŋ³¹tsɿ²¹	石头 ʂʅ³⁵tʰəu⁵³	土 tʰu³⁵
甘州区	缝缝子 fɤŋ³¹fɤŋ²²tsɿ²¹	石头 ʂʅ³⁵tʰɤu⁴²	土 tʰu⁵³
肃州区	缝子 fɤŋ²¹tsɿ¹³	石头 ʂʅ⁴⁴tʰəu²¹	土 tʰu⁵¹
永昌县	缝缝子 fəŋ⁵³fəŋ²²tsɿ²¹	石头 ʂʅ¹³tʰəu⁴²	土 tʰu¹³
崆峒区	缝子 fɤŋ³⁵tsɿ²¹	石头 ʂʅ²²tʰəu⁵³	土 tʰu⁵³
庆城县	缝子 fɤŋ²⁴⁴zɿ⁰	石头 ʂʅ²¹tʰɤu⁰	土 tʰu⁴⁴
宁县	缝子 fəŋː⁴⁴tsɿ³¹	石头 ʂʅ²²tʰou⁵²	土 tʰu⁵²
武都区	缝缝子 fəŋ²⁴fəŋ³¹tsɿ²¹	石头 ʂʅ²²tʰəu⁵⁵	土 tʰu⁵⁵
文县	缝缝子 fəŋ²¹fəŋ³¹tsɿ²¹	石头 sɿ¹³tʰɤu²⁴	土 tʰu⁵⁵
康县	缝缝子 fɤŋ²⁴fɤŋ⁵³tsɿ²¹	石头 ʂʅ⁵³tɤu¹³	土 tʰu⁵⁵
礼县	缝缝儿 fɤŋ⁴⁴fɤ̃r²¹	石头 ʂʅ¹³tʰəu²¹	土 tʰu⁵²
靖远县	缝儿 fə̃r³³	石头 ʂʅ²²tʰɤu⁵⁵	土 tʰu⁵⁵
陇西县	缝缝儿 fɤŋ⁴⁴fɤŋ⁴⁴zɿ⁴⁴	石头 ʂʅ²¹tʰɤu⁴⁴	土 tʰu⁵³
秦州区	缝缝 fɤŋ⁴⁴fɤŋ²¹	石头 ʂʅ¹³tʰɤu²¹	土 tʰu⁵³
安定区	缝缝 fəŋ⁴⁴fəŋ²¹	石头 ʂʅ²¹tʰəu⁴⁴	土 tʰu⁵³
会宁县	缝缝儿 fəŋ⁴⁴fəŋ⁴²zɿ²¹	石头 ʂʅ²¹tʰəu⁴⁴	土 tʰu⁵³
临洮县	缝缝儿 fɤŋ⁴⁴fə̃r²¹	石头 ʂʅ²¹tʰɤu⁴⁴	土 tʰu⁵³
清水县	缝缝子 fɤŋ⁴⁴fɤŋ²¹tsɿ²¹	石头 ʂʅ¹³tʰou²¹	土 tʰu⁵²
永靖县	缝缝 fɤŋ²⁴fɤŋ²¹ 缝子 fɤŋ²⁴tsɿ²¹	石头 ʂʅ²²tʰɤu¹³	土 tʰu⁵³
敦煌市	缝子 fɤŋ³⁵tsɿ²¹	石头 ʂʅ²¹tʰɤu⁵¹	土 tʰu⁵³
临夏市	缝缝 fəŋ⁴⁴fəŋ²¹	石头 ʂʅ²¹tʰɤu⁵³	土 tʰu⁴²
合作市	缝缝 fəŋ⁴⁴fəŋ²¹ 缝子 fəŋ⁴⁴tsɿ²¹	石头 ʂʅ²¹tʰəɯ⁴⁴	土 tʰu⁴⁴
临潭县	缝缝儿 fəŋ⁴⁴fər²¹	石头 ʂʅ²¹tʰəɯ⁴⁴	土 tʰu⁵¹

	0049 泥湿的	0050 水泥旧称	0051 沙子
兰州市	泥 ȵi^{53}	洋灰 iɑ̃^{53}xuei^{44}	沙子 ʂa^{53}tsɿ^{21}
榆中县	泥 ȵi^{312}	洋灰 iaŋ^{31}xuei^{51}	沙子 ʂa^{51}tsɿ^{0}
永登县	泥 ȵi^{53}	洋灰 iɑ̃^{22}xuei^{44} 水泥 fei^{35}ȵi^{53}	沙子 ʂa^{44}tsɿ^{21}
红古区	泥 mɿ^{13}	洋灰 iɑŋ^{13}xuei^{13}	沙子 ʂa^{22}tsɿ^{13}
凉州区	泥泥 ȵi^{35}ȵi^{53}	洋灰 iɑŋ^{35}xuei^{53}	沙子 sa^{35}tsɿ^{53}
甘州区	泥 ȵi^{53}	洋灰 iaŋ^{53}xuei^{44}	沙子 ʂa^{44}tsɿ^{44}
肃州区	泥巴 mi^{35}pa^{21}	洋灰 ʑiɑŋ^{53}xuei^{44}	沙子 sa^{44}tsɿ^{44}
永昌县	泥 mi^{13}	水泥 ʂuei^{53}ȵi^{13}	沙子 ʂa^{44}tsɿ^{44}
崆峒区	泥 ȵi^{24}	洋灰 iɑŋ^{24}xuei^{21}	沙子 sa^{53}tsɿ^{21}
庆城县	泥 ȵi^{113}	洋灰 iɑ̃^{21}xuei^{51}	沙子 sa^{51}tsɿ^{0}
宁县	稀泥 ɕi^{31}ȵi^{24}	洋灰 iaŋ^{24}xuei^{31}	沙子 sa^{31}tsɿ^{0}
武都区	泥 ȵi^{13}	洋灰 iɑŋ^{13}xuei^{31}	沙 sa^{31} 沙子 sa^{31}tsɿ^{21}
文县	泥巴 ȵi^{13}pa^{31}	洋灰 iɑ̃^{13}xuei^{31}	沙 sa^{31}
康县	泥 ȵi^{13} 泥巴 ȵi^{21}pa^{53}	洋灰 iɑŋ^{21}xuei^{53}	沙子 ʂa^{53}tsɿ^{21}
礼县	泥 ȵi^{13}	洋灰 iɑŋ^{13}xuei^{31}	沙 sa^{31} 沙子 sa^{31}tsɿ^{24}
靖远县	泥 mɿ^{24}	洋灰 iɑŋ^{22}xuei^{41}	沙子 sa^{41}tsɿ^{21}
陇西县	泥 li^{13}	洋灰 iɑŋ^{24}xue^{42}	沙子 sa^{21}tsɿ^{21}
秦州区	泥 ȵi^{13}	洋灰 iɑŋ^{13}xuei^{13}	砂石 sa^{21}ʂɿ^{13}
安定区	烂泥 læ̃^{44}ȵi^{13}	洋灰 iɑŋ^{13}xuei^{13}	沙 sa^{13}
会宁县	泥 ȵi^{13}	洋灰 iɑŋ^{13}xuei^{13}	沙石 sa^{21}ʂɿ^{13}
临洮县	泥 ȵi^{13}	洋灰 iɑ̃^{13}xuei^{21}	沙石 ʂa^{21}ʂɿ^{13} 沙子儿 ʂa^{21}tsər^{53}
清水县	泥 ȵi^{13}	洋灰 iɔ̃^{13}xuəi^{21}	沙 ʃa^{13} 沙子 ʃa^{21}tsɿ^{52}
永靖县	泥 ȵi^{213}	洋灰 iɑŋ^{13}xuei^{13}	沙子 ʂa^{22}tsɿ^{53}
敦煌市	泥 ȵi^{213}	洋灰 iɑŋ^{13}xuei^{213}	沙子 sa^{21}tsɿ^{13}
临夏市	泥 ȵi^{13}	洋灰 iɑŋ^{13}xuei^{24}	沙子 ʂɑ^{21}tsɿ^{53}
合作市	泥 ȵi^{13}	洋灰 iɑŋ^{13}xuei^{13}	沙子 ʂA^{21}tsɿ^{53}
临潭县	泥 ȵi^{24}	洋灰 iɒ^{24}xuɪi^{44}	沙石 sa^{44}ʂɿ^{51}

	0052 砖整块的	0053 瓦整块的	0054 煤
兰州市	砖头 tʂuæ̃^{55}tʰəu^{21}	瓦 va^{34}	炭 tʰæ̃^{13}
榆中县	砖头 tʂuan^{51}tʰəu^{0}	瓦 va^{44}	煤 mei^{312}
永登县	砖 pfæ̃^{42}	瓦 va^{354}	煤炭 mei^{22}tʰæ̃^{13}
红古区	砖头 tʂuan^{22}tʰɤu^{13}	瓦片儿 va^{55}pʰiɛ̃r^{21}	炭 tʰan^{13}
凉州区	砖头 tʂuɑŋ^{35}tʰəu^{53}	瓦片 va^{53}pʰiɑŋ^{35}	炭 tʰɑŋ^{31}
甘州区	砖头 kuaŋ^{44}tʰɤu^{44}	瓦 va^{53}	煤 mei^{53}
肃州区	砖 tʂuæ̃^{44}	瓦 va^{51}	煤 mei^{51}
永昌县	砖头 tʂuee^{44}tʰəu^{44}	瓦片 va^{53}pʰiɛ^{13}	煤 mei^{13}
崆峒区	砖 tʂuæ̃^{21}	瓦 ua^{53}	煤 mei^{24}
庆城县	砖头 tʂuɛ̃^{51}tʰɤu^{0}	瓦 va^{44}	煤 mei^{113}
宁县	砖头 tʃuæ̃^{31}tʰou^{0}	瓦 ua^{52}	炭 tʰæ̃^{44} 石炭 ʂʅ^{22}tʰæ̃^{52}
武都区	砖头 tʃuæ̃^{31}tʰəu^{21}	瓦 va^{55}	煤 mi^{24}
文县	砖 tsuæ̃^{31}	瓦 ua^{55}	煤 mei^{13}
康县	砖 pfan^{53}	瓦片子 va^{53}pʰian^{21}tsɿ^{21}	煤 mei^{13}
礼县	砖 tʃuæ̃^{31}	瓦 va^{52}	煤 mei^{13}
靖远县	砖 tʂuæ̃^{41}	瓦 va^{55}	炭 tʰæ̃^{33}
陇西县	砖头 tʂuæ̃^{42}tʰɤu^{13}	瓦 va^{53}	煤 me^{13}
秦州区	砖 tʃuæ̃^{13}	瓦 va^{53}	煤 mei^{13}
安定区	砖头 tʃuæ̃^{21}tʰəu^{13}	瓦 va^{53}	炭 tʰæ̃^{44}
会宁县	砖 tʃuæ̃^{13}	瓦 uɑ^{53}	炭 tʰæ̃^{44}
临洮县	砖 tʂuæ̃^{13}	瓦 va^{53}	煤 mi^{13}
清水县	砖头 tʃæ̃^{21}tʰou^{13}	瓦 va^{52}	炭 tʰæ̃^{443} 煤炭 məi^{13}tʰæ̃^{443}
永靖县	砖头 tʂuæ̃^{22}tʰɤu^{53}	瓦 va^{53}	炭 tʰæ̃^{44}
敦煌市	砖头 tʂuæ̃^{21}tʰɤu^{13}	瓦块 va^{21}kʰuɛ^{51}	煤 mei^{213}
临夏市	砖头 tʂuã^{21}tʰɤu^{53}	瓦 vɑ^{42}	炭 tʰã^{53}
合作市	砖 tʂuæ̃^{13} 砖头 tʂuæ̃^{21}tʰəɯ^{53}	瓦 vᴀ^{44}	石炭 ʂʅ^{21}tʰæ̃^{44}
临潭县	砖头 tʂuæ̃^{44}tʰəɯ^{44}	瓦 va^{51}	煤 mɪi^{24}

	0055 煤油	0056 炭木炭	0057 灰烧成的
兰州市	煤油 mei^{53}iəu^{21}	木炭 mu^{22}tʰæ̃^{13}	灰 xuei^{55}
榆中县	煤油 mei^{31}iəu^{213}	木炭 mu^{31}tʰan^{213}	灰 xuei^{51}
永登县	洋油 iɑ̃^{22}iɤu^{53} 煤油 mi^{22}iɤu^{53}	木炭 mu^{22}tʰæ̃^{13}	灰 xuei^{42}
红古区	煤油 mei^{22}iɤu^{53}	木炭 mu^{22}tʰan^{13}	灰 xuei^{13}
凉州区	煤油 miei^{53}iəu^{35}	炭糟子 tʰɑŋ^{31}tsɑo^{31}tsɿ^{21}	灰 xuei^{35}
甘州区	煤油 mei^{53}iɤu^{53}	炭 tʰaŋ^{31}	灰 xuei^{44}
肃州区	煤油 mei^{53}ʑiəu^{51}	炭 tʰæ̃^{213}	灰 xuei^{44}
永昌县	火油 xuə^{53}iəu^{13}	炭 tʰɛe^{53}	灰 xuei^{44}
崆峒区	煤油 mei^{24}iəu^{24}	木炭 mu^{22}tʰæ̃^{44}	灰 xuei^{21}
庆城县	煤油 mei^{113}iɤu^{113}	木炭 mu^{21}tʰɛ̃^{244}	灰 xuei^{51}
宁县	煤油 mei^{24}iou^{24}	木炭 mu^{22}tʰæ̃^{44}	灰 xuei^{31}
武都区	煤油 min^{24}iəu^{13}	木炭 mu^{22}tʰæ̃^{24}	灰 xuei^{31}
文县	煤油 mei^{13}iɤu^{13}	炭 tʰæ̃^{24}	灰 xuei^{31}
康县	煤油 mei^{13}iɤu^{21}	木炭 mu^{53}tʰan^{24}	灰 xuei^{53}
礼县	煤油 mei^{13}iəu^{13}	炭 tʰæ̃^{44}	灰 xuei^{31}
靖远县	煤油 mei^{24}iɤu^{24}	木炭 mu^{22}tʰæ̃^{33}	灰 xuei^{41}
陇西县	煤油 me^{13}iu^{13}	木炭 mu^{42}tʰæ̃^{44}	火灰 xo^{55}xue^{42}
秦州区	煤油 mei^{13}iɤu^{13}	火炭 xuə^{53}tʰæ̃^{53}	灰 xuei^{13}
安定区	煤油 mɛ^{13}iəu^{13}	木炭 mu^{21}tʰæ̃^{44}	灰灰 xuei^{21}xuei^{13}
会宁县	煤油 mei^{13}iəu^{13}	木炭 mu^{21}tʰæ̃^{44}	灰 xuei^{13}
临洮县	煤油 mi^{13}iɤu^{13}	木炭 mu^{21}tʰæ̃^{44}	灰 xuei^{13}
清水县	煤油 məi^{13}iou^{13}	炭 tʰæ̃^{443}	灰 xuəi^{13}
永靖县	煤油 mei^{13}iɤu^{13}	木炭 mu^{21}tʰæ̃^{13}	灰 xuei^{213}
敦煌市	煤油 mei^{13}iɤu^{213}	炭 tʰæ̃^{44}	灰 xuei^{213}
临夏市	煤油 mei^{13}iɤu^{24}	木炭 mu^{21}tʰã^{53}	灰 xuei^{13}
合作市	煤油 mei^{13}iəɯ^{13}	木炭 mu^{21}tʰæ̃^{44}	灰 xuei^{13}
临潭县	煤油 mɪi^{24}iəɯ^{24}	炭 tʰæ̃^{44}	灰 xuɪi^{44}

	0058 灰尘桌面上的	0059 火	0060 烟烧火形成的
兰州市	土 tʰu^{34}	火 xuə^{34}	烟 iæ̃^{55}
榆中县	土 tʰu^{44}	火 xɔ^{44}	烟 ian^{51}
永登县	灰尘 xuei^{44}tʂʰə̃n^{21}	火 xuə^{354}	烟 iæ̃^{42}
红古区	尘灰 tʂʰən^{22}xuei^{55}	火 xuə^{53}	烟 ian^{13}
凉州区	灰 xuei^{35} 灰尘 xuei^{35}tʂʰəŋ^{53}	火 xuə^{35}	烟 iɑŋ^{35}
甘州区	灰尘 xuei^{44}tʂʰɤŋ^{44}	火 xuə^{53}	烟 iaŋ^{44}
肃州区	灰尘 xuei^{21}tʂʰɤŋ^{44}	火 xuə^{51}	烟 ʐiæ̃^{44}
永昌县	灰尘 xuei^{44}tʂʰəŋ^{44}	火 xuə^{13}	烟 iɛ^{44}
崆峒区	尘土 tʂʰɤŋ^{24}tʰu^{53}	火 xuo^{53}	烟 iæ̃^{21}
庆城县	土 tʰu^{44}	火 xuə^{44}	烟 iɛ̃^{51}
宁县	土 tʰu^{52}	火 xuə^{52}	烟 iæ̃^{31}
武都区	灰 xuei^{31}	火 xuɤ^{55}	烟 iæ̃^{31}
文县	薄土 pʰɤ^{13}tʰu^{31}	火 xuə^{55}	烟 iæ̃^{31}
康县	灰尘 xuei^{53}tʂʰɤŋ^{21}	火 xuɤ^{55}	烟 ian^{53}
礼县	薄土 pʰɤ^{13}tʰu^{21} 土 tʰu^{52}	火 xuɤ^{52}	烟 iæ̃^{31}
靖远县	土 tʰu^{55}	火 xuə^{55}	烟 iæ̃^{41}
陇西县	尘土 tʂʰɤŋ^{24}tʰu^{42}	火 xuɤ^{53}	烟 iæ̃^{21}
秦州区	薄土 pʰuə^{13}tʰu^{21}	火 xuə^{53}	烟 iæ̃^{13}
安定区	土 tʰu^{53}	火 xuə^{53}	烟 iæ̃^{13}
会宁县	尘土 tʂʰəŋ^{13}tʰu^{21}	火 xuə^{53}	烟 iæ̃^{13}
临洮县	灰 xuei^{13}	火 xuɤ^{53}	烟 iæ̃^{13}
清水县	土 tʰu^{52}	火 xuə^{52}	烟 iæ̃^{13}
永靖县	土 tʰu^{53}	火 xuɤ^{53}	烟 iæ̃^{213}
敦煌市	土 tʰu^{51}	火 xuə^{51}	烟 iɛ̃^{213}
临夏市	土 tʰu^{42}	火 xuɤ^{42}	烟 iɛ̃^{13}
合作市	灰土 xuei^{13}tʰu^{53}	火 xuə^{44}	烟 iæ̃^{13}
临潭县	灰土 xuɪi^{44}tʰu^{51}	火 xuɤ^{51}	烟 iæ̃^{44}

	0061 失火	0062 水	0063 凉水
兰州市	失火 ʂʅ^{53}xuə^{13}	水 fei^{34}	冰水 pin^{55}fei^{21}
榆中县	着火 tʂuə^{31}xɔ^{44}	水 ʂuei^{44}	冰水 pin^{51}ʂuei^{0}
永登县	着火 pfə^{53}xuə^{44}	水 fei^{354}	冷水 lə̃n^{22}fei^{55}
红古区	着火 tʂuə^{22}xuə^{53}	水 fei^{53}	冰水 pin^{22}fei^{53}
凉州区	着火 tʂuə^{35}xuə^{53}	水 ʂuei^{35}	冰水 piŋ^{35}ʂuei^{53}
甘州区	着火 pfə^{53}xuə^{53}	水 fei^{53}	冷水 lɤŋ^{35}fei^{42}
肃州区	着火 tʂuə^{53}xuə^{51}	水 ʂuei^{51}	凉水 liɑŋ^{35}ʂuei^{21}
永昌县	着火 tʂuə^{53}xuə^{13}	水 ʂuei^{13}	冰水 piŋ^{44}ʂuei^{44}
崆峒区	失火 ʂʅ^{22}xuo^{53}	水 ʂuei^{53}	凉水 liɑŋ^{24}ʂuei^{53}
庆城县	烧火 ʂɔ^{21}xuə^{44} 着火 tʂuə^{21}xuə^{44}	水 ʂuei^{44}	冷水 lɤŋ^{44}ʂuei^{0}
宁县	失火 ʂʅ^{31}xuə^{0}	水 ʃuei^{52}	冷水 ləŋ^{22}ʃuei^{52} 冰水 piŋ^{22}ʃuei^{52}
武都区	着火 tʂʰɤ^{22}xuɤ^{55}	水 ʃuei^{55}	冷水 ləŋ^{55}ʃuei^{21} 凉水 liɑŋ^{22}ʃuei^{53}
文县	着火 tsʰuə^{13}xuə^{55}	水 suei^{55}	凉水 liã^{13}suei^{31}
康县	起火了 tɕʰi^{21}xuɤ^{35}lɔo^{21}	水 fei^{55}	冷水 lɤŋ^{53}fei^{21}
礼县	着火 tʂʰɤ^{13}xuɤ^{52} 失火 ʂʅ^{31}xuɤ^{52}	水 ʃuei^{52}	凉水 liɑŋ^{13}ʃuei^{21} 瘆水 sɤŋ^{44}ʃuei^{21}
靖远县	着火了 tʂuə^{22}xuə^{55}liɑo^{21}	水 ʂuei^{55}	凉水 liɑŋ^{22}ʂuei^{55} 冷水 lɤŋ^{22}ʂuei^{55}
陇西县	着火 tʂʰɤ^{13}xuɤ^{53}	水 ʃɥe^{53}	凉水 liɑŋ^{24}ʃɥe^{42}
秦州区	着火 tʂʰuə^{13}xuə^{53}	水 suei^{53}	冷水 lɤŋ^{21}suei^{53}
安定区	着火 tʂʰə^{13}xuə^{53}	水 ʃuei^{53}	凉水 liɑŋ^{13}ʃuei^{21}
会宁县	着火 tʂʰə^{13}xuə^{21}	水 ʃuei^{53}	凉水 liɑŋ^{13}ʃuei^{53}
临洮县	着火 tʂʰuɤ^{21}xuɤ^{53}	水 ʂuei^{53}	冷水 lɤŋ^{21}ʂuei^{53}
清水县	失火 ʂʅ^{21}xuə^{52}	水 ʃəi^{52}	凉水 liɒ̃^{13}ʃəi^{21}
永靖县	着火 tʂuɤ^{22}xuɤ^{53}	水 ʂuei^{53}	凉水 liɑŋ^{22}ʂuei^{53}
敦煌市	着火 tʂuə^{22}xuə^{51}	水 ʂuei^{51}	冷水 lɤŋ^{21}ʂuei^{51}
临夏市	着火 tʂuɤ^{13}xuɤ^{42}	水 ʂuei^{42}	冰水 piŋ^{44}ʂuei^{21}
合作市	着火了 tʂuə^{13}xuə^{44}liɔ^{21}	水 ʂuei^{53}	冰水 piŋ^{44}ʂuei^{44}
临潭县	火着了 xuɤ^{51}tʂuɤ^{24}lɤ^{21}	水 suɪi^{51}	凉水 liɒ^{24}suɪi^{51}

	0064 热水 如洗脸的热水，不是指喝的开水	0065 开水喝的	0066 磁铁
兰州市	热水 ʐɤ^{13}fei^{44}	开水 kʰɛ^{55}fei^{21}	吸铁石 ɕi^{55}tʰiɛ^{22}ʂʅ^{53}
榆中县	热水 ʐə^{31}ʂuei^{44}	开水 kʰɛ^{51}ʂuei^{0}	吸铁 ɕi^{31}tʰiᴇ^{213}
永登县	温水 və̃n^{44}fei^{21}	滚水 kuə̃n^{22}fei^{354} 开水 kʰɛ^{44}fei^{21}	吸铁石 ɕi^{22}tʰiɛ^{55}ʂʅ^{53}
红古区	热水 ʐə^{22}fei^{55} 响水 ɕiɑŋ^{55}fei^{21}	滚水 kuən^{55}fei^{21} 开水 kʰɛ^{22}fei^{13}	吸铁 sʅ^{22}tʰiɛ^{53}
凉州区	温水 vəŋ^{35}ʂuei^{53}	滚水 kuŋ^{35}ʂuei^{53}	吸铁 ɕi^{31}tʰiə^{21}
甘州区	温温子水 vɤŋ^{44}vɤŋ^{44}tsɿ^{44}fei^{53}	开水 kʰɛ^{44}fei^{44}	吸铁 ɕi^{31}tʰiə^{21}
肃州区	热水 ʐə^{21}ʂuei^{51} 温水 vɤŋ^{44}ʂuei^{51}	开水 kʰɛ^{44}ʂuei^{44} 滚水 kuŋ^{35}ʂuei^{21}	吸铁 ɕi^{21}tʰiɛ^{13} 磁铁 tsʰɿ^{44}tʰiɛ^{21}
永昌县	烫水 tʰɑŋ^{53}ʂuei^{21}	滚水 koŋ^{13}ʂuei^{42}	吸铁 ɕi^{53}tʰiə^{21}
崆峒区	热水 ʐɤ^{53}ʂuei^{53}	煎水 tɕiæ̃^{53}ʂuei^{53}	吸铁石 ɕi^{53}tʰiɛ^{21}ʂʅ^{24}
庆城县	热水 zɛ^{51}ʂuei^{0}	开水 kʰɛ^{21}ʂuei^{44}	吸铁 ɕi^{51}tʰiᴇ^{0}
宁县	温温水 uŋ^{31}uŋ^{0}ʃuei^{52}	开水 kʰɛ^{31}ʃuei^{0}	吸铁石 ɕi^{31}tɕʰiɛ^{0}ʂʅ^{24}
武都区	温温子的水 vəŋ^{53}vəŋ^{31}tsɿ^{21}tɤ^{21}ʃuei^{31} 热水 ʐɤ^{31}ʃuei^{21}	洝水 ŋæ̃^{22}ʃuei^{53} 开水 kʰɛɪ^{31}ʃuei^{21}	吸铁石 ɕi^{31}tʰiᴇ^{21}ʂʅ^{21}
文县	热水 iɛ^{31}suei^{31}	开水 kʰɛe^{31}suei^{31}	吸铁石 ɕi^{31}tʰiɛ^{13}sɿ^{13}
康县	热水 ʐɤ^{53}fei^{21} 煎$^{=}$水 tsian^{53}fei^{21}	开水 kʰɛ^{53}fei^{21}	吸铁石 ɕi^{53}tsʰiɛ^{42}ʂʅ^{21}
礼县	热水 ʐɤ^{31}ʃuei^{21} 温开水 vɤŋ^{31}kʰai^{24}ʃuei^{21}	开水 kʰai^{24}ʃuei^{21}	吸铁石 ɕi^{31}tʰiɛ^{21}ʂʅ^{52}
靖远县	温温子水 vɤŋ^{41}vɤŋ^{21}tsɿ^{21}ʂuei^{55}	开水 kʰɛ^{22}ʂuei^{55}	吸铁石 sʅ^{21}tʰiɛ^{22}ʂʅ^{24}
陇西县	温水 vɤŋ^{21}ʃɥe^{53}	开水 kʰɛ^{21}ʃɥe^{21}	吸铁 ɕi^{21}tɕʰiɛ^{21}
秦州区	煎水 tɕiæ̃^{21}suei^{53} 温温水 vɤŋ^{21}vɤŋ^{13}suei^{53}	洝水 ŋæ̃^{13}suei^{53}	吸铁石 ɕi^{13}tʰiə^{21}ʂʅ^{13}
安定区	热水 ʐə^{21}ʃuei^{53}	开水 kʰɛ^{21}ʃuei^{53}	吸铁 ɕi^{13}tʰiə^{21}
会宁县	热水 ʐə^{21}ʃuei^{53}	滚水 kuŋ^{21}ʃuei^{53}	吸铁 ɕi^{13}tʰiə^{21}
临洮县	热水 ʐɤ^{21}ʂuei^{53}	开水 kʰɛ^{21}ʂuei^{53}	吸铁 ɕi^{13}tʰie^{21}
清水县	温水 vɤŋ^{21}ʃəi^{52} 温温子水 vɤŋ^{21}vɤŋ^{13}tsɿ^{21}ʃəi^{21}	洝水 ŋæ̃^{13}ʃəi^{21} 开水 kʰɛ^{21}ʃəi^{52}	吸铁 ɕi^{13}tsʰiɛ^{21}
永靖县	热水 ʐɤ^{22}ʂuei^{53}	开水 kʰɛ^{22}ʂuei^{53}	吸铁 ɕi^{22}tʰiɛ^{53}
敦煌市	温温子水 vɤŋ^{21}vɤŋ^{22}tsɿ^{35}ʂuei^{53}	开水 kʰɛ^{21}ʂuei^{51}	吸铁 ɕi^{21}tʰiə^{51}
临夏市	热水 ʐɤ^{44}ʂuei^{21}	开水 kʰɛ^{44}ʂuei^{21}	吸铁 ɕi^{21}tʰiɛ^{53}
合作市	热水 ʐə^{44}ʂuei^{21}	开水 kʰɛe^{44}ʂuei^{21}	吸铁 ɕi^{44}tʰiə^{21}
临潭县	热水 ʐɤ^{44}suɪi^{51}	洝水 ŋæ̃^{24}suɪi^{51}	吸铁石 ɕi^{44}tʰiɛ^{44}ʂʅ^{24}

	0067 时候吃饭的～	0068 什么时候	0069 现在
兰州市	时候 ʂʅ^{53}xəu^{21}	多会 tuə^{55}xuei^{21}	现在 ɕiæ̃^{55}tsɛ^{13}
榆中县	时候 ʂʅ^{31}xəu^{213}	啥时候 sa^{44}ʂʅ^{31}xəu^{213}	价= tɕia^{51}
永登县	时间 ʂʅ^{55}tɕiæ̃^{21}	啥时候 sa^{22}ʂʅ^{55}xɤu^{42}	致乎 tʂʅ^{22}xu^{44}
红古区	时间 ʂʅ^{22}tɕian^{53}	阿会儿 a^{55}xur^{21} 啥时候 ʂa^{22}ʂʅ^{21}xɤu^{13}	致乎儿 tʂʅ^{22}xur^{55}
凉州区	时候 sʅ^{35}xəu^{53}	多会 tuə^{35}xuei^{53} 多忽 tuə^{35}xu^{53}	近忽子 tɕiŋ^{31}xu^{31}tsʅ^{21}
甘州区	时节 ʂʅ^{53}tɕiə^{31}	啥时节 ʂa^{22}ʂʅ^{53}tɕiə^{31}	眼前 iaŋ^{22}tɕ^{h}iaŋ^{44}
肃州区	时候 sʅ^{44}xəu^{21}	啥时候 sa^{21}sʅ^{53}xəu^{21}	眼入 ʑiæ̃^{21}ʐu^{51} 现在 ɕiæ̃^{13}tsɛ^{31}
永昌县	时候 ʂʅ^{13}xəu^{42}	啥时候 ʂa^{53}ʂʅ^{13}xəu^{42}	现在 iɛ^{44}tsɛe^{44}
崆峒区	时候 sʅ^{22}xəu^{53}	啥时候 sa^{44}sʅ^{22}xəu^{53}	而今 ɚ^{22}kɤŋ^{53}
庆城县	时候 sʅ^{21}xɤu^{0}	多会儿 tuə^{21}xuɤr^{244}	一=跟= i^{21}kɤŋ^{51}
宁县	时候 sʅ^{22}xou^{52} 时间 sʅ^{22}tɕiæ̃^{52}	啥时候 sa^{44}sʅ^{22}xou^{52} 啥时间 sa^{44}sʅ^{22}tɕiæ̃^{52}	迎= iŋ^{24} 迎=跟= iŋ^{22}kəŋ^{52} 现在 ɕiæ̃^{44}tsɛ^{44}
武都区	时候 sʅ^{22}xəu^{24}	啥时候 ʂa^{13}sʅ^{31}xəu^{13}	这阵子 tseɪ^{31}tʂəŋ^{31}tsʅ^{21} 现在 ɕiæ̃^{24}tseɪ^{24}
文县	时候 sʅ^{13}xɤu^{24}	啥时候 sa^{24}sʅ^{13}xɤu^{24}	现在 ɕiæ̃^{24}tsɛe^{24} 这阵 tsei^{44}tsəŋ^{21}
康县	时候 ʂʅ^{21}xɤu^{24}	啥时候 ʂa^{13}ʂʅ^{21}xɤu^{24}	现在 ɕian^{24}tsɛ^{24}
礼县	时间 sʅ^{13}tɕiɛ^{21}	啥时间 sa^{44}sʅ^{13}tɕiɛ^{21}	臧= tsɑŋ^{52} 这一阵儿 tsai^{52}i^{21}tʂɤ̃r^{52}
靖远县	时间 sʅ^{22}tɕiæ̃^{55}	啥时候 sa^{24}sʅ^{22}xɤu^{33}	在= tsɛ^{33}
陇西县	时候 sʅ^{21}xɤu^{44}	啥时候 ʂuɤ^{44}sʅ^{21}xɤu^{44}	喒= tsæ̃^{53}
秦州区	时间 sʅ^{13}tɕiæ̃^{21}	啥时间 sa^{44}sʅ^{13}tɕiə^{13}	立目眼见 li^{21}mu^{13}ȵiæ̃^{53}ɕiæ̃^{44}
安定区	时候 sʅ^{21}xəu^{44}	啥时候 sə^{53}sʅ^{21}xəu^{44}	喒= tsæ̃^{53}
会宁县	时候 sʅ^{13}xəu^{44}	啥时候 sə^{53}sʅ^{21}xəu^{44}	喒= tsæ̃^{53}
临洮县	时候 sʅ^{21}xɤu^{44}	啥时候 sa^{53}sʅ^{21}xɤu^{44}	现在 ɕiæ̃^{44}tsɛ^{44}
清水县	时节 ʃɨ^{13}tsiɛ^{21}	啥时节 ʃa^{44}ʃɨ^{13}tsiɛ^{21} 几时 tɕi^{52}ʃɨ^{21}	臧= tsɔ̃^{52}
永靖县	时候 ʂʅ^{22}xɤu^{44}	多会 tuɤ^{22}xuei^{44}	现在 ɕiæ̃^{44}tsɛ^{44}
敦煌市	时节 sʅ^{13}tɕiə^{213}	啥时节 ʂa^{35}sʅ^{42}tɕiə^{21}	兹乎 tsʅ^{35}xu^{21}
临夏市	时候 ʂʅ^{21}xɤu^{53}	阿会 ɑ^{44}xuei^{21}	阿臧= ɑ^{13}tsɑŋ^{24}
合作市	时候 ʂʅ^{21}xəɯ^{53}	阿时候 ᴀ^{44}ʂʅ^{21}xəɯ^{53}	阿臧= ᴀ^{21}tsɑŋ^{44}
临潭县	时候 sʅ^{21}xəɯ^{51}	奥=会儿傢= ɔo^{44}xuər^{51}tɕia^{21}	安=子个 ŋæ̃^{44}tsʅ^{44}kɤ^{21}

	0070 以前十年～	0071 以后十年～	0072 一辈子
兰州市	前 tɕʰiæ̃^{53}	后 xəu^{13}	一辈子 ʑi^{13}pei^{44}tsɿ^{53}
榆中县	以前 i^{44}tɕʰian^{312}	以后 i^{44}xəu^{213}	一辈子 i^{31}pei^{21}tsɿ^{44}
永登县	以前 i^{35}tɕʰiæ̃^{53}	以后 i^{55}xɤu^{13}	一辈子 i^{22}pei^{13}tsɿ^{55}
红古区	以前 zɿ^{13}tɕʰian^{13} 前头 tɕʰian^{22}tʰɤu^{55}	以后 zɿ^{13}xɤu^{13} 后头 xɤu^{22}tʰɤu^{55}	一辈子 zɿ^{22}pei^{22}tsɿ^{55} 一辈辈儿 zɿ^{22}pei^{22}pər^{55}
凉州区	前头 tɕʰiɑŋ^{35}tʰəu^{53}	后头 xəu^{31}tʰəu^{21}	一辈子 ʑi^{31}pei^{31}tsɿ^{21}
甘州区	以前 ʑi^{53}tɕiaŋ^{53}	以后 ʑi^{53}xɤu^{31}	一辈子 ʑi^{31}pei^{22}tsɿ^{21}
肃州区	以前 ʑi^{21}tɕʰiæ̃^{51}	以后 ʑi^{53}xəu^{21}	一辈子 ʑi^{13}pei^{53}tsɿ^{21}
永昌县	以前 ʑi^{53}tɕiɛ^{13}	以后 ʑi^{13}xəu^{42}	一辈子 ʑi^{22}pei^{53}tsɿ^{21}
崆峒区	以前 i^{53}tɕʰiæ̃^{24}	以后 i^{55}xəu^{44}	一辈子 i^{22}pei^{44}tsɿ^{21}
庆城县	从前 tsʰuŋ^{113}tɕʰiɛ̃^{113} 以前 i^{44}tɕʰiɛ̃^{0}	以后 i^{44}xɤu^{244}	一辈子 i^{21}pei^{244}zɿ^{0}
宁县	以前 i^{44}tɕʰiæ̃^{24}	以后 i^{44}xou^{44}	一辈子 i^{22}pei^{44}tsɿ^{0}
武都区	以前 i^{53}tɕʰiæ̃^{13}	以后 i^{22}xəu^{24}	一辈子 i^{22}pei^{24}tsɿ^{21}
文县	以前 ʑi^{13}tɕʰiæ̃^{13}	以后 ʑi^{31}xɤu^{24}	一辈子 ʑi^{31}pei^{24}tsɿ^{31}
康县	以前 i^{35}tsʰian^{21}	以后 i^{53}xɤu^{24}	一辈子 i^{21}pei^{24}tsɿ^{53}
礼县	前 tɕʰiæ̃^{13}	以后 i^{31}xəu^{44}	一辈子 i^{31}pei^{44}tsɿ^{21} 一辈辈 i^{31}pei^{44}pei^{21}
靖远县	以前 zɿ^{55}tɕʰiæ̃^{24}	以后 zɿ^{55}xɤu^{33}	一辈子 zɿ^{22}pei^{35}tsɿ^{41}
陇西县	以前 ʑi^{55}tɕʰiæ̃^{13}	以后 ʑi^{55}xɤu^{44}	一辈子 ʑi^{42}pe^{44}tsɿ^{42}
秦州区	前 tɕʰiæ̃^{13}	后 xɤu^{44}	一世 i^{21}ʂɿ^{44}
安定区	前 tɕʰiæ̃^{13}	后 xəu^{44}	一辈子 ʑi^{21}pei^{44}tsɿ^{21}
会宁县	前 tɕʰiæ̃^{13}	后 xəu^{44}	一辈子 ʑi^{21}pei^{44}tsɿ^{21}
临洮县	以前 ʑi^{21}tɕʰiæ̃^{13}	以后 ʑi^{21}xɤu^{44}	一辈子 ʑi^{21}pei^{44}tsɿ^{21}
清水县	以前 i^{21}tsʰiæ̃^{13}	以后 i^{21}xou^{52}	一辈子 i^{21}pəi^{44}tsɿ^{21}
永靖县	以前 i^{44}tɕʰiæ̃^{13}	以后 i^{44}xɤu^{13}	一辈子 i^{13}pei^{44}tsɿ^{42}
敦煌市	以前 ʑi^{53}tɕiɛ̃^{213}	以后 ʑi^{53}xɤu^{44}	一辈子 ʑi^{22}pei^{35}tsɿ^{41}
临夏市	以前 ʑi^{44}tɕʰiɛ̃^{24}	以后 ʑi^{44}xɤu^{42}	一辈子 ʑi^{13}vei^{44}tsɿ^{42}
合作市	兀会 vu^{44}xuei^{21}	以后 ʑi^{44}xəɯ^{53}	一辈子 ʑi^{21}pei^{44}tsɿ^{21}
临潭县	奥=会儿价= ɔo^{44}xuər^{51}tɕia^{21}	后面 xəɯ^{44}miæ̃^{21}	一辈辈儿 i^{21}pɪi^{44}pər^{21}

	0073 今年	0074 明年	0075 后年
兰州市	今年 tɕin^{44}ȵiæ̃^{21}	明年 min^{53}ȵiæ̃^{13}	后年 xəu^{22}ȵiæ̃^{53}
榆中县	今年个 tɕin^{51}ȵian^{0}kə^{0}	明年个 min^{31}ȵian^{0}kə^{44}	后年个 xəu^{21}ȵian^{13}kə^{0}
永登县	今年个 tɕin^{55}ȵiæ̃^{53}kiɛ^{21}	明年个 min^{22}iæ̃^{13}kɛ^{44}	后年 xɤu^{22}ȵiæ̃^{55}
红古区	今年 tɕin^{22}ȵian^{13}	明年 min^{22}ȵian^{55}	后年 xɤu^{22}ȵian^{55}
凉州区	今年个 tɕiŋ^{35}ȵiɑŋ^{53}kə^{21}	明年个 miei^{35}ȵiɑŋ^{53}kə^{21}	后年个 xəu^{31}ȵiɑŋ^{31}kə^{21}
甘州区	今年 tɕiŋ^{44}ȵiaŋ^{44}	明年 miŋ^{35}ȵiaŋ^{42}	后年 xɤu^{31}ȵiaŋ^{21}
肃州区	今年 tɕiŋ^{44}ȵiæ̃^{44}	明年 miŋ^{44}ȵiæ̃^{21}	后年 xəu^{21}ȵiæ̃^{13}
永昌县	今年个 tɕiŋ^{44}ȵiɛ^{44}kə^{44}	明年个 miŋ^{13}ȵiɛ^{42}kə^{21}	后年个 xəu^{53}ȵiɛ^{22}kə^{21}
崆峒区	今年 tɕiɤŋ^{53}ȵiæ̃^{21}	明年 miɤŋ^{22}ȵiæ̃^{53}	后年 xəu^{35}ȵiæ̃^{53}
庆城县	今年 tɕiŋ^{51}ȵiɛ̃^{0}	明年 miŋ^{21}ȵiɛ̃^{0}	后年 xɤu^{244}ȵiɛ̃^{0}
宁县	今年 tɕiŋ^{31}ȵiæ̃^{24}	明年 miŋ^{22}ȵiæ̃^{52}	后年 xou^{44}ȵiæ̃^{52}
武都区	今年 tɕin^{31}ȵiæ̃^{21}	明年 min^{22}ȵiæ̃^{31}	后年 xəu^{24}ȵiæ̃^{21}
文县	今年 tɕiəŋ^{31}ȵiæ̃^{13}	明年 miəŋ^{22}ȵiæ̃^{13}	后年 xɤu^{24}ȵiæ̃^{31}
康县	今年 tɕiŋ^{53}ȵian^{21}	明年 miŋ^{53}ȵian^{13}	后年 xɤu^{24}ȵian^{53}
礼县	今年 tɕiŋ^{31}ȵiæ̃^{24} 今年个 tɕi^{31}ȵiæ̃^{24}kɤ^{21}	明年个 miŋ^{13}ȵiæ̃^{21}kɤ^{24}	后年个 xəu^{44}ȵiæ̃^{21}kɤ^{24}
靖远县	今年 tɕiŋ^{41}ȵiæ̃^{21}	明年 miŋ^{22}ȵiæ̃^{55}	后年 xɤu^{35}ȵiæ̃^{21}
陇西县	今年 tɕiŋ^{42}liæ̃^{13}	明年 min^{24}liæ̃^{42}	后年 xɤu^{44}liæ̃^{21}
秦州区	今年 tɕiɤŋ^{21}ȵiæ̃^{13}	翻过年 fæ̃^{21}kuə^{44}ȵiæ̃^{13}	后年 xɤu^{44}ȵiæ̃^{21}
安定区	今年 tɕiŋ^{21}ȵiæ̃^{13}	明年 miŋ^{13}ȵiæ̃^{21}	后年 xəu^{44}ȵiæ̃^{21}
会宁县	今年 tɕiŋ^{21}ȵiæ̃^{13}	明年 miŋ^{13}ȵiæ̃^{21}	后年 xəu^{44}ȵiæ̃^{21}
临洮县	今年 tɕiŋ^{21}ȵiæ̃^{13}	明年 miŋ^{13}ȵiæ̃^{21}	后年 xɤu^{44}ȵiæ̃^{21}
清水县	今年 tɕi^{21}ȵiæ̃^{13}	明年 miŋ^{12}ȵiæ̃^{21} 翻过年 fæ̃^{21}kuə^{44}ȵiæ̃^{13}	后年 xou^{44}ȵiæ̃^{21}
永靖县	今年 tɕiɤŋ^{22}ȵiæ̃^{53}	明年 miɤŋ^{22}ȵiæ̃^{44}	后年 xɤu^{44}ȵiæ̃^{21}
敦煌市	今年 tɕiŋ^{21}ȵiɛ̃^{13}	明年 miŋ^{22}ȵiɛ̃^{51} 下一年 ɕia^{44}ʑi^{42}ȵiɛ̃^{21}	后年 xɤu^{35}ȵiɛ̃^{21}
临夏市	今年 tɕiŋ^{21}ȵiɛ̃^{53}	明年 miŋ^{13}ȵiɛ̃^{42}	后年 xɤu^{44}ȵiɛ̃^{21}
合作市	今年 tɕiŋ^{21}ȵiæ̃^{53}	明年 miŋ^{13}ȵiæ̃^{21}	后年 xəɯ^{44}ȵiæ̃^{21}
临潭县	今年 tɕin^{24}ȵiæ̃^{51}	明年个 min^{24}ȵiæ̃^{21}kɤ^{44}	后年个 xəɯ^{44}ȵiæ̃^{21}kɤ^{44}

	0076 去年	0077 前年	0078 往年过去的年份
兰州市	去年 tɕʰy^{22}ȵiæ̃^{53}	前年 tɕʰiæ̃^{53}ȵiæ̃^{13}	往年 vɑ̃^{34}ȵiæ̃^{21}
榆中县	年时个 ȵian^{31}ʂʅ^{0}kə^{44}	前年个 tɕʰian^{31}ȵian^{0}kə^{44}	往年个 vaŋ^{44}ȵian^{0}kə^{0}
永登县	年时个 ȵiæ̃^{55}ʂʅ^{21}kə^{21}	前年 tɕʰiæ̃^{22}ȵiæ̃^{35}	年年 ȵiæ̃^{22}ȵiæ̃^{53} 往年 vɑ̃^{35}ȵiæ̃^{53}
红古区	年时 ȵian^{22}ʂʅ^{13}	前年个 tɕʰian^{22}ȵian^{55}kə^{21}	往年 vɑŋ^{55}ȵian^{21}
凉州区	年时个 ȵiɑŋ^{35}sʅ^{53}kə^{21}	前年个 tɕʰiɑŋ^{35}ȵiɑŋ^{53}kə^{21}	那些年 næ^{31}ɕiə^{31}ȵiɑŋ^{21}
甘州区	年时个 ȵiaŋ^{35}ʂʅ^{42}kə^{21}	前年 tɕʰiaŋ^{35}ȵiaŋ^{42}	往年 vaŋ^{22}ȵiaŋ^{53}
肃州区	年时个 ȵiæ̃^{35}sʅ^{31}kə^{21} 去年 tɕʰy^{21}ȵiæ̃^{13}	前年 tɕʰiæ̃^{44}ȵiæ̃^{21}	往年 vɑŋ^{21}ȵiæ̃^{51}
永昌县	年时个 ȵiɛ^{13}ʂʅ^{42}kə^{21}	前年 tɕʰiɛ^{13}ȵiɛ^{42}	往年 vɑŋ^{53}ȵiɛ^{21}
崆峒区	年时 ȵiæ̃^{22}sʅ^{53}	前年 tɕʰiæ̃^{22}ȵiæ̃^{53}	上往年 ʂɑŋ^{35}uɑŋ^{53}ȵiæ̃^{21}
庆城县	年时 ȵiɛ̃^{113}sʅ^{113}	前年 tɕʰiɛ̃^{21}ȵiɛ̃^{0}	多年 tuə^{51}ȵiɛ̃^{113} 往年 vɑ̃^{44}ȵiɛ̃^{0}
宁县	年时 ȵiæ̃^{22}sʅ^{52} 去年 tɕʰy^{44}ȵiæ̃^{52}	前年 tɕʰiæ̃^{22}ȵiæ̃^{52}	往年 uaŋ^{52}ȵiæ̃^{24}
武都区	年时个儿 ȵiæ̃^{22}sʅ^{13}kɤr^{21}	前年 tɕʰiæ̃^{31}ȵiæ̃^{13}	往年 vɑŋ^{55}ȵiæ̃^{21}
文县	昨年 tsuə^{21}ȵiæ̃^{31}	前年 tɕʰiæ̃^{13}ȵiæ̃^{24}	往年 uɑ̃^{55}ȵiæ̃^{31}
康县	年时个儿 ȵian^{13}ʂʅ^{21}kuər^{24}	前年 tsʰian^{53}ȵian^{13}	往年 uɑŋ^{35}ȵian^{21}
礼县	年时个 ȵiæ̃^{13}sʅ^{21}kɤ^{24}	前年个 tɕʰiæ̃^{13}ȵiæ̃^{21}kɤ^{24}	往年价= vɑŋ^{52}ȵiæ̃^{13}tɕia^{21}
靖远县	去年 tsʰʮ^{35}ȵiæ̃^{41}	前年 tɕʰiæ̃^{22}ȵiæ̃^{55}	往年 vɑŋ^{55}ȵiæ̃^{21}
陇西县	年时 liæ̃^{24}sʅ^{42}	前年 tɕʰiæ̃^{24}liæ̃^{42}	兀时候 vu^{44}sʅ^{21}xɤu^{44}
秦州区	年时个 ȵiæ̃^{13}sʅ^{21}kuə^{21}	前年个 tɕʰiæ̃^{13}ȵiæ̃^{21}kuə^{21}	早以 tsɔ^{53}i^{53} 先前 ɕiæ̃^{21}tɕʰiæ̃^{13}
安定区	年时 ȵiæ̃^{13}sʅ^{21}	前年 tɕʰiæ̃^{13}ȵiæ̃^{21}	满年 mæ̃^{53}ȵiæ̃^{21}
会宁县	年时个 ȵiæ̃^{21}sʅ^{44}kə^{21}	前年个 tɕʰiæ̃^{13}ȵiæ̃^{21}kə^{21}	前些年 tɕʰiæ̃^{13}ɕiə^{21}ȵiæ̃^{21}
临洮县	年时个 ȵiæ̃^{21}sʅ^{42}kɤ^{21}	前年 tɕʰiæ̃^{13}ȵiæ̃^{21}	往年 vɑ̃^{53}ȵiæ̃^{21}
清水县	年时 ȵiæ̃^{13}ʃɨ^{21} 年时个 ȵiæ̃^{13}ʃɨ^{21}kuə^{21}	前年 tsʰiæ̃^{13}ȵiæ̃^{21}	往年间 vɒ̃^{52}ȵiæ̃^{13}tɕiæ̃^{21} 往年 vɒ̃^{52}ȵiæ̃^{21}
永靖县	年时 ȵiæ̃^{21}ʂʅ^{13}	前年 tɕʰiæ̃^{22}ȵiæ̃^{44}	往年 vɑŋ^{44}ȵiæ̃^{21}
敦煌市	年时个 ȵiɛ̃^{22}ʂʅ^{53}kə^{21} 上一年 ʂɑŋ^{35}ʑi^{42}ȵiɛ̃^{21}	前年 tɕʰiɛ̃^{22}ȵiɛ̃^{51}	满年 mæ̃^{53}ȵiɛ̃^{21}
临夏市	去年 tɕʰy^{44}ȵiɛ̃^{21}	前年 tɕʰiɛ̃^{13}ȵiɛ̃^{42}	以前 ʑi^{44}tɕʰiɛ̃^{24}
合作市	年时 ȵiæ̃^{13}ʂʅ^{21}	前年 tɕʰiæ̃^{13}ȵiæ̃^{21}	兀一年 vu^{44}ʑi^{21}ȵiæ̃^{21}
临潭县	年时个 ȵiæ̃^{24}sʅ^{44}kɤ^{21}	前年个 tɕʰiæ̃^{24}ȵiæ̃^{24}kɤ^{44}	上当年 ʂɒ^{44}tɒ^{44}ȵiæ̃^{44}

	0079 年初	0080 年底	0081 今天
兰州市	年头 ȵiæ̃53tʰəu21	年底 ȵiæ̃53ti13	今个天 tɕin53kɤ21tʰiæ̃31
榆中县	年头上 ȵian13tʰəu31ʂaŋ213 开春儿 kʰɛ51tʂʰuən51ɣɤ0	年底 ȵian31ti44	今个天 tɕin51kə0tʰian0
永登县	年头 ȵiæ̃22tʰɤu53	年底 ȵiæ̃22ti55	今个天 tɕin44kə42tʰiæ̃21
红古区	年头上 ȵian13tʰɤu21ʂaŋ13	年底 ȵian22tsɿ55	今儿个 tɕin22ər13kə55
凉州区	年头 ȵiɑŋ53tʰəu35	年底 ȵiɑŋ35ti53	今个 tɕiŋ35kə53
甘州区	年头 ȵiaŋ53tʰɤu53	年末 ȵiaŋ53mə44	今个子 tɕiŋ44kə44tsɿ44
肃州区	年初 ȵiæ̃53tʂʰu44	年底 ȵiæ̃53ti51	今天 tɕiŋ35tʰiæ̃44
永昌县	年头上 ȵiɛ53tʰəu13ʂɑŋ42	年把把上 ȵiɛ13pa42pa22ʂɑŋ21	今个 tɕiŋ44kə44
崆峒区	年头 ȵiæ̃24tʰəu24	年把把上 ȵiæ̃24pa35pa53 ʂɑŋ21	今儿个 tɕiər53kɤ21
庆城县	开春儿 kʰɛ51tʂʰuɤr51	年底 ȵiɛ̃21ti44	今儿 tɕir51
宁县	年初 ȵiæ̃24tʃʰu31	年底 ȵiæ̃24ti52	今儿 tɕir31
武都区	年头 ȵiæ̃13tʰəu13	年底 ȵiæ̃21ti53	今儿 tɕin31ɚ21
文县	年头 ȵiæ̃13tʰɤu24	年底 ȵiæ̃13ti55	今天 tɕiəŋ31tʰiæ̃31
康县	年初 ȵian53pfʰu53	年底 ȵian53tɕi55	今儿 tɕiər53
礼县	年头上 ȵiæ̃13tʰəu13ʂɑŋ21	年跟前 ȵiæ̃13kɤŋ21tɕʰiæ̃24	今个 tɕiŋ24kɤ31
靖远县	年初 ȵiæ̃22tʂʰʮ55	年底 ȵiæ̃22tʅ55	今儿 tɕiə̃r41
陇西县	开年 kʰɛ42liæ̃13	年底 liæ̃13ti53	今个子 tɕiŋ22kɤ22tsɿ21
秦州区	刚过完年 tɕiɑŋ21kuə44 væ̃13ȵiæ̃13	年跟前 ȵiæ̃13kɤŋ21tɕʰiæ̃13	今个 tɕiɤŋ13kuə21
安定区	开年 kʰɛ21ȵiæ̃13	年底 ȵiæ̃13ti53	今儿个 tɕiŋ21zɿ44kə21
会宁县	开年 kʰɛ21ȵiæ̃13	年底 ȵiæ̃13ti53	今儿个 tɕiŋ21zɿ21kə44
临洮县	年初 ȵiæ̃13tʂʰu13	年底 ȵiæ̃21ti53	今儿个 tɕiə̃r21kɤ44
清水县	开年 kʰɛ21ȵiæ̃13 年头上 ȵiæ13tʰou13ʂɔ̃21	年底 ȵiæ̃13tsɿ52	今儿 tɕi21ɚ13
永靖县	年头 ȵiæ̃13tʰɤu13	年底 ȵiæ̃22ti53	今个 tɕiɤŋ22kɤ53
敦煌市	年头 ȵiɛ̃13tʰɤu35	年底 ȵiɛ̃22ti51	今儿个 tɕiər213kə21
临夏市	年头上 ȵiɛ̃13tʰɤu42ʂɑŋ24	年底 ȵiɛ̃13ti42	今个 tɕiŋ13kɤ42
合作市	年头 ȵiæ̃13tʰəɯ13	年底 ȵiæ̃13ti44	今个子 tɕiŋ13kə53tsɿ21
临潭县	刚年过下 tɕiɒ44ȵiæ̃24 kuɤ44xa21	年跟前 ȵiæ̃24kəŋ44tɕʰiæ̃44	今儿个 tɕiər44kɤ21

	0082 明天	0083 后天	0084 大后天
兰州市	明个天 min^{53}kɤ^{13}tʰiæ̃^{31}	后个天 xəu^{22}kɤ^{53}tʰiæ̃^{21}	大后个天 ta^{55}xəu^{13}kɤ^{13}tʰiæ̃^{21}
榆中县	明个天 min^{31}kə^{0}tʰian^{44}	后个天 xəu^{21}kə^{44}tʰian^{0}	大后个天 ta^{13}xəu^{21}kə^{44}tʰian^{0} 外后个天 vɛ^{21}xəu^{44}kə^{0}tʰian^{0}
永登县	明个天 min^{55}kə^{42}tʰiæ̃^{21}	后个天 xɤu^{21}kə^{22}tʰiæ̃^{44}	大后个 ta^{21}xɤu^{22}kə^{44}
红古区	明儿个 min^{22}ər^{13}kə^{55} 明早 mən^{22}tsɔ^{55}	后儿个 xɤu^{22}ər^{55}kə^{21}	大后儿个 ta^{22}xɤu^{53}ər^{21}kə^{21}
凉州区	明个 miei^{35}kə^{53}	后个 xəu^{31}kə^{21}	大后个 ta^{31}xəu^{31}kə^{21}
甘州区	明个子 miŋ^{35}kə^{42}tsɿ^{21}	后个子 xɤu^{31}kə^{22}tsɿ^{21}	大后个 ta^{24}xɤu^{44}kə^{44}
肃州区	明天 miŋ^{35}tʰiæ̃^{21}	后天 xəu^{21}tʰiæ^{13}	大后天 ta^{13}xəu^{53}tʰiæ̃^{21}
永昌县	明个 miŋ^{13}kə^{42}	后个 xəu^{53}kə^{21}	外后个 vɛe^{53}xəu^{22}kə^{21}
崆峒区	明儿个 miər^{24}kɤ^{21}	后儿个 xər^{44}kɤ^{21}	大后儿个 ta^{44}xər^{44}kɤ^{21}
庆城县	明儿 miɤr^{113}	后儿 xɤur^{244}	外后儿 vɛ^{244}xɤur^{0} 大后天 ta^{244}xɤu^{244}tʰiɛ̃^{0}
宁县	明儿 mir^{24}	后儿 xour^{44}	外后儿 uɛ^{44}xour^{44}
武都区	明儿 min^{21}ɚ^{31}	后儿天 xəu^{24}ɚ^{21}tʰiæ̃^{21}	大后天 ta^{24}xəu^{24}tʰiæ̃^{21}
文县	明天 miəŋ^{13}tʰiæ̃^{31}	后天 xɤu^{24}tʰiæ̃^{31}	大后天 ta^{24}xɤu^{24}tʰiæ̃^{31}
康县	明儿个 miər^{24}kuɤ^{53}	后天 xɤu^{24}tsʰian^{53}	大后天 ta^{24}xɤu^{24}tsʰian^{53}
礼县	明辰儿 miŋ^{13}ṣɤ̃r^{13} 明个儿 miŋ^{13}kɤr^{21}	后辰 xəu^{44}ṣɤŋ^{24}	外辰 vai^{44}ṣəŋ^{24}
靖远县	明儿 miə̃r^{24}	后儿 xər^{33}	外后天 vɛ^{35}xɤu^{41}tʰiæ̃^{21}
陇西县	明早 miŋ^{24}tsɔo^{42}	后早 xɤu^{44}tsɔo^{21}	外后早 vɛ^{44}xɤu^{44}tsɔo^{42} 大后早 ta^{44}xɤu^{44}tsɔo^{42}
秦州区	明早 miɤŋ^{13}tsɔ^{21}	后早 xɤu^{44}tsɔ^{21}	大后早 ta^{44}xɤu^{24}tsɔ^{21}
安定区	明早 miŋ^{13}tsɔ^{21}	后早 xəu^{44}tsɔ^{21}	大后早 ta^{44}xəu^{44}tsɔ^{21}
会宁县	明早晨 miŋ^{21}tsɔ^{44}ṣəŋ^{21}	后早晨 xəu^{44}tsɔ^{21}ṣəŋ^{21}	大后早 ta^{44}xəu^{21}tsɔ^{53}
临洮县	明儿个 miə̃r^{21}kɤ^{44}	后天 xɤu^{44}tʰiæ̃^{21}	外后天 vɛ^{44}xɤu^{42}tʰiæ̃^{21}
清水县	明儿 miŋ^{12}ɚ^{21}	后儿 xou^{44}ɚ^{21}	外后儿 vɛ^{44}xou^{44}ɚ^{21}
永靖县	明早 miɤŋ^{22}tsɔ^{53}	后个 xɤu^{44}kɤ^{21}	大后个 ta^{44}xɤu^{44}kɤ^{21}
敦煌市	明儿个 miər^{213}kə^{21}	后儿个 xɤu^{35}ər^{21}kə^{21}	大后个 ta^{35}xɤu^{44}kə^{21}
临夏市	明个 miŋ^{13}kɤ^{42}	后个 xɤu^{44}kɤ^{21}	大后个 tɑ^{53}xɤu^{44}kɤ^{21}
合作市	明早 miŋ^{13}tsɔ^{53}	后个子 xəɯ^{44}kə^{53}tsɿ^{21}	大后个子 tʌ^{44}xəɯ^{53}kə^{21}tsɿ^{21}
临潭县	明早儿 mən^{24}tsər^{21}	后日 xəɯ^{44}ẓəŋ^{21}	外后日 vɛe^{44}xəɯ^{44}ẓəŋ^{21}

	0085 昨天	0086 前天	0087 大前天
兰州市	昨个天 tsuə^{53}kɤ^{13}tʰiæ̃^{21}	前个天 tɕʰiæ̃^{53}kɤ^{13}tʰiæ̃^{21}	大前天 ta^{13}tɕʰiæ̃^{53}tʰiæ̃^{21}
榆中县	昨个天 tsuə^{31}kə^{0}tʰian^{44}	前个天 tɕʰian^{31}kə^{0}tʰian^{44}	先前个天 ɕian^{51}tɕʰian^{0}kə^{0}tʰian^{0}
永登县	昨个天 tsuə^{55}kə^{42}tʰiæ̃^{21}	前个 tɕʰiæ̃^{55}kə^{21}	大前个 ta^{22}tɕʰiæ̃^{55}kiɛ^{21}
红古区	昨儿个 tsuə^{22}ər^{13}kə^{55}	前儿个 tɕʰian^{22}ər^{13}kə^{55}	大前儿个 ta^{22}tɕʰian^{55}ər^{21}kə^{21}
凉州区	夜了个 iə^{31}liɑo^{31}kə^{21}	前天 tɕʰiɑŋ^{35}tʰiɑŋ^{53}	大前天 ta^{53}tɕʰiɑŋ^{35}tʰiɑŋ^{53}
甘州区	昨个子 tsuə^{35}kə^{42}tsɿ^{21}	前个子 tɕʰiaŋ^{35}kə^{42}tsɿ^{21}	大前那个 ta^{24}tɕiaŋ^{44}na^{44}kə^{44}
肃州区	昨天 tsuə^{35}tʰiæ̃^{21}	前天 tɕʰiæ̃^{44}tʰiæ̃^{21}	大前天 ta^{21}tɕʰiæ̃^{44}tʰiæ̃^{21}
永昌县	夜里个 iə^{53}ȵi^{22}kə^{21}	前那个 tɕʰiɛ^{13}na^{42}kə^{21}	大前那个 ta^{53}tɕʰiɛ^{22}na^{53}kə^{21}
崆峒区	夜来 iɛ^{35}lɛ^{53}	前儿个 tɕʰiɐr^{24}kɤ^{21}	大前儿个 ta^{44}tɕʰiɐr^{24}kɤ^{21}
庆城县	夜了 iᴇ^{244}liɔ^{0}	前日 tɕʰiɛ̃^{21}ʐʅ^{51}	先前日 ɕiɛ̃^{51}tɕʰiɛ̃^{21}ʐʅ^{0}
宁县	夜了 iɛ^{44}liɔ^{31} 昨天 tsuə^{24}tɕʰiæ̃^{31}	前儿 tɕʰiar^{24}	上前儿 ʂaŋ^{44}tɕiar^{24}
武都区	夜个儿天 iᴇ^{24}kɤr^{31}tʰiæ̃^{21}	前天 tɕʰiæ̃^{24}tʰiæ̃^{21}	上前天 ʂɑŋ^{24}tɕʰiæ̃^{24}tʰiæ̃^{21} 大前天 ta^{24}tɕʰiæ̃^{13}tʰiæ̃^{21}
文县	夜个天 iɛ^{13}kɤ^{44}tʰiæ̃^{31}	前天 tɕʰiæ̃^{21}tʰiæ̃^{31}	上前天 sɑ̃^{24}tɕʰiæ̃^{13}tʰiæ̃^{31}
康县	昨天 tsuɤ^{53}tsʰian^{55}	前天 tsʰian^{13}tsʰian^{21}	大前天 ta^{24}tsʰian^{21}tsʰian^{55}
礼县	夜个 iɛ^{52}kɤ^{24}	前一天 tɕʰiæ̃^{13}i^{31}tʰiæ̃^{21} 前夜 tɕʰiæ̃^{13}iɛ^{21}	大前天 ta^{44}tɕʰiæ̃^{13}tʰiæ̃^{21}
靖远县	夜来 iɛ^{35}lɛ^{41}	前日儿 tɕʰiæ̃^{22}ʐʅər^{41}	大前日儿 ta^{33}tɕʰiæ̃^{22}ʐʅər^{41}
陇西县	昨个 tsuɤ^{13}kɤ^{21}	前个 tɕʰiæ̃^{24}kɤ^{42}	大前个 ta^{44}tɕʰiæ̃^{24}kɤ^{42}
秦州区	夜个 iə^{21}kuə^{13}	前个 tɕʰiæ̃^{13}kuə^{21}	大前过 ta^{44}tɕʰiæ̃^{13}kuə^{21}
安定区	昨儿个 tsə^{21}zɿ^{44}kə^{21}	前儿个 tɕʰiæ̃^{21}zɿ^{44}kə^{21}	大前儿个 ta^{44}tɕʰiæ̃^{21}zɿ^{44}kə^{21}
会宁县	昨儿个 tsʰə^{13}zɿ^{44}kə^{21}	前儿个 tɕʰiæ̃^{13}zɿ^{44}kə^{21}	大前儿个 ta^{44}tɕʰiæ̃^{13}zɿ^{44}kə^{21}
临洮县	昨个儿 tsuɤ^{21}kər^{44}	前个儿 tɕʰiæ̃^{21}kər^{44}	大前天 ta^{44}tɕʰiæ̃^{13}tʰiæ̃^{21}
清水县	夜里个 iɛ^{44}li^{21}kuə^{21} 夜里 iɛ^{44}li^{21}	前日个 tsʰiæ̃^{13}ɚ^{21}kuə^{21}	早前日 tsɔ^{52}tsʰiæ̃^{13}ɚ^{21}
永靖县	昨个 tsuɤ^{21}kɤ^{13}	前个 tɕʰiæ̃^{21}kɤ^{13}	大前个 ta^{13}tɕʰiæ̃^{21}kɤ^{13}
敦煌市	昨儿个 tsuə^{213}ər^{53}kə^{21}	前儿个 tɕʰiɛ̃^{213}ər^{53}kə^{21}	大前天 ta^{44}tɕʰiɛ̃^{21}tʰiɛ̃^{51}
临夏市	昨个 tsuɤ^{13}kɤ^{42}	前个 tɕʰiɛ̃^{13}kɤ^{42}	大前天 tɑ^{53}tɕʰiɛ̃^{13}tʰiɛ̃^{21}
合作市	昨个子 tsuə^{13}kə^{21}tsɿ^{53}	前个子 tɕʰiæ̃^{13}kə^{53}tsɿ^{21}	大前个子 tᴀ^{44}tɕʰiæ̃^{13}kə^{53}tsɿ^{21}
临潭县	夜里个 iɛ^{44}li^{21}kɤ^{44}	前天 tɕʰiæ̃^{24}tʰiæ̃^{21}	大前天 ta^{44}tɕʰiæ̃^{24}tʰiæ̃^{21}

	0088 整天	0089 每天	0090 早晨
兰州市	一整天 ʑi^{13}tʂən^{44}tʰiæ̃^{21}	天天 tʰiæ̃^{44}tʰiæ̃^{21}	早上 tsɔ^{44}ʂɑ̃^{21}
榆中县	一天 i^{31}tʰian^{51}	天天 tʰian^{51}tʰian^{51}	赶早上 kan^{31}tsɔ^{44}ʂaŋ^{0}
永登县	一天 i^{22}tʰiæ̃^{42}	天天 tʰiæ̃^{44}tʰiæ̃^{42}	早晨 tsɔ^{35}tʂʰə̃n^{53} 早晨会 tsɔ^{22}ʂə̃n^{35}xu^{55}
红古区	一天 zɿ^{13}tʰian^{13}	天天 tʰian^{22}tʰian^{55}	赶早晨 kan^{53}tsɔ^{55}ʂən^{21}
凉州区	一天价⁼ʑi^{53}tʰiɑŋ^{35}tɕia^{53}	天天 tʰiɑŋ^{35}tʰiɑŋ^{53}	早上 tsɑo^{53}ʂɑŋ^{35}
甘州区	一整天 ʑi^{22}tʂɤŋ^{53}tʰiaŋ^{44}	天天 tʰiaŋ^{44}tʰiaŋ^{44}	赶早 kaŋ^{53}tsɔ^{53}
肃州区	一整天 ʑi^{21}tʂɤŋ^{53}tʰiæ^{44}	每天 mei^{53}tʰiæ̃^{44} 天天 tʰiæ̃^{44}tʰiæ̃^{44}	早上 tsɔ^{21}ʂɑŋ^{51}
永昌县	整整一天 tʂəŋ^{53}tʂəŋ^{44}ʑi^{53}tʰiɛ^{13}	天天 tʰiɛ^{44}tʰiɛ^{44}	早上 tsɔo^{53}ʂɑŋ^{21}
崆峒区	一天 i^{24}tʰiæ̃^{21}	天天 tʰiæ̃^{24}tʰiæ̃^{21}	赶早上 kæ̃^{22}tsɔ^{55}ʂɑŋ^{21}
庆城县	一天 i^{21}tʰiɛ̃^{51}	天天 tʰiɛ̃^{51}tʰiɛ̃^{51} 每天 mei^{44}tʰiɛ̃^{0}	早起 tsɔ^{44}tɕʰiᴇ^{0}
宁县	成天 tʂʰəŋ^{24}tɕʰiæ̃^{31}	天天 tɕʰiæ̃^{24}tɕʰiæ̃^{31}	早上 tsɔ^{55}ʂaŋ^{0}
武都区	整天价⁼tʂəŋ^{55}tʰiæ̃^{31}tɕia^{21}	天天 tʰiæ̃^{31}tʰiæ̃^{21}	赶早 kæ̃^{22}tsɔu^{53} 早晨 tsɔu^{55}ʂəŋ^{21}
文县	顶本一天 tiəŋ^{33}pəŋ^{53}ʑi^{31}tʰiæ̃^{31}	天天 tʰiæ̃^{31}tʰiæ̃^{31}	早晨 tsɔo^{55}tsʰəŋ^{13}
康县	全天 tɕʰyan^{53}tsʰian^{55}	天天 tsʰian^{53}tsʰian^{21}	早晨 tsɔo^{35}ʂɤŋ^{21} 早上 tsɔo^{35}ʂɑŋ^{21}
礼县	整天 tʂɤŋ^{52}tʰiæ̃^{21}	见天 tɕiæ̃^{44}tʰiæ̃^{21} 天天 tʰiæ̃^{24}tʰiæ̃^{21}	早起价⁼tsɔo^{31}tɕʰi^{31}tɕia^{21} 一早 i^{24}tsɔo^{52}
靖远县	一天 zɿ^{22}tʰiæ̃^{41}	每天 mei^{55}tʰiæ̃^{21}	早上 tsɑo^{55}ʂɑŋ^{21}
陇西县	整个一日 tʂɤŋ^{55}kɤ^{44}ʑi^{44}ʐɤ^{42}	日日 ʐɤ^{22}ʐɤ^{21}	早晨价⁼tsɔo^{55}ʂɤŋ^{21}tɕia^{21}
秦州区	一天天 i^{44}tʰiæ̃^{21}tʰiæ̃^{13}	见天 tɕiæ̃^{44}tʰiæ̃^{13}	一大早 i^{21}ta^{44}tsɔ^{53}
安定区	一天 ʑi^{44}tʰiæ̃^{21}	天天 tʰiæ̃^{13}tʰiæ̃^{21}	早上 tsɔ^{53}ʂɑŋ^{21}
会宁县	一天 ʑi^{44}tʰiæ̃^{21}	天天 tʰiæ̃^{13}tʰiæ̃^{21}	早晨价⁼tsɔ^{53}ʂəŋ^{21}tɕia^{13}
临洮县	一整天 ʑi^{21}tʂɤŋ^{53}tʰiæ̃^{13}	天天 tʰiæ̃^{13}tʰiæ̃^{21} 每天 mi^{53}tʰiæ̃^{21}	早上 tsɔ^{53}ʂɑ̃^{21}
清水县	一天 i^{44}tsʰiæ̃^{21}	天天 tsʰiæ̃^{13}tsʰiæ̃^{21}	早起价⁼tsɔ^{21}tɕʰi^{52}tɕia^{21} 赶早 kæ̃^{21}tsɔ^{52}
永靖县	一天 i^{44}tʰiæ̃^{13} 成天 tʂʰɤŋ^{22}tʰiæ̃^{42}	天天 tʰiæ̃^{22}tʰiæ̃^{42}	赶早晨 kæ̃^{22}tsɔ^{44}ʂɤŋ^{21}
敦煌市	一天 ʑi^{13}tʰiɛ̃^{213}	天天 tʰiɛ̃^{13}tʰiɛ̃^{21}	赶早 kæ̃^{22}tsɔ^{51}
临夏市	一天 ʑi^{44}tʰiɛ̃^{21}	天天 tʰiɛ̃^{21}tʰiɛ̃^{53}	赶早晨 kɑ̃^{53}tsɔ^{44}ʂəŋ^{13}
合作市	一天 ʑi^{13}tʰiæ̃^{13}	天天 tʰiæ̃^{44}tʰiæ̃^{44}	早上 tsɔ^{44}ʂɑŋ^{44}
临潭县	一天 i^{24}tʰiæ̃^{44}	天天 tʰiæ̃^{44}tʰiæ̃^{44}	早夕里 tsɔo^{24}ɕi^{21}ȵi^{44}

	0091 上午	0092 中午	0093 下午
兰州市	早上 tsɔ^{44}ʂã^{21}	中午 pfən^{44}vu^{53}	下午 ɕia^{22}vu^{53}
榆中县	早上 tsɔ^{44}ʂaŋ^{0}	饭罢会 fan^{21}pa^{13}xuei^{0}	下午 ɕia^{21}vu^{44} 后晌会 xəu^{21}ʂaŋ^{44}xuei^{0}
永登县	上午 ʂã^{35}vu^{21}	晌午 ʂã^{22}vu^{53}	后晌 xɤu^{22}ʂã^{55}
红古区	上午 ʂaŋ^{55}vu^{21}	晌午 ʂaŋ^{55}vu^{21}	后晌 xɤu^{13}ʂaŋ^{13}
凉州区	饭罢 faŋ^{35}pa^{53}	晌午 ʂaŋ^{53}vu^{35}	后晌 xəu^{31}ʂaŋ^{21}
甘州区	早上 tsɔ^{22}xaŋ^{44}	晌午 ʂaŋ^{35}vu^{42}	后晌 xɤ^{31}ʂaŋ^{21}
肃州区	上午 ʂaŋ^{13}vu^{21} 饭罢 fæ̃^{53}pa^{21}	中午 tʂuŋ^{44}vu^{51} 晌午 ʂaŋ^{44}vu^{21}	后晌 xəu^{21}ʂaŋ^{13}
永昌县	上半天 ʂaŋ^{53}pɛe^{22}tʰiɛ^{21}	晌午 ʂaŋ^{53}vu^{21}	后晌 xəu^{44}ʂaŋ^{21}
崆峒区	早晌 tsɔ^{55}ʂaŋ^{21}	晌午 ʂaŋ^{53}u^{21}	后晌 xəu^{35}ʂaŋ^{53}
庆城县	晌午 ʂã^{51}vu^{0}	晌午 ʂã^{51}vu^{0} 中午 tʂuŋ^{21}vu^{44}	后晌 xɤu^{244}ʂã^{0}
宁县	强⁼午 tɕʰiaŋ^{24}u^{0}	晌午 ʂaŋ^{52}u^{0}	晃⁼午 xuaŋ^{44}u^{0}
武都区	早半天 tsɔu^{55}pæ̃^{21}tʰiæ̃^{21}	中午 tʃuŋ^{22}v^{13} 晌午 ʂaŋ^{31}v^{21}	下半天 ɕia^{24}pæ̃^{21}tʰiæ̃^{21}
文县	上半天 sã^{24}pæ̃^{31}tʰiæ̃^{31}	晌午价⁼ sã^{31}vu^{31}tɕia^{24}	才黑子 tsʰɛe^{13}xei^{31}tsɿ^{31}
康县	上午 ʂaŋ^{24}vu^{53}	晌午价⁼ ʂaŋ^{53}vu^{42}tɕia^{21}	下午 ɕia^{24}vu^{53}
礼县	早起 tsɔo^{44}tɕʰi^{21}	中午 tʃuɤŋ^{24}vu^{21}	下午 ɕia^{44}vu^{21}
靖远县	上午 ʂaŋ^{33}vu^{55}	晌会 ʂaŋ^{41}xuei^{21}	下午 ɕia^{33}vu^{55}
陇西县	上午 ʂaŋ^{44}vu^{53}	中午 tʃɥŋ^{21}vu^{53}	晌后 ʂaŋ^{44}xɤu^{21}
秦州区	早起 tsɔ^{21}tɕʰi^{53}	晌午 ʂaŋ^{21}vu^{13}	下午 ɕia^{44}vu^{53}
安定区	早上 tsɔ^{53}ʂaŋ^{21}	中午 tʂuŋ^{21}vu^{53}	下午 ɕia^{44}vu^{53}
会宁县	早上 tsɔ^{53}ʂaŋ^{21}	饭罢 fæ̃^{44}pa^{21}	下午 ɕia^{44}u^{21}
临洮县	早上 tsɔ^{53}ʂã^{21}	晌午 ʂã^{21}vu^{44}	下午 ɕia^{44}vu^{53}
清水县	上半日 ʂɒ̃^{44}pæ̃^{44}ɚ^{21}	饭畔 fæ̃^{44}pʰæ̃^{21} 中午 tʃɤŋ^{21}vu^{52}	后半日 xou^{44}pæ̃^{44}ɚ^{21}
永靖县	早上 tsɔ^{44}ʂaŋ^{21}	晌午 ʂaŋ^{44}vu^{53}	后晌 xɤu^{44}ʂaŋ^{53}
敦煌市	早上 tsɔ^{53}ʂaŋ^{21}	晌午 ʂaŋ^{22}vu^{51}	后晌 xɤu^{35}ʂaŋ^{21}
临夏市	早上 tsɔ^{44}ʂaŋ^{21}	中午 tʂuəŋ^{44}vu^{21}	晌午 ʂaŋ^{13}vu^{42}
合作市	早上 tsɔ^{44}ʂaŋ^{44}	中午 tʂuəŋ^{44}vu^{44}	晌午 ʂaŋ^{13}vu^{21}
临潭县	上午里 ʂɒ^{24}vu^{21}ȵi^{44}	后晌里 xəɯ^{44}ʂɒ^{21}ȵi^{44}	下午 ɕia^{44}vu^{51}

	0094 傍晚	0095 白天	0096 夜晚与白天相对，统称
兰州市	擦黑 tsʰa^{55}xɤ^{13}	白天 pɤ^{53}tʰiæ̃^{13}	黑了 xɤ^{22}lɔ^{13}
榆中县	黑了 xə^{31}lɔ^{213}	一天里 i^{31}tʰian^{51}li^{0}	夜里 iᴇ^{21}li^{44}
永登县	晚夕会 væ̃^{22}ɕi^{22}xu^{55} 天麻哈了 tʰiæ̃^{44}ma^{44}xa^{21}liɔ^{21}	一天价⁼i^{22}tʰiæ̃^{44}tɕia^{21}	晚上 væ̃^{35}ʂɑ̃^{21} 晚夕会 væ̃^{22}ɕi^{22}xu^{44}
红古区	天麻了 tʰian^{13}ma^{21}liɔ^{13}	一天里 zʅ^{13}tʰian^{21}lʅ^{13}	黑了 xə^{22}liɔ^{13}
凉州区	大后晌 ta^{31}xəu^{31}ʂɑŋ^{21}	白日 pə^{35}zʅ^{53}	夜里 iə^{31}li^{21}
甘州区	擦黑子 tsʰa^{24}xə^{31}tsʅ^{21}	白天 piə^{35}tʰiaŋ^{42}	黑了 xɤ^{31}liə^{21}
肃州区	麻黑子 ma^{44}xə^{41}tsʅ^{21} 傍晚 pɑŋ^{21}væ̃^{51}	白日 pə^{35}zʅ^{21}	晚上 væ̃^{21}ʂɑŋ^{51} 黑了 xə^{21}liɔ^{13}
永昌县	擦黑儿 tsʰa^{22}xə^{53}ɣɤ^{21}	白天 pə^{13}tʰiɛ^{42}	晚上 vɛe^{53}ʂɑŋ^{13}
崆峒区	天麻了 tʰiæ̃^{22}ma^{24}liɔ^{53}	一天 i^{24}tʰiæ̃^{21}	黑咧 xei^{53}liɛ^{21}
庆城县	擦黑 tsʰa^{51}xei^{51}	白天 pei^{21}tʰiɛ̃^{51}	黑了 xei^{51}liɔ^{0}
宁县	麻子眼 ma^{22}tsʅ^{44}ȵiæ̃^{0} 黑梢儿 xei^{31}sɔr^{0}	白夜儿 pʰei^{22}iər^{44}	黑了 xei^{31}liɔ^{0}
武都区	擦黑 tsʰa^{55}xei^{31}	一天价⁼i^{22}tʰiæ̃^{53}tɕia^{21}	晚上 væ̃^{55}ʂɑŋ^{21} 天黑 tʰiæ̃^{31}xei^{21}
文县	天麻了 tʰiæ̃^{31}ma^{22}lɔo^{44}	白天 pei^{21}tʰiæ̃^{31}	黑了 xei^{31}lɔo^{21} 晚上 uæ̃^{55}sɑ̃^{42}
康县	麻影子下来了 ma^{21}iŋ^{55} tsʅ^{53}xa^{21}lɛ^{21}lɔo^{21}	白天 pei^{21}tsʰian^{55}	晚上 van^{55}ʂɑŋ^{42}
礼县	黑了 xei^{31}nɔo^{24} 黑价⁼xei^{31}tɕia^{24}	一天里 i^{24}tʰiæ̃^{21}li^{24}	黑了 xei^{31}nɔo^{24}
靖远县	黑了 xei^{41}liɑo^{21}	白天 pei^{22}tʰiæ̃^{41}	夜里 iɛ^{35}lʅ^{41}
陇西县	擦黑时候 tsʰa^{21}xe^{21}sʅ^{22} xɤu^{44} 发黑时候 fa^{21}xe^{21}sʅ^{22}xɤu^{44}	白日 pʰe^{13}zɤ^{21}	晚辰 væ̃^{55}ʂɤŋ^{21} 黑地里 xe^{21}tɕʰi^{22}le^{44}
秦州区	黑些 xei^{21}ɕiə^{13}	白天 pʰei^{13}tʰiæ̃^{21}	黑了 xei^{21}liɤu^{53}
安定区	发黑 fa^{13}xei^{13}	白天 pʰɛ^{13}tʰiæ̃^{21}	晚上 væ̃^{53}ʂɑŋ^{21}
会宁县	发黑 fa^{13}xɛ^{13}	一天 ʑi^{44}tʰiæ̃^{21}	黑了 xei^{21}lɔ^{13}
临洮县	傍晚 pʰɑ̃^{21}væ̃^{53}	一天 ʑi^{13}tʰiæ̃^{13}	黑了 xei^{21}liɔ^{13}
清水县	黑了 xəi^{21}liɔ^{52}	一天价⁼i^{44}tsʰiæ̃^{21}tɕia^{21}	黑了价⁼xəi^{21}liɔ^{52}tɕia^{21} 黑了 xəi^{21}liɔ^{52}
永靖县	擦黑儿 tsʰa^{22}xɤ^{44}ɯ^{22}	白天 pɤ^{22}tʰiæ̃^{44}	晚夕 væ̃^{44}ɕiɤŋ^{21}
敦煌市	后晌黑 xɤu^{35}ʂɑŋ^{21}xei^{213} 擦黑子 tsʰa^{35}xei^{21}tsʅ^{21}	一天 ʑi^{213}tʰiɛ̃^{213}	黑了 xei^{21}lə^{13}
临夏市	黑了 xei^{21}liɔ^{53}	白日里 pɛ^{21}zəŋ^{44}li^{21}	晚上 væ̃^{44}ʂɑŋ^{24}
合作市	黑了 xei^{21}liɔ^{53}	白日里 pɛe^{21}zʅ^{44}li^{21}	晚上 væ̃^{44}ʂɑŋ^{53}
临潭县	麻黑 ma^{44}xɪi^{44}	一天里 i^{24}tʰiæ̃^{44}ȵi^{51}	晚夕里 væ̃^{51}ɕi^{44}ȵi^{44}

	0097 半夜	0098 正月农历	0099 大年初一农历
兰州市	半夜会 pæ̃^{22}iɛ^{53}xuei^{21}	正月 tʂən^{55}yɛ^{21}	大年初一 ta^{13}ȵiæ̃^{53}pfʰu^{55}ʑi^{21}
榆中县	半夜 pan^{13}iᴇ^{213}	正月里 tʂən^{51}yᴇ^{0}li^{0}	正月初一 tʂən^{51}yᴇ^{0}tʂʰu^{51}i^{0}
永登县	半夜里 pæ̃^{22}iɛ^{22}li^{55}	正月 tʂə̃n^{44}yə^{21}	大年初一 ta^{22}ȵiæ̃^{53}pfʰu^{44}i^{21}
红古区	半夜 pan^{22}iɛ^{55}	正月 tʂən^{22}yɛ^{55}	大年初一 ta^{22}ȵian^{55}tʂʰu^{21}zɿ^{55}
凉州区	半夜里 pɑŋ^{31}iə^{31}li^{21}	正月 tʂəŋ^{35}yə^{53}	大年初一 ta^{31}ȵiɑŋ^{21}tʂʰu^{35}ʑi^{53}
甘州区	半夜里 paŋ^{31}iə^{22}li^{21}	正月 tʂɤŋ^{44}yə^{44}	大年初一 ta^{31}ȵiaŋ^{22}pfʰu^{44}ʑi^{44}
肃州区	半夜 pæ̃^{13}ʑiɛ^{21}	正月 tʂɤŋ^{44}ʑyə^{44}	大年初一 ta^{21}ȵiæ̃^{22}tʂʰu^{44}ʑi^{44}
永昌县	半夜晚夕 pɛe^{53}iə^{21}vɛe^{44}ɕi^{21}	正月 tʂəŋ^{44}yə^{44}	大年初一 ta^{53}ȵiɛ^{21}tʂʰu^{44}ʑi^{44}
崆峒区	半夜 pæ̃^{44}iɛ^{44}	正月 tʂɤŋ^{53}yɤ^{21}	大年初一 ta^{44}ȵiæ̃^{24}tʂʰu^{53}i^{21}
庆城县	半晚上 pɛ̃^{244}vɛ̃^{44}ʂɑ̃^{0}	正月 tʂɤŋ^{51}yᴇ^{0}	正月初一 tʂɤŋ^{51}yᴇ^{0}tʂʰu^{51}i^{51} 大年初一 ta^{244}ȵiɛ̃^{113}tʂʰu^{0}i^{0}
宁县	半夜 pæ̃^{44}iɛ^{31}	正月 tʂəŋ^{31}yɛ^{0}	初一 tʃʰu^{31}i^{0}
武都区	半夜 pæ̃^{24}iᴇ^{21}	正月 tʂəŋ^{31}yɤ^{21}	初一儿天 tʃʰu^{31}i^{21}ɚ^{21}tʰiæ̃^{31}
文县	半夜价⁼pæ̃^{24}iɛ^{42}tɕia^{21}	正月 tsəŋ^{42}yɛ^{21}	正月初一 tsəŋ^{44}yɛ^{33}tsʰu^{44}ʑi^{42}
康县	半夜 pan^{24}iɛ^{24}	正月 tʂɤŋ^{53}yɛ^{21}	正月初一 tʂɤŋ^{53}yɛ^{21}pfʰu^{21}i^{53}
礼县	半夜里 pæ̃^{44}iɛ^{21}li^{24}	正月后头 tʂəŋ^{24}yɤ^{31}xəu^{21}tʰəu^{21}	过年初一 kuɤ^{44}ȵiæ̃^{13}tʃʰu^{21}i^{21} 正月初一 tʂɤŋ^{24}yɤ^{31}tʃʰu^{21}i^{21}
靖远县	半夜里 pæ̃^{33}iɛ^{55}lɿ^{21}	正月 tʂɤŋ^{41}yə^{21}	大年初一儿 ta^{33}ȵiæ̃^{24}tʂʰʮ^{41}zər^{21}
陇西县	半夜子 pæ̃^{44}iɛ^{44}tsɿ^{21}	正月 tʂɤŋ^{22}yɤ^{21}	正月初一 tʂɤŋ^{22}yɤ^{21}tʂʰu^{22}ʑi^{21}
秦州区	半夜里 pæ̃^{44}iə^{44}li^{21}	正月 tʂɤŋ^{21}yə^{53}	正月初一 tʂɤŋ^{21}yə^{42}tsʰʮ^{13}i^{13}
安定区	半夜 pæ̃^{44}iə^{44}	正月 tʂəŋ^{13}yə^{21}	大年初一 ta^{44}ȵiæ̃^{13}tʃʰu^{13}ʑi^{13}
会宁县	半夜 pæ̃^{44}iə^{21}	正月 tʂəŋ^{13}yə^{21}	正月初一 tʂəŋ^{44}yə^{21}tʃʰu^{44}ʑi^{13}
临洮县	半晚上 pæ̃^{44}væ̃^{53}ʂɑ̃^{21}	正月 tʂɤŋ^{13}ye^{21}	正月初一 tʂɤŋ^{13}ye^{21}tʂʰu^{13}ʑi^{21}
清水县	半夜里 pæ̃^{44}iɛ^{21}li^{21} 半夜价⁼pæ̃^{44}iɛ^{21}tɕia^{21}	正月里 tʂɤŋ^{21}yɛ^{52}li^{21} 正月价⁼tʂɤŋ^{21}yɛ^{52}tɕia^{21}	大年初一 ta^{44}ȵiæ̃^{13}tʃʰɨ^{13}i^{21}
永靖县	半夜会 pæ̃^{44}iɛ^{21}xuei^{21}	正月 tʂɤŋ^{22}yɛ^{44}	大年初一 ta^{44}ȵiæ̃^{53}tʂʰu^{44}i^{53}
敦煌市	五更 vu^{53}kɤŋ^{21} 半夜 pæ̃^{44}iə^{44}	正月 tʂɤŋ^{22}yə^{51}	正月初一 tʂɤŋ^{22}yə^{51}tʂʰu^{53}ʑi^{13}
临夏市	半晚上 pã^{44}vã^{44}ʂɑŋ^{24}	正月 tʂəŋ^{44}yɛ^{21}	大年初一 tɑ^{44}ȵiɛ̃^{21}tʂʰu^{44}ʑi^{21}
合作市	半夜 pæ̃^{44}iə^{44}	正月 tʂəŋ^{21}yə^{53}	大年初一 tᴀ^{44}ȵiæ̃^{44}tʂʰu^{44}ʑi^{21}
临潭县	半晚夕 pæ̃^{44}væ̃^{51}ɕi^{24}	正月呢 tʂəŋ^{44}yɛ^{44}ȵi^{21}	正月初一 tʂəŋ^{44}yɛ^{44}tʂʰu^{24}i^{21}

	0100 元宵节	0101 清明	0102 端午
兰州市	正月十五 tʂən^{55}yɛ^{21}ʂʅ^{22}vu^{55}	清明 tɕʰin^{55}min^{21}	当$^{=}$午 tã^{55}vu^{21}
榆中县	正月十五 tʂən^{51}yᴇ^{0}ʂʅ^{31}vu^{44}	清明 tɕʰin^{51}min^{0}	当$^{=}$午 taŋ^{51}vu^{0}
永登县	正月十五 tʂə̃n^{44}yə^{44}ʂʅ^{22}vu^{354}	清明 tɕʰin^{44}min^{21}	五月当$^{=}$午 vu^{35}yə^{53}tã^{44}vu^{21}
红古区	十五 ʂʅ^{22}vu^{55}	清明 tɕʰin^{22}min^{13}	端阳 tan^{22}iɑŋ^{13}
凉州区	正月十五 tʂəŋ^{35}yə^{53}ʂʅ^{35}vu^{53}	清明 tɕʰiŋ^{35}miei^{53}	端午 tuɑŋ^{35}vu^{53}
甘州区	正月十五 tʂɤŋ^{44}yə^{44}ʂʅ^{31}vu^{21}	清明 tɕʰiŋ^{44}miŋ^{44}	端午 tuaŋ^{44}vu^{44}
肃州区	正月十五 tʂɤŋ^{44}ʐyə^{44}ʂʅ^{53}vu^{21}	清明 tsʰiŋ^{44}miŋ^{44}	端阳 tuæ̃^{44}ʑiɑŋ^{44} 端午 tuæ̃^{44}vu^{44}
永昌县	正月十五 tʂəŋ^{44}yə^{44}ʂʅ^{13}vu^{42}	清明 tɕʰiŋ^{44}miŋ^{44}	端午 tuɛe^{44}vu^{44}
崆峒区	正月十五 tʂɤŋ^{53}yɤ^{21}ʂʅ^{22}u^{53}	清明 tɕʰiɤŋ^{53}miɤŋ^{21}	五月节 u^{55}yɤ^{24}tɕiɛ^{21}
庆城县	正月十五 tʂɤŋ^{51}yᴇ^{0}ʂʅ^{21}vu^{44}	清明 tɕʰiŋ^{51}miŋ^{0}	端午 tɛ̃^{51}vu^{0}
宁县	正月十五 tʂəŋ^{31}yɛ^{0}ʂʅ^{22}u^{52}	秋明 tɕʰiou^{31}miŋ^{0} 清明 tɕʰiəŋ^{31}miŋ^{0}	五月端五 u^{55}yɛ^{0}tæ̃^{31}u^{0}
武都区	十五 ʂʅ^{21}v^{53}	清明 tɕʰin^{31}mi^{21}	端午 tuæ̃^{31}v^{21}
文县	正月十五 tsəŋ^{44}yɛ^{33}sʅ^{22}vu^{42}	清明节 tɕʰiəŋ^{31}miəŋ^{21}tɕiɛ^{31}	五月端阳 vu^{55}yɛ^{44}tuæ̃^{31}iɑ̃^{21}
康县	正月十五 tʂɤŋ^{53}yɛ^{21}ʂʅ^{21}vu^{55}	清明 tsʰiŋ^{53}miŋ^{21}	端午 tuan^{53}vu^{21} 端阳 tuan^{53}iɑŋ^{21}
礼县	正月十五 tʂɤŋ^{24}yɤ^{31}ʂʅ^{13}vu^{52}	清明 tɕʰiŋ^{31}miŋ^{24}	五月五 vu^{52}yɤ^{21}vu^{52}
靖远县	正月十五 tʂɤŋ^{22}yə^{21}ʂʅ^{22}vu^{55}	清明 tɕʰiŋ^{41}miŋ^{21}	端午 tuæ̃^{41}vu^{21}
陇西县	正月十五 tʂɤŋ^{21}yɤ^{21}ʂʅ^{24}vu^{42}	清明 tɕʰin^{42}miŋ^{13}	五月端 vu^{55}yɤ^{42}tæ̃^{21}
秦州区	正月十五 tʂɤŋ^{21}yə^{42}ʂʅ^{13}vu^{53}	清明 tɕʰiɤŋ^{21}miɤŋ^{13}	五月五 vu^{53}yə^{21}vu^{53}
安定区	正月十五 tʂəŋ^{13}yə^{21}ʂʅ^{13}vu^{53}	清明 tɕʰiŋ^{21}miŋ^{13}	五月五 vu^{53}yə^{13}vu^{21}
会宁县	正月十五 tʂəŋ^{13}yə^{21}ʂʅ^{13}u^{53}	清明 tɕʰiŋ^{21}miŋ^{13}	五月五 u^{53}yə^{21}u^{53}
临洮县	正月十五 tʂɤŋ^{13}ye^{21}ʂʅ^{13}vu^{53}	清明 tɕʰiŋ^{21}miŋ^{13}	端阳 tæ̃^{21}iɑ̃^{13}
清水县	正月十五 tʂɤŋ^{21}ye^{52}ʂʅ^{13}vu^{21}	清明 tsʰiŋ^{21}miŋ^{13}	五月五 vu^{52}yɛ^{21}vu^{52}
永靖县	正月十五 tʂɤŋ^{22}ye^{44}ʂʅ^{44}vu^{53}	清明 tɕʰiɤŋ^{22}miɤŋ^{53}	端阳 tæ̃^{22}iɑŋ^{53}
敦煌市	正月十五 tʂɤŋ^{22}yə^{51}ʂʅ^{21}vu^{51}	清明 tɕʰiŋ^{21}miŋ^{13}	端午 tæ̃^{22}vu^{51} 五月端午 vu^{53}yə^{21}tæ̃^{22}vu^{51}
临夏市	正月十五 tʂəŋ^{44}yɛ^{21}ʂʅ^{13}vu^{42}	清明 tɕʰiŋ^{21}miŋ^{53}	五月对 vu^{42}yɛ^{44}tuei^{21}
合作市	正月十五 tʂəŋ^{21}yə^{53}ʂʅ^{13}vu^{53}	清明节 tɕʰiŋ^{21}miŋ^{53}tɕiə^{13}	端阳节 tuæ̃^{21}iɑŋ^{44}tɕiə^{13}
临潭县	正月十五 tʂəŋ^{44}ye^{44}ʂʅ^{24}vu^{51}	清明 tɕʰin^{44}min^{44}	晚$^{=}$大五 væ̃^{51}ta^{24}vu^{21}

	0103 七月十五农历，节日名	0104 中秋	0105 冬至
兰州市	七月十五 tɕʰi^{55}yɛ^{13}ʂʅ^{22}vu^{55}	八月十五 pa^{55}yɛ^{13}ʂʅ^{22}vu^{55}	冬至 tuən^{55}tʂʅ^{21}
榆中县		八月十五 pa^{31}yᴇ^{13}ʂʅ^{31}vu^{44}	数九 ʂu^{31}tɕiəu^{44}
永登县	七月十五 tɕʰi^{22}yə^{55}ʂʅ^{22}vu^{55}	八月十五 pa^{22}yə^{55}ʂʅ^{22}vu^{55}	冬至 tuə̃n^{44}tʂʅ^{13}
红古区	七月十五 tsʰʅ^{22}yɛ^{55}ʂʅ^{22}vu^{55}	八月十五 pa^{22}yɛ^{55}ʂʅ^{22}vu^{53}	冬至 tuən^{22}tʂʅ^{13}
凉州区	七月十五 tɕʰi^{31}yə^{21}ʂʅ^{35}vu^{53}	八月十五 pa^{31}yə^{21}ʂʅ^{35}vu^{53}	冬至 tuŋ^{35}tsʅ^{53}
甘州区	七月十五 tɕʰi^{31}yə^{22}ʂʅ^{53}vu^{21}	八月十五 pa^{31}yə^{22}ʂʅ^{53}vu^{21}	冬节 tuŋ^{44}tɕiə^{44}
肃州区	七月十五 tɕʰi^{21}ʑyə^{21}ʂʅ^{53}vu^{21}	八月十五 pa^{21}ʑyə^{21}ʂʅ^{53}vu^{21}	交九 tɕiɔ^{44}tɕiəu^{51}
永昌县	七月十五 tɕʰi^{53}yə^{21}ʂʅ^{13}vu^{42}	八月十五 pa^{53}yə^{21}ʂʅ^{13}vu^{42}	冬至 toŋ^{44}tʂʅ^{53}
崆峒区		八月十五 pa^{53}yɤ^{21}ʂʅ^{22}u^{53}	交九 tɕiɔ^{22}tɕiəu^{53}
庆城县		八月十五 pa^{51}yᴇ^{0}ʂʅ^{21}vu^{44}	冬至 tuŋ^{21}tsʅ^{244}
宁县		八月十五 pa^{31}yɛ^{0}ʂʅ^{22}u^{52}	冬至 tuŋ^{22}tsʅ^{44}
武都区	七月十五 tɕʰi^{55}yɤ^{55}ʂʅ^{22}v^{53}	八月十五 pa^{55}yɤ^{55}ʂʅ^{22}v^{53}	交九 tɕiəu^{22}tɕiəu^{53}
文县		八月十五 pa^{33}yɛ^{33}sʅ^{22}vu^{35}	进九 tɕiəŋ^{24}tɕiɤu^{42} 冬至 toŋ^{22}tsʅ^{24}
康县		八月十五 pa^{53}yɛ^{21}ʂʅ^{21}vu^{55}	冬至 tuŋ^{53}tʂʅ^{24}
礼县	七月十五 tɕʰi^{31}yɤ^{21}ʂʅ^{13}vu^{52}	八月十五 pa^{31}yɤ^{21}ʂʅ^{13}vu^{52}	冬至 tuɤŋ^{31}tsʅ^{44}
靖远县	七月十五 tɕʰʅ^{22}yə^{21}ʂʅ^{22}vu^{55}	八月十五 pa^{41}yə^{21}ʂʅ^{21}vu^{21}	交九 tɕiao^{22}tɕiɤu^{55}
陇西县	七月十五 tɕʰi^{22}yɤ^{22}ʂʅ^{24}vu^{42}	八月十五 pa^{21}yɤ^{21}ʂʅ^{13}vu^{21}	冬至节 tuŋ^{42}tsʅ^{44}tɕiɛ^{21}
秦州区	七月十五 tɕʰi^{21}yə^{42}ʂʅ^{13}vu^{53}	八月十五 pa^{21}yə^{42}ʂʅ^{13}vu^{53}	冬至 tuɤŋ^{21}tsʅ^{44}
安定区	七月十五 tɕʰi^{13}yə^{21}ʂʅ^{13}vu^{53}	八月十五 pa^{13}yə^{21}ʂʅ^{13}vu^{53}	冬至 tuŋ^{21}tsʅ^{53}
会宁县	七月十五 tɕʰi^{13}yə^{21}ʂʅ^{13}u^{53}	八月十五 pa^{13}yə^{21}ʂʅ^{13}u^{53}	冬至 tuəŋ^{21}tsʅ^{44}
临洮县	七月十五 tɕʰi^{13}ye^{21}ʂʅ^{13}vu^{53}	八月十五 pa^{13}ye^{21}ʂʅ^{13}vu^{21}	冬至 tuŋ^{21}tsʅ^{53}
清水县		八月十五 pa^{21}yɛ^{52}ʂʅ^{13}vu^{21}	冬至 tuŋ^{21}tʃi^{443}
永靖县		八月十五 pa^{22}yɛ^{53}ʂʅ^{22}vu^{53}	冬至节 tuɤŋ^{22}tʂʅ^{44}tɕiɛ^{213}
敦煌市	七月十五 tɕʰi^{22}yə^{44}ʂʅ^{22}vu^{51}	八月十五 pa^{22}yə^{44}ʂʅ^{21}vu^{51}	交九 tɕiɔ^{22}tɕiɤu^{51} 冬至 tuŋ^{22}tsʅ^{51}
临夏市	七月十五 tɕʰi^{13}yɛ^{42}ʂʅ^{13}vu^{42}	八月十五 pɑ^{13}yɛ^{42}ʂʅ^{13}vu^{42}	冬至 tuəŋ^{21}tʂʅ^{24}
合作市	七月十五 tɕʰi^{21}yə^{53}ʂʅ^{13}vu^{53}	八月十五 pᴀ^{21}yə^{53}ʂʅ^{13}vu^{53}	冬至 tuəŋ^{21}tʂʅ^{44}
临潭县		八月十五 pa^{44}yɛ^{44}ʂʅ^{24}vu^{51}	冬至 tuəŋ^{21}tsʅ^{44}

	0106 腊月农历十二月	0107 除夕农历	0108 历书
兰州市	腊月 la^{22}yɛ^{53}	三十晚上 sæ̃^{55}ʂʅ^{42}væ̃^{34}ʂɑ̃^{21}	皇历 xuɑ̃^{53}li^{21}
榆中县	腊月 la^{31}yᴇ^{213}	三十晚上 san^{51}ʂʅ^{0}van^{44}ʂaŋ^{0}	宪书 ɕian^{21}ʂu^{44}
永登县	腊月 la^{22}yə^{44}	三十晚上 sæ̃^{44}ʂʅ^{53}væ̃^{13}ʂɑ̃^{21}	皇历 xuɑ̃^{55}li^{21}
红古区	腊月 la^{22}yɛ^{55}	三十晚夕 san^{22}ʂʅ^{13}van^{55}ɕin^{21}	宪书 ɕian^{22}fu^{55}
凉州区	腊月 la^{31}yə^{21}	大年三十日 ta^{31}ȵiɑŋ^{21}sɑŋ^{35}ʂʅ^{35}ʐʅ^{53}	皇历 xuɑŋ^{35}li^{53}
甘州区	腊月 la^{31}yə^{21}	三十晚上 ʂaŋ^{44}ʂʅ^{44}vaŋ^{22}ʂaŋ^{44}	皇历 xuaŋ^{53}li^{31}
肃州区	腊月 la^{21}ʑyə^{13}	大年三十 ta^{21}ȵiæ̃^{21}sæ̃^{44}ʂʅ^{51}	历书 li^{21}ʂu^{44}
永昌县	腊月 la^{53}yə^{21}	大年三十 ta^{53}ȵiɛ^{21}sɛe^{44}ʂʅ^{44}	皇历 xuɑŋ^{13}li^{42}
崆峒区	腊月 la^{53}yɤ^{21}	三十儿 sæ̃^{44}ʂʅər^{24}	历头 li^{53}tʰəu^{21}
庆城县	腊月 la^{51}yᴇ^{0}	大年三十 ta^{244}ȵiẽ^{113}sẽ^{51}ʂʅ^{0} 年三十 ȵiẽ^{21}sẽ^{51}ʂʅ^{0}	历头 li^{51}tʰɤu^{0}
宁县	腊月 la^{31}yɛ^{0}	大年三十儿 ta^{44}ȵiæ̃^{24}sæ̃^{31}ʂʅər^{24}	历头 li^{31}tʰou^{0}
武都区	腊月 la^{31}y^{21}	三十晚上 sæ̃^{31}ʂʅ^{21}væ̃^{55}ʂɑŋ^{21}	皇历 xuɑŋ^{13}li^{21}
文县	腊月 la^{42}yɛ^{42}	三十晚夕 sæ̃^{31}sʅ^{21}uæ̃^{55}ɕi^{42}	皇历 xuɑ̃^{21}li^{42}
康县	腊月 la^{53}yɛ^{21}	年三十 ȵian^{21}san^{53}ʂʅ^{21}	皇历 xuɑŋ^{53}li^{24}
礼县	腊月里 na^{24}yɤ^{31}li^{21}	三十晚夕 sæ̃^{31}ʂʅ^{13}væ̃^{52}ɕi^{21}	历头 li^{31}tʰəu^{24}
靖远县	腊月 la^{41}yə^{21}	年三十 ȵiæ̃^{24}sæ̃^{22}ʂʅ^{24}	历书 lʅ^{24}ʂu^{41}
陇西县	腊月会儿= la^{22}yɤ^{22}xur^{21}	三十日 sæ̃^{42}ʂʅ^{24}ʐʅ^{42} 年下 liæ̃^{13}xa^{21}	宪书 ɕiæ̃^{44}ʃu^{0}
秦州区	腊月 la^{21}yə^{53}	三十晚上 sæ̃^{21}ʂʅ^{13}væ̃^{53}ʂɑŋ^{21}	皇历 xuɑŋ^{13}li^{21} 历头 li^{21}tʰɤu^{13}
安定区	腊月 la^{13}yə^{21}	大年三十 ta^{44}ȵiæ̃^{13}sæ̃^{21}ʂʅ^{13}	皇历 xuɑŋ^{13}li^{13}
会宁县	腊月 la^{13}yə^{21}	腊月三十 la^{13}yə^{21}sæ̃^{21}ʂʅ^{13}	皇历 xuɑŋ^{13}li^{21}
临洮县	腊月 la^{13}ye^{21}	三十晚上 sæ̃^{21}ʂʅ^{13}va^{53}ʂɑ̃^{21}	宪书 ɕiæ̃^{44}ʂu^{21}
清水县	腊月 la^{21}yɛ^{52} 腊月价= la^{21}yɛ^{52}tɕia^{21}	大年三十 ta^{44}ȵiæ̃^{13}sæ̃^{21}ʂʅ^{13}	历头 li^{21}tʰou^{13}
永靖县	腊月 la^{22}yɛ^{53}	三十晚夕 sæ̃^{22}ʂʅ^{44}væ̃^{44}ɕiɤŋ^{21}	宪书 ɕiæ̃^{44}ʂu^{21}
敦煌市	腊月 la^{22}yə^{51}	三十儿晚上 sæ̃^{21}ʂər^{35}væ̃^{53}ʂɑŋ^{21}	宪书 ɕiẽ^{44}ʂu^{21}
临夏市	腊月 lɑ^{21}yɛ^{53}	三十晚上 sã^{21}ʂʅ^{53}vã^{44}ʂɑŋ^{21}	宪书 ɕiẽ^{44}ʂu^{21}
合作市	腊月 lᴀ^{21}yə^{44}	大年三十晚上 tᴀ^{44}ȵiæ̃^{13}sæ̃^{21}ʂʅ^{13}væ̃^{44}ʂɑŋ^{21}	宪书 ɕiæ̃^{44}ʂu^{21}
临潭县	腊月里 la^{44}yɛ^{44}ȵi^{21}	大年三十 ta^{44}ȵiæ̃^{24}sæ̃^{44}ʂʅ^{51}	宪书 ɕiæ̃^{24}ʂu^{44}

	0109 阴历	0110 阳历	0111 星期天
兰州市	阴历 in^{55}li^{21}	阳历 iã^{53}li^{21}	礼拜天 li^{55}pε^{21}tʰiæ̃^{31}
榆中县	阴历 in^{51}li^{0}	阳历 iaŋ^{31}li^{213}	礼拜天 li^{44}pε^{0}tʰian^{0}
永登县	农历 nuə̃n^{55}li^{21}	阳历 iã^{55}li^{21}	星期天 ɕin^{44}tɕʰi^{42}tʰiæ̃^{42}
红古区	阴历 in^{22}lʅ^{13}	阳历 iaŋ^{22}lʅ^{13}	礼拜天 lʅ^{55}pε^{21}tʰian^{55}
凉州区	旧历 tɕiəu^{31}li^{21}	新历 ɕiŋ^{35}li^{53}	礼拜日 li^{53}pæ^{35}zʅ^{53}
甘州区	阴历 iŋ^{44}li^{31}	阳历 iaŋ^{53}li^{31}	礼拜天 li^{22}pε^{22}tʰiaŋ^{44}
肃州区	农历 nuŋ^{53}li^{21} 阴历 ʑiŋ^{44}li^{21}	公历 kuŋ^{44}li^{21} 阳历 ʑiaŋ^{53}li^{21}	礼拜天 li^{21}pε^{13}tʰiæ̃^{21}
永昌县	老历 lɔo^{13}li^{42}	新历 ɕiŋ^{44}li^{53}	礼拜天 li^{53}pεe^{22}tʰiε^{44}
崆峒区	阴历 iɤŋ^{21}li^{24}	阳历 iaŋ^{24}li^{44}	礼拜天 li^{55}pε^{21}tʰiæ̃^{21}
庆城县	老历 lɔ^{44}li^{0} 农历 luŋ^{21}li^{244}	阳历 iã^{21}li^{244}	星期日 ɕiŋ^{51}tɕʰi^{0}zʅ^{0} 礼拜天 li^{44}pε^{0}tʰiε̃^{0}
宁县	老历 lɔ^{52}li^{31}	阳历 iaŋ^{24}li^{31}	星期日 ɕiŋ^{31}tɕʰi^{0}zʅ^{0}
武都区	阴历 in^{31}li^{21} 农历 luŋ^{13}li^{21}	阳历 iaŋ^{13}li^{21}	礼拜天 li^{55}pεɪ^{24}tʰiæ̃^{21}
文县	农历 loŋ^{13}li^{24}	公历 koŋ^{31}li^{24}	星期天 ɕiəŋ^{31}tɕʰi^{31}tʰiæ̃^{31}
康县	农历 luŋ^{24}li^{21}	阳历 iaŋ^{24}li^{21}	礼拜 li^{55}pε^{24} 礼拜天 li^{55}pε^{24}tʰian^{53}
礼县	阴历 iŋ^{31}li^{24}	阳历 iaŋ^{13}li^{21}	星期日 ɕiŋ^{24}tɕʰi^{31}zʅ^{21}
靖远县	阴历 iŋ^{41}lʅ^{21}	阳历 iaŋ^{22}lʅ^{55}	礼拜天 lʅ^{55}pε^{35}tʰiæ̃^{41}
陇西县	旧历 tɕʰiu^{44}li^{13}	新历 ɕiŋ^{42}li^{13}	礼拜天 li^{55}pe^{44}tɕʰiæ̃^{21}
秦州区	阴历 iɤŋ^{21}li^{13}	阳历 iaŋ^{13}li^{21}	礼拜天 li^{53}pε^{44}tʰiæ̃^{21}
安定区	农历 luŋ^{13}li^{21}	阳历 iaŋ^{13}li^{21}	礼拜天 li^{53}pε^{44}tɕʰiæ̃^{21}
会宁县	阴历 iŋ^{21}li^{13} 老历 lɔ^{53}li^{21}	阳历 iaŋ^{13}li^{21}	星期日 ɕiŋ^{13}tɕʰi^{21}zʅ^{21}
临洮县	老历 lɔ^{53}li^{44}	新历 ɕiŋ^{21}li^{44}	礼拜天 li^{53}pε^{42}tʰiæ̃^{21}
清水县	阴历 iŋ^{21}li^{13}	阳历 iɒ̃^{13}li^{21}	星期日 siŋ^{13}tɕʰi^{21}ɚ^{21}
永靖县	阴历 iɤŋ^{22}li^{44}	阳历 iaŋ^{22}li^{44}	星期天 ɕiɤŋ^{22}tɕʰi^{53}tʰiæ̃^{22} 礼拜天 li^{44}pε^{13}tʰiæ̃^{22}
敦煌市	老历 lɔ^{53}li^{44}	新历 ɕiŋ^{21}li^{44}	礼拜天 li^{53}pε^{42}tʰiε̃^{21} 星期日 ɕiŋ^{213}tɕʰi^{44}zʅ^{13}
临夏市	阴历 iŋ^{44}li^{21}	阳历 iaŋ^{13}li^{42}	礼拜天 li^{44}pε^{42}tʰiε̃^{21}
合作市	阴历 iŋ^{44}li^{21}	阳历 iaŋ^{13}li^{21}	礼拜天 li^{44}pεe^{44}tʰiæ̃^{21}
临潭县	农历 luəŋ^{21}li^{44}	阳历 iɒ^{21}li^{44}	星期天 ɕin^{44}tɕʰi^{21}tʰiæ̃^{21}

	0112 地方	0113 什么地方	0114 家里
兰州市	地方 ti^{22}fɑ̃^{55}	啥地方 sa^{53}ti^{22}fɑ̃^{55}	屋里 vu^{22}ȵi^{13}
榆中县	地方 ti^{21}fɑŋ^{44}	啥地方 sa^{44}ti^{0}fɑŋ^{0}	屋里 vu^{31}ȵi^{213}
永登县	地方 ti^{22}fɑ̃^{44}	啥地方 sa^{35}ti^{42}fɑ̃^{21}	屋里 vu^{22}li^{354}
红古区	地方 tsɿ^{22}fɑŋ^{55}	啥地方 ʂa^{22}tsɿ^{55}fɑŋ^{21}	家里 tɕia^{22}lʅ^{13}
凉州区	地方 ti^{31}fɑŋ^{21}	啥地方 sa^{31}ti^{31}fɑŋ^{21}	屋里 vu^{31}li^{21}
甘州区	地方 ti^{31}fɑŋ^{21}	啥地方 ʂa^{24}ti^{31}fɑŋ^{21}	屋里 vu^{31}li^{21}
肃州区	地方 ti^{21}fɑŋ^{13}	啥地方 sa^{35}ti^{41}fɑŋ^{21}	家里 tɕia^{35}li^{44}
永昌县	地方 ti^{53}fɑŋ^{21}	啥地方 ʂa^{22}ti^{53}fɑŋ^{21}	屋里 vu^{53}ȵi^{21}
崆峒区	地方 ti^{35}fɑŋ^{53}	啥地方 sa^{22}ti^{24}fɑŋ^{21}	家里 tɕia^{53}ȵi^{21}
庆城县	地方 ti^{244}fɑ̃^{0}	啥地方 sa^{113}ti^{244}fɑ̃^{0}	家里 tɕia^{51}li^{0}
宁县	地方 tɕʰi^{44}fɑŋ^{31}	啥地方 sa^{44}tɕʰi^{44}fɑŋ^{0}	屋里 u^{31}li^{0}
武都区	窠窠 kʰuɤ^{31}kʰuɤ^{21}	啥地方 sa^{24}ti^{24}fɑŋ^{21}	屋里 v^{31}li^{21} 家里 tɕia^{31}li^{21}
文县	地方 tɕi^{24}fɑ̃^{44}	啥子地方 sa^{24}tsɿ^{44}tɕi^{24}fɑ̃^{31}	屋里 vu^{55}li^{33}
康县	地方 tsɿ^{24}fɑŋ^{53}	啥地方 ʂa^{24}tsɿ^{21}fɑŋ^{53}	屋里 vu^{53}li^{21}
礼县	地方 ti^{44}fɑŋ^{21} 窠窠儿 kʰuɤ^{31}kʰuɤr^{24}	啥地方 sa^{44}ti^{44}fɑŋ^{21}	屋里 vu^{31}li^{24}
靖远县	地方 tsɿ^{35}fɑŋ^{41} 印=实=儿 iŋ^{35}ʂər^{41}	啥地方 sa^{33}tsɿ^{35}fɑŋ^{41} 啥印=实=儿 sa^{33}iŋ^{35}ʂər^{41}	屋来 vu^{41}lɛ^{21}
陇西县	地方 ti^{44}fɑŋ^{21}	阿里 a^{21}li^{13}	屋里 vu^{42}li^{13}
秦州区	窠窠 kʰuə^{21}kʰuə^{13}	啥地方 sa^{44}ti^{44}fɑŋ^{21}	屋里 vu^{21}li^{53}
安定区	地方 tʰi^{44}fɑŋ^{21}	啥地方 sə^{53}tʰi^{44}fɑŋ^{21}	屋里 vu^{21}li^{13}
会宁县	地方 ti^{44}fɑŋ^{21}	啥地方 sə^{53}ti^{42}fɑŋ^{21}	屋里 u^{21}li^{13}
临洮县	地方 ti^{44}fɑ̃^{21}	啥地方 sa^{53}tʰi^{44}fɑ̃^{21}	屋里 vu^{21}li^{44}
清水县	地方 tsɿ^{44}fɒ̃^{21}	啥地方 ʃa^{44}tsɿ^{44}fɒ̃^{21}	屋里 vu^{21}li^{13}
永靖县	地点 ti^{22}tiæ̃^{53} 地方 ti^{44}fɑŋ^{21}	阿个地点 a^{22}kɤ^{53}ti^{22}tiæ̃^{53} 阿个地方 a^{22}kɤ^{53}ti^{44}fɑŋ^{21}	屋里 vu^{22}li^{44}
敦煌市	地方 ti^{35}fɑŋ^{21}	啥地方 sa^{44}ti^{44}fɑŋ^{21}	屋 vu^{213}
临夏市	地方 ti^{44}fɑŋ^{21}	阿些里 ɑ^{44}ɕiɛ^{44}li^{42}	家里 tɕiɑ^{13}li^{42}
合作市	地方 ti^{44}fɑŋ^{21}	阿个地方 ᴀ^{44}kə^{53}ti^{44}fɑŋ^{21}	家里 tɕiᴀ^{21}li^{44}
临潭县	地方 ti^{44}fɒ^{21}	阿达儿 a^{44}tʰər^{21}	屋里 vu^{44}ȵi^{44}

	0115 城里	0116 乡下	0117 上面从～滚下来
兰州市	城里 tʂʰən^{53}n̠i^{13}	乡里 ɕiɑ̃^{55}n̠i^{21}	高头 kɔ^{44}tʰəu^{42}
榆中县	城里 tʂʰən^{31}n̠i^{213}	乡里 ɕiɑŋ^{51}n̠i^{0}	高头 kɔ^{51}tʰəu^{0}
永登县	城里 tʂʰə̃n^{55}li^{21}	乡里 ɕiɑ̃^{44}li^{21}	上头 ʂɑ̃^{22}tʰɤu^{55}
红古区	城里 tʂʰən^{22}ʅ^{13}	山里 ʂan^{22}ʅ^{13}	上头 ʂɑŋ^{22}tʰɤu^{55}
凉州区	城里 tʂʰəŋ^{35}li^{53} 城上 tʂʰəŋ^{35}ʂɑŋ^{53}	乡里 ɕiɑŋ^{35}li^{53}	上头 ʂɑŋ^{31}tʰəu^{21}
甘州区	城里 tʂʰɤŋ^{35}li^{42}	乡里 ɕiɑŋ^{44}li^{44}	上头 ʂɑŋ^{31}tʰɤu^{21}
肃州区	城里 tʂʰɤŋ^{44}li^{21}	乡里 ɕiɑŋ^{44}li^{44}	上面 ʂɑŋ^{21}miæ̃^{13}
永昌县	城里 tʂʰəŋ^{13}n̠i^{42}	乡里 ɕiɑŋ^{44}n̠i^{44}	上头 ʂɑŋ^{53}tʰəu^{21}
崆峒区	城里 tʂʰɤŋ^{22}n̠i^{53}	乡里 ɕiɑŋ^{53}n̠i^{21}	上头 ʂɑŋ^{35}tʰəu^{53}
庆城县	城里 tʂʰɤŋ^{21}li^{0}	乡里 ɕiɑ̃^{51}li^{0}	上头 ʂɑ̃^{244}tʰɤu^{0}
宁县	城里 tʂʰəŋ^{22}li^{52}	乡里 ɕiɑŋ^{31}li^{0}	上头 ʂɑŋ^{44}tʰou^{31}
武都区	城里 tʂʰəŋ^{22}li^{53}	乡里 ɕiɑŋ^{53}li^{21}	脑盖 lɔu^{55}kei^{21} 撩=皮=儿 liɔu^{53}pʰiər^{21}
文县	城里 tsəŋ^{21}li^{55}	乡里 ɕiɑ̃^{31}li^{21}	上面 sɑ̃^{24}miæ̃^{42}
康县	城里 tʂʰɤŋ^{53}li^{35}	乡里 ɕiɑŋ^{53}li^{21}	上面 ʂɑŋ^{24}mian^{53} 上头 ʂɑŋ^{24}tʰɤu^{53}
礼县	城后头 tʂʰɤŋ^{13}xəu^{52}tʰəu^{13} 城里 tʂʰɤŋ^{13}li^{21}	乡里 ɕiɑŋ^{31}li^{24}	上头 ʂɑŋ^{44}tʰəu^{13} 上面 ʂɑŋ^{44}miæ̃^{13}
靖远县	城来 tʂʰɤŋ^{22}lɛ^{55}	乡来 ɕiɑŋ^{41}lɛ^{21}	上头 ʂɑŋ^{35}tʰɤu^{41}
陇西县	城核=里 tʂʰɤŋ^{21}xɤ^{55}li^{42}	乡里 ɕiɑŋ^{22}li^{21}	上头 ʂɑŋ^{44}tʰɤu^{44}
秦州区	城里 tʂʰɤŋ^{13}li^{53}	乡里 ɕiɑŋ^{21}li^{53}	高头 kɔ^{21}tʰɤu^{13}
安定区	城里 tʂʰəŋ^{21}li^{44}	乡里 ɕiɑŋ^{21}li^{13}	上头 ʂɑŋ^{44}tʰəu^{21}
会宁县	城里 tʂʰəŋ^{21}li^{44}	乡里 ɕiɑŋ^{21}li^{13}	高头 kɔ^{21}tʰəu^{13}
临洮县	城里 tʂʰɤŋ^{21}li^{44}	乡里 tɕiɑ̃^{21}li^{13}	高头 kɔ^{21}tʰɤu^{13}
清水县	城里 tʂʰɤŋ^{13}li^{21}	乡里 ɕiɒ̃^{21}li^{13}	顶盖子 tsiŋ^{52}kɛ^{44}tsɿ^{21} 上头 ʂɒ̃^{44}tʰou^{21}
永靖县	城里 tʂʰɤŋ^{22}li^{44}	庄子 tʂuɑŋ^{22}tsɿ^{53}	上面 ʂɑŋ^{44}miæ̃^{21} 上头 ʂɑŋ^{44}tʰɤu^{21}
敦煌市	城里 tʂʰɤŋ^{22}li^{51}	乡里 ɕiɑŋ^{21}li^{13}	高头 kɔ^{21}tʰɤu^{13} 上头 ʂɑŋ^{35}tʰɤu^{51}
临夏市	城里 tʂʰəŋ^{21}li^{53}	乡里 ɕiɑŋ^{13}n̠i^{42}	上头 ʂɑŋ^{44}tʰɤu^{21}
合作市	城里 tʂʰəŋ^{21}li^{44}	农村 luəŋ^{13}tsʰuəŋ^{21}	上头 ʂɑŋ^{44}tʰəɯ^{21}
临潭县	城里 tʂʰəŋ^{21}n̠i^{44}	乡里 ɕiɒ^{44}n̠i^{44}	天面子 tʰiæ̃^{44}miæ̃^{44}tsɿ^{21}

	0118 下面从～爬上去	0119 左边	0120 右边
兰州市	底下 ti^{44}xa^{21}	左面 tsuə^{34}miæ̃^{21}	右面 iəu^{22}miæ̃^{53}
榆中县	底下 ti^{44}xa^{0} 下面 xa^{21}mian^{44}	左面 tsuə^{44}mian^{0}	右面 iəu^{21}mian^{44}
永登县	下头 xa^{22}t^{h}ɤu^{55}	左面 tsuə^{35}miæ̃^{21}	右面 iɤu^{22}miæ̃^{44}
红古区	下头 xa^{22}t^{h}ɤu^{55}	左半个儿 tsuə^{55}pan^{21}kər^{21}	右半个儿 iɤu^{22}pan^{55}kər^{21}
凉州区	下头 ɕia^{31}t^{h}əu^{21}	左傍个 tsuə^{53}pɑŋ^{35}kə^{53}	右傍个 iəu^{31}pɑŋ^{31}kə^{21}
甘州区	下头 ɕia^{31}t^{h}ɤu^{21}	左面 tsuə^{22}miaŋ^{44}	右面 iɤu^{31}miaŋ^{21}
肃州区	下面 ɕia^{21}miæ̃^{13}	左面 tsuə^{21}miæ̃^{51}	右面 ʑiəu^{21}miæ̃^{13}
永昌县	下头 ɕia^{53}t^{h}əu^{21}	左面个 tsuə^{53}miɛ^{22}kə^{44}	右面个 iəu^{44}miɛ^{22}kə^{21}
崆峒区	下头 xa^{35}t^{h}əu^{53}	左傍个 tsuo^{55}pɑŋ^{53}kɤ^{21}	右傍个 iəu^{35}pɑŋ^{53}kɤ^{21}
庆城县	下头 xa^{244}t^{h}ɤu^{0} 下面 ɕia^{244}miɛ̃^{0}	左面 tsuə^{44}miɛ̃^{0}	右面 iɤu^{244}miɛ̃^{0}
宁县	下头 xa^{44}t^{h}ou^{31}	左岸子 tsuə^{44}næ̃^{55}tsɿ^{0}	右岸子 iou^{44}næ̃^{55}tsɿ^{0}
武都区	下面 xa^{24}miæ̃^{21} 下面面 xa^{24}miæ̃^{21}miæ̃^{31}	左面 tsuɤ^{55}miæ̃^{21}	右面 iəu^{24}miæ̃^{21}
文县	下面 xɑ^{24}miæ̃^{42}	左面 tsuə^{55}miæ̃^{42}	右面 iɤu^{24}miæ̃^{42}
康县	下面 xa^{24}mian^{53} 下头 xa^{24}t^{h}ɤu^{53}	左面 tsuɤ^{55}mian^{21}	右面 iɤu^{24}mian^{53}
礼县	下头 xa^{44}t^{h}əu^{13} 下面 xa^{44}miæ̃^{13}	左面 tʃuɤ^{44}miæ̃^{21} 左半个 tʃuɤ^{44}pæ̃^{31}kɤ^{21}	右面 iəu^{44}miæ̃^{13} 右半个 iəu^{44}pæ̃^{31}kɤ^{21}
靖远县	下头 xa^{35}t^{h}ɤu^{41}	左面子 tsuə^{55}miæ̃^{21}tsɿ^{21}	右面子 iɤu^{35}miæ̃^{41}tsɿ^{21}
陇西县	下面 xa^{44}miæ̃^{21}	左面 tsuɤ^{55}miæ̃^{21}	右面 iu^{44}miæ̃^{21}
秦州区	底下 ti^{53}xa^{21}	左面 tsuə^{44}miæ̃^{21}	右面 iɤu^{44}miæ̃^{21}
安定区	底下 ti^{53}xa^{21}	左半个 tsə^{53}pæ̃^{21}kə^{21}	右半个 iəu^{44}pæ̃^{44}kə^{21}
会宁县	底下 ti^{53}xa^{21}	左半个 tsə^{44}pæ̃^{42}kə^{21}	右半个 iəu^{44}pæ̃^{22}kə^{21}
临洮县	下面 xa^{44}miæ̃^{21}	左半个儿 tsuɤ^{53}pæ̃^{42}kər^{21}	右半个儿 iɤu^{44}pæ̃^{42}kər^{21}
清水县	底下 tsɿ^{52}xa^{21} 下头 xa^{44}t^{h}ou^{21}	左半块 tsuə^{44}pæ̃^{21}k^{h}uɛ^{21} 左面 tsuə^{44}miæ̃^{21}	右半块 iou^{44}pæ̃^{21}k^{h}uɛ^{21} 右面 iou^{44}miæ̃^{21}
永靖县	下面 ɕia^{44}miæ̃^{21} 下头 ɕia^{44}t^{h}ɤu^{21}	左面 tsuɤ^{53}miæ̃^{21} 左半个 tsuɤ^{22}pæ̃^{44}kɤ^{21} 左边 tsuɤ^{22}piæ̃^{53}	右面 iɤu^{22}miæ̃^{44} 右半个 iɤu^{22}pæ̃^{44}kɤ^{21} 右边 iɤu^{22}piæ̃^{53}
敦煌市	底下 ti^{55}xa^{21} 下头 xa^{44}t^{h}ɤu^{21}	左面 tsuə^{53}miɛ̃^{21}	右面 iɤu^{35}miɛ̃^{21}
临夏市	下头 xɑ^{44}t^{h}ɤu^{21}	左傍个 tsuɤ^{44}pɑŋ^{42}kɤ^{24}	右傍个 iɤu^{44}pɑŋ^{42}kɤ^{21}
合作市	下头 xᴀ^{44}t^{h}əɯ^{21}	左半个 tsuə^{44}pæ̃^{53}kə^{21}	右半个 iəɯ^{44}pæ̃^{53}kə^{21}
临潭县	底下 ti^{51}xa^{24}	左面 tsuɤ^{51}miæ̃^{21}	右面 iəɯ^{44}miæ̃^{21}

	0121 中间排队排在～	0122 前面排队排在～	0123 后面排队排在～
兰州市	当中 tã^{53}pfən^{21}	前头 tɕʰiæ̃^{53}tʰəu^{13}	后头 xəu^{22}tʰəu^{53}
榆中县	当中 taŋ^{51}tʂuən^{51}	前头 tɕʰian^{31}tʰəu^{213}	后头 xəu^{21}tʰəu^{44}
永登县	当中 tã^{44}pfə̃n^{21}	前头 tɕʰiæ̃^{53}tʰɤu^{21}	后头 xɤu^{22}tʰɤu^{55}
红古区	当中 taŋ^{22}tʂuən^{55}	前头 tɕʰian^{22}tʰɤu^{55}	后头 xɤu^{22}tʰɤu^{53}
凉州区	当中 taŋ^{35}tʂuŋ^{53}	前头 tɕʰiaŋ^{35}tʰəu^{53}	后头 xəu^{31}tʰəu^{21}
甘州区	中间 kuŋ^{44}tɕiaŋ^{44}	前头 tɕʰiaŋ^{35}tʰɤu^{42}	后头 xɤu^{31}tʰɤu^{21}
肃州区	中间 tʂuŋ^{44}tɕiæ̃^{44}	前面 tɕʰiæ̃^{44}miæ̃^{21}	后面 xəu^{21}miæ̃^{13}
永昌县	当中 taŋ^{44}tʂoŋ^{44}	前头 tɕʰiɛ^{13}tʰəu^{42}	后头 xəu^{53}tʰəu^{21}
崆峒区	当中 taŋ^{22}tʂoŋ^{53}	前头 tɕʰiæ̃^{22}tʰəu^{53}	后头 xəu^{35}tʰəu^{53}
庆城县	当中 tã^{51}tʂuŋ^{0} 中间 tʂuŋ^{51}tɕiɛ̃^{0}	前头 tɕʰiɛ̃^{21}tʰɤu^{0}	后头 xɤu^{244}tʰɤu^{0}
宁县	当中 taŋ^{31}tʂʰuŋ^{0} 中间 tʃuŋ^{31}tɕiæ̃^{0}	前头 tɕʰiæ̃^{22}tʰou^{52} 前面 tɕʰiæ̃^{22}miæ̃^{52}	后头 xou^{44}tʰou^{31}
武都区	中间 tʃuŋ^{31}tɕiæ̃^{21} 当中 taŋ^{31}tʃuŋ^{21}	前面 tɕʰiæ̃^{22}miæ̃^{24}	后面 xəu^{24}miæ̃^{21}
文县	中间 tsoŋ^{31}tɕiæ̃^{13}	前面 tɕʰiæ̃^{21}miæ̃^{24}	后面 xɤu^{24}miæ̃^{42}
康县	顶中间 tsiŋ^{55}pfɤŋ^{53}tɕian^{21}	前面 tsʰian^{53}mian^{24}	后面 xɤu^{24}mian^{53}
礼县	中间里 tʃuɤŋ^{24}tɕiæ̃^{211}li^{24}	前面 tɕʰiæ̃^{13}miæ̃^{21}	后面 xəu^{44}miæ̃^{21}
靖远县	当中 taŋ^{22}tʂoŋ^{55}	前头 tɕʰiæ̃^{22}tʰɤu^{55}	后头 xɤu^{35}tʰɤu^{41}
陇西县	亭=心 tʰin^{24}ɕĩ^{42}	前头 tɕʰiæ̃^{21}tʰɤu^{44}	后头 xɤu^{44}tʰɤu^{21}
秦州区	当中里 taŋ^{13}tsuɤŋ^{21}li^{53}	前头 tɕʰiæ̃^{13}tʰɤu^{21}	后头 xɤu^{44}tʰɤu^{21}
安定区	中间 tʃuŋ^{13}tɕiæ̃^{21}	前头 tɕʰiæ̃^{21}tʰəu^{44}	后头 xəu^{44}tʰəu^{21}
会宁县	当中 taŋ^{13}tʃuŋ^{13}	前头 tɕʰiæ̃^{21}tʰəu^{44}	后头 xəu^{44}tʰəu^{21}
临洮县	当中儿 tã^{13}tʂuə̃r^{13}	前头 tɕʰiæ̃^{21}tʰɤu^{44}	后头 xɤu^{44}tʰɤu^{21}
清水县	当中里 tɒ̃^{13}tʃɤŋ^{21}li^{13}	前头 tsʰiæ̃^{13}tʰou^{21}	后头 xou^{44}tʰou^{21}
永靖县	中间 tʂuɤŋ^{22}tɕiæ̃^{44}	前头 tɕʰiæ̃^{21}tʰɤu^{13} 前面 tɕʰiæ̃^{22}miæ̃^{44}	后头 xɤu^{44}tʰɤu^{21} 后面 xɤu^{44}miæ̃^{44}
敦煌市	当中 taŋ^{13}tʂʰuŋ^{213}	前头 tɕʰiɛ̃^{22}tʰɤu^{51}	后头 xɤu^{35}tʰɤu^{21}
临夏市	中间 tʂuəŋ^{21}tɕiɛ̃^{53}	前头 tɕʰiɛ̃^{21}tʰɤu^{53}	后头 xɤu^{44}tʰɤu^{21}
合作市	中间 tʂuəŋ^{21}tɕiæ̃^{53}	前头 tɕʰiæ̃^{21}tʰəɯ^{44}	后头 xəɯ^{44}tʰəɯ^{21}
临潭县	当中里 tɒ^{21}tʂuəŋ^{44}ȵi^{24}	前面 tɕʰiæ̃^{21}miæ̃^{44}	后面 xəɯ^{44}miæ̃^{21}

	0124 末尾排队排在～	0125 对面	0126 面前
兰州市	尾巴上 ʐi^{53}pa^{42}ʂã^{21}	对面 tuei^{22}miæ̃^{13}	眼前 iæ̃^{34}tɕ^{h}iæ̃^{21}
榆中县	尾巴子 i^{44}pa^{0}tsɿ^{0}	对面子 tuei^{13}mian^{21}tsɿ^{44}	眼前头 ian^{44}tɕ^{h}ian^{31}t^{h}əu^{213}
永登县	尾巴子 i^{22}pa^{44}tsɿ^{21}	面对面 miæ̃^{13}tuei^{44}miæ̃^{13}	眼前头 iæ̃^{55}tɕ^{h}iæ̃^{53}t^{h}ɤu^{21}
红古区	最后头 tsuei^{13}xɤu^{22}t^{h}ɤu^{55}	迎面 in^{55}mian^{13}	面前 mian^{55}tɕ^{h}ian^{21}
凉州区	最后头 tsuei^{31}xəu^{31}t^{h}əu^{21}	对过 tuei^{31}kuə^{31}	眼面前 iɑŋ^{53}miɑŋ^{31}tɕ^{h}iɑŋ^{35}
甘州区	末梢 muə^{44}ʂɔ^{44}	对面 tuei^{24}miaŋ^{31}	面前 miaŋ^{31}tɕ^{h}iaŋ^{21}
肃州区	尾巴 vei^{21}pa^{51}	对面 tuei^{13}miæ̃^{21}	前面 tɕ^{h}iæ̃^{44}miæ̃^{21}
永昌县	最后头 tsuei^{22}xəu^{53}t^{h}əu^{21}	对面 tuei^{44}miɛ^{44}	跟前 kəŋ^{44}tɕ^{h}iɛ^{44}
崆峒区	把落落 pa^{44}la^{44}la^{44}	对过儿 tuei^{44}kuər^{44}	眼前头 ȵiæ̃^{53}tɕ^{h}iæ̃^{22}t^{h}əu^{53}
庆城县	梢梢 sɔ^{51}sɔ^{0}	对面儿 tuei^{244}miɛ̃r^{244}	眼前 iɛ̃^{44}tɕ^{h}iɛ̃^{113}
宁县	后头头儿 xou^{44}t^{h}ou^{31}t^{h}our^{24} 后面 xou^{44}miæ̃^{31}	对岸子 tuei^{44}næ̃^{44}tsɿ^{31} 对面子 tuei^{44}miæ̃^{44}tsɿ^{31}	面前 miæ̃^{44}tɕ^{h}iæ̃^{24}
武都区	后头头 xəu^{55}t^{h}əu^{21}t^{h}əu^{31}	对面 tuei^{24}miæ̃^{24}	前面 tɕ^{h}iæ̃^{22}miæ̃^{24}
文县	最后 tsuei^{24}xɤu^{24}	对门子 tuei^{24}məŋ^{21}tsɿ^{55}	脸前头 liæ̃^{55}tɕ^{h}iæ̃^{21}t^{h}ɤu^{13} 前面个 tɕiæ̃^{21}miæ̃^{24}kɤ^{42}
康县	后头 xɤu^{24}t^{h}ɤu^{53}	对面子 tuei^{24}mian^{24}tsɿ^{53}	跟前 kɤŋ^{53}ts^{h}ian^{21}
礼县	尾巴儿 i^{52}p^{h}ar^{13}	对面 tuei^{44}miæ̃^{44}	跟前 kɤŋ^{31}tɕ^{h}iæ̃^{24}
靖远县	尾巴子 zɿ^{55}pa^{21}tsɿ^{21} 最后头 tsuei^{33}xɤu^{35}t^{h}ɤu^{41}	对面儿 tuei^{33}miɛ̃r^{33}	眼前头 ȵiæ̃^{41}tɕ^{h}iæ̃^{22}t^{h}ɤu^{55}
陇西县	最后头 tsue^{44}xɤu^{44}t^{h}ɤu^{21}	对面 tue^{44}miæ̃^{44}	前头 tɕ^{h}iæ̃^{21}t^{h}ɤu^{44}
秦州区	尾巴 i^{53}p^{h}a^{21}	对过 tuei^{44}kuə^{53}	眼前头 ȵiæ̃^{53}tɕ^{h}iæ̃^{13}t^{h}ɤu^{21}
安定区	最后头 tsuei^{44}xəu^{44}t^{h}əu^{21}	对面个 tuei^{44}miæ̃^{44}kə^{21}	眼前头 ȵiæ̃^{53}tɕ^{h}iæ̃^{21}t^{h}əu^{44}
会宁县	最后头 tsuei^{44}xəu^{22}t^{h}əu^{21}	迎面 iŋ^{21}miæ̃^{44}	眼前 ȵiæ̃^{53}tɕ^{h}iæ̃^{13} 眼前头 ȵiæ̃^{53}tɕ^{h}iæ̃^{21}t^{h}əu^{44}
临洮县	最后头 tsuei^{44}xɤu^{42}t^{h}ɤu^{21}	前面 tɕ^{h}iæ̃^{21}miæ̃^{44}	眼前 ȵiæ̃^{53}tɕ^{h}iæ̃^{13}
清水县	最后头 tsuəi^{44}xou^{44}t^{h}ou^{21}	对面子 tuəi^{44}miæ̃^{44}tsɿ^{21}	眼前头 ȵiæ̃^{52}ts^{h}iæ̃^{13}t^{h}ou^{21} 前头 ts^{h}iæ̃^{13}t^{h}ou^{21}
永靖县	最后面 tsuei^{44}xɤu^{44}miæ̃^{44}	前面 tɕ^{h}iæ̃^{22}miæ̃^{44}	眼前 iæ̃^{44}tɕ^{h}iæ̃^{13}
敦煌市	尾巴尖尖 ʐi^{53}pa^{42}tɕiɛ̃^{21}tɕiɛ̃^{13}	对面 tuei^{35}miɛ̃^{44}	眼前头 ȵiɛ̃^{53}tɕ^{h}iɛ̃^{42}t^{h}ɤu^{21}
临夏市	尾巴 ʐi^{13}pɑ^{24}	对面 tuei^{44}miɛ̃^{21}	眼前头 ȵiɛ̃^{44}tɕ^{h}iɛ̃^{24}t^{h}ɤu^{21}
合作市	尾巴 ʐi^{13}pᴀ^{44}	对面 tuei^{44}miæ̃^{44}	眼前 iæ̃^{44}tɕ^{h}iæ̃^{13}
临潭县	尾巴 i^{51}pa^{24}	对面子 tuɪi^{44}miæ̃^{44}tsɿ^{21}	当面 tɒ^{44}miæ̃^{51}

	0127 背后	0128 里面躲在～	0129 外面衣服晒在～
兰州市	脊背后头 tɕi^{53}pei^{13}xəu^{22}tʰəu^{53}	里头 li^{44}tʰəu^{21}	外头 vɛ^{13}tʰəu^{42}
榆中县	后面个 xəu^{21}mian^{13}kə^{0}	里面个 li^{44}mian^{0}kə^{0} 里头 li^{44}tʰəu^{0}	外面个 vɛ^{21}mian^{13}kə^{0} 外头 vɛ^{21}tʰəu^{44}
永登县	脊梁背后 tɕi^{22}liɑ̃^{55}pei^{22}xɤu^{44}	里头 li^{35}tʰɤu^{21}	外头 vɛ^{22}tʰɤu^{55}
红古区	脊背后头 tsʅ^{22}pei^{13}xɤu^{22}tʰɤu^{55}	里头 lʅ^{55}tʰɤu^{21}	外头 vɛ^{22}tʰɤu^{55}
凉州区	沟子后头 kəu^{35}tsʅ^{53}xəu^{31}tʰəu^{21}	里头 li^{53}tʰəu^{35}	外头 væ^{31}tʰəu^{21}
甘州区	背后 pei^{31}xɤu^{21}	里头 li^{22}tʰɤu^{44}	外头 vɛ^{31}tʰɤu^{21}
肃州区	背后 pei^{21}xəu^{13}	里面 li^{21}miæ̃^{51}	外面 vɛ^{21}miæ̃^{13}
永昌县	背后 pei^{53}xəu^{21}	里头 li^{53}tʰəu^{21}	外头 vɛe^{44}tʰəu^{21}
崆峒区	脊背后头 tɕi^{53}pei^{21}xəu^{35}tʰəu^{53}	里头 li^{55}tʰəu^{21}	外头 uɛ^{35}tʰəu^{53}
庆城县	背后 pei^{244}xɤu^{0}	里头 li^{44}tʰɤu^{0}	外头 vɛ^{244}tʰɤu^{0}
宁县	后头 xou^{44}tʰou^{31} 背后 pei^{44}xou^{31}	里头 li^{55}tʰou^{0} 吼=头 xou^{55}tʰou^{0}	外前 uɛ^{44}tɕʰiæ̃^{31} 外头 uɛ^{44}tʰou^{31} 外面 uɛ^{44}miæ̃^{31}
武都区	后面 xəu^{24}miæ̃^{21} 后头 xəu^{24}tʰəu^{21}	后头 xəu^{24}tʰəu^{21}	外面 vɛɪ^{24}miæ̃^{21} 外头 vɛɪ^{24}tʰəu^{21}
文县	背后 pei^{24}xɤu^{42}	后头 xɤu^{24}tɤu^{42} 里面 li^{55}miæ̃^{42}	外前 uɛe^{24}tɕʰiæ̃^{42}
康县	背后哩 pei^{24}xɤu^{53}li^{21}	后面 xɤu^{24}mian^{53} 后头 xɤu^{24}tɤu^{53}	外前 vɛ^{24}tsʰian^{53}
礼县	脊背后头 tɕi^{31}pei^{24}xəu^{44}tʰəu^{21}	后头 xəu^{44}tʰəu^{21}	外前 vai^{44}tɕʰiæ̃^{21} 外头 vai^{44}tʰəu^{21}
靖远县	脊背后头 tsʅ^{22}pei^{21}xɤu^{35}tʰɤu^{41} 沟子后头 kɤu^{22}tsʅ^{21}xɤu^{35}tʰɤu^{41}	里头 lʅ^{55}tʰɤu^{21}	外头 vɛ^{35}tʰɤu^{41} 外前 vɛ^{35}tɕʰiæ̃^{41}
陇西县	后头 xɤu^{44}tʰɤu^{21}	核=里 xɤ^{55}li^{42}	外头 vɛ^{44}tʰɤu^{44} 外前 vɛ^{44}tɕʰiæ̃^{44}
秦州区	脊背后头 tɕi^{21}pei^{13}xɤu^{44}tʰɤu^{21}	伙=里 xuə^{53}li^{13}	外前 vɛ^{44}tɕʰiæ̃^{21}
安定区	背后头 pei^{44}xəu^{44}tʰəu^{21}	核=头 xə^{53}tʰəu^{21}	外头 vei^{44}tʰəu^{21}
会宁县	背后 pei^{44}xəu^{21}	核=头 xə^{53}tʰəu^{21}	外头 uɛ^{44}tʰəu^{21}
临洮县	后头 xɤu^{44}tʰɤu^{21}	伙=头 xuɤ^{53}tʰɤu^{21}	外头 vɛ^{44}tʰɤu^{21} 外前 vɛ^{44}tɕʰiæ̃^{21}
清水县	后头 xou^{44}tʰou^{21} 背后 pəi^{44}xou^{21}	里头 li^{52}tʰou^{21}	外头 vɛ^{44}tʰou^{21}
永靖县	后头 xɤu^{44}tʰɤu^{21}	里头 li^{44}tʰɤu^{21}	外头 vɛ^{44}tʰɤu^{21}
敦煌市	沟子后头 kɤu^{22}tsʅ^{21}xɤu^{35}tʰɤu^{51} 脊背后头 tɕi^{22}pei^{21}xɤu^{35}tʰɤu^{21}	里头 li^{53}tʰɤu^{21}	外头 vɛ^{35}tʰɤu^{21}
临夏市	脊背后 tɕi^{21}pei^{44}xɤu^{53}	里头 li^{44}tʰɤu^{42}	外头 vɛ^{44}tʰɤu^{21}
合作市	脊背后 tɕi^{21}pei^{44}xəɯ^{53}	里头 li^{44}tʰəɯ^{13}	外头 vɛe^{44}tʰəɯ^{21}
临潭县	背后 pɪi^{44}xəɯ^{21}	后头 xəɯ^{44}tʰəɯ^{21}	外面 vɛe^{44}miæ̃^{21}

	0130 旁边	0131 上碗在桌子～	0132 下凳子在桌子～
兰州市	边上 piæ̃^{55}ʂɑ̃^{21}	上 ʂɑ̃^{13}	底下 ti^{44}xa^{21}
榆中县	半$^{=}$个子 pan^{21}kə^{44}tsɿ^{0} 两面个 liaŋ^{44}mian^{0}kə^{0}	高头 kɔ^{51}tʰəu^{0}	下头 xa^{21}tʰəu^{44}
永登县	边里 piæ̃^{44}li^{21}	上 ʂɑ̃^{13}	下 xa^{13}
红古区	边里 pian^{22}lɿ^{13}	上头 ʂɑŋ^{22}tʰɤu^{55}	下头 xa^{22}tʰɤu^{55}
凉州区	傍个里 pɑŋ^{31}kə^{31}li^{21}	上头 ʂɑŋ^{31}tʰəu^{21}	下头 xa^{31}tʰəu^{21}
甘州区	跟前 kɤŋ^{44}tɕʰiaŋ^{44}	上 xaŋ^{31}	底下 ti^{22}xa^{44}
肃州区	旁边 pʰɑŋ^{44}piæ̃^{21}	上 ʂɑŋ^{213}	下 ɕia^{213}
永昌县	边里 piɛ^{44}n̡i^{44}	高头 kɔo^{44}tʰəu^{44}	底下 ti^{53}xa^{21}
崆峒区	傍里 pɑŋ^{53}n̡i^{21}	上头 ʂɑŋ^{35}tʰəu^{53}	底下 ti^{55}xa^{21}
庆城县	旁边儿 pʰɑ̃^{21}piɛ̃r^{51}	上头 ʂɑ̃^{244}tʰɤu^{0}	下头 xa^{244}tʰɤu^{0}
宁县	偏岸子 pʰiæ̃^{31}næ̃^{0}tsɿ^{0} 傍傍 paŋ^{31}paŋ^{0}	上 ʂɑŋ^{44}	底下 ti^{55}xa^{0}
武都区	半$^{=}$面 pæ̃^{24}miæ̃^{31}	上 ʂɑŋ^{24}	下 xa^{24}
文县	半$^{=}$个儿 pæ̃^{24}kɤr^{42}	上 sɑ̃^{24}	下面 xa^{24}miæ̃^{42}
康县	边边子 pian^{53}pian^{21}tsɿ^{21}	上 ʂɑŋ^{24}	下 xa^{24}
礼县	旁边个儿 pʰɑŋ^{13}pæ̃^{31}kɤr^{21}	上 ʂɑŋ^{44}	底下 ti^{52}xa^{13}
靖远县	傍来 pɑŋ^{41}lɛ^{21}	上头 ʂɑŋ^{35}tʰɤu^{41} 上 ʂɑŋ^{33}	下头 xa^{35}tʰɤu^{41} 底下 tsɿ^{55}xa^{21}
陇西县	偏半$^{=}$个 pʰiæ̃^{42}pæ̃^{44}kɤ^{21}	上 ʂɑŋ^{44}	下头 xa^{44}tʰɤu^{44}
秦州区	半$^{=}$个 pæ̃^{44}kuə^{21}	高里 kɔ^{21}li^{53}	底下 ti^{53}xa^{21}
安定区	半$^{=}$个 pæ̃^{44}kə^{21}	上头 ʂɑŋ^{44}tʰəu^{21}	底下 ti^{53}xa^{21}
会宁县	跟前 kə^{21}tɕʰiæ̃^{13}	上 ʂɑŋ^{44}	底下 ti^{53}xa^{21}
临洮县	跟前 kɤŋ^{21}tɕʰiæ̃^{13}	上 ʂɑ̃^{44}	下面 xa^{44}miæ̃^{21}
清水县	半$^{=}$块 pæ̃^{44}kʰuɛ^{21} 歪胯$^{=}$子 vɛ^{21}kʰua^{44}tsɿ^{21}	上 ʂɒ̃^{443}	底下 tsɿ^{52}xa^{21}
永靖县	半$^{=}$个 pæ̃^{44}kɤ^{44}	上面 ʂɑŋ^{44}miæ̃^{21}	底下 ti^{44}xa^{21}
敦煌市	跟前 kɤŋ^{22}tɕʰiɛ̃^{51} 边里 piɛ̃^{21}li^{13}	上 ʂɑŋ^{44}	底下 ti^{44}xa^{21}
临夏市	半$^{=}$个 pɑ̃^{44}kɤ^{42}	上头 ʂɑŋ^{44}tʰɤu^{21}	下头 xɑ^{44}tʰɤu^{21}
合作市	跟前 kəŋ^{21}tɕʰiæ̃^{53}	上头 ʂɑŋ^{44}tʰəɯ^{21}	下头 xᴀ^{44}tʰəɯ^{21}
临潭县	旁跟儿里 pʰɒ^{44}kər^{24}n̡i^{21}	上 ʂɒ^{44}	下 ɕia^{44}

	0133 边儿桌子的～	0134 角儿桌子的～	0135 上去他～了
兰州市	沿沿子 iæ̃^{53}iæ̃^{13}tsɿ^{42}	角角子 tɕyɛ^{22}tɕyɛ^{42}tsɿ^{21}	上去 ʂɑ̃^{22}tɕʰi^{53}
榆中县	边边子 pian^{51}pian^{0}tsɿ^{0}	角角子 kə^{31}kə^{13}tsɿ^{0}/ tɕyᴇ^{31}tɕyᴇ^{13}tsɿ^{0}	高头去 kɔ^{51}tʰəu^{0}tɕʰy^{0}
永登县	边边子 piæ̃^{44}piæ̃^{21}tsɿ^{21}	角角子 kə^{22}kə^{13}tsɿ^{55}	上去 ʂɑ̃^{35}tɕʰi^{53}
红古区	边边儿 pian^{22}piɐ̃r^{13}	角角儿 tɕyɛ^{22}tɕyər^{55}	上去 ʂɑŋ^{13}tsʰɿ^{13}
凉州区	沿沿子 iɑŋ^{35}iɑŋ^{53}tsɿ^{21}	拐拐子 kuæ^{53}kuæ^{35}tsɿ^{21}	上去 ʂɑŋ^{31}tɕʰi^{21}
甘州区	边边子 piaŋ^{44}piaŋ^{44}tsɿ^{44}	拐拐子 kuɛ^{22}kuɛ^{22}tsɿ^{44}	上去 ʂaŋ^{31}kʰə^{21}
肃州区	边沿子 piæ̃^{44}ʑiæ̃^{44}tsɿ^{21}	拐子 kuɛ^{21}tsɿ^{51}	上去 ʂaŋ^{21}tɕʰi^{13}
永昌县	边边子 piɛ^{44}piɛ^{44}tsɿ^{21}	拐拐子 kuɛe^{53}kuɛe^{22}tsɿ^{21}	上去 ʂaŋ^{53}tɕʰi^{21}
崆峒区	沿沿子 iæ̃^{22}iæ̃^{55}tsɿ^{21}	角角子 tɕyɤ^{53}tɕyɤ^{21}tsɿ^{21}	上去 ʂaŋ^{35}tɕʰi^{53}
庆城县	边边儿 piɛ̃^{51}piɛ̃r^{0}	角角 tɕyə^{51}tɕyə^{0}	上去 ʂɑ̃^{244}tɕʰi^{0}
宁县	边边 piæ̃^{31}piæ̃^{0}	角角 tɕyə^{31}tɕyə^{0}	上去 ʂaŋ^{44}tɕʰi^{31}
武都区	边边儿 piæ̃^{53}piæ̃^{31}ɚ^{21}	角角子 kɤ^{53}kɤ^{31}tsɿ^{21}	上去 ʂaŋ^{24}tɕʰi^{21}
文县	边边子 piæ̃^{42}piæ̃^{21}tsɿ^{55}	角角子 tɕyɛ^{42}tɕyɛ^{21}tsɿ^{55}	上去 sɑ̃^{24}tɕʰi^{42}
康县	沿 ian^{13}	角角子 kuɤ^{53}kuɤ^{21}tsɿ^{21}	上去 ʂaŋ^{24}tɕʰi^{53}
礼县	边边儿 piæ̃^{31}piɐr^{24}	角角儿 kɤ^{31}kɤr^{24}	上去 ʂaŋ^{44}tɕʰi^{13}
靖远县	边边子 piæ̃^{41}piæ̃^{21}tsɿ^{21} 沿沿子 iæ̃^{22}iæ̃^{5}tsɿ^{21}	拐拐 kuɛ^{41}kuɛ^{21}	上去 ʂaŋ^{35}tsʰɿ^{41}
陇西县	边边儿 piæ̃^{42}piæ̃^{21}zɿ^{44}	角角儿 kɤ^{42}kɤ^{21}zɿ^{44}	上去 ʂaŋ^{44}tɕʰi^{42}
秦州区	边边 piæ̃^{21}piæ̃^{13}	角角 tɕyə^{21}tɕyə^{13}	上去 ʂaŋ^{44}tɕʰi^{13}
安定区	边边 piæ̃^{21}piæ̃^{13}	角角 kə^{21}kə^{13}	上去 ʂaŋ^{44}tɕʰi^{53}
会宁县	边子 piæ̃^{21}tsɿ^{13}	角子 kə^{21}tsɿ^{13}	上去 ʂaŋ^{44}tɕʰi^{21}
临洮县	边边儿 piæ̃^{21}piɐr^{13}	角角儿 kɤ^{21}kər^{13}	上去 ʂɑ̃^{53}tɕʰi^{44}
清水县	边边子 piæ̃^{21}piæ̃^{13}tsɿ^{21}	角角子 kuə^{21}kuə^{13}tsɿ^{21}	上去 ʂɒ̃^{44}tɕʰi^{21}
永靖县	边 piæ̃^{213}	角子 kɤ^{22}tsɿ^{44}	上去 ʂaŋ^{22}tɕʰi^{44}
敦煌市	边边子 piɛ̃^{21}piɛ̃^{22}tsɿ^{51}	拐拐子 kuɛ^{55}kuɛ^{42}tsɿ^{21}	上去 ʂaŋ^{35}tɕʰi^{21}
临夏市	边边 piɛ̃^{21}piɛ̃^{53}	角角 kɛ^{21}kɛ^{53}	上去 ʂaŋ^{44}tɕʰi^{24}
合作市	边边 piæ̃^{21}piæ̃^{53}	角角 kə^{21}kə^{53}	上去 ʂaŋ^{44}tɕʰi^{13}
临潭县	边子 piæ̃^{44}tsɿ^{44}	角子 tɕʰi^{51}tsɿ^{24}	上去 ʂɒ^{44}tɕʰi^{44}

	0136 下来他～了	0137 进去他～了	0138 出来他～了
兰州市	下来 xa^{22}lɛ^{53}	进去 tɕin^{22}tɕʰi^{53}	出来 pfʰu^{22}lɛ^{53}
榆中县	下来 xa^{21}lɛ^{44}	进了 tɕin^{21}lɔ^{44}	出来 tʂʰu^{21}lɛ^{44}
永登县	下来 xa^{35}lɛ^{53}	进去 tɕin^{35}tɕʰi^{53}	出来 pfʰu^{44}lɛ^{53}
红古区	下来 xa^{13}lɛ^{13}	进去 tɕin^{13}tsʰɿ^{13}	出来 tʂʰu^{22}lɛ^{55}
凉州区	下来 xa^{31}læ^{21}	进去 tɕiŋ^{31}tɕʰi^{21}	出来 tʂʰu^{31}læ^{21}
甘州区	下来 xa^{31}lɛ^{21}	进去 tɕiŋ^{31}kʰə^{21}	出来 pfʰu^{31}lɛ^{21}
肃州区	下来 xa^{21}lɛ^{21}	进去 tɕiŋ^{21}tɕʰi^{51}	出来 tʂʰu^{21}lɛ^{13}
永昌县	下来 xa^{53}lɛe^{21}	进去 tɕiŋ^{53}tɕʰi^{21}	出来 tʂʰu^{53}lɛe^{21}
崆峒区	下来 ɕia^{35}lɛ^{53}	进去 tɕiɤŋ^{35}tɕʰi^{53}	出来 tʂʰu^{53}lɛ^{21}
庆城县	下来 xa^{244}lɛ^{0}	进去 tɕiŋ^{244}tɕʰi^{0}	出来 tʂʰu^{51}lɛ^{0}
宁县	下来 xa^{44}lɛ^{31}	进去 tɕiŋ^{44}tɕʰi^{31}	出来 tʃʰu^{31}lɛ^{0}
武都区	下来 xa^{24}lɛɪ^{31}	进去 tɕin^{24}tɕʰi^{21}	出来 tʃʰu^{31}lɛɪ^{21}
文县	下来 xa^{24}lɛe^{42}	进去 tɕiəŋ^{24}tɕʰi^{42}	出来 tsʰu^{31}lɛe^{24}
康县	下来 ɕia^{24}lɛ^{53}	进去 tsiŋ^{24}tɕʰy^{53}	出来 pfʰu^{53}lɛ^{21}
礼县	下来 xa^{44}nai^{13}	进去 tɕiŋ^{44}tɕʰi^{13}	出来 tʃʰu^{31}nai^{13}
靖远县	下来 xa^{35}lɛ^{41}	进去 tɕiŋ^{35}tsʰɿ^{41}	出来 tʂʰʯ^{41}lɛ^{21}
陇西县	下来 xa^{44}lɛ^{44}	进去 tɕin^{44}tɕʰi^{21}	出来 tʃʰʯ^{42}lɛ^{13}
秦州区	下来 xa^{44}lɛ^{13}	进去 tɕiɤŋ^{44}tɕʰi^{13}	出来 tʃʰɥ^{21}lɛ^{13}
安定区	下来 xa^{44}lɛ^{13}	进去 tɕiŋ^{44}tɕʰi^{53}	出来 tʃʰu^{21}lɛ^{13}
会宁县	下来 xa^{44}lɛ^{21}	进去 tɕiŋ^{44}tɕʰi^{21}	出来 tʃʰu^{21}lɛ^{13}
临洮县	下来 xa^{53}lɛ^{13}	进去 tɕiŋ^{53}tɕʰi^{44}	出来 tʂʰu^{21}lɛ^{13}
清水县	下来 xa^{44}lɛ^{21}	进去 tsiŋ^{44}tɕʰi^{21}	出来 tʃʰɨ^{21}lɛ^{13}
永靖县	下来 xa^{22}lɛ^{44}	进去 tɕiɤŋ^{22}tɕʰi^{44}	出来 tʂʰu^{22}lɛ^{44}
敦煌市	下来 xa^{35}lɛ^{213}	进去 tɕiŋ^{35}tɕʰi^{21}	出来 tʂʰu^{21}lɛ^{13}
临夏市	下来 xɑ^{44}lɛ^{24}	进去 tɕiŋ^{44}tɕʰi^{24}	出来 tʂʰu^{21}lɛ^{24}
合作市	下来 xᴀ^{44}lɛe^{13}	进去 tɕiŋ^{44}tɕʰi^{13}	出来 tʂʰu^{21}lɛe^{13}
临潭县	下来 xa^{51}lɛe^{24}	进去 tɕin^{44}tɕʰi^{44}	出来 tʂʰu^{44}lɛe^{44}

	0139 出去他～了	0140 回来他～了	0141 起来天冷～了
兰州市	出去 pfʰu^{22}tɕʰy^{24}	回来 xuei^{53}lɛ^{21}	开 kʰɛ^{55}
榆中县	出去 tʂʰu^{21}tɕʰi^{0} 出了 tʂʰu^{31}lɔ^{213}	来 lɛ^{312}	开 kʰɛ^{51}
永登县	出去 pfʰu^{44}tɕi^{53}	回来 xuei^{53}lɛ^{21}	开 kʰɛ^{44}
红古区	出去 tʂʰu^{22}tsʰɿ^{55}	来 lɛ^{13}	下 xa^{13}
凉州区	出去 tʂʰu^{31}tɕʰi^{21}	回来 xuei^{35}læ^{53}	开 kʰæ^{35}
甘州区	出去 pfʰu^{31}kʰə^{21}	回来 xuei^{35}lɛ^{42}	开 kʰɛ^{44}
肃州区	出去 tʂʰu^{21}tɕʰi^{44}	回来 xuei^{44}lɛ^{21}	起来 tɕʰi^{21}lɛ^{51}
永昌县	出去 tʂʰu^{53}tɕʰi^{21}	回来 xuei^{13}lɛe^{42}	开 kʰɛe^{44}
崆峒区	出去 tʂʰu^{53}tɕʰi^{21}	回来 xuei^{22}lɛ^{53}	开 kʰɛ^{21}
庆城县	出去 tʂʰu^{51}tɕʰi^{0}	回来 xuei^{21}lɛ^{0}	起来 tɕʰiᴇ^{44}lɛ^{0}
宁县	出去 tʃʰu^{31}tɕʰi^{0}	回来 xuei^{22}lɛ^{52}	开了 kʰɛ^{31}lia^{0}
武都区	出去 tʃʰu^{31}tɕʰi^{21}	回来 xuei^{22}lɛɪ^{53}	开 kʰɛɪ^{31} 脱 tʰuɤ^{31}
文县	出去 tsʰu^{31}tɕʰi^{24}	回来 xuei^{31}lɛe^{24}	起来 tɕʰi^{55}lɛe^{42}
康县	出去 pfʰu^{53}tɕʰi^{21}	回来 xuei^{53}lɛ^{55}	起来 tɕʰi^{35}lɛ^{21}
礼县	出去 tʃʰu^{31}tɕʰi^{44}	回来 xuei^{13}nai^{13}	开 kʰai^{31}
靖远县	出去 tʂʰʮ^{41}tsʰɿ^{21} 外头去 vɛ^{35}tʰɤu^{41}tsʰɿ^{21}	回来 xuei^{22}lɛ^{55}	开 kʰɛ^{41}
陇西县	出去 tʃʰʮ^{42}tɕʰi^{13}	过来 kuɤ^{44}lɛ^{44}	起来 tɕʰi^{55}lɛ^{42}
秦州区	出去 tʃʰɥ^{21}tɕʰi^{44}	回来 xuei^{13}lɛ^{13}	开 kʰɛ^{13}
安定区	出去 tʃʰu^{21}tɕʰi^{53}	来 lɛ^{13}	起来 tɕʰi^{53}lɛ^{13}
会宁县	出去 tʃʰu^{21}tɕʰi^{13}	回来 xuei^{13}lɛ^{21}	开 kʰɛ^{13}
临洮县	出去 tʂʰu^{21}tɕʰi^{44}	来 lɛ^{13}	开 kʰɛ^{13}
清水县	出去 tʃʰɨ^{21}tɕʰi^{13}	回来 xuəi^{13}lɛ^{21}	开 kʰɛ^{13}
永靖县	出去 tʂʰu^{22}tɕʰi^{44}	来 lɛ^{213}	开 kʰɛ^{213}
敦煌市	出去 tʂʰu^{21}tɕʰi^{13}	回来 xuei^{22}lɛ^{51}	开 kʰɛ^{213}
临夏市	出去 tʂʰu^{21}tɕʰi^{44}	来 lɛ^{13}	开 kʰɛ^{13}
合作市	出去 tʂʰu^{21}tɕʰi^{44}	来 lɛe^{13}	开 kʰɛe^{13} 脱 tʰuə^{13}
临潭县	出去 tʂʰu^{44}tɕʰi^{44}	来 lɛe^{21}	起来 tɕʰi^{51}lɛe^{24}

	0142 树	0143 木头	0144 松树统称
兰州市	树 fu^{13}	木头 mu^{22}t^{h}iəu^{13}	松树 suən^{55}fu^{21}
榆中县	树 ʂu^{213}	木头 mu^{31}t^{h}əu^{213}	松树 suən^{51}ʂu^{0}
永登县	树 fu^{13}	木头 mu^{22}t^{h}ɤu^{55}	松树 suə̃n^{44}fu^{21}
红古区	树 fu^{13}	木头 mu^{22}t^{h}ɤu^{13}	松树 suən^{22}fu^{13}
凉州区	树 ʂu^{31}	木头 mu^{31}t^{h}əu^{21}	松树 suŋ^{35}ʂu^{53}
甘州区	树 fu^{31}	木头 mu^{31}t^{h}ɤu^{21}	松树 suŋ^{44}fu^{44}
肃州区	树 ʂu^{213}	木头 mu^{21}t^{h}əu^{13}	松树 suŋ^{44}ʂu^{44}
永昌县	树 ʂu^{53}	木头 mu^{53}t^{h}əu^{21}	松树 soŋ^{44}ʂu^{44}
崆峒区	树 ʂu^{44}	木头 mu^{53}t^{h}əu^{21}	松树 soŋ^{53}ʂu^{21}
庆城县	树 ʂu^{244}	木头 mu^{51}t^{h}ɤu^{0}	松树 suŋ^{51}ʂu^{0}
宁县	树 ʃu^{44}	木头 mu^{31}t^{h}ou^{0}	松树 suŋ^{31}ʃu^{0}
武都区	树 ʃu^{24}	木头 mu^{31}t^{h}əu^{21}	松树 suŋ^{31}ʃu^{21}
文县	树 su^{24}	木头 mu^{31}t^{h}ɤu^{13}	松树 soŋ^{31}su^{24}
康县	树 fu^{24}	木头 mu^{53}t^{h}ɤu^{21}	松树 suŋ^{53}fu^{21}
礼县	树 ʃu^{44}	木头 mu^{31}t^{h}əu^{24}	松树 ʃuɤŋ^{31}ʃu^{44}
靖远县	树 ʂu^{33}	木头 mu^{41}t^{h}ɤu^{21}	松树 soŋ^{22}ʂʮ^{33}
陇西县	树 ʂu^{44}	木头 mu^{42}t^{h}ɤu^{13}	松树 suŋ^{42}ʃʮ^{44}
秦州区	树 ʃʮ^{44}	木头 mu^{21}t^{h}ɤu^{13}	松树 suɤŋ^{21}ʃʮ^{44}
安定区	树 ʃu^{44}	木头 mu^{21}t^{h}əu^{13}	松树 suŋ^{21}ʃu^{44}
会宁县	树 ʃu^{44}	木头 mu^{21}t^{h}əu^{13}	松树 suŋ^{21}ʃu^{44}
临洮县	树 ʂu^{44}	木头 mu^{21}t^{h}ɤu^{13}	松树 suŋ^{21}ʂu^{44}
清水县	树 ʃɨ^{443}	木头 mu^{21}t^{h}ou^{13} 木植 mu^{21}ʂʅ^{13}	松树 suŋ^{21}ʃɨ^{443}
永靖县	树 ʂu^{44}	木头 mu^{22}t^{h}ɤu^{44}	松树 suɤŋ^{22}ʂu^{44}
敦煌市	树 ʂu^{44}	木头 mu^{21}t^{h}ɤu^{13}	松树 suŋ^{21}ʂu^{44}
临夏市	树 ʂu^{53}	木头 mu^{21}t^{h}ɤu^{53}	松树 suəŋ^{13}ʂu^{42}
合作市	树 fu^{53}	木头 mu^{21}t^{h}əɯ^{53}	松树 suəŋ^{21}fu^{53}
临潭县	树 ʂu^{44}	木头 mu^{44}t^{h}əɯ^{44}	松树 suəŋ^{44}ʂu^{44}

	0145 柏树统称	0146 杉树	0147 柳树
兰州市	柏树 pɤ^{22}fu^{13}		柳树 liəu^{34}fu^{21}
榆中县	柏树 pə^{31}ʂu^{213}	杉树 ʂan^{51}ʂu^{0}	柳树 liəu^{44}ʂu^{0}
永登县	柏树 pə^{44}fu^{21}	杉树 ʂæ̃^{44}fu^{21}	柳树 liɤu^{354}fu^{21}
红古区	柏树 pə^{22}fu^{13}		柳树 liɤu^{55}fu^{21}
凉州区	柏树 pə^{31}ʂu^{21}	杉树 sɑŋ^{35}ʂu^{53}	柳树 liəu^{53}ʂu^{35}
甘州区	柏树 piə^{31}fu^{21}	杉树 ʂaŋ^{44}fu^{44}	柳树 liɤu^{22}fu^{44}
肃州区	柏树 pə^{21}ʂu^{13}	杉树 sæ̃^{44}ʂu^{21}	柳树 liəu^{21}ʂu^{51}
永昌县	柏树 pə^{53}ʂu^{21}	杉树 ʂɛe^{44}ʂu^{44}	柳树 liəu^{53}ʂu^{21}
崆峒区	柏树 pei^{53}ʂu^{21}		柳树 liəu^{55}ʂu^{21}
庆城县	柏树 pei^{51}ʂu^{0}		柳树 liɤu^{44}ʂu^{0}
宁县	柏树 pei^{31}ʃu^{0}		柳树 liou^{55}ʃu^{0}
武都区	柏树 pei^{31}ʃu^{21}	杉树 sæ̃^{31}ʃu^{21}	柳树 liəu^{55}ʃu^{21}
文县	柏树 pei^{31}su^{24}	杉树 sæ̃^{31}su^{24}	柳树 liɤu^{55}su^{42}
康县	柏树 pei^{53}fu^{21}	杉树 ʂan^{53}ʂu^{21}	柳树 liɤu^{55}fu^{42}
礼县	柏树 pei^{31}ʃu^{44}	杉树 sæ̃^{31}ʃu^{44}	柳树 liəu^{52}ʃu^{21}
靖远县	柏树 pɛ^{22}ʂʮ^{33}	云杉 ioŋ^{22}ʂæ̃^{41}	柳树 liɤu^{55}ʂʮ^{33}
陇西县	柏树 pe^{42}ʃʮ^{44}	白杉 pe^{13}sæ̃^{21}	柳树 liu^{55}ʃʮ^{0}
秦州区	柏树 pei^{21}ʃɥ^{44}	杉树 sæ̃^{21}ʃɥ^{44}	柳树 liɤu^{53}ʃɥ^{44}
安定区	柏树 pʰɛ^{21}ʃu^{44}		柳树 liəu^{53}ʃu^{21}
会宁县	柏树 pei^{21}ʃu^{44}	杉树 sæ̃^{21}ʃu^{44}	柳树 liəu^{53}ʃu^{21}
临洮县	柏树 pei^{21}ʂu^{44}	杉树 sæ̃^{21}ʂu^{44}	柳树 liɤu^{53}ʂu^{44}
清水县	柏树 pəi^{21}ʃɨ^{443}		柳树 liou^{52}ʃɨ^{443}
永靖县	柏树 pɤ^{21}ʂu^{24}	杉树 ʂæ̃^{22}ʂu^{44}	柳树 liɤu^{53}ʂu^{21}
敦煌市	柏树 pei^{21}ʂu^{44}	杉树 sæ̃^{21}ʂu^{44}	柳树 liɤu^{53}ʂu^{21}
临夏市	柏树 pɛ^{13}ʂu^{42}		柳树 liɤu^{44}ʂu^{42}
合作市	柏香树 pɛe^{44}ɕiɑŋ^{21}fu^{53}		柳树 liəɯ^{44}fu^{53}
临潭县	柏树 pɪi^{51}ʂu^{44}	杉树 sæ̃^{44}ʂu^{44}	柳树 liəɯ^{51}ʂu^{21}

	0148 竹子统称	0149 笋	0150 叶子
兰州市	竹子 pfu^{22}tsɿ^{13}	竹笋 pfu^{22}suən^{13}	叶叶子 iɛ^{22}iɛ^{22}tsɿ^{13}
榆中县	竹子 tʂu^{31}tsɿ^{213}	竹笋 tʂu^{31}suən^{44}	叶叶子 iᴇ^{31}iᴇ^{13}tsɿ^{0}
永登县	竹子 pfu^{22}tsɿ^{35}	笋子 suə̃n^{354}tsɿ^{21}	叶子 iɛ^{22}tsɿ^{35}
红古区	竹子 tʂu^{22}tsɿ^{13}	笋子 suən^{55}tsɿ^{21}	叶叶儿 iɛ^{22}iər^{53}
凉州区	竹子 tʂu^{31}tsɿ^{21}		叶子 iə^{31}tsɿ^{21} 叶叶子 iə^{31}iə^{31}tsɿ^{21}
甘州区	竹子 pfu^{31}tsɿ^{21}	笋子 suŋ^{22}tsɿ^{44}	叶子 iə^{31}tsɿ^{21}
肃州区	竹子 tʂu^{21}tsɿ^{13}	笋子 suŋ^{21}tsɿ^{51}	叶子 ʑiɛ^{21}tsɿ^{13}
永昌县	竹子 tʂu^{53}tsɿ^{21}	笋子 soŋ^{53}tsɿ^{21}	叶子 iə^{53}tsɿ^{21}
崆峒区	竹子 tʂu^{53}tsɿ^{21}		叶叶子 iɛ^{53}iɛ^{21}tsɿ^{21}
庆城县	竹子 tʂu^{51}tsɿ^{0}	笋 suŋ^{44}	叶子 iᴇ^{51}tsɿ^{0}
宁县	竹子 tʃu^{31}tsɿ^{0}	笋子 suŋ^{55}tsɿ^{0}	叶子 iɛ^{31}tsɿ^{0}
武都区	竹子 tʃu^{53}tsɿ^{21}	笋 suŋ^{55}	叶叶子 iᴇ^{31}iᴇ^{21}tsɿ^{21}
文县	竹子 tsu^{31}tsɿ^{33}	笋 soŋ^{55}	叶叶子 iɛ^{42}iɛ^{21}tsɿ^{24}
康县	竹子 pfu^{53}tsɿ^{21}	笋子 suŋ^{55}tsɿ^{42}	叶叶子 iɛ^{53}iɛ^{21}tsɿ^{21}
礼县	竹子 tʃu^{31}tsɿ^{24}	笋 ʃuŋ^{52}	叶子 iɛ^{31}tsɿ^{24}
靖远县	竹子 tʂʮ^{41}tsɿ^{21}	笋子 soŋ^{55}tsɿ^{21}	叶子 iɛ^{41}tsɿ^{21}
陇西县	竹子 tʂu^{22}tsɿ^{21}	笋 suŋ^{53}	叶叶儿 iɛ^{42}iɛ^{22}zɿ^{44}
秦州区	竹棍 tʃʮ^{21}kuɤŋ^{44}	笋 suɤŋ^{53}	叶叶 iə^{21}iə^{13}
安定区	竹子 tʃu^{21}tsɿ^{13}	笋子 suŋ^{53}tsɿ^{21}	叶叶子 iə^{21}iə^{21}tsɿ^{44}
会宁县	竹子 tʃu^{21}tsɿ^{13}	笋子 suŋ^{53}tsɿ^{21}	叶子 iə^{21}tsɿ^{13}
临洮县	竹子 tʂu^{21}tsɿ^{13}	笋子 suŋ^{53}tsɿ^{21}	叶叶儿 iɛ^{21}iər^{13}
清水县	竹子 tʃɨ^{21}tsɿ^{52}	竹笋 tʃɨ^{21}suŋ^{52}	叶叶子 iɛ^{21}iɛ^{13}tsɿ^{21}
永靖县	竹子 tʂu^{22}tsɿ^{13}	竹笋 tʂu^{21}suɤŋ^{44}	叶叶 iɛ^{24}iɛ^{21}
敦煌市	竹子 tʂu^{21}tsɿ^{13}	笋子 suŋ^{53}tsɿ^{21}	叶叶子 iə^{22}iə^{22}tsɿ^{51}
临夏市	竹子 tʂu^{44}tsɿ^{24}	莴笋 vɤ^{44}suəŋ^{42}	叶叶 iɛ^{21}iɛ^{53}
合作市	竹子 tʂu^{21}tsɿ^{44}	笋子 suəŋ^{44}tsɿ^{53}	叶子 iə^{21}tsɿ^{53}
临潭县	竹子 tsu^{44}tsɿ^{44}	笋子 suəŋ^{51}tsɿ^{24}	叶子 iɛ^{44}tsɿ^{44}

	0151 花	0152 花蕾花骨朵	0153 梅花
兰州市	花儿 xua^{55}ɯ^{21}	花骨嘟子 xua^{44}ku^{22}tu^{21}tsɿ^{42}	梅花 mei^{53}xua^{21}
榆中县	花儿 xua^{51}ɣɤ^{0}	花儿骨嘟子 xua^{51}ɣɤ^{0}ku^{0}tu^{0}tsɿ^{44}	梅花 mei^{31}xua^{213}
永登县	花 xua^{42}	花骨嘟子 xua^{44}ku^{21}tu^{22}tsɿ^{55}	梅花 mei^{22}xua^{35}
红古区	花儿 xuɐr^{13}	花骨朵儿 xua^{22}ku^{55}tər^{21} 花苞儿 xua^{22}pɔər^{53}	梅花儿 mei^{22}xuɐr^{53}
凉州区	花儿 xua^{35}ʀɯ^{53}	花苞子 xua^{35}pɑo^{35}tsɿ^{53}	梅花 miei^{35}xua^{53}
甘州区	花儿 xua^{44}ɣɤ^{21}	花苞子 xua^{44}pɔ^{44}tsɿ^{44} 花骨嘟 xua^{44}pfu^{44}tu^{44}	梅花 mei^{35}xua^{42}
肃州区	花 xua^{44}	花苞子 xua^{44}pɔ^{44}tsɿ^{44}	梅花 mei^{44}xua^{21}
永昌县	花儿 xua^{44}ɣɤ^{44}	花骨嘟 xua^{44}ku^{44}tu^{44}	梅花 mei^{13}xua^{42}
崆峒区	花 xua^{21}	花苞头 xua^{21}p^{h}ɔ^{22}t^{h}əu^{53}	梅花 mei^{22}xua^{53}
庆城县	花儿 xuar^{51}	花苞苞 xua^{51}pɔ^{0}pɔ^{44}	梅花儿 mei^{21}xuar^{51}
宁县	花 xua^{31}	花苞子 xua^{22}pɔ^{31}tsɿ^{0}	梅花 mei^{22}xua^{52}
武都区	花 xua^{31}	花疙瘩 xua^{22}kɤ^{31}ta^{21}	梅花 mi^{22}xua^{53}
文县	花 xua^{31}	花骨嘟 xua^{44}ku^{42}tu^{24}	梅花 mei^{21}xua^{31}
康县	花花子 xua^{53}xua^{21}tsɿ^{21}	花苞儿 xua^{21}pɔor^{53}	梅花 mei^{42}xua^{55}
礼县	花儿 xuar^{31}/xua^{31}ɚ^{52}	花儿骨嘟 xuar^{31}ku^{21}tu^{24}	梅花儿 mei^{13}xuar^{21}
靖远县	花儿 xuɐr^{41}	花骨嘟儿 xua^{22}ku^{22}tuər^{41}	腊梅 la^{22}mei^{24}
陇西县	花儿 xua^{42}zɿ^{13}	花骨嘟 xua^{22}ku^{22}tu^{13}	梅花 me^{13}xua^{21}
秦州区	花儿 xua^{21}ɛ^{13}	花苞苞 xua^{13}pɔ^{21}pɔ^{13}	腊梅 la^{21}mei^{13}
安定区	花儿 xua^{21}zɿ^{13}	花苞苞 xua^{13}pɔ^{21}pɔ^{13}	梅花 mɛ^{13}xua^{21}
会宁县	花儿 xua^{21}zɿ^{13}	花破⁼头 xua^{21}p^{h}ə^{22}t^{h}əu^{44}	梅花 mei^{13}xua^{21}
临洮县	花儿 xuar^{13}	花骨朵儿 xua^{21}ku^{13}tuər^{53}	梅花 mei^{13}xua^{21}
清水县	花儿 xua^{21}ɚ^{13}	花儿苞朵子 xua^{21}ɚ^{13}pɔ^{13}tɔ^{21}tsɿ^{21}	梅花 məi^{13}xua^{21}
永靖县	花 xua^{213}	花苞苞 xua^{13}pɔ^{21}pɔ^{42}	梅花 mei^{22}xua^{44}
敦煌市	花儿 xuar^{213}	花骨嘟 xua^{22}ku^{22}tu^{51} 花包子 xua^{22}pɔ^{22}tsɿ^{51}	梅花儿 mei^{22}xuar^{51}
临夏市	花 xuɑ^{13}	花骨嘟 xuɑ^{44}ku^{42}tu^{21}	梅花 mei^{13}xuɑ^{42}
合作市	花 xuᴀ^{44}	花骨嘟 xuᴀ^{44}ku^{21}tu^{53}	梅花 mei^{13}xuᴀ^{21}
临潭县	花儿 xuar^{44}	花骨朵儿 xua^{44}ku^{21}tuɤr^{51}	梅花 mɪi^{24}xua^{44}

	0154 牡丹	0155 荷花	0156 草
兰州市	牡丹 $mo^{44}tæ̃^{21}$	荷花 $xɤ^{53}xua^{21}$	草草子 $ts^hɔ^{34}ts^hɔ^{42}tsɿ^{21}$
榆中县	牡丹 $mu^{44}tan^{0}$	荷花 $xə^{31}xua^{213}$	草 $ts^hɔ^{44}$
永登县	牡丹 $mu^{35}tæ̃^{53}$	荷花 $xə^{22}xua^{35}$	草 $ts^hɔ^{354}$
红古区	柴牡丹 $tʂ^hɛ^{22}mɔ^{55}tan^{21}$	荷花 $xə^{22}xua^{55}$	草 $ts^hɔ^{53}$
凉州区	牡丹 $mu^{35}tɑŋ^{53}$	莲花 $liɑŋ^{35}xua^{53}$	草 $ts^hɑo^{35}$
甘州区	牡丹 $mu^{44}taŋ^{44}$	荷花 $xə^{35}xua^{42}$	草 $ts^hɔ^{53}$
肃州区	牡丹 $mu^{21}tæ̃^{51}$	荷花 $xə^{44}xua^{21}$	草 $ts^hɔ^{51}$
永昌县	牡丹 $mu^{44}tɛe^{44}$	荷花 $xə^{13}xua^{42}$	草 $ts^hɔo^{13}$
崆峒区	牡丹 $mu^{55}tæ̃^{21}$	莲花 $liæ̃^{22}xua^{53}$	草草子 $ts^hɔ^{55}ts^hɔ^{21}tsɿ^{21}$
庆城县	牡丹 $mu^{51}tɛ̃^{0}$	荷花儿 $xuə^{21}xuar^{51}$	草 $ts^hɔ^{44}$
宁县	牡丹 $mu^{55}tæ̃^{0}$	荷花 $xuə^{22}xua^{31}$	草 $ts^hɔ^{52}$
武都区	牡丹 $mu^{55}tæ̃^{21}$	荷花 $xɤ^{24}xua^{21}$	草 $ts^hɔu^{31}$
文县	牡丹花 $mu^{55}tæ̃^{31}xua^{21}$	荷花 $xuə^{21}xua^{31}$	草 $ts^hɔo^{55}$
康县	牡丹 $mɔo^{55}tan^{21}$	荷花 $xuɤ^{21}xua^{55}$	草 $ts^hɔo^{55}$
礼县	牡丹 $mɔo^{52}tæ̃^{21}$	荷花儿 $xɤ^{13}xuar^{21}$	草 $ts^hɔo^{52}$
靖远县	牡丹 $mu^{55}tæ̃^{21}$	荷花 $xuə^{22}xua^{41}$	草 $ts^hɑo^{55}$
陇西县	牡丹 $mu^{55}tæ̃^{42}$	荷花 $xɤ^{24}xua^{42}$	草 $ts^hɔo^{53}$
秦州区	牡丹 $mu^{53}tæ̃^{21}$	莲花 $liæ̃^{13}xua^{21}$	草草 $ts^hɔ^{53}ts^hɔ^{21}$
安定区	牡丹 $mu^{53}tæ̃^{21}$	荷花 $xə^{13}xua^{21}$	草草 $ts^hɔ^{53}ts^hɔ^{21}$
会宁县	牡丹 $mu^{53}tæ̃^{21}$	荷花 $xə^{13}xua^{21}$	草 $ts^hɔ^{53}$
临洮县	牡丹 $mu^{53}tæ̃^{21}$	荷花 $xɤ^{13}xua^{21}$	草 $ts^hɔ^{53}$
清水县	牡丹 $mu^{52}tæ̃^{21}$	莲花 $liæ̃^{13}xua^{21}$	草 $ts^hɔ^{52}$ 草草子 $ts^hɔ^{52}ts^hɔ^{52}tsɿ^{21}$
永靖县	牡丹 $mu^{44}tæ̃^{21}$	荷花 $xɤ^{22}xua^{44}$	草 $ts^hɔ^{53}$
敦煌市	牡丹 $mɔ^{53}tæ̃^{21}$ 洋牡丹 $iɑŋ^{22}mu^{53}tæ̃^{21}$	荷花儿 $xə^{22}xuar^{51}$	草 $ts^hɔ^{51}$
临夏市	牡丹 $mu^{44}tã^{24}$	荷花 $xɤ^{13}xuɑ^{42}$	草 $ts^hɔ^{42}$
合作市	牡丹 $mu^{44}tæ̃^{13}$	荷花 $xə^{13}xuᴀ^{21}$	草 $ts^hɔ^{44}$
临潭县	牡丹 $mu^{51}tæ̃^{44}$	荷花 $xɤ^{24}xua^{44}$	草 $ts^hɔo^{51}$

	0157 藤	0158 刺名词	0159 水果
兰州市	秧子 iɑ̃^{55}tsɿ^{21}	刺 ts^{h}ɿ^{13}	水果 fei^{53}kuə^{44}
榆中县	藤子 t^{h}ən^{31}tsɿ^{213}	刺 ts^{h}ɿ^{213}	水果 ʂuei^{31}kuə^{44}
永登县	藤 t^{h}ə̃n^{53}	刺 ts^{h}ɿ^{13}	果子 kuə^{354}tsɿ^{21} 水果 fei^{22}kuə^{354}
红古区	藤条 t^{h}ən^{22}t^{h}iɔ^{55}	刺 ts^{h}ɿ^{13}	果子 kuə^{55}tsɿ^{21}
凉州区	藤条 t^{h}əŋ^{35}t^{h}iɑo^{53}	刺 ts^{h}ɿ^{31}	果子 kuə^{53}tsɿ^{35}
甘州区	藤 t^{h}ɤŋ^{53}	刺 ts^{h}ɿ^{31}	水果 fei^{35}kuə^{42}
肃州区	藤 t^{h}ɤŋ^{51}	刺 ts^{h}ɿ^{213}	水果 ʂuei^{44}kuə^{21}
永昌县		刺 ts^{h}ɿ^{53}	果子 kuə^{53}tsɿ^{21}
崆峒区	蔓 uæ̃^{44}	刺 ts^{h}ɿ^{44}	果木 kuo^{55}mu^{21}
庆城县	藤条 t^{h}ɤŋ^{21}t^{h}iɔ^{0}	刺 ts^{h}ɿ^{244}	水果 ʂuei^{44}kuə^{44}
宁县	蔓 uæ̃^{44}	刺 ts^{h}ɿ^{44}	水果 ʃuei^{22}kuə^{52} 青果 tɕ^{h}iŋ^{31}kuə^{0}
武都区	蔓蔓子 væ̃^{24}væ̃^{21}tsɿ^{21}	刺 ts^{h}ɿ^{24}	果木子 kuɤ^{55}mu^{21}tsɿ^{21}
文县	葛条 kɤ^{42}t^{h}iɔo^{24}	刺 tsɿ^{24}	果木子 kuə^{55}mu^{42}tsɿ^{31} 果果子 kuə^{35}kuə^{42}tsɿ^{31}
康县	葛条 kuɤ^{53}tɕ^{h}iɔo^{21}	刺 tsɿ^{24}	果木子 kuɤ^{53}mu^{21}tsɿ^{21}
礼县	蔓蔓儿 væ̃^{44}væ̃r^{13}	刺 ts^{h}ɿ^{44}	水果 ʃuei^{31}kuɤ^{52}
靖远县	藤 t^{h}ɤŋ^{24}	刺 ts^{h}ɿ^{33}	水果 ʂuei^{22}kuə^{55}
陇西县	蔓 væ̃^{44}	刺 ts^{h}ɿ^{44}	果子 ko^{44}tsɿ^{21}
秦州区	蔓蔓 væ̃^{44}væ̃^{21}	刺刺 ts^{h}ɿ^{44}ts^{h}ɿ^{21}	果子 kuə^{53}tsɿ^{21}
安定区	蔓 væ̃^{44}	刺 ts^{h}ɿ^{44}	果子 kuə^{53}tsɿ^{21}
会宁县		刺 ts^{h}ɿ^{44}	水果 ʃuei^{21}kuə^{53}
临洮县	蔓子 væ̃^{44}tsɿ^{21} 蔓蔓 væ̃^{44}væ̃^{21}	刺儿 ts^{h}ər^{53}	水果 ʂuei^{21}kuɤ^{53}
清水县	蔓 væ̃^{443} 蔓蔓子 væ̃^{44}væ̃^{21}tsɿ^{21}	刺 ts^{h}ɿ^{443}	果木 kuə^{52}mu^{21} 水果 ʃəi^{21}kuə^{52}
永靖县	秧 iɑŋ^{213}	刺 ts^{h}ɿ^{44}	果子 kuɤ^{53}tsɿ^{21}
敦煌市	廊蔓 lɑŋ^{21}mæ̃^{44}	刺 ts^{h}ɿ^{44}	果子 kuə^{53}tsɿ^{21}
临夏市	秧秧 iɑŋ^{21}iɑŋ^{53}	刺 ts^{h}ɿ^{53}	果子 kuɤ^{44}tsɿ^{24}
合作市	秧秧 iɑŋ^{21}iɑŋ^{53}	刺 ts^{h}ɿ^{53}	果子 kuə^{44}tsɿ^{13}
临潭县	藤 t^{h}əŋ^{44}	刺 ts^{h}ɿ^{44}	水果 suɪi^{24}kuɤ^{51}

	0160 苹果	0161 桃子	0162 梨
兰州市	苹果 $p^{h}in^{53}kuə^{13}$	桃子 $t^{h}ɔ^{53}tsɿ^{21}$	梨 li^{53}
榆中县	果子 $kuə^{44}tsɿ^{0}$ 苹果 $p^{h}in^{31}kuə^{213}$	毛桃儿 $mɔ^{13}t^{h}ɔ^{31}ɣɤ^{0}$ 桃儿 $t^{h}ɔ^{31}ɣɤ^{213}$	梨 li^{312}
永登县	苹果 $p^{h}in^{22}kuə^{354}$	桃 $t^{h}ɔ^{53}$	果子 $kuə^{354}tsɿ^{21}$ 梨 li^{53}
红古区	苹果 $p^{h}in^{22}kuə^{55}$	桃儿 $t^{h}ɔ^{22}ər^{13}$	冬果 $tuən^{22}kuə^{55}$
凉州区	苹果 $p^{h}iŋ^{35}kuə^{53}$	桃子 $t^{h}ɑo^{35}tsɿ^{53}$	梨子 $li^{35}tsɿ^{53}$
甘州区	苹果 $p^{h}iŋ^{35}kuə^{42}$	桃儿 $t^{h}ɔ^{35}ɣɤ^{42}$	梨儿 $li^{35}ɣɤ^{42}$
肃州区	苹果 $p^{h}iŋ^{44}kuə^{21}$ 果子 $kuə^{21}tsɿ^{51}$	桃子 $t^{h}ɔ^{44}tsɿ^{21}$	梨子 $li^{35}tsɿ^{21}$
永昌县	苹果 $p^{h}iŋ^{13}kuə^{42}$	桃子 $t^{h}ɔo^{13}tsɿ^{42}$	梨子 $li^{13}tsɿ^{42}$
崆峒区	苹果 $p^{h}iɤŋ^{22}kuo^{53}$	桃 $t^{h}ɔ^{24}$	梨 li^{24}
庆城县	苹果 $p^{h}iŋ^{44}kuə^{44}$	桃 $t^{h}ɔ^{113}$	梨 li^{113}
宁县	苹果 $piŋ^{22}kuə^{52}$	桃 $t^{h}ɔ^{24}$	梨 li^{24}
武都区	苹果 $p^{h}in^{22}kuɤ^{53}$	桃儿 $t^{h}ɔu^{22}ɚ^{31}$	梨儿 $li^{22}ɚ^{31}$
文县	苹果 $p^{h}iəŋ^{21}kuə^{42}$	桃儿 $t^{h}ɔor^{31}$	梨儿 lir^{13}
康县	苹果 $p^{h}iŋ^{42}kuɤ^{35}$	桃儿 $t^{h}ɔor^{13}$	梨儿 lir^{13}
礼县	苹果 $p^{h}iŋ^{13}kuɤ^{21}$	桃儿 $t^{h}ɔor^{13}$	梨儿 $li^{13}ɚ^{21}$
靖远县	苹果 $p^{h}iŋ^{22}kuə^{55}$	桃儿 $t^{h}ɔr^{24}$	梨 $lɿ^{24}$
陇西县	苹果 $p^{h}in^{13}kuɤ^{31}$	桃儿 $t^{h}ɔo^{21}zɿ^{44}$	梨 li^{13}
秦州区	苹果 $p^{h}iɤŋ^{13}kuə^{21}$	桃 $t^{h}ɔ^{13}$	梨 li^{13}
安定区	苹果 $p^{h}iŋ^{13}kuə^{21}$	桃儿 $t^{h}ɔ^{21}zɿ^{44}$	梨 li^{13}
会宁县	苹果 $p^{h}iŋ^{13}kuə^{21}$	桃儿 $t^{h}ɔ^{21}zɿ^{13}$	梨 li^{13}
临洮县	苹果 $p^{h}iŋ^{21}kuɤ^{53}$	桃儿 $t^{h}ɔr^{13}$	梨 li^{13}
清水县	苹果 $p^{h}iŋ^{13}kuə^{21}$	桃儿 $t^{h}ɔ^{13}ɚ^{21}$	梨儿 $li^{13}ɚ^{21}$
永靖县	苹果 $p^{h}iɤŋ^{22}kuɤ^{44}$	桃儿 $t^{h}ɔ^{22}ɯ^{13}$	梨 li^{53}
敦煌市	苹果 $p^{h}iŋ^{22}kuə^{51}$	桃儿 $t^{h}ɔ^{22}ər^{51}$	梨儿 $liər^{351}$
临夏市	苹果 $p^{h}iŋ^{13}kuɤ^{42}$	桃 $t^{h}ɔ^{13}$	梨 li^{13}
合作市	苹果 $p^{h}iŋ^{13}kuə^{53}$	桃 $t^{h}ɔ^{13}$	梨 li^{13}
临潭县	苹果 $p^{h}in^{24}kuɤ^{51}$	桃 $t^{h}ɔo^{24}$	梨儿 $liər^{24}$

	0163 李子	0164 杏	0165 橘子
兰州市	李子 li^{34}tsɿ^{21}	杏子 çin^{22}tsɿ^{53}	橘子 tçy^{22}tsɿ^{13}
榆中县	李子 li^{44}tsɿ^{0}	杏子 çin^{21}tsɿ^{44}	橘子 tçy^{51}tsɿ^{0}
永登县	李子 li^{354}tsɿ^{21}	杏子 xə̃n^{22}tsɿ^{55}	橘子 tçy^{22}tsɿ^{55}
红古区	李子 lɿ^{55}tsɿ^{21}	杏儿 xən^{22}ər^{55}	橘子 tsʮ^{22}tsɿ^{13}
凉州区	李子 li^{53}tsɿ^{35}	杏子 xəŋ^{31}tsɿ^{21}	橘子 tçy^{31}tsɿ^{21}
甘州区	李子 li^{22}tsɿ^{44}	杏子 xɤŋ^{31}tsɿ^{21}	橘子 tçy^{31}tsɿ^{21}
肃州区	李子 li^{21}tsɿ^{51}	杏子 çiŋ^{21}tsɿ^{13}	橘子 tçy^{21}tsɿ^{13}
永昌县	李子 li^{53}tsɿ^{21}	杏子 xəŋ^{53}tsɿ^{21}	橘子 tçy^{44}tsɿ^{44}
崆峒区	梅李子 mei^{22}li^{55}tsɿ^{21}	杏儿 çiər^{44}	橘子 tçy^{53}tsɿ^{21}
庆城县	李梅 li^{113}mei^{0}	杏儿 çiɤr^{244}	橘子 tçy^{51}tsɿ^{0}
宁县	李子 li^{55}tsɿ^{0}	杏儿 çiŋr^{44}	橘子 tçy^{31}tsɿ^{0}
武都区	李子 li^{55}tsɿ^{21}	杏儿 xəŋ^{24}ɚ^{21}	橘子 tçy^{31}tsɿ^{21}
文县	李子 ȵi^{55}tsɿ^{42}	杏儿 xɤ̃r^{24}	橘子 tçy^{42}tsɿ^{42}
康县	李子 li^{35}tsɿ^{53}	杏儿 xɤ̃r^{24}	橘子 tçy^{53}tsɿ^{21}
礼县	玉黄 y^{44}xuaŋ^{21}	杏儿 çiɤ̃r^{52}	橘子 tçy^{31}tsɿ^{24}
靖远县	李子 lɿ^{41}tsɿ^{21}	杏儿 çiə̃r^{33}	橘子 tsʮ^{41}tsɿ^{21}
陇西县	李子 li^{55}tsɿ^{21}	杏儿 çin^{44}zɿ^{44}	橘子 tçy^{22}tsɿ^{21}
秦州区	玉黄子 y^{44}xuaŋ^{21}tsɿ^{21}	杏 çiɤŋ^{53}	橘子 tçy^{21}tsɿ^{53}
安定区	玉黄子 y^{44}xuaŋ^{44}tsɿ^{21}	杏儿 çiŋ^{44}zɿ^{21}	橘子 tçy^{21}tsɿ^{13}
会宁县	玉黄 y^{44}xuaŋ^{21}	杏儿 çiŋ^{44}zɿ^{21}	橘子 tçy^{21}tsɿ^{13}
临洮县	玉黄 y^{44}xuã^{21}	杏儿 çiə̃r^{53}	橘子 tçy^{21}tsɿ^{13}
清水县	玉黄 y^{44}xuɒ̃^{21}	杏儿 çiŋ^{44}ɚ^{21}	橘子 tçy^{21}tsɿ^{52}
永靖县	李子 li^{53}tsɿ^{21}	杏子 xɤŋ^{44}tsɿ^{42}	橘子 tçy^{22}tsɿ^{53}
敦煌市	李子 li^{35}tsɿ^{51}	杏儿 xə̃r^{44}	橘子 tçy^{35}tsɿ^{21}
临夏市	李子 li^{44}tsɿ^{24}	杏儿 xei^{53}	橘子 tçy^{13}tsɿ^{42}
合作市	李子 li^{44}tsɿ^{13}	杏儿 xei^{53}	橘子 tçy^{13}tsɿ^{53}
临潭县	李子 li^{51}tsɿ^{44}	杏儿 xɤr^{51}	橘子 tçy^{44}tsɿ^{51}

	0166 柚子	0167 柿子	0168 石榴
兰州市	柚子 iəu^{44}tsɿ^{24}	柿子 ʂʅ^{22}tsɿ^{13}	石榴 ʂʅ^{53}liəu^{21}
榆中县	柚子 iəu^{21}tsɿ^{44}	柿子 ʂʅ^{21}tsɿ^{44}	石榴 ʂʅ^{31}liəu^{213}
永登县	柚子 iɤu^{22}tsɿ^{55}	柿子 ʂʅ^{22}tsɿ^{35}	石榴 ʂʅ^{22}liɤu^{354}
红古区	柚子 iɤu^{22}tsɿ^{55}	柿饼柿子 ʂʅ^{22}pin^{13}ʂʅ^{55}tsɿ^{21}	石榴儿 ʂʅ^{22}liɤuər^{53}
凉州区	柚子 iəu^{31}tsɿ^{21}	柿子 sɿ^{31}tsɿ^{21}	石榴 ʂʅ^{35}liəu^{53}
甘州区	柚子 iɤu^{31}tsɿ^{21}	柿子 ʂʅ^{31}tsɿ^{21}	石榴 ʂʅ^{31}liɤu^{21}
肃州区	柚子 ʑiəu^{21}tsɿ^{13}	柿子 sɿ^{21}tsɿ^{13}	石榴 ʂʅ^{44}liəu^{21}
永昌县		柿子 ʂʅ^{53}tsɿ^{21}	石榴 ʂʅ^{53}liəu^{21}
崆峒区	柚子 iəu^{35}tsɿ^{53}	柿子 sɿ^{35}tsɿ^{53}	石榴 ʂʅ^{22}liəu^{53}
庆城县	柚子 iɤu^{244}tsɿ^{0}	柿子 sɿ^{244}tsɿ^{0}	石榴 ʂʅ^{21}liɤu^{0}
宁县	柚子 iou^{44}tsɿ^{31}	柿子 sɿ^{44}tsɿ^{31}	石榴 ʂʅ^{22}liou^{52}
武都区	柚子 iəu^{24}tsɿ^{21}	柿子 sɿ^{24}tsɿ^{21}	石榴 ʂʅ^{22}liəu^{24}
文县	柚子 iɤu^{24}tsɿ^{42}	柿子 sɿ^{24}tsɿ^{42}	石榴 sɿ^{21}liɤu^{24}
康县	柚子 iɤu^{24}tsɿ^{53}	柿子 ʂʅ^{24}tsɿ^{53}	石榴 ʂʅ^{53}liɤu^{35}
礼县	柚子 iəu^{44}tsɿ^{21}	柿子 sɿ^{44}tsɿ^{21}	石榴 ʂʅ^{13}liəu^{21}
靖远县	柚子 iɤu^{35}tsɿ^{41}	柿子 sɿ^{35}tsɿ^{41}	石榴儿 ʂʅ^{22}liɔr^{41}
陇西县	柚子 iu^{44}tsɿ^{21}	柿子 sɿ^{44}tsɿ^{21}	石榴 ʂʅ^{21}liu^{44}
秦州区	柚子 iɤu^{44}tsɿ^{21}	柿子 sɿ^{44}tsɿ^{21}	石榴 ʂʅ^{13}liɤu^{21}
安定区	柚子 iəu^{44}tsɿ^{21}	柿子 sɿ^{44}tsɿ^{21}	石榴 ʂʅ^{21}liəu^{44}
会宁县	柚子 iəu^{44}tsɿ^{21}	柿子 sɿ^{44}tsɿ^{21}	石榴 ʂʅ^{21}liəu^{44}
临洮县	柚子 iɤu^{44}tsɿ^{21}	柿子 sɿ^{44}tsɿ^{21}	石榴 ʂʅ^{21}liɤu^{53}
清水县	柚子 iou^{44}tsɿ^{21}	柿子 ʃɨ^{44}tsɿ^{21}	石榴 ʂʅ^{13}liou^{21}
永靖县	柚子 iɤu^{44}tsɿ^{42}	柿子 ʂʅ^{44}tsɿ^{42}	石榴 ʂʅ^{22}liɤu^{44}
敦煌市	柚子 iɤu^{35}tsɿ^{21}	柿饼柿子 sɿ^{44}piŋ^{53}sɿ^{44}tsɿ^{51}	石榴 ʂʅ^{22}liɤu^{51}
临夏市	柚子 iɤu^{44}tsɿ^{21}	柿子 ʂʅ^{44}tsɿ^{21}	石榴 ʂʅ^{21}liɤu^{53}
合作市	柚子 iəɯ^{44}tsɿ^{21}	柿饼 ʂʅ^{44}tsɿ^{21}	石榴 ʂʅ^{13}liəɯ^{53}
临潭县	柚子 iəɯ^{44}tsɿ^{21}	柿子 sɿ^{44}tsɿ^{21}	石榴 ʂʅ^{21}liəɯ^{51}

	0169 枣	0170 栗子	0171 核桃
兰州市	枣儿 tsɔ^{34}ɯ^{21}	毛栗子 mɔ^{22}ȵi^{42}tsɿ^{21}	核桃 xɤ^{53}tʰɔ^{13}
榆中县	枣儿 tsɔ^{44}ɣɤ^{0}	毛栗子 mɔ^{31}li^{13}tsɿ^{0}	核头 xə^{31}tʰəu^{213}
永登县	枣 tsɔ^{354}	毛栗子 mɔ^{22}li^{44}tsɿ^{21}	核桃 xiɛ^{53}tʰɔ^{21}
红古区	枣儿 tsɔər^{53}	毛栗子 mɔ^{22}lɿ^{55}tsɿ^{21}	核桃 xə^{22}tʰɤu^{55}
凉州区	枣儿 tsɑo^{53}ʀɯ^{35}	毛栗子 mɑo^{35}li^{53}tsɿ^{35}	核头 xə^{35}tʰəu^{53}
甘州区	枣儿 tsɔ^{22}ɣɤ^{44}	毛栗子 mɔ^{53}li^{22}tsɿ^{44}	核桃 xə^{53}tʰɔ^{21}
肃州区	枣儿 tsɔ^{21}ɣə^{51}	毛栗子 mɔ^{53}li^{21}tsɿ^{51}	核桃 xə^{35}tʰɔ^{21}
永昌县	枣儿 tsɔo^{53}ɣɤ^{21}	栗子 li^{53}tsɿ^{21}	核头 xə^{13}tʰəu^{42}
崆峒区	枣儿 tsɔr^{53}	毛栗子 mɔ^{22}li^{53}tsɿ^{21}	核桃 xɤ^{22}tʰɔ^{53}
庆城县	枣儿 tsɔr^{44}	毛栗子 mɔ^{113}li^{113}tsɿ^{0}	横桃 xɤŋ^{21}tʰɔ^{0}
宁县	枣儿 tsɔr^{44}	毛栗子 mɔ^{22}li^{55}tsɿ^{0}	核桃 xɯ^{22}tʰɔ^{52}
武都区	枣儿 tsɔu^{55}ɚ^{21}	栗子 li^{31}tsɿ^{21}	核桃 kʰɤ^{22}tʰɔu^{13}
文县	枣儿 tsɤr^{55}	板栗子 pæ̃^{55}li^{42}tsɿ^{21}	核桃 kʰɤ^{42}tʰɔo^{13}
康县	枣儿 tsɔor^{55}	毛栗子 mɔo^{21}li^{35}tsɿ^{21} 板栗子 pan^{35}li^{53}tsɿ^{21}	核桃 kʰuɤ^{53}tɔo^{24}
礼县	枣儿 tsɔor^{52}	毛栗子 mɔo^{13}li^{31}tsɿ^{21}	核桃 kʰɤ^{13}tʰɔo^{21}
靖远县	枣儿 tsɔr^{41}	栗子 lɿ^{41}tsɿ^{21}	核桃 xɤ^{22}tʰɑo^{55}
陇西县	枣儿 tsɔo^{55}zɿ^{42}	栗子 li^{44}tsɿ^{21}	核桃 kʰɤ^{21}tʰɔo^{44}
秦州区	枣 tsɔ^{53}	毛栗子 mɔ^{13}li^{31}tsɿ^{21}	核头 kʰuə^{13}tʰɤu^{21}
安定区	枣儿 tsɔ^{53}zɿ^{21}	毛栗子 mɔ^{13}li^{21}tsɿ^{21}	核桃 kʰə^{21}tʰɔ^{44}
会宁县	枣儿 tsɔ^{53}zɿ^{21}	毛栗子 mɔ^{13}li^{42}tsɿ^{21}	核桃 kʰə^{21}tʰɔ^{44}
临洮县	枣儿 tsɔr^{53}	毛核桃 mɔ^{13}xɤ^{42}tʰɔ^{21}	核桃 xɤ^{21}tʰɔ^{44}
清水县	枣儿 tsɔ^{52}ɚ^{21}	毛栗子 mɔ^{13}li^{21}tsɿ^{21}	核桃 xuə^{13}tʰou^{21}
永靖县	枣儿 tsɔ^{53}ɯ^{21}	毛栗子 mɔ^{13}li^{53}tsɿ^{21}	核桃 xɤ^{21}tʰɔ^{24}
敦煌市	枣儿 tsɔr^{51}	毛栗子 mɔ^{35}li^{21}tsɿ^{51}	核桃 xə^{22}tʰɤu^{51}
临夏市	枣 tsɔ^{42}	毛栗子 mɔ^{13}li^{44}tsɿ^{21}	核桃 xɛ^{21}tʰɔ^{53}
合作市	枣 tsɔ^{44}	毛栗子 mɔ^{13}li^{44}tsɿ^{21}	核桃 xə^{21}tʰɔ^{53}
临潭县	枣 tsɔo^{51}	栗子 li^{24}tsɿ^{21}	核桃 xɤ^{21}tʰɔo^{51}

	0172 银杏白果	0173 甘蔗	0174 木耳
兰州市	银杏 in^{53}ɕin^{13}	甘蔗 kæ̃^{55}tʂɤ^{21}	木耳 mu^{22}ɯ^{55}
榆中县	银杏 in^{31}ɕin^{213}	甘蔗 kan^{51}tʂə^{0}	木耳 mu^{21}ɣɤ^{44}
永登县	银杏 in^{53}ɕin^{13}	甘蔗 kæ̃^{44}tʂə^{42}	［木耳］ma^{354}
红古区		甘蔗 kan^{55}tʂə^{13}	木耳 mu^{22}ər^{55}
凉州区		甘蔗 kɑŋ^{35}tʂə^{53}	木耳 mu^{31}ʀɯ^{21}
甘州区			木耳 mu^{31}ɣɤ^{21}
肃州区	银杏 ʑiŋ^{53}ɕiŋ^{21}	甘蔗 kæ̃^{44}tʂə^{51}	木耳 mu^{21}ɣə^{13}
永昌县			木耳 mu^{53}ɣɤ^{21}
崆峒区	银杏 iɤŋ^{24}ɕiɤŋ^{44}	甘蔗 kæ̃^{22}tʂɤ^{24}	木耳 muər^{53}
庆城县	白果 pei^{21}kuə^{44}	甘蔗 kɛ̃^{51}tʂɛ^{244}	木耳 muɤr^{51}
宁县	白果 pei^{24}kuə^{52}	甘蔗 kæ̃^{31}tʂ^{h}ə^{24} 甜杆杆 tɕ^{h}iæ̃^{22}kæ̃^{55}kæ̃^{0}	木耳 muər^{31}
武都区	白果 pei^{22}kuɤ^{53} 银杏 in^{31}ɕin^{24}	甘蔗 kæ̃^{22}tʂɤ^{24}	木耳 mu^{22}ɚ^{31}
文县	白果 pɛe^{21}kuə^{42}	甘蔗 kæ̃^{42}tɕiɛ^{24}	耳子 ɚ^{55}tsɿ^{42}
康县	白果 pei^{53}kuɤ^{35}	甜杆儿 tɕ^{h}ian^{53}kər^{35}	耳子 ɚ^{35}tsɿ^{53}
礼县	银杏儿 iŋ^{13}ɕiɤ̃r^{52}	甘蔗 kæ̃^{31}tʂɤ^{44}	木耳 mu^{31}ɚ^{52}
靖远县		甘蔗 kæ̃^{22}tʂɤ^{55}	木耳 mur^{41}
陇西县	银杏果子 ĩ^{21}ɕĩ^{44}kuɤ^{55}zɿ^{21}	甜杆杆儿 tɕ^{h}iæ̃^{13}kæ̃^{55}kæ̃^{42}zɿ^{21}	地软儿 tɕ^{h}i^{44}ʒɥæ̃^{44}zɿ^{44}
秦州区	白果 p^{h}ei^{13}kuə^{53}	蜜杆杆 mi^{21}kæ̃^{53}kæ̃^{21}	木耳 mu^{21}ɛ^{53}
安定区	银杏 iŋ^{21}ɕiŋ^{44}	甘蔗 kæ̃^{21}tʂə^{53}	木耳 mu^{21}ɚ^{53}
会宁县		甘蔗 kæ̃^{13}tʂə^{21}	木耳 mu^{21}zɿ^{53}
临洮县	银杏儿 iŋ^{21}ɕiɑ̃r^{53}	甘蔗 kæ̃^{21}tʂɤ^{53}	木耳 mu^{21}ɚ^{53}
清水县	白果 p^{h}əi^{13}kuə^{52}	甘蔗 kæ̃^{21}tʂə^{52}	木耳 mu^{21}ɚ^{52}
永靖县	银杏 iɤŋ^{22}ɕiɤŋ^{44}	甘蔗 kæ̃^{22}tʂɤ^{53}	木耳 mu^{44}ɯ^{53}
敦煌市	银杏 iŋ^{21}ɕiŋ^{44}	甜杆 t^{h}iɛ̃^{22}kæ̃^{51} 甘蔗 kæ̃^{22}tʂə^{51}	木耳 mu^{21}ər^{13}
临夏市		甘蔗 kã^{44}tʂɤ^{24}	木耳 mu^{21}ɯ^{53}
合作市		甘蔗 kæ̃^{44}tʂə^{13}	木耳 mu^{44}ɚ^{21}
临潭县		甘蔗 kæ̃^{44}tʂɤ^{24}	木耳 mu^{44}ɐr^{51}

	0175 蘑菇野生的	0176 香菇	0177 稻子指植物
兰州市	蘑菇 mɤ^{55}ku^{21}	香菇 ɕiã^{53}ku^{21}	稻子 tɔ^{22}tsɿ^{53}
榆中县	蘑菇 mə^{13}ku^{312}	香菇 ɕiaŋ^{51}ku^{51}	稻子 tɔ^{21}tsɿ^{44}
永登县	蘑菇 mə^{55}ku^{21}	香菇 ɕiã^{44}ku^{21}	稻子 tɔ^{22}tsɿ^{55}
红古区	蘑菇 mə^{22}ku^{13}	蘑菇 mə^{22}ku^{13}	
凉州区	蘑菇 mɑo^{35}ku^{53}	香菇 ɕiaŋ^{35}ku^{53}	
甘州区	蘑菇 mɔ^{35}ku^{42}	香菇 ɕiaŋ^{44}ku^{44}	稻子 tɔ^{31}tsɿ^{21}
肃州区	蘑菇 mɔ^{35}ku^{21}	香菇 ɕiaŋ^{44}ku^{44}	稻子 tɔ^{21}tsɿ^{13}
永昌县	蘑菇 mɔo^{13}ku^{42}	香菇 ɕiaŋ^{44}ku^{44}	稻子 tɔo^{53}tsɿ^{21}
崆峒区	蘑菇 mɔ^{22}ku^{53}	香菇 ɕiaŋ^{24}ku^{21}	稻子 tʰɔ^{55}tsɿ^{21}
庆城县	蘑菇 muə^{21}ku^{51}	香菇 ɕiã^{51}ku^{51}	稻子 tʰɔ^{244}zɿ^{0}
宁县	蘑葫芦= mɔ^{22}xu^{55}lu^{0}	香菇 ɕiaŋ^{24}ku^{31}	稻子 tʰɔ^{55}tsɿ^{0}
武都区	椹=儿 ʂəŋ^{55}ɚ^{31}	香菇 ɕiaŋ^{31}ku^{21}	稻子 tʰɔu^{55}tsɿ^{21}
文县	椹= səŋ^{55}	香菇 ɕiã^{31}ku^{31}	稻子 tʰɔo^{44}tsɿ^{31}
康县	椹=儿 ʂɤ̃r^{55}	香菇 ɕiaŋ^{53}ku^{21}	谷子 ku^{53}tsɿ^{21}
礼县	手= ʂəu^{52}	香菇 ɕiaŋ^{24}ku^{21}	稻子 tʰɔo^{52}tsɿ^{21}
靖远县	蘑菇儿 mɤ^{22}kur^{41}	香菇 ɕiaŋ^{22}ku^{41}	稻子 tɑo^{35}tsɿ^{41}
陇西县	狗芽苔 kɤu^{55}ia^{42}tʰɛ^{13}	狗芽苔 kɤu^{55}ia^{42}tʰɛ^{13}	水稻 ʂue^{21}tɔo^{53}
秦州区	椹= ʂɤŋ^{53}	香菇 ɕiaŋ^{13}ku^{21}	稻子 tʰɔ^{53}tsɿ^{21}
安定区	蘑菇 mə^{13}ku^{21}	香菇 ɕiaŋ^{13}ku^{21}	稻子 tʰɔ^{53}tsɿ^{21}
会宁县	狗芽苔 kəu^{53}ȵia^{21}tʰɛ^{13}	香菇 ɕiaŋ^{13}ku^{21}	稻子 tʰɔ^{44}tsɿ^{21}
临洮县	蘑菇儿 mɤ^{44}kur^{21}	香菇儿 ɕiã^{13}kur^{21}	稻子 tɔ^{53}tsɿ^{21}
清水县	狗芽苔 kou^{52}ia^{21}tʰɛ^{13}	香菇 ɕiɔ̃^{13}ku^{21}	稻子 tʰɔ^{52}tsɿ^{21}
永靖县	蘑菇 mɤ^{22}ku^{44}	香菇 ɕiaŋ^{22}ku^{53}	大米 ta^{44}mi^{53}
敦煌市	蘑菇 mɔ^{22}ku^{51}	蘑菇 mɔ^{22}ku^{51}	水稻 ʂuei^{53}tɔ^{44}
临夏市	蘑菇 mɤ^{13}ku^{42}	香菇 ɕiaŋ^{44}ku^{24}	
合作市	蘑菇 mə^{13}ku^{53}	香菇 ɕiaŋ^{13}ku^{13}	大米 tᴀ^{44}mi^{21}
临潭县	蘑菇 mɔo^{24}ku^{21}	毛菇 mɔo^{24}ku^{21}	

	0178 稻谷指子实（脱粒后是大米）	0179 稻草脱粒后的	0180 大麦指植物
兰州市	大米 ta^{22}mi^{53}	稻草 tɔ^{22}ts^{h}ɔ^{53}	大麦 ta^{13}mɤ^{42}
榆中县		稻草 tɔ^{21}ts^{h}ɔ^{44}	大麦 ta^{21}mə^{44}
永登县	稻谷 tɔ^{13}ku^{13}	稻草 tɔ^{22}ts^{h}ɔ^{354}	大麦 ta^{22}miɛ^{44}
红古区	大米 ta^{22}mɿ^{55}	稻草 tɔ^{55}ts^{h}ɔ^{55}	大麦 ta^{22}mə^{55}
凉州区			大麦 ta^{35}mə^{53}
甘州区	稻子 tɔ^{31}tsɿ^{21}	稻草 tɔ^{31}ts^{h}ɔ^{21}	大麦 ta^{44}miə^{44}
肃州区	稻谷 tɔ^{13}ku^{21}	稻草 tɔ^{21}ts^{h}ɔ^{13}	大麦 ta^{13}mə^{21}
永昌县		稻草 tɔo^{53}ts^{h}ɔo^{21}	大麦 ta^{44}mə^{44}
崆峒区	稻谷 t^{h}ɔ^{55}ku^{21}	稻草 t^{h}ɔ^{53}ts^{h}ɔ^{53}	大麦 ta^{35}mei^{53}
庆城县		禾草 xuə^{113}ts^{h}ɔ^{0}	大麦 ta^{244}mei^{0}
宁县	大米 ta^{44}mi^{52} 白米 p^{h}ei^{22}mi^{52}	稻草 t^{h}ɔ^{52}ts^{h}ɔ^{52}	大麦 ta^{44}mei^{31}
武都区	米 mi^{31}	稻草 t^{h}ɔu^{31}ts^{h}ɔu^{21}	燕麦 iæ̃^{24}min^{21}
文县	稻子 t^{h}ɔo^{44}tsɿ^{31}	稻草 t^{h}ɔo^{42}ts^{h}ɔo^{42}	
康县	谷子 ku^{53}tsɿ^{21}	谷草 ku^{53}ts^{h}ɔo^{21}	麦子 mei^{53}tsɿ^{21}
礼县	稻谷 t^{h}ɔo^{52}ku^{21}	稻草 t^{h}ɔo^{24}ts^{h}ɔo^{21}	大燕麦 ta^{44}iæ̃^{21}mei^{24}
靖远县	稻子 tɑo^{35}tsɿ^{41}	稻草 tɑo^{35}ts^{h}ɑo^{55}	大麦 ta^{35}mei^{41}
陇西县			大麦 ta^{44}me^{42}
秦州区	大米 ta^{44}mi^{53}	稻草 tɔ^{21}ts^{h}ɔ^{53}	洋燕麦 iɑŋ^{13}iæ̃^{44}mei^{21}
安定区	稻子 t^{h}ɔ^{53}tsɿ^{21}		旱稻子 xæ̃^{44}t^{h}ɔ^{53}tsɿ^{21}
会宁县	稻谷 t^{h}ɔ^{44}ku^{21}	稻草 t^{h}ɔ^{21}ts^{h}ɔ^{53}	大麦 ta^{44}mɛ^{21}
临洮县		稻草 tɔ^{53}ts^{h}ɔ^{53}	大麦 ta^{44}mɛ^{21}
清水县	稻子 t^{h}ɔ^{52}tsɿ^{21}	稻草 t^{h}ɔ^{21}ts^{h}ɔ^{52}	大麦 ta^{44}məi^{21}
永靖县	大米 ta^{44}mi^{53}	大米草 ta^{44}mi^{53}ts^{h}ɔ^{44}	大麦 ta^{44}mɛ^{21}
敦煌市	稻谷 tɔ^{44}ku^{213}	稻草 tɔ^{44}ts^{h}ɔ^{51}	大麦 ta^{35}mei^{21}
临夏市			大麦 tɑ^{44}mɛ^{21}
合作市	大米 tᴀ^{44}mi^{21}	大米草 tᴀ^{44}mi^{21}ts^{h}ɔ^{44}	野麦 iə^{44}mɛe^{21}
临潭县			大麦 ta^{44}mɪi^{21}

	0181 小麦指植物	0182 麦秸脱粒后的	0183 谷子指植物（子实脱粒后是小米）
兰州市	麦子 mɤ^{22}tsɿ^{13}	麦秆子 mɤ^{22}kæ̃^{44}tsɿ^{21}	谷子 ku^{22}tsɿ^{13}
榆中县	小麦 ɕiɔ^{44}mə^{0}	麦秆子 mə^{31}kan^{44}tsɿ^{0}	谷子 ku^{31}tsɿ^{213}
永登县	小麦 ɕiɔ^{354}miɛ^{21}	麦秆子 miɛ^{22}kæ̃^{35}tsɿ^{55}	谷子 ku^{22}tsɿ^{55}
红古区	麦子 mə^{22}tsɿ^{13}	麦草 mə^{22}ts^{h}ɔ^{55}	谷子 ku^{22}tsɿ^{13}
凉州区	麦子 mə^{31}tsɿ^{21}	麦草 mə^{31}ts^{h}ɑo^{21}	谷子 ku^{31}tsɿ^{21}
甘州区	小麦 ɕiɔ^{53}miə^{31}	麦秆子 miə^{31}kaŋ^{22}tsɿ^{21}	谷子 ku^{31}tsɿ^{21}
肃州区	小麦 ɕiɔ^{53}mə^{51}	麦秆子 mə^{21}kæ̃^{21}tsɿ^{13}	谷子 ku^{21}tsɿ^{13}
永昌县	小麦 ɕiɔo^{13}mə^{42}	麦秆 mə^{53}kɛe^{21}	谷子 ku^{53}tsɿ^{21}
崆峒区	小麦 ɕiɔ^{55}mei^{21}	麦草 mei^{53}ts^{h}ɔ^{21}	谷子 ku^{53}tsɿ^{21}
庆城县	麦 mei^{51}	麦草 mei^{51}ts^{h}ɔ^{0}	糜子 mi^{21}tsɿ^{0}
宁县	麦 mei^{31}	麦秸 mei^{31}tɕia^{0}	谷 ku^{31}
武都区	麦子 min^{31}tsɿ^{21}	麦草 min^{31}ts^{h}ɔu^{21}	谷 ku^{31}
文县	麦 mei^{31}	麦秆子 mei^{31}kæ̃^{21}tsɿ^{44}	谷子 ku^{53}tsɿ^{31}
康县	麦子 mei^{53}tsɿ^{21}	麦秆子 mei^{53}kan^{21}tsɿ^{21}	毛儿谷子 mɔor^{24}ku^{53}tsɿ^{21}
礼县	麦 mei^{31}	麦草 mei^{24}ts^{h}ɔo^{21}	谷子 ku^{31}tsɿ^{24}
靖远县	麦 mei^{41}	麦草 mei^{22}ts^{h}ɑo^{55}	谷子 ku^{41}tsɿ^{21}
陇西县	麦 me^{21}	麦秆 me^{21}kæ̃^{53}	谷 ku^{21}
秦州区	麦 mei^{13}	麦秆秆 mei^{21}kæ̃^{53}kæ̃^{21}	谷子 ku^{21}tsɿ^{53}
安定区	小麦 ɕiɔ^{53}mei^{21}	麦秆秆 mei^{21}kæ̃^{53}kæ̃^{21}	谷 ku^{13}
会宁县	麦 mɛ^{13}	麦秆秆 mɛ^{21}kæ̃^{53}kæ̃^{21}	谷 ku^{13}
临洮县	麦子 mɛ^{21}tsɿ^{13}	麦子秆秆儿 mɛ^{21}tsɿ^{13} kæ̃^{53}kɐr^{21}	小米儿 ɕiɔ^{21}miər^{53}
清水县	麦 məi^{13}	麦秆子 məi^{21}kæ̃^{52}tsɿ^{21}	谷子 ku^{21}tsɿ^{52}
永靖县	小麦 ɕiɔ^{44}mɛ^{21}	麦草 mɛ^{44}ts^{h}ɔ^{21}	谷子 ku^{22}tsɿ^{44}
敦煌市	小麦 ɕiɔ^{53}mei^{21}	麦秆子 mei^{22}kæ̃^{53}tsɿ^{21}	谷子 ku^{22}tsɿ^{13}
临夏市	麦子 mɛ^{21}tsɿ^{53}	麦草 mɛ^{44}ts^{h}ɔ^{42}	谷子 ku^{21}tsɿ^{53}
合作市	麦子 mɛe^{21}tsɿ^{53}	麦草 mɛe^{21}ts^{h}ɔ^{44}	谷子 ku^{21}tsɿ^{44}
临潭县	麦子 mi^{44}tsɿ^{44}	麦子秆秆儿 mi^{44}tsɿ^{44} kæ̃^{51}kər^{24}	小米 ɕiɔo^{24}mi^{21}

	0184 高粱指植物	0185 玉米指成株的植物	0186 棉花指植物
兰州市	高粱 kɔ^{53}liɑ̃^{21}	苞谷 pɔ^{53}ku^{21}	棉花 miæ̃^{53}xua^{13}
榆中县	高粱 kɔ^{51}liaŋ^{0}	苞谷 pɔ^{51}ku^{0}	棉花 mian^{31}xua^{213}
永登县	高粱 kɔ^{44}liɑ̃^{21}	苞谷 pɔ^{44}ku^{21}	棉花 miæ̃^{22}xua^{35}
红古区	高粱 kɔ^{22}liɑŋ^{13}	苞谷 pɔ^{22}ku^{13}	棉花 mian^{22}xua^{55}
凉州区	高粱 kao^{35}liɑŋ^{53}	西麦 ɕi^{35}mə^{53}	棉花 miɑŋ^{35}xua^{53}
甘州区	高粱 kɔ^{44}liaŋ^{44}	苞谷 pɔ^{44}ku^{44}	棉花 miaŋ^{35}xua^{42}
肃州区	高粱 kɔ^{44}liɑŋ^{44}	苞谷 pɔ^{44}ku^{44} 苞米 pɔ^{44}mi^{44}	棉花 miæ̃^{44}xua^{21}
永昌县	高粱 kɔo^{44}liaŋ^{44}	西麦 ɕi^{44}mə^{44}	棉花 miɛ^{13}xua^{42}
崆峒区	稻黍 tʰɔ^{53}ʂu^{21}	玉麦 y^{35}mei^{53}	棉花 miæ̃^{22}xua^{53}
庆城县	稻黍 tʰɔ^{51}ʂu^{0}	玉麦 y^{244}mei^{0} 玉米 y^{244}mi^{0}	棉花 miɛ̃^{21}xua^{0}
宁县	稻黍 tʰɔ^{31}ʃu^{0}	玉麦 y^{44}mei^{31}	棉花 miæ̃^{22}xua^{52}
武都区	高粱 kɔu^{31}liɑŋ^{21}	苞谷 pɔu^{31}ku^{21} 番麦 fæ̃^{13}min^{21}	棉花 miæ̃^{22}xua^{33}
文县	高粱 kɔo^{31}liɑ̃^{13}	玉米 y^{24}mei^{42}	棉花 miæ̃^{22}xua^{31}
康县	高粱 kan^{53}liɑŋ^{21}	苞谷 pɔo^{53}ku^{21}	棉花 mian^{53}xua^{55}
礼县	高粱 kɔo^{31}liɑŋ^{24}	番麦 fæ̃^{13}mei^{21}	棉花 miæ̃^{13}xua^{21}
靖远县	高粱 kɑo^{41}liɑŋ^{21}	苞谷 pɑo^{41}ku^{21}	棉花 miæ̃^{22}xua^{55}
陇西县	高粱 kɔo^{42}liɑŋ^{13}	苞谷 pɔo^{22}ku^{21}	棉花 miæ̃^{24}xua^{42}
秦州区	黍黍 ʃɥ^{13}ʃɥ^{21}	籼麦 ɕiæ̃^{21}mei^{53}	棉花 miæ̃^{13}xua^{21}
安定区	高粱 kɔ^{21}liɑŋ^{13}	苞谷 pɔ^{13}ku^{21}	棉花 miæ̃^{13}xua^{21}
会宁县	高粱 kɔ^{21}liɑŋ^{13}	苞谷 pɔ^{13}ku^{21} 番麦 fæ̃^{13}mɛ^{21}	棉花 miæ̃^{13}xua^{21}
临洮县	高粱 kɔ^{21}liɑ̃^{13}	苞谷 pɔ^{13}ku^{21}	棉花 miæ̃^{13}xua^{21}
清水县	高粱 kɔ^{21}liɒ̃^{13}	籼麦 siæ̃^{21}məi^{52}	棉花 miæ̃^{13}xua^{21}
永靖县	高粱 kɔ^{22}liɑŋ^{53}	苞谷 pɔ^{22}ku^{44}	棉花 miæ̃^{22}xua^{44}
敦煌市	高粱 kɔ^{21}liɑŋ^{13}	苞谷 pɔ^{22}ku^{51} 苞米 pɔ^{22}mi^{35}	棉花 miɛ̃^{22}xua^{51}
临夏市	刷刷糜 ʂuɑ^{21}ʂuɑ^{42}mi^{21}	苞谷 pɔ^{44}ku^{21}	棉花 miɛ̃^{21}xuɑ^{53}
合作市	高粱 kɔ^{21}liɑŋ^{53}	苞谷 pɔ^{44}ku^{21}	棉花 miæ̃^{21}xuᴀ^{53}
临潭县	高粱 kɔo^{44}liɒ^{44}	苞谷 pɔo^{44}ku^{21}	棉花 miæ̃^{24}xua^{21}

	0187 油菜油料作物，不是蔬菜	0188 芝麻	0189 向日葵指植物
兰州市	油菜籽 iəu^{53}tsʰɛ^{21}tsɿ^{44}	芝麻 tʂʅ^{22}ma^{53}	葵花 kʰuei^{53}xua^{21}
榆中县	芥籽 kɛ^{21}tsɿ^{44}	芝麻 tʂʅ^{51}ma^{0}	向黄 ɕiaŋ^{13}xuaŋ^{312}
永登县	油菜籽 iɤu^{354}tsʰɛ^{42}tsɿ^{55}	芝麻 tʂʅ^{44}ma^{21}	葵花 kʰuei^{55}xua^{21}
红古区	菜籽 tsʰɛ^{22}tsɿ^{55}	芝麻 tʂʅ^{22}ma^{13}	热头花儿 ʐə^{22}tʰɤu^{22}xuɐr^{55}
凉州区	油菜 iəu^{35}tsʰæ^{53}	芝麻 tsɿ^{35}ma^{53}	葵花 kʰuei^{35}xua^{53}
甘州区	油菜 iɤu^{35}tsʰɛ^{42}	芝麻 tʂʅ^{44}ma^{44}	葵花 kʰuei^{35}xua^{42}
肃州区	油白菜 ʑiəu^{35}pə^{31}tsʰɛ^{21}	芝麻 tsɿ^{44}ma^{44}	葵花 kʰuei^{44}xua^{21}
永昌县	油菜 iəu^{13}tsʰɛe^{42}	芝麻 tʂʅ^{44}ma^{44}	葵花 kʰuei^{13}xua^{42}
崆峒区	菜籽儿 tsʰɛ^{35}tsər^{53}	芝麻 tsɿ^{53}ma^{21}	葵花 kʰuei^{22}xua^{53}
庆城县	菜籽 tsʰɛ^{244}tsɿ^{0}	荏 ʐɤŋ^{244}	百子葵 pei^{51}tsɿ^{0}kʰuei^{113}
宁县	菜籽 tsʰɛ^{44}tsɿ^{31}	芝麻 tsɿ^{31}ma^{0}	向日葵 ɕiaŋ^{44}ər^{31}kʰuei^{24}
武都区	油菜 iəu^{22}tsʰɛɪ^{24} 菜籽儿 tsʰɛɪ^{24}tsɿ^{21}ɚ^{21}	芝麻 tsɿ^{31}ma^{21}	向阳花 ɕiɑŋ^{24}iɑŋ^{21}xua^{31}
文县	油菜 iɤu^{22}tsʰɛe^{24}	芝麻 tsɿ^{31}ma^{44}	日照花 iɛ^{22}tsɔo^{24}xua^{31}
康县	油菜 iɤu^{53}tsʰɛ^{24}	芝麻 tʂʅ^{53}ma^{21}	向阳花 ɕiɑŋ^{24}iɑŋ^{21}xua^{53}
礼县	菜籽 tsʰai^{44}tsɿ^{21}	芝麻 tsɿ^{31}ma^{24}	向日葵 ɕiɑŋ^{44}ʐʅ^{21}kʰuei^{24}
靖远县	油菜 iɤu^{22}tsʰɛ^{33}	芝麻 tsɿ^{41}ma^{21}	葵花 kʰuei^{22}xua^{41}
陇西县	菜籽 tsʰɛ^{44}tsɿ^{21}	芝麻 tsɿ^{42}ma^{13}	向日葵 ɕiɑŋ^{44}ɐr^{42}kʰue^{13}
秦州区	菜籽 tsʰɛ^{44}tsɿ^{21}	芝麻 tsɿ^{21}ma^{13}	向阳葵 ɕiɑŋ^{44}iɑŋ^{13}kʰuei^{13}
安定区	菜籽 tsʰɛ^{44}tsɿ^{21}	芝麻 tsɿ^{21}ma^{13}	向葵 ɕiɑŋ^{44}kʰuei^{13}
会宁县	菜籽 tsʰɛ^{21}tsɿ^{53}	芝麻 tsɿ^{21}ma^{13}	向日红 ɕiɑŋ^{53}ʐʅ^{21}xuŋ^{13}
临洮县	油菜 iɤu^{21}tsʰɛ^{44}	芝麻 tsɿ^{21}ma^{13}	耀天红 ʐɔ^{44}tʰiæ̃^{21}xuŋ^{13}
清水县	菜籽 tsʰɛ^{44}tsɿ^{21}	芝麻 tʃɨ^{21}ma^{13}	葵花 kʰuəi^{13}xua^{21} 向日葵 ɕiɒ̃^{44}ɚ^{21}kʰuəi^{13}
永靖县	尕芥籽 ka^{22}kɛ^{44}tsɿ^{42}	芝麻 tʂʅ^{22}ma^{53}	嵌=子 tɕʰiæ̃^{44}tsɿ^{21}
敦煌市	油菜 iɤu^{21}tsʰɛ^{44}	芝麻 tsɿ^{21}ma^{13}	葵花 kʰuei^{22}xua^{51}
临夏市	油菜 iɤu^{21}tsʰɛ^{24}	芝麻 tʂʅ^{13}mɑ^{42}	热头花 ʐɤ^{21}tʰɤu^{42}xuɑ^{21}
合作市	芥籽 kɛe^{44}tsɿ^{21}	芝麻 tʂʅ^{21}mᴀ^{53}	热头花 ʐə^{21}tʰəɯ^{53}xuɑ^{21}
临潭县	油籽 iəɯ^{24}tsɿ^{21}	芝麻 tsɿ^{44}ma^{44}	向日葵 ɕiɒ^{51}ʐʅ^{21}kʰuɪi^{24}

	0190 蚕豆	0191 豌豆	0192 花生指果实，注意婉称
兰州市	大豆 ta^{53}təu^{21}	豌豆 væ̃^{53}təu^{21}	花生 xua^{44}ʂən^{42}
榆中县	大豆 ta^{21}təu^{44}	豆子 təu^{21}tsɿ^{44}	落花生 luə^{31}xua^{51}ʂən^{0} 花生 xua^{51}ʂən^{0}
永登县	大豆 ta^{22}tɤu^{44}	豌豆 væ̃^{44}tɤu^{21}	花生 xua^{44}ʂə̃n^{21}
红古区	大豆 ta^{22}tɤu^{55}	豆儿 tɤu^{22}ər^{55}	花生 xua^{22}ʂən^{55}
凉州区	大豆 ta^{31}təu^{21}	豌豆 vɑŋ^{35}təu^{53}	花生 xua^{35}səŋ^{53}
甘州区	大豆 ta^{31}tɤu^{21}	豌豆 vaŋ^{44}tɤu^{44}	花生 xua^{44}ʂɤŋ^{44}
肃州区	大豆 ta^{21}təu^{13}	豌豆 væ̃^{35}təu^{44}	花生 xua^{44}sɤŋ^{44}
永昌县	大豆 ta^{53}tɤu^{21}	豌豆 vɛe^{44}təu^{44}	落花生 luə^{53}xua^{22}ʂəŋ^{21}
崆峒区	大豌豆 ta^{44}uæ̃^{21}təu^{44}	豌豆 uæ̃^{53}təu^{21}	花生 xua^{53}sɤŋ^{21}
庆城县	大豆 ta^{244}tɤu^{244}	豌豆 vɛ̃^{51}tɤu^{0}	花生 xua^{51}sɤŋ^{51}
宁县	大豆 ta^{44}tou^{31}	豌豆 uæ̃^{31}tou^{0}	花生 xua^{24}səŋ^{31}
武都区	大豌豆 ta^{24}væ̃^{21}təu^{21}	小豌豆 ɕiɔu^{55}væ̃^{21}təu^{21}	花生 xua^{31}səŋ^{21}
文县	大豌豆 ta^{24}uæ̃^{42}tɤu^{42}	小豌豆 ɕiɔo^{55}uæ̃^{42}tɤu^{42}	花生 xua^{31}səŋ^{31}
康县	大豌豆 ta^{24}van^{53}tɤu^{21}	菜豌豆 ts^{h}ɛ^{24}van^{53}tɤu^{21}	花生 xua^{53}sɤŋ^{21}
礼县	大豌豆儿 ta^{44}væ̃^{21}təur^{52}	小豌豆儿 ɕiɔo^{52}væ̃^{21}təur^{52}	花生 xua^{24}sɤŋ^{21}
靖远县	大豆 ta^{35}tɤu^{41}	豌豆 væ̃^{41}tɤu^{21}	花生 xua^{22}sɤŋ^{55}
陇西县	大豌豆 ta^{44}væ̃^{44}t^{h}ɤu^{44}	豌豆 væ̃^{42}t^{h}ɤu^{13}	花生 xua^{22}sɤŋ^{21}
秦州区	大豌豆 ta^{44}væ̃^{21}tɤu^{21}	豌豆 væ̃^{21}tɤu^{44}	花生 xua^{13}ʂɤŋ^{21}
安定区	大豌豆 ta^{44}væ̃^{21}t^{h}əu^{21}	尕豌豆 ka^{13}væ̃^{21}t^{h}əu^{21}	花生 xua^{13}səŋ^{21}
会宁县	大豌豆 ta^{44}uæ̃^{42}t^{h}əu^{21}	豌豆 uæ̃^{21}t^{h}əu^{13}	花生 xua^{13}səŋ^{13}
临洮县	豌豆儿 væ̃^{21}tər^{13}	小豌豆儿 ɕiɔ^{53}væ̃^{42}tər^{21}	花生 xua^{13}sɤŋ^{13}
清水县	大豌豆 ta^{44}væ̃^{21}tou^{21}	豌豆 væ̃^{21}tou^{443}	花生 xua^{13}ʃɤŋ^{21}
永靖县	大豆 ta^{44}tɤu^{21}	豆子 tɤu^{44}tsɿ^{42}	花生 xua^{13}ʂɤŋ^{213}
敦煌市	大豆 ta^{35}tɤu^{21}	豌豆 væ̃^{21}tɤu^{13}	花生米 xua^{35}ʂɤŋ^{21}mi^{51}
临夏市	大豆 tɑ^{44}tɤu^{21}	白豆 pɛ^{21}tɤu^{53}	花生 xuɑ^{44}ʂəŋ^{24}
合作市	大豆 tᴀ^{44}təɯ^{21}	小豆 ɕiɔ^{44}təɯ^{53}	花生 xuᴀ^{44}ʂəŋ^{13}
临潭县	大豆 ta^{44}təɯ^{21}	小豆儿 ɕiɔo^{51}təɯr^{24}	花生 xua^{44}səŋ^{44}

	0193 黄豆	0194 绿豆	0195 豇豆长条形的
兰州市	黄豆 xuɑ̃^{34}təu^{21}	绿豆子 lu^{55}təu^{42}tsɿ^{21}	龙豆 luən^{53}təu^{21}
榆中县	黄豆 xuɑŋ^{31}təu^{213}	绿豆 lu^{31}təu^{213}	龙豆 luən^{31}təu^{213}
永登县	黄豆 xuɑ̃^{55}tɤu^{21}	绿豆 lu^{22}tɤu^{13}	龙豆 luə̃n^{55}tɤu^{21}
红古区	黄豆 xuɑŋ^{22}tɤu^{13}	绿豆 lu^{22}tɤu^{13}	龙豆 luən^{22}tɤu^{13}
凉州区	黄豆 xuɑŋ^{35}təu^{53}	绿豆 lu^{31}təu^{21}	豇豆 tɕiɑŋ^{35}təu^{53}
甘州区	黄豆 xuɑŋ^{35}tɤu^{42}	绿豆 lu^{31}tɤu^{21}	豇豆 tɕiɑŋ^{44}tɤu^{44}
肃州区	黄豆 xuɑŋ^{35}təu^{21}	绿豆 lu^{21}təu^{13}	豇豆 tɕiɑŋ^{44}təu^{44}
永昌县	黄豆 xuɑŋ^{13}təu^{42}	绿豆 lu^{53}təu^{21}	豆角子 təu^{53}tɕyə^{22}tsɿ^{21}
崆峒区	黄豆 xuɑŋ^{24}təu^{44}	绿豆 liəu^{53}təu^{21}	豇豆 tɕiɑŋ^{53}təu^{21}
庆城县	黄豆 xuɑ̃^{21}tɤu^{244} 毛豆 mɔ^{21}tɤu^{244}	小绿豆 ɕiɔ^{44}liɤu^{51}tɤu^{0}	紫罗带 tsɿ^{44}luə^{21}tɛ^{244}
宁县	黄豆 xuɑŋ^{22}tou^{52}	绿豆子 liou^{31}tou^{44}tsɿ^{0}	豇豆子 tɕiɑŋ^{31}tou^{0}tsɿ^{0}
武都区	黄豆 xuɑŋ^{22}təu^{24}	绿豆 liəu^{31}təu^{21}	豇豆 tɕiɑŋ^{31}təu^{21}
文县	黄豆 xuɑ̃^{42}tɤu^{24}	绿豆子 liɤu^{31}tɤu^{44}tsɿ^{42}	豇豆 tɕiɑ̃^{31}tɤu^{24}
康县	黄豆 xuɑŋ^{53}tɤu^{24}	绿豆儿 liɤu^{53}təur^{21}	豇豆儿 tɕiɑŋ^{53}təur^{21}
礼县	黄豆 xuɑŋ^{13}təu^{21}	绿豆儿 liəu^{31}təur^{52}	豇豆儿 tɕiɑŋ^{31}təur^{52}
靖远县	黄豆 xuɑŋ^{22}tɤu^{55}	绿豆 lʮ^{41}tɤu^{21}	龙豆 loŋ^{22}tɤu^{33}
陇西县	黄豆 xuɑŋ^{21}tɤu^{44}	绿豆 lu^{42}tɤu^{44}	长豆角儿 tʂʰɑŋ^{21}tɤu^{44}tɕyɤ^{44}zɿ^{44}
秦州区	黄豆 xuɑŋ^{13}tɤu^{21}	绿豆 liɤu^{21}tɤu^{44}	豇豆 tɕiɑŋ^{21}tɤu^{44}
安定区	黄豆 xuɑŋ^{21}təu^{44}	绿豆 lu^{21}təu^{44}	豆角子 təu^{44}tɕyə^{21}tsɿ^{21}
会宁县	黄豆 xuɑŋ^{21}təu^{44}	绿豆 lu^{21}təu^{44}	龙豆 luŋ^{21}təu^{44}
临洮县	黄豆 xuɑ̃^{21}tɤu^{44}	绿豆 ly^{21}tɤu^{44}	豇豆 tɕiɑ̃^{21}tɤu^{44}
清水县	黄豆 xuɒ̃^{13}tou^{21}	绿豆 liou^{21}tou^{443}	豇豆 tɕiɒ̃^{21}tou^{443}
永靖县	黄豆 xuɑŋ^{22}tɤu^{44}	绿豆 lu^{22}tɤu^{44}	刀豆 tɔ^{22}tɤu^{53}
敦煌市	黄豆 xuɑŋ^{22}tɤu^{51}	绿豆 lu^{21}tɤu^{13}	豆豆子 tɤu^{35}tɤu^{21}tsɿ^{21}
临夏市	黄豆 xuɑŋ^{21}tɤu^{53}	绿豆 lu^{21}tɤu^{53}	龙豆 luəŋ^{21}tɤu^{53}
合作市	黄豆 xuɑŋ^{21}təɯ^{44}	绿豆 lu^{21}təɯ^{44}	龙豆 luəŋ^{21}təɯ^{44}
临潭县	黄豆 xuɒ^{21}təɯ^{44}	绿豆 lu^{21}təɯ^{44}	豇豆 tɕiɒ^{21}təɯ^{44}

	0196 大白菜东北～	0197 包心菜 卷心菜，圆白菜，球形的	0198 菠菜
兰州市	大白菜 ta^{13}pɤ^{53}tsʰε^{13}	莲花菜 ȵiæ̃^{53}xua^{44}tsʰε^{21}	绿菠菜 lu^{13}pɤ^{55}tsʰε^{21}
榆中县	大白菜 ta^{13}pə^{31}tsʰε^{213}	莲花菜 lian^{31}xua^{13}tsʰε^{0}	绿菠菜 lu^{31}pə^{51}tsʰε^{0}
永登县	大白菜 ta^{22}piε^{55}tsʰε^{21}	包心菜 pɔ^{44}ɕin^{44}tsʰε^{21}	菠菜 pə^{44}tsʰε^{21}
红古区	白菜 pə^{22}tsʰε^{13}	疙瘩菜 kə^{22}ta^{13}tsʰε^{13}	绿菠菜 lu^{22}pə^{55}tsʰε^{21}
凉州区	白菜 pə^{35}tsʰæ^{53}	包包菜 pɑo^{35}pɑo^{35}tsʰæ^{53}	菠菜 pə^{35}tsʰæ^{53}
甘州区	大白菜 ta^{22}piə^{44}tsʰε^{21}	包包菜 pɔ^{44}pɔ^{44}tsʰε^{31}	菠菜 puə^{44}tsʰε^{44}
肃州区	大白菜 ta^{21}pə^{44}tsʰε^{21}	包包菜 pɔ^{44}pɔ^{44}tsʰε^{21} 甘蓝菜 kæ̃^{44}læ̃^{53}tsʰε^{21}	菠菜 pə^{44}tsʰε^{44}
永昌县	白菜 pə^{13}tsʰεe^{42}	包包菜 pɔo^{44}pɔo^{44}tsʰεe^{53}	绿菠菜 lu^{53}pə^{44}tsʰεe^{44}
崆峒区	白菜 pei^{22}tsʰε^{53}	莲花白 liæ̃^{22}xua^{53}pei^{24}	菠菜 pɤ^{53}tsʰε^{21}
庆城县	白菜 pei^{21}tsʰε^{244}	包菜 pɔ^{21}tsʰε^{244} 包包菜 pɔ^{51}pɔ^{0}tsʰε^{244}	菠菜 puə^{51}tsʰε^{0}
宁县	白菜 pʰei^{22}tsʰε^{52}	包包白 pɔ^{31}pɔ^{0}pʰei^{24}	菠菜 puə^{31}tsʰε^{0}
武都区	白菜 pei^{22}tsʰεɪ^{24}	包白菜 pɔu^{31}pei^{22}tsʰεɪ^{24}	菠菜 puɤ^{31}tsʰεɪ^{21}
文县	白菜 pei^{42}tsʰεe^{24}	包包菜 pɔo^{31}pɔo^{21}tsʰεe^{24}	菠菜 pɤ^{31}tsʰεe^{24}
康县	白菜 pei^{53}tsʰε^{24}	包儿菜 pɔor^{53}tsʰε^{24} 包包菜 pɔo^{53}pɔo^{21}tsʰε^{21}	菠菜 pʰuɤ^{53}tsʰε^{21}
礼县	白菜 pʰei^{13}tsʰai^{21}	番白菜 fæ̃^{31}pʰei^{24}tsʰai^{21}	菠菜 pɤ^{31}tsʰai^{44}
靖远县	白菜 pei^{22}tsʰε^{55}	包心儿白 pɑo^{22}ɕiɤr^{21}pei^{24}	菠菜 pɤ^{41}tsʰε^{21}
陇西县	白包菜 pe^{24}pɔo^{42}tsʰε^{44}	莲花菜 liæ̃^{24}xua^{42}tsʰε^{44}	菠菜 pɤ^{42}tɕʰε^{44}
秦州区	大白菜 ta^{4453}pʰei^{13}tsʰε^{21}	番白菜 fæ̃^{21}pʰei^{13}tsʰε^{21}	菠菜 puə^{21}tsʰε^{44}
安定区	白菜 pε^{21}tsʰε^{44}	包包菜 pɔ^{21}pɔ^{21}tsʰε^{44}	菠菜 pə^{21}tsʰε^{44}
会宁县	大白菜 ta^{44}pʰei^{21}tsʰε^{44}	包心白菜 pɔ^{13}ɕiŋ^{21}pʰei^{21}tsʰε^{44}	菠菜 pə^{21}tsʰε^{44}
临洮县	大白菜 ta^{44}pei^{21}tsʰε^{44}	卷心菜 tɕyæ̃^{53}ɕiŋ^{21}tsʰε^{44}	菠菜 pɤ^{21}tsʰε^{44}
清水县	白菜 pʰəi^{13}tsʰε^{21} 大白菜 ta^{44}pʰəi^{13}tsʰε^{21}	番白菜 fæ̃^{21}pʰəi^{13}tsʰε^{21} 包包菜 pɔ^{21}pɔ^{13}tsʰε^{21}	菠菜 pə^{21}tsʰε^{443}
永靖县	大白菜 ta^{13}pɤ^{22}tsʰε^{44}	疙瘩菜 kɤ^{22}ta^{44}tsʰε^{44}	绿菠菜 lu^{22}pɤ^{44}tsʰε^{21}
敦煌市	大白菜 ta^{35}pei^{21}tsʰε^{51}	包包菜 pɔ^{22}pɔ^{22}tsʰε^{44} 圆白菜 yε̃^{35}pei^{21}tsʰε^{51}	菠菜 pɔ^{21}tsʰε^{35}
临夏市	大白菜 tɑ^{53}pε^{21}tsʰε^{53}	疙瘩菜 kε^{21}tɑ^{44}tsʰε^{53}	菠菜 pɤ^{21}tsʰε^{53}
合作市	大白菜 tʌ^{44}pεe^{21}tsʰεe^{53}	疙瘩菜 kə^{21}tʌ^{44}tsʰεe^{53}	菠菜 pə^{21}tsʰεe^{53}
临潭县	大白菜 ta^{44}pɪi^{21}tsʰεe^{44}	包子菜 pɔo^{44}tsɿ^{44}tsʰεe^{44}	菠菜 pɤ^{44}tsʰεe^{44}

	0199 芹菜	0200 莴笋	0201 韭菜
兰州市	芹菜 tɕʰin^{53}tsʰɛ^{13}	笋子 suən^{34}tsɿ^{21}	韭菜 tɕiəu^{34}tsʰɛ^{21}
榆中县	芹菜 tɕʰin^{31}tsʰɛ^{213}	笋子 suən^{44}tsɿ^{0}	韭菜 tɕiəu^{44}tsʰɛ^{0}
永登县	芹菜 tɕʰin^{55}tsʰɛ^{21}	笋子 suə̃n^{354}tsɿ^{21}	韭菜 tɕiɤu^{354}tsʰɛ^{53}
红古区	芹菜 tɕʰin^{22}tsʰɛ^{13}	笋子 suən^{55}tsɿ^{21}	韭菜 tɕiɤu^{55}tsʰɛ^{21}
凉州区	芹菜 tɕʰiŋ^{35}tsʰæ^{53}	笋子 suŋ^{53}tsɿ^{35}	韭菜 tɕiəu^{53}tsʰæ^{35}
甘州区	芹菜 tɕʰiŋ^{35}tsʰɛ^{42}	笋子 suŋ^{22}tsɿ^{44}	韭菜 tɕiɤu^{22}tsʰɛ^{44}
肃州区	芹菜 tsʰiŋ^{44}tsʰɛ^{21}	莴笋 və^{44}suŋ^{51}	韭菜 tɕiəu^{21}tsʰɛ^{51}
永昌县	芹菜 tɕʰiŋ^{13}tsʰɛe^{42}	笋子 soŋ^{53}tsɿ^{21}	韭菜 tɕiəu^{53}tsʰɛe^{21}
崆峒区	芹菜 tɕʰiɤŋ^{22}tsʰɛ^{53}	笋子 soŋ^{55}tsɿ^{21}	韭菜 tɕiəu^{55}tsʰɛ^{21}
庆城县	芹菜 tɕʰiŋ^{21}tsʰɛ^{244}	莴笋 vuə^{21}suŋ^{44}	韭菜 tɕiɤu^{44}tsʰɛ^{0}
宁县	芹菜 tɕʰiŋ^{22}tsʰɛ^{52}	笋子 suŋ^{55}tsɿ^{0}	韭菜 tɕiou^{55}tsʰɛ^{0}
武都区	芹菜 tɕʰin^{22}tsʰɛɪ^{24}	笋子 suŋ^{55}tsɿ^{21}	韭菜 tɕiəu^{55}tsʰɛɪ^{21}
文县	芹菜 tɕʰiəŋ^{31}tsʰɛe^{24}	莴笋 uə^{33}soŋ^{55}	韭菜 tɕiɤu^{55}tsʰɛe^{21}
康县	芹菜 tɕʰiŋ^{53}tsʰɛ^{24}	莴笋 vɤ^{53}suŋ^{35}	韭菜 tɕiɤu^{35}tsʰɛ^{21}
礼县	芹菜 tɕʰiŋ^{13}tsʰai^{21}	笋子 ʃuɤŋ^{52}tsɿ^{21}	韭菜 tɕiəu^{52}tsʰai^{21}
靖远县	芹菜 tɕʰiŋ^{22}tsʰɛ^{55}		韭菜 tɕiɤu^{55}tsʰɛ^{21}
陇西县	芹菜 tɕʰĩ^{21}tsʰɛ^{44}	莴笋 uɤ^{21}suŋ^{53}	韭菜 tɕiu^{55}tsʰɛ^{21}
秦州区	芹菜 tɕʰiɤŋ^{13}tsʰɛ^{21}	笋子 suɤŋ^{53}tsɿ^{21}	韭菜 tɕiɤu^{53}tsʰɛ^{21}
安定区	芹菜 tɕʰiŋ^{21}tsʰɛ^{44}	笋子 suŋ^{53}tsɿ^{21}	韭菜 tɕiəu^{53}tsʰɛ^{21}
会宁县	芹菜 tɕʰiŋ^{21}tsʰɛ^{44}	笋子 suŋ^{53}tsɿ^{21}	韭菜 tɕiəu^{53}tsʰɛ^{21}
临洮县	芹菜 tɕʰiŋ^{21}tsʰɛ^{44}	笋子 suŋ^{53}tsɿ^{21}	韭菜 tɕiɤu^{53}tsʰɛ^{21}
清水县	芹菜 tɕʰiŋ^{13}tsʰɛ^{21}	笋子 suŋ^{52}tsɿ^{21}	韭菜 tɕiou^{52}tsʰɛ^{21}
永靖县	芹菜 tɕʰiɤŋ^{21}tsʰɛ^{13}	笋子 suɤŋ^{53}tsɿ^{21}	韭菜 tɕiɤu^{53}tsʰɛ^{44}
敦煌市	芹菜 tɕʰiŋ^{22}tsʰɛ^{51}	笋子 suŋ^{53}tsɿ^{21}	韭菜 tɕiɤu^{53}tsʰɛ^{21}
临夏市	芹菜 tɕʰiŋ^{21}tsʰɛ^{53}	笋菜 suəŋ^{44}tsʰɛ^{42}	韭菜 tɕiɤu^{44}tsʰɛ^{42}
合作市	芹菜 tɕʰiŋ^{21}tsʰɛe^{53}	笋菜 suəŋ^{44}tsʰɛe^{53}	韭菜 tɕiəɯ^{44}tsʰɛe^{53}
临潭县	芹菜 tɕʰin^{21}tsʰɛe^{44}	笋子 suəŋ^{51}tsɿ^{24}	韭菜 tɕiəɯ^{51}tsʰɛe^{24}

	0202 香菜芫荽	0203 葱	0204 蒜
兰州市	芫荽 iæ̃^{53}suei^{13}	葱 ts^{h}uən^{55}	蒜 suæ̃^{13}
榆中县	芫荽 ian^{31}suei^{213}	葱 ts^{h}uən^{51}	蒜 suan^{213}
永登县	芫荽 iæ̃^{354}suei^{21}	葱 ts^{h}uə̃n^{42}	蒜 suæ̃^{13}
红古区	芫荽 ian^{22}suei^{13}	葱秧儿 ts^{h}uən^{22}iɑ̃^{13}ər^{55}	蒜 suan^{13}
凉州区	芫荽 iɑŋ^{35}suei^{53}	葱 ts^{h}uŋ^{35}	蒜 suɑŋ^{31}
甘州区	芫荽 iaŋ^{35}suei^{42}	葱 ts^{h}uŋ^{44}	蒜 suaŋ^{31}
肃州区	芫荽 ʐiæ̃^{35}suei^{21}	葱 ts^{h}uŋ^{44}	蒜 suæ̃^{213}
永昌县	芫荽 iɛ^{13}suei^{42}	葱 ts^{h}oŋ^{44}	蒜 suɛe^{53}
崆峒区	芫荽 iæ̃^{22}suei^{53}	葱 ts^{h}oŋ^{21}	蒜 suæ̃^{44}
庆城县	芫荽 iɛ̃^{21}suei^{0}	葱 ts^{h}uŋ^{51}	蒜 suɛ̃^{244}
宁县	芫荽 iæ̃^{22}ɕy^{52}	葱 ts^{h}uŋ^{31}	蒜 suæ̃^{44}
武都区	芫荽 iæ̃^{22}sɥ^{53}	葱 ts^{h}uŋ^{31}	蒜 suæ̃^{24} 大蒜 ta^{24}suæ̃^{24}
文县	芫荽 iæ̃^{42}ɕy^{24}	葱 ts^{h}oŋ^{31}	蒜 suæ̃^{24}
康县	芫荽 ian^{53}ɕy^{24}	葱 ts^{h}uŋ^{53}	蒜 suan^{24}
礼县	芫荽 iæ̃^{13}ɕy^{21}	葱 tʃ^{h}uɤŋ^{31}	蒜 ʃuæ̃^{44}
靖远县	芫荽 iæ̃^{22}suei^{55}	葱 ts^{h}oŋ^{41}	蒜 suæ̃^{33}
陇西县	芫荽 iæ̃^{21}sue^{44}	葱 ts^{h}uŋ^{21}	蒜 suæ̃^{44}
秦州区	芫荽 iæ̃^{13}suei^{21}	葱 ts^{h}uɤŋ^{13}	蒜 suæ̃^{44}
安定区	芫荽 iæ̃^{13}suei^{21}	葱 ts^{h}uŋ^{13}	蒜 suæ̃^{44}
会宁县	芫荽 iæ̃^{13}ɕy^{21}	葱 ts^{h}uŋ^{13}	蒜 suæ̃^{44}
临洮县	芫荽 iæ̃^{21}suei^{44}	葱 ts^{h}uŋ^{13}	蒜 suæ̃^{44}
清水县	芫荽 iæ̃^{13}suəi^{21}	葱 ts^{h}uŋ^{13}	蒜 suæ̃^{443}
永靖县	芫荽 iæ̃^{22}suei^{44}	葱 ts^{h}uɤŋ^{213}	蒜 suæ̃^{44}
敦煌市	芫荽 iɛ̃^{22}suei^{51}	葱 ts^{h}uŋ^{213}	蒜 suæ̃^{44}
临夏市	芫荽 iɛ̃^{21}suei^{53}	葱 ts^{h}uəŋ^{13}	蒜 suɑ̃^{53}
合作市	芫荽 iæ̃^{21}suei^{44}	葱 ts^{h}uəŋ^{13}	蒜 suæ̃^{53}
临潭县	芫荽 iæ̃^{21}suɪi^{44}	葱 ts^{h}uəŋ^{44}	蒜 suæ̃^{44}

	0205 姜	0206 洋葱	0207 辣椒统称
兰州市	生姜 ʂən^{53}tɕiã^{21}	洋葱 iã^{53}tsʰuən^{21}	辣子 la^{22}tsɿ^{13}
榆中县	生姜 ʂən^{51}tɕiɑŋ^{0}	洋葱 iɑŋ^{31}tsʰuən^{51}	辣子 la^{31}tsɿ^{213}
永登县	姜 tɕiã^{42}	洋葱 iã^{22}tsʰuə̃n^{44}	辣子 la^{13}tsɿ^{35}
红古区	生姜 ʂən^{22}tɕiɑŋ^{13}	洋葱 iɑŋ^{13}tsʰuən^{13}	辣子 la^{22}tsɿ^{13}
凉州区	生姜 səŋ^{35}tɕiɑŋ^{53}	伞⁼骨都 sæ^{31}ku^{31}tu^{21}	辣子 la^{31}tsɿ^{21}
甘州区	姜 tɕiɑŋ^{44}	葱骨都 tsʰuŋ^{44}ku^{44}tu^{44} 葱头 tsʰuŋ^{44}tʰɤu^{44}	辣子 la^{31}tsɿ^{21}
肃州区	姜 tɕiɑŋ^{44}	洋葱 ʑiɑŋ^{44}tsʰuŋ^{21} 皮芽子 pʰi^{44}ʑia^{44}tsɿ^{21}	辣子 la^{21}tsɿ^{13}
永昌县	姜 tɕiɑŋ^{44}	薤骨都 ɕiɛ^{53}ku^{22}tu^{21}	辣子 la^{53}tsɿ^{21}
崆峒区	生姜 sɤŋ^{53}tɕiɑŋ^{21}	薤 xɛ^{44}	辣子 la^{53}tsɿ^{21}
庆城县	姜 tɕiã^{51}	葱头 tsʰuŋ^{51}tʰɤu^{113}	辣子 la^{51}tsɿ^{0}
宁县	生姜 səŋ^{31}tɕiɑŋ^{0}	薤 xɛ^{44} 洋葱 iɑŋ^{24}tsʰuŋ^{0}	辣子 la^{31}tsɿ^{0}
武都区	生姜 səŋ^{31}tɕiɑŋ^{21}	洋蒜 iɑŋ^{21}suæ̃^{24}	辣椒 la^{31}tɕiɔu^{21}
文县	姜 tɕiã^{31}	洋蒜 iã^{42}suæ̃^{24}	辣子 la^{42}tsɿ^{21}
康县	生姜 sɤŋ^{53}tɕiɑŋ^{21}	洋葱 iɑŋ^{42}tsʰuŋ^{53}	辣子 la^{53}tsɿ^{21}
礼县	姜 tɕiɑŋ^{31}	洋葱 iɑŋ^{13}tʃʰuɤŋ^{21}	辣子 na^{31}tsɿ^{24}
靖远县	姜 tɕiɑŋ^{41}	洋葱 iɑŋ^{22}tsʰoŋ^{41}	辣子 la^{41}tsɿ^{21}
陇西县	姜 tɕiɑŋ^{21}	洋葱 iɑŋ^{24}tsʰuŋ^{42}	辣椒 la^{21}tɕiɔo^{21}
秦州区	姜 tɕiɑŋ^{13}	洋葱 iɑŋ^{13}tsʰuɤŋ^{13}	辣椒 la^{21}tɕiɔ^{53}
安定区	生姜 səŋ^{13}tɕiɑŋ^{21}	洋蒜 iɑŋ^{21}suæ̃^{44}	辣椒 la^{13}tɕiɔ^{21}
会宁县	生姜 səŋ^{13}tɕiɑŋ^{21}	洋葱 iɑŋ^{13}tsuŋ^{13} 洋蒜 iɑŋ^{21}suæ̃^{44}	辣椒 la^{13}tɕiɔ^{21}
临洮县	生姜 sɤŋ^{13}tɕiã^{21}	洋葱 iã^{13}tsʰuŋ^{13}	辣子 la^{21}tsɿ^{13}
清水县	生姜 ʃɤŋ^{13}tɕiɔ̃^{13}	洋葱 iɔ̃^{13}tsʰuŋ^{13} 洋蒜 iɔ̃^{13}suæ̃^{443}	辣椒 la^{21}tsiɔ^{52}
永靖县	生姜 ʂɤŋ^{22}tɕiɑŋ^{53}	洋蒜 iɑŋ^{22}suæ̃^{44}	辣子 la^{22}tsɿ^{44}
敦煌市	姜 tɕiɑŋ^{213}	芥骨都 tɕiə^{35}ku^{21}tu^{21} 葱头 tsʰuŋ^{21}tʰɤu^{13}	辣子 la^{21}tsɿ^{13}
临夏市	生姜 ʂəŋ^{44}tɕiɑŋ^{21}	薤蒜 xɛ^{44}suã^{42}	辣子 lɑ^{21}tsɿ^{53}
合作市	生姜 ʂəŋ^{44}tɕiɑŋ^{21}	洋葱 iɑŋ^{13}tsʰuəŋ^{13}	辣子 lᴀ^{21}tsɿ^{53}
临潭县	生姜 səŋ^{21}tɕiɒ^{44}	洋葱 iɒ^{24}tsʰuəŋ^{44}	辣椒 la^{44}tɕiɔo^{44}

	0208 茄子统称	0209 西红柿	0210 萝卜统称
兰州市	茄子 tɕiɛ^{53}tsɿ^{13}	洋柿子 iã^{53}ʂʅ^{22}tsɿ^{13}	萝卜 luə^{22}pu^{44}
榆中县	茄子 tɕiɛ^{53}tsɿ^{13}	洋柿子 iã^{53}ʂʅ^{22}tsɿ^{13}	萝卜 luo^{22}pu^{44}
永登县	茄子 tɕʰiᴇ^{31}tsɿ^{213}	西红柿 ɕi^{51}xuən^{31}ʂʅ^{213}	萝卜 luə^{31}pu^{213}
红古区	茄子 tɕʰiɛ^{55}tsɿ^{21}	洋柿子 iã^{13}ʂʅ^{21}tsɿ^{13}	萝卜 luə^{55}pu^{21}
凉州区	茄子 tɕʰiɛ^{22}tsɿ^{13}	柿子 ʂʅ^{55}tsɿ^{21}	萝卜 luə^{22}pə^{13}
甘州区	茄子 tɕʰiə^{35}tsɿ^{53}	洋柿子 iaŋ^{35}sɿ^{31}tsɿ^{21}	萝卜 luə^{35}pu^{53}
肃州区	茄子 tɕʰiə^{35}tsɿ^{42}	洋柿子 iaŋ^{53}ʂʅ^{31}tsɿ^{21}	萝卜 luə^{53}pu^{21}
永昌县	茄子 tɕʰiɛ^{44}tsɿ^{21}	西红柿 ɕi^{44}xuŋ^{44}sɿ^{21}	萝卜 luə^{35}pu^{21}
崆峒区	茄子 tɕʰiə^{13}tsɿ^{42}	西红柿 ɕi^{44}xoŋ^{44}ʂʅ^{44}	萝卜 luə^{13}pu^{42}
庆城县	茄子 tɕʰiɛ^{22}tsɿ^{53}	洋柿子 iaŋ^{24}sɿ^{22}tsɿ^{53}	红萝卜 xoŋ^{24}luo^{22}pu^{53}
宁县	茄子 tɕʰiᴇ^{21}tsɿ^{0}	洋柿子 iã^{21}sɿ^{244}zɿ^{0}	萝卜 luə^{21}pu^{0}
武都区	茄子 tɕʰiɛ^{22}tsɿ^{52}	洋柿子 iaŋ^{24}sɿ^{44}tsɿ^{31} 西红柿 ɕi^{31}xuŋ^{24}sɿ^{44}	萝卜 luə^{22}pʰu^{52}
文县	茄子 tɕʰiᴇ^{22}tsɿ^{24}	洋柿子 iaŋ^{22}sɿ^{24}tsɿ^{21}	萝卜 luɤ^{22}pʰu^{24}
康县	茄子 tɕʰiɛ^{42}tsɿ^{24}	洋柿子 iã^{42}sɿ^{24}tsɿ^{42}	萝卜 luə^{42}pʰu^{24}
礼县	茄子 tɕʰiɛ^{53}tsɿ^{35}	洋柿子 iaŋ^{42}ʂʅ^{24}tsɿ^{53}	萝卜 luɤ^{53}pʰu^{13}
靖远县	茄儿 tɕʰiɛ^{13}ɚ^{21}	洋柿子 iaŋ^{13}sɿ^{44}tsɿ^{21}	萝卜 nuɤ^{13}pʰu^{21}
陇西县	茄子 tɕʰiɛ^{22}tsɿ^{55}	洋柿子 iaŋ^{22}sɿ^{35}tsɿ^{41}	萝卜 luə^{22}pu^{55}
秦州区	茄儿 tɕʰiɛ^{22}zɿ^{44}	洋柿子 iaŋ^{21}sɿ^{44}tsɿ^{42}	萝卜 lo^{22}pʰu^{44}
安定区	茄 tɕʰiə^{13}	洋柿子 iaŋ^{13}sɿ^{44}tsɿ^{21}	萝卜 luə^{13}pʰu^{21}
会宁县	茄儿 tɕʰiə^{21}zɿ^{44}	西红柿 ɕi^{21}xuŋ^{13}sɿ^{44}	萝卜 luə^{21}pʰu^{44}
临洮县	茄儿 tɕʰiə^{21}zɿ^{44}	洋柿子 iaŋ^{21}sɿ^{44}tsɿ^{21}	萝卜 lə^{21}pʰu^{44}
清水县	茄儿 tɕʰiər^{13}	洋柿子 iã^{21}sɿ^{44}tsɿ^{21}	萝卜 luɤ^{21}pʰu^{44}
永靖县	茄儿 tɕʰiɛ^{13}ɚ^{21}	洋柿子 iɒ̃^{13}ʃɨ^{44}tsɿ^{21}	萝卜 luə^{13}pʰu^{21}
敦煌市	茄子 tɕʰiɛ^{22}tsɿ^{13}	柿子 ʂʅ^{44}tsɿ^{42}	萝卜 luɤ^{22}pu^{13}
临夏市	茄子 tɕʰiə^{22}tsɿ^{51}	柿子 sɿ^{35}tsɿ^{21}	萝卜 luə^{22}pu^{51}
合作市	茄子 tɕʰiɛ^{21}tsɿ^{53}	柿子 ʂʅ^{44}tsɿ^{21}	萝卜 luɤ^{21}pu^{24}
临潭县	茄子 tɕʰiə^{21}tsɿ^{53}	西红柿 ɕi^{44}xuəŋ^{13}ʂʅ^{21}	萝卜 luə^{21}pu^{44}

	0211 胡萝卜	0212 黄瓜	0213 丝瓜无棱的
兰州市	红萝卜 xuən^{53}luə^{22}pu^{44}	黄瓜 xuɑ̃^{53}kua^{21}	丝瓜 sɿ^{53}kua^{21}
榆中县	红萝卜 xuən^{31}luə^{0}pu^{44}	黄瓜 xuaŋ^{31}kua^{213}	
永登县	红萝卜 xuə̃n^{22}luə^{22}pu^{55}	黄瓜 xuɑ̃^{22}kua^{44}	丝瓜 sɿ^{42}kua^{21}
红古区	红萝卜 xuən^{22}luə^{55}pə^{21}	黄瓜 xuɑŋ^{22}kua^{13}	丝瓜 sɿ^{22}kua^{55}
凉州区	胡萝卜 xu^{35}luə^{35}pu^{53}	黄瓜 xuɑŋ^{35}kua^{53}	
甘州区	胡萝卜 xu^{35}luə^{42}pu^{21}	黄瓜 xuaŋ^{35}kua^{42}	丝瓜 sɿ^{44}kua^{44}
肃州区	红萝卜 xuŋ^{53}luə^{44}pu^{21}	黄瓜 xuɑŋ^{44}kua^{21}	丝瓜 si^{44}kua^{44}
永昌县	胡萝卜 xu^{13}luə^{42}pu^{21}	黄瓜 xuɑŋ^{13}kua^{42}	
崆峒区	胡萝卜 xu^{24}luo^{22}pu^{53}	黄瓜 xuɑŋ^{22}kua^{53}	丝瓜 sɿ^{53}kua^{21}
庆城县	黄萝卜 xuɑ̃^{113}luə^{44}pu^{0}	黄瓜 xuɑ̃^{21}kua^{0}	丝瓜 sɿ^{51}kua^{0}
宁县	黄萝卜 xuaŋ^{24}luə^{22}p^{h}u^{52}	黄瓜 xuaŋ^{22}kua^{52}	丝瓜 sɿ^{31}kua^{0}
武都区	红萝卜 xuŋ^{22}luɤ^{55}p^{h}u^{21}	黄瓜 xuɑŋ^{22}kua^{33}	丝瓜 sɿ^{31}kua^{21}
文县	红萝卜 xoŋ^{33}luə^{44}p^{h}u^{42}	黄瓜 xuɑ̃^{22}kua^{42}	丝瓜 sɿ^{31}kua^{31}
康县	黄萝卜 xuɑŋ^{21}luɤ^{55}p^{h}u^{21}	黄瓜 xuɑŋ^{53}kua^{55}	丝瓜 sɿ^{53}kua^{21}
礼县	红萝卜 xuɤŋ^{13}nuɤ^{31}p^{h}u^{21}	黄瓜 xuɑŋ^{13}kua^{21}	丝瓜 sɿ^{31}kua^{21}
靖远县	胡萝卜 xu^{22}luə^{55}puə^{21}	黄瓜 xuɑŋ^{22}kua^{55}	
陇西县	红萝卜 xuŋ^{24}luɤ^{42}p^{h}u^{21}	黄瓜 xuɑŋ^{13}kua^{21}	长绿茄儿 tʂ^{h}ɑŋ^{24}liu^{42}tɕ^{h}iɛ^{21}zɿ^{44}
秦州区	黄萝卜 xuɑŋ^{13}luə^{44}p^{h}u^{21}	黄瓜 xuɑŋ^{13}kua^{21}	丝瓜 sɿ^{13}kua^{21}
安定区	黄萝卜 xuɑŋ^{13}lə^{21}p^{h}u^{21}	黄瓜 xuɑŋ^{13}kua^{21}	丝瓜 sɿ^{13}kua^{21}
会宁县	黄萝卜 xuɑŋ^{13}lə^{21}p^{h}u^{44}	黄瓜 xuɑŋ^{13}kua^{21}	
临洮县	红萝卜 xuŋ^{13}luɤ^{21}p^{h}u^{44}	黄瓜 xuɑ̃^{13}kua^{21}	丝瓜 sɿ^{13}kua^{21}
清水县	黄萝卜 xuɒ̃^{13}luə^{13}p^{h}u^{21}	黄瓜 xuɒ̃^{13}kua^{21}	丝瓜 sɿ^{13}kua^{21}
永靖县	黄萝卜 xuɑŋ^{13}luɤ^{22}pu^{13}	黄瓜 xuɑŋ^{22}kua^{44}	丝瓜 sɿ^{22}kua^{53}
敦煌市	红萝卜 xuŋ^{35}luə^{21}pu^{21}	黄瓜 xuɑŋ^{22}kua^{51}	瓠子 xu^{53}tsɿ^{21}
临夏市	黄萝卜 xuɑŋ^{13}luɤ^{44}pu^{21}	黄瓜 xuɑŋ^{13}kuɑ^{42}	丝瓜 sɿ^{42}kuɑ^{21}
合作市	黄萝卜 xuɑŋ^{13}luə^{21}pu^{44}	黄瓜 xuɑŋ^{13}kuᴀ^{21}	丝瓜 sɿ^{13}kuᴀ^{21}
临潭县	黄萝卜 xuɒ^{24}luɤ^{21}pu^{44}	黄瓜 xuɒ^{24}kua^{21}	

	0214 南瓜扁圆形或梨形，成熟时赤褐色	0215 荸荠	0216 红薯统称
兰州市	南瓜 $\text{læ̃}^{53}\text{kua}^{21}$		红薯 $\text{xuən}^{53}\text{fu}^{13}$
榆中县	南瓜 $\text{nan}^{31}\text{kua}^{213}$		红薯 $\text{xuən}^{31}\text{ʂu}^{213}$
永登县	南瓜 $\text{næ̃}^{22}\text{kua}^{35}$	牛角 $\text{ȵiɤu}^{35}\text{kə}^{13}$	红苕 $\text{xu}^{22}\text{ʂɔ}^{53}$
红古区	南瓜 $\text{nan}^{22}\text{kua}^{13}$		红苕 $\text{xuən}^{13}\text{ʂɔ}^{13}$ 红薯 $\text{xuən}^{13}\text{fu}^{13}$
凉州区	倭葫芦 $\text{və}^{35}\text{xu}^{35}\text{lu}^{53}$		红薯 $\text{xuŋ}^{35}\text{ʂu}^{53}$
甘州区	倭葫芦 $\text{və}^{44}\text{xu}^{44}\text{lu}^{44}$		红薯 $\text{xuŋ}^{35}\text{fu}^{42}$
肃州区	红葫芦 $\text{xuŋ}^{44}\text{xu}^{21}\text{lu}^{21}$	荸荠 $\text{pi}^{21}\text{tɕ}^{h}\text{i}^{13}$	红薯 $\text{xuŋ}^{44}\text{ʂu}^{21}$
永昌县	葫芦 $\text{xu}^{13}\text{lu}^{42}$		红薯 $\text{xoŋ}^{13}\text{ʂu}^{42}$
崆峒区	倭瓜 $\text{uo}^{53}\text{kua}^{21}$		红苕 $\text{xoŋ}^{24}\text{ʂɔ}^{24}$
庆城县	南瓜 $\text{nɛ̃}^{21}\text{kua}^{0}$		红芋 $\text{xuŋ}^{21}\text{y}^{0}$
宁县	番瓜 $\text{fæ̃}^{31}\text{kua}^{0}$		红芋 $\text{xuŋ}^{24}\text{y}^{44}$
武都区	南瓜 $\text{læ̃}^{22}\text{kua}^{33}$		红苕 $\text{xuŋ}^{24}\text{ʂɔu}^{24}$
文县	北瓜 $\text{pei}^{42}\text{kua}^{31}$		红苕 $\text{xoŋ}^{24}\text{sɔo}^{24}$
康县	瓜 kua^{53}		红苕 $\text{xuŋ}^{13}\text{ʂɔo}^{21}$
礼县	南瓜 $\text{næ̃}^{13}\text{kua}^{21}$		红苕 $\text{xuɤŋ}^{13}\text{ʂɔo}^{13}$
靖远县	南瓜 $\text{næ̃}^{22}\text{kua}^{55}$		红薯 $\text{xoŋ}^{22}\text{ʂʅ}^{55}$
陇西县	南瓜 $\text{læ̃}^{24}\text{kua}^{42}$	荸荠 $\text{pi}^{42}\text{tɕ}^{h}\text{i}^{13}$	红薯 $\text{xuŋ}^{13}\text{ʃʅ}^{53}$
秦州区	南瓜 $\text{læ̃}^{13}\text{kua}^{21}$		红苕 $\text{xuɤŋ}^{13}\text{ʂɔ}^{13}$
安定区	南瓜 $\text{næ̃}^{13}\text{kua}^{21}$		红薯 $\text{xuŋ}^{13}\text{su}^{53}$
会宁县	南瓜 $\text{læ̃}^{13}\text{kua}^{21}$		红苕 $\text{xuŋ}^{13}\text{ʂɔ}^{13}$
临洮县	南瓜 $\text{næ̃}^{13}\text{kua}^{21}$		红薯 $\text{xuŋ}^{21}\text{ʂu}^{53}$
清水县	南瓜 $\text{læ̃}^{13}\text{kua}^{21}$		红苕 $\text{xuŋ}^{13}\text{ʂɔ}^{13}$
永靖县	南瓜 $\text{næ̃}^{22}\text{kua}^{44}$		红苕 $\text{xuɤŋ}^{22}\text{ʂɔ}^{44}$
敦煌市	倭葫芦 $\text{və}^{22}\text{xu}^{22}\text{lu}^{51}$	荸荠 $\text{pi}^{22}\text{tɕ}^{h}\text{i}^{44}$	红薯 $\text{xuŋ}^{22}\text{ʂu}^{51}$
临夏市	南瓜 $\text{nã}^{13}\text{kuɑ}^{42}$		红薯 $\text{xuəŋ}^{13}\text{ʂu}^{42}$
合作市	南瓜 $\text{næ̃}^{13}\text{kuᴀ}^{53}$		红薯 $\text{xuəŋ}^{21}\text{ʂu}^{53}$
临潭县	南瓜 $\text{næ̃}^{24}\text{kua}^{21}$		红薯 $\text{xuəŋ}^{24}\text{ʂu}^{51}$

	0217 马铃薯	0218 芋头	0219 山药圆柱形的
兰州市	洋芋 iã^{22}ʑy^{44}		山药 ʂã^{55}yɛ^{21}
榆中县	洋芋 iaŋ^{13}y^{312}		山药 ʂan^{51}yᴇ^{0}
永登县	山药 ʂæ̃^{44}yə^{21} 洋芋 iɑ̃^{22}y^{53}	芋头 y^{22}tʰɤu^{53}	山药 ʂæ̃^{44}yə^{21}
红古区	山药 ʂan^{22}yɛ^{13}		
凉州区	山药 sɑŋ^{35}yə^{53}		
甘州区	山药 ʂaŋ^{44}yə^{44}		
肃州区	洋芋 ʑiɑŋ^{53}ʑy^{51}	芋头 ʑy^{21}tʰəu^{13}	山药 sæ̃^{44}ʑyə^{44}
永昌县	山药 ʂɛe^{44}yə^{44}		
崆峒区	洋芋 iɑŋ^{24}y^{44}		山药 sæ̃^{53}yɤ^{21}
庆城县	洋芋 iɑ̃^{21}y^{0}		山药 sɛ̃^{51}yə^{0}
宁县	洋芋 iaŋ^{24}y^{44}		山药 sæ̃^{31}yə^{0}
武都区	洋芋 iɑŋ^{22}y^{24}		山药 sæ̃^{31}yɤ^{21}
文县	洋芋 iɑ̃^{21}y^{55}	芋头 y^{31}tʰɤu^{24}	山药 sæ̃^{31}yɛ^{31}
康县	洋芋 iɑŋ^{53}y^{13}	芋头 y^{13}tʰɤu^{21}	山药 ʂan^{53}yɛ^{21}
礼县	洋芋 iɑŋ^{13}y^{44}		山药 sæ̃^{31}yɤ^{21}
靖远县	洋芋 iɑŋ^{22}zɥ^{55}	芋头 zɥ^{24}tʰɤu^{24}	山药 sæ̃^{41}yə^{21}
陇西县	洋芋 iɑŋ^{21}y^{44}	芋头 y^{42}tʰɤu^{13}	山药 sæ̃^{21}yɤ^{21}
秦州区	洋芋 iɑŋ^{13}y^{44}		山药 sæ̃^{13}yə^{21}
安定区	洋芋 iɑŋ^{21}ʑy^{44}		山药 sæ̃^{13}iə^{21}
会宁县	洋芋 iɑŋ^{21}y^{44}		山药 sæ̃^{13}iə^{21}
临洮县	洋芋 iɑ̃^{21}y^{44}	芋头 y^{44}tʰɤu^{21}	山药 sæ̃^{13}ye^{21}
清水县	洋芋 iɒ̃^{13}y^{443}		
永靖县	山药 ʂæ̃^{22}yɛ^{53}		山药 ʂæ̃^{22}iɔ^{53}
敦煌市	洋芋 iɑŋ^{22}ʑy^{51}	芋头 ʑy^{35}tʰɤu^{21}	山药 sæ̃^{13}yə^{213}
临夏市	洋芋 iɑŋ^{13}ʑy^{42}		山药 ʂã^{21}yɛ^{53}
合作市	洋芋 iɑŋ^{21}ʑy^{53}		山药 ʂæ̃^{44}yə^{21}
临潭县	洋芋 iɒ^{21}y^{44}	芋头 y^{24}tʰəɯ^{24}	山药 sæ̃^{44}yɛ^{44}

	0220 藕	0221 老虎	0222 猴子
兰州市	莲藕 liæ̃^{53}əu^{13}	虎 xu^{34}	猴子 xəu^{53}tsɿ^{21}
榆中县	藕 əu^{44}	老虎 lɔ^{31}xu^{213}	猴子 xəu^{31}tsɿ^{213}
永登县	莲藕 liæ̃^{53}əu^{13}	虎 xu^{34}	猴子 xəu^{53}tsɿ^{21}
红古区	藕 əu^{44}	老虎 lɔ^{31}xu^{213}	猴子 xəu^{31}tsɿ^{213}
凉州区	藕 ɤu^{354}	老虎 lɔ^{22}xu^{354}	猴 xɤu^{53}
甘州区	莲藕 lian^{22}ɤu^{55}	老虎 lɔ^{22}xu^{55}	猴儿 xɤu^{22}ər^{13}
肃州区		老虎 lɑo^{35}xu^{53}	猴子 xəu^{35}tsɿ^{53}
永昌县		老虎 lɔ^{35}xu^{42}	猴子 xɤu^{35}tsɿ^{42}
崆峒区	藕 ɣəu^{51}	老虎 lɔ^{35}xu^{21}	猴子 xəu^{44}tsɿ^{21}
庆城县		老虎 lɔo^{13}xu^{42}	猴子 xəu^{13}tsɿ^{42}
宁县	藕 nəu^{53}	老虎 lɔ^{53}xu^{21}	猴儿 xəur^{24}
武都区	莲藕 liɛ̃^{21}nɤu^{0}	老虎 lɔ^{44}xu^{0}	猴 xɤu^{113}
文县	藕 ou^{52}	老虎 lɔ^{31}xu^{0}	猴 xou^{24}
康县	莲藕 liæ̃^{22}ŋɤ^{53}	老虎 lɔu^{31}xu^{21}	猴儿 xɤ^{22}ɚ^{13}
礼县	藕 ŋɤu^{55}	老虎 lɔo^{42}xuə^{42}	猴 xɤu^{13}
靖远县	藕 ɤu^{55}	老虎 lɔo^{53}xu^{21}	猴儿 xɤur^{211}
陇西县	莲藕 liæ̃^{13}ŋəu^{52}	老虎 nɔo^{44}xu^{21}	猴儿 xəur^{13} 猴子 xəu^{13}tsɿ^{21}
秦州区	藕 ɤu^{55}	老虎 lɑo^{41}xu^{21}	猴儿 xər^{24}
安定区	莲藕菜 liæ̃^{13}ɤu^{55}tsʰɛ^{44}	老虎 lɔo^{21}xu^{53}	猴儿 xɤu^{22}zɿ^{44}
会宁县	莲藕 liæ̃^{13}ŋɤu^{53}	老虎 lɔ^{21}xu^{53}	猴 xɤu^{13}
临洮县	莲藕 liæ̃^{13}ŋəu^{53}	老虎 lɔ^{21}xu^{53}	猴儿 xəu^{21}zɿ^{44}
清水县	藕 ŋəu^{53}	老虎 lɔ^{21}xu^{53}	猴儿 xəu^{21}zɿ^{44}
永靖县	藕 ŋɤu^{53}	老虎 lɔ^{21}xu^{53}	猴儿 xər^{13}
敦煌市	莲藕 liæ̃^{13}ŋou^{21}	老虎 lɔ^{21}xu^{52}	猴儿 xou^{13}ɚ^{21}
临夏市	藕 ɤu^{53}	老虎 lɔ^{22}xu^{44}	猴儿 xɤu^{22}ɯ^{44}
合作市	藕 ŋɤu^{51}	老虎 lɔ^{21}xu^{51}	猴儿 xɤu^{13}ər^{21}
临潭县	藕 ŋɤu^{42}	老虎 lɔ^{13}xu^{42}	猴娃 xɤu^{13}vɑ^{42}

	0223 蛇统称	0224 老鼠家里的	0225 蝙蝠
兰州市	长虫 tʂʰɑ̃^{53}pfʰən^{13}	老鼠子 lɔ^{53}pfʰu^{42}tsɿ^{21}	夜蝙虎= iɛ^{13}piɛ^{44}xu^{21}
榆中县	长虫 tʂʰaŋ^{31}tʂʰuən^{213}	老鼠 lɔ^{31}tʂʰu^{44}	夜蝙虎= iᴇ^{21}piᴇ^{44}xu^{0}
永登县	蛇 ʂə^{53}	老鼠 lɔ^{22}pfʰu^{354}	夜蛾子 iɛ^{13}ə^{53}tsɿ^{21}
红古区	长虫 tʂʰɑŋ^{22}tʂʰuən^{55}	老鼠 lɔ^{22}tʂʰu^{55}	夜蝙虎=儿 iɛ^{22}piɛ^{55}xur^{21}
凉州区	长大爷 tʂʰɑŋ^{35}ta^{53}iə^{35}	老鼠 lɑo^{35}tʂʰu^{53}	夜蝙虎= iə^{31}piə^{31}xu^{21}
甘州区	蛇 ʂə^{53}	老鼠 lɔ^{35}pfʰu^{42}	列=蝙风= liə^{31}piə^{22}fɤŋ^{21}
肃州区	蛇 ʂə^{51} 长虫 tʂʰɑŋ^{44}tʂʰuŋ^{21}	老鼠 lɔ^{35}tʂʰu^{21}	列=蝙虎= liɛ^{21}piɛ^{21}xuə^{13}
永昌县	蛇 ʂə^{13}	老鼠 lɔo^{13}tʂʰu^{42}	列=蝙虎= liə^{53}piə^{22}xu^{21}
崆峒区	长虫 tʂʰɑŋ^{22}tʂʰoŋ^{53}	老鼠 lɔ^{53}ʂu^{21}	夜蝙虎= iɛ^{44}piɛ^{53}xu^{21}
庆城县	长虫 tʂʰɑ̃^{21}tʂʰuŋ^{0}	老鼠 lɔ^{44}ʂu^{0}	夜蝙虎=儿 iᴇ^{244}piᴇ^{0}xuɤr^{113}
宁县	长虫 tʂʰaŋ^{22}tʃʰuŋ^{52}	老鼠 lɔ^{31}ʃu^{0}	檐蝙虎=儿 iæ̃^{44}piæ̃^{31}xur^{24}
武都区	长虫 tʂʰɑŋ^{22}tʃʰuŋ^{53}	老鼠 lɔu^{31}tʃʰu^{21}	檐蝙蝠 yæ̃^{22}piæ̃^{13}fu^{31}
文县	长虫 tsʰɑ̃^{21}tsʰoŋ^{42}	老鼠子 lɔo^{42}tsʰu^{21}tsɿ^{55}	夜蝙虎= iɛ^{24}piɛ^{42}xuə^{42}
康县	长虫 tʂʰɑŋ^{53}pfʰɤŋ^{13}	老鼠子 lɔo^{53}fu^{21}tsɿ^{21} 耗子 xɔo^{24}tsɿ^{53}	檐蝙蝠 ian^{53}pian^{21}fu^{13}
礼县	长虫 tʂʰɑŋ^{13}tʃʰuɤŋ^{21}	老鼠 nɔo^{24}tʃʰu^{21}	檐蝙蝠 iæ̃^{13}piæ̃^{31}fu^{21}
靖远县	长虫 tʂʰɑŋ^{22}tʂʰoŋ^{55}	老鼠 lɑo^{41}tʂʰʮ^{21}	夜蝙虎= iɛ^{35}piɛ^{41}xu^{21}
陇西县	长虫 tʂʰɑŋ^{24}tʂʰuŋ^{42}	老鼠 lɔo^{22}tʃʰʮ^{21}	夜蝙蝠 iɛ^{44}piɛ^{44}fu^{21}
秦州区	长虫 tʂʰɑŋ^{13}tʂʰuɤŋ^{21}	老鼠 lɔ^{21}tʃʰʯ^{53}	檐蝙蝠 yæ̃^{13}piə^{21}fu^{21}
安定区	长虫 tʂʰɑŋ^{13}tʃʰuŋ^{21}	老鼠 lɔ^{21}tʃʰu^{44}	夜蝙虎= iə^{44}piə^{44}xu^{21}
会宁县	长虫 tʂʰɑŋ^{13}tʃʰuŋ^{21}	老鼠 lɔ^{21}tʃʰu^{53}	夜蝙虎= iə^{44}piə^{44}xu^{21}
临洮县	长虫 tʂʰɑ̃^{13}tʂʰuŋ^{21}	老鼠 lɔ^{21}tʂʰu^{44}	夜蝙虫儿 ie^{44}pie^{42}tʂʰuɑ̃r^{21}
清水县	皮条 pʰi^{13}tsʰiɔ^{21} 长虫 tʂʰɒ̃^{13}tʃʰɤŋ^{21}	老鼠 lɔ^{21}tʃʰɨ^{52}	檐蝙蝠 yæ̃^{13}piæ̃^{21}fɤŋ^{21}
永靖县	长虫 tʂʰɑŋ^{13}tʂʰuɤŋ^{21}	老鼠 lɔ^{22}tʂʰu^{44}	夜老鼠 iɛ^{213}lɔ^{53}tʂʰu^{21}
敦煌市	长虫 tʂʰɑŋ^{22}tʂʰuŋ^{51}	老鼠 lɔ^{22}tʂʰu^{51}	列=蝙虎= liə^{13}piə^{44}xu^{21}
临夏市	长虫 tʂʰɑŋ^{13}tʂʰuəŋ^{42}	老鼠 lɔ^{13}tʂʰu^{42}	夜蝙虎= iɛ^{44}pɛ^{42}xu^{21}
合作市	长虫 tʂʰɑŋ^{13}tʂʰuəŋ^{21}	老鼠 lɔ^{13}fu^{53}	夜蝙蝠 iə^{44}pɛe^{53}xu^{21}
临潭县	长虫 tʂʰɒ^{24}tʂʰuəŋ^{21}	老鼠 lɔo^{24}ʂu^{21}	列=蝙蝠儿 liɛ^{44}piæ̃^{44}fər^{21}

	0226 鸟儿飞鸟，统称	0227 麻雀	0228 喜鹊
兰州市	鸟儿 ȵiɔ^{34}ɯ^{21}	麻雀儿 ma^{53}tɕʰyɛ^{42}ɯ^{21}	喜鹊 ɕi^{42}tɕʰyɛ^{21}
榆中县	鸟儿 ȵiɔ^{44}ɣɤ^{0}	麻雀儿 ma^{31}tɕʰiɔ^{0}ɣɤ^{44}	喜鹊 ɕi^{44}tɕʰiɔ^{0}
永登县	鸟儿 ȵiɔ^{354}a^{21}	麻雀 ma^{22}tɕʰiɔ^{354}	喜鹊 ɕi^{35}tɕʰiɔ^{53}
红古区	雀儿 tɕʰiɔər^{553}	麻雀儿 ma^{22}tɕʰiɔ^{53}ər^{21}	喜鹊 sɿ^{55}tɕʰiɔ^{21}
凉州区	鸟儿 ȵiɑo^{53}ʀɯ^{35}	雀娃子 tɕʰiɑo^{53}va^{35}tsɿ^{53}	乞巧 tɕʰi^{53}tɕʰiɑo^{35}
甘州区	雀儿 tɕʰiɔ^{22}ɣɤ^{44}	麻雀儿 ma^{35}tɕʰiɔ^{42}ɣɤ^{21}	喜鹊 ɕi^{22}tɕʰyə^{44}
肃州区	鸟儿 ȵiɔ^{21}ɣə^{51}	雀娃子 tɕʰiɔ^{21}va^{13}tsɿ^{31}	喜鹊 ɕi^{21}tɕʰyə^{51}
永昌县	雀娃子 tɕʰiɔo^{53}va^{22}tsɿ^{44}	麻雀儿 ma^{13}tɕʰiɔo^{42}ɣɤ^{21}	喜鹊 ɕi^{53}tɕʰyə^{21}
崆峒区	鸟 ȵiɔ^{53}	麻雀 ma^{22}tɕʰiɔ^{53}	喜鹊 ɕi^{53}tɕʰiɔ^{21}
庆城县	雀儿 tɕʰiɔr^{44} 雀雀儿 tɕʰiɔ^{44}tɕʰiɔr^{0}	麻雀儿 ma^{21}tɕʰiɔr^{0}	喜鹊儿 ɕi^{44}tɕʰiɔr^{0}
宁县	鸟鸟子 ȵiɔ^{55}ȵiɔ^{0}tsɿ^{0}	雀儿 tɕʰiɔr^{44}	野雀 iɛ^{55}tɕʰiɔ^{0}
武都区	雀儿 tɕʰiɔu^{55}ɚ^{21}	麻雀儿 ma^{21}tɕʰiɔr^{53}	喜鹊 ɕi^{55}tɕʰyɤ^{31}
文县	鸟鸟子 ȵiɔo^{55}ȵiɔo^{42}tsɿ^{21}	麻雀 ma^{22}tɕʰiɔo^{42}	喳=喳= tsʰa^{42}tsʰa^{24}
康县	鹳儿 kuər^{24}	麻官=儿 ma^{42}kuər^{24}	野雀子 ia^{53}tɕʰiɔo^{21}tsɿ^{21}
礼县	雀儿 tɕʰiɔor^{52}	麻雀儿 ma^{13}tɕʰiɔor^{21}	野雀 iɛ^{52}tɕʰiɔo^{21}
靖远县	雀儿 tɕʰiɔr^{41}	麻雀儿 ma^{22}tɕʰiɔr^{41}	喜鹊鹳儿 sɿ^{41}tɕʰiɑo^{21}kuə^{21}
陇西县	雀儿 tɕʰiɔo^{55}zɿ^{21}	麻雀儿 ma^{13}tɕʰiɔo^{55}zɿ^{42}	野雀子 iɛ^{55}tɕʰiɔo^{21}tsɿ^{44}
秦州区	鸟 tɕʰiɔ^{53}	麻雀 ma^{13}tɕʰiɔ^{21}	野秋=鹳儿 iə^{53}tɕʰiɤu^{21}kuə^{21}
安定区	鸟儿 ȵiɔ^{53}zɿ^{21}	麻雀儿 ma^{13}tɕʰiɔ^{53}ə^{21}	喜鹊 ɕi^{53}tɕʰyə^{21}
会宁县	雀儿 tɕʰiɔ^{21}zɿ^{44}	麻雀儿 ma^{13}tɕʰiɔ^{21}zɿ^{44}	野雀子 ia^{53}tɕʰiɔ^{13}tsɿ^{21}
临洮县	雀儿 tɕʰiɔr^{53}	麻雀儿 ma^{21}tɕʰiɔr^{53}	喜鹊 ɕi^{53}tɕʰye^{21}
清水县	雀儿 tsʰiɔ^{52}ɚ^{21} 雀雀子 tsʰiɔ^{52}tsʰiɔ^{21}tsɿ^{21}	麻雀儿 ma^{13}tsʰiɔ^{52}ɚ^{21}	野雀 iɛ^{21}tsʰiɔ^{52}
永靖县	雀儿 tɕʰiɔ^{53}ɯ^{21}	麻雀儿 ma^{22}tɕʰiɔ^{44}ɯ^{21}	野雀 iɛ^{44}tɕʰiɔ^{21}
敦煌市	雀儿 tɕʰiɔ^{51}ər^{21}	麻雀儿 ma^{22}tɕʰiɔr^{51}	喜鹊儿 ɕi^{53}tɕʰyər^{21}
临夏市	麻雀 mɑ^{21}tɕʰiɔ^{53}	麻雀 mɑ^{21}tɕʰiɔ^{53}	野雀 iɛ^{44}tɕʰiɔ^{21}
合作市	鸟 ȵiɔ^{44}	麻雀 mʌ^{13}tɕʰiɔ^{53}	野雀 iə^{44}tɕʰiɔ^{53}
临潭县	鸟儿 niɔo^{51}ɐr^{21}	麻雀儿 ma^{24}tɕʰiər^{21}	野雀 iɛ^{24}tɕʰiɔo^{21}

	0229 乌鸦	0230 鸽子	0231 翅膀鸟的，统称
兰州市	老哇 lɔ^{34}va^{21}	鸽子 kɤ^{22}tsɿ^{13}	膀子 pã^{34}tsɿ^{21}
榆中县	老哇 lɔ^{44}va^{0}	鹁鸽子 pʰu^{31}kə^{0}tsɿ^{213}	膀子 pɑŋ^{44}tsɿ^{0}
永登县	老哇 lɔ^{354}ua^{42}	鸽子 kə^{22}tsɿ^{55}	膀子 pã^{55}tsɿ^{21}
红古区	老哇 lɔ^{55}va^{21}	鸽子 kuə^{22}tsɿ^{13}	膀子 pɑŋ^{55}tsɿ^{21}
凉州区	老哇 lɑo^{35}va^{53}	鸽子 kə^{31}tsɿ^{21}	膀子 pɑŋ^{53}tsɿ^{35}
甘州区	老哇 lɔ^{44}va^{44}	鸽子 kə^{31}tsɿ^{21}	翅膀 tʂʰʅ^{31}pɑŋ^{21}
肃州区	黑老哇 xə^{44}lɔ^{44}va^{44}	鸽子 kə^{21}tsɿ^{13}	翅膀 tsʰɿ^{21}pɑŋ^{13}
永昌县	黑老哇 xə^{53}lɔo^{22}va^{21}	鸽子 kə^{53}tsɿ^{21}	膀子 pɑŋ^{53}tsɿ^{21}
崆峒区	老哇 lɔ^{55}ua^{21}	鹁鸽 pu^{22}kɤ^{53}	膀子 pɑŋ^{55}tsɿ^{21}
庆城县	黑老哇 xei^{21}lɔ^{44}va^{0}	鹁鸽儿 pʰu^{21}kɤr^{0} 鸽子 kɔ^{51}tsɿ^{0}	膀子 pã^{44}tsɿ^{0}
宁县	嘎哇 ka^{31}ua^{0}	鹁鸽 pʰu^{22}kə^{52} 鸽子 kə^{22}tsɿ^{52}	膀子 pɑŋ^{55}tsɿ^{0}
武都区	老哇 lɔu^{55}va^{21}	鹁鸽儿 pʰu^{31}kɤr^{24}	翅膀 tsʰɿ^{24}pɑŋ^{21}
文县	老哇 lɔo^{53}ua^{24}	鹁鸽子 pʰu^{42}kɤ^{24}tsɿ^{53}	翎膀 liəŋ^{42}pã^{55}
康县	老哇 lɔo^{35}va^{21}	鹁鸽 pʰu^{53}kuɤ^{13}	翎膀 liŋ^{53}pɑŋ^{35}
礼县	呱⁼老哇 kua^{24}nɔo^{31}va^{21} 老哇 nɔo^{52}va^{21}	鹁鸽儿 pʰu^{13}kɤr^{21}	翎膀 liŋ^{13}pɑŋ^{21}
靖远县	骚嘎儿 sɑo^{22}kɐr^{41}	鹁鸽 pʰu^{22}kuə^{55}	膀子 pɑŋ^{55}tsɿ^{21}
陇西县	老哇 lɔo^{55}va^{42}	鹁鸽儿 pʰu^{21}kɤ^{44}zɿ^{42}	翅膀 tsʰɿ^{44}pɑŋ^{21}
秦州区	老哇 lɔ^{53}va^{21}	鹁鸽 pʰu^{13}kuə^{21}	翎膀 liɤŋ^{13}pɑŋ^{21}
安定区	黑鸦儿 xei^{21}ia^{53}zɿ^{21}	鹁鸽 pʰu^{21}kə^{44}	翅膀 tsʰɿ^{44}pɑŋ^{21}
会宁县	黑鸦儿 xei^{13}ia^{53}zɿ^{21}	鹁鸽 pʰu^{21}kə^{44}	翅膀 tsʰɿ^{44}pɑŋ^{53}
临洮县	老哇 lɔ^{53}va^{21}	鹁鸽 pʰu^{21}kɤ^{53}	翅膀儿 tsʰɿ^{44}pə̃r^{21}
清水县	老哇 lɔ^{52}va^{21}	鹁鸽 pʰu^{13}kuə^{21}	翎膀 liŋ^{13}pɔ̃^{21}
永靖县	黑老哇 xɤ^{213}lɔ^{53}va^{21}	鸽子 kɤ^{22}tsɿ^{44}	膀子 pɑŋ^{53}tsɿ^{21}
敦煌市	黑老哇 xei^{22}lɔ^{53}va^{21}	鸽子 kə^{21}tsɿ^{13}	膀子 pɑŋ^{53}tsɿ^{21}
临夏市	老哇 lɔ^{21}vɑ^{53}	鹁鸽 pɤ^{21}kɤ^{53}	膀膀 pɑŋ^{44}pɑŋ^{24}
合作市	老哇 lɔ^{44}vA^{53}	鹁鸽 pə^{21}kə^{53}	翅膀 tʂʰʅ^{44}pɑŋ^{53}
临潭县	老哇 lɔo^{51}va^{44}	鹁鸽儿 pu^{21}kɤr^{44}	翅膀 tsʰɿ^{44}pɒ^{21}

	0232 爪子鸟的，统称	0233 尾巴	0234 窝鸟的
兰州市	爪子 pfa^{34}tsɿ^{21}	尾巴 ʐi^{34}pa^{21}	窝 vɤ^{55}
榆中县	爪子 tʂua^{44}tsɿ^{0}	尾巴子 i^{44}pa^{0}tsɿ^{0}	雀儿窝 tɕ^{h}iɔ^{31}ɣɤ^{0}vɔ^{51}
永登县	爪子 pfa^{354}tsɿ^{21}	尾巴 i^{35}pa^{53}	窝 və^{42}
红古区	爪爪儿 tʂua^{55}tʂuɐr^{21}	尾巴 zɿ^{55}p^{h}a^{21}	窝 və^{13}
凉州区	爪子 tʂua^{53}tsɿ^{35}	尾巴 ʐi^{53}pa^{35}	窝 və^{35}
甘州区	爪子 kua^{22}tsɿ^{44}	尾巴 ʐi^{22}pa^{44}	窝 və^{44}
肃州区	爪子 tʂua^{21}tsɿ^{51}	尾巴 ʐi^{21}pa^{51}	窝 və^{44}
永昌县	爪子 tʂua^{53}tsɿ^{21}	尾巴 ʐi^{53}pa^{21}	窝 və^{44}
崆峒区	爪子 tʂua^{55}tsɿ^{21}	尾巴 i^{55}pa^{21}	窝 uo^{21}
庆城县	爪子 tʂua^{44}tsɿ^{0}	尾巴 i^{44}pa^{0}	窝儿 vuɤr^{51} 窝窝儿 vuə^{51}vuɤr^{0}
宁县	爪子 tʃua^{55}tsɿ^{0}	尾巴 i^{55}pa^{31}	窝 uə^{31}
武都区	爪爪子 tsɔu^{55}tsɔu^{21}tsɿ^{21}	尾巴 i^{55}p^{h}a^{31}	窝 vɤ^{31}
文县	爪爪子 tsua^{44}tsua^{42}tsɿ^{21}	尾干= iɛ^{55}kæ̃^{42}	窝 uə^{31}
康县	爪爪子 pfa^{35}pfa^{53}tsɿ^{21}	尾巴 iɛ^{35}p^{h}a^{21}	窝 vɤ^{53}
礼县	爪爪儿 tʃua^{52}tʃuar^{13}	尾巴儿 i^{52}p^{h}ar^{13}	雀儿窝窝儿 tɕ^{h}iɔor^{52}vɤ^{21}vɤr^{24}
靖远县	爪子 tʂua^{55}tsɿ^{21}	尾巴 zɿ^{55}pa^{21}	窝 vɤ^{41}
陇西县	爪子 tʂua^{55}tsɿ^{21}	尾干= ʐi^{55}kæ̃^{42}	窝 vɤ^{21}
秦州区	爪爪 tsɔ^{53}tsɔ^{21}	尾巴 i^{53}p^{h}a^{21}	窝 vɤ^{13}
安定区	爪爪子 tsua^{53}tsua^{21}tsɿ^{21}	尾干= ʐi^{53}kæ̃^{21}	窝 və^{13}
会宁县	爪子 tʂua^{53}tsɿ^{21}	尾干= ʐi^{53}kæ̃^{21}	窝 uə^{13}
临洮县	爪子 tʂua^{53}tsɿ^{21}	尾巴 ʐi^{53}p^{h}a^{21}	窝 vuɤ^{13}
清水县	爪爪子 tʃa^{52}tʃa^{21}tsɿ^{21}	尾巴 i^{52}p^{h}a^{21}	雀儿窝 ts^{h}iɔ^{52}ɚ^{21}və^{13}
永靖县	爪爪 tʂua^{44}tʂua^{21}	尾巴 i^{53}pa^{21}	雀儿窝 tɕ^{h}iɔ^{53}ɯ^{21}vɤ^{13}
敦煌市	爪子 tʂua^{53}tsɿ^{21}	尾巴 ʐi^{35}pa^{21}	窝 vuə^{213}
临夏市	爪爪 tʂuɑ^{44}tʂuɑ^{24}	尾巴 ʐi^{13}pɑ^{42}	窝 vɤ^{13}
合作市	爪爪 tʂuᴀ^{44}tʂuᴀ^{44}	尾巴 ʐi^{44}pᴀ^{13}	窝 və^{13}
临潭县	爪爪子 tʂua^{51}tʂua^{44}tsɿ^{21}	尾巴 i^{51}pa^{24}	窝 vɤ^{44}

	0235 虫子统称	0236 蝴蝶统称	0237 蜻蜓统称
兰州市	虫虫子 pfʰən^{53}pfʰən^{13}tsɿ^{42}	蝴蝶儿 xu^{53}tiɛ^{42}ɯ^{21}	蜻蜓 tɕʰin^{53}tʰin^{21}
榆中县	蛆儿 tɕʰy^{44}ɣɤ^{0}	蝴蝶儿 xu^{31}tiᴇ^{0}ɣɤ^{44}	竹=碌=罐子 tʂu^{31}lu^{213} kuan^{21}tsɿ^{44}
永登县	虫虫子 pfʰə̃n^{21}pfʰə̃n^{22}tsɿ^{55}	蝴蝶子 xu^{21}tiɛ^{22}tsɿ^{55}	蚂蚱 ma^{22}tʂa^{44}
红古区	虫儿 tʂʰuən^{22}ər^{13}	叶蝶儿 iɛ^{22}tʰiər^{55}	蜻蜻 tɕʰin^{22}tɕʰin^{13}
凉州区	虫虫子 tʂʰuŋ^{35}tʂʰuŋ^{35}tsɿ^{53}	扑腾 pʰu^{35}tʰəŋ^{53}	蜻蜓 tɕʰiŋ^{35}tʰiŋ^{53}
甘州区	蛆 tɕʰy^{44}	叶蝶子 iə^{31}tʰiə^{22}tsɿ^{21}	高蜋 kɔ^{44}liaŋ^{44}
肃州区	蛆 tɕʰy^{44}	蝴蝶 xu^{35}tiɛ^{21}	蜻蜓 tɕʰiŋ^{44}tʰiŋ^{44}
永昌县	蛆 tɕʰy^{44}	灯罗子 təŋ^{44}luə^{44}tsɿ^{21}	
崆峒区	虫 tʂʰoŋ^{24}	蝴蝶 xu^{22}tiɛ^{53}	蜻蜓 tɕʰiɤŋ^{53}tʰiɤŋ^{21}
庆城县	虫 tʂʰuŋ^{113}	蛾蛾 nuə^{21}nuə^{0}	蜓蜓 tʰiŋ^{51}tʰiŋ^{0}
宁县	虫 tʃʰuŋ^{24}	蛾子 ŋuə^{24}tsɿ^{0}	蜻蜻 tɕʰiŋ^{31}tɕʰiŋ^{0}
武都区	虫 tʃʰuŋ^{13} 蛆蛆子 tɕʰy^{31}tɕʰy^{21}tsɿ^{21}	蝴蝶 xu^{22}tiᴇ^{53}	蚂蚂燕 ma^{31}ma^{21}iæ̃^{24}
文县	虫虫子 tsʰoŋ^{42}tsʰoŋ^{13}tsɿ^{53}	蝴蝶 xuə^{13}tiɛ^{44}	蜻蜓 tɕʰiəŋ^{53}tʰiəŋ^{55}
康县	虫虫子 pfʰɤŋ^{21}pfʰɤŋ^{13}tsɿ^{53}	蚂蚂蛾 ma^{55}ma^{55}ŋuɤ^{13}	水担=fei^{35}tan^{53}
礼县	蛆蛆 tɕʰy^{31}tɕʰy^{24}	蝴蝶 xu^{13}tiɛ^{21}	长虫沫=子 tʂʰɑŋ^{13} tʃʰuɤŋ^{31}mɤ^{21}tsɿ^{24}
靖远县	虫 tʂʰoŋ^{24}	蝴蝶儿 xu^{22}tiɔr^{41}	蜓蜓 tʰiŋ^{41}tʰiŋ^{21}
陇西县	虫虫儿 tʂʰuŋ^{13}tʂʰuŋ^{42}zɿ^{13}	面蛾儿 miæ̃^{44}kɤ^{44}ɐr^{44}	蜻蜻 tɕʰiŋ^{21}tɕʰiŋ^{21}
秦州区	虫虫 tsʰuɤŋ^{13}tsʰuɤŋ^{21}	蛾 ŋuə^{13}	蜻蜓 tɕʰiɤŋ^{13}tʰiɤŋ^{21}
安定区	蛆蛆子 tɕʰy^{21}tɕʰy^{13}tsɿ^{21}	蝴蝶 xu^{13}tiə^{21}	蜻蜓 tɕʰiŋ^{21}tʰiŋ^{53}
会宁县	蛆 tɕʰy^{13}	蝴蝶 xu^{13}tiə^{21}	蜻蜓 tɕʰiŋ^{13}tʰiŋ^{21}
临洮县	虫虫儿 tʂʰuŋ^{13}tʂʰuə̃r^{21}	蝴蝶儿 xu^{13}tiər^{21}	蜻蜓 tɕʰiŋ^{13}tʰiŋ^{21}
清水县	虫虫子 tʃʰɤŋ^{13}tʃʰɤŋ^{21}tsɿ^{21}	蛾蛾子 ŋuə^{13}ŋuə^{21}tsɿ^{21}	蜻蜻 tsʰiŋ^{13}tsʰiŋ^{21}
永靖县	蛆儿 tɕʰy^{22}ɯ^{53}	夜别=虎=iɛ^{44}pʰiɛ^{22}xu^{53}	蜻蜓 tɕʰiɤŋ^{21}tʰiɤŋ^{42}
敦煌市	蛆芽子 tɕʰy^{22}ia^{22}tsɿ^{51}	蛾蛾子 ə^{21}ə^{55}tsɿ^{21}	蜻蜓 tɕʰiŋ^{22}tʰiŋ^{51}
临夏市	虫儿 tʂʰuei^{13}	蝴蝶 xu^{13}tiɛ^{42}	蜻蜓 tɕʰiŋ^{44}tʰiŋ^{21}
合作市	虫儿 tʂʰuei^{13}	蝴蝶 xu^{13}tiə^{21}	蜻蜓 tɕʰiŋ^{44}tʰiŋ^{21}
临潭县	蛆 tɕʰy^{44}	大豆蛾儿 ta^{21}təɯ^{44}ŋɤr^{24}	

	0238 蜜蜂	0239 蜂蜜	0240 知了统称
兰州市	蜜蜂 mi^{22}fən^{53}	蜂蜜 fən^{55}mi^{21}	秋蝉 tɕʰiəu^{55}ʂæ̃^{21}
榆中县	蜂儿 fən^{51}ɣɤ^{0}	蜂蜜 fən^{51}mi^{0}	
永登县	叮头 tin^{44}tʰɤu^{21} 蜜蜂 mi^{22}pfʰə̃n^{55}	蜂蜜 fə̃n^{44}mi^{21}	知雀 tʂʅ^{44}tɕʰyə^{21}
红古区	蜜蜂儿 mɿ^{22}fə̃r^{55}	蜂蜜 fən^{22}mɿ^{53}	
凉州区	蜜蜂子 mi^{31}fəŋ^{31}tsɿ^{21}	蜂蜜 fəŋ^{35}mi^{53}	
甘州区	蜜蜂 mi^{31}fɤŋ^{21}	蜂蜜 fɤŋ^{44}mi^{21}	
肃州区	蜜蜂 mi^{21}fəŋ^{13}	蜂蜜 fəŋ^{44}mi^{44}	蛐蛐 tɕʰy^{44}tɕʰy^{44}
永昌县	蜜蜂 mi^{53}fəŋ^{21}	蜂蜜 fəŋ^{44}mi^{44}	蛐蛐 tɕʰy^{44}tɕʰy^{44}
崆峒区	蜂儿 fər^{53}	蜂蜜 fɤŋ^{53}mi^{21}	
庆城县	蜂儿 fɤr^{51}	蜂糖 fɤŋ^{51}tʰɑ̃^{0}	麦蝉蝉 mei^{51}ʂɛ̃^{0}ʂɛ̃^{0}
宁县	蜂 fəŋ^{31}	蜂糖 fəŋ^{31}tʰaŋ^{0}	知了 tʂʅ^{31}liɔ^{0}
武都区	蜂儿 fəŋ^{55}ɚ^{21}	蜂蜜 fəŋ^{31}mi^{21}	蚊鸟儿 vəŋ^{22}ȵiəu^{55}ɚ^{21}
文县	蜂 fəŋ^{24}	蜂蜜 fəŋ^{31}mi^{21}	挼呦子 zua^{44}iɤu^{53}tsɿ^{42}
康县	蜜蜂 mi^{53}fɤŋ^{21}	蜂蜜 fɤŋ^{53}mi^{21}	麦蝉子 mei^{53}ʂɑŋ^{21}tsɿ^{21}
礼县	蜂儿 fɤŋ^{13}ɚ^{21}	蜜 mi^{31} 蜂蜜 fɤŋ^{24}mi^{21}	麦蝉 mei^{31}ʂæ̃^{24}
靖远县	蜜蜂儿 mɿ^{41}fə̃r^{21} 蜂儿 fə̃r^{41}	蜂蜜 fɤŋ^{41}mɿ^{21}	秋蝉儿 tɕʰiɤu^{41}ʂɛ̃r^{21}
陇西县	蜂儿 fɤŋ^{42}zɿ^{13}	蜜 mi^{21}	
秦州区	蜂儿 fɤŋ^{21}ɛ^{13}	蜜 mi^{13}	麦蝉 mei^{21}ʂæ̃^{13}
安定区	蜂儿 fəŋ^{21}zɿ^{13}	蜂蜜 fəŋ^{13}mi^{21}	知了 tʂʅ^{21}liɔ^{44}
会宁县	蜜蜂 mi^{13}fəŋ^{21}	蜂蜜 fəŋ^{13}mi^{21}	
临洮县	蜂儿 fə̃r^{13}	蜂蜜 fɤŋ^{13}mi^{13}	
清水县	蜂儿 fɤŋ^{21}ɚ^{12}	蜜 mi^{13}	麦蝉儿 məi^{21}ʂæ̃^{13}ɚ^{21}
永靖县	蜂儿 fɤŋ^{22}ɯ^{53}	蜂蜜 fɤŋ^{13}mi^{13}	秋蝉 tɕʰiɤu^{22}ʂæ̃^{53}
敦煌市	蜜蜂 mi^{35}fɤŋ^{21}	蜂蜜 fɤŋ^{21}mi^{13}	知了 tʂʅ^{22}liɔ^{51}
临夏市	蜜蜂 mi^{21}fei^{42}	蜜 mi^{13}	知了 tʂʅ^{21}liɔ^{24}
合作市	蜜蜂 mi^{21}fəŋ^{53}	蜂蜜 fəŋ^{44}mi^{21}	
临潭县	蜜蜂儿 mi^{44}fər^{51}	蜜 mi^{44}	知了 tʂʅ^{24}liɔo^{21}

	0241 蚂蚁	0242 蚯蚓	0243 蚕
兰州市	蚂蝇 ma^{53}in^{13}	蚯蚓 tɕ^{h}iəu^{55}in^{21}	蚕儿 ts^{h}æ̃^{34}ɯ^{21}
榆中县	蚂蚁 ma^{31}i^{213}	蚯蚓 tɕ^{h}iəu^{51}in^{44}	蚕儿 ts^{h}an^{31}ɣɤ^{213}
永登县	蚂蚁 ma^{22}i^{55}	蛐蟮 tɕ^{h}y^{22}ʂæ̃^{35}	蚕 ts^{h}æ̃^{53}
红古区	蚂蚁儿 ma^{22}zʅər^{53}	蛐蟮 ts^{h}ʮ^{22}ʂan^{13}	蚕儿 ts^{h}an^{22}ər^{13} 桑儿 sɑŋ^{22}ər^{13}
凉州区	蚂蚁 ma^{35}ʑi^{53}	蛐蟓⁼ tɕ^{h}y^{31}ɕiɑŋ^{21}	蚕儿 ts^{h}ɑŋ^{35}ʀɯ^{53}
甘州区	蚂蚁 ma^{35}ʑi^{42}	蛐蟮 tɕ^{h}y^{44}ʂaŋ^{21}	
肃州区	蚂蚁 ma^{44}ʑi^{21}	蚯蚓 tɕ^{h}iəu^{44}ʑiŋ^{44}	蚕 ts^{h}æ̃^{51}
永昌县	蚂蚁 ma^{13}ʑi^{42}	蛐蟮 tɕ^{h}y^{44}ʂɛe^{44}	树神 ʂu^{53}ʂəŋ^{21}
崆峒区	蚍虫蚂 p^{h}i^{22}tʂ^{h}oŋ^{55}ma^{21}	蛐蟮 tɕ^{h}y^{53}ʂæ̃^{21}	蚕儿 ts^{h}ɐr^{24}
庆城县	蚍蜉蚂 p^{h}i^{21}fɤŋ^{44}ma^{0}	蛐蜒 iɤu^{21}iɛ̃^{0}	蚕 ts^{h}a^{113} 蚕儿 ts^{h}ar^{113}
宁县	蚍蜉蚂 p^{h}i^{22}fəŋ^{55}ma^{0} 蚂蚁 ma^{31}i^{0}	蛐蟮蟮 tɕ^{h}y^{31}tʂ^{h}æ̃^{0}tʂ^{h}æ̃^{0}	姑娘 ku^{31}ȵiaŋ^{0}
武都区	蛆乎蚂儿 tɕ^{h}y^{22}xu^{24}ma^{55}ɚ^{21} 蚍蜉蚂儿 p^{h}i^{24}fu^{21}ma^{55}ɚ^{21}	蛐蟮 tɕ^{h}y^{31}ʂæ̃^{21}	蚕娃儿 ts^{h}æ̃^{22}vɐr^{53}
文县	蚂蚁子 ma^{53}ʑi^{21}tsʅ^{42}	蛐蟮 tɕ^{h}y^{31}sæ̃^{13}	蚕儿 ts^{h}ɤ̃r^{13}
康县	蚂蚁子 ma^{53}i^{21}tsʅ^{21}	蛐蟮 tɕ^{h}y^{53}ʂan^{21}	蚕儿 ts^{h}ãr^{13}
礼县	蚍蜉蚂儿 p^{h}i^{13}fɤŋ^{21}mar^{52}	蛐蟮 tɕ^{h}y^{31}ʂæ̃^{44}	蚕 ts^{h}æ̃^{13}
靖远县	蚂蚂蚁儿 ma^{22}ma^{55}zər^{41} 蚍蜉蚂儿 p^{h}ʅ^{24}fɤŋ^{55}mɐr^{41}	蚯蚓 tɕ^{h}iɤu^{41}iŋ^{21}	蚕儿 ts^{h}ɐ̃r^{24}
陇西县	蚂蚂蚍公儿 ma^{55}ma^{42}p^{h}i^{21}kuŋ^{44}ɐr^{42}	蛐蟮 tɕ^{h}y^{22}ʂæ̃^{21}	蚕儿 ts^{h}æ̃^{22}zʅ^{44}
秦州区	蚍蜉蚂蚂 p^{h}i^{13}fɤŋ^{21}ma^{53}ma^{21}	蛐蟮 tɕ^{h}y^{21}ʂæ̃^{13}	蚕 ts^{h}æ̃^{13}
安定区	蚍红⁼蚂蚂 p^{h}i^{13}xuŋ^{21}ma^{53}ma^{21}	蚯蚓 tɕ^{h}iəu^{13}iŋ^{21}	蚕儿 ts^{h}æ̃^{21}zʅ^{13}
会宁县	蚍红⁼蚂蚂 p^{h}i^{44}xuŋ^{44}ma^{53}ma^{21}	蛐蟮 tɕ^{h}y^{21}ʂæ̃^{44}	蚕儿 ts^{h}æ̃^{21}zʅ^{13}
临洮县	蚂蚁 ma^{21}ʑi^{53}	蛐蟮 tɕ^{h}y^{21}ʂæ̃^{44}	蚕儿 ts^{h}ɐr^{13}
清水县	蚂蚂幺儿 ma^{21}ma^{13}iɔ^{21}ɚ^{13} 蚂蚍蜉幺儿 ma^{52}p^{h}i^{13}fɤŋ^{21}iɔ^{21}ɚ^{13}	蛐蟮 tɕ^{h}y^{21}ʂæ̃^{13}	蚕儿 ts^{h}æ̃^{13}ɚ^{21}
永靖县	蚂蚁 ma^{22}i^{44}	蛐蟮 tɕ^{h}y^{21}ʂæ̃^{53}	蚕儿 ts^{h}æ̃^{22}ɯ^{13}
敦煌市	蚂蚁 ma^{22}ʑi^{51}	蚯蚓 tɕ^{h}iɤu^{22}iŋ^{51}	蚕 ts^{h}æ̃^{213}
临夏市	蚂蚁 mɑ^{13}ʑi^{42}	蛐蟮 tɕ^{h}y^{21}ʂã^{53}	蚕 ts^{h}ã^{13}
合作市	蚂蚁 mᴀ^{13}ʑi^{53}	蛐蟮 tɕ^{h}y^{21}ʂæ̃^{53}	蚕 ts^{h}æ̃^{13}
临潭县	蚂蚁虫儿 ma^{21}i^{44}ts^{h}uəŋ^{24}ɐr^{21}	蛇蛀子 ʂɤ^{24}tʂu^{21}tsʅ^{44}	蚕 ts^{h}æ̃^{24}

	0244 蜘蛛会结网的	0245 蚊子统称	0246 苍蝇统称
兰州市	蛛蛛 pfu^{42}pfu^{21}	蚊子 vən^{53}tsɿ^{22}	苍蝇 ts^{h}ɑ̃^{55}in^{21}
榆中县	蛛蛛 tʂəu^{51}tʂəu^{0}	蚊子 vən^{31}tsɿ^{213}	苍蝇 ts^{h}aŋ^{51}in^{0}
永登县	蛛蛛 pfu^{44}pfu^{21}	蚊子 və̃n^{55}tsɿ^{21}	苍蝇 ts^{h}ɑ̃^{44}in^{21}
红古区	蛛蛛 tʂɤu^{22}tʂɤu^{13}	蚊子 vən^{22}tsɿ^{13}	苍蝇 ts^{h}ɑŋ^{22}in^{13}
凉州区	蛛蛛 tʂu^{35}tʂu^{53}	蚊子 vəŋ^{35}tsɿ^{53}	苍蝇 ts^{h}ɑŋ^{35}iŋ^{53}
甘州区	蛛蛛 pfu^{44}pfu^{44}	蚊子 vɤŋ^{35}tsɿ^{42}	苍蝇 ts^{h}aŋ^{44}iŋ^{44}
肃州区	蛛蛛 tʂu^{44}tʂu^{44}	蚊子 vəŋ^{44}tsɿ^{21}	苍蝇 ts^{h}ɑŋ^{44}ʐiŋ^{44}
永昌县	蛛蛛 tʂu^{44}tʂu^{44}	蚊子 vəŋ^{13}tsɿ^{42}	苍蝇 ts^{h}ɑŋ^{44}iŋ^{44}
崆峒区	蜘蛛 tʂʅ^{53}tʂu^{21}	蚊子 uɤŋ^{22}tsɿ^{53}	苍蝇 ts^{h}ɑŋ^{53}iɤŋ^{21}
庆城县	蛛蛛 tʂu^{51}tʂu^{0}	蠓子 mɤŋ^{44}tsɿ^{0}	蝇子 iŋ^{21}tsɿ^{0}
宁县	蛛蛛 tʃu^{31}tʃu^{0}	蠓子 məŋ^{22}tsɿ^{52} 蚊子 uŋ^{22}tsɿ^{52}	苍蝇 ts^{h}aŋ^{31}iŋ^{0}
武都区	蛛蛛 tsɤ^{31}tsɤ^{21}	蛨子 muɤ^{31}tsɿ^{21}	苍蝇 ts^{h}ɑŋ^{31}in^{21}
文县	蛛蛛 tsɤu^{31}tsɤu^{24}	蛨子 muə^{42}tsɿ^{42}	苍蝇 ts^{h}ɑ̃^{31}iəŋ^{24}
康县	蛛蛛 tʂɤu^{53}tʂɤu^{21}	蚊子 vɤŋ^{53}tsɿ^{35}	苍蝇 ts^{h}ɑŋ^{53}iŋ^{21}
礼县	蛛蛛儿 tsəu^{31}tsəur^{24}	蚊子 vɤŋ^{13}tsɿ^{21}	苍牛 ts^{h}ɑŋ^{31}ȵiəu^{24}
靖远县	蛛蛛 tʂʯ^{41}tʂʯ^{21}	蚊子 vɤŋ^{22}tsɿ^{55}	苍蝇 ts^{h}ɑŋ^{41}iŋ^{21}
陇西县	蛛蛛 tsɤu^{42}tsɤu^{13}	蚊子 vɤŋ^{21}tsɿ^{44}	苍蝇 ts^{h}ɑŋ^{42}iŋ^{13}
秦州区	蛛蛛 tsɤu^{21}tsɤu^{13}	蚊子 vɤŋ^{13}tsɿ^{21}	苍蝇 ts^{h}ɑŋ^{21}iɤŋ^{13}
安定区	落网 lə^{21}vɑŋ^{44}	蚊子 vəŋ^{21}tsɿ^{44}	苍蝇 ts^{h}ɑŋ^{21}iŋ^{13}
会宁县	蛛蛛 tsəu^{21}tsəu^{13}	蚊子 uŋ^{21}tsɿ^{13}	苍蝇 ts^{h}ɑŋ^{21}iŋ^{13}
临洮县	蛛蛛 tʂɤu^{21}tʂɤu^{13}	蚊子 vɤŋ^{21}tsɿ^{44}	苍蝇 ts^{h}ɑ̃^{21}iŋ^{13}
清水县	蛛蛛 tʃou^{21}tʃou^{13}	蚊子 vɤŋ^{13}tsɿ^{21}	苍蝇 ts^{h}ɒ̃^{21}iŋ^{13}
永靖县	蛛蛛 tʂɤu^{21}tʂɤu^{42}	蝇蝇子 iɤŋ^{22}iɤŋ^{13}tsɿ^{21}	苍蝇 ts^{h}ɑŋ^{22}iɤŋ^{42}
敦煌市	蛛蛛 tʂu^{21}tʂu^{13}	蚊子 vɤŋ^{22}tsɿ^{51}	苍蝇 ts^{h}ɑŋ^{21}iŋ^{13}
临夏市	蛛蛛 tʂɤu^{21}tʂɤu^{53}	蚊子 vəŋ^{21}tsɿ^{53}	苍蝇 ts^{h}ɑŋ^{21}iŋ^{53}
合作市	蛛蛛 tʂəɯ^{21}tʂəɯ^{53}	蚊子 vəŋ^{21}tsɿ^{53}	苍蝇 ts^{h}ɑŋ^{21}iŋ^{53}
临潭县	蜘蛛 tʂʅ^{21}tʂu^{44}	蚊子 vəŋ^{21}tsɿ^{44}	苍蝇 ts^{h}ɒ^{44}in^{44}

	0247 跳蚤咬人的	0248 虱子	0249 鱼
兰州市	虼蚤 kɤ^{22}tsɔ^{13}	虱子 ʂɤ^{22}tsɿ^{13}	鱼儿 ʐy^{34}ɯ^{42}
榆中县	虼蚤 kə^{31}tsɔ^{213}	虱子 ʂə^{31}tsɿ^{213}	鱼儿 y^{31}ɣɤ^{213}
永登县	跳蚤 tʰiɔ^{22}tsɔ^{55}	虱子 ʂə^{22}tsɿ^{35}	鱼 y^{15}
红古区	虼蚤 kə^{22}tsɔ^{13}	虱子 ʂə^{22}tsɿ^{13}	鱼儿 zʮər^{13}
凉州区	虼蚤 kə^{31}tsɑo^{21}	虱子 sə^{31}tsɿ^{21}	鱼 ʐy^{35}
甘州区	臭婆姨 tʂʰɤu^{31}pʰuə^{22}ʐi^{21}	虱子 ʂə^{31}tsɿ^{21}	鱼儿 ʐy^{35}ɣɤ^{42}
肃州区	跳蚤 tʰiɔ^{21}tsɔ^{13}	虱子 sə^{21}tsɿ^{13}	鱼 ʐy^{51}
永昌县	虼蚤 kə^{53}tsɔo^{21}	虱子 ʂə^{53}tsɿ^{21}	鱼 ʐy^{13}
崆峒区	虼蚤 kɤ^{53}tsɔ^{21}	虱 sei^{21}	鱼儿 yər^{24}
庆城县	虼蚤 kɤŋ^{21}tsɔ^{44}	虱 sei^{51}	鱼儿 yɤr^{113}
宁县	虼蚤 kɯ^{31}tsɔ^{0}	虱 sei^{31}	鱼 y^{24}
武都区	虼蚤 kɤ^{31}tsɔu^{21}	虱 sei^{31}	鱼儿 y^{22}ɚ^{24}
文县	虼蚤 kɤ^{42}tsɔo^{24}	虱 sei^{31}	鱼 y^{13}
康县	虼蚤 kuɤ^{53}tsɔo^{21}	虱 sei^{53}	鱼 y^{13}
礼县	虼蚤 kɤ^{24}tsɔo^{21}	虱 sei^{31}	鱼 y^{13}
靖远县	虼蚤 kɤ^{41}tsɑo^{21}	虱 sei^{41}	鱼儿 zʮər^{24}
陇西县	虼蚤 kɤ^{21}tsɔo^{21}	虱 se^{21}	鱼儿 y^{21}zɿ^{44}
秦州区	虼蚤 kuə^{21}tsɔ^{53}	虱 sei^{13}	鱼 y^{13}
安定区	虼蚤 kə^{21}tsɔ^{44}	虱 sɛ^{13}	鱼 ʐy^{13}
会宁县	虼蚤 kə^{21}tsɔ^{44}	虱 sɛ^{13}	鱼 y^{13}
临洮县	虼蚤 kuɤ^{21}tsɔ^{44}	虱 sɛ^{13}	鱼儿 yər^{13}
清水县	虼蚤 kuə^{21}tsɔ^{52}	虱 ʃəi^{13}	鱼儿 y^{13}ɚ^{21}
永靖县	虼蚤 kɤ^{22}tsʰɔ^{44}	虱子 ʂɤ^{22}tsɿ^{44}	鱼儿 y^{22}ɯ^{44}
敦煌市	跳蚤 tʰiɔ^{35}tsɔ^{21}	虱子 sei^{21}tsɿ^{13}	鱼儿 ʐyər^{213}
临夏市	虼蚤 kɛ^{21}tsɔ^{53}	虱子 ʂɤ^{21}tsɿ^{53}	鱼 ʐy^{13}
合作市	虼蚤 kɛe^{21}tsɔ^{53}	虱子 ʂə^{21}tsɿ^{53}	鱼 ʐy^{13}
临潭县	虼蚤 kɤ^{21}tsɔo^{44}	虱 sɪi^{44}	鱼 y^{24}

	0250 鲤鱼	0251 鳙鱼即胖头鱼	0252 鲫鱼
兰州市	鲤鱼 li^{34}ʑy^{42}		鲫鱼 tɕi^{22}ʑy^{53}
榆中县	鲤鱼 li^{44}y^{0}		鲫鱼 tɕi^{13}y^{312}
永登县	鲤鱼 li^{22}y^{55}	大头鱼 ta^{22}t^{h}ɤu^{53}y^{31}	鲫鱼 tɕi^{22}y^{55}
红古区			
凉州区	鲤鱼 li^{53}ʑy^{35}		鲫鱼 tɕi^{53}ʑy^{35}
甘州区	鲤鱼 li^{22}ʑy^{44}		鮈片 tɕy^{31}p^{h}iaŋ^{21}
肃州区	鲤鱼 li^{21}ʑy^{51}	鳙鱼 ʑyŋ^{44}ʑy^{51}	鲫鱼 tɕi^{21}ʑy^{13}
永昌县	鲤鱼 li^{53}ʑy^{13}		鲫鱼 tɕi^{53}ʑy^{13}
崆峒区	鲤鱼 li^{53}y^{24}		
庆城县	鲤鱼 li^{44}y^{113}		鲫鱼 tɕi^{51}y^{0}
宁县	鲤鱼 li^{52}y^{24}		鲫鱼 tɕi^{31}y^{24}
武都区	鲤鱼 li^{55}y^{21}		
文县	鲤鱼 li^{55}y^{21}		鲫鱼 tɕi^{42}y^{13}
康县	鲤鱼 li^{35}y^{53}		花斑儿 xua^{53}pãr^{21}
礼县	鲤鱼 li^{52}y^{24}		鲫鱼 tɕi^{31}y^{24}
靖远县	鲤鱼儿 lɿ^{55}zɥər^{21}		鲫鱼儿 tsɿ^{22}zɥər^{24}
陇西县	鲤鱼 li^{55}y^{13}	大头鱼 ta^{44}t^{h}ɤu^{13}y^{13}	鲫鱼 tɕi^{44}y^{13}
秦州区	鲤鱼 li^{53}y^{13}		鲫鱼 tɕi^{21}y^{13}
安定区	鲤鱼 li^{53}ʑy^{21}		鲫鱼 tɕi^{21}ʑy^{13}
会宁县	鲤鱼 li^{53}y^{13}		鲫鱼 tɕi^{21}y^{13}
临洮县	鲤鱼 li^{53}y^{13}		鲫鱼 tɕi^{21}y^{13}
清水县	鱼儿 y^{13}ɚ^{21}	鱼儿 y^{13}ɚ^{21}	鱼儿 y^{13}ɚ^{21}
永靖县	鲤鱼 li^{44}y^{21}	大头鱼儿 ta^{22}t^{h}ɤu^{42}y^{21}ɯ^{13}	鲫鱼 tɕi^{22}y^{53}
敦煌市	鲤鱼 li^{53}ʑy^{13}	鳙鱼 yŋ^{44}ʑy^{13}	鲫鱼 tɕi^{21}ʑy^{13}
临夏市	鲤鱼 li^{44}ʑy^{24}		鲫鱼 tɕi^{21}ʑy^{53}
合作市	鲤鱼 li^{44}ʑy^{13}		鲫鱼 tɕi^{44}ʑy^{21}
临潭县	鲤鱼 li^{51}y^{21}		

	0253 甲鱼	0254 鳞鱼的	0255 虾统称
兰州市	王八 vã^{53}pa^{21}	鱼鳞 ʐy^{53}lin^{21}	虾 ɕia^{55}
榆中县	甲鱼 tɕia^{13}y^{312}	鱼鳞 y^{13}lin^{312}	虾 ɕia^{312}
永登县	乌龟 vu^{44}kuei^{42}	鳞 lin^{53}	虾 ɕia^{42}
红古区	乌龟 vu^{13}kuei^{13}	鳞片儿 lin^{22}p^{h}iẽr^{55}	虾米 ɕia^{22}mɿ^{13}
凉州区	王八 vɑŋ^{35}pa^{53}	甲 tɕia^{31}	虾 ɕia^{35}
甘州区		鳞 liŋ^{53}	虾 ɕia^{44}
肃州区	王八 vɑŋ^{44}pa^{21}	鳞 liŋ^{51}	虾 ɕia^{44}
永昌县		鳞 liŋ^{13}	虾 ɕia^{44}
崆峒区	鳖 piɛ^{21}	鳞 liɤŋ^{24}	虾 ɕia^{21}
庆城县	鳖 piᴇ^{51}	鳞 liŋ^{113}	虾 ɕia^{51}
宁县	鳖 piɛ^{31}	鱼甲 y^{24}tɕia^{31}	虾 ɕia^{31}
武都区	鳖 piᴇ^{31}	鱼鳞 y^{13}lin^{21}	虾 ɕia^{31}
文县	光八 kuã^{21}pa^{42}	鳞 liəŋ^{13}	虾 ɕia^{31}
康县	龟 kuei^{53}	甲甲子 tɕia^{53}tɕia^{21}tsɿ^{21}	虾 ɕia^{53}
礼县	鳖 piɛ^{31}	甲 tɕia^{31}	虾 ɕia^{31}
靖远县	甲鱼 tɕia^{22}zʮ^{24}	甲 tɕia^{41}	虾 ɕia^{41}
陇西县	王八 vɑŋ^{24}pa^{42}	鱼甲子 y^{24}tɕia^{42}tsɿ^{21}	虾 ɕia^{21}
秦州区	王八 vɑŋ^{13}pa^{21} 乌龟 vu^{13}kuei^{21}	甲 tɕia^{13}	虾 ɕia^{13}
安定区	王八 vɑŋ^{13}pa^{21}	鳞 liŋ^{13}	虾 ɕia^{13}
会宁县	鳖 piə^{13}	鱼鳞 y^{21}liŋ^{13}	虾 ɕia^{13}
临洮县	鳖 pie^{13}	鳞片儿 liŋ^{21}p^{h}iɐr^{53}	虾 ɕia^{13}
清水县	鳖 piɛ^{13}	鱼甲 y^{13}tɕia^{13}	虾 ɕia^{13}
永靖县	甲鱼 tɕia^{22}y^{53}	甲 tɕia^{53}	虾 ɕia^{213}
敦煌市	甲鱼 tɕia^{21}ʐy^{13}	鳞 liŋ^{213}	虾 ɕia^{213}
临夏市	甲鱼 tɕiɑ^{44}ʐy^{24}	鱼鳞 ʐy^{13}liŋ^{24}	虾 ɕiɑ^{13}
合作市	王八 vɑŋ^{13}pᴀ^{21}	鱼鳞 ʐi^{13}liŋ^{13}	虾 ɕiᴀ^{13}
临潭县		鱼鳞 y^{24}lin^{24}	虾 ɕia^{24}

	0256 螃蟹统称	0257 青蛙统称	0258 癞蛤蟆表皮多疙瘩
兰州市	螃蟹 pʰɑ̃⁵³ɕiɛ²¹	青蛙 tɕʰin⁵³va²¹	癞蛤蟆 lɛ²²xɤ⁴⁴ma²¹
榆中县	螃蟹 pʰaŋ³¹ɕiᴇ²¹³	癞蛤蟆 lɛ²¹xa¹³ma⁰	癞蛤蟆 lɛ²¹xa¹³ma⁰
永登县	螃蟹 pʰɑ̃²²ɕiɛ¹³	癞蛤蟆 lɛ²²xə²²ma⁴⁴	蛤蟆 xə²²ma⁴⁴
红古区	螃蟹 pʰɑŋ²²ɕiɛ⁵⁵		癞肚呱 lɛ²²tu⁵⁵kua²¹
凉州区	螃蟹 pʰɑŋ³⁵ɕiə⁵³	青蛙 tɕʰiŋ³⁵va⁵³	癞呱呱 læ³¹kua³⁵kua⁵³
甘州区	螃蟹 pʰaŋ³⁵ɕiə⁴²	癞呱呱 lɛ³¹kua²²kua²¹	癞蛤蟆 lɛ³¹xɤ²²ma²¹
肃州区	螃蟹 pʰɑŋ⁴⁴ɕiɛ²¹	癞呱子 lɛ²¹kua²¹tsʅ¹³	癞呱子 lɛ²¹kua²¹tsʅ¹³
永昌县	螃蟹 pʰɑŋ¹³ɕiə⁴²	癞呱呱 lɛe⁵³kua²²kua²¹	土癞呱呱 tʰu⁵³lɛe²²kua⁵³kua²¹
崆峒区	螃蟹 pʰɑŋ²²ɕiɛ⁵³	青蛙 tɕʰiɤŋ⁵³ua²¹	疥蛙子 kɛ³⁵ua⁵³tsʅ²¹
庆城县	螃蟹儿 pʰɑ̃²¹xɤr⁰	疥蛙子 kɛ²⁴⁴va⁰tsʅ⁰	癞蛤蟆 lɛ²⁴⁴xɤu⁰ma⁰
宁县	螃蟹 paŋ²²ɕiɛ⁵²	蛤蟆 xɯ²²ma⁵²	癞蛤蟆 lɛ⁴⁴xɯ⁵⁵ma⁰
武都区	螃蟹 pʰɑŋ²²xɛɪ⁵³	疥肚子 kɛɪ²⁴tu²¹tsʅ²¹	癞蛤蟆 lɛɪ²⁴xa²¹ma²¹
文县	螃蟹 pɑ̃²²xɛe⁴²	青蛙 tɕʰiəŋ³¹ua¹³	癞蛤蟆 lɛe²⁴xa⁴⁴ma²¹
康县	螃蟹 pʰɑŋ⁵³xɛ²⁴	青蛙 tɕʰiŋ⁵³va²¹	癞盖 lɛ²⁴kɛ²⁴
礼县	螃蟹 pʰɑŋ¹³ɕiɛ⁴⁴	𤸫青蛙合音子 tɕʰyɤ¹³tsʅ²¹	癞蛤蟆 nai⁴⁴xɤ³¹ma²¹
靖远县		癞呱子 lɛ³⁵kua⁴¹tsʅ²¹	癞呱子 lɛ³⁵kua⁴¹tsʅ²¹
陇西县	螃蟹 pʰɑŋ²⁴ɕiɛ⁴²	蛤蟆 xɤ²²ma⁴⁴	癞蛤蟆 lɛ⁴⁴xɤ⁴⁴ma⁴⁴
秦州区	螃蟹 pʰæ̃¹³xɛ²¹	青蛙 tɕʰiɤŋ²¹va¹³	疥蛤蟆 kɛ⁴⁴xu²¹ma¹³
安定区	螃蟹 pʰɑŋ¹³ɕiə²¹	癞呱子 lɛ¹³kua¹³tsʅ²¹	癞呱子 lɛ¹³kua¹³tsʅ²¹
会宁县	螃蟹 pʰɑŋ¹³ɕiə²¹	蛤蟆 xə²¹ma⁴⁴	癞呱子 lɛ⁴⁴kua¹³tsʅ²¹
临洮县	螃蟹 pʰɑ̃²¹ɕie⁴⁴	癞呱呱 lɛ⁴⁴kua¹³kua²¹	癞呱呱 lɛ⁴⁴kua¹³kua²¹
清水县	螃蟹 pʰɒ̃¹³ɕiɛ²¹	蛐蛙 tɕʰy²¹va¹³	疥蛤蟆 kɛ⁴⁴xu²¹ma²¹
永靖县	螃蟹 pʰɑŋ²²ɕiɛ⁴⁴	癞蛤蟆 lɛ⁴⁴xɛ²¹ma⁴²	癞蛤蟆 lɛ⁴⁴xɛ²¹ma⁴²
敦煌市	螃蟹 pʰɑŋ²²ɕiə⁵¹	癞呱子 lɛ³⁵kua⁵³tsʅ²¹	癞呱子 lɛ³⁵kua⁵³tsʅ²¹
临夏市	螃蟹 pʰɑŋ¹³ɕiɛ⁴²	青蛙 tɕʰiŋ²¹vɑ⁵³	癞肚蛙 lɛ⁴⁴tu⁴²vɑ²¹
合作市	螃蟹 pʰɑŋ¹³ɕiə²¹	癞肚蛙 lɛe⁵³tu⁴⁴vᴀ²¹	癞肚蛙 lɛe⁵³tu⁴⁴vᴀ²¹
临潭县	螃蟹 pʰɒ²⁴ɕiɛ²¹	癞肚子 lɛe⁴⁴tu⁴⁴tsʅ²¹	癞蛤蟆 lɛe⁴⁴xɤ⁴⁴ma²¹

	0259 马	0260 驴	0261 骡
兰州市	马 ma^{34}	驴 ly^{53}	骡子 luə^{53}tsɿ^{21}
榆中县	马 ma^{44}	驴 ly^{312}	骡子 luə^{31}tsɿ^{213}
永登县	马 ma^{354}	驴 ly^{53}	骡子 luə^{55}tsɿ^{21}
红古区	马 ma^{53}	驴 lʮ^{13}	骡子 luə^{22}tsɿ^{13}
凉州区	马 ma^{35}	驴 ly^{35}	骡子 luə^{35}tsɿ^{53}
甘州区	马 ma^{53}	驴 ly^{53}	骡子 luə^{35}tsɿ^{42}
肃州区	马 ma^{51}	驴 ly^{51}	骡子 luə^{35}tsɿ^{21}
永昌县	马 ma^{13}	驴 ly^{13}	骡子 luə^{13}tsɿ^{42}
崆峒区	马 ma^{53}	驴 y^{24}	骡子 luo^{22}tsɿ^{53}
庆城县	马 ma^{44}	驴 y^{113}	骡子 luə^{21}tsɿ^{0}
宁县	马 ma^{52}	驴 y^{24}	骡子 luə^{22}tsɿ^{52}
武都区	马 ma^{55}	驴 ly^{13}	骡 luɤ^{13}
文县	马 ma^{55}	驴 ȵy^{13}	骡子 luə^{21}tsɿ^{55}
康县	马 ma^{55}	驴 ly^{13}	骡子 luɤ^{53}tsɿ^{13}
礼县	马 ma^{52}	驴 ȵy^{13}	骡子 nuɤ^{13}tsɿ^{21}
靖远县	马 ma^{55}	驴 lʮ^{24}	骡子 luə^{22}tsɿ^{55}
陇西县	马 ma^{53}	驴 ly^{13}	骡子 luɤ^{22}tsɿ^{44}
秦州区	马 ma^{53}	驴 ly^{13}	骡子 luə^{13}tsɿ^{21}
安定区	马 ma^{53}	毛驴儿 mɔ^{13}ly^{21}zʅ^{44}	骡子 lə^{21}tsɿ^{44}
会宁县	马 ma^{53}	驴 ȵy^{13}	骡子 lə^{21}tsɿ^{44}
临洮县	马 ma^{53}	驴 ȵy^{13}	骡子 luɤ^{21}tsɿ^{44}
清水县	马 ma^{52}	驴 ly^{13}	骡子 luə^{13}tsɿ^{21}
永靖县	马 ma^{53}	驴 ly^{213}	骡子 luɤ^{22}tsɿ^{13}
敦煌市	马 ma^{51}	驴 ly^{213}	骡子 luə^{22}tsɿ^{51}
临夏市	马 mɑ^{42}	驴 ly^{13}	骡子 luɤ^{21}tsɿ^{44}
合作市	马 mᴀ^{44}	驴 ly^{13}	骡子 luə^{21}tsɿ^{53}
临潭县	马 ma^{51}	驴 ly^{24}	骡子 luɤ^{21}tsɿ^{44}

	0262 牛	0263 公牛统称	0264 母牛统称
兰州市	牛 ȵiəu^{53}	骚牛 sɔ^{55}liəu^{42}	母牛 mu^{55}ȵiəu^{42}
榆中县	牛 ȵiəu^{312}	犍牛 tɕian^{51}ȵiəu^{0}	乳牛 zu̩^{44}ȵiəu^{0}
永登县	牛 ȵiɤu^{53}	骚牛 sɔ^{44}ȵiɤu^{53}	母牛 mu^{55}ȵiɤu^{53}
红古区	牛 ȵiɤu^{13}	犍牛 tɕian^{22}ȵiɤu^{55}	乳牛 vu^{55}ȵiɤu^{21}
凉州区	牛 ȵiəu^{35}	脬牛 pʰɑo^{35}ȵiəu^{53}	乳牛 zu̩^{53}ȵiəu^{35}
甘州区	牛 ȵiɤu^{53}	骚牛 sɔ^{44}ȵiɤu^{44} 脬牛 pʰɔ^{44}ȵiɤu^{44}	乳牛 vu^{22}ȵiɤu^{44}
肃州区	牛 ȵiəu^{51}	脬牛 pʰɔ^{44}ȵiəu^{44}	乳牛 zu̩^{21}ȵiəu^{51}
永昌县	牛 ȵiəu^{13}	脬牛 pʰɔo^{44}ȵiəu^{44}	乳牛 zu̩^{53}ȵiəu^{21}
崆峒区	牛 ȵiəu^{24}	脬子 pʰɔ^{53}tsɿ^{21}	乳牛 zu̩^{53}ȵiəu^{24}
庆城县	牛 ȵiɤu^{113}	脬牛 pʰɔ^{51}ȵiɤu^{0} 公牛 kuŋ^{51}ȵiɤu^{0}	乳牛 zu̩^{44}ȵiɤu^{0} 母牛 mu^{44}ȵiɤu^{0}
宁县	牛 ȵiou^{24}	犍牛 tɕiæ̃^{31}ȵiou^{0} 脬子 pʰɔ^{31}tsɿ^{0}	乳牛 ʒu^{55}ȵiou^{0}
武都区	牛 ȵiəu^{13}	脬牛 pʰuɤ^{31}ȵiəu^{21} 犍牛 tɕiæ̃^{31}ȵiəu^{21}	牸牛 tsʰɿ^{24}ȵiəu^{21}
文县	牛 ȵiɤu^{13}	公牛 koŋ^{31}ȵiɤu^{13}	牸牛 tsɿ^{13}ȵiɤu^{42}
康县	牛 ȵiɤu^{13}	脬牛 pʰuɤ^{53}ȵiɤu^{21}	牸牛 tsɿ^{35}ȵiɤu^{53}
礼县	牛 ȵiəu^{13}	脬牛 pʰɔo^{31}ȵiəu^{24} 犍牛 tɕiæ̃^{31}ȵiəu^{24}	牸牛 tsʰɿ^{44}ȵiəu^{21}
靖远县	牛 ȵiɤu^{24}	脬牛 pʰɑo^{41}ȵiɤu^{21}	乳牛 zʯ^{55}ȵiɤu^{21}
陇西县	牛 liu^{13}	骚牛 sɔo^{42}liu^{13}	母牛 mu^{55}liu^{21}
秦州区	牛 ȵiɤu^{13}	犍牛 tɕiæ̃^{21}ȵiɤu^{13}	牸牛 tsʰɿ^{21}ȵiɤu^{13}
安定区	牛 ȵiəu^{13}	公牛 kuŋ^{21}ȵiəu^{13}	牸牛 tsʰɿ^{44}ȵiəu^{21}
会宁县	牛 ȵiəu^{13}	脬牛 pʰɔ^{21}ȵiəu^{13}	牸牛 tsʰɿ^{44}ȵiəu^{21}
临洮县	牛 ȵiɤu^{13}	犍牛 tɕiæ̃^{21}ȵiɤu^{13}	牸牛 tsʰɿ^{44}ȵiɤu^{21}
清水县	牛 ȵiou^{13}	犍牛 tɕiæ̃^{21}ȵiou^{13}	乳牛 ʒɨ^{52}ȵiou^{21}
永靖县	牛 ȵiɤu^{213}	种牛 tʂuɤŋ^{44}ȵiɤu^{21}	牸牛 tsʰɿ^{13}ȵiɤu^{21}
敦煌市	牛 ȵiɤu^{213}	脬牛 pʰɔ^{21}ȵiɤu^{13}	乳牛 zu̩^{55}ȵiɤu^{21}
临夏市	牛 ȵiɤu^{13}	犍牛 tɕiɛ̃^{21}ȵiɤu^{53}	牸牛 tsʰɿ^{44}ȵiɤu^{21}
合作市	牛 ȵiəɯ^{13}	公牛 kuəŋ^{21}ȵiəɯ^{53}	母牛 mu^{44}ȵiəɯ^{13}
临潭县	牛 ȵiəɯ^{24}	牛脬官 ȵiəɯ^{24}pʰɔo^{44}kuæ̃^{44}	母牛 mu^{51}ȵiəɯ^{21}

	0265 放牛	0266 羊	0267 猪
兰州市	放牛 fã^{13}liəu^{42}	羊 iã^{53}	猪 pfu^{55}
榆中县	挡牛 taŋ^{21}ȵiəu^{44}	羊 iaŋ^{312}	猪 tʂu^{51}
永登县	放牛 fã^{13}ȵiɤu^{53}	羊 iã^{53}	猪 pfu^{42}
红古区	挡牛 taŋ^{13}ȵiɤu^{13}	羊 iaŋ^{13}	猪儿 tʂur^{13}
凉州区	放牛 faŋ^{53}ȵiəu^{35}	羊 iaŋ^{35}	猪唠唠 tʂu^{35}lao^{35}lao^{53}
甘州区	放牛 faŋ^{22}ȵiɤu^{53}	羊 iaŋ^{53}	猪 pfu^{44}
肃州区	放牛 faŋ^{21}ȵiəu^{51}	羊 ʑiaŋ^{51}	猪 tʂu^{44}
永昌县	放牛 faŋ^{53}ȵiəu^{13}	羊 iaŋ^{13}	猪 tʂu^{44}
崆峒区	放牛 faŋ^{44}ȵiəu^{24}	羊 iaŋ^{24}	猪 tʂu^{21}
庆城县	放牛 fã^{244}ȵiɤu^{113}	羊 iã^{113}	猪唠唠 tʂu^{21}lɔ^{244}lɔ^{0}
宁县	放牛 faŋ^{44}ȵiou^{24}	羊 iaŋ^{24}	猪 tʃu^{31}
武都区	放牛 faŋ^{24}ȵiəu^{13}	羊 iaŋ^{13}	猪 tʃu^{31}
文县	放牛 fã^{24}ȵiɤu^{13}	羊 iã^{13}	猪 tsu^{31}
康县	看牛 kʰan^{24}ȵiɤu^{21}	羊 iaŋ^{13}	猪 pfu^{53}
礼县	放牛 faŋ^{44}ȵiəu^{13}	羊 iaŋ^{13}	猪 tʃu^{31}
靖远县	放牛 faŋ^{35}ȵiɤu^{41}	羊 iaŋ^{24}	猪儿 tʂʮər^{41}
陇西县	放牛 faŋ^{44}liu^{13}	羊儿 iaŋ^{21}ɐr^{44}	猪儿 tʃʮ^{42}zʅ^{13}
秦州区	放牛 faŋ^{44}ȵiɤu^{13}	羊 iaŋ^{13}	猪 tʃʮ^{13}
安定区	放牛 faŋ^{44}ȵiəu^{13}	羊 iaŋ^{13}	猪 tʃu^{13}
会宁县	放牛 faŋ^{44}ȵiəu^{13}	羊 iaŋ^{13}	猪 tʃu^{13}
临洮县	挡牛 tã^{44}ȵiɤu^{13}	羊 iã^{13}	猪 tʂu^{13}
清水县	放牛 fɒ̃^{44}ȵiou^{13}	羊 iɒ̃^{13}	猪 tʃɨ^{13}
永靖县	挡牛 taŋ^{44}ȵiɤu^{13}	羊 iaŋ^{213}	猪 tʂu^{213}
敦煌市	挡牛 taŋ^{35}ȵiɤu^{213}	羊 iaŋ^{213}	猪 tʂu^{213}
临夏市	挡牛 taŋ^{13}ȵiɤu^{24}	羊 iaŋ^{13}	猪 tʂu^{13}
合作市	挡牛 taŋ^{13}ȵiəɯ^{13}	羊 iaŋ^{13}	猪 tʂu^{13}
临潭县	挡牛 tɒ^{44}ȵiəɯ^{24}	羊 iɒ^{24}	猪 tʂu^{44}

	0268 种猪配种用的公猪	0269 公猪成年的，已阉的	0270 母猪成年的，未阉的
兰州市	种猪 pfən^{44}pfu^{42}	牙猪 ia^{53}pfu^{21}	母猪 mu^{55}pfu^{21}
榆中县	骚猪 sɔ^{51}tʂu^{0}	克=朗=子 kʰa^{21}laŋ^{0}tsɿ^{44}	老母猪 lɔ^{31}mu^{44}tʂu^{0}
永登县	骚猪 sɔ^{44}pfu^{21}	公猪 kuə̃n^{44}tʂu^{21}	母猪 mu^{354}pfu^{21}
红古区	牙猪 ia^{22}tʂu^{13}	肥猪 fei^{22}tʂu^{13}	母猪 mu^{55}tʂu^{21}
凉州区	脚猪 tɕyə^{31}tʂu^{21}	牙猪 ia^{35}tʂu^{53}	母猪 mu^{35}tʂu^{53}
甘州区	骚猪 sɔ^{44}pfu^{44}	牙猪 ia^{35}pfu^{42}	猹=母猪 tʂʰa^{35}mu^{42}pfu^{21}
肃州区	公猪 kuŋ^{35}tʂu^{44}	公猪 kuŋ^{35}tʂu^{44}	母猪 mu^{21}tʂu^{51}
永昌县	牙猪 ia^{13}tʂu^{42}	牙猪 ia^{13}tʂu^{42}	猹=母猪 tʂʰa^{13}mu^{42}tʂu^{21}
崆峒区	脬猪子 pʰɔ^{53}tʂu^{21}tsɿ^{21}	牙猪子 ia^{22}tʂu^{55}tsɿ^{21}	猹=猹= tsʰa^{22}tsʰa^{53}
庆城县	脚猪 tɕyə^{51}tʂu^{0}	牙猪 ia^{21}tʂu^{0} 公猪 kuŋ^{51}tʂu^{0}	母猪 mu^{44}tʂu^{0}
宁县	脚猪子 tɕyə^{31}tʃu^{0}tsɿ^{0}	牙猪子 ȵia^{22}tʃu^{55}tsɿ^{0}	猹=猹= tsʰa^{22}tsʰa^{52}
武都区	脚猪 tɕyɤ^{24}tʃu^{21}	牙猪 ia^{22}tʃu^{53}	母猪 mu^{55}tʃu^{21}
文县	猪脚子 tsu^{31}tɕyɛ^{42}tsɿ^{33}	公猪 koŋ^{31}tsu^{33}	母猪 mu^{55}tsu^{31}
康县	洋猪 iɑŋ^{42}pfu^{53}	脚猪子 tɕyɛ^{53}pfu^{21}tsɿ^{21}	母猪 mu^{35}pfu^{21}
礼县	脚猪 tɕyɤ^{13}tʃu^{21}	净猪 tɕʰiŋ^{44}tʃu^{21}	猪婆 tʃu^{31}pʰɤ^{24}
靖远县	脚猪子 tɕyə^{41}tʂɥ^{21}tsɿ^{21}	牙猪子 ia^{22}tʂɥ^{55}tsɿ^{21}	癞母猪 lɛ^{35}mu^{55}tʂɥ^{21}
陇西县	骚猪 sɔo^{22}tʂu^{21}	牙猪 ia^{13}tʂu^{21}	母猪 mu^{55}tʃɥ^{42}
秦州区	猪公子 tʃɥ^{13}kuɤŋ^{21}tsɿ^{53}	牙猪 ȵia^{13}tʃɥ^{21}	母猪婆 mu^{53}tʃɥ^{21}pʰuə^{13}
安定区	骚猪 sɔ^{13}tʃu^{13}	牙猪 ȵia^{13}tʃu^{21}	母猪 mu^{53}tʃu^{21}
会宁县	脬猪 pʰɔ^{13}tʃu^{21}	牙猪 ȵia^{13}tʃu^{21}	猪婆 tʃu^{21}pʰə^{13}
临洮县	羯猪儿 tɕie^{21}tʂur^{13}	牙猪儿 ia^{13}tʂur^{21}	母猪 mu^{53}tʂu^{21}
清水县	猪公子 tʃɨ^{13}kuŋ^{21}tsɿ^{52}	牙猪 ia^{13}tʃɨ^{21}	奶劁 lɛ^{52}tsʰiɔ^{21}
永靖县	公猪 kuɤŋ^{22}tʂu^{53} 种猪 tʂuɤŋ^{22}tʂu^{53}	猪 tʂu^{213}	海=棠= xɛ^{53}tʰɑŋ^{21}
敦煌市	脚猪 tɕyə^{22}tʂu^{51}	肥猪 fei^{22}tʂu^{51}	母猪 mu^{53}tʂu^{21}
临夏市	骚猪 sɔ^{21}tʂu^{53}	牙猪 iɑ^{13}tʂu^{42}	奶劁 nɛ^{21}tɕʰiɔ^{53}
合作市	骚猪 sɔ^{21}tʂu^{53}	牙猪 iᴀ^{13}tʂu^{53}	奶劁 nɛe^{21}tɕʰiɔ^{53}
临潭县	脚猪子 tɕyɛ^{44}tʂu^{44}tsɿ^{21}	牙猪 ia^{24}tʂu^{21}	母猪 mu^{51}tʂu^{21}

	0271 猪崽	0272 猪圈	0273 养猪
兰州市	猪娃子 pfu^{55}va^{42}tsɿ^{21}	猪圈 pfu^{55}tɕyæ̃^{13}	养猪 iɑ̃^{55}pfu^{42}
榆中县	猪娃子 tʂu^{51}va^{0}tsɿ^{0}	猪圈 tʂu^{51}tɕyan^{0}	养猪 iaŋ^{44}tʂu^{51}
永登县	猪娃子 pfu^{44}va^{21}tsɿ^{21}	猪圈 pfu^{44}tɕyæ̃^{21}	养猪 iɑ̃^{55}pfu^{21}
红古区	尕猪儿 ka^{55}tʂur^{13}	猪圈 tʂu^{22}tɕyan^{13}	养猪 iɑŋ^{55}tʂu^{13}
凉州区	猪娃子 tʂu^{35}va^{35}tsɿ^{53}	猪圈 tʂu^{35}tɕyɑŋ^{53}	喂猪 vei^{53}tʂu^{35}
甘州区	猪娃子 pfu^{44}va^{44}tsɿ^{44}	猪圈 pfu^{44}tɕyaŋ^{44}	养猪 iaŋ^{53}pfu^{44}
肃州区	猪娃子 tʂu^{44}va^{44}tsɿ^{44}	猪圈 tʂu^{44}tɕyæ̃^{44}	养猪 ʑiɑŋ^{53}tʂu^{44}
永昌县	猪娃子 tʂu^{44}va^{44}tsɿ^{44}	猪圈 tʂu^{44}tɕyɛ^{44}	养猪 iaŋ^{53}tʂu^{44}
崆峒区	猪娃子 tʂu^{53}ua^{21}tsɿ^{21}	猪圈 tʂu^{22}tɕyæ̃^{44}	养猪 iɑŋ^{53}tʂu^{21}
庆城县	猪娃 tʂu^{51}va^{0}	猪圈儿 tʂu^{21}tɕyɛ̃r^{244} 猪窝 tʂu^{51}vuə^{51}	喂猪 vei^{244}tʂu^{51}
宁县	猪娃子 tʃu^{31}ua^{0}tsɿ^{0}	猪圈 tʃʰu^{31}tɕʰyæ̃^{44}	喂猪 uei^{44}tʃu^{31}
武都区	猪娃子 tʃu^{31}va^{21}tsɿ^{21}	猪圈 tʃu^{22}tɕʰyæ̃^{24}	养猪 iɑŋ^{55}tʃu^{21}
文县	猪娃子 tsu^{31}ua^{21}tsɿ^{31}	猪圈 tsu^{21}tɕʰyæ̃^{24}	喂猪 uei^{24}tsu^{31}
康县	猪娃子 pfu^{53}va^{21}tsɿ^{35}	猪圈 pfu^{53}tɕyan^{24}	喂猪 vei^{24}pfu^{53}
礼县	猪娃子 tʃu^{31}va^{24}tsɿ^{21}	猪圈 tʃu^{31}tɕʰyæ̃^{44}	喂猪 vei^{44}tʃu^{31}
靖远县	猪娃子 tʂʮ^{41}va^{21}tsɿ^{21}	猪圈 tʂʮ^{22}tɕyæ̃^{33}	养猪儿 iɑŋ^{55}tʂʮər^{41}
陇西县	猪娃儿 tʂu^{42}va^{22}zɿ^{44}	猪圈 tʂu^{42}tɕʰyæ̃^{44}	养猪 iɑŋ^{55}tʂu^{21}
秦州区	猪娃 tʃɥ^{21}va^{13}	猪圈 tʃɥ^{21}tɕʰyæ̃^{44}	看猪 kʰæ̃^{44}tʃɥ^{13}
安定区	猪娃子 tʃu^{21}va^{13}tsɿ^{21}	猪圈 tʃu^{21}tɕʰyæ̃^{44}	养猪 iɑŋ^{53}tʃu^{13}
会宁县	猪娃子 tʃu^{21}ua^{22}tsɿ^{44}	猪圈 tʃu^{21}tɕʰyæ̃^{44}	养猪 iɑŋ^{53}tʃu^{13}
临洮县	猪娃儿 tʂu^{21}var^{13}	猪圈 tʂu^{21}tɕʰyæ̃^{44}	养猪 iɑ̃^{53}tʂu^{13}
清水县	猪娃子 tʃɨ^{21}va^{13}tsɿ^{21}	猪圈 tʃɨ^{21}tɕʰyæ̃^{443}	揂猪 tɕiou^{13}tʃɨ^{13}
永靖县	尕猪娃 ka^{22}tʂu^{22}va^{42}	猪圈 tʂu^{22}tɕyæ̃^{53}	养猪 iɑŋ^{53}tʂu^{213}
敦煌市	猪娃子 tʂu^{22}va^{22}tsɿ^{51}	猪圈 tʂu^{21}tɕyɛ̃^{44}	养猪 iɑŋ^{55}tʂu^{213}
临夏市	猪脚 tʂu^{21}tɕyɛ̃^{53}	猪圈 tʂu^{21}tɕyɛ̃^{53}	养猪 iɑŋ^{44}tʂu^{24}
合作市	猪娃子 tʂu^{21}vᴀ^{53}tsɿ^{21}	猪圈 tʂu^{21}tɕyæ̃^{53}	养猪 iɑŋ^{44}tʂu^{13}
临潭县	猪娃子 tʂu^{44}va^{44}tsɿ^{21}	猪圈 tʂu^{21}tɕyæ̃^{44}	养猪 iɒ^{51}tʂu^{44}

	0274 猫	0275 公猫	0276 母猫
兰州市	猫 mɔ^{53}	公猫 kuən^{55}mɔ^{21}	母猫 mu^{34}mɔ^{21}
榆中县	猫儿 mɔ^{31}ɣɤ^{213}	公猫儿 kuən^{51}mɔ^{0}ɣɤ^{0}	女猫儿 mi^{44}mɔ^{0}ɣɤ^{0}
永登县	猫 mɔ^{42}	公猫 kuə̃n^{44}mɔ^{42}	母猫 mu^{55}mɔ^{42}
红古区	猫儿 mɔ^{22}ər^{13}	公猫儿 kuən^{22}mɔr^{53}	母猫儿 mu^{55}mɔr^{21}
凉州区	猫儿 mɑo^{35}ʀɯ^{53}	牙猫儿 ia^{35}mɑo^{35}ʀɯ^{53}	母猫儿 mu^{53}mɑo^{35}ʀɯ^{53}
甘州区	猫儿 mɔ^{35}ɣɤ^{42}	公猫儿 kuŋ^{44}mɔ^{44}ɣɤ^{44}	母猫儿 mu^{22}mɔ^{22}ɣɤ^{44}
肃州区	猫 mɔ^{44}	公猫 kuŋ^{35}mɔ^{44}	母猫 mu^{21}mɔ^{51}
永昌县	猫儿 mɔo^{13}ɣɤ^{42}	公猫儿 koŋ^{44}mɔo^{44}ɣɤ^{44}	母猫儿 mu^{53}mɔo^{22}ɣɤ^{44}
崆峒区	猫 mɔ^{24}	郎猫 lɑŋ^{22}mɔ^{53}	女猫 mi^{35}mɔ^{53}
庆城县	猫儿 mɔr^{113} 猫咪 mɔ^{21}mi^{0}	公猫儿 kuŋ^{51}mɔr^{113}	母猫儿 mu^{44}mɔr^{0}
宁县	猫 mɔ^{24}	郎猫 lɑŋ^{22}mɔ^{52}	女猫 mi^{44}mɔ^{31}
武都区	猫儿 mɔu^{22}ɚ^{31}	公猫儿 kuŋ^{53}mor^{21}	母猫儿 mu^{53}mor^{21}
文县	猫儿 mɔor^{24}	公猫儿 koŋ^{31}mɤr^{24}	女猫儿 mi^{55}mɤr^{21}
康县	猫儿 mɔor^{24}	郎猫儿 lɑŋ^{42}mɔor^{55}	女猫 mi^{35}mɔor^{21}
礼县	猫儿 mɔor^{13}	公猫儿 kuɤŋ^{31}mɔor^{13}	母猫儿 mu^{52}mɔor^{13}
靖远县	猫儿 mɔr^{24}	公猫 koŋ^{41}mɑo^{21}	女猫 mʅ^{55}mɑo^{21}
陇西县	猫 mɔo^{13}	公猫儿 kuŋ^{42}mɔo^{22}zʅ^{44}	母猫儿 mu^{55}mɔo^{22}zʅ^{44}
秦州区	猫 mɔ^{13}	公猫 kuɤŋ^{21}mɔ^{13}	女猫 mi^{53}mɔ^{21}
安定区	猫娃子 mɔ^{13}va^{21}tsʅ^{21}	公猫 kuŋ^{21}mɔ^{13}	女猫 mi^{53}mɔ^{13}
会宁县	猫 mɔ^{13}	狸猫 li^{13}mɔ^{21}	女猫 mi^{53}mɔ^{13}
临洮县	猫儿 mɔr^{13}	公猫儿 kuŋ^{44}mɔr^{13}	母猫儿 mu^{53}mɔr^{13}
清水县	猫儿 mɔ^{13}ɚ^{21}	公猫儿 kuŋ^{21}mɔ^{13}ɚ^{21}	女猫儿 mi^{52}mɔ^{13}ɚ^{21}
永靖县	猫儿 mɔ^{22}ɯ^{13}	郎猫儿 lɑŋ^{22}mɔ^{24}ɯ^{42}	女猫儿 mi^{44}mɔ^{42}ɯ^{21}
敦煌市	猫儿 mɔ^{22}ər^{51}	公猫儿 kuŋ^{21}mɔ^{13}ər^{21}	女猫儿 mi^{35}mɔ^{22}ər^{51}
临夏市	猫娃 mɔ^{13}vɑ^{42}	郎猫 lɑŋ^{44}mɔ^{21}	女猫 mi^{44}mɔ^{24}
合作市	猫娃 mɔ^{13}vᴀ^{53}	郎猫 lɑŋ^{13}mɔ^{53}	女猫 mi^{44}mɔ^{13}
临潭县	猫儿 mɤr^{24}	公猫儿 kuəŋ^{44}mɤr^{24}	母猫儿 mu^{51}mɤr^{24}

	0277 狗统称	0278 公狗	0279 母狗
兰州市	狗 kəu^{34}	牙狗 ia^{53}kəu^{13}	草狗 ts^{h}ɔ^{53}kəu^{44}
榆中县	狗 kəu^{44}	牙狗 ia^{31}kəu^{44}	草狗 ts^{h}ɔ^{31}kəu^{44}
永登县	狗 kɤu^{354}	公狗 kuə̃n^{44}kɤu^{354}	牙狗 ia^{22}kɤu^{354}
红古区	狗儿 kɤu^{53}ər^{21}	牙狗 ia^{22}kɤu^{13}	母狗 mu^{22}kɤu^{55}
凉州区	狗 kəu^{35}	牙狗 ia^{35}kəu^{53}	母狗 mu^{35}kəu^{53}
甘州区	狗 kɤu^{53}	牙狗 ia^{35}kɤu^{42}	母狗 mu^{35}kɤu^{42}
肃州区	狗 kəu^{51}	公狗 kuŋ^{35}kəu^{44}	母狗 mu^{35}kəu^{21}
永昌县	狗 kəu^{13}	牙狗 ia^{13}kəu^{42}	母狗 mu^{13}kəu^{42}
崆峒区	狗 kəu^{53}	牙狗 ia^{22}kəu^{53}	草狗 ts^{h}ɔ^{53}kəu^{21}
庆城县	狗 kɤu^{44}	牙狗 ia^{21}kɤu^{44} 公狗 kuŋ^{51}kɤu^{0}	母狗 mu^{21}kɤu^{44}
宁县	狗 kou^{52}	牙狗子 ȵia^{22}kou^{55}tsɿ^{0}	草狗子 ts^{h}ɔ^{52}kou^{0}tsɿ^{0}
武都区	狗 kəu^{55}	公狗子 kuŋ^{31}kəu^{21}tsɿ^{21}	母狗子 mu^{55}kəu^{21}tsɿ^{21}
文县	狗 kɤu^{55}	牙狗 ȵia^{21}kɤu^{42}	草狗 ts^{h}ɔo^{42}kɤu^{42}
康县	狗 kɤu^{55}	牙狗子 ia^{21}kɤu^{35}tsɿ^{53}	草狗子 ts^{h}ɔo^{53}kɤu^{21}tsɿ^{21}
礼县	狗 kəu^{52}	公狗 kuɤŋ^{24}kəu^{21}	母狗 mu^{52}kəu^{21}
靖远县	狗 kɤu^{55}	牙狗子 ia^{22}kɤu^{55}tsɿ^{21}	草狗子 ts^{h}ɑo^{41}kɤu^{21}tsɿ^{21}
陇西县	狗 kɤu^{53}	公狗 kuŋ^{21}kɤu^{53}	母狗 mu^{21}kɤu^{53}
秦州区	狗 kɤu^{53}	牙狗 ȵia^{13}kɤu^{21}	母狗 mu^{21}kɤu^{53}
安定区	狗 kəu^{53}	牙狗 ȵia^{13}kəu^{53}	母狗 mu^{21}kəu^{53}
会宁县	狗 kəu^{53}	公狗 kuŋ^{21}kəu^{53}	母狗 mu^{21}kəu^{53}
临洮县	狗 kɤu^{53}	公狗 kuŋ^{21}kɤu^{53}	草狗 ts^{h}ɔ^{21}kɤu^{53}
清水县	狗 kou^{52}	牙狗 ia^{13}kou^{52}	母狗 mu^{21}kou^{52}
永靖县	狗 kɤu^{53}	牙狗 ia^{22}kɤu^{44}	草狗 ts^{h}ɔ^{22}kɤu^{44}
敦煌市	狗 kɤu^{51}	牙狗 ia^{22}kɤu^{51}	母狗 mu^{22}kɤu^{51}
临夏市	狗 kɤu^{42}	牙狗 iɑ^{13}kɤu^{42}	母狗 mu^{13}kɤu^{42}
合作市	狗 kəɯ^{44}	牙狗 iᴀ^{13}kəɯ^{53}	母狗 mu^{13}kəɯ^{53}
临潭县	狗 kəɯ^{51}	牙狗 ia^{24}kəɯ^{21}	母狗 mu^{24}kəɯ^{21}

	0280 叫狗～	0281 兔子	0282 鸡
兰州市	扯 tʂʰɤ^{34}	兔子 tʰu^{22}tsɿ^{53}	鸡儿 tɕi^{13}ɯ^{21}
榆中县	哜⁼tʂɛ^{51}	兔子 tʰu^{21}tsɿ^{44}	鸡 tɕi^{51}
永登县	扯 tʂʰə^{354}	兔子 tʰu^{22}tsɿ^{55}	鸡 tɕi^{42}
红古区	扯 tʂʰə^{53}	兔儿 tʰur^{13}	鸡儿 tsɿər^{213}
凉州区	叫唤 tɕiɑo^{31}xuɑŋ^{21}	兔子 tʰu^{31}tsɿ^{21}	鸡儿 tɕi^{35}ʀɯ^{53}
甘州区	叫 tɕiɔ^{31}	兔儿 tʰu^{31}ɣɤ^{21}	鸡儿 tɕi^{44}ɣɤ^{21}
肃州区	咬 ʑiɔ^{51} 叫 tɕiɔ^{213}	兔子 tʰu^{21}tsɿ^{13}	鸡 tɕi^{44}
永昌县	咬 iɔo^{13}	兔子 tʰu^{53}tsɿ^{21}	鸡儿 tɕi^{44}ɣɤ^{44}
崆峒区	咬 ȵiɔ^{53}	兔儿 tʰur^{44}	鸡 tɕi^{21}
庆城县	咬 ȵiɔ^{44}	兔儿 tʰuɤr^{244}	鸡 tɕi^{51}
宁县	咬 ȵiɔ^{52}	兔 tʰu^{44}	鸡 tɕi^{31}
武都区	咬 ȵiɔu^{55}	兔儿 tʰu^{24}ɚ^{21}	鸡 tɕi^{31}
文县	叫 tɕiɔo^{24}	兔儿 tʰur^{24}	鸡 tɕi^{31}
康县	叫 tɕiɔo^{24}	兔子 tʰu^{24}tsɿ^{53}	鸡 tɕi^{53}
礼县	咬 ȵiɔo^{52}	兔儿 tʰu^{44}ɚ^{21}	鸡 tɕi^{13}
靖远县	叫唤 tɕiɑo^{35}xuæ̃^{41}	兔儿 tʰur^{33}	鸡儿 tsər^{41}
陇西县	叫 tɕiɔo^{44}	兔儿 tʰu^{44}zɿ^{44}	鸡 tɕi^{21}
秦州区	咬 ȵiɔ^{53}	兔娃 tʰu^{44}va^{13}	鸡儿 tɕi^{21}ɛ^{13}
安定区	叫 tɕiɔ^{44}	兔儿 tʰu^{44}zɿ^{21}	鸡儿 tɕi^{21}zɿ^{13}
会宁县	咬 ȵiɔ^{53}	兔儿 tʰu^{44}zɿ^{21}	鸡 tɕi^{13}
临洮县	咬 ȵiɔ^{53}	兔儿 tʰur^{53}	鸡儿 tɕiər^{13}
清水县	咬 ȵiɔ^{52}	兔儿 tʰu^{44}ɚ^{21}	鸡儿 tɕi^{21}ɚ^{13}
永靖县	扯 tʂʰɤ^{53}	兔子 tʰu^{44}tsɿ^{42}	鸡 tɕi^{213}
敦煌市	扯 tʂʰə^{51}	兔儿 tʰuər^{441}	鸡儿 tɕiər^{213}
临夏市	咬 ȵiɔ^{42}	兔娃 tʰu^{44}vɑ^{21}	鸡 tɕi^{13}
合作市	咬 ȵiɔ^{44}	兔娃 tʰu^{44}vA^{21}	鸡 tɕi^{44}
临潭县	咬 ȵiɔo^{51}	兔子 tʰu^{44}tsɿ^{21}	鸡 tɕi^{44}

	0283 公鸡成年的，未阉的	0284 母鸡已下过蛋的	0285 叫公鸡～（即打鸣儿）
兰州市	公鸡 kuən^{55}tɕi^{21}	母鸡 mu^{55}tɕi^{42}	叫鸣 tɕiɔ^{13}min^{42}
榆中县	公鸡 kuən^{51}tɕi^{0}	母鸡 mu^{44}tɕi^{0}	叫鸣 tɕiɔ^{13}min^{312}
永登县	公鸡 kuə̃n^{44}tɕi^{21}	母鸡 mu^{35}tɕi^{21}	叫鸣 tɕiɔ^{22}min^{53}
红古区	公鸡 kuən^{22}tsɿ^{13}	母鸡 mu^{55}tsɿ^{21}	叫鸣 tɕiɔ^{13}min^{13}
凉州区	公鸡 kuŋ^{35}tɕi^{53}	母鸡 mu^{35}tɕi^{53}	叫鸣 tɕiɑo^{53}miei^{35}
甘州区	公鸡 kuŋ^{44}tɕi^{44}	母鸡 mu^{44}tɕi^{44}	叫鸣 tɕiɔ^{22}miŋ^{53}
肃州区	公鸡 kuŋ^{35}tɕi^{44}	母鸡 mu^{21}tɕi^{51}	叫鸣 tɕiɔ^{21}miŋ^{44}
永昌县	公鸡 koŋ^{44}tɕi^{44}	母鸡 mu^{44}tɕi^{44}	打鸣 ta^{53}miŋ^{13}
崆峒区	公鸡 koŋ^{53}tɕi^{21}	母鸡 mu^{55}tɕi^{21}	叫鸣 tɕiɔ^{22}miɤŋ^{24}
庆城县	公鸡 kuŋ^{51}tɕi^{0}	鸡婆儿 tɕi^{51}pʰuɤr^{0} 母鸡 mu^{44}tɕi^{0}	打鸣儿 ta^{44}miɤr^{113}
宁县	公鸡 kuŋ^{31}tɕi^{0}	母鸡 mu^{55}tɕi^{0}	叫鸣 tɕiɔ^{44}miŋ^{24}
武都区	鸡公 tɕi^{31}kuŋ^{21}	鸡婆 tɕi^{31}pʰuɤ^{21}	叫鸣 tɕiɔu^{24}min^{24}
文县	鸡公 tɕi^{31}koŋ^{24}	鸡婆 tɕi^{31}pʰɤ^{13}	叫鸣 tɕiɔo^{24}miəŋ^{13}
康县	鸡公 tɕi^{53}kuŋ^{21}	母鸡 mu^{55}tɕi^{21}	叫鸣 tɕiɔo^{24}miŋ^{13}
礼县	鸡公 tɕi^{31}kuɤŋ^{24}	鸡婆儿 tɕi^{31}pʰɤr^{24}	叫鸣儿 tɕiɔo^{44}miɤ̃r^{13}
靖远县	公鸡儿 koŋ^{41}tsər^{21}	母鸡儿 mu^{55}tsər^{41}	叫 tɕiɑo^{33}
陇西县	鸡公 tɕi^{42}kuŋ^{13}	鸡婆 tɕi^{42}pʰɤ^{13}	叫鸣 tɕiɔo^{44}min^{13}
秦州区	鸡公 tɕi^{21}kuɤŋ^{13}	鸡婆 tɕi^{21}pʰɤ^{13}	叫鸣 tɕiɔ^{44}miɤŋ^{13}
安定区	鸡公 tɕi^{21}kuŋ^{13}	鸡婆 tɕi^{21}pʰə^{13}	叫鸣 tɕiɔ^{44}miŋ^{13}
会宁县	鸡公 tɕi^{21}kuŋ^{13}	鸡婆 tɕi^{21}pʰə^{13}	叫鸣 tɕiɔ^{44}miŋ^{13}
临洮县	鸡公 tɕi^{21}kuŋ^{13}	鸡婆儿 tɕi^{21}pər^{13}	叫鸣 tɕiɔ^{44}miŋ^{13}
清水县	鸡公 tɕi^{21}kuŋ^{13}	鸡婆 tɕi^{21}pʰə^{13}	叫鸣 tɕiɔ^{44}miŋ^{13}
永靖县	公鸡 kuɤŋ^{22}tɕi^{53}	母鸡 mu^{53}tɕi^{21}	叫鸣 tɕiɔ^{44}miɤŋ^{13}
敦煌市	公鸡 kuŋ^{22}tɕi^{51}	母鸡 mu^{53}tɕi^{21}	叫 tɕiɔ^{44}
临夏市	公鸡 kuəŋ^{21}tɕi^{53}	母鸡 mu^{44}tɕi^{21}	叫鸣 tɕiɔ^{44}miŋ^{24}
合作市	公鸡 kuəŋ^{21}tɕi^{53}	母鸡 mu^{44}tɕi^{53}	叫鸣 tɕiɔ^{44}miŋ^{13}
临潭县	公鸡 kuəŋ^{44}tɕi^{44}	母鸡 mu^{51}tɕi^{21}	叫鸣 tɕiɔo^{44}min^{24}

	0286 下鸡～蛋	0287 孵～小鸡	0288 鸭
兰州市	下 $ɕia^{13}$	孵 $pɔ^{13}$	鸭子 $ia^{22}tsɿ^{13}$
榆中县	下 xa^{213}	孵 $pɔ^{213}$	鸭子 $ia^{31}tsɿ^{213}$
永登县	下 $ɕia^{13}$	孵 $fu^{13}/pɔ^{13}$	鸭 ia^{44}
红古区	下 xa^{13}	孵 $pɔ^{13}$	鸭子 $ia^{22}tsɿ^{13}$
凉州区	下 $ɕia^{31}$	孵 $pɑo^{31}$	鸭子 $ia^{31}tsɿ^{21}$
甘州区	下 $ɕia^{31}$	孵 $pɔ^{31}$	鸭子 $ia^{31}tsɿ^{21}$
肃州区	下 $ɕia^{213}$	孵 $fu^{213}/pɔ^{213}$	鸭子 $ʑia^{21}tsɿ^{13}$
永昌县	下 $ɕia^{53}$	孵 $pɔo^{53}$	鸭子 $ia^{53}tsɿ^{21}$
崆峒区	下 $ɕia^{44}$	孵 $pɔ^{44}$	鸭子 $ia^{53}tsɿ^{21}$
庆城县	下 $ɕia^{244}$	孵 $pɔ^{244}$	鸭子 $ia^{51}tsɿ^{0}$
宁县	下 $ɕia^{44}$	孵 $pɔ^{44}$	鸭子 $ia^{31}tsɿ^{0}$
武都区	下 $ɕia^{24}$	孵鸡娃 $pɔu^{13}tɕi^{31}va^{21}$	鸭子 $ia^{31}tsɿ^{21}$
文县	下 $ɕia^{24}$	孵 $pɔo^{24}$	鸭子 $ia^{31}tsɿ^{21}$
康县	下 $ɕia^{24}$	孵 $pɔo^{24}$	鸭子 $ia^{53}tsɿ^{21}$
礼县	下 $ɕia^{44}$	孵 $pɔo^{44}$	鸭子 $ia^{31}tsɿ^{24}$
靖远县	下 $ɕia^{33}$	孵 $pɑo^{33}$	鸭子 $ia^{41}tsɿ^{21}$
陇西县	下 $ɕia^{44}$	孵 $pɔo^{44}$	鸭子 $ia^{22}tsɿ^{21}$
秦州区	下 $ɕia^{44}$	孵 $pɔ^{44}$	鸭子 $ia^{21}tsɿ^{53}$
安定区	下 $ɕia^{44}$	孵 $pɔ^{44}$	鸭子 $iɑ^{21}tsɿ^{13}$
会宁县	下 $ɕia^{44}$	孵 $pɔ^{44}$	鸭子 $iɑ^{21}tsɿ^{13}$
临洮县	下 $ɕia^{44}$	孵 $pɔ^{44}$	鸭子 $ia^{21}tsɿ^{13}$
清水县	下 $ɕia^{443}$	孵 $pɔ^{443}$	鸭子 $ia^{21}tsɿ^{52}$
永靖县	下 $ɕia^{44}$	孵 $pɔ^{44}$	鸭子 $ia^{22}tsɿ^{44}$
敦煌市	下 $ɕia^{44}$	孵 $pɔ^{44}$	鸭子 $ia^{21}tsɿ^{13}$
临夏市	下 $xɑ^{53}$	孵 $pɔ^{53}$	鸭子 $iɑ^{21}tsɿ^{53}$
合作市	下 $xᴀ^{53}$	孵 $pɔ^{53}$	鸭子 $iᴀ^{21}tsɿ^{53}$
临潭县	下 $ɕia^{44}$	孵鸡娃子 $pɔo^{44}tɕi^{21}va^{44}tsɿ^{21}$	鸭子 $ia^{44}tsɿ^{51}$

	0289 鹅	0290 阉～公的猪	0291 阉～母的猪
兰州市	鹅 ɤ^{53}	劁 tɕ^{h}iɔ^{31}	劁 tɕ^{h}iɔ^{31}
榆中县	鹅 ɣə^{312}	劁 tɕ^{h}iɔ^{51}	劁 tɕ^{h}iɔ^{51}
永登县	鹅 ə^{53}	劁 tɕ^{h}iɔ^{42}	劁 tɕ^{h}iɔ^{42}
红古区	鹅 ə^{13}	劁 tɕ^{h}iɔ^{13}	劁 tɕ^{h}iɔ^{13}
凉州区	鹅 ʀə^{35}	劁 tɕ^{h}iao^{35}	劁 tɕ^{h}iao^{35}
甘州区	鹅儿 ə^{35}ɣɤ^{42}	骟 ʂaŋ^{31}	骟 ʂaŋ^{31}
肃州区	鹅 ɣə^{51}	劁 tɕ^{h}iɔ^{44}	劁 tɕ^{h}iɔ^{44}
永昌县	鹅 ə^{13}	劁 tɕ^{h}iɔo^{44}	劁 tɕ^{h}iɔo^{44}
崆峒区	鹅 ŋuo^{24}	骟 ʂæ̃^{44}	劁 tɕ^{h}iɔ^{21}
庆城县	大鹅 ta^{244}nuə^{113}	骟 ʂɛ̃^{244}	骟 ʂɛ̃^{244}
宁县	鹅 ŋuə^{24}	摘 ts^{h}ei^{24}	摘 ts^{h}ei^{24}
武都区	鹅 ŋɤ^{13}	劁 tɕ^{h}iɔu^{31}	劁 tɕ^{h}iɔu^{31}
文县	鹅 ŋɤ^{13}	劁 t^{h}iɔo^{31}	骟 sæ̃^{24}
康县	鹅 ŋuɤ^{13}	劁 tɕ^{h}iɔo^{53}	劁 tɕ^{h}iɔo^{53}
礼县	鹅 ŋɤ^{13}	劁 tɕ^{h}iɔ^{31}	劁 tɕ^{h}iɔ^{31}
靖远县	鹅 nuə^{24}	劁 tɕ^{h}iɑo^{41}	劁 tɕ^{h}iɑo^{41}
陇西县	鹅 kɤ^{13}	劁 tɕ^{h}iɔo^{21}	劁 tɕ^{h}iɔo^{21}
秦州区	鹅 ŋuə^{13}	骟 ʂæ̃^{44}	骟 ʂæ̃^{44}
安定区	鹅 kə^{13}	裁 ts^{h}ɛ^{13}	裁 ts^{h}ɛ^{13}
会宁县	鹅 ŋə^{13}	裁 ts^{h}ɛ^{13}	劁 tɕ^{h}iɔ^{13}
临洮县	鹅 ŋuɤ^{13}	劁 tɕ^{h}iɔ^{13}	劁 tɕ^{h}iɔ^{13}
清水县	鹅 ŋuə^{13}	捶 tʃ^{h}əi^{13} 挑 ts^{h}iɔ^{13}	捶 tʃ^{h}əi^{13} 挑 ts^{h}iɔ^{13}
永靖县	鹅 ɯ^{213}	骟 ʂæ̃^{44}	劁 tɕ^{h}iɔ^{213}
敦煌市	鹅 ŋə^{213}	劁 tɕ^{h}iɔ^{213}	劁 tɕ^{h}iɔ^{213}
临夏市	鹅 ŋɤ^{13}	骟 ʂã^{53}	劁 tɕ^{h}iɔ^{13}
合作市	鹅 ŋə^{13}	骟 ʂæ̃^{53}	劁 tɕ^{h}iɔ^{13}
临潭县	鹅 ŋɤ^{24}	劁 tɕ^{h}iɔo^{44}	劁 tɕ^{h}iɔo^{44}

	0292 阉～鸡	0293 喂～猪	0294 杀猪统称，注意婉称
兰州市	骟 ʂæ̃¹³	喂 vei¹³	杀 ʂa¹³
榆中县		喂 vei²¹³	宰 tsɛ⁴⁴
永登县	骟 ʂæ̃¹³	喂 vei¹³	杀猪 ʂa²²pfu⁴²
红古区	骟 ʂan¹³ 旋⁼ ɕyan¹³	喂 vei¹³	宰 tsɛ⁵³
凉州区		喂 vei³¹	杀猪 sa⁵³tʂu³⁵
甘州区	骟 ʂaŋ³¹	喂 vei³¹	杀猪 ʂa²²pfu⁴⁴
肃州区	劁 tɕʰiɔ⁴⁴	喂 vei²¹³	宰猪 tsɛ⁵³tʂu⁴⁴
永昌县	骟 ʂɛe⁵³	喂 vei⁵³	宰猪 tsɛe⁵³tʂu⁴⁴
崆峒区	骟 ʂæ̃⁴⁴	喂 uei⁴⁴	杀猪 sa²⁴tʂu²¹
庆城县	骟 ʂɛ̃²⁴⁴	喂 vei²⁴⁴	杀猪 sa⁵¹tʂu⁵¹
宁县		喂 uei⁴⁴	杀猪 sa²⁴tʃu³¹
武都区		喂 vei²⁴	杀猪儿 sa²²tʃu³¹ɚ²¹
文县	骟 sæ̃²⁴	喂 uei²⁴	杀猪 sa³¹tsu³¹
康县		喂 vei²⁴	杀猪 ʂa⁵³pfu⁵³
礼县		喂 vei⁴⁴	杀猪 sa³¹tʃu³¹
靖远县	劁 tɕʰiɑo⁴¹	喂 vei³³	杀猪儿 sa²²tʂʮər⁴¹
陇西县		喂 ve⁴⁴	宰猪 tsɛ⁵⁵tʂu²¹
秦州区		喂 vei⁴⁴	杀猪 sa¹³tʃʮ¹³
安定区	割 kə¹³	喂 vei⁴⁴	宰猪 tsɛ⁵³tʃu¹³
会宁县		喂 uei⁴⁴	杀猪 sa¹³tʃu¹³
临洮县	劁 tɕʰiɔ¹³	喂 vei⁴⁴	宰猪 tsɛ⁵³tʂu¹³
清水县		揹 tɕiou¹³	杀猪 ʃa¹³tʃɨ¹³
永靖县	旋⁼ ɕyæ̃⁴⁴	喂 vei⁴⁴	宰猪 tsɛ⁵³tʂu²¹³
敦煌市	骟 ʂæ̃⁴⁴	喂 vei⁴⁴	宰猪 tsɛ⁵³tʂu²¹³
临夏市	线 ɕiã⁴²	喂 vei⁵³	宰 tsɛ⁴²
合作市		喂 vei⁵³	宰猪 tsɛe⁴⁴tʂu¹³
临潭县		喂 vɪi⁴⁴	宰猪 tsɛe⁵¹tʂu⁴⁴

	0295 杀~鱼	0296 村庄一个~	0297 胡同统称：一条~
兰州市	杀 ʂa^{13}	庄子 tʂuɑ̃^{53}tsɿ^{21}	巷巷子 xɑ̃^{22}xɑ̃^{44}tsɿ^{21}
榆中县	宰 tsɛ^{44}	庄子 tʂuɑŋ^{51}tsɿ^{0}	巷巷 xɑŋ^{21}xɑŋ^{44}
永登县	杀 ʂa^{13}	庄子 pfɑ̃^{44}tsɿ^{21}	巷子 xɑ̃^{22}tsɿ^{55}
红古区	杀 ʂa^{13}	庄子 tʂuɑŋ^{22}tsɿ^{13}	尕巷道 ka^{22}xɑŋ^{13}tɔ^{55}
凉州区		庄子 tʂuɑŋ^{35}tsɿ^{53}	巷道 xɑŋ^{31}tɑo^{21}
甘州区	杀 ʂa^{31}	庄子 kuɑŋ^{44}tsɿ^{44}	巷道 xɑŋ^{31}tɔ^{21}
肃州区	开剥 kʰɛ^{44}pə^{44}	庄子 tʂuɑŋ^{44}tsɿ^{44}	胡同 xu^{44}tʰuŋ^{21}
永昌县	杀 ʂa^{53}	庄子 tʂuɑŋ^{44}tsɿ^{44}	巷子 xɑŋ^{53}tsɿ^{21}
崆峒区	杀 sa^{21}	庄里 tʂuɑŋ^{53}ȵi^{21}	巷子 xɑŋ^{35}tsɿ^{53}
庆城县	杀 sa^{51}	庄子 tʂuɑ̃^{51}tsɿ^{0} 农庄 luŋ^{21}tʂuɑ̃^{51}	巷子 xɑ̃^{51}tsɿ^{0}
宁县	拾掇 ʂʅ^{22}tuə^{52} 收拾 ʂou^{31}ʂʅ^{0}	村子 tsʰuŋ^{31}tsɿ^{0}	巷子 xɑŋ^{31}tsɿ^{0}
武都区	杀 sa^{31}	庄子 tʃuɑŋ^{31}tsɿ^{21} 村子 tsʰuŋ^{31}tsɿ^{21}	巷头 xɑŋ^{31}tʰəu^{21}
文县	杀 sa^{31}	村子 tsoŋ^{31}tsɿ^{21}	巷巷子 xɑ̃^{24}xɑ̃^{44}tsɿ^{42}
康县	杀 ʂa^{53}	村子 tsʰuŋ^{53}tsɿ^{21}	夹巷 tɕia^{53}xɑŋ^{21} 巷巷子 xɑŋ^{53}xɑŋ^{21}tsɿ^{21}
礼县	杀 sa^{31}	庄 tʃuɑŋ^{31}	巷道儿 xɑŋ^{31}tʰɔor^{52}
靖远县	收拾 ʂɤu^{41}ʂʅ^{21}	庄子 tʂuɑŋ^{41}tsɿ^{21}	巷子 xɑŋ^{41}tsɿ^{21}
陇西县	杀 sa^{21}	庄里 tʃɥɑŋ^{22}li^{21}	巷 xɑŋ^{44}
秦州区	杀 sa^{13}	庄 tsuɑŋ^{13}	巷道 xɑŋ^{21}tʰɔ^{53}
安定区	杀 sa^{13}	庄子 tʃuɑŋ^{21}tsɿ^{13}	巷巷 xɑŋ^{44}xɑŋ^{21}
会宁县	杀 sa^{13}	庄里 tʃuɑŋ^{21}li^{13}	巷子 xɑŋ^{21}tsɿ^{13}
临洮县	杀 sa^{13}	庄子 tʂuɑ̃^{21}tsɿ^{13}	巷巷儿 xɑ̃^{44}xɐ̃r^{21}
清水县	杀 ʃa^{13}	庄 tʃɒ̃^{13}	巷道 xɒ̃^{21}tʰɔ^{443} 巷巷子 xɒ̃^{21}xɒ̃^{13}tsɿ^{21}
永靖县	宰 tsɛ^{53}	庄子 tʂuɑŋ^{22}tsɿ^{53}	巷道 xɑŋ^{44}tɔ^{21}
敦煌市	宰 tsɛ^{51}	庄子 tʂuɑŋ^{21}tsɿ^{13}	巷道 xɑŋ^{44}tɔ^{44}
临夏市		庄子 tʂuɑŋ^{21}tsɿ^{53}	巷道 xɑŋ^{44}tɔ^{21}
合作市	宰鱼 tsɛe^{44}ʐy^{13}	庄子 tʂuɑŋ^{21}tsɿ^{53}	巷道 xɑŋ^{44}tɔ^{21}
临潭县	杀 sa^{44}	庄 tʂuɒ^{44}	巷子 xɒ^{53}tsɿ^{24}

	0298 街道	0299 盖房子	0300 房子整座的，不包括院子
兰州市	街道 kɛ^{55}tɔ^{21}	盖房子 kɛ^{13}fɑ̃^{53}tsɿ^{21}	房子 fɑ̃^{53}tsɿ^{21}
榆中县	街上 kɛ^{51}ʂaŋ^{0}	盖房子 kɛ^{13}fɑŋ^{31}tsɿ^{213}	房子 fɑŋ^{31}tsɿ^{213}
永登县	街道 kɛ^{44}tɔ^{21}	盖房子 kɛ^{22}fɑ̃^{55}tsɿ^{21}	房子 fɑ̃^{55}tsɿ^{21}
红古区	大巷道 ta^{22}xɑŋ^{55}tɔ^{21} 街道 kɛ^{22}tɔ^{13}	盖房子 kɛ^{13}fɑŋ^{22}tsɿ^{13}	房子 fɑŋ^{22}tsɿ^{13}
凉州区	街 kæ^{35}	盖房子 kæ^{53}fɑŋ^{35}tsɿ^{53}	房子 fɑŋ^{35}tsɿ^{53}
甘州区	街道 kɛ^{44}tɔ^{31}	盖房子 kɛ^{22}fɑŋ^{35}tsɿ^{42}	房子 fɑŋ^{35}tsɿ^{42}
肃州区	街道 kɛ^{44}tɔ^{21}	盖房子 kɛ^{21}fɑŋ^{44}tsɿ^{21} 修房子 ɕiəu^{44}fɑŋ^{44}tsɿ^{21}	房子 fɑŋ^{44}tsɿ^{21}
永昌县	街 kɛe^{44}	修房子 ɕiəu^{44}fɑŋ^{13}tsɿ^{42}	房子 fɑŋ^{13}tsɿ^{42}
崆峒区	街道 kɛ^{22}tɔ^{44}	盖房子 kɛ^{44}fɑŋ^{22}tsɿ^{53}	房子 fɑŋ^{22}tsɿ^{53}
庆城县	街道 kɛ^{21}tɔ^{244}	盖房 kɛ^{244}fɑ̃^{113}	房 fɑ̃^{113}
宁县	街道 tɕiɛ^{22}t^{h}ɔ^{44}	盖房 kɛ^{44}fɑŋ^{24}	房 fɑŋ^{24}
武都区	街道 kɛɪ^{22}tɔu^{24}	盖房子 kɛɪ^{24}fɑŋ^{22}tsɿ^{21}	屋里 v^{31}li^{21}
文县	街道 kɛe^{31}tɔo^{24}	修房子 ɕiɤu^{31}fɑ̃^{21}tsɿ^{55}	房子 fɑ̃^{21}tsɿ^{55}
康县	街 kɛ^{53}	盖房子 kɛ^{24}fɑŋ^{21}tsɿ^{55}	房子 fɑŋ^{53}tsɿ^{55}
礼县	街道 kai^{31}t^{h}ɔo^{44}	盖房 kai^{44}fɑŋ^{13}	房 fɑŋ^{13}
靖远县	街道 kɛ^{22}tɑo^{33}	盖房 kɛ^{55}fɑŋ^{24}	房子 fɑŋ^{22}tsɿ^{55}
陇西县	街上 kɛ^{42}ʂɑŋ^{13}	盖房子 kɛ^{44}fɑŋ^{21}tsɿ^{44}	房子 fɑŋ^{21}tsɿ^{44}
秦州区	街道 kɛ^{21}t^{h}ɔ^{53}	盖房 kɛ^{44}fɑŋ^{13}	房 fɑŋ^{13}
安定区	街道 kɛ^{21}t^{h}ɔ^{44}	盖房子 kɛ^{44}fɑŋ^{21}tsɿ^{44}	房子 fɑŋ^{21}tsɿ^{44}
会宁县	街道 kɛ^{21}t^{h}ɔ^{44}	盖房 kɛ^{44}fɑŋ^{13}	房儿 fɑŋ^{21}zɿ^{44}
临洮县	街道 kɛ^{21}tɔ^{44}	盖房子 kɛ^{44}fɑ̃^{13}tsɿ^{21}	房子 fɑ̃^{13}tsɿ^{21}
清水县	街道 kɛ^{21}t^{h}ɔ^{443}	盖房 kɛ^{44}fɒ̃^{13}	房 fɒ̃^{13}
永靖县	街道 kɛ^{22}tɔ^{53}	盖房子 kɛ^{44}fɑŋ^{22}tsɿ^{13}	房子 fɑŋ^{22}tsɿ^{13}
敦煌市	街道 kɛ^{21}tɔ^{44}	盖房子 kɛ^{35}fɑŋ^{21}tsɿ^{51}	房子 fɑŋ^{22}tsɿ^{51}
临夏市	街道 kɛ^{21}tɔ^{53}	盖房子 kɛ^{53}fɑŋ^{21}tsɿ^{53}	房子 fɑŋ^{21}tsɿ^{53}
合作市	街道 kɛe^{21}tɔ^{53}	盖房子 kɛe^{53}fɑŋ^{21}tsɿ^{53}	庄窠 tʂuɑŋ^{21}k^{h}uə^{53}
临潭县	街道 kɛe^{21}tɔo^{44}	盖房子 kɛe^{44}fɒ^{24}tsɿ^{44}	房子 fɒ^{21}tsɿ^{44}

	0301 屋子 房子里分隔而成的，统称	0302 卧室	0303 茅屋茅草等盖的
兰州市	屋里 vu^{22}ȵi^{13}	小房子 ɕiɔ^{44}fɑ̃^{53}tsɿ^{21}	棚子 pʰən^{53}tsɿ^{21}
榆中县	屋里 vu^{31}li^{213} 房子里 faŋ^{31}tsɿ^{0}ȵi^{44}	卧室 və^{13}ʂʅ^{312}	
永登县	屋里 vu^{22}li^{354}	套间子 tʰɔ^{22}tɕiæ̃^{22}tsɿ^{55}	草房子 tsʰɔ^{22}fɑ̃^{55}tsɿ^{21}
红古区	房子 faŋ^{22}tsɿ^{13}	房子 faŋ^{22}tsɿ^{13}	草房 tsʰɔ^{55}faŋ^{21}
凉州区	屋 vu^{31}	睡房 ʂuei^{31}faŋ^{21}	茅草房 mao^{35}tsʰao^{35}faŋ^{53}
甘州区	屋 vu^{31}	睡房 fei^{31}faŋ^{21}	草棚 tsʰɔ^{22}pʰɤŋ^{44}
肃州区	屋子 vu^{21}tsɿ^{13}	睡房 ʂuei^{21}faŋ^{13}	草棚 tsʰɔ^{21}pʰɤŋ^{51}
永昌县	屋子 vu^{53}tsɿ^{21}	睡房 ʂuei^{53}faŋ^{21}	草棚 tsʰɔo^{53}pʰəŋ^{13}
崆峒区	住人的房 tʂu^{44}ʐɤŋ^{22}ti^{55} faŋ^{24}	卧室 uo^{44}ʂʅ^{24}	窝棚 uo^{53}pʰɤŋ^{21}
庆城县	房间 fɑ̃^{21}tɕiẽ^{51}	卧室 vuə^{244}ʂʅ^{244}	
宁县	隔房子 kei^{31}faŋ^{0}tsɿ^{0}	卧室 uə^{44}ʂʅ^{31}	草苫子 tsʰɔ^{52}ʂæ̃^{31}tsɿ^{0}
武都区	房 faŋ^{13}	睡房 ʃuei^{24}faŋ^{21}	庵房 ŋæ̃^{31}faŋ^{21}
文县	屋里 vu^{31}lei^{55}	睡房 suei^{24}fɑ̃^{42}	茅草房 mɔo^{21}tsʰɔo^{42}fɑ̃^{13}
康县	屋里 vu^{53}li^{21}	睡房 fei^{24}faŋ^{53}	草房 tsʰɔo^{35}faŋ^{53}
礼县	房 faŋ^{13}	卧室 uɤ^{44}ʂʅ^{21}	茅草房 mɔo^{13}tsʰɔo^{52}faŋ^{13}
靖远县	隔间子 kei^{41}tɕiæ̃^{55}tsɿ^{21}		窝铺子 vɤ^{41}pʰu^{21}tsɿ^{21}
陇西县	隔截⁼剳⁼ kɛ^{42}tɕʰiɛ^{21}xɤ^{44}	睡的房子剳⁼ ʃɥe^{44}tɤu^{44} faŋ^{21}tsɿ^{21}xɤ^{21}	草房子 tsɔo^{55}faŋ^{21}tsɿ^{44}
秦州区	房 faŋ^{13}	厢房 ɕiaŋ^{21}faŋ^{13}	草苫苫 tsʰɔ^{53}ʂæ̃^{21}ʂæ̃^{13}
安定区	房子 faŋ^{21}tsɿ^{44}	睡房 ʃuei^{44}faŋ^{13}	草房 tsʰɔ^{53}faŋ^{13}
会宁县	屋里 u^{21}li^{13}	屋里 u^{21}li^{13} 卧室 uə^{44}ʂʅ^{21}	苫苫子 ʂæ̃^{44}ʂæ̃^{21}tsɿ^{44}
临洮县	屋里 vu^{21}li^{44}	屋里 vu^{21}li^{44} 卧室 uɤ^{44}ʂʅ^{13}	草房房儿 tsʰɔ^{53}fɑ̃^{13}fɑ̃r^{21}
清水县	房 fɒ̃^{13}	套房子 tʰɔ^{44}fɒ̃^{13}tsɿ^{21}	柴扇子 tʃʰɛ^{13}ʂæ̃^{21}tsɿ^{52}
永靖县	屋 vu^{213}	尕房子 ka^{22}faŋ^{21}tsɿ^{13}	草房子 tsʰɔ^{42}faŋ^{21}tsɿ^{22}
敦煌市	屋 vu^{213}	睡房 ʂuei^{35}faŋ^{21}	茅草房 mɔ^{22}tsʰɔ^{53}faŋ^{213}
临夏市	房子 faŋ^{21}tsɿ^{43}	睡房 ʂuei^{44}faŋ^{21}	草房 tsʰɔ^{44}faŋ^{24}
合作市	房子 faŋ^{21}tsɿ^{53}	睡的房子 ʂuei^{53}ti^{21}faŋ^{21} tsɿ^{53}	
临潭县	屋里 vu^{44}ȵi^{44}	卧室 vɤ^{44}ʂʅ^{24}	草房 tsʰɔo^{51}fɒ̃^{24}

	0304 厨房	0305 灶统称	0306 锅统称
兰州市	厨房 pfʰu^{42}fɑ̃^{13}	锅台 kuə^{22}tʰɛ^{53}	锅 kuə^{55}
榆中县	灶房 tsɔ^{21}fɑŋ^{44}	灶 tsɔ^{213}	锅 kuə^{51}
永登县	厨房 pfʰu^{22}fɑ̃^{35}	锅头 kuə^{44}tʰɤu^{21}	锅 kuə^{42}
红古区	厨房 tʂʰu^{22}fɑŋ^{55} 灶火 tsɔ^{22}xuə^{55}	锅头 kuə^{22}tʰɤu^{13}	锅 kuə^{13}
凉州区	伙房 xuə^{53}fɑŋ^{35}	锅头 kuə^{35}tʰəu^{53}	锅 kuə^{35}
甘州区	伙房 xuə^{22}fɑŋ^{44}	灶 tsɔ^{31}	锅 kuə^{44}
肃州区	伙房 xuə^{21}fɑŋ^{51} 厨房 tʂʰu^{44}fɑŋ^{21}	灶 tsɔ^{213}	锅 kuə^{44}
永昌县	伙房 xuə^{53}fɑŋ^{13}	锅台 kuə^{44}tʰɛe^{44}	锅 kuə^{44}
崆峒区	伙房 xuo^{55}fɑŋ^{21}	锅头 kuo^{53}tʰəu^{21}	锅 kuo^{21}
庆城县	伙房 xuə^{44}fɑ̃^{0} 灶房 tsɔ^{244}fɑ̃^{0}	锅头 kuə^{51}tʰɤu^{0}	锅 kuə^{51}
宁县	屋里 u^{31}li^{0}	锅头子 kuə^{31}tʰou^{0}tsɿ^{0}	锅 kuə^{31}
武都区	灶房 tsɔu^{24}fɑŋ^{21} 厨房 tʃʰu^{22}fɑŋ^{53}	灶 tsɔu^{24}	锅 kuɤ^{31}
文县	灶房 tsɔo^{24}fɑ̃^{42}	灶 tsɔo^{24}	锅 kuə^{31}
康县	灶房 tsɔo^{24}fɑŋ^{53}	灶 tsɔo^{24}	锅 kuɤ^{53}
礼县	厨房 tʃʰu^{13}fɑŋ^{21}	灶 tsɔo^{44}	锅 kuɤ^{31}
靖远县	厨房 tʂʰʯ^{22}fɑŋ^{55}	灶锅头 tsɑo^{35}kuə^{41}tʰɤu^{21}	锅 kuə^{41}
陇西县	厨房 tʃʰʯ^{13}fɑŋ^{21}	灶头 tsɔo^{44}tʰɤu^{44}	锅 kuɤ^{21}
秦州区	灶房 tsɔ^{44}fɑŋ^{21}	灶 tsɔ^{44}	锅 kuə^{13}
安定区	灶房 tsɔ^{44}fɑŋ^{21}	灶头 tsɔ^{44}tʰəu^{21}	锅 kuə^{13}
会宁县	厨房 tʃʰu^{21}fɑŋ^{13}	灶头 tsɔ^{44}tʰəu^{21}	锅 kuə^{13}
临洮县	厨房 tʂʰu^{13}fɑ̃^{13}	灶 tsɔ^{44}	锅儿 kuər^{13}
清水县	厨房 tʃʰɨ^{13}fɒ̃^{21}	锅上 kuə^{21}ʂɒ̃^{13}	锅 kuə^{13}
永靖县	灶火 tsɔ^{44}xuɤ^{42}	锅头 kuɤ^{22}tʰɤu^{53}	锅 kuɤ^{213}
敦煌市	厨房 tʂʰu^{22}fɑŋ^{51} 伙房 xuə^{55}fɑŋ^{21}	锅头 kuə^{21}tʰɤu^{13}	锅 kuə^{213}
临夏市	灶火 tsɔ^{44}xuɤ^{21}	锅头 kuɤ^{21}tʰɤu^{53}	锅 kuɤ^{13}
合作市	灶火 tsɔ^{44}xuə^{21}	锅头 kuə^{21}tʰəɯ^{53}	锅 kuə^{13}
临潭县	灶火里 tsɔo^{44}xuɤ^{21}ȵi^{44}	锅头 kuɤ^{44}tʰəɯ^{44}	锅 kuɤ^{44}

	0307 饭锅煮饭的	0308 菜锅炒菜的	0309 厕所旧式的，统称
兰州市	饭锅 fæ^{22}kuə^{53}	菜锅 tsʰɛ^{22}kuə^{53}	茅厕 mɔ^{53}sɿ^{13}
榆中县	锅 kuə^{51}	锅 kuə^{51}	茅厕坑 mɔ^{31}sɿ^{0}kʰən^{51}
永登县	锅 kuə^{42}	炒勺 tʂʰɔ^{35}fə^{53}	后楼 xɤu^{22}lɤu^{55}
红古区	锅 kuə^{13}	锅 kuə^{13}	圈 tɕyan^{13} 茅屎圈 mɔ^{22}ʂʅ^{55}tɕyan^{13}
凉州区	饭锅 fɑŋ^{53}kuə^{35}	炒锅 tsʰɑo^{35}kuə^{53}	灰圈 xuei^{35}tɕyɑŋ^{53}
甘州区	锅锅 kuə^{44}kuə^{44}	炒勺 tʂʰɔ^{22}fə^{44}	茅厕 mɔ^{35}sɿ^{42}
肃州区	锅 kuə^{44}	炒勺 tsʰɔ^{21}ʂuə^{51}	茅房 mɔ^{35}fɑŋ^{21}
永昌县	饭锅 fɛe^{53}kuə^{21}	锅 kuə^{44}	灰圈 xuei^{44}tɕyɛ^{44}
崆峒区	饭锅 fæ^{44}kuo^{21}	炒瓢 tsʰɔ^{53}pʰiɔ^{24}	茅房 mɔ^{22}fɑŋ^{53}
庆城县	锅 kuə^{51}	炒锅 tsʰɔ^{44}kuə^{0}	茅厕 mɔ^{21}tsʰei^{51}
宁县	大锅 ta^{44}kuə^{31}	小锅 ɕiɔ^{55}kuə^{0}	厕所 tsʰei^{31}ʃuə^{52} 灰圈子 xuei^{31}tɕʰyæ^{0}tsɿ^{0} 茅子 mɔ^{22}tsɿ^{52}
武都区	锅 kuɤ^{31}	砂瓢 sa^{31}pʰiɔu^{13}	茅厕 mɔu^{24}tsʰei^{24}
文县	锅 kuə^{31}	炒锅 tsʰɔo^{44}kuə^{31}	茅坑 mɔo^{21}kʰə̃^{31}
康县	锅 kuɤ^{53}	锅 kuɤ^{53}	茅坑 mɔo^{42}kʰɤŋ^{35} 茅房 mɔo^{42}fɑŋ^{13}
礼县	锅 kuɤ^{31}	锅 kuɤ^{31}	茅子 mɔo^{13}tsɿ^{21}
靖远县	饭锅 fæ^{35}kuə^{41}	炒勺 tsʰɑo^{55}ʂuə^{24}	后圈 xɤu^{35}tɕyæ^{41}
陇西县	饭锅 fæ^{44}kuɤ^{21}	炒菜锅 tsʰɔo^{55}tsʰɛ^{44}kuɤ^{21}	茅坑 mɔo^{13}kʰɤŋ^{21}
秦州区	锅 kuə^{13}	锅 kuə^{13}	茅子 mɔ^{13}tsɿ^{21}
安定区	锅 kuə^{13}	锅 kuə^{13}	茅坑 mɔ^{13}kʰəŋ^{21}
会宁县	锅 kuə^{13}	锅 kuə^{13}	茅坑 mɔ^{13}kʰəŋ^{21}
临洮县	锅儿 kuər^{13}	锅儿 kuər^{13}	茅坑 mɔ^{13}kʰɤŋ^{21}
清水县	锅 kuə^{13}	锅 kuə^{13}	茅子 mɔ^{13}tsɿ^{21}
永靖县	锅 kuɤ^{213}	锅 kuɤ^{213}	茅厕圈 mɔ^{22}sɿ^{44}tɕyæ^{44}
敦煌市	饭锅 fæ^{35}kuə^{21}	菜锅 tsʰɛ^{35}kuə^{21}	茅房 mɔ^{22}fɑŋ^{51}
临夏市	锅 kuɤ^{13}	锅 kuɤ^{13}	茅坑 mɔ^{13}kʰəŋ^{42}
合作市	锅 kuə^{13}	锅 kuə^{13}	茅坑 mɔ^{13}kʰəŋ^{21}
临潭县	饭锅 fæ^{44}kuɤ^{44}	菜锅 tsʰæ^{44}kuɤ^{21}	门坑 məŋ^{24}kʰəŋ^{51}

	0310 檩左右方向的	0311 柱子	0312 大门
兰州市	檩子 lin^{34}tsɿ^{21}	柱子 tʂu^{22}tsɿ^{53}	前门 tɕʰiæ̃^{53}mən^{21}
榆中县	檩子 lin^{44}tsɿ^{0}	柱子 tʂu^{21}tsɿ^{44}	大门 ta^{21}mən^{44}
永登县	檩子 lin^{35}tsɿ^{21}	柱子 pfu^{22}tsɿ^{35}	街门 kɛ^{44}mə̃n^{21}
红古区	檩子 lin^{55}tsɿ^{21}	柱子 tʂu^{22}tsɿ^{55}	大门 ta^{22}mən^{55}
凉州区	檩子 liŋ^{53}tsɿ^{35}	柱子 tʂu^{31}tsɿ^{21}	街门 kæ^{35}məŋ^{53} 庄门 tʂuɑŋ^{35}məŋ^{53}
甘州区	檩子 liŋ^{22}tsɿ^{44}	柱子 pfu^{31}tsɿ^{21}	大门 ta^{31}mɤŋ^{21}
肃州区	檩子 liŋ^{21}tsɿ^{51}	柱子 tʂu^{21}tsɿ^{13}	大门 ta^{21}mɤŋ^{13}
永昌县	檩子 liŋ^{53}tsɿ^{21}	柱子 tʂu^{53}tsɿ^{21}	大门 ta^{53}məŋ^{21}
崆峒区	檩子 liɤŋ^{55}tsɿ^{21}	柱子 tʂu^{35}tsɿ^{53}	大门 ta^{44}mɤŋ^{24}
庆城县	檩子 liŋ^{44}tsɿ^{0}	柱子 tʂu^{244}tsɿ^{0}	大门 ta^{244}mɤŋ^{113}
宁县	檩条子 liŋ^{55}tɕʰiɔ^{31}tsɿ^{0}	柱子 tʃʰu^{44}tsɿ^{31}	大门 ta^{44}məŋ^{24}
武都区	檩条 lin^{55}tʰiɔu^{24}	柱子 tʃu^{24}tsɿ^{21}	大门 ta^{24}məŋ^{21}
文县	椽子 tsuæ̃^{42}tsɿ^{55}	柱头 tsʰu^{24}tʰɤu^{42}	大门 ta^{24}məŋ^{42}
康县	檩子 liŋ^{35}tsɿ^{21}	柱子 pfu^{24}tsɿ^{53}	大门 ta^{24}mɤŋ^{53}
礼县	檩条儿 liŋ^{52}tʰiɔor^{13}	柱子 tʃʰu^{44}tsɿ^{21}	大门 ta^{44}mɤŋ^{21}
靖远县	檩 liŋ^{55}	柱子 tʂʮ^{35}tsɿ^{41}	柴门 tsʰɛ^{22}mɤŋ^{55} 大门 ta^{35}mɤŋ^{41}
陇西县	檩 liŋ^{53}	柱子 tʃʰʮ^{44}tsɿ^{42}	大门 ta^{44}mɤŋ^{44}
秦州区	檩子 liɤŋ^{53}tsɿ^{21}	柱子 tʃʰɥ^{44}tsɿ^{21}	大门 ta^{44}mɤŋ^{21}
安定区	檩子 liŋ^{53}tsɿ^{21}	柱子 tʃʰu^{44}tsɿ^{21}	大门 ta^{44}məŋ^{21}
会宁县	檩子 liŋ^{53}tsɿ^{21}	柱节 tʃʰu^{44}tɕiə^{21}	大门 ta^{44}məŋ^{21}
临洮县	檩子 liŋ^{53}tsɿ^{21}	柱子 tʂʰu^{44}tsɿ^{21}	大门 ta^{44}mɤŋ^{21}
清水县	檩 liŋ^{52} 檩条儿 liŋ^{52}tsʰiɔ^{13}ɚ^{21}	柱子 tʃʰɨ^{44}tsɿ^{21}	大门 ta^{44}mɤŋ^{21}
永靖县	檩子 liɤŋ^{53}tsɿ^{21}	柱子 tʂu^{44}tsɿ^{42}	大门 ta^{44}mɤŋ^{53}
敦煌市	檩子 liŋ^{53}tsɿ^{21}	柱子 tʂu^{35}tsɿ^{21}	街门 kɛ^{21}mɤŋ^{13}
临夏市	檩子 liŋ^{44}tsɿ^{24}	柱子 tʂu^{44}tsɿ^{21}	大门 tɑ^{44}məŋ^{21}
合作市	檩子 liŋ^{44}tsɿ^{13}	柱子 tʂu^{44}tsɿ^{21}	大门 tᴀ^{44}məŋ^{21}
临潭县	檩子 lin^{53}tsɿ^{24}	柱子 tʂu^{44}tsɿ^{21}	大门 ta^{44}məŋ^{24}

	0313 门槛儿	0314 窗旧式的	0315 梯子可移动的
兰州市	门槛 mən^{53}k^{h}æ^{13}	窗子 tʂ^{h}uã^{53}tsɿ^{21}	梯子 t^{h}i^{53}tsɿ^{21}
榆中县	门槛 mən^{31}k^{h}an^{213}	窗子 tʂ^{h}uaŋ^{51}tsɿ^{0}	梯子 t^{h}i^{51}tsɿ^{0}
永登县	门槛 mə̃n^{22}k^{h}æ^{354}	窗子 pf^{h}ã^{44}tsɿ^{21}	梯架 t^{h}i^{44}tɕia^{21}
红古区	门槛 mən^{22}k^{h}an^{55}	窗子 tʂ^{h}uaŋ^{22}tsɿ^{13}	梯架 ts^{h}ɿ^{22}tɕia^{55}
凉州区	门槛 məŋ^{35}k^{h}ɑŋ^{53}	老式窗子 lɑo^{35}ʂʅ^{53}tʂ^{h}uɑŋ^{35}tsɿ^{53}	梯子 t^{h}i^{35}tsɿ^{53}
甘州区	门槛 mɤŋ^{35}kaŋ^{42}	窗子 k^{h}uaŋ^{44}tsɿ^{44}	梯子 t^{h}i^{44}tsɿ^{44}
肃州区	门槛儿 mɤŋ^{35}kaŋ^{42}ɣə^{21}	窗子 tʂ^{h}uaŋ^{44}tsɿ^{44}	梯子 t^{h}i^{44}tsɿ^{44}
永昌县	门槛 məŋ^{13}k^{h}ɛe^{42}	窗子 tʂ^{h}uaŋ^{44}tsɿ^{44}	梯子 t^{h}i^{44}tsɿ^{44}
崆峒区	门槛 mɤŋ^{22}k^{h}æ^{53}	窗子 tʂ^{h}uaŋ^{53}tsɿ^{21}	梯架 t^{h}i^{53}tɕia^{21}
庆城县	门槛 mɤŋ^{21}k^{h}ɛ̃^{44}	窗子 tʂ^{h}uã^{51}tsɿ^{0}	梯子 t^{h}i^{51}tsɿ^{0}
宁县	门槛 məŋ^{22}k^{h}æ^{52}	窗子 tʃ^{h}uaŋ^{31}tsɿ^{0}	梯子 tɕ^{h}i^{31}tsɿ^{0}
武都区	门槛 məŋ^{22}k^{h}ɑŋ^{24}	窗子 tʃ^{h}uaŋ^{31}tsɿ^{21}	梯子 t^{h}i^{31}tsɿ^{21}
文县	门槛 məŋ^{21}k^{h}ã^{55}	窗子 tsuæ̃^{31}tsɿ^{31}	活梯 xuə^{13}t^{h}i^{31}
康县	门槛儿 mɤŋ^{42}k^{h}ãr^{35}	窗子 pf^{h}ɑŋ^{53}tsɿ^{21}	梯子 ts^{h}i^{53}tsɿ^{21}
礼县	门槛 mɤŋ^{13}k^{h}ɑŋ^{21}	窗子 tʃ^{h}uaŋ^{31}tsɿ^{24}	梯子 t^{h}i^{31}tsɿ^{24}
靖远县	门槛 mɤŋ^{22}k^{h}ɑŋ^{55}	窗子 tʂ^{h}uaŋ^{41}tsɿ^{21}	梯子 t^{h}ɿ^{41}tsɿ^{21}
陇西县	门槛 mɤŋ^{24}k^{h}ɑŋ^{42}	窗儿 tʃ^{h}ɥaŋ^{42}zɿ^{13}	梯儿 tɕ^{h}i^{42}zɿ^{13}
秦州区	门槛 mɤŋ^{13}k^{h}ɑŋ^{21}	窗子 tʃ^{h}uaŋ^{21}tsɿ^{53}	梯子 t^{h}i^{21}tsɿ^{53}
安定区	门槛 məŋ^{13}k^{h}ɑŋ^{21}	窗眼 tʃ^{h}uaŋ^{21}ȵiæ^{53}	梯儿 t^{h}i^{21}zɿ^{13}
会宁县	门槛 məŋ^{13}k^{h}ɑŋ^{21}	窗眼 tʃ^{h}uaŋ^{21}ȵiæ^{53}	梯子 t^{h}i^{21}tsɿ^{13}
临洮县	门槛儿 mɤŋ^{21}k^{h}ɐr^{53}	窗子 tʂ^{h}uã^{21}tsɿ^{13}	梯子 t^{h}i^{21}tsɿ^{13}
清水县	门槛 mɤŋ^{13}k^{h}ɒ̃^{21}	窗子 tʃ^{h}ɒ̃^{21}tsɿ^{52}	梯子 ts^{h}i^{21}tsɿ^{52}
永靖县	门槛 mɤŋ^{22}k^{h}æ^{44}	窗子 tʂ^{h}uaŋ^{22}tsɿ^{42}	梯子 tɕ^{h}i^{22}tsɿ^{42}
敦煌市	门槛 mɤŋ^{22}k^{h}æ^{51}	窗子 tʂ^{h}uaŋ^{21}tsɿ^{13}	梯子 t^{h}i^{21}tsɿ^{13}
临夏市	门槛 məŋ^{21}k^{h}ɑŋ^{53}	窗子 tʂ^{h}uaŋ^{21}tsɿ^{42}	梯子 t^{h}i^{21}tsɿ^{53}
合作市	门槛 məŋ^{21}k^{h}ɑŋ^{53}	窗子 tʂ^{h}uaŋ^{21}tsɿ^{53}	梯子 t^{h}i^{44}tsɿ^{21}
临潭县	门槛 məŋ^{24}k^{h}əɯ^{24}	窗子 ts^{h}uɒ^{44}tsɿ^{44}	梯子 t^{h}i^{44}tsɿ^{44}

	0316 扫帚统称	0317 扫地	0318 垃圾
兰州市	扫帚 sɔ^{42}pf^{h}u^{55}	扫地 sɔ^{53}ti^{13}	龌琐= vɤ^{22}suə^{42}
榆中县	笤帚 t^{h}iɔ^{31}tʂu^{213}	扫地 sɔ^{44}ti^{213}	垃圾 la^{51}tɕi^{0}
永登县	扫帚 sɔ^{22}pf^{h}u^{53}	扫地 sɔ^{55}ti^{13}	龌琐= və^{22}suə^{354}
红古区	扫帚 sɔ^{22}tʂ^{h}u^{55}	扫地 sɔ^{55}tsɿ^{13}	龌琐= və^{22}suə^{55}
凉州区	扫帚 sɑo^{31}tʂu^{21}	扫地 sɑo^{35}ti^{53}	龌琐= və^{31}suə^{21}
甘州区	扫把 sɔ^{31}pa^{21}	扫地 sɔ^{53}ti^{31}	龌琐= ə^{31}suə^{21}
肃州区	扫把 sɔ^{21}pa^{13}	扫地 sɔ^{53}ti^{21}	龌琐= və^{21}suə^{13} 垃圾 la^{44}tɕi^{44}
永昌县	扫帚 sɔo^{53}tʂu^{21}	扫地 sɔo^{44}ti^{53}	龌琐= və^{53}suə^{21}
崆峒区	扫帚 sɔ^{35}tʂu^{53}	扫地 sɔ^{53}ti^{44}	渣屑 tsa^{53}ɕiɛ^{21}
庆城县	笤帚 t^{h}iɔ^{21}tʂu^{0}	扫地 sɔ^{44}ti^{244}	垃圾 la^{51}tɕi^{51}
宁县	扫帚 sɔ^{44}tʃu^{31}	扫地 sɔ^{52}tɕ^{h}i^{44}	脏物 tsaŋ^{31}uə^{0} 垃圾 la^{24}tɕi^{31}
武都区	扫把 sɔu^{55}pa^{21} 扫帚 sɔu^{55}tʃu^{21}	扫地 sɔu^{55}ti^{21}	烂尘 læ̃^{24}tʂ^{h}əŋ^{21}
文县	扫把 sɔo^{55}pa^{42} 笤帚 t^{h}iɔo^{21}tsu^{13}	扫地 sɔo^{55}tɕi^{24}	渣渣子 tsa^{31}tsa^{21}tsɿ^{55}
康县	扫帚 sɔo^{35}fu^{53}	扫地 sɔo^{55}tsi^{24}	薄土 p^{h}ɔo^{53}t^{h}u^{24}
礼县	笤帚 t^{h}iɔo^{13}tʃ^{h}u^{21}	扫地 sɔo^{52}t^{h}i^{44}	烂场= læ̃^{44}tʂ^{h}ɑŋ^{21} 垃圾 na^{24}tɕi^{21}
靖远县	扫帚 sɑo^{35}tʂʮ^{41}	扫院 sɑo^{55}yæ̃^{33} 扫地 sɑo^{55}tɿ^{33}	龌琐= vɤ^{41}suə^{21}
陇西县	扫帚 sɔo^{44}tʃ^{h}ʮ^{21}	扫地 sɔo^{55}tɕ^{h}i^{44}	垃圾 la^{21}ɕ^{0}
秦州区	笤帚 t^{h}iɔ^{13}tʃ^{h}ɥ^{21}	扫地 sɔ^{53}t^{h}i^{44}	烂场= læ̃^{44}tʂ^{h}ɑŋ^{21}
安定区	扫帚 sɔ^{44}tʃu^{21}	扫地 sɔ^{53}t^{h}i^{44}	烂线 næ̃^{44}ɕiæ̃^{44}
会宁县	扫帚 sɔ^{44}tʃu^{21}	扫地 sɔ^{53}t^{h}i^{44}	垃圾 la^{13}tɕi^{21}
临洮县	扫帚 sɔ^{44}tʂ^{h}u^{21}	扫地 sɔ^{53}ti^{44}	垃圾 la^{13}tɕi^{21}
清水县	扫帚 sɔ^{44}tʃ^{h}ɨ^{21}	扫地 sɔ^{52}ts^{h}i^{443}	烂古董 læ̃^{44}ku^{13}tuŋ^{21} 垃圾 la^{13}tɕi^{21}
永靖县	扫帚 sɔ^{44}tʂu^{42}	扫地 sɔ^{53}ti^{44}	龌琐= vɤ^{22}suɤ^{53}
敦煌市	扫帚 sɔ^{35}tʂ^{h}u^{21}	扫地 sɔ^{53}ti^{44}	龌琐= ŋə^{21}suə^{213}
临夏市	扫帚 sɔ^{21}tʂu^{53}	扫地 sɔ^{44}ti^{42}	渣渣 tʂɑ^{21}tʂɑ^{53}
合作市	扫帚 sɔ^{21}tʂu^{53}	扫地 sɔ^{44}ti^{53}	渣渣 tʂᴀ^{21}tʂᴀ^{53}
临潭县	扫帚 sɔo^{44}tʂu^{21}	扫地 sɔo^{51}ti^{44}	龌琐= ŋɤ^{44}ʂa^{44}

	0319 家具统称	0320 东西我的～	0321 炕土、砖砌的，睡觉用
兰州市	家具 tɕia^{55}tɕy^{21}	物件 vu^{34}tɕiæ̃^{13}	炕 k^{h}ɑ̃^{13}
榆中县	家具 tɕia^{51}tɕy^{0}	东西 tuən^{51}ɕi^{0}	炕 k^{h}aŋ^{213}
永登县	家具 tɕia^{44}tɕy^{21} 家什 tɕia^{44}ʂʅ^{21}	东西 tuə̃n^{44}ɕi^{21}	炕 k^{h}ɑ̃^{13}
红古区	家什 tɕia^{22}ʂʅ^{13}	东西 tuən^{22}sɿ^{55}	炕 k^{h}ɑŋ^{13}
凉州区	家私 tɕia^{35}sɿ^{53}	东西 tuŋ^{35}ɕi^{53}	炕 k^{h}ɑŋ^{31}
甘州区	家具 tɕia^{44}tɕy^{44}	东西 tuŋ^{44}ɕi^{21}	炕 k^{h}aŋ^{31}
肃州区	家具 tɕia^{44}tɕy^{44}	东西 tuŋ^{44}ɕi^{44}	炕 k^{h}ɑŋ^{213}
永昌县	家具 tɕia^{44}tɕy^{44}	东西 toŋ^{44}ɕi^{44}	炕 k^{h}ɑŋ^{53}
崆峒区	家具 tɕia^{21}tɕy^{44}	东西 toŋ^{53}ɕi^{21}	炕 k^{h}ɑŋ^{44}
庆城县	家具 tɕia^{21}tɕy^{244}	东西 tuŋ^{51}ɕi^{0}	炕 k^{h}ɑ̃^{244}
宁县	家具 tɕia^{31}tɕy^{44}	东西 tuŋ^{31}ɕi^{0}	炕 k^{h}aŋ^{44}
武都区	家具 tɕia^{31}tɕy^{24}	东西 tuŋ^{31}ɕi^{21}	炕 k^{h}ɑŋ^{24}
文县	家私 tɕia^{31}sɿ^{13}	东西 toŋ^{31}ɕi^{24}	炕 k^{h}ɑ̃^{24}
康县	家具 tɕia^{53}tɕy^{24}	东西 tuŋ^{53}si^{21}	炕 k^{h}ɑŋ^{24}
礼县	家具 tia^{31}tɕy^{44}	物件 vɤ^{31}tɕ^{h}iæ̃^{44} 东西 tuɤŋ^{31}ɕi^{24}	炕 k^{h}ɑŋ^{44}
靖远县	摆设 pɛ^{55}ʂɤ^{21}	东西 toŋ^{41}sɿ^{21}	炕 k^{h}ɑŋ^{33}
陇西县	家具 tɕia^{42}tɕ^{h}y^{13}	东西 tuŋ^{42}ɕi^{13}	炕 k^{h}ɑŋ^{44}
秦州区	家具 tɕia^{21}tɕy^{44}	物件 vɤ^{21}tɕ^{h}iæ̃^{44}	炕 k^{h}ɑŋ^{44}
安定区	家具 tɕia^{21}tɕy^{44}	物件 və^{21}tɕ^{h}iæ̃^{44}	炕 k^{h}ɑŋ^{44}
会宁县	家具 tɕia^{21}tɕy^{44}	东西 tuŋ^{21}ɕi^{13}	炕 k^{h}ɑŋ^{44}
临洮县	家具 tɕia^{21}tɕy^{44}	东西 tuŋ^{21}ɕi^{44}	炕 k^{h}ɑ̃^{44}
清水县	家具 tɕia^{21}tɕy^{443}	东西 tuŋ^{13}si^{21}	炕 k^{h}ɒ̃^{443}
永靖县	家具 tɕia^{22}tɕy^{42}	东西 tuɤŋ^{22}ɕi^{42}	炕 k^{h}ɑŋ^{44}
敦煌市	家具 tɕia^{21}tɕy^{44}	东西 tuŋ^{21}ɕi^{13}	炕 k^{h}ɑŋ^{44}
临夏市	家什 tɕiɑ^{21}ʂʅ^{53}	东西 tuəŋ^{21}ɕi^{53}	炕 k^{h}ɑŋ^{53}
合作市	家具 tɕiᴀ^{21}tɕy^{53}	东西 tuəŋ^{21}ɕi^{53}	土炕 t^{h}u^{44}k^{h}ɑŋ^{53}
临潭县	家私 tɕia^{44}sɿ^{44}	东西 tuəŋ^{44}ɕi^{44}	炕 k^{h}ɒ^{44}

	0322 床木制的，睡觉用	0323 枕头	0324 被子
兰州市	床 pfʰã^{53}	枕头 tʂən^{34}tʰiəu^{21}	被窝 pi^{22}vɤ^{42}
榆中县	床 tʂʰuaŋ^{312}	枕头 tʂən^{44}tʰəu^{0}	被儿 pi^{21}ɣɤ^{44}
永登县	床 pfʰã^{53} 床床子 pfʰã^{22}pfʰã^{22}tsɿ^{55}	枕头 tʂə̃n^{35}tʰɤu^{53}	被窝 pi^{22}və^{44}
红古区	板炕 pan^{55}kʰɑŋ^{21} 床 tʂʰuɑŋ^{13}	枕头 tʂən^{55}tʰɤu^{21}	被儿 pɿər^{13}
凉州区	床 tʂʰuɑŋ^{35}	枕头 tʂəŋ^{53}tʰəu^{35}	被子 pi^{31}tsɿ^{21}
甘州区	床 kʰuaŋ^{53}	枕头 tʂɤŋ^{22}tʰɤu^{44}	被儿 pi^{31}ɣɤ^{21}
肃州区	床 tʂʰuɑŋ^{51}	枕头 tʂɤŋ^{21}tʰəu^{51}	被子 pi^{21}tsɿ^{13}
永昌县	床 tʂʰuɑŋ^{13}	枕头 tʂəŋ^{53}tʰəu^{44}	被儿 pi^{53}ɣɤ^{21}
崆峒区	床 tʂʰuɑŋ^{24}	枕头 tʂɤŋ^{55}tʰəu^{21}	被窝 pi^{35}uo^{53}
庆城县	床 tʂʰuã^{113}	枕头 tʂɤŋ^{44}tʰɤu^{0}	盖的 kɛ^{244}ti^{0}
宁县	床 tʃʰuaŋ^{24}	枕头 tʂəŋ^{55}tʰou^{0}	盖的 kɛ^{44}ti^{31}
武都区	床 tʃʰuɑŋ^{24}	枕头 tʂəŋ^{55}tʰəu^{0}	被儿 pi^{24}ɚ^{21}
文县	床 tsʰuæ̃^{13}	枕头 tsəŋ^{55}tʰɤu^{42}	铺盖 pʰu^{21}kɛe^{24}
康县	床 pfʰɑŋ^{13}	枕头 tʂɤŋ^{55}tɤu^{53}	铺盖 pʰu^{53}kɛ^{21}
礼县	床 tʃʰuɑŋ^{13}	枕头儿 tʂɤŋ^{52}tʰəur^{13}	被儿 pi^{44}ɚ^{21}
靖远县	床 tʂʰuɑŋ^{24}	枕头 tʂɤŋ^{55}tʰɤu^{21}	被儿 pɿər^{33}
陇西县	床 tʃʰʮɑŋ^{13}	枕头 tʂɤŋ^{55}tʰɤu^{13}	被儿 pi^{44}zɿ^{44}
秦州区	床 tʃʰuɑŋ^{13}	枕头 tʂɤŋ^{53}tʰɤu^{21}	被 pi^{53}
安定区	床 tʃʰuɑŋ^{13}	枕头 tʂəŋ^{53}tʰəu^{21}	被儿 pi^{21}zɿ^{21}
会宁县	床 tʃʰuɑŋ^{13}	枕头 tʂəŋ^{44}tʰəu^{13}	被儿 pi^{21}zɿ^{44}
临洮县	床 tʂʰuã^{13}	枕头 tʂɤŋ^{53}tʰɤu^{21}	被儿 piər^{53}
清水县	床 tʃʰɒ̃^{13}	枕头 tʂɤŋ^{52}tʰou^{21}	被儿 pi^{44}ɚ^{21}
永靖县	床 tʂʰuɑŋ^{213}	枕头 tʂɤŋ^{53}tʰɤu^{21}	被儿 pi^{44}ɯ^{42}
敦煌市	床 tʂʰuɑŋ^{213}	枕头 tʂɤŋ^{55}tʰɤu^{21}	被儿 piər^{44}
临夏市	床 tʂʰuɑŋ^{13}	枕头 tʂəŋ^{44}tʰɤu^{24}	被 pi^{53}
合作市	床 tʂʰuɑŋ^{13}	枕头 tʂəŋ^{44}tʰəɯ^{13}	被 pi^{53}
临潭县	床 tsʰuɒ^{24}	枕头 tʂəŋ^{51}tʰəɯ^{24}	盖的 kɛe^{44}ti^{21}

	0325 棉絮	0326 床单	0327 褥子
兰州市	棉絮 miæ̃^{55}ɕy^{21}	单子 tæ̃^{53}tsɿ^{21}	褥子 vu^{22}tsɿ^{13}
榆中县	棉絮 mian^{31}ɕy^{213}	床单 tʂʰuaŋ^{31}tan^{51}	褥子 ʐu^{31}tsɿ^{213}
永登县	棉絮 miæ̃^{22}ɕy^{13}	床单 pfʰɑ̃^{22}tæ̃^{35}	褥子 vu^{22}tsɿ^{354}
红古区	棉絮 mian^{22}sʮ^{13}	床单 tʂʰuɑŋ^{22}tan^{55}	褥子 vu^{22}tsɿ^{13}
凉州区	棉絮 miɑŋ^{35}ɕy^{53}	床单 tʂʰuɑŋ^{35}tɑŋ^{53}	褥子 ʐu^{31}tsɿ^{21}
甘州区	棉絮 miaŋ^{35}ɕy^{42}	床单 kʰuaŋ^{35}taŋ^{42}	褥子 vu^{31}tsɿ^{21}
肃州区	棉絮 miæ̃^{44}ɕy^{21}	单子 tæ̃^{44}tsɿ^{44} 床单 tʂʰuɑŋ^{44}tæ̃^{21}	褥子 ʐu^{21}tsɿ^{13}
永昌县	棉絮 miɛ^{13}ɕy^{42}	床单 tʂʰuɑŋ^{13}tɛe^{42}	褥子 ʐu^{53}sɿ^{21}
崆峒区	棉花 miæ̃^{22}xua^{53}	单子 tæ̃^{53}tsɿ^{21}	褥子 ʐu^{53}tsɿ^{21}
庆城县	棉花儿 miɛ̃^{21}xuar^{0}	床单儿 tʂʰuɑ̃^{21}tɛ̃r^{51}	褥子 ʐu^{51}tsɿ^{0}
宁县	棉絮 miæ̃^{24}ɕy^{44}	单子 tæ̃^{31}tsɿ^{0}	褥子 ʒu^{31}tsɿ^{0}
武都区	棉絮 miæ̃^{22}ɕy^{24}	床单 tʃʰuɑŋ^{24}tæ̃^{21}	褥子 ʒu^{31}tsɿ^{21}
文县	套子 tʰɔo^{24}tsɿ^{42}	单子 tæ̃^{31}tsɿ^{21}	褥子 zu^{42}tsɿ^{31}
康县	棉絮 mian^{53}ɕy^{24}	床单 pfɑŋ^{21}tan^{53}	褥子 vu^{53}tsɿ^{21}
礼县	棉絮 miæ̃^{13}ɕy^{44}	单子 tæ̃^{31}tsɿ^{24}	褥子 ʒu^{31}tsɿ^{24}
靖远县	棉絮 miæ̃^{22}sʮ^{33}	单子 tæ̃^{41}tsɿ^{21}	褥子 ʐʮ^{41}tsɿ^{21}
陇西县	棉絮 miæ̃^{21}ɕy^{44}	床单 tʃʰʮɑŋ^{24}tæ̃^{42}	褥子 ʐu^{22}tsɿ^{21}
秦州区	网套 vɑŋ^{53}tʰɔ^{21}	单子 tæ̃^{21}tsɿ^{53}	褥子 ʒʮ^{21}tsɿ^{53}
安定区	棉絮 miæ̃^{21}ɕy^{44}	单子 tæ̃^{21}tsɿ^{13}	褥子 ʒu^{21}tsɿ^{13}
会宁县	棉絮 miæ̃^{21}ɕy^{44}	床单 tʃʰuɑŋ^{13}tæ̃^{21}	褥子 ʐu^{21}tsɿ^{13}
临洮县	棉絮 miæ̃^{21}ɕy^{44}	床单儿 tʂʰuɑ̃^{13}tɐr^{21}	褥子 ʐu^{21}tsɿ^{13}
清水县	棉絮 miæ̃^{13}ɕy^{443}	单子 tæ̃^{21}tsɿ^{52}	褥子 ʒɨ^{21}tsɿ^{52}
永靖县	棉絮 miæ̃^{22}ɕy^{44}	床单 tʂʰuɑŋ^{22}tæ̃^{44}	褥子 ʐu^{22}tsɿ^{44}
敦煌市	棉絮 miɛ̃^{22}sy^{51}	单子 tæ̃^{21}tsɿ^{13}	褥子 ʐu^{21}tsɿ^{13}
临夏市	棉絮 miɛ̃^{21}ɕy^{53}	单子 tɑ̃^{21}tsɿ^{53}	褥子 ʐu^{13}tsɿ^{42}
合作市	棉絮 miæ̃^{21}ɕy^{53}	单子 tæ̃^{21}tsɿ^{53}	褥子 ʐu^{21}tsɿ^{53}
临潭县	棉絮 miæ̃^{21}ɕy^{44}	床单 tsʰuɒ^{24}tæ̃^{21}	褥子 zu^{44}tsɿ^{44}

	0328 席子	0329 蚊帐	0330 桌子统称
兰州市	席子 ɕi^{22}tsɿ^{13}	蚊帐 vən^{53}tʂã^{13}	桌桌子 pfɤ^{22}pfɤ^{42}tsɿ^{21}
榆中县	席子 ɕi^{31}tsɿ^{213}	蚊帐 vən^{31}tsɿ^{213}	桌子 tʂuə^{31}tsɿ^{213}
永登县	席子 ɕi^{55}tsɿ^{21}	蚊帐 və̃n^{55}tʂã^{21}	桌子 pfə^{22}tsɿ^{35}
红古区	席子 sɿ^{22}tsɿ^{13}	蚊帐 vən^{22}tʂɑŋ^{13}	桌子 tʂuə^{22}tsɿ^{13}
凉州区	席子 ɕi^{35}tsɿ^{53}	蚊帐 vəŋ^{35}tʂɑŋ^{53}	桌子 tʂuə^{31}tsɿ^{21}
甘州区	席子 ɕi^{35}tsɿ^{42}	蚊帐 vɤŋ^{35}tʂaŋ^{42}	桌子 kuə^{31}tsɿ^{21}
肃州区	席子 ɕi^{44}tsɿ^{21} 席把 ɕi^{44}pa^{21}	蚊帐 vəŋ^{44}tʂaŋ^{21}	桌子 tʂuə^{21}tsɿ^{13}
永昌县	席子 ɕi^{13}tsɿ^{42}		桌子 tʂuə^{53}tsɿ^{21}
崆峒区	席 ɕi^{24}		桌子 tʂuo^{53}tsɿ^{21}
庆城县	席 ɕi^{113}	蚊帐 vɤŋ^{21}tʂã^{244}	桌子 tʂuə^{51}tsɿ^{0}
宁县	席 ɕi^{24}	蚊帐 uŋ^{24}tʂaŋ^{44}	桌子 tʃuə^{31}tsɿ^{0}
武都区	席 ɕi^{13}	蚊帐 vəŋ^{22}tʂɑŋ^{24}	桌子 tʃuɤ^{31}tsɿ^{21}
文县	席 ɕi^{13}	蚊帐 vəŋ^{21}tsã^{24}	桌子 tsuə^{31}tsɿ^{21}
康县	席子 si^{42}tsɿ^{24}	蚊帐 vɤŋ^{53}tʂɑŋ^{24}	桌子 pfuɤ^{53}tsɿ^{21}
礼县	席签 ɕi^{13}tʰiæ̃^{21}	蚊帐 vɤŋ^{13}tʂaŋ^{44}	桌子 tʃuɤ^{31}tsɿ^{24}
靖远县	席 sɿ^{24}	蚊帐 vɤŋ^{22}tʂɑŋ^{33}	桌子 tʂuə^{41}tsɿ^{21}
陇西县	席儿 ɕi^{21}zɿ^{44}	蚊帐 vɤŋ^{21}tʂɑŋ^{44}	桌子 tʃʯɤ^{22}tsɿ^{21}
秦州区	席垫 ɕi^{13}tʰiæ̃^{21}	蚊帐 vɤŋ^{13}tʂaŋ^{44}	桌子 tsuə^{21}tsɿ^{53}
安定区	席 ɕi^{13}	蚊帐 vəŋ^{21}tʂɑŋ^{44}	桌子 tʃuə^{21}tsɿ^{13}
会宁县	席 ɕi^{13}	蚊帐 uŋ^{21}tʂɑŋ^{44}	桌子 tʃuə^{21}tsɿ^{13}
临洮县	席 ɕi^{13}	蚊帐 vɤŋ^{21}tʂã^{44}	桌子 tʂuɤ^{13}tsɿ^{21}
清水县	席 si^{13} 席签 si^{13}tsʰiæ̃^{21}	蚊帐 vɤŋ^{13}tʂɔ̃^{443}	桌子 tʃə^{21}tsɿ^{52}
永靖县	席子 ɕi^{22}tsɿ^{13}	蚊帐 vɤŋ^{22}tʂaŋ^{44}	桌子 tʂuɤ^{22}tsɿ^{44}
敦煌市	席子 ɕi^{22}tsɿ^{51}	蚊帐 vɤŋ^{21}tʂɑŋ^{44}	桌子 tʂuə^{21}tsɿ^{13}
临夏市	凉席 liɑŋ^{13}ɕi^{24}	蚊帐 vəŋ^{13}tʂɑŋ^{42}	桌子 tʂuɤ^{21}tsɿ^{53}
合作市	席 ɕi^{13}	蚊帐 vəŋ^{13}tʂɑŋ^{21}	桌子 tʂuə^{21}tsɿ^{53}
临潭县	席 ɕi^{24}	蚊帐 vəŋ^{21}tʂɒ^{51}	桌子 tsuɤ^{44}tsɿ^{44}

	0331 柜子统称	0332 抽屉桌子的	0333 案子长条形的
兰州市	柜柜子 kuei^{22}kuei^{22}tsɿ^{42}	抽匣子 tʂ^{h}əu^{55}ɕia^{42}tsɿ^{21}	案子 æ̃^{22}tsɿ^{53}
榆中县	柜子 kuei^{21}tsɿ^{44}	抽屉 tʂ^{h}əu^{51}t^{h}i^{0}	条桌子 t^{h}iɔ^{31}tʂuə^{0}tsɿ^{213}
永登县	柜子 kuei^{22}tsɿ^{55}	抽屉 tʂ^{h}ɤu^{44}t^{h}i^{21}	案子 æ̃^{22}tsɿ^{55}
红古区	柜柜儿 kuei^{22}kuər^{55}	抽匣 tʂ^{h}ɤu^{22}ɕia^{55}	长桌子 tʂ^{h}ɑŋ^{13}tʂuə^{21}tsɿ^{21}
凉州区	柜子 kuei^{31}tsɿ^{21}	抽屉 tʂ^{h}əu^{35}t^{h}i^{53}	条桌 t^{h}iɑo^{35}tʂuə^{53}
甘州区	柜子 kuei^{31}tsɿ^{21}	抽屉 tʂ^{h}ɤu^{44}t^{h}i^{44}	案子 aŋ^{31}tsɿ^{21}
肃州区	柜子 kuei^{21}tsɿ^{13}	抽屉 tʂ^{h}əu^{44}t^{h}i^{44}	条桌子 t^{h}iɔ^{44}tʂuə^{31}tsɿ^{21}
永昌县	柜子 kuei^{53}tsɿ^{21}	抽屉 tʂ^{h}əu^{44}t^{h}i^{44}	案子 ɛe^{53}tsɿ^{21}
崆峒区	柜 kuei^{44}	抽屉 tʂ^{h}əu^{53}t^{h}i^{21}	案子 næ̃^{35}tsɿ^{53}
庆城县	柜 kuei^{244}	抽屉 tʂ^{h}ɤu^{51}t^{h}i^{0} 抽匣 tʂ^{h}ɤu^{51}ɕia^{0}	条桌 t^{h}iɔ^{21}tʂuə^{0} 长桌 tʂ^{h}ɑ̃^{21}tʂuə^{51}
宁县	柜 k^{h}uei^{44}	抽屉 tʂ^{h}ou^{31}tɕ^{h}i^{0}	条桌 tɕ^{h}iɔ^{22}tʃuə^{52}
武都区	柜 k^{h}uei^{24}	抽匣 tʂ^{h}əu^{31}ɕia^{21} 抽屉 tʂ^{h}əu^{31}t^{h}i^{21}	案子 ŋæ̃^{24}tsɿ^{21}
文县	柜 k^{h}uei^{24}	抽匣 ts^{h}ɤu^{31}ɕia^{13}	案子 ŋæ̃^{24}tsɿ^{42}
康县	柜子 k^{h}uei^{24}tsɿ^{53}	抽匣 tʂɤu^{53}ɕia^{21}	案子 ŋan^{24}tsɿ^{53}
礼县	柜 k^{h}uei^{44}	抽匣 tʂ^{h}əu^{31}ɕia^{24}	案子 ŋæ̃^{44}tsɿ^{21}
靖远县	柜 kuei^{33}	抽屉 tʂ^{h}ɤu^{41}t^{h}ɿ^{21}	琴桌 tɕ^{h}iŋ^{22}tʂuə^{41}
陇西县	柜子 k^{h}ue^{44}tsɿ^{44}	抽匣儿 tʂ^{h}ɤu^{42}ɕia^{21}zɿ^{44}	丈桌 tʂɑŋ^{44}tʃɥɤ^{42}
秦州区	柜 k^{h}uei^{44}	抽匣 tʂ^{h}ɤu^{21}ɕia^{13}	案子 ŋæ̃^{44}tsɿ^{21}
安定区	柜 k^{h}uei^{44}	抽屉 tʂ^{h}əu^{21}t^{h}i^{13}	长条桌 tʂ^{h}ɑŋ^{13}t^{h}iɔ^{13}tʃuə^{13}
会宁县	柜 k^{h}uei^{44}	抽屉 tʂ^{h}əu^{21}t^{h}i^{13}	案子 ŋæ̃^{44}tsɿ^{21}
临洮县	柜子 k^{h}uei^{44}tsɿ^{21}	抽匣儿 tʂ^{h}ɤu^{21}ɕiar^{13}	案子 ŋæ̃^{44}tsɿ^{21}
清水县	柜 k^{h}uəi^{443}	抽匣 tʂ^{h}ou^{21}ɕia^{13}	案子 ŋæ̃^{44}tsɿ^{21}
永靖县	柜子 kuei^{44}tsɿ^{42}	抽匣 tʂ^{h}ɤu^{22}ɕia^{53}	案子 æ̃^{44}tsɿ^{42}
敦煌市	柜子 kuei^{35}tsɿ^{21}	抽匣 tʂ^{h}ɤu^{21}ɕia^{13}	案子 ŋæ̃^{35}tsɿ^{21}
临夏市	柜子 kuei^{44}tsɿ^{21}	抽匣 tʂ^{h}ɤu^{21}ɕiɑ^{53}	案子 nã^{44}tsɿ^{21}
合作市	柜子 kuei^{44}tsɿ^{21}	抽匣 tʂ^{h}əɯ^{21}ɕiA^{53}	案子 ŋæ̃^{44}tsɿ^{21}
临潭县	柜子 kuɪ^{44}tsɿ^{21}	抽匣 tʂ^{h}əɯ^{44}xa^{44}	长案 tʂ^{h}ɒ^{24}ŋæ̃^{44}

	0334 椅子统称	0335 凳子统称	0336 马桶
兰州市	椅子 ʑi^{34}tsɿ^{21}	板凳 pæ̃^{44}tən^{42}	
榆中县	椅子 i^{44}tsɿ^{0}	凳子 tən^{21}tsɿ^{44}	
永登县	椅子 i^{354}tsɿ^{21}	凳子 tə̃n^{22}tsɿ^{55}	马桶 ma^{22}tʰuə̃n^{55}
红古区	椅子 zɿ^{55}tsɿ^{21}	板凳 pan^{55}tən^{21}	
凉州区	椅子 ʑi^{53}tsɿ^{35}	凳子 təŋ^{31}tsɿ^{21}	
甘州区	椅子 ʑi^{22}tsɿ^{44}	凳子 tɤŋ^{31}tsɿ^{21}	
肃州区	靠背椅子 kʰɔ^{35}pei^{51}ʑi^{21}tsɿ^{51}	凳子 tɤŋ^{21}tsɿ^{13}	马桶 ma^{53}tʰuŋ^{51}
永昌县	椅子 ʑi^{53}tsɿ^{21}	板凳 pɛe^{53}təŋ^{44}	
崆峒区	椅子 i^{35}tsɿ^{53}	板凳 pæ̃^{55}tɤŋ^{21}	马桶 ma^{53}tʰoŋ^{53}
庆城县	椅子 i^{113}tsɿ^{0}	凳子 tɤŋ^{244}tsɿ^{0}	
宁县	椅子 i^{55}tsɿ^{0}	板凳 pæ̃^{55}təŋ^{0}	马桶 ma^{52}tʰuŋ^{52}
武都区	椅子 i^{55}tsɿ^{21}	板凳 pæ̃^{55}təŋ^{21}	马桶 ma^{55}tʰuŋ^{21}
文县	椅子 ʑi^{55}tsɿ^{33}	凳凳子 təŋ^{22}təŋ^{55}tsɿ^{33}	马桶 ma^{33}tʰoŋ^{55}
康县	椅子 i^{55}tsɿ^{42}	板凳 pan^{35}tuŋ^{42}	马桶 ma^{53}tʰuŋ^{21}
礼县	椅子 i^{52}tsɿ^{21}	板凳儿 pæ̃^{52}tɤ̃r^{13}	马桶 ma^{24}tʰuɤŋ^{52}
靖远县	椅子 zɿ^{55}tsɿ^{21}	凳子 tɤŋ^{35}tsɿ^{41}	
陇西县	椅子 i^{55}tsɿ^{21}	板凳 pæ̃^{55}tɤŋ^{44}	马桶 ma^{21}tʰuŋ^{53}
秦州区	椅子 i^{53}tsɿ^{21}	板凳 pæ̃^{53}tɤŋ^{21}	尿盆 ȵiɔ^{44}pʰɤŋ^{21}
安定区	靠背椅 kʰɔ^{44}pei^{44}ʑi^{53}	板凳 pæ̃^{53}təŋ^{21}	马桶 ma^{21}tʰuŋ^{53}
会宁县	椅子 ʑi^{53}tsɿ^{21}	板凳儿 pæ̃^{53}tʰəu^{44}zɿ^{21} 板凳 pæ̃^{53}tʰəu^{21}	马桶 ma^{21}tʰuŋ^{53}
临洮县	椅子 ʑi^{53}tsɿ^{21}	板凳儿 pæ̃^{53}tə̃r^{21}	马桶 ma^{21}tʰuŋ^{53}
清水县	椅子 i^{52}tsɿ^{21}	板凳 pæ̃^{52}tuŋ^{21}	
永靖县	椅子 i^{53}tsɿ^{21}	板凳 pæ̃^{53}tɤŋ^{21}	马桶 ma^{22}tʰuɤŋ^{53}
敦煌市	椅子 ʑi^{53}tsɿ^{21}	板凳 pæ̃^{53}tɤŋ^{21}	马桶 ma^{22}tʰuŋ^{51}
临夏市	椅子 ʑi^{44}tsɿ^{24}	板凳 pã^{44}təŋ^{42}	
合作市	椅子 ʑi^{44}tsɿ^{53}	板凳 pæ̃^{44}təŋ^{21}	
临潭县	椅子 i^{53}tsɿ^{24}	凳子 təŋ^{44}tsɿ^{21}	马桶 ma^{21}tʰuəŋ^{51}

	0337 菜刀	0338 瓢舀水的	0339 缸
兰州市	切刀 tɕʰiɛ^{22}tɔ^{53}	马勺 ma^{34}fɤ^{21}	缸 kã^{55}
榆中县	切刀 tɕʰiᴇ^{21}tɔ^{44}	勺 ʂuə^{312}	缸 kaŋ^{51}
永登县	切刀 tɕʰiɛ^{22}tɔ^{55}	勺 fə^{53} 马勺 ma^{354}fə^{53}	缸 kã^{42}
红古区	切刀 tɕʰiɛ^{22}tɔ^{55}	马勺 ma^{55}fə^{21}	缸 kaŋ^{13}
凉州区	切刀 tɕʰiə^{31}tɑo^{21}	马勺 ma^{53}ʂuə^{35}	缸 kaŋ^{35}
甘州区	切面刀 tɕʰiə^{24}miaŋ^{31}tɔ^{44}	勺子 fə^{35}tsɿ^{42}	缸 kaŋ^{44}
肃州区	刀 tɔ^{44}	舀子 ʐiɔ^{21}tsɿ^{51}	缸 kaŋ^{44}
永昌县	切刀 tɕʰiə^{53}tɔo^{21}	水勺 ʂuei^{53}ʂuə^{13}	缸 kaŋ^{44}
崆峒区	菜刀 tsʰɛ^{44}tɔ^{21}	马勺 ma^{55}ʂuo^{21}	缸 kaŋ^{21}
庆城县	刀 tɔ^{51}	马勺 ma^{44}ʂuə^{0}	缸 kã^{51}
宁县	切菜刀 tɕʰiɛ^{31}tsʰɛ^{44}tɔ^{31}	马勺 ma^{55}ʃuə^{0}	缸 kaŋ^{31}
武都区	切刀 tɕʰiᴇ^{31}tɔu^{21}	马勺 ma^{55}ʃɤ^{21}	缸 kaŋ^{31}
文县	切刀 tɕiɛ^{31}tɔo^{24}	瓢 pʰiɔo^{13}	缸 kã^{31}
康县	切刀 tɕʰiɛ^{53}tɔo^{21}	马勺 ma^{35}fɤ^{42}	缸 kaŋ^{53}
礼县	切刀 tɕʰiɛ^{31}tɔo^{24}	马勺儿 ma^{52}ʂɤr^{13}	缸 kaŋ^{31}
靖远县	刀 tɑo^{41}	舀舀子 iɑo^{55}iɑo^{21}tsɿ^{21}	缸 kaŋ^{41}
陇西县	切刀 tɕʰiɛ^{42}tɔo^{13}	马勺 ma^{55}ʂɤ^{13}	缸 kaŋ^{21}
秦州区	切刀 tɕʰiə^{21}tɔ^{13}	马勺 ma^{53}ʂuə^{21}	缸 kaŋ^{13}
安定区	切刀 tɕʰiə^{21}tɔ^{13}	舀子 iɔ^{53}tsɿ^{21} 马勺 ma^{53}ʂə^{21}	缸 kaŋ^{13}
会宁县	切刀 tɕʰiə^{21}tɔ^{13}	马勺 ma^{53}ʂə^{13}	缸 kaŋ^{13}
临洮县	切刀 tɕʰie^{21}tɔ^{13}	摝勺 va^{53}ʂuɤ^{21}	缸 kã^{13}
清水县	切刀 tsʰiɛ^{21}tɔ^{13}	马勺 ma^{52}ʂʅ^{21}	缸 kõ^{13}
永靖县	切刀 tɕʰiɛ^{22}tɔ^{53}	马勺 ma^{53}ʂuɤ^{21}	缸 kaŋ^{213}
敦煌市	切刀 tɕʰiə^{35}tɔ^{21}	勺 ʂuə^{213}	缸 kaŋ^{213}
临夏市	切刀 tɕʰiɛ^{21}tɔ^{53}	木勺 mu^{44}ʂuɤ^{24}	缸 kaŋ^{13}
合作市	切刀 tɕʰiə^{21}tɔ^{53}	勺子 ʂuə^{21}tsɿ^{53}	缸 kaŋ^{13}
临潭县	切刀 tɕʰiɛ^{44}tɔo^{44}	吊子 tiɔo^{44}tsɿ^{21}	缸 kɒ^{44}

	0340 坛子装酒的～	0341 瓶子装酒的～	0342 盖子杯子的～
兰州市	坛坛子 tʰæ̃^{53}tʰæ̃^{13}tsɿ^{42}	瓶瓶子 pʰin^{53}pʰin^{13}tsɿ^{42}	盖盖子 kɛ^{22}kɛ^{22}tsɿ^{42}
榆中县	坛子 tʰan^{31}tsɿ^{213}	瓶子 pʰin^{31}tsɿ^{213}	盖子 kɛ^{21}tsɿ^{44}
永登县	坛子 tʰæ̃^{55}tsɿ^{21}	酒瓶子 tɕiɤu^{354}pʰin^{55}tsɿ^{21}	盖盖子 kɛ^{21}kɛ^{13}tsɿ^{55}
红古区	坛子 tʰan^{22}tsɿ^{13}	瓶子 pʰin^{22}tsɿ^{13}	盖盖儿 kɛ^{22}kər^{55}
凉州区	坛子 tʰɑŋ^{35}tsɿ^{53}	瓶子 pʰiŋ^{35}tsɿ^{53}	盖子 kæ^{31}tsɿ^{21}
甘州区	坛子 tʰaŋ^{35}tsɿ^{42}	瓶子 pʰiŋ^{35}tsɿ^{42}	盖子 kɛ^{31}tsɿ^{21}
肃州区	坛子 tæ̃^{44}tsɿ^{21}	瓶子 piŋ^{44}tsɿ^{21}	盖子 kɛ^{21}tsɿ^{13}
永昌县	坛子 tʰɛe^{13}tsɿ^{42}	瓶子 pʰiŋ^{13}tsɿ^{42}	盖子 kɛe^{53}tsɿ^{21}
崆峒区	坛子 tʰæ̃^{22}tsɿ^{53}	瓶子 pʰiɤŋ^{22}tsɿ^{53}	盖盖子 kɛ^{35}kɛ^{53}tsɿ^{21}
庆城县	坛子 tʰɛ̃^{21}tsɿ^{0} 罐罐 kuɛ̃^{244}kuɛ̃^{0}	瓶子 pʰiŋ^{21}tsɿ^{0}	盖子 kɛ^{244}tsɿ^{0}
宁县	坛子 tʰæ̃^{22}tsɿ^{52}	瓶子 pʰiŋ^{24}tsɿ^{0}	盖子 kɛ^{44}tsɿ^{0}
武都区	坛子 tʰæ̃^{22}tsɿ^{24}	瓶子 pʰin^{22}tsɿ^{24}	盖子 kɛɪ^{24}tsɿ^{21}
文县	坛坛子 tæ̃^{42}tʰæ̃^{13}tsɿ^{42}	瓶瓶子 pʰiəŋ^{21}pʰiəŋ^{13}tsɿ^{42}	盖盖子 kɛe^{21}kɛe^{42}tsɿ^{33}
康县	坛坛子 tʰan^{53}tʰan^{24}tsɿ^{33}	瓶瓶子 pʰiŋ^{53}pʰiŋ^{35}tsɿ^{33}	盖盖子 kɛ^{24}kɛ^{53}tsɿ^{21}
礼县	坛坛儿 tʰæ̃^{13}tʰæ̃r^{21}	瓶瓶儿 pʰiŋ^{13}pʰiɤ̃r^{21}	盖盖儿 kai^{44}kɐr^{13}
靖远县	坛坛子 tʰæ̃^{22}tʰæ̃^{55}tsɿ^{21}	瓶 pʰiŋ^{24}	盖盖子 kɛ^{35}kɛ^{41}tsɿ^{21}
陇西县	坛儿 tʰæ̃^{22}zɿ^{44}	瓶儿 pʰiŋ^{22}zɿ^{44}	盖盖儿 kɛ^{44}kɛ^{44}zɿ^{44}
秦州区	坛坛 tʰæ̃^{13}tʰæ̃^{21}	瓶瓶 pʰiɤŋ^{13}pʰiɤŋ^{21}	盖盖 kɛ^{44}kɛ^{21}
安定区	坛坛子 tʰæ̃^{13}tʰæ̃^{13}tsɿ^{21}	瓶瓶子 pʰiŋ^{13}pʰiŋ^{13}tsɿ^{21}	盖子 kɛ^{44}tsɿ^{21}
会宁县	坛坛 tʰæ̃^{13}tʰæ̃^{21} 坛坛儿 tʰæ̃^{13}tʰæ̃^{21}zɿ^{21}	瓶瓶 pʰiŋ^{13}pʰiŋ^{21} 瓶瓶儿 pʰiŋ^{13}pʰiŋ^{21}zɿ^{21}	盖盖 kɛ^{44}kɛ^{21} 盖盖儿 kɛ^{44}kɛ^{21}zɿ^{21}
临洮县	罐罐儿 kuæ̃^{44}kuɐr^{21}	瓶瓶儿 pʰiŋ^{13}pʰiə̃r^{21}	盖盖儿 kɛ^{44}kər^{21}
清水县	坛坛子 tʰæ̃^{13}tʰæ̃^{21}tsɿ^{21}	瓶瓶子 pʰiŋ^{13}pʰiŋ^{21}tsɿ^{21}	盖盖子 kɛ^{44}kɛ^{21}tsɿ^{21}
永靖县	坛坛 tʰæ̃^{22}tʰæ̃^{13}	瓶瓶 pʰiɤŋ^{22}pʰiɤŋ^{13}	盖盖 kɛ^{44}kɛ^{21}
敦煌市	坛子 tʰæ̃^{22}tsɿ^{51}	瓶子 pʰiŋ^{22}tsɿ^{51}	盖盖 kɛ^{35}kɛ^{21} 盖子 kɛ^{35}tsɿ^{21}
临夏市	坛坛 tʰã^{21}tʰã^{53}	瓶瓶 pʰiŋ^{21}pʰiŋ^{53}	盖子 kɛ^{44}tsɿ^{21}
合作市	坛坛 tʰæ̃^{13}tʰæ̃^{21}	瓶瓶 pʰiŋ^{13}pʰiŋ^{21} 瓶子 pʰiŋ^{21}tsɿ^{53}	盖盖 kɛe^{44}kɛe^{21}
临潭县	坛坛子 tʰæ̃^{24}tʰæ̃^{24}tsɿ^{21}	瓶瓶儿 pʰin^{24}pʰiər^{21}	盖盖子 kɛe^{44}kɛe^{44}tsɿ^{21}

	0343 碗统称	0344 筷子	0345 汤匙
兰州市	碗 væ̃^{34}	筷子 kʰuɛ^{22}tsɿ^{13}	勺勺子 fɤ^{53}fɤ^{13}tsɿ^{42}
榆中县	碗 van^{44}	筷子 kʰuai^{21}tsɿ^{44}	调羹子 tʰiɔ^{31}kən^{0}tsɿ^{44} 勺勺子 ʂɔ^{31}ʂɔ^{0}tsɿ^{44}
永登县	碗 væ̃^{354}	筷子 kʰuɛ^{22}tsɿ^{55}	勺勺子 fə^{21}fə^{22}tsɿ^{354} 瓢 pʰiɔ^{53}
红古区	碗 van^{53}	筷子 kʰuɛ^{22}tsɿ^{55}	勺勺儿 fə^{22}fər^{55} 调羹儿 tʰiɔ^{22}kə̃r^{55}
凉州区	碗 vɑŋ^{35}	筷子 kʰuæ^{31}tsɿ^{21}	调匙子 tʰiɑo^{53}tʂʰʅ^{35}tsɿ^{53}
甘州区	碗 vaŋ^{53}	筷子 kʰuɛ^{31}tsɿ^{21}	勺勺子 fə^{35}fə^{42}tsɿ^{21}
肃州区	碗 væ̃^{51}	筷子 kʰuɛ^{21}tsɿ^{13}	勺子 ʂuə^{35}tsɿ^{21}
永昌县	碗 vɛe^{44}	筷子 kʰuɛe^{53}tsɿ^{21}	勺勺子 ʂuə^{13}ʂuə^{42}tsɿ^{21}
崆峒区	碗 uæ̃^{53}	筷子 kʰuɛ^{35}tsɿ^{53}	调羹子 tʰiɔ^{22}kɤŋ^{55}tsɿ^{21}
庆城县	碗 vɛ̃^{44}	筷子 kʰuɛ^{244}tsɿ^{0}	勺勺 ʂuə^{21}ʂuə^{0}
宁县	碗 uæ̃^{52}	筷子 kʰuɛ^{44}tsɿ^{31}	勺子 ʃuə^{24}tsɿ^{0}
武都区	碗 væ̃^{55}	筷子 kʰuɛɪ^{24}tsɿ^{21}	勺勺子 ʃɔu^{22}ʃɔu^{33}tsɿ^{21} 醋勺子 tsʰɥ^{24}ʃɤ^{21}tsɿ^{21}
文县	碗 uæ̃^{55}	筷子 kʰuɛe^{24}tsɿ^{42}	调羹子 tʰiɔo^{22}kə̃^{55}tsɿ^{33}
康县	碗 van^{53}	筷子 kuɛ^{24}tsɿ^{53}	调羹勺儿 tɕʰiɔo^{53}kɤŋ^{55}ʂuər^{13}
礼县	碗 væ̃^{52}	筷子 kʰuai^{44}tsɿ^{21}	勺勺 ʂɤ^{13}ʂɤ^{21}
靖远县	碗 væ̃^{55}	筷子 kʰuɛ^{35}tsɿ^{41}	勺勺子 ʂuə^{22}ʂuə^{55}tsɿ^{21}
陇西县	碗 væ̃^{53}	筷子 kʰuɛ^{44}tsɿ^{21}	调羹 tʰiɔo^{24}kɤŋ^{42}
秦州区	碗 væ̃^{53}	筷子 kʰuɛ^{44}tsɿ^{21}	勺勺 ʂuə^{13}ʂuə^{21}
安定区	碗 væ̃^{53}	筷子 kʰuɛ^{44}tsɿ^{21}	调羹 tʰiɔ^{13}kəŋ^{21}
会宁县	碗 uæ̃^{53}	筷子 kʰuɛ^{44}tsɿ^{21}	调羹 tʰiɔ^{13}kəŋ^{21} 调羹儿 tʰiɔ^{13}kəŋ^{21}zɿ^{21}
临洮县	碗 væ̃^{53}	筷子 kʰuɛ^{44}tsɿ^{21}	调羹儿 tʰiɔ^{13}kə̃r^{21}
清水县	碗 væ̃^{52}	筷子 kʰuɛ^{44}tsɿ^{21}	调羹子 tsʰiɔ^{13}kɤŋ^{21}tsɿ^{21}
永靖县	碗 væ̃^{53}	筷子 kʰuɛ^{44}tsɿ^{42}	勺勺 ʂuɤ^{22}ʂuɤ^{13}
敦煌市	碗 væ̃^{51}	筷子 kʰuɛ^{35}tsɿ^{21}	勺勺子 ʂuə^{22}ʂuə^{53}tsɿ^{21}
临夏市	碗 vã^{42}	筷子 kʰuɛ^{44}tsɿ^{21}	尕勺 kɑ^{13}ʂuɤ^{24}
合作市	碗 væ̃^{44}	筷子 kʰuɛe^{44}tsɿ^{21}	尕勺 kᴀ^{13}ʂuə^{21}
临潭县	碗 væ̃^{51}	筷子 kʰuɛe^{44}tsɿ^{21}	调羹儿 tʰiɔo^{24}kər^{24}

	0346 柴火统称	0347 火柴	0348 锁
兰州市	柴 tʂʰɛ^{53}	洋火 iɑ̃^{53}xuə^{13}	锁子 suə^{34}tsɿ^{21}
榆中县	柴草 tʂʰɛ^{31}tsʰɔ^{44}	洋火 iaŋ^{31}xuə^{44}	锁子 suə^{44}tsɿ^{0}
永登县	烧柴 ʂɔ^{44}tʂʰɛ^{21}	洋火 iɑ̃^{22}xuə^{354} 火柴 xuə^{354}tʂʰɛ^{53}	锁 suə^{354}
红古区	柴 tʂʰɛ^{13}	洋火 iaŋ^{22}xuə^{55}	锁子 suə^{55}tsɿ^{21}
凉州区	柴火 tsʰæ^{35}xuə^{53}	洋火 iaŋ^{35}xuə^{53}	锁子 suə^{53}tsɿ^{35}
甘州区	烧柴 ʂɔ^{44}tʂʰɛ^{44}	洋火 iaŋ^{53}xuə^{53}	锁子 suə^{22}tsɿ^{44}
肃州区	柴火 tsʰɛ^{44}xuə^{21}	洋火 ʑiaŋ^{53}xuə^{51} 火柴 xuə^{21}tsʰɛ^{51}	锁子 suə^{21}tsɿ^{51}
永昌县	劈柴 pʰi^{53}tʂʰɛe^{21}	洋火 iaŋ^{35}xuə^{13}	锁子 suə^{53}tsɿ^{21}
崆峒区	柴火 tsʰɛ^{22}xuo^{53}	洋火 iaŋ^{22}xuo^{53}	锁子 suo^{55}tsɿ^{21}
庆城县	柴火 tsʰɛ^{21}xuə^{0}	洋火 iɑ̃^{21}xuə^{0}	锁子 suə^{44}tsɿ^{0}
宁县	柴火 tsʰɛ^{22}xuə^{52}	洋火 iaŋ^{22}xuə^{52}	锁子 suə^{55}tsɿ^{0}
武都区	柴 tsʰɛɪ^{13}	洋火 iaŋ^{22}xuɤ^{53} 火柴 xuɤ^{55}tsʰɛɪ^{21}	锁子 suɤ^{55}tsɿ^{21}
文县	柴 tsʰɛe^{13}	洋火 iɑ̃^{21}xuə^{55}	锁子 suə^{55}tsɿ^{33}
康县	柴 tʂʰɛ^{13}	洋火 iaŋ^{53}xuɤ^{35}	锁子 suɤ^{35}tsɿ^{21}
礼县	柴 tsʰai^{13} 柴火 tsʰai^{13}xuɤ^{21}	洋火 iaŋ^{13}xuɤ^{52}	锁子 ʃuɤ^{52}tsɿ^{21}
靖远县	柴柴子 tsʰɛ^{22}tsʰɛ^{55}tsɿ^{21}	洋火 iaŋ^{22}xuə^{55}	锁子 suə^{55}tsɿ^{21}
陇西县	柴火 tsʰɛ^{24}xuɤ^{42}	洋火 iaŋ^{13}xuɤ^{53}	锁子 suɤ^{55}tsɿ^{21}
秦州区	柴 tsʰɛ^{13}	洋火 iaŋ^{13}xuə^{53}	锁子 suə^{53}tsɿ^{21}
安定区	柴 tsʰɛ^{13}	洋火 iaŋ^{13}xuə^{53}	锁子 suə^{53}tsɿ^{21}
会宁县	柴 tʂʰɛ^{13}	洋火 iaŋ^{13}xuə^{21}	锁子 suə^{53}tsɿ^{21}
临洮县	柴火 tʂʰɛ^{21}xuɤ^{53}	洋火 iɑ̃^{21}xuɤ^{53}	锁子 suɤ^{53}tsɿ^{21}
清水县	柴 tʃʰɛ^{13} 柴煨$^{=}$ tʃʰɛ^{13}vəi^{21}	洋火 iɒ̃^{13}xuə^{52}	锁子 suə^{52}tsɿ^{21}
永靖县	烧柴 ʂɔ^{22}tʂʰɛ^{53}	洋火 iaŋ^{22}xuɤ^{53}	锁子 suɤ^{44}tsɿ^{21}
敦煌市	柴 tsʰɛ^{213}	洋火 iaŋ^{22}xuə^{51}	锁子 suə^{53}tsɿ^{21}
临夏市	柴 tʂʰɛ^{13}	洋火 iaŋ^{13}xuɤ^{42}	锁子 suɤ^{44}tsɿ^{24}
合作市	柴 tʂʰɛe^{13}	洋火 iaŋ^{13}xuə^{21}	锁子 suə^{44}tsɿ^{53}
临潭县	柴 tsʰɛe^{24}	洋火 iɒ^{21}xuɤ^{51}	锁子 suɤ^{53}tsɿ^{24}

	0349 钥匙	0350 暖水瓶	0351 脸盆
兰州市	钥匙 yɛ^{22}ʂʅ^{13}	电壶 tiæ̃^{22}xu^{53}	脸盆 liæ̃^{34}pʰən^{42}
榆中县	钥匙 yᴇ^{21}tʂʰʅ^{44}	电壶 tian^{13}xu^{312}	脸盆 lian^{44}pʰən^{0}
永登县	钥匙 yə^{22}tʂʰʅ^{55}	电壶 tʰiæ̃^{22}xu^{53}	脸盆 liæ̃^{354}pʰə̃n^{53}
红古区	钥匙 yɛ^{22}tʂʰʅ^{55}	电壶 tian^{22}xu^{55}	脸盆 ȵian^{55}pʰən^{21}
凉州区	钥匙 yə^{31}sɿ^{21}	电壶 tiɑŋ^{53}xu^{35}	洗脸盆 ɕi^{35}liɑŋ^{53}pʰəŋ^{35}
甘州区	钥匙 yə^{31}tʂʰʅ^{21}	热水瓶 ʐə^{31}fei^{22}pʰiŋ^{53}	脸盆 liaŋ^{22}pɤŋ^{44}
肃州区	钥匙 ʑyə^{21}sɿ^{13}	电壶 tiæ̃^{21}xuə^{51} 暖壶 nuæ̃^{21}xuə^{51}	脸盆 liæ̃^{21}pʰɤŋ^{51}
永昌县	钥匙 yə^{44}tʂʰʅ^{21}	温壶 vəŋ^{44}xu^{44}	脸盆 liɛ^{53}pʰəŋ^{13}
崆峒区	钥匙 yɤ^{53}sɿ^{21}	电壶 tiæ̃^{44}xu^{24}	脸盆子 liæ̃^{55}pʰɤŋ^{21}tsɿ^{21}
庆城县	钥匙 yə^{51}sɿ^{0}	电壶 tiɛ̃^{244}xu^{113}	脸盆儿 liɛ̃^{44}pʰɤr^{0}
宁县	钥匙 yə^{31}sɿ^{0}	电壶 tiæ̃^{44}xu^{24}	脸盆 liæ̃^{55}pʰəŋ^{0}
武都区	钥匙 yɤ^{31}sɿ^{21}	电壶 tiæ̃^{24}xu^{13}	脸盆儿 ȵiæ̃^{55}pʰə̃r^{21}
文县	钥匙 yɛ^{42}sɿ^{24}	电壶 tiæ̃^{24}xuə^{22}	脸盆子 ȵiæ̃^{44}pəŋ^{21}tsɿ^{44}
康县	钥匙 yɛ^{53}ʂʅ^{21}	电壶 tian^{24}xu^{21}	脸盆子 ȵian^{35}pʰɤŋ^{21}tsɿ^{21}
礼县	钥匙 yɤ^{31}sɿ^{24}	电壶 tiæ̃^{44}xu^{13}	脸盆儿 ȵiæ̃^{52}pʰɤ̃r^{13}
靖远县	钥匙 yə^{41}sɿ^{21}	电壶 tiæ̃^{33}xu^{24}	脸盆儿 liæ̃^{55}pʰə̃r^{21}
陇西县	钥匙 yɤ^{42}sɿ^{13}	电壶 tiæ̃^{44}xu^{13}	脸盆 liæ̃^{55}pʰɤŋ^{21}
秦州区	钥匙 yə^{21}sɿ^{13}	电壶 tiæ̃^{44}xu^{13}	脸盆 ȵiæ̃^{53}pʰɤŋ^{13}
安定区	钥匙 iə^{21}sɿ^{13}	电壶 tiæ̃^{44}xu^{13}	脸盆 ȵiæ̃^{53}pʰəŋ^{13}
会宁县	钥匙 iə^{21}sɿ^{13}	电壶 tiæ̃^{44}xu^{13}	脸盆 ȵiæ̃^{53}pʰəŋ^{13}
临洮县	钥匙 ye^{21}sɿ^{13}	电壶 tiæ̃^{44}xu^{13}	脸盆儿 ȵiæ̃^{53}pʰə̃r^{13}
清水县	钥匙 yɛ^{21}ʃɨ^{13}	电壶 tsiæ̃^{44}xu^{13}	脸盆子 ȵiæ̃^{52}pʰɤŋ^{13}tsɿ^{21}
永靖县	钥匙 yɛ^{44}tʂʰʅ^{42}	电壶 tiæ̃^{44}xu^{13}	脸盆 liæ̃^{44}pʰɤŋ^{21}
敦煌市	钥匙 yə^{21}sɿ^{13}	电壶 tiɛ̃^{35}xu^{213}	脸盆 ȵiɛ̃^{55}pʰɤŋ^{21}
临夏市	钥匙 yɛ^{21}ʂʅ^{53}	电壶 tiɛ̃^{44}xu^{24}	脸盆 ȵiɛ̃^{44}pʰəŋ^{24}
合作市	钥匙 yə^{21}ʂʅ^{53}	电壶 tiæ̃^{44}xu^{13}	脸盆 liæ̃^{44}pʰəŋ^{13}
临潭县	钥匙 yɛ^{44}sɿ^{44}	电壶 tiæ̃^{44}xu^{24}	洗脸盆子 ɕi^{21}ȵiæ̃^{51}pʰəŋ^{44}tsɿ^{21}

	0352 洗脸水	0353 毛巾洗脸用	0354 手绢
兰州市	洗脸水 ɕi^{53}liæ̃^{44}fei^{42}	毛巾 mɔ^{53}tɕin^{44}	手巾 ʂəu^{53}tɕin^{21}
榆中县	洗脸水 ɕi^{31}lian^{44}ʂuei^{44}	毛巾 mɔ^{31}tɕin^{213}	手巾子 ʂəu^{44}tɕin^{0}tsɿ^{0}
永登县	洗脸水 ɕi^{354}liæ̃^{55}fei^{55}	羊肚子手巾 iɑ̃^{22}tu^{35}tsɿ^{53} ʂɤu^{354}tɕin^{42}	手巾子 ʂɤu^{22}tɕin^{44}tsɿ^{21}
红古区	洗脸水 sɿ^{22}ȵian^{55}fei^{53}	手巾 ʂɤu^{55}tɕin^{21}	手巾儿 ʂɤu^{55}tɕiə̃r^{21}
凉州区	洗脸水 ɕi^{35}liɑŋ^{53}ʂuei^{35}	毛巾 mao^{35}tɕiŋ^{53}	手帕子 ʂəu^{53}pʰa^{35}tsɿ^{53} 手巾子 ʂəu^{35}tɕiŋ^{35}tsɿ^{53}
甘州区	洗脸水 ɕi^{53}liaŋ^{53}fei^{53}	毛巾 mɔ^{35}tɕiŋ^{42}	手绢子 ʂɤu^{35}tɕyaŋ^{42}tsɿ^{21}
肃州区	洗脸水 ɕi^{53}liæ̃^{44}ʂuei^{51}	毛巾 mɔ^{35}tɕiŋ^{21}	手巾 ʂəu^{21}tɕiŋ^{51}
永昌县	洗脸水 ɕi^{53}liɛ^{44}ʂuei^{44}	手巾 ʂəu^{44}tɕiŋ^{44}	手方子 ʂəu^{22}fɑŋ^{44}tsɿ^{44}
崆峒区	洗脸水 ɕi^{53}liæ̃^{53}ʂuei^{53}	羊肚手巾子 iɑŋ^{22}tu^{53}ʂəu^{55} tɕiɤŋ^{21}tsɿ^{21}	手帕 ʂəu^{55}pʰa^{21}
庆城县	洗脸水 ɕi^{44}liɛ̃^{44}ʂuei^{44}	毛巾 mɔ^{21}tɕiŋ^{51}	手巾 ʂɤu^{44}tɕiŋ^{0}
宁县	洗脸水 ɕi^{52}liæ̃^{52}ʃuei^{52}	擦脸毛巾 tsʰa^{22}liæ̃^{52}mɔ^{22}tɕiŋ^{52}	手帕子 ʂou^{52}pʰa^{31}tsɿ^{0}
武都区	洗脸水 ɕi^{55}ȵiæ̃^{55}ʃuei^{55}	擦脸手巾子 tsʰa^{22}ȵiæ̃^{13}ʂəu^{55} tɕin^{21}tsɿ^{21}	手绢儿 ʂəu^{55}tɕyæ̃^{13}ɚ^{21}
文县	洗脸水 ɕi^{33}ȵiæ̃^{33}suei^{55}	手巾子 sɤu^{55}tɕiəŋ^{42}tsɿ^{42}	手绢 sɤu^{55}tɕyæ̃^{22}
康县	洗脸水 si^{33}ȵian^{21}fei^{55}	毛巾 mɔo^{53}tɕiŋ^{55}	手缚子 ʂɤu^{55}fu^{53}tsɿ^{21}
礼县	洗脸水 ɕi^{52}ȵiæ̃^{21}ʃuei^{52}	毛巾 mɔo^{13}tɕiŋ^{21}	手巾儿 ʂəu^{52}tɕiɤ̃r^{13}
靖远县	洗脸水 sɿ^{55}liæ̃^{55}ʂuei^{55}	擦脸手巾子 tsʰa^{22}liæ̃^{55}ʂɤu^{41} tɕiŋ^{21}tsɿ^{21}	手巾子 ʂɤu^{55}tɕiŋ^{21}tsɿ^{21}
陇西县	洗脸水 ɕi^{55}liæ̃^{55}ʂue^{53}	洗脸毛巾 ɕi^{55}liæ̃^{55}mɔo^{24}tɕiŋ^{42}	手巾儿 ʂɤu^{55}tɕiŋ^{42}zɿ^{13}
秦州区	洗脸水 ɕi^{53}ȵiæ̃^{21}suei^{53}	揩脸毛巾 kʰɛ^{21}ȵiæ̃^{53}mɔ^{13} tɕiɤŋ^{21}	手巾 ʂɤu^{53}tɕiɤŋ^{21}
安定区	洗脸水 ɕi^{21}ȵiæ̃^{44}ʃuei^{53}	毛巾 mɔ^{13}tɕiŋ^{21}	手巾 ʂəu^{53}tɕiŋ^{21}
会宁县	洗脸水 ɕi^{13}ȵiæ̃^{44}ʃuei^{53}	毛巾 mɔ^{13}tɕiŋ^{21}	手绢 ʂəu^{21}tɕyæ̃^{53} 手巾 ʂəu^{53}tɕiŋ^{21}
临洮县	洗脸水 ɕi^{21}ȵiæ̃^{53}ʂuei^{53}	毛巾 mɔ^{13}tɕiŋ^{21}	手巾 ʂɤu^{53}tɕiŋ^{21}
清水县	洗脸水 si^{52}ȵiæ̃^{52}ʃəi^{52}	手巾子 ʂou^{52}tɕiŋ^{21}tsɿ^{21}	手巾子 ʂou^{52}tɕiŋ^{21}tsɿ^{21}
永靖县	洗脸水 ɕi^{22}liæ̃^{44}ʂuei^{53}	毛巾 mɔ^{22}tɕiɤŋ^{44}	尕手巾 ka^{22}ʂɤu^{53}tɕiɤŋ^{21}
敦煌市	洗脸水 ɕi^{21}ȵiɛ̃^{35}ʂuei^{51}	羊肚手巾子 iɑŋ^{21}tu^{55}ʂɤu^{53} tɕiŋ^{42}tsɿ^{21}	手巾子 ʂɤu^{53}tɕiŋ^{42}tsɿ^{21}
临夏市	洗脸水 ɕi^{42}ȵiɛ̃^{44}ʂuei^{21}	手巾 ʂɤu^{44}tɕiŋ^{24}	尕手巾 kɑ^{13}ʂɤu^{44}tɕiŋ^{42}
合作市	洗脸水 ɕi^{44}ȵiæ̃^{44}ʂuei^{53}	毛巾 mɔ^{13}tɕiŋ^{21}	手巾 ʂəɯ^{44}tɕiŋ^{53}
临潭县	洗脸水 ɕi^{21}ȵiæ̃^{51}suɪi^{51}	手巾 ʂəɯ^{53}tɕin^{24}	手巾儿 ʂəɯ^{51}tɕiər^{24}

	0355 肥皂洗衣服用	0356 梳子旧式的，不是篦子	0357 缝衣针
兰州市	胰子 ʑi^{53}tsɿ^{21}	梳子 fu^{53}tsɿ^{21}	针 tʂən^{55}
榆中县	胰子 i^{21}tsɿ^{44} 肥皂 fei^{31}tsɔ^{213}	木梳 mu^{31}ʂu^{213}	针 tʂən^{51}
永登县	胰子 i^{55}tsɿ^{21}	梳子 fu^{44}tsɿ^{21}	针 tʂə̃n^{42}
红古区	胰子 zɿ^{22}tsɿ^{55}	木梳 mu^{22}fu^{53}	针 tʂən^{13}
凉州区	胰子 ʑi^{35}tsɿ^{53}	木梳 mu^{31}ʂu^{21}	针 tʂəŋ^{35}
甘州区	胰子 ʑi^{53}tsɿ^{21}	木梳 mu^{31}fu^{21}	针 tʂɤŋ^{44}
肃州区	胰子 ʑi^{35}tsɿ^{21} 肥皂 fei^{51}tsɔ^{21}	梳子 ʂu^{44}tsɿ^{44}	针 tʂɤŋ^{44}
永昌县	胰子 ʑi^{13}tsɿ^{42}	木梳 mu^{53}ʂu^{21}	针 tʂəŋ^{44}
崆峒区	洋碱 iaŋ^{22}tɕiæ̃^{53}	梳子 ʂu^{53}tsɿ^{21}	做活针 tsu^{44}xuo^{24}tʂɤŋ^{21}
庆城县	猪胰子 tʂu^{21}i^{113}tsɿ^{0}	梳子 ʂu^{51}tsɿ^{0}	针 tʂɤŋ^{51}
宁县	洋碱 iaŋ^{22}tɕiæ̃^{52} 肥皂 fei^{24}tsɔ^{44}	梳子 ʃu^{31}tsɿ^{0}	针 tʂəŋ^{31}
武都区	洋碱 iaŋ^{22}tɕiæ̃^{33}	梳子 ʃu^{31}tsɿ^{21}	针 tʂəŋ^{31}
文县	洋碱 iã^{22}tɕiæ̃^{42}	梳子 su^{31}tsɿ^{21}	针 tsəŋ^{31}
康县	肥皂 fei^{53}tsɔo^{24} 角皂 tɕyɛ^{53}tsɔo^{21}	梳子 fu^{53}tsɿ^{21}	针 tʂɤŋ^{53}
礼县	洋胰子 iaŋ^{13}i^{44}tsɿ^{21} 洋碱 iaŋ^{13}tɕiæ̃^{52}	梳子 ʃu^{31}tsɿ^{24}	针 tʂɤŋ^{31}
靖远县	洋胰子 iaŋ^{22}zɿ^{24}tsɿ^{21}	梳子 ʂʮ^{41}tsɿ^{21}	针 tʂɤŋ^{41}
陇西县	胰子 ʑi^{22}tsɿ^{44}	梳子 ʃʮ^{22}tsɿ^{21}	针 tʂɤŋ^{42}
秦州区	洋碱 iaŋ^{13}tɕiæ̃^{53}	梳子 ʃɥ^{21}tsɿ^{53}	针 tʂɤŋ^{13}
安定区	洋碱 iaŋ^{13}tɕiæ̃^{53}	梳子 ʃu^{21}tsɿ^{13}	针 tʂəŋ^{13}
会宁县	胰子 ʑi^{21}tsɿ^{13}	木梳 mu^{13}ʃu^{21}	碎针 suei^{44}tʂəŋ^{13}
临洮县	胰子 ʑi^{44}tsɿ^{21}	木梳 mu^{13}ʂu^{21}	针 tʂɤŋ^{13}
清水县	洋碱 iõ^{13}tɕiæ̃^{52}	梳子 ʃɨ^{21}tsɿ^{52}	针 tʂɤŋ^{13}
永靖县	胰子 i^{22}tsɿ^{13}	木梳 mu^{44}ʂu^{21}	针 tʂɤŋ^{213}
敦煌市	胰子 ʑi^{35}tsɿ^{21}	木梳 mu^{35}ʂu^{21}	针 tʂɤŋ^{213}
临夏市	胰子 ʑi^{21}tsɿ^{53}	木梳 mu^{21}ʂu^{53}	针 tʂəŋ^{13}
合作市	胰子 ʑi^{21}tsɿ^{53}	木梳 mu^{21}fu^{53}	针 tʂəŋ^{13}
临潭县	胰子 i^{44}tsɿ^{21}	木梳 mu^{44}su^{51}	针 tʂəŋ^{44}

	0358 剪子	0359 蜡烛	0360 手电筒
兰州市	剪子 tɕiæ̃³⁴tsɿ²¹	洋蜡 iɑ̃⁵³la¹³	手电 ʂəu³⁴tiæ̃²¹
榆中县	剪子 tɕian⁴⁴tsɿ⁰	蜡 la³¹²	手电 ʂəu⁴⁴tian²¹³
永登县	剪子 tɕiæ̃³⁵⁴tsɿ²¹	蜡 la¹³	手电 ʂɤu³⁵⁴tiæ̃¹³
红古区	剪子 tɕian⁵⁵tsɿ²¹	蜡 la¹³	手电 ʂɤu⁵⁵tian¹³
凉州区	剪子 tɕiɑŋ⁵³tsɿ³⁵	蜡 la³¹	电把子 tiɑŋ³⁵pa³¹tsɿ²¹
甘州区	剪子 tɕiaŋ²²tsɿ⁴⁴	蜡 la³¹	手电筒 sɤu⁵³tiaŋ²²tʰuŋ⁵³
肃州区	剪子 tɕiæ̃²¹tsɿ⁵¹	洋蜡 ʑiɑŋ⁵³la²¹ 蜡 la²¹³	手电 ʂəu⁵³tiæ̃²¹
永昌县	剪子 tɕiɛ⁵³tsɿ⁴⁴	蜡 la⁵³	手电把子 səu⁵³tiɛ²¹pa⁵³tsɿ²¹
崆峒区	剪子 tɕiæ̃⁵⁵tsɿ²¹	蜡 la²¹	手电 ʂəu⁵³tiæ̃⁴⁴
庆城县	剪子 tɕiɛ̃⁴⁴tsɿ⁰	蜡 la⁵¹	手电 ʂɤu⁴⁴tiɛ̃²⁴⁴
宁县	剪子 tɕiæ̃⁵⁵tsɿ⁰	洋蜡 iaŋ²⁴la³¹	手电 ʂou⁵²tiæ̃⁴⁴
武都区	剪子 tɕiæ̃⁵⁵tsɿ²¹	洋蜡 iɑŋ¹³la²¹	手电 ʂəu⁵⁵tiæ̃²⁴
文县	剪子 tɕiæ̃⁵⁵tsɿ³¹	洋蜡 iɑ̃²²la⁴²	手电 sɤu⁵⁵tiæ̃²⁴
康县	剪子 tɕian⁵⁵tsɿ²¹	洋蜡 iɑŋ²¹la⁵³	电灯 tɕian²⁴tɤŋ⁵³
礼县	剪子 tɕiæ̃⁵²tsɿ²¹	蜡 na³¹ 蜡烛 na³¹tʃu²⁴	手电 ʂəu⁵²tiæ̃⁴⁴
靖远县	剪子 tɕiæ̃⁵⁵tsɿ²¹	蜡 la⁴¹	手电 ʂɤu⁵⁵tiæ̃³³
陇西县	剪子 tɕiæ̃⁵⁵tsɿ²¹	蜡 la²¹	手电 ʂɤu⁵⁵tiæ̃⁴⁴
秦州区	剪子 tɕiæ̃⁵³tsɿ²¹	洋蜡 iɑŋ¹³la¹³	手电 ʂɤu⁵³tiæ̃⁴⁴
安定区	剪子 tɕiæ̃⁵³tsɿ²¹	蜡 na¹³	手电 ʂəu⁵³tiæ̃⁴⁴
会宁县	剪子 tɕiæ̃⁵³tsɿ²¹	蜡 la¹³	手电 ʂəu⁵³tiæ̃⁴⁴
临洮县	剪子 tɕiæ̃⁵³tsɿ²¹	蜡 la¹³	手电 ʂɤu⁵³tiæ̃⁴⁴
清水县	剪子 tsiæ̃⁵²tsɿ²¹	蜡 la¹³	手电 ʂou⁵²tsiæ̃⁴⁴³
永靖县	剪子 tɕiæ̃⁵³tsɿ²¹	蜡 la⁴⁴	手电 ʂɤu⁵³tiæ̃⁴⁴
敦煌市	剪子 tɕiɛ̃⁵³tsɿ²¹	洋蜡 iɑŋ¹³la²¹³	手电 ʂɤu⁵³tiɛ̃⁴⁴
临夏市	剪子 tɕiɛ̃⁴⁴tsɿ²⁴	洋蜡 iɑŋ¹³lɑ²⁴	手电 ʂɤu⁴⁴tiɛ̃⁴²
合作市	剪子 tɕiæ̃⁴⁴tsɿ¹³	洋蜡 iɑŋ¹³lA¹³	手电 ʂəɯ⁴⁴tiæ̃⁵³
临潭县	剪子 tɕiæ̃⁵³tsɿ²⁴	洋蜡 iɒ²⁴la⁴⁴	电棒 tiæ̃⁴⁴pɒ⁴⁴

	0361 雨伞挡雨的，统称	0362 自行车	0363 衣服统称
兰州市	伞 sæ̃^{34}	自行车 tsɿ^{22}ɕin^{53}tʂʰɤ^{31}	衣裳 ʑi^{55}ʂɑ̃^{21}
榆中县	伞 san^{44}	自行车 tsɿ^{13}ɕin^{31}tʂʰə^{51}	衣裳 i^{51}ʂaŋ^{0}
永登县	伞 sæ̃^{354}	车子 tʂʰə^{42}tsɿ^{21}	衣裳 i^{44}ʂɑ̃^{21}
红古区	伞 san^{53}	自行车 tsɿ^{22}ɕin^{13}tʂʰə^{13}	衣裳 zɿ^{22}ʂɑŋ^{13}
凉州区	雨伞 ʑy^{35}sɑŋ^{53}	车子 tʂʰə^{35}tsɿ^{53}	衣裳 ʑi^{35}ʂɑŋ^{53}
甘州区	雨伞 ʑy^{53}saŋ^{21}	车子 tʂʰə^{44}tsɿ^{44}	衣裳 ʑi^{44}ʂaŋ^{44}
肃州区	伞 sæ̃^{51}	自行车 tsɿ^{21}ɕiŋ^{53}tʂʰə^{44}	衣服 ʑi^{13}fu^{44}
永昌县	伞 sɛe^{44}	车子 tʂʰə^{44}tsɿ^{44}	衣裳 ʑi^{44}ʂɑŋ^{44}
崆峒区	雨伞 y^{53}sæ̃^{53}	自行车 tsɿ^{53}ɕiɤŋ^{24}tʂʰɤ^{21}	衣裳 i^{53}ʂɑŋ^{21}
庆城县	伞 sɛ̃^{44}	自行车 tsɿ^{244}ɕiŋ^{113}tʂʰɛ^{51}	衣裳 i^{51}ʂɑ̃^{0}
宁县	雨伞 y^{52}sæ̃^{52}	自行车 tsʰi^{44}ɕiŋ^{24}tʂʰə^{31}	衣裳 i^{31}ʂaŋ^{0}
武都区	伞 sæ̃^{55}	自行车 tsɿ^{24}ɕin^{21}tʂʰɤ^{31}	褡褡 ta^{31}ta^{21} 衣裳 i^{31}ʂɑŋ^{21}
文县	伞 sæ̃^{55}	自行车 tsɿ^{24}ɕiəŋ^{21}tsʰɤ^{31}	衣裳 ʑi^{31}sɑ̃^{44}
康县	伞 san^{55}	洋马儿 iɑŋ^{21}mar^{53} 自行车 tsɿ^{24}ɕiŋ^{21}tʂɤ^{53}	衣裳 i^{53}ʂɑŋ^{21}
礼县	伞 sæ̃^{52}	车子 tʂʰɤ^{31}tsɿ^{24}	衣裳 i^{31}ʂɑŋ^{24}
靖远县	伞 sæ̃^{55}	自行车儿 tsɿ^{41}ɕiŋ^{22}tʂʰər^{41}	衣裳 zɿ^{41}ʂɑŋ^{21}
陇西县	伞 sæ̃^{53}	脚踏车 tɕyɤ^{42}tʰa^{13}tʂʰɤ^{42}	衣裳 i^{42}ʂɑŋ^{13}
秦州区	伞 sæ̃^{53}	自行车 tsɿ^{44}ɕiɤŋ^{13}tʂʰɤ^{13}	衣裳 ɕi^{21}ʂɑŋ^{13}
安定区	伞 sæ̃^{53}	自行车 tsɿ^{44}ɕiŋ^{13}tʂʰə^{13}	衣裳 zi^{21}ʂɑŋ^{13}
会宁县	伞 sæ̃^{53}	自行车 tsʰɿ^{53}ɕiŋ^{21}tʂʰə^{21}	衣裳 ʑi^{21}ʂɑŋ^{13}
临洮县	伞 sæ̃^{53}	自行车儿 tsɿ^{21}ɕiŋ^{44}tʂʰər^{13}	衣裳 ʑi^{21}ʂɑ̃^{13}
清水县	伞 sæ̃^{52}	车子 tʂʰuə^{21}tsɿ^{52} 自行车 tsʰɿ^{44}ɕiŋ^{13}tʂʰuə^{21}	衣裳 i^{21}ʂɒ̃^{13}
永靖县	伞 sæ̃^{53}	自行车 tsɿ^{44}ɕiɤŋ^{21}tʂʰɤ^{13}	衣裳 i^{22}ʂɑŋ^{53}
敦煌市	伞 sæ̃^{51}	车子 tʂʰə^{21}tsɿ^{13}	衣裳 ʑi^{21}ʂɑŋ^{13}
临夏市	伞 sɑ̃^{42}	自行车 tsɿ^{44}ɕiŋ^{21}tʂʰɤ^{13}	衣裳 ʑi^{21}ʂɑŋ^{53}
合作市	伞 sæ̃^{44}	自行车 tsɿ^{44}ɕiŋ^{44}tʂʰə^{13}	衣裳 ʑi^{21}ʂɑŋ^{53}
临潭县	伞 sæ̃^{51}	自行车 tsɿ^{51}ɕin^{24}tʂʰɤ^{44}	衣裳 i^{44}ʂɒ^{44}

	0364 穿～衣服	0365 脱～衣服	0366 系～鞋带
兰州市	穿 pfʰæ̃⁵⁵	脱 tʰuə¹³	系 tɕi¹³
榆中县	穿 tʂʰuan⁵¹	脱 tʰuə³¹²	系 tɕi²¹³
永登县	穿 pfʰæ̃⁴²	脱 tʰuə¹³	系 tɕi¹³
红古区	穿 tʂʰuan¹³	脱 tʰuə¹³	绑 pɑŋ⁵³
凉州区	穿 tʂʰuɑŋ³⁵	脱 tʰuə³¹	系 tɕi³¹
甘州区	穿 kʰuaŋ⁴⁴	脱 tʰuə³¹	系 tɕi³¹
肃州区	穿 tʂʰuæ̃⁴⁴	脱 tʰuə²¹³	系 tɕi²¹³
永昌县	穿 tʂʰuɛe⁴⁴	脱 tʰuə⁵³	系 tɕi⁵³
崆峒区	穿 tʂʰuæ̃²¹	脱 tʰuo²¹	系 tɕi⁴⁴
庆城县	穿 tʂʰuɛ̃⁵¹	脱 tʰuə⁵¹	紾 tsɤŋ²⁴⁴
宁县	穿 tʃuæ̃³¹	脱 tʰuə³¹	紾 tsəŋ⁴⁴
武都区	穿 tʃʰuæ̃³¹	脱 tʰuɤ³¹	绑 pɑŋ⁵⁵
文县	穿 tsʰuæ̃³¹	脱 tʰuə³¹	系 tɕi²⁴
康县	穿 pfʰan⁵³	脱 tʰuɤ⁵³	绑 pɑŋ⁵⁵
礼县	穿 tʃʰuæ̃³¹	脱 tʰuɤ³¹	系 tɕi⁴⁴
靖远县	穿 tʂʰuæ̃⁴¹	脱 tʰuə⁴¹	系 tsɿ³³
陇西县	穿 tʃʰɥæ̃²¹	脱 tʰuɤ²¹	系 tɕi⁴⁴
秦州区	穿 tʃʰɥæ̃¹³	脱 tʰuə¹³	系 tɕi⁴⁴
安定区	穿 tʃʰuæ̃¹³	脱 tʰuə¹³	绑 pɑŋ⁵³
会宁县	穿 tʃʰuæ̃¹³	脱 tʰuə¹³	系 tɕi⁴⁴
临洮县	穿 tʂʰuæ̃¹³	脱 tʰuɤ¹³	系 tɕi⁴⁴
清水县	穿 tʃʰæ̃¹³	脱 tʰuə¹³	系 tɕi⁴⁴³
永靖县	穿 tʂʰuæ̃²¹³	脱 tʰuɤ²¹³	系 tɕi⁴⁴
敦煌市	穿 tʂʰuæ̃²¹³	脱 tʰuə²¹³	系 tɕi⁴⁴
临夏市	穿 tʂʰuã¹³	脱 tʰuɤ¹³	系 tɕi⁵³
合作市	穿 tʂʰuæ̃¹³	脱 tʰuə¹³	系 tɕi⁵³
临潭县	穿 tʂʰuæ̃⁴⁴	脱 tʰuɤ⁴⁴	绑 pɒ⁵¹

	0367 衬衫	0368 背心带两条杠的，内衣	0369 毛衣
兰州市	汗衫 xæ̃^{22}ʂæ̃^{53}	背心 pei^{22}ɕin^{53}	毛衣 mɔ^{53}ʑi^{13}
榆中县	衬衣 tʂʰən^{21}i^{44}	线甲子 ɕian^{21}tɕia^{44}tsɿ^{0}	毛衣 mɔ^{31}i^{51}
永登县	衬衣 tʂʰə̃n^{22}i^{44}	甲甲子 tɕia^{22}tɕia^{22}tsɿ^{55}	毛衣 mɔ^{22}i^{44}
红古区	汗褟儿 xan^{22}tʰar^{55}	甲甲儿 tɕia^{22}tɕiɐr^{55}	毛衣 mɔ^{22}zɿ^{55}
凉州区	衬衣 tsʰəŋ^{31}ʑi^{21}	背心子 pei^{31}ɕiŋ^{31}tsɿ^{21}	毛衣 mɑo^{35}ʑi^{53}
甘州区	布衫子 pu^{31}ʂaŋ^{22}tsɿ^{21} 汗褂子 xaŋ^{31}kua^{22}tsɿ^{21}	背心子 pei^{31}ɕiŋ^{22}tsɿ^{21}	毛衣 mɔ^{35}ʑi^{42}
肃州区	衬衣 tsʰɤŋ^{21}ʑi^{13}	背心子 pei^{42}ɕiŋ^{44}tsɿ^{21}	毛衣 mɔ^{35}ʑi^{21}
永昌县	汗褂子 xɛe^{53}kua^{22}tsɿ^{21}	背心子 pei^{53}ɕiŋ^{22}tsɿ^{21}	毛衣 mɔo^{13}ʑi^{42}
崆峒区	衬衫 tsʰɤŋ^{35}sæ̃^{53}	褂褂子 kua^{35}kua^{53}tsɿ^{21}	毛衣 mɔ^{24}i^{21}
庆城县	衬衫 tsʰɤŋ^{244}sɛ̃^{0}	背心儿 pei^{244}ɕiɤr^{0}	毛衣 mɔ^{21}i^{51}
宁县	衫子 sæ̃^{31}tsɿ^{0} 衬衣 tsʰəŋ^{44}i^{0}	汗褟子 xæ̃^{44}tʰa^{55}tsɿ^{0}	毛衣 mɔ^{24}i^{31}
武都区	衬衣 tsʰəŋ^{24}i^{21}	背心儿 pei^{24}ɕiə̃r^{31}	毛衣 mou^{13}i^{31}
文县	衬衣 tsʰəŋ^{24}ʑi^{44}	甲甲子 tɕia^{24}tɕia^{42}tsɿ^{31}	毛衣 mɔo^{22}ʑi^{31}
康县	衬衣 tsʰɤŋ^{24}i^{53}	背心儿 pei^{24}ɕiə̃r^{53}	毛衣 mɔo^{21}i^{53}
礼县	衬衣 tsʰɤŋ^{44}i^{21} 汗褟儿 xæ̃^{44}tʰɑ̃r^{21}	背心 pei^{44}ɕiŋ^{21}	毛衣 mɔo^{13}i^{21}
靖远县	汗袒=子 xæ̃^{35}tʰæ̃^{41}tsɿ^{21}	背心儿 pei^{35}ɕiə̃r^{41}	毛衣 mɑo^{22}zɿ^{41}
陇西县	汗袒=儿 xæ̃^{44}tʰæ̃^{44}zɿ^{44}	背心儿 pe^{44}ɕin^{44}zɿ^{44}	毛衣 mɔo^{13}i^{21}
秦州区	衬衣 tsʰɤŋ^{44}i^{21}	背心 pei^{44}ɕiɤŋ^{21}	毛衣 mɔ^{13}i^{21}
安定区	衬衣 tsʰəŋ^{44}ʑi^{21}	背心 pɛ^{44}ɕiŋ^{21}	毛衣 mɔ^{13}ʑi^{21}
会宁县	衬衣 tsʰəŋ^{44}ʑi^{21}	背心 pei^{44}ɕiŋ^{21}	毛衣 mɔ^{13}ʑi^{21}
临洮县	衬衣 tsʰɤŋ^{44}ʑi^{21}	背心儿 pei^{44}ɕiə̃r^{21}	毛衣 mɔ^{13}ʑi^{21}
清水县	衬衣 tʃʰɤŋ^{44}i^{21}	背心 pəi^{44}siŋ^{21}	毛衣 mɔ^{13}i^{21}
永靖县	衬衣 tʂʰɤŋ^{44}i^{21}	甲甲 tɕia^{44}tɕia^{21}	毛衣 mɔ^{22}i^{42}
敦煌市	汗褟子 xæ̃^{35}tʰa^{53}tsɿ^{21}	背心子 pei^{35}ɕiŋ^{53}tsɿ^{21}	毛衣 mɔ^{22}ʑi^{51}
临夏市	衬衣 tʂʰəŋ^{44}ʑi^{21}	三根线 sã^{44}kəŋ^{42}ɕiẽ^{24}	毛衣 mɔ^{13}ʑi^{42}
合作市	衬衣 tʂʰəŋ^{44}ʑi^{21}	背心 pei^{44}ɕiŋ^{21}	毛衣 mɔ^{13}ʑi^{21}
临潭县	衬衫 tsʰəŋ^{44}sæ̃^{21}	汗褟子 xæ̃^{44}tʰa^{44}tsɿ^{21}	毛衣 mɔo^{24}i^{21}

	0370 棉衣	0371 袖子	0372 口袋衣服上的
兰州市	棉袄 miæ̃^{53}ɔ^{13}	袖子 ɕiəu^{22}tsɿ^{53}	搐=搐=子 tʂʰəu^{55}tʂʰəu^{42}tsɿ^{21}
榆中县	棉衣裳 mian^{31}i^{51}ʂaŋ^{0}	袖子 ɕiəu^{21}tsɿ^{44}	搐=搐=子 tʂʰəu^{51}tʂʰəu^{0}tsɿ^{0}
永登县	棉衣裳 miæ̃^{22}i^{22}ʂɑ̃^{55}	袖子 ɕiɤu^{22}tsɿ^{55}	囊囊子 nɑ̃^{22}nɑ̃^{55}tsɿ^{21} 衩衩子 tʂʰa^{22}tʂʰa^{55}tsɿ^{21}
红古区	主腰儿 tʂu^{55}iɔr^{21}	袖子 ɕiɤu^{22}tsɿ^{55}	搐=搐=儿 tʂʰɤu^{22}tʂʰɤur^{13}
凉州区	主腰子 tʂu^{31}iɑo^{31}tsɿ^{21}	袖子 ɕiəu^{31}tsɿ^{21}	囊囊 nɑŋ^{53}nɑŋ^{35}
甘州区	棉袄 miaŋ^{35}ɔ^{42}	袖子 ɕiɤu^{31}tsɿ^{21}	褡包 ta^{44}pɔ^{44}
肃州区	棉衣 miæ̃^{44}ʐi^{21}	袖子 ɕiəu^{21}tsɿ^{13}	搐=搐= tʂʰəu^{44}tʂʰəu^{44}
永昌县	主腰子 tʂu^{53}iɔo^{22}tsɿ^{21}	袖子 ɕiəu^{53}tsɿ^{21}	囊囊子 nɑŋ^{44}nɑŋ^{22}tsɿ^{21}
崆峒区	棉袄 miæ̃^{22}nɔ^{53}	袖子 ɕiəu^{35}tsɿ^{53}	衩衩 tsʰa^{53}tsʰa^{21}
庆城县	棉袄 miɛ̃^{21}nɔ^{44}	袖子 ɕiɤu^{244}tsɿ^{0}	衩口 tsʰa^{51}kʰɤu^{0} 衩衩 tsʰa^{51}tsʰa^{0}
宁县	袄儿 nɔ^{55}ər^{0}	袖子 ɕiou^{44}tsɿ^{31}	衩子 tsʰaː^{31}tsɿ^{0}
武都区	主腰子 tʃu^{55}iɔu^{21}tsɿ^{21} 棉袄 miæ̃^{22}ŋɔu^{31}	袖子 ɕiəu^{24}tsɿ^{21}	兜兜子 təu^{31}təu^{21}tsɿ^{21}
文县	主腰子 tsu^{55}iɔo^{53}tsɿ^{33}	袖子 ɕiɤu^{24}tsɿ^{42}	包包子 pɔo^{31}pɔo^{21}tsɿ^{35}
康县	棉袄 mian^{21}ŋɔo^{55}	袖子 siɤu^{24}tsɿ^{53}	包包子 pɔo^{55}pɔo^{21}tsɿ^{21}
礼县	棉袄 miæ̃^{13}ŋɔo^{21}	袖子 ɕiəu^{44}tsɿ^{21}	兜兜儿 təu^{31}təur^{24}
靖远县	裹肚子 kuə^{55}tʰu^{55}tsɿ^{21}	袖子 ɕiɤu^{35}tsɿ^{41}	搐=搐=子 tʂʰʮ^{41}tʂʰʮ^{41}tsɿ^{21}
陇西县	裹肚儿 kuɤ^{44}tʰuɤ^{42}zɿ^{13}	袖子 ɕiu^{44}tsɿ^{42}	衩头儿 tsʰa^{42}tʰɤu^{21}zɿ^{44}
秦州区	棉袄 miæ̃^{13}ŋɔ^{53}	袖子 ɕiɤu^{44}tsɿ^{21}	衩衩 tsʰa^{21}tsʰa^{13}
安定区	裹脱 kuə^{53}tʰuə^{21}	袖子 ɕiəu^{44}tsɿ^{21}	衩衩 tsʰa^{53}tsʰa^{21}
会宁县	棉紧身 miæ̃^{13}tɕiŋ^{53}ʂəŋ^{21}	袖子 ɕiəu^{44}tsɿ^{21}	衩衩儿 tsʰa^{44}tsʰa^{21}zɿ^{21}
临洮县	棉主衣 miæ̃^{13}tʂu^{53}ʐi^{21}	袖子 ɕiɤu^{44}tsɿ^{21}	衩衩儿 tʂʰa^{21}tʂʰar^{13}
清水县	袄袄子 ŋɔ^{52}ŋɔ^{21}tsɿ^{21} 棉袄 miæ̃^{13}ŋɔ^{52}	袖子 siou^{44}tsɿ^{21}	衩台=子 tʃʰa^{21}tʰɛ^{13}tsɿ^{21}
永靖县	背心 pei^{44}ɕiɤŋ^{21}	袖子 ɕiɤu^{44}tsɿ^{42}	搐=搐= tʂʰɤu^{21}tʂʰɤu^{42}
敦煌市	主腰子 tʂu^{53}iɔ^{21}tsɿ^{51}	袖子 ɕiɤu^{35}tsɿ^{21}	搐=褡子 tʂʰu^{22}ta^{22}tsɿ^{51}
临夏市	主腰 tʂu^{44}iɔ^{24}	袖子 ɕiɤu^{44}tsɿ^{21}	搐=搐= tʂʰɤu^{21}tʂʰɤu^{53}
合作市	主腰 tʂu^{44}iɔ^{13}	袖子 ɕiəɯ^{44}tsɿ^{21}	搐=搐= tʂʰəɯ^{21}tʂʰəɯ^{53}
临潭县	棉主腰儿 miæ̃^{44}tʂu^{51}iər^{24}	袖子 ɕiəɯ^{44}tsɿ^{21}	挎包儿 kʰua^{51}pər^{24}

	0373 裤子	0374 短裤外穿的	0375 裤腿
兰州市	裤子 kʰu^{22}tsɿ^{53}	裤衩子 kʰu^{22}tʂʰa^{53}tsɿ^{21}	裤腿子 kʰu^{22}tuei^{55}tsɿ^{21}
榆中县	裤子 kʰu^{21}tsɿ^{44}	短裤 tuan^{44}kʰu^{213}	裤腿子 kʰu^{21}tʰuei^{44}tsɿ^{0}
永登县	裤子 kʰu^{22}tsɿ^{55}	长裤衩子 tʂʰɑ̃^{55}kʰu^{21}tʂʰa^{44}tsɿ^{21}	裤腿子 kʰu^{22}tʰuei^{354}tsɿ^{53}
红古区	裤子 kʰu^{22}tsɿ^{55}	衩裤儿 tʂʰa^{55}kʰur^{21}	裤腿 kʰu^{22}tʰuei^{55}
凉州区	裤子 kʰu^{31}tsɿ^{21}	半截裤 pɑŋ^{31}tɕiə^{31}kʰu^{21}	裤腿 kʰu^{31}tʰuei^{21}
甘州区	裤子 kʰu^{31}tsɿ^{21}	短裤 tuaŋ^{53}kʰu^{31}	裤腿 kʰu^{22}tʰuei^{53}
肃州区	裤子 kʰu^{21}tsɿ^{13}	短裤 tuæ̃^{53}kʰu^{21}	裤腿 kʰu^{21}tʰuei^{13}
永昌县	裤子 kʰu^{53}tsɿ^{21}	裤衩子 kʰu^{53}tʂʰa^{22}tsɿ^{21}	裤脚 kʰu^{44}tɕyə^{44}
崆峒区	裤子 kʰu^{35}tsɿ^{53}	短裤 tuæ̃^{53}kʰu^{44}	裤腿 kʰu^{44}tʰuei^{53}
庆城县	裤子 kʰu^{244}tsɿ^{0}	半裤儿 pɛ̃^{244}kʰuɤr^{244}	裤腿 kʰu^{244}tʰuei^{44}
宁县	裤儿 fə^{44}ər^{0}	裤衩子 fu^{44}tsʰa^{55}tsɿ^{0}	裤腿 fu^{44}tʰuei^{52}
武都区	裤子 kʰu^{24}tsɿ^{21}	裤衩儿 kʰu^{24}tsʰa^{55}ɚ^{21}	裤腿子 kʰu^{24}tʰuei^{55}tsɿ^{21}
文县	裤子 kʰu^{24}tsɿ^{42}	短裤 tuæ̃^{55}kʰu^{24}	裤腿子 kʰu^{24}tʰuei^{53}tsɿ^{33}
康县	裤子 kʰu^{24}tsɿ^{53}	短裤儿 tuan^{55}kʰur^{24}	裤腿子 kʰu^{24}tʰuei^{53}tsɿ^{21}
礼县	裤子 kʰu^{44}tsɿ^{21}	裤衩儿 kʰu^{44}tsʰar^{52}	裤腿 kʰu^{44}tʰuei^{21} 裤腿子 kʰu^{44}tʰuei^{31}tsɿ^{21}
靖远县	裤子 kʰu^{35}tsɿ^{41}	半截儿裤儿 pæ̃^{35}tɕiər^{41}kʰur^{33}	裤腿子 kʰu^{21}tʰuei^{55}tsɿ^{55}
陇西县	裤儿 kʰu^{44}zɿ^{44}	短裤 tuæ̃^{55}kʰu^{44}	裤腿 kʰu^{44}tʰuɛ^{53}
秦州区	裤 kʰu^{53}	裤衩 kʰu^{44}tsʰa^{53}	裤腿 kʰu^{44}tʰuei^{53}
安定区	裤儿 kʰu^{44}zɿ^{21}	衩裤子 tsʰa^{53}kʰu^{44}tsɿ^{21}	裤腿 kʰu^{44}tʰuei^{53}
会宁县	裤儿 kʰu^{44}zɿ^{21}	短裤 tuæ̃^{53}kʰu^{21}	裤腿 kʰu^{44}tʰuei^{53}
临洮县	裤子 ku^{44}tsɿ^{21}	短裤 tuæ̃^{53}kʰu^{44}	裤腿儿 kʰu^{44}tʰuər^{53}
清水县	裤儿 pʰu^{52}ɚ^{21}	裤衩子 pʰu^{44}tʃʰa^{13}tsɿ^{21}	裤腿子 pʰu^{44}tʰuəi^{52}tsɿ^{21}
永靖县	裤子 kʰu^{44}tsɿ^{42}	半截裤 pæ̃^{44}tɕiɛ^{13}kʰu^{44}	裤腿 kʰu^{44}tʰuei^{53}
敦煌市	裤子 kʰu^{35}tsɿ^{21}	半截裤子 pæ̃^{35}tɕiə^{21}kʰu^{55}tsɿ^{21}	裤腿 kʰu^{35}tʰuei^{51}
临夏市	裤子 ku^{44}tsɿ^{21}	短裤 tuã^{44}kʰu^{42}	裤腿 kʰu^{44}tʰuei^{24}
合作市	裤子 kʰu^{44}tsɿ^{21}	半截裤 pæ̃^{44}tɕiə^{21}kʰu^{53}	裤腿 kʰu^{44}tʰuei^{13}
临潭县	裤子 kʰu^{44}tsɿ^{21}	裤衩 kʰu^{44}tsʰa^{21}	裤腿子 kʰu^{44}tʰuɪi^{21}tsɿ^{44}

	0376 帽子统称	0377 鞋子	0378 袜子
兰州市	帽子 mɔ^{22}tsɿ^{53}	鞋 xɛ^{53}	袜子 va^{22}tsɿ^{13}
榆中县	帽子 mɔ^{21}tsɿ^{44}	鞋 xɛ^{312}	袜子 va^{31}tsɿ^{213}
永登县	帽子 mɔ^{22}tsɿ^{55}	鞋 xɛ^{53}	袜子 va^{22}tsɿ^{55}
红古区	帽子 mɔ^{22}tsɿ^{55}	鞋 xɛ^{13}	袜子 va^{22}tsɿ^{13}
凉州区	帽子 mɑo^{31}tsɿ^{21}	鞋 xæ^{35}	袜子 va^{31}tsɿ^{21}
甘州区	帽子 mɔ^{31}tsɿ^{21}	鞋 xɛ^{53}	袜子 va^{31}tsɿ^{21}
肃州区	帽子 mɔ^{21}tsɿ^{13}	鞋 xɛ^{51}	袜子 va^{21}tsɿ^{13}
永昌县	帽子 mɔo^{53}tsɿ^{21}	鞋 xɛe^{13}	袜子 va^{53}tsɿ^{21}
崆峒区	帽子 mɔ^{35}tsɿ^{53}	鞋 xɛ^{24}	袜子 ua^{53}tsɿ^{21}
庆城县	帽子 mɔ^{244}tsɿ^{0}	鞋 xɛ^{113}	袜子 va^{51}tsɿ^{0}
宁县	帽子 mɔ^{44}tsɿ^{31}	鞋 xɛ^{24}	袜子 ua^{31}tsɿ^{0}
武都区	帽子 mɔu^{24}tsɿ^{21}	鞋 xɛɪ^{13}	袜子 va^{31}tsɿ^{21}
文县	帽帽子 mɔo^{24}mɔo^{53}tsɿ^{33}	鞋 xɛe^{13}	袜子 ua^{31}tsɿ^{21}
康县	帽子 mɔo^{24}tsɿ^{53}	鞋 xɛ^{13}	袜子 va^{53}tsɿ^{21}
礼县	帽子 mɔo^{44}tsɿ^{21}	鞋 xai^{13}	袜子 va^{31}tsɿ^{24}
靖远县	帽子 mɑo^{35}tsɿ^{41}	鞋 xɛ^{24}	袜子 va^{41}tsɿ^{21}
陇西县	帽儿 mɔo^{44}zɿ^{44}	鞋 xɛ^{13}	袜子 ua^{22}tsɿ^{21}
秦州区	帽子 mɔ^{44}tsɿ^{21}	鞋 xɛ^{13}	袜子 va^{21}tsɿ^{53}
安定区	帽儿 mɔ^{44}zɿ^{21}	鞋 xɛ^{13}	袜子 vɑ^{21}tsɿ^{13}
会宁县	帽儿 mɔ^{44}zɿ^{21}	鞋 xɛ^{13}	袜子 uɑ^{21}tsɿ^{13}
临洮县	帽子 mɔ^{44}tsɿ^{21}	鞋 xɛ^{13}	袜子 va^{21}tsɿ^{13}
清水县	帽子 mɔ^{44}tsɿ^{21}	鞋 xɛ^{13}	袜子 va^{21}tsɿ^{52}
永靖县	帽子 mɔ^{44}tsɿ^{21}	鞋 xɛ^{213}	袜子 va^{21}tsɿ^{44}
敦煌市	帽子 mɔ^{35}tsɿ^{21}	鞋 xɛ^{213}	袜子 va^{21}tsɿ^{13}
临夏市	帽子 mɔ^{44}tsɿ^{21}	鞋 xɛ^{13}	袜子 vɑ^{21}tsɿ^{53}
合作市	帽子 mɔ^{44}tsɿ^{21}	鞋 xɛe^{13}	袜子 vᴀ^{21}tsɿ^{53}
临潭县	帽子 mɔo^{44}tsɿ^{21}	鞋 xɛe^{24}	袜子 va^{44}tsɿ^{51}

	0379 围巾	0380 围裙	0381 尿布
兰州市	围脖子 vei^{55}pɤ^{42}tsɿ^{21}	围裙子 vei^{53}tɕʰyn^{22}tsɿ^{53}	尿褯子 liɔ^{53}tɕiɛ^{22}tsɿ^{24}
榆中县	围脖子 vei^{51}pə^{0}tsɿ^{0}	围裙子 vei^{31}tɕʰyn^{0}tsɿ^{44}	尿布子 ȵiɔ^{21}pu^{13}tsɿ^{0}
永登县	围脖子 vei^{55}pə^{53}tsɿ^{21}	围裙子 vei^{22}tɕʰyn^{22}tsɿ^{55}	尿布子 ȵiɔ^{22}pu^{22}tsɿ^{354} 尿褯子 ȵiɔ^{22}tɕiɛ^{22}tsɿ^{354}
红古区	围脖子 vei^{22}pə^{55}tsɿ^{21}	围裙 vei^{22}tɕʰyn^{55}	褯褯儿 tɕʰiɛ^{22}tɕʰiər^{55}
凉州区	头巾 tʰəu^{35}tɕiŋ^{53} 围脖子 vei^{35}pə^{35}tsɿ^{53}	围裙子 vei^{35}tɕʰuŋ^{35}tsɿ^{53}	尿褯子 ȵiɑo^{31}tɕiə^{31}tsɿ^{21}
甘州区	围脖子 vei^{44}puə^{44}tsɿ^{44}	围裙子 vei^{35}tɕʰyŋ^{42}tsɿ^{21}	尿布子 ȵiɔ^{31}pu^{22}tsɿ^{21}
肃州区	围巾 vei^{35}tɕiŋ^{44}	围裙 vei^{35}tɕʰyŋ^{21}	尿布子 ȵiɔ^{21}pu^{21}tsɿ^{13}
永昌县	围脖子 vei^{44}pə^{44}tsɿ^{21}	兜兜子 təu^{44}təu^{44}tsɿ^{21}	尿布子 ȵiɔo^{53}pu^{22}tsɿ^{21}
崆峒区	围巾子 uei^{22}tɕiɤŋ^{55}tsɿ^{21}	护裙 xu^{35}tɕʰioŋ^{53}	褯褯子 tɕʰiɛ^{35}tɕʰiɛ^{53}tsɿ^{21}
庆城县	围巾 vei^{21}tɕiŋ^{0}	襟襟 tɕiŋ^{51}tɕiŋ^{0}	褯子 tɕʰiᴇ^{244}tsɿ^{0}
宁县	围巾子 uei^{22}tɕiŋ^{55}tsɿ^{0}	护裙子 xu^{44}tɕʰyŋ^{55}tsɿ^{0}	尿褯子 ȵiɔ^{44}tɕʰiɛ^{55}tsɿ^{0}
武都区	围巾 vei^{22}tɕin^{53}	围裙子 vei^{22}tɕʰyn^{21}tsɿ^{33}	尿褯子 ȵiɔu^{24}tɕʰiᴇ^{24}tsɿ^{21} 尿布 ȵiɔu^{24}pu^{24}
文县	围巾 uei^{22}tɕiəŋ^{42}	围裙子 uei^{22}tɕyəŋ^{42}tsɿ^{42}	褯片 tɕʰiɛ^{24}pʰiæ̃^{42}
康县	围巾 vei^{53}tɕiŋ^{55}	围裙子 vei^{53}tɕʰyŋ^{55}tsɿ^{53}	尿布子 ȵiɔo^{24}pu^{24}tsɿ^{53}
礼县	围脖子 vei^{13}pʰɤ^{31}tsɿ^{21}	围裙儿 vei^{13}tɕʰyɤ̃r^{13}	褯子 tɕʰiɛ^{44}tsɿ^{21}
靖远县	围巾 vei^{22}tɕiŋ^{41}	围裙子 vei^{22}tɕʰioŋ^{55}tsɿ^{21}	褯褯子 tɕʰiɛ^{35}tɕʰiɛ^{41}tsɿ^{21}
陇西县	围巾 ve^{24}tɕin^{42}	围裙子 ve^{24}tɕʰyŋ^{42}tsɿ^{13}	尿褯儿 liɔo^{44}tɕʰiɛ^{44}zɿ^{44}
秦州区	围巾 vei^{13}tɕʰiɤŋ^{21}	围裙子 vei^{13}tɕʰyɤŋ^{21}tsɿ^{21}	尿褯子 ȵiɔ^{44}tɕʰiə^{44}tsɿ^{21}
安定区	围脖子 vei^{21}pʰə^{13}tsɿ^{21}	护裙 xu^{44}tɕʰyŋ^{21}	尿布子 ȵiɔ^{44}pu^{21}tsɿ^{21}
会宁县	围巾 uei^{13}tɕiŋ^{21}	护裙 xu^{44}tɕʰyŋ^{21}	褯褯儿 tɕʰiə^{44}tɕʰiə^{21}zɿ^{21}
临洮县	围巾 vei^{13}tɕiŋ^{21}	围裙儿 vei^{13}tɕʰyə̃r^{21}	褯褯儿 tɕʰi^{44}tɕʰiər^{21}
清水县	围脖子 vəi^{21}pʰə^{13}tsɿ^{21}	护襟子 xu^{44}tɕiŋ^{21}tsɿ^{21}	尿褯子 ȵiɔ^{44}tsʰiɛ^{44}tsɿ^{21} 褯子 tsʰiɛ^{44}tsɿ^{21}
永靖县	围巾 vei^{22}tɕiɤŋ^{44}	围裙 vei^{22}tɕʰyŋ^{44}	毡毡 tʂæ̃^{21}tʂæ̃^{42}
敦煌市	围脖子 vei^{22}pə^{22}tsɿ^{51}	围裙子 vei^{22}tɕʰyŋ^{53}tsɿ^{21}	褯褯子 tɕʰiə^{35}tɕʰiə^{21}tsɿ^{21} 尿布子 ȵiɔ^{35}pu^{21}tsɿ^{21}
临夏市	围巾 vei^{13}tɕʰiŋ^{42}	围腰 vei^{13}iɔ^{42}	褯褯 tɕʰiɛ^{44}tɕʰiɛ^{21}
合作市	围脖 vei^{13}pə^{21}	围腰 vei^{13}iɔ^{21}	褯褯 tɕʰiə^{44}tɕʰiə^{21}
临潭县	围脖儿 vɪi^{44}pɤr^{44}	围裙子 vɪi^{24}tɕʰỹ^{21}tsɿ^{21}	褯褯子 tɕʰiæ̃^{44}tɕʰiæ̃^{44}tsɿ^{21}

	0382 扣子	0383 扣～扣子	0384 戒指
兰州市	纽子 liəu^{34}tsɿ^{21}	扣 kʰəu^{13}	戒指子 kɛ^{22}tʂʅ^{55}tsɿ^{21}
榆中县	纽子 ȵiəu^{44}tsɿ^{0}	系 tɕi^{213}	戒指子 tɕiᴇ^{21}tʂʅ^{44}tsɿ^{0}
永登县	纽子 ȵiɤu^{354}tsɿ^{21}	扣 kʰɤu^{13}	戒指子 kɛ^{22}tʂʅ^{22}tsɿ^{354}
红古区	纽子 ȵiɤu^{55}tsɿ^{21}	扣 kʰɤu^{13}	戒指儿 kɛ^{22}tʂʅər^{55}
凉州区	纽扣子 ȵiəu^{35}kʰəu^{31}tsɿ^{21}	系 tɕi^{31}	金箍子 tɕiŋ^{35}ku^{35}tsɿ^{53}
甘州区	纽子 ȵiɤu^{22}tsɿ^{44}	扣 kʰɤu^{31}	戒指子 kɛ^{31}tʂʅ^{22}tsɿ^{21}
肃州区	纽子 ȵiəu^{21}tsɿ^{51}	系 tɕi^{213}	箍箍子 ku^{44}ku^{44}tsɿ^{44}
永昌县	纽子 ȵiəu^{53}tsɿ^{21}	扣 kʰəu^{53}	戒指子 kɛe^{53}tʂʅ^{22}tsɿ^{21}
崆峒区	纽子 ȵiəu^{55}tsɿ^{21}	扣 kʰəu^{44}	戒指 tɕiɛ^{35}tsɿ^{53}
庆城县	纽子 ȵiɤu^{44}tsɿ^{0}	挣 tsɤŋ^{244} 扣 kʰɤu^{244}	戒指 kɛ^{244}tsɿ^{0}
宁县	纽子 ȵiou^{55}tsɿ^{0}	扣 kʰou^{44}	箍子 ku^{31}tsɿ^{0}
武都区	纽子 ȵiəu^{55}tsɿ^{21} 纽扣子 ȵiəu^{55}kʰəu^{24}tsɿ^{21}	扣 kʰəu^{24}	戒指 tɕiᴇ^{24}tsɿ^{21}
文县	纽子 ȵiɤu^{55}tsɿ^{42}	扣 kʰɤu^{24}	戒指 tɕiɛ^{24}tsɿ^{42}
康县	纽子 ȵiɤu^{55}tsɿ^{21}	扣 kʰɤu^{24}	戒指 tɕiɛ^{24}tʂʅ^{53}
礼县	纽子 ȵiəu^{52}tsɿ^{21}	系 tɕi^{44}	戒指 tɕiɛ^{44}tsɿ^{21}/kai^{44}tsɿ^{21} 箍子 ku^{31}tsɿ^{24}
靖远县	纽子 ȵiɤu^{55}tsɿ^{21}	系 tsɿ^{33}	戒指 tɕiɛ^{35}tsɿ^{41}
陇西县	纽子 liu^{55}tsɿ^{21}	系 tɕi^{44}	戒指儿 kɛ^{44}tsɿ^{42}zɿ^{13}
秦州区	纽子 ȵiɤu^{53}tsɿ^{21}	系 tɕi^{44}	戒指 kɛ^{44}tsɿ^{21}
安定区	纽子 ȵiəu^{53}tsɿ^{21}	系 tɕi^{44}	戒指 tɕiə^{44}tsɿ^{21}
会宁县	纽子 ȵiəu^{53}tsɿ^{21}	系 tɕi^{44}	手箍子 ʂəu^{53}ku^{21}tsɿ^{21} 手箍儿 ʂəu^{53}ku^{21}zɿ^{21}
临洮县	纽子 ȵiɤu^{53}tsɿ^{21}	系 tɕi^{44}	戒指 tɕie^{44}tʂʅ^{21}
清水县	纽子 ȵiou^{52}tsï^{21}	系 tɕi^{443}	戒指子 kɛ^{44}tʃɨ^{21}tsɿ^{21}
永靖县	纽子 ȵiɤu^{53}tsɿ^{21}	系 tɕi^{44}	戒指 kɛ^{44}tʂʅ^{42}
敦煌市	纽子 ȵiɤu^{53}tsɿ^{21}	系 tsɿ^{44}	戒指 tɕiə^{35}tsɿ^{21}
临夏市	纽子 ȵiɤu^{44}tsɿ^{24}	系 tɕi^{53}	戒指 kɛ^{44}tʂʅ^{21}
合作市	纽子 ȵiəɯ^{44}tsɿ^{13}	系 tɕi^{53}	戒指 kɛe^{44}tʂʅ^{21}
临潭县	系铆儿 ɕi^{44}mər^{24}	扣 kʰəɯ^{44}	手箍子 ʂəɯ^{51}ku^{44}tsɿ^{44}

	0385 手镯	0386 理发	0387 梳头
兰州市	镯子 tʂuə^{53}tsɿ^{21}	剃头 tʰi^{22}tʰəu^{53}	梳头 fu^{55}tʰiəu^{42}
榆中县	镯子 tʂuə^{31}tsɿ^{213}	剃头 tʰi^{13}tʰəu^{312}	梳头 ʂu^{51}tʰəu^{0}
永登县	镯子 pfə^{53}tsɿ^{21} 手环子 ʂɤu^{22}xuæ̃^{55}tsɿ^{21}	剃头 tʰi^{22}tʰɤu^{53}	梳头 fu^{44}tʰɤu^{53}
红古区	镯子 tʂuə^{22}tsɿ^{13}	推头 tʰuei^{22}tʰɤu^{55}	梳头 fu^{55}tʰɤu^{21}
凉州区	镯子 tʂuə^{35}tsɿ^{53}	剃头 tʰi^{53}tʰəu^{35} 推头 tʰuei^{35}tʰəu^{53}	梳头 ʂu^{35}tʰəu^{53}
甘州区	手镯子 ʂɤu^{22}kuə^{35}tsɿ^{42}	剃头 tʰi^{22}tʰɤu^{53}	梳头 fu^{44}tʰɤu^{53}
肃州区	镯子 tʂuə^{44}tsɿ^{21}	剃头 tʰi^{21}tʰəu^{51}	梳头 ʂu^{44}tʰəu^{51}
永昌县	镯子 tʂuə^{13}tsɿ^{42}	剃头 tʰi^{53}tʰəu^{13}	梳头 ʂu^{44}tʰəu^{44}
崆峒区	镯子 tʂuo^{22}tsɿ^{53}	剃头 tʰi^{44}tʰəu^{24}	梳头 ʂu^{22}tʰəu^{24}
庆城县	镯子 tʂuə^{21}tsɿ^{0}	推头 tʰuei^{51}tʰɤu^{113}	梳头 ʂu^{51}tʰɤu^{0}
宁县	手镯子 ʂou^{55}tsʰuə^{0}tsɿ^{0}	剃头 tɕʰi^{44}tʰou^{24} 铰头 tɕiɔ^{52}tʰou^{24} 理发 li^{52}fa^{0}	梳头 ʃu^{31}tʰou^{24}
武都区	镯子 tʃuɤ^{22}tsɿ^{53}	剃头 tʰi^{24}tʰəu^{13} 推头 tʰuei^{31}tʰəu^{21}	梳头发 ʃu^{53}tʰəu^{21}fa^{33}
文县	手圈子 sɤu^{35}tɕʰyæ̃^{42}tsɿ^{21}	剃脑壳 tʰi^{22}lɔo^{35}kʰɤ^{42}	梳头发 su^{31}tʰɤu^{21}fa^{24}
康县	手盘子 ʂɤu^{55}pʰan^{53}tsɿ^{21}	剃头 tsʰiɛ^{24}tʰɤu^{21}	梳头 fu^{53}tʰɤu^{21}
礼县	镯子 tʃuɤ^{13}tsɿ^{21}	剃头 tʰi^{44}tʰəu^{13} 理发 li^{52}fa^{21}	梳头 ʃu^{31}tʰəu^{13}
靖远县	镯子 tʂuə^{22}tsɿ^{55}	推头 tʰuei^{22}tʰɤu^{24}	梳头 ʂʮ^{22}tʰɤu^{24}
陇西县	镯子 tʂo^{22}tsɿ^{44}	剃头 tɕʰi^{44}tʰɤu^{13}	梳头 ʃʮ^{42}tʰɤu^{13}
秦州区	镯子 tsuə^{13}tsɿ^{21}	剃头 tʰi^{44}tʰɤu^{13} 推头 tʰuei^{21}tʰɤu^{13}	梳头 ʃʮ^{21}tʰɤu^{13}
安定区	手箍子 ʂəu^{53}ku^{21}tsɿ^{21}	理头 li^{53}tʰəu^{13}	梳头 ʃu^{21}tʰəu^{13}
会宁县	手框子 ʂəu^{53}kʰuɑŋ^{21}tsɿ^{21} 手框儿 ʂəu^{53}kʰuɑŋ^{21}zɿ^{21}	剃头 tʰi^{44}tʰəu^{13}	梳头 ʃu^{21}tʰəu^{13}
临洮县	镯子 tʂuɤ^{13}tsɿ^{21}	剃头 tʰi^{44}tʰɤu^{13}	梳头 ʂu^{21}tʰɤu^{13}
清水县	镯子 tʃə^{13}tsɿ^{21}	剃头 tsʰi^{44}tʰou^{13} 推头 tʰuəi^{21}tʰou^{13}	梳头 ʃɨ^{21}tʰou^{13}
永靖县	攀子 pʰæ̃^{22}tsɿ^{53}	推头 tʰuei^{22}tʰɤu^{53}	梳头 ʂu^{22}tʰɤu^{53}
敦煌市	手镯子 ʂɤu^{53}tʂuə^{21}tsɿ^{51}	剃头 tʰi^{35}tʰɤu^{213} 推头 tʰuei^{21}tʰɤu^{13}	梳头 ʂu^{21}tʰɤu^{13}
临夏市	攀子 pʰɑ̃^{44}tsɿ^{21}	剃头 tʰi^{44}tʰɤu^{24}	梳头 ʂu^{13}tʰɤu^{24}
合作市	攀子 pʰæ̃^{44}tsɿ^{21}	剃头 tʰi^{44}tʰəɯ^{13}	梳头 fu^{44}tʰəɯ^{13}
临潭县	手攀子 ʂəɯ^{51}pʰæ̃^{21}tsɿ^{44}	剃多=囊= tʰi^{44}tuɤ^{21}nɒ^{44}	梳多=囊= su^{44}tuɤ^{21}nɒ^{44}

	0388 米饭	0389 稀饭用米熬的，统称	0390 面粉麦子磨的，统称
兰州市	米饭 mi^{44}fæ̃^{21}	米汤 mi^{55}t^{h}ɑ̃^{21}	面 miæ̃^{13}
榆中县	大米饭 ta^{21}mi^{44}fan^{0}	米汤 mi^{44}t^{h}aŋ^{0}	面 mian^{213}
永登县	米饭 mi^{35}fæ̃^{53}	米汤 mi^{35}t^{h}ɑ̃^{53}	面 miæ̃^{13}
红古区	米饭 mɿ^{55}fan^{21}	米汤 mɿ^{55}t^{h}ɑŋ^{21}	面 mian^{13}
凉州区	白米饭 pə^{35}mi^{35}fɑŋ^{53}	米汤 mi^{35}t^{h}ɑŋ^{53}	面 miɑŋ^{31}
甘州区	米饭 mi^{22}faŋ^{44}	米汤 mi^{44}t^{h}aŋ^{44}	面 miaŋ^{31}
肃州区	米饭 mi^{21}fæ̃^{51}	稀饭 ɕi^{44}fæ̃^{44}	面 miæ̃^{213}
永昌县	大米饭 ta^{53}mi^{22}fɛe^{53}	米汤 mi^{44}t^{h}ɑŋ^{44}	面 miɛ^{53}
崆峒区	干饭 kæ̃^{53}fæ̃^{21}	米汤 mi^{55}t^{h}ɑŋ^{21}	麦面 mei^{22}miæ̃^{44}
庆城县	干饭 kɛ̃^{51}fɛ̃^{0} 米饭 mi^{44}fɛ̃^{244}	米汤 mi^{44}t^{h}ɑ̃^{0}	面 miɛ̃^{244}
宁县	干饭 kæ̃^{31}fæ̃^{0}	米汤 mi^{55}t^{h}aŋ^{0}	面 miæ̃^{44}
武都区	米饭 mi^{55}fæ̃^{21}	米汤 mi^{55}t^{h}ɑŋ^{21} 稀饭 ɕi^{31}fæ̃^{21}	白面 pei^{22}miæ̃^{24}
文县	米饭 mi^{55}fæ̃^{42}	米汤 mi^{55}tɑ̃^{42}	面 miæ̃^{24}
康县	米饭 mi^{55}fan^{53}	稀饭 ɕi^{53}fan^{21}	面 mian^{24}
礼县	米饭 mi^{52}fæ̃^{21}	米汤 mi^{52}t^{h}ɑŋ^{21}	白面 p^{h}ei^{13}miæ̃^{44}
靖远县	大米饭 ta^{35}mɿ^{41}fæ̃^{33}	米汤 mɿ^{55}t^{h}ɑŋ^{21}	面 miæ̃^{33}
陇西县	米饭 mi^{55}fæ̃^{44}	米滚水 mi^{55}kuŋ^{22}ʃʮe^{21}	面 miæ̃^{44}
秦州区	米饭 mi^{53}fæ̃^{21}	米汤 mi^{53}t^{h}ɑŋ^{21}	面 miæ̃^{44}
安定区	米饭 mi^{53}fæ̃^{21}	米汤 mi^{53}t^{h}ɑŋ^{21}	面 miæ̃^{44}
会宁县	米饭 mi^{53}fæ̃^{21}	米汤 mi^{53}t^{h}ɑŋ^{21}	面 miæ̃^{44}
临洮县	米饭 mi^{53}fæ̃^{21}	米汤 mi^{53}t^{h}ɑ̃^{21}	面 miæ̃^{44}
清水县	米饭 mi^{52}fæ̃^{21}	米汤 mi^{52}t^{h}ɒ̃^{21}	白面 p^{h}əi^{13}miæ̃^{443}
永靖县	米饭 mi^{53}fæ̃^{21}	米汤 mi^{53}t^{h}ɑŋ^{21}	面 miæ̃^{44}
敦煌市	米饭 mi^{53}fæ̃^{21}	米汤 mi^{53}t^{h}ɑŋ^{21}	面 miɛ̃^{44}
临夏市	大米饭 tɑ^{53}mi^{44}fã^{21}	米汤 mi^{44}t^{h}ɑŋ^{24}	面 miã^{53}
合作市	大米饭 tᴀ^{53}mi^{44}fæ̃^{21}	米汤 mi^{44}t^{h}ɑŋ^{13}	面 miæ̃^{53}
临潭县	米饭 mi^{51}fæ̃^{21}	米汤 mi^{51}t^{h}ɒ^{21}	面 miæ̃^{44}

	0391 面条统称	0392 面儿玉米～，辣椒～	0393 馒头无馅的，统称
兰州市	面条子 miæ̃^{22}tʰiɔ^{53}tsɿ^{21}	面面子 miæ̃^{22}miæ̃^{22}tsɿ^{53}	馒头 mæ̃^{53}tʰəu^{13}
榆中县	长饭 tʂʰaŋ^{31}fan^{213}	面儿 mian^{21}ɣɤ^{44}	刀把子 tɔ^{51}pa^{0}tsɿ^{44} 馒头 man^{31}tʰəu^{213}
永登县	面条 miæ̃^{22}tʰiɔ^{53}	面面子 miæ̃^{22}miæ̃^{22}tsɿ^{354}	馍馍 mɔ^{53}mɔ^{21} 馒头 mæ̃^{55}tʰɤu^{21}
红古区	面叶儿 mian^{22}iər^{53}	面面儿 mian^{22}miɐ̃r^{53}	馒头 man^{22}tʰɤu^{13}
凉州区	面条子 miɑŋ^{53}tʰiɑo^{35}tsɿ^{53}	面面子 miɑŋ^{31}miɑŋ^{31}tsɿ^{21}	馒头 mɑŋ^{35}tʰəu^{53}
甘州区	面条子 miaŋ^{31}tʰiɔ^{22}tsɿ^{21}	面面子 miaŋ^{44}miaŋ^{44}tsɿ^{44}	馍馍 mu^{35}mu^{42}
肃州区	面条 miæ̃^{21}tʰiɔ^{51}	面子 miæ̃^{21}tsɿ^{13}	馍馍 mə^{44}mə^{21} 馒头 mæ̃^{44}tʰəu^{21}
永昌县	面条子 miɛ^{53}tʰiɔo^{22}tsɿ^{21}	面面子 miɛ^{44}miɛ^{44}tsɿ^{44}	馍馍 mu^{13}mu^{42}
崆峒区	面条儿 miæ̃^{44}tʰiɔr^{24}	面面子 miæ̃^{35}miæ̃^{53}tsɿ^{21}	蒸馍 tʂɤŋ^{53}mɤ^{21}
庆城县	面 miɛ̃^{244}	面 miɛ̃^{244}	蒸馍 tʂɤŋ^{51}muə^{0}
宁县	长面 tʂʰaŋ^{24}miæ̃^{44}	面子 miæ̃^{44}tsɿ^{31}	馍 muə^{24}
武都区	面 miæ̃^{24} 面条 miæ̃^{24}tʰiɔu^{24}	面 miæ̃^{24}	馍馍 muɤ^{22}muɤ^{24} 蒸馍 tʂəŋ^{53}muɤ^{21}
文县	面 miæ̃^{24}	面 miæ̃^{24}	馍 mɤ^{13}
康县	面条 mian^{24}tʰiɔo^{53}	面 mian^{24}	馍馍 muɤ^{53}muɤ^{13}
礼县	饭 fæ̃^{44}	面 miæ̃^{44}	馍馍 muɤ^{13}muɤ^{21}
靖远县	面饭 miæ̃^{35}fæ̃^{41}	面面子 miæ̃^{35}miæ̃^{41}tsɿ^{21}	馍馍 mɤ^{22}mɤ^{55}
陇西县	长面 tʂʰɑŋ^{22}miæ̃^{44}	面 miæ̃^{44}	馒头 mæ̃^{22}tʰɤu^{44}
秦州区	面 miæ̃^{44}	面 miæ̃^{44}	蒸馍 tʂɤŋ^{21}mɤ^{13}
安定区	长面 tʂʰɑŋ^{13}miæ̃^{44}	面 miæ̃^{44}	蒸馍馍 tʂəŋ^{21}mə^{13}mə^{44}
会宁县	面条 miæ̃^{44}tʰiɔ^{13} 长面 tʂʰɑŋ^{13}miæ̃^{44}	面 miæ̃^{44}	蒸馍 tʂəŋ^{21}mə^{13} 刀把子 tɔ^{21}pa^{44}tsɿ^{21}
临洮县	面条儿 miæ̃^{44}tʰiɔr^{13}	面 miæ̃^{44}	馒头 mæ̃^{21}tʰɤu^{44}
清水县	长面 tʂʰɒ̃^{13}miæ̃^{443}	面 miæ̃^{443}	蒸馍馍 tʂɤŋ^{21}mə^{13}mə^{21}
永靖县	旗花 tɕʰi^{22}xua^{44}	面 miæ̃^{44} 面子 miæ̃^{44}tsɿ^{42}	馍馍 mɤ^{22}mɤ^{13}
敦煌市	面条子 miɛ̃^{35}tʰiɔ^{21}tsɿ^{51}	面面子 miɛ̃^{35}miɛ̃^{21}tsɿ^{21}	馍馍 mɔ^{22}mə^{51}
临夏市	长饭 tʂʰɑŋ^{21}fã^{53}	面 miã^{53}	馍馍 mɤ^{21}mɤ^{53}
合作市	长饭 tʂʰɑŋ^{21}fæ̃^{44}	面 miæ̃^{53}	馍馍 mə^{21}mə^{53}
临潭县	长饭 tʂʰɒ^{21}fæ̃^{44}	面子 miæ̃^{44}tsɿ^{21}	芦芦子 lu^{24}lu^{51}tsɿ^{21}

	0394 包子	0395 饺子	0396 馄饨
兰州市	包子 pɔ^{53}tsɿ^{21}	饺子 tɕiɔ^{44}tsɿ^{21}	馄饨 xuən^{53}tuən^{13}
榆中县	包子 pɔ^{51}tsɿ^{0}	饺子 tɕiɔ^{44}tsɿ^{0}	馄饨 xuən^{31}tuən^{213}
永登县	包子 pɔ^{44}tsɿ^{21}	饺子 tɕiɔ^{354}tsɿ^{21}	馄饨 xuə̃n^{55}tuə̃n^{21}
红古区	包子 pɔ^{22}tsɿ^{13}	饺子 tɕiɔ^{55}tsɿ^{21}	馄饨 xuən^{22}tuən^{13}
凉州区	包子 pɑo^{35}tsɿ^{53}	饺子 tɕiɑo^{53}tsɿ^{35}	馄饨 xuŋ^{35}tuŋ^{53}
甘州区	包子 pɔ^{44}tsɿ^{44}	饺子 tɕiç^{22}tsɿ^{44} 扁食 piaŋ^{22}ʂʅ^{44}	馄饨 xuŋ^{35}tʰuŋ^{42}
肃州区	包子 pɔ^{35}tsɿ^{44}	饺子 tɕiɔ^{21}tsɿ^{51}	馄饨 xuŋ^{35}tʰuŋ^{21}
永昌县	包子 pɔo^{44}tsɿ^{44}	水饺子 ʂuei^{13}tɕiɔo^{42}tsɿ^{21}	馄饨 xoŋ^{13}toŋ^{42}
崆峒区	包子 pɔ^{53}tsɿ^{21}	饺子 tɕiɔ^{55}tsɿ^{21}	馄饨 xoŋ^{22}toŋ^{53}
庆城县	包子 pɔ^{51}tsɿ^{0}	饺子 tɕiɔ^{44}tsɿ^{0}	馄饨儿 xuŋ^{21}tuɤr^{0}
宁县	包子 pɔ^{31}tsɿ^{0}	饺子 tɕiɔ^{55}tsɿ^{0}	馄饨 xuŋ^{22}tuŋ^{52}
武都区	包子 pɔu^{31}tsɿ^{21}	饺子 tɕiɔu^{55}tsɿ^{21}	扁食 piæ̃^{55}ʂʅ^{21}
文县	包子 pɔo^{31}tsɿ^{21}	饺子 tɕiɔo^{55}tsɿ^{42}	抄手 tsʰɔo^{31}sɤu^{21}
康县	包子 pɔo^{53}tsɿ^{21}	饺子 tɕiɔo^{55}tsɿ^{21}	馄饨 xuŋ^{13}tuŋ^{13}
礼县	包子 pɔo^{31}tsɿ^{24}	饺子 tɕiɔo^{52}tsɿ^{21}	扁食 piæ̃^{52}ʂʅ^{13}
靖远县	包子 pɑo^{41}tsɿ^{21}	饺子 tɕiɑo^{55}tsɿ^{21}	
陇西县	包子 pɔo^{22}tsɿ^{21}	饺子 tɕiɔo^{55}tsɿ^{21}	馄饨 xuŋ^{22}tuŋ^{44}
秦州区	包子 pɔ^{21}tsɿ^{53}	饺子 tɕiɔ^{53}tsɿ^{21}	馄饨 xuɤŋ^{13}tʰuɤŋ^{21}
安定区	包子 pɔ^{21}tsɿ^{13}	扁食 piæ̃^{53}ʂʅ^{21}	馄饨 xuŋ^{21}tʰuŋ^{44}
会宁县	包儿 pɔ^{21}zɿ^{13}	扁食 piæ̃^{53}ʂʅ^{21}	扁食 piæ̃^{53}ʂʅ^{21}
临洮县	包子 pɔ^{21}tsɿ^{13}	饺子 tɕiɔ^{53}tsɿ^{21}	馄饨 xuŋ^{21}tuŋ^{44}
清水县	包子 pɔ^{21}tsɿ^{52}	扁食 piæ̃^{52}ʂʅ^{21} 饺子 tɕiɔ^{52}tsɿ^{21}	扁食 piæ̃^{52}ʂʅ^{21}
永靖县	包子 pɔ^{22}tsɿ^{53}	饺子 tɕiɔ^{53}tsɿ^{21}	馄饨 xuɤŋ^{22}tuɤŋ^{44}
敦煌市	包子 pɔ^{21}tsɿ^{13}	饺子 tɕiɔ^{53}tsɿ^{21}	馄饨 xuŋ^{22}tʰuŋ^{51}
临夏市	包子 pɔ^{21}tsɿ^{53}	饺子 tɕiɔ^{44}tsɿ^{24}	馄饨 xuəŋ^{21}tuəŋ^{24}
合作市	包子 pɔ^{21}tsɿ^{53}	扁食 piæ̃^{44}ʂʅ^{13}	
临潭县	包子 pɔo^{44}tsɿ^{44}	扁食 piæ̃^{51}ʂʅ^{21}	煮角子 tʂu^{51}tɕyɛ^{21}tsɿ^{44}

	0397 馅儿	0398 油条长条形的，旧称	0399 豆浆
兰州市	馅子 ɕyæ̃^{22}tsɿ^{53}	油条 iəu^{53}tʰiɔ^{21}	豆浆 təu^{22}tɕiɑ̃^{53}
榆中县	馅子 ɕyan^{21}tsɿ^{44}	油条 iəu^{31}tʰiɔ^{213}	豆浆 təu^{21}tɕiaŋ^{51}
永登县	馅子 ɕyæ̃^{22}tsɿ^{354}	油条 iɤu^{22}tʰiɔ^{53}	豆浆 tɤu^{22}tɕiɑ̃^{53}
红古区	瓤瓤儿 ẓɑŋ^{22}ẓɔr^{53} 馅子 ɕyan^{22}tsɿ^{53}	油条 iɤu^{22}tʰiɔ^{55}	豆浆 tɤu^{22}tɕiaŋ^{55}
凉州区	馅子 ɕyɑŋ^{31}tsɿ^{21}	油条 iəu^{35}tʰiao^{53}	豆浆 təu^{31}tɕiaŋ^{21}
甘州区	馅子 ɕyaŋ^{31}tsɿ^{21}	油条 iɤu^{35}tʰiɔ^{42}	豆浆 tɤu^{22}tɕiaŋ^{44}
肃州区	馅子 ɕyæ̃^{21}tsɿ^{13}	油条 ẓiəu^{35}tʰiɔ^{21}	豆浆 təu^{21}tɕiaŋ^{44}
永昌县	馅子 ɕyɛ^{53}tsɿ^{21}	油条 iəu^{13}tʰiɔo^{42}	豆浆 təu^{44}tɕiaŋ^{44}
崆峒区	馅儿 ɕyɐr^{44}	油条 iəu^{24}tʰiɔ^{24}	豆浆 təu^{44}tɕiaŋ^{44}
庆城县	瓤瓤 ẓɑ̃^{21}ẓɑ̃^{0} 瓤儿 ẓɑ̃r^{113}	油条 iɤu^{113}tʰiɔ^{113}	豆浆 tɤu^{244}tɕiɑ̃^{244} 豆水子 tɤu^{244}ʂuei^{0}tsɿ^{0}
宁县	馅子 ɕyæ̃^{44}tsɿ^{31}	油条 iou^{24}tɕʰiɔ^{24}	豆浆 tou^{44}tɕiaŋ^{44}
武都区	馅子 ɕyæ̃^{24}tsɿ^{21}	油条 iəu^{24}tʰiəu^{24}	豆浆 təu^{24}tɕiaŋ^{24}
文县	馅子 ɕyæ̃^{24}tsɿ^{42} 馅儿 ɕiɔ̃r^{24}	油条 iɤu^{13}tʰiɔo^{13}	豆浆 tɤu^{24}tɕiɑ̃^{42}
康县	馅子 ɕyan^{24}tsɿ^{53}	油条 iɤu^{13}tʰiɔo^{21}	豆浆 tɤu^{21}tɕiaŋ^{53}
礼县	馅子 ɕyæ̃^{44}tsɿ^{21}	油条儿 iəu^{13}tʰiɔor^{13}	豆浆 təu^{44}tɕiaŋ^{21}
靖远县	馅子 ɕyæ̃^{35}tsɿ^{41}	油条 iɤu^{24}tʰiao^{24}	豆浆 tɤu^{35}tɕiaŋ^{41}
陇西县	馅子 ɕyæ̃^{44}tsɿ^{21}	油条 iu^{13}tɕʰiɔo^{13}	豆浆 tɤu^{44}tɕiaŋ^{42}
秦州区	馅子 ɕyæ̃^{44}tsɿ^{21}	油条 iɤu^{13}tʰiɔ^{13}	豆浆 tɤu^{44}tɕiaŋ^{44}
安定区	馅子 ɕyæ̃^{44}tsɿ^{21}	油条 iəu^{13}tʰiɔ^{13}	豆浆 təu^{44}tɕiaŋ^{44}
会宁县	馅子 ɕyæ̃^{44}tsɿ^{21}	油条 iəu^{13}tʰiɔ^{13}	豆浆 təu^{44}tɕiaŋ^{21}
临洮县	馅儿 ɕiɐr^{53}	油条 iɤu^{13}tʰiɔ^{13}	豆浆 tɤu^{44}tɕiɑ̃^{13}
清水县	馅子 ɕyæ̃^{44}tsɿ^{21}	油条 iou^{13}tsʰiɔ^{13}	豆浆 tou^{44}tsiɔ̃^{44}
永靖县	馅子 ɕyæ̃^{44}tsɿ^{42}	油条 iɤu^{13}tʰiɔ^{13} 油馃 iɤu^{22}kuɤ^{44}	豆浆 tɤu^{44}tɕiaŋ^{21}
敦煌市	馅儿 ɕyər^{44}	油条 iɤu^{13}tʰiɔ^{213}	豆浆 tɤu^{44}tɕiaŋ^{44}
临夏市	馅子 ɕyɛ̃^{44}tsɿ^{21}	油条 iɤu^{13}tʰiɔ^{42}	豆浆 tɤu^{44}tɕiaŋ^{21}
合作市	馅子 ɕyæ̃^{44}tsɿ^{21}	油条 iəɯ^{13}tʰiɔ^{13}	豆浆 təɯ^{44}tɕiaŋ^{21}
临潭县	馅子 ɕyæ̃^{44}tsɿ^{21}	油条 iəɯ^{24}tʰiɔo^{24}	豆浆 təɯ^{44}tɕiɒ^{44}

	0400 豆腐脑	0401 元宵食品	0402 粽子
兰州市	豆腐脑 təu^{22}fu^{55}lɔ^{42}	元宵 yæ̃^{53}ɕiɔ^{13}	粽子 tsuən^{22}tsɿ^{13}
榆中县	豆腐脑 təu^{21}fu^{0}nɔ^{44}	元宵 yan^{31}ɕiɔ^{51}	粽子 tsuən^{21}tsɿ^{44}
永登县	豆腐脑 tɤu^{22}fu^{44}nɔ^{53}	元宵 yæ̃^{22}ɕiɔ^{35}	粽子 tsuə̃n^{22}tsɿ^{354}
红古区	豆脑儿 tɤu^{22}nɔər^{53}	元宵 yan^{22}ɕiɔ^{13}	粽子 tsuən^{22}tsɿ^{55}
凉州区	豆腐脑 təu^{31}fu^{31}nɑo^{35}	元宵 yaŋ^{35}ɕiɑo^{53}	粽子 tsuŋ^{31}tsɿ^{21}
甘州区	豆腐脑儿 tɤu^{31}fu^{21}nɔ^{22}ɣɤ^{44}	元宵 yaŋ^{35}ɕiɔ^{42}	粽子 tsuŋ^{31}tsɿ^{21}
肃州区	豆腐脑 təu^{21}fu^{21}nɔ^{51}	元宵 ʑyæ̃^{44}ɕiɔ^{21} 汤圆 t^{h}ɑŋ^{44}ʑyæ̃^{51}	粽子 tsuŋ^{21}tsɿ^{13}
永昌县	豆腐脑 təu^{53}fu^{21}nɔo^{44}	汤圆 t^{h}ɑŋ^{44}yɛ^{44}	粽子 tsoŋ^{53}tsɿ^{21}
崆峒区	豆腐脑儿 təu^{35}fu^{53}nɔr^{53}	元宵 yæ̃^{22}ɕiɔ^{53}	粽子 tsoŋ^{35}tsɿ^{53}
庆城县	豆腐脑儿 tɤu^{244}fu^{0}nɔr^{44}	汤圆 t^{h}ɑ̃^{51}yɛ̃^{113}	粽子 tsuŋ^{244}tsɿ^{0}
宁县	豆腐脑儿 tou^{44}fu^{31}nɔr^{24}	汤圆 t^{h}aŋ^{31}yæ̃^{24}	粽子 tsuŋ^{44}tsɿ^{31}
武都区	豆腐脑儿 təu^{24}fu^{21}lor^{31}	汤圆儿 t^{h}ɑŋ^{55}yæ̃^{24}ɚ^{21} 元宵 yæ̃^{13}ɕiɔu^{21}	粽子 tsuŋ^{24}tsɿ^{21}
文县	豆腐脑 tɤu^{22}fu^{44}lɔo^{44}	汤圆 t^{h}ɑ̃^{31}yuə^{31}	粽子 tɕyəŋ^{24}tsɿ^{42}
康县	豆腐脑 tɤu^{21}fu^{55}lɔo^{55}	汤圆儿 t^{h}ɑŋ^{53}yər^{13}	粽子 tsɤŋ^{24}tsɿ^{53}
礼县	豆腐脑儿 təu^{44}fu^{21}nɔor^{52}	元宵 yæ̃^{13}ɕiɔo^{21}	粽子 tsɤŋ^{44}tsɿ^{21}
靖远县	豆腐脑儿 tɤu^{35}fu^{55}nɔr^{41}	元宵 yæ̃^{22}ɕiɑo^{41}	粽子 tsoŋ^{35}tsɿ^{41}
陇西县	豆腐脑 tɤu^{44}fu^{21}lɔo^{53}	元宵 yæ̃^{24}ɕiɔo^{42}	粽子 tsɥŋ^{44}tsɿ^{42}
秦州区	豆腐脑 tɤu^{44}fu^{21}lɔ^{53}	元宵 yæ̃^{13}ɕiɔ^{21}	粽子 tsuɤŋ^{44}tsɿ^{21}
安定区	豆腐脑 təu^{44}fu^{21}nɔ^{53}	元宵 yæ̃^{13}ɕiɔ^{21}	粽子 tsuŋ^{44}tsɿ^{21}
会宁县	豆腐脑 təu^{44}fu^{44}lɔ^{21}	元宵 yæ̃^{13}ɕiɔ^{21}	粽子 tsuŋ^{44}tsɿ^{21}
临洮县	豆腐脑儿 tɤu^{44}fu^{21}nɔr^{53}	元宵 yæ̃^{13}ɕiɔ^{21}	粽子 tsuŋ^{44}tsɿ^{21}
清水县	豆腐脑儿 tou^{44}fu^{21}lɔ^{52}ɚ^{21}	元宵 yæ̃^{13}siɔ^{21}	粽子 tsuŋ^{44}tsɿ^{21}
永靖县	豆腐脑 tɤu^{44}fu^{44}nɔ^{53}	元宵 yæ̃^{13}ɕiɔ^{213}	粽子 tsuɤŋ^{44}tsɿ^{21}
敦煌市	豆腐脑儿 tɤu^{35}fu^{21}nɔr^{51}	元宵 yɛ̃^{22}ɕiɔ^{51}	粽子 tsuŋ^{35}tsɿ^{21}
临夏市	豆腐脑 tɤu^{42}fu^{21}nɔ^{24}	元宵 yɛ̃^{13}ɕiɔ^{42}	粽子 tsuəŋ^{44}tsɿ^{21}
合作市	豆腐脑 təɯ^{44}fu^{21}nɔ^{44}	元宵 yæ̃^{13}ɕiɔ^{21}	粽子 tsuəŋ^{44}tsɿ^{21}
临潭县	豆腐脑 təɯ^{44}fu^{21}nɔo^{51}	汤圆 t^{h}ɒ^{24}yæ̃^{24}	粽子 tsuəŋ^{44}tsɿ^{21}

	0403 年糕 用黏性大的米或米粉做的	0404 点心统称	0405 菜吃饭时吃的，统称
兰州市	黏糕 zæ̃⁵³kɔ¹³	点心 tiæ̃⁵⁵ɕin⁴²	菜 tsʰɛ¹³
榆中县		点心 tian⁴⁴ɕin⁰	菜 tsʰɛ²¹³
永登县	黏糕 zæ̃²²kɔ⁵⁵	点心 tiæ̃³⁵⁴ɕin²¹	菜 tsʰɛ¹³
红古区	枣儿糕 tsɔ⁵³ər²¹kɔ⁵⁵	点心 tian⁵⁵ɕin²¹	菜 tsʰɛ¹³
凉州区		点心 tiɑŋ³⁵ɕiŋ⁵³	下饭菜 ɕia³¹fɑŋ³¹tsʰæ³¹
甘州区	凉糕 liaŋ³⁵kɔ⁴²	点心 tiaŋ⁴⁴ɕiŋ⁴⁴	菜 tsʰɛ³¹
肃州区	黏糕 ȵiæ̃⁵³kɔ⁴⁴	点心 tiæ̃²¹ɕiŋ⁵¹	菜 tsʰɛ²¹³
永昌县	糕 kɔo⁴⁴	点心 tiɛ⁴⁴ɕiŋ⁴⁴	菜 tsʰɛe⁵³
崆峒区	黏糕 zæ̃²⁴kɔ⁵³	点心 tiæ̃⁵⁵ɕiɤŋ²¹	菜 tsʰɛ⁴⁴
庆城县	黏糕 ȵiɛ̃²¹kɔ⁰	点心 tiɛ̃⁴⁴ɕiŋ⁰	菜 tsʰɛ²⁴⁴
宁县	糕 kɔ³¹	点心 tiæ̃⁵⁵ɕiŋ⁰	菜 tsʰɛ⁴⁴
武都区	黏糕 ȵiæ̃²²kɔu³³	点心 tiæ̃⁵⁵ɕin²¹	菜 tsʰɛɪ²⁴
文县	黏糕 ȵiæ̃²²kɔo⁴⁴	点心 tiæ̃⁵⁵ɕiəŋ⁴²	菜 tsʰɛe²⁴
康县	黏糕 ȵian⁵³kɔo⁵⁵	饼干儿 piŋ⁵⁵kãr²¹	菜 tsʰɛ²⁴
礼县	黏糕 ȵiæ̃¹³kɔo⁵²	点心 tiæ̃⁴⁴ɕiŋ²¹	下菜 ɕia⁴⁴tsʰai⁴⁴
靖远县		点心 tiæ̃⁵⁵ɕiŋ²¹	菜 tsʰɛ³³
陇西县	黏糕 liæ̃¹³kɔo²¹	点心 tiæ̃⁵⁵ɕiŋ²¹	菜 tsʰɛ⁴⁴
秦州区	黏糕 ȵiæ̃¹³kɔ⁵³	点心 tiæ̃⁵³ɕiɤŋ²¹	菜 tsʰɛ⁴⁴
安定区	黏糕 ȵiæ̃¹³kɔ⁵³	点心 tiæ̃⁵³ɕiŋ²¹	菜 tsʰɛ⁴⁴
会宁县	粳糕 tɕiŋ⁴⁴kɔ²¹	点心 tiæ̃⁵³ɕiŋ²¹	菜 tsʰɛ⁴⁴
临洮县	黏糕 ȵiæ̃¹³kɔ⁵³	点心 tiæ̃⁵³ɕiŋ²¹	菜 tsʰɛ⁴⁴
清水县	黏糕 ȵiæ̃¹³kɔ⁵²	点心 tsiæ̃⁵²siŋ²¹	菜 tsʰɛ⁴⁴³
永靖县	黏糕 ȵiæ̃²²kɔ⁴⁴	点心 tiæ̃⁵³ɕiɤŋ²¹	菜 tsʰɛ⁴⁴
敦煌市	黏糕 ȵiɛ̃²²kɔ⁵¹	点心 tiɛ̃⁵³ɕiŋ²¹	菜 tsʰɛ⁴⁴
临夏市	黏糕 ȵiɛ̃¹³kɔ⁴²	点心 tiɛ̃⁴⁴ɕiŋ²⁴	菜 tsʰɛ⁵³
合作市		点心 tiæ̃⁴⁴ɕiŋ¹³	菜 tsʰɛe⁵³
临潭县	黏糕 ȵiæ̃²⁴kɔo⁵¹	点心 tiæ̃⁵¹ɕin²¹	菜 tsʰɛe⁴⁴

	0406 干菜统称	0407 豆腐	0408 猪血当菜的
兰州市	干菜 kæ̃⁵⁵tsʰɛ²¹	豆腐 təu²²fu⁵³	猪血 pfu⁵⁵ɕyɛ²¹
榆中县	干菜 kan⁵¹tsʰɛ⁰	豆腐 təu²¹fu⁴⁴	猪血 tʂu⁵¹ɕiᴇ⁰
永登县	干菜 kæ̃⁴⁴tsʰɛ²¹	豆腐 tɤu²²fu³⁵⁴	血块 ɕyə²²kʰuɛ⁵⁵
红古区	干菜 kan²²tsʰɛ¹³	豆腐 tɤu²²fu⁵⁵	猪血 tʂu¹³ɕiɛ¹³
凉州区	干菜 kaŋ³⁵tsʰæ⁵³	豆腐 təu³¹fu²¹	猪血 tʂu³⁵ɕiə³¹
甘州区	干菜 kaŋ⁴⁴tsʰɛ⁴⁴	豆腐 tɤu³¹fu²¹	猪血 pfu⁴⁴ɕyə²¹
肃州区	干菜 kæ̃⁴⁴tsʰɛ²¹	豆腐 təu²¹fu¹³	猪血 tʂu⁴⁴ɕiɛ²¹
永昌县	干菜 kɛe⁴⁴tsʰɛe⁴⁴	豆腐 təu⁵³fu²¹	猪血 tʂu⁴⁴ɕiə⁵³
崆峒区	干菜 kæ̃²¹tsʰɛ⁴⁴	豆腐 təu³⁵fu⁵³	血馍馍 ɕiɛ⁵³mɤ²¹mɤ²¹
庆城县	干菜 kɛ̃²¹tsʰɛ²⁴⁴	豆腐 tɤu²⁴⁴fu⁰	刀炖 tɔ²¹tuŋ²⁴⁴
宁县	干菜 kæ̃³¹tsʰɛ⁴⁴	豆腐 tou⁴⁴fu³¹	猪血 tʃu²⁴ɕiɛ³¹
武都区	干菜 kæ̃³¹tsʰɛɪ²¹	豆腐 təu²⁴fu²¹	血馍馍 ɕiᴇ³¹muɤ²¹muɤ¹³
文县	干菜 kæ̃³¹tsʰɛe²⁴	豆腐 tɤu²⁴fu⁴²	血馍 ɕiɛ³¹mɤ¹³
康县	干菜 kan⁵³tsʰɛ²¹	豆腐 tɤu²⁴fu⁵³	猪血 pfu⁵³ɕiɛ²¹
礼县	干菜 kæ̃³¹tsʰai⁴⁴	豆腐 təu⁴⁴fu²¹	猪血 tʃu²⁴ɕiɛ³¹
靖远县	干菜 kæ̃²²tsʰɛ³³	豆腐 tɤu³⁵fu⁴¹	猪血 tʂʮ²²ɕiɛ⁴¹
陇西县	干菜儿 kæ̃⁴²tsʰɛ⁴⁴zʅ⁴⁴	豆腐 tɤu⁴⁴fu²¹	血馍馍 ɕiɛ⁴²mɤ²²mɤ⁴⁴
秦州区	干菜 kæ̃²¹tsʰɛ⁴⁴	豆腐 tɤu⁴⁴fu²¹	猪血 tʃʮ²¹ɕiə¹³
安定区	干菜 kæ̃²¹tsʰɛ⁴⁴	豆腐 təu⁴⁴fu²¹	猪血 tʃu¹³ɕiə¹³
会宁县	干菜 kæ̃²¹tsʰɛ⁴⁴	豆腐 təu⁴⁴fu²¹	猪血 tʃu¹³ɕiə¹³
临洮县	干菜 kæ̃²¹tsʰɛ⁴⁴	豆腐 tɤu⁴⁴fu²¹	猪血 tʂu²¹ɕie¹³
清水县	干菜 kæ̃²¹tsʰɛ⁴⁴³	豆腐 tou⁴⁴fu²¹	猪血 tʃɨ¹³ɕiɛ¹³
永靖县	干菜 kæ̃²²tsʰɛ⁵³	豆腐 tɤu⁴⁴fu²¹	猪血 tʂu²²ɕiɛ⁴⁴
敦煌市	干菜 kæ̃²¹tsʰɛ⁴⁴	豆腐 tɤu³⁵fu²¹	猪血 tʂu¹³ɕiə²¹³
临夏市	干菜 kã¹³tsʰɛ⁴²	豆腐 tɤu⁴⁴fu²¹	猪血 tʂu⁴⁴ɕiɛ²⁴
合作市	干菜 kæ̃²¹tsʰɛe⁵³	豆腐 təɯ⁴⁴fu²¹	猪血 tʂu⁴⁴ɕiə¹³
临潭县	干菜 kæ̃⁴⁴tsʰɛe⁴⁴	豆腐 təɯ⁴⁴fu²¹	猪血 tʂu⁴⁴ɕiɛ⁴⁴

	0409 猪蹄当菜的	0410 猪舌头 当菜的，注意婉称	0411 猪肝当菜的，注意婉称
兰州市	猪蹄子 pfu^{55}ti^{53}tsɿ^{21}	口条 kʰəu^{55}tʰiɔ^{42}	肝子 kæ̃^{53}tsɿ^{21}
榆中县	猪蹄子 tʂu^{51}tʰi^{0}tsɿ^{0}	猪舌头 tʂu^{51}ʂə^{31}tʰəu^{213}	猪肝子 tʂu^{51}kan^{51}tsɿ^{0}
永登县	猪蹄子 pfu^{44}tʰi^{53}tsɿ^{21}	猪舌头 pfu^{44}ʂə^{55}tʰɤu^{21} 口条 kʰɤu^{354}tʰiɔ^{53}	猪肝子 pfu^{44}kæ̃^{44}tsɿ^{21}
红古区	猪爪爪儿 tʂu^{22}tʂua^{55}tʂuɐr^{21}	口条 kʰɤu^{55}tʰiɔ^{21}	猪肝子 tʂu^{13}kan^{21}tsɿ^{13}
凉州区	猪蹄子 tʂu^{35}tʰi^{35}tsɿ^{53}	口条 kʰəu^{53}tʰiɑo^{35}	猪肝子 tʂu^{35}kɑŋ^{35}tsɿ^{53}
甘州区	猪蹄子 pfu^{44}tʰi^{44}tsɿ^{44}	口条 kʰɤu^{22}tʰiɔ^{44}	猪肝子 pfu^{44}kaŋ^{22}tsɿ^{44}
肃州区	猪蹄子 tʂu^{44}tʰi^{53}tsɿ^{21}	口条 kʰəu^{21}tʰiɔ^{51}	猪肝子 tʂu^{44}kæ̃^{44}tsɿ^{44}
永昌县	猪蹄子 tʂu^{44}tʰi^{22}tsɿ^{44}	猪舌头 tʂu^{44}ʂə^{44}tʰəu^{44}	猪肝子 tʂu^{44}kɛe^{22}tsɿ^{44}
崆峒区	猪蹄子 tʂu^{21}tʰi^{22}tsɿ^{53}	猪舌头 tʂu^{21}ʂɤ^{22}tʰəu^{53}	猪肝子 tʂu^{21}kæ̃^{53}tsɿ^{21}
庆城县	猪蹄儿 tʂu^{51}tʰiɤr^{113}	口条 kʰɤu^{44}tʰiɔ^{0}	猪肝 tʂu^{51}kɛ̃^{51} 肝子 kɛ̃^{51}tsɿ^{0}
宁县	猪蹄 tʃu^{31}tɕʰi^{24}	猪舌头 tʃu^{31}ʂə^{22}tʰou^{52} 口条 kʰou^{55}tɕʰiɔ^{0}	猪肝子 tʃu^{31}kæ̃^{31}tsɿ^{0}
武都区	猪蹄子 tʃu^{31}tʰi^{21}tsɿ^{24}	猪舌头 tʃu^{31}ʂɤ^{22}tʰəu^{24}	猪肝儿 tʃu^{22}kæ̃^{53}ɚ^{21} 猪肝子 tʃu^{22}kæ̃^{53}tsɿ^{21}
文县	猪蹄子 tsu^{31}tʰi^{21}tsɿ^{35}	猪舌头 tsu^{31}ɕiɛ^{21}tʰɤu^{13}	肝子 kæ̃^{31}tsɿ^{21}
康县	猪蹄子 pfu^{53}tʰi^{21}tsɿ^{35}	猪舌头 pfu^{53}ʂɤ^{21}tʰɤu^{13}	肝子 kan^{53}tsɿ^{21}
礼县	猪蹄子 tʃu^{31}tʰi^{24}tsɿ^{21} 猪蹄儿 tʃu^{31}tʰiər^{24}	猪舌头 tʃu^{31}ʂɤ^{24}tʰəʊ^{21}	肝子 kæ̃^{31}tsɿ^{24}
靖远县	猪蹄子 tʂʅ^{21}tʰɿ^{22}tsɿ^{55}	口条 kʰɤu^{55}tʰiɑo^{21}	猪肝子 tʂʅ^{22}kæ̃^{41}tsɿ^{21}
陇西县	猪蹄 tʃʅ^{42}tɕʰi^{13}	口条 kʰɤu^{55}tɕʰiɔo^{13}	肝子 kæ̃^{22}tsɿ^{21}
秦州区	猪蹄蹄 tʃʯ^{21}tʰi^{13}tʰi^{21}	口条 kʰɤu^{53}tʰiɔ^{13}	肝子 kæ̃^{21}tsɿ^{53}
安定区	猪挖捞= tʃu^{21}va^{44}lɔ^{21} 猪爪子 tʃu^{21}tsua^{53}tsɿ^{21}	猪舌头 tʃu^{21}ʂə^{13}tʰəu^{44}	猪肝子 tʃu^{13}kæ̃^{13}tsɿ^{44}
会宁县	猪爪子 tʃu^{21}tʃua^{53}tsɿ^{21}	猪舌头 tʃu^{21}ʂə^{21}tʰəu^{44}	猪肝儿 tʃu^{13}kæ̃^{21}zɿ^{13}
临洮县	猪蹄儿 tʂu^{21}tʰiər^{13}	猪舌头 tʂu^{42}ʂɤ^{21}tʰɤu^{44}	猪肝儿 tʂu^{13}kɐr^{13}
清水县	猪蹄子 tʃɨ^{21}tsʰi^{13}tsɿ^{21}	猪口条 tʃɨ^{21}kʰou^{52}tsʰiɔ^{21}	猪肝子 tʃɨ^{13}kæ̃^{21}tsɿ^{52}
永靖县	猪蹄子 tʂu^{13}tʰi^{21}tsɿ^{24}	猪舌头 tʂu^{13}ʂɤ^{21}tʰɤu^{24} 口条 kʰɤu^{53}tʰiɔ^{213}	猪肝子 tʂu^{22}kæ̃^{22}tsɿ^{42}
敦煌市	猪蹄子 tʂu^{22}tʰi^{22}tsɿ^{51}	口条 kʰɤu^{53}tʰiɔ^{21}	猪肝子 tʂu^{13}kæ̃^{21}tsɿ^{13}
临夏市	猪蹄蹄 tʂu^{13}tʰi^{21}tʰi^{53}	猪舌头 tʂu^{13}ʂɤ^{21}tʰɤu^{53}	猪肝 tʂu^{44}kã^{24}
合作市	猪蹄子 tʂu^{44}tʰi^{21}tsɿ^{53}	猪舌头 tʂu^{44}ʂə^{21}tʰəɯ^{53}	猪肝子 tʂu^{44}kæ̃^{21}tsɿ^{53}
临潭县	猪蹄 tʂu^{44}tʰi^{24}	猪舌头 tʂu^{44}ʂɤ^{21}tʰəɯ^{44}	猪肝 tʂu^{44}kæ̃^{44}

	0412 下水猪牛羊的内脏	0413 鸡蛋	0414 松花蛋
兰州市	下水 xa^{22}fei^{53}	鸡蛋 tɕi^{55}tæ̃^{21}	变蛋 piæ̃^{34}tæ̃^{21}
榆中县	下水 ɕia^{21}ʂuei^{44}	鸡蛋 tɕi^{51}tan^{0}	皮蛋 pʰi^{31}tan^{213}
永登县	下水 ɕia^{22}fei^{55}	鸡蛋 tɕi^{44}tæ̃^{21}	变蛋 piæ̃^{13}tæ̃^{21}
红古区	下水 ɕia^{22}fei^{55}	鸡蛋 tsʅ^{22}tan^{13}	变蛋 pian^{55}tan^{21}
凉州区	下水 ɕia^{31}ʂuei^{21}	鸡蛋 tɕi^{35}tɑŋ^{53}	变蛋 piɑŋ^{31}tɑŋ^{21}
甘州区	下水 ɕia^{31}fei^{21}	鸡蛋 tɕi^{44}taŋ^{44}	松花蛋 suŋ^{44}xua^{44}taŋ^{31}
肃州区	下水 ɕia^{21}ʂuei^{13}	鸡蛋 tɕi^{44}tæ̃^{44}	变蛋 piæ̃^{13}tæ̃^{21}
永昌县	下水 ɕia^{53}ʂuei^{21}	鸡蛋 tɕi^{44}tɛe^{44}	皮蛋 pʰi^{13}tɛe^{42}
崆峒区	下水 ɕia^{35}ʂuei^{53}	鸡蛋 tɕi^{22}tæ̃^{44}	变蛋 piæ̃^{44}tæ̃^{44}
庆城县	下水 ɕia^{244}ʂuei^{0}	鸡蛋 tɕi^{21}tɛ̃^{244}	皮蛋 pʰi^{21}tɛ̃^{244}
宁县	下水 ɕia^{44}ʃuei^{31}	鸡蛋 tɕi^{22}tæ̃^{44}	臭鸡蛋 tʂʰou^{44}tɕi^{22}tʰæ̃^{44} 变蛋 piæ̃^{44}tʰæ̃^{44}
武都区	下水 ɕia^{24}ʃuei^{21}	鸡蛋 tɕi^{31}tæ̃^{21}	变蛋 piæ̃^{24}tæ̃^{24}
文县	下水 ɕia^{24}suei^{42}	鸡蛋 tɕi^{21}tæ̃^{44}	皮蛋 pʰi^{21}tæ̃^{24}
康县	下水 ɕia^{24}fei^{53}	鸡蛋 tɕi^{53}tan^{21}	皮蛋 pʰi^{21}tan^{24}
礼县	下水 ɕia^{44}ʃuei^{21}	鸡蛋 tɕi^{31}tæ̃^{44}	变蛋 piæ̃^{44}tæ̃^{44}
靖远县	下水 ɕia^{35}ʂuei^{41}	鸡蛋 tsʅ^{22}tæ̃^{33}	变蛋 piæ̃^{33}tæ̃^{33}
陇西县	下水 ɕia^{44}ʃʮe^{42}	鸡蛋 tɕi^{42}tæ̃^{44}	变蛋 piæ̃^{44}tæ̃^{44}
秦州区	下水 ɕia^{44}suei^{21}	鸡蛋 tɕʰi^{21}tʰæ̃^{44}	变蛋 piæ̃^{44}tʰæ̃^{44}
安定区	下水 ɕia^{44}ʃuei^{21}	鸡蛋 tɕi^{21}tæ̃^{44}	变蛋 piæ̃^{44}tæ̃^{44}
会宁县	下水 ɕia^{44}ʃuei^{21}	鸡蛋 tɕi^{21}tæ̃^{53}	变蛋 piæ̃^{44}tæ̃^{21}
临洮县	下水 xa^{44}ʂuei^{21}	鸡蛋 tɕi^{21}tæ̃^{44}	变蛋 piæ̃^{44}tæ̃^{44}
清水县	下水 ɕia^{44}ʃəi^{21} 杂碎 tsa^{13}suəi^{21}	鸡蛋 tɕi^{21}tʰæ̃^{443}	变蛋 piæ̃^{44}tʰæ̃^{443}
永靖县	下水 ɕia^{44}ʂuei^{53}	鸡蛋 tɕi^{22}tæ̃^{44}	变蛋 piæ̃^{44}tæ̃^{21}
敦煌市	下水 ɕia^{35}ʂuei^{21}	鸡蛋 tɕi^{21}tæ̃^{44}	变蛋 piæ̃^{53}tæ̃^{44}
临夏市	下水 ɕiɑ^{44}ʂuei^{21}	鸡蛋 tɕi^{21}tã^{53}	皮蛋 pʰi^{21}tã^{43}
合作市	杂割 tsᴀ^{13}kə^{53}	鸡蛋 tɕi^{21}tæ̃^{44}	变蛋 piæ̃^{21}tæ̃^{44}
临潭县	杂碎 tsa^{21}suɪi^{44}	鸡蛋 tɕi^{44}tæ̃^{44}	松花蛋 suəŋ^{44}xua^{44}tæ̃^{44}

	0415 猪油	0416 香油	0417 酱油
兰州市	大油 ta^{22}iəu^{53}	香油 ɕiã^{44}iəu^{53}	酱油 tɕiã^{13}iəu^{53}
榆中县	大油 ta^{13}iəu^{213}	香油 ɕiaŋ^{51}iəu^{0}	酱油 tɕiaŋ^{13}iəu^{312}
永登县	大油 ta^{22}iɤu^{53}	香油 ɕiã^{44}iɤu^{53}	酱油 tɕiã^{22}iɤu^{53}
红古区	大油 ta^{22}iɤu^{55}	香油 ɕiaŋ^{22}iɤu^{13}	酱油 tɕiaŋ^{13}iɤu^{13}
凉州区	大油 ta^{35}iəu^{53}	芝麻油 tsʅ^{35}ma^{53}iəu^{35}	酱油 tɕiaŋ^{53}iəu^{35}
甘州区	大油 ta^{22}iɤu^{53}	麻油 ma^{53}iɤu^{53}	酱油 tɕiaŋ^{22}iɤu^{53}
肃州区	大油 ta^{21}ʑiəu^{51}	香油 ɕiaŋ^{44}ʑiəu^{51}	酱油 tɕiaŋ^{21}ʑiəu^{51}
永昌县	大油 ta^{53}iəu^{21}	香油 ɕiaŋ^{44}iəu^{44}	酱油 tɕiaŋ^{53}iəu^{21}
崆峒区	大油 ta^{44}iəu^{24}	香油 ɕiaŋ^{22}iəu^{24}	酱油 tɕiaŋ^{44}iəu^{24}
庆城县	猪油 tʂu^{51}iɤu^{113}	香油 ɕiã^{51}iɤu^{0}	酱油 tɕiã^{244}iɤu^{113}
宁县	猪油 tʃu^{22}iou^{24}	清油 tɕiŋ^{31}iou^{24}	酱油 tɕiaŋ^{44}iou^{24}
武都区	大油 ta^{24}iəu^{13} 猪油 tʃu^{53}iəu^{0}	香油 ɕiaŋ^{31}iəu^{13}	酱油 tɕiaŋ^{24}iəu^{21}
文县	荤油 xoŋ^{31}iɤu^{13}	香油 ɕiã^{31}iɤu^{13}	酱油 tɕiã^{24}iɤu^{13}
康县	荤油 xuŋ^{53}iɤu^{21}	香油 ɕiaŋ^{53}iɤu^{21}	酱油 tɕiaŋ^{24}iɤu^{21}
礼县	猪油 tʃu^{31}iəu^{24}	香油 ɕiaŋ^{31}iəu^{24}	酱油 tɕiaŋ^{44}iəu^{13}
靖远县	大油 ta^{33}iɤu^{24} 猪油 tʂʮ^{22}iɤu^{24}	芝麻油 tsʅ^{41}ma^{22}iɤu^{24}	酱 tɕiaŋ^{33}
陇西县	大油 ta^{44}iu^{13}	香油 ɕiaŋ^{42}iu^{13}	酱油 tɕiaŋ^{44}iu^{21}
秦州区	大油 ta^{44}iɤu^{13}	香油 ɕiaŋ^{21}iɤu^{13}	酱油 tɕiaŋ^{44}iɤu^{13}
安定区	大油 ta^{44}iəu^{13}	芝麻油 tsʅ^{21}ma^{13}iəu^{13}	酱油 tɕiaŋ^{44}iəu^{13}
会宁县	猪油 tʃu^{21}iəu^{13}	香油 ɕiaŋ^{21}iəu^{13}	酱油 tɕiaŋ^{44}iəu^{13}
临洮县	猪油 tʂu^{21}iɤu^{13}	香油 ɕiã^{21}iɤu^{13}	酱油 tɕiã^{44}iɤu^{13}
清水县	大油 ta^{44}iou^{13} 猪油 tʃɨ^{21}iou^{13}	香油 ɕiɒ̃^{21}iou^{13}	酱油 tsiɒ̃^{44}iou^{13}
永靖县	大油 ta^{44}iɤu^{13}	香油 ɕiaŋ^{22}iɤu^{53}	酱油 tɕiaŋ^{44}iɤu^{53}
敦煌市	大油 ta^{35}iɤu^{213}	香油 ɕiaŋ^{21}iɤu^{13}	酱油 tɕiaŋ^{35}iɤu^{21}
临夏市	大油 tɑ^{44}iɤu^{24}	香油 ɕiaŋ^{21}iɤu^{53}	酱油 tɕiaŋ^{44}iɤu^{24}
合作市	大油 tᴀ^{44}iəɯ^{13}	香油 ɕiaŋ^{21}iəɯ^{53}	酱油 tɕiaŋ^{44}iəɯ^{13}
临潭县	猪油 tʂu^{44}iəɯ^{24}	香油 ɕiɒ^{44}iəɯ^{24}	酱油 tɕiɒ^{44}iəɯ^{24}

	0418 盐名词	0419 醋注意婉称	0420 香烟
兰州市	盐 iæ̃^{53}	醋 tsʰu^{13}	纸烟 tʂʅ^{55}iæ̃^{42}
榆中县	盐 ian^{312}	醋 tsʰu^{213}	纸烟 tʂʅ^{44}ian^{0}
永登县	盐 iæ̃^{53} 调饭盐 tʰiɔ^{21}fæ̃^{13}iæ̃^{53}	醋 tsʰu^{13}	纸烟 tʂʅ^{35}iæ̃^{53}
红古区	青盐 tɕʰin^{22}ian^{13} 白盐 pə^{22}ian^{55}	醋 tsʰʯ^{13}	纸烟 tʂʅ^{55}ian^{21}
凉州区	盐 iɑŋ^{35}	醋 tsʰu^{31}	纸烟 tsɿ^{35}iɑŋ^{53}
甘州区	盐末子 iaŋ^{35}muə^{42}tsɿ^{21}	醋 tsʰu^{31}	纸烟 tʂʅ^{44}iaŋ^{44}
肃州区	盐 ʑiæ̃^{51}	醋 tsʰu^{213}	烟 ʑiæ̃^{44}
永昌县	盐末子 iɛ^{13}muə^{42}tsɿ^{21}	醋 tsʰu^{53}	纸烟 tʂʅ^{44}iɛ^{44}
崆峒区	盐 iæ̃^{24}	醋 tsʰu^{44}	纸烟 tsɿ^{55}iæ̃^{21}
庆城县	盐 iɛ̃^{113}	醋 tsʰu^{244}	烟 iɛ̃^{51}
宁县	盐 iæ̃^{24}	醋 tsʰu^{44}	纸烟 tsɿ^{55}iæ̃^{0}
武都区	食盐 ʂʅ^{24}iæ̃^{24} 盐 iæ̃^{13}	醋 tsʰʯ^{24}	纸烟 tsɿ^{55}iæ̃^{21} 烟 iæ̃^{31}
文县	盐 iæ̃^{13}	醋 tsʰu^{24}	烟 iæ̃^{31}
康县	盐 ian^{13}	醋 tsʰu^{24}	烟 ian^{53}
礼县	盐 iæ̃^{13}	醋 tʃʰu^{44}	纸烟 tsɿ^{52}iæ̃^{21}
靖远县	盐 iæ̃^{24}	醋 tsʰʯ^{33}	烟 iæ̃^{41} 纸烟 tsɿ^{55}iæ̃^{21}
陇西县	盐 iæ̃^{13}	醋 tsʰu^{44}	纸烟 tsɿ^{55}iæ̃^{42}
秦州区	盐 iæ̃^{13}	醋 tʃʰʯ^{44}	纸烟 tsɿ^{53}iæ̃^{21}
安定区	盐 iæ̃^{13}	醋 tsʰu^{44}	纸烟 tsɿ^{53}iæ̃^{21}
会宁县	盐 iæ̃^{13}	醋 tsʰu^{44}	纸烟 tsɿ^{53}iæ̃^{21}
临洮县	盐 iæ̃^{13}	醋 tsʰu^{44}	纸烟 tsɿ^{53}iæ̃^{21}
清水县	盐 iæ̃^{13}	醋 tsʰu^{443}	纸烟 tʃɨ^{52}iæ̃^{21}
永靖县	盐 iæ̃^{213} 青盐 tɕʰiɤŋ^{22}iæ̃^{53}	醋 tsʰu^{44}	纸烟 tʂʅ^{53}iæ̃^{213}
敦煌市	盐 iɛ̃^{213}	醋 tɕʰy^{44}	纸烟 tsɿ^{53}iɛ̃^{21}
临夏市	盐 iã^{13}	醋 tsʰu^{53}	纸烟 tʂʅ^{44}iɛ̃^{24}
合作市	盐 iæ̃^{13}	醋 tsʰu^{53}	纸烟 tʂʅ^{44}iæ̃^{13}
临潭县	盐 iæ̃^{24}	醋 tsʰu^{44}	烟 iæ̃^{44}

	0421 旱烟	0422 白酒	0423 黄酒
兰州市	旱烟 xæ̃^{22}iæ̃^{53}	烧酒 ʂɔ^{55}tɕiəu^{21}	黄酒 xuã^{53}tɕiəu^{21}
榆中县	旱烟 xan^{21}ian^{44}	酒 tɕiəu^{44}	黄酒 xuaŋ^{31}tɕiəu^{44}
永登县	旱烟 xæ̃^{22}iæ̃^{44} 烟渣子 iæ̃^{44}tʂa^{35}tsɿ^{42}	烧酒 ʂɔ^{44}tɕiɤu^{21}	黄酒 xuã^{22}tɕiɤu^{354}
红古区	黄烟 xuɑŋ^{22}ian^{55}	酒 tɕiɤu^{53}	黄酒 xuɑŋ^{22}tɕiɤu^{13}
凉州区	旱烟 xɑŋ^{31}iɑŋ^{21}	辣酒 la^{31}tɕiəu^{21}	黄酒 xuɑŋ^{35}tɕiəu^{53}
甘州区	旱烟 xaŋ^{31}iaŋ^{21}	烧酒 ʂɔ^{44}tɕiɤu^{44}	黄酒 xuaŋ^{35}tɕiɤu^{42}
肃州区	旱烟 xæ̃^{21}ʑiæ̃^{13}	烧酒 ʂɔ^{44}tɕiəu^{44}	黄酒 xuɑŋ^{35}tɕiəu^{21}
永昌县	旱烟 xɛe^{53}iɛ^{21}	烧酒 ʂɔo^{44}tɕiəu^{44}	黄酒 xuɑŋ^{13}tɕiəu^{42}
崆峒区	旱烟 xæ̃^{35}iæ̃^{53}	烧酒 ʂɔ^{53}tɕiəu^{21}	黄酒 xuɑŋ^{24}tɕiəu^{53}
庆城县	旱烟 xɛ̃^{244}iɛ̃^{0} 烟叶子 iɛ̃^{51}iᴇ^{51}tsɿ^{0}	辣酒 la^{21}tɕiɤu^{44}	黄酒 xuã^{21}tɕiɤu^{44}
宁县	旱烟 xæ̃^{44}iæ̃^{31}	烧酒 ʂɔ^{31}tɕiou^{0}	黄酒 xuaŋ^{22}tɕiou^{52}
武都区	旱烟 xæ̃^{24}iæ̃^{21}	辣酒 la^{31}tɕiəu^{21} 酒 tɕiəu^{55}	黄酒 xuɑŋ^{22}tɕiəu^{33}
文县	兰花烟 læ̃^{22}xua^{44}iæ̃^{31}	酒 tɕiɤu^{55}	黄酒 xuã^{21}tɕiɤu^{42}
康县	旱烟 xan^{24}ian^{53} 兰花烟 lan^{21}xua^{55}ian^{21}	白酒 pei^{53}tɕiɤu^{55}	黄酒 xuɑŋ^{53}tɕiɤu^{55}
礼县	旱烟 xæ̃^{44}iæ̃^{21}	辣酒 na^{24}tɕiəu^{52} 白酒 pʰei^{13}tɕiəu^{52}	黄酒 xuɑŋ^{13}tɕiəu^{52}
靖远县	旱烟 xæ̃^{35}iæ̃^{41}	辣酒 la^{22}tɕiɤu^{55}	米酒 mɿ^{55}tɕiɤu^{55}
陇西县	旱烟 xæ̃^{44}iæ̃^{42}	酒 tɕiu^{53}	黄酒 xuɑŋ^{13}tɕiu^{53}
秦州区	烟叶子 iæ̃^{13}iə^{21}tsɿ^{53}	烧酒 ʂɔ^{21}tɕiɤu^{53}	黄酒 xuɑŋ^{13}tɕiɤu^{53}
安定区	旱烟 xæ̃^{44}iæ̃^{21}	辣酒 la^{21}tɕiəu^{53}	黄酒 xuɑŋ^{13}tɕiəu^{53}
会宁县	旱烟 xæ̃^{44}iæ̃^{21}	辣酒 la^{21}tɕiəu^{53}	黄酒 xuɑŋ^{13}tɕiəu^{21}
临洮县	旱烟 xæ̃^{44}iæ̃^{21}	辣酒 la^{21}tɕiɤu^{53}	黄酒 xuã^{21}tɕiɤu^{53}
清水县	旱烟 xæ̃^{44}iæ̃^{21}	辣酒 la^{21}tsiou^{52} 白酒 pʰəi^{13}tsiou^{21}	黄酒 xuɒ̃^{13}tsiou^{21}
永靖县	黄烟 xuɑŋ^{22}iæ̃^{44} 旱烟 xæ̃^{44}iæ̃^{21}	辣酒 la^{44}tɕiɤu^{53}	黄酒 xuɑŋ^{22}tɕiɤu^{53}
敦煌市	旱烟 xæ̃^{35}iɛ̃^{21}	酒 tɕiɤu^{51}	黄酒 xuɑŋ^{22}tɕiɤu^{51}
临夏市	黄烟 xuɑŋ^{13}iɛ̃^{24}	酒 tɕiɤu^{42}	黄酒 xuɑŋ^{13}tɕiɤu^{42}
合作市	黄烟 xuɑŋ^{13}iæ̃^{13}	辣酒 lᴀ^{21}tɕiəɯ^{53}	黄酒 xuɑŋ^{13}tɕiəɯ^{53}
临潭县	旱烟 xæ̃^{44}iæ̃^{21}	白酒 pɪi^{24}tɕiəɯ^{51}	黄酒 xuɒ^{24}tɕiəɯ^{21}

	0424 江米酒酒酿，醪糟	0425 茶叶	0426 沏~茶
兰州市	醪糟子 lɔ^{53}tsɔ^{22}zɿ^{44}	茶叶 tʂ^{h}a^{53}iɛ^{13}	泡 p^{h}ɔ^{13}
榆中县	醪糟 nɔ^{31}tsɔ^{213}	茶叶 tʂ^{h}a^{31}iᴇ^{213}	泡 p^{h}ɔ^{213}
永登县	醪糟子 lɔ^{22}tsɔ^{22}tsɿ^{354}	茶叶 tʂ^{h}a^{22}iɛ^{13}	沏 tɕ^{h}i^{13} 泡 p^{h}ɔ^{13}
红古区	醪糟儿 lɔ^{22}tsɔr^{13}	茶叶儿 tʂ^{h}a^{22}iər^{13}	泡 p^{h}ɔ^{13}
凉州区	醪糟 lɑo^{35}tsɑo^{53}	茶叶子 ts^{h}a^{35}iə^{31}tsɿ^{21}	泡 p^{h}ɑo^{31}
甘州区	米酒 mi^{35}tɕiɤu^{42}	茶叶子 tʂ^{h}a^{35}iə^{42}tsɿ^{21}	倒 tɔ^{31}
肃州区	醪糟 lɔ^{35}tsɔ^{21}	茶叶 ts^{h}a^{44}ʑiɛ^{21}	沏 tɕ^{h}i^{213} 泡 p^{h}ɔ^{213}
永昌县	醪酒 lɔo^{13}tɕiəu^{42}	茶叶 tʂ^{h}a^{13}iə^{42}	倒 tɔo^{53}
崆峒区	醪糟 lɔ^{22}tsɔ^{53}	茶叶 ts^{h}a^{22}iɛ^{53}	沏 tɕ^{h}i^{53}
庆城县	醪糟儿 lɔ^{44}tsɔr^{0}	茶叶 ts^{h}a^{21}iᴇ^{51}	泡 p^{h}ɔ^{244}
宁县	醪糟子 lɔ^{22}tsɔ^{55}tsɿ^{0}	茶叶 ts^{h}a^{22}iɛ^{52}	泼 p^{h}uə^{31}
武都区	醪糟儿 lɔu^{22}tsor^{31}	茶 ts^{h}a^{13} 茶叶 ts^{h}a^{13}iᴇ^{31}	泡 p^{h}ɔu^{24}
文县	醪糟子 lɔo^{22}tsɔo^{53}tsɿ^{42}	茶 ts^{h}a^{13}	泡 p^{h}ɔo^{24}
康县	醪糟儿 lɔo^{53}tsɔor^{55}	茶叶 tʂ^{h}a^{53}iɛ^{55}	泡 p^{h}ɔo^{24}
礼县	醪糟儿 nɔo^{24}tsɔor^{21}	茶叶 ts^{h}a^{13}iɛ^{21}	泡 p^{h}ɔo^{44}
靖远县	醪糟儿 lɑo^{22}tsɔr^{41}	茶叶 ts^{h}a^{22}iɛ^{55}	沏 ts^{h}ɿ^{41}
陇西县	醪糟水 lɔo^{13}tsɔo^{21}ʃɥe^{53}	茶叶 ts^{h}a^{13}iɛ^{21}	泡 p^{h}ɔo^{44}
秦州区	醪糟 lɔ^{13}tsɔ^{21}	茶叶 ts^{h}a^{13}iə^{21}	泡 p^{h}ɔ^{44}
安定区	米酒 mi^{21}tɕiəu^{53}	茶叶 ts^{h}a^{13}iə^{21}	泡 p^{h}ɔ^{44}
会宁县	醪糟 lɔ^{13}tsɔ^{21}	茶叶 ts^{h}a^{13}iə^{21}	泡 p^{h}ɔ^{44}
临洮县	醪糟儿 lɔ^{13}tsɔr^{21}	茶叶儿 ts^{h}a^{13}iər^{13}	泡 p^{h}ɔ^{44}
清水县	醪糟子 lɔ^{13}tʃɔ^{21}tsɿ^{21}	茶叶 tʃ^{h}a^{13}iɛ^{21}	泡 p^{h}ɔ^{443} 泼 p^{h}ə^{21}
永靖县	醪糟 lɔ^{22}tsɔ^{44}	茶叶 tʂ^{h}a^{22}iɛ^{44}	泡 p^{h}ɔ^{44}
敦煌市	醪糟 nɔ^{22}tsɔ^{51}	茶叶子 ts^{h}a^{22}iə^{55}tsɿ^{21}	泡 p^{h}ɔ^{44}
临夏市	醪糟 lɔ^{13}tsɔ^{42}	茶叶 tʂ^{h}ɑ^{13}iɛ^{42}	倒 tɔ^{42}
合作市	醪糟 nɔ^{13}tsɔ^{53}	茶叶 tʂ^{h}ᴀ^{13}iə^{53}	倒 tɔ^{44}
临潭县	醪糟 nɔo^{24}tsɔr^{21}	茶叶儿 ts^{h}a^{24}iər^{24}	倒 tɔo^{44}

	0427 冰棍儿	0428 做饭统称	0429 炒菜统称，和做饭相对
兰州市	冰棍 pin^{53}kuən^{13}	做饭 tsuə^{22}fæ̃^{13}	炒菜 tʂʰɔ^{53}tsʰɛ^{13}
榆中县	冰棍 pin^{51}kuən^{213}	做饭 tsuə^{13}fan^{213}	炒菜 tʂʰɔ^{44}tsʰɛ^{213}
永登县	冰棍 pin^{44}kuə̃n^{13}	做饭 tsu^{13}fæ̃^{13}	炒菜 tʂʰɔ^{55}tsʰɛ^{13}
红古区	冰棍儿 pin^{22}kuə̃r^{13}	做饭 tsuə^{13}fan^{13}	炒菜 tʂʰɔ^{55}tsʰɛ^{13}
凉州区	冰棍 piŋ^{35}kuŋ^{53}	做饭 tsu^{31}fɑŋ^{31}	炒菜 tsʰɑo^{35}tsʰæ^{53}
甘州区	冰棍 piŋ^{44}kuŋ^{31}	做饭 tsu^{24}faŋ^{31}	炒菜 tʂʰɔ^{53}tsʰɛ^{31}
肃州区	冰棍 piŋ^{44}kuŋ^{21}	做饭 tsuə^{13}fæ̃^{41}	炒菜 tsʰɔ^{21}tsʰɛ^{51}
永昌县	冰棍 piŋ^{44}koŋ^{53}	做饭 tsu^{22}fɛe^{53}	炒菜 tʂʰɔo^{44}tsʰɛe^{53}
崆峒区	冰棍 piɤŋ^{22}koŋ^{44}	做饭 tsu^{44}fæ̃^{44}	炒菜 tsʰɔ^{53}tsʰɛ^{44}
庆城县	冰棒儿 piŋ^{21}pɑ̃r^{244}	做饭 tsu^{244}fɛ̃^{244}	炒菜 tsʰɔ^{44}tsʰɛ^{244}
宁县	冰棍儿 piŋ^{22}kuɐr^{44}	做饭 tsu^{44}fæ̃^{44}	炒菜 tsʰɔ^{52}tsʰɛ^{44}
武都区	冰棍儿 pin^{22}kuə̃r^{31}	做饭 tsɥ^{24}fæ̃^{24}	炒菜 tsʰɔu^{55}tsʰɛɪ^{24}
文县	冰棍儿 piəŋ^{21}kũr^{24}	做饭 tsu^{24}fæ̃^{24}	炒菜 tsʰɔo^{44}tsʰɛe^{24}
康县	冰棍儿 piŋ^{53}kũr^{24}	做饭 tsu^{24}fan^{24}	炒菜 tʂʰɔo^{55}tsʰɛ^{24}
礼县	冰棍儿 piŋ^{31}kuɤr^{52}	做饭 tʃu^{44}fæ̃^{44}	炒菜 tsʰɔo^{52}tsʰai^{44}
靖远县	冰棍儿 piŋ^{22}kõr^{33}	做饭 tsɤu^{55}fæ̃^{33}	炒菜 tsʰɑo^{55}tsʰɛ^{33}
陇西县	冰棍 pin^{42}kuŋ^{44}	做饭 tsu^{44}fæ̃^{44}	炒菜 tsʰɔo^{55}tsʰɛ^{44}
秦州区	冰棍 piɤŋ^{21}kuɤŋ^{53}	做饭 tʃɥ^{44}fæ̃^{44}	炒菜 tsʰɔ^{53}tsʰɛ^{44}
安定区	冰棍 piŋ^{21}kuŋ^{44}	做饭 tsu^{44}fæ̃^{44}	炒菜 tsʰɔ^{53}tsʰɛ^{44}
会宁县	冰棍儿 piŋ^{21}kuŋ^{44}zɿ^{21}	做饭 tsu^{44}fæ̃^{44}	炒菜 tsʰɔ^{53}tsʰɛ^{44}
临洮县	冰棍儿 piŋ^{21}kuə̃r^{53}	做饭 tsu^{44}fæ̃^{44}	炒菜 tsʰɔ^{53}tsʰɛ^{44}
清水县	冰棍儿 piŋ^{21}kuŋ^{44}ɚ^{21}	做饭 tsu^{44}fæ̃^{443}	炒菜 tʃʰɔ^{52}tsʰɛ^{443}
永靖县	冰棍 piɤŋ^{22}kuɤŋ^{44}	做饭 tsu^{44}fæ̃^{44}	炒菜 tʂʰɔ^{53}tsʰɛ^{44}
敦煌市	冰棍儿 piŋ^{22}kuə̃r^{51}	做饭 tsu^{35}fæ̃^{21}	炒菜 tsʰɔ^{53}tsʰɛ^{44}
临夏市	冰棍 piŋ^{21}kuəŋ^{53}	做饭 tsu^{44}fɑ̃^{21}	炒菜 tʂʰɔ^{44}tsʰɛ^{42}
合作市	冰棍 piŋ^{21}kuəŋ^{53}	做饭 tsu^{44}fæ̃^{53}	炒菜 tʂʰɔ^{44}tsʰɛe^{53}
临潭县	冰棍儿 pin^{21}kuər^{51}	做饭 tsuɤ^{44}fæ̃^{44}	炒菜 tsʰɔo^{51}tsʰɛe^{44}

	0430 煮~带壳的鸡蛋	0431 煎~鸡蛋	0432 炸~油条
兰州市	煮 pfu³⁴	炸 tʂa⁵³	炸 tʂa⁵³
榆中县	煮 tʂu⁴⁴	煎 tɕian⁵¹	炸 tʂa³¹²
永登县	煮 pfu³⁵⁴	油炸 iɤu⁵³tʂa⁵³	炸 tʂa⁵³
红古区	煮 tʂu⁵³	烙 luə¹³	炸 tʂa¹³
凉州区	煮 tʂu³⁵	摊 tʰɑŋ³⁵	炸 tsa³⁵
甘州区	煮 pfu⁵³	煎 tɕiaŋ⁴⁴	炸 tʂa⁵³
肃州区	煮 tʂu⁵¹	炸 tsa⁵¹ 煎 tɕiæ̃⁴⁴	炸 tsa⁵¹
永昌县	煮 tʂu¹³	煎 tɕiɛ⁴⁴	炸 tʂa¹³
崆峒区	煮 tʂu⁵³	煎 tɕiæ̃²¹	炸 tsa²⁴
庆城县	煮 tʂu⁴⁴	煎 tɕiɛ̃⁵¹	炸 tsa¹¹³
宁县	煮 tʃu⁵²	摊 tʰæ̃³¹	炸 tsʰa²⁴
武都区	煮 tʃu⁵⁵	炸 tsa¹³	炸 tsa¹³ 煮 tʃu²⁴
文县	煮 tsu⁵⁵	煎 tɕiæ̃³¹	炸 tsa¹³
康县	煮 pfu⁵⁵	煎 tsian⁵³	炸 tʂa²⁴
礼县	煮 tʃu⁵²	摊 tʰæ̃³¹ 煎 tɕiæ̃³¹	炸 tsa¹³
靖远县	煮 tʂʮ⁵⁵	摊 tʰæ̃⁴¹	炸 tsa²⁴
陇西县	煮 tʃʮ⁵³	煎 tɕiæ̃²¹	炸 tsa¹³
秦州区	煮 tʃɥ⁵³	炸 tsa¹³	炸 tsa¹³
安定区	煮 tʃu⁵³	炒 tsʰɔ⁵³	炸 tsa¹³
会宁县	煮 tʃu⁵³	焙 pei⁴⁴	炸 tsʰa¹³
临洮县	煮 tʂu⁵³	煎 tɕiæ̃¹³	炸 tsa¹³
清水县	煮 tʃɨ⁵²	摊 tʰæ̃¹³	炸 tʃʰa¹³
永靖县	煮 tʂu⁵³	炒 tʂʰɔ⁵³	炸 tʂa²¹³
敦煌市	煮 tʂu⁵¹	炸 tsa⁴⁴	炸 tsa⁴⁴
临夏市	煮 tʂu⁴²	炒 tʂʰɔ⁴²	炸 tʂɑ⁵³
合作市	煮 tʂu⁴⁴	烙 luə¹³	炸 tʂA¹³
临潭县	煮 tʂu⁵¹	煎 tɕiæ̃⁴⁴	炸 tsa²⁴

	0433 蒸～鱼	0434 揉～面做馒头等	0435 擀～面，～皮儿
兰州市	蒸 tʂən⁵⁵	揉 zəu⁵³	擀 kæ̃³⁴
榆中县	蒸 tʂən⁵¹	揉 zəu³¹²	擀 kan⁴⁴
永登县	蒸 tʂə̃n⁴²	揉 zɣu⁵³	擀 kæ̃³⁵⁴
红古区	蒸 tʂən¹³	揉 zɣu¹³	擀 kan⁵³
凉州区	蒸 tʂəŋ³⁵	揉 zəu³⁵	擀 kɑŋ³⁵
甘州区	蒸 tʂɣŋ⁴⁴	揉 zɣu⁵³	擀 kaŋ⁵³
肃州区	蒸 tʂɣŋ⁴⁴	揉 zəu⁵¹	擀 kæ̃⁵¹
永昌县	蒸 tʂəŋ⁴⁴	揉 zəu¹³	擀 kɛe¹³
崆峒区	蒸 tʂɣŋ²¹	揉 zəu²⁴	擀 kæ̃⁵³
庆城县	蒸 tʂɣŋ⁵¹	揉 zɣu¹¹³	擀 kɛ̃⁴⁴
宁县	蒸 tʂəŋ³¹	揉 zou²⁴	擀 kæ̃⁵²
武都区	蒸 tʂəŋ³¹	揉 zəu¹³ 和 xuɣ¹³	擀 kæ̃⁵⁵
文县	蒸 tsəŋ³¹	揀⁼tsʰei³¹	擀 kæ̃⁵⁵
康县	蒸 tʂɣŋ⁵³	揀⁼tʂʰɛ⁵³ 和 xuɣ¹³	擀 kan⁵³
礼县	蒸 tʂɣŋ³¹	揉 zəu¹³	擀 kæ̃⁵²
靖远县	蒸 tʂɣŋ⁴¹	揉 zɣu²⁴	擀 kæ̃⁵⁵
陇西县	蒸 tʂɣŋ²¹	搊 tsʰɣu²¹	擀 kæ̃⁵³
秦州区	蒸 tʂɣŋ¹³	揉 zɣu¹³	擀 kæ̃⁵³
安定区	蒸 tʂəŋ¹³	搊 tsʰəu¹³	擀 kæ̃⁵³
会宁县	蒸 tʂəŋ¹³	揉 zəu¹³	擀 kæ̃⁵³
临洮县	蒸 tʂɣŋ¹³	揉 zɣu¹³	擀 kæ̃⁵³
清水县	蒸 tʂɣŋ¹³	揉 zou¹³	擀 kæ̃⁵²
永靖县	蒸 tʂɣŋ²¹³	揉 zɣu²¹³	擀 kæ̃⁵³
敦煌市	蒸 tʂɣŋ²¹³	揉 zɣu²¹³	擀 kæ̃⁵¹
临夏市	蒸 tʂəŋ¹³	揉 zɣu¹³	擀 kã⁴²
合作市	蒸 tʂəŋ¹³	揉 zəɯ¹³	擀 kæ̃⁴⁴
临潭县	蒸 tʂəŋ⁴⁴	和 xɣ²⁴	擀 kæ̃⁴⁴

	0436 吃早饭	0437 吃午饭	0438 吃晚饭
兰州市	吃馍馍 tʂʰʅ^{13}mɤ^{53}mɤ^{21}	吃晌午 tʂʰʅ^{22}ʂɑ̃^{44}vu^{21}	吃黑饭 tʂʰʅ^{42}xɯ^{22}fæ̃^{24}
榆中县	吃早饭 tʂʰʅ^{31}tsɔ^{44}fan^{0}	吃中午饭 tʂʰʅ^{31}tʂuən^{51} vu^{0}fan^{0}	吃黑饭 tʂʰʅ^{31}xə^{31}fan^{213}
永登县	吃早饭 tʂʰʅ^{22}tsɔ^{354}fæ̃^{53}	吃晌午 tʂʰʅ^{22}ʂɑ̃^{354}vu^{53}	吃晚饭 tʂʰʅ^{22}væ̃^{35}fæ̃^{53} 吃黑饭 tʂʰʅ^{44}xiɛ^{21}fæ̃^{13}
红古区	吃早饭 tʂʰʅ^{22}tsɔ^{55}fan^{21}	吃晌午 tʂʰʅ^{22}ʂɑŋ^{55}vu^{21}	吃黑饭 tʂʰʅ^{55}xə^{21}fan^{13}
凉州区	吃早饭 tʂʰʅ^{31}tsɑo^{53}fɑŋ^{35}	吃午饭 tʂʰʅ^{31}vu^{53}fɑŋ^{35}	吃晚饭 tʂʰʅ^{31}vɑŋ^{53}fɑŋ^{35}
甘州区	吃早上饭 tʂʰʅ^{22}tsɔ^{22}ʂaŋ^{22} faŋ^{44}	吃晌午饭 tʂʰʅ^{22}ʂaŋ^{35}vu^{42} faŋ^{21}	吃后晌饭 tʂʰʅ^{22}xɤu^{31}ʂaŋ^{22} faŋ^{21}
肃州区	吃早点 tʂʰʅ^{21}tsɔ^{53}tiæ̃^{51}	吃中午饭 tʂʰʅ^{21}tʂuŋ^{44} vu^{53}fæ̃^{21}	吃下午饭 tʂʰʅ^{44}ɕia^{21}vu^{53} fæ̃^{21}
永昌县		吃晌午饭 tʂʰʅ^{22}ʂɑŋ^{53}vu^{22} fɛe^{53}	吃黑饭 tʂʰʅ^{22}xə^{53}fɛe^{21}
崆峒区	吃早饭 tʂʰʅ^{22}tsɔ^{53}fæ̃^{44}	吃晌午 tʂʰʅ^{22}ʂɑŋ^{53}u^{21}	吃晚饭 tʂʰʅ^{22}uæ̃^{53}fæ̃^{44}
庆城县	吃早饭 tʂʰʅ^{21}tsɔ^{44}fɛ̃^{244}	吃晌午饭 tʂʰʅ^{21}ʂɑ̃^{51}vu^{0}fɛ̃^{0}	吃晚饭 tʂʰʅ^{21}vɛ̃^{44}fɛ̃^{0}
宁县	吃早饭 tʂʰʅ^{31}tsɔ^{52}fæ̃^{44}	吃晌午饭 tʂʰʅ^{31}ʂaŋ^{52}u^{0}fæ̃^{44}	喝汤 xuə^{24}tʰaŋ^{31}
武都区	吃早饭 tʂʰʅ^{22}tsɔu^{55}fæ̃^{21}	吃晌午 tʂʰʅ^{22}ʂɑŋ^{31}v^{21} 吃中午饭 tʂʰʅ^{31}tʃuŋ^{22}v^{21}fæ̃^{24}	吃黑饭 tʂʰʅ^{22}xei^{53}fæ̃^{21} 吃晚饭 tʂʰʅ^{22}væ̃^{55}fæ̃^{21}
文县	吃早饭 tsʰʅ^{21}tsɔo^{35}fæ̃^{42}	吃晌午 tsʰʅ^{31}sɑ̃^{53}vu^{44}	吃夜饭 tsʰʅ^{21}iɛ^{24}fæ̃^{42}
康县	吃早饭 tʂʰʅ^{21}tsɔo^{55}fan^{24}	吃晌午 tʂʰʅ^{21}ʂɑŋ^{53}u^{21}	吃黑饭 tʂʰʅ^{21}xei^{53}fan^{21}
礼县	吃早饭 tʂʰʅ^{31}tsɔo^{52}fæ̃^{21}	吃干粮 tʂʰʅ^{31}kæ̃^{21}liɑŋ^{24}	吃黑饭 tʂʰʅ^{31}xei^{21}fæ̃^{44}
靖远县	吃早干粮 tʂʰʅ^{22}tsɑo^{55}kæ̃^{41} liɑŋ^{21}	吃晌会 tʂʰʅ^{22}ʂɑŋ^{41}xuei^{21}	吃黑饭 tʂʰʅ^{22}xei^{22}fæ̃^{33}
陇西县	吃早饭 tʂʰʅ^{21}tsɔo^{55}fæ̃^{44}	吃午饭 tʂʰʅ^{21}vu^{55}fæ̃^{44}	吃黑饭 tʂʰʅ^{21}xe^{42}fæ̃^{44}
秦州区	吃早起饭 tʂʰʅ^{13}tsɔ^{21}tɕʰi^{53} fæ̃^{44}	吃晌午饭 tʂʰʅ^{13}ʂɑŋ^{21}vu^{13}fæ̃^{44}	吃黑了饭 tʂʰʅ^{13}xei^{21}liɔ^{53} fæ̃^{44}
安定区	吃早饭 tʂʰʅ^{21}tsɔ^{53}fæ̃^{44}	吃午饭 tʂʰʅ^{21}vu^{53}fæ̃^{44}	吃黑饭 tʂʰʅ^{21}xei^{21}fæ̃^{44}
会宁县	吃早饭 tʂʰʅ^{13}tsɔ^{53}fæ̃^{44}	吃饭罢饭 tʂʰʅ^{13}fæ̃^{44}pa^{21}fæ̃^{44}	吃黑饭 tʂʰʅ^{13}xei^{21}fæ̃^{44}
临洮县	吃早饭 tʂʰʅ^{13}tsɔ^{53}fæ̃^{21}	吃午饭 tʂʰʅ^{13}vu^{53}fæ̃^{44}	吃黑饭 tʂʰʅ^{13}xei^{21}fæ̃^{44}
清水县	吃干粮 tʂʰʅ^{13}kæ̃^{21}liɒ̃^{13}	吃饭 tʂʰʅ^{21}fæ̃^{443}	喝汤 xuə^{13}tʰɒ̃^{13}
永靖县	吃早饭 tʂʰʅ^{13}tsɔ^{53}fæ̃^{21}	吃晌午 tʂʰʅ^{13}ʂɑŋ^{22}vu^{44}	吃黑饭 tʂʰʅ^{53}xɤ^{22}fæ̃^{44}
敦煌市	吃腰食 tʂʰʅ^{35}iɔ^{21}ʂʅ^{13}	吃晌午饭 tʂʰʅ^{35}ʂɑŋ^{21}vu^{53} fæ̃^{44}	吃后晌饭 tʂʰʅ^{21}xɤu^{35}ʂɑŋ^{21} fæ̃^{44}
临夏市	吃早饭 tʂʰʅ^{13}tsɔ^{44}fɑ̃^{42}	吃晌午 tʂʰʅ^{13}ʂɑŋ^{13}vu^{21}	吃黑饭 tʂʰʅ^{13}xei^{21}fɑ̃^{53}
合作市	吃早饭 tʂʰʅ^{21}tsɔ^{44}fæ̃^{53}	吃中午饭 tʂʰʅ^{21}tʂuəŋ^{44}vu^{53} fæ̃^{21}	吃黑饭 tʂʰʅ^{44}xei^{21}fæ̃^{53}
临潭县	喝早饭 xɤ^{44}tsɔo^{53}fæ̃^{24}	吃晌午 tʂʰʅ^{44}ʂɒ^{44}vu^{24}	喝夜饭 xɤ^{44}iɛ^{44}fæ̃^{21}

	0439 吃～饭	0440 喝～酒	0441 喝～茶
兰州市	吃 tʂ^{h}ʅ^{13}	喝 xɤ^{13}	喝 xɤ^{13}
榆中县	吃 tʂ^{h}ʅ^{312}	喝 xə^{312}	喝 xə^{312}
永登县	吃 tʂ^{h}ʅ^{13}	喝 xə^{13}	喝 xə^{13}
红古区	吃 tʂ^{h}ʅ^{13}	喝 xuə^{13}	喝 xuə^{13}
凉州区	吃 tʂ^{h}ʅ^{31}	喝 xə^{31}	喝 xə^{31}
甘州区	吃 tʂ^{h}ʅ^{31}	喝 xə^{31}	喝 xə^{31}
肃州区	吃 tʂ^{h}ʅ^{213}	喝 xə^{213}	喝 xə^{213}
永昌县	吃 tʂ^{h}ʅ^{53}	喝 xə^{53}	喝 xə^{53}
崆峒区	吃 tʂ^{h}ʅ^{21}	喝 xuo^{21}	喝 xuo^{21}
庆城县	吃 tʂ^{h}ʅ^{51} 咥 tiᴇ^{113}	喝 xuə^{51}	喝 xuə^{51}
宁县	吃 tʂ^{h}ʅ^{31} 咥 tiɛ^{24}	喝 xuə^{31}	喝 xuə^{31}
武都区	吃 tʂ^{h}ʅ^{31}	喝 xuɤ^{31}	喝 xuɤ^{31}
文县	吃 tsɿ^{31}	喝 xuə^{31}	喝 xuə^{31}
康县	吃 tʂ^{h}ʅ^{53}	喝 xuɤ^{53}	喝 xuɤ^{53}
礼县	吃 tʂ^{h}ʅ^{31}	喝 xɤ^{31}	喝 xɤ^{31}
靖远县	吃 tʂ^{h}ʅ^{41}	喝 xuə^{41}	喝 xuə^{41}
陇西县	吃 tʂ^{h}ʅ^{21} 刨 p^{h}ɔo^{13}	喝 xɤ^{21}	喝 xɤ^{21}
秦州区	吃 tʂ^{h}ʅ^{13}	喝 xuə^{13}	喝 xuə^{13}
安定区	吃 tʂ^{h}ʅ^{13}	喝 xə^{13}	喝 xə^{13}
会宁县	吃 tʂ^{h}ʅ^{13}	喝 xə^{13}	喝 xə^{13}
临洮县	吃 tʂ^{h}ʅ^{13}	喝 xɤ^{13}	喝 xɤ^{13}
清水县	吃 tʂ^{h}ʅ^{13}	喝 xuə^{13}	喝 xuə^{13}
永靖县	吃 tʂ^{h}ʅ^{213}	喝 xɤ^{213}	喝 xɤ^{213}
敦煌市	吃 tʂ^{h}ʅ^{213}	喝 xə^{213}	喝 xə^{213}
临夏市	吃 tʂ^{h}ʅ^{13}	喝 xɤ^{13}	喝 xɤ^{13}
合作市	吃 tʂ^{h}ʅ^{13}	喝 xə^{13}	喝 xə^{13}
临潭县	喝 xɤ^{44}	喝 xɤ^{44}	喝 xɤ^{44}

	0442 抽～烟	0443 盛～饭	0444 夹用筷子～菜
兰州市	吃 tʂʰʅ^{13}	舀 iɔ^{34}	搛 tɕiɛ̃^{55}
榆中县	吃 tʂʰʅ^{312}	舀 iɔ^{44}	搛 tɕian^{51}
永登县	抽 tʂɤu^{42} 咂 tsa^{13}	舀 iɔ^{354}	搛 tɕiæ̃^{42}
红古区	吃 tʂʰʅ^{13}	舀 iɔ^{53}	搛 tɕian^{53}
凉州区	吃 tʂʰʅ^{31}	舀 iɑo^{35}	搛 tɕiɑŋ^{35}
甘州区	抽 tʂʰɤu^{44} 吃 tʂʰʅ^{31}	舀 iɔ^{53}	搛 tɕiaŋ^{44}
肃州区	吃 tʂʰʅ^{213} 抽 tʂʰəu^{44}	舀 ʑiɔ^{51}	搛 tɕiæ̃^{44}
永昌县	抽 tʂʰəu^{44}	舀 iɔo^{13}	搛 tɕiɛ^{44}
崆峒区	吃 tʂʰʅ^{21}	舀 iɔ^{53}	夹 tɕia^{21}
庆城县	吃 tʂʰʅ^{51} 抽 tʂʰɤu^{51}	舀 iɔ^{44}	捯 tɔ^{51}
宁县	吃 tʂʰʅ^{31} 抽 tʂʰou^{31}	舀 iɔ^{52}	抄 tsʰɔ^{31}
武都区	吃 tʂʰʅ^{31}	舀 iɔu^{55}	夹 tɕia^{31}
文县	抽 tsɤu^{31}	舀 iɔo^{55}	夹 tɕia^{31}
康县	吸 ɕi^{53} 抽 tʂʰɤu^{53}	舀 iɔo^{55}	夹 tɕia^{53}
礼县	吃 tʂʰʅ^{31}	舀 iɔo^{52}	夹 tɕia^{31}
靖远县	吃 tʂʰʅ^{41}	舀 iɑo^{55}	搛 tɕiæ̃^{41}
陇西县	吸 ɕi^{21} 吃 tʂʰʅ^{21}	舀 iɔo^{53}	夹 tɕia^{21}
秦州区	吃 tʂʰʅ^{13}	舀 iɔ^{53}	夹 tɕia^{13}
安定区	吃 tʂʰʅ^{13}	舀 iɔ^{53}	搛 tɕiæ̃^{13}
会宁县	吃 tʂʰʅ^{13}	舀 iɔ^{53}	搛 tɕiæ̃^{13}
临洮县	吃 tʂʰʅ^{13}	舀 iɔ^{53}	搛 tɕiæ̃^{13}
清水县	吃 tʂʰʅ^{13}	舀 iɔ^{52} 捞 lɔ^{13}	夹 tɕia^{13}
永靖县	吃 tʂʰʅ^{213}	舀 iɔ^{53}	搛 tɕiæ̃^{213}
敦煌市	吃 tʂʰʅ^{213}	舀 iɔ^{51}	搛 tɕiɛ̃^{213}
临夏市	吃 tʂʰʅ^{13}	舀 iɔ^{42}	搛 tɕiɛ̃^{13}
合作市	吃 tʂʰʅ^{13}	舀 iɔ^{44}	搛 tɕiæ̃^{13}
临潭县	吃 tʂʰʅ^{44}	舀 iɔo^{51}	搛 tɕiæ̃^{44}

	0445 斟～酒	0446 渴口～	0447 饿肚子～
兰州市	倒 $tɔ^{13}$	渴 $k^hã^{13}$	饿 $ɤ^{13}$
榆中县	倒 $tɔ^{213}$	渴 $k^haŋ^{213}$	饿 $ɣə^{213}$
永登县	斟 $tʂə̃n^{42}$ 倒 $tɔ^{13}$	渴 $k^hə^{13}$	饿 $və^{13}$
红古区	倒 $tɔ^{13}$	渴 $k^hɑŋ^{13}$	饿 $və^{13}$
凉州区	斟 $tʂəŋ^{35}$ 倒 $tɑo^{31}$	渴 $k^hɑŋ^{31}$	饿 $və^{31}$
甘州区	倒 $tɔ^{31}$	渴 $k^hə^{31}$	饿 $və^{31}$
肃州区	倒 $tɔ^{213}$	渴 $k^hɑŋ^{213}$	饿 $və^{213}$
永昌县	倒 $tɔo^{53}$	渴 $k^hɑŋ^{53}$	饿 $və^{53}$
崆峒区	倒 $tɔ^{44}$	渴 $k^hɑŋ^{44}$	饿 $ŋɤ^{44}$
庆城县	倒 $tɔ^{244}$	渴 $k^hã^{244}$	饿 $nuə^{244}$
宁县	倒 $tɔ^{44}$	渴 $k^haŋ^{44}$	饿 $ŋuə^{44}$
武都区	倒 $tɔu^{13}$	渴 $k^hɤ^{55}$	饿 $ŋɤ^{24}$
文县	倒 $tɔo^{24}$ 添 $t^hiæ̃^{31}$	渴 $k^hɤ^{31}$	饿 $ŋɤ^{24}$
康县	倒 $tɔo^{24}$	渴 $k^huɤ^{53}$	饿 $ŋuɤ^{24}$
礼县	倒 $tɔo^{44}$ 看 $kæ̃^{44}$	渴 $k^hɤ^{31}$	饿 $ŋɤ^{44}$
靖远县	倒 $tɑo^{33}$	嘴干 $tsuei^{55}kæ̃^{41}$	饿 $nuə^{33}$
陇西县	倒 $tɔo^{44}$	渴 $k^hɤ^{21}$	饿 $kɤ^{44}$
秦州区	瀽 $tɕiæ̃^{53}$	渴 $k^huə^{13}$	饿 $ŋuə^{44}$
安定区	瀽 $tɕiæ̃^{13}$	渴 $k^hɑŋ^{44}$	饿 $ŋə^{44}$
会宁县	倒 $tɔ^{44}$ 看 $k^hæ̃^{44}$	渴 $k^hɑŋ^{44}$	饿 $ŋə^{44}$
临洮县	倒 $tɔ^{44}$	渴 $k^hɤ^{13}$	饿 $ŋuɤ^{44}$
清水县	倒 $tɔ^{443}$ 看 $k^hæ̃^{443}$	渴 $k^huə^{13}$ 渴 $k^hɒ̃^{443}$	饿 $ŋuə^{443}$
永靖县	倒 $tɔ^{44}$	渴 $k^hɑŋ^{44}$	饿 $vɤ^{44}$
敦煌市	倒 $tɔ^{44}$	渴 $k^hɑŋ^{44}$ 渴 $k^hə^{213}$	饿 $ŋə^{44}$
临夏市	倒 $tɔ^{53}$	渴 $k^hɤ^{13}$	饿 $ŋɤ^{53}$
合作市	倒 $tɔ^{53}$	渴 $k^hə^{13}$	饿 $ŋə^{53}$
临潭县	倒 $tɔo^{44}$	渴 $k^hɤ^{44}$	饿 $ŋɤ^{44}$

	0448 噎吃饭～着了	0449 头人的，统称	0450 头发
兰州市	噎 iɛ^{13}	头 tʰɤu^{53}	头发 tʰəu^{53}fa^{13}
榆中县	噎 iᴇ^{312}	头 tʰəu^{312}	头发 tʰəu^{31}fa^{213}
永登县	噎 iɛ^{354}	头 tʰɤu^{53}	头发 tʰɤu^{55}fa^{21}
红古区	噎 iɛ^{13}	头 tʰɤu^{13}	头发 tʰɤu^{22}fa^{55}
凉州区	噎 iə^{31}	头 tʰəu^{35}	头发 tʰəu^{35}fa^{53}
甘州区	噎 iə^{31}	头 tʰɤu^{53}	头发 tʰɤu^{35}fa^{42}
肃州区	噎 ʑiɛ^{213}	头 tʰəu^{51} 脑袋 nɔ^{21}tɛ^{51}	头发 tʰəu^{53}fa^{21}
永昌县	呛 tɕʰiaŋ^{53}	头 tʰəu^{13}	头发 tʰəu^{13}fa^{42}
崆峒区	噎 iɛ^{21}	头 tʰəu^{24}	头发 tʰəu^{22}fa^{53}
庆城县	噎 iᴇ^{51}	头 tʰɤu^{113}	头发 tʰɤu^{21}fa^{0}
宁县	噎 iɛ^{31}	头 tʰou^{24} 颡 sa^{24}	头发 tʰou^{22}fa^{52}
武都区	噎 iᴇ^{31}	多=囊=tuɤ^{31}lɑŋ^{21} 脑壳 ləu^{55}kʰɤ^{21}	头发 tʰəu^{22}fa^{33}
文县	哽 kəŋ^{55}	头 tʰɤu^{13}	头发 tʰɤu^{21}fa^{24}
康县	噎 iɛ^{53}	脑壳 lɔo^{35}kʰuɤ^{21} 头 tʰɤu^{13}	头发 tʰɤu^{53}fa^{55}
礼县	噎 iɛ^{31}	多=脑 tuɤ^{31}nɔo^{24} 头 tʰəu^{13}	头发 tʰəu^{13}fa^{21}
靖远县	噎 iɛ^{41}	头 tʰɤu^{24}	头发 tʰɤu^{22}fa^{55}
陇西县	噎 iɛ^{21}	头 tʰɤu^{13}	头发 tʰɤu^{13}fa^{21}
秦州区	噎 iə^{13}	头 tʰɤu^{13}	头发 tʰɤu^{13}fa^{42}
安定区	噎 iə^{13}	多=脑 tə^{21}lɔ^{13}	头发 tʰəu^{13}fa^{21}
会宁县	噎 iə^{13}	头 tʰəu^{13}	头发 tʰəu^{13}fa^{21}
临洮县	噎 ie^{13}	头 tʰɤu^{13}	头发 tʰɤu^{21}fa^{44}
清水县	噎 iɛ^{13}	头 tʰou^{13}	头发 tʰou^{13}fa^{21}
永靖县	噎 iɛ^{213}	头 tʰɤu^{213}	头发 tʰɤu^{22}fa^{44}
敦煌市	噎 iə^{213}	头 tʰɤu^{213}	头发 tʰɤu^{22}fa^{51}
临夏市	噎 iɛ^{13}	多=罗=tuɤ^{21}luɤ^{24}	头发 tʰɤu^{13}fɑ^{42}
合作市	噎 iə^{13}	多=罗=tuə^{21}luə^{44}	头发 tʰəɯ^{21}fᴀ^{53}
临潭县	噎 iɛ^{24}	多=脑 tuɤ^{21}nɔo^{44}	头发 tʰəɯ^{21}fa^{44}

	0451 辫子	0452 旋	0453 额头
兰州市	顶搭子 tin^{44}ta^{42}tsɿ^{21}	旋儿 ɕyæ̃^{13}ɯ^{42}	奔颅 pən^{55}liəu^{42}
榆中县	顶搭子 tin^{44}ta^{0}tsɿ^{0}	旋儿 ɕyan^{21}ɣɤ^{44}	奔颅 pən^{51}ləu^{0}
永登县	辫子 piæ̃^{22}tsɿ^{354}	旋 ɕyæ̃^{53}	眉梁骨 i^{55}liɑ̃^{53}ku^{21}
红古区	辫子 pian^{22}tsɿ^{55} 顶搭儿 tin^{55}tər^{21}	旋 ɕyan^{13} 旋窝儿 ɕyan^{22}vər^{55}	奔颅 pən^{22}lɤu^{13}
凉州区	辫子 piɑŋ^{31}tsɿ^{21}	旋 ɕyɑŋ^{35}	天门盖 tʰiɑŋ^{35}məŋ^{53}kæ^{31}
甘州区	辫子 piaŋ^{31}tsɿ^{21}	旋儿 ɕyaŋ^{22}ɣɤ^{44}	天目盖 tʰiaŋ^{44}mu^{44}kɛ^{31}
肃州区	辫子 piæ̃^{21}tsɿ^{13}	旋 ɕyæ̃^{51}	天门盖 tʰiæ̃^{44}mɤŋ^{44}kɛ^{44}
永昌县	辫子 piɛ^{53}tsɿ^{21}	旋 ɕyɛ^{53}	天门梁 tʰiɛ^{44}məŋ^{44}liaŋ^{13}
崆峒区	髦角子 mɔ^{35}kɛ^{53}tsɿ^{21}	旋 ɕyæ̃^{53}	额颅 nɛ^{53}loŋ^{21}
庆城县	辫子 piɛ̃^{244}tsɿ^{0}	旋 ɕyɛ̃^{244}	额颅 nɛ^{51}lɤu^{0}
宁县	髦角子 mɔ^{44}kɛ^{55}tsɿ^{0} 髦辫子 mɔ^{44}pʰiæ̃^{44}tsɿ^{31}	旋 suæ̃^{44}	额颅 nei^{31}nou^{0}
武都区	辫子 piæ̃^{24}tsɿ^{21}	旋儿 ɕyæ̃^{24}ɚ^{21}	额颅 ŋɛɪ^{31}lu^{21}
文县	辫子 piæ̃^{24}tsɿ^{42}	旋儿 ɕyæ̃r^{13}	额头 ŋɛe^{42}tʰɤu^{13}
康县	辫子 pʰian^{24}tsɿ^{53}	旋儿 ɕyɑ̃r^{24}	额颅光 ŋɛ^{53}lɤu^{21}kuɑŋ^{35}
礼县	辫子 pʰiæ̃^{44}tsɿ^{21}	旋儿 ɕyɐr^{52}	额颅 ŋai^{31}nu^{44}
靖远县	髦角子 mɑo^{24}tɕyə^{41}tsɿ^{21}	旋儿 ɕyɐ̃r^{24}	额颅 nɛ^{41}lu^{21}
陇西县	髦角子 mɔo^{44}kɤ^{42}tsɿ^{21}	旋 ɕyæ̃^{44}	额头 kɛ^{42}tʰɤu^{13}
秦州区	髦角子 mɔ^{44}kɤŋ^{21}tsɿ^{21}	旋 ɕyæ̃^{44}	额颅 ŋɛ^{21}lu^{44}
安定区	髦辫子 mɔ^{44}pʰiæ̃^{44}tsɿ^{21}	旋 ɕyæ̃^{44}	额头 ŋɛ^{21}tʰəu^{13}
会宁县	髦角子 mɔ^{44}kə^{21}tsɿ^{21}	旋儿 ɕyæ̃^{44}zɿ^{21}	额颅 ŋɛ^{21}lu^{13}
临洮县	辫子 pʰiæ̃^{44}tsɿ^{21}	旋儿 ɕyɐr^{53}	额头 ɛ^{21}tʰɤu^{13}
清水县	髦辫子 mɔ^{44}pʰiæ̃^{44}tsɿ^{21} 髦角子 mɔ^{44}kuə^{21}tsɿ^{21}	旋 ɕyæ̃^{443}	额颅 ŋɛ^{21}lu^{13} 明棱光子 miŋ^{13}lɤŋ^{13}kuɒ̃^{44}tsɿ^{21}
永靖县	顶搭 tiɤŋ^{53}ta^{21}	旋 ɕyæ̃^{213}	眉脸 mi^{22}liæ̃^{44}
敦煌市	髦角子 mɔ^{35}kɛ^{21}tsɿ^{21}	旋儿 ɕyɛ̃^{44}ər^{21}	天门盖 tʰiɛ̃^{22}mɤŋ^{22}kɛ^{44}
临夏市	顶搭 tiŋ^{44}tɑ^{24}	旋 ɕyɛ̃^{13}	眉梁 mi^{21}liɑŋ^{53}
合作市	辫子 piæ̃^{44}tsɿ^{21}	旋 ɕyæ̃^{44}	眉梁 mi^{21}liɑŋ^{53}
临潭县	角髦儿 kəɯ^{21}mər^{51}	旋 ɕyæ̃^{24}	额颅 ŋɛe^{44}lu^{44}

	0454 相貌	0455 脸洗～	0456 眼睛
兰州市	模样子 mu^{53}iɑ̃^{13}tsɿ^{21}	脸 ȵiæ̃^{34}	眼睛 iæ̃^{44}tɕin^{21}
榆中县	长相 tʂaŋ^{44}ɕiaŋ^{213}	脸 lian^{44}	眼睛 ian^{44}tɕin^{0}
永登县	面相 miæ̃^{13}ɕiɑ̃^{13} 相貌 ɕiɑ̃^{13}mɔ^{13}	脸 liæ̃^{354}	眼睛 iæ̃^{354}tɕin^{42}
红古区	脸蛋儿 lian^{55}tər^{21}	脸 lian^{53}	眼睛 ian^{55}tɕin^{21}
凉州区	模样子 mu^{35}iɑŋ^{53}tsɿ^{21}	脸 liɑŋ^{35}	眼睛 iɑŋ^{53}tɕiŋ^{35}
甘州区	长相 tʂaŋ^{22}ɕiaŋ^{44} 模样子 mu^{35}iaŋ^{42}tsɿ^{21}	脸 liaŋ^{53}	眼睛 iaŋ^{44}tɕiŋ^{44}
肃州区	模样子 mu^{35}ʑiɑŋ^{53}tsɿ^{21}	脸 liæ̃^{51}	眼睛 ʑiæ̃^{44}tɕiŋ^{44}
永昌县	模样子 mu^{13}iaŋ^{42}tsɿ^{21}	脸 liɛ^{13}	眼睛 iɛ^{44}tɕiŋ^{44}
崆峒区	模样 mu^{22}iɑŋ^{53}	脸 liæ̃^{53}	眼睛 ȵiæ̃^{55}tɕiɤŋ^{21}
庆城县	面相 miɛ̃^{244}ɕiɑ̃^{244} 面目 miɛ̃^{244}mu^{0}	脸 liɛ̃^{44}	眼睛 iɛ̃^{44}tɕiŋ^{0} 眼窝 iɛ̃^{44}vuə^{0}
宁县	长相 tʂaŋ^{52}ɕiaŋ^{44}	脸 liæ̃^{52}	眼睛 ȵiæ̃^{55}tɕiŋ^{0} 眼窝 ȵiæ̃^{55}uə^{0}
武都区	长相 tʂɑŋ^{55}ɕiɑŋ^{24}	脸 ȵiæ̃^{55}	眼睛 ȵiæ̃^{55}tɕin^{21}
文县	样子 iɑ̃^{24}tsɿ^{42}	脸 ȵiæ̃^{55}	眼睛 ȵiæ̃^{55}tɕiəŋ^{42}
康县	样子 iɑŋ^{24}tsɿ^{53}	脸 ȵian^{53}	眼睛 ȵian^{35}tɕiŋ^{21}
礼县	相貌 ɕiɑŋ^{44}mɔo^{44}	脸 ȵiæ̃^{52}	眼睛 ȵiæ̃^{52}tɕiŋ^{21}
靖远县	长相 tʂɑŋ^{55}ɕiɑŋ^{33}	脸 liæ̃^{55}	眼睛 ȵiæ̃^{55}tɕiŋ^{21}
陇西县	长相 tʂɑŋ^{55}ɕiɑŋ^{44} 嘴脸 tsue^{22}liæ̃^{21}	脸 liæ̃^{53}	眼睛 liæ̃^{55}tɕiŋ^{21}
秦州区	长相 tʂɑŋ^{53}ɕiɑŋ^{44}	脸 ȵiæ̃^{53}	眼睛 ȵiæ̃^{53}tɕiɤŋ^{21}
安定区	样子 iɑŋ^{44}tsɿ^{44}	脸 ȵiæ̃^{53}	眼睛 ȵiæ̃^{53}tɕiŋ^{21}
会宁县	相貌 ɕiɑŋ^{44}mɔ^{44}	脸 ȵiæ̃^{53}	眼睛 ȵiæ̃^{53}tɕiŋ^{21}
临洮县	样子 iɑ̃^{44}tsɿ^{21}	脸 ȵiæ̃^{53}	眼睛 ȵiæ̃^{53}tɕiŋ^{21}
清水县	模样儿 mu^{13}iɒ̃^{21}ɚ^{21} 长相 tʂɒ̃^{52}siɒ̃^{44}	脸 ȵiæ̃^{52}	眼睛 ȵiæ̃^{52}tsiŋ^{21} 眼仁子 ȵiæ̃^{52}ʐɤŋ^{13}tsɿ^{21}
永靖县	模样 mu^{22}iɑŋ^{44}	脸 liæ̃^{53}	眼睛 iæ̃^{53}tɕiɤŋ^{21}
敦煌市	模样子 mu^{22}iɑŋ^{53}tsɿ^{21} 长相 tʂɑŋ^{53}ɕiɑŋ^{44}	脸 ȵiɛ̃^{51}	眼睛 ȵiɛ̃^{53}tɕiŋ^{21}
临夏市	样子 iɑŋ^{44}tsɿ^{21}	脸 ȵiɛ̃^{42}	眼睛 ȵiɛ̃^{44}tɕiŋ^{24}
合作市	样子 iɑŋ^{44}tsɿ^{21} 长相 tʂɑŋ^{44}ɕiɑŋ^{53}	脸 ȵiæ̃^{44}	眼睛 ȵiæ̃^{44}tɕiŋ^{13}
临潭县	样子 iɒ^{44}tsɿ^{21}	脸 ȵiæ̃^{51}	眼睛 ȵiæ̃^{53}tɕin^{24}

	0457 眼珠统称	0458 眼泪哭的时候流出来的	0459 眉毛
兰州市	眼珠子 iæ̃^{44}pfu^{53}tsɿ^{21}	眼泪 iæ̃^{44}luei^{21}	眉毛 mi^{53}mɔ^{13}
榆中县	眼珠子 ian^{44}tʂu^{51}tsɿ^{0}	眼泪 ian^{44}luei^{0}	眉毛 mi^{31}mɔ^{213}
永登县	眼珠子 iæ̃^{55}pfu^{55}tsɿ^{21}	眼泪 iæ̃^{35}luei^{53}	眉毛 mi^{22}mɔ^{13}
红古区	眼珠子 ian^{55}tʂu^{21}tsɿ^{13}	眼泪 ian^{55}luei^{21}	眉毛 mɿ^{22}mɔ^{55}
凉州区	眼珠子 iɑŋ^{35}tʂu^{35}tsɿ^{53}	眼泪 iɑŋ^{53}luei^{35}	眉毛 mi^{35}mɑo^{53}
甘州区	眼珠子 iaŋ^{44}pfu^{44}tsɿ^{44}	眼泪 iaŋ^{22}luei^{44}	眉毛 mi^{35}mɔ^{42}
肃州区	眼珠子 ʑiæ̃^{21}tʂu^{44}tsɿ^{21}	眼泪 ʑiæ̃^{21}luei^{51}	眉毛 mi^{35}mɔ^{21}
永昌县	眼珠子 iɛ^{44}tʂu^{44}tsɿ^{44}	眼泪 iɛ^{44}luei^{44}	眉毛 mi^{13}mɔo^{42}
崆峒区	眼珠子 ȵiæ̃^{53}tʂu^{53}tsɿ^{21}	眼泪 ȵiæ̃^{55}luei^{21}	眉毛 mi^{22}mɔ^{53}
庆城县	眼珠 iɛ̃^{44}tʂu^{0}	眼泪 ȵiɛ̃^{44}luei^{0}	眉毛儿 mi^{21}mɔr^{244}
宁县	眼仁子 ȵiæ̃^{52}ʐəŋ^{22}tsɿ^{52}	眼泪 ȵiæ̃^{55}ly^{0}	眼眉儿 ȵiæ̃^{52}miər^{24}
武都区	眼儿珠子 ȵiæ̃^{55}ɚ^{21}tʃu^{53}sɿ^{21} 眼珠子 ȵiæ̃^{55}tʃu^{53}tsɿ^{21}	眼泪 ȵiæ̃^{55}luei^{21}	眉毛 mi^{22}mɔu^{31}
文县	眼珠子 ȵiæ̃^{55}tsu^{42}tsɿ^{42}	眼泪 ȵiæ̃^{55}luei^{24}	眉毛 mi^{21}mɔo^{42}
康县	眼珠子 ȵian^{55}pfu^{53}tsɿ^{21}	眼泪 ȵian^{35}luei^{53}	眉毛 mei^{42}mɔo^{35}
礼县	眼珠娃儿 ȵiæ̃^{52}tʃu^{21}var^{24} 眼娃儿 ȵiæ̃^{52}var^{24}	眼泪 ȵiæ̃^{52}ȵy^{21}	眉毛 mi^{13}mɔo^{21}
靖远县	眼珠子 ȵiæ̃^{55}tʂʮ^{41}tsɿ^{21}	眼泪 ȵiæ̃^{55}luei^{21}	眉毛 mɿ^{22}mɑo^{55}
陇西县	眼珠子 liæ̃^{55}tʃʮ^{22}tsɿ^{21}	眼泪 liæ̃^{55}lue^{44}	眼眉眉 liæ̃^{55}mi^{21}mi^{44}
秦州区	眼仁 ȵiæ̃^{53}ʐɤŋ^{13}	眼泪 ȵiæ̃^{31}lei^{21}	眉毛 mi^{13}mɔ^{21}
安定区	眼仁珠子 ȵiæ̃^{53}ʐəŋ^{13}tʃu^{21}tsɿ^{21}	眼泪 ȵiæ̃^{53}ly^{21}	眼眉眉 ȵiæ̃^{53}mi^{21}mi^{21}
会宁县	眼仁儿 ȵiæ̃^{53}ʐəŋ^{21}zɿ^{13}	眼泪 ȵiæ̃^{53}ly^{21}	眉毛 mi^{13}mɔ^{21}
临洮县	眼仁儿 ȵiæ̃^{53}ʐə̃r^{13}	眼泪 ȵiæ̃^{53}luei^{21}	眉毛 mi^{13}mɔ^{21}
清水县	眼仁子珠珠子 ȵiæ̃^{52}ʐɤŋ^{13}tsɿ^{21}tʃɨ^{21}tʃɨ^{13}tsɿ^{21}	眼泪 ȵiæ̃^{52}luəi^{21}	眼眉毛 ȵiæ̃^{52}mi^{13}mɔ^{21}
永靖县	眼珠子 iæ̃^{44}tʂu^{22}tsɿ^{53}	眼泪 liæ̃^{53}luei^{21}	眉毛 mi^{22}mɔ^{44}
敦煌市	眼珠子 ȵiɛ̃^{53}tʂu^{21}tsɿ^{21}	眼泪 ȵiɛ̃^{53}luei^{21}	眉毛 mi^{22}mɔ^{51}
临夏市	眼［仁儿］ȵiɛ̃^{44}ʐei^{24}	眼泪 niɛ̃^{44}luei^{21}	眉毛 mi^{13}mɔ^{42}
合作市	眼珠子 ȵiæ̃^{44}tʂu^{21}tsɿ^{53}	眼泪 ȵiæ̃^{44}luei^{53}	眉毛 mi^{13}mɔ^{21}
临潭县	眼珠子 ȵiæ̃^{51}tʂu^{44}tsɿ^{44}	眼泪 ȵiæ̃^{51}luɪ^{24}	眉毛 mi^{21}mɔo^{44}

	0460 耳朵	0461 鼻子	0462 鼻涕统称
兰州市	耳朵 ɯ^{44}tuə^{21}	鼻子 pi^{53}tsɿ^{13}	鼻子 pi^{53}tsɿ^{13}
榆中县	耳朵 ɣɤ^{44}tuə^{0}	鼻疙瘩 pi^{31}kə^{0}ta^{44}	鼻子 pi^{31}tsɿ^{213}
永登县	耳朵 a^{354}tuə^{21}	鼻子 pi^{53}tsɿ^{21}	鼻子 pi^{53}tsɿ^{21}
红古区	耳聒 ər^{55}kua^{21} 耳朵 ər^{55}tuə^{21}	鼻子 pɿ^{22}tsɿ^{13}	鼻子 pɿ^{22}tsɿ^{13}
凉州区	耳朵 ʀɯ^{53}tuə^{35}	鼻子 pi^{35}tsɿ^{53}	鼻子 pi^{35}tsɿ^{53}
甘州区	耳朵 ɣɤ^{22}tuə^{44}	鼻子 pi^{35}tsɿ^{42}	鼻屎 pi^{35}ʂʅ^{42}
肃州区	耳聒子 ɣə^{21}kua^{44}tsɿ^{21} 耳朵 ɣə^{21}tuə^{51}	鼻子 pi^{44}tsɿ^{21}	清鼻子 tɕ^{h}iŋ^{44}pi^{44}tsɿ^{44}
永昌县	耳朵 ɣɤ^{53}tuə^{13}	鼻子 pi^{13}tsɿ^{42}	鼻子 pi^{13}tsɿ^{42}
崆峒区	耳朵 ɚ^{55}tuo^{21}	鼻子 pi^{22}tsɿ^{53}	鼻 pi^{24}
庆城县	耳朵 ɚ^{44}tuə^{0}	鼻子 pi^{21}tsɿ^{0}	鼻 pi^{113}
宁县	耳朵 ər^{55}tuə^{0}	鼻子 p^{h}i^{22}tsɿ^{52}	鼻 p^{h}i^{24}
武都区	耳聒子 ɚ^{55}kua^{21}tsɿ^{21}	鼻子 p^{h}i^{21}tsɿ^{24}	鼻 p^{h}i^{13} 清鼻 tɕ^{h}in^{31}p^{h}i^{13}
文县	耳朵 ɚ^{35}tuə^{42}	鼻子 p^{h}i^{42}tsɿ^{55}	鼻 p^{h}i^{13}
康县	耳聒子 ɚ^{35}kua^{53}tsɿ^{21}	鼻子 p^{h}i^{53}tsɿ^{35}	鼻 p^{h}i^{13}
礼县	耳聒子 ɚ^{52}kua^{21}tsɿ^{24} 耳朵 ɚ^{52}tuɤ^{21}	鼻子 p^{h}i^{13}tsɿ^{21}	鼻 p^{h}i^{13}
靖远县	耳聒子 ər^{55}kua^{22}tsɿ^{55}	鼻子 pɿ^{22}tsɿ^{55}	清鼻 tɕ^{h}iŋ^{22}pɿ^{24}
陇西县	耳朵 ʒɥ^{55}tuɤ^{42}	鼻公 p^{h}i^{21}kuŋ^{44}	鼻 p^{h}i^{13}
秦州区	耳聒子 ɛ^{53}kua^{13}tsɿ^{21}	鼻子 p^{h}i^{13}tsɿ^{21}	鼻 p^{h}i^{13}
安定区	耳聒子 zɿ^{53}kua^{44}tsɿ^{21}	鼻公 p^{h}i^{21}kuŋ^{44}	鼻 p^{h}i^{13}
会宁县	耳聒子 zɿ^{53}kua^{13}tsɿ^{21}	鼻公 p^{h}i^{21}kuŋ^{44}	鼻 p^{h}i^{13}
临洮县	耳朵 ɚ^{53}tuɤ^{21}	鼻公 p^{h}i^{44}kuŋ^{44}	鼻涕 p^{h}i^{13}t^{h}i^{21}
清水县	耳朵 ɚ^{52}tuə^{21} 耳聒子 ɚ^{52}kua^{13}tsɿ^{21}	鼻子 p^{h}i^{13}tsɿ^{21}	鼻 p^{h}i^{13}
永靖县	耳朵 ɯ^{53}tuɤ^{21}	鼻子 pi^{22}tsɿ^{13}	鼻子 pi^{22}tsɿ^{13}
敦煌市	耳朵 ər^{53}tuə^{21}	鼻子 pi^{22}tsɿ^{51}	鼻子 pi^{22}tsɿ^{51}
临夏市	耳朵 ɯ^{44}tuɤ^{24}	鼻子 pi^{21}tsɿ^{53}	鼻子 pi^{21}tsɿ^{53}
合作市	耳朵 ei^{44}tuə^{13}	鼻子 pi^{21}tsɿ^{53}	鼻子 pi^{21}tsɿ^{53}
临潭县	耳朵 ɐr^{53}tuɤ^{24}	鼻子 pi^{21}tsɿ^{44}	清鼻 tɕ^{h}in^{44}pi^{44}

	0463 擤～鼻涕	0464 嘴巴人的，统称	0465 嘴唇
兰州市	擤 ɕin^{13}	嘴 tsuei^{34}	嘴皮子 tsuei^{55}pʰi^{42}tsɿ^{21}
榆中县	擤 ɕin^{44}	嘴巴 tsuei^{44}pa^{0}	嘴皮子 tsuei^{44}pʰi^{0}tsɿ^{213}
永登县	擤 ɕin^{354}	嘴 tsuei^{354}	嘴唇子 tsuei^{22}pfʰə̃n^{53}tsɿ^{21}
红古区	擤 ɕin^{53}	嘴 tsuei^{53}	嘴皮儿 tsuei^{55}pʰiər^{21}
凉州区	擤 ɕiŋ^{35}	嘴 tsuei^{35}	嘴唇子 tsuei^{35}tʂʰuŋ^{35}tsɿ^{53} 嘴皮子 suei^{53}pʰi^{35}tsɿ^{53}
甘州区	擤 ɕiŋ^{53}	嘴 tsuei^{53}	嘴唇子 tsuei^{44}kʰuŋ^{44}tsɿ^{44}
肃州区	擤 ɕiŋ^{51}	嘴 tsuei^{51}	嘴唇子 tsuei^{21}tʂʰuŋ^{44}tsɿ^{21}
永昌县	擤 ɕiŋ^{13}	嘴 tsuei^{13}	嘴唇子 tsuei^{44}tʂʰoŋ^{44}tsɿ^{21}
崆峒区	擤 ɕiɤŋ^{53}	嘴 tsuei^{53}	嘴唇子 tsuei^{53}ʂoŋ^{22}tsɿ^{53}
庆城县	擤 ɕiŋ^{44}	嘴 tsuei^{44}	嘴唇 tsuei^{44}ʂuŋ^{113}
宁县	擤 ɕiŋ^{52}	嘴 tsuei^{52}	嘴唇 tsuei^{52}ʃuei^{24}
武都区	擤 ɕi^{55}	口 kʰəu^{55} 嘴 tsuei^{55}	嘴皮子 tsuei^{55}pʰi^{22}tsɿ^{24}
文县	擤 ɕiəŋ^{55}	嘴巴子 tsuei^{53}pa^{42}tsɿ^{42}	嘴皮子 tsuei^{55}pʰi^{21}tsɿ^{24}
康县	擤 siŋ^{55}	嘴巴子 tsuei^{35}pa^{53}tsɿ^{21}	嘴皮子 tsuei^{35}pʰi^{53}tsɿ^{21}
礼县	擤 ɕiŋ^{52}	口 kʰəu^{52} 嘴 tʃuei^{52}	嘴皮儿 tʃuei^{52}pʰiər^{13}
靖远县	擤 ɕiŋ^{55}	嘴 tsuei^{55}	嘴唇子 tsuei^{41}tʂʰoŋ^{22}tsɿ^{55}
陇西县	擤 ɕiŋ^{53}	嘴 tsue^{53}	嘴皮子 tsue^{55}pʰi^{21}tsɿ^{44}
秦州区	擤 ɕiɤŋ^{53}	嘴 tsuei^{53}	嘴皮 tsuei^{53}pʰi^{13}
安定区	擤 ɕiŋ^{53}	口 kʰəu^{53}	嘴皮子 tsuei^{53}pʰi^{21}tsɿ^{21}
会宁县	擤 ɕiŋ^{53}	嘴 tsuei^{53}	嘴皮 tsuei^{53}pʰi^{13}
临洮县	擤 ɕiŋ^{53}	嘴 tsuei^{53}	嘴唇儿 tsuei^{53}tʂuə̃r^{13}
清水县	擤 ɕiŋ^{52}	嘴 tsuəi^{52}	嘴皮 tsuəi^{52}pʰi^{13}
永靖县	擤 ɕiɤŋ^{53}	嘴 tsuei^{53}	嘴皮子 tsuei^{44}pʰi^{22}tsɿ^{13}
敦煌市	擤 ɕiŋ^{51}	嘴 tsuei^{51}	嘴皮子 tsuei^{53}pʰi^{22}tsɿ^{51}
临夏市	擤 ɕiŋ^{42}	嘴 tsuei^{42}	嘴皮 tsuei^{44}pʰi^{24}
合作市	擤 ɕiŋ^{44}	嘴 tsuei^{44}	嘴［唇儿］tsuei^{44}ʂuei^{13}
临潭县	擤 ɕin^{44}	嘴 tsuɪi^{51}	嘴皮儿 tsuɪi^{51}pʰiər^{24}

	0466 口水～流出来	0467 舌头	0468 牙齿
兰州市	颔水 xæ̃^{55}fei^{21}	舌头 ʂɤ^{53}tʰəu^{13}	牙 ia^{53}
榆中县	颔水 xan^{51}ʂuei^{0}	舌头 ʂə^{31}tʰəu^{213}	牙齿 ia^{31}tʂʰʅ^{213}
永登县	颔水 xæ̃^{44}fei^{21}	舌头 ʂə^{55}tʰɤu^{21}	牙 ia^{53}
红古区	颔水 xan^{22}fei^{13}	舌头 ʂə^{22}tʰɤu^{55}	牙 ia^{13}
凉州区	颔水 xɑŋ^{35}ʂuei^{53}	舌头 ʂə^{35}tʰəu^{53}	牙 ia^{35}
甘州区	颔水 xaŋ^{44}fei^{44}	舌头 ʂə^{35}tʰɤu^{42}	牙 ia^{53}
肃州区	颔水 xæ̃^{13}ʂuei^{44}	舌头 sə^{35}tʰəu^{21}	牙 ʐia^{51}
永昌县	颔水 xɛe^{44}ʂuei^{44}	舌头 ʂə^{13}tʰəu^{42}	牙 ia^{13}
崆峒区	颔水 xæ̃^{53}ʂuei^{21}	舌头 ʂɤ^{22}tʰəu^{53}	牙 ia^{24}
庆城县	颔水 xɛ̃^{51}ʂuei^{0}	舌头 ʂɛ^{21}tʰɤu^{0}	牙 ia^{113}
宁县	颔水 xæ̃^{31}ʃuei^{0}	舌头 ʂə^{22}tʰou^{52}	牙 ȵia^{24}
武都区	颔水 xæ̃^{31}ʃuei^{21}	舌头 ʂɤ^{22}tʰəu^{24} 舌 ʂɤ^{13}	牙齿 ia^{22}tsʰɿ^{53}
文县	痰吐 tʰæ̃^{42}tʰu^{24}	舌头 ɕiɛ^{42}tʰɤu^{24}	牙 ȵia^{13}
康县	颔水 xan^{53}fei^{21}	舌头 ʂɤ^{53}tʰɤu^{35}	牙 ia^{13}
礼县	颔水 xæ̃^{31}ʃuei^{21}	舌头 ʂɤ^{13}tʰəu^{21}	牙齿 ȵia^{13}tsɿ^{21}
靖远县	颔水 xæ̃^{41}ʂuei^{21}	舌头 ʂɤ^{22}tʰɤu^{55}	牙 ia^{24}
陇西县	颔水 xæ̃^{21}ʃɥe^{53}	舌头 ʂɤ^{22}tʰɤu^{44}	牙齿 ia^{21}tsʰɿ^{44}
秦州区	颔水 xæ̃^{21}suei^{53}	舌头 ʂɤ^{13}tʰɤu^{21}	牙齿 ȵia^{13}tsɿ^{21}
安定区	颔水 xæ̃^{21}ʃuei^{53}	舌头 ʂə^{21}tʰəu^{44}	牙齿 ȵia^{21}tsʰɿ^{44}
会宁县	颔水 xæ̃^{21}ʃuei^{53}	舌头 ʂə^{21}tʰəu^{44}	牙齿 ȵia^{21}zɿ^{13}
临洮县	颔水 xæ̃^{21}ʂuei^{53}	舌头 ʂɛ^{21}tʰɤu^{44}	牙齿 ia^{21}tsɿ^{44}
清水县	颔水 xæ̃^{21}ʃəi^{52}	舌头 ʂə^{13}tʰou^{21}	牙 ȵia^{13}
永靖县	颔水 xæ̃^{22}ʂuei^{53}	舌头 ʂɤ^{22}tʰɤu^{44}	牙齿 ia^{22}tʂʰʅ^{44}
敦煌市	颔水 xæ̃^{21}ʂuei^{13}	舌头 ʂə^{22}tʰɤu^{51}	牙 ia^{213}
临夏市	颔水 xã^{13}ʂuei^{42}	舌头 ʂɤ^{21}tʰɤu^{53}	牙齿 iɑ^{13}tʂʰʅ^{42}
合作市	颔水 xæ̃^{13}ʂuei^{21}	舌头 ʂə^{21}tʰəɯ^{44}	牙齿 iᴀ^{13}tʂʰʅ^{21}
临潭县	颔水 xæ̃^{44}suɪi^{51}	舌头 ʂɤ^{21}tʰəɯ^{44}	牙 ia^{24}

	0469 下巴	0470 胡子嘴周围的	0471 脖子
兰州市	下巴子 xa^{22}pa^{44}tsɿ^{21}	胡子 xu^{53}tsɿ^{22}	脖子 pɤ^{53}tsɿ^{13}
榆中县	下巴子 xa^{21}pa^{13}tsɿ^{0}	胡子 xu^{31}tsɿ^{213}	脖子 pə^{31}tsɿ^{213}
永登县	下巴子 çia^{22}pa^{13}tsɿ^{354} 下巴子 xa^{22}pa^{13}tsɿ^{354}	胡子 xu^{55}tsɿ^{21}	脖子 pə^{55}tsɿ^{21}
红古区	牙巴骨 ia^{22}pa^{22}ku^{55}	胡子 xu^{22}tsɿ^{13}	脖子 pə^{22}tsɿ^{13}
凉州区	下巴子 xa^{31}pa^{31}tsɿ^{21}	胡子 xu^{35}tsɿ^{53}	脖子 pə^{35}tsɿ^{53}
甘州区	下巴子 xa^{31}pa^{22}tsɿ^{21}	胡子 xu^{35}tsɿ^{42}	脖子 puə^{35}tsɿ^{42}
肃州区	下巴子 xa^{21}pa^{22}tsɿ^{13}	胡子 xu^{35}tsɿ^{21}	脖子 pə^{35}tsɿ^{21}
永昌县	下巴子 xa^{53}pa^{22}tsɿ^{21}	胡子 xu^{13}tsɿ^{42}	脖子 pə^{13}tsɿ^{42}
崆峒区	下巴 xa^{35}pa^{53}	胡子 xu^{22}tsɿ^{53}	脖子 pɤ^{22}tsɿ^{53}
庆城县	下巴 xa^{244}pa^{0}	胡子 xu^{21}tsɿ^{0}	脖子 puə^{21}tsɿ^{0}
宁县	下巴子 xa^{44}pa^{55}tsɿ^{0}	胡子 xu^{22}tsɿ^{52}	脖子 p^{h}uə^{22}tsɿ^{52}
武都区	下巴 xa^{24}p^{h}a^{21}	胡子 xu^{22}tsɿ^{24}	脖子 p^{h}uɤ^{22}tsɿ^{24}
文县	下巴子 xa^{13}pa^{42}tsɿ^{42}	胡子 xuə^{21}tsɿ^{35}	脖子骨 p^{h}ɤ^{21}tsɿ^{35}ku^{42}
康县	下巴子 xa^{21}p^{h}a^{53}tsɿ^{21}	胡子 xu^{53}tsɿ^{35}	脖子 p^{h}uɤ^{53}tsɿ^{35}
礼县	下巴 xa^{44}pa^{21}	胡子 xu^{13}tsɿ^{21}	脖子 p^{h}ɤ^{13}tsɿ^{21}
靖远县	下巴子 xa^{35}pa^{41}tsɿ^{21}	胡子 xu^{22}tsɿ^{55}	脖子 pɤ^{22}tsɿ^{55}
陇西县	下巴子 xa^{44}p^{h}a^{44}tsɿ^{42}	胡子 xu^{22}tsɿ^{44}	脖项 p^{h}ɤ^{22}xɑŋ^{44} 脖子骨 p^{h}ɤ^{22}tsɿ^{44}ku^{42}
秦州区	下巴子 xa^{44}pa^{21}tsɿ^{21}	胡子 xu^{13}tsɿ^{21}	脖子 p^{h}ɤ^{13}tsɿ^{21}
安定区	下巴子 xa^{44}p^{h}a^{21}tsɿ^{21}	胡子 xu^{21}tsɿ^{44}	脖子 p^{h}ə^{21}tsɿ^{44}
会宁县	下巴 xa^{44}pa^{21}	胡子 xu^{21}tsɿ^{44}	脖子 p^{h}ə^{21}tsɿ^{44}
临洮县	下巴 xa^{44}pa^{21}	胡子 xu^{21}tsɿ^{44}	脖子 pɤ^{21}tsɿ^{44}
清水县	下巴子 xa^{44}pa^{21}tsɿ^{21}	胡子 xu^{13}tsɿ^{21}	脖子 p^{h}ə^{13}tsɿ^{21} 脖拉骨 p^{h}ə^{13}la^{21}ku^{21}
永靖县	下巴骨 xa^{22}pa^{21}ku^{44}	胡子 xu^{22}tsɿ^{13}	脖子 pɤ^{22}tsɿ^{13}
敦煌市	下巴子 xa^{35}pa^{53}tsɿ^{21}	胡子 xu^{22}tsɿ^{51}	脖子 pə^{22}tsɿ^{51}
临夏市	下巴 xɑ^{44}pɑ^{21}	胡子 xu^{21}tsɿ^{53}	脖子 pɤ^{21}tsɿ^{53}
合作市	下巴 xᴀ^{44}pᴀ^{21}	胡子 xu^{21}tsɿ^{53}	脖子 pə^{21}tsɿ^{53}
临潭县	下巴 xa^{44}pa^{21}	胡子 xu^{21}tsɿ^{44}	脖子 pɤ^{21}tsɿ^{44}

	0472 喉咙	0473 肩膀	0474 胳膊
兰州市	嗓子 sã^{34}tsɿ^{21}	胛子 tɕia^{22}tsɿ^{13}	胳膊 kɤ^{21}pɤ^{53}
榆中县	嗓子 saŋ^{44}tsɿ^{0}	肩膀 tɕian^{51}paŋ^{0}	胳膊 kə^{31}pə^{213}
永登县	吃系骨 tʂʰʅ^{21}ɕi^{22}ku^{354}	胛子 tɕia^{22}tsɿ^{354}	胳膊 kə^{22}pə^{55}
红古区	嗓子 sɑŋ^{55}tsɿ^{21}	胛子 tɕia^{22}tsɿ^{13}	胳膊 kə^{22}pə^{55}
凉州区	嗓子 sɑŋ^{53}tsɿ^{35}	肩膀 tɕiɑŋ^{35}pɑŋ^{53}	胳膊 kə^{31}pə^{21}
甘州区	嗓子 saŋ^{22}tsɿ^{44}	胛膀骨 tɕia^{44}paŋ^{44}ku^{44}	胳膊 kɤ^{31}puə^{21}
肃州区	嗓子 sɑŋ^{21}tsɿ^{51}	肩膀 tɕiæ̃^{44}pɑŋ^{44}	胳膊 kə^{21}pə^{13} 膀子 pɑŋ^{21}tsɿ^{51}
永昌县	喉咙系 xu^{13}lu^{42}ɕi^{21}	胛子 tɕia^{53}tsɿ^{21}	胳膊 kə^{53}pə^{21}
崆峒区	喉咙咽 xu^{22}lu^{55}iæ̃^{21}	胛子 tɕia^{53}tsɿ^{21}	胳膊 kuo^{53}pei^{21}
庆城县	喉咙 xɤu^{21}lɤu^{0}	肩头 tɕiɛ̃^{51}tʰɤu^{0}	胳膊 kɤŋ^{51}puə^{0}
宁县	喉咙 xu^{22}lu^{52}	胛子 tɕia^{31}tsɿ^{0}	胳膊 kɯ^{31}puə^{0}
武都区	喉咙眼眼儿 xu^{22}lu^{24}ȵiæ̃^{55}ȵiæ̃^{21}ɚ^{21}	胛子 tɕia^{31}tsɿ^{21} 肩膀 tɕiæ̃^{31}pɑŋ^{21}	胳膊 kɤ^{31}pei^{21}
文县	喉咙系 xoŋ^{21}loŋ^{24}ɕi^{42}	胛子 tɕia^{31}tsɿ^{21}	胳膊 kɤ^{31}pei^{24}
康县	喉咙 xu^{53}lu^{24}	胛子 tɕia^{53}tsɿ^{21}	胳膊 kuɤ^{53}pei^{21}
礼县	喉咙 xu^{13}nəu^{21}	胛骨 tɕia^{31}ku^{44}	胳膊 kɤ^{31}pei^{24}
靖远县	喉咙 xɤu^{24}loŋ^{24}	胛子 tɕia^{41}tsɿ^{21}	胳膊 kɤ^{41}pɤ^{21}
陇西县	咽芽儿 iæ̃^{44}tɕia^{44}zɿ^{44}	胛骨 tɕia^{22}ku^{21}	胳膊 kɤ^{22}pe^{21}
秦州区	嗓子 sɑŋ^{53}tsɿ^{21}	胛骨 tɕia^{21}ku^{53}	胳膊 kuə^{21}pei^{53}
安定区	嗓子 sɑŋ^{53}tsɿ^{21}	胛骨 tɕia^{13}ku^{21}	胳膊 kə^{21}pə^{13}
会宁县	嗓子 sɑŋ^{53}tsɿ^{21}	胛骨 tɕia^{13}ku^{21}	胳膊 kə^{21}pei^{13}
临洮县	嗓子 sã^{53}tsɿ^{21}	胛骨 tɕia^{13}ku^{21}	胳膊 kɤ^{21}pei^{44}
清水县	喉咙眼 xu^{13}lu^{21}ȵiæ̃^{21}	胛骨 tɕia^{21}ku^{52}	胳膊 kuə^{21}pəi^{13}
永靖县	嗓子 sɑŋ^{44}tsɿ^{21}	胛子 tɕia^{22}tsɿ^{13}	胳膊 kɤ^{22}pɤ^{53}
敦煌市	喉咙系 xu^{13}lu^{53}ɕi^{21}	胛拐子 tɕia^{22}kuɛ^{22}tsɿ^{51}	胳膊 kə^{21}pei^{13}
临夏市	嗓子 sɑŋ^{44}tsɿ^{24}	胛子 tɕiɑ^{21}tsɿ^{53}	胳膊 kɤ^{21}pei^{53}
合作市	嗓子 sɑŋ^{44}tsɿ^{53}	胛子 tɕiA^{21}tsɿ^{53}	胳膊 kə^{21}pei^{53}
临潭县	喉咙 xu^{21}luəŋ^{44}	胛子 tɕia^{44}tsɿ^{44}	胳膊 kɤ^{21}pɪi^{44}

	0475 手他的～摔断了	0476 左手	0477 右手
兰州市	手 ʂəu^{34}	左手 tsuə^{53}ʂəu^{13}	右手 iəu^{22}ʂəu^{53}
榆中县	手 ʂəu^{44}	左手 tsuə^{44}ʂəu^{0}	右手 iəu^{21}ʂəu^{44}
永登县	手 ʂɤu^{354}	左手 tsuə^{22}ʂɤu^{354}	右手 iɤu^{22}ʂɤu^{354}
红古区	手 ʂɤu^{53}	左手 tsuə^{55}ʂɤu^{21}	右手 iɤu^{22}ʂɤu^{55}
凉州区	手 ʂəu^{35}	左手 tsuə^{35}ʂəu^{53}	右手 iəu^{31}ʂəu^{31}
甘州区	手 ʂɤu^{53}	左手 tsuə^{35}ʂɤu^{42}	右手 iɤu^{31}ʂɤu^{21}
肃州区	手 ʂəu^{51}	左手 tsuə^{44}ʂəu^{21}	右手 ʑiəu^{21}ʂəu^{51}
永昌县	手 ʂəu^{13}	左手 tsuə^{13}ʂəu^{42}	右手 iəu^{53}ʂəu^{21}
崆峒区	手 ʂəu^{53}	左手 tsuo^{53}ʂəu^{21}	右手 iəu^{35}ʂəu^{53}
庆城县	手 ʂɤu^{44}	左手 tsuə^{44}ʂɤu^{0}	右手 iɤu^{44}ʂɤu^{0}
宁县	手 ʂou^{52}	左手 tsuə^{44}ʂou^{52}	右手 iou^{44}ʂou^{52}
武都区	手 ʂəu^{55}	左手 tsuɤ^{55}ʂəu^{21}	右手 iəu^{24}ʂəu^{21}
文县	手 sɤu^{55}	左手 tsuə^{55}sɤu^{31}	右手 iɤu^{24}sɤu^{42}
康县	手 ʂɤu^{55}	左手 tsuɤ^{55}ʂɤu^{21}	右手 iɤu^{24}ʂɤu^{53}
礼县	手 ʂəu^{52}	左手 tʃuɤ^{44}ʂəu^{21}	右手 iəu^{44}ʂəu^{21}
靖远县	手 ʂɤu^{55}	左手 tsuə^{41}ʂɤu^{21}	右手 iɤu^{35}ʂɤu^{41}
陇西县	手 ʂɤu^{53}	左手 tsuɤ^{13}ʂɤu^{21}	右手 iu^{44}ʂɤu^{21}
秦州区	手 ʂɤu^{53}	左手 tsuə^{44}ʂɤu^{21}	右手 iɤu^{44}ʂɤu^{21}
安定区	手 ʂəu^{53}	左手 tsə^{44}ʂəu^{21}	右手 iəu^{44}ʂəu^{53}
会宁县	手 ʂəu^{53}	左手 tsə^{44}ʂəu^{21}	右手 iəu^{44}ʂəu^{21}
临洮县	手 ʂɤu^{53}	左手 tsuɤ^{21}ʂɤu^{53}	右手 iɤu^{44}ʂɤu^{21}
清水县	手 ʂou^{52}	左手 tsuə^{44}ʂou^{21}	右手 iou^{44}ʂou^{21}
永靖县	手 ʂɤu^{53}	左手 tsuɤ^{22}ʂɤu^{44}	右手 iɤu^{44}ʂɤu^{53}
敦煌市	手 ʂɤu^{51}	左手 tsuə^{21}ʂɤu^{51}	右手 iɤu^{35}ʂɤu^{51}
临夏市	手 ʂɤu^{42}	左手 tsuɤ^{13}ʂɤu^{21}	右手 iɤu^{44}ʂɤu^{21}
合作市	手 ʂəɯ^{44}	左手 tsuə^{44}ʂəɯ^{21}	右手 iəɯ^{44}ʂəɯ^{21}
临潭县	手 ʂəɯ^{51}	左手 tsuɤ^{24}ʂəɯ^{21}	右手 iəɯ^{44}ʂəɯ^{21}

	0478 拳头	0479 手指	0480 大拇指
兰州市	锤头子 pfei^{53}tʰəu^{22}tsɿ^{21}	指头儿 tʂʅ^{22}tʰəu^{13}ɯ^{21}	大拇指 ta^{22}mu^{44}tʂʅ^{21}
榆中县	锤头 tʂʰuei^{31}tʰəu^{213}	指头子 tʂʅ^{31}tʰəu^{0}tsɿ^{44}	大拇指 ta^{21}mu^{44}tʂʅ^{0}
永登县	锤头 pfʰei^{22}tʰɤu^{35}	指头 tʂʅ^{22}tʰɤu^{55}	大指拇 ta^{22}tʂʅ^{22}mu^{354}
红古区	锤头 tʂʰuei^{22}tʰɤu^{53}	手指头 ʂɤu^{55}tʂʅ^{21}tʰɤu^{13}	大拇指 ta^{22}mu^{55}tʂʅ^{21}
凉州区	锤头 tʂʰuei^{35}tʰəu^{53}	指头 tsɿ^{31}tʰəu^{21}	大拇指 ta^{31}mu^{31}tsɿ^{21}
甘州区	锤头 kʰuei^{35}tʰɤu^{42}	手指头 ʂɤu^{22}tʂʅ^{22}tʰɤu^{44}	大拇指 ta^{31}mu^{22}tʂʅ^{21}
肃州区	拳头 tɕʰyæ̃^{44}tʰəu^{21}	手指头 ʂəu^{21}tʂʅ^{44}tʰəu^{21}	大拇指头 ta^{21}mu^{53}tʂʅ^{21}tʰəu^{21}
永昌县	锤头 tʂʰuei^{13}tʰəu^{42}	手指头 ʂəu^{53}tʂʅ^{22}tʰəu^{21}	大拇指 ta^{22}mu^{53}tʂʅ^{21}
崆峒区	锤头 tʂʰuei^{22}tʰəu^{53}	手指头 ʂəu^{53}tsɿ^{53}tʰəu^{21}	大拇指 ta^{35}mu^{53}tʂʅ^{21}
庆城县	锤头 tʂʰuei^{21}tʰɤu^{0}	手指头 ʂɤu^{44}tsɿ^{44}tʰɤu^{0}	大拇指 ta^{244}mu^{0}tsɿ^{0}
宁县	锤头 tʃʰuei^{22}tʰou^{52}	指头 tsɿ^{31}tʰou^{0}	大拇指 ta^{44}mu^{31}tsɿ^{0}
武都区	锤头 tʃʰuei^{22}tʰəu^{53}	手指头 ʂəu^{55}tsɿ^{55}tʰəu^{21}	大拇指头 ta^{24}mu^{21}tsɿ^{33}tʰəu^{21}
文县	掟=子 tiəŋ^{24}tsɿ^{42}	手指拇 sɤu^{35}tsɿ^{21}mu^{42}	大指拇指 ta^{24}tsɿ^{44}mu^{53}tsɿ^{42}
康县	锤头 tsʰei^{53}tɤu^{55}	手指 ʂɤu^{55}tʂʅ^{55}	［第一=］指拇 tɕi^{53}tʂʅ^{53}mu^{21}
礼县	锤头 tʃʰuei^{13}tʰəu^{21}	手指头儿 ʂəu^{52}tsɿ^{21}tʰəur^{24}	大拇指头儿 ta^{44}mu^{52}tsɿ^{21}tʰəur^{24}
靖远县	锤头子 tʂʰuei^{22}tʰɤu^{55}tsɿ^{21}	指头子 tsɿ^{41}tʰɤu^{21}tsɿ^{21}	大拇指头子 ta^{35}mu^{55}tsɿ^{41}tʰɤu^{21}tsɿ^{21}
陇西县	锤头子 tʃʰʮe^{24}tʰɤu^{22}tsɿ^{44}	手指头 ʂɤu^{55}tsɿ^{42}tʰɤu^{21}	大拇指头儿 ta^{44}me^{44}tsɿ^{42}tʰɤu^{22}zɿ^{44}
秦州区	锤头 tsʰuei^{13}tʰɤu^{21}	指头 tsɿ^{21}tʰɤu^{13}	大拇指头 ta^{44}mu^{21}tsɿ^{21}tʰɤu^{13}
安定区	锤头 tʃʰuei^{13}tʰəu^{21}	手指头 ʂəu^{53}tsɿ^{21}tʰəu^{13}	大拇指头 ta^{44}mu^{21}tsɿ^{21}tʰəu^{13}
会宁县	锤头子 tʃʰuei^{13}tʰəu^{21}tsɿ^{21}	手指头 ʂəu^{53}tsɿ^{21}tʰəu^{13}	大拇指头 ta^{44}mu^{53}tsɿ^{21}tʰəu^{13}
临洮县	捶头 tʂʰuei^{13}tʰɤu^{21}	手指头儿 ʂɤu^{53}tsɿ^{21}tʰər^{13}	大拇指 ta^{44}mu^{44}tsɿ^{13}
清水县	锤 tʃʰəi^{13} 锤头子 tʃʰəi^{13}tʰou^{21}tsɿ^{21}	手指头子 ʂou^{52}tʃɨ^{21}tʰou^{13}tsɿ^{21}	大拇指头子 ta^{44}mu^{21}tʃɨ^{21}tʰou^{13}tsɿ^{21}
永靖县	锤头 tʂʰuei^{22}tʰɤu^{13}	指头 tʂʅ^{22}tʰɤu^{13}	大拇指 ta^{44}mu^{53}tʂʅ^{21}
敦煌市	锤头 tʂʰuei^{22}tʰɤu^{51}	手指头 ʂɤu^{53}tsɿ^{21}tʰɤu^{13}	大拇指头 ta^{35}mu^{53}tsɿ^{21}tʰɤu^{21}
临夏市	锤头 tʂʰuei^{21}tʰɤu^{53}	手指头 ʂɤu^{42}tʂʅ^{21}tʰɤu^{13}	大拇指 tɑ^{53}mu^{44}tʂʅ^{21}
合作市	锤头 tʂʰuei^{13}tʰəɯ^{21}	手指头 ʂəɯ^{44}tʂʅ^{21}tʰəɯ^{53}	大拇指头 tᴀ^{53}mu^{44}tʂʅ^{21}tʰəɯ^{53}
临潭县	锤头 tsʰuɪi^{21}tʰəɯ^{44}	手指头儿 ʂəɯ^{51}tsɿ^{21}tʰər^{51}	大拇指头 ta^{44}mu^{21}tsɿ^{44}tʰəɯ^{51}

	0481 食指	0482 中指	0483 无名指
兰州市	食指 ʂʅ^{55}tʂʅ^{21}	中指 pfən^{53}tʂʅ^{21}	无名指 vu^{53}min^{13}tʂʅ^{21}
榆中县	二拇指 ɣɤ^{21}mu^{44}tʂʅ^{0}	中指 tʂuən^{51}tʂʅ^{0}	四拇指 sɿ^{21}mu^{44}tʂʅ^{0}
永登县	食指 ʂʅ^{35}tʂʅ^{21} 二指拇 a^{13}tʂʅ^{24}mu^{354}	中指拇 pfə̃n^{44}tʂʅ^{21}mu^{21}	四指拇 sɿ^{21}tʂʅ^{13}mu^{354}
红古区	二拇指 ər^{22}mu^{55}tʂʅ^{21}	中指儿 tʂuən^{22}tʂʅər^{13}	无名指儿 vu^{13}min^{13}tʂʅər^{21}
凉州区	二拇指 ʀɯ^{31}mu^{31}tsɿ^{21}	中指 tʂuŋ^{35}tsɿ^{53}	四指 sɿ^{31}tsɿ^{21}
甘州区	食指 ʂʅ^{35}tʂʅ^{42}	中指 kuŋ^{44}tʂʅ^{44}	无名指 vu^{22}miŋ^{53}tʂʅ^{21}
肃州区	二拇指头 ɣə^{21}mu^{53}tʂʅ^{31} tʰəu^{21} 食指 ʂʅ^{44}tʂʅ^{21}	中指 tʂuŋ^{44}tʂʅ^{44}	无名指 vu^{21}miŋ^{53}tʂʅ^{21}
永昌县	食指 ʂʅ^{53}tʂʅ^{21}	中指 tʂoŋ^{44}tʂʅ^{44}	无名指 vu^{53}miŋ^{13}tʂʅ^{42}
崆峒区	食指 ʂʅ^{24}tsɿ^{21}	中指 tʂoŋ^{24}tsɿ^{21}	无名指 u^{24}miɤŋ^{24}tsɿ^{21}
庆城县	食指 ʂʅ^{21}tsɿ^{44}	中指 tʂuŋ^{51}tsɿ^{0}	无名指 vu^{113}miŋ^{113}tsɿ^{44}
宁县	二拇指 ər^{44}mu^{31}tsɿ^{0}	三拇指 sæ̃^{31}mu^{0}tsɿ^{0}	无名指 u^{24}miŋ^{24}tsɿ^{0}
武都区	二拇指头 ɚ^{24}mu^{21}tsɿ^{33} tʰəu^{21}	中指儿 tʃuŋ^{31}tsər^{21}	无名指头 v^{13}mi^{21}tsɿ^{33}tʰəu^{21}
文县	食指 sɿ^{21}tsɿ^{42}	中指 tsoŋ^{42}tsɿ^{33}	无名指 u^{13}miəŋ^{13}tsɿ^{42}
康县	食指拇 ʂʅ^{21}tʂʅ^{35}mu^{53}	中指拇 pfɤŋ^{53}tʂʅ^{42}mu^{21}	无名指 vu^{13}miŋ^{42}tʂʅ^{21}
礼县	食指 ʂʅ^{13}tsɿ^{21}	中指 tʃuɤŋ^{24}tsɿ^{21}	无名指 vu^{13}miŋ^{24}tsɿ^{21}
靖远县	食指儿 ʂʅ^{22}tsər^{41}	中指儿 tʂoŋ^{41}tsər^{21}	无名指儿 vu^{22}miŋ^{22}tsər^{41}
陇西县	食指 ʂʅ^{13}tsɿ^{21}	中指儿 tʂuŋ^{42}tsɿ^{22}zɿ^{44}	第四根指头儿 ti^{44}sɿ^{44}kɤŋ^{42} tsɿ^{42}tʰɤu^{22}zɿ^{44}
秦州区	二拇指头 ɛ^{44}mu^{21}tsɿ^{21}tʰɤu^{13}	中指 tsuɤŋ^{21}tsʰɿ^{53}	无名指 vu^{13}miɤŋ^{13}tsʰɿ^{53}
安定区	二拇指头 zɿ^{44}mu^{21}tsɿ^{21}tʰəu^{13}	中指头 tʃuŋ^{13}tsɿ^{21}tʰəu^{13}	无名指头 vu^{13}miŋ^{13}tsɿ^{21} tʰəu^{13}
会宁县	二拇指头 zɿ^{44}mu^{53}tsɿ^{21}tʰəu^{13}	中指 tʃuŋ^{13}tsɿ^{21}	无名指 u^{13}miŋ^{13}tsɿ^{21}
临洮县	二拇指头 ɚ^{44}mu^{44}tsɿ^{21}tʰɤu^{13}	中指儿 tʂuŋ^{44}tsər^{21}	无名指 vu^{13}miŋ^{13}tsɿ^{13}
清水县	食指 ʂʅ^{13}tʃɨ^{21}	中指儿 tʃɤŋ^{21}tʃʰɨ^{52}ɚ^{21}	
永靖县	二拇指 ɯ^{44}mu^{53}tʂʅ^{21}	中指 tʂuɤŋ^{22}tʂʅ^{53}	四拇指 sɿ^{44}mu^{53}tʂʅ^{21}
敦煌市	二拇指头 ər^{35}mu^{53}tsɿ^{21} tʰɤu^{21}	中指 tʂuŋ^{21}tsɿ^{51}	四拇指头 sɿ^{35}mu^{53}tsɿ^{21} tʰɤu^{21}
临夏市	二拇指 ɯ^{53}mu^{44}tʂʅ^{21}	中指 tʂuəŋ^{44}tʂʅ^{21}	犟板颈 tɕiaŋ^{44}pã^{42}tɕiŋ^{21}
合作市	二拇指头 ɚ^{53}mu^{44}tʂʅ^{21} tʰəɯ^{53}	中指 tʂuəŋ^{13}tʂʅ^{21}	犟板颈 tɕiaŋ^{53}pæ̃^{44}tɕiŋ^{21}
临潭县	食指 ʂʅ^{24}tsɿ^{21}	中指 tsuəŋ^{44}tsɿ^{21}	无名指 vu^{24}mĩ^{24}tsɿ^{21}

	0484 小拇指	0485 指甲	0486 腿
兰州市	尕拇指 ka^{53}mo^{44}tʂʅ^{21}	指甲盖 tʂʅ^{22}tɕia^{53}kɛ^{13}	腿 t^{h}uei^{34}
榆中县	尕拇九九 ka^{31}mu^{44}tɕiəu^{0}tɕiəu^{0}	指甲 tʂʅ^{31}tɕia^{213}	腿子 t^{h}uei^{44}tsɿ^{0}
永登县	尕指拇 ka^{22}tʂʅ^{354}mu^{21}	指甲 tʂʅ^{22}tɕia^{354}	腿 t^{h}uei^{354}
红古区	尕拇指儿 ka^{22}mu^{55}tʂʅər^{21}	指甲 tʂʅ^{22}tɕia^{55}	腿子 t^{h}uei^{55}tsɿ^{21}
凉州区	小拇尕尕 ɕiɑo^{31}mu^{21}ka^{35}ka^{53}	指甲 tsɿ^{31}tɕia^{21}	腿 t^{h}uei^{35}
甘州区	小拇尕尕 ɕiɔ^{22}mu^{44}ka^{53}ka^{21}	指甲 tʂʅ^{31}tɕia^{21}	腿 t^{h}uei^{53}
肃州区	小拇尕子 ɕiɔ^{21}mu^{53}ka^{44}tsɿ^{21} 尕拇指 ka^{53}mu^{21}tʂʅ^{21}	指甲 tsɿ^{21}tɕia^{13}	腿 t^{h}uei^{51}
永昌县	小拇尕尕 ɕiɔo^{53}mu^{21}ka^{44}ka^{21}	指甲皮 tʂʅ^{53}tɕia^{22}p^{h}i^{21}	腿 t^{h}uei^{13}
崆峒区	小拇指 ɕiɔ^{55}mu^{21}tsɿ^{21}	指甲 tsɿ^{53}tɕia^{21}	腿 t^{h}uei^{53}
庆城县	碎指头 suei^{244}tsɿ^{0}t^{h}ɤu^{0}	指甲盖儿 tsɿ^{44}tɕia^{0}kɛr^{244}	腿 t^{h}uei^{44}
宁县	小拇尕指 ɕiɔ^{55}mu^{31}kaː^{24}tsɿ^{0}	指甲 tsɿ^{31}tɕia^{0}	腿 t^{h}uei^{52}
武都区	小拇指头 ɕiɔu^{55}mu^{21}tsɿ^{33}t^{h}əu^{21}	指甲 tsɿ^{55}tɕia^{31}	腿 t^{h}uei^{55} 腿子 t^{h}uei^{55}tsɿ^{21}
文县	小指拇指 ɕiɔo^{35}tsɿ^{33}mu^{53}tsɿ^{42}	指甲 tsɿ^{42}tɕia^{24}	腿 t^{h}uei^{55}
康县	小指拇 siɔo^{35}tʂʅ^{53}mu^{21}	指甲 tʂʅ^{53}tɕia^{21}	腿 t^{h}uei^{55}
礼县	小拇尕儿 ɕiɔo^{52}mu^{52}kar^{24}	指甲盖儿 tsɿ^{31}tɕia^{13}kɐr^{44}	腿 t^{h}uei^{52}
靖远县	小拇尕儿 ɕiɑo^{55}mu^{21}kɐr^{24}	指甲 tsɿ^{41}tɕia^{21}	腿 t^{h}uei^{55}
陇西县	尕拇指头儿 ka^{22}me^{44}tsɿ^{42}t^{h}ɤu^{22}zɿ^{44}	指甲 tsɿ^{22}tɕia^{21}	腿 t^{h}uɛ^{53}
秦州区	小拇尕尕 ɕiɔ^{53}mu^{21}ka^{13}ka^{21}	指甲 tsɿ^{21}tɕia^{13}	腿 t^{h}uei^{53}
安定区	尕拇指头 ka^{13}mu^{21}tsɿ^{21}t^{h}əu^{13}	指甲 tsɿ^{21}tɕia^{44}	腿 t^{h}uei^{53}
会宁县	尕拇指头 ka^{53}mu^{53}tsɿ^{21}t^{h}əu^{13}	指甲 tsɿ^{21}tɕia^{13}	腿 t^{h}uei^{53}
临洮县	尕拇九九儿 ka^{21}mu^{44}tɕiɤu^{44}tɕiər^{21}	指甲 tsɿ^{21}tɕia^{13}	腿 t^{h}uei^{53}
清水县	小拇尕儿 siɔ^{52}mu^{21}ka^{13}ɚ^{21}	指甲 tɕi^{21}tɕia^{13}	腿 t^{h}uəi^{52}
永靖县	尕拇指 ka^{22}mu^{53}tʂʅ^{21} 尕拇九九 ka^{22}mu^{44}tɕiɤu^{22}tɕiɤu^{44}	指甲 tʂʅ^{53}tɕia^{21}	腿 t^{h}uei^{53}
敦煌市	尕拇指头 ka^{22}mu^{53}tsɿ^{21}t^{h}ɤu^{21}	指甲 tsɿ^{21}tɕia^{13}	腿 t^{h}uei^{51}
临夏市	尕拇指头 kɑ^{42}mu^{44}tʂʅ^{44}t^{h}ɤu^{21}	指甲 tʂʅ^{21}tɕiɑ^{53}	腿子 t^{h}uei^{44}tsɿ^{24}
合作市	尕拇指头 kᴀ^{13}mu^{44}tʂʅ^{21}t^{h}əɯ^{53}	指甲 tʂʅ^{21}tɕiᴀ^{53}	腿子 t^{h}uei^{44}tsɿ^{53}
临潭县	尕拇指头儿 ka^{24}mu^{21}tsɿ^{44}t^{h}ər^{51}	指甲 tsɿ^{44}tɕia^{44}	腿子 t^{h}uɪi^{53}tsɿ^{24}

	0487 脚他的～压断了	0488 膝盖指部位	0489 背名词
兰州市	脚 tɕyɛ^{13}	脖=膝盖 pɤ^{53}ɕi^{44}kɛ^{21}	脊梁骨 tɕi^{22}liɑ̃^{44}ku^{21}
榆中县	脚 tɕyE^{312}	脖=膝盖子 pə^{44}ɕi^{44}kɛ^{21}tsɿ^{44}	脊背 tɕi^{31}pei^{213} 脊梁 tɕi^{31}liaŋ^{213}
永登县	脚 tɕyə^{13}	脖=膝盖子 pə^{44}ɕi^{44}kɛ^{22}tsɿ^{354}	脊梁 tɕi^{22}liɑ̃^{55}
红古区	脚 tɕyɛ^{13}	脖=棱盖儿 pə^{22}lə^{55}kər^{13}	脊背 tsɿ^{22}pei^{13}
凉州区	脚 tɕyə^{31}	脖=棱盖 pə^{35}lə^{35}kæ^{31}	脊背 tɕi^{31}pei^{21}
甘州区	脚 tɕyə^{31}	脖=棱盖 puə^{44}lɛ^{44}kɛ^{44} 脖=膝盖 puə^{44}ɕi^{44}kɛ^{44}	背 pei^{31}
肃州区	脚 tɕyə^{213}	脖=棱盖 pə^{13}lə^{44}kɛ^{44} 膝盖 ɕi^{44}kɛ^{44}	脊背 tɕi^{21}pei^{13} 后背 xəu^{13}pei^{21}
永昌县	脚 tɕyə^{53}	脖=膝盖 pə^{44}ɕi^{44}kɛe^{53}	脊背 tɕi^{53}pei^{21}
崆峒区	脚 tɕyɤ^{21}	脖=棱盖子 pɤ^{53}lɤŋ^{21}kɛ^{35}tsɿ^{53}	脊背 tɕi^{53}pei^{21}
庆城县	脚 tɕyə^{51}	坑=千= kʰɤŋ^{51}tɕʰiɛ̃^{0}	脊背 tɕi^{21}pei^{244}
宁县	脚 tɕyə^{31}	髁膝帽角子 kʰɯ^{31}tɕʰi^{0}mɔ^{44}kɛ^{0}tsɿ^{0} 髁膝盖 kɯ^{31}tɕʰi^{0}kɛ^{44}	脊背 tɕi^{31}pei^{0}
武都区	脚 tɕyɤ^{31}	髁膝盖 kʰɤ^{31}ɕi^{22}kɛɪ^{24} 髁膝盖儿 kʰɤ^{31}ɕi^{22}kɛɪ^{24}ɚ^{21}	脊背 tɕi^{31}pei^{24}
文县	脚 tɕyɛ^{31}	髁膝帽儿 kʰɤ^{31}ɕi^{21}mər^{24}	背 pei^{24}
康县	脚 tɕyɛ^{53}	髁膝盖儿 kʰuɤ^{53}si^{21}kər^{24}	背 pei^{24}
礼县	脚 tɕyɤ^{31}	髁膝盖儿 kʰɤ^{31}ɕi^{21}kɐr^{44}	脊背 tɕi^{31}pei^{13}
靖远县	脚 tɕyə^{41}	脖=膝盖 pɤ^{41}sɿ^{22}kɛ^{33}	脊背 tsɿ^{41}pei^{21}
陇西县	脚 tɕyɤ^{21}	髁膝盖 kʰɤ^{42}ɕi^{22}kɛ^{44}	脊背后 tɕ^{42}pe^{22}xɤu^{44}
秦州区	脚 tɕyə^{13}	髁膝盖 kʰuə^{21}ɕi^{44}kɛ^{44}	脊背 tɕi^{21}pei^{13}
安定区	脚 tɕiə^{13}	髁膝盖 kʰə^{21}ɕiə^{21}kɛ^{44}	脊背 tɕi^{21}pɛ^{13}
会宁县	脚 tɕiə^{13}	髁膝盖 kʰə^{21}ɕiə^{44}kɛ^{44}	脊背 tɕi^{21}pɛ^{13}
临洮县	脚 tɕye^{13}	髁膝盖 kʰuɤ^{21}tɕʰi^{44}kɛ^{44}	脊背 tɕi^{21}pei^{44}
清水县	脚 tɕyɛ^{13}	髁膝盖 kʰuə^{21}tsʰi^{13}kɛ^{443}	脊背 tsi^{21}pəi^{13}
永靖县	脚 tɕyɛ^{213}	脖=棱盖 pɤ^{22}lɛ^{13}kɛ^{44}	脊梁 tɕi^{22}liɑŋ^{53}
敦煌市	脚 tɕyə^{213}	脖=膝盖 pə^{22}ɕi^{22}kɛ^{44}	脊背 tɕi^{21}pei^{13}
临夏市	脚 tɕyɛ^{13}	髁膝盖 kʰɛ^{21}ɕiɛ^{44}kɛ^{42}	脊背 tɕi^{21}pei^{53}
合作市	脚 tɕyə^{13}	髁膝盖 kʰɛe^{21}ɕiə^{44}kɛe^{53}	脊背 tɕi^{21}pei^{44}
临潭县	脚 tɕyɛ^{44}	髁膝盖子 kʰɤ^{51}ɕi^{21}kɛe^{44}tsɿ^{21}	脊背 tɕi^{21}pɪi^{44}

	0490 肚子腹部	0491 肚脐	0492 乳房女性的
兰州市	肚子 tu^{22}tsɿ^{53}	肚脐眼 tu^{22}tɕʰi^{44}iæ̃^{44}	捏捏 ȵiɛ^{53}ȵiɛ^{21}
榆中县	肚子 tu^{21}tsɿ^{44}	肚脐眼子 tu^{21}tɕʰi^{44}ian^{44}tsɿ^{0}	奶奶 ȵiᴇ^{44}ȵiᴇ^{0}
永登县	肚子 tu^{22}tsɿ^{55}	肚母脐眼子 tu^{22}mu^{35}tɕʰi^{22}iæ̃^{35}tsɿ^{21}	妞妞 ȵiɤu^{22}ȵiɤu^{354}
红古区	肚子 tu^{22}tsɿ^{55}	肚母脐儿 tu^{22}mu^{55}tsʰɿər^{13}	奶头 nɛ^{55}tʰɤu^{21}
凉州区	肚子 tu^{31}tsɿ^{21}	肚母脐子 tu^{31}mu^{21}tɕʰi^{35}tsɿ^{53}	妞妞 ȵiəu^{35}ȵiəu^{53}
甘州区	肚子 tu^{31}tsɿ^{21}	肚母脐子 tu^{31}mu^{22}tɕʰi^{22}tsɿ^{21}	妞妞 ȵiɤu^{44}ȵiɤu^{44}
肃州区	肚子 tu^{21}tsɿ^{13}	肚脐眼子 tu^{21}tɕʰi^{53}ʑiæ̃^{21}tsɿ^{51}	妞妞 ȵiəu^{44}ȵiəu^{44}
永昌县	肚子 tu^{53}tsɿ^{21}	肚母脐 tu^{53}mu^{22}tɕʰi^{21}	妞妞 ȵiəu^{44}ȵiəu^{44}
崆峒区	肚子 tu^{35}tsɿ^{53}	脯脐眼 pʰu^{22}tɕʰi^{35}ȵiæ̃^{53}	奶头 nɛ^{55}tʰəu^{21}
庆城县	肚子 tu^{244}tsɿ^{0}	肚脐眼儿 tu^{244}tɕʰi^{0}ȵiɛ̃r^{44} 肚子窑窑 tu^{244}tsɿ^{0}iɔ^{21}iɔ^{0}	奶头 nɛ^{44}tʰɤu^{0}
宁县	小肚子 ɕiɔ^{55}tʰu^{0}tsɿ^{0}	脯脐眼窑子 pʰu^{22}tɕʰi^{44}ȵiæ̃^{0}iɔ^{24}tsɿ^{0}	奶头 nɛ^{55}tʰou^{0}
武都区	肚子 tu^{24}tsɿ^{21}	脯脐眼儿 pʰu^{22}tɕʰi^{24}ȵiæ̃^{55}ɚ^{21}	奶头 lɛɪ^{55}tʰəu^{21}
文县	肚子 tʰu^{24}tsɿ^{42}	脯子窝儿 pʰu^{33}tsɿ^{55}uər^{22}	奶奶 lɛe^{42}lɛe^{24}
康县	肚子 tu^{24}tsɿ^{53}	脯脐子 pʰu^{21}tɕi^{21}tsɿ^{53}	奶头 lɛ^{35}tʰɤu^{21}
礼县	肚子 tʰu^{44}tsɿ^{21}	脯儿脐眼 pʰɤr^{13}tɕi^{31}ȵiæ̃^{21}	捏捏 ȵiɛ^{31}ȵiɛ^{24}
靖远县	肚子 tu^{35}tsɿ^{41}	肚脐眼儿 tu^{33}tsʰɿ^{21}ȵiɛ̃r^{41}	奶奶 nɛ^{55}nɛ^{21}
陇西县	肚子 tʰu^{44}tsɿ^{42}	脯屁眼 pʰɤ^{22}pʰi^{44}liæ̃^{42}	奶头儿 lɛ^{55}tʰɤu^{22}zɿ^{44}
秦州区	肚子 tʰu^{44}tsɿ^{21}	脯脐眼 pɤ^{13}tɕi^{21}iæ̃^{53}	捏捏 ȵiə^{21}ȵiə^{13}
安定区	肚子 tʰu^{44}tsɿ^{21}	脯屁眼门 pʰə^{21}pʰi^{44}ȵiæ̃^{44}məŋ^{13}	奶头 nɛ^{53}tʰəu^{21}
会宁县	肚子 tʰu^{44}tsɿ^{21}	脯屁眼 pʰə^{13}pʰi^{44}ȵiæ̃^{21}	奶头 lɛ^{53}tʰəu^{21}
临洮县	肚子 tu^{44}tsɿ^{21}	肚肚眼儿 tu^{44}tu^{44}ȵiɐr^{53}	奶奶 nɛ^{21}nɛ^{13}
清水县	小肚子 siɔ^{52}tʰu^{21}tsɿ^{21}	脯脐眼 pʰu^{13}tsʰi^{21}ȵiæ̃^{21}	捏捏 ȵiɛ^{21}ȵiɛ^{13}
永靖县	肚子 tu^{44}tsɿ^{42}	肚母脐 tu^{44}mu^{22}tɕʰi^{44}	捏捏 ȵiɛ^{22}ȵiɛ^{44}
敦煌市	肚子 tu^{35}tsɿ^{21}	肚母脐子 tu^{35}mu^{21}tɕʰi^{22}tsɿ^{51}	妞妞 ȵiɤu^{55}ȵiɤu^{21}
临夏市	肚子 tu^{44}tsɿ^{21}	肚脖脐 tu^{53}pɤ^{21}tɕiɛ^{24}	捏 ȵiɛ^{13}
合作市	肚子 tu^{44}tsɿ^{21}	肚脖脐 tu^{44}pə^{21}tɕiə^{53}	捏 ȵiə^{13}
临潭县	肚蛋子 tu^{21}tæ̃^{44}tsɿ^{44}	脯臼⁼眼儿 pu^{21}tɕiəɯ^{44}ȵiər^{24}	奶头 nɛe^{51}tʰəɯ^{24}

	0493 屁股	0494 肛门	0495 阴茎成人的
兰州市	沟子 kəu^{53}tsɿ^{21}	沟门子 kəu^{55}mən^{42}tsɿ^{21}	尿 tɕʰiəu^{53}
榆中县	沟子 kəu^{51}tsɿ^{0}	屁眼门子 pʰi^{21}ian^{44}mən^{31}tsɿ^{213}	尿 tɕʰiəu^{312}
永登县	沟子 kɤu^{44}tsɿ^{21}	沟眼子 kɤu^{44}iæ̃^{354}tsɿ^{21}	尿 tɕʰiɤu^{53}
红古区	沟子 kɤu^{22}tsɿ^{13}	沟门儿 kɤu^{55}mə̃r^{13}	尿儿 tɕʰiɤuər^{213}
凉州区	沟子 kəu^{35}tsɿ^{53}	沟门子 kəu^{35}məŋ^{35}tsɿ^{53}	尿 tɕʰiəu^{35}
甘州区	沟子 kɤu^{44}tsɿ^{44}	沟门子 kɤu^{44}mɤŋ^{44}tsɿ^{44}	尿 tɕʰiɤu^{53}
肃州区	沟子 kəu^{21}tsɿ^{13}	沟门眼子 kəu^{44}mɤŋ^{21}ʑiæ̃^{21}tsɿ^{51}	尿 tɕʰiəu^{51}
永昌县	沟蛋子 kəu^{44}tɛe^{44}tsɿ^{44}	沟门子 kəu^{44}məŋ^{44}tsɿ^{21}	尿 tɕʰiəu^{13}
崆峒区	沟子 kəu^{53}tsɿ^{21}	沟门子 kəu^{21}mɤŋ^{22}tsɿ^{53}	尿 tɕʰiəu^{24}
庆城县	沟子 kɤu^{51}tsɿ^{0}	沟子 kɤu^{51}zɿ^{0}	尿 tɕʰiɤu^{113} 锤子 tʂʰuei^{21}tsɿ^{0}
宁县	沟蛋子 kou^{31}tʰæ̃^{44}tsɿ^{31}	沟门子 kou^{31}məŋ^{22}tsɿ^{52}	尿 tɕʰiou^{24}
武都区	沟子 kəu^{31}tsɿ^{21}	沟门子 kəu^{31}məŋ^{21}tsɿ^{21}	尿 tɕʰiəu^{13}
文县	沟子 kɤu^{31}tsɿ^{33}	沟眼门儿 kɤu^{31}ȵiæ̃^{44}mə̃r^{13}	尿 tɕʰiɤu^{13}
康县	沟子 kɤu^{53}tsɿ^{21}	沟门子 kɤu^{53}mɤŋ^{21}tsɿ^{35}	尿 tɕʰiɤu^{13}
礼县	屁眼 pʰi^{44}ȵiæ̃^{21}	屁眼门儿 pʰi^{44}ȵiæ̃^{21}mɤ̃r^{13}	尿 tɕʰiəu^{13}
靖远县	沟子 kɤu^{41}tsɿ^{21}	沟门子 kɤu^{22}mɤŋ^{22}tsɿ^{55}	尿 tɕʰiɤu^{24}
陇西县	屁眼 pʰi^{44}liæ̃^{42}	屁眼门 pʰi^{44}liæ̃^{42}mɤŋ^{13}	尿 tɕʰiu^{13}
秦州区	屁眼 pʰi^{44}ȵiæ̃^{21}	屁眼门 pʰi^{44}ȵiæ̃^{21}mɤŋ^{13}	尿 tɕʰiɤu^{13}
安定区	屁眼 pʰi^{44}ȵiæ̃^{21}	屁眼门 pʰi^{44}ȵiæ̃^{44}məŋ^{13}	尿 tɕʰiəu^{13}
会宁县	屁眼 pʰi^{44}ȵiæ̃^{21}	屁眼门 pʰi^{44}ȵiæ̃^{21}məŋ^{13}	尿 tɕʰiəu^{13}
临洮县	屁眼 pʰi^{44}ȵiæ̃^{21}	屁眼门儿 pʰi^{44}ȵiæ̃^{21}mə̃r^{13}	尿 tɕʰiɤu^{13}
清水县	屁眼 pʰi^{44}ȵiæ̃^{21}	屁眼门 pʰi^{44}ȵiæ̃^{21}mɤŋ^{13}	尿 tɕʰiou^{13}
永靖县	屁眼 pʰi^{44}ȵiæ̃^{53}	屁眼门 pʰi^{22}ȵiæ̃^{21}mɤŋ^{13}	尿 tɕʰiɤu^{213}
敦煌市	沟子 kɤu^{21}tsɿ^{13}	沟门子 kɤu^{22}mɤŋ^{22}tsɿ^{51}	尿儿 tɕʰiɤur^{351}
临夏市	屁眼 pʰi^{44}ȵiɛ̃^{21}	沟子门 kɤu^{21}tsɿ^{42}mei^{24}	尿 tɕiɤu^{13}
合作市	沟子 kəɯ^{21}tsɿ^{53}	屁眼门 pʰi^{44}ȵiæ̃^{21}məŋ^{13}	尿 tɕʰiəɯ^{13}
临潭县	屁眼 pʰi^{51}ȵiæ̃^{24}	屁眼门子 pʰi^{51}ȵiæ̃^{21}məŋ^{24}tsɿ^{44}	尿 tɕʰiəɯ^{24}

	0496 女阴成人的	0497 肏动词	0498 精液
兰州市	屄 p^{h}i^{55}	日 ʐʅ^{13}	㞞 suən^{53}
榆中县	屄 pi^{51}	日 ʐʅ^{312}	㞞 suən^{312}
永登县	屄 pi^{354}	日 ʐʅ^{13}	㞞 suə̃n^{53}
红古区	屄儿 p^{h}ʅər^{213}	日 ʐʅ^{13}	㞞 suən^{13}
凉州区	屄 pi^{35}	操 ts^{h}ɑo^{31}	㞞 suŋ^{35}
甘州区	屄 pi^{44}	日 ʐʅ^{53}	㞞 suŋ^{53}
肃州区	屄 pi^{44}	日 ʐʅ^{213}	㞞 suŋ^{51}
永昌县	屄 pi^{44}	日 ʐʅ^{13}	㞞 soŋ^{13}
崆峒区	屄 p^{h}i^{21}	日 ʐʅ^{21}	㞞 soŋ^{24}
庆城县	屄 p^{h}i^{51} 板子 pɛ̃^{44}tsɿ^{0}	日 ʐʅ^{51}	㞞 suŋ^{113}
宁县	屄 p^{h}i^{31}	日 ʐʅ^{31}	㞞 suŋ^{24}
武都区	马$^{=}$马$^{=}$子 ma^{31}ma^{21}tsɿ^{31} 屄 p^{h}i^{31}	日 ʐʅ^{31}	㞞 suŋ^{24}
文县	屄 p^{h}i^{31}	日 zɿ^{31}	㞞 soŋ^{13}
康县	屄 p^{h}i^{53}	日 ʐʅ^{53}	㞞 suŋ^{13}
礼县	屄 p^{h}i^{31}	日 ʐʅ^{31}	㞞 ʃuɤŋ^{13}
靖远县	屄 p^{h}ʅ^{41}	日 ʐʅ^{41}	㞞 soŋ^{24}
陇西县	板板儿 pæ̃^{55}pæ̃^{42}ɐr^{13}	日 ʐʅ^{21}	㞞 suŋ^{13}
秦州区	屄 p^{h}i^{13}	日 ʐʅ^{13}	㞞 suɤŋ^{13}
安定区	屄 p^{h}i^{13}	日 ʐʅ^{13}	㞞 suŋ^{13}
会宁县	屄 p^{h}i^{13}	日 ʐʅ^{13}	㞞 suŋ^{13}
临洮县	屄 p^{h}i^{13}	日 ʐʅ^{13}	㞞 suŋ^{13}
清水县	屄 p^{h}i^{13}	日 ʐʅ^{13}	㞞 suŋ^{13}
永靖县	屄 pi^{213}	日 ʐʅ^{53}	㞞 suɤŋ^{213}
敦煌市	屄 pi^{213}	日 ʐʅ^{213}	㞞 suŋ^{213}
临夏市	屄 pi^{13}	日 ʐʅ^{13}	㞞 suəŋ^{13}
合作市	屄 pi^{13}	日 ʐʅ^{13}	㞞 suəŋ^{13}
临潭县	屄 p^{h}i^{44}	操 ts^{h}ɔo^{44}	㞞 suəŋ^{44}

	0499 来月经注意婉称	0500 拉屎	0501 撒尿
兰州市	身上来了 ʂən^{55}ʂɑ̃^{44}lɛ^{42}lɔ^{21}	屙屎 pa^{53}ʂʅ^{21}	尿尿 ȵiɔ^{22}suei^{55}
榆中县	来例假 lɛ^{31}li^{13}tɕia^{213}	屙屎 pa^{31}ʂʅ^{213}	尿尿 ȵiɔ^{21}suei^{51}
永登县	身上来了 ʂə̃n^{44}ʂɑ̃^{44}lɛ^{55}liɔ^{21}	屙屎 pa^{22}ʂʅ^{55}	尿尿 ȵiɔ^{22}suei^{53}
红古区	脏下了 tsɑŋ^{22}xa^{22}liɔ^{55} 阿娘来了 a^{22}ȵiɑŋ^{13}lɛ^{53}liɔ^{21}	屙屎 pa^{22}ʂʅ^{55}	尿尿 ȵiɔ^{13}ȵiɔ^{13}/ȵiɔ^{13}suei^{13}
凉州区	身上来了 ʂəŋ^{35}ʂɑŋ^{53}læ^{35}liɑo^{53}	屙屎 pa^{53}sʅ^{35}	尿尿 ȵiɑo^{53}suei^{35}
甘州区	来例假 lɛ^{53}li^{24}tɕia^{31} 亲家来了 tɕʰiŋ^{31}tɕia^{21}lɛ^{35}liɔ^{42}	屙屎 pa^{53}ʂʅ^{53}	尿尿 niɔ^{24}niɔ^{31}
肃州区	发红水 fa^{21}xuŋ^{44}ʂuei^{21} 例假 li^{13}tɕia^{21}	屙屎 pa^{53}sʅ^{51}	尿尿 ȵiɔ^{13}ȵiɔ^{21}/ȵiɔ^{21}suei^{44}
永昌县	月经来了 yə^{53}tɕiŋ^{21}lɛe^{13}liɔ^{42}	屙屎 pa^{35}ʂʅ^{13}	尿尿 ȵiɔo^{22}ȵiɔo^{53}
崆峒区	身上来咧 ʂɤŋ^{53}ʂɑŋ^{21}lɛ^{24}liɛ^{21}	屙屎 pa^{53}sʅ^{53}	尿尿 ȵiɔ^{44}ȵiɔ^{44}
庆城县	来例假 lɛ^{113}li^{244}tɕia^{244}	屙屎 pa^{44}sʅ^{44}	尿尿 ȵiɔ^{244}ȵiɔ^{244}
宁县	月经来了 yɛ^{31}tɕiəŋ^{0}lɛ^{22}liɔ^{52} 洗浆 ɕi^{55}tɕiaŋ^{0} 月事来了 yɛ^{22}sʅ^{44}lɛ^{22}lia^{52}	屙屎 pa^{52}sʅ^{52}	尿尿 ȵiɔ^{44}ȵiɔ^{44}
武都区	月经来了 yɤ^{31}tɕin^{21}lɛɪ^{21}lɔu^{21} 身上来了 ʂəŋ^{31}ʂɑŋ^{21}lɛɪ^{21}lɔu^{21}	屙屎 pa^{22}sʅ^{53}	浇尿 tɕiɔu^{22}ȵiɔu^{24}
文县	身上来了 səŋ^{31}sɑ̃^{24}lɛe^{33}lɔo^{21}	屙屎 pa^{33}sʅ^{55}	浇尿 ɕiɔo^{21}ȵiɔo^{24}
康县	身上来了 ʂɤŋ^{53}ʂɑŋ^{21}lɛ^{21}lɔo^{21}	屙屎 pa^{33}ʂʅ^{55}	浇尿 tɕiɔo^{21}ȵiɔo^{24}
礼县	身上的来了 ʂɤŋ^{31}ʂɑŋ^{44}tai^{31}nai^{13}nɔo^{21}	屙屎 pa^{52}sʅ^{52}	尿尿 ȵiɔo^{44}ȵiɔo^{44}
靖远县	身上来了 ʂɤŋ^{41}ʂɑŋ^{21}lɛ^{24}liɑo^{21}	屙屎 pa^{55}sʅ^{55}	尿尿 ȵiɑo^{33}ȵiɑo^{55}
陇西县	红来啦 xuŋ^{24}lɛ^{22}la^{44} 身不空 ʂɤŋ^{22}pu^{22}kʰuŋ^{44}	屙屎 pa^{21}sʅ^{55}	尿尿 liɔo^{44}liɔo^{44}
秦州区	身上的来了 ʂɤŋ^{21}ʂɑŋ^{13}tɛ^{21}lɛ^{13}liɤu^{21}	屙屎 pa^{53}sʅ^{53}	尿尿 ȵiɔ^{44}ȵiɔ^{44}
安定区	身上不干净 ʂəŋ^{21}ʂɑŋ^{44}pu^{21}kæ̃^{21}tɕʰiŋ^{44}	屙屎 pa^{21}sʅ^{53}	尿尿 ȵiɔ^{44}ȵiɔ^{44}
会宁县	身上不净 ʂəŋ^{21}ʂɑŋ^{44}pu^{44}tɕʰiŋ^{44}	屙屎 pa^{21}sʅ^{53}	尿尿 ȵiɔ^{44}ȵiɔ^{44}
临洮县	身上来了 ʂɤŋ^{21}ʂɑ̃^{44}lɛ^{13}liɔ^{21}	屙屎 pa^{13}sʅ^{53}	尿尿 ȵiɔ^{44}ȵiɔ^{44}
清水县	身上的来着哩 ʂɤŋ^{21}ʂɔ̃^{13}tɛ^{21}lɛ^{13}tʂə^{21}li^{21}	屙屎 pa^{52}ʃɨ^{52}	尿尿 ȵiɔ^{44}ȵiɔ^{443}
永靖县	血气来着 ɕyɛ^{21}tɕʰi^{42}lɛ^{21}tʂei^{13}	屙屎 pa^{22}ʂʅ^{53}	尿尿 ȵiɔ^{44}suei^{44}
敦煌市	身上来了 ʂɤŋ^{21}ʂɑŋ^{15}lɛ^{42}lə^{21}	屙屎 pa^{21}sʅ^{51}	尿尿 ȵiɔ^{35}ȵiɔ^{44}
临夏市	没好的 mɤ^{13}xɔ^{42}ti^{44}	屙屎 pɑ^{21}ʂʅ^{53}	尿尿 ȵiɔ^{44}ȵiɔ^{42}
合作市	麻达下了 mᴀ^{13}tᴀ^{53}xᴀ^{21}liɔ^{21}	屙屎 pᴀ^{13}ʂʅ^{21}	尿尿 ȵiɔ^{21}ȵiɔ^{44}
临潭县	来月经 lɛe^{21}yɛ^{44}tɕin^{21}	尕=屎 ka^{24}sʅ^{51}	尿尿 ȵiɔo^{44}ȵiɔo^{44}

	0502 放屁	0503 相当于“他妈的”的口头禅	0504 病了
兰州市	放屁 fɑ̃^{22}pʰi^{13}	把他妈日的 pa^{22}tʰa^{13}ma^{44}zʅ^{42}ti^{21}	病下了 pin^{13}xa^{44}lɔ^{21}
榆中县	放屁 faŋ^{13}pʰi^{213}	他妈的 tʰa^{51}ma^{51}ti^{0}	有病了 iəu^{44}pin^{21}lɔ^{44}
永登县	放屁 fɑ̃^{13}pʰi^{44}	把他妈的 pa^{22}ta^{44}ma^{44}ti^{21}	病下了 pin^{22}xa^{22}liɔ^{354}
红古区	放屁 fɑŋ^{13}pʰʅ^{13}	他妈的 tʰa^{55}ma^{55}tsɿ^{21}	疼下了 tʰən^{22}xa^{22}liɔ^{55}
凉州区	放屁 fɑŋ^{31}pʰi^{31}	妈妈日 ma^{35}ma^{53}zʅ^{35}	病下了 piŋ^{31}xa^{31}liɑo^{21}
甘州区	放屁 fɑŋ^{24}pʰi^{31}	妈的屄 ma^{44}tə^{44}pi^{44}	病了 piŋ^{31}liɔ^{21}
肃州区	放屁 fɑŋ^{13}pʰʅ^{21}	他妈的 tʰa^{44}ma^{44}ti^{44}	病下了 piŋ^{21}xa^{22}liɛ^{13}
永昌县	放屁 fɑŋ^{13}pʰi^{42}	妈的屄 ma^{44}ti^{44}pi^{44}	病下了 piŋ^{53}xa^{22}liɔo^{21}
崆峒区	放屁 fɑŋ^{44}pʰi^{44}	他妈的个屄 tʰa^{21}ma^{53}ti^{21}kɤ^{24}pʰi^{21}	病咧 piɤŋ^{35}liɛ^{53}
庆城县	放屁 fɑ̃^{244}pʰi^{244}	日他妈的 zʅ^{21}tʰa^{51}ma^{51}ti^{0}	病了 piŋ^{244}liɔ^{0}
宁县	放屁 fɑŋ^{44}pʰi^{44}	他妈的 tʰa^{22}ma^{31}ti^{0} 妈的 ma^{31}ti^{0}	病下了 pʰiŋ^{44}xa^{44}lia^{0}
武都区	放屁 fɑŋ^{24}pʰi^{24}	他妈的 tʰa^{55}ma^{55}tɤ^{21} 他娘的 tʰa^{55}ȵiɑŋ^{13}tɤ^{21}	有病了 iəu^{55}pi^{24}ləu^{21}
文县	放屁 fɑ̃^{24}pʰi^{24}	他妈的屄 tʰa^{31}ma^{21}tɤ^{44}pʰi^{31}	害病了 xɛe^{24}piəŋ^{24}lɔo^{42}
康县	放屁 fɑŋ^{24}pʰi^{24}	日你娘的 zʅ^{53}ȵi^{21}ȵiɑŋ^{21}tɛ^{21} 日他娘的 zʅ^{53}tʰa^{21}ȵiɑŋ^{21}tɛ^{21}	害病了 xɛ^{24}piŋ^{24}lɔo^{53}
礼县	放屁 fɑŋ^{44}pʰi^{44}	他娘的屄 tʰa^{31}ȵia^{13}tai^{21}pʰi^{31}	病了 pʰiŋ^{44}nɔo^{21}
靖远县	放屁 fɑŋ^{33}pʰʅ^{55}	日他妈的 zʅ^{22}tʰa^{35}ma^{41}tə^{21}	不好着呢 pu^{22}xɑo^{55}tʂɤ^{22}ȵiɛ^{21} 不轻省 pu^{22}tɕiŋ^{41}ɕiŋ^{21}
陇西县	撂屁 liɔo^{44}pʰi^{44}	他妈的 tʰa^{21}ma^{55}ti^{42}	病啦 pʰin^{44}lɑ̃^{21}
秦州区	撂屁 liɔ^{44}pʰi^{44}	日他娘娘 zʅ^{13}tʰa^{21}ȵia^{13}ȵia^{21}	有病了 iɤu^{53}pʰiɤŋ^{44}liɤu^{21}
安定区	撂屁 liɔ^{44}pʰi^{44}	你妈的屄 ȵi^{21}ma^{53}tə^{21}pʰi^{13}	病了 pʰiŋ^{44}lɔ^{21}
会宁县	撂屁 liɔ^{44}pʰi^{44}	你妈的屄 ȵi^{21}ma^{44}ti^{21}pʰi^{13}	病了 pʰiŋ^{44}lɔ^{21}
临洮县	放屁 fɑ̃^{44}pʰi^{21}	你妈妈的屄 ȵi^{13}ma^{53}ma^{42}tɤ^{21}pʰi^{13}	病了 piŋ^{44}liɔ^{21}
清水县	放屁 fɒ̃^{44}pʰi^{443} 撂屁 liɔ^{44}pʰi^{443}	他娘的屄 tʰa^{21}ȵia^{13}tɛ^{21}pʰi^{13}	病了 pʰiŋ^{44}liɔ^{21} 有病哩 iou^{52}pʰiŋ^{44}li^{21}
永靖县	放屁 fɑŋ^{44}pʰi^{44}	家妈着话了 tɕia^{22}ma^{22}tʂɤ^{53}xua^{42}lɔ^{21}	病下了 piɤŋ^{44}xa^{44}lɔ^{42}
敦煌市	放屁 fɑŋ^{35}pʰi^{44}	日他妈的 zʅ^{22}tʰa^{35}ma^{21}tə^{13}	不好下了 pu^{22}xɔ^{55}xa^{21}lə^{21}
临夏市	放屁 fɑŋ^{44}pʰi^{42}	你阿娘的 ȵi^{44}ɑ^{44}ȵiɑŋ^{42}ti^{21}	病下了 piŋ^{44}xɑ^{42}liɔ^{21}
合作市	放屁 fɑŋ^{44}pʰi^{53}	家那日 tɕiᴀ^{13}nᴀ^{53}zʅ^{13}	病下了 piŋ^{53}xᴀ^{44}liɔ^{21}
临潭县	放屁 fɒ^{44}pʰi^{44}	日你妈 zʅ^{24}ȵi^{21}ma^{44}	疼下了 tʰəŋ^{24}xa^{44}lɤ^{21}

	0505 着凉	0506 咳嗽	0507 发烧
兰州市	凉下了 liã^{53}xa^{22}lɔ^{21}	咳嗽 kʰɤ^{22}səu^{13}	发烧 fa^{22}ʂɔ^{53}
榆中县	凉下了 liaŋ^{31}xa^{0}lɔ^{44}	咳嗽 kʰə^{31}səu^{213}	发烧 fa^{31}ʂɔ^{51}
永登县	凉下了 liã^{55}xa^{21}liɔ^{21}	咳嗽 kʰə^{22}sɤu^{55}	发高烧 fa^{22}kɔ^{44}ʂɔ^{42}
红古区	凉下了 liɑŋ^{22}xa^{22}liɔ^{55}	咳嗽 kʰə^{22}sɤu^{13}	发烧 fa^{13}ʂɔ^{13}
凉州区	凉 liɑŋ^{35}	咳嗽 kʰə^{31}səu^{21}	发烧 fa^{53}ʂɑo^{35}
甘州区	着凉了 tʂɔ^{53}liaŋ^{35}liç^{42}	咳嗽 kʰə^{31}sɤu^{21}	发烧 fa^{31}ʂɔ^{44}
肃州区	着凉 tʂɔ^{53}liɑŋ^{51}	咳嗽 kʰə^{21}səu^{13}	发烧 fa^{21}ʂɔ^{44}
永昌县	着凉了 tʂuə^{53}liaŋ^{13}liɔo^{42}	咳嗽 kʰə^{53}səu^{21}	发烧 fa^{53}ʂɔo^{44}
崆峒区	凉咧 liɑŋ^{22}liɛ^{53}	咳嗽 kʰɤ^{53}səu^{21}	发烧 fa^{24}ʂɔ^{21}
庆城县	凉了 lĩ^{21}liɔ^{0}	咳嗽 kʰɤu^{51}sɤu^{0}	发烧 fa^{51}ʂɔ^{51}
宁县	受凉了 ʂou^{44}liaŋ^{22}liɔ^{52} 凉了 liaŋ^{22}liɔ^{52}	咳嗽 kɯ^{31}sou^{0}	发烧 fa^{24}ʂɔ^{31}
武都区	受凉 ʂəu^{24}liɑŋ^{21}	咳嗽 kʰɤ^{31}səu^{21}	发热 fa^{13}ʐɤ^{21} 发烧 fa^{13}ʂəu^{21}
文县	受凉了 sɤu^{24}liã^{21}lɔo^{24}	呛得很 tɕʰiã^{44}ti^{42}xəŋ^{42}	发烧 fa^{31}sɔo^{31}
康县	冒风了 mɔo^{24}fɤŋ^{53}lɔo^{21}	咳嗽 kʰuɤ^{53}sɤu^{21}	发烧 fa^{21}ʂɔo^{53}
礼县	着凉 tʂɔo^{13}liɑŋ^{13}	咳嗽 kʰɤ^{31}səu^{44}	发烧 fa^{24}ʂɔo^{13}
靖远县	凉下了 liɑŋ^{22}xa^{55}liɑo^{21}	咳嗽 kʰɤ^{41}sɤu^{21}	烧的很 ʂɑo^{22}tə^{21}xɤŋ^{55} 发烧 fa^{22}ʂɑo^{41}
陇西县	凉着了 liɑŋ^{22}tʂʰɤ^{44}lɤ^{42}	咳嗽 kʰɤ^{21}sɔo^{21}	发烧 fa^{21}ʂɔo^{21}
秦州区	凉着了 liɑŋ^{13}tʂʰuə^{21}liɤu^{21}	咳嗽 kʰuə^{21}sɤu^{44}	发烧 fa^{13}ʂɔ^{13}
安定区	凉着了 liɑŋ^{13}tʂʰə^{21}lɔ^{21}	咳嗽 kʰə^{21}sɔ^{44}	发热 fa^{21}ʐə^{13}
会宁县	凉着了 liɑŋ^{13}tʂʰə^{42}lɔ^{21}	咳嗽 kʰə^{21}sɔ^{44}	发烧 fa^{13}ʂɔ^{13}
临洮县	凉下了 liã^{21}xa^{44}liɔ^{21}	咳嗽 kʰuɤ^{21}sɤu^{44}	发烧 fa^{13}ʂɔ^{13}
清水县	凉着了 liɔ̃^{13}tʂʰuə^{21}liɔ^{21}	咳嗽 kʰuə^{21}sou^{443}	烧 ʂɔ^{13}
永靖县	凉下咾 liɑŋ^{22}xa^{44}lɔ^{42}	咳着 kʰɤ^{21}tʂɛ^{44}	发烧 fa^{13}ʂɔ^{213}
敦煌市	着了凉了 tʂuə^{22}lə^{55}liɑŋ^{21}lə^{51}	咳嗽 kʰə^{21}sɤu^{213}	发烧 fa^{13}ʂɔ^{213}
临夏市	凉下了 liɑŋ^{21}xɑ^{13}liɔ^{42}	咳嗽 kʰɛ^{21}sɤu^{44}	发烧 fɑ^{13}ʂɔ^{24}
合作市	凉下了 liɑŋ^{21}xᴀ^{13}liɔ^{53}	呛着哩 kʰɑŋ^{21}tʂə^{44}li^{21}	发烧 fᴀ^{13}ʂɔ^{13} 烧着哩 ʂɔ^{21}tʂə^{44}li^{21}
临潭县	凉下了 liɒ^{21}xa^{44}lɤ^{21}	咳嗽 kʰɤ^{21}səɯ^{51}	烧着呢 ʂɔo^{44}tʂʅ^{44}n̥i^{21}

	0508 发抖	0509 肚子疼	0510 拉肚子
兰州市	摆着哩 pɛ^{44}ʂ^{h}ə^{42}ȵi^{21}	肚子疼 tu^{22}tsɿ^{42}t^{h}ən^{53}	跑肚 p^{h}ɔ^{55}tu^{13}
榆中县	抖着呢 t^{h}əu^{44}tʂuə^{0}ȵiᴇ^{0}	肚子疼 tu^{21}tsɿ^{44}t^{h}ən^{312}	拉肚子 la^{31}tu^{21}tsɿ^{44}
永登县	抖着哩 tɤu^{22}tʂə^{55}li^{21}	肚子疼 tu^{22}tsɿ^{55}t^{h}ə̃n^{53}	拉肚子 la^{13}tu^{22}tsɿ^{354}
红古区	抖 tɤu^{53}	肚子疼 tu^{22}tsɿ^{55}t^{h}ən^{53}	拉稀屎 la^{13}sɿ^{22}ʂɿ^{55}
凉州区	圪抖抖 kə^{35}təu^{35}təu^{53}	肚子疼 tu^{31}tsɿ^{21}t^{h}əŋ^{35}	拉肚子 la^{31}tu^{31}tsɿ^{21}
甘州区	抖 tɤu^{53}	肚子疼 tu^{31}tsɿ^{22}t^{h}ɤŋ^{53}	跑肚子 p^{h}ɔ^{53}tu^{31}tsɿ^{21}
肃州区	发抖 fa^{21}təu^{51}	肚子疼 tu^{44}tsɿ^{21}t^{h}ɤŋ^{51}	拉肚子 la^{13}tu^{21}tsɿ^{21} 跑肚 p^{h}ɔ^{51}tu^{21}
永昌县	发抖 fa^{53}təu^{44}	肚子疼 tu^{53}tsɿ^{22}t^{h}əŋ^{13}	拉肚子 la^{22}tu^{53}tsɿ^{21}
崆峒区	发抖 fa^{22}təu^{53}	肚子疼 tu^{35}tsɿ^{53}t^{h}ɤŋ^{24}	跑肚 p^{h}ɔ^{53}tu^{44}
庆城县	发抖 fa^{21}tɤu^{44} 颤 tʂɛ̃^{244}	肚子疼 tu^{244}tsɿ^{0}t^{h}ɤŋ^{113}	屉肚子 pa^{44}tu^{244}zɿ^{0}
宁县	颤 tʂæ̃^{44}	肚子疼 t^{h}u^{44}tsɿ^{0}t^{h}əŋ^{24}	拉稀屎 la^{31}ɕi^{31}sɿ^{0} 跑肚子 p^{h}ɔ^{52}t^{h}u^{44}tsɿ^{31}
武都区	发抖 fa^{22}t^{h}əu^{33}	肚子疼 tu^{24}tsɿ^{21}t^{h}əŋ^{24}	拉肚子 la^{22}tu^{24}tsɿ^{21} 拉稀 la^{13}ɕi^{31}
文县	发抖 fa^{33}t^{h}ɤu^{44}	肚子疼 t^{h}u^{24}tsɿ^{44}t^{h}əŋ^{21}	跑肚子 p^{h}ɔo^{44}t^{h}u^{21}tsɿ^{42}
康县	发抖 fa^{21}t^{h}ɤu^{35}	肚子疼 tu^{24}tsɿ^{53}t^{h}ɤŋ^{21}	跑肚子 p^{h}ɔo^{53}tu^{24}tsɿ^{53}
礼县	发抖 fa^{24}t^{h}əu^{52}	肚子疼 t^{h}u^{44}tsɿ^{31}t^{h}ɤŋ^{21}	跑肚子 p^{h}ɔo^{52}t^{h}u^{44}tsɿ^{21} 屉肚子 pa^{52}t^{h}u^{44}tsɿ^{21}
靖远县	浑身颤 xoŋ^{22}ʂɤŋ^{41}tʂæ̃^{33}	肚子疼 tu^{35}tsɿ^{41}t^{h}ɤŋ^{24}	跑肚 p^{h}ɑo^{55}tu^{33}
陇西县	抖 t^{h}ɤu^{53}	肚子疼 t^{h}u^{44}tsɿ^{42}t^{h}ɤŋ^{13}	跑肚 p^{h}ɔo^{55}t^{h}u^{44}
秦州区	打颤颤 ta^{53}tʂ^{h}æ̃^{44}tʂ^{h}æ̃^{21}	肚子疼 t^{h}u^{44}tsɿ^{21}t^{h}ɤŋ^{13}	跑肚 p^{h}ɔ^{53}t^{h}u^{44}
安定区	发抖 fa^{21}t^{h}əu^{53}	肚子疼 t^{h}u^{44}tsɿ^{21}t^{h}əŋ^{13}	跑肚 p^{h}ɔ^{21}t^{h}u^{44}
会宁县	颤着哩 tʂæ̃^{44}tʂə^{21}li^{21} 抖着哩 t^{h}əu^{53}tʂə^{21}li^{21}	肚子疼 t^{h}u^{44}tsɿ^{21}t^{h}əŋ^{13}	跑肚 p^{h}ɔ^{21}t^{h}u^{44}
临洮县	抖着哩 t^{h}ɤu^{53}tʂuɤ^{42}ȵi^{21}	肚子疼 tu^{44}tsɿ^{42}t^{h}ɤŋ^{21}	跑肚子 p^{h}ɔ^{53}tu^{44}tsɿ^{21}
清水县	颤 tʂæ̃^{443}	肚子疼 t^{h}u^{44}tsɿ^{21}t^{h}ɤŋ^{21}	跑肚 p^{h}ɔ^{52}t^{h}u^{44} 跑茅子 p^{h}ɔ^{52}mɔ^{13}tsɿ^{21}
永靖县	抖着 tɤu^{53}tʂɛ^{21}	肚子疼 tu^{44}tsɿ^{42}tɤŋ^{21}	拉肚子 la^{22}tu^{44}tsɿ^{44}
敦煌市	颤 tʂæ̃^{44}	肚子疼 tu^{35}tsɿ^{21}t^{h}ɤŋ^{21}	跑肚子 p^{h}ɔ^{53}tu^{44}tsɿ^{21}
临夏市	发抖 fɑ^{21}t^{h}ɤu^{53}	肚子疼 tu^{44}tsɿ^{21}t^{h}əŋ^{13}	跑肚 p^{h}ɔ^{44}tu^{42}
合作市	抖着哩 t^{h}əɯ^{53}tʂə^{21}li^{44}	肚子疼 tu^{44}tsɿ^{21}t^{h}əŋ^{13}	跑肚 p^{h}ɔ^{44}tu^{53}
临潭县	颤着呢 tʂæ̃^{44}tʂɿ^{21}ȵi^{21}	肚子疼 tu^{44}tsɿ^{44}t^{h}əŋ^{21}	拉肚子 la^{21}tu^{44}tsɿ^{21}

	0511 患疟疾	0512 中暑	0513 肿
兰州市		中暑 pfən²²fu⁵³	肿 pfən³⁴
榆中县		中暑 tʂuən⁵¹ʂu⁴⁴	肿 tʂuən⁴⁴
永登县	拉痢疾 la¹³li³⁵tɕi⁴²	中暑 pfə̃n¹³fu²²	肿 pfə̃n³⁵⁴
红古区		晕了 yn²²liɔ⁵³	肿 tʂuən⁵³
凉州区		中暑 tʂuŋ⁵³ʂu³⁵	肿 tʂuŋ³⁵
甘州区		中暑 kuŋ²²fu⁵³	肿 kuŋ⁵³
肃州区	打摆子 ta⁵³pɛ²¹tsɿ⁵¹	中暑 tʂuŋ²¹ʂu⁵¹	肿 tʂuŋ⁵¹
永昌县		中暑 tʂoŋ⁵³ʂu¹³	肿 tʂoŋ¹³
崆峒区	发摆子 fa²²pɛ⁵⁵tsɿ²¹	晒晕咧 sɛ⁴⁴ioŋ³⁵liɛ⁵³	肿 tʂoŋ⁵³
庆城县	打摆子 ta⁴⁴pɛ⁴⁴zɿ⁰	中暑 tʂuŋ²⁴⁴ʂu⁴⁴	肿 tʂuŋ⁴⁴
宁县	发摆子 fa³¹pɛ⁵⁵tsɿ⁰	中暑 tʃuŋ⁴⁴ʃu⁵²	肿 tʃuŋ⁵²
武都区	打摆子 ta²²pɛɪ⁵⁵tsɿ²¹	中暑 tʃuŋ²²ʃu³¹	肿 tʃuŋ⁵⁵
文县	打摆子 ta³³pɛe⁵⁵tsɿ⁴²	晕下了 yəŋ³¹xa²¹lɔo⁴⁴	肿 tsoŋ⁵⁵
康县	打摆子 ta²¹pɛ⁵⁵tsɿ²¹	中暑 pfɤŋ³⁵fu⁵³	肿 pfɤŋ⁵³
礼县	拉痢疾 na³¹li⁴⁴tɕi²¹	中暑 tʃuɤŋ⁴⁴ʃu⁵²	肿 tʃuɤŋ⁵²
靖远县	伤寒 ʂɑŋ⁴¹xæ̃²¹	中暑 tʂoŋ³³ʂʮ⁵⁵	肿了 tʂoŋ⁵⁵liɑo²¹
陇西县	打摆子 ta²¹pɛ⁵⁵tsɿ⁴²	中暑 tʂuŋ⁴⁴ʂu⁵³	肿 tʂuŋ⁵⁵
秦州区		中暑 tsuɤŋ⁴⁴ʃɥ⁵³	肿 tsuɤŋ⁵³
安定区		中暑 tʃuŋ⁴⁴ʃu⁵³	肿 tʃuŋ⁵³
会宁县		中暑 tʃuŋ⁴⁴ʃu²¹	肿 tʃuŋ⁵³
临洮县		中暑 tʂuŋ⁴⁴ʂu⁵³	肿 tʂuŋ⁵³
清水县		中暑 tʃɤŋ⁴⁴ʃɨ⁵²	肿 tʃɤŋ⁵²
永靖县		中暑 tʂuɤŋ⁴⁴ʂu⁵³	肿 tʂuɤŋ⁵³
敦煌市	打摆子 ta²²pɛ⁵³tsɿ²¹	中暑 tʂuŋ³⁵ʂu⁵¹	肿 tʂuŋ⁵¹
临夏市		中暑 tʂuəŋ⁴⁴ʂu⁴²	肿了 tʂuəŋ⁴⁴liɔ²⁴
合作市	疟疾着上了 ȵyə⁴⁴tsɿ²¹tʂuə¹³ ʂɑŋ²¹liɔ²¹	晕下了 yəŋ⁴⁴xᴀ²¹liɔ²¹	肿着哩 tʂuəŋ⁴⁴tʂə²¹li⁴⁴
临潭县	跑肚 pʰɔo⁵¹tu⁴⁴	中暑 tsuəŋ⁴⁴ʂu⁵¹	肿 tʂuəŋ⁵¹

	0514 化脓	0515 疤好了的	0516 癣
兰州市	溃脓 xuei^{22}luən^{53}	疤疤子 pa^{44}pa^{44}tsɿ^{21}	癣 ɕyɛ^{34}
榆中县	化脓 xua^{13}luən^{312}	疤 pa^{51}	癣 ɕyan^{44}
永登县	化脓 xua^{13}nə̃n^{53}	疤 pa^{42}	癣 ɕyæ̃^{354}
红古区	熟脓 fu^{13}nuən^{13}	疤 pa^{13} 疤疤儿 pa^{22}pər^{13}	癣 ɕyan^{53}
凉州区	化脓 xua^{53}nuŋ^{35}	疤疤 pa^{35}pa^{53} 痂痂 tɕia^{35}tɕia^{53}	癣 ɕyɑŋ^{35}
甘州区	化脓 xua^{22}nɤŋ^{53}	疤 pa^{44}	癣 ɕyaŋ^{53}
肃州区	化脓 xua^{21}nuŋ^{51}	疤 pa^{44}	癣 ɕyæ̃^{51}
永昌县	化脓 xua^{53}noŋ^{13}	疤 pa^{44}	癣 ɕyɛ^{13}
崆峒区	化脓 xua^{44}loŋ^{24}	疤疤子 pa^{53}pa^{21}tsɿ^{21}	癣 ɕyæ̃^{53}
庆城县	熟脓 ʂu^{113}luŋ^{113}	疤疤 pa^{51}pa^{0}	癣 ɕiɛ̃^{44}
宁县	熟脓 ʃu^{24}luŋ^{24}	疤 pa^{31} 疤子 pa^{31}tsɿ^{0}	廯 ɕiæ̃^{52}
武都区	溃脓 xuei^{24}luŋ^{24} 化脓 xua^{24}luŋ^{24}	疤 pa^{31}	癣 ɕiæ̃^{55}
文县	包脓了 pɔo^{31}loŋ^{21}lɔo^{24}	疤 pa^{31}	癣 ɕyæ̃^{55}
康县	流脓 liɤu^{13}luŋ^{13}	疤疤子 pa^{53}pa^{21}tsɿ^{21}	癣颗子 ɕyan^{35}kʰuɤ^{53}tsɿ^{21}
礼县	熟脓 ʃu^{13}nuɤŋ^{13}	疤疤儿 pa^{52}par^{13}	癣 ɕiæ̃^{52}
靖远县	化脓了 xua^{35}loŋ^{22}liɑo^{55}	疤疤子 pa^{35}pa^{41}tsɿ^{21}	癣 ɕyæ̃^{55}
陇西县	化脓 xua^{44}luŋ^{13}	疤疤儿 pa^{42}pa^{22}zɿ^{44}	癣瓜瓜 ɕiæ̃^{55}kua^{42}kua^{21}
秦州区	溃脓 xuei^{44}luɤŋ^{13}	疤疤 pa^{21}pa^{13}	癣 ɕyæ̃^{53}
安定区	化脓 xua^{44}nuŋ^{13}	疤疤子 pa^{21}pa^{44}tsɿ^{21}	癣 ɕiæ̃^{53}
会宁县	化脓 xua^{44}luŋ^{13}	疤疤子 pa^{21}pa^{21}tsɿ^{13}	癣 ɕiæ̃^{53}
临洮县	化脓 xua^{44}nuŋ^{13}	疤疤儿 pa^{21}par^{13}	癣 ɕiæ̃^{53}
清水县	熟脓 ʃɨ^{13}luŋ^{13}	疤疤子 pa^{21}pa^{13}tsɿ^{21}	癣 siæ̃^{52}
永靖县	化脓 xua^{44}nuɤŋ^{13}	疤 pa^{213}	癣 ɕyæ̃^{53}
敦煌市	化脓 xua^{35}nuŋ^{213}	疤 pa^{213}	癣 ɕyɛ̃^{51}
临夏市	溃 xuei^{53}	疤子 pɑ^{21}tsɿ^{53}	癣 ɕyɛ̃^{42}
合作市	化脓了 xuᴀ^{53}nəŋ^{21}liɔ^{44}	疤子 pᴀ^{21}tsɿ^{53}	癣 ɕyæ̃^{44}
临潭县	化脓了 xua^{44}nuəŋ^{24}lɤ^{51}	疤疤儿 pa^{44}par^{44}	癣 ɕyæ̃^{51}

	0517 痣凸起的	0518 疙瘩蚊子咬后形成的	0519 狐臭
兰州市	痣 tʂʅ^{13}	疙瘩 kɤ^{34}ta^{21}	骨脉 ku^{55}mɤ^{13}
榆中县	黑痣 xə^{31}tʂʅ^{213}	疙瘩 kə^{31}ta^{213}	有骚 iəu^{44}sɔ^{213}
永登县	痣 tʂʅ^{13}	疙瘩子 kə^{21}ta^{13}tsʅ^{354}	臭着哩 tʂ^{h}ɤu^{21}tʂə^{22}li^{354} 骨脉里不对 ku^{35}miɛ^{42}li^{354}pu^{21}tuei^{13}
红古区	瘊子 xɤu^{22}tsʅ^{13}	颗颗儿 k^{h}uə^{55}k^{h}uər^{21}	臭胎 tʂ^{h}ɤu^{22}t^{h}ɛ^{55}
凉州区	痣 tɕi^{31}	疙瘩 kə^{35}ta^{53}	胳劳⁼臭 kə^{31}lɑo^{21}tʂ^{h}əu^{31}
甘州区	痣 tʂʅ^{31}	疙瘩 kɤ^{44}ta^{44}	胳劳⁼臭 kɤ^{31}lɔ^{22}tʂ^{h}ɤu^{21}
肃州区	痣点 tsʅ^{21}ti^{51}	疙瘩 kə^{44}ta^{44}	狐臭 xu^{44}tʂ^{h}əu^{21}
永昌县	痣 tʂʅ^{53}	疙瘩 kə^{44}ta^{44}	胳劳⁼臭 kə^{53}lɔo^{22}tʂ^{h}əu^{21}
崆峒区	痣 tsʅ^{44}	疙瘩 kɤ^{53}ta^{21}	臭眼 tʂ^{h}əu^{35}ȵiæ̃^{53}
庆城县	痣 tsʅ^{44}	根⁼瘩 kɤŋ^{51}ta^{0}	骚臭 sɔ^{51}tʂ^{h}ɤu^{244}
宁县	瘊子 xou^{22}tsʅ^{52}	疙瘩 kɯ^{31}ta^{0}	臭眼 tʂ^{h}ou^{44}ȵiæ̃^{52}
武都区	黡子 iæ̃^{55}tsʅ^{21}	疙瘩 kɤ^{31}ta^{21}	臭的 tʂ^{h}əu^{24}tɛɪ^{21} 狐臭 xu^{22}ɕiəu^{24}
文县	黡子 iæ̃^{55}tsʅ^{33}	疙瘩 kɤ^{31}ta^{44}	臭人 ts^{h}ɤu^{42}zəŋ^{13}
康县	痣 tɕi^{24}	疙瘩子 kuɤ^{53}ta^{21}tsʅ^{21}	臭人 tʂɤu^{24}ʐɤŋ^{53} 隐羶人 iŋ^{35}ʂɑŋ^{53}ʐɤŋ^{21}
礼县	痣 tsʅ^{44}	疙瘩 kɤ^{31}ta^{24}	臭气眼 tʂ^{h}əu^{44}tɕ^{h}i^{44}ȵiæ̃^{21} 狐臭 xu^{13}tʂ^{h}əu^{44}
靖远县	黡子 iæ̃^{55}tsʅ^{21}	疙瘩 kɤ^{41}ta^{21}	骨肉 ku^{41}ʐʮ^{21}
陇西县	黡子 iæ̃^{55}tsʅ^{21}	疙瘩儿 kɤ^{42}ta^{22}zʅ^{44}	狐臭 xu^{22}tʂ^{h}ɤu^{44}
秦州区	黡子 iæ̃^{53}tsʅ^{21}	颗颗 k^{h}uə^{53}k^{h}uə^{13}	臭眼 tʂ^{h}ɤu^{44}ȵiæ̃^{21}
安定区	黡子 iæ̃^{53}tsʅ^{21}	疙瘩 kə^{21}ta^{44}	骚眼 sɔ^{21}ȵiæ̃^{53}
会宁县	黡子 iæ̃^{53}tsʅ^{21}	疙瘩 kə^{21}ta^{13}	骚着哩 sɔ^{13}tʂə^{21}li^{21}
临洮县	黡子 iæ̃^{53}tsʅ^{21}	疙瘩儿 kɤ^{21}tar^{53}	骚 sɔ^{13}
清水县	黡子 iæ̃^{52}tsʅ^{21}	疙瘩 kuə^{21}ta^{13} 疙瘩子 kuə^{21}ta^{13}tsʅ^{21}	臭窟窿 tʂ^{h}ou^{44}p^{h}u^{21}lɤŋ^{21}
永靖县	痣 tɕi^{44}	疙瘩 kɤ^{21}ta^{44}	臭着 tʂ^{h}ɤu^{44}tʂɛ^{42}
敦煌市	痣 tsʅ^{213}	疙瘩 kə^{21}ta^{213}	臭胎子 tʂ^{h}ɤu^{35}t^{h}ɛ^{21}tsʅ^{21}
临夏市	痣 tɕi^{53}	疙瘩 kɛ^{21}tɑ^{53}	狐臭 xu^{44}tʂ^{h}ɤu^{21}
合作市	痣 tɕi^{53}	疙瘩 kee^{21}tᴀ^{53}	狐臭 xu^{21}tʂ^{h}əɯ^{53}
临潭县	黡子 ȵiæ̃^{51}tsʅ^{24}	疙瘩 kɤ^{44}ta^{44}	骚 sɔo^{44}

	0520 看病	0521 诊脉	0522 针灸
兰州市	问先生 vən^{22}ɕiæ̃^{44}ʂən^{42}	号脉 xɔ^{55}mɤ^{13}	扎干针 tʂa^{31}kæ̃^{53}tʂən^{21}
榆中县	看病 kʰan^{13}pin^{213}	号脉 xɔ^{13}mə^{213}	扎干针 tʂa^{31}kan^{51}tʂən^{0}
永登县	看病 kʰæ̃^{13}pin^{13}	号脉 xɔ^{13}miɛ^{13}	扎干针 tʂa^{22}kæ̃^{44}tʂə̃n^{21}
红古区	看病 kʰan^{55}pin^{13}	号脉 xɔ^{13}mə^{13}	扎干针 tʂa^{22}kan^{22}tʂən^{13}
凉州区	瞧病 tɕʰiɑo^{35}piŋ^{53}	摸脉 mə^{35}mə^{53}	扎针 tsa^{53}tʂəŋ^{35}
甘州区	瞧病 tɕʰiɔ^{53}piŋ^{31} 眊病 mɔ^{44}piŋ^{31}	号脉 xɔ^{24}miə^{31}	扎针 tʂa^{22}tʂɤŋ^{44}
肃州区	看病 kʰæ̃^{13}piŋ^{21}	号脉 xɔ^{13}mə^{21}	扎针 tsa^{21}tʂɤŋ^{44}
永昌县	瞧病 tɕʰiɔo^{13}piŋ^{53}	号脉 xɔo^{22}mə^{53}	扎干针 tʂa^{53}kɛe^{44}tʂəŋ^{44}
崆峒区	看病 kʰæ̃^{44}piɤŋ^{44}	号脉 xɔ^{44}mei^{21}	针灸 tʂɤŋ^{22}tɕiəu^{53}
庆城县	看病 kʰɛ̃^{244}piŋ^{244}	号脉 xɔ^{244}mei^{51}	扎干针 tsa^{51}kɛ̃^{51}tʂɤŋ^{51}
宁县	看病 kʰæ̃^{44}pʰiŋ^{44}	号脉 xɔ^{44}mei^{31}	扎干针 tsa^{31}kæ̃^{24}tʂəŋ^{31}
武都区	看病 kʰæ̃^{24}pin^{24}	拉个脉 la^{33}kɤ^{21}min^{31} 摸个脉 məu^{33}kɤ^{21}mei^{31}	扎干针 tsa^{24}kæ̃^{31}tʂəŋ^{21}
文县	看病 kʰæ̃^{24}piəŋ^{24}	拉脉 la^{31}mɛe^{31}	扎针 tsa^{31}tsəŋ^{31}
康县	看病 kʰan^{24}piŋ^{24}	摸脉 muɤ^{55}mɛ^{21} 拉脉 la^{53}mɛ^{21}	扎干针 tʂa^{21}kan^{53}tʂɤŋ^{21}
礼县	看病 kʰæ̃^{44}pʰiŋ^{44}	拉脉 na^{24}mei^{31}	扎针 tsa^{24}tʂɤŋ^{31}
靖远县	看一下 kʰæ̃^{33}zʅ^{21}xa^{21}	号脉 xɑo^{35}mei^{41}	扎针 tsa^{22}tʂɤŋ^{41}
陇西县	看病 kʰæ̃^{44}pʰin^{44}	捉脉 tʂuɤ^{21}me^{21}	扎针 tsa^{21}tʂɤŋ^{21}
秦州区	看病 kʰæ̃^{44}piɤŋ^{44}	把脉 pa^{53}mei^{44}	扎干针 tsa^{21}kæ̃^{13}tʂɤŋ^{13}
安定区	看病 kʰæ̃^{44}pʰiŋ^{44}	捉脉 tʃuə^{21}mɛ^{13}	扎针 tsa^{13}tʂəŋ^{13}
会宁县	看病 kʰæ̃^{44}pʰiŋ^{44}	捉脉 tʃuə^{13}mɛ^{13}	扎针 tsa^{13}tʂəŋ^{13}
临洮县	看病 kæ̃^{44}piŋ^{44}	把脉 pa^{53}mɛ^{13}	扎干针 tsa^{21}kæ̃^{13}tʂɤŋ^{13}
清水县	看病 kʰæ̃^{44}pʰiŋ^{443}	揣脉 tʃʰɛ^{52}məi^{13}	扎干针 tʃa^{21}kæ̃^{13}tʂɤŋ^{13} 扎针 tʃa^{13}tʂɤŋ^{13}
永靖县	看病 kʰæ̃^{44}piɤŋ^{44}	号脉 xɔ^{44}mɤ^{44}	扎针 tʂa^{13}tʂɤŋ^{213}
敦煌市	看病 kʰæ̃^{35}piŋ^{44}	号脉 xɔ^{35}mei^{213}	扎针 tsa^{13}tʂɤŋ^{213}
临夏市	看病 kʰã^{44}piŋ^{42}	号脉 xɔ^{44}mɛ^{24}	扎干针 tʂɑ^{21}kã^{13}tʂəŋ^{42}
合作市	看病 kʰæ̃^{44}piŋ^{53}	抓脉 tʂuᴀ^{13}mɛe^{13}	扎干针 tʂᴀ^{21}kæ̃^{13}tʂəŋ^{53} 扎针 tʂᴀ^{13}tʂəŋ^{13}
临潭县	看病 kʰæ̃^{44}pin^{44}	拉脉 la^{44}mɪi^{44}	扎干针 tʂa^{21}kæ̃^{44}tʂəŋ^{44}

	0523 打针	0524 打吊针	0525 吃药统称
兰州市	打针 ta^{55}tʂən^{42}	输水 fu^{22}fei^{42}	喝药 xɯ^{55}yɛ^{13}
榆中县	打针 ta^{44}tʂən^{51}	吊水 tiɔ^{21}ʂuei^{44}	喝药 xə^{13}yᴇ^{312}
永登县	打针 ta^{55}tʂə̃n^{42}	输液体 fu^{13}iɛ^{21}tʰi^{55}	吃药 tʂʰʅ^{13}yə^{13}
红古区	打针 ta^{55}tʂən^{13}	打吊针 ta^{55}tiɔ^{22}tʂən^{55}	喝药 xuə^{13}yɛ^{13}
凉州区	打针 ta^{35}tʂəŋ^{53}	输水 ʂu^{53}ʂuei^{35}	喝药 xə^{31}yə^{21} 吃药 tʂʰʅ^{31}yə^{21}
甘州区	打针 ta^{53}tʂɤŋ^{44}	打吊瓶 ta^{53}tiɔ^{31}pʰiŋ^{21}	喝药 xə^{24}yə^{31}
肃州区	打针 ta^{53}tʂɤŋ^{44}	吊瓶子 tiɔ^{21}pʰiŋ^{44}tsɿ^{21}	吃药 tʂʰʅ^{44}ʑyə^{21}
永昌县	打针 ta^{53}tʂəŋ^{44}	打吊针 ta^{44}tiɔo^{53}tʂəŋ^{21}	喝药 xə^{22}yə^{53}
崆峒区	打针 ta^{53}tʂɤŋ^{21}	挂吊针 kua^{44}tiɔ^{44}tʂɤŋ^{21}	喝药 xuo^{24}yɤ^{21}
庆城县	打针 ta^{44}tʂɤŋ^{51}	吊盐水 tiɔ^{244}iɛ̃^{21}ʂuei^{44}	吃药 tʂʰʅ^{51}yə^{51}
宁县	打针 ta^{52}tʂəŋ^{31}	挂针 kua^{44}tʂəŋ^{31}	吃药 tʂʰʅ^{24}yə^{31}
武都区	打针 ta^{55}tʂəŋ^{21}	吊瓶子 tiɔu^{24}pʰin^{21}tsɿ^{33}	喝药 xuɤ^{13}yɤ^{31}
文县	打针 ta^{55}tsəŋ^{42}	吊盐水 tiɔo^{24}iæ̃^{21}suei^{44}	喝药 xɤ^{31}yɛ^{31}
康县	打针 ta^{55}tʂɤŋ^{53}	吊瓶了 tiɔo^{24}piŋ^{21}lɔo^{35}	喝药 xuɤ^{21}yɛ^{53}
礼县	打针 ta^{52}tʂɤŋ^{31}	吊水 tiɔo^{44}ʃuei^{52} 吊瓶子 tiɔo^{44}pʰiŋ^{13}tsɿ^{21}	吃药 tʂʰʅ^{31}yɤ^{31}
靖远县	打针 ta^{35}tʂɤŋ^{41}	挂水 kua^{35}ʂuei^{55} 输水 ʂʮ^{22}ʂuei^{55}	喝药 xuə^{22}yə^{41}
陇西县	打针 ta^{55}tʂɤŋ^{21}	吊水 tiɔo^{44}ʂue^{53}	喝药 xɤ^{21}yɤ^{21}
秦州区	打针 ta^{53}tʂɤŋ^{13}	吊水 tiɔ^{44}suei^{53}	喝药 xuə^{13}yə^{13}
安定区	打针 ta^{53}tʂəŋ^{13}	输液 ʃu^{13}iə^{13}	喝药 xə^{13}iə^{13}
会宁县	打针 ta^{13}tʂəŋ^{13}	输水 ʃu^{21}ʃuei^{53}	喝药 xə^{13}iə^{13}
临洮县	打针 ta^{53}tʂɤŋ^{13}	输水 ʂu^{21}ʂuei^{53}	喝药 xɤ^{13}ye^{13}
清水县	打针 ta^{52}tʂɤŋ^{13}	挂水 kua^{44}ʃəi^{52}	吃药 tʂʰʅ^{13}yɛ^{13} 喝药 xuə^{13}yɛ^{13}
永靖县	打针 ta^{53}tʂɤŋ^{213}	打吊针 ta^{42}tiɔ^{44}tʂɤŋ^{42}	吃药 tʂʰʅ^{22}yɛ^{44}
敦煌市	打针 ta^{53}tʂɤŋ^{21}	打吊瓶 ta^{53}tiɔ^{44}pʰiŋ^{213}	喝药 xə^{13}yə^{213}
临夏市	打针 tɑ^{44}tʂəŋ^{24}	输液 ʂu^{44}iɛ^{42}	吃药 tʂʰʅ^{13}yɛ^{24}
合作市	打针 tᴀ^{44}tʂəŋ^{13}	输液 fu^{44}iə^{53}	喝药 xə^{13}yə^{13}
临潭县	输药 ʂu^{51}yɛ^{44}	输药=体 ʂu^{51}yɛ^{44}tʰi^{51}	吃药 tʂʰʅ^{44}yɛ^{44}

	0526 汤药	0527 病轻了	0528 说媒
兰州市	汤药 tʰɑ̃^{55}yɛ^{21}	病松了 pin^{22}suən^{44}lɔ^{21}	提亲 tʰi^{53}tɕʰin^{42}
榆中县	汤药 tʰaŋ^{51}yᴇ^{0}	轻省了 tɕʰin^{51}ʂən^{0}lɔ^{0}	说媒 ʂuə^{13}mei^{312}
永登县	汤药 tʰɑ̃^{44}yə^{21}	病松了 pin^{13}suə̃n^{44}liɔ^{21}	说媒 fə^{22}mei^{53}
红古区	草药 tsʰɔ^{55}yɛ^{21}	病松活了 pin^{13}suən^{22}xuə^{55}liɔ^{21}	说媳妇儿 fə^{13}sɿ^{22}fər^{13} 说媒 fə^{13}mei^{13}
凉州区	汤药 tʰɑŋ^{35}yə^{53}	病好些了 piŋ^{31}xɑo^{53}ɕiə^{35}liɑo^{53}	保媒 pɑo^{53}miei^{35}
甘州区	草药 tʂʰɔ^{22}yə^{53}	病好些了 piŋ^{22}xɔ^{44}ɕiə^{44}liɔ^{44}	说媒 fə^{22}mei^{53}
肃州区	汤药 tʰɑŋ^{44}ʑyə^{44}	好些咧 xɔ^{21}ɕiɛ^{44}liɛ^{21}	说媒 ʂuə^{21}mei^{51}
永昌县	中药 tʂoŋ^{44}yə^{53}	病好些了 piŋ^{53}xɔo^{53}ɕiə^{22}liɔo^{44}	说媒 suə^{53}mei^{13}
崆峒区	汤药 tʰɑŋ^{53}yɤ^{21}	病松些咧 piɤŋ^{22}soŋ^{53}ɕiɛ^{21}liɛ^{21}	说媒 ʂuo^{22}mei^{24}
庆城县	汤药 tʰɑ̃^{51}yə^{0}	病轻了 piŋ^{244}tɕʰiŋ^{51}liɔ^{0}	发媒 fa^{51}mei^{113}
宁县	汤药 tʰaŋ^{31}yə^{0}	病松了 piŋ^{44}suŋ^{31}lia^{0}	说媒 ʃuə^{31}mei^{24}
武都区	中药 tʃuŋ^{31}yɤ^{21}	病轻了 pin^{24}tɕʰin^{31}ləu^{21} 病松了 pi^{24}suŋ^{31}ləu^{21}	说媒 ʃuɤ^{31}mei^{21} 介绍对象 tɕiᴇ^{24}ʂɔu^{21}tuei^{24}ɕiɑŋ^{24}
文县	中药 tsoŋ^{31}yɛ^{21}	病松了 piəŋ^{24}soŋ^{42}lɔo^{21}	说亲 ɕyɛ^{31}tɕʰiəŋ^{31}
康县	汤药 tʰɑŋ^{53}yɛ^{21}	病松了 piŋ^{24}suŋ^{53}lɔo^{21}	说亲 fɤ^{21}tsʰiŋ^{53}
礼县	中药 tʃuɤŋ^{24}yɤ^{21}	病缓了 pʰiŋ^{44}xuæ̃^{52}nɔo^{13} 病慢了 pʰiŋ^{44}mæ̃^{44}nɔo^{21}	说媒 ɕyɤ^{31}mei^{24}
靖远县	汤药 tʰɑŋ^{41}yə^{21}	好多了 xɑo^{55}tuə^{41}liɑo^{21}	提亲 tʰɿ^{22}tɕʰiŋ^{41}
陇西县	中药 tʂuŋ^{22}yɤ^{21}	病松啦 piŋ^{44}suŋ^{42}lɑ̃^{21}	当媒 tɑŋ^{42}me^{13} 说媒 ʃɥɤ^{42}me^{13}
秦州区	汤药 tʰɑŋ^{21}yə^{53}	病松了 pʰiɤŋ^{44}suɤŋ^{21}liɔ^{53}	提亲事 ti^{13}tɕʰiɤŋ^{21}sɿ^{44}
安定区	中药 tʃuŋ^{13}iə^{21}	病松了 pʰiŋ^{44}suŋ^{21}lɔ^{13}	说亲事 ʃuə^{13}tɕʰiŋ^{13}sɿ^{44}
会宁县	汤药 tʰɑŋ^{13}iə^{21}	病松了 pʰiŋ^{44}suŋ^{21}lɔ^{13}	说媒 ʃuə^{13}mei^{13}
临洮县	中药 tʂuŋ^{13}ye^{21}	病松了 piŋ^{44}suŋ^{21}liɔ^{13}	说媒 ʂuɤ^{21}mei^{13}
清水县	汤药 tʰɒ̃^{21}yɛ^{52}	行下了 ɕiŋ^{13}xa^{21}liɔ^{21} 慢了 mæ̃^{44}liɔ^{21}	说亲 ʃə^{13}tsʰiŋ^{13} 当媒人 tɒ̃^{21}məi^{13}ʐɤŋ^{21}
永靖县	中药 tʂuɤŋ^{22}yɛ^{53}	病松咾 piɤŋ^{44}suɤŋ^{21}lɔ^{42}	当媒 tɑŋ^{13}mei^{13}
敦煌市	中药 tʂuŋ^{35}yə^{21}	病松了 piŋ^{35}suŋ^{21}lə^{13}	保媒 pɔ^{53}mei^{213}
临夏市	中药 tʂuəŋ^{44}yɛ^{42}	病松了 piŋ^{44}suəŋ^{21}liɔ^{53}	当媒 tɑŋ^{13}mei^{24}
合作市	中药 tʂuəŋ^{21}yə^{53} 草药 tsʰɔ^{44}yə^{13}	病松了 piŋ^{44}suəŋ^{21}liɔ^{44}	当媒 tɑŋ^{13}mei^{13}
临潭县	草药 tsʰɔo^{51}yɛ^{21}	病轻了 pin^{44}tɕʰĩ^{44}lɤ^{51}	当媒 tɒ^{44}mɪi^{24}

	0529 媒人	0530 相亲	0531 订婚
兰州市	媒婆子 mei^{53}pʰɤ^{22}tsɿ^{21}	见面 tɕiæ̃^{22}miæ̃^{13}	订亲 tin^{22}tɕin^{55}
榆中县	媒婆婆 mei^{31}pʰə^{0}pʰə^{44}	自愿 tsɿ^{13}yan^{213}	订婚 tin^{21}xuən^{51}
永登县	媒婆子 mei^{22}pʰə^{22}tsɿ^{354}	见面 tɕiæ̃^{13}miæ̃^{13}	送瓶子 suə̃n^{22}pʰin^{55}tsɿ^{21}
红古区	介绍人 tɕiɛ^{55}ʂɔ^{22}ʐən^{55}	看 kʰan^{13} 见面 tɕian^{13}mian^{13}	扎瓶子 tʂa^{13}pʰin^{22}tsɿ^{13}
凉州区	媒婆婆 miei^{35}pʰə^{35}pʰə^{53} 媒婆子 miei^{35}pʰə^{35}tsɿ^{53}	见面 tɕiaŋ^{31}miaŋ^{21}	订婚 tiŋ^{53}xuŋ^{35}
甘州区	媒婆婆 mei^{35}pʰuə^{42}pʰuə^{21}	相亲 ɕiaŋ^{44}tɕʰiŋ^{44}	订婚 tiŋ^{22}xuŋ^{44}
肃州区	介绍人 tɕiɛ^{21}ʂɔ^{44}ʐɤŋ^{21}	相亲 ɕiɑŋ^{44}tɕʰiŋ^{44}	订婚 tiŋ^{21}xuŋ^{44}
永昌县	媒婆子 mei^{13}pʰə^{42}tsɿ^{21}	相亲 ɕiaŋ^{53}tɕʰiŋ^{21}	订婚 tiŋ^{53}xoŋ^{44}
崆峒区	媒人 mei^{22}ʐɤŋ^{53}	相亲 ɕiɑŋ^{24}tɕʰiɤŋ^{21}	订婚 tiɤŋ^{44}xoŋ^{21}
庆城县	媒婆婆 mei^{21}pʰuə^{113}pʰuə^{0}	看对象 kʰɛ̃^{244}tuei^{244}ɕiɑ̃^{244}	订婚 tiŋ^{244}xuŋ^{51} 吃小酒 tʂʰʅ^{51}ɕiɔ^{21}tɕiɤu^{44}
宁县	媒人 mei^{22}ʐəŋ^{52}	见面 tɕiæ̃^{44}miæ̃^{44}	订婚 tiŋ^{44}xuŋ^{31}
武都区	媒人 min^{22}ʐəŋ^{31} 媒婆子 mei^{22}pʰɔu^{33}tsɿ^{21}	看老婆子 kʰæ̃^{24}lɔu^{55}pʰuɤ^{21}tsɿ^{21}	订亲 tin^{24}tɕʰin^{21}
文县	媒人 mei^{22}zəŋ^{42}	相亲 ɕiɑ̃^{31}tɕʰiəŋ^{31}	订婚 tiəŋ^{24}xoŋ^{42}
康县	媒人 mei^{53}ʐɤŋ^{55}	看亲 kʰan^{24}tsʰiŋ^{53}	订婚 tsiŋ^{24}xuŋ^{53}
礼县	媒人 mei^{13}ʐɤŋ^{21} 中间人 tʃuɤŋ^{24}tɕiæ̃^{21}ʐɤŋ^{24}	相亲 ɕiɑŋ^{31}tɕʰiŋ^{31}	点蜡 tiæ̃^{52}na^{31}
靖远县	介绍人 tɕiɛ^{41}ʂao^{33}ʐɤŋ^{24}	上门 ʂaŋ^{33}mɤŋ^{24}	订婚 tiŋ^{35}xoŋ^{41}
陇西县	媒人 me^{24}ʐɤŋ^{42} 媒婆 me^{13}pʰɤ^{13}	见面 tɕiæ̃^{44}miæ̃^{44}	订婚 tiŋ^{44}xuŋ^{21}
秦州区	媒婆 mei^{13}pʰɤ^{21}	见面 tɕiæ̃^{44}miæ̃^{44}	订亲 tiɤŋ^{44}tɕʰiɤŋ^{13}
安定区	媒婆婆 mɛ^{13}pʰə^{21}pʰə^{21}	看对象 kʰæ̃^{44}tuei^{44}ɕiaŋ^{44}	订亲 tiŋ^{44}tɕʰiŋ^{13}
会宁县	媒人 mei^{13}ʐəŋ^{21} 媒婆 mei^{13}pʰə^{21}	见面 tɕiæ̃^{44}miæ̃^{44}	订婚 tiŋ^{44}xuŋ^{13}
临洮县	媒人 mi^{13}ʐɤŋ^{21}	瞅对象 tsʰɤu^{53}tuei^{44}ɕiɑ̃^{44}	订婚 tiŋ^{44}xuŋ^{13}
清水县	媒人 məi^{13}ʐɤŋ^{21}	两见面 liɒ̃^{52}tɕiæ̃^{44}miæ̃^{443}	喝酒 xuə^{21}tsiou^{52} 换盅 xuæ̃^{44}tʃɤŋ^{13}
永靖县	媒人 mei^{22}ʐɤŋ^{44}	看媳妇 kʰæ̃^{44}ɕi^{22}fu^{44}	订婚 tiɤŋ^{44}xuɤŋ^{13}
敦煌市	媒婆婆 mei^{22}pʰə^{55}pʰə^{21}	看家道 kʰæ̃^{35}tɕia^{21}tɔ^{44} 上门 ʂaŋ^{44}mɤŋ^{213}	订婚 tiŋ^{35}xuŋ^{213}
临夏市	媒人 mei^{13}ʐəŋ^{42}	看媳妇 kʰɑ̃^{44}ɕi^{21}fu^{53}	送订茶 suəŋ^{53}tiŋ^{44}tʂʰɑ^{21}
合作市	媒人 mei^{13}ʐəŋ^{21}	相亲 ɕiaŋ^{13}tɕʰiŋ^{13}	订婚 tiŋ^{44}xuəŋ^{13}
临潭县	媒人 mɪi^{24}ʐəŋ^{51}	瞅对象 tsʰəɯ^{51}tuɪi^{44}ɕiɒ^{44}	牵拉 tɕʰiæ̃^{44}la^{44}

	0532 嫁妆	0533 结婚统称	0534 娶妻子男子～，动宾
兰州市	嫁妆 tɕia^{22}pfɑ̃^{55}	结婚 tɕiɛ^{22}xuən^{53}	娶媳妇 tɕ^{h}y^{44}ɕi^{13}fu^{13}
榆中县	嫁妆 tɕia^{21}tʂuaŋ^{44}	结婚 tɕiᴇ^{31}xuən^{51}	娶媳妇 tɕ^{h}y^{44}ɕi^{31}fu^{213}
永登县	嫁妆 tɕia^{22}pfɑ̃^{44}	结婚 tɕiɛ^{22}xuə̃n^{42} 拜天地 pɛ^{13}t^{h}iæ̃^{44}ti^{13}	娶婆娘 tɕ^{h}y^{55}p^{h}ə^{55}ȵiɑ̃^{21}
红古区	嫁妆 tɕia^{22}tʂuɑŋ^{55}	娶媳妇儿 ts^{h}ɥ^{55}sɿ^{21}fər^{13}	娶媳妇儿 ts^{h}ɥ^{55}sɿ^{21}fər^{13}
凉州区	嫁妆 tɕia^{31}tʂuɑŋ^{21}	结婚 tɕiə^{53}xuŋ^{35}	娶媳妇子 tɕ^{h}y^{35}ɕi^{31}fu^{21}tsɿ^{21}
甘州区	嫁妆 tɕia^{31}kuaŋ^{21}	结婚 tɕiə^{22}xuŋ^{44}	娶媳妇 tɕ^{h}y^{53}ɕi^{31}fu^{21}
肃州区	嫁妆 tɕia^{21}tʂuɑŋ^{13}	结婚 tɕiɛ^{21}xuŋ^{44}	娶媳妇子 tɕ^{h}y^{53}ɕi^{21}fu^{21}tsɿ^{21} 讨老婆 t^{h}ɔ^{53}lɔ^{21}p^{h}ə^{51}
永昌县	陪嫁 pei^{13}tɕia^{53}	结婚 tɕiə^{53}xoŋ^{44}	娶媳妇 tɕ^{h}y^{44}ɕi^{53}fu^{21}
崆峒区	嫁妆 tɕia^{35}tʂuɑŋ^{53}	结婚 tɕiɛ^{24}xoŋ^{21}	娶媳妇 tɕ^{h}y^{53}ɕi^{53}fu^{21}
庆城县	陪嫁 p^{h}ei^{21}tɕia^{244}	结婚 tɕiᴇ^{51}xuŋ^{51}	娶老婆儿 tɕ^{h}y^{44}lɔ^{44}p^{h}uɤr^{0}
宁县	陪房 p^{h}ei^{22}faŋ^{52}	结婚 tɕiɛ^{24}xuŋ^{31}	娶［媳妇］子 ts^{h}u^{52}ɕiou^{31}tsɿ^{0}
武都区	陪嫁 p^{h}ei^{22}tɕia^{24}	结婚 tɕiᴇ^{13}xuŋ^{31} 成家 tʂ^{h}əŋ^{13}tɕia^{31}	办老婆子 pæ̃^{24}lɔu^{55}p^{h}uɤ^{21}tsɿ^{21}
文县	嫁妆 tɕia^{24}tsuɑ̃^{42}	结婚 tɕiɛ^{42}xoŋ^{42}	娶媳妇儿 tɕ^{h}y^{44}ɕi^{42}fur^{24}
康县	陪嫁 p^{h}ei^{53}tɕia^{24}	结婚 tɕiɛ^{21}xuŋ^{53}	办老婆儿 pan^{24}lɔo^{35}puɤr^{53}
礼县	陪房 p^{h}ei^{13}fɑŋ^{21} 嫁妆 tɕia^{44}tʃuɑŋ^{21}	引妇人 iŋ^{52}fu^{44}ʐɤŋ^{21} 结婚 tɕiɛ^{13}xuɤŋ^{31}	梳头媳妇儿哩 ʃu^{31}t^{h}əu^{13}ɕi^{21}fur^{44}li^{21} 引妇人 iŋ^{52}fu^{44}ʐɤŋ^{21}
靖远县	陪房 p^{h}ei^{22}fɑŋ^{55}	结婚 tɕiɛ^{22}xoŋ^{41}	娶媳妇儿 ts^{h}ɥ^{55}sɿ^{41}fər^{21}
陇西县	嫁妆 tɕia^{44}tʂuɑŋ^{42}	过喜事 kuɤ^{44}ɕi^{55}sɿ^{44}	引新媳妇 ĩ^{55}ɕĩ^{55}ɕi^{13}fu^{21}
秦州区	陪嫁 p^{h}ei^{13}tɕia^{44}	结婚 tɕiə^{13}xuɤŋ^{13}	娶拉婆 tɕ^{h}y^{21}la^{53}p^{h}ɤ^{13}
安定区	嫁妆 tɕia^{44}tʃuɑŋ^{44}	结婚 tɕiə^{21}xuŋ^{13}	引新媳妇 iŋ^{53}ɕiŋ^{13}ɕi^{21}fu^{44}
会宁县	嫁妆 tɕia^{44}tʃuɑŋ^{21}	结婚 tɕiə^{21}xuŋ^{13}	引媳妇 iŋ^{53}ɕi^{21}fu^{44}
临洮县	嫁妆 tɕia^{44}tʂuɑ̃^{21}	结婚 tɕie^{13}xuŋ^{13}	娶媳妇儿 tɕ^{h}y^{53}ɕi^{21}fər^{13}
清水县	嫁妆 tɕia^{44}tʃɒ̃^{21} 陪房 p^{h}əi^{13}fɒ̃^{21}	结婚 tɕiɛ^{13}xuŋ^{13}	引女人 iŋ^{52}ȵy^{52}ʐɤŋ^{21}
永靖县	嫁妆 tɕia^{44}tʂuɑŋ^{21}	迎媳妇 iɤŋ^{53}ɕi^{21}fu^{44}	引媳妇 iɤŋ^{53}ɕi^{21}fu^{44}
敦煌市	嫁妆 tɕia^{35}tʂuɑŋ^{21}	结婚 tɕiə^{13}xuŋ^{213}	娶媳妇 tɕ^{h}y^{53}ɕi^{44}fu^{21}
临夏市	嫁妆 tɕiɑ^{44}tʂuɑŋ^{21}	娶媳妇 tɕ^{h}y^{44}ɕi^{21}fu^{53}	娶媳妇 tɕ^{h}y^{44}ɕi^{21}fu^{53}
合作市	嫁妆 tɕiᴀ^{44}tʂuɑŋ^{21}	结婚 tɕiə^{13}xuəŋ^{13}	娶媳妇 tɕ^{h}y^{44}ɕi^{21}fu^{53}
临潭县	陪下的 p^{h}ɪi^{21}xa^{44}ti^{21}	这个干事 tʂʅ^{44}kɪi^{21}æ̃^{44}ʂʅ^{21}	娶媳妇儿 tɕ^{h}y^{51}ɕi^{21}fər^{51}

	0535 出嫁女子~	0536 拜堂	0537 新郎
兰州市	打发 ta^{55}fa^{21}	拜堂 pɛ^{22}tʰɑ̃^{53}	新女婿 ɕin^{31}ȵy^{44}ɕy^{21}
榆中县	出嫁 tʂʰu^{31}tɕia^{213}	拜堂 pɛ^{13}tʰaŋ^{312}	新女婿 ɕin^{51}ȵy^{44}ɕy^{0}
永登县	出嫁 pfʰu^{44}tɕia^{13}	拜天地 pɛ^{22}tʰiæ̃^{44}ti^{13}	新郎 ɕin^{44}lɑ̃^{53}
红古区	打发 ta^{55}fa^{21}	拜堂 pɛ^{13}tʰɑŋ^{13}	新女婿 ɕin^{22}mʮ^{55}sʮ^{21}
凉州区	出门 tʂʰu^{53}məŋ^{35}	拜高堂 pæ^{53}kao^{35}tʰɑŋ^{53}	新郎官 ɕiŋ^{35}lɑŋ^{35}kuɑŋ^{53} 新女婿 ɕiŋ^{35}mi^{35}ɕy^{53}
甘州区	出嫁 pfʰu^{31}tɕia^{21}	拜堂 pɛ^{22}tʰɑŋ^{53}	新郎官 ɕiŋ^{44}lɑŋ^{35}kuɑŋ^{42}
肃州区	出嫁 tʂʰu^{44}tɕia^{51}	拜堂 pɛ^{21}tʰɑŋ^{51}	新郎官 ɕiŋ^{44}lɑŋ^{44}kuæ̃^{21}
永昌县	出嫁 tʂʰu^{53}tɕia^{21}	拜天地 pɛe^{53}tʰiɛ^{44}ti^{53}	新郎官 ɕiŋ^{44}lɑŋ^{44}kuɛe^{21}
崆峒区	出嫁 tʂʰu^{53}tɕia^{21}	拜堂 pɛ^{44}tʰɑŋ^{24}	新郎 ɕiɤŋ^{22}lɑŋ^{24}
庆城县	出嫁 tʂʰu^{21}tɕia^{244}	拜堂 pɛ^{244}tʰɑ̃^{113}	新郎 ɕiŋ^{51}lɑ̃^{113}
宁县	出嫁 tʃʰu^{22}tɕia^{44}	拜天地 pɛ^{44}tɕʰiæ̃^{22}tɕʰi^{44}	新女婿 ɕiŋ^{31}ȵy^{0}ɕiŋ^{0}
武都区	出门 tʃʰu^{31}məŋ^{13} 出嫁 tʃʰu^{31}tɕia^{24}	拜堂 pɛɪ^{24}tʰɑŋ^{13}	新女婿 ɕin^{22}mi^{55}ɕy^{21} 新郎 ɕin^{31}lɑŋ^{13}
文县	出嫁女 tsu^{21}tɕia^{24}ȵy^{55}	拜堂 pɛe^{24}tʰɑ̃^{22}	新郎官儿 ɕiəŋ^{31}lɑ̃^{21}kuɑ̃r^{42}
康县	出嫁 pfʰu^{53}tɕia^{21}	拜堂 pɛ^{24}tʰɑŋ^{21}	新郎 siŋ^{53}lɑŋ^{21}
礼县	梳头 ʃu^{31}tʰəu^{24} 出门 tʃʰu^{31}mɤŋ^{24}	拜堂 pai^{44}tʰɑŋ^{13}	新郎官 ɕiŋ^{31}nɑŋ^{24}kuæ̃^{21}
靖远县	过门儿 kuə^{33}mə̃r^{24}	拜天地 pɛ^{33}tʰiæ̃^{22}tʅ^{33}	新女婿 ɕiŋ^{41}mʮ^{21}sʮ^{21}
陇西县	成女孩儿 ʂɤŋ^{13}ly^{55}xɛ^{22}ɐr^{44}	拜先人 pɛ^{44}ɕiæ̃^{42}ʐɤŋ^{13}	新郎官 ɕin^{42}lɑŋ^{24}kuæ̃^{42}
秦州区	出门 tʃʰʮ^{21}mɤŋ^{13}	拜堂 pɛ^{44}tʰɑŋ^{13}	新女婿 ɕiɤŋ^{21}mi^{53}ɕi^{21}
安定区	打发 ta^{53}fa^{21}	拜堂 pɛ^{44}tʰɑŋ^{13}	新女婿 ɕiŋ^{21}ȵy^{53}ɕi^{21}
会宁县	打发 ta^{53}fa^{21}	行礼 ɕiŋ^{13}li^{53}	新女婿 ɕiŋ^{13}ȵy^{44}ɕi^{21}
临洮县	打发 ta^{53}fa^{21}	拜堂 pɛ^{44}tʰɑ̃^{13}	新郎官儿 ɕiŋ^{21}lɑ̃^{13}kuɐr^{21}
清水县	出门 tʃʰɨ^{21}mɤŋ^{13} 发落 fa^{21}luə^{52}	拜天地 pɛ^{44}tsʰiæ̃^{21}tsʰi^{443}	新女婿 siŋ^{21}ȵy^{52}si^{21}
永靖县	打发 ta^{53}fa^{21}	拜天地 pɛ^{44}tʰiæ̃^{22}ti^{44}	新女婿 ɕiɤŋ^{13}ny^{53}ɕy^{21}
敦煌市	出嫁 tʂʰu^{21}tɕia^{44}	拜堂 pɛ^{35}tʰɑŋ^{213}	新女婿 ɕiŋ^{22}ȵy^{53}ɕy^{21}
临夏市	打发 tɑ^{44}fɑ^{24}	拜天地 pɛ^{44}tʰiɛ̃^{21}ti^{53}	新女婿 ɕiŋ^{22}mi^{44}ɕy^{42}
合作市	打发 tᴀ^{44}fᴀ^{13}	拜堂 pɛe^{44}tʰɑŋ^{13}	新女婿 ɕiŋ^{44}mi^{44}ɕy^{21}
临潭县	打发 ta^{51}fa^{21}	磕头 kʰɤ^{44}tʰəɯ^{24}	新女婿 ɕin^{44}mi^{21}ɕy^{21}

	0538 新娘子	0539 孕妇	0540 怀孕
兰州市	新媳妇 ɕin^{31}ɕi^{13}fu^{13}	大肚子婆娘 ta^{13}tu^{22}tsɿ^{42}p^{h}ɤ^{53} ȵiã^{13}	有了 iəu^{34}lɔ^{21}
榆中县	新媳妇 ɕin^{51}ɕi^{31}fu^{213}	怀娃的婆娘 xuɛ^{13}va^{312}ti^{0}p^{h}ə^{31} ȵiaŋ^{213}	怀娃了 xuɛ^{13}va^{312}lɔ^{44}
永登县	新新妇 ɕin^{44}ɕin^{21}fu^{21}	大肚子 ta^{22}tu^{22}tsɿ^{354}	身上有了 ʂə̃n^{44}ʂã^{44}iɤu^{35}liɔ^{42}
红古区	新新妇儿 ɕin^{22}ɕin^{22}fər^{53} 新媳妇儿 ɕin^{22}sɿ^{22}fər^{53}	大肚子媳妇儿 ta^{22}tu^{55}tsɿ^{21} sɿ^{22}fər^{13}	身上有了 ʂən^{22}ʂɑŋ^{13}iɤu^{55} liɔ^{21}
凉州区	新娘子 ɕiŋ^{35}ȵiɑŋ^{35}tsɿ^{53} 新媳妇 ɕiŋ^{35}ɕi^{35}fu^{53}	大肚子 ta^{31}tu^{31}tsɿ^{21}	有 iəu^{35}
甘州区	新娘子 ɕiŋ^{44}ȵiaŋ^{35}tsɿ^{42}	大肚子 ta^{24}tu^{44}tsɿ^{44}	怀娃娃 xuɛ^{53}va^{35}va^{42}
肃州区	新娘子 ɕiŋ^{44}ȵiɑŋ^{44}tsɿ^{21}	孕妇 ʑyŋ^{21}fu^{44}	有咧 ʑiəu^{21}liɛ^{51} 怀上咧 xuɛ^{44}ʂɑŋ^{21}liɛ^{21}
永昌县	新娘子 ɕiŋ^{44}ȵiaŋ^{13}tsɿ^{42}	大肚子 ta^{53}tu^{22}tsɿ^{21}	怀娃娃 xuɛe^{53}va^{13}va^{42}
崆峒区	新娘 ɕiɤŋ^{22}ȵiɑŋ^{24}	怀娃娃婆娘 xuɛ^{24}ua^{22}ua^{53} p^{h}ɤ^{22}ȵiɑŋ^{53}	怀娃娃 xuɛ^{24}ua^{22}ua^{53}
庆城县	新娘 ɕiŋ^{51}ȵiã^{113}	怀娃婆娘 xuɛ^{113}va^{113}p^{h}uə^{21} ȵiã^{0}	怀下娃了 xuɛ^{21}xa^{244}va^{21}liɔ^{0}
宁县	新［媳妇］子 ɕiŋ^{31} ɕiou^{31}tsɿ^{0}	大肚子婆娘 ta^{44}t^{h}u^{44}tsɿ^{0} p^{h}uə^{22}ȵiaŋ^{52}	有了娃了 iou^{52}liɔ^{0}ua^{22}lia^{52} 身不空了 ʂəŋ^{31}pu^{22}k^{h}uŋ^{44}lia^{31}
武都区	新媳妇儿 ɕin^{31}ɕi^{53}fər^{21} 新娘 ɕin^{31}ȵiɑŋ^{13}	抬娃婆娘 t^{h}ɛɪ^{13}va^{13}p^{h}uɤ^{22} ȵiɑŋ^{24} 孕妇 yn^{24}fu^{24}	怀上了 xuɛɪ^{22}ʂɑŋ^{24}lɔu^{21} 有了 iəu^{55}lɔu^{21}
文县	新媳妇儿 ɕiəŋ^{31}ɕi^{21}fur^{24}	怀娃婆 xuɛe^{13}ua^{13}p^{h}ɤ^{42}	怀孕 xuɛe^{21}yəŋ^{24}
康县	新媳妇儿 siŋ^{53}si^{21}fur^{21}	抬娃婆 t^{h}ɛ^{24}va^{13}p^{h}uɤ^{21}	怀娃了 xuɛ^{13}va^{21}lɔo^{55}
礼县	新媳妇儿 ɕiŋ^{24}ɕi^{21}fur^{44}	大肚子妇人 ta^{44}t^{h}u^{44}tsɿ^{21}fu^{44} ʐɤŋ^{21}	身不空了 ʂɤŋ^{24}pu^{21}k^{h}uɤŋ^{44} nɔo^{21} 身上有了 ʂɤŋ^{31}ʂɑŋ^{44}iəu^{52} nɔo^{13}
靖远县	新媳妇儿 ɕiŋ^{41}sɿ^{21}fər^{21}	大肚子婆娘 ta^{33}tu^{55}tsɿ^{21}pɤ^{22} ȵiɑŋ^{55} 怀娃娃婆娘 xuɛ^{24}va^{22}va^{55} pɤ^{22}ȵiɑŋ^{55}	怀上了 xuɛ^{22}ʂɑŋ^{55}liɑo^{21}
陇西县	新媳妇 ɕiŋ^{21}ɕi^{13}fu^{21}	大肚子 ta^{44}t^{h}u^{44}tsɿ^{42}	怀娃娃 xuɛ^{13}va^{22}va^{44}
秦州区	新媳妇 ɕiɤŋ^{13}ɕi^{21}fu^{13}	怀娃婆娘 xuɛ^{13}va^{13}p^{h}ɤ^{13} ȵiɑŋ^{21}	怀娃 xuɛ^{13}va^{13}
安定区	新媳妇 ɕiŋ^{13}ɕi^{21}fu^{44}	怀娃娃婆娘 xuɛ^{13}va^{21}va^{21} p^{h}ə^{21}ȵiɑŋ^{44}	怀娃娃 xuɛ^{13}va^{21}va^{21}
会宁县	新媳妇 ɕiŋ^{13}ɕi^{21}fu^{44}	大肚子婆娘 ta^{53}t^{h}u^{44}tsɿ^{21}p^{h}ə^{13} ȵiɑŋ^{21}	怀娃娃 xuɛ^{13}ua^{21}ua^{13}
临洮县	新媳妇儿 ɕiŋ^{13}ɕi^{13}fər^{21}	怀娃娃的 xuɛ^{13}va^{21}va^{44}ti^{21}	怀娃娃 xuɛ^{13}va^{21}va^{44}
清水县	新媳妇 siŋ^{21}si^{44}fu^{21}	怀娃娃婆娘 xuɛ^{13}va^{13}va^{21} p^{h}ə^{13}ȵiɒ̃^{21}	有娃娃了 iou^{52}va^{13}va^{21}liɔ^{21} 身不空 ʂɤŋ^{13}pu^{21}k^{h}uŋ^{44}
永靖县	新新妇 ɕiɤŋ^{13}ɕiɤŋ^{44}fu^{42}	大肚子媳妇 ta^{44}tu^{44}tsɿ^{42}ɕi^{22} fu^{44}	身重 ʂɤŋ^{22}tʂuɤŋ^{44}
敦煌市	新媳妇儿 ɕiŋ^{213}ɕi^{21}fur^{13}	大肚子 ta^{44}tu^{35}tsɿ^{21}	怀上娃娃了 xuɛ^{22}ʂɑŋ^{53} va^{21}va^{53}lə^{21}
临夏市	新新妇 ɕiŋ^{21}ɕiŋ^{44}fu^{42}	大肚子 tɑ^{53}tu^{44}tsɿ^{21}	身上有了 ʂəŋ^{21}ʂɑŋ^{53}iɤu^{44}liɔ^{42}
合作市	新新妇 ɕiŋ^{21}ɕiŋ^{13}fu^{21} 新媳妇 ɕiŋ^{44}ɕi^{21}fu^{53}	大肚子婆娘 tA^{44}tu^{44}tsɿ^{21}p^{h}ə^{21} ȵiɑŋ^{13}	怀娃 xuɛe^{13}vA^{13}
临潭县	新新娃儿 ɕin^{21}ɕin^{44}vər^{24}	大肚子 ta^{44}tu^{44}tsɿ^{21}	有娃娃了 iəɯ^{51}va^{21}va^{44}lɤ^{21}

	0541 害喜妊娠反应	0542 分娩	0543 流产
兰州市	害娃娃 xɛ^{22}va^{53}va^{22}	养下了 iɑ̃^{55}xa^{42}lɔ^{21}	小月子 ɕiɔ^{55}yɛ^{42}tsɿ^{21}
榆中县	害 xɛ^{213} 害娃 xɛ^{13}va^{312}	养娃 iaŋ^{44}va^{312}	流掉了 liəu^{31}tɔ^{0}lɔ^{44}
永登县	发潮着哩 fa^{22}tʂ^{h}ɔ^{53}tʂə^{42}li^{21}	养娃娃 iɑ̃^{354}va^{55}va^{21}	小月 ɕiɔ^{354}yə^{21}
红古区	胎气 t^{h}ɛ^{22}ts^{h}ɿ^{13}	养娃娃 iaŋ^{55}va^{21}va^{13}	淌掉了 t^{h}ɑŋ^{55}tiɔ^{21}liɔ^{21} 小月 ɕiɔ^{55}yɛ^{21}
凉州区	害娃娃 xæ^{53}va^{35}va^{53}	下娃娃 ɕia^{53}va^{35}va^{53}	小产 ɕiɑo^{53}ts^{h}ɑŋ^{35}
甘州区	害娃娃 xɛ^{22}va^{35}va^{42}	生娃娃 ʂɤŋ^{44}va^{35}va^{42}	造掉了 tsɔ^{44}tiɔ^{44}liɔ^{44}
肃州区	害娃娃 xɛ^{21}va^{13}va^{21}	生娃娃 sɤŋ^{44}va^{44}va^{21}	流掉咧 liəu^{35}tiɔ^{31}liɛ^{21}
永昌县	害娃娃 xɛe^{53}va^{13}va^{42}	养娃娃 iaŋ^{53}va^{13}va^{42}	流掉 liəu^{13}tiɔo^{42}
崆峒区	害口着呢 xɛ^{35}k^{h}əu^{53}tʂɤ^{21} ȵiɛ^{21}	养娃娃着呢 iaŋ^{53}ua^{22}ua^{55} tʂɤ^{21}ȵiɛ^{21}	小月 ɕiɔ^{55}yɤ^{21}
庆城县	害娃 xɛ^{244}va^{113}	生娃 sɤŋ^{51}va^{0}	小月 ɕiɔ^{44}yᴇ^{0}
宁县	害娃 xɛ^{44}ua^{24}	生娃 ʂəŋ^{31}ua^{24}	小月了 ɕiɔ^{55}yɛ^{0}lia^{0}
武都区	发潮 fa^{31}tʂ^{h}ɔu^{13}	养娃 iɑŋ^{55}va^{13}	小月 ɕiɔu^{55}yɤ^{21}
文县	害娃了 xɛe^{24}ua^{21}lɔo^{24}	生娃了 səŋ^{31}ua^{21}lɔo^{24}	小月了 ɕiɔo^{42}yɛ^{42}lɔo^{21}
康县	害娃着咧 xɛ^{24}va^{21}tʂɔo^{35}liɛ^{53}	生娃着咧 sɤŋ^{53}va^{21}tʂɔo^{21} liɛ^{21}	小月了 siɔo^{35}yɛ^{53}lɔo^{21}
礼县	择饭哩 ts^{h}ei^{13}fæ̃^{44}li^{21} 害娃娃哩 xai^{44}va^{13}va^{31}li^{21}	跌地了 tiɛ^{31}t^{h}i^{44}nɔo^{21} 养娃哩 iɑŋ^{52}va^{13}li^{21}	小月 ɕiɔo^{52}yɤ^{21}
靖远县	害娃 xɛ^{33}va^{24}	养娃 iɑŋ^{55}va^{24}	小产 ɕiɑo^{22}ts^{h}æ̃^{55}
陇西县	害口 xɛ^{44}k^{h}ɤu^{53}	养娃娃 iɑŋ^{55}va^{22}va^{44}	流产 liu^{13}ts^{h}æ̃^{53}
秦州区	害娃 xɛ^{44}va^{13}	养娃 iɑŋ^{53}va^{13}	小月 ɕiɔ^{53}yə^{21}
安定区	害娃娃 xɛ^{44}va^{21}va^{21}	养娃娃 iɑŋ^{53}va^{21}va^{21}	小月 ɕiɔ^{53}yə^{21}
会宁县	害娃娃 xɛ^{44}uɑ^{21}ua^{13}	养娃娃 iɑŋ^{53}uɑ^{21}ua^{13}	小月 ɕiɔ^{53}yə^{21}
临洮县	害娃娃 xɛ^{44}va^{21}va^{44}	养娃娃 iɑ̃^{53}va^{21}va^{44}	小月 ɕiɔ^{53}ye^{21}
清水县	害娃娃 xɛ^{44}va^{13}va^{21}	养娃娃 iɒ̃^{52}va^{13}va^{21} 养 iɒ̃^{52}	小月 siɔ^{52}yɛ^{21}
永靖县	害娃娃 xɛ^{44}va^{22}va^{13}	养娃娃 iɑŋ^{53}va^{22}va^{13}	流过咾 liɤu^{22}kuɤ^{44}lɔ^{21}
敦煌市	害娃娃 xɛ^{35}va^{21}va^{21}	养娃娃 iɑŋ^{55}va^{21}va^{42}	小月掉了 ɕiɔ^{53}yə^{21}tɔ^{21}la^{21}
临夏市	害娃 xɛ^{42}vɑ^{24}	养娃 iɑ^{44}vɑ^{24}	小月 ɕiɔ^{44}yɛ^{24}
合作市	害娃娃 xɛe^{53}vᴀ^{21}vᴀ^{13}	养娃 iɑŋ^{44}vᴀ^{13}	小月 ɕiɔ^{44}yə^{13}
临潭县	害喜 xɛe^{44}ɕi^{51}	养娃娃 iɒ^{51}va^{21}va^{44}	小产 ɕiɔo^{24}ts^{h}æ̃^{21}

	0544 双胞胎	0545 坐月子	0546 吃奶
兰州市	双双娃 fɑ̃^{22}fɑ̃^{55}va^{42}	坐月子 tsuo^{53}yɛ^{42}tsɿ^{22}	咂奶 tsa^{21}lɛ^{44}
榆中县	双双娃 ʂuaŋ^{31}ʂuaŋ^{213}va^{0}	坐月子 tsuə^{13}yᴇ^{31}tsɿ^{213}	咂捏捏 tsa^{31}ȵiᴇ^{44}ȵiᴇ^{0}
永登县	双双子 fɑ̃^{22}fɑ̃^{22}tsɿ^{354}	坐月子 tsuə^{35}yə^{42}tsɿ^{354}	咂奶 tsa^{22}nɛ^{354}
红古区	双双儿 faŋ^{22}fər^{55}	占房 tʂan^{13}faŋ^{13}	咂奶 tsa^{22}nɛ^{55}
凉州区	双双子 ʂuaŋ^{31}ʂuaŋ^{31}tsɿ^{21}	坐月子 tsuə^{31}yə^{31}tsɿ^{21}	吃奶 tʂʰʅ^{53}næ^{35}
甘州区	双生子 faŋ^{44}ʂɤŋ^{44}tsɿ^{44}	坐月子 tsuə^{24}yə^{31}tsɿ^{21}	吃奶 tʂʰʅ^{22}nɛ^{53}
肃州区	双双 ʂuaŋ^{21}ʂuaŋ^{13}	坐月子 tsuə^{13}ʑyə^{31}tsɿ^{21}	吃奶 tʂʰʅ^{21}nɛ^{51}
永昌县	双双 ʂuaŋ^{53}ʂuaŋ^{21}	坐月子 tsuə^{13}yə^{42}tsɿ^{21}	咂奶 tsa^{53}nɛe^{13}
崆峒区	双生子 ʂuaŋ^{35}sɤŋ^{53}tsɿ^{21}	坐月子 tsuo^{35}yɤ^{53}tsɿ^{21}	吃奶 tʂʰʅ^{22}nɛ^{53}
庆城县	双胞胎 ʂuɑ̃^{51}pɔ^{51}tʰɛ^{51}	坐月子 tsuə^{244}yᴇ^{51}tsɿ^{0}	吃奶 tʂʰʅ^{21}nɛ^{44}
宁县	双生子 ʂuaŋ^{44}səŋ^{55}tsɿ^{0} 双胞胎 ʃuaŋ^{31}pɔ^{24}tʰɛ^{31}	坐月子 tsʰuə^{44}yɛ^{31}tsɿ^{0}	吃奶 tʂʰʅ^{31}nɛ^{52}
武都区	双个儿 ʃuaŋ^{24}kɤr^{31}	坐月 tsuɤ^{24}yɤ^{21}	咂奶 tsa^{22}lɛɪ^{33}
文县	双胞胎 suɑ̃^{31}pɔo^{31}tʰɛe^{31}	坐月子 tsuə^{24}yɛ^{31}tsɿ^{21}	吃奶 tsʰɿ^{33}lɛe^{55}
康县	双生儿 faŋ^{35}ʂɤ̃r^{53}	坐月子 tsuɤ^{24}yɛ^{53}tsɿ^{21}	吃奶 tʂʰʅ^{21}lɛ^{55}
礼县	双生 ʃuaŋ^{44}sɤŋ^{21}	坐月子 tʃʰuɤ^{44}yɤ^{21}tsɿ^{24}	咂捏捏 tsa^{24}ȵiɛ^{21}ȵiɛ^{24}
靖远县	对对娃儿 tuei^{35}tuei^{41}vɐr^{21}	坐月 tsuə^{35}yə^{41}	咂奶 tsa^{22}nɛ^{55}
陇西县	双双儿 ʂuaŋ^{44}ʂuaŋ^{44}zɿ^{44} 双坠儿 ʂuaŋ^{44}tʂʰue^{44}zɿ^{44}	坐月子 tsʰuɤ^{44}yɤ^{42}tsɿ^{21}	咂奶 tsa^{21}lɛ^{53}
秦州区	双生 ʃuaŋ^{44}sɤŋ^{21}	坐月子 tsʰuə^{44}yə^{21}tsɿ^{53}	吃捏捏 tʂʅ^{13}ȵiə^{21}ȵiə^{13}
安定区	双生儿 ʃuaŋ^{44}səŋ^{21}zɿ^{21}	坐月子 tsʰuə^{44}yə^{21}tsɿ^{13}	咂奶 tsa^{21}nɛ^{53}
会宁县	对对子 tuei^{44}tuei^{21}tsɿ^{21} 一对儿 ʑi^{21}tuei^{44}zɿ^{21}	坐月子 tsʰuə^{44}yə^{21}tsɿ^{13}	咂奶 tsa^{21}lɛ^{53}
临洮县	双双儿 ʂuɑ̃^{44}ʂuɐ̃r^{21}	坐月子 tsuɤ^{44}ye^{21}tsɿ^{13}	咂奶 tsa^{21}nɛ^{53}
清水县	双生子 ʃɒ̃^{44}ʃɤŋ^{21}tsɿ^{21}	坐月子 tsʰuə^{44}yɛ^{21}tsɿ^{52}	吃捏捏 tʂʰʅ^{13}ȵiɛ^{21}ȵiɛ^{13}
永靖县	双双 ʂuaŋ^{21}ʂuaŋ^{42}	坐月 tsuɤ^{44}yɛ^{44}	吃捏捏 tʂʰʅ^{13}ȵiɛ^{22}ȵiɛ^{44}
敦煌市	双双 ʂuaŋ^{35}ʂuaŋ^{21}	坐月子 tsuə^{35}yə^{21}tsɿ^{13}	吃奶 tʂʰʅ^{21}nɛ^{51}
临夏市	双双娃 ʂuaŋ^{44}ʂuaŋ^{42}va^{21}	坐月子 tsuɤ^{44}yɛ^{21}tsɿ^{53}	喂捏 vei^{44}ȵiɛ^{24}
合作市	双双 faŋ^{44}faŋ^{21}	坐月子 tsuə^{44}yə^{21}tsɿ^{53}	咂奶 tsᴀ^{13}nɛe^{44}
临潭县	双双儿 suɒ^{44}suər^{21}	坐月子 tsuɤ^{44}yɛ^{44}tsɿ^{44}	咂奶 tsa^{44}nɛe^{51}

	0547 断奶	0548 满月	0549 生日统称
兰州市	隔奶 kɤ^{21}lɛ^{44}	满月 mæ̃^{34}yɛ^{21}	生日 ʂən^{55}ʐʅ^{21}
榆中县	隔捏 kə^{31}ȵiᴇ^{44}	出月 tʂʰu^{31}yᴇ^{44}	生日 ʂən^{51}ʐʅ^{0}
永登县	隔奶 kiɛ^{22}nɛ^{354}	满月 mæ̃^{354}yə^{21}	生日 ʂə̃n^{44}ʐʅ^{21}
红古区	隔奶 kə^{22}nɛ^{55}	满月 man^{55}yɛ^{13}	生日 ʂən^{22}ʐʅ^{13}
凉州区	隔奶 kə^{53}næ^{35}	出月 tʂʰu^{31}yə^{31}	生辰 səŋ^{35}tʂʰəŋ^{53}
甘州区	断奶 tuaŋ^{22}nɛ^{53}	满月 maŋ^{44}yə^{44}	生日 ʂɤŋ^{44}ʐʅ^{44}
肃州区	隔奶 kə^{21}nɛ^{51}	满月 mæ̃^{35}ʑyə^{44}	生日 sɤŋ^{44}ʐʅ^{44}
永昌县	断奶 tuɛe^{53}nɛe^{13}	满月 mɛe^{53}yə^{13}	生日 ʂəŋ^{44}ʐʅ^{44}
崆峒区	断奶 tuæ̃^{35}nɛ^{53}	满月 mæ̃^{55}yɤ^{21}	生日 sɤŋ^{53}ʐʅ^{21}
庆城县	断奶 tuɛ̃^{244}nɛ^{0}	满月 mɛ̃^{44}yᴇ^{0}	生日 sɤŋ^{51}ʐʅ^{0}
宁县	离奶 li^{24}nɛ^{52}	满月 mæ̃^{55}yɛ^{0}	生日 səŋ^{31}ər^{0}
武都区	摘奶 tsei^{22}lɛɪ^{33}	出月 tʃʰu^{31}yɤ^{21}	生日 səŋ^{31}ʐʅ^{21}
文县	隔奶 kei^{33}lɛe^{55}	出月 tsʰu^{31}yɛ^{31}	生日 səŋ^{31}zɿ^{31}
康县	隔奶 kei^{53}lɛ^{21}	满月 man^{55}yɛ^{42}	生日 sɤŋ^{53}ʐʅ^{21}
礼县	摘捏捏 tsei^{24}ȵiɛ^{21}ȵiɛ^{24}	出月 tʃʰu^{24}yɤ^{21}	生日 sɤŋ^{24}ʐʅ^{21}
靖远县	隔奶 kei^{22}nɛ^{55}	满月 mæ̃^{55}yə^{21}	生日 sɤŋ^{41}ʐʅ^{21}
陇西县	断奶 tuæ̃^{44}lɛ^{53}	出月 tʂʰu^{22}yɛ^{21}	生日 sɤŋ^{22}ʐʅ^{21}
秦州区	把捏捏摘了 pa^{21}ȵiə^{13}ȵiə^{13}tsei^{13}liɤu^{21}	出月 tʃʰʮ^{21}yə^{53}	生日 sɤŋ^{13}ʐʅ^{53}
安定区	断奶 tʰuæ̃^{44}nɛ^{53}	出月 tʃʰu^{13}yə^{21}	生日 səŋ^{21}zɿ^{44}
会宁县	断奶 tʰuæ̃^{44}lɛ^{21}	出月 tʃʰu^{13}yə^{21}	生儿 səŋ^{21}zɿ^{44}
临洮县	断奶 tuæ̃^{44}nɛ^{53}	出月 tʂu^{13}ye^{21}	生日 sɤŋ^{13}ʐʅ^{21}
清水县	揣=捏捏 tʃʰəi^{13}ȵiɛ^{21}ȵiɛ^{13}	出月 tʃʰɨ^{21}yɛ^{52}	晬（岁）tsuəi^{13}
永靖县	隔捏捏 kɤ^{13}ȵiɛ^{53}ȵiɛ^{21}	满月 mæ̃^{53}yɛ^{21}	生日 ʂɤŋ^{22}ʐʅ^{53}
敦煌市	隔奶 kə^{21}nɛ^{51}	出月 tʂʰu^{13}yə^{213}	生日 sɤŋ^{13}ʐʅ^{213}
临夏市	隔捏 kɛ^{13}ȵiɛ^{24}	满月 mã^{44}yɛ̃^{24}	过岁 kuɤ^{44}suei^{42}
合作市	隔奶 kɛe^{13}nɛe^{44}	满月 mæ̃^{44}yə^{13}	生日 ʂəŋ^{44}ʐʅ^{21}
临潭县	隔奶 kɪi^{44}nɛe^{51}	满月 mæ̃^{51}yɛ^{21}	生日 ʂəŋ^{44}ʐʅ^{44}

	0550 做寿	0551 死统称	0552 死婉称，最常用的几种，指老人：他～了
兰州市	过寿 kuə^{22}ʂəu^{13}	死了 sɿ^{34}lɔ^{21}	走了 tsəu^{34}lɔ^{42} 缓下了 xuæ̃^{34}xa^{42}lɔ^{21}
榆中县	做寿 tsuə^{13}ʂəu^{213}	死 sɿ^{44}	缓下了 xuan^{44}xa^{0}lɔ^{0} 走了 tsəu^{44}lɔ^{0}
永登县	贺寿 xə^{53}ʂɤu^{13}	死 sɿ^{354}	回了 xuei^{55}liɔ^{21} 走了 tsɤu^{354}liɔ^{21}
红古区	过寿 kuə^{13}ʂɤu^{13}	死 sɿ^{53}	走了 tsɤu^{55}liɔ^{21} 完掉了 van^{22}tɔ^{13}liɔ^{53}
凉州区	过寿 kuə^{31}ʂəu^{31}	死 sɿ^{35}	下世了 ɕia^{31}ʂɿ^{31}liɑo^{21} 下去了 xa^{31}tɕ^{h}i^{31}liɑo^{21}
甘州区	过寿 kuə^{24}ʂɤu^{31}	死 sɿ^{53}	老下了 lɔ^{22}xa^{22}liɔ^{44}
肃州区	祝寿 tʂu^{13}ʂəu^{21}	死 sɿ^{51}	不在咧 pu^{21}tsɛ^{42}liɛ^{21}
永昌县	做寿 tsuə^{22}ʂəu^{53}	死 sɿ^{13}	过世 kuə^{22}ʂɿ^{53} 不在 pu^{22}tsɛe^{53}
崆峒区	过寿 kuo^{44}ʂəu^{44}	死 sɿ^{53}	去世咧 tɕ^{h}y^{44}ʂɿ^{44}liɛ^{21}
庆城县	过寿 kuə^{244}ʂɤu^{244}	死 sɿ^{44}	老百年 lɔ^{44}pei^{0}n̠iẽ^{0}
宁县	昊天哩 xɔ^{44}tɕ^{h}iæ̃^{52}li^{0} 过寿 kuə^{44}ʂou^{44}	殁 muə^{31} 死 sɿ^{52}	老去 lɔ^{55}tɕ^{h}i^{0} 下世 xa^{44}ʂɿ^{44}
武都区	过寿 kuɤ^{24}ʂəu^{24}	死 sɿ^{55}	老百年了 lɔu^{55}pei^{21}n̠iæ̃^{21}lɔu^{21} 走了 tsəu^{55}lɔu^{21}
文县	过寿 kuə^{24}sɤu^{24}	死了 sɿ^{42}lɔo^{21}	老百年了 lɔo^{55}pei^{42}n̠iæ̃^{42}lɔo^{21}
康县	贺寿 xuɤ^{24}ʂɤu^{24}	死 sɿ^{55}	老百年了 lɔo^{55}pei^{33}n̠ian^{53}lɔo^{21}
礼县	过寿 kuɤ^{44}ʂəu^{44} 做寿 tʃu^{44}ʂəu^{44}	死 sɿ^{52}	过世 kuɤ^{44}ʂɿ^{21}
靖远县	过寿 kuə^{33}ʂɤu^{33}	去世了 ts^{h}ʮ^{33}ʂɿ^{35}liɑo^{41} 殁了 mɤ^{41}liɑo^{21}	过世了 kuə^{33}ʂɿ^{35}liɑo^{41}
陇西县	过寿 kuɤ^{44}ʂɤu^{44}	死 sɿ^{53}	过世 kuɤ^{44}ʂɿ^{44}
秦州区	过寿 kuə^{44}ʂɤu^{44}	死 sɿ^{53}	过世了 kuə^{44}ʂɿ^{44}liɤu^{21} 走了 tsɤu^{53}liɤu^{21}
安定区	办寿 p^{h}æ̃^{44}ʂəu^{44}	死 sɿ^{53}	殁 mə^{13} 走 tsəu^{53}
会宁县	上寿 ʂɑŋ^{44}ʂəu^{44}	死 sɿ^{53}	殁 mə^{13} 老百年 lɔ^{53}pei^{21}n̠iæ̃^{13}
临洮县	过寿 kuɤ^{44}ʂɤu^{44}	死 sɿ^{53}	没有 mɤ^{21}iɤu^{13} 走 tsɤu^{53}
清水县	过寿 kuə^{44}ʂou^{443} 过生日 kuə^{44}ʃɤŋ^{21}ɚ^{52}	死 sɿ^{52} 完 væ̃^{13}	过世 kuə^{44}ʂɿ^{443} 下场 xa^{44}tʂ^{h}ɔ̃^{13}
永靖县	贺寿 xuɤ^{44}ʂɤu^{44}	殁了 mei^{22}lɔ^{42}	走了 tsɤu^{53}lɔ^{21} 缓下了 xuæ̃^{53}xa^{44}lɔ^{42}
敦煌市	过寿 kuə^{35}ʂɤu^{44}	死 sɿ^{51}	殁了 mə^{13}lə^{21} 过世了 kuə^{35}ʂɿ^{44}lə^{21}
临夏市	祝寿 tʂu^{44}ʂɤu^{42}	死 sɿ^{42}	过世了 kuɤ^{44}ʂɿ^{42}liɔ^{21}
合作市	过寿 kuə^{44}ʂei^{21}	死 sɿ^{44} 没有了 mə^{44}iəɯ^{21}liɔ^{21}	过世了 kuə^{44}ʂɿ^{21}liɔ^{21}
临潭县	过大寿 kuɤ^{44}ta^{44}ʂəɯ^{44}	殁 mɤ^{24}	殁了 mɤ^{44}lɤ^{44}

	0553 自杀	0554 咽气	0555 入殓
兰州市	寻无常 ɕyn^{53}vu^{21}tʂʰɑ̃^{42}	咽气 iæ̃^{22}tɕʰi^{13}	殓棺 liæ̃^{55}kuæ̃^{42}
榆中县	寻到无常了 ɕyn^{31}tɔ^{213}vu^{31}tʂʰaŋ^{213}lɔ^{0}	咽气 ian^{13}tɕʰi^{213}	盛殓 tʂʰən^{31}lian^{213}
永登县	寻短见 ɕin^{53}tuæ̃^{354}tɕiæ̃^{13} 自杀 tsɿ^{13}ʂa^{13}	咽气 iæ̃^{13}tɕʰi^{13}	入殓 vu^{22}liæ̃^{53} 入棺 vu^{13}kuæ̃^{53}
红古区	个人抹掉了 kuə^{22}ʐən^{55}mə^{55}tɔ^{21}liɔ^{21}	断气 tuan^{13}tsʰɿ^{13} 咽气 ian^{13}tsʰɿ^{13}	入殓 vu^{22}lian^{13}
凉州区	寻短见 ɕiŋ^{53}tuɑŋ^{35}tɕiɑŋ^{53}	断气 tuɑŋ^{31}tɕʰi^{31}	入殓 ʐu^{31}liɑŋ^{21}
甘州区	寻短见 ɕyŋ^{53}tuaŋ^{53}tɕiaŋ^{31}	咽气 iaŋ^{24}tɕʰi^{31}	入殓 vu^{31}liaŋ^{21}
肃州区	自杀 tsɿ^{13}sa^{41} 寻无常 ɕyŋ^{53}vu^{13}tʂʰɑŋ^{21}	断气 tuæ̃^{13}tɕʰi^{21}	入殓 ʐu^{21}liæ̃^{13}
永昌县	寻短见 ɕyəŋ^{53}tuɛe^{44}tɕiɛ^{53}	咽气 iɛ^{22}tɕʰi^{53}	入殓 ʐu^{53}liɛ^{21}
崆峒区	寻短见 ɕiɤŋ^{24}tuæ̃^{53}tɕiæ̃^{44}	咽气 iæ̃^{44}tɕʰi^{44}	入殓 ʐu^{22}liæ̃^{44}
庆城县	自杀 tsɿ^{244}sa^{51}	咽气 iɛ̃^{244}tɕʰi^{244}	转板 tʂuɛ̃^{44}pɛ̃^{44}
宁县	上无常 saŋ^{44}u^{22}tʂʰaŋ^{52} 自杀 tsʰɿ^{44}sa^{31}	断气 tʰuæ̃^{44}tɕʰi^{44} 咽气 iæ̃^{44}tɕi^{44}	盛殓 ʂəŋ^{24}iæ̃^{44}
武都区	寻短见 ɕin^{22}tuæ̃^{33}tɕiæ̃^{4}	咽气 iæ̃^{24}tɕʰi^{24} 断气 tuæ̃^{24}tɕʰi^{24}	棺殓 kuæ̃^{22}liæ̃^{24}
文县	寻无常 ɕiəŋ^{22}vu^{13}tsʰɑ̃^{42}	断气了 tʰuæ̃^{24}tɕʰi^{24}lɔo^{42}	入棺 zu^{42}kuæ̃^{42}
康县	寻了短路了 ɕyŋ^{53}lɔo^{21}tuan^{35}lu^{53}lɔo^{21}	断气了 tuan^{24}tɕʰi^{24}lɔo^{53}	入棺 vu^{21}kuan^{53}
礼县	寻无常 ɕiŋ^{13}vu^{13}tʂʰɑŋ^{21}	咽气 iæ̃^{44}tɕʰi^{44}	入殓 ʒu^{31}liæ̃^{44}
靖远县	寻无常 ɕioŋ^{22}vu^{22}tʂʰɑŋ^{55}	咽气 iæ̃^{33}tsʰɿ^{33}	陈棺 tʂʰɤŋ^{22}kuæ̃^{41}
陇西县	寻无常 ɕiŋ^{13}vu^{13}tʂʰɑŋ^{13}	咽气 iæ̃^{44}tɕʰi^{44}	殓棺 liæ̃^{55}kuæ̃^{42}
秦州区	寻短见 ɕiɤŋ^{13}tuæ̃^{53}tɕiæ̃^{44}	咽气 iæ̃^{44}tɕʰi^{44}	殓棺 liæ̃^{53}kuæ̃^{13}
安定区	寻无常 ɕiŋ^{13}vu^{13}tʂʰɑŋ^{21}	断气 tʰuæ̃^{44}tɕʰi^{44}	殓棺 ȵiæ̃^{53}kuæ̃^{13}
会宁县	寻无常 ɕiŋ^{13}u^{13}tʂʰɑŋ^{21}	咽气 iæ̃^{44}tɕʰi^{44} 断气 tʰuæ̃^{44}tɕʰi^{44}	盛殓 tʂʰəŋ^{13}liæ̃^{53}
临洮县	寻无常 ɕiŋ^{13}vu^{13}tʂʰɑ̃^{21}	咽气 iæ̃^{44}tɕʰi^{44} 断气 tuæ̃^{44}tɕʰi^{44}	入棺 ʐu^{13}kuæ̃^{13}
清水县	自杀 tsʰɿ^{44}ʃa^{21} 寻无常 siŋ^{13}vu^{13}tʂʰɒ̃^{21}	咽气 iæ̃^{44}tɕʰi^{443}	入殓 ʒɨ^{21}liæ̃^{443} 小殓 siɔ^{52}liæ̃^{443}
永靖县	寻短见 ɕiɤŋ^{22}tuæ̃^{53}tɕiæ̃^{44}	咽气 iæ̃^{44}tɕʰi^{44}	入殓 ʐu^{22}liæ̃^{53}
敦煌市	寻无常 syŋ^{13}vu^{21}tʂʰɑŋ^{13}	咽气 iɛ̃^{35}tɕʰi^{44}	入殓 ʐu^{21}liɛ̃^{13}
临夏市	寻短见 ɕiŋ^{13}tuã^{44}tɕiɛ̃^{42}	咽气 iɛ̃^{44}tɕʰi^{42}	入殓 ʐu^{13}liɛ̃^{42}
合作市	寻短见 ɕiŋ^{13}tuæ̃^{44}tɕiæ̃^{53}	咽气 iæ̃^{44}tɕʰi^{53}	入殓 ʐu^{21}liæ̃^{44}
临潭县	自杀 tsɿ^{44}sa^{21}	咽气 iæ̃^{44}tɕʰi^{44}	入殓 ʐu^{24}liæ̃^{51}

	0556 棺材	0557 出殡	0558 灵位
兰州市	材 tsʰɛ^{53}	送葬 suən^{22}tsã^{13}	牌位 pʰɛ^{53}vei^{13}
榆中县	棺材 kuan^{51}tɕʰɛ^{0}	送殡 suən^{13}pin^{213}	牌位 pʰɛ^{31}vei^{213}
永登县	棺材 kuæ̃^{44}tsʰɛ^{21}	送殡 suə̃n^{13}pin^{13}	牌位 pʰɛ^{55}vei^{21}
红古区	寿材 ʂɤu^{22}tsʰɛ^{55} 匣匣儿 ɕia^{22}ɕiər^{13}	发丧 fa^{13}sɑŋ^{13}	牌位 pʰɛ^{22}vei^{13}
凉州区	寿房 ʂəu^{31}fɑŋ^{21} 棺木子 kuɑŋ^{35}mu^{53}tsɿ^{21}	发送 fa^{31}suŋ^{21}	牌位 pʰæ^{35}vei^{53}
甘州区	老房子 lɔ^{22}fɑŋ^{35}tsɿ^{42} 棺木 kuɑŋ^{44}mu^{44}	出殡 pfʰu^{24}piŋ^{31}	灵牌子 liŋ^{35}pʰɛ^{42}tsɿ^{21}
肃州区	棺材 kuæ̃^{44}tsʰɛ^{44}	送葬 suŋ^{13}tsɑŋ^{21}	灵位 liŋ^{53}vei^{21}
永昌县	寿房 ʂəu^{53}fɑŋ^{21} 棺材 kuɛe^{44}tsʰɛe^{44}	埋人 mɛe^{35}ʐəŋ^{13}	神主子 ʂəŋ^{13}tʂu^{42}tsɿ^{21}
崆峒区	棺材 kuæ̃^{53}tsʰɛ^{21}	发丧 fa^{24}sɑŋ^{21}	灵牌 liɤŋ^{22}pʰɛ^{53}
庆城县	板 pɛ̃^{44}	送灵 suŋ^{244}liŋ^{113}	灵位 liŋ^{21}vei^{244}
宁县	棺材 kuæ̃^{31}tsʰɛ^{0} 板 pæ̃^{52}	埋人 mɛ^{24}ʐəŋ^{24}	灵牌子 liŋ^{22}pʰɛ^{52}tsɿ^{0}
武都区	老房 lɔu^{55}fɑŋ^{21}	发引 fa^{22}in^{31}	神主堂堂子 ʂəŋ^{22}tʃu^{55} tʰɑŋ^{22}tʰɑŋ^{55}tsɿ^{21}
文县	棺材 kuæ̃^{31}tsʰɛe^{13}	发丧 fa^{31}sã^{31}	灵位 liəŋ^{21}uei^{24}
康县	老房 lɔo^{35}fɑŋ^{21} 棺材 kuan^{53}tsʰɛ^{21}	发丧 fa^{21}sɑŋ^{53}	灵位 liŋ^{53}vei^{24}
礼县	房 fɑŋ^{31} 棺材 kuæ̃^{31}tsʰai^{24}	送丧 ʃuɤŋ^{44}sɑŋ^{21}	灵牌 liŋ^{13}pʰai^{13}
靖远县	寿材 ʂɤu^{35}tsʰɛ^{41}	发引 fa^{41}iŋ^{21}	牌位子 pʰɛ^{22}vei^{55}tsɿ^{21}
陇西县	棺材 kuæ̃^{42}tsʰɛ^{13}	送丧 suŋ^{44}sɑŋ^{21}	灵牌 lin^{13}pʰɛ^{13}
秦州区	棺材 kuæ̃^{21}tsʰɛ^{13}	发丧 fa^{13}sɑŋ^{13}	灵牌 liɤŋ^{13}pʰɛ^{31}
安定区	板 pæ̃^{53} 房 fɑŋ^{13}	送丧 suŋ^{44}sɑŋ^{13}	牌位 pʰɛ^{21}vei^{44}
会宁县	棺材 kuæ̃^{21}tsʰɛ^{13} 寿材 ʂəu^{44}tsʰɛ^{13}	送丧 suŋ^{44}sɑŋ^{13}	神牌子 ʂəŋ^{13}pɛ^{21}tsɿ^{21}
临洮县	棺材 kuæ̃^{21}tsʰɛ^{13}	起丧 tɕʰi^{53}sã^{13}	灵牌 liŋ^{13}pʰɛ^{21}
清水县	房 fɒ̃^{13} 材 tsʰɛ^{13}	送丧 suŋ^{44}sɒ̃^{13} 发丧 fa^{13}sɒ̃^{13}	灵牌 liŋ^{13}pʰɛ^{21}
永靖县	棺材 kuæ̃^{22}tsʰɛ^{44}	送殡 suɤŋ^{44}piɤŋ^{44}	灵牌 liɤŋ^{13}pʰɛ^{213}
敦煌市	寿木 ʂɤu^{35}mu^{21} 老房 lɔ^{53}fɑŋ^{21}	出殡 tʂʰu^{13}piŋ^{213}	灵牌子 liŋ^{22}pʰɛ^{53}tsɿ^{21}
临夏市	棺材 kuã^{21}tsʰɛ^{53}	送丧 suəŋ^{44}sɑŋ^{42}	灵位 liŋ^{21}vei^{53}
合作市	棺材 kuæ̃^{21}tsʰɛe^{53} 寿材 ʂəɯ^{44}tsʰɛe^{13}	发丧 fA^{13}sɑŋ^{13}	灵位 liŋ^{21}vei^{44}
临潭县	棺材 kuæ̃^{44}tsʰɛe^{44}	出去了 tʂʰu^{44}tɕʰy^{44}lɤ^{51}	灵牌 lin^{24}pʰɛe^{21}

	0559 坟墓单个的，老人的	0560 上坟	0561 纸钱
兰州市	坟 fən^{53}	上坟 ʂɑ̃^{13}fən^{53}	纸火 tʂʅ^{53}xuə^{13}
榆中县	坟 fən^{312}	上坟 ʂaŋ^{13}fən^{312}	往生钱 vaŋ^{44}ʂən^{0}tɕʰian^{0} 票子 pʰiɔ^{21}tsɿ^{44}
永登县	坟 fə̃n^{53}	上坟 ʂɑ̃^{22}fə̃n^{53} 上户坟 ʂɑ̃^{13}xu^{22}fə̃n^{55}	烧纸 ʂɔ^{44}tʂʅ^{354} 纸钱 tʂʅ^{354}tɕʰiæ̃^{42}
红古区	坟滩 fən^{22}tʰan^{55}	上坟 ʂaŋ^{13}fən^{13} 烧纸 ʂɔ^{22}tʂʅ^{55}	往生钱儿 vaŋ^{55}ʂən^{21}tɕʰiɐ̃r^{13}
凉州区	坟 fəŋ^{35}	上坟 ʂaŋ^{53}fəŋ^{35}	纸钱 tsi^{53}tɕʰiaŋ^{35}
甘州区	坟 fɤŋ^{53}	上坟 ʂaŋ^{22}fɤŋ^{53}	阴票子 iŋ^{44}pʰiɔ^{44}tsɿ^{44}
肃州区	坟 fɤŋ^{51}	上坟 ʂaŋ^{21}fɤŋ^{51}	烧纸 ʂɔ^{35}tsɿ^{44}
永昌县	坟 fəŋ^{13}	上坟 ʂaŋ^{53}fəŋ^{13}	烧纸 ʂɔo^{44}tʂʅ^{44}
崆峒区	坟 fɤŋ^{24}	上坟 ʂaŋ^{44}fɤŋ^{24}	纸钱 tsɿ^{53}tɕʰiæ̃^{24}
庆城县	坟 fɤŋ^{113}	上坟 ʂɑ̃^{244}fɤŋ^{113}	纸钱 tsɿ^{44}tɕʰiɛ̃^{0} 纸火 tsɿ^{21}xuə^{44}
宁县	坟 fəŋ^{24}	上坟 ʂaŋ^{44}fəŋ^{24}	钱马 tɕʰiæ̃^{24}ma^{52}
武都区	坟 fəŋ^{13}	上坟 ʂaŋ^{24}fəŋ^{13}	纸钱 tsɿ^{55}tɕʰiæ̃^{21} 买路钱 mɛɪ^{55}lu^{24}tɕʰiæ̃^{21}
文县	坟 fəŋ^{13}	上坟 sɑ̃^{24}fəŋ^{13}	火纸 xuə^{55}tsɿ^{55}
康县	坟园 fɤŋ^{21}yan^{13}	上坟 ʂaŋ^{24}fɤŋ^{13}	纸钱 tʂʅ^{55}tsian^{21}
礼县	坟 fɤŋ^{13} 墓堆 mu^{44}tuei^{21}	上坟 ʂaŋ^{44}fɤŋ^{13}	纸钱 tsɿ^{52}tɕʰiæ̃^{13}
靖远县	坟 fɤŋ^{24}	上坟 ʂaŋ^{33}fɤŋ^{24}	票子 pʰiao^{35}tsɿ^{41}
陇西县	坟上 fɤŋ^{21}ʂaŋ^{44}	上坟 ʂaŋ^{44}fɤŋ^{13}	纸钱儿 tsɿ^{55}tɕʰiæ̃^{21}zɿ^{44}
秦州区	坟 fɤŋ^{13}	上坟 ʂaŋ^{44}fɤŋ^{13}	阴票子 iɤŋ^{21}pʰiɔ^{44}tsɿ^{21}
安定区	坟 fəŋ^{13}	上坟 ʂaŋ^{44}fəŋ^{13}	票票子 pʰiɔ^{44}pʰiɔ^{44}tsɿ^{21}
会宁县	坟 fəŋ^{13}	上坟 ʂaŋ^{53}fəŋ^{13}	票票子 pʰiɔ^{44}pʰiɔ^{21}tsɿ^{21}
临洮县	坟 fɤŋ^{13}	上坟 ʂɑ̃^{44}fɤŋ^{13}	烧纸 ʂɔ^{21}tsɿ^{53}
清水县	坟 fɤŋ^{13}	上坟 ʂɒ̃^{44}fɤŋ^{13}	票子 pʰiɔ^{44}tsɿ^{21}
永靖县	坟滩 fɤŋ^{22}tʰæ̃^{44}	上坟 ʂaŋ^{44}fɤŋ^{13}	纸钱 tʂʅ^{53}tɕʰiæ̃^{213}
敦煌市	坟 fɤŋ^{213}	上坟 ʂaŋ^{35}fɤŋ^{213}	纸钱 tsɿ^{53}tɕʰiɛ̃^{213}
临夏市	坟 fəŋ^{13}	上坟 ʂaŋ^{13}fəŋ^{24}	往生钱 vaŋ^{44}ʂəŋ^{42}tɕʰiɛ̃^{24}
合作市	坟 fəŋ^{13}	上坟 ʂaŋ^{13}fəŋ^{13}	烧纸 ʂɔ^{44}tʂʅ^{21}
临潭县	坟 fəŋ^{24}	上坟 ʂɒ^{44}fəŋ^{24}	纸钱 tsɿ^{51}tɕʰiæ̃^{21}

	0562 老天爷	0563 菩萨统称	0564 观音
兰州市	老天爷 lɔ^{44}t^{h}iæ̃^{55}iɛ^{21}	佛爷 fɤ^{53}iɛ^{13}	观音娘娘 kuæ̃^{44}in^{42}ȵiɑ̃^{53}ȵiɑ̃^{21}
榆中县	老天爷 lɔ^{44}t^{h}ian^{51}iᴇ^{0}	菩萨 p^{h}u^{31}sa^{213}	观音菩萨 kuan^{51}in^{51}p^{h}u^{31}sa^{213}
永登县	老天爷 lɔ^{35}t^{h}iæ̃^{42}iɛ^{21}	菩萨 p^{h}u^{22}sa^{55}	观音菩萨 kuæ̃^{44}in^{44}p^{h}u^{21}sa^{21}
红古区	天爷 t^{h}ian^{22}iɛ^{13} 老天爷 lɔ^{55}t^{h}ian^{21}iɛ^{13}	菩萨 p^{h}u^{22}sa^{55}	观音菩萨 kuan^{22}in^{13}p^{h}u^{22}sa^{55}
凉州区	天老爷 t^{h}iɑŋ^{35}lɑo^{53}iə^{35}	菩萨 p^{h}u^{35}sa^{53}	观音 kuɑŋ^{35}iŋ^{53}
甘州区	老天爷 lɔ^{53}t^{h}iaŋ^{44}iə^{44}	菩萨 p^{h}u^{35}sa^{42}	观音 kuaŋ^{44}iŋ^{44}
肃州区	老天爷 lɔ^{44}t^{h}iæ̃^{44}ʑiɛ^{44}	菩萨 p^{h}u^{44}sa^{21}	观音 kuæ̃^{44}ʑiŋ^{44}
永昌县	老天爷 lɔo^{53}t^{h}iɛ^{44}iə^{44}	菩萨 p^{h}u^{13}sa^{42}	观音 kuɛe^{44}iŋ^{44}
崆峒区	老天爷 lɔ^{55}t^{h}iæ̃^{21}iɛ^{21}	菩萨 p^{h}u^{22}sa^{53}	观音菩萨 kuæ̃^{53}iɤŋ^{21}p^{h}u^{22}sa^{53}
庆城县	老天爷 lɔ^{44}t^{h}iɛ̃^{51}iᴇ^{0}	菩萨 p^{h}u^{21}sa^{0}	观音 kuɛ̃^{51}iŋ^{0} 观音娘娘 kuɛ̃^{51}iŋ^{0}ȵiɑ̃^{21}ȵiɑ̃^{4}
宁县	老天爷 lɔ^{52}tɕ^{h}iæ̃^{31}iɛ^{0}	菩萨爷 p^{h}u^{22}sa^{55}iɛ^{0}	观音菩萨爷 kuæ̃^{31}iŋ^{0}p^{h}u^{22}sa^{55}iɛ^{0}
武都区	老天爷 lɔu^{22}t^{h}iæ̃^{53}iᴇ^{21} 天爷 t^{h}iæ̃^{53}iᴇ^{21}	菩萨 p^{h}u^{31}sa^{21}	观音菩萨 kuæ̃^{31}in^{21}p^{h}u^{31}sa^{21} 观音 kuæ̃^{31}in^{21}
文县	老天爷 lɔo^{35}t^{h}iæ̃^{42}iɛ^{13}	菩萨 p^{h}u^{21}sa^{42}	观音菩萨 kuæ̃^{31}iəŋ^{44}p^{h}u^{21}sa^{42}
康县	老天爷 lɔo^{21}ts^{h}ian^{53}iɛ^{21}	菩萨 p^{h}u^{21}sa^{24}	观音 kuan^{53}iŋ^{21}
礼县	老天爷 nɔo^{52}t^{h}iæ̃^{21}iɛ^{24}	菩萨爷 p^{h}u^{13}sa^{31}iɛ^{21}	观音菩萨 kuæ̃^{24}iŋ^{21}p^{h}u^{24}sa^{21}
靖远县	老天爷 lɑo^{55}t^{h}iæ̃^{41}iɛ^{21}	菩萨 p^{h}u^{22}sa^{41}	观音 kuæ̃^{41}iŋ^{21}
陇西县	天爷 tɕ^{h}iæ̃^{42}iɛ^{13}	佛爷 fɤ^{24}iɛ^{42}	观世音 kuæ̃^{42}ʂʅ^{44}in^{42} 观世音娘娘 kuæ̃^{42}ʂʅ^{44}in^{42} liɑŋ^{22}liɑŋ^{44}
秦州区	老天爷 lɔ^{53}t^{h}iæ̃^{21}iə^{13}	菩萨 p^{h}u^{13}sa^{21}	观世音 kuæ̃^{21}ʂʅ^{44}iɤŋ^{21}
安定区	老天爷 lɔ^{53}t^{h}iæ̃^{21}iə^{13}	菩萨 p^{h}u^{13}sa^{21}	观音 kuæ̃^{13}iŋ^{21}
会宁县	老天爷 lɔ^{53}t^{h}iæ̃^{21}iə^{13}	菩萨 p^{h}u^{13}sa^{21}	观音 kuæ̃^{13}iŋ^{21}
临洮县	老天爷 lɔ^{53}t^{h}iæ̃^{21}ie^{13}	菩萨 p^{h}u^{21}sa^{44}	观音 kuæ̃^{13}iŋ^{21}
清水县	老天爷 lɔ^{52}ts^{h}iæ̃^{21}iɛ^{13}	菩萨爷 p^{h}u^{13}sa^{21}iɛ^{21} 菩萨 p^{h}u^{13}sa^{21}	菩萨爷 p^{h}u^{13}sa^{21}iɛ^{21} 菩萨 p^{h}u^{13}sa^{21}
永靖县	老天爷 lɔ^{53}t^{h}iæ̃^{22}iɛ^{53}	菩萨爷 p^{h}u^{22}sa^{44}iɛ^{42}	观音菩萨 kuæ̃^{22}iɤŋ^{53}p^{h}u^{21}sa^{44}
敦煌市	老天爷 lɔ^{53}t^{h}iɛ̃^{21}iə^{213}	菩萨 p^{h}u^{22}sa^{51}	观音 kuæ̃^{13}iŋ^{213}
临夏市	老天爷 lɔ^{44}t^{h}iɛ̃^{21}iɛ^{53}	菩萨 p^{h}u^{21}sɑ^{53}	观音 kuɑ̃^{21}iŋ^{24}
合作市	老天爷 lɔ^{44}t^{h}iæ̃^{21}iə^{53}	菩萨 p^{h}u^{13}sᴀ^{21}	观音 kuæ̃^{21}iŋ^{53}
临潭县	老天 lɔo^{51}t^{h}iæ̃^{44}	菩萨 p^{h}u^{24}sa^{21}	观音 kuæ̃^{44}in^{44}

	0565 灶神口头的叫法	0566 寺庙	0567 祠堂
兰州市	灶王爷 tsɔ^{22}vã^{53}iɛ^{21}	庙 miɔ^{13}	家庙 tɕia^{55}miɔ^{21}
榆中县	灶家爷 tsɔ^{21}tɕia^{13}iᴇ^{0}	庙 miɔ^{213}	家庙 tɕia^{51}miɔ^{213}
永登县	灶娘娘 tsɔ^{22}ȵiã^{22}ȵiã^{55} 灶爷 tsɔ^{22}iɛ^{55}	寺院 sɿ^{13}yæ̃^{13}	祠堂 tsʰɿ^{22}tʰã^{53}
红古区	灶爷 tsɔ^{22}iɛ^{55} 灶娘娘 tsɔ^{22}ȵiaŋ^{55}ȵiaŋ^{21}	庙 miɔ^{13}	家庙 tɕia^{22}miɔ^{13}
凉州区	灶爷 tsɑo^{31}iə^{21}	庙 miɑo^{31}	祠堂 tsʰɿ^{35}tʰɑŋ^{53}
甘州区	灶王爷 tsɔ^{31}vaŋ^{22}iə^{21}	寺庙 sɿ^{24}miɔ^{31}	祠堂 tsʰɿ^{35}tʰaŋ^{42}
肃州区	灶王爷 tsɔ^{21}vɑŋ^{21}ʑie^{13}	庙 miɔ^{213}	祠堂 tsʰɿ^{44}tʰɑŋ^{21}
永昌县	灶王爷 tsɔo^{53}vɑŋ^{22}iə^{21}	寺庙 sɿ^{22}miɔo^{53}	祠堂 tsʰɿ^{13}tʰɑŋ^{42}
崆峒区	灶火爷 tsɔ^{35}xuo^{53}iɛ^{21}	寺庙 sɿ^{44}miɔ^{44}	祠堂 tsʰɿ^{22}tʰɑŋ^{53}
庆城县	灶神爷 tsɔ^{244}ʂɤŋ^{0}iᴇ^{0} 灶王爷 tsɔ^{244}vã^{0}iᴇ^{0}	寺院 sɿ^{21}yɛ̃^{244}	祠堂 tsʰɿ^{113}tʰã^{113}
宁县	灶神 tsɔ^{44}ʂəŋ^{31}	庙 miɔ^{44}	祠堂 tsʰɿ^{22}tʰaŋ^{52}
武都区	灶爷 tsɔu^{24}iᴇ^{21} 灶火婆 tsɔu^{24}xua^{21}pʰuɤ^{31}	庙 miɔu^{24}	祠堂 tsʰɿ^{24}tʰɑŋ^{24}
文县	灶神爷 tsɔo^{24}səŋ^{44}iɛ^{21}	寺庙 sɿ^{24}miɔo^{24}	祠堂 tsʰɿ^{21}tʰã^{42}
康县	灶神爷 tsɔo^{24}ʂɤŋ^{53}iɛ^{21}	寺院 sɿ^{24}yan^{24}	祠堂 tsʰɿ^{13}tʰɑŋ^{21}
礼县	灶爷 tsɔo^{44}iɛ^{21}	寺庙 sɿ^{44}miɔo^{44}	祠堂 tsʰɿ^{13}tʰɑŋ^{13}
靖远县	灶爷 tsɑo^{35}iɛ^{41}	庙里 miɑo^{35}lɿ^{41}	祠堂 tsʰɿ^{24}tʰɑŋ^{24} 家庙 tɕia^{22}miɑo^{33}
陇西县	灶爷 tsɔo^{44}iɛ^{21}	庙里 miɔo^{44}li^{21}	祠堂 tsɿ^{13}tʰɑŋ^{21}
秦州区	灶王爷 tsɔ^{44}vaŋ^{21}iə^{13}	庙 miɔ^{44}	
安定区	灶火爷 tsɔ^{44}xuə^{21}iə^{21}	庙 miɔ^{44}	
会宁县	灶火爷 tsɔ^{44}xuə^{53}iə^{13}	庙 miɔ^{44}	
临洮县	灶神爷 tsɔ^{44}ʂɤŋ^{42}ie^{21}	寺庙 sɿ^{44}miɔ^{44}	
清水县	灶火阿婆 tsɔ^{44}xuə^{21}a^{21}pʰə^{13} 灶爷 tsɔ^{44}iɛ^{21}	爷庙 iɛ^{13}miɔ^{443} 爷殿 iɛ^{13}tsiæ̃^{443}	祠堂 tsʰɿ^{13}tʰɒ̃^{21}
永靖县	灶君爷 tsɔ^{44}tɕyŋ^{53}iɛ^{21} 灶君娘娘 tsɔ^{44}tɕyŋ^{21}ȵiaŋ^{22}ȵiaŋ^{13}	寺庙 sɿ^{44}miɔ^{44}	祠堂 tsʰɿ^{22}tʰɑŋ^{44}
敦煌市	灶王爷 tsɔ^{35}vaŋ^{21}iə^{21}	庙 miɔ^{44}	祠堂 tsʰɿ^{13}tʰɑŋ^{213}
临夏市	灶爷 tsɔ^{44}iɛ^{21}	寺庙 sɿ^{44}miɔ^{42}	
合作市	灶爷 tsɔ^{44}iə^{21}	寺庙 sɿ^{44}miɔ^{21}	祠堂 tsʰɿ^{13}tʰɑŋ^{21}
临潭县	灶爷 tsɔo^{44}iɛ^{31}	寺庙 sɿ^{44}miɔo^{44}	祠堂 tsʰɿ^{24}tʰɒ^{24}

	0568 和尚	0569 尼姑	0570 道士
兰州市	和尚 xuə⁵³ʂɑ̃²¹	姑姑子 ku⁵⁵ku⁴⁴tsɿ²¹	道人 tɔ²²zə̧n⁵³
榆中县	和尚 xuə³¹ʂaŋ²¹³	姑姑 ku⁵¹ku⁰	道人 tɔ²¹zə̧n⁴⁴
永登县	和尚 xuə⁵⁵ʂɑ̃²¹ 法师 fa²²ʂʅ⁴⁴	尼姑 ȵi²²ku⁴⁴ 姑姑 ku⁴⁴ku²¹	道士 tɔ²²ʂʅ⁴⁴ 师傅 ʂʅ⁴⁴fu²¹
红古区	和尚 xuə²²ʂaŋ¹³ 喇嘛爷 la²²ma²²iɛ⁵⁵	姑姑 ku⁵⁵ku²¹	道人 tɔ²²zə̧n⁵⁵
凉州区	和尚 xuə³⁵ʂɑŋ⁵³	姑姑子 ku³⁵ku³⁵tsɿ⁵³	道人 tɑo³¹zə̧ŋ²¹ 道爷 tɑo³¹iə²¹
甘州区	和尚 xuə³⁵ʂaŋ⁴²	尼姑子 ȵi³⁵ku⁴²tsɿ²¹	道士 tɔ³¹ʂʅ²¹
肃州区	和尚 xə³⁵ʂɑŋ²¹	尼姑子 ȵi³⁵ku⁴¹tsɿ²¹	道士 tɔ²¹sɿ¹³
永昌县	和尚 xuə¹³ʂaŋ⁴²	尼姑 ȵi¹³ku⁴²	道士 too⁵³ʂʅ²¹
崆峒区	和尚 xuo²²ʂaŋ⁵³	尼姑 ȵi²²ku⁵³	道士 tɔ³⁵sɿ⁵³
庆城县	和尚 xuə²¹ʂɑ̃⁰	尼姑 ȵi²¹ku⁵¹	道士 tɔ²⁴⁴sɿ⁰
宁县	和尚 xuə²²tʂʰaŋ⁵²	尼姑 ȵi²²ku³¹	道人 tɔ⁴⁴zə̧ŋ³¹
武都区	和尚 xuɤ²²ʂaŋ²⁴	尼姑 ȵi²⁴ku²¹	道人 tou²⁴zə̧ŋ²¹ 道士 tou²⁴sɿ²⁴
文县	和尚 xuə²¹sɑ̃²⁴	尼姑 ȵi²¹ku⁴²	道士 too²⁴sɿ²⁴
康县	和尚 xuɤ⁵³ʂaŋ²⁴	尼姑 ȵi²¹ku⁵³	道士 too²⁴ʂʅ²⁴
礼县	和尚 xɤ¹³ʂaŋ²¹	尼姑子 ȵi¹³ku³¹tsɿ²¹	道人 too⁴⁴zɤ̧ŋ²¹
靖远县	出家 tʂʰʮ⁴¹tɕia²¹	出家 tʂʰʮ⁴¹tɕia²¹	道人 tɑo³⁵zɤ̧ŋ⁴¹
陇西县	和尚 xɤ²²ʂaŋ⁴⁴	姑姑子 ku⁴²ku²²tsɿ⁴⁴	道人 too⁴⁴zɤ̧ŋ¹³
秦州区	和尚娃 xuə¹³ʂaŋ²¹va¹³	尼姑 ȵi¹³ku²¹	道人 tɔ⁴⁴zɤ̧ŋ²¹
安定区	和尚 xə²¹ʂaŋ⁴⁴	尼姑 ȵi¹³ku²¹	道人 tɔ⁴⁴zə̧ŋ²¹
会宁县	和尚 xuə²¹ʂaŋ⁴⁴	道姑子 tɔ⁴⁴ku²¹tsɿ²¹	道人 tɔ⁴⁴zə̧ŋ²¹
临洮县	和尚 xuɤ²¹ʂɑ̃⁴⁴	尼姑儿 ȵi¹³kur²¹ 道姑儿 tɔ⁴⁴kur²¹	道人 tɔ⁴⁴zɤ̧ŋ²¹
清水县	和尚 xuə¹³ʂɔ̃²¹	尼姑子 ȵi¹³ku²¹tsɿ²¹	道人 tɔ⁴⁴zɤ̧ŋ²¹
永靖县	和尚 xuɤ²²ʂaŋ⁴⁴	姑姑 ku²¹ku⁴²	道人 tɔ⁴⁴zɤ̧ŋ⁵³
敦煌市	和尚 xə²²ʂaŋ⁵¹	尼姑子 ȵi³⁵ku²¹tsɿ²¹	道人 tɔ³⁵zɤ̧ŋ²¹
临夏市	和尚 xu²¹ʂaŋ⁵³	姑姑 ku²¹ku⁵³	道人 tɔ⁴⁴zə̧ŋ²¹
合作市	和尚 xə²¹ʂaŋ⁵³	尼姑 ȵi¹³ku²¹	道人 tɔ⁴⁴zə̧ŋ²¹
临潭县	阿⁼故⁼a²¹ku⁴⁴	姑姑儿 ku⁴⁴kuər⁵¹	道人 too⁴⁴zə̧ŋ²¹

	0571 算命统称	0572 运气	0573 保佑
兰州市	算卦 suæ̃^{22}kua^{13}	运气 yn^{22}tɕʰi^{53}	保佑 pɔ^{55}iəu^{13}
榆中县	算命 suan^{13}min^{213}	运气 yn^{13}tɕʰi^{213}	保佑 pɔ^{44}iəu^{213}
永登县	算命 suæ̃^{13}min^{13}	运气 yn^{22}tɕʰi^{53}	保佑 pɔ^{35}iɤu^{53}
红古区	算命 suan^{13}min^{13}	运气 yn^{13}tsʰɿ^{13}	保佑 pɔ^{55}iɤu^{13}
凉州区	掐八字 tɕʰia^{31}pa^{31}tsɿ^{21}	命 miei^{31} 运 yŋ^{31}	保佑 pɑo^{35}iəu^{53}
甘州区	算命 suaŋ^{24}miŋ^{31}	运气 yŋ^{24}tɕʰi^{31}	保佑 pɔ^{53}iɤu^{53}
肃州区	算命 suæ̃^{13}miŋ^{21} 算卦 suæ̃^{13}kua^{41}	运气 ʑyŋ^{21}tɕʰi^{13}	保佑 pɔ^{53}ʑiəu^{21}
永昌县	算卦 suɛe^{22}kua^{53}	运气 yəŋ^{22}tɕʰi^{53}	保佑 pɔo^{44}iəu^{21}
崆峒区	算命 suæ̃^{44}miɤŋ^{44}	运气 ioŋ^{35}tɕʰi^{53}	保佑 pɔ^{53}iəu^{44}
庆城县	算卦 suɛ̃^{244}kua^{244}	运气 yŋ^{244}tɕʰi^{244}	保佑 pɔ^{44}iɤu^{244}
宁县	算命 suæ̃^{44}miŋ^{44} 算卦 suæ̃^{44}kua^{44}	运气 yŋ^{44}tɕʰi^{44} 时运 sɿ^{24}yŋ^{44}	保佑 pɔ^{52}iou^{44}
武都区	算命 suæ̃^{24}min^{24}	运气 yn^{24}tsʰɿ^{21}	保佑 pɔu^{55}iəu^{24}
文县	算命子 suæ̃^{24}miəŋ^{24}tsɿ^{42}	运气 yəŋ^{24}tɕi^{42}	保佑 pɔo^{44}iɤu^{24}
康县	算命 suan^{24}miŋ^{24}	运气 yŋ^{24}tɕʰi^{53}	保佑 pɔo^{55}iɤu^{24}
礼县	算卦的 ʃuæ̃^{44}kua^{44}tai^{21}	运气 yŋ^{44}tɕʰi^{21}	保佑 pɔo^{52}iəu^{44}
靖远县	算卦 suæ̃^{33}kua^{33}	运气 ioŋ^{35}tsʰɿ^{41}	保佑 pɑo^{55}iɤu^{33}
陇西县	算卦 suæ̃^{44}kua^{44}	运气 yŋ^{44}tɕʰi^{44}	保佑 pɔo^{55}iu^{44}
秦州区	算命 suæ̃^{44}miɤŋ^{44}	样易 iɑŋ^{44}i^{21}	保佑 pɔ^{53}iɤu^{44}
安定区	算卦 suæ̃^{44}kua^{44}	命 miŋ^{44}	保佑 pɔ^{53}iəu^{44}
会宁县	算卦 suæ̃^{44}kua^{44}	运气 yŋ^{44}tɕʰi^{44}	保佑 pɔ^{53}iəu^{44}
临洮县	算卦 suæ̃^{44}kua^{44}	运气 yŋ^{53}tɕʰi^{44}	保佑 pɔ^{53}iɤu^{44}
清水县	算卦 suæ̃^{44}kua^{443}	运气 yŋ^{44}tɕʰi^{443}	保佑 pɔ^{52}iou^{443}
永靖县	算命 suæ̃^{44}miɤŋ^{44}	运气 yŋ^{44}tɕʰi^{44}	保佑 pɔ^{53}iɤu^{21}
敦煌市	算卦 suæ̃^{35}kua^{44} 算命 suæ̃^{44}miŋ^{44}	运气 yŋ^{35}tɕʰi^{44}	保佑 pɔ^{53}iɤu^{44}
临夏市	算命 suã^{44}miŋ^{42}	运气 yəŋ^{44}tɕʰi^{42}	保佑 pɔ^{44}iɤu^{42}
合作市	算命 suæ̃^{44}miŋ^{53}	运气 yəŋ^{44}tɕʰi^{53}	保佑 pɔ^{44}iəɯ^{53}
临潭县	算卦的 suæ̃^{44}kua^{44}ti^{21}	运气 yn^{44}tɕʰi^{44}	保佑 pɔo^{51}iəɯ^{44}

	0574 人一个～	0575 男人成年的，统称	0576 女人三四十岁已婚的，统称
兰州市	人 ʐən^{53}	男人 næ̃^{53}ʐən^{13}	婆娘 pʰɤ^{53}ȵiɑ̃^{13}
榆中县	人 ʐən^{312}	男人 nan^{31}ʐən^{213}	婆娘 pʰə^{31}ȵiaŋ^{213}
永登县	人 ʐə̃n^{53}	男人 næ̃^{22}ʐə̃n^{55} 爷们们 iɛ^{13}mə̃n^{35}mə̃n^{354}	婆娘们 pʰə^{55}ȵiɑ̃^{42}mə̃n^{21}
红古区	人 ʐən^{13}	男人 nan^{22}ʐən^{55}	媳妇儿 sɿ^{22}fər^{13}
凉州区	人 ʐəŋ^{35}	男人 nɑŋ^{35}ʐəŋ^{53}	女人 mi^{53}ʐəŋ^{35}
甘州区	人 ʐɤŋ^{53}	男人 naŋ^{35}ʐɤŋ^{42}	女人 mi^{22}ʐɤŋ^{44}
肃州区	人 ʐɤŋ^{51}	男爷们 næ̃^{44}ʑiɛ^{31}mɤŋ^{21}	媳妇子 ɕi^{21}fu^{21}tsɿ^{13}
永昌县	人 ʐəŋ^{13}	男人 nɛe^{13}ʐəŋ^{42}	女人 mi^{53}ʐəŋ^{21}
崆峒区	人 ʐɤŋ^{24}	男人 næ̃^{22}ʐɤŋ^{53}	女人 ny^{55}ʐɤŋ^{21}
庆城县	人 ʐɤŋ^{113}	男人 nẽ^{21}ʐɤŋ^{0}	婆娘 pʰuə^{21}ȵiɑ̃^{0}
宁县	人 ʐəŋ^{24}	男人 næ̃^{22}ʐəŋ^{52}	女人 ȵy^{55}ʐəŋ^{0}
武都区	人 ʐəŋ^{13}	男人 læ̃^{22}ʐəŋ^{31}	婆娘 pʰuɤ^{22}ȵiɑŋ^{13}
文县	人 zəŋ^{13}	男人 læ̃^{21}zəŋ^{42}	女人 ȵy^{55}zəŋ^{42}
康县	人 ʐɤŋ^{13}	男人 lan^{21}ʐɤŋ^{55}	女人 ȵy^{35}ʐɤŋ^{21} 婆娘 pʰuɤ^{53}ȵiɑŋ^{13}
礼县	人 ʐɤŋ^{13}	男人 næ̃^{13}ʐɤŋ^{21}	女人 ȵy^{52}ʐɤŋ^{13}
靖远县	人 ʐɤŋ^{24}	男人 næ̃^{22}ʐɤŋ^{55}	婆娘 pʰɤ^{22}ȵiɑŋ^{55}
陇西县	人 ʐɤŋ^{13}	男人家 læ̃^{24}ʐɤŋ^{42}tɕia^{21}	婆娘家 pʰɤ^{22}liɑŋ^{44}tɕia^{42}
秦州区	人 ʐɤŋ^{13}	男人 læ̃^{13}ʐɤŋ^{21}	女人 mi^{53}ʐɤŋ^{21}
安定区	人 ʐəŋ^{13}	男人 næ̃^{13}ʐəŋ^{21}	婆娘 pʰə^{21}ȵiɑŋ^{44}
会宁县	人 ʐəŋ^{13}	男人 læ̃^{13}ʐəŋ^{21}	婆娘 pʰə^{21}ȵiɑŋ^{44}
临洮县	人 ʐɤŋ^{13}	男的 næ̃^{13}ti^{44}	女的 ny^{53}ti^{21}
清水县	人 ʐɤŋ^{13}	男人家 læ̃^{13}ʐɤŋ^{21}tɕia^{21}	女人家 ȵy^{52}ʐɤŋ^{21}tɕia^{21}
永靖县	人 ʐɤŋ^{213}	男子汉 næ̃^{22}tsɿ^{44}xæ̃^{44}	媳妇 ɕi^{22}fu^{53}
敦煌市	人 ʐɤŋ^{213}	男人 næ̃^{22}ʐɤŋ^{51}	女人 ȵy^{53}ʐɤŋ^{21}
临夏市	人 ʐəŋ^{13}	男子汉 nɑ̃^{21}tsɿ^{44}xɑ̃^{53}	媳妇 ɕi^{21}fu^{53}
合作市	人 ʐəŋ^{13}	男子汉 næ̃^{21}tsɿ^{44}xæ̃^{21}	媳妇 ɕi^{21}fu^{53}
临潭县	人 ʐəŋ^{24}	男人 næ̃^{24}ʐəŋ^{21}	女人 mi^{51}ʐəŋ^{21}

	0577 单身汉	0578 老姑娘	0579 婴儿
兰州市	光棍 kuã^{53}kuən^{21}	老女人 lɔ^{53}ny^{44}zən^{42}	月里娃 yɛ^{22}ȵi^{44}va^{42}
榆中县	光棍汉 kuaŋ^{51}kuən^{13}xan^{213}	老姑娘 lɔ^{44}ku^{51}ȵiaŋ^{0}	月娃子 yᴇ^{31}va^{213}tsɿ^{0}
永登县	光棍汉 kuã^{44}kuə̃n^{21}xæ̃^{21}	老丫头 lɔ^{22}ia^{44}tʰɤu^{21}	月娃娃 yə^{21}va^{13}va^{55}
红古区	光棍儿 kuaŋ^{22}kuə̃r^{13}	老姑娘 lɔ^{55}ku^{22}ȵiaŋ^{13}	月娃娃儿 yɛ^{22}va^{22}vɐr^{55}
凉州区	单身汉 taŋ^{35}ʂəŋ^{35}xaŋ^{53}	老姑娘 lao^{35}ku^{35}ȵiaŋ^{53}	月娃娃 yə^{31}va^{35}va^{53}
甘州区	光棍汉 kuaŋ^{44}kuŋ^{44}xaŋ^{44}	老丫头 lɔ^{44}ia^{44}tʰɤu^{44}	月娃子 yə^{44}va^{44}tsɿ^{44}
肃州区	光棍 kuaŋ^{44}kuŋ^{44}	老丫头 lɔ^{35}ʑia^{44}tʰəu^{44}	月娃子 ʑyə^{21}va^{44}tsɿ^{21}
永昌县	光棍汉 kuaŋ^{44}koŋ^{44}xɛe^{21}	老丫头 lɔo^{44}ia^{44}tʰəu^{21} 老姑娘 lɔo^{44}ku^{44}ȵiaŋ^{21}	月娃娃 yə^{53}va^{22}va^{21}
崆峒区	光棍汉 kuaŋ^{53}koŋ^{21}xæ̃^{21}	老姑娘 lɔ^{53}ku^{53}ȵiaŋ^{21}	月娃子 yɤ^{53}ua^{21}tsɿ^{21}
庆城县	光棍 kuã^{51}kuŋ^{0}	茬老女 tsʰa^{21}lɔ^{44}ȵy^{44} 女光棍儿 ȵy^{44}kuã^{51}kuɤr^{0}	月娃 yᴇ^{51}va^{0}
宁县	光棍汉 kuaŋ^{31}ku^{0}xæ̃^{0}	老姑娘 lɔ^{52}ku^{31}ȵiaŋ^{0} 老女子 lɔ^{52}ȵy^{55}tsɿ^{0}	月娃子 yɛ^{31}ua^{0}tsɿ^{0}
武都区	光棍儿 kuaŋ^{31}kuŋ^{21}ɚ^{0} 光棍汉 kuaŋ^{31}kuŋ^{21}xæ̃^{24}	老女子 lɔu^{31}mi^{21}tsɿ^{21}	月娃子 yɤ^{31}va^{21}tsɿ^{21} 月娃儿 yɤ^{31}vɐr^{21}
文县	光棍汉 kuã^{31}koŋ^{24}xæ̃^{42}	老姑娘 lɔo^{55}ku^{42}ȵiã^{22}	奶娃子 lɛ^{55}ua^{42}tsɿ^{21}
康县	光棍汉 kuaŋ^{53}kuŋ^{21}xan^{21}	老姑娘 lɔo^{55}ku^{53}ȵiaŋ^{21}	月娃子 yɛ^{53}va^{21}tsɿ^{21}
礼县	光棍 kuaŋ^{31}kuɤŋ^{44}	老姑娘 nɔo^{52}ku^{21}ȵiaŋ^{24}	月娃子 yɤ^{31}va^{13}tsɿ^{21}
靖远县	光棍 kuaŋ^{41}koŋ^{21}	老姑娘 lao^{55}ku^{21}ȵiaŋ^{21}	月里娃子 yə^{41}lɿ^{21}va^{21}tsɿ^{21}
陇西县	光棍 kuaŋ^{42}kuŋ^{44}	老女子 lɔo^{21}ly^{55}zɿ^{42}	尕娃儿 ka^{24}va^{42}zɿ^{13}
秦州区	光棍汉 kuaŋ^{21}kuɤŋ^{44}xæ̃^{21}	蹋⁼老女 tʰa^{13}lɔ^{21}mi^{53}	月子娃 yə^{21}tsɿ^{21}va^{21}
安定区	光棍 kuaŋ^{21}kuŋ^{44}	老女 lɔ^{21}ȵy^{53}	月里娃 yə^{21}li^{13}va^{21}
会宁县	光棍 kuaŋ^{21}kuŋ^{44}	老女子 lɔ^{21}ȵy^{53}tsɿ^{21}	月里娃 yə^{21}li^{13}ua^{21}
临洮县	光棍汉 kuã^{21}kuŋ^{44}xæ̃^{21}	老女人 lɔ^{21}ny^{53}zɤŋ^{21}	月娃儿 ye^{21}var^{13}
清水县	光棍汉 kuɔ̃^{21}kuŋ^{44}xæ̃^{21}	老女 lɔ^{21}ȵy^{52}	月溜娃 yɛ^{21}liou^{44}va^{13} 月娃子 yɛ^{21}va^{13}tsɿ^{21}
永靖县	光棍汉 kuaŋ^{22}kuɤŋ^{53}xæ̃^{21}	老丫头 lɔ^{53}ia^{22}tʰɤu^{42}	尕月娃 ka^{22}yɛ^{22}va^{53}
敦煌市	光棍汉 kuaŋ^{21}kuŋ^{22}xæ̃^{44}	老丫头 lɔ^{53}ia^{21}tʰɤu^{21}	月娃子 yə^{22}va^{22}tsɿ^{51}
临夏市	光棍汉 kuaŋ^{21}kuəŋ^{53}xã^{21}	老姑娘 lɔ^{42}ku^{21}ȵiaŋ^{53}	月娃 yɛ^{21}vɑ^{53}
合作市	光棍汉 kuaŋ^{21}kuəŋ^{13}xæ̃^{21}	老丫头 lɔ^{44}iᴀ^{21}tʰəɯ^{53}	月娃 yə^{21}vᴀ^{44}
临潭县	光棍 kuɒ^{21}kuəŋ^{44}	老女儿 lɔo^{24}ȵyər^{21}	月娃娃儿 yɛ^{44}va^{44}vər^{21}

	0580 小孩三四岁的，统称	0581 男孩统称：外面有个～在哭	0582 女孩统称：外面有个～在哭
兰州市	娃娃 va^{53}va^{21}	小子 ɕiɔ^{53}tsɿ^{44}	女子 ȵy^{53}tsɿ^{44}
榆中县	尕娃 ka^{13}va^{312}	儿娃子 ɣɤ^{31}va^{0}tsɿ^{44}	女娃子 ȵy^{44}va^{0}tsɿ^{0}
永登县	娃们 va^{53}mə̃n^{21} 娃娃 va^{354}va^{21}	娃子 va^{55}tsɿ^{21} 儿娃子 a^{13}va^{44}tsɿ^{354}	丫头 ia^{44}tʰɤu^{21} 尕丫头子 ka^{55}ia^{42}tʰɤu^{21}tsɿ^{21}
红古区	尕娃娃 ka^{55}va^{53}va^{21}	娃娃 va^{22}va^{13}	丫头 ia^{22}tʰɤu^{13}
凉州区	娃娃 va^{35}va^{53}	男娃子 nɑŋ^{35}va^{35}tsɿ^{53}	女娃子 mi^{53}va^{35}tsɿ^{53}
甘州区	小娃娃 ɕiɔ^{22}va^{35}va^{42}	娃子 va^{35}tsɿ^{42}	丫头 ia^{44}tʰɤu^{44}
肃州区	娃娃 va^{35}va^{21}	娃子 va^{35}tsɿ^{21}	丫头 ʑia^{44}tʰəu^{44}
永昌县	小娃娃 ɕiɔo^{53}va^{13}va^{42}	男娃娃 nɛe^{13}va^{53}va^{21}	女娃娃 mi^{53}va^{22}va^{44}
崆峒区	娃娃 ua^{22}ua^{53}	儿子娃 ɚ^{22}tsɿ^{55}ua^{21}	女子娃 ny^{55}tsɿ^{21}ua^{21}
庆城县	娃娃 va^{21}va^{0} 碎娃娃 suei^{244}va^{21}va^{0}	男娃娃 nɛ̃^{113}va^{0}va^{0}	女娃娃 ȵy^{44}va^{0}va^{0}
宁县	娃娃 ua^{22}ua^{52}	儿子娃 ər^{22}tsɿ^{55}ua^{0}	女子娃 ȵy^{55}tsɿ^{0}ua^{0}
武都区	碎娃 suei^{24}va^{24}	儿子家 ɚ^{22}tsɿ^{24}tɕia^{21}	女子 mi^{55}tsɿ^{21}
文县	小娃们 ɕiɔo^{44}ua^{24}mə̃^{42}	儿子 ɚ^{21}tsɿ^{55}	女子 ȵy^{55}tsɿ^{33}
康县	碎娃娃 suei^{24}va^{21}va^{13}	儿子娃 ɚ^{21}tsɿ^{21}va^{53}	女子娃 ȵy^{55}tsɿ^{21}va^{21}
礼县	碎娃娃儿 ʃuei^{44}va^{13}var^{21}	儿子娃 ɚ^{13}tsɿ^{31}va^{21}	女子娃 ȵy^{52}tsɿ^{21}va^{13}
靖远县	尕娃娃 ka^{22}va^{22}va^{55}	儿子娃 ər^{22}tsɿ^{55}va^{21}	女子娃 mɥ^{55}tsɿ^{21}va^{21}
陇西县	碎娃娃 sue^{44}va^{22}va^{44}	儿子娃娃 zɿ^{22}tsɿ^{44}va^{22}va^{44}	女娃娃 ly^{55}va^{22}va^{44}
秦州区	碎娃 suei^{44}va^{13}	儿子娃 ɛ^{13}tsɿ^{21}va^{21}	女子娃 mi^{53}tsɿ^{21}va^{21}
安定区	尕娃娃 ka^{13}va^{21}va^{21}	男娃娃 næ̃^{13}va^{21}va^{21}	女娃娃 ȵy^{53}va^{21}va^{21}
会宁县	碎娃娃 suei^{44}uɑ^{21}ua^{44}	儿子 zɿ^{21}tsɿ^{44}	女孩儿 ȵy^{53}xɛ^{13}zɿ^{21}
临洮县	娃娃 va^{21}va^{44}	男娃娃 næ̃^{13}va^{21}va^{44}	女娃娃 ny^{53}va^{21}va^{44}
清水县	碎娃娃 suəi^{44}va^{21}va^{21}	儿子娃 ʒɨ^{13}tsɿ^{21}va^{21}	女子娃 ȵy^{52}tsɿ^{21}va^{21}
永靖县	尕娃娃 ka^{22}va^{22}va^{13}	尕娃娃 ka^{22}va^{22}va^{13}	尕丫头 ka^{22}ia^{22}tʰɤu^{42}
敦煌市	娃娃 va^{22}va^{51}	娃子 va^{22}tsɿ^{51}	丫头 ia^{21}tʰɤu^{13}
临夏市	娃们 vɑ^{13}məŋ^{42}	尕娃 kɑ^{21}vɑ^{53}	尕丫头 kɑ^{21}iɑ^{21}tʰɤu^{53}
合作市	娃 vᴀ^{13}	尕娃 kᴀ^{21}vᴀ^{53}	尕丫头 kᴀ^{21}iᴀ^{21}tʰəɯ^{53}
临潭县	尕娃娃 ka^{24}va^{21}va^{44}	儿子娃 ɐr^{21}tsɿ^{44}va^{21}	丫头娃 ia^{44}tʰəɯ^{44}va^{21}

	0583 老人七八十岁的，统称	0584 亲戚统称	0585 朋友统称
兰州市	老汉 lɔ^{44}xæ̃^{21}	亲亲 tɕʰin^{53}tɕʰin^{21}	连手 liæ̃^{22}ʂəu^{44}
榆中县	老汉 lɔ^{44}xan^{0}	亲亲 tɕʰin^{51}tɕʰin^{0}	朋友 pʰən^{31}iəu^{213}
永登县	老汉家 lɔ^{22}xæ̃^{55}tɕia^{21} 老汉 lɔ^{354}xæ̃^{21}	亲戚 tɕʰin^{44}tɕʰi^{21}	安⁼达⁼ æ̃^{44}ta^{21} 朋友 pʰə̃n^{55}iɤu^{21}
红古区	老汉 lɔ^{55}xan^{21}	亲戚 tɕʰin^{22}tsʰɿ^{13}	伙伴儿 xuə^{53}pɐr^{55}
凉州区	老人 lɑo^{53}zəŋ^{35}	亲戚 tɕʰiŋ^{35}tɕʰi^{53}	朋友 pʰəŋ^{35}iəu^{53}
甘州区	老年人 lɔ^{44}ȵiaŋ^{44}zɤŋ^{44}	亲戚 tɕʰiŋ^{44}tɕʰi^{44}	朋友 pʰɤŋ^{35}iɤu^{42}
肃州区	老人 lɔ^{21}zɤŋ^{51}	亲戚 tɕʰiŋ^{44}tɕʰi^{44}	朋友 pʰɤŋ^{44}ʑiəu^{21}
永昌县	老人 lɔo^{53}zəŋ^{13}	亲戚 tɕʰiŋ^{44}tɕʰi^{44}	朋友 pʰəŋ^{13}iəu^{42}
崆峒区	老年人 lɔ^{55}ȵiæ̃^{21}zɤŋ^{24}	亲戚 tɕʰiɤŋ^{53}tɕʰi^{21}	朋友 pʰɤŋ^{22}iəu^{53}
庆城县	老年人 lɔ^{44}ȵiɛ̃^{0}zɤŋ^{0}	亲亲 tɕʰiŋ^{51}tɕʰiŋ^{0}	朋友 pʰɤŋ^{21}iɤu^{0}
宁县	老年人 lɔ^{55}ȵiæ̃^{0}zəŋ^{24} 老人 lɔ^{55}zəŋ^{0}	亲戚 tɕʰiŋ^{31}tɕʰi^{0}	朋友 pʰəŋ^{24}iou^{52}
武都区	老汉 lɔu^{55}xæ̃^{21}	亲戚 tɕʰin^{31}tɕʰi^{21}	朋友 pʰəŋ^{22}iəu^{13}
文县	老人 lɔo^{55}zəŋ^{21}	亲戚 tɕʰiəŋ^{31}tɕʰi^{31}	朋友 pʰəŋ^{13}iɤu^{42}
康县	老汉 lɔo^{55}xan^{53}	亲戚 tsʰiŋ^{53}tsʰi^{21}	朋友 pɤŋ^{21}iɤu^{55}
礼县	老人 nɔo^{52}zɤŋ^{13}	亲亲 tɕʰiŋ^{31}tɕʰiŋ^{24}	连手 liæ̃^{13}ʂəu^{21}
靖远县	老年人 lɑo^{55}ȵiæ̃^{21}zɤŋ^{21}	亲戚 tɕʰiŋ^{41}tsʰɿ^{21}	朋友 pʰɤŋ^{22}iɤu^{55}
陇西县	老汉 lɔo^{55}xæ̃^{21}	亲戚 tɕʰin^{42}tɕʰi^{13} 亲亲 tɕʰiŋ^{42}tɕʰiŋ^{13}	朋友 pʰɤŋ^{22}iu^{44} 钻机 tsuæ̃^{21}tɕi^{21}
秦州区	老人家 lɔ^{53}zɤŋ^{21}tɕia^{21}	亲亲 tɕʰiɤŋ^{21}tɕʰiɤŋ^{13}	亲朋 tɕʰiɤŋ^{21}pʰɤŋ^{13}
安定区	老人 lɔ^{53}zəŋ^{21}	亲亲 tɕʰiŋ^{21}tɕʰiŋ^{13}	连手 liæ̃^{13}ʂəu^{53} 朋友 pʰəŋ^{13}iəu^{21}
会宁县	老年人 lɔ^{53}ȵiæ̃^{21}zəŋ^{21}	亲亲 tɕʰiŋ^{21}tɕʰiŋ^{13}	连手 liæ̃^{13}ʂəu^{53}
临洮县	老汉 lɔ^{53}xæ̃^{21}	亲戚 tɕʰiŋ^{21}tɕʰi^{13}	连手 liæ̃^{21}ʂɤu^{53}
清水县	老汉家 lɔ^{52}xæ̃^{21}tɕia^{21}	亲戚 tsʰiŋ^{21}tsʰi^{443}	亲朋 tsʰiŋ^{21}pʰɤŋ^{13} 连手 liæ̃^{13}ʂou^{21}
永靖县	老人家 lɔ^{53}zɤŋ^{21}tɕia^{44}	亲亲 tɕʰiɤŋ^{21}tɕʰiɤŋ^{42}	连手 liæ̃^{22}ʂɤu^{44}
敦煌市	老汉 lɔ^{53}xæ̃^{21}	亲戚 tɕʰiŋ^{21}tɕʰi^{13}	朋友 pʰɤŋ^{22}iɤu^{51}
临夏市	老汉家 lɔ^{44}xã^{42}tɕiɑ^{21}	亲戚 tɕʰiŋ^{21}tɕʰi^{53}	交往 tɕiɔ^{44}vɑŋ^{21}
合作市	老汉 lɔ^{44}xæ̃^{53}	亲戚 tɕʰiŋ^{21}tɕʰi^{53}	交往 tɕiɔ^{13}vɑŋ^{53}
临潭县	老汉 lɔo^{51}xæ̃^{21}	亲亲 tɕʰin^{44}tɕʰin^{44}	连手 liæ̃^{24}ʂəɯ^{21}

	0586 邻居统称	0587 客人	0588 农民
兰州市	隔壁子 kɤ^{22}pi^{53}tsɿ^{21}	客人 kʰɤ^{22}ẓən^{42}	种地的 pfən^{22}ti^{53}ti^{21}
榆中县	隔壁子 kə^{31}pi^{213}tsɿ^{0}	客人 kʰə^{31}ẓən^{213}	庄稼人 tṣuaŋ^{51}tɕia^{0}ẓən^{0}
永登县	邻舍 lin^{55}ṣə^{21}	客 kʰiɛ^{13} 客人 kʰiɛ^{22}ẓə̃n^{55}	庄稼人 pfɑ̃^{44}tɕia^{21}ẓə̃n^{21} 农民 nuə̃n^{22}min^{53}
红古区	邻居 lin^{22}tsʮ^{13}	亲戚 tɕʰin^{22}tsʰɿ^{13}	庄稼人 tṣuaŋ^{22}tɕia^{22}ẓən^{55}
凉州区	邻舍 liŋ^{35}ṣə^{53}	客 kʰə^{31}	农民 luŋ^{35}miei^{53}
甘州区	邻居 liŋ^{35}tɕy^{42}	客人 kʰə^{31}ẓɤŋ^{21}	农人 luŋ^{35}ẓɤŋ^{42}
肃州区	邻居 liŋ^{35}tɕy^{21}	客 kʰə^{213}	乡里人 ɕiaŋ^{44}li^{44}ẓɤŋ^{44}
永昌县	房党 faŋ^{44}taŋ^{44} 邻居 liŋ^{13}tɕy^{42}	客人 kʰə^{53}ẓəŋ^{21}	农民 loŋ^{53}miŋ^{21}
崆峒区	邻居 liɤŋ^{22}tɕy^{53}	客人 kʰei^{53}ẓɤŋ^{21}	农民 loŋ^{24}miɤŋ^{24}
庆城县	邻居 liŋ^{21}tɕy^{51}	客 kʰei^{51}	农民 luŋ^{113}miŋ^{113}
宁县	邻居 liŋ^{22}tɕy^{52}	客 kʰei^{31}	庄稼汉 tʃuaŋ^{31}tɕia^{0}xæ̃^{0}
武都区	邻居 lin^{22}tɕy^{53}	客人 kʰei^{31}ẓəŋ^{21} 客 kʰei^{31}	农民 luŋ^{13}mi^{24} 庄稼汉 tʃuaŋ^{31}tɕia^{21}xæ̃^{21}
文县	邻居 liəŋ^{21}tɕy^{31}	客人 kei^{31}zəŋ^{13}	农民 loŋ^{13}miəŋ^{13}
康县	邻居 liŋ^{21}tɕy^{55}	客 kʰei^{53}	农民 luŋ^{13}miŋ^{21}
礼县	邻居 liŋ^{13}tɕy^{21}	客人 kʰai^{31}ẓɤŋ^{24}	农民 nuɤŋ^{13}miŋ^{13}
靖远县	隔壁儿 kei^{22}pɿər^{41}	客人 kʰei^{41}ẓɤŋ^{21}	农民 loŋ^{24}miŋ^{24}
陇西县	邻居 lin^{24}tɕy^{42}	客人 kʰe^{42}ẓɤŋ^{13}	庄农人 tṣuaŋ^{42}luŋ^{24}ẓɤŋ^{13}
秦州区	隔家邻壁 kei^{21}tɕia^{53}liɤŋ^{13}pi^{21}	客人 kʰei^{21}ẓɤŋ^{13}	庄农人 tʃuaŋ^{21}luɤŋ^{13}ẓɤŋ^{21}
安定区	邻里 liŋ^{21}li^{44}	人 ẓəŋ^{13}	庄农人 tʃuaŋ^{21}nuŋ^{13}ẓəŋ^{21}
会宁县	邻居 liŋ^{13}tɕy^{21}	客人 kʰɛ^{21}ẓəŋ^{13}	庄农人 tʃuaŋ^{21}luŋ^{13}ẓəŋ^{21}
临洮县	邻居 liŋ^{21}tɕy^{44}	客人 kʰɛ^{21}ẓɤŋ^{13}	做庄稼的 tsu^{44}tṣuɑ̃^{21}tɕia^{44}ti^{21}
清水县	邻居 liŋ^{13}tɕy^{21}	亲戚 tsʰiŋ^{21}tsʰi^{443}	庄农汉人 tʃɒ̃^{21}luŋ^{13}xæ̃^{21}ẓɤŋ^{21}
永靖县	邻居 liɤŋ^{22}tɕy^{44}	客 kʰɤ^{44}	庄稼人 tṣuaŋ^{22}tɕia^{44}ẓɤŋ^{13}
敦煌市	邻居 liŋ^{22}tɕy^{51}	客人 kʰə^{21}ẓɤŋ^{13}	种地的 tṣuŋ^{35}ti^{44}tə^{21} 农民 nuŋ^{13}miŋ^{213}
临夏市	隔壁邻舍 kɛ^{21}pi^{44}liŋ^{42}ṣɤ^{21}	客人 kʰɛ^{21}ẓəŋ^{53}	庄稼人 tṣuaŋ^{21}tɕia^{44}ẓəŋ^{21}
合作市	邻家 liŋ^{13}tɕiᴀ^{53}	客人 kʰə^{21}ẓəŋ^{44}	庄稼人 tṣuaŋ^{21}tɕiᴀ^{44}ẓəŋ^{21}
临潭县	邻居 lin^{24}tɕy^{21}	客人 kʰɤ^{44}ẓəŋ^{44}	庄稼汉 tsuɒ^{44}tɕia^{44}xæ̃^{21}

	0589 商人	0590 手艺人统称	0591 泥水匠
兰州市	做买卖的 tsuə^{22}mɛ^{55}mɛ^{13}ti^{21}	艺人 ʑi^{22}ʐən^{42}	泥水匠 ȵi^{53}fei^{44}tɕiɑ̃^{21}
榆中县	买卖人 mɛ^{44}mɛ^{0}ʐən^{0}	匠人 tɕiaŋ^{21}ʐən^{44}	泥水匠 ȵi^{31}ʂuei^{0}tɕiaŋ^{44}
永登县	生意人 ʂə̃n^{55}i^{44}ʐə̃n^{42} 商人 ʂɑ̃^{44}ʐə̃n^{21}	匠人 tɕiɑ̃^{22}ʐə̃n^{55}	泥水匠 ȵi^{22}fei^{35}tɕiɑ̃^{55}
红古区	买卖人 mɛ^{55}mɛ^{21}ʐən^{21}	匠人 tɕiaŋ^{22}ʐən^{55}	泥瓦匠 mɿ^{22}va^{55}tɕiaŋ^{53}
凉州区	买卖人 mæ^{53}mæ^{35}ʐəŋ^{53}	手艺人 ʂəu^{53}ʑi^{35}ʐəŋ^{53}	瓦匠 va^{53}tɕiaŋ^{35}
甘州区	商人 ʂaŋ^{44}ʐɤŋ^{44}	手艺人 ʂɤu^{22}ʑi^{22}ʐɤŋ^{44}	泥瓦匠 ȵi^{35}va^{42}tɕiaŋ^{21}
肃州区	商人 ʂaŋ^{44}ʐɤŋ^{44}	手艺人 ʂəu^{21}ʑi^{13}ʐɤŋ^{51}	泥瓦匠 mi^{35}va^{53}tɕiaŋ^{21}
永昌县	做买卖的 tsuə^{44}mɛe^{53}mɛe^{22}ti^{21}	匠人 tɕiaŋ^{53}ʐəŋ^{21}	泥瓦匠 mi^{53}va^{22}tɕiaŋ^{21}
崆峒区	生意人 sɤŋ^{53}i^{21}ʐɤŋ^{24}	匠人 tɕiaŋ^{35}ʐɤŋ^{53}	泥瓦匠 ȵi^{22}ua^{55}tɕiaŋ^{21}
庆城县	生意人 sɤŋ^{51}i^{0}ʐɤŋ^{0}	匠人 tɕiɑ̃^{244}ʐɤŋ^{0}	泥水匠 ȵi^{21}ʂuei^{44}tɕiɑ̃^{0}
宁县	做生意的 tsu^{44}səŋ^{31}i^{0}ti^{0}	匠人 tɕʰiaŋ^{44}ʐəŋ^{31} 耍手艺的 ʃua^{52}ʂou^{55}i^{0}ti^{0}	泥水匠 ȵi^{22}ʃuei^{55}tɕʰiaŋ^{0}
武都区	贩子 fæ̃^{24}tsɿ^{21} 脚户 tɕyɤ^{31}xu^{21}	匠人 tɕiaŋ^{24}ʐəŋ^{21}	泥水匠 ȵi^{22}ʃuei^{55}tɕiaŋ^{21}
文县	做生意的人 tsu^{24}səŋ^{21}ʑi^{21}tɛe^{44}zəŋ^{21}	匠人 tɕʰiɑ̃^{24}zəŋ^{42}	泥巴匠 ȵi^{22}pa^{42}tɕiɑ̃^{42}
康县	买卖人 mɛ^{35}mɛ^{53}ʐɤŋ^{21}	手艺人 ʂɤu^{35}i^{42}ʐɤŋ^{21}	泥水匠 ȵi^{21}fei^{35}tian^{53}
礼县	商人 ʂaŋ^{31}ʐɤŋ^{24}	艺人 i^{44}ʐɤŋ^{21}	泥水匠 ȵi^{13}ʃuei^{31}tɕʰiaŋ^{21}
靖远县	生意人 sɤŋ^{41}zɿ^{21}ʐɤŋ^{21}	手艺人 ʂɤu^{55}zɿ^{21}ʐɤŋ^{21} 匠人 tɕiaŋ^{35}ʐɤŋ^{41}	泥水匠 mɿ^{22}ʂuei^{55}tɕiaŋ^{21}
陇西县	生意人 sɤŋ^{42}i^{44}ʐɤŋ^{13}	匠人 tɕʰiaŋ^{44}ʐɤŋ^{44}	泥瓦匠 li^{13}va^{42}tɕʰiaŋ^{44}
秦州区	生意人 sɤŋ^{44}i^{21}ʐɤŋ^{21}	匠人 tɕʰiaŋ^{44}ʐɤŋ^{21}	泥水匠 ȵi^{13}suei^{21}tɕʰiaŋ^{21}
安定区	做生意的 tsu^{44}səŋ^{21}ʑi^{44}ti^{21}	匠人 tɕʰiaŋ^{44}ʐəŋ^{21}	泥瓦工 ȵi^{13}va^{53}kuŋ^{21}
会宁县	生意人 səŋ^{21}ʑi^{13}ʐəŋ^{13}	匠人 tɕʰiaŋ^{44}ʐəŋ^{21}	泥瓦匠 ȵi^{13}ua^{53}tɕʰiaŋ^{21}
临洮县	生意人 sɤŋ^{21}ʑi^{44}ʐɤŋ^{13}	匠人 tɕiɑ̃^{44}ʐɤŋ^{21}	泥水匠 ȵi^{13}ʂuei^{42}tɕiɑ̃^{21}
清水县	生意人 ʃɤŋ^{21}i^{44}ʐɤŋ^{21}	艺人 i^{44}ʐɤŋ^{21}	瓦匠 va^{52}tsʰiɒ̃^{21}
永靖县	买卖人 mɛ^{53}mɛ^{21}ʐɤŋ^{13}	手艺人 ʂɤu^{53}i^{21}ʐɤŋ^{13}	泥水匠 ȵi^{44}ʂuei^{53}tɕiaŋ^{21}
敦煌市	做买卖的 tsu^{35}mɛ^{53}mɛ^{21}tə^{21}	手艺人 ʂɤu^{53}ʑi^{21}ʐɤŋ^{21}	泥水匠 ȵi^{35}ʂuei^{21}tɕiaŋ^{21} 泥瓦匠 ȵi^{35}va^{21}tɕiaŋ^{21}
临夏市	买卖人 mɛ^{44}mɛ^{42}ʐəŋ^{21}	匠人 tɕiaŋ^{44}ʐəŋ^{21}	泥水匠 ȵi^{44}ʂuei^{42}tɕiaŋ^{21}
合作市	做买卖的人 tsu^{44}mɛe^{44}mɛe^{53}ti^{21}ʐəŋ^{21}	匠人 tɕiaŋ^{44}ʐəŋ^{21}	泥瓦匠 ȵi^{44}vA^{53}tɕiaŋ^{21}
临潭县	生意人 səŋ^{44}i^{44}ʐəŋ^{21}	匠人 tɕiɒ^{44}ʐəŋ^{21}	泥水匠 ȵi^{24}suɪ^{21}tɕiɒ^{21}

	0592 木匠	0593 裁缝	0594 理发师
兰州市	木匠 mu^{22}tɕiã^{13}	裁缝 tsʰɛ^{53}fən^{21}	待诏 tɛ^{22}tʂɔ^{53}
榆中县	木匠 mu^{31}tɕiaŋ^{213}	裁缝 tsʰɛ^{31}fən^{213}	剃头匠 tʰi^{21}tʰəu^{44}tɕiaŋ^{213}
永登县	木匠 mu^{22}tɕiã^{35}	裁缝 tsʰɛ^{22}fə̃n^{35}	待诏 tɛ^{22}tʂɔ^{44} 理发师 li^{44}fa^{21}ʂʅ^{42}
红古区	木匠 mu^{22}tɕiaŋ^{13}	裁缝 tsʰɛ^{22}fən^{55}	待诏 tɛ^{22}tʂɔ^{55}
凉州区	木匠 mu^{31}tɕiaŋ^{21}	裁缝 tsʰæ^{35}fəŋ^{53}	剃头的 tʰi^{53}tʰəu^{35}ti^{53} 推头的 tʰuei^{35}tʰəu^{35}ti^{53}
甘州区	木匠 mu^{31}tɕiaŋ^{21}	裁缝 tsʰɛ^{35}fɤŋ^{42}	剃头匠 tʰi^{22}tʰɤu^{53}tɕiaŋ^{31}
肃州区	木工 mu^{21}kuŋ^{13} 木匠 mu^{21}tɕiaŋ^{13}	裁缝 tsʰɛ^{44}fɤŋ^{21}	理发的 li^{35}fa^{31}tiɛ^{21}
永昌县	木匠 mu^{53}tɕiaŋ^{21}	裁缝 tsʰɛe^{13}fəŋ^{42}	剃头的 tʰi^{53}tʰəu^{13}ti^{42}
崆峒区	木匠 mu^{53}tɕiaŋ^{21}	裁缝 tsʰɛ^{22}fɤŋ^{53}	待章= tɛ^{35}tʂaŋ^{53}
庆城县	木匠 mu^{51}tɕiã^{0}	裁缝 tsʰɛ^{21}fɤŋ^{0}	剃头匠 tʰi^{244}tʰɤu^{0}tɕiã^{244}
宁县	木匠 mu^{31}tɕʰiaŋ^{0}	裁缝 tsʰɛ^{22}fəŋ^{52}	理发的 li^{52}fa^{31}ti^{0}
武都区	木匠 mu^{31}tɕiaŋ^{21}	缝衣裳的 fəŋ^{22}i^{31}ʂaŋ^{21}tɛɪ^{21}	剃头发的 tʰi^{24}tʰəu^{21}fa^{55}tɛɪ^{21} 理发师 li^{55}fa^{21}sʅ^{21}
文县	木匠 mu^{22}tɕiã^{24}	裁缝 tsʰɛe^{42}fəŋ^{24}	剃脑壳的 tɕʰi^{24}lɔo^{35}kʰɤ^{42}tɛe^{42}
康县	木匠 mu^{53}tian^{21}	裁缝 tsʰɛ^{53}fɤŋ^{13}	剃脑壳的 tɕʰi^{21}lɔo^{55}kʰuɤ^{53}tɛ^{21}
礼县	木匠 mu^{31}tɕʰiaŋ^{44}	裁缝 tsʰai^{13}fɤŋ^{21}	剃头匠 tʰi^{44}tʰəu^{13}tɕʰiaŋ^{44}
靖远县	木匠 mu^{41}tɕiaŋ^{21}	裁缝 tsʰɛ^{22}fɤŋ^{55}	剃头匠 tsʰʅ^{41}tʰɤu^{22}tɕiaŋ^{41}
陇西县	木匠 mu^{42}tɕʰiaŋ^{44}	裁缝 tsʰɛ^{13}fɤŋ^{21}	剃头匠 tɕʰi^{44}tʰɤu^{22}tɕʰiaŋ^{44}
秦州区	木匠 mu^{21}tɕʰiaŋ^{44}	裁缝 tsʰɛ^{13}fɤŋ^{21}	待诏 tɛ^{44}tʂɔ^{21}
安定区	木匠 mu^{21}tɕʰiaŋ^{44}	做衣裳的 tsu^{44}ʐi^{21}ʂaŋ^{13}ti^{21}	剃头的 tʰi^{44}tʰəu^{21}ti^{21}
会宁县	木匠 mu^{21}tɕʰiaŋ^{44}	裁缝 tsʰɛ^{21}fəŋ^{44}	待诏 tʰɛ^{44}tʂɔ^{21}
临洮县	木匠 mu^{21}tɕiã^{44}	裁缝 tsʰɛ^{13}fɤŋ^{21}	待诏 tɛ^{44}tʂɤu^{21}
清水县	匠人 tsiɒ̃^{44}ʐɤŋ^{21} 木匠 mu^{21}tsʰiɒ̃^{44}	裁缝 tsʰɛ^{13}fɤŋ^{21}	待诏 tɛ^{44}tʂɒ̃^{21} 剃头的 tsʰi^{44}tʰou^{13}tɛ^{21}
永靖县	掌尺 tʂaŋ^{53}tʂʰʅ^{21}	裁缝 tsʰɛ^{22}fɤŋ^{44}	待诏 tɛ^{44}tʂɔ^{53}
敦煌市	木匠 mu^{21}tɕiaŋ^{13}	裁缝 tsʰɛ^{22}fɤŋ^{51}	待诏 tɛ^{44}tʂɔ^{21} 剃头匠 tʰi^{44}tʰɤu^{22}tɕiaŋ^{51}
临夏市	木匠 mu^{21}tɕiaŋ^{53}	做衣裳的 tsuɤ^{42}ʐi^{21}ʂaŋ^{53}ti^{21}	待诏 tʰɛ^{44}tʂɔ^{21}
合作市	木匠 mu^{21}tɕiaŋ^{53} 木工 mu^{44}kuəŋ^{21}	裁缝 tsʰɛe^{21}fəŋ^{53}	待诏 tʰɛe^{44}tʂɔ^{21}
临潭县	木匠 mu^{44}tɕiɒ^{44}	裁缝 tsʰɛe^{21}fəŋ^{44}	待诏 tɛe^{24}tʂɒ^{51}

	0595 厨师	0596 师傅	0597 徒弟
兰州市	大师傅 ta^{13}ʂʅ^{55}fu^{21}	师傅 ʂʅ^{55}fu^{21}	徒弟娃 tʰu^{53}ti^{42}va^{21}
榆中县	大师傅 ta^{21}ʂʅ^{51}fu^{0}	师傅 ʂʅ^{51}fu^{0}	徒弟 tʰu^{31}ti^{213}
永登县	大师傅 ta^{22}ʂʅ^{22}fu^{55}	师傅 ʂʅ^{44}fu^{21}	徒弟 tʰu^{55}ti^{21}
红古区	大师傅 ta^{22}ʂʅ^{55}fu^{21}	师傅 ʂʅ^{22}fu^{13}	学徒娃儿 ɕyɛ^{13}tʰu^{21}vɐr^{55} 徒弟 tʰu^{22}tsɿ^{13}
凉州区	厨大师 tʂʰu^{35}ta^{31}sɿ^{21}	师傅 sɿ^{35}fu^{53}	徒弟 tʰu^{35}ti^{53}
甘州区	大师傅 ta^{31}ʂʅ^{22}fu^{21}	师傅 ʂʅ^{44}fu^{44}	徒弟 tʰu^{35}ti^{42}
肃州区	厨子 tʂu^{44}tsɿ^{21}	师傅 sɿ^{44}fu^{44}	徒弟 tʰu^{44}ti^{21}
永昌县	大师傅 ta^{53}ʂʅ^{22}fu^{21}	师傅 ʂʅ^{44}fu^{44}	徒弟 tʰu^{13}ti^{42}
崆峒区	厨子 tʂʰu^{22}tsɿ^{53}	师傅 sɿ^{53}fu^{21}	徒弟 tʰu^{22}tʰi^{53}
庆城县	厨子 tʂʰu^{21}tsɿ^{0}	师傅 sɿ^{51}fu^{0}	徒弟 tʰu^{21}ti^{244}
宁县	厨子 tʃʰu^{22}tsɿ^{52}	师傅 sɿ^{31}fu^{0}	徒弟 tʰu^{22}tɕʰi^{52}
武都区	厨子 tʃʰu^{22}tsɿ^{53}	师傅 sɿ^{31}fu^{21}	徒弟 tʰu^{31}tʰi^{24} 徒娃子 tʰu^{22}va^{53}tsɿ^{0}
文县	大师傅 ta^{24}sɿ^{44}fu^{42}	师傅 sɿ^{31}fu^{31}	徒弟娃 tʰu^{21}tɕʰi^{24}ua^{42}
康县	厨子 pfʰu^{53}tsɿ^{24}	师傅 ʂʅ^{53}fu^{21}	徒弟 tʰu^{53}ti^{24}
礼县	厨子 tʃʰu^{13}tsɿ^{21} 大师 ta^{44}sɿ^{21}	师傅 sɿ^{31}fu^{24}	徒弟 tʰu^{13}tʰi^{21}
靖远县	大师 ta^{35}sɿ^{41}	师傅 sɿ^{41}fu^{21}	徒弟娃儿 tʰu^{22}tɿ^{55}vɐr^{24}
陇西县	厨子 tʂʰu^{22}tsɿ^{44}	师傅 sɿ^{22}fu^{21}	徒弟 tʰu^{22}ti^{44}
秦州区	大师傅 ta^{44}sɿ^{21}fu^{21}	师傅 sɿ^{13}fu^{21}	徒弟娃 tʰu^{13}tʰi^{21}va^{23}
安定区	大师傅 ta^{44}sɿ^{21}fu^{21}	师傅 sɿ^{21}fu^{44}	徒弟 tʰu^{21}tʰi^{44}
会宁县	厨子 tʃʰu^{21}tsɿ^{44}	师傅 sɿ^{21}fu^{44}	徒弟 tʰu^{21}tʰi^{44}
临洮县	大师傅 ta^{44}sɿ^{42}fu^{21}	师傅 sɿ^{21}fu^{13}	徒弟 tʰu^{21}ti^{44}
清水县	厨子 tʃʰɨ^{13}tsɿ^{21} 大师 ta^{44}ʃɨ^{21}	师傅 ʃɨ^{21}fu^{13}	徒弟 tʰu^{13}tsʰi^{21}
永靖县	厨子 tʂʰu^{22}tsɿ^{13}	师傅 ʂʅ^{22}fu^{53}	徒弟 tʰu^{22}ti^{44}
敦煌市	厨子 tʂʰu^{22}tsɿ^{51}	师傅 sɿ^{21}fu^{13}	徒弟 tʰu^{22}ti^{51}
临夏市	厨子 tʂʰu^{21}tsɿ^{53}	师傅 ʂʅ^{21}fu^{53}	徒弟 tʰu^{44}ti^{21}
合作市	大师傅 tᴀ^{44}ʂʅ^{21}fu^{53}	师傅 ʂʅ^{21}fu^{53}	徒弟 tʰu^{21}ti^{44}
临潭县	厨子 tʂʰu^{21}tsɿ^{44}	师傅 sɿ^{44}fu^{44}	徒弟 tʰu^{21}ti^{44}

	0598 乞丐统称，非贬称（无统称则记成年男的）	0599 妓女	0600 流氓
兰州市	要要吃 iɔ^{22}iɔ^{44}tʂʰʅ^{21}	破鞋 pʰɤ^{22}xɛ^{42} 卖屄的 mɛ^{42}pi^{53}ti^{21}	流氓 liəu^{22}mã^{53}
榆中县	要馍的 iɔ^{13}mə^{31}ti^{44} 要要吃 iɔ^{21}iɔ^{44}tʂʰʅ^{0}	婊子 piɔ^{44}tsɿ^{0}	二流子 ɣɤ^{13}liəu^{21}tsɿ^{44} 二杆子 ɣɤ^{21}kan^{44}tsɿ^{0}
永登县	讨吃 tʰɔ^{35}tʂʅ^{21}	婊子 piɔ^{354}tsɿ^{21}	流氓 liɤu^{22}mã^{53} 二流子 a^{13}liɤu^{21}tsɿ^{354}
红古区	要要吃 iɔ^{22}iɔ^{55}tʂʰʅ^{21}	婊子 piɔ^{55}tsɿ^{21}	流氓 liɤu^{13}mɑŋ^{13}
凉州区	要褡褡 iɑo^{31}ta^{35}ta^{53}	娼妇 tʂʰɑŋ^{35}fu^{53}	二流子 ʀɯ^{31}liəu^{31}tsɿ^{21}
甘州区	抄花子 tʂʰɔ^{44}xua^{44}tsɿ^{44}	婊子 piɔ^{22}tsɿ^{44}	流氓 liɤu^{53}mɑŋ^{53}
肃州区	抄花子 tsʰɔ^{21}xua^{44}tsɿ^{44}	婊子 piɔ^{21}tsɿ^{51} 卖货 mɛ^{21}xuə^{13}	流氓 liəu^{53}mɑŋ^{51}
永昌县	抄花子 tʂʰɔo^{44}xua^{44}tsɿ^{21} 要饭的 iɔo^{22}fɛe^{42}ti^{21}	婊子 piɔo^{53}tsɿ^{21}	流氓 liəu^{53}mɑŋ^{13}
崆峒区	叫花子 tɕiɔ^{35}xua^{53}tsɿ^{21}	窑姐 iɔ^{22}tɕiɛ^{53}	二流子 ɚ^{44}liəu^{35}tsɿ^{53}
庆城县	要饭的 iɔ^{244}fɛ̃^{244}ti^{0} 叫花子 tɕiɔ^{244}xua^{0}zɿ^{0}	婊子 piɔ^{44}tsɿ^{0}	流氓 liɤu^{113}mã^{113}
宁县	叫花子 tɕiɔ^{44}xua^{55}tsɿ^{0}	婊子 piɔ^{55}tsɿ^{0} 烂破鞋 læ̃^{44}pʰuə^{44}xɛ^{24} 卖屄的 mɛ^{44}pʰi^{31}ti^{0}	流氓 liou^{24}mɑŋ^{24}
武都区	叫花子 tɕiəu^{24}xua^{21}tsɿ^{21} 要饭的 iəu^{24}fæ̃^{24}tɛɪ^{21}	婊子 piəu^{55}tsɿ^{21}	不正经 pu^{22}tʂəŋ^{24}tɕin^{33}
文县	讨口子 tʰɔo^{53}kʰɤu^{33}tsɿ^{33}	婊子 piɔo^{55}tsɿ^{33}	流氓 liɤu^{13}mã^{13}
康县	叫花子 tɕiɔo^{21}xua^{53}tsɿ^{21}	婊子 piɔo^{55}tsɿ^{21}	流氓 liɤu^{13}mɑŋ^{13} 游门子的 iɤu^{13}mɤŋ^{21}tsɿ^{21}tɛ^{53}
礼县	要馍馍的 iɔo^{44}mɯɤ^{13}mɯɤ^{31}tai^{21}	卖屄的 mai^{52}pʰi^{31}tai^{24}	二流子 ɚ^{44}liəu^{44}tsɿ^{21} 死狗 sɿ^{24}kəu^{52}
靖远县	要告吃 iɑo^{35}kɑo^{41}tʂʰʅ^{21}	婊子 piɑo^{55}tsɿ^{21}	死狗流混 sɿ^{22}kɤu^{41}liɤu^{22}xoŋ^{24}
陇西县	要馍馍的 iɔo^{44}mɤ^{22}mɤ^{44}ti^{21}	卖屄的 mɛ^{44}pʰi^{42}tɤu^{21}	二流子 zɿ^{44}liu^{44}tsɿ^{21}
秦州区	要馍的 iɔ^{55}mɤ^{13}tɛ^{21}	婊子 piɔ^{53}tsɿ^{21}	死狗二流子 sɿ^{21}kɤu^{53}ɛ^{44}liɤu^{13}tsɿ^{21}
安定区	要馍馍的 iɔ^{44}mə^{21}mə^{44}ti^{21}	贱女人 tɕiæ̃^{44}n̠y^{53}zəŋ^{21}	死狗 sɿ^{21}kəu^{53}
会宁县	要告吃 iɔ^{44}kɔ^{13}tʂʰʅ^{21}	阔=子 kʰuə^{21}tsɿ^{13}	死狗 sɿ^{21}kəu^{53}
临洮县	要饭的 iɔ^{44}fæ̃^{44}ti^{21}	婊子 piɔ^{53}tsɿ^{21}	死狗 sɿ^{21}kɤu^{53}
清水县	要面的 iɔ^{44}miæ̃^{44}tɛ^{21} 要着吃 iɔ^{44}tʂə^{21}tʂʰʅ^{21}	窑子 iɔ^{13}tsɿ^{21}	流氓 liou^{13}mɒ̃^{13} 死狗 sɿ^{21}kou^{52}
永靖县	叫花子 tɕiɔ^{44}xua^{42}tsɿ^{21} 要饭者 iɔ^{44}fæ̃^{44}tʂɤ^{42}	婊子 piɔ^{53}tsɿ^{21}	流氓 liɤu^{13}mɑŋ^{213}
敦煌市	要吃褡= iɔ^{35}tʂʰʅ^{21}ta^{21}	婊子 piɔ^{53}tsɿ^{21}	流氓 liɤu^{13}mɑŋ^{213}
临夏市	要馍的 iɔ^{53}mɤ^{44}ti^{42}	养汉婆 iɑŋ^{42}xã^{44}pʰɤ^{21}	死狗 sɿ^{21}kɤu^{53}
合作市	要饭的 iɔ^{44}fæ̃^{44}ti^{21}	窑子店里的女人 iɔ^{21}tsɿ^{53}tiæ̃^{44}li^{21}ti^{21}n̠y^{44}zəŋ^{13}	死狗 sɿ^{21}kəɯ^{53} 坏松 xuɛe^{44}suəŋ^{21}
临潭县	要馍馍的 iɔo^{44}mɤ^{31}mɤ^{44}ti^{21}	嫁汉婆 tɕia^{44}xæ̃^{44}pʰɤ^{21}	二流子 ɐr^{44}liəɯ^{44}tsɿ^{21}

	0601 贼	0602 瞎子统称，非贬称（无统称则记成年男的）	0603 聋子统称，非贬称（无统称则记成年男的）
兰州市	绺⁼娃子 liəu^{44}va^{21}tsɿ^{53}	瞎子 xa^{22}tsɿ^{13}	聋子 luən^{53}tsɿ^{21}
榆中县	贼娃子 tsei^{31}va^{0}tsɿ^{44}	瞎子 xa^{31}tsɿ^{213}	聋子 luən^{31}tsɿ^{213}
永登县	贼娃子 tsei^{22}va^{22}tsɿ^{354}	瞎子 xa^{22}tsɿ^{354} 麻眼 ma^{22}iæ̃^{354}	聋子 luə̃n^{55}tsɿ^{21}
红古区	贼娃子 tsei^{22}va^{55}tsɿ^{21}	瞎子 xa^{22}tsɿ^{13}	聋子 luən^{22}tsɿ^{13}
凉州区	偷贼 tʰəu^{35}tsei^{53}	瞎子 xa^{31}tsɿ^{21}	聋子 luŋ^{35}tsɿ^{53}
甘州区	贼娃子 tsei^{35}va^{42}tsɿ^{21}	瞎子 xa^{31}tsɿ^{21}	聋子 luŋ^{35}tsɿ^{42}
肃州区	贼娃子 tsei^{44}va^{31}tsɿ^{21}	瞎子 xa^{21}tsɿ^{13}	聋子 luŋ^{44}tsɿ^{21}
永昌县	贼娃子 tsei^{13}va^{42}tsɿ^{21}	瞎子 xa^{53}tsɿ^{21}	聋子 loŋ^{13}tsɿ^{42}
崆峒区	贼娃子 tsei^{22}ua^{55}tsɿ^{21}	瞎子 xa^{53}tsɿ^{21}	聋子 loŋ^{22}tsɿ^{53}
庆城县	贼娃子 tsei^{21}va^{44}tsɿ^{0}	瞎子 xa^{51}tsɿ^{0}	聋子 luŋ^{21}tsɿ^{0}
宁县	贼 tsʰei^{24} 贼娃子 tsʰei^{22}ua^{55}tsɿ^{0}	瞎子 xa^{31}tsɿ^{0}	聋子 luŋ^{22}tsɿ^{52}
武都区	贼娃子 tsei^{21}va^{33}tsɿ^{21} 绺⁼娃子 liəu^{55}va^{21}tsɿ^{21}	瞎子 xa^{53}tsɿ^{21} 麻眼儿 ma^{31}n̩ior^{53}	聋子 luŋ^{31}tsɿ^{21}
文县	贼娃子 tsei^{22}ua^{44}tsɿ^{42}	瞎子 xa^{31}tsɿ^{21}	聋子 loŋ^{21}tsɿ^{55}
康县	贼 tsei^{13}	瞎子 xa^{53}tsɿ^{21}	聋子 luŋ^{53}tsɿ^{35}
礼县	贼娃子 tsʰei^{13}va^{31}tsɿ^{21}	瞎子 xa^{31}tsɿ^{24} 瞎的 xa^{31}tai^{24}	聋子 nuɤŋ^{13}tsɿ^{21} 聋的 nuɤŋ^{13}tai^{21}
靖远县	贼娃子 tsei^{22}va^{55}tsɿ^{21}	瞎子 xa^{41}tsɿ^{21}	聋子 loŋ^{22}tsɿ^{55}
陇西县	贼娃子 tsʰe^{24}va^{42}tsɿ^{21}	瞎子 xa^{21}tsɿ^{21}	聋子 luŋ^{22}tsɿ^{44}
秦州区	贼娃子 tsʰei^{13}va^{21}tsɿ^{21} 绺⁼娃子 liɤu^{53}va^{21}tsɿ^{21}	瞎的 xa^{21}tɛ^{13}	聋的 luɤŋ^{13}tɛ^{21}
安定区	贼娃子 tsʰɛ^{13}va^{21}tsɿ^{21} 绺⁼娃子 liəu^{53}va^{21}tsɿ^{21}	瞎子 xa^{21}tsɿ^{13}	聋子 luŋ^{21}tsɿ^{44}
会宁县	贼娃子 tsʰei^{13}uɑ^{21}tsɿ^{21}	瞎子 xa^{21}tsɿ^{13}	聋子 luŋ^{21}tsɿ^{13}
临洮县	贼娃子 tsei^{13}va^{42}tsɿ^{21}	眼盲儿 n̩iæ̃^{53}mɤ̃r^{13}	聋子 luŋ^{13}tsɿ^{21}
清水县	贼 tsʰəi^{13} 贼娃子 tsʰəi^{13}va^{21}tsɿ^{21}	瞎子 xa^{21}tsɿ^{52}	聋子 luŋ^{13}tsɿ^{21}
永靖县	贼娃子 tsɛ^{22}va^{44}tsɿ^{21}	瞎子 xa^{22}tsɿ^{42}	聋子 luɤŋ^{22}tsɿ^{13}
敦煌市	贼娃子 tsei^{22}va^{53}tsɿ^{21}	瞎子 xa^{21}tsɿ^{13}	聋子 luŋ^{22}tsɿ^{51}
临夏市	贼娃子 tsei^{13}vɑ^{21}tsɿ^{53}	瞎子 xɑ^{21}tsɿ^{53}	聋子 luəŋ^{21}tsɿ^{53}
合作市	贼娃子 tsei^{13}vᴀ^{21}tsɿ^{53}	瞎子 xᴀ^{21}tsɿ^{53}	聋子 luəŋ^{21}tsɿ^{53}
临潭县	贼娃子 tsɪi^{24}va^{51}tsɿ^{21}	麻眼儿 ma^{24}n̩iər^{44}	聋子 luəŋ^{21}tsɿ^{51}

	0604 哑巴统称，非贬称（无统称则记成年男的）	0605 驼子统称，非贬称（无统称则记成年男的）	0606 瘸子统称，非贬称（无统称则记成年男的）
兰州市	哑哑 ia^{34}ia^{42}	背锅 pei^{53}kuə^{21}	瘸子 tɕyɛ^{53}tsɿ^{13}
榆中县	哑哑 ia^{44}ia^{0}	背锅 pei^{51}kuə^{0}	瘸子 tɕʰyᴇ^{31}tsɿ^{213}
永登县	哑巴子 ia^{22}pa^{44}tsɿ^{21}	背篓个子 pei^{44}lɤu^{42}kə^{21} tsɿ^{21}	瘸子 tɕʰyə^{53}tsɿ^{21} 铁拐李 tʰiɛ^{22}kuɛ^{55}li^{55}
红古区	哑巴儿 ia^{55}pər^{21}	背罗锅儿 pei^{55}lə^{21}kuər^{21}	瘸子 tɕʰyɛ^{22}tsɿ^{13}
凉州区	哑子 ia^{53}tsɿ^{35}	背背 pei^{35}pei^{53}	瘸子 tɕʰyə^{35}tsɿ^{53}
甘州区	瓜子 kua^{22}tsɿ^{44}	背锅子 pei^{44}kuə^{44}tsɿ^{44}	瘸子 tɕʰyə^{35}tsɿ^{42}
肃州区	哑巴 ʐia^{21}pa^{51}	背锅子 pei^{35}kuə^{44}tsɿ^{44} 罗锅子 luə^{35}kuə^{44}tsɿ^{44}	瘸子 tɕʰyə^{44}tsɿ^{21} 拐子 kuɛ^{21}tsɿ^{51}
永昌县	哑巴 ia^{53}pa^{13}	背锅子 pei^{44}kuə^{44}tsɿ^{21} 背背 pei^{44}pei^{44}	瘸子 tɕʰyə^{13}tsɿ^{42}
崆峒区	哑巴 ia^{55}pa^{21}	背锅子 pei^{53}kuo^{21}tsɿ^{21}	瘸子 tɕʰyɤ^{22}tsɿ^{53}
庆城县	哑巴 ia^{44}pa^{0}	背罗锅 pei^{51}lɔ^{0}kuə^{0}	拐子 kuɛ^{44}tsɿ^{0}
宁县	哑巴 ȵia^{55}pa^{0}	背锅子 pei^{31}kuə^{0}tsɿ^{0}	瘸子 tɕʰyɛ^{22}tsɿ^{52}
武都区	瓜子 kua^{31}tsɿ^{21} 哑巴 ia^{55}pa^{21}	背个儿 pei^{31}kɤr^{21}	跛子 puɤ^{55}tsɿ^{21}
文县	哑巴 ȵia^{55}pa^{42}	背锅子 pei^{42}kuə^{21}tsɿ^{42}	拐子 kua^{55}tsɿ^{42}
康县	哑巴 ia^{35}pa^{21}	背锅子 pei^{53}kuɤ^{21}tsɿ^{21}	拐子 kuɛ^{35}tsɿ^{33}
礼县	瓜的 kua^{31}tai^{24}	背锅儿 pei^{31}kɤr^{24}	跛子 pɤ^{52}tsɿ^{21} 跛的 pɤ^{52}tai^{13}
靖远县	哑巴子 ia^{55}pa^{21}tsɿ^{21}	背锅子 pei^{41}kuə^{21}tsɿ^{21}	瘸子 tɕʰyə^{22}tsɿ^{55}
陇西县	哑巴儿 ia^{55}pa^{42}zɿ^{13}	背个儿 pe^{42}kɤ^{22}zɿ^{44}	跛子 pɤ^{55}tsɿ^{21}
秦州区	哑巴巴 ȵia^{53}pa^{21}pa^{21}	背锅 pei^{21}kuə^{13}	跛的 pɤ^{53}tɛ^{21}
安定区	哑哑 ȵia^{53}ȵia^{21}	弓背 kuŋ^{21}pɛ^{44}	跛子 pə^{53}tsɿ^{21}
会宁县	哑巴 ȵia^{53}pa^{21}	背锅子 pei^{13}kuə^{42}tsɿ^{21}	拐子 kuɛ^{53}tsɿ^{21}
临洮县	哑巴儿 ia^{53}par^{21}	背锅儿 pei^{44}kuər^{21}	拐子 kuɛ^{53}tsɿ^{21}
清水县	哑哑 ia^{52}ia^{21} 瓜子 kua^{21}tsɿ^{52}	背锅儿 pəi^{21}kuə^{13}ɚ^{21}	跛子 pə^{52}tsɿ^{21}
永靖县	哑子 ia^{44}tsɿ^{21}	背锅 pei^{13}kuɤ^{13}	瘸腿子 tɕʰyɛ^{22}tʰuei^{53}tsɿ^{21}
敦煌市	哑巴 ia^{53}pa^{21}	背锅子 pei^{22}kuə^{22}tsɿ^{51}	瘸子 tɕʰyə^{22}tsɿ^{51}
临夏市	哑子 iɑ^{44}tsɿ^{21} 哑巴 iɑ^{44}pɑ^{24}	背锅 pei^{44}kuɤ^{21}	瘸子 tɕʰyɛ^{21}tsɿ^{53}
合作市	哑巴 iᴀ^{44}pᴀ^{13}	背锅 pei^{44}kə^{21}	瘸子 tɕʰyə^{21}tsɿ^{53}
临潭县	哑巴 ia^{51}pa^{21}	背锅子 pɪi^{44}kuɤ^{44}tsɿ^{21}	瘸子 tɕʰyɛ^{21}tsɿ^{51}

	0607 疯子统称，非贬称（无统称则记成年男的）	0608 傻子统称，非贬称（无统称则记成年男的）	0609 笨蛋蠢的人
兰州市	疯子 fən^{53}tsɿ^{21}	傻子 ʂa^{34}tsɿ^{21}	笨蛋 pən^{22}tæ̃^{53}
榆中县	疯子 fən^{51}tsɿ^{0}	瓜娃子 kua^{51}va^{0}tsɿ^{0}	夯客 xaŋ^{21}k^{h}ə^{44}
永登县	苕娃子 ʂɔ^{22}va^{22}tsɿ^{354} 苕子 ʂɔ^{53}tsɿ^{21}	瓜子 kua^{354}tsɿ^{21} 瓜娃子 kua^{13}va^{55}tsɿ^{21}	团着哩 t^{h}uæ̃^{55}tʂə^{21}li^{21}
红古区	疯子 fən^{22}tsɿ^{13}	瓜娃子 kua^{55}va^{53}tsɿ^{21}	瞢㞞 mən^{13}suən^{13}
凉州区	疯汉 fəŋ^{35}xɑŋ^{53}	苕子 ʂɑo^{35}tsɿ^{53}	苕㞞 ʂɑo^{53}suŋ^{35}
甘州区	疯子 fɤŋ^{44}tsɿ^{44}	苕娃子 ʂɔ^{35}va^{42}tsɿ^{21}	脑呆醒 nɔ^{22}tɛ^{22}ɕiŋ^{44}
肃州区	疯子 fɤŋ^{44}tsɿ^{44}	苕娃子 ʂɔ^{44}va^{31}tsɿ^{21}	蠢货 tʂ^{h}uŋ^{53}xuə^{21}
永昌县	疯子 fəŋ^{44}tsɿ^{44}	苕子 ʂɔo^{13}tsɿ^{42}	笨蛋 pəŋ^{22}tɛe^{53}
崆峒区	疯子 fɤŋ^{53}tsɿ^{21}	瓜子 kua^{53}tsɿ^{21}	瞢㞞 mɤŋ^{44}soŋ^{24}
庆城县	疯子 fɤŋ^{51}tsɿ^{0}	瓜子 kua^{51}tsɿ^{0}	笨蛋 pɤŋ^{244}tɛ̃^{244}
宁县	疯子 fəŋ^{31}tsɿ^{0}	瓜子 kua^{31}tsɿ^{0}	笨蛋 p^{h}əŋ^{44}t^{h}æ̃^{44} 木㞞 mu^{44}suŋ^{24}
武都区	疯子 fəŋ^{31}tsɿ^{21}	傻子 ʂa^{55}tsɿ^{21} 呆子 tɛɪ^{31}tsɿ^{21}	瞢㞞 məŋ^{24}suŋ^{13}
文县	疯子 fə̃^{42}tsɿ^{42}	傻子 sa^{55}tsɿ^{42}	笨蛋 pəŋ^{44}tæ̃^{44}
康县	疯子 fɤŋ^{53}tsɿ^{21}	瓜子 kua^{53}tsɿ^{21}	笨蛋 pɤŋ^{24}tan^{24}
礼县	疯的 fɤŋ^{31}tai^{24}	凉⁼的 liɑŋ^{13}tai^{21} 楞甑⁼子 nɤŋ^{44}tsɤŋ^{31}tsɿ^{21}	瞢的 mɤŋ^{44}tai^{21} 瞢蛋 mɤŋ^{44}tæ̃^{44}
靖远县	潮子 tʂ^{h}ɑo^{41}tsɿ^{21}	瓜子 kua^{41}tsɿ^{21}	瞢㞞 mɤŋ^{33}soŋ^{24} 笨㞞 pɤŋ^{33}soŋ^{24}
陇西县	疯子 fɤŋ^{22}tsɿ^{21}	瓜子 kua^{22}tsɿ^{21}	瓜㞞 kua^{42}suŋ^{13}
秦州区	疯的 fɤŋ^{13}tɛ^{21}	瓜倒子 kua^{21}tɔ^{53}tsɿ^{21}	瞢㞞 mɤŋ^{44}suɤŋ^{21}
安定区	潮子 tʂ^{h}ɔ^{21}tsɿ^{44}	瓜子 kua^{21}tsɿ^{13}	笨㞞 pəŋ^{44}suŋ^{13}
会宁县	疯子 fəŋ^{21}tsɿ^{13}	潮子 tʂ^{h}ɔ^{21}tsɿ^{13}	瞢㞞 məŋ^{44}suŋ^{13}
临洮县	疯子 fɤŋ^{21}tsɿ^{13}	潮子 tʂ^{h}ɔ^{13}tsɿ^{21}	瞢㞞 mɤŋ^{44}suŋ^{13}
清水县	疯人 fɤŋ^{21}zɤŋ^{13}	洋昏子 iɒ̃^{13}xuŋ^{21}tsɿ^{21}	瞢头 mɤŋ^{44}t^{h}ou^{21} 瞢多⁼脑 mɤŋ^{44}tuə^{21}lɔ^{21}
永靖县	疯汉 fɤŋ^{22}xæ̃^{53}	瓜子 kua^{53}tsɿ^{21}	瞢㞞 mɤŋ^{22}suɤŋ^{53}
敦煌市	疯子 fɤŋ^{21}tsɿ^{13}	苕娃 ʂɔ^{13}va^{213}	冷棒 lɤu^{53}pɑŋ^{44}
临夏市	疯汉 fəŋ^{21}xã^{53}	呆子 tɛ^{21}tsɿ^{53}	瞢松 məŋ^{44}suəŋ^{21}
合作市	疯汉 fəŋ^{21}xæ̃^{53}	傻子 ʂA^{44}tsɿ^{53}	笨㞞 pəŋ^{44}suəŋ^{13}
临潭县	疯子 fəŋ^{44}tsɿ^{51}	傻子 ʂa^{51}tsɿ^{21}	瞢㞞 məŋ^{44}suəŋ^{24}

	0610 爷爷呼称，最通用的	0611 奶奶呼称，最通用的	0612 外祖父叙称
兰州市	爷 $iɛ^{53}$	奶奶 $nɛ^{44}nɛ^{53}$	外爷 $vɛ^{22}iɛ^{53}$
榆中县	爷爷 $iᴇ^{31}iᴇ^{213}$	奶奶 $nɛ^{44}nɛ^{0}$	外爷 $vɛ^{21}iᴇ^{44}$
永登县	爷 $iɛ^{53}$	奶奶 $nɛ^{354}nɛ^{21}$	外爷 $vɛ^{22}iɛ^{53}$
红古区	阿爷 $a^{22}iɛ^{13}$	阿奶 $a^{22}nɛ^{13}$	外爷 $vɛ^{22}iɛ^{55}$
凉州区	爷爷 $iə^{35}iə^{53}$	奶奶 $næ^{53}næ^{35}$	外爷 $væ^{31}iə^{21}$
甘州区	爷爷 $iə^{35}iə^{42}$	奶奶 $nɛ^{22}nɛ^{44}$	外爷爷 $vɛ^{31}iə^{22}iə^{21}$
肃州区	爷爷 $ʑiɛ^{35}ʑiɛ^{21}$	奶奶 $nɛ^{21}nɛ^{51}$	外爷 $vɛ^{21}ʑiɛ^{13}$
永昌县	爷爷 $iə^{13}iə^{42}$	奶奶 $nɛe^{53}nɛe^{21}$	外爷爷 $vɛe^{53}iə^{22}iə^{21}$
崆峒区	爷爷 $iɛ^{22}iɛ^{53}$	奶奶 $nɛ^{55}nɛ^{21}$	外爷 $uei^{35}iɛ^{53}$
庆城县	爷 $iᴇ^{113}$	奶奶 $nɛ^{44}nɛ^{0}$	外爷 $vɛ^{244}iᴇ^{0}$
宁县	爷 $iɛ^{24}$	奶 $nɛ^{44}$ 奶奶 $nɛ^{55}nɛ^{0}$	外爷 $uei^{44}iɛ^{24}$
武都区	爷 $iᴇ^{13}$	婆婆 $p^{h}uɤ^{22}p^{h}uɤ^{13}$ 婆 $p^{h}uɤ^{13}$	外爷 $vei^{24}iᴇ^{21}$
文县	爷 $iɛ^{13}$	婆 $p^{h}ɤ^{13}$ 奶奶 $lɛe^{55}lɛe^{21}$	外爷 $uei^{24}iɛ^{42}$
康县	爷爷 $iɛ^{53}iɛ^{13}$	婆婆 $p^{h}uɤ^{53}p^{h}uɤ^{13}$	外爷 $vei^{24}iɛ^{53}$
礼县	爷 $iɛ^{13}$	婆 $p^{h}ɤ^{13}$	外爷 $vei^{44}iɛ^{13}$
靖远县	爷爷 $iɛ^{22}iɛ^{55}$	奶奶 $nɛ^{55}nɛ^{21}$	外爷 $vɛ^{35}iɛ^{41}$
陇西县	爷爷 $iɛ^{22}iɛ^{44}$	奶奶 $lɛ^{55}lɛ^{42}$	舅爷 $tɕiu^{44}iɛ^{42}$
秦州区	爷 $iə^{13}$	婆 $p^{h}ɤ^{13}$	外爷 $vei^{44}iə^{21}$
安定区	爷爷 $iə^{21}iə^{44}$	奶奶 $nɛ^{53}nɛ^{21}$	外爷 $vei^{44}iə^{13}$
会宁县	爷爷 $iə^{21}iə^{13}$	奶奶 $lɛ^{21}lɛ^{13}$	外爷 $uei^{44}iə^{21}$
临洮县	爷爷 $ie^{21}ie^{44}$	奶奶 $nɛ^{53}nɛ^{21}$	外爷 $vei^{44}ie^{21}$
清水县	爷 $iɛ^{13}$	婆 $p^{h}ə^{13}$	舅爷 $tɕiou^{44}iɛ^{13}$
永靖县	爷 $iɛ^{213}$	奶奶 $nɛ^{21}nɛ^{13}$	外爷 $vɛ^{44}iɛ^{53}$
敦煌市	爷爷 $iə^{22}iə^{51}$	奶奶 $nɛ^{53}nɛ^{21}$	外爷 $vei^{35}iə^{21}$
临夏市	阿爷 $ɑ^{44}iɛ^{21}$	阿奶 $ɑ^{44}nɛ^{21}$	外爷 $vei^{44}iɛ^{21}$
合作市	阿爷 $ᴀ^{44}iə^{21}$	阿奶 $ᴀ^{44}nɛe^{21}$	外爷 $vei^{44}iə^{21}$
临潭县	阿爷 $a^{44}iɛ^{44}$	阿婆 $a^{44}p^{h}ɤ^{44}$	外爷 $vɛe^{44}iɛ^{21}$

	0613 外祖母叙称	0614 父母合称	0615 父亲叙称
兰州市	外奶奶 vɛ^{22}nɛ^{53}nɛ^{21}	娘老子 liɑ̃^{53}lɔ^{42}tsɿ^{21}	爹 tiɛ^{55}
榆中县	外奶奶 vɛ^{21}nɛ^{44}nɛ^{0}	爹妈 tiᴇ^{51}ma^{51}	爹 tiᴇ^{51}
永登县	外奶奶 vɛ^{22}nɛ^{22}nɛ^{354}	爹妈 tiɛ^{44}ma^{42}	爹 tiɛ^{42} 达 ta^{53}
红古区	外奶奶 vɛ^{22}nɛ^{55}nɛ^{21}	娘老子 ȵiɑŋ^{22}lɔ^{55}tsɿ^{21}	阿达 a^{22}ta^{13}
凉州区	外奶奶 væ^{53}næ^{35}næ^{53}	爹妈 tiə^{35}ma^{53}	爹爹 tiə^{35}tiə^{53}
甘州区	外奶奶 vɛ^{31}nɛ^{22}nɛ^{21}	父母 fu^{22}mu^{53}	老子 lɔ^{22}tsɿ^{44}
肃州区	外奶 vɛ^{21}nɛ^{13}	父母 fu^{21}mu^{51}	老子 lɔ^{21}tsɿ^{51}
永昌县	外奶奶 vɛe^{53}nɛe^{22}nɛe^{21}	父母 fu^{53}mu^{21}	爹爹 tiə^{44}tiə^{44}
崆峒区	外奶 uei^{35}nɛ^{53}	娘老子 ȵiɑŋ^{24}lɔ^{55}tsɿ^{21}	达 ta^{24}
庆城县	外奶奶 vɛ^{244}nɛ^{0}nɛ^{0}	爹妈 tiᴇ^{51}ma^{51}	达 ta^{113} 爸 pa^{113}
宁县	外奶 uei^{44}nɛ^{44}	父母 fu^{44}mu^{52}	达 ta^{24} 爸爸 pa^{22}pa^{52}
武都区	外婆 vei^{24}p^{h}uɤ^{21}	大人 ta^{24}ʐəŋ^{21}	爸 pa^{55}
文县	外婆 uei^{24}p^{h}ɤ^{42}	大人 ta^{24}zəŋ^{42}	爸爸 pa^{21}pa^{44}
康县	外婆 vei^{24}p^{h}uɤ^{53}	大人 ta^{24}ʐɤŋ^{53}	爸 pa^{24} 达 ta^{24} 伯伯 pei^{21}pei^{13}
礼县	外婆 vei^{44}p^{h}ɤ^{13}	大汉 ta^{44}xæ̃^{21} 大人 ta^{44}ʐɤŋ^{21}	达 ta^{13} 达达 ta^{13}ta^{21}
靖远县	姥姥 lɑo^{55}lɑo^{21}	娘老子 ȵiɑŋ^{22}lɑo^{55}tsɿ^{21}	我爸 ŋuə^{55}pa^{24}
陇西县	舅奶 tɕiu^{44}lɛ^{42}	我爹我妈 ɛ^{44}ta^{42}ɛ^{44}ma^{42}	达 ta^{13} 爱达 ɛ^{44}ta^{42}
秦州区	外婆 vei^{44}p^{h}ɤ^{21}	大汉 ta^{44}xæ̃^{21}	达达 ta^{13}ta^{21}
安定区	外奶奶 vei^{44}nɛ^{53}nɛ^{21}	达达妈妈 ta^{21}ta^{13}ma^{53}ma^{21} 爸爸妈妈 pa^{21}pa^{13}ma^{53}ma^{21}	达 ta^{13} 爸爸 pa^{21}pa^{13}
会宁县	外奶奶 uei^{44}lɛ^{21}lɛ^{13}	达达妈妈 ta^{21}ta^{13}ma^{53}ma^{21}	达 ta^{13}
临洮县	外奶奶 vei^{44}nɛ^{42}nɛ^{21}	老汉 lɔ^{53}xæ̃^{21}	爸爸 pa^{21}pa^{44}
清水县	舅婆 tɕiou^{44}p^{h}ə^{13}	大汉 ta^{44}xæ̃^{21} 达达娘娘 ta^{13}ta^{21}ȵia^{13}ȵia^{21}	达 ta^{13} 爸 pa^{13}
永靖县	外奶 vɛ^{44}nɛ^{53}	爹妈 tiɛ^{13}ma^{213}	爹 tiɛ^{213}
敦煌市	外奶 vei^{35}nɛ^{21}	娘老子 ȵiɑŋ^{22}lɔ^{53}tsɿ^{21}	老子 lɔ^{53}tsɿ^{21}
临夏市	外奶 vei^{44}nɛ^{24}	娘老子 ȵiɑŋ^{13}lɔ^{44}tsɿ^{21}	阿达 ɑ^{44}tɑ^{21}
合作市	外奶 vei^{44}nɛe^{13}	娘老子 ȵiɑŋ^{13}lɔ^{53}tsɿ^{21}	阿达 ᴀ^{44}tᴀ^{21}
临潭县	外阿婆 vɛe^{44}a^{21}p^{h}ɤ^{21}	两个老的 liɒ^{51}kɤ^{21}lɔo^{51}ti^{21}	阿大 a^{21}ta^{44}

	0616 母亲叙称	0617 爸爸呼称，最通用的	0618 妈妈呼称，最通用的
兰州市	妈 ma^{55}	爸 pa^{53}	妈 ma^{55}
榆中县	妈 ma^{51}	爹 tiᴇ^{51}	妈 ma^{51}
永登县	妈 ma^{42}	达 ta^{53} 爸爸 pa^{44}pa^{21}	妈 ma^{42} 妈妈 ma^{44}ma^{21}
红古区	阿妈 a^{22}ma^{13}	阿达 a^{22}ta^{13}	阿妈 a^{22}ma^{13}
凉州区	妈妈 ma^{35}ma^{53}	爸爸 pa^{35}pa^{53}	妈妈 ma^{35}ma^{53}
甘州区	娘母子 ȵiaŋ^{35}mu^{42}tsɿ^{21}	爹 tiə^{44}	妈 ma^{44}
肃州区	娘母子 ȵiɑŋ^{44}mu^{21}tsɿ^{21}	爸 pa^{51}	妈 ma^{44}
永昌县	妈妈 ma^{44}ma^{44}	爹爹 tiə^{44}tiə^{44}	妈妈 ma^{44}ma^{44}
崆峒区	妈 ma^{21}	达 ta^{24}	妈 ma^{21}
庆城县	妈 ma^{51}	爸爸 pa^{21}pa^{0} 爸 pa^{113}	妈 ma^{51}
宁县	妈 ma^{44} 母亲 mu^{55}tɕʰiŋ^{0}	达 ta^{24} 爸爸 pa^{22}pa^{52}	妈 ma^{44}/ma^{52}
武都区	妈 ma^{13}	爸 pa^{55}	妈 ma^{13}
文县	妈 ma^{13}	爸爸 pa^{21}pa^{44}	妈 ma^{13}
康县	妈 ma^{53} 娘 ȵia^{13}	爸 pa^{24} 达 ta^{24} 伯伯 pei^{21}pei^{13}	妈 ma^{53} 娘 ȵia^{13}
礼县	娘 ȵia^{13}	达 ta^{13} 达达 ta^{13}ta^{21}	娘 ȵia^{13} 妈 ma^{13}
靖远县	我妈 ŋuə^{55}ma^{41}	爸 pa^{24}	妈 ma^{41}
陇西县	爱$^{=}$妈 ε^{44}ma^{42}	爱$^{=}$达 ε^{44}ta^{42}	爱$^{=}$妈 ε^{44}ma^{42}
秦州区	妈 ma^{53}	达达 ta^{13}ta^{21}	妈 ma^{53}
安定区	妈 ma^{53}	爸 pa^{13}	妈 ma^{53}
会宁县	妈 ma^{53}	达 ta^{13}	妈 ma^{53}
临洮县	妈妈 ma^{53}ma^{21}	爸爸 pa^{21}pa^{44}	妈妈 ma^{53}ma^{21}
清水县	娘 ȵia^{13} 妈 ma^{52}	达 ta^{13} 爸爸 pa^{13}pa^{21}	娘 ȵia^{13} 妈 ma^{52}
永靖县	妈 ma^{213}	爹 tiε^{213}	妈 ma^{213}
敦煌市	娘母子 ȵiaŋ^{22}mɤŋ^{53}tsɿ^{21}	爹 tiə^{213}	妈 ma^{213}
临夏市	阿娘 ɑ^{44}ȵiɑŋ^{21}	阿达 ɑ^{44}tɑ^{21}	阿娘 ɑ^{44}ȵiɑŋ^{21}
合作市	阿娘 ᴀ^{44}ȵiɑŋ^{21}	阿达 ᴀ^{44}tᴀ^{21}	阿娘 ᴀ^{44}ȵiɑŋ^{21}
临潭县	阿妈 a^{21}ma^{44}	阿达 a^{21}ta^{44}	阿妈 a^{21}ma^{44}

	0619 继父叙称	0620 继母叙称	0621 岳父叙称
兰州市	后爹 xəu^{13}tiɛ^{53}	后妈 xəu^{13}ma^{53}	丈人爹 tʂã^{22}ʐən^{55}tiɛ^{42}
榆中县	后爹 xəu^{21}tiᴇ^{51}	后娘 xəu^{21}ȵiaŋ^{44}	丈人 tʂaŋ^{21}ʐən^{44}
永登县	后老子 xɤu^{22}lɔ^{22}tsʅ^{354}	后妈 xɤu^{22}ma^{44}	丈人 tʂã^{22}ʐə̃n^{55} 岳父 yə^{22}fu^{55}
红古区	后阿达 xɤu^{22}a^{55}ta^{21}	后阿妈 xɤu^{22}a^{55}ma^{21}	丈人 tʂɑŋ^{22}ʐən^{55}
凉州区	继父 tɕi^{31}fu^{21}	继母 tɕi^{31}mu^{21}	外父 væ^{31}fu^{21}
甘州区	后老子 xɤu^{31}lɔ^{22}tsʅ^{21}	后妈 xɤu^{22}ma^{44}	外父 vɛ^{31}fu^{21}
肃州区	后老子 xəu^{44}lɔ^{21}tsʅ^{13}	后娘母子 xəu^{44}ȵiɑŋ^{44}mu^{21}tsʅ^{13}	老丈人 lɔ^{53}tʂɑŋ^{31}ʐɤŋ^{21}
永昌县	后老子 xəu^{53}lɔo^{22}tsʅ^{21}	后妈 xəu^{53}ma^{21}	外父 vɛe^{53}fu^{21}
崆峒区	后达 xəu^{44}ta^{24}	后妈 xəu^{44}ma^{21}	丈人 tʂɑŋ^{35}ʐɤŋ^{53}
庆城县	后爸 xɤu^{244}pa^{244}	后妈 xɤu^{244}ma^{51}	老丈人 lɔ^{44}tʂã^{244}ʐɤŋ^{0}
宁县	后达 xou^{44}ta^{24}	后妈 xou^{44}ma^{44}	姨父 i^{22}fu^{52}
武都区	后爸 xəu^{24}pa^{33}	后娘 xəu^{24}ȵiɑŋ^{21}	丈人 tʂɑŋ^{24}ʐəŋ^{21}
文县	后老子 xɤu^{24}lɔo^{53}tsʅ^{42}	后娘 xɤu^{24}ȵiɑ̃^{13}	老丈人 lɔo^{35}tsʰɑ̃^{42}zəŋ^{21}
康县	后爸 xɤu^{24}pa^{21} 后达 xɤu^{24}ta^{21}	后妈 xɤu^{24}ma^{53} 后娘 xɤu^{24}ȵia^{21}	丈人 tʂɑŋ^{24}ʐɤŋ^{53}
礼县	后爸 xəu^{44}pa^{13} 后阿爸 xəu^{44}a^{31}pa^{21}	后娘 xəu^{44}ȵia^{13} 后阿妈 xəu^{44}a^{31}ma^{21}	丈母达 tʂʰɑŋ^{44}mu^{52}ta^{13} 丈人 tʂʰɑŋ^{44}ʐɤŋ^{21}
靖远县	后老子 xɤu^{33}lɑo^{55}tsʅ^{21} 后爸 xɤu^{55}pa^{24}	新妈 ɕiŋ^{41}ma^{21}	丈人达 tʂɑŋ^{35}ʐɤŋ^{41}ta^{24}
陇西县	后达 xɤu^{44}ta^{13}	后妈 xɤu^{44}ma^{53}	姨父 ʑi^{22}fu^{44}
秦州区	后达 xɤu^{44}ta^{13}	后妈 xɤu^{44}ma^{53}	丈母达 tʂʰɑŋ^{44}mu^{21}ta^{13} 丈人 tʂʰɑŋ^{44}ʐɤŋ^{21}
安定区	后爸 xəu^{44}pa^{13}	后妈 xəu^{44}ma^{53}	姨父 ʑi^{13}fu^{21}
会宁县	后达 xəu^{44}ta^{13}	后妈 xəu^{44}ma^{53}	姨父 ʑi^{21}fu^{44}
临洮县	后爸爸 xɤu^{44}pa^{21}pa^{44}	后妈妈 xɤu^{44}ma^{53}ma^{21}	姨父 ʑi^{13}fu^{21}
清水县	达 ta^{13} 爸爸 pa^{13}pa^{21}	娘 ȵia^{13} 妈 ma^{52}	丈人 tʂʰɔ̃^{44}ʐɤŋ^{21}
永靖县	后老子 xɤu^{44}lɔ^{53}tsʅ^{21}	后娘 xɤu^{44}ȵiɑŋ^{21}	丈人 tʂɑŋ^{44}ʐɤŋ^{53}
敦煌市	后老子 xɤu^{35}lɔ^{53}tsʅ^{21}	后妈 xɤu^{35}ma^{44}	外父 vɛ^{35}fu^{21}
临夏市	后阿达 xɤu^{53}ɑ^{44}tɑ^{21}	后阿娘 xɤu^{53}ɑ^{44}ȵiɑŋ^{21}	丈人 tʂɑŋ^{44}ʐəŋ^{21}
合作市	后阿达 xəɯ^{53}ᴀ^{44}tᴀ^{21}	后阿娘 xəɯ^{53}ᴀ^{44}ȵiɑŋ^{21}	丈人 tʂɑŋ^{44}ʐəŋ^{21}
临潭县	爸爸 pa^{51}pa^{21}	阿妈 a^{21}ma^{44}	丈人 tʂɒ^{44}ʐəŋ^{21}

	0622 岳母叙称	0623 公公叙称	0624 婆婆叙称
兰州市	丈母娘 tʂã^{22}mu^{34}ȵiã^{42}	公公 kuən^{53}kuən^{21}	婆婆 p^{h}ɤ^{53}p^{h}ɤ^{13}
榆中县	丈母娘 tʂaŋ^{21}mu^{44}ȵiaŋ^{0}	公公 kuən^{51}kuən^{0}	婆婆 p^{h}ə^{31}p^{h}ə^{213}
永登县	丈母娘 tʂã^{22}mu^{55}ȵiã^{53} 岳母 yə^{22}mu^{55}	公爹 kuə̃n^{44}tiɛ^{21} 公公 kuə̃n^{44}kuə̃n^{21}	婆婆 p^{h}ə^{55}p^{h}ə^{21}
红古区	丈母 tʂɑŋ^{22}mu^{55}	公公 kuən^{22}kuən^{13}	婆婆 p^{h}ə^{22}p^{h}ə^{13}
凉州区	外母 væ^{31}mu^{21}	公公 kuŋ^{35}kuŋ^{53}	婆婆 p^{h}ə^{35}p^{h}ə^{53}
甘州区	外母 vɛ^{31}mu^{21}	公公 kuŋ^{44}kuŋ^{44}	婆婆 p^{h}uə^{53}p^{h}uə^{21}
肃州区	老丈母娘 lɔ^{53}tʂɑŋ^{31}mu^{21}ȵiaŋ^{51}	公公 kuŋ^{44}kuŋ^{44}	婆婆 p^{h}ə^{44}p^{h}ə^{21}
永昌县	外母 vɛe^{53}mu^{21}	公公 koŋ^{44}koŋ^{44}	婆婆 p^{h}ə^{13}p^{h}ə^{42}
崆峒区	丈母娘 tʂaŋ^{35}mu^{53}ȵiaŋ^{24}	公公 koŋ^{53}koŋ^{21}	婆婆 p^{h}ɤ^{22}p^{h}ɤ^{53}
庆城县	丈母娘 tʂã^{244}mu^{0}ȵiã^{113}	公公 kuŋ^{51}kuŋ^{0}	婆婆 p^{h}uə^{21}p^{h}uə^{0}
宁县	姨娘 i^{22}ȵiaŋ^{52} 姨 i^{24}	老公公 lɔ^{52}kuŋ^{31}kuŋ^{0}	老婆婆 lɔ^{52}p^{h}uə^{22}p^{h}uə^{52}
武都区	丈母娘 tʂɑŋ^{24}mu^{21}ȵiɑŋ^{13}	阿公 a^{31}kuŋ^{21}	阿家 a^{31}tɕia^{21}
文县	丈母娘 ts^{h}ã^{24}mu^{42}ȵiã^{13}	老公公 lɔo^{35}koŋ^{42}koŋ^{24}	老婆婆 lɔo^{35}p^{h}ɤ^{21}p^{h}ɤ^{13}
康县	丈母娘 tʂɑŋ^{24}mu^{55}ȵiɑŋ^{21}	公公 kuŋ^{53}kuŋ^{21} 外面子老汉 vɛ^{24}mian^{53}tsɿ^{21}lɔo^{21}xan^{21}	婆婆 p^{h}uɤ^{21}p^{h}uɤ^{13} 里面子老汉 li^{55}mian^{53}tsɿ^{21}lɔo^{21}xan^{21}
礼县	丈母娘 tʂaŋ^{44}mu^{52}ȵia^{13}	阿公 a^{31}kuɤŋ^{24}	阿家 a^{31}tɕia^{24}
靖远县	丈人妈 tʂaŋ^{35}ʐɤŋ^{41}ma^{41}	公公 koŋ^{41}koŋ^{21}	婆婆 p^{h}ɤ^{22}p^{h}ɤ^{55}
陇西县	姨娘 ʐi^{13}liaŋ^{21}	阿公 a^{44}kuŋ^{42}	阿家 a^{44}tɕia^{42}
秦州区	丈母娘 tʂ^{h}ɑŋ^{44}mu^{21}ȵia^{13}	阿公 a^{44}kuɤŋ^{21}	阿家 a^{44}tɕia^{21}
安定区	姨娘 ʐi^{13}ȵiaŋ^{21}	公公 kuŋ^{13}kuŋ^{21}	阿家 a^{44}tɕia^{21}
会宁县	姨娘 ʐi^{13}ȵiaŋ^{53}	阿公 a^{44}kuŋ^{21}	阿家 a^{44}tɕia^{21}
临洮县	姨娘 ʐi^{13}ȵiã^{21}	公公 kuŋ^{21}kuŋ^{13}	婆婆 p^{h}ɤ^{21}p^{h}ɤ^{44}
清水县	阿姨 a^{21}i^{13}	阿公 a^{21}kuŋ^{13}	阿家 a^{21}tɕia^{13}
永靖县	丈母娘 tʂaŋ^{44}mu^{42}ȵiaŋ^{13}	公公 kuɤŋ^{21}kuɤŋ^{42}	婆婆 p^{h}ɤ^{21}p^{h}ɤ^{13}
敦煌市	外母 vɛ^{35}mu^{21}	公公 kuŋ^{21}kuŋ^{13}	婆婆 p^{h}ə^{22}p^{h}ə^{51}
临夏市	丈母 tʂɑŋ^{44}mu^{21}	老公公 lɔ^{42}kuəŋ^{21}kuəŋ^{53}	老婆婆 lɔ^{42}p^{h}ɤ^{21}p^{h}ɤ^{53}
合作市	丈母 tʂɑŋ^{44}mu^{21}	公公 kuəŋ^{21}kuəŋ^{53}	婆婆 p^{h}ə^{21}p^{h}ə^{53}
临潭县	丈母娘 tʂɒ^{44}mu^{21}ȵiɒ^{24}	公公 kuəŋ^{44}kuəŋ^{44}	婆婆 p^{h}ɤ^{21}p^{h}ɤ^{51}

	0625 伯父呼称，统称	0626 伯母呼称，统称	0627 叔父呼称，统称
兰州市	大达 $ta^{22}ta^{53}$	妈妈 $ma^{55}ma^{21}$	爹 $ti\varepsilon^{55}$
榆中县	大达 $ta^{21}ta^{44}$	妈妈 $ma^{21}ma^{44}$	爹 $ti\text{E}^{51}$
永登县	大达 $ta^{22}ta^{55}$	妈妈 $ma^{22}ma^{55}$	爸 pa^{53}
红古区	大达 $ta^{13}ta^{55}$	妈妈 $ma^{22}ma^{55}$	阿爸 $a^{22}pa^{13}$
凉州区	大爹 $ta^{31}ti\partial^{21}$	大妈 $ta^{31}ma^{21}$	爸爸 $pa^{35}pa^{53}$
甘州区	大爹 $ta^{22}ti\partial^{44}$	大妈 $ta^{22}ma^{44}$	爸爷 $pa^{35}i\partial^{42}$
肃州区	大伯 $ta^{21}p\partial^{44}$ 大老 $ta^{21}l\text{ɔ}^{13}$	大妈 $ta^{21}ma^{13}$	叔叔 ʂu[21]ʂu[13]
永昌县	大爹 $ta^{53}ti\partial^{21}$	大妈 $ta^{53}ma^{21}$	爸爸 $pa^{13}pa^{42}$
崆峒区	大爹 $ta^{35}ti\varepsilon^{53}$	大妈 $ta^{35}ma^{53}$	大达 $ta^{22}ta^{53}$
庆城县	大 ta^{113}	妈 ma^{51}	大达 $ta^{21}ta^{0}$
宁县	伯 pei^{24}	大妈 $ta^{44}ma^{44}$	大达 $ta^{22}ta^{52}$
武都区	伯伯 $pei^{55}pei^{21}$	大妈 $ta^{24}ma^{13}$	（排行）爸 pa^{55}
文县	伯伯 $pei^{21}pei^{42}$	大妈 $ta^{24}ma^{13}$	达 ta^{13}
康县	伯伯 $pei^{53}pei^{13}$ 大爸 $ta^{24}pa^{21}$	大娘 $ta^{24}\text{ȵ}ia\eta^{53}$	爸 pa^{24}
礼县	大达 $ta^{44}ta^{21}$	大娘 $ta^{44}\text{ȵ}ia^{13}$	达 ta^{13}
靖远县	大达 $ta^{35}ta^{41}$	妈妈 $ma^{35}ma^{41}$	爸爸 $pa^{22}pa^{55}$
陇西县	大达 $ta^{44}ta^{42}$	大妈 $ta^{44}ma^{53}$	达达 $ta^{22}ta^{44}$
秦州区	爹爹 $ti\partial^{21}ti\partial^{13}$	大妈 $ta^{44}ma^{53}$	（排行）爸爸 $pa^{13}pa^{21}$
安定区	（排行）爸 pa^{13}	（排行）妈 ma^{53}	（排行）爸 pa^{13}
会宁县	老达 $l\text{ɔ}^{53}ta^{13}$	老妈 $l\text{ɔ}^{21}ma^{53}$	爸 pa^{13}
临洮县	大爷 $ta^{44}ie^{21}$	大娘 $ta^{44}\text{ȵ}i\tilde{a}^{21}$	（排行）爸爸 $pa^{21}pa^{44}$
清水县	爹爹 $tsi\varepsilon^{21}tsi\varepsilon^{13}$ 大达 $ta^{44}ta^{13}$	大娘 $ta^{44}\text{ȵ}ia^{13}$ 大妈 $ta^{44}ma^{52}$	碎达 $su\partial i^{44}ta^{13}$ 碎爸 $su\partial i^{44}pa^{13}$
永靖县	大达 $ta^{24}ta^{21}$	妈妈 $ma^{21}ma^{42}$	爸爸 $pa^{22}pa^{44}$
敦煌市	大老 $ta^{35}l\text{ɔ}^{21}$	大妈 $ta^{35}ma^{21}$	爸 pa^{213}
临夏市	大达 $t\alpha^{21}t\alpha^{53}$	阿妈 $\alpha^{21}m\alpha^{53}$	爸爸 $p\alpha^{21}p\alpha^{53}$
合作市	大达 $t\text{A}^{21}t\text{A}^{53}$	阿妈 $\text{A}^{21}m\text{A}^{53}$	爸爸 $p\text{A}^{21}p\text{A}^{13}$
临潭县	大达 $ta^{44}ta^{21}$	大妈妈 $ta^{44}ma^{44}ma^{21}$	尕达 $ka^{24}ta^{21}$

	0628 排行最小的叔父呼称如“幺叔”	0629 叔母呼称，统称	0630 姑呼称，统称（无统称则记分称：比父大，比父小；已婚，未婚）
兰州市	尕爹 ka^{53}tiɛ^{31}	妈 ma^{55}	娘娘 ȵiã^{55}ȵiã^{21}
榆中县	尕爹 ka^{31}tiᴇ^{51}	妈妈 ma^{21}ma^{44}	娘娘 ȵiaŋ^{51}ȵiaŋ^{0}
永登县	尕爸 ka^{55}pa^{21}	婶婶 ʂə̃n^{55}ʂə̃n^{53}	娘娘 ȵiã^{55}ȵiã^{21}
红古区	尕爸 ka^{55}pa^{21}	婶婶 ʂən^{55}ʂən^{21}	娘娘 ȵiɑŋ^{55}ȵiɑŋ^{21}
凉州区	小爸 ɕiɑo^{53}pa^{35}	婶婶 ʂəŋ^{53}ʂəŋ^{35}	娘娘 ȵiɑŋ^{35}ȵiɑŋ^{53}
甘州区	小爸爷 ɕiɔ^{22}pa^{35}iə^{42}	婶婶 ʂɤŋ^{22}ʂɤŋ^{44}	姑妈 ku^{44}ma^{44} 娘娘 ȵiaŋ^{44}ȵiaŋ^{44}
肃州区	尕叔 ka^{51}ʂu^{21}	婶婶 ʂɤŋ^{21}ʂɤŋ^{51}	姑妈（比父大）ku^{35}ma^{44}； 姑姑（比父小）ku^{44}ku^{35}
永昌县	小爸爸 ɕiɔ^{53}pa^{22}pa^{44}	婶婶 ʂəŋ^{53}ʂəŋ^{21}	姑妈 ku^{44}ma^{44}
崆峒区	碎达 suei^{44}ta^{24}	新妈 ɕiɤŋ^{53}ma^{21}	娘 ȵiɑŋ^{24}
庆城县	碎达 suei^{244}ta^{244}	妈妈 ma^{51}ma^{0}	娘娘 ȵiã^{51}ȵiã^{0}
宁县	碎达 suei^{44}ta^{24}	妈妈 ma^{44}ma^{31}	姑 ku^{44}
武都区	（排行）爸 pa^{55}	（排行）妈 ma^{13}	达达 ta^{13}ta^{21}
文县	幺大 iɔo^{42}ta^{13}	妈 ma^{13}	姑 ku^{31}
康县	幺爸 iɔo^{53}pa^{21}	娘 ȵiɑŋ^{13}	姑姑 ku^{53}ku^{21}
礼县	碎达 ʃuei^{44}ta^{13}	娘 ȵia^{13}	爸爸 pa^{13}pa^{21} 姑姑 ku^{31}ku^{24}
靖远县	碎爸 suei^{33}pa^{24}	（排行）妈 ma^{41}	姑 ku^{41}
陇西县	碎达 sue^{44}ta^{13}	妈妈 ma^{55}ma^{42}	姑姑 ku^{22}ku^{44}
秦州区	碎爸 suei^{44}pa^{13}	（排行）妈 ma^{53}	姑姑 ku^{21}ku^{13}
安定区	尕爸 ka^{13}pa^{13}	（排行）妈 ma^{53}	（排行）娘娘 ȵiɑŋ^{21}ȵiɑŋ^{44}
会宁县	碎爸 suei^{44}pa^{13}	妈 ma^{53}	姑姑 ku^{21}ku^{13}
临洮县	尕爸爸 ka^{13}pa^{21}pa^{44}	婶婶 ʂɤŋ^{53}ʂɤŋ^{21}	阿姑 a^{44}ku^{21}
清水县	碎达 suəi^{44}ta^{13} 碎爸 suəi^{44}pa^{13}	新娘 siŋ^{21}ȵiɒ̃^{13} 新妈 siŋ^{21}ma^{52}	姑姑 ku^{21}ku^{13}
永靖县	尕爸爸 ka^{22}pa^{21}pa^{21}	姨娘 i^{22}ȵiɑŋ^{44}	娘娘 ȵiɑŋ^{21}ȵiɑŋ^{13}
敦煌市	尕爸 ka^{13}pa^{213}	婶婶 ʂɤŋ^{53}ʂɤŋ^{21}	姑娘 ku^{21}ȵiɑŋ^{13} 娘娘 ȵiɑŋ^{21}ȵiɑŋ^{13}
临夏市	尕爸爸 kɑ^{13}pɑ^{21}pɑ^{53}	娘 ȵiɑŋ^{13}	娘娘 ȵiɑŋ^{44}ȵiɑŋ^{21}
合作市	尕爸爸 kᴀ^{13}pᴀ^{21}pᴀ^{13}	尕娘 kᴀ^{21}ȵiɑŋ^{13}	娘娘 ȵiɑŋ^{44}ȵiɑŋ^{21}
临潭县	尕达 ka^{24}ta^{21}	尕妈妈 ka^{24}ma^{44}ma^{44}	大阿娘 ta^{44}a^{21}ȵiɒ^{24}

	0631 姑父呼称，统称	0632 舅舅呼称	0633 舅妈呼称
兰州市	姑爹 $ku^{31}tiɛ^{31}$	阿舅 $a^{13}tɕiəu^{53}$	舅母 $tɕiəu^{13}mu^{53}$
榆中县	姑父 $ku^{51}fu^{0}$	阿舅 $a^{31}tɕiəu^{213}$	舅母 $tɕiəu^{21}mu^{44}$
永登县	姑父 $ku^{44}fu^{21}$	阿舅 $a^{22}tɕiɤu^{13}$	舅母 $tɕiɤu^{22}mu^{55}$
红古区	姑父 $ku^{22}fu^{13}$	阿舅 $a^{22}tɕiɤu^{13}$	舅母 $tɕiɤu^{22}mu^{53}$
凉州区	姑爹 $ku^{35}tiə^{53}$	舅舅 $tɕiəu^{31}tɕiəu^{21}$	舅母 $tɕiəu^{31}mu^{21}$
甘州区	姑爹 $ku^{44}tiə^{44}$	舅舅 $tɕiɤu^{31}tɕiɤu^{21}$	舅母 $tɕiɤu^{31}mu^{21}$
肃州区	姑父（姑妈的配偶）$ku^{44}fu^{21}$； 姑老（姑姑的配偶）$ku^{44}lɔ^{44}$	舅舅 $tɕiəu^{21}tɕiəu^{13}$	舅母 $tɕiəu^{21}mu^{13}$
永昌县	姑爹 $ku^{44}tiə^{44}$	舅舅 $tɕiəu^{53}tɕiəu^{21}$	舅母 $tɕiəu^{53}məŋ^{21}$
崆峒区	姑父 $ku^{53}fu^{21}$	舅舅 $tɕiəu^{35}tɕiəu^{53}$	舅母 $tɕiəu^{35}mu^{53}$
庆城县	姑父 $ku^{51}fu^{0}$	舅舅 $tɕiɤu^{244}tɕiɤu^{0}$	舅母 $tɕiɤu^{244}mu^{0}$
宁县	姑父 $ku^{31}fu^{0}$	舅 $tɕiou^{44}$	妗子 $tɕiŋ^{44}tsɿ^{0}$
武都区	姑父 $ku^{31}fu^{21}$	舅舅 $tɕiəu^{24}tɕiəu^{21}$	妗子 $tɕin^{24}tsɿ^{21}$
文县	姑父 $ku^{31}fu^{24}$	舅舅 $tɕiɤu^{24}tɕiɤu^{42}$	妗子 $tɕ^{h}iəŋ^{24}tsɿ^{42}$
康县	姑父 $ku^{53}fu^{21}$	舅舅 $tɕiɤu^{24}tɕiɤu^{53}$	妗子 $tɕ^{h}iŋ^{24}tsɿ^{53}$
礼县	姑父 $ku^{31}fu^{24}$	舅舅 $tɕiəu^{44}tɕiəu^{21}$	妗子 $tɕ^{h}iŋ^{44}tsɿ^{21}$
靖远县	姑父 $ku^{41}fu^{21}$	舅舅 $tɕiɤu^{35}tɕiɤu^{41}$	妗子 $tɕ^{h}iŋ^{35}tsɿ^{41}$
陇西县	姑父 $ku^{42}fu^{13}$	舅舅 $tɕiu^{44}tɕiu^{42}$	妗子 $tɕ^{h}iŋ^{44}tsɿ^{21}$
秦州区	姑父 $ku^{21}fu^{13}$	舅舅 $tɕiɤu^{44}tɕiɤu^{21}$	妗子 $tɕ^{h}iɤŋ^{44}tsɿ^{21}$
安定区	姑父 $ku^{21}fu^{13}$	舅舅 $tɕiəu^{44}tɕiəu^{21}$	妗子 $tɕ^{h}iŋ^{44}tsɿ^{21}$
会宁县	姑父 $ku^{21}fu^{13}$	舅舅 $tɕiəu^{44}tɕiəu^{21}$	妗子 $tɕ^{h}iŋ^{44}tsɿ^{21}$
临洮县	姑父 $ku^{21}fu^{13}$	阿舅 $a^{21}tɕiɤu^{44}$	舅母 $tɕiɤu^{44}mu^{21}$
清水县	姑父 $ku^{21}fu^{13}$	阿舅 $a^{21}tɕiou^{44}$ 舅舅 $tɕiou^{44}tɕiou^{21}$	妗子 $tɕ^{h}iŋ^{44}tsɿ^{21}$
永靖县	姑父 $ku^{22}fu^{44}$	阿舅 $a^{22}tɕiɤu^{44}$	舅母 $tɕiɤu^{44}mu^{53}$
敦煌市	姑爹 $ku^{22}tiə^{51}$ 姑父 $ku^{21}fu^{13}$	舅舅 $tɕiɤu^{35}tɕiɤu^{21}$	舅母 $tɕiɤu^{35}mu^{21}$ 舅妈 $tɕiɤu^{35}ma^{21}$
临夏市	姑父 $ku^{21}fu^{53}$	阿舅 $ɑ^{21}tɕiɤu^{53}$	舅母 $tɕiɤu^{44}mu^{21}$
合作市	姑父 $ku^{21}fu^{53}$	阿舅 $ᴀ^{44}tɕiəɯ^{53}$	舅母 $tɕiəɯ^{44}mu^{21}$
临潭县	姑父 $ku^{44}fu^{44}$	阿舅 $a^{21}tɕiəɯ^{44}$	妗子 $tɕin^{44}tsɿ^{21}$

	0634 姨呼称，统称（无统称则记分称：比母大，比母小；已婚，未婚）	0635 姨父呼称，统称	0636 弟兄合称
兰州市	姨娘 ʑi^{22}ȵiã^{53}	姨父 ʑi^{44}fu^{53}	弟兄们 ti^{22}ɕyn^{55}mən^{21}
榆中县	姨娘 i^{21}ȵiaŋ^{44}	姨父 i^{21}fu^{44}	弟兄 ti^{21}ɕyn^{44}
永登县	姨娘 i^{22}ȵiã^{55}	姨父 i^{22}fu^{44}	弟兄们 ti^{22}ɕyn^{35}mə̃n^{55}
红古区	姨娘 zʅ^{13}ȵiaŋ^{53}	姨父 zʅ^{22}fu^{55}	弟兄 tsʅ^{22}ɕyn^{55}
凉州区	娘娘 ȵiaŋ^{35}ȵiaŋ^{53}	姨父 ʑi^{35}fu^{53}	弟兄 ti^{31}ɕyŋ^{21}
甘州区	姨妈 ʑi^{35}ma^{42} 姨姨 ʑi^{35}ʑi^{42}	姨父 ʑi^{35}fu^{42}	弟兄 ti^{31}ɕyŋ^{21}
肃州区	姨妈（比母大）ʑi^{35}ma^{21}； 姨姨（比母小）ʑi^{35}ʑi^{21}	姨父 ʑi^{35}fu^{21}	弟兄 ti^{21}ɕyŋ^{13}
永昌县	姑妈 ku^{44}ma^{44}	姑爹 ku^{44}tiə^{44}	弟兄们 ti^{53}ɕyəŋ^{22}məŋ^{21}
崆峒区	姨娘 i^{22}ȵiaŋ^{53}	姨父 i^{22}fu^{53}	弟兄 ti^{35}ɕioŋ^{53}
庆城县	娘娘 ȵiã^{51}ȵiã^{0}	姑父 ku^{51}fu^{0}	弟兄 ti^{244}ɕyŋ^{0}
宁县	姨 i^{24}	姨父 i^{22}fu^{52}	弟兄们 tɕʰi^{44}ɕyŋ^{44}məŋ^{0}
武都区	姨姨 i^{55}i^{21}	姨父 i^{22}fu^{31}	弟兄 ti^{24}ɕyn^{21}
文县	姨姨 ʑi^{21}ʑi^{42}	姨父 ʑi^{21}fu^{24}	弟兄 ti^{24}ɕyəŋ^{42}
康县	姨 i^{13}	姨父 i^{21}fu^{24}	弟兄 tsi^{24}ɕyŋ^{53}
礼县	丫丫 ia^{31}ia^{24}	姨父 i^{13}fu^{21}	弟兄 tʰi^{44}ɕyŋ^{21}
靖远县	姨 zʅ^{24}	姨父 zʅ^{22}fu^{41}	弟兄们 tʅ^{35}ɕioŋ^{41}mɤŋ^{21}
陇西县	姨娘 ʑi^{24}liaŋ^{42}	姨父 ʑi^{22}fu^{44}	弟兄 ti^{44}ɕyŋ^{42}
秦州区	丫丫 ia^{21}ia^{13}	姨父 i^{13}fu^{21}	弟兄 tʰi^{44}ɕyɤŋ^{21}
安定区	（排行）姨娘 ʑi^{13}ȵiaŋ^{21}	姨父 ʑi^{13}fu^{21}	弟兄 tʰi^{44}ɕyŋ^{21}
会宁县	姨 ʑi^{13}	姨父 ʑi^{21}fu^{44}	弟兄 ti^{44}ɕyŋ^{21}
临洮县	姨 ʑi^{13}	姨父 ʑi^{13}fu^{21}	弟兄 ti^{44}ɕyŋ^{21} 兄弟 ɕyŋ^{21}ti^{44}
清水县	丫丫 ia^{21}ia^{13}	姨父 i^{13}fu^{21}	弟兄伍 tsʰi^{44}ɕyŋ^{21}vu^{21}
永靖县	姨娘 i^{22}ȵiaŋ^{44}	姨父 i^{22}fu^{44}	弟兄 ti^{44}ɕyŋ^{42}
敦煌市	姨妈 ʑi^{22}ma^{51} 姨娘 ʑi^{22}ȵiaŋ^{51}	姨爹 ʑi^{22}tiə^{51} 姨父 ʑi^{22}fu^{51}	弟兄 ti^{35}ɕyŋ^{21}
临夏市	姨娘 ʑi^{13}ȵiaŋ^{42}	姨父 ʑi^{13}fu^{42}	弟兄 ti^{44}ɕyəŋ^{21}
合作市	姨娘 ʑi^{13}ȵiaŋ^{53}	姨父 ʑi^{13}fu^{53}	弟兄 ti^{44}ɕyəŋ^{21}
临潭县	尕姨 ka^{21}i^{24}	姨父 i^{24}fu^{44}	弟兄 ti^{44}ɕyn^{21}

	0637 姊妹合称，注明是否可包括男性	0638 哥哥呼称，统称	0639 嫂子呼称，统称
兰州市	姊妹们 tsɿ^{34}mei^{42}mən^{21}	哥 kɤ^{55}	嫂子 sɔ^{34}tsɿ^{21}
榆中县	姊妹 tsɿ^{44}mei^{0}	哥 kə^{51}	嫂子 sɔ^{44}tsɿ^{0}
永登县	姊妹 tsɿ^{35}mei^{21}	哥哥 kə^{44}kə^{21}	嫂子 sɔ^{354}tsɿ^{21}
红古区	姊妹 tsɿ^{55}mei^{21}	阿哥 a^{22}kə^{13}	新姐 ɕin^{22}tɕiɛ^{55}
凉州区	姊妹 tsɿ^{53}miei^{35}	哥哥 kə^{35}kə^{53}	嫂子 sɑo^{53}tsɿ^{35}
甘州区	姊妹 tsɿ^{22}mei^{53}	哥哥 kə^{44}kə^{44}	嫂子 sɔ^{22}tsɿ^{44}
肃州区	姊妹（包括男性）tsɿ^{21}mei^{51}	哥 kə^{44}	嫂子 sɔ^{21}tsɿ^{51}
永昌县	姊妹 tsɿ^{53}mei^{21}	哥哥 kə^{44}kə^{44}	嫂子 sɔo^{53}tsɿ^{21}
崆峒区	姊妹 tsɿ^{55}mei^{21}	哥哥 kɤ^{22}kɤ^{53}	嫂子 sɔ^{55}tsɿ^{21}
庆城县	姊妹 tsɿ^{44}mei^{0}	哥哥 kə^{51}kə^{0}	嫂子 sɔ^{44}tsɿ^{0}
宁县	姊妹 tsɿ^{55}mei^{0}	哥 kə^{44}	嫂子 sɔ^{55}tsɿ^{0}
武都区	姊妹 tsɿ^{55}mei^{21}	哥 kɤ^{55} 哥哥 kɤ^{53}kɤ^{21}	嫂子 sɔu^{55}tsɿ^{21}
文县	姊妹 tsɿ^{55}mei^{42}	哥哥 kɤ^{21}kɤ^{24}	嫂嫂 sɔo^{55}sɔo^{42}
康县	姊妹 tsɿ^{35}mei^{21}	哥 kuɤ^{13}	嫂子 sɔo^{35}tsɿ^{21}
礼县	姊妹 tsɿ^{52}mei^{21}	哥 kɤ^{13} 哥哥 kɤ^{13}kɤ^{21}	嫂子 sɔo^{52}tsɿ^{21}
靖远县	姊儿妹子 tsɿər^{41}mei^{35}tsɿ^{41}	哥 kuə^{24}	嫂子 sɑo^{55}tsɿ^{21}
陇西县	姊妹 tsɿ^{55}me^{42}	哥哥 kɤ^{22}kɤ^{44}	嫂子 sɔo^{55}tsɿ^{21}
秦州区	姊妹（包括男性）tsɿ^{44}mei^{21}	哥 kuə^{13}	嫂子 sɔ^{53}tsɿ^{21}
安定区	姊妹 tsɿ^{53}mɛ^{21}	哥 kə^{13}	嫂子 sɔ^{53}tsɿ^{21}
会宁县	姊妹 tsɿ^{53}mei^{21}	哥哥 kə^{21}kə^{13}	嫂子 sɔ^{53}tsɿ^{21}
临洮县	姊妹 tsɿ^{53}mi^{21}	哥哥 kɤ^{21}kɤ^{13}	嫂子 sɔ^{53}tsɿ^{21}
清水县	姊妹伍 tsɿ^{44}məi^{21}vu^{21}	哥哥 kuə^{13}kuə^{21}	嫂子 sɔ^{52}tsɿ^{21} 阿嫂 a^{21}sɔ^{52}
永靖县	姊妹 tsɿ^{53}mei^{21}	哥 kɤ^{213}	新姐 ɕiɤŋ^{22}tɕiɛ^{53}
敦煌市	姊妹 tsɿ^{53}mei^{21}	哥 kə^{213} 哥哥 kə^{21}kə^{13}	嫂子 sɔ^{53}tsɿ^{21}
临夏市	姊妹 tsɿ^{44}mei^{21}	阿哥 ɑ^{44}kɤ^{21}	嫂子 sɔ^{44}tsɿ^{21}
合作市	姊妹 tsɿ^{44}mei^{21}	阿哥 ᴀ^{44}kə^{21}	嫂子 sɔ^{44}tsɿ^{53}
临潭县	姊妹 tsɿ^{24}mɪi^{21}	阿哥 a^{21}kɤ^{44}	新姐 ɕin^{44}tɕiɛ^{21}

	0640 弟弟叙称	0641 弟媳叙称	0642 姐姐呼称，统称
兰州市	兄弟 ɕyn^{44}ti^{21}	兄弟媳妇 ɕyn^{44}ti^{21}ɕi^{22}fu^{13}	姐 tɕiɛ^{34}
榆中县	兄弟 ɕyn^{51}ti^{0}	弟媳妇 ti^{21}ɕi^{44}fu^{0}	姐 tɕiᴇ^{44}
永登县	兄弟 ɕyn^{44}ti^{21}	兄弟媳妇 ɕyn^{44}ti^{21}ɕi^{21}fu^{13}	姐姐 tɕiɛ^{354}tɕiɛ^{21}
红古区	兄弟 ɕyn^{22}tsɿ^{13}	兄弟媳妇儿 ɕyn^{22}tsɿ^{13}sɿ^{53}fər^{21}	阿姐 a^{22}tɕiɛ^{13}
凉州区	兄弟 ɕyŋ^{35}ti^{53}	弟媳妇子 ti^{31}ɕi^{31}fu^{21}tsɿ^{21}	姐姐 tɕiə^{53}tɕiə^{35}
甘州区	兄弟 ɕyŋ^{44}ti^{44}	弟媳妇子 ti^{31}ɕi^{22}fu^{22}tsɿ	姐姐 tɕiə^{22}tɕiə^{44}
肃州区	兄弟 ɕyŋ^{44}ti^{44}	弟媳妇 ti^{21}ɕi^{21}fu^{13}	姐 tɕiɛ^{51}
永昌县	兄弟 ɕyəŋ^{44}ti^{44}	弟媳妇 ti^{53}ɕi^{22}fu^{21}	姐姐 tɕiə^{53}tɕiə^{21}
崆峒区	弟弟 ti^{35}ti^{53}	弟媳 ti^{44}ɕi^{21}	姐姐 tɕiɛ^{55}tɕiɛ^{21}
庆城县	兄弟 ɕyŋ^{51}ti^{0}	兄弟媳妇 ɕyŋ^{51}ti^{0}ɕi^{51}fu^{0}	姐姐 tɕiᴇ^{44}tɕiᴇ^{0}
宁县	兄弟 ɕyŋ^{31}tɕʰi^{0}	兄弟［媳妇］子 ɕyŋ^{31}tɕʰi^{0}ɕiou^{31}tsɿ^{0}	姐 tɕiɛ^{44}
武都区	弟弟 ti^{24}ti^{21}	弟媳妇儿 ti^{24}ɕi^{22}fər^{31}	姐姐 tɕiᴇ^{31}tɕiᴇ^{21}
文县	兄弟 ɕyəŋ^{42}tɕʰi^{24}	兄弟媳妇儿 ɕyəŋ^{21}ti^{24}ɕi^{42}fur^{24}	姐姐 tɕiɛ^{21}tɕiɛ^{35}
康县	兄弟 ɕyŋ^{53}ti^{21}	兄弟媳妇儿 ɕyŋ^{53}ti^{21}si^{53}fur^{21}	姐姐 tɕiɛ^{53}tɕiɛ^{13}
礼县	兄弟 ɕyŋ^{31}tʰi^{44}	弟妇子 tʰi^{44}fu^{31}tsɿ^{21}	姐 tɕiɛ^{13} 姐姐 tɕiɛ^{13}tɕiɛ^{21}
靖远县	兄弟 ɕioŋ^{41}tsɿ^{21}	弟媳妇儿 tɿ^{35}sɿ^{41}fər^{21}	姐 tɕiɛ^{41}
陇西县	兄弟 ɕyŋ^{22}tɕʰi^{21}	弟妇子 tɕʰi^{44}fu^{42}tsɿ^{21}	姐姐 tɕiɛ^{55}tɕiɛ^{21}
秦州区	兄弟 ɕyɤŋ^{21}tʰi^{44}	弟妇子 tʰi^{44}fu^{13}tsɿ^{21}	姐 tɕiə^{13}
安定区	弟弟 ti^{44}ti^{21}	弟妇子 tʰi^{44}fu^{21}tsɿ^{21}	（排行）姐 tɕiə^{53}
会宁县	兄弟 ɕyŋ^{21}tʰi^{44}	弟妇子 tʰi^{44}fu^{21}tsɿ^{21}	姐姐 tɕiə^{21}tɕiə^{13}
临洮县	兄弟 ɕyŋ^{21}ti^{44}	兄弟媳妇儿 ɕyŋ^{21}ti^{44}ɕi^{21}fər^{13}	姐姐 tɕie^{53}tɕie^{21}
清水县	兄弟 ɕyŋ^{21}tsʰi^{44}	弟妇子 tsʰi^{44}fu^{21}tsɿ^{21}	姐姐 tsiɛ^{13}tsiɛ^{21}
永靖县	兄弟 ɕyŋ^{22}ti^{53}	兄弟媳妇 ɕyŋ^{22}ti^{53}ɕi^{22}fu^{21}	姐姐 tɕiɛ^{22}tɕiɛ^{44}
敦煌市	兄弟 ɕyŋ^{21}ti^{44}	弟媳妇 ti^{35}ɕi^{21}fu^{21}	姐 tɕiə^{51} 姐姐 tɕiə^{53}tɕiə^{21}
临夏市	兄弟 ɕyəŋ^{21}ti^{53}	兄弟媳妇 ɕyəŋ^{21}ti^{53}ɕi^{44}fu^{21}	阿姐 ɑ^{44}tɕiɛ^{21}
合作市	兄弟 ɕyəŋ^{21}ti^{53}	兄弟媳妇 ɕyəŋ^{21}ti^{53}ɕi^{21}fu^{53}	阿姐 ᴀ^{44}tɕiə^{21}
临潭县	兄弟 ɕyn^{44}ti^{44}	兄弟媳妇儿 ɕyn^{44}ti^{44}ɕi^{24}fər^{21}	阿姐 a^{21}tɕiɛ^{44}

	0643 姐夫呼称	0644 妹妹叙称	0645 妹夫叙称
兰州市	姐夫 tɕiɛ^{53}fu^{21}	妹妹 mei^{22}mei^{53}	妹夫 mei^{22}fu^{55}
榆中县	姐夫 tɕiᴇ^{44}fu^{0}	妹妹 mei^{21}mei^{44}	妹夫 mei^{21}fu^{44}
永登县	姐夫 tɕiɛ^{354}fu^{21}	妹妹 mei^{22}mei^{55}	妹夫 mei^{22}fu^{55}
红古区	姐夫 tɕiɛ^{55}fu^{21}	妹妹 mei^{22}mei^{55}	妹夫 mei^{22}fu^{55}
凉州区	姐夫 tɕiə^{53}fu^{35}	妹子 miei^{31}tsɿ^{21}	妹夫 miei^{31}fu^{21}
甘州区	姐夫 tɕiə^{22}fu^{44}	妹子 mei^{31}tsɿ^{21}	妹夫 mei^{31}fu^{21}
肃州区	姐夫 tɕiɛ^{21}fu^{51}	妹子 mei^{21}tsɿ^{13}	妹夫 mei^{21}fu^{13}
永昌县	姐夫 tɕiə^{53}fu^{44}	妹妹 mei^{53}mei^{21}	妹夫 mei^{53}fu^{21}
崆峒区	姐夫 tɕiɛ^{55}fu^{21}	妹妹 mei^{35}mei^{53}	妹夫 mei^{35}fu^{53}
庆城县	姐夫 tɕiᴇ^{44}fu^{0}	妹妹 mei^{244}mei^{0}	妹夫 mei^{244}fu^{0}
宁县	姐夫 tɕiɛ^{55}fu^{0}	妹 mei^{44}	妹夫 mei^{44}fu^{31}
武都区	姐夫 tɕiᴇ^{55}fu^{21}	妹妹 min^{24}min^{21}	妹夫 mei^{24}fu^{21}
文县	姐夫哥 tɕiɛ^{55}fu^{42}kɤ^{21}	妹妹 mei^{24}mei^{42}	妹夫子 mei^{24}fu^{42}tsɿ^{42}
康县	哥哥 kuɤ^{53}kuɤ^{13} 姐夫哥 tɕiɛ^{55}fu^{21}kuɤ^{21}	妹妹 mei^{24}mei^{53}	妹夫 mei^{24}fu^{53}
礼县	哥 kɤ^{13}	妹子 mei^{44}tsɿ^{21} 妹妹 mei^{44}mei^{21}	妹夫 mei^{44}fu^{21}
靖远县	姐夫 tɕiɛ^{55}fu^{21}	妹妹 mei^{35}mei^{41}	妹夫 mei^{35}fu^{41}
陇西县	姐夫 tɕiɛ^{55}fu^{21}	妹子 me^{44}tsɿ^{21}	妹夫 me^{44}fu^{21}
秦州区	姐夫 tɕiə^{53}fu^{21}	妹妹 mei^{44}mei^{21}	妹夫 mei^{44}fu^{21}
安定区	姐夫 tɕiə^{53}fu^{21}	妹子 mɛ^{44}tsɿ^{21}	妹夫 mɛ^{44}fu^{21}
会宁县	姐夫 tɕiə^{53}fu^{21}	妹子 mei^{44}tsɿ^{21}	妹夫 mei^{44}fu^{21}
临洮县	姐夫 tɕie^{53}fu^{21}	妹妹 mi^{44}mi^{21}	妹夫 mi^{44}fu^{21}
清水县	姐夫 tsiɛ^{52}fu^{21} 哥哥 kuə^{13}kuə^{21}	妹子 məi^{44}tsɿ^{21}	妹夫 məi^{44}fu^{21}
永靖县	姐夫 tɕiɛ^{53}fu^{21}	妹妹 mei^{44}mei^{21}	妹夫 mei^{44}fu^{21}
敦煌市	姐夫 tɕiə^{53}fu^{21}	妹子 mei^{35}tsɿ^{21}	妹夫 mei^{35}fu^{21}
临夏市	姐夫 tɕiɛ^{44}fu^{42}	妹子 mei^{44}tsɿ^{21}	妹夫 mei^{44}fu^{21}
合作市	姐夫 tɕiə^{44}fu^{13}	妹子 mei^{44}tsɿ^{21}	妹夫 mei^{44}fu^{21}
临潭县	姐夫 tɕiɛ^{51}fu^{21}	妹子 mɪi^{44}tsɿ^{21}	妹夫 mɪi^{44}fu^{21}

	0646 堂兄弟叙称，统称	0647 表兄弟叙称，统称	0648 妯娌弟兄妻子的合称
兰州市	堂弟兄 tʰã^{53}ti^{22}ɕyn^{42}	姑舅 ku^{55}tɕiəu^{21}	先后 ɕiæ̃^{55}xəu^{13}
榆中县	亲房兄弟 tɕʰin^{51}faŋ^{31}ɕyn^{51}ti^{0}	两姨兄弟 liaŋ^{44}i^{0}ɕyn^{51}ti^{0}	先后 ɕian^{21}xəu^{44}
永登县	个家人兄弟 kə^{22}tɕia^{24}ʐə̃n^{354}ɕyn^{42}ti^{21}	姑舅兄弟 ku^{44}tɕiɤu^{55}ɕyn^{44}ti^{21}	妯娌们 pfu^{22}li^{13}mə̃n^{55}
红古区	堂兄弟 tʰɑŋ^{13}ɕyn^{53}tsɿ^{21}	姑舅两姨 ku^{22}tɕiɤu^{13}liaŋ^{55}zɿ^{21}	相⁼后 ɕiaŋ^{22}xɤu^{55}
凉州区	堂兄弟 tʰɑŋ^{35}ɕyŋ^{35}ti^{53}	表兄弟 piɑo^{35}ɕyŋ^{35}ti^{53}	妯娌 tʂu^{35}li^{53}
甘州区	堂兄弟 tʰɑŋ^{53}ɕyŋ^{44}ti^{21}	表兄弟 piɔ^{53}ɕyŋ^{44}ti^{21}	妯娌 pfu^{35}li^{42}
肃州区	堂兄弟 tʰɑŋ^{53}ɕyŋ^{41}ti^{21}	表兄弟 piɔ^{53}ɕyŋ^{41}ti^{21}	妯娌 tʂu^{44}li^{21}
永昌县	堂兄弟 tʰɑŋ^{53}ɕyəŋ^{44}ti^{21}	表兄弟 piɔo^{53}ɕyəŋ^{44}ti^{21}	妯娌 tʂu^{13}li^{42}
崆峒区	堂兄弟 tʰɑŋ^{24}ɕioŋ^{22}ti^{44}	表兄弟 piɔ^{53}ɕioŋ^{22}ti^{44}	先后 ɕiæ̃^{35}xəu^{53}
庆城县	堂兄弟 tʰã^{113}ɕyŋ^{21}ti^{244}	表兄弟 piɔ^{44}ɕyŋ^{21}ti^{244}	先后 ɕiɛ̃^{21}xɤu^{244}
宁县	堂兄弟 tʰɑŋ^{24}ɕyŋ^{22}ti^{44}	表兄弟 piɔ^{52}ɕyŋ^{22}ti^{44}	先后们 ɕiæ̃^{44}xou^{44}məŋ^{0}
武都区	堂兄弟 tʰɑŋ^{13}ɕyn^{53}ti^{21}	姑舅 ku^{22}tɕiəu^{24}	先后 ɕiæ̃^{13}xuŋ^{21}
文县	堂兄弟 tʰã^{21}ɕyəŋ^{21}tɕʰi^{24}	老表 lɔo^{33}piɔo^{55}	先后 ɕiæ̃^{13}xuə^{42}
康县	堂兄弟 tʰɑŋ^{21}ɕyŋ^{53}ti^{21}	表兄弟 piɔo^{55}ɕyŋ^{53}ti^{21} 老表 lɔo^{21}piɔo^{35}	先后家 ɕian^{21}xuei^{53}tɕia^{21}
礼县	堂兄弟 tʰɑŋ^{13}ɕyŋ^{21}tʰi^{44}	表兄弟 piɔo^{52}ɕyŋ^{21}tʰi^{44}	先后 ɕiɛ^{44}xəu^{21}
靖远县	堂弟兄 tʰɑŋ^{24}tɿ^{41}ɕioŋ^{21}	表兄弟 piɑo^{55}ɕioŋ^{22}tɿ^{33}	先后 ɕiæ̃^{35}xɤu^{41}
陇西县	堂哥堂弟 tʰɑŋ^{24}kɤ^{13}tʰɑŋ^{22}ti^{44}	表兄表弟 piɔo^{55}ɕyŋ^{21}piɔo^{55}ti^{44}	相⁼后 ɕiaŋ^{44}xɤu^{42}
秦州区	堂弟兄 tʰɑŋ^{13}tʰi^{44}ɕyɤŋ^{21}	表弟兄 piɔ^{53}tʰi^{44}ɕyɤŋ^{21}	先后 ɕiæ̃^{44}xɤu^{21}
安定区	堂兄弟 tʰɑŋ^{13}ɕyŋ^{44}ti^{21}	表兄弟 piɔ^{53}ɕyŋ^{21}ti^{44}	先后 ɕiæ̃^{44}xəu^{21}
会宁县	堂兄弟 tʰɑŋ^{13}ɕyŋ^{21}tʰi^{44}	表兄弟 piɔ^{53}ɕyŋ^{21}tʰi^{44}	先后 ɕiæ̃^{21}xəu^{44}
临洮县	堂兄弟 tʰã^{13}ɕyŋ^{21}ti^{44}	表兄弟 piɔ^{53}ɕyŋ^{21}ti^{44}	先后 ɕiæ̃^{44}xɤu^{21}
清水县	堂弟兄伍 tʰɔ̃^{13}tsʰi^{44}ɕyŋ^{21}vu^{21}		先后伍 siɛ^{44}xu^{21}vu^{21}
永靖县	堂兄弟 tʰɑŋ^{13}ɕyŋ^{22}ti^{53}	姑舅两姨 ku^{22}tɕiɤu^{44}liaŋ^{53}i^{21}	先后 ɕiæ̃^{22}xɤu^{44}
敦煌市	叔伯兄弟 ʂu^{22}pei^{13}ɕyŋ^{21}ti^{44}	表兄弟 piɔ^{53}ɕyŋ^{21}ti^{44}	先后 ɕiɛ̃^{35}xɤu^{21}
临夏市	堂弟兄 tʰɑŋ^{13}ti^{44}ɕyəŋ^{21}	姑舅 ku^{21}tɕiɤu^{53} 两姨 liaŋ^{44}ʑi^{24}	相⁼后 ɕiaŋ^{21}xɤu^{53}
合作市	堂弟兄 tʰɑŋ^{21}ti^{44}ɕyəŋ^{21}	姑舅两姨 ku^{21}tɕiəɯ^{53}liaŋ^{44}ʑi^{13}	相⁼扣⁼ ɕiaŋ^{44}kʰəɯ^{21}
临潭县	姑舅 ku^{21}tɕiəɯ^{44}	两姨 liɒ^{51}i^{21}	婥⁼ nɔo^{51}

	0649 连襟姊妹丈夫的关系，叙称	0650 儿子叙称：我的～	0651 儿媳妇叙称：我的～
兰州市	挑担 tʰiɔ44tæ̃21	后人 xəu22ʐən53	媳妇子 ɕi13fu13tsɿ53
榆中县	挑担 tʰiɔ44tan0	儿子 ɣɤ31tsɿ213	媳妇子 ɕi21fu0tsɿ44
永登县	挑担 tʰiɔ354tæ̃53	娃子 va55tsɿ21	媳妇子 ɕi21fu13tsɿ354
红古区	挑担 tʰiɔ55tan21	后人 xɤu22ʐən53 儿子 ər22tsɿ13	儿媳妇儿 ər13sɿ22fər55
凉州区	挑担 tʰiɑo35tɑŋ53 挑子 tʰiɑo35tsɿ53	后人 xəu31ʐəŋ21	儿媳妇子 ʀɯ35ɕi31fu31tsɿ21
甘州区	挑担 tʰiɔ44taŋ44	儿子 ɣɤ35tsɿ42	儿媳妇 ɣɤ35ɕi42fu21
肃州区	挑担 tʰiɔ21tæ̃51	儿子 ɣə35tsɿ21	儿媳妇 ɣə44ɕi21fu21
永昌县	挑担 tʰiɔo44tɛe44	娃子 va13tsɿ42	儿媳妇 ɣɤ13ɕi42fu21
崆峒区	挑担 tʰiɔ55tæ̃21	后人 xəu35ʐɤŋ53	媳妇子 ɕi53fu21tsɿ21
庆城县	挑担 tʰiɔ44tɛ̃0	儿子 ɚ21tsɿ0	儿媳妇 ɚ21ɕi51fu0
宁县	一担柴 i22tæ̃44tsʰɛ24	娃 ua24	娃［媳妇］子 ua24ɕiou31tsɿ0
武都区	挑担 tʰiɔu55tæ̃21	儿子 ɚ22tsɿ24	儿媳妇儿 ɚ22ɕi22fur31
文县	挑担 tʰiɔo44tæ̃42	儿子 ɚ21tsɿ55	儿媳妇儿 ɚ13ɕi42fur13
康县	挑担子 tɕʰiɔo44tan21tsɿ53	儿子 ɚ21tsɿ35	媳妇子 si53fu21tsɿ21
礼县	挑担 tʰiɔo52tæ̃21	后人 xəu44ʐɤŋ21 儿子 ɚ13tsɿ21	媳妇儿 ɕi31fur24
靖远县	挑担 tʰiɑo55tæ̃21	儿 ər24	媳妇子 sɿ41fu21tsɿ21 儿媳妇儿 ər24sɿ41fər21
陇西县	挑担 tɕʰiɔo55tæ̃42 光担 kuɑŋ44tæ̃44	后人 xɤu44ʐɤŋ42	媳妇子 ɕi22fu22tsɿ21
秦州区	挑担 tʰiɔ53tæ̃44	后人 xɤu13ʐɤŋ21	媳妇子 ɕi13fu13tsɿ21
安定区	挑担 tʰiɔ53tæ̃21	后人 xəu44ʐəŋ21 儿子 ɚ21tsɿ44	媳妇子 ɕi21fu44tsɿ21
会宁县	挑担 tʰiɔ53tæ̃21	儿子 zɿ21tsɿ44	媳妇子 ɕi21fu44tsɿ21
临洮县	挑担 tʰiɔ53tæ̃21	儿子 ɚ21tsɿ44	儿媳妇儿 ɚ13ɕi42fər21
清水县	挑担 tsʰiɔ21tæ̃13	后人 xou44ʐɤŋ21	媳妇子 si21fu13tsɿ21
永靖县	挑担 tʰiɔ53tæ̃21	娃娃 va22va13	儿媳妇 ɯ13ɕi44fu42
敦煌市	挑担 tʰiɔ53tæ̃21	儿子 ər22tsɿ51	媳妇儿 ɕi21fur13
临夏市	挑担 tʰiɔ44tã42	儿子 ɯ21tsɿ53	儿媳妇 ɯ13ɕi21fu53
合作市	挑担 tʰiɔ44tæ̃13	尕娃 kA13vA21	儿媳妇 ɚ13ɕi21fu53
临潭县	挑担 tʰiɔo51tæ̃21	娃娃 va21va44	儿媳妇儿 ɐr24ɕi24fər21

	0652 女儿叙称：我的～	0653 女婿叙称：我的～	0654 孙子儿子之子
兰州市	丫头 ia^{44}t^{h}iəu^{42}	女婿娃 ȵy^{44}ɕy^{21}va^{53} 女婿汉 ȵy^{44}ɕy^{21}xæ̃^{21}	孙娃子 suən^{44}va^{53}tsɿ^{21}
榆中县	姑娘 ku^{51}ȵiaŋ^{0}	女婿 ȵy^{44}ɕy^{0}	家孙子 tɕia^{51}suən^{0}tsɿ^{0}
永登县	女儿 ȵy^{35}a^{53}	女婿 ȵy^{354}ɕy^{21}	孙子娃 suə̃n^{44}tsɿ^{55}va^{53}
红古区	丫头 ia^{22}t^{h}ɤu^{13}	女婿 mɥ^{55}sɥ^{21} 女婿娃 mɥ^{55}sɥ^{21}va^{21}	孙子 suən^{22}tsɿ^{13}
凉州区	姑娘 ku^{35}ȵiaŋ^{53}	女婿 mi^{53}ɕy^{35}	孙子 suŋ^{35}tsɿ^{53} 孙娃子 suŋ^{35}va^{35}tsɿ^{53}
甘州区	女儿 mi^{22}ɣɤ^{44}	女婿 mi^{22}ɕy^{44}	孙子 suŋ^{44}tsɿ^{44}
肃州区	丫头 ʑia^{44}t^{h}əu^{44}	女婿 ny^{21}ɕy^{51}	孙子 suŋ^{44}tsɿ^{44}
永昌县	女儿 mi^{53}ɣɤ^{21}	女婿 mi^{53}ɕy^{21}	孙子 soŋ^{44}tsɿ^{44}
崆峒区	女儿 nyər^{53}	女婿 ny^{55}ɕi^{21}	孙子 soŋ^{53}tsɿ^{21}
庆城县	女儿 ȵy^{44}ɚ^{0}	女婿 ȵy^{44}ɕy^{0}	孙子 suŋ^{51}tsɿ^{0}
宁县	女子 ȵy^{55}tsɿ^{0}	女婿 ȵy^{55}ɕi^{0}	孙子 suŋ^{31}tsɿ^{0}
武都区	女儿 mi^{55}ɚ^{21} 女子 mi^{55}tsɿ^{21}	女婿 mi^{55}ɕy^{21}	孙子 suŋ^{31}tsɿ^{21}
文县	女子 ȵy^{55}tsɿ^{42}	女婿娃 ȵy^{55}ɕi^{44}ua^{21}	孙子 soŋ^{42}tsɿ^{31}
康县	女子 ȵy^{35}tsɿ^{21}	女婿 ȵy^{35}sy^{21}	孙子 suŋ^{53}tsɿ^{21}
礼县	女孩儿 ȵy^{52}xɐr^{13}	女婿 ȵy^{52}ɕi^{21}	孙子 ʃuɤŋ^{31}tsɿ^{24}
靖远县	女儿 mɥər^{41}	女婿 mɥ^{55}sɥ^{21}	孙子 soŋ^{41}tsɿ^{21} 孙娃子 soŋ^{41}va^{21}tsɿ^{21}
陇西县	女孩儿 ly^{55}xɛ^{22}zɿ^{44}	女婿 ly^{55}ɕi^{21}	孙子 suŋ^{21}tsɿ^{21}
秦州区	女孩 mi^{53}xɛ^{21}	女婿 mi^{53}ɕi^{21}	孙子 suɤŋ^{13}tsɿ^{53}
安定区	女孩儿 ȵy^{53}xɛ^{21}zɿ^{44}	女婿 ȵy^{53}ɕi^{21}	孙子 suŋ^{21}tsɿ^{13}
会宁县	女孩儿 ȵy^{53}xɛ^{13}zɿ^{21}	女婿 ȵy^{53}ɕi^{21}	孙子 suŋ^{21}tsɿ^{13}
临洮县	女儿 ny^{53}ɚ^{21}	女婿娃 ny^{53}ɕy^{21}va^{44}	孙子 suŋ^{21}tsɿ^{13}
清水县	女孩儿 ȵy^{52}xɛ^{21}ɚ^{21}	女婿 ȵy^{52}si^{21}	孙子 suŋ^{21}tsɿ^{52}
永靖县	丫头 ia^{22}t^{h}ɤu^{42}	女婿娃 ny^{53}ɕy^{42}va^{21}	孙子 suɤŋ^{22}tsɿ^{42}
敦煌市	丫头 ia^{21}t^{h}ɤu^{13}	女婿娃 ȵy^{53}ɕy^{21}va^{13}	孙娃子 suŋ^{22}va^{22}tsɿ^{51}
临夏市	丫头 iɑ^{21}t^{h}ɤu^{53}	女婿娃（年轻的）mi^{21}ɕy^{42}vɑ^{21} 女婿汉（年老的）mi^{21}ɕy^{42}xæ̃^{21}	孙子 suəŋ^{21}tsɿ^{53}
合作市	丫头 iᴀ^{21}t^{h}əɯ^{53}	女婿娃（年轻的）ȵy^{21}ɕy^{53}vᴀ^{21} 女婿汉（年老的）ȵy^{21}ɕy^{53}xæ̃^{21}	孙子 suəŋ^{21}tsɿ^{53}
临潭县	丫头 ia^{44}t^{h}əɯ^{51}	女婿 ȵy^{51}ɕy^{21}	孙子 suəŋ^{44}tsɿ^{44}

	0655 重孙子儿子之孙	0656 侄子弟兄之子	0657 外甥姐妹之子
兰州市	重孙 tʂʰuən^{53}suən^{13}	侄儿子 tʂʅ^{22}ɯ^{42}tsɿ^{21}	外甥 vɛ^{22}ʂən^{55}
榆中县	重孙子 tʂʰuən^{31}suən^{0}tsɿ^{44}	侄儿子 tʂʅ^{31}ɣɤ^{13}tsɿ^{0}	外甥 vɛ^{21}ʂən^{44}
永登县	重孙子 pfʰə̃n^{22}suə̃n^{44}tsɿ^{354}	侄儿子 tʂʅ^{22}a^{22}tsɿ^{354}	外甥 vɛ^{22}ʂə̃n^{44}
红古区	重孙子 tʂʰuən^{22}suən^{55}tsɿ^{21}	侄儿子 tʂʅ^{22}ər^{55}tsɿ^{21}	外甥 vɛ^{22}ʂən^{55}
凉州区	重孙子 tʂʰuŋ^{35}suŋ^{35}tsɿ^{53}	侄儿子 tʂʅ^{35}ʀɯ^{35}tsɿ^{53}	外甥子 væ^{31}səŋ^{31}tsɿ^{21}
甘州区	重孙子 kʰuŋ^{35}suŋ^{42}tsɿ^{21}	侄儿子 tʂʅ^{35}ɣɤ^{42}tsɿ^{21}	外甥子 vɛ^{31}ʂɤŋ^{22}tsɿ^{21}
肃州区	重孙子 tʂuŋ^{44}suŋ^{31}tsɿ^{21}	侄娃子 tʂʅ^{44}va^{41}tsɿ^{21}	外甥子 vɛ^{22}sɤŋ^{41}tsɿ^{21}
永昌县	重孙子 tʂʰoŋ^{13}soŋ^{42}tsɿ^{21}	侄儿子 tʂʅ^{13}ɣɤ^{42}tsɿ^{21}	外甥子 vɛe^{53}ʂəŋ^{22}tsɿ^{21}
崆峒区	重孙子 tʂʰoŋ^{22}soŋ^{55}tsɿ^{21}	侄儿子 tʂʅ^{22}ɚ^{55}tsɿ^{21}	外甥 uɛ^{35}sɤŋ^{53}
庆城县	重孙子 tʂʰuŋ^{21}suŋ^{51}tsɿ^{0}	侄儿 tʂɤr^{113}	外甥 vɛ^{244}sɤŋ^{0}
宁县	重孙子 tʃʰuŋ^{22}suŋ^{55}tsɿ^{0}	侄儿 tʂʰər^{24}	外甥 uɛ^{44}səŋ^{31}
武都区	重孙子 tʃʰuŋ^{22}suŋ^{53}tsɿ^{21}	侄娃子 tʂʅ^{21}va^{55}tsɿ^{21}	外甥 vɛɪ^{24}səŋ^{21}
文县	重孙子 tsʰoŋ^{13}soŋ^{42}tsɿ^{33}	侄儿子 tsʰɿ^{13}ɚ^{13}tsɿ^{31}	外甥 uɛ^{24}səŋ^{42}
康县	重孙子 pfɤŋ^{21}suŋ^{35}tsɿ^{21}	侄娃子 tʂʅ^{21}va^{35}tsɿ^{21}	外甥 vɛ^{24}sɤŋ^{53}
礼县	重孙 tʃʰuɤŋ^{13}ʃuɤŋ^{21}	侄儿 tʂʰʅ^{13}ɚ^{21}	外甥 vai^{44}sɤŋ^{21}
靖远县	重孙 tʂʰoŋ^{22}soŋ^{41}	侄儿子 tʂʅ^{22}ər^{55}tsɿ^{21}	外甥 vɛ^{35}sɤŋ^{41}
陇西县	重孙子 tʃʰɥŋ^{24}suŋ^{42}tsɿ^{21}	侄儿 tʂʰʅ^{22}zɿ^{44}	外甥 ve^{44}sɤŋ^{21}
秦州区	重孙 tʃʰuɤŋ^{13}suɤŋ^{21}	侄娃子 tʂʅ^{13}va^{21}tsɿ^{21}	外甥 vɛ^{44}sɤŋ^{21}
安定区	重孙 tʃʰuŋ^{13}suŋ^{21}	侄儿子 tʂʰʅ^{21}ɚ^{44}tsɿ^{21}	外甥 vɛ^{44}səŋ^{21}
会宁县	重孙子 tʃʰuŋ^{13}suŋ^{21}tsɿ^{13}	侄儿 tʂʰʅ^{21}zɿ^{44}	外甥 uei^{44}səŋ^{21}
临洮县	重孙子 tʂʰuŋ^{13}suŋ^{42}tsɿ^{21}	侄儿 tʂʅ^{21}ɚ^{13}	外甥 vɛ^{44}sɤŋ^{21}
清水县	重孙 tsʰuŋ^{13}suŋ^{21}	侄儿 tʂʰʅ^{13}ɚ^{21} 侄娃子 tʂʰʅ^{13}va^{21}tsɿ^{21}	外甥 vɛ^{44}ʃɤŋ^{21}
永靖县	重孙子 tʂʰuɤŋ^{21}suɤŋ^{44}tsɿ^{42}	侄儿子 tʂʅ^{22}ɯ^{53}tsɿ^{21}	外甥娃 vɛ^{44}ʂɤŋ^{42}va^{21}
敦煌市	重孙子 tʂʰuŋ^{22}suŋ^{53}tsɿ^{21}	侄儿子 tʂʅ^{22}ər^{35}tsɿ^{21}	外甥娃 vɛ^{35}ʂɤŋ^{21}va^{21}
临夏市	重孙子 tʂʰuəŋ^{13}suəŋ^{44}tsɿ^{21}	侄儿子 tʂʅ^{21}ɯ^{42}tsɿ^{53}	外甥 vɛ^{44}ʂəŋ^{21}
合作市	重孙子 tʂʰuəŋ^{13}suəŋ^{21}tsɿ^{53}	侄儿子 tʂʅ^{21}ɚ^{44}tsɿ^{21}	外甥 vɛe^{44}ʂəŋ^{21}
临潭县	重孙 tsʰuəŋ^{24}suəŋ^{21}	侄儿娃 tʂʅər^{24}va^{21}	外甥 vɛe^{44}səŋ^{21}

	0658 外孙女儿之子	0659 夫妻合称	0660 丈夫叙称，最通用的，非贬称：她的～
兰州市	外孙子 vɛ^{22}suən^{53}tsɿ^{21}	两口子 liã^{53}k^{h}əu^{13}tsɿ^{21}	掌柜的 tʂã^{34}kuei^{21}ti^{42}
榆中县	外孙子 vɛ^{21}suən^{44}tsɿ^{0}	两口子 liaŋ^{31}k^{h}əu^{0}tsɿ^{44}	掌柜的 tʂaŋ^{44}kuei^{0}ti^{44}
永登县	外孙子 vɛ^{13}suə̃n^{22}tsɿ^{354}	两口子 liã^{13}k^{h}ɤu^{22}tsɿ^{354}	男人 næ̃^{22}zə̃n^{55} 掌柜的 tʂã^{354}kuei^{22}ti^{44}
红古区	外孙子 vɛ^{22}suən^{55}tsɿ^{21}	两口子 liaŋ^{22}k^{h}ɤu^{22}tsɿ^{55}	掌柜子 tʂaŋ^{55}kuei^{21}tsɿ^{55} 男人 nan^{22}zə̩n^{55}
凉州区	外孙子 væ^{31}suŋ^{35}tsɿ^{53}	两口子 liaŋ^{35}k^{h}əu^{53}tsɿ^{21}	男人 naŋ^{35}zə̩ŋ^{53}
甘州区	外孙子 vɛ^{31}suŋ^{22}tsɿ^{21}	两口子 liaŋ^{35}k^{h}ɤu^{42}tsɿ^{21}	老汉 lɔ^{22}xaŋ^{53} 掌柜的 tʂa^{22}kuei^{22}ti^{53}
肃州区	外孙子 vɛ^{21}suŋ^{44}tsɿ^{44}	两口子 liaŋ^{35}k^{h}əu^{51}tsɿ^{21}	老汉 lɔ^{21}xæ̃^{51}
永昌县	外孙子 vɛe^{53}soŋ^{22}tsɿ^{21}	两口子 liaŋ^{13}k^{h}əu^{42}tsɿ^{21}	男人 nɛe^{13}zə̩ŋ^{42}
崆峒区	外孙子 uei^{35}soŋ^{53}tsɿ^{21}	两口子 liaŋ^{22}k^{h}əu^{55}tsɿ^{21}	男人 næ̃^{22}zɤŋ^{53}
庆城县	外孙子 vei^{244}suŋ^{0}tsɿ^{0}	两口子 liã^{21}k^{h}ɤu^{44}tsɿ^{0}	男人 nɛ̃^{21}zɤŋ^{0} 老汉 lɔ^{44}xɛ̃^{0}
宁县	外孙子 uei^{44}suŋ^{55}tsɿ^{0}	两口子 liaŋ^{52}k^{h}ou^{0}tsɿ^{0}	掌柜的 tʂaŋ^{52}k^{h}uei^{44}ti^{31}
武都区	外孙子 vɛɪ^{24}suŋ^{31}tsɿ^{21}	两口子 liaŋ^{55}k^{h}əu^{21}tsɿ^{21}	掌柜的 tʂaŋ^{55}k^{h}uei^{24}tɛɪ^{21} 男人 læ̃^{22}zə̩ŋ^{31}
文县	外孙子 ue^{24}soŋ^{42}tsɿ^{31}	两口子 liã^{53}k^{h}ɤu^{42}tsɿ^{31}	男人 læ̃^{13}zəŋ^{24}
康县	外孙 vɛ^{24}suŋ^{53}	两口子 liaŋ^{53}k^{h}ɤu^{21}tsɿ^{21}	男人 lan^{21}zɤŋ^{53}
礼县	外孙子 vai^{44}ʃuɤŋ^{21}tsɿ^{24}	两口子 liaŋ^{24}k^{h}əu^{31}tsɿ^{21}	男人 næ̃^{13}zɤŋ^{21}
靖远县	外孙子 vɛ^{35}soŋ^{41}tsɿ^{21}	两口子 liaŋ^{41}k^{h}ɤu^{21}tsɿ^{21}	男人 næ̃^{22}zɤŋ^{55}
陇西县	外孙 ve^{44}suŋ^{21}	两口子 liaŋ^{22}k^{h}ɤu^{22}tsɿ^{21}	男人 læ̃^{24}zɤŋ^{42}
秦州区	外孙 vɛ^{44}suɤŋ^{21}	两口子 liaŋ^{13}k^{h}ɤu^{53}tsɿ^{21}	老爷 lɔ^{53}iə^{13}
安定区	外孙子 vɛ^{44}suŋ^{21}tsɿ^{13}	两口子 liaŋ^{21}k^{h}əu^{53}tsɿ^{21}	掌柜的 tʂaŋ^{53}k^{h}uei^{44}ti^{21}
会宁县	外孙子 uei^{44}suŋ^{21}tsɿ^{13}	两口子 liaŋ^{21}k^{h}əu^{53}tsɿ^{21}	掌柜的 tʂaŋ^{53}k^{h}uei^{44}tə^{21}
临洮县	外孙 vɛ^{44}suŋ^{21}	两口子 liã^{21}k^{h}ɤu^{53}tsɿ^{21}	掌柜的 tʂã^{53}kuei^{44}ti^{21}
清水县	外孙子 vɛ^{44}suŋ^{21}tsɿ^{21}	两口子 liɒ̃^{21}k^{h}ou^{52}tsɿ^{21}	掌柜子 tʂɒ̃^{52}k^{h}uəi^{44}tsɿ^{21}
永靖县	外孙子 vɛ^{44}suɤŋ^{42}tsɿ^{21}	两口子 liaŋ^{22}k^{h}ɤu^{53}tsɿ^{21}	男人 næ̃^{22}zɤŋ^{44}
敦煌市	外孙子 vɛ^{35}suŋ^{21}tsɿ^{21}	两口子 liaŋ^{22}k^{h}ɤu^{53}tsɿ^{21}	老汉 lɔ^{53}xæ̃^{21} 掌柜的 tʂaŋ^{53}kuei^{21}ti^{21}
临夏市	外孙子 vɛ^{13}suəŋ^{44}tsɿ^{21}	两口子 liaŋ^{13}k^{h}ɤu^{42}tsɿ^{21}	掌柜的 tʂaŋ^{44}kuei^{42}ti^{21}
合作市	外孙子 vɛe^{53}suəŋ^{21}tsɿ^{53}	两口子 liaŋ^{13}k^{h}əɯ^{44}tsɿ^{21}	男人 næ̃^{13}zə̩ŋ^{21} 掌柜的 tʂaŋ^{44}kuei^{53}ti^{21}
临潭县	外孙子 vɛe^{44}suəŋ^{44}tsɿ^{44}	两口子 liɒ^{24}k^{h}əɯ^{21}tsɿ^{21}	男人 næ̃^{24}zə̩ŋ^{21}

	0661 妻子叙称，最通用的，非贬称：他的～	0662 名字	0663 绰号
兰州市	屋里的 vu^{22}ȵi^{44}ti^{55}	名字 min^{53}tsɿ^{13}	外号 vɛ^{34}xɔ^{21}
榆中县	老婆子 lɔ^{44}pʰə^{0}tsɿ^{0} 婆娘 pʰə^{31}ȵiaŋ^{213}	名字 min^{31}tsɿ^{213}	妖名 iɔ^{51}min^{0}
永登县	屋里的 vu^{22}li^{13}ti^{55} 老婆子 lɔ^{13}pʰə^{55}tsɿ^{21}	名字 min^{55}tsɿ^{21}	外号 vɛ^{13}xɔ^{13}
红古区	媳妇儿 sɿ^{22}fər^{13} 家里者 tɕia^{22}lɿ^{22}tʂə^{55} 老阿奶 lɔ^{55}a^{21}nɛ^{13}	名字 min^{22}tsɿ^{13}	妖名 iɔ^{22}min^{13}
凉州区	女人 mi^{53}ʐəŋ^{35}	名字 miei^{35}tsɿ^{53}	外号 væ^{31}xɑo^{31}
甘州区	老婆子 lɔ^{22}pʰuə^{22}tsɿ^{44} 媳妇子 ɕi^{31}fu^{22}tsɿ^{21}	名字 miŋ^{35}tsɿ^{42}	后名字 xɤu^{31}miŋ^{22}tsɿ^{21}
肃州区	媳妇子 ɕi^{21}fu^{21}tsɿ^{13}	名字 miŋ^{35}tsɿ^{21}	外号 vɛ^{13}xɔ^{21}
永昌县	女人 mi^{53}ʐəŋ^{21}	名字 miŋ^{13}tsɿ^{42}	外号 vɛe^{22}xɔo^{53}
崆峒区	老婆 lɔ^{55}pʰɤ^{21}	名字 miɤŋ^{22}tsɿ^{53}	外号儿 uɛ^{44}xɔr^{44}
庆城县	老婆儿 lɔ^{44}pʰuɤr^{0}	名字 miŋ^{21}tsɿ^{0}	外号儿 vɛ^{244}xɔr^{0}
宁县	婆娘 pʰuə^{22}ȵiaŋ^{52} 老婆 lɔ^{55}pʰuə^{0} ［媳妇］子 ɕiou^{31}tsɿ^{0}	名字 miŋ^{22}tsɿ^{52}	妖子号儿 iɔ^{31}tsɿ^{0}xɔr^{44} 外号儿 uɛ^{44}xɔr^{44}
武都区	婆娘 pʰuɤ^{22}ȵiaŋ^{13} 老婆子 lɔu^{55}pʰuɤ^{22}tsɿ^{21}	名字 min^{22}tsɿ^{24}	绰号儿 tʂʰɔu^{53}xɔu^{21}ɚ^{21} 外号儿 vɛɪ^{24}xor^{21}
文县	女人 ȵy^{55}zəŋ^{42}	名字 miəŋ^{42}tsɿ^{24}	外号 uɛe^{24}xɔo^{24}
康县	老婆子 lɔo^{35}pʰuɤ^{53}tsɿ^{21}	名字 miŋ^{42}tsɿ^{24}	外号 vɛ^{24}xɔo^{24}
礼县	妇人 fu^{44}ʐɤŋ^{21}	名字 miŋ^{13}tsɿ^{21}	妖号儿 iɔo^{13}xɔor^{52}
靖远县	女人 mʮ^{55}ʐɤŋ^{21} 婆娘 pʰɤ^{22}ȵiaŋ^{55}	名字 miŋ^{22}tsɿ^{55}	外号 vɛ^{33}xɑo^{33}
陇西县	婆娘 pʰɤ^{22}liaŋ^{44}	名字 min^{22}tsʰɿ^{44}	妖号儿 iɔo^{42}xɔo^{44}zɿ^{44}
秦州区	拉⁼婆 la^{53}pʰɤ^{13}	名字 miɤŋ^{13}tsʰɿ^{21}	妖号 iɔ^{21}xɔ^{44}
安定区	婆娘 pʰə^{21}ȵiaŋ^{44}	名字 miŋ^{21}tsʰɿ^{44}	妖号 iɔ^{21}xɔ^{44}
会宁县	婆娘 pʰə^{21}ȵiaŋ^{44}	名字 miŋ^{21}tsɿ^{44}	妖号 iɔ^{21}xɔ^{44}
临洮县	婆娘 pʰɤ^{21}ȵiã^{55}	名字 miŋ^{21}tsɿ^{44}	外号儿 vɛ^{44}xɔr^{53}
清水县	掌柜子 tʂɔ̃^{52}kʰuəi^{44}tsɿ^{21}	名子 miŋ^{13}tsɿ^{21}	妖号儿 iɔ^{21}xɔ^{44}ɚ^{21}
永靖县	媳妇 ɕi^{22}fu^{44}	名字 miɤŋ^{22}tsɿ^{13}	妖名 iɔ^{22}miɤŋ^{53}
敦煌市	老婆子 lɔ^{53}pʰə^{42}tsɿ^{21} 屋里的 vu^{22}li^{22}ti^{51}	名字 miŋ^{22}tsɿ^{51}	外号 vɛ^{35}xɔ^{44}
临夏市	媳妇 ɕi^{21}fu^{53}	名字 miŋ^{21}tsɿ^{53}	外号 vɛ^{44}xɔ^{42}
合作市	媳妇 ɕi^{21}fu^{53}	名字 miŋ^{44}tsɿ^{53}	外号 vɛe^{44}xɔ^{53}
临潭县	婆娘 pʰɤ^{21}ȵiɒ^{24}	名字 min^{21}tsɿ^{44}	妖名 iɔo^{44}min^{44}

	0664 干活儿统称：在地里～	0665 事情一件～	0666 插秧
兰州市	做活 tsuə^{22}xuə^{53}	事情 ʂʅ^{55}tɕʰin^{21}	
榆中县	做活 tsu^{13}xuə^{312}	事儿 ʂʅ^{21}ɣɤ^{44} 事情 ʂʅ^{21}tɕʰin^{44}	种田 tʂuən^{13}tʰian^{312}
永登县	做活 tsu^{22}xuə^{53}	事情 ʂʅ^{22}tɕʰin^{55}	
红古区	做活 tsʮ^{13}xuə^{13}	事 ʂʅ^{13}	
凉州区	做活 tsu^{53}xuə^{35}	事 sɿ^{31}	
甘州区	干活 kaŋ^{22}xuə^{53}	事情 ʂʅ^{31}tɕʰiŋ^{21}	插秧 tʂʰa^{22}iaŋ^{44}
肃州区	干活 kæ̃^{21}xuə^{51}	事情 sɿ^{21}tɕʰiŋ^{13}	插秧 tsʰa^{21}ʑiaŋ^{13}
永昌县	干活 kɛe^{53}xuə^{13}	事情 ʂʅ^{53}tɕʰiŋ^{21}	
崆峒区	做活 tsu^{44}xuo^{24}	事情 sɿ^{35}tɕʰiɤŋ^{53}	插秧 tsʰa^{24}iaŋ^{21}
庆城县	做活 tsu^{244}xuə^{113}	事情 sɿ^{244}tɕʰiŋ^{0}	
宁县	做活 tsu^{44}xuə^{24}	事 sɿ^{44}	
武都区	做活 tsʮ^{24}xuɤ^{13} 干活 kæ̃^{24}xuɤ^{13}	事 sɿ^{24} 事情 sɿ^{24}tɕʰin^{21}	插秧子 tsʰa^{22}iaŋ^{53}tsɿ^{21}
文县	做活 tsu^{24}xuə^{13}	事情 sɿ^{24}tɕʰiəŋ^{42}	栽秧 tsɛe^{31}iã^{31}
康县	做活儿 tsuɤ^{24}xuər^{13}	事情 ʂʅ^{24}tsʰiŋ^{53}	插秧 tʂʰa^{21}iaŋ^{53}
礼县	做啥 tʃu^{44}sa^{21}	事 sɿ^{44} 事情 sɿ^{44}tɕʰiŋ^{21}	插秧 tsʰa^{31}iaŋ^{31}
靖远县	做活儿 tsɤu^{55}xuər^{24}	事情 sɿ^{22}tɕʰiŋ^{41}	栽稻子 tsɛ^{22}tɑo^{35}tsɿ^{41}
陇西县	做活结= tsu^{44}xuɤ^{24}tɕʰiɛ^{42}	事情 sɿ^{44}tɕʰin^{42}	
秦州区	做活件= tsu^{44}xuə^{13}tɕʰiæ̃^{21}	事情 sɿ^{44}tɕʰiɤŋ^{21}	
安定区	做活件= tsu^{44}xuə^{13}tɕʰiæ̃^{21}	事 sɿ^{44}	
会宁县	做活结= tsu^{44}xuə^{13}tɕiə^{21}	事情 sɿ^{44}tɕʰiŋ^{21}	
临洮县	做活 tsu^{44}xuɤ^{13}	事情 sɿ^{44}tɕʰiŋ^{21}	
清水县	做活 tsu^{44}xuə^{13}	事 ʃɨ^{443} 事情 ʃɨ^{44}tsʰiŋ^{21}	栽稻子 tsɛ^{21}tʰɔ^{52}tsɿ^{21}
永靖县	做活 tsu^{44}xuɤ^{21}	事情 ʂʅ^{44}tɕʰiɤŋ^{42}	栽秧 tsɛ^{22}iaŋ^{44}
敦煌市	做活 tsu^{35}xuə^{213}	事情 sɿ^{35}tɕʰiŋ^{21}	插秧 tsʰa^{13}iaŋ^{213}
临夏市	做活 tsu^{44}xuɤ^{24}	事情 ʂʅ^{44}tɕʰiŋ^{21}	
合作市	做活 tsu^{44}xuə^{13}	事情 ʂʅ^{44}tɕʰiŋ^{21}	
临潭县	做活 tsu^{44}xuɤ^{24}	事情 sɿ^{44}tɕʰin^{21}	插秧 tsʰa^{44}iɒ^{44}

	0667 割稻	0668 种菜	0669 犁名词
兰州市		种菜 pfən^{22}ts^{h}ɛ^{13}	耩子 kɑ̃^{22}tsɿ^{53}
榆中县	割麦子 kə^{13}mə^{31}tsɿ^{213}	种菜 tʂuən^{13}ts^{h}ɛ^{213}	耩子 kuaŋ^{51}tsɿ^{0} 犁 li^{312}
永登县		种菜 pfə̃n^{354}ts^{h}ɛ^{21}	犁铧 li^{22}xua^{35}
红古区		种菜 tʂuən^{13}ts^{h}ɛ^{13}	铧 xua^{13}
凉州区		种菜 tʂuŋ^{31}ts^{h}æ^{31}	犁铧 li^{35}xua^{53}
甘州区	割稻子 kə^{24}tɔ^{31}tsɿ^{21}	种菜 kuŋ^{24}ts^{h}ɛ^{31}	犁铧 li^{35}xua^{42}
肃州区	割稻 kə^{13}tɔ^{21}	种菜 tʂuŋ^{13}ts^{h}ɛ^{21} 点菜 tiæ̃^{53}ts^{h}ɛ^{21}	犁铧 li^{35}xua^{21}
永昌县		种菜 tʂoŋ^{22}ts^{h}ɛe^{53}	犁铧 li^{13}xua^{42}
崆峒区	割稻 kuo^{22}tɔ^{53}	种菜 tʂoŋ^{44}ts^{h}ɛ^{44}	犁 li^{24}
庆城县		种菜 tʂuŋ^{244}ts^{h}ɛ^{244}	犁 li^{113}
宁县		种菜 tʃuŋ^{44}ts^{h}ɛ^{44}	犁 li^{24}
武都区	割稻子 kɤ^{22}t^{h}ɔu^{55}tsɿ^{21}	种菜 tʃuŋ^{24}ts^{h}ɛɪ^{24}	耩 kɑŋ^{55}
文县	割稻子 kɤ^{22}t^{h}ɔo^{55}tsɿ^{42}	种菜 tsoŋ^{24}ts^{h}ɛe^{24}	耩头 kɑ̃^{24}t^{h}ɤu^{42}
康县	割稻子 kuɤ^{21}tɔo^{24}tsɿ^{53}	种菜 pfɤŋ^{24}ts^{h}ɛ^{24}	耩头 kan^{24}t^{h}ɤu^{21}
礼县	割稻子 kɤ^{24}t^{h}ɔo^{52}tsɿ^{21}	务菜水 vu^{44}ts^{h}ai^{44}ʃuei^{21}	耩头 kɑŋ^{52}t^{h}əu^{13}
靖远县	割稻子 kuə^{22}tɑo^{35}tsɿ^{41}	种菜 tʂoŋ^{33}ts^{h}ɛ^{33}	耩子 kuɑŋ^{55}tsɿ^{21}
陇西县		种菜 tʂuŋ^{44}ts^{h}ɛ^{44}	耩儿 kɑŋ^{55}zɿ^{21}
秦州区		点菜 tiæ̃^{53}ts^{h}ɛ^{44}	耩头 kɑŋ^{53}tɤu^{21}
安定区		种菜 tʃuŋ^{44}ts^{h}ɛ^{44}	耩子 kɑŋ^{53}tsɿ^{21}
会宁县		种菜 tʃuŋ^{44}ts^{h}ɛ^{44}	耩子 kɑŋ^{53}tsɿ^{21}
临洮县		种菜 tʂuŋ^{44}ts^{h}ɛ^{44}	耩子 kɑ̃^{53}tsɿ^{21}
清水县	割稻子 kuə^{21}t^{h}ɔ^{52}tsɿ^{21}	种菜 tʃɤŋ^{44}ts^{h}ɛ^{443}	耩 kɒ̃^{52}
永靖县	收稻子 ʂɤu^{21}tɔ^{44}tsɿ^{42}	种菜 tʂuɤŋ^{44}ts^{h}ɛ^{44}	耩子 kuɑŋ^{44}tsɿ^{21}
敦煌市	割水稻 kə^{21}ʂuei^{53}tɔ^{44}	种菜 tʂuŋ^{35}ts^{h}ɛ^{44}	犁 li^{213}
临夏市		种菜 tʂuəŋ^{44}ts^{h}ɛ^{42}	犁 li^{13}
合作市		种菜 tʂuəŋ^{44}ts^{h}ɛe^{53}	耩子 kɑŋ^{44}tsɿ^{13}
临潭县	割稻 kɤ^{44}tɔo^{51}	种菜 tʂuəŋ^{44}ts^{h}ɛe^{51}	耩 kɒ^{44}

	0670 锄头	0671 镰刀	0672 把儿刀~
兰州市	锄 tʂʰu^{53}	镰刀 liæ̃^{53}tɔ^{22}	把子 pa^{34}tsɿ^{21}
榆中县	锄锄子 tʂʰu^{31}tʂʰu^{0}tsɿ^{44}	镰刀 lian^{31}tɔ^{213}	把子 pa^{21}tsɿ^{44}
永登县	锄子 pfʰu^{53}tsɿ^{21}	镰刀 liæ̃^{22}tɔ^{44}	把子 pa^{22}tsɿ^{354}
红古区	锄子 tʂʰu^{55}tsɿ^{21}	镰刀 lian^{22}tɔ^{55}	把把儿 pa^{22}pɐr^{55}
凉州区	锄头 tʂʰu^{53}tʰəu^{35}	镰刀 liɑŋ^{35}tɑo^{53}	把把子 pa^{31}pa^{31}tsɿ^{21}
甘州区	镢头 tɕyə^{31}tʰɤu^{21}	镰刀 liaŋ^{35}tɔ^{42}	把子 pa^{31}tsɿ^{21}
肃州区	锄头 tʂʰu^{44}tʰəu^{21}	镰刀 liæ̃^{35}tɔ^{21}	把子 pa^{21}tsɿ^{13}
永昌县	锄头 tʂʰu^{13}tʰəu^{42}	镰刀 liɛ^{13}tɔo^{42}	把子 pa^{53}tsɿ^{21}
崆峒区	锄 tʂʰu^{24}	镰 liæ̃^{24}	把 pa^{44}
庆城县	锄 tʂʰu^{113}	镰 liɛ̃^{113}	把 pa^{244}
宁县	锄 tʃʰu^{24}	镰 liæ̃^{24}	把子 pa^{44}tsɿ^{0}
武都区	锄儿 tʃʰu^{22}ɚ^{31}	镰刀 liæ̃^{22}tɔu^{31}	把把子 pa^{24}pa^{21}tsɿ^{21} 把把儿 pa^{24}pa^{21}ɚ^{21}
文县	草锄子 tsʰɔo^{44}tsʰu^{42}tsɿ^{31}	镰刀 liæ̃^{13}tɔo^{42}	把子 pa^{55}tsɿ^{42}
康县	镢头 tɕyɛ^{53}tʰɤu^{21} 草锄子 tsʰɔo^{35}pfʰu^{53}tsɿ^{21}	镰刀 lian^{21}tɔo^{24}	把儿 par^{24}
礼县	锄 tʃʰu^{13}	镰刀 liæ̃^{13}tɔo^{21}	把 pa^{44}
靖远县	锄 tʂʰʮ^{24}	刃镰子 ʐɤŋ^{35}liæ̃^{41}tsɿ^{21}	把把子 pa^{35}pa^{41}tsɿ^{21} 把把儿 pa^{35}pɐr^{41}
陇西县	锄儿 tʃʰʮ^{22}zɿ^{44}	镰刀 liæ̃^{24}tɔo^{42}	把把儿 pa^{44}pa^{44}zɿ^{44}
秦州区	锄 tʃʰɥ^{13}	镰刀 liæ̃^{13}tɔ^{21}	把把 pa^{44}pa^{21}
安定区	锄 tʃʰu^{13}	镰刀 liæ̃^{13}tɔ^{21}	把子 pa^{44}tsɿ^{21}
会宁县	锄 tʃʰu^{13}	镰刀 liæ̃^{13}tɔ^{21}	把子 pa^{44}tsɿ^{21}
临洮县	锄 tʂʰu^{13}	镰刀 liæ̃^{13}tɔ^{21}	把把儿 pa^{44}par^{21}
清水县	锄 tʃʰɨ^{13}	镰 liæ̃^{13} 镰刀 liæ̃^{13}tɔ^{21}	把把子 pa^{44}pa^{21}tsɿ^{21}
永靖县	锄头 tʂʰu^{44}tʰɤu^{21}	镰刀 liæ̃^{22}tɔ^{44}	把子 pa^{44}tsɿ^{21}
敦煌市	锄 tʂʰu^{213}	镰刀 liɛ̃^{22}tɔ^{51}	把子 pa^{35}tsɿ^{21}
临夏市		镰刀 liɛ̃^{13}tɔ^{42}	把子 pɑ^{44}tsɿ^{21}
合作市	挖钩 vᴀ^{44}kəɯ^{21}	镰刀 liæ̃^{13}tɔ^{21}	把子 pᴀ^{44}tsɿ^{21}
临潭县	镢头 tɕyɛ^{44}tʰəɯ^{44}	镰刀 liæ̃^{24}tɔo^{21}	把把子 pa^{51}pa^{21}tsɿ^{44}

	0673 扁担	0674 箩筐	0675 筛子统称
兰州市	扁担 piæ̃^{55}tæ̃^{42}	筐子 kʰuɑ̃^{53}tsɿ^{21} 筐筐子 kʰuɑ̃^{44}kʰuɑ̃^{44}tsɿ^{21}	筛子 ʂɛ^{53}tsɿ^{21}
榆中县	扁担 pian^{44}tan^{0}	筐子 kʰuaŋ^{51}tsɿ^{0}	筛子 ʂɛ^{44}tsɿ^{0}
永登县	扁担 piæ̃^{35}tæ̃^{53}	筐 kʰuɑ̃^{42}	筛子 ʂɛ^{354}tsɿ^{21}
红古区	扁担 pian^{55}tan^{21}	筐 kʰuɑŋ^{13}	筛子 ʂɛ^{55}tsɿ^{21}
凉州区	扁担 piɑŋ^{35}tɑŋ^{53}	担筐 tɑŋ^{35}kʰuɑŋ^{53}	筛子 sæ^{53}tsɿ^{35}
甘州区	扁担 piaŋ^{22}taŋ^{44}	筐子 kuaŋ^{44}tsɿ^{44}	筛子 ʂɛ^{44}tsɿ^{44}
肃州区	扁担 piæ̃^{21}tæ̃^{51}	箩筐 luə^{35}kʰuɑŋ^{21}	筛子 sɛ^{44}tsɿ^{44}
永昌县	扁担 piɛ^{44}tɛe^{44}	筐子 kuaŋ^{44}tsɿ^{44}	筛子 ʂɛe^{44}tsɿ^{44}
崆峒区	扁担 piæ̃^{55}tæ̃^{21}	笼 loŋ^{53}	筛子 sɛ^{55}tsɿ^{21}
庆城县	扁担 piɛ̃^{44}tɛ̃^{0} 水担 ʂuei^{44}tɛ̃^{0}	筐 kʰuɑ̃^{51} 笼 luŋ^{44}	筛子 sɛ^{51}tsɿ^{0}
宁县	扁担 piæ̃^{55}tæ̃^{0}	笼 luŋ^{52}	筛子 sɛ^{55}tsɿ^{0}
武都区	水担 ʃuei^{55}tæ̃^{21}	筐筐子 kʰuɑŋ^{31}kʰuɑŋ^{21}tsɿ^{21}	筛子 sɛɪ^{55}tsɿ^{21}
文县	担子 tæ̃^{24}tsɿ^{42}	筐子 kʰuɑ̃^{31}tsɿ^{31}	筛子 sɛe^{24}tsɿ^{42}
康县	担子 tan^{24}tsɿ^{53}	筐筐子 kʰuɑŋ^{53}kʰuɑŋ^{21}tsɿ^{21}	筛子 ʂɛ^{24}tsɿ^{21}
礼县	扁担 piæ̃^{52}tæ̃^{21}	筐筐儿 kʰuɑŋ^{31}kʰuɑ̃r^{44}	筛子 sai^{52}tsɿ^{21}
靖远县	扁担 piæ̃^{55}tæ̃^{21}	筐子 kʰuɑŋ^{41}tsɿ^{21}	筛筛子 sɛ^{55}sɛ^{21}tsɿ^{21}
陇西县	担儿 tæ̃^{44}zɿ^{44}	筐筐 kʰuɑŋ^{21}kʰuɑŋ^{53}	筛儿 sɛ^{55}zɿ^{21}
秦州区	扁担 piæ̃^{53}tæ̃^{21}	筐筐 kʰuɑŋ^{21}kʰuɑŋ^{13}	筛筛 sɛ^{53}sɛ^{21}
安定区	扁担 piæ̃^{53}tæ̃^{21}	揜=子 ȵiæ̃^{53}tsɿ^{21}	筛儿 sɛ^{53}zɿ^{21}
会宁县	扁担 piæ̃^{53}tæ̃^{21}	揜=子 iæ̃^{53}tsɿ^{21}	筛儿 sɛ^{53}zɿ^{21}
临洮县	扁担 pʰiæ̃^{53}tæ̃^{21}	筐筐儿 kʰuɑ̃^{21}kʰuɐ̃r^{13}	筛子 sɛ^{53}tsɿ^{21}
清水县	水担 ʃəi^{52}tæ̃^{21} 担 tæ̃^{443}	襻笼 pʰæ̃^{44}luŋ^{21}	竹罗子 tʃɨ^{21}luə^{13}tsɿ^{21}
永靖县	扁担 piæ̃^{44}tæ̃^{21}	筐担 kʰuɑŋ^{22}tæ̃^{44}	筛子 ʂɛ^{44}tsɿ^{21}
敦煌市	扁担 piɛ̃^{53}tæ̃^{21}	筐子 kʰuɑŋ^{21}tsɿ^{13}	筛子 sɛ^{53}tsɿ^{21}
临夏市	担子 tɑ̃^{44}tsɿ^{21}	筐筐 kʰuɑŋ^{21}kʰuɑŋ^{53}	筛子 ʂɛ^{44}tsɿ^{24}
合作市	扁担 piæ̃^{44}tæ̃^{21}	筐筐 kʰuɑŋ^{21}kʰuɑŋ^{53}	筛子 ʂɛe^{44}tsɿ^{53}
临潭县	担子 tæ̃^{44}tsɿ^{21}	筐筐子 kʰuɒ^{44}kʰuɒ^{44}tsɿ^{21}	筛子 sɛe^{51}tsɿ^{24}

	0676 簸箕农具，有梁的	0677 簸箕簸米用	0678 独轮车
兰州市	提簸子 tʰi⁵³pɤ⁴⁴tsɿ²¹	簸箕 pɤ⁴⁴tɕi²¹	手推车 ʂəu⁴⁴tʰuei⁵⁵tʂʰɤ⁴²
榆中县		簸箕 pə⁴⁴tɕi⁰	推车子 tʰuei⁵¹tʂʰə⁰tsɿ⁰
永登县		簸箕 pə³⁵tɕi²¹	推车子 tʰuei⁴⁴tʂʰə²¹tsɿ²¹
红古区		簸箕 pə⁵⁵tsʰɿ²¹	推车儿 tʰuei²²tʂʰə⁵³ər²¹
凉州区		簸箕 pə⁵³tɕi³⁵	推车子 tʰuei³⁵tʂʰə³⁵tsɿ⁵³
甘州区		簸箕 puə²²tɕʰi⁴⁴	推车子 tʰuei⁴⁴tʂʰə⁴⁴tsɿ⁴⁴
肃州区	簸箕 pə²¹tɕi⁵¹	簸箕 pə²¹tɕi⁵¹	推车子 tʰuei⁴⁴tʂʰə⁴⁴tsɿ⁴⁴
永昌县		簸箕 pə⁵³tɕi²¹	推车子 tʰuei⁴⁴tʂʰə⁴⁴tsɿ⁴⁴
崆峒区	撮子 tsʰuo⁵³tsɿ²¹	簸箕 pɤ⁵⁵tɕi²¹	推车子 tʰuei⁵³tʂʰɤ²¹tsɿ²¹
庆城县	簸箕 puə²⁴⁴tɕi⁰	簸箕 puə²⁴⁴tɕi⁰	独脚车 tu²¹tɕyə⁵¹tʂʰɛ⁵¹
宁县	攒子 tsʰuæ̃³¹tsɿ⁰	簸箕 puə⁴⁴tɕi³¹	鸡轱辘车子 tɕʰi⁴⁴ku⁴⁴lu⁰ tʂʰə³¹tsɿ⁰
武都区	簸箕 puɤ⁵⁵tɕi²¹	簸箕 puɤ⁵⁵tɕi²¹	鸡公车 tɕi³¹kuŋ²¹tʂʰɤ²¹
文县	簸箕 pɤ⁵⁵tɕi³¹	簸簸子 puə⁵⁵puə⁴²tsɿ³¹	鸡公车 tɕi³¹koŋ²¹tsɤ³¹
康县	簸箕 puɤ³⁵tɕi²¹	簸箕 puɤ³⁵tɕi²¹	鸡公车儿 tɕi⁵³kuŋ²¹tʂɤr⁵³
礼县	簸箕 pɤ⁵²tɕi²⁴	簸箕 pɤ⁵²tɕi²⁴	车子 tʂʰɤ³¹tsɿ²⁴
靖远县	攒攒子 tsʰuæ̃⁴¹tsʰuæ̃²¹tsɿ²¹	簸箕 pɤ⁵⁵tɕiɛ²¹	推车子 tʰuei⁴¹tʂʰɤ²¹tsɿ²¹
陇西县	簸箕 pɤ⁵⁵tɕiɛ²¹	簸箕 pɤ⁵⁵tɕiɛ²¹	爬山虎 pʰa²⁴sæ̃²¹xu⁵³
秦州区	簸箕 pɤ⁵³tɕʰi²¹	簸箕 pɤ⁵³tɕʰi²¹	单轱轮车 tæ̃¹³ku²¹luɤŋ²¹ tʂʰɤ¹³
安定区	簸箕 pə⁵³tɕiə²¹	簸箕 pə⁵³tɕiə²¹	轱辘车 ku²¹lu⁴⁴tʂʰə¹³
会宁县	簸箕 pə⁵³tɕiə²¹	簸箕 pə⁵³tɕiə²¹	推车儿 tʰuei²¹tʂʰə¹³zɿ²¹
临洮县	筐筐儿 kʰuã²¹kʰuɑ̃r¹³	簸箕 pɤ⁵³tɕie²¹	独轮车儿 tu¹³luŋ¹³tʂʰər¹³
清水县		簸箕 pə⁵²tɕi²¹	推车子 tʰuəi²¹tʂʰə⁵²tsɿ²¹
永靖县	簸箕 pɤ⁴⁴tɕi²¹	簸箕 pɤ⁴⁴tɕi²¹	独轱辘车 tu²²ku⁴⁴lu²²tʂʰɤ⁴⁴
敦煌市	带梁簸箕 tɛ³⁵liaŋ²¹³pə⁵³tɕi²¹	簸箕 pə⁵³tɕi²¹	推车子 tʰuei²²tʂʰə²²tsɿ⁵¹
临夏市		簸箕 pɤ⁴⁴tɕi²⁴	
合作市		簸箕 pə⁴⁴tɕi¹³	
临潭县	簸箕儿 pɤ⁵¹tɕiər²⁴	簸箕儿 pɤ⁵¹tɕiər²⁴	

	0679 轮子旧式的，如独轮车上的	0680 碓整体	0681 臼
兰州市	轱辘 $ku^{22}lu^{42}$	姜窝子 $tɕiã^{44}vɤ^{44}tsɿ^{21}$	
榆中县	轱辘 $ku^{51}lu^{0}$		姜窝子 $tɕiaŋ^{51}və^{0}tsɿ^{0}$
永登县	轱辘 $ku^{22}lu^{354}$		姜窝子 $tɕiã^{44}və^{21}tsɿ^{21}$
红古区	轱辘 $ku^{22}lu^{13}$		姜窝儿 $tɕiaŋ^{22}vər^{55}$
凉州区	轱辘 $ku^{35}lu^{53}$		姜窝子 $tɕiaŋ^{35}və^{35}tsɿ^{53}$
甘州区	轱辘 $ku^{35}lu^{42}$		姜窝窝 $tɕiaŋ^{44}və^{44}və^{44}$
肃州区	车轱辘 $tʂ^{h}ə^{44}ku^{44}lu^{44}$		
永昌县	轱辘 $ku^{13}lu^{42}$		姜窝 $tɕiaŋ^{44}və^{44}$
崆峒区	轮子 $lioŋ^{22}tsɿ^{53}$		石窝子 $ʂʅ^{22}uo^{55}tsɿ^{21}$
庆城县	轱辘 $ku^{51}lɤu^{0}$	捣窝子 $tɔ^{44}vuə^{0}tsɿ^{0}$ 踏窝子 $t^{h}a^{21}vuə^{51}tsɿ^{0}$	
宁县	车轱辘子 $tʂ^{h}ə^{31}ku^{31}lu^{0}tsɿ^{0}$	碓窝 $tuei^{44}uə^{31}$	姜窝子 $tɕiaŋ^{31}uə^{0}tsɿ^{0}$
武都区	轮轮子 $luŋ^{22}luŋ^{33}tsɿ^{21}$		砸窝子 $tsa^{22}u^{33}tsɿ^{21}$
文县	轮轮子 $lyəŋ^{21}lyəŋ^{13}tsɿ^{42}$	碓窝 $tuei^{24}uə^{42}$	砸窝子 $tsa^{13}uə^{42}tsɿ^{42}$
康县	轮轮子 $lyŋ^{21}lyŋ^{35}tsɿ^{21}$		石窝子 $ʂʅ^{21}vɤ^{35}tsɿ^{21}$
礼县	滚子 $kuɤŋ^{52}tsɿ^{21}$	砸窝儿子 $ts^{h}a^{13}vɤr^{31}tsɿ^{21}$	砸窝儿子 $ts^{h}a^{13}vɤr^{31}tsɿ^{21}$
靖远县	轱辘子 $ku^{41}lu^{21}tsɿ^{21}$		姜窝子 $tɕiaŋ^{41}vɤ^{21}tsɿ^{21}$
陇西县	滚子 $kuŋ^{55}tsɿ^{21}$	闯子 $tʃ^{h}ɥaŋ^{55}tsɿ^{21}$	砸窝儿 $ts^{h}a^{24}uɤ^{42}zɿ^{13}$
秦州区	轱轮轮 $ku^{21}luɤŋ^{53}luɤŋ^{21}$		砸窝 $ts^{h}a^{13}vɤ^{21}$
安定区	轱辘 $ku^{21}lu^{44}$		姜窝 $tɕiaŋ^{13}və^{21}$
会宁县	轱辘 $ku^{21}lu^{13}$		姜窝 $tɕiaŋ^{13}uə^{21}$
临洮县	轱辘儿 $ku^{21}luə̃r^{53}$ 轮轮儿 $luŋ^{13}luə̃r^{21}$	姜窝儿 $tɕiã^{44}vər^{13}$	姜窝儿 $tɕiã^{44}vər^{13}$
清水县	滚轮子 $kuŋ^{52}luŋ^{21}tsɿ^{21}$		碓窝 $tuəi^{44}və^{21}$
永靖县	轮子 $luɤŋ^{22}tsɿ^{13}$		姜窝子 $tɕiaŋ^{22}vɤ^{42}tsɿ^{44}$
敦煌市	轱辘 $ku^{22}lu^{51}$	碓 $tuei^{213}$	姜窝子 $tɕiaŋ^{22}və^{22}tsɿ^{51}$
临夏市		碓窝 $tuei^{44}vɤ^{21}$	
合作市			碓窝 $tuei^{44}və^{21}$
临潭县	轱辘儿 $ku^{21}luər^{51}$		窝窝儿 $vɤ^{44}vɤr^{51}$

	0682 磨名词	0683 年成	0684 走江湖统称
兰州市	磨 mɤ^{13}	年成 ȵiæ̃^{53}tʂ^{h}ən^{21}	走艺 tsəu^{55}ʐi^{13}
榆中县	石磨 ʂʅ^{31}mə^{213}	年成 ȵian^{31}tʂ^{h}ən^{213}	跑江湖 p^{h}ɔ^{44}tɕiaŋ^{51}xu^{0}
永登县	磨 mə^{13}	年成 ȵiæ̃^{22}tʂ^{h}ə̃n^{35}	走江湖 tsɤu^{354}tɕiɑ̃^{44}xu^{53}
红古区	磨 mə^{13}	年成 ȵian^{22}tʂ^{h}ən^{13}	
凉州区	磨 mə^{31}	年成 ȵiɑŋ^{35}tʂ^{h}əŋ^{53}	出外 tʂ^{h}u^{31}væ^{31}
甘州区	磨 muə^{31}	年成 ȵiaŋ^{35}tʂ^{h}ɤŋ^{42}	
肃州区	磨 mə^{213}	年成 ȵiæ̃^{44}tʂ^{h}ɤŋ^{21}	跑江湖 p^{h}ɔ^{53}tɕiaŋ^{44}xu^{44}
永昌县	磨 mə^{53}	年成 ȵiɛ^{13}tʂ^{h}əŋ^{42}	闯江湖 tʂuɑŋ^{53}tɕiaŋ^{44}xu^{44}
崆峒区	磨子 muo^{35}tsɿ^{53}	年成 ȵiæ̃^{22}tʂ^{h}ɤŋ^{53}	卖艺的 mɛ^{44}i^{35}ti^{53}
庆城县	磨 muə^{244}	光景 kuɑ̃^{51}tɕiŋ^{0} 年成 ȵiɛ̃^{21}tʂ^{h}ɤŋ^{0}	跑江湖 p^{h}ɔ^{44}tɕiɑ̃^{51}xu^{113}
宁县	硙子 uei^{44}tsɿ^{31}	年景 ȵiæ̃^{22}tɕiəŋ^{52} 年成 ȵiæ̃^{22}tʂ^{h}əŋ^{52}	跑江湖 p^{h}ɔ^{52}tɕiaŋ^{31}xu^{0}
武都区	手磨 ʂəu^{55}muɤ^{24}	收成 ʂəu^{31}tʂ^{h}əŋ^{21} 年成 ȵiæ̃^{22}tʂ^{h}əŋ^{33}	卖艺的 mɛɪ^{55}i^{24}tɛɪ^{21} 跑江湖 p^{h}əu^{22}tɕiaŋ^{53}xu^{21}
文县	磨 mɤ^{13}	年生 ȵiæ̃^{21}səŋ^{24}	跑江湖 p^{h}ɔo^{44}tɕiɑ̃^{42}xuə^{13}
康县	磨 muɤ^{24}	年成 ȵian^{21}tʂ^{h}ɤŋ^{55}	跑江湖 p^{h}ɔo^{55}tɕiaŋ^{53}xu^{21}
礼县	磨 mɤ^{44}	年成 ȵiæ̃^{13}tʂ^{h}ɤŋ^{21}	走艺 tsəu^{52}i^{44}
靖远县	石磨子 ʂʅ^{22}mɤ^{35}tsɿ^{41}	年成 ȵiæ̃^{22}tʂ^{h}ɤŋ^{55}	跑江湖 p^{h}ɑo^{55}tɕiaŋ^{41}xu^{21}
陇西县	磨 mɤ^{44}	年成 liæ̃^{24}tʂ^{h}ɤŋ^{42}	跑江湖 p^{h}ɔo^{55}tɕiaŋ^{42}xu^{13}
秦州区	磨 mɤ^{44}	年成 ȵiæ̃^{13}tʂ^{h}ɤŋ^{21}	浪江湖 laŋ^{44}tɕiaŋ^{21}xu^{13}
安定区	石磨 ʂʅ^{21}mə^{44}	年成 ȵiæ̃^{13}tʂ^{h}əŋ^{21}	闯江湖 tʃ^{h}uaŋ^{53}tɕiaŋ^{21}xu^{13}
会宁县	磨子 mə^{44}tsɿ^{21}	年成 ȵiæ̃^{13}tʂ^{h}əŋ^{21}	跑江湖 p^{h}ɔ^{53}tɕiaŋ^{21}xu^{13}
临洮县	磨子 mɤ^{44}tsɿ^{21}	年成 ȵiæ̃^{13}tʂ^{h}ɤŋ^{21}	跑江湖 p^{h}ɔ^{53}tɕiɑ̃^{21}xu^{13}
清水县	磨 mə^{443} 磨子 mə^{44}tsɿ^{21}	年成 ȵiæ̃^{13}tʂ^{h}ɤŋ^{21}	走艺 tsou^{52}i^{443}
永靖县	磨 mɤ^{44}	年成 ȵiæ̃^{22}tʂ^{h}ɤŋ^{42}	跑江湖 p^{h}ɔ^{53}tɕiaŋ^{22}xu^{42}
敦煌市	磨 mə^{44}	年成 ȵiɛ̃^{22}tʂ^{h}ɤŋ^{51}	跑江湖 p^{h}ɔ^{53}tɕiaŋ^{21}xu^{213}
临夏市	磨 mɤ^{53}	年成 ȵiɛ̃^{13}tʂ^{h}əŋ^{42}	走江湖 tsɤu^{42}tɕiaŋ^{44}xu^{21}
合作市	磨 mə^{53}	年成 ȵiæ̃^{13}tʂ^{h}əŋ^{53}	走口外 tsəɯ^{44}k^{h}əɯ^{44}vɛe^{53}
临潭县	磨 mɤ^{44}	年成 ȵiæ̃^{24}tʂ^{h}əŋ^{21}	走江湖 tsəɯ^{51}tɕiɒ^{44}xu^{44}

	0685 打工	0686 斧子	0687 钳子
兰州市	搞副业 kɔ^{44}fu^{55}iɛ^{13}	斧头 fu^{34}tʰəu^{21}	手钳子 ʂəu^{44}tɕʰiæ̃^{53}tsɿ^{21}
榆中县	帮工 paŋ^{51}kuən^{51} 搞副业 kɔ^{44}fu^{13}iᴇ^{312}	斧头 fu^{44}tʰəu^{0}	手钳子 ʂəu^{44}tɕʰian^{31}tsɿ^{213}
永登县	打工 ta^{55}kuə̃n^{42}	斧头 fu^{35}tʰɤu^{53}	钳子 tɕʰiæ̃^{53}tsɿ^{21}
红古区	搞副业 kɔ^{55}fu^{55}ȵiɛ^{21}	斧头 fu^{55}tʰɤu^{21}	手钳子 ʂɤu^{55}tɕʰian^{53}tsɿ^{21}
凉州区	打工 ta^{35}kuŋ^{53}	斧头 fu^{53}tʰəu^{35}	手钳子 ʂəu^{53}tɕʰiɑŋ^{35}tsɿ^{53}
甘州区	打工 ta^{44}kuŋ^{44}	斧头 fu^{22}tʰɤu^{44}	钳子 tɕʰiaŋ^{35}tsɿ^{42}
肃州区	干临时工 kæ̃^{21}liŋ^{53}sɿ^{21}kuŋ^{44} 搞副业 kɔ^{53}fu^{13}ʑiɛ^{31}	斧头 fu^{21}tʰəu^{51}	钳子 tɕʰiæ̃^{44}tsɿ^{21}
永昌县	打工 ta^{44}koŋ^{44}	斧头 fu^{53}tʰəu^{21}	钳子 tɕʰiɛ^{13}tsɿ^{42}
崆峒区	打短工 ta^{53}tuæ̃^{55}koŋ^{21}	斧头 fu^{55}tʰəu^{21}	钳子 tɕʰiæ̃^{22}tsɿ^{53}
庆城县	打短工儿 ta^{44}tuɛ̃^{44}kuɤr^{0}	斧头 fu^{44}tʰɤu^{0}	钳子 tɕʰiɛ̃^{21}tsɿ^{0}
宁县	搞副业 kɔ^{52}fu^{44}ȵiɛ^{31} 打工 ta^{52}kuŋ^{31}	斧头 fu^{55}tʰou^{0}	钳子 tɕʰiæ̃^{22}tsɿ^{52}
武都区	搞副业 kɔu^{55}fu^{24}ȵiᴇ^{21} 打工 ta^{24}kuŋ^{31}	斧子 fu^{55}tsɿ^{21}	钳子 tɕʰiæ̃^{22}tsɿ^{13}
文县	打工 ta^{35}koŋ^{42}	斧头 fu^{55}tʰɤu^{42}	钳子 tɕiæ^{42}tsɿ^{35}
康县	打工 ta^{21}kuŋ^{53}	斧子 fu^{55}tsɿ^{33}	钳子 tɕʰian^{53}tsɿ^{13}
礼县	打工 ta^{52}kuɤŋ^{31}	斧头 fu^{52}tʰəu^{13}	钳子 tɕʰiæ̃^{13}tsɿ^{21}
靖远县	搞副业 kɑo^{55}fu^{55}ȵiɛ^{21}	斧头 fu^{55}tʰɤu^{21}	钳子 tɕʰiæ̃^{22}tsɿ^{55}
陇西县	做活计 tsu^{42}xuɤ^{24}tɕʰiɛ^{42}	斧头 fu^{55}tʰɤu^{13}	手钳子 ʂɤu^{55}tɕʰiæ̃^{22}tsɿ^{44}
秦州区	做工 tsʮ^{44}kuɤŋ^{13}	斧头 fu^{53}tʰɤu^{21}	钳子 tɕʰiæ̃^{13}tsɿ^{21}
安定区	下苦 ɕia^{44}kʰu^{53}	斧头 fu^{53}tʰəu^{21}	手钳子 ʂəu^{53}tɕʰiæ̃^{21}zɿ^{21}
会宁县	做工 tsu^{44}kuŋ^{13}	斧头 fu^{53}tʰəu^{21}	钳子 tɕʰiæ̃^{21}tsɿ^{13}
临洮县	打工 ta^{53}kuŋ^{13}	斧头 fu^{53}tʰɤu^{21}	手钳子 ʂɤu^{53}tɕʰiæ̃^{13}tsɿ^{21}
清水县	挣钱 tʃɤŋ^{44}tsʰiæ̃^{13} 镪钱 tsʰɒ̃^{44}tsʰiæ̃^{13}	斧头 fu^{52}tʰou^{21}	钳子 tɕʰiæ̃^{13}tsɿ^{21}
永靖县	打工 ta^{53}kuɤŋ^{213}	斧头 fu^{44}tʰɤu^{21}	手钳子 ʂɤu^{53}tɕʰiæ̃^{22}tsɿ^{13}
敦煌市	做活 tsu^{44}xuə^{213}	斧头 fu^{53}tʰɤu^{21}	钳子 tɕʰiɛ̃^{22}tsɿ^{51}
临夏市	做活 tsu^{44}xuɤ^{24}	斧头 fu^{44}tʰɤu^{24}	钳子 tɕʰiɛ̃^{21}tsɿ^{53}
合作市	做活 tsu^{44}xuə^{13}	斧头 fu^{44}tʰəɯ^{13}	手钳子 ʂəɯ^{44}tɕʰiæ̃^{21}tsɿ^{53}
临潭县	搞副业 kɔo^{51}fu^{24}iɛ^{21}	斧头 fu^{51}tʰəɯ^{24}	钳子 tɕʰiæ̃^{21}tsɿ^{44}

	0688 螺丝刀	0689 锤子	0690 钉子
兰州市	解锥 kɛ^{55}pfei^{42}	榔头子 lɑ̃^{53}tʰəu^{44}tsɿ^{21}	钉子 tin^{53}tsɿ^{21}
榆中县	解锥 kɛ^{44}tʂuei^{0}	钉锤子 tin^{51}tʂʰuei^{0}tsɿ^{0} 锤子 tʂʰuei^{31}tsɿ^{213}	钉子 tin^{51}tsɿ^{0}
永登县	解锥 kɛ^{354}pfei^{21}	锤子 pfʰei^{55}tsɿ^{21}	钉子 tin^{44}tsɿ^{21}
红古区	解锥 kɛ^{55}tʂuei^{21}	锤锤儿 tʂʰuei^{22}tʂʰuər^{53}	钉子 tin^{22}tsɿ^{13}
凉州区	解锥 kæ^{35}tʂuei^{53}	锤子 tʂʰuei^{35}tsɿ^{53} 锤锤子 tʂʰuei^{35}tʂʰuei^{35}tsɿ^{53}	钉子 tiŋ^{35}tsɿ^{53}
甘州区	解锥 kɛ^{44}kuei^{44}	钉锤子 tiŋ^{44}kʰuei^{44}tsɿ^{44}	钉子 tiŋ^{44}tsɿ^{44}
肃州区	解锥 kɛ^{21}tʂuei^{51}	锤子 tʂuei^{44}tsɿ^{21} 锤头 tʂʰuei^{44}tʰəu^{21}	钉子 tiŋ^{35}tsɿ^{44}
永昌县	解锥 kɛe^{53}tʂuei^{44}	锤子 tʂʰuei^{13}tsɿ^{42}	钉子 tiŋ^{44}tsɿ^{44}
崆峒区	解锥 kɛ^{55}tʂuei^{21}	锤子 tʂʰuei^{22}tsɿ^{53}	钉子 tiɤŋ^{53}tsɿ^{21}
庆城县	解锥 kɛ^{44}tʂuei^{0}	钉锤 tiŋ^{51}tʂʰuei^{0} 榔头 lɑ̃^{21}tʰɤu^{0}	钉子 tiŋ^{51}tsɿ^{0}
宁县	解锥 kɛ^{52}tʃuei^{0} 起子 tɕʰi^{55}tsɿ^{0}	锤 tʃʰuei^{24}	钉子 tiŋ^{31}tsɿ^{0}
武都区	解锥 kɛɪ^{55}tʃuei^{21}	锤锤子 tʃʰuei^{22}tʃʰuei^{33}tsɿ^{21}	钉钉子 tin^{53}tin^{21}tsɿ^{21} 钉子 tin^{31}tsɿ^{21}
文县	解锥 kɛe^{55}tsuei^{42}	锤锤子 tsʰuei^{21}tsʰuei^{13}tsɿ^{42} 掌锤子 tsɑ̃^{35}tsʰuei^{42}tsɿ^{42}	钉子 tiəŋ^{42}tsɿ^{42}
康县	解锥 kɛ^{35}pfʰei^{21}	锤锤子 pfʰei^{42}pfʰei^{35}tsɿ^{42}	钉子 tsiŋ^{53}tsɿ^{21}
礼县	解锥 kai^{52}tʃuei^{13}	掌锤儿 tʂɑŋ^{52}tʃʰueir^{13}	洋钉子 iɑŋ^{13}tiŋ^{21}tsɿ^{24}
靖远县	解锥 kɛ^{55}tʂuei^{21}	钉锤子 tiŋ^{41}tʂʰuei^{21}tsɿ^{21}	钉子 tiŋ^{41}tsɿ^{21}
陇西县	解锥 kɛ^{55}tʂue^{21}	锤锤儿 tʂʰue^{24}tʂʰue^{42}zɿ^{13}	钉子 tin^{22}tsɿ^{21}
秦州区	解锥 kɛ^{53}tsuei^{21}	钉锤 tiɤŋ^{21}tsʰuei^{13}	钉钉 tiɤŋ^{13}tiɤŋ^{21}
安定区	解锥 kɛ^{53}tʃuei^{21}	锤锤子 tʃʰuei^{13}tʃʰuei^{21}tsɿ^{21}	钉子 tiŋ^{21}tsɿ^{44}
会宁县	解锥 kɛ^{53}tʃuei^{21}	锤锤子 tʃʰuei^{13}tʃʰuei^{21}tsɿ^{21} 锤锤儿 tʃʰuei^{13}tʃʰuei^{21}zɿ^{21}	钉子 tiŋ^{21}tsɿ^{13}
临洮县	解锥 kɛ^{53}tʂuei^{21}	锤子 tʂʰuei^{21}tsɿ^{44}	钉子 tiŋ^{21}tsɿ^{13}
清水县	解锥 kɛ^{52}tʃəi^{21}	掌锤子 tʂɔ̃^{52}tʃʰəi^{13}tsɿ^{21} 钉锤儿 tsiŋ^{21}tʃʰəi^{13}ɚ^{21}	钉子 tsiŋ^{21}tsɿ^{52}
永靖县	解锥 kɛ^{53}tʂuei^{21}	锤锤 tʂʰuei^{22}tʂʰuei^{13}	钉子 tiɤŋ^{22}tsɿ^{53}
敦煌市	解锥 kɛ^{53}tʂuei^{21}	榔头 lɑŋ^{22}tʰɤu^{51}	钉子 tiŋ^{21}tsɿ^{13}
临夏市	解锥 kɛ^{44}tʂuei^{42}	锤锤 tʂʰuei^{13}tʂʰuei^{21}	钉子 tiŋ^{21}tsɿ^{53}
合作市	解锥 kɛe^{44}tʂuei^{53}	榔头 lɑŋ^{13}tʰəɯ^{21}	钉子 tiŋ^{21}tsɿ^{53}
临潭县	解锥 kɛe^{51}tʂuɪ^{21}	锤锤子 tsʰuɪ^{24}tsʰuɪ^{21}tsɿ^{21}	钉钉儿 tin^{44}tiər^{51}

	0691 绳子	0692 棍子	0693 做买卖
兰州市	绳子 ʂən^{53}tsɿ^{21}	棍棍子 kuən^{22}kuən^{22}tsɿ^{42}	做买卖 tsu^{22}mɛ^{55}mɛ^{21}
榆中县	绳子 ʂən^{31}tsɿ^{213}	棍子 kuən^{21}tsɿ^{44}	做买卖 tsu^{21}mɛ^{44}mɛ^{0}
永登县	绳绳子 ʂə̃n^{22}ʂə̃n^{24}tsɿ^{354}	棍棍子 kuə̃n^{22}kuə̃n^{24}tsɿ^{354}	做生意 tsuə^{22}ʂə̃n^{44}i^{21} 做买卖 tsu^{22}mɛ^{35}mɛ^{53}
红古区	绳 ʂən^{13}	棍 kuən^{13} 棍棍儿 kuən^{22}kuə̃r^{53}	做生意 tsuə^{13}ʂən^{22}zɿ^{13}
凉州区	绳子 ʂəŋ^{35}tsɿ^{53}	棍 kuŋ^{31}	做买卖 tsu^{31}mæ^{53}mæ^{35}
甘州区	绳子 ʂɤŋ^{35}tsɿ^{42}	棒子 paŋ^{35}tsɿ^{42}	干买卖 kaŋ^{22}mɛ^{22}mɛ^{44}
肃州区	绳子 ʂɤŋ^{35}tsɿ^{21}	棍子 kuŋ^{21}tsɿ^{13}	做生意 tʂu^{21}ʂɤŋ^{44}ʑi^{44}
永昌县	绳子 ʂəŋ^{13}tsɿ^{42}	棍子 koŋ^{53}tsɿ^{21}	做买卖 tsuə^{53}mɛe^{53}mɛe^{21}
崆峒区	绳 ʂɤŋ^{24}	棍 koŋ^{44}	做生意 tsu^{35}sɤŋ^{53}i^{21}
庆城县	绳 ʂɤŋ^{113}	棒棒 pã^{244}pã^{0}	做生意 tsu^{244}sɤŋ^{51}i^{0}
宁县	绳 ʂəŋ^{24}	棍 kuŋ^{44}	做买卖 tsu^{44}mɛ^{52}mɛ^{0} 做生意 tsu^{44}səŋ^{31}i^{0}
武都区	绳绳子 ʂəŋ^{22}ʂəŋ^{33}tsɿ^{21}	棍 kuŋ^{24} 棍棍子 kuŋ^{24}kuŋ^{21}tsɿ^{21}	做生意 tsɥ^{24}səŋ^{31}i^{21}
文县	绳绳子 səŋ^{21}səŋ^{13}tsɿ^{42}	棍棍子 koŋ^{22}koŋ^{42}tsɿ^{42}	做生意 tsu^{24}səŋ^{21}ʑi^{24}
康县	绳绳子 ʂɤŋ^{21}ʂɤŋ^{35}tsɿ^{21}	棍棍子 kuŋ^{24}kuŋ^{53}tsɿ^{21}	做生意 tsu^{24}sɤŋ^{53}i^{21}
礼县	绳 ʂɤŋ^{13}	棍 kuɤŋ^{44}	做生意 tʃu^{44}sɤŋ^{21}i^{44}
靖远县	绳 ʂɤŋ^{24}	棒棒子 paŋ^{35}paŋ^{41}tsɿ^{21}	做生意 tsɤu^{35}sɤŋ^{41}zɿ^{21}
陇西县	绳儿 ʂɤŋ^{22}zɿ^{44}	棍儿 kuŋ^{44}zɿ^{44}	做生意 tsu^{44}sɤŋ^{42}ʑi^{44}
秦州区	绳 ʂɤŋ^{13}	棍 kuɤŋ^{44}	做生意 tsɥ^{44}sɤŋ^{21}i^{44}
安定区	绳 ʂəŋ^{13}	棍子 kuŋ^{44}tsɿ^{21}	做生意 tsu^{44}səŋ^{21}ʑi^{44}
会宁县	绳 ʂəŋ^{13} 绳绳儿 ʂəŋ^{13}ʂəŋ^{21}zɿ^{21}	棍 kuŋ^{44} 棍棍儿 kuŋ^{44}kuŋ^{21}zɿ^{21}	做生意 tsu^{55}səŋ^{21}ʑi^{13}
临洮县	绳 ʂɤŋ^{13}	棍儿 kuə̃r^{53}	做生意 tsu^{44}sɤŋ^{21}ʑi^{44}
清水县	绳绳子 ʂɤŋ^{13}ʂɤŋ^{21}tsɿ^{21}	棍 kuŋ^{443} 棍棍子 kuŋ^{44}kuŋ^{21}tsɿ^{21}	做生意 tsu^{44}ʃɤŋ^{21}i^{443}
永靖县	绳绳 ʂɤŋ^{22}ʂɤŋ^{13}	棍 kuɤŋ^{44}	做买卖 tsu^{44}mɛ^{53}mɛ^{21}
敦煌市	绳 ʂɤŋ^{213}	棒子 paŋ^{35}tsɿ^{21}	做买卖 tsu^{35}mɛ^{53}mɛ^{21}
临夏市	绳［绳儿］ʂəŋ^{13}ʂei^{21}	棍棍 kuəŋ^{44}kuəŋ^{21}	做买卖 tsu^{53}mɛ^{44}mɛ^{42}
合作市	绳绳子 ʂəŋ^{13}ʂəŋ^{21}tsɿ^{53}	棍棍 kuəŋ^{44}kuəŋ^{21}	做买卖 tsu^{53}mɛe^{44}mɛe^{53}
临潭县	绳绳儿 ʂəŋ^{24}ʂər^{21}	棍棍子 kuəŋ^{44}kuəŋ^{21}tsɿ^{21}	做生意 tsu^{44}səŋ^{44}i^{44}

	0694 商店	0695 饭馆	0696 旅馆旧称
兰州市	铺子 p^{h}u^{22}tsɿ^{42}	馆子 kuæ̃^{34}tsɿ^{21}	店 tiæ̃^{13}
榆中县	铺子 p^{h}u^{21}tsɿ^{44} 商店 ʂaŋ^{51}tian^{213}	饭馆子 fan^{21}kuan^{44}tsɿ^{0}	旅店 ly^{44}tian^{213}
永登县	铺子 p^{h}u^{22}tsɿ^{354}	馆子 kuæ̃^{354}tsɿ^{21}	店 tiæ̃^{13}
红古区	铺子 p^{h}u^{22}tsɿ^{53}	馆子 kuan^{55}tsɿ^{21}	店 tian^{13}
凉州区	铺子 p^{h}u^{31}tsɿ^{21}	馆子 kuɑŋ^{53}tsɿ^{35} 馆馆子 kuɑŋ^{53}kuɑŋ^{35}tsɿ^{53}	旅社 ly^{35}ʂə^{53}
甘州区	商店 ʂaŋ^{44}tiaŋ^{31}	馆子 kuaŋ^{22}tsɿ^{44}	旅社 ly^{24}ʂə^{31}
肃州区	商店 ʂɑŋ^{44}tiæ̃^{21} 门市部 mɤŋ^{35}sɿ^{31}pu^{21}	馆子 kuæ̃^{21}tsɿ^{51}	旅社 ly^{35}ʂə^{21}
永昌县	商店 ʂɑŋ^{44}tiɛ^{21}	饭馆子 fɛe^{53}kuɛe^{22}tsɿ^{44}	旅馆 ly^{53}kuɛe^{44}
崆峒区	铺子 p^{h}u^{35}tsɿ^{53}	馆子 kuæ̃^{55}tsɿ^{21}	店 tiæ̃^{44}
庆城县	小卖铺 ɕiɔ^{44}mɛ^{244}p^{h}u^{244} 商店儿 ʂɑ̃^{51}tiɛ̃r^{0}	饭馆 fɛ̃^{244}kuɛ̃^{44}	旅店 ly^{44}tiɛ̃^{244}
宁县	商店 ʂaŋ^{31}tiæ̃^{44}	馆子 kuæ̃^{55}tsɿ^{0}	旅社 ly^{44}ʂə^{44}
武都区	铺子 p^{h}u^{24}tsɿ^{21}	馆子 kuæ̃^{55}tsɿ^{21}	店 tiæ̃^{24} 旅店 ly^{55}tiæ̃^{24}
文县	商店 sɑ̃^{42}tiæ̃^{24}	馆子 kuæ̃^{55}tsɿ^{33}	旅店 ȵy^{55}tiæ̃^{24}
康县	商店 ʂɑŋ^{53}tian^{24}	馆子 kuɑŋ^{35}tsɿ^{21}	店 tɕian^{24}
礼县	铺子 p^{h}u^{44}tsɿ^{21}	馆子 kuæ̃^{52}tsɿ^{21}	店 tiæ̃^{44}
靖远县	铺子 p^{h}u^{35}tsɿ^{41}	馆子 kuæ̃^{55}tsɿ^{21}	店 tiæ̃^{33}
陇西县	铺子 p^{h}u^{44}tsɿ^{21}	馆子 kuæ̃^{55}tsɿ^{21}	店 tiæ̃^{44}
秦州区	铺子 p^{h}u^{44}tsɿ^{21}	馆子 kuæ̃^{53}tsɿ^{21}	店 tiæ̃^{44}
安定区	铺子 p^{h}u^{44}tsɿ^{21}	馆子 kuæ̃^{53}tsɿ^{21}	店 tiæ̃^{44}
会宁县	铺子 p^{h}u^{44}tsɿ^{21}	馆子 kuæ̃^{53}tsɿ^{21}	店 tiæ̃^{44}
临洮县	铺子 p^{h}u^{44}tsɿ^{21}	馆子 kuæ̃^{53}tsɿ^{21}	店 tiæ̃^{44}
清水县	铺子 p^{h}u^{44}tsɿ^{21} 铺面 p^{h}u^{44}miæ̃^{443}	馆子 kuæ̃^{52}tsɿ^{21}	店 tsiæ̃^{443}
永靖县	商店 ʂɑŋ^{22}tiæ̃^{44} 铺子 p^{h}u^{44}tsɿ^{42}	饭馆 fæ̃^{44}kuæ̃^{53} 馆子 kuæ̃^{44}tsɿ^{21}	店 tiæ̃^{44}
敦煌市	铺子 p^{h}u^{35}tsɿ^{21}	馆子 kuæ̃^{53}tsɿ^{21}	店 tiɛ̃^{44}
临夏市	铺子 p^{h}u^{44}tsɿ^{21}	馆子 kuã^{44}tsɿ^{21}	旅社 ly^{44}ʂɤ^{42}
合作市	铺子 p^{h}u^{44}tsɿ^{21}	馆子 kuæ̃^{44}tsɿ^{21}	店 tiæ̃^{53}
临潭县	铺铺子 p^{h}u^{51}p^{h}u^{21}tsɿ^{44}	馆子 kuæ̃^{51}tsɿ^{24}	旅店 ly^{51}tiæ̃^{44}

	0697 贵	0698 便宜	0699 合算
兰州市	贵 kuei^{13}	便宜 p^{h}iæ̃^{53}ʑi^{21}	合算 xɤ^{53}suæ̃^{21}
榆中县	贵 kuei^{213}	便宜 p^{h}ian^{31}i^{213}	划来 xua^{13}lɛ^{312}
永登县	贵 kuei^{13}	便宜 p^{h}iæ̃^{53}i^{21}	划着 xua^{22}pfə^{53}
红古区	贵 kuei^{13}	便宜 p^{h}ian^{22}zɿ^{13}	划算 xua^{22}suan^{13}
凉州区	贵 kuei^{31}	贱 tɕiɑŋ^{31}	划算 xua^{35}suɑŋ^{53}
甘州区	贵 kuei^{31}	便宜 p^{h}iaŋ^{35}ʑi^{42}	划算 xua^{35}suaŋ^{42}
肃州区	贵 kuei^{213}	便宜 p^{h}iæ̃^{44}ʑi^{21}	划算 xua^{53}suæ̃^{21}
永昌县	贵 kuei^{53}	便宜 p^{h}iɛ^{13}ʑi^{42}	划算 xua^{13}suɛe^{42}
崆峒区	贵 kuei^{44}	便宜 p^{h}iæ̃^{22}i^{53}	划算 xua^{24}suæ̃^{44}
庆城县	贵 kuei^{244}	便宜 p^{h}iɛ̃^{21}i^{0}	合适 xuə^{21}ɛ^{h}ʅ^{0}
宁县	贵 kuei^{44}	贱 tɕ^{h}iæ̃^{44}	划算 xua^{22}suæ̃^{52}
武都区	贵 kuei^{24}	贱 tɕiæ̃^{24}	划算 xua^{22}suæ̃^{24}
文县	贵 kuei^{24}	便宜 p^{h}iæ̃^{42}ʑi^{13}	划算 xua^{42}suæ̃^{24}
康县	贵 kuei^{24}	便宜 p^{h}ian^{53}i^{13}	划算 xua^{53}suan^{24}
礼县	贵 kuei^{44}	便宜 p^{h}iæ̃^{13}i^{21}	划算 xua^{13}ʃuæ̃^{44}
靖远县	贵 kuei^{33}	贱 tɕiæ̃^{33} 便宜 p^{h}iæ̃^{22}zɿ^{55}	划算 xua^{22}suæ̃^{33}
陇西县	贵 kue^{44}	便宜 p^{h}iæ̃^{22}ʑi^{44}	划算 xua^{22}suæ̃^{44}
秦州区	贵 kuei^{44}	贱 tɕ^{h}iæ̃^{44}	划着 xua^{13}tʂ^{h}uə^{13}
安定区	贵 kuɛ^{44}	贱 tɕ^{h}iæ̃^{44}	划来 xua^{13}lɛ^{13}
会宁县	贵 kuei^{44}	便宜 p^{h}iæ̃^{21}ʑi^{44}	划来 xua^{13}lɛ^{13}
临洮县	贵 kuei^{44}	便宜 p^{h}iæ̃^{21}ʑi^{44}	划来 xua^{13}lɛ^{13}
清水县	贵 kuəi^{443}	便宜 p^{h}iæ̃^{13}i^{21} 贱 ts^{h}iæ̃^{443}	划着 xua^{13}tʂ^{h}uə^{21}
永靖县	贵 kuei^{44}	便宜 p^{h}iæ̃^{22}i^{13}	划来 xua^{13}lɛ^{13}
敦煌市	贵 kuei^{44}	便宜 p^{h}iɛ̃^{22}ʑi^{51}	划算 xua^{22}suæ̃^{44}
临夏市	贵 kuei^{53}	便宜 p^{h}iɛ̃^{21}zi^{44}	划算 xuɑ^{21}suã^{44}
合作市	贵 kuei^{53}	便宜 p^{h}iæ̃^{21}ʑi^{44}	划着 xuᴀ^{13}tʂuə^{13}
临潭县	贵 kuɪi^{44}	便宜 p^{h}iæ̃^{21}i^{44}	划算 xua^{21}suæ̃^{44}

	0700 折扣	0701 亏本	0702 钱统称
兰州市	降价 tɕiã^{22}tɕia^{13}	折本 ʂɤ^{53}pən^{42}	钱 tɕ^{h}iæ̃^{53}
榆中县	折扣 tʂə^{31}k^{h}əu^{213}	折本 ʂə^{31}pən^{44}	钱 tɕ^{h}ian^{312}
永登县	折子 tʂə^{22}tsɿ^{354}	折本 ʂə^{55}pə̃n^{55}	钱儿 tɕ^{h}iæ̃^{53}ɣə^{13}
红古区	折扣 tʂə^{22}k^{h}ɤu^{13}	折本 ʂə^{22}pən^{55}	钱儿 tɕ^{h}iɐ̃r^{13}
凉州区	折扣 tʂə^{35}k^{h}əu^{53}	赔 p^{h}ei^{35}	钱 tɕ^{h}iɑŋ^{35}
甘州区	打折 ta^{22}tʂə^{53}	赔了 p^{h}ei^{35}liɔ^{42}	钱儿 tɕ^{h}iaŋ^{35}ɣɤ^{42}
肃州区	折扣 tʂə^{35}k^{h}əu^{21}	亏本 k^{h}uei^{44}pɤŋ^{51}	钱 tɕ^{h}iæ̃^{51}
永昌县	打折 ta^{44}tʂə^{21}	亏本 k^{h}uei^{44}pəŋ^{13}	钱儿 tɕ^{h}iɛ^{13}ɣɤ^{42}
崆峒区	折扣 tʂɤ^{22}k^{h}əu^{44}	亏本了 k^{h}uei^{22}pɤŋ^{55}liɛ^{21}	钱 tɕ^{h}iæ̃^{24}
庆城县	少些 ʂɔ^{44}ɕiᴇ^{0}	贴了 t^{h}iᴇ^{51}liɔ^{0}	钱 tɕ^{h}iɛ̃^{113}
宁县	折扣 tʂə^{22}k^{h}ou^{44}	亏本 k^{h}uei^{22}pəŋ^{52}	钱 tɕ^{h}iæ̃^{24}
武都区	折扣 tʂɤ^{22}k^{h}əu^{24}	折本 ʂɤ^{22}pəŋ^{33} 贴了 t^{h}iᴇ^{31}lɔu^{21}	票子 p^{h}iɔu^{24}tsɿ^{21} 钱 tɕ^{h}iæ̃^{13}
文县	减价 tɕiã^{55}tɕia^{24}	贴本 t^{h}iɛ^{33}pəŋ^{55}	钱 tɕ^{h}iæ̃^{13}
康县	打折 ta^{55}tʂɤ^{21}	贴了 tɕ^{h}iɛ^{53}liɔo^{21}	钱 ts^{h}ian^{13}
礼县	折扣 tʂɤ^{31}k^{h}əu^{44}	亏本儿 k^{h}uei^{31}pɤ̃r^{52}	钱 tɕ^{h}iæ̃^{13}
靖远县	折扣 tʂɤ^{22}k^{h}ɤu^{33}	赔了 p^{h}ei^{22}liɑo^{55}	钱儿 tɕ^{h}iɐ̃r^{24}
陇西县	让下的 ʐɑŋ^{44}xa^{44}tɤu^{42}	亏本 k^{h}ue^{21}pɤŋ^{53}	钱儿 tɕ^{h}iæ̃^{22}zɿ^{44}
秦州区		折本 ʂɤ^{13}pɤŋ^{53}	钱 tɕ^{h}iæ̃^{13}
安定区		赔了 p^{h}ɛ^{21}lɔ^{44}	钱 tɕ^{h}iæ̃^{13}
会宁县	折扣 tʂə^{21}k^{h}əu^{44}	赔本 p^{h}ɛ^{13}pəŋ^{53}	钱 tɕiæ̃^{13}
临洮县	折扣 tʂɛ^{21}k^{h}ɤu^{44}	赔本儿 p^{h}ei^{13}pə̃r^{53}	钱儿 tɕ^{h}iɐr^{13}
清水县	折价 tʂə^{21}tɕia^{443}	亏 k^{h}uəi^{13}	钱 ts^{h}iæ̃^{13}
永靖县	折扣 tʂɤ^{22}k^{h}ɤu^{44}	亏本 k^{h}uei^{22}pɤŋ^{53}	钱 tɕ^{h}iæ̃^{213}
敦煌市	折扣 tʂə^{21}k^{h}ə^{44}	折本 ʂə^{22}pɤŋ^{51}	钱 tɕ^{h}iɛ̃^{213}
临夏市	折扣 tʂɤ^{21}k^{h}ɤu^{53}	亏本 k^{h}uei^{21}pəŋ^{44}	钱 tɕ^{h}iɛ̃^{13}
合作市	折扣 tʂə^{21}k^{h}əɯ^{53}	本亏下了 pəŋ^{44}k^{h}uei^{21}xᴀ^{44}liɔ^{21}	钱 tɕ^{h}iæ̃^{13}
临潭县	折扣 tʂɤ^{21}k^{h}əɯ^{44}	折本 ʂɤ^{21}pəŋ^{51}	钱 tɕ^{h}iæ̃^{24}

	0703 零钱	0704 硬币	0705 本钱
兰州市	零钱 lin^{53}tɕʰiæ̃^{42}	分分钱 fən^{44}fən^{44}tɕʰiæ̃^{53}	本钱 pən^{55}tɕʰiæ̃^{42}
榆中县	零钱 lin^{13}tɕʰian^{312}	硬币 ȵin^{13}pi^{213}	本钱 pən^{44}tɕʰian^{0}
永登县	零钱 lin^{22}tɕʰiæ̃^{53}	坨子 tʰuə^{53}tsɿ^{21}	本钱 pə̃n^{35}tɕʰiæ̃^{53}
红古区	零钱儿 lin^{22}tɕʰiɐ̃r^{53}	分分钱儿 fən^{22}fən^{13}tɕʰiɐ̃r^{53}	本钱儿 pən^{55}tɕʰiɐ̃r^{21}
凉州区	零钱 liŋ^{35}tɕʰiɑŋ^{53}	分钱子 fəŋ^{35}tɕʰiɑŋ^{35}tsɿ^{53}	本钱 pəŋ^{53}tɕʰiɑŋ^{35}
甘州区	毛毛钱 mɔ^{35}mɔ^{42}tɕʰiaŋ^{21}	铊铊子 tʰuə^{35}tʰuə^{42}tsɿ^{21}	本钱 pɤŋ^{22}tɕʰiaŋ^{44}
肃州区	零钱 liŋ^{53}tɕʰiæ̃^{51}	硬币 ʑiŋ^{13}pi^{21} 钢元元 kɑŋ^{44}ʑyæ̃^{44}ʑyæ̃^{21}	本钱 pɤŋ^{21}tɕʰiæ̃^{51}
永昌县	毛毛钱 mɔo^{13}mɔo^{42}tɕʰiɛ^{13}	分钱子 fəŋ^{44}tɕʰiɛ^{44}tsɿ^{44}	本钱 pəŋ^{53}tɕʰiɛ^{13}
崆峒区	零钱 liɤŋ^{24}tɕʰiæ̃^{24}	钢元儿 kɑŋ^{22}yɐr^{24}	本钱 pɤŋ^{55}tɕʰiæ̃^{21}
庆城县	零钱 liŋ^{113}tɕʰiɛ̃^{0}	坨坨钱 tʰuə^{21}tʰuə^{44}tɕʰiɛ̃^{0}	本金 pɤŋ^{44}tɕiŋ^{0}
宁县	零钱 liŋ^{24}tɕʰiæ̃^{24}	钢元儿 kaŋ^{31}yæ̃r^{24}	本钱 pəŋ^{55}tɕʰiæ̃^{0}
武都区	零钱 lin^{13}tɕʰiæ̃^{13}	分分儿钱 fəŋ^{31}fəŋ^{21}ɚ^{21}tɕʰiæ̃^{13}	本 pəŋ^{55} 本钱 pəŋ^{55}tɕʰiæ̃^{21}
文县	零钱 liəŋ^{13}tɕʰiæ̃^{13}	镍币 ȵiɛ^{42}pi^{24}	本钱 pəŋ^{55}tɕʰiæ̃^{42}
康县	零碎钱 liŋ^{21}suei^{24}tsʰian^{53}	硬币 ȵiŋ^{24}pi^{24}	本钱 pɤŋ^{35}tsʰian^{21}
礼县	零钱 liŋ^{13}tɕʰiæ̃^{13}	分分儿钱 fɤŋ^{31}fɤ̃r^{24}tɕʰiæ̃^{21}	本钱 pɤŋ^{52}tɕʰiæ̃^{13}
靖远县	零钱儿 liŋ^{24}tɕʰiɐ̃r^{24}	分分钱儿 fɤŋ^{41}fɤŋ^{21}tɕʰiɐ̃r^{24}	本钱 pɤŋ^{55}tɕʰiæ̃^{21}
陇西县	碎钱儿 sue^{44}tɕʰiæ̃^{22}zɿ^{44}	分分儿 fɤŋ^{42}fɤŋ^{22}zɿ^{44}	本钱 pɤŋ^{55}tɕʰiæ̃^{42}
秦州区	零钱 liɤŋ^{13}tɕʰiæ̃^{21}	分分钱 fɤŋ^{21}fɤŋ^{13}tɕʰiæ̃^{21}	本钱 pɤŋ^{53}tɕʰiæ̃^{21}
安定区	碎钱 suei^{44}tɕʰiæ̃^{13}	分分钱 fəŋ^{21}fəŋ^{13}tɕʰiæ̃^{13}	本钱 pəŋ^{53}tɕʰiæ̃^{21}
会宁县	零钱 liŋ^{21}tɕʰiæ̃^{13}	钢元 kɑŋ^{21}yæ̃^{13}	本钱 pəŋ^{53}tɕʰiæ̃^{21}
临洮县	零钱儿 liŋ^{13}tɕʰiɐr^{13}	分分钱儿 fɤŋ^{21}fɤŋ^{13}tɕʰiɐr^{13}	本钱 pɤŋ^{53}tɕʰiæ̃^{21}
清水县	零钱 liŋ^{13}tsʰiæ̃^{21}	铅元儿 tɕʰiæ̃^{21}yæ̃^{13}ɚ^{21} 钢元儿 kɔ̃^{21}yæ̃^{13}ɚ^{21}	本钱 pɤŋ^{52}tsʰiæ̃^{21}
永靖县	零花钱 liɤŋ^{22}xua^{22}tɕʰiæ̃^{13}	白元 pɤ^{13}yæ̃^{213}	本 pɤŋ^{53}
敦煌市	零钱 liŋ^{13}tɕʰiɛ̃^{213}	分分钱 fɤŋ^{22}fɤŋ^{35}tɕʰiɛ̃^{21}	本钱 pɤŋ^{53}tɕʰiɛ̃^{21}
临夏市	毛毛钱 mɔ^{13}mɔ^{44}tɕʰiɛ̃^{21}	分分钱 fəŋ^{21}fəŋ^{42}tɕʰiɛ̃^{21}	本钱 pəŋ^{44}tɕʰiɛ̃^{24}
合作市	零钱 liŋ^{13}tɕʰiæ̃^{13}	分分钱 fəŋ^{21}fəŋ^{53}tɕʰiæ̃^{21}	本钱 pəŋ^{44}tɕʰiæ̃^{13}
临潭县	角角儿钱 tɕyɛ^{44}tɕyər^{51}tɕʰiæ̃^{24}	分分钱儿 fəŋ^{44}fər^{51}tɕʰiər^{24}	本钱 pəŋ^{51}tɕʰiæ̃^{24}

	0706 工钱	0707 路费	0708 花~钱
兰州市	工钱 kuən^{55}tɕ^{h}iæ̃^{42}	盘缠 p^{h}æ̃^{53}tʂ^{h}æ̃^{13}	花 xua^{55}
榆中县	工钱 kuən^{51}tɕ^{h}ian^{0}	路费 lu^{13}fei^{213}	花 xua^{51}
永登县	工钱 kuə̃n^{44}tɕ^{h}iæ̃^{21}	盘缠 p^{h}æ̃^{22}tʂ^{h}æ̃^{35}	花 xua^{42}
红古区	工钱儿 kuən^{22}tɕ^{h}iɐ̃r^{13}	盘缠 p^{h}an^{22}tʂ^{h}an^{55}	花 xua^{13}
凉州区	工钱 kuŋ^{35}tɕ^{h}iɑŋ^{53}	盘缠 p^{h}ɑŋ^{35}tʂ^{h}ɑŋ^{53}	花 xua^{35}
甘州区	工钱 kuŋ^{44}tɕ^{h}iaŋ^{44}	路费 lu^{24}fei^{31}	花 xua^{44}
肃州区	工钱 kuŋ^{35}tɕ^{h}iæ̃^{44}	路费 lu^{13}fei^{21}	花 xua^{44}
永昌县	工钱 koŋ^{44}tɕ^{h}iɛ^{44}	盘缠 p^{h}ɛe^{13}tʂ^{h}ɛe^{42}	花 xua^{44}
崆峒区	工钱 koŋ^{53}tɕ^{h}iæ̃^{21}	盘缠 p^{h}æ̃^{22}tʂ^{h}æ̃^{53}	花 xua^{21}
庆城县	工钱 kuŋ^{51}tɕ^{h}iɛ̃^{0}	车费 tʂ^{h}ɛ^{21}fei^{244}	花 xua^{51}
宁县	工钱 kuŋ^{31}tɕ^{h}iæ̃^{0}	盘缠 p^{h}æ̃^{22}tʂ^{h}æ̃^{52} 路费 lou^{44}fei^{44}	花 xua^{31}
武都区	工钱 kuŋ^{31}tɕ^{h}iæ̃^{21}	盘缠 p^{h}æ̃^{22}tʂ^{h}æ̃^{13} 路费 lu^{24}fei^{24}	花 xua^{31}
文县	工钱 koŋ^{42}tɕiæ̃^{13}	路费 lu^{24}fei^{24}	用 yəŋ^{24}
康县	工钱 kuŋ^{53}ts^{h}ian^{21}	路费 lu^{24}fei^{24}	花 xua^{53}
礼县	工钱 kuɤŋ^{31}tɕ^{h}iæ̃^{13}	盘缠 p^{h}æ̃^{13}tʂ^{h}æ̃^{21} 路费 nu^{44}fei^{44}	花 xua^{31}
靖远县	工钱 koŋ^{41}tɕ^{h}iæ̃^{21}	盘缠 p^{h}æ̃^{22}tʂ^{h}æ̃^{55}	花 xua^{41}
陇西县	工钱 kuŋ^{42}tɕ^{h}iæ̃^{13}	盘缠 p^{h}æ̃^{24}tʂ^{h}æ̃^{42}	花 xua^{21}
秦州区	工钱 kuɤŋ^{21}tɕ^{h}iæ̃^{13}	盘缠 pæ̃^{13}tʂ^{h}æ̃^{21}	踢 t^{h}i^{13}
安定区	下苦钱 ɕia^{44}k^{h}u^{53}tɕ^{h}iæ̃^{21}	盘缠 p^{h}æ̃^{13}tʂ^{h}æ̃^{21}	花 xua^{13}
会宁县	工钱 kuŋ^{21}tɕ^{h}iæ̃^{13}	盘缠 p^{h}æ̃^{13}tʂ^{h}æ̃^{21}	花 xua^{13}
临洮县	工钱 kuŋ^{21}tɕ^{h}iæ̃^{13}	盘缠 pæ̃^{21}tʂ^{h}æ̃^{44}	花 xua^{13}
清水县	工钱 kuŋ^{21}ts^{h}iæ̃^{13}	盘缠 p^{h}æ̃^{13}tʂ^{h}ɒ̃^{21}	花 xua^{13} 使 ʃɨ^{52}
永靖县	工钱 kuɤŋ^{22}tɕ^{h}iæ̃^{53}	盘缠 p^{h}æ̃^{22}tʂ^{h}æ̃^{44}	花 xua^{213}
敦煌市	工钱 kuŋ^{21}tɕ^{h}iɛ̃^{13}	盘缠 p^{h}æ̃^{22}tʂ^{h}æ̃^{51}	花 xua^{213}
临夏市	工钱 kuəŋ^{21}tɕ^{h}iɛ̃^{53}	盘缠 p^{h}ɑ̃^{13}tʂ^{h}ɑ̃^{42}	花 xuɑ^{13}
合作市	工钱 kuəŋ^{21}tɕ^{h}iæ̃^{53}	盘缠 p^{h}æ̃^{13}tʂ^{h}æ̃^{21}	花 xuᴀ^{13}
临潭县	工钱 kuəŋ^{44}tɕ^{h}iæ̃^{51}	盘缠 p^{h}æ̃^{24}tʂ^{h}æ̃^{21}	花 xua^{44}

	0709 赚卖一斤能～一毛钱	0710 挣打工～了一千块钱	0711 欠～他十块钱
兰州市	赚 tʂuæ̃^{13}	挣 tʂən^{13}	该 kɛ^{55}
榆中县	挣 tʂən^{213}	挣 tʂən^{213}	欠 tɕʰian^{213}
永登县	赚 pfæ̃^{13}	挣 tʂə̃n^{13}	欠 tɕʰiæ̃^{13} 该 kɛ^{42}
红古区	挣 tʂən^{13}	挣 tʂən^{13}	该 kɛ^{53} 欠 tɕʰian^{13}
凉州区	挣 tsəŋ^{31}	挣 tsəŋ^{31}	该 kæ^{35}
甘州区	赚 kuaŋ^{31}	挣 tʂɤŋ^{31}	该 kɛ^{44}
肃州区	赚 tʂuæ̃^{213}	挣 tsɤŋ^{213}	欠 tɕʰiæ̃^{51} 该 kɛ^{44}
永昌县	赚 tʂuɛe^{53}	挣 tʂəŋ^{53}	该 kɛe^{44}
崆峒区	赚 tɕiæ̃^{44}	挣 tsɤŋ^{44}	欠 tɕʰiæ̃^{44}
庆城县	挣 tsɤŋ^{244}	挣 tsɤŋ^{244}	欠 tɕʰiɛ̃^{244} 短 tuɛ̃^{44}
宁县	赚 tʃuæ̃^{44}	挣 tsəŋ^{44}	该 kɛ^{31} 短 tuæ̃^{52}
武都区	赚 tʃuæ̃^{24} 长 tʂʰɑŋ^{24}	挣 tsəŋ^{24}	欠 tɕʰiæ̃^{24} 该 kɛɪ^{31}
文县	赚 tsuæ̃^{24}	挣 tsəŋ^{24}	该 kɛe^{31} 欠 tɕʰiæ̃^{24}
康县	赚 pfan^{24}	挣 tsɤŋ^{24}	该 kɛ^{53}
礼县	赚 tɕiæ̃^{44}	挣 tsɤŋ^{44}	该 kai^{31}
靖远县	赚 tɕiæ̃^{33}	挣 tsɤŋ^{33}	该 kɛ^{41}
陇西县	赚 tɕiæ̃^{44}	挣 tsɤŋ^{44}	该 kɛ^{21} 欠 tɕʰiæ̃^{44}
秦州区	赚 tɕiæ̃^{44}	挣 tsɤŋ^{44}	该 kɛ^{13}
安定区	挣 tsəŋ^{44}	挣 tsəŋ^{44}	该 kɛ^{13}
会宁县	赚 tɕiæ̃^{44}	挣 tsəŋ^{44}	欠 tɕʰiæ̃^{44}
临洮县	赚 tɕiæ̃^{44}	挣 tsɤŋ^{44}	该 kɛ^{13}
清水县	赚 tʃæ̃^{443}/tɕiæ̃^{443}	挣 tʃɤŋ^{443} 长 tsʰɒ̃^{443}	欠 tɕʰiæ̃^{443} 该 kɛ^{13}
永靖县	挣 tʂɤŋ^{44}	挣 tʂɤŋ^{44}	欠 tɕʰiæ̃^{44}
敦煌市	赚 tɕiɛ̃^{44}/tʂuæ̃^{213}	挣 tsɤŋ^{44}	该 kɛ^{213}
临夏市	挣 tʂəŋ^{53}	挣 tʂəŋ^{53}	欠 tɕʰiɛ̃^{53}
合作市	长 tʂʰɑŋ^{13}	挣 tʂəŋ^{53}	欠 tɕʰiæ̃^{53}
临潭县	长钱 tʂʰɒ^{24}tɕʰiæ̃^{24}	挣 tsəŋ^{44}	欠 tɕʰiæ̃^{51}

	0712 算盘	0713 秤统称	0714 称用秆秤～
兰州市	算盘 suæ̃^{22}pʰæ̃^{53}	秤 tʂʰən^{13}	称 tʂʰən^{55}
榆中县	算盘 suan^{21}pʰan^{44}	秤 tʂʰən^{213}	称 tʂʰən^{54}
永登县	算盘 suæ̃^{22}pʰæ̃^{55}	秤 tʂʰə̃n^{13}	称 tʂʰə̃n^{42}
红古区	算盘 suan^{22}pʰan^{55}	秤 tʂʰən^{13}	称 tʂʰən^{13}
凉州区	算盘 suɑŋ^{31}pʰɑŋ^{21}	秤 tʂʰəŋ^{31}	称 tʂʰəŋ^{35}
甘州区	算盘 suaŋ^{31}pʰaŋ^{21}	秤 tʂʰɤŋ^{31}	称 tʂʰɤŋ^{44}
肃州区	算盘 suæ̃^{21}pʰæ̃^{13}	秤 tʂʰɤŋ^{213}	称 tʂʰɤŋ^{44}
永昌县	算盘 suɛe^{53}pʰɛe^{21}	秤 tʂʰəŋ^{53}	称 tʂʰəŋ^{44}
崆峒区	算盘 suæ̃^{35}pʰæ̃^{53}	秤 tʂʰɤŋ^{44}	称 tʂʰɤŋ^{21}
庆城县	算盘 suɛ̃^{244}pʰɛ̃^{0}	秤 tʂʰɤŋ^{244}	称 tʂʰɤŋ^{51}
宁县	算盘 suæ̃^{44}pʰæ̃^{31}	秤 tʂʰəŋ^{44}	称 tʂəŋ^{31} 约 iɔ^{31}
武都区	算盘 suæ̃^{24}pʰæ̃^{21}	秤 tʂʰəŋ^{24}	称 tʂʰəŋ^{31}
文县	算盘 suæ̃^{24}pʰæ̃^{42}	秤 tsʰəŋ^{13}	过秤 kuə^{24}tsʰəŋ^{13}
康县	算盘子 suan^{24}pʰan^{53}tsɿ^{21}	秤 tʂʰɤŋ^{24}	称 tʂʰɤŋ^{53}
礼县	算盘 ʃuæ̃^{44}pʰæ̃^{21}	秤 tʂʰɤŋ^{44}	称 tʂʰɤŋ^{31} 过 kuɤ^{44}
靖远县	算盘 suæ̃^{35}pʰæ̃^{41}	秤 tʂʰɤŋ^{33}	称 tʂʰɤŋ^{41}
陇西县	算盘 suæ̃^{44}pʰæ̃^{44}	秤 tʂʰɤŋ^{44}	称 tʂʰɤŋ^{21}
秦州区	算盘 suæ̃^{44}pʰæ̃^{21}	秤 tʂʰɤŋ^{53}	称 tʂʰɤŋ^{53}
安定区	算盘 suæ̃^{44}pʰæ̃^{21}	秤 tʂʰəŋ^{44}	称 tʂʰəŋ^{13}
会宁县	算盘 suæ̃^{44}pʰæ̃^{21}	秤 tʂʰəŋ^{44}	称 tʂʰəŋ^{13}
临洮县	算盘 suæ̃^{44}pæ̃^{21}	秤 tʂʰɤŋ^{44}	称 tʂʰɤŋ^{13}
清水县	算盘子 suæ̃^{44}pʰæ̃^{21}tsɿ^{21}	秤 tʂʰɤŋ^{443}	称 tʂʰɤŋ^{13} 约 iɔ^{13}
永靖县	算盘 suæ̃^{44}pʰæ̃^{42}	秤 tʂʰɤŋ^{44}	称 tʂʰɤŋ^{213}
敦煌市	算盘 suæ̃^{35}pʰæ̃^{21}	秤 tʂʰɤŋ^{44}	称 tʂʰɤŋ^{213}
临夏市	算盘 suã^{44}pʰã^{21}	秤 tʂʰəŋ^{53}	称 tʂʰəŋ^{13}
合作市	算盘 suæ̃^{44}pʰæ̃^{21}	秤 tʂʰəŋ^{53}	称 tʂʰəŋ^{13}
临潭县	算盘 suæ̃^{44}pʰæ̃^{21}	秤 tʂʰəŋ^{44}	称 tʂʰəŋ^{44}

	0715 赶集	0716 集市	0717 庙会
兰州市	赶集 kæ̃^{55}tɕi^{13}	集市 tɕi^{53}ʂʅ^{13}	庙会 miɔ^{22}xuei^{13}
榆中县	跟集 kən^{51}tɕi^{0}	集市 tɕi^{31}ʂʅ^{213}	庙会 miɔ^{13}xuei^{213}
永登县		市场 ʂʅ^{22}tʂʰɑ̃^{53}	庙会 miɔ^{13}xuei^{13}
红古区			庙会 miɔ^{13}xuei^{13}
凉州区			庙会 miɑo^{31}xuei^{21}
甘州区	赶集 kaŋ^{53}tɕi^{31}	集 tɕi^{31}	庙会 miɔ^{24}xuei^{31}
肃州区	赶集 kæ̃^{53}tɕi^{21}	集市 tɕi^{35}sɿ^{21}	庙会 miɔ^{13}xuei^{21}
永昌县			庙会 miɔo^{22}xuei^{53}
崆峒区	跟集 kɤŋ^{22}tɕi^{24}	集 tɕi^{24}	庙会 miɔ^{44}xuei^{44}
庆城县	跟集 kɤŋ^{51}tɕi^{113}	集市摊摊 tɕi^{21}sɿ^{0}tʰɛ̃^{51}tʰɛ̃^{0}	庙会 miɔ^{244}xuei^{244}
宁县	跟集 kəŋ^{31}tɕʰi^{24}	集里 tɕʰi^{22}li^{52}	庙会 miɔ^{44}xuei^{44}
武都区	赶集 kæ̃^{55}tɕʰi^{21}	集 tɕʰi^{13}	庙会 miɔu^{24}xuei^{24}
文县	赶场 kɑ̃^{55}tsʰɑ̃^{13}	市场 sɿ^{24}tsʰɑ̃^{21}	庙会 miɔo^{24}xuei^{24}
康县	赶场 kan^{55}tʂʰɑŋ^{21} 上街 ʂɑŋ^{24}kɛ^{53}	场 tʂʰɑŋ^{13}	庙会 miɔo^{24}xuei^{24}
礼县	跟集 kɤŋ^{31}tɕʰi^{24}	集 tɕʰi^{13}	庙会 miɔo^{44}xuei^{44}
靖远县	跟集 kɤŋ^{22}tsʰɿ^{24}	市场 sɿ^{22}tʂʰɑŋ^{55}	庙会 miɑo^{33}xuei^{33}
陇西县	跟集 kɤŋ^{42}tɕʰi^{13}	集 tɕʰi^{13}	过会 kuɤ^{44}xue^{44}
秦州区	跟集 kɤŋ^{21}tɕʰi^{13}	集 tɕʰi^{13}	庙会 miɔ^{44}xuei^{44}
安定区	跟集 kəŋ^{21}tɕʰi^{13}	集 tɕʰi^{13}	庙会 miɔ^{44}xuei^{44}
会宁县	跟集 kəŋ^{21}tɕʰi^{13}	集 tɕʰi^{13}	庙会 miɔ^{44}xuei^{44}
临洮县	逢集 fɤŋ^{13}tɕʰi^{13}	集 tɕʰi^{13}	庙会 miɔ^{44}xuei^{44}
清水县	跟集 kɤŋ^{21}tsʰi^{13}	集 tsʰi^{13}	庙会 miɔ^{44}xuəi^{443} 会 xuəi^{443}
永靖县	赶集 kæ̃^{53}tɕi^{213}	集市 tɕi^{22}ʂʅ^{44}	庙会 miɔ^{44}xuei^{44}
敦煌市	赶集 kæ̃^{53}tɕi^{213}	集 tɕi^{213}	庙会 miɔ^{35}xuei^{44}
临夏市	逢集 fəŋ^{13}tɕi^{24}	集上 tɕi^{21}ʂɑŋ^{44}	打醮 tɑ^{44}tɕiɔ^{42}
合作市	上集 ʂɑŋ^{44}tɕi^{13}	村=拉= tsʰuəŋ^{13}lᴀ^{21}	庙会 miɔ^{44}xuei^{21}
临潭县	跟营 kəŋ^{44}in^{24}	营 in^{24}	会场 xuɪi^{44}tʂʰɒ^{21}

	0718 学校	0719 教室	0720 上学
兰州市	学堂 ɕyɛ^{53}tʰã^{42}	教室 tɕiɔ^{22}ʂʅ^{53}	上学 ʂã^{22}ɕyɛ^{53}
榆中县	学校 ɕyᴇ^{31}ɕiɔ^{213}	教室 tɕiɔ^{21}ʂʅ^{312}	上学 ʂaŋ^{13}ɕyᴇ^{312}
永登县	学校 ɕyə^{22}ɕiɔ^{55}	教室 tɕiɔ^{13}ʂʅ^{13}	上学 ʂã^{22}ɕyə^{53}
红古区	学校 ɕyɛ^{22}ɕiɔ^{13}	教室 tɕiɔ^{22}ʂʅ^{55}	学里去哩 ɕyɛ^{22}ɭʅ^{55}tsʰʅ^{21}ɭʅ^{21}
凉州区	学校 ɕyə^{35}ɕiɑo^{53}	教室 tɕiɑo^{31}ʂʅ^{21}	上学 ʂaŋ^{53}ɕyə^{35}
甘州区	学校 suə^{53}ɕiɔ^{31}	教室 tɕiɔ^{31}ʂʅ^{21}	上学 ʂaŋ^{22}suə^{53}
肃州区	学校 ɕyə^{44}ɕiɔ^{31}	教室 tɕiɔ^{13}ʂʅ^{31}	上学 ʂaŋ^{21}ɕyə^{51}
永昌县	学校 suə^{13}ɕiɔ^{42}	教室 tɕiɔo^{53}ʂʅ^{21}	上学 ʂaŋ^{53}ɕyə^{13}
崆峒区	学堂 ɕyɤ^{22}tʰɑŋ^{53}	教室 tɕiɔ^{44}ʂʅ^{24}	上学 ʂaŋ^{44}ɕyɤ^{24}
庆城县	学校 ɕyə^{21}ɕiɔ^{244}	教室 tɕiɔ^{244}ʂʅ^{0}	上学 ʂã^{244}ɕyə^{113}
宁县	学里 ɕyə^{22}li^{52}	教室 tɕiɔ^{44}ʂʅ^{31}	念书 ȵiæ̃^{44}ʃu^{31}
武都区	学校 ɕyɤ^{22}ɕiɔu^{24}	教室 tɕiɔu^{24}ʂʅ^{21}	念书 ȵiæ̃^{24}ʃu^{21} 上学 ʂaŋ^{24}ɕyɤ^{24}
文县	学堂 ɕyɛ^{21}tʰã^{42}	教室 tɕiɔo^{24}sʅ^{24}	上学 sã^{35}ɕyɛ^{13}
康县	学堂 ɕyɛ^{13}tʰɑŋ^{21}	教室 tɕiɔo^{24}ʂʅ^{53}	上学 ʂaŋ^{24}ɕyɛ^{21}
礼县	学校 ɕyɤ^{13}ɕiɔo^{44}	教室 tɕiɔo^{44}ʂʅ^{21}	上学 ʂaŋ^{44}ɕyɤ^{13}
靖远县	学校 ɕyə^{22}ɕiɑo^{33}	教室 tɕiɑo^{33}ʂʅ^{24}	上学 ʂaŋ^{33}ɕyə^{24}
陇西县	学校 ɕyɤ^{22}ɕiɔo^{44}	教室 tɕiɔo^{44}ʂʅ^{13}	上学 ʂaŋ^{44}ɕyɤ^{13}
秦州区	学堂 ɕyə^{13}tʰɑŋ^{21}	教室 tɕiɔ^{44}ʂʅ^{21}	念书 ȵiæ̃^{44}ʃɥ^{13}
安定区	学校 ɕiə^{21}ɕiɔ^{44}	教室 tɕiɔ^{44}ʂʅ^{21}	上学 ʂaŋ^{44}ɕiə^{13}
会宁县	学校 ɕiə^{21}ɕiɔ^{44}	教室 tɕiɔ^{44}ʂʅ^{21}	上学 ʂaŋ^{44}ɕiə^{13}
临洮县	学校 ɕye^{21}ɕiɔ^{44}	教室 tɕiɔ^{44}ʂʅ^{13}	上学 ʂã^{44}ɕye^{13}
清水县	学校 ɕyɛ^{13}ɕiɔ^{443}	教室 tɕiɔ^{44}ʂʅ^{21}	念书 ȵiæ̃^{44}ʃɨ^{13}
永靖县	学校 ɕyɛ^{22}ɕiɔ^{44}	教室 tɕiɔ^{44}ʂʅ^{42}	上学 ʂaŋ^{44}ɕyɛ^{13}
敦煌市	学校 ɕyə^{21}ɕiɔ^{44}	教室 tɕiɔ^{44}ʂʅ^{44}	上学 ʂaŋ^{35}ɕyə^{213}
临夏市	学校 ɕyɛ^{21}ɕiɔ^{44}	教室 tɕiɔ^{44}ʂʅ^{21}	上学 ʂaŋ^{44}ɕyɛ^{24}
合作市	学校 ɕyə^{21}ɕiɔ^{53}	教室 tɕiɔ^{44}ʂʅ^{21}	上学 ʂaŋ^{44}ɕyə^{13}
临潭县	学校 ɕyɛ^{21}ɕiɔo^{44}	教室 tɕiɔo^{44}ʂʅ^{24}	上学 ʂɒ^{44}ɕyɛ^{24}

	0721 放学	0722 考试	0723 书包
兰州市	放学 fã^{22}ɕyɛ^{53}	考试 kʰɔ^{55}ʂʅ^{13}	书包 fu^{44}pɔ^{42}
榆中县	放学 faŋ^{13}ɕyᴇ^{312}	考试 kʰɔ^{44}ʂʅ^{213}	书包 ʂu^{51}pɔ^{51}
永登县	放学 fã^{22}ɕyə^{53}	考试 kʰɔ^{55}ʂʅ^{13}	书包 fu^{44}pɔ^{21}
红古区	放学 faŋ^{13}ɕyɛ^{13}	考试 kʰɔ^{55}ʂʅ^{13}	书包 fu^{22}pɔ^{55}
凉州区	放学 faŋ^{53}ɕyə^{35}	考试 kʰɑo^{35}sʅ^{53}	书包 ʂu^{35}pɑo^{53}
甘州区	放学 faŋ^{22}ɕyə^{53}	考试 kʰɔ^{53}ʂʅ^{31}	书包 fu^{44}pɔ^{44}
肃州区	放学 faŋ^{21}ɕyə^{51}	考试 kʰɔ^{53}sʅ^{21}	书包 ʂu^{44}pɔ^{44}
永昌县	放学 faŋ^{53}ɕyə^{13}	考试 kʰɔo^{44}ʂʅ^{53}	书包 ʂu^{44}pɔo^{44}
崆峒区	放学 faŋ^{44}ɕyɤ^{24}	考试 kʰɔ^{53}sʅ^{44}	书包子 ʂu^{53}pɔ^{21}tsʅ^{21}
庆城县	放学 fã^{244}ɕyə^{113}	考试 kʰɔ^{44}sʅ^{244}	书包儿 ʂu^{51}pɔr^{0}
宁县	放学 faŋ^{44}ɕyə^{24}	考试 kʰɔ^{52}sʅ^{44}	书包 ʃu^{31}pɔ^{0}
武都区	放学 faŋ^{24}ɕyɤ^{24}	考试 kʰɔu^{55}sʅ^{24}	书包 ʃu^{31}pɔu^{21}
文县	放学 fã^{24}ɕyɛ^{21}	考试 kʰɔo^{55}sʅ^{24}	书包 su^{31}pɔo^{31}
康县	放学 faŋ^{24}ɕyɛ^{21}	考试 kɔo^{55}ʂʅ^{24}	书包 fu^{53}pɔo^{21}
礼县	放学 faŋ^{44}ɕyɤ^{13}	考试 kʰɔo^{52}sʅ^{44}	书包 ʃu^{24}pɔo^{21}
靖远县	放学 faŋ^{33}ɕyə^{21}	考试 kʰɑo^{55}sʅ^{33}	书包儿 ʂʮ^{41}pɔr^{21}
陇西县	下学 ɕia^{44}ɕyɤ^{13}	考试 kʰɔo^{55}sʅ^{44}	书包 ʃʮ^{22}pɔo^{21}
秦州区	放学 faŋ^{44}ɕyə^{13}	考试 kʰɔ^{53}sʅ^{44}	书包 sʮ^{13}pɔ^{13}
安定区	散学 sæ̃^{44}ɕiə^{13}	考试 kʰɔ^{53}sʅ^{44}	书包 ʃu^{13}pɔ^{21}
会宁县	散学 sæ̃^{44}ɕiə^{13} 放学 faŋ^{44}ɕiə^{13}	考试 kʰɔ^{53}sʅ^{44}	书包 ʃu^{13}pɔ^{21}
临洮县	散学 sæ̃^{44}ɕye^{13}	考试 kʰɔ^{53}sʅ^{44}	书包儿 ʂu^{13}pɔr^{13}
清水县	放学 fɒ̃^{44}ɕyɛ^{13}	考试 kʰɔ^{52}ʃɨ^{443}	书包 ʃɨ^{13}pɔ^{21}
永靖县	散学 sæ̃^{44}ɕyɛ^{13}	考试 kʰɔ^{53}ʂʅ^{21}	书包 ʂu^{22}pɔ^{53}
敦煌市	放学 faŋ^{35}ɕyə^{213}	考试 kʰɔ^{53}sʅ^{44}	书包子 ʂu^{21}pɔ^{22}tsʅ^{51}
临夏市	散学 sã^{44}ɕyɛ^{24}	考试 kʰɔ^{44}ʂʅ^{42}	书包 ʂu^{44}pɔ^{21}
合作市	散学 sæ̃^{44}ɕyə^{13}	考试 kʰɔ^{44}ʂʅ^{53}	书包 fu^{44}pɔ^{21}
临潭县	放学 fɒ^{44}ɕyɛ^{24}	考试 kʰɔo^{51}sʅ^{44}	书包 ʂu^{44}pɔo^{44}

	0724 本子	0725 铅笔	0726 钢笔
兰州市	本子 pən^{34}tsɿ^{21}	铅笔 tɕ^{h}iæ̃^{53}pi^{21}	水笔 fei^{55}pi^{21}
榆中县	本子 pən^{44}tsɿ^{0}	铅笔 tɕ^{h}ian^{51}pi^{0}	水笔 ʂuei^{44}pi^{0}
永登县	本子 pə̃n^{35}tsɿ^{53}	铅笔 tɕ^{h}iæ̃^{44}pi^{21}	水笔 fei^{354}pi^{21} 钢笔 kɑ̃^{44}pi^{21}
红古区	本子 pən^{55}tsɿ^{21}	铅笔 tɕ^{h}ian^{13}pɿ^{13}	水笔 fei^{55}pɿ^{21}
凉州区	本子 pəŋ^{53}tsɿ^{35} 本本子 pəŋ^{53}pəŋ^{31}tsɿ^{21}	铅笔 tɕ^{h}iaŋ^{35}pi^{53}	水笔 ʂuei^{53}pi^{35}
甘州区	本子 pɤŋ^{22}tsɿ^{44}	铅笔 tɕ^{h}iaŋ^{44}pi^{44}	水笔 fei^{22}pi^{44}
肃州区	本子 pɤŋ^{21}tsɿ^{51}	铅笔 tɕ^{h}iæ̃^{44}pi^{44}	钢笔 kaŋ^{44}pi^{44}
永昌县	本子 pəŋ^{53}tsɿ^{21}	铅笔 tɕ^{h}iɛ^{44}pi^{44}	水笔 ʂuei^{44}pi^{44}
崆峒区	本子 pɤŋ^{55}tsɿ^{21}	铅笔 tɕ^{h}iæ̃^{24}pi^{21}	水笔 ʂuei^{55}pi^{21}
庆城县	本子 pɤŋ^{44}tsɿ^{0}	铅笔 tɕ^{h}iɛ̃^{51}pi^{51}	水笔 ʂuei^{44}pi^{0}
宁县	本子 pəŋ^{55}tsɿ^{0}	铅笔 tɕ^{h}iæ̃^{24}pi^{31}	水笔 ʃuei^{52}pi^{31}
武都区	本本儿 pəŋ^{55}pə̃r^{21} 本子 pəŋ^{55}tsɿ^{21}	铅笔 tɕ^{h}iæ̃^{31}pi^{21}	钢笔 kaŋ^{31}pi^{21}
文县	本本子 pəŋ^{44}pəŋ^{42}tsɿ^{42}	铅笔 tɕ^{h}iæ̃^{31}pi^{21}	水笔 suei^{55}pi^{21}
康县	本子 pɤŋ^{55}tsɿ^{21}	铅笔 tɕ^{h}ian^{53}pi^{21}	水笔 fei^{55}pi^{21}
礼县	本本儿 pɤŋ^{52}pɤ̃r^{24}	铅笔 tɕ^{h}iæ̃^{31}pi^{31}	水笔 ʃuei^{52}pi^{31}
靖远县	本子 pɤŋ^{55}tsɿ^{21}	铅笔 tɕiæ̃^{41}pɿ^{21}	水笔 ʂuei^{55}pɿ^{21}
陇西县	本子 pɤŋ^{55}tsɿ^{21}	铅笔 tɕ^{h}iæ̃^{22}pi^{21}	水笔 ʂue^{55}pi^{21}
秦州区	本子 pɤŋ^{53}tsɿ^{21}	铅笔 tɕ^{h}iæ̃^{13}pi^{21}	水笔 suei^{53}pi^{21}
安定区	本子 pəŋ^{53}tsɿ^{21}	铅笔 tɕ^{h}iæ̃^{13}pi^{21}	水笔 ʃuei^{53}pi^{21}
会宁县	本子 pəŋ^{53}tsɿ^{21}	铅笔 tɕ^{h}iæ̃^{21}pi^{13}	水笔 ʃuei^{53}pi^{21}
临洮县	本儿 pə̃r^{53}	铅笔 tɕ^{h}iæ̃^{13}pi^{21}	水笔 ʂuei^{53}pi^{21}
清水县	本子 pɤŋ^{52}tsɿ^{21}	铅笔 tɕ^{h}iæ̃^{13}pi^{13}	水笔 ʃəi^{52}pi^{13}
永靖县	本子 pɤŋ^{53}tsɿ^{21}	铅笔 tɕ^{h}iæ̃^{22}pi^{44}	钢笔 kaŋ^{22}pi^{53}
敦煌市	本子 pɤŋ^{53}tsɿ^{21}	铅笔 tɕ^{h}iɛ̃^{21}pi^{213}	水笔 ʂuei^{53}pi^{21}
临夏市	本子 pəŋ^{44}tsɿ^{24}	铅笔 tɕ^{h}iɛ̃^{13}pi^{42}	钢笔 kaŋ^{13}pi^{42}
合作市	本子 pəŋ^{44}tsɿ^{53}	铅笔 tɕ^{h}iæ̃^{21}pi^{53}	钢笔 kaŋ^{21}pi^{53}
临潭县	本本儿 pəŋ^{51}pər^{24}	铅笔 tɕ^{h}iæ̃^{44}pi^{44}	钢笔 kɒ^{44}pi^{44}

	0727 圆珠笔	0728 毛笔	0729 墨
兰州市	油子笔 iəu^{55}tsɿ^{42}pi^{21}	毛笔 mɔ^{53}pi^{21}	墨 mɤ^{13}
榆中县	油笔 iəu^{13}pi^{312}	毛笔 mɔ^{13}pi^{312} 生活 ʂən^{51}xuə^{0}	墨汁 mə^{31}tʂʅ^{213}
永登县	原子笔 yæ̃^{22}tsɿ^{354}pi^{21}	生活 ʂə̃n^{44}xuə^{21} 毛笔 mɔ^{354}pi^{21}	墨汁 miɛ^{13}tʂʅ^{13} 墨锭子 miɛ^{13}tin^{22}tsɿ^{44}
红古区	油笔 iɤu^{22}pɿ^{55}	生活 ʂən^{13}xuə^{13}	墨汁 mə^{22}tʂʅ^{55}
凉州区	油笔 iəu^{35}pi^{53}	生活 səŋ^{35}xuə^{53}	墨 mə^{31}
甘州区	油笔 iɤu^{35}pi^{42}	毛笔 mɔ^{35}pi^{42}	墨 miə^{31}
肃州区	圆珠笔 ʑyæ̃^{53}tʂu^{53}pi^{21}	毛笔 mɔ^{44}pi^{21} 生活 sɤŋ^{44}xuə^{44}	墨 mə^{213}
永昌县	油笔 iəu^{13}pi^{42}	毛笔 mɔo^{13}pi^{42}	墨 mə^{53}
崆峒区	油笔 iəu^{24}pi^{21}	毛笔 mɔ^{24}pi^{21}	墨 mei^{24}
庆城县	油笔 iɤu^{21}pi^{51}	毛笔 mɔ^{21}pi^{51}	墨汁 mei^{21}tʂʅ^{51}
宁县	油笔 iou^{24}pi^{31}	毛笔 mɔ^{24}pi^{31}	墨汁 mei^{24}tʂʅ^{31}
武都区	油笔 iəu^{13}pi^{21}	毛笔 mɔu^{24}pi^{21}	墨 mei^{24}
文县	油笔 iɤu^{22}pi^{42}	大字笔 ta^{24}tsɿ^{44}pi^{42}	墨 mei^{24}
康县	油笔 iɤu^{21}pi^{53}	毛笔 mɔo^{21}pi^{53}	墨 mei^{24}
礼县	油笔 iəu^{13}pi^{31}	毛笔 mɔo^{13}pi^{21}	墨 mei^{13}
靖远县	油笔 iɤu^{22}pɿ^{41}	生活 sɤŋ^{41}xuə^{21}	墨 mei^{24}
陇西县	油笔 iu^{24}pi^{42}	毛笔 mɔo^{24}pi^{42}	墨 me^{13}
秦州区	油笔 iɤu^{13}pi^{21}	毛笔 mɔ^{13}pi^{21}	墨 mei^{13}
安定区	油笔 iəu^{13}pi^{21}	毛笔 mɔ^{13}pi^{21}	墨汁 mɛ^{13}tʂʅ^{13}
会宁县	油笔 iəu^{13}pi^{21}	毛笔 mɔ^{13}pi^{21}	墨 mɛ^{13}
临洮县	油笔 iɤu^{13}pi^{21}	毛笔 mɔ^{13}pi^{21}	墨 mi^{13}
清水县	油笔 iou^{13}pi^{13}	毛笔 mɔ^{13}pi^{13}	墨 məi^{13}
永靖县	油笔 iɤu^{22}pi^{44}	毛生活 mɔ^{22}ʂɤŋ^{44}xuɤ^{53}	墨汁 mɤ^{22}tʂʅ^{44}
敦煌市	油笔 iɤu^{22}pi^{51}	毛笔 mɔ^{22}pi^{51}	墨 mei^{213}
临夏市	油笔 iɤu^{13}pi^{24}	毛笔 mɔ^{13}pi^{24}	墨汁 mɛ^{21}tʂʅ^{53}
合作市	油笔 iəɯ^{13}pi^{13}	毛笔 mɔ^{13}pi^{21}	墨汁 mɛe^{21}tʂʅ^{44}
临潭县	油笔 iəɯ^{24}pi^{21}	毛笔 mɔo^{24}pi^{21}	墨 mɪi^{44}

	0730 砚台	0731 信一封～	0732 连环画
兰州市	墨盒子 mɤ^{22}xɤ^{42}tsɿ^{21}	信 ɕin^{13}	小人书 ɕiɔ^{34}ẓən^{42}fu^{44}
榆中县	砚台 ian^{21}tʰɛ^{44}	信 ɕin^{213}	花书 xua^{51}ṣu^{51}
永登县	砚瓦 iæ̃^{22}va^{55}	信 ɕin^{13}	画本子 xua^{22}pə̃n^{354}tsɿ^{21}
红古区	砚台 ian^{22}tʰɛ^{55}	信 ɕin^{13}	娃娃书 va^{22}va^{55}fu^{13}
凉州区	砚瓦 iɑŋ^{31}va^{21}	信 ɕiŋ^{31}	画书子 xua^{35}ṣu^{35}tsɿ^{53}
甘州区	砚台 iaŋ^{31}tʰɛ^{21}	信 ɕiŋ^{31}	小人书 ɕiɔ^{22}ẓɤŋ^{53}fu^{44}
肃州区	砚台 ʑiæ̃^{21}tʰɛ^{13}	信 ɕiŋ^{213}	小人书 ɕiɔ^{21}ẓɤŋ^{53}ṣu^{44} 连环画 liæ̃^{44}xuæ̃^{42}xua^{21}
永昌县	砚瓦 iɛ^{53}va^{21}	信 ɕiŋ^{53}	小人书 ɕiɔo^{53}ẓəŋ^{22}ṣu^{44}
崆峒区	砚瓦 iæ̃^{35}ua^{53}	信 ɕiɤŋ^{44}	画画儿书 xua^{35}xuɐr^{35}ṣu^{21}
庆城县	墨盒 mei^{113}xuə^{113}	信 ɕiŋ^{244}	小人书 ɕiɔ^{44}ẓɤŋ^{0}ṣu^{51} 画书 xua^{244}ṣu^{0}
宁县	砚台 iæ̃^{44}tʰɛ^{31}	信 ɕiŋ^{44}	画本子 xua^{44}pəŋ^{0}tsɿ^{0} 画册子 xua^{44}tsʰei^{55}tsɿ^{0}
武都区	砚瓦 iæ̃^{13}va^{31}	信 ɕin^{24}	连环画 liæ̃^{13}xuæ̃^{31}xua^{24} 小人书 ɕiɔu^{55}ẓəŋ^{21}ʃu^{21}
文县	砚窝 iæ̃^{24}uə^{42}	信 ɕiəŋ^{24}	娃娃书 ua^{21}ua^{13}su^{42}
康县	砚窝儿 ian^{24}vɤr^{53}	信 siŋ^{24}	画儿书 xuar^{24}fu^{53}
礼县	砚窝儿 iæ̃^{44}vɤr^{21}	信 ɕiŋ^{44}	画本儿 xua^{44}pɤ̃r^{21}
靖远县	砚台 iæ̃^{35}tʰɛ^{41}	信 ɕiŋ^{33}	画本儿 xua^{35}pə̃r^{41}
陇西县	砚台 iæ̃^{44}tʰɛ^{13}	信 ɕiŋ^{44}	画书 xua^{22}ʃʮ^{21}
秦州区	砚瓦 iæ̃^{44}va^{21}	信 ɕiɤŋ^{44}	连环画 liæ̃^{13}xuæ̃^{13}xua^{53}
安定区	磨墨的 mə^{13}mɛ^{21}ti^{21}	信 ɕiŋ^{44}	画书 xua^{13}ʃu^{13}
会宁县	砚瓦 iæ̃^{44}ua^{21}	信 ɕiŋ^{44}	画书 xua^{21}ʃu^{13}
临洮县	砚台 iæ̃^{44}tʰɛ^{21}	信 ɕiŋ^{44}	画书 xa^{13}ṣu^{13}
清水县	砚窝 iæ̃^{44}və^{21}	信 siŋ^{443}	画书 xua^{13}ʃɨ^{13}
永靖县	砚瓦 iæ̃^{44}va^{53}	信 ɕiɤŋ^{44}	画娃娃书 xua^{22}va^{22}va^{13}ṣu^{13}
敦煌市	砚台 iɛ̃^{35}tʰɛ^{21}	信 ɕiŋ^{44}	小人书 ɕiɔ^{53}ẓɤŋ^{13}ṣu^{213}
临夏市	砚台 iɛ̃^{44}tʰɛ^{21}	信 ɕiŋ^{53}	娃娃书 vɑ^{21}vɑ^{42}ṣu^{13}
合作市	砚台 iæ̃^{44}tʰɛe^{21}	信 ɕiŋ^{53}	娃娃书 vA^{21}vA^{53}ṣu^{13}
临潭县	砚瓦 iæ̃^{44}va^{21}	信 ɕin^{51}	画画儿书 xua^{44}xuar^{51}ṣu^{44}

	0733 捉迷藏	0734 跳绳	0735 毽子
兰州市	捉迷藏 pfə^{55}mi^{42}tsʰã^{53}	跳绳 tʰiɔ^{22}ʂən^{13}	毽子 tɕiæ̃^{22}tsɿ^{53}
榆中县	捉迷藏 tʂuə^{31}mi^{13}tsʰaŋ^{312}	跳绳 tʰiɔ^{13}ʂən^{312}	毽子 tɕian^{21}tsɿ^{44}
永登县	藏 tsʰã^{53}	跳绳 tʰiɔ^{22}ʂə̃n^{53}	毽子 tɕiæ̃^{22}tsɿ^{354}
红古区	藏着耍 tɕʰiɑŋ^{22}tʂə^{22}fa^{55}	跳绳 tʰiɔ^{13}ʂən^{13}	毽子 tɕyan^{22}tsɿ^{55}
凉州区	藏猫猫 tsʰɑŋ^{53}mɑo^{35}mɑo^{53}	跳绳子 tʰiɑo^{53}ʂəŋ^{35}tsɿ^{53}	毽子 tɕiɑŋ^{31}tsɿ^{21}
甘州区	道道家 tɔ^{31}tɔ^{22}tɕia^{44}	跳绳 tʰiɔ^{22}ʂɤŋ^{53}	毽子 tɕiaŋ^{31}tsɿ^{21}
肃州区	溜道道家 liəu^{44}tɔ^{42}tɔ^{21}tɕia^{51}	跳绳 tʰiɔ^{21}ʂɤŋ^{51}	毽子 tɕiæ̃^{21}tsɿ^{13}
永昌县	藏迷迷 tsʰɑŋ^{53}mi^{13}mi^{42}	跳绳 tʰiɔo^{53}ʂəŋ^{13}	毽子 tɕiɛ^{53}tsɿ^{21}
崆峒区	藏猫猫猴儿 tɕʰiɑŋ^{24}mɔ^{35}mɔ^{53}xəur^{24}	跳绳 tʰiɔ^{44}ʂɤŋ^{24}	毽子 tɕiæ̃^{35}tsɿ^{53}
庆城县	猫猫虎儿 mɔ^{51}mɔ^{0}xuɤr^{113}	跳绳 tʰiɔ^{244}ʂɤŋ^{113}	毽子 tɕiɛ̃^{244}zɿ^{0}
宁县	藏猫虎逗儿 tsʰaŋ^{24}mɔ^{24}xu^{52}tour^{44}	跳绳 tɕʰiɔ^{24}ʂəŋ^{24}	毽子 tɕiæ̃^{44}tsɿ^{0}
武都区	藏猫猫虎儿 tsʰɑŋ^{24}mɔu^{22}mɔu^{24}xu^{21}ɚ^{0}	跳绳 tʰiɔu^{24}ʂəŋ^{13}	毽子 tɕiæ̃^{24}tsɿ^{21}
文县	藏迷迷儿 tɕʰiã^{21}mi^{13}mir^{42}	跳绳 tʰiɔo^{24}səŋ^{13}	毽儿 tɕiər^{24}
康县	藏猫儿虎 tsʰɑŋ^{24}mɔor^{21}xu^{55}	跳绳 tʰiɔo^{24}ʂɤŋ^{21}	毽儿 tɕiãr^{24}
礼县	藏迷迷巧⁼儿 tɕʰiɑŋ^{13}mi^{44}mi^{21}tɕʰiɔor^{52}	跳绳 tʰiɔo^{13}ʂɤŋ^{13}	毽子 tɕiæ̃^{44}tsɿ^{21}
靖远县	藏猫猫儿猴儿 tɕʰiɑŋ^{22}mɑo^{24}mɔr^{55}xɔr^{24}	跳绳 tʰiɑo^{24}ʂɤŋ^{24}	鸡毛毽子 tsɿ^{22}mɑo^{24}tɕiæ̃^{35}tsɿ^{41}
陇西县	藏着耍子哩 tɕʰiɑŋ^{22}tʂɤ^{44}ʃɥa^{55}tsɿ^{42}li^{21}	跳绳 tɕʰiɔo^{13}ʂɤŋ^{13}	毽子 tɕiæ̃^{44}tsɿ^{21}
秦州区	藏灰麻⁼麻⁼ tɕʰiɑŋ^{13}xuei^{44}ma^{21}ma^{13}	跳绳 tʰiɔ^{13}ʂɤŋ^{13}	毽子 tɕiæ̃^{44}tsɿ^{21}
安定区	藏猫猫 tsʰɑŋ^{13}mɔ^{44}mɔ^{44}	跳绳 tʰiɔ^{13}ʂəŋ^{13}	毽子 tɕyæ̃^{44}tsɿ^{21}
会宁县	藏着耍子 tɕʰiɑŋ^{21}tʂə^{44}ʃua^{53}tsɿ^{21}	跳绳 tʰiɔ^{13}ʂəŋ^{13}	毽子 tɕiæ̃^{44}tsɿ^{21}
临洮县	捉迷藏 tʂuɤ^{13}mi^{13}tsʰɑ̃^{13}	跳绳儿 tʰiɔ^{13}ʂə̃r^{13}	毽子 ɕiæ̃^{44}tsɿ^{21}
清水县	藏蚂蚂虎儿 tsʰiɒ̃^{13}ma^{21}ma^{13}xu^{21}ɚ^{13}	跳绳 tɕʰiɔ^{13}ʂɤŋ^{13}	毽子 tɕiæ̃^{44}tsɿ^{21}
永靖县	抓迷藏 tʂua^{22}mi^{13}tsʰɑŋ^{213}	跳绳 tʰiɔ^{44}ʂɤŋ^{13}	篆子 tsuæ̃^{44}tsɿ^{21}
敦煌市	藏猫猫猴儿 tsʰɑŋ^{22}mɔ^{44}mɔ^{44}xɤər^{213}	跳绳 tʰiɔ^{35}ʂɤŋ^{213}	毽子 tɕiɛ̃^{35}tsɿ^{21}
临夏市	藏着玩 tɕʰiɑŋ^{21}tʂɤ^{44}vã^{13}	跳绳 tʰiɔ^{44}ʂəŋ^{24}	毛丫 mɔ^{21}iɑ^{53}
合作市	藏着玩 tsʰɑŋ^{13}tʂə^{21}væ̃^{13}	跳绳 tʰiɔ^{44}ʂəŋ^{13}	毛丫 mɔ^{21}iᴀ^{53}
临潭县	藏根根儿 tɕʰiɒ^{24}kəŋ^{44}kər^{21}	跳绳 tʰiɔo^{24}ʂəŋ^{24}	毽子 tɕiæ̃^{44}tsɿ^{21}

	0736 风筝	0737 舞狮	0738 鞭炮统称
兰州市	风筝 fən^{53}tʂən^{21}	耍狮子 fa^{44}ʂʅ^{53}tsɿ^{21}	炮 pʰɔ^{13}
榆中县	风筝 fən^{51}tʂʰən^{0}	耍狮子 ʂua^{44}ʂʅ^{51}tsɿ^{0}	鞭炮 pian^{51}pʰɔ^{0}
永登县	风筝 fə̃n^{44}tʂʰə̃n^{21}	耍狮子 fa^{55}ʂʅ^{44}tsɿ^{21}	炮仗子 pʰɔ^{22}tʂɑ̃^{22}tsɿ^{354} 鞭炮 piæ̃^{44}pʰɔ^{21}
红古区	风筝 fən^{22}tʂʰən^{13}	耍狮子 fa^{55}ʂʅ^{55}tsɿ^{21}	炮仗儿 pʰɔ^{22}tʂɑŋ^{53}ər^{21}
凉州区	风筝 fəŋ^{35}tsəŋ^{53}	耍狮子 ʂua^{35}sɿ^{35}tsɿ^{53}	炮 pʰɑo^{31}
甘州区	风筝 fɤŋ^{44}tʂɤŋ^{44}	耍狮子 fa^{53}ʂʅ^{44}tsɿ^{44}	炮仗子 pʰɔ^{31}tʂaŋ^{22}tsɿ^{21}
肃州区	风筝 fɤŋ^{44}tsɤŋ^{44}	耍狮子 ʂua^{53}sɿ^{31}tsɿ^{44}	鞭炮 piæ̃^{44}pʰɔ^{44}
永昌县	风筝 fəŋ^{44}tʂəŋ^{44}	耍狮子 ʂua^{44}ʂʅ^{22}tsɿ^{44}	炮 pʰɔo^{53}
崆峒区	风筝 fɤŋ^{53}tsɤŋ^{21}	耍狮子 ʂua^{53}sɿ^{53}tsɿ^{21}	鞭炮 piæ̃^{53}pʰɔ^{21}
庆城县	风筝 fɤŋ^{51}tsɤŋ^{0}	耍狮子 ʂua^{44}sɿ^{51}zɿ^{0}	鞭炮 piɛ̃^{21}pʰɔ^{244} 鞭儿 piɛ̃r^{51}
宁县	风筝 fəŋ^{31}tsəŋ^{0}	耍狮子 ʃua^{52}sɿ^{31}tsɿ^{0}	鞭炮子 piæ̃^{55}pɔ^{31}tsɿ^{0}
武都区	风筝儿 fəŋ^{31}tsə̃r^{21}	耍狮子 ʃua^{22}sɿ^{53}tsɿ^{21}	火炮子 xuɤ^{55}pʰɔu^{21}tsɿ^{21} 炮 pʰɔu^{24}
文县	风筝 fəŋ^{42}tsəŋ^{44}	耍狮子 sua^{55}sɿ^{42}tsɿ^{31}	火炮子 xuə^{55}pɔo^{42}tsɿ^{31}
康县	风筝 fɤŋ^{53}tsɤŋ^{21}	耍狮子 fa^{53}ʂʅ^{53}tsɿ^{21}	火炮子 xuɤ^{35}pʰɔo^{53}tsɿ^{21}
礼县	风筝儿 fɤŋ^{31}tsɤ̃r^{52}	耍狮子 ʃua^{52}sɿ^{21}tsɿ^{24}	把儿鞭 par^{52}piæ̃^{13}
靖远县	风筝儿 fɤŋ^{41}tsə̃r^{41}	跳狮子 tʰiɑo^{22}sɿ^{41}tsɿ^{21}	炮 pʰɑo^{33}
陇西县	风筝 fɤŋ^{22}tsɤŋ^{21}	耍狮子 ʂua^{55}sɿ^{21}tsɿ^{21}	炮仗 pʰɔo^{44}tʂɑŋ^{42}
秦州区	风筝 fɤŋ^{21}tsɤŋ^{44}	耍狮子 ʃua^{53}sɿ^{21}tsɿ^{53}	炮 pʰɔ^{44}
安定区	风筝 fəŋ^{13}tsəŋ^{21}	耍狮子 ʃua^{53}sɿ^{21}tsɿ^{13}	炮 pʰɔ^{44}
会宁县	风筝 fəŋ^{13}tsəŋ^{21}	耍狮子 ʃua^{53}sɿ^{21}tsɿ^{13}	鞭炮 piæ̃^{21}pʰɔ^{44}
临洮县	风筝 fɤŋ^{13}tsɤŋ^{21}	耍狮子 ʂua^{53}sɿ^{21}tsɿ^{13}	炮 pʰɔ^{44}
清水县	风筝 fɤŋ^{21}tsɤŋ^{443}	耍狮子 ʃa^{52}ʃɨ^{21}tsɿ^{52}	鞭炮子 piæ̃^{21}pʰɔ^{44}tsɿ^{21}
永靖县	风筝 fɤŋ^{22}tʂʰɤŋ^{44}	耍狮子 ʂua^{53}ʂʅ^{21}tsɿ^{42}	炮 pʰɔ^{44}
敦煌市	风筝 fɤŋ^{21}tsɤŋ^{13}	耍狮子 ʂua^{53}sɿ^{21}tsɿ^{213}	炮 pʰɔ^{44}
临夏市	风筝 fəŋ^{13}tʂəŋ^{42}	耍狮子 ʂuɑ^{44}ʂʅ^{21}tʂʅ^{53}	炮仗子 pʰɔ^{53}tʂɑŋ^{42}tsɿ^{21}
合作市	风筝 fəŋ^{21}tʂəŋ^{44}	耍狮子 ʂuᴀ^{44}ʂʅ^{21}tsɿ^{53}	炮仗子 pʰɔ^{53}tʂɑŋ^{21}tsɿ^{53}
临潭县	风筝 fəŋ^{44}tsəŋ^{44}	耍狮子 sua^{51}sɿ^{44}tsɿ^{44}	炮仗儿 pʰɔo^{21}tʂɤr^{44}

	0739 唱歌	0740 演戏	0741 锣鼓统称
兰州市	唱歌 tʂʰã^{22}kɤ^{53}	唱戏 tʂʰã^{22}ɕi^{13}	家什 tɕia^{53}ʂʅ^{21}
榆中县	唱歌儿 tʂʰaŋ^{13}kə^{51}ɣɤ^{0}	唱戏 tʂʰaŋ^{13}ɕi^{213}	锣鼓家什 luə^{31}ku^{213}tɕia^{51}ʂʅ^{0}
永登县	唱歌 tʂʰã^{22}kə^{44}	唱戏 tʂʰã^{13}ɕi^{13}	锣鼓 luə^{22}ku^{55}
红古区	唱歌儿 tʂʰɑŋ^{13}kər^{13}	唱戏 tʂʰɑŋ^{13}sʅ^{13}	家什 tɕia^{22}ʂʅ^{13}
凉州区	唱曲儿 tʂʰɑŋ^{31}tɕʰy^{31}ʀɯ^{21}	唱戏 tʂʰɑŋ^{31}ɕi^{31}	锣鼓 luə^{35}ku^{53}
甘州区	唱歌儿 tʂʰaŋ^{22}kə^{44}ɣɤ^{44}	唱戏 tʂʰaŋ^{24}ɕi^{31}	锣鼓 luə^{53}ku^{53}
肃州区	唱歌 tʂʰɑŋ^{21}kə^{44}	唱戏 tʂʰɑŋ^{13}ɕi^{21}	锣鼓 luə^{53}ku^{51}
永昌县	唱歌 tʂʰɑŋ^{53}kə^{44}	唱戏 tʂʰɑŋ^{22}ɕi^{53}	锣鼓 luə^{13}ku^{42}
崆峒区	唱歌儿 tʂʰɑŋ^{44}kər^{21}	唱戏 tʂʰɑŋ^{44}ɕi^{44}	锣鼓家什 luo^{22}ku^{53}tɕia^{53}sʅ^{21}
庆城县	唱歌儿 tʂʰã^{244}kɤr^{51}	唱戏 tʂʰã^{244}ɕi^{244}	锣鼓家什 luə^{21}ku^{4}tɕia^{51}sʅ^{0}
宁县	唱歌 tʂʰaŋ^{44}kə^{31}	唱戏 tʂʰaŋ^{44}ɕi^{44}	锣鼓 luə^{22}ku^{52}
武都区	唱歌儿 tʂʰɑŋ^{24}kɤr^{21}	演戏 iæ^{55}ɕi^{24} 唱戏 tʂʰɑŋ^{24}ɕi^{24}	锣鼓 luɤ^{22}ku^{55}
文县	唱歌 tsʰã^{24}kɤ^{42}	唱戏 tsʰã^{24}ɕi^{24}	家什 tɕia^{42}sʅ^{13}
康县	唱歌儿 tʂʰɑŋ^{13}kʰuɤr^{53}	唱戏 tʂʰɑŋ^{13}si^{13}	锣鼓 luɤ^{53}ku^{24}
礼县	唱歌儿 tʂʰɑŋ^{44}kɤr^{13}	唱戏 tʂʰɑŋ^{44}ɕi^{44}	家什台鼓 tɕia^{31}sʅ^{13}tʰai^{24}ku^{21}
靖远县	唱歌儿 tʂʰɑŋ^{35}kuər^{41}	唱戏 tʂʰɑŋ^{33}sʅ^{33}	锣鼓家什 luə^{22}ku^{55}tɕia^{41}sʅ^{21}
陇西县	唱歌儿 tʂʰɑŋ^{44}kɤ^{42}zʅ^{13}	演戏 iæ^{55}ɕi^{44}	锣鼓 luɤ^{13}ku^{53}
秦州区	唱歌儿 tʂʰɑŋ^{44}kuə^{21}ɛ^{13}	唱戏 tʂʰɑŋ^{44}ɕi^{44}	锣鼓 luə^{13}ku^{53}
安定区	唱歌 tʂʰɑŋ^{44}kə^{13}	唱戏 tʂʰɑŋ^{44}ɕi^{44}	锣鼓 luə^{13}ku^{53}
会宁县	唱歌 tʂʰɑŋ^{44}kə^{13}	唱戏 tʂʰɑŋ^{44}ɕi^{44}	锣鼓 lə^{13}ku^{21}
临洮县	唱歌儿 tʂʰã^{44}kər^{13}	唱戏 tʂʰã^{44}ɕi^{44}	锣鼓 luɤ^{21}ku^{53}
清水县	唱歌儿 tʂʰɒ̃^{44}kuə^{21}ɚ^{13}	唱戏 tʂʰɒ̃^{44}ɕi^{443}	家什 tɕia^{21}ʃɨ^{13}
永靖县	唱歌 tʂʰɑŋ^{44}kɤ^{13}	演戏 iæ^{53}ɕi^{44}	锣鼓 luɤ^{22}ku^{53}
敦煌市	唱歌儿 tʂʰɑŋ^{35}kər^{213}	唱戏 tʂʰɑŋ^{35}ɕi^{44}	锣鼓 luə^{22}ku^{51}
临夏市	唱歌 tʂʰɑŋ^{44}kɤ^{42}	唱戏 tʂʰɑŋ^{44}ɕi^{42}	锣鼓 luɤ^{13}ku^{42}
合作市	唱歌 tʂʰɑŋ^{44}kə^{53}	唱戏 tʂʰɑŋ^{44}ɕi^{53}	锣鼓 luə^{13}ku^{53}
临潭县	唱歌 tʂʰɒ^{44}kɤ^{44}	演戏 iæ^{51}ɕi^{44}	锣鼓 luɤ^{24}ku^{21}

	0742 二胡	0743 笛子	0744 划拳
兰州市	胡胡子 xu^{53}xu^{13}tsɿ^{42}	笛子 ti^{53}tsɿ^{21}	划拳 xua^{53}tɕ^{h}yæ̃^{53}
榆中县	二胡 ɣɤ^{21}xu^{44}	笛儿 ti^{31}ɣɤ^{213}	划拳 xua^{13}tɕ^{h}yan^{312}
永登县	胡胡子 xu^{44}xu^{42}tsɿ^{21}	笛儿 tia^{53}	划拳 xua^{44}tɕ^{h}yæ̃^{53}
红古区	二胡 ər^{13}xu^{55}	笛儿 tsɿər^{213}	划拳 xua^{13}tɕ^{h}yan^{13}
凉州区	胡胡子 xu^{35}xu^{35}tsɿ^{53}	笛子 ti^{35}tsɿ^{53} 笛儿 ti^{35}ʀɯ^{53}	划拳 xua^{35}tɕ^{h}yɑŋ^{53}
甘州区	二胡 ɣɤ^{31}xu^{21}	笛子 ti^{35}tsɿ^{42}	猜拳 ts^{h}ɛ^{22}tɕ^{h}yaŋ^{53}
肃州区	胡琴 xu^{44}tɕ^{h}iŋ^{21}	笛子 ti^{44}tsɿ^{21}	划拳 xua^{53}tɕ^{h}yæ̃^{51}
永昌县	二胡 ɣɤ^{53}xu^{21}	笛子 ti^{13}tsɿ^{42}	划拳 xua^{44}tɕ^{h}yɛ^{13}
崆峒区	胡胡 xu^{22}xu^{53}	笛 ti^{24}	划拳 xua^{44}tɕ^{h}yæ̃^{24}
庆城县	二胡 ɚ^{244}xu^{113}	笛 ti^{113}	划拳 xua^{113}tɕ^{h}yɛ̃^{113}
宁县	胡胡 xu^{22}xu^{52}	笛子 tɕ^{h}i^{22}tsɿ^{52}	划拳 xua^{44}tɕ^{h}yæ̃^{24}
武都区	二胡 ɚ^{24}xu^{21}	笛儿 t^{h}i^{22}ɚ^{13}	划拳 xua^{24}tɕ^{h}yæ̃^{13}
文县	弦子 ɕiæ̃^{21}tsɿ^{35} 二胡 ɚ^{24}xuə^{13}	笛儿 t^{h}ir^{13}	划拳 xua^{13}tɕ^{h}yæ̃^{13}
康县	二胡 ɚ^{24}xu^{53}	笛儿 tɕ^{h}ir^{13}	划拳 xua^{13}tɕ^{h}yan^{21}
礼县	胡琴儿 xu^{13}tɕ^{h}iɤ̃r^{13}	笛儿 t^{h}i^{13}ɚ^{21}	划拳 xua^{13}tɕ^{h}yæ̃^{13}
靖远县	胡胡儿 xu^{22}xuər^{41}	笛儿 tɿər^{24}	划拳 xua^{22}tɕyæ̃^{24}
陇西县	二胡 zɿ^{44}xu^{13}	笛儿 tɕ^{h}i^{22}zɿ^{44}	划拳 xua^{44}tɕ^{h}yæ̃^{13}
秦州区	胡胡子 xu^{13}xu^{21}tsɿ^{21}	笛 t^{h}i^{13}	划拳 xua^{13}tɕ^{h}yæ̃^{13}
安定区	胡胡子 xu^{13}xu^{21}tsɿ^{21}	笛竿 tɕ^{h}i^{13}kæ̃^{21}	划拳 xua^{13}tɕ^{h}yæ̃^{13}
会宁县	二胡 ɚ^{44}xu^{21}	麦管 mɛ^{13}kuæ̃^{21}	划拳 xua^{13}tɕ^{h}yæ̃^{13}
临洮县	二胡 ɚ^{44}xu^{21}	笛儿 tiər^{13}	划拳 xua^{13}tɕ^{h}yæ̃^{13}
清水县	胡胡子 xu^{13}xu^{21}tsɿ^{21}	笛杆子 ts^{h}i^{13}kæ̃^{21}tsɿ^{21}	划拳 xua^{13}tɕ^{h}yæ̃^{13}
永靖县	二胡 ɯ^{44}xu^{21}	笛子 ti^{22}tsɿ^{13}	划拳 xua^{13}tɕ^{h}yæ̃^{213}
敦煌市	二胡子 ər^{35}xu^{21}tsɿ^{21}	笛子 ti^{35}tsɿ^{21}	划拳 xua^{13}tɕ^{h}yɛ̃^{213}
临夏市	胡胡子 xu^{24}xu^{21}tsɿ^{21}	笛子 ti^{13}tsɿ^{42}	划拳 xuɑ^{44}tɕ^{h}yɛ̃^{24}
合作市	二胡 ɚ^{44}xu^{21}	笛子 ti^{21}tsɿ^{53}	划拳 xuᴀ^{44}tɕ^{h}yæ̃^{13}
临潭县	二胡 ɐr^{44}xu^{21}	笛儿 tiər^{24}	划拳 xua^{44}tɕ^{h}yæ̃^{24}

	0745 下棋	0746 打扑克	0747 打麻将
兰州市	下棋 $ɕia^{22}tɕ^hi^{53}$	打牌 $ta^{55}p^hɛ^{42}$	打麻将 $ta^{44}ma^{42}tɕiã^{21}$
榆中县	下棋 $ɕia^{13}tɕ^hi^{312}$	打牌 $ta^{44}p^hɛ^{312}$	打麻将 $ta^{44}ma^{31}tɕiaŋ^{213}$
永登县	下棋 $ɕia^{22}tɕ^hi^{53}$	打扑克 $ta^{35}pu^{55}k^hə^{21}$	打麻将 $ta^{55}ma^{22}tɕiã^{13}$
红古区	下棋 $ɕia^{13}ts^hʅ^{13}$	打扑克儿 $ta^{55}p^hu^{21}k^hər^{21}$	打麻将 $ta^{55}ma^{21}tɕiɑŋ^{13}$
凉州区	下棋 $ɕia^{53}tɕ^hi^{35}$	打扑克 $ta^{53}p^hu^{35}kə^{53}$	打麻将 $ta^{53}ma^{35}tɕiɑŋ^{53}$
甘州区	下棋 $ɕia^{22}tɕ^hi^{53}$	打牌 $ta^{22}p^hɛ^{53}$	打牌 $ta^{22}p^hɛ^{53}$
肃州区	下棋 $ɕia^{21}tɕ^hi^{51}$	打牌 $ta^{21}p^hɛ^{51}$ 打扑克 $ta^{21}p^hu^{53}k^hə^{21}$	打麻将 $ta^{21}ma^{53}tɕiɑŋ^{21}$
永昌县	下棋 $ɕia^{53}tɕ^hi^{13}$	打牌 $ta^{53}p^hɛe^{13}$	打麻将 $ta^{44}ma^{13}tɕiaŋ^{42}$
崆峒区	下棋 $ɕia^{44}tɕ^hi^{24}$	打牌 $ta^{53}p^hɛ^{24}$	打麻将 $ta^{53}ma^{24}tɕiɑŋ^{44}$
庆城县	下棋 $ɕia^{244}tɕ^hi^{113}$	打牌 $ta^{44}p^hɛ^{113}$	打麻将 $ta^{44}ma^{21}tɕiã^{244}$
宁县	下棋 $ɕia^{44}tɕ^hi^{24}$	打牌 $ta^{52}p^hæ̃^{24}$	打麻将 $ta^{52}ma^{24}tɕiaŋ^{44}$
武都区	下棋 $ɕia^{24}tɕ^hi^{21}$	打扑克儿 $ta^{55}p^hu^{53}k^hɤr^{21}$	打麻将 $ta^{55}ma^{22}tɕiɑŋ^{24}$
文县	下棋 $ɕia^{24}tɕ^hi^{13}$	打牌 $ta^{44}p^hɛe^{13}$	打麻将 $ta^{55}ma^{21}tɕiã^{44}$
康县	下棋 $ɕia^{24}tɕ^hi^{21}$	打牌 $ta^{55}p^hɛ^{21}$	打麻将 $ta^{55}ma^{42}tɕiɑŋ^{24}$
礼县	下棋 $ɕia^{44}tɕ^hi^{13}$	打扑克 $ta^{52}p^hu^{52}k^hɤr^{13}$	打牌 $ta^{52}p^hai^{13}$ 打麻将 $ta^{52}ma^{13}tɕiɑŋ^{44}$
靖远县	下棋 $ɕia^{33}tsʅ^{24}$	耍牌 $ʂua^{55}p^hɛ^{24}$	打牌 $ta^{55}p^hɛ^{24}$
陇西县	下棋 $ɕia^{44}tɕ^hi^{21}$	打扑克 $ta^{21}p^hu^{55}k^hɤ^{42}$	打麻将 $ta^{55}ma^{22}tɕiɑŋ^{44}$
秦州区	下棋 $ɕia^{44}tɕ^hi^{13}$	打牌 $ta^{53}p^hɛ^{13}$	打牌 $ta^{53}p^hɛ^{13}$
安定区	下棋 $ɕia^{44}tɕ^hi^{13}$	打牌 $ta^{53}p^hɛ^{13}$	打麻将 $ta^{53}ma^{21}tɕiɑŋ^{44}$
会宁县	下棋 $ɕia^{44}tɕ^hi^{13}$	打扑克 $ta^{53}p^hu^{21}k^hə^{21}$	打麻将 $ta^{53}ma^{21}tɕiɑŋ^{44}$
临洮县	下棋 $ɕia^{44}tɕ^hi^{13}$	打扑克 $ta^{13}p^hu^{53}k^hei^{21}$	打麻将 $ta^{53}ma^{21}tɕiã^{44}$
清水县	下棋 $ɕia^{44}tɕ^hi^{13}$	打扑克 $ta^{52}p^hu^{52}k^hɛ^{21}$	打麻将 $ta^{52}ma^{13}tsiɒ̃^{443}$
永靖县	下棋 $ɕia^{44}tɕ^hi^{13}$	抹牌 $ma^{13}p^hɛ^{213}$	打麻将 $ta^{44}ma^{21}tɕiɑŋ^{44}$
敦煌市	下象棋 $ɕia^{44}ɕiɑŋ^{44}tɕ^hi^{213}$	耍牌 $ʂua^{53}p^hɛ^{213}$	打麻将 $ta^{53}ma^{21}tɕiɑŋ^{44}$ 打牌 $ta^{53}p^hɛ^{213}$
临夏市	下棋 $ɕiɑ^{44}tɕ^hi^{24}$	玩牌 $vã^{13}p^hɛ^{24}$	打麻将 $tɑ^{44}mɑ^{21}tɕiɑŋ^{13}$
合作市	下棋 $ɕiA^{44}tɕ^hi^{13}$	玩牌 $væ̃^{13}p^hɛe^{13}$	打麻将 $tA^{44}mA^{21}tɕiɑŋ^{53}$
临潭县	下棋 $ɕia^{44}tɕ^hi^{24}$	打扑克儿 $ta^{21}p^hu^{51}k^hər^{21}$	打麻将 $ta^{51}ma^{24}tɕiɒ^{44}$

	0748 变魔术	0749 讲故事	0750 猜谜语
兰州市	耍把戏 fa^{53}pa^{34}ɕi^{21}	讲古今 tɕiɑ̃^{44}ku^{55}tɕin^{42}	猜灯谜 tsʰɛ^{44}tən^{55}mi^{21}
榆中县	耍魔术 ʂua^{44}mə^{13}ʂu^{312}	讲古今 tɕiaŋ^{44}ku^{44}tɕin^{0}	猜谜语 tsʰɛ^{51}mi^{31}y^{213}
永登县	耍把戏 fa^{22}pa^{35}ɕi^{53}	说古今 fə^{22}ku^{35}tɕin^{53}	猜谜 tsʰɛ^{44}mi^{53}
红古区	耍魔术 fa^{55}mə^{55}fu^{21}	说古今 fə^{22}ku^{55}tɕin^{21}	猜谜语 tsʰɛ^{55}mɿ^{21}zʮ^{13}
凉州区	耍把戏 ʂua^{53}pa^{35}ɕi^{53}	喧谎儿 ɕyɑŋ^{35}xuɑŋ^{35}ʀɯ^{53}	猜古今 tsʰæ^{53}ku^{35}tɕiŋ^{53}
甘州区	变戏法 piaŋ^{24}ɕi^{31}fa^{21}	讲故事 tɕiaŋ^{22}ku^{53}ʂʅ^{21}	猜谜儿 tsʰɛ^{22}mi^{35}ɣɤ^{42}
肃州区	耍魔术 ʂua^{21}mə^{53}ʂu^{21}	讲故事 tɕiɑŋ^{44}ku^{53}sɿ^{21}	猜谜语 tsʰɛ^{44}mi^{44}ʑy^{51}
永昌县	变戏法 piɛ^{22}ɕi^{53}fa^{21}	讲故事 tɕiaŋ^{44}ku^{53}ʂʅ^{21}	猜灯谜 tsʰɛe^{44}təŋ^{44}mi^{13}
崆峒区	耍把戏 ʂua^{53}pa^{55}ɕi^{21}	说古今 ʂuo^{22}ku^{55}tɕiɤŋ^{21}	猜灯谜 tsʰɛ^{53}tɤŋ^{21}mi^{24}
庆城县	变魔术 piɛ̃^{244}muə^{21}ʂu^{244}	讲古事 tɕiɑ̃^{44}ku^{44}sɿ^{0}	猜谜语 tsʰɛ^{51}mi^{21}y^{44}
宁县	耍魔术 ʃua^{52}muə^{24}ʃu^{44}	讲古今 tɕiaŋ^{52}ku^{52}tɕiŋ^{0}	猜谜语 tsʰɛ^{52}mi^{24}y^{52} 保口嗑$^{=}$子 pɔ^{52}kʰou^{55} kʰuə^{0}tsɿ^{0}
武都区	耍魔术 ʃua^{55}muɤ^{22}ʃu^{24}	讲古今 tɕiɑŋ^{55}ku^{55}tɕin^{21} 讲故事 tɕiɑŋ^{55}ku^{13}sɿ^{24}	捅古今 tʰuŋ^{22}ku^{55}tɕin^{21} 捅谜语 tʰuŋ^{24}mi^{21}y^{21}
文县	耍把戏 sua^{33}pa^{55}ɕi^{42}	讲古今 tɕiɑ̃^{33}ku^{55}tɕiəŋ^{42}	猜谜 tsʰɛe^{31}mi^{13} 抬谜 tʰɛe^{21}mi^{13}
康县	耍魔术 fa^{33}muɤ^{13}fu^{21}	讲古今 tɕiɑŋ^{33}ku^{35}tɕiŋ^{21}	通谜谜 tʰuŋ^{21}mi^{24}mi^{53}
礼县	耍把戏 ʃua^{52}pa^{52}ɕi^{13} 耍魔术 ʃua^{52}mɤ^{13}ʃu^{13}	说古今 ɕyɤ^{31}ku^{52}tɕiŋ^{21}	猜谜 tsʰai^{31}mi^{44}
靖远县	耍把戏儿 ʂua^{55}pa^{55}sər^{21}	讲古今 tɕiɑŋ^{55}ku^{55}tɕiŋ^{21}	猜谜谜 tsʰɛ^{55}mɿ^{55}mɿ^{41}
陇西县	变把戏 piæ̃^{44}pa^{55}ɕi^{44}	讲古今 tɕiɑŋ^{55}ku^{55}tɕiŋ^{21}	谋谜谜 mɔo^{42}mi^{44}mi^{44}
秦州区	耍魔术 ʃua^{53}mɤ^{13}sʮ^{13}	说古今 ʂɤ^{21}ku^{53}tɕiɤŋ^{21}	猜谜语 tsʰɛ^{21}mi^{44}y^{21}
安定区	耍把戏 ʃua^{21}pa^{53}ɕi^{21}	说古今 ʃuə^{21}ku^{53}tɕiŋ^{21}	猜谜 tsʰɛ^{53}mi^{44}
会宁县	耍把戏 ʃua^{21}pa^{53}ɕi^{21}	说古今 ʃuə^{21}ku^{53}tɕiŋ^{21}	谋谜 mɔ^{21}mi^{44}
临洮县	耍把戏儿 ʂua^{13}pa^{53}ɕiər^{21}	说古今 ʂuɤ^{13}ku^{53}tɕiŋ^{21}	猜谜语 tsʰɛ^{13}mi^{21}y^{13}
清水县	耍魔术 ʃa^{52}mə^{13}ʃɨ^{13}	说古今 ʃə^{21}ku^{52}tɕiŋ^{21}	猜谜 tʃʰɛ^{21}mi^{443}
永靖县	变魔术 piæ̃^{44}mɤ^{21}ʂu^{44}	说古今 ʂuɤ^{22}ku^{53}tɕiɤŋ^{21}	猜谜 tsʰɛ^{22}mi^{53}
敦煌市	耍魔术 ʂua^{53}mə^{13}ʂu^{213}	说古今 ʂuə^{22}ku^{53}tɕiŋ^{21}	猜猜话 tsʰɛ^{22}tsʰɛ^{53}xua^{21}
临夏市	变魔术 piɛ̃^{44}mɤ^{21}ʂu^{53}	讲古今 tɕiɑŋ^{42}ku^{44}tɕiŋ^{24}	猜谜语 tsʰɛ^{42}mi^{44}ʑy^{21}
合作市	耍魔术 ʂuᴀ^{44}mə^{13}ʂu^{21}	讲古今 tɕiɑŋ^{44}ku^{44}tɕiŋ^{13}	猜谜谜 tsʰɛe^{44}mi^{21}mi^{53}
临潭县	变魔术 piæ̃^{44}mɤ^{24}ʂu^{21}	讲古今儿 tɕiɒ^{31}ku^{51}tɕiər^{24}	窥古今儿 kʰuɪi^{24}ku^{51}tɕiər^{24}

	0751 玩儿游玩：到城里～	0752 串门儿	0753 走亲戚
兰州市	浪 lã^{13}	串门 pfæ̃^{13}mən^{53}	走亲亲 tsəu^{44}tɕʰin^{55}tɕʰin^{21}
榆中县	玩 van^{312}	浪门子 laŋ^{13}mən^{31}tsɿ^{213}	转亲亲 tʂuan^{21}tɕʰin^{51}tɕʰin^{0} 走亲亲 tsəu^{44}tɕʰin^{51}tɕʰin^{0}
永登县	耍 fa^{354}	浪门 lã^{22}mə̃n^{53}	转亲戚 pfæ̃^{22}tɕʰin^{44}tɕʰi^{21}
红古区	耍 fa^{53} 浪 laŋ^{13}	浪门 laŋ^{13}mən^{13}	浪亲戚 laŋ^{13}tɕʰin^{21}tsʰɿ^{13}
凉州区	玩 vaŋ^{35}	走人家 tsəu^{53}ʐəŋ^{35}tɕia^{53}	走亲戚 tsəu^{35}tɕʰiŋ^{35}tɕʰi^{53}
甘州区	玩 vaŋ^{53}	跄门 tsʰaŋ^{22}mɤŋ^{53}	走亲戚 tsɤu^{53}tɕʰiŋ^{44}tɕʰi^{44}
肃州区	浪 laŋ^{213}	串门子 tʂʰæ̃^{21}mɤŋ^{44}tsɿ^{21}	串亲戚 tʂʰæ̃^{21}tɕʰiŋ^{44}tɕʰi^{44} 走亲戚 tsəu^{53}tɕʰiŋ^{31}tɕʰi^{21}
永昌县	玩 vɛe^{13}	串门 tʂuɛe^{53}məŋ^{13}	串亲戚 tʂuɛe^{53}tɕʰiŋ^{44}tɕʰi^{21}
崆峒区	耍 ʂua^{53}	浪门子 laŋ^{44}mɤŋ^{22}tsɿ^{53}	浪亲戚 laŋ^{44}tɕʰiɤŋ^{53}tɕʰi^{21}
庆城县	耍 ʂua^{44}	逛门子 kuã^{244}mɤŋ^{21}tsɿ^{0}	逛亲亲 kuã^{244}tɕʰiŋ^{51}tɕʰiŋ^{0}
宁县	逛 kuaŋ^{44} 浪 laŋ^{44}	游门子 iou^{24}məŋ^{22}tsɿ^{52}	走亲戚 tsou^{52}tɕʰiŋ^{31}tɕʰi^{0} 串亲戚 tʃʰuæ̃^{44}tɕʰiŋ^{31}tɕʰi^{0}
武都区	逛 kʰuaŋ^{24} 耍 ʃua^{55}	串门子 tʃʰuæ̃^{24}məŋ^{22}tsɿ^{24} 游门子 iəu^{24}məŋ^{22}tsɿ^{24}	走亲戚 tsəu^{55}tɕʰin^{53}tɕʰi^{21}
文县	耍 suã^{55}	转下去 tsuæ̃^{24}xa^{21}tɕi^{21}	走亲戚 tsɤu^{55}tɕʰiəŋ^{42}tɕʰi^{42}
康县	耍 fa^{55}	串门子 pfʰaŋ^{24}mɤŋ^{42}tsɿ^{35}	走亲戚 tsʰɤu^{33}tsʰiŋ^{53}tsʰi^{21}
礼县	耍 ʃua^{52}	游门子 iəu^{13}mɤŋ^{13}tsɿ^{21}	转亲亲 tʃuæ̃^{44}tɕʰiŋ^{31}tɕʰiŋ^{13}
靖远县	耍 ʂua^{55}	浪门子 laŋ^{33}mɤŋ^{22}tsɿ^{55}	浪亲戚 laŋ^{35}tɕʰiŋ^{41}tsʰɿ^{21}
陇西县	耍子 ʂua^{55}tsɿ^{21}	浪门儿 laŋ^{44}mɤŋ^{22}zɿ^{44}	走亲戚 tsɤu^{55}tɕʰiŋ^{42}tɕʰi^{13}
秦州区	耍 ʃua^{53}	游世 iɤu^{13}ʂɿ^{44}	转亲亲 tʃuæ̃^{44}tɕʰiɤŋ^{21} tɕʰiɤŋ^{13}
安定区	浪 laŋ^{44}	浪门儿 laŋ^{44}məŋ^{21}zɿ^{21}	浪亲亲 laŋ^{44}tɕʰiŋ^{21}tɕʰiŋ^{13}
会宁县	浪 laŋ^{44}	浪门子 laŋ^{44}məŋ^{13}tsɿ^{21}	浪亲亲 laŋ^{44}tɕʰiŋ^{21}tɕʰiŋ^{13}
临洮县	浪 lã^{44}	浪门儿 lã^{44}mə̃r^{13}	浪亲戚 lã^{44}tɕʰiŋ^{21}tɕʰi^{13}
清水县	耍 ʃa^{52} 游 iou^{13}	游门子 iou^{13}mɤŋ^{13}tsɿ^{21}	转亲戚 tʃuæ̃^{44}tsʰiŋ^{21}tsʰi^{443} 走亲戚 tsou^{52}tsʰiŋ^{21}tsʰi^{443}
永靖县	浪 laŋ^{44}	浪门 laŋ^{44}mɤŋ^{13}	浪亲亲 laŋ^{44}tɕʰiɤŋ^{21}tɕʰiɤŋ^{42} 转亲亲 tʂuæ̃^{44}tɕʰiɤŋ^{21} tɕʰiɤŋ^{42}
敦煌市	耍 ʂua^{51}	浪门子 laŋ^{35}mɤŋ^{21}tsɿ^{44}	浪亲戚 laŋ^{35}tɕʰiŋ^{21}tɕʰi^{13}
临夏市	浪 laŋ^{53}	浪一转 laŋ^{44}ʑi^{42}tʂuã^{21}	转亲亲 tʂuã^{53}tɕʰiŋ^{21}tɕʰiŋ^{53}
合作市	浪 laŋ^{53}	浪一转 laŋ^{53}ʑi^{21}tʂuæ̃^{44}	走亲亲 tsəɯ^{44}tɕʰiŋ^{21}tɕʰiŋ^{53}
临潭县	耍 sua^{51}	浪门门儿 lɒ^{44}məŋ^{24}mər^{21}	转亲亲 tʂuæ̃^{44}tɕʰin^{44}tɕʰin^{44}

	0754 看~电视	0755 听用耳朵~	0756 闻嗅：用鼻子~
兰州市	看 $k^{h}æ̃^{13}$	听 $t^{h}in^{55}$	闻 $vən^{53}$
榆中县	看 $k^{h}an^{213}$	听 $t^{h}in^{51}$	闻 $vən^{312}$
永登县	看 $k^{h}æ̃^{13}$	听 $t^{h}in^{42}$	闻 $və̃n^{53}$
红古区	看 $k^{h}an^{13}$	听 $t^{h}in^{13}$	闻 $vən^{13}$
凉州区	看 $k^{h}ɑŋ^{31}$	听 $t^{h}iŋ^{35}$	闻 $vəŋ^{35}$
甘州区	看 $k^{h}aŋ^{31}$	听 $t^{h}iŋ^{44}$	闻 $vɤŋ^{53}$
肃州区	看 $k^{h}æ̃^{213}$	听 $t^{h}iŋ^{44}$	闻 $vɤŋ^{51}$
永昌县	看 $k^{h}εε^{53}$	听 $t^{h}iŋ^{44}$	闻 $vəŋ^{13}$
崆峒区	看 $k^{h}æ̃^{44}$	听 $t^{h}iɤŋ^{21}$	闻 $uɤŋ^{24}$
庆城县	看 $k^{h}ɛ̃^{244}$	听 $t^{h}iŋ^{51}$	闻 $vɤŋ^{113}$
宁县	看 $k^{h}æ̃^{44}$	听 $tɕ^{h}iŋ^{31}$	闻 $uŋ^{24}$
武都区	看 $k^{h}æ̃^{24}$	听 $t^{h}in^{31}$	闻 $vəŋ^{13}$
文县	看 $k^{h}æ̃^{24}$	听 $t^{h}iəŋ^{31}$	闻 $vəŋ^{13}$
康县	看 $k^{h}an^{24}$	听 $tɕ^{h}iŋ^{53}$	闻 $vɤŋ^{211}$
礼县	看 $k^{h}æ̃^{44}$ 瞅 $ts^{h}əu^{52}$	听 $t^{h}iŋ^{31}$	闻 $vɤŋ^{13}$
靖远县	看 $k^{h}æ̃^{33}$	听 $t^{h}iŋ^{41}$	闻 $vɤŋ^{24}$
陇西县	瞅 $ts^{h}ɤu^{53}$	听 $tɕ^{h}iŋ^{21}$	闻 $vɤŋ^{13}$
秦州区	看 $k^{h}æ̃^{44}$	听 $t^{h}iɤŋ^{13}$	闻 $vɤŋ^{13}$
安定区	看 $k^{h}æ̃^{44}$	听 $t^{h}iŋ^{13}$	闻 $vəŋ^{13}$
会宁县	看 $k^{h}æ̃^{44}$	听 $t^{h}iŋ^{13}$	闻 $uŋ^{13}$
临洮县	看 $k^{h}æ̃^{44}$	听 $t^{h}iŋ^{13}$	闻 $vɤŋ^{13}$
清水县	看 $k^{h}æ̃^{443}$	听 $ts^{h}iŋ^{13}$	闻 $vɤŋ^{13}$
永靖县	看 $k^{h}æ̃^{44}$	听 $tɕ^{h}iɤŋ^{213}$	闻 $vɤŋ^{213}$
敦煌市	看 $k^{h}æ̃^{44}$	听 $t^{h}iŋ^{213}$	闻 $vɤŋ^{213}$
临夏市	看 $k^{h}ã^{53}$	听 $t^{h}iŋ^{13}$	闻 $vəŋ^{13}$
合作市	看 $k^{h}æ̃^{53}$	听 $t^{h}iŋ^{13}$	闻 $vəŋ^{13}$
临潭县	看 $k^{h}æ̃^{44}$	听 $t^{h}in^{44}$	闻 $vəŋ^{24}$

	0757 吸～气	0758 睁～眼	0759 闭～眼
兰州市	吸 ɕi^{13}	睁 tʂən^{55}	眯 mi^{13}
榆中县	吸 ɕi^{312}	睁 tʂən^{51}	眯 mi^{312}
永登县	吸 ɕi^{13}	睁 tʂə̃n^{42}	闭 pi^{13}
红古区	吸 sɿ^{13}	睁 tʂən^{13}	闭 pɿ^{13}
凉州区	吸 ɕi^{31}	睁 tsəŋ^{35}	闭 pi^{31}
甘州区	吸 ɕi^{31}	睁 tʂɤŋ^{44}	闭 pi^{31}
肃州区	吸 ɕi^{213}	睁 tsɤŋ^{44}	闭 pi^{213}
永昌县	吸 ɕi^{53}	睁 tʂəŋ^{44}	闭 pi^{53}
崆峒区	吸 ɕi^{21}	睁 tsɤŋ^{21}	闭 pi^{44}
庆城县	吸 ɕi^{51}	睁 tsɤŋ^{51}	挤 tɕi^{44} 闭 pi^{244}
宁县	吸 ɕi^{31}	睁 tsəŋ^{31}	闭 pi^{44}
武都区	吸 ɕi^{31}	睁 tsəŋ^{31}	闭 pi^{24}
文县	吸 ɕi^{31}	睁 tsəŋ^{31}	闭 pi^{24}
康县	吸 si^{53}	睁 tsɤŋ^{53}	闭 pi^{24}
礼县	吸 ɕi^{31}	睁 tsɤŋ^{31}	眯 mi^{44}
靖远县	换 xuæ̃^{33}	睁 tsɤŋ^{41}	闭 pɿ^{33}
陇西县	吸 ɕi^{21}	睁 tsɤŋ^{21}	眯 mi^{44}
秦州区	吸 ɕi^{13}	睁 tsɤŋ^{13}	眯 mi^{44}
安定区	吸 ɕi^{13}	睁 tsəŋ^{13}	眯 mi^{44}
会宁县	吸 ɕi^{13}	睁 tsəŋ^{13}	眯 mi^{44}
临洮县	吸 ɕi^{13}	睁 tsɤŋ^{13}	闭 pi^{44}
清水县	吸 ɕi^{13}	睁 tʃɤŋ^{13}	眯 mi^{443}
永靖县	吸 ɕi^{213}	睁 tʂɤŋ^{213}	闭 pi^{53}
敦煌市	吸 ɕi^{213}	睁 tsɤŋ^{213}	闭 pi^{44}
临夏市	吸 ɕi^{13}	睁 tʂəŋ^{13}	闭 pi^{53}
合作市	吸 ɕi^{13}	睁 tʂəŋ^{13}	闭 pi^{53}
临潭县	吸 ɕi^{44}	睁 tsəŋ^{44}	闭 pi^{44}

	0760 眨～眼	0761 张～嘴	0762 闭～嘴
兰州市	挤 tɕi^{34}	张 tʂɑ̃^{55}	夹住 tɕia^{22}pfu^{24}
榆中县	挤 tɕi^{44}	张 tʂaŋ^{51}	眯 mi^{312}
永登县	眨 tʂa^{42}	张 tʂɑ̃^{42}	闭 pi^{13}
红古区	闪 ʂan^{53}	张 tʂɑŋ^{13}	闭 pʅ^{13}
凉州区	眨 tsa^{35}	张 tʂɑŋ^{35}	闭 pi^{31}
甘州区	眨 tʂa^{31}	张 tʂaŋ^{44}	闭 pi^{31}
肃州区	眨 tsa^{213}	张 tʂɑŋ^{44}	闭 pi^{213}
永昌县	眨 tʂa^{53}	张 tʂɑŋ^{55}	闭 pi^{53}
崆峒区	眨 tsæ̃^{21}	张 tʂɑŋ^{21}	闭 pi^{44}
庆城县	挤 tɕi^{44} 眨 tsa^{51}	张 tʂɑ̃^{51}	闭 pi^{244}
宁县	眨 tsæ̃^{31}	张 tʂaŋ^{31}	闭 pi^{44}
武都区	挤 tɕi^{55}	张 tʂɑŋ^{31}	蒙 məŋ^{13}
文县	闪 sæ̃^{24}	张 tsɑ̃^{31}	闭 pi^{24}
康县	眨 tʂa^{13}	张 tʂɑŋ^{53}	闭 pi^{24}
礼县	挤 tɕi^{52}	张 tʂɑŋ^{31}	蒙 mɤŋ^{44}
靖远县	翻 fæ̃^{41}	张 tʂɑŋ^{41}	闭 pʅ^{33}
陇西县	挤 tɕi^{53}	张 tʂɑŋ^{21}	眯 mi^{44}
秦州区	挤 tɕi^{53}	张 tʂɑŋ^{13}	眯住 mi^{44}tʃʰɥ^{21}
安定区	挤 tɕi^{53}	张 tʂɑŋ^{13}	闭 pi^{44} 眯 mi^{44}
会宁县	挤 tɕi^{53}	张 tʂɑŋ^{13}	闭 pi^{44} 眯 mi^{53}
临洮县	挤 tɕi^{53}	张 tʂɑ̃^{13}	闭 pi^{44}
清水县	挤 tsi^{52}	张 tʂɒ̃^{13}	蒙 mɤŋ^{13}
永靖县	眨 tʂa^{53}	张 tʂɑŋ^{213}	闭 pi^{44}
敦煌市	眨 tsa^{213}	张 tʂɑŋ^{213}	闭 pi^{44}
临夏市	眨 tʂɑ^{13}	张 tʂɑŋ^{13}	闭 pi^{53}
合作市	眨 tʂA^{13}	张 tʂɑŋ^{13}	闭 pi^{53}
临潭县	眨 tsa^{44}	张 tʂɒ^{44}	闭 pi^{51}

	0763 咬狗～人	0764 嚼把肉～碎	0765 咽～下去
兰州市	哜⁼tʂɛ^{55}	嚼 tɕyɛ^{53}	咽 iæ̃^{13}
榆中县	哜⁼tʂɛ^{51}	嚼 tɕyE^{312}	咽 ian^{213}
永登县	扯 tʂ^{h}ə^{53}	嚼 tɕyə^{53}	咽 iæ̃^{13}
红古区	扯 tʂ^{h}ə^{53}	嚼 tɕyɛ^{13}	咽 ian^{13}
凉州区	哜⁼tsæ^{35}	嚼 tɕyə^{35}	咽 iɑŋ^{31}
甘州区	哜⁼tʂɛ^{44}	嚼 tɕyə^{53}	咽 iaŋ^{31}
肃州区	咬 ʑiɔ^{51}	嚼 tɕyə^{51}	咽 ʑiæ̃^{213}
永昌县	咬 iɔo^{13}	嚼 tɕyə^{13}	咽 iɛ^{53}
崆峒区	咬 ȵiɔ^{53}	嚼 tɕyɤ^{24}	咽 iæ̃^{44}
庆城县	咬 ȵiɔ^{44}	嚼 tɕyə^{113}	咽 iɛ̃^{244}
宁县	咬 ȵiɔ^{52}	嚼 tɕ^{h}yə^{24}	咽 iæ̃^{44}
武都区	咬 ȵiɔu^{55} 哜⁼tseɪ^{31}	嚼 tɕ^{h}yɤ^{13}	咽 iæ̃^{24}
文县	咬 ȵiɔo^{55}	嘬⁼ts^{h}uə^{13}	咽 iæ̃^{24}
康县	咬 ȵiɔo^{55}	嘬⁼ts^{h}uɤ^{211}	咽 ian^{24}
礼县	咬 ȵiɔo^{52}	嚼 tʃ^{h}uɤ^{13}	咽 iæ̃^{44}
靖远县	扯 tʂ^{h}ɤ^{55}	嚼 tɕyə^{24}	咽 iæ̃^{33}
陇西县	咬 tɕiɔo^{53}	嘬⁼ts^{h}uɤ^{13}	咽 iæ̃^{44}
秦州区	哜⁼tsɛ^{13}	嘬⁼ts^{h}uə^{13}	咽 iæ̃^{44}
安定区	咬 ȵiɔ^{53}	嘬⁼ts^{h}ə^{13}	咽 iæ̃^{44}
会宁县	咬 ȵiɔ^{53}	嘬⁼ts^{h}ə^{13}	咽 iæ̃^{44}
临洮县	咬 ȵiɔ^{53}	嚼 tɕye^{13}	咽 iæ̃^{44}
清水县	咬 ȵiɔ^{52}	嘬⁼ts^{h}uə^{13}	咽 iæ̃^{443}
永靖县	哜⁼tʂɛ^{213}	嚼 tɕyɛ^{213}	咽 iæ̃^{44}
敦煌市	咬 ȵiɔ^{51}	嚼 tɕyə^{213}	咽 iɛ̃^{44}
临夏市	扯 tʂ^{h}ɤ^{42}	嚼 tɕyɛ^{13}	咽 iɛ̃^{53}
合作市	哜⁼tʂee^{13}	嚼 tɕyə^{13}	咽 iæ̃^{53}
临潭县	咬 ȵiɔo^{51}	嚼 tɕyɛ^{24}	咽 iæ̃^{44}

	0766 舔人用舌头～	0767 含～在嘴里	0768 亲嘴
兰州市	舔 tʰiæ̃^{34}	噙 tɕʰin^{53}	亲嘴 tɕʰin^{55}tsuei^{42}
榆中县	舔 tʰian^{44}	噙 tɕʰin^{312}	给嘴 kə^{31}tsuei^{44}
永登县	舔 tʰiæ̃^{354}	含 xæ̃^{53}	亲嘴 tɕʰin^{44}tsuei^{354} 亲帮 tɕʰin^{44}pɑ̃^{42}
红古区	舔 tʰian^{53}	噙 tɕʰin^{13}	帮儿 pɑŋ^{55}ər^{21}
凉州区	舔 tʰiɑŋ^{35}	含 xɑŋ^{35}	亲嘴 tɕʰiŋ^{35}tsuei^{53}
甘州区	舔 tʰiaŋ^{53}	含 xaŋ^{53}	亲咾咾 tɕʰiŋ^{44}lɔ^{44}lɔ^{21}
肃州区	舔 tʰiæ̃^{51}	含 xæ̃^{51}	吃个老虎 tʂʰʅ^{21}kə^{21}lɔ^{44}xuə^{21} 拔个包子 pa^{53}kə^{21}pɔ^{44}tsɿ^{44}
永昌县	舔 tʰiɛ^{13}	含 xɛe^{13}	亲嘴 tɕʰiŋ^{44}tsuei^{13}
崆峒区	舔 tʰiæ̃^{53}	噙 tɕʰiɤŋ^{24}	亲嘴 tɕʰiɤŋ^{22}tsuei^{53}
庆城县	舔 tʰiɛ̃^{44}	噙 tɕʰiŋ^{113}	吃包包 tʂʰʅ^{51}pɔ^{51}pɔ^{0} 吃包子 tʂʰʅ^{51}pɔ^{51}tsɿ^{0}
宁县	舔 tɕʰiæ̃^{52}	噙 tɕʰiŋ^{24}	吃包子 tʂʰʅ^{31}pɔ^{31}tsɿ^{0}
武都区	舔 tʰiæ̃^{55}	噙 tɕʰin^{13}	做嘴 tsɥ^{24}tsuei^{31}
文县	舔 tʰiæ̃^{55}	噙 tɕʰiəŋ^{13}	亲嘴 tɕiəŋ^{33}tsuei^{55}
康县	舔 tɕʰian^{53}	噙 tɕʰiŋ^{211}	嘟嘴 tu^{24}tsuei^{53}
礼县	舔 tʰiæ̃^{52}	噙 tɕʰiŋ^{13}	触口 tʃu^{44}kʰəu^{52}
靖远县	舔 tʰiæ̃^{55}	噙 tɕʰiŋ^{24}	亲嘴儿 tɕʰiŋ^{22}tsɥər^{41}
陇西县	舔 tɕʰiæ̃^{53}	噙 tɕʰiŋ^{13}	过嘴 kuɤ^{44}tsue^{53}
秦州区	舔 tʰiæ̃^{53}	噙 tɕʰiɤŋ^{13}	帮一下 pɑŋ^{13}ɕi^{13}xa^{21}
安定区	舔 tʰiæ̃^{53}	噙 tɕʰiŋ^{13}	过嘴 kuə^{44}tsuei^{53}
会宁县	舔 tʰiæ̃^{53}	噙 tɕʰiŋ^{13}	过嘴 kuə^{44}tsuei^{53}
临洮县	舔 tʰiæ̃^{53}	噙 tɕʰiŋ^{13}	给帮儿 kei^{44}pə̃r^{53}
清水县	舔 tsʰiæ̃^{52}	噙 tɕʰiŋ^{13}	帮 pɒ̃^{13}
永靖县	舔 tɕʰiæ̃^{53}	含 xæ̃^{213}	亲嘴 tɕʰiɤŋ^{22}tsuei^{53}
敦煌市	舔 tʰiɛ̃^{51}	噙 tɕʰiŋ^{213}	吃嘴 tʂʰʅ^{21}tsuei^{51}
临夏市	舔 tʰiɛ̃^{42}	含 xã^{13}	亲嘴 tɕʰiŋ^{21}tsuei^{53}
合作市	舔 tʰiæ̃^{44}	含 xæ̃^{13}	拔个嘴 pᴀ^{13}kə^{21}tsuei^{44}
临潭县	舔 tʰiæ̃^{51}	含 xəŋ^{24}	卯= mɔo^{24}

	0769 吮吸用嘴唇聚拢吸取液体，如吃奶时	0770 吐上声，把果核儿～掉	0771 吐去声，呕吐：喝酒喝～了
兰州市	咂 tsa^{55}	吐 tʰu^{34}	吐 tʰu^{34}
榆中县	咂 tsa^{312}	吐 tʰu^{44}	吐 tʰu^{44}
永登县	咂 tsa^{13}	吐 tʰu^{354}	吐 tʰu^{354}
红古区	咂 tsa^{13}	吐 tʰu^{53}	吐 tʰu^{53}
凉州区	咂 tsa^{31}	吐 tʰu^{35}	吐 tʰu^{35}
甘州区	咂 tsa^{31}	吐 tʰu^{53}	吐 tʰu^{53}
肃州区	吃 tʂʰʅ^{44}	吐 tʰu^{51}	吐 tʰu^{51}
永昌县	咂 tsa^{53}	吐 tʰu^{13}	吐 tʰu^{13}
崆峒区	咂 tsa^{21}	吐 tʰu^{53}	吐 tʰu^{53}
庆城县	咂 tsa^{51} 吃 tʂʰʅ^{51}	唾 tʰuə^{244}	吐 tʰu^{44}
宁县	咂 tsa^{31}	吐 tʰu^{52}	吐 tʰu^{52}
武都区	咂 tsa^{31}	吐 tʰu^{55}	呕 ŋɤ^{55}
文县	咂 tsa^{31}	吐 tʰu^{55}	呕 ŋɤu^{55}
康县	咂 tsa^{53}	吐 tʰu^{55}	吐 tʰu^{55}
礼县	咂 tsa^{31}	唾 tʰuɤ^{44} 吐 tʰu^{52}	吐 tʰu^{52}
靖远县	咂 tsa^{41}	吐 tʰu^{55}	吐 tʰu^{55}
陇西县	咂 tsa^{21}	吐 tʰu^{53}	吐 tʰu^{53} 呕 kɤu^{53}
秦州区	砸 tsa^{13}	唾 tʰuə^{44}	呕 ŋɤu^{53}
安定区	咂 tsa^{13}	唾 tʰuə^{44}	吐 tʰu^{53}
会宁县	咂 tsa^{13}	唾 tʰuə^{44}	吐 tʰu^{53}
临洮县	咂 tsa^{13}	唾 tʰuɤ^{44}	吐 tʰu^{53}
清水县	咂 tsa^{13}	垒= luəi^{52} 吐 tʰu^{52}	吐 tʰu^{52}
永靖县	咂 tsa^{213}	吐 tʰu^{53}	吐 tʰu^{53}
敦煌市	嗦 suə^{213}	吐 tʰu^{51}	吐 tʰu^{51}
临夏市	吸 ɕi^{13}	唾 tʰuɤ^{53}	吐 tʰu^{42}
合作市	咂 tsᴀ^{13}	唾 tʰuə^{53}	吐 tʰu^{44}
临潭县	咂 tsa^{24}	吐 tʰu^{51}	吐 tʰu^{51}

	0772 打喷嚏	0773 拿用手把苹果～过来	0774 给他～我一个苹果
兰州市	打喷嚏 ta^{44}p^{h}ən^{22}t^{h}i^{42}	拿 nɑ^{53}	给 kɯ^{34}
榆中县	打喷嚏 ta^{44}p^{h}ən^{21}t^{h}i^{44}	拿 na^{312}	给 kə^{44}
永登县	打喷嚏 ta^{44}p^{h}ə̃n^{22}t^{h}i^{44}	拿 na^{53}	给 kei^{354}
红古区	打喷嚏 ta^{55}p^{h}ən^{21}ts^{h}ɿ^{55}	拿 na^{13}	给 kei^{53}
凉州区	打喷嚏 ta^{35}p^{h}əŋ^{31}t^{h}i^{21}	拿 na^{35}	给 kɯ^{35}
甘州区	打喷嚏 ta^{53}p^{h}ɤŋ^{31}t^{h}i^{21}	拿 na^{53}	给 kə^{53}
肃州区	打喷嚏 ta^{53}p^{h}ɤŋ^{21}t^{h}i^{21}	拿 na^{51}	给 kə^{51}
永昌县	打喷嚏 ta^{44}p^{h}əŋ^{53}t^{h}i^{21}	拿 na^{13}	给 kɤ^{13}
崆峒区	打喷嚏 ta^{53}p^{h}ɤŋ^{35}t^{h}i^{53}	拿 na^{24}	给 kei^{44}
庆城县	打喷嚏 ta^{44}p^{h}ɤŋ^{244}t^{h}i^{0}	拿 na^{113}	给 kei^{44}
宁县	打喷嚏 ta^{52}p^{h}əŋ^{44}tɕ^{h}iɛ^{52}	撼⁼xæ̃^{52} 拿 na^{24}	给 kei^{44}
武都区	打喷嚏 ta^{55}p^{h}əŋ^{24}t^{h}iᴇ^{21}	撼⁼xæ̃^{55}	给 kei^{13}
文县	打喷嚏 ta^{55}p^{h}əŋ^{24}t^{h}i^{42}	荷⁼xa^{55}	给 kei^{35}
康县	打喷嚏 ta^{55}p^{h}ɤŋ^{13}tɕ^{h}iŋ^{53}	取 tɕ^{h}y^{55}	嗟⁼tɕia^{211}
礼县	打喷嚏 ta^{52}p^{h}ɤŋ^{44}t^{h}i^{21}	荷⁼xa^{52}	给 kei^{44}
靖远县	打喷嚏 ta^{55}p^{h}ɤŋ^{35}t^{h}ɿ^{41}	取 ts^{h}ʮ^{55}	给 kei^{55}
陇西县	打喷嚏 ta^{55}p^{h}ɤŋ^{44}tɕiɛ^{21}	撼⁼xæ̃^{53}	过 kuɤ^{44}
秦州区	打喷嚏 ta^{53}p^{h}ɤŋ^{44}t^{h}i^{21}	荷⁼xa^{53}	给 kei^{44}
安定区	打喷嚏 ta^{53}p^{h}əŋ^{44}t^{h}i^{21}	撼⁼xæ̃^{53}	过 kuə^{44}
会宁县	打喷嚏 ta^{53}p^{h}əŋ^{13}t^{h}i^{21}	撼⁼xæ̃^{53}	过 kuə^{44}
临洮县	打喷嚏 ta^{53}p^{h}ɤŋ^{44}t^{h}i^{21}	拿 na^{13}	给 kei^{44}
清水县	打喷嚏 ta^{52}p^{h}ɤŋ^{44}ts^{h}i^{21}	荷⁼xa^{52}	给 kəi^{443}
永靖县	打喷嚏 ta^{22}p^{h}ɤŋ^{44}t^{h}i^{21}	拿 na^{213}	给 kɤ^{53}
敦煌市	打喷嚏 ta^{53}p^{h}ɤŋ^{44}t^{h}i^{21}	拿 na^{213}	给 kei^{51}
临夏市	打喷嚏 tɑ^{44}p^{h}əŋ^{42}t^{h}i^{21}	拿 nɑ^{13}	给 kei^{42}
合作市	打喷嚏 tᴀ^{44}p^{h}əŋ^{44}t^{h}i^{21}	拿 nᴀ^{13}	卡给 k^{h}ᴀ^{21}kei^{44}
临潭县	打喷嚏 ta^{21}p^{h}əŋ^{51}t^{h}i^{21}	拿 na^{24}	给 kɪi^{44}

	0775 摸～头	0776 伸～手	0777 挠～痒痒
兰州市	摸 mɤ^{13}	奓 tʂa^{13}	抠 kʰəu^{55}
榆中县	摸 mə^{312}	奓 tʂa^{213}	抠 kʰəu^{51}
永登县	摸 mə^{53}	抻 tʂʰə̃n^{42}	抠 kʰɤu^{42}
红古区	摸 mə^{53}	伸 ʂən^{13}	抠 kʰɤu^{13}
凉州区	摸 mə^{35}	抻 tʂʰəŋ^{35}	挠 nɑo^{35}
甘州区	摸 muə^{44}	伸 ʂɤŋ^{44}	揢 va^{44}
肃州区	摸 mə^{44}	伸 ʂɤŋ^{44}	抠 kʰəu^{44}
永昌县	摸 mə^{44}	伸 ʂəŋ^{44}	揢 va^{44}
崆峒区	摸 muo^{21}	伸 ʂɤŋ^{21}	抠 kʰəu^{21}
庆城县	摸 muə^{51} 揣 tʂʰuɛ^{44}	伸 ʂɤŋ^{51}	抠 kʰɤu^{51}
宁县	摸 mə^{31}	伸 ʂəŋ^{31}	抓 tʃua^{31}
武都区	揣 tʃʰuɛɪ^{55} 摸 muɤ^{55}	展 tʂæ̃^{55}	搔 tsɔu^{31}
文县	摸 muə^{55}	伸 səŋ^{31}	搔 tsɔo^{31}
康县	摸 muɤ^{55}	伸 ʂɤŋ^{53}	抠 kʰɤu^{55}
礼县	摸 mɤ^{52}	展 tʂæ̃^{52}	搔 tsɔo^{31}
靖远县	揣 tʂʰuɛ^{55}	伸 ʂɤŋ^{41}	抠 kʰɤu^{41}
陇西县	拨⁼pʰɤ^{13}	展 tʂæ̃^{53}	搔 tsɔo^{21}
秦州区	摸 mɤ^{53}	奓 tsa^{44}	搔 tsɔ^{13}
安定区	拨⁼pʰə^{13}	展 tʂæ̃^{53}	搔 tsɔ^{13}
会宁县	揣 tʃʰuɛ^{53}	奓 tsa^{44}	搔 tsɔ^{13}
临洮县	摸 mɤ^{13}	伸 ʂɤŋ^{13}	抠 kʰɤu^{13}
清水县	揣 tʃʰɛ^{52}	展 tʂæ̃^{52}	抓 tʃɔ^{13}
永靖县	摸 mɤ^{213}	伸 ʂɤŋ^{213}	揢 va^{213}
敦煌市	摸 mə^{51}	伸 ʂɤŋ^{213}	抠 kʰɤu^{213}
临夏市	摸 mɤ^{13}	奓 tʂɑ^{13}	揢 vɑ^{13}
合作市	摸 mə^{13}	展 tʂæ̃^{44}	揢 vᴀ^{13}
临潭县	摸 mɤ^{51}	奓手 tʂɒ^{21}ʂəɯ^{51}	抠 kʰəɯ^{44}

	0778 掐用拇指和食指的指甲～皮肉	0779 拧～螺丝	0780 拧～毛巾
兰州市	掐 $tɕ^hia^{13}$	拧 $ȵin^{53}$	拧 $ȵin^{53}$
榆中县	掐 $tɕ^hia^{44}$	拧 $ȵin^{312}$	拧 $ȵin^{312}$
永登县	掐 $tɕ^hia^{13}$	拧 $ȵin^{53}$	拧 $ȵin^{53}$
红古区	掐 $tɕ^hia^{13}$	上 $ʂɑŋ^{13}$	拧 $ȵin^{13}$
凉州区	掐 $tɕ^hia^{31}$	上 $ʂɑŋ^{31}$	拧 $ȵiŋ^{35}$
甘州区	掐 $tɕ^hia^{31}$	拧 $ȵiŋ^{53}$	拧 $ȵiŋ^{53}$
肃州区	掐 $tɕ^hia^{213}$	拧 $ȵiŋ^{51}$	拧 $ȵiŋ^{51}$
永昌县	掐 $tɕ^hia^{53}$	拧 $ȵiŋ^{13}$	拧 $ȵiŋ^{13}$
崆峒区	掐 $tɕ^hia^{21}$	拧 $ȵiɤŋ^{24}$	拧 $ȵiɤŋ^{24}$
庆城县	掐 $tɕ^hia^{51}$	上 $ʂɑ̃^{244}$	拧 $ȵiŋ^{113}$
宁县	掐 $tɕ^hia^{31}$	拧 $ȵiŋ^{24}$	拧 $ȵiŋ^{24}$
武都区	掐 $tɕ^hia^{55}$	拧 $ȵin^{13}$	扭 $ȵiəu^{55}$
文县	掐 $tɕ^hia^{31}$	扭 $ȵiɤu^{55}$	扭 $ȵiɤu^{55}$
康县	掐 $tɕ^hia^{53}$	拧 $ȵiŋ^{211}$	拧 $ȵiŋ^{211}$
礼县	掐 $tɕ^hia^{31}$	拧 $ȵiŋ^{13}$	拧 $ȵiŋ^{13}$
靖远县	掐 $tɕ^hia^{41}$	拧 $ȵiŋ^{24}$	拧 $ȵiŋ^{24}$
陇西县	掐 $tɕ^hia^{21}$	拧 $liŋ^{13}$	拧 $liŋ^{13}$
秦州区	掐 $tɕ^hia^{13}$	上 $ʂɑŋ^{44}$	拧 $ȵiɤŋ^{13}$
安定区	捏 $ȵiə^{13}$	扭 $ȵiəu^{53}$	捏 $ȵiə^{13}$
会宁县	掐 $tɕ^hia^{13}$	紧 $tɕiŋ^{53}$	拧 $ȵiŋ^{13}$
临洮县	掐 $tɕ^hia^{13}$	紧 $tɕiŋ^{53}$ 拧 $ȵiŋ^{13}$	拧 $ȵiŋ^{13}$
清水县	掐 $tɕ^hia^{13}$	拧 $ȵiŋ^{13}$	拧 $ȵiŋ^{13}$
永靖县	掐 $tɕ^hia^{213}$	拧 $ȵiɤŋ^{213}$	拧 $ȵiɤŋ^{213}$
敦煌市	掐 $tɕ^hia^{213}$	拧 $ȵiŋ^{213}$	拧 $ȵiŋ^{213}$
临夏市	掐 $tɕ^hiɑ^{13}$	上 $ʂɑŋ^{53}$	拧 $ȵiŋ^{13}$
合作市	掐 $tɕ^hiᴀ^{13}$	上 $ʂɑŋ^{53}$	拧 $ȵiŋ^{13}$
临潭县	掐 $tɕ^hia^{44}$	拧 $ȵin^{24}$	拧 $ȵin^{24}$

	0781 捻用拇指和食指来回～碎	0782 掰把橘子～开，把馒头～开	0783 剥～花生
兰州市	搓 tsʰuə55	剥 pɤ13	剥 pɤ13
榆中县	捻 ȵian312	剥 pə312 扳 pan51	剥 pə312
永登县	捻 ȵiæ̃354	掰 piɛ13	剥 pə13
红古区	捻 ȵian13	剥 pə13	剥 pə13
凉州区	捻 ȵiɑŋ35	剥 pə31	剥 pə31
甘州区	捻 ȵiaŋ53	掰 piə31	剥 puə31
肃州区	捻 ȵiæ̃51	剥 pə213	剥 pə213
永昌县	捻 ȵiɛ13	剥 pə53	剥 pə53
崆峒区	捻 ȵiæ̃24	掰 pei21	剥 pɔ21
庆城县	捻 ȵiɛ̃113	掰 pɛ̃51	剥 pɔ51
宁县	捻 ȵiæ̃24	掰 pei31	剥 pɔ31
武都区	搓 tsʰuɤ31	掰 pei31	剥 puɤ31
文县	捻 ȵiəŋ24	掰 pei31	剥 pɤ31
康县	揉 ʐɤu211	掰 pei53	剥 puɤ53
礼县	研 iæ̃13	掰 pei31	剥 pɤ31
靖远县	搓 tsʰuə41	扳 pæ̃41	剥 pɤ41
陇西县	搓 tsʰuɤ21	掰 pe21 扳 pæ̃21	剥 pɤ21
秦州区	瓷= tsʰɿ13	扳 pæ̃13	剥 pɤ13
安定区	磨 mə13	掰 pɛ13	剥 pə13
会宁县	搓 tsʰə13	掰 pɛ13	剥 pə13
临洮县	搓 tsʰuɤ13	掰 pɛ13	剥 pɤ13
清水县	捏= ȵiɛ13 研 iæ̃13	掰 pəi13	剥 pə13
永靖县	搓 tsʰuɤ213	剥 pɤ213	剥 pɤ213
敦煌市	捻 ȵiɛ̃51	掰 pei213	剥 pə213
临夏市	搓 tsʰuɤ13	掰 piɛ13	剥 pɤ13
合作市	搓 tsʰuə13	扳 pæ̃13	剥 pə13
临潭县	捻 ȵiæ̃44	掰 pɛe44	剥 pɤ44

	0784 撕把纸～了	0785 折把树枝～断	0786 拔～萝卜
兰州市	扯 tʂʰɤ^{34}	撧折 tɕyɛ^{55}ʂɤ^{42}	拔 pa^{53}
榆中县	撕 sɿ^{51}	撧 tɕyᴇ^{44}	拔 pa^{312}
永登县	扯 tʂʰə^{53}	撧 tɕyə^{354}	拔 pa^{53}
红古区	扯 tʂʰə^{53}	撧 tɕyɛ^{53}	拔 pa^{13}
凉州区	撕 sɿ^{35} 扯 tʂʰə^{35}	撇= pʰiə^{35}	拔 pa^{35}
甘州区	撕 sɿ^{44}	折 tʂə^{31}	拔 pa^{53}
肃州区	撕 sɿ^{44}	撧 tɕʰyə^{51}	拔 pa^{51}
永昌县	撕 sɿ^{44}	折 tʂə^{44}	拔 pa^{13}
崆峒区	扯 tʂʰɤ^{53}	折 tʂɤ^{53}	拔 pa^{24}
庆城县	撕 sɿ^{51}	折 tʂɛ^{44}	拔 pa^{113}
宁县	扯 tʂʰə^{52}	折 tʂə^{52}	拔 pʰa^{24}
武都区	扯 tʂʰɤ^{55}	折 tʂɤ^{31}	拔 pʰa^{13}
文县	扯 tɕʰiɛ^{55}	挼 uə^{13}	拔 pʰa^{13}
康县	扯 tʂʰɤ^{55}	挼 vɤ^{211}	拔 pʰa^{211}
礼县	扯 tʂʰɤ^{52}	挼 vɤ^{31}	拔 pʰa^{13}
靖远县	扯 tʂʰɤ^{55}	折 tʂɤ^{55}	拔 pa^{24}
陇西县	扯 tʂʰɤ^{53}	折 tʂɤ^{53}	拔 pʰa^{13}
秦州区	扯 tʂʰɤ^{53}	挼 vɤ^{13}	拔 pʰa^{13}
安定区	扯 tʂʰə^{53}	掰 pɛ^{13}	拔 pʰa^{13}
会宁县	扯 tʂʰə^{53}	折 tʂə^{53}	拔 pʰa^{13}
临洮县	扯 tʂʰɛ^{53}	折 tʂɛ^{13}	拔 pʰa^{13}
清水县	扯 tʂʰə^{52}	挼 və^{13}	拔 pʰa^{13}
永靖县	撕 sɿ^{213}	撧 tɕyɛ^{53}	拔 pa^{213}
敦煌市	扯 tʂə^{51}	折 tʂə^{213}	拔 pa^{213}
临夏市	撕 sɿ^{13}	撧 tɕyɛ^{42}	拔 pɑ^{13}
合作市	扯 tʂʰə^{44}	折 tʂə^{13}	拔 pᴀ^{13}
临潭县	扯 tʂʰɤ^{51}	折 tʂɤ^{51}	拔 pa^{24}

	0787 摘～花	0788 站站立：～起来	0789 倚斜靠：～在墙上
兰州市	摘 tʂɤ¹³	站 tʂæ̃¹³	趄 tɕʰiɛ⁵³
榆中县	摘 tʂə³¹²	站 tʂan²¹³	靠 kʰɔ²¹³
永登县	摘 tʂə⁵³	站 tʂæ̃¹³	靠 kʰɔ¹³
红古区	摘 tʂə⁵³	站 tʂan¹³	靠 kʰɔ¹³
凉州区	摘 tsə³⁵ 揪 tɕiəu³⁵	站 tsɑŋ³¹	趄 tɕʰiə³¹
甘州区	摘 tʂə³¹	站 tʂaŋ³¹	靠 kʰɔ³¹
肃州区	摘 tsə²¹³	站 tsæ̃²¹³	靠 kʰɔ²¹³
永昌县	摘 tʂə¹³	站 tʂɛe⁵³	靠 kʰɔo⁵³
崆峒区	摘 tsei²⁴	站 tsæ̃⁴⁴	靠 kʰɔ⁴⁴
庆城县	摘 tsei¹¹³/tʂɛ⁴⁴	站 tsɛ̃²⁴⁴	靠 kʰɔ²⁴⁴
宁县	摘 tsʰei²⁴	站 tsæ̃⁴⁴	斜犨⁼ɕiɛ²⁴tɕiæ̃⁴⁴ 斜靠 ɕiɛ²⁴kʰɔ⁴⁴
武都区	摘 tsei³¹	站 tsæ̃²⁴	仰 ȵiɑŋ⁵⁵
文县	摘 tsei³¹	站 tsæ̃²⁴	靠 kʰɔo²⁴
康县	摘 tʂɤ⁵³	站 tʂan²⁴	靠 kʰɔo²⁴
礼县	摘 tsei³¹	站 tsæ̃⁴⁴	犨⁼tɕiæ̃⁴⁴
靖远县	摘 tʂei²⁴	站 tsæ̃³³	靠 kʰɑo³³
陇西县	摘 tse²¹	站 tsæ̃⁴⁴	趄 tɕʰiɛ⁴⁴
秦州区	摘 tʂɤ¹³	站 tsæ̃⁴⁴	靠 kʰɔ⁴⁴
安定区	揪 tɕiəu¹³	站 tsæ̃⁴⁴	靠 kʰɔ⁴⁴
会宁县	揪 tɕiəu¹³	站 tsæ̃⁴⁴	靠 kʰɔ⁴⁴
临洮县	摘 tsɛ¹³	站 tsæ̃⁴⁴	趄 tɕʰie⁴⁴
清水县	摘 tʂə¹³	站 tʃæ̃⁴⁴³	靠 kʰɔ⁴⁴³ 犨⁼tsiæ̃⁴⁴³
永靖县	摘 tʂɤ⁵³	站 tʂæ̃⁴⁴	趄 tɕʰiɛ⁴⁴
敦煌市	揪 tɕiɤu²¹³	站 tsæ̃⁴⁴	靠 kʰɔ⁴⁴
临夏市	摘 tʂɤ¹³	站 tʂã⁵³	靠 kʰɔ⁵³
合作市	摘 tʂə¹³	站 tʂæ̃⁵³	靠 kʰɔ⁵³
临潭县	摘 tsɛe²⁴	站 tsæ̃⁴⁴	靠 kʰɔo⁴⁴

	0790 蹲~下	0791 坐~下	0792 跳青蛙~起来
兰州市	蹲 tuən^{55}	坐 tsuə^{13}	跳 tʰiɔ^{13}
榆中县	蹲 tuən^{51}	坐 tsuə^{213}	跳 tʰiɔ^{213}
永登县	蹲 tuə̃n^{42}	坐 tsuə^{13}	跳 tʰiɔ^{13}
红古区	蹲 tuən^{13}	坐 tsuə^{13}	跳 tʰiɔ^{13}
凉州区	蹲 tuŋ^{35}	坐 tsuə^{31}	跳 tʰiɑo^{31} 蹦 pəŋ^{31}
甘州区	蹲 tuŋ^{44}	坐 tsuə^{31}	跳 tʰiɔ^{31}
肃州区	蹲 tuŋ^{44}	坐 tsuə^{213}	跳 tʰiɔ^{213} 蹦 pɤŋ^{213}
永昌县	蹲 toŋ^{44}	坐 tsuə^{53}	跳 tʰiɔo^{53}
崆峒区	蹴 tɕiəu^{44}	坐 tsuo^{44}	跳 tʰiɔ^{44}
庆城县	蹲 tuŋ^{51}	坐 tsuə^{244}	跳 tʰiɔ^{244}
宁县	圪蹴 kɯ^{31}tɕiou^{0}	坐 tsʰuə^{44}	跳 tɕʰiɔ^{24}
武都区	蹴 tɕiəu^{24}	坐 tsuɤ^{24}	跳 tʰiəu^{24}
文县	蹴 tɕiɤu^{13}	坐 tsʰuə^{24}	跳 tʰiɔo^{24}
康县	蹴 tɕiɤu^{24}	坐 tsuɤ^{24}	跳 tɕʰiɔo^{211}
礼县	蹴 tɕiəu^{13}	坐 tʃʰuɤ^{44}	蹦 piɛ^{44}
靖远县	蹴 tɕiɤu^{33}	坐 tsuə^{33}	跳 tʰiɑo^{24}
陇西县	蹴下 tɕiu^{44}xa^{44}	坐 tsʰuɤ^{44}	激 tɕi^{21}
秦州区	蹴 tɕiɤu^{13}	坐 tsʰuə^{44}	跳 tʰiɔ^{13}
安定区	蹴 tɕiəu^{44}	坐 tsʰuə^{44}	惊 tɕiŋ^{13}
会宁县	蹴 tɕiəu^{44}	坐 tsʰuə^{44}	惊 tɕiŋ^{13}
临洮县	蹴 tɕiɤu^{44}	坐 tsuɤ^{44}	跳 tʰiɔ^{13}
清水县	蹴 tsiou^{13}	坐 tsʰuə^{443}	跳 tsʰiɔ^{13}
永靖县	蹲 tuɤŋ^{213}	坐 tsuɤ^{44}	跳 tɕʰiɔ^{44}
敦煌市	蹴 tɕiɤu^{213} 蹲 tuŋ^{213}	坐 tsuə^{44}	跳 tʰiɔ^{44}
临夏市	蹲 tuəŋ^{13}	坐 tsuɤ^{53}	跳 tʰiɔ^{53}
合作市	蹲 tuəŋ^{13}	坐 tsuə^{53}	跳 tʰiɔ^{53}
临潭县	蹴 tɕiəɯ^{44}	坐 tsuɤ^{44}	跳 tʰiɔo^{24}

	0793 迈跨过高物：从门槛上～过去	0794 踩脚～在牛粪上	0795 翘～腿
兰州市	蹑 tɕia³⁴	踏 tʰa⁵³	翘 tɕʰiɔ¹³
榆中县	蹑 tɕʰia⁴⁴	踩 tsʰɛ⁴⁴	翘 tɕʰiɔ²¹³
永登县	蹑 tɕʰia¹³	踩 tʂʰɛ³⁵⁴	翘 tɕʰiɔ¹³
红古区	蹑 tɕʰia⁵³	踏 tʰa¹³	翘 tɕʰiɔ⁵³
凉州区	蹑 tɕʰia³¹	踏 tʰa³⁵	扎 tsa³¹
甘州区	蹑 tɕʰia⁵³	踩 tʂʰɛ⁵³	翘 tɕʰiɔ³¹
肃州区	蹑 tɕʰia⁵¹	踏 tʰa⁵¹	翘 tɕʰiɔ⁵¹
永昌县	蹑 tɕʰia⁵³	踏 tʰa¹³	翘 tɕʰiɔ⁵³
崆峒区	蹻 tɕʰiɔ²¹	踏 tʰa²⁴	翘 tɕʰiɔ⁴⁴
庆城县	跨 kʰua⁴⁴ 蹻 tɕʰiɔ⁵¹	踏 tʰa¹¹³	翘 tɕʰiɔ²⁴⁴
宁县	蹻 tɕʰiɔ³¹	踏 tʰa²⁴	翘 tɕʰiɔ⁴⁴
武都区	蹻 tɕʰiɔu³¹	踏 tʰa¹³	翘 tɕʰiɔu²⁴
文县	蹑 tɕʰia²²	踏 tʰa¹³	翘 tɕʰiɔo²⁴
康县	蹻 tɕʰiɔo²¹¹	踏 tʰa²¹¹	翘 tɕʰiɔo²⁴
礼县	蹻 tɕʰiɔo⁴⁴	踏 tʰa¹³	翘 tɕʰiɔo⁴⁴
靖远县	蹻 tɕʰiɑo³³	踏 tʰa²⁴	翘 tɕʰiɑo⁵⁵
陇西县	蹻 tɕʰiɔo²¹	踏 tʰa¹³	翘 tsʰɔo⁴⁴
秦州区	蹻 tɕʰiɔ¹³	踏 tʰa¹³	翘 tɕʰiɔ⁴⁴
安定区	蹻 tɕʰiɔ¹³	踏 tʰa¹³	翘 tɕʰiɔ⁴⁴
会宁县	蹻 tɕʰiɔ⁴⁴	踏 tʰa¹³	翘 tɕʰiɔ⁴⁴
临洮县	跨 kʰua⁵³	踏 tʰa¹³	翘 tɕʰiɔ⁴⁴
清水县	蹻 tɕʰiɔ¹³	踏 tʰa¹³	交⁼tɕiɔ¹³
永靖县	蹑 tɕʰia⁴⁴	踏 tʰa²¹³	翘 tɕʰiɔ⁴⁴
敦煌市	蹑 tɕʰia⁵¹	踩 tsʰɛ⁵¹	翘 tɕʰiɔ⁴⁴
临夏市	蹻 tɕʰiɔ⁵³	踏 tʰɑ¹³	翘 tɕʰiɔ⁵³
合作市	蹻 tɕʰiɔ¹³	踏 tʰA¹³	担 tæ̃¹³
临潭县	蹻 tɕʰiɔo⁴⁴	踩 tsʰɛe⁵¹	翘 tɕʰiɔo⁴⁴

	0796 弯～腰	0797 挺～胸	0798 趴～着睡
兰州市	弓 kuən^{55}	腰拔直 iɔ^{44}pa^{53}tʂʅ^{42}	趴 pʰa^{53}
榆中县	弯 van^{51}	挺 tʰin^{44}	趴 pʰa^{312}
永登县	弯弓 væ̃^{24}kuə̃n^{44}	抬 tʰɛ^{53}	趴 pʰa^{53}
红古区	弓 kuən^{13}	拔 pa^{13}	趴 pa^{13}
凉州区	佝 kəu^{35}	挺 tʰiŋ^{35}	趴 pʰa^{35}
甘州区	弯 vaŋ^{44}	挺 tʰiŋ^{53}	趴 pʰa^{53}
肃州区	弯 væ̃^{44}	挺 tʰiŋ^{51}	趴 pʰa^{51}
永昌县	弯 vɛe^{44}	挺 tʰiŋ^{44}	趴 pʰa^{13}
崆峒区	弯 uæ̃^{53}	挺 tʰiɤŋ^{53}	趴 pʰa^{24}
庆城县	弯 vɛ̃^{51}	挺 tʰiŋ^{44} 直 tʂʅ^{113}	趴 pʰa^{113}
宁县	弯 uæ̃^{31}	挺 tɕʰiŋ^{52}	趴 pʰa^{24}
武都区	佝 kəu^{31}	挺 tʰin^{55}	趴 pʰa^{13}
文县	爬 pʰa^{55}	挺 tʰiəŋ^{55}	趴 pʰa^{13}
康县	佝 kɤu^{53}	展 tʂan^{55}	趴 pʰa^{211}
礼县	佝 kəu^{31}	腆 tʰiɛ^{44}	趴 pʰa^{13}
靖远县	弓 koŋ^{41}	抬 tʰɛ^{24}	趴 pʰa^{24}
陇西县	弯 væ̃^{21}	腆 tɕʰiɛ^{44}	趴 pʰa^{13}
秦州区	弓 kuɤŋ^{13}	挺 tʰiɤŋ^{53}	趴 pʰa^{13}
安定区	弯 væ̃^{13}	挺 tʰiŋ^{13}	趴 pʰa^{13}
会宁县	弯 ua^{13}	腆 tʰiə^{44}	趴 pʰa^{13}
临洮县	弯 væ̃^{13}	挺 tʰiŋ^{53}	趴 pʰa^{13}
清水县	弓 kuŋ^{13} 弯 væ̃^{13}	奓 tʂa^{13} 傲 ŋɔ^{443}	趴 pʰa^{13}
永靖县	弯 væ̃^{213}	腆 tɕʰiɛ^{213}	趴 pa^{213}
敦煌市	弯 væ̃^{213}	挺 tʰiŋ^{51}	趴 pʰa^{213}
临夏市	弯腰 vã^{13}iɔ^{24}	拔直 pɑ^{13}tʂʅ^{24}	趴 pʰɑ^{13}
合作市	弓 kuəŋ^{13}	拔 pᴀ^{13}	趴 pʰᴀ^{13}
临潭县	弯 væ̃^{44}	挺 tʰin^{51}	趴 pʰa^{24}

	0799 爬小孩在地上～	0800 走慢慢儿～	0801 跑慢慢儿走，别～
兰州市	爬 p^ha^{53}	走 $tsɤu^{34}$	跑 $p^hɔ^{34}$
榆中县	爬 p^ha^{312}	走 $tsəu^{44}$	跑 $p^hɔ^{44}$
永登县	爬 p^ha^{53}	走 $tsɤu^{354}$	跑 $p^hɔ^{354}$
红古区	爬 p^ha^{13}	走 $tsɤu^{53}$	跑 $p^hɔ^{53}$
凉州区	爬 p^ha^{35}	走 $tsəu^{35}$	跑 $p^hɑo^{35}$
甘州区	爬 p^ha^{53}	走 $tsɤu^{53}$	惊 $tɕiŋ^{44}$
肃州区	爬 p^ha^{51}	走 $tsɤu^{51}$	跑 $p^hɔ^{51}$
永昌县	爬 p^ha^{13}	走 $tsəu^{13}$	跑 $p^hɔo^{13}$
崆峒区	爬 p^ha^{24}	走 $tsəu^{53}$	跑 $p^hɔ^{53}$
庆城县	爬 p^ha^{113}	走 $tsɤu^{44}$	跑 $p^hɔ^{44}$
宁县	爬 p^ha^{24}	走 $tsou^{52}$	跑 $p^hɔ^{52}$ 蹿 $ts^huæ̃^{31}$
武都区	爬 p^ha^{13}	行 $xəŋ^{13}$	跑 $p^hɔu^{55}$
文县	爬 p^ha^{13}	走 $tsɤu^{55}$	跑 $p^hɔo^{55}$
康县	爬 p^ha^{211}	走 $tsɤu^{55}$	跑 $p^hɔo^{55}$
礼县	爬 p^ha^{13}	行 $xɤŋ^{13}$ 走 $tsəu^{52}$	排 p^hai^{13} 瓦⁼ va^{52}
靖远县	爬 p^ha^{24}	走 $tsɤu^{55}$	跑 $p^hɑo^{55}$
陇西县	爬 p^ha^{13}	走 $tsɤu^{53}$	跑 $p^hɔo^{53}$
秦州区	爬 p^ha^{13}	走 $tsɤu^{53}$	跑 $p^hɔ^{53}$
安定区	爬 p^ha^{13}	走 $tsəu^{53}$	跑 $p^hɔ^{53}$
会宁县	爬 p^ha^{13}	走 $tsəu^{53}$	跑 $p^hɔ^{53}$
临洮县	爬 p^ha^{13}	走 $tsɤu^{53}$	跑 $p^hɔ^{53}$
清水县	爬 p^ha^{13}	走 $tsou^{52}$	跑 $p^hɔ^{52}$
永靖县	爬 p^ha^{213}	走 $tsɤu^{53}$	跑 $p^hɔ^{53}$
敦煌市	爬 p^ha^{213}	走 $tsɤu^{51}$	跑 $p^hɔ^{51}$
临夏市	爬 $p^hɑ^{13}$	走 $tsɤu^{42}$	跑 $p^hɔ^{42}$
合作市	爬 p^hA^{13}	走 $tsəɯ^{44}$	跑 $p^hɔ^{53}$
临潭县	爬 p^ha^{24}	走 $tsəɯ^{51}$	跑 $p^hɔo^{51}$

	0802 逃逃跑：小偷～走了	0803 追追赶：～小偷	0804 抓～小偷
兰州市	跑 $p^hɔ^{34}$	撵 $ȵiæ̃^{34}$	抓 pfa^{55}
榆中县	跑 $p^hɔ^{44}$	追 $tʂuei^{51}$	抓 $tʂua^{51}$
永登县	跑 $p^hɔ^{354}$	撵 $ȵiæ̃^{354}$	抓 pfa^{42}
红古区	跑 $p^hɔ^{53}$	撵 $ȵian^{53}$	抓 $tʂua^{13}$
凉州区	跑 $p^hɑo^{35}$	撵 $ȵiɑŋ^{35}$	抓 $tʂua^{35}$
甘州区	跑 $p^hɔ^{53}$	撵 $ȵiaŋ^{53}$	抓 kua^{44}
肃州区	逃 $t^hɔ^{51}$	撵 $ȵiæ̃^{51}$ 追 $tʂuei^{44}$	抓 $tʂua^{44}$ 捉 $tʂuə^{213}$
永昌县	跑 $p^hɔo^{13}$	撵 $ȵiɛ^{13}$	抓 $tʂua^{44}$
崆峒区	漏 $ləu^{53}$	追 $tʂuei^{21}$	抓 $tʂua^{21}$
庆城县	逃 $t^hɔ^{113}$ 窜 $ts^huɛ̃^{51}$	撵 $ȵiɛ̃^{44}$	逮 $tɛ^{51}$
宁县	瓦⁼脱 $ua^{31}t^huə^{0}$	撵 $ȵiæ̃^{52}$ 追 $tʃuei^{31}$	逮 $tɛ^{31}$
武都区	跑 $p^hɔu^{55}$	撵 $ȵiæ̃^{55}$ 追 $tʃuei^{31}$	抓 $tʃua^{31}$
文县	跑 $p^hɔo^{55}$	追 $tsuei^{31}$	抓 $tsua^{31}$
康县	跑 $p^hɔo^{55}$	断 $tuan^{53}$	逮 $tɛ^{13}$
礼县	排 p^hai^{13} 瓦⁼ va^{52}	撵 $ȵiæ̃^{52}$ 断 $tuæ̃^{44}$	拉 na^{31}
靖远县	跑 $p^hɑo^{55}$	撵 $ȵiæ̃^{55}$	抓 $tʂua^{41}$
陇西县	瓦⁼ va^{53} 蹑⁼ $liɛ^{44}$	撵 $liæ̃^{53}$	抓 $tʂua^{21}$
秦州区	跑 $p^hɔ^{53}$	撵 $ȵiæ̃^{53}$	拉住 $la^{21}tʃʮ^{44}$
安定区	跑 $p^hɔ^{53}$	撵 $ȵiæ̃^{53}$	抓 $tʃua^{13}$
会宁县	跑 $p^hɔ^{53}$	撵 $niæ̃^{53}$	拉 la^{13}
临洮县	跑 $p^hɔ^{53}$	追 $tʂuei^{13}$	抓 $tʂua^{13}$
清水县	跑 $p^hɔ^{52}$	撵 $ȵiæ̃^{52}$	拉 la^{13}
永靖县	跑 $p^hɔ^{53}$	抓 $tʂua^{213}$	抓 $tʂua^{213}$
敦煌市	跑 $p^hɔ^{51}$	撵 $ȵiɛ̃^{51}$	抓 $tʂua^{213}$
临夏市	跑 $p^hɔ^{42}$	抓 $tʂuɑ^{13}$	抓 $tʂuɑ^{13}$
合作市	跑 $p^hɔ^{53}$	断 $tuæ̃^{44}$	抓 $tʂuᴀ^{13}$
临潭县	跑了 $p^hɔo^{24}lɤ^{21}$	断 $tuæ̃^{44}$	抓 $tʂua^{44}$

	0805 抱把小孩~在怀里	0806 背~孩子	0807 搀~老人
兰州市	抱 pɔ^{13}	背 pei^{55}	扶 fu^{53}
榆中县	抱 pɔ^{213}	背 pei^{51}	扶 fu^{312}
永登县	抱 pɔ^{13}	背 pei^{42}	扶 fu^{53}
红古区	抱 pɔ^{13}	背 pei^{13}	扶 fu^{13}
凉州区	抱 pɑo^{31}	背 pei^{35}	扶踱 fu^{35}tuə^{53}
甘州区	抱 pɔ^{31}	背 pei^{44}	搀 tʂʰaŋ^{44}
肃州区	抱 pɔ^{213} 揣 tʂʰuɛ^{44}	背 pei^{44}	搀 tsʰæ̃^{44}
永昌县	抱 pɔo^{53}	背 pei^{44}	搀 tʂʰɛe^{44}
崆峒区	抱 pɔ^{44}	背 pei^{21}	搀 tsʰæ̃^{21}
庆城县	抱 pɔ^{244}	背 pei^{51}	搀 tsʰɛ̃^{51} 扶 fu^{113}
宁县	搭 tɕʰia^{44} 抱 pɔ^{44}	背 pei^{31}	搀 tsʰæ̃^{31}
武都区	抱 pɔu^{24}	背 pei^{31}	搀 tʂʰæ̃^{13} 扶 fu^{31}
文县	抱 pɔo^{24}	背 pei^{31}	扶 fu^{13}
康县	引 iŋ^{35}	背 pei^{53}	扶 fu^{211}
礼县	抱 pɔo^{44}	背 pei^{31}	按 ŋæ̃^{44}
靖远县	抱 pɑo^{33}	背 pei^{41}	搀 tsʰæ̃^{41}
陇西县	抱 pɔo^{44}	背 pe^{21}	腠⁼ tsʰɤu^{21}
秦州区	抱 pɔ^{44}	背 pei^{13}	腠⁼ tsʰɤu^{13}
安定区	搂 lu^{13}	背 pɛ^{13}	扶 fu^{13}
会宁县	抱 pɔ^{44}	背 pei^{13}	捉 tʃuə^{13}
临洮县	抱 pɔ^{44}	背 pei^{13}	腠⁼ tsʰɤu^{13}
清水县	抱 pɔ^{443}	背 pəi^{13}	按 ŋæ̃^{443} 搀 tʃʰæ̃^{13}
永靖县	抱 pɔ^{44}	背 pei^{213}	扶 fu^{213}
敦煌市	抱 pɔ^{44}	背 pei^{213}	搀 tsʰæ̃^{213}
临夏市	抱 pɔ^{53}	背 pei^{13}	扶 fu^{13}
合作市	抱 pɔ^{53}	背 pei^{13}	扶 fu^{13}
临潭县	抱 pɔo^{44}	背 pɪi^{44}	扶 fu^{24}

	0808 推几个人一起～汽车	0809 摔跌：小孩～倒了	0810 撞人～到电线杆上
兰州市	搡 $\mathrm{s\tilde{a}^{34}}$	绊 $\mathrm{p\tilde{æ}^{13}}$	碰 $\mathrm{p^hən^{13}}$
榆中县	推 $\mathrm{t^huei^{51}}$	跌 $\mathrm{ti\text{ᴇ}^{312}}$	碰 $\mathrm{p^hən^{213}}$
永登县	推 $\mathrm{t^huei^{42}}$ 搡 $\mathrm{s\tilde{a}^{354}}$	掼 $\mathrm{ku\tilde{æ}^{13}}$ 绊 $\mathrm{p\tilde{æ}^{13}}$	碰 $\mathrm{p^h\tilde{ə}n^{13}}$
红古区	搡 $\mathrm{sɑŋ^{53}}$	绊 $\mathrm{pan^{13}}$	碰 $\mathrm{p^hən^{13}}$
凉州区	搡 $\mathrm{sɑŋ^{35}}$	跌 $\mathrm{tiə^{31}}$	碰 $\mathrm{p^həŋ^{31}}$
甘州区	推 $\mathrm{t^huei^{44}}$	跌 $\mathrm{tiə^{31}}$	撞 $\mathrm{kuɑŋ^{31}}$
肃州区	推 $\mathrm{t^huei^{44}}$ 搡 $\mathrm{sɑŋ^{51}}$	跌 $\mathrm{tiɛ^{213}}$	碰 $\mathrm{p^hɤŋ^{213}}$
永昌县	推 $\mathrm{t^huei^{44}}$	跌 $\mathrm{tiə^{53}}$	撞 $\mathrm{tʂuɑŋ^{53}}$
崆峒区	推 $\mathrm{t^huei^{21}}$	跌 $\mathrm{tiɛ^{21}}$	碰 $\mathrm{p^hɤŋ^{44}}$
庆城县	推 $\mathrm{t^huei^{51}}$	绊跤 $\mathrm{p\tilde{ɛ}^{244}tɕiɔ^{51}}$	碰 $\mathrm{p^hɤŋ^{244}}$
宁县	搡 $\mathrm{sɑŋ^{52}}$	跌 $\mathrm{tiɛ^{31}}$	碰 $\mathrm{pəŋ^{44}}$ 撞 $\mathrm{tʃ^huɑŋ^{44}}$
武都区	搊 $\mathrm{tsəu^{13}}$	绊 $\mathrm{p\tilde{æ}^{24}}$	碰 $\mathrm{p^həŋ^{55}}$
文县	搊 $\mathrm{ts^hɤu^{31}}$	跌 $\mathrm{tiɛ^{31}}$	碰 $\mathrm{p^həŋ^{24}}$
康县	搊 $\mathrm{ts^hɤu^{211}}$	绊 $\mathrm{p^han^{24}}$	碰 $\mathrm{p^hɤŋ^{55}}$
礼县	搊 $\mathrm{ts^həu^{31}}$	绊 $\mathrm{p\tilde{æ}^{44}}$	撞 $\mathrm{tʃ^huɑŋ^{44}}$ 碰 $\mathrm{p^hɤŋ^{44}}$
靖远县	搡 $\mathrm{sɑŋ^{55}}$	绊 $\mathrm{p\tilde{æ}^{33}}$	碰 $\mathrm{p^hɤŋ^{33}}$
陇西县	掀 $\mathrm{ɕi\tilde{æ}^{21}}$	绊 $\mathrm{p\tilde{æ}^{44}}$	碰 $\mathrm{p^hɤŋ^{44}}$
秦州区	掀 $\mathrm{ɕi\tilde{æ}^{13}}$	绊 $\mathrm{p\tilde{æ}^{44}}$	碰 $\mathrm{p^hɤŋ^{44}}$
安定区	掀 $\mathrm{ɕi\tilde{æ}^{13}}$	跌 $\mathrm{tiə^{13}}$	撞 $\mathrm{tʃ^huɑŋ^{44}}$
会宁县	掀 $\mathrm{ɕi\tilde{æ}^{13}}$	绊 $\mathrm{p^h\tilde{æ}^{44}}$	碰 $\mathrm{p^həŋ^{44}}$
临洮县	搡 $\mathrm{s\tilde{a}^{53}}$	绊 $\mathrm{p\tilde{æ}^{44}}$	碰 $\mathrm{p^hɤŋ^{44}}$
清水县	揭⁼ $\mathrm{tɕiɛ^{13}}$	绊 $\mathrm{p\tilde{æ}^{443}}$ 跌 $\mathrm{tsiɛ^{13}}$	碰 $\mathrm{p^hɤŋ^{443}}$
永靖县	搡 $\mathrm{sɑŋ^{53}}$	跌 $\mathrm{tiɛ^{213}}$	碰 $\mathrm{p^hɤŋ^{44}}$
敦煌市	搡 $\mathrm{sɑŋ^{51}}$	跌 $\mathrm{tiə^{213}}$	撞 $\mathrm{tʂ^huɑŋ^{44}}$
临夏市	搡 $\mathrm{sɑŋ^{42}}$	绊 $\mathrm{p\tilde{a}^{53}}$	碰 $\mathrm{p^həŋ^{53}}$
合作市	搡 $\mathrm{sɑŋ^{44}}$	绊 $\mathrm{p\tilde{æ}^{53}}$	碰 $\mathrm{p^həŋ^{53}}$
临潭县	攮 $\mathrm{nɒ^{51}}$	绊 $\mathrm{p\tilde{æ}^{44}}$	碰 $\mathrm{p^həŋ^{44}}$

	0811 挡你～住我了，我看不见	0812 躲躲藏：他～在床底下	0813 藏藏放，收藏：钱～在枕头下面
兰州市	堵 tu³⁴	藏 tsʰɑ̃⁵³	藏 tsʰɑ̃⁵³
榆中县	挡 taŋ²¹³	躲 tuə⁴⁴ 藏 tɕʰiaŋ³¹²	藏 tɕʰiaŋ³¹² 藏 tsʰaŋ³¹²
永登县	挡 tɑ̃¹³	藏 tsʰɑ̃⁵³ 避 pʰi³⁵⁴	藏 tsʰɑ̃⁵³
红古区	挡 taŋ⁵³	藏 tɕʰiaŋ¹³	藏 tɕʰiaŋ¹³
凉州区	遮 tʂə³⁵	藏 tɕʰiaŋ³⁵	塞 sə³¹
甘州区	挡 taŋ³¹	藏 tsʰaŋ⁵³	藏 tsʰaŋ⁵³
肃州区	挡 taŋ²¹³	藏 tsʰɑŋ⁵¹ 躲 tuə⁵¹	藏 tsʰɑŋ⁵¹
永昌县	挡 taŋ⁵³	藏 tsʰɑŋ¹³	塞 sə⁵³
崆峒区	挡 taŋ⁴⁴	藏 tɕʰiaŋ²⁴	藏 tɕʰiaŋ²⁴
庆城县	挡 tɑ̃²⁴⁴	躲 tuə⁴⁴ 藏 tsʰɑ̃¹¹³	藏 tsʰɑ̃¹¹³
宁县	挡 taŋ⁴⁴ 堵 tu⁵²	藏 tsʰaŋ²⁴	拾⁼ ʂʅ²⁴
武都区	堵 tu⁵⁵	藏 tɕʰiaŋ¹³	藏 tɕʰiaŋ¹³
文县	挡 tɑ̃³⁵	藏 tɕʰiɑ̃¹³	藏 tɕʰiɑ̃¹³
康县	挡 taŋ²⁴	藏 tɕʰiaŋ²¹¹	藏 tɕʰiaŋ²¹¹
礼县	堵 tu⁵² 插⁼ tsʰa³¹	藏 tɕʰiaŋ¹³	藏 tɕʰiaŋ¹³
靖远县	挡 taŋ³³	藏 tɕʰiaŋ²⁴	压 n̩ia³³
陇西县	挡 taŋ⁴⁴	躲 tuɤ⁵³	藏 tɕʰiaŋ¹³
秦州区	堵 tu⁵³	藏 tɕʰiaŋ¹³	藏 tɕʰiaŋ¹³
安定区	堵 tu⁵³	藏 tsʰɑŋ¹³	藏 tsʰɑŋ¹³
会宁县	堵 tu⁵³	藏 tɕʰiaŋ¹³	藏 tɕʰiaŋ¹³
临洮县	堵 tu⁵³	藏 tɕʰiɑ̃¹³	藏 tɕʰiɑ̃¹³
清水县	挡 tɒ̃⁴⁴³ 堵 tu⁵²	藏 tsʰiɒ̃¹³	藏 tsʰiɒ̃¹³
永靖县	挡 taŋ⁴⁴	藏 tɕʰiaŋ²¹³	藏 tɕʰiaŋ²¹³
敦煌市	挡 taŋ⁵¹	藏 tɕʰiaŋ²¹³	藏 tɕʰiaŋ²¹³
临夏市	插⁼ tʂʰɑ¹³	藏 tɕʰiaŋ¹³	藏 tɕʰiaŋ¹³
合作市	插⁼ tʂʰA¹³	藏 tɕʰiaŋ¹³	藏 tɕʰiaŋ¹³
临潭县	挡 tɒ⁴⁴	藏 tɕʰiɒ²⁴	藏 tɕʰiɒ²⁴

	0814 放把碗～在桌子上	0815 摞把砖～起来	0816 埋～在地下
兰州市	搁 $kɤ^{13}$	码 ma^{34}	埋 $mɛ^{53}$
榆中县	搁 $kə^{312}$	摞 $luə^{213}$	埋 $mɛ^{213}$
永登县	放 $fɑ̃^{13}$	摞 $luə^{13}$	埋 mei^{53}
红古区	放 $fɑŋ^{13}$	垒 $luei^{53}$	埋 mei^{13}
凉州区	搁 $kə^{31}$	码 ma^{35}	埋 $mæ^{35}$
甘州区	搁 $kə^{31}$	摞 $luə^{31}$	埋 $mɛ^{53}$
肃州区	放 $fɑŋ^{213}$ 搁 $kə^{213}$	摞 $luə^{213}$	埋 $mɛ^{51}$
永昌县	搁 $kə^{53}$	摞 $luə^{53}$	埋 $mɛe^{13}$
崆峒区	放 $fɑŋ^{44}$	摞 luo^{44}	埋 $mɛ^{24}$
庆城县	放 $fɑ̃^{244}$	摞 $luə^{244}$	埋 $mɛ^{113}$
宁县	搁 $kuə^{31}$ 放 $faŋ^{44}$	摞 $luə^{44}$	埋 $mɛ^{24}$ 窖 $tɕiɔ^{44}$
武都区	放 $fɑŋ^{24}$	码 ma^{55} 摞 $luɤ^{13}$	埋 $mɛɪ^{13}$
文县	放 $fɑ̃^{24}$	码 ma^{55}	埋 mei^{13}
康县	放 $fɑŋ^{24}$	垒 $luei^{55}$	埋 $mɛ^{211}$
礼县	放 $fɑŋ^{44}$ 架 $tɕia^{44}$	摞 $nuɤ^{44}$ 码 ma^{52}	埋 mai^{13}
靖远县	拿 na^{24}	垒 $luei^{55}$	埋 $mɛ^{24}$
陇西县	放 $fɑŋ^{44}$	摞 $luɤ^{44}$	埋 $mɛ^{13}$
秦州区	架 $tɕia^{44}$	摞 $luə^{44}$ 垒 $luei^{53}$	埋 $mɛ^{13}$
安定区	搁 $kə^{13}$	码 ma^{53}	埋 $mɛ^{13}$
会宁县	放 $fɑŋ^{44}$	摞 $luə^{44}$	埋 $mɛ^{13}$
临洮县	放 $fɑ̃^{44}$	码 ma^{53}	埋 $mɛ^{13}$
清水县	放 $fɒ̃^{443}$ 架 $tɕia^{443}$	摞 $luə^{443}$ 码 ma^{52}	埋 $mɛ^{13}$
永靖县	放 $fɑŋ^{44}$	码 ma^{53}	埋 mei^{213}
敦煌市	搁 $kə^{44}$	摞 $luə^{44}$	埋 $mɛ^{213}$
临夏市	放 $fɑŋ^{53}$	摞 $luɤ^{53}$	埋 $mɛ^{13}$
合作市	放 $fɑŋ^{53}$	摞 $luə^{53}$	埋 $mɛe^{13}$
临潭县	放 $fɒ^{44}$	摞 $luɤ^{44}$	埋 $mɛe^{24}$

	0817 盖把茶杯～上	0818 压用石头～住	0819 摁用手指按：～图钉
兰州市	盖 kɛ^{13}	压 ia^{13}	压 ia^{13}
榆中县	盖 kɛ^{213}	压 ia^{312}	按 an^{213}
永登县	盖 kɛ^{13}	压 ia^{13}	压 ia^{13}
红古区	盖 kɛ^{13}	压 ia^{13}	压 ia^{13}
凉州区	盖 kæ^{31}	压 ia^{31}	按 ɑŋ^{31}
甘州区	盖 kɛ^{31}	压 ia^{31}	按 aŋ^{31}
肃州区	盖 kɛ^{213}	压 ʐia^{213}	按 ɣæ̃^{213}
永昌县	盖 kɛe^{53}	压 ia^{53}	按 ɛe^{53}
崆峒区	盖 kɛ^{44}	压 ia^{44}	压 ia^{44}
庆城县	盖 kɛ^{244}	压 ia^{244}	按 nɛ̃^{244}
宁县	盖 kɛ^{44}	压 ȵia^{44}	按 næ̃^{44}
武都区	盖 kɛɪ^{13} 扣 k^{h}əu^{13}	压 ȵia^{24}	压 ȵia^{24} 按 ŋæ̃^{24}
文县	盖 kei^{24}	压 ȵia^{24}	按 ŋæ̃^{24}
康县	盖 kɛ^{24}	遮 tʂa^{211}	按 ŋan^{24}
礼县	盖 kai^{44}	压 ȵia^{44}	压 ȵia^{44}
靖远县	盖 kɛ^{33}	压 ȵia^{33}	按 næ̃^{33}
陇西县	盖 kɛ^{44}	压 lia^{44}	压 lia^{44}
秦州区	盖 kɛ^{44}	压 ȵia^{44}	压 ȵia^{44}
安定区	盖 kɛ^{44}	压 ȵia^{44}	压 ȵia^{44}
会宁县	盖 kɛ^{44}	压 ȵia^{44}	压 ȵia^{44}
临洮县	盖 kɛ^{44}	压 ȵia^{44}	压 ȵia^{44}
清水县	盖 kɛ^{443}	压 ȵia^{443}	压 ȵia^{443}
永靖县	盖 kɛ^{44}	压 ia^{44}	压 ia^{44}
敦煌市	盖 kɛ^{44}	压 ia^{44}	按 æ̃^{44}
临夏市	盖 kɛ^{53}	压 iɑ^{42}	压 iɑ^{42}
合作市	盖 kɛe^{53}	压 iᴀ^{53}	压 iᴀ^{53}
临潭县	盖 kɛe^{44}	压 ia^{44}	按 ŋæ̃^{44}

	0820 捅用棍子～鸟窝	0821 插把香～到香炉里	0822 戳～个洞
兰州市	捣 tɔ^{34}	插 tʂʰa^{13}	戳 tʂʰuə^{13}
榆中县	捣 tɔ^{44}	插 tʂʰa^{312}	戳 tʂʰuə^{312}
永登县	捣 tɔ^{354} 捅 tʰuə̃n^{53}	插 tʂʰa^{13}	戳 pfʰə^{13}
红古区	捣 tɔ^{53}	插 tʂʰa^{13}	戳 tʂʰuə^{13}
凉州区	捣 tɑo^{35}	插 tsʰa^{31}	戳 tʂʰuə^{31}
甘州区	捅 tʰuŋ^{53}	插 tʂʰa^{31}	戳 kʰuə^{31}
肃州区	捣 tɔ^{51}	插 tsʰa^{213}	戳 tʂʰuə^{213} 捅 tʰuŋ^{51}
永昌县	捣 tɔo^{13}	插 tʂʰa^{53}	戳 tʂʰuə^{53}
崆峒区	捣 tɔ^{53}	插 tsʰa^{21}	戳 tʂʰuo^{21}
庆城县	捣 tɔ^{44} 捅 tʰuŋ^{51}	插 tsʰa^{51}	戳 tʂʰuə^{51}
宁县	捣 tɔ^{52}	插 tsʰa^{31}	戳 tʃʰuə^{31}
武都区	捅 tʰuŋ^{31} 戳 tʃʰuɤ^{31}	插 tsʰa^{31}	戳 tʃʰuɤ^{31}
文县	啄 tuə^{31}	插 tsʰa^{31}	戳 tsʰuə^{31}
康县	戳 pfʰuɤ^{53} 啄 tuɤ^{53}	插 tʂʰa^{53}	戳 pfʰuɤ^{53}
礼县	捣 tɔo^{52} 戳 tʃʰuɤ^{31}	别 pʰiɛ^{13}	戳 tʃʰuɤ^{31}
靖远县	捣 tɑo^{55}	插 tsʰa^{41}	戳 tʂʰuə^{41}
陇西县	捣 tɔo^{53}	插 tsʰa^{21}	戳 tʂʰuɤ^{21}
秦州区	捣 tɔ^{53}	别 pʰiə^{13}	戳 tsʰuə^{13}
安定区	捣 tɔ^{53}	插 tsʰa^{13}	捣 tɔ^{53}
会宁县	捣 tɔ^{53}	插 tsʰɑ^{13}	捣 tɔ^{53}
临洮县	捣 tɔ^{53}	插 tsʰa^{13}	捣 tɔ^{53}
清水县	捣 tɔ^{52}	别 pʰiɛ^{13}	戳 tʃʰuə^{13}
永靖县	捣 tɔ^{53}	插 tʂʰa^{213}	戳 tʂʰuɤ^{213}
敦煌市	透= tʰɤu^{44}	插 tsʰa^{213}	戳 tʂʰuə^{213}
临夏市	捣 tɔ^{42}	插 tʂʰɑ^{13}	戳 tʂʰuɤ^{13}
合作市	捣 tɔ^{44}	插 tʂʰᴀ^{13}	戳 tʂʰuə^{13}
临潭县	捣 tɔo^{44}	插 tsʰa^{44}	戳 tsʰuɤ^{44}

	0823 砍～树	0824 剁把肉～碎做馅儿	0825 削～苹果
兰州市	放⁼fɑ̃¹³	剁 tuə¹³	削 ɕyɛ¹³
榆中县	砍 kʰan⁴⁴	剁 tuə²¹³	削 ɕyᴇ³¹²
永登县	砍 kʰæ̃³⁵⁴	剁 tuə¹³	削 ɕyə¹³
红古区	砍 kʰan⁵³	剁 tuə⁵³	削 ɕyɛ⁵³
凉州区	砍 kʰɑŋ³⁵	剁 tuə³¹	削 ɕyə³¹
甘州区	砍 kʰaŋ⁵³	剁 tuə³¹	削 ɕyə³¹
肃州区	砍 kʰæ̃⁵¹	剁 tuə²¹³	削 ɕyə²¹³
永昌县	砍 kʰɛe¹³	剁 tuə⁵³	削 ɕyə⁵³
崆峒区	伐 fa²⁴	剁 tuo⁴⁴	削 ɕyɤ²¹
庆城县	劈 pʰiɛ̃⁴⁴	铡 tsa⁴⁴	削 ɕyə⁵¹
宁县	砍 kʰæ̃⁵²	铡 tsa⁵²	削 ɕyə³¹
武都区	剁 tuɤ²⁴	剁 tuɤ²⁴	削 ɕyɤ³¹
文县	剁 tuə²⁴	剁 tuə²⁴	削 ɕyɛ³¹
康县	剁 tuɤ²⁴	剁 tuɤ²⁴	剥 puɤ⁵³
礼县	剁 tuɤ⁴⁴ 铡 tsa⁵²	剁 tuɤ⁴⁴ 铡 tsa⁵²	片⁼pʰiæ̃⁵² 削 ɕyɤ³¹
靖远县	放⁼fɑŋ³³	剁 tuə²⁴	削 ɕyə⁴¹
陇西县	铡 tsa⁵³	剁 tuɤ⁴⁴	削 ɕyɤ²¹
秦州区	剁 tuə⁴⁴	铡 tsa¹³	削 ɕyə¹³
安定区	剁 tuə⁴⁴ 放⁼fɑŋ⁴⁴	铡 tsʰa¹³	片⁼pʰiæ̃⁵³
会宁县	剁 tuə⁴⁴	铡 tsə⁵³	削 ɕiə¹³
临洮县	剁 tuɤ⁴⁴	剁 tuɤ⁴⁴	削 ɕye¹³
清水县	剁 tuə⁴⁴³	剁 tuə⁴⁴³ 铡 tʃa⁵²	削 ɕyɛ¹³
永靖县	砍 kʰæ̃⁵³	剁 tuɤ⁴⁴	削 ɕyɛ²¹³
敦煌市	剁 tuə⁴⁴	铡 tsa⁵¹	削 ɕyə²¹³
临夏市	砍 kʰɑ̃⁴²	剁 tuɤ⁵³	削 ɕyɛ¹³
合作市	铡 tʂᴀ¹³	剁 tuə⁵³	片⁼pʰiæ̃⁵³
临潭县	剁 tuɤ⁴⁴	剁 tuɤ⁴⁴	削 ɕyɛ⁴⁴

	0826 裂木板～开了	0827 皱皮～起来	0828 腐烂死鱼～了
兰州市	炸 tʂa^{13}	搐 pfʰu^{13}	烂 læ̃^{13}
榆中县	裂 liᴇ^{213}	皱 tsəu^{213}	腐烂 fu^{44}lan^{213}
永登县	裂 liɛ^{13}	皱 tsɤu^{13}	烂 læ̃^{13}
红古区	炸 tʂa^{13}	搐 tʂʰu^{13}	烂 lan^{13}
凉州区	批⁼ pʰi^{35}	搐 tʂʰu^{31}	烂 lɑŋ^{31}
甘州区	裂 liə^{31}	搐 pfʰu^{31}	烂 laŋ^{31}
肃州区	裂 liɛ^{213} 迸 piɛ^{213}	皱 tsəu^{213} 搐 tʂʰu^{213}	霉烂 mi^{53}læ̃^{21}
永昌县	裂 liə^{53}	搐 tʂʰu^{53}	烂 lɛe^{53}
崆峒区	迸 piɛ^{21}	搐 tʂʰu^{21}	烂 læ̃^{44}
庆城县	裂 liᴇ^{51} 迸 piᴇ^{113}	搐 tʂʰu^{51}	坏 xuɛ^{244} 烂 lɛ̃^{244}
宁县	迸 piɛ^{44} 绽 tsæ̃^{31}	搐 tʃʰu^{31}	臭 tʂʰou^{44}
武都区	裂 liᴇ^{31} 迸 piᴇ^{13}	搐 tʃʰu^{31}	烂 læ̃^{24}
文县	裂 liɛ^{24}	搐 tsʰu^{31}	坏 xuɛe^{24}
康县	挣⁼ tsɤŋ^{53}	搐 pfʰu^{53}	坏 xuɛ^{24} 臭 tʂʰɤu^{24}
礼县	迸 piɛ^{44} 绽 tsæ̃^{31}	搐 tʃʰu^{31} 皱 tsəu^{44}	朽 ɕiəu^{52}
靖远县	裂 liɛ^{41}	皱 tsɤu^{33}	烂掉 læ̃^{35}tiɑo^{41}
陇西县	绽 tsæ̃^{21}	搐 tʃʰʯ^{21}	腐烂 fu^{55}læ̃^{44}
秦州区	迸 piə^{13}	皱 tsɤu^{44}	腐 fu^{53}
安定区	绽 tsæ̃^{13}	搐 tʃʰu^{13}	坏 xuɛ^{44}
会宁县	绽 tsæ̃^{13}	搐 tʃʰu^{13}	坏 xuei^{44}
临洮县	绽 tsʰæ̃^{44}	皱 tsɤu^{44}	臭 tʂʰɤu^{44}
清水县	迸 piɛ^{443} 绽 tʃæ̃^{13}	皱 tʃou^{443}	坏 xuɛ^{443}
永靖县	炸 tʂa^{44}	搐 tʂʰu^{213}	臭 tʂʰɤu^{44}
敦煌市	裂 liə^{213}	搐 tʂʰu^{213}	渥臭了 və^{44}tʂʰɤu^{35}lə^{21}
临夏市	炸 tʂɑ^{53}	搐 tʂʰu^{13}	臭 tʂʰɤu^{53}
合作市	炸 tʂᴀ^{53}	搐 tʂʰu^{13}	臭 tʂʰəɯ^{53}
临潭县	裂 liɛ^{44}	皱 tsəɯ^{44}	臭了 tʂʰəɯ^{44}lɤ^{21}

	0829 擦用毛巾～手	0830 倒把碗里的剩饭～掉	0831 扔丢弃：这个东西坏了，～了它
兰州市	揩 kʰɛ^{55}	倒 tɔ^{13}	撂 liɔ^{13}
榆中县	擦 tsʰa^{312}	倒 tɔ^{213}	撂 liɔ^{213} 撇 pʰiᴇ^{44}
永登县	擦 tsʰa^{13}	倒 tɔ^{13}	扔 ʐə̃n^{42}
红古区	擦 tsʰa^{13}	倒 tɔ^{53}	撂 liɔ^{13}
凉州区	擦 tsʰa^{31}	倒 tɑo^{31}	甩 ʂuæ^{35}
甘州区	擦 tsʰa^{31}	倒 tɔ^{31}	扔 zʅ^{53}
肃州区	擦 tsʰa^{213}	倒 tɔ^{213}	扔 zʅ^{51}
永昌县	擦 tsʰa^{53}	倒 too^{53}	丢 tiəu^{44}
崆峒区	擦 tsʰa^{21}	倒 tɔ^{53}	撇 pʰiɛ^{53}
庆城县	擦 tsʰa^{51}	倒 tɔ^{244}	撇 pʰiᴇ^{51}
宁县	擦 tsʰa^{31}	倒 tɔ^{44}	撇 pʰiɛ^{31} 扔 ər^{52}
武都区	擦 tsʰa^{31}	倒 tɔu^{24}	撂 liɔu^{24}
文县	擦 tsʰa^{31}	倒 tɔo^{24}	撂 liɔo^{24}
康县	擦 tsʰa^{53}	倒 tɔo^{24}	撂 liɔo^{24}
礼县	揩 kʰai^{31} 擦 tsʰa^{31}	倒 tɔo^{44}	扔 ɚ^{52} 撂 liɔo^{44}
靖远县	擦 tsʰa^{41}	倒 tɑo^{33}	丢 tiɤu^{41}
陇西县	揩 kʰɛ^{21}	倒 tɔo^{44}	扔 zɿ^{53} 撇 pʰiɛ^{53}
秦州区	揩 kʰɛ^{13}	倒 tɔ^{44}	扔 ɛ^{53}
安定区	揩 kʰɛ^{13}	倒 tɔ^{44}	撇 pʰiə^{53}
会宁县	揩 kʰɛ^{13}	倒 tɔ^{53}	撇 pʰiə^{53}
临洮县	揩 kʰɛ^{13}	倒 tɔ^{53}	撇 pʰie^{53}
清水县	揩 kʰɛ^{13} 抹 ma^{13}	倒 tɔ^{443}	扔 ʒɨ^{52} 扔 ɚ^{52}
永靖县	擦 tsʰa^{213}	倒 tɔ^{44}	撂 liɔ^{44}
敦煌市	擦 tsʰa^{213}	倒 tɔ^{44}	攒⁼tsæ̃^{213}
临夏市	擦 tsɑ^{13}	倒 tɔ^{53}	撇过 pʰiɛ^{44}kuɤ^{24} 扔过 ɯ^{44}kuɤ^{24}
合作市	擦 tsᴀ^{13}	倒 tɔ^{53}	撇 pʰiə^{44}
临潭县	擦 tsʰa^{44}	倒 tɔo^{44}	扔 zæ̃^{44}

	0832 扔投掷：比一比谁～得远	0833 掉掉落，坠落：树上～下一个梨	0834 滴水～下来
兰州市	撇 $p^hiɛ^{34}$	跌 $tiɛ^{13}$	滴 $tiɛ^{13}$
榆中县	删⁼ $ʂan^{51}$	跌 $tiᴇ^{312}$	滴 $tiᴇ^{312}$
永登县	撇 $p^hiɛ^{354}$	跌 $tiɛ^{13}$	滴 ti^{13}
红古区	发 fa^{13}	跌 $tiɛ^{13}$	滴 $tiɛ^{13}$
凉州区	摔 $ʂuæ^{35}$	跌 $tiə^{31}$	滴 $tiə^{31}$
甘州区	扔 $zɣŋ^{44}$	跌 $tiə^{31}$	滴 $tiə^{31}$
肃州区	扔 $zʅ^{51}$	跌 $tiɛ^{213}$	滴 ti^{44}
永昌县	撂 $liɔo^{44}$	跌 $tiə^{53}$	滴 $tiə^{53}$
崆峒区	撇 $p^hiɛ^{21}$	跌 $tiɛ^{21}$	滴 $tiɛ^{21}$
庆城县	撇 $p^hiᴇ^{51}$	栽 $tsɛ^{51}$	栽 $tsɛ^{51}$
宁县	撇 $p^hiɛ^{31}$ 扔 $ər^{52}$	跌 $tiɛ^{31}$	滴 $tiɛ^{31}$
武都区	撂 $liɔu^{24}$	跌 $tiᴇ^{31}$	滴 $tiᴇ^{31}$
文县	撂 $liɔo^{24}$	落 $luə^{31}$	滴 $tiɛ^{31}$
康县	甩 fai^{55}	绊 pan^{24}	滴 $tɕiɛ^{53}$
礼县	扔 $ɚ^{52}$ 撂 $liɔo^{44}$	跌 $tiɛ^{31}$ 零 $liŋ^{13}$	淌 $t^hɑŋ^{52}$
靖远县	扔 $ər^{55}$	跌 $tiɛ^{41}$	淌 $t^hɑŋ^{55}$
陇西县	撇 $p^hiɛ^{53}$	跌 $tiɛ^{21}$	滴 $tiɛ^{21}$
秦州区	扔 $ɛ^{53}$	跌 $tiə^{13}$	滴 $tiə^{13}$
安定区	删⁼ $sæ̃^{13}$	跌 $tiə^{13}$ 淌 $t^hɑŋ^{53}$	淌 $t^hɑŋ^{53}$
会宁县	删⁼ $sæ̃^{13}$	跌 $tiə^{13}$ 淌 $t^hɑŋ^{53}$	滴 $tiə^{13}$
临洮县	删⁼ $sæ̃^{13}$	跌 tie^{13} 淌 $tɑ̃^{53}$	滴 tie^{13}
清水县	扔 $ʒɨ^{52}$/$ɚ^{52}$	跌 $tsiɛ^{13}$ 落 $luə^{13}$	淌 $t^hɒ̃^{52}$
永靖县	耍⁼ $ʂua^{53}$	跌 tie^{213}	淌 $t^hɑŋ^{53}$
敦煌市	扔 $ər^{51}$	跌 $tiə^{213}$	滴 $tiə^{213}$
临夏市	扔 $zəŋ^{42}$	跌 $tiɛ^{13}$	淌 $t^hɑŋ^{42}$
合作市	扔 $zəŋ^{44}$	跌 $tiə^{13}$	淌 $t^hɑŋ^{44}$
临潭县	扔 $zæ̃^{44}$	跌 $tiɛ^{44}$	滴 $tiɛ^{44}$

	0835 丢丢失：钥匙~了	0836 找寻找：钥匙~到	0837 捡~到十块钱
兰州市	扔 ʐʅ^{34}	找 tʂɔ^{34}	拾 ʂʅ^{13}
榆中县	扔 ɣɤ^{44}	找 tʂɔ^{44}	拾 ʂʅ^{312}
永登县	扔 a^{354}	找 tʂɔ^{354}	拾 ʂʅ^{53}
红古区	撂 liɔ^{13} 扔 ər^{53}	找 tʂɔ^{53}	拾 ʂʅ^{13}
凉州区	丢 tiəu^{35}	寻 ɕiŋ^{35}	拾 ʂʅ^{35}
甘州区	丢 tiɤu^{44}	找 tʂɔ^{53}	拾 ʂʅ^{53}
肃州区	丢 tiəu^{44}	找 tsɔ^{51}	拾 ʂʅ^{51}
永昌县	丢 tiəu^{44}	找 tʂɔo^{13}	拾 ʂʅ^{13}
崆峒区	撂 liɔ^{44}	寻 ɕiɤŋ^{24}	拾 ʂʅ^{24}
庆城县	丢 tiɤu^{51}	寻 ɕiŋ^{113}	拾 ʂʅ^{113}
宁县	丢 tiou^{31}	寻 ɕiŋ^{24}	拾 ʂʅ^{24}
武都区	遗 i^{24} 丢 tiəu^{31}	寻 ɕin^{13}	拾 ʂʅ^{24}
文县	扔 ʐi^{13}	找 tsɔo^{55}	捡 tɕiæ̃^{55}
康县	遗 i^{24}	找 tʂɔo^{55}	捡 tɕian^{55}
礼县	扔 ɚ^{52}	寻 ɕiŋ^{13}	拾 ʂʅ^{13}
靖远县	扔 ər^{55}	找 tsɑo^{55}	拾 ʂʅ^{24}
陇西县	扔 zɿ^{53} 撇 p^{h}iɛ^{53}	寻 ɕiŋ^{13}	拾 ʂʅ^{13}
秦州区	扔 ɛ^{53}	寻 ɕiɤŋ^{13}	拾 ʂʅ^{13}
安定区	撇 p^{h}iə^{53}	寻 ɕiŋ^{13}	拾 ʂʅ^{13}
会宁县	扔 zɿ^{53}	寻 ɕiŋ^{13}	拾 ʂʅ^{13}
临洮县	扔 ɚ^{53}	寻 ɕiŋ^{13}	拾 ʂʅ^{13}
清水县	扔 ʒɨ^{52}/ɚ^{52}	寻 siŋ^{13}	拾 ʂʅ^{13}
永靖县	扔 ʐʅ^{53}	找 tʂɔ^{53}	拾 ʂʅ^{213}
敦煌市	撂 liɔ^{44}	找 tsɔ^{51}	拾 ʂʅ^{213}
临夏市	丢 tiɤu^{13}	寻见 ɕiŋ^{21}tɕiɛ̃^{24}	寻见 ɕiŋ^{21}tɕiɛ̃^{24}
合作市	丢 tiəɯ^{13}	寻见 ɕiŋ^{21}tɕiæ̃^{44}	寻见 ɕiŋ^{21}tɕiæ̃^{44}
临潭县	丢 tiəɯ^{44}	寻 ɕin^{24}	拾 ʂʅ^{24}

	0838 提用手把篮子～起来	0839 挑～担	0840 扛把锄头～在肩上
兰州市	提 t^{h}i^{53}	担 tæ̃^{13}	扛 k^{h}ɑ̃^{53}
榆中县	提 t^{h}i^{312}	担 tan^{51}	抬 t^{h}ɛ^{312}
永登县	提 t^{h}i^{53}	担 tæ̃^{13}	揭 tɕiɛ^{13} 抬 t^{h}ɛ^{53}
红古区	提 ts^{h}ɿ^{13}	担 tan^{13}	挈 tɕ^{h}iɛ^{13}
凉州区	提 t^{h}i^{35}	挑 t^{h}iɑo^{35}	扛 k^{h}ɑŋ^{35}
甘州区	提 t^{h}i^{53}	挑 t^{h}iɔ^{44}	扛 k^{h}aŋ^{53}
肃州区	提 t^{h}i^{51}	挑 t^{h}iɔ^{44}	扛 k^{h}ɑŋ^{51} 揭 tɕiɛ^{51}
永昌县	提 t^{h}i^{13}	挑 t^{h}iɔo^{44}	扛 k^{h}ɑŋ^{13}
崆峒区	担 tæ̃^{21}	挑 t^{h}iɔ^{53}	掂 tiæ̃^{21}
庆城县	提 t^{h}i^{113}	担 tɛ̃^{51}	掂 t^{h}iɛ̃^{51}
宁县	提 tɕ^{h}i^{24}	担 tæ̃^{31}	掂 tiæ̃^{31}
武都区	提 t^{h}i^{13}	担 tæ̃^{31}	挈 tɕ^{h}iᴇ^{13}
文县	提 tɕ^{h}i^{13}	担 tæ̃^{31}	挔 lɔo^{55}
康县	提 tɕ^{h}i^{211}	担 tan^{53}	挈 tɕ^{h}iɛ^{53}
礼县	提 t^{h}i^{13}	担 tæ̃^{31}	挈 tɕ^{h}iɛ^{13}
靖远县	提 ts^{h}ɿ^{24}	担 tæ̃^{41}	挈 tɕ^{h}iɛ^{24}
陇西县	提 tɕ^{h}i^{13}	担 tæ̃^{21}	挈 tɕ^{h}iɛ^{13}
秦州区	提 t^{h}i^{13}	担 tæ̃^{13}	挈 tɕ^{h}iə^{13}
安定区	提 t^{h}i^{13}	担 tæ̃^{13}	挈 tɕ^{h}iə^{13}
会宁县	提 t^{h}i^{13}	担 tæ̃^{13}	挈 tɕ^{h}iə^{13}
临洮县	提 t^{h}i^{13}	担 tæ̃^{13}	挈 tɕ^{h}ie^{13}
清水县	提 ts^{h}i^{13} 荷 xa^{52}	担 tæ̃^{13}	挈 tɕ^{h}iɛ^{13}
永靖县	拿 na^{213}	担 tæ̃^{213}	挈 tɕ^{h}iɛ^{213}
敦煌市	提 t^{h}i^{213}	担 tæ̃^{213}	挈 tɕ^{h}iɛ̃^{213}
临夏市	提 t^{h}i^{13}	担 tã^{53}	扛 k^{h}ɑŋ^{13}
合作市	提 t^{h}i^{13}	担 tæ̃^{13}	挈 tɕ^{h}iə^{13}
临潭县	提 t^{h}i^{24}	担 tæ̃^{44}	挈 tɕ^{h}iɛ^{44}

	0841 抬～轿	0842 举～旗子	0843 撑～伞
兰州市	抬 t^{h}ɛ^{53}	掫 tʂəu^{34}	打 ta^{34}
榆中县	抬 t^{h}ɛ^{312}	奓 tʂa^{213}	撑 tʂ^{h}ən^{51}
永登县	抬 t^{h}ɛ^{53}	举 tɕy^{53} 打 ta^{354}	举 tɕy^{53} 打 ta^{354}
红古区	抬 t^{h}ɛ^{13}	掫 tʂɤu^{53}	打 ta^{53}
凉州区	抬 t^{h}æ^{35}	掫 tʂəu^{35}	打 ta^{35}
甘州区	抬 t^{h}ɛ^{53}	举 tɕy^{44}	撑 tʂ^{h}ɤŋ^{44}
肃州区	抬 t^{h}ɛ^{51}	举 tɕy^{51}	撑 ts^{h}əŋ^{44}
永昌县	抬 t^{h}ɛe^{13}	举 tɕy^{44}	打 ta^{13}
崆峒区	抬 t^{h}ɛ^{24}	挑 t^{h}iɔ^{21}	打 ta^{53}
庆城县	抬 t^{h}ɛ^{113}	举 tɕy^{44}	撑 ts^{h}ɤŋ^{51}
宁县	抬 t^{h}ɛ^{24}	掫 tʂou^{52}	打 ta^{52}
武都区	抬 t^{h}ɛɪ^{13}	打 ta^{31}	打 ta^{31}
文县	抬 t^{h}ɛe^{13}	打 ta^{31}	打 ta^{31}
康县	抬 t^{h}ɛ^{211}	举 tɕy^{55}	打 ta^{55}
礼县	抬 t^{h}ai^{13}	举 tɕy^{52} 打 ta^{31}	打 ta^{31}
靖远县	抬 t^{h}ɛ^{24}	掫 tʂɤu^{55}	打 ta^{55}
陇西县	抬 t^{h}ɛ^{13}	奓 tsa^{44}	撑 ts^{h}ɤŋ^{21}
秦州区	抬 t^{h}ɛ^{13}	举 tɕy^{53}	打 ta^{53}
安定区	抬 t^{h}ɛ^{13}	掌 tʂɑŋ^{53}	打 ta^{53}
会宁县	抬 t^{h}ɛ^{13}	举 tɕy^{53}	打 ta^{53}
临洮县	抬 t^{h}ɛ^{13}	举 tɕy^{53}	打 ta^{53}
清水县	抬 t^{h}ɛ^{13}	打 ta^{13}	打 ta^{13}
永靖县	抬 t^{h}ɛ^{213}	打 ta^{53}	打 ta^{53}
敦煌市	抬 t^{h}ɛ^{213}	掫 tʂɤu^{51}	撑 ts^{h}ɤŋ^{213}
临夏市	抬 t^{h}ɛ^{13}	举 tɕy^{42}	打 tɑ^{42}
合作市	抬 t^{h}ɛe^{13}	举 tɕy^{13}	打 tA^{44}
临潭县	抬 t^{h}ɛe^{24}	举 tɕy^{44}	打 ta^{51}

	0844 撬把门～开	0845 挑挑选，选择：你自己～一个	0846 收拾～东西
兰州市	斡= vɤ^{13}	挑 t^{h}iɔ^{34}	拾掇 ʂʅ^{53}tuə^{13}
榆中县	撬 tɕ^{h}iɔ^{213} 斡= və^{312}	挑 t^{h}iɔ^{51}	拾掇 ʂʅ^{31}tuə^{213} 收拾 ʂəu^{51}ʂʅ^{0}
永登县	斡= və^{13} 撬 tɕ^{h}iɔ^{13}	挑 t^{h}iɔ^{42}	拾掇 ʂʅ^{53}tuə^{21}
红古区	撬 tɕ^{h}iɔ^{13} 斡= və^{13}	挑 t^{h}iɔ^{53}	拾掇 ʂʅ^{22}tuə^{55}
凉州区	撬 tɕ^{h}iɑo^{31}	选 ɕyɑŋ^{35}	拾掇 ʂʅ^{35}tuə^{53}
甘州区	撬 tɕ^{h}iɔ^{31}	挑 t^{h}iɔ^{44}	收拾 ʂɤu^{44}ʂʅ^{21} 拾掇 ʂʅ^{53}tuə^{21}
肃州区	撬 tɕ^{h}iɔ^{213} 别 piɛ^{51}	挑 t^{h}iɔ^{44} 拣 tɕiæ̃^{51}	收拾 ʂəu^{44}ʂʅ^{44}
永昌县	撬 tɕ^{h}iɔo^{53}	挑 t^{h}iɔo^{44}	收拾 ʂəu^{44}ʂʅ^{44} 拾掇 ʂʅ^{13}tuə^{42}
崆峒区	别 piɛ^{24}	挑 t^{h}iɔ^{53}	拾掇 ʂʅ^{22}tuo^{53}
庆城县	别 piᴇ^{113}	挑 t^{h}iɔ^{51}	拾掇 ʂʅ^{21}tuə^{0}
宁县	撬 tɕ^{h}iɔ^{44}	挑 tɕ^{h}iɔ^{31} 选 ɕyæ̃^{52}	拾掇 ʂʅ^{22}tuə^{52}
武都区	描= miɔu^{24}	挑 t^{h}iɔu^{31} 选 ɕyæ̃^{55}	拾掇 ʂʅ^{22}tuɤ^{53}
文县	撬 ŋɔo^{24}	挑 t^{h}iɔo^{31}	收拾 sɤu^{42}sɿ^{13}
康县	撬 ŋɔo^{24}	挑 tɕ^{h}iɔo^{53}	收拾 ʂɤu^{53}ʂʅ^{21}
礼县	撬 p^{h}iɔo^{44}	挑 t^{h}iɔo^{31} 拣 tɕiæ̃^{52}	收拾 ʂəu^{31}ʂʅ^{24}
靖远县	撬 tɕ^{h}iɑo^{33}	选 ɕyæ̃^{55}	拾掇 ʂʅ^{22}tuə^{55}
陇西县	撬 tɕ^{h}iɔo^{44}	挑 tɕ^{h}iɔo^{21}	拾掇 ʂʅ^{22}tuɤ^{44}
秦州区	撬 tɕ^{h}iɔ^{44}	拣 tɕiæ̃^{53}	拾掇 ʂʅ^{13}tuə^{21}
安定区	撬 tɕ^{h}iɔ^{44}	拣 tɕiæ̃^{53}	拾掇 ʂʅ^{21}tuə^{44}
会宁县	撬 tɕ^{h}iɔ^{44}	挑 t^{h}iɔ^{13} 拣 tɕiæ̃^{53}	拾掇 ʂʅ^{21}tuə^{44}
临洮县	撬 tɕ^{h}iɔ^{44}	拣 tɕiæ̃^{53}	拾掇 ʂʅ^{21}tuɤ^{53}
清水县	撬 tɕ^{h}iɔ^{443}	挑 ts^{h}iɔ^{13} 拣 tɕiæ̃^{52}	拾掇 ʂʅ^{13}tuə^{21} 收拾 ʂou^{21}ʂʅ^{13}
永靖县	撬 tɕ^{h}iɔ^{213}	挑 t^{h}iɔ^{213}	收拾 ʂɤu^{22}ʂʅ^{53}
敦煌市	撬 tɕ^{h}iɔ^{44}	挑 t^{h}iɔ^{213}	收拾 ʂɤu^{21}ʂʅ^{13} 拾掇 ʂʅ^{22}tuə^{51}
临夏市	斡= vɤ^{13}	挑 t^{h}iɔ^{13}	拾掇 ʂʅ^{21}tuɤ^{44}
合作市	斡= və^{13}	拣 tɕiæ̃^{44} 挑 t^{h}iɔ^{13}	拾掇 ʂʅ^{21}tuə^{44}
临潭县	撬 tɕ^{h}iɔo^{44}	挑 t^{h}iɔo^{44}	拾掇 ʂʅ^{21}tuɤ^{44}

	0847 挽~袖子	0848 涮把杯子~一下	0849 洗~衣服
兰州市	编 piæ̃^{34}	涮 fæ̃^{13}	洗 ɕi^{34}
榆中县	编 pian^{44}	涮 ʂua^{312}	洗 ɕi^{44}
永登县	编 piæ̃^{53}	涮 fæ̃^{13}	洗 ɕi^{354}
红古区	编 pian^{53}	涮 fan^{13}	洗 sɿ^{53}
凉州区	卷 tɕyɑŋ^{35}	涮 ʂuɑŋ^{31}	洗 ɕi^{35}
甘州区	编 piaŋ^{53}	涮 faŋ^{31}	洗 ɕi^{53}
肃州区	卷 tɕyæ̃^{51} 编 piæ̃^{51}	涮 ʂuæ̃^{213}	洗 ɕi^{51}
永昌县	编 piɛ^{44}	涮 ʂuɛe^{53}	洗 ɕi^{13}
崆峒区	编 piæ̃^{53}	涮 ʂuæ̃^{44}	洗 ɕi^{53}
庆城县	编 piɛ̃^{44}	涮 ʂuɛ̃^{244}	洗 ɕi^{44}
宁县	编 piæ̃^{52}	涮 ʃuæ̃^{44}	洗 ɕi^{52}
武都区	挽 væ̃^{55} 编 piæ̃^{55}	涮 ʃuæ̃^{24}	洗 ɕi^{55}
文县	编 piæ̃^{55}	涮 suæ̃^{24}	洗 ɕi^{55}
康县	编 pian^{55}	涮 fan^{24}	洗 si^{55}
礼县	编 piæ̃^{52}	涮 ʃuæ̃^{44}	洗 ɕi^{52}
靖远县	编 piæ̃^{55}	涮 ʂuæ̃^{33}	洗 sɿ^{55}
陇西县	编 piæ̃^{53}	涮 ʃɥæ̃^{44}	洗 ɕi^{53}
秦州区	编 piæ̃^{13}	涮 ʃuæ̃^{44}	洗 ɕi^{53}
安定区	编 piæ̃^{53}	涮 ʃuæ̃^{44}	洗 ɕi^{53}
会宁县	编 piæ̃^{53}	涮 ʃuæ̃^{44}	洗 ɕi^{53}
临洮县	编 piæ̃^{53}	涮 ʂuæ̃^{44}	洗 ɕi^{53}
清水县	编 piæ̃^{52}	涮 ʃæ̃^{443}	洗 si^{52}
永靖县	编 piæ̃^{53}	涮 ʂuæ̃^{44}	洗 ɕi^{53}
敦煌市	编 piɛ̃^{51}	涮 ʂuæ̃^{44}	洗 ɕi^{51}
临夏市	编 piɛ̃^{42}	涮 ʂuɑ^{13}	洗 ɕi^{42}
合作市	编 piæ̃^{13}	洗 ɕi^{44}	洗 ɕi^{44}
临潭县	挽 væ̃^{51}	擦 tsʰa^{44}	洗 ɕi^{51}

	0850 捞~鱼	0851 拴~牛	0852 捆~起来
兰州市	捞 lɔ^{53}	拴 fæ̃^{55}	绑 pɑ̃^{34}
榆中县	捞 lɔ^{312}	拴 ʂuan^{51}	捆 k^{h}uən^{44}
永登县	捞 lɔ^{42}	拴 fæ̃^{42}	捆 k^{h}uə̃n^{354} 绑 pɑ̃^{354}
红古区	捞 lɔ^{13}	拴 fan^{13}	绑 paŋ^{53}
凉州区	捞 lao^{35}	拴 ʂuaŋ^{35}	捆 k^{h}uŋ^{35}
甘州区	捞 lɔ^{44}	拴 faŋ^{44}	捆 k^{h}uŋ^{53}
肃州区	捞 lɔ^{51}	拴 ʂuæ̃^{44}	捆 k^{h}uŋ^{51}
永昌县	捞 lɔo^{44}	拴 ʂuɛe^{53}	捆 k^{h}oŋ^{13}
崆峒区	捞 lɔ^{24}	拴 ʂuæ̃^{21}	捆 k^{h}oŋ^{53}
庆城县	捞 lɔ^{113} 逮 tɛ^{51}	拴 ʂuɛ̃^{51}	绑 pɑ̃^{44} 捆 k^{h}uŋ^{44}
宁县	捞 lɔ^{24}	拴 ʃuæ̃^{31}	绑 paŋ^{52}
武都区	捞 lɔu^{13}	绑 paŋ^{55}	绑 paŋ^{55}
文县	捞 lɔo^{13}	绑 pɑ̃^{55}	捆 k^{h}oŋ^{55}
康县	捞 lɔo^{211}	绑 paŋ^{53}	捆 k^{h}uŋ^{55}
礼县	捞 nɔo^{13}	栓 ʃuæ̃^{31} 绑 paŋ^{52}	绑 paŋ^{52}
靖远县	捞 lao^{24}	拴 ʂuæ̃^{41}	绑 paŋ^{55}
陇西县	捞 lɔo^{13}	拴 ʂuaŋ^{21}	绑 paŋ^{53}
秦州区	捞 lɔ^{13}	绑 paŋ^{53}	绑 paŋ^{53}
安定区	捞 lɔ^{13}	绑 paŋ^{53}	绑 paŋ^{53}
会宁县	捞 lɔ^{13}	拴 ʃuæ̃^{13}	绑 paŋ^{53}
临洮县	捞 lɔ^{13}	拴 ʂuæ̃^{13}	绑 pɑ̃^{53}
清水县	捞 lɔ^{13}	栓 ʃɒ̃^{13} 栓 ʃæ̃^{13}	绑 pɒ̃^{52}
永靖县	捞 lɔ^{213}	拴 ʂuæ̃^{213}	绑 paŋ^{53}
敦煌市	捞 lɔ^{213}	拴 ʂuæ̃^{213}	捆 k^{h}uŋ^{51}
临夏市	傻=ʂa^{42}	拴 ʂuɑ̃^{13}	绑 paŋ^{42}
合作市	抓 tʂuᴀ^{13}	拴 ʂuæ̃^{13}	绑 paŋ^{44}
临潭县	捞 lɔo^{24}	拴 ʂuæ̃^{44}	捆 k^{h}uəŋ^{51}

	0853 解～绳子	0854 挪～桌子	0855 端～碗
兰州市	解 kɛ^{34}	挪 nuə^{53}	端 tuæ̃^{55}
榆中县	解 kɛ^{44}	挪 nuə^{312}	端 tuan^{51}
永登县	解 kɛ^{354}	挪 nuə^{53}	端 tuæ̃^{42}
红古区	解 tɕiɛ^{53}	挪 nuə^{13} 搡 tsʰuan^{13}	端 tuan^{13}
凉州区	解 kæ^{35}	挪 nə^{35}	端 tuɑŋ^{35}
甘州区	解 kɛ^{53}	挪 nuə^{53}	端 tuaŋ^{44}
肃州区	解 kɛ^{51}	挪 nuə^{51} 搬 pæ̃^{44}	端 tuæ̃^{44}
永昌县	解 kɛe^{13}	挪 nuə^{13}	端 tuɛe^{44}
崆峒区	解 kɛ^{53}	挪 nuo^{24}	端 tuæ̃^{21}
庆城县	解 kɛ^{44}	挪 nuə^{113}	端 tuɛ̃^{51}
宁县	解 tɕiɛ^{52}	挪 luə^{24}	端 tuæ̃^{31}
武都区	解 kɛɪ^{55}	挪 luɤ^{13}	端 tuæ̃^{31}
文县	解 kɛe^{55}	搌 tsæ̃^{55}	端 tuæ̃^{31}
康县	解 kɛ^{35}	挪 luɤ^{211}	抬 tʰɛ^{211}
礼县	解 kai^{52}	挪 nuɤ^{13}	端 tuæ̃^{31}
靖远县	解 kɛ^{55}	挪 nuə^{24}	端 tuæ̃^{41}
陇西县	解 kɛ^{53}	挪 luɤ^{13}	端 tuæ̃^{21}
秦州区	解 kɛ^{53}	挪 luə^{13}	端 tuæ̃^{13}
安定区	解 kɛ^{53}	移 ʐi^{13}	端 tuæ̃^{13}
会宁县	解 kɛ^{53}	挪 lə^{13}	端 tuæ̃^{13}
临洮县	解 kɛ^{53}	挪 nuɤ^{13}	端 tuæ̃^{13}
清水县	解 kɛ^{52}	挪 luə^{13}	端 tuæ̃^{13}
永靖县	解 kɛ^{53}	挪 nuɤ^{213}	端 tuæ̃^{213}
敦煌市	解 kɛ^{51}	挪 nuə^{213}	端 tuæ̃^{213}
临夏市	解 kɛ^{42}	挪 nuɤ^{13}	端 tuã^{13}
合作市	解 kɛe^{44}	搬 pæ̃^{13}	端 tuæ̃^{13}
临潭县	解 kɛe^{51}	挪 nuɤ^{24}	端 tuæ̃^{44}

	0856 摔碗～碎了	0857 掺～水	0858 烧～柴
兰州市	绊 pæ̃^{13}	掺 tʂʰæ̃^{55}	烧 ʂɔ^{55}
榆中县	绊 pan^{213}	掺 tʂʰan^{51}	烧 ʂɔ^{51}
永登县	砸 tsa^{53} 掼 kuæ̃^{13}	掺 tʂʰæ̃^{42}	烧 ʂɔ^{42}
红古区	绊 pan^{13}	掺 tʂʰan^{13}	烧 ʂɔ^{13}
凉州区	打 ta^{35}	掺 tsʰɑŋ^{35}	烧 ʂɑo^{35}
甘州区	打 ta^{53}	掺 tʂʰaŋ^{44}	烧 ʂɔ^{44}
肃州区	摔 ʂuɛ^{44}	掺 tsʰæ̃^{44}	烧 ʂɔ^{44}
永昌县	打 ta^{13}	掺 tʂʰɛe^{44}	烧 ʂɔo^{44}
崆峒区	绊 pæ̃^{44}	掺 tsʰæ̃^{21}	烧 ʂɔ^{21}
庆城县	绊 pɛ̃^{244}	掺 tsʰɛ̃^{51}	烧 ʂɔ^{51}
宁县	绊 pæ̃^{44}	掺 tsʰæ̃^{31}	烧 ʂɔ^{31}
武都区	绊 pæ̃^{24}	掺 tsʰæ̃^{31}	烧 ʂɔu^{31}
文县	绊 pæ̃^{24}	添 tʰiæ̃^{31}	烧 sɔo^{31}
康县	绊烂了 pan^{24}lan^{24}lɔo^{21}	掺 tsʰan^{53}	烧 ʂɔo^{53}
礼县	绊 pæ̃^{44}	掺 tsʰæ̃^{31}	烧 ʂɔo^{31}
靖远县	绊 pæ̃^{33}	掺 tsʰæ̃^{41}	架 tɕia^{33}
陇西县	绊 pæ̃^{44}	掺 tsʰæ̃^{21}	烧 ʂɔo^{21}
秦州区	绊 pæ̃^{44}	掺 tsʰæ̃^{13}	烧 ʂɔ^{13}
安定区	绊 pʰæ̃^{44}	掺 tsʰæ̃^{13}	烧 ʂɔ^{13}
会宁县	绊 pʰæ̃^{44}	掺 tsʰæ̃^{13}	烧 ʂɔ^{13}
临洮县	绊 pæ̃^{44}	掺 tsʰæ̃^{13}	烧 ʂɔ^{13}
清水县	绊 pæ̃^{443}	掺 tʃʰæ̃^{13}	烧 ʂɔ^{13}
永靖县	掼 kuæ̃^{44} 绊 pæ̃^{44}	掺 tʂʰæ̃^{213}	烧 ʂɔ^{213}
敦煌市	打 ta^{51}	掺 tsʰæ̃^{213}	烧 ʂɔ^{213}
临夏市	绊 pã^{53}	掺 tʂã^{13}	烧 ʂɔ^{13}
合作市	打 tᴀ^{44} 绊 pæ̃^{53}	掺 tʂʰæ̃^{13}	烧 ʂɔ^{13}
临潭县	绊 pæ̃^{44}	掺 tsʰæ̃^{44}	烧 ʂɔo^{44}

	0859 拆~房子	0860 转~圈儿	0861 捶用拳头~
兰州市	拆 tʂʰɤ^{13}	转 pfæ̃^{13}	砸 tsa^{53}
榆中县	拆 tʂʰə^{312}	转 tʂuan^{213}	捶 tʂʰuei^{312}
永登县	拆 tʂʰə^{13}	转 pfæ̃^{13}	捶 pfʰei^{53}
红古区	拆 tʂʰə^{13}	转 tʂuan^{13}	捣 tɔ^{53}
凉州区	拆 tsʰə^{31}	转 tʂuɑŋ^{31}	捶 tʂʰuei^{35}
甘州区	拆 tʂʰə^{31}	转 kuaŋ^{31}	捶 kʰuei^{53}
肃州区	拆 tsʰə^{213}	转 tʂuæ̃^{213}	捶 tʂʰuei^{51}
永昌县	拆 tʂʰə^{53}	转 tʂuɛe^{53}	捶 tʂʰuei^{13}
崆峒区	拆 tsʰei^{21}	转 tʂuæ̃^{44}	捶 tʂʰuei^{24}
庆城县	拆 tsʰei^{51}	转 tʂuɛ̃^{244}	打 ta^{44}
宁县	拆 tsʰei^{31}	转 tʃuæ̃^{44}	砸 tsa^{24}
武都区	拆 tsʰei^{31}	转 tʂuæ̃^{24}	砸 tsa^{13} 打 ta^{55}
文县	拆 tsʰei^{31}	转 tsuæ̃^{24}	砸 tsa^{13}
康县	拆 tsʰei^{53}	转 pfan^{24}	砸 tsa^{211}
礼县	拆 tsʰei^{31}	转 tʃuæ̃^{44}	捶 tʃʰuei^{13} 打 ta^{52}
靖远县	拆 tsʰei^{41}	转 tʂuæ̃^{33}	砸 tsa^{24}
陇西县	拆 tsʰɛ^{21}	转 tʂuæ̃^{44}	砸 tsa^{13}
秦州区	拆 tsʰei^{13}	转 tʃuæ̃^{44}	捶 tsʰuei^{13}
安定区	拆 tsʰɛ^{13}	转 tʃuæ̃^{44}	砸 tsa^{13}
会宁县	拆 tsʰɛ^{13}	转 tʃuæ̃^{44}	捶 tʃʰuei^{13}
临洮县	拆 tsʰɛ^{13}	转 tʂuæ̃^{44}	捣 tɔ^{53}
清水县	拆 tʃʰəi^{13}	转 tʃæ̃^{443} 抡 lyŋ^{13}	砸 tsʰa^{13}
永靖县	拆 tʂʰɤ^{213}	转 tʂuæ̃^{44}	捶 tʂʰuei^{213}
敦煌市	拆 tsʰei^{213}	转 tʂuæ̃^{44}	捶 tʂʰuei^{213}
临夏市	拆 tʂʰɤ^{13}	转 tʂuã^{53}	杵= tʂʰu^{42}
合作市	拆 tʂʰə^{13}	转 tʂuæ̃^{53}	杵= tʂʰu^{44}
临潭县	拆 tsʰɪi^{44}	转 tʂuæ̃^{44}	捶 tsʰuɪi^{24}

	0862 打统称：他～了我一下	0863 打架动手：两个人在～	0864 休息
兰州市	打 ta^{34}	打捶 ta^{44}pfei^{53}	缓 xuæ̃^{34}
榆中县	打 ta^{44}	打仗 ta^{44}tʂaŋ^{213}	缓 xuan^{44}
永登县	打 ta^{354}	打仗 ta^{55}tʂɑ̃^{13}	缓 xuæ̃^{354}
红古区	打 ta^{53}	打仗 ta^{55}tʂɑŋ^{13}	缓 xuan^{53}
凉州区	打 ta^{35}	打捶 ta^{53}tʂʰuei^{35}	缓一缓 xuɑŋ^{53}ʑi^{31}xuɑŋ^{53}
甘州区	打 ta^{53}	打捶 ta^{22}kʰuei^{53}	缓一缓 xuaŋ^{22}ʑi^{22}xuaŋ^{44}
肃州区	咥 tiɛ^{51}	打架 ta^{53}tɕia^{21} 咥架 tiɛ^{53}tɕia^{21}	休息 ɕiu^{44}ɕi^{21} 缓一下 xuæ̃^{21}ʑi^{13}xa^{21}
永昌县	打 ta^{13}	打捶 ta^{44}tʂʰuei^{13}	缓一缓 xuɛe^{53}ʑi^{22}xuɛe^{44}
崆峒区	打 ta^{53}	打捶 ta^{53}tʂʰuei^{24}	缓 xuæ̃^{53}
庆城县	打 ta^{44}	打捶 ta^{44}tʂʰuei^{113}	缓 xuɛ̃^{44}
宁县	打 ta^{52} 咥 tiɛ^{24}	打捶 ta^{52}tʃʰuei^{24}	睡觉 ʃuei^{44}tɕiɔ^{44} 缓 xuæ̃^{52}
武都区	打 ta^{55}	打捶 ta^{55}tʃʰuei^{13}	歇 ɕiᴇ^{31} 缓 xuæ̃^{31}
文县	打 ta^{55}	打架 ta^{55}tɕia^{24}	歇气 ɕiɛ^{21}tɕʰi^{24}
康县	打 ta^{55}	打锤 ta^{55}pfʰei^{21}	歇 ɕiɛ^{53}
礼县	打 ta^{52}	打捶 ta^{52}tʃʰuei^{13}	缓 xuæ̃^{52} 歇 ɕiɛ^{31}
靖远县	打 ta^{55}	打捶 ta^{41}tʂʰuei^{24}	缓一会儿 xuæ̃^{55}zʅ^{21}xuər^{21}
陇西县	打 ta^{53}	打捶 ta^{55}tʃʰɥe^{13}	缓一下 xuæ̃^{55}i^{42}xa^{21}
秦州区	捶 tsʰuei^{13}	打捶 ta^{53}tsʰuei^{13}	歇下 ɕiə^{21}xa^{44}
安定区	打 ta^{53}	打捶 ta^{53}tʃʰuei^{13}	缓 xuæ̃^{53}
会宁县	打 ta^{53}	打捶 ta^{53}tʃʰuei^{13}	缓 xuæ̃^{53}
临洮县	打 ta^{53}	打仗 ta^{53}tʂɑ̃^{44}	缓 xuæ̃^{53}
清水县	打 ta^{52}	打锤 ta^{52}tʃʰəi^{13}	缓 xuæ̃^{52}
永靖县	打 ta^{53}	打仗 ta^{53}tʂɑŋ^{44}	缓 xuæ̃^{53}
敦煌市	打 ta^{51}	打捶 ta^{51}tʂʰuei^{213}	缓 xuæ̃^{51}
临夏市	打 tɑ^{42}	打仗 tɑ^{44}tʂɑŋ^{42}	缓会 xuã^{44}xuei^{21}
合作市	打 tᴀ^{44}	打仗 tᴀ^{44}tʂɑŋ^{53}	缓一会 xuæ̃^{44}ʑi^{21}xuei^{53}
临潭县	打 ta^{51}	打仗 ta^{51}tʂɒ^{44}	歇下了 ɕiɛ^{44}xa^{44}lɔo^{21}

	0865 打哈欠	0866 打瞌睡	0867 睡他已经～了
兰州市	打哈欠 ta^{44}xa^{42}tɕ^{h}iæ̃^{21}	丢盹 tiəu^{55}tuən^{42}	睡 fei^{13}
榆中县	打哈欠 ta^{44}xə^{51}ɕian^{0}	丢盹 tiəu^{51}tuən^{44}	睡 ʂuei^{213}
永登县	打哈欠 ta^{55}xə^{42}ɕiæ̃^{21}	丢盹 tiɤu^{44}tuə̃n^{354}	睡 fei^{13}
红古区	打哈欠 ta^{55}xuə^{21}ɕian^{13}	丢盹 tiɤu^{22}tuən^{55}	睡 fei^{13}
凉州区	打哈欠 ta^{35}xə^{35}ɕiɑŋ^{53}	丢盹 tiəu^{53}tuŋ^{35}	睡 ʂuei^{31}
甘州区	打哈欠 ta^{53}xa^{22}ɕiaŋ^{44}	丢盹 tiɤu^{44}tuŋ^{53}	睡 fei^{31}
肃州区	打哈欠 ta^{53}xa^{44}ɕiã^{44}	丢盹 tiəu^{44}duŋ^{13}	睡 ʂuei^{213}
永昌县	打哈欠 ta^{44}xa^{44}tɕ^{h}iɛ^{53}	丢盹 tiəu^{44}toŋ^{13}	睡 ʂuei^{53}
崆峒区	打哈吸 ta^{53}xa^{53}ɕi^{21}	丢盹 tiəu^{22}toŋ^{53}	睡 ʂuei^{44}
庆城县	打哈欠 ta^{44}xuə^{51}ɕiɛ̃^{0}	打瞌睡 ta^{44}k^{h}uə^{51}ʂuei^{0}	睡 ʂuei^{244}
宁县	打哈欠 ta^{52}xuə^{31}ɕiæ̃^{0}	丢盹 tiou^{31}tuŋ^{52}	睡 ʃuei^{44}
武都区	打哈欠 ta^{55}xuɤ^{21}ɕiæ̃^{21}	丢盹 tiəu^{22}tuŋ^{31}	睡 ʃuei^{24}
文县	打哈欠 ta^{55}xa^{42}tɕ^{h}iæ̃^{42}	栽盹 tsɛe^{33}toŋ^{55}	睡觉 suei^{24}tɕiɔo^{24}
康县	打哈哈 ta^{33}xa^{53}xa^{21}	蹿盹 ts^{h}uan^{21}tuŋ^{24} 丢盹 tɕiɤu^{21}tuŋ^{24}	睡 fei^{24}
礼县	打哈欠 ta^{52}xɤ^{13}ɕiɛ^{21}	丢盹 tiəu^{24}tuɤŋ^{52}	睡 ʃuei^{44}
靖远县	打哈欠 ta^{55}xuə^{41}ɕiæ̃^{21}	丢盹 tiɤu^{22}toŋ^{55}	睡 ʂuei^{33}
陇西县	打哈欠 ta^{55}xa^{42}ɕiæ̃^{21}	丢盹 tiu^{21}tuŋ^{53}	睡 ʃʮe^{44}
秦州区	打哈欠 ta^{53}xuə^{21}ɕiæ̃^{53}	丢盹 tiɤu^{21}tuɤŋ^{53}	睡 suei^{44}
安定区	打哈欠 ta^{53}xə^{21}ɕiæ̃^{44}	丢盹 tiəu^{21}tuŋ^{53}	睡 ʃuei^{44}
会宁县	打哈欠 ta^{53}xə^{21}ɕiæ̃^{44}	丢盹 tiəu^{21}tuŋ^{53}	睡 ʃuei^{44}
临洮县	打哈欠 ta^{53}xɤ^{21}ɕiæ̃^{13}	丢盹儿 tiɤu^{21}tuə̃r^{53} 打瞌睡 ta^{53}k^{h}uɤ^{21}ʂuei^{44}	睡 ʂuei^{44}
清水县	打哈欠 ta^{52}xuə^{21}ɕiæ̃^{443} 打乏声 ta^{52}fa^{13}ʂɤŋ^{21}	丢盹 tsiou^{21}tuŋ^{52}	睡 ʃəi^{443} 寝 ts^{h}iŋ^{52}
永靖县	打哈欠 ta^{44}xuɤ^{21}ɕiæ̃^{44}	打摆摆 ta^{22}pɛ^{53}pɛ^{21}	睡 ʂuei^{44}
敦煌市	打哈欠 ta^{53}xa^{21}ɕiɛ̃^{213}	丢盹 tiɤu^{21}tuŋ^{51}	睡 ʂuei^{44}
临夏市	打哈欠 tɑ^{44}xɤ^{42}ɕiɛ̃^{21}	丢盹 tiɤu^{44}tuəŋ^{21}	睡 ʂuei^{53}
合作市	打哈欠 tA^{44}xə^{44}ɕiæ̃^{21}	打瞌睡 tA^{44}k^{h}ə^{21}ʂuei^{44}	睡 ʂuei^{53}
临潭县	打哈欠 ta^{51}xɤ^{44}tɕiæ̃^{44}	丢盹 tiəɯ^{44}tuəŋ^{51}	睡 ʂuɪ^{44}

	0868 打呼噜	0869 做梦	0870 起床
兰州市	拉呼 la^{44}xu^{42}	做睡梦 tsu^{42}fei^{44}mən^{34}	起来 tɕʰi^{55}lɛ^{42}
榆中县	拉呼 la^{51}xu^{51}	梦睡梦 mən^{13}ʂuei^{21}mən^{44}	起床 tɕʰi^{44}tʂʰuaŋ^{312}
永登县	扯呼 tʂʰə^{35}xu^{53}	做睡梦 tsuə^{13}fei^{22}mə̃n^{55}	起来 tɕʰi^{55}lɛ^{53}
红古区	拉呼 la^{55}xu^{13}	做睡梦 tsuə^{13}fei^{22}mən^{55}	起来 tsʰɿ^{55}lɛ^{13}
凉州区	扯呼 tʂʰə^{35}xu^{53}	做睡梦 tsu^{31}ʂuei^{31}məŋ^{21}	起 tɕʰi^{35}
甘州区	扯呼 tʂʰə^{53}xu^{44}	做梦 tsu^{24}mɤŋ^{31}	起床 tɕʰi^{22}kʰuaŋ^{53}
肃州区	打呼噜 ta^{53}xu^{44}lu^{44}	做梦 tsuə^{13}mɤŋ^{21}	起床 tɕʰi^{21}tʂʰuɑŋ^{51}
永昌县	扯呼 tʂʰə^{53}xu^{13}	做梦 tsu^{22}məŋ^{53}	起床 tɕʰi^{53}tʂʰuɑŋ^{13}
崆峒区	扯呼 tʂʰɤ^{53}xu^{21}	做睡梦 tsu^{44}ʂuei^{22}mɤŋ^{53}	起来 tɕʰi^{55}lɛ^{21}
庆城县	扯呼 tʂʰɛ^{44}xɤu^{44}	梦梦 mɤŋ^{244}mɤŋ^{244}	起床 tɕʰi^{44}tʂʰuɑ̃^{113}
宁县	扯鼾睡 tʂʰə^{52}xæ̃^{31}ʃuei^{0}	做睡梦 tsu^{44}ʃuei^{44}məŋ^{31}	起来 tɕʰi^{55}lɛ^{0}
武都区	夜鼾睡 iᴇ^{22}xæ̃^{24}ʃuei^{21} 打呼噜 ta^{55}xuŋ^{22}lu^{24}	梦睡梦 məŋ^{24}ʃuei^{24}məŋ^{21}	起来 tɕʰi^{55}lɛɪ^{21}
文县	流颔水 liɛ^{21}xæ̃^{24}suei^{42}	梦睡梦 məŋ^{24}suei^{24}məŋ^{42}	起来了 tɕʰi^{55}lɛe^{44}lɔo^{42}
康县	曳鼾 iɛ^{21}xan^{53}	梦睡梦 mɤŋ^{24}fei^{24}mɤŋ^{53}	起床 tɕʰi^{55}pfʰɑŋ^{21}
礼县	拉鼾睡 na^{31}xæ̃^{44}ʃuei^{21}	梦睡梦 mɤŋ^{44}ʃuei^{44}mɤŋ^{21}	起 tɕʰi^{52}
靖远县	扯呼 tʂʰɤ^{55}xu^{41}	做睡梦 tsɤu^{33}ʂuei^{35}mɤŋ^{41}	起来 tsʰɿ^{55}lɛ^{21}
陇西县	拉鼾睡 la^{42}xæ̃^{44}ʃɥe^{42}	梦睡梦 mɤŋ^{44}ʃɥe^{44}mɤŋ^{21}	起 tɕʰi^{53}
秦州区	拉鼾睡 la^{13}xæ̃^{44}suei^{53}	梦睡梦 mɤŋ^{44}suei^{44}mɤŋ^{21}	起来 tɕʰi^{21}lɛ^{13}
安定区	拉鼾睡 la^{21}xæ̃^{44}ʃuei^{21}	梦睡梦 məŋ^{44}ʃuei^{44}məŋ^{21}	起来 tɕʰi^{53}lɛ^{13}
会宁县	拉呼 la^{21}xu^{13}	梦睡梦 məŋ^{44}ʃuei^{44}məŋ^{21}	起床 tɕʰi^{53}tʃʰuaŋ^{13}
临洮县	拉呼 la^{13}xu^{13}	梦睡梦 mɤŋ^{44}ʂuei^{44}mɤŋ^{21}	起床 tɕʰi^{53}tʂʰuɑ̃^{13}
清水县	拉鼾睡 la^{21}xæ̃^{44}ʃəi^{21}	梦睡梦 mɤŋ^{44}ʃəi^{44}mɤŋ^{21}	起 tɕʰiɛ^{52}
永靖县	拉呼 la^{13}xu^{13}	做睡梦 tsu^{44}ʂuei^{44}mɤŋ^{44}	起来 tɕʰi^{44}lɛ^{44}
敦煌市	扯呼 tʂʰə^{53}xu^{213}	做睡梦 tsu^{35}ʂuei^{44}mɤŋ^{21}	起来 tɕʰi^{53}lɛ^{21}
临夏市	拉呼 lɑ^{13}xu^{24}	梦睡梦 məŋ^{53}ʂuei^{44}məŋ^{42}	起来 tɕʰi^{44}lɛ^{24}
合作市	拉呼 lᴀ^{13}xu^{13}	梦睡梦 məŋ^{53}ʂuei^{44}məŋ^{21}	起来 tɕʰi^{44}lɛe^{13}
临潭县	拉呼 la^{44}xu^{24}	做睡梦 tsu^{44}suɪi^{44}məŋ^{21}	起来 tɕʰi^{51}lɛe^{24}

	0871 刷牙	0872 洗澡	0873 想思索：让我～一下
兰州市	涮口 fæ̃^{22}kʰəu^{42}	洗澡 ɕi^{53}tsɔ^{44}	思谋 sɿ^{53}mu^{21}
榆中县	刷牙 ʂua^{13}ia^{312}	洗澡 ɕi^{3144}tsɔ^{44}	想 ɕiɑŋ^{44} 思谋 sɿ^{51}mu^{0}
永登县	刷牙 fa^{22}ia^{53} 漱口 sɤu^{22}kʰɤu^{354}	洗澡 ɕi^{35}tsɔ^{53}	思想 sɿ^{44}ɕiɑ̃^{21} 想 ɕiɑ̃^{354}
红古区	涮嘴 fan^{22}tsuei^{55}	洗澡 sɿ^{55}tsɔ^{55}	想 ɕiɑŋ^{53}
凉州区	刷牙 ʂua^{53}ia^{35}	洗澡 ɕi^{53}tsɑo^{35}	想 ɕiɑŋ^{35}
甘州区	刷牙 fa^{22}ia^{53}	洗澡儿 ɕi^{53}tsɔ^{22}ɣɤ^{44}	想 ɕiɑŋ^{53}
肃州区	刷牙 ʂua^{21}ʑia^{51}	洗澡 ɕi^{53}tsɔ^{51}	想 ɕiɑŋ^{51} 思谋 sɿ^{44}mu^{44}
永昌县	刷牙 ʂua^{53}ia^{13}	洗澡 ɕi^{53}tsɔo^{13}	想 ɕiɑŋ^{13}
崆峒区	刷牙 ʂua^{22}ia^{24}	洗澡 ɕi^{53}tsɔ^{53}	想 ɕiɑŋ^{53}
庆城县	刷牙 ʂua^{51}ia^{113}	洗澡 ɕi^{44}tsɔ^{44}	想 ɕiɑ̃^{44}
宁县	刷牙 ʃua^{31}ȵia^{24}	洗澡 ɕi^{52}tsɔ^{52}	想 ɕiɑŋ^{52}
武都区	刷牙 ʃua^{31}ȵia^{13}	洗浑身 ɕi^{55}xuŋ^{24}ʂəŋ^{21}	谋 mu^{13}
文县	刷牙 sua^{31}ia^{13}	洗澡 ɕi^{31}tsɔo^{55}	默 mei^{31}
康县	刷牙 fa^{53}ia^{21}	洗澡 si^{33}tsɔo^{55}	想 siɑŋ^{55}
礼县	涮口 ʃuæ̃^{44}kʰəu^{52} 刷牙 ʃua^{31}ȵia^{24}	洗澡 ɕi^{52}tsɔo^{52}	萦 iŋ^{31} 上心 ʂɑŋ^{44}ɕiŋ^{21}
靖远县	刷牙 ʂua^{22}ia^{24}	洗澡 sɿ^{55}tsɑo^{55}	琢磨 tʂuə^{22}mɤ^{55}
陇西县	涮口 ʂuæ̃^{44}kʰɤu^{53}	洗身上 ɕi^{55}ʂɤŋ^{42}ʂɑŋ^{21}	萦 iŋ^{21}
秦州区	刷牙 ʃua^{21}ȵia^{13}	洗澡 ɕi^{53}tsɔ^{53}	考虑 kʰɔ^{53}ly^{44}
安定区	刷牙 ʃua^{21}ȵia^{13}	洗身上 ɕi^{53}ʂəŋ^{21}ʂɑŋ^{44}	想 ɕiɑŋ^{53}
会宁县	刷牙 ʃua^{21}ȵia^{13}	洗澡 ɕi^{21}tsɔ^{53}	想 ɕiɑŋ^{53}
临洮县	刷牙 ʂua^{21}ia^{13}	洗澡 ɕi^{21}tsɔ^{53}	想 ɕiɑ̃^{53}
清水县	刷牙 ʃa^{21}ia^{13}	洗澡 si^{52}tsɔ^{52}	想 siɔ̃^{52} 思谋 sɿ^{21}mu^{13}
永靖县	刷牙 ʂua^{13}ia^{213}	洗澡 ɕi^{53}tsɔ^{44}	想 ɕiɑŋ^{53}
敦煌市	刷牙 ʂua^{21}ia^{13}	洗澡儿 ɕi^{22}tsɔr^{51}	想 ɕiɑŋ^{51}
临夏市	刷牙 ʂuɑ^{13}iɑ^{24}	洗个澡 ɕi^{44}kɤ^{42}tsɔ^{53}	思谋 sɿ^{21}mu^{53}
合作市	刷牙 ʂuᴀ^{13}iᴀ^{13}	洗澡 ɕi^{44}tsɔ^{53}	思谋 sɿ^{21}məŋ^{53}
临潭县	刷牙 sua^{44}ia^{24}	洗澡 ɕi^{24}tsɔo^{51}	思谋 sɿ^{44}mu^{44}

	0874 想想念：我很～他	0875 打算我～开个店	0876 记得
兰州市	想 ɕiã^{34}	打算 ta^{55}suæ̃^{21}	记得 tɕi^{22}tɤ^{42}
榆中县	想 ɕiaŋ^{44}	打算 ta^{44}suan^{0} 计划 tɕi^{13}xua^{213}	记得 tɕi^{21}tə^{44}
永登县	想 ɕiã^{354}	打算 ta^{35}suæ̃^{53}	记着 tɕi^{22}tʂə^{44}
红古区	想 ɕiɑŋ^{53}	思想 sɿ^{22}ɕiɑŋ^{55}	记着 tsɿ^{22}tʂə^{55}
凉州区	想 ɕiɑŋ^{35}	想 ɕiɑŋ^{35}	记着 tɕi^{31}tʂə^{21}
甘州区	想 ɕiaŋ^{53}	打算 ta^{22}suaŋ^{44}	记得 tɕi^{31}tiə^{21}
肃州区	想 ɕiaŋ^{51} 惦记 tiæ̃^{21}tɕi^{13}	打算 ta^{21}suæ̃^{51}	记得 tɕi^{21}tə^{13}
永昌县	想 ɕiaŋ^{13}	打算 ta^{53}suɛe^{13}	记得 tɕi^{53}tə^{21}
崆峒区	想 ɕiaŋ^{53}	想 ɕiaŋ^{53}	记着呢 tɕi^{35}tʂɤ^{53}n̠iɛ^{21}
庆城县	想 ɕiã^{44}	计划 tɕi^{244}xua^{244} 准备 tʂuŋ^{44}pi^{244}	记得 tɕi^{244}tei^{0} 记着 tɕi^{244}tʂuə^{0}
宁县	想 ɕiaŋ^{52}	打算 ta^{55}suæ̃^{0}	记得 tɕi^{44}tei^{31}
武都区	想 ɕiaŋ^{55}	打算 ta^{55}suæ̃^{21}	记着 tɕi^{24}tʂɤ^{21}
文县	想 ɕiã^{55}	想 ɕiã^{55}	记得 tɕi^{24}tei^{42}
康县	想 siaŋ^{55}	打算 ta^{35}suan^{21}	记着 tɕi^{24}tʂɔo^{53}
礼县	想 ɕiaŋ^{52}	萦着 iŋ^{31}tʃʰuɤ^{13} 谋 mu^{13}	记着 tɕi^{44}tʂɤ^{21}
靖远县	想 ɕiaŋ^{55}	想 ɕiaŋ^{55}	记得 tsɿ^{35}tei^{41}
陇西县	恓惶 ɕi^{42}xuaŋ^{24}	计划着 tɕi^{44}xua^{44}tʂɤ^{42}	记着 tɕi^{44}tʂɤ^{42}
秦州区	想 ɕiaŋ^{53}	盘算 pʰæ̃^{13}suæ̃^{44}	记着 tɕi^{44}tʂɤu^{21}
安定区	想 ɕiaŋ^{53}	想 ɕiaŋ^{53}	晓得 ɕiɔ^{53}ti^{21}
会宁县	想 ɕiaŋ^{53}	谋着 mu^{21}tʂə^{44} 想着 ɕiaŋ^{53}tʂə^{21}	记着 tɕi^{44}tʂə^{21}
临洮县	想 ɕiã^{53}	想思 ɕiã^{53}sɿ^{21}	记着 tɕi^{44}tʂuɤ^{21}
清水县	想 siɒ̃^{52} 记 tɕi^{443}	谋着 mu^{13}tʂə^{21} 谋着 məi^{13}tʂə^{21}	记着 tɕi^{44}tʂə^{21}
永靖县	想 ɕiaŋ^{53}	打算 ta^{53}suæ̃^{21} 思谋 sɿ^{22}mɤŋ^{44}	记之 tɕi^{44}tʂʅ^{21}
敦煌市	想 ɕiaŋ^{51}	打算 ta^{53}suæ̃^{21}	记得 tɕi^{35}tei^{21}
临夏市	想 ɕiaŋ^{42}	打算 tɑ^{44}suã^{42}	记着呢 tɕi^{53}tʂɤ^{42}n̠i^{21}
合作市	想 ɕiaŋ^{44}	思谋 sɿ^{21}məŋ^{53} 打算 tA^{44}suæ̃^{53}	记着呢 tɕi^{53}tʂə^{44}n̠i^{21}
临潭县	想 ɕiɒ^{51}	打算 ta^{51}suæ̃^{44}	记着呢 tɕi^{44}tʂɤ^{44}n̠i^{21}

	0877 忘记	0878 怕害怕：你别～	0879 相信我～你
兰州市	忘过了 vã^{13}kuə^{53}lɔ^{21}	害怕 xε^{53}pʰa^{13}	信 ɕin^{13}
榆中县	忘掉 vaŋ^{21}tɔ^{44}	怕 pʰa^{213} 害怕 xε^{13}pʰa^{213}	信 ɕin^{213}
永登县	忘掉了 vã^{22}tiɔ^{213}liɔ^{354}	害怕 xε^{44}pʰa^{21}	相信 ɕiã^{44}ɕin^{13}
红古区	忘 vɑŋ^{13}	害怕 xε^{22}pʰa^{55}	信 ɕin^{13}
凉州区	忘 vɑŋ^{31}	怕 pʰa^{31} 害怕 xæ^{31}pʰa^{31}	信 ɕiŋ^{31}
甘州区	忘掉 vaŋ^{31}tiɔ^{21}	害怕 xε^{53}pʰa^{31}	信 ɕiŋ^{31} 相信 ɕiaŋ^{44}ɕiŋ^{31}
肃州区	了了 liɔ^{21}liɔ^{44} 忘掉咧 vɑŋ^{42}tiɔ^{21}liε^{13}	怕 pʰa^{213}	相信 ɕiɑŋ^{44}ɕiŋ^{21}
永昌县	忘掉 vaŋ^{53}tiɔo^{21}	害怕 xεe^{22}pʰa^{53}	信 ɕiŋ^{53} 相信 ɕiaŋ^{13}ɕiŋ^{42}
崆峒区	忘咧 uaŋ^{35}liε^{21}	害怕 xε^{44}pʰa^{44}	信 ɕiɤŋ^{44}
庆城县	忘了 vã^{244}liɔ^{0}	吓 xa^{244}	相信 ɕiã^{21}ɕiŋ^{244}
宁县	忘咧 uaŋ^{44}lia^{31}	害怕 xε^{44}pa^{44}	信 ɕiŋ^{44}
武都区	忘了 vaŋ^{24}lɔu^{21}	害怕 xεɪ^{24}pʰa^{24}	相信 ɕiaŋ^{22}ɕin^{24} 信 ɕin^{24}
文县	忘了 uã^{24}lɔo^{42}	怕 pʰa^{24}	信 ɕiəŋ^{24}
康县	忘了 vaŋ^{24}lɔo^{53}	怕 pʰa^{24}	相信 siaŋ^{53}ɕiŋ^{24}
礼县	忘了 vaŋ^{44}nɔo^{21}	害怕 xai^{44}pʰa^{21}	相信 ɕiaŋ^{31}ɕiŋ^{44}
靖远县	忘掉了 vɑŋ^{35}tiɑo^{41}liɑo^{21}	害怕 xε^{33}pʰa^{33}	信 ɕiŋ^{33}
陇西县	忘 vaŋ^{44}	怕 pʰa^{44}	信 ɕiŋ^{44}
秦州区	忘了 vaŋ^{44}liɤu^{21}	害怕 xε^{44}pʰa^{21}	信 ɕiɤŋ^{44}
安定区	忘了 vaŋ^{44}lɔ^{21}	害怕 xε^{44}pʰa^{21}	信 ɕiŋ^{44}
会宁县	忘了 uaŋ^{44}lɔ^{21}	怕 pʰa^{44}	信服 ɕiŋ^{44}fu^{13}
临洮县	忘了 vã^{44}liɔ^{21}	怕 pʰa^{44}	相信 ɕiã^{21}ɕiŋ^{44}
清水县	忘了 vɒ̃^{44}liɔ^{21}	害怕 xε^{44}pʰa^{21}	相信 siɒ̃^{21}siŋ^{443} 放心 fɒ̃^{44}siŋ^{21}
永靖县	忘过 vaŋ^{44}kuɤ^{21}	害怕 xε^{44}pʰa^{21}	相信 ɕiaŋ^{22}ɕiɤŋ^{44}
敦煌市	忘掉 vaŋ^{35}tiɔ^{21}	害怕 xε^{53}pʰa^{44}	信 ɕiŋ^{44} 相信 ɕiaŋ^{22}ɕiŋ^{44}
临夏市	忘过了 vaŋ^{44}kuɤ^{42}liɔ^{21}	害怕 xε^{44}pʰɑ^{21}	相信 ɕiaŋ^{21}ɕiŋ^{44}
合作市	忘过了 vaŋ^{53}kuə^{44}liɔ^{21}	害怕 xεe^{44}pʰᴀ^{21}	相信 ɕiaŋ^{21}ɕiŋ^{44}
临潭县	忘过了 vã^{13}kuo^{53}lɔ^{21}	害怕 xε^{53}pʰa^{13}	信 ɕiŋ^{13}

	0880 发愁	0881 小心过马路要～	0882 喜欢～看电视
兰州市	愁 tʂʰɤu^{53}	小心 ɕiɔ^{55}ɕin^{42}	爱 nɛ^{13}
榆中县	愁 tʂʰəu^{312}	小心些 ɕiɔ^{44}ɕin^{0}ɕiᴇ^{0}	爱 ɛ^{213}
永登县	惆怅 tʂʰɤu^{22}tʂʰɑ̃^{13}	防着 fɑ̃^{55}tʂə^{21} 小心 ɕiɔ^{35}ɕin^{21}	爱 ɛ^{13}
红古区	颇烦 pʰə^{22}fan^{55}	小心 ɕiɔ^{55}ɕin^{21}	爱 ɛ^{13}
凉州区	愁 tsʰəu^{35} 惆怅 tsʰəu^{35}tʂʰɑŋ^{53}	小心 ɕiɑo^{35}ɕiŋ^{53}	喜欢 ɕi^{53}xuɑŋ^{35}
甘州区	愁 tʂʰɤu^{53}	小心 ɕiɔ^{44}ɕiŋ^{44}	爱 ɛ^{31}
肃州区	愁 tsʰəu^{51}	小心 ɕiɔ^{44}ɕiŋ^{44} 当心 tɑŋ^{44}ɕiŋ^{44}	喜欢 ɕi^{21}xuæ̃^{51} 爱 ɣɛ^{213}
永昌县	愁 tʂʰəu^{13}	小心 ɕiɔo^{53}ɕiŋ^{44}	爱 ɛe^{53}
崆峒区	愁的 tsʰəu^{22}ti^{53}	操心 tsʰɔ^{24}ɕiɤŋ^{21}	爱 nɛ^{44}
庆城县	愁 tsʰɤu^{113}	小心 ɕiɔ^{44}ɕiŋ^{0}	爱 nɛ^{244}
宁县	愁 tsʰou^{24} 发惆怅 fa^{31}tsʰou^{22}tʂʰaŋ^{52}	操心 tsʰɔ^{24}ɕiŋ^{31}	爱 nɛ^{44}
武都区	愁 tsʰəu^{13} 发愁 fa^{31}tsʰəu^{13}	小心 ɕiɔu^{55}ɕin^{21}	爱 ŋɛɪ^{24}
文县	发愁 fa^{31}tsʰɤu^{13}	小意 ɕiɔo^{44}ʑi^{24}	喜欢 ɕi^{55}xuæ̃^{42} 爱 ŋɛe^{24}
康县	愁 tsʰɤu^{211}	小心 siɔo^{35}siŋ^{21}	喜欢 ɕi^{35}xuan^{21}
礼县	愁 tsʰəu^{13}	小意 ɕiɔo^{52}i^{44}	爱 ŋai^{44}
靖远县	愁得很 tsʰɤu^{22}tɿ^{55}xɤŋ^{41}	小心 ɕiɑo^{55}ɕiŋ^{21}	爱 nɛ^{33}
陇西县	难心 læ̃^{24}ɕĩ^{42}	防先 fɑŋ^{24}ɕiæ̃^{42}	爱 kɛ^{44}
秦州区	愁 tsʰɤu^{13}	小心 ɕiɔ^{53}ɕiɤŋ^{21}	爱 ŋɛ^{44}
安定区	颇烦 pʰə^{21}fæ̃^{13}	注意 tʃu^{53}ʑi^{44}	爱 ŋɛ^{44}
会宁县	惆怅 tsʰəu^{13}tʂʰɑŋ^{21} 愁人 tsʰəu^{13}ʐəŋ^{21}	小心 ɕiɔ^{53}ɕiŋ^{21}	爱 ŋɛ^{44}
临洮县	发愁 fa^{21}tsʰɤu^{13}	小心 ɕiɔ^{53}ɕiŋ^{21}	爱 ŋɛ^{44}
清水县	愁 tʃʰou^{13} 掂=愁 tsiæ̃^{21}tʃʰou^{13}	防着 fɒ̃^{13}tʂə^{21} 小心 siɔ^{52}siŋ^{21}	爱 ŋɛ^{443}
永靖县	惆怅 tʂʰɤu^{22}tʂʰɑŋ^{44}	小心 ɕiɔ^{53}ɕiɤŋ^{213}	爱 ɛ^{44}
敦煌市	愁 tsʰɤu^{213}	小心 ɕiɔ^{53}ɕiŋ^{21}	爱 ŋɛ^{44}
临夏市	颇烦 pʰɤ^{21}fã^{53} 木=囊= mu^{13}nɑŋ^{42}	小心 ɕiɔ^{44}ɕiŋ^{24}	爱 nɛ^{53}
合作市	颇烦 pʰə^{21}fæ̃^{53} 木=囊= mu^{44}nɑŋ^{21}	小心 ɕiɔ^{44}ɕiŋ^{13}	爱 ɛe^{53}
临潭县	发愁 fa^{44}tsʰəɯ^{24}	小心 ɕiɔo^{51}ɕin^{21}	喜欢 ɕi^{51}xuæ̃^{24}

	0883 讨厌～这个人	0884 舒服凉风吹来很～	0885 难受生理的
兰州市	见不上 tɕiæ̃^{13}pu^{55}ʂɑ̃^{42}	舒坦 fu^{55}tʰæ̃^{21}	难受 læ̃^{53}ʂəu^{13}
榆中县	嫌 ɕian^{312} 讨厌 tʰɔ^{44}ian^{213}	舒服 ʂu^{51}fu^{0} 舒坦 ʂu^{51}tʰan^{0}	难受 nan^{31}ʂəu^{213}
永登县	厌恶 iæ̃^{13}vu^{13}	舒坦 fu^{55}tʰæ̃^{53}	不舒坦 pu^{22}fu^{55}tʰæ̃^{53}
红古区	讨厌 tʰɔ^{55}ian^{13}	舒坦 fu^{55}tʰan^{21}	难过 nan^{22}kuə^{13}
凉州区	讨厌 tʰɑo^{35}iɑŋ^{53}	舒坦 ʂu^{35}tʰɑŋ^{53}	难过 nɑŋ^{35}kuə^{53} 挼 ʐua^{35}
甘州区	讨厌 tʰɔ^{53}iaŋ^{31}	舒坦 fu^{44}tʰaŋ^{44}	难受 naŋ^{53}ʂɤu^{31}
肃州区	讨厌 tʰɔ^{53}ʑæ̃^{21}	舒服 ʂu^{44}fu^{44} 爽 ʂuɑŋ^{51}	难受 næ̃^{53}ʂəu^{21}
永昌县	讨厌 tʰɔo^{13}iɛ^{42}	舒坦 ʂu^{44}tʰɛe^{44}	难过 nɛe^{13}kuə^{42}
崆峒区	日眼 ʐʅ^{22}ȵiæ̃^{53}	舒坦 ʂu^{53}tʰæ̃^{21}	难过 næ̃^{24}kuo^{44}
庆城县	日眼 ʐʅ^{21}ȵiɛ̃^{44}	美 mei^{44}	难捱 nɛ̃^{113}nɛ^{113}
宁县	日眼 ʐʅ^{22}ȵiæ̃^{52} 丧眼 saŋ^{22}ȵiæ̃^{52} 够 kou^{44}	受活 ʂou^{44}xuə^{31} 舒服 ʃu^{31}fu^{0}	难受 næ̃^{24}ʂou^{44}
武都区	见不得 tɕiæ̃^{24}pu^{21}tei^{13}	舒服 ʃu^{22}fu^{24}	难受 læ̃^{22}ʂəu^{24}
文县	讨厌 tʰɔo^{44}iæ̃^{24}	舒服 su^{42}fu^{24}	难受 læ̃^{42}sɤu^{24}
康县	讨厌 tʰɔo^{53}ian^{24}	舒服 su^{53}fu^{21}	难受 lan^{53}ʂɤu^{24}
礼县	见不得 tɕiæ̃^{44}mu^{31}ti^{21}	受活 ʂəu^{44}xuɤ^{21} 受因⁼ʂəu^{44}iŋ^{21}	难捱 næ̃^{13}ŋai^{13}
靖远县	日眼 ʐʅ^{22}ȵiæ̃^{55}	舒坦 ʂʮ^{41}tʰæ̃^{21}	难受 næ̃^{22}ʂɤu^{33}
陇西县	仇人 ʂɤu^{24}ʐɤŋ^{42}	舒坦 ʃʮ^{55}tʰæ̃^{42}	难捱 læ̃^{13}ke^{13}
秦州区	见不得 tɕiæ̃^{44}pʰu^{21}tei^{21}	舒服 ʃʮ^{21}fu^{13}	难受 læ̃^{13}ʂɤu^{44}
安定区	憎恶 tsəŋ^{44}vu^{44}	舒坦 ʃu^{53}tʰæ̃^{21}	不舒坦 pu^{21}ʃu^{53}tʰæ̃^{21}
会宁县	憎恶 tsəŋ^{44}u^{44}	舒坦 ʃu^{53}tʰæ̃^{21}	难受 læ̃^{21}ʂəu^{44}
临洮县	憎恶 tsɤŋ^{44}vu^{44}	舒坦 ʂu^{53}tʰæ̃^{21}	难受 næ̃^{21}ʂɤu^{44}
清水县	见不得 tɕiæ̃^{44}pu^{21}tsi^{21}	受因⁼ʂou^{44}iŋ^{21}	难受 læ̃^{13}ʂou^{443} 难捱 læ̃^{13}ŋɛ^{13}
永靖县	仇 ʂɤu^{213}	舒坦 fu^{22}tʰæ̃^{44}	难受 næ̃^{22}ʂɤu^{44}
敦煌市	着气 tʂuə^{22}tɕʰi^{44} 讨厌 tʰɔ^{53}iæ̃^{44}	舒坦 ʂu^{35}tʰæ̃^{21}	难受 næ̃^{21}ʂɤu^{44}
临夏市	见不得 tɕiẽ^{44}pu^{42}ti^{21}	舒坦 fu^{44}tʰã^{21}	难受 nã^{21}ʂɤu^{44}
合作市	颇烦 pʰə^{21}fæ̃^{53} 见不得 tɕiæ̃^{44}pu^{21}ti^{21}	受活 ʂəɯ^{44}xuᴀ^{21} 舒坦 fu^{44}tʰæ̃^{21}	难受 næ̃^{21}ʂəɯ^{44}
临潭县	讨厌 tʰɔo^{51}iæ̃^{44}	舒和的很 ʂu^{44}xuɤ^{21}ti^{21}xəŋ^{51}	难受 næ̃^{21}ʂəɯ^{44}

	0886 难过心理的	0887 高兴	0888 生气
兰州市	难过 lɛ̃^{53}kuə^{21}	高兴 kɔ^{55}ɕin^{13} 娆 zɔ^{53}	着气 pfə^{53}tɕi^{21}
榆中县	难过 nan^{31}kuə^{213}	娆 zɔ^{312}	着气 tʂuə^{31}tɕʰi^{213}
永登县	难过 næ̃^{22}kuə^{44}	高兴 kɔ^{44}ɕin^{13} 娆 zɔ^{53}	胀气 tʂã^{13}tɕʰi^{13}
红古区	难过 nan^{22}kuə^{13}	高兴 kɔ^{22}ɕin^{13}	胀气 tʂaŋ^{13}tsʰɿ^{13}
凉州区	难受 naŋ^{35}ʂəu^{53} 挼 zʅua^{35}	高兴 kao^{35}ɕiŋ^{53}	着气 tʂuə^{35}tɕʰi^{53}
甘州区	难过 naŋ^{53}kuə^{31}	高兴 kɔ^{53}ɕiŋ^{31}	生气 ʂɤŋ^{44}tɕʰi^{31}
肃州区	难过 næ̃^{35}kuə^{21}	高兴 kɔ^{53}ɕiŋ^{21}	着气 tʂuə^{53}tɕʰi^{21}
永昌县	难过 nɛe^{13}kuə^{42}	高兴 kɔo^{44}ɕiŋ^{21}	着气 tʂuə^{13}tɕʰi^{42}
崆峒区	难过 næ̃^{24}kuo^{44}	高兴 kɔ^{22}ɕiɤŋ^{44}	着气 tʂuo^{24}tɕʰi^{44}
庆城县	难过 nɛ̃^{21}kuə^{244}	高兴 kɔ^{21}ɕiŋ^{244}	着气 tʂuə^{21}tɕʰi^{244}
宁县	难过 næ̃^{24}kuə^{44}	高兴 kɔ^{22}ɕiŋ^{44}	生气 səŋ^{22}tɕʰi^{44}
武都区	难心 lɛ̃^{22}ɕin^{31}	高兴 kɔu^{22}ɕin^{24}	胀气 tʂaŋ^{24}tɕʰi^{21} 生气 səŋ^{22}tɕʰi^{24}
文县	难过 lɛ̃^{42}kuə^{24}	高兴 kɔo^{42}ɕiəŋ^{24}	怄气 ŋɤu^{24}tɕʰi^{24}
康县	难过 lan^{53}kuɤ^{24}	高兴 kɔo^{53}ɕiŋ^{24}	生气 sɤŋ^{53}tɕʰi^{24} 怄气 ŋɤu^{24}tɕʰ^{21}
礼县	拐 kuai^{52}	高兴 kɔo^{31}ɕiŋ^{44}	胀气 tʂaŋ^{44}tɕʰi^{44}
靖远县	难过 næ̃^{22}kuə^{33}	高兴 kao^{22}ɕiŋ^{33}	胀气 tʂaŋ^{33}tsʰɿ^{33}
陇西县	难过 lɛ̃^{22}kuɤ^{44}	高兴 kɔo^{42}ɕiŋ^{44}	着气 tʂʰɤ^{22}tɕʰi^{44}
秦州区	伤心 ʂaŋ^{13}ɕiɤŋ^{13}	高兴 kɔ^{21}ɕiɤŋ^{44}	胀气 tʂaŋ^{44}tɕʰi^{21}
安定区	伤心 ʂaŋ^{13}ɕiŋ^{13}	高兴 kɔ^{21}ɕiŋ^{44}	气忍 tɕʰi^{44}zəŋ^{21}
会宁县	难过 lɛ̃^{21}kuə^{44}	高兴 kɔ^{21}ɕiŋ^{44}	着气 tʂʰə^{21}tɕʰi^{44}
临洮县	难过 næ̃^{21}kuɤ^{44}	高兴 kɔ^{21}ɕiŋ^{44}	着气 tʂuɤ^{21}tɕʰi^{44}
清水县	愁肠 tʃʰou^{13}tʂʰɒ̃^{21}	高兴 kɔ^{21}ɕiŋ^{443}	胀气 tʂɒ̃^{44}tɕʰi^{443}
永靖县	难过 næ̃^{22}kuɤ^{44}	高兴 kɔ^{22}ɕiɤŋ^{44}	生气 ʂɤŋ^{22}tɕʰi^{44} 着气 tʂuɤ^{22}tɕʰi^{44}
敦煌市	难过 næ̃^{21}kuə^{44}	高兴 kɔ^{21}ɕiŋ^{44}	着气 tʂuə^{21}tɕʰi^{44} 生气 sɤŋ^{21}tɕʰi^{44}
临夏市	难过 nã^{21}kuɤ^{44}	高兴 kɔ^{21}ɕiŋ^{53}	生气 ʂəŋ^{21}tɕʰi^{53}
合作市	难过 næ̃^{21}kuə^{44}	高兴 kɔ^{21}ɕiŋ^{44}	着气 tʂuə^{21}tɕʰi^{53}
临潭县	难过 næ̃^{21}kuɤ^{44}	欢的很 xuæ̃^{44}ti^{44}xəŋ^{51}	着气 tʂuɤ^{21}tɕʰi^{44}

	0889 责怪	0890 后悔	0891 忌妒
兰州市	怪 kuɛ^{13}	后悔 xəu^{22}xuei^{53}	眼红 iæ̃^{34}xuən^{42}
榆中县	怪 kuɛ^{213}	后悔 xəu^{21}xuei^{44}	眼红 ian^{44}xuən^{0}
永登县	墩⁼打 tuə̃n^{44}ta^{21}	后悔 xɤu^{22}xuei^{354}	发气不忿 fa^{22}tɕ^{h}i^{42}pu^{44}fə̃n^{354} 犯嫉诟心 fæ̃^{13}tɕi^{22}kɤu^{13}ɕin^{44}
红古区	抱怨 pɔ^{22}yan^{55}	后悔 xɤu^{22}xuei^{55}	不服气 pu^{13}fu^{21}ts^{h}ɿ^{13}
凉州区	怨 yɑŋ^{31} 怨怅 yɑŋ^{31}tʂ^{h}ɑŋ^{21}	后悔 xəu^{53}xuei^{35}	妒忌 tu^{31}tɕi^{31}
甘州区	怪 kuɛ^{31}	后悔 xɤu^{22}xuei^{44}	忌妒 tɕi^{31}tu^{21}
肃州区	责怪 tsə^{53}kuɛ^{21} 埋怨 mæ̃^{44}ʑyæ̃^{21}	后悔 xəu^{21}xuei^{51}	眼热 ʑiæ̃^{21}zə^{51} 忌妒 tɕi^{21}tu^{13}
永昌县	怪 kuɛe^{53}	后悔 xəu^{53}xuei^{13}	忌妒 tɕi^{53}tu^{21}
崆峒区	说 ʂuo^{21}	后悔 xəu^{35}xuei^{53}	眼红 ȵiæ̃^{53}xoŋ^{24}
庆城县	骂 ma^{244}	后悔 xɤu^{244}xuei^{0}	屈的 tɕ^{h}y^{51}ti^{0}
宁县	怪 kuɛ^{44}	后悔 xou^{44}xuei^{52}	屈得很 tɕ^{h}y^{31}ti^{0}xəŋ^{0}
武都区	怪 kuɛɪ^{24}	后悔 xəu^{24}xuei^{33}	害眼病的 xɛɪ^{24}ȵiæ̃^{55}piᴇ^{53}tɛɪ^{21}
文县	怪 kuɛe^{24}	后悔 xɤu^{24}xuei^{42}	忌妒 tɕi^{33}tu^{55}
康县	怪 kuɛ^{24}	后悔 xɤu^{24}xuei^{55}	眼热 ȵian^{35}zɤ^{53}
礼县	怪 kuai^{44} 怨恨 yæ̃^{44}xɤŋ^{44}	后悔 xəu^{52}xuei^{21}	不服气 pu^{31}fu^{13}tɕ^{h}i^{44}
靖远县	埋怨 mɛ^{22}yæ̃^{33}	后悔 xɤu^{55}xuei^{55}	眼红 ȵiæ̃^{55}xoŋ^{24}
陇西县	怪怨 kuɛ^{44}yæ̃^{42}	后悔 xɤu^{44}xue^{53}	受不得 ʂɤu^{44}pu^{44}ti^{42}
秦州区	怨 yæ̃^{44}	后悔 xuə^{44}xuei^{53}	受不得 ʂɤu^{44}p^{h}u^{21}ti^{21}
安定区	怪 kuɛ^{44}	后悔 xəu^{44}xuei^{53}	受不得 ʂəu^{44}pu^{21}ti^{21}
会宁县	片⁼赞⁼ p^{h}iæ̃^{53}tsæ̃^{21}	后悔 xəu^{44}xuei^{53}	眼红 ȵiæ̃^{53}xuŋ^{13} 受不得 ʂəu^{44}pu^{21}tə^{21}
临洮县	责怪 tsɛ^{21}kuɛ^{44}	后悔 xɤu^{44}xuei^{21}	忌妒 tɕi^{13}tu^{53}
清水县	怪 kuɛ^{443}	后悔 xou^{44}xuəi^{52}	不服气 pu^{21}fu^{13}tɕ^{h}i^{443}
永靖县	责怪 tʂɤ^{22}kuei^{44}	后悔 xɤu^{44}xuei^{53}	忌妒 tɕi^{44}tu^{53}
敦煌市	怪 kuɛ^{44}	后悔 xɤu^{35}xuei^{21}	不服 pu^{21}fu^{13}
临夏市	埋怨 mã^{21}yɛ̃^{44}	后悔 xɤu^{44}xuei^{21}	眼红 ȵiɛ̃^{44}xuəŋ^{24}
合作市	埋怨 mæ̃^{21}yæ̃^{44}	后悔 xəɯ^{44}xuei^{21}	不服气 pu^{21}fu^{21}tɕ^{h}i^{53}
临潭县	抱怨 pɔo^{44}yæ̃^{21}	后悔 xəɯ^{44}xuɪi^{21}	发眼热 fa^{44}niæ̃^{51}zɤ^{44}

	0892 害羞	0893 丢脸	0894 欺负
兰州市	羞脸大 ɕiəu^{53}liæ̃^{42}ta^{21}	丢人 tiəu^{55}zə̢n^{42}	欺负 tɕʰi^{55}fu^{21}
榆中县	羞 ɕiəu^{51}	害臊 xɛ^{13}sɔ^{213}	欺负 tɕʰi^{51}fu^{0} 相欺 ɕiaŋ^{51}tɕʰi^{0}
永登县	羞 ɕiɤu^{42}	丢人 tiɤu^{44}zə̢̃n^{53}	欺处 tɕʰi^{44}pfʰu^{21}
红古区	羞脸儿大 ɕiɤu^{22}liɐr^{55}ta^{21}	丢人 tiɤu^{13}zə̢n^{13}	相欺 ɕiɑŋ^{13}tsʰɿ^{13}
凉州区	害臊 xæ^{31}sɑo^{31}	丢人 tiəu^{35}zə̢ŋ^{53}	欺干 tɕʰi^{35}kɑŋ^{53}
甘州区	害事 xɛ^{24}ʂʅ^{31}	丢人 tiɤu^{44}zɤ̢ŋ^{53}	欺搅 tɕʰi^{44}tɕiɔ^{44}
肃州区	羞 ɕiəu^{44}	丢人 tiəu^{44}zɤ̢ŋ^{51}	欺负 tɕʰi^{44}fu^{44}
永昌县	害羞 xɛe^{53}ɕiəu^{13}	丢人 tiəu^{44}zə̢ŋ^{44}	欺压 tɕʰi^{44}ia^{53}
崆峒区	害臊 xɛ^{44}sɔ^{44}	丢人 tiəu^{22}zɤ̢ŋ^{24}	欺负 tɕʰi^{53}fu^{21}
庆城县	害臊 xɛ^{244}sɔ^{244}	丢人 tiɤu^{51}zɤ̢ŋ^{113}	欺负 tɕʰi^{51}fu^{0}
宁县	羞 ɕiou^{31} 害羞 xɛ^{44}ɕiou^{31}	丢人 tiou^{31}zə̢ŋ^{24} 瞬⁼人 ʃuŋ^{24}zə̢ŋ^{24}	欺负 tɕʰi^{31}fu^{0} 磨缺⁼ mə^{44}tɕʰyə^{31}
武都区	羞 ɕiəu^{31}	丢人 tiəu^{31}zə̢ŋ^{13}	糟蹋 tsɔu^{31}tʰa^{21}
文县	羞 ɕiɤu^{31}	丢人 tiɤu^{42}zəŋ^{13}	欺负 tɕʰi^{42}fu^{42}
康县	羞 siɤu^{53}	丢人 tiɤu^{53}zɤ̢ŋ^{21}	欺负 tɕʰi^{53}fu^{21}
礼县	难打整 næ̃^{13}ta^{24}tʂɤŋ^{21} 羞 ɕiəu^{31}	扔人 ɚ^{52}zɤ̢ŋ^{13} 臊人 sɔo^{44}zɤ̢ŋ^{13}	欺负 tɕʰi^{31}fu^{44}
靖远县	羞 ɕiɤu^{41}	丢人 tiɤu^{22}zɤ̢ŋ^{24}	欺负 tsʰɿ^{41}fu^{21}
陇西县	羞人 ɕiu^{42}zɤ̢ŋ^{13} 难打整 læ̃^{24}ta^{21}tʂɤŋ^{53}	丢人 tiu^{42}zɤ̢ŋ^{13}	讹 kɤ^{13}
秦州区	难打整 læ̃^{13}ta^{12}tʂɤŋ^{53}	丢人 tiɤu^{21}zɤ̢ŋ^{13}	欺搅 tɕʰi^{21}tɕiɔ^{13}
安定区	难打整 næ̃^{13}ta^{21}tʂəŋ^{53}	辱人 ʒu^{21}zə̢ŋ^{13}	欺负 tɕʰi^{21}fu^{53}
会宁县	难打整 læ̃^{13}ta^{21}tʂəŋ^{53}	辱人 ʒu^{21}zə̢ŋ^{13}	欺负 tɕʰi^{21}fu^{53}
临洮县	难打整 næ̃^{13}ta^{13}tʂɤŋ^{53}	丢人 tiɤu^{21}zɤ̢ŋ^{13}	相欺 ɕiã^{13}tɕʰi^{21}
清水县	羞人 siou^{21}zɤ̢ŋ^{13} 难打整 læ̃^{21}ta^{21}tʂɤŋ^{52}	扔人 ʒɨ^{52}zɤ̢ŋ^{13}/ɚ^{52}zɤ̢ŋ^{13}	欺负 tɕʰi^{21}fu^{52}
永靖县	害羞 xɛ^{44}ɕiɤu^{13}	丢脸 tiɤu^{22}liæ̃^{53}	欺负 tɕʰi^{22}fu^{53}
敦煌市	羞脸大 ɕiɤu^{21}n̠iɛ̃^{53}ta^{44}	丢人 tiɤu^{21}zɤ̢ŋ^{13}	欺搅 tɕʰi^{21}tɕiɔ^{13}
临夏市	羞 ɕiɤu^{13}	丢人 tiɤu^{13}zə̢ŋ^{24}	欺负 tɕʰi^{21}fu^{53}
合作市	羞 ɕiəɯ^{13}	丢人 tiəɯ^{13}zə̢ŋ^{13}	欺负 tɕʰi^{21}fu^{53}
临潭县	羞下了 ɕiəɯ^{44}xa^{44}lɔo^{21}	折人 ʂɤ^{24}zə̢ŋ^{24}	相欺 ɕiɒ^{24}tɕʰiɛ^{21}

	0895 装～病	0896 疼～小孩儿	0897 要我～这个
兰州市	装 pfɑ̃^{55}	惯 kuæ̃^{13}	要 iɔ^{13}
榆中县	装 tʂuaŋ^{51}	疼 t^{h}ən^{312} 心疼 ɕin^{51}t^{h}ən^{0}	要 iɔ^{213}
永登县	装 pfɑ̃^{42}	心疼 ɕin^{44}t^{h}ə̃n^{53}	要 iɔ^{13}
红古区	装 tʂuaŋ^{13}	疼 t^{h}ən^{13} 惯 kuan^{13}	要 iɔ^{13}
凉州区	装 tʂuaŋ^{35}	心疼 ɕiŋ^{35}t^{h}əŋ^{53}	要 iao^{31}
甘州区	装 kuaŋ^{44}	疼 t^{h}ɤŋ^{53}	要 iɔ^{31}
肃州区	装 tʂuaŋ^{44}	心疼 ɕiŋ^{44}t^{h}ɤŋ^{51}	要 ʐiɔ^{213}
永昌县	装 tʂuaŋ^{44}	疼 t^{h}əŋ^{13}	要 iɔo^{53}
崆峒区	装 tʂuaŋ^{21}	爱 nɛ^{44}	要 iɔ^{44}
庆城县	装 tʂuɑ̃^{51}	疼 t^{h}ɤŋ^{113}	要 iɔ^{244}
宁县	装 tʃuaŋ^{31}	疼 t^{h}əŋ^{24} 惯 kuæ̃^{44}	要 iɔ^{44}
武都区	装 tʃuaŋ^{31}	惯 kuæ̃^{24}	要 iɔu^{24}
文县	装 tsuɑ̃^{31}	疼 t^{h}əŋ^{13}	要 iɔo^{24}
康县	装 pfaŋ^{53}	爱 ŋɛ^{24}	要 iɔo^{24}
礼县	装 tʃuaŋ^{31}	疼 t^{h}ɤŋ^{13}	要 iɔo^{44}
靖远县	装 tʂuaŋ^{41}	心疼 ɕiŋ^{22}t^{h}ɤŋ^{24}	要 iao^{33}
陇西县	装 tʃɥaŋ^{21}	心疼 ɕin^{42}t^{h}ɤŋ^{13}	要 iɔo^{44}
秦州区	装 tʃuaŋ^{13}	惯 kuæ̃^{44}	要 iɔ^{44}
安定区	装 tʃuaŋ^{13}	心疼 ɕiŋ^{21}t^{h}əŋ^{13}	要 iɔ^{44}
会宁县	装 tʃuaŋ^{13}	心疼 ɕiŋ^{21}t^{h}əŋ^{13}	要 iɔ^{44}
临洮县	装 tʂuɑ̃^{13}	心疼 ɕiŋ^{21}t^{h}ɤŋ^{13}	要 iɔ^{44}
清水县	装 tʃɒ̃^{13}	爱 ŋɛ^{443}	要 iɔ^{443}
永靖县	装 tʂuaŋ^{213}	疼 t^{h}ɤŋ^{213}	要 iɔ^{44}
敦煌市	装 tʂuaŋ^{213}	心疼 ɕiŋ^{21}t^{h}ɤŋ^{13}	要 iɔ^{44}
临夏市	装 tʂuaŋ^{13}	心疼 ɕiŋ^{44}t^{h}əŋ^{24}	要 iɔ^{53}
合作市	装 tʂuaŋ^{13}	疼 t^{h}əŋ^{13}	要 iɔ^{53}
临潭县	装 tsuɒ^{44}	疼 t^{h}əŋ^{24}	要 iɔo^{44}

	0898 有我～一个孩子	0899 没有他～孩子	0900 是我～老师
兰州市	有 iəu^{34}	没有 mu^{22}iəu^{53}	是 ʂʅ^{13}
榆中县	有 iəu^{44}	没 mu^{312} 没有 mei^{31}iəu^{44}	是 ʂʅ^{213}
永登县	有 iɤu^{42}	没有 mə^{22}iɤu^{354}	是 ʂʅ^{13}
红古区	有 iɤu^{53}	没有 mə^{22}iɤu^{55}	是 ʂʅ^{13}
凉州区	有 iəu^{35}	没有 mu^{53}iəu^{35}	是 ʂʅ^{31}
甘州区	有 iɤu^{53}	没有 mu^{22}iɤu^{53}	是 ʂʅ^{31}
肃州区	有 ʑiəu^{51}	没有 mə^{21}ʑiəu^{51}	是 sʅ^{213}
永昌县	有 iəu^{13}	没有 mei^{35}iəu^{13}	是 ʂʅ^{53}
崆峒区	有 iəu^{53}	没有 mɤ^{22}iəu^{53}	是 sʅ^{44}
庆城县	有 iɤu^{44}	没有 muə^{21}iɤu^{44}	是 sʅ^{244}
宁县	有 iou^{52}	没 muə^{31}	是 sʅ^{44}
武都区	有 iəu^{55}	没 muɤ^{31}	是 sʅ^{24}
文县	有 iɤu^{55}	没得 mɤ^{42}tɛe^{24}	是 sʅ^{24}
康县	有 iɤu^{55}	没有 muɤ^{21}iɤu^{55}	是 ʂʅ^{24}
礼县	有 iəu^{52}	没 mɤ^{31}	是 sʅ^{44}
靖远县	有 iɤu^{55}	没有 mei^{22}iɤu^{55}	是 sʅ^{33}
陇西县	有 iu^{53}	没 mɤ^{21}	是 sʅ^{44}
秦州区	有 iɤu^{53}	没 mɤ^{13}	是 sʅ^{44}
安定区	有 iəu^{53}	没 mə^{13}	是 sʅ^{44}
会宁县	有 iəu^{53}	没 mə^{13}	是 sʅ^{44}
临洮县	有 iɤu^{53}	没 mɤ^{13}	是 sʅ^{44}
清水县	有 iou^{52}	没 mə^{13}	是 ʃɨ^{443} 就是 tɕʰiou^{44}ʃɨ^{21}
永靖县	有 iɤu^{53}	［没有］miɤu^{44}	是 ʂʅ^{213}
敦煌市	有 iɤu^{51}	没有 mə^{21}iɤu^{51}	是 sʅ^{44}
临夏市	有 iɤu^{42}	没有 mei^{21}iɤu^{44}	是 ʂʅ^{53}
合作市	有 iəɯ^{44}	没有 mə^{21}iəɯ^{44}	是 ʂʅ^{53}
临潭县	有 iəɯ^{51}	没有 mɤ^{21}iəɯ^{51}	是 sʅ^{44}

	0901 不是他~老师	0902 在他~家	0903 不在他~家
兰州市	不是 pu^{53}ʂʅ^{21}	在 tsɛ^{13}	没在 mu^{55}tsɛ^{21}
榆中县	不是 pu^{31}ʂʅ^{213}	在 tsɛ^{213}	不在 pu^{31}tsɛ^{213} 没在 mei^{44}tsɛ^{0}
永登县	不是 pu^{22}ʂʅ^{13}	在 tsɛ^{13}	没有在 mei^{13}iɤu^{35}tsɛ^{21}
红古区	不是 pu^{22}ʂʅ^{13}	有 iɤu^{53}	没有 mə^{22}iɤu^{55}
凉州区	不是 pu^{31}sɿ^{21}	在 tsæ^{31}	不在 pu^{31}tsæ^{31}
甘州区	不是 pu^{31}ʂʅ^{21}	在 tsɛ^{31}	不在 pu^{24}tsɛ^{31}
肃州区	不是 pu^{35}sɿ^{21}	在 tsɛ^{213}	不在 pu^{44}tsɛ^{21}
永昌县	不是 pu^{53}ʂʅ^{21}	在 tsɛe^{53}	不在 pu^{22}tsɛe^{53}
崆峒区	不是 pu^{22}sɿ^{44}	在 tsɛ^{44}	没在 mɤ^{22}tsɛ^{44}
庆城县	不是 pu^{21}sɿ^{244}	在 tsɛ^{244}	不在 pu^{21}tsɛ^{244} 没在 muə^{21}tsɛ^{244}
宁县	不是 pu^{22}sɿ^{44}	到 tɔ^{44}	没到 muə^{22}tɔ^{44}
武都区	不是 pu^{22}sɿ^{24}	在 tsɛɪ^{55}	不在 pu^{22}tsɛɪ^{24}
文县	不是 pu^{21}sɿ^{44}	在 tsʰɛe^{24}	不在 pu^{42}tsʰɛe^{24}
康县	不是 pu^{21}ʂʅ^{24}	在 tsɛ^{24}	没在 muɤ^{21}tsɛ^{24}
礼县	不是 mu^{31}sɿ^{44}	在 tsʰai^{44}	不在 mu^{3}tsʰai^{44}
靖远县	不是 pu^{22}sɿ^{33}	在 tsɛ^{33}	不在 pu^{22}tsɛ^{33}
陇西县	不是 pu^{42}sɿ^{44}	在 tsʰɛ^{44}	没在 mɤ^{42}tsʰɛ^{44}
秦州区	不是 pʰu^{21}sɿ^{44}	在 tsʰɛ^{44}	没的 mɤ^{21}tɛ^{13}
安定区	不是 pu^{21}sɿ^{44}	在 tsʰɛ^{44}	没在 mə^{21}tsʰɛ^{44}
会宁县	不是 pu^{21}sɿ^{44}	在 tsʰɛ^{44}	没在 mə^{13}tsʰɛ^{44}
临洮县	不是 pu^{21}sɿ^{44}	在 tsɛ^{44}	没在 mɤ^{21}tsɛ^{44}
清水县	不是 pu^{21}ʃɨ^{443}	在 tsʰɛ^{443}	没在 mə^{13}tsʰɛ^{443} 没的 mə^{21}tɛ^{13}
永靖县	不是 pu^{21}ʂʅ^{44}	在 tsɛ^{44}	不在 pu^{22}tsɛ^{44}
敦煌市	不是 pu^{21}sɿ^{44}	在 tsɛ^{44}	不在 pu^{21}tsɛ^{44}
临夏市	不是 pu^{21}ʂʅ^{24}	在 tsɛ^{53}	没有 mei^{21}iɤu^{44}
合作市	不是 pu^{21}ʂʅ^{53}	有 iəɯ^{44}	没有 mə^{21}iəɯ^{44}
临潭县	不是 pu^{21}sɿ^{44}	有 iəɯ^{51}	没有 mɤ^{21}iəɯ^{51}

	0904 知道我~这件事	0905 不知道我~这件事	0906 懂我~英语
兰州市	知道 tʂʅ^{53}tɔ^{21}	不知道 pu^{22}tʂʅ^{53}tɔ^{42}	会 xuei^{13}
榆中县	知道 tʂʅ^{51}tɔ^{213}	不知道 pu^{31}tʂʅ^{51}tɔ^{213}	会 xuei^{213}
永登县	知道 tʂʅ^{44}tɔ^{13}	不知道 pu^{22}tʂʅ^{44}tɔ^{21}	会 xuei^{13}
红古区	知道 tʂʅ^{22}tɔ^{53}	不知道 pu^{13}tʂʅ^{21}tɔ^{21}	懂 tuən^{53}
凉州区	知道 tʂʅ^{35}tɑo^{53}	不知道 pu^{53}tʂʅ^{35}tɑo^{53}	会 xuei^{31}
甘州区	知道 tʂʅ^{44}tɔ^{44}	不知道 pu^{22}tʂʅ^{44}tɔ^{21}	懂 tuŋ^{53}
肃州区	知道 tʂʅ^{21}tɔ^{13}	不知道 pu^{21}tʂʅ^{44}tɔ^{21}	懂 tuŋ^{51} 会 xuei^{213}
永昌县	知道 tʂʅ^{44}tɔo^{44}	不知道 pu^{53}tʂʅ^{22}tɔo^{44}	懂 toŋ^{13}
崆峒区	知道 tʂʅ^{22}tɔ^{44}	不知道 pu^{22}tʂʅ^{53}tɔ^{21}	会 xuei^{44}
庆城县	知道 tʂʅ^{21}tɔ^{244}	不知道 pu^{113}tʂʅ^{21}tɔ^{244}	会 xuei^{244}
宁县	知道 tʂʅ^{22}tɔ^{44}	不知道 pu^{22}tʂʅ^{31}tɔ^{0}	会 xuei^{44}
武都区	晓得 ɕiɔu^{55}ti^{21}	不晓得 pu^{22}ɕiɔu^{55}ti^{21} 晓不得 ɕiɔu^{55}pu^{21}ti^{21}	会 xuei^{24}
文县	知道 tsʅ^{21}tɔo^{24} 晓得 ɕiɔo^{35}tei^{42}	不知道 pu^{42}tsʅ^{21}tɔo^{21} 不晓得 pu^{21}ɕiɔo^{35}tei^{42}	懂 toŋ^{55}
康县	知道 tʂʅ^{21}tɔo^{24}	不知道 pu^{55}tʂʅ^{21}tɔo^{33}	懂 tuŋ^{55}
礼县	知道 tʂʰʅ^{31}tʰɔo^{44}	不知道 mu^{44}tʂʰʅ^{21}tʰɔo^{44}	会 xuei^{44}
靖远县	知道 tʂʅ^{22}tɑo^{33}	不知道 pu^{21}tʂʅ^{22}tɑo^{33}	会 xuei^{33}
陇西县	知道 tʂʅ^{42}tɔo^{44}	不知道 pu^{44}tʂʅ^{42}tɔo^{44}	会 xue^{44}
秦州区	晓得 ɕiɔ^{53}ti^{21}	晓不得 ɕiɔ^{53}pʰu^{21}ti^{13}	会 xuei^{44}
安定区	晓得 ɕiɔ^{53}ti^{21}	晓不得 ɕiɔ^{53}pu^{21}ti^{13}	会 xuei^{44}
会宁县	知道 tʂʅ^{21}tʰɔ^{44}	不知道 pu^{44}tʂʅ^{42}tʰɔ^{21}	会 xuei^{44}
临洮县	知道 tʂʅ^{21}tɔ^{44}	不知道 pu^{13}tʂʅ^{42}tɔ^{21}	会 xuei^{44}
清水县	晓得 ɕiɔ^{52}tsi^{21}	晓不得 ɕiɔ^{52}pu^{21}tsʅ^{13}	会 xuəi^{443} 懂 tuŋ^{52}
永靖县	知道 tʂʅ^{22}tɔ^{53}	不知道 pu^{44}tʂʅ^{42}tɔ^{21}	会 xuei^{44}
敦煌市	晓得 ɕiɔ^{53}tei^{21} 知道 tʂʅ^{21}tɔ^{44}	不晓得 pu^{22}ɕiɔ^{53}tei^{21} 不知道 pu^{22}tʂʅ^{22}tɔ^{44}	会 xuei^{44} 懂 tuŋ^{51}
临夏市	知道 tʂʅ^{21}tɔ^{44}	不知道 pu^{21}tʂʅ^{44}tɔ^{21}	会 xuei^{53}
合作市	知道 tʂʅ^{21}tɔ^{44}	不知道 pu^{21}tʂʅ^{44}tɔ^{21}	会 xuei^{53}
临潭县	知道 tʂʅ^{21}tɔo^{44}	不知道 pu^{24}tʂʅ^{21}tɔo^{44}	知道 tʂʅ^{21}tɔo^{44}

	0907 不懂我~英语	0908 会我~开车	0909 不会我~开车
兰州市	不会 pu^{42}xuei^{21}	会 xuei^{13}	不会 pu^{22}xuei^{24}
榆中县	不会 pu^{31}xuei^{213}	会 xuei^{213}	不会 pu^{31}xuei^{213}
永登县	不会 pu^{22}xuei^{13}	会 xuei^{13}	不会 pu^{22}xuei^{13}
红古区	不懂 pu^{22}tuən^{53}	会 xuei^{13}	不会 pu^{22}xuei^{13}
凉州区	不会 pu^{31}xuei^{31}	会 xuei^{31}	不会 pu^{31}xuei^{31}
甘州区	不懂 pu^{22}tuŋ^{53}	会 xuei^{31}	不会 pu^{24}xuei^{31}
肃州区	不懂 pu^{21}tuŋ^{51} 不会 pu^{35}xuei^{21}	会 xuei^{213}	不会 pu^{35}xuei^{21}
永昌县	不懂 pu^{53}toŋ^{44}	会 xuei^{53}	不会 pu^{53}xuei^{21}
崆峒区	不会 pu^{22}xuei^{44}	会 xuei^{44}	不会 pu^{22}xuei^{44}
庆城县	不会 pu^{21}xuei^{244}	会 xuei^{244}	不会 pu^{21}xuei^{244}
宁县	不会 pu^{22}xuei^{44}	会 xuei^{44}	不会 pu^{22}xuei^{44}
武都区	不会 pu^{22}xuei^{24}	会 xuei^{24}	不会 pu^{22}xuei^{24}
文县	不懂 pu^{24}toŋ^{42}	会 xuei^{24}	不会 pu^{21}xuei^{24}
康县	不懂 pu^{21}tuŋ^{35}	会 xuei^{24}	不会 pu^{21}xuei^{24}
礼县	不会 mu^{31}xuei^{44}	会 xuei^{44}	不会 mu^{31}xuei^{44}
靖远县	不会 pu^{22}xuei^{33}	会 xuei^{33}	不会 pu^{22}xuei^{33}
陇西县	不会 pu^{42}xue^{44}	会 xue^{44}	不会 pu^{42}xue^{44}
秦州区	不会 p^{h}u^{21}xuei^{44}	会 xuei^{44}	不会 p^{h}u^{21}xuei^{44}
安定区	不会 pu^{21}xuei^{44}	会 xuei^{44}	不会 pu^{21}xuei^{44}
会宁县	不会 pu^{21}xuei^{44}	会 xuei^{44}	不会 pu^{21}xuei^{44}
临洮县	不会 pu^{21}xuei^{44}	会 xuei^{44}	不会 pu^{21}xuei^{44}
清水县	不会 pu^{21}xuəi^{443} 不懂 pu^{21}tuŋ^{52}	会 xuəi^{443}	不会 pu^{21}xuəi^{443}
永靖县	不会 pu^{21}xuei^{44}	会 xuei^{44}	不会 pu^{21}xuei^{44}
敦煌市	不会 pu^{21}xuei^{44} 不懂 pu^{22}tuŋ^{51}	会 xuei^{44}	不会 pu^{21}xuei^{44}
临夏市	不会 pu^{21}xuei^{44}	会 xuei^{53}	不会 pu^{21}xuei^{44}
合作市	不会 pu^{21}xuei^{53}	会 xuei^{53}	不会 pu^{21}xuei^{53}
临潭县	不知道 pu^{24}tʂʅ^{21}tɔo^{44}	会 xuɪi^{44}	不会 pu^{21}xuɪi^{44}

	0910 认识我～他	0911 不认识我～他	0912 行应答语
兰州市	认得 ʐən^{22}tɤ^{53}	认不得 ʐən^{22}pu^{55}tɤ^{42}	成 tʂ^{h}ən^{53}
榆中县	认得 ʐən^{21}tə^{44}	认不得 ʐən^{21}pu^{13}tə^{0}	行呢 ɕin^{31}ȵiᴇ^{213}
永登县	认得 ʐə̃n^{22}tə^{55}	认不得 ʐə̃n^{22}pu^{22}tə^{53}	行哩 ɕin^{53}li^{21} 成哩 tʂ^{h}ə̃n^{53}li^{21}
红古区	认得 ʐən^{13}tə^{13}	认不得 ʐən^{22}pu^{55}tə^{13}	成 tʂ^{h}ən^{13}
凉州区	认得 ʐəŋ^{31}tə^{21}	认不得 ʐəŋ^{53}pu^{31}tə^{21}	行 ɕiŋ^{35}
甘州区	认得 ʐɤŋ^{31}tiə^{21}	不认得 pu^{24}ʐɤŋ^{31}tiə^{21}	行 ɕiŋ^{53}
肃州区	认识 ʐɤŋ^{21}ʂʅ^{13} 认得 ʐɤŋ^{21}tə^{13}	不认识 pu^{21}ʐɤŋ^{53}ʂʅ^{21} 不认得 pu^{21}ʐɤŋ^{53}tə^{21}	行 ɕiŋ^{51} 成 tʂ^{h}ɤŋ^{51}
永昌县	认得 ʐəŋ^{53}tə^{21}	不认得 pu^{22}ʐəŋ^{53}tə^{21}	行 ɕiŋ^{13}
崆峒区	认得 ʐɤŋ^{35}tei^{53}	不认得 pu^{22}ʐɤŋ^{35}tei^{53}	能行 nɤŋ^{24}ɕiɤŋ^{24}
庆城县	认得 ʐɤŋ^{244}tei^{0}	认不得 ʐɤŋ^{244}pu^{0}tei^{113}	能行 nɤŋ^{113}ɕiŋ^{113}
宁县	认得 ʐəŋ^{44}ti^{31}	认不得 ʐəŋ^{44}pu^{55}ti^{31}	能行 nəŋ^{24}ɕiŋ^{24}
武都区	认得 ʐəŋ^{24}ti^{21}	不认得 pu^{22}ʐəŋ^{24}ti^{21} 认不得 ʐəŋ^{24}pu^{21}ti^{21}	好 xɔu^{31} 行 ɕin^{13}
文县	认得 zəŋ^{24}tei^{42}	不知道 pu^{42}tsɿ^{21}tɔo^{44} 认不得 zəŋ^{24}pu^{44}tei^{42}	行 ɕiəŋ^{13}
康县	认得 ʐɤŋ^{24}ti^{53}	不认得 pu^{21}ʐɤŋ^{24}ti^{53}	行 ɕiŋ^{211}
礼县	认得 ʐɤŋ^{44}ti^{21}	认不得 ʐɤŋ^{44}mu^{31}ti^{21}	能成 nɤŋ^{13}tʂ^{h}ɤŋ^{13}
靖远县	知道 tʂʅ^{22}tao^{33}	不知道 pu^{41}tʂʅ^{21}tao^{21}	成 tʂ^{h}ɤŋ^{24}
陇西县	认得 ʐɤŋ^{44}ti^{44}	认不得 ʐɤŋ^{44}pu^{44}ti^{42}	成哩 tʂ^{h}ɤŋ^{22}li^{44}
秦州区	认得 ʐɤŋ^{44}ti^{21}	认不得 ʐɤŋ^{44}p^{h}u^{21}ti^{21}	能成 lɤŋ^{13}tʂ^{h}ɤŋ^{13}
安定区	认得 ʐəŋ^{44}ti^{21}	认不得 ʐəŋ^{44}pu^{21}ti^{21}	成 tʂ^{h}əŋ^{13} 能成 nəŋ^{13}tʂ^{h}əŋ^{13}
会宁县	认得 ʐəŋ^{44}ti^{21}	认不得 ʐəŋ^{44}pu^{21}ti^{21}	能行 ləŋ^{13}ɕiŋ^{13}
临洮县	认得 ʐɤŋ^{44}ti^{21}	认不得 ʐɤŋ^{44}pu^{42}ti^{21}	成哩 tʂ^{h}ɤŋ^{13}ȵi^{44}
清水县	认得 ʐɤŋ^{44}tsɿ^{21}	认不得 ʐɤŋ^{44}pu^{21}tsɿ^{21}	能行 lɤŋ^{13}ɕiŋ^{21} 能成 lɤŋ^{13}tʂ^{h}ɤŋ^{21}
永靖县	认得 ʐɤŋ^{44}tɤ^{21}	认不得 ʐɤŋ^{44}pu^{44}tɤ^{21}	成哩 tʂ^{h}ɤŋ^{22}li^{13}
敦煌市	认得 ʐɤŋ^{35}tei^{21}	不认得 pu^{22}ʐɤŋ^{44}tei^{21}	行 ɕiŋ^{213} 成 tʂ^{h}ɤŋ^{213}
临夏市	认得 ʐəŋ^{44}ti^{21}	认不得 ʐəŋ^{44}pu^{21}ti^{42}	成 tʂ^{h}əŋ^{13}
合作市	认得 ʐəŋ^{44}ti^{21}	认不得 ʐəŋ^{44}pu^{21}ti^{44}	成 tʂ^{h}əŋ^{13}
临潭县	认得 ʐəŋ^{44}tɛe^{21}	认不得 ʐəŋ^{44}pu^{21}tɛe^{21}	成呢 tʂ^{h}əŋ^{21}ȵi^{51}

	0913 不行应答语	0914 肯~来	0915 应该~去
兰州市	不成 pu^{22}tʂ^{h}ən^{53}	肯 k^{h}ən^{34}	该 kɛ^{55}
榆中县	不行 pu^{13}ɕin^{312}	肯 k^{h}ən^{44}	该 kɛ^{51}
永登县	不行 pu^{22}ɕin^{53} 不成 pu^{22}tʂ^{h}ə̃n^{53}	爱 ɛ^{13}	该 kɛ^{42}
红古区	不成 pu^{13}tʂ^{h}ən^{13}	肯 k^{h}ən^{53} 经常 tɕin^{13}tʂ^{h}ɑŋ^{13}	应该 in^{55}kɛ^{21}
凉州区	不行 pu^{53}ɕiŋ^{35}	肯 k^{h}əŋ^{35}	该 kæ^{35}
甘州区	不行 pu^{22}ɕiŋ^{53}	愿意 yaŋ^{24}ʑi^{31}	应该 iŋ^{22}kɛ^{44}
肃州区	不行 pu^{21}ɕiŋ^{51} 不成 pu^{21}tʂ^{h}ɤŋ^{51}	肯 k^{h}ɤŋ^{51} 能 nɤŋ^{51}	应该 ʑiŋ^{35}kɛ^{44}
永昌县	不行 pu^{53}ɕiŋ^{13}	肯 k^{h}əŋ^{13}	应该 iŋ^{53}kɛe^{44}
崆峒区	没事儿 mɤ^{22}sɿər^{44}	太 t^{h}ɛ^{53}	该 kɛ^{21}
庆城县	没事 muə^{21}sɿ^{244}	肯 k^{h}ɤŋ^{44}	应该 iŋ^{244}kɛ^{0}
宁县	没事 muə^{22}sɿ^{44}	肯 k^{h}əŋ^{52} 爱 nɛ^{44}	应当 iŋ^{44}taŋ^{31} 应该 iəŋ^{44}kɛ^{0}
武都区	不成 pu^{31}tʂ^{h}əŋ^{13}	肯 k^{h}əŋ^{55}	应该 in^{13}kɛɪ^{31}
文县	不行 pu^{42}ɕiəŋ^{13}	肯 kəŋ^{55}	应该 iəŋ^{35}kɛ^{42}
康县	不行 pu^{53}ɕiŋ^{21}	肯 k^{h}ɤŋ^{55}	应该 iŋ^{24}kɛ^{53}
礼县	没成 mu^{31}tʂ^{h}ɤŋ^{13}	肯 k^{h}ɤŋ^{52} 愿意 yæ̃^{44}i^{44}	该 kai^{31}
靖远县	不成 pu^{22}tʂ^{h}ɤŋ^{24}	肯 k^{h}ɤŋ^{55}	应该 iŋ^{35}kɛ^{41}
陇西县	不成 pu^{42}tʂ^{h}ɤŋ^{13}	尽管儿 tɕiŋ^{21}tɕiæ̃^{55}zɿ^{21}	该 kɛ^{21}
秦州区	弄不成 luɤŋ^{44}p^{h}u^{21}tʂ^{h}ɤŋ^{13}	肯 k^{h}ɤŋ^{53}	该 kɛ^{13}
安定区	不成 pu^{21}tʂ^{h}əŋ^{13}	肯 k^{h}əŋ^{53}	应当 iŋ^{44}tɑŋ^{21}
会宁县	不成 pu^{21}tʂ^{h}əŋ^{13}	肯 k^{h}əŋ^{53}	应该 iŋ^{44}kɛ^{21}
临洮县	不成 pu^{21}tʂ^{h}ɤŋ^{13}	爱 ŋɛ^{44}	应该 iŋ^{44}kɛ^{21}
清水县	不中用 pu^{44}tʃɤŋ^{21}iŋ^{13}	愿意 yæ̃^{44}i^{21}	应该 iŋ^{44}kɛ^{21} 该 kɛ^{13}
永靖县	不成 pu^{44}tʂ^{h}ɤŋ^{13}	肯 k^{h}ɤŋ^{53}	应该 iɤŋ^{13}kɛ^{213}
敦煌市	不行 pu^{21}ɕiŋ^{13} 不成 pu^{21}tʂ^{h}ɤŋ^{13}	肯 k^{h}ɤŋ^{51}	应该 iŋ^{35}kɛ^{21}
临夏市	不成 pu^{21}tʂ^{h}əŋ^{44}	常 tʂ^{h}ɑŋ^{13}	应该 iŋ^{44}kɛ^{24}
合作市	不成 pu^{21}tʂ^{h}əŋ^{13}	经常 tɕiŋ^{13}tʂ^{h}ɑŋ^{13}	应该 iŋ^{44}kɛe^{21}
临潭县	不成 pu^{24}tʂ^{h}əŋ^{24}	肯 k^{h}əŋ^{51}	应该 in^{44}kɛe^{21}

	0916 可以～去	0917 说～话	0918 话说～
兰州市	能 nən^{53}	说 fɤ^{13}	话 xua^{13}
榆中县	能 nən^{312}	说 ʂuə^{312}	话 xua^{213}
永登县	能 nə̃n^{53}	说 fə^{13}	话 xua^{13}
红古区	能 nən^{13}	说 fə^{13}	话 xua^{13}
凉州区	能 nəŋ^{35}	说 ʂuə^{31}	话 xua^{31}
甘州区	能 nɤŋ^{53}	说 fə^{31}	话 xua^{31}
肃州区	可以 kə^{44}ʑi^{21} 能 nɤŋ^{51}	说 ʂuə^{213}	话 xua^{213}
永昌县	可以 kʰə^{53}ʑi^{21}	说 ʂuə^{53}	话 xua^{53}
崆峒区	能 nɤŋ^{24}	说 ʂuo^{21}	话 xua^{44}
庆城县	能 nɤŋ^{113}	说 ʂuɛ^{51}	话 xua^{244}
宁县	能 nəŋ^{24} 可以 kʰə^{55}i^{0}	说 ʃuə^{31}	话 xua^{44}
武都区	能 ləŋ^{13} 可以 kʰɤ^{55}i^{21}	说 ʃuɤ^{31}	话 xua^{24}
文县	可以 kʰɤ^{55}ʑi^{42}	说 ɕyɛ^{31}	话 xua^{24}
康县	可以 kʰuɤ^{35}i^{21}	说 fɤ^{53}	话 xua^{24}
礼县	能 nɤŋ^{13}	说 ɕyɤ^{31}	话 xua^{44}
靖远县	能 nɤŋ^{24}	说 ʂuə^{41}	话 xua^{33}
陇西县	划着 xua^{13}tʂʰɤ^{13}	说 ʃʮɤ^{21}	话 xua^{44}
秦州区	能 lɤŋ^{13}	说 ʂɤ^{13}	话 xua^{44}
安定区	可以 kʰə^{21}ʑi^{53}	说 ʃuə^{13}	话 xua^{44}
会宁县	能 ləŋ^{13}	说 ʃuə^{13}	话 xua^{44}
临洮县	能 nɤŋ^{13}	说 ʂuɤ^{13}	话 xua^{44}
清水县	能 lɤŋ^{13}	说 ʃə^{13}	话 xua^{443}
永靖县	可以 kʰɤ^{22}i^{53}	说 ʂuɤ^{213}	话 xua^{44}
敦煌市	能 nɤŋ^{213}	说 ʂuə^{213}	话 xua^{44}
临夏市	成 tʂʰəŋ^{13}	说 ʂuɤ^{13}	话 xuɑ^{53}
合作市	能 nəŋ^{13}	说 ʂuə^{13}	话 xuᴀ^{53}
临潭县	成呢 tʂʰəŋ^{21}ȵi^{51}	说 ʂuɤ^{44}	话 xua^{44}

	0919 聊天儿	0920 叫~他一声儿	0921 吆喝大声喊
兰州市	喧谎 ɕyæ̃^{55}xuɑ̃^{42}	喊 xæ̃^{34}	喝 xɤ^{13}
榆中县	喧 ɕyan^{51} 喧关 ɕyan^{51}kuan^{51}	叫 tɕiɔ^{213} 喊 xan^{44}	喊 xan^{44}
永登县	喧谎 ɕyæ̃^{44}xuɑ̃^{42}	叫 tɕiɔ^{13}	喊 xæ̃^{354}
红古区	喧 ɕyan^{53}	喊 xan^{53}	吼 xɤu^{53}
凉州区	喧谎 ɕyɑŋ^{35}xuɑŋ^{53}	喊 xɑŋ^{35}	喊叫 xɑŋ^{35}tɕiɑo^{53}
甘州区	喧谎 ɕyaŋ^{44}xuaŋ^{44}	喊 xaŋ^{53}	喊 xaŋ^{53}
肃州区	谝谎 pʰiæ̃^{53}xuɑŋ^{44} 谝闲传 pʰiæ̃^{21}ɕiæ̃^{53}tʂʰuæ̃^{51}	喊 xæ̃^{51} 叫 tɕiɔ^{51}	吼 xəu^{44}
永昌县	喧谎 ɕyɛ^{44}xuɑŋ^{44}	喊 xɛe^{13}	呱喊 kua^{44}xɛe^{13}
崆峒区	谝传 pʰiæ̃^{53}tʂʰuæ̃^{24}	喊 xæ̃^{53}	吆喝 iɔ^{53}xuo^{21}
庆城县	谝闲传 pʰiɛ̃^{44}ɕiɛ̃^{113}tʂʰuɛ̃^{113}	叫 tɕiɔ^{244}	吆喝 iɔ^{51}xuə^{0}
宁县	谝干传 pʰiæ̃^{52}kæ̃^{31}tʃʰæ̃^{0} 拉闲 la^{44}ɕiæ̃^{24}	叫 tɕiɔ^{44} 喊 xæ̃^{52}	吆喝 iɔ^{31}xuə^{0} 吼 xou^{52}
武都区	谝传 pʰiæ̃^{33}tʃʰuæ̃^{24} 谝闲传 pʰiæ̃^{55}ɕiæ̃^{13}tʃʰuæ̃^{24}	叫 tɕiɔu^{24}	喊 xæ̃^{31}
文县	闲谝 ɕiæ̃^{22}pʰiæ̃^{42} 摆杂 pɛe^{44}tsa^{13}	叫 tɕiɔo^{24}	吼 xɤu^{55}
康县	谈闲 tʰan^{13}ɕian^{21}	叫 tɕiɔo^{24}	叫 tɕiɔo^{24}
礼县	谝 pʰiæ̃^{52} 谝传 pʰiæ̃^{52}tʃʰuæ̃^{13}	叫 tɕiɔo^{44} 喊 xæ̃^{52}	吆喝 iɔo^{31}xɤ^{21} 吼 xəu^{52}
靖远县	款闲 kʰuæ̃^{55}ɕiæ̃^{24} 喧谎 ɕyæ̃^{22}xuɑŋ^{41}	喊 xæ̃^{55}	喊 xæ̃^{55}
陇西县	谝传 pʰiæ̃^{55}tʂʰuæ̃^{13}	喝 xɤ^{53}	吼 xɤu^{53}
秦州区	谝传 piæ̃^{53}tʃʰuæ̃^{13}	喊 xæ̃^{53}	吼 xɤu^{53}
安定区	搞话 kɔ^{53}xua^{44}	喊 xæ̃^{53}	喝 xə^{53}
会宁县	谝闲传 pʰiæ̃^{53}ɕiæ̃^{13}tʃʰuæ̃^{13} 搞话 kɔ^{53}xua^{44}	叫 tɕiɔ^{44}	喝叫 xə^{53}tɕɔ^{21}
临洮县	谝闲传 pʰiæ̃^{53}ɕiæ̃^{13}tʂʰuæ̃^{13}	喊 xæ̃^{53}	大声喊 ta^{44}ʂɤŋ^{21}xæ̃^{53}
清水县	逛闲 kuɒ^{44}ɕiæ̃^{13}	叫 tɕiɔ^{443} 喊 xæ̃^{52}	吆喝 iɔ^{21}xuə^{52}
永靖县	喧干淡 ɕyæ̃^{22}kæ̃^{53}tæ̃^{44} 喧关 ɕyæ̃^{13}kuæ̃^{13}	叫 tɕiɔ^{44} 喊 xæ̃^{53}	喊 xæ̃^{53}
敦煌市	喧谎 ɕyɛ̃^{13}xuɑŋ^{213}	喊 xæ̃^{51}	喝 xə^{51} 吼 xɤu^{51}
临夏市	谝 piɛ̃^{42}	喊 xã^{42}	喊 xã^{42}
合作市	谝一会 pʰiæ̃^{44}ʑi^{44}xuei^{21}	喊 xæ̃^{44}	吼 xəɯ^{44}
临潭县	扯干淡 tʂʰɤ^{51}kæ̃^{21}tæ̃^{44}	喊 xæ̃^{51}	喊 xæ̃^{51}

	0922 哭小孩～	0923 骂当面～人	0924 吵架动嘴：两个人在～
兰州市	哭 kʰu^{13}	噘 tɕyɛ^{13}	嚷仗 zʅã^{55}tʂã^{22}
榆中县	嚎 xɔ^{312}	骂 ma^{213}	吵仗 tʂʰɔ^{44}tʂaŋ^{213}
永登县	哭 kʰu^{13}	骂 ma^{13}	嚷仗 zʅã^{354}tʂã^{13}
红古区	哭 kʰu^{13}	骂 ma^{13} 说 fə^{13}	骂仗 ma^{13}tʂaŋ^{13}
凉州区	呱喊 kua^{35}xaŋ^{53}	骂 ma^{31}	嚷仗 zʅaŋ^{35}tʂaŋ^{53}
甘州区	嚎 xɔ^{53}	骂 ma^{31}	嚷仗 zʅaŋ^{53}tʂaŋ^{31}
肃州区	嚎 xɔ^{51} 哭 kʰu^{213}	骂 ma^{213}	嚷仗 zʅaŋ^{53}tʂaŋ^{21} 吵架 tsʰɔ^{53}tɕia^{21}
永昌县	嚎 xɔo^{13}	骂 ma^{53}	嚷仗 zʅaŋ^{44}tʂaŋ^{53}
崆峒区	哭 kʰu^{21}	骂 ma^{44}	骂仗 ma^{44}tʂaŋ^{44}
庆城县	哭 kʰu^{51}	骂 ma^{244}	骂仗 ma^{244}tʂã^{244}
宁县	嚎 xɔ^{24}	骂 ma^{44} 咥 tiɛ^{24}	骂仗 ma^{44}tʂaŋ^{44}
武都区	叫唤 tɕiɔu^{24}xuæ̃^{21} 哭 kʰu^{31}	噘 tɕʰyɤ^{13}	噘仗 tɕʰyɤ^{22}tʂaŋ^{24} 骂仗 ma^{24}tʂaŋ^{24}
文县	哭 kʰʊ^{31}	噘 tɕʰyɛ^{13}	闹架 lɔo^{24}tɕia^{24}
康县	哭 pfʰu^{53}	骂 ma^{24}	吵架 tʂʰɔo^{55}tɕia^{24} 拌嘴 pan^{21}tsuei^{55}
礼县	叫唤 tɕiɔo^{44}xuæ̃^{21} 哭 kʰu^{31}	噘 tɕyɤ^{13} 骂 ma^{44}	骂仗 ma^{44}tʂaŋ^{44}
靖远县	嚎 xao^{24}	骂 ma^{33}	嚷仗 zʅaŋ^{55}tʂaŋ^{33}
陇西县	哭 kʰu^{21}	骂 ma^{44}	嚷仗 zʅaŋ^{55}tʂaŋ^{44}
秦州区	叫唤 tɕiɔ^{44}xuæ̃^{21}	骂 ma^{44}	骂仗 ma^{44}tʂaŋ^{44}
安定区	哭 kʰu^{13}	骂 ma^{44}	骂仗 ma^{44}tʂaŋ^{44}
会宁县	哭 kʰu^{13}	骂 ma^{44}	骂仗 ma^{44}tʂaŋ^{44} 拌嘴 pʰæ̃^{21}tsuei^{53}
临洮县	哭 kʰu^{13}	骂 ma^{44}	骂仗 ma^{44}tʂã^{44}
清水县	哭 pʰu^{13} 叫唤 tɕiɔ^{44}xuæ̃^{21}	骂 ma^{443} 噘 tɕyɛ^{13}	骂仗 ma^{44}tʂɒ̃^{443}
永靖县	吼 xɤu^{53}	骂 ma^{44}	骂仗 ma^{44}tʂaŋ^{44} 吵嘴 tʂʰɔ^{22}tsuei^{53}
敦煌市	号 xɔ^{213}	日噘 zʅ^{22}tɕyə^{51} 骂 ma^{44}	嚷仗 zʅaŋ^{53}tʂaŋ^{44} 骂仗 ma^{44}tʂaŋ^{44}
临夏市	哭 kʰu^{13}	噘 tɕyɛ^{13}	嚷仗 zʅaŋ^{44}tʂaŋ^{42}
合作市	哭 kʰu^{13}	噘 tɕyə^{44}	嚷仗 zʅaŋ^{13}tʂaŋ^{44}
临潭县	哭 kʰu^{44}	骂 ma^{44}	嚷仗 zʅɒ^{51}tʂɒ^{44}

	0925 骗～人	0926 哄～小孩	0927 撒谎
兰州市	骗 p^{h}iæ̃^{13}	哄 xuən^{34}	编谎 piæ̃^{55}xuɑ̃^{42}
榆中县	骗 p^{h}ian^{213}	哄 xuən^{44}	喧谎 çyan^{51}xuaŋ^{44}
永登县	哄 xuə̃n^{354} 骗 p^{h}iæ̃^{13}	搞 kɔ^{354}	编谎 piæ̃^{44}xuɑ̃^{354}
红古区	哄 xuən^{53}	搞 kɔ^{53} 哄 xuən^{53}	扯谎 tʂ^{h}ə^{55}xuɑŋ^{55}
凉州区	骗 p^{h}iɑŋ^{31}	哄 xuŋ^{35}	说白话 ʂuə^{53}pə^{35}xua^{53}
甘州区	哄 xuŋ^{53}	哄 xuŋ^{53}	说白话 fə^{22}piə^{35}xua^{42}
肃州区	骗 p^{h}iæ̃^{213} 忽悠 xu^{44}ʑiəu^{44}	哄 xuŋ^{213}	编谎 piæ̃^{44}xuɑŋ^{51}
永昌县	骗 p^{h}iɛ^{53}	哄 xoŋ^{44}	说谎 ʂuə^{53}xuɑŋ^{44}
崆峒区	哄 xoŋ^{53}	哄 xoŋ^{53}	编白 piæ̃^{22}pei^{24}
庆城县	骗 p^{h}iɛ̃^{244} 哄 xuŋ^{44}	哄 xuŋ^{44}	哄人 xuŋ^{44}ʐɤŋ^{113}
宁县	骗 p^{h}iæ̃^{44} 哄 xuŋ^{52}	哄 xuŋ^{52} 搞 kɔ^{52}	撒谎 sa^{52}xuaŋ^{52} 日鬼 ʐʅ^{22}kuei^{52}
武都区	骗 p^{h}iæ̃^{24} 哄 xuŋ^{31}	哄 xuŋ^{55}	编谎 piæ̃^{22}xuɑŋ^{53}
文县	哄 xoŋ^{55}	诓 k^{h}uɑ̃^{31}	撒谎 sa^{33}xuɑ̃^{55}
康县	骗 p^{h}ian^{24}	哄 xuŋ^{55}	扯谎 tʂ^{h}ɤ^{21}xuɑŋ^{35}
礼县	哄 xuɤŋ^{52} 骗 p^{h}iæ̃^{44}	搞 kɔo^{52} 哄 xuɤŋ^{52}	编谎 piæ̃^{24}xuɑŋ^{52}
靖远县	哄 xoŋ^{55}	哄 xoŋ^{55}	编谎 piæ̃^{22}xuɑŋ^{55}
陇西县	骗 p^{h}iæ̃^{44}	哄 xuŋ^{53}	嚼舌根 ts^{h}uɤ^{24}ʂɤ^{24}kɤŋ^{42}
秦州区	哄 xuɤŋ^{53}	搞 kɔ^{53}	编谎 piæ̃^{13}xuɑŋ^{53}
安定区	哄 xuŋ^{53}	哄 xuŋ^{53}	说括⁼ ʃuə^{13}k^{h}uə^{13}
会宁县	哄 xuŋ^{53}	哄 xuŋ^{53}	编括⁼ piæ̃^{21}k^{h}uə^{13}
临洮县	哄 xuŋ^{53}	哄 xuŋ^{53}	编谎 piæ̃^{21}xuɑ̃^{53}
清水县	骗 p^{h}iæ̃^{443}	哄 xuŋ^{52} 谩当 mæ̃^{44}tɒ̃^{21}	编谎 piæ̃^{21}xuɒ̃^{52}
永靖县	哄 xuɤŋ^{53}	哄 xuɤŋ^{213}	编谎 piæ̃^{22}xuɑŋ^{53}
敦煌市	哄 xuŋ^{51}	哄 xuŋ^{51}	说白话 ʂuə^{22}pei^{22}xua^{51}
临夏市	哄 xuəŋ^{42}	哄 xuəŋ^{42}	编谎 piɛ̃^{21}xuɑŋ^{44}
合作市	哄 xuəŋ^{44}	哄 xuəŋ^{44}	编屁谎 piæ̃^{13}p^{h}i^{44}xuɑŋ^{21}
临潭县	骗 p^{h}iæ̃^{44}	哄 xuəŋ^{51}	编屁谎 piæ̃^{44}p^{h}i^{44}xuɒ^{51}

	0928 吹牛	0929 拍马屁	0930 开玩笑
兰州市	吹牛皮 pfʰei55ȵiəu42pʰi53	舔沟子 tʰiæ̃44kəu53tsɿ21	说笑话 fɤ21ɕiɔ22xua53
榆中县	吹 tʂʰuei51	巴结 pa51tɕiᴇ0	开玩笑 kʰɛ51van31ɕiɔ213
永登县	吹牛 pfʰei44ȵiɤu53	舔沟子 tʰiæ̃44kɤu44tsɿ21	丢笑 tiɤu44ɕiɔ343
红古区	嘳 tsan13	溜沟子 liɤu13kɤu21tsɿ13	耍着说 fa55tʂə21fə21
凉州区	吹 tʂʰuei35 吹牛皮 tʂʰuei35ȵiəu53pʰi35	溜沟子 liəu35kəu35tsɿ53	开玩笑 kʰæ35vaŋ35ɕiao53
甘州区	吹牛逼 kʰuei44ȵiɤu53pi44	溜沟子 liɤu44kɤu44tsɿ44	开玩笑 kʰɛ44vaŋ53ɕiɔ31
肃州区	吹牛 tʂʰuei44ȵiəu51	拍马屁 pʰə21ma21pʰi51	开玩笑 kʰɛ44væ̃53ɕiɔ21
永昌县	说大话 ʂuə53ta22xua53	溜沟子 liəu44kəu544tsɿ44	开玩笑 kʰɛe44vɛe44ɕiɔo21
崆峒区	吹牛皮 tʂʰuei22ȵiəu24pʰi24	舔沟子 tʰiæ̃55kəu21tsɿ21	耍着呢 ʂua55tʂɤ21ȵi21
庆城县	喧谎 ɕyɛ̃51xuɑ̃44	舔沟子 tʰiɛ̃44kɤu0tsɿ0	开玩笑 kʰɛ51vɛ̃21ɕiɔ244 说耍 ʂuɛ21ʂua44
宁县	吹 tʃʰuei31 吹牛 tʃʰuei31ȵiou24	舔沟子 tɕʰiæ̃52kou31tsɿ0 溜沟子 liou44kou31tsɿ0	说笑话 ʃuə31ɕiɔ44xua0
武都区	说大话 ʃuɤ22ta24xua24 吹牛皮 tʃʰuei31ȵiəu22pʰi31	舔沟子 tʰiæ̃55kəu53tsɿ21	开玩笑 kʰɛɪ31væ̃22ɕiou24 说着狂的 ʃuɤ31tʂou21 kʰuɑŋ21tɛɪ13
文县	谝嘴 pʰiæ̃33tsuei55	舔沟子 tʰiæ̃44kɤu42tsɿ42	开玩笑 kʰɛe31uæ̃21ɕiɔo24
康县	吹牛 pfʰei53ȵiɤu21	拍马屁 pʰei21ma55pʰi24 弯沟子 van55kɤu53tsɿ21	开玩笑 kʰɛ53van21siɔo24
礼县	谝 pʰiæ̃52 吹牛皮 tʃʰuei31ȵiəu13pʰi21	舔沟子 tʰiæ̃52kəu21tsɿ24	说着耍 ɕyɤ31tʂɔo13ʃua52
靖远县	喧大谎 ɕyæ̃22ta35xuɑŋ41	舔沟子 tʰiæ̃55kɤu41tsɿ21	喧谎 ɕyæ̃22xuɑŋ41
陇西县	吹牛皮 tʂʰue42liu24pʰi42	舔沟子 tɕʰiæ̃55kɤu42tsɿ21	开玩笑 kʰɛ42væ̃22ɕiɔo44
秦州区	说大话 ʂɤ21ta44xua44 吹牛皮 tsʰuei21ȵiɤu13 pʰi13	舔沟子 tʰiæ̃53kɤu21tsɿ21	开玩笑 kʰɛ21væ̃13ɕiɔ44
安定区	吹牛皮 tʃʰuei21ȵiəu13pʰi21	溜沟子 liəu53kəu21tsɿ13	丢笑话 tiəu21ɕiɔ44xua21
会宁县	吹牛皮 tʃʰuei21ȵiəu13pʰi21	溜沟子 liəu53kəu21tsɿ13 舔沟子 tʰiæ̃53kəu21tsɿ21	开玩笑 kʰɛ21uæ̃21ɕiɔ44
临洮县	吹牛皮 tʂʰuei21ȵiɤu13pʰi21	舔沟子 tʰiæ̃53kɤu42tsɿ21	开玩笑 kʰɛ21væ̃13ɕiɔ44
清水县	吹牛皮 tʃʰəi21ȵiou13pʰi13	舔沟子 tsʰiæ̃52kou21tsɿ52	说笑话 ʃə21siɔ44xua21 说着耍 ʃə21tʂə13ʃa52
永靖县	吹牛皮 tʂʰuei22ȵiɤu13pʰi44	溜沟子 liɤu44kɤu21tsɿ42	开玩笑 kʰɛ22væ̃53ɕiɔ44 惹逗 ʐɤ53tɤu21
敦煌市	吹牛皮 tʂʰuei21ȵiɤu213pʰi13	溜沟子 liɤu35kɤu21tsɿ13	说笑 ʂuə21ɕiɔ44
临夏市	谝三叶= pʰiɛ̃44sã21iɛ24	巴结 pɑ13tɕiɛ42	开玩笑 kʰɛ42vã21ɕiɔ44
合作市	说大话 ʂuə21tᴀ44xuᴀ53	溜沟子 liəɯ44kəɯ21tsɿ44	开玩笑 kʰɛe13væ̃21ɕiɔ44
临潭县	吹牛皮 tsʰuɪi44ȵiəɯ24pʰi21	溜沟子 liəɯ44kəɯ44tsɿ44	耍笑 sua51ɕiɔo44

	0931 告诉～他	0932 谢谢致谢语	0933 对不起致歉语
兰州市	说 fɤ^{13}	麻烦了 ma^{53}fæ̃^{22}lɔ^{42}	对不住 tuei^{22}pu^{55}pfu^{22}
榆中县	说 ʂuə^{312}	谢了 ɕiᴇ^{21}lɔ^{44}	对不起 tuei^{21}pu^{44}tɕʰi^{44}
永登县	说 fə^{13}	多谢 tuə^{44}ɕiɛ^{13} 谢谢 ɕiɛ^{13}ɕiɛ^{13}	对不住 tuei^{13}pu^{354}pfu^{44}
红古区	说 fə^{13}	麻烦了 ma^{22}fan^{55}liɔ^{21}	对不起 tuei^{22}pu^{55}tsʰɿ^{53}
凉州区	说 ʂuə^{31}	谢谢 ɕiə^{31}ɕiə^{21}	对不住 tuei^{53}pu^{31}tʂu^{53}
甘州区	说 fə^{31}	谢谢 ɕiə^{31}ɕiə^{21}	对不起 tuei^{31}pu^{22}tɕʰi^{53}
肃州区	告诉 kɔ^{13}su^{21} 给他说一下 kə^{21}ta^{53} ʂuə^{42}ʑi^{21}xa^{21}	谢谢 ɕiɛ^{21}ɕiɛ^{13}	不好意思 pu^{21}xɔ^{53}ʑi^{21}sɿ^{21} 对不起 tuei^{31}pu^{21}tɕʰi^{51}
永昌县	说 ʂuə^{53}	谢谢 ɕiə^{53}ɕiə^{21}	对不起 tuei^{53}pu^{22}tɕʰi^{44}
崆峒区	说 ʂuo^{21}	麻烦咧 ma^{22}fæ̃^{55}liɛ^{21}	对不住 tuei^{55}pu^{22}tʂu^{44}
庆城县	说 ʂuɛ^{51}	感谢 kɛ̃^{44}ɕiᴇ^{244}	对不起 tuei^{244}pu^{0}tɕʰiᴇ^{44}
宁县	说 ʃuə^{31}	谢谢 ɕiɛ^{44}ɕiɛ^{44}	对不起 tuei^{44}pu^{22}tɕʰi^{52}
武都区	说 ʃuɤ^{31}	太有心了 tʰɛɪ^{55}iəu^{55}ɕin^{21} lɔu^{21}	对不起 tuei^{24}pu^{22}tsʰɿ^{31}
文县	告诉 kɔo^{24}su^{24}	难为了 læ̃^{22}uei^{44}lɔo^{42} 麻烦了 ma^{22}fæ̃^{44}lɔo^{21}	对不起 tuei^{24}pu^{21}tɕʰi^{44}
康县	说 fɤ^{13}	麻烦了 ma^{24}fan^{21}lɔo^{21} 谢谢 siɛ^{35}siɛ^{24}	对不起 tuei^{24}pu^{21}tɕʰi^{53}
礼县	说 ɕyɤ^{31}	麻烦 ma^{13}fæ̃^{21}	不好意思 mu^{31}xɔo^{52}i^{44}sɿ^{21}
靖远县	说一下 ʂuə^{41}zɿ^{22}xa^{21}	麻烦了 ma^{22}fæ̃^{55}liɑo^{21}	太不好意思了 tʰɛ^{41}pu^{22} xao^{55}zɿ^{41}sɿ^{21}liɑo^{21}
陇西县	说过=下 ʂuɤ^{42}ku^{22} xa^{44}	麻烦了 ma^{24}fæ̃^{42}lɔo^{21}	不好意思 pu^{21}xɔo^{55}ʑi^{44}sɿ^{42}
秦州区	说 ʂɤ^{13}	麻烦 ma^{13}fæ̃^{21}	对不住 tuei^{44}pʰu^{21}tʃʰɥ^{21}
安定区	说 ʃuə^{13}	麻烦了 ma^{13}fæ̃^{21}lɔ^{21}	对不住 tuei^{44}pu^{21}tʃu^{44}
会宁县	说过= ʃuə^{21}kuə^{13}	麻烦了 ma^{13}fæ̃^{21}lɔ^{21}	对不住 tuei^{44}pu^{21}tʃu^{44}
临洮县	说一声 ʂuɤ^{13}ʑi^{13}ʂɤŋ^{21}	麻烦了 ma^{13}fæ̃^{42}liɔ^{21}	对不起 tuei^{44}pu^{13}tɕʰi^{53}
清水县	说 ʃə^{13}	把你麻烦 pa^{21}ȵi^{52}ma^{13}fæ̃^{21} 把你有心 pa^{21}ȵi^{52}iou^{52}siŋ^{13}	对不起 tuəi^{44}pu^{21}tʃʰɨ^{443}
永靖县	说给 ʂuɤ^{22}kɤ^{44}	麻烦咾 ma^{22}fæ̃^{44}lɔ^{42}	对不起 tuei^{44}pu^{21}tɕʰi^{53}
敦煌市	说给 ʂuə^{21}kei^{13}	麻烦你了 ma^{22}fæ̃^{55}ȵi^{53}lə^{21}	对不住 tuei^{35}pu^{21}tʂu^{44}
临夏市	说 ʂuɤ^{13}	多谢 tuɤ^{21}ɕiɛ^{44}	没对住 mei^{21}tuei^{44}tʂu^{42}
合作市	说底 ʂuə^{21}ti^{53}	麻烦了 mᴀ^{13}fæ̃^{44}liɔ^{21}	没对住 mə^{21}tuei^{44}tʂu^{53}
临潭县	说给 ʂuɤ^{44}kɪi^{44}	多谢 tuɤ^{21}ɕiɛ^{44}	没干啊 mɤ^{21}kɛe^{44}a^{21}

	0934 再见告别语	0935 大苹果～	0936 小苹果～
兰州市	走了 tsəu^{34}lɔ^{21}	大 ta^{13}	尕 ka^{53}
榆中县	再见 tsɛ^{13}tɕian^{213}	大 ta^{213}	尕 ka^{312}
永登县	再见 tsɛ^{13}tɕiæ̃^{13}	大 ta^{13}	尕 ka^{53} 小 ɕiɔ^{354}
红古区	你坐着我走了 ȵiɛ^{55}tsuə^{22}tʂə^{55} və^{55}tsɤu^{55}liɔ^{21} 你走 ȵiɛ^{55}tsɤu^{53}	大 ta^{13}	尕 ka^{53}
凉州区	再见 tsæ^{31}tɕiɑŋ^{31}	大 ta^{31}	小 ɕiɑo^{35}
甘州区	再见 tsɛ^{24}tɕiaŋ^{31}	大 ta^{31}	小 ɕiɔ^{53}
肃州区	再见 tsɛ^{44}tɕiæ̃^{21}	大 ta^{213}	小 ɕiɔ^{51} 尕 ka^{51}
永昌县	再见 tsɛe^{22}tɕiɛ^{53}	大 ta^{53}	小 ɕiɔo^{13}
崆峒区	再见 tsɛ^{44}tɕiæ̃^{44}	大 ta^{44}	碎 suei^{44}
庆城县	再见 tsɛ^{244}tɕiɛ̃^{244} 在着 tsɛ^{244}tʂuə^{0}	大 ta^{244}	碎 suei^{244}
宁县	以后见 i^{44}xou^{44}tɕiæ̃^{44}	大 ta^{44}	碎 suei^{44}
武都区	走了 tsəu^{55}lɔu^{21}	大 ta^{24}	碎 suei^{24} 小 ɕiɔu^{55}
文县	慢走 mæ̃^{24}tsɤu^{42} 闲了来 ɕiæ̃^{22}lɔo^{24}lɛe^{21}	大 ta^{24}	碎 suei^{24} 小 ɕiɔo^{55}
康县	慢慢儿走 man^{24}mãr^{24}tsɤu^{55}	大 ta^{24}	小 siɔo^{55}
礼县	忙着 mɑŋ^{13}tʂɤ^{21} 你走昂 ȵi^{52}tsəu^{52}ɑŋ^{21}	大 ta^{44}	碎 ʃuei^{44}
靖远县	闲了再来 ɕiæ̃^{24}liɑo^{55}tsɛ^{55}lɛ^{24}	大 ta^{33}	小 ɕiɑo^{55}
陇西县	浪来 lɑŋ^{44}lɛ^{44}	大 ta^{54}	碎 sue^{44}
秦州区	再见 tsɛ^{44}tɕiæ̃^{44}	大 ta^{44}	小 suei^{44}
安定区		大 ta^{44}	尕 ka^{13}
会宁县	再见 tsɛ^{44}tɕiæ̃^{44}	大 ta^{44}	碎 suei^{44}
临洮县	再见 tsɛ^{44}tɕiæ̃^{44}	大 ta^{44}	尕 ka^{13}
清水县	你忙 ȵi^{52}mɔ̃^{13} 你忙着 ȵi^{52}mɔ̃^{13}tʂə^{21}	大 ta^{443}	小 siɔ^{52}
永靖县	再见 tsɛ^{44}tɕiæ̃^{44}	大 ta^{44}	尕 ka^{213}
敦煌市	再见 tsɛ^{44}tɕiɛ̃^{44}	大 ta^{44}	小 ɕiɔ^{51} 尕 ka^{213}
临夏市	再见 tsɛ^{44}tɕiɛ̃^{21}	大 tɑ^{53}	尕 kɑ^{42}
合作市	再见 tsɛe^{44}tɕiæ̃^{53}	大 tᴀ^{53}	尕 kᴀ^{13}
临潭县	再见 tsɛe^{44}tɕiæ̃^{44}	大 ta^{44}	尕 ka^{24}

	0937 粗绳子～	0938 细绳子～	0939 长线～
兰州市	壮 tʂuã^{34}	细 ɕi^{13}	长 tʂʰã^{53}
榆中县	壮 tʂuaŋ^{213}	细 ɕi^{213}	长 tʂʰaŋ^{312}
永登县	壮 pfã^{354}	细 ɕi^{13}	长 tʂʰã^{53}
红古区	壮 tʂuɑŋ^{13}	细 sɿ^{13}	长 tʂʰɑŋ^{13}
凉州区	粗 tsʰu^{35}	细 ɕi^{31}	长 tʂʰɑŋ^{35}
甘州区	粗 tsʰu^{44}	细 ɕi^{31}	长 tʂʰaŋ^{53}
肃州区	粗 tsʰu^{44}	细 ɕi^{213}	长 tʂʰɑŋ^{51}
永昌县	粗 tsʰu^{44}	细 ɕi^{53}	长 tʂʰɑŋ^{13}
崆峒区	壮 tʂuɑŋ^{44}	细 ɕi^{44}	长 tʂʰɑŋ^{24}
庆城县	壮 tʂuã^{244}	细 ɕi^{244}	长 tʂʰã^{113}
宁县	壮 tʃuaŋ^{44}	细 ɕi^{44}	长 tʂʰaŋ^{24}
武都区	壮 tʃuɑŋ^{31}	细 ɕi^{24}	长 tʂʰɑŋ^{13}
文县	壮 tsuæ̃^{24}	穰= zã^{13} 细 ɕi^{24}	长 tsʰã^{13}
康县	粗 tsʰu^{53}	穰= ʐɑŋ^{53}	长 tʂʰɑŋ^{211}
礼县	壮 tʃuɑŋ^{52}	细 ɕi^{44}	长 tʂʰɑŋ^{13}
靖远县	壮 tʂuɑŋ^{33}	细 sɿ^{33}	长 tʂʰɑŋ^{24}
陇西县	壮 tʂuɑŋ^{44} 粗 tsʰu^{21}	细 ɕi^{44}	长 tʂʰɑŋ^{13}
秦州区	壮 tʃuɑŋ^{44}	细 ɕi^{44}	长 tʂʰɑŋ^{13}
安定区	壮 tʃuɑŋ^{44}	细 ɕi^{44}	长 tʂʰɑŋ^{13}
会宁县	壮 tʃuɑŋ^{53}	细 ɕi^{44}	长 tʂʰɑŋ^{13}
临洮县	壮 tʂuã^{44}	细 ɕi^{44}	长 tʂʰã^{13}
清水县	壮 tʃɒ̃^{443}	细 si^{443}	长 tʂʰɒ̃^{13} 吊 tsiɔ^{443}
永靖县	壮 tʂuɑŋ^{53}	细 ɕi^{44}	长 tʂʰɑŋ^{213}
敦煌市	壮 tʂuɑŋ^{51}	细 ɕi^{44}	长 tʂʰɑŋ^{213}
临夏市	粗 tsʰu^{13}	细 ɕi^{53}	长 tʂʰɑŋ^{13}
合作市	壮 tʂuɑŋ^{53}	细 ɕi^{44}	长 tʂʰɑŋ^{13}
临潭县	粗 tsʰu^{44}	细 ɕi^{44}	长 tʂʰɒ^{24}

	0940 短线～	0941 长时间～	0942 短时间～
兰州市	短 tuæ̃^{34}	大 ta^{13}	短 tuæ̃^{34}
榆中县	短 tuan^{44}	长 tʂʰaŋ^{312}	短 tuan^{44}
永登县	短 tuæ̃^{354}	长 tʂʰɑ̃^{354} 大 ta^{13}	短 tuæ̃^{354}
红古区	短 tuan^{53}	大 ta^{13} 长 tʂʰɑŋ^{13}	短 tuan^{53}
凉州区	短 tuɑŋ^{35}	长 tʂʰɑŋ^{35}	短 tuɑŋ^{35}
甘州区	短 tuaŋ^{53}	长 tʂʰaŋ^{53}	短 tuaŋ^{53}
肃州区	短 tuæ̃^{51}	长 tʂʰɑŋ^{51}	短 tuæ̃^{51}
永昌县	短 tuɛe^{13}	长 tʂʰɑŋ^{13}	短 tuɛe^{13}
崆峒区	短 tuæ̃^{53}	大 ta^{44}	短 tuæ̃^{53}
庆城县	短 tuɛ̃^{44}	长 tʂʰɑ̃^{113}	短 tuɛ̃^{44}
宁县	短 tuæ̃^{52}	长 tʂʰaŋ^{24}	短 tuæ̃^{52}
武都区	短 tuæ̃^{55}	大 ta^{24} 长 tʂʰɑŋ^{13}	小 ɕiɔu^{55} 短 tuæ̃^{55}
文县	短 tuæ̃^{55}	长 tsʰɑ̃^{13}	短 tuæ̃^{55}
康县	短 tuan^{53}	长 tʂʰɑŋ^{211}	短 tuan^{53}
礼县	短 tuæ̃^{52}	长 tʂʰɑŋ^{13}	短 tuæ̃^{52}
靖远县	短 tuæ̃^{55}	长 tʂʰaŋ^{24}	短 tuæ̃^{55}
陇西县	短 tuæ̃^{53}	长 tʂʰɑŋ^{13} 大 ta^{44}	短 tuæ̃^{53}
秦州区	短 tuæ̃^{53}	大 ta^{44}	短 tuæ̃^{53}
安定区	短 tuæ̃^{53}	长 tʂʰɑŋ^{13}	短 tuæ̃^{53}
会宁县	短 tuæ̃^{53}	大 ta^{44}	短 tuæ̃^{53}
临洮县	短 tuæ̃^{53}	大 ta^{44}	短 tuæ̃^{53}
清水县	短 tuæ̃^{52} 屈 tɕʰy^{13}	长 tʂʰɒ̃^{13}	短 tuæ̃^{52}
永靖县	短 tuæ̃^{53}	长 tʂʰɑŋ^{213}	短 tuæ̃^{53}
敦煌市	短 tuæ̃^{51}	长 tʂʰɑŋ^{213}	短 tuæ̃^{51}
临夏市	短 tuã^{42}	长 tʂʰɑŋ^{13}	短 tuã^{42}
合作市	短 tuæ̃^{44}	大 tᴀ^{44}	短 tuæ̃^{44}
临潭县	短 tuæ̃^{51}	长 tʂʰɒ^{24}	短 tuæ̃^{51}

	0943 宽路～	0944 宽敞房子～	0945 窄路～
兰州市	宽 kʰuæ̃^{55}	宽展 kʰuæ̃^{55}tʂæ̃^{21}	窄 tʂɤ^{13}
榆中县	宽 kʰuan^{51}	宽展 kʰuan^{51}tʂaŋ^{0}	窄 tʂə^{312}
永登县	宽 kʰuæ̃^{42}	宽展 kʰuæ̃^{44}tʂæ̃^{21}	窄 tʂə^{13}
红古区	宽 kʰuan^{13}	宽展 kʰuan^{22}tʂan^{13}	窄 tʂə^{13}
凉州区	宽展 kʰuɑŋ^{35}tʂɑŋ^{53}	宽敞 kʰuɑŋ^{35}tʂʰɑŋ^{53}	窄 tsə^{31}
甘州区	宽 kʰuaŋ^{44}	宽活 kʰuaŋ^{44}xuə^{44}	窄 tʂə^{31}
肃州区	宽 kʰuæ̃^{44}	宽敞 kʰuæ̃^{44}tʂʰɑŋ^{44} 敞亮 tʂʰɑŋ^{21}liɑŋ^{51}	窄 tsə^{213}
永昌县	宽 kʰuɛe^{44}	宽敞 kʰuɛe^{44}tʂʰɑŋ^{13}	窄 tʂə^{53}
崆峒区	宽 kʰuæ̃^{21}	宽敞 kʰuæ̃^{53}tʂʰɑŋ^{21}	窄 tsei^{21}
庆城县	宽 kʰuɛ̃^{51}	宽展 kʰuɛ̃^{51}tʂɛ̃^{0}	窄 tsei^{51}
宁县	宽 kʰuæ̃^{31}	宽展 kʰuæ̃^{31}tʂæ̃^{0}	窄 tsei^{31} 促狭 tɕʰy^{22}tɕʰia^{52}
武都区	宽 kʰuæ̃^{31}	宽展 kʰuæ̃^{31}tʂæ̃^{21}	窄 tsei^{31}
文县	宽 kʰuæ̃^{31}	宽展 kʰuæ̃^{42}tsɑ̃^{42}	窄边 tsei^{42}piæ̃^{42}
康县	宽 kʰuan^{53}	宽敞 kʰuan^{53}tʂʰɑŋ^{21}	窄 tsei^{53}
礼县	宽 kʰuæ̃^{31} 宽展 kʰuæ̃^{31}tʂæ̃^{21}	宽展 kʰuæ̃^{31}tʂæ̃^{21}	窄 tsei^{31}
靖远县	宽 kʰuæ̃^{41}	宽展 kʰuæ̃^{41}tʂæ̃^{21}	窄 tsei^{41}
陇西县	宽 kʰuæ̃^{21}	敞 tʂʰɑŋ^{53}	窄 tse^{21}
秦州区	宽 kʰuæ̃^{13}	宽展 kʰuæ̃^{13}tʂæ̃^{53}	窄 tsei^{13}
安定区	宽 kʰuæ̃^{13}	宽展 kʰuæ̃^{21}tʂæ̃^{53}	窄 tsɛ^{13}
会宁县	宽 kʰuæ̃^{13}	宽展 kʰuæ̃^{21}tʂæ̃^{53}	窄 tsɛ^{13}
临洮县	宽 kʰuæ̃^{13}	宽展 kʰuæ̃^{21}tʂæ̃^{53}	窄 tsɛ^{13}
清水县	宽 kʰuæ̃^{13}	宽展 kʰuæ̃^{21}tʂæ̃^{52}	窄 tʃəi^{13}
永靖县	宽 kʰuæ̃^{213}	宽大 kʰuæ̃^{22}ta^{44}	窄 tʂɤ^{213}
敦煌市	宽 kʰuæ̃^{213}	大 ta^{44} 宽敞 kʰuæ̃^{22}tʂʰɑŋ^{51}	窄 tsei^{213}
临夏市	宽 kʰuã^{13}	宽展 kʰuã^{44}tʂã^{21}	窄 tʂɤ^{13}
合作市	宽 kʰuæ̃^{13}	宽大 kʰuæ̃^{21}tᴀ^{44}	窄 tʂə^{13}
临潭县	宽 kʰuæ̃^{44}	宽敞 kʰuæ̃^{44}tʂʰɒ^{51}	窄 tsɪi^{44}

	0946 高飞机飞得～	0947 低鸟飞得～	0948 高他比我～
兰州市	高 kɔ^{55}	低 ti^{55}	高 kɔ^{55}
榆中县	高 kɔ^{51}	低 ti^{51}	高 kɔ^{51}
永登县	高 kɔ^{42}	低 ti^{42}	高 kɔ^{42}
红古区	高 kɔ^{13}	低 tsɿ^{13}	大 ta^{13} 高 kɔ^{13}
凉州区	高 kɑo^{35}	低 ti^{35}	高 kɑo^{35}
甘州区	高 kɔ^{44}	低 ti^{44}	高 kɔ^{44}
肃州区	高 kɔ^{44}	低 ti^{44}	高 kɔ^{44}
永昌县	高 kɔo^{44}	低 ti^{44}	高 kɔo^{44}
崆峒区	高 kɔ^{21}	低 ti^{21}	高 kɔ^{21}
庆城县	高 kɔ^{51}	低 ti^{51}	高 kɔ^{51}
宁县	高 kɔ^{31}	低 ti^{31}	高 kɔ^{31}
武都区	高 kɔu^{31}	矮 ŋɛɪ^{55}	高 kɔu^{31} 大 ta^{24}
文县	高 kɔo^{31}	矮 ŋɛe^{55}	高 kɔo^{31}
康县	高 kɔo^{53}	低 tsi^{53}	高 kɔo^{53}
礼县	高 kɔo^{31}	底 ti^{31}	茂 mɔo^{44} 大 ta^{44}
靖远县	高 kɑo^{41}	低 tɿ^{41}	高 kɑo^{41}
陇西县	高 kɔo^{21}	低 ti^{21}	高 kɔo^{21}
秦州区	高 kɔ^{13}	低 ti^{13}	高 kɔ^{13}
安定区	高 kɔ^{13}	低 ti^{13}	大 ta^{44} 高 kɔ^{13}
会宁县	高 kɔ^{13}	低 ti^{13}	高 kɔ^{13}
临洮县	高 kɔ^{13}	低 ti^{13}	高 kɔ^{13}
清水县	高 kɔ^{13}	低 tsi^{13}	高 kɔ^{13}
永靖县	高 kɔ^{213}	低 ti^{213}	高 kɔ^{213}
敦煌市	高 kɔ^{213}	低 ti^{213}	个子大 kə^{35}tsɿ^{21}ta^{44}
临夏市	高 kɔ^{13}	低 ti^{13}	高 kɔ^{13}
合作市	高 kɔ^{13}	低 ti^{13}	大 tᴀ^{44}
临潭县	高 kɔo^{44}	低 ti^{44}	高 kɔo^{44}

	0949 矮他比我~	0950 远路~	0951 近路~
兰州市	矬 tsʰuə^{53}	远 yæ̃^{34}	近 tɕin^{13}
榆中县	尕 ka^{312}	远 yan^{44}	近 tɕin^{213}
永登县	尕 ka^{53}	远 yæ̃^{354}	捷 tɕiɛ^{53} 近 tɕin^{13}
红古区	尕 ka^{13} 低 tsɿ^{13}	远 yan^{53}	跟前 kən^{22}tɕʰian^{13}
凉州区	矮 æ^{35}	远 yɑŋ^{35}	近 tɕiŋ^{31}
甘州区	矮 ɛ^{53}	远 yaŋ^{53}	近 tɕiŋ^{31}
肃州区	矮 ɣɛ^{51} 矬 tsʰuə^{51}	远 ʑyæ̃^{51}	近 tɕiŋ^{213}
永昌县	矬 tsʰuə^{13}	远 yɛ^{13}	近 tɕiŋ^{53}
崆峒区	低 ti^{21}	远 yæ̃^{53}	近 tɕiɤŋ^{44}
庆城县	低 ti^{51}	远 yɛ̃^{44}	近 tɕiŋ^{244}
宁县	低 ti^{31}	远 yæ̃^{52}	近 tɕʰiŋ^{44}
武都区	矮 ŋɛɪ^{55} 小 ɕiɔu^{55}	远 yæ̃^{55}	近 tɕin^{24}
文县	矮 ŋɛe^{55}	远 yæ̃^{55}	近 tɕʰiəŋ^{24}
康县	矮 ŋɛ^{55} 低 tsi^{53}	远 yan^{55}	近 tɕiŋ^{24}
礼县	碎 ʃuei^{44} 小 ɕiɔo^{52}	远 yæ̃^{52} 长 tʂʰɑŋ^{13}	近 tɕʰiŋ^{44}
靖远县	小 ɕiɑo^{55}	远 yæ̃^{55}	近 tɕiŋ^{33}
陇西县	矬 tsʰuɤ^{13}	远 yæ̃^{53}	近 tɕʰiŋ^{44}
秦州区	矬 tsʰuə^{13}	远 yæ̃^{53}	近 tɕʰiɤŋ^{44}
安定区	尕 ka^{13}	长 tʂʰɑŋ^{13}	近 tɕʰiŋ^{44}
会宁县	碎 suei^{44}	远 yæ̃^{53}	近 tɕʰiŋ^{44}
临洮县	尕 ka^{13}	远 yæ̃^{53}	近 tɕʰiŋ^{44}
清水县	低 tsi^{13} 碎 suəi^{443}	远 yæ̃^{52} 远吊 yæ̃^{52}tsiɔ^{443}	近 tɕʰiŋ^{443} 近便 tɕʰiŋ^{44}piæ̃^{443}
永靖县	尕 ka^{213}	远 yæ̃^{53}	近 tɕiɤŋ^{44}
敦煌市	个子小 kə^{35}tsɿ^{21}ɕiɔ^{51}	远 yɛ̃^{51}	近 tɕiŋ^{44}
临夏市	尕 kɑ^{42}	远 yɛ̃^{42}	近 tɕiŋ^{53}
合作市	尕 kʌ^{13}	远 yæ̃^{44}	近 tɕiŋ^{53}
临潭县	矬 tsʰuɤ^{44}	远 yæ̃^{51}	近 tɕin^{44}

	0952 深水～	0953 浅水～	0954 清水～
兰州市	深 ʂən^{55}	浅 tɕ^{h}iæ̃^{34}	清 tɕ^{h}in^{55}
榆中县	深 ʂən^{51}	浅 tɕ^{h}ian^{44}	清 tɕ^{h}in^{51}
永登县	深 ʂə̃n^{42}	浅 tɕ^{h}iæ̃^{354}	清 tɕ^{h}in^{42}
红古区	深 ʂən^{13}	浅 tɕ^{h}ian^{53}	清 tɕ^{h}in^{13}
凉州区	深 ʂəŋ^{35}	浅 tɕ^{h}iɑŋ^{35}	清 tɕ^{h}iŋ^{35}
甘州区	深 ʂɤŋ^{44}	浅 tɕ^{h}iaŋ^{53}	清 tɕ^{h}iŋ^{44}
肃州区	深 ʂɤŋ^{44}	浅 tɕ^{h}iæ̃^{51}	清 tɕ^{h}iŋ^{44}
永昌县	深 ʂəŋ^{44}	浅 tɕ^{h}iɛ^{13}	清 tɕ^{h}iŋ^{44}
崆峒区	深 ʂɤŋ^{21}	浅 tɕ^{h}iæ̃^{53}	清 tɕ^{h}iɤŋ^{21}
庆城县	深 ʂɤŋ^{51}	浅 tɕ^{h}iɛ̃^{44}	清 tɕ^{h}iŋ^{51}
宁县	深 ʂəŋ^{31}	浅 tɕ^{h}iæ̃^{52}	清 tɕ^{h}iŋ^{31}
武都区	深 ʂəŋ^{31}	浅 tɕ^{h}iæ̃^{55}	清 tɕ^{h}in^{31}
文县	深 səŋ^{31}	浅 tɕ^{h}iæ̃^{55}	清 tɕ^{h}iəŋ^{31}
康县	深 ʂɤŋ^{53}	浅 tɕ^{h}ian^{55}	清 ts^{h}iŋ^{53}
礼县	深 ʂɤŋ^{31}	浅 tɕ^{h}iæ̃^{52}	清 tɕ^{h}iŋ^{31}
靖远县	深 ʂɤŋ^{41}	浅 tɕ^{h}iæ̃^{55}	清 tɕ^{h}iŋ^{41}
陇西县	深 ʂɤŋ^{21}	浅 tɕ^{h}iæ̃^{53}	清 tɕ^{h}iŋ^{21}
秦州区	深 ʂɤŋ^{13}	浅 tɕ^{h}iæ̃^{53}	清 tɕ^{h}iɤŋ^{13}
安定区	深 ʂəŋ^{13}	浅 tɕ^{h}iæ̃^{53}	清 tɕ^{h}iŋ^{13}
会宁县	深 ʂəŋ^{13}	浅 tɕ^{h}iæ̃^{53}	清 tɕ^{h}iŋ^{13}
临洮县	深 ʂɤŋ^{13}	浅 tɕ^{h}iæ̃^{53}	清 tɕ^{h}iŋ^{13}
清水县	深 ʂɤŋ^{13}	浅 ts^{h}iæ̃^{52}	清 ts^{h}iŋ^{13}
永靖县	深 ʂɤŋ^{213}	浅 tɕ^{h}iæ̃^{53}	清 tɕ^{h}iɤŋ^{213}
敦煌市	深 ʂɤŋ^{213}	浅 tɕ^{h}iɛ̃^{51}	清 tɕ^{h}iŋ^{213}
临夏市	深 ʂəŋ^{13}	浅 tɕ^{h}iɛ̃^{42}	清 tɕ^{h}iŋ^{13}
合作市	深 ʂəŋ^{13}	浅 tɕiæ̃^{44}	清 tɕiŋ^{13}
临潭县	深 ʂəŋ^{44}	浅 tɕ^{h}iæ̃^{51}	清 tɕ^{h}in^{44}

	0955 浑水~	0956 圆	0957 扁
兰州市	浑 $xuən^{53}$	圆 $yæ̃^{53}$	扁 $piæ̃^{34}$
榆中县	稠 $tʂ^{h}əu^{312}$	圆 yan^{312}	扁 $pian^{44}$
永登县	稠 $tʂ^{h}ɤu^{53}$	圆 $yæ̃^{53}$	扁 $piæ̃^{354}$
红古区	稠 $tʂ^{h}ɤu^{13}$	圆 yan^{13}	扁 $pian^{53}$
凉州区	稠 $tʂ^{h}əu^{35}$ 糊 xu^{31}	圆 $yɑŋ^{35}$	扁 $piɑŋ^{35}$
甘州区	浑 $xuŋ^{53}$	圆 $yaŋ^{53}$	扁 $piaŋ^{53}$
肃州区	浑 $xuŋ^{51}$	圆 $ʑyæ̃^{51}$	扁 $piæ̃^{51}$
永昌县	稠 $tʂ^{h}əu^{13}$	圆 $yɛ^{13}$	扁 $piɛ^{44}$
崆峒区	稠 $tʂ^{h}əu^{24}$	圆 $yæ̃^{24}$	扁 $piæ̃^{53}$
庆城县	稠 $tʂ^{h}ɤu^{113}$	圆 $yɛ̃^{113}$	扁 $piɛ̃^{44}$
宁县	稠 $tʂ^{h}ou^{24}$	圆 $yæ̃^{24}$	扁 $piæ̃^{52}$
武都区	稠 $tʂ^{h}əu^{13}$	圆 $yæ̃^{13}$	扁 $piæ̃^{55}$
文县	浑 $xoŋ^{31}$	圆 $yæ̃^{13}$	扁 $piæ̃^{55}$
康县	浑 $xuŋ^{211}$	圆 yan^{211}	扁 $pian^{53}$
礼县	稠 $tʂ^{h}əu^{13}$	圆 $yæ̃^{13}$	扁 $piæ̃^{52}$
靖远县	稠 $tʂ^{h}ɤu^{24}$	圆 $yæ̃^{24}$	扁 $piæ̃^{55}$
陇西县	稠 $tʂ^{h}ɤu^{13}$	圆 $yæ̃^{13}$	扁 $piæ̃^{53}$
秦州区	稠 $tʂ^{h}ɤu^{13}$	圆 $yæ̃^{13}$	扁 $piæ̃^{53}$
安定区	稠 $tʂ^{h}əu^{13}$	圆 $yæ̃^{13}$	扁 $piæ̃^{53}$
会宁县	稠 $tʂ^{h}əu^{13}$	圆 $yæ̃^{13}$	扁 $piæ̃^{53}$
临洮县	稠 $tʂ^{h}ɤu^{13}$	圆 $yæ̃^{13}$	扁 $piæ̃^{53}$
清水县	稠 $tʂ^{h}ou^{13}$ 糊 xu^{443}	圆 $yæ̃^{13}$	扁 $piæ̃^{52}$
永靖县	稠 $tʂ^{h}ɤu^{213}$	圆 $yæ̃^{213}$	扁 $piæ̃^{53}$
敦煌市	稠 $tʂ^{h}ɤu^{213}$	圆 $yɛ̃^{213}$	扁 $piɛ̃^{51}$
临夏市	稠 $tʂ^{h}ɤu^{13}$	圆 $yɛ̃^{13}$	扁 $piɛ̃^{42}$
合作市	稠 $tʂ^{h}əɯ^{13}$	圆 $yæ̃^{13}$	扁 $piæ̃^{44}$
临潭县	稠 $tʂ^{h}əɯ^{24}$	圆 $yæ̃^{24}$	扁 $piæ̃^{51}$

	0958 方	0959 尖	0960 平
兰州市	方 $f\tilde{ɑ}^{55}$	尖 $tɕi\tilde{æ}^{55}$	平 p^hin^{53}
榆中县	方 $fɑŋ^{51}$	尖 $tɕian^{51}$	平 p^hin^{312}
永登县	方 $f\tilde{ɑ}^{42}$	尖 $tɕi\tilde{æ}^{42}$	平 p^hin^{53}
红古区	方 $fɑŋ^{13}$	尖 $tɕian^{13}$	平 p^hin^{13}
凉州区	方 $fɑŋ^{35}$	尖 $tɕiɑŋ^{35}$	平 $p^hiŋ^{35}$
甘州区	方 $fɑŋ^{44}$	尖 $tɕiaŋ^{44}$	平 $p^hiŋ^{53}$
肃州区	方 $fɑŋ^{44}$	尖 $tɕi\tilde{æ}^{44}$	平 $p^hiŋ^{51}$
永昌县	方 $fɑŋ^{44}$	尖 $tɕiɛ^{44}$	平 $p^hiŋ^{13}$
崆峒区	方 $fɑŋ^{21}$	尖 $tɕi\tilde{æ}^{21}$	平 $p^hiɤŋ^{24}$
庆城县	方 $f\tilde{ɑ}^{51}$	尖 $tɕi\tilde{ɛ}^{51}$	平 $p^hiŋ^{113}$
宁县	方 $fɑŋ^{31}$	尖 $tɕi\tilde{æ}^{31}$	平 $p^hiŋ^{24}$
武都区	方 $fɑŋ^{31}$	尖 $tɕi\tilde{æ}^{31}$	平 p^hin^{13}
文县	方 $f\tilde{ɑ}^{31}$	尖 $tɕi\tilde{æ}^{31}$	平 $p^hiəŋ^{13}$
康县	方 $fɑŋ^{53}$	尖 $tsian^{53}$	平 $p^hiŋ^{211}$
礼县	方 $fɑŋ^{31}$	尖 $tɕi\tilde{æ}^{31}$	平 $p^hiŋ^{13}$
靖远县	方 $fɑŋ^{41}$	尖 $tɕi\tilde{æ}^{41}$	平 $p^hiŋ^{24}$
陇西县	方 $fɑŋ^{21}$	尖 $tɕi\tilde{æ}^{21}$	平 $p^hiŋ^{13}$
秦州区	方 $fɑŋ^{13}$	尖 $tɕi\tilde{æ}^{13}$	平 $p^hiɤŋ^{13}$
安定区	方 $fɑŋ^{13}$	尖 $tɕi\tilde{æ}^{13}$	平 $p^hiŋ^{13}$
会宁县	方 $fɑŋ^{13}$	尖 $tɕi\tilde{æ}^{13}$	平 $p^hiŋ^{13}$
临洮县	方 $f\tilde{ɑ}^{13}$	尖 $tɕi\tilde{æ}^{13}$	平 $p^hiŋ^{13}$
清水县	方 $f\tilde{ɒ}^{13}$	尖 $tsi\tilde{æ}^{13}$	平 $p^hiŋ^{13}$
永靖县	方 $fɑŋ^{213}$	尖 $tɕi\tilde{æ}^{213}$	平 $p^hiɤŋ^{213}$
敦煌市	方 $fɑŋ^{213}$	尖 $tɕi\tilde{ɛ}^{213}$	平 $p^hiŋ^{213}$
临夏市	方 $fɑŋ^{13}$	尖 $tɕi\tilde{ɛ}^{13}$	平 $p^hiŋ^{13}$
合作市	方 $fɑŋ^{13}$	尖 $tɕi\tilde{æ}^{13}$	平 $p^hiŋ^{13}$
临潭县	方 $f\tilde{ɒ}^{44}$	尖 $tɕi\tilde{æ}^{44}$	平 p^hin^{24}

	0961 肥～肉	0962 瘦～肉	0963 肥形容猪等动物
兰州市	肥 fei^{53}	瘦 ʂəu^{13}	肥 fei^{13}
榆中县	肥 fei^{312}	瘦 ʂəu^{213}	肥 fei^{312}
永登县	肥 fei^{53}	瘦 ʂɤu^{13}	肥 fei^{53}
红古区	肥 fei^{13}	瘦 ʂɤu^{13}	肥 fei^{13}
凉州区	膘 piɑo^{35}	紫 tsɿ^{35}	肥 fei^{35}
甘州区	肥 fei^{53}	瘦 sɤu^{31}	肥 fei^{53}
肃州区	肥 fei^{51}	瘦 səu^{213}	肥 fei^{51}
永昌县	肥 fei^{13}	瘦 səu^{53}	肥 fei^{13}
崆峒区	肥 fei^{24}	瘦 səu^{44}	肥 fei^{24}
庆城县	肥 fei^{113}	瘦 sɤu^{244}	肥 fei^{113}
宁县	肥 fei^{24}	瘦 sou^{44}	肥 fei^{24}
武都区	肥 fei^{13}	瘦 səu^{24}	肥 fei^{13}
文县	肥 fei^{13}	瘦 sɤu^{24}	肥 fei^{13}
康县	肥 fei^{211}	瘦 sɤu^{24}	肥 fei^{211}
礼县	肥 fei^{13}	瘦 səu^{44}	肥 fei^{13}
靖远县	肥 fei^{24}	瘦 sɤu^{33}	肥 fei^{24}
陇西县	肥 fe^{13}	瘦 sɤu^{44}	肥 fe^{13}
秦州区	肥 fei^{13}	瘦 sɤu^{44}	肥 fei^{13}
安定区	肥 fei^{13}	瘦 səu^{44}	肥 fei^{13}
会宁县	肥 fei^{13}	瘦 səu^{44}	肥 fei^{13}
临洮县	肥 fei^{13}	瘦 ʂɤu^{44}	肥 fei^{13}
清水县	肥 fəi^{13}	瘦 ʃou^{443}	肥 fəi^{13}
永靖县	肥 fei^{213}	瘦 ʂɤu^{44} 紫 tsɿ^{53}	肥 fei^{213}
敦煌市	肥 fei^{213}	瘦 sɤu^{44}	肥 fei^{213}
临夏市	肥 fei^{13}	瘦 ʂɤu^{53}	肥 fei^{13}
合作市	肥 fei^{13}	瘦 ʂəɯ^{53}	肥 fei^{13}
临潭县	肥 fɪi^{24}	瘦 səɯ^{44}	肥 fɪi^{24}

	0964 胖形容人	0965 瘦形容人、动物	0966 黑黑板的颜色
兰州市	胖 pʰã¹³	瘦 ʂəu¹³	黑 xɤ¹³
榆中县	胖 pʰaŋ²¹³	瘦 ʂəu²¹³ 癯 tɕʰyᴇ³¹²	黑 xə³¹²
永登县	胖 pʰã¹³	瘦 ʂɤu¹³	黑 xiɛ¹³
红古区	胖 pʰɑŋ¹³	瘦 ʂɤu¹³	黑 xə¹³
凉州区	胖 pʰɑŋ³¹	干 kɑŋ³⁵ 痃 fa³⁵	黑 xɯ³¹
甘州区	胖 pʰaŋ³¹	瘦 sɤu³¹	黑 xɤ³¹
肃州区	胖 pʰɑŋ²¹³	瘦 səu²¹³	黑 xə²¹³
永昌县	胖 pʰɑŋ⁵³	瘦 səu⁵³	黑 xə⁵³
崆峒区	胖 pʰɑŋ⁴⁴	瘦 səu⁴⁴	黑 xei²¹
庆城县	胖 pʰã²⁴⁴	癯 tɕʰyᴇ²⁴⁴ 瘦 sɤu²⁴⁴	黑 xei⁵¹
宁县	胖 pʰaŋ⁴⁴	瘦 sou⁴⁴	黑 xei³¹
武都区	胖 pʰɑŋ²⁴ 肥 fei¹³	瘦 səu²⁴	黑 xei³¹
文县	胖 pʰã²⁴	瘦 sɤu²⁴	黑 xei³¹
康县	胖 pʰɑŋ²⁴	瘦 sɤu²⁴	黑 xei⁵³
礼县	壮 tʃuɑŋ⁵² 胖 pʰɑŋ⁴⁴	瘦 səu⁴⁴	黑 xei³¹
靖远县	肥 fei²⁴	瘦 sɤu³³	黑 xei⁴¹
陇西县	肥 fe¹³	瘦 sɤu⁴⁴	黑 xe²¹
秦州区	肥 fei¹³	癯 tɕʰyə⁴⁴	黑 xei¹³
安定区	胖 pʰɑŋ⁴⁴	癯 tɕʰyə⁴⁴ 瘦 səu⁴⁴	黑 xɛ¹³
会宁县	胖 pʰɑŋ⁴⁴	瘦 səu⁴⁴	黑 xɛ¹³
临洮县	胖 pʰã⁴⁴	瘦 ʂɤu⁴⁴	黑 xei¹³
清水县	胖 pʰɒ̃⁴⁴³	瘦 ʃou⁴⁴³ 癯 tɕʰyɛ⁴⁴³	黑 xəi¹³
永靖县	胖 pʰɑŋ⁴⁴	瘦 ʂɤu⁴⁴	黑 xɤ²¹³
敦煌市	胖 pʰɑŋ⁴⁴	瘦 sɤu⁴⁴	黑 xei²¹³
临夏市	胖 pʰɑŋ⁵³	瘦 ʂɤu⁵³	黑 xei¹³
合作市	胖 pʰɑŋ⁵³	瘦 ʂəɯ⁵³	黑 xei¹³
临潭县	肥 fɪi²⁴	瘦 səɯ⁴⁴	黑 xɪi⁴⁴

	0967 白雪的颜色	0968 红国旗的主颜色，统称	0969 黄国旗上五星的颜色
兰州市	白 pɤ^{53}	红 xuən^{53}	黄 xuɑ̃^{53}
榆中县	白 pə^{312}	红 xuən^{312}	黄 xuɑŋ^{312}
永登县	白 piɛ^{53}	红 xuə̃n^{53}	黄 xuɑ̃^{53}
红古区	白 pə^{13}	红 xuən^{13}	黄 xuɑŋ^{13}
凉州区	雪白 ɕyə^{53}pə^{35}	大红 ta^{31}xuŋ^{21}	姜黄 tɕiɑŋ^{35}xuɑŋ^{53}
甘州区	白 piə^{53}	红 xuŋ^{53}	黄 xuɑŋ^{53}
肃州区	白 pɛ^{51}	红 xuŋ^{51}	黄 xuɑŋ^{51}
永昌县	白 pə^{13}	红 xoŋ^{13}	黄 xuɑŋ^{13}
崆峒区	白 pei^{24}	红 xoŋ^{24}	黄 xuɑŋ^{24}
庆城县	白 pei^{113}	红 xuŋ^{113}	黄 xuɑ̃^{113}
宁县	白 pʰei^{24}	红 xuŋ^{24}	黄 xuɑŋ^{24}
武都区	白 pei^{13}	红 xuŋ^{24}	黄 xuɑŋ^{13}
文县	白 pei^{13}	红 xoŋ^{13}	黄 xuɑ̃^{13}
康县	白 pei^{211}	红 xuŋ^{211}	黄 xuɑŋ^{211}
礼县	白 pʰei^{13}	红 xuɤŋ^{13}	黄 xuɑŋ^{13}
靖远县	白 pei^{24}	红 xoŋ^{24}	黄 xuɑŋ^{24}
陇西县	白 pʰe^{13}	红 xuŋ^{13}	黄 xuɑŋ^{13}
秦州区	白 pʰei^{13}	红 xuɤŋ^{13}	黄 xuɑŋ^{13}
安定区	白 pʰɛ^{13}	红 xuŋ^{13}	黄 xuɑŋ^{13}
会宁县	白 pʰɛ^{13}	红 xuŋ^{13}	黄 xuɑŋ^{13}
临洮县	白 pei^{13}	红 xuŋ^{13}	黄 xuɑ̃^{13}
清水县	白 pʰəi^{13}	红 xuŋ^{13}	黄 xuɒ̃^{13}
永靖县	白 pɤ^{213}	红 xuɤŋ^{213}	黄 xuɑŋ^{213}
敦煌市	白 pei^{213}	红 xuŋ^{213}	黄 xuɑŋ^{213}
临夏市	白 pɛ^{13}	红 xuəŋ^{13}	黄 xuɑŋ^{13}
合作市	白 pɛe^{13}	红 xuəŋ^{13}	黄 xuɑŋ^{13}
临潭县	白 pɪi^{24}	红 xuəŋ^{24}	黄 xuɒ^{24}

	0970 蓝蓝天的颜色	0971 绿绿叶的颜色	0972 紫紫药水的颜色
兰州市	蓝 lǣ^{53}	绿 lu^{13}	紫 tsɿ^{34}
榆中县	蓝 lan^{312}	绿 lu^{312}	紫 tsɿ^{44}
永登县	蓝 lǣ^{53}	绿 lu^{13}	紫 tsɿ^{354}
红古区	蓝 lan^{13}	绿 lu^{13}	紫 tsɿ^{53}
凉州区	天蓝 tʰiɑŋ^{35}lɑŋ^{53}	草绿 tsʰɑo^{35}lu^{53}	黑紫 xɯ^{53}tsɿ^{35}
甘州区	蓝 laŋ^{53}	绿 lu^{31}	紫 tsɿ^{53}
肃州区	蓝 lǣ^{51}	绿 lu^{213}	紫 tsɿ^{51}
永昌县	蓝 lɛe^{13}	绿 lu^{53}	紫 tsɿ^{13}
崆峒区	蓝 lǣ^{24}	绿 liəu^{21}	紫 tsɿ^{53}
庆城县	蓝 lɛ̃^{113}	绿 liɤu^{51}	紫 tsɿ^{44}
宁县	蓝 lǣ^{24}	绿 liou^{31}	紫 tsɿ^{31}
武都区	蓝 lǣ^{24}	绿 liəu^{31}/ly^{31}	黑红 xei^{31}xuŋ^{21}
文县	蓝 lǣ^{13}	绿 liɤu^{31}	紫 tsɿ^{55}
康县	蓝 lan^{211}	绿 liu^{53}	紫 tsɿ^{55}
礼县	蓝 nǣ^{13}	绿 liəu^{31}	紫 tsɿ^{52}
靖远县	蓝色 lǣ^{22}sei^{41}	绿 lʮ^{41}	紫 tsɿ^{55}
陇西县	蓝 lǣ^{13}	绿 liu^{21}	紫 tsɿ^{53}
秦州区	蓝 lǣ^{13}	绿 liɤu^{13}	金绛色 tɕiɤŋ^{21}tɕiɑŋ^{44}sei^{21}
安定区	蓝 nǣ^{13}	绿 lu^{13}	紫 tsɿ^{53}
会宁县	蓝 lǣ^{13}	绿 liəu^{13}	紫 tsɿ^{53}
临洮县	蓝 lǣ^{13}	绿 liɤu^{13}	紫 tsɿ^{53}
清水县	蓝 lǣ^{13}	绿 liou^{13}	马莲红 ma^{52}ȵiǣ^{21}xuŋ^{13}
永靖县	蓝 lǣ^{213}	绿 lu^{213}	紫 tsɿ^{53}
敦煌市	蓝 lǣ^{213}	绿 liɤu^{213}	紫 tsɿ^{51}
临夏市	蓝 lã^{13}	绿 lu^{13}	紫 tsɿ^{42}
合作市	蓝 lǣ^{13}	绿 lu^{13}	紫 tsɿ^{44}
临潭县	蓝 lǣ^{24}	绿 lu^{44}	紫 tsɿ^{51}

	0973 灰草木灰的颜色	0974 多东西～	0975 少东西～
兰州市	灰 xuei^{55}	多 tuə^{55}	少 ʂɔ^{34}
榆中县	灰 xuei^{51}	多 tuə^{51}	少 ʂɔ^{44}
永登县	灰 xuei^{42}	多 tuə^{42}	少 ʂɔ^{354}
红古区	灰 xuei^{13}	多 tuə^{13}	少 ʂɔ^{53}
凉州区	草灰 ts^{h}ɑo^{35}xuei^{35}	多 tuə^{35}	少 ʂɑo^{35}
甘州区	灰 xuei^{44}	多 tuə^{44}	少 ʂɔ^{53}
肃州区	灰 xuei^{44}	多 tuə^{44}	少 ʂɔ^{51}
永昌县	灰 xuei^{44}	多 tuə^{44}	少 ʂɔo^{13}
崆峒区	灰 xuei^{21}	多 tuo^{21}	少 ʂɔ^{53}
庆城县	灰 xuei^{51}	多 tuə^{51}	少 ʂɔ^{44}
宁县	灰 xuei^{31}	多 tuə^{31}	少 ʂɔ^{52}
武都区	灰 xuei^{31}	多 tuɤ^{31}	少 ʂəu^{55}
文县	灰 xuei^{31}	多 tuə^{31}	少 sɔo^{55}
康县	灰 xuei^{53}	多 tuɤ^{53}	少 ʂɔo^{55}
礼县	灰 xuei^{31}	多 tuɤ^{31}	少 ʂɔo^{52}
靖远县	灰 xuei^{41}	多 tuə^{41}	少 ʂɑo^{55}
陇西县	灰 xue^{21}	多 tuɤ^{21}	少 ʂɔo^{53}
秦州区	灰 xuei^{13}	多 tuə^{13}	少 ʂɔ^{53}
安定区	灰 xuei^{13}	多 tə^{13}	少 ʂɔ^{53}
会宁县	灰 xuei^{13}	多 tə^{13}	少 ʂɔ^{53}
临洮县	灰 xuei^{13}	多 tuɤ^{13}	少 ʂɔ^{53}
清水县	灰 xuəi^{13}	多 tuə^{13}	少 ʂɔ^{52}
永靖县	灰 xuei^{213}	多 tuɤ^{213}	少 ʂɔ^{53}
敦煌市	灰 xuei^{213}	多 tuə^{213}	少 ʂɔ^{51}
临夏市	灰 xuei^{13}	多 tuɤ^{13}	少 ʂɔ^{42}
合作市	灰 xuei^{13}	多 tuə^{13}	少 ʂɔ^{44}
临潭县	灰 xuɪi^{44}	多 tuɤ^{44}	少 ʂɔo^{51}

	0976 重担子~	0977 轻担子~	0978 直线~
兰州市	重 tʂuən^{13}	轻 tɕʰin^{55}	端 tuæ̃^{55}
榆中县	重 tʂuən^{213}	轻 tɕʰin^{51}	直 tʂʅ^{312}
永登县	重 pfə̃n^{13}	轻 tɕʰin^{42}	直端 tʂʅ^{22}tuæ̃^{35}
红古区	重 tʂuən^{13}	轻 tɕʰin^{13}	直 tʂʅ^{13} 端 tuan^{13}
凉州区	重 tʂuŋ^{31}	轻 tɕʰiŋ^{35}	直 tʂʅ^{35}
甘州区	重 kuŋ^{31}	轻 tɕʰiŋ^{44}	直 tʂʅ^{53}
肃州区	重 tʂuŋ^{213}	轻 tɕʰiŋ^{44}	直 tʂʅ^{51}
永昌县	重 tʂoŋ^{53}	轻 tɕʰiŋ^{44}	直 tʂʅ^{13}
崆峒区	重 tʂoŋ^{44}	轻 tɕʰiɤŋ^{21}	端 tuæ̃^{21}
庆城县	重 tʂuŋ^{244}	轻 tɕʰiŋ^{51}	直 tʂʅ^{113}
宁县	重 tʃʰuŋ^{44}	轻 tɕʰiŋ^{31}	直 tʂʰʅ^{24}
武都区	重 tʃuŋ^{24}	轻 tɕʰin^{31}	端 tuæ̃^{31} 直 tʂʅ^{13}
文县	重 tsoŋ^{24}	轻 tɕʰiəŋ^{31}	直 tsʰɿ^{13}
康县	重 pfɤŋ^{24}	轻 tɕʰiŋ^{53}	直 tʂʅ^{211}
礼县	重 tʃʰuɤŋ^{44}	轻 tɕʰiŋ^{31}	端 tuæ̃^{31} 直 tʂʰʅ^{13}
靖远县	重 tʂoŋ^{33}	轻 tɕʰiŋ^{41}	直 tʂʅ^{24}
陇西县	重 tʃʰɥŋ^{44}	轻 tɕʰiŋ^{21}	直 tʂʰʅə^{13}
秦州区	重 tʃʰuɤŋ^{44}	轻 tɕʰiɤŋ^{13}	端 tuæ̃^{13}
安定区	重 tʃʰuŋ^{44}	轻 tɕʰiŋ^{13}	端 tuæ̃^{13}
会宁县	重 tʃʰuŋ^{44}	轻 tɕʰiŋ^{13}	端 tuæ̃^{13}
临洮县	重 tʂuŋ^{44}	轻 tɕʰiŋ^{13}	端 tuæ̃^{13}
清水县	重 tʃʰɤŋ^{443}	轻 tɕʰiŋ^{13}	直 tʂʰʅ^{13} 端 tuæ̃^{13}
永靖县	重 tʂuɤŋ^{44}	轻 tɕʰiɤŋ^{213}	直 tʂʅ^{213}
敦煌市	重 tʂuŋ^{44}	轻 tɕʰiŋ^{213}	端 tuæ̃^{213} 直 tʂʅ^{213}
临夏市	重 tʂuəŋ^{53}	轻 tɕʰiŋ^{13}	直 tʂʅ^{13}
合作市	重 tʂuəŋ^{53}	轻 tɕʰiŋ^{13}	直 tʂʅ^{13}
临潭县	重 tsuəŋ^{44}	轻 tɕʰin^{44}	直 tʂʅ^{24}

	0979 陡坡～，楼梯～	0980 弯弯曲：这条路是～的	0981 歪帽子戴～了
兰州市	陡 təu^{34}	弯 væ̃^{55}	歪 vɛ^{55}
榆中县	陡 təu^{44}	弯 van^{51}	歪 vɛ^{51}
永登县	陡 tɤu^{354}	弯 væ̃^{42}	偏 p^{h}iæ̃^{42}
红古区	陡 tɤu^{53}	弯 van^{13}	歪 vɛ^{13} 偏 p^{h}ian^{13}
凉州区	陡 təu^{35}	弯 vɑŋ^{35}	歪 væ^{35}
甘州区	陡 tɤu^{53}	弯 vaŋ^{44}	歪 vɛ^{44}
肃州区	陡 təu^{51}	弯 væ̃^{44}	斜 ɕiɛ^{51} 偏 p^{h}iæ̃^{44}
永昌县	陡 təu^{13}	弯 vɛe^{44}	歪 vɛe^{44}
崆峒区	陡 təu^{53}	弯 uæ̃^{21}	斜 ɕiɛ^{24}
庆城县	立 li^{51}	弯 vɛ̃^{51}	偏 p^{h}iɛ̃^{51}
宁县	立 li^{31} 陡 tou^{52}	弯 uæ̃^{31}	斜 ɕiɛ^{24} 偏 p^{h}iæ̃^{31}
武都区	陡 təu^{55}	弯 væ̃^{31}	歪 vɛɪ^{31} 斜 ɕiᴇ^{13}
文县	陡 tɤu^{55}	弯 uæ̃^{31}	偏 p^{h}iæ̃^{31}
康县	陡 tɤu^{55}	弯 van^{53}	歪 vɛ^{53}
礼县	陡 təu^{52}	歪 vai^{31}	偏 p^{h}iæ̃^{31}
靖远县	陡 tɤu^{55}	弯 væ̃^{41}	斜 ɕiɛ^{24}
陇西县	陡 tɤu^{53}	弯 væ̃^{21}	歪 vɛ^{21} 偏 p^{h}iæ̃^{21}
秦州区	陡 tɤu^{53}	弯 væ̃^{13}	歪 vɛ^{13}
安定区	陡 təu^{53}	弯 væ̃^{13}	斜 ɕiə^{13}
会宁县	陡 təu^{53}	弯 uæ̃^{13}	偏 p^{h}iæ̃^{13}
临洮县	陡 tɤu^{53}	弯 væ̃^{13}	偏 p^{h}iæ̃^{13}
清水县	陡 tou^{52} 立 li^{13}	弯 væ̃^{13}	歪 vɛ^{13} 偏 p^{h}iæ̃^{13}
永靖县	陡 tɤu^{53}	弯 væ̃^{213}	斜 ɕiɛ^{213}
敦煌市	立 li^{213} 陡 tɤu^{51}	弯 væ̃^{213}	偏 p^{h}iɛ̃^{213}
临夏市	陡 tɤu^{42}	弯 vã^{13}	斜 ɕiɛ^{13}
合作市	陡 təɯ^{44}	弯 væ̃^{13}	斜 ɕiə^{13}
临潭县	陡 təɯ^{51}	弯 væ̃^{44}	歪 vɛe^{44}

	0982 厚木板～	0983 薄木板～	0984 稠稀饭～
兰州市	厚 $xəu^{13}$	薄 $pɤ^{53}$	稠 $tʂ^həu^{53}$
榆中县	厚 $xəu^{213}$	薄 $pə^{312}$	稠 $tʂ^həu^{312}$
永登县	厚 $xɤu^{13}$	薄 $pə^{53}$	稠 $tʂ^hɤu^{53}$
红古区	厚 $xɤu^{13}$	薄 $pə^{13}$	稠 $tʂ^hɤu^{13}$
凉州区	厚 $xəu^{31}$	薄 $pə^{35}$	稠 $tʂ^həu^{35}$
甘州区	厚 $xɤu^{31}$	薄 $puə^{53}$	稠 $tʂ^hɤu^{53}$
肃州区	厚 $xəu^{213}$	薄 $pə^{51}$	稠 $tʂ^həu^{51}$
永昌县	厚 $xəu^{53}$	薄 $pə^{13}$	稠 $tʂ^həu^{13}$
崆峒区	厚 $xəu^{44}$	薄 $pɤ^{24}$	稠 $tʂ^həu^{24}$
庆城县	厚 $xɤu^{244}$	薄 $puə^{113}$	稠 $tʂ^hɤu^{113}$
宁县	厚 xou^{44}	薄 $p^huə^{24}$	稠 $tʂ^hou^{24}$
武都区	厚 $xəu^{24}$	薄 $p^huɤ^{13}$	稠 $tʂ^həu^{13}$
文县	厚 $xɤu^{24}$	薄 $p^hɤ^{13}$	稠 $ts^hɤu^{13}$
康县	厚 $xɤu^{24}$	薄 $puɤ^{211}$	稠 $tʂ^hɤu^{211}$
礼县	厚 $xəu^{44}$	薄 $p^hɤ^{13}$	稠 $tʂ^həu^{13}$
靖远县	厚 $xɤu^{33}$	薄 $pɤ^{24}$	稠 $tʂ^hɤu^{24}$
陇西县	厚 $xɤu^{44}$	薄 $p^hɤ^{13}$	稠 $tʂ^hɤu^{13}$
秦州区	厚 $xɤu^{44}$	薄 $p^hɤ^{13}$	稠 $tʂ^hɤu^{13}$
安定区	厚 $xəu^{44}$	薄 $p^hə^{13}$	稠 $tʂ^həu^{13}$
会宁县	厚 $xəu^{44}$	薄 $p^hə^{13}$	稠 $tʂ^həu^{13}$
临洮县	厚 $xɤu^{44}$	薄 $p^hɤ^{13}$	稠 $tʂ^hɤu^{13}$
清水县	厚 xou^{443} 厚实 $xou^{44}ʂʅ^{21}$	薄 $p^hə^{13}$	稠 $tʂ^hou^{13}$
永靖县	厚 $xɤu^{44}$	薄 $pɤ^{213}$	糊 xu^{44}
敦煌市	厚 $xɤu^{44}$	薄 $pə^{213}$	糊 xu^{213} 稠 $tʂ^hɤu^{213}$
临夏市	厚 $xɤu^{53}$	薄 $pɤ^{13}$	糊 xu^{13}
合作市	厚 $xəɯ^{53}$	薄 $pə^{13}$	稠 $tʂ^həɯ^{13}$
临潭县	厚 $xəɯ^{44}$	薄 $pɔo^{24}$	稠 $tʂ^həɯ^{24}$

	0985 稀稀饭～	0986 密菜种得～	0987 稀稀疏：菜种得～
兰州市	稀 çi^{55}	稠 tʂ^{h}əu^{53}	稀 çi^{55}
榆中县	稀 çi^{51}	稠 tʂ^{h}əu^{312}	稀 çi^{51}
永登县	稀 çi^{42}	稠 tʂ^{h}ɤu^{53}	稀 çi^{42}
红古区	稀 sɿ^{13}	稠 tʂ^{h}ɤu^{13}	稀 sɿ^{13}
凉州区	清 tç^{h}iŋ^{35}	稠 tʂ^{h}əu^{35}	稀 çi^{35}
甘州区	清 tç^{h}iŋ^{44}	密 mi^{31}	稀 çi^{44}
肃州区	稀 çi^{44} 清 tç^{h}iŋ^{44}	稠 tʂ^{h}əu^{51}	稀 çi^{44}
永昌县	清 tç^{h}iŋ^{44}	密 mi^{53}	稀 çi^{44}
崆峒区	稀 çi^{21}	密 mi^{21}	朗 lɑŋ^{44}
庆城县	稀 çi^{51}	密 mi^{51}	稀 çi^{51}
宁县	稀 çi^{31}	稠 tʂ^{h}ou^{24}	稀 çi^{31}
武都区	稀 çi^{31}	稠 tʂ^{h}əu^{13} 密 mi^{31}	稀 çi^{31}
文县	稀 ts^{h}ɤu^{13}	密 mi^{31}	稀 çi^{31}
康县	稀 çi^{53}	稠 tʂ^{h}ɤu^{211}	稀 çi^{53}
礼县	清 tç^{h}iŋ^{31}	稠 tʂ^{h}əu^{13}	稀 çi^{31}
靖远县	清 tç^{h}iŋ^{41}	稠 tʂ^{h}ɤu^{24}	稀 sɿ^{41}
陇西县	稀 çi^{21}	稠 tʂ^{h}ɤu^{13}	稀 çi^{21}
秦州区	稀 çi^{13}	稠 tʂ^{h}ɤu^{13}	稀 çi^{13}
安定区	清 tç^{h}iŋ^{13}	稠 tʂ^{h}əu^{13}	稀 çi^{13}
会宁县	清 tç^{h}iŋ^{13}	稠 tʂ^{h}əu^{13}	稀 çi^{13}
临洮县	清 tç^{h}iŋ^{13}	稠 tʂ^{h}ɤu^{13}	稀 çi^{13}
清水县	清 ts^{h}iŋ^{13} 稀 çi^{13}	稠 tʂ^{h}ou^{13}	稀 çi^{13}
永靖县	清 tç^{h}iɤŋ^{213}	稠 tʂ^{h}ɤu^{213}	稀 çi^{213}
敦煌市	清 tç^{h}iŋ^{213} 稀 çi^{213}	稠 tʂ^{h}ɤu^{213}	稀 çi^{213}
临夏市	清 tç^{h}iŋ^{13}	稠 tʂ^{h}ɤu^{13}	稀 çi^{13}
合作市	清 tç^{h}iŋ^{13}	稠 tʂəɯ^{13}	稀 çi^{13}
临潭县	稀 çi^{44}	密 mi^{44}	稀 çi^{44}

	0988 亮指光线，明亮	0989 黑指光线，完全看不见	0990 热天气
兰州市	亮 liã^{13}	黑 xɤ^{13}	热 ʐɤ^{13}
榆中县	亮 liaŋ^{213}	黑 xə^{312}	热 ʐə^{312}
永登县	亮 liã^{13}	黑 xiɛ^{13}	热 ʐə^{13}
红古区	亮 liaŋ^{13}	暗 an^{13} 黑 xə^{13}	热 ʐə^{13}
凉州区	亮堂堂 liaŋ^{31}t^{h}aŋ^{31}t^{h}aŋ^{21}	黑隆隆 xɯ^{35}luŋ^{35}luŋ^{53}	热 ʐə^{31} 沤 əu^{31}
甘州区	亮 liaŋ^{31}	黑 xɤ^{31}	热 ʐə^{31}
肃州区	亮 liaŋ^{213}	黑 xə^{213}	热 ʐə^{213}
永昌县	亮 liaŋ^{53}	黑 xə^{53}	热 ʐə^{53}
崆峒区	亮 liaŋ^{44}	黑 xei^{21}	热 ʐɤ^{44}
庆城县	亮 liã^{244}	黑 xei^{51}	热 ʐɛ^{51}
宁县	亮 liaŋ^{44}	黑 xei^{31}	热 ʐə^{31}
武都区	豁亮 xuɤ^{31}liaŋ^{21}	黑 xei^{31}	热 ʐɤ^{31} 大 ta^{24}
文县	亮 liã^{24}	黑 xei^{31}	热 iɛ^{31}
康县	亮 liaŋ^{24}	黑 xei^{53}	热 ʐɤ^{53}
礼县	明清 miŋ^{13}tɕ^{h}iŋ^{21} 亮清 liaŋ^{44}tɕ^{h}iŋ^{21}	黑 xei^{31}	热 ʐɤ^{31}
靖远县	亮 liaŋ^{33}	黑 xei^{41}	热 ʐɤ^{41}
陇西县	亮 liaŋ^{44}	黑 xe^{21}	热 ʐɤ^{21}
秦州区	亮 liaŋ^{44}	黑 xei^{13}	热 ʐɤ^{44}
安定区	亮 liaŋ^{44}	黑 xɛ^{13}	热 ʐə^{13}
会宁县	亮 liaŋ^{44}	黑 xɛ^{13}	热 ʐə^{13}
临洮县	亮 liã^{44}	黑 xei^{13}	热 ʐɛ^{13}
清水县	明 miŋ^{13} 亮 liɒ̃^{443}	黑 xəi^{13}	热 ʐə^{13}
永靖县	亮 liaŋ^{44}	黑 xɤ^{213}	热 ʐɤ^{213}
敦煌市	亮 liaŋ^{44}	黑 xei^{213}	热 ʐə^{213}
临夏市	亮 liaŋ^{53}	黑 xei^{13}	热 ʐɤ^{13}
合作市	亮 liaŋ^{53}	黑 xei^{13}	热 ʐə^{13}
临潭县	亮 liɒ^{44}	黑 xɪi^{44}	热 ʐɤ^{44}

	0991 暖和天气	0992 凉天气	0993 冷天气
兰州市	暖和 luæ̃^{55}xuə^{42}	凉 liɑ̃^{53}	冷 lən^{34}
榆中县	热和 zə̩^{31}xuə^{213} 暖和 luan^{44}xuə^{0}	凉 liaŋ^{312}	冷 lən^{44}
永登县	热和 zə̩^{22}xuə^{55}	凉 liɑ̃^{53}	冷 lə̃n^{354}
红古区	热和 zə̩^{22}xuə^{55}	凉 liɑŋ^{13}	冷 lən^{53}
凉州区	暖和 nɑŋ^{53}xuə^{35}	凉 liɑŋ^{35}	冻 tuŋ^{31}
甘州区	暖和 naŋ^{22}xuə^{44}	凉 liaŋ^{53}	冷 lɤŋ^{53}
肃州区	暖和 nuæ̃^{21}xuə^{51}	凉 liɑŋ^{51}	冷 lɤŋ^{51}
永昌县	暖和 nuɛe^{53}xuə^{13}	凉 liaŋ^{13}	冷 ləŋ^{13}
崆峒区	暖和 nuæ̃^{55}xuo^{21}	凉 liɑŋ^{24}	冷 lɤŋ^{53}
庆城县	暖和 nɛ̃^{44}xuə^{0}	凉 liɑ̃^{113}	冷 lɤŋ^{44} 冻 tuŋ^{244}
宁县	暖和 lyæ̃^{55}xuə^{0}	凉 liaŋ^{24}	冻 tuŋ^{44}
武都区	暖和 luæ̃^{55}xuɤ^{21}	凉 liɑŋ^{13}	冷 ləŋ^{31}
文县	暖和 luæ̃^{35}xuə^{42}	凉 liɑ̃^{13}	冻 toŋ^{24}
康县	暖和 luan^{35}xuɤ^{21}	凉 liɑŋ^{211}	冻 tuŋ^{24}
礼县	暖和 nuæ̃^{52}xuɤ^{13}	凉 liɑŋ^{13}	冷 nɤŋ^{52}
靖远县	热 zɤ̩^{41}	凉 liaŋ^{24}	冷 lɤŋ^{55}
陇西县	暖和 luæ̃^{55}xuɤ^{21}	凉 liɑŋ^{13}	冷 lɤŋ^{53}
秦州区	暖和 luæ̃^{53}xuə^{21}	凉 liɑŋ^{13}	冷 lɤŋ^{53}
安定区	暖和 nuæ̃^{53}xuə^{21}	凉 liɑŋ^{13}	冷 ləŋ^{53}
会宁县	暖和 luæ̃^{53}xuə^{21}	凉 liɑŋ^{13}	冷 ləŋ^{53}
临洮县	暖和 nuæ̃^{53}xuɤ^{21}	凉 liɑ̃^{13}	冷 lɤŋ^{53}
清水县	暖和 luæ̃^{52}xuə^{21}	凉 liɒ̃^{13}	冷 lɤŋ^{52}
永靖县	热 zɤ̩^{213}	凉 liaŋ^{213}	冷 lɤŋ^{53}
敦煌市	暖和 nuæ̃^{53}xuə^{21}	凉 liaŋ^{213}	冷 lɤŋ^{51}
临夏市	热和 zɤ̩^{44}xuɤ^{21}	凉 liaŋ^{13}	冷 ləŋ^{42}
合作市	热 zə̩^{13}	凉 liaŋ^{13}	冷 ləŋ^{44} 冻 tuəŋ^{53}
临潭县	热和 zɤ̩^{44}xuɤ^{44}	凉 liɒ^{24}	冷 ləŋ^{51}

	0994 热水	0995 凉水	0996 干干燥：衣服晒～了
兰州市	热 ʐɤ^{13}	冰 pin^{55}	干 kæ̃^{55}
榆中县	热 ʐə^{312}	冰 pin^{51}	干 kan^{51}
永登县	热 ʐə^{13}	冷 lə̃n^{354}	干燥 kæ̃^{44}tsʰɔ^{13}
红古区	热 ʐə^{13}	冰 pin^{13} 冷 lən^{53}	干 kan^{13}
凉州区	热 ʐə^{31}	冰 piŋ^{35}	干 kaŋ^{35}
甘州区	热 ʐə^{31}	凉 liaŋ^{53}	干 kaŋ^{44}
肃州区	热 ʐə^{213}	凉 liaŋ^{51}	干 kæ̃^{44}
永昌县	热 ʐə^{53}	冰 piŋ^{44}	干 kɛe^{44}
崆峒区	热 ʐɤ^{21}	凉 liaŋ^{24}	干 kæ̃^{21}
庆城县	热 ʐɛ^{51}	冰 piŋ^{51}	干 kɛ̃^{51}
宁县	热 ʐə^{31}	冰 piŋ^{31}	干 kæ̃^{31}
武都区	热 ʐɤ^{31}	瘆 səŋ^{13} 冷 ləŋ^{31}	干 kæ̃^{31}
文县	热 iɛ^{31}	冷 ləŋ^{55}	干 kæ̃^{31}
康县	热 ʐɤ^{53}	凉 liaŋ^{211} 瘆 sɤŋ^{24}	干 kan^{53}
礼县	煎 tɕiæ̃^{31}	瘆 sɤŋ^{44} 冷 nɤŋ^{52}	干 kæ̃^{31}
靖远县	热 ʐɤ^{41}	冰 piŋ^{41}	干 kæ̃^{41}
陇西县	热 ʐɤ^{21}	凉 liaŋ^{13}	干 kæ̃^{21}
秦州区	热 ʐɤ^{13}	凉 liaŋ^{13}	干 kæ̃^{13}
安定区	热 ʐə^{13}	凉 liaŋ^{13}	干 kæ̃^{13}
会宁县	热 ʐə^{13}	冰 piŋ^{13}	干 kæ̃^{13}
临洮县	热 ʐɛ^{13}	冰 piŋ^{13}	干 kæ̃^{13}
清水县	热 ʐə^{13} 烧 ʂɔ^{13}	冰 piŋ^{13} 凉 liõ^{13} 瘆人 ʃɤŋ^{44}ʐɤŋ^{21}	干 kæ̃^{13}
永靖县	热 ʐɤ^{213}	冰 piɤŋ^{213}	干 kæ̃^{213}
敦煌市	热 ʐə^{213}	凉 liaŋ^{213}	干 kæ̃^{213}
临夏市	热 ʐɤ^{13}	冰 piŋ^{13}	干 kã^{13}
合作市	热 ʐə^{13}	冰 piŋ^{13}	干 kæ̃^{13}
临潭县	热 ʐɤ^{44}	凉 liɒ^{24}	干 kæ̃^{44}

	0997 湿潮湿：衣服淋～了	0998 干净衣服～	0999 脏肮脏，不干净，统称：衣服～
兰州市	湿 ʂʅ^{13}	干净 kæ̃^{55}tɕin^{21}	脏 tsɑ̃^{55}
榆中县	湿 ʂʅ^{312}	净 tɕin^{213}	脏 tsaŋ^{51}
永登县	湿 ʂʅ^{13}	干净 kæ̃^{42}tɕin^{21}	脏 tsɑ̃^{42}
红古区	湿 ʂʅ^{13}	干净 kan^{22}tɕin^{13}	脏 tsɑŋ^{13}
凉州区	湿 ʂʅ^{31}	净 tɕiŋ^{31}	脏 tsɑŋ^{35}
甘州区	湿 ʂʅ^{31}	干净 kaŋ^{44}tɕiŋ^{44}	脏 tsaŋ^{44}
肃州区	湿 ʂʅ^{213} 湿哆哆的 ʂʅ^{44}tia^{44}tia^{44}ti^{21}	干净 kæ̃^{44}tɕiŋ^{44}	脏 tsɑŋ^{44} 脏兮兮的 tsɑŋ^{44}ɕi^{44}ɕi^{44}ti^{21}
永昌县	湿 ʂʅ^{53}	干净 kɛe^{44}tɕiŋ^{44}	脏 tsɑŋ^{44}
崆峒区	湿 ʂʅ^{21}	干净 kæ̃^{53}tɕiɤŋ^{21}	脏 tsɑŋ^{21}
庆城县	湿 ʂʅ^{51}	净 tɕiŋ^{244}	脏 tsɑ̃^{51}
宁县	湿 ʂʅ^{31}	干净 kæ̃^{31}tɕʰiŋ^{0}	害的 xɛ^{44}ti^{31} 脏 tsaŋ^{31}
武都区	湿 ʂʅ^{31}	干净 kæ̃^{31}tɕin^{21} 净 tɕin^{24}	脏 tsɑŋ^{31}
文县	湿 sʅ^{31}	干净 kæ̃^{31}tɕʰiəŋ^{24}	脏 tsɑ̃^{31}
康县	湿 ʂʅ^{53}	干净 kan^{53}tsiŋ^{21}	脏 tsɑŋ^{53}
礼县	湿 ʂʅ^{31}	干净 kæ̃^{31}tɕʰiŋ^{44}	浊 tʃuɤ^{13}
靖远县	湿 ʂʅ^{41}	干净 kæ̃^{41}tɕiŋ^{21}	脏 tsɑŋ^{41}
陇西县	湿 ʂʅ^{21}	净 tɕʰiŋ^{44}	脏 tsɑŋ^{21}
秦州区	湿 ʂʅ^{13}	干净 kæ̃^{21}tɕʰiɤŋ^{44}	哕=yə^{44}
安定区	湿 ʂʅ^{13}	净 tɕiŋ^{44}	脏 tsɑŋ^{13}
会宁县	湿 ʂʅ^{13}	干净 kæ̃^{21}tɕʰiŋ^{44}	脏 tsɑŋ^{13}
临洮县	湿 ʂʅ^{13}	干净 kæ̃^{21}tɕiŋ^{44}	脏 tsɑ̃^{13}
清水县	湿 ʂʅ^{13}	干净 kæ̃^{21}tsʰiŋ^{443}	脏 tsɒ̃^{13} 木=囊=mu^{44}lɒ̃^{21}
永靖县	湿 ʂʅ^{213}	干净 kæ̃^{22}tɕiɤŋ^{53}	脏 tsɑŋ^{213}
敦煌市	湿 ʂʅ^{213}	干净 kæ̃^{21}tɕiŋ^{44}	脏 tsɑŋ^{213}
临夏市	湿 ʂʅ^{13}	干净 ka^{21}tɕiŋ^{53}	脏 tsɑŋ^{13}
合作市	湿 ʂʅ^{13}	干净 kæ̃^{21}tɕiŋ^{44}	脏 tsɑŋ^{13}
临潭县	湿 ʂʅ^{44}	干净 kæ̃^{44}tɕin^{44}	脏 tsɒ^{44}

	1000 快锋利：刀子～	1001 钝刀～	1002 快坐车比走路～
兰州市	快 k^{h}uɛ^{13}	老 lɔ^{34}	快 k^{h}uɛ^{13}
榆中县	利 li^{213}	老 lɔ^{44}	快 k^{h}uɛ^{213}
永登县	快 k^{h}uɛ^{13} 利 li^{13}	老 lɔ^{354}	快 k^{h}uɛ^{13}
红古区	利 lʅ^{13} 快 k^{h}uɛ^{13}	老 lɔ^{53}	快 k^{h}uɛ^{13}
凉州区	利 li^{31}	老 lɑo^{35}	快 k^{h}uæ^{31}
甘州区	快 k^{h}uɛ^{31}	老 lɔ^{53}	快 k^{h}uɛ^{31}
肃州区	快 k^{h}uɛ^{213}	老 lɔ^{51}	快 k^{h}uɛ^{213}
永昌县	快 k^{h}uɛe^{53}	老 lɔo^{13}	快 k^{h}uɛe^{53}
崆峒区	利 li^{44}	老 lɔ^{53}	快 k^{h}uɛ^{44}
庆城县	利 li^{244} 快 k^{h}uɛ^{244}	老 lɔ^{44}	快 k^{h}uɛ^{244}
宁县	快 k^{h}uɛ^{44}	老 lɔ^{52}	快 k^{h}uɛ^{44}
武都区	快 k^{h}uɛɪ^{24} 利 li^{24}	木 mu^{31}	快 k^{h}uɛɪ^{24}
文县	快 k^{h}uɛe^{24}	木 mu^{31}	快 k^{h}uɛe^{24}
康县	快 k^{h}uɛ^{24}	不快 pu^{21}k^{h}uɛ^{24}	快 k^{h}uɛ^{24}
礼县	快 k^{h}uai^{44}	老 nɔo^{52}	快 k^{h}uai^{44}
靖远县	利 lʅ^{33}	老 lɑo^{55}	快 k^{h}uɛ^{33}
陇西县	快 k^{h}uɛ^{44}	老 lɔo^{53}	快 k^{h}uɛ^{44}
秦州区	快 k^{h}uɛ^{44}	老 lɔ^{53}	快 k^{h}uɛ^{44}
安定区	利 li^{44}	老 lɔ^{53}	快 k^{h}uɛ^{44}
会宁县	利 li^{44}	老 lɔ^{53}	快 k^{h}uɛ^{53}
临洮县	利 li^{44}	老 lɔ^{53}	快 k^{h}uɛ^{44}
清水县	快 k^{h}uɛ^{443}	老 lɔ^{52}	快 k^{h}uɛ^{443}
永靖县	利 li^{53}	老 lɔ^{53}	快 k^{h}uɛ^{44}
敦煌市	利 li^{44} 快 k^{h}uɛ^{44}	老 lɔ^{51}	快 k^{h}uɛ^{44}
临夏市	利 li^{53}	老 lɔ^{42}	快 k^{h}uɛ^{53}
合作市	利 li^{53}	老 lɔ^{44}	快 k^{h}uɛe^{53}
临潭县	快 k^{h}uɛe^{44}	老 lɔo^{44}	快 k^{h}uɛe^{44}

	1003 慢走路比坐车~	1004 早来得~	1005 晚来~了
兰州市	慢 mæ̃13	早 tsɔ34	迟 tʂʰʅ53
榆中县	慢 man213	早 tsɔ44	迟 tʂʰʅ312 晚 van44
永登县	慢 mæ̃13	早 tsɔ354	迟 tʂʅ53
红古区	慢 man13	早 tsɔ53	迟 tʂʰʅ13
凉州区	慢 mɑŋ31	早 tsɑo35	迟 tsʰɿ35
甘州区	慢 maŋ31	早 tsɔ53	迟 tʂʰʅ53
肃州区	慢 mæ̃213	早 tsɔ51	迟 tsʰɿ51 晚 væ̃51
永昌县	慢 mɛe53	早 tsɔo13	迟 tʂʰʅ13
崆峒区	慢 mæ̃44	早 tsɔ53	迟 tsʰɿ24
庆城县	慢 mɛ̃244	早 tsɔ44	迟 tsʰɿ113 晚 vɛ̃44
宁县	慢 mæ̃44	早 tsɔ52	迟 tsʰɿ24
武都区	慢 mæ̃24	早 tsɔu55	迟 tsʰɿ13
文县	慢 mæ̃24	早 tsɔo55	迟 tsʰɿ13
康县	慢 man24	早 tsɔo55	迟 tʂʰʅ211
礼县	坦=tʰæ̃52 慢 mæ̃44	早 tsɔo52	迟 tsʰɿ13
靖远县	慢 mæ̃33	早 tsɑo55	迟 tsʰɿ24
陇西县	慢 mæ̃44	早 tsɔo53	迟 tsʰɿ13
秦州区	坦=tʰæ̃53	早 tsɔ53	迟 tsʰɿ13
安定区	慢 mæ̃44	早 tsɔ53	迟 tsʰɿ13
会宁县	慢 mæ̃44	早 tsɔ53	迟 tsʰɿ13
临洮县	慢 mæ̃44	早 tsɔ53	迟 tsʰɿ13
清水县	慢 mæ̃443 迟 tʃʰɨ13	早 tsɔ52	迟 tʃʰɨ13
永靖县	慢 mæ̃44	早 tsɔ53	迟 tʂʰʅ213
敦煌市	慢 mæ̃44	早 tsɔ51	迟 tsʰɿ213
临夏市	慢 mã53	早 tsɔ42	迟 tʂʰʅ13
合作市	慢 mæ̃53	早 tsɔ44	迟 tʂʰʅ13
临潭县	慢 mæ̃44	早 tsɔo51	晚 væ̃51

	1006 晚天色～	1007 松捆得～	1008 紧捆得～
兰州市	迟 tʂ^{h}ʅ^{53}	松 suən^{55}	紧 tɕin^{34}
榆中县	黑 xə^{312}	松 suən^{51}	紧 tɕin^{44}
永登县	晚 væ̃^{354}	松 suə̃n^{42}	紧 tɕin^{354}
红古区	黑 xə^{13}	松 suən^{13}	紧 tɕin^{53}
凉州区	黑 xɯ^{31}	松 suŋ^{35}	紧 tɕiŋ^{35}
甘州区	晚 vaŋ^{53}	松 suŋ^{44}	紧 tɕiŋ^{53}
肃州区	晚 væ̃^{51}	松 suŋ^{44}	紧 tɕiŋ^{51}
永昌县	迟 tʂ^{h}ʅ^{13}	松 soŋ^{44}	紧 tɕiŋ^{13}
崆峒区	麻 ma^{24}	松 soŋ^{21}	紧 tɕiɤŋ^{53}
庆城县	黑 xei^{51}	松 suŋ^{51}	紧 tɕiŋ^{44}
宁县	黑 xei^{31}	松 suŋ^{31}	紧 tɕiŋ^{52}
武都区	黑 xei^{31} 迟 ts^{h}ʅ^{13}	松 suŋ^{31}	紧 tɕin^{55}
文县	黑了 xei^{42}lɔo^{42}	松 soŋ^{31}	紧 tɕiəŋ^{55}
康县	黑了 xei^{53}liɔo^{21}	松 suŋ^{53}	紧 tɕiŋ^{55}
礼县	黑 xei^{31}	松 ʃuɤŋ^{31}	紧 tɕiŋ^{52}
靖远县	擦黑子 ts^{h}a^{22}xei^{41}tsʅ^{21}	松 soŋ^{41}	紧 tɕiŋ^{55}
陇西县	黑 xe^{21}	松 suŋ^{21}	紧 tɕiŋ^{53}
秦州区	黑了 xei^{21}liɤu^{53}	松 suɤŋ^{13}	紧 tɕiɤŋ^{53}
安定区	黑了 xɛ^{21}lɔ^{44}	松 suŋ^{13}	紧 tɕiŋ^{53}
会宁县	黑了 xɛ^{21}lɔ^{13}	松 suŋ^{13}	紧 tɕiŋ^{53}
临洮县	黑了 xei^{21}liɔ^{13}	松 suŋ^{13}	紧 tɕiŋ^{53}
清水县	黑价$^{=}$xəi^{21}tɕ^{h}ia^{13}	松 suŋ^{13}	紧 tɕiŋ^{52}
永靖县	黑 xɤ^{213}	松 suɤŋ^{213}	紧 tɕiɤŋ^{53}
敦煌市	黑 xei^{213}	松 suŋ^{213}	紧 tɕiŋ^{51}
临夏市	黑了 xei^{21}liɔ^{53}	松 suəŋ^{13}	紧 tɕiŋ^{42}
合作市	黑了 xei^{21}liɔ^{53}	松 suəŋ^{13}	紧 tɕiŋ^{44}
临潭县	晚 væ̃^{51}	松 suəŋ^{44}	紧 tɕin^{51}

	1009 容易这道题~	1010 难这道题~	1011 新衣服~
兰州市	容易 vən^{53}ʑi^{21}	难 næ̃^{53}	新 ɕin^{31}
榆中县	容易 zuən^{31}i^{213}	难 nan^{312}	新 ɕin^{51}
永登县	容易 yn^{53}i^{21}	难 næ̃^{53}	新 ɕin^{42}
红古区	容易 yn^{22}zɿ^{13}	难 nan^{13}	新 ɕin^{13}
凉州区	容易 yŋ^{35}ʑi^{53}	难 nɑŋ^{35}	新 ɕiŋ^{35}
甘州区	容易 yŋ^{35}ʑi^{42}	难 naŋ^{53}	新 ɕiŋ^{44}
肃州区	容易 zuŋ^{44}ʑi^{21}	难 næ̃^{51}	新 ɕiŋ^{44}
永昌县	容易 zoŋ^{13}ʑi^{42}	难 nɛe^{13}	新 ɕiŋ^{44}
崆峒区	容易 ioŋ^{24}i^{44}	难 næ̃^{24}	新 ɕiɤŋ^{21}
庆城县	简单 tɕiɛ̃^{44}tɛ̃^{0} 容易 yŋ^{21}i^{244}	难 nɛ̃^{113}	新 ɕiŋ^{51}
宁县	简单 tɕiæ̃^{52}tæ̃^{0}	难 næ̃^{24}	新 ɕiŋ^{31}
武都区	简单 tɕiæ̃^{55}tæ̃^{21}	难 læ̃^{13}	新 ɕin^{31}
文县	容易 yəŋ^{42}ʑi^{24}	难 læ̃^{13}	新 ɕiəŋ^{31}
康县	容易 uŋ^{42}i^{24}	难 lan^{211}	新 siŋ^{53}
礼县	容易 yŋ^{13}i^{44} 简单 tɕiæ̃^{52}tæ̃^{21}	难 næ̃^{13}	新 ɕiŋ^{31}
靖远县	简单 tɕiæ̃^{55}tæ̃^{41}	难 næ̃^{24}	新 ɕiŋ^{41}
陇西县	简单 tɕiæ̃^{55}tæ̃^{44}	难 læ̃^{13}	新 ɕin^{21}
秦州区	简单 tɕiæ̃^{53}tæ̃^{21}	难 læ̃^{13}	新 ɕiɤŋ^{13}
安定区	简单 tɕiæ̃^{53}tæ̃^{21}	难 næ̃^{13}	新 ɕiŋ^{13}
会宁县	容易 yŋ^{21}ʑi^{44} 简单 tɕiæ̃^{53}tæ̃^{44}	难 læ̃^{13}	新 ɕiŋ^{13}
临洮县	容易 yŋ^{21}ʑi^{44}	难 næ̃^{13}	新 ɕiŋ^{13}
清水县	容易 yŋ^{13}i^{443} 简单 tɕiæ̃^{52}tæ̃^{21}	难 læ̃^{13} 糯=燃 luə^{13}zæ̃^{21}	新 siŋ^{13}
永靖县	容易 yŋ^{22}i^{44}	难 næ̃^{213}	新 ɕiɤŋ^{213}
敦煌市	容易 zuŋ^{22}ʑi^{51}	难 næ̃^{213}	新 ɕiŋ^{213}
临夏市	简单 tɕiɛ̃^{44}tã^{24}	难 nã^{13}	新 ɕiŋ^{13}
合作市	简单 tɕiæ̃^{44}tæ̃^{13}	难 næ̃^{13}	新 ɕiŋ^{13}
临潭县	容易 yn^{21}i^{44}	难 næ̃^{24}	新 ɕin^{44}

	1012 旧衣服～	1013 老人～	1014 年轻人～
兰州市	旧 tɕiəu^{13}	老 lɔ^{34}	年轻 ȵiæ̃^{55}tɕ^{h}in^{42}
榆中县	旧 tɕiəu^{213}	老 lɔ^{44}	年轻 ȵian^{31}tɕ^{h}in^{51}
永登县	旧 tɕiɤu^{13}	老 lɔ^{354}	年轻 ȵiæ̃^{22}tɕ^{h}in^{44}
红古区	旧 tɕiɤu^{13}	老 lɔ^{53}	年轻 ȵian^{13}tɕ^{h}in^{13}
凉州区	旧 tɕiəu^{31}	老 lɑo^{35}	年轻 ȵiɑŋ^{35}tɕ^{h}iŋ^{53}
甘州区	旧 tɕiɤu^{31}	老 lɔ^{53}	年轻 niaŋ^{53}tɕ^{h}iŋ^{44}
肃州区	旧 tɕiəu^{213}	老 lɔ^{51}	年轻 ȵiæ̃^{53}tɕ^{h}iŋ^{44}
永昌县	旧 tɕiəu^{53}	老 lɔo^{13}	年轻 ȵiɛ^{35}tɕ^{h}iŋ^{13}
崆峒区	旧 tɕiəu^{44}	老 lɔ^{53}	年轻 ȵiæ̃^{24}tɕ^{h}iɤŋ^{21}
庆城县	旧 tɕiɤu^{244}	老 lɔ^{44}	年轻 ȵiɛ̃^{21}tɕ^{h}iŋ^{51}
宁县	旧 tɕ^{h}iou^{44}	老 lɔ^{52}	年轻 ȵiæ̃^{24}tɕ^{h}iŋ^{31}
武都区	旧 tɕiəu^{24}	老 lɔu^{31}	年轻 ȵiæ̃^{13}tɕ^{h}in^{21}
文县	旧 tɕ^{h}iɤu^{24}	老 lɔo^{55}	年轻 ȵiæ̃^{21}tɕ^{h}iəŋ^{42}
康县	旧 tɕiɤu^{24}	老 lɔo^{55}	年轻 ȵian^{21}tɕ^{h}iŋ^{53}
礼县	旧 tɕ^{h}iəu^{44}	老 nɔo^{52}	年轻 ȵiæ̃^{13}tɕ^{h}iŋ^{31}
靖远县	旧 tɕiɤu^{33}	年龄大了 ȵiæ̃^{24}liŋ^{55}ta^{35}liɑo^{41}	年龄不大 ȵiæ̃^{22}liŋ^{55}pu^{22}ta^{33}
陇西县	旧 tɕ^{h}iu^{44}	老 lɔo^{53}	年轻 liæ̃^{24}tɕ^{h}iŋ^{42}
秦州区	旧 tɕ^{h}iɤu^{44}	老 lɔ^{53}	年轻 ȵiæ̃^{13}tɕ^{h}iɤŋ^{13}
安定区	旧 tɕ^{h}iəu^{44}	老 nɔ^{53}	年轻 ȵiæ̃^{13}tɕ^{h}iŋ^{13}
会宁县	旧 tɕ^{h}iəu^{44}	老面 lɔ^{53}miæ̃^{21}	年轻 ȵiæ̃^{21}tɕ^{h}iŋ^{13}
临洮县	旧 tɕiɤu^{44}	老 lɔ^{53}	年轻 ȵiæ̃^{13}tɕ^{h}iŋ^{21}
清水县	旧 tɕ^{h}iou^{443}	老 lɔ^{52}	年轻 ȵiæ̃^{13}tɕ^{h}iŋ^{13}
永靖县	旧 tɕiɤu^{44}	老 lɔ^{53}	年轻 ȵiæ̃^{13}tɕ^{h}iɤŋ^{13}
敦煌市	旧 tɕiɤu^{44}	老 lɔ^{51}	年轻 ȵiɛ̃^{13}tɕ^{h}iŋ^{213}
临夏市	旧 tɕiɤu^{53}	老 lɔ^{42}	年轻 ȵiɛ̃^{13}tɕ^{h}iŋ^{42}
合作市	旧 tɕiəɯ^{53}	老相 lɔ^{44}ɕiɑŋ^{53}	年轻 ȵiæ̃^{13}tɕ^{h}iŋ^{13}
临潭县	旧 tɕiəɯ^{44}	老 lɔo^{51}	年轻 ȵiæ̃^{24}tɕ^{h}in^{44}

	1015 软糖～	1016 硬骨头～	1017 烂肉煮得～
兰州市	软 væ̃^{34}	硬 ȵin^{13}	烂 læ̃^{13}
榆中县	软 ʐuan^{44}	硬 ȵin^{213}	烂 lan^{213}
永登县	软 væ̃^{354}	硬 ȵin^{13}	烂 læ̃^{13}
红古区	软 van^{53}	硬 ȵin^{13}	烂 lan^{13} 绵 mian^{13}
凉州区	软 ʐuɑŋ^{35}	硬 liŋ^{31}	烂 lɑŋ^{31}
甘州区	软 vaŋ^{53}	硬 ȵiŋ^{31}	烂 laŋ^{31}
肃州区	软 ʐuæ̃^{51}	硬 ȵiŋ^{213}	烂 læ̃^{213}
永昌县	软 ʐuɛe^{13}	硬 ȵiŋ^{53}	烂 lɛe^{53}
崆峒区	软 ʐuæ̃^{53}	硬 ȵiɤŋ^{44}	烂 læ̃^{44}
庆城县	软 ʐuɛ̃^{44}	硬 ȵiŋ^{244}	烂 lɛ̃^{244}
宁县	软 ʒuæ̃^{52}	硬 ȵiŋ^{44}	烂 læ̃^{44}
武都区	㱾 p^{h}a^{31} 软 ʒuæ̃^{55}	硬 ȵin^{24}	㱾 p^{h}a^{31}
文县	软 zuæ̃^{55}	硬 ȵiəŋ^{24}	烂 læ̃^{24}
康县	软 van^{53}	硬 ȵiŋ^{24}	烂 lan^{24}
礼县	软 ʒuæ̃^{52}	硬 ȵiŋ^{44}	烂 næ̃^{44} 绵 miæ̃^{13}
靖远县	软 ʐuæ̃^{55}	硬 ȵiŋ^{33}	烂 læ̃^{33}
陇西县	软 ʐuæ̃^{53}	硬 liŋ^{44}	绵 miæ̃^{13}
秦州区	软 ʒuæ̃^{53}	硬 ȵiɤŋ^{44}	㱾 p^{h}a^{13}
安定区	软 ʒuæ̃^{53}	硬 ȵiŋ^{44}	绵 miæ̃^{13}
会宁县	软 ʒuæ̃^{53}	硬 ȵiŋ^{44}	绵 miæ̃^{13}
临洮县	软 ʐuæ̃^{53}	硬 ȵiŋ^{44}	绵 miæ̃^{13}
清水县	软 ʒæ̃^{52}	硬 ȵiŋ^{443}	烂 læ̃^{443} 绵 miæ̃^{13}
永靖县	软 ʐuæ̃^{53}	硬 ȵiɤŋ^{44}	淌过了 t^{h}ɑŋ^{44}kuɤ^{42}lɔ^{21}
敦煌市	软 ʐuæ̃^{51}	硬 ȵiŋ^{44}	烂 læ̃^{44}
临夏市	软 ʐuã^{42}	硬 ȵiŋ^{53}	绵 miɛ̃^{13}
合作市	软 ʐuæ̃^{44}	硬 ȵiŋ^{53}	绵 miæ̃^{13}
临潭县	软 ʐuæ̃^{51}	硬 ȵin^{44}	烂 læ̃^{44}

	1018 糊饭烧～了	1019 结实家具～	1020 破衣服～
兰州市	焦 tɕiɔ^{55}	牢实 lɔ^{53}ʂʅ^{21}	烂 læ̃^{13}
榆中县	糊白 xu^{31}pə^{213}	硬邦 ȵin^{21}paŋ^{44}	破 pʰə^{213}
永登县	焦 tɕiɔ^{42}	牢实 lɔ^{55}ʂʅ^{21}	破 pʰə^{13}
红古区	焦 tɕiɔ^{13}	牢实 lɔ^{22}ʂʅ^{55} 硬邦 ȵin^{22}paŋ^{55}	破 pʰə^{13}
凉州区	焦 tɕiao^{35}	牢实 lao^{35}ʂʅ^{53}	破 pʰə^{31}
甘州区	焦 tɕiɔ^{44}	结实 tɕiə^{22}ʂʅ^{53}	破 pʰuə^{31}
肃州区	糊 xu^{51}	结实 tɕiɛ^{21}ʂʅ^{51}	烂 læ̃^{213} 破 pʰə^{213}
永昌县	焦 tɕiɔo^{44}	结实 tɕiə^{44}ʂʅ^{21}	破 pʰə^{53}
崆峒区	焦 tɕiɔ^{21}	结实 tɕiɛ^{53}ʂʅ^{21}	烂 læ̃^{44}
庆城县	焦 tɕiɔ^{51}	结实 tɕiᴇ^{51}ʂʅ^{0}	烂 lɛ̃^{244}
宁县	焦 tɕiɔ^{31}	牢 lɔ^{24} 结实 tɕiɛ^{31}ʂʅ^{0}	烂 læ̃^{44}
武都区	焦 tɕiɔu^{31}	结实 tɕiᴇ^{31}ʂʅ^{21}	烂 læ̃^{24}
文县	着了 tsʰuə^{21}lɔo^{35} 焦了 tɕiɔo^{42}lɔo^{21}	结实 tɕiɛ^{42}sʅ^{13}	烂 læ̃^{24}
康县	焦 tɕiɔo^{53}	结实 tɕiɛ^{53}ʂʅ^{21}	烂 lan^{24}
礼县	着 tʃʰuɤ^{13}	牢 nɔo^{13} 结实 tɕiɛ^{31}ʂʅ^{13}	烂 næ̃^{44}
靖远县	焦 tɕiao^{41}	牢实 lao^{22}ʂʅ^{55}	旧 tɕiɤu^{33}
陇西县	焦 tɕiɔo^{21}	结实 tɕiɛ^{42}ʂʅ^{13}	烂 læ̃^{44}
秦州区	着了 tʂʰuə^{13}liɤu^{21}	牢 lɔ^{13}	烂 læ̃^{44}
安定区	着 tʂʰə^{13}	牢实 lɔ^{13}ʂʅ^{21}	烂 næ̃^{44}
会宁县	焦 tɕiɔ^{13}	结实 tɕiə^{21}ʂʅ^{13}	烂 læ̃^{44}
临洮县	焦 tɕiɔ^{13}	结实 tɕie^{21}ʂʅ^{13}	烂 læ̃^{44}
清水县	焦 tsiɔ^{13} 着 tʂʰuə^{13}	结实 tɕiɛ^{21}ʂʅ^{13} 牢靠 lɔ^{13}kʰɒ̃^{21}	烂 læ̃^{443}
永靖县	焦 tɕiɔ^{213}	结实 tɕiɛ^{22}ʂʅ^{53}	破 pʰɤ^{44}
敦煌市	焦 tɕiɔ^{213}	牢实 lɔ^{22}ʂʅ^{51}	烂 læ̃^{44}
临夏市	焦 tɕiɔ^{13}	结实 tɕiɛ^{13}ʂʅ^{24}	破 pʰɤ^{53}
合作市	焦 tɕiɔ^{13}	牢实 lɔ^{13}ʂʅ^{21}	破 pʰə^{53}
临潭县	着了 tʂuɤ^{21}lɤ^{51}	结实 tɕiɛ^{44}ʂʅ^{44}	破 pʰɤ^{44}

	1021 富他家很～	1022 穷他家很～	1023 忙最近很～
兰州市	富 fu^{13}	穷 tɕʰyn^{53}	忙 mã^{53}
榆中县	富 fu^{213}	穷 tɕʰyn^{312}	忙 maŋ^{312}
永登县	富 fu^{13}	穷 tɕʰyn^{53}	忙 mã^{53}
红古区	富 fu^{13}	穷 tɕʰyn^{13}	忙 mɑŋ^{13}
凉州区	富 fu^{31}	穷 tɕʰyŋ^{35}	忙 mɑŋ^{35}
甘州区	富 fu^{31}	穷 tɕʰyŋ^{53}	忙 maŋ^{53}
肃州区	富 fu^{213}	穷 tɕʰyŋ^{51}	忙 mɑŋ^{51}
永昌县	富 fu^{53}	穷 tɕʰyəŋ^{13}	忙 mɑŋ^{13}
崆峒区	富 fu^{44}	穷 tɕʰioŋ^{24}	忙 mɑŋ^{24}
庆城县	富 fu^{244}	穷 tɕʰyŋ^{113}	忙 mã^{113}
宁县	富 fu^{44}	穷 tɕʰyŋ^{24} 焦⁼拮⁼ tɕiɔ^{44}tɕiɛ^{31}	忙 maŋ^{24}
武都区	富 fu^{24}	穷 tɕʰyn^{13}	忙 mɑŋ^{13}
文县	富 fu^{24}	穷 tɕʰiəŋ^{13}	忙 mã^{13}
康县	富 fu^{24}	穷 tɕʰyŋ^{211}	忙 mɑŋ^{211}
礼县	有 iəu^{52} 富 fu^{44}	穷 tɕʰyŋ^{13}	忙 mɑŋ^{13}
靖远县	富 fu^{33}	穷 tɕʰioŋ^{24}	忙 mɑŋ^{24}
陇西县	富 fu^{44}	穷 tɕʰyŋ^{13}	忙 mɑŋ^{13}
秦州区	有 iɤu^{53}	穷 tɕʰyɤŋ^{13}	忙 mɑŋ^{13}
安定区	有钱 iəu^{53}tɕʰiæ̃^{13}	穷 tɕʰyŋ^{13}	忙 mɑŋ^{13}
会宁县	富 fu^{44}	穷 tɕʰyŋ^{13}	忙 mɑŋ^{13}
临洮县	富 fu^{44}	穷 tɕʰyŋ^{13}	忙 mã^{13}
清水县	富 fu^{443}	穷 tɕʰyŋ^{13} 艰难 tɕiæ̃^{21}læ̃^{13}	忙 mɒ̃^{13}
永靖县	富 fu^{44}	穷 tɕʰyŋ^{213}	忙 mɑŋ^{213}
敦煌市	富 fu^{44}	穷 tɕʰyŋ^{213}	忙 mɑŋ^{213}
临夏市	富 fu^{53}	穷 tɕʰyəŋ^{13}	忙 mɑŋ^{13}
合作市	富 fu^{53}	穷 tɕʰyəŋ^{13}	忙 mɑŋ^{13}
临潭县	富 fu^{44}	穷 tɕʰyn^{24}	忙 mɒ^{24}

	1024 闲最近比较～	1025 累走路走得很～	1026 疼摔～了
兰州市	闲 ɕiæ̃⁵³	乏 fa⁵³	疼 tʰən⁵³
榆中县	闲 ɕian³¹²	乏 fa³¹²	疼 tʰən³¹²
永登县	闲 ɕiæ̃⁵³	乏 fa⁵³	疼 tʰə̃n⁵³
红古区	闲 ɕian¹³	乏 fa¹³	疼 tʰən¹³
凉州区	闲 ɕiɑŋ³⁵	累 luei³¹	疼 tʰeŋ³⁵
甘州区	闲 ɕiaŋ⁵³	累 luei³¹	疼 tʰɤŋ⁵³
肃州区	闲 ɕiæ̃⁵¹	累 luei²¹³	疼 tʰɤŋ⁵¹
永昌县	闲 ɕiɛ¹³	累 luei⁵³	疼 tʰəŋ¹³
崆峒区	闲 ɕiæ̃²⁴	困 kʰoŋ⁴⁴	疼 tʰɤŋ²⁴
庆城县	闲 ɕiɛ̃¹¹³	挣 tsɤŋ²⁴⁴	疼 tʰɤŋ¹¹³
宁县	消闲 ɕiɔ³¹ɕiæ̃⁰	乏 fa²⁴ 挣 tsəŋ⁴⁴	疼 tʰəŋ²⁴
武都区	闲 ɕiæ̃¹³	乏 fa¹³	疼 tʰəŋ¹³
文县	闲 ɕiæ̃¹³	乏 fa¹³	疼 tʰə̃¹³
康县	闲 ɕian²¹¹	累 luei²⁴ 乏 fa²¹¹	疼 tʰɤŋ²¹¹
礼县	闲 ɕiæ̃¹³	乏 fa¹³	疼 tʰɤŋ¹³
靖远县	闲 ɕiæ̃²⁴	累 luei³³	疼 tʰɤŋ²⁴
陇西县	闲 ɕiæ̃¹³	乏 fa¹³	疼 tʰɤŋ¹³
秦州区	清闲 tɕʰiɤŋ²¹ɕiæ̃¹³	吃力 tʂʰʅ¹³li²¹	疼 tʰɤŋ¹³
安定区	闲 ɕiæ̃¹³	乏 fa¹³	疼 tʰəŋ¹³
会宁县	闲 ɕiæ̃¹³	乏 fa¹³	疼 tʰəŋ¹³
临洮县	闲 ɕiæ̃¹³	乏 fa¹³	疼 tʰɤŋ¹³
清水县	闲 ɕiæ̃¹³	吃力 tʂʰʅ¹³li¹³ 乏 fa¹³	疼 tʰɤŋ¹³
永靖县	闲 ɕiæ̃²¹³	乏 fa²¹³	疼 tʰɤŋ²¹³
敦煌市	闲 ɕiɛ̃²¹³	乏 fa²¹³ 累 luei⁴⁴	疼 tʰɤŋ²¹³
临夏市	闲 ɕiɛ̃¹³	乏 fɑ¹³	疼 tʰəŋ¹³
合作市	闲 ɕiæ̃¹³	乏 fʌ¹³	疼 tʰəŋ¹³
临潭县	闲 xæ̃²⁴	乏 fa²⁴	疼 tʰəŋ²⁴

	1027 痒皮肤～	1028 热闹看戏的地方很～	1029 熟悉这个地方我很～
兰州市	咬 ȵiɔ^{34}	红火 xuən^{53}xuə^{21}	熟 fu^{53}
榆中县	咬 iɔ^{44}	红火 xuən^{31}xuə^{213}	熟 ʂu^{312} 熟悉 ʂu^{31}ɕi^{213}
永登县	痒 iɑ̃^{354}	红火 xuə̃n^{22}xuə^{354}	熟 fu^{53}
红古区	嗖= sɤu^{53}	红火 xuən^{22}xuə^{55}	熟 fu^{13}
凉州区	痒 iɑŋ^{35}	热闹 ʐə^{31}nɑo^{21}	熟 ʂu^{35}
甘州区	痒 iaŋ^{53}	红火 xuŋ^{35}xuə^{42}	熟 fu^{53}
肃州区	痒 ʑiaŋ^{51}	热闹 ʐə^{21}nɔ^{13}	熟悉 ʂu^{35}ɕi^{21}
永昌县	痒 iaŋ^{13}	热闹 ʐə^{53}nɔo^{21}	熟悉 ʂu^{13}ɕi^{42}
崆峒区	咬 ȵiɔ^{53}	红火 xoŋ^{22}xuo^{53}	熟 ʂu^{24}
庆城县	咬 ȵiɔ^{44}	热闹 ʐɛ^{51}nɔ^{0}	熟 ʂu^{113}
宁县	咬 ȵiɔ^{52}	红火 xuŋ^{22}xuə^{52} 热闹 ʐə^{31}nɔ^{0}	熟 ʃu^{24}
武都区	咬 ȵiɔu^{55}	热闹 ʐɤ^{31}lɔu^{21} 红火 xuŋ^{22}xuɤ^{31}	熟 ʃu^{13}
文县	咬 ȵiɔo^{55}	热闹 iɛ^{21}lɔo^{24}	熟 su^{13}
康县	咬 ȵiɔo^{55}	欢 xuan^{53} 热闹 ʐɤ^{53}lɔo^{21}	熟 fu^{211}
礼县	咬 ȵiɔo^{52}	热和 ʐɤ^{31}xuɤ^{13} 热闹 ʐɤ^{31}nɔo^{44}	熟 ʃu^{13}
靖远县	痒 iɑŋ^{55}	红火 xoŋ^{22}xuə^{55}	熟 ʂʮ^{24}
陇西县	咬人 liɔo^{55}ʐɤŋ^{13}	红 xuŋ^{13}	熟 ʂu^{13}
秦州区	咬人 ȵiɔ^{53}ʐɤŋ^{21}	欢火 xuæ̃^{21}xuə^{53}	熟 ʃʮ^{13}
安定区	咬人 ȵiɔ^{53}zəŋ^{21}	红火 xuŋ^{44}xuə^{21}	熟 ʃu^{13}
会宁县	咬人 ȵiɔ^{53}zəŋ^{21}	红火 xuŋ^{44}xuə^{21}	熟 ʃu^{13}
临洮县	咬 ȵiɔ^{53}	红火 xuŋ^{21}xuɤ^{53}	熟 ʂu^{13}
清水县	咬 ȵiɔ^{52}	欢闹 xuæ̃^{21}lɔ^{443} 热闹 ʐə^{21}lɔ^{443}	熟 ʃɨ^{13}
永靖县	咬 iɔ^{53}	红火 xuɤŋ^{22}xuɤ^{44}	熟悉 ʂu^{22}ɕi^{44}
敦煌市	咬 ȵiɔ^{51}	红火 xuŋ^{22}xuə^{51}	熟 ʂu^{213}
临夏市	咬 ȵiɔ^{42}	热闹 ʐɤ^{21}nɔ^{44}	熟 ʂu^{13}
合作市	咬 ȵiɔ^{44}	红火 xuəŋ^{44}xuə^{21}	熟 fu^{13}
临潭县	咬 ȵiɔo^{51}	欢的很 xuæ̃^{44}ti^{44}xəŋ^{51}	熟悉 su^{24}ɕi^{21}

	1030 陌生这个地方我很～	1031 味道尝尝～	1032 气味闻闻～
兰州市	不熟 pu^{22}fu^{53}	味道 vei^{22}tɔ^{53}	味道 vei^{22}tɔ^{53}
榆中县	不清楚 pu^{31}tɕʰin^{51}tʂʰu^{44} 不知道 pu^{31}tʂʅ^{51}tɔ^{213}	味道 vei^{21}tɔ^{44}	气味 tɕʰi^{13}vei^{213}
永登县	生 ʂə̃n^{42}	味道 vei^{22}tɔ^{55}	气味 tɕi^{13}vei^{13}
红古区	生 ʂən^{13}	味道 vei^{22}tɔ^{55}	味道 vei^{22}tɔ^{55}
凉州区	不熟 pu^{53}ʂu^{35}	味道 vei^{31}tɑo^{21}	味道 vei^{31}tɑo^{21}
甘州区	生 ʂɤŋ^{44}	味道 vei^{31}tɔ^{21}	气味 tɕʰi^{24}vei^{31}
肃州区	生 sɤŋ^{44}	味道 vei^{21}tɔ^{13}	气味 tɕʰi^{13}vei^{21}
永昌县	生 ʂəŋ^{44}	味道 vei^{53}tɔo^{21}	气味 tɕʰi^{22}vei^{53}
崆峒区	生 sɤŋ^{21}	味道 uei^{35}tɔ^{53}	味气 uei^{44}tɕʰi^{44}
庆城县	生 sɤŋ^{51}	味道儿 vei^{244}tɔr^{0}	气味儿 tɕʰi^{244}vɤr^{244}
宁县	生 səŋ^{31}	味道 uei^{44}tɔ^{31}	味道 uei^{44}tɔ^{31}
武都区	生 səŋ^{31}	味道 y^{24}tɔu^{21}	味道 vei^{24}tɔu^{21}
文县	生 səŋ^{31}	味道 uei^{22}tɔo^{44}	气子 tɕʰi^{24}tsɿ^{42}
康县	生 sɤŋ^{53}	味道 vei^{24}tɔo^{53}	气味儿 tɕʰi^{24}vər^{24}
礼县	生 sɤŋ^{31}	味道 y^{44}tɔo^{21}	味道 y^{44}tɔo^{21}
靖远县	生 sɤŋ^{41}	味道 vei^{35}tɑo^{41}	味道 vei^{35}tɑo^{41}
陇西县	认不得 ʐɤŋ^{44}pu^{44}ti^{42}	味道 ve^{44}tɔo^{44}	气味 tɕʰi^{44}ve^{44}
秦州区	生涩 sɤŋ^{21}sei^{53}	味道 vei^{44}tɔ^{21}	味道 vei^{44}tɔ^{21}
安定区	诧 tsʰa^{44}	味子 vei^{44}tsɿ^{21}	气味 tɕʰi^{44}vei^{44}
会宁县	生 səŋ^{13}	味道 uei^{44}tɔ^{44}	气味 tɕʰi^{44}uei^{44}
临洮县	生 sɤŋ^{13}	味道 vei^{44}tɔ^{44}	味道 vei^{44}tɔ^{44}
清水县	诧 tʃʰa^{443}	味道 vəi^{44}tɔ^{21} 汤道 tʰɔ̃^{21}tɔ^{443}	味道 vəi^{44}tɔ^{21} 气色 tɕʰi^{44}səi^{21}
永靖县	生 ʂɤŋ^{213}	味道 vei^{44}tɔ^{42}	味道 vei^{44}tɔ^{42}
敦煌市	生 ʂɤŋ^{213}	味道 vei^{35}tɔ^{21}	味儿 vei^{35}ər^{21} 味道 vei^{35}tɔ^{21}
临夏市	不熟 pu^{13}ʂu^{24}	味道 vei^{44}tɔ^{21}	味道 vei^{44}tɔ^{21}
合作市	不熟 pu^{21}fu^{13}	味子 vei^{44}tsɿ^{21}	味道 vei^{44}tɔ^{21}
临潭县	不熟 pu^{24}su^{24}	味道 vɪi^{44}tɔo^{44}	味道 vɪi^{44}tɔo^{44}

	1033 咸菜～	1034 淡菜～	1035 酸
兰州市	咸 xæ̃^{53}	甜 tʰiæ̃^{53}	酸 suæ̃^{55}
榆中县	咸 xan^{312}	淡 tan^{213}	酸 suan^{51}
永登县	咸 xæ̃^{53}	甜 tʰiæ̃^{53}	酸 suæ̃^{42}
红古区	咸 xan^{13}	甜 tʰian^{13} 淡 tan^{13}	酸 suan^{13}
凉州区	咸 xɑŋ^{35}	甜 tʰiɑŋ^{35}	酸 suɑŋ^{35}
甘州区	咸 xaŋ^{53}	淡 taŋ^{31}	酸 suaŋ^{44}
肃州区	咸 xæ̃^{51}	淡 tæ̃^{213}	酸 suæ̃^{44}
永昌县	咸 xɛe^{13}	甜 tʰiɛ^{13}	酸 suɛe^{44}
崆峒区	咸 xæ̃^{24}	甜 tʰiæ̃^{24}	酸 suæ̃^{21}
庆城县	咸 xɛ̃^{113}	淡 tɛ̃^{244}	酸 suɛ̃^{51}
宁县	咸 xæ̃^{24}	甜 tɕʰiæ̃^{24}	酸 suæ̃^{31}
武都区	咸 xæ̃^{13}	甜 tʰiæ̃^{13}	酸 suæ̃^{31}
文县	咸 xæ̃^{13}	淡 tæ̃^{24}	酸 suæ̃^{31}
康县	咸 xan^{211}	甜 tsʰian^{211}	酸 suan^{53}
礼县	咸 xæ̃^{13}	甜 tʰiæ̃^{13} 淡 tæ̃^{44}	酸 ʃuæ̃^{31}
靖远县	咸 xæ̃^{24}	甜 tʰiæ̃^{24}	酸 suæ̃^{41}
陇西县	咸 xæ̃^{13}	甜 tɕʰiæ̃^{13}	酸 suæ̃^{21}
秦州区	咸 xæ̃^{13}	甜 tʰiæ̃^{13}	酸 suæ̃^{13}
安定区	咸 xæ̃^{13}	甜 tʰiæ̃^{13}	酸 suæ̃^{13}
会宁县	咸 xæ̃^{13}	甜 tʰiæ̃^{13}	酸 suæ̃^{13}
临洮县	咸 xæ̃^{13}	甜 tʰiæ̃^{13}	酸 suæ̃^{13}
清水县	咸 xæ̃^{13} 盐重 iæ̃^{13}tʃʰɤŋ^{443}	甜 tsʰiæ̃^{13}	酸 suæ̃^{13}
永靖县	咸 xæ̃^{213}	甜 tɕʰiæ̃^{213}	酸 suæ̃^{213}
敦煌市	咸 xæ̃^{213} 咸 ɕiɛ̃^{213}	甜 tʰiɛ̃^{213} 淡 tæ̃^{213}	酸 suæ̃^{213}
临夏市	咸 xã^{13}	甜 tʰiɛ^{13}	酸 suã^{13}
合作市	咸 xæ̃^{13}	甜 tʰiæ̃^{13}	酸 suæ̃^{13}
临潭县	咸 xæ̃^{24}	淡 tæ̃^{55}	酸 suæ̃^{44}

	1036 甜	1037 苦	1038 辣
兰州市	甜 $t^hiæ̃^{53}$	苦 k^hu^{34}	辣 la^{13}
榆中县	甜 t^hian^{312}	苦 k^hu^{44}	辣 la^{312}
永登县	甜 $t^hiæ̃^{53}$	苦 k^hu^{354}	辣 la^{13}
红古区	甜 t^hian^{13}	苦 k^hu^{53}	辣 la^{13}
凉州区	甜 $t^hiɑŋ^{35}$	苦 k^hu^{35}	辣 la^{31}
甘州区	甜 $t^hiaŋ^{53}$	苦 k^hu^{53}	辣 la^{31}
肃州区	甜 $t^hiæ̃^{51}$	苦 k^hu^{51}	辣 la^{213}
永昌县	甜 $t^hiɛ^{13}$	苦 k^hu^{13}	辣 la^{53}
崆峒区	甜 $t^hiæ̃^{24}$	苦 k^hu^{53}	辣 la^{21}
庆城县	甜 $t^hiɛ̃^{113}$	苦 k^hu^{44}	辣 la^{51}
宁县	甜 $tɕ^hiæ̃^{24}$	苦 fu^{52}	辣 la^{31}
武都区	甜 $t^hiæ̃^{13}$	苦 k^hu^{31}	辣 la^{31}
文县	甜 $t^hiæ̃^{13}$	苦 k^hu^{55}	辣 la^{31}
康县	甜 $tɕ^hian^{13}$	苦 k^hu^{55}	辣 la^{53}
礼县	甜 $t^hiæ̃^{13}$	苦 k^hu^{52}	辣 na^{31}
靖远县	甜 $t^hiæ̃^{24}$	苦 k^hu^{55}	辣 la^{41}
陇西县	甜 $tɕ^hiæ̃^{13}$	苦 k^hu^{53}	辣 la^{21}
秦州区	甜 $t^hiæ̃^{13}$	苦 k^hu^{53}	辣 la^{13}
安定区	甜 $t^hiæ̃^{13}$	苦 k^hu^{53}	辣 na^{13}
会宁县	甜 $t^hiæ̃^{13}$	苦 k^hu^{53}	辣 la^{13}
临洮县	甜 $t^hiæ̃^{13}$	苦 k^hu^{53}	辣 la^{13}
清水县	甜 $ts^hiæ̃^{13}$	苦 p^hu^{52}	辣 la^{13}
永靖县	甜 $tɕ^hiæ̃^{213}$	苦 k^hu^{53}	辣 la^{213}
敦煌市	甜 $t^hiɛ̃^{213}$	苦 k^hu^{51}	辣 la^{213}
临夏市	甜 $t^hiɛ̃^{13}$	苦 k^hu^{42}	辣 $lɑ^{13}$
合作市	甜 $t^hiæ̃^{13}$	苦 k^hu^{44}	辣 $lᴀ^{13}$
临潭县	甜 $t^hiæ̃^{24}$	苦 k^hu^{51}	辣 la^{44}

	1039 鲜鱼汤～	1040 香	1041 臭
兰州市	窜 tsʰuæ̃^{13}	香 ɕiɑ̃^{55}	臭 tʂʰəu^{13}
榆中县	鲜 ɕian^{51}	香 ɕiaŋ^{51}	臭 tʂʰəu^{213}
永登县	新鲜 ɕin^{44}ɕiæ̃^{21}	香 ɕiɑ̃^{42}	臭 tʂʰɤu^{13}
红古区	香 ɕiɑŋ^{13}	香 ɕiɑŋ^{13}	臭 tʂʰɤu^{13}
凉州区	鲜 ɕiɑŋ^{35}	香 ɕiɑŋ^{35}	臭 tʂʰəu^{31}
甘州区	香 ɕiaŋ^{44}	香 ɕiaŋ^{44}	臭 tʂʰɤu^{31}
肃州区	鲜 ɕiæ̃^{44}	香 ɕiaŋ^{44}	臭 tʂʰəu^{213}
永昌县	鲜 ɕiɛ^{44}	香 ɕiaŋ^{44}	臭 tʂʰəu^{53}
崆峒区	鲜 ɕiæ̃^{21}	香 ɕiɑŋ^{21}	臭 tʂʰəu^{44}
庆城县	鲜 ɕiɛ̃^{44}	香 ɕiɑ̃^{51}	臭 tʂʰɤu^{244}
宁县	香 ɕiaŋ^{31}	香 ɕiaŋ^{31} 窜 tsʰuæ̃^{44}	臭 tʂʰou^{44}
武都区	味尖 vei^{24}tɕiæ̃^{31}	香 ɕiɑŋ^{31}	臭 tʂʰəu^{24}
文县	鲜 ɕyæ̃^{31}	香 ɕiɑ̃^{31}	臭 tsʰɤu^{24}
康县	新鲜 siŋ^{53}ɕyan^{21}	香 ɕiɑŋ^{53}	臭 tʂʰɤu^{24}
礼县	鲜 ɕiæ̃^{52}	香 ɕiɑŋ^{31}	臭 tʂʰəu^{44}
靖远县	香 ɕiɑŋ^{41}	香 ɕiɑŋ^{41}	臭 tʂʰɤu^{33}
陇西县	鲜 ɕiæ̃^{53}	香 ɕiɑŋ^{21}	臭 tʂʰɤu^{44}
秦州区	鲜 ɕyæ̃^{13}	香 ɕiɑŋ^{13}	臭 tʂʰɤu^{44}
安定区	香 ɕiɑŋ^{13}	香 ɕiɑŋ^{13}	臭 tʂʰəu^{44}
会宁县	鲜 ɕiæ̃^{53}	香 ɕiɑŋ^{13}	臭 tʂəu^{44}
临洮县	鲜 ɕiæ̃^{53}	香 ɕiɑ̃^{13}	臭 tʂʰɤu^{44}
清水县	香 ɕiɒ̃^{13}	香 ɕiɒ̃^{13}	臭 tʂʰou^{443} 闻去怪 vɤŋ^{13}tɕʰi^{21}kuɛ^{52}
永靖县	香 ɕiɑŋ^{213}	香 ɕiɑŋ^{213}	臭 tʂʰɤu^{44}
敦煌市	鲜 ɕiɛ̃^{51}	香 ɕiɑŋ^{213}	臭 tʂʰɤu^{44}
临夏市	鲜 ɕiɛ̃^{42}	香 ɕiɑŋ^{13}	臭 tʂʰɤu^{53}
合作市	香 ɕiɑŋ^{13}	香 ɕiɑŋ^{13}	臭 tʂʰəɯ^{53}
临潭县	鲜 ɕiæ̃^{51}	香 ɕiɒ^{44}	臭 tʂʰəɯ^{44}

	1042 馊饭～	1043 腥鱼～	1044 好人～
兰州市	馊 səu^{55}	腥气 ɕin^{55}tɕ^{h}i^{21}	好 xɔ^{34}
榆中县	馊 səu^{51}	腥气 ɕin^{51}tɕ^{h}i^{0}	好 xɔ^{44}
永登县	馊 sɤu^{42}	腥 ɕin^{42}	好 xɔ^{354}
红古区	燍=气 sɿ^{22}ts^{h}ɿ^{13}	腥 ɕin^{13}	好 xɔ^{53}
凉州区	馊 səu^{35}	腥 ɕiŋ^{35}	好 xɑo^{35}
甘州区	馊 sɤu^{44}	腥 ɕiŋ^{44}	好 xɔ^{53}
肃州区	馊 səu^{44}	腥 ɕiŋ^{44}	好 xɔ^{51} 不错 pu^{44}ts^{h}uə^{21}
永昌县	馊 səu^{44}	腥气 ɕiŋ^{44}tɕ^{h}i^{44}	好 xɔo^{13}
崆峒区	燍=气 sɿ^{53}tɕ^{h}i^{21}	腥气 ɕiɤŋ^{53}tɕ^{h}i^{21}	好 xɔ^{53}
庆城县	燍=气 sɿ^{51}tɕ^{h}i^{0}	腥气 ɕiŋ^{51}tɕ^{h}i^{0} 膻气 ʂɛ̃^{51}tɕ^{h}i^{0}	嫽 liɔ^{113} 展 tʂ^{h}ɛ̃^{44}
宁县	燍=气 sɿ^{31}tɕ^{h}i^{0}	腥气 ɕiŋ^{31}tɕ^{h}i^{0}	好 xɔ^{52}
武都区	闷=气 məŋ^{24}tɕ^{h}i^{21}	腥气 ɕin^{31}tɕ^{h}i^{21}	好 xɔu^{55}
文县	燍=气 sɿ^{21}tɕ^{h}i^{24}	腥 ɕiəŋ^{31}	好 xɔo^{55}
康县	完=van^{211} 坏 xuɛ^{24}	腥 ɕiŋ^{53}	好 xɔo^{55}
礼县	闷=气 mɤŋ^{44}tɕ^{h}i^{21}	腥气 ɕiŋ^{31}tɕ^{h}i^{44}	好 xɔo^{52}
靖远县	燍=气 sɿ^{41}ts^{h}ɿ^{21}	腥 ɕiŋ^{41}	好 xɑo^{55}
陇西县	燍=气 sɿ^{22}tɕ^{h}i^{21}	腥气 ɕiŋ^{22}tɕ^{h}i^{21}	好 xɔo^{53}
秦州区	闷=气 mɤŋ^{44}tɕ^{h}i^{21}	腥气 ɕiɤŋ^{21}tɕ^{h}i^{44}	老好 lɔ^{21}xɔ^{53}
安定区	燍=气 sɿ^{21}tɕ^{h}i^{44} 零=干=liŋ^{13}kæ̃^{21}	腥气 ɕiŋ^{21}tɕ^{h}i^{44}	好 xɔ^{53}
会宁县	燍=气 sɿ^{21}tɕ^{h}i^{44}	腥气 ɕiŋ^{21}tɕ^{h}i^{44}	好 xɔ^{53}
临洮县	燍=气 sɿ^{21}tɕ^{h}i^{44}	腥气 ɕiŋ^{21}tɕ^{h}i^{44}	好 xɔ^{53}
清水县	闷=气 mɤŋ^{44}tɕ^{h}i^{21}	腥气 siŋ^{21}tɕ^{h}i^{443}	好 xɔ^{52}
永靖县	馊 sɤu^{213}	腥 ɕiɤŋ^{213}	好 xɔ^{53}
敦煌市	馊 sɤu^{213} 燍=气 ɕi^{21}ts^{h}i^{13}	腥 ɕiŋ^{213}	好 xɔ^{51}
临夏市	坏 xuɛ^{53}	腥花花的 ɕi^{21}xuɑ^{42}xuɑ^{44}ti^{13}	好 xɔ^{42}
合作市	坏 xuɛe^{53}	腥花花 ɕiŋ^{21}xuA^{44}xuA^{44}	好 xɔ^{44}
临潭县	坏了 xuɛe^{44}la^{21}	膻花 ʂæ̃^{44}xua^{44}	好 xɔo^{51}

	1045 坏人～	1046 差东西质量～	1047 对账算～了
兰州市	坏 xuɛ^{13}	穰 ʐɑ̃^{53}	对 tuei^{13}
榆中县	坏 xuɛ^{213}	穰 ʐaŋ^{44}	对 tuei^{213}
永登县	坏 xuɛ^{13}	穰 ʐɑ̃^{53}	对 tuei^{13}
红古区	坏 xuɛ^{13}	穰 ʐɑŋ^{13}	对 tuei^{13}
凉州区	坏 xuæ^{31}	不行 pu^{53}ɕiŋ^{35}	对 tuei^{31}
甘州区	坏 xuɛ^{31}	差 tʂ^{h}a^{44}	对 tuei^{31}
肃州区	坏 xuɛ^{213}	差 ts^{h}a^{44}	对 tuei^{213}
永昌县	坏 xuɛe^{53}	差 tʂ^{h}a^{44}	对 tuei^{53}
崆峒区	坏 xuɛ^{44}	瞎 xa^{21}	对 tuei^{44}
庆城县	坏 xuɛ^{244}	差 ts^{h}a^{51} 瞎 xa^{51}	对 tuei^{244}
宁县	坏 xuɛ^{44}	差 ts^{h}a^{31}	对 tuei^{44} 合适 xuə^{24}ʂʅ^{31}
武都区	瞎 xa^{31} 坏 xuɛɪ^{24}	撇⁼ p^{h}iᴇ^{31}	对 tuei^{24}
文县	坏 xuɛe^{24}	撇⁼ p^{h}iɛ^{13}	对 tuei^{24}
康县	坏 xuɛ^{24}	坏 xuɛ^{24} 差 tʂ^{h}a^{53}	对 tuei^{24}
礼县	瞎 xa^{31} 坏 xuai^{44}	拐 kuai^{52}	对 tuei^{44}
靖远县	坏 xuɛ^{33}	穰 ʐaŋ^{24}	对 tuei^{33}
陇西县	瞎 xa^{21}	穰 ʐɑŋ^{13}	合适 xɤ^{24}ʂʅ^{42}
秦州区	乖 kuɛ^{53}	完⁼的 væ̃^{13}tɛ^{21}	合适 xuə^{13}ʂʅ^{13}
安定区	瞎 xa^{13}	穰 ʐɑŋ^{13}	合适 xə^{13}ʂʅ^{13}
会宁县	瞎 xa^{13}	穰 ʐɑŋ^{13}	对 tuei^{44}
临洮县	瞎 xa^{13}	穰 ʐɑ̃^{13}	对 tuei^{44}
清水县	坏 xuɛ^{443} 瞎 xa^{13}	乖 kuɛ^{52} 差 tʃ^{h}a^{13}	对 tuəi^{443}
永靖县	坏 xuɛ^{44}	差 tʂ^{h}a^{213}	对 tuei^{44}
敦煌市	坏 xuɛ^{44} 瞎 xa^{213}	不好 pu^{21}xɔ^{51}	着 tʂɔ^{213} 对 tuei^{44}
临夏市	坏 xuɛ^{53}	穰 ʐɑŋ^{13} 不好 pu^{21}xɔ^{44}	对 tuei^{53}
合作市	坏 xuɛe^{53}	穰 ʐɑŋ^{13}	对 tuei^{53}
临潭县	坏 xuɛe^{44}	差 ts^{h}a^{44}	对 tuɪi^{44}

	1048 错账算～了	1049 漂亮形容年轻女性的长相：她很～	1050 丑形容人的长相：猪八戒很～
兰州市	错 ts^{h}uə^{13}	心疼 ɕin^{55}t^{h}ən^{55}	丑 tʂ^{h}əu^{34}
榆中县	错 ts^{h}uə^{213}	乖 kuɛ^{51} 心疼 ɕin^{51}t^{h}ən^{0}	丑 tʂ^{h}əu^{44}
永登县	错 ts^{h}uə^{13}	亮豁 liɑ̃^{22}xuə^{55}	难看 næ̃^{22}k^{h}æ̃^{35}
红古区	错 ts^{h}uə^{13}	心疼 ɕin^{13}t^{h}ən^{13}	难看 nan^{22}k^{h}an^{13}
凉州区	错 ts^{h}uə^{31}	俊 tɕyŋ^{31}	猪 tʂu^{35}
甘州区	错 ts^{h}uə^{31}	秀气 ɕiɤu^{31}tɕ^{h}i^{21}	丑 tʂ^{h}ɤu^{53}
肃州区	错 ts^{h}uə^{213}	心疼 ɕiŋ^{44}t^{h}ɤŋ^{51} 漂亮 p^{h}iɔ^{53}liɑŋ^{21}	难看 næ̃^{53}k^{h}æ̃^{21}
永昌县	错 ts^{h}uə^{53}	漂亮 p^{h}iɔo^{53}liaŋ^{21}	丑 tʂ^{h}əu^{13}
崆峒区	错 ts^{h}uo^{44}	秀溜= ɕiəu^{35}liəu^{53}	难看 næ̃^{24}k^{h}æ̃^{44}
庆城县	错 ts^{h}uə^{51}	乖 kuɛ^{51} 俊 tɕyŋ^{244}	丑 tʂ^{h}ɤu^{44}
宁县	错 ts^{h}uə^{31} 不合适 pu^{31}xuə^{24}tʂ^{h}ʅ^{31}	俊 tɕyŋ^{44}	丑 tʂ^{h}ou^{52} 蛮 mæ̃^{24}
武都区	错 ts^{h}uɤ^{24}	心疼 ɕin^{31}t^{h}əŋ^{13} 窝=耶= vɤ^{22}iᴇ^{31}	撇= p^{h}iᴇ^{13} 丑 tʂ^{h}əu^{31}
文县	错 ts^{h}uə^{24}	好看 xɔo^{55}k^{h}æ̃^{24}	难看 læ̃^{21}k^{h}æ̃^{24}
康县	错 ts^{h}uɤ^{24}	漂亮 p^{h}iɔo^{55}liɑŋ^{53} 好看 xɔo^{55}k^{h}an^{24}	丑 tʂ^{h}ɤu^{55} 难看 lan^{53}k^{h}an^{24}
礼县	错 tʃ^{h}uɤ^{31}	心疼 ɕiŋ^{31}t^{h}ɤŋ^{24}	丑 tʂ^{h}əu^{52} 难看 næ̃^{13}kæ̃^{44}
靖远县	错 ts^{h}uə^{33}	心疼 ɕiŋ^{22}t^{h}ɤŋ^{24}	难看 næ̃^{22}k^{h}æ̃^{33}
陇西县	错 ts^{h}uɤ^{44}	心疼 ɕin^{42}t^{h}ɤŋ^{13}	难看 læ̃^{22}k^{h}æ̃^{44}
秦州区	不合适 p^{h}u^{21}xuə^{13}ʂʅ^{13}	心疼 ɕiɤŋ^{21}t^{h}ɤŋ^{13}	崽=乖= tsɛ^{21}kuɛ^{53}
安定区	不合适 pu^{21}xə^{13}ʂʅ^{13}	心疼 ɕiŋ^{21}t^{h}əŋ^{13}	冲心 tʃ^{h}uŋ^{13}ɕiŋ^{13}
会宁县	错 ts^{h}ə^{44}	心疼 ɕiŋ^{21}t^{h}əŋ^{13}	难看 læ̃^{21}k^{h}æ̃^{44}
临洮县	错 ts^{h}uɤ^{44}	心疼 ɕiŋ^{21}t^{h}ɤŋ^{13}	难看 næ̃^{21}k^{h}æ̃^{44}
清水县	错 ts^{h}uə^{13}	长俊 tʂɒ̃^{52}tɕyŋ^{21} 俊 tɕyŋ^{443}	瘆 ʃɤŋ^{13} 乖 kuɛ^{52}
永靖县	错 ts^{h}uɤ^{44}	标致 piɔ^{22}tʂʅ^{44} 干散 kæ̃^{44}sæ̃^{53}	丑 tʂ^{h}ɤu^{53} 难看 næ̃^{22}k^{h}æ̃^{44}
敦煌市	错 ts^{h}uə^{44}	亮豁 liɑŋ^{35}xuə^{21}	猪 tʂu^{213} 丑 tʂ^{h}ɤu^{51}
临夏市	错 ts^{h}uɤ^{53}	心疼 ɕiŋ^{13}t^{h}əŋ^{24}	难看 nã^{21}k^{h}ã^{44}
合作市	错 ts^{h}uə^{53}	俊 tɕyəŋ^{53} 好看 xə^{44}k^{h}æ̃^{53}	难看 næ̃^{21}k^{h}æ̃^{53} 脏得很 tsɑŋ^{13}ti^{21}xəŋ^{44}
临潭县	错 ts^{h}uɤ^{44}	心疼 ɕin^{44}t^{h}əŋ^{24}	丑得很 tʂ^{h}əɯ^{44}ti^{21}xəŋ^{51}

	1051 勤快	1052 懒	1053 乖
兰州市	勤谨 tɕʰin⁵³tɕin²²	懒 læ̃³⁴	乖 kuɛ⁵⁵
榆中县	勤谨 tɕʰin³¹tɕin²¹³	懒 lan⁴⁴	乖 kuɛ⁵¹
永登县	麻利 ma⁵⁵li²¹	懒 læ̃³⁵⁴	乖 kuɛ⁴²
红古区	勤谨 tɕʰin²²tɕin⁵⁵	懒 lan⁵³	乖 kuɛ¹³
凉州区	勤谨 tɕʰiŋ³⁵tɕiŋ⁵³	懒 lɑŋ³⁵	乖 kuæ³⁵
甘州区	勤快 tɕʰiŋ⁵³kʰuɛ³¹	懒 laŋ⁴⁴	乖 kuɛ⁴⁴
肃州区	勤快 tɕʰiŋ³⁵kʰuɛ²¹	懒 læ̃⁵¹	乖 kuɛ⁴⁴
永昌县	勤 tɕʰiŋ¹³	懒 lɛe¹³	乖 kuɛe⁴⁴
崆峒区	勤苦 tɕʰiɤŋ²²kʰu⁵³	懒 læ̃⁵³	乖 kuɛ²¹
庆城县	勤快 tɕʰiŋ²¹kʰuɛ²⁴⁴	懒 lɛ̃⁴⁴	乖 kuɛ⁵¹
宁县	勤苦 tɕʰiŋ²²fu⁵²	懒 læ̃⁵²	乖 kuɛ³¹
武都区	勤户 tɕʰin²²xu²⁴	懒 læ̃³¹	乖 kuɛɪ³¹
文县	勤快 tɕʰiəŋ²¹kʰuɛe²⁴	懒 læ̃⁵⁵	乖 kuɛe³¹ 听话 tʰiə̃⁴²xua²⁴
康县	勤快 tɕʰiŋ⁵³kʰuɛ²⁴	懒 lan⁵⁵	乖 kuɛ⁵³
礼县	勤快 tɕʰiŋ¹³kʰuai⁴⁴	懒 næ̃⁵²	乖 kuai³¹
靖远县	勤苦 tɕʰiŋ²²kʰu⁵⁵	懒 læ̃⁵⁵	乖 kuɛ⁴¹
陇西县	勤苦 tɕʰin²¹ku⁴⁴	懒 læ̃⁵³	乖 kue²¹
秦州区	勤苦 tɕʰiɤŋ²¹kʰu⁵³	懒 læ̃⁵³	乖 kuɛ¹³
安定区	谨节 tɕiŋ¹³tɕiə²¹	懒 næ̃⁵³	听话 tʰiŋ²¹xua⁴⁴
会宁县	谨节 tɕiŋ¹³tɕiə²¹	懒 læ̃⁵³	乖 kuɛ¹³
临洮县	勤快 tɕʰiŋ²¹kʰuɛ⁵⁵	懒 læ̃⁵³	乖 kuɛ¹³
清水县	勤快 tɕʰiŋ¹³kʰɛ⁴⁴ 勤苦 tɕʰiŋ¹³ku²¹	懒 læ̃⁵²	乖 kuɛ¹³
永靖县	勤快 tɕʰiɤŋ²²kʰuɛ⁵³	懒 læ̃⁴⁴	乖 kuɛ²¹³
敦煌市	勤谨 tɕʰiŋ²²tɕiŋ⁵¹	懒 læ̃⁵¹	乖 kuɛ²¹³
临夏市	勤谨 tɕʰiŋ¹³tɕiŋ⁴²	懒 lã⁴²	乖 kuɛ¹³
合作市	勤谨 tɕʰiŋ¹³tɕiŋ⁵³ 麻利 mᴀ²¹li⁴⁴	懒 læ̃⁴⁴	乖 kuɛe¹³
临潭县	麻利 ma²¹li⁴⁴	懒 læ̃⁵¹	乖 kuɛe⁴⁴

	1054 顽皮	1055 老实	1056 傻痴呆
兰州市	调皮 tʰiɔ^{22}pʰi^{53}	老实 lɔ^{34}ʂʅ^{21}	瓜 kua^{34}
榆中县	调皮 tʰiɔ^{13}pʰi^{312}	老实 lɔ^{44}ʂʅ^{0}	夯 xaŋ^{213}
永登县	调皮 tʰiɔ^{22}pʰi^{53}	憨厚 xæ̃^{44}xɤu^{13}	瓜 kua^{44}
红古区	调皮 tʰiɔ^{55}pʰʅ^{13}	老实 lɔ^{55}ʂʅ^{21}	瓜 kua^{13}
凉州区	刺 tsʰʅ^{31}	老实 lɑo^{53}ʂʅ^{35}	愣 ləŋ^{31}
甘州区	闹皮 nɔ^{22}pʰi^{53}	老实 lɔ^{22}ʂʅ^{44}	苕 ʂɔ^{53}
肃州区	调皮 tʰiɔ^{53}pʰi^{51}	老实 lɔ^{21}ʂʅ^{51}	傻 ʂa^{51}
永昌县	调皮 tʰiɔo^{53}pʰi^{13}	老实 lɔo^{53}ʂʅ^{13}	苕 ʂɔo^{13}
崆峒区	顽皮 uæ̃^{24}pʰi^{24}	憨厚 xæ̃^{22}xəu^{44}	瓜 kua^{21}
庆城县	吵拆= tsʰɔ^{44}tʂʰɛ^{0}	老实 lɔ^{44}ʂʅ^{0} 瓷 tsʰʅ^{113}	瓜 kua^{51}
宁县	顽皮 uæ̃^{24}pʰi^{24} 顽 uæ̃^{24}	老实 lɔ^{55}ʂʅ^{0}	瓜 kua^{31}
武都区	调皮 tʰiɔu^{24}pʰi^{24}	老实 lɔu^{55}ʂʅ^{21}	佯板 iɑŋ^{22}pæ̃^{31}
文县	调皮 tʰiɔo^{13}pʰi^{13} 茄= tɕʰiɛ^{13}	老好 lɔo^{55}xɔo^{55}	瓜子 kua^{42}tsʅ^{21}
康县	调皮 tsʰiɔo^{24}pʰi^{21}	实诚 ʂʅ^{21}tʂʰɤŋ^{24}	瓜 kua^{53}
礼县	调皮 tʰiɔo^{13}pʰi^{13}	老实 nɔo^{52}ʂʅ^{13}	瓜 kua^{31}
靖远县	调皮 tʰiɑo^{24}pʰʅ^{24}	实在 ʂʅ^{22}tsɛ^{33}	潮着呢 tʂʰɑo^{41}tʂɤ^{21}ȵiɛ^{21}
陇西县	调皮 tɕʰiɔo^{13}pʰi^{13}	老实 lɔo^{55}ʂʅ^{21}	瓜 kua^{21}
秦州区	调皮 tʰiɔ^{13}pʰi^{13}	老实 lɔ^{53}ʂʅ^{21}	瓜 kua^{13}
安定区	调皮 tʰiɔ^{13}pʰi^{13}	乖 kuɛ^{13}	潮 tʂʰɔ^{13}
会宁县	调皮 tʰiɔ^{13}pʰi^{13}	老实 lɔ^{53}ʂʅ^{21}	张呆呆 tʂɑŋ^{21}tɛ^{44}tɛ^{21}
临洮县	调皮 tʰiɔ^{13}pʰi^{13}	老实 lɔ^{53}ʂʅ^{21}	呆 tɛ^{13}
清水县	冲 tʃʰɤŋ^{13} 调皮 tsʰiɔ^{13}pʰi^{13}	老实 lɔ^{52}ʂʅ^{21}	瓜 kua^{13} 傻 ʂa^{52}
永靖县	调皮 tʰiɔ^{13}pʰi^{213}	老实 lɔ^{53}ʂʅ^{21}	瓜 kua^{213}
敦煌市	匪 fei^{51} 调皮 tʰiɔ^{13}pʰi^{213}	老实 lɔ^{53}ʂʅ^{21}	苕 ʂɔ^{213}
临夏市	牢叨 lɔ^{44}tɔ^{24} 调皮 tʰiɔ^{44}pʰi^{24}	老实 lɔ^{44}ʂʅ^{24}	呆 tɛ^{13}
合作市	调皮 tʰiɔ^{44}pʰi^{13}	老实 lɔ^{44}ʂʅ^{13}	呆 tee^{13}
临潭县	害的很 xɛe^{44}ti^{21}xəŋ^{51}	老实 lɔo^{51}ʂʅ^{21}	傻 ʂa^{51}

	1057 笨蠢	1058 大方不吝啬	1059 小气吝啬
兰州市	懵 mən^{13}	大方 ta^{22}fɑ̃^{55}	啬皮 ʂɤ^{22}p^{h}i^{53}
榆中县	笨 pən^{213}	大方 ta^{21}faŋ^{44}	啬皮 ʂə^{13}p^{h}i^{312} 啬 ʂə^{213}
永登县	懵 mə̃n^{42}	大气 ta^{22}tɕ^{h}i^{53}	啬 ʂə^{13}
红古区	懵 mən^{13}	大方 ta^{22}faŋ^{55}	掐皮 tɕ^{h}ia^{55}p^{h}ʅ^{13}
凉州区	笨 pəŋ^{31} 夯 xɑŋ^{35}	大气 ta^{31}tɕ^{h}i^{21}	小气 ɕiɑo^{53}tɕ^{h}i^{35}
甘州区	笨 pɤŋ^{31}	大方 ta^{31}faŋ^{21}	抠 k^{h}ɤu^{44}
肃州区	笨 pɤŋ^{213} 蠢 tʂ^{h}uŋ^{51}	大方 ta^{21}fɑŋ^{13}	啬皮 sə^{21}p^{h}i^{51}
永昌县	笨 pəŋ^{53}	大方 ta^{53}fɑŋ^{21}	小气 ɕiç^{53}tɕ^{h}i^{44}
崆峒区	懵 mɤŋ^{44}	大方 ta^{35}fɑŋ^{53}	啬皮 sei^{22}p^{h}i^{24}
庆城县	笨 pɤŋ^{244}	大方 ta^{244}fɑ̃^{0}	馊 sɤu^{51} 啬皮 sei^{51}p^{h}i^{113}
宁县	笨 pəŋ^{44} 木 mu^{44}	大方 ta^{44}faŋ^{31}	小气 ɕiɔ^{52}tɕ^{h}i^{44}
武都区	笨 pəŋ^{24} 懵 məŋ^{24}	大气 ta^{24}tɕ^{h}i^{24} 大方 ta^{24}faŋ^{21}	小气 ɕiɔu^{55}tɕ^{h}i^{24} 小家子气 ɕiɔu^{55}tɕia^{21}tsɿ^{21}tɕ^{h}i^{24} 啬皮 sei^{31}p^{h}i^{13}
文县	笨 pəŋ^{24}	大方 ta^{24}fɑ̃^{42}	小家子 ɕiɔo^{35}tɕia^{42}tsɿ^{42}
康县	笨 pɤŋ^{24}	大方 ta^{24}faŋ^{53} 舍得 ʂɤ^{35}ti^{53}	小气 siɔo^{55}tɕ^{h}i^{24} 啬皮子 sei^{53}p^{h}i^{21}tsɿ^{21}
礼县	懵 mɤŋ^{44}	大方 ta^{44}faŋ^{21} 大气 ta^{44}tɕ^{h}i^{44}	啬皮儿 sei^{31}p^{h}iər^{13}
靖远县	懵 mɤŋ^{24}	大方 ta^{35}faŋ^{41}	啬皮 sɤu^{22}p^{h}ʅ^{24}
陇西县	懵 mɤŋ^{44}	大方 ta^{44}faŋ^{42}	毛鬼 mɔo^{24}kue^{42}
秦州区	懵 mɤŋ^{44}	甩的展 suei^{21}ti^{13}tsæ̃^{53}	啬皮 sei^{21}p^{h}i^{13}
安定区	笨 pəŋ^{44}	开阔 k^{h}ɛ^{13}k^{h}uə^{21}	啬皮 sɛ^{21}p^{h}i^{13}
会宁县	懵 məŋ^{44}	大方 ta^{44}faŋ^{21}	啬皮 səu^{21}p^{h}i^{13}
临洮县	懵 mɤŋ^{44}	大方 ta^{44}fɑ̃^{21}	啬皮 sei^{21}p^{h}i^{13}
清水县	懵 mɤŋ^{443}	大方 ta^{44}fɒ̃^{21}	小气 siɔ^{52}tɕ^{h}i^{443} 啬皮 ʃəi^{21}p^{h}i^{13}
永靖县	懵 mɤŋ^{44}	大方 ta^{44}faŋ^{21}	小气 ɕiɔ^{53}tɕ^{h}i^{44} 细 ɕi^{44}
敦煌市	笨 pɤŋ^{44}	大方 ta^{35}faŋ^{21}	啬 sei^{213} 河西帽盖=子 xə^{13}ɕi^{21}mɔ^{35}kɛ^{21}tsɿ^{21}
临夏市	笨 pəŋ^{53}	大方 tɑ^{44}fɑŋ^{21}	小气 ɕiɔ^{44}tɕ^{h}i^{42}
合作市	笨 pəŋ^{44}	大方 tᴀ^{44}fɑŋ^{21}	掐得很 tɕ^{h}iᴀ^{13}ti^{44}xəŋ^{44}
临潭县	笨 pəŋ^{44}	大方 ta^{44}fɒ^{21}	细详 ɕi^{44}ɕiɒ^{21}

	1060 直爽性格～	1061 犟脾气～	1062 一～二三四五……，下同
兰州市	干脆 kæ̃⁵⁵tsʰuei¹³	犟 tɕiɑ̃¹³	一 ʑi¹³
榆中县	直爽 tʂʅ³¹ʂuaŋ⁴⁴	犟 tɕiaŋ²¹³	一 i³¹²
永登县	直 tʂʅ⁵³	犟 tɕiɑ̃¹³	一 i⁴⁴
红古区	直 tʂʅ¹³	犟 tɕiaŋ¹³	一 zʅ¹³
凉州区	直 tʂʅ³⁵	犟 tɕiaŋ³¹	一 ʑi³¹
甘州区	直 tʂʅ⁵³	倔 tɕyə³¹	一 ʑi³¹
肃州区	直 tʂʅ⁵¹	犟 tɕiaŋ²¹³ 倔 tɕyə²¹³	一 ʑi²¹³
永昌县	直 tʂʅ¹³	犟 tɕiaŋ⁵³	一 ʑi⁵³
崆峒区	直 tʂʅ²⁴	牛 ȵiəu²⁴	一 i²¹
庆城县	直 tʂʅ¹¹³	犟 tɕiɑ̃²⁴⁴	一 i⁵¹
宁县	杠直 kaŋ⁴⁴tʂʰʅ²⁴	犟 tɕʰiaŋ⁴⁴	一 i³¹
武都区	直 tʂʅ¹³	犟 tɕiaŋ²⁴	一 i³¹
文县	撇脱 pʰiɛ⁴²tʰuə⁴²	犟 tɕʰiɑ̃²⁴	一 ʑi³¹
康县	撇脱 pʰiɛ⁵³tʰuɤ²¹	犟 tɕiaŋ²⁴	一 i⁵³
礼县	爽快 ʃuaŋ⁵²kʰuai⁴⁴	犟 tɕʰiaŋ⁴⁴	一 i³¹
靖远县	直得很 tʂʅ²⁴tə²¹xɤŋ⁵⁵	犟 tɕiaŋ³³	一 zʅ⁴¹
陇西县	爽快 ʂuaŋ⁵⁵kʰuɛ⁴⁴	犟 tɕʰiaŋ⁴⁴	一 ʑi²¹
秦州区	直 tʂʅ¹³	倔 tɕyə⁴⁴ 犟 tɕʰiaŋ⁴⁴	一 ɕi¹³
安定区	爽快 ʃuaŋ⁵³kʰuɛ⁴⁴	犟 tɕʰiaŋ⁴⁴	一 ʑi¹³
会宁县	直荡 tʂʰʅ²¹taŋ⁴⁴	犟 tɕʰiaŋ⁴⁴	一 ʑi¹³
临洮县	直 tʂʅ¹³	犟 tɕʰiɑ̃⁴⁴	一 ʑi¹³
清水县	豁达 xuə²¹tʰa¹³	犟 tɕʰiɒ̃⁴⁴³ 牛 ȵiou¹³	一 i¹³
永靖县	直爽 tʂʅ²²ʂuaŋ⁴⁴	犟 tɕiaŋ⁴⁴	一 i²¹³
敦煌市	直 tʂʅ²¹³	倔 tɕyə²¹³ 犟 tɕiaŋ⁴⁴	一 ʑi²¹³
临夏市	直 tʂʅ¹³	犟 tɕiaŋ⁵³	一 ʑi¹³
合作市	直 tʂʅ¹³	犟 tɕiaŋ⁵³	一 ʑi¹³
临潭县	直爽 tʂʅ²⁴ʂuɒ⁵¹	犟 tɕiɒ⁴⁴	一 i⁴⁴

	1063 二	1064 三	1065 四
兰州市	二 ɯ^{13}	三 sæ̃^{55}	四 sɿ^{13}
榆中县	二 ɣɤ^{213}	三 san^{51}	四 sɿ^{213}
永登县	二 a^{13}	三 sæ̃^{42}	四 sɿ^{13}
红古区	二 ər^{13}	三 san^{13}	四 sɿ^{13}
凉州区	二 ʀɯ^{31}	三 sɑŋ^{35}	四 sɿ^{31}
甘州区	二 ɣɤ^{31}	三 saŋ^{44}	四 sɿ^{31}
肃州区	二 ɣə^{213}	三 sæ̃^{44}	四 sɿ^{213}
永昌县	二 ɣɤ^{53}	三 sɛe^{44}	四 sɿ^{53}
崆峒区	二 ɚ^{44}	三 sæ̃^{21}	四 sɿ^{44}
庆城县	二 ɚ^{244}	三 sɛ̃^{51}	四 sɿ^{244}
宁县	二 ər^{44}	三 sæ̃^{31}	四 sɿ^{44}
武都区	二 ɚ^{24}	三 sæ̃^{31}	四 sɿ^{24}
文县	二 ɚ^{24}	三 sæ̃^{31}	四 sɿ^{24}
康县	二 ɚ^{24}	三 san^{53}	四 sɿ^{24}
礼县	二 ɚ^{44}	三 sæ̃^{31}	四 sɿ^{44}
靖远县	二 ər^{33}	三 sæ̃^{41}	四 sɿ^{33}
陇西县	二 zɿ^{44}	三 sæ̃^{21}	四 sɿ^{44}
秦州区	二 ɛ^{13}	三 sæ̃^{13}	四 sɿ^{44}
安定区	二 ɚ^{44}	三 sæ̃^{13}	四 sɿ^{44}
会宁县	二 ɚ^{44}	三 sæ̃^{13}	四 sɿ^{44}
临洮县	二 ɚ^{44}	三 sæ̃^{13}	四 sɿ^{44}
清水县	二 ɚ^{443}	三 sæ̃^{13}	四 sɿ^{443}
永靖县	二 ɯ^{44}	三 sæ̃^{213}	四 sɿ^{44}
敦煌市	二 ər^{44}	三 sæ̃^{213}	四 sɿ^{44}
临夏市	二 ɯ^{53}	三 sã^{13}	四 sɿ^{53}
合作市	二 ɚ^{53}	三 sæ̃^{13}	四 sɿ^{53}
临潭县	二 ɐr^{44}	三 sæ̃^{44}	四 sɿ^{44}

	1066 五	1067 六	1068 七
兰州市	五 vu^{34}	六 $liəu^{13}$	七 $tɕ^hi^{13}$
榆中县	五 vu^{44}	六 $liəu^{312}$	七 $tɕ^hi^{312}$
永登县	五 vu^{354}	六 $liɤu^{13}$	七 $tɕ^hi^{13}$
红古区	五 vu^{53}	六 $liɤu^{13}$	七 $tɕ^hi^{13}$
凉州区	五 vu^{35}	陆 lu^{31} 六 $liəu^{31}$	七 $tɕ^hi^{31}$
甘州区	五 vu^{53}	六 $liɤu^{31}$	七 $tɕ^hi^{31}$
肃州区	五 vu^{51}	六 $liəu^{213}$	七 $tɕ^hi^{213}$
永昌县	五 vu^{13}	六 $liəu^{53}$	七 $tɕ^hi^{53}$
崆峒区	五 u^{53}	六 $liəu^{21}$	七 $tɕ^hi^{21}$
庆城县	五 vu^{44}	六 $liɤu^{51}$	七 $tɕ^hi^{51}$
宁县	五 u^{52}	六 $liou^{31}$	七 $tɕ^hi^{31}$
武都区	五 v^{55}	六 $liəu^{31}$	七 $tɕ^hi^{31}$
文县	五 vu^{35}	六 $liɤu^{31}$	七 $tɕ^hi^{31}$
康县	五 vu^{55}	六 liu^{53}	七 ts^hi^{53}
礼县	五 vu^{52}	六 $liəu^{31}$	七 $tɕ^hi^{31}$
靖远县	五 vu^{55}	六 $liɤu^{41}$	七 $ts^hɿ^{41}$
陇西县	五 vu^{53}	六 liu^{21}	七 $tɕ^hi^{21}$
秦州区	五 vu^{53}	六 $liɤu^{13}$	七 $tɕ^hi^{13}$
安定区	五 vu^{53}	六 $liəu^{13}$	七 $tɕ^hi^{13}$
会宁县	五 u^{53}	六 $liəu^{13}$	七 $tɕ^hi^{13}$
临洮县	五 vu^{53}	六 $liɤu^{13}$	七 $tɕ^hi^{13}$
清水县	五 vu^{52}	六 $liou^{13}$	七 ts^hi^{13}
永靖县	五 vu^{53}	六 $liɤu^{213}$	七 $tɕ^hi^{213}$
敦煌市	五 vu^{51}	六 $liɤu^{213}$	七 $tɕ^hi^{213}$
临夏市	五 vu^{42}	六 $liɤu^{13}$	七 $tɕ^hi^{13}$
合作市	五 vu^{44}	六 $liəɯ^{13}$	七 $tɕ^hi^{13}$
临潭县	五 vu^{51}	六 $liəɯ^{44}$	七 $tɕ^hi^{44}$

	1069 八	1070 九	1071 十
兰州市	八 pa^{13}	九 tɕiəu^{44}	十 ʂʅ^{13}
榆中县	八 pa^{312}	九 tɕiəu^{44}	十 ʂʅ^{312}
永登县	八 pa^{13}	九 tɕiɤu^{354}	十 ʂʅ^{13}
红古区	八 pa^{13}	九 tɕiɤu^{53}	十 ʂʅ^{13}
凉州区	八 pa^{31}	九 tɕiəu^{35}	十 ʂʅ^{35}
甘州区	八 pa^{31}	九 tɕiɤu^{53}	十 ʂʅ^{53}
肃州区	八 pa^{213}	九 tɕiəu^{51}	十 ʂʅ^{51}
永昌县	八 pa^{53}	九 tɕiəu^{13}	十 ʂʅ^{13}
崆峒区	八 pa^{21}	九 tɕiəu^{53}	十 ʂʅ^{24}
庆城县	八 pa^{51}	九 tɕiɤu^{44}	十 ʂʅ^{113}
宁县	八 pa^{31}	九 tɕiou^{52}	十 ʂʅ^{24}
武都区	八 pa^{31}	九 tɕiəu^{55}	十 ʂʅ^{13}
文县	八 pa^{31}	九 tɕiɤu^{55}	十 sɿ^{13}
康县	八 pa^{53}	九 tɕiɤu^{55}	十 ʂʅ^{211}
礼县	八 pa^{31}	九 tɕiəu^{52}	十 ʂʅ^{13}
靖远县	八 pa^{41}	九 tɕiɤu^{55}	十 ʂʅ^{24}
陇西县	八 pa^{21}	九 tɕiu^{53}	十 ʂʅə^{13}
秦州区	八 pa^{13}	九 tɕiɤu^{53}	十 ʂʅ^{13}
安定区	八 pa^{13}	九 tɕiəu^{53}	十 ʂʅ^{13}
会宁县	八 pa^{13}	九 tɕiəu^{53}	十 ʂʅ^{13}
临洮县	八 pa^{13}	九 tɕiɤu^{53}	十 ʂʅ^{13}
清水县	八 pa^{13}	九 tɕiou^{52}	十 ʂʅ^{13}
永靖县	八 pa^{213}	九 tɕiɤu^{53}	十 ʂʅ^{213}
敦煌市	八 pa^{213}	九 tɕiɤu^{51}	十 ʂʅ^{213}
临夏市	八 pɑ^{13}	九 tɕiɤu^{42}	十 ʂʅ^{13}
合作市	八 pA^{13}	九 tɕiəɯ^{44}	十 ʂʅ^{13}
临潭县	八 pa^{44}	九 tɕiəɯ^{51}	十 ʂʅ^{24}

	1072 二十有无合音	1073 三十有无合音	1074 一百
兰州市	二十 ɯ^{22}ʂʅ^{42}	三十 sæ̃^{55}ʂʅ^{21}	一百 ʐi^{22}pɤ^{53}
榆中县	二十 ɣɤ^{21}ʂʅ^{44}	三十 san^{51}ʂʅ^{0}	一百 i^{13}pə^{312}
永登县	二十 a^{22}ʂʅ^{55}	三十 sæ̃^{44}ʂʅ^{21}	一百 i^{22}piɛ^{13}
红古区	二十 ər^{22}ʂʅ^{55}	三十 san^{22}ʂʅ^{13}	一百 zʅ^{13}pə^{13}
凉州区	二十 ʀɯ^{31}ʂʅ^{21}	三十 sɑŋ^{35}ʂʅ^{53}	一百 ʐi^{31}pə^{31}
甘州区	二十 ɣɤ^{31}ʂʅ^{21}	三十 saŋ^{44}ʂʅ^{44}	一百 ʐi^{24}piə^{31}
肃州区	二十 ɣə^{21}ʂʅ^{13}	三十 sæ̃^{44}ʂʅ^{44}	一百 ʐi^{21}pɛ^{13}
永昌县	二十 ɣɤ^{53}ʂʅ^{21}	三十 sɛe^{44}ʂʅ^{44}	一百 ʐi^{44}pə^{44}
崆峒区	二十 ɚ^{35}ʂʅ^{53}	三十 sæ̃^{53}ʂʅ^{21}	一百 i^{24}pei^{21}
庆城县	二十 ɚ^{244}ʂʅ^{0}	三十 sɛ̃^{51}ʂʅ^{0}	一百 i^{21}pei^{51}
宁县	二十 ər^{44}ʂʅ^{31}	三十 sæ̃^{31}ʂʅ^{0}	一百 i^{24}pei^{31}
武都区	二十 ɚ^{24}ʂʅ^{21}	三十 sæ̃^{31}ʂʅ^{21}	一百 i^{24}pei^{21}
文县	二十 ɚ^{24}sʅ^{21}	三十 sæ̃^{42}sʅ^{24}	一百 ʐi^{24}pei^{42}
康县	二十 ɚ^{24}ʂʅ^{53}	三十 san^{53}ʂʅ^{21}	一百 i^{21}pei^{53}
礼县	二十 ɚ^{44}ʂʅ^{21}	三十 sæ̃^{31}ʂʅ^{13}	一百 i^{44}pei^{21}
靖远县	二十 ər^{35}ʂʅ^{41}	三十 sæ̃^{41}ʂʅ^{21}	一百 zʅ^{22}pei^{41}
陇西县	二十 zʅ^{44}ʂʅ^{44}	三十 sæ̃^{42}ʂʅ^{13}	一百 ʐi^{44}pe^{42}
秦州区	二十 ɛ^{44}ʂʅ^{21}	三十 sæ̃^{21}ʂʅ^{13}	一百 i^{44}pei^{21}
安定区	二十 ɚ^{44}ʂʅ^{21}	三十 sæ̃^{21}ʂʅ^{13}	一百 ʐi^{44}pɛ^{21}
会宁县	二十 ɚ^{44}ʂʅ^{21}	三十 sæ̃^{21}ʂʅ^{13}	一百 ʐi^{13}pɛ^{21}
临洮县	二十 ɚ^{44}ʂʅ^{21}	三十 sæ̃^{21}ʂʅ^{13}	一百 ʐi^{13}pei^{21}
清水县	二十 ɚ^{443}ʂʅ^{13}	三十 sæ̃^{31}ʂʅ^{13}	一百 i^{44}pəi^{21}
永靖县	二十 ɯ^{44}ʂʅ^{21}	三十 sæ̃^{22}ʂʅ^{53}	一百 i^{13}pɤ^{13}
敦煌市	二十 ər^{35}ʂʅ^{21}	三十 sæ̃^{21}ʂʅ^{213}	一百 ʐi^{13}pei^{213}
临夏市	二十 ɯ^{44}ʂʅ^{21}	三十 sã^{21}ʂʅ^{53}	一百 ʐi^{44}pɛ^{24}
合作市	二十 ɚ^{44}ʂʅ^{21}	三十 sæ̃^{21}ʂʅ^{53}	一百 ʐi^{13}pɛe^{13}
临潭县	二十 er^{44}ʂʅ^{21}	三十 sæ̃^{44}ʂʅ^{44}	一百 i^{24}pɪi^{44}

	1075 一千	1076 一万	1077 一百零五
兰州市	一千 ʑi²²tɕʰiæ̃⁵³	一万 ʑi²²væ̃²⁴	一百零五 ʑi¹³pɤ⁵⁵lin⁴²vu⁴⁴
榆中县	一千 i³¹tɕʰian⁵¹	一万 i³¹van²¹³	一百零五 i³¹pə¹³lin³¹vu⁴⁴
永登县	一千 i²²tɕʰiæ̃⁴²	一万 i²²væ̃¹³	一百零五 i²²piɛ⁴⁴lin⁵³vu³⁵⁴
红古区	一千 zʅ²²tɕʰian⁵⁵	一万 zʅ²²van¹³	一百零五 zʅ²²pə⁵⁵lin²²vu⁵⁵
凉州区	一千 ʑi⁵³tɕʰiɑŋ³⁵	一万 ʑi³¹vɑŋ³¹	一百零五 ʑi³¹pə²¹liŋ⁵³vu³⁵
甘州区	一千 ʑi²²tɕʰiaŋ⁴⁴	一万 ʑi²⁴vaŋ³¹	一百零五 ʑi²²piə²²liŋ⁵³vu⁵³
肃州区	一千 ʑi²¹tɕʰiæ̃⁴⁴	一万 ʑi¹³væ̃²¹	一百零五 ʑi²¹pɛ²¹liŋ⁵³vu⁵¹
永昌县	一千 ʑi⁵³tɕʰiɛ¹³	一万 ʑi²²vɛe⁵³	一百零五 ʑi⁴⁴pə⁴⁴liŋ³⁵vu¹³
崆峒区	一千 i²⁴tɕʰiæ̃²¹	一万 i²²uæ̃⁴⁴	一百零五 i²⁴pei²¹liɤŋ²⁴u⁵³
庆城县	一千 i²¹tɕʰiɛ̃⁵¹	一万 i²¹vɛ̃²⁴⁴	一百零五 i²¹pei⁵¹liŋ²¹vu⁴⁴ 百零五 pei⁵¹liŋ²¹vu⁴⁴
宁县	一千 i²⁴tɕʰiæ̃³¹	一万 i²⁴uæ̃⁴⁴	一百零五 i²⁴pei³¹liŋ²⁴u⁵²
武都区	一千 i²⁴tɕʰiæ̃⁰	一万 i²¹væ̃¹³	一百零五 i²⁴pei²¹lin²¹v³¹
文县	一千 ʑi²¹tɕʰiæ̃⁴²	一万 ʑi²¹uæ̃²⁴	一百零五 ʑi¹³pei²¹liəŋ²²vu⁴²
康县	一千 i²¹tɕʰian⁵³	一万 i²¹van²⁴	一百零五 i²¹pɛ⁵³liŋ²¹vu⁵⁵
礼县	一千 i⁴⁴tɕʰiæ̃²¹	一万 i³¹væ̃⁴⁴	一百零五 i⁴⁴pei²¹liŋ¹³vu⁵²
靖远县	一千 zʅ²²tɕʰiæ̃⁴¹	一万 zʅ²²væ̃³³	一百零五 zʅ²²pei⁴¹liŋ²²vu⁵⁵
陇西县	一千 ʑi⁴⁴tɕʰiæ̃⁴²	一万 ʑi⁴²væ̃⁴⁴	一百零五 i⁴⁴pe⁴²lin¹³vu⁵³
秦州区	一千 i⁴⁴tɕʰiæ̃²¹	一万 i⁴⁴væ̃⁴⁴	一百零五 i⁴⁴pei²¹liɤŋ¹³vu⁵³
安定区	一千 ʑi⁴⁴tɕʰiæ̃²¹	一万 ʑi²¹væ̃⁴⁴	一百零五 ʑi⁴⁴pɛ²¹liŋ¹³vu⁵³
会宁县	一千 ʑi¹³tɕʰiæ̃²¹	一万 ʑi²¹uæ̃⁴⁴	一百零五 ʑi¹³pɛ²¹liŋ¹³u⁵³
临洮县	一千 ʑi¹³tɕʰiæ̃²¹	一万 ʑi¹³væ̃⁴⁴	一百零五 ʑi¹³pei²¹liŋ¹³vu⁵³
清水县	一千 i⁴⁴tsʰiæ̃²¹	一万 i²¹væ̃⁴⁴³	一百零五 i⁴⁴pəi²¹liŋ¹³vu⁵²
永靖县	一千 i¹³tɕʰiæ̃¹³	一万 i²²væ̃⁴⁴	一百零五 i¹³pɤ⁴²liɤŋ²²vu⁵³
敦煌市	一千 ʑi¹³tɕʰiɛ̃²¹³	一万 ʑi²¹væ̃⁴⁴	一百零五 ʑi¹³pei²¹³liŋ²¹vu⁵¹
临夏市	一千 ʑi¹³tɕʰiɛ̃²⁴	一万 ʑi¹³vã⁴²	一百零五 ʑi¹³pɛ⁴⁴liŋ²¹vu⁴²
合作市	一千 ʑi¹³tɕʰiæ̃¹³	一万 ʑi²¹væ̃⁴⁴	一百零五 ʑi¹³pɛe⁵³liŋ¹³vu⁴⁴
临潭县	一千 i²⁴tɕʰiæ̃²¹	一万 i²¹væ̃⁴⁴	一百零五 i²⁴pɪi²¹lin²⁴vu⁵¹

	1078 一百五十	1079 第一～，第二	1080 二两重量
兰州市	一百五 ʑi^{22}pɤ^{53}vu^{44}	第一 ti^{53}ʑi^{22}	二两 ɯ^{22}liɑ̃^{55}
榆中县	一百五 i^{31}pə^{213}vu^{44}	第一 ti^{13}zʅ^{312}	二两 ɣɤ^{21}liaŋ^{44}
永登县	一百五十 i^{22}piɛ^{44}vu^{35}ʂʅ^{21}	第一 ti^{13}i^{13}	二两 a^{22}liɑ̃^{354}
红古区	一百五 zɿ^{22}pə^{55}vu^{53}	第一 tsɿ^{13}zɿ^{13} 头一个 tʰɤu^{22}zɿ^{22}kə^{55}	二两 ər^{22}liaŋ^{55}
凉州区	一百五十 ʑi^{31}pə^{21}vu^{53}ʂʅ^{35}	头一 tʰəu^{35}ʑi^{53}	二两 ʀɯ^{31}liaŋ^{21}
甘州区	一百五 ʑi^{22}piə^{22}vu^{53}	第一 ti^{24}ʑi^{31}	二两 ɣɤ^{31}liaŋ^{21}
肃州区	一百五 ʑi^{21}pɛ^{21}vu^{51}	第一 ti^{13}ʑi^{21}	二两 ɣə^{21}liaŋ^{13}
永昌县	一百五 ʑi^{44}pə^{44}vu^{44}	第一 ti^{44}ʑi^{53}	二两 ɣɤ^{53}liaŋ^{21}
崆峒区	一百五十 i^{24}pei^{21}u^{55}ʂʅ^{21}	头一个 tʰəu^{24}i^{21}kɤ^{21}	二两 ɚ^{35}liaŋ^{53}
庆城县	一百五 i^{21}pei^{51}vu^{44} 百五 pei^{21}vu^{44}	第一 ti^{51}i^{51}	二两 ɚ^{244}liɑ̃^{0}
宁县	百五 pei^{31}u^{0}	第一 ti^{44}i^{31}	二两 ər^{44}liaŋ^{52}
武都区	一百五十 i^{24}pei^{21}v^{55}ʂʅ^{21}	头一个 tʰəu^{21}i^{24}kɤ^{0}	二两 ɚ^{24}liaŋ^{21}
文县	一百五十 ʑi^{13}pei^{33}vu^{42}sɿ^{24}	第一 tɕi^{24}ʑi^{42}	二两 ɚ^{24}liɑ̃^{42}
康县	一百五十 i^{21}pɛ^{55}vu^{55}ʂʅ^{21} 一百五 i^{21}pɛ^{55}vu^{53}	第一 tɕi^{24}i^{53}	二两 ɚ^{24}liaŋ^{53}
礼县	一百五 i^{44}pei^{21}vu^{52}	第一 ti^{44}i^{21}	二两 ɚ^{44}liaŋ^{52}
靖远县	一百五 zɿ^{22}pei^{55}vu^{55}	头一 tʰɤu^{24}zɿ^{41}	二两 ər^{35}liaŋ^{41}
陇西县	一百五 i^{44}pe^{42}vu^{53}	第一 ti^{44}i^{42}	二两 zɿ^{44}liaŋ^{53}
秦州区	一百五 i^{44}pei^{21}vu^{53}	头一个 tʰɤu^{13}i^{21}kɛ^{21}	二两 ɛ^{44}liaŋ^{21}
安定区	一百五 ʑi^{44}pɛ^{21}vu^{53}	第一 tʰi^{44}ʑi^{13}	二两 zɿ^{44}liaŋ^{53}
会宁县	一百五 ʑi^{13}pɛ^{44}u^{21}	第一 ti^{44}ʑi^{13}	二两 ɚ^{44}liaŋ^{21}
临洮县	一百五 ʑi^{13}pei^{13}vu^{53}	第一 ti^{44}ʑi^{13}	二两 ɚ^{44}liɑ̃^{53}
清水县	一百五 i^{44}pəi^{21}vu^{52}	第一 tsi^{44}i^{13}	二两 ɚ^{44}liɒ̃^{52}
永靖县	一百五 i^{44}pɤ^{44}vu^{53}	第一 ti^{44}i^{13}	二两 ɯ^{44}liaŋ^{53}
敦煌市	一百五 ʑi^{13}pei^{22}vu^{51}	头一个 tʰɤu^{35}ʑi^{21}kə^{21} 第一 ti^{35}ʑi^{213}	二两 ər^{35}liaŋ^{21}
临夏市	一百五 ʑi^{13}pɛ^{44}vu^{42}	第一 ti^{44}ʑi^{24}	二两 ɯ^{44}liaŋ^{42}
合作市	一百五 ʑi^{13}pɛe^{53}vu^{44}	第一 ti^{44}ʑi^{13}	二两 ɚ^{44}liaŋ^{53}
临潭县	一百五十 i^{24}pɪi^{21}vu^{51}ʂʅ^{21}	第一 ti^{44}i^{44}	二两 ɐr^{44}liɒ^{51}

	1081 几个你有～孩子？	1082 俩你们～	1083 仨你们～
兰州市	几个 tɕi^{34}kɤ^{21}	两个 liã^{34}kɤ^{21}	三个 sæ̃^{55}kɤ^{42}
榆中县	几个 tɕi^{44}kə^{0}	两个 liaŋ^{44}kə^{0}	三个 san^{51}kə^{0}
永登县	几个 tɕi^{354}kiɛ^{21}	两个 liã^{354}kiɛ^{21}	三个 sæ̃^{44}kiɛ^{21}
红古区	几个 tsʅ^{55}kə^{21}	两个 liɑŋ^{55}kə^{21}	三个 san^{22}kə^{13}
凉州区	几个 tɕi^{53}kə^{35}	两个 liɑŋ^{53}kə^{35}	三个 sɑŋ^{35}kə^{53}
甘州区	几个 tɕi^{22}kə^{44}	两个 liaŋ^{22}kə^{44}	三个 saŋ^{44}kə^{44}
肃州区	几个 tɕi^{21}kə^{51}	两个 liɑŋ^{21}kə^{51}	三个 sæ̃^{44}kə^{44}
永昌县	几个 ɕi^{53}kə^{13}	两个 liaŋ^{53}kə^{13}	三个 sɛe^{44}kə^{44}
崆峒区	几个 tɕi^{55}kɤ^{21}	两个 liɑŋ^{55}kɤ^{21}	三个 sæ̃^{53}kɤ^{21}
庆城县	几个 tɕi^{44}kə^{0}	两 liã^{44} 两个 liã^{51}kuɛ^{0}	三 sɛ̃^{51} 三个 sɛ̃^{51}kuɛ^{0}
宁县	几个 tɕi^{52}kə^{0}	两个 liaŋ^{52}kə^{0}	三个 saŋ^{31}uɛ^{0}
武都区	几个 tɕi^{55}kɤ^{21}	两 liɑŋ^{31}	三个 sæ̃^{22}kɤ^{24}
文县	几个 tɕi^{55}kɤr^{21}	两块 liã^{42}k^{h}uɛe^{42}	三块 sæ̃^{42}k^{h}uɛe^{42}
康县	几个 tɕi^{35}kuɤ^{21}	两 liɑŋ^{55}	三 san^{53}
礼县	几个 tɕi^{52}kɤ^{44}	两个 liɑŋ^{52}kai^{21}	三个 sæ̃^{31}kai^{21}
靖远县	几个 tsʅ^{55}kɤ^{21}	两个 liɑŋ^{55}kɤ^{21}	三个 sæ̃^{41}kɤ^{21}
陇西县	几个 tɕi^{22}ke^{21}	两个 liɑŋ^{22}ke^{21}	三个 sæ̃^{22}ke^{21}
秦州区	几个 tɕi^{21}kɛ^{53}	两个 liɑŋ^{21}kɛ^{53}	三个 sæ̃^{21}kɛ^{53}
安定区	几个 tɕi^{21}kə^{44}	俩 lia^{13}	仨 sa^{13}
会宁县	几个 tɕi^{21}kə^{44}	俩 lia^{13}	仨 sa^{13}
临洮县	几个 tɕi^{21}kɛ^{44}	两个 liã^{21}kɛ^{44}	三个 sæ̃^{21}kɛ^{44}
清水县	几个 tɕi^{52}kɛ^{21}		
永靖县	几个 tɕi^{44}kɤ^{21}	两个 liɑŋ^{44}kɤ^{21}	三个 sæ̃^{22}kɤ^{44}
敦煌市	几个 tɕi^{53}kə^{21}	两个 liɑŋ^{53}kə^{21}	三个 sæ̃^{21}kə^{13}
临夏市	几个 tɕi^{44}kɤ^{21}	两个 liɑŋ^{44}kɤ^{21}	三个 sã^{21}kɤ^{53}
合作市	几个 tɕi^{44}kə^{53}	两个 liɑŋ^{44}kə^{21}	三个 sæ̃^{21}kə^{53}
临潭县	几个 tɕi^{24}kɪi^{21}	两 liɒ^{51}	三 sæ̃^{44}

	1084 个把	1085 个一～人	1086 匹一～马
兰州市	一半个 ʐi^{22}pæ̃^{22}kɤ^{42}	个 kɤ^{13}	匹 pʰi^{34}
榆中县	几个个儿 tɕi^{44}kə^{0}kə^{44}ɣɤ^{0}	个 kə^{213}	匹 pʰi^{51}
永登县	一半个 i^{22}pæ̃^{213}kə^{354}	个 kə^{13}	匹 pʰi^{42}
红古区	一半个 zʅ^{22}pan^{22}kə^{55}	个 kə^{13}	个 kə^{13}
凉州区	个把 kə^{31}pa^{21}	个 kə^{31}	个 kə^{31}
甘州区	一两个 ʐi^{44}liaŋ^{44}kə^{44}	个 kə^{31}	匹 pʰi^{44}
肃州区	一半个 ʐi^{13}pæ̃^{31}kə^{21}	个 kə^{213}	匹 pʰi^{44}
永昌县	一两个 ʐi^{53}liaŋ^{22}kə^{21}	个 kə^{53}	匹 pʰi^{53}
崆峒区	一半个 i^{22}pæ̃^{35}kɤ^{53}	个 kɤ^{44}	匹 pʰi^{53}
庆城县	个别 kə^{244}piᴇ^{113}	个儿 kɤr^{244}	匹 pʰi^{113}
宁县	个别 kə^{44}piɛ^{24}	个 kə^{44}	个 kə^{44}
武都区	一半个 i^{22}pæ̃^{24}kɛɪ^{21}	个 kɤ^{24}	匹 pʰi^{55}
文县	个把 kɤ^{24}pa^{42}	块 kʰuɛe^{24}	匹 pʰi^{13}
康县	个把 kuɤ^{24}pa^{53}	个 kuɤ^{24}	个 kɛ^{55}
礼县	个把个 kɤ^{44}pa^{21}kɤ^{44} 点把点 tiæ̃^{52}pa^{21}tiæ̃^{52}	个 kɤ^{44}	匹 pʰi^{44} 个 kɤ^{44}
靖远县		个 kɤ^{33}	头 tʰɤu^{24}
陇西县	一半个 i^{42}pæ̃^{44}ke^{42}	个 ke^{21}	个 ke^{21}
秦州区	一半个 ɕi^{21}pæ̃^{44}kuə^{21}	个 kɛ^{53}	个 kɛ^{53}
安定区	一半个 ʐi^{21}pæ̃^{44}kə^{21}	个 kə^{44}	个 kə^{44}
会宁县	一半个 ʐi^{21}pæ̃^{44}kə^{53}	个 kə^{44}	个 kə^{44}
临洮县	一半个 ʐi^{13}pæ̃^{44}kɛ^{21}	个 kɛ^{44}	个 kɛ^{44}
清水县	一半个 i^{21}pæ̃^{44}kɛ^{52} 一半块 i^{21}pæ̃^{44}kʰuɛ^{52}	个 kɛ^{13}	个 kɛ^{13}
永靖县	一两个 i^{22}liɑŋ^{53}kɤ^{21}	个 kɤ^{53}	匹 pʰi^{213}
敦煌市	一半个 ʐi^{22}pæ̃^{35}kə^{21}	个 kə^{44}	个 kə^{44}
临夏市	一半个 ʐi^{21}pã^{44}kɤ^{53}	个 kɤ^{53}	个 kɤ^{53}
合作市	一半个 ʐi^{21}pæ̃^{44}kə^{21}	个 kə^{53}	个 kə^{53}
临潭县	个把 kɤ^{44}pa^{21}	个 kɪi^{44}	个 kɪi^{44}

	1087 头一～牛	1088 头一～猪	1089 只一～狗
兰州市	头 $t^həu^{53}$	头 $t^həu^{53}$	个 $kɤ^{13}$
榆中县	头 $t^həu^{312}$	头 $t^həu^{312}$	条 $t^hiɔ^{51}$
永登县	头 $t^hɤu^{53}$	个 $kə^{13}$	个 $kə^{13}$
红古区	个 $kə^{13}$	个 $kə^{13}$	个 $kə^{13}$
凉州区	个 $kə^{31}$	个 $kə^{31}$	个 $kə^{31}$
甘州区	头 $t^hɤu^{53}$	头 $t^hɤu^{53}$	个 $kə^{31}$
肃州区	头 $t^həu^{51}$	头 $t^həu^{51}$	条 $t^hiɔ^{51}$
永昌县	头 $t^həu^{13}$	头 $t^həu^{13}$	只 $tʂʅ^{44}$
崆峒区	头 $t^həu^{24}$	口 $k^həu^{53}$	个 $kɤ^{44}$
庆城县	头 $t^hɤu^{113}$	头 $t^hɤu^{113}$	只 $tʂʅ^{51}$
宁县	个 $kə^{44}$	个 $kə^{44}$	个 $kə^{44}$
武都区	头 $t^həu^{13}$	头 $t^həu^{13}$	条 $t^hiɔu^{13}$
文县	块 $k^huɛe^{24}$	块 $k^huɛe^{24}$	块 $k^huɛe^{24}$
康县	头 $t^hɤu^{211}$	头 $t^hɤu^{211}$	只 $tʂʅ^{211}$
礼县	头 $t^həu^{13}$ 个 $kɤ^{44}$	头 $t^həu^{13}$ 个 $kɤ^{44}$	只 $tʂʅ^{31}$ 个 $kɤ^{44}$
靖远县	头 $t^hɤu^{24}$	个 $kɤ^{33}$	个 $kɤ^{33}$
陇西县	头 $t^hɤu^{13}$	头 $t^hɤu^{13}$ 个 ke^{21}	个 $kɛ^{21}$
秦州区	个 $kɛ^{53}$	个 $kɛ^{53}$	个 $kɛ^{53}$
安定区	个 $kə^{44}$	个 $kə^{44}$	个 $kə^{44}$
会宁县	个 $kə^{44}$	个 $kə^{44}$	个 $kə^{44}$
临洮县	个 $kɛ^{44}$	个 $kɛ^{44}$	个 $kɛ^{44}$
清水县	个 $kɛ^{13}$	个 $kɛ^{13}$	个 $kɛ^{13}$
永靖县	头 $t^hɤu^{213}$	头 $t^hɤu^{213}$	只 $tʂʅ^{213}$
敦煌市	个 $kə^{44}$	个 $kə^{44}$	个 $kə^{44}$
临夏市	个 $kɤ^{53}$	个 $kɤ^{53}$	个 $kɤ^{53}$
合作市	个 $kə^{53}$	个 $kə^{53}$	个 $kə^{53}$
临潭县	个 $kɪi^{44}$	个 $kɪi^{44}$	个 $kɪi^{44}$

	1090 只一～鸡	1091 只一～蚊子	1092 条一～鱼
兰州市	个 kɤ^{13}	个 kɤ^{13}	个 kɤ^{13}
榆中县	只 tʂʅ^{51}	个 kə^{213}	条 t^{h}iɔ^{51}
永登县	个 kə^{13}	个 kə^{13}	个 kə^{13}
红古区	个 kə^{13}	个 kə^{13}	个 kə^{13}
凉州区	个 kə^{31}	个 kə^{31}	个 kə^{31}
甘州区	只 tʂʅ^{44}	个 kə^{31}	条 t^{h}iɔ^{53}
肃州区	只 tʂʅ^{44}	个 kə^{213}	条 t^{h}iɔ^{51}
永昌县	个 kə^{53}	个 kə^{53}	条 t^{h}iɔo^{13}
崆峒区	个 kɤ^{44}	个 kɤ^{44}	个 kɤ^{44}
庆城县	只 tʂʅ^{51}	只 tʂʅ^{51}	条 t^{h}iɔ^{113}
宁县	个 kə^{44}	个 kə^{44}	个 kə^{44}
武都区	只 tʂʅ^{13}	个 kɤ^{24}	条 t^{h}iɔu^{13}
文县	块 k^{h}uɛe^{24}	块 k^{h}uɛe^{24}	条 t^{h}iɔo^{13}
康县	只 tʂʅ^{211}	个 kuɤ^{24}	条 tɕ^{h}iɔo^{211}
礼县	只 tʂʅ^{31} 个 kɤ^{44}	个 kɤ^{44}	条 t^{h}iɔo^{13} 个 kɤ^{44}
靖远县	个 kɤ^{33}	个 kɤ^{33}	条 t^{h}iɑo^{24}
陇西县	个 kɛ^{21}	个 kɛ^{42}	条 tɕ^{h}iɔo^{13}
秦州区	个 kɛ^{53}	个 kɛ^{53}	个 kɛ^{53}
安定区	个 kə^{44}	个 kə^{44}	条 t^{h}iɔ^{13}
会宁县	个 kə^{44}	个 kə^{44}	条 t^{h}iɔ^{13}
临洮县	个 kɛ^{44}	个 kɛ^{44}	条 t^{h}iɔ^{13}
清水县	个 kɛ^{13}	个 kɛ^{13}	个 kɛ^{13} 条 ts^{h}iɔ^{13}
永靖县	只 tʂʅ^{213}	只 tʂʅ^{213}	条 t^{h}iɔ^{213}
敦煌市	个 kə^{44}	个 kə^{44}	个 kə^{44}
临夏市	个 kɤ^{53}	个 kɤ^{53}	个 kɤ^{53}
合作市	个 kə^{53}	个 kə^{53}	个 kə^{53}
临潭县	个 kɪi^{44}	个 kɪi^{44}	个 kɪi^{44}

	1093 条一～蛇	1094 张一～嘴	1095 张一～桌子
兰州市	条 tʰiɔ^{53}	张 tʂɑ̃^{31}	张 tʂɑ̃^{31}
榆中县	个 kɪi^{44}	个 kɪi^{44}	个 kɪi^{44}
永登县	个 kɤ^{53}		个 kɤ^{53}
红古区	条 tʰiɔ^{53}	张 tʂɑ̃^{31}	张 tʂɑ̃^{31}
凉州区	条 tʰiɔ^{51}	张 tʂaŋ^{51}	张 tʂaŋ^{51}
甘州区	个 kə^{13}	张 tʂɑ̃^{42}	个 kə^{13}
肃州区	个 kə^{13}	个 kə^{13}	个 kə^{13}
永昌县	个 kə^{31}	个 kə^{31}	个 kə^{31}
崆峒区	条 tʰiɔ^{53}	张 tʂ́aŋ^{44}	张 tʂaŋ^{44}
庆城县	条 tʰiɔ^{51}	张 tʂɑŋ^{44}	张 tʂɑŋ^{44} 个 kə^{213}
宁县	条 tʰiɔo^{13}	张 tʂɑŋ^{44}	张 tʂɑŋ^{44}
武都区	个 kɤ^{44}	张 tʂɑŋ^{21}	个 kɤ^{44}
文县	条 tʰiɔ^{113}	张 tʂɑ̃^{51}	张 tʂɑ̃^{51}
康县	个 kə^{44}	个 kə^{44} 张 tʂɑŋ^{31}	个 kə^{44}
礼县	根 kəŋ^{13}	张 tʂɑŋ^{31}	张 tʂɑŋ^{31}
靖远县	条 tʰiɔo^{13}	张 tsɑ̃^{31}	张 tsɑ̃^{31}
陇西县	根 kɤŋ^{53}	张 tʂɑŋ^{53}	张 tʂɑŋ^{53}
秦州区	条 tʰiɔo^{13} 根 kɤŋ^{13}	张 tʂɑŋ^{31}	张 tʂɑŋ^{13}
安定区	个 kɤ^{33}	张 tʂɑŋ^{41}	张 tʂɑŋ^{41}
会宁县	条 tɕʰiɔo^{13}	张 tʂɑŋ^{13}	张 tʂɑŋ^{13} 个 kɛ^{21}
临洮县	个 kɛ^{53}	个 kɛ^{53}	个 kɛ^{53}
清水县	根 kəŋ^{13}	个 kə^{44}	个 kə^{44}
永靖县	根 kəŋ^{13}	个 kə^{44}	个 kə^{44}
敦煌市	个 kɛ^{44}	个 kɛ^{44}	个 kɛ^{44}
临夏市	个 kɛ^{13}	张 tʂɒ̃^{13} 个 kɛ^{13}	张 tʂɒ̃^{13} 个 kɛ^{13}
合作市	条 tʰiɔ^{213}	张 tʂɑŋ^{213}	张 tʂɑŋ^{213}
临潭县	个 kə^{44}	个 kə^{44}	个 kə^{44}

	1096 床一～被子	1097 领一～席子	1098 双一～鞋
兰州市	床 pfɑ̃^{53}	张 tʂɑ̃^{55}	双 fɑ̃^{55}
榆中县	床 tʂ^{h}uɑŋ^{312}	张 tʂɑŋ^{51}	双 ʂuɑŋ^{51}
永登县	个 kə^{13}	张 tʂɑ̃^{42}	双 fɑ̃^{42}
红古区	床 tʂ^{h}uɑŋ^{13}	张 tʂɑŋ^{53}	双 fɑŋ^{13}
凉州区	床 tʂ^{h}uɑŋ^{35}	张 tʂɑŋ^{35}	双 ʂuɑŋ^{35}
甘州区	床 k^{h}uɑŋ^{53}	张 tʂɑŋ^{44}	双 fɑŋ^{44}
肃州区	床 tʂ^{h}uɑŋ^{51}	张 tʂɑŋ^{44}	双 ʂuɑŋ^{44}
永昌县	床 tʂ^{h}uɑŋ^{13}	张 tʂɑŋ^{44}	双 suɑŋ^{44}
崆峒区	个 kɤ^{44}	张 tʂɑŋ^{21}	双 ʂuɑŋ^{21}
庆城县	床 tʂ^{h}uɑ̃^{113}	张 tʂɑ̃^{51}	双 ʂuɑ̃^{51}
宁县	个 kə^{44} 床 tʃ^{h}uɑŋ^{24}	个 kə^{44}	双 ʃuɑŋ^{31}
武都区	床 tʃ^{h}uɑŋ^{13} 个 kɤ^{24}	片 p^{h}iæ̃^{55} 张 tʂɑŋ^{31}	双 ʃuɑŋ^{31}
文县	床 tsuɑ̃^{13}	张 tsɑ̃^{31}	双 suɑ̃^{31}
康县	床 pf^{h}ɑŋ^{211}	张 tʂɑŋ^{53}	双 fɑŋ^{53}
礼县	床 tʃ^{h}uɑŋ^{13} 根 kɤŋ^{31}	张 tʂɑŋ^{31} 片 p^{h}iæ̃^{52}	双 ʃuɑŋ^{31}
靖远县	床 tʂ^{h}uɑŋ^{24}	张 tʂɑŋ^{41}	双 ʂuɑŋ^{41}
陇西县	床 tʃ^{h}ɥɑŋ^{13}	页 iɛ^{21}	双 ʂuɑŋ^{21}
秦州区	个 kɛ^{53}	个 kɛ^{53}	双 ʃuɑŋ^{13}
安定区	床 tʃ^{h}uɑŋ^{13}	片 p^{h}iæ̃^{53}	双 ʃuɑŋ^{13}
会宁县	床 tʃ^{h}uɑŋ^{13}	片 p^{h}iæ̃^{44}	双 ʃuɑŋ^{13}
临洮县	床 tʂ^{h}uɑ̃^{13}	片儿 p^{h}iɐr^{53}	双 ʂuɑ̃^{13}
清水县	个 kɛ^{13}	片 p^{h}iæ̃^{52}	双 ʃɒ̃^{13}
永靖县	床 tʂ^{h}uɑŋ^{213}	张 tʂɑŋ^{213}	双 ʂuɑŋ^{213}
敦煌市	个 kə^{44}	张 tʂɑŋ^{213}	双 ʂuɑŋ^{213}
临夏市	床 tʂ^{h}uɑŋ^{13}	张 tʂɑŋ^{13}	双 ʂuɑŋ^{13}
合作市	床 tʂ^{h}uɑŋ^{13}	张 tʂɑŋ^{13}	双 fɑŋ^{13}
临潭县	个 kɪi^{44}	个 kɪi^{44}	个 kɪi^{44}

	1099 把一~刀	1100 把一~锁	1101 根一~绳子
兰州市	把 pa^{34}	把 pa^{34}	根 $kən^{55}$
榆中县	把 pa^{44}	把 pa^{44}	根 $kən^{51}$
永登县	把 pa^{13}	个 $kə^{13}$	根 $kə̃n^{42}$
红古区	把 pa^{13}	个 $kə^{13}$	根儿 $kə̃r^{13}$
凉州区	把 pa^{31}	把 pa^{31}	根 $kəŋ^{35}$
甘州区	把 pa^{31}	把 pa^{31}	根 $kɤŋ^{44}$
肃州区	把 pa^{213}	把 pa^{213} 个 $kə^{213}$	根 $kɤŋ^{44}$
永昌县	把 pa^{53}	把 pa^{53}	根 $kəŋ^{44}$
崆峒区	把 pa^{53}	个 $kɤ^{44}$	根 $kɤŋ^{21}$
庆城县	把 pa^{44}	把 pa^{44}	根 $kɤŋ^{51}$
宁县	个 $kə^{44}$ 把 pa^{52}	个 $kə^{44}$	根 $kəŋ^{31}$
武都区	把 pa^{55}	把 pa^{55}	根 $kəŋ^{13}$
文县	把 pa^{44}	把 pa^{44}	根 $kəŋ^{22}$
康县	把 pa^{55}	把 pa^{55}	根 $kɤŋ^{53}$
礼县	把 pa^{52} 个 $kɤ^{44}$	把 pa^{52}	根 $kɤŋ^{13}$
靖远县	把 pa^{55}	个 $kɤ^{33}$	根 $kɤŋ^{41}$
陇西县	把 pa^{21}	把 pa^{21}	根 $kɤŋ^{13}$
秦州区	个 $kɛ^{53}$	个 $kɛ^{53}$	根 $kɤŋ^{13}$
安定区	个 $kə^{44}$	个 $kə^{44}$	个 $kə^{44}$
会宁县	把 pa^{13}	把 pa^{53}	根 $kəŋ^{13}$
临洮县	把 pa^{53}	把 pa^{53}	根儿 $kə̃r^{13}$
清水县	个 $kɛ^{13}$ 把 pa^{52}	个 $kɛ^{13}$ 把 pa^{52}	个 $kɛ^{13}$ 根 $kɤŋ^{13}$
永靖县	把 pa^{213}	把 pa^{213}	根 $kɤŋ^{213}$
敦煌市	个 $kə^{44}$ 把 pa^{51}	个 $kə^{44}$ 把 pa^{51}	个 $kə^{44}$
临夏市	把 $pɑ^{42}$	把 $pɑ^{42}$	根 $kəŋ^{13}$
合作市	把 $pᴀ^{13}$	把 $pᴀ^{13}$	根 $kəŋ^{13}$
临潭县	个 $kɪi^{44}$	个 $kɪi^{44}$	个 $kɪi^{44}$

	1102 支一～毛笔	1103 副一～眼镜	1104 面一～镜子
兰州市	支 tʂʅ^{55}	副 fu^{13}	块 k^{h}uɛ^{13}
榆中县	支 tʂʅ^{51}	副 fu^{213}	面 mian^{213}
永登县	根 kə̃n^{42}	副 fu^{13}	块 k^{h}uɛ^{42} 个 kə^{13}
红古区	个 kə^{13}	个 kə^{13}	个 kə^{13}
凉州区	支 tsɿ^{35}	副 fu^{31}	个 kə^{31}
甘州区	支 tʂʅ^{44}	副 fu^{31}	面 miaŋ^{31}
肃州区	支 tʂʅ^{44}	副 fu^{213}	面 miæ̃^{213} 块 k^{h}uɛ^{51}
永昌县	支 tʂʅ^{44}	副 fu^{53}	面 miɛ^{53}
崆峒区	个 kɤ^{44}	副 fu^{44}	面 miæ̃^{44}
庆城县	支 tsɿ^{51}	副 fu^{244}	面 miɛ̃^{244}
宁县	个 kə^{44} 支 tsɿ^{31}	副 fu^{44}	个 kə^{44}
武都区	根 kəŋ^{13}	副 fu^{24}	片 p^{h}iæ̃^{55}
文县	支 tsɿ^{31}	副 fu^{24}	面 miæ̃^{24}
康县	支 tʂʅ^{53}	副 fu^{24}	个 kuɤ^{24}
礼县	支 tsɿ^{31}	副 fu^{44}	个 kɤ^{44}
靖远县	根 kɤŋ^{41}	副 fu^{33}	个 kɤ^{33}
陇西县	支 tsɿ^{13}	副 fu^{44}	个 ke^{21}
秦州区	支 tsɿ^{13}	副 fu^{44}	个 kɛ^{53}
安定区	个 kə^{44}	个 kə^{44}	个 kə^{44}
会宁县	支 tsɿ^{13}	副 fu^{44}	个 kə^{44}
临洮县	支儿 tsər^{13}	副 fu^{44}	面 miæ̃^{44}
清水县	个 kɛ^{13} 支 tʃɨ^{13}	副 fu^{443}	个 kɛ^{13}
永靖县	支 tʂʅ^{213}	副 fu^{213}	块 k^{h}uɛ^{53}
敦煌市	根儿 kɤŋ^{21}ər^{13} 个 kə^{44}	副儿 fuər^{441}	面儿 miər^{44} 块儿 k^{h}uər^{51}
临夏市	个 kɤ^{53}	个 kɤ^{53}	个 kɤ^{53}
合作市	个 kə^{53}	副 fu^{53}	个 kə^{53}
临潭县	个 kɪi^{44}	副 fu^{44}	个 kɪi^{44}

	1105 块一～香皂	1106 辆一～车	1107 座一～房子
兰州市	块 $k^hu\varepsilon^{13}$	辆 $li\tilde{a}^{44}$	院 $y\tilde{æ}^{13}$
榆中县	块 $k^hu\varepsilon^{44}$	辆 $lia\eta^{44}$	座 $tsu\partial^{213}$
永登县	块 $k^hu\varepsilon^{42}$	挂 kua^{13}	院 $y\tilde{æ}^{13}$
红古区	块 $k^hu\varepsilon^{53}$	个 $k\partial^{13}$	院 yan^{13}
凉州区	块 $k^huæ^{35}$	个 $k\partial^{31}$ 挂 kua^{31}	间 $tɕiɑ\eta^{31}$
甘州区	块 $k^hu\varepsilon^{31}$	辆 $lia\eta^{31}$	座 $tsu\partial^{31}$
肃州区	块 $k^hu\varepsilon^{51}$	辆 $liɑ\eta^{213}$	座 $tsu\partial^{213}$
永昌县	块 $k^hu\varepsilon e^{13}$	辆 $lia\eta^{53}$	座 $tsu\partial^{53}$
崆峒区	个 $kɤ^{44}$	挂 kua^{44}	院 $y\tilde{æ}^{44}$
庆城县	块 $k^hu\varepsilon^{44}$	辆 $li\tilde{a}^{44}$	栋 $tu\eta^{51}$
宁县	块 $k^hu\varepsilon^{52}$ 个 $k\partial^{44}$	个 $k\partial^{44}$	个 $k\partial^{44}$
武都区	个 $kɤ^{24}$	辆 $liɑ\eta^{55}$	院 $y\tilde{æ}^{24}$
文县	块 $k^hu\varepsilon e^{44}$	架 $tɕia^{24}$	院 $y\tilde{æ}^{24}$
康县	块 $k^hu\varepsilon^{55}$	辆 $liɑ\eta^{55}$	座 $tsuɤ^{24}$
礼县	颗 $k^huɤ^{13}$	辆 $liɑ\eta^{52}$	座 $tʃ^huɤ^{44}$
靖远县	块儿 $k^huɐr^{41}$	辆 $liɑ\eta^{33}$	院 $y\tilde{æ}^{33}$
陇西县	颗 $k^huɤ^{13}$	架 $tɕia^{44}$	座 $ts^huɤ^{44}$
秦州区	个 $k\varepsilon^{53}$	个 $k\varepsilon^{53}$	面 $mi\tilde{æ}^{44}$
安定区	个 $k\partial^{44}$	个 $k\partial^{44}$	个 $k\partial^{44}$
会宁县	块 $k^hu\varepsilon^{53}$	个 $k\partial^{44}$	院 $y\tilde{æ}^{44}$
临洮县	个 $k\varepsilon^{44}$	个 $k\varepsilon^{44}$	个 $k\varepsilon^{44}$
清水县	块 $k^hu\varepsilon^{52}$	个 $k\varepsilon^{13}$ 辆 $li\tilde{ɒ}^{52}$	个 $k\varepsilon^{13}$ 座 $ts^hu\partial^{443}$
永靖县	坨 $t^huɤ^{213}$	辆 $liɑ\eta^{53}$	院 $y\tilde{æ}^{44}$
敦煌市	块儿 $k^hu\partial r^{51}$	挂 kua^{44}	院 $y\tilde{\varepsilon}^{44}$
临夏市	块 $k^hu\varepsilon^{53}$	个 $kɤ^{53}$	院 $y\tilde{\varepsilon}^{53}$
合作市	块 $k^hu\varepsilon e^{53}$	个 $k\partial^{53}$	院 $y\tilde{æ}^{44}$
临潭县	个 $kɪi^{44}$	个 $kɪi^{44}$	个 $kɪi^{44}$

	1108 座一～桥	1109 条一～河	1110 条一～路
兰州市	座 tsuə13	条 tʰiɔ53	条 tʰiɔ53
榆中县	座 tsuə213	条 tʰiɔ51	条 tʰiɔ51
永登县	座 tsuə13	条 tʰiɔ53	条 tʰiɔ53
红古区	个 kə13	个 kə13	个 kə13
凉州区	个 kə31	条 tʰiɑo35	条 tʰiɑo35
甘州区	座 tsuə31	条 tʰiɔ53	条 tʰiɔ53
肃州区	座 tsuə213	条 tʰiɔ51	条 tʰiɔ51
永昌县	座 tsuə53	条 tʰiɔo13	条 tʰiɔo13
崆峒区	个 kɤ44	条 tʰiɔ24	条 tʰiɔ24
庆城县	个 kə244 座 tsuə244	条 tʰiɔ113 个儿 kɤr244	条 tʰiɔ113
宁县	个 kə44	个 kə44	个 kə44
武都区	座 tsuɤ24	条 tʰiɔu13	条 tʰiɔu13
文县	座 tsʰuə24	条 tʰiɔo13	条 tʰiɔo13
康县	座 tsuɤ24	条 tʰiɔo211	条 tʰiɔo211
礼县	座 tʃʰuɤ44 个 kɤ44	条 tʰiɔo13	条 tʰiɔo13
靖远县	座 tsuə33	条 tʰiɑo24	条 tʰiɑo24
陇西县	座 tsʰuɤ44	条 tɕʰiɔo13	条 tɕʰiɔo13
秦州区	个 kɛ53	道 tɔ44	道 tɔ44
安定区	个 kə44	个 kə44	个 kə44
会宁县	座 tsʰuə44	条 tʰiɔ13	条 tʰiɔ13
临洮县	座 tsuɤ44	条 tʰiɔ13	条 tʰiɔ13
清水县	个 kɛ13 座 tsʰuə443	条 tsʰiɔ13 道 tʰɔ443	条 tsʰiɔ13 个 kɛ13
永靖县	座 tsuɤ44	条 tʰiɔ213	条 tʰiɔ213
敦煌市	个 kə44	个 kə44	条 tʰiɔ213 个 kə44
临夏市	个 kɤ53	条 tʰiɔ13	个 kɤ53
合作市	座 tsuə53	条 tʰiɔ13	条 tʰiɔ13
临潭县	个 kɪi44	个 kɪi44	个 kɪi44

	1111 棵一~树	1112 朵一~花	1113 颗一~珠子
兰州市	个 kɤ13	朵 tuə34	颗 kʰɤ31
榆中县	棵 kʰuə44	朵 tuə44	颗 kʰuə44
永登县	棵 kʰuə42	朵 tuə354	颗 kʰə42
红古区	棵 kʰuə53	朵 tuə53	个 kə13
凉州区	棵 kʰuə35	朵 tuə35	颗 kʰuə35
甘州区	棵 kʰuə44	朵 tuə53	颗 kʰuə44
肃州区	棵 kʰə44	朵 tuə51	颗 kʰə44
永昌县	棵 kʰuə44	朵 tuə13	颗 kʰuə44
崆峒区	棵 kʰuo53	朵 tuo53	颗 kʰuo53
庆城县	棵 kʰuə44	朵 tuə44	个儿 kɤr44
宁县	个 kə44	朵 tuə52 个 kə44	颗 kʰuə52 个 kə44
武都区	棵 kʰuɤ13	朵 tuɤ55	颗 kʰuɤ55
文县	根 kəŋ22	朵 tuə44	颗 kʰuə13
康县	棵 kʰuɤ53	朵 tuɤ53	个 kuɤ24
礼县	棵 kʰuɤ13	朵 tuɤ52	颗 kʰuɤ13 个 kɤ44
靖远县	个 kɤ33	朵 tuə55	个 kɤ33
陇西县	棵 kʰuɤ13	朵 tuɤ13	颗 kʰuɤ13
秦州区	棵 kʰuə13	朵 tuə13	颗 kʰuə13
安定区	个 kə44	个 kə44	颗 kʰuə53
会宁县	棵 kʰuə53	朵 tuə53	颗 kʰuə53
临洮县	棵 kʰuɤ53	朵儿 tuər13	颗 kʰuɤ53
清水县	棵 kʰuə13 苗 miɔ13	朵 tuə52	颗 kʰuə52
永靖县	棵 kʰuɤ53	朵 tuɤ53	颗 kʰuɤ53
敦煌市	个 kə44	朵 tuə51	颗 kʰə51 粒 li213
临夏市	个 kɤ53	个 kɤ53	个 kɤ53
合作市	个 kə53	个 kə53	个 kə53
临潭县	个 kɪi44	个 kɪi44	个 kɪi44

	1114 粒一～米	1115 顿一～饭	1116 剂一～中药
兰州市	颗 k^{h}ɤ^{55}	顿 tuən^{13}	副 fu^{13}
榆中县	颗 k^{h}uə^{44}	顿 tuen^{213}	副 fu^{213}
永登县	颗 k^{h}ə^{42}	顿 tuə̃n^{13}	副 fu^{13}
红古区	颗儿 k^{h}uər^{53}	顿 tuən^{13}	副 fu^{13}
凉州区	颗 k^{h}uə^{35}	顿 tuŋ^{31}	副 fu^{31}
甘州区	粒 li^{53}	顿 tuŋ^{31}	剂 tɕi^{31}
肃州区	粒 li^{51}	顿 tuŋ^{213}	副 fu^{213}
永昌县	粒 li^{13}	顿 toŋ^{53}	副 fu^{53}
崆峒区	颗 k^{h}uo^{53}	顿 toŋ^{44}	副 fu^{44}
庆城县	颗 k^{h}uə^{44}	顿 tuŋ^{244}	副 fu^{244}
宁县	颗 k^{h}uə^{52}	顿 tuŋ^{44}	副 fu^{44}
武都区	颗 k^{h}uɤ^{55}	顿 tuŋ^{24}	副 fu^{24}
文县	颗 k^{h}uə^{13}	顿 toŋ^{24}	副 fu^{24}
康县	颗 k^{h}uɤ^{53}	顿 tuŋ^{24}	副 fu^{24}
礼县	颗 k^{h}uɤ^{13}	顿 tuɤŋ^{44}	副 fu^{44}
靖远县	颗儿 k^{h}uər^{41}	顿 toŋ^{33}	副 fu^{33}
陇西县	颗 k^{h}uɤ^{13}	顿 tuŋ^{44}	副 fu^{44}
秦州区	颗 k^{h}uə^{13}	顿 tuɤŋ^{44}	副 fu^{44}
安定区	颗 k^{h}uə^{53}	顿 tuŋ^{44}	副 fu^{44}
会宁县	颗 k^{h}uə^{53}	顿 tuŋ^{44}	副 fu^{44}
临洮县	颗 k^{h}uɤ^{53}	顿 tuŋ^{44}	副 fu^{44}
清水县	颗 k^{h}uə^{52}	顿 tuŋ^{443}	副 fu^{443}
永靖县	颗 k^{h}uɤ^{53}	顿 tuɤŋ^{53}	副 fu^{213}
敦煌市	颗 k^{h}ə^{51} 粒 li^{213}	顿 tuŋ^{44}	副子 fu^{35}tsɿ^{21}
临夏市	颗 k^{h}uɤ^{42}	顿 tuəŋ^{53}	副 fu^{53}
合作市	颗 k^{h}uə^{53}	顿 tuəŋ^{53}	副 fu^{53}
临潭县	颗 k^{h}uɤ^{51}	顿 tuəŋ^{44}	剂 tɕi^{44}

	1117 股一～香味	1118 行一～字	1119 块一～钱
兰州市	股子 ku^{22}tsɿ^{42}	行行 xɑ̃^{22}xɑ̃^{55}	块 k^{h}uɛ^{13}
榆中县	股 ku^{44}	行 xaŋ^{213}	块 k^{h}uɛ^{44}
永登县	股子 ku^{354}tsɿ^{21}	行子 xɑ̃^{22}tsɿ^{354}	块 k^{h}uɛ^{354}
红古区	股儿 kuər^{53}	行儿 xɐ̃r^{13}	块 k^{h}uɛ^{53}
凉州区	股 ku^{35}	行 xɑŋ^{35}	块 k^{h}uæ^{31}
甘州区	股 ku^{53}	行 xaŋ^{53}	块 k^{h}uɛ^{53}
肃州区	股 ku^{51}	行 xɑŋ^{213}	块 k^{h}uɛ^{51}
永昌县	股 ku^{13}	行 xɑŋ^{13}	块 k^{h}uɛe^{13}
崆峒区	股 ku^{53}	行 xɑŋ^{44}	块 k^{h}uɛ^{53}
庆城县	股 ku^{44}	行 xɑ̃^{113}	块 k^{h}uɛ^{44}
宁县	股子 ku^{52}tsɿ^{0}	行 xaŋ^{24}	块 k^{h}uɛ^{52}
武都区	股子 ku^{55}tsɿ^{21} 股 ku^{55}	行 xɑŋ^{13}	块 k^{h}uɛɪ^{31} 元 yæ̃^{13}
文县	股 ku^{55}	排 p^{h}ɛe^{13}	元 yæ̃^{13}
康县	股 ku^{55}	行 xɑŋ^{211}	元 yan^{211} 块 k^{h}uɛ^{55}
礼县	股 ku^{52}	行 xɑŋ^{44}	元 yæ̃^{13}
靖远县	股子 ku^{55}tsɿ^{21}	行儿 xɑ̃r^{33}	块儿 k^{h}uɐr^{41}
陇西县	股子 ku^{55}tsɿ^{21}	排 p^{h}ɛ^{13}	块 k^{h}uɛ^{53}
秦州区	股 ku^{53}	行 xɑŋ^{13}	块 k^{h}uɛ^{53}
安定区	股 ku^{53}	行 xɑŋ^{13}	块 k^{h}uɛ^{53}
会宁县	股 ku^{53}	行 xɑŋ^{13}	块 k^{h}uɛ^{53}
临洮县	股子 ku^{53}tsɿ^{21}	行 xɑ̃^{13}	块 k^{h}uɛ^{53}
清水县	股 ku^{52}	行 xɒ̃^{13}	块 k^{h}uɛ^{52}
永靖县	股 ku^{53}	行 xɑŋ^{213}	块 k^{h}uɛ^{53}
敦煌市	股子 ku^{53}tsɿ^{21}	行子 xɑŋ^{35}tsɿ^{21}	块 k^{h}uɛ^{51}
临夏市	股 ku^{42}	行 xɑŋ^{13}	块 k^{h}uɛ^{53}
合作市	股 ku^{13}	行 xɑŋ^{13}	块 k^{h}uɛe^{53}
临潭县	股 ku^{51}	行 xɒ^{24}	块 k^{h}uɛe^{51}

	1120 毛角：一～钱	1121 件一～事情	1122 点儿一～东西
兰州市	毛 mɔ^{53}	个 kɤ^{13}	点点 tiæ̃^{55}tiæ̃^{21}
榆中县	角 tɕyᴇ^{312} 毛 mɔ^{312}	件 tɕian^{213}	点儿 tian^{44}ɣɤ^{0}
永登县	毛 mɔ^{53}	匹子 pʰi^{55}tsɿ^{21}	点点 tiæ̃^{354}tiæ̃^{21}
红古区	毛 mɔ^{13} 角 tɕyɛ^{13}	个 kə^{13}	点点儿 tian^{55}tiɐr^{21}
凉州区	毛 mɑo^{35} 角 tɕyə^{31}	件 tɕiɑŋ^{35} 个 kə^{31}	点点 tiɑŋ^{53}tiɑŋ^{35}
甘州区	毛 mɔ^{53}	件 tɕiaŋ^{31}	点点儿 tiaŋ^{22}tiaŋ^{22}ɣɤ^{44}
肃州区	毛 mɔ^{51}	件 tɕiæ̃^{213}	点 tiæ̃^{51}
永昌县	毛 mɔo^{13}	件 tɕiɛ^{53}	点点 tiɛ^{53}tiɛ^{21}
崆峒区	角 tɕyɤ^{21}	件 tɕiæ̃^{44}	点儿 tiɐr^{53}
庆城县	毛 mɔ^{113}	件 tɕiɛ̃^{244}	点儿 tiɛ̃r^{44}
宁县	角 tɕyə^{31} 毛 mɔ^{24}	件 tɕʰiæ̃^{44} 个 kə^{44}	点子 tiæ̃ː^{55}tsɿ^{0}
武都区	毛 mɔu^{13}	匹子 pʰi^{55}tsɿ^{21} 个 kɤ^{24}	点点儿 tiæ̃^{55}tiæ̃^{21}ɚ^{21}
文县	角 tɕyɛ^{31}	块 kʰuɛe^{44}	点儿 tiæ̃r^{44}
康县	毛 mɔo^{211} 角 tɕyɛ^{53}	件 tɕian^{24}	点 tian^{55}
礼县	角 tɕyɤ^{31}	件 tɕʰiæ̃^{44} 个 kɤ^{44}	点点 tiæ̃^{13}tiæ̃^{31}
靖远县	毛 mɑo^{24}	件儿 tɕiɐ̃r^{33}	点儿 tiɐ̃r^{41}
陇西县	毛 mɔo^{13}	个 ke^{21}	点子 tiæ̃^{13}tsɿ^{21}
秦州区	毛 mɔ^{13}	个 kɤ^{53}	点 tiæ̃^{53}
安定区	毛 mɔ^{13} 角 tɕyə^{13}	个 kə^{44}	点点 tiæ̃^{53}tiæ̃^{21}
会宁县	角 tɕyə^{13} 毛 mɔ^{13}	个 kə^{44}	点点 tiæ̃^{21}tiæ̃^{13}
临洮县	毛 mɔ^{13}	件 tɕiæ̃^{44}	点儿 tiɐr^{53}
清水县	毛 mɔ^{13} 角 tɕyɛ^{13}	个 kɛ^{13} 件 tɕʰiæ̃^{443}	点 tsiæ̃^{52}
永靖县	毛 mɔ^{213}	件 tɕiæ̃^{44}	点 tiæ̃^{53}
敦煌市	毛 mɔ^{213} 角 tɕyə^{213}	件 tɕiɛ̃^{44} 个 kə^{44}	点点儿 tiɛ̃^{53}tiər^{21}
临夏市	毛 mɔ^{13}	个 kɤ^{53}	点点 tiɛ̃^{42}tiɛ̃^{44}
合作市	角 tɕyə^{13}	件 tɕiæ̃^{53}	些些 ɕiə^{44}ɕiə^{53}
临潭县	毛 mɔo^{24}	件 tɕiæ̃^{44}	点 tiæ̃^{51}

	1123 些一～东西	1124 下打一～，动量，不是时量	1125 会儿坐了一～
兰州市	些 ɕiɛ^{34}	下 xa^{13}	会 xuei^{13}
榆中县	些 ɕiᴇ^{312}	下 xa^{213}	会儿 xuei^{21}ɣɤ^{44}
永登县	些 ɕiɛ^{42}	下 xa^{13}	乎 xu^{53}
红古区	些儿 ɕiər^{55}	下 xa^{13}	会儿 xuɐr^{53}
凉州区	些 ɕiə^{31}	下 xa^{31}	会会 xuei^{31}xuei^{21}
甘州区	些 ɕiə^{31}	下 xa^{31}	会 xuei^{31}
肃州区	些 ɕiɛ^{213}	下 ɕia^{213}	会 xuei^{213}
永昌县	些 ɕiə^{13}	下 xa^{53}	会 xuei^{53}
崆峒区	些 ɕiɛ^{21}	下 xa^{44}	阵 tʂɤŋ^{44}
庆城县	些 ɕiᴇ^{51}	下 xa^{244}	阵 tʂɤŋ^{244}
宁县	些 ɕiɛ^{52}	下 xa^{44}	会子 xueiː^{44}tsɿ^{0} 阵子 tʂəŋ^{44}tsɿ^{0}
武都区	些 ɕiᴇ^{31}	下 xa^{31}	阵阵儿 tʂəŋ^{24}tʂəŋ^{21}ɚ^{21}
文县	些 ɕiɛ^{31}	下 xa^{22}	下 xa^{24}
康县	些 siɛ^{53}	下 xa^{24}	会儿 xuər^{24}
礼县	些 ɕiɛ^{31}	挂 kua^{44}	阵儿 tʂɤ̃r^{44}
靖远县	些儿 ɕiər^{41}	下 xa^{33}	阵儿 tʂə̃r^{33}
陇西县	些个 ɕiɛ^{22}kɤ^{21}	下 xa^{21}	下 xa^{21}
秦州区	些 ɕiə^{13}	下 xa^{44}	阵 tʂɤŋ^{44}
安定区	些 ɕiə^{13}	下 xa^{44}	会 xuɛ^{44}
会宁县	些 ɕiə^{13}	下 xa^{44}	会儿 xuei^{44}zɿ^{21}
临洮县	点儿 tiɐr^{53}	挂 kua^{44}	会儿 xuər^{53}
清水县	些 siɛ^{13}	下 xa^{443}	阵儿 tʂɤŋ^{44}ɚ^{21}
永靖县	些 ɕiɛ^{44}	挂 kua^{44}	会 xuei^{44}
敦煌市	些儿 ɕiər^{44}	下 xa^{44}	会儿 xuər^{44}
临夏市	些 ɕiɛ^{42}	挂 kuɑ^{53}	会 xuei^{53}
合作市	些 ɕiə^{44}	挂 kuᴀ^{53}	一会 ʑi^{21}xuei^{53}
临潭县	些 ɕiɛ^{44}	下 xa^{44}	会 xuɪi^{44}

	1126 顿打一～	1127 阵下了一～雨	1128 趟去了一～
兰州市	顿 tuən^{13}	阵 tʂən^{13}	趟 tʰɑ̃^{13}
榆中县	顿 tuən^{213}	阵 tʂən^{213}	趟 tʰaŋ^{213}
永登县	顿 tuə̃n^{13}	阵子 tʂə̃n^{22}tsɿ^{354}	趟 tʰɑ̃^{13}
红古区	顿 tuən^{13}	会儿 xuər^{13}	趟 tʰɑŋ^{13}
凉州区	顿 tuŋ^{31}	阵 tʂəŋ^{31}	趟 tʰɑŋ^{31}
甘州区	顿 tuŋ^{31}	阵子 tʂɤŋ^{31}tsɿ^{21}	趟 tʰaŋ^{31}
肃州区	顿 tuŋ^{213}	阵 tʂɤŋ^{213}	趟 tʰɑŋ^{213}
永昌县	顿 toŋ^{53}	阵 tʂəŋ^{53}	趟 tʰɑŋ^{53}
崆峒区	顿 toŋ^{44}	阵子 tʂɤŋ^{35}tsɿ^{53}	趟 tʰɑŋ^{44}
庆城县	顿 tuŋ^{244}	阵 tʂɤŋ^{244}	趟 tʰɑ̃^{113}
宁县	顿 tuŋ^{44}	阵子 tʂəŋ^{44}tsɿ^{0}	趟 tʰaŋ^{52}
武都区	顿 tuŋ^{24}	阵 tʂəŋ^{24}	趟 tʰɑŋ^{24}
文县	顿 toŋ^{24}	下 xa^{24}	回 xuei^{13}
康县	顿 tuŋ^{55}	阵子 tʂɤŋ^{24}tsɿ^{53}	趟 tʰɑŋ^{24}
礼县	顿 tuɤŋ^{44}	阵儿 tʂɤ̃r^{44}	下 xa^{31} 回 xuei^{13}
靖远县	顿 toŋ^{33}	阵儿 tʂə̃r^{33}	趟 tʰɑŋ^{55}
陇西县	顿 tuŋ^{44}	会儿 xue^{22}zɿ^{44}	趟 tʰɑŋ^{44}
秦州区	顿 tuɤŋ^{44}	阵 tʂɤŋ^{44}	趟 tʰɑŋ^{53}
安定区	顿 tuŋ^{44}	下 xa^{44}	趟 tʰɑŋ^{53}
会宁县	顿 tuŋ^{44}	阵子 tʂəŋ^{44}tsɿ^{21}	趟 tʰɑŋ^{44}
临洮县	顿 tuŋ^{44}	阵子 tʂɤŋ^{44}tsɿ^{21}	趟 tʰɑ̃^{44}
清水县	顿 tuŋ^{443}	阵儿 tʂɤŋ^{44}ɚ^{21}	趟 tʰɒ̃^{443} 回 xuəi^{13}
永靖县	顿 tuɤŋ^{44}	会 xuei^{44}	趟 tʰɑŋ^{53}
敦煌市	顿 tuŋ^{44}	阵子 tʂɤŋ^{35}tsɿ^{21}	趟 tʰɑŋ^{44}
临夏市	顿 tuəŋ^{53}	些 ɕiɛ^{42}	趟 tʰɑŋ^{53}
合作市	顿 tuəŋ^{53}	阵 tʂəŋ^{53}	趟 tʰɑŋ^{53}
临潭县	顿 tuəŋ^{44}	阵 tʂəŋ^{44}	趟 tʰɒ^{51}

	1129 我~姓王	1130 你~也姓王	1131 您
兰州市	我 vɤ^{34}	你 ȵi^{34}	
榆中县	我 və^{44}	你 ȵi^{44}	
永登县	我 və^{354}	你 ȵi^{55}	
红古区	我 və^{53}	你 ȵiɛ^{53}	
凉州区	我 və^{35}	你 ȵi^{35}	您 ȵiŋ^{35}
甘州区	我 və^{53}	你 ȵi^{53}	你 ȵi^{53}
肃州区	我 və^{51}	你 ȵi^{51}	您 ȵiŋ^{51}
永昌县	我 uə^{13}	你 ȵi^{13}	你 ȵi^{13}
崆峒区	我 ŋuo^{53}	你 ȵi^{53}	
庆城县	我 ŋɔ^{44}	你 ȵi^{44}	
宁县	我 ŋuə^{52}	你 ȵi^{52}	你老人 ȵi^{22}ɔ^{55}ẓəŋ^{0}
武都区	我 ŋɤ^{55}	你 ȵi^{55}	
文县	我 ŋɤ^{35}	你 ȵi^{35}	你 ȵi^{35}
康县	我 ŋuɤ^{55}	你 ȵi^{55}	你 ȵi^{55}
礼县	我 ŋɤ^{52}	你 ȵi^{52}	
靖远县	我 ŋuə^{55}	你 ȵiɛ^{55}	
陇西县	我 kɤ^{53}	你 li^{53}	你 li^{53}
秦州区	我 ŋu^{53}	你 ȵi^{53}	
安定区	我 ŋə^{53}	你 ȵi^{53}	
会宁县	我 ŋə^{53}	你 ȵi^{53}	
临洮县	我 ŋuɤ^{53}	你 ȵi^{53}	
清水县	我 ŋuə^{52}	你 ȵi^{52}	你［老人］家 ȵi^{52}lɔ̃^{52} tɕia^{21}
永靖县	我 vɤ^{53}	你 ȵi^{53}	
敦煌市	我 ŋə^{51}	你 ȵi^{51}	
临夏市	我 ŋɤ^{42}	你 ȵi^{42}	你 ȵi^{42}
合作市	我 ŋə^{44}	你 ȵi^{44}	
临潭县	我 ŋɤ^{51}	你 ȵi^{51}	

	1132 他～姓张	1133 我们不包括听话人：你们别去，～去	1134 咱们包括听话人：他们不去，～去吧
兰州市	那 la^{53}	我们 vɤ^{34}mən^{21}	我们 vɤ^{34}mən^{21}
榆中县	那 na^{213}	我们 və^{44}mən^{0}	我们 və^{44}mən^{0}
永登县	那 na^{53} 他 t^{h}a^{44}	啊们 a^{35}mə̃n^{53}	啊们几个 a^{13}mə̃n^{53}tɕi^{44}kə^{21}
红古区	他 t^{h}a^{13} 家 tɕia^{53}	我们 və^{55}mən^{21}	我们 və^{55}mən^{21}
凉州区	家 tɕia^{35}	我们 və^{35}məŋ^{53}	我们 və^{53}məŋ^{35}
甘州区	伢 ia^{53} 他 t^{h}a^{44}	我们 və^{22}mɤŋ^{44}	我们 və^{22}mɤŋ^{44}
肃州区	那 na^{51} 他 t^{h}a^{44}	我们 və^{21}mɤŋ^{51}	咱们 tsæ̃^{44}mɤŋ^{21}
永昌县	家 tɕia^{13} 他 t^{h}a^{44}	我们 uə^{53}məŋ^{13}	我们 uə^{53}məŋ^{13}
崆峒区	他 t^{h}a^{53} ［人家］ȵiæ̃^{24}	我们 ŋuo^{55}mɤŋ^{21}	咱们 tsa^{22}mɤŋ^{53}
庆城县	［人家］ȵiɛ̃^{113} 他 t^{h}a^{51}	敖=们 ŋɔ^{44}mɤŋ^{0}/ŋɔ^{44}mu^{0}	咱们 tsa^{21}mɤŋ^{0}/tsa^{21}mu^{0}
宁县	［人家］ȵiæ̃^{52} 他 t^{h}a^{52}	我 ŋuə^{31} 我的 ŋuə^{31}ti^{0}	咱 ts^{h}a^{24} ［咱家］tɕ^{h}ia^{24}
武都区	他 t^{h}a^{55}	我们 ŋɤ^{53}məŋ^{21}	咱们 tsa^{22}məŋ^{53}
文县	他 t^{h}a^{31}	我们 ŋɤ^{35}məŋ^{33}	我们 ŋɤ^{35}məŋ^{33}
康县	他 t^{h}a^{53}	我们 ŋuɤ^{35}mɤŋ^{21}	咱们 tsa^{21}mɤŋ^{53}
礼县	他 t^{h}a^{31} ［人家］ȵiɛ^{13}	敖=ŋɔo^{13}	敖=ŋɔo^{13}
靖远县	他 t^{h}a^{41} ［人家］ȵiɛ^{24}	我们 ŋuə^{41}mɤŋ^{21}	咱们 tsa^{22}mɤŋ^{55}
陇西县	他 t^{h}a^{21}	膏=kɔo^{21}	曹 ts^{h}ɔo^{13}
秦州区	他 t^{h}a^{13}	敖=ŋɔ^{13}	敖=ŋɔ^{13}
安定区	他 t^{h}a^{13}	敖=ŋɔ^{53}	曹 ts^{h}ɔ^{13}
会宁县	［人家］ȵia^{13}	敖=ŋɔ^{53}	曹 ts^{h}ɔ^{13}
临洮县	家 tɕia^{44}	我是 ŋuɤ^{53}ʂʅ^{21}	咱们 tsa^{21}mɤŋ^{44}
清水县	他 t^{h}a^{13}	敖=ŋɔ^{52}	曹 ts^{h}ɔ^{13}
永靖县	家 tɕia^{213} 他 t^{h}a^{213}	我们 vɤ^{44}mɤŋ^{21}	我们 vɑŋ^{53}mɤŋ^{21}
敦煌市	［人家］ȵia^{51} 他 t^{h}a^{213}	我们 ŋə^{35}mɤŋ^{21}	咱们 tsa^{22}mɤŋ^{51}
临夏市	家 tɕiɛ^{13}	我们 ŋɤ^{44}məŋ^{24}	我们 ŋɤ^{44}məŋ^{24}
合作市	兀家 vu^{44}tɕiA^{21}	我们 ŋə^{44}məŋ^{13}	我们 ŋə^{44}məŋ^{13}
临潭县	他 t^{h}a^{44}	我们 ŋɤ^{51}məŋ^{21}	

	1135 你们～去	1136 他们～去	1137 大家～一起干
兰州市	你们 ȵi^{44}mən^{21}	那们 la^{53}mən^{21}	大家 ta^{13}tɕia^{21}
榆中县	你们 ȵi^{44}mən^{0}	那们 na^{21}mən^{44} 他们 t^{h}a^{51}mən^{0}	大家 ta^{21}tɕia^{44}
永登县	你们 ȵi^{354}mə̃n^{21}	那们 na^{53}mə̃n^{21} 他们 t^{h}a^{35}mə̃n^{21}	大家 ta^{22}tɕia^{44}
红古区	你们 ȵiɛ^{55}mən^{21}	他们 t^{h}a^{55}mən^{21} 家们 tɕia^{55}mən^{21}	大家 ta^{22}tɕia^{55}
凉州区	你们 ȵi^{53}məŋ^{35}	家们 tɕia^{35}məŋ^{53}	我们 və^{53}məŋ^{35}
甘州区	你们 ȵi^{22}mɤŋ^{44}	伢们 ia^{35}mɤŋ^{42} 他们 t^{h}a^{44}mɤŋ^{44}	大家 ta^{31}tɕia^{21}
肃州区	你们 ȵi^{21}mɤŋ^{51}	那们 na^{44}mɤŋ^{21} 他们 t^{h}a^{21}mɤŋ^{44}	大家 ta^{21}tɕia^{13}
永昌县	你们 ȵi^{53}məŋ^{13}	家们 tɕia^{13}məŋ^{42} 他们 t^{h}a^{44}məŋ^{44}	大家 ta^{53}tɕia^{21}
崆峒区	你们 ȵi^{55}mɤŋ^{21}	他们 t^{h}a^{55}mɤŋ^{21}	大家 ta^{35}tɕia^{53}
庆城县	你们 ȵi^{44}mɤŋ^{0}/ȵi^{44}mu^{0}	［人家］们 ȵiɛ̃^{21}muŋ^{0} 他们 t^{h}a^{51}muŋ^{0}	大伙儿 ta^{244}xuɤr^{0}
宁县	你 ȵi^{31} 你的 ȵi^{31}ti^{0}	他 t^{h}a^{31} 他的 t^{h}a^{31}ti^{0}	大家 ta^{44}tɕia^{31}
武都区	你们 ȵi^{31}məŋ^{21}	他们 t^{h}a^{31}məŋ^{21}	大家 ta^{24}tɕia^{21} 大伙儿 ta^{24}xuər^{31}
文县	你们 ȵi^{35}məŋ^{42}	他们 t^{h}a^{42}məŋ^{24}	大家 ta^{22}tɕia^{42}
康县	你们 ȵi^{35}mɤŋ^{21}	他们 t^{h}a^{53}mɤŋ^{21}	大家 ta^{24}tɕia^{53}
礼县	［你们］ȵiəu^{13}	他家 t^{h}a^{31}tɕia^{24}	大家 ta^{44}tɕia^{21}
靖远县	你们 ȵiɛ^{41}mɤŋ^{21}	［人家］们 ȵiɛ^{22}mɤŋ^{55} 他们 t^{h}a^{41}mɤŋ^{21}	大家 ta^{35}tɕia^{41}
陇西县	［你们］liu^{21}	人家 ʐɤŋ^{13}tɕia^{21}	大家 ta^{44}tɕia^{42} 曹 ts^{h}ɔo^{13}
秦州区	［你们］ȵiɤu^{13}	他家 t^{h}a^{21}tɕia^{13}	敖= ŋɔ^{13}
安定区	［你们］ȵiəu^{53}	［人家］ȵia^{13}	曹 ts^{h}ɔ^{13}
会宁县	［你们］ȵiəu^{53}	［人家］几个 ȵia^{13}tɕi^{21}kə^{44}	曹 ts^{h}ɔ^{13}
临洮县	你是 ȵi^{53}ʂʅ^{21}	家是 tɕia^{44}ʂʅ^{21}	我是 ŋuɤ^{53}ʂʅ^{21}
清水县	［你们］ȵiou^{52}	他家 t^{h}a^{21}tɕia^{52}	曹 ts^{h}ɔ^{13} 敖= ŋɔ^{52}
永靖县	你们 ȵi^{44}mɤŋ^{21}	家们 tɕia^{22}mɤŋ^{44}	大家 ta^{44}tɕia^{21}
敦煌市	你们 ȵi^{53}mɤŋ^{21}	［人家］们 ȵia^{53}mɤŋ^{21} 他们 t^{h}a^{21}mɤŋ^{13}	大家 ta^{35}tɕia^{21} 大伙儿 ta^{35}xuər^{51}
临夏市	你们 ȵi^{44}məŋ^{24}	家们 tɕiɛ^{13}məŋ^{21}	一挂 ʑi^{21}kuɑ^{24}
合作市	你们 ȵi^{44}məŋ^{13}	兀家们 vu^{44}tɕiᴀ^{21}məŋ^{21}	大家 tᴀ^{44}tɕiᴀ^{21}
临潭县	你们 ȵi^{51}məŋ^{21}	他们 t^{h}a^{44}məŋ^{44}	大家 ta^{44}tɕia^{21}

	1138 自己我～做的	1139 别人这是～的	1140 我爸～今年八十岁
兰州市	各家 kɤ^{22}tɕia^{42}	旁人 pʰɑ̃^{53}ʐən^{21}	我爹 vɤ^{44}tiɛ^{44}
榆中县	各家 kə^{21}tɕia^{44} 各人 kə^{21}ʐən^{44}	别人 piᴇ^{31}ʐən^{213}	我爹 və^{44}tiᴇ^{51}
永登县	各人 kə^{22}ʐə̃n^{44}	人 ʐə̃n^{53}	我爹 və^{55}tiɛ^{42} 我达 və^{55}ta^{42}
红古区	各人 kuə^{22}ʐən^{55}	再着人 tsɛ^{22}tʂə^{55}ʐən^{21}	我阿达 və^{55}a^{21}ta^{13}
凉州区	各家 kə^{31}tɕia^{31}	家们 tɕia^{35}məŋ^{53}	我的爹 və^{53}ti^{21}tiə^{35}
甘州区	各家 kə^{31}tɕia^{21}	伢们 ia^{35}mɤŋ^{42}	我爹 və^{53}tiə^{44}
肃州区	自己 tsɿ^{21}tɕi^{13}	别人 piɛ^{44}ʐɤŋ^{21}	我们老子 və^{21}mɤŋ^{53}lɔ^{21}tsɿ^{51}
永昌县	各家 kə^{53}tɕia^{21}	旁人 pʰɑŋ^{13}ʐəŋ^{42}	我爹 uə^{53}tiə^{13}
崆峒区	各家 kuo^{53}tɕia^{21}	别人 piɛ^{22}ʐɤŋ^{53}	我爸 ŋuo^{53}pa^{24}
庆城县	自己 tsɿ^{244}tɕi^{0} 自个儿 tsɿ^{244}kɤr^{0}	旁人 pʰɑ̃^{21}ʐɤŋ^{0}	我爸 ŋɔ^{44}pa^{113} 我达 ŋɔ^{44}ta^{113}
宁县	自己 tsʰɿ^{44}tɕi^{31}	旁人 pʰaŋ^{22}ʐəŋ^{52}	我达 ŋuə^{22}ta^{24} 我爸 ŋuə^{22}pa^{24}
武都区	各人 kɤ^{31}ʐəŋ^{21}	二个人 ɚ^{24}kɛɪ^{21}ʐəŋ^{21}	我爸 ŋɤ^{55}pa^{55}
文县	自己 tsɿ^{24}tɕi^{42}	别人 piɛ^{22}zəŋ^{42}	我爸爸 ŋɤ^{35}pa^{21}pa^{24}
康县	自己 tsɿ^{24}tɕi^{53}	别人 piɛ^{24}ʐɤŋ^{21}	我爸 ŋuɤ^{35}pa^{21}
礼县	各自家 kɤ^{31}tsɿ^{44}tɕia^{21} 各人家 kɤ^{31}ʐɤŋ^{24}tɕia^{21}	人［人家］ʐɤŋ^{13}ȵiɛ^{21} ［人家］ȵiɛ^{13}	我达 ŋɤ^{52}ta^{13} 我爸 ŋɤ^{52}pa^{13}
靖远县	各人 kuə^{22}ʐɤŋ^{55} 各家 kuə^{22}tɕia^{55}	旁人 pʰɑŋ^{22}ʐɤŋ^{55}	我爸 ŋuə^{55}pa^{24}
陇西县	各家 kɤ^{42}tɕia^{13}	人家 ʐɤŋ^{24}tɕia^{42}	我达 kɔo^{42}ta^{13}
秦州区	各家 kuə^{21}tɕia^{53}	旁人 pʰɑŋ^{13}ʐɤŋ^{21}	我达 ŋu^{53}ta^{13}
安定区	各家 kə^{21}tɕia^{13}	旁人 pʰɑŋ^{13}ʐəŋ^{21}	我达 ŋə^{53}ta^{13} 我爸 ŋə^{53}pa^{13}
会宁县	各家 kə^{21}tɕia^{13}	旁人 pʰɑŋ^{13}ʐəŋ^{21}	我爸 ŋə^{53}pa^{13}
临洮县	各家 kɤ^{13}tɕia^{21}	旁人 pʰɑ̃^{13}ʐɤŋ^{21}	我爸爸 ŋuɤ^{53}pa^{42}pa^{21}
清水县	各家 kuə^{21}tɕia^{52}	［人家］ȵiɛ^{13} 旁人 pʰɔ̃^{13}ʐɤŋ^{21}	我达 ŋɔ^{21}ta^{13} 我爸 ŋɔ^{21}pa^{13}
永靖县	各人 kɤ^{44}ʐɤŋ^{21}	人家 ʐɤŋ^{22}tɕia^{44}	我爹 vɤ^{53}tiɛ^{213}
敦煌市	各家 kə^{21}tɕia^{51}	旁人 pʰɑŋ^{22}ʐɤŋ^{51}	我老子 ŋə^{35}lɔ^{21}tsɿ^{21} 我爹 ŋə^{53}tiə^{213}
临夏市	各家 kɤ^{21}tɕiɛ^{53}	人家 ʐəŋ^{13}tɕiɑ^{42}	我的阿达 ŋɤ^{42}ti^{21}ɑ^{44}tɑ^{21}
合作市	各家 kə^{21}tɕiᴀ^{53} 各人 kə^{21}ʐəŋ^{44}	人家 ʐəŋ^{13}tɕiᴀ^{21}	我的阿达 ŋə^{44}ti^{21}ᴀ^{44}tᴀ^{21}
临潭县	各家 kɤ^{44}tɕia^{44}	旁人 pʰɒ^{24}ʐəŋ^{21}	我家阿达 ŋɤ^{51}tɕia^{44}a^{21}ta^{44}

	1141 你爸～在家吗？	1142 他爸～去世了	1143 这个我要～，不要那个
兰州市	你爹 ȵi^{55}tiɛ^{42}	那爹 la^{53}tiɛ^{21}	这个 tʂɤ^{22}kɤ^{53}
榆中县	你爹 ȵi^{44}tiᴇ^{0}	那爸 na^{13}pa^{213}	这个 tʂʅ^{21}kə^{44}
永登县	你爹 ȵi^{55}tiɛ^{42} 你达 ȵi^{55}ta^{42}	那爹 na^{53}tiɛ^{42} 那达 na^{53}ta^{42}	这个 tʂʅ^{22}kiɛ^{44}
红古区	你阿达 ȵiɛ^{55}a^{21}ta^{13}	家阿达 tɕia^{53}a^{21}ta^{13} 他阿达 tʰa^{53}a^{21}ta^{13}	这个 tʂʅ^{22}kə^{55}
凉州区	你的爹 ȵi^{53}ti^{21}tiə^{35}	家的爹 tɕia^{35}ti^{21}tiə^{35}	兹个 tsʅ^{35}kə^{53}
甘州区	你爹 ȵi^{53}tiə^{44}	他爹 tʰa^{44}tiə^{44}	这个 tʂʅ^{31}kə^{21}
肃州区	你们老子 ȵi^{21}mɤŋ^{53}lɔ^{21}tsʅ^{51}	那们老子 na^{35}mɤŋ^{21}lɔ^{21}tsʅ^{51} 那爸 na^{53}pa^{51}	这个 tʂʅ^{21}kə^{13}
永昌县	你爹 ȵi^{53}tiə^{13}	家的爹爹 tɕia^{13}ti^{42}tiə^{44}tiə^{44}	这个 tʂə^{53}kə^{21}
崆峒区	你爸 ȵi^{22}pa^{24}	他爸 tʰa^{53}pa^{24}	这个 tʂɤ^{55}kɤ^{21}
庆城县	你爸 ȵi^{44}pa^{113} 你达 ȵi^{44}ta^{113}	他爸 tʰa^{51}pa^{113} 他达 tʰa^{51}ta^{113}	这个 tʂʅ^{51}kə^{0}/tʂʅ^{51}kuɛ^{0}
宁县	你达 ȵi^{22}ta^{24} 你爸 ȵi^{22}pa^{24}	他达 tʰa^{22}ta^{24} 他爸 tʰa^{22}pa^{24}	载= tsɛ^{52}
武都区	你爸 ni^{55}pa^{55}	他爸 tʰa^{55}pa^{55}	这个 tseɪ^{31}kɤ^{21}
文县	你爸爸 ȵi^{35}pa^{21}pa^{33}	他爸爸 tʰa^{42}pa^{22}pa^{21}	这儿 tsər^{55}
康县	你爸 ȵi^{35}pa^{21}	他爸 tʰa^{53}pa^{21}	载=开= tsɛ^{53}kʰɛ^{21}
礼县	你达 ȵi^{52}ta^{13} 你爸 ȵi^{52}pa^{13}	他家 tʰa^{31}tɕia^{13} 他爸 tʰa^{31}pa^{13}	这个 tsai^{52}kɤ^{13}
靖远县	你爸 ȵiɛ^{55}pa^{21}	他爸 tʰa^{41}pa^{24} [人家]爸 ȵiɛ^{24}pa^{21}	这一个 tʂɤ^{35}zʅ^{21}kɤ^{41}
陇西县	[你们]达 liu^{42}ta^{13}	涛=达 tʰɔo^{42}ta^{13}	这个 tʂʅ^{44}ke^{42}
秦州区	你达 ȵi^{53}ta^{13}	他达 tʰa^{21}ta^{13}	这个 tsɛ^{53}kɛ^{13}
安定区	你达 ȵi^{53}ta^{13} 你爸 ȵi^{53}pa^{13}	他达 tʰa^{21}ta^{13} 他爸 tʰa^{21}pa^{13}	这个 tʂʅ^{44}kə^{21}
会宁县	你爸 ȵi^{53}pa^{13}	[人家]爸 ȵia^{13}pa^{13}	周=个 tʂəu^{44}kə^{21}
临洮县	你爸爸 ȵi^{53}pa^{42}pa^{21}	家爸爸 tɕia^{44}pa^{42}pa^{21}	这个 tʂʅ^{44}kɛ^{21}
清水县	你达 ȵi^{52}ta^{13} 你爸 ȵi^{52}pa^{13}	他达 tʰa^{21}ta^{13} 他爸 tʰa^{21}pa^{13}	载=块 tsɛ^{52}kʰuɛ^{13}
永靖县	你爹 ȵi^{53}tiɛ^{21}	家爹 tɕia^{213}tiɛ^{21}	这个 tʂʅ^{44}kɤ^{53}
敦煌市	你老子 ȵi^{55}lɔ^{53}tsʅ^{21} 你爹 ȵi^{53}tiə^{213}	[人家]老子 ȵia^{55}lɔ^{53}tsʅ^{21} [人家]爹 ȵia^{53}tiə^{44}	兹个 tsʅ^{44}kə^{21}
临夏市	你的爸爸 ȵi^{44}ti^{21}pɑ^{42}pɑ^{21}	家的爸爸 tɕiɛ^{13}ti^{21}pɑ^{42}pɑ^{21}	这个 tʂʅ^{44}kɤ^{21}
合作市	你的阿达 ȵi^{44}ti^{21}ᴀ^{44}tᴀ^{21}	他的阿达 tʰᴀ^{44}ti^{21}ᴀ^{44}tᴀ^{21}	这个 tʂʅ^{44}kə^{21}
临潭县	你家阿达 ȵi^{51}tɕia^{44}a^{21}ta^{44}	他家阿达 tʰa^{44}tɕia^{44}a^{21}ta^{44}	这个 tʂʅ^{44}kɪi^{21}

	1144 那个我要这个，不要～	1145 哪个你要～杯子？	1146 谁你找～？
兰州市	那个 la^{22}kɤ^{53}	哪一个 na^{13}ʑi^{42}kɤ^{21}	谁 fei^{53}
榆中县	［那一］个 nei^{21}kə^{44}	哪个 na^{44}kə^{0}	谁 ʂuei^{312}
永登县	那个 lɛ^{22}kiɛ^{44}	哪个 na^{13}kiɛ^{21}	谁 fei^{53}
红古区	那个 nɛ^{22}kə^{55}	阿一个 a^{55}zʅ^{21}kə^{21} 阿个 a^{55}kə^{21}	谁 fei^{13}
凉州区	那个 næ^{31}kə^{21}	哪个 næ^{31}kə^{21}	谁 ʂuei^{35}
甘州区	那个 na^{31}kə^{21}	哪个 na^{22}kə^{44}	谁 fei^{53}
肃州区	呢=个 ȵi^{21}kə^{13}	哪个 nə^{44}kə^{44}	谁 ʂuei^{51}
永昌县	那个 na^{53}kə^{21}	哪个 na^{44}kə^{44}	谁 ʂuei^{13}
崆峒区	那个 nɛ^{35}kɤ^{53}	哪个 na^{53}kɤ^{21}	谁 sei^{24}
庆城县	那个 nɛ^{244}kə^{0}/nɛ^{244}kuɛ^{0}	咋个 tsa^{21}kə^{244}	谁 sei^{113}
宁县	外 uɛ^{52}	阿［一个］a^{52}iɛ^{31}	谁 ʃuei^{24}
武都区	那个 la^{31}kɤ^{21}	哪个 la^{553}kɤ^{21}	谁 ʃuei^{13}
文县	兀块 uə^{35}k^{h}uɛe^{42}	阿块 a^{22}k^{h}uɛe^{42}	谁块 suei^{21}k^{h}uɛe^{42}
康县	那开=la^{24}k^{h}ɛ^{21}	哪开=la^{53}k^{h}ɛ^{21}	谁 suei^{211}
礼县	外个 vai^{52}kɤ^{13}	阿里个 a^{31}li^{44}kɤ^{21}	谁 sei^{13}
靖远县	那一个 nei^{35}zʅ^{21}kɤ^{41}	哪个 na^{41}kɤ^{21}	谁 sei^{24}
陇西县	兀个 vu^{44}ke^{42}	阿一个 a^{22}i^{22}ke^{21}	阿谁 a^{42}sʅ^{13} 谁 ʂɥe^{13}
秦州区	外个 vɛ^{53}kɛ^{13}	阿个 a^{21}kɛ^{53}	谁个 sei^{13}kɛ^{24}
安定区	兀个 vu^{44}kə^{21}	阿一个 a^{13}ʑi^{21}kə^{44}	阿个 a^{13}kə^{21}
会宁县	兀个 u^{44}kə^{21}	阿一个 a^{21}ʑi^{44}kə^{21}	啥 sə^{44}
临洮县	兀个 vu^{44}kɛ^{21}	阿个 a^{21}kɛ^{44}	谁 suei^{13}
清水县	外块 vɛ^{52}k^{h}uɛ^{13}	阿块 a^{21}k^{h}uɛ^{52}	谁 ʃəi^{13}
永靖县	那个 nɛ^{44}kɤ^{53}	阿一个 a^{22}i^{21}kɤ^{44}	阿个 a^{53}kɤ^{44}
敦煌市	那个 nɛ^{35}kə^{21}	哪个 na^{35}kə^{21}	谁 sei^{213}
临夏市	兀个 vu^{44}kɤ^{21}	阿一个 ɑ^{44}ʑi^{21}kɤ^{53}	阿一个 ɑ^{44}ʑi^{21}kɤ^{53}
合作市	兀个 vu^{44}kə^{21}	阿一个 ᴀ^{44}ʑi^{21}kə^{44}	阿一个 ᴀ^{44}ʑi^{21}kə^{44}
临潭县	那个 na^{44}kɪi^{21}	哪个 na^{44}kɪi^{21}	谁 suɪi^{24}

	1147 这里在～，不在那里	1148 那里在这里，不在～	1149 哪里你到～去？
兰州市	这搭 tʂʅ^{22}ta^{53}	那搭 la^{22}ta^{42}	哪搭 la^{34}ta^{21}
榆中县	这搭 tʂʅ^{21}ta^{44}	那搭 nei^{21}ta^{44}	哪搭 na^{44}ta^{0}
永登县	这些 tʂʅ^{22}ɕiɛ^{44}	那些 lɛ^{22}ɕiɛ^{44}	哪些 na^{13}ɕiɛ^{21}
红古区	这儿 tʂər^{53}	那这儿 nɛ^{22}tʂər^{53}	阿里 a^{55}lʅ^{21}
凉州区	兹里 tsɿ^{31}li^{21}	那里 næ^{31}li^{21}	哪里 na^{31}li^{21}
甘州区	这些 tʂʅ^{31}ɕiə^{21} 这里 tʂʅ^{31}li^{21}	那些 na^{31}ɕiə^{21} 那里 na^{31}li^{21}	哪些 na^{22}ɕiə^{44} 哪里 na^{22}li^{44}
肃州区	这里 tʂʅ^{21}li^{13}	那里 nə^{21}li^{13}	哪 na^{51}
永昌县	这些 tʂə^{53}ɕiə^{21} 这里 tʂə^{53}ȵi^{21}	那些 na^{53}ɕiə^{21} 那里 na^{53}ȵi^{55}	哪些 na^{44}ɕiə^{21} 哪里 na^{44}ȵi^{21}
崆峒区	这搭 tʂʅ^{35}ta^{53}	那搭 nɛ^{35}ta^{21}	哪搭 na^{53}ta^{21}
庆城县	这 tʂa^{44}	［兀儿］var^{44} 外 vɛ^{44} ［兀儿］里 var^{44}li^{0} 外里 vɛ^{44}li^{0}	咋哩 tsa^{21}li^{0}
宁县	兹搭 tsɿ^{44}ta^{44} 搭儿 tər^{44}	兀搭 u^{44}ta^{44} 兀儿 uər^{44}	阿搭 a^{44}ta^{31}
武都区	兹搭 tsɿ^{55}ta^{31}	那搭 la^{55}ta^{21} 兀搭 v^{55}ta^{21}	哪会儿 la^{55}xuɤ^{21}ɚ^{21} 哪搭 la^{55}ta^{21}
文县	这儿 tsər^{55}	［兀儿］uəŋ^{55}	阿搭儿 a^{42}tər^{44}
康县	这里 tʂa^{53}li^{21}	那里 la^{35}li^{21}	哪 la^{53}
礼县	这搭 tsai^{52}ta^{13} 兹搭 tsɿ^{52}ta^{13}	兀搭 vu^{44}ta^{13}	阿搭 a^{31}ta^{13}
靖远县	这儿 tʂər^{41}	兀儿 vɐr^{41}	哪搭 na^{41}ta^{21}
陇西县	这搭 tʂɤ^{44}ta^{44}	兀搭 vu^{44}ta^{44}	阿里 a^{42}li^{13}
秦州区	兹搭 tsɿ^{53}ta^{13}	兀搭 vu^{44}ta^{13}	阿搭 a^{21}ta^{13}
安定区	周⁼搭 tʂəu^{44}ta^{13}	兀搭 vu^{44}ta^{13}	阿搭 a^{21}ta^{13}
会宁县	周⁼搭 tʂəu^{44}ta^{13}	兀搭 u^{44}ta^{13}	阿搭 a^{21}ta^{13}
临洮县	这搭儿 tʂʅ^{44}tar^{13}	兀搭儿 vu^{44}tar^{44}	阿搭儿 a^{21}tar^{53}
清水县	兹搭 tsɿ^{44}ta^{21}	兀搭 vu^{44}ta^{21}	阿搭 a^{21}ta^{13} 阿里 a^{21}li^{13}
永靖县	这些里 tʂʅ^{44}ɕiɛ^{53}li^{21}	那里 nɛ^{44}li^{53}	阿里 a^{44}li^{42}
敦煌市	兹搭 tsɿ^{35}ta^{21} 兹儿 tsar^{51}	那搭 nɛ^{35}ta^{21}	哪里 na^{21}li^{13} 哪儿 nar^{51}
临夏市	这里 tʂʅ^{44}li^{21}	兀里 vu^{44}li^{21}	阿里 ɑ^{22}li^{24}
合作市	这塔⁼ tʂə^{44}tʰᴀ^{13}	兀塔 vu^{44}tʰᴀ^{21}	阿塔些 ᴀ^{44}tʰᴀ^{21}ɕiə^{44}
临潭县	这里 tʂʅ^{44}li^{21}	那里 na^{44}li^{21}	阿塔⁼儿呢 a^{44}tʰar^{24}ȵi^{21}

	1150 这样事情是～的，不是那样的	1151 那样事情是这样的，不是～的	1152 怎样什么样：你要～的？
兰州市	这们 tʂʅ^{55}mən^{42}	那们 na^{55}mən^{42}	怎们 tsən^{22}mən^{53}
榆中县	这么的个 tʂʅ^{21}mə^{0}ti^{44}kə^{0}	那么的个 na^{13}mə^{0}ti^{44}kə^{0}	怎么的个 tsən^{44}mə^{0}ti^{0}kə^{0}
永登县	这么个 tʂʅ^{22}mu^{22}kə^{44}	那么个 lɛ^{22}mu^{22}kiɛ^{44}	兹么个 tsɿ^{22}ma^{354}kiɛ^{21}
红古区	这们家 tʂʅ^{22}mən^{13}tɕia^{55}	那们家 nə^{22}mən^{13}tɕia^{55}	阿们这个 a^{55}mən^{21}tʂʅ^{21}kə^{21}
凉州区	兹样 tsɿ^{53}iɑŋ^{35}	那样 næ^{31}iɑŋ^{21}	啥样 sa^{31}iɑŋ^{21}
甘州区	这么个 tʂʅ^{31}mu^{22}kə^{21}	那么个 na^{31}mu^{22}kə^{21}	咋么个 tsa^{22}mu^{22}kə^{44}
肃州区	这么个 tʂʅ^{21}mu^{21}kə^{13}	那么个 ȵi^{21}mu^{21}kə^{13}	啥样子 sa^{35}ʑiɑŋ^{53}tsɿ^{21}
永昌县	这么个 tʂə^{53}mə^{22}kə^{21}	那么个 na^{53}mə^{22}kə^{21}	兹么的个 tsɿ^{53}mə^{22}ti^{44}kə^{44}
崆峒区	这么个 tʂʅ^{35}mu^{53}kɤ^{21}	那么个 nɛ^{35}mu^{53}kɤ^{21}	咋 tsa^{21}
庆城县	这么个 tʂə^{244}mu^{0}kə^{0}	那么个 nɛ^{244}mu^{0}kə^{0}	啥样 sa^{113}iɑ̃^{244}
宁县	兹么个 tsɿ^{55}mu^{0}kə^{0}	兀么个 u^{44}mu^{0}kə^{0}	兹么个 tsɿ^{55}muə^{0}kə^{0}
武都区	这们的 tʂʅ^{31}məŋ^{21}tɛɪ^{21}	那们的 la^{31}məŋ^{21}tɛɪ^{21}	咋们的 tsa^{31}məŋ^{21}tɛɪ^{13}
文县	这们的 tsɤ^{24}məŋ^{44}tei^{21}	那们的 uə^{55}məŋ^{44}tei^{21}	阿们 a^{42}məŋ^{13}
康县	这们 tʂʅ^{24}mɤŋ^{53}	那们 la^{24}mɤŋ^{53}	那们的 la^{53}mɤŋ^{21}tɛ^{21}
礼县	这样 tsai^{44}iɑŋ^{21}	外样 vai^{44}iɑŋ^{21}	咋个的 tsa^{13}kɤ^{21}tai^{24} 啥样的 sa^{44}iɑŋ^{44}tai^{21}
靖远县	这么个 tʂa^{41}mu^{21}kɤ^{21}	那么个 nɛ^{35}mu^{41}kɤ^{21}	咋么个 tsa^{41}mu^{21}kɤ^{21}
陇西县	这们个 tʂʅ^{44}mɤŋ^{44}ke^{42}	兀们个 vu^{44}mɤŋ^{44}ke^{42}	阿们个 a^{42}mɤŋ^{22}ke^{44}
秦州区	兹个的 tsɿ^{11}kɛ^{13}tɛ^{21}	兀个的 vu^{44}kɛ^{13}tɛ^{21}	咋个的 tsa^{13}kɛ^{13}tɛ^{21}
安定区	这们个 tʂʅ^{44}məŋ^{21}kə^{21}	兀们个 vu^{44}məŋ^{21}kə^{13}	阿们个 a^{21}məŋ^{21}kə^{13}
会宁县	周=们家 tʂəu^{44}məŋ^{21}tɕia^{21}	兀们家 u^{44}məŋ^{21}tɕia^{21}	咋们家 tsa^{44}məŋ^{44}tɕia^{21}
临洮县	这么儿个 tʂʅ^{44}mər^{53}kɛ^{44}	兀么儿个 vu^{44}mər^{53}kɛ^{13}	阿么儿个 a^{21}mər^{53}kɛ^{44}
清水县	兹么块 tsɿ^{44}mə^{21}kʰuɛ^{21}	么块 mə^{52}kʰuɛ^{21} 兀么块 vu^{44}mə^{21}kʰuɛ^{21}	咋么块 tsa^{13}mə^{21}kʰuɛ^{52} 咋么个势 tsa^{13}mə^{21}kə^{21}ʂʅ^{443}
永靖县	这们 tʂʅ^{44}mɤŋ^{21}	楞=们 nɤŋ^{22}mɤŋ^{44}	兹们 tsɿ^{44}mɤŋ^{21}
敦煌市	兹们个 tsɿ^{35}mɤŋ^{21}kə^{21}	那们个 nɛ^{35}mɤŋ^{21}kə^{21}	咋的个 tsa^{22}ti^{22}kə^{51}
临夏市	这们 tʂʅ^{44}məŋ^{21}	兀们 vu^{13}məŋ^{42}	阿木里 ɑ^{44}mu^{21}li^{42}
合作市	这们的 tʂʅ^{44}məŋ^{21}ti^{21}	兀们的 vu^{44}məŋ^{21}ti^{21}	阿们 ᴀ^{44}məŋ^{13}
临潭县	这么 tʂʅ^{44}mu^{21}	那么 na^{44}mə^{21}	阿么 a^{44}mu^{44}

	1153 这么～贵啊	1154 怎么这个字～写？	1155 什么这个是～字？
兰州市	这们 tʂʅ^{22}mən^{42}	怎们 tsən^{53}mən^{21}	啥 sa^{53}
榆中县	这么 tʂʅ^{21}mə^{44}	怎么 tsən^{44}mə^{0}	啥 sa^{44}
永登县	这们 tʂʅ^{22}mə̃n^{44}	兹么 tsɿ^{13}ma^{21}	啥 sa^{13}
红古区	这们 tʂʅ^{22}mən^{55}	阿们 a^{55}mən^{21}	啥 sa^{13}
凉州区	兹么 tsɿ^{31}mə^{21}	咋 tsa^{35}	啥 sa^{31}
甘州区	这么 tʂʅ^{31}mu^{21}	咋的 tsa^{22}ti^{44}	啥 ʂa^{31}
肃州区	这么 tʂʅ^{21}mə^{13}	咋 tsa^{51}	啥 sa^{213}
永昌县	这么 tʂə^{53}mə^{21}	咋 tsa^{13}	啥 ʂa^{53}
崆峒区	这么 tʂʅ^{35}mu^{53}	咋 tsa^{21}	啥 sa^{44}
庆城县	这么 tʂʅ^{244}mu^{0}	咋么 tsa^{44}mu^{0} 咋 tsa^{44}	啥 sa^{113}
宁县	兹么 tsɿ^{55}muə^{0}	兹么 tsɿ^{55}ma^{0}	啥 sa^{44}
武都区	这们的 tʂʅ^{31}məŋ^{0}teɪ^{21}	怎们家 tsəŋ^{55}məŋ^{21}tɕia^{31}	啥 sa^{24}
文县	这们 tsəŋ^{44}məŋ^{42}	阿们的 a^{42}məŋ^{21}tei^{24}	啥 sa^{13}
康县	这们 tʂʅ^{21}mɤŋ^{53}	咋 tsa^{211}	啥 ʂa^{24}
礼县	这么 tsai^{52}ma^{24}	咋家 tsa^{13}tɕia^{21}	啥 sa^{44}
靖远县	咋这么 tsa^{22}tʂɤ^{35}mɤ^{41}	咋么 tsa^{41}mɤ^{21}	啥 sa^{24}
陇西县	这们 tʂʅ^{44}mɤŋ^{44}	阿们个 a^{42}mɤŋ^{22}ke^{44}	啥么 ʂuɤ^{44}mɤ^{44}
秦州区	兹么 tsɿ^{44}mu^{21}	咋 tsa^{13}	啥 sa^{44}
安定区	这们 tʂʅ^{44}məŋ^{21}	阿们 a^{21}məŋ^{44}	啥 sə^{53}
会宁县	周⁼们 tʂəu^{44}məŋ^{21}	［咋个］是 tsə^{21}sɿ^{13}	啥 sə^{44}
临洮县	这么儿 tʂʅ^{44}mər^{53}	阿么 a^{44}mu^{21}	啥 sa^{44}
清水县	兹么 tsɿ^{44}mə^{21}	咋么个 tsa^{13}mə^{21}kʰuɛ^{52} 咋么价⁼tsa^{13}mə^{21}tɕia^{13}	啥 ʃa^{443}
永靖县	这们 tʂʅ^{44}mɤŋ^{21}	兹们 tsɿ^{44}mɤŋ^{21}	什们 ʂʅ^{22}mɤŋ^{44}
敦煌市	兹们 tsɿ^{35}mɤŋ^{21}	咋 tsa^{213}	啥 sa^{44}
临夏市	阿么这么 ɑ^{44}mu^{21}tʂʅ^{42}mu^{21}	阿们 ɑ^{44}məŋ^{24}	什么个 ʂʅ^{21}mɑ^{44}kɤ^{53}
合作市	阿们这么 ᴀ^{44}məŋ^{13}tʂʅ^{44}mu^{21}	阿们 ᴀ^{44}məŋ^{13}	什么个 ʂʅ^{21}mᴀ^{44}kə^{21}
临潭县	这么 tʂʅ^{44}mu^{21}	阿么 a^{44}mu^{44}	啥 sa^{44}

	1156 什么你找～？	1157 为什么你～不去？	1158 干什么你在～？
兰州市	啥 sa^{53}	为啥 vei^{44}sa^{21}	做啥 tsu^{13}sa^{13}
榆中县	啥 sa^{44}	做啥着 tsu^{21}sa^{44}tʂə^{0}	做啥 tsu^{21}sa^{44}
永登县	啥 sa^{13}	为啥 vei^{13}ʂa^{21}	做啥 tsu^{44}ʂa^{21}
红古区	啥 sa^{13}	为啥 vei^{13}sa^{13}	做啥 tsɥ^{13}sa^{13}
凉州区	啥 sa^{31}	咋 tsa^{35}	啥 sa^{31}
甘州区	啥 ʂa^{31}	为啥 vei^{24}ʂa^{31}	干啥 kaŋ^{24}ʂa^{31}
肃州区	啥 sa^{213}	为啥 vei^{13}sa^{21}	干啥 kæ̃^{44}sa^{21}
永昌县	啥 ʂa^{53}	为啥 vei^{22}ʂa^{53}	做啥 tsuə^{22}ʂa^{53}
崆峒区	啥 sa^{44}	为啥 uei^{44}sa^{44}	做啥 tsu^{44}sa^{44}
庆城县	啥 sa^{113}	为啥 vei^{244}sa^{0}	干啥 kɛ̃^{244}sa^{44}
宁县	啥 sa^{44}	为啥 uei^{44}sa^{44}	干啥 kæ̃^{44}sa^{44}
武都区	啥 sa^{24}	为啥 vei^{24}sa^{24} 怎么 tsəŋ^{31}ma^{21}	干啥 kæ̃^{24}sa^{24}
文县	啥子 sa^{13}tsɿ^{42}	为啥 uei^{24}sa^{24}	［做啥］哩 tsua^{22}li^{42}
康县	啥 ʂa^{24}	为啥 vei^{24}ʂa^{21}	做啥 tsu^{24}ʂa^{24}
礼县	啥 sa^{44}	为啥 vei^{44}sa^{21} 咋着 tsa^{13}tʂɔo^{21}	做啥 tʃu^{44}sa^{21}
靖远县	啥 sa^{24}	咋 tsa^{41}	做啥 tsɤu^{55}sa^{24}
陇西县	啥 ʃɥɤ^{44}	阿们着 a^{42}mɤŋ^{22}tʂɤ^{44}	做啥 tsu^{44}ʃɥɤ^{44}
秦州区	啥 sa^{44}	为啥 vei^{44}sa^{24}	做啥 tsɥ^{44}sa^{44}
安定区	啥 sə^{53}	为啥 vei^{44}sə^{53}	做啥 tsu^{44}sə^{53}
会宁县	啥 sə^{44}	为啥 uei^{44}sə^{21}	做啥 tsu^{44}sə^{21}
临洮县	啥 sa^{44}	为啥 vei^{44}sa^{44}	做啥 tsuɤ^{21}sa^{53}
清水县	啥 ʃa^{443}	咋着 tsa^{13}tʂə^{13}	做啥 tsu^{44}ʃa^{443} 干啥 kæ̃^{44}ʃa^{443}
永靖县	什么 ʂʅ^{22}mɤŋ^{44}	兹们 tsɿ^{44}mɤŋ^{21}	做什们 tsɿ^{44}ʂɤŋ^{53}mɤŋ^{44}
敦煌市	啥 sa^{44}	为啥 vei^{44}sa^{44}	做啥 tsu^{44}sa^{44} 干啥 kæ̃^{44}sa^{44}
临夏市	什么个 ʂʅ^{21}mɑ^{44}kɤ^{53}	阿们 ɑ^{44}məŋ^{24}	咋呢 tsɑ^{13}ȵi^{42}
合作市	什么个 ʂʅ^{21}mᴀ^{44}kə^{21}	阿们 ᴀ^{44}məŋ^{13}	做什么个 tsu^{44}ʂʅ^{21}mᴀ^{44}kə^{21}
临潭县	啥 sa^{44}	阿么了 a^{44}mɤ^{21}lɔo^{44}	做啥呢 tsu^{44}sa^{44}ȵi^{21}

	1159 多少这个村有～人?	1160 很今天～热	1161 非常比上条程度深：今天～热
兰州市	多少 tuə^{55}ʂɔ^{42}	很 xən^{34}	稀不 ɕi^{55}pu^{21}
榆中县	多少 tuə^{51}ʂɔ^{0}	很 xən^{44}	得很 tə^{21}xən^{44}
永登县	多少 tuə^{44}ʂɔ^{21}	很 xə̃n^{354}	胡都 xu^{22}tu^{35}
红古区	多少 tuə^{22}ʂɔ^{55}	很 xən^{53}	胡都 xu^{22}tu^{13}
凉州区	多少 tuə^{35}ʂɑo^{53}	太 tʰæ^{31}	特是个 tʰə^{31}sɿ^{31}kə^{21}
甘州区	多么些 tuə^{44}mə^{44}ɕiə^{44}	很 xɤŋ^{53}	太 tʰɛ^{31}
肃州区	多少 tuə^{44}ʂɔ^{44}	太 tʰɛ^{213}	确实 tɕʰyə^{21}ʂʅ^{51}
永昌县	多么些 tuə^{44}mu^{44}ɕiə^{44}	太 tʰɛe^{53}	太 tʰɛe^{53}
崆峒区	多少 tuo^{22}ʂɔ^{53}	很 xɤŋ^{53}	差大 tsʰa^{22}ta^{44}
庆城县	多 tuə^{51}	很 xɤŋ^{44}	特别 tʰei^{51}piᴇ^{113}
宁县	多 tuə^{31}	很 xəŋ^{44}	特别 tʰei^{31}piɛ^{24}
武都区	多少 tuɤ^{22}ʂou^{55}	很 xəŋ^{31}	稀不 ɕi^{31}pu^{21}
文县	多少 tuə^{22}sɔo^{44}	很 xəŋ^{55}	很 xəŋ^{55}
康县	多少 tuɤ^{53}ʂɔo^{35}	很 xɤŋ^{21}	太 tʰɛ^{55}
礼县	多少 tuɤ^{31}ʂɔo^{52}	很 xɤŋ^{52}	了不得 liɔo^{52}pu^{21}ti^{24}
靖远县	多少 tuə^{22}ʂɑo^{55}	热得很 zɤ^{22}tɤ^{21}xɤŋ^{55}	非常 fei^{22}tʂʰɑŋ^{24}
陇西县	多少 tuɤ^{21}ʂɔo^{53}	很 xɤŋ^{53}	稀没 ɕi^{21}mɤ^{44}
秦州区	多少 tuə^{21}ʂɔ^{53}	真个 tʂɤŋ^{21}kuə^{13}	稀不 ɕi^{13}pʰu^{21}
安定区	多少 tə^{21}ʂɔ^{53}	很 xəŋ^{53}	值⁼个 tʂʅ^{21}kæ̃^{13}
会宁县	多少 tə^{21}ʂɔ^{53}	很 xəŋ^{53}	值⁼个 tʂʅ^{21}kæ̃^{13}
临洮县	多么少 tuɤ^{21}ma^{13}ʂɔ^{53}	很 xɤŋ^{53}	很 xɤŋ^{53}
清水县	多少 tuə^{21}ʂɔ^{52}	很 xɤŋ^{52}	值⁼个 tʂʅ^{21}kuə^{13}
永靖县	多少 tuɤ^{22}ʂɔ^{53}	很 xɤŋ^{44}	胡都 xu^{22}tu^{44}
敦煌市	多么少 tuə^{22}ma^{22}ʂɔ^{51}	很 xɤŋ^{44}	太 tʰɛ^{44}
临夏市	多少 tuɤ^{13}ʂɔ^{24}	很 xəŋ^{42}	格外 kɛ^{21}vɛ^{24}
合作市	多少 tuə^{13}ʂɔ^{13}	很 xəŋ^{44}	格外 kɛe^{21}vɛe^{44}
临潭县	多么少 tuɤ^{44}ma^{44}ʂɔo^{51}	稀不 ɕi^{51}pu^{24}	胡都 xu^{21}tu^{44}

	1162 更今天比昨天～热	1163 太这个东西～贵，买不起	1164 最弟兄三个中他～高
兰州市	还 $xã^{53}$	太 $t^hɛ^{13}$	最 $tsuei^{13}$
榆中县	还 xan^{312}	太 $t^hɛ^{213}$	最 $tsuei^{213}$ 初 $tʂ^hu^{51}$
永登县	还 $xæ̃^{53}$	太 $t^hɛ^{13}$	最 $tsuei^{13}$
红古区	还 xan^{13}	太 $t^hɛ^{13}$	最 $tsuei^{13}$
凉州区	越 $yə^{31}$	太 $t^hæ^{31}$	顶 $tiŋ^{35}$
甘州区	还 $xaŋ^{53}$	太 $t^hɛ^{31}$	最 $tsuei^{31}$
肃州区	还 $xæ̃^{51}$	太 $t^hɛ^{213}$	最 $tsuei^{213}$
永昌县	还 $xɛe^{13}$	太 $t^hɛe^{53}$	最 $tsuei^{53}$
崆峒区	还 $xuæ̃^{24}$	太 $t^hɛ^{53}$	最 $tsuei^{44}$
庆城县	越 $yᴇ^{113}$	太 $t^hɛ^{244}$	最 $tsuei^{244}$
宁县	还 xa^{24}	太 $t^hɛ^{52}$	最 $tsuei^{44}$
武都区	还 $xæ̃^{13}$	太 $t^hɛɪ^{31}$	最 $tsuei^{24}$
文县	更 $kəŋ^{24}$	太 $t^hɛe^{24}$	最 $tsuei^{24}$
康县	还 xan^{211}	太 $t^hɛ^{24}$	最 $tsuei^{24}$
礼县	还 $xæ̃^{13}$	太 t^hai^{44}	最 $tʃuei^{44}$ 数 $ʃu^{52}$
靖远县	还 $xæ̃^{24}$	太 $t^hɛ^{55}$	最 $tsuei^{55}$
陇西县	还 $xæ̃^{13}$	太 $t^hɛ^{53}$	最 $tsue^{44}$
秦州区	还 $xæ̃^{13}$	太 $t^hɛ^{53}$	最 $tsuei^{44}$
安定区	还 $xæ̃^{13}$	太 $t^hɛ^{53}$	最 $tsuei^{44}$
会宁县	还 $xæ̃^{13}$	太 $t^hɛ^{53}$	最 $tsuei^{44}$
临洮县	还 $xæ̃^{13}$	太 $t^hɛ^{44}$	最 $tsuei^{44}$
清水县	还 $xæ̃^{13}$	太 $t^hɛ^{443}$	最 $tsuəi^{443}$ 唯 $vəi^{13}$
永靖县	还 $xæ̃^{213}$	太 $t^hɛ^{44}$	最 $tsuei^{44}$
敦煌市	还 $xæ̃^{213}$	太 $t^hɛ^{44}$	最 $tsuei^{44}$
临夏市	还 $xã^{13}$	太 $t^hɛ^{53}$	最 $tsuei^{53}$
合作市	还 $xæ̃^{13}$	太 $t^hɛe^{53}$	最 $tsuei^{53}$
临潭县	更 $kəŋ^{44}$	太 $t^hɛe^{51}$	太 $t^hɛe^{51}$

	1165 都大家～来了	1166 一共～多少钱?	1167 一起我和你～去
兰州市	都 tu^{55}	满共 mæ̃^{55}kuən^{13}	一搭里 ʑi^{22}ta^{53}n̠i^{21}
榆中县	都 tu^{51}	一共 i^{31}kuən^{213}	一搭儿 i^{13}ta^{31}ɣɤ^{213} 一趟 ʑi^{31}tʰaŋ^{213}
永登县	都 tɤu^{44}	一共 i^{22}kuə̃n^{35}	一搭 i^{13}ta^{53}
红古区	一挂 zʅ^{22}kua^{13}	一挂 zʅ^{22}kua^{13}	一处儿 zʅ^{22}tʂʰuər^{13} 一搭儿 zʅ^{22}tɐr^{13}
凉州区	全 tɕʰyɑŋ^{35}	总共 tsuŋ^{35}kuŋ^{53}	一搭里 ʑi^{31}ta^{31}li^{21}
甘州区	都 tɤu^{44}	满共 maŋ^{22}kuŋ^{44}	一搭里 ʑi^{22}ta^{44}li^{21}
肃州区	都 təu^{44}	一共 ʑi^{13}kuŋ^{21}	一起 ʑi^{21}tɕʰi^{51} 一搭里 ʑi^{21}ta^{44}li^{21}
永昌县	全 tɕʰyɛ^{13}	总共 tsoŋ^{53}koŋ^{44}	一搭里 ʑi^{53}ta^{22}n̠i^{21}
崆峒区	都 təu^{24}	带共 tɛ^{44}koŋ^{44}	一搭 i^{22}ta^{24}
庆城县	都 tɤu^{51} 全 tɕʰyɛ̃^{113}	一共 i^{21}kuŋ^{244} 全部 tɕʰyɛ̃^{21}pu^{244}	一搭 i^{21}ta^{44}
宁县	都 tou^{24}	总共 tsuŋ^{52}kuŋ^{44}	一搭里 i^{22}ta^{24}li^{52}
武都区	都 təu^{31}	一把连 i^{22}pa^{53}liæ̃^{24}	一搭 i^{31}ta^{13}
文县	都 tɤu^{31}	总共 tsoŋ^{42}koŋ^{24}	一搭儿 ʑi^{42}tər^{22}
康县	都 tɤu^{53}	一共 i^{21}kuŋ^{24}	一搭儿 i^{55}tar^{35}
礼县	一挂 i^{31}kua^{44} 都 təu^{31}	一老个 i^{31}nɔo^{13}kɤ^{21} 一老共 i^{31}nɔo^{13}kuɤŋ^{44}	一搭 i^{31}ta^{24}
靖远县	都 tɤu^{41}	总共 tsoŋ^{55}koŋ^{33}	一搭里 zʅ^{22}ta^{24}lʅ^{55}
陇西县	都 tɤu^{13}	总共 tsuŋ^{55}kuŋ^{44}	一搭 i^{42}ta^{13}
秦州区	都 tɤu^{13}	西$^{=}$老老 ɕi^{21}lɔ^{13}lɔ^{13}	一搭 ɕi^{21}ta^{13}
安定区	都 təu^{13}	总共 tsuŋ^{53}kuŋ^{44}	一搭 ʑi^{21}ta^{13}
会宁县	都 təu^{13}	总共 tsuŋ^{53}kuŋ^{44}	一搭 ʑi^{21}ta^{13}
临洮县	都 tɤu^{13}	总共 tsuŋ^{53}kuŋ^{44}	一搭儿 ʑi^{21}tar^{13}
清水县	都 tou^{13}	一共 i^{21}kuŋ^{443} 一满 i^{21}mæ̃^{52}	一搭 i^{21}ta^{13}
永靖县	一挂 i^{22}kua^{44}	一共 i^{22}kuɤŋ^{44}	一搭 i^{44}ta^{42}
敦煌市	都 tɤu^{213}	一满 ʑi^{21}mæ̃^{51} 满共 mæ̃^{53}kuŋ^{44}	一搭里 ʑi^{213}ta^{55}li^{55}
临夏市	一挂 ʑi^{21}kuɑ^{24}	一挂 ʑi^{21}kuɑ^{24}	一搭 ʑi^{21}tɑ^{24}
合作市	一挂 ʑi^{21}kuᴀ^{44}	一挂 ʑi^{21}kuᴀ^{44} 总共 tsuəŋ^{44}kuəŋ^{53}	一搭 ʑi^{21}tᴀ^{44}
临潭县	都 təɯ^{24}	一挂 i^{21}kua^{44}	一搭儿 i^{24}tar^{24}

	1168 只我～去过一趟	1169 刚这双鞋我穿着～好	1170 刚我～到
兰州市	只 tʂʅ^{34}	刚 tɕiã^{55}	刚 tɕiã^{55}
榆中县	只 tʂʅ^{312} 就 tɕiəu^{213}	刚 tɕiaŋ^{51} 刚刚 tɕiaŋ^{51}tɕiaŋ^{51}	刚 tɕiaŋ^{51}
永登县	只 tʂʅ^{42}	刚 tɕiã^{55}	刚 tɕiã^{55}
红古区	刚 tɕiaŋ^{13}	刚 tɕiaŋ^{13}	刚 tɕiaŋ^{13}
凉州区	就 tɕiəu^{31}	刚 tɕiaŋ^{35}	刚 tɕiaŋ^{35}
甘州区	就 tɕiɤu^{31}	刚 tɕiaŋ^{44}	刚 tɕiaŋ^{44}
肃州区	只 tʂʅ^{44}	刚 kaŋ^{44}	刚 kaŋ^{44}
永昌县	就 tɕiəu^{53}	正 tʂəŋ^{53}	刚 tɕiaŋ^{44}
崆峒区	只 tsɿ^{21}	刚 kaŋ^{24}	刚 kaŋ^{24}
庆城县	只 tsɿ^{113}	刚 tɕiã^{244}	刚 tɕiã^{244}
宁县	只 tsɿ^{24}	刚 kaŋ^{24}	刚 tɕiaŋ^{24}
武都区	刚 tɕiaŋ^{31}	刚 tɕiaŋ^{31}	刚 tɕiaŋ^{31}
文县	就 tɕiɤu^{24}	刚 tɕiã^{13}	刚 tɕiã^{13}
康县	只 tʂʅ^{211}	刚 kaŋ^{53}	刚 kaŋ^{53}
礼县	就 tɕʰiəu^{44}	刚 tɕiaŋ^{31}	刚 tɕiaŋ^{31}
靖远县	只 tsɿ^{41}	刚 tɕiaŋ^{24}	才 tsʰɛ^{24}
陇西县	只 tsɿ^{21}	刚 tɕiaŋ^{21}	刚 tɕiaŋ^{21}
秦州区	只 tʂʅ^{53}	刚 tɕiaŋ^{13}	刚 tɕiaŋ^{13}
安定区	只 tsɿ^{13}	刚 tɕiaŋ^{13}	刚 tɕiaŋ^{13}
会宁县	一共 ʑi^{21}kuŋ^{44}	刚 tɕiaŋ^{44}	刚 tɕiaŋ^{13}
临洮县	只 tʂʅ^{13}	正 tʂɤŋ^{44}	才 tsʰɛ^{13}
清水县	刚 tɕiɒ̃^{13}	刚 tɕiɒ̃^{13}	刚 tɕiɒ̃^{13}
永靖县	只 tsɿ^{213}	刚 tɕiaŋ^{44}	刚 tɕiaŋ^{44}
敦煌市	只 tsɿ^{213} 就 tɕiɤu^{44}	刚 tɕiaŋ^{213}	刚 tɕiaŋ^{213}
临夏市	只 tsɿ^{13}	刚 tɕiaŋ^{13}	刚 tɕiaŋ^{13}
合作市	只 tʂʅ^{13}	刚 tɕiaŋ^{53}	刚 tɕiaŋ^{53}
临潭县	只 tʂʅ^{24}	刚 tɕiɒ^{44}	刚 tɕiɒ^{44}

	1171 才你怎么～来啊?	1172 就我吃了饭～去	1173 经常我～去
兰州市	才 tsʰɛ^{53}	就 tɕiəu^{13}	肯 kʰən^{34}
榆中县	才 tsʰɛ^{312}	就 tɕiəu^{213}	老 lɔ^{44}
永登县	才 tsʰɛ^{53}	就 tɕiɤu^{13}	多乎⁼ tuə^{44}xu^{21}
红古区	才 tsʰɛ^{13}	就 tɕiɤu^{13}	肯 kʰən^{53} 经常 tɕin^{13}tʂʰɑŋ^{13}
凉州区	才 tsʰæ^{35}	就 tɕiəu^{31}	一老 ʑi^{53}lao^{35}
甘州区	才 tsʰɛ^{53}	就 tɕiɤu^{31}	一老 ʑi^{22}lɔ^{53}
肃州区	才 tʰɛ^{51}	就 tɕiəu^{213}	经常 tɕiŋ^{44}tʂʰɑŋ^{51}
永昌县	才 tsʰɛe^{13}	就 tɕiəu^{53}	一老 ʑi^{53}lɔo^{13}
崆峒区	才 tsʰɛ^{24}	就 tɕiəu^{44}	一共 i^{22}koŋ^{44}
庆城县	才 tsʰɛ^{113}	就 tsɤu^{244}	一光儿 i^{21}kuɑ̃r^{51}
宁县	才 tsʰɛ^{24}	就 tɕʰiou^{44}	一工儿 i^{22}kuŋr^{31} 一老 i^{22}lɔ^{52}
武都区	才 tsʰɛɪ^{13}	就 tɕiəu^{24}	肯 kʰəŋ^{55}
文县	刚 tɕiɑ̃^{13}	就 tɕiɤu^{24}	经常 tɕiəŋ^{42}tsʰɑ̃^{24}
康县	才 tsʰɛ^{211}	就 tsiɤu^{24}	经常 tɕiŋ^{53}tʂʰɑŋ^{21}
礼县	才 tsʰai^{13}	就 tɕʰiəu^{44}	常 tʂʰɑŋ^{13} 肯 kʰɤŋ^{52}
靖远县	才 tsʰɛ^{24}	就 tɕiɤu^{33}	一老儿 zʅ^{22}lɔr^{41}
陇西县	才 tsʰɛ^{13}	就 tɕʰiu^{44}	尽管儿 tɕin^{21}tɕiæ̃^{55}zʅ^{21}
秦州区	才 tsʰɛ^{13}	就 tɕiɤu^{44}	肯 kʰɤŋ^{53}
安定区	才 tsʰɛ^{13}	就 tɕʰiəu^{44}	肯 kʰəŋ^{53}
会宁县	才 tsʰɛ^{13}	就 tɕʰiəu^{44}	肯 kʰəŋ^{53} 经常 tɕiŋ^{21}tʂʰɑŋ^{13}
临洮县	才 tsʰɛ^{13}	就 tɕiɤu^{44}	肯 kʰɤŋ^{53}
清水县	才 tsʰɛ^{13}	就 tɕʰiou^{443}	肯 kʰɤŋ^{52}
永靖县	才 tsʰɛ^{213}	就 tɕiɤu^{44}	经常 tɕiɤŋ^{13}tʂʰɑŋ^{13}
敦煌市	才 tsʰɛ^{213}	就 tɕiɤu^{44}	时常 sʅ^{13}tʂʰɑŋ^{213}
临夏市	才 tsʰɛ^{13}	就 tɕiɤu^{53}	经常 tɕiŋ^{44}tʂʰɑŋ^{24}
合作市	才 tsʰɛe^{13}	就 tɕiəɯ^{53}	经常 tɕiŋ^{44}tʂʰɑŋ^{13}
临潭县	才 tsʰɛe^{24}	就 tɕiəɯ^{44}	一直 i^{24}tʂʅ^{21}

	1174 又他～来了	1175 还他～没回家	1176 再你明天～来
兰州市	可 kʰɤ^{34}	还 xæ̃^{53}	再 tsɛ^{13}
榆中县	又 iəu^{213}	还 xan^{312}	再 tsɛ^{213}
永登县	又 iɤu^{13}	还 xæ̃^{21}	再 tsɛ^{13}
红古区	可又 kʰə^{22}iɤu^{55}	还 xan^{13}	洋⁼回 iɑŋ^{13}xuei^{13}
凉州区	又 iəu^{31}	还 xɑŋ^{35}	再 tsæ^{31}
甘州区	又 iɤu^{31}	还 xaŋ^{53}	再 tsɛ^{31}
肃州区	又 ʑiəu^{213}	还 xæ̃^{51}	再 tsɛ^{213}
永昌县	又 iəu^{53}	还 xɛe^{13}	再 tsɛe^{53}
崆峒区	可 kʰuo^{21}	还 xæ̃^{24}	再 tsɛ^{44}
庆城县	可 kʰɔ^{44}	还 xa^{113}	再 tsɛ^{244}
宁县	可 kʰə^{52}	还 xa^{24}	再 tsɛ^{44}
武都区	可 kʰɤ^{55}	还 xæ̃^{13}	再 tsɛɪ^{24}
文县	又 iɤu^{24}	还 xa^{13}	再 tsɛe^{24}
康县	可 kʰuɤ^{53}	还 xan^{211}	可 kʰuɤ^{53} 再 tsɛ^{24}
礼县	可 kʰɤ^{31}	还 xæ̃^{13}	再 tsai^{44}
靖远县	可 kʰɤ^{55}	还 xuæ̃^{24}	再 tsɛ^{33}
陇西县	可 kʰɤ^{21}	还 xæ̃^{13}	再 tsɛ^{44}
秦州区	可 kʰuə^{13}	还 xæ̃^{13}	原 yæ̃^{13}
安定区	可 kʰə^{53}	还 xæ̃^{13}	再 tsɛ^{44}
会宁县	可 kʰə^{13}	还 xæ̃^{13}	再 tsɛ^{44}
临洮县	可 kʰɤ^{13}	还 xæ̃^{13}	可 kʰɤ^{13}
清水县	可 kʰuə^{13}	还 xæ̃^{13}	再 tsɛ^{443}
永靖县	可 kʰɤ^{53}	还 xæ̃^{213}	再 tsɛ^{44}
敦煌市	可 kʰə^{51}	还 xæ̃^{213}	再 tsɛ^{44}
临夏市	可 kʰɤ^{13}	还 xã^{13}	再 tsɛ^{53}
合作市	可 kʰə^{13}	还 xæ̃^{13}	再 tsɛe^{44}
临潭县	又 iəɯ^{51}	还 xæ̃^{24}	再 tsɛe^{44}

	1177 也我～去；我～是老师	1178 反正不用急，～还来得及	1179 没有昨天我～去
兰州市	也 iæ³⁴	反正 fæ̃⁵⁵tʂən¹³	没有 mɤ²²iəu⁴²
榆中县	也 ia⁴⁴	反正 fan⁴⁴tʂən²¹³	没 mei⁴⁴
永登县	也 iɛ³⁵⁴	反正 fæ̃⁴²tʂə̃n²¹	没有 mei²²iɤu³⁵⁴
红古区	也 iɛ⁵³	反正 fan⁵⁵tʂən¹³	没 mə¹³
凉州区	也 iə³⁵	反正 fɑŋ³⁵tʂəŋ⁵³	没有 mu³¹iəu²¹
甘州区	也 iə⁵³	反正 faŋ²²tʂɤŋ⁴⁴	没 mu³¹
肃州区	也 ʑiɛ⁵¹	反正 fæ̃⁵³tʂɤŋ²¹	没 mə²¹³
永昌县	也 iə¹³	反正 fɛe⁴⁴tʂəŋ⁵³	没有 mei⁴⁴iəu²¹
崆峒区	也 iɛ⁵³	反正 fæ̃²²tʂɤŋ⁴⁴	没 mɤ²¹
庆城县	也 iᴇ⁴⁴	反正 fɛ̃²¹tʂɤŋ²⁴⁴	没 muə¹¹³
宁县	也 ia⁵²	反正 fæ̃²²tʂəŋ⁴⁴	没 muə³¹
武都区	也 iᴇ⁵⁵	左⁼活⁼tsuɤ⁵⁵xuɤ²⁴ 反正 fæ̃⁵⁵tʂəŋ²⁴	没 muɤ³¹
文县	也 iɛ³⁵	反正 fɑ̃⁴²tsəŋ²⁴	没得 muə⁴²tɛe²⁴
康县	也 iɛ⁵⁵ 阿 a⁵³	反正 fan⁵³tʂɤŋ²⁴	没 muɤ⁵³
礼县	也 iɛ⁵² 阿 a¹³	反转 fæ̃³¹tʃuæ̃⁴⁴	没有 mɤ²⁴iəu⁵²
靖远县	也 iɛ⁵⁵	反正 fæ̃²²tʂɤŋ³³	顾不上 ku⁵⁵pu²²ʂɑŋ³³
陇西县	也 ia⁵³/iɛ⁵³	反转 fæ̃²¹tʂuæ̃⁴⁴	没 mɤ²¹
秦州区	也 iə⁵³	反正 fæ̃⁵³tʂɤŋ⁴⁴	没 mɤ¹³
安定区	也 ia⁵³	反正 fæ̃²¹tʂəŋ⁴⁴	没 mə¹³
会宁县	也 ia⁵³	横顺 ɕyə²¹ʃuŋ⁴⁴	没 mə¹³
临洮县	也 ie⁵³	反正 fæ̃²¹tʂɤŋ⁴⁴	没 mɤ¹³
清水县	阿 a⁴⁴³	反正 fæ̃²¹tʂɤŋ⁴⁴³	没 mə¹³
永靖县	也 iɛ⁴⁴	反正 fæ̃²²tʂɤŋ⁴⁴	［没有］miɤu⁴⁴
敦煌市	也 ia⁵¹	反正 fæ̃²¹tʂɤŋ⁴⁴	没 mə²¹³
临夏市	也 iɛ⁴²	反正 fɑ̃⁴⁴tʂəŋ⁴²	没 mu¹³
合作市	也 iə⁴⁴	反正 fæ̃²¹tʂəŋ⁴⁴	没 mə¹³
临潭县	也 iɛ⁵¹	反正 fæ̃²¹tʂəŋ⁴⁴	没有 mɤ²¹iəɯ⁵¹

	1180 不明天我～去	1181 别你～去	1182 甭不用，不必：你～客气
兰州市	不 pu^{13}	不了 $pu^{13}lɔ^{42}$	不了 $pu^{13}lɔ^{42}$
榆中县	不 pu^{312}	不要 $pu^{31}iɔ^{213}$ 不了 $pu^{31}lɔ^{213}$	不了 $pu^{31}lɔ^{213}$
永登县	不 pu^{13}	不要 $pu^{22}iɔ^{35}$	不要 $pu^{22}iɔ^{35}$
红古区	不 pu^{13}	覅 $pɔ^{13}$	覅 $pɔ^{13}$
凉州区	不 pu^{31}	不了 $pu^{31}liɑo^{35}$	不了 $pu^{31}liɑo^{21}$
甘州区	不 pu^{31}	不了 $pu^{31}liə^{21}$	不了 $pu^{31}liə^{21}$
肃州区	不 pu^{213}	不咧 $pu^{21}liɛ^{13}$	不咧 $pu^{21}liɛ^{13}$
永昌县	不 pu^{53}	不了 $pu^{53}liɔo^{21}$	不了 $pu^{53}liɔo^{21}$
崆峒区	不 pu^{24}	不了 $pu^{22}liɔ^{53}$	不咧 $pu^{53}liɛ^{21}$
庆城县	不 pu^{51}	不要 $pu^{21}iɔ^{244}$	不用 $pu^{21}yŋ^{244}$
宁县	不 pu^{31}	不要 $pu^{24}iɔ^{44}$	不要 $pu^{24}iɔ^{44}$
武都区	不 pu^{31}	不要 $pu^{22}iɔu^{24}$	就不 $tɕiəu^{24}pu^{31}$
文县	不 pu^{24}	覅 $pɔo^{13}$	覅 $pɔo^{13}$
康县	不 pu^{53}	覅 $pɔo^{211}$	覅 $pɔo^{211}$
礼县	不 mu^{31}	休了 $xɔo^{31}nɔo^{24}$ 没了 $mɤ^{31}nɔo^{24}$	休了 $xɔo^{31}nɔo^{24}$ 没了 $mɤ^{31}nɔo^{24}$
靖远县	顾不上 $ku^{55}pu^{22}ʂaŋ^{33}$	不要 $pu^{22}iɑo^{33}$	不了 $pu^{41}liɑo^{21}$
陇西县	不 pu^{21}	休 $xɤu^{21}$	休 $xɤu^{21}$
秦州区	不 pu^{13}	休了 $xuə^{21}liɔ^{13}$	休了 $xuə^{21}liɔ^{13}$
安定区	不 pu^{13}	休 $xəu^{13}$	休 $xəu^{13}$
会宁县	不 pu^{13}	休 $xəu^{13}$	休 $xəu^{13}$
临洮县	不 pu^{13}	休 $xɔ^{13}$	休 $xɔ^{13}$
清水县	不 pu^{13}	不了 $pu^{21}liɔ^{13}$	不了 $pu^{21}liɔ^{13}$
永靖县	不 pu^{213}	覅 $pɔ^{213}$	覅 $pɔ^{213}$
敦煌市	不 pu^{213}	不了 $pu^{21}lə^{13}$	不了 $pu^{21}lə^{13}$
临夏市	不 pu^{13}	覅 $pɔ^{13}$	覅 $pɔ^{13}$
合作市	不 pu^{13}	覅 $pɔ^{13}$	覅 $pɔ^{13}$
临潭县	不 pu^{24}	覅 $pɔo^{24}$	覅 $pɔo^{24}$

	1183 快天~亮了	1184 差点儿~摔倒了	1185 宁可~买贵的
兰州市	快 kʰuɛ^{13}	些乎 ɕiɛ^{55}xu^{21}	宁 ȵin^{53}
榆中县	快 kʰuɛ^{213}	差些儿 tʂʰa^{51}ɕiᴇ^{51}ɣɤ^{0}	宁可 ȵin^{21}kʰə^{44}
永登县	快 kʰuɛ^{13}	差乎 tʂʰa^{44}xu^{53}	宁 ȵin^{13}
红古区	快 kʰuɛ^{13}	差乎儿 tʂʰa^{55}xuər^{21}	宁肯 ȵin^{22}kʰən^{55}
凉州区	就 tɕiəu^{31}	悬的 ɕyɑŋ^{35}ti^{53}	宁可 ȵiŋ^{53}kʰə^{35}
甘州区	就 tɕiɤu^{31}	差点点 tʂʰa^{44}tiaŋ^{44}tiaŋ^{44}	宁可 ȵiŋ^{22}kʰə^{53}
肃州区	快 kʰuɛ^{213}	差点 tsʰa^{13}tiæ̃^{44} 险乎 ɕiæ̃^{44}xuə^{21}	宁可 ȵiŋ^{21}kə^{51}
永昌县	就 tɕiəu^{53}	差些 tʂʰa^{44}ɕiə^{44}	宁 ȵiŋ^{53}
崆峒区	希乎儿 ɕi^{22}xur^{24}	差点儿 tsʰa^{22}tiɐr^{53}	宁 ȵiɤŋ^{24}
庆城县	快 kʰuɛ^{244}	差一点儿 tsʰa^{51}i^{21}tiɛ̃r^{113}	宁愿 ȵiŋ^{21}yɛ̃^{244}
宁县	快 kʰuɛ^{44}	希乎儿 ɕi^{22}xuər^{44}	宁 ȵiŋ^{44}
武都区	发 fa^{31} 快 kʰuɛɪ^{24}	希乎儿 ɕi^{22}xuər^{53}	宁 ȵin^{24}
文县	就 tɕʰiɤu^{24}	差一点点儿 tsʰa^{33}ʑi^{21}tiæ̃^{55}tiæ̃r^{21}	情愿 tɕʰiəŋ^{42}yæ̃^{24}
康县	快 kʰuɛ^{24}	差点儿 tʂa^{53}tiãr^{55}	恁 lɤŋ^{211}
礼县	就 tɕiəu^{44} 快 kʰuai^{44}	希险乎儿 ɕi^{31}ɕiæ̃^{52}xuɤr^{13} 希乎儿 ɕi^{31}xuɤr^{13}	恁 nɤŋ^{44} 恁可 nɤŋ^{44}kʰɤ^{52}
靖远县	快 kʰuɛ^{33}	险乎儿 ɕiæ̃^{22}xur^{41}	恁 nɤŋ^{24}
陇西县	发 fa^{21}	一候⁼ʑi^{21}xɤu^{53}	恁遭 lɤŋ^{44}tsɔo^{42}
秦州区	就要 tɕiɤu^{44}iɔ^{44}	希乎乎 ɕi^{21}xu^{53}xu^{13}	宁 ȵiɤŋ^{44}
安定区	发 fa^{13}	一候⁼ʑi^{21}xəu^{44}	宁愿 ȵiŋ^{21}yæ̃^{44}
会宁县	发 fa^{13}	一候⁼ʑi^{21}xəu^{44}	宁可 ȵiŋ^{13}kʰə^{21}
临洮县	发 fa^{13}	希乎儿 ɕi^{44}xur^{53}	宁可 ȵiŋ^{21}kʰɤ^{53}
清水县	快 kʰuɛ^{443}	差乎 ʧʰa^{21}xu^{52} 差一点 ʧʰa^{13}i^{21}tsiæ̃^{52}	恁 lɤŋ^{443}
永靖县	快 kʰuɛ^{44}	差乎 tʂʰa^{22}xu^{53}	恁可 nɤŋ^{44}kʰɤ^{53}
敦煌市	就 tɕiɤu^{44}	悬匝⁼ɕyɛ̃^{13}tsa^{213} 差一点点 tsʰa^{13}ʑi^{21}tiæ̃^{53}tiæ̃^{213}	宁愿 ȵiŋ^{44}yɛ̃^{44}
临夏市	快 kʰuɛ^{53}	差些些 tʂʰɑ^{13}ɕiɛ^{44}ɕiɛ^{21}	宁可 ȵiŋ^{13}kʰɤ^{42}
合作市	快 kʰuee^{53}	差一些 tʂʰᴀ^{13}ʑi^{53}ɕiə^{21}	宁可 ȵiŋ^{13}kʰə^{53}
临潭县	快 kʰuee^{44}	差点儿 tsʰa^{24}tiər^{51}	宁愿 nin^{21}yæ̃^{44}

	1186 故意～打破的	1187 随便～弄一下	1188 白～跑一趟
兰州市	利故意 ȵi^{22}ku^{55}ʑi^{21}	是怎们 ʂʅ^{21}tsən^{55}mən^{21}	白 pɤ^{53}
榆中县	利故心儿 li^{31}ku^{21}ɕin^{51}ɣɤ^{0} 故意 ku^{13}i^{213}	随便 suei^{31}pian^{213}	白 pə^{312}
永登县	故意 ku^{354}i^{21}	是怎么 ʂʅ^{22}tsʅ^{35}ma^{53}	浪浪 lɑ̃^{13}lɑ̃^{13}
红古区	利故儿 lʅ^{13}kuər^{13}	［是阿］木家 ʂa^{55}mu^{21}tɕia^{21} 随便儿 suei^{22}piər^{13}	白 pə^{13}
凉州区	故意 ku^{31}ʑi^{21}	随便 suei^{35}piɑŋ^{53}	白 pə^{35}
甘州区	巴意 pa^{24}ʑi^{31}	随便 suei^{53}piaŋ^{31}	白 piə^{53}
肃州区	跌故心 tiɛ^{44}ku^{44}ɕiŋ^{44} 跌故意 tiɛ^{44}ku^{44}ʑi^{44}	随便 suei^{53}piæ̃^{21}	白 pɛ^{51}
永昌县	故意 ku^{44}ʑi^{44}	随便 suei^{13}piɛ^{53}	白 pə^{13}
崆峒区	有意 iəu^{53}i^{44}	随便 suei^{24}piæ̃^{44}	白 pei^{24}
庆城县	故意 ku^{244}i^{244}	随便儿 suei^{21}piɛ̃r^{244}	白 pei^{113}
宁县	得利故儿 tei^{31}li^{44}kur^{44}	随便 suei^{22}piæ̃^{44}	白 pʰei^{24}
武都区	故意 ku^{24}i^{24} 专门 tʂuæ̃^{31}məŋ^{13}	随便 suei^{22}piæ̃^{24} 信啥 ɕin^{24}sa^{21}	白 pei^{13}
文县	利怕⁼ li^{24}pʰa^{42}	随便 suei^{42}piæ̃^{24}	白 pɛe^{13}
康县	推⁼为⁼家⁼ tʰuei^{53}vei^{42}tɕia^{21}	随便儿 suei^{53}piãr^{24}	白 pei^{211}
礼县	利故 li^{44}ku^{21}	随便 ʃuei^{13}piæ̃^{44}	白 pʰei^{13}
靖远县	利故鹿⁼儿 lʅ^{55}ku^{33}lur^{41}	随便儿 suei^{22}piɛ̃r^{33}	白 pei^{24}
陇西县	利故 li^{44}ku^{44}	随便 sue^{22}piæ̃^{44}	白 pe^{13}
秦州区	利故子 li^{55}ku^{21}tsʅ^{21}	甚咋 sɤŋ^{44}tsa^{13}	白 pʰei^{13}
安定区	利故意 li^{44}ku^{44}ʑi^{44}	随便 suei^{21}piæ̃^{44}	白 pɛ^{13}
会宁县	利故意 li^{44}ku^{44}ʑi^{21}	随便 suei^{21}piæ̃^{44}	白 pɛ^{13}
临洮县	利故儿 li^{44}kur^{53}	随便 suei^{21}piæ̃^{44}	白 pei^{13}
清水县	利故 li^{44}ku^{443} 利故价⁼ li^{44}ku^{44}tɕia^{13}	随便 suəi^{13}piæ̃^{443}	白 pʰəi^{13}
永靖县	故意子 ku^{44}i^{44}tsʅ^{42}	随便 suei^{22}piæ̃^{44}	白 pɤ^{213}
敦煌市	故意 ku^{35}ʑi^{44}	随便 suei^{21}piɛ̃^{44}	白 pei^{213}
临夏市	故意 ku^{44}ʑi^{21}	随便 suei^{21}piɛ̃^{44}	白 pɛ^{13}
合作市	故意 ku^{44}ʑi^{21}	随便 suei^{21}piæ̃^{44}	白 pɛe^{13}
临潭县	故意儿 ku^{44}iər^{51}	随便 suɪi^{21}piæ̃^{44}	白 pɪi^{24}

	1189 肯定～是他干的	1190 可能～是他干的	1191 一边～走，～说
兰州市	把稳 pa^{53}vən^{44}	怕 pʰa^{13}	旋 ɕyæ̃^{53}
榆中县	肯定 kʰən^{44}tin^{213}	可能 kʰə^{44}nən^{0}	一面 i^{31}mian^{213}
永登县	就 tɕiɤu^{13}	哈=罢= xa^{44}pa^{21}	旋 ɕyæ̃^{53}
红古区	保险 pɔ^{22}ɕian^{55}	哈=罢= xa^{55}pa^{21}	旋 ɕyan^{13}
凉州区	保证 pɑo^{35}tʂəŋ^{53}	也许 iə^{53}ɕy^{35} 或许 xuə^{53}ɕy^{35}	边 piɑŋ^{31}
甘州区	肯定 kʰɤŋ^{53}tiŋ^{31}	可能 kʰə^{22}nɤŋ^{53}	边 piaŋ^{44}
肃州区	肯定 kʰɤŋ^{53}tiŋ^{21}	有可能 ʑiəu^{53}kʰə^{21}nɤŋ^{51} 也可能 ʑiɛ^{53}kʰə^{21}nɤŋ^{51}	一边 ʑi^{21}piæ̃^{44}
永昌县	肯定 kʰəŋ^{44}tiŋ^{53}	可能 kʰə^{53}nəŋ^{13}	边 piɛ^{53}
崆峒区	就 tsəu^{44}	或许 xuɛ^{22}ɕy^{53}	旋 ɕyæ̃^{44}
庆城县	肯定 kʰɤŋ^{44}tiŋ^{244} 一定 i^{21}tiŋ^{244}	可能 kʰə^{44}nɤŋ^{113}	旋 ɕyɛ̃^{244}
宁县	一定 i^{44}tiŋ^{44}	怕 pʰa^{44} 可能 kʰə^{52}nəŋ^{24}	旋 suæ̃^{44}
武都区	一定 i^{22}tin^{24}	大概 ta^{24}kʰɛɪ^{31} 好像 xɔu^{55}ɕiɑŋ^{24}	旋 ɕyæ̃^{24} 边 piæ̃^{31}
文县	肯定 kəŋ^{42}tiəŋ^{24}	可能 kʰɤ^{55}ləŋ^{21}	旋 ɕyæ̃^{13}
康县	肯定 kʰɤŋ^{53}tiŋ^{24}	可能 kʰuɤ^{24}lɤŋ^{21}	旋 ɕyan^{211}
礼县	肯定 kʰɤŋ^{52}tiŋ^{44}	怕 pʰa^{44} 可能 kʰɤ^{52}nɤŋ^{13}	旋 ɕyæ̃^{44} 兼 tɕiæ̃^{31}
靖远县	耐=耐=儿 nɛ^{22}nɐr^{24}	哈=罢= xa^{35}pa^{41}	旋 ɕyæ̃^{24}
陇西县	保险 pɔo^{21}ɕiæ̃^{53}	也许 iɛ^{21}ɕy^{53}	边 piæ̃^{21}
秦州区	保险 pɔ^{13}ɕiæ̃^{53}	怕 pʰa^{44}	旋 ɕyæ̃^{44}
安定区	肯定 kʰəŋ^{53}tiŋ^{44}	怕 pʰa^{44}	旋 ɕyæ̃^{44}
会宁县	肯定 kʰəŋ^{53}tiŋ^{44}	怕 pʰa^{44}	旋 ɕyæ̃^{44}
临洮县	肯定 kʰɤŋ^{53}tiŋ^{44}	可能 kʰɤ^{53}nɤŋ^{13}	旋 ɕyæ̃^{44}
清水县	肯定 kʰɤŋ^{52}tsiŋ^{443} 指定 tʃɨ^{52}tsiŋ^{443}	可能 kʰuə^{52}lɤŋ^{13}	旋 ɕyæ̃^{443} 一面 i^{21}miæ̃^{443}
永靖县	肯定 kʰɤŋ^{53}tiɤŋ^{44}	可能 kʰɤ^{22}nɤŋ^{44}	一边 i^{22}piæ̃^{44}
敦煌市	保险 pɔ^{22}ɕiɛ̃^{51}	哈=罢= xa^{35}pa^{21}	旋 ɕyɛ̃^{44}
临夏市	肯定 kʰəŋ^{44}tiŋ^{42}	可能 kʰɤ^{44}nəŋ^{24}	边 piɛ̃^{13}
合作市	肯定 kʰəŋ^{44}tiŋ^{53}	可能 kʰə^{44}nəŋ^{13}	旋 ɕyæ̃^{44}
临潭县	肯定 kʰəŋ^{51}tin^{44}	哈=罢= xa^{44}pa^{21}	一边 i^{24}piæ̃^{21}

	1192 和我～他都姓王	1193 和我昨天～他去城里了	1194 对他～我很好
兰州市	跟 kən^{55}	跟 kən^{55}	把 pa^{13}
榆中县	连 lian^{312}	连 lian^{312}	对 tuei^{213}
永登县	连 liæ̃^{53}	连 liæ̃^{53}	把 pa^{13}
红古区	连 lian^{13}	连 lian^{13}	把 pa^{13}
凉州区	连 liɑŋ^{35}	连 liɑŋ^{35}	对 tuei^{31}
甘州区	和 xə^{53}	和 xə^{53}	对 tuei^{31}
肃州区	和 xə^{51} 连 liæ̃^{51}	和 xə^{51} 连 liæ̃^{51}	对 tuei^{213}
永昌县	连 liɛ^{13}	连 liɛ^{13}	对 tuei^{53}
崆峒区	跟 kɤŋ^{21}	跟 kɤŋ^{21}	对 tuei^{44}
庆城县	和 xuə^{113}	跟 kɤŋ^{51} 和 xuə^{113}	对 tuei^{244}
宁县	连 liæ̃^{24} 和 xuə^{24}	连 liæ̃^{24} 和 xuə^{24}	对 tuei^{44}
武都区	和 xuɤ^{13} 连 liæ̃^{13}	和 xuɤ^{13} 连 liæ̃^{13}	对 tuei^{24}
文县	兰= læ̃^{13}	兰= læ̃^{13}	对 tuei^{24}
康县	和 xuɤ^{211}	和 xuɤ^{24} 连 lian^{13}	对 tuei^{24}
礼县	连 liæ̃^{13} 兰= næ̃^{13}	连 liæ̃^{13} 兰= næ̃^{13}	对 tuei^{44} 把 ma^{44}
靖远县	连 liæ̃^{24}	连 liæ̃^{24}	把 pa^{41}
陇西县	连 læ̃^{13}	连 læ̃^{13}	把 ma^{21}
秦州区	跟 kɤŋ^{13}	跟 kɤŋ^{13}	对 tuei^{44}
安定区	跟 kəŋ^{13}	连 liæ̃^{13}	把 pa^{13}
会宁县	连 liæ̃^{13}	连 liæ̃^{13}	对 tuei^{44}
临洮县	连 liæ̃^{13}	连 liæ̃^{13}	对 tuei^{44}
清水县	拉= la^{13} 连 liæ̃^{13}	拉= la^{13} 连 liæ̃^{13}	对 tuəi^{443}
永靖县	连 læ̃^{213}	连 læ̃^{213}	对 tuei^{44}
敦煌市	连 liɛ̃^{213}	连 liɛ̃^{213}	对 tuei^{44}
临夏市			对 tuei^{53}
合作市			
临潭县	连 liæ̃^{24}	连 liæ̃^{24}	对 turi^{44}

	1195 往～东走	1196 向～他借一本书	1197 按～他的要求做
兰州市	仰 iã^{53}	连 liæ̃^{53}	照 tʂɔ^{13}
榆中县	往 vaŋ^{213}	拦 lan^{312}	照 tʂɔ^{213} 按 an^{213}
永登县	仰 iã^{13}	连 liæ̃^{53}	按 æ̃^{13}
红古区	往 vaŋ^{13}	连 lian^{13}	照 tʂɔ^{13}
凉州区	朝 tʂʰɑo^{35}	问 vəŋ^{31}	照 tʂɑo^{31}
甘州区	往 vaŋ^{53}	问 vɤŋ^{31}	按 aŋ^{31}
肃州区	往 vaŋ^{51}	问 vɤŋ^{213}	按 ɣæ̃^{213}
永昌县	朝 tʂʰɔo^{13}	问 vəŋ^{53}	照 tʂɔo^{53}
崆峒区	朝 tʂʰɔ^{24}	跟 kɤŋ^{21}	跟 kɤŋ^{21}
庆城县	向 ɕiã^{244}	问 vɤŋ^{244} 跟 kɤŋ^{51}	按 nɛ̃^{244}
宁县	往 uaŋ^{44}	问 uŋ^{44}	按 næ̃^{44}
武都区	朝 tʂʰɔu^{13} 往 vaŋ^{55}	在 tsɛɪ^{24}	照 tʂɔu^{24}
文县	往 uã^{55}	向 ɕiã^{24}	依 ʐi^{31}
康县	往 vaŋ^{53}	向 ɕiaŋ^{24}	按 ŋan^{24}
礼县	照 tʂɔo^{44} 往 vaŋ^{52}	向 ɕiaŋ^{44}	按 ŋæ̃^{44} 照 tʂɔo^{44}
靖远县	仰 iaŋ^{55}	连 liæ̃^{24}	按 næ̃^{33}
陇西县	往 vaŋ^{53}	在 tsʰɛ^{44}	照 tɔo^{44}
秦州区	向 ɕiaŋ^{44}	跟 kɤŋ^{13}	照 tʂɔ^{44}
安定区	仰 iaŋ^{53}	连 liæ̃^{13}	照 tʂɔ^{44}
会宁县	朝 tʂʰɔ^{13} 仰 iaŋ^{53}	朝 tʂʰɔ^{13}	照 tʂɔ^{44}
临洮县	朝 tʂʰɔ^{13}	向 ɕiã^{44}	照 tʂɔ^{44}
清水县	往 vɒ̃^{52} 仰 iɒ̃^{52}	跟 kɤŋ^{13}	按 ŋæ̃^{443}
永靖县	往 vaŋ^{44} 朝 tʂʰɔ^{213}	向 ɕiaŋ^{44}	按 æ̃^{44}
敦煌市	朝 tʂʰɔ^{213}	问 vɤŋ^{44}	按 ŋæ̃^{44}
临夏市	往 vaŋ^{42}		按 nã^{53}
合作市	朝 tʂʰɔ^{13}		跟 kəŋ^{13}
临潭县	往 vɒ^{51}	问 vəŋ^{44}	按 ŋæ̃^{44}

	1198 替～他写信	1199 如果～忙你就别来了	1200 不管～怎么劝他都不听
兰州市	给 kei^{34}	但 tæ̃^{13}	是怎们 ʂʅ^{22}tsən^{55}mən^{21}
榆中县	替 tʰi^{213}	要是 iɔ^{21}ʂʅ^{44}	不管 pu^{31}kuan^{44}
永登县	代 tɛ^{13}	如果 vu^{22}kuə^{354}	不管 pu^{22}kuæ̃^{55}
红古区	给 kei^{53}	但 tan^{13}	阿们 a^{55}mən^{21}
凉州区	代 tæ^{31}	要是 iɑo^{31}sʅ^{21}	不管 pu^{53}kuɑŋ^{35}
甘州区	替 tʰi^{31}	但 taŋ^{31}	不管 pu^{22}kuaŋ^{53}
肃州区	替 tʰi^{213}	如果 zu̥^{21}kuə^{51} 但 tæ̃^{213}	不管 pu^{21}kuæ̃^{51}
永昌县	给 kɤ^{13}	但 tɛe^{53}	不管 pu^{53}kuɛe^{13}
崆峒区	替 tʰi^{44}	但 tæ̃^{44}	不管 pu^{22}kuæ̃^{53}
庆城县	代 tɛ^{244} 替 tʰi^{244}	要是 iɔ^{244}sʅ^{244}	不管 pu^{21}kuɛ̃^{44}
宁县	给 kei^{44}	但 tæ̃^{44} 如果 ʒu^{22}kuə^{52}	不管 pu^{22}kuæ̃^{52} 不论 pu^{22}lyŋ^{44}
武都区	替 tʰi^{24}	但 tæ̃^{31} 要是 iɔu^{24}sʅ^{21}	咋们价 tsa^{31}məŋ^{21}tɕia^{24}
文县	帮 pɑ̃^{31}	要是 iɔo^{24}sʅ^{24}	不论 pu^{21}loŋ^{24}
康县	替 tɕʰi^{24}	要是 iɔo^{24}ʂʅ^{21}	不管 pu^{21}kuan^{35}
礼县	给 kei^{44} 替 tʰi^{44}	要是 iɔo^{44}sʅ^{44}	不管 pu^{31}kuæ̃^{52}
靖远县	代 tɛ^{33}	但 tæ̃^{33}	不管 pu^{22}kuæ̃^{55}
陇西县	帮 pɑŋ^{21}	要么 iɔo^{44}mɤ^{42}	不管 pu^{21}kuæ̃^{53}
秦州区	替 tʰi^{44}	要是 iɔ^{44}sʅ^{21}	咋 tsa^{13}
安定区	帮 pɑŋ^{13}	要是 iɔ^{44}sʅ^{21}	阿们 a^{21}məŋ^{44}
会宁县	替 tʰi^{44}	要是 iɔ^{44}sʅ^{21}	不管 pu^{21}kuæ̃^{44}
临洮县	替 tʰi^{44}	要是 iɔ^{44}sʅ^{21}	不管 pu^{21}kuæ̃^{53}
清水县	给 kəi^{443}	即要 tsi^{21}iɔ^{443} 要是 iɔ^{44}ʃɨ^{21}	不管 pu^{21}kuæ̃^{52}
永靖县	替 tɕʰi^{213}	如果 zu̥^{22}kuɤ^{44}	不管 pu^{44}kuæ̃^{53}
敦煌市	给 kei^{51} 帮 pɑŋ^{213}	但 tæ̃^{44}	不管 pu^{22}kuæ̃^{51}
临夏市	替 tʰi^{53}	但说 tɑ̃^{44}ʂuɤ^{21}	不管 pu^{21}kuɑ̃^{44}
合作市	替 tʰi^{53}		
临潭县	替 tʰi^{51}	要是 iɔo^{44}sʅ^{31}	不管 pu^{21}kuæ̃^{51}

本卷参考文献

陈晓春、陈晓强 2017　甘肃陇西方言古语词考释十五则,《甘肃广播电视大学学报》第 6 期。

陈晓春、陈晓强 2018　甘肃陇西方言古语词考释二十则,《兰州文理学院学报·社会科学版》第 6 期。

陈晓强 2014　甘肃陇西方言古语词例释,《方言》第 2 期。

豆学兰、汪小珉 2017　甘肃方言“理发师”称谓研究，国家教师科研专项基金科研成果(十)。

俄华楠、马卓婷 2017　甘肃方言动物类詈辞探究,《汉字文化》第 10 期。

俄华楠、张素云 2017　甘肃方言“痒痒挠”说法探究，国家教师科研专项基金科研成果(十)。

耿若男 2017　甘肃陇东方言詈辞调查研究——镇原方言詈辞中的俗语,《汉字文化》第 10 期。

何茂活 2005　山丹方言古语词例释,《甘肃高师学报》第 4 期。

兰喜梅 2015　凉州(张义)方言词汇研究，西北师范大学硕士论文。

李贵生 2017《凉州方言词汇研究》，甘肃人民出版社。

雒　鹏、马　宏 2010　甘肃方言“父亲”称谓考,《西北成人教育学报》第 4 期。

孙月梅 2015　张掖方言词汇研究，西北民族大学硕士论文。

汪小珉、豆学兰 2017a　甘肃方言中的面食文化词语，国家教师科研专项基金科研成果（六)。

汪小珉、豆学兰 2017b　甘肃方言中的面食文化词语，国家教师科研专项基金科研成果（七)。

汪小珉、魏馨妤、常晓雯 2017　甘肃方言詈词中的“㞞”,《汉字文化》第 10 期。

王　洋、魏鑫杰、丁红霞 2017　甘肃陇南方言禽兽类詈辞探究,《汉字文化》第 10 期。

王炘睿 2017　甘肃方言母系亲属称谓词研究，西北师范大学硕士论文。

文　博 2017　甘肃武山方言词汇研究，广西师范学院硕士论文。

吴怀仁、苟芳琴 2003　陇东方言语汇例释,《陇东学院学报·社会科学版》第 2 期。

辛　阳 2017　天水麦积区（伯阳镇）方言词汇研究，西北师范大学硕士论文。

徐丽华 2015a　河西走廊的汉语亲属称谓语,《宁夏大学学报·人文社会科学版》第 6 期。

徐丽华 2015b　河西方言亲属称谓语之“同名异实”和“同实异名”,《文化学刊》第 4 期。
杨　扬 2013　天祝方言词汇研究，兰州大学硕士论文。
杨万成 2017　甘肃泾川方言古语词例释,《现代语文·语言研究版》第 4 期。
张凌云 2015　兰州方言特征词研究，西北师范大学硕士论文。
张素云、俄华楠 2017　甘肃方言“厕所”称说试解，国家教师科研专项基金科研成果（十）。
张　巍 2017　甘肃方言父系亲属称谓词研究，西北师范大学硕士论文。
张文娟 2015　靖远方言词汇研究，西北师范大学硕士论文。
张文轩、莫　超 2009《兰州方言词典》，中国社会科学出版社。
赵广民、陈瑞玲、荣　霞 2017　浅析甘肃方言詈辞中的“二”,《汉字文化》第 10 期。

中国语言资源集 甘肃

语法例句与口头文化卷

莫超 主编

中華書局
ZHONGHUA BOOK COMPANY

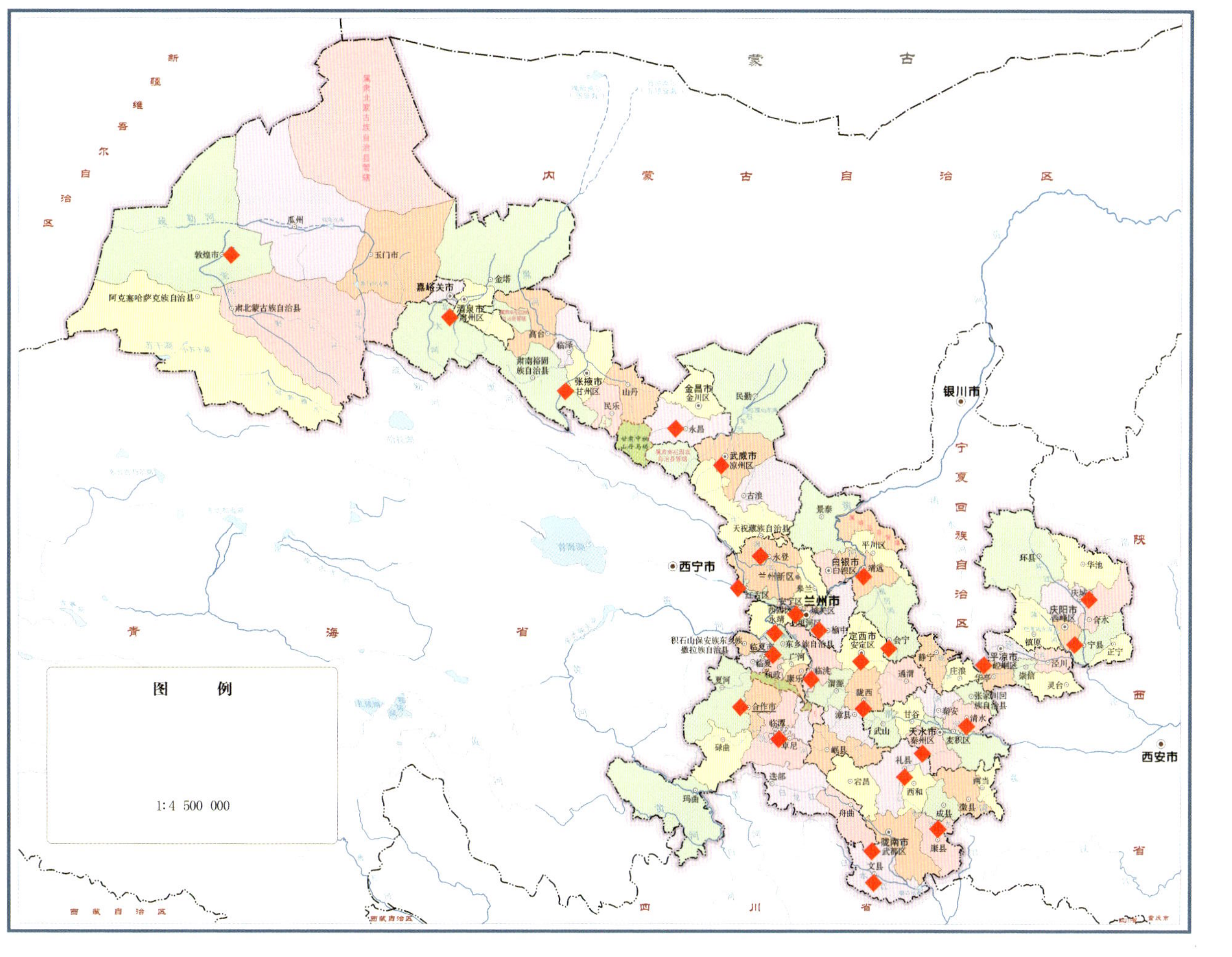

图 1　中国语言资源保护工程甘肃项目 27 个调查点示意图

（底图采用甘肃省标准地图，审图号为甘 S〔2017〕54 号）

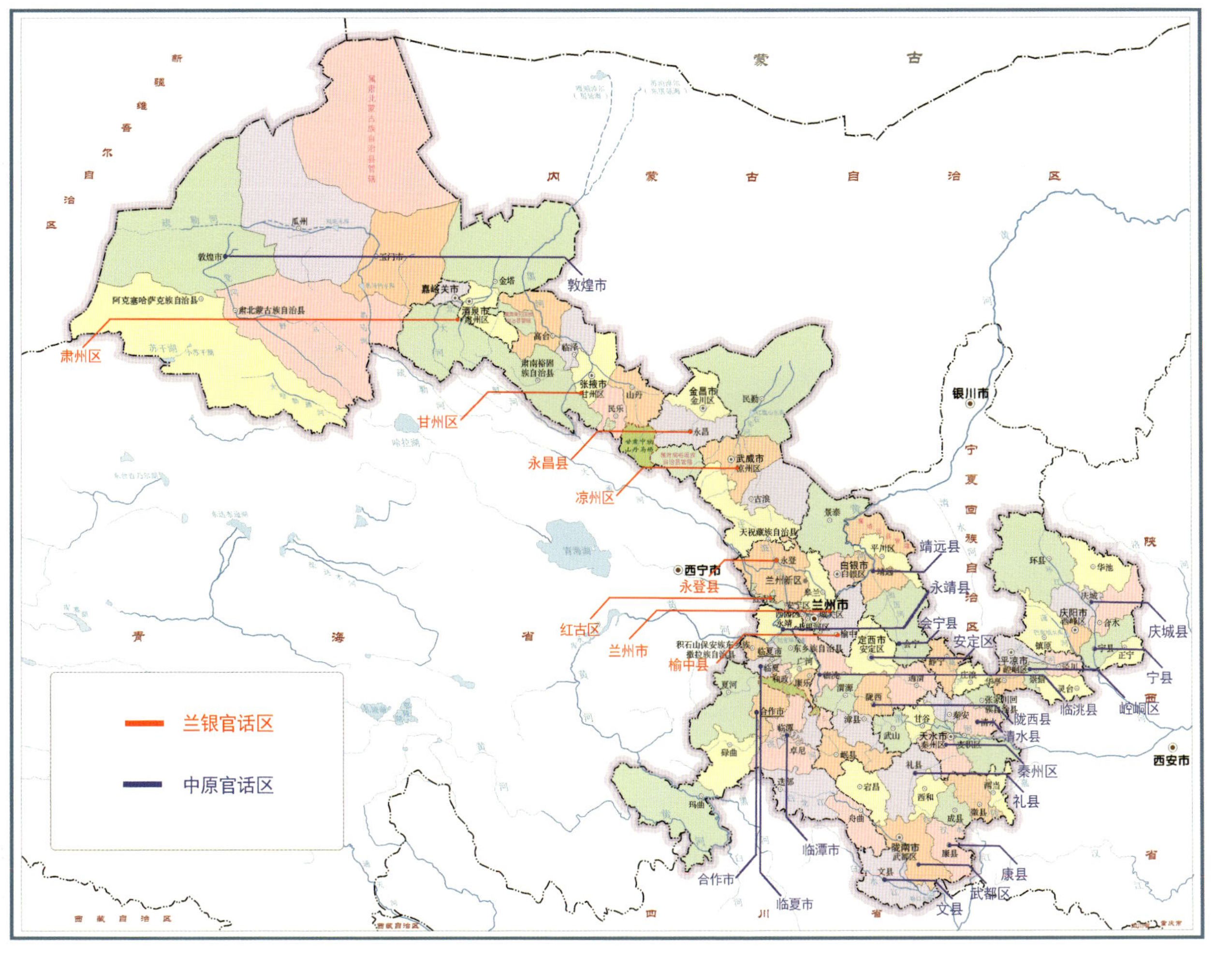

图2 中国语言资源保护工程甘肃项目27个调查点及其方言归属示意图

（底图采用甘肃省标准地图，审图号为甘S〔2017〕54号）

语法例句与口头文化卷

本卷目录

第四章　语法例句

说　明

1. 本章调查对象为《中国语言资源保护工程调查手册》“肆　语法”的50个例句。

2. 各点语料以表格形式排列，每个表格调查一个例句；以《调查手册》“肆　语法”为序排列；竖排27个调查点，以本书第一章“各地音系”各节先后为序排列。

3. 表格中列出该例句在相应调查点的说法。同一例句如果说法不同（一般不超过3种），依次列举，句与句之间用“/”号隔开。

4. 所有方言语音的描写用国际音标，调类的标示使用数字标调法。

	0001 小张昨天钓了一条大鱼，我没有钓到鱼。
兰州市	尕张昨个钓了一条大鱼，我没钓上。 ka^{53}tʂɑ̃^{42}tsuɤ^{53}kɤ^{13}tiɔ^{22}lɔ^{42}ʑi^{22}tʰiɔ^{42}ta^{22}ʑy^{53}, vɤ^{44}mɤ^{42}tiɔ^{53}ʂɑ̃^{21}.
榆中县	尕张昨个天钓了个大鱼，我没钓上。 ka^{31}tʂaŋ^{51}tsuə^{31}kə̃^{0}tʰian^{51}tiɔ^{21}lɔ^{44}kə̃^{0}ta^{13}y^{312}, və^{44}mei^{44}tiɔ^{21}ʂaŋ^{44}.
永登县	尕张昨个天钓了一条大鱼，我就没有钓上鱼。 ka^{55}tʂɑ̃^{44}tsuə^{53}kə^{21}tʰiæ̃^{21}tiɔ^{22}liɔ^{55}i^{22}tʰiɔ^{53}ta^{22}y^{53}, və^{354}tɕiɤu^{21}mei^{21}iɤu^{55}tiɔ^{22}ʂɑ̃^{35}y^{53}.
红古区	小张昨儿个钓了一个大鱼儿，我没有钓上。 ɕiɔ^{55}tʂɑŋ^{55}tsuər^{22}kə^{55}tiɔ^{22}liɔ^{55}zɿ^{21}kə^{13}ta^{13}zʮər^{13}, və^{55}mə^{22}iɤu^{55}tiɔ^{13}ʂɑŋ^{13}.
凉州区	小张夜了个钓了个大鱼，我没有钓上。 ɕiɑo^{35}tʂɑŋ^{53}iə^{31}liɑo^{31}kə^{21}tiɑo^{31}liɑo^{21}kə^{21}ta^{53}ʑy^{35}, və^{35}mu^{53}iəu^{35}tiɑo^{31}ʂɑŋ^{21}.
甘州区	小张昨个子钓了一条大鱼，我没钓上。 ɕiɔ^{53}tʂaŋ^{44}tsuə^{35}kə^{42}tsɿ^{21}tiɔ^{31}lə^{21}ʑi^{31}tʰiɔ^{21}ta^{22}ʑy^{53}, və^{53}mu^{24}tiɔ^{31}xaŋ^{21}.
肃州区	小张昨天钓了一条大鱼，我没钓上。 ɕiɔ^{44}tʂɑŋ^{53}tsuə^{53}tʰiæ̃^{31}tiɔ^{21}liɔ^{53}ʑi^{21}tʰiɔ^{41}ta^{21}ʑy^{51}, və^{53}mei^{13}tiɔ^{21}ʂɑŋ^{21}.
永昌县	小张夜里个钓了一条大鱼，我没有钓上。 ɕiɔo^{53}tʂɑŋ^{13}iə^{53}ȵi^{22}kə^{21}tiɔo^{531}iɔo^{21}ʑi^{53}tʰiɔo^{21}ta^{53}ʑy^{21}, uə^{13}mei^{53}iəu^{21}tiɔo^{53}ʂɑŋ^{21}.
崆峒区	小张夜来个捞咧一条大鱼儿，我没捞下。 ɕiɔ^{53}tʂɑŋ^{21}iɛ^{35}lɛ^{53}kɤ^{21}lɔ^{22}liɛ^{53}i^{22}tʰiɔ^{24}ta^{44}yɐr^{24}, ŋuo^{53}mei^{24}lɔ^{22}xa^{53}.
庆城县	小张［人家］夜了钓了一条大鱼，我啥都没钓下。 ɕiɔ^{44}tʂɑ̃^{51}ȵiẽ^{21}iᴇ^{244}liɔ̃^{0}tiɔ^{244}liɔ̃^{0}i^{21}tʰiɔ^{113}ta^{244}y^{113}, ŋɔ^{44}sa^{113}tɤũ^{0}muə^{21}tiɔ^{244}xɑ̃^{0}.

	0001 小张昨天钓了一条大鱼，我没有钓到鱼。
宁县	小张夜了钓了一个大鱼，我没钓下。 çiɔ52tʂaŋ31iɛ44liɔ31tiɔ44liɔ̃0i31uɛ̃0ta44y24, ŋuə52muə22tiɔ44xa31.
武都区	小张夜个天钓了一条大鱼，我没有钓上。 çiɔu55tʂaŋ21iᴇ24kɤ21tʰiæ̃21tiɔu24lɔu21i55tʰiɔu24ta24y21, ŋɤ55mɔu21iəu24tiɔu24ʂaŋ21.
文县	小张夜个天钓了一条大鱼，我没哩钓到。 çiɔo55tsɑ̃31iɛ21kɤ44tʰiæ̃42tiɔo21lɔo35ʑi42tʰiɔo21ta24y21, ŋɤ35mɤ42lei22tiɔo22tɔo44.
康县	小张夜过天钓了一条大鱼，我没有钓到。 çiɔo55tʂaŋ55iɛ21kuɤ55tsʰian21tiɔo24lɔo55i13tʰiɔo13ta53y13, ŋuɤ55muɤ21iɤu55tiɔo55tɔo55.
礼县	小张夜个钓了一条大鱼，我没钓下。 çiɔo52tʂaŋ21iɛ44kɤ44tiɔo44nɔo21i21tʰiɔ13ta44y13, ŋɤ52mɤ13tiɔo44xa21.
靖远县	尕张夜里钓了一个大鱼，我没钓上。 ka55tʂaŋ41iɛ35li21tiao35liao42zʅ22kɤ21ta33zʮ24, ŋuə55mei22tiao33ʂaŋ33.
陇西县	小张昨个子钓到了一个大鱼，我没钓上鱼。 çiɔo55zaŋ42tsʰuɤ24kɤ42tsʅ42tiɔo44tɔo44lɔo42ʑi22ke21ta44y13, kɤ55mɤ42tiɔo44ʂaŋ44y13.
秦州区	小张夜过钓了个大鱼，我没钓上。 çiɔ53tʂaŋ21iə53kuə13tiɔ44liɤu21kɛ21ta44y13, ŋu53mɤ21tiɔ44ʂaŋ21.
安定区	尕张昨儿个钓了一个大鱼，我没有钓下鱼。 ka53tʂaŋ13tsuə21ɚ44kə21tiɔ44lə21ʑi21kə53ta44ʑy13, ŋə53mə21iəu21tiɔ44xa21ʑy13.
会宁县	小张昨儿个钓了个大鱼，我没钓上是啥。 çiɔ53tʂaŋ13tsʰə21zʅ13kə42tiɔ44lɔ21kə21ta44y21, ŋə44mə42tiɔ44ʂaŋ21sʅ21sə21.
临洮县	尕张昨个儿钓了一条大鱼儿，我没钓上。 ka13tʂɑ̃13tsuɤ21kər53tiɔ44liɔ42ʑi21tʰiɔ13ta44yər13, ŋuɤ53mɤ21tiɔ44ʂɑ̃44.
清水县	小张夜里个钓了一条大鱼，我没钓下。 siɔ52tʂɒ̃21iɛ44li21kuə21tsiɔ44liɔ21i21tsʰiɔ13ta44y13, ŋuə52mə21tsiɔ44xa21.
永靖县	尕张昨个钓了一个大鱼儿，我没钓上下。 ka53tʂaŋ21tsuɤ22kɤ53tiɔ44lɔ21i22kɤ44ta44y22ɯ44, vɤ53mei42tiɔ44ʂaŋ44xa21.
敦煌市	小张昨儿个钓了一个大鱼儿，我没钓上。 çiɔ53tʂaŋ213tsuə35ər21kə21tiɔ35lə21ʑi21kə13ta35ʑyər213, ŋə53mə21tiɔ35ʂaŋ21.
临夏市	尕张昨个钓了一条大鱼，我没钓上。 ka13tʂaŋ42tsuɤ21kɤ44tiɔ44liɔ21ʑi21tʰiɔ24ta44ʑy24, ŋɤ44mu42tiɔ21ʂaŋ53.
合作市	尕张昨个钓了一条大鱼，我没钓上鱼。 ka13tʂaŋ42tsuə21kə44tiɔ44liɔ21ʑi21tʰiɔ24ta44ʑy24, ŋə44mə42tiɔ21ʂaŋ53ʑy13.
临潭县	尕张夜里个捞了一个大鱼，我没有捞上。 ka24tʂɒ44iɛ44li21kɤ51lɔo21lɤ44i24kɪi21ta44y24, ŋɤ51mɤ21iɯə44lɔo24zɒ44.

	0002 a. 你平时抽烟吗？ b. 不，我不抽烟。
兰州市	a. 烟你抽着呢没有？ b. 不，我不抽烟。 a. iæ55ȵi44tʂʰəu53tʂɤ42ȵi21mei22iəu42? b. pu13, vɤ34pu21tʂʰəu55iæ42.
榆中县	a. 烟你平时抽着呢没？ b. 我没抽。 a. ian51ȵi44pʰin13ʂʅ312tʂʰəu51tʂə̃0ȵĩ0meĩ0? b. və44mei31tʂʰəu51.
永登县	a. 你平时吃烟着呢吗？ b. 没有，我没有吃着。 a. ȵi55pʰin21ʂʅ53tʂʰʅ22iæ44tʂə21nə21ma21? b. mə22iɤu53, və354mei22iɤu354tʂʰʅ21tʂə21.
红古区	a. 你平时烟吃的［哩啊］？ b. 没有，我没吃着。 a. ȵi55pʰin22ʂʅ13ian13tʂʰʅ21tə22lia55? b. mə22iɤu55, və55mə13tʂʰʅ21tʂə13.
凉州区	a. 你平日吃烟着哩没有？ b. 没有吃着。 a. ȵi35pʰiŋ35ʐʅ31tʂʰʅ53iɑŋ35tʂə21li21mu53iəu35? b. mu53iəu35tʂʰʅ31tʂə21.
甘州区	a. 你抽烟啊吧？ b. 不，我不抽。 a. ȵi53tʂʰɤu44iaŋ44a44pa44? b. pu31, və53pu22tʂʰɤu44.
肃州区	a. 你平时抽烟不？ b. 不，我不抽。 a. ȵi21pʰiŋ53sʅ44tʂʰəu53ʑiæ44pu21? b. pu213, və53pu21tʂʰəu44.
永昌县	a. 你平常抽烟着啊吗？ b. 我没有抽着。 a. ȵi13pʰiŋ53tʂʰɑŋ21tʂʰəu44iaŋ21tʂə44a44ma44? b. uə13mu53iəu21tʂʰəu44tʂə44.
崆峒区	a. 你［人家］吃烟着吗？ b. 没有，我带共没吃。 a. ȵi53ȵiæ53tʂʰʅ22iæ53tʂɤ21ma21? b. mei22iəu53, ŋuo53tɛ44koŋ44mei24tʂʰʅ21.
庆城县	a. 你抽烟着吗没有？ b. 没抽着。 a. ȵi44tʂʰɤu51iɛ̃51tʂuə̃0ma0muə21iɤu44? b. muə21tʂʰɤu51tʂuə0.
宁县	a. 你平常吃烟不？ b. 我不吃。 a. ȵi52pʰiŋ24tʂʰaŋ24tʂʰʅ24iæ31pũ0? b. ŋuə52pu24tʂʰʅ31.
武都区	a. 你吃烟哩不？ b. 我不吃。 a. ȵi55tʂʰʅ21iæ53li21pu21? b. ŋɤ55pu24tʂʰʅ21.
文县	a. 你平时吃烟不吃？ b. 不，我不吃烟。/ 不吃。 a. ȵi35pʰiəŋ21sʅ21tsʰʅ24iæ42pu21tsʰʅ42? b. pu42, ŋɤ35pu33tsʰʅ44iæ21. / pu24tsʰʅ21.
康县	a. 你平时吃烟咧吧？ b. 不，我不吃烟。 a. ȵi55pʰiŋ13ʂʅ21tʂʰʅ21ian53liɛ21pa21? b. pu53, ŋuɤ55pu21tʂʰʅ53ian21.
礼县	a. 你平日里吃烟哩不吃？ b. 我从不吃烟。 a. ȵi52pʰiŋ13ʐʅ21li24tʂʰʅ24iæ21li24pu44tʂʰʅ21? b. ŋɤ52tʃʰuɤŋ13pu21tʂʰʅ21iæ21.
靖远县	a. 你平时吃烟吗？ b. 不，我不吃。 a. ȵi55pʰiŋ24sʅ24tʂʰʅ22iæ41ma21? b. pu41, ŋuə55pu22tʂʰʅ41.

	0002 a. 你平时抽烟吗？ b. 不，我不抽烟。
陇西县	a. 你平时吸烟吗？ b. 不，我不吸烟。 a. li^{55}p^{h}in^{13}sɿ^{13}ɕi^{22}iæ̃^{22}ma^{13}? b. pu^{21}, kɤ^{55}pu^{44}ɕi^{22}iæ̃^{21}.
秦州区	a. 你一般吃纸烟吧？ b. 我不吃。 a. ȵi^{53}i^{44}pæ̃^{44}tʂ^{h}ʅ^{13}tsɿ^{53}iæ̃^{21}pa^{21}? b. ŋu^{53}pu^{21}tʂ^{h}ʅ^{13}.
安定区	a. 你抽烟不啥？ b. 我不抽烟。 a. ȵi^{53}tʂ^{h}əu^{13}iæ̃^{21}pu^{21}sa^{13}? b. ŋə^{53}pu^{21}tʂ^{h}əu^{13}iæ̃^{12}.
会宁县	a. 你平常吃烟着没？ b. 没，我不吃烟。 a. ȵi^{53}p^{h}iŋ^{21}tʂ^{h}ɑŋ^{13}tʂ^{h}ʅ^{21}iæ̃^{13}tʂə^{21}mə^{21}? b. mə^{21}, ŋə^{53}pu^{42}tʂ^{h}ʅ^{21}iæ̃^{13}.
临洮县	a. 你平常烟吃着啦？/你平常吃烟着啦？ b. 没有，我不吃烟。 a. ȵi^{53}p^{h}iŋ^{13}tʂ^{h}ɑ̃^{13}iæ̃^{13}tʂ^{h}ʅ^{21}tʂɤ^{13}la^{21}? / ȵi^{53}p^{h}iŋ^{13}tʂ^{h}ɑ̃^{13}tʂ^{h}ʅ^{13}iæ̃^{21}tʂɤ^{13}la^{21}? b. mɤ^{21}iɤu^{13}, ŋuɤ^{53}pu^{21}tʂ^{h}ʅ^{13}iæ̃^{13}.
清水县	a. 你平时吃烟不？ b. 我不吃烟。 a. ȵi^{52}p^{h}iŋ^{13}ʃɨ^{13}tʂ^{h}ʅ^{13}iæ̃^{13}pə^{21}? b. ŋuə^{52}pu^{21}tʂ^{h}ʅ^{13}iæ̃^{13}.
永靖县	a. 你烟哈吃着［没有］？ b. 我没吃着。 a. ȵi^{53}iæ̃^{22}xa^{42}tʂ^{h}ʅ^{22}tʂɛ^{44}miɤu^{44}? b. vɤ^{53}mei^{21}tʂ^{h}ʅ^{44}tʂɤ^{42}.
敦煌市	a. 你平常吃烟着没？ b. 没，我没吃着。 a. ȵi^{53}p^{h}iŋ^{13}tʂ^{h}ɑŋ^{213}tʂ^{h}ʅ^{35}iæ̃^{21}tʂə^{21}mə^{13}? b. mə^{213}, ŋə^{53}mə^{213}tʂ^{h}ʅ^{21}tʂə^{13}.
临夏市	a. 你平常烟吃着啦没？ b. 没，我没吃底。 a. ȵi^{42}p^{h}iŋ^{13}tʂ^{h}ɑŋ^{24}iẽ^{13}tʂ^{h}ʅ^{21}tʂɤ^{42}lɑ^{21}mu^{21}? b. mu^{13}, ŋɤ^{42}mu^{21}tʂ^{h}ʅ^{21}ti^{42}.
合作市	a. 你平常烟抽着啦？ b. 没，我烟没抽底。 a. ȵi^{44}p^{h}iŋ^{13}tʂ^{h}ɑŋ^{24}iæ̃^{13}tʂ^{h}əu^{21}tʂə^{42}la^{21}? b. mə^{13}, ŋə^{44}iæ^{13}mə^{21}tʂ^{h}əu^{21}ti^{42}.
临潭县	a. 你平时烟吃着啦？ b. 不，我没有吃烟。 a. ni^{51}p^{h}in^{24}sɿ^{44}iæ̃^{44}tʂ^{h}ʅ^{44}tʂɤ^{44}la^{21}? b. pu^{24}, ŋɤ^{51}mɤ^{21}iɯə^{44}tʂ^{h}ʅ^{44}iæ̃^{44}.

	0003a. 你告诉他这件事了吗？ b. 是，我告诉他了。
兰州市	a. 致个事你给那说给了没有？ b. 说了，给那说给了。 a. tʂʅ^{22}kɤ^{53}ʂʅ^{13}ȵi^{44}kɯ^{22}la^{53}fɤ^{31}kɯ^{13}lɔ^{44}mei^{22}iəu^{42}? b. fɤ^{21}lɔ^{42}, kɯ^{13}la^{42}fɤ^{21}kɯ^{13}lɔ^{44}.
榆中县	a. 致个事情你给那说了没？ b. 说了，我给那说了。 a. tʂʅ^{21}kə^{44}ʂʅ^{13}tɕ^{h}in^{312}ȵi^{44}kə^{31}na^{213}ʂuə^{31}lə^{0}mei^{213}? b. ʂuə^{31}lɔ^{213}, və^{44}kə^{31}na^{213}ʂuə^{31}lɔ^{213}.
永登县	a. 致个事情你给那说给了吗？ b. 说给了，我给那说了。 a. tʂʅ^{22}kə^{44}ʂʅ^{22}tɕ^{h}in^{55}ȵi^{55}kei^{13}na^{53}fə^{21}kei^{13}liɔ^{35}ma^{42}? b. fə^{22}kei^{22}liɔ^{354}, və^{35}kei^{22}na^{53}fə^{22}liɔ^{354}.

	0003a. 你告诉他这件事了吗？ b. 是，我告诉他了。
红古区	a. 致个事情［人家］给家说了？ b. 说了，我给家说了。 a. tʂʅ^{22}kə^{55}ʂʅ^{22}tɕʰin^{55}ȵiɛ^{55}kei^{22}tɕia^{55}fə^{21}liɔ^{13}? b. fə^{22}liɔ^{13}, və^{55}kei^{21}tɕia^{55}fə^{21}liɔ^{13}.
凉州区	a. 兹个事你给家说了没有？ b. 说了。 a. tsʅ^{31}kə^{21}sʅ^{31}ȵi^{35}kɯ^{31}tɕia^{53}ʂuə^{31}liɑo^{21}mu^{53}iəu^{35}? b. ʂuə^{31}liɑo^{21}.
甘州区	a. 致个事你给伢说啊吗？ b. 我给伢说了。 a. tʂʅ^{22}kə^{44}ʂʅ^{31}ȵi^{22}kɤ^{44}ia^{53}fə^{31}a^{22}ma^{21}? b. və^{22}kɤ^{44}ia^{53}fə^{31}liɔ^{21}.
肃州区	a. 你跟那说这件事咧吗？ b. 是，我跟那说了。 a. ȵi^{21}kɤŋ^{44}na^{53}ʂuə^{44}tʂə^{21}tɕiæ̃^{44}sʅ^{21}liɛ^{21}ma^{44}? b. sʅ^{213}, və^{21}kɤŋ^{44}na^{21}ʂuə^{44}liɛ^{21}.
永昌县	a. 你给家说这个事啊［没啊］？ b. 我说了。 a. ȵi^{53}kə^{21}tɕia^{13}ʂuə^{42}tʂə^{53}kə^{21}ʂʅ^{53}a^{22}mɔo^{21}? b. uə^{22}ʂuə^{53}liɔo^{21}.
崆峒区	a. 你把这个事情给［人家］说咧吗？ b. 说咧，我给［人家］说咧。 a. ȵi^{55}pa^{22}tʂɤ^{35}kɤ^{53}sʅ^{44}tɕʰiɤŋ^{21}kei^{53}ȵiæ̃^{53}ʂuo^{53}liɛ^{21}ma^{21}? b. ʂuo^{53}liɛ^{21}, ŋuo^{53}kei^{55}ȵiæ̃^{53}ʂuo^{53}liɛ^{21}.
庆城县	a. 你给他说这个事了没有？ / 这个事你给［人家］说了没有？ b. 说了，我给［人家］说了。 a. ȵi^{44}kei^{44}tʰa^{51}ʂuɛ^{51}tʂə^{244}kə^{0}sʅ^{244}liɔ^{0}muə^{21}iɤu^{44}? / tʂə^{244}kə^{0}sʅ^{244}ȵi^{44}kei^{44}ȵiẽ^{113}ʂuɛ^{51} liɔ^{0}muə^{21}iɤu^{44}? b. ʂuɛ^{51}liɔ^{0}, ŋɔ^{44}kei^{44}ȵiẽ^{113}ʂuɛ^{51}liɔ^{0}.
宁县	a. 你给［人家］说这件事［哩啊］？ b. 我给［人家］说［哩啊］。 a. ȵi^{52}kei^{44}ȵiæ̃^{52}ʃuə^{31}tʂə^{52}tɕʰiæ̃^{44}sʅ^{44}lia^{0}? b. ŋuə^{52}kei^{44}ȵiæ̃^{52}ʃuə^{31}lia^{0}.
武都区	a. 这个事你给他说了没？ b. 说了，我给他说了。 a. tsɛɪ^{31}kɛɪ^{21}sʅ^{21}ȵi^{55}kei^{21}tʰa^{55}ʃuɤ^{31}lɔu^{21}mɔu^{21}? b. ʃuɤ^{31}lɔu^{21}, ŋɤ^{55}kei^{21}tʰa^{55}ʃuɤ^{31}lɔu^{21}.
文县	a. 这个事你给他说啦没说？ b. 我给他说了。 a. tsɤ^{44}kɤ^{42}sʅ^{42}ȵi^{33}kei^{21}tʰa^{44}suə^{42}læ̃^{13}muə^{13}suə^{42}? b. ŋɤ^{33}kei^{44}tʰa^{44}suə^{42}lɔo^{21}. a. 你把这个事给他说没说？ b. 说了。 a. ȵi^{33}pa^{33}tsei^{44}kɤ^{44}sʅ^{42}kei^{35}tʰa^{42}suə^{42}muə^{21}suə^{42}? b. suə^{42}lɔo^{21}.
康县	a. 你给他说这个事唻没？ b. 我给他说唻。/ 嗯啊，我给说唻。 a. ȵi^{55}kei^{21}tʰa^{55}fɤ^{53}tsei^{53}kɤ^{21}ʂʅ^{21}lɛ^{55}muɤ^{21}? b. ŋuɤ^{55}kei^{21}tʰa^{55}fɤ^{53}lɛ^{21}./ ɤŋ^{53}a^{21}, ŋuɤ^{53}kei^{21}fɤ^{53}lɛ^{21}.
礼县	a. 这个事你给他说了么？ b. 我说了。/ 我给他说了。 a. tsai^{52}kɤ^{21}sʅ^{44}ȵi^{52}kei^{44}ta^{21}ɕyɤ^{21}nɔo^{24}mɤ^{21}? b. ŋɤ^{52}ɕyɤ^{21}nɔo^{24}./ ŋɤ^{52}kei^{44}tʰa^{31}ɕyɤ^{21}nɔo^{24}.

	0003a. 你告诉他这件事了吗？ b. 是，我告诉他了。
靖远县	a. 你给［人家］说这个事情了吗？ b. 说了，我给他说了。 a. ȵi^{55}kei^{22}ȵiɛ^{24}ʂuə^{21}tʂɤ^{35}kɤ^{41}sɿ^{35}tɕʰiŋ^{41}liɑo^{21}ma^{21}? b. ʂuə^{41}liɑo^{21}, ŋuə^{55}kei^{21}tʰa^{41}ʂuə^{41}liɑo^{21}.
陇西县	a. 你过他说这个事情了吗？ b. 嗯，我说了。 a. li^{55}kuɤ^{44}tʰa^{42}ʃɥɤ^{42}tʂɤ^{44}kɤ^{43}sɿ^{44}tɕʰiŋ^{43}lɔo^{21}ma^{21}? b. ŋ^{21}, kɤ^{55}ʃɥɤ^{21}lɔo^{21}.
秦州区	a. 你给他说这个事了吗？ b. 我给他说了。 a. ȵi^{53}kei^{44}ta^{13}ʂɤ^{13}tsɤ^{53}kɛ^{13}sɿ^{44}liɤu^{21}ma^{21}? b. ŋu^{53}kei^{13}ta^{13}ʂɤ^{131}iɤu^{21}.
安定区	a. 你把这个事情给［人家］说了么？ b. 我给［人家］说了。 a. ȵi^{53}pa^{21}tʂə^{53}kə^{21}sɿ^{44}tɕʰiŋ^{21}kei^{44}ȵiə^{13}ʃuə^{44}lɔ^{21}mə^{21}? b. ŋə^{53}kei^{44}ȵia^{13}ʃuə^{21}lɔ^{13}.
会宁县	a. 你过［人家］把宙⁼事情说了没？ b. 吭⁼，我过［人家］说了。 a. ȵi^{53}kuə^{44}ȵia^{13}pa^{21}tʂəu^{44}sɿ^{44}tɕʰiŋ^{21}ʃuə^{21}lɔ^{13}mə^{21}? b. xɑŋ^{21}, ŋə^{53}kuə^{44}ȵia^{13}ʃuə^{21}lɔ^{13}.
临洮县	a. 你给家把致个事情说啦？ b. 对，我把致个事情给家说了。 a. ȵi^{53}kei^{21}tɕia^{44}pa^{21}tʂʅ^{21}kɤ^{13}sɿ^{44}tɕʰiŋ^{21}ʂuɤ^{42}la^{21}? b. tuei^{44}, ŋuɤ^{53}pa^{21}tʂʅ^{21}kɤ^{13}sɿ^{44}tɕʰiŋ^{21}kei^{44}tɕia^{21}ʂuɤ^{42}liɔ^{21}.
清水县	a. 你给他说这个事情唻么？ b. 我给他说唻。 a. ȵi^{52}kəi^{44}tʰa^{13}ʂə^{21}tsɛ^{52}kə^{21}ʃɨ^{44}tsʰiŋ^{21}lɛ^{21}mə^{13}? b. ŋuə^{52}kəi^{44}tʰa^{13}ʂə^{21}lɛ^{13}.
永靖县	a. 你家哈致个事情说了没？ b.［那一］我家哈说给了。 a. ȵi^{53}tɕia^{42}xa^{21}tʂʅ^{44}kɤ^{44}ʂʅ^{44}tɕʰiɤŋ^{42}ʂuɤ^{53}lɔ^{44}mei^{42}? b. nɛ^{44}vɤ^{53}tɕia^{213}xa^{42}ʂuɤ^{21}kɤ^{13}lɔ^{53}.
敦煌市	a. 你给［人家］说兹事了没？ b. 说了，我给［人家］说了。 a. ȵi^{53}kei^{22}ȵia^{51}ʂuə^{21}tsɿ^{44}sɿ^{35}lə^{21}mə^{13}? b. ʂuə^{21}lə^{13}, ŋə^{53}kei^{22}ȵia^{51}ʂuə^{21}lə^{31}.
临夏市	a. 致个事你家说底了？ b. 嗯，说底了。 a. tʂʅ^{44}kɤ^{42}ʂʅ^{53}ȵi^{42}tɕiɛ^{13}ʂuɤ^{21}ti^{42}liɔ^{21}? b. əŋ^{44}, ʂuɤ^{13}ti^{13}liɔ^{42}.
合作市	a. 你致个事给他说给了没有？ b. 我给他说给了。 a. ȵi^{44}tʂʅ^{44}kə^{42}ʂʅ^{53}kei^{44}tʰa^{13}ʂuə^{21}kei^{44}liɔ^{21}mei^{44}iəu^{21}? b. ŋə^{44}kei^{44}tʰa^{13}ʂuə^{13}kei^{44}liɔ^{21}.
临潭县	a. 致个事情你给他说了吗？ b. 就是，我给他说了。 a. tʂʅ^{51}kɪi^{21}sɿ^{44}tɕʰi^{21}ni^{44}kɪi^{44}tʰa^{44}ʂuɤ^{44}lɤ^{44}ma^{21}? b. tɕiəɯ^{44}sɿ^{44}, ŋɤ^{51}kɪi^{24}tʰa^{44}ʂuɤ^{44}lɤ^{44}.

	0004 你吃米饭还是吃馒头？
兰州市	你吃米饭呢，还是吃馍馍呢？ ȵi^{34}tʂʰʅ^{22}mi^{44}fæ̃^{21}ȵi^{21}, xɛ^{53}ʂʅ^{13}tʂʰʅ^{22}mɤ^{53}mɤ^{21}ȵi^{21}?

	0004 你吃米饭还是吃馒头？
榆中县	你吃米饭呢还是吃馒头呢？ ȵi44tʂʰʅ31mi44fan0ȵiᴇ44xan31ʂʅ213tʂʰʅ31man31tʰəu213ȵiᴇ44?
永登县	你吃米饭呢吗还是吃馍馍呢？ ȵi55tʂʰʅ21mi13fæ̃53nə21ma21xæ̃22ʂʅ13tʂʰʅ21mə354mə21li21?
红古区	你吃米饭哩吗还是吃馍馍哩？ ȵiɛ55tʂʰʅ21mʅ55fan21lʅ21ma55xan21ʂʅ13tʂʰʅ13mə21mə13lʅ55?
凉州区	你吃米饭呢还是吃馍馍呢？ ȵi35tʂʰʅ31mi53fɑŋ35ȵi21xɑŋ35sʅ21tʂʰʅ31mu35mu53ȵi21?
甘州区	你吃米饭哩啊还是吃馍馍哩啊？ ȵi53tʂʰʅ22mi22faŋ22li44a44xaŋ53ʂʅ31tʂʰʅ22mu35mu42li22a21?
肃州区	你吃米饭呢还是吃馒头呢？ ȵi53tʂʰʅ44mi21fæ̃44ȵiɛ21xɛ53sʅ21tʂʰʅ44mæ̃35tʰəu21ȵiɛ21?
永昌县	你吃米饭呢啊还是吃馍馍呢啊？ ȵi13tʂʰʅ42mi53fɛe21ȵi44a44xɛe13ʂʅ53tʂʰʅ53mu13mu53ȵi22a21?
崆峒区	你吃干饭价⁼吗还是吃馍馍呢？ ȵi53tʂʰʅ21kæ̃53fæ̃21tɕia21ma21xɛ24sʅ44tʂʰʅ21muo22muo55ȵi21?
庆城县	你想吃米饭还是蒸馍？ ȵi44ɕiɑ̃44tʂʰʅ21mi44fɛ̃244xa21sʅ244tʂɤŋ51muə0?
宁县	你吃饭也吗还吃馍也？ ȵi52tʂʰʅ22fæ̃44ia55ma0xæ̃24tʂʰʅ31muə24ia0?
武都区	你吃米饭价⁼吗吃馍馍价⁼？ ȵi55tʂʰʅ31mi55fæ̃21tɕia31ma21tʂʰʅ55muɤ22muɤ53tɕia21?
文县	你吃米饭价⁼还是吃馍？ ȵi33tsʰʅ33mi35fæ̃42tɕia42xa21sʅ44tsʰʅ42mɤ13?
康县	你吃米饭还是吃馍馍？ ȵi55tʂʰʅ21mi55fan21xan13ʂʅ21tʂʰʅ55muɤ21muɤ13?
礼县	你吃米饭哩还是吃馍馍哩？ / 你吃米饭价⁼还是吃馍馍价⁼？ ȵi52tʂʰʅ21mi52fæ̃21li24xæ̃13sʅ44tʂʰʅ21mɤ13mɤ21li21? / ȵi52tʂʰʅ21mi52fæ̃21tɕia24xæ̃13sʅ44tʂʰʅ21mɤ13mɤ21tɕia21?
靖远县	你吃米饭呢吗吃馒头呢？ ȵi55tʂʰʅ22mʅ55fæ̃33ȵiɛ21ma21tʂʰʅ21mæ̃22tʰɤu55ȵiɛ21?
陇西县	你是吃米饭哩吗还是吃馒头呢？ li55sʅ44tʂʰʅ21mi55fæ̃44li42ma42xæ̃22sʅ44tʂʰʅ42mæ̃22tʰɤu44li42?

	0004 你吃米饭还是吃馒头？
秦州区	你是吃米饭哩还是吃蒸馍哩？ ȵi^{53}sɿ^{44}tʂʰʅ^{13}mi^{53}fæ̃^{21}li^{21}xa^{13}sɿ^{44}tʂʰʅ^{13}tʂɤŋ^{13}mɤ^{13}li^{21}?
安定区	你吃米饭哩吗还是吃馍馍哩？ ȵi^{53}tʂʰʅ^{21}mi^{53}fæ̃^{21}li^{21}ma^{44}xa^{21}sɿ^{44}tʂʰʅ^{21}mə^{13}mə^{44}li^{21}?
会宁县	你吃米饭呢吗，吃馒头呢？ ȵi^{53}tʂʰʅ^{13}mi^{53}fæ̃^{21}ȵi^{21}ma^{21}, tʂʰʅ^{13}mæ̃^{21}tʰəu^{44}ȵi^{21}?
临洮县	你吃米饭呢吗还是吃馒头呢？ ȵi^{53}tʂʰʅ^{21}mi^{53}fæ̃^{21}ȵi^{42}ma^{21}xæ̃^{13}sɿ^{44}tʂʰʅ^{21}mæ̃^{13}tʰɤu^{44}ȵi^{21}?
清水县	你吃米饭哩吗吃馒头哩？ ȵi^{52}tʂʰʅ^{21}mi^{52}fæ̃^{21}li^{21}ma^{21}tʂʰʅ^{21}mæ̃^{13}tʰou^{21}li^{21}?
永靖县	你吃大米哩还是吃馍馍哩？ ȵi^{53}tʂʰʅ^{42}ta^{44}mi^{53}li^{21}xɛ^{22}ʂʅ^{44}tʂʰʅ^{44}mɤ^{22}mɤ^{13}li^{21}?
敦煌市	你吃米饭呢吗还是吃馍馍呢？ ȵi^{53}tʂʰʅ^{22}mi^{51}fæ̃^{21}ȵiə^{21}ma^{21}xæ̃^{35}sɿ^{21}tʂʰʅ^{21}mə^{22}mə^{51}ȵi^{21}?
临夏市	你吃米饭呢吗吃馍馍呢？ ȵi^{51}tʂʰʅ^{44}mi^{51}fæ̃^{21}ȵi^{21}ma^{31}tʂʰʅ^{44}mɤ^{21}mɤ^{44}nɤ^{21}?
合作市	你吃下米饭吗还是馍？ ȵi^{44}tʂʰʅ^{13}xa^{21}mi^{44}fæ̃^{42}ma^{21}xæ̃^{13}ʂʅ^{21}mə^{24}?
临潭县	你吃米饭呢吗吃馍馍呢？ ȵi^{51}tʂʰʅ^{44}mi^{51}fæ̃^{21}ȵi^{21}ma^{31}tʂʰʅ^{44}mɤ^{21}mɤ^{44}nɤ^{21}?

	0005 你到底答应不答应他？
兰州市	你把那到底答应不答应？ ȵi^{34}pa^{22}la^{53}tɔ^{22}ti^{42}ta^{22}in^{21}pu^{13}ta^{22}in^{21}?
榆中县	你到底给那答应不答应？ ȵi^{44}tɔ^{21}ti^{44}kə^{31}na^{213}ta^{13}in^{213}pu^{31}ta^{13}in^{213}?
永登县	你给那到底答应不答应？ ȵi^{22}kei^{13}na^{53}tɔ^{22}ti^{55}ta^{53}in^{21}pu^{42}ta^{21}in^{21}?
红古区	你给家到者答应哩吗不答应？ ȵiɛ^{55}kei^{55}tɕia^{53}tɔ^{22}tʂə^{55}ta^{21}in^{13}lɿ^{55}ma^{21}pu^{13}ta^{21}in^{13}?
凉州区	你到底给家答应不答应？ ȵi^{35}tao^{53}ti^{21}kɯ^{31}tɕia^{53}ta^{35}iŋ^{53}pu^{31}ta^{35}iŋ^{53}?
甘州区	你到究给伢答应啊吧？ ȵi^{53}tɔ^{31}tciɤu^{21}kɤ^{44}ia^{53}ta^{44}iŋ^{44}a^{44}pa^{44}?

	0005 你到底答应不答应他？
肃州区	你到底答应不答应那么？ ȵi^{21}tɔ^{41}ti^{21}ta^{44}ʑiŋ^{44}pu^{21}ta^{44}ʑiŋ^{44}na^{44}mə^{21}?
永昌县	你到究答应家啊吧？ ȵi^{13}tɔo^{53}tɕiəu^{21}ta^{44}iŋ^{44}tɕia^{13}a^{44}pa^{21}?
崆峒区	你到底给［人家］答应不答应？ ȵi^{53}tɔ^{35}ti^{53}kei^{22}ȵiæ^{53}ta^{53}iɤŋ^{21}pu^{22}ta^{53}iɤŋ^{21}?
庆城县	你对他到底答应不答应？ ȵi^{44}tuei^{244}tʰa^{51}tɔ^{244}ti^{0}ta^{21}iŋ^{244}pu^{0}ta^{21}iŋ^{244}?
宁县	你到底给［人家］应承不应承？ ȵi^{52}tɔ^{44}ti^{0}kei^{44}ȵiæ^{31}iŋ^{31}tʂʰəŋ^{0}pu^{24}iŋ^{31}tʂʰəŋ^{0}?
武都区	你到底答应价⁼吗不答应？ ȵi^{55}tɔu^{24}ti^{21}ta^{22}in^{24}tɕia^{31}ma^{21}pu^{31}ta^{21}in^{31}?
文县	这块事你到底答不答应他？ tsɤ^{44}kʰuɛe^{42}sɿ^{42}ȵi^{35}tɔo^{44}ti^{42}ta^{22}pu^{44}ta^{22}iəŋ^{24}tʰa^{42}? 这块事你到底给他答应不答应？ tsɤ^{44}kʰuɛe^{42}sɿ^{42}ȵi^{35}tɔo^{44}ti^{42}kei^{21}tʰa^{42}ta^{21}iə̃^{24}pu^{24}ta^{21}iə̃^{21}?
康县	你到底答应不答应他？ ȵi^{55}tɔo^{24}tsi^{53}ta^{21}iŋ^{55}pu^{55}ta^{21}iŋ^{55}tʰa^{53}?
礼县	你到底是答应哩还是不答应？ ȵi^{52}tɔo^{44}ti^{44}sɿ^{44}ta^{13}iŋ^{44}li^{21}xæ^{13}sɿ^{44}mu^{31}ta^{13}iŋ^{21}?
靖远县	你到底答应呢吗不答应？ ȵi^{55}tiɑo^{33}tɿ^{21}ta^{41}iŋ^{21}ȵiɛ^{21}ma^{21}pu^{22}ta^{41}iŋ^{21}?
陇西县	你到底过他答应吗不答应？ li^{55}tɔo^{44}ti^{55}kuɤ^{44}tʰa^{42}ta^{42}iŋ^{44}ma^{44}pu^{44}ta^{42}iŋ^{44}?
秦州区	你究竟给［人家］答应不答应啥？ ȵi^{53}tɕiɤu^{44}tɕiɤŋ^{44}kei^{13}ȵiə^{13}ta^{44}iɤŋ^{21}pu^{21}ta^{44}iɤŋ^{21}sa^{21}?
安定区	你到底过［人家］答应哩吗不答应？ ȵi^{53}tɔ^{44}ti^{53}kuə^{44}ȵia^{13}ta^{21}iŋ^{44}li^{21}ma^{44}pu^{44}ta^{21}iŋ^{44}?
会宁县	你到底过［人家］应承不？ ȵi^{53}tɔ^{44}ti^{42}kuə^{44}ȵia^{13}iŋ^{44}tʂʰəŋ^{21}pu^{21}?
临洮县	你到底给家答应呢吗还是不答应？ ȵi^{53}tɔ^{44}ti^{21}kei^{44}tɕia^{21}ta^{42}iŋ^{44}ȵi^{42}ma^{21}xæ^{13}sɿ^{44}pu^{42}ta^{21}iŋ^{44}?
清水县	你到底应承不？ / 你到底应承哩吗不应承？ ȵi^{52}tɔ^{44}tsi^{21}iŋ^{44}tʂʰɤŋ^{21}pə^{21}? / ȵi^{52}tɔ^{44}tsi^{21}iŋ^{44}tʂʰɤŋ^{21}li^{21}ma^{21}pu^{21}iŋ^{44}tʂʰɤŋ^{21}?
永靖县	你家哈到底承当了没？ ȵi^{53}tɕia^{13}xa^{42}tɔ^{44}ti^{53}tʂʰɤŋ^{42}tɑŋ^{21}lɔ^{42}mei^{53}?

	0005 你到底答应不答应他？
敦煌市	你到究给［人家］答应呢吗还是不答应？ ȵi^{53}tɔ^{35}tɕiɤu^{44}kei^{22}ȵia^{51}ta^{21}iŋ^{13}ȵiə^{21}ma^{21}xæ̃^{22}sɿ^{51}pu^{13}ta^{21}iŋ^{13}?
临夏市	你到底家答应呢吗不答应？ ȵi^{42}tɔ^{44}ti^{21}tɕiɛ^{13}tɑ^{21}iŋ^{24}ȵi^{42}mu^{21}pu^{22}tɑ^{21}iŋ^{21}?
合作市	你到底人家答应下了吗没答应下？ ȵi^{44}tɔ^{44}ti^{21}zəŋ^{13}tɕia^{13}ta^{21}iŋ^{24}xa^{21}liɔ^{42}ma^{21}mə^{13}ta^{21}iŋ^{21}xa^{21}?
临潭县	你给他答应呢吗不答应？ ȵi^{51}kɪi^{44}tʰa^{44}ta^{44}in^{44}ȵi^{21}ma^{21}pu^{24}ta^{44}in^{44}?

	0006 a. 叫小强一起去电影院看《刘三姐》。 b. 这部电影他看过了。/ 他这部电影看过了。/ 他看过这部电影了。
兰州市	a. 把小强喊上我们一搭里到电影院看《刘三姐》走。b. 那把致个电影看了。 a. pa^{44}ɕiɔ^{55}tɕʰiɑ̃^{42}xæ̃^{35}ʂɑ̃^{42}vɤ^{35}mən^{21}ʑi^{22}ta^{53}ȵi^{21}tɔ^{13}tiæ̃^{22}in^{42}yæ̃^{21}kʰæ̃^{13}《liəu^{53}sæ̃^{55}tɕiɛ^{42}》tsəu^{21}. b. la^{53}pa^{21}tʂʅ^{22}kɤ^{53}tiæ̃^{22}in^{42}kʰæ̃^{22}lɔ^{42}.
榆中县	a. 把尕张叫上，一达儿到电影院看《刘三姐》走。b. 致部电影那看过了。 a. pa^{44}ka^{31}tʂaŋ^{51}tɕiɔ^{21}ʂaŋ^{44}, i^{31}ta^{213}ɣɤ^{0}tɔ^{13}tian^{21}in^{44}yan^{213}kʰan^{13}《liəu^{31}san^{213}tɕiᴇ^{44}》tsəu^{0}. b. tʂʅ^{21}pu^{44}tian^{21}in^{44}na^{13}kʰan^{13}kuə^{0}lɔ^{44}.
永登县	a. 把尕强叫上了一搭哩看个《刘三姐》的电影子走。b. 昂，那看罢着哩。 a. pa^{22}ka^{55}tɕʰiɑ̃^{53}tɕiɔ^{22}ʂɑ̃^{22}liɔ^{354}i^{13}ta^{53}li^{21}kʰæ̃^{22}kə^{44}《liɤu^{22}sæ̃^{44}tɕiɛ^{354}》ti^{21}tiæ̃^{22}in^{35}tsɿ^{44}tsɤu^{21}. b. ɑ̃^{15}, na^{53}kʰæ̃^{13}pa^{21}tʂə^{21}li^{44}.
红古区	a. 你把小强叫上我们一搭儿到电影院里看《刘三姐》走。 b. 致个电影家看过。 a. ȵiɛ^{55}pa^{21}ɕiɔ^{55}tɕʰiɑŋ^{53}tɕiɔ^{22}ʂɑŋ^{55}və^{55}mən^{21}zʅ^{21}tɐr^{13}tɔ^{13}tian^{22}in^{55}yan^{21}ʅ^{55}kʰan^{13}《liɤu^{13}san^{21}tɕiɛ^{55}》tsɤu^{21}. b. tʂʅ^{22}kə^{55}tian^{21}in^{55}tɕia^{53}kʰan^{21}kuə^{55}.
凉州区	a. 把小强喊上一搭里到电影院看《刘三姐》走。b. 兹个电影家早就看过了。 a. pa^{31}ɕiɑo^{53}tɕʰiɑŋ^{35}xɑŋ^{53}ʂɑŋ^{35}ʑi^{35}ta^{35}li^{53}tɑo^{31}tiɑŋ^{53}iŋ^{35}yɑŋ^{21}kʰɑŋ^{31}《liəu^{35}sɑŋ^{35}tɕiə^{35}》tsəu^{53}. b. tsʅ^{31}kə^{21}tiɑŋ^{53}iŋ^{35}tɕia^{53}tsɑo^{35}tɕiəu^{21}kʰɑŋ^{31}kuə^{21}liɑo^{21}.
甘州区	a. 叫上小强跟我们一搭里到电影院里看《刘三姐》走啊。 b. 致个电影伢看过了。/ 他看过致个电影了。/ 伢致个电影看过了。 a. tɕiɔ^{31}ʂaŋ^{21}ɕiɔ^{22}tɕʰiaŋ^{53}kɤŋ^{44}və^{22}mu^{44}ʑi^{22}ta^{44}li^{21}tɔ^{31}tiaŋ^{22}iŋ^{44}yaŋ^{31}li^{21}kʰaŋ^{22}《liɤu^{53}saŋ^{44}tɕiə^{22}》tsɤu^{44}a^{44}. b. tʂʅ^{31}kə^{21}tiaŋ^{22}iŋ^{44}ia^{53}kʰaŋ^{24}kuə^{31}liɔ^{21}. / tʰa^{44}kʰaŋ^{24}kuə^{31}tʂʅ^{31}kə^{21}tiaŋ^{31}iŋ^{22}liɔ^{44}. / ia^{53}tʂʅ^{31}kə^{21}tiaŋ^{22}iŋ^{44}kʰaŋ^{24}kuə^{31}liɔ^{21}.

	0006 a. 叫小强一起去电影院看《刘三姐》。 b. 这部电影他看过了。/ 他这部电影看过了。/ 他看过这部电影了。
肃州区	a. 叫小强一搭里去电影院看《刘三姐》。b. 这部电影那已经看过咧。 a. tɕiɔ21ɕiɔ21tɕhiaŋ53ʑi21ta35li21tɕhy21tiæ̃13ʑiŋ21ʑyæ̃21khæ̃21《liəu13sæ̃44tɕiɛ51》. b. tʂə21pu13tiæ̃13ʑiŋ53na44ʑi21tɕiŋ44khæ̃44kuə21liɛ21.
永昌县	a. 把小强叫上我们一搭里到电影院看《刘三姐》走啊。b. 致个电影家看了。 a. pa22ɕiɔo53tɕhiaŋ21tɕiɔo53ʂɑŋ21ə53məŋ21ʑi53ta22ȵi21tɔo22tiɛ53iŋ22yɛ53khɛe2 《liəu53sɛe44tɕiə22》tsəu22a44. b. tʂʅ53kə21tiɛ53iŋ21tɕia13khɛe53liɔ21.
崆峒区	a. 把小强叫上咱们一搭到电影院看《刘三姐》走。 b. 致个电影［人家］看过咧，咱们就不叫咧。 a. pa22ɕiɔ53tɕhiaŋ24tɕiɔ35ʂɑŋ53tsa22mɤŋ53i21ta24tɔ44tiæ̃44iɤŋ53yæ̃44khæ̃44 《liəu24sæ̃21tɕiɛ53》tsəu21. b. tʂʅ35kɤ53tiæ̃44iɤŋ53ȵiæ̃53khæ̃35kuo53liɛ21, tsa22mɤŋ53tsəu44pu22tɕiɔ35liɛ53.
庆城县	a. 把小强叫上，到电影院看《刘三姐》走。b. 这个电影［人家］看过了。 a. pa21ɕiɔ44tɕhiɑ̃113tɕiɔ244ʂɑ̃0, tɔ244tiɛ̃244iŋ44yɛ̃244khɛ̃244《liɤu113sɛ̃21tɕiᴇ44》tsɤu0. b. tʂə244kə0tiɛ̃244iŋ44ȵiɛ̃113khɛ̃244kuə0liɔ0.
宁县	a. 倒小强跟［咱家］一搭里看《刘三姐》电影儿走。b.［人家］都看［哩啊］还。 a. tɔ22ɕiɔ52tɕhiaŋ24kəŋ31tɕhia24i24ta24li55khæ̃44《liou24sæ̃22tɕiɛ52》tiæ̃44iər44tsou0. b. ȵiæ̃52tou0khæ̃44lia31xæ̃0.
武都区	a. 把小强叫上一搭到电影院看《刘三姐》走。b. 外［人家］看过了。 a. pa31ɕiou55tɕhiaŋ13tɕiou24ʂɑŋ21i31ta21tou24tiæ̃24in55yæ̃24khæ̃24《liəu13sæ̃21tɕiᴇ55》tsəu21. b. vɛɪ55ȵia24khæ̃24kuɤ21ləu21.
文县	a. 叫上小强一搭儿去电影院看《刘三姐》。b. 这块电影他看过了。 a. tɕiɔo24sɑ̃44ɕiɔo55tɕhiɑ̃21ʑi42tar21tɕhi24tiæ̃24iəŋ44yæ̃24khæ̃44《liɤu21sæ̃42tɕiɛ55》. b. tsɤ44khuɛe22tiæ̃24iəŋ55tha21khæ̃24kuə24lɔ42.
康县	a. 叫小强一搭儿去电影院看《刘三姐》。 b. 这部电影儿他看过了。/ 他看过这部电影了。/ 他这部电影儿看过了。 a. tɕiɔo24siɔo55tɕhiaŋ21i55tar13thy55tsian24iŋ55yan55khan55《liu13san21tsiɛ55》. b. tʂɤ55phu21tsian21ĩr55tha55khan24kuɤ53lɔo21. / tha55khan24kuɤ53tʂɤ53phu21tsian21 iŋ55lɔo21. / tha55tʂɤ53phu21tsian21ĩr55khan24kuɤ53lɔo21.
礼县	a. 把小强叫上敖⁼一搭看《刘三姐》的电影走。b. 这个电影［人家］看过了。 a. ma44ɕiɔo52tɕhiaŋ13tɕiɔo44ʂɑŋ21ŋɔo13i21ta13khæ̃44《liəu13sæ̃21tɕiɛ52》 tai21tiæ̃44iŋ21tsəu21. b.tsai44kɤ21tiæ̃44iŋ21ȵiɛ13khæ̃44kuɤ44nɔo21.
靖远县	a. 把小强叫上一搭里到［电影］院看《刘三姐》。 b.［人家］已经看过这个电影儿了。 a. pa22ɕiɑo55tɕhiaŋ24tɕiɑo35ʂɑŋ41zʅ22ta35lʅ55tɑo33tiæ̃ɚ33yæ̃33khæ̃33《liɤu22sæ̃22tɕiɛ53》. b. ȵiɛ24zʅ55tɕiŋ21khæ̃35kuə41tʂɛ33kɤ21tiæ̃35ɚ41liɑo21.
陇西县	a. 叫小强一搭到电影院里看《刘三姐》。b. 致个电影他看过了。 a. tɕiɔo44ɕiɔo55tɕhiaŋ13i42ta22tɔo44tiæ̃44iŋ55yæ̃44li42khæ̃44《liu13sæ̃21tɕiɛ53》. b. tʂʅ44ke42tiæ̃44iŋ53tha42khæ̃44ko44lɔo42.

	0006 a. 叫小强一起去电影院看《刘三姐》。 b. 这部电影他看过了。/ 他这部电影看过了。/ 他看过这部电影了。
秦州区	a. 叫小强一达看《刘三姐》的电影走。 b. 这个电影他看过了。/ 他已经看过这个电影了。 a. tɕiɔ^{44}ɕiɔ^{53}tɕʰiɑŋ^{13}ɕi^{13}ta^{13}kʰæ̃^{44}《liɤu^{13}sæ̃^{21}tɕiə^{53}》tɛ^{21}tiæ̃^{44}iɤŋ^{53}tsɤu^{21}. b. tsɤ^{53}kɛ^{13}tiæ̃^{44}iɤŋ^{53}ta^{13}kʰæ̃^{44}kɤu^{21}liɤu^{21}. / ta^{13}i^{53}tɕiɤŋ^{44}kʰæ̃^{44}kuə^{21}tsɤ^{53}kɛ^{13}tiæ̃^{44}iɤŋ^{53}liɤu^{21}.
安定区	a. 把尕强叫上曹一搭到电影院看《刘三姐》走。b. 宙=电影［人家］看下了。 a. pa^{21}ka^{13}tɕʰiɑŋ^{13}tɕiɔ^{44}ʂɑŋ^{21}tsʰɔ^{13}ʑi^{21}ta^{13}tɔ^{44}tiæ̃^{44}iŋ^{53}yæ̃^{44}kʰæ̃^{44}《liəu^{13}sæ̃^{21}tɕiə^{44}》tsəu^{21}. b. tʂəu^{44}tiæ̃^{44}iŋ^{53}ȵia^{21}kʰæ̃^{44}xa^{21}lɔ^{21}.
会宁县	a. 两小强一搭去电影院看《刘三姐》。b. 宙=个电影［人家］看过了。 a. liɑŋ^{13}ɕiɔ^{53}tɕʰiɑŋ^{13}ʑi^{21}ta^{13}tɕʰi^{42}tiæ̃^{44}iŋ^{44}yæ̃^{44}kʰæ̃^{44}《liəu^{13}sæ̃^{21}tɕiə^{53}》. b. tʂəu^{44}kə^{42}tiæ̃^{44}iŋ^{42}ȵia^{13}kʰæ̃^{44}kuə^{13}lɔ^{42}.
临洮县	a. 把尕强叫上一搭去电影院里看《刘三姐》。 b. 家把致个电影看过了。/ 家看过致个电影了。/ 致个电影家看过了。 a. pa^{21}ka^{13}tɕʰiɑ̃^{13}tɕiɔ^{44}ʂɑ̃^{21}ʑi^{13}ta^{13}tɕʰi^{44}tiæ̃^{44}iŋ^{53}yæ̃^{44}li^{21}kʰæ̃^{44}《liɤu^{13}sæ̃^{21}tɕie^{53}》. b. tɕia^{44}pa^{42}tʂʅ^{21}kɤ^{13}tiæ̃^{44}iŋ^{53}kæ̃^{44}kuɤ^{44}liɔ^{21}. / tɕia^{44}kæ̃^{44}kuɤ^{42}tʂʅ^{21}kɤ^{13}tiæ̃^{44}iŋ^{42}liɔ^{21}. / tʂʅ^{44}kɤ^{42}tiæ̃^{44}iŋ^{53}tɕia^{44}kæ̃^{44}kuɤ^{42}liɔ^{21}.
清水县	a. 你把小强叫上，曹到电影院看《刘三姐》的电影走。 b. 这个电影［人家］看下的。 a. ȵi^{52}pa^{21}siɔ^{52}tɕʰiɔ̃^{13}tɕiɔ^{44}ʂɔ̃^{21}, tsʰɔ^{21}tɔ^{44}tsiæ̃^{44}iŋ^{52}yæ̃^{44}kʰæ̃^{44}《liou^{13}sæ̃^{21}tsiɛ^{52}》tɛ^{21}tsiæ̃^{44}iŋ^{52}tsou^{21}.　b. tsɛ^{52}kə^{21}tsiæ̃^{44}iŋ^{52}ȵiɛ^{13}kʰæ̃^{44}xə^{21}tɛ^{21}.
永靖县	a. 尕强哈叫上了一搭电影院看《刘三姐》走。b. 致个电影哈家看过了。 a. ka^{21}tɕʰiɑŋ^{22}xa^{44}tɕiɔ^{44}ʂɑŋ^{44}lɔ^{42}i^{13}ta^{21}tiæ̃^{44}iɤŋ^{53}yæ̃^{44}kʰæ̃^{42}《liɤu^{13}sæ̃^{22}tɕiɛ^{53}》tsɤu^{21}. b. tʂʅ^{44}kɤ^{44}tiæ̃^{44}iɤŋ^{53}xa^{21}tɕia^{13}kʰæ̃^{44}kuɤ^{44}lɔ^{42}.
敦煌市	a. 把小强喊上咱们一搭里到电影院看《刘三姐》走。 b. 兹个电影［人家］看过了。/［人家］看过兹个电影了。/［人家］兹个电影看过了。 a. pa^{22}ɕiɔ^{51}tɕʰiɑŋ^{21}xæ̃^{53}ʂɑŋ^{21}tsa^{21}mu^{21}ʑi^{21}ta^{13}li^{21}tɔ^{31}tiæ̃^{35}iŋ^{21}yæ̃^{44}kʰæ̃^{31}《liɤu^{213}sæ̃^{21}tɕiə^{51}》tsɤu^{21}. b. tsʅ^{53}kə^{21}tiæ̃^{44}iŋ^{51}ȵia^{53}kʰæ̃^{44}kuə^{44}lə^{21}. / ȵia^{53}kʰæ̃^{44}kuə^{44}tsʅ^{53}kə^{21}tiæ̃^{35}iŋ^{21}lə^{21}. / ȵia^{53}tsʅ^{53}kə^{21}tiæ̃^{35}iŋ^{21}kʰæ̃^{44}kuə^{44}lə^{21}.
临夏市	a. 你尕强叫上了一搭电影院里《刘三姐》看去。b. 家致个电影看过呢。 a. ȵi^{42}kɑ^{44}tɕʰiɑŋ^{42}tɕiɔ^{44}ʂɑŋ^{42}liɔ^{21}ʑi^{21}tɑ^{24}tiɛ̃^{44}iŋ^{24}yɛ̃^{42}li^{21}《liɤu^{13}sã^{21}tɕiɛ^{53}》kʰã^{44}tɕʰi^{21}.　b. tɕiɛ^{13}tʂʅ^{44}kɤ^{42}tiɛ̃^{44}iŋ^{24}kã^{44}kuɤ^{21}ȵi^{21}.
合作市	a. 叫尕强一搭去电影院看《刘三姐》。 b. 致个电影他看过了。/ 他致个电影看过了。 a. tɕiɔ^{44}ka^{44}tɕʰiɑŋ^{42}ʑi^{21}ta^{24}tɕʰi^{53}tiæ̃^{44}iŋ^{24}yæ̃^{42}kʰæ̃^{44}《liəu^{13}sæ̃^{21}tɕiə^{53}》. b. tʂʅ^{44}kə^{42}tiæ̃^{44}iŋ^{24}tʰa^{13}kʰæ̃^{44}kuə^{21}liɔ^{21}./ ta^{13}tʂʅ^{44}kə^{42}tiæ̃^{44}iŋ^{24}kʰæ̃^{44}kuə^{21}liɔ^{21}.

	0006 a. 叫小强一起去电影院看《刘三姐》。 b. 这部电影他看过了。/ 他这部电影看过了。/ 他看过这部电影了。
临潭县	a. 把小强叫上一哒儿去电影院看《刘三姐》。b. 致个电影他看过。 a. pa^{24}ɕiɔo^{51}tɕʰiɒ^{24}tɕiɔo^{44}zɒ^{21}i^{24}tar^{44}tɕʰy^{44}tiæ̃^{44}in^{44}yæ̃^{24}kʰæ̃^{44}《liəɯ^{24}sæ̃^{44}tɕiɛ^{51}》. b. tʂʅ^{44}kɪi^{21}tiæ̃^{44}in^{51}tʰa^{44}kʰæ̃^{44}kuɤ^{21}.

	0007 你把碗洗一下。
兰州市	你把碗洗倒去。 ȵi^{34}pa^{21}væ̃^{44}ɕi^{44}tɔ^{42}tɕʰi^{21}.
榆中县	你把碗洗一下。 ȵi^{44}pa^{21}van^{44}ɕi^{44}i^{0}xa^{0}.
永登县	你把碗洗给一下。 ȵi^{54}pa^{22}væ̃^{354}ɕi^{42}kei^{21}i^{21}xa^{21}.
红古区	你把碗洗倒呱。 ȵiɛ^{55}pa^{21}van^{55}sʅ^{55}tɔ^{21}kua^{21}.
凉州区	你把碗洗［给下］。 ȵi^{53}pa^{31}vɑŋ^{35}ɕi^{53}kʰa^{35}.
甘州区	你把碗洗一下。 ȵi^{22}pa^{44}vaŋ^{53}ɕi^{22}ʑi^{22}xa^{53}.
肃州区	你把碗洗一下。 ȵi^{44}pa^{21}væ̃^{53}ɕi^{53}ʑi^{44}ɕia^{21}.
永昌县	你把碗洗［给下］。 ȵi^{53}pa^{21}vɛe^{13}ɕi^{53}kʰa^{21}.
崆峒区	你把碗洗一下。 ȵi^{53}pa^{22}uæ̃^{53}ɕi^{53}i^{21}xa^{21}.
庆城县	你把碗洗一下。 ȵi^{44}pa^{21}vɛ̃^{44}ɕi^{44}i^{0}xa^{0}.
宁县	你把碗洗一下。 ȵi^{52}ma^{22}uæ̃^{52}ɕi^{44}i^{0}xa^{0}.
武都区	你把碗洗个儿。 ȵi^{55}pa^{21}væ̃^{55}ɕi^{55}kɤr^{21}.
文县	你把碗洗一下。 ȵi^{22}pa^{33}uæ̃^{35}ɕi^{42}ʑi^{42}xa^{21}.
康县	你把碗洗［给下］子。 ȵi^{55}pa^{21}van^{55}si^{55}ka^{53}tsʅ^{21}.

	0007 你把碗洗一下。
礼县	你把碗洗给下。 ȵi^{52}ma^{21}væ̃^{52}ɕi^{52}kei^{21}xa^{24}.
靖远县	你把碗洗一下。 ȵi^{55}pa^{22}væ̃^{55}sɿ^{11}zɿ^{21}xa^{21}.
陇西县	你把碗儿洗给下。 li^{55}ma^{42}væ̃^{55}zɿ^{42}ɕi^{55}ku^{42}xa^{21}.
秦州区	咋你把碗给洗一下。 tsa^{53}ȵi^{53}pa^{21}væ̃^{53}kei^{44}ɕi^{53}ɕi^{21}xa^{21}.
安定区	你把碗洗下。 ȵi^{53}pa^{21}væ̃^{44}ɕi^{53}xa^{21}.
会宁县	你把碗洗过下。 ȵi^{53}pa^{13}uæ̃^{44}ɕi^{53}kuə^{21}xa^{21}.
临洮县	你把碗洗给下儿。 ȵi^{53}pa^{21}væ̃^{53}ɕi^{53}kei^{42}xar^{21}.
清水县	你把碗给曹洗了。/ 你把碗洗一下。 ȵi^{52}pa^{21}væ̃^{52}kəi^{21}tsʰɔ^{13}ɕi^{52}liɔ^{21}. / ȵi^{52}pa^{21}væ̃^{52}sɿ^{52}i^{21}xa^{21}.
永靖县	你把碗洗一呱。 ȵi^{53}pa^{42}væ̃^{53}ɕi^{53}i^{22}kua^{21}.
敦煌市	你把碗洗一下。 ȵi^{53}pa^{22}væ̃^{51}ɕi^{53}ʑi^{21}xa^{21}.
临夏市	碗你洗的下去。 vã^{44}ȵi^{42}ɕi^{42}ti^{44}xɑ^{44}tɕʰi^{21}.
合作市	你致个碗洗的下。 ȵi^{44}tʂʅ^{44}kə^{42}væ̃^{44}ɕi^{42}ti^{21}xa^{21}.
临潭县	你把碗洗一呱。 ȵi^{51}pa^{24}væ̃^{51}ɕi^{53}i^{24}kua^{21}.

	0008 他把橘子剥了皮，但是没吃。
兰州市	那把橘子皮剥倒了，那没有吃。 na^{53}pa^{42}tɕy^{22}tsɿ^{42}pʰi^{53}pɤ^{42}tɔ^{21}lɔ^{21}, na^{53}mei^{22}iəu^{42}tʂʰʅ^{21}.
榆中县	那把橘子皮剥倒了，可那没吃。 na^{13}pa^{21}tɕy^{51}tsɿ^{0}pʰi^{0}pə^{31}tɔ^{0}lɔ^{44}, kʰə^{44}na^{213}mei^{44}tʂʰʅ^{312}.
永登县	那把橘子皮剥掉了，可没有吃。 na^{53}pa^{21}tɕy^{13}tsɿ^{354}pʰi^{53}pə^{21}tiɔ^{24}ʐə^{55}, kʰə^{21}mei^{11}iɤu^{55}tʂʰʅ^{213}.

	0008 他把橘子剥了皮，但是没吃。
红古区	家把橘子皮子剥倒了，可没吃。 tɕia^{13}pa^{13}tsʮ^{22}tsɿ^{13}pʰɿ^{22}tsɿ^{55}pə^{21}tɔ^{13}liɔ^{53}, kʰə^{22}mə^{21}tʂʰʅ^{13}.
凉州区	家把橘子皮剥了，没有吃。 tɕia^{35}pa^{31}tɕy^{35}tsɿ^{21}pʰi^{53}pə^{31}liɑo^{21}, mu^{53}iəu^{35}tʂʰʅ^{31}.
甘州区	伢把橘子皮剥掉了，可是没吃啊。 ia^{35}pa^{42}tɕy^{31}tsɿ^{21}pʰi^{53}puə^{31}tiɔ^{22}liɔ^{21}, kʰə^{53}ʂʅ^{21}mu^{24}tʂʰʅ^{31}a^{21}.
肃州区	那把橘子皮剥咧，但那没吃。 na^{35}pa^{53}tɕy^{21}tsɿ^{21}pʰi^{53}pə^{41}liɛ^{21}, tæ̃^{21}na^{53}mei^{35}tʂʰʅ^{21}.
永昌县	家把这个橘子的皮剥掉了，但没有吃。 tɕia^{13}pa^{42}tʂə^{53}kə^{21}tɕy^{44}tsɿ^{44}ti^{44}pʰi^{13}puə^{53}tiɔo^{22}liɔo^{21}, tɛe^{22}mu^{53}iəu^{21}tʂʰʅ^{53}.
崆峒区	［人家］把橘子皮剥咧，可没吃。 ȵiæ̃^{53}pa^{22}tɕy^{53}tsɿ^{21}pʰi^{24}puo^{53}liɛ^{21}, kʰuo^{22}muo^{24}tʂʰʅ^{21}.
庆城县	［人家］把橘子皮剥了，但是没有吃。 ȵiɛ̃^{113}pa^{21}tɕy^{51}tsɿ^{0}pʰi^{113}pɔ^{51}liɔ^{0}, tɛ̃^{244}sɿ^{244}muə^{21}iɤu^{44}tʂʰʅ^{51}.
宁县	［人家］把橘子皮剥了，可没吃。 ȵiæ̃^{52}ma^{22}tɕy^{31}tsɿ^{0}pʰi^{24}pɔ^{31}liɔ^{0}, kʰə^{31}muə^{24}tʂʰʅ^{31}.
武都区	他把橘皮剥了，［人家］可没吃。 tʰa^{55}pa^{13}tɕy^{53}pʰi^{13}puɤ^{53}lɔu^{21}, ȵia^{24}kʰɤ^{31}mɔu^{24}tʂʰʅ^{21}.
文县	他把橘子的皮都剥了，可没吃。 tʰa^{22}pa^{35}tɕy^{42}tsɿ^{44}tɤ^{44}pʰi^{13}tɤu^{44}pɤ^{42}lɔo^{21}, kʰɤ^{42}muə^{21}tsʰɿ^{42}.
康县	他把橘子皮剥了，他可没吃。 tʰa^{53}pa^{21}tɕy^{53}tsɿ^{21}pʰi^{21}puɤ^{53}lɔo^{21}, tʰa^{53}kʰɤ^{21}muɤ^{21}tʂʰʅ^{53}.
礼县	他把橘子剥了，可没吃。 tʰa^{31}ma^{24}tɕy^{13}tsɿ^{21}pɤ^{21}nɔo^{24}, kʰɤ^{21}mɤ^{13}tʂʰʅ^{13}.
靖远县	［人家］把橘子皮儿剥了，［人家］没吃。 ȵiɛ^{24}pa^{22}tsʮ^{41}tsɿ^{21}pʰɿɚ^{24}pɤ^{41}liɑo^{21}, ȵiɛ^{22}mɤ^{22}tʂʰʅ^{41}.
陇西县	他把橘子皮子剥下了，可没吃。 tʰa^{22}ma^{22}tɕy^{22}tsɿ^{21}pʰi^{22}tsɿ^{44}pɤ^{42}xa^{22}lɔo^{44}, kʰɤ^{21}mɤ^{44}tʂʰʅ^{21}.
秦州区	他把橘子皮皮剥了，可没吃。 ta^{13}pa^{13}tɕy^{13}tsɿ^{53}pʰi^{13}pʰi^{13}pɤ^{21}liɤu^{21}, kʰuə^{53}mɤ^{13}tʂʰʅ^{13}.
安定区	［人家］把橘子皮剥下了可没吃。 ȵia^{13}pa^{21}tɕy^{21}tsɿ^{44}pʰi^{13}pə^{21}xa^{13}lɔ^{21}kə^{21}mə^{44}tʂʰʅ^{13}.
会宁县	［人家］把橘子皮剥了，可没吃。 ȵia^{13}pa^{53}tɕy^{21}tsɿ^{13}pʰi^{13}pə^{21}lɔ^{13}, kʰə^{44}mə^{21}tʂʰʅ^{13}.

	0008 他把橘子剥了皮，但是没吃。
临洮县	家把橘子剥了皮，家可没吃。 tɕia44pa42tɕy13tsɿ53pɤ13liɔ21pʰi13, tɕia44kuɤ42mɤ13tʂʰʅ13.
清水县	这把橘子皮剥了，咋没吃。 tsɛ52pa21tɕy21tsɿ52pʰi13pə21liɔ52, tsa21mə13tʂʰʅ13.
永靖县	家把橘子皮剥过了，可没吃。 tɕia213pa53tɕy22tsɿ53pʰi213pɤ53kuɤ44lɔ42, kʰɤ44mei42tʂʰʅ13.
敦煌市	［人家］把橘子皮剥倒了，可没吃。 ȵia53pa21tɕy35tsɿ21pʰɿ13pə21tɔ35lə21, kʰə53mə213tʂʰʅ213.
临夏市	家橘子皮子剥过了，没吃。 tɕiɛ13tɕy21tsɿ42pʰi13pɤ21kuɤ44liɔ21, mu13tʂʰʅ13.
合作市	他把橘子皮子剥下了，没吃。 tʰa13pa13tɕy21tsɿ42pʰi13tsɿ21pə21xa44liɔ21, mə13tʂʰʅ13.
临潭县	人家把橘子皮子剥下了，就是没吃。 zəŋ24tɕia21pa21tɕy24tsɿ44pʰi24tsɿ21pa44xa44lɤ21, tɕiəɯ44sɿ21mɤ24tʂʰʅ44.

	0009 他们把教室都装上了空调。
兰州市	那们教室里都把空调装上了。 la55mən42tɕiɔ22ʂʅ53li42təu42pa22kʰuən55tʰiɔ42tʂuɑ̃55ʂɑ̃21lɔ21.
榆中县	那们教室里把空调装上了。 na21mən44tɕiɔ13ʂʅ0li44pa21kʰuən51tʰiɔ0tʂuaŋ51ʂaŋ0lɔ0.
永登县	那们给教室里都装上了空调。 na55mə̃n21kei21tɕiɔ13ʂʅ31li44tɤu44pfɑ̃44ʂɑ̃22liɔ44kuə̃n55tʰiɔ53.
红古区	家们给教室里一挂装上了空调。 tɕia55mən21kei13tɕiɔ22ʂʅ53lɿ21zɿ21kua13tʂuɑŋ21ʂɑŋ13liɔ55kʰuən13tʰiɔ13.
凉州区	家们在教室里全安上了空调。 tɕia35məŋ53tsæ31tɕiɑo31ʂʅ21li21tɕʰyɑŋ35ɑŋ35ʂɑŋ53liɑo21kʰuŋ35tʰiɑo53.
甘州区	伢们把教室里都装上空调了。 ia35mu42pa21tɕiɔ31ʂʅ22li21tɤu53kuaŋ44xaŋ44kʰuŋ44tʰiɔ35liɔ42.
肃州区	那们把教室都装了空调。 na35mɤŋ21pa21tɕiɔ13ʂʅ41təu21tʂuɑŋ44liɔ44kʰuŋ31tʰiɔ51.
永昌县	家们把教室里都装上空调了。 tɕia13məŋ42pa22tɕiɔo53ʂʅ22ȵi21təu22tʂuɑŋ44ʂɑŋ44kʰoŋ44tʰiɔo13liɔo42.
崆峒区	［人家］们教室里都把空调装上咧。 ȵiæ̃53mɤŋ21tɕiɔ44ʂʅ24ȵi53təu22pa22kʰoŋ22tʰiɔ24tʂuɑŋ53ʂɑŋ21liɛ21.

	0009 他们把教室都装上了空调。
庆城县	［人家］们给教室都装上空调了。 ȵiẽ^{21}mu^{0}kei^{44}tɕiɔ^{244}ʂʅ^{0}tɤu^{51}tʂuã^{51}ʂã^{0}kʰuŋ^{51}tʰiɔ^{0}liɔ^{0}.
宁县	［人家］都给教室里把空调安上了。 ȵiæ̃^{52}tou^{0}kei^{44}tɕiɔ^{44}ʂʅ^{31}li^{0}ma^{22}kʰuŋ^{31}tɕʰiɔ^{24}næ̃^{31}ʂaŋ^{0}liɔ^{0}.
武都区	他们在教室里把空调都装上了。 tʰa^{55}məŋ^{13}tsɛɪ^{24}tɕiɔu^{24}ʂʅ^{21}li^{21}pa^{13}kʰuŋ^{53}tʰiɔu^{13}tu^{21}tʃuaŋ^{53}ʂaŋ^{21}lɔu^{21}.
文县	他们把教室的空调都安上了。/ 他们在教室里都安上了空调。 tʰa^{42}məŋ^{21}pa^{35}tɕiɔo^{24}sʅ^{42}tɛe^{24}kʰonŋ^{42}tʰiɔo^{13}tɤu^{42}ŋæ̃^{42}sã^{44}la^{21}. / tʰa^{42}məŋ^{21}tsɛe^{24} tɕiɔo^{24}sʅ^{21}li^{35}tɤu^{44}ŋæ̃^{42}sã^{24}lɤ^{44}kʰoŋ^{42}tʰiɔo^{13}.
康县	他们把教室里面的空调都装上了。 tʰa^{53}mɤŋ^{21}pa^{21}tɕiɔo^{24}ʂʅ^{55}li^{55}mian^{55}tɛ^{21}kʰuŋ^{53}tsʰiɔo^{21}tɤu^{55}pfaŋ^{53}ʂaŋ^{21}lɔo^{21}.
礼县	人家教室里把空调都装上了。 zəŋ^{13}ȵia^{21}tɕiɔo^{44}ʂʅ^{21}li^{21}ma^{24}kʰuɤŋ^{21}tʰiɔo^{24}təu^{21}tʃuaŋ^{21}ʂaŋ^{44}nɔo^{21}.
靖远县	［人家］们给教室里都装上了空调。 ȵiɛ^{24}mɤŋ^{55}kei^{22}tɕiao^{33}ʂʅ^{21}lɛ^{55}tɤu^{22}tʂuaŋ^{41}ʂaŋ^{21}liao^{21}kʰoŋ^{22}tʰiao^{35}.
陇西县	涛⁼把教室都装上了空调了。 tʰɔo^{22}ma^{22}tɕiɔo^{44}ʂʅ^{42}tɤu^{13}tʃɥaŋ^{42}ʂaŋ^{22}lɔo^{44}kʰuŋ^{42}tɕʰiɔo^{22}lɔo^{44}.
秦州区	他家把教室都装上空调了。/ 他家给教室装了些空调。 tʰa^{21}tɕia^{13}pa^{21}tɕiɔ^{44}ʂʅ^{21}tɤu^{13}tʃɥaŋ^{21}ʂaŋ^{13}kʰuɤŋ^{21}tʰiɔ^{13}liɤu^{21}. / tʰa^{21}tɕia^{13}kei^{44}tɕiɔ^{44}ʂʅ^{21}tʃɥaŋ^{13}liɤu^{21}ɕiə^{21}kʰuɤŋ^{21}tʰiɔ^{13}.
安定区	［人家］都在教室装上空调了。 ȵia^{13}təu^{21}tsɛ^{44}tɕiɔ^{44}ʂʅ^{21}tʃuaŋ^{21}ʂaŋ^{44}kʰuŋ^{21}tʰiɔ^{13}lɔ^{21}.
会宁县	［人家］过教室都把空调安上了。 ȵia^{13}kuə^{44}tɕiɔ^{44}ʂʅ^{21}təu^{13}pa^{21}kʰuŋ^{21}tʰiɔ^{13}æ̃^{13}ʂaŋ^{21}lɔ^{21}.
临洮县	家什给教室壑都把空调装上了。 tɕia^{44}ʂʅ^{21}kei^{44}tɕiɔ^{44}ʂʅ^{42}xuɤ^{21}tɤu^{13}pa^{13}kʰuŋ^{21}tʰiɔ^{13}tʂuã^{21}ʂã^{44}liɔ^{21}.
清水县	教室里［人家］把空调都装上了。 tɕiɔ^{44}ʂʅ^{21}li^{21}ȵiɛ^{13}pa^{13}kʰuŋ^{21}tsʰiɔ^{13}tou^{13}tʃɒ̃^{21}ʂɒ^{13}liɔ^{21}.
永靖县	家们教室里空调哈装上了。 tɕia^{22}mɤŋ^{53}tɕiɔ^{44}ʂʅ^{42}li^{21}kʰuɤŋ^{22}tʰiɔ^{22}xa^{21}tʂuaŋ^{22}ʂaŋ^{44}lɔ^{42}.
敦煌市	［人家］们把教室都装上空调了。 ȵia^{53}mu^{21}pa^{21}tɕiɔ^{44}ʂʅ^{44}tɤu^{13}tʂuaŋ^{21}ʂaŋ^{13}kʰuŋ^{21}tʰiɔ^{13}lə^{21}.
临夏市	家们的教室里空调装上了。 tɕiɛ^{13}məŋ^{44}ti^{21}tɕiɔ^{44}ʂʅ^{21}li^{21}kʰuəŋ^{44}tʰiɔ^{24}tʂuaŋ^{42}ʂaŋ^{21}liɔ^{21}.

	0009 他们把教室都装上了空调。
合作市	他们把教室都装上了空调。 tʰa^{13}məŋ^{44}pa^{13}tɕiɔ^{44}ʂʅ^{21}təu^{13}tʂuaŋ^{42}ʂaŋ^{21}liɔ^{21}kʰuəŋ^{44}tʰiɔ^{24}.
临潭县	他们给教室里把空调安了。 tʰa^{44}məŋ^{44}kɪi^{21}tɕiɔo^{44}ʂʅ^{24}ȵi^{44}pa^{21}kʰuəŋ^{44}tʰiɔo^{24}ŋæ̃^{44}lɤ^{21}.

	0010 帽子被风吹走了。
兰州市	帽子风刮倒了。 mɔ^{22}tsɿ^{42}fən^{55}kua^{22}tɔ^{53}lɔ^{21}.
榆中县	帽子叫风吹倒了。 mɔ^{21}tsɿ^{44}tɕiɔ^{21}fən^{51}tʂʰuei^{51}tɔ^{0}lɔ^{0}.
永登县	帽子叫风刮掉了。 mɔ^{13}tsɿ^{354}tɕiɔ^{22}fə̃n^{42}kua^{31}tiɔ^{21}liɔ^{21}.
红古区	帽子叫风刮倒了。 mɔ^{22}tsɿ^{55}tɕiɔ^{13}fən^{13}kua^{55}tɔ^{21}liɔ^{21}.
凉州区	帽子叫风刮上跑掉了。 mɑo^{31}tsɿ^{21}tɕiɑo^{31}fəŋ^{35}kua^{31}ʂaŋ^{21}pʰɑo^{53}tiɑo^{35}liɑo^{53}.
甘州区	帽子叫风刮上走掉了。 mɔ^{31}tsɿ^{21}tɕiɔ^{22}fɤŋ^{44}kua^{31}xaŋ^{21}tsɤu^{22}tiɔ^{22}liɔ^{44}.
肃州区	帽子都被风刮掉咧。 mɔ^{21}tsɿ^{44}təu^{53}pei^{42}fɤŋ^{44}kua^{44}tiɔ^{21}liɔ^{21}.
永昌县	帽子叫风刮掉了。 mɔo^{53}tsɿ^{21}tɕiɔo^{53}fəŋ^{44}kua^{53}tiɔo^{22}liɔo^{21}.
崆峒区	帽子叫风叼跑咧。 mɔ^{35}tsɿ^{53}tɕiɔ^{44}fɤŋ^{21}tiɔ^{22}pʰɔ^{55}liɛ^{21}.
庆城县	帽子叫风吹去了。 mɔ^{244}zɿ^{0}tɕiɔ^{244}fɤŋ^{51}tʂʰuei^{51}tɕʰi^{0}liᴇ^{0}.
宁县	风把帽子吹跑了。 fəŋ^{31}ma^{22}mɔ^{44}tsɿ^{0}tʃʰuei^{22}pʰɔ^{52}liɔ^{0}.
武都区	帽子着风给吹走了。 məu^{24}tsɿ^{21}tʂɤ^{13}fəŋ^{31}kei^{13}tʃʰuei^{31}tsəu^{55}ləu^{21}.
文县	帽子倒风刮了去了。 mɔo^{24}tsɿ^{42}tɔo^{24}fəŋ^{42}kua^{42}lɤ^{21}tɕi^{42}lɔo^{21}.
康县	帽子让风刮跑了。 mɔo^{24}tsɿ^{55}ʐaŋ^{24}fɤŋ^{53}kua^{53}pʰɔo^{21}lɔo^{21}.

	0010 帽子被风吹走了。
礼县	帽子着风刮走了。/ 风把帽子刮走了。 mɔo^{44}tsɿ^{21}tʂɔo^{44}fɤŋ^{21}kua^{52}tsəu^{52}nɔo^{21}. / fɤŋ^{31}ma^{21}mɔo^{44}tsɿ^{21}kua^{52}tsəu^{52}nɔo^{21}.
靖远县	帽子叫风吹掉了。 mɑo^{35}tsɿ^{41}tɕiɑo^{22}fɤŋ^{41}tʂ^{h}uei^{41}tiɑo^{21}liɑo^{21}.
陇西县	帽儿遭风吹着去了。 mɔo^{44}zɿ^{44}tsɔo^{22}fɤŋ^{21}tʃ^{h}ʮe^{42}tʂʅ^{22}tɕ^{h}i^{44}lɔo^{42}.
秦州区	风把帽子都刮上走了。 fɤŋ^{13}pa^{21}mɔ^{44}tsɿ^{21}tɤu^{13}kua^{53}ʂɑŋ^{21}tsɤu^{53}liɤu^{21}.
安定区	风把我帽子吹上走了。 fəŋ^{13}pa^{21}ŋə^{53}mɔ^{44}tsɿ^{21}tʃ^{h}uei^{21}ʂɑŋ^{13}tʂə^{53}lɔ^{21}.
会宁县	帽儿倒风吹着去了。 mɔ^{44}zɿ^{21}tɔ^{44}fəŋ^{13}tʃ^{h}uei^{13}tʂə^{21}tɕ^{h}i^{21}lɔ^{21}.
临洮县	风把帽子吹走了。/ 帽子给风吹走了。 fɤŋ^{13}pa^{21}mɔ^{44}tsɿ^{21}ts^{h}uei^{21}tsɤu^{53}liɔ^{21}. / mɔ^{44}tsɿ^{21}kei^{44}fɤŋ^{13}ts^{h}uei^{21}tsɤu^{53}liɔ^{21}.
清水县	帽子着风刮上走了。 mɔ^{44}tsɿ^{21}tʂə^{13}fɤŋ^{21}kua^{52}ʂɒ̃^{21}tsou^{52}liɔ^{21}.
永靖县	帽子哈风刮过了。 mɔ^{44}tsɿ^{42}xa^{21}fɤŋ^{13}kua^{42}kuɤ^{22}lɔ^{21}.
敦煌市	帽子叫风刮上跑倒了。 mɔ^{35}tsɿ^{21}tɕiɔ^{13}fɤŋ^{213}kua^{53}ʂɑŋ^{21}p^{h}ɔ^{53}tɔ^{21}lə^{21}.
临夏市	帽子风给吹过了。 mɔ^{44}tsɿ^{21}fəŋ^{13}kei^{22}tʂ^{h}uei^{21}kuɤ^{44}liɔ^{21}.
合作市	帽子风给吹走了。 mɔ^{44}tsɿ^{21}fəŋ^{13}kei^{44}tʂ^{h}uei^{13}tsəu^{44}liɔ^{21}.
临潭县	帽子叫风刮着去了。 mɔo^{44}tsɿ^{21}tɕiɔo^{44}fəŋ^{44}kua^{51}tʂʅ^{21}tɕ^{h}i^{44}lɤ^{21}.

	0011 张明被坏人抢走了一个包，人也差点儿被打伤。
兰州市	贼娃子把张明的包搲倒了一个，人差乎些让打下。 tsei^{53}va^{22}tsɿ^{42}pa^{21}tʂɑ̃^{44}min^{42}ti^{21}pɔ^{55}va^{22}tɔ^{42}lɔ^{21}ʑi^{22}kɤ^{42}, zʅən^{53}tʂ^{h}a^{42}xu^{44}ɕiɛ^{42}zʅɑ̃^{22} ta^{22}xa^{21}.
榆中县	张明的包叫坏人抢倒了，人也些会被打下。 tʂaŋ^{51}min^{312}ti^{0}pɔ^{51}tɕiɔ^{13}xuɛ^{21}zʅən^{44}tɕ^{h}iaŋ^{44}tɔ^{0}lɔ^{0}, zʅən^{312}iᴇ^{44}ɕiᴇ^{51}xuei^{51}pi^{21}ta^{44}xa^{0}.

	0011 张明被坏人抢走了一个包，人也差点儿被打伤。
永登县	张明的包包子叫坏人抢掉了，那也差些叫打伤。 tʂã^{44}min^{53}ti^{21}pɔ^{44}pɔ^{31}tsɿ^{21}tɕiɔ^{22}xuɛ^{213}zə̃n^{55}tɕ^{h}iã^{53}tiɔ^{55}liɔ^{21}, na^{55}iɛ^{55}tʂ^{h}a^{44}ɕiɛ^{42}tɕiɔ^{22} ta^{35}ʂã^{53}.
红古区	张明者包包儿叫坏人抢倒了，还差乎儿打给一顿。 tʂɑŋ^{13}min^{13}tʂə^{21}pɔ^{22}pɔr^{13}tɕiɔ^{21}xuɛ^{22}zən^{55}tɕ^{h}iɑŋ^{55}tɔ^{21}liɔ^{21}, xan^{13}tʂ^{h}a^{55}xur^{21}ta^{55}kei^{21}zɿ^{21} tuən^{21}.
凉州区	张明的包叫刁贼刁掉了，人也差点叫打坏。 tʂɑŋ^{35}miei^{35}ti^{21}pɑo^{35}tɕiɑo^{31}tiɑo^{35}tsei^{53}tiɑo^{35}tiɑo^{35}liɑo^{53}, zəŋ^{53}iə^{21}ts^{h}a^{35}tiɑŋ^{53}tɕiɑo^{31}ta^{35} xuæ^{31}.
甘州区	张明的包包叫坏人刁上走掉了，人啊差点点叫打下啊。 tʂaŋ^{44}miŋ^{35}ti^{42}pɔ^{44}pɔ^{44}tɕiɔ^{24}xuɛ^{31}zɣŋ^{21}tiɔ^{44}xaŋ^{44}tsɣu^{22}tiɔ^{22}liɔ^{44}, zɣŋ^{35}a^{42}tʂ^{h}a^{44}tiaŋ^{44} tiaŋ^{44}tɕiɔ^{31}ta^{22}xa^{22}a^{44}.
肃州区	张明的包叫坏人抢咧，人差点也被打伤。 tʂɑŋ^{21}miŋ^{51}tə^{21}pɔ^{44}tɕiɔ^{21}xuɛ^{21}zɣŋ^{21}tɕ^{h}iɑŋ^{21}liɛ^{51}, zɣŋ^{53}ts^{h}a^{44}tiæ̃^{44}ʑiɛ^{21}pei^{21}ta^{53}ʂɑŋ^{44}.
永昌县	张明的包叫坏人抢走了，人啊差些儿叫打下啊。 tʂɑŋ^{44}miŋ^{44}ti^{21}pɔ^{44}tɕiɔo^{22}xuɛ^{53}zəŋ^{21}tɕ^{h}iaŋ^{53}tsəu^{22}liɔo^{21}, zəŋ^{13}a^{42}tʂ^{h}a^{44}ɕiə^{44}ɣɣ^{44} tɕiɔo^{44}ta^{53}xa^{22}a^{44}.
崆峒区	张明的包叫坏人抢走咧，人希⁼乎儿都叫人［人家］打伤咧。 tʂɑŋ^{21}miɣŋ^{24}ti^{21}pɔ^{21}tɕiɔ^{22}xuɛ^{44}zɣŋ^{24}tɕ^{h}iɑŋ^{53}tsəu^{53}liɛ^{21}, zɣŋ^{24}ɕi^{22}xur^{53}təu^{21}tɕiɔ^{21} zɣŋ^{24}ȵiæ̃^{21}ta^{53}ʂɑŋ^{53}liɛ^{21}.
庆城县	张明的包包叫坏人抢去咧，人也差一点被打死。 tʂã^{51}miŋ^{113}ti^{0}pɔ^{51}pɔ^{0}tɕiɔ^{244}xuɛ^{244}zɣŋ^{0}tɕ^{h}iã^{44}tɕ^{h}i^{0}liᴇ^{0}, zɣŋ^{113}iᴇ^{44}ts^{h}a^{244}i^{0}tiɛ̃^{44}pi^{244} ta^{44}sɿ^{0}.
宁县	张明的一个包儿倒坏人刁去［哩啊］，人希⁼乎儿倒［人家］打伤了。 tʂaŋ^{31}miŋ^{24}ti^{55}i^{31}uɛ^{0}pɔr^{31}tɔ^{22}xuɛ^{44}zəŋ^{24}tiɔ^{31}tɕ^{h}i^{0}lia^{0}, zəŋ^{24}ɕi^{31}xuər^{0}tɔ^{22}ȵiæ̃^{31}ta^{52}ʂaŋ^{31} liɔ^{0}.
武都区	张明着坏人把包给抢去了，人也差点儿给打伤了。 tʂɑŋ^{31}min^{21}tʂɣ^{13}xuɛɪ^{24}zəŋ^{21}pa^{24}pɔu^{31}kei^{21}tɕ^{h}iɑŋ^{55}tɕ^{h}y^{13}lɔu^{21}, zəŋ^{13}iᴇ^{21}ts^{h}a^{55}tiæ̃r^{21} kei^{21}ta^{55}ʂɑŋ^{21}lɔu^{21}.
文县	张明倒坏人抢去了一个包，人还差点给打伤了。 tsɑ̃^{42}miəŋ^{13}tɔo^{24}xuɛe^{24}zəŋ^{22}tɕ^{h}iɑ̃^{42}tɕ^{h}i^{44}lɣ^{21}ʑi^{21}kɣ^{24}pɔo^{42}, zəŋ^{13}xæ̃^{13}ts^{h}a^{42}tiæ̃^{42}kei^{42}ta^{55} sɑ̃^{42}lɔo^{21}.
康县	张明的包让坏人抢走了，人也差点儿被打伤了。 tʂɑŋ^{53}miŋ^{21}tɛ^{21}pɔo^{53}zɑŋ^{24}xuɛ^{21}zɣŋ^{55}tɕ^{h}iɑŋ^{21}ts^{h}ɣu^{55}lɔo^{21}, zɣŋ^{21}iɛ^{55}tʂ^{h}a^{53}tiãr^{21}pei^{21} ta^{21}ʂɑŋ^{55}lɔo.

	0011 张明被坏人抢走了一个包，人也差点儿被打伤。
礼县	张明着坏人把包抢走了，人也希=险乎儿叫［人家］打伤了。 tʂaŋ31miŋ24tʂɔo31xuai44zʏŋ21ma44pɔo31tɕʰiaŋ52tsəu52nɔo21, zʏŋ13iɛ52ɕi31ɕiæ̃52xuʏr13 tɕiɔo44ȵiɛ13ta52ʂaŋ21nɔo24.
靖远县	张明叫坏人把一个包包抢走了，人险儿乎儿也叫打下。 tʂaŋ22miŋ24tɕiao22xuɛ35zʏŋ41pa22zʅ22kʏ21pao41pao21tiao22tsʏu55liao21, zʏŋ24ɕiɐr22 xur41iɛ55tɕiao21ta55xa21.
陇西县	张明的一个包包儿遭坏人抢着去了，人也差点儿遭人打零=干=了。 tʂaŋ42miŋ22ti44i42kʏ44pɔo42pɔo22zʅ44tsɔo42xuɛ44zʏŋ42tɕʰiaŋ55tʂʏ42tɕʰi44lɔo42, zʏŋ13ia53 tsʰa21tiæ̃55ɐr42tsɔo42zʏŋ13ta55liŋ13kæ̃21lɔo21.
秦州区	张明的包叫［人家］给抢上走了，人还差点叫［人家］给打伤了。 tʂaŋ44miʏŋ13tɛ21pɔ13tɕiɔ44ȵiə13kei44tɕʰiaŋ53ʂaŋ21tsʏu53liʏu21, zʏŋ13xa13tsʰa21tiæ̃53 tsiɔ44ȵiə13kei44ta53ʂaŋ21liʏu21.
安定区	张明的包倒坏人抢走了，人一候=都过打伤了。 tʂaŋ13miŋ13tə21pɔ13tɔ21xuɛ44zəŋ21tɕʰiaŋ21tsəu53lɔ21, zəŋ13zi13xəu53təu21kuə44ta53 ʂaŋ13lɔ21.
会宁县	张明的一个包倒坏㞞过抢着去了，人都一候=过打伤了。 tʂaŋ13miŋ21ti44zi21kə44pɔ13tɔ21xuɛ44suŋ13kuə21tɕʰiaŋ53tʂə21tɕʰi21lɔ21, zəŋ13təu13zi21 xəu44kuə44ta53ʂaŋ13lɔ21.
临洮县	张明着贼娃子把一个包包子抢上走了，人差一点都着［人家］打了。 tʂɒ̃21miŋ13tʂə21tsʰəi13va21tsʅ21pa13i21kɛ13pɔ21pɔ13tsʅ21tsʰiɒ̃52ʂɒ̃21tsou52liɔ21, zʏŋ13tʃʰa13i21 tsiæ̃52tou13tʂə21ȵiɛ13ta52liɔ21.
清水县	张明的一个包包哈坏㞞抢过了，人哈差乎些伤下。 tʂaŋ22miʏŋ53ti13i22kʏ44pɔ21pɔ42xa53xuɛ44suʏŋ13tɕʰiaŋ53kuʏ21lɔ21, zʏŋ22xa13tʂʰa22xu53 ɕiɛ13ʂaŋ22xa53.
永靖县	张明的一个包包哈坏㞞抢过了，人哈差乎些伤下。 tʂaŋ22miʏŋ53ti13i22kʏ44pɔ21pɔ42xa53xuɛ44suʏŋ13tɕʰiaŋ53kuʏ21lɔ21, zʏŋ22xa13tʂʰa22xu53 ɕiɛ13ʂaŋ22xa53.
敦煌市	张明叫坏人把包包刁走了，人也玄砸=叫打下。 tʂaŋ22miŋ35tɕiɔ21xuɛ44zʏŋ31pa22pɔ21pɔ13tiɔ22tsʏu51lə21, zʏŋ213ia53ɕiæ̃44tsɛ44tɕiɔ22ta51xa21.
临夏市	张明的包包坏㞞们抢过了，人也差乎些打下。 tʂaŋ13miŋ44ti44pɔ21pɔ42xuɛ44suəŋ42məŋ21tɕʰiaŋ42kuʏ21liɔ13, zəŋ13iɛ42tʂʰa21xu33ɕi21 ta33xa21.
合作市	张明给坏㞞抢走了一个包包，人也差一点给打下。 tʂaŋ13miŋ13kei44xuɛe44suəŋ21tɕʰiaŋ44tsəɯ53liɔ21zi21kə53pɔ21pɔ53, zəŋ13iə44tʂʰᴀ13zi21 tiæ̃44kei44tᴀ44xᴀ21.

	0011 张明被坏人抢走了一个包，人也差点儿被打伤。
临潭县	张明的包叫贼娃子抢过了，人也差点叫打下。 tʂɒ^{44}min^{24}ti^{21}pɔo^{44}tɕiɔo^{44}tsɪi^{24}va^{21}tsɿ^{21}tɕʰiɒ^{51}kuɤ^{21}lɤ^{21}, ʐəŋ^{24}iɛ^{21}tsʰa^{44}tiæ̃^{51}tɕiɔo^{21} ta^{51}xa^{21}.

	0012 快要下雨了，你们别出去了。
兰州市	马上下雨了，再不要出去。 ma^{34}ʂɑ̃^{21}ɕia^{22}ʑy^{42}lɔ^{21}, tsɛ^{53}pu^{22}iɔ^{42}pfʰu^{22}tɕʰy^{24}.
榆中县	快下雨了，你们不了出去了。 kʰuɛ^{13}ɕia^{21}y^{44}lɔ^{0}, ȵi^{44}mən^{0}pu^{31}lɔ^{44}tʂʰu^{31}tɕʰi^{0}lɔ^{44}.
永登县	快下雨了，你们不要出去了。 kʰuɛ^{13}ɕia^{22}y^{354}liɔ^{53}, ȵi^{35}mə̃n^{53}pu^{21}iɔ^{13}pfʰu^{42}tɕʰi^{53}liɔ^{21}.
红古区	眼看下雨了，你们再覅出去。 ian^{55}kʰan^{21}ɕia^{22}zʮ^{55}liɔ^{21}, ȵiɛ^{55}mən^{21}tsɛ^{13}pɔ^{13}tʂʰu^{21}tsʰɿ^{13}.
凉州区	就下开雨了，你们就不了出去了。 tɕiəu^{31}ɕia^{53}kʰæ^{35}ʑy^{53}liɑo^{35}, ȵi^{53}məŋ^{35}tɕiəu^{31}pu^{31}liɑo^{21}tʂʰu^{31}tɕʰi^{21}liɑo^{21}.
甘州区	就快下雨了，你们不了出去了。 tɕiɤu^{24}kʰuɛ^{31}ɕia^{22}ʑy^{22}liɔ^{44}, ȵi^{22}mɤŋ^{44}pu^{31}liə^{21}pfʰu^{31}kʰɤ^{22}liɔ^{21}.
肃州区	快下雨咧，你们不要去咧。 kʰuɛ^{21}ɕia^{53}ʑy^{21}liɛ^{51}, ȵi^{21}mɤŋ^{21}pu^{21}ʑiɔ^{13}tɕʰi^{21}liɛ^{21}.
永昌县	就要下雨了，你们不了出去了。 tɕiəu^{44}iɔo^{44}ɕia^{53}ʑy^{22}liɔo^{44}, ȵi^{22}məŋ^{44}pu^{53}liɔo^{21}tʂʰu^{53}tɕʰy^{22}liɔo^{21}.
崆峒区	快下雨咧，你们不出去咧。 kʰuɛ^{44}ɕia^{44}y^{55}liɛ^{21}, ȵi^{55}mɤŋ^{21}pɤ^{22}tʂʰu^{53}tɕʰi^{21}liɛ^{21}.
庆城县	马上就要下雨了，你们就不要出去了。 ma^{44}ʂɑ̃^{244}tɕiɤu^{244}iɔ^{244}ɕia^{244}y^{44}liɔ^{0}, ȵi^{44}mu^{0}tsɤu^{244}pu^{21}iɔ^{244}tʂʰu^{51}tɕʰi^{0}liᴇ^{0}.
宁县	快下雨［哩啊］，你都不要出去［哩啊］。 kʰuɛ^{44}ɕia^{44}y^{55}lia^{0}, ȵi^{31}tou^{0}pu^{24}iɔ^{44}tʃʰu^{31}tɕʰi^{0}lia^{0}.
武都区	眼说着下雨价$^{=}$，你们不要出去了。 ȵiæ̃^{55}ʃuɤ^{31}tʂɤ^{13}ɕia^{24}y^{55}tɕia^{21}, ȵi^{55}məŋ^{0}pu^{21}iɔu^{24}tʃʰu^{53}tɕʰy^{21}lɔu^{21}.
文县	快下雨了，你们不要出去了。 kʰuɛ^{13}ɕia^{22}y^{354}liɔ^{53}, ȵi^{35}mə̃n^{53}pu^{21}iɔ^{13}pfʰu^{42}tɕʰi^{53}liɔ^{21}.
康县	快下雨了，你们别出去了。 kuɛ^{24}ɕia^{24}y^{55}lɔo^{21}, ȵi^{55}mɤŋ^{55}piɛ^{21}pfʰu^{55}tɕʰi^{21}lɔo^{21}.

	0012 快要下雨了，你们别出去了。
礼县	下雨价，扭=没了出去了。 ɕia^{44}y^{52}tɕia^{13}, ȵiəu^{13}mɤ^{31}nɔo^{24}tʃʰu^{31}tɕʰi^{44}nɔo^{21}.
靖远县	发下呢，你们不要出去了。 fa^{41}xa^{21}ȵiɛ^{21}, ȵi^{55}mu^{21}pu^{22}iɑo^{35}tʂʰʯ^{41}tsʰʮ^{21}liɑo^{21}.
陇西县	发下雨咧，扭= 休出去了。 fa^{42}ɕia^{44}y^{55}liæ̃^{42}, liu^{42}xɤu^{44}tʃʰʯ^{42}tɕʰi^{22}lɔo^{44}.
秦州区	咋就下雨价，扭=都休=了出去了。 tsa^{53}tɕiɤu^{44}ɕia^{44}y^{53}tɕia^{21}, ȵiɤu^{13}tɤu^{13}xuə^{21}liɔ^{21}tʃʰʮ^{21}tɕʰi^{13}liɤu^{21}.
安定区	咋发要下雨哩，扭=都休出去了。 tsa^{53}fa^{21}iɔ^{44}ɕia^{44}y^{53}li^{21}, ȵiu^{53}təu^{21}xəu^{44}tʃʰu^{44}tɕʰi^{21}lɔ^{13}.
会宁县	就要下雨了，你就休出去了。 tɕʰiəu^{44}iɔ^{44}ɕia^{44}y^{53}lɔ^{21}, ȵi^{53}tɕiəu^{42}xəu^{44}tʃʰu^{21}tɕʰi^{44}lɔ^{13}.
临洮县	眼看要下雨了，你室再休出去了。 ȵiæ̃^{53}kʰæ̃^{44}iɔ^{44}ɕia^{44}y^{42}liɔ^{21}, ȵi^{53}ʂʅ^{13}tsɛ^{21}xɤu^{13}tʂʰu^{42}tɕʰi^{44}liɔ^{21}.
清水县	接地下雨掐=，扭= 都不了出去了。 tsiɛ^{21}tsʰɿ^{44}ɕia^{44}y^{52}tɕʰia^{21}, ȵiou^{52}tou^{13}pu^{21}liɔ^{13}tʃʰɨ^{21}tɕʰi^{13}liɔ^{21}.
永靖县	雨就下来了，你们再不要出去。 y^{53}tɕiɤu^{44}xa^{44}lɛ^{44}lɔ^{42}, ȵi^{44}mɤŋ^{42}tsɛ^{53}pu^{44}iɔ^{21}tʂʰu^{22}tɕʰi^{44}.
敦煌市	雨下得了，你们就不了出去了。 ʑy^{51}ɕia^{44}ti^{31}lə^{21}, ȵi^{31}mu^{213}tɕiɤu^{44}pu^{31}lɔ^{22}tʂʰu^{31}tɕʰi^{21}lə^{21}.
临夏市	雨就下呢，你们再覅出去。 ʑy^{42}tɕiɤu^{53}xɑ^{44}ȵi^{21}, ȵi^{13}məŋ^{44}tsɛ^{53}pɔ^{13}tʂʰu^{21}tɕʰi^{44}.
合作市	阿藏= 快要下雨了，你们覅出去了。 ᴀ^{21}tsɑŋ^{44}kʰuɛe^{44}iɔ^{53}xᴀ^{44}ʑy^{53}liɔ^{21}, ȵi^{44}məŋ^{21}pɔ^{13}tʂʰu^{21}tɕʰi^{44}liɔ^{21}.
临潭县	快下雨啦，你们再覅出去。 kʰuɛe^{44}xa^{44}y^{51}la^{21}, ȵi^{51}məŋ^{21}tsɛe^{44}pɔo^{24}tʂʰu^{44}tɕʰi^{44}.

	0013 这毛巾很脏了，扔了它吧。
兰州市	致们脏的毛巾，撇倒去。 tʂʅ^{22}mən^{42}tsɑ̃^{53}ti^{21}mɔ^{42}tɕin^{21}, pʰiɛ^{22}tɔ^{44}tɕʰi^{21}.
榆中县	致个手巾脏得很，扔过去。 tʂʅ^{51}kɪi^{21}ʂəɯ^{51}tɕĩ^{24}tsɒ^{44}ti^{44}xəŋ^{53}, zæ̃^{44}kuɤ^{44}tɕʰi^{21}.

	0013 这毛巾很脏了，扔了它吧。
永登县	致个手巾子脏得很，扔掉去。 tʂʅ^{13}kə^{354}ʂɤu^{55}tɕin^{42}tsʅ^{21}tsã^{44}ti^{42}xə̃n^{354}, a^{21}tiɔ^{55}tɕʰi^{21}.
红古区	致个手巾致们脏者，撂倒去。 tʂʅ^{22}kə^{55}ʂɤu^{55}tɕin^{21}tʂʅ^{22}mən^{55}tsaŋ^{21}tʂə^{13}, liɔ^{22}tɔ^{55}tsʰʅ^{21}.
凉州区	兹个毛巾太脏了，甩掉吧。 tsʅ^{53}kə^{21}mɑo^{35}tɕiŋ^{53}tʰæ^{53}tsɑŋ^{35}liɑo^{53}, ʂuæ^{35}tiɑo^{35}pa^{53}.
甘州区	致个毛巾脏兮兮的，快扔掉去吧。 tʂʅ^{31}kə^{21}mɔ^{35}tɕiŋ^{42}tsaŋ^{44}ɕi^{44}ɕi^{44}ti^{21}, kʰuɛ^{22}ʐɤŋ^{44}tiɔ^{44}kʰɤ^{44}pa^{44}.
肃州区	这毛巾太脏咧，扔掉吧。 tʂə^{21}mɔ^{13}tɕiŋ^{21}tʰɛ^{21}tsaŋ^{44}liɛ^{21}, ʐʅ^{21}tiɔ^{44}pa^{21}.
永昌县	这个毛巾脏的很啊，快丢掉吧。 tʂə^{53}kə^{21}mɔo^{13}tɕiŋ^{42}tsaŋ^{44}ti^{44}xəŋ^{53}a^{21}, kʰuɛ^{53}tiəu^{22}tiɔo^{44}pa^{21}.
崆峒区	致个毛巾脏得很，撇咧去。 tsʅ^{44}kɤ^{21}mɔ^{22}tɕiɤŋ^{53}tsaŋ^{53}ti^{21}xɤŋ^{53}, pʰiɛ^{53}liɛ^{21}tɕʰi^{21}.
庆城县	这个毛巾脏得很了，把它撇了去。 tʂə^{244}kə^{0}mɔ^{21}tɕiŋ^{51}tsã^{51}ti^{0}xɤŋ^{44}liᴇ^{0}, pa^{21}tʰa^{51}pʰiᴇ^{51}liɔ^{0}tɕʰi^{0}.
宁县	［这个］毛巾脏得很，扔了去。 tsɛ^{52}mɔ^{22}tɕiŋ^{52}tsaŋ^{31}ti^{0}xəŋ^{44}, ər^{52}liɛ^{0}tɕʰi^{0}.
武都区	这手巾儿脏得很了，给撂了。 tsɛɪ^{55}ʂəu^{55}tɕinr^{21}tsaŋ^{31}ti^{21}xəŋ^{55}ləu^{21}, kei^{21}liəu^{24}ləu^{21}.
文县	这毛巾脏得很了，撩了。/ 这毛巾太脏了，撂了。 tsɤ^{42}mɔo^{21}tɕiəŋ^{42}tsã^{42}ti^{21}xəŋ^{35}lɔo^{21}, liɔo^{24}lɔo^{42}. / tsɤ^{24}mɔo^{21}tɕiəŋ^{42}tʰɛe^{24}tsã^{42} liɔo^{21}, liɔo^{24}lɔo^{42}.
康县	这毛巾子太脏了，撂了吧。 tʂɤ^{55}mɔo^{24}tɕiəŋ^{53}tsʅ^{55}tʰɛ^{55}tsaŋ^{53}lɔo^{21}, liɔo^{24}lɔo^{55}pa^{21}.
礼县	这个毛巾浊得很，扔了算了。 tsai^{52}kɤ^{21}mɔo^{13}tɕiŋ^{21}tʃuɤ^{13}ti^{21}xɤŋ^{52}, ɚ^{52}nɔo^{21}ʃuæ̃^{44}nɔo^{21}.
靖远县	这个手巾子脏得很，扔掉去。 tʂɤ^{35}kɤ^{41}ʂɤu^{55}tɕiŋ^{21}tsʅ^{21}tsaŋ^{22}tʅ^{21}xɤŋ^{55}, ər^{55}tiɑo^{21}tsʰʮ^{21}.
陇西县	这毛巾脏得很，把它撇了唦。 tʂʰɤ^{44}mɔo^{24}tɕiŋ^{42}tsaŋ^{42}ti^{21}xɤŋ^{53}, ma^{21}tʰa^{21}pʰiɛ^{55}lɤ^{21}sa^{21}.
秦州区	这毛巾唠的很，咋一下扔了去。 tsɛ^{53}mɔ^{13}tɕiɤŋ^{21}yə^{44}tʰi^{21}xɤŋ^{53}. tsa^{53}ɕi^{21}xa^{44}ɛ^{53}liɤu^{21}tɕʰi^{21}.

	0013 这毛巾很脏了，扔了它吧。
安定区	宙⁼毛巾脏得很，把兀撇了。 tʂəu^{44}mɔ^{13}tɕiŋ^{21}tsɑŋ^{13}ti^{21}xəŋ^{53}, pa^{21}vu^{44}p^{h}iə^{53}lɔ^{21}.
会宁县	宙⁼个毛巾脏顶⁼，撇球子了。 tʂəu^{44}kə^{21}mɔ^{13}tɕiŋ^{21}tsɑŋ^{21}tiŋ^{53}, p^{h}iə^{53}tɕ^{h}iəu^{21}tsɿ^{21}lɔ^{21}.
临洮县	致个毛巾脏得很了，撇过算了。 tʂʅ^{53}kɤ^{21}mɔ^{13}tɕiŋ^{21}tsɑ̃^{13}ti^{21}xɤŋ^{53}liɔ^{21}, p^{h}ie^{53}kuɤ^{44}suæ̃^{44}liɔ^{21}.
清水县	这毛巾脏地很，一下扔了去。 tsɛ^{52}mɔ^{13}tɕiŋ^{21}tsɒ̃^{21}tsɿ^{13}xɤŋ^{52}, i^{21}xa^{44}ʒɨ^{52}liɔ^{21}tɕ^{h}i^{21}.
永靖县	致个毛巾脏得很，撂过去吧。 tʂʅ^{44}kɤ^{42}mɔ^{22}tɕiɤŋ^{44}tsɑŋ^{22}tɤ^{21}xɤŋ^{53}, liɔ^{44}kuɤ^{44}tɕ^{h}i^{42}pa^{21}.
敦煌市	兹个毛巾脏哇哇的，攒⁼掉去。 tsɿ^{31}kə^{21}mɔ^{213}tɕiŋ^{51}tsɑŋ^{213}va^{44}va^{31}tə^{21}, tsæ̃^{22}tɔ^{22}tɕi^{51}.
临夏市	致个毛巾胡都啦脏，扔过去。 tʂʅ^{44}kɤ^{42}mɔ^{13}tɕiŋ^{42}xu^{21}tu^{21}lɑ^{35}tsɑŋ^{13}, ɯ^{44}kuɤ^{42}tɕ^{h}i^{53}.
合作市	这个毛巾脏得很了，撇过去。 tʂə^{44}kə^{53}mɔ^{13}tɕiŋ^{21}tsɑŋ^{13}ti^{21}xəŋ^{44}liɔ^{21}, p^{h}iə^{44}kuə^{44}tɕ^{h}i^{21}.
临潭县	致个手巾脏得很，扔过去。 tʂʅ^{51}kɪi^{21}ʂəɯ^{51}tɕĩ^{24}tsɒ^{44}ti^{44}xəŋ^{53}, zæ̃^{44}kuɤ^{44}tɕ^{h}i^{21}.

	0014 我们是在车站买的车票。
兰州市	致个票我们是到车站上买下的。 tʂʅ^{22}kɤ^{53}p^{h}iɔ^{13}vɤ^{44}mən^{21}ʂʅ^{22}tɔ^{22}tʂ^{h}ɤ^{55}tʂæ̃^{13}ʂɑ̃^{44}mɛ^{42}xɑ^{21}ti^{21}.
榆中县	我们是在车站上买下的票。 və^{44}mən^{0}ʂʅ^{13}tsɛ^{213}tʂ^{h}ə^{51}tʂan^{0}ʂaŋ^{44}mɛ^{44}xa^{0}ti^{0}p^{h}iɔ^{213}.
永登县	我们是车站上买下的车票。 və^{35}mə̃n^{53}ʂʅ^{22}tʂ^{h}ə^{44}tʂæ̃^{21}ʂɑ̃^{22}mɛ^{21}xa^{13}ti^{21}tʂ^{h}ə^{42}p^{h}iɔ^{21}.
红古区	我们是车站买下者票。 və^{55}mən^{21}ʂʅ^{21}tʂ^{h}ə^{21}tʂan^{13}mɛ^{55}xa^{21}tʂə^{21}p^{h}iɔ^{13}.
凉州区	我们是在车站上买的票。 və^{53}məŋ^{35}sɿ^{31}tsæ^{31}tʂ^{h}ə^{35}tsɑŋ^{53}ʂɑŋ^{31}mæ^{35}ti^{21}p^{h}iɑo^{31}.
甘州区	我们是在车站上买的票。 və^{22}mɤŋ^{44}ʂʅ^{31}tsɛ^{22}tʂ^{h}ə^{44}tʂaŋ^{31}xaŋ^{21}mɛ^{22}ti^{44}p^{h}iɔ^{31}.

	0014 我们是在车站买的车票。
肃州区	我们是车站上买下的车票。 və21mɤŋ44sɿ21tʂʰə44tʂæ̃31ʂɑŋ21mɛ21ɕia44tə21tsʰə44pʰiɔ21.
永昌县	我们的车票是在车站上买的。 uə53məŋ22ti21tʂʰə44pʰiɔo53ʂʅ22tsɛe22tʂʰə44tʂɛe53ʂɑŋ21mɛe53tə21.
崆峒区	我们是在车站上买下的票。 ŋuo53mɤŋ21sɿ21tsɛ44tʂʰɤ21tsæ̃35ʂaŋ53mɛ55xa21ti21pʰiɔ44.
庆城县	我们是在车站买下的票。 ŋɔ44mu0sɿ244tsɛ244tʂʰə21tsɛ̃244mɛ44xa0ti0pʰiɔ244.
宁县	我的到车站买下的票。 ŋuə31ti0tɔ44tʂʰə22tsæ̃44mɛ52xa0ti0pʰiɔ44.
武都区	我们的车票是在车站上买下的。 ŋɤ55məŋ0tɛɪ21tʂʰɤ31pʰiɔu24sɿ21tsɛɪ24tʂʰɤ31tsæ̃24ʂɑŋ21mɛɪ55xa21tɛɪ21.
文县	我们在车站买的车票。 ŋɤ35məŋ44tsɛe33tsʰɤ21tsæ̃24mɛe44tɤ44tsʰɤ21pʰiɔo31.
康县	我们是在车站买的票。 ŋuɤ55mɤŋ55ʂʅ21tsɛ21tʂʰɤ21tʂan24mɛ53tɛ21pʰiɔo24.
礼县	敖⁼是在车站上买下的票。 ŋɔo13sɿ44tsʰai44tʂʰɤ31tsæ̃44ʂɑŋ21mai52xa21tai21pʰiɔo44.
靖远县	我们是在车站上买下的票。 ŋuə53mɤŋ21sɿ22tsɛ33tʂɤ22tʂæ̃35ʂɑŋ41mɛ55xa21tiɛ22pʰiɑo33.
陇西县	膏⁼到车站买下的票。/ 膏⁼到车站买的票。 kɔo42tɔo44tʂʰɤ42tsæ̃44mɛ44xa44tɔo42pʰiɔo21. / kɔo42tɔo44tʂʰɤ42tsæ̃44mɛ44tɔo44pʰiɔo21.
秦州区	敖⁼是在站上买的票。 ŋɔ13sɿ44tsʰɛ44tsæ̃44ʂɑŋ21mɛ53tɛ21pʰiɔ44.
安定区	敖⁼在车站上买下的票。 ŋɔ53tsɛ44tʂʰə21tsæ̃44ʂɑŋ44mɛ44xa21tə21pʰiɔ44.
会宁县	敖⁼是在车站上买下的车票。 ŋɔ53sɿ44tsʰɛ44tʂʰə21tsæ̃44ʂɑŋ21mɛ44xa21ti21tʂʰə21pʰiɔ44.
临洮县	我是在车站上买的票。 ŋuɤ53ʂʅ13tsɛ44tʂʰɤ21tsæ̃44ʂɑ̃21mɛ44ti21pʰiɔ44.
清水县	敖⁼是到车站上买下的票。 ŋɔ52ʃɨ44tɔ44tʂʰə21tʃæ̃44ʂɒ̃21mɛ52xa21tɛ21pʰiɔ443.

	0014 我们是在车站买的车票。
永靖县	我们的票是车站上买下的。 ɑŋ^{44}mɤŋ^{42}ti^{21}pʰiɔ^{44}ʂʅ^{42}tʂʰɤ^{22}tʂæ̃^{44}ʂɑŋ^{21}mɛ^{53}xa^{42}tʂɤ^{21}.
敦煌市	我们是在车站上买的车票。 ŋə^{44}mu^{21}sɿ^{31}tsɛ^{21}tʂʰə^{21}tsæ̃^{44}ʂɑŋ^{21}mɛ^{44}ti^{44}tʂʰə^{21}pʰiɔ^{13}.
临夏市	我们的票是车站上搭买下的。 ŋɤ^{44}məŋ^{42}ti^{44}pʰiɔ^{53}ʂʅ^{53}tʂʰɤ^{21}tʂã^{42}ʂɑŋ^{42}tɑ^{21}mɛ^{44}xɑ^{21}ti^{21}.
合作市	我们是在车站里买下的车票。 ŋə^{44}məŋ^{21}ʂʅ^{21}tsɛe^{53}tʂʰə^{21}tʂæ̃^{53}li^{21}mɛe^{44}xᴀ^{21}ti^{21}tʂʰə^{21}pʰiɔ^{53}.
临潭县	我们在车站上买下的票。 ŋɤ^{51}məŋ^{21}tsɛe^{24}tʂʰɤ^{44}tsæ̃^{44}zɒ^{21}mɛe^{44}xa^{211}ti^{21}pʰiɔo^{51}.

	0015 墙上贴着一张地图。
兰州市	墙上挂着一张地图。 tɕʰiɑ̃^{53}ʂɑ̃^{21}kua^{22}tʂɤ^{44}ʑi^{22}tʂɑ̃^{42}ti^{22}tʰu^{53}.
榆中县	墙高头挂了一张地图。 tɕʰiaŋ^{31}kɔ^{51}tʰəu^{0}kua^{21}lɔ^{44}i^{31}tʂaŋ^{51}ti^{13}tʰu^{312}.
永登县	墙上贴下着一张地图。 tɕʰiɑ̃^{55}ʂɑ̃^{21}tʰiɛ^{21}xa^{13}tʂə^{55}i^{21}tʂɑ̃^{44}ti^{22}tʰu^{53}.
红古区	墙上贴了一张地图。 tɕʰiɑŋ^{22}ʂɑŋ^{55}tʰiɛ^{21}liɔ^{13}zɿ^{21}tʂɑŋ^{13}tsɿ^{13}tʰu^{13}.
凉州区	墙上贴着张地图。 tɕʰiɑŋ^{35}ʂɑŋ^{53}tʰiə^{31}tʂə^{21}tʂɑŋ^{35}ti^{53}tʰu^{35}.
甘州区	墙上贴的一张地图。 tɕʰiaŋ^{35}xaŋ^{42}tʰiə^{31}ti^{21}ʑi^{22}tʂaŋ^{44}ti^{22}tʰu^{53}.
肃州区	墙上贴着一张地图。 tɕʰɑŋ^{44}ʂɑŋ^{21}tʰiɛ^{21}tʂə^{21}ʑi^{21}tʂɑŋ^{44}ti^{21}tʰu^{51}.
永昌县	墙上贴着一张地图。 tɕʰiaŋ^{13}ʂɑŋ^{42}tʰiə^{53}tʂə^{21}ʑi^{53}tʂɑŋ^{21}ti^{53}tʰu^{21}.
崆峒区	墙上贴咧一张地图。 tɕʰiɑŋ^{22}ʂɑŋ^{53}tʰiɛ^{53}liɛ^{21}i^{24}tʂɑŋ^{21}ti^{44}tʰu^{24}.
庆城县	墙上贴了一张地图。 tɕʰiɑ̃^{21}ʂɑ̃^{0}tʰiᴇ^{51}liɔ^{0}i^{21}tʂɑ̃^{51}ti^{244}tʰu^{113}.

	0015 墙上贴着一张地图。
宁县	墙洼里贴下一张地图。 tɕʰiɑŋ^{24}ua^{44}li^{0}tɕʰiɛ^{31}xa^{0}i^{24}tʂɑŋ^{0}tɕʰi^{44}tʰu^{24}.
武都区	墙上扒着一张地图。 tɕʰiɑŋ^{31}ʂɑŋ^{21}pa^{53}tʂɤ^{13}i^{22}tʂɑŋ^{55}ti^{24}tʰu^{13}.
文县	墙上贴了一张地图。 tɕʰiã^{21}sã^{35}tʰiɛ^{42}liɔo^{42}ʑi^{24}tsã^{42}ti^{24}tʰu^{21}.
康县	墙上贴着一张地图。 tɕiɑŋ^{13}ʂɑŋ^{21}tɕʰiɛ^{53}tʂɔo^{21}i^{55}tʂɑŋ^{53}tɕi^{53}tʰu^{13}.
礼县	墙上扒下一张地图。 tɕʰiɑŋ^{13}ʂɑŋ^{21}pa^{44}xa^{21}i^{21}tʂɑŋ^{24}ti^{44}tʰu^{13}.
靖远县	墙上贴下一张儿地图。 tɕʰiɑŋ^{22}ʂɑŋ^{55}tʰiɛ^{22}xa^{21}zʅ^{22}tʂɐ̃r^{41}tsʅ^{22}tʰu^{24}.
陇西县	墙头起粘下一张地图。 tɕʰiɑŋ^{22}tʰɤu^{44}tɕʰi^{44}tʂæ̃^{42}a^{13}i^{32}tʂɑŋ^{21}ti^{44}tʰu^{13}.
秦州区	墙上扒了一张地图。 tɕʰiɑŋ^{13}ʂɑŋ^{21}pia^{44}liɤu^{21}ɕi^{13}tʂɑŋ^{13}ti^{44}tʰu^{13}.
安定区	墙上粘下个地图。 tɕʰiɑŋ^{13}ʂɑŋ^{21}tʂæ̃^{44}xa^{13}kə^{21}ti^{44}tʰu^{13}.
会宁县	墙上扒下一张地图。 tɕʰiɑŋ^{21}ʂɑŋ^{44}pia^{21}xa^{13}ʑi^{13}tʂɑŋ^{13}ti^{44}tʰu^{13}.
临洮县	墙上贴着一张地图。 tɕʰiã^{13}ʂã^{44}tʰie^{21}tʂɤ^{13}ʑi^{21}tʂã^{13}ti^{44}tʰu^{13}.
清水县	墙上扒下一张地图。 tsʰiɒ̃^{13}ʂɒ̃^{21}pia^{44}xa^{21}i^{21}tʂɒ̃^{13}tsi^{44}tʰu^{13}.
永靖县	墙上一张地图贴着哩。 tɕʰiɑŋ^{22}ʂɑŋ^{44}i^{44}tʂɑŋ^{53}ti^{44}tʰu^{42}tʰiɛ^{22}tʂɤ^{21}li^{53}.
敦煌市	墙上贴着一张地图。 tɕʰiɑŋ^{21}ʂɑŋ^{44}tʰiə^{21}ʑi^{13}ʑi^{13}tʂɑŋ^{22}ti^{44}tʰu^{13}.
临夏市	地图墙上挂下着呢。 ti^{44}tʰu^{24}tɕʰiɑŋ^{21}ʂɑŋ^{44}kuɑ^{44}xɑ^{44}tʂɤ^{21}ȵi^{21}.
合作市	地图墙上贴着呢。 ti^{44}tʰu^{13}tɕʰiɑŋ^{53}ʂɑŋ^{21}tʰiə^{44}tʂə^{21}ȵi^{21}.
临潭县	墙上贴下一张地图。 tɕʰiɒ^{24}ʐɒ^{21}tʰiɛ^{44}xa^{44}i^{24}tʂɒ^{21}ti^{44}tʰu^{24}.

	0016 床上躺着一个老人。
兰州市	床上躺着一个老汉。 tʂʰuɑ̃^{53}ʂɑ̃^{21}tʰɑ̃^{44}tʂɤ^{42}ʑi^{22}kɤ^{44}lɔ^{44}xæ̃^{21}.
榆中县	炕上躺着个老汉。 kʰaŋ^{21}ʂaŋ^{44}tʰaŋ^{44}tʂə^{0}kə^{0}lɔ^{44}xan^{0}.
永登县	炕上躺下个老汉哩。 kʰɑ̃^{13}ʂɑ̃^{354}tʰɑ̃^{21}xa^{13}kə^{42}lɔ^{22}xæ̃^{354}li^{21}.
红古区	炕上躺着个老汉。 kʰɑŋ^{22}ʂɑŋ^{55}tʰɑŋ^{55}tʂə^{21}kə^{21}lɔ^{55}xan^{21}.
凉州区	床上躺着个老人。 tʂʰuɑŋ^{35}ʂɑŋ^{53}tʰɑŋ^{53}tʂə^{21}kə^{21}lɑo^{53}ʐəŋ^{35}.
甘州区	床上躺的一个老年人。 kʰuaŋ^{35}xaŋ^{42}tʰaŋ^{22}ti^{44}ʑi^{31}kə^{21}lɔ^{44}ȵiaŋ^{44}ʐɤŋ^{44}.
肃州区	床上躺的个老人。 tʂʰɑŋ^{44}ʂɑŋ^{21}tʰɑŋ^{21}ti^{21}kə^{21}lɔ^{21}ʐɤŋ^{51}.
永昌县	床上躺着一个老人。 tʂʰuɑŋ^{13}ʂɑŋ^{42}tʰɑŋ^{53}tʂə^{21}ʑi^{53}kə^{21}lɔo^{53}ʐəŋ^{21}.
崆峒区	床上躺咧一个老汉。 tʂʰuɑŋ^{22}ʂɑŋ^{55}tʰɑŋ^{55}liɛ^{21}i^{21}kɤ^{21}lɔ^{55}xæ̃^{21}.
庆城县	炕上睡了一个老年人。 kʰɑ̃^{244}ʂɑ̃^{0}ʂuei^{244}liɔ^{0}i^{21}kə^{244}lɔ^{44}ȵiɛ̃^{0}ʐɤŋ^{113}.
宁县	床上睡下一个老汉。 tʃʰuaŋ^{22}ʂaŋ^{52}ʃuei^{44}xa^{31}i^{24}uɛ^{0}lɔ^{55}xæ̃^{0}.
武都区	床上仰着个老汉。 tʃʰuɑŋ^{31}sɑŋ^{24}ȵiɑŋ^{55}tʂɤ^{13}kɤ^{21}lɔu^{55}xæ̃^{21}.
文县	床上躺的块老人。 tsʰuɑ̃^{21}sɑ̃^{35}tʰɑ̃^{33}tɤ^{33}kʰuɛe^{33}lɔo^{35}zəŋ^{42}.
康县	床上睡着一个老汉。 pfʰɑŋ^{21}ʂɑŋ^{21}fei^{24}tʂɔo^{55}i^{21}kɛ^{21}lɔo^{53}xan^{21}.
礼县	炕上睡下个老汉。 kʰɑŋ^{44}ʂɑŋ^{21}ʃuei^{44}xa^{21}kɤ^{21}nɔo^{52}xæ̃^{21}.
靖远县	床上躺下一个老人。 tʂʰuɑŋ^{22}ʂɑŋ^{55}tʰɑŋ^{55}xa^{21}ʐʅ^{22}kɤ^{24}lɑo^{55}ʐɤŋ^{21}.

	0016 床上躺着一个老人。
陇西县	炕上趄⁼下一个老汉。 kʰaŋ44aŋ42tɕʰiɛ55xa42i22ke21lɔo55xæ̃42.
秦州区	炕上睡下一个老汉。 kʰaŋ44ʂaŋ21suei44xa21ɕi13kɛ53lɔ53xæ̃21.
安定区	床上仰下个老人。 tʃʰuaŋ13ʂaŋ44ȵiaŋ53xa21kə44lɔ53ʐəŋ21.
会宁县	床上牮⁼着个老人。 tʃʰuaŋ21ʂaŋ44tɕiæ̃44tʂə44kə44lɔ44ʐəŋ21.
临洮县	床上躺着一个老汉。 tʂʰuã21ʂã44tʰã53tʂɤ21ʑi21kɤ44lɔ53xæ̃21.
清水县	床上睡下个老汉。 tʃʰɔ̃13ʂɔ̃21ʃəi44xa21kɛ21lɔ52xæ̃21.
永靖县	一个老者床上躺着哩。 i22kɤ44lɔ22tʂɤ53tʂʰuaŋ22ʂaŋ44tʰaŋ53tʂɤ21li13.
敦煌市	床上躺的一个老人。 tʂʰuaŋ22ʂaŋ51tʰaŋ51ti21ʑi21kə13lɔ44ʐɤŋ31.
临夏市	床上一个老汉躺呢。 tʂʰuaŋ21ʂaŋ44ʑi21kɤ24lɔ44xã42tʰaŋ31ȵi21.
合作市	床上躺着一个老汉。 tʂʰuaŋ13ʂaŋ21tʰaŋ44tʂə21ʑi21kə53lɔ44xæ̃53.
临潭县	床上挺下一个老汉。 tsʰuɒ44ʐɒ21tʰin51xa21i24kɤ44lɔo44xæ̃21.

	0017 河里游着好多小鱼。
兰州市	河里游着稀麻多的鱼儿。 xɤ53li13iəu44ə42ɕi22ma53tuo55ti21ʑy53ɣɯ13.
榆中县	好多尕鱼儿在河里游着呢。 xɔ44tuə51ka13y31ɣɤ213tsɛ13xə31li213iəu51tʂə0ȵiᴇ0.
永登县	河里头麻拉拉的尕鱼儿游着哩。 xə55li21tʰɤu35ma22la13la55ti53ka55yr53iɤu53tʂə21li21.
红古区	致个河里尕鱼儿多。 tʂʅ22kə55xuə13lʅ55ka55zɥər13tuə13.
凉州区	河里游着些鱼娃子。 xə35li21iəu35tʂə21ɕiə53ʑy35va35tsʅ53.

	0017 河里游着好多小鱼。
甘州区	好多鱼娃子在河里游的哩啊。 xɔ^{53}tuə^{44}ʑy^{35}va^{42}tsɿ^{21}tsɛ^{22}xə^{35}li^{42}iɤu^{35}tə^{42}li^{22}a^{21}.
肃州区	河里游的好多鱼娃子。 xə^{44}li^{21}ʑiəu^{13}ti^{21}xɔ^{51}tuə^{21}ʑy^{44}va^{21}tsɿ^{21}.
永昌县	沟里游着些小鱼儿。 kəu^{44}li^{44}iəu^{13}tʂə^{53}ɕiə^{21}ɕiɔo^{53}ʑy^{13}ɣɤ^{42}.
崆峒区	河里游咧好少的小鱼。 xuo^{22}ȵi^{53}iəu^{22}liɛ^{53}xɔ^{22}ʂɔ^{55}ti^{21}ɕiɔ^{53}y^{24}.
庆城县	这么些小鱼在河里要着咧。 tʂə^{244}muə^{0}ɕiᴇ^{0}ɕiɔ^{44}y^{113}tsɛ^{244}xuə^{21}li^{0}ʂua^{44}tʂuə^{0}liᴇ^{0}.
宁县	河里好多鱼儿子游着哩。 xuə^{22}li^{52}xɔ^{52}tuə^{31}y^{24}ər^{52}tsɿ^{0}iou^{24}tʂɛ^{44}li^{0}.
武都区	河里的碎鱼儿稀不多。 xuɤ^{22}li^{53}tɛɪ^{21}suei^{24}y^{21}ɚ^{13}ɕi^{53}pu^{21}tuɤ^{31}.
文县	河里游的好些鱼儿子。 xuə^{21}li^{35}iɤu^{13}tɛe^{24}xɔo^{35}ɕiɛ^{21}ʑy^{22}ɚ^{24}tsɿ^{42}.
康县	河里面游着好些鱼娃子。 xuɤ^{13}li^{55}mian^{55}iɤu^{21}tʂɔo^{21}xɔo^{55}ɕiɛ^{21}y^{21}va^{13}tsɿ^{21}.
礼县	河坝里碎鱼娃儿多得很。 xɤ^{13}pa^{21}li^{24}ʃuei^{44}y^{13}var^{13}tuɤ^{31}ti^{13}xɤŋ^{52}.
靖远县	河里有沤=们多尕鱼儿。 xuə^{22}lɿ^{55}iɤu^{55}ɤu^{33}mu^{21}tuə^{22}ka^{55}zɥər^{24}.
陇西县	河赫=里兀么多的碎鱼娃儿摆着咪。 xɤ^{22}xɤ^{44}li^{42}vu^{44}mɤŋ^{44}tuɤ^{42}ti^{21}sue^{44}y^{13}va^{42}zɿ^{13}pɛ^{55}tʂɤ^{21}lɛ^{21}.
秦州区	河豁=的碎鱼多得很。 xuə^{13}xuə^{21}tɛ^{21}suei^{44}y^{13}tuə^{13}ti^{21}xɤŋ^{53}.
安定区	河弯里的尕鱼儿多得很。 xə^{21}væ̃^{13}li^{21}ti^{21}ka^{13}y^{21}zɿ^{53}tuə^{21}ti^{13}xəŋ^{53}.
会宁县	河弯里碎鱼浮的多顶=。 xə^{13}uæ̃^{44}li^{21}suei^{44}y^{13}fu^{21}tə^{44}tuə^{21}tiŋ^{53}.
临洮县	河里尕鱼儿多得很。 xɤ^{13}li^{44}ka^{13}yər^{13}tuɤ^{42}ti^{21}xɤŋ^{53}.
清水县	河里的碎鱼儿多很。 xuə^{13}li^{21}tɛ^{21}suəi^{44}y^{13}ɚ^{21}tuə^{21}xɤŋ^{52}.

	0017 河里游着好多小鱼。
永靖县	河里尕鱼儿多得很。 xuɤ^{22}li^{53}ka^{53}y^{22}ɯ^{44}tuɤ^{22}tɤ^{53}xɤŋ^{53}.
敦煌市	好少的鱼娃子在河里游的呢。 xɔ^{21}ʂɔ^{44}ti^{21}ʑy^{35}va^{21}tsɿ^{51}tsɛ^{44}xə^{21}li^{51}iɤu^{22}ti^{44}ȵi^{21}.
临夏市	河里尕鱼多的呱。 xɤ^{13}li^{44}kɑ^{13}ʑy^{24}tuɤ^{21}ti^{42}kuɑ^{44}.
合作市	河里稀麻多的尕鱼。 xə^{13}li^{44}ɕi^{13}mᴀ^{21}tuə^{13}ti^{21}kᴀ^{13}ʑy^{13}.
临潭县	河里有奥么多的尕鱼诶。 xɤ^{24}ȵi^{44}iəɯ^{44}ɔo^{44}mɤ^{21}tuɤ^{44}ti^{21}ka^{44}y^{24}ɛe^{21}.

	0018 前面走来了一个胖胖的小男孩。
兰州市	前面过来了一个尕胖子。 tɕ^{h}iæ̃^{53}mi^{42}kuo^{22}lɛ^{42}lɔ^{42}ʑi^{22}kɤ^{44}ka^{53}p^{h}ɑ̃^{22}tsɿ^{42}.
榆中县	前面个来了个胖乎乎的儿娃子。 tɕ^{h}ian^{31}mian^{0}kə^{44}lɛ^{31}lə^{0}kə^{44}p^{h}aŋ^{21}xu^{44}xu^{44}ti^{0}ɣɤ^{31}va^{0}tsɿ^{44}.
永登县	前头来了个胖尕娃。 tɕ^{h}iæ̃^{53}t^{h}ɤu^{13}lɛ^{53}liɔ^{31}kə^{21}p^{h}ɑ̃^{13}ka^{21}va^{13}.
红古区	前头来了个胖娃娃。 tɕ^{h}ian^{22}t^{h}ɤu^{55}lɛ^{21}liɔ^{13}kə^{21}p^{h}ɑŋ^{21}va^{55}va^{21}.
凉州区	前头来了个胖娃子。 tɕ^{h}iɑŋ^{35}t^{h}əu^{53}læ^{35}liɑo^{31}kə^{21}p^{h}ɑŋ^{53}va^{35}tsɿ^{53}.
甘州区	前头来了一个胖胖的小娃子。 tɕ^{h}iaŋ^{35}t^{h}ɤu^{42}lɛ^{35}liɔ^{42}ʑi^{31}kə^{21}p^{h}aŋ^{24}p^{h}aŋ^{31}ti^{21}ɕiɔ^{22}va^{35}tsɿ^{42}.
肃州区	前面走的一个胖胖的男娃子。 tɕ^{h}iæ̃^{44}miæ̃^{21}tsəu^{21}ti^{41}ʑi^{44}kə^{21}p^{h}ɑŋ^{13}p^{h}ɑŋ^{44}ti^{21}næ̃^{44}va^{21}tsɿ^{21}.
永昌县	前头来了个胖胖的男娃娃。 tɕ^{h}iɛ^{13}t^{h}əu^{53}lɛe^{13}liɔ^{53}kə^{21}p^{h}ɑŋ^{44}p^{h}ɑŋ^{53}ti^{21}nɛe^{13}va^{42}va^{21}.
崆峒区	前头来咧一个胖乎乎的儿子娃娃。 tɕ^{h}iæ̃^{22}t^{h}əu^{53}lɛ^{22}liɛ^{53}i^{21}kɤ^{21}p^{h}ɑŋ^{35}xu^{53}xu^{21}ti^{21}ɚ^{22}tsɿ^{53}ua^{22}ua^{53}.
庆城县	对面来了个儿子娃，胖得很。 tuei^{244}miẽ^{244}lɛ^{21}liɔ^{0}kə^{0}ɚ^{21}tsɿ^{44}va^{0}, p^{h}ɑ̃^{244}ti^{0}xɤŋ^{44}.
宁县	前头来了一个胖娃娃。 tɕ^{h}iæ̃^{22}t^{h}ou^{52}lɛ^{22}liɛ^{52}i^{31}uɛ^{0}p^{h}aŋ^{44}ua^{22}ua^{52}.

	0018 前面走来了一个胖胖的小男孩。
武都区	前面过来个胖儿子。 tɕʰiæ̃^{31}miæ̃^{24}kuɤ^{24}lɛɪ^{21}kʰɛɪ^{21}pʰaŋ^{24}ɚ^{21}tsɿ^{13}.
文县	前面走过来一块小娃，长得胖得很。 tɕʰiæ̃^{21}miæ̃^{42}tsɤu^{53}kuə^{24}lɛe^{21}ʑi^{21}kʰuɛe^{44}ɕiɔo^{35}ua^{21}, tsã^{55}ti^{33}pã^{22}ti^{21}xəŋ^{42}.
康县	前面走来了一个胖墩墩的男娃娃。 tɕian^{21}mian^{21}tsɤu^{55}lɛ^{21}lɔo^{21}i^{21}kuɤ^{24}pʰaŋ^{24}tuŋ^{55}tuŋ^{21}tɛ^{21}lan^{13}va^{21}va^{55}.
礼县	前头走过来个胖突突的碎儿子。 tɕʰiæ̃^{13}tʰəu^{13}tsəu^{52}kuɤ^{44}nai^{13}kɤ^{21}pʰaŋ^{44}tʰu^{21}tʰu^{21}ti^{21}ʃuei^{44}ɚ^{13}tsɿ^{21}.
靖远县	前头过来了一个胖胖儿的儿子娃。 tɕʰiæ̃^{22}tʰɤu^{55}kuə^{35}lɛ^{41}liao^{21}zɿ^{22}kɤ^{21}pʰaŋ^{33}pʰɤ̃r^{35}tə^{41}ər^{22}tsɿ^{55}va^{21}.
陇西县	前头走着来了一个胖胖的个碎儿子。 tɕʰiæ̃^{22}tʰɤu^{44}tsɤu^{55}tʂɤ^{42}lɛ^{22}lɔo^{44}i^{42}kɤ^{44}pʰaŋ^{44}pʰaŋ^{44}ti^{21}kɤ^{21}sue^{44}zɿ^{22}tsɿ^{21}.
秦州区	前头过来了个肥儿子。 tɕʰiæ̃^{13}tʰɤu^{21}kuə^{44}lɛ^{13}liɤu^{21}kɛ^{21}fei^{13}ɛ^{13}tsɿ^{21}.
安定区	前头来了个胖胖个的尕儿子。 tɕʰiæ̃^{21}tʰəu^{44}lɛ^{13}lɔ^{21}kə^{21}pʰaŋ^{44}pʰaŋ^{44}kə^{21}ti^{21}ka^{13}zɿ^{21}tsɿ^{44}.
会宁县	前头来了个胖顶$^{=}$的碎儿子。 tɕʰiæ̃^{21}tʰəu^{44}lɛ^{21}lɔ^{13}kə^{44}pʰaŋ^{44}tiŋ^{53}ti^{21}suei^{44}zɿ^{21}tsɿ^{44}.
临洮县	前头来了一个胖胖的尕儿子。 tɕiæ̃^{13}tɤu^{44}lɛ^{13}liɔ^{21}ʑi^{13}kɤ^{44}pʰã^{44}pʰã^{42}ti^{21}ka^{13}ɚ^{42}tsɿ^{21}.
清水县	前头来下个儿子娃，胖很。 tsʰiæ̃^{13}tʰou^{21}lɛ^{13}xa^{21}kɛ^{21}ɚ^{13}tsɿ^{21}va^{21}, pʰɔ̃^{44}xɤŋ^{52}.
永靖县	前面来了一个胖胖的尕娃娃。 tɕʰiæ̃^{22}miæ̃^{44}lɛ^{22}lɔ^{13}i^{22}kɤ^{44}pʰaŋ^{24}pʰaŋ^{21}tɤ^{21}ka^{53}va^{22}va^{13}.
敦煌市	前头来了一个尕胖娃。 tɕʰiæ̃^{21}tʰɤu^{44}lɛ^{21}lə^{13}ʑi^{21}kə^{21}ka^{213}pʰaŋ^{44}va^{35}.
临夏市	一个胖尕娃走着过来了。 ʑi^{13}kɤ^{44}pʰaŋ^{53}ka^{21}va^{44}tsɤu^{44}tʂɤ^{42}kuɤ^{44}lɛ^{42}liɔ^{24}.
合作市	前面走底一个胖胖的尕娃。 tɕʰiæ̃^{13}miæ̃^{21}tsəɯ^{44}ti^{53}ʑi^{21}kə^{53}pʰaŋ^{44}pʰaŋ^{21}ti^{21}kᴀ^{21}vᴀ^{53}.
临潭县	前面来了一个肥肥的尕娃娃。 tɕʰiæ̃^{24}miæ̃^{44}lɛe^{21}lɤ^{44}i^{24}kɪi^{21}fɪi^{44}fɪi^{44}ti^{21}ka^{24}va^{24}va^{51}.

	0019 他家一下子死了三头猪。
兰州市	那们屋里的猪一下死了三个。 na^{55}mən^{42}vu^{22}ȵi^{24}ti^{42}pfu^{55}ʑi^{22}xa^{24}sɿ^{34}lɔ^{21}sæ̃^{55}kɤ^{21}.
榆中县	他们家一下子死了三头猪。 tʰa^{51}mən^{0}tɕia^{51}i^{31}ɕia^{0}tsɿ^{44}sɿ^{44}lɔ^{0}san^{51}tʰəu^{0}tʂu^{51}.
永登县	那们屋里的猪一起子死掉了三个。 na^{55}mə̃n^{21}vu^{22}li^{35}ti^{53}pfu^{42}i^{13}tɕʰi^{22}tsɿ^{55}sɿ^{53}tiɔ^{42}liɔ^{21}sæ̃^{42}kiɛ^{21}.
红古区	家们家三个猪儿一挂死倒了。 tɕia^{55}mən^{21}tɕia^{13}san^{21}kə^{13}tʂur^{13}zɿ^{21}kua^{13}sɿ^{53}tɔ^{21}liɔ^{21}.
凉州区	家屋里一下死了三个猪。 tɕia^{35}vu^{53}li^{21}ʑi^{53}xa^{21}sɿ^{53}liɑo^{35}sɑŋ^{35}kə^{53}tʂu^{35}.
甘州区	伢们家里一下子死掉了三头猪。 ia^{53}mu^{21}tɕia^{44}li^{44}ʑi^{31}xa^{22}tsɿ^{21}sɿ^{22}tiɔ^{22}liə^{44}saŋ^{44}tʰɤu^{44}pfu^{44}.
肃州区	那们家一下子死咧三头猪。 na^{44}mɤŋ^{21}tɕia^{44}ʑi^{21}ɕia^{41}tsɿ^{21}sɿ^{21}liɛ^{53}sæ̃^{44}tʰəu^{53}tʂu^{21}.
永昌县	他们家里一下子死掉了三头猪。 ta^{44}məŋ^{44}tɕia^{22}li^{44}ʑi^{53}xa^{22}tsɿ^{21}sɿ^{53}tiɔo^{22}liɔo^{21}sɛe^{44}tʰəu^{44}tʂu^{21}.
崆峒区	他们家的猪一下把三个死咧。 tʰa^{53}mɤŋ^{21}tɕia^{53}ti^{24}tʂu^{21}i^{22}xa^{44}pa^{22}sæ̃^{53}kɤ^{21}sɿ^{53}liɛ^{21}.
庆城县	他们家一下子死了三个猪。 tʰa^{51}mɤŋ^{0}tɕia^{51}i^{21}xa^{244}tsɿ^{0}sɿ^{44}liɔ^{0}sɛ̃^{51}kə^{0}tʂu^{51}.
宁县	［人家］家里一下死了三个猪。 ȵiã^{31}tɕia^{31}li^{0}i^{22}xa^{44}sɿ^{55}liɔ^{0}saŋ^{31}uɛ^{0}tʃu^{31}.
武都区	他们一刬=死喽三头猪。 tʰa^{55}məŋ^{21}i^{21}tsʰæ̃^{13}sɿ^{55}ləu^{21}sæ̃^{53}tʰəu^{21}tʃu^{31}.
文县	他们屋里一下死了三块猪。 tʰa^{42}məŋ^{21}vu^{42}li^{35}ʑi^{42}xa^{21}sɿ^{55}lɔo^{42}sæ̃^{42}kʰuɛe^{42}tsu^{21}.
康县	他家一下子死了三头猪。 tʰa^{55}tɕia^{55}i^{21}xa^{24}tsɿ^{53}sɿ^{55}lɔo^{55}san^{53}tʰɤu^{21}pfu^{21}.
礼县	他屋里一下子死了三个猪。 tʰa^{31}vu^{21}li^{24}i^{31}xa^{44}tsɿ^{21}sɿ^{52}nɔo^{21}sæ̃^{31}kɤ^{44}tʃu^{21}.
靖远县	［人家］们一下把三个猪死了。 ȵiɛ^{24}mɤŋ^{55}zɿ^{22}xa^{21}pa^{22}sæ̃^{41}kɤ^{21}tʂʮ^{41}sɿ^{33}liɑo^{21}.

	0019 他家一下子死了三头猪。
陇西县	涛=下一挂死了三个猪儿。 tʰɔo^{42}xa^{13}i^{42}kua^{43}sɿ^{55}lɔo^{42}sæ̃^{21}ke^{21}tʃʯ^{42}zɿ^{13}.
秦州区	外家一下死了三个猪。 vɛ^{53}tɕia^{13}ɕi^{44}xa^{21}sɿ^{53}liɤu^{21}sæ̃^{21}kɛ^{53}tʃɥ^{13}.
安定区	[人家]屋里一下死了三个猪。 ȵia^{13}vu^{21}li^{44}ʑi^{21}xa^{44}sɿ^{53}lɔ^{21}sæ̃^{21}kə^{44}tʃu^{13}.
会宁县	[人家]屋里一每=每=死了三个猪。 ȵia^{13}u^{44}li^{21}ʑi^{21}mei^{44}mei^{21}sɿ^{53}lɔ^{21}sæ̃^{21}kə^{44}tʃu^{13}.
临洮县	家室屋里一下子死了三个猪。 tɕia^{13}ʂʅ^{21}vu^{44}li^{13}ʑi^{21}xa^{44}tsɿ^{21}sɿ^{53}liɔ^{21}sæ̃^{13}kɛ^{44}tʂu^{21}.
清水县	兀家屋里一下死了三个猪么。 vɛ^{52}tɕia^{13}vu^{21}li^{13}i^{21}xa^{44}sɿ^{52}liɔ^{21}sæ̃^{21}kɛ^{13}tʃɨ^{21}mə^{13}.
永靖县	家们屋里一单=尺=三个猪死了。 tɕia^{22}mɤŋ^{53}vu^{22}li^{53}i^{13}tæ̃^{22}tʂʰʅ^{53}sæ̃^{22}kɤ^{42}tʂu^{213}sɿ^{53}lɔ^{21}.
敦煌市	[人家]们家一下子死了三个猪。 ȵia^{53}mu^{21}tɕia^{21}ʑi^{213}xa^{44}tsɿ^{44}sɿ^{51}lə^{21}sæ̃^{21}kə^{13}tʂu^{21}.
临夏市	家的家里一卡=尺=三个猪死了。 tɕiɛ^{13}ti^{42}tɕiɑ^{22}li^{44}ʑi^{13}kʰɑ^{53}tʂʰʅ^{42}sã^{13}kɤ^{42}tʂu^{13}sɿ^{42}liɔ^{21}.
合作市	他家一卡=尺=死了三个猪。/ 他家一卡=尺=三个猪死了。 tʰᴀ^{13}tɕiᴀ^{13}ʑi^{13}kʰᴀ^{53}tʂʰʅ^{21}sɿ^{44}liɔ^{21}sæ̃^{13}kə^{53}tʂu^{13}. / tʰᴀ^{13}tɕiᴀ^{13}ʑi^{13}kʰᴀ^{53}tʂʰʅ^{21}sæ̃^{13}kə^{53}tʂu^{13}sɿ^{44}liɔ^{21}.
临潭县	奥个家的三个尕猪娃子一呱死了。 ɔo^{44}kɪi^{21}tɕia^{44}ti^{44}sæ̃^{44}kɪi^{21}ka^{24}tʂu^{21}va^{44}tsɿ^{21}i^{24}kua^{44}sɿ^{21}lɤ^{44}.

	0020 这辆汽车要开到广州去。/ 这辆汽车要开去广州。
兰州市	致是往广州开的车。/ 致个车是走广州的。 tʂʅ^{55}ʂʅ^{42}vã^{44}kuã^{35}tʂəu^{42}kʰɛ^{42}ti^{21}tʂʰɤ^{21}. / tʂʅ^{22}kɤ^{53}tʂʰɤ^{31}ʂʅ^{13}tsəu^{44}kuã^{35}tʂəu^{42}ti^{21}.
榆中县	致个车要开到广州去呢。 tʂʅ^{21}kə^{44}tʂʰə^{51}iɔ^{21}kʰɛ^{51}tɔ^{0}kuaŋ^{51}tʂəu^{0}tɕʰi^{44}ȵiᴇ^{0}.
永登县	致个汽车那广州去哩。 tʂʅ^{22}kə^{55}tɕʰi^{21}tʂʰə^{44}na^{53}kuã^{35}tʂɤu^{53}tɕʰi^{21}li^{21}.
红古区	致个汽车开上了广州去哩。 tʂʅ^{22}kə^{55}tsʰɿ^{21}tʂʰə^{55}kʰɛ^{21}ʂaŋ^{13}liɔ^{55}kuaŋ^{55}tʂɤu^{21}tsʰɿ^{21}lɿ^{21}.

	0020 这辆汽车要开到广州去。/ 这辆汽车要开去广州。
凉州区	兹个车开上广州去哩。 tsʅ^{53}kə^{21}tʂʰə^{35}kʰæ^{35}ʂɑŋ^{53}kuɑŋ^{53}tʂəu^{35}tɕʰi^{31}li^{21}.
甘州区	致辆汽车开到广州去哩啊。/ 致辆汽车要去广州哩啊。 tʂʅ^{31}liaŋ^{24}tɕʰi^{31}tʂə^{21}kʰɛ^{44}tɔ^{44}kuaŋ^{22}tʂɤu^{22}kʰɤ^{44}li^{44}a^{44}. / tʂʅ^{31}liaŋ^{24}tɕʰi^{31}tʂə^{21}iɔ^{24}kʰɤ^{31} kuaŋ^{22}tʂɤu^{22}li^{44}a^{44}.
肃州区	这辆汽车要开到广州去。 tʂə^{21}liɑŋ^{44}tɕʰi^{21}tʂʰə^{53}ʑiɔ^{21}kʰɛ^{44}tɔ^{44}kuɑŋ^{21}tʂəu^{44}tɕʰy^{21}.
永昌县	这辆汽车要开到广州去呢。 tʂə^{53}liaŋ^{21}tɕʰi^{53}tʂə^{21}iɔo^{22}kʰɛe^{44}tɔo^{44}kuaŋ^{53}tʂəu^{22}tɕʰi^{53}ȵi^{21}.
崆峒区	这个汽车［人家］是走广州个。 tʂɤ^{44}kɤ^{22}tɕʰi^{35}tʂʰɤ^{53}ȵiæ̃^{53}sʅ^{21}tsəu^{53}kuaŋ^{55}tʂəu^{21}uɛ^{21}.
庆城县	致个车要到广州去。 tʂʅ^{244}kə^{0}tʂʰɛ^{51}iɔ^{244}tɔ^{244}kuã^{44}tʂɤu^{0}tɕʰi^{0}.
宁县	这车要开到广州去。 tsɛ^{52}tʂʰə^{31}iɔ^{44}kʰɛ^{22}tɔ^{44}kuaŋ^{55}tʂou^{0}tɕʰi^{0}.
武都区	这辆汽车要开着广州去哩。 tʂɤ^{31}liaŋ^{21}tɕʰi^{22}tʂʰɤ^{31}iɔu^{24}kʰɛɪ^{31}tʂɤ^{21}kuaŋ^{55}tʂəu^{21}tɕʰy^{21}li^{21}.
文县	这块汽车要开到广州去。 tsɤ^{44}kʰuɛe^{42}tɕʰi^{24}tɕiɛ^{42}iɔo^{24}kʰɛe^{42}tɔo^{21}kuã^{35}tsɤu^{42}tɕʰi^{21}.
康县	这个车要开广州去咧。/ 这个车要到广州去咧。/ 这个车要去广州。 tsei^{53}kɤ^{21}tʂʰɤ^{53}iɔo^{24}kʰɛ^{53}kuaŋ^{24}tʂɤu^{53}tɕʰy^{21}liɛ^{21}./ tsei^{53}kɤ^{21}tʂʰɤ^{53}iɔo^{21}tɔo^{21}kuaŋ^{24} tʂɤu^{53}tɕʰy^{21}liɛ^{21}. / tsei^{53}kɤ^{21}tʂʰɤ^{53}iɔo^{21}tɕʰy^{21}kuaŋ^{24}tʂɤu^{53}.
礼县	这个车往广州去价⁼。 tsai^{52}kɤ^{44}tʂʰɤ^{31}vaŋ^{52}kuaŋ^{52}tʂəu^{21}tɕʰi^{44}tɕia^{21}.
靖远县	这个汽车要开到广州去呢。 tʂɤ^{35}kɤ^{42}tsʰʅ^{42}tʂʰɤ^{41}iao^{33}kʰɛ^{22}tao^{33}kuaŋ^{55}tʂɤu^{21}tsʰʅ^{21}ȵiɛ^{21}.
陇西县	致个汽车要开着广州去哩。 tʂʅ^{44}ke^{42}tɕʰi^{44}tʂʰɤ^{42}iɔo^{44}kʰɛ^{42}tʂɤ^{21}kuaŋ^{55}tʂɤu^{21}tɕʰi^{44}li^{21}.
秦州区	这个车是开着广州去的。 tsɛ^{53}kɛ^{13}tʂɤ^{44}sʅ^{44}kʰɛ^{13}tʂɤu^{21}kuaŋ^{53}tʂɤu^{21}tɕʰi^{44}tɛ^{21}.
安定区	宙⁼个车要开着广州去哩。 tʂəu^{21}kə^{21}tʂʰə^{13}iɔ^{44}kʰɛ^{21}tʂə^{13}kuaŋ^{53}tʂəu^{21}tɕʰy^{21}li^{21}.
会宁县	宙⁼是个到广州去的汽车。 tʂəu^{44}sʅ^{21}kə^{44}tɔ^{44}kuaŋ^{53}tʂəu^{21}tɕʰi^{21}ti^{21}tɕʰi^{44}tʂʰə^{21}.

	0020 这辆汽车要开到广州去。/ 这辆汽车要开去广州。
临洮县	致个汽车要开到广州去呢。 tʂʅ^{44}kɤ^{21}tɕʰi^{44}tʂʰɤ^{21}iɔ^{44}kʰɛ^{42}tɔ^{44}kuɑ̃^{53}tʂɤu^{21}tɕʰi^{42}ȵi^{21}.
清水县	这个汽车［人家］到广州去掐⁼。/ 这个汽车［人家］往广州开哩。 tsɛ^{52}kɛ^{21}tɕʰi^{44}tʂʰə^{21}ȵiɛ^{21}tɔ^{44}kuɒ̃^{52}tʂou^{21}tɕʰi^{44}tɕʰia^{21}. / tsɛ^{52}kɛ^{21}tɕʰi^{44}tʂʰə^{21}ȵiɛ^{21}vɒ̃^{52} kuɒ̃^{52}tʂou^{21}kʰɛ^{21}li^{13}.
永靖县	致个车开上着广州去哩。 tʂʅ^{44}kɤ^{42}tʂʰɤ^{13}kʰɛ^{22}ʂaŋ^{44}tʂɤ^{21}kuaŋ^{53}tʂɤu^{13}tɕʰi^{44}li^{21}.
敦煌市	兹个汽车要到广州去。 tsɿ^{44}kə^{21}tɕʰi^{32}tʂʰə^{21}iɔ^{44}tɔ^{44}kuaŋ^{51}tʂɤu^{21}tɕʰi^{51}.
临夏市	致个车要开着广州去呢。 tʂʅ^{44}kɤ^{42}tʂʰɤ^{13}iɔ^{42}kʰɛ^{21}tʂɤ^{44}kuaŋ^{44}tʂɤu^{24}tɕʰi^{31}ȵi^{21}.
合作市	这个汽车到广州去呢。 tʂə^{44}kə^{53}tɕʰi^{44}tʂʰə^{21}tɔ^{53}kuaŋ^{44}tʂəɯ^{21}tɕʰi^{21}ȵi^{21}.
临潭县	致个汽车要开着广州去呢。 tʂʅ^{44}kɪi^{21}tɕʰi^{44}tʂʰɤ^{44}iɔo^{24}kʰɛe^{44}tʂʅ^{44}kuɒ^{51}tʂəɯ^{21}tɕʰi^{44}ȵi^{21}.

	0021 学生们坐汽车坐了两整天了。
兰州市	娃娃们把车坐了整整的两天。 va^{53}va^{22}mu^{42}pa^{22}tʂʰɤ^{55}tsuɤ^{22}lɔ^{42}tʂən^{55}tʂən^{42}ti^{21}liɑ̃^{22}tʰiæ̃^{21}.
榆中县	学生们汽车坐了两天了。 ɕyᴇ^{31}ʂən^{0}mən^{44}tɕʰi^{21}tʂʰə^{51}tsuə^{21}lɔ^{44}liaŋ^{44}tʰian^{0}lɔ^{0}.
永登县	学生娃们坐了两天的汽车。 ɕyə^{22}ʂə̃n^{13}va^{35}mə̃n^{53}tsuə^{22}liɔ^{55}liɑ̃^{55}tʰiæ̃^{44}ti^{21}tɕʰi^{21}tʂʰə^{44}.
红古区	学生们汽车坐给了整整儿两天。 ɕyɛ^{22}ʂən^{55}mən^{21}tsʰɿ^{22}tʂʰə^{55}tsuə^{21}kei^{55}liɔ^{21}tʂən^{55}tʂə̃r^{53}liɑŋ^{55}tʰian^{53}.
凉州区	学生们整整坐了两天车。 ɕyə^{35}səŋ^{53}məŋ^{21}tʂəŋ^{35}tʂəŋ^{53}tsuə^{31}liɑo^{21}liɑŋ^{35}tʰiɑŋ^{53}tʂʰə^{35}.
甘州区	学生们坐汽车坐了整整两天了。 suə^{35}ʂɤŋ^{42}mɤŋ^{21}tsuə^{24}tɕʰi^{31}tʂʰə^{21}tsuə^{31}liɔ^{21}tʂɤŋ^{53}tʂɤŋ^{44}liaŋ^{44}tʰiaŋ^{44}liɔ^{44}.
肃州区	学生们坐汽车都坐咧整两天咧。 ɕyə^{44}sɤŋ^{31}mɤŋ^{21}tsuə^{13}tɕʰi^{21}tʂʰə^{21}təu^{44}tsuə^{41}liɛ^{21}tʂɤŋ^{51}liɑŋ^{21}tʰiæ̃^{44}liɛ^{21}.

	0021 学生们坐汽车坐了两整天了。
永昌县	学生们坐了整整两天汽车了。 ɕyə^{13}ʂəŋ^{42}məŋ^{21}tsuə^{53}liɔo^{21}tʂəŋ^{53}tʂəŋ^{22}liaŋ^{44}tʰiɛ^{44}tɕʰi^{53}tʂʰə^{22}liɔo^{21}.
崆峒区	学生们把汽车整整坐咧两天咧。 ɕyɤ^{22}sɤŋ^{55}mɤŋ^{21}pa^{22}tɕʰi^{35}tʂʰɤ^{53}tʂɤŋ^{53}tʂɤŋ^{24}tsuo^{35}liɛ^{53}liɑŋ^{55}tʰiæ̃^{21}liɛ^{21}.
庆城县	学生们整整儿坐了两天汽车了。 ɕyə^{21}sɤŋ^{51}mɤŋ^{0}tʂɤŋ^{44}tʂɤr^{113}tsuə^{244}liɔ^{0}liɑ̃^{44}tʰiɛ̃^{0}tɕʰi^{244}tʂʰɛ^{0}liᴇ^{0}.
宁县	学生都坐汽车坐咧两天了。 ɕyə^{22}səŋ^{52}tou^{0}tsʰuə^{44}tɕʰi^{44}tʂʰə^{31}tsʰuə^{44}liɛ^{0}liaŋ^{52}tɕʰiæ̃^{31}liɔ^{0}.
武都区	学生们坐汽车坐喽两天喽。 ɕyɤ^{22}səŋ^{33}məŋ^{21}tsuɤ^{24}tɕʰi^{21}tʂʰɤ^{33}tsuɤ^{24}lɔu^{21}liɑŋ^{55}tʰiæ̃^{31}lɔu^{21}.
文县	学生们都整整坐了两天汽车了。 ɕyɛ^{21}səŋ^{44}məŋ^{42}tɤu^{42}tsəŋ^{42}tsəŋ^{42}tsuə^{24}lɔo^{44}liɑ̃^{35}tʰiæ̃^{42}tɕʰi^{24}tsʰɤ^{44}lɔo^{21}.
康县	学生们坐汽车坐了整整两天了。 ɕyɛ^{13}sɤŋ^{21}mɤŋ^{53}tsuɤ^{24}tɕʰi^{24}tʂʰɤ^{53}tsuɤ^{24}lɔo^{55}tʂɤŋ^{55}tʂɤŋ^{21}liɑŋ^{55}tʰian^{53}lɔo^{21}.
礼县	学生娃坐车整整坐了两天了。 ɕyɤ^{13}sɤŋ^{211}va^{13}tʃʰuɤ^{44}tʂʰɤ^{21}tʂɤŋ^{52}tʂɤŋ^{13}tʃʰuɤ^{44}nɔo^{21}liɑŋ^{52}tʰiæ̃^{21}nɔo^{24}.
靖远县	学生们汽车坐了整两天了。 ɕyə^{22}ʂɤŋ^{41}mɤŋ^{21}tsʰʅ^{42}tʂɤ^{41}tsuə^{35}liao^{41}tʂɤŋ^{55}liɑŋ^{55}tʰiæ̃^{21}liao^{21}.
陇西县	学生娃娃们坐汽车坐了整两天了。 ɕyɤ^{24}sɤŋ^{42}va^{22}va^{44}mɤŋ^{42}tsʰuɤ^{44}tɕʰi^{44}tʂʰɤ^{42}tsʰuɤ^{22}lɔo^{22}tʂɤŋ^{55}liɑŋ^{55}tɕʰiæ̃^{21}lɔo^{21}.
秦州区	学生娃坐了整整两天的车。 ɕyə^{13}sɤŋ^{21}va^{13}tsʰuə^{44}liɤu^{21}tʂɤŋ^{53}tʂɤŋ^{13}liɑŋ^{53}tʰiæ̃^{21}tɛ^{13}tʂʰɤ^{13}.
安定区	学生娃娃坐了两天的汽车了。 ɕiə^{13}səŋ^{21}va^{21}va^{13}tsuə^{44}lɔ^{21}liɑŋ^{53}tʰiæ̃^{21}tə^{21}tɕʰi^{44}tʂʰə^{13}lɔ^{21}.
会宁县	学生娃可价⁼坐了整两天汽车了。 ɕyə^{13}səŋ^{21}ua^{21}kə^{53}tɕia^{13}tsʰuə^{44}lɔ^{21}tʂəŋ^{53}liɑŋ^{53}tʰiæ̃^{21}tɕʰi^{21}tʂʰə^{44}lɔ^{21}.
临洮县	学生娃娃们坐了两整天的汽车。 ɕye^{13}ʂɤŋ^{42}va^{21}va^{44}mɤŋ^{21}tsuɤ^{44}liɔ^{21}liɑ̃^{53}tʂɤŋ^{53}tʰiæ̃^{44}ti^{21}tɕʰi^{44}tʂʰɤ^{21}.
清水县	学生娃娃满满坐了两天车了。/ 学生娃娃坐汽车坐了满满两天了。 ɕyɛ^{13}ʃɤŋ^{21}va^{13}va^{21}mæ̃^{52}mæ̃^{13}tsʰuə^{44}liɔ^{21}liɔ̃^{52}tsʰiæ̃^{21}tʂʰə^{21}liɔ^{21}. / ɕyɛ^{13}ʃɤŋ^{21}va^{13}va^{21} tsʰuə^{44}tɕʰi^{44}tʂʰə^{21}tsʰuə^{44}liɔ^{21}mæ̃^{52}mæ̃^{13}liɔ̃^{52}tsʰiæ̃^{21}liɔ^{52}.
永靖县	学生娃们车哈整整地坐了两天。 ɕyɛ^{22}ʂɤŋ^{44}va^{44}mɤŋ^{42}tʂʰɤ^{22}xa^{53}tʂɤŋ^{53}tʂɤŋ^{21}tɤ^{21}tsuɤ^{44}lɔ^{21}liɑŋ^{53}tʰiæ̃^{213}.

	0021 学生们坐汽车坐了两整天了。
敦煌市	学生们整整坐了两天汽车。 ɕyə^{22}sɤŋ^{51}mɤŋ^{21}tʂɤŋ^{53}tʂɤŋ^{44}tsuə^{44}lə^{21}liɑŋ^{51}tʰiæ̃^{21}tɕʰi^{53}tʂʰə^{21}.
临夏市	娃们汽车整整的坐了两天。 vɑ^{13}məŋ^{44}tɕʰi^{53}tʂʰɤ^{42}tʂəŋ^{21}tʂəŋ^{44}ti^{42}tsuɤ^{44}liɔ^{21}liɑŋ^{44}tʰiɛ̃^{13}.
合作市	学生们汽车坐的了两天了。 ɕyə^{13}ʂəŋ^{53}məŋ^{21}tɕʰi^{44}tʂʰə^{21}tsuə^{53}ti^{21}liɔ^{21}liɑŋ^{44}tʰiæ̃^{13}liɔ^{21}.
临潭县	学生们整整儿坐了两天汽车。 ɕyɛ^{24}səŋ^{44}məŋ^{21}tʂəŋ^{51}tʂər^{44}tsuɤ^{44}lɤ^{21}liɒ^{51}tʰiæ̃^{21}tɕʰi^{44}tʂʰɤ^{21}.

	0022 你尝尝他做的点心再走吧。
兰州市	你尝一下那做下的点心再走。 ȵi^{34}tʂʰɑ̃^{53}ʑi^{22}xa^{42}la^{53}tsu^{22}xa^{42}ti^{21}tiæ̃^{42}ɕin^{21}tsɛ^{53}tsəu^{44}.
榆中县	你尝一下那做的点心再走。 ȵi^{44}ʂaŋ^{21}i^{0}xa^{44}na^{13}tsuə^{21}ti^{0}tian^{44}ɕin^{0}tsɛ^{21}tsəu^{44}.
永登县	你尝［给下］那做下的点心再去。 ȵi^{55}tʂʰɑ̃^{53}kʰa^{13}na^{53}tsuə^{21}xa^{13}ti^{42}tiæ̃^{213}ɕin^{42}tsɛ^{31}tɕʰi^{21}.
红古区	你尝一个家做下者点心再走唦。 ȵiɛ^{55}tʂʰɑŋ^{53}zʅ^{21}kə^{13}tɕia^{53}tsuə^{13}xa^{55}tʂə^{21}tian^{55}ɕin^{21}tsɛ^{22}tsɤu^{55}ʂa^{21}.
凉州区	你尝［给下］家做下的点心了再去。 ȵi^{53}tʂʰɑŋ^{35}kʰa^{53}tɕia^{35}tsu^{31}xa^{31}ti^{21}tiɑŋ^{35}ɕiŋ^{53}liɑo^{21}tsæ^{31}tɕʰi^{31}.
甘州区	你尝一下伢做的点心再走吭。 ȵi^{22}tʂʰaŋ^{35}ʑi^{42}xa^{21}ia^{53}tsuə^{31}ti^{21}tiaŋ^{44}ɕiŋ^{44}tsɛ^{31}tsɤu^{22}xaŋ^{44}.
肃州区	你尝尝那做的点心再走嘛。 ȵi^{21}tʂʰɑŋ^{13}tʂʰɑŋ^{44}na^{53}tsuə^{21}ti^{21}tiæ̃^{44}ɕiŋ^{21}tsɛ^{21}tsəu^{13}ma^{21}.
永昌县	你尝［给下］家做的点心再走吧。 ȵi^{53}tʂʰɑŋ^{13}kʰa^{42}tɕia^{13}tsuə^{53}ti^{21}tiɛ^{44}ɕiŋ^{44}tsɛe^{53}tsəu^{22}pa^{44}.
崆峒区	你把［人家］做下的点心尝［给下］子再走。 ȵi^{53}pa^{22}ȵiæ̃^{53}tsu^{35}xa^{53}ti^{21}tiæ̃^{44}ɕiɤŋ^{21}tʂʰɑŋ^{22}kæ̃^{55}tsɿ^{21}tsɛ^{35}tsəu^{53}.
庆城县	你尝一下他做的点心再走唦。 ȵi^{44}ʂɑ̃^{113}i^{0}xa^{0}tʰa^{51}tsuə^{244}ti^{0}tiɛ̃^{44}ɕiŋ^{0}tsɛ^{21}tsɤu^{44}sa^{0}.
宁县	你尝一下他做下的点心再去。 ȵi^{52}ʂaŋ^{24}i^{0}xa^{0}tʰa^{52}tsu^{44}xa^{31}ti^{0}tiæ̃^{55}ɕiŋ^{0}tsɛ^{44}tɕʰi^{44}.

	0022 你尝尝他做的点心再走吧。
武都区	你尝个儿他做的点心再去。 ȵi^{55}ʂɑŋ^{31}kɤr^{21}tʰa^{55}tsʮ^{24}tɤ^{21}tiæ̃^{55}ɕin^{21}tsɛɪ^{24}tɕʰy^{24}.
文县	你尝一下他做的点心再走。 ȵi^{35}sɑ̃^{24}ʑi^{42}xa^{42}tʰa^{42}tsuə^{42}tɤ^{21}tiæ̃^{35}ɕiəŋ^{42}tsɛ^{24}tsɤu^{42}.
康县	你尝［给下］子他做下的点心再走吧。 ȵi^{53}ʂɑŋ^{13}ka^{13}tsɿ^{53}tʰa^{55}tsuɤ^{53}xa^{21}tɛ^{21}tɕian^{53}siŋ^{21}tsɛ^{21}tsɤu^{55}pa^{21}.
礼县	你把他做下的点心尝了再走嘛。 ȵi^{52}ma^{24}tʰa^{31}tʃuɤ^{31}xa^{44}tai^{21}tiæ̃^{52}ɕiŋ^{21}ʂɑŋ^{13}nɔo^{21}tsai^{44}tsəu^{52}ma^{21}.
靖远县	你尝一下［人家］做下的点心再去。 nɿ^{55}tʂʰɑŋ^{24}zʅ^{22}xa^{21}ȵiɛ^{22}tsɤu^{35}xa^{41}tə^{21}tiæ̃^{55}ɕiŋ^{21}tsɛ^{33}tsʰɿ^{21}.
陇西县	你尝过下他做下的点心再去。 li^{55}ʂɑŋ^{22}kuɤ^{44}xa^{42}tʰa^{42}tsu^{44}xa^{44}ti^{42}tiæ̃^{55}ɕiŋ^{21}tsɛ^{22}tɕʰia^{21}.
秦州区	你尝给下他做下的点心再走吵。 ȵi^{53}ʂɑŋ^{13}kei^{13}xa^{21}tʰa^{44}tsʮ^{44}xa^{21}tɛ^{13}tiæ̃^{53}ɕiɤŋ^{21}tsɛ^{44}tsɤu^{53}sa^{21}.
安定区	你尝过［人家］做下的点心了再走吵。 ȵi^{53}tʂʰɑŋ^{13}kuə^{44}ȵia^{13}tsu^{44}xa^{21}tə^{21}tiæ̃^{53}ɕiŋ^{21}lɔ^{21}tsɛ^{44}tsəu^{53}sa^{21}.
会宁县	［人家］做的点心你尝上些了再走吵。 ȵia^{13}tsu^{44}ti^{44}tiæ̃^{53}ɕiŋ^{21}ȵi^{53}ʂɑŋ^{21}ʂɑŋ^{44}ɕiə^{31}lɔ^{21}tsɛ^{44}tsəu^{53}sa^{21}.
临洮县	家做的点心你尝一下儿了再走。 tɕia^{44}tsuɤ^{13}ti^{21}tiæ̃^{53}ɕiŋ^{21}ȵi^{53}ʂɑ̃^{13}ʑi^{13}xar^{42}liɔ^{21}tsɛ^{44}tsɤu^{53}.
清水县	你尝一下［人家］做下的点心了去吵。 ȵi^{52}ʂɒ̃^{13}i^{21}xa^{21}ȵiɛ^{13}tsu^{44}xa^{21}tɛ^{21}tɕiæ̃^{52}ɕiŋ^{21}liɔ^{21}tɕʰi^{44}ʃa^{21}.
永靖县	家做下者点心你尝一呱了再去。 tɕia^{21}tsu^{44}xa^{21}tʂɤ^{21}tiæ̃^{53}ɕiɤŋ^{21}ȵi^{53}ʂɑŋ^{213}i^{22}kua^{44}lɔ^{21}tsɛ^{44}tɕʰi^{44}.
敦煌市	你尝［给下］儿［人家］做下的点心再去。 ȵi^{31}tʂʰɑŋ^{21}kʰa^{53}ər^{21}ȵia^{51}tsuə^{44}xa^{44}ti^{21}tiæ̃^{51}ɕiŋ^{21}tsɛ^{44}tɕʰi^{21}.
临夏市	家做下的点心，你尝一下了再去。 tɕiɛ^{13}tsuɤ^{53}xɑ^{24}ti^{42}tiɛ̃^{44}ɕiŋ^{24}, ȵi^{42}ʂɑŋ^{13}ʑi^{21}xɑ^{42}liɔ^{21}tsɛ^{44}tɕʰi^{53}.
合作市	你他的点心尝一下了再去吧。 ȵi^{44}tʰᴀ^{44}ti^{21}tiæ̃^{44}ɕiŋ^{13}tʂʰɑŋ^{13}ʑi^{21}xᴀ^{53}liɔ^{21}tsɛe^{44}tɕʰi^{53}pᴀ^{21}.
临潭县	你尝一呱他做的点心了再去。 ȵi^{51}ʂɒ^{24}i^{21}kua^{54}tʰa^{44}tsu^{44}ti^{21}tiæ̃^{51}ɕĩ^{21}lɤ^{21}tsɛe^{44}tɕʰi^{44}.

	0023a. 你在唱什么？ b. 我没在唱，我放着录音呢。
兰州市	a. 你唱啥着呢？ b. 我没有唱，我听机子着呢。 a. ȵi^{34}tʂ^{h}ã^{31}sa^{22}tʂɤ^{44}ȵi^{21}? b. vɤ^{34}mɤ^{22}iəu^{42}tʂ^{h}ã^{13}, vɤ^{34}t^{h}in^{42}tɕi^{53}tsɿ^{21}tʂɤ^{22}ȵi^{21}.
榆中县	a. 你唱的啥吵？ b. 我没唱，我放录音着呢。 a. ȵi^{44}tʂ^{h}aŋ^{21}ti^{44}sa^{44}ʂa^{0}? b. və^{44}mei^{13}tʂ^{h}aŋ^{213}, və^{44}faŋ^{21}lu^{44}in^{51}tʂə^{0}ȵiᴇ^{0}.
永登县	a. 你唱的啥？ b. 我没有唱，放给的录音。 a. ȵi^{55}tʂ^{h}ã^{22}ti^{53}sa^{213}? b. və^{35}mei^{55}iɤu^{55}tʂ^{h}ã^{42}, fã^{13}kei^{35}ti^{55}lu^{55}in^{42}.
红古区	a. 你唱着啥？ b. 我没唱着，放给着录音。 a. ȵiɛ^{55}tʂ^{h}ɑŋ^{22}tʂə^{55}sa^{13}? b. və^{55}mə^{21}tʂ^{h}ɑŋ^{22}tʂə^{55}, fɑŋ^{22}kei^{55}tʂə^{21}lu^{13}in^{13}.
凉州区	a. 你唱的啥？ b. 我没有唱着，是放录音着呢。 a. ȵi^{35}tʂ^{h}ɑŋ^{31}ti^{21}sa^{31}? b. və^{35}mu^{53}iəu^{35}tʂ^{h}ɑŋ^{31}tʂə^{21}, sɿ^{31}fɑŋ^{31}lu^{53}iŋ^{35}tʂə^{31}ȵi^{21}.
甘州区	a. 你唱的啥？ b. 我没唱的，我放录音的哩啊。 a. ȵi^{22}tʂ^{h}aŋ^{31}ti^{21}ʂa^{31}? b. və^{53}mu^{24}tʂ^{h}aŋ^{31}ti^{21}, və^{53}faŋ^{31}lu^{22}iŋ^{44}ti^{44}li^{44}a^{44}.
肃州区	a. 你唱的啥？ b. 我没唱啊，我放的录音。 a. ȵi^{44}tʂ^{h}ɑŋ^{21}ti^{44}sa^{51}? b. və^{21}mei^{13}tʂ^{h}ɑŋ^{21}ɣa^{21}, və^{44}fɑŋ^{21}ti^{21}lu^{31}iŋ^{44}.
永昌县	a. 你唱啥着呢？ b. 我没有唱着，我放录音着呢。 a. ȵi^{53}tʂ^{h}ɑŋ^{44}ʂa^{53}tʂə^{22}ȵi^{21}? b. uə^{44}mu^{53}iəu^{21}tʂ^{h}ɑŋ^{53}tʂə^{21}, uə^{44}fɑŋ^{53}lu^{53}iŋ^{21}tʂə^{44}ȵi^{21}.
崆峒区	a. 你唱的是啥？ b. 我没唱，我放下的录音。 a. ȵi^{53}tʂ^{h}ɑŋ^{44}ti^{21}sɿ^{21}sa^{44}? b. ŋuo^{53}mɤ^{22}tʂ^{h}ɑŋ^{44}, ŋuo^{53}fɑŋ^{44}xa^{21}ti^{21}lu^{24}iɤŋ^{21}.
庆城县	a. 你在唱啥？ b. 我没有唱，放录音着呢。 a. ȵi^{44}tsɛ^{21}tʂ^{h}ã^{244}sa^{113}? b. ŋɔ^{44}muə^{21}iɤu^{44}tʂ^{h}ã^{244}, fã^{244}lu^{51}iŋ^{51}tʂuə^{0}liᴇ^{0}.
宁县	a. 你在唱啥哩？ b. 我没唱啥，我放录音着哩。 a. ȵi^{52}tsɛ^{44}tʂ^{h}aŋ^{44}sa^{44}li^{31}? b. ŋuə^{52}muə^{22}tʂ^{h}aŋ^{44}sa^{31}, ŋuə^{52}faŋ^{44}lou^{24}iŋ^{31}tʃuə^{0}li^{0}.
武都区	a. 你唱的啥？ b. 我没唱，我放的是录音机。 a. ȵi^{55}tʂ^{h}ɑŋ^{24}tɛɪ^{21}sa^{24}? b. ŋɤ^{55}mɔu^{24}tʂ^{h}ɑŋ^{24}, ŋɤ^{55}fɑŋ^{24}tɛɪ^{21}sɿ^{24}lu^{31}in^{21}tɕi^{21}.
文县	a. 你唱的啥？ b. 我没唱，在放录音哩。 a. ȵi^{35}ts^{h}ã^{24}tɤ^{42}sa^{24}? b. ŋɤ^{35}muə^{21}ts^{h}ã^{24}, tsɛe^{24}fã^{24}lu^{42}iəŋ^{42}li^{21}.
康县	a. 你唱啥着哩？ b. 我没唱，我放录音着咧。 a. ȵi^{55}tʂ^{h}ɑŋ^{24}sa^{13}tʂɔo^{55}li^{21}? b. ŋuɤ^{55}muɤ^{21}tʂ^{h}ɑŋ^{24}, ŋuɤ^{55}fɑŋ^{24}lu^{55}iŋ^{21}tʂɔo^{21}liɛ^{21}.
礼县	a. 你唱啥着哩？ b. 我没唱，我放录音着哩。 a. ȵi^{52}tʂ^{h}ɑŋ^{44}sa^{44}tʂɤ^{21}li^{24}? b. ŋɤ^{52}mɤ^{21}tʂ^{h}ɑŋ^{44}, ŋɤ^{52}fɑŋ^{44}nu^{13}iŋ^{21}tʂɔo^{13}li^{21}.
靖远县	a. 你唱啥着呢？ b. 我没唱啥，我放的录音机。 a. ȵi^{55}tʂ^{h}ɑŋ^{33}sa^{24}tʂɤ^{41}ȵiɛ^{21}? b. ŋuə^{55}mei^{24}tʂ^{h}ɑŋ^{33}sa^{24}, ŋuə^{55}fɑŋ^{33}tsɿ^{21}lu^{22}iŋ^{55}tsɿ^{41}.

	0023a. 你在唱什么？ b. 我没在唱，我放着录音呢。
陇西县	a. 你唱啥搭着咧？ b. 我没唱，我放录音着唻。 a. li55tʂʰaŋ44ʃɥɤ44ta44tʂɤ44liæ44? b. kɤ55mɤ42tʂʰaŋ44, kɤ55faŋ44lu42iŋ21tʂʅ21le21.
秦州区	a. 你唱的啥唦？ b. 我没唱么，外是录音么。 a. ȵi13tʂʰaŋ53tɛ21sa44sa21? b. ŋu53mɤ13tʂʰaŋ44mu, væ̃53sʅ44lu13iɤŋ21mu21.
安定区	a. 你唱啥着哩？ b. 我没唱，我放的录音。 a. ȵi53tʂʰaŋ44sə53tʂə21li21? b. ŋə53mə21tʂʰaŋ44, ŋə53faŋ44tə21lu13iŋ13.
会宁县	a. 你唱的啥歌儿？ b. 我没唱，我放的录音。 a. ȵi53tʂʰaŋ44ti21sə53kə13zʅ21? b. ŋə53mə13tʂʰaŋ44, ŋə53faŋ44ti21lu44iŋ13.
临洮县	a. 你在唱啥着呢？ b. 我没唱，我放录音着呢。 a. ȵi53tsɛ42tʂʰɑ̃44sa53tʂɤ42ȵi21? b. ŋuɤ53mɤ13tʂʰɑ̃44, ŋuɤ53fɑ̃44lu13iŋ21tʂɤ42ȵi21.
清水县	a. 你唱啥着哩？ b. 我没唱，是我放下的录音一块。 a. ȵi52tʂʰɒ̃44ʃa44tʂə13li21? b. ŋuə52mə13tʂʰɒ̃44, ʃɨ44ŋuə52fɒ̃44xa21tɛ21lu13iŋ21i13kʰuɛ21.
永靖县	a. 你唱着什么？ b. 我没唱着，我放着是录音。 a. ȵi53tʂʰaŋ44tʂʅ13ʂɤŋ22mɤ13? b. vɤ53mei213tʂʰaŋ44tʂɤ21, vɤ53faŋ44tʂɤ21ʂʅ44lu22iɤŋ21.
敦煌市	a. 你唱啥的呢？ b. 我没唱啥的，我放录音的呢。 a. ȵi53tʂʰaŋ44sa44ti21ȵi21? b. ŋə51mə21tʂʰaŋ44sa31ti21, ŋə53faŋ44lu44iŋ21ti21ȵi21.
临夏市	a. 你唱的什么个？ b. 我是啥没唱的，我放上的录音。 a. ȵi42tʂʰaŋ44ti21ʂʅ21ma24kɤ42? b. ŋɤ42ʂʅ21ʂa42mu13tʂʰaŋ21ti42, ŋɤ42faŋ44ʂaŋ42ti21lu13iŋ24.
合作市	a. 你唱的什么个？ b. 我什么个都没唱，我放下的录音带。 a. ȵi44tʂʰaŋ44ti21ʂʅ21mᴀ44kə21? b. ŋə44ʂʅ21mᴀ44kə21təɯ13mə13tʂʰaŋ53, ŋə44faŋ44xᴀ21ti21lu13iŋ13tɛe53.
临潭县	a. 你唱啥着呢？ b. 我啥啊没唱，放录音机着呢。 a. ȵi51tʂʰɒ44sa44tʂʅ21ȵi21? b. ŋɤ51sa24a21mɤ21tʂʰɒ44, fɒ44lu24ĩ44tɕi44tʂɤ21ni21.

	0024a. 我吃过兔子肉，你吃过没有？ b. 没有，我没吃过。
兰州市	a. 兔子肉我吃过了，你吃过了没有？ b. 没有，我没吃过。 a. tʰu22tsʅ53ʐəu42vɤ44tʂʰʅ22kuɤ42lɔ21, ȵi34tʂʰʅ22kuɤ44lɔ22mu22iəu42? b. mu22iəu42, vɤ44mɤ42tʂʅ22kuɤ21.
榆中县	a. 兔子肉我吃过，你吃过没？ b. 我没吃过。 a. tʰu21tsʅ44ʐəu213və44tʂʰʅ31kuə0, ȵi44tʂʰʅ31kuə0mei44? b. və44mei44tʂʰʅ31kuə0.
永登县	a. 兔子肉我吃过，你吃过没有？ b. 我没有吃过。 a. tʰu22tsʅ55ʐɤu545və55tʂʰʅ42kuə213, ȵi55tʂʰʅ42kuə22mei21iɤu21? b. və35mei55iɤu53tʂʰʅ42kuə21.

	0024a. 我吃过兔子肉，你吃过没有？ b. 没有，我没吃过。
红古区	a. 兔儿肉我吃过，你吃过？ b. 没有，我没吃过。 a. tʰur13ʐɤu13və55tʂʰʅ21kuə55, n̠iɛ55tʂʰʅ22kuə13? b. mə22iɤu55, və55mə13tʂʰʅ22kuə55.
凉州区	a. 我吃过兔子肉，你吃过没有？ b. 没有。 a. və35tʂʰʅ31kuə21tʰu31tsɿ21ʐəu31, n̠i35tʂʰʅ31kuə21mu53iəu35? b. mu53iəu35.
甘州区	a. 我吃过兔儿肉，你吃过啊吗？ b. 没有，我没吃过。 a. və53tʂʰʅ31kuə21tʰu31ɣɤ21ʐɤu31, n̠i53tʂʰʅ31kuə22a22ma21? b. mu22iɤu53, və53mu24tʂʰʅ31kuə21.
肃州区	a. 我吃过兔子肉，你吃过没有？ b. 没有，我没吃过。 a. və44tʂʰʅ21kuə44tʰu21tsɿ44ʐəu21, n̠i53tʂʰʅ21kuə44mei44ʑiəu21? b. mei21ʑiəu13, və53mə44tʂʰʅ21kuə21.
永昌县	a. 我吃过兔子肉，你吃过啊［没啊］？ b. 我没有吃过。 a. uə13tʂʰʅ53kuə21tʰu53tsɿ21ʐəu53, n̠i13tʂʰʅ53kuə22a22mɔo21? b. uə44mu53iəu21tʂʰʅ53kuə21.
崆峒区	a 我吃过兔儿肉，你吃过吗？ b 没有，我没吃过。 a. ŋuo53tʂʰʅ53kuo21tʰur44ʐəu44, n̠i53tʂʰʅ53kuo21ma21? b. mɤ22iəu53, ŋuo53mɤ22tʂʰʅ53kuo21.
庆城县	a. 我吃过兔子肉，你吃过吗？ / 我吃过兔子肉，你吃过没有？ b. 我没吃过。 a. ŋɔ44tʂʰʅ51kuə0tʰu244tsɿ0ʐɤu244, n̠i44tʂʰʅ51kuə0ma0? / ŋɔ44tʂʰʅ51kuə0tʰu244tsɿ0ʐɤu244, n̠i44tʂʰʅ51kuə0muə21iɤu44? b. ŋɔ44muə21tʂʰʅ51kuə0.
宁县	a. 我吃过兔肉，你吃过也没？ b. 我没吃过。 a. ŋuə52tʂʰʅ31kuə0tʰu44ʐou44, n̠i52tʂʰʅ31kuə0a52muə0? b. ŋuə52muə22tʂʰʅ31kuə0.
武都区	a 我吃过兔儿肉，你吃过唻没？ b. 没，我没吃过。 a. ŋɤ55tʂʰʅ31kuɤ21tʰu24ɚ21ʐəu24, n̠i55tʂʰʅ31kuɤ21lɛɪ21məu13? b. məu13, ŋɤ55məu21tʂʰʅ53kuɤ21.
文县	a. 我吃过兔子肉，你吃过没吃过？ b. 没哩，我没吃过。 a. ŋɤ55tsʰɿ42kuə44tʰu24tsɿ42zɤu24, n̠i35tsʰɿ42kuə24muə24tsʰɿ42kuə24? b. muə42li24, ŋɤ55muə13tsʰɿ42kuə44. a. 我吃过兔子肉，你吃没吃过？ b. 没哩。 a. ŋɤ55tsʰɿ42kuə44tʰu24tsɿ42zɤu24, n̠i55tsʰɿ42muə21tsʰɿ42kuə42? b. muə42li21.
康县	a. 我吃过兔子肉，你吃过唻吧？ b. 没有哎，我没吃过。 a. ŋuɤ55tʂʰʅ53kuɤ21tʰu24tsɿ55ʐɤu24, n̠i55tʂʰʅ53kuɤ21lɛ21pa? b. muɤ21iɤu55ei53, ŋuɤ55muɤ21tʂʰʅ53kuɤ21.
礼县	a. 我吃下兔肉的，你吃过啊没？ b. 没，我没吃过。 a. ŋɤ52tʂʰʅ31xa44tʰu44ʐəu44tai21, n̠i52tʂʰʅ31kuɤ44a21mɤ13? b. mɤ31, ŋɤ52mɤ13tʂʰʅ21kuɤ44.

	0024a. 我吃过兔子肉，你吃过没有？ b. 没有，我没吃过。
靖远县	a. 我吃过兔儿肉，你吃过吗？ b. 没有，我没吃过。 a. ŋuə^{55}tʂʰʅ^{22}kuə^{21}tur^{33}ʐɤu^{55}, ȵi^{55}tʂʰʅ^{41}kuə^{33}ma^{21}? b. mei^{22}iɤu^{55}, ŋuə^{55}mei^{22}tʂʰʅ^{41}kuə^{21}.
陇西县	a. 我吃过兔儿肉，你吃过哇？ b. 没，我没吃过。 a. kɤ^{55}tʂʰʅ^{42}kuɤ^{22}tʰu^{44}zʅ^{44}ʐɤu^{44}, li^{55}tʂʰʅ^{42}kuɤ^{22}va^{44}? b. mɤ^{21}, kɤ^{55}mɤ^{42}tʂʰʅ^{21}kuɤ^{21}.
秦州区	a. 我吃下兔肉的，你吃过吗？ b. 我没吃过。 a. ŋu^{53}tʂʰʅ^{13}xa^{13}tʰu^{44}ʐɤu^{44}tɛ^{21}, ȵi^{53}tʂʰʅ^{44}kuə^{44}ma^{21}? b. ŋu^{53}mɤ^{13}tʂʰʅ^{21}kuə^{44}.
安定区	a. 我吃下兔子肉的，你吃过没哕？ b. 没，我没吃过。 a. ŋə^{53}tʂʰʅ^{21}xa^{44}tʰu^{44}tsɿ^{21}ʐəu^{44}tə^{21}, ȵi^{53}tʂʰʅ^{21}kuə^{44}mə^{21}sa^{21}? b. mə^{13}, ŋə^{53}mə^{44}tʂʰʅ^{21}kuə^{44}.
会宁县	a. 我吃下兔子肉的，你吃过没？ b. 没，我没吃过。 a. ŋə^{53}tʂʰʅ^{21}xa^{13}tʰu^{44}tsɿ^{21}ʐəu^{21}tə^{21}, ȵi^{53}tʂʰʅ^{21}kuə^{44}mə^{21}? b. mə^{13}, ŋə^{53}mə^{21}tʂʰʅ^{21}kuə^{44}.
临洮县	a. 我吃下兔儿肉了，你兔儿肉吃啦？ b. 没有，我没吃过。 a. ŋuɤ^{53}tʂʰʅ^{13}xa^{21}tʰur^{53}ʐɤu^{44}liɔ^{21}, ȵi^{53}tʰur^{53}ʐɤu^{44}tʂʰʅ^{13}la^{21}? b. mɤ^{13}iɤu^{21}, ŋuɤ^{53}mɤ^{42}tʂʰʅ^{13}kuɤ^{21}.
清水县	a. 我吃下兔儿肉的，你吃过么？ b. 兀没，我没吃过。 a. ŋuə^{52}tʂʰʅ^{21}xa^{13}tʰu^{44}ɚ^{21}ʐou^{44}tɛ^{21}, ȵi^{52}tʂʰʅ^{21}kuə^{44}mə^{21}? b. vɛ^{52}mə^{13}, ŋuə^{52}mə^{13}tʂʰʅ^{21}kuə^{443}.
永靖县	a. 我兔娃肉啊吃过，你吃过［没有］？ b. 我没吃过。 a. vɤ^{53}tʰu^{44}va^{53}ʐɤu^{44}a^{21}tʂʰʅ^{22}kuɤ^{44}, ȵi^{53}tʂʰʅ^{22}kuɤ^{44}miɤu^{13}? b. vɤ^{44}mei^{42}tʂʰʅ^{22}kuɤ^{42}.
敦煌市	a. 我吃过兔儿肉，你吃过没？ b. 没有，我没吃过。 a. ŋə^{51}tʂʰʅ^{21}kuə^{13}tʰu^{51}ər^{21}ʐɤu^{44}, ȵi^{51}tʂʰʅ^{21}kuə^{13}mə^{21}? b. mə^{22}iɤu^{53}, ŋə^{53}mə^{13}tʂʰʅ^{21}kuə^{13}.
临夏市	a. 兔娃肉我吃过，你吃过没？ b. 没，我没吃过。 a. tʰu^{44}vɑ^{42}ʐɤu^{44}ŋɤ^{42}tʂʰʅ^{21}kuɤ^{42}, ȵi^{42}tʂʰʅ^{21}kuɤ^{42}mu^{24}? b. mu^{13}, ŋɤ^{44}mu^{42}tʂʰʅ^{21}kuɤ^{42}.
合作市	a. 我兔子的肉吃过，你吃过没？ b. 没有，我没吃过。 a. ŋə^{44}tʰu^{44}tsɿ^{21}tə^{21}ʐəɯ^{13}tʂʰʅ^{21}kuə^{53}, ȵi^{44}tʂʰʅ^{21}kuə^{44}mə^{21}? b. mə^{21}iəɯ^{53}, ŋə^{44}mə^{13}tʂʰʅ^{21}kuə^{53}.
临潭县	a. 我吃过兔子肉，你吃过啦？ b. 没有，我没吃过。 a. ŋɤ^{51}tʂʰʅ^{44}kuɤ^{44}tʰu^{44}tsɿ^{21}ʐəɯ^{44}, ȵi^{51}tʂʰʅ^{44}kuɤ^{44}la^{21}? b. mɤ^{21}iəɯ^{51}, ŋɤ^{51}mɤ^{24}tʂʰʅ^{44}kuɤ^{44}.

	0025 我洗过澡了，今天不打篮球了。
兰州市	我刚洗下澡，今天就不再打球了。 vɤ^{34}kɑ̃^{55}ɕi^{44}xa^{42}tsɔ^{21}, tɕin^{55}tʰiæ̃^{42}tɕiəu^{44}pu^{21}tsɛ^{22}ta^{55}tɕʰiəu^{42}lɔ^{21}.
榆中县	我洗下澡了，今个天篮球不打了。 və^{44}ɕi^{44}xa^{0}tsɔ^{44}lɔ^{0}, tɕin^{51}kə^{0}tʰian^{0}lan^{31}tɕʰiəu^{213}pu^{31}ta^{13}lɔ^{0}.
永登县	我刚儿洗罢澡，今个天再不打篮球了。 və^{354}tɕiɑ̃r^{55}ɕi^{53}pa^{42}tsɔ^{31}, tɕin^{44}kə^{44}tʰiæ̃^{44}tsɛ^{22}pu^{22}ta^{55}læ̃^{42}tɕʰiɤu^{21}liɔ^{21}.
红古区	我刚洗了个澡，今儿个篮球不打去了。 və^{55}tɕiaŋ^{13}sɿ^{55}liɔ^{21}kə^{21}tsɔ^{55}, tɕiə̃r^{22}kə^{55}lan^{22}tɕʰiɤu^{13}pu^{22}ta^{55}tsʰɿ^{21}liɔ^{21}.
凉州区	我洗了澡了，今个就不打篮球了。 və^{35}ɕi^{53}liɑo^{21}tsɑo^{53}liɑo^{35}, tɕiŋ^{35}kə^{53}tɕiəu^{31}pu^{53}da^{35}lɑŋ^{35}tɕʰiəu^{53}liɑo^{35}.
甘州区	我洗了澡儿了，今个子就不打篮球了。 və^{53}ɕi^{22}liɔ^{44}tsɔ^{22}ɣɤ^{22}liɔ^{53}, tɕiŋ^{44}kə^{44}tsɿ^{44}tɕiɤu^{44}pu^{22}ta^{44}laŋ^{35}tɕʰiɤu^{42}liɔ^{21}.
肃州区	我刚洗过澡，今天就不打篮球去咧。 və^{21}kaŋ^{44}ɕi^{53}kuə^{21}tsɔ^{51}, tɕiŋ^{44}tʰiæ̃^{44}tɕiəu^{44}pu^{21}ta^{44}læ̃^{44}tɕʰiəu^{31}tɕʰy^{21}liɛ^{21}.
永昌县	我洗了澡了，今个不想打篮球了。 uə^{13}ɕi^{53}liɔo^{21}tsɔo^{53}liɔo^{21}, tɕiŋ^{44}kə^{44}pu^{53}ɕiaŋ^{21}ta^{53}lɛe^{13}tɕʰiəu^{53}liɔo^{21}.
崆峒区	我把澡都洗咧，今儿个不打篮球咧。 ŋuo^{53}pa^{22}tsɔ^{53}təu^{22}ɕi^{55}liɛ^{21}, tɕiər^{53}kɤ^{21}pu^{22}ta^{53}læ̃^{21}tɕʰiəu^{21}liɛ^{21}.
庆城县	我洗过澡了，今儿不打篮球咧。 ŋɔ^{44}ɕi^{44}kuə^{0}tsɔ^{44}liɔ^{0}, tɕiɤr^{51}pu^{21}ta^{44}lɛ̃^{113}tɕʰiɤu^{113}liᴇ^{0}.
宁县	我都把澡洗［哩啊］，今儿不打篮球［哩啊］。 ŋuə^{52}tou^{0}ma^{22}tsɔ^{52}ɕi^{55}lia^{0}, tɕiŋ^{31}ər^{0}pu^{22}ta^{52}læ̃^{22}tɕiou^{31}lia^{0}.
武都区	我把浑身都洗了，今儿个我就不打篮球了。 ŋɤ^{55}pa^{21}xuŋ^{13}ʂəŋ^{21}təu^{21}ɕi^{55}lɔu^{21}, tɕiər^{31}kɤ^{21}ŋɤ^{55}tɕiəu^{21}pu^{21}ta^{55}læ̃^{13}tɕʰiəu^{13}lɔu^{21}.
文县	我澡都洗过了，今天也不打篮球了。 ŋɤ^{33}tsɔo^{35}tɤu^{42}ɕi^{42}kuə^{42}lɔo^{21}, tɕiə̃^{31}tʰiæ̃^{31}ia^{21}pu^{21}ta^{35}læ̃^{21}tɕʰiɤu^{44}lɔo^{21}.
康县	我洗过澡了，今天不打篮球了。 ŋuɤ^{55}si^{55}kuɤ^{21}tsɔo^{55}lɔo^{21}, tɕiŋ^{53}tʰian^{21}pu^{21}ta^{21}lan^{21}tɕʰiɤu^{21}lɔo^{21}.
礼县	我刚刚洗了澡了，今儿个不打篮球去了。 ŋɤ^{52}tɕiaŋ^{13}tɕiaŋ^{21}ɕi^{52}nɔo^{21}tsɔo^{52}nɔo^{21}, tɕiŋ^{13}ɚ^{21}kɤ^{21}pu^{44}ta^{52}næ̃^{13}tɕʰiəu^{13}tɕʰi^{44}nɔo^{21}.
靖远县	我澡都洗了，今儿不打篮球了。 ŋuə^{55}tsɑo^{55}tɤu^{22}sɿ^{21}liɑo^{55}, tɕiə̃r^{41}pu^{22}ta^{55}læ̃^{22}tɕʰiɤu^{21}liɑo^{21}.
陇西县	我洗下澡了，今个就不打篮球了。 kɤ^{55}ɕi^{55}xa^{42}tsɔo^{55}lɔo^{42}, tɕiŋ^{22}kɤ^{22}tɕiu^{44}pu^{21}ta^{55}læ̃^{13}tɕʰiu^{42}lɔo^{21}.

	0025 我洗过澡了，今天不打篮球了。
秦州区	我刚把澡洗了，我今过就不打篮球了。 ŋu^{53}tɕiɑŋ^{13}pa^{44}tsɔ^{53}ɕi^{53}liɤu^{21}, ŋu^{53}tɕiɤŋ^{13}kuə^{13}tɕiɤu^{44}pʰu^{44}ta^{53}læ̃^{13}tɕʰiɤu^{13}liɤu^{21}.
安定区	我洗下澡了，今儿个不打篮球去了。 ŋə^{53}ɕi^{21}xa^{44}tsɔ^{53}lɔ^{21}, tɕiŋ^{21}zʅ^{44}kə^{21}pu^{21}ta^{53}næ̃^{13}tɕʰiəu^{13}tɕʰi^{44}lɔ^{21}.
会宁县	我刚洗下澡，今儿就不打篮球了。 ŋə^{53}tɕiɑŋ^{13}ɕi^{53}xa^{21}tsɔ^{53}, tɕiŋ^{21}zʅ^{13}tɕʰiəu^{44}pu^{13}ta^{53}læ̃^{13}tɕʰiəu^{21}lɔ^{21}.
临洮县	我洗下澡了，今儿个篮球不打了。 ŋuɤ^{53}ɕi^{42}xa^{21}tsɔ^{53}liɔ^{21}, tɕiə̃r^{13}kɤ^{21}læ̃^{13}tɕʰiɤu^{13}pu^{21}ta^{53}liɔ^{21}.
清水县	我刚洗下澡的，今儿再不打篮球了。 ŋuə^{52}tɕiɔ̃^{13}sʅ^{52}xa^{21}tsɔ^{52}tɛ^{21}, tɕiŋ^{21}ɚ^{13}tsɛ^{44}pu^{21}ta^{52}læ̃^{13}tɕʰiou^{21}liɔ^{21}.
永靖县	我洗了澡了，今个篮球不打了。 vɤ^{53}ɕi^{53}lɔ^{21}tsɔ^{53}lɔ^{21}, tɕiɤŋ^{22}kɤ^{44}læ̃^{22}tɕʰiɤu^{44}pu^{44}ta^{53}lɔ^{21}.
敦煌市	我洗了个澡儿，今儿就不打篮球了。 ŋə^{22}ɕi^{51}lə^{21}kə^{21}tsɔ^{44}ər^{21}, tɕiŋ^{21}ər^{13}tɕiɤu^{44}pu^{22}ta^{51}læ̃^{21}tɕʰiɤu^{51}lə^{21}.
临夏市	我澡洗过了，今个篮球再不打了。 ŋɤ^{44}tsɔ^{42}ɕi^{42}kuɤ^{21}liɔ^{13}, tɕiŋ^{13}kɤ^{42}lã^{21}tɕʰiɤu^{53}tsɛ^{44}pu^{21}tɑ^{44}liɔ^{42}.
合作市	我澡洗过了，今个篮球不打了。 ŋə^{44}tsɔ^{53}ɕi^{44}kuə^{21}liɔ^{21}, tɕiŋ^{13}kə^{53}læ̃^{21}tɕʰiəɯ^{53}pu^{21}tᴀ^{44}liɔ^{21}.
临潭县	我今儿个洗了呱，再不打篮球了。 ŋɤ^{51}tɕiər^{44}kɤ^{21}ɕi^{51}lɤ^{21}kua^{44}, tsɛe^{44}pu^{24}ta^{51}læ̃^{24}tɕʰiɯə^{24}lɤ^{21}.

	0026 我算得太快算错了，让我重新算一遍。
兰州市	我算得太快了，错了，我再来一遍。 vɤ^{34}suæ̃^{22}ti^{44}tʰɛ^{24}kʰuɛ^{22}lɔ^{21}, tsʰuɤ^{22}lɔ^{42}, vɤ^{34}tsɛ^{42}lɛ^{53}ʐi^{22}piæ̃^{24}.
榆中县	我算得太快算错了，重算一下。 və^{44}suan^{21}ti^{44}tʰɛ^{13}kʰɛ^{213}suan^{13}tsʰuə^{21}lɔ^{44}, tʂʰuən^{31}suan^{213}i^{31}xa^{0}.
永登县	我算得快给算错了，我再算一遍。 və^{354}suæ̃^{22}ti^{55}kʰuɛ^{354}kei^{21}suæ̃^{35}tsʰuə^{213}liɔ^{42}, və^{35}tsɛ^{13}suæ̃^{22}i^{22}piæ̃^{55}.
红古区	我算者忙了些儿算错了，我重算一遍。 və^{55}suan^{22}tʂə^{55}mɑŋ^{21}liɔ^{13}ɕiər^{55}suan^{13}tsʰuə^{22}liɔ^{53}, və^{55}tʂʰuən^{21}suan^{13}zʅ^{55}pian^{21}.
凉州区	算得太快算错了，叫我再算一遍。 suɑŋ^{31}ti^{21}tʰæ^{31}kʰuæ^{31}suɑŋ^{31}tsʰuə^{31}liɑo^{21}, tɕiɑo^{53}və^{35}tsæ^{31}suɑŋ^{31}ʐi^{21}piɑŋ^{31}.
甘州区	我算得太快了，算错了，我再过上一遍。 və^{53}suaŋ^{31}ti^{21}tʰɛ^{24}kʰuɛ^{31}liɔ^{21}, suaŋ^{24}tsʰuə^{31}liɔ^{21}, və^{53}tsɛ^{24}kuə^{31}xaŋ^{21}ʐi^{31}piaŋ^{21}.

	0026 我算得太快算错了，让我重新算一遍。
肃州区	我算得太快算错咧，让我重算一遍。 və^{53}suæ̃^{21}ti^{44}tʰε^{44}kʰuε^{41}suæ̃^{13}tsʰuə^{31}liε^{21}, ʐɑŋ^{13}və^{21}tʂʰuŋ^{53}suæ̃^{44}ʑi^{21}piæ̃^{21}.
永昌县	我算得太快，算错了，我再算一遍吧。 uə^{13}suεe^{53}ti^{21}tʰεe^{22}kʰuεe^{53}, suεe^{22}tsʰuə^{53}liɔo^{21}, uə^{4}tsεe^{22}suεe^{53}ʑi^{22}piε^{22}pa^{21}.
崆峒区	我算得快咧没算对，叫我再算一遍。 ŋuo^{53}suæ̃^{44}ti^{21}kʰuε^{35}liε^{53}mɤ^{22}suæ̃^{44}tuei^{44}, tɕiɔ^{44}ŋuo^{53}tsε^{44}suæ̃^{44}i^{22}piæ̃^{44}.
庆城县	我算得太快算错咧，再算一遍。 ŋə^{44}suɛ̃^{244}ti^{0}tʰε^{244}kʰε^{244}suɛ̃^{244}tsʰuə^{51}liᴇ^{0}, tsε^{244}suɛ̃^{244}i^{21}piɛ̃^{244}.
宁县	我算得快［哩啊］算错［哩啊］，倒我别算一下。 ŋuə^{52}suæ̃^{44}ti^{0}kʰuε^{44}lia^{31}suæ̃^{44}tsʰuə^{31}lia^{0}, tɔ^{22}ŋuə^{52}pʰiε^{24}suæ̃^{44}i^{0}xa^{0}.
武都区	我算得太快算错了，我重算个儿。 ŋɤ^{55}suæ̃^{24}ti^{21}tʰεɪ^{55}kʰuεɪ^{21}suæ̃^{24}tsʰuɤ^{24}lɔu^{21}, ŋɤ^{55}tʂʰuŋ^{21}suæ̃^{24}kɤr^{21}.
文县	我算得太快就算错了，让我重算一遍。 ŋɤ^{35}suæ̃^{24}ti^{42}tʰεe^{24}kʰuεe^{24}tɕiɤu^{42}suæ̃^{24}tsʰuə^{21}lɔo^{42}, zɑ̃^{24}ŋɤ^{55}tsʰoŋ^{21}suæ̃^{24}ʑi^{42}piæ̃^{21}.
康县	我算得太快算错了，让我重算一遍。 ŋuɤ^{55}suan^{24}ti^{55}tε^{55}kʰuε^{24}suan^{24}tsʰuɤ^{24}lɔo^{53}, ʐɑŋ^{24}ŋuɤ^{55}pfʰɤŋ^{21}suan^{24}i^{21}pian^{21}.
礼县	我算得太快了，算错了，再算给下。 ŋɤ^{52}ʃuæ̃^{44}tai^{21}tʰai^{44}kuai^{44}nɔo^{21}, ʃuæ̃^{44}tʃʰuɤ^{31}nɔo^{13}, tsai^{44}ʃuæ̃^{44}kei^{21}xa^{21}.
靖远县	我算得快给算错了，我重算一遍。 ŋuə^{55}suæ̃^{33}tə^{21}kʰuε^{33}kei^{22}suæ̃^{33}tsʰuə^{35}liɑo^{41}, ŋuə^{55}tʂʰoŋ^{22}suæ̃^{33}zʅ^{22}piæ̃^{21}.
陇西县	我算得太快了算错了，遭⁼我重新算一遍。 kɤ^{55}suæ̃^{44}ti^{44}tʰε^{55}kʰuε^{44}lɔo^{42}suæ̃^{44}tsʰuɤ^{44}lɔo^{42}, tsɔo^{21}kɤ^{53}tsʰuŋ^{13}ɕiŋ^{31}suæ̃^{44}i^{42}piæ̃^{44}.
秦州区	我做得太快了给做错了，［人家］咋叫我重做一遍。 ŋu^{53}tsuə^{13}tei^{13}tʰε^{53}kʰuε^{44}liɤu^{21}kei^{44}tsuə^{13}tsʰuə^{21}liɤu^{21}, ȵiə^{13}tsa^{53}tɕiɔ^{44}ŋu^{53}tsʰuɤŋ^{13}tsuə^{13}ɕi^{21}piæ̃^{44}.
安定区	我算得太快了算错了，叫我再算一下。 ŋə^{53}suæ̃^{44}tə^{21}tʰε^{53}kʰuε^{44}lɔ^{21}suæ̃^{44}tsʰuə^{44}lɔ^{21}, tɕiɔ^{21}ŋə^{53}tsε^{44}suæ̃^{44}ʑi^{21}xa^{21}.
会宁县	我算得太快算错了，我重算一遍。 ŋə^{53}suæ̃^{44}ti^{21}tʰε^{21}kʰuε^{44}suæ̃^{44}tsʰuə^{44}lɔ^{21}, ŋə^{53}tsʰuŋ^{21}suæ̃^{44}ʑi^{21}piæ̃^{44}.
临洮县	我算着太快了算错了，我再重算一遍。 ŋuɤ^{53}suæ̃^{44}tʂɤ^{21}tʰε^{53}kʰuε^{44}liɔ^{21}suæ̃^{44}tsʰuɤ^{44}liɔ^{21}, ŋuɤ^{53}tsε^{44}tsʰuŋ^{13}suæ̃^{44}ʑi^{21}piæ̃^{44}.
清水县	我算得太快了算错了，我重来。 ŋuə^{52}suæ̃^{44}tsi^{21}tʰε^{44}kʰuε^{44}liɔ^{21}suæ̃^{44}tsʰuə^{21}liɔ^{52}, ŋuə^{52}tsʰuŋ^{13}lε^{13}.

	0026 我算得太快算错了，让我重新算一遍。
永靖县	我算着太快了算错了，我再算一下。 vɤ^{53}suæ̃^{44}tʂɤ^{21}tʰɛ^{44}kʰuɛ^{44}lɔ^{21}suæ̃^{44}tsʰuɤ^{44}lɔ^{21}, vɤ^{53}tsɛ^{44}suæ̃^{44}i^{44}xa^{42}.
敦煌市	我算得太快了，没算对，叫我再算一遍。 ŋə^{21}suæ̃^{44}ti^{21}tʰɛ^{44}kʰuɛ^{44}lə^{21}, mə^{21}suæ̃^{44}tuei^{44}, tɕiɔ^{21}ŋə^{53}tsɛ^{53}suæ̃^{31}ʑi^{31}piæ̃^{21}.
临夏市	我算着太快了算错了，我再重算一遍。 ŋɤ^{42}suã^{44}tʂɤ^{21}tʰɛ^{44}kʰuɛ^{42}liɔ^{21}suã^{53}tsʰuɤ^{44}liɔ^{21}, ŋɤ^{42}tsɛ^{53}tsʰuəŋ^{13}suã^{53}ʑi^{21}piɛ̃^{53}.
合作市	我算着太快了，算错了，我重算一下。 ŋə^{44}suæ̃^{53}tʂə^{21}tʰɛe^{44}kʰuɛ^{53}liɔ^{21}, suæ̃^{44}tsʰuə^{53}liɔ^{21}, ŋə^{44}tsʰuəŋ^{13}suæ̃^{53}ʑi^{21}xᴀ^{53}.
临潭县	我算得太快了，给算错了，我再重算一呱。 ŋɤ^{53}suæ̃^{44}ti^{21}tʰɛe^{51}kʰuɛe^{44}lɤ^{21}, kɪi^{31}suæ̃^{44}tsʰuɤ^{44}lɤ^{21}, ŋɤ^{51}tsɛe^{44}tsʰuəŋ^{24}suæ̃^{44}i^{21}kua^{44}.

	0027 他一高兴就唱起歌来了。
兰州市	那一娆就唱脱了。 na^{53}ʑi^{22}zɔ^{53}tɕiəu^{44}tʂʰɑ̃^{13}tʰuɤ^{22}lɔ^{21}.
榆中县	那一高兴就唱开了。 na^{13}i^{31}kɔ^{51}ɕin^{0}tɕiəu^{13}tʂʰaŋ^{21}kʰɛ^{44}lɔ^{0}.
永登县	那一娆就唱开歌了。 na^{53}i^{22}zɔ^{53}tɕiɤu^{21}tʂʰɑ̃^{22}kʰɛ^{44}kə^{42}liɔ^{21}.
红古区	家一高兴就唱脱了。 tɕia^{55}zɿ^{13}kɔ^{21}ɕin^{13}tɕiɤu^{13}tʂʰɑŋ^{22}tʰuə^{55}liɔ^{21}.
凉州区	家一高兴就唱开了。 tɕia^{35}ʑi^{53}kɑo^{35}ɕiŋ^{31}tɕiəu^{31}tʂʰɑŋ^{31}kʰæ^{31}liɑo^{21}.
甘州区	伢一高兴就哼唧开了。 ia^{53}ʑi^{22}kɔ^{53}ɕiŋ^{31}tɕiɤu^{22}xɤŋ^{44}tɕi^{44}kʰɛ^{44}liɔ^{44}.
肃州区	那一高兴就唱开歌咧。 na^{44}ʑi^{21}kɔ^{44}ɕiŋ^{21}tɕiəu^{21}tʂʰɑŋ^{21}kʰɛ^{44}kə^{44}liɛ^{21}.
永昌县	家一高兴就唱开歌了。 tɕia^{13}ʑi^{53}kɔo^{44}ɕiŋ^{53}tɕiəu^{22}tʂʰɑŋ^{53}kʰɛe^{21}kə^{44}liɔo^{44}.
崆峒区	[人家]一高兴就唱开咧。 ȵiæ̃^{53}i^{21}kɔ^{22}ɕiɤŋ^{44}tɕiəu^{44}tʂʰɑŋ^{35}kʰɛ^{53}liɛ^{21}.
庆城县	他一高兴就唱开了。 tʰa^{51}i^{21}kɔ^{21}ɕiŋ^{244}tsɤu^{244}tʂʰɑ̃^{244}kʰɛ^{0}liɔ^{0}.

	0027 他一高兴就唱起歌来了。
宁县	［人家］一高兴就唱开歌儿［哩啊］。 ȵiæ^{31}i^{22}kɔ^{22}ɕiŋ^{44}tɕʰiou^{44}tʂʰaŋ^{44}kʰɛ^{0}kər^{31}lia^{0}.
武都区	他一高兴就唱开了。 tʰa^{55}i^{31}kɔu^{22}ɕin^{24}tɕiəu^{24}tʂʰɑŋ^{24}kʰɛɪ^{21}lɔu^{21}.
文县	他一高兴就唱起来了。 tʰa^{42}ʑi^{42}kɔo^{21}ɕiəŋ^{24}tɕiɤu^{44}tsʰã^{24}tɕʰi^{44}lɛe^{21}lɔo^{21}.
康县	他一高兴就唱开歌儿了。 tʰa^{53}i^{55}kɔo^{21}ɕiŋ^{24}tɕiɤu^{53}tʂʰɑŋ^{21}kʰɛ^{21}kuɤr^{53}lɔo^{21}.
礼县	［人家］一高兴就唱开歌了。 ȵiɛ^{13}i^{44}kɔo^{31}ɕiŋ^{44}tɕʰiəu^{44}tʂʰɑŋ^{44}kʰai^{21}kɤ^{13}nɔo^{21}.
靖远县	［人家］一高兴就唱开歌了。 ȵiɛ^{24}zʅ^{21}kɑo^{22}ɕiŋ^{33}tsiɤu^{33}tʂʰɑŋ^{33}kʰɛ^{21}kuə^{41}liɑo^{21}.
陇西县	他一高兴就唱开歌儿了。 tʰa^{42}i^{44}kɔo^{42}ɕin^{44}tɕʰiu^{44}tʂʰɑŋ^{44}kʰɛ^{44}kɤ^{42}zʅ^{22}lɔo^{21}.
秦州区	外［人家］一高兴就唱开了。 vɛ^{53}ȵiə^{13}i^{44}kɔ^{13}ɕiɤŋ^{44}tɕiɤu^{44}tʂʰɑŋ^{44}kʰɛ^{21}liɤu^{21}.
安定区	［人家］一高兴就唱开了。 ȵia^{13}ʑi^{44}kɔ^{21}ɕiŋ^{44}tɕiəu^{44}tʂʰɑŋ^{44}kʰɛ^{21}lɔ^{21}.
会宁县	［人家］一高兴还唱开歌了。 ȵia^{13}ʑi^{21}kɔ^{21}ɕiŋ^{44}xæ̃^{13}tʂʰɑŋ^{44}kʰə^{53}kə^{21}lɔ^{13}.
临洮县	家一高兴就唱开歌儿了。 tɕia^{44}ʑi^{42}kɔ^{21}ɕiŋ^{44}tɕiɤu^{53}tʂʰã^{44}kʰɛ^{21}kər^{13}liɔ^{21}.
清水县	兀一高兴就唱开歌儿了。 vɛ^{52}i^{44}kɔ^{21}ɕiŋ^{44}tɕʰiou^{44}tʂʰɒ̃^{44}kʰɛ^{21}kuə^{21}ɚ^{13}liɔ^{21}.
永靖县	家一高兴就唱开歌儿了。 tɕia^{22}i^{44}kɔ^{44}ɕiɤŋ^{42}tɕiɤu^{44}tʂʰɑŋ^{44}kʰɛ^{44}kɤ^{22}ɯ^{13}lɔ^{53}.
敦煌市	［人家］一高兴就唱开歌儿了。 ȵia^{53}zi^{13}kɔ^{21}ɕiŋ^{31}tɕiɤu^{22}tʂʰɑŋ^{44}kʰɛ^{21}kə^{21}ər^{13}la^{44}.
临夏市	家一高兴就唱开歌了。 tɕiɛ^{13}ʑi^{42}kɔ^{21}ɕiŋ^{44}tɕiɤu^{53}tʂʰɑŋ^{44}kʰɛ^{21}kɤ^{13}liɔ^{42}.
合作市	他一高兴就唱开歌了。 tʰᴀ^{44}ʑi^{13}kɔ^{21}ɕiŋ^{53}tɕiəɯ^{53}tʂʰɑŋ^{53}kʰɛe^{21}kə^{44}liɔ^{21}.
临潭县	他一高兴就唱开了。 tʰa^{44}i^{44}kɔo^{24}ɕin^{44}tɕiɯə^{44}tʂʰɒ^{44}kʰɛe^{21}lɤ^{21}.

	0028 谁刚才议论我老师来着？
兰州市	刚才谁说我老师着呢？ kã55tsʰε42fei53fɤ13vɤ44lɔ42ʂʅ21tʂɤ21ȵi21？
榆中县	刚刚谁一个说我们老师着呢？ tɕiaŋ51tɕiaŋ51ʂuei13i31kə0ʂuə31və44mən0lɔ44ʂʅ0tʂə0ȵiᴇ0？
永登县	刚头些谁说我们的老师着哩？ tɕiã55tʰɤu55ɕiε42fei53fə31və22mə̃n22ti21lɔ21ʂʅ21ə21li21？
红古区	刚谁说我们者老师着哩？ tɕiɑŋ13fei13fə21və55mən21tʂə21lɔ55ʂʅ21tʂə21lʅ21？
凉州区	谁刚儿说我的老师着呢？ ʂuei53tɕiɑŋ35ʀɯ53ʂuə53və35ti21lɑo35sɿ53tʂə31ȵi21？
甘州区	谁刚儿说我的老师的哩啊？ fei53tɕiaŋ44ɣɤ44fə31və22ti44lɔ44ʂʅ44ti44li44a44？
肃州区	谁刚才议论我们老师咧？ sei53kɑŋ44tsʰε53ʑi13luŋ21və21mɤŋ44lɔ21sɿ21liε44？
永昌县	刚才谁说我的老师着呢？ tɕiaŋ44tsεe44ʂuei13ʂuə53uə22ti44lɔo44ʂʅ44tʂə44ȵi44？
崆峒区	谁刚才说我老师闲话着呢？ sei24kaŋ24tsʰε24ʂuo22ŋuo55lɔ55sɿ21ɕiæ̃24xua35tʂɤ53ȵi21？
庆城县	刚才谁说我老师咧？ kã113tɕʰε113sei113ʂuε21ŋɔ44lɔ44sɿ0liᴇ0？
宁县	谁刚议论我老师着哩？ ʃuei24kaŋ24i44lyŋ44ŋuə31lɔ55sɿ0tʃuə0li0？
武都区	谁刚才说我们老师嘞？ ʃuei31tɕiɑŋ53tsʰεɪ13ʃuɤ21ŋɤ55məŋ21lɔu55sɿ21lεɪ21？
文县	谁块刚才议论我的老师嘞？ suei21kʰuεe42tɕiã21tsʰεe33ʑi24loŋ44ŋɤ44tɤ42lɔo35sɿ42lei21？
康县	谁刚才说我老师着唻？ sei21kaŋ53tsʰε21fɤ53ŋuɤ21lɔo55sɿ21tʂɔo21lε21？
礼县	谁刚刚说我的老师嘞？ sei13tɕiaŋ31tɕiaŋ44ɕyɤ31ŋɤ52tai21nɔo52sɿ21nai13？
靖远县	谁刚说我老师的呢？ suei24tɕiaŋ55ʂuə22ŋuə55lɑo55ʂʅ41tə21ȵiε21？
陇西县	谁刚刚个说膏=的老师着咧？ ʃɥe13tɕiaŋ42tɕiaŋ24kɤ42ʃɥɤ21kɔo21tɔo21lɔo55sɿ21tʂʅ44liæ̃44？

	0028 谁刚才议论我老师来着？
秦州区	谁个刚刚地说敖=的老师唻？ sei^{13}kɛ^{13}tɕiɑŋ^{13}tɕiɑŋ^{21}ti^{13}ʂɤ^{13}ŋɔ^{13}tɛ^{21}lɔ^{53}sɿ^{21}lɛ^{21}?
安定区	谁刚刚个说下我的老师的？ ʃuei^{13}tɕiɑŋ^{21}tɕiɑŋ^{13}kə^{21}ʃuə^{13}xa^{21}ŋə^{53}tə^{21}lɔ^{53}sɿ^{21}tə^{21}?
会宁县	啥刚学说我的老师着哩？ sa^{53}tɕiɑŋ^{13}ɕyə^{13}ʃuə^{13}ŋə^{53}ti^{21}lɔ^{53}sɿ^{21}tʂə^{21}li^{21}?
临洮县	阿一个刚议论我室老师着呢？ a^{13}ʑi^{42}kɤ^{21}tɕiã^{44}ʑi^{21}luŋ^{44}ŋuɤ^{53}ʂʅ^{21}lɔ^{53}ʂʅ^{21}tʂɤ^{42}ȵi^{21}?
清水县	谁刚刚说敖=的老师着哩？ ʃəi^{13}tɕiɒ̃^{21}tɕiɒ̃^{13}ʂə^{21}ŋɔ^{52}tɛ^{21}lɔ^{52}ʃɨ^{21}tʂə^{13}li^{21}?
永靖县	刚才阿个说我老师着？ tɕiɑŋ^{22}ts^{h}ɛ^{53}a^{22}kɤ^{44}ʂuɤ^{213}vɤ^{53}lɔ^{53}ʂʅ^{21}tʂɤ^{53}?
敦煌市	刚才谁说我老师的呢？ tɕiɑŋ^{13}ts^{h}ɛ^{31}sei^{21}ʂuə^{21}ŋə^{31}lɔ^{51}sɿ^{21}ti^{21}ȵi^{21}?
临夏市	阿一个刚议论我老师呢？ ɑ^{44}ʑi^{21}kɤ^{53}tɕiɑŋ^{44}ʑi^{21}lyəŋ^{44}ŋɤ^{42}lɔ^{42}ʂʅ^{24}ȵi^{21}?
合作市	阿一个刚才议论我的老师着呢？ ᴀ^{44}ʑi^{21}kə^{44}tɕiɑŋ^{13}ts^{h}ɛe^{13}ʑi^{44}lyəŋ^{21}ŋə^{44}ti^{21}lɔ^{44}ʂʅ^{13}tʂə^{21}ȵi^{21}?
临潭县	谁刚头呢个说我们老师唻？ suɪi^{44}tɕiɒ^{44}t^{h}ɯə^{21}ȵi^{44}kɤ^{44}ʂuɤ^{44}ŋɤ^{51}məŋ^{21}lɔo^{51}sɿ^{21}lɛe^{51}?

	0029 只写了一半，还得写下去。
兰州市	才写了一半，还要写呢。 ts^{h}ɛ^{53}ɕiɛ^{44}lɔ^{42}ʑi^{22}pæ̃^{24}, xæ̃^{53}iɔ^{21}ɕiɛ^{44}ȵi^{21}.
榆中县	只写了一半儿，还得写。 tʂʅ^{44}ɕiᴇ^{44}lɔ^{44}i^{31}pan^{21}ɣɤ^{44}, xan^{31}tə^{0}ɕiᴇ^{44}.
永登县	才写了一半，还得写。 ts^{h}ɛ^{53}ɕiɛ^{55}liɔ^{53}i^{22}pæ̃^{13}, xæ̃^{53}tei^{21}ɕiɛ^{354}.
红古区	刚写了半个儿，还得往完里写。 tɕiɑŋ^{13}ɕiɛ^{55}liɔ^{21}pan^{21}kər^{53}, xan^{22}tei^{55}vɑŋ^{55}van^{21}lʅ^{13}ɕiɛ^{53}.
凉州区	才写了一半，还得接着写。 ts^{h}æ^{35}ɕiə^{53}liɑo^{21}ʑi^{31}pɑŋ^{31}, xɑŋ^{35}tə^{21}tɕiə^{53}tʂə^{21}ɕiə^{35}.
甘州区	才写了半拉子，还得再写啊。 ts^{h}ɛ^{53}ɕiə^{22}liə^{44}paŋ^{31}la^{22}tsɿ^{21}, xaŋ^{35}tə^{42}tsɛ^{31}ɕiə^{22}a^{44}.

	0029 只写了一半，还得写下去。
肃州区	只写了一半，还得往下写。 tsɿ^{21}ɕiɛ^{21}lə^{53}ʑi^{13}pæ̃^{21}, xæ̃^{53}tə^{21}vɑŋ^{53}ɕia^{21}ɕiɛ^{13}.
永昌县	就写了半拉子，还得写啊。 tɕiəu^{22}ɕiə^{53}liɔo^{21}pɛe^{53}la^{22}tsɿ^{21}, xɛe^{13}tə^{44}ɕiə^{53}a^{21}.
崆峒区	只写咧一半儿，还得往下写。 tsɿ^{24}ɕiɛ^{55}liɛ^{21}i^{22}pɐr^{44}, xa^{24}tei^{21}uɑŋ^{55}xa^{44}ɕiɛ^{53}.
庆城县	只写了一半，还得写。 tsɿ^{21}ɕiᴇ^{44}liɔ^{44}i^{21}pɛ̃^{244}, xɛ̃^{113}tei^{51}ɕiᴇ^{44}.
宁县	只写咧一半儿，还得再写。 tsʰɿ^{24}ɕiɛ^{55}liɛ^{0}i^{22}pæ̃r^{44}, xa^{24}ti^{24}tsɛ^{44}ɕiɛ^{52}.
武都区	只写了一半儿，还得往下写。 tsɿ^{21}ɕiᴇ^{55}lɔu^{21}i^{22}pæ̃r^{53}, xæ̃^{24}ti^{21}vɑŋ^{31}xa^{24}ɕiᴇ^{31}.
文县	只写了一半，还得再写嘞。 tsʰɛe^{21}ɕiɛ^{35}lɔo^{21}ʑi^{21}pæ̃^{24}, xa^{13}tei^{42}tsɛe^{24}ɕiɛ^{44}lei^{21}.
康县	只写了一半儿，还得写下去。 tsɿ^{21}siɛ^{55}lɔo^{55}i^{21}pãr^{24}, xan^{21}tɛ^{21}siɛ^{35}xa^{21}tɕʰi^{21}.
礼县	刚写了一半，还要往下写哩。 tɕiɑŋ^{13}ɕiɛ^{52}nɔo^{21}i^{21}pæ̃^{44}, xæ̃^{13}iɔo^{44}vɑŋ^{52}xa^{44}ɕiɛ^{52}li^{13}.
靖远县	只写了一半儿，还得再写。 tʂʅ^{22}ɕiɛ^{55}liɑo^{41}zɿ^{22}pɐ̃r^{33}, xɛ^{24}tei^{41}tsɛ^{41}ɕiɛ^{41}.
陇西县	只写了一半儿，还得往下去写。 tsɿ^{21}ɕiɛ^{55}lɔo^{42}i^{42}pæ̃^{44}zɿ^{44}, xæ̃^{13}te^{42}vɑŋ^{53}xa^{21}tɕʰi^{21}ɕiɛ^{53}.
秦州区	咋才写了一半么，还得再写下去。 tsa^{53}tsʰɛ^{13}ɕiə^{53}liɤu^{21}ɕi^{44}pæ̃^{53}mu^{21}, xa^{13}tei^{21}tsɛ^{44}ɕiə^{53}xa^{44}tɕʰi^{21}.
安定区	只写了一半，还要往下写哩。 tsɿ^{21}ɕiə^{53}lɔ^{21}ʑi^{21}pæ̃^{44}, xæ̃^{21}iɔ^{44}vɑŋ^{53}xa^{44}ɕiə^{53}li^{21}.
会宁县	刚写了一半儿，要写住哩。 tɕiɑŋ^{13}ɕiə^{53}lɔ^{21}ʑi^{21}pæ̃^{44}zɿ^{21}, iɔ^{44}ɕiə^{53}tʃʰu^{21}li^{21}.
临洮县	只写了一半，还得往下写。 tsɿ^{13}ɕie^{53}liɔ^{21}ʑi^{13}pæ̃^{53}, xæ̃^{13}tei^{21}vɑ̃^{53}xa^{44}ɕie^{53}.
清水县	刚写了半截子，还要往下写哩。 tɕiɔ̃^{13}siɛ^{52}liɔ^{21}pæ̃^{44}tsiɛ^{21}tsɿ^{21}, xæ̃^{13}iɔ^{21}vɔ̃^{52}xa^{44}siɛ^{52}li^{21}.
永靖县	只写了半面，还往下写哩。 tsɿ^{44}ɕiɛ^{53}lɔ^{21}pæ̃^{44}miæ̃^{44}, xɛ^{22}vɑŋ^{53}xa^{44}ɕiɛ^{53}li^{21}.

	0029 只写了一半，还得写下去。
敦煌市	写了个半拉子，还得往下写。 ɕiə^{51}lə^{21}kə^{21}pæ̃^{44}la^{22}tsɿ^{21}, xæ̃^{35}tei^{21}vɑŋ^{44}xa^{44}ɕiə^{51}.
临夏市	刚写了半个，还要写呢。 tɕiɑŋ^{44}ɕiɛ^{42}liɔ^{44}pã^{44}kɤ^{42}, xã^{13}iɔ^{42}ɕiɛ^{44}ȵi^{42}.
合作市	刚写了一半，还得写下去。 tɕiɑŋ^{53}ɕiə^{44}liɔ^{53}ʑi^{21}pæ̃^{53}, xæ̃^{13}tei^{21}ɕiə^{44}xʌ^{21}tɕʰi^{44}.
临潭县	写了半个，还得写。 ɕiɛ^{51}lɤ^{21}pæ̃^{44}kɪi^{21}, xɛe^{24}tɪi^{21}ɕiɛ^{51}.

	0030 你才吃了一碗米饭，再吃一碗吧。
兰州市	你才吃了一碗米饭，再吃上一碗吵。 ȵi^{34}tsʰɛ^{53}tʂʰʅ^{22}lɔ^{24}ʑi^{21}væ̃^{22}mi^{42}fæ̃^{21}, tsɛ^{44}tʂʰʅ^{22}ʂã^{24}ʑi^{21}væ̃^{22}ʂa^{21}.
榆中县	你才吃了一碗着，再吃一碗吧。 ȵi^{44}tsʰɛ^{31}tʂʰʅ^{31}lɔ^{213}i^{31}van^{44}tʂə^{0}, tsɛ^{13}tʂʅ^{31}i^{31}van^{44}pa^{0}.
永登县	你才吃了一碗米饭呗，再吃上一碗。 ȵi^{35}tsʰɛ^{53}tʂʰʅ^{21}liɔ^{354}i^{22}væ̃^{354}mi^{53}fæ̃^{31}pei^{21}, tsɛ^{13}tʂʰʅ^{42}ɑ̃^{31}i^{22}væ̃^{21}.
红古区	你刚吃了一碗米饭呗，再吃上一碗吵。 ȵiɛ^{55}tɕiɑŋ^{13}tʂʰʅ^{21}liɔ^{13}zʅ^{22}van^{55}mʅ^{55}fan^{13}pɛ^{21}, tsɛ^{13}tʂʰʅ^{21}ʂɑŋ^{13}zʅ^{22}van^{55}ʂa^{21}.
凉州区	你才吃了一碗，再吃上碗吧。 ȵi^{35}tsʰæ^{35}tʂʰʅ^{31}liɑo^{21}ʑi^{53}vɑŋ^{35}, tsæ^{31}tʂʰʅ^{31}ʂɑŋ^{21}vɑŋ^{35}pa^{53}.
甘州区	你才吃了一碗啊，再吃上碗吧。 ȵi^{22}tsʰɛ^{53}tʂʰʅ^{31}liə^{21}ʑi^{31}vaŋ^{22}a^{44}, tsɛ^{24}tʂʰʅ^{31}xaŋ^{22}vaŋ^{22}pa^{21}.
肃州区	你才吃了一碗米饭，再来碗吧。 ȵi^{21}tsʰɛ^{53}tʂʰʅ^{21}lə^{21}ʑi^{21}væ̃^{53}mi^{21}fæ̃^{51}, tsɛ^{21}lɛ^{53}væ̃^{51}pa^{21}.
永昌县	你才吃了一碗米饭，再吃一碗吧。 ȵi^{53}tsʰɛe^{13}tʂʰʅ^{53}liɔo^{21}ʑi^{53}vɛe^{21}mi^{53}fɛe^{21}, tsɛe^{13}tʂʰʅ^{42}ʑi^{53}vɛe^{22}pa^{21}.
崆峒区	你才吃咧一碗米饭么，再吃上一碗。 ȵi^{53}tsʰɛ^{22}tʂʰʅ^{53}liɛ^{21}i^{22}uæ̃^{53}mi^{53}fæ̃^{44}mu^{21}, tsɛ^{35}tʂʰʅ^{53}ʂɑŋ^{21}i^{22}uæ̃^{53}.
庆城县	你才吃了一碗米饭，再吃一碗吵。 ȵi^{44}tsʰɛ^{113}tʂʰʅ^{51}liɔ^{0}i^{21}vɛ̃^{44}mi^{44}fɛ̃^{244}, tsɛ^{244}tʂʰʅ^{51}i^{21}vɛ̃^{44}sa^{0}.
宁县	你才吃咧一碗米饭，再吃一碗。 ȵi^{52}tsʰɛ^{24}tʂʰʅ^{31}liɛ^{0}i^{22}uæ̃^{52}mi^{52}fæ̃^{44}, tsɛ^{44}tʂʰʅ^{31}i^{22}uæ̃^{52}.

	0030 你才吃了一碗米饭，再吃一碗吧。
武都区	你才吃了一碗米饭，再吃一碗。 ȵi55tsʰɛɪ24tʂʰʅ31lɔu21i22væ̃55mi55fæ̃21, tsɛɪ24tʂʰʅ31i31væ̃21.
文县	你刚吃了一碗米饭，再吃一碗。 ȵi35tɕiɑ̃21tsʰʅ44lɔo42ʑi21uæ̃35mi42fæ̃21, tsɛɛ24tsʰʅ42ʑi42uæ̃21.
康县	你才吃了一碗米饭，再吃一碗。/ 再吃碗。 ȵi53tsʰɛ21tʂʰʅ53lɔo21i21van21mi21fan33, tsɛ24tʂʰʅ53i53van21. / tsɛ24tʂʰʅ53van21.
礼县	你刚吃了一碗米，再吃上一碗吵。 ȵi52tɕiɑŋ13tʂʰʅ31nɔo21i24væ̃52mi21, tsai44tʂʰʅ31ʂɑŋ44i31væ̃21sa21.
靖远县	你才吃了一碗米饭嘛，再吃上一碗吧。 ȵi55tsʰɛ22tʂʅ24liao41zʅ22væ̃55mʅ41fæ̃21ma21, tsɛ33tʂʰʅ41ʂɑŋ21zʅ22væ̃21pa21.
陇西县	你才吃了一碗米饭，再吃上一碗吵。 li55tsʰɛ33tʂʰʅ22lɔo22i22væ̃22mi55fæ̃21, tsɛ44tʂʰʅ42ʂɑŋ13i22væ̃55sa21.
秦州区	咋才吃了一碗米饭么，咋再吃一碗吵。 tsa53tsʰɛ13tʂʰʅ13liɤu21ɕi44væ̃53mi53fæ̃21mu21, tsa53tsɛ44tʂʰʅ13ɕi13væ̃53sa21.
安定区	你才吃了一碗米饭，再吃上一碗吵。 ȵi53tsʰɛ13tʂʰʅ21lɔ21ʑi44væ̃21mi53fæ̃21, tsɛ44tʂʰʅ21ʂɑŋ13ʑi21væ̃53sa21.
会宁县	你才吃了一碗米饭，再吃上一碗吵。 ȵi53tsʰɛ13tʂʰʅ21lɔ13ʑi21uæ̃53mi53fæ̃21, tsɛ44tʂʰʅ13ʂɑŋ21ʑi13uæ̃53sa21.
临洮县	你才吃了一碗米饭，再吃上一碗么。 ȵi53tsʰɛ13tʂʰʅ42liɔ21ʑi13væ̃53mi44fæ̃21, tsɛ44tʂʰʅ13ʂɑ̃42ʑi13væ̃53mu21.
清水县	你刚吃了一碗米饭么，再吃一碗吵。 ȵi52tɕiɒ̃13tʂʰʅ21liɔ52i21væ̃52mi52fæ̃21mə21, tsɛ44tʂʰʅ13i21væ̃52ʃa21.
永靖县	你才吃了一碗米饭着，再吃上一碗吧。 ȵi53tsʰɛ213tʂʰʅ22lɔ53i22væ̃53mi53fæ̃21tʂɤ21, tsɛ44tʂʰʅ22ʂɑŋ44i22væ̃53pa21.
敦煌市	你才吃了一碗米饭，再吃上一碗吧。 ȵi53tsʰɛ44tʂʰʅ31lə13ʑi21væ̃44mi51fæ̃21, tsɛ44tʂʰʅ31ʂɑŋ22ʑi13væ̃21pa21.
临夏市	你才吃了一碗米饭，再吃一碗。 ȵi42tsʰɛ13tʂʰʅ21liɔ42ʑi21vɑ̃44mi44fɑ̃42, tsɛ53tʂʰʅ13ʑi21vɑ̃44.
合作市	你才吃了一碗米饭，再吃上一碗吧。 ȵi44tsʰɛe13tʂʰʅ13liɔ21ʑi21væ̃44mi44fæ̃53, tsɛe53tʂʰʅ13ʂɑŋ21ʑi21væ̃44pʌ21.
临潭县	刚吃了一碗米饭，再吃上一碗吵。 tɕiɒ44tʂʰʅ44lɤ44i24væ̃21mi51fæ̃21, tsɛe44tʂʰʅ44zɒ21i24væ̃51sa21.

	0031 让孩子们先走，你再把展览仔仔细细地看一遍。
兰州市	让娃娃们先走，你把展览好好地再看一下。 zɑ̃^{13}va^{53}va^{22}mən^{42}ɕiæ̃^{42}tsəu^{22}, ȵi^{34}pa^{22}tʂæ̃^{55}læ̃^{44}xɔ^{44}xɔ^{42}ti^{22}tsɛ^{53}kʰæ̃^{13}ʑi^{22}xa^{21}.
榆中县	叫娃们先走，你把展览细细地再看一下。 tɕiɔ^{13}va^{31}mən^{213}ɕian^{51}tsəu^{44}, ȵi^{44}pa^{13}tʂan^{31}lan^{44}ɕi^{13}ɕi^{213}ti^{0}tsɛ^{13}kʰan^{13}i^{0}xa^{0}.
永登县	叫娃们先走，你把这展览细细儿再看一遍。 tɕiɔ^{13}va^{53}mə̃n^{21}ɕiæ̃^{44}tsɤu^{53}, ȵi^{55}pa^{22}tʂə^{55}tʂæ̃^{55}læ̃^{53}ɕi^{13}ɕir^{44}tsɛ^{22}kæ̃^{22}i^{22}piæ̃^{21}.
红古区	让娃娃们先走，你再把展览详细者看一遍。 zɑŋ^{13}va^{22}va^{13}mən^{21}ɕian^{55}tsɤu^{55}, ȵiɛ^{55}tsɛ^{13}pa^{21}tʂan^{55}lan^{55}ɕiɑŋ^{21}sɿ^{13}tʂə^{53}kʰan^{22}zɿ^{55}pian^{21}.
凉州区	叫娃子们先走，你再把展览细细看一遍。 tɕiɑo^{31}va^{35}tsɿ^{53}məŋ^{21}ɕiɑŋ^{35}tsəu^{53}, ȵi^{35}tsæ^{53}pa^{35}tʂɑŋ^{35}lɑŋ^{53}ɕi^{31}ɕi^{21}kʰɑŋ^{31}ʑi^{31}piɑŋ^{21}.
甘州区	叫娃娃们先走，你再把展览好好地看上一遍。 tɕiɔ^{22}va^{35}va^{42}mu^{21}ɕiaŋ^{44}tsɤu^{53}, ȵi^{53}tsɛ^{31}pa^{22}tʂaŋ^{44}laŋ^{53}xɔ^{22}xɔ^{22}ti^{44}kʰaŋ^{31}xaŋ^{21}ʑi^{31} piaŋ^{21}.
肃州区	让娃娃们先走，你再把展览仔细地看一遍。 zɑŋ^{21}va^{53}va^{21}mɤŋ^{21}ɕiæ̃^{44}tsəu^{51}, ȵi^{44}tsɛ^{21}pa^{21}tʂæ̃^{44}læ̃^{53}tsɿ^{21}ɕi^{53}ti^{21}kʰæ̃^{31}ʑi^{21}piæ̃^{21}.
永昌县	叫娃子们先走，你再把展览好好地看一看。 tɕiɔ^{53}va^{13}tsɿ^{53}məŋ^{21}ɕiɛ^{44}tsəu^{44}, ȵi^{44}tsɛe^{53}pa^{21}tʂɛe^{44}lɛe^{44}xɔo^{53}xɔo^{22}ti^{44}kʰɛe^{53}ʑi^{22}kʰɛe^{21}.
崆峒区	叫娃娃们先走，你把展览再详细地看一遍。 tɕiɔ^{44}ua^{22}ua^{55}mɤŋ^{21}ɕiæ̃^{22}tsəu^{53}, ȵi^{53}pa^{22}tʂæ̃^{22}læ̃^{53}tsɛ^{44}ɕiɑŋ^{24}ɕi^{44}ti^{21}kʰæ̃^{44}i^{22}piæ̃^{44}.
庆城县	叫娃娃先走，你把展览细细地再看一下。 tɕiɔ^{244}va^{21}va^{0}ɕiɛ̃^{21}tsɤu^{44}, ȵi^{44}pa^{21}tʂɛ̃^{44}lɛ̃^{44}ɕi^{244}ɕi^{244}ti^{0}tsɛ^{244}kʰɛ̃^{244}i^{0}xa^{0}.
宁县	倒娃娃先去，你再把展览搭齐好好儿看一遍。 tɔ^{22}ua^{22}ua^{52}ɕiæ̃^{22}tɕʰi^{44}, ȵi^{52}tsɛ^{44}ma^{22}tʂæ̃^{22}læ̃^{52}ta^{31}tɕʰi^{24}xɔ^{52}xɔr^{24}kʰæ̃^{44}i^{22}piæ̃^{44}.
武都区	让娃娃儿先走，你把展览再细细儿看个儿。 zɑŋ^{24}va^{22}var^{53}ɕiæ̃^{21}tsəu^{55}, ȵi^{55}pa^{21}tʂæ̃^{55}læ̃^{31}tsɛɪ^{24}ɕi^{22}ɕi^{53}ɚ^{21}kʰæ̃^{24}kɤr^{21}.
文县	让娃们先走，你再把展览好好地看一遍。 zɑ̃^{24}ua^{13}məŋ^{44}ɕiæ̃^{42}tsɤu^{44}, ȵi^{35}tsɛe^{24}pa^{33}tsæ̃^{44}læ̃^{42}xɔo^{44}xɔo^{44}ti^{42}kʰæ̃^{24}ʑi^{42}piæ̃^{21}.
康县	让娃娃们先走哎，你再把那展览仔细的看一遍。 zɑŋ^{24}va^{21}va^{21}mɤŋ^{55}sian^{53}tsɤu^{53}ei^{21}, ȵi^{55}tsɛ^{55}pa^{21}la^{24}tʂan^{55}lan^{55}tsɿ^{35}ɕi^{21}ti^{21}kʰan^{24}i^{21} pian^{53}.
礼县	着娃娃儿们先走，你再把展览细细地看给下。 tʂɔo^{31}va^{13}var^{21}mɤŋ^{21}ɕiæ̃^{21}tsəu^{52}, ȵi^{52}tsai^{44}ma^{21}tʂæ̃^{13}næ̃^{52}ɕi^{44}ɕi^{44}ti^{21}kʰæ̃^{44}kei^{21}xa^{21}.
靖远县	叫娃娃们先走，你再把展览细相地看一遍。 tɕiɑo^{22}va^{24}va^{55}mɤŋ^{21}ɕiæ̃^{22}tsɤu^{55}, ȵi^{55}tsɛ^{55}pa^{22}tʂæ̃^{22}læ̃^{55}sɿ^{35}ɕiɑŋ^{41}tsɿ^{21}kʰæ̃^{21}zɿ^{21} piæ̃^{21}.

	0031 让孩子们先走，你再把展览仔仔细细地看一遍。
陇西县	遭=娃娃们先去，你再把展览好好地瞅上一遍。 tsɔo^{42}va^{22}va^{44}mɤŋ^{42}ɕiæ̃^{42}tɕʰi^{13}, li^{55}tsɛ^{44}ma^{42}tʂæ̃^{21}læ̃^{55}xɔo^{55}xɔo^{42}ti^{21}tsʰɤu^{55}ʂɑŋ^{42}i^{42}piæ̃^{21}.
秦州区	叫娃娃先走，你再细细地看一遍展览。 tɕiɔ^{44}va^{13}va^{21}ɕiæ̃^{13}tsɤu^{53}, ȵi^{53}tsɛ^{44}ɕi^{44}ɕi^{21}ti^{13}kʰæ̃^{44}ɕi^{13}piæ̃^{44}tʂæ̃^{21}læ̃^{53}.
安定区	叫娃娃们先走，你再把展览好好个看过下。 tɕiɔ^{44}va^{21}va^{44}məŋ^{21}ɕiæ̃^{21}tsəu^{53}, ȵi^{53}tsɛ^{44}pa^{13}tʂæ̃^{21}læ̃^{53}xɔ^{53}xɔ^{13}kə^{21}kʰæ̃^{44}kuə^{21}xa^{21}.
会宁县	倒娃娃们先走，你再把宙=展览详细看过下。 tɔ^{44}ua^{21}ua^{13}məŋ^{21}ɕiæ̃^{21}tsəu^{53}, ȵi^{53}tsɛ^{44}pa^{53}tʂəu^{44}tʂæ̃^{21}læ̃^{13}ɕiɑŋ^{21}ɕi^{44}kʰæ̃^{44}kuə^{21}xa^{21}.
临洮县	叫娃娃们前头走，你再把展览详细地看上一遍。 tɕiɔ^{44}va^{13}va^{42}mɤŋ^{21}tɕʰiæ̃^{13}tʰɤu^{21}tsɤu^{53}, ȵi^{53}tsɛ^{44}pa^{21}tʂæ̃^{13}læ̃^{53}ɕiɑ̃^{13}ɕi^{42}ti^{21}kʰæ̃^{44}ʂɑ̃^{21}ʑi^{42}piæ̃^{21}.
清水县	着娃娃价=先走，你把展览再细细儿看半会。 tʂə^{21}va^{13}va^{21}tɕia^{21}siæ̃^{21}tsou^{52}, ȵi^{52}pa^{21}tʂæ̃^{21}læ̃^{52}tsɛ^{44}sɿ^{44}sɿ^{44}ɚ^{21}kʰæ̃^{44}pæ̃^{21}xuəi^{21}.
永靖县	叫娃娃们先走，你再把展览哈详详细细者看一下。 tɕiɔ^{22}va^{22}va^{13}mɤŋ^{44}ɕiæ̃^{13}tsɤu^{53}, ȵi^{53}tsɛ^{44}pa^{53}tʂæ̃^{22}læ̃^{53}xa^{21}ɕiɑŋ^{21}ɕiɑŋ^{13}ɕi^{24}ɕi^{21}tʂɤ^{21}kʰæ̃^{44}i^{22}xa^{44}.
敦煌市	叫娃娃们先走，你把展览再好好地看上一遍。 tɕiɔ^{22}va^{35}va^{44}mu^{21}ɕiæ̃^{21}tsɤu^{53}, ȵi^{51}pa^{22}tʂæ̃^{24}læ̃^{53}tsɛ^{21}xɔ^{51}xɔ^{51}ti^{22}kʰæ̃^{44}ʂɑŋ^{21}ʑi^{213}piæ̃^{44}.
临夏市	叫尕娃们先走，你再展览详细地看一呱。 tɕiɔ^{53}kɑ^{13}vɑ^{24}məŋ^{21}ɕiẽ^{44}tsɤu^{42}, ȵi^{44}tsɛ^{53}tʂɑ̃^{13}lɑ̃^{24}ɕiɑŋ^{21}ɕi^{44}ti^{21}kʰɑ̃^{53}ʑi^{42}kuɑ^{21}.
合作市	叫尕娃们先走，你再把展览详细地看一遍。 tɕiɔ^{53}kᴀ^{13}vᴀ^{53}məŋ^{21}ɕiæ̃^{13}tsəɯ^{44}, ȵi^{44}tsee^{53}pᴀ^{13}tʂæ̃^{44}læ̃^{53}ɕiɑŋ^{21}ɕi^{53}ti^{21}kʰæ̃^{53}ʑi^{21}piæ̃^{53}.
临潭县	叫娃娃先去，你再把展览好好儿看给一呱。 tɕiɔo^{24}va^{21}va^{44}ɕiæ̃^{21}tɕʰi^{44}, ȵi^{51}tsee^{44}pa^{24}tʂæ̃^{24}læ̃^{51}xɔo^{51}xɔr^{44}kʰæ̃^{44}kɪ^{21}i^{24}kua^{44}.

	0032 他在电视机前看着看着睡着了。
兰州市	电视那看着看着睡着了。 tiæ̃^{22}ʂʅ^{53}na^{53}kʰæ̃^{22}tʂɤ^{55}kʰæ̃^{22}tʂɤ^{42}fei^{22}pfɤ^{42}lɔ^{21}.
榆中县	那看电视，看呢看呢就睡着了。 na^{13}kʰan^{13}tian^{13}ʂʅ^{213}, kʰan^{21}ȵi^{44}kʰan^{21}ȵi^{44}tɕiəu^{13}ʂuei^{13}tʂuə^{0}lɔ^{0}.
永登县	那电视看着看着那睡着着哩。 na^{53}tiæ̃^{13}ʂʅ^{53}kʰæ̃^{22}tʂə^{55}kʰæ̃^{22}tʂə^{55}na^{53}fei^{22}pfə^{53}ə^{13}li^{21}.

	0032 他在电视机前看着看着睡着了。
红古区	家看电视着咧，看哩看哩睡着了。 tɕia^{53}kʰan^{13}tian^{22}ʂʅ^{55}tʂə^{21}liɛ^{21}, kʰan^{22}ʅ^{13}kʰan^{22}ʅ^{13}fei^{13}tʂuə^{21}liɔ^{13}.
凉州区	家在电视前看着看着睡着了。 tɕia^{35}tsæ^{31}tiɑŋ^{53}sʅ^{21}tɕʰiɑŋ^{35}kʰɑŋ^{31}tʂə^{21}kʰɑŋ^{31}tʂə^{21}ʂuei^{53}tʂuə^{35}liɑo^{21}.
甘州区	伢看电视的哩啊，看的看的睡着了。 ia^{53}kʰaŋ^{24}tiaŋ^{24}ʂʅ^{31}ti^{22}li^{22}a^{21}, kʰaŋ^{31}ti^{21}kʰaŋ^{31}ti^{21}fei^{22}kuə^{35}liɔ^{42}.
肃州区	那在电视机前，看的看的就睡着咧。 na^{21}tsɛ^{21}tiæ̃^{44}sʅ^{21}tɕi^{44}tɕʰiæ̃^{51}, kʰæ̃^{21}ti^{44}kæ̃^{21}ti^{44}tɕiəu^{44}ʂuei^{21}tʂɔ^{44}liɛ^{21}.
永昌县	家看电视看着看着睡着了。 tɕia^{13}kʰɛe^{53}tiɛ^{22}ʂʅ^{53}kʰɛe^{53}tʂə^{21}kʰɛe^{53}tʂə^{21}ʂuei^{53}tʂuə^{13}liɔo^{42}.
崆峒区	［人家］把电视看呢看呢睡着咧。 ȵiæ̃^{53}pa^{22}tiæ̃^{44}sʅ^{44}kʰæ̃^{35}ȵi^{53}kʰæ̃^{55}ȵi^{21}ʂuei^{44}tʂʰuo^{21}liɛ^{21}.
庆城县	［人家］在看电视，看的看的就睡着了。 ȵiɛ̃^{21}tsɛ^{244}kʰɛ̃^{244}tiɛ̃^{244}sʅ^{51}, kʰɛ̃^{244}ti^{0}kʰɛ̃^{244}ti^{0}tsɤu^{244}ʂuei^{244}tʂʰuə^{0}liɔ^{0}.
宁县	［人家］到电视机前旋看的睡着［哩啊］。 ȵiæ̃^{52}tɔ^{22}tiæ̃^{44}sʅ^{44}tɕi^{31}tɕʰiæ̃^{24}suæ̃^{44}kʰæ̃^{44}ti^{0}ʃuei^{44}tʃʰuə^{55}lia^{0}.
武都区	他看电视着哩，看着看着就睡着了。 tʰa^{55}kʰæ̃^{24}tiæ̃^{24}sʅ^{21}tʂɤ^{21}li^{21}, kʰæ̃^{24}tʂɤ^{21}kʰæ̃^{24}tʂɤ^{21}tɕiəu^{24}ʃuei^{24}tʂʰɤ^{21}lɔu^{21}.
文县	他在电视机前，看的看的睡着了。 tʰa^{21}tsɛe^{24}tiæ̃^{24}sʅ^{44}tɕi^{42}tɕʰiæ̃^{21}, kʰæ̃^{22}ti^{44}kʰæ̃^{21}ti^{42}suei^{24}tsʰuə^{42}lɔo^{21}.
康县	他看电视看着看着睡着了。 tʰa^{53}kʰan^{24}tian^{24}ʂʅ^{24}kʰan^{24}tʂɔo^{55}kʰan^{24}tʂɔo^{21}fei^{21}pfʰuɤ^{55}lɔo^{21}.
礼县	［人家］在电视跟前看着看着就睡着了。 ȵiɛ^{13}tsai^{44}tiæ̃^{44}sʅ^{44}kɤŋ^{31}tɕʰiæ̃^{13}kʰæ̃^{44}tʂɤ^{21}kʰæ̃^{44}tʂɔo^{21}tɕʰiəu^{44}ʃuei^{44}tʃʰuɤ^{21}nɔo^{21}.
靖远县	［人家］坐在电视机前看呢看呢睡着了。 ȵiɛ^{22}tsuə^{33}tsɛ^{55}tiæ̃^{33}ʂʅ^{42}tsʅ^{41}tɕʰiæ̃^{24}kʰæ̃^{33}ȵiɛ^{21}kʰæ̃^{55}ȵiɛ^{21}ʂuei^{33}tʂuə^{22}liɑo^{21}.
陇西县	他在电视机前头瞅咪瞅咪的睡着了。 tʰa^{42}tsɛ^{44}tiæ̃^{44}sʅ^{44}tɕi^{42}tɕʰiæ̃^{22}tʰɤu^{44}tsʰɤu^{55}lɛ^{13}tsʰɤu^{55}lɛ^{22}ti^{21}ʂue^{21}tʂʰɤ^{21}lɔo^{21}.
秦州区	外看一阵电视就睡着了。 vɛ^{53}kʰæ̃^{44}ɕi^{44}tʂɤŋ^{44}tiæ̃^{44}sʅ^{44}tɕiɤu^{44}suei^{44}tʂʰuə^{13}liɤu^{21}.
安定区	［人家］在电视跟前看着看着就睡着了。 ȵia^{13}tsɛ^{44}tiæ̃^{44}sʅ^{44}kəŋ^{21}tɕʰiæ̃^{13}kʰæ̃^{44}tʂə^{21}kʰæ̃^{44}tʂə^{21}tɕiəu^{44}ʃuei^{44}tʂʰə^{13}lɔ^{21}.
会宁县	［人家］吸住电视机看着哩，看着看着睡着了。 ȵia^{13}ɕi^{21}tʃʰu^{44}tiæ̃^{44}sʅ^{44}tɕi^{13}kʰæ̃^{44}tʂə^{21}li^{21}, kʰæ̃^{44}tʂə^{21}kʰæ̃^{44}tʂə^{21}ʃuei^{44}tʂʰə^{13}lɔ^{21}.

	0032 他在电视机前看着看着睡着了。
临洮县	家在电视前看呢看呢睡着了。 tɕia^{13}tsɛ^{44}tiæ̃^{44}sɿ^{44}tɕ^{h}iæ̃^{13}kæ̃^{44}ȵi^{21}kæ̃^{44}ȵi^{21}ʂuei^{44}tʂuɤ^{42}liɔ^{21}.
清水县	兀看电视着哩，看一看睡着了。 vɛ^{52}k^{h}æ̃^{44}tsiæ̃^{44}ʃɨ^{44}tʂə^{21}li^{21}, k^{h}æ̃^{44}i^{21}k^{h}æ̃^{44}ʃəi^{44}tʂ^{h}uə^{21}liɔ^{21}.
永靖县	家把电视看着看着睡着咾。 ɕia^{21}pa^{44}tiæ̃^{22}ʂʅ^{44}k^{h}æ̃^{44}tʂɤ^{21}k^{h}æ̃^{44}tʂɤ^{21}ʂuei^{44}tʂɔ^{21}lɔ^{13}.
敦煌市	［人家］看电视的呢，看的看的睡着了。 ȵia^{51}k^{h}æ̃^{44}tiæ̃^{44}sɿ^{44}ti^{21}ȵi^{21}, k^{h}æ̃^{44}ti^{21}k^{h}æ̃^{44}ti^{21}ʂuei^{44}tʂuə^{21}lə^{31}.
临夏市	家电视看呢看呢睡着了。 tɕiɛ^{13}tiɛ̃^{44}ʂʅ^{42}k^{h}ã^{44}ȵi^{21}k^{h}ã^{44}ȵi^{42}ʂuei^{53}tʂuɤ^{21}liɔ^{24}.
合作市	他在电视的跟前看呢看呢睡着了。 t^{h}A^{44}tsɛe^{53}tiæ̃^{44}ʂʅ^{21}tə^{21}kəŋ^{21}tɕ^{h}iæ̃^{53}k^{h}æ̃^{44}ȵi^{21}k^{h}æ̃^{44}ȵi^{21}ʂuei^{53}tʂuə^{21}liɔ^{21}.
临潭县	他把电视看着看着睡着了。 t^{h}a^{44}pa^{21}tiæ̃^{44}sɿ^{44}k^{h}æ̃^{44}tʂʅ^{21}k^{h}æ̃^{44}tʂʅ^{21}suɪi^{44}tʂ^{h}uɤ^{21}lɤ^{21}.

	0033 你算算看，这点钱够不够花？
兰州市	你算一下，钱够不够花？ ȵi^{34}suæ̃^{13}ʑi^{22}xa^{21}, tɕ^{h}iæ̃^{53}kəu^{22}pu^{42}kəu^{44}xua^{55}?
榆中县	你算一下，看致些钱够不够？/你算一下，看致些钱够花不？ ȵi^{44}suan^{13}i^{31}xa^{0}, k^{h}an^{13}tʂʅ^{21}ɕiE^{51}tɕ^{h}ian^{31}kəu^{21}pu^{44}kəu^{213}? / ȵi^{44}suan^{13}i^{31}xa^{0}, k^{h}an^{13}tʂʅ^{21}ɕiE^{51}tɕ^{h}ian^{31}kəu^{21}xua^{51}pu^{0}?
永登县	你算［给下］，这些钱够不够吵？ ȵi^{354}suæ̃^{21}k^{h}a^{55}, tʂə^{35}ɕiɛ^{13}tɕ^{h}iæ̃^{53}kɤu^{35}pu^{53}kɤu^{21}ʂa^{21}?
红古区	你算一下，致些儿钱儿够不够？ ȵiɛ^{55}suan^{22}zɿ^{55}xa^{21}, tʂʅ^{22}ɕiər^{53}tɕ^{h}iɐ̃r^{13}kɤu^{22}pu^{55}kɤu^{13}?
凉州区	你算［给下］，兹么点钱够不够花？ ȵi^{35}suaŋ^{31}k^{h}a^{31}, tsɿ^{53}mu^{21}tiaŋ^{21}tɕ^{h}iaŋ^{35}kəu^{31}pu^{21}kəu^{31}xua^{35}?
甘州区	你算给下，致些钱儿够不够啊？ ȵi^{53}suaŋ^{31}kɤ^{22}xa^{21}, tʂʅ^{31}ɕiə^{22}tɕ^{h}iaŋ^{53}ɣɤ^{21}kɤu^{22}pu^{44}kɤu^{31}a^{21}?
肃州区	你算下，致些钱够不够花？ ȵi^{21}suæ̃^{21}xa^{13}, tʂʅ^{21}ɕiɛ^{31}tɕiæ̃^{53}kəu^{13}pu^{21}kəu^{21}xua^{44}?
永昌县	你算喀，这些钱够啊吧？ ȵi^{13}suɛe^{53}k^{h}a^{21}, tʂə^{53}ɕiə^{21}tɕ^{h}iɛ^{13}kəu^{53}a^{22}pa^{21}?

	0033 你算算看，这点钱够不够花？
崆峒区	你算［给下］子，这些钱够花吗？ ȵi^{53}suæ̃^{44}kæ̃^{53}tsɿ^{21}, tʂɤ^{44}ɕiɛ^{21}tɕʰiæ̃^{24}kəu^{44}xua^{53}ma^{21}?
庆城县	你算一下，这点钱够吗？ / 你算一下，这点钱够花吗？ ȵi^{44}suɛ̃^{244}i^{0}xa^{0}, tʂei^{244}tiɛ̃^{0}tɕʰiɛ̃^{113}kɤu^{244}ma^{0}? / ȵi^{44}suɛ̃^{244}i^{0}xa^{0}, tʂei^{244}tiɛ̃^{44}tɕʰiɛ̃^{113} kɤu^{244}xua^{51}ma^{0}?
宁县	你算一下，这些钱够花也不？ ȵi^{52}suæ̃^{44}i^{0}xa^{0}, tsɛ^{55}ɕiɛ^{0}tɕʰiæ̃^{24}kou^{44}xua^{31}a^{0}pu^{0}?
武都区	你算［给下］子，这点钱够不够花？ ȵi^{55}suæ̃^{24}ka^{31}tsɿ^{21}, tʂɤ^{31}tiæ̃^{21}tɕʰiæ̃^{13}kəu^{24}pu^{21}kəu^{24}xua^{31}?
文县	你默一下看，这点钱够不够用？ ȵi^{35}mɛe^{42}ʐi^{42}xa^{21}kʰæ̃^{42}, tsɛe^{44}tiæ̃^{42}tɕʰiæ̃^{42}kɤu^{24}pu^{42}kɤu^{24}yəŋ^{24}?
康县	你算［给下］子，这点钱够不够花？ ȵi^{53}suan^{24}ka^{53}tsɿ^{21}, tsei^{55}tian^{55}tsʰian^{13}kɤu^{24}pu^{21}kɤu^{24}xua^{53}?
礼县	你算给下，就这点钱花起够不够？ ȵi^{52}ʃuæ̃^{44}kei^{31}xa^{21}, tɕʰiəu^{44}tsai^{52}tiæ̃^{21}tɕʰiæ̃^{13}xua^{31}tɕʰi^{44}kəu^{44}pu^{21}kəu^{21}?
靖远县	你核算一下，这么些儿钱儿够花吧？ ȵi^{55}kʰuə^{41}suæ̃^{21}zɿ^{22}xa^{21}, tʂɤ^{35}mɤ^{41}ɕiər^{21}tɕiẽr^{24}kɤu^{35}xua^{41}pa^{21}?
陇西县	你算过下，这点子钱够花哇？ li^{55}suæ̃^{44}kuɤ^{44}xa^{42}, tʂɤ^{44}tiæ̃^{42}tsɿ^{42}tɕʰiæ̃^{42}kɤu^{44}xua^{42}va^{21}?
秦州区	咋扭⁼算给［给下］，这点钱够花吗？ tsa^{53}ȵiɤu^{13}suæ̃^{44}kei^{21}kʰa^{21}, tsɛ^{53}tiæ̃^{21}tɕʰiæ̃^{13}kɤu^{44}xua^{21}ma^{21}?
安定区	你算过下，宙⁼点钱够花不？ ȵi^{53}suæ̃^{44}kuə^{44}xa^{21}, tʂəu^{44}tiæ̃^{21}tɕʰiæ̃^{13}kəu^{44}xua^{21}pu^{21}?
会宁县	你尺⁼划⁼过下，看致些钱够用不？ ȵi^{53}tʂʰʅ^{21}xua^{13}kuə^{44}xa^{21}, kʰæ̃^{44}tʂʅ^{44}ɕiə^{21}tɕʰiæ̃^{13}kəu^{44}yŋ^{44}pu^{21}?
临洮县	你算一下儿，致点儿钱够啦？ ȵi^{53}suæ̃^{44}ʐi^{42}xar^{21}, tʂʅ^{44}tiæ̃^{42}tɕʰiæ̃^{13}kɤu^{44}la^{21}?
清水县	你算一下，这一点钱够用不？ ȵi^{52}suæ̃^{44}i^{21}xa^{21}, tsɛ^{52}i^{21}tsiæ̃^{52}tsʰiæ̃^{13}kou^{44}yŋ^{44}pə^{21}?
永靖县	你算一下，致些钱够哩不？ ȵi^{53}suæ̃^{44}i^{22}xa^{44}, tʂʅ^{44}ɕiɛ^{213}tɕʰiæ̃^{213}kɤu^{44}li^{42}pu^{44}?
敦煌市	你算一下，兹些钱够不够花？ ȵi^{44}suæ̃^{44}ʐi^{44}xa^{21}, tsɿ^{44}ɕiə^{21}tɕʰiæ̃^{21}kɤu^{44}pu^{21}kɤu^{21}xua^{213}?
临夏市	你算一下，致个钱够啦不？ ȵi^{42}suã^{44}ʐi^{42}xɑ^{21}, tʂʅ^{44}kɤ^{42}tɕʰiɛ̃^{13}kɤu^{53}lɑ^{21}pu^{21}?
合作市	你算一下，这些钱够不够用？ ȵi^{44}suæ̃^{53}ʐi^{21}xᴀ^{53}, tʂə^{44}ɕiə^{21}tɕʰiæ̃^{13}kəɯ^{53}pu^{21}kəɯ^{53}yəŋ^{53}?
临潭县	你算一呱，这点儿钱儿够［呢啊］？ ȵi^{51}suæ̃^{44}i^{24}kua^{44}, tʂɤ^{51}tiər^{21}tɕʰiər^{24}kəɯ^{44}ȵia^{51}?

	0034 老师给了你一本很厚的书吧？
兰州市	老师给你给了一本厚书，是不是？ lɔ^{55}ʂʅ^{42}kɯ^{22}ȵi^{34}kɯ^{44}lɔ^{42}ʑi^{21}pən^{44}xəu^{22}fu^{44}, ʂʅ^{13}pu^{22}ʂʅ^{13}?
榆中县	老师给你给了厚得很的一本书吧？ lɔ^{44}ʂʅ^{0}kə^{31}ȵi^{44}kə^{31}lɔ^{213}xəu^{21}ti^{0}xən^{44}ti^{0}i^{31}pən^{44}ʂu^{51}pa^{0}?
永登县	老师给你给了一本厚书吵？ lɔ^{354}ʂʅ^{44}kei^{13}ȵi^{55}kei^{55}liɔ^{53}i^{21}pə̃n^{55}xɤu^{22}fu^{44}ʂa^{21}?
红古区	老师给你给了一本儿厚书吧？ lɔ^{55}ʂʅ^{21}kei^{22}ȵiɛ^{55}kei^{22}liɔ^{55}zʅ^{22}pə̃r^{53}xɤu^{13}fu^{21}pa^{13}?
凉州区	老师给你本厚书了没有？ lɑo^{35}sʅ^{53}kɯ^{53}ȵi^{21}pəŋ^{31}xəu^{53}ʂu^{35}liɑo^{21}mu^{53}iəu^{35}?
甘州区	老师给咧你一本厚厚的书吧？ lɔ^{44}ʂʅ^{44}kɤ^{22}liə^{44}ȵi^{53}ʑi^{22}pɤŋ^{44}xɤu^{24}xɤu^{31}ti^{22}fu^{44}pa^{44}?
肃州区	老师给咧你一本很厚的书吧？ lɔ^{21}sʅ^{53}kei^{21}liɛ^{21}ȵi^{44}ʑi^{21}pɤŋ^{44}xɤŋ^{53}xɔ^{21}ti^{21}ʂu^{44}pa^{21}?
永昌县	老师给了你一本厚厚的书吧？ lɔo^{44}ʂʅ^{44}kə^{53}liɔo^{21}ȵi^{22}ʑi^{53}pəŋ^{21}xəu^{44}xəu^{44}ti^{21}fu^{44}pa^{44}?
崆峒区	老师给你给咧一本厚书噢？ lɔ^{55}sʅ^{21}kei^{44}ȵi^{55}kei^{55}liɛ^{21}i^{22}pɤŋ^{53}xəu^{44}ʂu^{53}ɔ^{21}?
庆城县	老师给了你一本厚厚的书吧？ lɔ^{44}sʅ^{0}kei^{44}liɔ^{0}ȵi^{44}i^{21}pɤŋ^{44}xɤu^{244}xɤu^{244}ti^{0}ʂu^{51}pa^{0}?
宁县	老师是不是给咧你一本厚书？ lɔ^{55}sʅ^{0}sʅ^{44}pu^{22}sʅ^{44}kei^{44}liɛ^{0}ȵi^{31}i^{22}pəŋ^{55}xou^{44}ʃu^{31}?
武都区	老师给你给了一本稀不厚的书啊？ lɔu^{55}sʅ^{21}kei^{31}ȵi^{55}kei^{31}lɔu^{21}i^{22}pəŋ^{31}ɕi^{31}pu^{21}xəu^{24}tɛɪ^{21}ʃu^{31}a^{21}?
文县	老师是不是给你给了一本很厚的书？ lɔo^{35}sʅ^{42}sʅ^{42}pu^{21}sʅ^{21}kei^{21}ȵi^{44}kei^{21}lɤ^{44}ʑi^{21}pəŋ^{33}xəŋ^{35}xɤu^{22}tɛe^{44}su^{42}?
康县	老师给你给了一本很厚的书吧？ lɔo^{55}sʅ^{55}kei^{21}ȵi^{55}kei^{21}lɔo^{55}i^{21}pɤŋ^{55}xɤŋ^{55}xɤu^{55}tɛ^{55}fu^{53}pa^{21}?
礼县	老师是不是给你给了一本厚厚儿地的书？ nɔo^{52}sʅ^{21}sʅ^{44}pu^{21}sʅ^{21}kei^{44}ȵi^{52}kei^{44}nɔo^{21}i^{44}pɤŋ^{44}xəu^{44}xəur^{52}ti^{21}tai^{21}ʃu^{21}?
靖远县	老师给你给了一本儿厚［得很］的书没有？ lɑo^{55}ʂʅ^{21}kei^{22}ȵi^{55}kei^{55}liɑo^{41}zʅ^{22}pə̃r^{55}xɤu^{35}t^{h}ɤŋ^{41}tə^{21}ʂʮ^{41}mei^{24}iɤu^{21}?
陇西县	老师过你过了一本厚［得很］的书吵？ lɔo^{55}sʅ^{42}kuɤ^{21}li^{55}kuɤ^{44}lɔo^{44}i^{21}pɤŋ^{55}xɤu^{44}t^{h}ɤŋ^{55}tɯ^{42}ʃʮ^{42}sa^{21}?

	0034 老师给了你一本很厚的书吧？
秦州区	老师是不是给你给了一本厚厚地的书？ lɔ^{53}sɿ^{44}sɿ^{44}pʰu^{21}sɿ^{44}kei^{44}ȵi^{53}kei^{44}liɤu^{21}ɕi^{44}pɤŋ^{53}xɤu^{53}xɤu^{21}ti^{13}tɛ^{21}ʃɥ^{44}?
安定区	老师过你过了一本厚厚个的书哇？ lɔ^{53}sɿ^{21}kuə^{44}ȵi^{53}kuə^{44}lɔ^{21}ʑi^{21}pəŋ^{53}xəu^{44}xəu^{44}kə^{53}tə^{21}ʃu^{21}va^{13}?
会宁县	老师过你送了一本厚书哇？ lɔ^{53}sɿ^{13}kuə^{44}ȵi^{53}suŋ^{44}lɔ^{21}ʑi^{21}pəŋ^{44}xəu^{44}ʃu^{13}ua^{21}?
临洮县	老师给了你一本儿厚得很的书吧？ lɔ^{53}sɿ^{21}kei^{44}liɔ^{21}ȵi^{53}ʑi^{13}pə̃r^{53}xɤu^{44}ti^{21}xɤŋ^{53}ti^{21}ʂu^{13}pa^{21}?
清水县	老师就不是给你给了一本厚厚的书？ lɔ^{52}ʃɨ^{21}tɕʰiou^{44}pu^{21}ʃɨ^{21}kəi^{44}ȵi^{52}kəi^{44}liɔ^{21}i^{21}pɤŋ^{52}xou^{44}xou^{44}tɛ^{21}ʃɨ^{13}?
永靖县	老师你哈给了一本厚厚的书吧？ lɔ^{53}ʂʅ^{213}ȵi^{53}xa^{21}kɤ^{53}lɔ^{21}i^{22}pɤŋ^{53}xɤu^{24}xɤu^{21}tʂɤ^{21}ʂu^{22}pa^{53}?
敦煌市	老师给你给了一本厚书吧？ lɔ^{53}sɿ^{51}kei^{21}ȵi^{13}kei^{44}lə^{21}ʑi^{21}pɤŋ^{51}xɤu^{44}ʂu^{21}pa^{13}?
临夏市	老师你哈一本厚厚的书给了吧？ lɔ^{42}ʂʅ^{24}ȵi^{44}xɑ^{44}ʑi^{21}pəŋ^{44}xɤu^{42}xɤu^{44}ti^{21}ʂu^{13}kei^{44}liɔ^{42}pɑ^{21}?
合作市	老师你给了一本厚厚的书吧？ lɔ^{44}ʂʅ^{21}ȵi^{44}kei^{44}liɔ^{21}ʑi^{21}pəŋ^{44}xəɯ^{44}xəɯ^{21}ti^{21}ʂu^{13}pᴀ^{21}?
临潭县	老师哈吧给你给了一本厚厚的书吧？ lɔo^{51}sɿ^{44}xa^{44}pa^{21}kɪi^{24}ȵi^{44}kɪi^{44}lɤ^{21}i^{24}pəŋ^{51}xəɯ^{44}xəɯ^{44}ti^{21}ʂu^{44}pa^{51}?

	0035 那个卖药的骗了他一千块钱呢。
兰州市	那个卖药的把那的钱骗倒了一千大。 la^{13}kɤ^{42}mɛ^{44}yɛ^{42}ti^{44}pa^{22}la^{53}ti^{22}tɕʰiæ̃^{53}pʰiæ̃^{22}tɔ^{44}lɔ^{42}ʑi^{22}tɕʰiæ̃^{53}ta^{13}.
榆中县	那个卖药的把那的一千块钱骗倒了。 na^{21}kə^{44}mɛ^{13}yᴇ^{31}ti^{213}pa^{31}na^{13}ti^{0}i^{31}tɕʰian^{51}kʰuɛ^{44}tɕʰian^{31}pʰian^{21}tɔ^{0}lɔ^{44}.
永登县	［那一］个卖药的哄掉了那一千块钱。 lɛ^{13}kə^{55}mɛ^{213}yə^{21}ti^{42}xuə̃n^{22}tiɔ^{44}lɔ^{21}na^{53}i^{22}tɕʰiæ̃^{44}kʰuɛ^{42}tɕʰiæ̃^{21}.
红古区	［那一］个卖药者骗子骗了家一千块钱儿。 nɛ^{22}kə^{55}mɛ^{55}yɛ^{21}tʂə^{13}pʰian^{21}tsɿ^{55}pʰian^{22}liɔ^{55}tɕia^{55}zɿ^{22}tɕʰian^{55}kʰuɛ^{53}tɕʰiɛ̃r^{13}.
凉州区	那个卖药的骗了家一千块钱。 næ^{53}kə^{21}mæ^{31}yə^{31}ti^{21}pʰiɑŋ^{53}liɑo^{21}tɕia^{35}ʑi^{53}tɕʰiɑŋ^{35}kʰuæ^{21}tɕʰiɑŋ^{53}.
甘州区	那个卖药的骗子骗了他的一千块钱［哩啊］。 na^{31}kə^{21}mɛ^{24}yə^{31}ti^{21}pʰiaŋ^{31}tsɿ^{21}pʰiaŋ^{31}liə^{21}tʰa^{44}ti^{44}ʑi^{22}tɕʰiaŋ^{44}kʰuɛ^{44}tɕʰiaŋ^{35}lia^{42}.

	0035 那个卖药的骗了他一千块钱呢。
肃州区	那个卖药的骗了那一千块钱呢。 na21kə21mɛ13ʑyə21ti21phiæ̃21liɔ21na53ʑi21tɕhiæ̃44khuɛ44tɕhiæ̃44ȵiɛ21.
永昌县	那个卖药的把家的一千块钱骗掉了。 na53kə21mɛe22yə53ti21pa22tɕia13ti44ʑi53tɕhiɛ22khuɛe22tɕhiɛ13phiɛ53tiɔo22liɔo21.
崆峒区	［那一］个买药外=把［人家］一千块钱骗走咧。 nɛ35kɤ53mɛ44yɤ53uɛ21pa22ȵiæ̃53i22tɕhiæ̃53khuɛ21tɕhiæ̃24phiæ̃53tsəu53liɛ21.
庆城县	那个卖药的把他骗了一千块钱哩。 nei244kə0mɛ244yə51ti0pa21tha51phiɛ̃244liɔ0i21tɕhiɛ̃51khuɛ44tɕhiɛ̃113li0.
宁县	［那一］卖药的骗咧［人家］一千块钱哩。 lɛ52mɛ44yə31ti0phiæ̃44liɛ0ȵiæ̃31i24tɕhiæ̃31khuɛ0tɕhiæ̃24li0.
武都区	那个卖药的日鬼了他一千块钱。 la55kɛɪ21mɛɪ22yɤ53tɛɪ21zʅ31kuei55liɔu21tha55i13tɕhiæ̃31khuɛɪ21tɕhiæ̃31.
文县	外块卖药的骗子哄了他一千元钱。 uə24khuɛe42mɛe35yɛ42tɛ21phiæ̃24tsɿ42xoŋ55lɔo42tha42ʑi24tɕhiæ̃42yæ̃13tɕhiæ̃21.
康县	那个卖药的骗了他一千块钱唻。 la55kuɤ55mɛ55yɛ53tɛ21phian24lɔo55tha55i21tshian53khuɛ21tshian21lɛ21.
礼县	外个卖药的整整骗了他一千元。 vai52kɤ44mai44yɤ21ti24tʂɤŋ52tʂɤŋ44phiæ̃44nɔo21tha21i24tɕhiæ̃21yæ̃13.
靖远县	兀个卖药的骗了［人家］一千块钱呢。 ɤu35kɤ41mɛ55yə41tə21phiæ̃35liɑo41ȵiɛ24zɿ22tɕhiæ̃41khuɛ21tɕhiæ̃24ȵiɛ21.
陇西县	兀个卖药的骗了他一千块钱咧。 vu44ke42mɛ44yɤ42tɤ21phiæ̃44lɔo44tha42i44tɕhiæ̃42khuɛ55tɕhiæ̃21liə21.
秦州区	外个卖药的哄走了他一千块钱。 vɛ53kɛ13mɛ44yə21tɛ21xuɤŋ53tsɤu53liɤu21tha13i44tɕhiæ̃21khuɛ53tɕhiæ̃13.
安定区	兀个卖药的骗了［人家］的一千块钱哩。 vu44kə21mɛ44iə21tə21phiæ̃44lɔ21ȵia13tə13ʑi44tɕhiæ̃21khuɛ53tɕhiæ̃13li21.
会宁县	兀个卖药的把他一千块钱克=着去了。 u44kə44mɛ44iə21tə22pa21tha13ʑi13tɕhiæ̃21khuɛ21tɕhiæ̃13khə21tʂə13tɕhi44lɔ21.
临洮县	兀个卖药的骗了家一千块钱儿呢。 vu44kɤ21mɛ44ye42ti21phiæ̃44liɔ21tɕia44ʑi13tɕhiæ̃21khuɛ53tɕhiɐr42ȵi21.
清水县	个卖药的骗了兀一千块钱哩。 kɛ21mɛ52yɛ21tɛ13phiæ̃44liɔ21vɛ52i44tshiæ̃21khuɛ52tshiæ̃13li21.
永靖县	［那一］个卖药者家者一千块钱哈骗过了。 nɛ44kɤ44mɛ44yɛ213tʂɤ21tɕia22tʂɤ53i22tɕhiæ̃53khuɛ44tɕhiæ̃213xa13phiæ̃44kuɤ44lɔ21.

	0035 那个卖药的骗了他一千块钱呢。
敦煌市	［那一］个卖药的骗了他一千块钱呢。 nɛ44kə21mɛ44yə21ti21pʰiæ̃44lə21tʰa21ʑi13tɕʰiæ̃21kʰuɛ51tɕʰiæ̃13ȵi21.
临夏市	兀个卖药的家的一千块钱骗过了。 vu44kɤ21mɛ42yɛ21ti21tɕiɛ13ti44ʑi13tɕʰiɛ̃21kʰuɛ53tɕʰiɛ̃13pʰiɛ̃44kuɤ42liɔ21.
合作市	兀个卖药的骗了他一千块钱。 vu44kə21mɛe44yə13ti21pʰiæ̃53liɔ21tʰᴀ44ʑi13tɕʰiæ̃13kʰuɛe53tɕʰiæ̃13.
临潭县	奥个卖药的人把他的一千块钱儿给哄着去了。 ɔo44kɪi21mɛe44yɛ44ti21ẓəŋ24pa24tʰa44ti44i24tɕʰiæ̃44kʰuɛe51tɕʰiər24kɪi21xuəŋ51tṣʅ21 tɕʰi44lɤ21.

	0036a. 我上个月借了他三百块钱。b. 我上个月借了他三百块钱。 （a. 借入。b. 借出。如与 a 句相同，注“同 a”即可。）
兰州市	a. 上个月我借了那三百大。b. 上个月我把三百大给那借给了。 a. ṣã22kɤ53yɛ13vɤ34tɕiɛ22lɔ44la42sæ̃55pɤ44ta21. b. ṣã22kɤ53yɛ13vɤ34pa21sæ̃55pɤ42ta22kɯ22la42tɕiɛ22kɯ42lɔ21.
榆中县	a. 上月我借了那三百块钱。b. 上月我给那借给了三百块钱。 a. ṣaŋ13yᴇ312və44tɕiᴇ21lɔ44na13san51pə0kʰuɛ44tɕʰian312. b. ṣaŋ13yᴇ312və44kə31na213tɕiᴇ21kə0lɔ44san51pə0kʰuɛ44tɕʰian312.
永登县	a. 上个月我借了那三百块钱。b. 上个月我给那借给了三百块钱。 a. ṣã22kə55yə13və55tɕiɛ22liɔ35na53sæ̃44piɛ42kʰuɛ21tɕʰiæ̃53. b. ṣã35kə55yə13və55kei22na53tɕiɛ22kei13liɔ55sæ̃42pɛ21kʰuɛ21tɕʰiæ̃21.
红古区	a. 我上个月借了家三百块钱儿。b. 上个月我给家借给了三百块钱儿。 a. və55ṣɑŋ22kə55yɛ13tɕiɛ22liɔ55tɕia55san55pə21kʰuɛ21tɕʰiɛ̃r53. b. ṣɑŋ22kə55yɛ13və55kei22tɕia55tɕiɛ22kei55liɔ21san21pə21kʰuɛ55tɕʰiɛ̃r53.
凉州区	a. 我上个月借了家的三百块钱。b. 我上个月给家借了三百块钱。 a. və35ṣɑŋ31kə21yə21tɕiə31liɑo21tɕia35ti21sɑŋ35pə53kʰuæ35tɕʰiɑŋ53. b. və35ṣɑŋ31kə21yə21kɯ35tɕia53tɕiə31liɑo21sɑŋ35pə53kʰuæ35tɕʰiɑŋ53.
甘州区	a. 我上个月借了伢的三百块钱。b. 我上个月借给他了三百块钱。 a. və53ṣaŋ31kə22yə21tɕiə31liɔ21ia35ti42saŋ44piə44kʰuɛ44tɕʰiaŋ53. b. və53ṣaŋ31kə22yə21tɕiə31kɤ21tʰa44liə44saŋ44piə44kʰuɛ44tɕʰiaŋ53.
肃州区	a. 我上个月借了那三百块钱。b. 我上个月给那借了三百块钱。 a. və53ṣɑŋ21kə13ʑyə21tɕiɛ21lə21na53sæ̃44pɛ21kʰuɛ53tɕʰiæ̃51. b. və51ṣɑŋ21kə13ʑyə21kə21na53tɕiɛ31lə21sæ̃44pɛ44kuɛ44tɕʰiæ̃51.
永昌县	a. 我上个月借了家的三百块钱。b. 我上个月借给家了三百块钱。 a. və13ṣɑŋ53kə22yə21tɕiə53liɔo21tɕia13ti42sɛe44pə44kʰuɛe44tɕʰiɛ13. b. və13ṣɑŋ53kə22yə21tɕiə53kə21tɕia13liɔo42sɛe44pə44kʰuɛe44tɕʰiɛ13.

	0036a. 我上个月借了他三百块钱。b. 我上个月借了他三百块钱。 （a. 借入。b. 借出。如与 a 句相同，注“同 a”即可。）
崆峒区	a. 我上个月借咧［人家］三百块钱。b. 我上个月给［人家］借咧三百块钱。 a. ŋuo^{53}ʂɑŋ^{44}kɤ^{44}yɤ^{21}tɕiɛ^{35}liɛ^{53}ȵiæ̃^{53}sæ̃^{53}pei^{21}kʰuɛ^{21}tɕʰiæ̃^{24}. b. ŋuo^{53}ʂɑŋ^{44}kɤ^{44}yɤ^{21}kei^{55}ȵiæ̃^{53}tɕiɛ^{44}liɛ^{21}sæ̃^{53}pei^{21}kʰuɛ^{21}tɕʰiæ̃^{24}.
庆城县	a. 上月我借了他三百块钱。b. 上月我给他借了三百块钱。 a. ʂɑ̃^{244}yᴇ^{113}ŋɔ^{44}tɕiᴇ^{244}liɔ^{0}tʰa^{51}sɛ̃^{51}pei^{0}kʰuɛ^{44}tɕʰiɛ̃^{113}. b. ʂɑ̃^{244}yᴇ^{113}ŋɔ^{44}kei^{44}tʰa^{51}tɕiᴇ^{244}liɔ^{0}sɛ̃^{51}pei^{0}kʰuɛ^{44}tɕʰiɛ̃^{113}.
宁县	a. 我上个月借了［人家］三百块钱。b. 同 a。 a. ŋuə^{52}ʂaŋ^{44}kə^{44}yɛ^{0}tɕiɛ^{44}liɛ^{0}ȵiæ̃^{31}sæ̃^{31}pei^{0}kʰuɛ^{0}tɕʰiæ̃^{24}.　b. 同 a.
武都区	a. 我上个月借了他三百块钱。b. 上个月我给他借了三百块钱。 a. ŋɤ^{55}ʂɑŋ^{24}kɤ^{21}yɤ^{31}tɕiᴇ^{24}lɔu^{21}tʰa^{55}sæ̃^{31}pei^{21}kʰuɛɪ^{21}tɕʰiæ̃^{31}. b. ʂɑŋ^{24}kɤ^{21}yɤ^{31}ŋɤ^{55}kei^{21}tʰa^{55}tɕiᴇ^{24}lɔu^{21}sæ̃^{31}pei^{21}kʰuɛɪ^{21}tɕʰiæ̃^{31}.
文县	a. 我上个月借了他三百元钱。/ 我上个月给他借了三百元钱。b. 我上个月借给他三百元钱。 a. ŋɤ^{55}sɑ̃^{24}kɤ^{44}yɛ^{42}tɕiɛ^{24}liɔo^{42}tʰa^{42}sæ̃^{42}pei^{42}yæ̃^{13}tɕʰiæ̃^{13}. / ŋɤ^{55}sɑ̃^{24}kɤ^{44}yɛ^{42}kei^{24}tʰa^{42}tɕiɛ^{24}liɔo^{42}sæ̃^{42}pei^{42}yæ̃^{13}tɕʰiæ̃^{13}. b. ŋɤ^{55}sɑ̃^{35}kɤ^{44}yɛ^{42}tɕiɛ^{24}kei^{42}tʰa^{42}sæ̃^{42}pei^{42}yæ̃^{13}tɕʰiæ̃^{13}.
康县	a. 我上个月借了他三百块钱。b. 我上个月给他借了三百块钱。 a. ŋuɤ^{55}ʂɑŋ^{24}kuɤ^{55}yɛ^{55}tɕiɛ^{24}lɔo^{55}tʰa^{55}san^{53}pei^{21}kʰuɛ^{21}tsʰian^{21}. b. ŋuɤ^{55}ʂɑŋ^{24}kuɤ^{55}yɛ^{21}kei^{21}tʰa^{53}tɕiɛ^{21}lɔo^{21}san^{53}pei^{21}kʰuɛ^{53}tsʰian^{21}.
礼县	a. 我上个月借了［人家］三百元。b. 我上个月给［人家］借了三百元。 a. ŋɤ^{52}ʂɑŋ^{44}kɤ^{31}yɤ^{21}tɕiɛ^{44}nɔo^{21}ȵiɛ^{13}sæ̃^{24}pei^{21}yæ̃^{13}. b. ŋɤ^{52}ʂɑŋ^{44}kɤ^{31}yɤ^{21}kei^{13}ȵiɛ^{13}tɕiɛ^{44}nɔo^{21}sæ̃^{24}pei^{21}yæ̃^{13}.
靖远县	a. 我上个月连［人家］借了三百块钱。b. 我上个月给［人家］借了三百块钱。 a. ŋuə^{55}ʂɑŋ^{33}kɤ^{35}yə^{41}liæ̃^{22}ȵiɛ^{24}tɕiɛ^{33}liɑo^{55}sæ̃^{41}pɛ^{22}kʰuɛ^{21}tɕʰiæ̃^{24}. b. ŋuə^{55}ʂɑŋ^{33}kɤ^{35}yə^{41}kei^{22}ȵiɛ^{24}tɕiɛ^{33}liɑo^{41}sæ̃^{41}pɛ^{22}kʰuɛ^{21}tɕʰiæ̃^{24}.
陇西县	a. 我上一个月借了他三百块钱。b. 我上一个月过他借了三百块钱。 a. kɤ^{55}ʂɑŋ^{44}i^{42}kɤ^{13}yɤ^{31}tɕiɛ^{44}lɔo^{44}tʰa^{21}sæ̃^{21}pe^{21}kʰuɛ^{55}tɕʰiæ̃^{13}. b. kɤ^{53}ʂɑŋ^{44}i^{42}kɤ^{13}yɤ^{31}kuɤ^{44}tʰa^{42}tɕiɛ^{44}lɔo^{44}sæ̃^{21}pe^{21}kʰuɛ^{33}tɕʰiæ̃^{21}.
秦州区	a. 上个月我向［人家］呛=了三百块钱。b. 上个月我给［人家］借给了三百块钱。 a. ʂɑŋ^{44}kɛ^{21}yə^{21}ŋu^{53}ɕiɑŋ^{13}ȵiə^{13}tɕʰiɑŋ^{21}liɤu^{21}sæ̃^{21}pei^{53}kʰuɛ^{53}tɕʰiæ̃. b. ʂɑŋ^{44}kɛ^{21}yə^{21}ŋu^{53}kei^{13}ȵiə^{13}tɕiə^{44}kei^{21}liɤu^{21}sæ̃^{21}pei^{53}kʰuɛ^{53}tɕʰiæ̃^{13}.
安定区	a. 我前一个月借了［人家］的三百块钱。 b. 我前一个月过［人家］借了三百块钱。 a. ŋə^{53}tɕʰiæ̃^{13}ʐi^{21}kə^{44}yə^{13}tɕiə^{44}lɔ^{21}ȵia^{13}tə^{21}sæ̃^{13}pɛ^{21}kʰuɛ^{53}tɕʰiæ̃^{13}. b. ŋə^{53}tɕʰiæ̃^{13}ʐi^{21}kə^{44}yə^{13}kuə^{44}ȵia^{13}tɕiə^{44}lɔ^{21}sæ̃^{13}pɛ^{21}kʰuɛ^{53}tɕʰiæ̃^{13}.

	0036a. 我上个月借了他三百块钱。b. 我上个月借了他三百块钱。 （a. 借入。b. 借出。如与 a 句相同，注“同 a”即可。）
会宁县	a. 我上个月借了［人家］三百块钱。b. 上个月我借了［人家］的三百块钱。 a. ŋə^{53}ʂɑŋ^{44}kə^{44}yə^{13}tɕiə^{44}lɔ^{21}ȵia^{13}sæ̃^{13}pɛ^{21}kʰuɛ^{44}tɕʰiæ̃^{13}. b. ʂɑŋ^{44}kə^{44}yə^{13}ŋə^{53}tɕiə^{44}lɔ^{21}ȵia^{13}tə^{21}sæ̃^{13}pɛ^{21}kʰuɛ^{44}tɕʰiæ̃^{13}.
临洮县	a. 我上个月借了家三百块钱儿。b. 我上个月给家借了三百块钱儿。 a. ŋuɤ^{53}ʂɑ̃^{44}kɤ^{42}ye^{21}tɕie^{13}liɔ^{21}tɕia^{44}sæ̃^{13}pei^{21}kʰuɛ^{53}tɕʰiɐr^{13}. b. ŋuɤ^{53}ʂɑ̃^{44}kɤ^{42}ye^{21}kei^{44}tɕia^{13}tɕie^{44}liɔ^{21}sæ̃^{13}pei^{21}kʰuɛ^{53}tɕʰiɐr^{13}.
清水县	a. 我上一月借了［人家］三百元。b. 我上一月给他借了三百元。 a. ŋuə^{52}ʂɒ̃^{44}i^{21}yɛ^{21}tsiɛ^{44}liɔ^{21}ȵiɛ^{13}sæ̃^{13}pəi^{21}yæ̃^{21}. b. ŋuə^{52}ʂɒ̃^{44}i^{21}yɛ^{21}kəi^{44}tʰa^{21}tsiɛ^{44}liɔ^{21}sæ̃^{13}pəi^{21}yæ̃^{21}.
永靖县	a. 我上个月家之三百块钱借上了。b. 我上个月家哈借给了三百块钱。 a. vɤ^{53}ʂɑŋ^{44}kɤ^{44}yɛ^{213}tɕia^{22}tʂʅ^{53}sæ̃^{13}pɛ^{13}kʰuɛ^{44}tɕʰiæ̃^{213}tɕiɛ^{44}ʂɑŋ^{44}lɔ^{21}. b. vɤ^{53}ʂɑŋ^{44}kɤ^{44}yɛ^{213}tɕia^{22}xa^{53}tɕiɛ^{44}kɤ^{53}lɔ^{21}sæ̃^{13}pɛ^{13}kʰuɛ^{44}tɕʰiæ̃^{21}.
敦煌市	a. 我上个月呛⁼了那三百块钱。b. 我上个月呛⁼给了［人家］三百块钱。 a. ŋə^{21}ʂɑŋ^{44}ə^{21}yə^{21}tɕʰiɑŋ^{51}lə^{21}na^{51}sæ̃^{13}pei^{21}kʰuɛ^{44}tɕʰiæ̃^{13}. b. ŋə^{21}ʂɑŋ^{44}ə^{21}yə^{21}tɕʰiɑŋ^{51}kei^{21}lə^{21}ȵia^{51}sæ̃^{22}pei^{22}kʰuɛ^{44}tɕʰiæ̃^{13}.
临夏市	a. 我上个月家的三百块钱借下了。b. 我上个月家借的了三百块钱。 a. ŋɤ^{42}ʂɑŋ^{44}kɤ^{42}yɛ^{13}tɕiɛ^{13}ti^{44}sɑ̃^{42}pɛ^{21}kʰuɛ^{21}tɕʰiɛ̃^{13}tɕiɛ^{44}xɑ^{42}liɔ^{21}. b. ŋɤ^{42}ʂɑŋ^{44}kɤ^{42}yɛ^{13}tɕiɛ^{13}tɕiɛ^{44}ti^{21}liɔ^{21}sɑ̃^{42}pɛ^{21}kʰuɛ^{21}tɕʰiɛ̃^{13}.
合作市	a. 我上个月他的钱借了三百块。b. 我上个月他借的了三百块钱。 a. ŋə^{44}ʂɑŋ^{44}kə^{21}yə^{13}tʰᴀ^{44}ti^{21}tɕʰiæ̃^{13}tɕiə^{44}liɔ^{21}sæ̃^{13}pɛe^{21}kʰuɛ^{21}. b. ŋə^{44}ʂɑŋ^{44}kə^{21}yə^{13}tʰᴀ^{44}tɕiə^{44}ti^{21}liɔ^{21}sæ̃^{13}pɛe^{21}kʰuɛe^{21}tɕʰiæ̃^{13}.
临潭县	a. 上一个月他给我借了三百块钱。b. 我上一个月给他借了三百块钱。 a. ʂɒ^{44}i^{24}kɤ^{44}yɛ^{44}tʰa^{44}kɪi^{24}ŋɤ^{53}tɕiɛ^{44}lɤ^{44}sæ̃^{44}pɛe^{21}kʰuɛe^{44}tɕʰiæ̃^{24}. b. ŋɤ^{51}ʂɒ^{44}i^{24}kɤ^{44}yɛ^{44}kɪi^{24}tʰa^{44}tɕiɛ^{44}lɤ^{21}sæ̃^{44}pɛe^{21}kʰuɛe^{44}tɕʰiæ̃^{24}.

	0037a. 王先生的刀开得很好。b. 王先生的刀开得很好。 （a. 王先生是医生，施事。b. 王先生是病人，受事。如与 a 句相同，注“同 a”即可。）
兰州市	a. 王大夫的刀那开得好得很。b. 王师的这台手术做得好得很。 a. vɑ̃^{53}tɛ^{22}fu^{42}ti^{21}tɔ^{44}la^{53}kʰɛ^{55}ti^{22}xɔ^{34}ti^{21}xən^{44}. b. vɑ̃^{53}ʂʅ^{21}ti^{42}tʂɤ^{53}tʰɛ^{13}ʂəu^{44}fu^{21}tsuɤ^{13}ti^{24}xɔ^{34}ti^{21}xən^{44}.
榆中县	a. 那的个手术做得好。b. 那的手术做得好着呢。 a. na^{21}ti^{0}kə^{44}ʂəu^{44}ʂu^{0}tsuə^{21}ti^{0}xɔ^{44}.　b. na^{21}ti^{44}ʂəu^{44}ʂu^{0}tsuə^{21}ti^{44}xɔ^{44}tʂə^{0}ȵiᴇ^{0}.
永登县	a. 王大夫的刀开得好。b. 王先生的手术成功了。 a. vɑ̃^{55}tɛ^{53}fu^{22}ti^{21}tɔ^{42}kʰɛ^{42}ti^{22}xɔ^{21}. b. vɑ̃^{55}ɕiæ̃^{55}ʂə̃n^{44}ti^{21}ʂɤu^{354}fu^{21}tʂʰə̃n^{21}kuə̃n^{55}liɔ^{53}.

	0037a. 王先生的刀开得很好。b. 王先生的刀开得很好。 （a. 王先生是医生，施事。b. 王先生是病人，受事。如与 a 句相同，注“同 a”即可。）
红古区	a. 王先生开下者刀好。b. 王先生开下者刀好者很。 a. vɑŋ^{13}ɕian^{55}ʂən^{21}kʰɛ^{22}xa^{13}tʂə^{55}tɔ^{13}xɔ^{53}. b. vɑŋ^{13}ɕian^{55}ʂən^{21}kʰɛ^{21}xa^{13}tʂə^{21}tɔ^{13}xɔ^{53}tʂə^{21}xən^{53}.
凉州区	a. 王大夫开刀开得太好了。b. 王先生的手术动得太好了。 a. vɑŋ^{35}tæ^{31}fu^{21}kʰæ^{35}tɑo^{53}kʰæ^{35}ti^{21}tʰæ^{53}xɑo^{35}liɑo^{21}. b. vɑŋ^{35}ɕiɑŋ^{53}səŋ^{35}ti^{21}ʂəu^{35}ʂu^{31}tuŋ^{31}ti^{21}tʰæ^{53}xɑo^{35}liɑo^{21}.
甘州区	a. 王先生的刀开得好的［哩啊］。b. 同 a。 a. vɑŋ^{35}ɕiɑŋ^{42}ʂɤŋ^{22}ti^{22}tɔ^{44}kʰɛ^{44}ti^{44}xɔ^{22}ti^{22}lia^{44}.　b. 同 a.
肃州区	a. 王大夫的刀开得很好。b. 王先生的刀开得很好。 a. vɑŋ^{53}tɛ^{21}fu^{21}tə^{21}tɔ^{44}kʰɛ^{44}tə^{21}xɤŋ^{44}xɔ^{51}. b. vɑŋ^{53}ɕiæ̃^{44}sɤŋ^{44}tə^{21}tɔ^{44}kʰɛ^{44}tə^{21}xɤŋ^{51}xɔ^{51}.
永昌县	a. 王先生的刀开得好着呢。b. 王先生的刀开好了。 a. vɑŋ^{13}ɕiɛ^{53}ʂəŋ^{55}ti^{21}tɔo^{44}kʰɛe^{44}ti^{44}xɔo^{53}tʂə^{22}ȵi^{21}. b. vɑŋ^{13}ɕiɛ^{53}ʂəŋ^{22}ti^{21}tɔo^{44}kʰɛe^{44}xɔo^{53}liɔo^{21}.
崆峒区	a 王大夫开刀开得好得很。b 大夫给王先生的刀开得好得很。 a. uɑŋ^{24}tɛ^{44}fu^{21}kʰɛ^{24}tɔ^{21}kʰɛ^{53}ti^{21}xɔ^{55}ti^{21}xɤŋ^{53}. b. tɛ^{44}fu^{21}kei^{55}uɑŋ^{22}ɕiæ̃^{55}ʂɤŋ^{21}ti^{24}tɔ^{21}kʰɛ^{53}ti^{21}xɔ^{55}ti^{21}xɤŋ^{53}.
庆城县	a. 老王的手术做得好。b. 同 a。 a. lɔ^{44}vɑ̃^{113}ti^{0}ʂɤu^{44}ʂu^{244}tsuə^{244}ti^{0}xɔ^{44}.　b. 同 a.
宁县	a. 王大夫开刀开得好得很。b. 同 a。 a. uaŋ^{24}tɛ^{44}fu^{0}kʰɛ^{24}tɔ^{31}kʰɛ^{31}ti^{0}xɔ^{55}ti^{0}xəŋ^{44}.　b. 同 a.
武都区	a. 王先生的刀开得好得很。b. 同 a。 a. vɑŋ^{13}ɕiæ̃^{55}səŋ^{21}tɤ^{21}tɔu^{53}kʰɛɪ^{31}ti^{21}xɔu^{55}ti^{21}xəŋ^{31}.　b. 同 a.
文县	a. 王先生的刀开得好得很。b. 同 a。 a. uɑ̃^{24}ɕiæ̃^{44}səŋ^{44}tɤ^{21}tɔo^{42}kʰɛe^{42}ti^{21}xɔo^{35}ti^{42}xəŋ^{42}.　b. 同 a.
康县	a. 诶王先生的刀开得很好啊！ b. 同 a。 a. ei^{53}vɑŋ^{21}sian^{55}sɤŋ^{55}tɛ^{55}tɔo^{55}kʰɛ^{53}tɛ^{21}xɤŋ^{35}xɔo^{53}a^{21}!　b. 同 a.
礼县	a. 王先生的刀开得好得很。b. 同 a。 a. vɑŋ^{13}ɕiæ̃^{31}sɤŋ^{21}ti^{21}tɔo^{31}kʰai^{31}ti^{24}xɔo^{52}ti^{21}xɤŋ^{52}.　b. 同 a.
靖远县	a. 王大夫的刀开得好［得很］。b. 同 a。 a. vɑŋ^{24}tɛ^{35}fu^{41}tə^{21}tɑo^{41}kʰɛ^{22}tə^{21}xɑo^{55}tʰɤŋ^{41}.　b. 同 a.

	0037a. 王先生的刀开得很好。b. 王先生的刀开得很好。 （a. 王先生是医生，施事。b. 王先生是病人，受事。如与 a 句相同，注“同 a”即可。）
陇西县	a. 姓王的兀人刀开得好［得很］。b. 同 a。 a. ɕiŋ^{44}vɑŋ^{22}tʏu^{22}vu^{44}zʅʏŋ^{13}tɔo^{21}kʰɛ^{21}ti^{21}xɔo^{55}tʰʏŋ^{53}.　b. 同 a.
秦州区	a. 王先生的开刀外开得麻利得很。b. 给王先生的刀开得好得很。 a. vɑŋ^{13}ɕiæ̃^{44}sʏŋ^{44}tɛ^{21}kʰɛ^{13}tɔ^{13}vɛ^{53}kʰɛ^{13}ti^{13}ma^{13}li^{21}tʰi^{21}xʏŋ^{53}. b. kei^{44}vɑŋ^{13}ɕiæ̃^{44}sʏŋ^{44}tɛ^{21}tɔ^{13}kʰɛ^{13}ti^{13}xɔ^{53}ti^{21}xʏŋ^{53}.
安定区	a. 王大夫的刀开得好得很。b.［人家］过王先生开的刀好得很。 a. vɑŋ^{21}tɛ^{44}fu^{21}tə^{21}tɔ^{13}kʰɛ^{44}tə^{13}xɔ^{53}tə^{21}xəŋ^{53}. b. ȵia^{21}kuə^{44}vɑŋ^{13}ɕiæ̃^{21}səŋ^{44}kʰɛ^{21}tə^{21}tɔ^{13}xɔ^{53}tə^{21}xəŋ^{53}.
会宁县	a. 王先生开刀的技术好得很。b. 王先生的手术效果好得很。 a. uɑŋ^{13}ɕiæ̃^{21}səŋ^{13}kʰɛ^{13}tɔ^{13}tə^{21}tɕi^{44}ʃu^{21}xɔ^{53}tə^{21}xəŋ^{53}. b. uɑŋ^{13}ɕiæ̃^{44}səŋ^{21}tə^{21}ʂəu^{21}ʃu^{53}ɕiɔ^{44}kuə^{53}xɔ^{53}tə^{21}xəŋ^{53}.
临洮县	a. 王先生家的致个刀开得好得很。 b. 王先生家的致个手术还是做得好得很。 a. vɑ̃^{13}ɕiæ̃^{44}sʏŋ^{21}tɕia^{13}ti^{21}tʂʅ^{53}kʰɛ^{21}tɔ^{13}kʰɛ^{44}ti^{21}xɔ^{53}ti^{42}xʏŋ^{21}. b. vɑ̃^{13}ɕiæ̃^{44}sʏŋ^{21}tɕia^{13}ti^{21}tʂʅ^{44}kʰɛ^{21}ʂʏu^{53}ʂu^{13}xæ̃^{13}sʅ^{21}tsʏu^{44}ti^{21}xɔ^{53}ti^{42}xʏŋ^{21}.
清水县	a. 王先生的手术真个做得好。b. 同 a。 a. vɒ̃^{13}siæ̃^{13}ʃʏŋ^{21}tɛ^{21}ʂou^{52}ʃɨ^{13}tʂʏŋ^{21}kuə^{13}tsuə^{21}tsi^{13}xɔ^{52}.　b. 同 a.
永靖县	a. 王先生刀哈开者好者很。b. 王先生者刀哈开下者好者很。 a. vɑŋ^{213}ɕiæ̃^{22}ʂʏŋ^{53}tɔ^{22}xa^{53}kʰɛ^{22}tʂʏ^{53}xɔ^{53}tʂʏ^{21}xʏŋ^{53}. b. vɑŋ^{213}ɕiæ̃^{22}ʂʏŋ^{53}tʂʏ^{53}tɔ^{13}xa^{53}kʰɛ^{22}xa^{44}tʂʏ^{21}xɔ^{53}tʂʏ^{21}xʏŋ^{53}.
敦煌市	a. 王先生开刀开得好。b. 王先生的刀开得好。 a. vɑŋ^{35}ɕiæ̃^{53}ʂʏŋ^{33}kʰɛ^{44}tɔ^{33}kʰɛ^{21}ti^{21}xɔ^{51}. b. vɑŋ^{35}ɕiæ̃^{42}ʂʏŋ^{21}ti^{44}tɔ^{21}kʰɛ^{21}ti^{21}xɔ^{51}.
临夏市	a. 王大夫刀开得好得很。b. 王师致一发手术做下得好得很。 a. vɑŋ^{13}tɛ^{44}fu^{44}tɔ^{13}kʰɛ^{21}ti^{42}xɔ^{42}ti^{44}xəŋ^{44}. b. vɑŋ^{13}ʂʅ^{21}tʂʅ^{42}ʑi^{42}fɑ^{21}ʂʏu^{44}ʂu^{42}tsu^{42}xɑ^{21}ti^{21}xɔ^{42}ti^{44}xəŋ^{44}.
合作市	a. 王先生的手术做得很好。b. 王先生手术做得好得很。 a. vɑŋ^{13}ɕiæ̃^{44}ʂəŋ^{21}ti^{21}ʂəɯ^{44}ʂu^{21}tsuə^{53}ti^{21}xəŋ^{44}xɔ^{53}. b. vɑŋ^{13}ɕiæ̃^{44}ʂəŋ^{21}ʂəɯ^{44}ʂu^{21}tsuə^{53}ti^{21}xɔ^{44}ti^{21}xəŋ^{44}.
临潭县	a. 王先生的刀开得好得很。b. 给王先生的刀开下好得很。 a. vɒ^{24}ɕiæ̃^{44}səŋ^{21}ti^{21}tɔo^{44}kʰɛe^{44}ti^{21}xɔo^{51}ti^{21}xəŋ^{51}. b. kɪi^{21}vɒ^{24}ɕiæ̃^{44}səŋ^{21}ti^{21}tɔo^{44}kʰɛe^{44}xa^{44}xɔo^{51}ti^{21}xəŋ^{51}.

	0038 我不能怪人家，只能怪自己。
兰州市	我不能怪别人，只怪我个家。 vɤ34pu22nən42kuɛ31piɛ53ʐən21, tʂʅ34kuɛ13vɤ44kɤ22tɕia42.
榆中县	我不能怪人家，只能怪个家。 və44pu13nən31kuɛ13ʐən31tɕia213, tʂʅ13nən31kuɛ13kə31tɕia213.
永登县	我不怪人，只怪个人。 və35pu53kuɛ22ʐə̃n53, tʂʅ22kuɛ13kə22ʐə̃n53.
红古区	我不怨人家，怨个人。 və55pu22yan13ʐən22tɕia13, yan13kuə21ʐən55.
凉州区	不怪家，就怪我。 pu31kuæ31tɕia35, tɕiəu31kuæ31və35.
甘州区	我不能怪伢，只能怪自己。 və53pu22nɤŋ53kuɛ22ia53, tʂʅ22nɤŋ53kuɛ24tsɿ31tɕi21.
肃州区	我不能怪人家，只能怪自己。 və51pu21nɤŋ53kuɛ21ʐɤŋ13tɕia21, tsɿ21nɤŋ44kuɛ21tsɿ44tɕi21.
永昌县	我不能怪家，只能怪我了。 uə13pu53nəŋ21kuɛe53tɕia13, tʂʅ53nəŋ21kuɛe44uə53liɔo21.
崆峒区	我不能怪［人家］，只能怪我个家。 ŋuo53pu22nɤŋ24kuɛ44ȵiæ̃53, tsɿ22nɤŋ24kuɛ44ŋuo55kuo22tɕia53.
庆城县	我不怪人家，只能怪我自己。 ŋɔ44pu21kuɛ244ʐɤŋ113tɕia0, tsɿ113nɤŋ0kuɛ244ŋɔ44tsɿ244tɕi0.
宁县	我不能怪人家，只能怪自己。 ŋuə52pu22nəŋ24kuɛ44ʐəŋ24ia0, tʂʅ24nəŋ24kuɛ44tsʰɿ44tɕi31.
武都区	我不能怪［人家］，只怪自己。 ŋɤ55pu33nəŋ21kuɛɪ24ȵia24, tʂʅ21kuɛɪ24tsɿ24tɕi31.
文县	又不能怪人家，只能怪自己。 iɤu24pu42ləŋ21kuɛe24zəŋ21tɕia24, tsɿ42ləŋ21kuɛe24tsɿ24tɕi42.
康县	我不能怪人家哎，只能怪个儿家哎。 ŋuɤ55pu53lɤŋ21kuɛ24ʐɤŋ21tɕia13ei53, tʂʅ21lɤŋ21kuɛ24kuɤr53tɕia13ei53.
礼县	我不能怪［人家］，要怪就怪个自家。 ŋɤ52pu21nɤŋ24kuai44ȵiɛ13, iɔo44kuai44tɕiəu44kuai44kɤ31tsɿ24tɕia21.
靖远县	我不能怪［人家］们，只能怪我个家。 ŋuə55pu22nɤŋ24kuɛ33ȵiɛ22mɤŋ55, tʂʅ22nɤŋ24kuɛ33ŋuə55kɤ22tɕia41.
陇西县	我咱⁼不怪人［人家］，只怪个家。 kɤ55tsæ̃55pu42kuɛ44ʐɤŋ13ia42, tʂʅ42kuɛ44kɤ42tɕia21.

	0038 我不能怪人家，只能怪自己。
秦州区	外我不能怪［人家］，只能怪个家。 vɛ^{53}ŋu^{53}p^{h}u^{13}lɤŋ^{13}kuɛ^{44}ȵiə^{13}, tsɿ^{13}lɤŋ^{13}kuɛ^{44}kuə^{21}tɕia^{53}.
安定区	我不能怨人家，只能怨我。 ŋə^{53}pu^{21}nəŋ^{13}yæ̃^{44}ʐəŋ^{13}tɕia^{21}, tʂʅ^{44}nəŋ^{13}yæ̃^{44}ŋə^{53}.
会宁县	我不能怨［人家］，只能怨个家。 ŋə^{53}pu^{21}nəŋ^{13}yæ̃^{44}ȵia^{13}, tsɿ^{53}nəŋ^{13}yæ̃^{44}kə^{13}tɕia^{21}.
临洮县	我不能怪旁人，只能怪个家。 ŋuɤ^{53}pu^{13}nɤŋ^{13}kuɛ^{44}pɑ̃^{13}ʐɤŋ^{21}, tʂʅ^{21}nɤŋ^{13}kuɛ^{44}kɤ^{42}tɕia^{21}.
清水县	我咋能怪人家哩，怪就怪曹个家。 ŋuə^{52}tsa^{21}lɤŋ^{13}kuɛ^{44}ʐɤŋ^{13}tɕia^{21}li^{21}, kuɛ^{44}tɕ^{h}iou^{21}kuɛ^{44}ts^{h}ɔ^{13}kuə^{21}tɕia^{52}.
永靖县	我人家哈不怪，我哈怪哩。 vɤ^{53}ʐɤŋ^{22}tɕia^{44}xa^{53}pu^{44}kuɛ^{44}, vɤ^{53}xa^{21}kuɛ^{44}li^{21}.
敦煌市	我不能怪［人家］，只能怪个家。 ŋə^{44}pu^{21}nɤŋ^{21}kuɛ^{31}ȵia^{53}, tsɿ^{22}nɤŋ^{22}kuɛ^{44}kə^{21}tɕia^{51}.
临夏市	我人家怪不成，个家怪呢。 ŋɤ^{42}ʐəŋ^{13}tɕia^{53}kuɛ^{53}pu^{21}tʂ^{h}əŋ^{42}, kɤ^{21}tɕia^{42}kuɛ^{44}ȵi^{21}.
合作市	我人家不怪，怪我个家。 ŋə^{44}ʐəŋ^{13}tɕiᴀ^{53}pu^{21}kuɛe^{53}, kuɛe^{53}ŋə^{44}kə^{21}tɕiᴀ^{53}.
临潭县	我人家怪不成，个家怪呢。 ŋɤ^{42}ʐəŋ^{13}tɕiɑ^{53}kuɛ^{53}pu^{21}tʂ^{h}əŋ^{42}, kɤ^{21}tɕiɑ^{42}kuɛ^{44}ȵi^{21}.

	0039a. 明天王经理会来公司吗？ b. 我看他不会来。
兰州市	a. 王经理明个到公司里来不来？ b. 我约谋着不来了。 a. vɑ̃^{53}tɕin^{55}li^{42}min^{53}kɤ^{13}tɔ^{13}kuən^{44}sɿ^{42}ȵi^{44}lɛ^{53}pu^{22}lɛ^{21}? b. vɤ^{44}yɛ^{42}mu^{22}tʂɤ^{22}pu^{21}lɛ^{21}lɔ^{42}.
榆中县	a. 明个天王经理公司里来不来？ b. 我看那不来。 a. min^{31}kə^{0}t^{h}ian^{44}vaŋ^{31}tɕin^{51}li^{0}kuən^{51}sɿ^{51}li^{0}lɛ^{31}pu^{13}lɛ^{312}? b. və^{44}k^{h}an^{13}na^{13}pu^{13}lɛ^{312}.
永登县	a. 明个天王经理公司里来不来唦？ b. 我谋着那不来。 a. min^{55}kə^{42}t^{h}iæ̃^{21}vɑ̃^{55}tɕin^{44}li^{44}kuə̃n^{55}sɿ^{44}li^{44}lɛ^{53}pu^{31}lɛ^{42}ʂa^{21}? b. və^{35}mɤu^{55}tʂə^{42}na^{53}pu^{24}lɛ^{53}.
红古区	a. 明儿个王经理公司里来［哩啊］？ b. 我看是家不来。 a. miə̃r^{13}kə^{55}vɑŋ^{13}tɕin^{22}ɭ^{55}kuən^{13}sɿ^{22}ɭ^{21}lɛ^{13}lia^{13}? b. və^{55}k^{h}an^{13}ʂʅ^{21}tɕia^{55}pu^{21}lɛ^{13}.

	0039a. 明天王经理会来公司吗？ b. 我看他不会来。
凉州区	a. 王经理明个公司里来不来？ b. 我觉着不来。 a. vɑŋ^{35}tɕiŋ^{35}li^{21}miei^{35}kə^{53}kuŋ^{35}sɿ^{31}li^{21}læ^{35}pu^{31}læ^{35}？ b. və^{35}tɕyə^{31}tʂə^{21}pu^{53}læ^{35}.
甘州区	a. 明个子王经理公司里来啊吧？ b. 我觉谋的他不来。 a. miŋ^{35}kə^{42}tsɿ^{21}vaŋ^{53}tciŋ^{44}li^{44}kuŋ^{44}sɿ^{44}li^{44}lɛ^{35}a^{42}pa^{21}? b. və^{53}tɕyə^{31}mu^{22}ti^{21}tʰa^{44}pu^{22}lɛ^{53}.
肃州区	a. 明天王经理会来公司吗？ b. 我看那不会来咧。 a. miŋ^{44}tʰiæ̃^{21}vaŋ^{44}tɕiŋ^{44}li^{21}xuei^{21}lɛ^{53}kuŋ^{44}sɿ^{21}ma^{44}? b. və^{53}kʰæ̃^{21}na^{53}pu^{21}xuei^{21}lɛ^{44}liɛ^{21}.
永昌县	a. 明个王经理公司里来啊吧？ b. 我觉谋着他不来。 a. miŋ^{13}kə^{42}vaŋ^{53}tɕiŋ^{44}li^{21}koŋ^{44}sɿ^{44}ȵi^{44}lɛe^{13}a^{53}pa^{21}? b. uə^{13}tɕyə^{53}mu^{22}tʂə^{21}tʰa^{44}pu^{53}lɛe^{21}.
崆峒区	a 明儿个王经理到公司来吗？ b. 我想［人家］不来。 a. miər^{24}kɤ^{21}uaŋ^{24}tɕiɤŋ^{22}li^{53}tɔ^{44}koŋ^{24}sɿ^{21}lɛ^{24}ma^{53}? b. ŋuo^{53}ɕiaŋ^{53}ȵiæ̃^{53}pu^{22}lɛ^{24}.
庆城县	a. 王经理明儿晓会来公司吗？ b. 我想他不会来的。 a. vɑ̃^{113}tɕiŋ^{21}li^{44}miɤr^{113}ɕiɔ^{44}xuei^{244}lɛ^{113}kuŋ^{51}sɿ^{51}ma^{0}? b. ŋɔ^{44}ɕiɑ̃^{44}tʰa^{51}pu^{21}xuei^{244}lɛ^{113}ti^{0}.
宁县	a. 明儿王经理来公司也不？ b. 外怕不来。 a. miŋ^{22}ər^{52}uaŋ^{24}tɕiŋ^{22}li^{52}lɛ^{24}kuŋ^{24}sɿ^{31}ia^{0}pu^{0}? b. uɛ^{52}pa^{44}pu^{22}lɛ^{24}.
武都区	a. 明儿王经理公司来哩不？ b. 可能不来了。 a. min^{21}ɚ^{31}vaŋ^{13}tɕin^{31}li^{21}kuŋ^{55}sɿ^{31}lɛɪ^{31}li^{21}pu^{31}? b. kʰɤ^{55}nəŋ^{13}pu^{21}lɛɪ^{21}lɔu^{21}.
文县	a. 明天王经理会不会来公司？ b. 我看他不会来。 a. miəŋ^{21}tʰiæ̃^{44}uɑ̃^{21}tɕiəŋ^{44}ȵi^{42}xuei^{24}pu^{21}xuei^{44}lɛe^{13}koŋ^{42}sɿ^{42}? b. ŋɤ^{55}kʰæ̃^{42}tʰa^{42}pu^{21}xuei^{24}lɛe^{21}.
康县	a. 明天王经理来公司里嫑？ b. 我看他不得来了。 a. miŋ^{21}tɕʰian^{55}vaŋ^{13}tɕiŋ^{21}li^{55}lɛ^{13}kuŋ^{21}sɿ^{55}li^{21}pɔo^{21}? b. ŋuɤ^{53}kʰan^{55}tʰa^{55}pu^{24}tɛ^{21}lɛ^{13}liɔo^{21}.
礼县	a. 明晨王经理公司来价$^{=}$不来？ b. 我因$^{=}$着他不来。 a. miŋ^{13}ʂɤŋ^{13}vaŋ^{13}tɕiŋ^{21}li^{52}kuɤŋ^{24}sɿ^{21}nai^{13}tɕia^{21}pu^{21}nai^{24}? b. ŋɤ^{52}iŋ^{31}tʂɤ^{13}tʰa^{31}pu^{21}nai^{24}.
靖远县	a. 明儿王经理会到公司里来吧？ b. 我觉得［人家］不会来。 a. miɑ̃r^{24}vaŋ^{22}tɕiŋ^{35}lɿ^{41}xuei^{33}tao^{33}koŋ^{22}sɿ^{41}lɿ^{22}lɛ^{22}pa^{55}? b. ŋuə^{55}tɕyə^{41}tə^{21}ȵiɛ^{24}pu^{22}xuei^{33}lɛ^{24}.
陇西县	a. 明早王经理公司来吗？ b. 我觉是他不来。 a. miŋ^{24}tsɔo^{42}vaŋ^{24}tɕiŋ^{42}li^{55}kuŋ^{21}sɿ^{21}lɛ^{21}ma^{44}? b. kɤ^{55}kɤ^{42}sɿ^{21}tʰa^{21}pu^{21}lɛ^{13}.

	0039a. 明天王经理会来公司吗？ b. 我看他不会来。
秦州区	a. 明早王经理来不来？ / 王经理明早来不来？ b. 我想着外咋$^{=}$不来了。 a. miɤŋ^{13}tsɔ^{21}vaŋ^{13}tɕiɤŋ^{21}li^{53}lɛ^{13}p^{h}u^{21}lɛ^{13}? / vaŋ^{13}tɕiɤŋ^{21}li^{53}miɤŋ^{13}tsɔ^{21}lɛ^{13}p^{h}u^{21}lɛ^{13}? b. ŋu^{53}ɕiaŋ^{53}tʂɤu^{21}vɛ^{53}tsa^{53}p^{h}u^{13}lɛ^{13}liɤu^{21}.
安定区	a. 明早王老板到［人家］的公司来不？ b. 我搁$^{=}$思［人家］不来。 a. miŋ^{21}tsɔ^{44}vaŋ^{13}lɔ^{21}pæ̃^{53}tɔ^{44}ȵia^{13}tə^{21}kuŋ^{44}sɿ^{21}lɛ^{13}pu^{21}? b. ŋə^{53}kə^{21}sɿ^{21}ȵia^{13}pu^{21}lɛ^{13}.
会宁县	a. 王经理明早晨到公司来不？ b. 我看是怕不来。 a. uaŋ^{13}tɕiŋ^{21}li^{53}miŋ^{13}tsɔ^{53}ʂəŋ^{21}tɔ^{44}kuŋ^{13}sɿ^{21}lɛ^{13}pu^{21}? b. ŋə^{53}k^{h}æ̃^{44}sɿ^{21}p^{h}a^{44}pu^{21}lɛ^{13}.
临洮县	a. 明儿个王经理公司里来啦？ b. 我看家不来。 a. miə̃r^{13}kɤ^{44}vɑ̃^{13}tɕiŋ^{42}li^{21}kuŋ^{13}sɿ^{44}li^{21}lɛ^{13}la^{21}? b. ŋuɤ^{53}k^{h}æ̃^{44}tɕia^{42}pu^{21}lɛ^{13}.
清水县	a. 明儿王经理能到公司里来不？ b. 我看怕不得来。 a. miŋ^{13}ɚ^{21}võ^{13}tɕiŋ^{21}li^{52}lɤŋ^{13}tɔ^{44}kuŋ^{13}sɿ^{21}li^{21}lɛ^{13}pə^{21}? b. ŋuə^{52}k^{h}æ̃^{44}p^{h}a^{44}pu^{21}tsɿ^{13}lɛ^{13}.
永靖县	a. 明早王经理公司里来哩不？ b. 我看是不来。 a. miɤŋ^{22}tsɔ^{53}vaŋ^{213}tɕiɤŋ^{22}li^{53}kuɤŋ^{22}sɿ^{53}li^{53}lɛ^{22}li^{13}pu^{44}? b. vɤ^{53}k^{h}æ̃^{44}ʂʅ^{44}pu^{44}lɛ^{21}.
敦煌市	a. 明儿个王经理到公司来呢吗还是不来？ b. 我觉谋的［人家］不来。 a. miŋ^{21}ər^{44}kə^{21}vaŋ^{13}tɕiŋ^{21}li^{51}tɔ^{21}kuŋ^{22}sɿ^{22}lɛ^{21}ȵi^{44}ma^{21}xɛ^{22}sɿ^{22}pu^{21}lɛ^{13}? b. ŋə^{53}tɕyə^{31}mu^{22}ti^{44}ȵia^{51}pu^{21}lɛ^{13}.
临夏市	a. 明个王经理公司里来啦？ b. 我看是不来。 a. miŋ^{13}kɤ^{53}vaŋ^{42}tɕiŋ^{44}li^{21}kuəŋ^{44}sɿ^{21}li^{44}lɛ^{21}lɑ^{13}? b. ŋɤ^{42}k^{h}ã^{53}ʂʅ^{42}pu^{22}lɛ^{13}.
合作市	a. 明早王经理公司里来啦？ b. 我看是他不来吧。 a. miŋ^{13}tsɔ^{53}vaŋ^{13}tɕiŋ^{44}li^{21}kuəŋ^{44}sɿ^{21}li^{44}lɛe^{21}lᴀ^{13}? b. ŋə^{44}k^{h}æ̃^{53}ʂʅ^{21}t^{h}ᴀ^{44}pu^{21}lɛe^{13}pᴀ^{21}.
临潭县	a. 明早儿王经理公司里来［呢啊］？ b. 我看他不来。 a. mĩ^{24}tsər^{51}vɒ^{24}tɕĩ^{44}li^{21}kuəŋ^{44}sɿ^{44}ȵi^{21}lɛe^{24}ȵia^{51}? b. ŋɤ^{51}k^{h}æ̃^{44}t^{h}a^{44}pu^{21}lɛe^{24}.

	0040 我们用什么车从南京往这里运家具呢？
兰州市	我们用啥车把家具从南京往这里拉呢？ vɤ^{34}mən^{42}yn^{13}sa^{13}tʂ^{h}ɤ^{55}pa^{21}tɕia^{44}tɕy^{42}ts^{h}uən^{13}næ̃^{53}tɕin^{22}vɑ̃^{34}tʂɤ^{44}li^{21}la^{44}ȵi^{21}?
榆中县	我们用啥车把家具从南京往致里拉呢？ və^{44}mən^{0}yn^{13}sa^{31}tʂ^{h}ə^{51}pa^{44}tɕia^{51}tɕy^{213}ts^{h}uən^{31}nan^{31}tɕin^{213}vaŋ^{44}tʂʅ^{21}li^{44}la^{31}ȵiᴇ^{0}?
永登县	啊$^{=}$们用啥车把家什从南京往致里拉哩唦？ a^{35}mə̃n^{53}yn^{13}ʂa^{22}tʂ^{h}ə^{44}pa^{21}tɕia^{44}ʂʅ^{44}ts^{h}uə̃n^{53}næ̃^{53}tɕin^{55}vɑ̃^{53}tʂʅ^{22}li^{55}la^{55}li^{42}ʂa^{21}?

	0040 我们用什么车从南京往这里运家具呢？
红古区	我们用啥车把家具从南京拉到这儿哩？ və^{55}mən^{21}yn^{13}sa^{21}tʂ^{h}ə^{55}pa^{21}tɕia^{22}tsʮ^{13}ts^{h}uən^{22}nan^{53}tɕin^{55}la^{21}tɔ^{13}tʂər^{53}ʅ^{21}?
凉州区	我们用啥车从南京往兹里拉家具？ və^{53}məŋ^{35}yŋ^{31}sa^{53}tʂ^{h}ə^{35}ts^{h}uŋ^{31}nɑŋ^{35}tɕiŋ^{53}vɑŋ^{35}tsɿ^{31}li^{21}la^{35}tɕia^{35}tɕy^{53}?
甘州区	我们用啥车把家具打南京拉到致里唻？ və^{22}mɤŋ^{44}yŋ^{24}ʂa^{31}tʂ^{h}ə^{44}pa^{22}tɕia^{44}tɕy^{44}ta^{53}naŋ^{35}tɕiŋ^{42}la^{44}tɔ^{44}tʂʅ^{31}li^{21}lɛ^{53}?
肃州区	我们用啥车从南京往致里运家具呢？ və^{21}mɤŋ^{44}ʐyŋ^{44}sa^{21}tʂ^{h}ə^{53}ts^{h}uŋ^{21}næ̃^{44}tɕiŋ^{21}vɑŋ^{21}tʂʅ^{21}li^{21}ʐyŋ^{44}tɕia^{21}tɕy^{21}ȵiɛ^{44}?
永昌县	我们用啥车打南京把家具拉到这里来呢？ uə^{53}məŋ^{21}yəŋ^{44}ʂa^{53}tʂ^{h}ə^{21}ta^{44}nɛe^{13}tɕiŋ^{42}pa^{22}tɕia^{44}tɕy^{44}la^{44}tɔo^{44}tʂə^{53}ȵi^{21}lɛe^{13}ȵi^{42}?
崆峒区	我们用啥车把家具从南京运到致搭呢？ ŋuo^{53}mɤŋ^{21}ioŋ^{44}sa^{44}tʂ^{h}ɤ^{21}pa^{53}tɕia^{22}tɕy^{44}ts^{h}oŋ^{24}næ̃^{22}tɕiɤŋ^{53}ioŋ^{44}tɔ^{21}tʂʅ^{35}ta^{21}ȵi^{21}?
庆城县	咱们从南京到这儿，拿啥车拉家具哩？ tsa^{21}mu^{0}ts^{h}uŋ^{113}nɛ̃^{21}tɕiŋ^{51}tɔ^{244}tʂar^{244}, na^{21}sa^{113}tʂ^{h}ə^{0}la^{51}tɕia^{21}tɕy^{244}li^{0}?
宁县	我都拿啥车从南京往搭儿拉家具哩？ ŋuə^{52}tou^{0}na^{24}sa^{44}tʂ^{h}ə^{31}ts^{h}uŋ^{24}næ̃^{22}tɕiŋ^{31}uaŋ^{44}tər^{52}la^{31}tɕia^{22}tɕy^{44}li^{31}?
武都区	我们用啥车从南京往兹搭运家具价$^{=}$？ ŋɤ^{55}məŋ^{21}yn^{24}sa^{24}tʂ^{h}ɤ^{31}ts^{h}uŋ^{13}læ̃^{13}tɕin^{31}vɑŋ^{55}tsɿ^{55}ta^{21}yn^{24}tɕia^{31}tɕy^{24}tɕia^{21}?
文县	我们用啥车从南京往这里运家具呢？ ŋɤ^{35}məŋ^{33}yəŋ^{24}sa^{24}tɕ^{h}iɛ^{42}ts^{h}oŋ^{13}læ̃^{13}tɕiəŋ^{42}uã^{44}tsɤ^{42}li^{31}yəŋ^{24}tɕia^{21}tɕy^{24}ȵi^{42}?
康县	我们用啥车从南京往这里运家具咧？ ŋuɤ^{55}mɤŋ^{55}yŋ^{24}ʂa^{13}tʂ^{h}ɤ^{53}ts^{h}uŋ^{13}lan^{13}tɕiŋ^{53}vɑŋ^{21}tʂa^{53}li^{21}yŋ^{24}tɕia^{21}tɕy^{24}liɛ^{21}?
礼县	敖$^{=}$用啥车从南京往兹搭搬家具价$^{=}$？ ŋɔo^{13}yŋ^{44}sa^{44}tʂ^{h}ɤ^{21}tʃ^{h}uɤŋ^{13}næ̃^{13}tɕiŋ^{21}vɑŋ^{44}tsɿ^{44}ta^{13}pæ̃^{31}tɕia^{31}tɕy^{44}tɕia^{21}?
靖远县	我们用啥车打南京往这儿送家具呢？ ŋuə^{55}mɤŋ^{21}ioŋ^{33}ʂa^{24}tʂ^{h}ɤ^{41}ta^{22}næ̃^{22}tɕiŋ^{41}vɑŋ^{22}tʂər^{33}soŋ^{35}tɕia^{41}tsʮ^{21}ȵiɛ^{21}?
陇西县	曹用啥车从南京过这里拉家具咧？ ts^{h}ɔo^{22}yŋ^{44}ʃʮɤ^{44}tʂ^{h}ɤ^{42}ts^{h}uŋ^{24}læ̃^{24}tɕiŋ^{42}kuɤ^{44}tʂɤ^{44}li^{44}la^{42}tɕia^{42}tɕ^{h}y^{21}liə^{21}?
秦州区	敖$^{=}$咋哈啥车从南京往兹搭拉家具哩吵？ ŋɔ^{13}tsa^{53}xa^{53}sa^{44}tʂ^{h}ɤ^{21}ts^{h}uɤŋ^{13}læ̃^{13}tɕiɤŋ^{21}vɑŋ^{53}tsɿ^{53}ta^{13}la^{44}tɕia^{44}tɕy^{44}li^{21}sa^{21}?
安定区	曹用啥车从南京往屋里拉家具哩？ ts^{h}ɔ^{13}yŋ^{44}sə^{53}tʂ^{h}ə^{13}ts^{h}uŋ^{13}næ̃^{13}tɕiŋ^{21}vɑŋ^{53}vu^{21}li^{21}la^{13}tɕia^{44}tɕy^{44}li^{21}?
会宁县	［人家］用的啥车打南京往致搭拉家具哩？ ȵia^{13}yŋ^{44}tə^{21}sə^{53}tʂ^{h}ə^{13}ta^{21}læ̃^{13}tɕiŋ^{21}uɑŋ^{13}tʂʅ^{44}ta^{13}la^{13}tɕia^{13}tɕy^{44}li^{21}?

	0040 我们用什么车从南京往这里运家具呢？
临洮县	我们用啥车从南京往致搭儿拉家具呢？ ŋuɤ^{53}mɤŋ^{21}yŋ^{44}sa^{53}tʂʰɤ^{21}tsʰuŋ^{13}næ̃^{13}tɕiŋ^{44}vɑ̃^{53}tʂʅ^{42}tar^{21}la^{13}tɕia^{21}tɕy^{44}ȵi^{2}?
清水县	曹⁼用啥车从南京往来里拉家具哩？ tsʰɔ^{13}yŋ^{44}ʃa^{44}tʂʰə^{13}tsʰuŋ^{13}læ̃^{13}tɕiŋ^{21}vɒ̃^{52}lɛ^{13}li^{21}la^{13}tɕia^{21}tɕy^{44}li^{21}?
永靖县	我们南京啦往致些拉家具用什么车哩？ ɑŋ^{44}mɤŋ^{42}næ̃^{22}tɕiɤŋ^{44}la^{53}vɑŋ^{53}tʂʅ^{44}ɕiɛ^{13}la^{213}tɕia^{22}tɕy^{53}yŋ^{44}ʂɤŋ^{22}mɤ^{44}tʂʰɤ^{13}li^{53}?
敦煌市	我们用啥车把家具打南京拉到兹搭咪？ ŋə^{53}mɤŋ^{21}yŋ^{44}sa^{44}tʂʰə^{21}pa^{22}tɕia^{21}tɕy^{13}ta^{51}læ̃^{35}tɕiŋ^{51}la^{22}tɔ^{53}tsʅ^{44}ta^{21}lɛ^{21}?
临夏市	我们什吗个车啦南京搭家具往致里拉呢？ ŋɤ^{42}məŋ^{42}ʂʅ^{21}mɑ^{44}kɤ^{42}tʂʰɤ^{21}lɑ^{24}nɑ̃^{13}tɕiŋ^{44}tɑ^{21}tɕiɑ^{21}tɕy^{53}vɑŋ^{44}tʂʅ^{42}li^{21}la^{13}ȵi^{21}?
合作市	我们什吗个车啦从南京往致里拉家具呢？ ŋə^{44}məŋ^{21}ʂʅ^{21}mᴀ^{44}kə^{21}tʂʰə^{13}lᴀ^{21}tsʰuəŋ^{13}næ̃^{21}tɕiŋ^{53}vɑŋ^{44}tʂʅ^{44}li^{21}lᴀ^{13}tɕiᴀ^{21}tɕy^{53}ȵi^{21}?
临潭县	我们用啥车从南京往这儿拉家具？ ŋɤ^{51}məŋ^{21}ỹ^{44}sa^{44}tʂʰɤ^{44}tsʰuəŋ^{24}næ̃^{24}tɕin^{211}vɒ^{51}tʂər^{24}la^{44}tɕia^{24}tɕy^{51}?

	0041 他像个病人似的靠在沙发上。
兰州市	那［就像］个病人一样靠在沙发上。 la^{53}tɕiɑ̃^{55}kɤ^{42}pin^{13}ʐən^{53}ʑi^{22}iɑ̃^{24}kʰɔ^{22}tsɛ^{13}ʂa^{22}fa^{53}ʂɑ̃^{21}.
榆中县	那连个病人一样躺在沙发上。 na^{13}lian^{31}kə^{213}pin^{21}ʐən^{44}i^{31}iaŋ^{213}tʰaŋ^{44}tsɛ^{0}ʂa^{51}fa^{0}ʂaŋ^{0}.
永登县	那［就像］是个病人们靠着沙发上着哩。 na^{55}tɕiɑ̃^{22}ʂʅ^{13}kə^{55}pin^{22}ʐə̃n^{13}mə̃n^{55}kʰɔ^{13}ə^{55}ʂa^{42}fa^{31}ʂɑ̃^{22}tʂə^{21}li^{21}.
红古区	家病人般者沙发上靠着哩。 tɕia^{53}pin^{22}ʐən^{55}pan^{21}tʂə^{21}ʂa^{55}fa^{21}ʂaŋ^{21}kʰɔ^{22}tʂə^{55}lʅ^{21}.
凉州区	家就像个病人趄在沙发上。 tɕia^{35}tɕiəu^{31}ɕiɑŋ^{31}kə^{21}piŋ^{31}ʐəŋ^{21}tɕʰiə^{31}tsæ^{21}sa^{35}fa^{53}ʂɑŋ^{31}.
甘州区	他像个病人啊似的靠在沙发上。 tʰa^{44}ɕiaŋ^{31}kə^{21}piŋ^{31}ʐɤŋ^{22}a^{21}ʂʅ^{31}ti^{21}kʰɔ^{31}tsɛ^{21}ʂa^{44}fa^{44}xaŋ^{44}.
肃州区	那像个病人似的靠在沙发上。 na^{51}ɕiɑŋ^{21}kə^{21}piŋ^{21}ʐɤŋ^{51}sʅ^{21}tiɛ^{21}kʰɔ^{21}tsɛ^{13}sa^{21}fa^{44}ʂaŋ^{44}.
永昌县	家像个病人啊似的靠在沙发上。 tɕia^{13}ɕiaŋ^{53}kə^{21}piŋ^{53}ʐəŋ^{22}a^{21}ʂaŋ^{22}ti^{22}kʰɔo^{53}tsɛe^{21}ʂa^{44}fa^{44}ʂaŋ^{44}.
崆峒区	［人家］像个病人一样在沙发上靠着呢。 ȵiæ̃^{53}ɕiɑŋ^{44}kɤ^{21}piɤŋ^{35}ʐɤŋ^{21}i^{22}iɑŋ^{44}tsɛ^{21}sa^{53}fa^{21}ʂɑŋ^{44}kʰɔ^{35}tʂɤ^{21}ȵi^{21}.

	0041 他像个病人似的靠在沙发上。
庆城县	他像个病人一样的靠在沙发上。 tʰa^{51}ɕiɑ̃^{244}kə^{0}piŋ^{244}ʐɤŋ^{0}i^{21}iɑ̃^{244}ti^{0}kʰɔ^{244}tsɛ^{0}sa^{51}fa^{0}ʂɑ̃^{0}.
宁县	［人家］像个病人一样跧⁼到沙发上［哩啊］。 ȵiæ̃^{24}ɕiaŋ^{44}kə^{0}pʰiŋ^{44}xæ̃^{31}i^{22}iaŋ^{44}tɕiæ̃^{44}tɔ^{44}sa^{31}fa^{0}ʂaŋ^{0}lia^{0}.
武都区	他像病汉样仰着沙发上。 tʰa^{55}ɕiɑŋ^{24}pin^{24}xæ̃^{21}iɑŋ^{13}ȵiɑŋ^{55}tʂɤ^{21}sa^{31}fa^{21}ʂɑŋ^{21}.
文县	他连块病人一样靠在沙发上。 tʰa^{44}læ̃^{21}kʰuɛe^{42}piəŋ^{24}zəŋ^{42}ʑi^{22}iɑ̃^{42}kʰɔo^{24}tsɛe^{31}sa^{42}fa^{21}sɑ̃^{21}.
康县	他跟病人一样的在沙发上靠着哩。 tʰa^{53}kɤŋ^{21}piŋ^{24}ʐɤŋ^{21}i^{21}iɑŋ^{24}tɛ^{53}tsɛ^{21}sa^{53}fa^{21}ʂɑŋ^{21}kɔo^{24}tʂɔo^{55}li^{21}.
礼县	他连病人样的在沙发上靠着哩。 tʰa^{31}næ̃^{13}piŋ^{44}ʐɤŋ^{13}iɑŋ^{31}ti^{21}tsʰai^{44}sa^{31}fa^{21}ʂɑŋ^{21}kʰɔo^{44}tʂɤ^{21}li^{21}.
靖远县	［人家］连个病号一样的在沙发上靠着呢。 ȵiɛ^{24}liæ̃^{22}kɤ^{33}piŋ^{55}xɑo^{33}zʅ^{22}iɑŋ^{33}tsʅ^{21}tsɛ^{33}sa^{41}fa^{21}ʂɑŋ^{21}kʰɑo^{33}tiɛ^{21}niɛ^{21}.
陇西县	他连个病汉样的趄地沙发着哩。 tʰa^{42}læ̃^{13}ke^{42}pʰin^{44}xæ̃^{42}iɑŋ^{42}ti^{21}tɕʰiɛ^{44}ti^{44}sa^{21}fa^{21}tʂʅ^{21}li^{21}.
秦州区	外连个病人一样的靠着沙发上。 vɛ^{53}la^{13}kɛ^{21}pʰiɤŋ^{13}ʐɤŋ^{13}ɕi^{44}iɑŋ^{13}tɛ^{21}kʰɔ^{44}tʂɤu^{21}sa^{44}fa^{44}ʂɑŋ^{21}.
安定区	［人家］连个病人一样仰着沙发上着哩。 ȵia^{13}liæ̃^{13}kə^{21}pʰiŋ^{44}zəŋ^{21}ʑi^{21}iɑŋ^{44}ȵiɑŋ^{53}tʂə^{21}sa^{13}fa^{21}ʂɑŋ^{21}tʂə^{21}li^{21}.
会宁县	他像个病人样在沙发上跧⁼着哩。 tʰa^{13}ɕiɑŋ^{44}kə^{53}pʰiŋ^{44}zəŋ^{21}iɑŋ^{44}tsʰɛ^{44}sa^{13}fa^{21}ʂɑŋ^{21}tɕiæ̃^{44}tʂə^{21}li^{21}.
临洮县	家就像个病人着趄在沙发上。 tɕia^{13}tɕiɤu^{44}ɕiɑ̃^{44}kɤ^{21}piŋ^{44}ʐɤŋ^{42}tʂɤ^{21}tɕʰie^{53}tsɛ^{21}sa^{44}fa^{42}ʂɑ̃^{21}.
清水县	外连个病人一样往沙发上一躺。/ 外连个病人一样到沙发上躺着哩。 vɛ^{52}la^{21}kɛ^{13}pʰiŋ^{44}ʐɤŋ^{21}i^{21}iɒ̃^{21}vɒ̃^{52}ʃa^{13}fa^{21}ʂɒ̃^{21}i^{21}tʰɒ̃^{52}. / vɛ^{52}la^{21}kɛ^{21}pʰiŋ^{44}ʐɤŋ^{21}i^{21}iɒ̃^{21}tɔ^{44}ʃa^{13}fa^{21}ʂɒ̃^{21}tʰɒ̃^{52}tʂə^{21}li^{21}.
永靖县	家［就像］病人沙发上趄着。 tɕia^{22}tɕiɑŋ^{44}piɤŋ^{44}ʐɤŋ^{213}ʂa^{13}fa^{13}ʂɑŋ^{44}tɕʰiɛ^{22}tʂɤ^{44}.
敦煌市	那跟病人一样靠在沙发上。 ȵa^{53}kɤŋ^{21}piŋ^{44}ʐɤŋ^{22}ʑi^{21}iɑŋ^{13}kʰɔ^{44}tsɛ^{21}sa^{21}fa^{21}ʂɑŋ^{51}.
临夏市	结⁼个病汉像的沙发上躺下呢。 tɕiɛ^{13}kɤ^{44}piŋ^{44}xɑ̃^{21}ɕiɑŋ^{44}ti^{21}ʂɑ^{44}fɑ^{42}ʂɑŋ^{13}tʰɑŋ^{42}xɑ^{24}ȵi^{42}.
合作市	他病汉像的沙发上躺下着呢。 tʰᴀ^{44}piŋ^{44}xæ̃^{21}ɕiɑŋ^{44}ti^{21}ʂᴀ^{13}fᴀ^{21}ʂɑŋ^{21}tʰɑŋ^{44}xᴀ^{21}tʂə^{21}ȵi^{21}.
临潭县	他就将⁼和病汉着躺着沙发上。 tʰa^{44}tɕiɯə^{44}tɕiɒ^{51}xɤ^{44}pin^{44}xæ̃^{21}tʂɤ^{21}tʰɒ^{51}tʂɤ^{21}sa^{44}fa^{44}ʂɒ^{21}.

	0042 这么干活连小伙子都会累坏的。
兰州市	这们干活太猛了，连小伙子们都吃不住。 tʂɤ^{44}mən^{21}kæ̃^{44}xuɤ^{42}t^{h}ɛ^{22}mən^{35}lɔ^{21}, liæ̃^{53}ɕiɔ^{42}xuɤ^{22}tsɿ^{21}mən^{42}təu^{22}tʂ^{h}ʅ^{13}pu^{22}pfu^{13}.
榆中县	致么做活把小伙子也挣坏呢。 tʂʅ^{21}mə^{44}tsu^{13}xuə^{312}pa^{31}ɕiɔ^{31}xuə^{0}tsɿ^{44}iᴇ^{44}tʂən^{13}xuɛ^{213}ȵiᴇ^{0}.
永登县	致们价=做活小伙子们都背不住。 tʂʅ^{22}mə̃n^{35}tɕia^{55}tsu^{13}xuə^{53}ɕiɔ^{22}xuə^{13}tsɿ^{35}mə̃n^{55}tɤu^{44}pei^{44}pu^{53}pfu^{13}.
红古区	致么价=做活是小伙子们都苦坏哩。 tʂʅ^{22}mu^{22}tɕia^{55}tsʮ^{13}xuə^{21}ʂʅ^{55}ɕiɔ^{21}xuə^{55}tsɿ^{21}mən^{21}tu^{22}k^{h}u^{55}xuɛ^{22}lɿ^{55}.
凉州区	兹么价=做活，就是小伙子也招架不住。 tsɿ^{31}mu^{21}tɕia^{31}tsu^{53}xuə^{35}, tɕiəu^{31}sɿ^{21}ɕiɑo^{35}xuə^{31}tsɿ^{53}iə^{35}tʂɑo^{35}tɕia^{53}pu^{31}tʂu^{21}.
甘州区	致么价=干活，就是个小伙子都着不住啊。 tʂʅ^{31}mu^{22}tɕia^{21}kaŋ^{53}xuə^{53}, tɕiɤu^{31}ʂʅ^{22}kə^{21}ɕiɔ^{35}xuə^{42}tsɿ^{22}tɤu^{44}tʂə^{35}pu^{42}pfu^{22}a^{21}.
肃州区	像致个干法连小伙子都会累垮的。 ɕiɑŋ^{13}tʂʅ^{21}kə^{21}kæ̃^{31}fa^{21}liæ̃^{51}ɕiɔ^{13}xuə^{21}tsɿ^{21}təu^{21}xuei^{21}lei^{21}kua^{21}tə^{21}.
永昌县	这么价干活就是个小伙子也干坏了。 tʂə^{53}mu^{22}tɕia^{21}kɛe^{53}xuə^{13}tɕiəu^{53}ʂʅ^{22}kə^{21}ɕiɔo^{13}xuə^{42}tsɿ^{42}a^{21}kɛe^{44}xuɛe^{53}liɔo^{21}.
崆峒区	打致么做活连小伙子都背不住。 ta^{22}tʂʅ^{35}mu^{53}tsu^{44}xuo^{35}liæ̃^{22}ɕiɔ^{53}xuo^{21}tsɿ^{21}təu^{22}pei^{53}pu^{22}tʂu^{44}.
庆城县	这么个干法，小伙都会挣死的。 tʂə^{21}mu^{0}kə^{0}kɛ̃^{244}fa^{0}, ɕiɔ^{44}xuə^{0}tɤu^{51}xuei^{0}tsɤŋ^{244}sɿ^{0}ti^{0}.
宁县	兹吗做活连小伙子都挣掰活［哩啊］。 tsɿ^{44}ma^{31}tsu^{44}xuə^{24}liæ̃^{24}ɕiɔ^{31}xuə^{0}tsɿ^{0}tou^{24}tsəŋ^{44}pei^{31}xuə^{0}lia^{0}.
武都区	兹们价=干连小伙子都会挣死的。 tsɿ^{55}məŋ^{21}tɕia^{21}kæ̃^{24}liæ̃^{13}ɕiou^{55}xuɤ^{21}tsɿ^{21}təu^{22}xuei^{24}tsəŋ^{24}sɿ^{21}tɛɪ^{21}.
文县	这么价=干活连小伙子都会累坏的。 tsəŋ^{24}mɤ^{42}tɕia^{21}kæ̃^{24}xuə^{13}læ̃^{21}ɕiɔo^{53}xuə^{42}tsɿ^{31}tɤu^{21}xuei^{44}luei^{24}xuɛe^{44}tɤ^{21}.
康县	这么干活连小伙子都会着不住啊。 tʂɤ^{24}mu^{55}kan^{24}xuɤ^{13}lian^{21}siɔo^{55}xuɤ^{21}tsɿ^{21}tɤu^{21}tʂɔo^{53}pu^{21}fu^{24}a^{21}.
礼县	这价=干着下去连年轻人都挣着趴下了。 tsai^{52}tɕia^{21}kæ̃^{44}tʂɤ^{13}xa^{44}tɕ^{h}i^{13}næ̃^{13}ȵiæ̃^{13}tɕ^{h}iŋ^{21}ʐɤŋ^{24}təu^{31}tsɤŋ^{44}tʂɤ^{21}p^{h}a^{21}xa^{21}nɔo^{21}.
靖远县	你这么干活儿连小伙子都背不住。 ȵi^{55}tʂɤ^{35}mɤ^{41}kæ̃^{33}xuər^{24}liæ̃^{22}ɕiɑo^{41}xuə^{22}tsɿ^{21}tɤu^{21}pei^{41}pu^{22}tʂʮ^{33}.
陇西县	致么做活计连后生都能挣零=干=。 tʂʅ^{44}mɤŋ^{44}tsu^{44}xuɤ^{13}tɕiɛ^{42}liæ̃^{22}xɤu^{44}sɤŋ^{42}tɤu^{21}ɤŋ^{21}tsɤŋ^{21}liŋ^{21}kæ̃^{21}.

	0042 这么干活连小伙子都会累坏的。
秦州区	兹么价$^{=}$干活外就是个少年阿就挣死了。 tsɿ^{44}mu^{21}tɕia^{21}kæ̃^{44}xuə^{13}vɛ^{53}tɕiɤu^{44}sɿ^{21}kɛ^{21}ʂɔ^{44}ȵiæ̃^{21}a^{53}tɕiɤu^{44}tsɤŋ^{44}sɿ^{21}liɤu^{21}.
安定区	宙$^{=}$么做活计连小伙子都挣死了。 tʂəu^{44}mə^{21}tsu^{44}xuə^{13}tɕiæ̃^{21}liæ̃^{13}ɕiɔ^{21}xuə^{53}tsɿ^{21}təu^{21}tsəŋ^{44}sɿ^{21}lɔ^{21}.
会宁县	致们做活计年轻人都就挣倒了。 tʂʅ^{44}məŋ^{21}tsu^{44}xuə^{13}tɕiə^{21}ȵiæ̃^{13}tɕʰiŋ^{21}zəŋ^{13}təu^{21}tɕʰiəu^{44}tsəŋ^{44}tɔ^{21}lɔ^{21}.
临洮县	致么儿干活连小伙子都挣坏了。 tʂʅ^{44}mər^{53}kæ̃^{44}xuɤ^{21}liæ̃^{13}ɕiɔ^{21}xuɤ^{53}tsɿ^{21}tɤu^{13}tsɤŋ^{44}xuɛ^{42}liɔ^{21}.
清水县	兹么价$^{=}$做活，外就是年轻人都挣着日踏了。 tsɿ^{44}mə^{21}tɕia^{21}tsu^{44}xuə^{13}, vɛ^{52}tɕʰiou^{44}ʃɨ^{21}ȵiæ̃^{13}tɕʰiŋ^{21}zɤŋ^{13}tou^{21}tʃɤŋ^{44}tʂə^{21}zʅ^{21}tʰa^{13} liɔ^{21}.
永靖县	致么做活是，小伙子都吃不住。 tʂʅ^{44}mɤ^{21}tsu^{44}xuɤ^{21}ʂʅ^{44}, ɕiɔ^{53}xuɤ^{53}tsɿ^{21}tɤu^{13}tʂʰʅ^{13}pu^{44}tʂu^{44}.
敦煌市	兹们价做活，就连小伙子都着不住。 tsɿ^{44}mu^{21}tɕia^{21}tsu^{44}xuə^{21}, tɕiɤu^{21}lɛ^{44}ɕiɔ^{21}xuə^{213}tsɿ^{51}tɤu^{21}tʂɔ^{44}pu^{21}tʂu^{51}.
临夏市	致么着做活是，尕娃们也乏坏的呢。 tʂʅ^{44}mu^{21}tʂɤ^{42}tsu^{42}xuɤ^{21}ʂʅ^{24}, kɑ^{13}vɑ^{42}məŋ^{21}iɛ^{44}fɑ^{42}xuɛ^{21}ti^{44}ȵi^{21}.
合作市	致么着做活的话是，连尕娃们乏坏着呢。 tʂʅ^{44}mu^{21}tʂə^{21}tsu^{44}xuə^{21}ti^{21}xuᴀ^{53}ʂʅ^{21}, liæ̃^{13}kᴀ^{13}vᴀ^{21}məŋ^{21}fᴀ^{13}xuɛe^{53}tʂə^{21}ȵi^{21}.
临潭县	这么做活是娃娃们都吃不住。 tʂɤ^{51}mɤ^{21}tsu^{44}xuɤ^{24}sɿ^{21}va^{24}va^{51}məŋ^{21}tu^{44}tʂʰʅ^{24}pu^{44}tʂu^{44}.

	0043 他跳上末班车走了。我迟到一步，只能自己慢慢走回学校了。（请设想几个大学生外出后返校的情景。）
兰州市	那跳上了末班车走了。我没赶上，只有个家慢慢地往学校里走了。 la^{53}tʰiɔ^{22}ʂɑ̃^{24}lɔ^{42}mɤ^{21}pæ̃^{44}tʂʰɤ^{55}tsəu^{34}lɔ^{21}. vɤ^{34}mɤ^{21}kæ̃^{34}ʂɑ̃^{21}, tsɿ^{44}iəu^{42}kɤ^{21}tɕia^{42} mæ̃^{22}mæ̃^{53}ti^{21}vɑ̃^{34}ɕyɛ^{53}ɕiɔ^{13}ȵi^{21}tsəu^{44}lɔ^{21}.
榆中县	那跑着上了末班车，走了。我慢了些，只能个家慢慢地走回去了。 na^{21}pʰɔ^{44}tʂuə^{0}ʂaŋ^{21}lɔ^{44}mə^{44}pan^{51}tʂʰə^{51}, tsəu^{44}lɔ^{0}. və^{44}man^{21}lɔ^{44}ɕiᴇ^{0}, tʂʅ^{13}nən^{31}kə^{21} tɕia^{213}man^{13}man^{13}ti^{0}tsəu^{44}xuei^{31}tɕʰi^{213}lɔ^{0}.
永登县	那跳上班车上就走掉了。我迟了一步，只好儿一个人慢慢儿地走着学校里了。 na^{53}tʰiɔ^{13}ʂɑ̃^{21}pæ̃^{42}tʂʰə^{22}ʂɑ̃^{22}tɕiɤu^{22}tsɤu^{22}tiɔ^{53}liɔ^{21}. və^{55}tʂʰʅ^{53}liɔ^{21}i^{21}pu^{13}, tʂʅ^{55}xɔr^{55}i^{21} kə^{13}zə̃n^{55}mæ̃^{53}mæ̃r^{22}ti^{21}tsɤu^{35}tʂə^{21}ɕyə^{21}ɕiɔ^{22}li^{22}liɔ^{21}.

	0043 他跳上末班车走了。我迟到一步，只能自己慢慢走回学校了。（请设想几个大学生外出后返校的情景。）
红古区	家坐上着最后者一趟车走了。我没跟上，只有慢慢儿者走上回了。 tɕia^{55}tsuə^{22}ʂɑŋ^{55}tʂə^{21}tsuei^{13}xɤu^{13}tʂə^{55}zɿ^{22}tʰɑŋ^{13}tʂʰə^{13}tsɤu^{55}liɔ^{21}. və^{55}mə^{13}kən^{21}ʂɑŋ^{13}, tʂʅ^{22}iɤu^{55}man^{13}mə̃r^{21}tʂə^{21}tsɤu^{55}ʂɑŋ^{21}xuei^{22}liɔ^{55}.
凉州区	家跳上最后一趟车走了。我迟了一步，只能慢慢走上回学校了。 tɕia^{53}tʰiɑo^{31}ʂɑŋ^{31}tsuei^{31}xəu^{31}ʑi^{31}tʰɑŋ^{21}tʂʰə^{35}tsəu^{53}liɑo^{35}. və^{53}tsʰɿ^{35}liɑo^{53}ʑi^{31}pu^{31}, tʂʅ^{53}nəŋ^{35}mɑŋ^{31}mɑŋ^{21}tsəu^{53}ʂɑŋ^{35}xuei^{53}ɕyə^{35}ɕiɑo^{31}liɑo^{21}.
甘州区	伢跳上末班车走掉了。我迟了些，只好自己慢慢地走回学校了。 ia^{53}tʰiɔ^{31}ʂaŋ^{21}muə^{44}paŋ^{44}tʂʰə^{44}tsɤu^{22}tiɔ^{22}liɔ^{44}. və^{22}tʂʰʅ^{35}liə^{42}ɕiə^{21}, tʂʅ^{22}xɔ^{53}tsɿ^{31}tɕi^{21}maŋ^{24}maŋ^{31}ti^{21}tsɤu^{22}xuei^{53}ɕyə^{35}ɕiɔ^{42}liɔ^{21}.
肃州区	那跳上了末班车走咧。我迟咧一步，只能自己慢慢地走回学校咧。 na^{51}tʰiɔ^{21}ʂɑŋ^{21}liɔ^{44}mə^{21}pæ̃^{44}tʂʰə^{44}tsəu^{21}liɛ^{51}. və^{21}tsʰɿ^{53}liɛ^{21}ʑi^{21}pu^{21}, tʂʅ^{21}nɤŋ^{53}tsɿ^{21}tɕi^{44}mæ̃^{13}mæ̃^{21}ti^{21}tsəu^{21}xuei^{53}ɕyɛ^{21}ɕiɔ^{21}liɛ^{21}.
永昌县	家跳上末班车走掉了。我迟了些，只好个家慢慢走回学校了。 tɕia^{13}tʰiɔ^{53}ʂɑŋ^{21}mə^{44}pɛe^{44}tʂʰə^{44}tsəu^{53}tiɔo^{22}liɔo^{21}. uə^{44}tʂʰʅ^{13}liɔo^{53}ɕiə^{21}, tʂʅ^{53}xɔo^{21}kə^{53}tɕia^{21}mɛe^{44}mɛe^{44}tsəu^{53}xuei^{21}ɕyə^{13}ɕiɔo^{53}liɔo^{21}.
崆峒区	［人家］赶上末班车坐走咧。我迟咧一步，只好走上回学校。 ȵiæ̃^{53}kæ̃^{55}ʂɑŋ^{21}mɤ^{24}pæ̃^{24}tʂʰɤ^{21}tsuo^{44}tsəu^{44}liɛ^{21}. ŋuo^{53}tsʰɿ^{22}liɛ^{53}i^{21}pʰu^{44}, tsɿ^{24}xɔ^{53}tsəu^{55}ʂɑŋ^{21}xuei^{24}ɕyɤ^{24}ɕiɔ^{44}.
庆城县	［人家］抢⁼上最后一班车，走［哩啊］。我迟了一步，只好一个人慢慢地走回学校。 ȵiɛ̃^{113}tɕʰiɑ̃^{44}ʂɑ̃^{0}tsuei^{244}xɤu^{244}i^{21}pɛ̃^{51}tʂʰɛ^{51}, tsɤu^{44}lia^{0}. ŋɔ^{44}tsʰɿ^{21}liɔ^{0}i^{21}pu^{244}, tsɿ^{21}xɔ^{44}i^{21}kə^{244}zɤŋ^{113}mɛ̃^{244}mɛ̃^{244}ti^{0}tsɤu^{44}xuei^{113}ɕyə^{21}ɕiɔ^{244}.
宁县	［人家］搭最后一趟车走［哩啊］。我迟［哩啊］，只能自己慢慢回学校［哩啊］。 ȵiæ̃^{24}ta^{31}tsuei^{44}xou^{44}i^{22}tʰaŋ^{44}tʂʰə^{31}tsou^{52}lia^{0}. ŋuə^{52}tsʰɿ^{24}lia^{0}, tʂʅ^{24}nəŋ^{24}tsʰɿ^{44}tɕi^{31}mæ̃^{44}mæ̃r^{44}xuei^{24}ɕyə^{24}ɕiɔ^{44}lia^{0}.
武都区	他抢⁼上最后一辆车了，我迟了一步，只好慢慢往学校里走。 tʰa^{55}tɕʰia^{24}ʂɑŋ^{21}tsuei^{24}xəu^{24}i^{22}liɑŋ^{55}tʂʰɤ^{31}lɔu^{21}, ŋɤ^{55}tsʰɿ^{13}lɔu^{21}i^{22}pu^{24}, tsɿ^{21}xɔu^{31}mæ̃^{22}mæ̃^{24}vɑŋ^{55}ɕyɤ^{22}ɕiɔu^{24}li^{21}tsəu^{55}.
文县	他赶上最后一趟班车走了。我没赶上，只能一个人慢慢走回学校去了。 tʰa^{31}ŋæ̃^{42}sɑ̃^{42}tsuei^{24}xɤu^{42}ʑi^{42}tʰɑ̃^{42}pæ̃^{42}tsʰɤ^{31}tsɤu^{35}lɔo^{21}. ŋɤ^{35}muə^{21}kæ̃^{35}sɑ̃^{21}, tsɿ^{42}ləŋ^{13}ʑi^{21}kɤ^{44}zəŋ^{42}mæ̃^{24}mæ̃^{42}tsɤu^{24}xuei^{42}ɕyɛ^{21}ɕiɔo^{44}tɕʰi^{24}lɔo^{21}.
康县	他赶上末班车走了，我迟了一步，只有自己慢慢儿地走回学校了。 tʰa^{53}kan^{53}ʂɑŋ^{21}muɤ^{53}pan^{21}tʂʰɤ^{21}tsʰɤu^{55}lɔo^{21}, ŋuɤ^{53}tʂʰʅ^{21}lɔo^{21}i^{21}pʰu^{24}, tsɿ^{21}iɤu^{55}tsɿ^{21}tɕi^{55}man^{21}mãr^{24}ti^{21}tsɤu^{55}xuei^{21}ɕyɛ^{21}ɕiɔo^{55}lɔo^{21}.
礼县	［人家］坐上最后一辆车走了，我迟了一步，臧⁼只能慢慢地行着回学校去了。 ȵiɛ^{13}tʃʰuɤ^{44}ʂɑŋ^{21}tʃuei^{44}xəu^{44}i^{24}liɑŋ^{44}tʂʰɤ^{21}tsəu^{52}nɔo^{21}, ŋɤ^{52}tsʰɿ^{13}nɔo^{21}i^{21}pʰu^{44}, tsɑŋ^{52}tʂʅ^{31}nɤŋ^{13}mæ̃^{44}mæ̃^{44}ti^{21}xɤŋ^{13}tʂɤ^{21}xuei^{13}ɕyɤ^{13}ɕiɔo^{44}tɕʰi^{21}nɔo^{21}.

	0043 他跳上末班车走了。我迟到一步，只能自己慢慢走回学校了。（请设想几个大学生外出后返校的情景。）
靖远县	［人家］赶上末班车走掉了。我迟了一步，只好个家慢慢地走上回学校了。 ȵiɛ^{24}kæ̃^{55}ʂɑŋ^{21}mɤ^{22}pæ̃^{22}tʂʰɤ^{41}tsɤu^{41}tiɑo^{21}liɑo^{21}. ŋuə^{55}tʂʰʅ^{22}liɑo^{55}zʅ^{22}pʰu^{21}, tʂʅ^{22}xɑo^{55}kuə^{22}tɕia^{55}mæ̃^{55}mæ̃^{55}tsɿ^{21}tsɤu^{41}ʂɑŋ^{21}xuei^{24}ɕyə^{24}ɕiɑo^{33}liɑo^{21}.
陇西县	他挤着最后一趟班车上走了。我迟过了下，只能慢慢个走着学校来去。 tʰa^{42}tɕi^{42}tʂʅ^{42}tsue^{44}xɤu^{44}i^{42}tʰɑŋ^{44}pæ̃^{22}tʂʰɤ^{22}ʂɑŋ^{22}tsɤu^{55}lɔo^{42}. kɤ^{55}tsʰɿ^{21}kuɤ^{44}lɔo^{42}xa^{21}, tsɿ^{42}lɤŋ^{22}mæ̃^{44}mæ̃^{44}kɤ^{42}tsɤu^{55}tʂʅ^{42}ɕyɤ^{21}ɕiɔo^{21}lɛ^{21}tɕʰi^{0}.
秦州区	外［人家］坐上最后一班车走了。我迟了，就个家走到学校了。 vɛ^{53}ȵiə^{13}tsʰuə^{44}ʂɑŋ^{44}tsuei^{44}xɤu^{21}i^{44}pæ̃^{13}tʂʰɤ^{13}tsɤu^{53}liɤu^{21}. ŋu^{53}tsʰɿ^{13}liɤu^{21}, tɕiɤu^{44}kuə^{44}tɕia^{21}tsɤu^{53}tɔ^{44}ɕyə^{13}ɕiɔ^{53}liɤu^{21}.
安定区	［人家］跑着最后一趟车走了。我没撵上，只能个家慢慢个走着学校里了。 ȵia^{13}pʰɔ^{53}tʂə^{21}tsuei^{44}xəu^{44}ʑi^{21}tʰɑŋ^{44}tʂʰə^{13}tsəu^{53}lɔ^{21}. ŋə^{53}mə^{13}ȵiæ̃^{53}ʂɑŋ^{44}, tʂʅ^{13}nəŋ^{13}kə^{21}tɕia^{13}mæ̃^{44}mæ̃^{44}kə^{21}tsəu^{53}tʂə^{21}ɕiə^{21}ɕiɔ^{13}li^{53}lɔ^{21}.
会宁县	他搭上最后一趟车走了。我没撵上，只好慢慢个回学校。 tʰa^{13}ta^{21}ʂɑŋ^{44}tsuei^{44}xəu^{44}ʑi^{21}tʰɑŋ^{44}tʂʰə^{13}tsəu^{53}lɔ^{21}. ŋə^{53}mə^{13}ȵiæ̃^{53}ʂɑŋ^{21}, tsɿ^{21}xɔ^{53}mæ̃^{44}mæ̃^{44}kə^{21}xuei^{13}ɕiə^{21}ɕiɔ^{44}.
临洮县	家坐最后一班车走了，我迟了，只能个家慢慢儿地走回学校了。 tɕia^{44}tsuɤ^{44}tsuei^{44}xɤu^{44}ʑi^{21}pæ̃^{44}tʂʰɤ^{21}tsɤu^{53}liɔ^{21}, ŋuɤ^{53}tsʰɿ^{42}liɔ^{21}, tsɿ^{13}nɤŋ^{13}kɤ^{13}tɕia^{21}mæ̃^{44}mɐr^{42}ti^{21}tsɤu^{53}xuei^{13}ɕye^{21}ɕiɔ^{44}liɔ^{21}.
清水县	外扒着最后一趟车上走了。我迟了一步，只能个家慢慢往学校里走。 vɛ^{52}pia^{21}tʂə^{13}tsuəi^{44}xou^{44}i^{21}tʰɒ̃^{44}tʂʰə^{21}ʂɒ̃^{13}tsou^{52}liɔ^{21}. ŋuə^{52}tʃʰɨ^{13}liɔ^{21}i^{21}pʰu^{44}, tʃɨ^{52}lɤŋ^{13}kuə^{21}tɕia^{52}mæ̃^{44}mæ̃^{44}vɒ̃^{52}ɕyɛ^{13}ɕiɔ^{44}li^{21}tsou^{52}.
永靖县	家最后一趟车上跳上着走了。我迟了些，只能个家慢慢着回学校。 tɕia^{213}tsuei^{44}xɤu^{44}i^{22}tʰɑŋ^{44}tʂʰɤ^{22}ʂɑŋ^{44}tʰiɔ^{44}ʂɑŋ^{44}tʂɤ^{21}tsɤu^{53}lɔ^{21}. vɤ^{53}tʂʰʅ^{22}lɔ^{13}ɕiɛ^{13}, tʂʅ^{44}nɤŋ^{13}kɤ^{44}tɕia^{21}mæ̃^{24}mæ̃^{21}tʂɤ^{21}xuei^{13}ɕyɛ^{22}ɕiɔ^{44}.
敦煌市	［人家］一下跳上末班车走了。我迟了一步，只好个家慢慢儿地走到学校里。 ȵia^{53}ʑi^{21}xa^{44}tʰiɔ^{44}ʂɑŋ^{21}mə^{22}pæ̃^{22}tʂʰə^{21}tsɤu^{51}lə^{21}. ŋə^{22}tʂʰʅ^{35}lə^{42}ʑi^{21}pu^{21}, tʂʅ^{21}xɔ^{51}kə^{21}tɕia^{21}mæ̃^{22}mæ̃r^{331}ti^{21}tsɤu^{44}tɔ^{21}ɕyə^{21}ɕiɔ^{44}li^{21}.
临夏市	家末班车搭上了。我迟了些，个家慢慢地学校里走了去了。 tɕiɛ^{13}mɤ^{42}pã^{44}tʂʰɤ^{24}tɑ^{21}ʂɑŋ^{44}liɔ^{21}. ŋɤ^{42}tʂʰʅ^{21}liɔ^{44}ɕiɛ^{53}, kɤ^{21}tɕiɑ^{42}mã^{44}mã^{42}ti^{21}ɕyɛ^{21}ɕiɔ^{44}li^{42}tsɤu^{44}liɔ^{21}tɕʰi^{44}liɔ^{42}.
合作市	他坐下最后的班车走了。我迟到了一步，只能个家慢慢地走到学校了。 tʰᴀ^{44}tsuə^{44}xᴀ^{21}tsuei^{44}xəɯ^{21}ti^{21}pæ̃^{13}tʂʰə^{13}tsəɯ^{44}liɔ^{21}. ŋə^{44}tʂʰʅ^{21}tɔ^{44}liɔ^{44}ʑi^{21}pu^{53}, tʂʅ^{44}nəŋ^{13}kə^{21}tɕiᴀ^{53}mæ̃^{44}mæ̃^{21}ti^{21}tsəɯ^{44}tɔ^{21}ɕyə^{21}ɕiɔ^{53}liɔ^{21}.
临潭县	人家把最后一辆车搭了，我没跟上，只能个家慢慢儿走的学校里去。 ʐəŋ^{24}tɕia^{21}pa^{21}tsuɪ^{44}xəɯ^{44}i^{24}liɒ^{44}tʂʰɤ^{44}ta^{44}lɤ^{21}, ŋɤ^{51}mɤ^{24}kəŋ^{44}ʐɒ^{53}, tʂʅ^{21}nəŋ^{44}kɤ^{44}tɕia^{44}mæ̃^{44}mər^{51}tsəɯ^{21}ti^{21}ɕyɛ^{24}ɕiɔo^{44}ȵi^{31}tɕʰi^{44}.

	0044 这是谁写的诗？谁猜出来我就奖励谁十块钱。
兰州市	这个诗是谁写下的？谁猜端了，我给谁给十大。 tʂɤ^{21}kɤ^{44}ʂʅ^{55}ʂʅ^{13}fei^{53}ɕiɛ^{34}xa^{42}ti^{21}? fei^{53}tsʰɛ^{44}tuæ̃^{44}lɔ^{42}, vɤ^{34}kɯ^{22}fei^{53}kɯ^{22}ʂʅ^{53}ta^{13}.
榆中县	致个诗是谁一个写下的？谁猜对了我就给那奖十块钱。 tʂʅ^{21}kə^{44}ʂʅ^{51}ʂʅ^{13}ʂuei^{31}i^{0}kə^{44}ɕiᴇ^{44}xa^{0}ti^{0}? ʂuei^{31}tsʰɛ^{51}tuei^{21}lɔ^{44}və^{44}tɕiəu^{13}kə^{31}na^{213} tɕiaŋ^{44}ʂʅ^{31}kʰuɛ^{44}tɕʰian^{312}.
永登县	致是谁写下的诗？谁但猜出来我就给谁奖给十块钱。 tʂʅ^{35}ʂʅ^{21}fei^{53}ɕiɛ^{55}xa^{22}ti^{21}ʂʅ^{42}? fei^{53}tæ̃^{21}tsʰɛ^{55}pfʰu^{35}lɛ^{53}və^{55}tɕiɤu^{21}kei^{22}fei^{53}tɕiɑ̃^{35} kei^{53}ʂʅ^{21}kʰuɛ^{22}tɕʰiæ̃^{53}.
红古区	致个谁写下者诗？谁但猜出来了我给他给十块钱儿。 tʂʅ^{22}kə^{55}fei^{22}ɕiɛ^{55}xa^{21}tʂə^{21}ʂʅ^{13}? fei^{13}tan^{13}tsʰɛ^{55}tʂʰu^{21}lɛ^{13}liɔ^{21}və^{55}kei^{22}tʰa^{55}kei^{55}ʂʅ^{22} kʰuɛ^{55}tɕʰiɛ̃r^{13}.
凉州区	兹是谁写下的诗？谁猜着我给谁奖十块钱。 tsɿ^{53}sɿ^{31}ʂuei^{35}ɕiə^{53}xa^{35}ti^{21}sɿ^{35}? ʂuei^{35}tsʰæ^{53}tʂuə^{35}və^{53}kɯ^{31}ʂuei^{35}tɕiɑŋ^{31}ʂʅ^{35}kʰuæ^{31} tɕʰiɑŋ^{53}.
甘州区	致是谁写的诗？谁能猜着，我就给谁奖励十块钱。 tʂʅ^{31}ʂʅ^{21}fei^{53}ɕiə^{22}ti^{44}ʂʅ^{44}? fei^{53}nɤŋ^{53}tsʰɛ^{22}kuə^{53}, və^{53}tɕiɤu^{22}kɤ^{22}fei^{53}tɕiaŋ^{24}li^{31}ʂʅ^{53} kʰuɛ^{22}tɕʰiaŋ^{53}.
肃州区	致是谁写下的诗？谁能猜出来我就奖励谁十块钱。 tʂʅ^{21}ʂʅ^{21}ʂuei^{51}ɕiɛ^{21}ɕia^{31}tə^{21}sɿ^{44}? ʂuei^{53}nɤŋ^{21}tsʰɛ^{44}tʂʰu^{21}lɛ^{21}və^{44}tɕiəu^{21}tɕiaŋ^{44}li^{44} ʂuei^{53}ʂʅ^{21}kʰuɛ^{21}tɕiæ̃^{51}.
永昌县	这个诗是谁写的？谁能猜出来，我就给谁奖励十块钱。 tʂə^{53}kə^{21}ʂʅ^{44}ʂʅ^{53}ʂuei^{13}ɕiə^{53}ti^{21}? ʂuei^{13}nəŋ^{53}tsʰɛe^{44}tʂʰu^{44}lɛe^{44}, uə^{44}tɕiəu^{53}kə^{44}ʂuei^{53} tɕiaŋ^{22}li^{53}ʂʅ^{13}kʰuɛ^{53}tɕʰiɛ^{21}.
崆峒区	这个诗是谁写下的？谁猜出来我就给谁奖十块钱。 tʂɤ^{44}kɤ^{24}sɿ^{21}sɿ^{21}sei^{24}ɕiɛ^{55}xa^{21}ti^{21}? sei^{24}tsʰɛ^{53}tʂʰu^{53}lɛ^{21}ŋuo^{53}tɕiəu^{44}kei^{44}sei^{24}tɕiɑŋ^{53} ʂʅ^{22}kʰuɛ^{53}tɕʰiæ̃^{24}.
庆城县	这谁的诗？谁能猜出来我奖谁十块钱。 tʂə^{244}sei^{21}ti^{0}sɿ^{51}? sei^{113}nɤŋ^{113}tsʰɛ^{51}tʂʰu^{51}lɛ^{0}ŋə^{44}tɕiɑ̃^{44}sei^{113}ʂʅ^{21}kʰuɛ^{44}tɕʰiɛ̃^{113}.
宁县	这是谁写下的诗？谁保出来我就奖谁十块钱。 tsɛ^{52}sɿ^{22}sei^{24}ɕiɛ^{52}xa^{0}ti^{0}sɿ^{31}? sei^{24}pɔ^{52}tʃʰu^{31}lɛ^{0}ŋuə^{52}tɕʰiou^{44}tɕiaŋ^{52}sei^{24}ʂʅ^{22}kʰuɛ^{44} tɕʰiæ̃^{24}.
武都区	这是谁写的诗？谁捅着出来了，我就奖励谁十块钱。 tʂɤ^{55}sɿ^{21}ʃuei^{13}ɕiᴇ^{55}tɛɪ^{21}sɿ^{31}? ʃuei^{13}tʰuŋ^{31}tʂɤ^{21}tʃʰu^{31}lɛɪ^{21}lɔu^{21}, ŋɤ^{55}tɕiəu^{24}tɕiɑŋ^{55}li^{21} ʃuei^{13}ʂʅ^{31}kʰuɛɪ^{21}tɕʰiæ̃^{13}.
文县	这块诗是谁写的？你们阿块人猜出来，我就给谁奖励十元钱。 tsɤ^{44}kʰuɛe^{42}sɿ^{42}sɿ^{42}suei^{21}ɕiɛ^{42}tɤ^{42}? n̠i^{35}məŋ^{42}a^{22}kʰuɛe^{42}zəŋ^{42}tsʰɛe^{42}tsʰu^{42}lɛe^{21}, ŋɤ^{42} tɕiɤu^{42}kei^{44}suei^{13}tɕiɑ̃^{42}li^{24}sɿ^{21}yæ̃^{13}tɕʰiæ̃^{13}.

	0044 这是谁写的诗？谁猜出来我就奖励谁十块钱。
康县	这是谁写下的诗？谁猜出来了我就给谁奖励十块钱。/ 谁猜出来了我就奖励给谁十块钱。 tʂɤ55ʂʅ21sei21siɛ55xa53tɛ21ʂʅ53? sei21tsʰɛ53pfʰu21lɛ21lɔo21ŋuɤ21tɕiɤu24kei21sei13tɕiaŋ53 li24ʂʅ21kʰuɛ55tsʰian. / sei21tsʰɛ53pfʰu21lɛ21lɔo21ŋuɤ55tɕiɤu24tɕiaŋ55li24kei55sei13ʂʅ13kʰuɛ55 tsʰian13.
礼县	这是谁写下的诗？谁谋着了我就给谁奖十个元。 tsai52sɿ44sei13ɕiɛ52xa31tai21sɿ21? sei13mɔo31tʂʰɤ24nɔo21ŋɤ52tɕiəu44kei31sei13tɕiaŋ52 ʂʅ13kɤ21yæ̃13.
靖远县	这是谁写下的诗啊？谁能猜出来，我就给谁十块钱。 tʂɤ35ʂʅ21ʂuei24ɕiɛ55xa21tɤ21sɿ41a21? ʂei24nɤŋ55tsʰɛ55tsʰʮ41lɛ21, ŋuə55tɕiɤu55kei22 ʂei24ʂʅ24kʰuɛ41tɕʰiæ̃21.
陇西县	致是谁写下的诗？谁谋着出来我过谁过十块钱。 tʂʅ44sɿ44ʃʮe13ɕie55a42tɤ21sɿ21? ʃʮe13mɔo42tʂʅ13tʃʰʮ42lɛ13kɤ55kuɤ44ʃʮe22kuɤ44ʂʅ13kʰuɛ55 tɕʰiæ̃21.
秦州区	这谁个的诗啥？谁个猜出来了我就给奖十块钱。 tsɛ53sei13kɛ13tɛ13sɿ44sa21? sei13kɛ13tsʰɛ13tʃʮ44lɛ13liɤu21ŋu53tɕiɤu44kɛ44tɕiaŋ53ʂʅ13 kʰuɛ53tɕʰiæ̃13.
安定区	宙⁼是谁写下的诗？谁谋出来了我过谁过十块钱。 tʂəu44sɿ44ʃuei13ɕiə53xa21tə21sɿ21? suei13mɔ13tʃʰu21lɛ13lɔ21ŋə53kuə44ʃuei13kuə44ʂʅ13 kʰuɛ53tɕʰiæ̃13.
会宁县	致是啥写的诗？啥谋端了我过他奖十块钱。 tʂʅ44sɿ21sa53ɕiə53ti21sɿ13? sa53mɔ13tuæ̃21lɔ13ŋə53kuə44tʰa13tɕiaŋ53ʂʅ21kʰuɛ44tɕʰiæ̃13.
临洮县	致是阿一个写下的诗？阿一个猜出来，我就给阿一个十块钱儿。 tʂʅ53sɿ44a13ʑi21kɛ44ɕie53xa42ti21sɿ13? a13ʑi21kɛ44tsʰɛ13tʂʰu21lɛ13, ŋuɤ53tsiɤu44kei44a13 ʑi21kɛ44ʂʅ13kʰuɛ53tɕʰiɐr13.
清水县	这是谁写下的诗？谁谋着了我给谁奖十个元。 tsɛ52ʃɨ44ʃəi13siɛ52xa21tɛ21ʃɨ13? ʃəi13mɔ21tʂʰuə13liɔ21ŋuə52kəi44ʃəi13tsiɔ̃52ʂʅ13kə21yæ̃13.
永靖县	致个诗是阿个写下的？阿个猜出来是，我给十块钱。 tʂʅ44kɤ44ʂʅ213ʂʅ44a22kɤ44ɕiɛ53xa21tʂɤ21? a22kɤ44tsʰɛ213tʂʰu13lɛ13ʂʅ44, vɤ53kɤ53 ʂʅ22kʰuɛ44tɕʰiæ̃213.
敦煌市	兹是谁写下的诗？谁但能猜着，我就给他给十块钱。 tsɿ44sɿ31sei21ɕiə51xa21ti21sɿ13? sei13tæ̃44nɤŋ21tsʰɛ51tʂuə13, ŋə44tɕiɤu21kei21tʰa21kei51 ʂʅ21kʰuɛ51tɕʰiæ̃13.
临夏市	致个诗是阿个写下的？阿个猜出来是，我阿个给十块钱。 tʂʅ44kɤ42ʂʅ21ʂʅ13ɑ44kɛ42ɕiɛ42xɑ21ti42? ɑ44kɛ42tsʰɛ42tʂʰu21lɛ24ʂʅ42, ŋɤ42ɑ44kɛ42kei42 ʂʅ21kʰuɛ42tɕʰiɛ̃13.

	0044 这是谁写的诗？谁猜出来我就奖励谁十块钱。
合作市	致是阿一个写的诗？阿一个猜出来是，阿一个给十块钱。 tʂʅ^{44}ʂʅ^{21}ᴀ^{44}ʑi^{21}kə^{53}ɕiə^{44}ti^{21}ʂʅ^{13}? ᴀ^{44}ʑi^{21}kə^{53}tsʰɛe^{44}tʂʰu^{21}lɛe^{13}ʂʅ^{21}, ᴀ^{44}ʑi^{21}kə^{53}kei^{44}ʂʅ^{21} kʰuɛe^{53}tɕʰiæ̃^{13}.
临潭县	这是谁写下的诗？谁窥对了给谁给上十块钱儿。 tʂɤ^{51}ʂʅ^{21}suɪi^{24}ɕiɛ^{51}xa^{44}ti^{21}ʂʅ^{44}? suɪi^{24}kʰɪi^{24}tuɪi^{44}lɤ^{21}kɪi^{21}suɪi^{24}kɪi^{51}zɒ^{21}ʂʅ^{24}kʰuɛe^{44} tɕʰiər^{24}.

	0045 我给你的书是我教中学的舅舅写的。
兰州市	我给你给下的那本书是我当老师的舅舅写下的。 vɤ^{34}kɯ^{22}ȵi^{42}kɯ^{44}xa^{42}ti^{21}la^{22}pən^{44}fu^{55}ʂʅ^{13}vɤ^{34}tã^{55}lɔ^{35}ʂʅ^{42}ti^{22}tɕiəu^{22}tɕiəu^{42}ɕiɛ^{34} xa^{42}ti^{21}.
榆中县	我给你的书是我阿舅写的，那给中学里当老师着呢。 və^{44}kə^{31}ȵi^{44}ti^{0}ʂu^{51}ʂʅ^{21}və^{44}a^{51}tɕiəu^{0}ɕiᴇ^{44}ti^{0}, na^{13}kə^{31}tʂuən^{51}ɕyᴇ^{0}li^{0}taŋ^{51}lɔ^{44}ʂʅ^{0}tʂə^{0}ȵiᴇ^{0}.
永登县	我给你给上的［那一］个书那是我中学里当老师的阿舅写下的。 və^{55}kei^{55}ȵi^{55}kei^{22}ʂã^{55}ti^{21}nɛ^{21}kə^{22}fu^{42}na^{21}ʂʅ^{21}və^{55}pfə̃n^{44}ɕyə^{21}li^{21}tã^{44}lɔ^{55}ʂʅ^{44}ti^{21}a^{22} tɕiɤu^{13}ɕiɛ^{21}xa^{22}ti^{21}.
红古区	我给你给下者书是教中学者我阿舅写下者。 və^{55}kei^{22}ȵiɛ^{55}kei^{55}xa^{21}tʂə^{21}fu^{22}ʂʅ^{13}tɕiɔ^{13}tʂuən^{22}ɕyɛ^{13}tʂə^{21}və^{55}a^{21}tɕiɤu^{13}ɕiɛ^{55}xa^{21}tʂə^{21}.
凉州区	我给你的书是我中学里当老师的舅舅写下的。 və^{35}kɯ^{35}ȵi^{53}ti^{21}ʂu^{35}sʅ^{53}və^{35}tʂuŋ^{35}ɕyə^{35}li^{53}taŋ^{35}lɑo^{35}sʅ^{35}ti^{21}tɕiəu^{31}tɕiəu^{21}ɕiə^{53}xa^{35}ti^{21}.
甘州区	我给给你的书是我教中学的舅舅写下的啊。 və^{53}kɤ^{22}kɤ^{44}ȵi^{22}ti^{44}fu^{44}ʂʅ^{44}və^{53}tɕiɔ^{44}kuŋ^{44}ɕyə^{44}ti^{44}tɕiɤu^{31}tɕiɤu^{22}ɕiə^{22}xa^{22}ti^{44}a^{44}.
肃州区	我给你的书是我教中学的舅舅写下的。 və^{21}kei^{21}ȵi^{53}tə^{21}ʂu^{44}sʅ^{21}və^{53}tɕiɔ^{44}tʂuŋ^{44}ɕyɛ^{21}ti^{44}tɕiəu^{44}tɕiəu^{21}ɕiɛ^{21}ɕia^{44}ti^{21}.
永昌县	我给给你的书是我教中学的舅舅写的。 uə^{13}kə^{53}kə^{21}ȵi^{53}ti^{21}ʂu^{44}ʂʅ^{53}uə^{21}tɕiɔo^{44}tʂoŋ^{44}ɕyə^{44}ti^{44}tɕiəu^{53}tɕiəu^{21}ɕiə^{53}ti^{21}.
崆峒区	我给你给下的［那一］本书是我教中学的舅舅写下的。 ŋuo^{53}kei^{55}ȵi^{53}kei^{35}xa^{53}ti^{21}nɛ^{53}pɤŋ^{53}ʂu^{21}sʅ^{44}ŋuo^{53}tɕiɔ^{22}tʂoŋ^{53}ɕyɤ^{21}ti^{21}tɕiəu^{35}tɕiəu^{53} ɕiɛ^{55}xa^{21}ti^{21}.
庆城县	我给你的书是我舅舅写的，他是中学教书的。 ŋɔ^{44}kei^{44}ȵi^{44}ti^{0}ʂu^{51}sʅ^{244}ŋɔ^{44}tɕiɤu^{244}tɕiɤu^{0}ɕiᴇ^{44}ti^{0}, tʰa^{51}sʅ^{244}tʂuŋ^{51}ɕyə^{0}tɕiɔ^{51}ʂu^{51}ti^{0}.
宁县	我给你给下的外书是我教中学的舅写下的。 ŋuə^{52}kei^{44}ȵi^{52}kei^{44}xa^{31}ti^{0}uɛ^{52}ʃu^{31}sʅ^{22}ŋuə^{22}tɕiɔ^{31}tʃuŋ^{31}ɕyə^{0}ti^{0}tɕiou^{44}ɕiɛ^{55}xa^{0}ti^{0}.
武都区	我给你的书是我教中学的舅舅写下的。 ŋɤ^{55}kei^{21}ȵi^{55}tɛɪ^{21}ʃu^{31}sʅ^{21}ŋɤ^{55}tɕiɔu^{31}tʃuŋ^{53}ɕyɤ^{21}tɛɪ^{21}tɕiəu^{24}tɕiəu^{21}ɕiᴇ^{55}xa^{21}tɛɪ^{21}.

	0045 我给你的书是我教中学的舅舅写的。
文县	我给你寄的书是我在中学当老师的舅舅写的。 ŋɤ55kei42ȵi55tɕi21tɤ24su42sɿ21ŋɤ42tsɛe42tsoŋ42ɕyɛ13tã24lɔo35sɿ42tɛe42tɕiɤu24tɕiɤu44ɕiɛ42tɤ21.
康县	我给你的书是我教中学的舅舅写下的。 ŋuɤ55kei21ȵi55tɛ55fu53ʂʅ21ŋuɤ55tɕiɔo21pfɤŋ53ɕyɛ21tɛ21tɕiɤu21tɕiɤu53siɛ53xa21tɛ21.
礼县	我给你的书是我老舅写下的，我老舅是中学的老师。 ŋɤ52kei44ȵi52tai21ʃu31sɿ44ŋɤ52nɔo52tɕiəu44ɕiɛ52xa21tai21, ŋɤ52nɔo52tɕiəu44sɿ44tʃuɤŋ31ɕyɤ13tai21nɔo52sɿ21.
靖远县	我给你给下的书是我教中学的舅舅写下的。 ŋuə55kei22ȵi55kei55xa41tɤ21ʂʮ41sɿ33ŋuə55tɕiɑo33tʂoŋ41ɕyə24tɤ21tɕiɤu35tɕiɤu41ɕiɛ55xa21tɤ21.
陇西县	我过你过下的书，是在中学教书的膏⁼舅舅写下的。 kɤ55kuɤ44li55kuɤ44a44tɤu42ʃʮ21, sɿ44tsɛ44tʂuŋ42ɕyɤ13tɕiɔo22ʃʮ22ti22kɔo42tɕiu44tɕiu42ɕiɛ55a42tɤu21.
秦州区	我给你给下的书是我当中学老师的舅舅写下的。 ŋu53kɛ44ȵi53kei44xa21tɛ21ʃʮ13sɿ44ŋu53tɑŋ13tsuɤŋ44ɕyə13lɔ53sɿ44tɛ21tɕiɤu44tɕiɤu21ɕiə53xa21tɛ21.
安定区	我过你的书是我教中学的舅舅写下的。 ŋə53kuə44ȵi53tə21ʃu44sɿ44ŋə53tɕiɔ13tʃuŋ21ɕiə13tə21tɕiəu44tɕiəu21ɕiə53xa21tə21.
会宁县	我过你的书是我当中学老师的舅舅写下的。 ŋə53kuə44ȵi53tə21ʃu13sɿ44ŋə53tɑŋ13tʃuŋ21ɕiə13lɔ53sɿ21tə21tɕiəu44tɕiəu21ɕiə53xa21tə21.
临洮县	我给你的书是我教中学的阿舅写下的。 ŋuɤ53kei44ȵi53ti42ʂu21sɿ44ŋuɤ53tɕiɔ13tsuŋ21ɕye13ti21a21tɕiɤu44ɕie53xa42ti21.
清水县	我给你给下的书，是中学里当老师的敖⁼舅舅写下的。 ŋuə52kəi44ȵi52kəi44xa21tɛ21ʃɨ13, ʃɨ44tʃɤŋ21ɕyɛ13li21tɒ̃21lɔ52ʃɨ21tɛ21ŋɔ21tɕiou44tɕiou21siɛ52xa21tɛ21.
永靖县	我你哈给下者书是我教中学者阿舅写下者。 vɤ53ȵi53xa21kɤ53xa21tʂɤ21ʂu13ʂʅ44vɤ53tɕiɔ213tʂuɤŋ13ɕyɛ13tʂɤ13a22tɕiɤu44ɕiɛ53xa21tʂɤ21.
敦煌市	我给你给的兹个书是我教中学的舅舅写下的。 ŋə53kei21ȵi44kei51ti21ʐi44kə21ʂu21sɿ44ŋə31tɕiɔ44tʂuŋ31ɕyə13ti31tɕiɤu44tɕiɤu31ɕiə51xa21ti21.
临夏市	我你哈给下的书是我教中学的阿舅写下的。 ŋɤ42ȵi44xɑ44kei44xɑ42ti21ʂu21ʂʅ13ŋɤ42tɕiɔ22tʂuəŋ21ɕyɛ42ti21ɑ21tɕiɤu53ɕiɛ44xɑ42ti21.
合作市	我给你的书是我教中学的阿舅写的。 ŋə44kei44ȵi44ti21ʂu13ʂʅ21ŋə44tɕiɔ13tʂuəŋ21ɕyə53ti21ᴀ44tɕiəɯ53ɕiə44ti21.
临潭县	我给你给下的书是我们学校里的阿舅老师写下的。 ŋɤ51kɪi24ȵi44kɪi44xa44ti21ʂu44sɿ51ŋɤ51məŋ21ɕyɛ24ɕiɔo44ȵi21ti21a21tɕiɯə44lɔo51sɿ44ɕiɛ51xa21ti21.

	0046 你比我高，他比你还要高。
兰州市	你比我高，那比你还高。 ȵi^{34}pi^{21}vɤ^{34}kɔ^{55}, la^{53}pi^{22}ȵi^{34}xæ̃^{53}kɔ^{55}.
榆中县	你比我高些，那比你还高些。 ȵi^{44}pi^{31}və^{44}kɔ^{51}ɕiᴇ^{0}, na^{13}pi^{31}ȵi^{44}xan^{31}kɔ^{51}ɕiᴇ^{0}.
永登县	你比我大，那比你还大。 ȵi^{55}pi^{22}və^{354}ta^{13}, na^{53}pi^{22}ȵi^{55}xæ̃^{53}ta^{21}.
红古区	你比我大，家比你还大。 ȵiɛ^{55}pʅ^{22}və^{55}ta^{13}, tɕia^{13}pʅ^{22}ȵiɛ^{53}xan^{21}ta^{13}.
凉州区	你比我高，家比你还高。 ȵi^{53}pi^{31}və^{35}kɑo^{35}, tɕia^{35}pi^{53}ȵi^{21}xɑŋ^{35}kɑo^{35}.
甘州区	你比我高，伢比你还高。 ȵi^{53}pi^{44}və^{53}kɔ^{44}, ia^{53}pi^{44}ȵi^{53}xaŋ^{53}kɔ^{44}.
肃州区	你比我高，那比你还高。 ȵi^{21}pi^{44}və^{44}kɔ^{44}, na^{53}pi^{21}ȵi^{21}xæ̃^{53}kɔ^{44}.
永昌县	你比我高，家比你还高。 ȵi^{53}pi^{22}uə^{53}kɔo^{44}, tɕia^{13}pi^{53}ȵi^{21}xɛe^{53}kɔo^{13}.
崆峒区	你比我高，［人家］比你还高。 ȵi^{53}pi^{55}ŋuo^{53}kɔ^{21}, ȵiæ̃^{53}pi^{55}ȵi^{53}xa^{24}kɔ^{21}.
庆城县	你比我高，［人家］比你还高咧。 ȵi^{44}pi^{21}ŋɔ^{44}kɔ^{51}, ȵiɛ̃^{113}pi^{44}ȵi^{44}xa^{21}kɔ^{51}liᴇ^{0}.
宁县	你赶我高，［人家］赶你哈高。 ȵi^{52}kæ̃^{52}ŋuə^{52}kɔ^{31}, ȵiæ̃^{52}kæ̃^{52}ȵi^{52}xæ̃^{24}kɔ^{31}.
武都区	你比我高，他比你还高。 ȵi^{55}pi^{55}ŋɤ^{55}kɔu^{31}, tʰa^{55}pi^{55}ȵi^{55}xæ̃^{24}kɔu^{31}.
文县	你比我高，他比你还高。 ȵi^{55}pi^{33}ŋɤ^{55}kɔo^{31}, tʰa^{42}pi^{42}ȵi^{42}xa^{13}kɔo^{31}.
康县	你比我高，他比你还要高。 ȵi^{55}pi^{55}ŋuɤ^{55}kɔo^{53}, tʰa^{55}pi^{55}ȵi^{55}xan^{21}iɔo^{55}kɔo^{53}.
礼县	你比我茂，他比你还茂。 ȵi^{52}pi^{52}ŋɤ^{52}mɔo^{44}, tʰa^{13}pi^{52}ȵi^{52}xæ̃^{13}mɔo^{21}.
靖远县	你赶我高，［人家］赶你还高。 ȵi^{55}kæ̃^{55}ŋuə^{55}kɑo^{41}, ȵiɛ^{22}kæ̃^{22}ȵi^{55}xæ̃^{24}kɑo^{41}.
陇西县	你比我高，他比我还高点子。 li^{55}pi^{21}kɤ^{55}kɔo^{21}, tʰa^{22}pi^{22}kɤ^{55}xæ̃^{21}kɔo^{42}tiæ̃^{13}tsʅ^{21}.

	0046 你比我高，他比你还要高。
秦州区	你比我高，外比你还高。 ȵi^{53}pi^{53}ŋu^{53}kɔ^{44}, vɛ^{53}pi^{53}ȵi^{53}xa^{13}kɔ^{21}.
安定区	你比我高，［人家］比你还高。 ȵi^{44}pi^{21}ŋə^{53}kɔ^{13}, ȵia^{13}pi^{21}ȵi^{53}xæ̃^{13}kɔ^{21}.
会宁县	你就比我高，［人家］比你还高下些。 ȵi^{53}tɕiəu^{44}pi^{44}ŋə^{53}kɔ^{13}, ȵia^{13}pi^{13}ȵi^{53}xæ̃^{13}kɔ^{31}xa^{21}ɕiə^{21}.
临洮县	你比我高，家比你还高。 ȵi^{44}pi^{53}ŋuɤ^{53}kɔ^{13}, tɕia^{44}pi^{53}ȵi^{53}xæ̃^{13}kɔ^{21}.
清水县	你比我大，他比你还大。 ȵi^{52}pi^{52}ŋuə^{52}ta^{44}, tʰa^{21}pi^{52}ȵi^{52}xæ̃^{13}ta^{443}.
永靖县	你比我高，家比你还高。 ȵi^{53}pi^{22}vɤ^{53}kɔ^{213}, tɕia^{213}pi^{22}ȵi^{53}xɛ^{22}kɔ^{44}.
敦煌市	你比我高，［人家］比你还高。 ȵi^{53}pi^{44}ŋə^{53}kɔ^{44}, ȵia^{53}pi^{44}ȵi^{53}xæ̃^{35}kɔ^{44}.
临夏市	你比我高，家比你还高。 ȵi^{42}pi^{44}ŋɤ^{44}kɔ^{13}, tɕiɛ^{13}pi^{44}ȵi^{44}xã^{13}kɔ^{21}.
合作市	你比我高，他比你还要高。 ȵi^{44}pi^{44}ŋə^{44}kɔ^{13}, tʰᴀ^{44}pi^{44}ȵi^{44}xæ̃^{13}iɔ^{53}kɔ^{13}.
临潭县	你比我大，他比你还大。 ȵi^{51}pi^{24}ŋɤ^{44}ta^{44}, tʰa^{44}pi^{24}ȵi^{51}xɛe^{24}ta^{44}.

	0047 老王跟老张一样高。
兰州市	老王和老张一模一样的高。 lɔ^{44}vã^{42}xɤ^{13}lɔ^{44}tʂã^{42}ʑi^{22}mɤ^{53}ʑi^{22}iã^{24}ti^{21}kɔ^{55}.
榆中县	老王连老张一样高。 lɔ^{44}vaŋ^{312}lian^{31}lɔ^{44}tʂaŋ^{51}i^{13}iaŋ^{213}kɔ^{51}.
永登县	老王连老张那一样大呗。 lɔ^{55}vã^{53}liæ̃^{22}lɔ^{55}tʂã^{44}na^{53}i^{21}iã^{13}ta^{22}pɛ^{22}.
红古区	老王连老张一样儿大。 lɔ^{55}vɑŋ^{13}lian^{22}lɔ^{55}tʂɑŋ^{13}zʅ^{22}iãr^{13}ta^{21}.
凉州区	老王和老张一般高。 lɑo^{53}vɑŋ^{35}xə^{31}lɑo^{35}tʂɑŋ^{35}ʑi^{53}pɑŋ^{35}kɑo^{35}.
甘州区	老王跟老张一样高。 lɔ^{22}vaŋ^{53}kɤŋ^{44}lɔ^{53}tʂaŋ^{44}ʑi^{24}iaŋ^{31}kɔ^{44}.

	0047 老王跟老张一样高。
肃州区	老王和老张一样高。 lɔ^{21}vaŋ^{53}xə^{44}lɔ^{44}tʂaŋ^{44}ʑi^{13}ʑiaŋ^{21}kɔ^{44}.
永昌县	老王和老张一般高。 lɔo^{53}vaŋ^{21}xə^{53}lɔo^{44}tʂaŋ^{44}ʑi^{53}pɛe^{22}kɔo^{21}.
崆峒区	老王跟老张一样高。 lɔ^{53}uaŋ^{24}kɤŋ^{21}lɔ^{53}tʂaŋ^{21}i^{22}iaŋ^{44}kɔ^{21}.
庆城县	老王和老张一样高。 lɔ^{44}vã^{113}xuə^{113}lɔ^{44}tʂã^{51}i^{21}iã^{244}kɔ^{51}.
宁县	老王连老张一样高。 lɔ^{52}uaŋ^{24}liæ̃^{24}lɔ^{52}tʂaŋ^{31}i^{22}iaŋ^{44}kɔ^{31}.
武都区	老王连老张一样高。 lɔu^{55}vaŋ^{13}liæ̃^{13}lɔu^{55}tʂaŋ^{31}i^{22}iaŋ^{24}kɔu^{31}.
文县	老王连老张一样高。 lɔo^{55}uã^{21}læ̃^{21}lɔo^{35}tsã^{42}ʑi^{21}iã^{24}kɔo^{31}.
康县	老王跟老张一样高。/ 老王连老张一样高的唻。 lɔo^{55}vaŋ^{21}kɤŋ^{55}lɔo^{55}tʂaŋ^{53}i^{21}iaŋ^{24}kɔo^{53}. / lɔo^{55}vaŋ^{21}lian^{13}lɔo^{55}tʂaŋ^{53}i^{13}iaŋ^{13}kɔo^{53} tɛ^{53}lɛ^{21}.
礼县	老王连老张一般高。 nɔo^{52}vaŋ^{13}næ̃^{13}nɔo^{52}tʂaŋ^{21}i^{24}pæ̃^{21}kɔo^{21}.
靖远县	老王连老张一样高。 lao^{55}vaŋ^{24}liæ̃^{22}lao^{55}tʂaŋ^{41}zʅ^{22}iaŋ^{35}kao^{41}.
陇西县	老王连老张合⁼高的。 lɔo^{55}uaŋ^{22}læ̃^{22}lɔo^{55}tʂaŋ^{42}xɤ^{44}kɔo^{42}ti^{21}.
秦州区	老王跟老张一般高。 lɔ^{53}vaŋ^{13}kɤŋ^{44}lɔ^{53}tʂaŋ^{13}i^{44}pæ̃^{21}kɔ^{13}.
安定区	老王和老张合⁼高的。 lɔ^{53}vaŋ^{13}xə^{13}lɔ^{53}tʂaŋ^{13}xə^{13}kɔ^{21}ti^{21}.
会宁县	老王连老张合⁼高。 lɔ^{53}uaŋ^{13}liæ̃^{13}lɔ^{53}tʂaŋ^{13}xə^{44}kɔ^{21}.
临洮县	老王连老张一样高。 lɔ^{53}vã^{13}liæ̃^{21}lɔ^{53}tʂã^{13}ʑi^{21}iã^{44}kɔ^{21}.
清水县	老张连老王一样高。 lɔ^{52}tʂõ^{13}la^{21}lɔ^{52}võ^{13}i^{21}iõ^{44}kɔ^{13}.
永靖县	老王连老张一样高。 lɔ^{44}vaŋ^{13}læ̃^{13}lɔ^{53}tʂaŋ^{13}i^{22}iaŋ^{44}kɔ^{13}.

	0047 老王跟老张一样高。
敦煌市	老王连老张汉子一样大。 lɔ^{53}vaŋ^{44}liæ̃^{13}lɔ^{53}tʂaŋ^{44}xæ̃^{44}tsɿ^{21}ʑi^{21}iaŋ^{13}ta^{21}.
临夏市	老王连老张啦一样高。 lɔ^{44}vaŋ^{42}la^{13}lɔ^{42}tʂaŋ^{21}la^{44}ʑi^{21}iaŋ^{44}kɔ^{13}.
合作市	老王连老张一样高。 lɔ^{44}vaŋ^{13}lʌ^{21}lɔ^{44}tʂaŋ^{13}ʑi^{21}iaŋ^{53}kɔ^{13}.
临潭县	老王连老张个子一样大。 lɔo^{51}vɒ^{24}lɛe^{21}lɔo^{51}tʂɒ^{44}kɤ^{44}tsɿ^{21}i^{24}iɒ^{44}ta^{44}.

	0048 我走了，你们俩再多坐一会儿。
兰州市	我先走，你们两个多喧一会。 vɤ^{34}ɕiæ̃^{42}tsəu^{44}, ȵi^{44}mən^{21}liɑ̃^{44}kɤ^{42}tuɤ^{55}ɕyæ̃^{55}ʑi^{22}xuei^{24}.
榆中县	我先走，你们两个再坐一会。 və^{44}ɕian^{51}tsəu^{44}, ȵi^{44}mən^{0}liaŋ^{44}kə^{0}tsɛ^{13}tsuə^{13}i^{31}xuei^{0}.
永登县	我走了，你们两个再坐［给下］。 və^{354}tsɤu^{554}liɔ^{53}, ȵi^{35}mə̃n^{53}liɑ̃^{354}kə^{21}tsɛ^{13}tsuə^{21}kʰa^{42}.
红古区	我先走了，你们两个再多坐一会儿。 və^{55}ɕian^{22}tsɤu^{55}liɔ^{21}, ȵiɛ^{55}mən^{21}liaŋ^{55}kə^{21}tsɛ^{13}tuə^{22}tsuə^{13}zɿ^{21}xuər^{21}.
凉州区	我先走，你们两个再坐一坐。 və^{35}ɕiaŋ^{35}tsəu^{35}, ȵi^{53}məŋ^{35}liaŋ^{53}kə^{21}tsæ^{31}tsuə^{31}ʑi^{21}tsuə^{31}.
甘州区	我先走哩啊，你们两个再坐一坐。 və^{53}ɕiaŋ^{44}tsɤu^{22}li^{44}a^{44}, ȵi^{22}mɤŋ^{44}liaŋ^{22}kə^{44}tsɛ^{24}tsuə^{31}ʑi^{22}tsuə^{21}.
肃州区	我走咧，你们两个再多坐一会。 və^{53}tsəu^{21}liɛ^{51}, ȵi^{21}mɤŋ^{21}liaŋ^{21}kə^{53}tsɛ^{21}tuə^{44}tsuə^{31}ʑi^{21}xuei^{21}.
永昌县	我走吧，你们两个再坐一坐。 uə^{13}tsəu^{53}pa^{21}, ȵi^{53}məŋ^{21}liaŋ^{53}kə^{21}tsɛe^{44}tsuə^{53}ʑi^{22}tsuə^{21}.
崆峒区	我走咧，你们两个再坐一阵子。 ŋuo^{53}tsəu^{55}liɛ^{21}, ȵi^{55}mɤŋ^{21}liaŋ^{55}kɤ^{21}tsɛ^{44}tsuo^{44}i^{22}tʂɤŋ^{35}tsɿ^{21}.
庆城县	我先走，你们两个再坐一阵儿。 ŋɔ^{44}ɕiɛ̃^{21}tsɤu^{44}, ȵi^{44}mɤŋ^{0}liɑ̃^{44}kə^{0}tsɛ^{244}tsuə^{244}i^{21}tʂɤr^{244}.
宁县	我走［哩啊］，你两个再坐［给下］子。 ŋuə^{52}tsou^{52}lia^{0}, ȵi^{22}liaŋ^{52}kə^{0}tsɛ^{44}tsʰuə^{44}ka^{55}tsɿ^{0}.

	0048 我走了，你们俩再多坐一会儿。
武都区	我走了，你们两个多坐一阵子。 ŋɤ^{55}tsəu^{55}ləu^{21}, ȵi^{55}məŋ^{21}liaŋ^{22}kɛɪ^{31}tuɤ^{31}tsuɤ^{24}i^{31}tʂəŋ^{21}tsɿ^{21}.
文县	我先走了，你们两块再坐下。 ŋɤ^{55}ɕiæ̃^{42}tsɤu^{42}liɔo^{21}, ȵi^{35}mɔ̃^{44}liɑ̃^{42}kuɛe^{42}tsɛe^{22}tsuə^{24}xa^{21}.
康县	我走了，你们两个多坐［给下］子。 ŋuɤ^{55}tsɤu^{55}lɔo^{21}, ȵi^{21}mɤŋ^{21}liaŋ^{53}kɛ^{21}tuɤ^{53}tsuɤ^{21}ka^{55}tsɿ^{21}.
礼县	我走价⁼，你两块再多坐给下。 ŋɤ^{52}tsəu^{52}tɕia^{13}, ȵi^{31}liaŋ^{21}kʰuai^{21}tsai^{44}tuɤ^{21}tʃʰuɤ^{44}kei^{21}xa^{21}.
靖远县	我先走了，你们两个再多坐一阵儿。 ŋuə^{53}ɕiæ̃^{22}tsɤu^{55}liɑo^{21}, ȵi^{55}mɤŋ^{21}liaŋ^{55}kɤ^{21}tsɛ^{33}tuə^{22}tsuə^{33}zɿ^{22}tʂə̃r^{21}.
陇西县	我走了，扭⁼两个再多坐过下。 kɤ^{55}tsɤu^{55}lɔo^{42}, liu^{22}liaŋ^{22}ke^{22}tsɛ^{44}tuɤ^{42}tsʰuɤ^{44}ku^{44}xa^{42}.
秦州区	我先走了，扭⁼两个咋再多坐一会。 ŋu^{53}ɕiæ̃^{44}tsɤu^{53}liɤu^{21}, ȵiɤu^{13}liaŋ^{13}kɛ^{21}tsa^{53}tsɛ^{21}tuə^{44}tsʰuə^{44}ɕi^{13}xuei^{21}.
安定区	我走了，扭⁼两个再坐过下。 ŋə^{53}tsəu^{53}lɔ^{21}, ȵiu^{53}liaŋ^{21}kə^{21}tsɛ^{44}tsʰuə^{44}kuə^{44}xa^{21}.
会宁县	我去哩，你两个再蹴上一会儿。 ŋə^{53}tɕʰi^{44}li^{21}, ȵi^{53}liaŋ^{53}kə^{21}tsɛ^{44}tɕiəu^{44}ʂɑŋ^{21}ʑi^{21}xuei^{44}zɿ^{21}.
临洮县	我走了，你室两个再多坐一会儿。 ŋuɤ^{53}tsɤu^{53}liɔ^{21}, ȵi^{44}ʂɿ^{21}liɑ̃^{13}kɤ^{21}tsɛ^{44}tuɤ^{21}tsuɤ^{44}ʑi^{42}xuər^{21}.
清水县	我去掐⁼，扭⁼两块再坐半会。 ŋuə^{52}tɕʰi^{44}tɕʰia^{21}, ȵiou^{52}liɒ̃^{21}kʰuɛ^{52}tsɛ^{44}tsʰuə^{44}pæ̃^{44}xuəi^{13}.
永靖县	我走了，你们两个人再坐一会。 vɤ^{53}tsɤu^{53}lɔ^{21}, ȵi^{44}mɤŋ^{13}liaŋ^{53}kɤ^{21}ʐɤŋ^{13}tsɛ^{44}tsuɤ^{44}i^{22}xuei^{44}.
敦煌市	我先走了，你们两个再坐［给下］。 ŋə^{53}ɕiæ̃^{22}tsɤu^{51}lə^{21}, ȵi^{53}mu^{21}liaŋ^{51}kɤ^{21}tsɛ^{44}tsuə^{44}kʰa^{21}.
临夏市	我走了，你们两个再多意坐一会。 ŋɤ^{42}tsɤu^{44}liɔ^{42}, ȵi^{44}məŋ^{42}liaŋ^{44}kɤ^{21}tsɛ^{53}tuɤ^{21}ʑi^{24}tsuɤ^{55}ʑi^{21}xuei^{53}.
合作市	我走了，你们两个再多坐一会。 ŋə^{44}tsəɯ^{44}liɔ^{53}, ȵi^{44}məŋ^{21}liaŋ^{44}kə^{21}tsɛe^{53}tuə^{44}tsuə^{53}ʑi^{21}xuei^{53}.
临潭县	我去了，你们两个儿再坐一会儿。 ŋɤ^{51}tɕʰi^{44}lɤ^{21}, ȵi^{51}məŋ^{21}liɒ^{44}kər^{44}tsɛe^{44}tsuɤ^{44}i^{24}xuər^{21}.

	0049 我说不过他，谁都说不过这个家伙。
兰州市	我说不过他，谁都把他没治。 vɤ^{34}fɤ^{13}pu^{44}kuɤ^{42}tʰa^{55}, fei^{53}təu^{55}pa^{21}tʰa^{55}mɤ^{22}tʂʅ^{24}.
榆中县	我说不过那，谁都说不过那。 və^{44}ʂuə^{31}pu^{0}kuə^{13}na^{213}, ʂuei^{31}tu^{51}ʂuə^{31}pu^{0}kuə^{13}na^{213}.
永登县	我说不过那，致个家伙那谁都说不过。 və^{354}fə^{22}pu^{44}kuə^{13}na^{53}, tʂʅ^{13}kə^{55}tɕia^{44}xuə^{21}na^{53}fei^{53}tɤu^{21}fə^{21}pu^{22}kuə^{13}.
红古区	家哈我说不过，致个家伙谁都说不过。 tɕia^{53}xa^{21}və^{55}fə^{21}pu^{22}kuə^{53}, tʂʅ^{22}kə^{55}tɕia^{21}xuə^{13}fei^{22}tɤu^{55}fə^{21}pu^{21}kuə^{21}.
凉州区	兹个家伙，不光我说不过，谁都说不过。 tsʅ^{53}kə^{21}tɕia^{35}xuə^{53}, pu^{53}kuɑŋ^{35}və^{35}ʂuə^{31}pu^{31}kuə^{31}, ʂuei^{35}tu^{53}ʂuə^{31}pu^{31}kuə^{31}.
甘州区	我说不过他，谁也说不过致个瞎倯啊。 və^{53}fə^{31}pu^{22}kuə^{22}tʰa^{44}, fei^{35}ia^{42}fə^{31}pu^{22}kuə^{22}tʂʅ^{31}kə^{21}xa^{22}suŋ^{53}a^{21}.
肃州区	我说不过那，谁也说不过致个家伙。 və^{53}ʂuə^{21}pu^{21}kuə^{21}na^{51}, ʂuei^{53}ʑiɛ^{21}ʂuə^{44}pu^{21}kuə^{41}tʂʅ^{44}kə^{21}tɕia^{44}xuə^{21}.
永昌县	我说不过家，谁也说不过这个家伙。 uə^{13}ʂuə^{53}pu^{22}kuə^{21}tɕia^{13}, ʂuei^{13}iə^{42}ʂuə^{53}pu^{22}kuə^{21}tʂə^{53}kə^{21}tɕia^{44}xuə^{44}.
崆峒区	我说不过［人家］，谁都说不过致个倯。 ŋuo^{53}ʂuo^{53}pu^{22}kuo^{44}ȵiæ̃^{53}, sei^{24}təu^{21}ʂuo^{53}pu^{22}kuo^{44}tʂʅ^{22}kɤ^{53}soŋ^{24}.
庆城县	我说不过［人家］，谁都说不过［人家］。 ŋɔ^{44}ʂuɛ^{51}pu^{0}kuə^{0}ȵiɛ̃^{113}, sei^{21}tɤu^{51}ʂuɛ^{51}pu^{0}kuə^{0}ȵiɛ̃^{113}.
宁县	我说不过［人家］，谁都说不过［人家］。 ŋuə^{52}ʃuə^{31}pu^{22}kuə^{44}ȵiæ̃^{52}, sei^{24}tou^{22}ʃuə^{31}pu^{22}kuə^{44}ȵiæ̃^{31}.
武都区	我说不过他，谁都把这个家伙说不过。 ŋɤ^{55}ʃuɤ^{53}pu^{21}kuɤ^{24}tʰa^{31}, ʃuei^{13}təu^{21}pa^{24}tʂɤ^{31}kɤ^{21}tɕia^{31}xuɤ^{21}ʃuɤ^{53}pu^{21}kuɤ^{24}.
文县	我说不过他，谁都说不过这个家伙。 ŋɤ^{55}ɕyɛ^{42}pu^{21}kuə^{21}tʰa^{31}, suei^{22}tɤu^{42}ɕyɛ^{42}pu^{21}kuə^{44}tsɤ^{44}kɤ^{42}tɕia^{44}xuə^{21}.
康县	我说不过他，谁也说不过他 / 这家伙谁啊说不过他 / 谁也说不过这家伙。 ŋuɤ^{55}fɤ^{53}pu^{21}kuɤ^{24}tʰa^{53}, sei^{21}ia^{55}fɤ^{53}pu^{21}kuɤ^{24}tʰa^{53}/ tsei^{24}tɕia^{55}xuɤ^{55}sei^{21}a^{55}fɤ^{53}pu^{21}kuɤ^{55}tʰa^{21} / sei^{21}ia^{55}fɤ^{53}pu^{21}kuɤ^{55}tsei^{55}tɕia^{21}xuɤ^{55}.
礼县	我说不过他，谁都说不过这个家伙。 ŋɤ^{52}ɕyɤ^{31}pu^{21}kuɤ^{44}tʰa^{21}, sei^{13}təu^{31}ɕyɤ^{31}pu^{21}kuɤ^{24}tsai^{44}kɤ^{21}tɕia^{21}xuɤ^{24}.
靖远县	我说不过［人家］，谁都说不过这个倯。 ŋuə^{53}ʂuə^{22}pu^{22}kuə^{33}ȵie^{24}, ʂei^{24}tɤu^{21}ʂuə^{22}pu^{22}kuə^{33}tʂɤ^{33}kɤ^{33}soŋ^{24}.

	0049 我说不过他，谁都说不过这个家伙。
陇西县	我说不过他，谁都说不过兀个兀。 kɤ^{55}ʃɥɤ^{42}pu^{22}kuɤ^{44}tʰa^{42}, ʃɥe^{13}tɤu^{31}ʃɥɤ^{42}pu^{22}kuɤ^{44}vu^{22}ke^{21}vu^{22}.
秦州区	我说不过［人家］，外就谁个说不过。 ŋu^{53}ʂɤ^{13}pu^{21}kuə^{13}n̠iə^{13}, vɛ^{53}tɕiɤu^{44}sei^{13}kɛ^{13}ʂɤ^{13}pu^{21}kuə^{44}.
安定区	我说不过［人家］，谁都说不过兀个兀。 ŋə^{53}ʃuə^{21}pu^{13}kuə^{44}n̠ia^{13}, ʃue^{13}təu^{13}ʃuə^{21}pu^{13}kuə^{44}vu^{44}kə^{21}vu^{44}.
会宁县	我咥=不过他，是啥都咥=不过致个倯。 ŋə^{53}tiə^{13}pu^{21}kuə^{44}tʰa^{13}, sɿ^{44}sa^{53}təu^{13}tiə^{13}pu^{21}kuə^{44}tʂʅ^{44}kə^{21}suŋ^{13}.
临洮县	家我说不过，谁都说不过致个家伙。 tɕia^{44}ŋuɤ^{53}ʂuɤ^{13}pu^{21}kuɤ^{44}, suei^{13}tɤu^{13}ʂuɤ^{13}pu^{21}kuɤ^{44}tʂʅ^{21}kɤ^{13}tɕia^{13}xuɤ^{21}.
清水县	我说不过个兹，兀谁都说不过个兹。 ŋuə^{52}ʂə^{13}pu^{21}kuə^{44}kɛ^{21}tsɛ^{52}, vɛ^{52}ʃəi^{13}tou^{13}ʂə^{13}pu^{21}kuə^{44}kɛ^{21}tsɛ^{52}.
永靖县	我家哈说不过，致个家伙哈啥个说不过。 vɤ^{53}tɕia^{22}xa^{53}ʂuɤ^{213}pu^{44}kuɤ^{44}, tʂʅ^{44}kɤ^{44}tɕia^{22}xuɤ^{42}xa^{21}ʂa^{22}kɤ^{44}ʂuɤ^{213}pu^{44}kuɤ^{44}.
敦煌市	我说不过［人家］，谁都说不过兹个倯。 və^{44}ʂuə^{31}pu^{21}kuə^{44}n̠ia^{51}, sei^{13}tɤu^{44}ʂuə^{21}pu^{21}kuə^{51}tsɿ^{51}kə^{21}suŋ^{13}.
临夏市	我家说不过，啥个也家说不过。 ŋɤ^{42}tɕiɛ^{13}ʂuɤ^{21}pu^{44}kuɤ^{42}, ʂɑ^{44}kɛ^{42}iɛ^{44}tɕiɛ^{21}ʂuɤ^{21}pu^{44}kuɤ^{21}.
合作市	我说不过［人家］，谁都说不过兹个倯。 və^{44}ʂuə^{31}pu^{21}kuə^{44}n̠ia^{51}, sei^{13}tɤu^{44}ʂuə^{21}pu^{21}kuə^{51}tsɿ^{51}kə^{21}suŋ^{13}.
临潭县	奥个人我说不过，谁都说不过这个人。 ɔo^{44}kɪi^{21}ʐəŋ^{24}ŋɤ^{51}ʂuɤ^{44}pu^{44}kuɤ^{51}, suɪi^{24}tu^{21}ʂuɤ^{44}pu^{44}kuɤ^{51}tʂɤ^{44}kɪi^{21}ʐəŋ^{24}.

	0050 上次只买了一本书，今天要多买几本。
兰州市	上次只买了一本书，今个我要多买几本。 ʂɑ̃^{22}tsʰɿ^{53}tʂʅ^{44}mɛ^{44}lɔ^{42}ʑi^{21}pən^{42}fu^{55}, tɕin^{53}kɤ^{21}vɤ^{34}iɔ^{42}tuɤ^{55}mɛ^{4}tɕi^{22}pən^{42}.
榆中县	上一下只买了一本儿，今个天多买两本。 ʂaŋ^{13}i^{31}xa^{0}tʂʅ^{44}mɛ^{44}lɔ^{0}i^{31}pən^{44}ɣɤ^{0}, tɕin^{51}kə^{0}tʰian^{0}tuə^{51}mɛ^{44}liaŋ^{44}pən^{0}.
永登县	上一回买，才买了一本儿书，今个天要多买几本儿书哩。 ʂɑ̃^{13}i^{22}xuei^{53}mɛ^{55}, tsʰɛ^{53}mɛ^{55}liɔ^{53}i^{13}pə̃r^{55}fu^{42}, tɕin^{44}kə^{44}tʰiæ̃^{44}iɔ^{21}tuə^{44}mɛ^{31}tɕi^{55}pə̃r^{21} fu^{42}li^{21}.
红古区	上一回刚买了一本儿书，今儿个我多买几本儿。 ʂɑŋ^{13}zɿ^{22}xuei^{21}tɕiɑŋ^{13}mɛ^{55}liɔ^{21}zɿ^{22}pə̃r^{55}fu^{21}, tɕiə̃r^{13}kə^{55}və^{55}tuə^{22}mɛ^{13}tsɿ^{22}pə̃r^{53}.

	0050 上次只买了一本书，今天要多买几本。
凉州区	上回就买了一本书，今个我要多买几本。 ʂaŋ31xuei21tɕiəu31mæ53liɑo21ʑi31pəŋ31ʂu35, tɕiŋ35kə53və35iɑo31tuə35mæ53tɕi35pəŋ53.
甘州区	上次就买了一本书，今个子要多买上几本书。 ʂaŋ31tsʰʅ21tɕiɤu31mɛ22liə44ʑi22pɤŋ53fu44, tɕiŋ44kə44tsʅ44iə22tuə44mɛ22xaŋ22tɕi44pɤŋ44 fu44.
肃州区	上次只买咧一本子书，今天要多买两本子。 ʂɑŋ21tsʰʅ53tsʅ21mɛ13liɛ53ʑi21pɤŋ53tsʅ21ʂu21, tɕiŋ21tʰiæ̃44ʑiɔ21tuə44mɛ44liɑŋ21pɤŋ21tsʅ21.
永昌县	上回就买了一本书，今个要多买上几本。 ʂɑŋ53xuei21tɕiəu44mɛe53liɔo21ʑi53pəŋ22ʂu21, tɕiŋ44kə44iɔo22tuə44mɛe53ʂɑŋ21tɕi44pəŋ21.
崆峒区	上回才买咧一本儿书，今儿个要多买几本儿呢。 ʂɑŋ44xuei24tsʰɛ24mɛ55liɛ21i22pər53ʂu21, tɕiər53kɤ21iɔ44tuo22mɛ53tɕi22pər21ȵi21.
庆城县	上一次只买了一本书，今儿多买几本。 ʂɑ̃244i21tsʰʅ244tsʅ21mɛ44liɔ0i21pɤŋ44ʂu0, tɕiɤr51tuə51mɛ44tɕi21pɤŋ44.
宁县	上回买咧一本书，今儿要多买几本。 ʂaŋ44xuei24mɛ55liɛ0i22pəŋ52ʃu31, tɕiŋr31iɔ44tuə22mɛ52tɕi44pəŋ0.
武都区	上次刚买了一本书，今儿我要多买几本。 ʂaŋ24tsʰʅ21tɕiɑŋ21mɛɪ55lɔu21i31pəŋ55ʃu21, tɕiər31ŋɤ55iɔu24tuɤ31mɛɪ55tɕi31pəŋ21.
文县	上回就买了一本书，今天要多买几本。 sɑ̃24xuei42tɕiɤu44mɛe55liɔo42ʑi22pəŋ35su21, tɕiə̃42tʰiæ̃42iɔo24tuə21mɛe35tɕi42pəŋ21.
康县	上次只买了一本子书，今儿过要多买几本子。 ʂɑŋ24tsʰʅ55tʂʅ21mɛ55lɔo55i21pɤŋ55tsʅ21fu21, tɕĩr53kuɤ21iɔo55tuɤ53mɛ21tɕi21pɤŋ21tsʅ21.
礼县	上一回刚买了一本书，今个臧⁼要多买几本哩。 ʂɑŋ44i21xuei13tɕiɑŋ13mai52nɔo21i24pɤŋ52ʃu21, tɕiŋ31kɤ44tsɑŋ52iɔo44tuɤ24mai52tɕi21 pɤŋ21li21.
靖远县	上回只买了一本儿书，兹一下要多买几本儿。 ʂɑŋ33xuei55tʂʅ22mɛ55liɑo21zʅ22pə̃r41ʂʯ21, tsʅ33zʅ22xa22iɑo33tuə22mɛ55tsʅ22pə̃r21.
陇西县	上一次只买了一本书，今个子要多买几本咧。 ʂɑŋ44i42tsʰʅ44tsʅ21mɛ55li42i21pɤŋ55ʃʯ42, tɕiŋ22kɤ22tsʅ22iɔo44tuɤ21mɛ55tɕi21pɤŋ55liæ̃42.
秦州区	我前头只买了一本书，今过要多买几本哩。 ŋu53tɕiæ̃13tʰɤu21tsʅ53mɛ44liɤu21ɕi13pɤŋ53ʃʯ13, tɕiɤŋ13kuə21iɔ44tuə44mɛ53tɕi21pɤŋ53li21.
安定区	前一次只买了一本书，今儿个要多买几本哩。 tɕʰiæ̃13ʑi21tsʰʅ44tʂʅ21mɛ44lɔ21ʑi21pəŋ53ʃu13, tɕiŋ13ɚ44kə21iɔ44tuə21mɛ44tɕi21pəŋ53li21.
会宁县	欧⁼一次才买了一本书，今儿个多买几本。 əu53ʑi21tsʰʅ44tsʰɛ13mɛ53lɔ21ʑi21pəŋ53ʃu13, tɕiŋ13zʅ21kə44tə13mɛ53tɕi21pəŋ53.

	0050 上次只买了一本书，今天要多买几本。
临洮县	上一次只买了一本儿书，今儿个要多买几本儿呢。 ʂã^{44}ʑi^{21}tsʰɿ^{13}tsɿ^{21}mɛ^{44}liɔ^{21}ʑi^{21}pə̃r^{53}ʂu^{21}, tɕiə̃r^{21}kɤ^{44}iɔ^{44}tuɤ^{44}mɛ^{44}tɕi^{42}pə̃r^{53}ȵi^{21}.
清水县	我上一回刚买了一本书，今儿臧⁼要多买几本哩。 uə^{52}ʂɒ̃^{44}i^{21}xuəi^{13}tɕiɒ̃^{13}mɛ^{52}liɔ^{21}i^{21}pɤŋ^{52}ʃɨ^{13}, tɕiŋ^{21}ɚ^{13}tsɒ̃^{52}iɔ^{44}tuə^{21}mɛ^{52}tɕi^{21}pɤŋ^{52}li^{21}.
永靖县	上一趟只买咾一本书，今个要多买几本哩。 ʂɑŋ^{44}i^{22}tʰɑŋ^{44}tsɿ^{44}mɛ^{53}lɔ^{21}i^{22}pɤŋ^{53}ʂu^{213}, tɕiɤŋ^{22}kɤ^{44}iɔ^{44}tuɤ^{22}mɛ^{53}tɕi^{22}pɤŋ^{53}li^{21}.
敦煌市	上回只买了一本书，今儿要多买几本。 ʂɑŋ^{44}xuei^{13}tʂʅ^{21}mɛ^{44}lə^{21}ʑi^{21}pɤŋ^{51}ʂu^{21}, tɕiŋ^{21}ər^{44}iɔ^{44}tuə^{21}mɛ^{44}tɕi^{21}pɤŋ^{21}.
临夏市	上一次只买了一本书，今个要多买几本呢。 ʂɑŋ^{44}ʑi^{42}tsʰɿ^{21}tsɿ^{44}mɛ^{42}liɔ^{44}ʑi^{21}pəŋ^{44}ʂu^{21}, tɕiŋ^{13}kɤ^{53}iɔ^{44}tuɤ^{44}mɛ^{44}tɕi^{42}pəŋ^{21}ȵi^{21}.
合作市	上一次光买了一本书，今个要多买几本呢。 ʂɑŋ^{44}ʑi^{21}tsʰɿ^{53}kuɑŋ^{13}mɛe^{44}liɔ^{21}ʑi^{21}pəŋ^{44}ʂu^{13}, tɕiŋ^{13}kə^{53}iɔ^{53}tuə^{44}mɛe^{44}tɕi^{44}pəŋ^{21}ȵi^{21}.
临潭县	上一呱刚买了一本书，今儿个我多一买几本书呢。 ʂɒ^{44}i^{24}kua^{51}tɕiɒ^{44}mɛe^{44}lɤ^{21}i^{24}pəŋ^{51}ʂu^{21}, tɕiər^{44}kɤ^{21}ŋɤ^{44}tuɤ^{44}i^{44}mɛe^{44}tɕi^{51}pəŋ^{21}ʂu^{44} ȵi^{21}.

第五章　口头文化

说　明

1. 本章调查对象为《中国语言资源保护工程调查手册》“陆　口头文化”的内容，一般分歌谣、规定故事、自选条目三类，个别点还加了“其他故事”一类。

2. 本章27节，分别对应27个调查点，以本书第一章“各地音系”各节先后为序排列。

3. 每条内容包括方言、音标、意译三部分。短歌谣、言语，每一条的方言说法在前，音标在后；长歌谣、故事，每一小句的音标用［　］括于方言说法之后。意译集中放在该条目最后。若该条方言说法与普通话说法基本一致，则个别方言词小字随文注释，意译部分标以“略”字。若规定故事部分意译与上一个方言点基本一致，则意译部分标以“同前”二字。

4. 所有方言语音的描写用国际音标，调类的标示使用数字标调法。

第一节　兰州市口头文化

一、歌谣

1. 尕小白兔，白又白，两个耳朵奓竖立起来；爱吃萝卜和青菜，奔奔跳跳多可爱。

ka^{34}pɤ^{53}t^{h}u^{13}, pɤ^{53}iəu^{13}pɤ^{53}, liɑ̃^{34}kɤ^{21}ɯ^{44}tuɤ^{21}tʂa^{13}tɕ^{h}i^{34}lɛ^{21}; ɛ^{13}tʂ^{h}ʅ^{13}luɤ^{22}pu^{44}xɤ^{53}tɕ^{h}in^{55}ts^{h}ɛ^{13}, pən^{55}pən^{55}t^{h}iɔ^{13}t^{h}iɔ^{13}tuɤ^{55}k^{h}ɤ^{55}ɛ^{13}.

2. 尕白菜呀，地里黄成熟啊，两三岁呀，没有娘呐，有心跟着爹爹走呀，又怕爹爹娶后娘呐。

ka^{34}pɤ^{53}ts^{h}ɛ^{13}ia^{31}, ti^{22}ȵi^{42}xuɑ̃^{53}na^{21}, liɑ̃^{34}sæ̃^{55}ʂuei^{21}ia^{31}, mɤ^{22}iəu^{24}liɑ̃^{53}na^{21}, iəu^{55}ɕin^{42}kən^{53}tʂɤ^{21}tiɛ^{53}tiɛ^{21}tsəu^{34}ia^{31}, iəu^{34}p^{h}a^{21}tiɛ^{53}tiɛ^{21}tɕ^{h}y^{34}xəu^{22}liɑ̃^{42}na^{21}.

3. 一二三四五，上山打老虎；老虎没打上，打了个尕松鼠。

ʑi^{13}ɯ^{13}sæ̃^{55}sɿ^{13}vu^{34}, ʂɑ̃^{22}ʂæ̃^{55}ta^{34}lɔ^{53}xu^{13}; lɔ^{53}xu^{13}mɤ^{31}ta^{34}ʂɑ̃^{21}, ta^{34}lɔ^{42}kɤ^{44}ka^{34}suən^{53}fu^{21}.

4. 狼打柴，狗烧火，兔子跳到锅头锅台上烙馍馍，一烙烙成两半个两块儿；放羊的要馍馍，馍馍来，猫吃了，猫儿来，上树了，树上来，斧头把树砍成两半个两截儿，斧头来，扔倒扔掉了。

lɑ̃^{53}ta^{34}tʂ^{h}ɛ^{53}, kəu^{34}ʂɔ^{55}xuɤ^{55}, tu^{22}tsɿ^{42}t^{h}iɔ^{22}tɔ^{42}kuɤ^{55}t^{h}əu^{42}ʂɑ̃^{44}luo^{22}mɤ^{53}mɤ^{21}, ʑi^{13}luɤ^{55}luɤ^{42}tʂ^{h}ən^{34}liɑ̃^{34}pæ̃^{22}kɤ^{42}; fɑ̃^{22}iɑ̃^{42}ti^{21}iɔ^{13}mɤ^{53}mɤ^{21}, mɤ^{53}mɤ^{21}lɛ^{13}, mɔ^{55}tʂ^{h}ʅ^{13}lɔ^{21}, mɔ^{53}ɯ^{21}lɛ^{13}, ʂɑ̃^{22}fu^{13}lɔ^{21}, fu^{13}ʂɑ̃^{53}lɛ^{13}, fu^{53}t^{h}əu^{21}pa^{22}fu^{13}k^{h}æ̃^{44}tʂ^{h}ən^{42}liɑ̃^{34}pæ̃^{22}kɤ^{42}, fu^{53}t^{h}əu^{21}lɛ^{13}, zʅ^{34}tɔ^{42}lɔ^{21}.

以上4条意译：略。

5. 点点沫沫，密密坨坨，一把锁开不开，两把锁能开开。

tiæ̃^{22}tiæ̃^{42}mɤ^{22}mɤ^{42}, mi^{22}mi^{42}t^{h}uɤ^{22}t^{h}uɤ^{42}, ʑi^{13}pa^{55}suɤ^{34}k^{h}ɛ^{55}pu^{22}k^{h}ɛ^{21}, liɑ̃^{44}pa^{22}suɤ^{21}nən^{53}k^{h}ɛ^{22}k^{h}ɛ^{21}.

意译：手掌心多抹点唾沫(加油干)，一把锁打不开，两把锁能打开。

二、故事

牛郎织女

下面我给大家讲一下牛郎和织女的故事。[xa22miæ13vɤ34kɯ34ta22tɕia42tɕiã34ʑi22xa24liəu53lã53xɤ13tʂʅ55ȵy21ti21ku22ʂʅ53] 从前，[tsʰuən55tɕʰiæ42] 有个牛郎，[iəu34kɤ13liəu53lã53] 爹妈死得早，[tiɛ55ma42sʅ34tɤ21tsɔ34] 人也很勤快。[zən53iɛ34xən34tɕʰin53kʰuɛ13] 养着一头老黄牛，[iã34tʂɤ21ʑi22tʰəu42lɔ34xuã53liəu53] 和老黄牛相依为命。[xɤ13lɔ34xuã53liəu53ɕiã55ʑi55uei53min13] 也没有父母，[iɛ34mei53iəu44fu22mu21] 没有说下媳妇。[mei53iəu44fɤ13xa21ɕi22fu44] 有一天，[iəu34ʑi22tʰiæ53] 他就耕地的时候，[tʰa55tɕiəu13kən55ti13ti21ʂʅ53xəu21] 老牛就给他说了，[lɔ34liəu53tɕiəu13kɯ34tʰa55ʂuɤ53lɔ21] 你想不想说媳妇，[ȵi34ɕiã34pu21ɕiã34fɤ13ɕi22fu44] 哎，[ɛ13] 怎么牛给我说了，[tsən34ma21liəu53kɯ34vɤ34ʂuɤ53lɔ21] 说想说。[fɤ13ɕiã34fɤ13] 说你明天到河边里去，[fɤ13ȵi34min53tʰiæ13tɔ13xɤ53piæ21ȵi21tɕʰi13] 有仙女们洗澡。[iəu34ɕiæ55ȵv21mən21ɕi53tsɔ44] 你嗒=这时要是看上哪一个仙女的话，[ȵi34tsæ55iɔ13ʂʅ13kʰæ22ʂã13na34ʑi22kɤ13ɕiæ55ȵy21ti21xua13] 你就把她的衣服藏下，[ȵi34tɕiəu13pa13tʰa55ti21ʑi55fu21tsʰã53xa21] 那就是你媳妇。[lɛ13tɕiəu22ʂʅ13ȵi34ɕi22fu44] 牛郎半信半疑。[liəu53lã53pæ22ɕin13pæ22ʑi42] 他就按老黄牛的吩咐，[tʰa55tɕiəu13æ13lɔ34xuã53liəu53ti21fən55fu21] 第二天就跑到河边看去了，[ti22ɚ53tʰiæ55tɕiəu13pʰɔ22tɔ21xɤ53piæ21kʰæ13tɕʰi42lɔ21] 果然有七个少女在洗澡。[kuɤ53zæ53iəu34tɕʰi22kɤ13ʂɔ22ȵy42tsɛ13ɕi53tsɔ44] 把其中一个的红衣服抱上就跑了。[pa13tɕʰi55pfən42ʑi22kɤ13ti21xuən53ʑi55fu21pɔ34ʂã42tɕiəu13pʰɔ53lɔ21] 跑到家里之后，[pʰɔ53tɔ21tɕia55ȵi21tʂʅ55xəu13] 到了晚上，[tɔ22lɔ42væ34ʂã21] 致个织女就追着来了，[tʂʅ22kɤ42tʂʅ55ȵy21tɕiəu13pfei55tʂɤ21lɛ53lɔ21] 敲开牛郎的门，[tɕiɔ55kʰɛ42liəu53lã53ti21mən53] 他们就结为夫妻了。[tʰa53mən21tɕiəu13tɕiɛ22uei42fu53tɕʰi21lɔ42] 结为夫妻他们生活很美满，[tɕiɛ22uei42fu53tɕʰi21tʰa53mən21ʂən55xuɤ42xəŋ34mei53mæ44] 三年之内生了两个娃，[sæ55ȵiæ21tʂʅ55luei13ʂən53lɔ21liã34kɤ21va53] 一儿一女。[ʑi13ɯ53ʑi13ȵy34] 把致个老黄牛很好，[pa34tʂʅ22kɤ42lɔ34xuã53liəu53xən53xɔ44] 他们一家过得致个生活很美满。[tʰa53mən21ʑi22tɕia53kuɤ13ti21tʂʅ22kɤ42ʂən55xuɤ42xən34mei53mæ44] 有一天，[iəu34ʑi22tʰiæ53] 突然天空打雷下雨，[tʰu22zæ42tʰiæ55kʰuən42ta55luei42ɕia22zy42] 闪电。[ʂæ55tiæ13] 吆，[iɔ34] 他的媳妇找不见了，[tʰa55ti21ɕi22fu44tʂɔ34pu22tɕiæ13lɔ42] 剩下两个娃娃就哭喊要妈妈。[ʂən22xa42liã34kɤ21va53va13tɕiəu13kʰu13xæ34iɔ13ma55ma21] 致个牛郎当时也没辙了，[tʂʅ22kɤ42liəu53lã53tã55ʂʅ21iɛ34mei13tʂɤ53lɔ42] 也没办法。[iɛ34mu13pæ55fa13] 最后就想着呢，[tsuei13xəu13tɕiəu13ɕiã34tʂɤ21ȵi21] 想呢想呢，[ɕiã34ȵi21ɕiã34ȵi21] 他的老黄牛又给他说了，[tʰa55ti21lɔ34xuã53liəu53iəu13kɯ34tʰa55fɤ53lɔ21] 家发语词你再不了愁，[tɕia55ȵi34tsɛ13pu22lɔ42tʂʰəu53] 我把我的两个牛角放下来。[vɤ34pa34vɤ34ti21liã34kɤ21liəu53kɤ13fã13xa22lɛ13] 你去天空，[ȵi34tɕʰi13tʰiæ55kʰuən42] 把两个娃娃带上找去。[pa34liã34kɤ21va53va21tɛ22ʂã42tʂɔ34tɕʰi21] 果然，[kuɤ53zæ53] 老黄牛的两个角，[lɔ34xuã53liəu53ti21liã34kɤ21kɤ13] 放到地下变成箩筐了。[fã22tɔ42ti22ɕia21piæ13tʂən53luɤ53kʰuã44lɔ42] 牛郎挑起担子，[liəu53lã53tʰiɔ34tɕʰi21tæ13tsʅ42] 把两个娃挑上，[pa34liã34kɤ21va53tʰiɔ34ʂã21] 就上了天空就追去了。[tɕiəu13ʂã22lɔ42tʰiæ55kʰuən42tɕiəu13pfei55tɕʰi13lɔ42] 把织女追上以后，[pa34tʂʅ55ȵy21pfei5ʂã21ʑi34xəu21] 玉皇大帝和致个王母娘娘，[zy22xuã42ta22ti42xɤ13tʂʅ22kɤ42vã53mu21liã53liã21] 就把他们分开了。[tɕiəu13pa34tʰa55mən21fən55kʰɛ21lɔ21] 分开之后，[fən55kʰɛ21tʂʅ44xɤu21] 就是到一年的七月七，[tɕiɤu53ʂʅ13tɔ13ʑi22ȵiæ42ti21tɕʰi22yɛ42tɕʰi13] 牛郎织女他们在各自的河边，[liəu53lã53tʂʅ55ȵy21tʰa55mən21tsɛ13kɤ22tsʅ44ti21xɤ53piæ21] 互相就是

想念。[xu^{22}çiɑ̃^{42}tɕiəu^{22}ʂʅ^{13}çiɑ̃^{55}ȵiæ̃^{13}] 致个喜鹊和鸽子们，[tʂʅ^{22}kɤ^{42}çi^{55}tɕ^{h}yɛ^{21}xɤ^{13}kɤ^{22}tsɿ^{42}mən^{21}] 感觉他们的致个故事很美满。[kæ̃^{55}tɕyɛ^{21}t^{h}a^{55}mən^{21}ti^{21}tʂʅ^{22}kɤ^{42}ku^{22}ʂʅ^{42}xən^{34}mei^{53}mæ̃^{44}] 就在一年七月七的致一天，[tɕiəu^{13}tsɛ^{13}ʑi^{22}ȵiæ̃^{42}tɕ^{h}i^{22}yɛ^{42}tɕ^{h}i^{13}ti^{21}tʂʅ^{13}ʑi^{22}t^{h}iæ̃^{53}] 一个和一个互相膀子牵上之后，[ʑi^{22}kɤ^{13}xɤ^{13}ʑi^{22}kɤ^{13}xu^{22}çiɑ̃^{42}pɑ̃^{34}tsɿ^{21}tɕ^{h}iæ̃^{55}ʂɑ̃^{21}tʂʅ^{55}xəu^{21}] 给牛郎和织女搭的桥，[kɯ^{34}liəu^{53}lɑ̃^{53}xɤ^{13}tʂʅ^{55}ȵy^{21}ta^{13}ti^{21}tɕ^{h}iɔ^{53}] 叫他们每年七月七见个面，[tɕiɔ^{13}t^{h}a^{55}mən^{21}mei^{53}ȵiæ̃^{53}tɕ^{h}i^{22}yɛ^{42}tɕ^{h}i^{13}çiæ̃^{13}kɤ^{13}miæ̃^{13}] 互相能见一天。[xu^{22}çiɑ̃^{42}nən^{53}tɕiæ̃^{13}ʑi^{22}t^{h}iæ̃^{53}]

意译：下面我给大家讲一下牛郎和织女的故事。从前，有个人叫牛郎，爹妈死得早，人很勤快。养着一头老黄牛，和老黄牛相依为命。没有父母，也没有娶媳妇。有一天，他耕地的时候，老牛问他想不想娶媳妇，牛郎说："想。"老牛说："你明天到河边去，有仙女们在洗澡。你看上哪一个仙女，就把她的衣服藏起来，那就是你媳妇。"牛郎半信半疑。第二天跑到河边去看，果然有七个少女在洗澡。他按老黄牛的吩咐，把其中一个少女的红衣服抱上就跑了。跑到家里之后，到了晚上，这个织女就追着来了，敲开牛郎的门，他们就结为了夫妻。结为夫妻后，他们生活得很美满，三年之内生了两个孩子，一儿一女。他们对老黄牛很好，一家人过得很幸福。有一天，突然天空打雷下雨，牛郎的媳妇织女找不着了，剩下两个孩子哭着找妈妈，牛郎一筹莫展。老黄牛告诉他："你不要愁，我把两个角取下来，你带上两个娃娃到天上去找。"果然，老黄牛的两个角变成了箩筐。牛郎挑起担子，把两个娃娃挑上，到天空追织女去了。追上织女后，玉皇大帝和王母娘娘把他们分开了。每年七月七，牛郎织女在河两岸，互相思念。喜鹊和鸽子认为他们的这个故事很美满，就在七月七的这一天，用翅膀给牛郎和织女搭了一座桥，让他们见个面。

第二节　榆中县口头文化

一、短歌谣

1. 东虹热头西虹雨。

tuən^{51}kaŋ̃^{0}zə̧^{31}t^{h}əu^{213}çi^{51}kaŋ̃^{0}y^{44}.

2. 毛杏塞鼻子，家家种糜子。

mɔ^{31}çin^{213}sə^{31}pi^{31}tsɿ^{213}, tɕia^{51}tɕia^{51}tʂuən^{13}mi^{31}tsɿ^{213}.

3. 伏天耕一寸，等于上茬粪。

fu^{31}t^{h}ian^{51}kən^{51}i^{31}ts^{h}uən^{213}, tən^{44}ỹ^{0}ʂaŋ^{13}tʂ^{h}a^{31}fən^{213}.

4. 伏里的雨，缸里的米。

fu^{31}li^{213}tĩ^{0}y^{44}, kaŋ^{51}lĩ^{0}tĩ^{0}mi^{44}.

5. 早上立了秋，晚上凉飕飕。

tsɔ^{44}ʂaŋ̃^{0}li^{31}lɔ̃^{0}tɕ^{h}iəu^{51}, van^{44}ʂaŋ̃^{0}liaŋ^{31}səũ^{0}səu^{213}.

6. 羊马年，广种田，但怕鸡死恶狗年。

iaŋ^{31}ma^{44}ȵian^{312}, kuaŋ^{44}tʂuən^{13}t^{h}ian^{312}, tan^{13}p^{h}a^{213}tɕi^{51}sɿ^{44}ɣə^{31}kəu^{44}ȵian^{312}.

7. 早起一时，消停一天。

tsɔ^{31}tɕ^{h}i^{44}i^{13}ʂʅ^{312}, çiɔ^{51}t^{h}iñ^{0}i^{31}t^{h}ian^{51}.

8. 打铁看火候，庄稼看时候。

ta^{44}t^{h}iᴇ^{312}k^{h}an^{21}xuə^{44}xəũ^{0}, tʂuaŋ^{51}tɕia^{0}k^{h}an^{13}ʂʅ^{31}xəu^{213}.

9. 庄稼不跟节，不如家里歇。

tʂuaŋ^{51}tɕia^{0}pu^{31}kən^{51}tɕiᴇ^{312}, pu^{21}ʐu^{51}tɕia^{51}li^{0}ɕiᴇ^{312}.

10. 庄稼若要好，茬口要常倒。

tʂuaŋ^{51}tɕia^{0}ʐuə^{31}iɔ^{21}xɔ^{44}, tʂ^{h}a^{31}k^{h}əu^{44}iɔ^{13}tʂ^{h}aŋ^{31}tɔ^{44}.

11. 若要庄稼好，肥料要上饱。

ʐuə^{31}iɔ^{213}tʂuaŋ^{51}tɕia^{0}xɔ^{44}, fei^{31}liɔ^{213}iɔ^{13}ʂaŋ^{21}pɔ^{44}.

12. 深谷子，浅糜子，菜籽儿种在表皮子。

ʂən^{51}ku^{31}tsʅ^{213}, tɕ^{h}ian^{44}mi^{31}tsʅ^{213}, ts^{h}ɛ^{21}tsʅ^{44}ɣɤ^{0}tʂuən^{13}tsɛ^{21}piɔ^{44}p^{h}i^{31}tsʅ^{213}.

13. 干拌湿撬，不如家里睡觉。

kan^{51}pan^{213}ʂʅ^{31}tɕ^{h}iɔ^{213}, pu^{21}ʐu^{51}tɕia^{51}li^{0}ʂuei^{13}tɕiɔ^{213}.

14. 陕西的麦子，旋黄旋割。

ʂan^{44}ɕi^{0}ti^{0}mə^{31}tsʅ^{213}, ɕyan^{13}xuan^{312}ɕyan^{13}kə^{312}.

15. 桃三李四杏五年。

t^{h}ɔ^{31}san^{51}li^{44}sʅ^{213}ɕin^{21}vu^{44}ȵian^{0}.

16. 十个朔朔代鸡，不如一个喽喽代猪。

ʂʅ^{31}kə^{213}tʂəu^{51}tʂəu^{0}, pu^{21}ʐu^{51}i^{31}kə^{213}ləu^{51}ləu^{0}.

17. 家有十只羊，光阴年年强。

tɕia^{51}iəu^{44}ʂʅ^{31}tʂʅ^{13}iaŋ^{312}, kuaŋ^{51}in^{51}ȵian^{13}ȵian^{13}tɕ^{h}iaŋ^{312}.

18. 生处好挣钱，熟处好吃饭。

ʂən^{51}tʂ^{h}u^{0}xɔ^{44}tʂən^{13}tɕ^{h}ian^{312}, ʂu^{31}tʂ^{h}u^{213}xɔ^{44}tʂ^{h}ʅ^{31}fan^{213}.

19. 萝卜快了不洗泥。

luə^{31}pu^{213}k^{h}uɛ^{21}lɔ^{44}pu^{31}ɕi^{44}ȵi^{312}.

20. 隔夜的金子不如到手的铜。

kə^{31}iᴇ^{213}ti^{0}tɕin^{51}tsʅ^{0}pu^{21}ʐu^{13}tɔ^{13}ʂəu^{44}ti^{0}t^{h}uən^{312}.

意译：略。

二、长歌谣

十道黑

白布衫子青毡带呀，[pɛ^{312}pu^{213}ʂan^{51}tsʅ^{0}tɕ^{h}in^{51}tʂan^{51}tɛ^{213}ia^{0}] 哎嘿哟；[ɛ^{51}xɛ^{51}iɔ^{51}] 系不着腰里的一呀道黑，[tɕi^{213}pu^{312}tʂə^{0}iɔ^{51}li^{0}ti^{0}i^{51}ia^{51}tɔ^{213}xə^{312}] 哎嘿哟。[ɛ^{51}xɛ^{51}iɔ^{51}] 两个姐儿巧打扮呀，[liaŋ^{44}kə^{0}tɕiᴇ^{44}ɚ^{0}tɕ^{h}iɔ^{44}ta^{44}pan^{213}ia^{0}] 哎嘿哟；[ɛ^{51}xɛ^{51}iɔ^{51}] 眉毛弯弯的两呀道黑，[mi^{312}mɔ^{312}van^{51}van^{51}ti^{0}liaŋ^{44}ia^{51}tɔ^{213}xə^{312}] 哎嘿哟。[ɛ^{51}xɛ^{51}iɔ^{51}] 粉笔墙上写大字呀，[fən^{44}pi^{312}tɕ^{h}iaŋ^{312}ʂaŋ^{0}ɕiᴇ^{44}ta^{213}tsʅ^{213}ia^{0}] 哎嘿哟；[ɛ^{51}xɛ^{51}iɔ^{51}] 圣人爷留下的三呀道黑，[ʂən^{213}ʐən^{312}iᴇ^{312}liəu^{312}ɕia^{0}ti^{0}san^{51}ia^{51}tɔ^{213}xə^{312}] 哎嘿哟。[ɛ^{51}xɛ^{51}iɔ^{51}] 羊毛送在毡匠铺呀，[iaŋ^{312}mɔ^{312}suən^{213}tsɛ^{213}tʂan^{51}tɕiaŋ^{213}p^{h}u^{213}ia^{0}] 哎嘿哟；[ɛ^{51}xɛ^{51}iɔ^{51}] 弹不开着就四呀道黑，[t^{h}an^{312}pu^{0}k^{h}ɛ^{51}tʂə^{0}tɕiəu^{213}sʅ^{51}ia^{51}tɔ^{213}xə^{312}] 哎嘿哟。[ɛ^{51}xɛ^{51}iɔ^{51}] 三尺白布呀下染缸呀，[san^{51}tʂ^{h}ʅ^{312}pɛ^{312}pu^{213}ia^{51}ɕia^{213}ʐan^{44}kaŋ^{51}ia^{0}] 哎嘿哟；[ɛ^{51}xɛ^{51}iɔ^{51}] 染不上色着就五呀道黑，[ʐan^{44}pu^{0}ʂaŋ^{213}sə^{312}tʂə^{0}tɕiəu^{213}vu^{44}ia^{51}tɔ^{213}xə^{312}] 哎嘿哟。[ɛ^{51}xɛ^{51}iɔ^{51}] 羊肉包子呀不能吃呀，[iaŋ^{312}ʐəu^{213}pɔ^{51}tsʅ^{0}ia^{51}pu^{312}nən^{312}tʂ^{h}ʅ^{312}ia^{0}] 哎嘿哟；[ɛ^{51}xɛ^{51}iɔ^{51}] 搭不着蒸笼里六呀道黑，[ta^{312}pu^{0}tʂə^{0}tʂən^{51}luən^{312}li^{0}liəu^{312}ia^{0}tɔ^{213}xə^{312}]

哎嘿哟。[ε51xε51iɔ51] 瞎子骑驴呀沿街过呀，[ɕia312tsɿ0tɕʰi312ly312ia51ian312tɕiᴇ51kuə213ia0] 哎嘿哟；[ε51xε51iɔ51] 摸不着店里着就七呀道黑，[mɔ312pu0tʂə0tian213li0tʂə0tɕiəu213tɕʰi312ia51tɔ213xə312] 哎嘿哟。[ε51xε51iɔ51] 麦子种在歇地里呀，[mə312tsɿ0tʂuən213tsε0ɕiᴇ312ti213li0ia0] 哎嘿哟；[ε51xε51iɔ51] 找不上人着就八呀道黑，[tʂɔ44pu0ʂaŋ0ʐən312tʂə0tɕiəu213pa312ia0tɔ213xə312] 哎嘿哟。[ε51xε51iɔ51] 太医守着个病娃娃呀，[tʰε213i51ʂəu44tʂə0kə0pin213va0va0ia0] 哎嘿哟；[ε51xε51iɔ51] 摸不着血脉着九呀道黑，[mɔ312pu0tʂə0ɕyᴇ312mə312tʂə0tɕiəu51ia0tɔ213xə312] 哎嘿哟。[ε51xε51iɔ51] 白马拉着教场里呀，[pε312ma44la51tʂə0tɕiɔ213tʂʰaŋ312li0ia0] 哎嘿哟；[ε51xε51iɔ51] 扳弓射箭着十呀道黑，[pan51kuən51ʂə213tɕian213tʂə0ʂɿ312ia0tɔ213xə312] 哎嘿哟；[ε51xε51iɔ51] 扳弓射箭着十呀道黑，[pan51kuən51ʂə213tɕian213tʂə0ʂɿ312ia0tɔ213xə312] 哎嘿哟。[ε51xε51iɔ51]

意译：略。

三、故事

牛郎织女

在这个很久很久以前，[tsε13tʂə13kə213xən31tɕiəu44xən31tɕiəu44i44tɕʰian312] 有一个放牛的娃娃，[iəu44i31kə213faŋ13ȵiəu312ti0va31va213] 岁数比较小。[suei13ʂu213pi44tɕiɔ213ɕiɔ44] 他这个爹呀妈呀，[tʰa51tʂə13kə213tiᴇ51ia0ma51ia0] 他在幼年的时候就过世了。[tʰa51tsε213iəu13ȵian312ti0ʂɿ31xəu213tɕiəu13kuə13ʂɿ13lɔ0] 家里啊，[tɕia51li0a0] 剩下一个老牛，[ʂən13xa13i31kə213lɔ44ȵiəu312] 和他咧，[xə31tʰa51liε0] 相依为命。[ɕiaŋ51i51vei31min213] 他整天呀，[tʰa51tʂən44tʰian51ia0] 放牛，[faŋ13ȵiəu312] 拾一点柴火。[ʂɿ13i31tian44tʂʰε31xuə213] 从家里烧一点水呀，[tsʰuən31tɕia51li0ʂɔ51i31tian44ʂuei44ia0] 做一点饭。[tsuə13i31tian44fan213] 渐渐地，[tɕian13tɕian13ti0] 这个放牛娃咧，[tʂə13kə213faŋ13ȵiəu13va31liᴇ0] 也长着十几岁了。[iᴇ44tʂaŋ44tʂə0ʂɿ31tɕi44suei213lɔ0] 十几岁了呢，[ʂɿ31tɕi44suei213lɔ0ȵiᴇ0] 这个，[tʂə13kə213] 老牛看着，[lɔ44ȵiəu312kʰan13tʂə0] 哎呀，[ε31ia31] 这个，[tʂə21kə44] 该到做活的时候，[kε51tɔ213tsu13xuə312ti0ʂɿ31xəu213] 也该到求个媳妇的时候了。[iᴇ44kε51tɔ213tɕʰiəu31kə213ɕi31fu213ti0ʂɿ31xəu213lɔ0] 其实，[tɕʰi31ʂɿ213] 这个老牛啊，[tʂə13kə213lɔ44ȵiəu312ia0] 是天上的这个金牛星。[ʂɿ31tʰian51ʂaŋ0ti0tʂə13kə213tɕin51ȵiəu0ɕin0] 后来呀，[xəu21lε44ia0] 人们，[ʐən31mən213] 看到这个小伙，[kʰan13tɔ213tʂə13kə213ɕiɔ31xuə44] 长大了，[tʂaŋ44ta213lɔ0] 干散的，[kan31san44ti0] 就叫一个牛郎。[tɕiəu13tɕiɔ13i31kə213ȵiəu13laŋ312] 放牛娃咧，[faŋ13ȵiəu312va31liᴇ0] 就改掉了。[tɕiəu21kε44tiɔ0lɔ0] 有一天，[iəu44i31tʰian51] 这个，[tʂə13kə213] 金牛星给这个牛郎啊，[tɕin51ȵiəu31ɕin51kə31tʂə13kə213ȵiəu13laŋ312a0] 托了个梦。[tʰuə31lɔ0kə0mən213] 托了个梦就说，[tʰuə31lɔ0kə0mən213tɕiəu13ʂuə312] 唉，[ε31] 你明天早上啊。[ȵi44min31tʰian51tsɔ44ʂaŋ0a0] 到这个东山脚下，[tɔ13tʂə13kə213tuən51ʂan51tɕiɔ31ɕia213] 这个，[tʂə13kə213] 湖边。[xu31pian51] 哎，[ε44] 有一个天宫中的这个美女，[iəu44i31kə213tʰian51kuən51tʂuən51ti0tʂə13kə213mei31ȵy44] 七个美女，[tɕʰi31kə213mei31ȵy44] 在这个，[tsε13tʂə13kə213] 洗澡啊，[ɕi31tsɔ44a0] 玩水。[van31ʂuei44] 你去，[ȵi44tɕʰy213] 她这个树上呀，[tʰa51tʂə13kə213ʂu21ʂaŋ44a0] 挂一件粉红色的衣服。[kua13i31tɕian213fən44xuən31sə31ti0i51fu0] 你把它偷回来。[ȵi31pa44tʰa51tʰəu51xuei31lε0] 偷回来以后咧，[tʰəu51xuei31lε0i44xəu213liᴇ0] 你就等着。[ȵi44tɕiəu213tən44tʂə0] 这个衣服的主人，[tʂə13kə213i51fu0ti0tʂu44ʐən0] 也就是美女，[iᴇ44tɕiəu13ʂɿ213mei31ȵy44] 以后就成你的媳妇了。[i44xəu213tɕiəu13tʂʰən31ȵi44ti0ɕi31fu213lɔ0] 结果这个牛郎咧，[tɕiᴇ31kuə44tʂə13kə213ȵiəu13laŋ312liᴇ0] 做了个梦，[tsuə21lɔ0kə13mən213] 真的吗，[tʂən51ti0ma0] 假的，[tɕia44t0i] 半信半疑的第二天起来。[pan13ɕin213pan13i312ti0ti13ɣɤ213tʰian0tɕʰi44lε0] 慢慢的，[man13man13ti0]

就从东边的这个湖边走。[tɕiəu^{13}tsʰuən^{31}tuən^{51}pian^{51}ti^{0}tʂə^{13}kə^{213}xu^{31}pian^{51}tsəu^{44}] 哎呀，[ɛ^{44}ia^{21}] 走着，[tsəu^{44}tʂə^{0}] 真的快到的时候，[tʂən^{51}ti^{0}kʰuɛ^{13}tɔ^{213}ti^{0}ʂʅ^{31}xəu^{213}] 就听见，[tɕiəu^{21}tʰin^{51}tɕian^{213}] 哎，[ɛ^{13}] 这怎么？ [tʂə^{21}tsə^{44}mə^{0}] 抬头一看。[tʰɛ^{13}tʰəu^{312}i^{31}kʰan^{213}] 哦，[o^{31}] 真的这个湖里面，[tʂən^{51}ti^{0}tʂə^{13}kə^{213}xu^{31}li^{44}mian^{0}] 有七个仙女呀！ [iəu^{44}tɕʰi^{31}kə^{213}ɕian^{51}ȵy^{44}ia^{0}] 在里面洗澡啊，[tsɛ^{21}li^{44}mian^{0}ɕi^{44}tsɔ^{44}a^{0}] 玩水。[van^{31}ʂuei^{44}] 哦，[o^{31}] 致是真的！ [tʂʅ^{13}ʂʅ^{13}tʂən^{51}ti^{0}] 然后咧，[zan^{31}xəu^{213}liᴇ^{0}] 这个，[tʂə^{13}kə^{213}] 看见这个树上的这个，[kʰan^{13}tɕian^{213}tʂə^{13}kə^{213}ʂu^{13}ʂaŋ^{213}ti^{0}tʂə^{13}kə^{213}] 红衣服，[xuən^{31}i^{51}fu^{0}] 哎。[ɛ^{31}] 偷偷地过去，[tʰəu^{51}tʰəu^{0}ti^{0}kuə^{13}tɕʰy^{0}] 赶紧去，[kan^{44}tɕin^{0}tɕʰy^{213}] 掉头就跑。[tiɔ^{21}tʰəu^{31}tɕiəu^{21}pʰɔ^{55}] 赶紧往屋里跑。[kan^{44}tɕin^{44}vaŋ^{44}vu^{31}ȵi^{213}pʰɔ^{44}] 跑到屋里，[pʰɔ^{44}tɔ^{213}vu^{31}ȵi^{213}] 害怕它飞掉呢。[xɛ^{13}pʰa^{213}tʰa^{51}fei^{51}tiɔ^{0}ȵiᴇ^{0}] 赶紧放到枕头底下压住，[kan^{44}tɕin^{44}faŋ^{13}tɔ^{213}tʂən^{51}tʰəu^{0}ti^{44}xa^{0}ia^{31}tʂu^{213}] 抱住，[pɔ^{13}tʂu^{213}] 等着，[tən^{44}tʂuə^{0}] 再不敢叫跑掉。[tsæ^{13}pu^{312}kan^{44}tɕiɔ^{21}pʰɔ^{44}tiɔ^{0}] 然后咧，[zan^{31}xəu^{213}liᴇ^{0}] 到天黑以后，[tɔ^{21}tʰian^{51}xei^{0}i^{44}xəu^{0}] 这个织女，[tʂə^{13}kə^{213}tʂʅ^{31}ȵy^{44}] 其实是这个衣服的主人，[tɕʰi^{13}ʂʅ^{213}ʂʅ^{13}tʂə^{13}kə^{13}i^{51}fu^{0}ti^{0}tʂu^{44}zən^{0}] 也就是七女。[iᴇ^{44}tɕiəu^{13}ʂʅ^{213}tɕʰi^{31}ȵy^{44}] 七女，[tɕʰi^{31}ȵy^{44}] 哎，[ɛ^{44}] 织女，[tʂʅ^{31}ȵy^{44}] 也就是，[iᴇ^{44}tɕiəu^{13}ʂʅ^{213}] 在敲门。[tsɛ^{21}tɕʰiɔ^{51}mən^{312}] 敲门，[tɕʰiɔ^{51}mən^{312}] 他开开以后，[tʰa^{51}kʰɛ^{51}kʰɛ^{0}i^{44}xəu^{0}] 这就两人呐，[tʂə^{13}tɕiəu^{213}liaŋ^{44}zən^{31}na^{0}] 就做了夫妻的这种关系。[tɕiəu^{13}tsuə^{21}lɔ^{0}fu^{51}tɕʰi^{51}ti^{0}tʂə^{21}tʂuən^{44}kuan^{51}ɕi^{0}] 这，[tʂə^{213}] 时间也过得真快。[ʂʅ^{31}tɕian^{51}iᴇ^{44}kuə^{13}tə^{0}tʂən^{51}kʰuɛ^{213}] 呼噜的一眨眼，[xu^{51}lu^{51}ti^{0}i^{13}tʂa^{31}ian^{44}] 三年过了。[san^{51}ȵian^{312}kuə^{21}lɔ^{0}] 这三年咧，[tʂə^{13}san^{51}ȵian^{31}liᴇ^{0}] 牛郎，[ȵiəu^{13}laŋ^{312}] 耕地啊，[kən^{51}ti^{213}a^{0}] 打柴啊。[ta^{44}tʂʰɛ^{312}a^{0}] 勤奋，[tɕʰin^{31}fən^{213}] 非常的勤奋。[fei^{51}tʂʰaŋ^{0}ti^{0}tɕʰin^{31}fən^{213}] 这个，[tʂə^{13}kə^{213}] 七女咧，[tɕʰi^{31}ȵy^{44}liᴇ^{0}] 在家里操持家务。[tsɛ^{21}tɕia^{51}li^{0}tsʰɔ^{51}tʂʰʅ^{0}tɕia^{51}vu^{0}] 在这三年还生了一个男孩和一个女孩，[tsɛ^{13}tʂə^{13}san^{51}ȵian^{31}xan^{31}ʂən^{51}lɔ^{0}i^{31}kə^{213}nan^{31}xɛ^{213}xə^{31}i^{31}kə^{213}ȵy^{44}xɛ^{0}] 两个娃娃。[liaŋ^{44}kə^{0}va^{31}va^{213}] 这后头突然有一天，[tʂə^{51}xəu^{13}tʰəu^{0}tʰu^{13}zan^{312}iəu^{44}i^{31}tʰian^{51}] 她这个七女啊，[tʰa^{51}tʂə^{13}kə^{213}tɕʰi^{31}ȵy^{44}a^{0}] 这个下凡呐，[tʂə^{13}kə^{213}ɕia^{13}fan^{312}na^{0}] 从天宫下凡，[tsʰuən^{31}tʰian^{51}kuən^{51}ɕia^{13}fan^{312}] 叫这个玉皇大帝给知道了。[tɕiɔ^{13}tʂə^{13}kə^{213}y^{13}xuaŋ^{312}ta^{13}ti^{213}kə^{31}tʂʅ^{51}tɔ^{0}lɔ^{0}] 这个，[tʂə^{13}kə^{213}] 这不行。[tʂə^{13}pu^{13}ɕin^{312}] 这就后来，[tʂə^{13}tɕiəu^{13}xəu^{13}lɛ^{31}] 有一天啊，[iəu^{44}i^{31}tʰian^{51}a^{0}] 电闪雷鸣，[tian^{21}ʂan^{44}luei^{13}min^{312}] 下着雷，[ɕia^{21}tʂə^{0}luei^{312}] 下着雨。[ɕia^{21}tʂə^{0}y^{44}] 很大的雨，[xən^{44}ta^{213}ti^{0}y^{44}] 把两个娃娃吓得直哭。[pa^{44}liaŋ^{44}kə^{0}va^{31}va^{213}ɕia^{21}ti^{0}tʂʅ^{13}kʰu^{312}] 哭得啊，[kʰu^{31}ti^{0}a^{0}] 这个牛郎就没有办法。[tʂə^{13}kə^{213}ȵiəu^{13}laŋ^{312}tɕiəu^{13}mei^{31}iəu^{44}pan^{21}fa^{44}] 哎呀，[ɛ^{31}ia^{31}] 这价$^{=}$怎么办呢？ [tʂə^{13}tɕia^{0}tʂən^{44}mə^{0}pan^{13}ȵiᴇ^{0}] 致致致，[tʂʅ^{51}tʂʅ^{51}tʂʅ^{51}] 哄去哄不乖，[xuən^{44}tɕʰi^{0}xuən^{44}pu^{0}kuɛ^{51}] 又找这个织女去咧，[iəu^{21}tʂɔ^{44}tʂə^{13}kə^{213}tʂʅ^{31}ȵy^{44}tɕʰi^{13}liᴇ^{0}] 又找不着。[iəu^{21}tʂɔ^{44}pu^{0}tʂuə^{0}] 这人到哪里去了？ [tʂə^{13}zən^{31}tɔ^{21}na^{44}li^{0}tɕʰy^{13}lɔ^{0}] 急的，[tɕi^{31}ti^{0}] 正急的没有办法的时候咧，[tʂən^{51}tɕi^{31}ti^{0}mei^{31}iəu^{44}pan^{21}fa^{44}ti^{0}ʂʅ^{13}xəu^{213}liᴇ^{0}] 这个家里养的这条老牛，[tʂə^{13}kə^{213}tɕia^{51}li^{0}iaŋ^{44}ti^{0}tʂə^{13}tʰiɔ^{31}lɔ^{44}ȵiəu^{312}] 就突然开口说话了。[tɕiəu^{13}tʰu^{13}zan^{31}kʰɛ^{51}kʰəu^{44}ʂuə^{31}xua^{213}lɔ^{0}] 说，[ʂuə^{31}] 哎，[ɛ^{44}] 这个老牛咋说话了呢？ [tʂə^{13}kə^{213}lɔ^{44}ȵiəu^{312}tsa^{31}ʂuə^{31}xua^{213}lə^{0}ȵiᴇ^{51}] 这个老牛就说，[tʂə^{13}kə^{213}lɔ^{44}ȵiəu^{312}tɕiəu^{13}ʂuə^{312}] 哎，[ɛ^{31}] 年轻人，[ȵian^{31}tɕʰin^{51}zən^{0}] 小伙子！ [ɕiɔ^{44}xuə^{0}tsʅ^{0}] 你你，[ȵi^{44}ȵi^{44}] 你不要紧张，[ȵi^{44}pu^{31}iɔ^{213}tɕin^{44}tʂaŋ^{51}] 你也不要发愁。[ȵi^{44}iᴇ^{44}pu^{31}iɔ^{213}fa^{31}tʂʰəu^{312}] 现在啊，[ɕian^{13}tsɛ^{213}a^{0}] 我的这个，[və^{44}ti^{0}tʂə^{13}kə^{213}] 头上的这个角啊，[tʰəu^{31}ʂaŋ^{213}ti^{0}tʂə^{13}kə^{213}tɕyᴇ^{312}a^{0}] 你扳下来，[ȵi^{44}pan^{51}xa^{13}lɛ^{0}] 扳下来，[pan^{51}xa^{13}lɛ^{0}] 就能变成两个箩筐。

[tɕiəu^{13}nən^{31}pian^{13}tʂ^{h}ən^{31}liaŋ^{44}kə^{0}luə^{31}k^{h}uaŋ^{51}] 哎，[ɛ^{31}] 装上两个娃娃。[tʂuaŋ^{51}ʂaŋ^{0}liaŋ^{44}kə^{0}va^{31}va^{213}] 你就，[ȵi^{44}tɕiəu^{213}] 扁担一担，[pian^{44}tan^{51}i^{31}tan^{51}] 你就可以找，[ȵi^{44}tɕiəu^{21}k^{h}ə^{44}i^{0}tʂɔ^{44}] 这个，[tʂə^{13}kə^{213}] 你的妻子，[ȵi^{44}ti^{0}tɕ^{h}i^{51}tsɿ^{0}] 织女去了。[tʂʅ^{31}ȵy^{44}tɕ^{h}i^{0}lɔ^{0}] 这个牛郎正半信半疑。[tʂə^{13}kə^{213}ȵiəu^{13}laŋ^{312}tʂən^{13}pan^{13}ɕin^{13}pan^{13}i^{312}] 哎呀，[ɛ^{44}ia^{31}] 真的能扳吗？ [tʂən^{51}ti^{0}nən^{31}pan^{51}ma^{0}] 致个老牛咋说话了呢？ [tʂʅ^{13}kə^{13}lɔ^{44}ȵiəu^{312}tsa^{31}ʂuə^{31}xua^{213}lɔ^{0}ȵiɛ^{0}] 在这个，[tsɛ^{13}tʂə^{13}kə^{213}] 突然的，[t^{h}u^{13}ʐan^{31}ti^{0}] 这两个角就掉下来了。[tʂə^{21}liaŋ^{44}kə^{0}tɕyᴇ^{312}tɕiəu^{13}tiɔ^{13}ɕia^{13}lɛ^{31}lɔ^{0}] 掉下来以后，[tiɔ^{13}ɕia^{13}lɛ^{31}i^{44}xəu^{213}] 就变成两个筐子。[tɕiəu^{13}pian^{13}tʂ^{h}ən^{31}liaŋ^{44}kə^{0}k^{h}uaŋ^{51}tsɿ^{0}] 真的就变成两个筐子了。[tʂən^{51}ti^{0}tɕiəu^{13}pian^{13}tʂ^{h}ən^{31}liaŋ^{44}kə^{0}k^{h}uaŋ^{51}tsɿ^{0}lɔ^{0}] 这个牛郎咧，[tʂə^{13}kə^{13}ȵiəu^{13}laŋ^{31}liᴇ^{0}] 他，[t^{h}a^{51}] 两个娃娃，[liaŋ^{44}kə^{0}va^{31}va^{213}] 就一个筐里放一个。[tɕiəu^{13}i^{31}kə^{213}k^{h}uaŋ^{51}li^{0}faŋ^{13}i^{31}kə^{213}] 拿上扁担担上。[na^{31}ʂaŋ^{213}pian^{44}tan^{0}tan^{51}ʂaŋ^{0}] 担上以后，[tan^{51}ʂaŋ^{0}i^{44}xəu^{213}] 忽然，[xu^{51}ʐan^{0}] 哎！ [ɛ^{44}] 这怎么，[tʂə^{21}tsən^{44}mə^{44}] 实话就像是飘起来了，[ʂʅ^{31}xua^{213}tɕiəu^{13}ɕiaŋ^{13}ʂʅ^{213}p^{h}iɔ^{51}tɕ^{h}i^{44}lɛ^{0}lɔ^{0}] 飞起来的感觉。[fei^{51}tɕ^{h}i^{0}lɛ^{0}ti^{0}kan^{44}tɕyᴇ^{0}] 哎，[ɛ^{31}] 是越飞越快，[ʂʅ^{13}yᴇ^{31}fei^{51}yᴇ^{31}k^{h}uɛ^{213}] 越飞越快。[yᴇ^{31}fei^{51}yᴇ^{31}k^{h}uɛ^{213}] 这眼看着，[tʂə^{51}ian^{44}k^{h}an^{13}tʂə^{0}] 这，[tʂə^{51}] 飞呀飞呀，[fei^{51}ia^{0}fei^{51}ia^{0}] 飞上。[fei^{51}ʂaŋ^{0}] 哦，[o^{44}] 这把个人的媳妇，[tʂə^{13}pa^{31}kə^{31}ʐən^{213}ti^{0}ɕi^{31}fu^{213}] 织女看见了，[tʂʅ^{31}ȵy^{44}k^{h}an^{13}tɕian^{13}lɔ^{0}] 快看见了。[k^{h}uɛ^{13}k^{h}an^{13}tɕian^{13}lɔ^{0}] 这时候啊，[tʂə^{13}ʂʅ^{13}xəu^{213}a^{0}] 天宫的这个，[t^{h}ian^{51}kuən^{51}ti^{0}tʂə^{13}kə^{213}] 王母娘娘，[vaŋ^{31}mu^{44}ȵiaŋ^{31}ȵiaŋ^{213}] 看见了，[k^{h}an^{13}tɕian^{13}lɔ^{0}] 发现了。[fa^{31}ɕian^{213}lɔ^{0}] 这不行，[tʂə^{13}pu^{13}ɕin^{312}] 就把这个，[tɕiəu^{13}pa^{31}tʂə^{13}kə^{213}] 头上，[t^{h}əu^{31}ʂaŋ^{213}] 那有个金簪。[na^{21}iəu^{44}kə^{0}tɕin^{51}tsan^{51}] 金簪取下来以后，[tɕin^{51}tsan^{51}tɕ^{h}y^{44}ɕia^{13}lɛ^{0}i^{44}xəu^{213}] 在这个织女和牛郎的中间，[tsɛ^{13}tʂə^{13}kə^{213}tʂʅ^{31}ȵy^{44}xə^{31}ȵiəu^{13}laŋ^{31}ti^{0}tʂuən^{51}tɕian^{51}] 划了一道痕。[xua^{13}lɔ^{0}i^{31}tɔ^{13}xən^{312}] 突然，[t^{h}u^{51}ʐan^{0}] 很快的时候，[xən^{44}k^{h}uɛ^{213}ti^{0}ʂʅ^{31}xəu^{213}] 这个划痕就变成一道天河了。[tʂə^{13}kə^{13}xua^{13}xən^{312}tɕiəu^{13}pian^{13}tʂ^{h}ən^{31}i^{31}tɔ^{213}t^{h}ian^{51}xə^{0}lɔ^{0}] 这个天河呀，[tʂə^{13}kə^{13}t^{h}ian^{51}xə^{0}ia^{0}] 水，[ʂuei^{44}] 水，[ʂuei^{44}] 就大得很。[tɕiəu^{13}ta^{13}ti^{0}xən^{44}] 这个牛郎咧，[tʂə^{13}kə^{213}ȵiəu^{13}laŋ^{31}liᴇ^{0}] 试图要这么，[ʂʅ^{13}t^{h}u^{31}iɔ^{13}tʂə^{13}mə^{0}] 想过去。[ɕiaŋ^{44}kuə^{21}tɕ^{h}y^{44}] 你高，[ȵi^{44}kɔ^{51}] 河也高。[xə^{31}iᴇ^{44}kɔ^{51}] 你飞得快，[ȵi^{44}fei^{51}ti^{0}k^{h}uɛ^{213}] 河也越宽。[xə^{31}iᴇ^{44}yᴇ^{31}k^{h}uan^{51}] 就看不着，[tɕiəu^{13}k^{h}an^{13}pu^{0}tʂuə^{0}] 很宽很宽。[xən^{44}kuan^{51}xən^{44}kuan^{51}] 这时候咧，[tʂə^{13}ʂʅ^{31}xəu^{213}liᴇ^{0}] 这个，[tʂə^{13}kə^{213}] 天上的这个喜鹊，[t^{h}ian^{51}ʂaŋ^{0}ti^{0}tʂə^{13}kə^{213}ɕi^{44}tɕ^{h}yᴇ^{0}] 哎，[ɛ^{31}] 这个喜鹊。[tʂə^{13}kə^{213}ɕi^{44}tɕ^{h}yᴇ^{0}] 说是，[ʂuə^{31}ʂʅ^{213}] 哎，[ɛ^{31}] 同情这个牛郎和这个织女啊，[t^{h}uən^{13}tɕ^{h}in^{31}tʂə^{13}kə^{213}ȵiəu^{13}laŋ^{31}xə^{31}tʂə^{13}kə^{213}tʂʅ^{31}ȵy^{44}a^{0}] 同情他们。[t^{h}uən^{13}tɕ^{h}in^{31}t^{h}a^{51}mən^{0}] 哎，[ɛ^{31}] 成千上万的喜鹊啊。[tʂ^{h}ən^{31}tɕ^{h}ian^{51}ʂaŋ^{13}van^{213}ti^{0}ɕi^{44}tɕ^{h}yᴇ^{0}a^{0}] 就一个接一个，[tɕiəu^{13}i^{31}kə^{213}tɕiᴇ^{31}i^{31}kə^{213}] 一个的头和一个的尾，[i^{31}kə^{213}ti^{0}t^{h}əu^{312}xə^{31}i^{31}kə^{213}ti^{0}vei^{44}] 接得很长很长，[tɕiᴇ^{31}ti^{0}xən^{44}tʂ^{h}aŋ^{31}xən^{44}tʂ^{h}aŋ^{312}] 成千上万的。[tʂ^{h}ən^{31}t^{h}ian^{51}ʂaŋ^{13}van^{213}ti^{0}] 就搭了一个桥，[tɕiəu^{13}ta^{31}lɔ^{0}i^{31}kə^{213}tɕ^{h}iɔ^{312}] 搭了一个桥，[ta^{31}lɔ^{0}i^{31}kə^{213}tɕ^{h}iɔ^{312}] 这个喜鹊就每年的农历，[tʂə^{13}kə^{213}ɕi^{44}tɕ^{h}yᴇ^{0}tɕiəu^{13}mei^{44}ȵian^{312}ti^{0}nuən^{13}li^{312}] 七月七。[tɕ^{h}i^{31}yᴇ^{13}tɕ^{h}i^{312}] 就是，[tɕiəu^{13}ʂʅ^{213}] 一年，[i^{13}ȵian^{312}] 牛郎和织女，[ȵiəu^{13}laŋ^{312}xə^{31}tʂʅ^{31}ȵy^{44}] 就会一次面。[tɕiəu^{13}xuei^{13}i^{31}ts^{h}ɿ^{0}mian^{213}] 见一次面。[tɕian^{13}i^{31}ts^{h}ɿ^{0}mian^{213}] 哎，[ɛ^{31}] 就这么个。[tɕiəu^{13}tʂə^{21}mə^{0}kə^{0}]

意译：同前。

第三节　永登县口头文化

一、歌谣

1. 锅滚了，米烂了，电影机子的气断了；锅没有滚，米没有烂，电影机子的气没有断。

kuə44kuə̃n44liɔ21, mi44læ̃21liɔ44, tiæ̃22in44tɕi53tsɿ21ti21tɕʰi44tuæ̃22liɔ44; kuə44mei22iɤu44kuə̃n354, mi44mei22iɤu44læ̃13, tiæ̃22in44tɕi53tsɿ21ti21tɕʰi44mei22iɤu44tuæ̃13.

2. 一二一，老婆子炒洋芋；炒下的洋芋生着哩，老汉子吃上了哼实哼叫唤着哩。

i42a21i42, lɔ22pʰə53tsɿ21tʂʰɔ44iɑ̃21y53; tʂʰɔ22xa44ti21iɑ̃21y53ʂə̃n42tʂə21li21, lɔ22xæ̃53tsɿ21tʂʰʅ22ʂɑ̃22liɔ44xə̃n42ʂʅ44xə̃n42tʂə21li.

3. 尕荡荡拟声词，罗面面，阿舅来了做饭饭；做白面，舍不得，做黑面二面，笑话哩；杀公鸡，还叫鸣哩，杀母鸡，还下蛋哩；杀狗哩，看门哩，杀阿舅，阿舅听见就走哩。

ka13tɑ̃13tɑ̃53, luə53miæ̃22miæ̃53, a22tɕiɤu44lɛ53liɔ21tsu13fæ̃21fæ̃53; tsuə21pɛ53miæ̃21, ʂə22pu53tɛ21, tsuə13xiɛ21miæ̃13, ɕiɔ22xua22li44; ʂa22kuə̃n42tɕi21, xæ̃22tɕiɔ22min53li21, ʂa22mu53tɕi21, xæ̃22ɕia44tæ̃21li13; ʂa22kɤu354li21, kʰæ̃22mə̃n53li21, ʂa22a22tɕiɤu44, a22tɕiɤu44tʰin42tɕiæ̃21tɕiɤu22tsɤu354li21.

4. 亲家亲家你坐下，我给你熬面茶；一熬熬到大饭罢，揭开锅盖没是啥没东西；亲家亲家你去吧，再下次回来了再喝吧。

tɕʰin22tɕia42tɕʰin22tɕia42ȵi53tsuə22xa53, və53kei22ȵi53ɔ53miæ̃22tʂʰa53; i22ɔ53ɔ53tɔ21ta13fæ̃21pa42, tɕiɛ22kʰɛ42kuə42kɛ21mə21ʂʅ13sa42; tɕʰin22tɕia42tɕʰin22tɕia42ȵi53tɕʰy21pa53, tsɛ13xuei53lɛ53liɔ21tsɛ13xə21pa42.

5. 端上一杯水，拿上一本书；坐在树底下，喝口水，看看书；你看舒服不舒服。

tuæ̃42ʂɑ̃21i22pei44fei53, na53ʂɑ̃21i22pə̃n44fu53; tsuə22tsɛ44fu22ti44xa21, xə22kʰɤu354fei53, kʰæ̃22kʰæ̃44fu42; ȵi55kʰæ̃13fu44fu21pu21fu44fu21.

以上 5 条意译：略。

6. 马杂碎的杂碎，文化馆里的戏，不吃不看不着气。

ma44tsa53suei21ti21tsa53suei21, və̃n21xua13kuæ̃354li42ti21ɕi13, pu13tʂʰʅ44pu13kʰæ̃13pu13pfə21tɕʰi35.

意译：马杂碎家的杂碎不好吃，文化馆里的戏不好看，不吃杂碎不看戏，才能不生气。

7. 大洼沟，沟朝南，大洼沟有个李老板；喊一声，山动弹，眼睛像个黄鸡蛋。

ta22va22kɤu53, kɤu53tʂʰɔ22næ̃53, ta22va22kɤu53iɤu53kə21li55lɔ44pæ̃53; xæ̃13i42ʂə̃n21, ʂæ̃42tuə̃n21tʰæ̃21, iæ̃354tɕin21ɕiɑ̃13kə21xuɑ̃21tɕi42tæ̃21.

意译：略。

二、故事

牛郎织女

讲一个牛郎织女的故事。[tɕiɑ̃22i42kə21ȵiɤu22lɑ̃44tʂʅ22ȵy354ti21ku13ʂʅ21] 相传古时候，[ɕiɑ̃44pfʰæ̃53ku44ʂʅ53xɤu42] 有个小伙子，[iɤu53kə21ɕiɔ22xuə22tsɿ53] 父母都去世了，[fu22mu44tɤu44tɕʰy44ʂʅ21liɔ42] 孤苦伶仃，[ku44kʰu44lin22tin42] 家里养着一个老牛，[tɕia42li21iɑ̃13tʂə21i21kə13lɔ44ȵiɤu53] 他以给人耕地为生。[tʰa44i21kei21ʐə̃n53kə̃n42ti13vei22ʂə̃n42] 每天与老牛是相依为命，[mei53tʰiæ̃21y21lɔ354ȵiɤu53ʂʅ21ɕiɑ̃44i42vei13min21] 他把这个老牛也非常好，[tʰa44pa42tʂə44 kə21lɔ354ȵiɤu53iɛ42fei44tʂʰɑ̃53xɔ13] 其实这个老牛呢，[tɕʰi22ʂʅ53tʂə22kə44lɔ44ȵiɤu53nə21] 是天上的金牛星下凡。[ʂʅ21tʰiæ̃44ʂɑ̃53ti21tɕin44ȵiɤu53ɕin42ɕia22fæ̃53] 老牛想给这个牛郎娶个媳妇，[lɔ44ȵiɤu53ɕiɑ̃354kei21tʂə22kə44ȵiɤu21lɑ̃13tɕʰy354kə21ɕi21fu13] 成个家。[tʂʰə̃n53kə21tɕia42] 有一天哪，[iɤu354i22tʰiæ̃n42na21] 这个老牛就给牛郎托了个梦，[tʂə22kə44lɔ44ȵiɤu53tɕiɤu21kei13ȵiɤu21lɑ̃13tʰuə21lə13kə21mə̃n13] 就说：[tɕiɤu13fə21] "明天村东头的山脚下的湖里有几个仙女下凡洗澡，[min53tʰiæ̃21tsʰuə̃n44tuə̃n42tʰɤu21ti21ʂæ̃44tɕyə21ɕia13ti21xu53li21iɤu44tɕi53kə21ɕiæ̃44ȵy354ɕia22fæ̃53ɕi53tsɔ21] 你去把她的一个衣裳拿来一件，[ȵi53tɕʰi44pa21tʰa44ti21i21kə13i42ʂɑ̃21na53lɛ21i21tɕiæ̃13] 她就会跟你回来。" [tʰa42tɕiɤu42xuei22kə̃n42ȵi21xuei53lɛ21] 牛郎醒来以后说半信半疑，[ȵiɤu22lɑ̃44ɕin53lɛ21i53xɤu21fə21pæ̃13ɕin44pæ̃22i53] 哎，[ɛ13] 这真的嘛假的，[tʂə44tʂə̃n42ti21ma21tɕia354ti21] 但是他把老牛的话非常相信，[tæ̃22ʂʅ44tʰa42pa21lɔ55ȵiɤu53ti21xua13fei44tʂʰɑ̃13ɕiɑ̃44ɕin13] 就说，[tɕiɤu44fə21] 去了。[tɕʰi13liɔ21] 第二天早上早早起来，[ti22a22tʰiæ̃44tsɔ44ʂɑ̃21tsɔ22tsɔ44tɕʰi13liɔ21] 果然，[kuə22zæ̃44] 山脚下的湖里有七个仙女在洗澡，[ʂæ̃44tɕyə21ɕia44ti21xu53li21iɤu21tɕʰi21kə44ɕiæ̃44ȵy21tsɛ21ɕi44tsɔ21] 牛郎就把这个一件粉红色的衣裳拿上，[ȵiɤu22lɑ̃55tɕiɤu21pa21tʂə21kə13i22tɕiæ̃44fə̃n53xuə̃n53sə21ti13i42ʂɑ̃21na53ʂɑ̃21] 转头就跑，[pfæ̃22tʰɤu53tɕiɤu21pʰɔ13] 按照老牛吩咐的绝不回头，[æ̃13tʂɔ21lɔ44ȵiɤu53fə̃n42fu21ti21tɕyə53pu21xuei53tʰɤu53] 跑回来以后唻，[pʰɔ354xuei53lɛ21i53xɤu21lɛ22] 当天晚上唻，[tɑ̃44tʰiæ̃21væ̃354ʂɑ̃53lɛ21] 这个织女就自己跑到牛郎的家里，[tʂə22kə44tʂʅ22ȵy53tɕiɤu21tsʅ22tɕi44pʰɔ354tɔ21ȵiɤu53lɑ̃21ti21tɕia42li21] 他们就成了夫妻。[tʰa44mə̃n21tɕiɤu21tʂʰə̃n53liɔ21fu22tɕʰi42] 织女在牛郎的家里整整过了三年，[tʂʅ22ȵy53tsɛ21ȵiɤu21lɑ̃13ti21tɕia42li21tʂə̃n22tʂə̃n53kuə21liɔ13sæ̃44ȵiæ̃53] 生了一儿一女，[ʂə̃n42liɔ21i21a13i21ȵy53] 他们两个人，[tʰa22mə̃n44liɑ̃22kə42zə̃n53] 男耕女织，[næ̃53kə̃n44ȵy55tʂʅ13] 日子过得也很不错。[zʅ22tsʅ22kuə22ti44iɛ44xə̃n55pu21tsʰuə13] 但是，[tæ̃13ʂʅ21] 这件事情让天上的玉皇大帝知道了，[tʂə53tɕiæ̃21ʂʅ22tɕʰin44zɑ̃22tʰiæ̃42ʂɑ̃21ti21y21xuɑ̃44ta13ti21tʂʅ42tɔ21liɔ21] 织女私自下凡，[tʂʅ22ȵy53sʅ42tsʅ21ɕia13fæ̃53] 与人间凡人成亲，[y21zə̃n21tɕiæ̃13fæ̃22zə̃n53tʂʰə̃n53tɕʰin42] 这是绝对天条不允许的。[tʂə13ʂʅ21tɕyə13tuei21tʰiæ̃44tʰiɔ53pu21yn53ɕy354ti21] 有一天嘛，[iɤu44i42tʰiæ̃42ma21] 突然雷鸣震道，[tʰu42zæ̃13luei53min53tʂə̃n44tɔ13] 又打雷又下雨又刮风，[iɤu22ta13luei21iɤu44ɕia13y53iɤu44kua13fə̃n42] 天是黑压压乌沉沉。[tʰiæ̃42ʂʅ21xei44ia13ia21vu13tʂʰə̃n13tʂʰə̃n21] 这是玉皇大帝派天兵天将来把玉女抓走了，[tʂə44ʂʅ21y44xuɑ̃53ta13ti44pʰɛ13tʰiæ̃44pin44tʰiæ̃44tɕiɑ̃21lɛ44pa21y22ȵy44pfa42tsɤu44lə21] 当雨过的时候，[tɑ̃44y44kuə21ti44ʂʅ53xɤu21] 看，[kʰæ̃13] 发现织女不见了，[fa13ɕiæ̃44tʂʅ22ȵy53pu21tɕiæ̃13liɔ44] 哎呀，[ɛ44ia21] 两个娃娃拉着牛郎的手说着，[liɑ̃354kə21va53va21la42tʂə21ȵiɤu21lɑ̃13ti21ʂɤu21fə21tʂə21] 这家娃娃没有妈了，[tʂə42tɕia21va53va21mei22iɤu44ma42liɔ21] 牛郎说，[ȵiɤu22lɑ̃44fə21] 天哪，[tʰiæ̃53na21] 这可怎么办哩？ [tʂə13kʰə21tsə̃n53mə21pæ̃22li44] 这时候唻，[tʂə22ʂʅ53xɤu21lɛ21] 金牛星老牛说话了，[tɕin44ȵiɤu53ɕin42lɔ44ȵiɤu53fə21xua13liɔ21] 开口说话了，[kʰɛ44kʰɤu53fə21xua13liɔ21] 说：[fə21] "牛郎啊，[ȵiɤu21lɑ̃13a21] 你不要着急，[ȵi53pu22iɔ44tʂɔ44tɕi53] 你把我的两个角拿下来，[ȵi354pa21və35ti21liɑ̃354kə21kə13na53ɕia44lɛ53] 它会变成两个筐，[tʰa22xuei44piæ̃22tʂʰə̃n44liɑ̃354kə21kʰuɑ̃42] 你把两个娃娃担上，[ȵi53pa21liɑ̃354kə21va53va21tæ̃42ʂɑ̃21] 去天上撵你这个媳妇。" [tɕʰi13tʰiæ̃42ʂɑ̃21ȵiæ̃53ȵi53tʂə21kə21ɕi21fu13] 正说着，[tʂə̃n44fə21tʂə21] 两个牛角自动掉了下来，[liɑ̃354kə21ȵiɤu53kə13tsʅ44tuə̃n44tiɔ22liɔ53ɕia22lɛ53] 果真变成了两个大筐，[kuə22tʂə̃n42piæ̃22tʂʰə̃n53liɔ21liɑ̃354kə21ta13kʰuɑ̃42] 牛郎用一根扁担挑着筐，[ȵiɤu22lɑ̃53yn44i22kə̃n44piæ̃13tæ̃21tʰiɔ44tʂə21kʰuɑ̃42] 挑着两个娃娃，[tʰiɔ44tʂə21liɑ̃44kə21va53va21] 忽

然间轻飘飘地就飞起来了，[xu44zæ̃21tɕiæ̃21tɕʰin44pʰiɔ42pʰiɔ42ti21tɕiɤu21fei42tɕʰi21lɛ53liɔ21] 飞到天上去，[fei44tɔ44tʰiæ̃44ʂɑ̃21tɕʰi21] 找这个追赶织女，[tʂɔ44tʂə21kə21pfei42kæ̃44tʂʅ22ȵy53] 眼看快要追上了。[iæ̃44kʰæ̃44kʰuɛ44iɔ21pfei42ʂɑ̃21liɔ21] 突然间被天上的王母娘娘发现了，[tʰu44zæ̃44tɕiæ̃44pi44tʰiæ̃44ʂɑ̃21ti21vɑ̃22mu44ȵiɑ̃53ȵiɑ̃21fa22ɕiæ̃44liɔ21] 王母娘娘摘下头上的一根金簪，[vɑ̃22mu44ȵiɑ̃53ȵiɑ̃21tʂə42ɕia21tʰɤu53ʂɑ̃21ti21i22kə̃n44tɕin42tsæ̃42] 往天空一划，[vɑ̃22tʰiæ̃44kʰuə̃n44i21xua13] 立刻变成了一条天河，[li22kʰə42piæ̃22tʂʰə̃n44liɔ21i22tʰiɔ44tʰiæ̃44xə53] 这就把牛郎和织女相隔两岸，[tʂə42tɕiɤu21pa21ȵiɤu42lɑ̃44xə21tʂʅ22ȵy53ɕiɑ̃44kə13liɑ̃354æ̃13] 分开了，[fə̃n44kʰɛ42liɔ21] 过不去了，[kuə22pu44tɕʰy53liɔ21] 毕竟他是个凡人。[pi22tɕin44tʰa42ʂʅ21kə21fæ̃22ʐə̃n53] 这件事唻，[tʂə13tɕiæ̃21ʂʅ13lɛ21] 感动了天上的喜鹊，[kæ̃354tuə̃n21liɔ21tʰiæ̃42ʂɑ̃21ti21ɕi13tɕʰyə21] 喜鹊么就成千上万的喜鹊一个蛰着一个的尾巴形成了一个桥，[ɕi13tɕʰyə42mə21tɕiɤu21tʂʰə̃n22tɕʰiæ̃44ʂɑ̃13væ̃13ti21ɕi13tɕʰyə21i22kə44tʂə42tʂə21i21kə13ti21vei354pa21ɕin22tʂʰə̃n53liɔ21i21kə13tɕʰiɔ53] 这叫鹊桥的故事，[tʂə13tɕiɔ21tɕʰyə44tɕʰiɔ53ti21ku42ʂʅ21] 牛郎织女吧，[ȵiɤu22lɑ̃44tʂʅ22ȵy44pa21] 在七月七的这一天嘛就相见了，[tsɛ22tɕʰi22yə44tɕʰi21ti21tʂə44i21tʰiæ̃42ma21tɕiɤu22ɕiɑ̃42tɕiæ̃13liɔ21] 相传嘛，[ɕiɑ̃44pfʰæ̃53ma21] 就每年喜鹊都到这里来搭桥，[tɕiɤu22mei354ȵiæ̃53ɕi13tɕʰyə21tɤu42tɔ21tʂə13li42lɛ21ta22tɕʰiɔ53] 帮助他们牛郎和织女相见一面，[pɑ̃44pfu21tʰa22mə̃n42ȵiɤu53lɑ̃44xə21tʂʅ22ȵy53ɕiɑ̃44tɕiæ̃42i22miæ̃42] 这就是牛郎织女的故事。[tʂə44tɕiɤu22ʂʅ42ȵiɤu53lɑ̃44tʂʅ22ȵy55ti21ku13ʂʅ21]

意译：同前。

三、自选条目

1. 炒面捏娃娃——熟人。

tʂʰɔ354miæ̃21ȵiɛ21va53va21——fu53ʐə̃n53.

2. 三十晚上养下的，初一早上死掉了——浓缩人生。

sæ̃44ʂʅ21væ̃354ʂɑ̃21iɑ̃21xa44ti21, pfʰu44i21tsɔ354ʂɑ̃21sʅ21tiɔ42liɔ21——nuə̃n53suə44ʐə̃n22ʂə̃n42.

3. 怵鼻鼻子不通气骡子卖了个驴价钱——吃了个嘴上的亏。

tʂʰu44pi44luə53tsʅ21mɛ21liɔ21kə44ly53tɕia22tɕʰiæ̃53——tʂʰʅ22liɔ13kə44tsuei22ʂɑ̃53ti21kʰuei42.

4. 咸水河的姑娘嫁给韩家嘴了——还是个咸。

xæ̃21fei13xə53ti21ku42ȵiɑ̃55tɕia22kei44xæ̃13tɕia21tsuei354liɔ21——xæ̃22ʂʅ22kə44xæ̃53.

5. 正月十五贴门神——迟了半个月。

ʂə̃n42yə44ʂʅ22vu44tʰiɛ44mə̃n22ʂə̃n44——tʂʰʅ53liɔ21pæ̃22kə44yə13.

6. 瞎子点灯——白费蜡。

xa21tsʅ13tiæ̃42tə̃n42——piɛ53fei53la21.

7. 瞎子掏包——硬做。

xa21tsʅ13tʰɔ42pɔ42——ȵin44tsu21.

8. 花椒树底下养下出生的，清油缸里泡下的——又麻利，又尖蹿聪明。

xua44tɕiɔ44fu21ti44xa21iɑ̃21xa42ti21, tɕʰin44iɤu44kɑ̃44li44pʰɔ21xa21ti42——iɤu22ma53li21, iɤu22tɕiæ̃42tsʰuæ21.

9. 豁岘里山豁口的芨芨——哪面风大往哪面去。

xuə22ɕiæ̃22li44ti21tɕi53tɕi21——na354miæ̃21fə̃n42ta13vɑ̃354na354miæ̃21tɕʰi21.

10. 鸡的嗉子，老鼠的眼——吃不饱的，望不远。

tɕi44ti21su21tsʅ44, lɔ22pfʰu44ti21iæ̃53——tʂʅ22pu44pɔ354ti21, vɑ̃22pu44yæ̃53.

11. 秦王川的砂地——挣死老子,富死儿子,饿死孙子。

tɕʰin^{22}vɑ̃^{44}pfʰæ̃^{44}ti^{21}ʂa^{42}ti^{21}——tʂə̃n^{13}sɿ^{44}lɔ^{354}tsɿ^{21}, fu^{22}sɿ^{42}a^{53}tsɿ^{21}, və^{22}sɿ^{44}suə̃n^{42}tsɿ^{21}.

12. 三伏天穿皮袄——二凉半傻子。

sæ^{44}fu^{13}tʰiæ̃^{44}pfʰæ^{44}pʰi^{22}iɔ^{53}——a^{13}liɑ̃^{53}.

13. 油饼子夹腊肉——有福不能重享。

iɤu^{22}pin^{354}tsɿ^{43}tɕia^{44}la^{21}zʅɤu^{13}——iɤu^{53}fu^{21}pu^{21}nə̃n^{53}pfʰə̃n^{53}ɕiɑ̃^{21}.

14. 山里人进城——不是丢人,就是送铜。

ʂæ̃^{44}li^{44}zə̃n^{53}tɕin^{22}tʂʰə̃n^{53}——pu^{22}ʂʅ^{44}tiɤu^{44}zə̃n^{53}, tɕiɤu^{22}ʂʅ^{44}suə̃n^{22}tʰuə̃n^{53}.

意译:略。

第四节 红古区口头文化

一、歌谣

1. 嘎当嘎拟声词,罗面面,阿舅来了做饭饭,做白面,舍不得,做黑面二面,笑话哩,牢公鸡,叫鸣哩,牢母鸡,下蛋哩,杀鸭子,扑噜噜飞到花园里,花园墙墙儿倒了,吓者得阿舅跑了。

ka^{55}tɑ̃ŋ^{21}ka^{35}, luə^{22}mian^{22}mian^{35}, a^{22}tɕiɤu^{55}lɛ^{22}liɔ^{55}tsɥ^{55}fan^{22}fan^{55}, tsɥ^{35}pə^{31}mian^{13}, ʂə^{55}pu^{42}tə^{21}, tsɥ^{55}xə^{22}mian^{35}, ɕiɔ^{22}xua^{55}lɿ^{21}, tsɛ^{35}kuən^{22}tsɿ^{35}, tɕiɔ^{55}min^{22}lɿ^{55}, tsɛ^{35}mu^{55}tsɿ^{31}, ɕia^{13}tan^{21}lɿ^{55}, ʂa^{13}ia^{21}tsɿ^{13}, pʰu^{22}lu^{22}lu^{22}fei^{31}tɔ^{44}xua^{31}yan^{22}lɿ^{55}, xua^{21}yan^{13}tɕʰiɑ̃ŋ^{22}tɕʰiə̃r^{55}tɔ^{55}liɔ^{21}, xa^{22}tʂə^{55}a^{21}tɕiɤu^{35}pʰɔ^{55}liɔ^{21}.

2. 古今古,三两五,你背皮胎我打鼓。

ku^{55}tɕin^{21}ku^{35}, san^{22}liɑ̃ŋ^{55}vu^{35}, nɿ^{35}pei^{55}pʰɿ^{22}tʰɛ^{55}və^{35}ta^{21}ku^{35}.

3. 古今古今当当,猫儿跳到缸上,缸扒倒,油倒倒,把你舅母者鞋泡倒,鞋来,水泡了,水来,和泥了,泥来,漫墙了,墙来,猪毁了,猪来,墙翻过者压死了。

ku^{55}tɕin^{21}ku^{55}tɕin^{21}tɑ̃ŋ^{53}tɑ̃ŋ^{21}, mɔ^{22}ɚ^{13}tʰiɔ^{22}tɔ^{55}kɑ̃ŋ^{53}ʂɑ̃ŋ^{21}, kɑ̃ŋ^{35}pa^{22}tɔ^{35}, iɤu^{21}tɔ^{13}tɔ^{55}, pa^{22}nɿ^{55}tɕiɤu^{22}mu^{55}tʂə^{21}xɛ^{21}pʰɔ^{13}tɔ^{55}, xɛ^{22}lɛ^{13}, fei^{55}pʰɔ^{21}liɔ^{21}, fei^{55}lɛ^{21}, xuə^{55}nɿ^{22}liɔ^{35}, nɿ^{22}lɛ^{35}, man^{13}tɕʰiɑ̃ŋ^{21}liɔ^{13}, tɕʰiɑ̃ŋ^{22}lɛ^{35}, tʂu^{22}xuei^{55}liɔ^{21}, tʂu^{22}lɛ^{35}, tɕʰiɑ̃ŋ^{13}fan^{22}kuə^{13}tʂə^{55}ia^{21}sɿ^{55}liɔ^{21}.

4. 喜鹊喜鹊加=加=加=,门上来了个尕亲家,亲家亲家你坐下,亲家坐到个炕沿上,喝上个茶了喧个谎,你家者姑娘真能干,手抱娃娃脚擀饭,大腿面子当案板,沟槽子里热剩饭。

sɿ^{55}tɕʰiɔ^{21}sɿ^{55}tɕʰiɔ^{21}tɕia^{55}tɕia^{55}tɕia^{553}, mən^{22}ʂɑŋ^{55}lɛ^{22}liɔ^{22}kə^{55}ka^{21}tɕʰin^{35}tɕia^{53}, tɕin^{22}tɕia^{55}tɕin^{22}tɕia^{55}nɿ^{55}tsuə^{22}xa^{53}, tɕin^{22}tɕia^{55}tsuə^{22}tɔ^{55}kə^{21}kʰɑŋ^{21}ian^{55}ʂɑŋ^{21}, xə^{22}ʂɑŋ^{13}kə^{55}tʂʰa^{22}liɔ^{35}ɕyan^{21}kə^{35}xuɑŋ^{53}, nɿ^{55}tɕia^{21}tʂə^{21}ku^{21}ȵiɑŋ^{13}tʂən^{35}nən^{53}kan^{35}, ʂɤu^{55}pɔ^{55}va^{42}va^{13}tɕyə^{22}kan^{55}fan^{35}, ta^{22}tʰuei^{55}mian^{22}tsɿ^{55}tɑŋ^{21}an^{13}pan^{53}, kɤu^{13}tsʰɔ^{42}tsɿ^{13}lɿ^{55}zʅə^{21}ʂən^{35}fan^{55}.

意译:略。

二、故事

牛郎织女

在这个很早很早者时候,[tsɛ^{33}tʂə^{31}kə^{21}xən^{55}tsɔ^{55}xən^{55}tsɔ^{55}tʂə^{21}ʂʅ^{22}xɤu^{35}]有一个小伙子,[iɤu^{55}zɿ^{22}kə^{35}ɕiɔ^{22}xuə^{55}tsɿ^{21}]家里很困难,[tɕia^{22}lɿ^{35}xən^{55}kʰuən^{35}nan^{13}]父母亲都去世了。[fu^{22}mu^{55}tɕʰin^{21}tɤu^{13}tsʰɥ^{13}ʂʅ^{22}liɔ^{53}]一天家里又养了一个牛,[zɿ^{22}tʰian^{44}tɕia^{22}lɿ^{44}iɤu^{35}iɑŋ^{55}liɔ^{21}zɿ^{22}kə^{22}ȵiɤu^{13}]一天就以牛为伴。[zɿ^{22}tʰian^{22}tɕiɤu^{44}zɿ^{13}ȵiɤu^{13}vei^{21}pan^{13}]这个牛,[tʂə^{44}

kə^{21}ȵiɤu^{13}] 家们家这个牛是这个金牛星下凡呐，[tɕia^{22}mən^{22}tɕia^{22}tʂə^{44}kə^{21}ȵiɤu^{13}ʂʅ^{21}tʂə^{44}kə^{21}tɕin^{22}ȵiɤu^{55}ɕin^{21}ɕia^{13}fan^{21}na^{21}] 看着这个小伙子一天很勤劳也很善良，[kʰan^{35}tʂə^{21}tʂə^{55}kə^{21}ɕiɔ^{22}xuə^{55}tsɿ^{21}zɿ^{21}tʰian^{13}xən^{22}tɕʰin^{13}lɔ^{13}iɛ^{55}xən^{53}ʂan^{55}liɑŋ^{13}] 对这个小伙子很好，[tuei^{44}tʂə^{53}kə^{21}ɕiɔ^{13}xuə^{55}tsɿ^{21}xən^{55}xɔ^{55}] 很有好感呐，[xən^{55}iɤu^{55}xɔ^{13}kan^{55}na^{21}] 想着给这个小伙子娶个媳妇儿。[ɕiɑŋ^{55}tʂə^{21}kei^{35}tʂə^{53}kə^{21}ɕiɔ^{13}xuə^{55}tsɿ^{21}tsʰʮ^{55}kə^{21}sɿ^{13}fər^{21}] 有一天，[iɤu^{55}zɿ^{53}tʰian^{21}] 牛给这个小伙子托了个梦，[ȵiɤu^{13}kei^{21}tʂə^{44}kə^{21}ɕiɔ^{13}xuə^{55}tsɿ^{21}tʰuə^{311}liɔ^{55}kə^{21}mən^{13}] 明天啊，[min^{22}tʰian^{55}a^{21}] 你就到这个我们村东边有个湖里，[ȵi^{55}tɕiɤu^{53}tɔ^{13}tʂə^{44}kə^{21}və^{55}mən^{21}tsʰuən^{22}tuən^{22}pian^{44}iɤu^{55}kə^{21}xu^{21}lʅ^{13}] 湖里一个有几个丫头在那儿洗澡哩，[xu^{31}lʅ^{13}zɿ^{21}kə^{13}iɤu^{55}tsɿ^{55}kə^{21}ia^{21}tʰɤu^{13}tsɛ^{22}nar^{55}sɿ^{21}tsɔ^{55}lʅ^{21}] 你去把那的衣裳拿上，[ȵi^{55}tsʰʅ^{35}pa^{21}na^{55}tə^{21}zɿ^{21}ʂɑŋ^{13}na^{22}ʂɑŋ^{55}] 拿个衣裳你就转过就往家里跑，[na^{22}kə^{55}zɿ^{21}ʂɑŋ^{13}ȵi^{55}tɕiɤu^{55}tʂuan^{22}kuə^{55}tɕiɤu^{4}vɑŋ^{55}tɕia^{22}lʅ^{55}pʰɔ^{53}] 头不回地往家里跑，[tʰɤu^{13}pu^{42}xuei^{13}tə^{21}vɑŋ^{55}tɕia^{22}lʅ^{55}pʰɔ^{53}] 你就能娶上个媳妇儿。[ȵi^{55}tɕiɤu^{55}nən^{35}tsʮ^{55}ʂɑŋ^{44}kə^{21}sɿ^{13}fər^{31}] 这个，[tʂə^{22}kə^{35}] 第二天者早上牛郎还怀疑这是不是真者是，[tsɿ^{22}ər^{35}tʰian^{55}tʂə^{21}tsɔ^{55}ʂɑŋ^{55}ȵiɤu^{22}lɑŋ^{35}xan^{21}xuɛ^{22}zɿ^{35}tʂə^{44}ʂʅ^{35}pu^{53}ʂʅ^{21}tʂən^{21}tʂə^{35}ʂʅ^{55}] 就去，[tɕiɤu^{13}tsʰʅ^{13}] 去是一看是确实有那么是，[tsʰʅ^{13}ʂʅ^{53}zɿ^{22}kʰan^{13}ʂʅ^{21}tɕʰyə^{13}ʂʅ^{21}iɤu^{55}na^{55}mə^{21}ʂʅ^{21}] 拿了一件红衣裳转过就跑回家，[na^{22}liɔ^{55}zɿ^{21}tɕian^{13}xuən^{13}zɿ^{55}ʂɑŋ^{21}tʂuan^{13}kuə^{55}tɕiɤu^{55}pʰɔ^{55}xuei^{21}tɕia^{13}] 到了晚上，[tɔ^{13}liɔ^{44}van^{55}ʂɑŋ^{21}] 有一个这个美女就来了，[iɤu^{55}zɿ^{21}kə^{13}tʂə^{42}kə^{21}mei^{55}nʮ^{55}tɕiɤu^{44}lɛ^{13}liɔ^{21}] 敲门哩，[ɕʰiɔ^{22}mən^{22}lʅ^{21}] 这就是这个织女。[tʂə^{44}tɕiɤu^{44}ʂʅ^{21}tʂə^{21}kə^{21}tʂʅ^{22}nʮ^{55}] 然后他们就共同过日子过给了三年，[zan^{22}xɤu^{35}tʰa^{53}mən^{21}tɕiɤu^{22}kuən^{22}tʰuən^{55}kuə^{55}zʅ^{21}tsɿ^{13}kuə^{35}kei^{55}liɔ^{21}san^{35}ȵian^{13}] 生了一个娃娃，[ʂən^{22}liɔ^{13}zɿ^{21}kə^{22}va^{21}va^{13}] 一个丫头，[zɿ^{21}kə^{55}ia^{22}tʰɤu^{55}] 日子过者也非常者幸福。[zʅ^{22}tsɿ^{13}kuə^{22}tʂə^{55}iɛ^{55}fei^{55}tʂʰɑŋ^{22}tʂə^{13}ɕin^{55}fu^{13}] 后面这个王母娘娘知道了，[xɤu^{35}mian^{55}tʂə^{53}kə^{21}vɑŋ^{22}mu^{55}ȵiɑŋ^{22}ȵiɑŋ^{55}tsɿ^{21}tɔ^{13}liɔ^{21}] 王母说这个，[vɑŋ^{22}mu^{55}fə^{21}tʂə^{22}kə^{55}] 这个仙女私自下凡，[tʂə^{22}kə^{55}ɕian^{22}nʮ^{55}sɿ^{22}tsɿ^{55}ɕia^{13}fan^{13}] 还有致么的事，[xan^{22}iɤu^{55}tʂʅ^{22}mu^{55}ti^{21}ʂʅ^{13}] 不成，[pu^{13}tʂʰən^{13}] 就把致个仙女就要找回去哩。[tɕiɤu^{13}pa^{21}tʂʅ^{55}kə^{21}ɕian^{22}nʮ^{55}tɕiɤu^{22}iɔ^{44}tʂɔ^{55}xuei^{53}tsʰʅ^{22}lʅ^{21}] 有一天，[iɤu^{55}zɿ^{21}tʰian^{21}] 致个大风闪电，[tʂʅ^{21}kə^{21}ta^{35}fən^{53}ʂan^{55}tian^{21}] 雷鸣电闪呐，[lei^{13}min^{35}tian^{55}ʂan^{13}na^{21}] 刮着大风下大雨，[kua^{44}tʂə^{21}ta^{35}fən^{53}ɕia^{35}ta^{13}zʮ^{55}] 一下就致个织女找不着了，[zɿ^{22}ɕia^{13}tɕiɤu^{55}tʂʅ^{55}kə^{21}tʂʅ^{22}nʮ^{55}tʂɔ^{55}pu^{21}tʂuə^{13}liɔ^{21}] 牛郎急着就没办法就赶紧找着哩。[ȵiɤu^{22}lŋ^{55}tsɿ^{22}tʂə^{13}tɕiɤu^{55}mə^{22}pan^{22}fa^{55}tɕiɤu^{21}kan^{13}tɕin^{44}tʂɔ^{55}tʂə^{21}lʅ^{21}] 后头，[xɤu^{555}tʰɤu^{53}] 牛给家又说哩，[ȵiɤu^{13}kei^{22}tɕia^{13}iɤu^{44}fə^{21}li^{21}] 说你啥呀，[fə^{21}ȵi^{55}ʂa^{13}ia^{44}] 你这个，[ȵi^{55}tʂə^{21}kə^{13}] 你把这个我者牛角拿下来，[ȵi^{55}pa^{21}tʂə^{55}kə^{21}və^{55}tʂə^{21}ȵiɤu^{13}tɕyə^{13}na^{21}xa^{55}lɛ^{13}] 变成两个筐，[pian^{22}tʂʰən^{35}liɑŋ^{55}kə^{21}kʰuɑŋ^{13}] 你把娃娃装进去，[ȵi^{55}pa^{21}va^{22}va^{44}tʂuɑŋ^{35}tɕin^{55}tsʰʅ^{21}] 就赶紧追去。[tɕiɤu^{55}kan^{22}tɕin^{55}tʂuei^{55}tsʰʅ^{53}] 说罢致个牛角就跌下来了，[fə^{21}pa^{13}tʂʅ^{55}kə^{21}ȵiɤu^{13}tɕyə^{13}tɕiɤu^{55}tiɛ^{21}xa^{44}lɛ^{21}liɔ^{21}] 跌下来变成两个筐，[tiɛ^{21}xa^{55}lɛ^{53}pian^{13}tʂʰən^{53}liɑŋ^{55}kə^{21}kʰuɑŋ^{21}] 牛郎就把两个娃娃装到筐上，[ȵiɤu^{22}lɑŋ^{55}tɕiɤu^{55}pa^{21}liɑŋ^{55}kə^{21}va^{22}va^{13}tʂuɑŋ^{21}tɔ^{13}kʰuɑŋ^{21}ʂɑŋ^{13}] 致个筐他拿致个扁担把致个筐担上，[tʂʅ^{13}kə^{55}kʰuŋ^{13}tʰa^{22}na^{13}tʂʅ^{22}kə^{22}pian^{55}tan^{21}pa^{21}tʂʅ^{22}kə^{22}kʰuɑŋ^{13}tan^{21}ʂɑŋ^{13}] 致个筐就飞起来了，[tʂʅ^{22}kə^{55}kʰuɑŋ^{13}tɕiɤu^{55}fei^{22}tsʰʅ^{55}lɛ^{53}liɔ^{21}] 就追致个织女去了。[tɕiɤu^{55}tʂuei^{21}tʂʅ^{21}kə^{21}tʂʅ^{22}nʮ^{55}tsʰʅ^{21}liɔ^{21}] 快追着得了，[kʰuɛ^{55}tʂuei^{13}tʂuə^{21}tɛ^{55}liɔ^{53}] 致个王母娘娘看见了，[tʂʅ^{53}kə^{21}vɑŋ^{22}mu^{55}ȵiɑŋ^{22}ȵiɑŋ^{55}kʰan^{22}tɕian^{55}liɔ^{21}] 啊，[a^{13}] 就不成，[tɕiɤu^{55}pu^{13}tʂʰən^{53}] 王母娘娘就把头上者一个金簪子拔下来，[vɑŋ^{22}mu^{55}ȵiɑŋ^{22}ȵiɑŋ^{55}tɕiɤu^{22}pa^{22}tʰɤu^{21}ʂɑŋ^{13}tʂə^{21}zɿ^{21}kə^{13}

tɕin^{13}tsan^{13}tsɿ^{55}pa^{13}xa^{55}lɛ^{13}] 划给了，[xua^{13}kei^{55}liɔ^{53}] 划了一道线，[xua^{13}liɔ^{55}zɿ^{13}tɔ^{55}ɕian^{13}] 划了一道线就把他们就隔成两个，[xua^{13}liɔ^{55}zɿ^{13}tɔ^{55}ɕian^{13}tɕiɤu^{55}pa^{22}tʰa^{22}mən^{22}tɕiɤu^{44}kə^{13}tʂʰən^{13}liɑŋ^{13}kə^{21}] 隔开了，[kə^{13}kʰɛ^{13}liɔ^{21}] 隔开致个就是现在致个天上者银河呗，[kə^{13}kʰɛ^{13}tʂʅ^{55}kə^{21}tɕiɤu^{13}ʂʅ^{13}ɕian^{22}tsɛ^{55}tʂʅ^{22}kə^{22}tʰian^{22}ʂɑŋ^{55}tʂə^{21}in^{22}xə^{13}pei^{21}] 呃，[ə^{13}] 隔开再也就见不上面了，[kə^{13}kʰɛ^{13}tsɛ^{35}iɛ^{55}tɕiɤu^{22}tɕian^{13}pu^{22}ʂɑŋ^{13}mian^{13}liɔ^{13}] 后头致个喜鹊，[xɤu^{22}tʰɤu^{55}tʂʅ^{22}kə^{55}sɿ^{55}tɕʰiɔ^{53}] 喜鹊看着致个牛郎织女也孽障，[sɿ^{55}tɕʰiɔ^{53}kʰan^{22}tʂə^{55}tʂʅ^{22}kə^{55}ȵiɤu^{22}lɑŋ^{55}tʂʅ^{22}mʮ^{55}iɛ^{55}ȵiɛ^{21}tʂɑŋ^{13}] 见不上面，[tɕian^{13}pu^{55}ʂɑŋ^{21}mian^{13}] 每年致个七月七，[mei^{55}ȵian^{53}tʂʅ^{22}kə^{55}tsʰɿ^{13}yə^{55}tsʰɿ^{13}] 喜鹊们就致个，[sɿ^{55}tɕʰiɔ^{53}mən^{21}tɕiɤu^{21}tʂʅ^{22}kə^{55}] 大家集合起来，[ta^{22}tɕia^{55}tsɿ^{35}xə^{53}tsʰɿ^{22}lɛ^{35}] 一个接一个连上搭了个喜鹊桥啊，[zɿ^{22}kə^{13}tɕiɛ^{22}zɿ^{21}kə^{13}lian^{22}ʂɑŋ^{13}ta^{21}liɔ^{13}kə^{44}sɿ^{55}tɕʰyə^{53}tɕʰiɔ^{22}a^{21}] 每年七月七就帮着牛郎织女见个面，[mei^{55}ȵian^{53}tsʰɿ^{22}yə^{55}tsʰɿ^{21}tɕiɤu^{55}pɑŋ^{31}tʂə^{21}ȵiɤu^{22}lɑŋ^{55}tʂʅ^{22}mʮ^{55}tɕian^{22}kə^{55}mian^{13}] 这就是牛郎织女者故事。[tʂə^{22}tɕiɤu^{22}ʂʅ^{22}ȵiɤu^{22}lɑŋ^{55}tʂʅ^{22}mʮ^{55}tʂə^{21}ku^{55}ʂʅ^{21}]

意译：同前。

三、谚语

1. 夏至不过不热，冬至不过不寒。

ɕia^{13}tʂʅ^{53}pu^{22}kuə^{35}pu^{55}zə̧^{13}, tuən^{22}tʂʅ^{53}pu^{22}kuə^{35}pu^{55}xan^{13}.

2. 二月里龙抬头，抬上轭子架上牛。

ər^{22}yə^{55}lɿ^{55}luən^{22}tʰɛ^{55}tʰɤu^{13}, tʰɛ^{22}ʂɑŋ^{35}kə^{21}tsɿ^{13}tɕia^{13}ʂɑŋ^{55}ȵiɤu^{13}.

3. 头九热，麦子憋；二九冷，豆儿滚。

tʰɤu^{22}tɕiɤu^{55}zə̧^{13}, mə^{22}tsɿ^{35}piɛ^{13}; ər^{13}tɕiɤu^{55}lən^{55}, tɤu^{22}ər^{55}kuən^{55}.

4. 一九二九，关门洗手；三九四九，冻破茬口；瞎五九，冻死狗；七九八九，精肚郎儿娃娃拍手；九九加一九，耧铧儿遍地走。

zɿ^{22}tɕiɤu^{55}ər^{22}tɕiɤu^{55}, kuan^{13}mən^{13}sɿ^{22}ʂɤu^{55}; san^{22}tɕiɤu^{55}sɿ^{22}tɕiɤu^{55}, tuən^{35}pʰə^{55}tʂʰa^{22}kʰɤu^{55}; xa^{55}vu^{22}tɕiɤu^{55}, tuən^{22}sɿ^{55}kɤu^{55}; tsʰɿ^{22}tɕiɤu^{55}pa^{22}tɕiɤu^{55}, tɕin^{22}tu^{22}lɑ̃r^{55}va^{21}va^{13}pʰiɛ^{22}ʂɤu^{55}; tɕiɤu^{22}tɕiɤu^{55}tɕia^{13}zɿ^{22}tɕiɤu^{55}, lɤu^{22}xuɐr^{55}pian^{35}tsɿ^{22}tsɤu^{55}.

5. 惊蛰寒，冷半年。

tɕin^{35}tʂə^{55}xan^{13}, lən^{55}pan^{55}ȵian^{13}.

6. 清明前后者雨，顶住缸里者米。

tɕʰin^{22}min^{35}tɕʰian^{21}xɤu^{13}tʂə^{35}zʮ^{55}, tin^{55}tʂu^{21}kɑŋ^{21}lɿ^{13}tʂə^{35}mɿ^{55}.

7. 四月八，麦子盖住黑老哇。

sɿ^{13}yə^{35}pa^{21}, mə^{22}tsɿ^{35}kɛ^{22}tʂu^{55}xə^{22}lɔ^{35}va^{53}.

8. 小暑大暑，淹死老鼠。

ɕiɔ^{55}fu^{21}ta^{13}fu^{55}, ian^{22}sɿ^{55}lɔ^{22}tʂʰu^{55}.

9. 庄稼人要吃面，九九里雪不断；庄稼人要吃米，伏天里三场雨。

tʂuɑŋ^{22}tɕia^{35}zə̧n^{53}iɔ^{35}tʂʰʅ^{21}mian^{13}, tɕiɤu^{22}tɕiɤu^{55}lɿ^{21}ɕyə^{13}pu^{22}tuan^{13}; tʂuɑŋ^{22}tɕia^{35}zə̧n^{53}iɔ^{35}tʂʰʅ^{21}mɿ^{55}, fu^{22}tʰian^{55}lɿ^{21}san^{22}tʂʰɑŋ^{55}zʮ^{55}.

10. 羊巴着清明牛巴着夏，人过了小暑就赞大话。

iɑŋ^{35}pa^{31}tʂə^{21}tɕʰin^{21}min^{13}ȵiɤu^{35}pa^{31}tʂə^{21}ɕia^{13}, zə̧n^{35}kuə^{22}liɔ^{35}ɕiɔ^{55}fu^{53}tɕiɤu^{13}tsan^{55}ta^{35}xua^{13}.

意译：略。

第五节　凉州区口头文化

一、短歌谣

1. 天爷天爷大大下雨下得越多越好！馍馍蒸上车轱辘大像车轱辘大的馍馍，娃娃吃上炕跳塌。

tʰiɑŋ35iə53tʰiɑŋ35iə53ta31ta31ɕia31！mu35mu53tʂəŋ35ʂɑŋ35tʂʰə35ku35lu53ta31, va35va53tʂʰʅ31 ʂɑŋ31kʰɑŋ53tʰiɑo31tʰa31.

2. 乞巧乞巧叫喳喳，门上来了个姑妈妈；姑妈妈姑妈妈你坐下，我给你喧个唠叨话。

tɕʰi53tɕʰiɑo35tɕʰi53tɕʰiɑo35tɕiɑo53tsa35tsa53, məŋ35ʂɑŋ31læ35liɑo21kə21ku35ma35ma53; ku35ma35 ma53ku35ma35ma53ȵi35tsuə31xa31, və53kɯ31ȵi21ɕyɑŋ35kə53lɑo35tɑo21xua31.

3. 打罗罗，围碾碾，舅舅来了吃饭饭。擀白面，舍不得；擀黑面，舅舅笑话呢。杀公鸡，公鸡叫鸣呢；杀母鸡，母鸡下蛋呢；杀鸭子，鸭子飞到草垛上。来了一群老和尚，给舅舅端了碗拌面汤，舅舅吃上泪汪汪。

ta53luə35luə35, vei35ȵiɑŋ31ȵiɑŋ35, tɕiəu31tɕiəu21læ35liɑo53tʂʰʅ31fɑŋ31fɑŋ21. kɑŋ53pə35miɑŋ53, ʂə53 pu31tə21; kɑŋ35xə31miɑŋ21, tɕiəu31tɕiəu21ɕiɑo31xua21ȵi21. sa53kuŋ35tɕi53, kuŋ35tɕi53tɕiɑo53miŋ35ȵi53; sa53mu35tɕi53, mu35tɕi53xia31tɑŋ21ȵi21; sa31ia31tsʅ21, ia31tsʅ21fei35tɑo35tsʰɑo53tuə21ʂɑŋ53. læ35liɑo53ʑi53 tɕʰuŋ21lɑo53xuə35ʂɑŋ53, kɯ31tɕiəu31tɕiəu21tuɑŋ35liɑo21vɑŋ35pɑŋ31miɑŋ31tʰɑŋ35, tɕiəu31tɕiəu21tʂʰʅ31 ʂɑŋ21luei53vɑŋ35vɑŋ53.

5. 风来了，雨来了，和尚背着鼓来了。哪里藏，庙里藏，一藏藏了个小儿郎。

fəŋ35læ35liɑo53, ʐy53læ35liɑo53, xuə35ʂɑŋ53pei35tʂə53ku53læ35liɑo35. na53ȵi21tɕʰiɑŋ35, miɑo53 ȵi21tɕʰiɑŋ35, ʑi53tɕʰiɑŋ35tɕʰiɑŋ35liɑo31kə21ɕiɑo53ʀɯ35lɑŋ53.

6. 廊檐水，响叮当，黑面馍馍泡菜汤。手端菜汤好凄凉，泪水跌在石板上。

lɑŋ35iɑŋ53ʂuei35, ɕiɑŋ35tiŋ35tɑŋ53, xɯ31miɑŋ21mu35mu53pʰɑo31tsʰæ31tʰɑŋ21. ʂəu35tuɑŋ35tsʰæ31 tʰɑŋ21xɑo35tɕʰi53liɑŋ35, luei31ʂuei21tiə31tsæ21ʂʅ53pɑŋ31ʂɑŋ31.

7. 土地爷土地爷，给我些土药。今天一个痂痂，明天一个疤疤，后天就好了。

tʰu35ti21iə35tʰu35ti21iə53, kɯ35və31ɕiə31tʰu53yə35. tɕiŋ35tʰiɑŋ53ʑi53kə21tɕia35tɕia53, miŋ35tʰiɑŋ53ʑi53 kə21pa35pa53, xəu53tʰiɑŋ35tɕiəu31xɑo53liɑo35.

意译：略。

二、长歌谣

哎，[æ53] 打坐在书馆中我论古今，[ta44tsuə53tsæ31ʂu44kuɑŋ31tʂuŋ31və31lyŋ31ku35tɕiŋ31] 说来兹个也是个闲事情。[ʂuə44læ31tsʅ31kə31iə44sʅ31kə31ɕiɑŋ35sʅ31tɕʰiŋ53] 书中有真也有假呀！ [ʂu44 tʂuŋ35iəu53tʂəŋ44iə53iəu35tɕia35ia31] 世人都认假不认真啊！ [ʂʅ53ʐəŋ31tu53ʐəŋ31tɕia44pu31ʐəŋ31 tʂəŋ44a35] 真真假假就难辨分。[tʂəŋ44tʂəŋ44tɕia53tɕia53tɕiəu31nɑŋ35piɑŋ31fəŋ35] 假假真真你们可辨不清啊！ [tɕia53tɕia31tʂəŋ44tʂəŋ44ȵi31məŋ44kʰə31piɑŋ31pu31tɕʰiŋ44a35] 真辨真假辨假，[tʂəŋ44 piɑŋ31tʂəŋ44tɕia35piɑŋ31tɕia44] 假假真真可辨不清。[tɕia53tɕia31tʂəŋ44tʂəŋ44kʰə44piɑŋ31pu31 tɕʰiŋ44] 一天能生三个假，[ʑi31tʰiɑŋ44nəŋ53səŋ44sɑŋ44kə31tɕia35] 掏钱买不上一个真。[tʰɑo44 tɕʰiɑŋ53mæ44pu31ʂɑŋ53ʑi31kə31tʂəŋ35] 说那个：[ʂuə31na44kə31] 你看那个善财童子就走慌忙，[ȵi53 kʰɑŋ31na31kə31ʂɑŋ53tsʰæ35tʰuŋ53tsʅ31tɕiəu31tsəu53xuɑŋ44mɑŋ44] 来了一个道长求药方。[læ35liɑo53 ʑi31kə31tɑo53tʂɑŋ44tɕʰiəu35yə31fɑŋ44] 把《本草》放在了桌案上，[pa31pəŋ35tsʰɑo31fɑŋ31tsæ31 liɑo31tʂuə35ɑŋ31ʂɑŋ31] 扯开了个《本草》我给你翻着翻着看吆。[tʂʰə31kʰæ31liɑo31kə31pəŋ35 tsʰɑo53və44kə31ȵi31fɑŋ44tʂə31fɑŋ44tʂə31kʰɑŋ31iɑo44] 哎，[æ53] 真茯苓出在了云南省，[tʂəŋ44fu53liŋ31tʂʰu31 tsæ^{31}liɑo^{31}yŋ^{53}nɑŋ^{31}səŋ^{53}] 云南府里尽出的是鸡爪儿草个与黄连。[yŋ^{53}nɑŋ^{31}fu^{35}li^{31}tɕiŋ^{31}tʂ^{h}u^{31}ti^{31}sɿ^{53}tɕi^{44}tʂua^{44}ʀɯ^{35}ts^{h}ɑo^{53}kə^{31}ʑy^{31}xuɑŋ^{53}liɑŋ^{44}] 川牛膝出在了成都省啊，[tʂ^{h}uɑŋ^{44}ȵiəu^{35}ɕi^{31}tʂ^{h}u^{31}tsæ^{31}liɑo^{31}tʂ^{h}əŋ^{35}tu^{31}səŋ^{31}a^{44}] 真贝母长在那个长白山上吆。[tʂəŋ^{44}piei^{31}mu^{31}tʂɑŋ^{31}tsæ^{31}na^{31}kə^{31}tʂ^{h}ɑŋ^{35}pə^{31}sɑŋ^{44}ʂɑŋ^{31}iɑo^{44}] 宁夏府里出的是枸杞子，[ȵiŋ^{35}ɕia^{53}fu^{35}li^{53}tʂ^{h}u^{3}ti^{31}sɿ^{53}kəu^{53}tɕ^{h}i^{35}tsɿ^{31}] 莲子出在了就福建乡。[liɑŋ^{35}tsɿ^{53}tʂ^{h}u^{31}tsæ^{31}liɑo^{31}tɕiəu^{31}fu^{31}tɕiɑŋ^{31}ɕiɑŋ^{44}] 红草儿蔻，[xuŋ^{35}ts^{h}ɑo^{53}ʀɯ^{53}k^{h}əu^{44}] 还有木贼出在了就山东省啊，[xɑŋ^{35}iəu^{53}mu^{31}tsei^{35}tʂ^{h}u^{31}tsæ^{31}liɑo^{31}tɕiəu^{53}sɑŋ^{44}tuŋ^{44}səŋ^{53}a^{21}] 穿山甲出在了黄河吆湾啊。[tʂ^{h}uɑŋ^{44}sɑŋ^{44}tɕia^{31}tʂ^{h}u^{31}tsæ^{31}liɑo^{31}xuɑŋ^{35}xə^{35}iɑo^{44}vɑŋ^{31}a^{44}] 神农皇帝把它炮制成，[ʂəŋ^{53}luŋ^{35}xuɑŋ^{35}ti^{53}pa^{31}t^{h}a^{44}p^{h}ɑo^{35}tʂʅ^{31}tʂ^{h}əŋ^{53}] 留在了世上就万万年。[liəu^{35}tsæ^{53}liɑo^{31}ʂʅ^{31}ʂɑŋ^{31}tɕiəu^{31}vɑŋ^{31}vɑŋ^{31}ȵiɑŋ^{35}] 五加皮保定了肉豆蔻，[vu^{44}tɕia^{44}p^{h}i^{35}pɑo^{44}tiŋ^{31}liɑo^{31}ʐəu^{53}təu^{35}kəu^{44}] 桥沙参新爱下了母丁香吆。[tɕ^{h}iɑo^{53}sa^{44}səŋ^{44}ɕiŋ^{44}æ^{31}xa^{31}liɑo^{31}mu^{31}tiŋ^{44}ɕiɑŋ^{35}iɑo^{44}] 龟板鳖甲站门首，[kuei^{31}pɑŋ^{44}piə^{31}tɕia^{31}tsɑŋ^{31}məŋ^{53}ʂəu^{35}] 白蔻草蔻就列两边。[pə^{35}k^{h}əu^{35}ts^{h}ɑo^{35}k^{h}əu^{53}tɕiəu^{31}liə^{31}liɑŋ^{35}piɑŋ^{44}] 菊花黄花嘛分左右，[tɕy^{35}xua^{31}xuɑŋ^{35}xua^{31}ma^{31}fəŋ^{44}tsuə^{44}iəu^{31}] 手指的山楂就骂明姜吆。[ʂəu^{35}tsɿ^{31}ti^{31}sɑŋ^{44}tsa^{31}tɕiəu^{31}ma^{31}miŋ^{53}tɕiɑŋ^{31}iɑo^{44}] 甘草本是军中的长，[kɑŋ^{44}ts^{h}ɑo^{35}pəŋ^{44}sɿ^{31}tɕyŋ^{44}tʂuŋ^{44}ti^{31}tʂɑŋ^{53}] 山芋木通就下校场。[sɑŋ^{44}ʑy^{31}mu^{31}t^{h}uŋ^{31}tɕiəu^{31}ɕia^{31}tɕiɑo^{31}tʂ^{h}ɑŋ^{35}] 点了黄芩黄檗的两员将，[tiɑŋ^{31}liɑo^{35}xuɑŋ^{53}tɕ^{h}iŋ^{35}xuɑŋ^{53}pə^{35}ti^{31}liɑŋ^{31}yɑŋ^{35}tɕiɑŋ^{31}] 斑蝥蜈蚣可闹嚷嚷。[pɑŋ^{44}mɑo^{35}vu^{53}kuŋ^{31}k^{h}ə^{31}nɑo^{31}ʐɑŋ^{35}ʐɑŋ^{31}] 冰片在火里头擦着擦着看呀，[piŋ^{44}p^{h}iɑŋ^{31}tsæ^{31}xuə^{44}li^{31}t^{h}əu^{31}ts^{h}a^{35}tʂə^{31}ts^{h}ə^{31}tʂə^{31}k^{h}ɑŋ^{31}ia^{31}] 倒掉了金银花四十两吆，[tɑo^{31}tiɑo^{35}liɑo^{31}tɕiŋ^{44}iŋ^{53}xua^{31}sɿ^{31}ʂʅ^{53}liɑŋ^{31}iɑo^{44}] 埋怨的参薯七斤七，[mɑŋ^{35}yɑŋ^{53}ti^{31}tsɑŋ^{44}ʂu^{53}tɕ^{h}i^{53}tɕiŋ^{31}tɕ^{h}i^{53}] 柴胡又在旁边给他闹嚷嚷。[ts^{h}æ^{35}xu^{53}iəu^{31}tsæ^{31}p^{h}ɑŋ^{35}piɑŋ^{53}kɯ^{31}t^{h}a^{44}nɑo^{31}ʐɑŋ^{44}ʐɑŋ^{44}] 杏仁子一听打冷战，[ɕiŋ^{53}ʐəŋ^{35}tsɿ^{31}ʑi^{31}t^{h}iŋ^{44}ta^{53}ləŋ^{35}tʂɑŋ^{31}] 爬到了龙骨牡蛎的个沉香床上吆。[p^{h}a^{35}tɑo^{31}liɑo^{31}luŋ^{35}ku^{31}mu^{31}li^{31}ti^{31}kə^{31}tʂ^{h}əŋ^{53}ɕiɑŋ^{31}tʂuɑŋ^{35}ʂɑŋ^{53}iɑo^{44}] 乌药一听着了忙，[vu^{44}yə^{31}ʑi^{31}t^{h}iŋ^{44}tʂuə^{35}liɑo^{31}mɑŋ^{53}] 骑了一匹海马就赶良姜。[tɕ^{h}i^{35}liɑo^{53}ʑi^{31}p^{h}i^{31}xæ^{53}ma^{44}tɕiəu^{31}kɑŋ^{31}liɑŋ^{35}tɕiɑŋ^{53}] 赶到了南薄荷的桥两岸，[kɑŋ^{35}tɑo^{31}liɑo^{31}nɑŋ^{35}pə^{31}xə^{35}ti^{31}tɕ^{h}iɑo^{35}liɑŋ^{44}ɑŋ^{31}] 捉住了核桃核的仁一双吆。[tʂuə^{35}tʂu^{31}liɑo^{31}xə^{35}t^{h}ɑo^{53}xə^{35}ti^{31}ʐəŋ^{35}ʑi^{31}ʂuɑŋ^{44}iɑo^{44}] 哎，[æ^{53}] 砂仁场里动刀枪，[sa^{44}ʐəŋ^{53}tʂ^{h}ɑŋ^{31}li^{31}tuŋ^{53}tɑo^{44}tɕiɑŋ^{44}] 取过来了白纸写文章。[tɕ^{h}y^{31}kuə^{31}læ^{53}liɑo^{31}pə^{53}tsɿ^{31}ɕiə^{31}vəŋ^{35}tʂɑŋ^{53}] 白头翁写状子把五味子告，[pə^{53}t^{h}əu^{31}vəŋ^{44}ɕiə^{35}tʂuɑŋ^{53}tsɿ^{31}pa^{31}vu^{35}vei^{53}tsɿ^{31}kɑo^{53}] 就把藜芦告到了当归官桂肉桂右归的个公堂上吆奥。[tɕiəu^{31}pa^{31}li^{35}lu^{53}kɑo^{31}tɑo^{31}liɑo^{31}tɑŋ^{44}kuei^{53}kuɑŋ^{44}kuei^{53}ʐu^{35}kuei^{53}iəu^{35}kuei^{53}ti^{31}kə^{31}kuŋ^{44}t^{h}ɑŋ^{53}ʂɑŋ^{31}iɑo^{31}ɑo^{44}] 上坐的官桂就明附子，[ʂɑŋ^{31}tsuə^{31}ti^{31}kuɑŋ^{44}kuei^{53}tɕiəu^{31}miŋ^{35}fu^{53}tsɿ^{31}] 两边里陪的又是小茴香。[liɑŋ^{44}piɑŋ^{44}li^{31}p^{h}ei^{35}ti^{31}iəu^{31}sɿ^{31}ɕiɑo^{53}xuei^{35}ɕiɑŋ^{53}] 点了皂角无情棒，[tiɑŋ^{53}liɑo^{35}tsɑo^{31}tɕyə^{31}vu^{53}tɕ^{h}iŋ^{35}pɑŋ^{53}] 棒棒儿打在了橘皮青皮那就陈皮吆个上。[pɑŋ^{44}pɑŋ^{53}ʀɯ^{31}ta^{31}tsæ^{31}liɑo^{31}tɕy^{35}p^{h}i^{53}tɕ^{h}iŋ^{35}p^{h}i^{53}na^{31}tɕiəu^{31}tʂ^{h}əŋ^{35}p^{h}i^{53}iɑo^{31}kə^{31}ʂɑŋ^{31}] 打的叫个陈皮哎流紫儿的血啊，[ta^{53}ti^{31}tɕiɑo^{31}kə^{31}tʂəŋ^{35}p^{h}i^{53}æ^{44}liəu^{53}tsɿ^{31}ʀɯ^{35}ti^{31}ɕiə^{31}a^{35}] 点点儿落在了个硫磺吆个上。[tiɑŋ^{53}tiɑŋ^{31}ʀɯ^{53}luə^{31}tsæ^{31}liɑo^{31}kə^{31}liəu^{53}xuɑŋ^{35}iɑo^{31}kə^{31}ʂɑŋ^{53}] 硫磺本是火中的金，[liəu^{53}xuɑŋ^{35}pəŋ^{31}sɿ^{31}xuə^{31}tʂuŋ^{44}ti^{31}tɕiŋ^{44}] 朴硝一见我就便相争。[p^{h}ə^{31}ɕiɑo^{31}ʑi^{31}tɕiɑŋ^{31}və^{31}tɕiəu^{31}piɑŋ^{53}ɕiɑŋ^{44}tseŋ^{44}] 水银墨鱼那个避霜降，[ʂuei^{53}iŋ^{35}mə^{31}ʑy^{35}na^{31}kə^{31}p^{h}i^{53}ʂuɑŋ^{44}tɕiɑŋ^{31}] 狼毒最怕的是密陀僧。[lɑŋ^{53}tu^{35}tsuei^{31}p^{h}a^{31}ti^{31}sɿ^{31}mi^{53}t^{h}uə^{31}səŋ^{44}] 巴豆醉鹅性微膻，[pa^{44}təu^{53}tsuei^{31}ə^{35}ɕiŋ^{53}vei^{35}ʂɑŋ^{44}] 家偏偏和二丑兹个不顺喜吆。[tɕia^{53}p^{h}iɑŋ^{44}p^{h}iɑŋ^{44}xuə^{31}ʀɯ^{31}tʂ^{h}əu^{44}tsɿ^{31}kə^{31}pu^{31}ʂuŋ^{31}ɕi^{31}iɑo^{44}] 丁香不与

那伙郁金子的犟，[tiŋ^{44}ɕiɑŋ^{53}pu^{31}ʑy^{31}na^{31}xuə^{44}ʑy^{31}tɕiŋ^{44}tsɿ^{31}ti^{31}tɕiɑŋ^{53}] 亚硝难和金三棱。[ia^{35}ɕiɑo^{53}nɑŋ^{53}xuə^{35}tɕiŋ^{53}sɑŋ^{44}ləŋ^{44}] 川乌草乌不顺喜呀啊，[tʂ^{h}uɑŋ^{44}vu^{44}ts^{h}ɑo^{53}vu^{44}pu^{31}ʂuŋ^{53}ɕi^{44}ia^{35}a^{31}] 人参最怕的是五灵芝吆。[zəŋ^{53}səŋ^{44}tsuei^{31}p^{h}a^{31}ti^{31}sɿ^{31}vu^{44}liŋ^{53}tsɿ^{31}iɑo^{44}] 哎，[æ^{53}] 把那个牛蒡子下到了个南牢监，[pa^{31}na^{31}kə^{31}niəu^{35}pɑŋ^{53}tsɿ^{31}ɕia^{31}tɑo^{31}liɑo^{31}kə^{31}nɑŋ^{35}lɑo^{31}tɕiɑŋ^{44}] 忙了金鸡和大黄。[mɑŋ^{35}liɑo^{53}tɕiŋ^{44}tɕi^{44}xuə^{31}tæ^{31}xuɑŋ^{35}] 上九地忙把那个校场下，[ʂɑŋ^{53}tɕiəu^{35}ti^{31}mɑŋ^{35}pa^{31}na^{31}kə^{31}tɕiɑo^{53}tʂ^{h}ɑŋ^{35}ɕia^{31}] 吓坏了党参。[ɕia^{31}xuæ^{53}liɑo^{31}tɑŋ^{44}səŋ^{31}] 党参小元是个啪啦啦个战吆。[tɑŋ^{44}səŋ^{31}ɕiɑo^{53}yɑŋ^{35}sɿ^{31}kə^{31}p^{h}ia^{53}la^{35}la^{31}kə^{31}tʂɑŋ^{44}iɑo^{44}] 四贞子下厨就来下的快，[sɿ^{53}tʂəŋ^{44}tsɿ^{44}ɕia^{53}tʂ^{h}u^{31}tɕiəu^{31}læ^{35}xa^{53}ti^{31}k^{h}uæ^{44}] 朱砂镇中病红娘。[tʂu^{44}sa^{44}tʂəŋ^{31}tʂuŋ^{44}biŋ^{31}xuŋ^{53}ȵiɑŋ^{35}] 红娘子借书滔滔泪呀，[xuŋ^{53}ȵiɑŋ^{35}tsɿ^{53}tɕiə^{44}ʂu^{44}t^{h}ɑo^{44}t^{h}ɑo^{44}luei^{31}ia^{31}] 银杏子在旁边可泪涟涟。[iŋ^{53}ɕiŋ^{31}tsɿ^{44}tsæ^{31}p^{h}ɑŋ^{53}piɑŋ^{31}k^{h}ə^{33}luei^{31}liɑŋ^{53}liɑŋ^{31}] 哎，[æ^{53}] 天冬麦冬就七斤七，[t^{h}iɑŋ^{44}tuŋ^{53}mə^{31}tuŋ^{31}tɕiəu^{31}tɕ^{h}i^{53}tɕiŋ^{44}tɕ^{h}i^{53}] 瓜蒌兄弟就嘟碾碾的转。[kua^{44}ləu^{53}ɕyŋ^{44}ti^{53}tɕiəu^{31}tu^{31}ȵiɑŋ^{44}ȵiɑŋ^{53}ti^{31}tʂuɑŋ^{53}] 四下里的大兵都点齐，[sɿ^{53}xa^{31}li^{31}ti^{31}ta^{53}piŋ^{44}tu^{53}tiɑŋ^{31}tɕ^{h}i^{53}] 发到了杜仲去了闹一场。[fa^{44}tɑo^{31}liɑo^{31}tu^{53}tʂuŋ^{44}tɕ^{h}i^{31}liɑo^{31}nɑo^{31}ʑi^{53}tʂ^{h}ɑŋ^{44}] 前部先锋是冬虫草，[tɕ^{h}iɑŋ^{35}pu^{31}ɕiɑŋ^{35}fəŋ^{53}sɿ^{31}tuŋ^{44}tʂ^{h}uŋ^{44}ts^{h}ɑo^{53}] 后部先锋价⁼是马鞭草啊。[xəu^{31}pu^{31}ɕiɑŋ^{35}fəŋ^{53}tɕia^{53}sɿ^{31}ma^{31}piɑŋ^{35}ts^{h}ɑo^{53}a^{44}] 左部先锋是九头草，[tsuə^{53}pu^{44}ɕiɑŋ^{35}fəŋ^{53}sɿ^{31}tɕiəu^{53}t^{h}əu^{44}ts^{h}ɑo^{35}] 右部先锋价⁼是钻谷的草吆。[iəu^{31}pu^{31}ɕiɑŋ^{35}fəŋ^{53}tɕia^{53}sɿ^{31}tsuɑŋ^{44}ku^{31}ti^{31}ts^{h}ɑo^{35}iɑo^{31}] 哎，[æ^{53}] 你看，[ȵi^{44}k^{h}ɑŋ^{53}] 老师傅啊！ [lɑo^{53}sɿ^{31}fu^{35}a^{31}] 我把那些药名儿就少说上些，[və^{44}pa^{31}na^{31}ɕiə^{44}yə^{31}miŋ^{35}ʀɯ^{53}tɕiəu^{31}ʂɑo^{35}ʂuə^{31}ʂɑŋ^{31}ɕiə^{31}] 多了你也不懂。[tuə^{44}liɑo^{31}ȵi^{44}iə^{44}pu^{53}tuŋ^{35}] 我的《本草》上没有个家和散，[və^{31}ti^{31}pəŋ^{44}ts^{h}ɑo^{53}ʂɑŋ^{31}mu^{31}iəu^{31}kə^{31}tɕia^{44}xuə^{53}sɑŋ^{31}] 药阁里没有个顺气的丸。[yə^{31}kə^{31}li^{31}mu^{31}iəu^{31}kə^{31}ʂuŋ^{31}tɕ^{h}i^{31}ti^{31}vɑŋ^{53}] 架板上没有个消毒饮，[tɕia^{53}pɑŋ^{31}ʂɑŋ^{53}mu^{31}iəu^{31}kə^{31}ɕiɑo^{44}tu^{53}iŋ^{31}] 药瓶里没有个化气呀丹吆。[yə^{31}p^{h}iŋ^{35}li^{53}mu^{53}iəu^{31}kə^{31}xua^{31}tɕ^{h}i^{31}ia^{31}tɑŋ^{53}iɑo^{44}] 吕洞宾一听哎是一声啊。[ly^{31}tuŋ^{31}biŋ^{44}ʑi^{31}t^{h}iŋ^{44}æ^{31}sɿ^{31}ʑi^{31}ʂəŋ^{44}a^{31}] 双手儿接着我的耳轮吆个讲吆：[ʂuɑŋ^{44}ʂəu^{31}ʀɯ^{53}tɕiə^{31}tʂuə^{31}və^{31}ti^{31}ʀɯ^{31}luŋ^{53}iɑo^{31}kə^{31}tɕiɑŋ^{31}iɑo^{53}] 天也空来地也的空啊，[t^{h}iɑŋ^{44}iə^{31}k^{h}uŋ^{44}læ^{31}ti^{53}iə^{35}ti^{31}k^{h}uŋ^{44}a^{31}] 阴阳日月怎么照西东啊。[iŋ^{44}iɑŋ^{53}zʅ^{31}yə^{31}tsɿ^{31}mə^{44}tʂɑo^{53}ɕi^{44}tuŋ^{44}a^{31}] 父也空来你母也空啊，[fu^{53}iə^{35}k^{h}uŋ^{44}læ^{31}ȵi^{31}mu^{53}iə^{35}k^{h}uŋ^{44}a^{31}] 只不过死掉了我在那个灵给前就哭几声啊。[tʂʅ^{44}pu^{31}kuə^{44}sɿ^{53}tiɑo^{31}liɑo^{53}və^{44}tsæ^{31}na^{31}kɯ^{31}liŋ^{35}kə^{31}tɕ^{h}iɑŋ^{35}tɕiəu^{31}k^{h}u^{31}tɕi^{35}ʂəŋ^{53}a^{31}] 儿也空来女也空啊，[ʀɯ^{53}iə^{35}k^{h}uŋ^{44}læ^{31}mi^{53}iə^{35}k^{h}uŋ^{44}a^{31}] 临死了落下的是三尺的个坑。[liŋ^{53}sɿ^{31}liɑo^{53}luə^{31}xa^{31}ti^{31}sɿ^{31}sɑŋ^{44}tʂ^{h}ʅ^{53}ti^{31}kə^{31}k^{h}əŋ^{44}] 钱也空来财也空，[tɕ^{h}iɑŋ^{53}iə^{35}k^{h}uŋ^{44}læ^{31}ts^{h}æ^{53}iə^{35}k^{h}uŋ^{44}] 临死了你带不走个半文的个铜吆。[liŋ^{53}sɿ^{31}liɑo^{53}ȵi^{31}tæ^{53}pu^{31}tsəu^{44}kə^{31}pɑŋ^{53}vəŋ^{35}ti^{31}kə^{31}t^{h}uŋ^{35}iɑo^{31}] 有人解开了空中的个义呀，[iəu^{44}zəŋ^{53}tsæ^{53}k^{h}æ^{44}liɑo^{53}k^{h}uŋ^{44}tʂuŋ^{44}ti^{31}kə^{31}ʑi^{31}ia^{31}] 何必在碧天洞中我就把心修啊？ [xə^{35}pi^{31}tsæ^{31}pi^{31}t^{h}iɑŋ^{44}tuŋ^{31}tʂuŋ^{31}və^{44}tɕiəu^{31}pa^{31}ɕiŋ^{44}ɕiəu^{44}a^{31}] 有些人，[iəu^{53}ɕiə^{44}zəŋ^{35}] 家有活佛你不敬吆，[tɕia^{44}iəu^{44}xuə^{53}fu^{35}ȵi^{44}pu^{31}tɕiŋ^{31}iɑo^{35}] 五月里你上的儿就莲花子山啊。[vu^{44}yə^{31}li^{31}ȵi^{44}ʂɑŋ^{31}ti^{31}ʀɯ^{31}tɕiəu^{31}liɑŋ^{35}xua^{53}tsɿ^{31}sɑŋ^{44}a^{31}] 哎，[æ^{53}] 兹就是人人家家户户个个男男女女老老少少，[tsɿ^{31}tɕiəu^{31}sɿ^{31}zəŋ^{53}zəŋ^{35}tɕia^{44}tɕia^{53}xu^{31}xu^{31}kə^{31}kə^{31}nɑŋ^{53}nɑŋ^{31}mi^{31}mi^{53}lɑo^{53}lɑo^{31}ʂɑo^{31}ʂɑo^{53}] 人人都有个灵山塔，[zəŋ^{35}zəŋ^{53}tu^{53}iəu^{31}kə^{31}liŋ^{35}sɑŋ^{53}t^{h}a^{31}] 灵山就在我心头啊，[liŋ^{53}sɑŋ^{44}tɕiəu^{53}tsæ^{31}və^{44}ɕiŋ^{44}t^{h}əu^{35}a^{53}] 灵山不远在我心头。[liŋ^{53}sɑŋ^{44}pu^{53}yɑŋ^{35}tsæ^{31}və^{53}ɕiŋ^{44}t^{h}əu^{35}] 你何不在灵山塔底下把心修？ [ȵi^{44}xə^{53}pu^{31}tsæ^{31}liŋ^{35}sɑŋ^{31}t^{h}a^{31}ti^{31}xa^{31}pa^{31}ɕiŋ^{44}t^{h}əu^{35}] 师傅们、领导们：[sɿ^{44}fu^{31}məŋ^{35}、liŋ^{44}tɑo^{31}məŋ^{31}] 我唱的

是《吕祖买药》的书一段啊。[və^{44}tʂʰɑŋ^{31}ti^{31}sɿ^{31}ly^{35}tsu^{53}mæ^{31}yə^{31}ti^{31}ʂu^{44}ʑi^{31}tuɑŋ^{31}a^{31}] 掐了个头，[tɕʰia^{31}liɑo^{31}kə^{31}tʰəu^{53}] 去了个尾，[tɕʰy^{31}liɑo^{31}kə^{31}vei^{44}] 中间唱了个一丁丁。[tʂuŋ^{44}tɕiɑŋ^{44}tʂʰɑŋ^{31}liɑo^{31}kə^{31}ʑi^{31}tiŋ^{44}tiŋ^{53}] 好了好，[xɑo^{35}liɑo^{31}xɑo^{35}] 瞎了瞎，[xa^{31}liɑo^{35}xa^{31}] 就打兹些绾住吧！ [tɕiəu^{31}ta^{44}tsɿ^{31}ɕiə^{31}vɑŋ^{31}tʂu^{44}pa^{31}] 有心往着全里唱，[iəu^{44}ɕiŋ^{44}vɑŋ^{31}tʂə^{31}tɕʰyɑŋ^{35}li^{31}tʂʰɑŋ^{31}] 时间又短个篇幅长。[sɿ^{53}tɕiɑŋ^{31}iəu^{31}tuɑŋ^{35}kə^{31}pʰiɑŋ^{53}fu^{31}tʂʰɑŋ^{35}] 等哪天有了闲时间，[təŋ^{44}na^{31}tʰiɑŋ^{44}iəu^{53}liɑo^{31}ɕiɑŋ^{53}sɿ^{31}tɕiɑŋ^{31}] 你们细细儿听我慢慢给你们唱吆。[ȵi^{31}məŋ^{44}ɕi^{31}ɕi^{31}ʀɯ^{31}tʰiŋ^{44}və^{44}mɑŋ^{53}mɑŋ^{31}kə^{31}ȵi^{31}məŋ^{44}tʂʰɑŋ^{31}iɑo^{31}] 师傅们聒耳了奥！ [sɿ^{44}fu^{31}məŋ^{53}kuə^{53}ʀɯ^{35}liɑo^{31}ɑo^{31}]

意译：哎，打坐在书馆中论古今，说来这也是个闲事情。书中有真也有假，世人都认假不认真！真真假假就难分。一天能造三个假，掏钱买不上一个真。你看善财童子慌忙走，来了一个道长求药方。把《本草》放在桌案上，我给你翻着翻着看。真茯苓出在了云南省，云南尽出的是鸡爪儿草与黄连。川牛膝出在了四川省，真贝母长在长白山。宁夏出的是枸杞子，莲子出在了福建。红草儿蔻，还有木贼出在了山东省，穿山甲出在了黄河湾。神农皇帝把它炮制成药，留在了世上万万年。五加皮保定肉豆蔻，桥沙参新爱下母丁香。龟板鳖甲站门首，白蔻草蔻列两边。菊花黄花分左右，手指山楂骂明姜。甘草本是军中长，山芋木通下校场。点了黄芩黄檗两员将，斑蝥蜈蚣闹嚷嚷。冰片在火里头擦着看，倒掉了金银花四十两，埋怨的参薯七斤七，柴胡在旁边闹嚷嚷。杏仁子一听打冷战，爬到了龙骨牡蛎的沉香床上。乌药一听着了忙，骑了一匹海马赶良姜。赶到了南薄荷的桥两岸，捉住了核桃仁一双。砂仁场里动刀枪，取过来了白纸写文章。白头翁写状子把五味子告。就把藜芦告到了当归、官桂、肉桂的公堂上。上坐的官桂明附子，两边里陪的是小茴香。点了皂角无情棒，棒棒儿打在橘皮、青皮、陈皮上。打得陈皮流紫儿血啊，点点儿落在了硫磺上。硫磺本是火中的金，朴硝一见我就相争。水银墨鱼避霜降，狼毒最怕的是密陀僧。巴豆醉鹅性微膻，偏偏和二丑不相合。丁香不与郁金子犟，亚硝难和金三棱。川乌、草乌不相合呀，人参最怕的是五灵芝。把那个牛蒡子下到了南牢监，忙了金鸡和大黄。上九地忙把校场下，吓坏了党参，党参、小元啪啦啦颤。四贞子下厨来得快，朱砂镇中病红娘。红娘子借书滔滔泪呀，银杏子在旁边泪涟涟。天冬麦冬七斤七两，瓜蒌兄弟嘟碾碾转。四下里的大兵都点齐，发到了杜仲闹一场。前部先锋是冬虫草，后部先锋是马鞭草。左部先锋是九头草，右部先锋是钻谷草。你看，老师傅啊！我把那些药名儿就少说上些，多了你也不懂。我的《本草》上没有家和散，药阁里没有顺气丸。架板上没有消毒饮，药瓶里没有化气丹。吕洞宾一听开一声啊，双手儿接着我的耳轮讲：天也空来地也空，阴阳日月怎么照西东。父也空来你母也空，只不过死掉了我在那个灵跟前哭几声。儿也空来女也空，临死了落下的是个三尺的坑。钱也空来财也空，临死了你带不走半文铜。有人解开了空中的义，何必在碧天洞中修身心！有些人，家有活佛你不敬，五月里你上莲花山。这就是人人、家家、户户、个个、男男、女女、老老、少少，人人都有个灵山塔，灵山就在我心头，你何不在灵山塔底下把心修？我唱的是《吕祖买药》的一段书啊，掐了个头，去了个尾，中间唱了一小部分。好了好，坏了坏，就打这里停住吧！有心往全里唱，时间又短篇幅长。等哪天有了闲时间，你们细细儿听，我慢慢给你们唱。

三、故事

牛郎织女的故事 [ȵiəu^{35}lɑŋ^{31}tʂʅ^{31}mi^{21}ti^{21}ku^{31}sɿ^{21}]

很久很久以前有个小伙，[xəŋ^{35}tɕiəu^{21}xəŋ^{35}tɕiəu^{21}ʑi^{35}tɕʰiɑŋ^{53}iəu^{53}kə^{21}ɕiɑo^{35}xuə^{53}] 他

的父母早已去世，[tʰa35ti21fu31mu21tsɑo35ʑi53tɕʰi31ʂʅ21] 他跟家里留的一头老牛相依为命，[tʰa35kəŋ35tɕia35li53liəu35ti21ʑi31tʰəu21lɑo53ȵiəu35ɕiɑŋ35ʑi35vei53miŋ31] 在一起生活。[tsæ31ʑi53tɕʰi21səŋ35xuə53] 致个牛哩就是天上的金牛星下凡。[tʂʅ31kə21ȵiəu35li21tɕiəu31sɿ21tʰiɑŋ35ʂɑŋ53ti21tɕiŋ35ȵiəu53ɕiŋ21ɕia53fɑŋ35] 他的致种勤劳、质朴、诚实感动了上帝。[tʰɑ35ti21tʂʅ31tʂuŋ21tɕʰiŋ53lɑo35、tʂʅ53pʰu35、tʂʰəŋ53ʂʅ35kɑŋ35tuŋ31liɑo21ʂɑŋ31ti21] 那么，[na31mə21] 老天就给他啊金牛星下凡来以后帮他生活，[lɑo35tʰiɑŋ53tɕiəu31kə31tʰa35a21tɕiŋ35ȵiəu53ɕiŋ21ɕia53fɑŋ35læ53ʑi35xəu53pɑŋ35tʰa35səŋ35xuə53] 帮他种地犁地。[pɑŋ35tʰa35tʂuŋ31ti21li35ti21] 在牛郎的致种辛勤的耕耘下，[tsæ31ȵiəu35lɑŋ31ti21tʂʅ31tʂuŋ35ɕiŋ35tɕʰiŋ53ti21kəŋ35yŋ53ɕia31] 也感动了老牛。[iə35kɑŋ35tuŋ31liɑo21lɑo53ȵiəu35] 老牛有一次给他托了个梦。[lɑo53ȵiəu35iəu35ʑi31tsʰɿ31kə31tʰa35tʰuə31liɑo21kə21məŋ31] 给他说呀，[kə31tʰa35ʂuə35ia35] 说的你们的村子东南方向有一个湖滩。[ʂuə35ti21ȵi31məŋ35ti21tsʰuŋ31tsɿ53tuŋ35nɑŋ53fɑŋ35ɕiɑŋ53iəu35ʑi31kə21xu35tʰɑŋ53] 到那天哩天上的七仙女下凡来以后在水湖里面要洗澡。[tɑo31næ31tʰiɑŋ31li21tʰiɑŋ35ʂɑŋ53ti21tɕʰi53ɕiɑŋ31mi21ɕia53fɑŋ35læ53ʑi35xəu21tsæ31ʂuei35xu35li31miɑŋ35iɑo31ɕi53tsɑo35] 你嘛去以后啊在她洗澡不注意的时候哩，[ȵi31mɑ35tɕʰy53ʑi31xəu21a31tsæ31tʰɑ35ɕi53tsɑo35pu53tʂu31ʑi21ti21sɿ35xəu53li21] 树上挂着一件粉红色的裙子，[ʂu53ʂɑŋ21kua31tʂə21ʑi31tɕiɑŋ21fəŋ53xuŋ35sə31ti53tɕʰuŋ35tsɿ53] 你悄悄地带回家。[ȵi35tɕʰiɑo35tɕʰiɑo35ti21tæ53xuei35tɕia35] 他哩听了老牛托给的梦，[tʰa35li21tʰiŋ35liɑo53lɑo53ȵiəu35tʰuə31kə31ti21məŋ31] 他就有一天就去。[tʰa35tɕiəu31iəu35ʑi31tʰiɑŋ35tɕiəu31tɕʰy31] 隐隐约约看到七仙女在湖滩里面洗澡。[iŋ35iŋ21yə31yə21kʰɑŋ31tɑo31tɕʰi53ɕiɑŋ31mi21tsæ31xu35tɑŋ53li31miɑŋ21ɕi53tsɑo35] 他就趁人不注意拿走了致件粉红色的裙子。[tʰa35tɕiəu31tʂʰəŋ53ʐəŋ21pu53tʂu31ʑi21na35tsəu53liɑo21tʂʅ31tɕiɑŋ21fəŋ53xuŋ35sə31ti21tɕʰyŋ35tsɿ53] 回到家里，[xuei35tɑo31tɕia35li53] 在夜里，[tsæ31yə31li21] 又听见有人敲门。[iəu31tʰiŋ35tɕiɑŋ53iəu35ʐəŋ53tɕʰiɑo35məŋ53] 他开了门一看哩是白天洗澡的织女到他的家里来了。[tʰa35kʰæ35liɑo35məŋ53ʑi31kʰɑŋ31li21ʂʅ31pə35tʰiɑŋ21ɕi53tsɑo21ti21tʂʅ53mi21tɑo31tʰa35ti21tɕia35li21læ35liɑo53] 他们从此哩就生活到了一起。[tʰa35məŋ53tsʰuŋ53tsʰɿ35li21tɕiəu31səŋ35xuə53tɑo31liɑo21ʑi53tɕʰi21] 很幸福很美满的生活了三年以后哩生下了一男一女。[xəŋ53ɕiŋ31fu31xəŋ53mei35mɑŋ35ti21səŋ35xuə35liɑo53sɑŋ35ȵiɑŋ53ʑi35xəu31li21səŋ35xa31liɑo21ʑi53nɑŋ21ʑi53mi21] 家里嘛挺美满的，[tɕia35li53ma31tʰiŋ53mei35mɑŋ35ti21] 也很安逸。[yə35xəŋ53ɑŋ35ʑi53] 有一天，[iəu35ʑi53tʰiɑŋ35] 突然织女不见了。[tʰu53ʐɑŋ21tʂʅ53mi21pu31tɕiɑŋ31liɑo21] 他很着急。[tʰa35xəŋ31tʂɑo35tɕi53] 两个娃娃都在哭喊找他的妈妈。[liɑŋ53kə21va35va53tu53tsæ31kʰu31xɑŋ35tsɑo35tʰa35ti21ma35ma53] 实际哩是他们致件事情哩叫王母娘娘知道了。[ʂʅ53tɕi31li21ʂʅ31tʰa35məŋ53tʂʅ53tɕiɑŋ21sɿ31tɕʰiŋ21li21tɕiɑo31vɑŋ35mu53ȵiɑŋ35ȵiɑŋ53tʂʅ35tɑo35liɑo53] 王母娘娘哩就把织女给招回去了。[vɑŋ35mu53ȵiɑŋ35ȵiɑŋ53li21tɕiəu31pa35tʂʅ53mi21kɯ21tʂɑo35xuei35tɕʰy53liɑo21] 致件事情哩致个老牛知道了。[tʂʅ31tɕiɑŋ21sɿ31tɕʰiŋ21li21tʂʅ31kə21lɑo53ȵiəu35tʂʅ35tɑo35liɑo53] 老牛突然发话了。[lɑo53ȵiəu35tʰu53ʐɑŋ21fa31xua31liɑo21] 说：[ʂuə] 你把我的两只角哩扳下来。[ȵi35pa31və35ti21liɑŋ35tʂʅ53kə31li21pɑŋ35ɕia35læ53] 会帮助你的。[xuei31pɑŋ35tʂu31ȵi53ti21] 结果突然老牛的两只角就掉到地下，[tɕiə31kuə35tʰu53ʐɑŋ21lɑo53ȵiəu35ti21liɑŋ35tʂʅ53kə31tɕiəu53tiɑo31tɑo31ti31ɕia31] 变成了两只箩筐。[piɑŋ31tʂʰəŋ21liɑo21liɑŋ35tʂʅ53luə53kʰuɑŋ31] 牛郎就把致个两只箩筐把娃娃放上，[ȵiəu35lɑŋ31tɕiəu31pa35tʂʅ31kə21liɑŋ35tʂʅ53luə53kʰuɑŋ31pa31va35va53fɑŋ31ʂɑŋ31] 挑上就到外面去要找织女。

[tʰiɑo35ʂɑŋ53tɕiəu31tɑo31væ31miɑŋ31tɕʰy31iɑo31tsɑo35tʂʅ53mi21] 他自己觉着哩腾云驾雾轻飘飘地腾空而起，[ta35tsɿ31tɕi21tɕyə31tʂə21li21tʰəŋ53yŋ35tɕia53vu35tɕʰiŋ35pʰiɑo35pʰiɑo53ti21tʰəŋ53kʰuŋ31ʀɯ53tɕʰi31] 就到了天上。[tɕiəu31tɑo31liɑo21tʰiɑŋ35ʂɑŋ53] 天上以后哩，[tʰiɑŋ35ʂɑŋ53ʑi35xəu53li21] 他就已经看到了织女。[tʰɑ35tɕiəu31ʑi35tɕiŋ53kʰɑŋ31tɑo31liɑo21tʂʅ53mi21] 王母娘娘知道了以后，[vɑŋ35mu53ȵiɑŋ35ȵiɑŋ53tʂʅ35tɑo35liɑo53ʑi35xəu53] 为了阻止他们相聚相爱哩就把自己头上的一个金钗拔下来在他们中间划了一条虹杠。[vei31liɑo21tsu35tsɿ53tʰa35məŋ53ɕiɑŋ35tɕy31ɕiɑŋ35æ31li21tɕiəu31pa31tsɿ31tɕi21tʰəu35ʂɑŋ53ti21ʑi31kə21tɕiŋ35tsæ35pa35ɕia31læ31tsæ31tʰa35məŋ53tʂuŋ35tɕiɑŋ53xua31liɑo21ʑi31tʰiɑo31xuŋ53kɑŋ31] 致条虹杠哩变成一条天河。[tʂʅ31tʰiɑo31xuŋ53kɑŋ31li21piɑŋ31tʂʰəŋ21ʑi31tʰiɑo21tʰiɑŋ35xə53] 越来越变得宽广。[yə53læ35yə31piɑŋ31ti21kʰuɑŋ35kuɑŋ53] 水流湍急，[ʂuei53liəu35tʂʰuɑŋ35tɕi35] 奔腾不息。[pəŋ53tʰəŋ35pu31ɕi21] 使他们不能相见，[sɿ31tʰa35məŋ53pu53nəŋ35ɕiɑŋ35tɕiɑŋ31] 又不能相聚。[iəu31pu53nəŋ35ɕiɑŋ35tɕy31] 致件事哩感动了天上飞的乞巧。[tʂʅ31tɕiɑŋ21sɿ53li21kɑŋ35tuŋ31lɑo21tʰiɑŋ35ʂɑŋ53fei35ti21tɕʰi53tɕʰiɑo21] 成千上万只乞巧聚到一起哩互相衔着自己的尾巴搭起了一个鹊桥，[tʂʰəŋ53tɕʰiɑŋ35ʂɑŋ31vɑŋ31tʂʅ21tɕʰi53tɕʰiɑo21tɕy53tɑo31ʑi53tɕʰi35li21xu31ɕiɑŋ35ɕiɑŋ35tʂə53tsɿ31tɕi21ti21vei53pa35ta53tɕʰi31liɑo21ʑi31kə21tɕʰyə31tɕʰiɑo21] 就是要牛郎和织女相聚相爱。[tɕiəu31ʂʅ21iɑo31ȵiəu35lɑŋ31xə31tʂʅ53mi21ɕiɑŋ35tɕy31ɕiɑŋ35æ31] 致个就是农历的七月七，[tʂʅ31kə21tɕiəu31sɿ21luŋ35li31ti21tɕʰi53yə21tɕʰi31] 他们能够在一时间牛郎和织女哩相逢相聚，[tʰa35məŋ53nəŋ35kəu21tsæ31ʑi53sɿ35tɕiɑŋ53ȵiəu35lɑŋ53xə31tʂʅ53mi21li21ɕiɑŋ35fəŋ35ɕiɑŋ35tɕy31] 啊，[a31] 团圆一时。[tʰuɑŋ35yɑŋ53ʑi53sɿ35] 致个神话故事哩流传至今。[tʂʅ31kə21ʂəŋ35xua53ku53sɿ31li21liəu35tʂʰuɑŋ53tsɿ53tɕiŋ35] 现今的中国社会哩，[ɕiɑŋ53tɕiŋ35ti21tʂuŋ35kuə35ʂə31xuei31li21] 年轻的人把致个事哩就作为七月七的中国式的情人节。[ȵiɑŋ35tɕʰiŋ35ti21ʐəŋ35pa31tʂʅ31kə21sɿ31li21tɕiəu31tsuə53vei35tɕʰi53yə21tɕʰi31ti21tʂuŋ35kuə35ʂʅ31ti21tɕʰiŋ53ʐəŋ21tɕiə31]

意译：同前。

四、自选条目

1. 癞蛤蟆栽跟头——另有个窝法。

læ31xə31mɑ21tsæ35kəŋ35tʰəu53——liŋ31iəu31kə21və35fa53.

2. 癞蛤蟆跳门槛——又墩沟子又墩脸。

læ31xə31mɑ21tʰiɑo53məŋ35kʰɑŋ53——iəu53tuŋ35kəu35tsɿ53iəu53tuŋ35liɑŋ35.

3. 癞蛤蟆钻礓窝子呢——寻着挨捶呢。

læ31xə31mɑ21tsuɑŋ35tɕiɑŋ35və35tsɿ35ȵi53——ɕiŋ35tʂə53æ53tʂʰuei35ȵi53.

4. 包爷的儿子——是左性子。

pɑo35iə35ti21ʀɯ35tsɿ53——sɿ31tsuə53ɕiŋ31tsɿ21.

5. 脱掉裤子放屁——多一番的事。

tʰuə53tiɑo21kʰu53tsɿ21fɑŋ31pʰi21——tuə35ʑi35fɑŋ53ti21sɿ31.

6. 被窝里放屁——独吞。

pi53və31li21fɑŋ31pʰi21——tu53tuŋ35.

7. 草地里的黄羊——没数儿。

tsʰɑo53ti31li21ti21xuɑŋ35iɑŋ53——mu31ʂu31ʀɯ21.

8. 隔墙头甩死娃娃——要了人了。

kə^{53}tɕʰiɑŋ^{35}tʰəu^{53}ʂuæ^{35}sɿ^{31}va^{35}va^{53}——ʂua^{53}liɑo^{21}ʐəŋ^{35}liɑo^{53}.

9. 大肚子婆娘上街——人里头有人。

ta^{31}tu^{31}tsɿ^{21}pʰə^{35}ȵiɑŋ^{53}ʂɑŋ^{53}kæ^{35}——ʐəŋ^{35}li^{53}tʰəu^{21}iəu^{53}ʐəŋ^{35}.

10. 猴子不上杆——多敲[给下]锣锣子。

xəu^{35}tsɿ^{21}pu^{31}ʂɑŋ^{31}kɑŋ^{35}——tuə^{35}tɕʰiɑo^{35}kʰa^{21}luə^{35}luə^{53}tsɿ^{21}.

11. 老鼠戴孝帽子——鬼头鼠脑。

lɑo^{35}tʂʰu^{53}tæ^{31}ɕiɑo^{31}mɑo^{31}tsɿ^{21}——kuei^{53}tʰəu^{21}tʂu^{53}nɑo^{35}.

12. 老鼠拉木锨——大头子在后。

lɑo^{35}tʂʰu^{53}la^{35}mu^{31}ɕiɑŋ^{31}——ta^{31}tʰəu^{31}tsɿ^{21}tsæ^{31}xəu^{31}.

意译:略。

第六节　甘州区口头文化

一、歌谣

1. 大头娃娃吹喇叭,坐的炕上把屎屉下。妈啊,妈啊,擦屎来。爹啊,爹啊,叫狗来,狗叫的来舔屎来。

ta^{44}tʰɤu^{44}va^{35}va^{42}kʰuei^{44}la^{22}pa^{44}, tsuə^{31}ti^{24}kʰaŋ^{31}xaŋ^{21}pa^{22}ʂʅ^{53}pa^{22}xa^{44}. ma^{44}a^{21}, ma^{44}a^{21}, tsʰa^{31} ʂʅ^{22}lɛ^{44}. tiə^{44}a^{21}, tiə^{44}a^{21}, tɕiɔ^{31}kɤu^{22}lɛ^{44}, kɤu^{53}tɕiɔ^{31}ti^{22}lɛ^{21}tʰiaŋ^{53}ʂʅ^{22}lɛ^{44}.

2. 大眼珠子贼,偷了老爷的白铁锤。老爷气得磨刀[哩啊],大眼珠子吓得栽跤[哩啊]。

ta^{44}iaŋ^{44}pfu^{44}tsɿ^{21}tsei^{53}, tʰɤu^{44}liə^{44}lɔ^{22}iə^{22}ti^{44}piə^{44}tʰiə^{22}kʰuei^{53}. lɔ^{22}iə^{44}tɕʰi^{22}ti^{22}muə^{53}tɔ^{44} lia^{44}, ta^{44}iaŋ^{44}pfu^{44}tsɿ^{44}ɕia^{31}ti^{21}tsɛ^{44}tɕiɔ^{24}lia^{44}.

3. 娃娃娃娃悄悄的,街门上来了个吹箫的啊。娃娃娃娃定定的,街门上来了个定秤的。

va^{35}va^{42}va^{35}va^{42}tɕiɔ^{44}tɕiɔ^{44}ti^{44}, kɛ^{44}mɤŋ^{44}xaŋ^{44}lɛ^{35}liə^{42}kə^{21}kʰuei^{44}ɕiɔ^{44}ti^{44}a^{21}. va^{35}va^{42}va^{35} va^{42}tiŋ^{24}tiŋ^{31}ti^{21}, kɛ^{44}mɤŋ^{44}xaŋ^{44}lɛ^{35}liə^{42}kə^{21}tiŋ^{24}tʂʰɤŋ^{31}ti^{21}.

4. 打罗饧面面,小姑子来了做饭饭。做的啥饭?做的羊肉下挂面。软肉啪贴的墙上,骨头撂的房上。张家的猫儿撵上,李家的狗儿断追上,一断追断追的张奶奶的炕上。张奶奶不给个碗碗子,炕上钉个眼眼子。张奶奶不给个碟碟子,炕上钉个橛橛子。

ta^{22}luə^{53}ɕiŋ^{53}miaŋ^{31}miaŋ^{21}, ɕiɔ^{44}ku^{44}tsɿ^{44}lɛ^{35}liə^{42}tsuə^{24}faŋ^{31}faŋ^{21}. tsuə^{31}ti^{21}ʂa^{24}faŋ^{31}? tsuə^{31}ti^{21} iaŋ^{35}ʐɤu^{42}ɕia^{24}kua^{31}miaŋ^{21}. vaŋ^{22}ʐɤu^{44}pia^{44}ti^{44}tɕʰiaŋ^{35}xaŋ^{42}, ku^{31}tʰɤu^{24}liɔ^{31}ti^{21}faŋ^{35}xaŋ^{42}. tʂaŋ^{44} tɕia^{44}ti^{44}mɔ^{35}ɣɤ^{42}ȵiaŋ^{22}xaŋ^{44}, li^{22}tɕia^{22}ti^{44}kɤu^{22}ɣɤ^{44}tuaŋ^{31}xaŋ^{21}, ʐi^{24}tuaŋ^{31}tuaŋ^{31}ti^{21}tʂaŋ^{44}nɛ^{22}nɛ^{22}ti^{44} kʰaŋ^{31}xaŋ^{21}. tʂaŋ^{44}nɛ^{22}nɛ^{44}pu^{22}kɤ^{22}kə^{44}vaŋ^{22}vaŋ^{22}tsɿ^{44}, kʰaŋ^{31}xaŋ^{24}tiŋ^{31}kə^{21}iaŋ^{22}iaŋ^{22}tsɿ^{44}. tʂaŋ^{44}nɛ^{22} nɛ^{44}pu^{22}kɤ^{22}kə^{44}tiə^{35}tiə^{42}tsɿ^{21}, kʰaŋ^{31}xaŋ^{24}tiŋ^{31}kə^{21}tɕyə^{35}tɕyə^{42}tsɿ^{21}.

5. 天皇皇,地皇皇,我家有个夜哭郎。路过的君子念三遍,一觉睡到大天亮。

tʰiaŋ^{44}xuaŋ^{44}xuaŋ^{44}, ti^{31}xuaŋ^{22}xuaŋ^{21}, və^{53}tɕia^{44}iɤu^{22}kə^{44}iə^{31}kʰu^{22}laŋ^{21}. lu^{24}kuə^{31}ti^{21}tɕyŋ^{44} tsɿ^{44}ȵiaŋ^{22}saŋ^{44}piaŋ^{44}, ʐi^{24}tɕiɔ^{24}fei^{31}tɔ^{21}ta^{22}tʰiaŋ^{44}liaŋ^{31}.

6. 点点点点窝窝,鸭鸭鸭鸭喝水。马儿马儿过桥,扑噜噜噜飞掉了。

tiaŋ^{22}tiaŋ^{44}tiaŋ^{22}tiaŋ^{44}və^{44}və^{44}, ia^{31}ia^{24}ia^{31}ia^{21}xə^{22}fei^{53}. ma^{22}ɣɤ^{44}ma^{22}ɣɤ^{44}kuə^{22}tɕʰiɔ^{53}, pʰu^{44}lu^{44} lu^{44}lu^{44}fei^{24}tiɔ^{44}liɔ^{44}.

意译：略。

二、故事

牛魔王洞的传说

呃，[ə^{31}] 我们张掖有一个传说，[və^{22}mɤŋ^{44}tʂaŋ^{44}iə^{44}iɤu^{53}ʑi^{31}kə^{21}kʰuaŋ^{53}fə^{31}] 就是，[tɕiɤu^{31}ʂʅ^{21}]《西游记》里面的，[ɕi^{44}iɤu^{35}tɕi^{42}li^{22}miaŋ^{22}ti^{44}] 呃，[ə^{31}] 致个，[tʂʅ^{31}kə^{21}] 牛魔王。[ȵiɤu^{53}muə^{22}vaŋ^{21}] 呃，[ə^{31}] 按照致个现在的地址来讲正是在临泽板桥那一带。[aŋ^{24}tʂɔ^{31}tʂʅ^{31}kə^{21}ɕiaŋ^{24}tsɛ^{31}ti^{21}ti^{22}tʂʅ^{44}lɛ^{53}tɕiaŋ^{44}tʂɤŋ^{31}ʂʅ^{22}tsɛ^{21}liŋ^{35}tʂə^{42}paŋ^{22}tɕʰiɔ^{44}na^{31}ʑi^{24}tɛ^{31}] 呃，[ə^{31}] 那一带以后，[na^{24}ʑi^{24}tɛ^{31}ʑi^{44}xɤu^{21}] 呃，[ə^{31}] 直到现在还有一个，[tʂʅ^{44}tɔ^{21}ɕiaŋ^{24}tsɛ^{31}xaŋ^{53}iɤu^{53}ʑi^{31}kə^{21}] 呃，[ə^{31}] 名胜古迹在那里面，[miŋ^{53}ʂɤŋ^{21}ku^{53}tɕi^{21}tsɛ^{24}na^{31}li^{22}miaŋ^{44}] 呃，[ə^{31}] 保护的哩，[pɔ^{53}xu^{31}ti^{22}li^{21}] 呃，[ə^{31}] 那就是，[na^{24}tɕiɤu^{31}ʂʅ^{21}] 呃，[ə^{31}] 起的名字就叫个牛魔王洞。[tɕʰi^{22}ti^{44}miŋ^{35}tsʅ^{42}tɕiɤu^{24}tɕiɔ^{31}kə^{21}ȵiɤu^{53}muə^{22}vaŋ^{24}tuŋ^{31}] 呃，[ə^{31}] 那么我们看了致个《西游记》，[na^{31}mu^{21}və^{22}mɤŋ^{44}kʰaŋ^{31}liə^{21}tʂʅ^{31}kə^{21}ɕi^{44}iɤu^{53}tɕi^{31}] 那里面那么就有个牛魔王。[na^{31}li^{22}miaŋ^{44}na^{31}mu^{21}tɕiɤu^{22}iɤu^{22}kə^{44}ȵiɤu^{53}muə^{22}vaŋ^{21}] 啊，[a^{31}] 致个，[tʂʅ^{31}kə^{21}] 铁扇公主，[tʰiə^{31}ʂaŋ^{22}kuŋ^{44}pfu^{44}] 是，[ʂʅ^{31}] 牛魔王的妻子。[ȵiɤu^{53}muə^{22}vaŋ^{22}ti^{21}tɕʰi^{44}tsʅ^{44}] 呃，[ə^{31}] 孙悟空，[suŋ^{44}vu^{44}kʰuŋ^{21}] 致个，[tʂʅ^{31}kə^{21}] 路过火焰山的时候，[lu^{24}kuə^{31}xuə^{22}iaŋ^{22}ʂaŋ^{44}ti^{44}ʂʅ^{35}xɤu^{42}] 致个，[tʂʅ^{31}kə^{21}] 过火焰山，[kuə^{31}xuə^{22}iaŋ^{22}ʂaŋ^{44}] 呃，[ə^{31}] 就想办法致个，[tɕiɤu^{22}ɕiaŋ^{53}paŋ^{31}fa^{21}tʂʅ^{31}kə^{21}] 呃，[ə^{31}] 过致个火焰山。[kuə^{24}tʂʅ^{31}kə^{21}xuə^{22}iaŋ^{22}ʂaŋ^{44}] 呃，[ə^{31}] 最后致个，[tsuei^{24}xɤu^{31}tʂʅ^{31}kə^{21}] 唐僧，[tʰaŋ^{35}suŋ^{42}] 没有办法，[mei^{22}iɤu^{44}paŋ^{31}fa^{21}] 就让致个孙猴子去想办法。[tɕiɤu^{24}zaŋ^{31}tʂʅ^{31}kə^{21}suŋ^{44}xɤu^{35}tsʅ^{42}tɕʰy^{22}ɕiaŋ^{53}paŋ^{31}fa^{21}] 呃，[ə^{31}] 孙猴子也想不出个啥办法来。[suŋ^{44}xɤu^{35}tsʅ^{42}iə^{53}ɕiaŋ^{22}pu^{22}pfʰu^{44}kə^{44}ʂa^{24}paŋ^{31}fa^{22}lɛ^{21}] 所以，[fə^{35}ʑi^{42}] 致个，[tʂʅ^{31}kə^{21}] 呃孙，[ə^{31}suŋ^{44}] 孙悟空吗就，[suŋ^{44}vu^{53}kʰuŋ^{22}ma^{21}tɕiɤu^{24}] 去，[kʰɤ^{31}] 求致个，[tɕʰiɤu^{53}tʂʅ^{31}kə^{21}] 呃，[ə^{31}] 观音菩萨，[kuaŋ^{44}iŋ^{44}pʰu^{53}sa^{31}] 呃，[ə^{31}] 观音菩萨，[kuaŋ^{44}iŋ^{44}pʰu^{53}sa^{31}] 给给致个孙悟空就说的是，[kɤ^{22}kɤ^{44}tʂʅ^{31}kə^{21}suŋ^{44}vu^{53}kʰuŋ^{21}tɕiɤu^{24}fə^{31}ti^{22}ʂʅ^{21}] 你去到致个，[ȵi^{53}kʰɤ^{24}tɔ^{31}tʂʅ^{31}kə^{21}] 有个牛魔王，[iɤu^{22}kə^{44}ȵiɤu^{53}muə^{22}vaŋ^{21}] 洞，[tuŋ^{31}] 那里面有致个，[na^{31}li^{22}miaŋ^{44}iɤu^{53}tʂʅ^{31}kə^{21}] 呃，[ə^{31}] 牛魔王的妻子，[ȵiɤu^{53}muə^{22}vaŋ^{22}ti^{21}tɕʰi^{44}tsʅ^{44}] 铁扇公主。[tʰiə^{24}ʂaŋ^{31}kuŋ^{44}pfu^{44}] 呃，[ə^{31}] 她有一个扇子，[tʰa^{44}iɤu^{53}ʑi^{31}kə^{21}ʂaŋ^{31}tsʅ^{21}] 呃，[ə^{31}] 蕉芭扇。[tɕiɔ^{44}pa^{44}ʂaŋ^{31}] 致个扇子，[tʂʅ^{31}kə^{21}ʂaŋ^{31}tsʅ^{21}] 就，[tɕiɤu^{31}] 可以把，[kʰə^{35}ʑi^{42}pa^{21}] 致个火焰山的山，[tʂʅ^{31}kə^{21}xuə^{22}iaŋ^{22}ʂaŋ^{44}ti^{44}ʂaŋ^{44}] 哦，[ə^{31}] 火，[xuə^{53}] 致个，[tʂʅ^{31}kə^{21}] 扇灭。[ʂaŋ^{44}miə^{31}] 致个孙悟空回来就对致个师傅一说啊以后，[tʂʅ^{31}kə^{21}suŋ^{44}vu^{53}kʰuŋ^{21}xuei^{35}lɛ^{42}tɕiɤu^{31}tuei^{24}tʂʅ^{31}kə^{21}ʂʅ^{44}fu^{44}ʑi^{24}fə^{31}a^{21}ʑi^{53}xɤu^{31}] 呃，[ə^{31}] 就说的是，[tɕiɤu^{24}fə^{31}ti^{22}ʂʅ^{21}] 叫，[tɕiɔ^{31}] 致个，[tʂʅ^{31}kə^{21}] 孙悟空去，[suŋ^{44}vu^{53}kʰuŋ^{21}kʰɤ^{31}] 借致个，[tɕiə^{31}tʂʅ^{31}kə^{21}] 呃，[ə^{31}] 蕉芭扇。[tɕiɔ^{44}pa^{44}ʂaŋ^{31}] 那么致个蕉芭扇，[na^{31}mu^{21}tʂʅ^{31}kə^{21}tɕiɔ^{44}pa^{44}ʂaŋ^{31}] 借，[tɕiə^{31}] 借的时候，[tɕiə^{31}ti^{22}ʂʅ^{35}xɤu^{42}] 孙悟空去到牛魔王，[suŋ^{44}vu^{53}kʰuŋ^{21}kʰɤ^{24}tɔ^{31}ȵiɤu^{53}muə^{22}vaŋ^{21}] 呃，[ə^{31}] 洞的跟前以后，[tuŋ^{31}ti^{21}kɤŋ^{44}tɕʰiaŋ^{44}ʑi^{53}xɤu^{31}] 呃，[ə^{31}] 牛魔王的洞进不去，[ȵiɤu^{53}muə^{22}vaŋ^{21}ti^{24}tuŋ^{31}tɕiŋ^{31}pu^{24}kʰɤ^{31}] 啊，[a^{31}] 有重兵都把守的哩啊。[iɤu^{53}kuŋ^{22}piŋ^{44}tɤu^{53}pa^{53}ʂɤu^{22}ti^{22}li^{44}a^{44}] 呃，[ə^{31}] 最后孙悟空，[tsuei^{24}xɤu^{31}suŋ^{44}vu^{53}kʰuŋ^{21}] 呃，[ə^{31}] 就变成一个苍蝇。[tɕiɤu^{24}piaŋ^{31}tʂʰɤŋ^{21}ʑi^{31}kə^{21}tsʰaŋ^{44}iŋ^{44}] 那么，[na^{31}mu^{21}] 从致个，[tsuŋ^{53}tʂʅ^{31}kə^{21}] 门缝子以后，[mɤŋ^{53}fɤŋ^{31}tsʅ^{21}ʑi^{44}xɤu^{31}] 飞进去以后，[fei^{44}tɕiŋ^{44}kʰɤ^{44}ʑi^{44}xɤu^{31}] 呃，[ə^{31}] 把情况看了以后啊，[pa^{22}tɕʰiŋ^{53}kʰuaŋ^{31}kʰaŋ^{31}liə^{21}ʑi^{44}xɤu^{31}a^{21}] 趁住不在意的时候，[tʂʰɤŋ^{31}

pfu21pu24tsɛ31ʑi22ti21ʂʅ35xɤu42] 致个，[tʂʅ31kə21] 孙悟空就变成致个苍蝇飞到，[suŋ44vu53khuŋ21tɕiɤu24piaŋ31tʂhɤŋ21tʂʅ31kə21tshaŋ44iŋ44fei44tɔ44] 铁扇公主，[thiə31ʂaŋ21kuŋ44pfu44] 喝茶的杯子里面以后啊。[xə22tʂha53ti21pei44tsʅ44li44miaŋ44ʑi44xɤu31a21] 致个铁扇公主喝茶的时候没注意，[tʂʅ31kə21thiə31ʂaŋ21kuŋ44pfu44xə22tʂha53ti21ʂʅ35xɤu42mu24pfu24ʑi31] 就把致个苍蝇就，[tɕiɤu31pa22tʂʅ31kə21tshaŋ44iŋ44tɕiɤu44] 呃，[ə31] 一同喝到致个肚子里了。[ʑi22thuŋ53xə31tɔ21tʂʅ31kə21tu31tsʅ22li22liɔ21] 喝到肚子里以后，[xə31tɔ24tu31tsʅ22li21ʑi53xɤu31] 呃，[ə31] 致个孙悟空在肚子里就开始乱动乱踢。[tʂʅ31kə21suŋ44vu53khuŋ21tsɛ24tu31tsʅ22li21tɕiɤu31khɛ44ʂʅ21luaŋ24tuŋ31luaŋ24thi31] 致个铁扇公主就，[tʂʅ31kə21thiə31ʂaŋ21kuŋ44pfu44tɕiɤu31] 呃，[ə31] 肚子疼得了不得，[tu31tsʅ21thɤŋ53ti21liɔ22pu44tə21] 啊。[a31] 最后致个孙悟空就说的是，[tsuei53xɤu21tʂʅ31kə21suŋ44vu53khuŋ21tɕiɤu24fə31ti22ʂʅ21] 只要你能把，[tʂʅ24iɔ31ȵi22nɤŋ35pa42] 致个蕉芭扇借给我，[tʂʅ31kə21tɕiɔ44pa44ʂaŋ31tɕiə31kɤ22və53] 我过了火焰山，[və53kuə31liə21xuə22iaŋ22ʂaŋ44] 呃，[ə31] 我就，[və53tɕiɤu31] 我就打肚子里出来。[və53tɕiɤu31ta53tu31tsʅ22li21pfhu31lɛ21] 呃，[ə31] 那么最后致个，[na31mu21tsuei53xɤu21tʂʅ31kə21] 呃，[ə31] 致个呃，[tʂʅ31kə22ə21] 答应了致个事情，[ta44iŋ44liə44tʂʅ31kə21ʂʅ31tɕhiŋ21] 啊。[a31] 最后就是同意把致个，[tsuei24xɤu31tɕiɤu31ʂʅ21thuŋ53ʑi31pa22tʂʅ31kə21] 呃，[ə31] 蕉芭扇就借给孙悟空。[tɕiɔ44pa44ʂaŋ31tɕiɤu24tɕiə31kə21suŋ44vu53khuŋ44] 呃，[ə31] 孙悟空把致个，[suŋ44vu53khuŋ21pa44tʂʅ31kə21] 呃，[ə31] 呃，[ə31] 致个，[tʂʅ31kə21] 扇子拿上以后，[ʂaŋ31tsʅ21na35xaŋ42ʑi53xɤu31] 呃，[ə31] 就去到唐僧跟前去以后，[tɕiɤu24khɤ31tɔ31thaŋ53suŋ21kɤŋ44tɕhiaŋ44khɤ22ʑi53xɤu31] 他们三个人，[tha44mɤŋ44saŋ44kə44ʐɤŋ44] 呃，[ə31] 就去到火焰山以后。[tɕiɤu24khɤ24tɔ31xuə44iaŋ44ʂaŋ44ʑi53xɤu31] 唉，[ɛ31] 结果致个蕉芭扇搁上，[tɕiə22kuə44tʂʅ31kə21tɕiɔ44pa44ʂaŋ31kə31xaŋ21] 扇了三下以后啊致个，[ʂaŋ44liə44saŋ44xa44ʑi53xɤu31a21tʂʅ31kə21] 火焰山的致个，[xuə44iaŋ44ʂaŋ44ti44tʂʅ31kə21] 火就，[xuə53tɕiɤu31] 慢慢就灭下去了。[maŋ24maŋ24tɕiɤu31miə31xa22khɤ22liɔ21] 哎，[ɛ24] 所以他们就，[fə35ʑi42tha44mɤŋ44tɕiɤu31] 把致个火焰山就过去了。[pa53tʂʅ31kə21xuə22iaŋ22ʂaŋ44tɕiɤu24kuə31khɤ22liɔ21] 所以致个，[fə35ʑi42tʂʅ31kə21] 牛魔王洞的致个，[ȵiɤu53muə22vaŋ21tuŋ31ti21tʂʅ31kə21] 呃，[ə31] 传说和来历，[khuaŋ53fə31xə22lɛ53li31] 致它可是根据致个，[tʂʅ22tha44khə44ʂʅ44kɤŋ44tɕy44tʂʅ31kə21]《西游记》，[ɕi44iɤu35tɕi31] 呃，[ə31] 到西天去取经，[tɔ22ɕi44thiaŋ44khɤ22tɕhy53tɕiŋ44] 作为我们西北致面个来说，[tsuə22vei53və22mɤŋ44ɕi44pei21tʂʅ31miaŋ22kə21lɛ53fə31] 呃，[ə31] 也是，[iə22ʂʅ44] 唐僧取经的致个，[thaŋ53sɤŋ21tɕhy53tɕiŋ44ti44tʂʅ31kə21] 呃，[ə31] 必经之路。[pi22tɕiŋ44tʂʅ44lu31] 什么高老庄啊，[ʂʅ31ma21kɔ44lɔ22kuaŋ44a44] 啊，[a31] 致个牛魔王啊，[tʂʅ31kə21ȵiɤu53muə22vaŋ22a21] 呃，[ə31]［这一］些，[tʂei31ɕiə21] 旧的致个，[tɕiɤu31ti21tʂʅ31kə21] 呃，[ə31] 旧居的致个地址，[tɕiɤu24tɕy31ti21tʂʅ31kə21ti22tʂʅ44] 现在都还在。[ɕiaŋ24tsɛ31tɤu35xaŋ42tsɛ31] 呃，[ə31] 所以致个，[fə35ʑi42tʂʅ31kə21] 牛王洞，[ȵiɤu53vaŋ24tuŋ31] 呃，[ə31] 我们也去到那个地方也看了以后。[və22mɤŋ44iə53tɕhy24tɔ24na31kə21ti31faŋ21khaŋ31liə21ʑi53xɤu31] 据伢们人说以后是，[tɕy22ia35mɤŋ42ʐɤŋ53fə31ʑi53xɤu31ʂʅ21] 呃，[ə31] 以前，[ʑi53tɕiaŋ53] 以前是有人进去过。[ʑi53tɕhiaŋ53ʂʅ31iɤu22ʐɤŋ53tɕiŋ31khɤ22kuə21] 进去以后就再没出来。[tɕiŋ31khɤ21ʑi53xɤu31tɕiɤu44tsɛ24mu31pfhu31lɛ21] 啊，[a31] 现在呢就是说的是谁也不敢进去。[ɕiaŋ24tsɛ31naŋ21tɕiɤu31ʂʅ21fə31ti22ʂʅ21fei35ia42pu22kaŋ53tɕiŋ31khɤ21] 呃，[ə31] 还有人的就是传说就是，[xaŋ53iɤu22ʐɤŋ35ti42tɕiɤu31ʂʅ21khuaŋ53fə21tɕiɤu31ʂʅ21] 他的致个洞里，[tha22ti44tʂʅ31kə21tuŋ31li21] 进去以后，[tɕiŋ31khɤ21ʑi53xɤu31] 出来就到，[pfhu31lɛ21tɕiɤu24tɔ31] 另一个地方了。[liŋ24ʑi31kə21ti31faŋ22liə21] 啊。

[a^{31}] 致个，[tʂʅ^{31}kə^{21}] 好像是致个洞里面以后是，[xɔ^{53}ɕiaŋ^{31}ʂʅ^{21}tʂʅ^{31}kə^{21}tuŋ^{31}li^{22}miaŋ^{44}ʑi^{53}xɤu^{31}ʂʅ^{21}] 呃，[ə^{31}] 非常的神秘，[fei^{44}tʂʰaŋ^{44}ti^{44}ʂɤŋ^{53}mi^{31}] 也非常的，[iə^{44}fei^{44}tʂʰaŋ^{44}ti^{44}] 害怕，[xɛ^{53}pʰa^{31}] 哎。[ɛ^{31}] 呃，[ə^{31}] 没人进去。[mu^{22}zɤŋ^{53}tɕiŋ^{31}kʰɤ^{21}] 但是致个洞口和致个，[taŋ^{31}ʂʅ^{21}tɛʅ^{31}kə^{21}tuŋ^{22}kʰɤu^{53}xə^{24}tʂʅ^{31}kə^{21}] 牛魔王的致些土，[ȵiɤu^{35}muə^{42}vaŋ^{22}ti^{21}tʂʅ^{31}ɕiə^{21}tʰu^{44}] 土堆呀，[tʰu^{44}tuei^{44}ia^{44}] 也直到现在，[iə^{22}tʂʅ^{53}tɔ^{31}ɕiaŋ^{24}tsɛ^{31}] 还在致个走板桥的［那一］个路上的，[xaŋ^{53}tsɛ^{24}tʂʅ^{31}kə^{21}tsɤu^{53}paŋ^{22}tɕʰiɔ^{22}ti^{44}nɛ^{31}kə^{21}lu^{31}xaŋ^{22}ti^{21}]［那一］个地方还继续保存的哩。[nɛ^{31}kə^{21}ti^{31}faŋ^{21}xaŋ^{53}tɕi^{24}ɕy^{31}pɔ^{53}tsʰuŋ^{35}ti^{42}li^{21}] 致个，[tʂʅ^{31}kə^{21}]（咳嗽声），市级，[ʂʅ^{24}tɕi^{31}] 致个文物保护的单位，[tʂʅ^{31}kə^{21}vɤŋ^{53}vu^{31}pɔ^{53}xu^{31}ti^{21}taŋ^{44}vei^{44}] 还在那些还立的一个，[xaŋ^{53}tsɛ^{24}na^{31}ɕiə^{21}xaŋ^{53}li^{31}tə^{21}ʑi^{31}kə^{21}] 石碑，[ʂʅ^{53}pei^{44}] 啊，[a^{31}] 就列为致个市级保护，[tɕiɤu^{24}liə^{22}vei^{53}tʂʅ^{31}kə^{21}ʂʅ^{31}tɕi^{21}pɔ^{53}xu^{31}] 文物的那个对待的哩。[vɤŋ^{53}vu^{31}ti^{21}na^{31}kə^{21}tuei^{24}tɛ^{31}ti^{22}li^{21}]

意译：张掖有一个传说，就是《西游记》里的牛魔王。事情发生在临泽板桥那一带，那一带直到现在还有一个名胜古迹，被保护着，名字叫牛魔王洞。我们看《西游记》，里面就有个牛魔王。铁扇公主是牛魔王的妻子。唐僧师徒路过火焰山的时候，唐僧没办法，让孙猴子想办法。孙悟空就去求观音菩萨。观音菩萨就给孙悟空说，你到牛魔王洞，去找牛魔王的妻子铁扇公主。她有一把扇子——芭蕉扇。这个扇子，可以把火焰山的火扇灭。孙悟空回来对师傅一说，师傅让孙悟空去借芭蕉扇。孙悟空到牛魔王洞跟前，进不去，有重兵把守。最后，孙悟空变成了一个苍蝇，从门缝里飞进去，看了看情况，趁着别人不注意，孙悟空变成一个苍蝇飞到铁扇公主喝茶的杯子里。铁扇公主喝茶时就把苍蝇一同喝到肚子里了。喝到肚子里以后，孙悟空就在肚子里乱踢。铁扇公主肚子疼得受不了。孙悟空就说，只要能把芭蕉扇借给我，过了火焰山，我就从肚子里出来。铁扇公主没办法，就答应了，同意把芭蕉扇借给孙悟空。孙悟空把扇子拿上后，就到火焰山，用芭蕉扇扇了三下以后，火焰山的火就慢慢灭了。他们就过了火焰山。所以，牛魔王洞传说的根据是《西游记》西天取经的故事。西北是唐僧取经的必经之路。什么高老庄，牛魔王洞，这些旧的地址，现在都还保留着。牛魔王洞，我们也到那个地方看了。据说，以前有人进去过，进去后再没出来。还有别的传说，人进了洞以后，出来就到另一个地方了。好像洞里面非常神秘，非常吓人。现在，没有人敢进去。但这个洞口和牛魔王的土堆，直到现在，还在去板桥的路上保存着。那里立了一个石碑，是个市级文物保护单位。

三、自选条目

1. 宁给好汉子牵马坠镫啊，不给㞞汉子没志气的人出谋定计。

ȵiŋ^{22}kɤ^{53}xɔ^{22}xaŋ^{22}tsʅ^{44}tɕʰiaŋ^{44}ma^{44}kuei^{24}tɤŋ^{31}a^{21}, pu^{22}kɤ^{53}suŋ^{35}xaŋ^{42}tsʅ^{21}pfʰu^{22}mu^{53}tiŋ^{24}tɕi^{31}.

2. 水浇了，湿的着哩；火烧了，黑的着哩。

fei^{53}tɕiɔ^{44}liɔ^{44}, ʂʅ^{31}tiə^{22}li^{21}; xuə^{53}ʂɔ^{44}liɔ^{44}, xɤ^{31}tiə^{22}li^{21}.

3. 有福不能重受享，油饼子不能卷肉。

iɤu^{53}fu^{31}pu^{22}nɤŋ^{53}kʰuŋ^{53}ʂɤu^{31}, iɤu^{35}piŋ^{42}tsʅ^{21}pu^{22}nɤŋ^{53}tɕyaŋ^{53}zɤu^{31}.

4. 有钱没钱，剃上个光光头过年。

iɤu^{22}tɕʰiaŋ^{53}mu^{22}tɕʰiaŋ^{53}, tʰi^{31}xaŋ^{22}kə^{21}kuaŋ^{44}kuaŋ^{44}tʰɤu^{53}kuə^{22}ȵiaŋ^{53}.

5. 好饭没盐水一般，好汉没钱鬼一般。

xɔ^{53}faŋ^{31}mu^{22}iaŋ^{53}fei^{53}ʑi^{31}paŋ^{21}, xɔ^{53}xaŋ^{31}mu^{22}tɕ^{h}iaŋ^{53}kuei^{53}ʑi^{31}paŋ^{21}.

6. 正月十五雪打灯，当年必定好收成。

tʂɤŋ^{44}yə^{44}ʂʅ^{31}vu^{21}ɕyə^{22}ta^{53}tɤŋ^{44}, taŋ^{44}ȵiaŋ^{44}pi^{31}tiŋ^{21}xɔ^{53}ʂɤu^{44}tʂ^{h}ɤŋ^{53}.

7. 九九一场雪，来年好吃麦。

tɕiɤu^{53}tɕiɤu^{53}ʑi^{31}tʂ^{h}aŋ^{24}ɕyə^{31}, lɛ^{24}ȵiaŋ^{31}xɔ^{53}tʂʅ^{24}miə^{31}.

8. 早上惊了蛰，后晌拿犁别。

tsɔ^{22}ʂaŋ^{44}tɕiŋ^{44}liə^{44}tʂə^{53}, xɤu^{31}ʂaŋ^{21}na^{53}li^{53}piə^{53}.

9. 头九二九，关门闭守。三九四九，冻破碴口。五九六九，开河扬柳。七九八九，精沟子娃娃拍手。九九加一九，黄牛遍地走。

t^{h}ɤu^{35}tɕiɤu^{42}ɣɤ^{31}tɕiɤu^{21}, kuaŋ^{44}mɤŋ^{44}pi^{22}ʂɤu^{53}. saŋ^{44}tɕiɤu^{44}sʅ^{31}tɕiɤu^{21}, tuŋ^{24}p^{h}uə^{31}tʂ^{h}a^{35} k^{h}ɤu^{42}. vu^{35}tɕiɤu^{42}liɤu^{31}tɕiɤu^{21}, k^{h}ɛ^{44}xə^{53}iaŋ^{53}liɤu^{53}. tɕ^{h}i^{31}tɕiɤu^{24}pa^{31}tɕiɤu^{21}, tɕiŋ^{44}kɤu^{44}tsʅ^{44} va^{35}va^{42}p^{h}iə^{22}ʂɤu^{53}. tɕiɤu^{53}tɕiɤu^{53}tɕia^{44}ʑi^{22}tɕiɤu^{53}, xuaŋ^{35}ȵiɤu^{42}piaŋ^{24}ti^{22}tsɤu^{53}.

以上 9 条意译：略。

10. 正月里来是新春啊，[tʂɤŋ^{44}yə^{44}li^{22}lɛ^{24}ʂʅ^{21}ɕiŋ^{44}k^{h}uŋ^{44}a^{44}] 青草芽儿往上升，[tɕ^{h}iŋ^{44} ts^{h}ɔ^{22}ia^{13}ɣɤ^{53}vaŋ^{22}ʂaŋ^{44}ʂɤŋ^{44}] 哎嗨咿呀吆。[ɛ^{44}xɛ^{44}ʑi^{22}ia^{21}iɔ^{53}] 勤劳的农户喜在心啊，[tɕ^{h}iŋ^{13} lɔ^{13}tiə^{22}luŋ^{35}xu^{21}ɕi^{22}tsɛ^{21}ɕiŋ^{44}a^{44}] 啊喜在心啊，[a^{44}ɕi^{22}tsɛ^{21}ɕiŋ^{44}a^{44}] 哈哪呼咿呀嗨。[xa^{44}la^{44} xu^{21}ʑi^{22}ia^{21}xɛ^{44}] 二月里来龙抬头啊，[ɣɤ^{31}yə^{44}li^{22}lɛ^{24}luŋ^{13}t^{h}ɛ^{44}t^{h}ɤu^{42}a^{44}] 大河小河水长流，[ta^{21}xə^{53}ɕiɔ^{44}xə^{53}fei^{53}ts^{h}aŋ^{42}liɤu^{42}] 咿呀哎嗨吆。[ʑi^{22}ia^{21}ɛ^{44}xɛ^{44}iɔ^{53}] 二月忙，[ɣɤ^{31}yə^{44}maŋ^{42}] 日月你就眼尖上流啊，[ʐʅ^{24}yə^{44}ȵi^{22}tɕiɤu^{53}iaŋ^{53}tɕiaŋ^{44}ʂaŋ^{44}liɤu^{42}a^{44}] 啊眼尖上流啊，[a^{44}iaŋ^{53} tɕiaŋ^{44}ʂaŋ^{44}liɤu^{42}a^{44}] 啊哪呼咿呀嗨。[a^{44}la^{44}xu^{21}ʑi^{22}ia^{21}xɛ^{44}] 三月里来三清明啊，[saŋ^{44}yə^{44} li^{22}lɛ^{24}saŋ^{44}tɕ^{h}iŋ^{44}miŋ^{13}a^{44}] 桃花不开杏花红啊，[t^{h}ɔ^{13}xua^{44}pu^{22}k^{h}ɛ^{44}ɕiŋ^{31}xua^{44}xuŋ^{44}a^{44}] 咿呀哎嗨吆。[ʑi^{22}ia^{21}ɛ^{44}xɛ^{44}iɔ^{53}] 蜜蜂儿来寻觅就，[mi^{31}fɤŋ^{44}ɣɤ^{31}lɛ^{24}ɕiŋ^{44}mi^{31}tɕiɤu^{21}] 做工忙啊哈，[tsu^{44}kuŋ^{44}maŋ^{42}a^{42}xa^{44}] 做工忙啊，[tsu^{44}kuŋ^{44}maŋ^{42}a^{42}] 哈哪呼咿呀嗨。[xa^{44}la^{44}xu^{21}ʑi^{22} ia^{21}xɛ^{44}] 四月里来春风刮呀，[sʅ^{31}yə^{44}li^{22}lɛ^{24}k^{h}uŋ^{44}fɤŋ^{44}kua^{44}ia^{21}] 种了豆子种西瓜，[kuŋ^{31}liə^{44} tɤu^{31}tsʅ^{21}kuŋ^{31}ɕi^{44}kua^{44}] 咿呀哎嗨吆。[ʑi^{22}ia^{21}ɛ^{44}xɛ^{44}iɔ^{53}] 刮风儿，[kua^{44}fɤŋ^{44}ɣɤ^{31}] 刮风儿下雨你就，[kua^{44}fɤŋ^{44}ɣɤ^{31}ɕia^{22}ʑy^{53}ȵi^{22}tɕiɤu^{53}] 找着他呀，[tʂɔ^{22}tʂuɤ^{21}t^{h}a^{44}ia^{21}] 啊找着他呀，[a^{44}tʂɔ^{22}tʂuɤ^{21}t^{h}a^{44}ia^{21}] 哈哪呼咿呀嗨。[xa^{44}la^{44}xu^{21}i^{22}ia^{21}xɛ^{44}] 五月里来五端阳啊，[vu^{22}yə^{44} li^{22}lɛ^{24}vu^{22}tuaŋ^{44}iaŋ^{42}a^{44}] 杨柳枝儿插门窗啊，[iaŋ^{53}liɤu^{53}tʂʅ^{44}ɣɤ^{22}tʂ^{h}a^{44}men^{42}k^{h}uaŋ^{42}a^{42}] 咿呀哎海吆。[ʑi^{22}ia^{21}ɛ^{44}xɛ^{44}iɔ^{53}] 雄黄儿酒你就闹端阳啊，[ɕyŋ^{31}xuaŋ^{44}ɣɤ^{22}tɕiɤu^{22}ȵi^{22}tɕiɤu^{53}nɔ^{53} tuaŋ^{44}iaŋ^{42}a^{44}] 啊闹端阳呀，[a^{44}nɔ^{53}tuaŋ^{44}iaŋ^{42}ia^{21}] 啊哪呼咿呀嗨。[a^{44}la^{44}xu^{21}ʑi^{22}ia^{21}xɛ^{44}]

意译：正月里，是新春，青草芽儿长出来，哎嗨咿呀吆。勤劳的农户喜在心，喜在心，哈哪呼咿呀嗨。二月里，龙抬头，大河小渠水长流，咿呀哎嗨吆。二月忙，日月就，眼尖上流，眼尖上流，啊哪呼咿呀嗨。三月里来三清明，桃花不开杏花红，咿呀哎嗨吆。蜜蜂儿来寻觅就，做工忙，做工忙，哈哪呼咿呀嗨。四月里，春风刮，种了豆子种西瓜，咿呀哎嗨吆。刮风儿下雨，你就找着他，找着他，哈哪呼咿呀嗨。五月里，五端阳，杨柳枝，插门窗，咿呀哎嗨吆。雄黄药酒闹端阳，闹端阳，啊哪呼咿呀嗨。

第七节　肃州区口头文化

一、歌谣

1. 雨，雨，大大下，河里的娃娃不害怕，蒸下的馍馍车轱辘大，吃不掉了挨嘴巴。

ʑy^{51}, ʑy^{51}, ta^{13}ta^{13}ɕia^{21}, xə^{44}li^{21}ti^{21}va^{35}va^{21}pu^{21}xɛ^{53}pʰa^{13}, tʂɤŋ^{44}xa^{21}tə^{21}mə^{44}mə^{21}tʂʰə^{44}ku^{44}lu^{44}ta^{21}, tʂʰʅ^{21}pu^{35}tiɔ^{21}liɔ^{21}ɣɛ^{53}tsuei^{44}pa^{21}.

2. 屎屉牛，拉木头，人家拉的好木头，我们拉的朽木头。朽咧朽，盖房子，人家盖的好房子，我们盖的是草房子。草咧草，养生娃子，人家养的好娃子，我们养的癞瓜子，放到炕上呱呱呱，放到地下呱呱呱。

sʅ^{44}pʰa^{44}ȵiəu^{44}, la^{44}mu^{31}tʰəu^{21}, ʐɤŋ^{35}tɕia^{21}la^{13}ti^{44}xɔ^{21}mu^{13}tʰəu^{21}, və^{21}mɤŋ^{53}la^{13}ti^{44}ɕiəu^{21}mu^{13}tʰəu^{21}. ɕiəu^{21}liɛ^{53}ɕiəu^{51}, kɛ^{21}faŋ^{44}tsʅ^{21}, ʐɤŋ^{35}tɕia^{21}kɛ^{44}ti^{21}xɔ^{21}faŋ^{44}tsʅ^{21}, və^{21}mɤŋ^{53}kɛ^{44}ti^{21}sʅ^{53}tsʰɔ^{21}faŋ^{44}tsʅ^{21}. tsʰɔ^{21}liɛ^{53}tsʰɔ^{51}, ʑiaŋ^{22}va^{44}tsʅ^{21}, ʐɤŋ^{35}tɕia^{0}ʑiaŋ^{21}ti^{0}xɔ^{21}va^{44}tsʅ^{21}, və^{21}mɤŋ^{53}ʑiaŋ^{21}ti^{53}lɛ^{53}kua^{21}tsʅ^{21}, faŋ^{21}tɔ^{13}kʰɑŋ^{21}ʂɑŋ^{35}kua^{44}kua^{44}kua^{44}, faŋ^{21}tɔ^{13}ti^{41}ɕia^{21}kua^{44}kua^{44}kua^{44}.

3. 头九二九，关门避守；三九四九，冻破碴口；五九六九，精沟子娃拍手；七九的鸭子，八九的雁；九九加一九，耕牛遍地走。

tʰəu^{44}tɕiəu^{31}ɯ^{21}tɕiəu^{51}, kuæ̃^{44}mɤŋ^{21}pi^{21}ʂəu^{51}; sæ̃^{44}tɕiəu^{44}sʅ^{21}tɕiəu^{21}, tuŋ^{13}pʰə^{21}tsʰa^{44}kʰəu^{21}; vu^{35}tɕiəu^{21}liəu^{21}tɕiəu^{51}, tɕiŋ^{44}kəu^{21}tsʅ^{21}va^{53}pʰə^{21}ʂəu^{51}; tɕʰi^{21}tɕiəu^{21}ti^{44}ʑia^{21}tsʅ^{44}, ba^{31}tɕiəu^{21}ti^{53}ʑiæ̃^{21}; tɕiəu^{53}tɕiəu^{53}tɕia^{44}ʑi^{21}tɕiəu^{51}, kɤŋ^{44}ȵiəu^{53}piæ̃^{13}ti^{21}tsəu^{53}.

4. 肃州城，四角平，四扇格子四扇门，鼓楼修在街当中。肃州城，卧牛城，两个牛角高入云。

su^{33}tʂəu^{22}tʂʰɤŋ^{53}, sʅ^{44}tɕyə^{21}pʰiŋ^{53}, sʅ^{21}ʂæ̃^{35}kə^{21}tsʅ^{44}sʅ^{31}ʂæ̃^{21}mɤŋ^{51}, ku^{21}ləu^{53}ɕiəu^{44}tsɛ^{44}kɛ^{44}tɑŋ^{44}tʂuŋ^{44}. su^{21}tʂəu^{22}tʂʰɤŋ^{53}, və^{22}ȵiəu^{21}tʂʰɤŋ^{53}, liɑŋ^{21}kə^{53}ȵiəu^{35}tɕyə^{210}kɔ^{44}ʐʅ^{21}ʑyŋ^{53}.

5. 洗罢脸，再梳头，一梳梳个万花楼。一木梳，一篦子，领个孩子成绪子；一篦梳，一拢子，领个孩子带顶子。搽上桂花油，一辈子不发愁。插金钗，戴银簪，新人面貌赛天仙。端镜子，你看看，领个小孩当状元。

ɕi^{21}pa^{53}liæ̃^{53}, tsɛ^{21}ʂu^{44}tʰəu^{53}, ʑi^{21}ʂu^{44}ʂu^{44}kə^{44}væ̃^{21}xua^{44}ləu^{51}. ʑi^{35}mu^{53}ʂu^{21}, ʑi^{35}pi^{42}tsʅ^{2}, liŋ^{21}kə^{53}xɛ^{44}tsʅ^{21}tʂɤŋ^{53}ɕy^{31}tsʅ^{21}; ʑi^{351}pi^{42}ʂu^{2}, ʑi^{22}luŋ^{21}tsʅ^{53}, liŋ^{21}kə^{53}xɛ^{44}tsʅ^{21}tɛ^{31}tiŋ^{21}tsʅ^{53}. tsʰa^{44}ʂɑŋ^{21}kuei^{21}xua^{44}ʑiəu^{53}, ʑi^{35}pei^{21}tsʅ^{44}pu^{44}fa^{21}tsʰəu^{53}. tsʰa^{44}tɕiŋ^{44}tʂæ̃^{44}, tɛ^{21}ʑiŋ^{53}tʂæ̃^{44}, ɕiŋ^{44}ʐɤŋ^{53}miæ̃^{13}mɔ^{13}sɛ^{21}tʰiæ̃^{44}ɕiæ̃^{44}. tuæ̃^{44}tɕiŋ^{42}tsʅ^{21}, ȵi^{53}kʰæ̃^{21}kæ̃^{21}, liŋ^{21}kə^{53}ɕiɔ^{21}xɛ^{53}tɑŋ^{44}tʂuɑŋ^{21}ʑyæ̃^{21}.

6. 腊八谣：小孩小孩你别馋，过了腊八就是年。腊八粥，喝几天，哩哩啦啦二十三。二十三，糖儿粘；二十四，扫房日；二十五，炸豆腐；二十六，炖白肉；二十七，宰公鸡；二十八，把面发；二十九，蒸馒头；三十晚上熬一宿。大年初一去拜年：你新禧，你多礼，一手的面儿不搀你，给你父母道个喜！

la^{21}pa^{22}ʑiɔ^{51}: ɕiɔ^{21}xɛ^{53}ɕiɔ^{21}xɛ^{53}ȵi^{22}biɛ^{21}tsʰæ̃^{51}, kuə^{21}liɔ^{44}la^{21}pa^{44}tɕiəu^{21}sʅ^{21}ȵiæ̃^{51}. la^{21}pa^{22}tʂəu^{44}, xə^{21}tɕi^{53}tʰiæ̃^{44}, li^{13}li^{44}la^{44}la^{44}ɯ^{21}ʂʅ^{21}sæ̃^{44}. ɯ^{22}ʂʅ^{21}sæ̃^{44}, tʰɑŋ^{44}ɣə^{21}tʂæ̃^{44}; ɯ^{21}ʂʅ^{44}sʅ^{31}, sɔ^{21}fɑŋ^{53}ʐʅ^{21}; ɯ^{22}ʂʅ^{21}vu^{51}, tsa^{53}təu^{21}fu^{21}; ɯ^{21}ʂʅ^{53}liəu^{31}, tuŋ^{21}pɛ^{44}ʐəu^{21};ɯ^{21}ʂʅ^{44}tɕʰi^{53}, tsɛ^{53}kuŋ^{44}tɕi^{44}; ɯ^{21}ʂʅ^{21}pa^{13}, pa^{35}miæ̃^{13}fa^{21}; ɯ^{21}ʂʅ^{21}tɕiəu^{53}, tʂɤŋ^{44}mæ̃^{35}tʰəu^{21}; sæ̃^{44}ʂʅ^{53}væ̃^{21}ʂɑŋ^{31}ɣao^{51}ʑi^{21}ɕiəu^{21}. ta^{21}niæ̃^{44}tʂʰu^{53}ʑi^{44}tɕʰy^{53}pɛ^{21}ȵiæ̃^{51}: ȵi^{53}ɕin^{44}ɕi^{53}, ȵi^{53}tuə^{44}li^{21}, ʑi^{2}ʂəu^{221}ti^{44}miæ̃^{44}ɣə^{21}pu^{21}tsʰæ̃^{44}ȵi^{53}, kei^{21}ȵi^{53}fu^{21}mu^{53}tɔ^{21}kə^{21}ɕi^{53}!

7. 撒五谷歌：一撒麦子二撒料，三撒媳妇下了轿，四撒核桃五撒枣，六撒两口百年好，七撒金子八撒银，九撒媳妇进堂门，十撒一把满堂红，日月常存步步升。

sa^{53}vu^{44}ku^{21}kə^{44}: ʑi^{21}sa^{53}mə^{21}ts^{31}ɯ^{21}sa^{53}liɔ^{21}, sæ̃^{44}sa^{53}ɕi^{21}fu^{44}ɕia^{21}liɔ^{44}tɕiɔ^{21}, sɿ^{21}sa^{53}xə^{53}t^{h}ɔ^{21} vu^{53}sa^{53}tsɔ^{53}, liəu^{21}sa^{53}liaŋ^{35}k^{h}əu^{41}pɛ^{21}ȵiæ̃^{53}xɔ^{51}, tɕ^{h}i^{21}sa^{53}tɕiŋ^{44}tsɿ^{31}pa^{22}sa^{21}ʑiŋ^{53}, tɕiəu^{53}sa^{53} ɕi^{21}fu^{44}tɕiŋ^{21}t^{h}aŋ^{53}mɤŋ^{53}, ʂʅ^{21}sa^{53}ʑi^{21}pa^{42}mæ̃^{21}t^{h}aŋ^{53}xuŋ^{53}, ʐʅ^{13}ʑyə^{21}tʂ^{h}aŋ^{53}ts^{h}uŋ^{53}pu^{13}pu^{21} ʂɤŋ^{44}.

8. 打罗罗，揉面面，甘州来了肉蛋蛋，宰公鸡，叫鸣呢，宰母鸡，下蛋呢，买白面，没有钱，买二面，舍不得，宰鹅去，跳到张家的磨道呢。

ta^{21}luə^{35}luə^{53}, ʐəu^{35}miæ̃^{53}miæ̃^{21}, kæ̃^{44}tʂəu^{44}lɛ^{35}lə^{0}kə^{0}ʐəu^{13}tæ̃^{53}tæ̃^{21}, tsɛ^{53}kuŋ^{44}tɕi^{44}, tɕiɔ^{21} miŋ^{35}ȵi^{21}, tsɛ^{53}mu^{21}tɕi^{53}, ɕia^{13}tæ̃^{53}ȵi^{2}, mɛ^{21}pɛ^{35}miæ̃^{53}, mə^{22}ʑiəu^{21}tɕ^{h}iæ̃^{53}, mɛ^{53}ɯ^{44}miæ̃^{21}, ʂə^{21} pu^{21}tə^{53}, tsɛ^{21}ɯ^{35}tɕ^{h}i^{21}, t^{h}iɔ^{21}tɔ^{22}tʂaŋ^{35}tɕia^{44}ti^{53}mə^{53}tɔ^{42}ȵi^{21}.

9. 点点窝窝，鸭鸭吃水，马马过河，黄莺露嘴，扑棱地飞掉了。

tiæ̃^{21}tiæ̃^{53}və^{44}və^{44}, ʑia^{21}ʑia^{13}tʂ^{h}ʅ^{21}ʂuei^{53}, ma^{21}ma^{53}kuə^{21}xə^{53}, xuaŋ^{35}ʑiŋ^{44}lu^{21}tsuei^{53}, p^{h}u^{44} ləu^{44}ti^{21}fei^{42}tiɔ^{021}liɔ^{21}.

10. 大姆叮当，二姆方方，三姆罗罗，四姆乖乖，小妞妞外睡瞌睡。

ta^{44}mu^{21}tiŋ^{13}taŋ^{44}, ɯ^{21}mu^{21}faŋ^{13}faŋ^{44}, sæ̃^{44}mu^{21}luə^{35}luə^{41}, sɿ^{21}mu^{24}kuei^{53}kuei^{21}, ɕiɔ^{21} ȵiəu^{35}ȵiəu^{42}vɛ^{13}ʂuei^{21}k^{h}ə^{42}ʂuei^{21}.

意译：略。

二、故事

牛郎织女

古时候，[ku^{21}ʂʅ^{35}xəu^{31}] 有一个小伙子，[ʑiəu^{53}ʑi^{21}kə^{21}ɕiɔ^{53}xuə^{21}tsɿ^{21}] 他的父母双亲去世得早，[t^{h}a^{21}ti^{44}fu^{21}mu^{53}ʂuaŋ^{44}tɕ^{h}iŋ^{44}tɕ^{h}y^{53}ʂʅ^{21}tə^{21}tsɔ^{53}] 他一个人孤苦伶仃，[t^{h}a^{44}ʑi^{21}kə^{13}ʐɤŋ^{53} ku^{44}k^{h}u^{53}liŋ^{53}tiŋ^{44}] 跟一头老黄牛相依作伴。[kɤŋ^{44}ʑi^{21}t^{h}əu^{53}lɔ^{21}xuaŋ^{53}ȵiəu^{53}ɕiaŋ^{44}ʑi^{44}tsuə^{13} pæ̃^{21}] 倚着老黄牛精耕细作来维持生计，[ʑi^{53}tʂə^{21}lɔ^{21}xuaŋ^{53}ȵiəu^{53}tɕiŋ^{53}kɤŋ^{44}ɕi^{31}tsuə^{21}lɛ^{53} vei^{35}tʂ^{h}ʅ^{21}sɤŋ^{44}tɕi^{44}] 其实这老黄牛是金牛星下凡。[tɕ^{h}i^{53}ʂʅ^{21}tʂə^{22}lɔ^{21}xuaŋ^{53}ȵiəu^{51}ʂʅ^{21}tɕiŋ^{44} ȵiəu^{53}ɕiŋ^{44}ɕia^{21}fæ̃^{53}] 这牛郎一直没成家，[tʂə^{22}ȵiəu^{53}laŋ^{52}ʑi^{21}tʂʅ^{53}mei^{22}tʂ^{h}ɤŋ^{53}tɕia^{44}] 这个老黄牛很想帮忙给他成个家。[tʂə^{21}kə^{21}lɔ^{21}xuaŋ^{53}ȵiəu^{51}xɤŋ^{53}ɕiaŋ^{53}paŋ^{44}maŋ^{53}kei^{21}t^{h}a^{44}tʂ^{h}ɤŋ^{53}kə^{0} tɕia^{44}] 一天，[ʑi^{21}t^{h}iæ̃^{44}] 它闻听道七仙女下凡到村东头的湖边去洗澡。[t^{h}a^{44}vɤŋ^{53}t^{h}iŋ^{44}tɔ^{21} tɕ^{h}i^{21}ɕiæ̃^{44}ny^{53}ɕia^{21}fæ̃^{53}tɔ^{21}ts^{h}uŋ^{44}tuŋ^{44}t^{h}əu^{53}tə^{21}xu^{53}piæ̃^{44}tɕ^{h}y^{21}ɕi^{53}tsɔ^{53}] 它就给牛郎托了一个梦，[t^{h}a^{31}tɕiəu^{33}kei^{44}ȵiəu^{53}laŋ^{0}t^{h}uə^{44}lə^{0}ʑi^{21}kə^{21}mɤŋ^{31}] 让他第二天早上到湖边去，[ʐaŋ^{21} t^{h}a^{44}ti^{53}ɯ^{21}t^{h}iæ̃^{44}tsɔ^{21}ʂaŋ^{53}tɔ^{21}xu^{53}piæ̃^{44}tɕ^{h}y^{21}] 把七仙女其中的一个人的衣裳拿回去，[pa^{21} tɕ^{h}i^{21}ɕiæ̃^{44}ny^{53}tɕ^{h}i^{44}tʂuŋ^{44}tə^{21}ʑi^{21}kə^{21}ʐɤŋ^{53}tə^{0}ʑi^{13}san^{44}na^{35}xuei^{42}tɕ^{h}y^{21}] 头不要回，[t^{h}əu^{53}pu^{21} ʑiɔ^{21}xuei^{53}] 一直往家跑，[ʑi^{21}tʂʅ^{53}vaŋ^{21}tɕia^{44}p^{h}ɔ^{53}] 这样，[tʂə^{21}ʑiaŋ^{13}] 就会有一个美丽的仙女会成为他的妻子。[tɕiəu^{21}xuei^{44}ʑiəu^{53}ʑi^{22}kə^{21}mei^{53}li^{21}tə^{21}ɕiæ̃^{44}ny^{53}xuei^{21}tʂ^{h}ɤŋ^{53}vei^{21}t^{h}a^{21}tə^{44} tɕ^{h}i^{21}tsɿ^{44}] 第二天早上，[ti^{44}ɯ^{21}t^{h}iæ̃^{44}tsɔ^{21}ʂaŋ^{53}] 牛郎嘛，[ȵiəu^{22}laŋ^{44}ma^{21}] 将信将疑地跑到湖边，[tɕiaŋ^{44}ɕiŋ^{44}tɕiaŋ^{44}ʑi^{44}ti^{21}pɔ^{21}tɔ^{42}xu^{53}piæ̃^{44}] 恍惚中看到湖中真有仙女在洗澡，[xuaŋ^{21} xu^{44}tʂuŋ^{31}k^{h}æ̃^{31}tɔ^{21}xu^{53}tʂuŋ^{44}tʂɤŋ^{35}ʑiəu^{53}ɕiæ̃^{44}ny^{53}tsɛ^{21}ɕi^{53}tsɔ^{51}] 他就悄悄地从树上偷走了一件粉红的衣裳，[t^{h}a^{44}tɕiəu^{31}tɕ^{h}iɔ^{44}tɕ^{h}iɔ^{44}ti^{21}ts^{h}uŋ^{53}ʂu^{21}saŋ^{44}t^{h}əu^{53}tsəu^{21}lə^{21}ʑi^{21}tɕiæ̃^{44}fɤŋ^{21}xuŋ^{53} tə^{21}ʑi^{13}saŋ^{21}] 快速头都不回地回了家。[k^{h}uɛ^{44}su^{21}t^{h}əu^{53}təu^{44}pu^{21}xuei^{53}ti^{21}xuei^{53}lə^{21}tɕia^{44}] 当

天晚上，[tɑŋ^{44}tʰiæ̃^{44}væ̃^{21}ʂɑŋ^{53}] 七仙女，[tɕʰi^{21}ɕiæ̃^{44}ny^{53}] 当天晚上，[tɑŋ^{44}tʰiæ̃^{44}væ̃^{21}ʂɑŋ^{53}] 仙女就轻轻地敲他的门，[ɕiæ̃^{44}ny^{53}tɕiəu^{21}tɕʰiŋ^{53}tɕʰiŋ^{53}ti^{21}tɕʰiɔ^{44}tʰa^{44}tə^{21}mɤŋ^{53}] 这个敲门的仙女就是织女。[tʂə^{21}kə^{44}tɕʰiɔ^{44}mɤŋ^{53}tə^{21}ɕiæ̃^{44}ny^{53}tɕiəu^{31}sɿ^{21}tʂʅ^{44}ny^{53}] 于是，[ʑy^{35}ʂʅ^{21}] 他们就成了亲，[tʰa^{44}mɤŋ^{21}tɕiəu^{44}tʂʰɤŋ^{53}lə^{21}tɕʰiŋ^{44}] 相依过日，[ɕiɑŋ^{44}ʑi^{44}kuə^{13}ʐʅ^{21}] 精耕细作。[tɕiŋ^{53}kɤŋ^{44}ɕi^{42}tsuə^{21}] 一晃三年过去咧，[ʑi^{13}xuɑŋ^{53}sæ̃^{44}ȵiæ̃^{21}kuə^{21}tɕʰy^{21}liɛ^{21}] 织女为牛郎生了一双男女。[tʂʅ^{21}ny^{53}vei^{21}ȵiəu^{53}lɑŋ^{53}ʂɤŋ^{44}lə^{21}ʑi^{21}ʂuɑŋ^{44}næ̃^{53}ny^{53}] 这天，[tʂə^{21}tʰiæ̃^{44}] 因为七女是私自下凡，[ʑiŋ^{44}vei^{44}tɕʰi^{44}ny^{53}sɿ^{21}sɿ^{44}tsɿ^{44}ɕia^{21}fæ̃^{53}] 就惊动了玉皇大帝，[tɕiəu^{21}tɕiŋ^{44}tuŋ^{44}liɔ^{44}ʑy^{21}xuɑŋ^{53}ta^{13}ti^{21}] 玉皇大帝也非常震怒，[ʑy^{21}xuɑŋ^{53}ta^{13}ti^{21}ʑiɛ^{21}fei^{44}tʂʰɑŋ^{53}tʂɤŋ^{13}nu^{21}] 于是就派人下凡将她抓回宫去。[ʑy^{35}sɿ^{42}tɕiəu^{33}pʰɛ^{21}ʐɤŋ^{53}ɕia^{21}fæ̃^{53}tɕiɑŋ^{44}tʰa^{44}tʂua^{44}xuei^{53}kuŋ^{44}tɕʰy^{21}] 这天，[tʂə^{21}tʰiæ̃^{44}] 只觉得狂风四起，[tʂʅ^{21}tɕyə^{53}tə^{21}kʰuɑŋ^{53}fɤŋ^{44}sɿ^{21}tɕʰi^{51}] 雷鸣电闪，[lei^{53}miŋ^{53}tiæ̃^{21}ʂæ̃^{53}] 下起咧瓢泼大雨。[ɕia^{31}tɕʰi^{21}liɛ^{44}pʰiɔ^{53}pʰə^{44}ta^{21}ʑy^{53}] 在这下雨的过程中，[tsɛ^{21}tʂə^{44}ɕia^{21}ʑy^{35}tə^{44}kuə^{21}tʂʰɤŋ^{44}tʂuŋ^{44}] 牛郎突然发现织女不见了，[ȵiəu^{53}lɑŋ^{53}tʰu^{44}zæ̃^{44}fa^{21}ɕiæ̃^{53}tʂʅ^{21}ny^{53}pu^{21}tɕiæ̃^{53}lə^{21}] 两个孩童也在四处哭叫着找娘亲，[liɑŋ^{21}kə^{42}xɛ^{53}tʰuŋ^{53}ʑiɛ^{44}tsɛ^{21}sɿ^{42}tʂʰu^{21}ku^{44}tɕiɔ^{53}tʂə^{21}tʂɔ^{53}ȵiɑŋ^{53}tɕʰiŋ^{51}] 但是一直寻不清，[tæ̃^{44}sɿ^{21}ʑi^{21}tʂʅ^{53}xuŋ^{53}pu^{21}tɕʰiŋ^{53}] 牛郎为此事也急得转圈，[ȵiəu^{53}lɑŋ^{53}vei^{21}tsʰʅ^{53}sɿ^{21}ʑiɛ^{21}tɕi^{53}tə^{21}tʂuæ̃^{21}tɕʰyæ̃^{44}] 这时，[tʂə^{21}ʂʅ^{53}] 那头老牛突然开口讲话咧，[na^{21}tʰəu^{53}lɔ^{21}ȵiəu^{53}tʰu^{44}zæ̃^{44}kʰɛ^{53}kʰəu^{53}tɕiɑŋ^{53}xua^{21}liɛ^{21}] 说：[ʂuə^{21}] “你们不要难过，[ȵi^{21}mɤŋ^{53}pu^{21}ʑiɔ^{53}næ̃^{53}kuə^{21}] 把我的两只角拿去，[pa^{21}və^{13}tə^{21}liɑŋ^{21}tʂʅ^{42}tɕiɔ^{213}na^{53}tɕʰy^{21}] 它会变成两只箩筐，[tʰa^{44}xuei^{53}piæ̃^{21}tʂʰɤŋ^{53}liɑŋ^{21}tʂʅ^{53}luə^{53}kʰuɑŋ^{42}] 然后你装上两个孩子，[zæ̃^{53}xəu^{21}ȵi^{21}tʂuɑŋ^{44}ʂɑŋ^{53}liɑŋ^{21}kə^{53}xɛ^{53}tsɿ^{21}] 挑上担子，[tʰiɔ^{22}ʂɑŋ^{44}tæ̃^{53}tsɿ^{21}] 去追上天空吧。” [tɕʰy^{21}tʂuei^{44}sɑŋ^{21}tʰiæ̃^{42}kʰuŋ^{44}pa^{44}] 牛郎嘛，[ȵiəu^{44}lɑŋ^{44}ma^{31}] 这话音未落，[tʂə^{21}xua^{21}ʑiŋ^{44}vei^{13}luə^{42}] 两个牛角就已经落地咧，[liɑŋ^{21}kə^{33}ȵiəu^{35}tɕiɔ^{31}tɕiəu^{41}ʑi^{21}tɕiŋ^{53}luə^{13}ti^{21}liɛ^{2}] 牛郎当时也很吃惊，[ȵiəu^{44}lɑŋ^{53}tɑŋ^{44}sɿ^{21}ʑiɛ^{21}xɤŋ^{53}tʂʰʅ^{21}tɕiŋ^{44}] 但是，[tæ̃^{44}sɿ^{42}] 谁知，[sei^{53}tʂʅ^{44}] 马上这两个牛角就变成两个箩筐。[ma^{21}sɑŋ^{53}tʂə^{21}liɑŋ^{21}kə^{53}ȵiəu^{35}tɕiɔ^{21}tɕiəu^{21}piæ̃^{21}tʂʰɤŋ^{53}liɑŋ^{21}kə^{21}luə^{44}kʰuɑŋ^{21}] 他就把两个孩童分别装到两个箩筐里，[tʰa^{44}tɕiəu^{21}pa^{21}liɑŋ^{21}kə^{44}xɛ^{53}tʰuŋ^{53}fɤŋ^{44}piɛ^{53}tʂuɑŋ^{44}tɔ^{21}liɑŋ^{21}kə^{21}luə^{21}kʰuɑŋ^{53}li^{21}] 挑上担子，[tʰiɔ^{44}ʂɑŋ^{44}tæ̃^{31}tsɿ^{21}] 这时，[tʂə^{21}ʂʅ^{53}] 两个箩筐就像是长了翅膀，[liɑŋ^{21}kə^{53}luə^{53}kuɑŋ^{44}tɕiəu^{21}ɕiɑŋ^{21}sɿ^{21}tʂɑŋ^{35}lə^{21}tʂʰʅ^{31}pɑŋ^{21}] 轻飘飘地往上飞，[tɕʰiŋ^{44}pʰiɔ^{44}pʰiɔ^{44}ti^{21}vɑŋ^{53}ʂɑŋ^{21}fei^{44}] 牛郎也感觉像是腾云驾雾，[ȵiəu^{44}lɑŋ^{44}ʑiɛ^{21}kæ̃^{44}tɕyə^{44}ɕiɑŋ^{21}ʂʅ^{21}tʰɤŋ^{53}ʑyŋ^{53}tɕia^{13}vu^{21}] 慢慢地飞呀飞，[mæ̃^{35}mæ̃^{21}ti^{21}fei^{44}ʑia^{21}fei^{44}] 慢慢地飞向空中，[mæ̃^{35}mæ̃^{21}ti^{21}fei^{53}ɕiɑŋ^{31}kʰuŋ^{44}tʂuŋ^{44}] 在这过程中，[tsɛ^{21}tʂə^{42}kuə^{21}tʂʰɤŋ^{53}tʂuŋ^{44}] 被王母娘娘看见，[pei^{44}vɑŋ^{35}mu^{21}ȵiɑŋ^{35}ȵiɑŋ^{21}kʰæ̃^{21}tɕiæ̃^{42}] 王母娘娘就拔出头上的金簪，[vɑŋ^{35}mu^{21}ȵiɑŋ^{35}ȵiɑŋ^{21}tɕiəu^{21}pa^{44}tʂʰu^{21}tʰəu^{53}ʂɑŋ^{21}ti^{21}tɕiŋ^{44}tsæ̃^{44}] 在牛郎和织女中间划了一道印子，[tsɛ^{21}ȵiəu^{44}lɑŋ^{53}xə^{21}tʂʅ^{21}ny^{53}tʂuŋ^{44}tɕiæ̃^{44}xua^{21}liɔ^{53}ʑi^{21}tɔ^{21}ʑiŋ^{44}tsɿ^{21}] 这印子就变成咧银河，[tʂə^{22}ʑiŋ^{42}tsɿ^{21}tɕiəu^{42}piæ̃^{21}tʂʰɤŋ^{53}liɛ^{21}ʑiŋ^{53}xə^{53}] 宽阔无比，[kʰuæ̃^{44}kʰə^{44}vu^{21}pi^{53}] 于是将他们夫妻就天各一方。[ʑy^{35}ʂʅ^{21}tɕiɑŋ^{21}tʰa^{44}mɤŋ^{44}fu^{44}tɕʰi^{31}tɕiəu^{21}tʰiæ̃^{44}kə^{31}ʑi^{21}fɑŋ^{44}] 这事情让喜鹊看见，[tʂə^{13}sɿ^{21}tɕʰiŋ^{53}zɑŋ^{44}ɕi^{21}tɕʰyə^{53}kʰæ̃^{21}tɕiæ̃^{53}] 喜鹊非常同情牛郎织女。[ɕi^{21}tɕʰyə^{53}fei^{44}tʂʰɑŋ^{53}tʰuŋ^{53}tɕʰiŋ^{53}ȵiəu^{53}lɑŋ^{42}tsɿ^{21}ȵy^{53}] 于是，[ʑy^{35}ʂʅ^{21}] 它们每年的阴历七月七，[tʰa^{21}mɤŋ^{44}mei^{53}ȵiæ̃^{44}ti^{21}ʑiŋ^{44}li^{0}tɕʰi^{21}ʑyə^{13}tɕʰi^{31}] 就号召成千上万的喜鹊，[tɕiəu^{21}xɔ^{21}tʂɔ^{44}tʂʰɤŋ^{53}tɕʰiæ̃^{44}ʂɑŋ^{44}væ̃^{21}ti^{21}ɕi^{21}tɕʰyə^{53}] 一个衔着一个的尾巴，[ʑi^{21}kə^{33}ɕiæ̃^{44}tʂə^{21}ʑi^{21}kə^{21}tə^{21}ʑi^{21}pa^{53}] 为牛郎和织女搭起了鹊桥，[vei^{21}ȵiəu^{53}lɑŋ^{53}xə^{21}tʂʅ^{21}ny^{53}ta^{44}tɕʰi^{21}

liɔ^{21}tɕʰyə^{21}tɕʰiɔ^{53}] 使他们夫妻儿女互相团聚。[ʂʅ^{21}tʰa^{21}mɤŋ^{44}fu^{21}tɕʰi^{44}ɯ^{44}ȵy^{53}xu^{21}ɕiɑŋ^{44}tʰuæ̃^{53}tɕy^{21}] 这虽说是一个民间的传说，[tʂə^{21}suəi^{53}ʂuə^{21}sɿ^{21}ʑi^{21}kə^{21}miŋ^{35}tɕiæ̃^{21}ti^{21}tʂʰuæ̃^{53}ʂuə^{21}] 但是这个故事提示人们爱情是无限界的，[tæ̃^{13}sɿ^{21}tʂə^{22}kə^{21}ku^{53}sɿ^{21}tʰi^{53}sɿ^{21}ʐɤŋ^{44}mɤŋ^{21}ɛ^{21}tɕʰiŋ^{53}sɿ^{21}vu^{35}ɕiæ̃^{13}tɕiɛ^{42}tə^{21}] 这故事就讲到这吧。[tʂə^{21}ku^{44}sɿ^{21}tɕiəu^{21}tɕiɑŋ^{21}tɔ^{42}tʂə^{21}pa^{21}]

意译：同前。

三、自选条目

1. 越吃越楞傻咧，不如年时一冬咧。

ʑyə^{13}tʂʰʅ^{44}ʑyə^{21}lɤŋ^{13}liɛ^{21}, pu^{21}ʐu^{13}ȵiæ̃^{35}sɿ^{53}ʑi^{21}tuŋ^{44}liɛ^{44}.

2. 锅盖揭得太早，气都冒掉咧。

kuə^{44}kɛ^{44}tɕiɛ^{35}ti^{21}tʰɛ^{21}tsɔ^{53}, tɕʰi^{21}təu^{44}mɔ^{44}tiɔ^{21}liɛ^{21}.

3. 云朝南，一片蓝；云朝西，水汎汎；云朝东，一场风；云朝北，一片黑。

ʑyŋ^{35}tʂʰɔ^{21}næ̃^{53}, ʑi^{21}pʰiæ̃^{21}læ̃^{53}; ʑyŋ^{35}tʂʰɔ^{21}ɕi^{44}, ʂuei^{53}tɕi^{44}tɕi^{44}; ʑyŋ^{35}tʂʰɔ^{21}tuŋ^{44}, ʑi^{21}tʂʰɑŋ^{53}fɤŋ^{44}; ʑyŋ^{35}tʂʰɔ^{53}pei^{53}, ʑi^{21}pʰiæ̃^{53}xei^{21}.

4. 瞎子放驴，不敢松手。

xa^{21}tsɿ^{44}fɑŋ^{21}ly^{53}, pu^{21}kæ̃^{53}suŋ^{44}ʂəu^{13}.

5. 吃面多喝汤，省得开药方。

tʂʅ^{21}miæ̃^{42}tuə^{44}xə^{21}tʰɑŋ^{53}, sɤŋ^{21}tə^{53}kʰɛ^{44}ʑiɔ^{21}fɑŋ^{41}.

6. 嘴是蜜伯伯，心是蛆壳壳。

tsuei^{21}sɿ^{53}mi^{35}pə^{53}pə^{21}, ɕiŋ^{44}sɿ^{32}tɕʰy^{44}kʰə^{21}kʰə^{21}.

7. 娃娃勤，爱死人；娃娃懒，狼啃脖子没人管。

va^{35}va^{21}tɕiŋ^{53}, ɛ^{22}sɿ^{21}ʐɤŋ^{53}; va^{35}va^{21}læ̃^{53}, lɑŋ^{53}kʰɤŋ^{21}pə^{35}tsɿ^{21}mei^{21}ʐɤŋ^{53}kuæ̃^{53}.

8. 白胡子干事，给黑胡子踏茬找茬。

pɛ^{35}xu^{21}tsɿ^{0}kæ̃^{13}sɿ^{213}, kei^{44}xei^{21}xu^{53}tsɿ^{21}tʰa^{21}tsʰa^{53}.

9. 武松喝了打虎呢，囊包怂懦夫喝了倒吐呢。

vu^{35}suŋ^{53}xə^{44}lə^{21}ta^{53}xu^{21}niɛ^{21}, nɑŋ^{35}pɔ^{44}ɕyŋ^{53}xə^{21}liɛ^{44}tɔ^{21}tʰu^{35}niɛ^{42}.

10. 用开了拉到怀里，不用了推到崖里。

ʑyŋ^{21}kʰɛ^{44}liɔ^{21}la^{35}tɔ^{42}xuɛ^{44}li^{21}, pu^{13}ʑyŋ^{42}liɔ^{21}tʰuei^{42}tɔ^{44}ɛ^{35}li^{21}.

11. 匠人不是犟装的，挂面不是上香的。

tɕiɑŋ^{21}ʐɤŋ^{44}pu^{21}sɿ^{31}tɕiɑŋ^{21}tʂuɑŋ^{44}tiɛ^{42}, kua^{21}miæ̃^{44}pu^{21}sɿ^{42}ʂɑŋ^{21}ɕiɑŋ^{44}tiɛ^{21}.

12. 你走你的阳关道，我过我的独木桥。

ȵi^{53}tsəu^{21}ȵi^{21}ti^{21}ʑiɑŋ^{53}kuæ̃^{44}tɔ^{21}, və^{44}kuə^{44}və^{21}ti^{21}tu^{53}mu^{21}tɕʰiɔ^{53}.

13. 端上姜窝子吃凉粉——不知轻重。

tuæ̃^{44}ʂɑŋ^{44}tɕiɑŋ^{44}və^{44}tsɿ^{21}tʂʅ^{21}liɑŋ^{35}fɤŋ^{21}——pu^{21}tʂʅ^{44}tɕʰiŋ^{44}tʂuŋ^{21}.

14. 狗掀门帘子——全凭一张嘴。

kəu^{53}ɕiæ̃^{44}mɤŋ^{44}liæ̃^{44}tsɿ^{21}——tɕʰyæ̃^{21}pʰiŋ^{53}ʑi^{21}tʂɑŋ^{44}tsuei^{53}.

15. 菜能吃，糠能吃，气不能吃；吃能让，穿能让，理不能让。

tsʰɛ^{21}nɤŋ^{53}tʂʰʅ^{31}, kʰɑŋ^{44}nɤŋ^{53}tʂʰʅ^{31}, tɕʰi^{44}pu^{21}nɤŋ^{53}tʂʰʅ^{31}; tʂʰʅ^{21}nɤŋ^{53}ʐɑŋ^{213}, tʂʰuæ̃^{44}nɤŋ^{53}ʐɑŋ^{213}, li^{53}pu^{21}nɤŋ^{53}ʐɑŋ^{213}.

意译：略。

第八节　永昌县口头文化

一、歌谣

1. 羊羔羊羔咩咩，[iaŋ^{13}kɔo^{42}iaŋ^{13}kɔo^{42}mia^{44}mia^{44}]大路上来了个妈妈。[ta^{53}lu^{22}ʂɑŋ^{21}lɛe^{13}lə^{42}kə^{21}ma^{22}ma^{44}]妈妈妈，[ma^{53}ma^{44}ma^{44}]你拾了个啥？[ȵi^{53}ʂʅ^{13}liɔo^{42}kə^{21}ʂa^{53}]我拾了个花手帕。[uə^{53}ʂʅ^{13}lə^{42}kə^{21}xua^{44}ʂəu^{53}p^{h}a^{21}]给我吧。[kei^{13}uə^{53}pa^{21}]不给了吧。[pu^{53}kei^{22}liɔo^{44}pa^{44}]你的家里一匣匣，[ȵi^{53}ti^{21}tɕia^{13}li^{44}ʑi^{53}ɕia^{13}ɕia^{42}]我的家里两匣匣。[uə^{53}ti^{21}tɕia^{13}li^{44}liaŋ^{53}ɕia^{13}ɕia^{42}]你的姑娘十七八，[ȵi^{53}ti^{21}ku^{22}ȵiaŋ^{44}ʂʅ^{13}tɕ^{h}i^{53}pa^{21}]我的娃子核桃大。[uə^{53}ti^{21}va^{13}tsɿ^{42}xə^{13}t^{h}əu^{42}ta^{21}]你骑骡子我骑马，[ȵi^{53}tɕ^{h}i^{22}luə^{13}tsɿ^{42}uə^{53}tɕ^{h}i^{22}ma^{44}]一起骑到舅舅家。[ʑi^{53}tɕ^{h}i^{21}tɕ^{h}i^{13}tɔo^{42}tɕiəu^{53}tɕiəu^{22}tɕia^{21}]舅舅的门上三朵花，[tɕiəu^{53}tɕiəu^{22}ti^{21}məŋ^{13}ʂɑŋ^{42}sɛe^{22}tuə^{53}xua^{21}]揪一朵，[tɕiəu^{22}ʑi^{44}tuə^{53}]戴一朵，[tɛe^{53}ʑi^{22}tuə^{21}]丢下一朵我们说老婆。[tiəu^{22}xa^{44}ʑi^{53}kə^{21}uə^{22}məŋ^{22}ʂuə^{44}lɔo^{53}p^{h}ə^{21}]说下的老婆没骨头，[ʂuə^{53}xa^{22}ti^{21}lɔo^{53}p^{h}ə^{21}mu^{22}ku^{53}t^{h}əu^{21}]养下的娃娃没指头。[iaŋ^{53}xa^{22}ti^{21}va^{13}va^{42}mu^{22}tʂʅ^{53}t^{h}əu^{21}]抱到街上夸去了，[pɔo^{53}tɔo^{21}kɛe^{44}ʂɑŋ^{44}kua^{22}tɕ^{h}i^{44}liɔo^{21}]过来了个白胡子老汉掳捏弄死了。[kuə^{53}lɛe^{22}liɔo^{22}kə^{21}pə^{13}xu^{53}tsɿ^{21}lɔo^{53}xɛe^{21}va^{22}sɿ^{44}liɔo^{21}]抱到灰圈里哭去了，[pɔo^{53}tɔo^{21}xuei^{44}tɕyɛ^{44}li^{44}k^{h}u^{53}tɕ^{h}i^{22}liɔo^{21}]过来了个猪咾咾放了个屁给气死了。[kuə^{53}lɛe^{22}liɔo^{22}kə^{21}tʂu^{44}lɔo^{44}lɔo^{44}fɑŋ^{53}liɔo^{22}kə^{21}p^{h}i^{44}kə^{22}tɕ^{h}i^{53}sɿ^{22}liɔo^{21}]

2. 分斋婆，[fəŋ^{44}tʂɛe^{53}p^{h}ə^{13}]四姑娘搂掰，[sɿ^{53}ku^{22}ȵiaŋ^{21}və^{44}]一搂搂了三半个。[ʑi^{53}və^{22}və^{22}liɔo^{44}sɛe^{44}pɑŋ^{53}kə^{21}]致半个你吃，[tʂʅ^{53}pɑŋ^{22}kə^{21}ȵi^{44}tʂ^{h}ʅ^{53}]致半个我吃。[tʂʅ^{53}pɑŋ^{22}kə^{21}uə^{44}tʂ^{h}ʅ^{53}]致半个给娃娃丢下吧。[tʂʅ^{53}pɑŋ^{22}kə^{21}kə^{22}va^{13}va^{42}tiəu^{22}xa^{44}pa^{21}]娃娃的馍馍哪？[va^{13}va^{42}ti^{21}mu^{13}mu^{42}na^{21}]猫儿街上上了花椒树了。[mɔo^{13}ɣɤ^{42}tɕ^{h}iə^{13}ʂɑŋ^{42}sɑŋ^{53}liɔo^{21}xua^{22}tɕiɔo^{44}ʂu^{53}liɔo^{21}]花椒树哪？[xua^{22}tɕiɔo^{44}ʂu^{53}na^{21}]木匠三把斧头剁掉了。[mu^{53}tɕiaŋ^{21}sɛe^{44}pa^{44}fu^{53}t^{h}əu^{21}tuə^{53}tiɔo^{22}liɔo^{21}]木匠哪？[mu^{53}tɕiaŋ^{22}na^{21}]吃了三个干面桃桃胀死了。[tʂ^{h}ʅ^{53}liɔo^{21}sɛe^{22}kə^{44}kɛe^{22}miɛ^{44}t^{h}ɔo^{13}t^{h}ɔo^{42}tʂɑŋ^{44}sɿ^{22}liɔo^{21}]埋到哪里了？[mɛe^{13}tɔo^{42}na^{53}li^{22}liɔo^{21}]埋到十字路上了。[mɛe^{13}tɔo^{42}ʂʅ^{13}tsɿ^{42}lu^{53}ʂɑŋ^{22}liɔo^{21}]十字路哪？[ʂʅ^{13}tsɿ^{42}lu^{53}na^{21}]雪盖住了。[ɕyə^{22}kɛe^{53}tʂu^{22}liɔo^{21}]雪哪？[ɕyə^{53}na^{21}]化成水了。[xua^{53}tʂ^{h}əŋ^{21}ʂuei^{53}liɔo^{21}]水哪？[ʂuei^{53}na^{21}]和成泥了。[xuə^{13}tʂəŋ^{42}ȵi^{13}liɔo^{42}]泥哪？[ȵi^{13}na^{42}]打了墙了。[ta^{53}liɔo^{21}tɕ^{h}iaŋ^{13}liɔo^{42}]墙哪？[tɕ^{h}iaŋ^{13}na^{42}]猪咾咾拱掉了。[tʂu^{22}lɔo^{44}lɔo^{44}koŋ^{53}tiɔo^{22}liɔo^{21}]猪咾咾哪？[tʂu^{44}lɔo^{44}lɔo^{44}na^{21}]屠家杀着吃了肉了。[t^{h}u^{13}tɕia^{42}ʂa^{53}tʂə^{21}tʂ^{h}ʅ^{53}liɔo^{21}zəu^{53}liɔo^{21}]皮哪？[p^{h}i^{13}na^{42}]扪了鼓了。[məŋ^{13}liɔo^{42}ku^{53}liɔo^{21}]鼓哪？[ku^{53}na^{21}]娃子们拿到大河沿上，[va^{13}tsɿ^{42}məŋ^{21}na^{13}tɔo^{42}ta^{53}xə^{21}iɛ^{13}ʂɑŋ^{42}]梆梆梆梆，[pɑŋ^{22}pɑŋ^{44}pɑŋ^{44}pɑŋ^{44}]敲成渣渣子了。[tɕ^{h}iɔo^{22}tʂ^{h}əŋ^{44}tʂa^{22}tʂa^{44}tsɿ^{44}liɔo^{21}]渣渣子哪？[tʂa^{22}tʂa^{44}tsɿ^{44}na^{21}]烧成灰了。[ʂɔo^{22}tʂ^{h}əŋ^{44}xuei^{22}liɔo^{44}]灰哪？[xuei^{22}na^{44}]风刮走了。[fəŋ^{44}kua^{53}tsəu^{22}liɔo^{21}]风哪？[fəŋ^{22}na^{53}]上了天了。[ʂɑŋ^{53}liɔo^{21}t^{h}iɛ^{22}liɔo^{53}]

意译：略。

二、故事

牛郎和织女

今天我给大家讲个牛郎和织女的故事。[tɕiŋ^{44}t^{h}iɛ^{44}uə^{44}kə^{44}ta^{53}tɕia^{21}tɕiaŋ^{53}kə^{21}ȵiəu^{13}lɑŋ^{42}xə^{22}tʂʅ^{53}mi^{53}ti^{21}ku^{53}ʂʅ^{21}]古时候，[ku^{53}ʂʅ^{22}xəu^{44}]有个小伙子，[iəu^{53}kə^{21}ɕiɔo^{13}xuə^{42}tsɿ^{21}]爹爹妈妈，[tiə^{44}tiə^{44}ma^{22}ma^{44}]早都去世了。[tsɔo^{53}təu^{44}tɕ^{h}y^{22}ʂʅ^{53}liɔo^{21}]家中只有他一个人，

[tɕia44tʂoŋ44tʂʅ53iəu21tʰa44ʑi53kə22ʐəŋ21] 他养了一头牛，[tʰa44iaŋ53lə21ʑi53tʰəu22ȵiəu13] 这头牛其实是从天上下凡的金牛星。[tʂə53tʰəu22ȵiəu13tɕʰi44ʂʅ44ʂʅ53tsʰoŋ22tʰiɛ22ʂɑŋ44ɕia53fɛe13ti42tɕiŋ44ȵiəu13ɕiŋ42] 人们把小伙子，[ʐəŋ13məŋ42pa22ɕiɔo13xuə42tsɿ21] 呃，[ə21] 叫做牛，[tɕiɔo22tsuə53ȵiəu13] 牛郎，[ȵiəu13lɑŋ42] 天天在耕田种地，[tʰiɛ22tʰiɛ44tsɛe53kəŋ44tʰiɛ44tʂoŋ22ti53] 一个人过着非常艰苦的日子，[ʑi53kə22ʐəŋ21kuə53tʂuə21fei44tʂʰɑŋ44tɕiɛ44kʰu53ti21ʐʅ53tsɿ21] 金牛星觉得牛郎很辛苦，[tɕiŋ44ȵiəu13ɕiŋ42tɕyə13tə42ȵiəu13lɑŋ42xəŋ53ɕiŋ44kʰu44] 家中一个人，[tɕia22tʂoŋ44ʑi53kə22ʐəŋ21] 日子过的，[ʐʅ53tsɿ21kuə53tə21] 不好。[pu53xɔo21] 所以，[suə13ʑi42] 金牛星就给他想了个办法，[tɕiŋ44ȵiəu13ɕiŋ42tɕiəu22kə44tʰa44ɕiaŋ53liɔo22kə21pɛe53fa21] 要，[iɔo22] 帮助他，[pɑŋ44tʂu53tʰa44] 娶个媳妇子。[tɕʰy53kə21ɕi53fu22tsɿ21] 有一天，[iəu44ʑi53tʰiɛ21] 老牛得知天上的七仙女要下凡到人间，[lɔo53ȵiəu13tə53tʂʅ21tʰiɛ22ʂɑŋ44ti44tɕʰi53ɕiɛ22mi53iɔo22ɕia53fɛe21tɔo22ʐəŋ13tɕiɛ42] 来洗澡，[lɛe22ɕi53tsɔo21] 所以它就给牛郎托了个梦 [suə13ʑi42tʰa44tɕiəu44kei22ȵiəu13lɑŋ42tʰuə44lə44kə21məŋ53] 他给牛郎说，[tʰa44kei22ȵiəu13lɑŋ42ʂuə53] 明天早晨，[miŋ13tʰiɛ42tsɔo53tʂʰəŋ13] 在村子东边的山坡下面，[tsɛe53tsʰoŋ44tsɿ44toŋ22piɛ44ti44ʂɛe22pʰə44ɕia53miɛ21] 有个大湖，[iəu22kə44ta53xu13] 在那个湖里边，[tsɛe22na53kə21xu13li53piɛ44] 有七个仙女，[iəu22tɕʰi53kə21ɕiɛ44mi53] 在那里要洗澡。[tsɛe22na53li21iɔo22ɕi53tsɔo44] 你明天早晨早早的起来，[ȵi22miŋ13tʰiɛ42tsɔo53tʂʰəŋ21tsɔo44tsɔo42ti21tɕʰi53lɛe21] 到那里去。[tɔo22na53li21tɕʰy53] 树上挂着她们的衣服，[ʂu53ʂɑŋ21kua53tʂə21tʰa44məŋ44ti44ʑi22fu44] 你就拿上一件到家里来，[ȵi22tɕiəu53na13ʂɑŋ42ʑi22tɕiɛ53tɔo44tɕia22ȵi44lɛe13] 这样呢就有媳妇了。[tʂə53iaŋ21ȵi44tɕiəu53iəu44ɕi53fu22liɔo21] 牛郎醒来之后，[ȵiəu13lɑŋ42ɕiŋ53lɛe21tʂʅ44xəu53] 他觉得半信半疑，[tʰa22tɕyə13tə42pɛe22ɕiŋ53pɛe53ʑi13] 到底是怎么回事？ [tɔo53ti21ʂʅ22tsɿ53mə44xuei44ʂʅ53] 他就早早地把房子打扫得干干净净，[tʰa44tɕiəu44tsɔo13tsɔo42ti21pa22fɑŋ13tsɿ42ta22sɔo44ti21kɛe22kɛe44tɕiŋ44tɕiŋ21] 院子也扫了。[yɛ53tsɿ21iə44sɔo53liɔo21] 关上门，[kuɛe44ʂɑŋ53məŋ13] 顺着一条羊肠小道，[ʂoŋ53tʂə21ʑi53tʰiɔo21iaŋ53tʂʰɑŋ21ɕiɔo13tɔo42] 往东边的山坡上走去。[vɑŋ22toŋ44piɛ44ti44ʂɛe22pʰə44ʂɑŋ53tsəu53tɕʰy21] 走到山坡下，[tsəu53tɔo21ʂɛe22pʰə44ɕia53] 在一片树林之中，[tsɛe22ʑi53pʰiɛ21ʂu53liŋ21tʂʅ44tʂoŋ21] 远远看见了，[yɛ53yɛ21kʰɛe44tɕiɛ44liɔo21] 树上挂着，[ʂu53ʂɑŋ21kua53tʂə21] 各种颜色的衣服。[kə53toŋ21iɛ13sə42ti21ʐi22fu44] 只听得，[tʂʅ53tʰiŋ22tə44] 湖里边还有人，[xu13li53piɛ21xɛe53iəu44ʐəŋ13] 嘻嘻哈哈地在说话。[ɕi44ɕi21xa44xa44ti44tsɛe22ʂuə22xua53] 他就拿了一个树根，[tʰa44tɕiəu21na13lə42ʑi53kə21ʂu53kəŋ21] 踮起脚尖，[tiɛ53tʰi21tɕyə53tɕiɛ13] 在树上挑了一件粉红色的衣裳。[tsɛe22ʂu53ʂɑŋ21tʰiɔo53liɔo21ʑi53tɕiɛ21fəŋ53xoŋ21sə53ti21ʑi44ʂɑŋ21] 呃头也不回地往家里走咪。[ə22tʰəu13iə42pu53xuei13ti42vɑŋ22tɕia44li44tsəu53lɛe21] 到了晚上，[tɔo53liɔo21vɛe53ʂɑŋ21] 他吃过饭，[tʰa22tʂʰʅ22kuə44fɛe53] 正准备睡觉的时候，[tʂəŋ53tʂoŋ44pei44ʂuei22tɕiɔo53ti22ʂʅ13xəu53] 听到外面的庄门上有人在敲门。[tʰiŋ44tɔo53vɛe44miɛ22ti21tʂuɑŋ22məŋ13ʂɑŋ42iəu53ʐəŋ13tsɛe22tɕʰiɔo53məŋ13] 他出去一看，[tʰa44tʂʰu53tɕʰy21ʑi22kʰɛe53] 是一个特别漂亮的姑娘。[ʂʅ53ʑi53kə21tʰə53piə21pʰiɔo53liaŋ22ti21ku44ȵiaŋ44] 他就把姑娘领进屋里，[tʰa44tɕiəu44pa22ku44ȵiaŋ44liŋ53tɕiŋ21vu53li21] 当天晚上，[tɑŋ44tʰiɛ44vɛe53ʂɑŋ21] 他们两个人就成了两口子。[tʰa44məŋ44liaŋ53kə22ʐəŋ21tɕiəu22tʂʰəŋ13liɔo42liɑŋ44kʰəu53tsɿ21] 后来，[xəu53lɛe21] 日子过得特别舒心。[ʐʅ53tsɿ21kuə53tə21tʰə53piə21ʂu44ɕiŋ21] 第二年，[ti22ɣɤ53ȵiɛ21] 生了一个男娃子。[ʂəŋ44liɔo44ʑi53kə21nɛe13va42tsɿ21] 又过了一年，[iəu22kuə53liɔo21ʑi53ȵiɛ13] 生了一个女娃娃，[ʂəŋ22liɔo44ʑi53kə21mi53va22va21] 丫头子。[ia22tʰəu44tsɿ21] 日子过得飞快，[ʐʅ53tsɿ21kuə53tə21fei44kʰuɛe53]

转眼之间三年就过去了。[tʂuɛe53iɛ21tʂʅ44tɕiɛ44sɛe44ȵiɛ13tɕiəu44kuə53tɕʰy22lə21] 有一天，[iəu44ʑi53tʰiɛ44] 玉皇大帝在天宫大办宴席的时候，[ʑy53xuɑŋ21ta22ti53tsɛe22tʰiɛ44koŋ44ta22pɛe53iɛ22ɕi53ti22ʂʅ13xəu42] 发现他的女儿少了一个。[fa53ɕiɛ21tʰa22ti44mi53ɣɤ21ʂɔo53liɔo21ʑi53kə21] 他就让人到凡间寻找。[tʰa44tɕiəu22ʐɑŋ53ʐəŋ13tɔo22fɛe13tɕiɛ42ɕyəŋ53tʂɔo21] 有一天，[iəu44ʑi53tʰiɛ44] 牛郎和孩子们在一块儿玩耍，[ȵiəu13lɑŋ42xə22xɛe13tsʅ42məŋ21tsɛe22ʑi53kʰuɛe22ɣɤ21vɛe13ʂua53] 发现，[fa53ɕiɛ44] 织女不见了。[tʂʅ53mi53pu22tɕiɛ53liɔo21] 这时候老牛说，[tʂə53ʂʅ13xəu42lɔo53ȵiəu13ʂuə53] 不要紧，[pu22iɔo53tɕiŋ44] 我有办法让你找到织女。[uə53iəu44pɛe53fa21ʐɑŋ53ȵi44tʂɔo44tɔo53tʂʅ44mi53] 老牛说，[lɔo53ȵiəu13ʂuə44] 你把我的头上的两个牛角，[ȵi53pa44uə53ti44tʰəu13ʂɑŋ42ti21liaŋ22kə22ȵiəu13kə42] 拿下来，[na13ɕia42lɛe21] 放到地上，[fɑŋ53tɔo21ti53ʂɑŋ21] 就能变成两个箩筐。[tɕiəu53nəŋ21piɛ53tʂʰəŋ21liaŋ53kə21luə13kʰuɑŋ42] 你把，[ȵi44pa44] 娃子和丫头，[va13tsʅ42xə53ia22tʰəu44] 放到两个箩筐里。[fɑŋ53tɔo21liaŋ53ke21luə13kʰuɑŋ42li21] 话刚说完，[xua53kɑ44ʂuə53vɛe21] 两个牛角就自动地跌到地上了。[liaŋ53kə21ȵiəu13kə42tɕiəu22tsʅ22toŋ44ti21tiə53tɔo21ti53ʂɑŋ22liɔo21] 变成了两个箩筐。[piɛ53tʂʰəŋ22liɔo21liaŋ53kə21luə13kʰuɑŋ21] 牛郎把娃子放到了后面，[ȵiəu13lɑŋ42pa22va13tsʅ42fɑŋ53tɔo22liɔo21xəu53miɛ21] 把丫头放到了前面。[pa22ia22tʰəu44fɑŋ53tɔo22liɔo21tɕʰiɛ13miɛ42] 拿了一根扁担，[na13lə42ʑi53kəŋ21piɛ22tɛe53] 挑着两个娃娃。[tʰiɔo22tʂə44liaŋ53kə21va13va42] 致时候一阵风吹过来了，[tʂʅ53ʂʅ22xəu21ʑi53tʂəŋ21fəŋ44tʂʰuei44kuə44lɛe13liɔo42] 把他就吹到了半天上。[pa53tʰa44tɕiəu44tʂʰuei44tɔo44liɔo44pɛe53tʰiɛ22ʂɑŋ44] 牛郎觉得自己好像长了两个膀子一样，[ȵiəu13lɑŋ42tɕyə53tə21tsʅ53tɕi21xɔo44ɕiaŋ53tʂɑŋ53liɔo21liaŋ53kə21pɑŋ53tsʅ21ʑi44iaŋ21] 在天空中，[tsɛe22tʰiɛ44kʰoŋ44tʂoŋ44] 飞呀飞呀。[fei44ia44fei44ia44] 眼看就要追上织女了，[iɛ44kʰɛe53tɕiəu22iɔo44tʂuei44ʂɑŋ44tʂʅ44mi53liɔo21] 这时候王母娘娘发现了，[tʂə53ʂʅ13xəu42vɑŋ13mu42ȵiaŋ13ȵiaŋ42fa44ɕiɛ53liɔo21] 拿出头上的金簪，[na13tʂʰu53tʰəu13ʂɑŋ42ti21tɕiŋ44tʂʰɛe53] 在他们两个人中间，[tsɛe22tʰa44məŋ44liaŋ53kə22ʐəŋ21tʂoŋ44tɕiɛ44] 画了深深的一道，[xua53liɔo21ʂəŋ44ʂəŋ22ti44ʑi22tɔo53] 这时候天上就形成了一条涛涛汹涌的大河，[tʂə53ʂʅ22xəu21tʰiɛ44ʂɑŋ44tɕiəu44ɕiŋ53tʂʰəŋ22liɔo21ʑi53tʰiɔo21ɕyəŋ44ʑyəŋ44ti21ta53xə13] 就是人们常说的天河。[tɕiəu53ʂʅ21ʐəŋ13məŋ53tʂʰɑŋ22ʂuə53ti21tʰiɛ22xə53] 喜鹊知道了牛郎和织女的遭遇，[ɕi53tɕʰyə21tʂʅ22tɔo44liɔo21ȵiəu13lɑŋ42xə22tʂʅ44mi53ti21tsɔo44ʑy53] 非常同情他们。[fei22tʂʰɑŋ44tʰoŋ53tɕʰiŋ21tʰa44məŋ21] 每年的七月七日，[mei53ȵiɛ22ti21tɕʰi53yə21tɕʰi53ʐʅ21] 就到天空上，[tɕiəu22tɔo53tʰiɛ44kʰoŋ44ʂɑŋ21] 成群结队地，[tʂʰəŋ53tɕʰyəŋ21tɕiə22tuei53ti21] 成千上万只，[tʂʰəŋ53tɕʰiɛ22ʂɑŋ22væ44tʂʅ21] 呃，[ə21] 喜鹊，[ɕi53tɕʰyə44] 后面的喜鹊，[xəu53miɛ22ti21ɕi53tɕʰyə21] 用嘴含着前面的喜鹊的尾巴。[yəŋ53tsuei21xɛe13tʂə42tɕʰiɛ13miɛ42ti21ɕi53tɕʰyə22ti21ʑi53pa21] 这样就搭成了一座长长的喜鹊桥，[tʂə53iaŋ21tɕiəu44ta53tʂʰəŋ22lə21ʑi53tsuə21tʂʰɑŋ53tʂʰɑŋ22ti21ɕi53tɕʰyə22tɕʰiɔo13] 让牛郎和织女在一起相会。[ʐɑŋ53ȵiəu13lɑŋ42xə22tʂʅ53mi53tsɛe22ʑi53tɕʰi21ɕiaŋ44xuei53] 所以后来人们说每年的七月七日，[suə13ʑi42xəu53lɛe21ʐəŋ13məŋ42ʂuə22mei53ȵiɛ22ti21tɕʰi53yə21tɕʰi53ʐʅ21] 为什么，[vei22ʂʅ53mə21] 呃，[ə21] 村庄里面的喜鹊都不见了？ [tsʰoŋ44tʂuɑŋ44li53miɛ22ti21ɕi53tɕʰyə21təu44pu22tɕiɛ53liɔo21] 其实，[tɕʰi44ʂʅ44] 七月七的喜鹊都到天上，[tɕʰi53yə21tɕʰi53ti21ɕi53tɕʰyə21təu44tɔo21tʰiɛ44ʂɑŋ44] 去给牛郎和织女搭桥去了。[tɕʰy53kei21ȵiəu13lɑŋ42xə22tʂʅ53mi53ta53tɕʰiɔo13tɕʰy53liɔo21] 还有就是，[xɛe13iəu42tɕiəu53ʂʅ21] 七月七日，[tɕʰi53yə21tɕʰi53ʐʅ21] 因着牛郎和织女的故事，[iŋ44tʂə44ȵiəu13lɑŋ42xə22tʂʅ53mi53ti21ku53ʂʅ21] 我们国家就把它定了一个情人节。[uə22məŋ44kuə53tɕia21tɕiəu22pa53tʰa44tiŋ53lə21ʑi53kə21tɕʰiŋ13ʐəŋ42tɕiə13]

意译:同前。

三、自选条目

说永昌

说永昌，[suə55yəŋ53tʂhɑŋ21] 真不错。[tʂəŋ44pu22tshuə53] 先把南街说一说。[ɕiɛ44pa53 nεe13kεe42ʂuə53ʐi22ʂuə21] 南街上，[nεe13kεe42ʂɑŋ21] 有商场，[iəu53ʂɑŋ44tʂhɑŋ21] 酒店宾馆有名堂。[tɕiəu44tiɛ53piŋ53kuεe44iəu53miŋ13thɑŋ42] 出了南门是南关，[tʂhu53liɔo21nεe53məŋ13ʂʅ44 nεe13kuεe44] 三个石人朝南站。[sεe22kə44ʂʅ53ʐəŋ13tʂɔo53nεe13tʂεe53] 东来的，[toŋ44lεe13ti42] 西去的，[ɕi44tɕhi53ti21] 汽车站里提货的。[tɕhi53tʂə21tʂεe53li21thi53xuə22ti21] 向西看，[ɕiaŋ53ɕi44 khεe53] 加油站，[tɕia22iəu44tʂεe53] 司机加油真方便。[sʅ44tɕi44tɕia53iəu21tʂəŋ44fɑŋ22piɛ44] 往南观，[vɑŋ53nεe13kuεe44] 万象城，[vεe22ɕiaŋ53tʂhəŋ13] 吃肉喝酒咋都行。[tʂhʅ22ʐəu53xə53tɕiəu21 tsa53təu44ɕiŋ13] 南山坡下者来寨，[nεe13ʂεe53phə44ɕia44tʂə53lεe13tʂεe53]4A 级的旅游点。[sʅ53 εe44tɕi44ti44ly53iəu44tiɛ44] 黄色头发蓝眼睛，[xuɑŋ13sə53thəu13fa42lεe13iɛ53tɕiŋ21] 罗马后裔骊靬人。[luə13ma42xəu53ʐi21li13tɕhiɛ42ʐəŋ13] 西街南街都不错，[ɕi44kεe44nεe13kεe42təu44pu22tshuə53] 再把东街说一说。[tsεe53pa22toŋ22kεe44ʂuə53ʐi22ʂuə21] 东街原有东市场，[toŋ44kεe44yɛ53iəu21 toŋ44ʂʅ53tʂhɑŋ21] 生意人存钱到银行。[ʂəŋ44ʐi44ʐəŋ21tshoŋ53tɕhiɛ13tɔo53iŋ53xɑŋ21] 卖葱的，[mεe53 tshoŋ22ti44] 卖蒜的，[mεe22suεe53ti21] 市场外面绱鞋的。[ʂʅ53tʂhɑŋ21vεe53miɛ21ʂɑŋ53xεe13ti42] 现在改成步行街，[ɕiɛ44tsεe44kεe53tʂhəŋ21pu53ɕiŋ22tɕiə21] 日用百货都齐全。[ʐʅ22yəŋ53pə22 xuə53təu53tɕhi53tɕhyɛ53] 对面看，[tuei44miɛ44khεe53] 是三馆，[ʂʅ53sεe44kuεe44] 文化图书博物馆。[vəŋ13xua542thu53ʂu21pə13və53kuεe44] 打牌的，[ta53phεe13ti42] 跳舞的，[thiɔo53vu22ti21] 里面还有唱戏的。[li53miɛ21xεe53iəu21tʂhɑŋ22ɕi53ti21] 出了东门是东区，[tʂhu53liɔo21toŋ44məŋ44 ʂʅ53toŋ22tɕhy53] 东区有个三岔路。[toŋ22tɕhy44iəu53kə21sεe44tʂha44lu53] 柏油大道畅通路，[pə53 iəu44ta22tɔo53tʂhɑŋ53thoŋ44lu53] 往北通往金昌市。[vɑŋ13pə42thoŋ44vɑŋ53tɕiŋ22tʂhɑŋ44ʂʅ53]

意译:略。

第九节　崆峒区口头文化

一、歌谣

1. 打花花手，卖凉酒。凉酒高，闪闪腰。腰里别了个黄镰刀。割黄草，喂黄马。黄马喂得壮壮的，老娘骑上告状去。告的啥状，告的扁担状。扁担不会担水，一担一个鸡嘴。鸡嘴不会掏辣辣，一掏一个蛤蟆蟆。蛤蟆蟆不会养娃娃，一养一个蛤大大癞蛤蟆爸爸。蛤大大不会耕地，一耕一个大冷屁。

ta53xua21xua21ʂəu53, mɛ44liaŋ24tɕiəu53. liaŋ24tɕiəu53kɔ21, ʂæ̃53ʂæ̃24iɔ21. iɔ53ȵi21piɛ22liɛ44kɤ21 xuaŋ24liæ̃22tɔ53. kɤ21xuaŋ24tshɔ53, uei44xuaŋ24ma53. xuaŋ24ma53uei44ti21tʂuaŋ44tʂuaŋ44ti21, lɔ55 ȵiaŋ21tɕhi22ʂaŋ53kɔ44tʂuaŋ44tɕy21. kɔ44ti21sa44tʂuaŋ21, kɔ35ti21piæ̃55tæ̃21tʂuaŋ44. piæ̃44tæ̃21pu44 xuei21tæ̃22ʂuei53, i24tæ̃21i21kɤ21tɕi21tsuei53. tɕi21tsuei53pu44xuei21thɔ22la53la21, i24thɔ21i21kɤ44xa44 ma53ma21. xa44ma53ma21pu44xuei21iaŋ53ua22ua53, i21iaŋ53i21kɤ21xa22ta55ta21. xa22ta55ta21pu44 xuei44kɤŋ55ti21, i21kɤŋ53i21kɤ21ta44lɤŋ53phi44.

2. 娃娃乖，睡觉觉。睡的醒来要馍馍，馍馍哪，猫叼吃咧。猫哪，上山咧。山哪，雪盖咧。雪哪，消水咧。水哪，和泥咧。泥哪，漫墙咧。墙哪，猪毁咧。猪哪，刀杀咧。刀哪，铁匠跟前打去咧。铁匠哪，两个羊肉包子吃的胀死咧。

ua22ua53kuɛ21, ʂuei44tɕiɔ35tɕiɔ21. ʂuei44ti21ɕiɤŋ55lɛ21iɔ44mɤ22mɤ53, mɤ22mɤ53na21, mɔ24tiɔ53tʂʰʅ44liɛ21. mɔ24na53, ʂaŋ44sæ̃53liɛ21. sæ̃53na21, ɕyɤ53kɛ35liɛ21. ɕyɤ53na21, ɕiɔ22ʂuei55liɛ21. ʂuei55na21, xuo44ȵi22liɛ53. ȵi22na53, mæ̃44tɕʰiaŋ55liɛ53. tɕʰiaŋ55na53, tʂu21xuei55liɛ21. ʂu53na21, tɔ55sa53liɛ21. tɔ53na21, tʰiɛ53tɕiaŋ21kɤŋ53tɕʰiæ̃21ta55tɕʰi21liɛ21. tʰiɛ53tɕiaŋ21na21, liaŋ55kɤ21iaŋ24zʐəu44pɔ53tsʅ21tʂʰʅ53ti21tʂaŋ35sʅ21liɛ21.

3. 羞羞羞把脸抠，抠个渠渠种豌豆。种着洼里低处，你舅骂呢。种着沟里，贼娃子偷呢。

ɕiəu53ɕiəu35ɕiəu21pa21liæ̃53kʰəu21, kʰəu53kɤ21tɕʰy22tɕʰy53tʂoŋ44uæ̃53təu21. tʂoŋ35tʂɤ21ua44ȵi21, ȵi55tɕiəu44ma44ȵi21. tʂoŋ35tʂɤ21kəu53ȵi21, tsei22ua55tsʅ21tʰəu53ȵi21.

意译：略。

二、故事

牛郎织女

今天，[tɕiɤŋ53tʰiæ̃21] 我给大家讲一个牛郎织女的故事。[ŋuo53kei55ta35tɕia21tɕiaŋ53i21kɤ21ȵiəu22laŋ53tʂʅ53ny21ti21ku55sʅ44] 从前，[tsʰoŋ24tɕʰiæ̃24] 有一个小伙子，[iəu53i21kɤ22ɕiɔ53xuo21tsʅ21] 从小父母双亡，[tsʰoŋ24ɕiɔ53fu35mu21ʂuaŋ21uaŋ24] 无依无靠，[u24i21u24kʰɔ44] 家里生活过得非常苦，[tɕia53li21sɤŋ53xuo21kuo35ti21fei21tʰaŋ35kʰu53] 家庭一贫如洗，[tɕia53tʰiɤŋ21i21pʰiɤŋ24zʐu24ɕi53] 啥都没有。[sa55təu21mɤ21iəu53] 他和一头老牛相依为命，[tʰa21xuo24i21tʰəu24lɔ53ȵiəu24ɕiaŋ24i21uei24miɤŋ44] 他对老牛很关心，[tʰa53tuei44lɔ53ȵiəu24xɤŋ53kuæ̃24ɕiɤŋ21] 靠老牛给他耕田种地，[kʰɔ44lɔ53ȵiəu24kei55tʰa53kɤŋ21tʰiæ̃24tʂoŋ44ti44] 维持简单的生活。[uei22tʂʰʅ53tɕiæ̃55tæ̃21ti21sɤŋ21xuo24] 有一天晚上，[iəu53i21tʰiæ̃21uæ̃55ʂaŋ21] 老牛给他托梦，[lɔ53ȵiəu24kei55tʰa53tʰuo21mɤŋ44] 说天上有仙女下凡，[ʂuo21tʰiæ̃53ʂaŋ21iəu53ɕiæ̃21ny53ɕia44fæ̃24] 到村东的三峡有一个湖，[tɔ44tsʰoŋ24toŋ53ti21sæ̃21ɕia44iəu53i22kɤ44xu35] 到里面去洗澡。[tɔ44li21miæ̃21tɕʰy44ɕi53tsɔ53] 你去偷一件黄色的衣服，[ȵi53tɕʰy44tʰəu53i21tɕiæ̃44xuaŋ24sei53ti21i53fu21] 她就跟着你回来，[tʰa53tɕiəu44kɤŋ53tʂɤ21ȵi53xuei22lɛ53] 她就是你的媳妇。[ta53tɕiəu44sʅ21ȵi21ti21ɕi53fu21] 第二天早上，[ti44ɚ24tʰiæ̃21tsɔ55ʂaŋ21] 牛郎起来得很早，[ȵiəu22laŋ53tɕʰi55lɛ21ti21xɤŋ53tsɔ53] 就到那个湖边去，[tɕiəu44tɔ44na44kɤ21xu24piæ̃21tɕʰy44] 正好那些仙女在里面洗澡，[tʂɤŋ44xɔ53na44ɕiɛ21ɕiæ̃21ny53tsɛ44li55miæ̃21ɕi53tsɔ53] 他就悄悄地偷走咧一身黄色的衣服，[tʰa21tɕiəu44tɕʰiɔ22tɕʰiɔ55ti21tʰəu44tsəu44liɛ21i24ʂɤŋ21xuaŋ24sei53ti21i53fu21] 回头就跑，[xuei24tʰəu24tɕiəu44pʰɔ53] 当时老牛告诉他，[taŋ21sʅ24lɔ53ȵiəu24kɔ44su44tʰa53] 偷走以后不要回头看就直接跑回到家。[tʰəu21tsəu53i55xəu44pu21iɔ44xuei24tʰəu24kʰæ̃44tɕiəu55tsʅ24tɕiɛ21pʰɔ53xuei24tɔ44tɕia21] 牛郎拿回家以后，[ȵiəu22laŋ53na24xuei24tɕia21i55xəu44] 晚上有一个美貌的女子，[uæ̃55ʂaŋ21iəu53i21kɤ21mei53mɔ44ti21ny55tsʅ21] 天仙一般，[tʰiæ̃35ɕiæ̃21i35pæ̃21] 来找牛郎，[lɛ24tʂɔ53ȵiəu24laŋ24] 和牛郎结为夫妻。[xɤ24ȵiəu22laŋ53tɕiɛ21uei24fu24tɕʰi21] 生活过得非常美满，[sɤŋ21xuo24kuo44ti21fei53tʂʰaŋ21mei53mæ̃53] 男耕女织，[næ̃24kɤŋ21ny53tʂʅ21] 生育咧两个小孩，[sɤŋ21y44liɛ21liaŋ55kɤ21ɕiɔ53xɛ24] 一男一女。[i21næ̃24i21ny53] 但是好景不长，[tæ̃44sʅ44xɔ53tɕiɤŋ53pu21tʂʰaŋ24] 这一件事情被天上的王母娘娘知道咧，[tʂɤ35i21tɕiæ̃44sʅ35tɕʰiɤŋ21pei44tʰiæ̃53ʂaŋ21ti21uaŋ55mu53ȵiaŋ22ȵiaŋ53tʂʅ21tɔ35liɛ21] 派神仙下凡要把织女带走，[pʰɛ44ʂɤŋ22ɕiæ̃53ɕia44fæ̃24iɔ44pa21tʂʅ22ny53tɛ44tsəu53] 有一天狂风大作，[iəu53i35tʰiæ̃21kʰuaŋ24fɤŋ21ta44tsuo21] 飞沙走石，[fei24sa21tsəu53ʂʅ24] 织女突然不见咧，[tʂʅ53ny21tʰu53zæ̃21pu44tɕiæ̃35liɛ21] 牛郎不知所措，[ȵiəu22laŋ53pu35tʂʅ21suo53 tsʰuo^{44}] 这时见老牛开口讲话咧，[tsɤ^{53}sɿ^{22}tɕiæ̃^{53}lɔ^{53}ȵiəu^{24}kʰɛ^{21}kʰəu^{53}tɕiaŋ^{53}xua^{44}liɛ^{21}] 说你不要着急，[ʂuo^{21}ȵi^{53}pu^{44}iɔ^{44}tʂɔ^{21}tɕi^{24}] 你把我头上的两个角取下来，[ȵi^{53}pa^{21}ŋuo^{53}tʰəu^{22}ʂaŋ^{44}ti^{21}liaŋ^{55}kɤ^{24}tɕyɛ^{21}tɕʰy^{53}ɕia^{35}lɛ^{21}] 把两个角取下来以后，[pa^{21}liaŋ^{55}kɤ^{24}tɕyɛ^{21}tɕʰy^{53}ɕia^{35}lɛ^{21}i^{55}xəu^{44}] 它会变成两个箩筐，[tʰa^{53}xuei^{44}piæ̃^{44}tʂʰɤŋ^{24}liaŋ^{55}kɤ^{21}luo^{22}kʰuaŋ^{53}] 你担着两个孩子就可以上天见你的妻子咧。[ȵi^{53}tæ̃^{53}tʂɤ^{21}liaŋ^{55}kɤ^{21}xɛ^{55}tsɿ^{21}tɕiəu^{44}kʰɤ^{55}i^{21}ʂaŋ^{44}tʰiæ̃^{21}tɕiæ̃^{44}ȵi^{55}ti^{21}tɕʰi^{53}tsɿ^{21}liɛ^{21}] 说罢，[ʂuo^{21}pa^{44}] 没等牛郎取的时间，[mei^{24}tɤŋ^{53}ȵiəu^{22}laŋ^{53}tɕʰy^{44}ti^{21}sɿ^{22}tɕiæ̃^{53}] 这两个牛角就掉在地上，[tʂɤ^{35}liaŋ^{53}kɤ^{21}ȵiəu^{24}tɕyɛ^{21}tɕiəu^{44}tiɔ^{44}tsɛ^{44}ti^{44}ʂaŋ^{21}] 变成咧两个箩筐，[piæ̃^{44}tʂʰɤŋ^{22}liɛ^{53}liaŋ^{55}kɤ^{21}luo^{24}kʰuaŋ^{21}] 牛郎一面担着一个娃娃，[ȵiəu^{22}laŋ^{53}i^{22}miæ̃^{44}tæ̃^{21}tʂɤ^{21}i^{22}kɤ^{21}ua^{22}ua^{53}] 就突然眼睛闭着，[tɕiəu^{44}tʰu^{53}ʐæ̃^{21}ȵiæ̃^{55}tɕiɤŋ^{21}pi^{35}tʂuo^{53}] 脚底一阵飞沙走石，[tɕyɤ^{53}ti^{21}i^{22}tʂɤŋ^{44}fei^{24}sa^{21}tsəu^{53}ʂʅ^{24}] 踏上咧天，[tʰa^{53}ʂaŋ^{35}liɛ^{35}tʰiæ̃^{21}] 追呀追呀，[tʂuei^{53}ia^{21}tʂuei^{53}ia^{21}] 快要追上织女的时候，[kʰuɛ^{44}iɔ^{44}tʂuei^{53}ʂaŋ^{21}tʂʅ^{53}ȵy^{21}ti^{21}sɿ^{22}xəu^{53}] 王母娘娘看到咧，[uaŋ^{22}mu^{53}ȵiaŋ^{22}ȵiaŋ^{53}kʰæ̃^{44}tɔ^{35}liɛ^{53}] 拔下头上的致个发簪，[pa^{24}ɕia^{44}tʰəu^{22}ʂaŋ^{44}ti^{21}tʂʅ^{44}kɤ^{53}fa^{24}tsæ̃^{21}] 顺手一划就变成咧一条天河，[ʂuɤŋ^{44}ʂəu^{53}i^{22}xua^{24}tɕiəu^{22}piæ̃^{44}tʂʰɤŋ^{22}liɛ^{53}i^{22}tʰiɔ^{24}tʰiæ̃^{22}xɤ^{24}] 就是现在的银河，[tɕiəu^{44}sɿ^{21}ɕiæ̃^{44}tsɛ^{35}ti^{21}iɤŋ^{24}xɤ^{24}] 隔断咧他们夫妻，[kei^{21}tuæ̃^{35}liɛ^{53}tʰa^{55}mɤŋ^{21}fu^{24}tɕʰi^{21}] 从这个时候，[tsʰuɤŋ^{24}tʂɤ^{44}kɤ^{21}sɿ^{22}xəu^{53}] 牛郎再就没有办法和织女见面咧。[ȵiəu^{22}laŋ^{53}tsɛ^{44}tɕiəu^{44}mɤ^{22}iəu^{53}pæ̃^{35}fa^{21}xɤ^{24}tʂʅ^{53}ȵy^{21}tɕiæ̃^{35}miæ̃^{35}liɛ^{53}] 但是这个感动咧喜鹊，[tæ̃^{44}sɿ^{21}tʂɤ^{44}kɤ^{53}kæ̃^{53}tuɤŋ^{35}liɛ^{21}ɕi^{53}tɕʰyɤ^{21}] 他们的事情感动咧喜鹊，[tʰa^{22}mɤŋ^{44}ti^{21}sɿ^{35}tɕʰiɤŋ^{21}kæ̃^{53}tuɤŋ^{35}liɛ^{21}ɕi^{53}tɕʰyɤ^{21}] 喜鹊就为他们搭咧一个鹊桥，[ɕi^{53}tɕʰyɤ^{21}tɕiəu^{44}uei^{44}tʰa^{22}mɤŋ^{44}ta^{24}liɛ^{21}i^{22}kɤ^{44}tɕʰyɤ^{53}tɕʰiɔ^{24}] 他们每年七月七就在这个地方会面，[tʰa^{22}mɤŋ^{44}mei^{53}ȵiæ̃^{24}tɕʰi^{53}yɤ^{35}tɕʰi^{21}tɕiəu^{22}tsɛ^{44}tʂɤ^{55}kɤ^{21}ti^{35}faŋ^{21}xuei^{44}miæ̃^{44}] 所以以后人间七月七见不到喜鹊。[suo^{22}i^{21}i^{22}xəu^{44}ʐɤŋ^{24}tɕiæ̃^{44}tɕʰi^{53}yɤ^{35}tɕʰi^{21}tɕiæ̃^{44}pu^{44}tɔ^{44}ɕi^{53}tɕʰyɤ^{21}] 致个传说就是喜鹊去给牛郎和织女去搭桥去咧。[tʂʅ^{35}kɤ^{53}tʂʰuæ̃^{24}ʂuo^{21}tɕiəu^{44}sɿ^{21}ɕi^{53}tɕʰyɤ^{21}tɕʰi^{44}kei^{55}ȵiəu^{22}laŋ^{53}xuo^{24}tʂʅ^{53}ȵy^{21}tɕʰi^{44}ta^{22}tɕʰiɔ^{22}tɕʰi^{44}liɛ^{21}] 我的故事讲完咧。[ŋuo^{55}ti^{21}ku^{53}sɿ^{21}tɕiaŋ^{53}uæ̃^{22}liɛ^{53}]

意译：同前。

三、自选条目

1. 盖蛙子跳的炭锨子上咧——烙（乐）得放不下。

kɛ^{35}ua^{21}tsɿ^{21}tʰiɔ^{35}ti^{21}tʰæ̃^{35}ɕiæ̃^{21}tsɿ^{21}ʂaŋ^{21}liɛ^{21}——luo^{53}ti^{21}faŋ^{35}pu^{21}xa^{44}.

2. 绺娃子贼娃子打官司——场（常）场（常）输。

liəu^{55}ua^{21}tsɿ^{21}ta^{53}kuæ̃^{53}sɿ^{21}——tʂʰaŋ^{53}tʂʰaŋ^{53}ʂu^{21}.

3. 安口窑搬家——有罐罐（官官）呢。

næ̃^{53}kʰəu^{21}iɔ^{24}pæ̃^{24}tɕia^{21}——iəu^{53}kuæ̃^{44}kuæ̃^{21}ȵi^{21}.

4. 狗喝面汤呢——耍舌头着呢。

kəu^{53}xuo^{21}miæ̃^{35}tʰaŋ^{21}ȵi^{21}——ʂua^{53}ʂɤ^{22}tʰəu^{55}tʂɤ^{21}ȵi^{21}.

5. 荞皮打糨子呢——不粘。

tɕʰiɔ^{24}pʰi^{24}ta^{53}tɕiaŋ^{44}tsɿ^{21}ȵi^{21}——pu^{44}ʐæ̃^{24}.

6. 官前马后少骚情。

kuæ̃^{53}tɕʰiæ̃^{24}ma^{53}xəu^{44}ʂɔ^{53}sɔ^{24}tɕʰiɤŋ^{21}.

7. 本事尽咧，还说麦子受咧症遭灾咧。

pɤŋ^{55}sɿ^{21}tɕiɤŋ^{35}liɛ^{21}, xa^{22}ʂuo^{22}mei^{53}tsɿ^{21}ʂəu^{35}liɛ^{21}tʂɤŋ^{24}liɛ^{21}.

8. 隔手的金子不如到手的铜。

kuo^{44}ʂəu^{55}ti^{21}tɕiɤŋ^{53}tsɿ^{21}pu^{35}zu^{21}tɔ^{44}ʂəu^{55}ti^{21}t^{h}oŋ^{24}.

9. 骑驴捉尾巴，各有各拿法。

tɕ^{h}i^{24}ly^{24}tʂuo^{21}i^{21}pa^{21}, kɤ^{21}iəu^{53}kɤ^{21}na^{55}fa^{53}.

10. 人狂没好事，狗狂挨砖头。

zɤŋ^{24}k^{h}uɑŋ^{24}mɤ^{21}xɔ^{53}sɿ^{44}, kəu^{53}k^{h}uɑŋ^{24}nɛ^{24}tʂuæ̃^{53}t^{h}əu^{21}.

11. 出门三辈小，处处要让老。

tʂ^{h}u^{21}mɤŋ^{24}sæ̃^{21}pei^{44}ɕiɔ^{53}, tʂ^{h}u^{44}tʂ^{h}u^{44}iɔ^{55}zɑŋ^{44}lɔ^{53}.

12. 工要工变呢，馍要面换呢。

koŋ^{21}iɔ^{44}koŋ^{21}piæ̃^{35}ȵi^{21}, mɤ^{24}iɔ^{44}miæ̃^{44}xuæ̃^{35}ȵi^{21}.

13. 口里说的仁义礼智信，怀里揣的连枷拐子棍。

k^{h}əu^{55}ȵi^{21}ʂuo^{21}ti^{21}zɤŋ^{24}i^{44}li^{53}tʂɿ^{44}ɕiɤŋ^{44}, xuɛ^{55}ȵi^{21}tʂ^{h}uɛ^{53}ti^{21}liæ̃^{22}tɕia^{53}kuɛ^{55}tsɿ^{21}koŋ^{44}.

14. 大懒支小懒，一支一个白瞪眼。

ta^{44}læ̃^{53}tsɿ^{53}ɕiɔ^{55}læ̃^{53}, i^{21}tsɿ^{53}i^{21}kɤ^{21}pei^{24}tɤŋ^{44}ȵiæ̃^{53}.

15. 锣鼓要打到点点上，笛子要压到眼眼上。

luo^{22}ku^{53}iɔ^{44}ta^{53}tɔ^{44}tiæ̃^{55}tiæ̃^{21}ʂɑŋ^{21}, ti^{22}tsɿ^{53}iɔ^{44}ȵia^{44}tsɛ^{44}ȵiæ̃^{44}ȵiæ̃^{21}ʂɑŋ^{21}.

意译：略。

第十节　庆城县口头文化

一、歌谣

正月里是新年，[tʂɤŋ^{51}yᴇ^{51}li^{0}sɿ^{244}ɕiŋ^{51}ȵiɛ̃^{113}] 正月里是新年。[tʂɤŋ^{51}yᴇ^{51}li^{0}sɿ^{244}ɕiŋ^{51}ȵiɛ̃^{113}] 姐儿在高楼巧哟打扮。[tɕiᴇ^{44}ɚ^{0}tsɛ^{244}kɔ^{51}lɤu^{113}tɕ^{h}iɔ^{44}yə^{51}ta^{44}pɛ̃^{0}] 脸擦那胭脂儿粉呀，[liɛ̃^{44}ts^{h}ɛ^{51}na^{244}iɛ̃^{51}tsɤr^{51}fɤŋ^{44}ia^{0}] 怀抱那白牡丹呀啊。[xuɛ^{113}pɔ^{244}na^{244}pei^{113}mu^{44}tɛ̃^{51}ia^{0}a^{0}] 脸擦那胭脂儿粉呀，[liɛ̃^{44}ts^{h}ɛ^{51}na^{244}iɛ̃^{51}tsɤr^{51}fɤŋ^{44}ia^{0}] 怀抱那白牡丹呀啊。[xuɛ^{113}pɔ^{244}na^{244}pei^{113}mu^{44}tɛ̃^{51}ia^{0}a^{0}] 二月里龙抬头，[ɚ^{244}yᴇ^{51}li^{0}luŋ^{113}t^{h}ɛ^{113}t^{h}ɤu^{113}] 二月里龙抬头。[ɚ^{244}yᴇ^{51}li^{0}luŋ^{113}t^{h}ɛ^{113}t^{h}ɤu^{113}] 姐儿在高楼下哟彩楼。[tɕiᴇ^{44}ɚ^{0}tsɛ^{244}kɔ^{51}lɤu^{113}ɕia^{244}yə^{51}ts^{h}ɛ^{44}lɤu^{113}] 彩楼呐万丈高呀，[ts^{h}ɛ^{44}lɤu^{113}na^{51}vɛ̃^{244}tʂɑ̃^{244}kɔ^{51}ia^{0}] 闪断了姐儿腰呀啊。[ʂɛ̃^{44}tuɛ̃^{244}liɔ^{0}tɕiᴇ^{44}ɚ^{0}iɔ^{51}ia^{0}a^{0}] 彩楼呐万丈高呀，[ts^{h}ɛ^{44}lɤu^{113}na^{51}vɛ̃^{244}tʂɑ̃^{244}kɔ^{51}ia^{0}] 闪断了姐儿腰呀啊。[ʂɛ̃^{44}tuɛ̃^{244}liɔ^{0}tɕiᴇ^{44}ɚ^{0}iɔ^{51}ia^{0}a^{0}] 三月里三月三，[sɛ̃^{51}yᴇ^{51}li^{0}sɛ̃^{51}yᴇ^{51}sɛ̃^{51}] 三月里三月三。[sɛ̃^{51}yᴇ^{51}li^{0}sɛ̃^{51}yᴇ^{51}sɛ̃^{51}] 姐儿在高楼哟要吃面。[tɕiᴇ^{44}ɚ^{0}tsɛ^{244}kɔ^{51}lɤu^{113}yə^{51}iɔ^{244}tʂ^{h}ʅ^{51}miɛ̃^{244}] 面又长来汤又酸呀，[miɛ̃^{244}iɤu^{244}tʂ^{h}ɑ̃^{113}lɛ^{113}t^{h}ɑ̃^{51}iɤu^{244}suɛ̃^{51}ia^{0}] 姐儿吃晚餐呀啊。[tɕiᴇ^{44}ɚ^{0}tʂ^{h}ʅ^{51}vɛ̃^{44}ts^{h}ɛ̃^{51}ia^{0}a^{0}] 面又长来汤又酸呀，[miɛ̃^{244}iɤu^{244}tʂ^{h}ɑ̃^{113}lɛ^{113}t^{h}ɑ̃^{51}iɤu^{244}suɛ̃^{51}ia^{0}] 姐儿吃晚餐呀啊。[tɕiᴇ^{44}ɚ^{0}tʂ^{h}ʅ^{51}vɛ̃^{44}ts^{h}ɛ̃^{51}ia^{0}a^{0}] 四月里四月八，[sɿ^{244}yᴇ^{51}li^{0}sɿ^{244}yᴇ^{51}pa^{51}] 四月里四月八。[sɿ^{244}yᴇ^{51}li^{0}sɿ^{244}yᴇ^{51}pa^{51}] 姐儿在高楼哟要吃瓜。[tɕiᴇ^{44}ɚ^{0}tsɛ^{244}kɔ^{51}lɤu^{113}yə^{51}iɔ^{244}tʂ^{h}ʅ^{51}kua^{51}] 大瓜呐一扎扎呀，[ta^{244}kua^{51}na^{51}i^{51}tsa^{51}tsa^{51}ia^{0}] 小瓜呐才开花呀啊。[ɕiɔ^{44}kua^{51}na^{51}ts^{h}ɛ^{113}k^{h}ɛ^{51}xua^{51}ia^{0}a^{0}] 大瓜呀一扎扎呀，[ta^{244}kua^{51}ia^{51}i^{51}tsa^{51}tsa^{51}ia^{0}] 小瓜呀才开花呀啊。[ɕiɔ^{44}kua^{51}ia^{51}ts^{h}ɛ^{113}k^{h}ɛ^{51}xua^{51}ia^{0}a^{0}] 五月里五端阳，[vu^{44}yᴇ^{51}li^{0}vu^{44}tuɛ̃^{51}iɑ̃^{113}] 五月里五端阳。[vu^{44}yᴇ^{51}li^{0}vu^{44}tuɛ̃^{51}iɑ̃^{113}] 雄黄药酒闹

哟端阳。[ɕyŋ113xuã113yᴇ51tɕiɤu44nɔ244yə51tuɛ̃51iã113] 杨柳桑叶插门窗呀，[iã113liɤu44sã51iᴇ51tsʰa51mɤŋ113tʂʰuã51ia0] 姐儿过端阳啊。[tɕiᴇ44ɚ0kuə244tuɛ̃51iã113a0] 杨柳桑叶插门窗呀，[iã113liɤu44sã51iᴇ51tsʰa51mɤŋ113tʂʰuã51ia0] 姐儿过端阳啊。[tɕiᴇ44ɚ0kuə244tuɛ̃51iã113a0] 六月里好热天，[liɤu51yᴇ51li0xɔ44zɛ51tʰiɛ̃51] 六月里好热天。[liɤu51yᴇ51li0xɔ44zɛ51tʰiɛ̃51] 羊肚子手巾儿苫哟两肩。[iã113tu244tsɿ0ʂɤu44tɕiŋ51ɚ0ʂɛ̃51yə51liã44tɕiɛ̃51] 苫呀嘛扇两肩呀，[ʂɛ̃51ia51ma51ʂɛ̃51liã44tɕiɛ̃51ia0] 姐儿过夏天呀啊。[tɕiᴇ44ɚ0kuə244ɕia244tʰiɛ̃51iã0a0] 苫呀嘛扇两肩呀，[ʂɛ̃51ia51ma51ʂɛ̃51liã44tɕiɛ̃51ia0] 姐儿过夏天呀啊。[tɕiᴇ44ɚ0kuə244ɕia244tʰiɛ̃51iã0a0] 七月里七月七，[tɕʰi51yᴇ51li0tɕʰi51yᴇ51tɕʰi51] 七月里七月七。[tɕʰi51yᴇ51li0tɕʰi51yᴇ51tɕʰi51] 姐儿在高楼绣哟鸳鸯。[tɕiᴇ44ɚ0tsɛ244kɔ51lɤu113ɕiɤu244yə51yɛ̃51iã0] 鸳鸯成对又成双呀，[yɛ̃51iã0tʂʰɤŋ113tuei244iɤu244tʂʰɤŋ113ʂuã51ia0] 姐儿做陪纺呀啊。[tɕiᴇ44ɚ0tsuə244pʰei113fã44ia0a0] 鸳鸯成对又成双呀，[yɛ̃51iã0tʂʰɤŋ113tuei244iɤu244tʂʰɤŋ113ʂuã51ia0] 姐儿做陪纺呀啊。[tɕiᴇ44ɚ0tsuə244pʰei113fã44ia0a0] 八月里八月哟，[pa51yᴇ51li0pa51yᴇ51yə0] 八月里月儿圆。[pa51yᴇ51li0yᴇ51ɚ0yɛ̃113] 西瓜咪月饼献哟老天。[ɕi51kua0lɛ113yᴇ51piŋ44ɕiɛ̃244yə51lɔ44tʰiɛ̃51] 西瓜呐圆咪月饼甜呀，[ɕi51kua51na51yɛ̃113lɛ113yᴇ51piŋ44tʰiɛ̃113ia0] 姐儿献老天呀啊。[tɕiᴇ44ɚ0ɕiɛ̃244lɔ44tiɛ̃51ia0a0] 西瓜呐圆咪月饼甜呀，[ɕi51kua51na51yɛ̃113lɛ113yᴇ51piŋ44tʰiɛ̃113ia0] 姐儿献老天呀啊。[tɕiᴇ44ɚ0ɕiɛ̃244lɔ44tiɛ̃51ia0a0] 九月里九重阳，[tɕiɤu44yᴇ51li0tɕiɤu44tʂʰuŋ113iã113] 九月里九月九。[tɕiɤu44yᴇ51li0tɕiɤu44yᴇ51tɕiɤu44] 黄菊花开在路哟两旁。[xuã113tɕy113xua51kʰɛ51tsɛ244lɤu244yə51liã44pʰã113] 蜜蜂采花花心动呀，[mi51fɤŋ51tsʰɛ44xua51xua51ɕiŋ51tuŋ244ia0] 姐儿来看花呀啊。[tɕiᴇ44ɚ0lɛ113kʰɛ̃244xua51ia0a0] 蜜蜂采花花心动呀，[mi51fɤŋ51tsʰɛ44xua51xua51ɕiŋ51tuŋ244ia0] 姐儿来看花呀啊。[tɕiᴇ44ɚ0lɛ113kʰɛ̃244xua51ia0a0]

意译：略。

二、故事

牛郎织女

古时候有一个小伙子，[ku442sɿ21xɤu244iɤu442i21kə244ɕiɔ44xuə44tsɿ0] 父母都去世咧。[fu244mu442tɤu113tɕʰy244sɿ244liᴇ0] 孤苦伶仃的，[ku21kʰu442liŋ21tiŋ51ti0] 就他一个。[tɕiɤu244tʰa21i21kə244] 家里有一头老牛，[tɕia51li0iɤu442i21tʰɤu213lɔ44ȵiɤu213] 所以大家都把他叫作牛郎。[suə44i442ta244tɕia0tɤu113pa44tʰa51tɕiɔ244tsuɤ0ȵiɤu113liã113] 牛郎主要是靠这一头牛耕地为生着咧。[ȵiɤu113liã113tʂu44iɔ244sɿ244kʰɔ244tʂə244i21tʰɤu113ȵiɤu113kɤŋ21ti244vei113sɤŋ51tʂə0liᴇ0] 嗯，[ɤŋ55] 和老牛两个相依为命。[xuə21lɔ44ȵiɤu213liã44kə0ɕiã51i51vei21miŋ244] 老牛其实是天上的金牛星。[lɔ44ȵiɤu113tɕʰi113ʂʅ113sɿ244tʰiɛ̃51ʂã0ti0tɕiŋ51ȵiɤu113ɕiŋ51] 它嗯，[tʰa21ɤŋ0] 看重，[kʰɛ̃244tʂuŋ244] 非常看好牛郎的勤劳善良，[fei51tʂʰã0kʰɛ̃244xɔ442ȵiɤu113lã113ti0tɕʰiŋ113lɔ113ʂɛ̃244liã0] 想给牛郎成一个家咧。[ɕiã44kei442ȵiɤu113lã113tʂʰɤŋ113i21kə244tɕia51liᴇ0] 有一天这个金牛星得知天上的这仙女要下凡，[iɤu44i21tʰiɛ̃0tʂə244kə244tɕiŋ51ȵiɤu113ɕiŋ0tə21tʂʅ51tʰiɛ̃51ʂã0ti0tʂə244ɕiɛ̃21ȵy442iɔ244ɕia244fɛ̃113] 到山边东脚下的这个湖里要洗澡。[tɔ244sɛ̃51piɛ̃0tuŋ51tɕyə0ɕia0ti0tʂə244kə0xu21li4iɔ244ɕi44tsɔ442] 然后，[zɛ̃113xɤu244] 就给牛郎托了一个梦，[tɕiɤu244kei442ȵiɤu113lã113tʰuə51lə0i21kə244mɤŋ244] 要他在第二天早上去到这个湖边，[iɔ244tʰa51tsɛ244ti244ɚ244tʰiɛ̃51tsɔ44ʂɛ̃0tɕʰi244tɔ244tʂə244kə0xu113piɛ̃51] 取走一件挂在这个树上的仙女们的衣服，[tɕʰy44tsɤu442i21tɕiɛ̃244kua244tsɛ244tʂə244kə0ʂu244ʂã0ti0ɕiɛ̃51ȵy442mɤŋ0ti0i51fu0] 然后这个，[zɛ̃113xɤu244tʂə244kə0] 头也不回的跑回家，[tʰɤu113iᴇ113pu21xuei113ti0pʰɔ44xuei113tɕia51] 这个仙女都会成为他的妻子。[tʂə244kə0ɕiɛ̃21ȵy442tɤu21xuei244tʂʰɤŋ113vei113tʰa51ti0tɕʰi51tsɿ0] 第二天早上，[ti244ɚ244 tʰiɛ̃0tsɔ44ʂã0] 牛郎半，[ȵiɤu113lã113pɛ̃244] 半信半疑地走到了山脚下。[pɛ̃244ɕiŋ244pɛ̃244i113ti0tsɤu44tɔ244lə0sɛ̃51tɕyə0ɕia244] 朦胧之中，[mɤŋ113luŋ113tʂʅ51tʂuŋ51] 果然发现有几个仙女在这湖里洗澡着咧。[kuə44ʐɛ̃113fa21ɕiɛ̃244iɤu442tɕi44kə0ɕiɛ̃21ȵy442tsɛ244tʂə244xu21li4ɕi44tsɔ44tʂə0liᴇ0] 然后他就拣树上一个粉红色的衣服给拿上走咧。[ʐɛ̃113xɤu244tʰa51tɕiɤu244tɕiɛ̃442ʂu244ʂã244i21kə244fɤŋ44xuŋ113sei0ti0i51fu0kei44na113ʂã244tsɤu44liᴇ0] 很快地回到咧家中。[xɤŋ44kʰuɛ244ti0xuei21tɔ244liᴇ0tɕia51tʂuŋ51] 这个被抢走衣服的这个仙女其实都是织女。[tʂə244kə244pei244tɕʰiã44tsəu442i51fu0ti0tʂə244kə244ɕiɛ̃21ȵy442tɕʰi113ʂʅ133tu244sɿ244tʂʅ21ȵy442] 当天夜里，[tã51tʰiɛ0iᴇ244li0] 织女轻轻地敲开牛郎家的门。[tʂʅ21ȵy442tɕʰiŋ51tɕʰiŋ51ti0tɕʰiɔ51kʰɛ51ȵiɤu113lã113tɕia51ti0mɤŋ113] 然后两个人便做了一对夫妻。[ʐɛ̃113xɤu244liã44kə0ʐɤŋ113piɛ̃244tsuə244liɔ0i21tuei244fu51tɕʰi51] 很，[xɤŋ442] 转眼三年过去咧，[tʂuɛ̃44iɛ̃442sɛ̃51ȵiɛ̃113kuə244tɕʰi0liᴇ0] 牛郎和织女生了一儿一女两个娃娃，[ȵiɤu113lã113xə113tʂʅ21ȵy442sɤŋ51liɔ0i51ɚ113i21ȵy442liã44kə0va21va0] 一家人过得非常的幸福美满。[i21tɕia51ʐɤŋ113kuə244ti0fei51tʂʰã0ti0ɕiŋ244fu0mei44mɛ̃442] 但是，[tɛ̃244sɿ244] 织女私自下凡的事情被玉皇大帝知道咧。[tʂʅ21ȵy442sɿ21tsɿ244ɕia244fɛ̃113ti0sɿ244tɕʰiŋ0pei244y244xuã113ta244ti244tʂʅ21tɔ244liᴇ0] 有一天，[iɤu44i21tiɛ̃51] 天上电闪雷鸣，[tʰiɛ̃51ʂã0tiɛ̃244ʂɛ̃442lei113miŋ113] 开始刮起大风，[kʰɛ51sɿ0kua21tɕʰi442ta244fɤŋ51] 下起大雨咧。[ɕia21tɕʰi442ta244y442liᴇ0] 织女突然不见咧。[tʂʅ21ȵy442tʰu51ʐɛ̃113pu21tɕiɛ̃244liᴇ0] 两个娃娃哭得没有办法，[liã44kə0va21va4kʰu51ti0muə21iɤu442pɛ̃244fa0] 牛郎也不知道怎么办。[ȵiɤu113lã113iᴇ442pu21tʂʅ51tɔ244tsɤŋ44mə0pɛ̃244] 这时候牛郎家的这一头牛说话咧。[tʂɛ244sɿ113xɤu244ȵiɤu113lã113tɕia51ti0tʂɛ244i21tʰɤu113ȵiɤu113ʂuɛ21xua244liᴇ] 说是：[ʂuə21sɿ244] "你把我头上这两个角都取下来，[ȵi44pã21ŋɔ442tʰɤu21ʂã224tʂə244liã44kə0tɕyᴇ51tɤu21tɕʰy44xa0lɛ0] 然后变成两个箩筐，[ʐɛ̃113xɤu244piɛ̃244tʂʰɤŋ0liã44kə0luə21kʰuã51] 把你两个孩子带上，[pa21ȵi442liã44kə0xɛ21tsɿ4tɛ244ʂã0] 去寻织女去吧。" [tɕʰy244ɕyŋ113tʂʅ21ȵy442tɕʰy244pa0] 牛郎这时候半信半疑想：[ȵiɤu113lã113tʂə244sɿ21xɤu244pɛ̃244ɕiŋ244pɛ̃244i113ɕiã442] "老牛怎么会说话咧？" [lɔ44ȵiɤu113tsɤŋ44mə0xuei244ʂuɛ21xua244liᴇ0] 这时候老牛的两个角都掉到地上咧，[tʂə244sɿ21xɤu4lɔ44ȵiɤu113ti0liã44kə0tɕyᴇ51tu51tiɔ244tɔ244ti244ʂã0liᴇ0] 果不然变成两个箩筐咧。[kuə44pu21ʐɛ̃113piɛ̃244tʂʰɤŋ0liã44kə0luə21kʰuã51liᴇ0] 牛郎也顾不上咧，[ȵiɤu113lã113iᴇ113ku244pu0ʂã244liᴇ0] 把两个娃往筐里一放，[pa21liã44kə0va113vã44kʰuã51li0i21fã244] 然后担起来的时候，[ʐɛ̃113xɤu244tɛ̃244tɕʰi44lɛ0ti0sɿ21xɤu244] 突然感觉一阵，[tʰu51ʐɛ̃0kɛ̃44tɕyᴇ113i21tʂɤŋ244] 一阵轻风吹过。[i21tʂɤŋ244tɕʰiŋ51fɤŋ51tʂʰuei21kuə244] 两个箩筐像长了翅膀一样，[liã44kə0luə21kʰuã51ɕiã244tʂə44liɔ0tsʰɿ244pã442i21iã244] 腾云驾雾地飞向了天空，[tʰɤŋ113yŋ133tɕia244vu244ti0fei21ɕiã244liɔ0tʰiɛ̃51kʰuŋ51] 飞呀飞呀，[fei51ia0fei51ia0] 很快地眼看都要追上织女咧。[xɤŋ44kʰuɛ244ti0iɛ̃44kʰɛ̃244tɤu51iɔ244tʂuei51ʂã0tʂʅ21ȵy442liᴇ0] 但是被王母娘娘发现咧，[tɛ̃244sɿ244pei244vã21mu44ȵiã21ȵiã4fa21ɕiɛ̃244liᴇ0] 王母娘娘把她头上的金钗取下来，[vã21mu44ȵiã21ȵiã4pa21tʰa51tʰɤu21ʂã4ti0tɕiŋ51tsʰɛ51tɕʰy44xa244lɛ0] 向牛郎和织女中间划了一道，[ɕiã244ȵiɤu113lã113xə113tʂʅ21ȵy442tʂuŋ51tɕiɛ̃0xua21liɔ4i51tɔ0] 忽然出现了一个非常宽的天河。[xu51ʐɛ̃0tʂʰu21ɕiɛ̃244liɔ0i21kə244fei51tʂʰã113kʰuɛ̃51ti0tʰiɛ̃51xə113] 波涛汹涌，[puə51tʰɔ51ɕyŋ21yŋ44] 牛郎和织女被分到两岸咧。[ȵiɤu113lã113xə113tʂʅ21ȵy442pei244fɤŋ51tɔ244liã44ɛ̃244liᴇ0] 喜鹊看见牛郎和织女非常的可怜，[ɕi44tɕʰyᴇ0kʰɛ̃244tɕiɛ̃244ȵiɤu113lã113xə113tʂʅ21ȵy442fei51tʂʰã0ti0kʰə44liɛ̃0] 然后每年的七月七，[ʐɛ̃113xɤu244mei44ȵiɛ̃113ti0tɕʰi51yᴇ21tɕʰi51] 都会自发的，[tɤu51xuei244tsɿ244fa0ti4] 成群结队的，[tʂʰɤŋ113tɕʰyŋ113tɕiᴇ21tuei244ti0] 一只衔着另外一只的尾巴。[i21 tʂʅ^{51}ɕiɛ̃^{113}tʂə^{0}liŋ^{244}vɛ^{244}i^{21}tʂʅ^{51}ti^{0}vei^{44}pa^{0}] 为牛郎和织女铺成了一、一架桥，[vei^{244}ȵiɤu^{113}lɑ̃^{113} xə^{113}tʂʅ^{21}ȵy^{442}pʰu^{51}tʂʰɤŋ^{0}lə^{0}i^{21}i^{21}tɕia^{244}tɕʰiɔ^{113}] 帮助两个人团聚。[pɑ̃^{21}tʂu^{244}liɑ̃^{44}kə^{0}ʐɤŋ^{113} tʰuɛ̃^{21}tɕy^{244}]

意译：同前。

三、自选条目

1. 早上立了秋，晚上凉飕飕。

tsɔ^{44}ʂɑ̃^{0}li^{51}liɔ^{0}tɕʰiɤu^{51}, vɛ̃^{44}ʂɑ̃^{0}liɑ̃^{21}sɤu^{51}sɤu^{0}.

2. 若要庄稼好，肥料要上饱。

ʐuə^{21}iɔ^{244}tʂuɑ̃^{51}tɕia^{0}xɔ^{44}, fei^{21}liɔ^{244}iɔ^{244}ʂɑ̃^{244}pɔ^{44}.

3. 陕西麦子旋黄旋割。

ʂɛ̃^{44}ɕi^{0}mei^{51}tsʅ^{0}ɕyɛ̃^{113}xuɑ̃^{113}ɕyɛ̃^{113}kuə^{51}.

4. 现借现还，再借不难。

ɕiɛ̃^{244}tɕiɛ̃^{244}ɕiɛ̃^{244}xuɛ̃^{113}, tsɛ^{244}tɕiᴇ^{244}pu^{21}nɛ̃^{113}.

5. 一窍不得，少挣几百。

i^{21}tɕʰiɔ^{244}pu^{21}tei^{51}, ʂɔ^{44}tsɤŋ^{244}tɕi^{44}pei^{51}.

6. 吃人家的饭，受人家的管。

tʂʰʅ^{51}ʐɤŋ^{21}tɕia^{51}ti^{0}fɛ̃^{244}, ʂɤu^{244}ʐɤŋ^{21}tɕia^{51}ti^{0}kuɛ̃^{44}.

7. 活的怕死的，男的怕女的。

xuə^{21}ti^{4}pʰa^{244}sʅ^{44}ti^{0}, nɛ̃^{21}ti^{0}pʰa^{244}ȵy^{44}ti^{0}.

8. 深谷子，浅糜子，荞麦种在表皮子。

ʂɤŋ^{21}ku^{51}tsʅ^{0}, tɕʰiɛ̃^{44}mi^{21}tsʅ^{0}, tɕʰiɔ^{21}mei^{4}tʂuŋ^{244}tsɛ^{244}piɔ^{44}pʰi^{0}tsʅ^{0}.

9. 麦种三年要倒茬，豆子地里长庄稼。

mei^{21}tʂuŋ^{244}sɛ̃^{51}ȵiɛ̃^{113}iɔ^{244}tɔ^{44}tsʰa^{113}, tɤu^{244}tsʅ^{0}ti^{244}li^{0}tʂɑ̃^{44}tʂuɑ̃^{51}tɕia^{0}.

10. 打铁看火候，庄稼看时候。

ta^{44}tʰiᴇ^{51}kʰɛ̃^{244}xuə^{44}xɤu^{0}, tʂuɑ̃^{51}tɕia^{0}kʰɛ̃^{244}sʅ^{21}xɤu^{244}.

意译：略。

第十一节　宁县口头文化

一、歌谣

1. 天皇皇地皇皇，我家有个夜哭郎。过路君子念三遍，我儿一觉睡到大天亮。

tɕʰiæ̃^{52}xuaŋ^{22}xuaŋ^{24}tɕʰi^{44}xuaŋ^{55}xuaŋ^{0}, ŋuə^{52}tɕia^{31}iou^{55}kə^{0}iɛ^{44}kʰu^{22}laŋ^{24}. kuə^{44}lou^{44}tɕyŋ^{22} tsʅ^{52}ȵiæ̃^{44}sæ̃^{31}piæ̃^{44}, ŋɤ^{52}ɚ^{24}i^{22}tɕiɔ^{44}ʃuei^{44}tɔ^{44}ta^{44}tɕʰiæ̃^{31}liaŋ^{44}.

2. 街街，车车，一扯扯到舅奶怀怀。舅奶说："杀啥也？""杀个牛，耕地呀，杀个羊，羊没肉；杀个鳖，鳖没血；杀个蚂蚱吱喽喽。"

kɛ^{31}kɛ^{0}, tʂʰə^{31}tʂʰə^{0}, i^{22}tʂʰə^{52}tʂʰə^{52}tɔ^{44}tɕiou^{55}nɛ^{44}xuɛ^{24}xuɛ^{0}. tɕiou^{55}nɛ^{44}ʃuə^{31}: "sa^{31}sa^{44} ia^{31}？" "sa^{31}kə^{0}ȵiou^{24}, tɕiɛ^{31}tɕʰi^{44}ia^{31}, sa^{31}kə^{0}iaŋ^{24}, iaŋ^{24}muə^{24}ʐou^{44}; sa^{31}kə^{44}piɛ^{31}, piɛ^{31}muə^{24} ɕiɛ^{31}; sa^{31}kə^{0}ma^{31}tsa^{0}tsʅ^{55}lou^{44}lou^{44}."

3. 日头爷晒我咪，我给你担水饮马咪。

ər^{31}tʰou^{0}iɛ^{24}sɛ^{44}ŋuə^{55}lɛ^{0}, ŋuə^{52}kei^{44}ȵi^{52}tæ̃^{31}ʃuei^{52}ȵiŋ^{44}ma^{55}lɛ^{0}.

4. 麻雀麻雀尾巴长，娶了媳妇儿忘了娘。把老娘放在野地里，冻得硬梆梆，把老娘放在热炕上，暖得气杠杠。

ma^{24}tɕʰyə^{31}ma^{24}tɕʰyə^{31}i^{55}pa^{0}tʂʰaŋ^{24}, tsʰu^{52}liɔ^{0}ɕi^{31}fur^{0}uaŋ^{44}liɔ^{31}ȵiaŋ^{24}. pa^{22}lɔ^{52}ȵiaŋ^{24}faŋ^{44}tsɛ^{44}iɛ^{52}ti^{44}li^{31}, tuŋ^{44}ti^{31}ȵiŋ^{44}paŋ^{55}paŋ^{0}, pa^{22}lɔ^{52}ȵiaŋ^{24}faŋ^{44}tsɛ^{44}ẓə^{31}kʰaŋ^{44}ʂaŋ^{31}, lyæ̃^{55}ti^{0}tɕʰi^{44}kaŋ^{55}kaŋ^{0}.

5. 媳妇儿想吃桃，搭早起来爬上树梢梢；媳妇儿想吃梨，半夜里起来去跟集赶集。快把梨核儿丢进炕洞里，看倒外老鬼让那老汉看着了。

ɕi^{31}fər^{0}ɕiaŋ^{52}tʂʰʅ^{31}tʰɔ^{24}, ta^{31}tsɔ^{52}tɕʰi^{55}lɛ^{022}pʰa^{24}ʂaŋ^{44}ʃu^{44}sɔ^{31}sɔ^{0}; ɕi^{31}fər^{0}ɕiaŋ^{52}tʂʰʅ^{31}li^{24}, pæ̃^{44}iɛ^{44}tɕʰi^{55}lɛ^{0}tɕʰy^{44}kəŋ^{31}tɕʰi^{24}. kʰuɛ^{44}pa^{22}li^{24}xur^{24}tiou^{31}tɕiŋ^{44}kʰaŋ^{44}tʰuŋ^{31}li^{0}, kʰæ̃^{44}tɔ^{22}uɛ^{52}lɔ^{22}kuei^{55}kʰæ̃^{44}tʃʰuə^{55}liɔ^{0}.

6. 妇女们呀么嗬儿嗨，都争先呀么嗬儿嗨，手摇着纺车吱吱吱咛咛咛，纺线线呀么嗬儿嗨。

fu^{44}ȵy^{44}məŋ^{52}ia^{31}ma^{0}xuər^{55}xɛ^{44}, tou^{52}tsəŋ^{44}ɕiæ̃^{44}ia^{31}ma^{0}xuər^{44}xɛ^{44}, ʂou^{21}iɔ^{24}tʃuə^{44}faŋ^{24}tʂʰə^{31}tsʅ^{31}tsʅ^{31}tsʅ^{31}ȵiŋ^{42}ȵiŋ^{44}ȵiŋ^{44}, faŋ^{52}ɕiæ̃^{31}ɕiæ̃^{24}ia^{31}ma^{0}xuər^{44}xɛ^{31}.

意译：略。

二、故事

牛郎织女

从前有一个小伙子，[tsʰuŋ^{24}tɕʰiæ̃^{24}iou^{55}i^{24}kə^{44}ɕiɔ^{31}xuə^{0}tsʅ^{0}] 嗯昂，[əŋ^{31}aŋ^{0}] 父母亲都去世了，[fu^{44}mu^{52}tɕiŋ^{31}tou^{21}tɕʰy^{44}ʂʅ^{44}lia^{31}] 家里很穷，[tɕia^{31}li^{0}xəŋ^{52}tɕʰyŋ^{24}] 只有一头老牛，[tʂʅ^{22}iou^{52}i^{21}tʰou^{24}lɔ^{52}ȵiou^{24}] 人们把致个小伙子叫牛郎。[ẓəŋ^{22}məŋ^{52}pa^{21}tʂʅ^{24}kə^{0}ɕiɔ^{31}xuə^{0}tsʅ^{0}tɕiɔ^{44}ȵiou^{22}laŋ^{52}] 牛郎和老牛生活在一起，[ȵiou^{22}laŋ^{52}xə^{24}lɔ^{52}ȵiou^{24}səŋ^{31}xuə^{0}tsɛ^{44}i^{22}tɕʰi^{52}] 与老牛么相依为命。[y^{44}lɔ^{52}ȵiou^{24}mu^{55}ɕiaŋ^{24}i^{44}ouei^{24}miŋ^{44}] 老牛其实是天上的金牛星，[lɔ^{52}ȵiou^{24}tɕʰi^{24}ʂʅ^{44}sʅ^{44}tɕʰiæ̃^{31}ʂaŋ^{0}ti^{21}tɕiŋ^{31}ȵiou^{24}ɕiŋ^{31}] 他喜欢牛郎忠诚老实善良，[tʰa^{52}ɕi^{55}xuæ̃^{0}ȵiou^{22}laŋ^{52}tʃuŋ^{31}tʂʰəŋ^{24}lɔ^{55}ʂʅ^{0}ʂæ̃^{44}liaŋ^{24}] 所以想帮助他么成个家。[ʃuə^{55}i^{0}ɕiaŋ^{52}paŋ^{22}tʃʰu^{44}ta^{55}mu^{0}tʂʰəŋ^{24}kə^{0}tɕia^{31}] 有天金牛星得知天上仙女要到村东边的山脚下的这个湖里去洗澡。[iou^{5224}tɕʰiæ̃^{31}tɕiŋ^{31}ȵiou^{24}ɕiŋ^{31}tei^{24}tʂʅ^{31}tɕʰiæ̃^{31}ʂaŋ^{0}ɕiæ̃^{22}ȵy^{52}iɔ^{44}tɔ^{44}tsʰuŋ^{31}tuŋ^{31}piæ̃^{0}ti^{21}sæ̃^{24}tɕyə^{31}ɕia^{44}ti^{21}tʂə^{22}kə^{52}xu^{22}li^{52}tɕʰi^{44}ɕi^{52}tsɔ^{52}] 他就托梦给牛郎，[tʰa^{52}tɕʰiou^{44}tʰuə^{52}məŋ^{44}kei^{44}ȵiou^{22}laŋ^{52}] 给他说：[kei^{44}tʰa^{52}ʃuə^{31}] "你第二天早晨到湖边去，[ȵi^{52}ti^{44}ɚ^{44}tɕʰiæ̃^{31}tsɔ^{55}tʂʰəŋ^{0}tɔ^{44}xu^{24}piæ̃^{31}tɕʰi^{44}] 趁仙女们洗澡的时候不注意，[tʂʰəŋ^{44}ɕiæ̃^{22}ȵy^{52}məŋ^{0}ɕi^{52}tsɔ^{52}ti^{21}sʅ^{22}xou^{44}pu^{22}tʃu^{44}i^{44}] 你取走一个仙女挂在树上的致个衣裳，[ȵi^{52}tɕy^{52}tsou^{52}i^{24}kə^{44}ɕiæ̃^{22}ȵy^{52}kua^{44}tsɛ^{44}ʃu^{44}ʂaŋ^{31}ti^{21}tʂʅ^{24}kə^{0}i^{31}ʂaŋ^{0}] 然后头不敢回赶紧跑回家，[zæ̃^{24}xou^{44}tʰou^{24}pu^{22}kæ̃^{52}xuei^{24}kæ̃^{22}tɕiŋ^{52}pʰɔ^{52}xuei^{24}tɕia^{31}] 就会得到一位漂亮美丽的致个仙女么做妻子。" [tɕʰiou^{44}xuei^{44}tei^{22}tɔ^{44}i^{22}uei^{44}pʰiɔ^{44}liaŋ^{44}mei^{52}li^{44}ti^{21}tʂʅ^{24}kə^{0}ɕiæ̃^{22}ȵy^{52}mu^{21}tsuə^{31}tɕʰi^{31}tsʅ^{0}] 这天早晨，[tʂə^{55}tɕʰiæ̃^{31}tsɔ^{55}tʂʰəŋ^{0}] 牛郎半信半疑地到了山脚下，[ȵiou^{22}laŋ^{52}pæ̃^{44}ɕiŋ^{44}pæ̃^{44}ȵi^{24}ti^{21}tɔ^{44}liɔ^{31}sæ̃^{24}tɕyə^{31}ɕia^{44}] 影影糊糊地看见七个仙女在湖中洗澡，[iŋ^{55}iŋ^{31}xu^{0}xu^{0}ti^{21}kʰæ̃^{44}tɕiæ̃^{44}tɕʰi^{31}kə^{0}ɕiæ̃^{22}ȵy^{52}tsɛ^{44}xu^{24}tʃuŋ^{31}ɕi^{52}tsɔ^{52}] 他就拿起一件挂在树上的一件红衣裳，[tʰa^{52}tɕʰiou^{44}na^{24}tɕʰi^{52}i^{22}tɕʰiæ̃^{44}kua^{44}tsɛ^{44}ʃu^{44}ʂaŋ^{52}ti^{21}i^{22}tɕʰiæ̃^{44}xuŋ^{24}i^{31}ʂaŋ^{0}] 飞快地跑回了家。[fei^{22}kʰuɛ^{44}ti^{21}pʰɔ^{52}xuei^{22}liɔ^{52}tɕia^{31}] 这个抢走衣裳的仙女正是织女。[tʂə^{52}kə^{0}tɕʰiaŋ^{52}tsou^{52}i^{31}ʂaŋ^{0}ti^{21}ɕiæ̃^{22}ȵy^{52}tʂəŋ^{44}sʅ^{0}tʂʅ^{31}ȵy^{0}]

当天夜里致个仙女么，[taŋ22tɕʰiæ̃31iɛ44li31tʂʅ24kə0ɕiæ̃22ȵy52mu0] 找上门来，[tsɔ52ʂaŋ44məŋ22lɛ52] 和……[xə24] 两个人做了恩爱夫妻。[liaŋ52kə0zʐəŋ24tsuə31liɔ0nəŋ22nɛ44fu31tɕʰi0] 转眼间么，[tʃuæ̃44ȵiæ̃55tɕiæ̃31mu0] 过了三年了，[kuə44liɔ0sæ̃31ȵiæ̃24lia0] 兹个牛郎和织女，[tsʅ24kə0ȵiou22laŋ52xə24tʂʅ31ȵy0] 呃，[ɣə31] 生了一男一女，[səŋ31lia0i22næ̃24i22ȵy52] 家里过得，[tɕia31li0kuə44ti0] 呃，[ɣə31] 很舒服。[xəŋ55ʃu31fu0] 但是，[tæ̃44sʅ44] 织女私自下凡的事情倒玉皇大帝给知道了。[tʂʅ31ȵy0sʅ31tsʰʅ44ɕia44fæ̃24ti21sʅ44tɕʰiŋ0tɔ22y31xuaŋ0ta44ti44kei44tʂʅ31tɔ0lia0] 有一天，[iou52i24tɕʰiæ̃31] 玉皇大帝么是，[y31xuaŋ44ta44ti24mu0sʅ0] 嗯，[əŋ31] 派天上的致个，[pʰɛ44tɕʰiæ̃31ʂaŋ0ti21tʂʅ24kə21] 诶……[ei21] 嗯……[əŋ33] 呃，[ə21] 雷神爷闪电下雨刮大风，[lei22ʂəŋ52iɛ24ʂæ̃52tiæ̃44ɕia44y52kua52ta44fəŋ31] 昂，[aŋ31] 织女就不见了。[tʂʅ31ȵy0tɕiou44pu22tɕiæ̃44lia31] 致个，[tʂʅ24kə0] 两个孩子回家去不见妈妈了，[liaŋ52kə0xɛ24tsʅ52xuei24tɕia31tɕʰi44pu22tɕiæ̃44ma31ma0lia0] 都哭得不得了，[tou24kʰu31ti0pu24tei31liɔ52] 昂。[aŋ31] 兹个牛郎哩，[tsʅ24kə0ȵiou22laŋ52li0] 天也闪电下雨刮大风，[tɕʰiæ̃31iɛ0ʂæ̃52tiæ̃44ɕia44y52kua52ta44fəŋ31] 跑回家去，[pʰɔ52xuei24tɕia22tɕʰi44] 知道咧这些情况，[tʂʅ22ɔ44liɛ0tʂə55ɕiɛ0tɕʰiŋ24kʰuaŋ44] 不知道兹吗办才好。[pu24tʂʅ24tɔ44tsʅ44ma0pæ̃44tsʰɛ24xɔ52] 昂，[aŋ31] 正在着急的时候，[tʂəŋ44tsɛ44tʂɔ31tɕi24ti21sʅ24xou44] 老牛说话了，[lɔ52ȵiou24ʃuə31xua44lia31] 说：[ʃuə31] "别难过，[piɛ24næ̃24kuə44] 你把我这个角拿下来，[ȵi52pa22ŋuə52tʂə52kə0tɕyə31na24xa44lɛ31] 就会变成两个箩筐，[tɕiou44xuei44piæ̃44tʂʰəŋ24liaŋ52kə0luə24kʰuaŋ31] 昂，[aŋ31] 装上你的两个孩子，[tʃuaŋ31ʂaŋ0ȵi55ti21liaŋ52kə0xɛ22tsʅ52] 就可以在天上找到织女哩。" [tɕʰiou44kʰə52i20tsɛ44tɕʰiæ̃31ʂaŋ0tsɔ52tɔ44tʂʅ31ȵy0li0] 牛郎很奇怪，[ȵiou22laŋ52xəŋ52tɕʰi22kuɛ44] 兹个牛角就自动地掉到地上，[tsʅ24kə0ȵiou24tɕyə31tɕʰiou44tsʰʅ44tuŋ44ti21tiɔ44tɔ44ti44ʂaŋ31] 变成咧两只箩筐。[piæ̃44tʂʰəŋ24liɛ0liaŋ52tʂʅ31luə22kʰuaŋ31] 牛郎把这两个孩子放到箩筐里，[ȵiou22laŋ52pa21tʂə55liaŋ52kə0xɛ22tsʅ52faŋ44tɔ44luə22kʰuaŋ31li0] 用扁担挑起来，[yŋ44piæ̃55tæ̃0tɕʰiɔ52tɕʰi55lɛ0] 昂，[aŋ31] 只觉得一阵清风吹过，[tʂʅ24tɕyə31tei0i24tʂəŋ44tɕʰiŋ24fəŋ31tʃʰuei22kuə44] 箩筐就像，[luə22kʰuaŋ31tɕiou44ɕiaŋ44] 两，[liaŋ52] 箩筐像长了翅膀，[luə22kʰaŋ31ɕiaŋ44tʂaŋ52liɔ0tsʅ44paŋ31] 突然飞咧起来，[tʰu31zæ̃0fei31liɛ0tɕʰi55lɛ0] 腾云驾雾，[tʰəŋ31yŋ24tɕia44u44] 飞上了天宫。[fei31ʂaŋ44liɔ0tɕʰiæ̃31kuŋ0] 飞呀，[fei31ia0] 飞呀，[fei31ia0] 眼看就飞到，[ȵiæ̃52kʰæ̃44tɕʰiou44fei24ɔ44] 飞到，[fei24tɔ44] 天上，[tɕʰiæ̃31ʂaŋ0] 追到织女了，[tʃuei31tɔ44tʂʅ31ȵy0lia0] 却被王母娘娘发现了，[tɕʰyə31pei44uaŋ24mu52ȵiaŋ22ȵiaŋ52fa31ɕiæ̃33lia0] 王母娘娘么从头上取下一个金钗，[uaŋ24mu52ȵiaŋ22ȵiaŋ52mu0tsʰuŋ24tʰou24ʂaŋ0tɕʰy52ɕia44i24kə0tɕiŋ24tsʰɛ31] 在牛郎和织女中间一划，[tsɛ44ȵiou22laŋ52xuə24tʂʅ31ȵy0tʃuŋ31tɕiæ̃0i31xua24] 立刻变成了一条又宽又大的天河，[li24kʰei31piæ̃44tʂʰəŋ24liɔ52i22tɕʰiɔ24iou55kʰuæ̃31iou55ta44ti21tɕʰiæ̃31xuə0] 把致个牛郎和织女隔开了。[pa22tʂʅ24kə0ȵiou22laŋ52xə24tʂʅ31ȵy0kei31kʰɛ31lia0] 喜鹊非常同情牛郎和织女，[ɕi52tɕʰyə0fei31tʂʰaŋ24tʰuŋ24tɕʰiŋ24ȵiou22laŋ52xə24tʂʅ31ȵy0] 就在每一年的七月初七，[tɕʰiou44tsɛ44mei52i22ȵiæ̃24ti21tɕʰi31yɛ0tʃʰu24tɕʰi31] 成千上万的兹个喜鹊昂，[tʂʰəŋ24tɕʰiæ̃31ʂaŋ44uæ̃44ti21tsʅ24kə0ɕi52tɕʰyə0aŋ31] 飞到天河上，[fei31tɔ44tɕʰiæ̃31xuə0ʂaŋ0] 一只噙着一只的尾巴，[i24tʂʅ31tɕʰiŋ24tʃuə31i24tʂʅ31ti21uei52pa0] 搭起咧一座喜桥，[ta31tɕʰi52liɛ0i22tsuə52ɕi52tɕʰiɔ24] 让牛郎和织女在这天团聚。[zaŋ44ȵiou22laŋ52xuə24tʂʅ31ȵy0tsɛ44tʂə52tɕʰiæ̃31tʰuæ̃24tɕy44]

意译：同前。

狄仁杰斩九龙

下面我给大家讲《狄仁杰斩九龙》的故事。[ɕia44miæ̃31ŋuə52kei52ta44tɕia0tɕiaŋ52ti24zʐəŋ24 tɕiɛ24tsæ̃52tɕiou52luŋ24ti21ku44sɿ44] 唐朝的武则天有一个臣子，[tʰaŋ22tʂʰɔ52ti21u52tsei31tɕʰiæ̃0iou52i22kə44tʂʰəŋ22tsɿ52] 名叫狄仁杰。[miŋ22tɕiɔ44ti24zəŋ24tɕiɛ24] 他在朝里犯了罪以后，[tʰa52tsɛ44tʂʰɔ22li52fæ̃44liɔ31tsuei44i44xou44] 被武则天贬到宁州来管理宁州的事务。[pi31u52tsei31tɕʰiæ̃0piæ̃52tɔ44ȵiŋ24tʂou31lɛ24kuæ̃52li52ȵiŋ24tʂou31ti21sɿ44u44] 狄仁杰来到宁州，[ti24zəŋ24tɕiɛ24lɛ24tɔ44ȵiŋ24tʂou31] 有一年宁州发大水，[iou52i22ȵiæ̃24ȵiŋ22tʂou31fa22ta44ʃuei52] 山水围了宁县城。[sæ̃31ʃuei0uei22liɔ52ȵiŋ24ɕiæ̃44tʂʰəŋ24] 昂，[aŋ31] 兹个，[tsɿ44kə44] 狄仁杰正在发愁的时候，[ti24zəŋ24tɕiɛ24tʂəŋ44tsɛ44fa31tsʰou24ti21sɿ22xou52] 晚上做咧一个梦。[uæ̃55ʂaŋ0tsuə31liɛ0i24kə0məŋ44] 梦见一个白胡子老汉，[məŋ44tɕiæ̃44i24kə0pʰei24xu22tsɿ52lɔ55xæ̃0] 给狄仁杰托梦说：[kei44ti24zəŋ24tɕiɛ24tʰuə55məŋ44ʃuə31] “你第二天去，[ȵi52ti44ər44tɕʰiæ̃31tɕʰi44] 有一个卖青牛的，[iou52i22kə44mɛ44tɕʰiŋ22ȵiou24ti52] 你嘛⁼它买下；[ȵi52ma22tʰa52mɛ55xa0] 有一个卖大刀的，[iou52i22kə44mɛ44ta44tɔ55ti0] 你嘛⁼它买下。[ȵi52ma22tʰa52mɛ55xa0] 到中午你骑上青牛，[tɔ44tʃuŋ22u52ȵi52tɕʰi22ʂaŋ52tɕʰiŋ22ȵiou24] 拿着大刀，[na22tʃuə52ta44tɔ55] 你去到九龙河上，[ȵi52tɕʰi44tɔ44tɕiou52luŋ0xuə22ʂaŋ52] 去，[tɕʰi44] 有九只龙正在注水，[iou52tɕiou52tʂʅ0luŋ24tʂəŋ44tsɛ44tʃu44ʃuei52] 你把它斩了，[ȵi52pa22tʰa52tsæ̃55liɔ0] 水就退了。” [ʃuei52tɕiou44tui44liɔ31] 狄仁杰第二天把这事办完，[ti24zəŋ24tɕiɛ24ti44ɵər44tɕiæ̃31pa22tʂə52sɿ44pæ̃44uæ̃24] 到咧中午骑着青牛举着大刀，[tɔ44liɛ31tʃuŋ31u52tɕʰi24tʃuə52tɕʰiŋ31ȵiou24tɕy44tʃuə0ta44tɔ55] 在九龙河上去斩九龙。[tsɛ44tɕiou52luŋ24xuə22ʂaŋ52tɕʰy44tsæ̃52tɕiou52luŋ24] 第一刀斩下去，[ti44i24tɔ31tsæ̃52ɕia44tɕʰy44] 一只龙变成了一只花羊，[i24tʂʅ31luŋ24piæ̃44tʂʰəŋ24liɔ52i24tʂʅ31xua22iaŋ24] 跑到宁县城的南边儿，[pʰɔ52tɔ44ȵiŋ24ɕiæ̃44tʂʰəŋ24ti21næ̃24piæ̃r42] 跑进咧沟里，[pʰɔ52tɕiŋ44liɛ0kou31li0] 现在这条沟取名“花羊沟”。[ɕiæ̃44tsɛ44tʂə52tɕʰiɔ24kou31tɕʰy52miŋ24xua31iaŋ24kou31] 一只紧跟在后面，[i24tʂʅ31tɕiŋ52kəŋ31tsɛ44xou44miæ̃31] 从石缝中的泉子里钻进去，[tsʰuŋ24ʂʅ24fəŋ44tʃuŋ31ti21tɕʰyæ̃22tsɿ52li0tsuæ̃31tɕiŋ44tɕʰi31] 这眼泉人们就把它叫作“毛毛泉”。[tʂə52ȵiæ̃52tɕʰyæ̃24zəŋ22məŋ52tɕiou44pa22tʰa52tɕiɔ44tsuə31mɔ22mɔ52tɕʰyæ̃24] 第三只，[ti44sæ̃24tʂʅ31] 第三刀斩下去，[ti44sæ̃22tɔ31tsæ̃52ɕia44tɕʰy31] 第三只龙么，[ti44sæ̃22tʂʅ31luŋ24mu0] 从九龙川坳的一个坡里爬上了早胜，[tsʰuŋ24tɕiou52luŋ24tʃʰuæ̃31lɔ55ti21i22kə44pʰuə31li0pʰa24ʂaŋ44liɔ31tsɔ52ʂəŋ44] 这条坡很长，[tʂə52tɕʰiɔ24pʰuə31xəŋ52tʂʰaŋ24] 这条龙纵了八纵就爬上早胜塬顶，[tʂə52tɕʰiɔ24luŋ24tsuŋ44liɔ31pa22tsuŋ44tɕiou44pʰa24ʂaŋ44tsɔ52ʂəŋ44yæ̃24tiŋ52] 逃跑了，[tʰɔ24pʰɔ52lia0] 人们就把这条路么，[zəŋ22məŋ52tɕiou44pa21tʂə52tɕʰiɔ24lou44mu0] 就称作“八纵坡”。[tɕʰiou44tʂʰəŋ44tsuə31pa22tsuŋ44pʰuə31]

意译：下面我给大家讲《狄仁杰斩九龙》的故事。唐朝武则天有个臣子叫狄仁杰。他在朝里犯了罪，被武则天贬到宁州管理当地事务。狄仁杰来到宁州，有一年发大水，洪水围了宁县城。狄仁杰正在发愁的时候，晚上做了一个梦。梦见一个白胡子老汉，他给狄仁杰托梦说：“你明天去街上，有个卖青牛的人，你把他的牛买下；有个卖大刀的，你把他的大刀也买下。到了中午，你骑着青牛，拿着大刀，去九龙河上，有九条龙正在注水，你把它们斩了的话，水就退了。”狄仁杰第二天把事情办完，中午时骑着青牛举着大刀，赶往九龙河去斩那九条龙。第一刀斩下去，一条龙变成了花羊，跑进了宁县城南边的沟里，现在这条沟叫“花羊沟”。第二条龙紧跟在第一条的后面，从石头缝中的泉子里钻进去了，这个泉子现在叫“毛毛泉”。第三刀斩下去时，第三条龙便从九龙川山坳的一个长山坡爬上了早胜，它身子纵了八纵，逃走了，人们就把这条路称作“八纵坡”。

三、自选条目

1. 正月二十三，老驴老马歇一天。

tʂəŋ^{31}yɛ^{0}ər^{44}ʂʅ^{0}sæ̃^{31}, lɔ^{52}y^{24}lɔ^{22}ma^{52}ɕiɛ^{31}i^{24}tɕ^{h}iæ̃^{31}.

2. 一过四月八，庄稼汉心放下。

i^{22}kuə^{44}sʅ^{44}yɛ^{31}pa^{31}, tʃuaŋ^{31}tɕia^{0}xæ̃^{0}ɕiŋ^{31}faŋ^{44}xa^{31}.

3. 五月十三滴一点，耀州城里买大碗。

u^{52}yɛ^{0}ʂʅ^{24}sæ̃^{31}tiɛ^{31}i^{22}tiæ̃^{52}, iɔ^{44}tʂou^{31}tʂ^{h}əŋ^{22}li^{52}mɛ^{52}ta^{44}uæ̃^{52}.

4. 蚍蜉蚂过街蛇挡道，蜘蛛结网大雨到。

p^{h}i^{22}fəŋ^{52}ma^{0}kuə^{44}tɕiɛ^{31}ʂə^{24}taŋ^{44}tɔ^{44}, tʂʅ^{31}tʃu^{0}tɕiɛ^{31}uaŋ^{52}ta^{44}y^{52}tɔ^{44}.

5. 东虹呼噜，西虹雨，南虹过来行白雨，北虹出来卖儿女。

tuŋ^{22}tɕiaŋ^{44}xu^{31}lou^{0}, ɕi^{22}tɕiaŋ^{44}y^{52}, næ̃^{24}tɕiaŋ^{44}tʃ^{h}u^{31}lɛ^{0}ɕiŋ^{24}p^{h}ei^{22}y^{52}, pei^{22}tɕiaŋ^{44}tʃ^{h}u^{31}lɛ^{0}mɛ^{44}ər^{22}ȵy^{52}.

6. 捉狗儿子，看狗母子。

tʃuə^{31}kou^{52}ər^{24}tsʅ^{52}, k^{h}æ̃^{44}kou^{22}mu^{55}tsʅ^{0}.

7. 天晴修水路，无事早为人。

tɕ^{h}iæ̃^{31}tɕ^{h}iŋ^{24}ɕiou^{31}ʃuei^{52}lou^{44}, u^{24}sʅ^{44}tsɔ^{52}uei^{24}zəŋ^{24}.

8. 脚踏胡墼手摇耧，眼睛盯着耧沟沟。

tɕyə^{31}t^{h}a^{24}xu^{22}tɕy^{52}ʂou^{52}iɔ^{24}lou^{24}, ȵiæ̃^{55}tɕiŋ^{0}tiŋ^{31}tʃuə^{0}lou^{22}kou^{55}kou^{0}.

9. 一个胡墼两锨土，踢踢啪啪二十五。

i^{22}kə^{44}xu^{22}tɕi^{52}liaŋ^{52}ɕiæ̃^{31}t^{h}u^{52}, tɕ^{h}i^{31}tɕ^{h}i^{0}p^{h}ia^{31}p^{h}ia^{0}ər^{44}ʂʅ^{0}u^{52}.

10. 麻屋子红帐子，里面睡咧个白胖子（花生）。

ma^{24}u^{31}tsʅ^{0}xuŋ^{24}tʂaŋ^{44}tsʅ^{31}, li^{55}miæ̃^{0}ʃuei^{44}liɛ^{0}kə^{0}p^{h}ei^{24}p^{h}aŋ^{44}tsʅ^{31}.

11. 青石板，石板青，青石板上钉银钉（星星）。

tɕ^{h}iŋ^{31}ʂʅ^{22}pæ̃^{52}, ʂʅ^{22}pæ̃^{52}tɕ^{h}iŋ^{31}, tɕ^{h}iŋ^{31}ʂʅ^{22}pæ̃^{55}ʂaŋ^{0}tiŋ^{44}iŋ^{24}tiŋ^{31}.

意译：略。

第十二节　武都区口头文化

一、歌谣

1. 打罗罗，吃面面。舅舅来了做啥饭：擀白面，舍不得；擀黑面，丢人哩。杀鸡公，叫鸣哩；杀鸡婆，下蛋哩。杀鸭子，鸭子跳着个水院里，你不走着做啥哩。

ta^{55}luɤ^{22}luɤ^{55}, tʂ^{h}ʅ^{31}miæ̃^{24}miæ̃^{21}. tɕiəu^{24}tɕiəu^{21}lɛɪ^{21}lɔu^{13}tsʮ^{13}sa^{13}fæ̃^{21}: kæ̃^{55}pei^{22}miæ̃^{24}, ʂɤ^{55}pu^{21}tei^{21}; kæ̃^{55}xei^{53}miæ̃^{21}, tiəu^{55}ʒɤ^{21}li^{21}. sa^{31}tɕi^{31}kuŋ^{21}, tɕiɔu^{13}mi^{31}li^{21}; sa^{31}tɕi^{31}p^{h}uɤ^{21}, ɕia^{24}tæ̃^{24}li^{21}. sa^{31}ia^{53}tsʅ^{21}, ia^{53}tsʅ^{21}t^{h}iɔu^{31}tʂɤ^{21}kɤ^{21}ʃuei^{55}yæ̃^{24}li^{21}, ni^{55}pu^{21}tsəu^{55}tʂəu^{21}tsʮ^{24}sa^{24}li^{21}.

2. 月亮月亮光光，把牛吆着梁上，梁上没草，把牛吆着沟坳，沟坳拾了个花核桃，半个子半边有面，半个子半边没面，献给土神爷还愿。

yᴇ^{31}liɑŋ^{21}yᴇ^{31}liɑŋ^{21}kuɑŋ^{21}kuɑŋ^{31}, pa^{55}ȵiəu^{13}iɔu^{55}tʂəu^{21}liɑŋ^{21}ʂɑŋ^{31}, liɑŋ^{31}ʂɑŋ^{55}mɔu^{21}ts^{h}ɔu^{31}, pa^{31}ȵiəu^{13}iɔu^{31}tʂəu^{21}kəu^{21}ȵiɔu^{31}, kəu^{21}ȵiɔu^{55}ʂʅ^{21}lɔu^{31}kɤ^{21}xua^{31}k^{h}ɤ^{21}t^{h}ɔu^{13}, pæ̃^{24}kɛɪ^{55}

tsɿ^{21}iəu^{55}miæ̃^{24}, pæ̃^{24}kɛɪ^{55}tsɿ^{21}məu^{21}miæ̃^{24}, ɕiæ̃^{24}kei^{21}tʰu^{55}ʂəŋ^{21}iᴇ^{13}xuæ̃^{22}yæ̃^{24}.

3. 一二一，头抬起，老婆子来了炒洋芋，炒下的洋芋钢硬的，把你吃成伤风的。

i^{31}ɚ^{21}i^{31}, tʰəu^{13}tʰɛɪ^{21}tɕi^{31}, ləu^{55}pʰuɤ^{21}tsɿ^{21}lɛɪ^{21}ləu^{55}tsʰəu^{55}iɑŋ^{21}y^{21}, tsʰəu^{55}xa^{21}tɛɪ^{21}iɑŋ^{22}y^{24} kɑŋ^{31}ȵin^{24}tɛɪ^{21}, pa^{21}ȵi^{13}tʂʰʅ^{31}tʂʰəŋ^{21}ʂɑŋ^{22}fəŋ^{31}ti^{21}.

4. 阳婆婆，照我着，你一碗，我一碗，他们两个吃上上阳山，阳山高，买把刀，刀儿快，切芹菜，芹菜没眼眼，买把刀铲铲，刀铲铲费油，买把平头，平头爷爷会剥蒜，一天剥了八斗半。

iɑŋ^{22}pʰuɤ^{13}pʰuɤ^{31}, tʂəu^{24}ŋɤ^{55}tʂəu^{21}, ȵi^{55}i^{21}væ̃^{55}, ŋɤ^{55}i^{21}væ̃^{55}, tʰa^{31}məŋ^{21}liɑŋ^{55}kɤ^{21}tʂʰʅ^{31}ʂɑŋ^{21} ʂɑŋ^{24}iɑŋ^{21}sæ̃^{31}, iɑŋ^{21}sæ̃^{22}kəu^{31}, mɛɪ^{55}pa^{13}təu^{31}, təur^{31}kʰuɛɪ^{24}, tɕʰiᴇ^{31}tɕʰin^{31}tsʰɛɪ^{24}, tɕʰin^{31}tsʰɛɪ^{24} məu^{21}ȵiæ̃^{31}ȵiæ̃^{21}, mɛɪ^{55}pa^{13}təu^{31}tsʰæ̃^{55}tsʰæ̃^{21}, təu^{21}tsʰæ̃^{55}tsʰæ̃^{21}fei^{24}iəu^{24}, mɛɪ^{55}pa^{21}pʰin^{21}tʰəu^{24}, pʰin^{21}tʰəu^{24}iᴇ^{22}iᴇ^{24}xuei^{24}puɤ^{21}suæ̃^{24}, i^{13}tiæ̃^{55}puɤ^{31}ləu^{21}pa^{31}təu^{55}pæ̃^{24}.

5. 好艳婆，谁把艳艳没见过，艳艳扎的红头绳，掭着爬到房上照男人，照下的男人不是的，白胡子老爷拾粪的。

xəu^{22}iæ̃^{24}pʰuɤ^{21}, ʃei^{24}pa^{21}iæ̃^{13}iæ̃^{21}məu^{31}tɕiæ̃^{24}kuɤ^{21}, iæ̃^{13}iæ̃^{21}tsa^{31}tɛɪ^{21}xuŋ^{24}tʰəu^{21}ʂəŋ^{31}, va^{31} tʂɤ^{21}fɑŋ^{21}ʂɑŋ^{31}tʂəu^{24}læ̃^{21}zʂəŋ^{31}, tʂəu^{24}xa^{21}tɛɪ^{21}læ̃^{22}zʂəŋ^{31}pu^{21}sɿ^{24}tɛɪ^{21}, pei^{22}xu^{24}tsɿ^{21}ləu^{55}iᴇ^{24}ʂʅ^{31} fəŋ^{24}tɛɪ^{21}.

意译：略。

二、故事

牛郎织女

小时候，[ɕiəu^{55}sɿ^{21}xəu^{24}] 老人们就说，[ləu^{55}zʂəŋ^{21}məŋ^{0}tɕiəu^{24}ʃuɤ^{21}] 天上有一个织女星，[tʰiæ̃^{31}ʂɑŋ^{21}iəu^{55}i^{21}kɛɪ^{21}tʂʅ^{31}mi^{55}ɕi^{53}] 还有一个牵牛星。[xæ̃^{13}iəu^{55}i^{31}kɤ^{21}tɕʰiæ̃^{53}ȵiəu^{21}ɕi^{21}] 他们情投意合，[tʰa^{55}məŋ^{21}tɕʰi^{31}tʰəu^{24}i^{24}xuɤ^{24}] 心心相印。[ɕi^{31}ɕi^{21}ɕiɑŋ^{31}i^{21}] 但是唻，[tæ̃^{55}sɿ^{21} lɛɪ^{21}] 这天条舆论儿可不允许他们这们做。[tsɛɪ^{21}tʰiæ̃^{31}tʰiəu^{21}y^{24}lyr^{31}kʰɤ^{31}pu^{13}yn^{13}ɕy^{21}tʰa^{55} məŋ^{21}tsəŋ^{31}məŋ^{21}tsuɤ^{31}] 嗯结果唻这个，[ən^{55}tɕiᴇ^{31}kuɤ^{55}lɛɪ^{21}tsei^{31}kɛɪ^{21}] 由于这织女是王母娘娘的孙女子，[iəu^{31}y^{21}tsɛɪ^{55}tʂʅ^{31}mi^{55}sɿ^{21}vɑŋ^{31}mu^{55}ȵiɑŋ^{31}ȵiɑŋ^{21}tɛɪ^{21}suŋ^{53}mi^{53}tsɿ^{21}] 嗯，[ən^{55}] 所以就把这个牛郎，[ʃuɤ^{13}i^{21}tɕiəu^{13}pa^{24}tsɛɪ^{31}kɛɪ^{21}ȵiəu^{13}lɑŋ^{13}] 这个牵牛星就给贬罚着这个凡间来了。[tsɛɪ^{31}kɛɪ^{21}tɕʰiæ̃^{53}ȵiəu^{21}ɕi^{21}tɕiəu^{24}kei^{13}piæ̃^{55}fa^{21}tʂɤ^{21}tsei^{21}kei^{13}fæ̃^{31}tɕiæ̃^{55}lɛɪ^{21}ləu^{21}] 但是就把她的这个孙女儿嘛，[tæ̃^{31}sɿ^{21}tɕiəu^{24}pa^{24}tʰa^{55}ti^{21}tsɛɪ^{24}kɤ^{21}suŋ^{31}miər^{21}ma^{21}] 就这天上一天织云彩，[tɕiəu^{31}tsɛɪ^{31}tʰiæ̃^{31}ʂɑŋ^{21}i^{13}tʰiæ̃^{31}tʂʅ^{55}yn^{21}tsʰɛɪ^{31}] 结果织女唻就为了感化着王母娘娘，[tɕiᴇ^{31}kuɤ^{55}tʂʅ^{21}mi^{53}lɛɪ^{21}tɕiəu^{24}vei^{21}ləu^{55}kæ̃^{55}xua^{24}tsɛɪ^{21}vɑŋ^{31}mu^{55}ȵiɑŋ^{31}ȵiɑŋ^{21}] 一天着辛辛苦苦不停地就织，[i^{13}tʰiæ̃^{31}tʂɛɪ^{21}ɕi^{55}ɕi^{21}kʰu^{55}kʰu^{21}pu^{31}tʰin^{21}ti^{21}tɕiəu^{21}tʂʅ^{31}] 织出各种颜色的这个云彩。[tʂʅ^{31}tʃʰu^{21}kɤ^{31}tʃuŋ^{55}iæ̃^{21}sei^{55}ti^{21}tsɛɪ^{21}kɤ^{21}yn^{21}tsʰɛɪ^{31}] 其实哩就是人们常说的四季变化的，[tɕʰi^{13}ʂʅ^{21}li^{21}tɕiəu^{21}sɿ^{31}zʂəŋ^{31}məŋ^{21}tʂʰɑŋ^{24}ʃuɤ^{21}tɛɪ^{211}sɿ^{24}tɕi^{21}piæ̃^{24}xua^{24}tɛɪ^{21}] 这种云彩也就是天的这个衣裳，[tsei^{21}tʃuŋ^{21}yn^{21}tsʰɛɪ^{31}iᴇ^{55}tɕiəu^{31}sɿ^{21}tʰiæ̃^{31}ti^{21}tsɛɪ^{21}kɤ^{21}i^{31}ʂɑŋ^{21}] 也就称为“天衣”。[iᴇ^{21}tɕiəu^{24}tʂʰəŋ^{13}vei^{21}tʰiæ̃^{31}i^{21}] 结果有一天么，[tɕiᴇ^{31}kuɤ^{55}iəu^{55}i^{21}tʰiæ̃^{31}mə^{21}] 她的其他的几个孙女儿么，[tʰa^{55}tɛɪ^{21}tɕʰi^{24}tʰa^{21}tɛɪ^{21}tɕi^{21}kɤ^{21}suŋ^{31}miər^{21}mə^{21}] 就要在“碧莲池”里去游一游，[tɕiəu^{31}iəu^{55}tsɛɪ^{13}pi^{31}liæ̃^{13}tʂʰʅ^{13}li^{21}tɕʰy^{24}iəu^{31}i^{21}iəu^{31}] 其实就是要洗个澡去哩。[tɕʰi^{13} ʂʅ^{21}tɕiəu^{24}sɿ^{21}iəu^{24}ɕi^{55}kɤ^{21}tsəu^{55}tɕʰy^{21}lɛɪ^{21}] 嗯，[ən^{55}] 结果哩，[tɕiᴇ^{31}kuɤ^{55}li^{21}] 王母娘娘就也正好高兴么，[vɑŋ^{31}mu^{55}ȵiɑŋ^{31}ȵiɑŋ^{21}tɕiəu^{21}iᴇ^{21}tʂəŋ^{21}xəu^{55}kəu^{31}ɕin^{24}mə^{21}] 就答应了。[tɕiəu^{24} ta^{31}in^{24}ləu^{21}] 但是那几个哩，[tæ̃^{31}sɿ^{21}la^{55}tɕʰi^{55}kɤ^{21}lɛɪ^{21}] 嗯，[ən^{55}] 还想着说是织女这们辛苦

的，[xæ̃31ɕiaŋ55tʂɤ21ʃuɤ21sɿ21tʂʅ31mi53tsəŋ31məŋ21ɕin31kʰu55tɛɪ21] 一天闷闷不乐的，[i13tʰiæ̃21məŋ24məŋ21pu21lu31tɛɪ21] 说把她也叫上，[ʃuɤ21pa31tʰa24iᴇ55tɕiəu24ʂɑŋ21] 出去展脱一下。[tʃʰu22tɕʰy55tʂæ̃55tʰuɤ21i31xa21] 王母娘娘哩，[vɑŋ31mu55ȵiɑŋ31ȵiɑŋ21li21] 也实际上心里还是清楚，[iᴇ24ʂʅ13tɕi21ʂɑŋ21ɕin31li21xæ̃31sɿ21tɕʰin22tʃʰu13] 啊当着去。[va24tɑŋ31tʂɤ21tsʰɿ13] 嗯，[ən55] 说她们就下来了。[ʃuɤ55tʰa55məŋ21tɕiəu24xa31lɛɪ21ləu21] 但是在这之前哩牛郎当时贬着下来以后啊，[tæ̃31sɿ21tsɛɪ21tsɛɪ31tsɿ55tɕiæ̃24lɛɪ21ȵiəu13lɑŋ13tɑŋ55sɿ21piæ̃31tʂɤ21xa21lɛɪ13i22xəu24a21] 降生在一个贫苦人家。[tɕiɑŋ24səŋ21tsɛɪ21i21kɤ21pʰin21kʰu31zəŋ24tɕia31] 嗯，[ən55] 结果生下一两年来，[tɕiᴇ31kuɤ55səŋ31xa21i21liɑŋ55ȵiæ̃21lɛɪ21] 结果他的父母就去世了。[tɕiᴇ31kuɤ55tʰa55ti21fu31mu55tɕiəu24tɕʰy21ʂʅ55ləu21] 他的哥哥嫂子在一搭生活着来，[tʰa55tɛɪ21kɤ55kɤ21səu55tsɿ21tsɛɪ24i31ta13səŋ31xuɤ21tʂɤ22lɛɪ21] 但是他的哥哥嫂子［那一］个心还比较瞎，[tæ̃31sɿ21tʰa55tɛɪ21kɤ55kɤ21səu55tsɿ21lɛɪ21kɤ21ɕin31xæ̃24pi21tɕiəu24xa53] 嗯，[ən55] 不愿意养活这个牛郎，[pu21yæ̃24i21iɑŋ55xuɤ21tsɛɪ21kɤ21ȵiəu13lɑŋ13] 结果就给分家了。[tɕiᴇ31kuɤ21tɕiəu31kei21fəŋ24tɕia31ləu21] 分家就啥都没有给，[fəŋ24tɕia31tɕiəu21sa24tu21məu31iəu21kei55] 嗯，[ən55] 就给一个碗筷，[tɕiəu24kei13i21kɤ21væ̃55kʰuɛɪ24] 一头牛，[i31tʰəu24ȵiəu13] 啥都没有。[sa24tu21məu21iəu31] 嗯，[ən55] 这个牛郎嘛就，[tsɛɪ31kɤ21ȵiəu13lɑŋ13mə21tɕiəu21] 哎呀，[ɛɪ21ia13] 这咋怎们办价⁼，[tsɛɪ21tsa31tsəŋ31məŋ21pæ̃24tɕia21] 就开荒种地，[tɕiəu24kʰɛɪ13xuɑŋ31tʃuŋ24ti24] 嗯，[ən55] 这个修房子，[tsei31kɤ21ɕiəu31fɑŋ21tsɿ55] 生活还慢慢地就能勉强把这个嘴还能混住。[ʂəŋ31xuɤ21xæ̃21mæ̃24mæ̃21ti21tɕiəu24ləŋ21miæ̃55tɕiɑŋ55pa21tsɛɪ31kɛɪ21tsuei55xæ̃13ləŋ21xuŋ24tʃʰu21] 结果有一天咪，[tɕiᴇ31kuɤ55iəu55i21tʰiæ̃55lɛɪ21] 他的那个牛［人家］给他就说，[tʰa55ti0la55kei0ȵiəu13ȵia13kei21tʰa55tɕiəu24ʃuɤ13] 哎，[ɛɪ55] 嗯，[ən55] 天上一些仙女洗澡来价⁼，[tʰiæ̃31ʂɑŋ21i21ɕiᴇ13ɕiæ̃31mi53ɕi55tsəu55lɛɪ21tɕia21] 你么去咪，[ȵi55mə21tɕʰy24lɛɪ21] 连外个啥，[liæ̃31vɛɪ21kei21sa24] 连"碧莲池"里面，[liæ̃24pi55liæ̃13tʂʰʅ13li31miæ̃21] 你去把有个红衣裳你给撼着来，[ȵi55tɕʰy24pa13iəu55kɤ21xuŋ31i31ʂɑŋ21ȵi55kei21xæ̃31tʂɤ21lɛɪ21] 外么将来就是成了你老婆子了。[vɛɪ13mə21tɕiɑŋ31lɛɪ21tɕiəu21sɿ21tʂʰəŋ13ləu21ȵi55ləu55pʰuɤ21tsɿ21ləu21] 这牛郎就说啥：[tsɛɪ21ȵiəu13lɑŋ13tɕiəu21ʃuɤ13sa24] "真的啊？" [tʂəŋ31ti21a21?] 牛说：[ȵiəu24ʃuɤ21] "真的。" [təŋ31tɛɪ21] 半信半疑地他就第二天去了，[pæ̃24ɕin24pæ̃24ȵi21ti21tʰa55tɕiəu21ti24ɚ21tʰiæ̃55tsʰɿ24ləu21] 去藏着外草后头就等着咧，[tɕʰy24tɕʰiɑŋ31tʂəu13vɛɪ55tsʰəu55xəu21tʰəu21tɕiəu21təŋ55tʂɤ21liᴇ21] 结果过着一阵阵是，[tɕiᴇ31kuɤ55kuɤ55tʂɤ21i13tʂəŋ21tʂəŋ21sɿ13] 仙女飘着下来，[ɕiæ̃31mi53pʰiəu31tʂɤ21xa24lɛɪ21] 开始洗澡了。[kʰɛɪ21sɿ13sɿ55tsəu55ləu21] 结果这牛郎，[tɕiᴇ31kuɤ55tsɛɪ21ȵiəu13lɑŋ13] 嗯，[ən55] 连个跑着去了，[liæ̃31kəu13pʰəu55tʂəu21tɕʰy13liəu21] 把个红衣裳撼上，[pa21kəu21xuŋ13i31ʂɑŋ21xæ̃55ʂɑŋ21] 那些，[nɛɪ31ɕiᴇ21] 那些仙女们一发现，[nɛɪ31ɕiᴇ21ɕiæ̃31mi55məŋ21i13fa31ɕiæ̃21] 就赶紧就跑嘛。[tɕiəu21kæ̃55tɕin21tɕiəu21pʰəu55ma21] 娘啊，[ȵia13i21] 有衣裳的穿上个啊就跑了啊，[iəu55i31ʂɑŋ21ti21tʂʰuæ̃31ʂɑŋ21kɤ21a21tɕiəu21pʰəu31ləu21a21] 咋这个没有红衣裳的这织女咧干急着咧，[tsa21tsɛɪ21kɤ21məu31iəu13xuŋ13i21ʂɑŋ21ti21tsɛɪ13tʂʅ31mi53liᴇ21kæ̃53tɕi13tʂɤ21liᴇ21] 没办法。[məu21pæ̃24fa21] 哎，[ɛɪ21] 牛郎撼上跑了一阵阵子，[ȵiəu13lɑŋ13xæ̃31ʂɑŋ21pʰəu55ləu21i22tʂəŋ13tʂəŋ21tsɿ21] 织女也为没有办法，[tʂʅ31mi55iᴇ21vei13məu31iəu13pæ̃13fa21] 在草边里给追上，[tsɛɪ24tsʰəu55piæ̃21li21kei13tʃuei31ʂɑŋ21] 嗯，[ən55] 说着你咋当我的，[ʃuɤ31tʂɤ21ȵi55tsa21tɑŋ31ŋɤ55tɛɪ21] 这牛郎就说：[tsɛɪ21ȵiəu13lɑŋ13tɕiəu21ʃuɤ31] "你咋当我的老婆子吧。" [ȵi55tsa21tɑŋ13ŋɤ55ti21ləu55pʰuɤ21tsɿ21pa21] 嗯，[ən55] 这织女哩，[tsɛɪ21tʂʅ31mi55lɛɪ21] 实际上心里清楚，[ʂʅ13tsɿ21ʂɑŋ21ɕin31li21tɕʰin31tʃʰu13] 他

就，[tʰa31tɕiəu21]那就是她的牵牛星个。[la31tɕiəu21sɿ21tʰa55ti22tɕʰiæ̃31ȵiəu21ɕin21kɛɪ21]但是，[tæ̃31sɿ21]牛郎不知道。[ȵiəu13lɑŋ13pu21tʂʅ21təu24]嗯，[ən55]她就赶紧羞羞答答就答应了。[tʰa55tɕiəu21kæ̃55tɕin21ɕiəu31ɕiəu21ta55ta21tɕiəu24ta31in21ləu21]答应了，[ta31in21liəu21]他们就两个人就成了个家。[tʰa55məŋ21tɕiəu24liɑŋ21kɤ21zəŋ24tɕiəu24tʰəŋ13ləu21kɤ21tɕia31]嗯，[ən55]后来唻，[xəu24lɛɪ21lɛɪ21]先后就养了个儿子，[ɕiæ̃31xəu24tɕiəu24iɑŋ55ləu21kɛɪ55ɚ31tsɿ21]一个女子，[i21kɤ13mi55tsɿ21]嗯，[ən55]他们就相依为命，[tʰa55məŋ21tɕiəu24ɕiɑŋ13i13vei21min24]生活过得还可以。[ʂəŋ31xuɤ21kuɤ24ti21xæ̃24kʰɤ55i21]嗯，[ən55]结果这件事唻，[tɕiᴇ31kuɤ55tsɛɪ31tɕiæ̃21sɿ24lɛɪ21]留着这个凡间的事，[liəu31tʂɤ21tsɛɪ31kɤ21fæ̃31tɕiæ̃21tɛɪ21ʂʅ21]这王母娘娘知道了，[tʂɛɪ31vɑŋ31mu55ȵiɑŋ31ȵiɑŋ21tʂʅ21təu24ləu21]派下的天兵天将唻，[pʰɛɪ13xa21tɛɪ21tʰiæ̃21pin13tʰiæ̃21tɕiɑŋ24lɛɪ13]嗯，[ən55]把她就，[pa21tʰa55tɕiəu24]把这个织女就给抓着回去了。[pa21tsɛɪ21kɛɪ55tʂʅ31mi55tɕiəu21kei13tʃua53tʂɤ21xuei31tɕʰy21ləu21]牛郎就干急着咧。[ȵiəu13lɑŋ13tɕiəu24kæ̃53tɕi21tʂɤ21liᴇ21]但恰恰在前面哩，[tæ̃55tɕʰia31tɕʰia21tsɛɪ21tɕʰiæ̃31miæ̃24li21]牛给他说着，[ȵiəu13kei13tʰa55ʃuɤ31tʂɤ21]说着：[ʃuɤ31tʂɤ21]"有重要的事情么，[iəu55tʃuŋ13iəu24ti21sɿ24tɕʰin55mə21]你把我的这个牛皮披上么，[ȵi55pa21ŋɤ55tɛɪ21tsɛɪ21kɤ21ȵiəu21pʰi55pʰei31ʂɑŋ21mə21]你就可以，[ȵi55tɕiəu21kʰɤ21i21]可以飞翔了。"[kʰɤ21i21fei31ɕiɑŋ21ləu21]结果这个牛郎一想起以后，[tɕiᴇ31kuɤ55tsɛɪ31kei21ȵiəu13lɑŋ13i31ɕiɑŋ55tɕʰi31i22xəu24]就把因为前一段时间这个牛就死了嘛，[tɕiəu24pa24in21vei24tɕiæ̃13i21tuæ̃24sɿ13tɕiæ̃21tsɛɪ21kɤ21ȵiəu13tɕiəu24sɿ31ləu21ma21]他把牛皮剥着就放下了，[tʰa55pa13ȵiəu21pʰi31puɤ31tʂɤ21tɕiəu24fɑŋ24xa21ləu21]结果一披上，[tɕiᴇ31kuɤ55i21pʰei31ʂɑŋ21]筐筐子把娃一装，[kʰuɑŋ53kʰuɑŋ21tsɿ21pa21va24i13tʃuɑŋ31]担上就追就乘云就飞着去了。[tæ̃31ʂɑŋ21tɕiəu24tʃuei31tɕiəu24tʂʰəŋ24yn24tɕiəu24fei31tʂəu21tɕʰy13ləu21]结果追着追着追着，[tɕiᴇ31kuɤ55tʃuei31tʂɤ21tʃuei31tʂɤ21tʃuei31tʂɤ21]快把织女给追上，[kʰuɛɪ55pa13tʂʅ31mi55kei13tʃuei31ʂɑŋ21]这个王母娘娘也驾着这个祥云可来了，[tsɛɪ21kɤ21vɑŋ31mu55ȵiɑŋ31ȵiɑŋ21iᴇ55tɕia53tʂɤ21tsɛɪ21kɤ21ɕiɑŋ13yn13kʰɤ31lɛɪ21ləu21]头发上簪子，[tʰəu31fa21ʂɑŋ21tsæ̃53tsɿ21]嗯，[ən55]拔着下来，[pʰa13tʂəu13xa24lɛɪ21]"呲"的一划，[tsʰɿ55tɛɪ21i21xua24]看那波涛汹涌的个银河就出来了。[kʰæ̃21la24puɤ31tʰɔu13ɕyn31yn24ti21kɤ21in13xuɤ13tɕiəu24tʃʰu31lɛɪ21ləu21]把他们隔在河的两岸。[pa21tʰa55məŋ21kɤ31tsɛɪ24xuɤ31tɛɪ21liɑŋ13ŋæ̃24]嗯，[ən55]再大的声音喊，[tsɛɪ24ta24ti21ʂəŋ21in55xæ̃31]喊，[xæ̃31]他们都听不见。[tʰa55məŋ21təu21tʰin31pu21tɕiæ̃21]但是唻，[tæ̃31sɿ21lɛɪ21]孩子就只是就叫"妈、妈"，[xɛɪ21tsɿ55tɕiəu24tsɿ21sɿ55tɕiəu21tɕiəu24ma13ma13]就给价⁼人哭得、叫得兹个撕心裂肺的，[tɕiəu24kei21tɕia21zəŋ24kʰu31ti21、tɕiəu24ti21tsɿ21kɛɪ55sɿ31ɕin21liᴇ21fei24ti21]天兵天将有些感动，[tʰiæ̃31pin21tʰiæ̃31tɕiɑŋ24iəu55ɕiᴇ13kæ̃24tuŋ21]王母娘娘也有点心上难过。[vɑŋ31mu55ȵiɑŋ31ȵiɑŋ21iᴇ55iəu55tɛɪ21ɕin31ʂɑŋ21læ̃21kuɤ24]后面就给喜鹊说给说：[xəu31miæ̃21tɕiəu21kei24ɕi55tɕʰyᴇ31ʃuɤ31kei21ʃuɤ31]"你给说去，[ȵi55kei21ʃuɤ21tɕʰy31]你们七天见上一次面。"[ȵi55məŋ21tɕʰi31tʰiæ̃21tɕiæ̃24ʂɑŋ21i21tsʰɿ31miæ̃24]结果喜鹊唻给[人家]给说错了，[tɕiᴇ31kuɤ55ɕi55tɕʰyᴇ31lɛɪ21kei21ȵia24kei55ʃuɤ31tsʰuɤ13ləu21]可说是一年七月七号见，[kɤ21ʃuɤ21sɿ21i31ȵiæ̃13tɕʰi55yɤ21tɕʰi31xɔu21tɕiæ̃24]见一回。[tɕiæ̃24i21xuei31]这就没办法，[tsa21tɕiəu55mɔu21pæ̃24fa21]王母娘娘说：[vɑŋ31mu55ȵiɑŋ31ȵiɑŋ21ʃuɤ31]"那就一年七月七你就不是给搭桥去。"[la55tɕiəu24i31ȵiæ̃24tɕʰi55yɤ21tɕʰi55ȵi55tɕiəu24pu21sɿ13kei55ta31tɕʰiɔu24tɕʰy31]说这些，[ʃuɤ21tsɛɪ21ɕiᴇ13]每年的七月七号嘛，[mei55ȵiæ̃24tɛɪ21tɕʰi55yɤ21tɕʰi31xɔu21ma21]这个喜鹊就都，[tsɛɪ21 kɛɪ21ɕi55tɕʰyᴇ21tɕiəu24təu55] 你看这个地上的这喜鹊就几乎不见了。[ȵi55kʰæ̃55tsɛɪ21kɤ21ti24ʂɑŋ21ti21tsɛɪ21ɕi55tɕʰyᴇ21tɕiəu24tɕi55xu55pu31tɕiæ̃24ləu21] 一个把一个的尾巴咬住，[i31kɤ21pa24i31kɤ21ti21i55pʰa21tæ̃31tʃʰu21] 就架成这个鹊桥，[tɕiəu24tɕia24tʂʰəŋ13tsɛɪ21kɛɪ21tɕʰyᴇ53tɕʰiəu13] 他们就相会一下。[tʰa55məŋ21tɕiəu24ɕiɑŋ31xuei13i31xa21] 嗯，[ən55] 他们呢就，[tʰa55məŋ21nɛɪ55ɕiᴇ21] 嗯，[ən55] 每年就这们一次，[mei31ȵiæ̃24tɕiəu24tsəŋ21məŋ21i21tsʰɿ31] 嗯，[ən55] 虽说这个他们每年见一次，[suei31ʃuɤ21tsɛɪ21kɛɪ21tʰa55məŋ21mei55ȵiæ̃21tɕiæ̃24i21tsʰɿ31] 但是他们那一次咊很珍惜。[tæ̃24sɿ21tʰa55məŋ21na55i21tsʰɿ31lɛɪ21xəŋ55tʂəŋ31ɕi21] 这其实也告诉我们人们，[tʂɤ55tɕʰi31ʂʅ21iᴇ55kəu24suɤ21ŋɤ55məŋ21ʐəŋ24məŋ21] 生活在现实生活中人也要像他们，[səŋ31xuɤ21tsɛɪ55ɕiæ̃24ʂʅ21ʂəŋ31xuɤ21tʃuŋ31ʐəŋ21iᴇ55iəu24ɕiɑŋ24tʰa55məŋ21] 不能说朝夕相处啊，[pu31nəŋ13ʃuɤ55tʂəu55ɕi55ɕiɑŋ21tʃʰu31a21] 但至少是要心心相依咊。[tæ̃24tsɿ55ʂəu21sɿ21iəu24ɕi55ɕi21ɕiɑŋ31i13lɛɪ21] 我的这个故事就讲着这搭了。[ŋɤ55ti21tsɛɪ21kɤ21ku24sɿ21tɕiəu24tɕiɑŋ55tʂəu21tsɿ31ta21ləu21]

意译：同前。

三、自选条目

1. 在家不欺人，出门人不欺。

tɛɪ24tɕia31pu21tɕʰi31ʐəŋ13, tʃʰu31məŋ13ʐəŋ13pu13tɕʰi31.

2. 天上下雨地上滑，自己跌倒自己爬。

tʰiæ̃31ʂɑŋ21ɕia21y55ti24ʂɑŋ211xua13, tsɿ24tɕi21tiᴇ21təu31tsɿ24tɕi21pʰa13.

3. 马尾串豆腐——不值一提。

ma55i21tʃʰuæ̃24təu24fu21——pu31tʂʅ13i21tʰi21.

4. 砂锅子砸蒜——一锤子买卖。

sa55kuɤ55tsɿ21tsa31suæ̃24——i31tʃʰuei21tsɿ21mɛɪ55mei21.

5. 看三国淌眼泪——替古人担忧。

kʰæ̃24sæ̃31kuɤ21tʰɑŋ55ȵiæ̃55luei21——tʰi24ku55ʐəŋ21tæ̃13iəu21.

6. 毛厕里的石头——又臭又硬。

məu21tsɿ55li21tɛɪ21ʂʅ21tʰəu31——iəu24tʂʰəu24iəu24ȵi24.

7. 秃子头上的虱——明摆着。

tʰu55tsɿ21tʰəu21ʂɑŋ55tsɿ21sei31——mi21pɛɪ55tʂɤ21.

8. 绱鞋不用锥子——针（真）好。

ʂɑŋ24xɛɪ13pu21yn24tʃuei31tsɿ21——tʂəŋ31xəu21.

意译：略。

第十三节　文县口头文化

一、歌谣

1. 砸锤子砸，滚锤子滚，还说咱们不买粉；买上粉了你不搽，还说咱们不买麻；买上麻了你不打，还说咱们不买马；买上马喃你不骑，还说咱们不买驴；买上驴了你不牵，还说咱们不买毡；买上毡了你不坝=铺，还说咱们扯大话。

tsa21tsʰuei44tsɿ33tsa13, koŋ44tsuei21tsɿ33koŋ44, xæ̃21suə42tsæ̃21məŋ44pu13mɛe44fəŋ55; mɛe24sã33fəŋ44lɔo42ȵi44pu42tsʰa13, xæ̃21suə42tsæ̃21məŋ44pu13mɛe44ma13; mɛe44sã21ma21lɔo44ȵi55pu33 ta^{44}, xæ̃^{21}suə^{42}tsæ̃^{21}məŋ^{44}pu^{13}mɛe^{55}ma^{55}; mɛe^{24}sɑ̃^{21}ma^{55}læ̃^{42}ȵi^{55}pu^{42}tɕʰi^{13}, xæ̃^{21}suə^{42}tsæ̃^{21}məŋ^{44}pu^{13}mɛe^{55}ȵy^{13}; mɛe^{55}sɑ̃^{24}ȵy^{21}lɔo^{13}ȵi^{35}pu^{13}tɕʰiæ̃^{42}, xæ̃^{21}suə^{42}tsæ̃^{21}məŋ^{44}pu^{13}mɛe^{55}tsæ̃^{42}; mɛe^{55}sɑ̃^{21}tsæ̃^{21}lɤ^{21}ȵi^{35}pu^{21}pa^{13}, xæ̃^{21}suə^{42}tsæ̃^{21}məŋ^{42}tsɤ^{42}ta^{24}xua^{24}.

2. 打打箩儿，豆豆面，舅舅来了做啥饭；擀凉面，捞米饭，舅舅吃上了不喜欢；杀鸭鸭，鸭鸭跳到河里边；杀母鸡，母鸡下蛋哩；杀公鸡，公鸡叫鸣嘞；咱没骆驼，骆驼奔不着；舅舅在屋里等啥哩，锅锅搭上煮屁嘞。

ta^{42}ta^{13}lũr^{13}, tɤu^{24}tɤu^{42}miæ̃^{24}, tɕiɤu^{24}tɕiɤu^{42}lɛe^{21}lɔo^{24}tsu^{24}sa^{13}fæ̃^{24}; kæ̃^{44}liɑ̃^{21}miæ̃^{24}, lɔo^{21}mi^{55}fæ̃^{42}, tɕiɤu^{24}tɕiɤu^{42}tsʅ^{42}sɑ̃^{21}lɔo^{13}pu^{13}ɕi^{44}xuæ̃^{42}; sa^{44}ia^{42}ia^{13}, ia^{42}ia^{33}tʰiɔo^{21}tɔo^{24}xɤ^{21}li^{21}piæ̃^{42}; sa^{21}mu^{44}tɕi^{42}, mu^{42}tɕ^{21}ɕia^{24}tæ̃^{24}li^{42}; sa^{44}koŋ^{33}tɕi^{42}, koŋ^{33}tɕi^{33}tɕiɔo^{24}miə̃^{21}lei^{13}; tsa^{13}mu^{44}luə^{42}tʰuə^{13}, luə^{42}tʰuə^{21}pəŋ^{24}pu^{44}tsʰuə^{13}; tɕiɤu^{24}tɕiɤu^{44}tsɛe^{44}vʊ^{42}lei^{21}təŋ^{44}sa^{13}li^{42}, kuə^{42}kuə^{21}ta^{42}sɑ̃^{21}tsu^{55}pʰi^{13}lei^{42}.

意译：略。

二、故事

牛郎织女

古时候啊，[kʊ^{55}sʅ^{21}xɤu^{24}a^{21}] 有一块小小的村子里边，[iɤu^{22}i^{21}kʰuɛə^{21}ɕiɔo^{55}ɕiɔo^{55}tɤ^{21}tsoŋ^{42}tsʅ^{21}li^{21}piæ̃^{21}] 住着一块放牛娃，[tsu^{24}tsuə^{21}i^{13}kʰuɛe^{42}fɑ̃^{13}ȵiɤu^{21}ua^{42}] 人们都叫他牛郎，[zəŋ^{13}məŋ^{55}tɤu^{42}tɕiao^{35}tʰa^{44}ȵiɤu^{13}lɑ̃^{13}] 这牛郎喃放着一个牛，[tsɛ^{55}ȵiɤu^{21}lɑ̃^{21}læ̃^{24}fɑ̃^{13}tsɤ^{44}ʑi^{21}kɤ^{21}ȵiɤu^{13}] 他的父母喃，[tʰa^{31}tɤ^{21}fu^{24}mu^{55}læ̃^{21}] 早就去世了。[tsɔo^{24}tɕʰiɤu^{21}tɕʰy^{24}sʅ^{44}lɔo^{53}] 所以每天就和这牛相依为伴，[suə^{33}ʑi^{33}mei^{55}tʰiæ̃^{31}tɕiɤu^{33}xuə^{33}tsɤ^{44}ȵiɤu^{13}ɕiɑ̃^{53}ʑi^{31}uei^{13}pæ̃^{13}] 时间长了，[sʅ^{21}tɕiæ̃^{55}tsɑ̃^{21}lɔo^{35}] 这个牛喃，[tsɤ^{44}kɤ^{44}ȵiɤu^{21}læ̃^{42}] 对这牛郎喃非常同情，[tuei^{44}tsɤ^{44}ȵiɤu^{22}lɑ̃^{21}læ̃^{44}fei^{42}tsɑ̃^{13}tʰoŋ^{13}tɕʰiəŋ^{13}] 感觉到牛郎勤劳善良。[kæ̃^{44}tɕyɛ^{13}tɔo^{44}ȵiɤu^{13}lɑ̃^{13}tɕʰiəŋ^{13}lɔo^{13}sæ̃^{24}liɑ̃^{21}] 这年纪大了，[tsɤ^{44}ȵiæ̃^{21}tɕi^{24}ta^{24}lɔo^{42}] 年龄大了嘛就想给牛郎喃成块家。[ȵiæ̃^{22}liəŋ^{22}ta^{24}lɔo^{42}ma^{21}tɕiɤu^{24}ɕiɑ̃^{55}kei^{35}ȵiɤu^{42}lɑ̃^{21}læ̃^{24}tsəŋ^{21}kʰuɛe^{44}tɕia^{42}] 它有一天，[tʰa^{31}iɤu^{55}ʑi^{21}tʰiæ̃^{42}] 这个牛哦，[tsɤ^{44}kɤ^{44}ȵiɤu^{13}ɔo^{42}] 就给这牛郎说喃，[tɕiɤu^{44}kei^{44}tsɛe^{21}ȵiɤu^{13}lɑ̃^{13}suə^{42}læ̃^{21}] 我啊知道一件事情，[ŋɤ^{55}a^{42}tsʅ^{42}tɔo^{21}ʑi^{13}tɕʰiæ̃^{24}sʅ^{24}tɕʰiəŋ^{42}] 说是哩是啊，[ɕyɛ^{21}sʅ^{33}li^{33}sʅ^{33}a^{21}] 某年某月啊某一个时候咧，[mu^{35}ȵiæ̃^{21}mu^{55}yɛ^{21}a^{42}mu^{35}ʑi^{42}kɤ^{21}sʅ^{21}ɤu^{24}læ̃^{44}] 天上的这个七仙女啊要到我们的外庄子的边边子兀河后头湖边去要洗澡咧，[tʰiæ̃^{42}sɑ̃^{21}tɤ^{21}tsɤ^{44}kɤ^{22}tɕʰi^{33}ɕiæ̃^{42}ȵy^{35}a^{21}iɔo^{13}tɔo^{24}guə^{35}məŋ^{21}tɤ^{21}uə^{44}tsuɑ̃^{13}tsʅ^{44}tɤ^{44}piæ̃^{42}piæ̃^{42}tsʅ^{44}uə^{24}xuə^{13}xɤu^{24}tɤu^{21}xu^{21}piæ̃^{42}tɕʰiæ̃^{21}iɔo^{22}ɕi^{35}tsɔo^{44}liɛ^{21}] 你完到位天去以后，[ȵi^{35}væ̃^{42}tɔo^{24}uei^{44}tʰiæ̃^{42}tɕʰi^{24}ʑi^{21}xɤu^{24}] 啊，[a^{22}] 只要把外当中的一块仙女的衣裳就抱上一件，[tsʅ^{21}iɔo^{35}pa^{31}uɛ^{24}tɑ̃^{42}tsoŋ^{42}tɛ^{21}ʑi^{55}kʰuɛe^{42}ɕiæ̃^{42}ȵy^{55}tɤ^{33}ʑi^{42}sɑ̃^{21}tɕiɤu^{13}pɔo^{24}sɑ̃^{42}ʑi^{21}tɕiæ̃^{24}] 这个就，[tsei^{44}kɤ^{44}tɕiɤu^{22}] 她就跟倒你来了，[tʰa^{31}tɕiɤu^{44}kəŋ^{44}tɔo^{21}ȵi^{35}lɛ^{21}lɔo^{35}] 你就可以和她成家。[ȵi^{35}tɕiɤu^{44}kʰɤ^{33}ʑi^{33}xuə^{13}tʰa^{44}tsʰəŋ^{13}tɕia^{31}] 这牛郎也想成个家，[tsɛe^{44}ȵiɤu^{13}lɑ̃^{13}ia^{44}ɕiɑ̃^{44}tsʰəŋ^{21}kuɛ^{44}tɕia^{42}] 听了喃牛的话了以后，[tʰiəŋ^{44}lɔo^{44}læ^{44}ȵiɤu^{13}tɤ^{24}xua^{24}lɤ^{42}ʑi^{21}xɤu^{24}] 就半信半疑，[tɕiɤu^{44}pæ̃^{24}ɕiəŋ^{24}pæ̃^{24}ȵi^{24}] 好嘛，[xɔo^{55}mæ̃^{42}] 就等倒嘛，[tɕiɤu^{22}təŋ^{35}tɔo^{21}mæ̃^{21}] 就等到这一天，[tɕiɤu^{22}təŋ^{35}tɔo^{42}tsɤ^{24}ʑi^{42}tʰiæ̃^{42}] 他就跑到湖边去。[tʰa^{31}tɕiɤu^{21}pʰɔo^{35}tɔo^{21}xu^{13}piæ̃^{42}tɕʰi^{21}] 果然，[kuə^{35}zæ̃^{42}] 这，[tsɛ^{42}] 天上喃七块仙女，[tʰiæ̃^{42}sɑ̃^{24}læ^{24}tɕʰi^{44}kuɛ^{42}ɕiæ̃^{42}ȵy^{35}] 啊，[a^{21}] 从那天上就下凡来了，[tsʰoŋ^{13}læ̃^{42}tʰiæ̃^{42}saŋ^{24}tɕiɤu^{44}ɕia^{24}fæ̃^{42}lɛ^{21}la^{21}] 来了以后这七个仙女非常高兴，[lɛe^{42}lɔo^{35}ʑi^{42}xɤu^{24}tsɛe^{44}tsʰʅ^{42}kɤ^{42}ɕiæ̃^{42}ȵy^{35}fei^{42}tsʰɑ̃^{13}kɔo^{42}ɕiəŋ^{24}] 衣裳一脱就，[ʑi^{42}sɑ̃^{21}ʑi^{13}tʰuə^{42}

tɕʰiɤu^{44}] 在湖边前喃就洗开澡了。[tsɛ^{44}xu^{13}piæ̃^{42}tɕʰiæ̃^{13}læ̃^{44}tɕiɤu^{44}ɕi^{53}kʰɛe^{21}tsɔo^{44}lɔo^{21}] 牛郎就，[ȵiɤu^{13}lɑ̃^{22}tɕiɤu^{44}] 啊，[a^{22}] 开始她们都全神贯注地就在洗澡了，[kʰɛe^{22}sɿ^{44}tʰa^{42}məŋ^{21}tɤu^{44}tɕʰyæ̃^{13}səŋ^{13}kuæ̃^{24}tsu^{24}ti^{44}tɕiɤu^{21}tsɛ^{21}sɿ^{35}tsɔo^{55}lɛ^{21}] 他就悄悄地就跑了去，[tʰa^{31}tɕʰiɤu^{44}tɕiɔo^{42}tɕiɔo^{42}ti^{44}tɕiɤu^{44}pɔo^{42}lɤ^{21}tɕʰi^{24}] 把当中的一件浅绿色的一块衣裳就抱上，[pa^{24}tɑ̃^{42}tsoŋ^{33}li^{33}ʑi^{21}tɕʰiæ̃^{24}tɕʰiæ̃^{42}ȵy^{42}sɤ^{42}tɤ^{21}ʑi^{44}kʰuɛe^{21}ʑi^{42}sɑ̃^{24}tɕiɤu^{21}pɔo^{24}sɑ̃^{42}] 赶快就回头，[kæ̃^{44}kʰuɛe^{21}tɕiɤu^{44}xuei^{24}tʰɤu^{13}] 就跑。[tɕiɤu^{24}pʰɔo^{53}] 牛因为是给他咋咐下的嘛，[ȵiɤu^{13}iəŋ^{42}uei^{42}sɿ^{21}kei^{44}tʰa^{44}tsa^{42}fu^{42}xa^{33}li^{21}ma^{21}] 倒他只管往前跑覅回头，[tɔo^{24}tʰa^{44}tsɿ^{35}kuæ̃^{53}uɑ̃^{44}tɕʰiæ̃^{13}pʰɔo^{42}pɔo^{13}xuei^{13}tʰɤu^{13}] 所以他就一直喃就没回头，[suə^{35}ʑi^{44}tʰa^{31}tɕʰiɤu^{22}ʑi^{13}tsɿ^{13}læ̃^{44}tɕiɤu^{44}muə^{13}xuei^{13}tʰɤu^{13}] 就跑跑跑。[tɕiɤu^{44}pʰɔo^{53}pʰɔo^{53}pʰɔo^{53}] 结果喃，[tɕiɛ^{21}kuə^{44}læ̃^{33}] 一块老远子看着一块女子就撵着他来了。[ʑi^{13}kuɛe^{33}lɔo^{44}yæ̃^{21}tsɿ^{44}kʰæ̃^{24}tsɤ^{44}ʑi^{44}kʰuə^{44}ȵy^{35}tsɿ^{21}tɕiɤu^{44}ȵiæ̃^{35}tsɤ^{21}tʰa^{44}lɛe^{21}lɔo^{44}] 他就跑就跑，[tʰa^{21}tɕʰiɤu^{44}pʰɔo^{53}tɕʰiɤu^{42}pʰɔo^{55}] 结果喃，[tɕiɛ^{21}kuə^{44}læ̃^{21}] 就把他撵上了，[tɕiɤu^{44}pa^{21}tʰa^{44}ȵiæ̃^{55}sɑ̃^{42}lɔo^{21}] 撵上以后这个女喃就叫织女，[ȵiæ̃^{35}sɑ̃^{42}ʑi^{21}xɤu^{24}tsɤ^{42}kɤ^{44}ȵy^{35}læ̃^{42}tɕiɤu^{21}tɕiɔo^{44}tsɿ^{21}ȵy^{55}] 天上就叫织女星，[tʰiæ̃^{42}sɑ̃^{24}tɕiɤu^{44}tɕiɔo^{44}tsɿ^{21}ȵy^{35}ɕiəŋ^{21}] 一看，[ʑi^{21}kʰæ̃^{24}] 诶，[ei^{24}] 这个牛郎这个小伙子啊，[tsɤ^{44}kɤ^{44}ȵiɤu^{13}lɑ̃^{13}tsɤ^{44}kɤ^{44}ɕiɔo^{42}xuə^{44}tsɿ^{21}a^{21}] 长者英俊潇洒很善良。[tsɑ̃^{44}tʂe^{21}iəŋ^{21}yəŋ^{44}ɕiɔo^{21}sa^{55}xəŋ^{35}sæ̃^{24}liɑ̃^{13}] 也对这个牛郎喃产生了爱慕之心，[ia^{42}tuei^{24}tsɤ^{44}kɤ^{44}ȵiɤu^{13}lɑ̃^{13}læ̃^{44}tsʰæ̃^{35}səŋ^{42}lɔo^{21}ŋɛ^{24}mu^{44}tsɿ^{44}ɕiəŋ^{42}] 于是两块就，[y^{21}sɿ^{24}liɑ̃^{42}kʰuɛe^{44}tɕiɤu^{21}] 啊，[a^{22}] 成了家。[tsʰəŋ^{21}lɔo^{35}tɕia^{31}] 两个人成了家以后，[liɑ̃^{55}kɤ^{33}zəŋ^{21}tsʰəŋ^{21}liɔo^{44}tɕia^{31}ʑi^{21}xɤu^{24}] 相亲相爱，[ɕiɑ̃^{42}tɕʰiəŋ^{42}ɕiɑ̃^{21}ŋɛ^{24}] 过了三年，[kuə^{24}lɔo^{44}sɑ̃^{42}ȵiæ̃^{13}] 就生得两个娃，[tɕiɤu^{44}səŋ^{42}tɛe^{24}liɑ̃^{55}kɤ^{21}ua^{13}] 一个儿子啊一个女子。[ʑi^{55}kɤ^{33}ɯ^{21}tsɿ^{35}a^{44}ʑi^{55}kɤ^{33}ȵy^{35}tsɿ^{21}] 诶，[ɛe^{35}] 过了不久，[kuə^{24}lɔo^{33}pu^{21}tɕiɤu^{35}] 这事情就倒天上的玉皇大帝知道了。[tsei^{44}sɿ^{21}tɕiəŋ^{13}tɕiɤu^{24}tɔo^{33}tʰiæ̃^{42}sɑ̃^{21}tɤ^{21}ʑy^{24}xuɑ̃^{22}ta^{24}tsɿ^{44}tsɿ^{42}tɔo^{21}lɔo^{21}] 嘿，[xei^{42}] 这还了得，[tsɛ^{24}xa^{21}liɔo^{35}ti^{21}] 这自己的女子还跑到此人家子连牛郎那块敢结婚，[tsɛ^{21}tsɿ^{22}tɕi^{22}ti^{21}ȵy^{35}tsɿ^{21}a^{22}pʰɔo^{44}tɔo^{44}tsʰɿ^{21}zəŋ^{21}tɕia^{44}tsɿ^{42}læ̃^{21}ȵiɤu^{13}lɑ̃^{13}lɤ^{22}kuə^{22}kæ̃^{44}tɕiɛ^{42}xoŋ^{42}] 这成何体统！ [tsɛe^{24}tsʰəŋ^{22}xɤ^{21}tʰi^{13}tʰoŋ^{53}] 于是喃，[ʑy^{21}sɿ^{24}læ̃^{42}] 他要把这个织女要叫回来咧，[tʰa^{31}iɔo^{44}pa^{22}tsɛ^{44}kɤ^{42}tsɿ^{44}ȵy^{42}iɔo^{21}tɕiɔo^{35}xuei^{13}lɛ^{13}liɛ^{42}] 于是喃，[ʑy^{21}sɿ^{24}læ̃^{42}] 派了一些天兵。[pʰɛ^{42}tɤ^{44}ʑi^{44}ɕiɛ^{44}tʰiæ̃^{42}piəŋ^{42}] 在这个中间喃，[tsʰɛ^{33}tsɤ^{44}kɤ^{21}tsoŋ^{42}tɕiæ̃^{21}læ̃^{13}] 这一天就猛然之间趁牛郎干活里时候，[tsɛe^{44}ʑi^{42}tʰiæ̃^{42}tɕʰiɤu^{44}məŋ^{53}zæ̃^{24}tsɿ^{42}tɕiæ̃^{42}tsʰəŋ^{13}ȵiɤu^{13}lɑ̃^{44}kan^{24}xuə^{13}lɿ^{44}sɿ^{13}xɤu^{44}] 刮起了一道狂风，[kua^{13}tɕʰi^{42}lɔo^{21}ʑi^{21}tɔo^{44}kʰuɑ̃^{13}fəŋ^{42}] 接住喃，[tɕiɛ^{42}tsu^{21}læ̃^{13}] 暴雨呀就下开了，[pɔo^{24}y^{53}ia^{21}tɕʰiɤu^{44}ɕia^{24}kʰɛ^{42}lɔo^{21}] 弄得天昏地暗，[loŋ^{24}tɛ^{44}tʰiæ̃^{42}xoŋ^{42}tɕi^{24}ŋæ̃^{44}] 趁这个时候喃，[tsʰəŋ^{24}tsei^{44}kɤ^{44}sɿ^{21}xɤu^{24}læ̃^{21}] 一下，[ʑi^{13}xɑ^{13}] 织女就倒天兵们就拉着去了。[tsɿ^{22}ȵy^{55}tɕʰiɤu^{44}tɔo^{21}tʰiæ̃^{42}piəŋ^{42}məŋ^{21}tɕiɤu^{24}la^{31}tɤ^{21}tɕʰi^{24}lɔo^{21}] 诶！ [ei^{24}] 狂风过后一过，[kʰuaŋ^{13}fəŋ^{42}kuə^{24}xɤu^{42}ʑi^{21}kuə^{24}] 这织女，[tsɤ^{22}tsɿ^{33}ȵy^{53}] 这个牛郎喃一看织女不见了，[tsɤ^{44}kɤ^{44}ȵiɤu^{21}lɑ̃^{13}lɛe^{44}ʑi^{13}kʰæ̃^{44}tsɿ^{44}ȵy^{44}pu^{21}tɕiæ̃^{24}lɔo^{42}] 完了，[uæ̃^{13}lɔo^{44}] 到处找。[tɔo^{24}tsʰu^{44}tsɔo^{42}] 就这牛就说，[tɕʰiɤu^{21}tsɛe^{21}ȵiɤu^{21}tɕʰiɤu^{44}ɕyɛ^{42}] 啊，[a^{22}] 说是哩是，[ɕyɛ^{31}sɿ^{44}lɿ^{21}sɿ^{21}] 天上者织女星都到天上，[tʰiæ̃^{42}sɑ̃^{21}tʂe^{21}tsɿ^{21}ȵy^{55}ɕiəŋ^{42}tɤu^{44}tɔo^{21}tʰiæ̃^{42}sɑ̃^{21}] 啊，[a^{21}] 得天兵捉的去了，[tɛe^{44}tʰiæ̃^{42}piəŋ^{21}tsuə^{42}tɤ^{42}tɕʰi^{44}lɔo^{21}] 你赶紧把我的这牛这角，[ȵi^{33}kæ̃^{35}tɕiəŋ^{44}pa^{22}ŋɤ^{44}lɿ^{44}tsɛe^{44}ȵiɤu^{13}tsɛe^{42}kɤ^{31}] 取下来，[tsʰu^{42}xa^{13}lɛ^{42}] 取下来嘛，[tsʰu^{42}xa^{13}lɛe^{44}mæ̃^{21}] 撵着去。[ȵiæ̃^{35}tsɤ^{21}tɕʰi^{24}] 于是喃，[ʑy^{21}sɿ^{44}læ̃^{42}] 这牛喃一下就一低头，[tsɛ^{42}ȵiɤu^{21}lɛe^{44}ʑi^{21}xa^{13}tɕiɤu^{44}ʑi^{21}tɕi^{42}

tʰɤu13] 他一摸嘶外两角就下来了，[tʰa31ʑi21mɤ44sɔo21uə13liɑ̃53kɤ44tɕiɤu44xa24lɛ21lɔo21] 这两个牛角一下来就变成了筐筐子。[tsɤ44liɑ̃44kə44ȵiəu21kɤ44ʑi21xa24lɛe44tɕiəu44piæ̃24tsʰəŋ13liɔo44kʰuɑ̃42kʰuɑ̃21tsɿ44] 筐筐子这牛，[kʰuɑ̃42kʰuɑ̃21tsɿ44tsɛe44ȵiɤu21] 牛郎喃就把两个娃，[ȵiɤu21lɑ̃13læ̃44tɕʰiɤu44pa44liɑ̃44kɤ21ua13] 一颗筐筐子里喃就放一块，[ʑi44kʰuə21kʰuɑ̃42kʰuɑ̃21tsɿ44lɿ44læ̃21tɕiɤu42fɑ̃24ʑi44kʰuɛ21] 挑起块扁担，[tʰiɔo42tɕʰi21kʰuə21piæ̃53tæ̃21] 就照这天上就撵倒去，[tɕʰiɤu21tsɔo24tsɛe21tʰiæ̃42sɑ̃24tɕiɤu44ȵiæ̃53tɔo21tɕʰi21] 一下也怪，[ʑi42xa13ia44kuɛe24] 嘿，[xei42] 一弄到笼子里就，[ʑi21loŋ24tɔo44loŋ13tsɿ44lɿ44tʰɤu44] 嘿，[xei42] 瞧就飞起来了。[tɕʰiɔo13tɕiɤu44fei42tɕʰi44lɛe42lɔo21] 一落到陆地下就，[ʑi13luə24tɔo24lu55ti55ɕia21tɕiɤu31] 嘿，[xei31] 瞧就飞起来了，[tɕiɔo21tɕiɤu55fei31tɕʰi31lɛe21lɔo21] 这，[tsɛe55] 牛郎喃，[ȵiɤu13lɑ̃21læ̃55] 就，[tɕiɤu55] 乘着这一道轻风，[tsʰəŋ55tʂuə21tsɤ55ʑi13tɔo55tɕʰiəŋ31fəŋ21] 咻，[lɛe21] 就，[tɕiɤu55] 噢，[ɔo21] 就撵着去，[tɕiɤu55ȵiæ̃31tʂɔo21tɕʰi31] 就在天上就撵着，[tɕiɤu24tsɛe21tʰiæ̃21sɑ̃55tɕiɤu55ȵiæ̃31tʂɔo55] 去，[tɕʰi31] 看着看着快撵上家。[kʰæ̃24tʂɔo55kʰæ̃24tʂɔo55kʰuɛe24ȵiæ̃55ʂɑ̃31tɕia21] 这时间就倒去，[tsɛe55sɿ13tɕiæ̃21tɕiɤu21tɔo33tɕʰy24] 叫这王母娘娘就看着了，[tɔo21tsɤ21uɑ̃21mu55ȵiɑ̃21ȵiɑ̃55tɕiɤu24kʰæ̃24tʂɔo21lɔo21] 噫，[ʑi31] 看是撵上家，[kʰæ̃21si55ȵiæ̃55sɑ̃31tɕia21] 她是头发头上喃就取下了一块玉玉簪。[tʰa31sɿ21tʰɤu31fa13tʰɤu13sɑ̃24læ̃55tɕʰiɤu31tɕʰy55ɕia24lɔo21ʑi13kʰuə55ʑy24ʑy24tsæ̃31] 就连中间喃，[tɕʰiɤu55læ̃13tsuəŋ31tɕiæ̃21læ̃55] 啪地一划，[pʰa31ti21ʑi13xua13] 这一划不打紧，[tsɛe55ʑi13xua13pu24ta33tɕiəŋ31] 天上的一道天河喃，[tʰiæ̃31sɑ̃21ti21ʑi13tɔo55tʰiæ̃31xɤ13læ̃55] 就一下就喷泄出来了，[tɕʰiɤu55ʑi13xa21tɕʰiɤu21pʰəŋ31ɕiɛ24tsʰu31lɛe21lɔo21] 简直外无涯无尽的有一道，[tɕiæ̃55tsɿ13uə24vu13ia21vu13tɕiəŋ24ti55iɤu55ʑi13tɔo24] 啊，[a31] 大水就，[ta24suei55tɕiɤu21] 把，[pa21] 就，[tɕiɤu31] 看着，[kʰæ̃24tʂɤ55] 就把这个隔断了。[tɕiɤu24pa21tsɤ24kɤ55kei21tuæ̃24lɔo21] 隔断以后，[kei21tuæ̃24ʑi21xɤu24] 噢，[ɔo31] 这个时间，[tsɤ55kɤ21sɿ13tɕʰiæ̃31] 在天上的喜鹊，[tsɛe55tʰiæ̃31sɑ̃24tɤ55sɿ55tɕʰyɛ31] 就是我们现在，[tɕiɤu24sɿ55ŋɤ55məŋ55ɕiæ̃24tsʰɛe24] 以前叫的喳喳，[ʑi31tɕʰiæ̃21tɕiɔo24tɤ55tsʰa21tsʰa13] 对这个牛郎和织女的遭遇，[tuei24tsɤ55kɤ21iɤu13lɑ̃13xɤ13tsɿ21ȵy55tɤ21tsɔo21ʑy24] 非常同情他们两个，[fei31tsʰɑ̃13tʰuəŋ13tɕʰiəŋ13tʰa31məŋ21liɑ̃31kɤ21] 于是喃，[ʑy13sɿ55læ̃21] 不约而同地，[pu55yɛ21ɯ21tʰuəŋ21ti24] 就飞到这里来了，[tɕiɤu55fei31tɔo21tsɛe55li21lɛe21lɔo21] 飞到这里了以后喃，[fei31tɔo21tsɛe31lɛe21lɔo55ʑi21xɤu24læ̃31] 啊，[a31] 一只只，[ʑi13tsɿ21tsɿ55] 一只只，[ʑi13tsɿ21tsɿ55] 一个喳喳把另一个喳子的尾巴咬住，[ʑi13kuə21tsʰa21tsʰa55pa33liəŋ21ʑi13kuə21tsʰa21tsɿ55tɤ21uei55pʰa31ȵiɔo55tsʰu31] 另一个又把二一个的喳喳咬住，[liəŋ24ʑi13kɤ21iɤu24pa55ɯ24ʑi13kuə21ti21tsʰa21tsʰa55ȵiɔo55tsu31] 压住，[ȵia55tsɥ31] 揹住，[iɤu21tsɥ31] 形成了一个，[ɕiəŋ31tsʰəŋ13lɤ21ʑi13kʰuə55] 噢嗨，[ɔo21xɛ24] 喜鹊就搭起一道桥，[sɿ55tɕʰyɛ31tɕiɤu31ta31tɕʰi21ʑi13tɔo55tɕʰiɔo13] 简直外气氛就壮观得很，[tɕiæ̃55tsɿ21uə24tɕʰi24fəŋ55tɕiɤu55tsuɑ̃24kuæ̃55ti21xəŋ55] 哎呀，[ɛe31ia31] 天河这当是喜鹊搭桥，[tʰiæ̃31xɤ21tsɛe24tɑ̃21sɿ55si55tɕʰyɛ21ta31tɕʰiɔo13] 啊，[a31] 人把桥给搭上了。[zəŋ13pa55tɕʰiɔo13kei55ta31sɑ̃21lɔo21] 哦，[ɔo31] 这一下这个王母娘娘一看，[tsɛe31ʑi21ɕia21tsɛe55kɤ21uɑ̃13mu55ȵiɑ̃21ȵiɑ̃55ʑi13kʰæ̃24] 哎呀，[ɛe31ia31] 也有些感动，[ia24iɤu21ɕiɛ21kæ̃55tuəŋ24] 就看起来生米成熟饭了。[tɕiɤu21kʰæ̃21tɕʰi55lɛe21səŋ31mi55tʂʰəŋ13su21fæ̃24lɔo31] 也有点儿同情之心，[ia55iɤu55tiər31tʰuəŋ13tɕʰiəŋ21tsɿ55ɕiəŋ31] 于是喃，[ʑy13sɿ55læ̃31] 就决定了，[tɕiɤu55tɕyɛ21tiəŋ24liɔo31] 干脆，[kæ̃21tsʰuei24] 再没办法，[tsɛe55mɤ21pæ̃24fa31] 只好也就勉强嘛，[tsɿ21xɔo21ia21tɕiɤu55miæ̃55tɕʰiɑ̃55ma21] 就这样嘛，[tɕiɤu21tsɛe55iɑ̃55ma21] 每年的七月七，[mei55ȵiæ̃13tɤ55tɕʰi55yɛ21tɕʰi31]

这一天咪，[tsεe^{31}ʑi^{21}tʰiæ̃^{21}læ̃^{21}]就，[tɕiɤu^{24}]让他们，[zɑ̃^{24}tʰa^{31}məŋ^{21}]这个夫妻嘛，[tsei^{55}kɤ^{21}fu^{55}tɕʰi^{55}ma^{21}]见上一面子。[tɕiæ̃^{24}sɑ̃^{24}ʑi^{13}miæ̃^{24}tsɿ^{21}]从此以后喃，[tsʰuəŋ^{13}tsʰɿ^{55}ʑi^{21}xɤu^{24}læ̃^{21}]就每年的七月七日，[tɕʰiɤu^{55}mei^{55}ȵiæ̃^{21}li^{55}tɕʰi^{55}yε^{21}tɕʰi^{55}zɿ^{21}]这个，[tsei^{55}kɤ^{21}]天下这个喜鹊噢，[tʰiæ̃^{31}ɕia^{24}tsɤ^{21}kɤ^{21}sɿ^{55}tɕʰyε^{21}ɔo^{31}]老鸹噢，[lɔo^{31}ua^{21}ɔo^{21}]我们这儿说的这个喳喳，[ŋu^{55}məŋ^{21}tseir^{55}ɕyε^{31}tεe^{21}tsɤ^{55}kɤ^{21}tsʰa^{21}tsʰa^{13}]就自然而然哩到这一天喃，[tɕʰiɤu^{33}tsɿ^{24}zæ̃^{31}ɯ^{21}zæ̃^{21}li^{21}tɔo^{21}tsei^{24}ʑi^{21}tʰiæ̃^{31}lεe^{21}]就到天上去，[tɕiɤu^{42}tɔo^{24}tʰiæ̃^{31}sɑ̃^{21}tɕʰi^{24}]搭成一座，[ta^{31}tsʰəŋ^{13}ʑi^{13}tsuə^{55}]啊，[a^{31}]鹊桥，[tɕʰyε^{31}tɕʰiɔo^{13}]鹊桥搭通以后喃，[tɕʰyε^{31}tɕʰiɔo^{13}ta^{55}tʰuəŋ^{31}ʑi^{21}xɤu^{55}læ̃^{31}]这，[tsεe^{31}]牛郎喃，[ȵiɤu^{13}lɑ̃^{13}lεe^{55}]就带着他的一双儿女喃，[tɕʰiɤu^{21}tεe^{21}tsuə^{21}tʰa^{21}li^{21}ʑi^{13}suɑ̃^{31}ɯ^{21}ȵy^{55}læ̃^{31}]就连喜鹊桥上喃，[tɕʰiɤu^{24}læ̃^{21}ɕi^{55}tsʰuə^{21}tɕʰiɔo^{13}sɑ̃^{55}læ̃^{31}]他们就，[tʰa^{31}məŋ^{21}tɕiɤu^{24}]夫妻就见上一面。[fu^{13}tɕʰi^{21}tɕiɤu^{21}tɕiæ̃^{24}sɑ̃^{31}ʑi^{13}miæ̃^{24}]这就是民间传说的，[tsεe^{55}tɕiɤu^{21}sɿ^{21}miəŋ^{13}tɕiæ̃^{31}tsuæ̃^{21}ɕyε^{55}tɤ^{21}]噢，[ɔo^{31}]牛郎织女。[ȵɤu^{13}lɑ̃^{13}tsɿ^{21}ȵy^{55}]

意译：同前。

第十四节　康县口头文化

一、歌谣

一柱香烧逾了，风调雨哎顺。二柱的香哎烧逾了噢，国泰民哎安。三柱香烧逾了，三皇五哎帝。四柱的香哎烧逾了，四大天王。五柱香烧逾了，五方五哎地。六柱的香哎烧逾了噢，兰州六哎郎。七柱香烧逾了，七天仙哎女。八柱的香哎烧逾了，八大金哎刚。九柱香烧逾了，九天玄哎女。十柱的香哎烧逾了噢，十殿阎哎君。

i^{53}pfu^{24}ɕiɑŋ^{33}ʂɔo^{21}y^{13}liɔo^{21}, fɤŋ^{53}tʰiɔo^{21}y^{35}ε^{21}fɤŋ^{24}. ɚ^{24}pfu^{24}ti^{55}ɕiɑŋ^{55}ε^{53}ʂɔo^{21}y^{53}liɔo^{21}ɔo^{55}, kuei^{21}tʰε^{53}miŋ^{13}ε^{53}ŋan^{33}. san^{53}pfu^{53}ɕiɑŋ^{33}ʂɔo^{21}y^{13}liɔo^{33}, san^{53}xuɑŋ^{21}vu^{55}ε^{21}ti^{21}. sɿ^{55}pfu^{21}tɤ^{21}ɕiɑŋ^{55}ε^{21}ʂɔo^{21}y^{53}liɔo^{21}, sɿ^{24}ta^{55}tʰian^{53}vɑŋ^{21}. vu^{53}pfu^{53}ɕiɑŋ^{33}ʂɔo^{21}y^{13}liɔo^{21}, vu^{53}fɑŋ^{21}vu^{55}ε^{53}ti^{21}. liɤu^{53}pfu^{21}tɤ^{21}ɕiɑŋ^{55}ε^{21}ʂɔo^{21}y^{53}liɔo^{21}ɔo^{55}, lan^{21}tʂɤu^{55}liɤ^{53}ε^{21}lɑŋ^{21}. tɕʰi^{21}pfu^{24}ɕiɑŋ^{33}ʂɔo^{21}y^{24}liɔo^{33}, tɕʰi^{53}tɕʰian^{21}ɕian^{24}ε^{33}ȵy^{21}. pa^{53}pfu^{53}tɤ^{21}ɕiɑŋ^{53}ε^{21}ʂɔo^{21}y^{53}liɔo^{13}, pa^{13}ta^{55}tɕiŋ^{53}ε^{53}kan^{21}. tɕiɤu^{21}pfu^{24}ɕiɑŋ^{33}ʂɔo^{21}y^{13}liɔo^{33}, tɕiɤu^{53}tʰian^{21}ɕyan^{53}ε^{33}ȵy^{21}. ʂɿ^{21}pfu^{21}tɤ^{21}ɕiɑŋ^{55}ε^{21}ʂɔo^{21}y^{53}liɔo^{21}ɔo^{55}, ʂɿ^{13}tɕian^{55}yan^{13}ε^{33}tɕyŋ^{21}.

意译：略。

二、故事

牛郎织女

古时候有有个故事叫牛郎会织女。[ku^{55}ʂɿ^{21}xɤu^{21}iɤu^{55}iɤu^{55}kɤ^{21}ku^{55}ʂɿ^{21}tɕiɔo^{55}ȵiɤu^{13}lɑŋ^{21}xuei^{24}tʂɿ^{21}ȵy^{55}]他嘛这个，[tʰa^{53}ma^{21}tsei^{21}kɤ^{21}]从小父母双亡以后，[tsʰuŋ^{21}siɔo^{55}fu^{21}mu^{55}fɑŋ^{53}vɑŋ^{21}i^{55}xɤu^{24}]养了一头牛，[iɑŋ^{55}lɔo^{55}i^{55}tʰɤu^{21}ȵiu^{13}]与牛为生。[y^{13}ȵiɤu^{13}vei^{13}sɤŋ^{5}]这个牛嘛，[tsei^{55}kɤ^{21}ȵiɤu^{21}ma^{55}]原先它是，[yan^{21}ɕian^{53}tʰa^{53}ʂɿ^{21}]不知道它是天上的金牛星。[pu^{24}tʂɿ^{53}tɔo^{21}tʰa^{53}ʂɿ^{21}tʰian^{53}ʂaŋ^{21}tε^{21}tɕiŋ^{53}ȵiɤu^{21}siŋ^{53}]这个牛郎跟这个牛经常生活在一起，[tʂɤ^{55}kɤ^{21}ȵiɤu^{13}lɑŋ^{21}kɤŋ^{21}tʂɤ^{55}kɤ^{21}ȵiɤu^{21}tɕiŋ^{53}tʂʰaŋ^{21}sɤŋ^{53}xuɤ^{21}tsε^{21}i^{21}tɕʰi^{55}]时间长了以后建立了这个深厚的感情。[ʂɿ^{21}tɕian^{53}tʂʰaŋ^{21}lɔo^{21}i^{21}xɤu^{24}tɕian^{24}li^{55}lɔo^{21}tsei^{21}kɤ^{21}ʂɤŋ^{21}xɤu^{24}tε^{21}kan^{55}tsʰiŋ^{21}]久而久之它觉得牛郎孤身一人，[tɕiɤu^{53}ɚ^{21}tɕiɤu^{55}tʂɿ^{53}tʰa^{53}tɕyε^{53}tε^{21}

ȵiɤu13laŋ21ku53ʂɤŋ21i55ʐɤŋ21] 给他为了成家立业，[kei21tʰa53vei21lɔo21tʂʰɤŋ21tɕia53li21ȵiɛ53] 找个这个，[tʂɔo55kɤ21tsei21kɤ21] 找个伴儿，[tʂɔo55kɤ21pãr24] 所以的话这个给他就说了真话。[suɤ55i21tɤ21xua21tsei55kɤ21kei21tʰa53tɕiɤu21fɤ53lɔo21tʂɤŋ21xua13] 说你嘛，[fɤ21ȵi55ma21] 那个有一瑶池，[la21kɤ55iɤu55i21iɔo13tʂʰʅ21] 天天有几个美貌的姑娘嘛在那瑶池里洗澡。[tʰian53tʰian53iɤu21tɕi21kɤ21mei55mɔo24tɛ53ku53ȵiaŋ21ma21tsɛ24la13iɔo21tʂʰʅ21li21sʅ53tsɔo55] 你嘛把最、最后的一个嘛把她的衣服抱回家，[ȵi55ma21pa21tsuei24tsuei24xɤu24tɤ55i21kɤ21ma21pa21tʰa55tɤ55i55fu21pɔo24xuei24tɕia53] 她嘛将来以后能成为你的妻子。[tʰa53ma21tɕiaŋ53lɛ21i21xɤu24lɤŋ13tʂʰɤŋ13vei13ȵi55tɛ21tsʰi53tsʅ21] 说了以后嘛，[fɤ53lɤ21i35xɤu21ma21] 牛郎就记下了，[ȵiɤu13laŋ13tɕiɤu55tɕi24xa55lɔo21] 把这件事情嘛，[pa21tsei55tɕian55ʂʅ21tsʰiŋ55ma21] 就记在自己的心上。[tɕiɤu21tɕi24tsɛ55tsʅ21tɕi35tɛ21siŋ53ʂaŋ21] 从这以后，[tsʰuŋ13tsɛ55i53xɤu24] 他上山以后，[tʰa53ʂaŋ24ʂan53i53xɤu24] 看，[kʰan] 果然有，[kuɤ35ʐan21iɤu33] 这个九个美貌的姑娘嘛在那潭里这个洗澡，[tsɛ55kɤ21tɕiɤu53kɛ21mei53mɔo24ti53ku53ȵiaŋ21ma21tsɛ53la55tʰaŋ53li21tsɛ55kɤ21sʅ33tsɔo55] 他就把这个衣服嘛就抱回了家。[tʰa53tɕiɤu53pa21tʂɤ55kɤ21i53fu21ma21tɕiɤu53pɔo24xuei13lɔo21tɕia21] 抱回家，[pɔo24xuei21tɕia53] 这个，[tsei55kɛ21] 当这个七个姑娘洗澡出来，[taŋ21tsei55kɛ21tsʰʅ53kɛ21ku53ȵiaŋ21sʅ55tsɔo33pfʰu53lɛ21] 洗澡以后嘛，[sʅ55tsɔo55i53xɤu24ma21] 觉得衣服不见了，[tɕyɛ53tɛ21i53fu21pu13tɕian24lɔo21] 她就赶忙就价=，[tʰa53tɕiɤu21kan21maŋ13tɕiɤu21tɕia24] 就，[tɕiɤu51] 她就找，[tʰa53tɕiɤu21tʂɔo55] 找着去，[tʂɔo35tʂɔo21tɕʰi21] 这半夜时候嘛，[tsɤ53pan24iɛ55ʂʅ21xɤu24ma21] 找着去就把这个门敲开。[tʂɔo55tʂɔo21tɕʰi21tɕiɤu53pa21tsei21kɤ21mɤŋ21tɕʰɔo53kʰɛ21] 敲开以后，[kʰiɔo53kʰɛ21i53xɤu24] 一看是，[i21kʰan24ʂʅ53] 果然是啊拿她衣服的这个小伙子，[kuɤ35ʐaŋ21ʂʅ21a21la21tʰa53i53fu21tɛ21tsei53kɤ21siɔo53xuɤ21tsʅ21] 看着也可爱，[kʰan24tʂɤ21iɛ21kʰuɤ53ŋɛ24] 他这个，[tʰa53tsei21kɤ21] 平时的话勤奋，[pʰiŋ13ʂʅ21tɛ21xua53tɕʰiŋ53fɤŋ24] 这个大家都非常尊重他，[tsei55kɤ21ta24tɕia55tɤu53fei53tʂʰaŋ13tsuŋ21tʂuŋ24tʰa] 所以了，[suɤ35i21lɛ21] 她也看着也，[tʰa53iɛ21kʰan24tʂɔo55iɛ21] 两个就情投意合，[liaŋ53kɤ21tɕiɤu53tsʰiŋ13tʰɤu21i24xuɤ21] 时间长他们就结为夫妻。[ʂʅ13tɕian55tʂʰaŋ21tʰa53mɤŋ21tɕiɤu21tɕiɛ53vei21fu53tsʰi21] 过去这个古语说，[kuɤ24tɕʰy55tsei55kɤ21ku35y21fɤ53] 天上一，[tʰian53ʂaŋ21i13] 天上，[tʰian53ʂaŋ21] 天上一年地下三年。[tʰian53ʂaŋ21i55ȵian21ti24xa55san53ȵian21] 久而久之他们这个就生了两个娃，[tɕiɤu35ɚ21tɕiɤu55tʅ53tʰa53mɤŋ21tsei55kɤ21tɕiɤu55sɤŋ53lɔo21liaŋ55kɤ55va13] 生了两个，[sɤŋ53lɔo21liaŋ55kɤ21] 一男一女。[i55lan21i21ȵy55] 生了的两个一男一女，[sɤŋ53lɔo21tɛ21liaŋ55kɤ21i55lan21i21ȵy55] 在这个阶段当中的话，[tsɛ21tsei53kɤ21tɕiɛ21tuan55taŋ21tsuŋ55tɤ21xua55] 一晃就是三年的光景啊，[i21xuaŋ55tɕiɤu21ʂʅ21san53ȵian21tɤ21kuaŋ21tɕiŋ21a21] 他们这个一段恩爱的话给天上的这个玉皇大帝就知道了，[tʰa53mɤŋ21tsei53kɤ21i21tuan24ŋɤŋ53ŋɛ21tɤ21xua55kei21tʰian53ʂaŋ21tɤ21tsei55kɤ55y53xuaŋ21ta24tɕi55tɕiɤu55tʂʅ53tɔo21lɔo21] 所以的话，[suɤ35i21tɤ21xua55] 命这个天兵嘛就把她召回，[miŋ13tsei53kɤ21tʰian53piŋ21ma21tɕiɤu55pa21tʰa55tʂɔo53xuei13] 召回天庭。[tʂɔo53xuei21tʰian53tsʰiŋ21] 召回天庭啊，[tʂɔo53xuei21tʰian53tsʰiŋ21a21] 召回天庭以后，[tʂɔo53xuei21tʰian53tsʰiŋ21i21xɤu24] 召回天庭的过程然后咧，[tʂɔo53xuei21tʰian53tʰiŋ21tɛ21kuɤ24tʂʰɤŋ21ʐaŋ21xɤu24liɛ21] 这个两、两个小孩儿的话不能带上天庭，[tsei53kɤ21liaŋ21、liaŋ21kɤ21siɔo55xɛr13tɤ21xua21pu55lɤŋ21tɛ24ʂaŋ24tʰian53tʰiŋ21] 所以的话，[suɤ21i21tɤ21xua] 这个把两个小孩儿嘛就给丢下了。[tsei53kɤ21pa21liaŋ55kɤ21siɔo55xɛr13ma21tɕiɤu21kei55tiɤu53a21lɔo21] 两个娃一丢下以后，[liaŋ55kɤ21va13i21tiɤu53xa21i55xɤu24] 她就啊，[tʰa53tɕiɤu53a21] 就，[tɕiɤu55] 就这个给上界嘛就

找上天庭，[tɕiɤu55tsei55kɤ21kei21ʂaŋ24tɕiɛ24ma21tɕiɤu21tʂɔo53ʂaŋ24tʰian53tsʰiŋ21] 找上去，[tʂɔo53ʂaŋ24tɕʰy55] 找上去以后，[tʂɔo53ʂaŋ13tɕʰy55i53xɤu24] 这个两个娃嘛就哭得、哭得不停，[tsei53kɤ21liaŋ53kɤ21va13ma55tɕiɤu53kʰu53ti21、kʰu53ti21pu53tʰiŋ21] 牛郎也感到悲伤。[ȵiɤu13laŋ21iɛ55kan53tɔo21pei53ʂaŋ21] 在这个过程当中的话他就把、把这个感动了这个老牛，[tsɛ21tsei53kɤ21kuɤ24tɤŋ21taŋ21tsuŋ55tɤ21xua21tʰa53tɕiɤu53pa21、pa21tsei53kɤ21kan53tuŋ24lɔo21tsei53kɤ21lɔo55ȵiɤu21] 说你要是跟她见面，[fɤ53ȵi55iɔo24ʂʅ21kɤŋ21tʰa53tɕian24mian24] 你就把我，[ȵi55tɕiɤu24pa21ŋuɤ21] 这个，[tsei53kɤ21] 角嘛、两个角嘛掰下来。[kuɤ53ma21、liaŋ33kɤ21kuɤ53ma21paŋ53ɕia21lɛ21] 掰下来嘛，[paŋ53ɕia21lɛ21ma21] 就变了一个、两个筐、箩筐，[tɕiɤu24pian24lɔo55i21kɤ55、liaŋ55kɤ55kʰauŋ53、luɤ13kʰuaŋ53] 把两个娃嘛就放着以后，[pa55laiŋ55kɤ21va21ma21tɕiɤu53faŋ53tʂuɤ21i55xɤu24] 放着这个箩筐以后，[faŋ53tʂuɤ21tsei53kɤ21luɤ21kʰuaŋ53i21xɤu55] 他担起水担，[tʰa53tan53tɕʰi21fei55tan21] 担起水担以后不由不觉的话一阵阵风啊，[tan53tɕʰi21fei35tan53i55xɤu24pu53iɤu21pu21tɕyɛ21tɤ21xua21i21tʂɤŋ24tsʰiŋ53fɤŋ53a21] 就觉得身子轻飘飘的哇。[tɕiɤu21tɕyɛ53ti21ʂɤŋ53tsʅ21tɕʰiŋ53pʰiɔo21pʰiɔo21tɤ21vɤ21] 老牛好像，[lɔo55ȵiɤu21xɔo55ɕiaŋ21] 据说就是变了一只船，[tɕy24fɤ21tɕiɤu21ʂʅ21pian24lɔo55i53tʂʅ13pfan13] 他就将里面一蹬的话就将他就托上天庭，[tʰa53tɕiɤu21tɕiaŋ35li55mian21i21tɤŋ53tɛ21xua21tɕiɤu53tɕiaŋ53tʰa53tɕiɤu53tʰuɤ53ʂaŋ24tʰian53tʰiŋ21] 指向，[tʂʅ21ɕiaŋ24] 指向这个九霄重去啦。[tʂʅ21ɕiaŋ24tsei53kɤ21tɕiɤu55siɔo55pfʰɤŋ53tɕʰy21la21] 上天以后，[ʂaŋ24tʰian53i53xɤu24] 上天以后唻，[ʂaŋ24tʰian53i53xɤu24lɛ55] 王母娘娘，[vaŋ21mu55ȵiaŋ21ȵiaŋ55] 急了王母娘娘一看是，[tɕi21lɤu21vaŋ21mu55ȵiaŋ21ȵiaŋ55i21kʰan24ʂʅ53] 这个，[tsei53kɤ21] 飞上来了，[fei53ʂaŋ21lɛ21lɔo21] 飞上天来了，[fei21ʂaŋ24tʰian53lɛ21lɔo21] 不由得头上拔下自己的一个一个银簪，[pu53iɤu21ti21tʰɤu21ʂaŋ24pʰa53ɕia13tsʅ55tɕi55tɤ21i21kɤ55iŋ13tsan53] 逢中间一划变成了一条大河，[fɤŋ53pfɤŋ53tɕian21i21xua24pian24tʂʰɤŋ21lɔo21i13tʰiɔo21ta24xuɤ13] 变成一条大河以后，[pian24tʂʰɤŋ21i13tʰiɔo21ta24xuɤ13i53xɤu24] 将两、两人的话隔入两岸。[tɕiaŋ53liaŋ55、liaŋ55ʐɤŋ21tɤ21xua55kei53vu21liaŋ53ŋan24] 隔入两岸以后，[kei53vu21liaŋ53ŋan24i55xɤu24] 惊动了这个五方五帝、四王八……[tɕiŋ53tuŋ55lɔo21tsei55kɤ21vu55faŋ21vu55ti24、sʅ24vaŋ55pa53] 这个喜鹊，[tsei53kɤ21ɕi53tɕʰyɛ21] 就是野雀子，[tɕiɤu55ʂʅ21iɛ53tʰiɔo21tsʅ21] 以后，[i53xɤu24] 这积累成群啊，[tʂɤ53tɕi21luei55tʂʰɤŋ13tɕʰyŋ21a21] 积累成群以后就形成一个、一对仙桥、架起了一座仙桥么，[tɕi21luei55tʂʰɤŋ13tɕʰyŋ21i55xɤu24tɕiɤu55ɕiŋ13tʂʰɤŋ13i21kɤ55、i21tuei24sian53tɕʰiɔo21、tɕia24tɕʰi55lɔo21i21tsuɤ24sian53tɕʰiɔo21muɤ21] 这牛郎与织女嘛就会到一块儿。[tsei55ȵiɤu13laŋ21y13tʂʅ21ȵy35ma21tɕiɤu53xuei13tɔo55i21kuɛr55] 会到一块儿以后，[xuei13tɔo55i21kuɛr55i55xɤu24] 啊这个，[a21tsei55kɤ21] 以后的话就、就形成了个每年七月七，[i55xɤu24tɤ21xua21tɕiɤu53、tɕiɤu53ɕiŋ13tʂʰɤŋ13lɤ21kɤ55mei55ȵian21tsʰʅ53yɛ21tsʰʅ53] 慢慢儿地，[man24mãr24tɛ55] 有这个喜鹊这个仙桥的话就，[iɤu21tsei24kɤ21ɕi53tɕʰyɛ21tsei53kɤ21sian53tɕʰiɔo21tɤ21xua55tɕiɤu21] 牛郎与织女么就，[ȵiɤu13laŋ13y13tʂʅ21ȵy55mɤ21tɕiɤu55] 那个喜鹊桥么就变成一股彩虹，[la21kɤ55ɕi53tɕʰyɛ21tɕiɔo21muɤ13tɕiɤu55pian24tʂʰɤŋ21i21ku55tsʰɛ53xuŋ31] 就成现在的双虹。[tɕiɤu55tʂɤŋ21ɕian24tsɛ55tɤ21faŋ53tɕiaŋ24] 年年的话，[ȵian13ȵian21tɛ55xua53] 每年的这个七月七的天，[mei55ȵian21tɤ21tsei55kɤ21tsʰʅ53yɛ21tsʰʅ53tɛ53tɕʰian53] 这个牛郎会织女的天气，[tsei24kɤ55ȵiɤu13laŋ21xuei55tʂʅ21ȵy55tɛ21tɕʰian53tɕi21] 这一对彩虹么，[tsei55i21tuei24tsʰɛ21xuŋ21muɤ21] 虹么就是，[tɕiaŋ24muɤ21tɕiɤu24ʂʅ21] 每天发……雷公火闪下白雨的致时，[mei53tʰian21fa53……lei13kuŋ21xuɤ55ʂan13ɕia13pei21y55tɛ21tʂʅ55ʂʅ21] 有了虹的话就说，[iɤu55lɔo21tɕiaŋ24tɤ21 xua21tɕiɤu55fɤ21] 大家都有个印象，[ta55tɕia24tɤu55iɤu33kɤ21iŋ24ɕiaŋ24] 就，[tɕiɤu53] 看看说，[kʰan24kʰan24fɤ53] 天上有虹了，[tʰian53ʂaŋ21iɤu55tɕiaŋ24lɔo21] 这牛郎会织女的时间到了。[tsɛ55ȵiɤu13laŋ21xuei55tʂʅ53ȵy55tɤ21ʂʅ13tɕian55tɔo24lɔo21] 有致么一个传说，[iɤu55tʂʅ21muɤ21i21kɤ21pfan13fɤ21] 这个故事嘛就，[tsei53kɤ21ku53ʂʅ21ma53tɕiɤu21] 就结束了。[tɕiɤu21tɕiɛ53fu21lɔo21]

意译：同前。

第十五节　礼县口头文化

一、歌谣

1. 你和你们庄里人，泉里担水缸里清。你和你们庄里人，给我背的空名声。背得我的脊梁疼，羞得给人说不成。你和别人返天堂，骂名都叫我背上。

ȵi52xɤ13ȵi52mɤŋ31tʃuaŋ31li24zʅɤŋ21, tɕʰyæ̃13li52tæ̃24ʃuei52kaŋ31li24tɕʰiŋ21. ȵi52xɤ13ȵi52mɤŋ31tʃuaŋ31li24zʅɤŋ21, kei44ŋɤ52pei31tai24kʰuɤŋ31miŋ24ʂɤŋ21. pei31ti24ŋɤ52ti21tɕi21liaŋ13tʰɤŋ21, ɕiəu31ti24kei31zʅɤŋ13ɕyɤ31mu13tʂʰɤŋ13. ȵi52xɤ13piɛ13zʅɤŋ21fæ̃52tʰiæ̃31tʰaŋ13, ma44miŋ13təu31tɕiɔo44ŋɤ52pei31ʂaŋ44.

意译：你和你们庄里人，泉里担水缸里清。你和你们庄里人，给我背负着一些空名声。这些空名声压得我脊梁疼，丢人得给别人都没办法说。你和别人过着天堂般的日子，所有的骂名却都是我背负的。

2. 你图家哩图人哩？三张麻纸糊门哩。你图家哩图人哩？图家去了穷得很，图人去了㞞得很。当了三年狗的食，现在活人还不迟。不信狮子滚绣球，你爱看的在后头。

ȵi52tʰu13tɕia31li24tʰu13zʅɤŋ13li21? sæ̃31tʂaŋ24ma13tsʅ52xu13mɤŋ13li21. ȵi52tʰu13tɕia31li24tʰu13zʅɤŋ13li21? tʰu13tɕia31tɕʰi44nɔo21tɕʰyŋ13ti21xɤŋ21, tʰu13zʅɤŋ13tɕʰi44nɔo21ʃuɤŋ13ti21xɤŋ21. taŋ31nɔo24sæ̃31ȵiæ̃13kəu52tai21ʂʅ13, ɕiæ̃44tsai44xuɤ13zʅɤŋ13xæ̃13mu21tsʰʅ13. mu31ɕiŋ44sʅ31tsʅ24kuɤŋ52ɕiəu44tɕʰiəu21, ȵi52ŋai44kæ̃44tai21tsʰai44xəu44tʰəu13.

意译：你想要家产呢还是想要人呢？三张麻纸糊门呢。你想要家产呢还是想要人呢？想要人家的家产但家里又很穷，想要人嘛又没本事。白白活了三年，现在重新做人还不迟。你不相信的话，看看狮子要绣球，最精彩的部分还在后面呢。

3. 想哩想哩实想哩，三间房的瓦溜了，着你把我想瘦了。扶着胳膊没肉了，肠子想成丝线了，心颗想成鸡蛋了。想哩想哩实想哩，想得眼泪实淌哩。想你想得眼睛疼，再好的眼药不顶用。眼泪淌在衣裳边，伏里的热头晒不干。

ɕiaŋ52li13ɕiaŋ52li13ʂʅ13ɕiaŋ52li13, sæ̃13tɕiæ̃52faŋ13tai21va52liəu44nɔo21, tʂɤ13ȵi52ma13ŋɤ52ɕiaŋ52səu44nɔo21. fu13tʂɤ21kɤ21pei24mɤ21zəu44nɔo21, tʂʰaŋ13tsʅ21ɕiaŋ52tʂʰɤŋ13sʅ31ɕiæ̃44nɔo21, ɕiŋ24kʰuɤ21ɕiaŋ52tʂʰɤŋ13tɕi31tæ̃44nɔo21. ɕiaŋ52li13ɕiaŋ52li13ʂʅ13ɕiaŋ52li13, ɕiaŋ52ti21ȵiæ̃52nuei44ʂʅ13tʰaŋ52li13. ɕiaŋ52ȵi52ɕiaŋ52tai21ȵiæ̃52tɕiŋ21tʰɤŋ13, tsai44xɔo52tai21ȵiæ̃52yɤ21mu44tiŋ52yŋ44. ȵiæ̃52nuei44tʰaŋ52tsai44i21ʂaŋ13piæ̃21, fu13li44tai21zʅɤ21tʰəu13sai44mu21kæ̃13.

意译：想啊想啊实在是想啊，三间房的瓦片掉下来了，我因为想你自己都瘦了。我托着我的胳膊看啊，都没肉了，因为想你啊我牵肠挂肚，我的心啊，都只有鸡蛋一样大了。想啊想啊实在是想啊，我想你想得眼泪流得停不住啊。因为想你我眼泪不停地流，眼睛疼如针扎，不管多好的眼药都不管用。眼泪全流在衣服上，三伏天的太阳都把衣服晒不干。

二、故事

盐婆婆的故事 [iæ̃13pʰɤ13pʰɤ21tai21ku44sɿ44]

上古的时候，[ʂɑŋ44ku52tai21sɿ13xəu21] 礼县水草肥美，[li52ɕiæ̃21ʃuei24tsʰɔo52fɤŋ24mei52] 六畜兴旺，[liəu31ɕy21ɕiŋ21vɑŋ44] 人口也比较多。[ʐɤŋ13kʰəu13ia21pi44tɕiɔo44tuɤ13] 但是嘛当时大多数人非常贫困，[tæ̃44sɿ44mɤ21tɑŋ31sɿ13ta44tuɤ31ʃu44ʐɤŋ13fei31tʂʰɑŋ13pʰiŋ13kʰuŋ44] 只有少数的几个地主，[tsɿ44iəu52ʂɔo52ʃu44tai21tɕi52kɤ21ti44tʃu52] 就有钱有地，[tɕʰiəu44iəu52tɕʰiæ̃13iəu52ti44] 生活好，[sɤŋ31xuɤ13xɔo21] 其他人嘛就吃不饱穿不暖。[tɕʰi13tʰa21ʐɤŋ13ma21tɕʰiəu44tʂʰʅ31pu21pɔo52tʃʰuæ̃31mu21nuæ̃52] 特别是一个非常严重的一个事情就是，[tʰɤ31piɛ24sɿ44i31kɤ44fei31tʂʰɑŋ24iæ̃13tʃuɤŋ44tai21i21kɤ44sɿ44tɕʰiŋ21tɕiəu44sɿ44] 没有盐吃，[mɤ13iəu52iæ̃13tsʰʅ21] 盐是人生活必须的。[iæ̃13sɿ44ʐɤŋ13sɤŋ31xuɤ13pi31ɕy21tai24] 在外个时候嘛就贫困人家吃不上盐，[tsʰai44vai52kɤ21sɿ13xəu44ma21tɕʰiəu44pʰiŋ13kʰuɤŋ44ʐɤŋ13tɕia21tʂʰʅ21pu21ʂɑŋ44iæ̃13] 他价就在地里把外个盐碱地里挖上些个土，[tʰa13tɕia24tɕiəu44tsʰai44tʰi44li21ma13vai44kɤ21iæ̃13tɕiæ̃52tʰi44li21va13ʂɑŋ44ɕiɛ21kɤ21tʰu52] 然后嘛就水后头泡着，[ʐæ̃13xəu44ma21tɕiəu21ʃuei52xəu21təu21pʰɔo44tʂɔo21] 就有一点点咸的味道。[tɕiəu31iəu44i24tiæ̃52tiæ̃52xæ̃13tai21vei44tɔo21] 做饭的时候放到后头。[tʃuɤ31fæ̃44tai21sɿ13xəu21fɑŋ44tʂɔo31xəu21təu21] 多的人嘛就身体发育，[tuɤ31tai24ʐɤŋ13ma21tɕiəu44ʂɤŋ21tʰi52fa21y24] 牲畜们也就没有气力，[sɤŋ31ɕy21mɤŋ21ia44tɕʰiəu44mɤ13iəu44tɕʰi44li21] 人也劳动去没力气。[ʐɤŋ13ia52nɔo13tuɤŋ44tɕʰi21mɤ21li21tɕʰi44] 就礼县的这些人们，[tɕiəu44li52ɕiæ̃21tai21tsai52ɕiɛ21ʐɤŋ13mɤŋ21] 大家相聚在一起嘛商量着，[ta44tɕia21ɕiɑŋ21tɕy44tsai44i21tɕʰi52ma21ʂɑŋ21liɑŋ13tʂɔo21] 就向老天爷们求情下话嘛看，[tɕiəu31ɕiɑŋ44nɔo52tʰiæ̃21iɛ13mɤŋ21tɕʰiəu13tɕʰiŋ13ɕia44xua44ma21kʰæ̃44] 天上的这玉皇大帝能不能给礼县们降上一口盐井。[tʰiæ̃31ʂɑŋ44tai21tsai21y21xuɑŋ13ta44ti44nɤŋ13mu21nɤŋ13kei44li52ɕiæ̃21mɤŋ21tɕiɑŋ44ʂɑŋ21i24kʰəu52iæ̃13tɕiŋ52] 这些就是礼县的一些个乡绅连这群众们就大家集资了些钱，[tsai52ɕiɛ21tɕiəu44sɿ44li52ɕiæ̃21tai21i21ɕiɛ21kɤ21ɕiɑŋ21ʂɤŋ24næ̃13tsai52tɕʰyŋ13tʃuɤŋ44mɤŋ21tɕiəu44ta44tɕia21tɕi44tsɿ21nɔo21ɕiɛ21tɕʰiæ̃13] 买下的牛了羊了的弄了些个祭品，[mai52xa21tai21ȵiəu13nɔo21iɑŋ13nɔo21ti21nuɤŋ44nɔo21ɕiɛ21kɤ21tɕi44pʰiŋ52] 挑了一个黄道吉日，[tʰiɔo31nɔo24i21kɤ44xuɑŋ13tɔo44tɕi13ʐʅ21] 就桌子摆上，[tɕiəu44tʃuɤ31tsɿ24pai52ʂɑŋ21] 向上天求情。[ɕiɑŋ44ʂɑŋ52tʰiæ̃21tɕʰiəu13tɕʰiŋ13] 总共是就是大家跪到地上嘛向天上嘛就求了三天三夜，[tʃuɤŋ52kuŋ44sɿ44tɕiəu31sɿ21ta44tɕia21kʰuai44tʂɔo21tʰi44xa21ma21ɕiɑŋ44tʰiæ̃21ʂɑŋ44ma21tɕʰiəu21tɕʰiəu13nɔo21sæ̃31tʰiæ̃21sæ̃31iɛ44] 果然把这玉皇大帝嘛就感动了，[kuɤ52ʐæ̃13ma21tsai44y21xuɑŋ13ta44ti44ma21tɕʰiəu44kæ̃52tuɤŋ44nɔo21] 他就给礼县派了一个，[tʰa31tɕiəu44kei44li52ɕiæ̃21pʰai44nɔo21i21kɤ44] 一个人，[i31kɤ44ʐɤŋ13] 荷了一个，[xa52nɔo21i21kɤ44] 派了一个人，[pʰai44nɔo21i21kɤ44ʐɤŋ13] 这个人嘛是个女的，[tsai52kɤ21ʐɤŋ13ma21sɿ44kɤ21ȵy52tai21] 叫个盐婆婆，[tɕiɔo44kɤ21iæ̃13pʰɤ13pʰɤ21] 她荷下一个袋袋，[tʰa31xa52xa21i21kɤ44tai44tai21] 这个袋子里面嘛就装的盐。[tsɤ31kɤ21tai44tsɿ21li44miæ̃24ma21tɕiəu44tʃuɑŋ31tai24iæ̃13] 盐婆婆下凡以后嘛，[iæ̃13pʰɤ13pʰɤ21ɕia44fæ̃13i21xəu44ma21] 就在礼县就寻来寻去，[tɕiəu44tsʰai44li52ɕiæ̃21tɕiəu21ɕiŋ13nai13ɕiŋ13tɕʰi44] 从礼县的盐官就找了一个好地方。[tʃʰuɤŋ13li52ɕiæ̃21tai21iæ̃13kuæ̃21tɕiəu44tʂɔo52nɔo21i21kɤ44xɔo52ti44fɑŋ21] 她就在外个地方嘛就把把盐官的人召集着起来，[tʰa31tɕiəu44tsʰai44vai52kɤ21ti44fɑŋ21ma21tɕiəu44ma24iæ̃13kuæ̃21tai21ʐɤŋ13tʂɔo21tɕi24tʂɤ21tɕʰi52nai21] 叫大家哇说你挖，[tɕiɔo31ta44tɕia21vɤ21ɕyɤ21ȵi44va52] 扭=挖够，[ȵiəu13va31ŋəu24]

就是我倒叫你啥时候停扭⁼就啥时候停。[tɕiəu44sɿ44ŋɤ52tɔo44tɕiɔo44ȵi44sa52sɿ13xəu21tʰiŋ13ȵiəu13 tɕiəu21sa52sɿ13xəu21tʰiŋ13] 这个挖着么就有了盐了，[tsai52kɤ21va21tʂɔo24mɤ21tɕiəu44iəu52nɔo21 iæ̃13nɔo21] 大家就有吃的盐了。[ta44tɕia21tɕiəu44iəu52tʂʰʅ21tai13iæ̃13nɔo21] 这盐官的这些人们就，[tsai52iæ̃13kuæ̃21tai21tsai52ɕiɛ21zɤŋ13mɤŋ21tɕiəu44] 男女老少就在外个地方么就白天一批挖，[næ̃13ȵy52nɔo52ʂɔo44tɕiəu31tsʰai44vai44kɤ21ti44faŋ21mɤ21tɕiəu44pʰei13tʰiæ̃21i21pʰi21va21] 晚上一批挖，[væ̃52ʂaŋ21i21pʰi21va21] 大家换班着就挖了一口非常深的一个井。[ta44tɕia21xuæ̃44 pæ̃21tʂɤ21tɕiəu44va21nɔo24i44kʰəu52fei21tʂʰaŋ13ʂɤŋ21tai24i21kɤ44tɕiŋ52] 然后把盐婆婆嘛从这放轿子接着来，[zæ̃13xəu44ma21iæ̃13pʰɤ13pʰɤ21ma21tʃuɤŋ13tsai21faŋ44tɕʰiɔo44tsɿ21tɕiɛ21tʂɔo13nai21] 接着来么盐婆婆走着外地方，[tɕiɛ31tʂɔo13nai44mɤ21iæ̃13pʰɤ13pʰɤ21tsəu52tʂɔo21vai44ti44faŋ] 把她的，[ma24tʰa21tai24] 玉皇大帝给她赐下的外个袋袋取着出来，[y21xuaŋ13ta44ti44kei44tʰa21 tsʰɿ44xa21tai21vai44kɤ21tai44tai21tɕʰy52tʂɔo21tʃʰu21nai13] 从井里涮给了下。[tʃʰuɤŋ13tɕiŋ52li21 ʃuæ̃44kei21nɔo21xa21] 大家一看是的，[ta44tɕia21i21kʰæ̃44sɿ21tai21] 哎，[ei44] 突然这个井后头的水么尝起咸的，[tʰu31zæ̃24tsai44kɤ21tɕiŋ52xəu21təu21tai21ʃuei52mɤ21ʂaŋ13tɕʰi21xæ̃13tai21] 当地群众们就高兴着，[taŋ31ti44tɕʰyŋ13tʃuɤŋ44mɤŋ21tɕiəu44kɔo31ɕiŋ44tʂɤ13] 就敲锣打鼓着，[tɕiəu44tɕʰiɔo31 nuo13ta52ku52tʂɤ13] 把盐婆婆嘛就送着天上，[ma31iæ̃13pʰɤ13pʰɤ21ma21tɕiəu44ʃuɤŋ44tʂɔo44tʰiæ̃31 ʂaŋ44] 就给盐婆婆修了个庙，[tɕiəu44kei44iæ̃13pʰɤ13pʰɤ21ɕiəu21nɔo24kɤ21miɔo44] 就把盐婆婆放着庙里嘛就贡下。[tɕiəu44ma21iæ̃13pʰɤ13pʰɤ21faŋ44tʂɤ21miɔo44li21ma21tɕiəu44kuɤŋ44xa21] 贡下嘛就把外个井里的水么就放桶提了出来，[kuɤŋ44xa21ma21tɕiəu44ma24vai44kɤ21tɕiŋ52li21 tai21ʃuei52mɤ21tɕiəu44faŋ44tʰuɤŋ52tʰi13nɔo21tʃʰu21nai24] 然后放着大锅后头就熬哩，[zæ̃13xəu44 faŋ44tʂɔo21ta44kuɤ21xəu13təu21tɕiəu44ŋɔo13li21] 熬熬着是的就熬下的这是结晶的这水盐出来了。[ŋɔo13ŋɔo13tɤ21sɿ21ti21tɕiəu21ŋɔo13xa21tai21tsai44sɿ44tɕiɛ31tɕiŋ21tai24tsai44ʃuei52iæ̃13tʃʰu31 nai24nɔo21] 这个水盐，[tsɤ44kɤ21ʃuei52iæ̃13] 叫盐官人嘛就送着礼县的这衙门里，[tɕiɔo31iæ̃13 kuæ̃21zɤŋ13ma21tɕiəu44ʃuɤŋ44tʂɔo21li52ɕiæ̃21tai13tsai44ia13mɤŋ21li21] 礼县的衙门里的这城里的这县太爷嘛一尝果然是盐，[li52ɕiæ̃21tai21ia13mɤŋ21li21tai21tsai21tʂʰɤŋ13li21tai21tsai21ɕiæ̃44tʰai44 iɛ13mɤ21i21ʂaŋ13kuɤ52zæ̃13sɿ44iæ̃] 就高兴着叫这礼县的各处的平民百姓，[tɕiəu44kɔo31ɕiŋ44 tʂɔo21tɕiɔo44tsai44li52ɕiæ̃21tai21kɤ31tʃʰu44tai21pʰiŋ13miŋ13pai31ɕiŋ44] 都从盐官去打盐去。[təu31 tʃʰuɤŋ13iæ̃13kuæ̃21tɕʰi44ta52iæ̃13tɕʰi21] 把盐打上嘛就人吃的有了盐了，[pa31iæ̃13ta52ʂaŋ21ma21 tɕiəu44zɤŋ13tʂʰʅ31tai24iəu52nɔo21iæ̃13nɔo21] 牲口也，[sɤŋ31kʰəu21ia52] 给牲口也拌的时候料里面就把盐加上，[kei44ʂɤŋ31kʰəu21ia52pʰæ̃44tai21sɿ13xəu21liɔo44li52miæ̃21tɕiəu44ma21iæ̃13tɕia31ʂaŋ13] 礼县人们就从此过上了有盐的生活。[li52ɕiæ̃21zɤŋ13mɤŋ21tɕiəu44tʃʰuɤŋ13tsʰɿ52kuɤ44ʂaŋ21 nɔo21iəu52iæ̃13tai21sɤŋ21xuɤ13] 盐婆婆嘛也就一直是作为礼县的一个古迹，[iæ̃13pʰɤ13pʰɤ21 ma21ia44tɕiəu44i21tʂʰʅ13sɿ44tʃuɤ31vei13li52ɕiæ̃21tai21i21kɤ44ku52tɕi21] 就在这礼县的盐官修了一个祠堂，[tɕiəu44tsʰai44tsai21li52ɕiæ̃21tai21iæ̃13kuæ̃21ɕiəu21nɔo24i21kɤ44tsʰɿ44tʰaŋ21] 把盐婆婆就贡在里面。[ma31iæ̃13pʰɤ13pʰɤ21tɕiəu44kuɤŋ44tsai21li44miæ̃21]

意译：上古时侯，礼县水草肥美，六畜兴旺，人口也比较多。但是当时大多数人非常贫困，只有少数的几个地主有钱有地，生活很富裕，其他人都吃不饱穿不暖。最严重的的事情就是没有盐吃。盐是人们生活的必需品。在那个时候，贫困人家吃不上盐，他们就在盐碱地里挖上一些土，然后把土放进水里泡着，就有一点咸味。做饭的时候把盐水放到饭里面。很多人因此身体发育不良，牲畜也都没有气力，人劳动的时候也没有力气。礼县的人们聚在一起商量,向上天祈祷,看玉皇大帝能不能给礼县赐一口盐井。于是礼县的乡绅和群众们集资了一些钱,买了些牛羊作祭品,选了一个黄道吉日,摆好祭品,向上天祈祷。大家跪在地上祈祷了三天三夜,果然感动了玉皇大帝。他给礼县派了一个女神仙,这个神仙叫盐婆婆,她拿着一个袋子,袋子里面装的是盐。盐婆婆下凡以后,就在礼县到处找,最后在礼县的盐官找了一个好地方。她就在那个地方把盐官的人召集在一起,给大家说,你们往下挖,我让你们什么时候停你们就停。你们挖到一定时候,就有盐可以吃了。于是盐官的人们,男女老少不分昼夜的在那个地方往下挖,终于挖了一口很深的井。然后用轿子把盐婆婆接来,接来以后,盐婆婆走到挖好的井旁边,把玉皇大帝给她赐的那个袋子取出来,在井里涮了一下。大家一看觉得很惊奇,突然井水尝起来是咸的,大家很高兴,锣鼓喧天,就把盐婆婆送到天宫去了,还给盐婆婆修了一个庙,在庙里供奉她。供奉好了盐婆婆以后,就用桶把井里的水提出来,然后把水倒进锅里面熬,熬呀熬,终于把盐熬出来了。盐官人就把盐送到礼县的衙门里,县太爷一尝,果然是盐,于是县太爷很高兴,让礼县的老百姓都去盐官打盐。把盐打上以后,人吃的盐有了,给牲口拌草料的时候也把盐加上,礼县人民从此过上了有盐的生活。盐婆婆的庙一直都是礼县的古迹,在礼县盐官镇有一个祠堂,盐婆婆就贡在里面。

第十六节　靖远县口头文化

一、歌谣

1. 铛铛,猫儿跳到缸上,舅舅坐到炕上,馍馍渣儿泡上。擀白面舍不得,擀黑面人笑唤。杀鸡儿呢,叫鸣呢,杀猪儿呢,舍不得。杀狗呢,舅舅听着就走呢。

taŋ^{41}taŋ^{21}, mɑo^{24}ər^{55}tʰiɑo^{22}tɑo^{35}kɑŋ^{41}ʂɑŋ^{21}, tɕiɤu^{35}tɕiɤu^{41}tsuə^{35}tɑo^{41}kʰɑŋ^{35}ʂɑŋ^{41}, mɤ^{22}mɤ^{55}tar^{41}pʰɑo^{35}ʂɑŋ^{41}. kæ̃^{55}pei^{21}miæ̃^{33}ʂei^{55}pu^{21}tei^{21}, kæ̃^{55}xei^{21}miæ̃^{33}ʐɤŋ^{22}ɕiɑo^{35}xuæ̃^{41}. sa^{22}tsʅɚ^{41}ȵi^{21}, tɕiɑo^{35}miŋ^{21}ȵi^{41}, sa^{22}tʂɥɚ^{41}ȵi^{21}, ʂei^{55}pu^{21}tei^{21}. sa^{22}kɤu^{55}ȵi^{21}, tɕiɤu^{35}tɕiɤu^{41}tʰiŋ^{22}tʂuə^{24}tɕiɤu^{33}tsɤu^{55}ȵi^{21}.

意译:铛铛,猫儿在家中嬉戏,舅舅来家里做客,坐在炕上泡馍馍吃。擀白面给舅舅吃舍不得,擀黑面给舅舅吃怕被人嘲笑。为舅舅杀鸡,鸡还要留着叫鸣,为舅舅杀猪,又舍不得。杀狗呢,结果舅舅误听为杀舅呢,立刻决定要走。

2. 乌兰山两头儿尖,中间有个大富汉,顿顿吃饭把门关。苍蝇进来叼了个肉蛋蛋,老大急得满院转,老二赶快问神仙,老三骑马追银川,他达气得干瞪眼。

vu^{22}læ̃^{22}sæ̃^{41}liɑŋ^{55}tʰɔr^{24}tɕiæ̃^{41}, tʂoŋ^{41}tɕiæ̃^{21}iɤu^{55}kɤ^{21}ta^{35}fu^{35}xæ̃^{41}, toŋ^{33}toŋ^{33}tʂʰʅ^{22}fæ̃^{33}pa^{22}mɤŋ^{24}kuæ̃^{41}. tʂɑŋ^{41}iŋ^{21}tɕiŋ^{35}lɛ^{41}tiɑo^{41}liɑo^{22}kɤ^{21}ʐɤu^{35}tæ̃^{35}tæ̃^{41}, lɑo^{55}ta^{33}tsʅ^{24}ti^{55}mæ̃^{55}yæ̃^{33}tʂuæ̃^{33}, lɑo^{55}ɚ^{33}kæ̃^{55}kʰuɛ^{33}vɤŋ^{33}ʂɤŋ^{22}ɕiæ̃^{41}, lɑo^{55}sæ̃^{41}tsʰʅ^{22}ma^{55}tʂuei^{22}iŋ^{24}tʂʰuæ̃^{41}, tʰa^{22}ta^{24}tsʰʅ^{35}ti^{41}kæ̃^{22}tɤŋ^{55}ȵiæ̃^{41}.

意译:乌兰山两头尖,中间住着一个富有的人家,顿顿吃饭要关紧房门。一次苍蝇飞进房间叼走了一个肉蛋蛋,老大急得在院中打转,老二赶快想问问神仙怎么办,老三骑马向银川方向追去,他爹(富汉)被苍蝇气得干瞪眼。

3. 扯罗罗,擀面面,乡里来咧个超$^{=}$蛋蛋。脚又大,嘴又歪,叫我把她叫奶奶。奶奶长,奶奶短,奶奶今儿晚吃啥饭?是灰豆饭。捞上饭,奶奶吃得个乱跳团。

tʂʰɤ^{55}luə^{22}luə^{55}, kæ̃^{55}miæ̃^{35}miæ̃^{41}, ɕiɑŋ^{41}ȵi^{21}lɛ^{24}liɛ^{55}kɤ^{21}tʂʰɑo^{22}tæ̃^{35}tæ̃^{41}. tɕyə^{22}iɤu^{55}ta^{33}, tsuei^{55}iɤu^{55}vɛ^{41}, tɕiɑo^{35}ŋuə^{55}pa^{22}tʰa^{41}tɕiɑo^{35}nɛ^{55}nɛ^{21}. nɛ^{55}nɛ^{21}tʂʰɑŋ^{24}, nɛ^{55}nɛ^{21}tuæ̃^{55}, nɛ^{55}nɛ^{21}tɕiə̃r^{22}væ̃^{41}tʂʰʅ^{22}sa^{24}

fæ̃41? sɿ22xuei41tɤu22fæ̃33. lɑo22ʂɑŋ55fæ̃33, nɛ55nɛ21tʂʰʅ41ti21kɤ21luæ̃33tʰiɑo22tʰuæ̃41.

意译：略。

二、故事

大红棺材

今儿咱们喧一下靖远的大红棺材。[tɕiə̃r41tsæ̃22mɤŋ55ɕyæ̃41zɿ22xa21tɕiŋ35yæ̃41tsɿ21ta33xoŋ55kuæ̃41tsʰɛ21] 靖远的大红棺材呀，[tɕiŋ35yæ̃41tsɿ21ta33xoŋ55kuæ̃41tsʰɛ21ia21] 实际上这是靖远丧葬文化的一个最大的个特色。[ʂʅ22tsɿ33ʂɑŋ21tʂɤ33ʂʅ33tɕiŋ33yæ̃41sɑŋ22tsɑŋ33vɤŋ22xua33tsɿ21zɿ22kɤ21tsuei33ta33tsɿ21kɤ21tʰɤ22sɤ41] 咱们不是打电视上都看过，[tsæ̃22mɤŋ55pu22sɿ33ta22tiæ̃33ʂʅ33ʂɑŋ41tɤu22kʰæ̃35kuə41] 没人的啊，[mei24zɤŋ24tsɿ55a21] 棺材了细个。[kuæ̃41tsʰɛ21liɑo55ɕi21kɤ21] 还有靖远附近的这些县上的这些棺材那个，[xɛ24iɤu55tɕiŋ35yæ̃41fu33tɕiŋ35tsɿ41tʂɤ33ɕiɛ21ɕiæ̃33ʂɑŋ33tsɿ21tʂɤ33ɕiɛ22kuæ̃41tsʰɛ21lɛ21kɤ21] 都是黑的，[tɤu22ʂʅ35xei41tsɿ21] 都没有红的，[tɤu55mei24iɤu21xoŋ22tsɿ21] 都是黑的，[tɤu22ʂʅ33xei41tsɿ21] 而且都不彩画。[ər22tɕʰiɛ55tɤu41pu22tsʰɛ55xua33] 而靖远的这个大红棺材呢，[ər22tɕiŋ35yæ̃41tsɿ22tʂɤ33kɤ33ta35xoŋ41kuæ̃41tsʰɛ21ȵiɛ21] 不但红，[pu22tæ̃33xoŋ24] 而且还要彩画呢。[ər22tɕʰiɛ55xɛ22iɑo33tsʰɛ55xua35ȵiɛ41] 那么这个，[na33mɤ22tʂɤ35kɤ41] 为啥靖远这里比较特殊些着呢？[vei35sa35tɕiŋ35yæ̃41tsa21lɛ21pɿ55tɕiɑo33tʰɤ22ʂʮ55ɕiɛ41tsɤ21ȵiɛ21] 这是相传呀，[tʂɤ33sɿ33ɕiɑŋ22tʂʰuæ̃24ia21] 咱们靖远的大红棺材呀，[tsæ̃22mɤŋ55tɕiŋ35yæ̃41tsɿ21ta35xoŋ55kuæ̃41tsʰɛ21ia21] 是清朝康熙皇帝专门儿为靖远人封下的。[sɿ33tɕʰiŋ41tʂʰɑo55kʰɑŋ22sɿ41xuɑŋ22tsɿ33tʂuæ̃22mə̃r24vei33tɕiŋ35yæ̃41zɤŋ24fɤŋ41xa21tsɿ21] 那么康熙皇帝咋么可能给靖远人，[na33mɤ55kʰɑŋ22sɿ41xuɑŋ22tsɿ33tsa55mɤ41kuə22nɤŋ24kei22tɕiŋ35yæ̃41zɤŋ24] 呀，[ia21] 封下这么高的殊荣呢？[fɤŋ41xa21tʂɤŋ35mu55kɑo41tsɿ21ʂʮ41zoŋ24ȵiɛ21] 原来是这么个，[yæ̃22lɛ24sɿ33tʂɤ35mɤ55kɤ21] 靖远有个奋威将军当时这个康熙皇帝给封下的。[tɕiŋ35yæ̃41iɤu55kɤ21fɤŋ35vei41tɕiɑŋ41tɕioŋ21tɑŋ22ʂʅ33tʂɤ35kɤ41kʰɑŋ22sɿ41xuɑŋ22tsɿ21kei22fɤŋ41xa21tɿ21] 他死了以后封的是太子太保，[tʰa22sɿ41liɑo22zɿ22xɤu33fɤŋ41tsɿ21sɿ22tʰɛ33tsɿ22tʰɛ33pɑo55] 奋威将军，[fɤŋ33vei41tɕiɑŋ41tɕioŋ41] 这个，[tʂɤ33kɤ21] 三等子爵，[sæ̃22tɤŋ55tsɿ55tɕyə24] 还有爵位呢。[xɛ24iɤu55tɕyə22vei33ȵiɛ21] 那么，[na55mɤ21] 这个，[tʂɤ33kɤ21] 他为清朝立下大功的。[tʰa22vei24tɕʰiŋ41tʂʰɑo21lɿ33xa21ta35koŋ41tsɿ21] 为康熙皇帝平定吴三桂立下大功的。[vei35kʰɑŋ22sɿ41xuɑŋ22tsɿ33pʰiŋ22tiŋ33vu22sæ̃22kuei33lɿ22xa21ta35koŋ41tsɿ21] 所以说就，[ʂuə55zɿ21ʂuə21tɕiɤu33] 最后就，[tsuei33xɤu33tɕiɤu33] 就给这个王进宝就封了。[tɕiɤu41kei22tʂɤ41kɤ21vɑŋ24tɕiŋ33pɑo55tɕiɤu33fɤŋ41liɑo21] 而且封到咱们的靖远老百姓，[ər22tɕʰiɛ55fɤŋ41tɑo33tsæ̃22mɤŋ55tsɿ55tɕiŋ35yæ̃55lɑo55pei41ɕiŋ21] 都占了便宜了。[tɤu41ʂæ̃33liɑo21pʰiæ̃33zɿ55liɑo21] 都有哪些儿殊荣呢？[tɤu22iɤu55na55ɕiɐr21ʂʮ41zoŋ24ȵiɛ21] 第一，[tsɿ35zɿ41] 吃饭的筷子是大红筷子。[tʂʰʅ22fæ̃33tsɿ21kʰɛ35tsɿ41sɿ21ta35xoŋ41kʰuɛ21tsɿ21] 就靖远是大红筷子。[tɕiɤu35tɕiŋ35yæ̃41sɿ21ta33xoŋ55kʰuɛ33tsɿ21] 再多的地方都是白筷子呀，[tsɛ35tuə41tsɿ22tsɿ35fɑŋ41tɤu22sɿ21pei24kʰuɛ33tsɿ55ia21] 黑筷子呀，[xei41kʰuɛ33tsɿ55ia21] 这个，[tʂɤ33kɤ33] 都曾经没有大红筷子。[tɤu22ʂɤŋ41tɕiŋ33mɤ22iɤu55ta33xoŋ55kʰuɛ21tsɿ21] 就咱们靖远吃饭用的是大红筷子，[tɕiɤu33tsæ̃24mɤŋ21tɕiŋ35yæ̃41tʂʰʅ22fæ̃33ioŋ33tsɿ21sɿ22ta35xoŋ41kʰuɛ33tsɿ21] 这是一个。[tʂɤ33ʂʅ41zɿ22kɤ21] 第二个是这个儿房。[tsɿ35ər55kɤ41sɿ22tʂɤ41kər21fɑŋ24] 房子，[fɑŋ22tsɿ55] 盖房子，[kɛ33fɑŋ22tsɿ55] 盖房子的这个椽，[kɛ33fɑŋ22tsɿ55tsɿ21tʂɤ22kɤ55tʂʰuæ̃24] 都是直直的顺水椽。[tɤu22sɿ33tʂʅ22tʂʅ55tsɿ21ʂoŋ35ʂuei55tʂʰuæ̃24] 顺水椽，[ʂoŋ33ʂuei55tʂʰuæ̃21] 而不像有些地方，[ər22pu22ɕiɑŋ33iɤu55ɕiɛ22tsɿ35fɑŋ41] 好

多地方，[xɑo35tuə41tsɿ33fɑŋ21] 这个椽都横横地放着呢。[tʂɤ33kɤ22tʂhuæ̃24tɤu22xoŋ35xoŋ41tsɿ21fɑŋ33tʂɤ21ȵiɛ21] 就是，[tɕiɤu22sɿ21] 啊，[a22] 还有这个房檐。[xɛ22iɤu55tʂɤ41kɤ21fɑŋ24iæ̃24] 房檐都是这个出下比较多，[fɑŋ24iæ̃24tɤu22sɿ33tʂɤ33kɤ22tʂʮ41xa33pɿ22tɕiɑo35tuə41] 一般都出在二三尺呢。[zɿ22pæ̃41tɤu22tʂʮ41tʂɛ21ər33sæ̃22tʂʮ41ȵiɛ21] 而且还有的还，[ər22tɕhiɛ55xɛ24iɤu55tsɿ21xɛ22] 还有这个卷卷棚，[xɛ24iɤu55tʂɤ33kɤ33tɕyæ̃55tɕyæ̃55phɤŋ21] 卷棚檐，[tɕyæ̃55phɤŋ21iæ̃24] 檐就升。[iæ̃24tɕiɤu33ʂɤŋ41] 这个檐叫个啥呢？ [tʂɤ33kɤ55iæ̃24tɕiɑo33kɤ21sa24ȵiɛ21] 叫个官檐。[tɕiɑo33kɤ21kuæ̃41iæ̃21] 是说当官的住的房子叫个官檐。[sɿ33ʂuə22tɑŋ22kuæ̃41tsɿ21tʂʮ33tsɿ21fɑŋ24tsɿ21tɕiɑo33kɤ33kuæ̃41iæ̃21] 结果老百姓也就享受上了。[tɕiɛ22kuə55lɑo55pei41ɕiŋ21iɛ22tɕiɤu33ɕiɑŋ22ʂɤu33ʂɑŋ33liɑo21] 那么这就是多亏了［人家］王进宝受到了康熙皇上的封赠。[na33mɤ55tʂɤ55tɕiɤu33sɿ33tuə22khuei41liɑo21ȵiɛ21vɑn22tɕiŋ35pɑo55ʂɤu33tɑo33liɑo41khɑŋ22sɿ41xuɑŋ22ʂɑŋ33tsɿ21fɤŋ22tsɤŋ33] 有这么些儿，[iɤu55tʂɤ41mɤ22ɕiər21] 靖远人才有这么些儿殊荣。[tɕiŋ35yæ̃41zɤŋ24tshɛ24iɤu22tʂɤ41mɤ21ɕiər41ʂʮ41zoŋ24] 那么再咱们就说这个棺材吧。[na33mɤ21tsɛ41tsæ̃24mɤŋ21tɕiɤu33ʂuə22tʂɤ41kɤ21kuæ̃41tshɛ21pa21] 那么这个靖远的大红棺材呀，[na35mɤ55tʂɤ35kɤ411tɕiŋ35yæ̃41tsɿ21ta33xoŋ55kuæ̃41tshɛ21ia21] 过去的时候啊，[kuə35tshʮ41tsɿ21sɿ22xɤu33a21] 贫苦人家，[phiŋ22khu55zɤŋ24tɕia41] 贫穷人家哪怕就是说人死了以后啊，[phiŋ24tɕioŋ24zɤŋ24tɕia41na55pa22tɕiɤu33sɿ33ʂuə41zɤŋ24sɿ41liɑo21zɿ24xɤu33a21] 请不起画匠，[tɕhiŋ55pu22tsɿ55xua35tɕiɑŋ41] 起码就说要刷上，[tshɿ55ma55tɕiɤu33ʂuə41iɑo35ʂua41sɑŋ21] 要刷红呢。[iɑo33ʂua22xoŋ24ȵiɛ41] 不像刷黑的了，[pu22ɕiɑŋ33ʂua22xei41tsɿ21liɑo21] 刷其他颜色的，[ʂua22tshɿ22tha41iæ̃24sei41tsɿ21] 就是首先要刷红。[tɕiɤu33sɿ22ʂɤu35ɕiæ̃41iɑo33ʂua22xoŋ24] 也就算沾了王进宝的光了。[iɛ55tɕiɤu33suæ̃33tʂæ̃41liɑo21vɑŋ24tɕiŋ41pɑo55tsɿ21kuɑŋ41liɑo21] 那么有些儿，[na35mɤ55iɤu55ɕiər33] 比方说家道好些儿的，[pɿ55fɑŋ41ʂuə21tɕia22tɑo33xɑo55ɕiər41tiɛ21] 家道好些儿的都刷红以后再给红的上面呢，[tɕia22tɑo33xɑo41ɕiər41tsɿ21tɤu22ʂua22xoŋ24zɿ55xɤu33tsɛ33kei22xoŋ24tsɿ55ʂɑŋ35miɛ̃41ȵiɛ21] 再画些儿彩画。[tsɛ33xua35ɕiər21tshɛ55xua33] 再画些儿画儿，[tsɛ33xua35ɕiər41xuɐr21] 龙啊，[loŋ22a21] 凤啊，[fɤŋ35a41] 花啊，[xua41a21] 花花绿绿的，[xua22xua55lu33lu22tsɿ21] 这么看着就比较华丽，[tʂɤ33mɤ22kæ̃33tʂɤ21tɕiɤu33pɿ22tɕiɑo33xua22lɿ33] 档次也就高出来了。[tɑŋ35tshɿ41iɛ55tɕiɤu33kɑo41tsʮ41lɛ22lə21] 所以说这个这就是靖远人。[ʂuə55zɿ21ʂuə22tʂɤ41kɤ21tʂɤ33tɕiɤu33sɿ21tɕiŋ35yæ̃41zɤŋ24] 当然现在啊，[tɑŋ55zæ̃21ɕiæ̃33tsɛ33a21] 现在的欧⁼人的生活水平都提高了 [ɕiæ̃35tsɛ33tsɿ41ɤu22zɤŋ24tsɿ21sɤŋ22xuə24ʂuei55phiŋ22tɤu41tsɿ22kɑo41liɑo21]。欧⁼ 都是这个，[ɤu35tɤu22sɿ33tʂɤ33kɤ21] 啊，[a21] 画啊。[xua33a21] 先刷红，[ɕiæ̃22ʂua22xoŋ24] 再然后再到红，[tsɛ33zæ̃24xɤu33tsɛ33tɑo33xoŋ24] 红的高头呢，[xoŋ24tsɿ41kɑo41thɤu21ȵiɛ21] 红的高头再才画呢。[xoŋ24tshɿ41kɑo41thɤu21tsɛ33tshɛ24xua33ȵiɛ21] 画的那图那多［得很］。[xua35tsɿ21na33thu24na33tuə22thɤŋ41] 就像二龙戏珠了，[tɕiɤu22ɕiɑŋ33ər35loŋ24sɿ33tʂʮ55liɑo55] 五龙捧寿了，[vu55loŋ24phɤŋ55ʂɤu35liɑo41] 五凤捧寿了，[vu55fɤŋ33phɤŋ22ʂɤu35liɑo41] 龙凤呈祥了，[loŋ22fɤŋ33tʂhɤŋ24ɕiɑŋ24liɑo55] 虎头夯神了，[xu55thɤu22xɑŋ41ʂɤŋ21liɑo21] 松鹤延年了，[soŋ22xuə35iæ̃22ȵiæ̃24liɑo41] 鹿鹤同春了，[lu22xuə33thoŋ24tʂhoŋ41liɑo21] 五福捧寿了，[vu55fu41phɤŋ55ʂɤu35liɑo41] 八仙庆寿了，[pa22ɕiæ̃41tɕiŋ33ʂɤu35liɑo41] 麒麟送子了，[tshɿ22liŋ24soŋ33tsɿ55liɑo41] 藏龙卧虎了，[tshɑŋ22loŋ24vɤ55xu55liɑo41] 还有百寿图，[xɛ22iɤu55pei55ʂɤu33thu24] 等等。[tɤŋ55tɤŋ55] 啊，[a21] 这靖远老百姓才这个，[tʂɤ35tɕiŋ33yæ̃55lɑo55pei22ɕiŋ21tshɛ24tʂɤ41kɤ21] 才这个，[tshɛ24tʂɤ41kɤ21] 丧葬的时候啊那就很风光，[sɑn22tsɑŋ33tsɿ21sɿ22xɤu33a21na35tɕiɤu33xɤŋ55fɤŋ41kuɑŋ21] 那比周围的县人那就很风

光。[na33pɿ55tʂɤu22vei24tsɿ55ɕiæ̃33ʐɤŋ21na22tsiɤu33xɤŋ55fɤŋ41kuɑŋ21] 再给你举一个例子。[tsɐr55kei21ȵi55tɕʮ55zɿ22kɤ21lʮ35tsɿ41] 那么原来的时候，[na35mɤ41yæ̃22lɛ24tsɿ55sɿ22xɤu33] 在一九七二年，[tsɛ41zɿ22tɕiɤu55tsʰɿ22ər33ȵiæ̃41] 一九七二年的时候，[zɿ22tɕiɤu55tsʰɿ22ər33ȵiæ̃41tsɿ21sɿ22xɤu33] 那会儿我呀，[na33xuei33ŋuə55ia21] 我还，[ŋuə55xɛ21] 我已经到这个城关公社。[ŋuə55zɿ55tɕiŋ21tɑo33tʂɤ35kɤ41tʂʰɤŋ22kuæ̃41koŋ22ʂei33] 那个地方我们学校呢 [na33kɤ21tsɿ35fɑŋ41ŋuə55mɤŋ41ɕyɛ22ɕiɑo33ȵiɛ21] 是排，[sɿ22pʰɛ33] 排这个，[pʰɛ33tʂɤ33kɤ21] 革命样板儿戏着呢。[kɤ22miŋ24iɑo33pɐr41sɿ35tʂɤ41ȵiɛ21] 其中，[tsɿ22tʂoŋ41] 城关公社的一个书记，[tʂɤŋ24kuæ̃41koŋ22ʂɤ35tsɿ41zɿ22kɤ33ʂʮ22tsɿ33] 姓田，[ɕiŋ55tʰiæ̃24] 会宁人。[xuei35niŋ41ʐɤŋ21] 出仕到任上了，[tsʰʮ22sɿ55tɑo41ʐɤŋ3ʂɑŋ41liɑo21]［人家］忽然死掉了。[ȵiɛ22xu41zæ̃24sɿ55tiɑo41liɑo21] 这死掉以后，[tsɤ33sɿ55tiɑo41zɿ55xɤu33] 再我们都都都，[tsɛ33ŋuə55mɤŋ21tɤu22tɤu22tɤu22] 都看着都给那么帮忙着呢。[tɤu22kʰæ̃33tʂɤ21tɤu22kei22na22mɤ21pɑŋ22mɑŋ24tʂɤ41ȵiɛ21] 还有县上领导都给治丧着呢。[xɛ22iɤu55ɕiæ̃33ʂɑŋ33liŋ55tɑo55tɤu22kei22tʂʅ35sɑŋ41tʂɤ21ȵiɛ21] 就请下咱们县上这个画得最好的，[tɕiɤu33tɕʰiŋ55xa21tsæ̃22mɤŋ55ɕiæ̃35ʂɑŋ41tʂɤ33kɤ21xua33tsɿ41tsuei35xɑo55tsɿ21] 啊，[a] 有个叫个吕带芒的这么一个老师。[iɤu55kɤ21tɕiɑo33kɤ33lʮ55tɛ22mɑŋ24tsɿ21tʂɤ35mɤ41zɿ22kɤ21lɑo55sɿ21] 兀［人家］也是个名家老师傅。[vu55ȵiɛ24iɛ22sɿ33kɤ21miŋ22tɕia41lɑo55sɿ22fu33]［人家］画得特别好。[ȵiæ̃22xua33tsɿ21tʰɤ41piɛ22xɑo55] 这请来嘛，[tsɤ35tɕʰiŋ41lɛ24ma41] 先油得，[ɕiæ̃22iɤu24tsɿ55] 画画儿得，[xua22xuɐr33tsɿ21] 啊先，[a22ɕiæ̃22] 先刷得红红儿的。[ɕiæ̃22ʂua41tsɿ21xoŋ24xõr24tsɿ21] 然后刷红以后再到上面儿的画的是，[zæ̃22xɤu33ʂua22xoŋ24zɿ22xɤu33tsɛ33tɑo33ʂɑŋ33miẽr33tsɿ21xua33tsɿ21sɿ33] 龙了，[loŋ22liɑo55] 花儿了，[huɐr41liɑo21] 等等的。[tɤŋ55tɤŋ55tɿ21] 画得花花儿的，[xua33tsɿ21xua41xuɐr21tsɿ21] 哎，[ɛ41] 大家看起再漂亮得很。[ta35tɕia41kʰæ̃33tsɿ21tsɛ33pʰiɑo41liɑŋ21tsɿ22xɤŋ55] 这就拉到会宁去，[tsɤ35tɕiɤu55la41tɑo22xuei35ȵiŋ41tsʰʮ33] 那么你埋，[na33mɤ21ȵi22mɛ24] 你要往会宁埋呢么。[ȵi22iɑo33vɑŋ22xuei35ȵiŋ41mɛ24ȵi21mɤ21] 拉到会宁去［人家］们老家，[la41tɑo33xuei35niŋ41tsʰʮ33ȵiɛ22mɤŋ55lɑo55tɕia41]［人家］村上人，[ȵiɛ22tsʰoŋ41ʂɑŋ22ʐɤŋ24] 还有这个［人家］们的亲属［人家］都出来不将往进拉。[xɛ22iɤu55tʂɤ33kɤ21ȵiɛ35mɤŋ55tsɿ41tɕʰiŋ22ʂʮ55ȵiɛ22tɤu41tʂʰʮ41lɛ21pu22tɕiɑŋ55vɑŋ22tɕiŋ35la41] 这啥原因啊？ [tʂɤ22sa35yæ̃35iŋ41a21] 这我们把［人家］们的人送来了嘛。[tʂɤ33ŋuə55mɤŋ21pa22ȵiɛ55mɤŋ21tsɿ22ʐɤŋ24soŋ33lɛ24liɑo41ma21] 那么这再就是［人家］忽然，[na22mɤ21tʂɤ33tsɛ33tɕiɤu22sɿ33ȵiɛ22xu41zæ̃21] 忽然去世了么。[xu55zæ̃24tsʰʮ33sɿ35liɑo41mɤ21] 说再也没啥原因，[ʂuə22tsɛ55ia55mei24sa22yæ̃24iŋ21]［人家］们带来拿的这个装的这个棺材不对。[ȵiɛ55mɤŋ41tɛ33lɛ24na24tsɿ21tʂɤ35kɤ41tʂuɑŋ22tsɿ21tʂɤ35kɤ41kuæ̃41tsʰɛ41pu22tuei33] 说咋么个不对啊。[ʂuə22tsa41mu21kuə33pu22tuei33a21] 说［人家］去，[ʂuə22ȵiɛ55tsʰʮ33] 去把这个买上一桶子黑漆。[tsʰʮ33pa22tʂɤ35kɤ41mɛ55ʂɑŋ33zɿ22tʰoŋ55tsɿ21xei22tsʰɿ41] 买一桶子黑漆，[mɛ55zɿ22tʰoŋ55tsɿ21xei22tsʰɿ41] 就把这棺材跟我们一趟儿刷黑就成了。[tɕiɤu22pa22tʂɤ35kuæ̃41tsʰɛ21kɤŋ22ŋuə55mɤŋ21zɿ22tʰɑ̃r33ʂua22xei41tɕiɤu33tʂʰɤŋ24liɑo21] 再都没辨唻，[tsɛ33tɤu41mɤ21piæ̃33lɛ24] 致画画得花花儿的这么好的，[tʂʅ33xua33xua35tsɿ41xua22xuɐ35tsɿ21tʂɤ33mɤ21xɑo55tsɿ21] 大红棺材画下这么好的。[ta35xoŋ55kuæ̃41tsʰɛ21xua33xa21tʂɤ33mɤ22xɑo55tsɿ21] 咋刷黑呢？ [tsa22ʂua22xei41ȵiɛ21]［人家］们要求的那么再刷呢。[ȵiɛ24mɤŋ21iɑo22tɕʰiɤu24tsɿ21na22mɤ22tsɛ33ʂua55ȵiɛ21] 买了，[mɛ55liɑo55] 买了一桶漆，[mɛ55liɑo21zɿ22tʰoŋ55tsʰɿ41] 就给刷掉。[tsiɤu33kei22ʂua41tiɑo21] 刷黑，[ʂua22xei41] 刷黑以后，[ʂua22xei41zɿ55xɤu33] 啥事没有了。[sa22sɿ33mɤ22iɤu55liɑo21] 说这成呢，[suə22tʂɤ41tʂɤŋ24ȵiɛ21] 再拉进来。

[tsɛ41la22tɕiŋ41lɛ21] 再车就给又拉进来。[tsɛ33tsʰɤ22tsiɤu33kei22iɤu33la41tɕiŋ41lɛ21] 拉进来埋下，[la41tɕiŋ33lɛ21mɛ24xa21] 埋掉了。[mɛ22tiɑo33liɑo21] 那么由这个事情呢，[na35mɤ55iɤu24tʂɤ35kɤ41sɿ35tɕʰiŋ41nɤ21] 当时去的这些官员都还辨不来。[tɑŋ22sɿ24tsʰʮ35tsɿ41tʂɤ35ɕiɛ41kuæ̃41yæ̃21tɤu22xɛ24piæ̃33pu22lɛ24] 说这啥原因，[ʂuə22tʂɤ33sa22yæ̃41iŋ21] 怎么单单儿要叫刷黑？ [tsa41mɤ21tæ̃22tæ̃r35iɑo35tɕiɑo41ʂua22xei41] 他们把会宁没有受到皇上的封赠，[tʰa41mɤŋ21pa22xuei35niŋ41me24iɤu22ʂɤu33tɑo33xuɑŋ22ʂɑŋ35tsɿ41fɤŋ22tsɤŋ33] 享受不起这个殊荣的。[ɕiɑŋ55ʂɤu33pu22tsʰɿ55tʂɤ33kɤ21ʂʮ41ʐoŋ22tsɿ55] 嘿嘿，[xei41xei21] 这一点儿没辨来。[tʂɤ35zɿ22tiæ̃r41mɤ22piæ̃33lɛ24] 所以说这就是咱们靖远大红棺材的特色。[ʂuə55zɿ21ʂuə22tʂɤ33tɕiɤu33sɿ33tsæ̃24mɤŋ21tɕiŋ35yæ̃41ta33xoŋ55kuæ̃41tsʰɛ21tsɿ21tʰɤ22sɤ41] 由此一例，[iɤu22tsʰɿ55zɿ22lɿ33] 可见其一斑。[kɤ55tɕiæ̃33tsʰɿ24zɿ22pæ̃41] 这就是咱们靖远大红棺材的来历吧。[tsɤ33tɕiɤu33sɿ21tsæ̃24mɤŋ55tɕiŋ35yæ̃41ta33xoŋ55kuæ̃41tsʰɛ41tsɿ21lɛ24lɿ33pa21]

意译：今天，我们来说说靖远的大红棺材。靖远的大红棺材呀，实际上是靖远民俗丧葬文化的一个最大的特色。咱们在电视上都看过，人去世了，都要有棺材。靖远附近这些县上的棺材，没有红的，都是黑的，也不画彩画。而靖远的大红棺材不但红，而且还要画彩画。那么，为啥靖远的棺材比较特殊呢？这是相传啊，咱们靖远的大红棺材呀，是清朝康熙皇帝专门为靖远人封下的。那么，康熙皇帝为什么给靖远人封下这么高的殊荣呢？原来，靖远有个奋威将军，是当时康熙皇帝给封下的。他死了以后被封为太子太保，奋威将军。三等子爵，有爵位的。他是为清朝立下大功的，他为清朝康熙皇帝平定吴三桂立下了大功。所以，康熙皇帝就封赏了王进宝，靖远老百姓也跟着沾了光。都有哪些殊荣呢？第一，吃饭的筷子是大红筷子，只有靖远人用的是大红筷子。其他的地方都用的白筷子，黑筷子，都没有使用大红筷子，就咱们靖远吃饭用的是大红筷子，这是一个。第二个是房子。盖房子用的都是直直的顺水椽，有些地方的椽都横横地放着呢。还有房檐也比较特殊。房檐都出来比较多，一般出在二三尺呢。而且还有卷棚檐，檐就升高了。这个檐叫啥呢？叫官檐。当官的住的房子叫官檐，结果，老百姓也享受上了，多亏了王进宝受到了康熙皇帝的封赠，靖远人才有这么些儿殊荣。那么咱们就说这个棺材吧。这个靖远的大红棺材呀，过去的时候啊，贫穷人家人死了以后啊，哪怕请不起画匠，起码要刷红。不刷成黑的等其他颜色，就是要刷红。这就是沾了王进宝的光了。有些家道好些儿的，都把棺材刷红以后在上面画些儿彩画，龙啊，凤啊，花啊，花花绿绿的，看着比较华丽，档次也就高了。现在人们的生活水平都提高了，人们都画彩画。先刷红，然后红漆后头再画呢。画的图多得很，就像二龙戏珠了，五龙捧寿了，五凤捧寿了，龙凤呈祥了，虎头夯神了，松鹤延年了，鹿鹤同春了，五福捧寿了，八仙庆寿了，麒麟送子了，藏龙卧虎了，还有百寿图，等等。靖远老百姓丧葬的时候就很风光，比周围的县人风光多了。再给你举一个例子。1972 年，那时候啊，我已经到这个城关公社，我们学校是排革命样板戏呢。其中，城关公社的一个书记，姓田，会宁人。他出仕到任上，忽然死了。他死了以后，我们都去帮忙了，县上领导都给治丧呢。就请咱们县上这个画得最好的，有个叫吕带芒的老师，他是位名家老师傅，画得特别好。请来以后，先把棺材刷得红红的。刷红以后在上面画龙、花，等等，画得花花儿的，大家都觉得漂亮。这就拉到会宁去，要往会宁埋。拉到会宁他们老家，他们村上人，还有他们的亲属都出来不让往里拉。这啥原因啊？我们把你们的人送来了嘛，他是忽然去世了啊。说也没啥原因，就是你们带来这个棺材不对。怎么不对啊？说你去买上一桶黑漆，我们一起把这个棺材刷黑就成了。大家都不明白,这画得花花儿的这么好看,大红棺材画得这么好,咋要刷黑呢?没办法嘛,他们要求就得刷呢。买了一桶漆,就给刷上。刷黑以后,啥事没有了。说这成呢,再拉进来。车就给拉进来,拉进来埋上了。那么这个事情呢,当时去的这些官员都还不明白。说这啥原因,怎么单单儿要叫刷黑?他们把会宁没有受到皇上的封赠,享受不起这个殊荣的事给忘了。这一点就没明白。所以说这就是咱们靖远大红棺材的特色。由此一例,可见一斑。这就是咱们靖远大红棺材的来历。

三、自选条目

1. 月里娃子跳炕沿儿呢——吓大人。

yə41lʅ22va22tsʅ22tʰiɑo24kʰɑŋ33iɛ̃r24ȵiɛ21——xa33ta35ʐɤŋ41.

2. 羊皮掉到火坑里了——搐搐了。

iɑŋ24pʰʅ24tiɛ22tɑo21xuə55kʰɤŋ41ȵi21liɑo21——tʂʰʯ41tʂʰʯ21liɑo21.

3. 磨道里等驴呢——要不上一圈儿。

mɤ24tɑo41ȵi21tɤŋ55lʅ24ȵiɛ41——iɑo33pu22ʂɑŋ33zʅ22tɕʰyɛ̃r41.

4. 黄河里尿尿——随大流。

xuɑŋ22xuə22ȵi55ȵiɑo55ȵiɑo33——suei22ta33liɤu24.

5. 城门楼子上的雀儿——经过大阵势。

tʂʰɤŋ22mɤŋ55lu22tsʅ55ʂɑŋ21tiɛ22tɕʰiɔr41——tɕiŋ22kuə22ta35tʂɤŋ33ʂʅ21.

6. 喝了凉水舔碗呢——寻者寻者撑眼呢让人讨厌。

xuə22liɑo22liɑŋ22ʂuei55tʰiæ̃55væ̃55ȵiɛ21——ɕiŋ24tʂɤ55ɕiŋ24tʂɤ55tsʰɤŋ22ȵiæ̃55ȵiɛ21.

7. 背锅子上山——上前(商钱)着呢。

pei41kuə21tsʅ21ʂɑŋ35sæ̃41——ʂɑŋ22tɕiæ̃24tʂɤ55ȵiɛ21.

8. 精沟子断赶狼——胆大不害羞。

tɕiŋ22kɤu41tsʅ21tuæ̃33lɑŋ24——tæ̃55ta33pu22xɛ35ɕiɤu41.

9. 割了糜子叫雀儿呢——领空头儿人情。

kuə22liɑo22mʅ22tsʅ55tɕiɑo35tɕʰiɔr41ȵiɛ21——liŋ55kʰoŋ41tʰɔr21ʐɤŋ24tɕʰiŋ24.

10. 红萝卜儿拌辣子呢——吃出看不出。

xoŋ22luə55pur21pæ̃35la41tsʅ21ȵiɛ21——tʂʰʅ41tʂʰʯ21kʰæ̃35pu22tʂʰʯ41.

11. 老婆儿吃大豆——满嘴胡夸欻=胡嚼,胡说。(形容人胡说八道。)

lɑo55pʰər21tʂʰʅ22ta35tɤu41——mæ̃55tsuei55xu22kʰua41tʂʰua21.

12. 狗看星星呢——懂得个啥些!

kɤu55kʰæ̃35ɕiŋ41ɕiŋ21ȵiɛ21——toŋ55tiɛ21kɤ21sa35ɕiɛ41!

13. 我这个老羊皮换你个羊羔儿皮呢——划得着。

ŋuə55tʂɤ22kɤ21lɑo55iɑŋ22pʰʅ24xuæ̃33ȵi55kɤ21iɑŋ24kɔr41pʅ24ȵiɛ21——xua35tʅ41tʂɑo24.

14. 老鼠拉木锨呢——大头儿在后面儿呢。

lɑo41tʂʰʯ21la22mu41ɕiæ̃21ȵiɛ21——ta35tʰɔr41tsɛ33xɤu35miɛ̃r41ȵiɛ21.

15. 这驴皮挂到墙上——不像画(话)。

tʂɤ41lʯ24pʰʅ24kua35tɑo41tɕʰiɑŋ24ʂɑŋ55——pu22ɕiɑŋ33xua33.

意译:略。

第十七节　陇西县口头文化

一、歌谣

1. 酒歌——尕老汉:一个尕老汉吆吆,七十七来嘛吆吆。再加上四岁叶儿青,八十一来嘛吆吆。手抱上三弦子着吆吆,口吹上笛儿着吆吆。阿们着弹着来呀,叶儿青呀,阿们着吹着来吆吆。(两人同时边划拳边喝酒)满堂喜都不喝,六六大顺把酒喝……划呀划么着,我赢了你输了,酒呀嘛你喝。喝了呀,再倒满,再倒满着呀叶儿青,曹两个再把酒歌唱吆吆。四十两白银着吆吆,买大马来嘛吆吆。阿们着骑着来叶儿青呀,阿们着跑来着吆吆。二十两着白银着吆吆,买钢枪来嘛吆吆。阿们着瞄着来叶儿青哟,酒不醉来着吆吆。

tɕiu55kɤ42——ka13lɔo55xæ̃21: i42ke42ka13lɔo55xæ̃42iɔo44iɔo44, tɕʰi42ʂʅ13tɕʰi42lɛ21ma21iɔo44iɔo44. tsɛ44tɕia42ʂɑŋ22sɿ44sue44iɛ42ɐr24tɕʰin21, pa42ʂʅ24i21lɛ21ma21iɔo44iɔo44. ʂɤu55pɔo44ʂɑŋ44sæ̃42ɕiæ̃22tsɿ44tʂɤ42iɔo44iɔo44, kʰɤu55tʂʰue42ʂɑŋ13tɕʰi22zʅ44tʂɤ42iɔo44iɔo44. a42mɤŋ22tʂɤ44tʰæ̃22tʂɤ44lɛ42ia21, iɛ42ɐr24tɕʰin21ia21, a42mɤŋ22tʂɤ44tʂʰue42tʂɤ24lɛ42iɔo44iɔo44. mæ̃55tʰɑŋ13ɕi53tɤu22pu44xɤ21, liu42liu22ta44ʂuŋ44pa21tɕiu55xɤ21 ……xua44ia21xua44mɤ21tʂɤ21, ŋɤ55in22lɔo44li55ʂu21lɔo21, tɕiu55ia21ma21li55xɤ21. xɤ42lɤ42ia21, tsɛ44tɔo44mæ̃53, tsɛ44tɔo44mæ̃55tʂɤ42ia21iɛ42ɐr24tɕin21, tsʰɔo24lːɑŋ42ke21tsɛ44pa21tɕiu55kɤ21tʂʰɑŋ44iɔo21iɔo21. sɿ44ʂʅ44liɑŋ42pe24in24tʂɤ42iɔo21iɔo21, mɛ53ta44ma53lɛ21ma21iɔo21iɔo21. a42mɤŋ22tʂɤ44tɕʰi22tʂɤ44lɛ42iɛ42ɐr24tɕʰin21ia21, a42mɤŋ24tʂɤ42pʰɔo55lɛ24tʂɤ42iɔo21iɔ21. ɐr44ʂʅ44liɑŋ42tʂɤ21pe24in24tʂɤ42iɔo21iɔo21, mɛ55kɑŋ21tɕʰiɑŋ21lɛ21ma21iɔo21iɔo21. a42mɤŋ22tʂɤ44miɔo22tʂɤ44lɛ42iɛ42ɐr24tɕʰin21iɔo21, tɕiu55pu42tsue44lɛ42tʂɤ21iɔo21iɔ21.

意译:一个小老汉,已经七十七了。再加上四岁,就八十一岁了。手抱着三弦子弹,口吹着笛子。怎么样弹呀,怎么样吹呢。(两人同时边划拳边喝酒)满堂喜都不喝,六六大顺把酒喝……划呀划呀,我赢了,你输了,你就把酒喝上呀。喝了呀,再斟满,咱俩再把酒歌唱。四十两白银,买大马。怎么样骑来,怎么样跑。二十两白银,买钢枪。怎么样瞄来,怎么就喝不醉呀?

二、故事

牛郎织女

古时候,[ku55sɿ22xɤ44] 有个后生,[iu55ke42xɤu44sɤŋ21] 他达他妈吵,[tʰɔo42ta13tʰɔo22ma55sa42] 都过世得早。[tɤu22kuɤ44ʂʅ44ti22tsɔo53] 致个娃孤苦伶仃的一个人。[tʂʅ44ke42va13ku22kʰu55liŋ13tiŋ42ti21i21ke21zɤŋ13] 可是他有一个老牛,[kʰɤ55sɿ44tʰa22iu55i22ke22lɔo55liu13] 就过他做伴儿着来。[tɕʰiu22kuɤ22tʰa22tsu44pʰæ̃44zʅ44tʂɤ22lɛ21] 致个老牛可不是一般的牛,[tʂʅ44ke42lɔo55liu13kʰɤ22pu22sɿ44ʑi44pæ̃42ti42liu13] 兀是天上的金牛星。[vu44sɿ44tʰiæ̃42sɑŋ22tɤu44tɕiŋ42liu13ɕĩæ42] 它就帮着致个娃娃吵,[tʰa42tɕiu44pɑŋ22tʂɤ22tʂʅ44ke42va22va44sa42] 耕地,[kɤŋ42ti44] 种田。[tʂuŋ44tɕʰiæ̃13] 嗒⁼隔家邻里的,[tsæ̃55ke22tɕia22liŋ24li42ti42] 就把致个后生啊,[tɕʰiu44pa42tʂʅ44ke42xɤu44sɤŋ42ŋa21] 就过叫牛郎。[tɕʰiu44kuɤ44tɕiɔo44liu24lɑŋ13] 这一天吵,[tʂe44i44tʰiæ̃42sa21] 致个金牛星昂,[tʂʅ44ke44tɕiŋ42liu13ɕiŋ42ɑŋ21] 就知道致天爷上的兀七仙女,[tɕiu44tʂʅ42tɔo44tʂʅ44tɕʰiæ̃42iɛ13ʂɑŋ42tɤ42vu44tɕʰi22ɕiæ̃22ly53] 要到涛⁼的致村的兀东边的兀山底下的兀个湖喝⁼来来,[iɔo44tɔo44tʰɔo22tɔo22tʂʅ44tsʰuŋ22tɔo22vu44tuŋ22piæ̃22tɔo22vu44sæ̃22ti55xa21tɤ21vu44ke42xu22xɤ44lɛ44lɛ42] 要洗澡来哩。[iɔo44ɕi55tsɔo55lɛ21li21] 致个金牛星,[tʂʅ44ke42tɕin42liu13ɕĩæ42] 就过这牛郎就托了个梦。[tɕiu44kuɤ44tʂʅ44liu13lɑŋ13tɕiu44tʰuɤ22lɔo22ke22mɤŋ43] 说你明早早晨价⁼么,

[ʂuɤ42li55min13tsɔo31tsɔo55ɕiŋ21tɕia21mɤ21] 你就遭兀个村东边的兀个山底下的湖喝⁼来去。[li55tɕʰiu44tsɔo44vu44ke42tsʰuŋ22tuŋ22piæ̃22tɤ22vu44ke42sæ̃21ti55xa21tə21xu21xɤ55lɛ21tɕʰia21] 有几个美女在洗澡咧。[iu55tɕi21ke21me21ly53tsʰɛ44ɕi55tsɔo55liæ21] 你看着边上的兀树上昂，[li55kʰæ̃44tʂɤ44piæ̃42ʂaŋ22tɤu44vu44ʂu44ʂaŋ21aŋ21] 挂着一件水红色的衣裳。[kua44tʂʅ44i42tɕʰiæ̃44ʂue55xuŋ24se42ti42i42ʂaŋ13] 你就把兀一件衣裳给抱上，[li55tɕʰiu44ma42vu44i42tɕʰiæ̃44i42ʂaŋ13ku42pɔo44ʂaŋ44] 头啊休转着赶紧往屋来跑。[tʰɤu22a44xɤu42tʂuæ̃44tʂɤ42kæ̃21tɕin55vaŋ55vu42lɛ13pʰɔo53] 嗒⁼致个牛郎第二天早上醒来吵，[tsæ̃55tʂʅ44ke42liu24laŋ24ti44ɐr44tɕʰiæ̃42tsɔo55ʂaŋ42ɕin55lɛ21sa21] 就想着致个梦阿们致们怪呐？[tɕiu44ɕiaŋ55tʂɤ42tʂʅ44ke42mɤŋ44a42mɤŋ22tʂʅ44mɤŋ44kuɛ44læ̃44] 真的吗假的？[tʂɤŋ22tɤu22ma21tɕia55ta21] 要不我看一下去。[iɔo44pu42kɤ55kʰæ̃44i44xa21tɕʰi21] 致个牛郎就给跑着致个致个山底下的致个湖边上来了。[tʂʅ44ke42liu24laŋ13tɕiu44ku42pʰɔo55tʂʅ42tʂʅ44ke42tʂʅ44ke42sæ̃21ti55xa42ti42tʂʅ44ke42xu24piæ̃42ʂaŋ13lɛ21lɔo21] 看是真个有几个美女，[kʰæ̃44sʅ42tʂɤŋ42kɤ13iu55tɕi42ke42me42ly53] 在兀水喝⁼里洗澡着还打着要子着唻。[tsʰɛ44vu44ʂue55xɤ33lɛ33ɕi55tsɔo55tʂɤ33xæ̃13ta55tʂɤ42ʂua55zʅ21tʂʅ21le21] 看是树上哦，[kʰæ̃44sʅ44ʂu44ʂaŋ21ɔo21] 真个有一件水红色颜色的衣裳。[tʂɤŋ42kɤ24iu55i42tɕʰiæ̃44ʂue55xuŋ24se42iæ̃24se42ti21i42ʂaŋ13] 他就把兀一件衣裳给抱上，[tʰa42tɕiu44ma42vu44i42tɕiæ̃44i42ʂaŋ24ku42pɔo44ʂaŋ44] 只是个往屋里跑呐。[tsʅ42sʅ44ke42vaŋ55vu42lɛ24pʰɔo55læ̃42] 跑到了屋里，[pʰɔo55tɔo44lɔo42vu42li13] 到了黑了时，[tɔo44lɔo42xe21lɔo21sʅ21] 轻轻个地有人敲门咧，[tɕʰin42tɕʰin24kɤ42ti42iu55zɤŋ24tɕʰiɔo42mɤŋ22liæ44] 就进来了个女子。[tɕiu44tɕin44lɛ44le42ke21ly55tsʅ21] 涛⁼两个就做成了婆娘男人啦。[tʰɔo22liaŋ22ke22tɕiu44tsuɤ42tʂʰɤŋ22lɔo44pʰɤ22liaŋ44læ̃24zɤŋ42la21] 致个女子是谁？[tʂʅ44ke42ly55tsʅ42sʅ44ʂue13] 兀可不是一般的人，[vu44kʰɤ42pu42sʅ44i44pæ̃42ti42zɤŋ21] 兀是天上的织女。[vu44sʅ44tɕʰiæ̃42ʂaŋ22tə44tʂʅ22ly53] 转眼，[tʂuæ̃22liæ̃53] 两个人就过了三年啦。[liaŋ33ke33zɤŋ22tɕiu44kuɤ44lɔo44sæ̃42liæ̃22la44] [人家] 还养了一个后人、一个女孩儿。[iæ̃22xæ̃22iaŋ55lə42i22ke22xɤu44zɤŋ42、i22ke21ly55xɛ22zʅ44] 日子么，[zʅ22tsʅ22mɤ21] 过得很好。[kuɤ44tɤ44xɤŋ55xɔo53] 可是，[kʰɤ21sʅ44] 致个织女偷偷个下凡，[tʂʅ44ke42tʂʅ21ly55tʰɤu42tʰɤu24kɤ42ɕia44fæ̃13] 连致牛郎过日子的事情吵，[læ̃22tʂʅ44liu24laŋ13kuɤ44zʅ22tsʅ21tə21sʅ44tɕʰin42sa21] 叫致玉皇大帝知道了。[tɕiɔo22tʂʅ21y44xuaŋ22ta44ti44tʂʅ42tɔo44lə42] 致一天吵，[tʂʅ44i44tʰiæ̃42sa42] 大风刮着来是，[ta44fɤŋ42kua55tʂʅ42lɛ22sʅ44] 大雨下着来。[ta44y55ɕia44tʂʅ44lɛ44] 一阵大风刮过之后是，[ʑi42tʂɤŋ44ta44fɤŋ42kua55kuɤ44tsʅ42xɤu44sʅ42] 织女不见了。[tʂʅ22ly55pu21tɕiæ̃21lɔo21] 嗒⁼致两个娃娃哭着，[tsæ̃55tʂʅ44liaŋ33ke33va22va44kʰu33tʂɤ42] 到牛郎跟前要要涛⁼妈哩是，[tɔo44liu24laŋ24kɤŋ42tɕʰiæ̃13iɔo44iɔo44tʰɔo21ma55li42sʅ21] 牛郎也没办法。[liu24laŋ24iɛ55mɤ42pæ̃44fa42] 致时候啊，[tʂʅ44sʅ22xɤu44a42] [人家] 致金牛星就说话了。[iæ̃22tʂʅ4tɕin42liu24ɕin42tɕiu44ʂuɤ42xua44lə21] 过牛郎说是，[kuɤ44liu24laŋ13ʂuɤ42sʅ21] 你把我的致两个角扳下，[li55ma42kɤ55tə42tʂʅ44liaŋ21ke21kɤ21pæ̃42xa13] 它就变成两个篭子啦。[tʰa42tɕiu44piæ̃42tʂʰɤŋ42liaŋ22ke21iæ̃55tsʅ21la21] 你赶紧捍⁼上个担儿，[li55kæ̃22tɕin55xæ̃55ʂaŋ42ke42tæ̃44zʅ43] 把致两个娃娃吵，[pa42tʂʅ44liaŋ33ke33va22va44sa42] 一头儿放上一个，[ʑi42tʰɤu22zʅ44faŋ44ʂaŋ44i22ke21] 你赶紧撵织女，[li55kæ̃21tɕin55liæ̃55tʂʅ21ly53] 还能撵上。[xæ̃13lɤŋ13liæ̃55ʂaŋ21] 话说完了是，[xua44ʂuɤ42væ̃22lə44sʅ44] 致金牛星的角真个跌着地下啦，[tʂʅ44tɕin42liu24ɕin42tə42kɤ21tʂɤŋ42kɤ24tiɛ42tʂʅ22tɕʰi44xa42la21] 变成了两个篭子。[piæ̃44tʂʰɤŋ22lə44liaŋ22ke21iæ̃55tsʅ21] 致牛郎就赶紧把两个娃娃，[tʂʅ44liu24laŋ13tɕiu44kæ̃21tɕin55ma21liaŋ21ke21va22va44] 就放着篭子喝⁼唻，[tɕiu44faŋ44tʂʅ44iæ̃55tsʅ42xɤ21lɛ21]

然后赶紧把担儿寻上，[zæ̃22xɤu44kæ̃21tɕin55ma42tæ̃44zʅ44ɕin22ʂɑŋ44] 一阵轻风致么一吹时，[i42 tʂɤŋ44tɕhin42fɤŋ21tʂʅ44mɤŋ44i44tʂhue42sɿ13]［人家］轻轻个地飘着起来了。[iæ̃13tɕhin42tɕhin24 kɤ42ti21phiɔo42tʂʅ24tɕhi55lɛ42lɔo21] 嗒⁼腾云驾雾地只是往天上飞咧。[tsæ̃55thɤŋ53yŋ22tɕia44vu44 ti42tsɿ42sɿ44vɑŋ55tɕhiæ̃42ʂɑŋ24fe21liæ21] 飞哩还越来越快，[fe42li24xæ̃24yɤ42lɛ13yɤ42khuɛ44] 越来越高。[yɤ42lɛ22yɤ44kɔo21] 飞咪飞咪地眼看着就把织女撵上了。[fe42lɛ24fe42lɛ24ti44iæ̃55khæ̃44 tʂɤ42tɕiu44pa42tʂʅ22ly55liæ̃55ʂɑŋ21lɔo21] 致个王母娘娘看见了，[tʂʅ44ke42vɑŋ22mu44liɑŋ22liɑŋ44 khæ̃22tɕiæ̃22lɔo21] 把她头上的兀金簪儿就取下啦。[pa33tha33thɤu22ʂɑŋ44tə42vu44tɕin33tsæ̃33zʅ22 tɕiu44tɕhy55xa21la21] 取下着在致个牛郎连织女的中间就划了一道儿。[tɕhy55xa42tʂɤ42tshɛ44 tʂʅ44ke42liu24lɑŋ13læ̃42tʂʅ21ly55tə42tʂuŋ22tɕiæ̃21tɕiu44xua44lɔo44i22tɔo22zʅ21] 致一道儿一划着下去是，[tʂʅ44i42tɔo44zʅ44i42xua44tʂʅ44xa44tɕhi21sɿ21] 波涛汹涌么。[pɤ22thɔo22ɕyŋ21yŋ55mɤ42] 一道天河就把致牛郎织女过分开了。[ʑi42tɔo44thiæ̃42xɤ24tɕiu44pa42tʂɤ44liu13lɑŋ13tʂʅ21ly55kuɤ44fɤŋ42 khɛ22lɔo44] 嗒⁼牛郎越看织女越远，[tsæ̃55liu24lɑŋ13yɤ53khæ̃44tʂʅ21ly53yɤ21yæ̃] 越看织女越远。[yɤ53khæ̃44tʂʅ21ly53yɤ21yæ̃] 致一道天河吵，[tʂʅ44i42tɔo44thiæ̃42xɤ22sa43] 它就看不着边了，[tha21 tɕhiu44khæ̃44pu44tʂhɤ24piæ̃21lə21] 嗒⁼就没撵上。[tsæ̃55tɕhiu44mɤ22liæ̃55ʂɑŋ21] 致野鹊子哦，[tʂʅ44 iɛ55tɕhiɔo22tsɿ44ɔo42] 可就十分地同情致牛郎连织女的遭遇。[khɤ42tɕiu44ʂʅ42fɤŋ42ti42thuŋ13 tɕhin13tʂʅ44liu24lɑŋ13læ̃13tʂʅ22ly55tə42tsɔ42y44] 每年就到致个农历的致个七月初七，[me55liæ̃22 tɕiu44tɔo44tʂʅ44ke42luŋ24li42tə42tʂʅ44ke42tɕhi21yɤ21tʂhu21tɕhi21] 成千上万只这野鹊子吵，[tʂhɤŋ24 tɕhiæ̃42ʂɑŋ44væ̃44tʂʅ24tʂɤ44iɛ55tɕhiɔo22tsɿ44sa42] 就都来到致个天河上，[tɕiu44tɤu33lɛ33tɔo33tʂʅ44 ke42tɕhiæ̃42xɤ22ʂɑŋ44] 一个把一个的尾干致们过咬住，[ʑi22ke22ma22ʑi22ke22tə22ʑi55kæ̃42tʂʅ44 mɤŋ44kuɤ44liɔo55tʂhu21] 就在天河上搭了一条桥。[tɕiu44tsɛ44tɕhiæ̃42xɤ22ʂɑŋ44ta22lə22i42tɕhiɔo24 tɕhiɔo24] 致牛郎连织女两个么，[tʂʅ44liu24lɑŋ24læ̃24tʂʅ21ly55liɑŋ22ke21mɤ21] 就会个面，[tɕhiu44 xue44ke42miæ̃44] 团聚一下。[thuæ̃22tɕy44i42xa21]

意译：同前。

三、自选条目

1. 晨曦微露映城郭（打陇西八景一：首阳旧县）。

tʂhɤŋ24ɕi42ve42lu44iŋ44tʂhɤŋ24kuɤ42: ʂɤu55iɑŋ24tɕiu44ɕiæ̃44.

2. 社会安定风气向善（打陇西乡镇名二：和平、德兴）。

ʂɤ44xue44æ̃42cin44fɤŋ42tɕhi44ɕiɑŋ44ʂæ̃44: xɤ24phin13, tɤ24ɕin21.

3. 一桥飞架南北（打一时政用语：两岸直通）。

ʑi42tɕhiɔo13fe42tɕia44læ̃24pe42: liɑŋ55æ̃44tʂʅ24thuŋ42.

4. 旭日东升柳半垂（打一字：杂）。

ɕy55zʅ42tuŋ21ʂɤŋ21liu55pæ̃44tʂhue13: tsa13.

5. 南北两郭无战事（打陇西地名二：东城角、西城角）。

læ̃24pe42liɑŋ55kuɤ42vu22tʂæ̃44sɿ44: tuŋ42tʂhɤŋ24tɕy42, ɕi42tʂhɤŋ24tɕy21.

6. 长子长孙不好当（打一三字口语：老大难）。

tʂɑŋ21tsɿ55tʂɑŋ55suŋ42pu42xɔo55tɑŋ21: lɔo55ta44læ̃13.

7. 难忘开放总设计师（打一双百人物：邓恩铭）。

læ̃22vɑŋ44khɛ42fɑŋ44tsuŋ55ʂɤ42tɕi44sɿ42: tɤŋ44ɤŋ42miŋ13.

8. 无限江山，别时容易见时难（打一陇西历史人物：王了望）。

vu^{22}ɕiæ̃^{44}tɕiaŋ^{22}sæ̃^{21}, piɛ^{24}sɿ^{13}yŋ^{22}ʑi^{43}tɕiæ̃^{44}sɿ^{13}læ̃^{13}: vaŋ^{13}liɔ^{55}vaŋ^{44}.

意译：略。

第十八节　秦州区口头文化

一、歌谣

1. 月亮光光，照着房上。前爹爹，后幺婆，跑着山里拾柴火。拾下的柴没，点下的火没。拾了一把野鸡毛，跑着河坝洗去了。喳啦喳啦铃儿响，一下给响着王家庄。王家庄的好花狗，把我咛⁼了十八口。

yə^{21}liaŋ^{44}kuaŋ^{13}kuaŋ^{21}, tʂɔ^{44}tʂɤu^{21}faŋ^{13}ʂaŋ^{21}. tɕʰi^{13}tiə^{21}tiə^{13}, xɤu^{44}iɔ^{13}pʰɤ^{21}, pʰɔ^{53}tʂɤu^{21}sæ̃^{21}li^{53}ʂʅ^{13}tsʰɛ^{13}xuə^{21}. ʂʅ^{13}xa^{21}tɛ^{21}tsʰɛ^{13}mɤ^{21}, tiæ̃^{53}xa^{21}tɛ^{21}xuə^{53}mɤ^{21}. ʂʅ^{13}liɤu^{21}ɕi^{21}pa^{53}iə^{53}tɕi^{21}mɔ^{13}, pʰɔ^{53}tʂɤu^{21}xuə^{13}pa^{21}ɕi^{53}tɕʰi^{21}liɤu^{21}. tʃʰua^{21}la^{44}tʃʰua^{21}la^{44}liɤŋ^{13}ɛ^{21}ɕiaŋ^{53}, ɕi^{21}xa^{44}kei^{21}ɕiaŋ^{53}tʂɤu^{21}vaŋ^{13}tɕia^{21}tʃuaŋ^{21}. vaŋ^{13}tɕia^{21}tʃuaŋ^{21}tɛ^{21}xɔ^{53}xua^{21}kɤu^{53}, pa^{21}ŋu^{53}tsɛ^{53}liɤu^{53}ʂʅ^{13}pa^{21}kʰɤu^{53}.

意译：月亮光光，照在房上。前面是爹爹，后面是婆婆，跑到山里拾柴火。拾的柴火没有，点着的火没有。拾了一把野鸡毛，跑到河坝洗去了。喳啦喳啦铃儿响，一直响到王家庄。王家庄的好花狗，把我咬了十八口。

2. 头九温，二九暖，三九四九冻破脸；五九六九沿河看柳，七九八九耕牛遍地走；一九一芽生，九九遍地生。

tɤu^{13}tɕiɤu^{53}vɤŋ^{44}, ɛ^{44}tɕiɤu^{53}luæ̃^{53}, sa^{21}tɕiɤu^{53}sɿ^{44}tɕiɤu^{53}tuɤŋ^{44}pʰɤ^{44}ȵiæ̃^{53}; vu^{21}tɕiɤu^{53}liɤu^{13}tɕiɤu^{53}yæ̃^{13}xuə^{13}kʰæ̃^{44}liɤu^{53}, tɕʰi^{21}tɕiɤu^{53}pa^{21}tɕiɤu^{53}kɤŋ^{21}ȵiɤu^{13}piæ̃^{44}ti^{44}tsɤu^{53}; i^{13}tɕiɤu^{53}i^{13}a^{13}sɤŋ^{21}, tɕiɤu^{53}tɕiɤu^{53}piæ̃^{44}ti^{44}sɤŋ^{21}.

3. 鸡娃叫，狗娃咬，吃下的食食都消了。

tɕi^{21}va^{13}tɕiɔ^{44}, kɤu^{53}va^{13}ȵiɔ^{53}, tʂʰʅ^{21}xa^{13}tɛ^{21}ʂʅ^{13}ʂʅ^{21}tɤu^{13}ɕiɔ^{21}liɤu^{53}.

4. 瓦子云，晒得胯子疼；扫帚云，泡死人。

va^{53}tsɿ^{21}yɤŋ^{13}, sɛ^{44}ti^{21}kʰua^{53}tsɿ^{21}tʰɤŋ^{13}; sɔ^{44}tʃʰʮ^{21}yɤŋ^{13}, pʰɔ^{44}sɿ^{21}zɤŋ^{13}.

5. 早烧不出门，晚烧横千里。

tsɔ^{53}sɔ^{44}pu^{44}tʃʰʮ^{21}mɤŋ^{21}, va^{53}sɔ^{44}xɤŋ^{13}tɕʰiæ̃^{21}li^{53}.

6. 云朝东，一场空；云朝西，泡死鸡；云朝南，水翻船。

yɤŋ^{13}tʂɔ^{21}tuɤŋ^{13}, ɕi^{21}tʂaŋ^{13}kʰuɤŋ^{13}; yɤŋ^{13}tʂɔ^{21}ɕi^{13}, pʰɔ^{44}sɿ^{53}tɕi^{13}; yɤŋ^{13}tʂɔ^{21}læ̃^{13}, suei^{53}fæ̃^{21}tʃʰuæ̃^{21}.

以上 5 条意译：略。

二、故事

牛郎织女

古时候，[ku^{21}sɿ^{13}xɤu^{21}] 有一个小伙子，[iɤu^{53}ɕi^{13}kɛ^{53}ɕiɤu^{13}xuə^{53}tsɿ^{21}] 他的大汉死得早。[tʰa^{13}tɛ^{13}ta^{44}xæ̃^{21}sɿ^{53}tɛ^{21}tsɔ^{53}] 他家里头唻，[tʰa^{13}tɕia^{13}li^{21}tʰɤu^{44}lɛ^{21}] 就养了一头老牛，[tɕiɤu^{44}iaŋ^{53}liɤu^{21}ɕi^{21}tʰɤu^{13}lɔ^{53}ȵiɤu^{13}] 他跟这一头老牛唻相依为命，[tʰa^{13}kɤŋ^{13}tsɛ^{53}ɕi^{13}tʰɤu^{21}lɔ^{53}ȵiɤu^{13}lɛ^{21}ɕiaŋ^{13}i^{21}vei^{13}miɤŋ^{44}] 以耕地为生。[i^{53}kɤŋ^{13}ti^{44}vei^{13}sɤŋ^{13}] 这个小伙子唻，[tsɛ^{53}kɛ^{13}ɕiɤu^{21}xuə^{53}tsɿ^{21}lɛ^{21}] 就叫牛郎，[tɕiɤu^{44}tɕiɔ^{44}ȵiɤu^{13}laŋ^{21}] 老牛唻实际上就是天上的金牛星。[lɔ^{53}ȵiɤu^{13}lɛ^{21}ʂʅ^{13}tɕi^{21}ʂaŋ^{21}tɕiɤu^{44}sɿ^{21}tʰiæ̃^{13}ʂaŋ^{21}tɛ^{21}tɕiɤŋ^{13}ȵiɤu^{13}ɕiɤŋ^{21}] 它看着这个

小伙子非常勤快善良，[tʰa13kʰæ̃44tʂʰuə13tsɛ53kɛ13ɕiɤu13xuə53tsɿ21fei13tʂʰɑŋ13tɕʰiɤŋ13kʰuɛ21ʂæ̃44liɑŋ13] 就很同情他，[tɕiɤu44xɤŋ53tʰuɤŋ13tɕʰiɤŋ13tʰa21] 它也想给他帮他成一个家。[tʰa21iə53ɕiɑŋ53kei44tʰa13pɑŋ13tʰa13tʂʰɤŋ13ɕi21kɛ53tɕia13] 有一天，[iɤu53i44tʰiæ̃21] 老牛就给牛郎托梦说：[lɔ53ȵiɤu13tɕiɤu44kei44ȵiɤu13lɑŋ21tʰuə13mɤŋ44ʂɤ13] “明天湖里有几个仙女洗澡，[miɤŋ13tʰiæ̃21xu13li21iɤu53tɕi13kɛ53ɕiæ̃13ny53ɕi53tsɔ53] 你去以后把她挂在树上的衣服拿上一件，[ȵi53tɕʰi44i53xɤu21pa13tʰa13kua44tsɛ21ʃʮ44ʂɑŋ21tɛ21i13fu21na13ʂɑŋ21ɕi13tɕʰiæ̃53] 头也不要回地回来，[tɤu13iə53pʰu44iɤu21xuei13ti21xuei13lɛ21] 那里面就有一个仙女给你做老婆。”[nɤ53li53miæ̃21tɕiɤu44iɤu53ɕi13kɛ53ɕiæ̃13ny53kɛ44ȵi53tsuə13lɔ53pʰɤ21] 牛郎半信半疑的，[ȵiɤu13lɑŋ21pæ̃44ɕiɤŋ44pæ̃44i13ti21] 但还是去了，[tæ̃44xa13sɿ44tɕʰi44liɤu21] 他果不其然看见有七个仙女洗澡，[tʰa13kuə53pʰu21tɕʰi13ʐæ̃13kʰæ̃44tɕiæ̃44iɤu53tɕʰi13kɛ53ɕiæ̃13ny53ɕi53tsɔ53] 他把挂在树上的衣服咪偷了一件，[tʰa13pa21kua44tsɛ21ʃʮ44ʂɑŋ21tɛ21i13fu21lɛ21tʰɤu13liɤu21ɕi13tɕʰiæ̃53] 头也没回地就回来了。[tʰɤu13iə53mɤ21xuei13ti21tɕiɤu44xuei13lɛ21liɤu21] 到了半夜里，[tɔ44liɤu21pæ̃44iə44li21] 他听见敲门声，[tʰa13tʰiɤŋ44tɕiæ̃44tɕʰiɤu21mɤŋ13ʂɤŋ13] 开门一看，[kʰɛ13mɤŋ13ɕi21kʰæ̃44] 果然有个仙女来找他。[kuə53ʐæ̃21iɤu53kɛ21ɕiæ̃13ny53lɛ13tsɔ53tʰa13] 从此咪，[tʃʰuɤŋ13tsʰɿ53lɛ21] 这个仙女就跟他相依为命，[tsɛ53kɛ21ɕiæ̃13ny53tɕiɤu44kɤŋ44tʰa13ɕiɑŋ13i21vei13miɤŋ44] 做了他的老婆。[tsuə13liɤu21tʰa13tɛ21lɔ53pʰɤ21] 这个仙女咪，[tsɛ53kɛ21ɕiæ̃13ny53lɛ21] 实际上就是织女。[ʂɿ13tɕi44ʂɑŋ21tɕiɤu44sɿ21tʂɿ13ny53] 那转念间咪又过了三年，[na53tʂuæ̃53ȵiæ̃53tɕiæ̃21lɛ21iɤu44kuə44liɤu21sæ̃13ȵiæ̃13] 他们两个相依为命，[tʰa13mɤŋ21liɑŋ13kɛ53ɕiɑŋ13i21vei13miɤŋ44] 并且生了两个孩子。[piɤŋ44tɕʰiə21sɤŋ21liɤu53liɑŋ13kɛ53xɛ13tsɿ21] 这件事情咪，[tsɤ53tɕiæ̃21sɿ44tɕʰiɤŋ21lɛ21] 叫天上的玉皇大帝知道了，[tɕiɔ44tʰiæ̃13ʂɑŋ44tɛ21y21xuɑŋ13ta44ti44tʂɿ13tɔ44liɤu21] 他很是气愤。[ta13xɤŋ53sɿ44tɕi44fɤŋ21] 所以咪，[suə21i53lɛ21] 天上就忽雷闪电，[tʰiæ̃13ʂɑŋ21tɕiɤu44xu13lei13ʂæ̃53tiæ̃44] 下起了暴雨，[ɕia44tɕʰi53liɤu21pɔ44y53] 等雨一停以后，[tɤŋ53y53ɕi13tʰiɤŋ13ɕi53xɤu21] 牛郎发现织女没待，[ȵiɤu21lɑŋ21fa13ɕiæ̃44tʂɿ13ny53mɤ13tɛ13] 急得咪不知如何是好，[tɕi13tei21lɛ21pu44tʂɿ21zʮ13xɤ13sɿ44xɔ53] 他就嚎啕大哭。[tʰa13tɕiɤu44xɔ13tʰɔ13ta44kʰu13] 这个时候咪，[tsɛ53kɛ13sɿ13xɤu21lɛ21] 金牛星就告诉他：[tɕiɤŋ13ȵiɤu13ɕiɤŋ44tɕiɤu44kɔ44su21tʰa13] “你不要急，[ȵi53pʰu13iɤu44tɕi13] 我头上的角掉下来以后，[ŋuə53tʰɤu13ʂɑŋ21tɤ21kuə13tiɤu44xa44lɛ13ɕi53xɤu44] 就变成两只筐筐，[tɕiɤu44piæ̃44tʂʰɤŋ13liɑŋ53tʂɿ13kʰuɑŋ21kʰuɑŋ13] 你把两个娃担上去，[ȵi53pa13liɑŋ53kɛ21va13tæ̃13ʂɑŋ13tɕʰi21] 上天就能找到织女。”[ʂɑŋ44tʰiæ̃21tɕiɤu44nɤŋ13tsɔ53tɔ44tʂɿ13ny53] 果不其然，[kuə53pʰu21tɕʰi13ʐæ̃13] 金牛星的角掉下来变了两只筐筐。[tɕiɤŋ13ȵiɤu13ɕiɤŋ21tɤ21kuə13tiɤu44xa44lɛ13piæ̃44liɤu21liɑŋ53tʂɿ13kʰuɑŋ21kʰuɑŋ13] 牛郎担着两个孩子，[ȵiɤu13lɑŋ21tæ̃13tʂɤu21liɑŋ53kɤ21xɛ13tsɿ21] 就腾云驾雾，[tɕiɤu44tʰɤŋ13yɤŋ13tɕia44vu44] 就追到天上去了，[tɕiɤu44tsuei13tɔ44tʰiæ̃13ʂɑŋ44tɕʰi44liɤu21] 王母娘娘看见了，[vɑŋ13mu53ȵiɑŋ13ȵiɑŋ21kʰæ̃44tɕiæ̃21liɤu21] 她抹下了头上的簪，[tʰa13ma13xa44liɤu21tʰɤu13ʂɑŋ21tɛ21tsæ̃13] 就地一划，[tɕiɤu44ti44ɕi13xua44] 就形成了一条波涛汹涌的大河。[tɕiɤu44ɕiɤŋ13tʂɤŋ13liɤu21ɕi13tʰiɔ13pɤ13tʰɔ13ɕyɤŋ21yɤŋ53tɛ21ta44xuə13] 那么这条河咪非常宽，[na53mɤ21tsɛ53tʰiɔ13xuə13lɛ21fei13ʂɑŋ13kʰuɑŋ13] 把牛郎连织女咪隔在河的两边，[pa13ȵiɤu13lɑŋ21liæ̃13tʂɿ13ny53lɛ21kei13tsɛ44xuə13tɛ21liɑŋ53piæ̃21] 他们两个咪不能相见。[tʰa13mɤŋ21liɑŋ13kɛ53lɛ21pu21nɤŋ13ɕiɑŋ21tɕiæ̃44] 地上的野鹊非常同情牛郎跟织女的遭遇，[ti44ʂɑŋ21tɛ21iə53tɕiɤu21fei13tʂʰɑŋ44tʰuɤŋ13tɕʰiɤŋ21ȵiɤu13lɑŋ21kɤŋ13tʂɿ13ny53tɛ21tsɔ21y44] 它们就每年到了七月七，[tʰa13mɤŋ21tɕiɤu44mei53ȵiæ̃13tɔ44liɤu21tɕʰi21yə53tɕʰi21] 它们就

飞到天上去，[tʰa13mɤŋ21tɕiɤu44fei13tɔ44tʰiæ̃13ʂɑŋ21tɕʰi21] 首尾相接形成了一座桥，[ʂɤu53vei53 ɕiɑŋ13tɕiə13ɕiɤŋ13tʂɤŋ13liɤu21ɕi13tsuə44tɕʰiɔ13] 就叫鹊桥。[tɕiɤu44tɕiɔ44tɕʰyə21tɕʰiɔ13] 那么从此每年七月七的晚上，[na53mɤ21tʃʰuɤŋ13tsʰɿ53mei53ȵiæ̃13tɕʰi13yə53tɕʰi21tɛ21væ̃53ʂɑŋ21] 民间主要在晚上夜深人静的时候，[miɤŋ13tɕiæ̃21tsʮ53iɤu44tsʰɛ44væ̃53sɑŋ21iə44ʂɤŋ44ʐɤŋ13tɕiɤŋ44tɛ21 sɿ13xɤu21] 在葡萄架下就能听见牛郎连织女的窃窃私语。[tsʰɛ44pʰu13tʰɔ13tɕia44ɕia21tɕiɤu44 nɤŋ13tʰiɤŋ13tɕiæ̃44ȵiɤu13lɑŋ21liæ̃13tʂɿ13ny53tɛ21tɕʰiə13tɕʰiə21si13y53] 在民间把七夕节的这一天就叫做情人节，[tsɛ44miɤŋ53tɕiæ̃21pa21tɕʰi13ɕi21tɕiə13tɛ21tsɛ53i44tʰiæ̃21tɕiɤu44tɕiɔ44tsuə21tɕʰiɤŋ13 ʐɤŋ21tɕiə21] 已经流传至今。[i53tɕiɤŋ44liɤu13tʃʰuæ̃13tsɿ44tɕiɤŋ21] 这就是牛郎连织女的故事。[tsɛ53tɕiɤu44sɿ21ȵiɤu13lɑŋ21liæ̃13tʂɿ13ny53tɛ21ku44sɿ21]

意译：同前。

三、自选条目

正月里采茶呀喜新的年，[tʂɤŋ13yə44li21tsʰɛ13tsʰa53ia21ɕi13ɕiɤŋ44tɛ21ȵiæ̃13] 姊妹的二人呀打秋的千；[tsɿ21mei13tɤ21ɛ13ʐɤŋ13ia21ta13tɕʰiɤu13tɛ21tɕiæ̃12] 上打的腾空呀龙摆的尾呀，[ʂɑŋ13 ta44tɛ21tʰɤŋ13kʰuɤŋ13ia21luɤŋ13pɛ13tɛ21vei53ia21] 下打的珍珠呀倒卷的帘。[ɕia21ta13tɛ21tʂɤŋ13 tsʮ53ia21tɔ13tɕyæ̃53tɛ21liæ̃13] 二月里采茶呀茶发的芽芽，[ɛ13yə44li21tsʰɛ13tsʰa53ia21tsʰa13fa44tɛ21 ia13ia21] 摘上捆茶叶呀献菩的萨；[tʂɤ13ʂɑŋ44kʰuɤŋ21tsʰa13iə53ia21ɕiæ̃13pʰu13tɛ21sa13] 菩萨的保佑呀茶家的好，[pʰu13sa44tɛ21pɔ13iɤu53ia21tsʰa13ɕia44tɛ21xɔ13] 含苞的茶树呀多开的花。[xæ̃13 pɔ44tɛ21tsʰa13sʮ53ia21tuə13kʰɛ13tɛ21xua13] 三月里采茶呀三清的明，[sæ̃13yə44li21tsʰɛ13tsʰa53ia21 sæ̃13ɕiɤŋ44tɛ21miɤŋ13] 姊妹的二人呀伴茶的情；[tsɿ44mei44tɛ21ɛ13ʐɤŋ53ia21pæ̃13tsʰa53tɛ21ɕiɤŋ13] 姐姐的多伴呀妹烧的菜，[tɕiə13tɕiə21tɛ21tuə13pæ̃53ia21mei44ʂɔ13tɛ21tsʰɛ13] 姐姐的唱歌呀妹妹的听。[tɕiə13tɕiə21tɛ21tʂʰɑŋ13kuə53ia21mei13mei21tɛ21tʰiɤŋ13] 四月里采茶呀四月的八，[sɿ13 yə44li21tsʰɛ13tsʰa53ia21sɿ13yə44tɛ21pa13] 四月的君子呀到我的家；[sɿ13yə44tɛ21tɕyɤŋ13tsɿ21ia21 tɔ13ŋuə53tɛ21ɕia13] 端上杯新茶呀君先的尝，[tuæ̃13ʂɑŋ44pei13ɕiɤŋ13tsʰa13ia21tɕyɤŋ44ɕiæ̃13tei21 tʂʰɑŋ13] 还望的哥哥呀早回的家。[xæ̃13vɑŋ44tɛ21kuə13kuə21ia21tsɔ13xuei53tɛ21tɕia13] 五月里采茶呀热难的挡，[vu13yə44li21tsʰɛ13tsʰa53ia21ʐɤ13næ̃53tɛ21tɑŋ13] 手忙的脚乱呀热锅的烫；[ʂɤu13 mɑŋ13tɛ21tɕyə13luæ̃53ia21ʐɤ13kuə53tɛ21tʰɑŋ13] 东一的拔了呀西一的拔，[tuɤŋ13i44tɛ21pa13lɛ12ia21 ɕi44i53tɛ21pa13] 筐筐的满了呀装不的下。[kʰuɑŋ13kʰuɑŋ21tɛ21mæ̃13liɔ53ia21tʃuɑŋ13pu53tɛ21ɕia21] 六月里采茶呀艳阳的天，[liɤu13yə44li21tsʰɛ13tsʰa53ia21iæ̃44iɑŋ13tɛ21tʰiæ̃13] 一把的茶叶呀一把的汗；[i13pa44tɛ21tsʰa13iə53ia21i13pa44tɛ21xæ̃13] 多流的汗水呀不亏的钱，[tuə13liɤu13tɛ21xæ̃13suei53ia21 pu13kʰuei44tɛ21tɕʰiæ̃13] 多采的茶叶呀多卖的钱。[tuə13tsʰɛ13tɛ21tsʰa13iə53ia21tuə13mɛ53tɛ21tɕʰiæ̃13] 七月里采茶呀秋风的凉，[tɕi13yə44li21tsʰɛ13tsʰa53ia21tɕiɤu13fɤŋ44tɛ21liɑŋ13] 风吹的茶花呀满院的缸；[fɤŋ13tsʰuei44tɛ21tsʰa13xua53ia21mæ̃13yæ̃53tɛ21kɑŋ13] 风吹的茶花呀满院的缸，[fɤŋ13tsʰuei44 tɛ21tsʰa13xua53ia21mæ̃13yæ̃44tɛ21kɑŋ13] 一棵的一棵呀齐采的上。[i13kʰuə44tɛ21i13kʰuə44ia21tɕʰi13 tsʰɛ13tɛ21ʂɑŋ13] 八月里采茶呀茶树的黄，[pa13yə44li21tsʰɛ13tsʰa53ia21tsʰa13sʮ44tɛ21xuɑŋ13] 姐姐的庄边呀洗衣的裳；[tɕiə13tɕiə21tɛ21tʃuɑŋ13piæ̃13ia21ɕi13i53tɛ21ʂɑŋ13] 双膝的跪在呀青石的上，[ʃuɑŋ13tɕʰi44tɛ21kʰuei13tsɛ53ia21tɕʰiɤŋ13ʂɿ44tɛ21ʂɑŋ13] 黄柏木棒槌呀响叮的哨。[xuɑŋ13pei13 mu21pɑŋ13tsʰuei53ia21ɕiɑŋ13tiɤŋ53tɛ21tɑŋ13] 九月里采茶呀九重的阳，[tɕiɤu13yə44li21tsʰɛ13tsʰa53 ia21tɕiɤu13tʃʰuɤŋ13tɛ21iɑŋ13] 黄菊花开在呀两路的旁；[xuɑŋ13tɕy44xua13kʰɛ44tsɛ53ia21liɑŋ13lu53 tɛ21pʰɑŋ13] 黄菊花酿酒呀满院的香，[xuɑŋ13tɕy44xua13ʐɑŋ13tɕiɤu53ia21mæ̃13yæ̃44tɛ21ɕiɑŋ13] 端上

的一碗呀敬老的娘。[tuæ̃13ʂɑŋ44tɛ21i13væ̃53ia21tɕiɤŋ13lɔ53tɛ21n̠iɑŋ13] 十月里采茶呀十里的缸，[ʂʅ13yə44li21tsʰɛ13tsʰa53ia21ʂʅ13li44tɛ21kɑŋ13] 十里的缸上呀十缸的香；[ʂʅ13li44tɛ21kɑŋ13ʂɑŋ53ia21ʂʅ13kɑŋ44tɛ21ɕiɑŋ13] 十里的缸上呀十筐的香，[ʂʅ13li44tɛ21kɑŋ13ʂɑŋ53ia21ʂʅ13kuɑŋ44tɛ21ɕiɑŋ13] 留下的一筐呀敬娘的娘。[liɤu13ɕia44tɛ21i13kuɑŋ53ia21tɕiɤŋ13n̠iɑŋ53tɛ21n̠iɑŋ13] 十一月采茶呀雪漫的天，[ʂʅ13i44yə13tsʰɛ13tsʰa53ia21ɕyə13mæ̃44tɛ21tʰiæ̃13] 外出的哥哥呀转回的还；[vɛ13tsʰʮ44tɛ21kuə13kuə21ia21tsuæ̃13xuei53tɛ21xuæ̃13] 洗衣的做饭呀不停的手呀，[ɕi13i44tɛ21tsuə13fæ̃53ia21pu13tʰiɤŋ44tɛ21ʂɤu13ia21] 品着的茶香呀耳边的烟。[pʰiɤŋ13tʂɤ44tɛ21tsʰa13ɕiɑŋ53ia21ɛ13piæ̃53tɛ21iæ̃13] 十二月采茶呀正一的年，[ʂʅ13ɛ44yə13tsʰɛ13tsʰa53ia21tʂɤŋ44i44tɛ21n̠iæ̃13] 腊梅花开满呀前后的院；[la13mei13xua44kʰɛ13mæ̃53ia21tɕʰiæ̃13xɤu53tɛ21yæ̃13] 糖烟的酒茶呀七彩的裳，[tʰɑŋ13iæ̃44tɛ21tɕiɤu13tsʰa53ia21tɕʰi13tsʰɛ44tɛ21ʂɑŋ13] 杀猪的宰羊呀过大的年，[sa13tʃʮ44tɛ21tsɛ13iɑŋ53ia21kuə13ta53tɛ21n̠iæ̃13] 杀猪的宰羊呀过大的年。[sa13tʃʮ44tɛ21tsɛ13iɑŋ53ia21kuə13ta53tɛ21n̠iæ̃13]

意译：正月里采茶喜新年，姊妹二人打秋千；上打腾空龙摆尾，下打珍珠倒卷帘。二月里采茶茶发芽，摘上捆茶叶献菩萨；菩萨保佑茶剪好，含苞的茶树多开花；三月里采茶是清明，姊妹二人伴茶情；姐姐多伴妹烧菜，姐姐唱歌妹妹听。四月里采茶四月八，四月的君子到我家；端上杯新茶君先尝，还望哥哥早回家。五月里采茶热难挡，手忙脚乱热锅烫；东一拨呀西一拨，筐筐满了装不下。六月里采茶艳阳天；一把茶叶一把汗；多流汗水不亏钱，多采茶叶多卖钱。七月里采茶秋风凉，风吹茶花满院飞；风吹茶花满院飞，一棵一棵齐采上。八月里采茶茶树黄，姐姐在庄边洗衣裳；双膝跪在青石上，黄柏木棒槌响叮咣。九月里采茶九重阳，黄菊花开在路两旁；黄菊花酿酒满院香，端上一碗敬老娘。十月里采茶十里缸，十里缸上十缸香；十里缸上十缸香，留下一缸敬娘娘。十一月采茶雪漫天，外出的哥哥转回还；洗衣做饭不停手，品着茶香耳边烟。十二月采茶正一的年，腊梅花开满前后院；糖烟酒茶七彩裳，杀猪宰羊过大年。

第十九节　安定区口头文化

一、歌谣

太阳呀出来是一点红呀一点红呀，照见了月亮是逢呀双成呀，哎呀哎吱哟呀，照见了月亮是逢呀双成呀。鸭儿呀喝水是两点红呀两点红呀，照见了白鸽是逢呀双成呀，哎呀哎吱哟呀，照见了白鸽是逢呀双成呀。芍药呀开花是三点红呀三点红呀，照见了牡丹是逢呀双成呀，哎呀哎吱哟呀，照见了牡丹是逢呀双成呀。红漆呀桌子是四点红呀四点红呀，照见了椅子是逢呀双成呀，哎呀哎吱哟呀，照见了椅子是逢呀双成呀。

tʰɛ44iɑŋ13ia44tʃʰu13lɛ21sʅ44ʑi21tiæ̃53xuŋ44ia44ʑi21tiæ̃53xuŋ44ia44, tʂɔ53ɕiæ̃44lɔ21yə21liɑŋ44sʅ53fəŋ44ia21ʃuɑŋ21tʂʰəŋ13ia21, ɛ21ia44ɛ21tsʅ44iəu53ia21, tʂɔ53ɕiæ̃44lɔ21yə21liɑŋ44sʅ53fəŋ44ia21ʃuɑŋ21tʂʰəŋ13ia21. ia44ɚ13ia44xə13ʃuei21sʅ44liɑŋ21tiæ̃53xuŋ44ia44liɑŋ21tiæ̃53xuŋ44ia44, tʂɔ53ɕiæ̃44lɔ21pu21kə44sʅ53fəŋ44ia21ʃuɑŋ21tʂʰəŋ13ia21, ɛ21ia44ɛ21tsʅ44iəu53ia21, tʂɔ53ɕiæ̃44lɔ21pu21kə44sʅ53fəŋ44ia21ʃuɑŋ21tʂʰəŋ13ia21. ʂə44iə53ia44kʰɛ13xua21sʅ44sæ̃21tiæ̃53xuŋ44ia44sɑŋ21tiæ̃53xuŋ44ia44, tʂɔ53ɕiæ̃44lɔ21mu21tæ̃44sʅ53fəŋ44ia21ʃuɑŋ21tʂʰəŋ13ia21, ɛ21ia44ɛ21tsʅ44iəu53ia21, tʂɔ53ɕiæ̃44lɔ21mu21tæ̃44sʅ53fəŋ44ia21ʃuɑŋ21tʂʰəŋ13ia21. xun44tɕʰi53ia44tʂuə13tsʅ21sʅ44sʅ21tiæ̃53xuŋ44ia44sʅ21tiæ̃53xuŋ44ia44, tʂɔ53ɕiæ̃44lɔ21i21tsʅ44sʅ53fəŋ44ia21ʃuɑŋ21tʂʰəŋ13ia21, ɛ21ia44ɛ21tsʅ44iəu53ia21, tʂɔ53ɕiæ̃44lɔ21i21tsʅ44sʅ53fəŋ44ia21ʃuɑŋ21tʂʰəŋ13ia21.

意译：太阳出来是一点红呀，照见了月亮是逢双成（加配如愿）呀。鸭儿喝水是两点红呀，照见了鸽子是逢双成呀。芍药开花是三点红呀，照见了牡丹是逢双成呀。红漆桌子是四点红呀，照见了椅子是逢双成呀。

二、故事

牛郎织女

我给大家说一个传奇故事，[ŋə^{53}kei^{21}ta^{13}tɕia^{44}ʂuə^{13}ʑi^{13}kə^{21}tʃuæ̃^{13}tɕʰi^{21}ku^{44}sɿ^{21}] 牛郎和织女的故事。[ȵiəu^{13}nɑŋ^{21}xə^{13}tʂʅ^{21}ȵy^{53}tə^{21}ku^{44}sɿ^{21}] 很久以前，[xəŋ^{21}tɕiəu^{44}ʑi^{53}tɕʰiæ̃^{13}] 有一个青年叫牛郎，[iəu^{53}ʑi^{21}kə^{44}tɕʰiŋ^{21}ȵiæ̃^{13}tɕiɔ^{44}ȵiəu^{13}nɑŋ^{21}] 他的父母很早就去世了，[tʰa^{21}tə^{13}fu^{44}mu^{53}xəŋ^{21}tsɔ^{53}tɕiəu^{21}tɕʰy^{44}ʂʅ^{44}lɔ^{21}] 他的哥哥嫂子很不喜欢他，[tʰa^{21}tə^{13}kə^{21}kə^{13}sɔ^{53}tsɿ^{21}xəŋ^{53}pu^{21}ɕi^{53}xuæ̃^{21}ta^{13}] 有一天就提出分家，[iəu^{53}ʑi^{21}tʰiæ̃^{44}tɕiəu^{44}tʰi^{13}tsʰu^{21}fəŋ^{13}tɕia^{13}] 就把牛郎和一头老牛分为一家，[tɕiəu^{44}pa^{21}ȵiəu^{13}nɑŋ^{21}xe^{13}ʑi^{21}tʰəu^{13}lɔ^{53}niəu^{13}fəŋ^{21}uei^{13}ʑi^{21}tɕia^{13}] 从此，[tsʰuŋ^{21}tsʰɿ^{53}] 牛郎和老牛相依为命。[ȵiəu^{13}nɑŋ^{21}xə^{13}lɔ^{53}ȵiəu^{21}ɕiɑŋ^{13}ʑi^{21}uei^{13}miŋ^{44}] 这头牛可是一头神牛，[tʂə^{53}tʰəu^{21}ȵiəu^{131}kʰə^{53}sɿ^{44}ʑi^{21}tʰəu^{13}ʂəŋ^{13}ȵiəu^{21}] 有一天，[iəu^{53}ʑi^{21}tʰiæ̃^{13}] 老牛给他托梦说：[lɔ^{53}ȵiəu^{13}kei^{44}ta^{21}tʰuə^{21}məŋ^{44}ʂuə^{13}] “屋子后面有个池塘，[vu^{21}tsɿ^{53}xəu^{44}miæ̃^{21}iəu^{53}kə^{21}tʂʰʅ^{13}tʰɑŋ^{21}] 池塘里有洗澡的仙女，[tʂʰʅ^{13}tʰɑŋ^{21}li^{21}iəu^{53}ɕi^{21}tsɔ^{53}tə^{21}ɕiæ̃^{21}ȵy^{53}] 你过去随便拿回一件衣服，[ȵi^{53}kuə^{44}ɕi^{21}suei^{21}piæ̃^{44}na^{21}xuei^{13}ʑi^{21}tɕiæ̃^{44}ʑi^{21}fu^{13}] 她就是你的妻子。”[tʰa^{21}tɕiəu^{44}sɿ^{21}ȵi^{53}tə^{21}tɕʰi^{21}tsɿ^{53}] 牛郎半信半疑，[ȵiəu^{13}nɑŋ^{21}pæ̃^{44}ɕiŋ^{21}pæ̃^{44}ʑi^{13}] 不太相信。[pu^{21}tʰɛ^{53}ɕiɑŋ^{21}ɕiŋ^{44}] 第二天早上起来，[ti^{53}ɚ^{44}tʰiæ̃^{21}tsɔ^{53}ʂɑŋ^{21}tɕʰi^{53}lɛ^{13}] 还是去照办了。[xæ̃^{21}sɿ^{44}tɕʰy^{21}tʂɔ^{44}pæ̃^{44}lɔ^{21}] 结果他过去的时候，[tɕiə^{21}kuə^{53}tʰa^{21}kuə^{44}tɕʰi^{21}tə^{21}sɿ^{13}xəu^{21}] 真的有几个仙女在池塘里面洗澡，[tʂəŋ^{21}tə^{21}iəu^{53}tɕi^{21}kə^{44}ɕiæ̃^{21}ȵy^{53}tsɛ^{44}tʂʅ^{13}tʰɑŋ^{21}li^{53}miæ̃^{21}ɕi^{21}tsɔ^{53}] 牛郎就拿了一件粉红色衣服，[ȵiəu^{13}nɑŋ^{21}tɕiəu^{44}na^{13}lɔ^{21}ʑi^{21}tɕiæ̃^{44}fəŋ^{53}xuŋ^{21}sə^{44}ʑi^{21}fu^{13}] 拿回自己的家。[na^{13}xuei^{13}tsɿ^{44}ɕi^{21}tə^{21}tɕia^{13}] 到了晚上，[tɔ^{44}lɔ^{21}uæ̃^{53}ʂɑŋ^{21}] 有敲门声，[iəu^{53}tɕʰiɔ^{21}məŋ^{13}ʂəŋ^{21}] 牛郎把门开开，[ȵiəu^{13}nɑŋ^{21}pa^{21}məŋ^{13}kʰɛ^{13}kʰɛ^{21}] 织女过来要她的衣服，[tʂʅ^{21}ȵy^{53}kuə^{44}lɛ^{13}iɔ^{44}tʰa^{21}tə^{21}ʑi^{21}fu^{13}] 这样他们俩就结为夫妻，[tʂə^{53}iɑŋ^{21}tʰa^{21}məŋ^{13}liɑŋ^{53}tɕiəu^{44}tɕiə^{21}uei^{13}fu^{13}tɕʰi^{21}] 而且生了一男一女两个儿女，[ɚ^{13}tɕʰiə^{21}səŋ^{44}lɔ^{21}ʑi^{21}næ̃^{13}ʑi^{21}ȵy^{53}liɑŋ^{21}kə^{44}ɚ^{13}ny^{53}] 他们日子过得还算幸福。[tʰa^{21}məŋ^{44}ʐʅ^{21}tsɿ^{53}kuə^{44}tə^{21}xæ̃^{13}suæ̃^{44}ɕiŋ^{44}fu^{21}] 可是好景不长，[kʰə^{21}sɿ^{44}xɔ^{21}tɕiŋ^{53}pu^{21}tʂɑŋ^{13}] 织女下凡的事情被王母娘娘发现了，[tʂʅ^{21}ȵy^{53}ɕia^{44}fæ̃^{13}tə^{21}sɿ^{44}tɕʰiŋ^{44}pei^{44}uɑŋ^{21}mu^{53}ȵiɑŋ^{21}ȵiɑŋ^{44}fa^{21}ɕiæ̃^{44}lɔ^{21}] 王母娘娘非常生气，[uɑŋ^{21}mu^{53}ȵiɑŋ^{21}ȵiɑŋ^{44}fei^{21}tʂʰɑŋ^{13}səŋ^{21}tɕʰi^{44}] 就去人间，[tɕiəu^{44}tɕʰy^{44}ʐəŋ^{13}tɕiæ̃^{21}] 硬把织女拉回天上。[ȵiŋ^{44}pa^{21}tʂʅ^{21}ȵy^{53}la^{21}xuei^{13}tʰiæ̃^{21}ʂɑŋ^{13}] 牛郎的两个儿女哭着喊着要妈妈，[ȵiəu^{13}nɑŋ^{21}tə^{21}liɑŋ^{53}kə^{21}ɚ^{13}ȵy^{53}kʰu^{21}tʂə^{13}xæ̃^{53}tʂə^{21}iɔ^{44}ma^{53}ma^{21}] 这时老牛又开口说话了，[tʂə^{53}ʂʅ^{13}lɔ^{53}ȵiəu^{13}iəu^{44}kʰɛ^{21}kʰəu^{53}ʂuə^{21}xua^{44}lɔ^{21}] “我死了之后，[ŋə^{53}sɿ^{53}lɔ^{21}tsɿ^{21}xəu^{44}] 你可以把我的皮子剥下来，[ȵi^{13}kə^{53}ʑi^{21}pa^{21}ŋə^{53}tə^{21}pʰi^{21}tsɿ^{44}pə^{21}ɕia^{44}lɛ^{13}] 披在身上，[pʰi^{21}tsɛ^{44}ʂəŋ^{21}ʂɑŋ^{44}] 它可以带你上天去追织女。”[tʰa^{21}kʰə^{53}ʑi^{21}tɛ^{44}ȵi^{53}ʂɑŋ^{44}tʰiæ̃^{13}tɕʰi^{44}tʃuei^{13}tʂʅ^{21}ȵy^{53}] 牛郎照老牛托的梦去办。[ȵiəu^{13}nɑŋ^{21}tʂɔ^{44}lɔ^{53}ȵiəu^{21}tʰuə^{21}tə^{21}məŋ^{44}tɕʰy^{44}pæ̃^{44}] 然后担着他的儿女，[ʐæ̃^{21}xəu^{44}tæ̃^{21}tʂə^{13}tʰa^{21}tə^{21}ɚ^{13}ȵy^{53}] 披着牛皮，[pʰi^{13}tʂə^{21}ȵiəu^{13}pʰi^{21}] 上天追织女。[ʂɑŋ^{44}tʰiæ̃^{13}tʃuei^{13}tʂʅ^{21}ȵy^{53}] 眼看就要追上织女了，[ȵiæ̃^{53}kʰæ̃^{44}tɕiəu^{21}iɔ^{44}tʃuei^{21}ʂɑŋ^{13}tʂʅ^{21}ȵy^{53}lɔ^{21}] 又被王母娘娘发现了，[iəu^{44}pei^{44}uɑŋ^{21}mu^{44}ȵiɑŋ^{21}ȵiɑŋ^{44}fa^{21}ɕiæ̃^{44}lɔ^{21}] 她拔下自己头上的金簪，[tʰa^{21}pa^{13}ɕia^{44}tsɿ^{44}tɕi^{21}tʰəu^{13}ʂɑŋ^{44}tə^{21}tɕiŋ^{13}tsæ̃^{13}] 在天上一挥，[tsɛ^{44}tʰiæ̃^{21}ʂɑŋ^{13}ʑi^{21}xuei^{13}] 然后天

上出现一道银河，[ʐæ̃^{21}xəu^{44}tʰiæ̃^{21}ʂɑŋ^{44}tʃu^{21}ɕiæ̃^{44}ʑi^{21}tɔ^{44}iŋ^{13}xə^{13}]把牛郎和织女隔为两岸，[pa^{21}ȵiəu^{13}nɑŋ^{21}xə^{13}tʂʅ^{21}ȵy^{53}kə^{21}uei^{13}liɑŋ^{53}ŋæ̃^{44}]他们只有哭泣着在两岸相望。[tʰa^{21}məŋ^{13}tʂʅ^{21}iəu^{53}kʰu^{13}tɕʰi^{21}tʂə^{21}tsɛ^{44}liɑŋ^{53}ŋæ̃^{44}ɕiɑŋ^{21}uɑŋ^{44}]这个事情被一群喜鹊看见了，[tʂə^{21}kə^{44}sɿ^{44}tɕiŋ^{21}pei^{44}ʑi^{21}tɕʰyŋ^{13}ɕi^{53}tɕʰyə^{21}kʰæ̃^{44}tɕiæ̃^{44}lɔ^{21}]喜鹊看着他们可怜，[ɕi^{53}tɕʰyə^{21}kʰæ̃^{44}tʂə^{21}tʰa^{21}məŋ^{13}kʰə^{53}liæ̃^{13}]就为他们搭建了一座桥，[tɕiəu^{44}uei^{44}tʰa^{21}məŋ^{13}ta^{21}tɕiæ̃^{44}lɔ^{21}ʑi^{21}tsuə^{44}tɕʰiɔ^{13}]一座鹊桥，[ʑi^{21}tsuə^{44}tɕʰyə^{53}tɕʰiɔ^{13}]然后王母娘娘也就无奈同意他们每年七月七日在这个鹊桥相会。[ʐæ̃^{21}xəu^{44}uɑŋ^{21}mu^{44}ȵiɑŋ^{21}ȵiɑŋ^{44}iə^{53}tɕiəu^{44}vu^{21}nɛ^{44}tʰuŋ^{21}ʑi^{44}tʰa^{21}məŋ^{13}mei^{53}ȵiæ̃^{13}tɕʰi^{21}yə^{53}tɕʰi^{21}ʐʅ^{13}tsɛ^{44}tʂə^{53}kə^{21}tɕʰyə^{53}tɕiɔ^{13}ɕiɑŋ^{21}xuei^{44}]

意译：同前。

三、自选条目

1. 老鼠钻着风匣里——两头子受气。

lɔ^{21}tʃʰu^{53}tsuæ̃^{21}tʂə^{44}fəŋ^{53}ɕia^{21}li^{21}——liaŋ^{53}təu^{21}tsɿ^{21}ʂəu^{44}tɕʰi^{44}.

2. 接把子上拴绳子——拉倒。

tɕiə^{21}pa^{44}tsɿ^{21}ʂaŋ^{21}tʃuæ̃^{13}ʂəŋ^{21}tsɿ^{44}——la^{21}tɔ^{53}.

3. 石头上尿尿——能的溅哩。

ʂʅ^{21}təu^{44}ʂaŋ^{21}ȵiɔ^{44}ȵiɔ^{44}——nəŋ^{21}ti^{21}tsæ̃^{44}li^{21}.

4. 上山的驴臭棍——吃劲的很。

ʂaŋ^{44}sæ̃^{21}tə^{21}ny^{13}tʂəu^{44}kuŋ^{21}——tʂʰʅ^{44}tɕiŋ^{44}tə^{21}xəŋ^{53}.

5. 一根筷子吃馓饭——揽得宽。

ʑi^{21}kəŋ^{44}kʰuɛ^{44}tsɿ^{21}tʂʅ^{21}sæ̃^{53}fæ̃^{21}——læ̃^{53}ti^{13}kʰuæ̃^{44}.

6. 墙上挂磨盘——大石（实）画（话）。

tɕʰiaŋ^{13}ʂaŋ^{21}kua^{44}mə^{44}pæ̃^{13}——ta^{44}ʂʅ^{21}xua^{44}.

7. 烟洞眼里掏雀娃——没在兀达那儿。

iæ̃^{21}tuŋ^{44}ȵiæ̃^{53}li^{21}tɔ^{13}tɕʰiɔ^{53}va^{13}——mə^{21}tsʰɛ^{44}vu^{44}ta^{13}.

8. 英雄访好汉，处迷访败善。

iŋ^{21}ɕyŋ^{13}faŋ^{21}xɔ^{53}xæ̃^{44}, tʃʰu^{53}mi^{13}faŋ^{21}bɛ^{44}ʂæ̃^{44}.

9. 八十岁老汉学唢呐——学会了，气断了。

pa^{21}ʂʅ^{13}suei^{44}lɔ^{53}xæ̃^{21}ɕyə^{13}suə^{53}la^{21}——ɕyə^{13}xuei^{44}lɔ^{21}, tɕʰi^{44}tuæ̃^{44}lɔ^{21}.

10. 鸭子上了蒸锅了——肉烂嘴不烂。

ia^{44}tɕʅ^{21}ʂɑŋ^{44}lɔ^{21}tʂəŋ^{13}kuə^{21}lɔ^{21}——zəu^{44}næ̃^{44}tɕuei^{53}pu^{21}næ̃^{44}.

11. 蛤蟆洗澡——白不了。

xə^{13}ma^{44}ɕi^{21}tsɔ^{53}——pɛ^{13}pu^{21}lɔ^{53}.

12 扯扯扯悠悠，门下来了个你舅舅，杀鸡哩，杀狗哩？你舅舅听着要走哩。

tʂə^{53}tʂə^{53}tʂə^{53}iəu^{44}iəu^{21}, məŋ^{21}xa^{44}lɛ^{21}lɔ^{44}kə^{21}ȵi^{53}tɕiəu^{44}tɕiəu^{21}, sa^{13}tɕi^{21}li^{13}, sa^{21}kəu^{53}li^{21}? ȵi^{53}tɕiəu^{44}tɕiəu^{21}tʰiŋ^{21}tʂə^{13}iɔ^{44}tsəu^{53}li^{21}.

意译：略。

第二十节　会宁县口头文化

一、歌谣

1. 花花雀雀儿上天了，半虚空落下了蛋了；前两天想你想着哭欢了，这两天想着慢了。

xua13xua13tɕʰiɔ13tɕʰiɔ13zʅ13ʂaŋ44tʰiæ̃13liɔ21, pæ̃44ɕy13kʰuŋ13luə44xa21liɔ21tæ̃44liɔ21; tɕʰiæ̃13liaŋ53tʰiæ̃13ɕiaŋ53ȵi53ɕiaŋ53tʂə21kʰu13xuæ̃13liɔ21, tʂə44liaŋ53tʰiæ̃13ɕiaŋ53tʂə21mæ̃44liɔ21.

意译：花鸟鸟飞上了天，半空中下了蛋；前两天想你哭得非常厉害，这几天稍微好点了。

2. 大麦秆草帽前山里戴，恐怕到后山天下雨来；十七八的姑娘人见人爱，恐怕婆婆家迎来。

ta44mɛ21kæ̃13tsʰɔ53mɔ44tɕʰiæ̃13ʂæ̃13li21tɛ44, kʰuŋ53pʰa44tɔ44xəu53ʂæ̃21tʰiæ̃13ɕia44y21lɛ13; ʂʅ21tɕʰi13pa13tə21ku21ȵiaŋ13ʐəŋ13tɕiæ̃44ʐəŋ13nɛ44, kʰuŋ53pʰa44pʰə13pʰə21tɕia13iŋ13lɛ13.

意译：在前山里戴上大麦秆编的草帽，担心到后山天下雨；十七八岁的姑娘人见人爱，担心婆婆家上门提亲。

3. 黄河沿上种白菜，谁把边叶儿敤打落了；问了三声没抬头，谁把花儿给惹了。

xuaŋ13xə13iæ̃13ʂaŋ21tʃuŋ44pɛ21tsʰɛ44, ʃuei13pa13piæ̃13iə13zʅ13kʰuə44liɔ21; uŋ44liɔ21sæ̃13ʂəŋ13mə13tʰɛ13tʰəu13, suei13pa13xua13zʅ13kei44ʐə53lɔ21.

意译：略。

4. 打马的鞭子核桃花，粉壁的墙上着挂下；一天嘛把你的活做了[去呀]，一晚夕陪我哈睡了。

ta21ma53tə21piæ̃21tsʅ13kʰə21tʰɔ44xua13, fəŋ53pi21tə21tɕʰiaŋ13ʂaŋ21tʂə21kua44xa21; ʑi21tʰiæ̃13ma21pa53ȵi53tə21xuə13tsʯ44lɔ21tɕʰia21, ʑi21uæ̃53ɕiŋ13pei13ŋə53xa21ʃuei44lɔ21.

意译：核桃花编的马鞭子，挂在白墙上。白天你干活去，晚上陪我睡。

5. 上山哩打了个梅花鹿，下山哩打了个野狐。娘家是维了一个尕姑啦舅，婆家哩维了一个姐夫。

ʂaŋ13sæ̃13li21ta53lɔ21kə44mei13xua21lu44, ɕia44sæ̃21li21ta53lɔ21kə44iə53xu13. ȵiaŋ13tɕia21ʂʅ21uei13lɔ21ʑi21kə44ka44ku13la21tɕiəu44, pʰə21tɕia21li21uei13lɔ21ʑi21kə44tɕiə53fu21.

意译：上山打了个梅花鹿，下山打了个野狐。娘家认识了一个小表兄，在婆家认识了一个姐夫。

二、故事

牛郎织女

我小小的时候听了一个牛郎和织女的故事，[ŋə53ɕiɔ53ɕiɔ21tə21sʅ21xəu44tʰiŋ21lɔ13ʑi21kə44ȵiəu13laŋ21xə13tʂʅ21ny53tə21ku53sʅ21] 嗒⁼我过曹致搭讲一下。[tsæ̃53ŋə53kuə44tsʰɔ13tʂʅ44ta13tɕiaŋ53ʑi21xa44] 小小的时候，[ɕiɔ53ɕiɔ21tə21sʅ21xəu44] 奶奶说古今着哩，[nɛ53nɛ13ʃuə13ku53tɕiŋ21tʂə21li21] 说了一个牛郎织女的古今，[ʃuə13lɔ21ʑi21kə44ȵiəu13laŋ21tʂʅ21ny53tə21ku53tɕiŋ21] 说致个牛郎，[ʃuə13tʂʅ44kə21ȵiəu13laŋ21] 从小没有爹没有妈，[tsʰuŋ13ɕiɔ53mə21iəu44tiə13mə21iəu44ma53] 可怜[得很]，[kʰə53liæ̃13tʰəŋ21] 是个孤儿。[sʅ44kə44ku21ɚ13] 他就每天吆下一个老牛，[tʰa13tɕiəu44mei53tʰiæ̃13iɔ13xa21ʑi21kə44lɔ53ȵiəu13] 放牛着哩。[faŋ44ȵiəu13tʂə21li21] 嗒⁼就把致个牛心疼[得很]，[tsæ̃53tɕiəu44pa53tʂʅ44kə21ȵiəu13ɕiŋ21tʰəŋ13tʰəŋ21] 他就爱惜[得很]。[tʰa13tɕiəu44ɛ53ɕi21tʰəŋ21] 嗒⁼就放着，[tsæ̃53tɕiəu44faŋ44tʂə21] 晚上来了，[uæ̃53ʂaŋ21lɛ13lɔ21] 他就把草给填着吃

饱。[tʰa^{13}tɕiəu^{44}pa^{53}tsʰɔ^{53}kei^{53}tʰiæ̃^{13}tṣə^{21}tṣʰʅ^{21}pɔ^{53}] 牛卧着槽底下，[ȵiəu^{13}uə^{44}tṣə^{21}tsʰɔ^{13}ti^{53} xa^{21}] 他就枕着牛肚子。[tʰa^{13}tɕiəu^{44}tṣəŋ^{53}tṣə^{21}ȵiəu^{13}tu^{44}tsʅ^{21}] 连牛每晚上一起睡觉着哩。[læ̃^{13} ȵiəu^{13}mei^{53}uæ̃^{53}ṣɑŋ^{21}ʑi^{21}tɕʰi^{53}ʃuei^{44}tɕiɔ^{44}tṣə^{21}li^{21}] 嗒$^{=}$就天久了，[tsæ̃^{53}tɕiəu^{44}tʰiæ̃^{13}tɕiəu^{53}lɔ^{21}] 嗒$^{=}$就说着放着时间长[得很]。[tsæ̃^{53}tɕiəu^{44}ʃuə^{13}tṣə^{21}fɑŋ^{44}tṣə^{21}sʅ^{21}tɕiæ̃^{13}tṣʰɑŋ^{13}tʰəŋ^{21}] 突然致个老牛会说话了。[tʰu^{13}ẓæ̃^{53}tṣʅ^{44}kə^{21}lɔ^{53}ȵiəu^{13}xuei^{44}ʃuə^{21}xua^{13}lɔ^{21}] 他说的啥话呢？ [tʰa^{13} ʃuə^{13}tə^{21}sa^{53}xua^{44}nə^{21}] 说，[ʃuə^{13}] 牛郎你现在已经长大了。[ȵiəu^{13}lɑŋ^{21}ȵi^{53}ɕiæ̃^{44}tsɛ^{21}ʑi^{44} tɕiŋ^{21}tṣɑŋ^{53}ta^{44}lɔ^{21}] 你把我致么关心，[ȵi^{53}pa^{53}ŋə^{53}tṣʅ^{44}mu^{21}kuæ̃^{21}ɕiŋ^{13}] 致么爱惜。[tṣʅ^{44}mu^{21} ɛ^{44}ɕi^{21}] 我也把你喜欢[得很]。[ŋə^{53}ia^{53}pa^{53}ȵi^{53}ɕi^{53}xuæ̃^{13}tʰəŋ^{21}] 嗒$^{=}$就是你致个人，[tsæ̃^{53} tɕiəu^{44}sʅ^{21}ȵi^{53}tṣʅ^{44}kə^{21}ẓəŋ^{13}] 长大了还没有个媳妇。[tṣɑŋ^{53}ta^{13}lɔ^{21}xæ̃^{13}mə^{21}iəu^{44}kə^{44}ɕi^{21}fu^{44}] 嗒$^{=}$要想办法过你找个媳妇唻。[tsæ̃^{53}iɔ^{44}ɕiɑŋ^{53}pæ̃^{44}fa^{21}kuə^{44}ȵi^{53}tsɔ^{53}kə^{44}ɕi^{21}fu^{44}lɛ^{21}] 牛郎说，[ȵiəu^{13}lɑŋ^{21}ʃuə^{13}] 我致么穷的个娃娃谁过我给媳妇呢，[ŋə^{53}tṣʅ^{44}mu^{21}tɕyŋ^{13}tə^{21}kə^{44}ua^{21} ua^{13}ʃuei^{13}kuə^{44}ŋə^{53}kei^{53}ɕi^{21}fu^{44}ni^{21}] 没人给么。[mə^{13}ẓəŋ^{13}kei^{53}mə^{21}] 嗒$^{=}$曹慢慢过你想办法找个媳妇。[tsæ̃^{53}tsʰɔ^{13}mæ̃^{44}mæ̃^{21}kuə^{44}ȵi^{53}ɕiɑŋ^{53}pæ̃^{44}fa^{21}tsɔ^{53}kə^{44}ɕi^{21}fu^{44}] 嗒$^{=}$就一天织女下凡来了，[tæ̃^{53}tɕiəu^{44}ʑi^{21}tʰiæ̃^{13}tṣʅ^{21}ȵy^{53}ɕia^{44}fæ̃^{13}lɛ^{13}lɔ^{21}] 洗澡来了。[ɕi^{53}tsɔ^{21}lɛ^{13}lɔ^{21}] 一个河里洗澡着哩，[ʑi^{21}kə^{44}xə^{13}li^{21}ɕi^{21}tsɔ^{44}tṣə^{21}li^{21}] 姊妹七个来耍。[tsʅ^{53}mei^{21}tɕʰi^{21}kə^{44}lɛ^{13}iɔ^{44}] 洗澡着哩。[ɕi^{53} tsɔ^{21}tṣə^{21}li^{21}] 嗒$^{=}$就过，[tsæ̃^{53}tɕiəu^{44}kuə^{44}] 老牛过牛郎说，[lɔ^{53}ȵiəu^{13}kuə^{44}ȵiəu^{13}lɑŋ^{21}ʃuə^{13}] 哎，[ɛ^{21}] 兀搭嗒$^{=}$七个仙女洗澡着嘛。[u^{44}ta^{13}tsæ̃^{53}tɕʰi^{21}kə^{44}ɕiæ̃^{21}ȵy^{53}ɕi^{53}tsɔ^{21}tṣə^{21}ma^{21}] 你看兀脱下的衣服多[得很]，[ȵi^{53}kʰæ̃^{44}u^{44}tʰuə^{13}xa^{21}tə^{21}ʑi^{21}fu^{44}tuə^{13}tʰəŋ^{21}] 有一件鲜红鲜红的，[iəu^{53}ʑi^{21}tɕiæ̃^{44}ɕiæ̃^{53}xuŋ^{13}ɕiæ̃^{53}xuŋ^{13}tə^{21}] 艳[得很]。[iæ̃^{44}tʰəŋ^{21}] 你就把鲜红的一件衣服，[ȵi^{53} tɕiəu^{44}pa^{53}ɕiæ̃^{53}xuŋ^{13}tə^{21}ʑi^{21}tɕiæ̃^{44}ʑi^{21}fu^{44}] 你过偷偷地偷着来。[ȵi^{53}kuə^{44}tʰəu^{21}tʰəu^{13}tə^{21} tʰəu^{13}tṣə^{21}lɛ^{13}] 偷着来，[tʰəu^{13}tṣə^{21}lɛ^{13}] 嗒$^{=}$就牛郎说，[tsæ̃^{53}tɕiəu^{44}ȵiəu^{13}lɑŋ^{21}ʃuə^{13}] 啊呀！ [a^{44} ia^{21}] 兀怕不敢呀！ [u^{44}pʰa^{44}pu^{21}kæ̃^{53}ia^{21}] 敢，[kæ̃^{53}] 你偷去。[ȵi^{53}tʰəu^{13}tɕʰi^{21}] 你偷着来了，[ȵi^{53}tʰəu^{13}tṣə^{21}lɛ^{13}lɔ^{21}] 她就寻的衣服偷着来了，[ta^{13}tɕiəu^{44}xiŋ^{13}tə^{21}ʑi^{21}fu^{44}tʰəu^{13}tṣə^{21}lɛ^{13}lɔ^{21}] 嗒$^{=}$就牛郎偷去了。[tsæ̃^{53}tɕiəu^{44}ȵiəu^{13}lɑŋ^{21}tʰəu^{13}tɕʰi^{21}liɔ^{21}] 偷着来，[tʰəu^{13}tṣə^{21}lɛ^{13}] 嗒$^{=}$织女把澡洗完。[tsæ̃^{53}tṣʅ^{21}ȵy^{53}pa^{53}tsɔ^{53}ɕi^{53}uæ̃^{21}] 啊吆，[a^{13}iɔ^{21}] 嗒$^{=}$姊妹七个，[tsæ̃^{53}tsʅ^{53}mei^{21} tɕʰi^{21}kə^{13}] [人家]六个的在呢。[ȵia^{13}liəu^{44}kə^{13}tə^{21}tsʰɛ^{44}ȵi^{21}] 最小的一个就没有了，[tsuei^{44} ɕiɔ^{21}tə^{21}ʑi^{21}kə^{13}tɕiəu^{44}mə^{21}iəu^{53}lɔ^{21}] 嗒$^{=}$没有了，[tsæ̃^{53}mə^{21}iəu^{53}lɔ^{21}] 找不见了。[tsɔ^{53}pu^{21} tɕiæ̃^{44}lɔ^{21}] 找啊找啊找啊找，[tsɔ^{53}a^{21}tsɔ^{53}a^{21}tsɔ^{53}a^{21}tsɔ^{53}] 嗒$^{=}$就找的时间长[得很]，[tsæ̃^{53} tɕiəu^{44}tsɔ^{53}tə^{21}sʅ^{21}tɕiæ̃^{44}tṣʰɑŋ^{13}tʰəŋ^{21}] 找来找来就找见了。[tsɔ^{53}lɛ^{21}tsɔ^{53}lɛ^{21}tɕiəu^{44}tsɔ^{53}tɕiæ̃^{44} lɔ^{21}] 就找着牛郎，[tɕiəu^{44}tsɔ^{53}tṣə^{21}ȵiəu^{13}lɑŋ^{21}] 牛郎拿着哩。[ȵiəu^{13}lɑŋ^{21}la^{13}tṣə^{21}li^{21}] 嗒$^{=}$就去，[tsæ̃^{53}tɕiəu^{44}tɕʰi^{21}] 牛郎苦苦求着说，[ȵiəu^{13}lɑŋ^{21}kʰu^{53}kʰu^{21}tɕʰiəu^{13}tṣə^{21}ʃuə^{13}] 啊呀！ [a^{44}ia^{21}] 你过我当个媳妇嘛，[ȵi^{53}kuə^{44}ŋə^{53}tɑŋ^{13}kə^{44}ɕi^{21}fu^{44}ma^{21}] 你致个人也好，[ȵi^{53}tṣʅ^{44}kə^{21}ẓəŋ^{13} ia^{53}xɔ^{44}] 你的致衣服也好。[ȵi^{53}tə^{21}tṣʅ^{44}ʑi^{21}fu^{44}ia^{53}xɔ^{44}] 我就看上你致个织女，[ŋə^{53}tɕiəu^{44} kʰæ̃^{44}ṣɑŋ^{21}ȵi^{53}tṣʅ^{44}kə^{21}tṣʅ^{21}ȵy^{53}] 嗒$^{=}$你过我当媳妇。[tsæ̃^{53}ȵi^{53}kuə^{44}ŋə^{53}tɑŋ^{13}ɕi^{21}fu^{44}] 嗒$^{=}$就苦苦求着织女说，[tsæ̃^{53}tɕiəu^{44}kʰu^{53}kʰu^{21}tɕʰiəu^{13}tṣə^{21}tṣʅ^{21}ȵy^{53}ʃuə^{13}] 啊呀，[a^{44}ia^{21}] 嗒$^{=}$就考虑着说，[tsæ̃^{53}tɕiəu^{44}kʰɔ^{53}ly^{44}tṣə^{21}ʃuə^{13}] 看老人行吧，[kʰæ̃^{44}lɔ^{53}ẓəŋ^{13}ɕiŋ^{13}pa^{21}] 过我爹我妈行了，[kuə^{44}ŋə^{53}tiə^{13}ŋə^{53}ma^{53}ɕiŋ^{13}lɔ^{21}] 曹两个当个媳妇，[tsʰɔ^{13}liɑŋ^{53}kə^{21}tɑŋ^{13}kə^{44}ɕi^{21}fu^{44}] 你不要上天去了。[ȵi^{53}pu^{21}iɔ^{44}ṣɑŋ^{44}tʰiæ̃^{13}tɕʰi^{21}lɔ^{21}] 你就在人间生活，[ȵi^{53}tɕiəu^{44}tsʰɛ^{44}ẓəŋ^{13}tɕiæ̃^{21} səŋ^{21}xuə^{13}] 人间也很好。[ẓəŋ^{13}tɕiæ̃^{21}ia^{53}xəŋ^{53}xɔ^{44}] 到人间生活有多好，[tɔ^{44}ẓəŋ^{12}tɕiæ̃^{21}

səŋ21xuə13iəu53tə21xɔ53] 你给我当个媳妇。[ȵi53kei53ŋə53taŋ13kə44ɕi21fu44] 织女就答应了。[tʂʅ21ȵy53tɕiəu44ta13iŋ21lɔ21] 从此两个，[tsʰuŋ13tsʰɿ53liaŋ53kə44] 牛郎就放牛着咪，[ȵiəu13laŋ21tɕiəu44faŋ44ȵiəu13tʂə21lɛ21] 织女务地着咪。[tʂʅ21ȵy53u44tʰi44tʂə21lɛ21] 两个就生活得好[得很]。[liaŋ53kə44tɕiəu44səŋ21xuə13tə21xɔ53tʰəŋ21] 生活着，[səŋ21xuə13tʂə21] 不头几年就养了两个娃。[pu44tʰəu13tɕi21ȵiæ̃13tɕiəu44iaŋ53lɔ21liaŋ53kə44ua13] 养了一个男孩儿，[iaŋ53lɔ21ʑi21kə44næ̃13xɛ13ɚ21] 一个女孩儿。[ʑi21kə44ȵy53xɛ13ɚ21] 养了两个娃，[iaŋ53lɔ21liaŋ53kə44ua13] 嗒=就突然王母娘娘知道了。[tsæ̃53tɕiəu44tʰu21ʐæ̃13uaŋ13mu21ȵiaŋ13ȵiaŋ21tʂʅ21tɔ44lɔ21] 找不见她的小女儿了，[tsɔ53pu44tɕiæ̃44tʰa13tə21ɕiɔ53ȵy21ɚ13lɔ21] 嗒=就找不见了，[tsæ̃53tɕiəu44tsɔ53pu44tɕiæ̃44lɔ21] 天兵天将就下凡来了找。[tʰiæ̃13piŋ13tʰiæ̃13tɕiaŋ13tɕiəu44ɕia44fæ̃13lɛ13lɔ21tsɔ53] 找见了。[tsɔ53tɕiæ̃44lɔ21] 啊吆，[a13iɔ21] 在牛郎家里生活着呢，[tsɛ44ȵiəu13laŋ21tɕia13li21səŋ21xuə13tʂə21ȵi21] 并且还生了两个娃娃。[piŋ44tɕʰiə44xæ̃13səŋ13lɔ21liaŋ53kə44ua21ua13] 嗒= 不成，[tsæ̃53pu44tʂʰəŋ13] 王母娘娘非得倒她将上天去不成。[uaŋ13mu21ȵiaŋ13ȵiaŋ21fei13tə13tɔ44tʰa13tɕiaŋ13ʂaŋ44tʰiæ̃13tɕʰi21pu44tʂʰəŋ13] 嗒= 牛郎就把织女死赘= 住，[tsæ̃53ȵiəu13laŋ21tɕiəu44pa53tʂʅ21ȵy53sɿ53tʂuei44tʂu21] 哭啊哭。[kʰu13a21kʰu13] 哭得就太伤心了，[kʰu13ti21tɕiəu44tʰɛ44ʂaŋ13ɕiŋ21lɔ21] 嗒= 就哭啊哭。[tsæ̃53tɕiəu44kʰu13a44kʰu13] 老牛说，[lɔ53ȵiəu13ʃuə13] 嗒=你们不要哭了，[tsæ̃53ȵi53məŋ21pu44iɔ44kʰu13lɔ21] 这样没办法的事情。[tʂə44iaŋ21mə13pæ̃44fa21tə21sɿ44tɕʰiŋ21] 嗒=我这个老牛老了嘛，[tsæ̃53ŋə53tʂə44kə21lɔ53ȵiəu13lɔ53liɔ21ma21] 现在也活不了多长时间了，[ɕiæ̃44tsɛ21ia21xuə13pu44liɔ21tə13tʂʰaŋ13sɿ21tɕiæ̃44lɔ21] 要说我有一天死了的话。[iɔ44ʃuə13ŋə53iəu53ʑi21tʰiæ̃13sɿ53lɔ21tə21xua21] 你就把我的皮子剥了，[ȵi53tɕiəu44pa53ŋə53tə21pʰi21tsɿ13pə13lɔ21] 你就放好。[ȵi53tɕiəu44faŋ44xɔ53] 不要损坏，[pu44iɔ44syŋ44xuɛ53] 你要是有啥急事，[ȵi53iɔ44sɿ21iəu53sa53tɕi13sɿ21] 你就把我的皮子披上。[ȵi53tɕiəu44pa53ŋə53tə21pʰi21tsɿ13pʰei21ʂaŋ13] 披上，[pʰei21ʂaŋ13] 就可以解决你很大很大的难事情。[tɕiəu44kʰə53ʑi21tɕiə53tɕyə13ȵi53xəŋ53ta44xəŋ53ta44tə21næ̃13sɿ44tɕʰiŋ21] 嗒=就牛郎就听下了。[tsæ̃53tɕiəu44ȵiəu13laŋ21tɕiəu44tʰiŋ13xa21lɔ21] 啊呀，[a44ia21] 说下没几年，[ʃuə13xa21mə13tɕi53ȵiæ̃13] 老牛就死了。[lɔ53ȵiəu13tɕiəu44sɿ53lɔ21] 死了，[sɿ53lɔ21] 嗒= 就把皮子剥了放下。[tsæ̃53tɕiəu44pa53pʰi21tsɿ13pə13lɔ21faŋ44xa21] 嗒= 就这一天，[tsæ̃53tɕiəu44tʂə44ʑi21tʰiæ̃13] 天兵天将就把织女将上。[tʰiæ̃13piŋ13tʰiæ̃13tɕiaŋ44tɕiəu44pa53tʂʅ21ȵy53tɕiaŋ21ʂaŋ13] 嗒=就拉的拉着呢，[tsæ̃53tɕiəu44la13tə21la13tʂə21ȵi21] 赘=着赘=着呢。[tʂuei44tʂə21tʂuei44tʂə21ȵi21] 嗒=就刀枪靶子的把织女将上天去了。[tsæ̃53tɕiəu44tɔ13tɕʰiaŋ13pa53tsɿ21tə21pa53tʂʅ21ȵy53tɕiaŋ44ʂaŋ13tʰiæ̃13tɕʰi21lɔ21] 嗒=牛郎急得赘=着呢，[tsæ̃53ȵiəu13laŋ21tɕi13tə21tʂuei44tʂə21ȵi21] 吼着哭着呢，[xəu44tʂə21kʰu13tʂə21ȵi21] 嗒=就撵不上嘛。[tsæ̃53tɕiəu44ȵiæ̃53pu21ʂaŋ44ma21][人家]驾着云上了，[ȵia13tɕia44tʂə21yŋ13ʂaŋ44lɔ21] 他又撵不上。[tʰa13iəu44ȵiæ̃53pu21ʂaŋ44] 突然想起说，[tʰu21ʐæ̃13ɕiaŋ53tɕʰi53ʃuə13] 老牛给我说过，[lɔ53ȵiəu13kei53ŋə53ʃuə13kuə21] 有急事把我的皮子披上。[iəu53tɕi13sɿ44pa53ŋə53tə21pʰi21tsɿ13pʰei21ʂaŋ13] 就可以上天嘛，[tɕiəu44kʰə53ʑi21ʂaŋ44tʰiæ̃13ma21] 我赶紧把我皮子披上追嘛。[ŋə53kæ̃53tɕiŋ21pa53ŋə53pʰi21tsɿ13pʰei21ʂaŋ13tʂuei13ma21] 嗒= 牛郎就把皮子披上追赶。[tsæ̃53ȵiəu13laŋ21tɕiəu44pa53pʰi13tsɿ21pʰei21ʂaŋ13tʂuei21kæ̃53] 追着看再有两三步就追上了。[tʂuei13tʂə21kʰæ̃44tsɛ44iəu53liaŋ53sæ̃13pʰu44tɕiəu44tʂuei13ʂaŋ21lɔ21] 王母娘娘就把致个银簪子从头上取着下来。[uaŋ13mu21ȵiaŋ13ȵiaŋ21tɕiəu44pa53tʂʅ44kə21iŋ13tsæ̃13tsɿ21tsʰuŋ13tʰəu13ʂaŋ21tɕʰy53tʂə21xa44lɛ13] 吱的哈一划，[tsɿ13tə21xa21ʑi13xua13] 划了一道线线，[xua13lɔ21ʑi21tɔ44ɕiæ̃44ɕiæ̃21] 就变成天河了。[tɕiəu44piæ̃44tʂʰəŋ13tʰiæ̃13 xə^{13}lɔ^{21}] 嗒$^{=}$没办法了。[tsæ̃^{53}mə^{13}pæ̃^{44}fa^{21}lɔ^{21}] 一个在天河兀边哭着呢，[ʑi^{21}kə^{44}tsɛ^{44}tʰiæ̃^{13}xə^{13}u^{44}piæ̃^{13}kʰu^{13}tʂə^{21}ȵi^{21}] 一个在天河致边哭着呢。[ʑi^{21}kə^{44}tsɛ^{44}tʰiæ̃^{13}xə^{13}tʂʅ^{44}piæ̃^{13}kʰu^{13}tʂə^{21}ȵi^{21}] 嗒$^{=}$就哭得伤心[得很]，[tsæ̃^{53}tɕiəu^{44}kʰu^{13}tə^{21}ʂɑŋ^{21}ɕiŋ^{13}tʰəŋ^{21}] 嗒$^{=}$就没办法。[tsæ̃^{53}tɕiəu^{44}mə^{13}pæ̃^{44}fa^{21}] 嗒$^{=}$就仙女说，[tsæ̃^{53}tɕiəu^{44}ɕiæ̃^{21}ȵy^{53}ʃuə^{21}] 你回去。[ȵi^{53}xuei^{13}tɕʰi^{21}] 你看娃去，[ȵi^{53}kʰæ̃^{44}ua^{13}tɕʰi^{21}] 娃孽障[得很]。[ua^{13}ȵiə^{21}tʂɑŋ^{44}tʰəŋ^{21}] 嗒$^{=}$牛郎就下来，[tsæ̃^{53}ȵiəu^{13}laŋ^{21}tɕiəu^{44}xa^{44}lɛ^{13}] 晚上做了个梦。[uæ̃^{53}ʂɑŋ^{21}tsuə^{44}lɔ^{21}kə^{44}məŋ^{44}] 做了梦，[tsuə^{44}lɔ^{21}məŋ^{44}] 梦见牛郎给他说，[məŋ^{44}tɕiæ̃^{44}ȵiəu^{13}lɑŋ^{21}kei^{44}tʰa^{13}ʃuə^{13}] 嗒$^{=}$你们每一年能相会一次，[tsæ̃^{53}ȵi^{53}məŋ^{21}mei^{53}ʑi^{21}ȵiæ̃^{13}nəŋ^{13}ɕiɑŋ^{21}xuei^{44}ʑi^{21}tsʰʅ^{44}] 致个喜鹊七月七致一天就把天桥搭起　了，[tʂʅ^{44}kə^{21}ɕi^{53}tɕʰyə^{21}tɕʰi^{21}yə^{13}tɕʰi^{13}tʂʅ^{44}ʑi^{21}tʰiæ̃^{13}tɕiəu^{44}pa^{53}tʰiæ̃^{13}tɕʰiɔ^{13}ta^{13}tɕʰi^{21}lɔ^{21}] 搭起是，[ta^{13}tɕʰi^{21}sʅ^{44}] 你们两个在天河能相会一次，[ȵi^{53}məŋ^{21}liɑŋ^{53}kə^{44}tsɛ^{44}tʰiæ̃^{13}xə^{13}nəŋ^{13}ɕiɑŋ^{21}xuei^{44}ʑi^{21}tsʰʅ^{44}] 你把娃担着两个篼篼里担上，[ȵi^{53}pa^{53}ua^{13}tæ̃^{13}tʂə^{21}liɑŋ^{53}kə^{44}iæ̃^{53}iæ̃^{21}li^{21}tæ̃^{13}ʂɑŋ^{21}] 你们两个到七月七就能相会一次，[ȵi^{53}məŋ^{53}liɑŋ^{53}kə^{44}tɔ^{44}tɕʰi^{21}yə^{13}tɕʰi^{13}tɕiəu^{44}nəŋ^{13}ɕiɑŋ^{21}xuei^{44}ʑi^{21}tsʰʅ^{44}] 致是一个古传嘛，[tʂʅ^{44}sʅ^{44}ʑi^{21}kə^{44}ku^{53}tʃʰuæ̃^{13}ma^{21}] 几千年了很长很长的一个故事，[tɕi^{53}tɕʰiæ̃^{13}ȵiæ̃^{13}lɛ^{21}xəŋ^{53}tʂʰɑŋ^{13}xəŋ^{53}tʂʰɑŋ^{13}tə^{21}ʑi^{21}kə^{44}ku^{53}sʅ^{21}] 就致些吧。[tɕiəu^{44}tʂʅ^{44}ɕiə^{21}pa^{21}]

意译：同前。

三、自选条目

1. 笸箩里睡觉——玩货。
pʰə^{53}lə^{21}li^{21}ʃuei^{44}tɕiɔ^{21}——uæ̃^{13}xuə^{53}.

2. 鸡沟子上拴绳绳——扯淡（蛋）。
tɕi^{13}kəu^{21}tsʅ^{13}ʂɑŋ^{44}ʃuæ̃^{13}ʂəŋ^{13}ʂəŋ^{21}——tʂʰə^{53}tæ̃^{44}.

3. 茅坑里钉橛橛——死装（桩）。
mɔ^{13}kʰəŋ^{21}li^{21}tiŋ^{44}tɕʰyə^{13}tɕʰyə^{21}——sʅ^{53}tʃuɑŋ^{13}.

4. 大路上的电杆——靠边站。
ta^{44}lu^{21}ʂɑŋ^{21}ti^{21}tiæ̃^{44}kæ̃^{13}——kʰɔ^{44}piæ̃^{13}tsæ̃^{44}.

5. 提的碌碡打月亮——不知高低。
tʰi^{13}ti^{21}lu^{13}tʃʰu^{21}ta^{53}yə^{21}liɑŋ^{13}——pu^{21}tʂʅ^{13}kɔ^{21}ti^{13}.

6. 癞蛤蟆跳三跳——有一缓哩。
lɛ^{44}xə^{13}ma^{21}tʰiɔ^{13}sæ̃^{13}tʰiɔ^{13}——iəu^{53}ʑi^{13}xuæ̃^{53}li^{21}.

7. 大腿上扎刀子——离心远着哩。
ta^{44}tʰuei^{21}ʂɑŋ^{21}tsa^{13}tɔ^{21}tsʅ^{13}——li^{13}ɕiŋ^{13}yæ̃^{53}tʂə^{21}li^{21}.

8. 老猪婆过门槛——刷摩肚子着哩。
lɔ^{53}tʃu^{21}pʰə^{13}kuə^{44}məŋ^{13}kʰɑŋ^{21}——ʃua^{13}mə^{21}tu^{44}tsʅ^{21}tʂə^{21}li^{21}.

9. 孙猴子的妈怀娃娃—— 一肚子的猴。
suŋ^{13}xəu^{13}tsʅ^{21}tə^{21}ma^{53}xuɛ^{13}ua^{13}ua^{21}——ʑi^{13}tʰu^{44}tsʅ^{21}tə^{21}xəu^{13}.

10. 精屁眼身上别刀子，要着要命的牌子。
tɕiŋ^{13}pʰi^{44}ȵiæ̃^{21}ʂəŋ^{13}ʂɑŋ^{21}pʰiə^{13}tɔ^{21}tsʅ^{13}，ʃua^{53}tʂə^{21}iɔ^{44}miŋ^{44}tə^{21}pʰɛ^{13}tsʅ^{21}.

意译：略。

第二十一节　临洮县口头文化

一、歌谣

1. 扁豆扁，圆豆圆，两个猴娃打秋千，秋千高，跌着下来绊断腰，腰里别着黄镰刀，黄镰刀，割黄草，喂黄马，黄马喂得壮壮的，老娘骑上告状去，一告告着兰州，屁眼打成篮球，一告告着辛店，屁眼打成冰板，一告告着新添铺，屁眼打成烂抹布，一告告着康家崖，康家崖的韭菜包子端上来，放个屁，端上去，亲家亲家你休着气，我给你杀个鸡脖子。

piæ̃^{53}tɤu^{21}piæ̃^{53}, yæ̃^{13}tɤu^{21}yæ̃^{13}, liɑ̃^{13}kɤ^{21}xɤu^{13}va^{21}ta^{53}tɕiɤu^{21}tɕiæ̃^{13}, tɕiɤu^{21}tɕiæ̃^{13}kɔ^{13}, tie^{21}tʂɤu^{13}xa^{44}lɛ^{13}pæ̃^{44}tʰuæ̃^{44}iɔ^{13}, iɔ^{13}li^{21}pʰie^{13}tʂɤ^{21}xuɑ̃^{13}liæ̃^{13}tɔ^{21}, xuɑ̃^{13}liæ̃^{13}tɔ^{21}, kɤ^{21}xuɑ̃^{13}tsʰɔ^{53}, wei^{44}xuɑ̃^{13}ma^{53}, xuɑ̃^{13}ma^{53}wei^{44}ti^{21}tʂuɑ̃^{44}tʂuɑ̃^{44}ti^{21}, lɔ^{53}ȵiɑ̃^{13}tɕʰi^{13}ʂɑ̃^{44}kɔ^{44}tʂuɑ̃^{44}tɕʰi^{21}, ʑi^{13}kɔ^{44}kɔ^{44}tʂɤu^{21}læ̃^{13}tʂɤu^{21}, pʰi^{53}ȵiæ̃^{21}ta^{53}tʂɤŋ^{21}læ̃^{13}tɕiɤu^{21}, ʑi^{13}kɔ^{44}kɔ^{44}tʂɤu^{21}ɕiŋ^{21}tiæ̃^{53}, pʰi^{53}ȵiæ̃^{21}ta^{53}tʂɤŋ^{13}piŋ^{21}pæ̃^{53}, ʑi^{13}kɔ^{44}kɔ^{44}tʂɤu^{21}ɕiŋ^{13}tʰiæ̃^{42}pʰu^{21}, pʰi^{53}ȵiæ̃^{21}ta^{53}tʂɤŋ^{13}læ̃^{44}ma^{21}pu^{44}, ʑi^{13}kɔ^{44}kɔ^{44}tʂɤu^{21}kʰɑ̃^{22}tɕia^{13}ŋɛ^{13}, kʰɑ̃^{22}tɕia^{13}ŋɛ^{13}ti^{21}tɕiɤu^{53}tsʰɛ^{21}pɔ^{13}tsɿ^{21}tuæ̃^{13}ʂɑ̃^{44}lɛ^{13}, fɑ̃^{44}kɤ^{21}pʰi^{44}, tuæ̃^{21}ʂɑ̃^{13}tɕʰi^{44}, tɕʰiŋ^{53}tɕia^{21}tɕʰiŋ^{53}tɕia^{21}ȵi^{53}xuɤ^{21}tʂʰuɤ^{13}tɕʰi^{21}, ŋɤ^{53}kei^{21}ȵi^{53}sa^{13}kɤ^{21}tɕi^{21}pʰɤ^{13}tsɿ^{21}.

意译：略。

2. 上楼房，下楼房，打发小姑问爹娘，爹娘爹娘狠心肠，尕锅锅，没盖盖，王家奶奶烙油饼儿，你的半个吃上了，我的半个猫叼了，猫唻？上房了，饼唻？藏着草豁里面了，草唻？羊吃了，羊唻？刀杀了，刀唻？埋着黄篙地里了，肉唻？锅豁煮着呢，肠子唻？腰里系着呢，尿泡唻？头上顶着呢，骨头唻？门背后立着呢。

ʂɑ̃^{44}lɤu^{13}fɑ̃^{21}, xa^{44}lɤu^{13}fɑ̃^{21}, ta^{53}fa^{21}ɕiɔ^{53}ku^{13}vɤŋ^{44}tie^{13}ȵiɑ̃^{13}, tie^{13}ȵiɑ̃^{13}tie^{13}ȵiɑ̃^{13}xɤŋ^{53}ɕiŋ^{21}tʂʰɑ̃^{13}, ka^{13}kuɤ^{13}kuɤ^{21}, mɤ^{21}kɛ^{44}kɛ^{21}, vɑ̃^{13}tɕia^{44}nɛ^{53}nɛ^{21}luɤ^{21}iɤu^{13}piŋr^{53}, ȵi^{53}ti^{21}pæ̃^{44}kɤ^{21}tʂʰʅ^{21}ʂɑ̃^{44}liɔ^{21}, ŋɤ^{53}ti^{21}pæ̃^{44}kɤ^{21}mɔ^{13}tiɔ^{44}liɔ^{21}, mɔ^{13}lɛ^{44}? ʂɑ̃^{44}fɑ̃^{44}liɔ^{21}, piŋ^{53}lɛ^{21}? tɕʰiɑ̃^{13}tʂɤu^{44}tsʰɔ^{53}xuɤ^{21}liɔ^{21}, tsʰɔ^{53}lɛ^{21}? iɑ̃^{13}tʂʰʅ^{21}liɔ^{21}, iɑ̃^{13}lɛ^{13}? tɔ^{13}sa^{21}liɔ^{21}, tɔ^{21}lɛ^{13}? mɛ^{13}tʂɤu^{21}xuɑ̃^{13}xɔ^{13}tʰi^{44}xuɤ^{21}liɔ^{21}, ʐɤu^{44}lɛ^{21}? kuɤ^{13}xuɤ^{21}tʂu^{53}tʂɤu^{21}li^{21}, tʂʰɑ̃^{13}tsɿ^{42}lɛ^{21}? iɔ^{21}li^{44}tɕi^{44}tʂɤ^{21}ȵi^{21}, ȵiɔ^{53}pʰɔ^{44}lɛ^{21}? tʰɤu^{13}ʂɑ̃^{44}tiŋ^{53}tʂɤ^{21}ȵi^{21}, ku^{22}tʰɤu^{13}lɛ^{21}? mɤŋ^{13}pei^{44}xɤu^{21}li^{13}tʂɤ^{21}ȵi^{21}.

意译：略。

二、故事

吃人婆的故事

讲一个吃人婆儿的故事。[tɕiɑ̃^{53}ʑi^{13}kɛ^{21}tʂʅ^{13}ʐɤŋ^{13}pɤ^{21}ti^{21}ku^{44}sɿ^{21}] 一个女的带下三个娃娃，[ʑi^{13}kɤ^{21}ny^{13}ti^{21}tɛ^{53}xa^{21}sæ̃^{21}kɤ^{13}va^{13}va^{21}] 这个女的说起就是这三个娃娃的妈妈。[tʂɤ^{53}kɤ^{21}ny^{13}ti^{21}ʂuɤ^{44}tɕʰi^{21}tɕiɤu^{44}sɿ^{21}sæ̃^{13}kɤ^{21}va^{13}va^{21}ti^{21}ma^{53}ma^{21}] 晚上睡觉的时间，[væ̃^{53}ʂɑ̃^{21}ʂuei^{44}tɕiɔ^{44}ti^{21}sɿ^{13}tɕiæ̃^{21}] 这个女的有一个习惯呢，[tʂɤ^{52}kɤ^{21}ny^{53}ti^{21}iɤu^{53}ʑi^{13}kɤ^{21}ɕi^{13}kuæ̃^{44}ȵi^{21}] 三个娃娃都是身体都不一样，[sæ̃^{13}kɤ^{53}va^{13}va^{21}tɤu^{13}sɿ^{21}ʂɤŋ^{13}tʰi^{21}tɤu^{13}pu^{21}ʑi^{13}iɑ̃^{44}] 有胖的，[iɤu^{53}pʰɑ̃^{44}ti^{21}] 有瘦的，[iɤu^{53}sɤu^{44}ti^{21}] 还有不胖不瘦的，[xæ̃^{13}iɤu^{53}pu^{13}pʰɑ̃^{44}pu^{13}sɤu^{44}ti^{21}] 睡的时间就是把胖的老叫到跟前着呢。[ʂuei^{44}ti^{21}sɿ^{13}tɕiæ̃^{21}tɕiɤu^{44}sɿ^{44}pa^{21}pʰɑ̃^{44}ti^{21}lɔ^{53}tɕiɤu^{44}tɔ^{44}kɤŋ^{13}tɕiæ̃^{13}tʂɤ^{42}ȵi^{21}] 后头有一天就是这个吃人婆儿胡度想吃这个娃娃了，[xɤu^{44}tʰɤu^{21}iɤu^{53}ʑi^{44}tiæ̃^{21}iɤu^{44}sɿ^{21}tʂɤ^{53}kɤ^{21}tʂʅ^{13}ʐɤŋ^{13}pɤ^{13}xu^{13}tu^{21}ɕiɑ̃^{53}tʂʅ^{21}tʂɤ^{53}kɤ^{21}va^{13}va^{21}liɔ^{21}] 想吃娃娃的时候，[ɕiɑ̃^{53}tʂʅ^{21}va^{13}va^{21}ti^{21}sɿ^{13}xɤu^{21}] 就做了个啥，[tɕiɤu^{44}tsu^{44}liɔ^{21}kɤ^{21}sa^{44}] 本应该老是最小的一个最瘦，[pɤŋ^{53}iŋ^{44}kɛ^{21}lɔ^{53}sɿ^{21}tsuei^{55}ɕiɔ^{53}ti^{21}ʑi^{13}kɤ^{21}tsuei^{44}sɤu^{44}] 连这个妈

妈睡着呢，[læ̃13tʂɤ53kɤ21ma13ma21ʂuei55tʂɤ21ȵi21] 结果兀天想吃娃娃了没办法，[tɕie13kuɤ21vu53tʰiæ̃21ɕiɑ̃53tʂʅ21va13va21liɔ21mɤ21pæ̃44fɑ21] 就找不出个啥借口，[tɕiɤu44tsɔ53pu44tʂu42kɤ21sa13tɕie44kʰɤu21] 结果这女的就，[tɕie13kuɤ21tʂɤ53ny53ti21tɕiɤu44] 这媳妇儿就给娃娃们说着呢，[tʂɤ53ɕi13fur13tɕiɤu44kei44va13va42mɤŋ21ʂuɤ13tʂɤ42ȵi21] 今天晚上咱们就这么睡，[tɕiŋ13tʰiæ̃21va53ʂɑ̃44tsa13mɤŋ21tɕiɤu44tʂɤ53mɤ21ʂuei44] 胖的连我睡，[pʰɑ̃44ti21læ̃13ŋuɤ53ʂuei44] 瘦的就到墙上睡，[sɤu44ti21tɕiɤu44tɔ44tɕʰiɑ̃13ʂɑ̃21ʂuei44] 说的时间就是胖的胖的挨娘睡，[ʂuɤ44ti21sʅ13tɕiæ̃21tɕiɤu44sʅ21pʰɑ̃44ti21pʰɑ̃44ti21ŋɛ13ȵiɑ̃13ʂuei44] 瘦的瘦的挨墙睡。[sɤu44ti21sɤu44ti21ŋɛ13tɕʰiɑ̃13ʂuei44] 这一天晚上唻，[tʂɤ53ʑi21tʰiæ̃44væ̃53ʂɑ̃42lɛ21] 老大最胖，[lɔ53ta44tsuei44pʰɑ̃44] 就睡到妈妈的跟前了。[tɕiɤu44ʂuei44tɔ44ma53ma42ti21kɤŋ13tɕiæ̃13liɔ21] 嗒= 睡到半晚夕的时候来呢，[tsɔ53ʂuei44tɔ44pæ̃44væ̃53ɕie42ti21sʅ13xɤu21lɛ13ȵi21] 老二听见了，[lɔ53ɚ44tʰiŋ44tɕiæ̃44liɔ21] 说是，[ʂuɤ13sʅ21] 这咔嚓、咔嚓，[tʂɤ53kʰa13tsʰa53、kʰa13tsʰa53] 响的是啥撒，[ɕiɑ̃53ti21sʅ44sa13sa21] 就一骨碌拾起问妈妈着呢，[tɕiɤu13ʑi13ku3lu21tʂʅ13tɕʰi21vɤŋ44ma53ma21tʂɤ42ȵi21] 妈妈、妈妈那你吃的啥？ [ma53ma21、ma53ma21na53ȵi44tʂʅ13ti21sa44] 没吃啥着。[mɤ13tʂʅ21sa44tʂɤ21] 那啊么咔嚓咔嚓响着呢，[na53a13mu53ka13tsʰa21ka13tsʰa21ɕiɑ̃53tʂɤ53ȵi21] 噢，[ɔ21] 妈妈刚枕头底下两颗大豌豆么，[ma53ma21kɑ̃13tʂɤŋ53tʰɤu21ti53xa21liɑ̃53kɤ21ta44væ̃42tɤu13mu21] 拿着出来吃着呢么。[na13tʂɤ21tʂʰu13lɛ13tʂʰʅ13tʂɤ21ȵi13mu21] 咔嚓咔嚓，[ka13tsʰa21ka13tsʰa21] 嗒= 你赶紧睡。[tsa53ȵi53kæ̃13tɕiŋ53ʂuei44] 晚上了娃娃再不能吃东西噢。[væ̃53ʂɑ̃44liɔ21va13va21tsɛ44pu13nɤŋ13tʂʰʅ13tuŋ13ɕi21ɔ21] 这个时间其实是把老大吃着骨头响着呢，[tʂɤ53kɤ21sʅ13tɕiæ̃21tɕʰi13ʂʅ13sʅ44pa21lɔ53ta44tʂʰʅ13tʂɤ21ku13tʰɤu21ɕiɑ̃53tʂɤ21ȵi21] 咔嚓咔嚓的。[ka13tsʰa21ka13tsʰa42ti21] 嗒= 等着头一天晚上就把老大吃上了，[tsɔ53tɤŋ53tʂɤ21tʰɤu13ʑi13tiæ̃44væ̃53ʂɑ̃44tɕiɤu44pa21lɔ53ta21tʂʰʅ21ʂɑ̃21liɔ21] 老二连老三问妈妈着呢，[lɔ53ɚ44læ̃13lɔ53sæ̃44vɤŋ44ma53ma21tʂɤ21ȵi21] 说是老大阿达儿去了。[ʂuɤ13sʅ44lɔ53ta44a13tar13tɕʰi44liɔ21] 妈妈就说，[ma53ma21tɕiɤu44ʂuɤ44] 老大家起来得早，[lɔ53ta44tɕia13tɕʰi53lɛ21ti21tsɔ53] 出去做啥起了。[tʂʰu13tɕʰi21tsu44sa44tɕʰi13liɔ21] 一直到晚上没来，[ʑi13tʂʅ13tɔ44væ̃53ʂɑ̃21mɤ13lɛ21] 晚上没来呢。[væ̃53ʂɑ̃21mɤ13lɛ21ȵi21] 第二天妈妈还是一样，[ti44ɚ13tiæ̃44ma53ma21xæ̃13sʅ44ʑi3iɑ̃44] 还想吃娃娃，[xæ̃13ɕiɑ̃53tsʰʅ13va13va21] 就给娃娃可说着呢，[tɕiɤu44kei44va13va21kʰɤ53ʂuɤ13tʂɤ42ȵi21] 胖的胖的挨娘睡，[pʰɑ̃44ti21pʰɑ̃44ti21ŋɛ13ȵiɑ̃13ʂuei44] 瘦的瘦的挨墙睡。[sɤu44ti21sɤu44ti21ŋɛ13tɕʰiɑ̃13ʂuei44] 第二天晚上就排到老二上了，[ti53ɚ13tʰiæ̃21væ̃53ʂɑ̃21tɕiɤu44pɛ13tɔ44lɔ53ɚ44ʂɑ̃42liɔ21] 嗒= 没办法，[tsɔ53mɤ21pæ̃44fa21] 老二就睡到跟前了，[lɔ53ɚ44tɕiɤu44ʂuei44tɔ44kɤŋ13tɕʰiæ̃13liɔ21] 老三还顺着墙睡着呢。[lɔ53sæ̃21xæ̃13ʂuŋ44tʂɤ21tɕʰiɑ̃13ʂuei44tʂɤ21ȵi21] 睡着半晚夕的时间是，[ʂuei44tʂɤ21pæ̃44væ̃53ɕie42ti21sʅ13tɕiæ̃42sʅ21] 老尕听见了，[lɔ53ka13tʰiŋ44tɕiæ̃44liɔ21] 说是，[ʂuɤ13sʅ21] 这咔嚓、咔嚓，[tʂɤ53kʰa13tsʰa53、kʰa13tsʰa53] 吃的是啥撒？ [tʂʰʅ13ti21sʅ44sa13sa21] 就一骨碌拾起问妈妈着呢，[tɕiɤu13ʑi13ku13lu21tʂʅ13tɕʰi21vɤŋ44ma53ma21tʂɤ42ȵi21] 妈妈、妈妈，[ma53ma21、ma53ma21] 那你吃的啥？ [na53ȵi44tʂʰʅ13ti21sa44] 妈妈就说着呢，[ma53ma21tɕiɤu44ʂuɤ13tʂɤ21ȵi21] 说是今个隔壁儿刚给下两个大豌豆，[ʂuɤ13ʂʅ44tɕiŋ13kɤ21kɤ13pir53kɑ̃44kei44xa21liɑ̃53kɤ21ta44væ̃42tɤu13] 我这煮了吃着呢，[ŋuɤ53tʂɤ21tʂʰu13lɛ13tʂʰʅ13tʂɤ21ȵi13] 嗒= 你赶紧睡，[tsa53ȵi53kæ̃13tɕiŋ53ʂuei44] 娃娃晚上不能吃东西哦，[va13va21væ̃53ʂɑ̃44pu13nɤŋ13tʂʰʅ13tuŋ13ɕi21ɔ21] 这时候老三就睡下了。[tɤ53sʅ13xɤu21lɔ53sæ̃21tɕiɤu44ʂuei44xa21liɔ21] 这一天晚上就把老二可吃上了。[tʂɤ53ʑi13tʰiæ̃44væ̃53ʂɑ̃44tɕiɤu44pa21lɔ53ɚ44kɤ21tʂʅ13ʂɑ̃21liɔ21] 到第三天的晚上来呢，[tɔ44ti44sæ̃13tʰiæ̃21ti21væ̃53ʂɑ̃21lɛ13ȵi21] 就

剩老三一个了，[tɕiɤu^{44}ʂɤŋ^{44}lɔ^{53}sæ̃^{21}ʐi^{13}kɤ^{42}liɔ^{21}] 这个时候老三也没问，[tʂɤ^{53}kɤ^{21}sɿ^{13}xɤu^{21}lɔ^{53}sæ̃^{44}ie^{53}mɤ^{21}vɤŋ^{44}] 妈妈呀再没说，[ma^{53}ma^{21}a^{53}tsɛ^{44}mɤ^{21}ʂuɤ^{13}] 就把老三直接捞到跟前睡下了，[tɕiɤu^{44}pa^{21}lɔ^{53}sæ̃^{21}tʂʅ^{13}tɕie^{21}lɔ^{44}tɔ^{21}kɤŋ^{21}tɕʰiæ̃^{13}ʂuei^{44}xa^{42}liɔ^{21}] 晚上就咔嚓咔嚓也把老三吃上了。[væ̃^{53}ʂɑ̃^{44}tɕiɤu^{44}kʰa^{13}tsʰa^{21}ka^{13}tsʰa^{21}yæ̃^{13}pa^{21}lɔ^{53}sæ̃^{21}tʂʰʅ^{13}ʂɑ̃^{21}liɔ^{21}] 第四天是，[ti^{22}sɿ^{44}tʰiæ̃^{42}sɿ^{21}] 妈妈就没吃头了，[ma^{53}ma^{21}tɕiɤu^{44}mɤ^{13}tʂʰʅ^{13}tʰɤu^{21}liɔ^{21}] 过了几天是，[kuɤ^{44}liɔ^{21}tɕi^{13}tʰiæ̃^{42}sɿ^{21}] 娃娃吃不上，[va^{13}va^{21}tʂʰʅ^{13}pu^{21}ʂɑ̃^{21}] 妈妈呀就饿死了。[ma^{53}ma^{21}ia^{21}tɕiɤu^{44}ŋuɤ^{44}sɿ^{42}liɔ^{21}]

意译：讲一个吃人婆儿的故事。话是这么说，一个女的带着三个娃娃，这个女的说起来是三个娃娃的妈妈。晚上睡觉的时间，这个女的有一个习惯，三个娃娃身体都不一样，有胖的，有瘦的，还有不胖不瘦的，睡的时侯就把胖的叫到跟前。后面有一天，这个吃人婆特别想吃这个娃娃了，想吃娃娃的时候，就做了什么。本来经常是最小最瘦的孩子跟这个妈妈睡着，结果那天想吃娃娃了没办法，也找不出个什么借口，结果这女的就给娃娃们说："今天晚上咱们就这么睡，胖的跟我睡，瘦的就到墙边睡。"说的就是"胖的胖的挨娘睡，瘦的瘦的挨墙睡"。这一天晚上，老大最胖，就睡到妈妈跟前了。睡到半夜的时候，老二听见声音了，说："这咔嚓、咔嚓响的是啥声音？"他就一骨碌爬起来问妈妈："妈妈、妈妈，你吃的啥？""我没吃啥呀。""没吃啥，那怎么咔嚓咔嚓响呢？""噢，妈妈刚才枕头底下有两颗大豆，刚拿出来吃呢。""咔嚓、咔嚓。""你赶紧睡。晚上了，娃娃不能吃东西了。"其实这个时候是妈妈把老大吃得骨头响着呢，咔嚓、咔嚓的。等到头一天晚上就把老大吃了，结果到第二天的时候，老二跟老三问妈妈，说老大到什么地方去了。妈妈就说，老大起来得早，出去干什么去了。一直到晚上老大都没来。第二天妈妈还是一样想吃娃娃，就给娃娃又说"胖的胖的挨娘睡，瘦的瘦的挨墙睡"。第二天晚上就轮到老二了。没办法，老二就睡到妈妈跟前了，老三还顺着墙边睡。睡着半晚上的时候，老三听见声响了，说："这咔嚓、咔嚓，吃的是啥呀？"就一骨碌爬起来，问妈妈："妈妈、妈妈，这大半夜的你又吃啥呢？"妈妈就说："是今天隔壁儿刚给的两个麻豌豆，我这会儿吃着呢，你赶紧睡，娃娃晚上不能吃东西，赶紧睡噢。"老三就睡下了。这一天晚上妈妈就把老二吃了。到第三天的晚上，就剩老三一个了，这个时候老三也没问，妈妈也没说，就把老三直接搂到跟前睡下了，晚上就咔嚓咔嚓地把老三吃了。到了第四天，妈妈就没吃的了。过了几天，没有娃娃吃，妈妈就被饿死了。

三、自选条目

1. 提的圪⁼脑脑袋拄的拐，各把各的前程奔。

tʰi^{13}tei^{42}ko^{21}lɔ^{13}tʂu^{53}tei^{21}kuɛ^{53}, ko^{13}pa^{21}ko^{42}tei^{21}tɕʰiæ̃^{13}tʂɤŋ^{42}pɤŋ^{44}.

2. 白杨树上插柳呢，比你好的还有呢。

pei^{22}ia^{44}ʂu^{44}ʂã^{21}tsa^{42}liɤu^{53}ȵi^{21}, pi^{22}ȵi^{53}xɔ^{53}tei^{21}xa^{21}iɤu^{53}ȵi^{21}.

3. 老哇休嫌猪黑，灶爷休嫌锅黑。

lɔ^{53}va^{21}xuɤ^{13}ɕiæ̃^{53}tʂu^{13}xei^{21}, tsɔ^{53}ie^{21}xuɤ^{13}ɕiæ̃^{53}kuɤ^{13}xei^{21}.

4. 儿子娃娃不编谎，婆娘娃娃没人养。

ɚ^{13}tsɿ^{21}va^{13}va^{21}pu^{13}piæ̃^{44}xuɑ̃^{53}, pʰɤ^{13}ȵiɑ̃^{44}va^{13}va^{21}mɤ^{13}ʐɤŋ^{13}iɑ̃^{53}.

5. 给上点颜色是你还染大红呢。

kei^{44}ʂɑ̃^{44}tiæ̃^{21}iæ̃^{13}sɛ^{13}sɿ^{21}ȵi^{53}xæ̃^{13}ʐæ̃^{53}ta^{44}xuŋ^{13}ȵi^{21}.

6. 苦菊缠牡丹，最后缠了个光杆杆，还着叫牡丹花打展展。

kʰu53tɕy21tʂʰæ̃13mu53tæ̃44, tsuei44xɤu44tʂʰæ̃13liɔ42kɤ21kuɑ̃13kæ̃53kæ̃21, xæ̃13tʂɤ21mu53tæ̃44xuɑ21ta53tʂæ̃53tʂæ21.

7. 划拳喝酒吃纸烟，就是给婆娘娃娃撑体面。

xua44tɕʰyæ̃13xuɤ21tɕiɤu53tʂʅ21tsɿ53iæ̃21, iɤu44sɿ21kei44pɤ13n̥iɑ̃53va21va44tsʰɤŋ44tʰi53miæ̃21.

8. 帽子斜斜戴，媳妇来得快，帽子端戴，媳妇端爱。

mɔ44tsɿ21ɕie13ɕie21tɛ44, ɕi21fu13lɛ13ti21kʰuɛ44, mɔ44tsɿ21tuæ̃21tɛ44, ɕi21fu13tuæ̃21ŋɛ44.

9. 龙生龙，凤生凤，老鼠下哈的儿子会打洞。

luŋ13sɤŋ21luŋ13, fɤŋ44sɤŋ21fɤŋ44, lɔ21tʂʰu53ɕia44xa21ti21ɚ13tsɿ21xuei44ta53tuŋ44.

10. 大懒使小懒，小懒使了个白瞪眼，白瞪眼没动弹。

ta44læ̃53sɿ53ɕiɔ21læ53, ɕiɔ21læ53sɿ53liɔ42kɤ21pei13tɤŋ44n̥iæ, pei13tɤŋ42n̥iæ̃21mɤ21tʰuŋ44tʰæ̃21.

意译：略。

第二十二节　清水县口头文化

一、歌谣

一吔更，[i21iɛ0kɤŋ21] 一吔点，[i21iɛ0tsiæ̃53] 正好是一丝眠呀，[tʂɤŋ44xɔ53sɿ44i44sɿ21miæ̃13ia0] 忽听得迎春儿叫罢了一声喧呀，[xu13tsʰiŋ21təi21iŋ13tʃʰɤŋ21ɚ21tɕiɔ44pʰa44liɔ21i44ʂɤŋ21ɕyæ̃21ia0] 迎春儿奴的哥呀，[iŋ13tʃʰɤŋ21ɚ21lu13tsɿ21kə13ia0] 迎春儿奴的哥呀，[iŋ13tʃʰɤŋ21ɚ21lu13tsɿ21kə13ia0] 你在外边叫呀，[n̥i53tsɛ44vɛ44piæ̃21tɕiɔ44ia0] 奴在嘛绣阁里听，[lu13tsɛ44ma21siou44kə21li21tsʰiŋ21] 听得奴家好伤心，[tsʰiŋ21tsɿ21lu13tɕia21xɔ53ʂɔ̃13siŋ21] 听得奴家好痛心，[tsʰiŋ21tsɿ21lu13tɕia21xɔ53tʰuŋ44siŋ21] 越听越伤情呀，[yɛ13tsʰiŋ21yɛ13ʂɔ̃21tsʰiŋ13ia0] 相思情，[siɔ̃13sɿ21tsʰiŋ13] 情难容，[tsʰiŋ13læ̃13yŋ21] 来吧咦儿哟；[lɛ0pa0i0ɚ0iɔ0] 二更，[ɚ44kɤŋ21] 二吔点，[ɚ44iɛ0tsiæ̃53] 正好是一丝眠呀，[tʂɤŋ44xɔ53sɿ44i44sɿ21miæ̃13ia0] 忽听得蛤蟆儿叫罢了一声喧呀，[xu13tsʰiŋ21təi21xuə13ma21ɚ21tɕiɔ44pʰa44liɔ21i44ʂɤŋ21ɕyæ̃21ia0] 蛤蟆儿奴的哥呀，[xuə13ma21ɚ21lu13tsɿ21kə13ia0] 蛤蟆儿奴的哥呀，[xuə13ma21ɚ21lu13tsɿ21kə13ia0] 你在河边叫呀，[n̥i53tsɛ44xuə13piæ̃21tɕiɔ44ia0] 奴在嘛绣阁里听，[lu13tsɛ44ma21siou44kə21li21tsʰiŋ21] 听得奴家好伤心，[tsʰiŋ21tsɿ21lu13tɕia21xɔ53ʂɔ̃13siŋ21] 听得奴家好痛心，[tsʰiŋ21tsɿ21lu13tɕia21xɔ53tʰuŋ44siŋ21] 越听越伤情呀，[yɛ13tsʰiŋ21yɛ13ʂɔ̃21tsʰiŋ13ia0] 相思情，[siɔ̃13sɿ21tsʰiŋ13] 情难容，[tsʰiŋ13læ̃13yŋ21] 来吧咦儿哟；[lɛ0pa0i0ɚ0iɔ0] 三吔更，[sæ̃21iɛ0kɤŋ21] 三点，[sæ̃21tsiæ̃53] 正好是一丝眠呀，[tʂɤŋ44xɔ53sɿ44i44sɿ21miæ̃13ia0] 忽听得鹁鸽儿叫罢了一声喧呀，[xu13tsʰiŋ21təi21pʰu13kə21ɚ21tɕiɔ44pʰa44liɔ21i44ʂɤŋ21ɕyæ̃21ia0] 鹁鸽儿奴的哥呀，[pʰu13kə21ɚ21lu13tsɿ21kə13ia0] 鹁鸽儿奴的哥呀，[pʰu13kə21ɚ21lu13tsɿ21kə13ia0] 你在檐前叫呀，[n̥i53tsɛ44iæ̃13tsʰiæ̃21tɕiɔ44ia0] 奴在嘛绣阁里听，[lu13tsɛ44ma21siou44kə21li21tsʰiŋ21] 听得奴家好伤心，[tsʰiŋ21tsɿ21lu13tɕia21xɔ53ʂɔ̃13siŋ21] 听得奴家好痛心，[tsʰiŋ21tsɿ21lu13tɕia21xɔ53tʰuŋ21siŋ21] 越听越伤情呀，[yɛ13tsʰiŋ21yɛ13ʂɔ̃21tsʰiŋ13ia0] 相思情，[siɔ̃13sɿ21tsʰiŋ13] 情难容，[tsʰiŋ13læ̃13yŋ21] 来吧咦儿哟；[lɛ0pa0i0ɚ0iɔ0] 四吔更，[sɿ44iɛ0kɤŋ21] 四吔点，[sɿ44iɛ0tsiæ̃53] 正好是一丝眠呀，[tʂɤŋ44xɔ53sɿ44i44sɿ21miæ̃13ia0] 忽听得锦鸡儿叫罢了一声喧呀，[xu13tsʰiŋ21təi21tɕiŋ53tɕi21ɚ21tsiɔ44pʰa44liɔ21i44ʂɤŋ21ɕyæ̃21ia0] 锦鸡儿奴的哥呀，[tɕiŋ53tɕi21ɚ21lu13tsɿ21kə13ia0] 锦鸡儿奴的哥呀，[tɕiŋ53tɕi21ɚ21lu13tsɿ21kə13ia0] 你在林中叫呀，[n̥i53tsɛ44liŋ13tʃɤŋ21tɕiɔ44ia0] 奴在嘛绣阁里听，[lu13tsɛ44ma21siou44kə21li21tsʰiŋ21] 听得奴家好伤心，

[ts^{h}iŋ^{21}tsɿ^{21}lu^{13}tɕia^{21}xɔ^{53}ʂɒ̃^{13}siŋ^{21}] 听得奴家好痛心，[ts^{h}iŋ^{21}tsɿ^{21}lu^{13}tɕia^{21}xɔ^{53}t^{h}uŋ^{44}siŋ^{21}] 越听越伤情呀，[yɛ^{13}ts^{h}iŋ^{21}yɛ^{13}ʂɒ̃^{21}ts^{h}iŋ^{13}ia^{0}] 相思情，[siɒ̃^{13}sɿ^{21}ts^{h}iŋ^{13}] 情难容，[ts^{h}iŋ^{13}læ̃^{13}yŋ^{21}] 来吧咦儿哟；[lɛ^{0}pa^{0}i^{0}ɚ^{0}iɔ^{0}] 五吔更，[vu^{53}iɛ^{0}kɤŋ^{21}] 五吔点，[vu^{53}iɛ^{0}tsiæ̃^{53}] 正好是一丝眠呀，[tʂɤŋ^{44}xɔ^{53}sɿ^{44}i^{44}sɿ^{21}miæ̃^{13}ia^{0}] 忽听得喜鹊儿叫罢了一声喧呀，[xu^{13}ts^{h}iŋ^{21}təi^{21}ɕi^{53}tɕ^{h}yɛ^{21}ɚ^{21}tɕiɔ^{44}p^{h}a^{44}liɔ^{21}i^{44}ʂɤŋ^{21}ɕyæ̃^{21}ia^{0}] 喜鹊儿奴的哥呀，[ɕi^{53}tɕ^{h}yɛ^{21}ɚ^{21}lu^{13}tsɿ^{21}kə^{13}ia^{0}] 喜鹊儿奴的哥呀，[ɕi^{53}tɕ^{h}yɛ^{21}ɚ^{21}lu^{13}tsɿ^{21}kə^{13}ia^{0}] 你在树上叫呀，[ȵi^{53}tsɛ^{44}ʃɨ^{44}ʂɒ̃^{21}tɕiɔ^{44}ia^{0}] 奴在嘛绣阁里听，[lu^{13}tsɛ^{44}ma^{21}siou^{44}kə^{21}li^{21}ts^{h}iŋ^{21}] 听得奴家好伤心，[ts^{h}iŋ^{21}tsɿ^{21}lu^{13}tɕia^{21}xɔ^{53}ʂɒ̃^{13}siŋ^{21}] 听得奴家好痛心，[ts^{h}iŋ^{21}tsɿ^{21}lu^{13}tɕia^{21}xɔ^{53}t^{h}uŋ^{44}siŋ^{21}] 越听越伤情呀，[yɛ^{13}ts^{h}iŋ^{21}yɛ^{13}ʂɒ̃^{21}ts^{h}iŋ^{13}ia^{0}] 相思情，[siɒ̃^{13}sɿ^{21}ts^{h}iŋ^{13}] 情难容，[ts^{h}iŋ^{13}læ̃^{13}yŋ^{21}] 来吧咦儿哟；[lɛ^{0}pa^{0}i^{0}ɚ^{0}iɔ^{0}] 娘儿们一声女孩儿，[ȵiɒ̃^{13}ɚ^{21}mɤŋ^{21}i^{44}ʂɤŋ^{21}ȵy^{53}xɛ^{13}ɚ^{21}] 什么虫萤子叫的，[ʂɤŋ^{44}mə^{21}tʃ^{h}ɤŋ^{13}iŋ^{21}tsɿ^{21}tɕiɔ^{44}tsɿ^{21}] 你娘说，[ȵi^{53}ȵiɒ̃^{13}ʂə^{21}] 叫娘得知道呀，[tɕiɔ^{44}ȵiɒ̃^{13}təi^{13}tʂʅ^{21}tɔ^{44}ia^{0}] 女孩儿言说娘呀；[ȵy^{53}xɛ^{13}ɚ^{21}iæ̃^{13}ʂə^{21}ȵiɒ̃^{13}ia^{0}] 一更里的个迎春儿，[i^{44}kɤŋ^{21}li^{21}tsɿ^{21}kə^{21}iŋ^{13}tʃ^{h}ɤŋ^{21}ɚ^{21}] 它叫的，[t^{h}a^{21}tɕiɔ^{44}tsɿ^{21}] 噌噌噌，[tsɤŋ^{0}tsɤŋ^{0}tsɤŋ^{0}] 二更里的个蛤蟆儿，[ɚ^{44}kɤŋ^{21}li^{21}tsɿ^{21}kə^{21}xuɤ^{13}ma^{21}ɚ^{21}] 它叫的，[t^{h}a^{21}tɕiɔ^{44}tsɿ^{21}] 哇哇哇，[va^{0}va^{0}va^{0}] 三更里的鹁鸽儿，[sæ̃^{21}kɤŋ^{21}li^{21}tsɿ^{21}p^{h}u^{13}kə^{21}ɚ^{21}] 它叫的，[t^{h}a^{21}tɕiɔ^{44}tsɿ^{21}] 咕咕咕，[ku^{0}ku^{0}ku^{0}] 四更里的个锦鸡儿，[sɿ^{44}kɤŋ^{21}li^{21}tsɿ^{21}kə^{21}tɕiŋ^{53}tɕi^{21}ɚ^{21}] 它叫的，[t^{h}a^{21}tɕiɔ^{44}tsɿ^{21}] 刚刚刚，[kɒ̃^{0}kɒ̃^{0}kɒ̃^{0}] 五更里的喜鹊儿，[vu^{53}kɤŋ^{21}li^{21}tsɿ^{21}ɕi^{53}tɕ^{h}yɛ^{21}ɚ^{21}] 它叫的，[t^{h}a^{21}tɕiɔ^{44}tsɿ^{21}] 咂咂咂，[tsa^{0}tsa^{0}tsa^{0}] 咂咂咂，[tsa^{0}tsa^{0}tsa^{0}] 刚刚刚，[kɒ̃^{0}kɒ̃^{0}kɒ̃^{0}] 咕咕咕，[ku^{0}ku^{0}ku^{0}] 哇哇哇，[va^{0}va^{0}va^{0}] 噌噌噌，[tsɤŋ^{0}tsɤŋ^{0}tsɤŋ^{0}] 噌噌噌，[tsɤŋ^{0}tsɤŋ^{0}tsɤŋ^{0}] 它直叫的，[t^{h}a^{21}tʂ^{h}ʅ^{13}tɕiɔ^{44}tsɿ^{21}] 大天亮，[ta^{44}ts^{h}iæ̃^{21}liɒ̃^{44}] 来吧咦儿哟。[lɛ^{0}pa^{0}i^{0}ɚ^{0}iɔ^{0}]

意译：一更一点，刚睡了一会儿，忽然听见一阵迎春鸟的叫声，迎春鸟，我的哥啊，迎春鸟，我的哥啊，你在外边叫，我在绣阁里听，听得我好伤心，听得我好痛心，越听越伤情，相思之情，难啊，难啊。二更二点，刚睡了一会儿，忽然听见一阵蛤蟆叫声，蛤蟆啊，我的哥，蛤蟆啊，我的哥，你在河边叫，我在绣阁里听，听的我好伤心，听得我好痛心，越听越伤情，相思之情，难啊，难啊。三更三点，刚睡了一会儿，忽然听见一阵鹁鸽叫声，鹁鸽儿，我的哥啊，鹁鸽儿，我的哥啊，你在檐前叫，我在绣阁里听，听得我好伤心，听得我好痛心，越听越伤情，相思之情，难啊，难啊。四更四点，刚睡了一会儿，忽然听见一阵锦鸡鸣叫，锦鸡儿啊，我的哥，锦鸡儿啊，我的哥，你在林中叫，我在绣阁里听，听得我好伤心，听得我好痛心，越听越伤情呀，相思之情，难啊，难啊。五更五点，刚睡了一会儿，忽然听见一阵喜鹊叫，喜鹊，我的哥啊，喜鹊，我的哥啊，你在树上叫，我在绣阁里听，听得我好伤心，听得我好痛心，越听越伤情，相思之情，难啊，难啊。娘说：孩子啊，是什么在喧叫？娘说：告诉我。女儿说：娘啊，一更，是迎春鸟，它在叫，噌噌噌，二更，是蛤蟆，它在叫，哇哇哇，三更，是鹁鸽，它在叫，咕咕咕，四更，是锦鸡，它在叫，刚刚刚，五更，是喜鹊，它在叫，咂咂咂，咂咂咂，刚刚刚，咕咕咕，哇哇哇，噌噌噌，噌噌噌，它一直叫，一直叫到，天亮了。

二、故事

牛郎织女

从前，[ts^{h}uŋ^{13}ts^{h}iæ̃^{13}] 有一个小伙子，[iou^{52}i^{21}kɛ^{21}siɔ^{21}xuə^{52}tsɿ^{21}] 家里是非常穷。[tɕia^{21}li^{13}ʃɨ^{21}fəi^{21}tʂ^{h}ɒ̃^{13}tɕ^{h}yŋ^{13}] 他的父母早已离世，[t^{h}a^{21}tɛ^{13}fu^{44}mu^{52}tsɔ^{52}i^{52}li^{13}ʂʅ^{44}] 一个人这个啥过日子着哩，[i^{21}kɛ^{13}ʐɤŋ^{21}tsɛ^{52}kɛ^{21}ʃa^{21}kuə^{44}ɚ^{21}tsɿ^{52}tʂə^{21}li^{21}] 家里只有一个老牛，[tɕia^{21}li^{52}tʃɨ^{52}

iou52i21kə13lɔ52ȵiou13] 他就和这个老牛是相依为命，[tʰa21tɕiou44xuə13tʂə44kə21lɔ52ȵiou13ʃɨ21siɒ̃13i21vəi13miŋ44] 耕地种田维持生活，[kəŋ21tsʅ44tʃɤŋ44tsʰiæ̃13vəi13tʂʰʅ21ʃɤŋ21xuə13] 村上的人都把他叫牛郎，[tsʰuŋ21ʂɒ̃13tɛ21ʐɤŋ13tou13pa21tʰa52tɕiɔ44ȵiou13lɒ̃21] 其实这个老牛就是天上的金牛星，[tɕʰi13ʂʅ13tsɛ52kə21lɔ52ȵiou13tɕʰiou21ʃɨ21tsʰiæ̃21ʂɒ̃13tsʅ21tɕiŋ21ȵiou13siŋ21] 由于这个金牛星在天上，[iou13y21tsɛ52kɛ21tɕiŋ21ȵiou13siŋ21tsɛ44tsʰiæ̃21ʂɒ̃13] 这个犯了天戒以后，[tsɛ52kə21fæ̃44liɔ21tsʰiæ̃21tɕiɛ44i52xou44] 就打下凡，[tɕʰiou44ta52ɕia44fæ̃13] 变成这个老牛，[piæ̃44tʂʰɤŋ13tsɛ52kɛ21lɔ52ȵiou13] 这两个人以后就是一直就一块儿生活着哩，[tʂə44liɒ̃52kə21ʐɤŋ13i52xou44tɕʰiou44ʃɨ21i21tʂʅ13tɕʰiou21i21kʰuɛ52ɚ21ʃɤŋ21xuə13tʂə21li21] 这个金牛星看到这个牛郎，[tsɛ52kə21tɕiŋ21ȵiou13siŋ21kʰæ̃44tɔ44tsɛ52kə21ȵiou13lɒ̃21] 勤快善良，[tɕʰiŋ13kʰuɛ44ʂæ̃44liɒ̃13] 日子过得又可怜又艰紧，[ɚ21tsʅ52kuə44tsʅ21iou44kʰuə52liæ̃13iou44tɕiæ̃21tɕiŋ52] 所以它就总想着么就要给牛郎，[ʃuə52i21tʰa21tɕʰiou44tsuŋ52siɒ̃52tʂə21mə21tɕʰiou44iɔ44kəi44ȵiou13lɒ̃21] 想着找一个妻子成家，[siɒ52tʂə21tʃɔ52i21kə21tsʰʅ21tsʅ52tʂʰɤŋ13tɕia13] 这个啥把这个牛郎以后成为一家人。[tsɛ52kə21ʃa44pa21tsɛ52kə21ȵiou13lɒ̃21i52xou44tʂʰɤŋ13vəi13i44tɕia21ʐɤŋ13] 结果有一天以后，[tɕiɛ21kuə52iou52i44tsʰiæ̃21i52xou44] 这个金牛星就打听到以后是，[tsɛ52kə21tɕiŋ21ȵiou13siŋ21tɕʰiou21ta52tsʰiŋ21tɔ44i52xou44ʃɨ21] 天上的玉皇大帝的七个仙女，[tsʰiæ21ʂɒ̃13tɛ21y21xɒ̃13ta44tsʅ44tɛ21tsʰʅ21kɛ13siæ̃21ȵy52] 要到这个啥，[iɔ44tɔ44tsɛ52kə21ʃa44] 他家村东头的个，[tʰa13tɕia21tsʰuŋ13tuŋ21tʰou13tɛ21kə13] 湖畔里来洗澡。[xu13pʰæ̃44li21lɛ13sʅ52tsɔ52] 这个金牛星，[tsɛ52kə21tɕiŋ21ȵiou13siŋ21] 听到这个消息以后，[tsʰiŋ21tɔ44tsɛ52kə21siɔ13sʅ21i52xou44] 它晚上以后就给牛郎就托了个梦，[tʰa21væ̃52ʂɒ̃21i52xou44tɕʰiou21kəi21ȵiou13lɒ̃21tɕʰiou21tʰuə21liɔ52kə21mɤŋ44] 说是明天早上么你就，[ʂə21ʃɨ44miŋ13tsʰiæ̃21tsɔ52ʂɒ̃21mə21ȵi52tɕʰiou44] 到曹村东头的这个，[tɔ44tsɔ13tsʰuŋ13tuŋ13tʰou13tɛ21tsɛ21kə21] 柳树林旁边的一个湖畔里去，[liou52ʃɨ44liŋ13pʰɒ̃13piæ̃21tɛ21i21kə13xu13pʰæ̃44li21tɕʰy21] 有天上的七个仙女，[iou52tsʰiæ̃21ʂɒ̃13tɛ21tsʰʅ21kə13siæ21ȵy52] 在外里洗澡戏水。[tsʰɛ44vɛ52li21sʅ52tsɔ52ɕi44ʃəi52] 这个你去么把，[tsɛ52kɛ21ȵi52tɕʰi44mə21pa21] 一个仙女的衣服你就偷着拿回去，[i21kɛ13siæ̃21ȵy52tɛ21i21fu13ȵi52tɕʰiou21tʰou21tʂə13la13xuəi13tɕʰi21] 这七个仙女里头，[tʂə44tsʰʅ21kɛ13siæ̃21ȵy52li52tʰou21] 你拿衣服的这一个，[ȵi52la13i21fu13tɛ21tsɛ52i13kɛ21] 正好是玉皇大帝的第七个女儿，[tʂɤŋ44xɔ52ʃɨ21y21xuɒ̃13ta44tsʅ44tɛ21tsi44tsʰʅ21kɛ13ȵy52ɚ21] 名字叫这个啥织女，[miŋ13tsʅ21tɕiɔ44tsɛ52kə21ʃa44tʂʅ21ȵy52] 你把她的衣服拿着去，[ȵi52pa21tʰa52tɛ21i21fu13la13tʂə21tɕʰi44] 将来你两个就会成为夫妻。[tsiɒ̃21lɛ13ȵi52liɒ̃52kə21tɕʰiou44xuəi44tʂʰɤŋ13vəi13fu13tsʰʅ21] 臧= 结果以后牛郎醒来以后，[tsɒ̃52tɕiɛ21kuə52i52xou44ȵiou13lɒ̃21siŋ52lɛ21i52xou44] 这是做了个梦，[tsɛ52ʃɨ44tsuə21liɔ52kə21mɤŋ44] 他抱着半信半疑的这个思想以后么，[tʰa21pɔ44tʂə21pæ̃44siŋ44pæ̃44i13tɛ21tsɛ52kə21sʅ21siɒ̃52i52xou44mə21] 第二天早上以后就跑到村东头的个柳树林边里，[tsʰi44ɚ44tsʰiæ21tsɔ52ʂɒ̃21i52xou44tɕʰiou44pʰɔ52tɔ21tsʰuŋ13tuŋ21tʰou13tɛ21kə21liou52ʃɨ44liŋ13piæ̃21li13] 准备去看一下到底看，[tʃɤŋ52pi44tɕʰi44kʰæ̃44i21xa21tɔ44tsʅ52kʰæ̃21] 这个老牛给他托下的梦，[tsɛ52kə21lɔ52ȵiou13kəi13tʰa52tʰuə21xa13tɛ21mɤŋ44] 是真的吗假的。[ʃɨ44tʂɤŋ21tɛ13mə21tɕia52tɛ21] 刚走到这个村东头以后，[kɒ̃13tsou52tɔ44tsɛ52kɛ21tsʰuŋ13tuŋ21tʰou13i52xou44] 果然发现这个湖里面有，[kuə52ʐæ̃21fa21ɕiæ̃44tsɛ52kə21xu13li52miæ̃21iou52] 七个仙女在洗澡哩，[tsʰi21kɛ13siæ̃21ȵy52tsʰɛ44sʅ52tsɔ52li21] 哎呀，[ɛ13ia21] 个个长的是如花似玉，[kuə44kuə44tʂɒ̃52tsʅ21ʃɨ21ʒɨ13xua21sʅ44y13] 真个漂亮，[tʂɤŋ21kuə13pʰiɔ52liɒ̃44] 这个牛郎以后一下看的是眼睛都直了。[tsɛ52kɛ21ȵiou13lɒ̃21i52xou44i21xa44kʰæ̃44tsʅ21ʃɨ44ȵiæ̃52tsiŋ21tou21tʂʰʅ13liɔ21] 他

一看正好树杈上放下一件衣服是，[tʰa13i21kʰæ̃44tʂɤŋ44xɔ52ʃɨ44tʃʰa21ʂɒ̃21fɒ̃44xa21i21tɕʰiæ̃44i21fu13ʃɨ44] 粉红颜色的，[fɤŋ52xuŋ13iæ̃13ʃəi21tɛ21] 这个他托下的梦老牛给他说下的是一模一样，[tsɛ52kə21tʰa13tʰuə21xa13tɛ21mɤŋ44lɔ52ȵiou13kəi44tʰa13ʃə21xa13tɛ21ʃɨ44i21mu13i21iɒ̃44] 他就悄悄儿地过去以后就把这个粉红衣服就，[tʰa21tɕʰiou44tsʰiɔ21tsʰiɔ13ɚ21tsɿ21kuə44tɕʰi21i52xou44tɕʰiou44pa13tsɛ52kɛ21fɤŋ52xuŋ13i21fu13tɕʰiou44] 拿上就一趟子就跑回家。[la13ʂɒ21tɕʰiou44i21tʰɒ̃44tsɿ21tɕʰiou44pʰɔ52xuəi13tɕia13] 臧=结果这个七仙女以后，[tsɒ̃52tɕiɛ21kuə52tsɛ52kə21tsʰɿ13siæ̃21ȵy52i52xou44] 洗完澡以后起来穿衣服去的是，[si52væ̃13tsɔ52i52xou44tɕʰiɛ52lɛ21tʃʰæ̃13i21fu13tɕʰi21tɛ21ʃɨ44] 这个第七个小女儿这个织女，[tsɛ52kə21tsɿ44tsʰi21kɛ13siɔ52ȵy52ɚ21tsɛ52kə21tʂʅ21ȵy52] 发现自己的衣服咋不见了。[fa21ɕiæ̃44tsʰɿ44tɕi21tɛ21i21fu13tsa13pu21tɕiæ̃44liɔ21] 臧=赶紧以后到处寻去没有，[tsɒ̃52kæ̃21tɕiŋ52i52xou44tɔ44tʃʰɨ52siŋ13tɕʰi21mə21iou52] 结果到了晚上以后，[tɕiɛ21kuə52tɔ44liɔ21væ̃52ʂɒ̃21i52xou44] 七仙女就寻到了牛郎的家里，[tsʰɿ13siæ̃21ȵy52tɕʰiou44siŋ13tɔ44liɔ21ȵiou13lɒ̃21tɛ21tɕia21li52] 她把门敲开以后，[tʰa13pa21mɤŋ13tɕʰiɔ21kʰɛ52i52xou44] 结果发现以后她的衣服，[tɕiɛ21kuə52fa21ɕiæ̃44i52xou44tʰa21tɛ13i21fu13] 正好就在牛郎家屋里哩。[tʂɤŋ44xɔ52tɕʰiou44tsɛ21ȵiou13lɒ̃21tɕia21vu21li13li21] 哎呀当时一看牛郎是一个年轻小伙子，[ɛ13ia21tɒ̃21ʃɨ13i21kʰæ̃44ȵiou13lɒ̃21ʃɨ44i21kə21ȵiæ̃13tɕʰiŋ13siɔ21xuə52tsɿ21] 哎呀英俊潇洒，[ɛ13ia21iŋ21tɕyŋ44siɔ21sa52] 当时七仙女也动了心，[tɒ̃21ʃɨ13tsʰɿ13siæ̃21ȵy52iɛ52tuŋ44liɔ21siŋ13] 当时两个人是一见钟情，[tɒ̃21ʃɨ13liɒ̃52kɛ21ʐɤŋ13ʃɨ21i21ɕiæ̃44tʃɤŋ21tsʰiŋ13] 当天晚上就成了亲作为了夫妻。[tɒ̃13tsʰiæ̃21væ̃52ʂɒ̃21tɕʰiou44tʂʰɤŋ13liɔ21tsʰiŋ13tsuə21vəi13liɔ21fu13tsʰɿ21] 这个过去有一个说法就是，[tsɛ52kɛ21kuə44tɕʰy44iou52i21kɛ21ʂə13fa21tɕʰiou44ʃɨ21] 天上一日，[tsʰiæ̃21ʂɒ̃13i44ɚ21] 地下是一年么，[tsʰi44xa21ʃɨ21i21ȵiæ̃13mə21] 这个，[tsɛ52kə21] 天上的三天时间，[tsʰiæ̃21ʂɒ̃13tɛ21sæ̃13tsʰiæ̃21ʃɨ13tɕiæ̃21] 地下就是三年时间。[tsɿ52xa21tɕʰiou21ʃɨ21sæ̃21ȵiæ̃13ʃɨ13tɕiæ̃21] 结果这个织女以后，[tɕiɛ13kuə52tsɛ52kə21tʂʅ21ȵy52i52xou44] 到地下以后跟牛郎以后，[tɔ44tsɿ52xa21i52xou44kəŋ21ȵiou13lɒ̃21i52xou44] 三年时间，[sæ̃21ȵiæ̃13ʃɨ13tɕiæ̃21] 两个人就生了一男一女，[liɒ̃52kə21ʐɤŋ13tɕʰiou21ʃɤŋ21liɔ52i21læ̃13i21ȵy52] 日子是越过越好。[ɚ21tsɿ52ʃɨ21yɛ21kuə44yɛ21xɔ52] 这个，[tsɛ52kɛ21] 结果这一件事情，[tɕiɛ21kuə52tsɛ52i21tɕʰiæ̃44ʃɨ44tsʰiŋ21] 叫玉皇大帝给知道了，[tɕiɔ44y21xuɒ̃13ta44tsɿ44kəi21tʂʅ21tɔ21liɔ21] 哎这个他的小女儿以后，[ɛ13tsɛ52kə21tʰa21tɛ13siɔ52ȵy52ɚ21i52xou44] 私自下到凡间与凡人以后结为了夫妻。[sɿ21tsʰɿ44ɕia44tɔ44fæ̃13tɕiæ̃21y44fæ̃13ʐɤŋ21i52xou44tɕiɛ21vəi13liɔ21fu13tsʰɿ21] 臧=就派了天兵天将以后，[tsɒ̃52tɕʰiou44pʰɛ44liɔ21tsʰiæ̃13piŋ13tsʰiæ̃21tsiɒ̃44i52xou44] 就要把这个七仙女，[tɕʰiou44iɔ44pa21tsɛ52kə21tsʰɿ13siæ̃21ȵy52] 这个织女要拉回到天宫去。[tsɛ52kɛ21tʂʅ21ȵy52iɔ44la21xuəi13tɔ44tsʰiæ̃13kuŋ21tɕʰi21] 这个有一天就是以后，[tsɛ52kə21iou52i44tsʰiæ̃21tɕʰiou44ʃɨ21i52xou44] 天空是乌云密布，[tsʰiæ̃13kʰuŋ21ʃɨ44vu21yŋ13mi21pu52] 电闪雷鸣，[tsiæ̃44ʂæ̃52luəi13miŋ13] 忽然一阵狂风以后，[xu13ʐæ̃21i21tʂɤŋ44kʰuɒ̃13fɤŋ21i52xou44] 吹来以后是，[tʃʰəi21lɛ13i52xou44ʃɨ21] 把这个织女以后，[pa21tsɛ52kɛ21tʂʅ21ȵy52i52xou44] 就卷到了天上，[tɕʰiou44tɕyæ̃52tɔ44liɔ21tsʰiæ̃21ʂɒ̃13] 上了天宫。[ʂɒ̃44liɔ21tsʰiæ̃13kuŋ21] 当时这个情况以后，[tɒ̃21ʃɨ13tsɛ52kɛ21tsʰiŋ13kʰɒ̃44i52xou44] 这个牛郎一看以后就，[tsɛ52kə21ȵiou13lɒ̃21i21kʰæ̃44i52xou44tɕʰiou21] 拉也拉不住人家上了天上他上去又上不去，[la13iɛ21la13pu21tʃʰɨ44ʐɤŋ13tɕia21ʂɒ̃44liɔ21tsʰiæ̃21ʂɒ̃13tʰa21ʂɒ44tɕʰi21iou44ʂɒ̃44pu21tɕʰi44] 两个一男一女娃娃以后，[liɒ̃52kə21i21læ̃13i21ȵy52va13va21i52xou44] 也吼着哭着就叫他妈哩。[iɛ52xou52tʂə21kʰu21tʂə13tɕʰiou44tɕiɔ44tʰa21ma52li21] 这个老牛看到这个情况以后，[tsɛ52kə21lɔ52ȵiou13kʰæ̃44tɔ44tsɛ52kə21tsʰiŋ13kʰuɒ̃44i52xou44] 就非常感动，[tɕʰiou44 fəi^{21}tʂɔ̃^{13}kæ̃^{52}tuŋ^{44}] 感觉到以后，[kæ̃^{52}tɕyɛ^{21}tɔ^{44}i^{52}xou^{44}] 这个一家子人刚过得好好的，[tsɛ^{52}kə^{21}i^{44}tɕia^{21}tsɿ^{52}ʐɤŋ^{13}kɔ̃^{13}kuə^{44}tsɿ^{21}xɔ^{52}xɔ^{13}tsɿ^{21}] 现在这个织女上了天，[ɕiæ̃^{44}tsʰɛ^{44}tsɛ^{52}kə^{21}tʂʅ^{21}ȵy^{52}ʂɔ̃^{44}liɔ^{21}tsʰiæ̃^{13}] 牛郎一个人，[ȵiou^{13}lɔ̃^{21}i^{21}kə^{44}ʐɤŋ^{21}] 还撇下两个娃娃，[xɛ^{21}pʰiɛ^{52}xa^{21}liɔ̃^{52}kə^{21}va^{13}va^{21}] 这个日子咋推哩。[tsɛ^{52}kə^{21}ɚ^{21}tsɿ^{52}tsa^{13}tʰuəi^{21}li^{13}] 当时以后就，[tɔ̃^{21}ʃɨ^{13}i^{52}xou^{44}tɕʰiou^{44}] 抱着非常同情的心理以后就给牛郎就说是，[pɔ^{44}tʂə^{21}fəi^{21}tʂʰɔ̃^{13}tʰuŋ^{13}tsʰiŋ^{13}tɛ^{21}siŋ^{21}li^{52}i^{52}xou^{44}tɕʰiou^{44}kəi^{44}ȵiou^{13}lɔ̃^{21}tɕʰiou^{44}ʃə^{21}ʃɨ^{44}] 哎牛郎，[ɛ^{21}ȵiou^{13}lɔ̃^{21}] 是这你看，[ʃɨ^{44}tsɛ^{52}ȵi^{52}kʰæ̃^{44}] 现在你追也追不上，[ɕiæ̃^{44}tsʰɛ^{44}ȵi^{52}tʃəi^{21}iɛ^{52}tʃəi^{21}pu^{21}ʂɔ̃^{44}] 你把我的两个这个牛角，[ȵi^{52}pa^{21}ŋuə^{52}tɛ^{21}liɔ̃^{52}kə^{21}tsɛ^{52}kə^{21}ȵiou^{13}kuə^{13}] 你给我扳下来，[ȵi^{52}kəi^{21}ŋuə^{21}pæ̃^{21}xa^{44}lɛ^{21}] 扳下来它就会变成两个竹筐子，[pæ̃^{21}xa^{44}lɛ^{21}tʰa^{21}tɕʰiou^{44}xuəi^{44}piæ̃^{44}tʂʰɤŋ^{13}liɔ̃^{52}kə^{21}tʃɨ^{13}kʰuɔ̃^{21}tsɿ^{52}] 你把两个娃娃往竹筐子里面一放，[ȵi^{52}pa^{21}liɔ̃^{52}kə^{21}va^{13}va^{21}vɔ̃^{52}tʃɨ^{13}kʰuɔ̃^{21}tsɿ^{52}li^{52}miæ̃^{21}i^{21}fɔ̃^{44}] 昂，[ɔ̃^{52}] 你担上以后你就天宫里寻织女去。[ȵi^{52}tæ̃^{21}ʂɔ̃^{13}i^{52}xou^{44}ȵi^{52}tɕʰiou^{44}tsʰiæ̃^{13}kuŋ^{21}li^{21}siŋ^{13}tʂʅ^{21}ȵy^{52}tɕʰi^{21}] 哎，[ɛ^{13}] 说也奇怪，[ʂɤ^{21}iɛ^{52}tɕʰi^{13}kuɛ^{44}] 当这个话刚说完以后，[tɔ̃^{21}tsɛ^{52}kə^{21}xua^{44}kɔ̃^{13}ʂə^{21}væ̃^{13}i^{52}xou^{44}] 这个老牛的两个角就掉到了地上，[tsɛ^{52}kə^{21}lɔ^{52}ȵiou^{13}tɛ^{21}liɔ̃^{52}kə^{21}kuə^{13}tɕʰiou^{21}tsiɔ^{44}tɔ^{44}liɔ^{21}tsɿ^{44}ʂɔ̃^{21}] 马上变成了两个竹筐。[ma^{52}ʂɔ̃^{21}piæ̃^{44}tʂʰɤŋ^{13}liɔ^{21}liɔ̃^{52}kə^{21}tʃɨ^{13}kʰuɔ̃^{13}] 牛郎就把两个娃娃放着竹筐子里头，[ȵiou^{13}lɔ̃^{21}tɕʰiou^{21}pa^{21}liɔ̃^{52}kə^{21}va^{13}va^{21}fɔ̃^{44}tʂə^{21}tʃɨ^{13}kʰuɔ̃^{21}tsɿ^{52}li^{52}tʰou^{21}] 用担就把两个娃娃担上，[yŋ^{44}tæ̃^{44}tɕʰiou^{44}pa^{21}liɔ̃^{52}kə^{21}va^{13}va^{21}tæ̃^{21}ʂɔ̃^{13}] 担上娃娃以后只觉得脚底下是，[tæ̃^{21}ʂɔ̃^{13}va^{13}va^{21}i^{52}xou^{44}ʧɿ̈^{13}tɕyɛ^{21}təi^{21}tɕyɛ^{21}tsɿ^{52}xa^{21}ʃɨ^{44}] 好像是一阵清风，[xɔ^{52}siɔ̃^{44}ʃɨ^{21}i^{21}tʂɤŋ^{44}tsʰiŋ^{13}fɤŋ^{21}] 像腾云驾雾一样是飞到了天宫。[siɔ̃^{44}tʰɤŋ^{13}yŋ^{13}tɕia^{44}vu^{44}i^{21}iɔ̃^{44}ʃɨ^{21}fəi^{21}tɔ^{44}liɔ^{21}tsʰiæ̃^{13}kuŋ^{21}] 飞到天宫以后就撵织女，[fəi^{21}tɔ^{44}tsʰiæ̃^{13}kuŋ^{21}i^{52}xou^{44}tɕʰiou^{21}ȵiæ̃^{52}tʂʅ^{21}ȵy^{52}] 眼看就要把织女追上的话哩，[ȵiæ̃^{52}kʰæ̃^{44}tɕʰiou^{44}iɔ^{44}pa^{21}tʂʅ^{21}ȵy^{52}tʃəi^{21}ʂɔ̃^{13}tɛ^{21}xua^{44}li^{21}] 结果是这个王母娘娘，[tɕiɛ^{21}kuə^{52}ʃɨ^{21}tsɛ^{21}kə^{21}vɔ̃^{13}mu^{21}ȵiɔ̃^{13}ȵiɔ̃^{21}] 在南天门上以后一看是，[tsʰɛ^{44}læ̃^{13}tsʰiæ̃^{21}mɤŋ^{13}ʂɔ̃^{21}i^{52}xou^{44}i^{21}kʰæ̃^{44}ʃɨ^{44}] 牛郎以后把织女已经追上了，[ȵiou^{13}lɔ̃^{21}i^{52}xou^{44}pa^{21}tʂʅ^{21}ȵy^{52}i^{52}tɕiŋ^{44}tʃəi^{21}ʂɔ̃^{13}liɔ^{21}] 从头上取着下来一个金簪以后，[tsʰuŋ^{13}tʰou^{13}ʂɔ̃^{21}tɕʰy^{52}tʂə^{21}xa^{44}lɛ^{21}i^{21}kə^{21}tɕiŋ^{13}tsæ̃^{21}i^{52}xou^{44}] 就朝眼前头划了一下是，[tɕʰiou^{44}tʂʰɔ^{13}ȵiæ̃^{52}tsʰiæ̃^{13}tʰou^{21}xua^{44}liɔ^{21}i^{21}xa^{44}ʃɨ^{44}] 霎时变成了一条天河，[ʃa^{52}ʃɨ^{13}piæ̃^{44}tʰɤŋ^{13}liɔ^{21}i^{21}tsʰiɔ^{13}tsʰiæ̃^{21}xuə^{13}] 波涛汹涌。[pʰə^{21}tʰɔ^{13}ɕyŋ^{21}yŋ^{52}] 这个天河是越来越宽，[tsɛ^{52}kə^{21}tsʰiæ̃^{21}xuə^{13}ʃɨ^{21}yɛ^{21}lɛ^{13}yɛ^{13}kʰuæ̃^{13}] 两面子的岸是看不到边，[liɔ̃^{52}miæ̃^{44}tsɿ^{21}tɛ^{21}ŋæ̃^{44}ʃɨ^{21}kʰæ̃^{44}pu^{21}tɔ^{44}piæ̃^{13}] 把牛郎和织女就隔到了两边里，[pa^{21}ȵiou^{13}lɔ̃^{21}xuə^{13}tʂʅ^{21}ȵy^{52}tɕʰiou^{44}kəi^{21}tɔ^{44}liɔ^{21}liɔ̃^{52}piæ̃^{21}li^{13}] 这两个人，[tsɛ^{52}liɔ̃^{52}kə^{21}ʐɤŋ^{13}] 这个，[tsɛ^{52}kə^{21}] 从此再就干脆就见不上面，[tsʰuŋ^{13}tsʰɿ^{44}tsɛ^{44}tɕʰiou^{21}kæ̃^{21}tsʰuəi^{44}tʰiou^{21}tɕiæ̃^{44}pu^{21}ʂɔ̃^{44}miæ̃^{44}] 这个牛郎臧⁼咋追也追不上就隔着河这边了。[tsɛ^{52}kə^{21}ȵiou^{13}lɔ̃^{21}tsɔ̃^{52}tsa^{13}tʃəi^{13}iɛ^{52}tʃəi^{13}pu^{21}ʂɔ̃^{44}tɕʰiou^{21}kəi^{21}tʂə^{13}xuə^{13}tsɿ^{44}piæ̃^{21}liɔ^{21}] 当时这个喜鹊以后，[tɔ̃^{21}ʃɨ^{13}tsɛ^{52}kə^{21}ɕi^{52}tɕʰyɛ^{21}i^{52}xou^{44}] 非常同情这两块的遭遇，[fəi^{21}tʂʰɔ̃^{13}tʰuŋ^{13}tsʰiŋ^{13}tsɛ^{52}liɔ̃^{21}kʰuɛ^{52}tɛ^{21}tsɔ^{21}y^{44}] 就以后在每年的七月七，[tɕʰiou^{44}i^{52}xou^{44}tsʰɛ^{44}məi^{52}ȵiæ̃^{13}tɛ^{21}tsʰɿ^{21}yɛ^{52}tsʰɿ^{21}] 这一天以后，[tsɛ^{52}i^{13}tsʰiæ̃^{21}i^{52}xou^{44}] 它就把所有的喜鹊，[tʰa^{21}tɕʰiou^{44}pa^{21}ʃə^{52}iou^{52}tɛ^{21}ɕi^{52}tɕʰyɛ^{21}] 都叫着来以后，[tou^{13}tɕiɔ^{44}tʂə^{21}lɛ^{13}i^{52}xou^{44}] 就到这个天河上，[tɕʰiou^{44}tɔ^{44}tsɛ^{52}kə^{21}tsʰiæ̃^{21}xuə^{13}ʂɔ̃^{21}] 搭起了一个鹊桥，[ta^{21}tɕʰi^{52}liɔ^{21}i^{21}kɛ^{13}tɕʰyɛ^{21}tɕʰiɔ^{13}] 就是一头子就是在这个织女的一边，[tɕʰiou^{44}ʃɨ^{44}i^{21}tʰou^{13}tsɿ^{21}tɕʰiou^{44}ʃɨ^{21}tsʰɛ^{44}tsɛ^{52}kɛ^{21}tʂʅ^{21}ȵy^{52}tɛ^{21}i^{44}piæ̃^{21}] 一头么就在这个牛郎的一边。[i^{21}tʰou^{13}mə^{21}tɕʰiou^{44}tsʰɛ^{44}tsɛ^{52}kɛ^{21}ȵiou^{13}lɔ̃^{21}tɛ^{21}i^{44}piæ̃^{21}] 搭起鹊桥以后，[ta^{21}

tɕʰi^{52}tɕʰyɛ^{21}tɕʰiɔ^{13}i^{52}xou^{44}] 就帮助这个牛郎织女在七月七的这一天就，[tɕʰiou^{44}pɒ̃^{21}tʃɨ^{44}tsɛ^{52}kɛ^{21}ȵiou^{13}lɒ̃^{21}tʂʅ^{21}ȵy^{52}tsʰɛ^{44}tsʰɿ^{21}yɛ^{52}tsʰɿ^{21}tɛ^{21}tsɛ^{52}i^{21}tsʰiæ̃^{21}tɕʰiou^{44}] 到鹊桥会。[tɔ^{44}tɕʰyɛ^{21}tɕʰiɔ^{13}xuəi^{44}] 这个一直就是每年，[tsɛ^{52}kɛ^{21}i^{21}tʂʰʅ^{13}tɕʰiou^{44}ʃɨ^{21}məi^{52}ȵiæ̃^{13}] 只能夫妻两个见一面，[tʃɨ^{52}lɤŋ^{13}fu^{13}tsʰɿ^{21}liɒ̃^{52}kə^{21}tɕiæ̃^{44}i^{21}miæ̃^{443}] 把这个故事以后，[pa^{21}tsɛ^{52}kə^{21}ku^{52}ʃɨ^{44}i^{52}xou^{44}] 到现在一直千百年来，[tɔ^{44}ɕiæ̃^{44}tsʰɛ^{44}i^{21}tʂʰʅ^{13}tsʰiæ̃^{13}pəi^{21}ȵiæ̃^{13}lɛ^{13}] 流传到民间。[liou^{13}tʃʰæ̃^{13}tɔ^{44}miŋ^{13}tɕiæ̃^{21}]

意译：同前。

三、自选条目

六月里的热头热过火，[liou^{21}yɛ^{52}li^{21}tɛ^{21}zə^{21}tʰou^{13}zə^{21}kuə^{44}xuə^{52}] 轩辕湖上游人多，[ɕyæ̃^{13}yæ̃^{13}xu^{13}ʂɒ̃^{21}iou^{13}zʅɤŋ^{13}tuə^{21}] 早锻炼，[tsɔ^{52}tuæ̃^{44}liæ̃^{44}] 晚上转，[væ̃^{52}ʂɒ̃^{21}tʃæ̃^{44}] 没事也要转三转。[mə^{21}ʃɨ^{44}iɛ^{52}iɔ^{44}tʃæ̃^{44}sæ̃^{21}tʃæ̃^{44}] 有男的，[iou^{52}læ̃^{13}tsɿ^{21}] 有女的，[iou^{52}ȵy^{52}tsɿ^{21}] 有老有少有小的。[iou^{52}lɔ^{52}iou^{52}ʂɔ^{44}iou^{52}siɔ^{52}tsɿ^{21}] 上班的，[ʂɒ̃^{44}pæ̃^{21}tsɿ^{13}] 上学的，[ʂɒ̃^{44}ɕyɛ^{13}tsɿ^{21}] 谈情说爱胡黏的。[tʰæ̃^{13}tsiŋ^{13}ʂə^{21}ŋɛ^{44}xu^{13}zæ̃^{13}tsɿ^{21}] 打工的，[ta^{52}kuŋ^{21}tsɿ^{13}] 挣钱的，[tʃɤŋ^{44}tsʰiæ̃^{13}tsɿ^{21}] 跳舞唱戏耍拳的。[tsʰiɔ^{13}vu^{52}tʂʰɒ̃^{44}ɕi^{44}ʃa^{52}tɕʰyæ̃^{13}tsɿ^{21}] 年龄大的九十九，[ȵiæ̃^{13}liŋ^{13}ta^{44}tsɿ^{21}tɕiou^{52}ʂʅ^{21}tɕiou^{52}] 年龄小的刚会走，[ȵiæ̃^{13}liŋ^{13}siɔ^{52}tsɿ^{21}kɒ̃^{21}xuəi^{44}tsou^{52}] 求把儿妈，[tɕʰiou^{13}pa^{44}ɚ^{21}ma^{52}] 狗娃儿爸，[kou^{52}va^{13}ɚ^{21}pa^{13}] 姑姑侄女她丫丫，[ku^{21}ku^{13}tʂʰʅ^{13}ȵy^{21}tʰa^{13}ia^{21}ia^{13}] 阿舅外甥他碎达，[a^{21}tɕiou^{44}vɛ^{44}ʃɤŋ^{21}tʰa^{13}suəi^{44}ta^{13}] 媳妇子抱的是月溜娃。[sɿ^{21}fu^{13}tsɿ^{21}pɔ^{44}tsɿ^{21}ʃɨ^{21}yɛ^{21}liou^{44}va^{13}] 走进广场抬头看，[tsou^{52}tsiŋ^{44}kuɒ̃^{52}tʂɒ̃^{52}tʰɛ^{13}tʰou^{13}kʰæ̃^{55}] 男女老少都锻炼，[læ̃^{13}ȵy^{52}lɔ^{52}ʂɔ^{44}tou^{21}tuæ̃^{55}liæ̃^{55}] 老年人跳的是广场舞，[lɔ^{52}ȵiæ̃^{21}zʅɤŋ^{13}tsʰiɔ^{13}tsɿ^{21}sɿ^{21}kuɒ̃^{52}tʂɒ̃^{52}vu^{52}] 浑身上下把劲鼓，[xuŋ^{44}ʂɤŋ^{21}ʂɒ̃^{44}xa^{44}pa^{21}tɕiŋ^{44}ku^{52}] 交谊舞场有情调，[tɕiɔ^{21}i^{44}vu^{52}tʂʰɒ̃^{52}iou^{52}tsʰiŋ^{13}tsiɔ^{44}] 男男女女一搭抱。[læ̃^{13}læ̃^{13}ȵy^{52}ȵy^{52}i^{13}ta^{21}pɔ^{44}] 不敢上场的旁边站，[pu^{21}kæ̃^{52}ʂɒ̃^{44}tʂʰɒ̃^{52}tsɿ^{21}pʰɒ̃^{13}piæ̃^{21}tʃæ̃^{44}] 偷偷儿看，[tʰou^{21}tʰou^{13}ɚ^{21}kʰæ̃^{44}] 偷偷儿练，[tʰou^{21}tʰou^{13}ɚ^{21}liæ̃^{44}] 不吃饭是一身汗，[pu^{13}tʂʰʅ^{21}fæ̃^{44}sɿ^{21}i^{44}ʂɤŋ^{21}xæ̃^{44}] 上场还是个踏脚面。[ʂɒ̃^{44}tʂʰɒ̃^{52}xæ̃^{13}sɿ^{44}kə^{21}tʰa^{13}tɕyɛ^{21}miæ̃^{44}] 站在轩辕桥上看，[tʃæ̃^{44}tsɛ^{44}ɕyæ̃^{13}yæ̃^{13}tɕʰiɔ^{13}ʂɒ̃^{21}kʰæ̃^{44}] 彩灯闪闪都一千。[tsɛ^{52}tɤŋ^{21}ʂæ̃^{21}ʂæ̃^{52}tou^{21}i^{13}tsʰiæ̃^{21}] 往东看，[vɒ̃^{52}tuŋ^{21}kʰæ̃^{44}] 红崖观，[xuŋ^{13}ŋɛ^{13}kuæ̃^{44}] 满山的彩灯亮闪闪，[mæ̃^{52}ʃæ̃^{21}tsɿ^{21}tsʰɛ^{52}tɤŋ^{21}liɒ̃^{44}ʂæ̃^{52}ʂæ̃^{21}] 座座庙宇金光闪，[tsuə^{44}tsuə^{44}miɔ^{44}y^{44}tɕiŋ^{13}kuɒ̃^{21}ʂæ̃^{52}] 人间仙境好景观。[zʅɤŋ^{13}tɕiæ̃^{21}siæ̃^{21}tɕiŋ^{44}xɔ^{52}tɕiŋ^{52}kuæ̃^{21}] 往南看，[vɒ̃^{52}læ̃^{13}kʰæ̃^{21}] 崇山峻岭银光闪，[tʃʰɤŋ^{13}ʃæ̃^{21}tɕyŋ^{44}liŋ^{52}iŋ^{13}kuɒ̃^{21}ʂæ̃^{52}] 大破墩的灵灯点对点，[ta^{44}pʰɤ^{44}tuŋ^{21}tsɿ^{13}liŋ^{13}tɤŋ^{21}tsiæ̃^{52}tuəi^{44}tsiæ̃^{52}] 和天上的星星连成片，[xuə^{13}tsʰiæ̃^{21}ʂɒ̃^{13}tsɿ^{21}siŋ^{21}siŋ^{13}liæ̃^{13}tʂʰɤŋ^{13}pʰiæ̃^{52}] 就像外银河落九天。[tɕiou^{44}siɒ̃^{44}vɛ^{52}ɵiŋ^{13}xuə^{13}luə^{21}tɕiou^{52}tsʰiæ̃^{21}] 看西山，[kʰæ̃^{44}sɿ^{13}ʃæ̃^{21}] 红红的晚霞映红天，[xuŋ^{13}xuŋ^{13}tsɿ^{21}væ̃^{52}ɕia^{13}iŋ^{44}xuŋ^{13}tsʰiæ̃^{21}] 美丽的夜景更壮观，[məi^{52}li^{44}tsɿ^{21}iɛ^{44}tɕiŋ^{52}kɤŋ^{44}tʃɒ̃^{44}kuæ̃^{21}] 圆圆的月亮当空照，[yæ̃^{13}yæ̃^{13}tsɿ^{21}yɛ^{21}liɒ̃^{44}tɒ̃^{13}kʰuŋ^{21}tʂɔ^{44}] 大地如同白昼间，[ta^{44}tsɿ^{44}ʒɨ^{13}tʰuŋ^{13}pəi^{13}tʂou^{44}tɕiæ̃^{21}] 新农村建设连成片，[siŋ^{21}luŋ^{13}tsʰuŋ^{21}tɕiæ̃^{44}ʂə^{21}liæ̃^{13}tʂʰɤŋ^{13}pʰiæ̃^{52}] 小区的高楼入云天，[siɔ^{52}tɕʰy^{21}tsɿ^{21}kɔ^{21}lu^{13}ʒɨ^{21}yŋ^{13}tsʰiæ̃^{21}] 条条公路像长龙，[tsiɔ^{13}tsiɔ^{13}luŋ^{21}lu^{44}siɒ̃^{44}tʂʰɒ̃^{13}luŋ^{13}] 铁路桥梁高入云。[tsʰiɛ^{21}lu^{44}tɕʰiɔ^{13}liɒ̃^{13}kɔ^{13}ʒɨ^{21}yŋ^{13}] 回头再看白山梁，[xuəi^{13}tʰou^{13}tsɛ^{44}kʰæ̃^{44}pəi^{13}sæ̃^{21}liɒ̃^{13}] 玲珑的彩灯更辉煌，[liŋ^{13}luŋ^{13}tsɿ^{21}tsʰɛ^{52}tɤŋ^{21}kɤŋ^{44}xuəi^{21}xuɒ̃^{13}] 轩辕黄帝生清水，[ɕyæ̃^{13}yæ̃^{13}xuɒ̃^{13}tsɿ^{44}ʃɤŋ^{13}tsʰiŋ^{21}ʃəi^{52}] 全口窑就是栖居地。[tɕʰyæ̃^{13}kʰou^{52}iɔ^{13}tsiou^{44}ʃɨ^{44}sɿ^{13}tɕy^{21}tsɿ^{44}] 全口窑的传说广流传，[tɕʰyæ̃^{13}kʰou^{52}iɔ^{13}tsɿ^{21}tʃʰæ̃^{13}ʂə^{21}kuɒ̃^{52}liou^{13}tʃʰæ̃^{13}] 流传至今若干年。[liou^{13}tʃʰæ̃^{13}tʃɨ^{44}tɕiŋ^{21}zʅɤ^{13}kæ̃^{21}ȵiæ̃^{13}] 轩辕故里说轩辕，[ɕyæ̃^{13}yæ̃^{13}ku^{52}li^{52}ʂə^{21}ɕyæ̃^{13}yæ̃^{13}] 轩辕精神万代传。[ɕyæ̃^{13}yæ̃^{13}

tsiŋ21ʂɤŋ13vã44tɛ44tʃhã13] 轩辕湖的游人游不断，[ɕyã13yã13xu13tsɿ21iou13ʐɤŋ13iou13pu21tuã44] 轩辕湖的景观看不完。[ɕyã13yã13xu13tsɿ21tɕiŋ52kuã21khã44pu21vã13] 龙塬桥前是喷泉，[luŋ13yã13tɕhiɔ13tshiã13ʃɨ44phɤŋ21tɕhyã13] 五光十色真好看，[vu52kuɒ̃21ʂɿ13ʃəi21tʂɤŋ21xɔ52khã44] 一喷就是三十里，[i13phɤŋ21tɕiou44sɿ44sã21ʂɿ13li52] 一股水花吹上天，[i21ku52ʃəi52xua21tʃəi21ʂɒ̃44tshiã21] 一阵儿高，[i21tʂɤŋ52ɚ21kɔ13] 一阵儿低，[i21tʂɤŋ52ɚ21tsɿ13] 一阵儿红是一阵儿绿，[i21tʂɤŋ52ɚ21xuŋ13sɿ21i21tʂɤŋ52ɚ21ly13] 随着音乐节奏转，[suəi13tʂə21iŋ13yɛ21tsiɛ21tsou44tʃã44] 看得你眼花又缭乱，[khã44tsɿ21ȵi52ȵiã52xua21iou44liɔ13luã44] 看得老汉家胡支吵，[khã44tsɿ21lɔ52xã21tɕia21xu13tʃɨ21tʃhɔ44] 看得月溜娃可嘿嘿地笑。[khã44tsɿ21yɛ21liou44va21khuə21xəi52xəi13tsɿ21siɔ44] 乡里人一看很稀奇，[ɕiɒ̃21li52ʐɤŋ13i21khã44xɤŋ52ɕi21tɕhi13] 赶忙掏出了照相机，[kã52mɒ̃13thɔ13tʃhɨ21liɔ21tʂɔ44siɒ̃44tɕi13] 留个影，[liou13kə21iŋ52] 照个相，[tʂɔ44kə21siɒ̃44] 谁敢把咱叫乡棒。[ʃəi13kã52pa21za13tɕiɔ44ɕiɒ̃21phɒ̃44] 湖水清澈明如镜，[xu13ʃəi52tshiŋ13tʂhə21miŋ13ʒɨ13tɕiŋ44] 楼台亭阁水中映，[lu13thɛ13tshiŋ13kə21ʃəi52tʃɤŋ21iŋ44] 五颜六色的彩灯管，[vu52iã13liou13ʃəi21tsɿ21tshɛ52tɤŋ21kuã52] 把轩辕湖雄姿来装点。[pa21ɕyã13yã13xu13ɕyŋ13tsɿ21lɛ13tʃɒ̃21tsiã52] 轩辕祠宏伟又古雅，[ɕyã13yã13tshɿ13xuŋ13vəi21iou44ku52ia52] 飞檐走壁青铜瓦，[fəi21iã13tsou52pi21tshiŋ21thuŋ13va52] 银碧辉煌彩灯闪，[iŋ13pi21xuəi21xuɒ̃13tshɛ52tɤŋ21ʂã52] 雕梁画栋俱奇观。[tsiɔ21liɒ̃13xua44tuŋ44tɕy44tɕhi13kuã21] 人文始祖轩辕帝，[ʐɤŋ13vɤŋ13ʃɨ52tsu52ɕyã13yã13tsɿ44] 逐根拜祖在清水。[tʂu13kɤŋ21pɛ44tsu52tsɛ44tshiŋ21ʃəi52] 人造的假山石头垒，[ʐɤŋ13tshɔ44tsɿ21tɕia52ʃã21ʂɿ13thou21luəi52] 你看外样子美不美，[ȵi52khã44vɛ52iɒ̃44tsɿ21məi52pu21məi52] 石头还有外清水淌，[ʂɿ13thou21xã13iou52vɛ52tshiŋ21ʃəi52thɒ̃52] 美丽的夜景外像香港。[məi52li44tsɿ21iɛ55tɕiŋ52vɛ52siɒ̃44ɕiɒ̃21tʂɒ̃52] 假山两边是牡丹园，[tɕia52ʃã21liɒ̃52piã21ʃɨ21mu52tã21yã13] 花中之王是牡丹，[xua13tʃɤŋ21tʃɨ21vɒ̃13ʃɨ44mu52tã21] 万紫千红惹人爱，[vã44tsɿ52tshiã21xuŋ13ʐɤ52ʐɤŋ13ŋɛ44] 要和漂亮姑娘来比赛。[iɔ44xuə13phiɔ52liɒ̃44ku21ȵiɒ̃13lɛ13pi52sɛ44] 轩辕湖上九州桥，[ɕyã13yã13xu13ʂɒ̃21tɕiou52tʂou21tɕhiɔ13] 竹林就像台湾岛。[tʃɨ21liŋ13tsiou44siɒ̃44thɛ13vã21tɔ52] 始祖桥下九龙头，[tʃɨ52tsu52tɕhiɔ13ɕia44tɕiou52luŋ13thou13] 九龙口里清水流，[tɕiou52luŋ13khou52li21tshiŋ21ʃəi52liou13] 古老的水车嘟噜噜转，[ku52lɔ52tɛ21ʃəi52tʂhə21ku13lu21lu21tʃã44] 祖先的创造发明经在先，[tsu52siã21tsɿ21tʃhɒ̃52tshɔ44fa21miŋ13tɕiŋ21tsɛ44siã21] 水井辘轳老磨盘，[ʃəi52tsiŋ52lu21lu13lɔ52mɤ44phã13] 茅草棚下风车转。[mɔ13tshɔ52phɤŋ13ɕia44fɤŋ13tʂhə21tʃã44] 轩辕谷修在了轩辕湖，[ɕyã13yã13ku21siou21tshɛ44liɔ21ɕyã13yã13xu13] 一道石峡清水流。[i21tɔ44ʂɿ13ɕia13tshiŋ21ʃəi52liou13] 站在红崖观上往下看，[tʃã44tsɛ44xuŋ13ŋɛ13kuã21ʂɒ̃44vɒ̃52ɕia44khã44] 轩辕湖锦绣好景观，[ɕyã13yã13xu13tɕiŋ52siou44xɔ52tɕiŋ52kuã21] 金鱼结伴来戏水，[tɕiŋ21y13tɕiɛ21pã44lɛ13ɕi44ʃəi52] 白鹅成群游水面。[pəi13ŋɤ13tʂhɤŋ13tɕhyŋ13iou13ʃəi52miã44] 轩辕桥下帆板爹，[ɕyã13yã13tɕhiɔ13ɕia44fã21pã52tʃa44] 绿水蓝天映朝霞，[ly52ʃəi52lã13tshiã21iŋ44tʂɔ21ɕia13] 美人的花儿开得俊，[məi52ʐɤŋ13tsɿ21xua21ɚ13khɛ21tsɿ13tɕyŋ44] 红花全靠外绿叶衬。[xuŋ13xua21tɕhyã13khɔ44vɛ52ly13iɛ21tʃhɤŋ44] 花草树木百样有，[xua21tshɔ52ʃɨ44mu21pəi21iɒ̃44iou52] 轩辕湖的美景看不够。[ɕyã13yã13xu13tsɿ21məi52tɕiŋ52khã44pu21kou44] 西湖的水，[sɿ21xu13tsɿ21ʃəi52] 黄山的云，[xuɒ̃13ʃã21tsɿ21yŋ13] 比不上清水的轩辕湖。[pi52pu21ʂɒ̃44tshiŋ21ʃəi52tsɿ21ɕyã13yã13xu13] 美丽的环境要人人爱，[məi52li44tsɿ21xuã13tɕiŋ44iɔ44ʐɤŋ13ʐɤŋ13ŋɛ44] 坚决反对胡乱害，[tɕiã21tɕyɛ13fã52tuəi44xu13luã44xɛ44] 塑料袋，[su44liɔ44tɛ44] 饮料瓶，[iŋ52liɔ44phiŋ13] 果皮垃圾随地扔，[kuə52phi13la13tɕi21suəi13tsɿ44ʐɤŋ52] 握树折花打彩灯，[və13ʃɨ44tʂə13xuə21ta52tshɛ52tɤŋ21] 不良行为绝不容。[pu21liɒ̃13ɕiŋ13vəi13tɕyɛ13pu21yŋ13] 提高素质讲文明，[tshɿ13kɔ21su44tʂɿ21tɕiɒ̃52vɤŋ13miŋ13] 人人争做好市民。[ʐɤŋ13ʐɤŋ13 tʃɤŋ^{13}tsuə^{21}xɔ^{52}ʃɨ^{44}miŋ^{13}] 饭后轩辕湖上走，[fæ̃^{44}xou^{44}ɕyæ̃^{13}yæ̃^{13}xu^{13}ʂɒ̃^{21}tsou^{52}] 健康长寿九十九。[tɕiæ̃^{44}kɒ̃^{21}tʂʰɒ̃^{13}ʂou^{44}tɕiou^{52}ʂʅ^{21}tɕiou^{52}] 听音乐，[tsʰiŋ^{21}iŋ^{13}yɛ^{21}] 看喷泉，[kʰæ̃^{44}pʰɤŋ^{21}tɕʰyɛ^{13}] 美好的日子万万年。[məi^{52}xɔ^{52}tsɿ^{21}ʐʅ^{21}tsɿ^{52}væ̃^{44}væ̃^{44}ȵiæ^{13}] 健康长寿身体好，[tɕiæ̃^{44}kʰɒ̃^{21}tʂʰɒ̃^{13}ʂou^{44}ʂɤŋ^{21}tsʰɿ^{52}xɔ^{52}] 活上百岁也嫌少。[xuə^{13}ʂɒ̃^{21}pəi^{21}suəi^{44}iɛ^{52}ɕiæ̃^{13}ʂɔ^{52}]

意译：略。

第二十三节　永靖县口头文化

一、歌谣

一呀个的尕麻雀，一呀么一个头呀。两个的尕眼睛，明呀明啾啾呀。膀膀儿扇来，爪爪们登桥头呀。一个的尕尾巴啊，落在个后头呀。两个的尕麻雀，两呀么两个头呀。四个的尕眼睛，明呀么明啾啾呀。膀膀儿扇来，爪爪们登桥头呀。两个的尕尾巴呀，落在个后头呀。三个的尕麻雀，三呀么三个头呀。六个的尕眼睛，明呀么明啾啾呀。膀膀们扇来，爪爪们登桥头呀。三个的尕尾巴呀，落在个后头呀。

i^{22}ia^{53}kə^{44}ti^{21}ka^{53}ma^{13}tɕʰiɔ^{13}, i^{22}ia^{53}mə^{53}i^{22}kə^{44}tʰɤu^{13}ia^{13}. liaŋ^{53}kə^{44}ti^{21}ka^{53}iæ̃^{53}tɕiəŋ^{21}, miəŋ^{22}ia^{13}miəŋ^{13}tɕiɤu^{21}tɕiɤu^{42}ia^{53}. paŋ^{53}paŋ^{21}ɯ^{13}ʂæ̃^{22}lɛ^{53}, tʂua^{53}tʂua^{21}məŋ^{13}təŋ^{13}tɕʰiɔ^{22}tʰɤu^{44}ia^{13}. i^{22}kə^{44}ti^{53}ka^{53}vei^{53}pa^{21}a^{53}, lɔ^{44}tsɛ^{44}kə^{44}xɤu^{44}tʰɤu^{21}ia^{21}. liaŋ^{53}kə^{44}ti^{21}ka^{53}ma^{13}tɕʰyɛ^{13}, liaŋ^{53}ia^{21}mə^{21}liaŋ^{53}kə^{44}tʰɤu^{22}ia^{13}. sɿ^{44}kə^{44}ti^{21}ka^{53}iæ̃^{53}tɕiəŋ^{21}, miəŋ^{22}ia^{13}mə^{13}miəŋ^{13}tɕiɤu^{21}tɕiɤu^{42}ia^{53}. paŋ^{53}paŋ^{21}ɯ^{13}ʂæ̃^{22}lɛ^{53}, tʂua^{53}tʂua^{21}məŋ^{13}təŋ^{13}tɕʰiɔ^{22}tʰɤu^{44}ia^{13}. liaŋ^{53}kə^{44}ti^{21}ka^{53}vei^{53}pa^{21}ia^{53}, lɔ^{44}tsɛ^{44}kə^{44}xɤu^{44}tʰɤu^{21}ia^{21}. sæ̃^{22}kə^{44}ti^{21}ka^{53}ma^{13}tɕʰyɛ^{13}, sæ̃^{22}ia^{53}mə^{53}sæ̃^{22}kə^{44}tʰɤu^{22}ia^{13}. liɤu^{44}kə^{44}ti^{21}ka^{53}iæ̃^{53}tɕiəŋ^{21}, miəŋ^{22}ia^{13}mə^{13}miəŋ^{13}tɕiɤu^{21}tɕiɤu^{42}ia^{53}. paŋ^{53}paŋ^{21}məŋ^{21}ʂæ̃^{22}lɛ^{53}, tʂua^{53}tʂua^{21}məŋ^{13}təŋ^{13}tɕʰiɔ^{22}tʰɤu^{44}ia^{13}. sæ̃^{22}kə^{44}ti^{21}ka^{53}vei^{53}pa^{21}ia^{53}, lɔ^{44}tsɛ^{44}kə^{44}xɤu^{44}tʰɤu^{21}ia^{21}.

意译：一个小麻雀，一个头。两个小眼睛，很明亮。扇着翅膀，爪子登桥头。一个小尾巴落在后面。两个小麻雀，两个头。四个小眼睛，很明亮。扇着翅膀，爪子登桥头。两个小尾巴，落在后面。三个小麻雀，三个头。六个小眼睛，很明亮。扇着翅膀，爪子登桥头。三个小尾巴，落在后面。

二、故事

牛郎织女

以前，[i^{44}tɕʰiæ̃^{13}] 有个小伙子，[iɤu^{53}kə^{44}ɕiɔ^{53}xuə^{53}tsɿ^{21}] 家里很穷，[tɕia^{22}li^{53}xəŋ^{44}tɕʰyŋ^{13}] 他者名字叫着是牛郎。[tʰa^{22}tʂə^{53}miəŋ^{22}tsɿ^{44}tɕiɔ^{44}tʂə^{21}ʂʅ^{44}ȵiɤu^{22}liaŋ^{44}] 爹妈去世也不在，[tiɛ^{13}ma^{13}tɕʰy^{44}ʂʅ^{44}iɛ^{53}pu^{44}tsɛ^{44}] 只他一个人，[tʂʅ^{13}tʰa^{13}i^{22}kə^{44}zəŋ^{13}] 就是还有一头老牛为生活。[tɕiɤu^{44}ʂʅ^{44}xɛ^{22}iɤu^{53}i^{13}tʰɤu^{13}lɔ^{44}ȵiɤu^{13}vei^{13}ʂəŋ^{13}xuə^{13}] 老牛对他也是帮助也好。[lɔ^{44}ȵiɤu^{13}tuei^{44}tʰa^{21}iɛ^{53}ʂʅ^{44}paŋ^{22}tʂu^{44}iɛ^{22}xɔ^{53}] 老牛说：[lɔ^{44}ȵiɤu^{13}ʂuə^{13}] "你倒在那搭致个泉哩，[ȵi^{53}tɔ^{44}tsɛ^{44}na^{53}tʰa^{13}tʂʅ^{44}kə^{44}tɕyæ̃^{22}li^{13}] 在多会，[tsɛ^{44}tuə^{22}xuei^{44}] 哎，[ɛ^{44}] 某某人他七仙女下凡洗澡来哩，[mɔ^{53}mɔ^{21}zəŋ^{13}tʰa^{13}tɕi^{13}ɕiæ̃^{22}ny^{53}ɕia^{22}fæ̃^{53}ɕi^{22}tsɔ^{53}lɛ^{22}li^{13}] 你偷偷着去。[ȵi^{53}tʰɤu^{21}tʰɤu^{42}tʂə^{53}tɕʰy^{44}] 去以后，[tɕʰy^{44}i^{53}xɤu^{44}] 把她者衣裳拿一件。[pa^{53}tʰa^{22}tʂə^{53}i^{22}ʂaŋ^{53}na^{13}i^{22}tɕiæ̃^{44}] 哎，[ɛ^{44}] 致就你能找到。" [tʂʅ^{44}tɕiɤu^{44}ȵi^{53}nəŋ^{13}tʂɔ^{53}tɔ^{21}] 哎，[ɛ^{44}] 但是致样者话啥，[tæ̃^{44}ʂʅ^{44}tʂʅ^{44}iaŋ^{44}tʂə^{21}xua^{44}ʂa^{21}] 牛郎也高兴，[ȵiɤu^{22}laŋ^{44}iɛ^{53}kɔ^{22}ɕiəŋ^{44}] 听了老牛者话。[tʰiəŋ^{22}lɔ^{53}lɔ^{44}ȵiɤu^{13}tʂə^{13}xua^{44}] 哎，[ɛ^{44}] 偷偷摸摸着去以后，[tʰɤu^{21}tʰɤu^{42}mə^{21}mə^{42}tʂə^{53}tɕʰy^{44}i^{53}xɤu^{44}] 去把仙女们洗澡者时候，[tɕʰy^{44}pa^{53}ɕiæ̃^{22}ny^{53}məŋ^{21}ɕi^{22}tsɔ^{53}tʂə^{21}ʂʅ^{22}xɤu^{44}] 偷

了一件粉红的衣裳。[tʰɤu22lɔ53i22tɕiæ̃44fəŋ44xuŋ53ti13i13ʂaŋ13] 衣裳偷上以后，[i13ʂaŋ13tʰɤu22ʂaŋ44i53xɤu44] 拿到家里来，[na22tɔ44tɕia22li53lɛ13] 拗上三天，[ȵiɤu44ʂaŋ44sæ̃22tʰiæ̃53] 致个仙女也就找衣裳来了。[tʂʅ44kə44ɕiæ̃22ny53iɛ53tɕiɤu44tʂɔ53i22ʂaŋ53lɛ22lɔ13] 按端的仙女是一个织女，[æ̃44tuæ̃21ti53ɕiæ̃22ny53ʂʅ44i22kə44tʂʅ22ny53] 织女的衣裳。[tʂʅ22ny53ti21i22ʂaŋ53] 他那两人一见面，[ta22lɛ44liaŋ44zəŋ13i13tɕiæ̃44miæ̃44] 也是很重感情，[iɛ53ʂʅ44xəŋ53tʂuŋ44kæ̃44tɕʰiəŋ13] 很同情，[xəŋ53tʰuŋ22tɕʰiəŋ44] 就是两家结了亲。[tɕiɤu44ʂʅ44liaŋ53tɕia21tɕiɛ22lɔ13tɕʰiəŋ13] 结亲以后，[tɕiɛ22tɕʰiəŋ44i53xɤu44] 不知搐=刹是三年过去了。[pu44tʂʅ21tʂʰu22tʂʰa44ʂʅ44sæ̃22ȵiæ̃53kuə44tɕʰyʰ44lɔ21] 生了一个男娃娃，[ʂəŋ22lɔ53i22kə44næ̃13va22va13] 一个女娃娃。[i22kə44ny53va22va13] 哎呀，[ɛ44ia44] 一家人团圆，[i13tɕia13zəŋ13tʰuæ̃22yæ̃44] 活得很幸福，[xuə22tə13xəŋ53ɕiəŋ44fu21] 高兴着很。[kɔ22ɕiəŋ44tʂə21xəŋ53] 有一天是，[iɤu53i13tʰiæ̃13ʂʅ13] 王母娘娘知道了。[vaŋ22mu53ȵiaŋ21ȵiaŋ13tʂʅ22tɔ44lɔ21] 知道是对她不客气，[tʂʅ22tɔ44ʂʅ13tuei44ta13pu44kʰə44tɕʰi44] 她私自下凡。[ta13sʅ22tsʅ44ɕia44fæ̃13] 玉皇大帝对她也是不客气，[y44xuaŋ13ta44ti44tuei44ta13iɛ53ʂʅ44pu44kʰə44tɕʰi44] 致么者把她就要追，[tʂʅ44mə21tʂə21pa53ta13tɕiɤu44iɔ44tʂuei13] 追者收回。[tʂuei22tʂʅ53ʂɤu13xuei13] 收回以后是，[ʂɤu13xuei13i53xɤu44ʂʅ13] 致么是一天收回了。[tʂʅ44mə21ʂʅ44i13tʰiæ̃14ʂɤu13xuei13lɔ13] 收回是，[ʂɤu13xuei13ʂʅ13] 牛郎就发愁发怒，[ȵiɤu22laŋ44tɕiɤu44fa13tʂʰɤu13fa22nu44] 找也找不到媳妇，[tʂɔ53iɛ53tʂɔ53pu44tɔ44ɕi22fu44] 致到底是上哪去了？[tʂʅ44tɔ44ti53ʂʅ44ʂaŋ44na53tɕʰy44lɔ21] 致么是，[tʂʅ44mə21ʂʅ13] 老牛说：[lɔ44ȵiɤu13ʂuə13] “你甭发愁，[ȵi53pəŋ13fa13tʂʰɤu13] 我替你帮忙。[və53tʰi22ȵi53paŋ22maŋ53] 啊，[a53] 真真你致里不来着话，[tʂəŋ21tʂəŋ42ȵi53tʂʅ44li53pu44lɛ13tʂə13xua44] 我有办法。[və53iɤu53pæ̃44fa21] 嗯，[əŋ53] 你把我致两只角拔下以后，[ȵi53pa53və53tʂʅ44liaŋ53tʂʅ21kə53pa22xa44i53xɤu44] 会变成篮子。”[xuei13piæ̃13tʂʰəŋ13læ̃22tsʅ13] 老牛帮忙，[lɔ44ȵiɤu13paŋ13maŋ13] 致么是，[tʂʅ44mə21ʂʅ13] 牛郎就高兴，[ȵiɤu13laŋ44tɕiɤu44kɔ22ɕiəŋ44] 听他老牛致话。[tʰiəŋ13tʰa13lɔ44ȵiɤu13tʂʅ13xua44] 把角拔上以后，[pa53kə53pa22ʂaŋ44i53xɤu44] 变成了两个篮子。[piæ̃13tʂʰəŋ13lɔ13liaŋ44kə53læ̃22tsʅ13] 把男娃娃一个篮子，[pa53næ̃13va21va13i22kə44læ̃22tsʅ13] 女娃娃一个篮子，[ny53va21va13i22kə44læ̃22tsʅ13] 装到那里，[tʂʰuaŋ22tɔ44na44li53] 就担上，[tɕiɤu44tæ̃22ʂaŋ53] 就拼命着找。[tɕiɤu44pʰiəŋ22miəŋ44tʂə21tʂɔ53] 找着以后是，[tʂɔ44tʂuə13i53xɤu44ʂʅ13] 玉皇大帝把头上的簪子拔下后，[y44xuaŋ13ta44ti44pa53tʰɤu22ʂaŋ44ti21tsæ̃22tsʅ53pa22xa44xɤu44] 划了一道横线。[xua44lɔ21i22tɔ44xuŋ22ɕiæ̃53] 横线以后是，[xuŋ22ɕiæ̃53i53xɤu44ʂʅ13] 就隔离了。[tɕiɤu44kə22li44lɔ13] 在隔离时，[tsɛ44kə22li44ʂʅ13] 一帮喜鹊，[i13paŋ13ɕi53tɕʰyɛ44] 喜鹊很同情牛郎，[ɕi53tɕʰyɛ44xəŋ53tʰuŋ22ɕiəŋ44ȵiɤu22laŋ44] 一会儿用尾巴和膀子搭成了一条长桥。[i22xuei44ɯ13yŋ44vei53pa21xə13paŋ53tsʅ21ta22tʂʰəŋ53lɔ13i22tʰiɔ53tʂʰaŋ22tɕʰiɔ44] 长桥以后，[tʂʰaŋ22tɕʰiɔ44i53xɤu44] 两个人又合在一起，[liaŋ53kə44zəŋ13iɤu44xə22tsɛ44i22tɕʰi53] 一家团圆，[i13tɕia13tʰuæ̃22yæ̃44] 完美着活人。[væ̃22mei53tʂə21xuə22zəŋ44] 完整着，[væ̃22tʂəŋ53tʂə21] 哎。[ɛ44]

意译：同前。

第二十四节　敦煌市口头文化

一、歌谣

1. 敦煌儿歌，炒豆子：二月二炒豆子，女娃养了个长手子，不会坐，不会爬，女娃的肚子又大下，跟着生，跟着养，养了一炕秃和尚。

tuŋ^{22}xuaŋ^{13}ər^{13}kə^{21}, tsʰɔ^{51}tɤu^{13}tsɿ^{21}: ər^{13}yə^{21}ər^{44}tsʰɔ^{51}tɤu^{13}tsɿ^{21}, ȵy^{51}va^{21}iaŋ^{51}liɔ^{21}kɤ^{21}tʂʰaŋ^{21} ʂɤu^{13}tsɿ^{21}, pu^{22}xuei^{44}tsuə^{44}, pu^{22}xuei^{44}pʰa^{13}, ȵy^{51}va^{21}ti^{21}tu^{13}tsɿ^{51}iɤu^{44}ta^{44}xa^{21}, kɤŋ^{51}tʂʮ^{13}sɤŋ^{21}, kɤŋ^{51} tʂʮ^{22}iaŋ^{51}, iaŋ^{51}liɔ^{21}ʐʅ^{22}kʰaŋ^{44}tʰu^{21}xuə^{22}ʂaŋ^{51}.

意译:二月初二炒豆子,女娃生了个男婴儿,不会坐,也不会爬,女娃的肚子又大了,连着生,连着养,养了一炕男婴儿。

2. 吹咪咪:咪咪咪咪响当当,把你供到灶爷板板上,叫你吹你就响,请你吃灶堂,一吹杏花开,二吹麦苗长,三吹青草绿,四吹鸟儿唱,咪咪咪咪响当当。

tʂʰuei^{22}mi^{13}mi^{21}: mi^{13}mi^{21}mi^{13}mi^{21}ɕiaŋ^{51}taŋ^{21}taŋ^{21}, pa^{22}ȵi^{51}kuŋ^{13}tɔ^{21}tsɔ^{13}iə^{21}pæ̃^{51}pæ̃^{21} ʂaŋ^{21}, tɕiɔ^{22}ȵi^{51}tʂʰuei^{21}ȵi^{51}tɕiɤu^{44}ɕiaŋ^{51}, tɕʰiŋ^{51}ȵi^{51}tʂʰʅ^{21}tsɔ^{44}tʰaŋ^{13}, ʐi^{13}tʂʰuei^{21}xɤŋ^{13}xua^{51}kʰɛ^{21}, ər^{13}tʂʰuei^{21}mei^{22}miɤu^{21}tʂaŋ^{51}, sæ̃^{13}tʂʰuei^{13}tɕʰiŋ^{21}tsʰɔ^{51}ly^{21}, sɿ^{44}tʂʰuei^{21}tɕʰiɔ^{51}a^{22}tʂʰaŋ^{44}, mi^{13}mi^{21} mi^{13}mi^{21}ɕiaŋ^{51}taŋ^{21}taŋ^{21}.

意译:略。

3. 打板板:精沟沟,打板板,麻雀过来叨眼眼,吧嗒吧嗒洗澡儿,腿窝里夹了个雀蛋儿。

ta^{22}pæ̃^{51}pæ̃^{21}: tɕiŋ^{13}kɤu^{22}kɤu^{13}, ta^{22}pæ̃^{51}pæ̃^{21}, ma^{13}tɕʰiɔ^{51}kuə^{13}lɛ^{21}tɔ^{21}ȵiæ̃^{51}ȵiæ̃^{21}, pa^{21}ta^{13}pa^{21} ta^{13}ɕi^{21}tsɔ^{51}ər^{21}, tʰuei^{51}və^{21}ȵi^{21}tɕia^{21}liɔ^{21}kə^{44}tɕʰiɔ^{51}tæ̃^{13}ər^{21}.

意译:光屁股,打板板,麻雀飞过来,叨了个洞洞眼,吧嗒吧嗒洗个澡,腿窝里夹了个麻雀蛋。

4. 胖蛋蛋:胖蛋蛋打算盘,算盘珠儿不动弹,胖蛋蛋气的瓜傻叫唤。

pʰaŋ^{44}tæ̃^{13}tæ̃^{21}: pʰaŋ^{44}tæ̃^{13}tæ̃^{21}ta^{51}suæ̃^{13}pʰæ̃^{21}, suæ̃^{13}pʰæ̃^{21}tʂu^{22}ər^{13}pu^{21}tuŋ^{13}tʰæ̃^{21}, pʰaŋ^{44}tæ̃^{13} tæ̃^{21}tɕʰi^{13}ti^{21}kua^{51}tɕiɔ^{13}xuæ̃^{21}.

意译:略。

5. 四难听:刮锅、刷具、驴叫唤,石头窝里闹铁锨。

sɿ^{22}næ̃^{13}tʰiŋ^{13}: kua^{13}kuə^{13}、ʂua^{44}tɕy^{44}、ly^{21}tɕiɔ^{13}xuæ̃^{21}, ʂʅ^{22}tʰɤu^{51}və^{21}ȵi^{21}nɔ^{44}tʰiɛ̃^{13}ɕiɛ̃^{13}.

意译:四种最难听的音:刮锅的声音、擦农具的声音、驴的叫声,在石头堆里蹭铁锨发出的声音。

6. 四欢事:大风中的旗,水浪中的鱼,十七八的姑娘,青草头上的绿。

sɿ^{44}xuæ̃^{21}ʂʅ^{13}: ta^{13}fɤŋ^{21}tʂuŋ^{21}ti^{21}tɕʰi^{13}, ʂuei^{51}laŋ^{13}tʂuŋ^{21}ti^{21}ʐʮ^{13}, ʂʅ^{13}tɕʰi^{51}pa^{21}ti^{13}ku^{21}ȵiaŋ^{13}, tɕʰiŋ^{22}tsʰɔ^{51}tʰɤu^{21}ʂaŋ^{44}ti^{21}ly^{213}.

意译:四种欢快的事:大风中招展的旗,水浪中嬉戏的鱼,与十七八岁的姑娘处朋友,青草头上绿油油。

7. 四甜:少来夫妻老来伴,蜂蜜倒进蜜糖罐。

sɿ^{22}tʰiɛ̃^{13}: ʂɔ^{44}lɛ^{13}fu^{21}tɕʰi^{13}lɔ^{51}lɛ^{21}pæ̃^{44}, fɤŋ^{22}mi^{13}tɔ^{13}tɕiŋ^{21}mi^{22}tʰaŋ^{21}kuæ̃^{44}.

意译:四种甜蜜的事:自小结成的夫妻,成为老来的伴侣,蜂蜜本身很甜,倒进蜜糖罐中,甜上加甜。

8. 四烫:开锅的水,烧红的炭,出炉的生铁,搅团饭。

sɿ^{22}tʰaŋ^{44}: kʰɛ^{13}kuə^{21}ti^{21}ʂuei^{51}, ʂɔ^{21}xuŋ^{21}ti^{21}tʰæ̃^{44}, tʂʰu^{22}lɤu^{22}ti^{51}sɤŋ^{21}tiɛ^{51}, tɕiɔ^{51}tʰuæ̃^{22}fæ̃^{44}.

意译:四种最烫的东西:锅里刚烧滚的水,炉中烧得正红的炭,刚出炉的生铁块,刚出锅的搅团饭。

9. 四忌讳:来客打娃娃,吃饭擤鼻子,上香抠沟子,吃烟抽鼻子。

sɿ44tɕi44xuei44: lɛ13kʰei21ta51va22va51, tʂʰʅ44fæ̃44ɕiŋ51pɿ21tsɿ51, ʂaŋ22ɕiaŋ13kʰɤu13kɤu44tsɿ13, tʂʅ13 iɛ̃13tʂɤu22pɿ22tsɿ51.

意译:四种忌讳:客人来时打孩子,正吃饭时擤鼻子,给神上香抠屁股,吸烟时候抽鼻子。

10. 放屁的心得:老汉放屁往凉话,老婆子放屁抠西爪,儿子放屁拍一把,媳妇子放屁赖娃娃,丫头放屁脸红下,儿子放屁一呲牙。

faŋ22pʰɿ22ti21ɕiŋ13tʰə13: lɔ51xæ̃22faŋ44pɿ44vaŋ22liaŋ21xua51, lɔ51pʰə21tsɿ21faŋ44pʰɿ22kʰəu21 ɕɿ21tʂua51, ər22tsɿ51faŋ44pʰɿ44pə22ʑi22pa51, ɕi22fu22tsɿ51faŋ44pʰɿ44lɛ44va22va51, ia22tʰɤu21faŋ44pʰɿ44 ȵiæ̃51xuŋ22xa51, ər22tsɿ51faŋ44pʰɿ44ʑi13tsʰɿ44ia13.

意译:放屁的不同表现:老头儿放屁是着凉了,老太太放屁是西爪吃多了,儿子放屁时拍一下巴掌,媳妇子放屁时赖在娃娃身上,丫头放屁时脸红了,小男孩放屁时咧嘴一笑。

二、故事

牛郎织女

我今儿个,[ŋə51tɕiə̃r213kə51]给大家伙讲一个致个放牛娃与织女的古今。[kei22ta13tɕia21 xuə51tɕiaŋ51ʐɿ21kə21tʂʅ13kə21faŋ22ȵiɤu13va13y51tʂʅ22ȵy22ti21ku44tɕiŋ21]早已早已来啊,[tsɔ51ʐɿ44 tsɔ51ʐɿ13lɛ21a21]有个半壮子娃,[iɤu51kə21pæ̃22tʂuaŋ22tsɿ21va13]从小呢,[tsʰuŋ22ɕiɔ51ȵi21]娘们老子都没了,[ȵiaŋ22mə51lɔ51tsɿ21tɤu22mə13lə21]他就依靠啊,[tʰa22tɕiɤu44ʑi51kʰɔ22a21]和致个老牛在一块儿过日月,[xuə13tʂʅ21kə51lɔ51ȵiɤu13tsɛ22ʑi21kʰuər51kuə22ʐʅ13yə21]老牛啊看到致个娃非常勤谨,[lɔ51ȵiɤu21a21kʰæ̃44tɔ44tʂʅ21kə21va13fei22tʂʰaŋ13tɕʰiŋ21tɕiŋ51]就想给他拉攒个婆姨。[tɕiɤu44ɕiaŋ51kei21tʰa51la21tsuæ̃21kə21pʰə13ʑi21]有一天呢,[iɤu51ʑi21tʰiɛ̃21nə13]晚夕,[væ̃21 ɕi51]他给放牛娃托了一个梦,[tʰa21kei44faŋ44ȵiɤu13va13tʰuə21liɔ13ʑi21kə21mɤŋ44]就说,[tɕiɤu22 ʂuə21]致个,[tʂʅ22kə21]第二天赶早啊,[ti22ər13tʰiɛ̃21kæ̃51tsɔ51a21]在致个村东头的山底下,[tsɛ22tʂʅ13kə51tsʰuŋ13tuŋ21tʰɤu13ti21sæ̃21ti44xa21]山跟跟点,[sæ̃13kɤŋ13kɤŋ13tiæ̃21]有一个大歹歹的涝池,[iɤu51ʑi21kə21ta13tɛ44tɛ44ti21lɔ22tʂʰʅ13]涝池里有仙女来洗澡。[lɔ44tʰʅ21ȵi51iɤu51ɕiɛ̃22 ȵy51lɛ13sɿ51tsɔ51]叫他呢,[tɕiɔ13tʰa21ȵi21]就要厅堂麻丝去,[tɕiɤu13iɔ44tʰiŋ21tʰaŋ13ma21sɿ51 tɕi44]把仙女架到树噶杈的一个汗禢子抱上走往回跑呀,[pa21ɕiɛ̃21ȵy51tɕia44tɔ21ʂu22kə21 tsʰa13ti21ʑi21kə21xæ̃44tʰa21tsɿ22pɔ44ʂaŋ21tsɤu51vaŋ22xuei13pʰɔ51ia21]要科起马擦跑,[iɔ22 kʰə22tɕʰi22ma21tsʰa44pʰɔ51]不能回过头来,[pu22nɤŋ13xuei22kuə44tʰɤu21lɛ51]就是撤展子挖趟子要跑,[tɕiɤu22sɿ21tʂʰə51tʂæ̃22tsɿ21va22tʰaŋ51tsɿ21iɔ44pʰɔ51]跑回家致个媳妇,[pʰɔ51xuei13tɕia21 tʂʅ22kə21sɿ22fu13]致个仙女就可以给他做婆姨了。[tʂʅ22kə21ɕiæ̃22ȵy51tɕiɤu22kʰə51ʑi21kei44tʰa21 tsuə21pə44ʑi44lia21]这个放牛娃,[tsɿ44kə21faŋ44ȵiɤu13va13]听了以后啊,[tʰiŋ22liɔ21ʑi44xɤu13 a21]醒来以后啊,[ɕiŋ51lɛ22ʑi22xɤu13a21]心里七上八下,[ɕiŋ51li21tʰi22ʂaŋ44pa22ɕia44]嗯,[ɤŋ22]他就半信半疑的。[tʰa51tɕiɤu22pæ̃44ɕiŋ44pæ̃44ʑi21ti51]这天早晨呢就是,[tʂə44tʰiæ̃21tsɔ51tʂɤŋ22 ȵi21tɕiɤu44ʂʅ21]黑马股东的,[xə22ma13ku44tuŋ44ti21]天麻亮的就起来,[tʰiɛ̃22ma13liaŋ44ti21 tɕiɤu44tɕʰi51lɛ21]按照兹个,[ŋæ̃44tʂɔ44tsɿ22kə51]依到兹个,[ʑi51tɔ22tsɿ22kə51]老牛托的梦啊,[lɔ51ȵiɤu13tʰuə22ti13mɤŋ44a21]就到致个村东头的那个大涝池的沿上。[tɕiɤu44tɔ44tʂʅ21kə51 tsʰuŋ13tuŋ21tʰɤu13ti51nɛ13kə21ta13lɔ44tʂʰʅ13ti21iæ̃22ʂaŋ51]这时候呢,[tʂə13sɿ21xɤu44ȵi21]天麻麻亮,[tʰiɛ̃21ma13ma13liaŋ44]他睁开眼睛一看,[tʰa51tʂɤŋ22kʰɛ13ȵiɛ̃51tɕiŋ21ʑi22kʰæ̃44]果然有七个仙女在里面洗衣服,[kuə51ʐæ̃21iɤu51tɕʰi44kə44ɕiɛ̃21ȵy51tsɛ44li51miɛ̃21ɕi51ʑi22fu13]啊,[a21]在里面洗澡,[tsɛ44li51miɛ̃21ɕi51tsɔ51]她撩你用水,[tʰa44liɔ21ȵi51yŋ44ʂuei51]她撩你你撩她,[tʰa44liɔ21 ȵi51ȵi51liɔ13tʰa21] 用水玩得高兴得不得了，[yŋ44ʂuei51væ̃21ti21kə22ɕiŋ13ti21pu22tei22liɔ51] 兹个放牛娃呢么，[tsɿ13ə21faŋ44ȵiɤu22va44ȵi21mə21] 看到树噶杈上架着个粉莹莹的汉禢子还有个裙裙子，[kʰæ̃44tɔ44ʂu44kə21tsʰa44ʂaŋ21tɕia44tʂə21kə21fɤŋ51iŋ44iŋ44ti21xæ̃13tʰa44tsɿ21xa13iɤu51kə21 tɕʰyŋ22tɕʰyŋ44tsɿ21] 一家伙抱上，[ʑi22tɕia21xuə51pɔ44ʂaŋ21] 撒展子就往回跑，[tʂʰə51tʂæ̃44tsɿ21 tɕiɤu44vaŋ44xuei13pʰɔ51] 跑回家了。[pʰɔ51xuei13tɕia51liɔ21] 他兹个，[tʰa51tsɿ44kə51] 他抱着致个汉禢子和裙裙子就是兹个七仙女的申明，[tʰa13pɔ44tʂə21tʂʅ44kə51xæ̃44tʰa21tsɿ21xuə13tɕʰyŋ44 tɕʰyŋ44tsɿ21tɕiɤu44sɿ44tsɿ44kə51tɕi13ɕiæ̃44ȵy51ti21ʂɤŋ51miŋ13] 也就是衣裳，[iə51tɕiɤu44sɿ21ʑi51 ʂaŋ21] 致个七仙女没有汉禢子和裙裙子穿了，[tʂʅ13kə51tʰi13ɕiɛ̃21ȵy51mu22iɤu51xæ̃44tʰa21tsɿ21 xuə13tɕʰyŋ22tɕʰyŋ44tsɿ21tʂʰuæ̃21lia13] 不能回天宫了。[pu22nɤŋ13xuei13tʰiɛ̃13kuŋ21lia13] 兹个当天晚些，[tsɿ22kə13taŋ13tʰiɛ̃13væ̃44ɕi44] 就叩开放牛娃的门，[tɕiɤu44kʰɔ44kʰɛ51faŋ44ȵiɤu21va44 ti21mɤŋ13] 他们两个就成了亲，[tʰa22mɤŋ51liaŋ44kə21tɕiɤu44tʂʰɤŋ22liɔ21tɕʰiŋ21] 成了两口子了。[tʂʰɤŋ22liɔ51liaŋ44kʰɤu51tsɿ21liɔ21] 致个眼睛一挤，[tʂʅ22kə22ȵiɛ̃51tɕiŋ21ʑi51tɕi51] 三年就过去了，[sæ̃44ȵiɛ̃13tɕiɤu44kuə44tɕi22liɔ21] 七仙女给致个放牛娃就生下了，[tɕʰi13ɕiɛ̃21ȵy51kei44tʂʅ22kə51 faŋ44ȵiɤu21va51tɕiɤu44sɤŋ22ɕia44liə44] 养下了一个娃子，[iaŋ51xa21liə44ʑi22kə44va22tsɿ51] 一个丫头片子，[ʑi22kə44ia22tʰɤu13pʰiɛ̃51tsɿ21] 他们的致个小日子呢过得也很顺当，[tʰa22mɤŋ13ti21 tʂʅ22kə51ɕiɔ51zʅ13tsɿ22ȵi21kuə13ti21ia51xɤŋ51ʂuŋ13taŋ51] 也很满福。[ia51xɤŋ51mæ̃51fu21] 谁知道兹个，[ʂuei13tʂʅ44tɔ44tsɿ22kə51] 世上没有不透风的墙，[ʂʅ22ʂaŋ51mə22iɤu51pu22tʰɤu44fɤŋ21ti13 tɕʰiaŋ13] 致个事情呢叫玉皇大帝知道了，[tʂʅ22kə51sɿ13tɕʰiŋ21ȵi21tɕiɔ22ʑɥ13xuaŋ21ta44ti44tʂʅ22 tɔ13lia21] 这一天呢，[tsɛ51ʑi13tʰiɛ̃22nə13] 他就要派致个天兵天将把致个七仙女要抓上天去，[tʰa22tɕiɤu44iɔ44pʰɛ44tʂʅ22kə13tʰiɛ̃44piŋ13tʰiɛ̃21tɕiaŋ13pa22tʂʅ22kə21tɕʰi13ɕiɛ̃21ȵy51iɔ44tʂua44ʂaŋ44tʰiɛ̃44 tɕʰi13] 这天呢一下天上呢，[tʂə51tʰiɛ̃21ȵi13ʑi22xa44tʰiɛ̃44ʂaŋ13ȵi51] 呼噜爷响个不停，[xu22lu22 iə51ɕiaŋ51kə21pu22tʰiŋ13] 电闪个不停，[tiɛ̃13ʂæ̃51kə21pu22tʰiŋ13] 老毛头风越刮越大，[lɔ51mɔ21 tʰɤu51fɤŋ14yə22kua51yə13ta44] 下的雨点子比面片子还大，[ɕia44ti21ʑɥ51tiɛ̃51tsɿ21pi51miɛ̃44piɛ̃51 tsɿ21xæ̃21ta44] 致一阵风以后啊，[tʂʅ22ʑi44tʂɤŋ44fɤŋ13ʑi44xɤu44a21] 七仙女立马给不见了。[tɕʰi13 ɕiɛ̃22ȵy51li22ma51kə22pu22tɕiɛ̃13lia21] 两个娃娃么，[liaŋ51kə21va44va44mə21] 一个娃子一个丫头呢，[ʑi22kə44va44tsɿ51ʑi22kə44ia22tʰɤu13ȵi51] 没有娘母子了，[mə44iɤu51ȵiaŋ44mu44tsɿ44lia21] 大哭长喊着要娘母子哩，[ta44kʰu13tʂʰaŋ22xæ̃51tʂə21iɔ44ȵiaŋ44mu44tsɿ21li21] 这牛放牛娃呢心里急的，[tsə22ȵiɤu13faŋ44ȵiɤu21va51nə21ɕiŋ22li13tɕi21ti51] 也就像猫儿抓一样，[iə51tɕiɤu44ɕiaŋ44 mɔ22ər51tʂua13ʑi44iaŋ44] 不知道咋做才好。[pu13tʂʅ22tɔ44tsa44tsu44tsʰɛ13xɔ51] 这时候呢这个老牛开口说话了，[tsə13sɿ44xɤu44ȵi21tsə22kə51lɔ51ȵiɤu13kʰɛ22kʰɤu51ʂuə22xua13lia21] 说放牛娃你不了着急，[ʂuə22faŋ44ȵiɤu13va13ȵi51pu22liɔ21tʂɔ13tɕi13] 你把我的牛角弄下来，[ȵi51pa21ŋə44ti21 ȵiɤu13kə13nuŋ44ɕia44lɛ21] 把两个娃担上，[pa22liaŋ51kə21va13tæ̃22ʂaŋ213] 去追你的致个婆姨去，[tɕʰy44tʂuei21ȵi51ti21tʂʅ21kə51pʰə13ʑi51tɕʰi21] 也就七仙女。[iə51tɕiɤu44tɕʰi13ɕiɛ̃22ȵy51] 兹个正说着呢，[tsɿ22kə22tʂɤŋ22ʂuə22tʂə13ȵi51] 老牛的角突然掉到地上，[lɔ51ȵiɤu22ti51kə13tʰu22zæ̃13tiɔ22 tɔ21ti13ʂaŋ21] 变成了两个筐子，[piɛ̃44tʂʰɤŋ22liɔ51liaŋ51kə21kʰuaŋ22tsɿ13] 放牛娃么就用扁担，[faŋ44ȵiɤu13va22mə21tɕiɤu44yŋ44piɛ̃51tæ̃21] 把兹个筐子挑起来，[pa22tsɿ22kə21kʰuaŋ22tsɿ13 tʰiɔ51tɕʰi51lɛ21] 把两个娃子，[pa22liaŋ51kə221va44tsɿ44] 把娃子和丫头装到两个筐里挑上。[pa22 va22tsɿ51xuə13ia22tʰɤu13tʂuaŋ51tɔ22liaŋ51kə22kʰuaŋ13li13tʰiɔ51ʂaŋ21] 这么一挑，[tʅ13mə21ʑi22tʰiɔ51] 立马致个一下清风吹来啦，[li22ma51tʂʅ22kə22ʑi22xa13tɕiŋ13fɤŋ13tʂʰuei51lɛ22la51] 云也过来啦，

[yŋ^{22}ia^{51}kuə^{13}lɛ^{22}la^{21}] 他就腾云驾雾，[tʰa^{22}tɕiɤu^{44}tʰɤŋ^{511}yŋ^{13}tɕia^{44}vu^{44}] 就上了天了，[tɕiɤu^{44} ʂaŋ^{44}liɔ^{13}tʰiɛ̃^{44}lia^{13}] 去追赶致个织女。[tɕʰy^{44}tʂuei^{22}kæ̃^{51}tʂʅ^{22}kə^{51}tʂʅ^{22}ȵy^{51}] 眼看就要追着赶上啦，[ȵiɛ̃^{22}kʰæ̃^{44}tɕiɤu^{44}iɔ^{44}tʂuei^{22}tʂə^{22}kæ̃^{51}ʂaŋ^{21}la^{21}] 还有一截截就要追上了，[xæ̃^{22}iɤu^{51}ʑi^{22} tɕiə^{22}tɕiə^{51}tɕiɤu^{44}iɔ^{44}tʂuei^{22}ʂaŋ^{21}lia^{44}] 这时候呢，[tʂə^{13}sʅ^{22}xɤu^{44}ȵi^{21}] 叫致个王母娘娘给瞅见了。[tɕiɔ^{22}tʂʅ^{22}kə^{44}vaŋ^{22}mu^{44}ȵiaŋ^{22}ȵiaŋ^{51}kei^{21}tsʰɤu^{51}tɕiɛ̃^{21}lia^{21}] 王母娘娘呢，[vaŋ^{22}mu^{44}ȵiaŋ^{22} ȵiaŋ^{44}ȵi^{21}] 一看致个放牛娃追上来了，[ʑi^{22}kʰæ̃^{44}tʂʅ^{22}kə^{51}faŋ^{44}ȵiɤu^{13}va^{13}tʂuei^{22}ʂaŋ^{44}lɛ^{22}lia^{51}] 拔下头上的金簪子，[pa^{22}ɕia^{51}tʰɤu^{22}ʂaŋ^{44}ti^{21}tɕiŋ^{51}tsæ̃^{51}tsʅ^{21}] 在他们两个人之间呢，[tsɛ^{22}tʰa^{44} mɤŋ^{44}liaŋ^{51}kə^{21}ʐɤŋ^{21}tsʅ^{51}tɕiɛ̃^{21}nə^{21}] 狠狠地一划。[xɤŋ^{51}xɤŋ^{21}ti^{51}ʑi^{21}xa^{13}] 马上就，[ma^{51}ʂaŋ^{13} tɕiɤu^{44}] 立马出现了一道宽歹歹的河，[li^{22}ma^{51}tʂʰu^{44}ɕiɛ̃^{44}liɔ^{21}ʑi^{13}tɔ^{13}kʰuæ̃^{22}tɛ^{51}tɛ^{21}ti^{22}xə^{13}] 河水就这大的歹，[xə^{22}ʂuei^{51}tɕiɤu^{44}tsə^{44}ta^{13}ti^{21}tɛ^{51}] 致个河里面浪急、翻滚，[tʂʅ^{22}kə^{22}xə^{22}li^{44} miɛ̃^{21}laŋ^{44}tɕi^{13}、fæ̃^{22}kuŋ^{51}] 致个放牛娃么眼看就追不上了，[tʂʅ^{44}kə^{22}faŋ^{44}ȵiɤu^{13}va^{13}mə^{21}ȵiɛ̃^{51} kʰæ̃^{22}tɕiɤu^{44}tʂuei^{21}pu^{21}ʂaŋ^{44}lia^{21}] 追不上他的致个婆姨织女了。[tʂuei^{22}pu^{22}ʂaŋ^{44}tʰa^{21}ti^{21}tʂʅ^{13} kə^{21}pʰə^{22}ʑi^{51}tʂʅ^{22}ȵy^{51}lia^{21}] 兹时候兹个天上的喜鹊看到放牛娃兹个追不上兹个他的织女，[tsʅ^{13}ʂʅ^{22}xɤu^{41}tsʅ^{22}kə^{21}tʰiɛ̃^{44}ʂaŋ^{44}ti^{21}ɕi^{51}tɕʰyə^{21}kʰæ̃^{44}tɔ^{44}faŋ^{44}ȵiɤu^{21}va^{51}tsʅ^{22}kə^{21}tʂuei^{21}pu^{44}ʂaŋ^{44} tsʅ^{22}kə^{21}tʰa^{22}ti^{21}tʂʅ^{22}ȵy^{51}] 见不上，[tɕiɛ̃^{44}pu^{22}ʂaŋ^{44}] 心里过意不去。[ɕiŋ^{22}li^{13}kuə^{44}ʑi^{21}pu^{22} tɕʰi^{51}] 就在致个七月，[tɕiɤu^{44}tsɛ^{44}tʂʅ^{21}kə^{51}tɕʰi^{22}yə^{51}] 农历的七月七这天，[luŋ^{13}li^{21}ti^{13}tɕʰi^{44} yə^{44}tɕʰi^{21}tʂə^{13}tʰiɛ̃^{21}] 黑脉子的致个喜鹊，[xɛ^{44}mɛ^{44}tsʅ^{21}ti^{21}tʂʅ^{44}kə^{21}ɕi^{51}tɕʰyə^{13}] 全部呢飞到天上去，[tɕʰyɛ̃^{22}pu^{22}ȵi^{21}fei^{44}tɔ^{44}tʰiɛ̃^{13}ʂaŋ^{13}tɕʰi^{21}] 在致个天河上，[tsɛ^{44}tʂʅ^{21}kə^{21}tʰiɛ̃^{21}xə^{22}ʂaŋ^{51}] 给放牛娃搭了一座鹊桥，[kei^{22}faŋ^{44}ȵiɤu^{21}va^{51}ta^{22}liɔ^{13}ʑi^{44}tsuə^{44}tɕʰyə^{51}tɕʰiɔ^{13}] 让他们两个人会面。[zaŋ^{44}tʰa^{21}mɤŋ^{51}liaŋ^{51}kə^{21}ʐɤŋ^{15}xuei^{44}miɛ̃^{44}] 从此以后，[tsʰuŋ^{22}tsʅ^{51}ʑi^{22}xɤu^{44}] 每年七月七，[mei^{51}ȵiæ̃^{21}tɕʰi^{22}yə^{51}tɕʰi^{13}] 这个放牛娃和这织女就能见上一面，[tsə^{22}kə^{22}faŋ^{44}ȵiɤu^{22}va^{51} xuə^{22}tsə^{13}tʂʅ^{22}ȵy^{44}tɕiɤu^{22}nɤŋ^{21}tɕiɛ̃^{13}ʂaŋ^{21}ʑi^{22}miɛ̃^{44}] 这就是我今天给大家喧的兹个牛郎织女的兹个古今。[tsə^{22}tɕiɤu^{13}sʅ^{21}ŋə^{51}tɕiŋ^{51}tʰiɛ̃^{21}kei^{22}ta^{13}tɕia^{21}ɕyɛ̃^{22}ti^{13}tsʅ^{22}kə^{51}ȵiɤu^{22}laŋ^{51}tʂʅ^{22}ȵy^{44} ti^{21}tsʅ^{22}kə^{14}ku^{51}tɕiŋ^{21}]

意译:同前。

第二十五节　临夏市口头文化

一、歌谣

尕老汉

一个嘛就尕老汉着呦呦，啊七呀嘛七十了着呦呦，再加上四岁这叶子儿青呀嘛哎呀嘛二来呦呦。怀不上个尕伢子着呦呦，啊口呀嘛干来嘛呦呦。我这么样的叶来叶子儿青呀嘛，这样嘛地续来嘛呦呦。三十两家白来着呦呦，阿妈的还来哦呦嘛呦呦。这么样的二来嘛三叶子青呀嘛，一呀嘛二来嘛呦呦，哎嗨呦，哎嗨呦。ɕi^{21}kɤ^{44}mɑ^{21}tɕiɤu^{44}kɑ^{21}lɔ^{21}xæ̃^{21}tʂɤ^{44}iɔ^{13} iɔ^{44}, ɑ^{21}tsʰʅ^{44}iɑ^{42}mɑ^{21}tsʰʅ^{44}ʂʅ^{21}liɔ^{21}tʂɤ^{21}iɔ^{13}iɔ^{44}, tsɛ^{44}tɕia^{21}ʂaŋ^{53}sʅ^{44}suei^{44}tʂɤ^{21}iɛ^{21}tsʅ^{42}ɚ^{42}tɕʰiŋ^{31} iɑ^{21}mɑ^{44}ɛ^{24}iɑ^{21}mɑ^{44}ɚ^{42}lɛ^{11}iɔ^{0}iɔ^{0}. xuɛ^{13}pu^{44}ʂaŋ^{53}kɤ^{21}kɑ^{21}iɑ^{21}tsʅ^{21}tʂɤ^{44}iɔ^{13}iɔ^{44}, ɑ^{21}kʰɤu^{44}iɑ^{21}mɑ^{21} kã^{44}lɛ^{21}mɑ^{33}iɔ^{21}iɔ^{33}. uɤ^{11}tʂɤ^{44}mɤ^{21}iɑŋ^{21}tɤ^{21}iɛ^{21}lɛ^{42}iɛ^{21}tsɤr^{42}tɕʰi^{42}iɑ^{21}mɑ^{44}, tʂɤ^{24}iɑŋ^{44}mɑ^{21}ti^{42}ɕy^{31}lɛ^{22} mɑ^{21}iɔ^{21}iɔ^{21}. sã^{21}ʂʅ^{44}liɑŋ^{21}tɕia^{21}pɛ^{21}lɛ^{21}tʂɤ^{44}iɔ^{13}iɔ^{13}, ɑ^{21}mɑ^{44}tɤ^{21}xɛ^{44}lɛ^{21}ɔ^{13}iɔ^{13}mɑ^{21}iɔ^{21}iɔ^{11}. tsɤ^{42} mɤ^{21}iɑŋ^{21}ti^{44}ɛ^{21}lɛ^{44}mɑ^{44}sã^{21}iɛ̃^{44}tsʅ^{21}tɕʰiŋ^{21}iɑ^{21}mɑ^{44}, ʑi^{44}iɑ^{21}mɑ^{44}ɚ^{42}lɛ^{42}mɑ^{21}iɔ^{21}iɔ^{22}, ɛ^{21}xɛ^{44}iɔ^{0}, ɛ^{21}xɛ^{44}iɔ^{0}.

意译：一个小老汉，已经过七十了，加上四岁，实际七十四岁了。一直生不下儿子，急得口干舌燥。这可怎么传宗接代呀？提着三十两白银，老母亲又来了，催促我快去找(那姑娘)。就这样一趟又一趟地找呀，这有多难为情呀！

二、故事

牛郎织女

下面，[xɑ^{44}miẽ^{21}] 我给大家讲一个牛郎和织女的故事。[ŋɤ^{13}kei^{44}tɑ^{44}tɕiɑ^{21}tɕiɑŋ^{44}ʑi^{21}kɤ^{53}ȵiɤu^{13}lɑŋ^{42}xɤ^{13}tʂʅ^{44}ny^{42}ti^{21}ku^{53}ʂʅ^{21}] 从前有一尕娃，[tsʰuəŋ^{13}tɕʰiɛ̃^{13}iɤu^{42}ʑi^{21}kɤ^{53}kɑ^{21}vɑ^{53}] 家里再困难的说不成，[tɕiɑ^{13}ȵi^{42}tsɛ^{53}kʰuəŋ^{44}nã^{24}tɤ^{21}ʂuɤ^{13}pu^{21}tʂʰəŋ^{13}] 致个尕娃的名字叫做牛郎。[tʂʅ^{44}kɤ^{21}kɑ^{21}vɑ^{53}ti^{21}miŋ^{21}tsɿ^{44}tɕiɔ^{44}tsuɤ^{42}ȵiɤu^{13}lɑŋ^{42}] 然后是家里有一个老牛，[ʐã^{21}xɤu^{44}ʂʅ^{53}tɕiɑ^{13}ȵi^{42}iɤu^{42}ʑi^{21}kɤ^{53}lɔ^{44}ȵiɤu^{24}] 致个老牛连牛郎两个人一搭相依为命着呢，[tʂʅ^{44}kɤ^{21}lɔ^{44}ȵiɤu^{24}lɑ^{13}ȵiɤu^{13}lɑŋ^{42}liɑŋ^{44}kɤ^{42}ʐəŋ^{13}ʑi^{21}tɑ^{13}ɕiɑŋ^{13}ʑi^{42}uei^{13}miŋ^{53}tʂɤ^{22}ȵi^{21}] 再家里任何的人没有。[tsɛ^{53}tɕiɑ^{13}ȵi^{42}ʐəŋ^{44}xɤ^{24}ti^{21}ʐəŋ^{13}mi^{13}iɤu^{42}] 然后是致个老牛是金牛星下凡，[ʐã^{21}xɤu^{44}ʂʅ^{53}tʂʅ^{44}kɤ^{21}lɔ^{44}ȵiɤu^{24}ʂʅ^{53}tɕiŋ^{44}ȵiɤu^{13}ɕiŋ^{21}ɕiɑ^{44}fã^{24}] 致么是致个老牛看着家里的牛郎，[tʂʅ^{44}mu^{21}ʂʅ^{53}tʂʅ^{44}kɤ^{21}lɔ^{44}ȵiɤu^{24}kʰã^{13}tʂɤ^{42}tɕiɑ^{13}ȵi^{42}ti^{21}ȵiɤu^{13}lɑŋ^{42}] 也看着孽障。[iɛ^{42}kʰã^{13}tʂɤ^{42}ȵiɛ^{21}tʂɑŋ^{44}] 金牛星家托了个梦牛郎，[tɕiŋ^{44}ȵiɤu^{13}ɕiŋ^{21}tɕiɛ^{13}tʰuɤ^{13}liɔ^{42}kɤ^{21}məŋ^{53}ȵiɤu^{13}lɑŋ^{42}] 晚上牛郎梦见是，[vã^{44}ʂɑŋ^{42}ȵiɤu^{13}lɑŋ^{42}məŋ^{44}tɕiɛ̃^{42}ʂʅ^{21}] 牛郎说你意思，[ȵiɤu^{13}lɑŋ^{42}ʂuɤ^{13}ȵi^{42}ʑi^{44}sɿ^{21}] 你去了嘛，[ȵi^{42}tɕʰi^{21}liɔ^{53}mɑ^{21}] 明个了嘛是湖边子里看去嘛。[miŋ^{13}kɤ^{42}liɔ^{42}mɑ^{21}ʂʅ^{21}xu^{13}piɛ̃^{42}tsɿ^{21}ȵi^{21}kʰã^{53}tɕʰi^{42}mɑ^{21}] 仙女们下来了，[ɕiɛ̃^{44}ȵy^{21}məŋ^{21}xɑ^{44}lɛ^{24}liɔ^{21}] 在你们家门跟前的致个湖里洗澡呢。[tsɛ^{53}ȵi^{44}məŋ^{24}tɕiɑ^{13}məŋ^{13}kəŋ^{21}tɕʰiɛ̃^{53}ti^{21}tʂʅ^{44}kɤ^{21}xu^{13}ȵi^{42}ɕi^{21}tsɔ^{44}ȵi^{21}] 致们致个牛郎早上醒来之后是，[tʂʅ^{44}məŋ^{21}tʂʅ^{44}kɤ^{21}ȵiɤu^{13}lɑŋ^{42}tsɔ^{44}ʂɑŋ^{42}ɕiŋ^{44}lɛ^{24}tʂʅ^{21}xɤu^{53}ʂʅ^{21}] 反正半信半疑嘛，[fã^{44}tʂəŋ^{42}pã^{44}ɕiŋ^{21}pã^{44}ʑi^{21}mɑ^{21}] 也就没相信的，[iɛ^{42}tɕiɤu^{53}mu^{13}ɕiɑŋ^{21}ɕiŋ^{44}ti^{21}] 致们者可去了一趟。[tʂʅ^{44}məŋ^{21}tʂɤ^{21}kʰɤ^{42}tɕʰi^{21}liɔ^{53}ʑi^{21}tʰɑŋ^{53}] 致们正路上走呢，[tʂʅ^{44}məŋ^{21}tʂəŋ^{53}lu^{44}ʂɑŋ^{21}tsɤu^{42}ȵi^{21}] 走着快要湖跟前去了，[tsɤu^{42}tʂɤ^{21}kʰuɛ^{44}iɔ^{53}xu^{13}kəŋ^{21}tɕʰiɛ̃^{53}tɕʰi^{53}liɔ^{21}] 远处看见是来，[yɛ̃^{44}tʂʰu^{42}kʰã^{44}tɕiã^{42}ʂʅ^{21}lɛ^{13}] 几个仙女们下来真真地家湖里一挂洗澡呢。[tɕi^{44}kɤ^{42}ɕiɛ̃^{44}ȵy^{21}məŋ^{21}xɑ^{44}lɛ^{24}tʂəŋ^{44}tʂəŋ^{21}ti^{21}tɕiɑ^{13}xu^{13}ȵi^{42}ʑi^{21}kuɑ^{53}ɕi^{21}tsɔ^{44}ȵi^{21}] 边子里的树上衣裳多得很嘛，[piɛ̃^{13}tsɿ^{42}ȵi^{21}ti^{21}ʂu^{44}ʂɑŋ^{21}ʑi^{21}ʂɑŋ^{53}tuɤ^{13}ti^{42}xəŋ^{42}mɑ^{21}] 牛郎家拿上了一件，[ȵiɤu^{13}lɑŋ^{42}tɕiɑ^{13}nɑ^{13}ʂɑŋ^{42}liɔ^{21}ʑi^{21}tɕiɛ̃^{53}] 一件拿上家往家里奔着跑呢。[ʑi^{21}tɕiɛ̃^{53}nɑ^{13}ʂɑŋ^{42}tɕiɑ^{13}vɑŋ^{42}tɕiɑ^{13}ȵi^{42}pəŋ^{13}tʂɤ^{42}pʰɔ^{42}ȵi^{21}] 正拿过致个衣裳的仙女是来，[tʂəŋ^{53}nɑ^{13}kuɤ^{42}tʂʅ^{44}kɤ^{21}ʑi^{21}ʂɑŋ^{53}ti^{21}ɕiɛ̃^{44}ȵy^{21}ʂʅ^{53}lɛ^{13}] 名字叫作织女呗。[miŋ^{21}tsɿ^{44}tɕiɔ^{44}tsuɤ^{42}tʂʅ^{21}ȵy^{53}pɛ^{21}] 致们牛郎和织女婚结上了嘛，[tʂʅ^{44}məŋ^{21}ȵiɤu^{13}lɑŋ^{42}xɤ^{13}tʂʅ^{21}ȵy^{53}xuəŋ^{13}tɕiɛ^{13}xɑ^{42}lɔ^{21}mɑ^{21}] 做了一对恩爱的夫妻嘛。[tsuɤ^{21}liɔ^{53}ʑi^{21}tuei^{53}əŋ^{21}ɛ^{53}ti^{21}fu^{44}tɕʰi^{21}mɑ^{21}] 致们者过了几年嘛，[tʂʅ^{44}məŋ^{21}tʂɤ^{21}kuɤ^{44}liɔ^{42}tɕi^{44}ȵiɛ̃^{24}mɑ^{21}] 几年之后是，[tɕi^{44}ȵiɛ̃^{24}tʂʅ^{44}xɤu^{21}ʂʅ^{21}] 织女给牛郎生了两个娃娃，[tʂʅ^{21}ȵy^{53}kei^{42}ȵiɤu^{13}lɑŋ^{42}ʂəŋ^{21}liɔ^{42}liɑŋ^{44}kɤ^{42}vɑ^{21}vɑ^{53}] 一个尕娃，[ʑi^{21}kɤ^{53}kɑ^{21}vɑ^{53}] 一个丫头。[ʑi^{21}kɤ^{53}iɑ^{21}tʰɤu^{53}] 致们两个人日子也过着非常地幸福，[tʂʅ^{44}məŋ^{21}liɑŋ^{44}kɤ^{42}ʐəŋ^{13}ʐɤ^{21}tsɿ^{42}iɛ^{42}kuɤ^{44}tʂɤ^{21}fei^{21}tʂʰɑŋ^{53}ti^{21}ɕiŋ^{44}fu^{21}] 非常地快乐。[fei^{21}tʂʰɑŋ^{53}ti^{21}kʰuɛ^{21}lɤ^{44}] 忽然有一天，[xu^{21}ʐã^{53}iɤu^{42}ʑi^{21}tʰiɛ̃^{24}] 不幸降到了牛郎的身上。[pu^{21}ɕiŋ^{44}tɕiɑŋ^{44}tɔ^{42}liɔ^{21}ȵiɤu^{13}lɑŋ^{42}ti^{21}ʂəŋ^{13}ʂɑŋ^{42}] 致个玉皇大帝，[tʂʅ^{44}kɤ^{21}ʑy^{44}xuɑŋ^{24}tɑ^{44}ti^{21}] 致个事情知道下了。[tʂʅ^{44}kɤ^{21}ʂʅ^{44}tɕʰiŋ^{21}tʂʅ^{21}tɔ^{53}xɑ^{42}liɔ^{21}] 知道下是来，[tʂʅ^{21}tɔ^{53}xɑ^{42}ʂʅ^{53}lɛ^{13}] 个家的丫头，[kɤ^{44}tɕiɛ^{21}ti^{21}iɑ^{21}tʰɤu^{53}] 致个织女天上引上着走了。[tʂʅ^{44}kɤ^{42}tʂʅ^{21}ȵy^{53}tʰiɛ̃^{21}ʂɑŋ^{53}iŋ^{44}ʂɑŋ^{42}tʂɤ^{21}tsɤu^{42}liɔ^{44}] 织女不见了，[tʂʅ^{21}ȵy^{53}

pu^{21}tɕiɛ̃^{53}liɔ^{21}] 不见哈是，[pu^{21}tɕiɛ̃^{53}xɑ^{21}ʂʅ^{53}] 牛郎一挂在各处寻，[ȵiɤu^{13}laŋ^{42}ʑi^{21}kuɑ^{53}tsɛ^{53}kɤ^{21}tʂʰu^{53}ɕiŋ^{13}] 致里寻，[tʂʅ^{44}ȵi^{21}ɕiŋ^{13}] 兀里寻，[vu^{44}ȵi^{21}ɕiŋ^{13}] 寻不见，[ɕiŋ^{13}pu^{21}tɕiɛ̃^{53}] 想着再不成。[ɕiaŋ^{44}tʂɤ^{42}tsɛ^{53}pu^{21}tʂʰəŋ^{24}] 致们者家里的老牛知道了，[tʂʅ^{44}məŋ^{21}tʂɤ^{21}tɕia^{44}ȵi^{21}ti^{21}lɔ^{44}ȵiɤu^{24}tʂʅ^{21}tɔ^{44}liɔ^{21}] 突然家致个话说开了。[tʰu^{21}zɑ̃^{24}tɕiɛ^{13}tʂʅ^{44}kɤ^{21}xuɑ^{53}ʂuɤ^{13}kʰɛ^{42}liɔ^{21}] 牛郎还惊底了一挂，[ȵiɤu^{13}laŋ^{42}xɛ^{13}tɕiŋ^{13}ti^{42}liɔ^{21}ʑi^{21}kuɑ^{53}] 你的致个媳妇玉皇大帝抓过了，[ȵi^{42}ti^{21}tʂʅ^{44}kɤ^{21}ɕi^{44}fu^{21}ʐy^{44}xuaŋ^{24}tɑ^{44}ti^{21}tʂuɑ^{13}kuɤ^{42}liɔ^{21}] 阿臧$^{=}$你要天上上呢嘛。[ɑ^{13}tsaŋ^{24}ȵi^{42}iɔ^{53}tʰiɛ̃^{21}ʂaŋ^{53}ʂaŋ^{53}ȵi^{42}mɑ^{21}] 你我角叉牛角取下来，[ȵi^{42}vɤ^{42}kɤ^{13}tʂʰɑ^{42}tsʰɥ^{42}xɑ^{44}lɛ^{21}] 我你取底了嘛是，[vɤ^{42}ȵia^{42}tsʰɥ^{42}ti^{21}liɔ^{21}mɑ^{21}ʂʅ^{53}] 坐上，[tsuɤ^{44}ʂaŋ^{42}] 我［人家］卡给你家里的两个篮篮，[vɤ^{42}ȵia^{42}kʰɑ^{13}ȵi^{42}tɕia^{21}ȵi^{53}ti^{21}liɑ̃^{21}kɤ^{44}lɑ̃^{21}lɑ̃^{42}] 一面一个肩子上搭上，[ʑi^{21}miɛ̃^{53}ʑi^{21}kɤ^{53}tɕiɛ̃^{13}tsʅ^{42}ʂaŋ^{21}tɑ^{13}ʂaŋ^{42}] 两个娃引上嘛，[liaŋ^{21}kɤ^{53}vɑ^{13}iŋ^{21}ʂaŋ^{53}mɑ^{21}] 一面一个放上，[ʑi^{21}miɛ̃^{53}ʑi^{21}kɤ^{53}faŋ^{21}ʂaŋ^{44}] 你天上上了嘛找去呗，[ȵi^{42}tʰiɛ̃^{21}ʂaŋ^{53}ʂaŋ^{44}liɔ^{21}mɑ^{21}tʂɔ^{44}tɕʰi^{42}pɛ^{21}] 再阿们呢。[tsɛ^{53}ɑ^{44}məŋ^{24}ȵi^{21}] 致们是牛角叉取下来之后是，[tʂʅ^{44}məŋ^{21}ʂʅ^{53}ȵiɤu^{13}kɤ^{13}tʂʰɑ^{42}tsʰɥ^{42}xɑ^{44}lɛ^{21}tʂʅ^{21}xɤu^{44}ʂʅ^{53}] 两个娃装上，[liaŋ^{21}kɤ^{53}vɑ^{13}tʂuaŋ^{13}ʂaŋ^{42}] 装上之后是，[tʂuaŋ^{13}ʂaŋ^{42}tʂʅ^{21}xɤu^{44}ʂʅ^{53}] 牛郎牛角骑上天上上了。[ȵiɤu^{13}laŋ^{42}ȵiɤu^{13}tɕyɛ^{42}tɕʰi^{13}ʂaŋ^{53}tʰiɛ̃^{21}ʂaŋ^{53}ʂaŋ^{44}liɔ^{21}] 上去是，[ʂaŋ^{44}tɕʰi^{42}ʂʅ^{53}] 王母娘娘家头上的金钗拿着下来。[vaŋ^{13}mu^{42}ȵiaŋ^{21}ȵiaŋ^{42}tɕiɛ^{13}tʰɤu^{13}ʂaŋ^{42}ti^{21}tɕiŋ^{44}tʂʰɛ^{21}nɑ^{13}tʂɤ^{21}xɑ^{44}lɛ^{24}] 下来是来，[xɑ^{44}lɛ^{24}ʂʅ^{53}lɛ^{21}] 天上划了个天河，[tʰiɛ̃^{21}ʂaŋ^{53}xuɑ^{44}liɔ^{21}kɤ^{42}tʰiɛ̃^{21}xɤ^{53}] 天河画上之后是挡下的了，[tʰiɛ̃^{21}xɤ^{53}xuɑ^{44}ʂaŋ^{21}tʂʅ^{21}xɤu^{44}ʂʅ^{53}taŋ^{53}xɑ^{42}ti^{21}liɔ^{21}] 两个人再面见不下。[liaŋ^{21}kɤ^{53}zəŋ^{13}tsɛ^{53}miɛ̃^{53}tɕiɛ̃^{53}pu^{44}xɑ^{21}] 致们是阿们办哩，[tʂʅ^{44}məŋ^{21}ʂʅ^{21}ɑ^{44}məŋ^{24}pɑ̃^{53}ȵi^{21}] 致们是定了一个日子嘛，[tʂʅ^{44}məŋ^{21}ʂʅ^{53}tiŋ^{44}liɔ^{21}ʑi^{21}kɤ^{53}zɤ^{21}tsʅ^{42}mɑ^{21}] 玉皇大帝和王母娘娘商量了一下，[ʐy^{44}xuaŋ^{24}tɑ^{44}ti^{21}xɤ^{13}vaŋ^{13}mu^{42}ȵiaŋ^{21}ȵiaŋ^{42}ʂaŋ^{21}liaŋ^{53}liɔ^{21}ʑi^{21}xɑ^{42}] 每年七月初七呗，[mei^{44}ȵiɛ̃^{24}tɕʰi^{13}yɛ^{42}tʂʰu^{44}tɕʰi^{24}pɛ^{21}] 也就是七夕节嘛，[iɛ^{42}tɕiɤu^{44}ʂʅ^{21}tɕʰi^{21}ɕi^{42}tɕiɛ^{13}mɑ^{21}] 两个人就是相见呗。[liaŋ^{44}kɤ^{42}zəŋ^{13}tɕiɤu^{44}ʂʅ^{21}ɕiaŋ^{13}tɕiɛ̃^{42}pɛ^{21}] 喜鹊们一挂看着两个人的事迹感动下了，[ɕi^{44}tɕʰyɛ^{42}məŋ^{21}ʑi^{21}kuɑ^{53}kʰɑ̃^{44}tʂɤ^{21}liaŋ^{44}kɤ^{42}zəŋ^{13}ti^{21}ʂʅ^{44}tɕi^{21}kɑ̃^{44}tuəŋ^{42}xɑ^{21}liɔ^{21}] 看着孽障下了嘛。[kʰɑ̃^{44}tʂɤ^{21}ȵiɛ^{13}tʂaŋ^{42}xɑ^{21}liɔ^{42}mɑ^{21}] 喜鹊们一挂天上，[ɕi^{44}tɕʰyɛ^{42}məŋ^{21}ʑi^{21}kuɑ^{53}tiɛ̃^{21}ʂaŋ^{53}] 七月初七的时候，[tɕʰi^{13}yɛ^{42}tʂʰu^{44}tɕʰi^{24}ti^{21}ʂʅ^{44}xɤu^{21}] 飞着一挂过来是，[fei^{13}tʂɤ^{42}ʑi^{21}kuɑ^{53}kuɤ^{44}lɛ^{24}ʂʅ^{53}] 天上搭的了桥。[tʰiɛ̃^{21}ʂɑ̃^{53}tɑ^{13}ti^{21}liɔ^{21}tɕʰiɔ^{13}] 桥搭下是来，[tɕʰiɔ^{13}tɑ^{13}xɑ^{53}ʂʅ^{53}lɛ^{13}] 牛郎连织女七月初七两个人一挂桥上相见了。[ȵiɤu^{13}laŋ^{42}lɑ^{13}tʂʅ^{21}ȵy^{53}tɕʰi^{13}yɛ^{42}tʂʰu^{44}tɕʰi^{24}liɑ̃^{44}kɤ^{42}zəŋ^{13}ʑi^{21}kuɑ^{53}tɕʰiɔ^{13}ʂaŋ^{42}ɕiaŋ^{21}tɕiɛ̃^{44}liɔ^{21}] 就致个故事的结局。[tɕiɤu^{53}tʂʅ^{44}kɤ^{21}ku^{44}ʂʅ^{21}ti^{21}tɕiɛ^{13}tɕy^{42}] 谢谢大家！[ɕiɛ^{44}ɕiɛ^{21}tɑ^{44}tɕia^{21}]

意译：同前。

第二十六节　合作市口头文化

一、歌谣

上去个高山望平川

上去个高耶山，哟哦呀啊哼啊哟啊，望耶耶欸望耶，平梁昂川的山欸呀，啊望昂，平梁川呀啊平川昂里，欸呀啊，望平了川，欸呀啊，平川里，嗨呀有呀啊一朵牡丹，看起是容哎易，摘呃耶耶，摘呃耶摘耶，嗨呀摘起是呀难耶，嗨呀摘起是难耶，嗨呀啊，摘不到，嗨呀手里是枉然。

ʂaŋ13tɕʰi21kə21kɔ13iə44ʂæ̃13, yɔ13ɔ53iA13A13xəŋ13A13yɔ13A13, vaŋ53iə44iə44ɛe13vaŋ53iə44, pʰiəŋ13liaŋ13aŋ13tʂʰuæ̃13ti21ʂæ̃13ɛe13iA13, A13vaŋ53aŋ21, pʰiəŋ13liaŋ13tʂʰuæ̃13iA13A13pʰiŋ13tʂʰuæ̃13aŋ13li21, ɛe13iA13A21, vaŋ53pʰiŋ13liɔ21tʂʰuæ̃13, ɛe13iA13A44, pʰiŋ13tʂʰuæ̃13li21, xɛe44iA13iəɯ44iA13A13ʑi13tuə44mu44tæ̃21, kʰæ̃53tɕʰi21ʂʅ53ʐuə13ɛe13ʑi53, tʂə13ə53iə44iə44, tʂə13ə53iə44tʂə13iə44, xɛe44iA13tʂə13tɕʰi44ʂʅ53iA13næ̃13iə44, xɛe44iA13tʂə13tɕʰi44ʂʅ53iA13næ̃13iə44, xɛe44iA13A13, tʂə13pu21tɔ53, xɛe44iA13ʂəɯ44li21ʂʅ53vaŋ44ʐæ̃13.

意译:登上高山望平川,平川里有一朵牡丹。看见是容易,摘上是难,摘上是难啊,摘不到手里是枉然。

二、故事

牛郎织女

下面我给大家讲一个牛郎和织女的故事。[ɕia44mæ̃21ŋə44kei44ta44tɕia21tɕiaŋ44ʑi21kə53ȵiəɯ13laŋ13xə13tʂʅ21ȵy44ti21ku44ʂʅ21] 在很早很早以前有一个小伙子,[tsɛe53xəŋ44tsɔ44xəŋ44tsɔ44ʑi44tɕʰiæ̃13iəɯ44ʑi21kə53ɕiɔ44xuə44tsʅ21] 他家里很穷,[tʰa44tɕia13li21xəŋ44tɕʰyəŋ13] 很可怜,[xəŋ44kʰə44liæ̃13] 他父母双亡。[tʰa44fu44mu21ʂuaŋ13vaŋ13] 可是,[kʰə21ʂʅ53] 他有一头牛,[tʰa44iə44ʑi21tʰəɯ53ȵiəɯ13] 他跟牛生活在一起,[tʰa44kəŋ13ȵiəɯ13ʂəŋ13xuə13tsɛe53ʑi21tɕʰi53] 所以大家叫他牛郎。[suə44ʑi53ta44tɕia21tɕiɔ53tʰa44ȵiəɯ13laŋ13] 牛郎靠着这一头牛,[ȵiəɯ13laŋ13kʰɔ53tʂə21tʂə53ʑi21tʰəɯ53ȵiəɯ13] 耕田生活。[kəŋ13tʰiæ̃13ʂəŋ13xuə13] 牛也看到这年轻人实在是可怜,[ȵiəɯ13iəɯ44kʰæ̃44tɔ21tʂə53ȵiæ̃13tɕʰiŋ21ʐəŋ13ʂʅ21tsɛe53ʂʅ53kʰə44liæ̃13] 又勤奋又善良,[iəɯ44tɕʰiŋ21fəŋ53iəɯ44ʂæ̃44liaŋ13] 心想给他成个家。[ɕiŋ13ɕiaŋ44kei44tʰa44tʂʰəŋ13kə21tɕia13] 突然间,[tʰu13ʐæ̃21tɕiæ̃21] 这牛其实是从天上下来的金牛星。[tʂə53ȵiəɯ13tɕʰi13ʂʅ13ʂʅ53tsʰuəŋ13tʰiæ̃21ʂaŋ53ɕia44lɛe13tə21tɕiŋ13ȵiəɯ13ɕiŋ21] 他也看到这娃娃很可怜,[tʰa44iə44kʰæ̃44tɔ21tʂə53va21va53xəŋ44kʰə44liæ̃13] 心上也过意不去,[ɕiŋ13ʂaŋ21iə44kuə53ʑi21pu21tɕʰi13] 心想给他成个家。[ɕiŋ13ɕiaŋ44kei44tʰa44tʂʰəŋ13kə21tɕia13] 突然,[tʰu13ʐæ̃21] 他想起过几天,[tʰa44ɕiaŋ44tɕʰi21kuə53tɕi44tʰiæ̃13] 从天下下来几个仙女,[tsʰuəŋ13tʰiæ̃21ʂaŋ53ɕia44lɛe13tɕi44kə53ɕiæ̃21ȵy44] 在村庄角落边湖里洗澡。[tsɛe53tsʰuəŋ13tʂuaŋ21tɕiɔ21luə53piæ̃21xu13li21ɕi44tsɔ53] 他就想起这事情,[tʰa44tɕiəɯ53ɕiaŋ44tɕʰi21tʂə53ʂʅ44tɕʰiŋ21] 给牛郎托了个梦,[kei44ȵiəɯ13laŋ13tʰuə13liɔ21kə53məŋ53] 叫牛郎第二天到那个湖边去看一看。[tɕiɔ53ȵiəɯ13laŋ13ti53ɚ53tʰiæ̃13tɔ53na44kə21xu13piæ̃13tɕʰi53kʰæ̃53ʑi21kʰæ̃53] 可是牛郎朦朦胧胧着醒来以后,[kʰə44ʂʅ53ȵiəɯ13laŋ13məŋ21məŋ13luəŋ21luəŋ13tʂə21ɕiŋ44lɛe13ʑi44xəɯ21] 想起这件事是真还是假。[ɕiaŋ44tɕʰi21tʂə44tɕiæ̃53ʂʅ53ʂʅ53tʂəŋ13xæ̃13ʂʅ53tɕia44] 没有这种事情吧,[mə44iəɯ21tʂə44tʂuəŋ53ʂʅ44tɕʰiŋ21pa21] 他就半信半疑,[tʰa44tɕiəɯ53pæ̃53ɕiŋ13pæ̃53ʑi13] 第二天早上走到了村边的湖边。[ti53ɚ53tʰiæ̃13tsɔ44ʂaŋ53tsəɯ44tɔ53liɔ21tsʰuəŋ13piæ̃21ti21xu13piæ̃21] 可是真的看见了七个仙女在洗澡。[kʰə44ʂʅ53tʂəŋ13tə21kʰæ̃44tɕiæ̃53liɔ21tɕʰi21kə13ɕiæ̃44ȵy21tsɛe53ɕi44tsɔ53] 他想起了,[tʰa44ɕiaŋ44tɕʰi21liɔ21] 给他托梦的时候,[kei44tʰa44tʰuə13məŋ53ti21ʂʅ21xəɯ44] 叫他拿起一件织女的衣服往家跑。[tɕiɔ53tʰa44na13tɕʰi21ʑi21tɕiæ̃53tʂʅ44ȵy21ti21ʑi21fu53vaŋ13tɕia13pʰɔ44] 想起这个以后,[ɕiaŋ44tɕʰi21tʂə44kə53ʑi44xəɯ21] 他跑织女前面附近的那个树林里,[tʰa44pʰɔ44tʂʅ44ȵy21tɕʰiæ̃13miæ̃21fu44tɕiŋ21ti21nɛe44kə53ʂu44liŋ13li21] 拿起树上挂着的一件衣服就往家里跑。[na13tɕʰi21ʂu44ʂaŋ53kua53tʂə21ti21ʑi21tɕiæ̃53ʑi21fu53tɕiəɯ53vaŋ13tɕia13li21pʰɔ44] 跑到家以后,[pʰɔ44tɔ21tɕia13ʑi44xəɯ21] 可是到了晚上,[kʰə44ʂʅ53tɔ53liɔ21væ̃44ʂaŋ53] 其实掉了这件衣服的本来就是织女。[tɕʰi13ʂʅ21tiɔ53liɔ21 tʂə44tɕiæ̃53ʑi21fu53ti21pəŋ44lɛe13tɕiəɯ44ʂʅ53tʂʅ44ȵy21] 她到了晚上以后，[tʰa44tɔ53liɔ21væ̃44ʂaŋ53ʑi44xəɯ21] 轻轻打开房门，[tɕʰiŋ13tɕʰiŋ21ta44kʰɛ13faŋ13məŋ13] 从这以后他俩就成了恩恩爱爱的夫妻。[tsʰuəŋ13tʂə53ʑi44xəɯ21tʰa44liaŋ44tɕiəɯ53tʂʰəŋ13liɔ21əŋ13əŋ13ɛe53ɛe53ti21fu13tɕʰi21] 可是天有不测风云，[kʰə44ʂʅ53tʰiæ̃13iəɯ44pu13tsʰə53fəŋ13yəŋ13] 过了三年之后，[kuə53liɔ21sæ̃13ȵiæ̃13tʂʅ44xəɯ21] 他俩就有了一男一女。[tʰa44liaŋ44tɕiəɯ53iəɯ44liɔ21ʑi13næ̃13ʑi21ȵy44] 日子也过得挺好的，[ʐʅ21tsʅ13iə44kuə53tə21tʰiŋ44xɔ44ti21] 很幸福。[xəŋ44ɕiŋ21fu13] 但是这件事情叫玉皇大帝发现了。[tæ̃44ʂʅ21tʂə44tɕiæ̃53ʂʅ44tɕʰiŋ53tɕiɔ53ʑy53xuaŋ13ta44ti21fa13ɕiæ̃13liɔ21] 这个女的本来就是天上私自下凡的织女。[tʂə44kə53mi44ti21pəŋ44lɛe13tɕiəɯ53ʂʅ21tʰiæ̃13ʂaŋ21sʅ44tsʅ21ɕia44fæ̃13tɔ21tʂʅ13mi21] 玉帝发现这个事情，[ʑy44ti21fa13ɕiæ̃13tʂə44kə53ʂʅ44tɕʰiŋ21] 他就追究起这个事情来。[tʰa44tɕiəɯ53tʂuei21tɕiəɯ53tɕʰi21tʂə44kə53ʂʅ44tɕʰiŋ21lɛe13] 有一天，[iəɯ44ʑi21tʰiæ̃53] 闪电雷鸣，[ʂæ̃44tiæ̃53luei13miŋ13] 刮起大风也下起大雨。[kua13tɕʰi21ta44fəŋ21iə44ɕia44tɕʰi21ta44ʑy21] 突然间，[tʰu44ʐæ̃21tɕiæ̃13] 织女不见了，[tʂʅ44mi21pu21tɕiæ̃13liɔ21] 可是两个娃娃急着要母亲，[kʰə44ʂʅ53liaŋ44kə21va21va53tɕi13tʂə21iəɯ53mu44tɕʰiŋ21] 把牛郎急坏了，[pa13ȵiəɯ13laŋ13tɕi13xuɛe44liɔ21] 他想这可咋办？ [tʰa44ɕiaŋ44tʂə53kʰə53tsa13pæ̃44] 正在这时候，[tʂəŋ44tsɛe53tʂə53ʂʅ21xəɯ44] 牛给牛郎发话了，[ȵiəɯ13kei44ȵiəɯ13laŋ13fa13xua53liɔ21] 他说：[tʰa44ʂuə13] “你取下我的两只角，[ȵi44tɕʰy44ɕia21ŋə44ti21liaŋ44tʂʅ44tɕiɔ13] 变成两只筐。[piæ̃53tʂʰəŋ13liaŋ44tʂʅ44kʰuaŋ13] 把两只娃娃放在筐里面，[pa13liaŋ44tʂʅ44va21va53faŋ44tsɛe21kʰuaŋ13li44miæ̃21] 就可以上天。” [tɕiəɯ53kʰə44ʑi21ʂaŋ13tʰiæ̃13] 说也奇怪，[ʂuə13iə44tɕʰi21kuɛe53] 牛郎走到牛跟前，[ȵiəɯ13laŋ13tsəɯ44tɔ21ȵiəɯ13kəŋ21tɕʰiæ̃53] 果然牛角掉到地上了。[kuə44ʐæ̃21ȵiəɯ13tɕyə13tiɔ53tɔ21ti21ʂaŋ53liɔ21] 变成两个箩筐了，[piæ̃44tʂʰəŋ13liaŋ44kə53luə13kʰuaŋ21liɔ21] 他就把两个孩子，[tʰa44tɕiəɯ53pa13liaŋ44kə53xɛe13tsʅ21] 一面装进一个，[ʑi21miæ̃53tʂuaŋ13tɕiŋ21ʑi21kə53] 担起担子。[tæ̃13tɕʰi21tæ̃44tsʅ21] 担起担子这时候，[tæ̃44tɕʰi21tæ̃44tsʅ21tʂə53ʂʅ21xəɯ44] 突然间，[tʰu44ʐæ̃21tɕiæ̃13] 担子像飞机一样，[tæ̃44tsʅ21ɕiaŋ53fei13tɕʰi21ʑi21iaŋ53] 不由自主地飞向天空。[pu21iəɯ13tsʅ44tʂu44ti21fei13ɕiaŋ53tʰiæ̃13kʰuaŋ21] 他正往赶上织女的时候，[tʰa44tʂəŋ53vaŋ44kæ̃13ʂaŋ21tʂʅ44ȵy21ti21ʂʅ21xəɯ44] 突然王母娘娘发现这个事情了。[tʰu44ʐæ̃21vaŋ13mu21ȵiaŋ21ȵiaŋ53fa13ɕiæ̃21tʂə44kə53ʂʅ44tɕʰiŋ21liɔ21] 在他们两人中间，[tsɛe53tʰa44məŋ21liaŋ44ʐəŋ13tʂuəŋ21tɕiæ̃53] 拿下自己的金钗，[na13ɕia21tsʅ21tɕi53ti21tɕiŋ13tʂʰɛe13] 在他们两人中间划了一条线，[tsɛe53tʰa44məŋ13liaŋ44ʐəŋ13tʂuəŋ21tɕiæ̃53xua44liɔ21ʑi21tʰiɔ53ɕiæ̃53] 从这以后，[tsʰuəŋ13tʂə53ʑi44xəɯ21] 这条线就成了天河。[tʂə53tʰiɔ13ɕiæ̃53tɕiəɯ53tʂʰəŋ13liɔ21tʰiæ̃13xə13] 把两人隔在很远很远的地方，[pa13liaŋ44ʐəŋ13kə13tsɛe53xəŋ13yæ̃44xəŋ13yæ̃44ti21ti44faŋ21] 隔在两岸，[kə13tsɛe53liaŋ44ŋæ̃53] 一眼望不见岸的这种地步。[ʑi21iæ̃44vaŋ44pu13tɕiæn53ŋæn53ti21tʂə44tʂuəŋ53ti44pu53] 从这以后，[tsʰuəŋ13tʂə53ʑi44xəɯ21] 牛郎也就失去了信心，[ȵiəɯ13laŋ13iə44tɕiəɯ53ʂʅ21tɕʰy44liɔ21ɕiŋ44ɕiŋ21] 这可咋办，[tʂə53kʰə44tsa13pæ̃53] 可怜两个孩子。[kʰə44liæ̃13liaŋ44kə53xɛe13tsʅ21] 这时候，[tʂə53ʂʅ21xəɯ44] 燕子们看到这个情景，[iæ̃44tsʅ21məŋ21kʰæ̃44tɔ21tʂə44kə53tɕʰiŋ13tɕiŋ21] 也感到非常地同情。[iə44kæ̃44tɔ21fei13tʂʰaŋ21ti21tʰuəŋ13tɕʰiŋ13] 它们每到七月初七时候，[tʰa44məŋ21mei44tɔ53tɕʰi21yə44tʂʰu13tɕʰi13ʂʅ21xəɯ44] 飞到天河上面。[fei13tɔ21tʰiæ̃13xə13ʂaŋ44miæ̃21] 成千上万的燕子搭起一座小桥，[tʂʰəŋ13tɕʰiæ̃13ʂaŋ44væ̃53ti21iæ̃44tsʅ21ta13tɕʰi21ʑi21tsuə53ɕiɔ44tɕʰiɔ13] 就让牛郎和织女会聚，[tɕiəɯ53ʐaŋ53ȵiəɯ13laŋ13xə13tʂʅ44mi21xuei44tɕy21] 所以他们也就团圆了。[suə44ʑi21tʰa44məŋ21iə44tɕiəɯ53tʰuæ̃13yæ̃13liɔ21] 这就是牛郎和织女的故事。[tʂə53tɕiəɯ44ʂʅ21ȵiəɯ13 laŋ^{13}xə^{13}tʂʅ^{44}mi^{21}ti^{21}ku^{53}ʂʅ^{21}]

意译:同前。

三、自选条目

1. 瞎子点灯——白费油。

xᴀ^{21}tsɿ^{53}tiæ̃^{44}təŋ^{13}——pɛe^{13}fei^{53}iəɯ^{13}.

2. 猫吃糨子,狗舔油——嘴上挖抓靠嘴忙活。

mɔ^{13}tʂʰʅ^{13}tɕiaŋ^{44}tsɿ^{21}, kəɯ^{44}tʰiæ̃^{44}iəɯ^{13}——tsuei^{44}ʂaŋ^{21}vᴀ^{44}tʂuᴀ^{21}.

3. 鸡蛋里挑刺——无中生有。

tɕi^{44}tæ̃^{21}li^{21}tʰiɔ^{13}tsʰɿ^{53}——vu^{21}tʂuəŋ^{13}ʂəŋ^{21}iəɯ^{53}.

4. 尿脬打人——骚气难闻。

ȵiɔ^{44}pʰɔ^{53}tᴀ^{44}ʐəŋ^{13}——sɔ^{13}tɕʰi^{21}næ̃^{13}vəŋ^{13}.

5. 聋子的耳朵——样子货。

luəŋ^{21}tsɿ^{53}ti^{21}ɚ^{44}tuə^{13}——iaŋ^{44}tsɿ^{21}xuə^{53}.

6. 羊圈里的驴驹——数它大。

iaŋ^{13}tɕyæ̃^{53}li^{21}ti^{21}lv^{13}tɕy^{21}——ʂu^{44}tʰᴀ^{44}tᴀ^{44}.

7. 打的鸭子上架呢——白费的力气。

tᴀ^{44}ti^{21}iᴀ^{21}tsɿ^{53}ʂaŋ^{44}tɕiᴀ^{53}ȵi^{21}——pɛe^{13}fei^{53}ti^{21}li^{21}tɕʰi^{53}.

8. 三十年碰上个闰腊月——难得。

sæ̃^{21}ʂʅ^{13}ȵiæ̃^{13}pʰəŋ^{53}ʂaŋ^{21}kə^{21}ʐuəŋ^{53}lᴀ^{21}yə^{53}——næ̃^{13}tɛe^{13}.

9. 八十岁上学唢呐——学会了者气断了。

pᴀ^{21}ʂʅ^{53}suei^{53}ʂaŋ^{21}ɕyə^{13}suə^{44}nᴀ^{13}——ɕyə^{13}xuei^{44}liɔ^{21}tʂə^{21}tɕʰi^{53}tuæ̃^{44}liɔ^{21}.

以上 9 条意译:略。

10. 头九热,麦子憋;二九冷,豆子滚;三九三,冻破砖;四九四,冻得个没啦事;下五九,冻死狗;六九七九,河开;八九九九,燕来。

tʰəɯ^{13}tɕiəɯ^{21}ʐə^{13}, mɛ^{21}tsɿ^{44}piə^{13}; ɚ^{44}tɕiəɯ^{21}ləŋ^{44}, tɤɯ^{13}tsɿ^{21}kuəŋ^{44}; sæ̃^{13}tɕiəɯ^{21}sæ̃^{13}, tuəŋ^{44}pʰuə^{44}tʂuæ̃^{13}; sɿ^{44}tɕiəɯ^{21}sɿ^{53}, tuəŋ^{44}ti^{21}kə^{21}mə^{13}la^{21}ʂʅ^{44}; xᴀ^{44}vu^{44}tɕiəɯ^{53}, tuəŋ^{44}sɿ^{44}kəɯ^{44}; liəɯ^{21}tɕiəɯ^{21}tɕʰi^{44}tɕiəɯ^{21}, xə^{13}kʰɛe^{21}; pᴀ^{44}tɕiəɯ^{21}tɕiəɯ^{13}tɕiəɯ^{21}, iæ̃^{44}lɛe^{13}.

意译:一九天气热,麦子还很饱满。二九天气有点冷,豆子还结得鼓鼓的。三九天气已很冷,砖头都能冻裂缝。四九天气非常冷,冻得人别想做事情。五九天气冷透了,野狗都能被冻死。六九七九回暖了,结冰的黄河消融了。八九九九日和煦,燕子翩翩往来飞。

第二十七节　临潭县口头文化

一、歌谣

1. 红樱桃儿,绿豆角儿,阿娘心疼的尕的个儿最小的儿女。

xuəŋ^{24}in^{44}tʰər^{51}, lu^{21}təɯ^{44}kər^{24}, a^{21}ȵiɒ^{44}ɕin^{44}tʰəŋ^{24}ti^{21}ka^{21}ti^{44}kər^{21}.

2. 尕箱箱儿,尕柜柜儿,朋友当了一辈辈儿一辈子。我吃啥,给我给,你吃啥,给你给。羊肉包子换韭菜。

ka^{24}ɕiɒ^{44}ɕiɒr^{51}, ka^{24}kuɪi^{44}kuər^{21}, pʰəŋ^{24}iəɯ^{21}tɒ^{44}lɤ^{21}i^{21}pɪi^{44}pər^{21}. ŋɤ^{51}tʂʰʅ^{21}sa^{44}, kɪi^{21}ŋɤ^{51}

kɪi21, ȵi51tʂʰʅ21sa44, kɪi21ȵi51kɪi21. iɒ24zəɯ44pɔo44tsʅ44xuæ̃44tɕiəɯ51tsʰɛe21.

3. 古今儿古今儿当当，老鼠跳着缸上。缸打了，油倒了，咕咚婆娘的鞋掉了。

ku51tɕiər44ku51tɕiər44tɒ44tɒ44, lɔo24ʂu21tʰiɔo21tʂʅ44kɒ44zɒ51. kɒ44ta51lɤ21, iəɯ24tɔo44lɤ21, ku24təŋ21pʰɤ24ȵiɒ44ti21xɛe24tiɔo44lɤ21.

4. 脚右脚右盘盘，一盘盘着南山，南山搁放着个葫芦儿呢。金葫芦儿，银葫芦儿，老哇蹄儿，瘸一只儿。

tɕyɛ21iəɯ51tɕyɛ21iəɯ51pʰæ̃24pʰæ̃21, i21pʰæ̃24pʰæ̃24tʂʅ44næ̃24sæ̃21, næ̃24sæ̃21kɤ21kɤ44xu51lər21ȵi44. tɕin44xu44lər21, in24xu44lər21, lɔo51va21tʰiər24, tɕʰyɛ24i21tʂʅər24.

5. 打锣锣儿，磨面面，阿舅来了做啥饭？擀黑面，笑话呢，擀白面，可惜呢。宰公鸡，叫鸣呢，宰母鸡，下蛋呢，宰鸭子，呱呱跳进水塘里。

ta51luɤ24luər21, mɤ44miæ̃44miæ̃21, a21tɕiəɯ44lɛe24liɔo21tsuɤ21sa44fæ̃44? kæ̃51xɪi44miæ̃44, ɕiɔo44xua21ȵi21, kæ̃51pɛe24miæ̃44, kʰɤ51ɕi21ȵi44. tsɛe51kuəŋ44tɕi44, tɕiɔo44min21ȵi44, tsɛe24mu51tɕi21, ɕia44tæ̃44ȵi21, tsɛe51ia44tsʅ51, kua44kua21tʰiɔo24tɕin44suɪi51tʰɒ24ȵi44.

6. 梁顶里的咕噜燕，人和咕噜也一样。飞着来时暖旺旺，飞着去时空堂堂。

liɒ24tin51ȵi21ti21ku44lu21iæ̃44, zəŋ24xɤ24ku44lu21iɛ51i24iɒ24. fɪi44tʂʅ21lɛe24sʅ44nuæ̃51vɒ2121vɒ21, fɪi44tʂʅ21tɕʰi44sʅ21kʰuəŋ44tʰɒ44tʰɒ21.

意译：略。

二、故事

牛郎织女

我给大家讲个牛郎连织女的故事。[ŋɤ51kɪi21ta44tɕia21tɕiɒ51kɪi21ȵiəɯ24lɒ21lɛe21tʂʅ24mi51ti21ku51sʅ21] 奥会儿家那时候，[ɔ44xuər51tɕia21] 一个娃娃，[i24kɪi21va21va51] 大大爸爸妈妈都死了，[ta24ta44ma44ma44təɯ21sʅ24lɤ51] 屋里丢下一个儿了。[vu24ȵi44tiəɯ44xa44i24kər51lɤ21] 屋里将有一个老牛，[vu24ȵi21tɕiɒ44iəɯ21i24kɪi44lɔo51ȵiəɯ24] 给他做伴儿着呢。[kɪi21tʰa44tsuɤ24pɤr51tʂɤ21ȵi21] 他就连那个老牛，[tʰa44tɕiəɯ44lɛe24na44kɤ21lɔo51ȵiəɯ44] 老牛陪上他就维生着呢。[lɔo51ȵiəɯ44pʰɪi21zɒ44tʰa44tɕiəɯ44vɪi24səŋ44tʂɤ21nɤ21] 种庄稼犁地，[tsuəŋ51tsuɒ44tɕia44li24ti44] 靠那个就养活他着呢。[kʰɔo44na21kɤ21tɕiəɯ21iɒ51xuɤ21tʰa44tʂɤ21nɤ21] 在一天的呢，[tsɛe21i24tʰiæ̃21ti21ȵi21] 就他到奥个那个老牛到河滩里浪去了。[tɕiəɯ44tʰa44tɔo24ɔo44kɪi44na44kɪi21lɔo51ȵiəɯ24tɔo44xɤ24tʰæ̃44ȵi21lɒ44tɕʰi21lɤ21] 浪去以后，[lɒ44tɕʰi21i44xəɯ44] 一个人碰上了，[i24kɪi21zəŋ24pʰəŋ44zɒ21lɤ21] 就说是家奥个有几个仙女要下凡到奥个里来，[tɕiəɯ44ʂuɤ44ʂʅ44tɕia21ɔo51kɪi24iəɯ21tɕi21kɪi21ɕiæ̃44mi51iɔo44ɕia44fæ̃24tɔo44ɔo21kɤ21ȵi21lɛe24] 凡间里来，[fæ̃24tɕiæ̃21ȵi21lɛe24] 洗澡来呢。[ɕi21tsɔo51lɛe21ȵi21] 如果说你咪把那个她们洗澡的时候，[zu24kuɤ51ʂuɤ44ȵi21lɛe24pa21na21kɪi21tʰa44məŋ51ɕi21tsɔo51ti21sʅ21xəɯ44] 趁那奥个们仙女们，[tʂʰəŋ44na51ɔo21kɪi44mu44ɕiæ̃44mi51məŋ21] 不注意了的时候，[pu24tʂu51i44lɤ44tɤ21sʅ21xəɯ44] 你就一个人给他说，[ȵi51tɕiəɯ44i24kɤ44zəŋ44kɪi21tʰa44ʂuɤ44] 不注意的时候了，[pu24tʂu44i44ti21sʅ21xəɯ44lɤ21] 你就把一个仙女的一个衣裳，[ȵi51tɕiəɯ44pa21i24kɤ21ɕiæ̃44mi51ti21i24kɤ44i44ʂɒ44] 它挂着树上的话你就拿着来。[tʰa44kua51tʂɤ21ʂu44zɒ21tɤ21xua44ȵi51tɕiəɯ44na24tʂɤ44lɛe24] 拿来你就多脑头都要回的你就到奥个里跑，[na24lɛe44ȵi51tɕiəɯ44tuɤ24nɔo51təɯ21pɔo24xuɪi21ti44ȵi51tɕiəɯ44tɔo24ɔo21kɤ44ȵi44pʰɔo51] 到屋里跑，[tɔo24vu44ȵi44pʰɔo51] 跑上去以后你就第二天她就估计有可能就奥个呢她就要来呢。[pʰɔo51sɒ21tɕʰi44i51xəɯ44ȵi21tɕiəɯ44ti24ɐr44tʰiæ̃21tʰa44tɕiəɯ44ku44tɕi44iəɯ21kʰɤ21nəŋ24tɕiəɯ44ɔo21kɤ44 ȵi^{44}tʰa^{44}tɕiəɯ^{44}iɔo^{44}lɛe^{21}ȵi^{21}] 再等还没到第二天，[tsɛe^{44}təŋ^{51}xɛe^{24}mɤ^{21}tɔo^{44}ti^{44}ɐr^{51}tʰiæ̃^{21}] 半晚夕他就，[pæ̃^{44}væ̃^{51}ɕi^{24}tʰa^{21}tɕiəɯ^{44}] 奥个做下的梦，[ɔo^{21}kɪi^{44}tsu^{21}xa^{44}ti^{21}məŋ^{44}] 梦下睡梦说是，[məŋ^{44}xa^{21}suɪi^{44}məŋ^{21}ʂuɤ^{21}sɿ^{44}] 那个仙女来了。[na^{21}kɪi^{21}ɕiæ̃^{44}mi^{51}lɛe^{21}lɤ^{44}] 仙女来了再过就，[ɕiæ̃^{44}mi^{51}lɛe^{24}lɤ^{51}tsɛe^{44}kuɤ^{51}tɕiəɯ^{21}] 那个，[na^{21}kɪi^{44}] 真正仙女来了，[tʂəŋ^{21}tʂəŋ^{44}ɕiæ̃^{44}mi^{51}lɛe^{21}lɤ^{44}] 仙女来谁是不知道，[ɕiæ̃^{44}mi^{51}lɛe^{24}suɪi^{21}sɿ^{44}pu^{44}tsɿ^{21}tɔo^{51}] 打梦着呢，[ta^{51}məŋ^{21}tʂɤ^{44}nɤ^{21}] 打梦着呢他就开始了，[ta^{51}məŋ^{21}tʂɤ^{44}nɤ^{21}tʰa^{44}tɕiəɯ^{44}kʰɛe^{24}sɿ^{44}lɤ^{51}] 一开始家真正一个仙女来了。[i^{24}kʰɛe^{44}sɿ^{51}tɕia^{21}tʂəŋ^{24}tʂəŋ^{44}i^{51}kɪi^{21}ɕiæ̃^{44}mi^{51}lɛe^{24}lɤ^{51}] 来以后把那个衣裳，[lɛe^{24}i^{51}xəɯ^{21}pa^{21}na^{44}kɪi^{21}i^{44}ʂɒ^{44}] 奥个他拿下那个衣裳，[ɔo^{44}kɪi^{21}tʰa^{44}na^{24}xa^{44}na^{44}kɤ^{21}i^{44}ʂɒ^{44}] 他就奥个了，[tʰa^{44}tɕiəɯ^{44}ɔo^{44}kɤ^{44}lɤ^{21}] 给那个仙女就给给了，[kɪi^{21}na^{44}kɪi^{21}ɕiæ̃^{44}mi^{51}tɕiəɯ^{21}kɪi^{44}kɪi^{21}lɤ^{21}] 给给以后那个仙女瞭是他很，[kɪi^{44}kɪi^{21}i^{44}xəɯ^{44}na^{44}kɪi^{21}ɕiæ̃^{44}mi^{51}liɔo^{44}sɿ^{21}tʰa^{44}xəŋ^{51}] 非常老实，[fɪi^{24}tʂʰɒ^{44}lɔo^{51}ʂɿ^{21}] 她就说是那我给你当媳妇儿啊。[tʰa^{44}tɕiəɯ^{44}ʂuɤ^{21}sɿ^{44}na^{44}ŋɤ^{51}kɪi^{21}ȵi^{44}tɒ^{44}ɕi^{21}fər^{51}a^{21}] 就成呢么，[tɕiəɯ^{21}tʂʰəŋ^{21}ȵi^{44}mɤ^{51}] 我们俩个儿就找在一搭儿。[ŋɤ^{51}məŋ^{21}liɒ^{51}kər^{44}tɕiəɯ^{44}tsɔo^{51}tsɛe^{44}i^{24}tər^{44}] 找在一搭儿过了三四年过去以后，[tsɔo^{44}tsɛe^{21}i^{24}tər^{44}kuɤ^{44}lɤ^{21}sæ̃^{21}sɿ^{44}ȵiæ̃^{44}kuɤ^{44}tɕʰi^{51}i^{21}xəɯ^{21}] 他养了一个儿子，[tʰa^{44}iɒ^{51}lɤ^{21}i^{24}kɪi^{44}ɐr^{21}tsɿ^{44}] 养了一个娃娃。[iɒ^{51}lɤ^{21}i^{24}kɤ^{21}va^{21}va^{44}] 这时候，[tʂɤ^{44}sɿ^{21}xəɯ^{44}] 到时候他们做啥着了，[tɔo^{44}sɿ^{21}xəɯ^{44}tʰa^{44}məŋ^{44}tsu^{44}sa^{21}tʂɤ^{44}lɤ^{21}] 一天外去劳动去了是价$^{=}$给你的奥个仙家给发现了，[i^{24}tʰiæ̃^{44}vɛe^{44}tɕʰi^{21}lɔo^{24}tuəŋ^{44}tɕʰi^{44}lɤ^{21}sɿ^{21}tɕia^{21}kɪi^{24}ȵi^{51}ti^{21}ɔo^{21}kɪi^{44}ɕiæ̃^{44}tɕia^{44}kɪi^{21}fa^{24}ɕiæ̃^{44}lɤ^{21}] 发现了阿么给，[fa^{24}ɕiæ̃^{44}lɤ^{21}a^{44}mu^{44}kɪi^{21}] 阿么这个阿么到凡间去了，[a^{44}mu^{44}tʂɤ^{44}kɪi^{21}a^{44}mu^{44}tɔo^{24}fæ̃^{24}tɕiæ̃^{51}tɕʰi^{21}lɤ^{21}] 她应该是仙女阿么到凡间去了，[tʰa^{21}in^{44}kɛe^{21}sɿ^{44}ɕiæ̃^{44}mi^{51}a^{21}mu^{44}tɔo^{44}fæ̃^{24}tɕiæ̃^{51}tʰi^{21}lɤ^{21}] 奥就不成说是价$^{=}$。[ɔo^{24}tɕiəɯ^{51}pu^{44}tʂʰəŋ^{24}ʂuɤ^{44}sɿ^{21}tɕia^{21}] 再就叫奥个呀以后是叫，[tsɛe^{44}tɕiəɯ^{51}tɕiɔo^{21}ɔo^{24}kɪi^{44}ia^{44}i^{24}xəɯ^{44}sɿ^{44}tɕiɔo^{24}] 仙家就把她原叫着去了。[ɕiæ̃^{44}tɕia^{44}tɕiəɯ^{21}pa^{21}tʰa^{44}yæ̃^{24}tɕiɔo^{44}tʂɤ^{21}tɕʰi^{21}lɤ^{21}] 叫着去以后是价$^{=}$，[tɕiɔo^{44}tʂɤ^{21}tɕʰi^{44}i^{51}xəɯ^{44}sɿ^{44}tɕia^{21}] 雷又响雨又下风又刮，[luɪi^{24}iəɯ^{51}ɕiɒ^{51}y^{24}iəɯ^{51}xa^{21}fəŋ^{44}iəɯ^{51}kua^{51}] 一阵黑旋风刮，[i^{24}tʂəŋ^{44}xɪi^{44}ɕyæ̃^{24}fəŋ^{21}kua^{51}] 一瞭看是他的奥个媳妇儿阿哪儿去了，[i^{24}liɔo^{44}sɿ^{44}tʰa^{44}tɤ^{21}ɔo^{21}kɪi^{44}ɕi^{24}fər^{51}a^{21}tɕʰi^{44}lɤ^{21}] 没有了，[mɤ^{21}iəɯ^{44}lɤ^{21}] 一瞭看是半天腰里去了。[i^{24}liɔo^{44}sɿ^{44}pæ̃^{44}tʰiæ̃^{51}iɔo^{21}ȵi^{44}tɕʰi^{44}lɤ^{21}] 在这时候他的个老牛，[tsɛe^{21}tʂɤ^{51}sɿ^{21}xəɯ^{44}tʰa^{44}tɤ^{44}kɤ^{21}lɔo^{51}ȵiəɯ^{24}] 他的老牛不是实际上不是老牛，[tʰa^{44}tɤ^{21}lɔo^{51}ȵiəɯ^{24}pu^{21}sɿ^{44}ʂɿ^{24}tɕi^{51}ʂɒ^{21}pu^{21}sɿ^{44}lɔo^{51}ȵiəɯ^{24}] 是金牛星。[sɿ^{44}tɕin^{44}ȵiəɯ^{24}ɕin^{44}] 他说是价$^{=}$你嫑害怕嫑害怕，[tʰa^{44}ʂuɤ^{44}sɿ^{21}tɕia^{21}ȵi^{51}pɔo^{24}xɛe^{44}pʰa^{51}pɔo^{24}xɛe^{44}pʰa^{51}] 你把我的两个角取着下来，[ȵi^{51}pa^{21}ŋɤ^{51}ti^{21}liɒ^{24}kɪi^{21}kɤ^{44}tɕʰy^{51}tʂɤ^{21}xa^{44}lɛe^{24}] 取着下来了以后你把两个娃娃奥个上，[tɕʰy^{51}tʂɤ^{21}xa^{44}lɛe^{24}lɤ^{44}i^{21}xəɯ^{21}ȵi^{51}pa^{24}liɒ^{51}kɪi^{21}va^{21}va^{44}ɔo^{21}kɪi^{21}ʂɒ^{44}] 取着下来它就变成筐筐子了，[tɕʰy^{51}tʂɤ^{21}xa^{44}lɛe^{44}tʰa^{44}tɕiəɯ^{51}piæ̃^{44}tʂʰəŋ^{21}kʰuɒ^{44}kʰuɒ^{44}tsɿ^{21}lɤ^{21}] 变成筐筐子，[piæ̃^{44}tʂʰəŋ^{21}kʰuɒ^{44}kʰuɒ^{44}tsɿ^{21}] 把两个娃娃呢就装着筐筐儿，[pa^{21}liɒ^{44}kɤ^{21}va^{21}va^{44}ȵi^{51}tɕiəɯ^{44}tsuɒ^{44}tʂɤ^{44}kʰuɒ^{44}kʰuɒr^{51}] 弄去了你就追就成了。[nuəŋ^{21}tɕʰi^{44}lɤ^{21}ȵi^{51}tɕiəɯ^{44}tsuɪi^{24}tɕiəɯ^{44}tʂʰəŋ^{21}lɤ^{51}] 这时候他就不相信阿么把他你的角还取着下来还变成筐筐儿呢。[tʂɤ^{44}sɿ^{21}xəɯ^{44}tʰa^{21}tɕiəɯ^{21}pu^{24}ɕiɒ^{44}ɕin^{44}a^{44}mu^{44}pa^{24}tʰa^{44}ȵi^{51}ti^{21}kɤ^{44}xɛe^{24}tɕʰy^{51}tʂɤ^{21}xa^{44}lɛe^{44}xɛe^{24}piæ̃^{44}tʂʰəŋ^{21}kʰuɒ^{44}kuɒr^{51}nɤ^{21}] 在他就把角就取着下来，[tsɛe^{44}tʰa^{44}tɕiəɯ^{51}pa^{21}kɤ^{44}tɕiəɯ^{21}tɕʰy^{51}tʂɤ^{21}xa^{44}lɛe^{44}] 取着下来，[tɕʰy^{51}tʂɤ^{21}xa^{44}lɛe^{44}] 他真正放着地下是价$^{=}$变成两个筐筐儿了。[tʰa^{21}tʂəŋ^{21}tʂəŋ^{44}fɒ^{44}tʂɤ^{21}ti^{44}xa^{21}sɿ^{21}tɕia^{21}piæ̃^{44}tʂʰəŋ^{51}liɒ^{24}kɪi^{21}kʰuɒ^{44}kʰuɒr^{51}lɤ^{21}] 变成两个筐筐儿了，[piæ̃^{44}

tʂʰəŋ21liɒ24kɤ44kʰuɒ44kʰuɒr51lɤ21] 他就把两个娃赶快就左面一个右面一个，[tʰa44tɕiəɯ44pa21liɒ44kɤ21va21va44kæ̃51kʰuɛe44tɕiəɯ21tsuɤ51miæ̃21i24kɪi44iəɯ44miæ̃21i24kɪi44] 担子担上他就走着呢。[tæ̃51tsɿ21tæ̃44ʂɒ21tʰa44tɕiəɯ21tsəɯ51tʂɤ21nɤ44] 走了半截儿他阿么好像轻下了，[tsəɯ51lɤ21pæ̃44tɕiər21tʰa44a44mu44xɔo51ɕiɒ44tɕʰin44xa44lɤ21] 一轻是价⁼奥个阿么价⁼腾云驾雾的，[i24tɕʰin44sɿ21tɕia21ɔo21kɪi44a24mu44tɕia21tʰəŋ44yn44tɕia51vu44tɤ21] 飘着到天上跑着，[pʰiɔo44tʂɤ44tɔo21tʰiæ̃44zɒ44pʰɔo51tʂɤ21] 价⁼轻松的很。[tɕia21tɕʰin44suəŋ44ti21xəŋ51] 他的媳妇儿到前面奥个走着呢，[tʰa44ti21ɕi24fər51tɔo44tɕʰiæ̃24miæ̃44ɔo51kɪi21tsəɯ51tʂɤ21ȵi21] 他到后面追着呢，[tʰa44tɔo44xəɯ51miæ̃21tsuɪi44tʂɤ21ȵi21] 追着快追上了。[tʂuɪi44tʂɤ21kʰuɛe44tsuɪi44zɒ51lɤ21] 再就王母娘娘下来就来把气得不成就她把她的多⁼脑头上的钗子，[tsɛe44tɕiəɯ21vɒ24mu21ȵiɒ24ȵiɒ21xa44lɛe24tɕiəɯ44lɛe24pa21tɕʰi44tɤ21pu21tʂʰəŋ44tɕiəɯ44tʰa44pa51tʰa44tɤ21tuɤ24nɒ44tɤ21tsʰɛe44tsɿ44] 取着下来就划了一道天河。[tɕʰy51tʂɤ21xa44lɛe44tɕiəɯ21xua44lɤ21i24tɔo44tʰiæ̃44xɤ51] 天河宽的很，[tʰiæ̃44xɤ51kʰuæ̃44ti21xəŋ51] 这面跟不上奥面的一个河岸，[tʂɤ44miæ̃21kəŋ44pu21ʂɒ44ɔo51miæ̃21ti21i24kɤ44xɤ24ŋæ̃44] 宽得很再就没办法了，[kʰuæ̃44ti21xəŋ51tsɛe44tɕiəɯ21mɤ21pæ̃44fa21lɤ21] 来奥搭儿就一年才见的一次把他那个媳妇儿，[lɛe24ɔo44tər44tɕiəɯ21i24ȵiæ̃44ʂɛe24tɕiæ̃44ti21i24tsʰɛe44pa21tʰa44na51kɤ21ɕi24fər51] 阿么见的一次再就没办法着。[a24mɤ44tɕiæ̃44ti21i24tsʰɛe44tsɛe44tɕiəɯ51mɤ21pæ̃44fa21tʂɤ21] 就那个燕鹊同情他着，[tɕiəɯ21nɤ51kɤ21iæ̃24tɕʰiɔo21tʰuəŋ24tɕʰin44tʰa44tʂɤ44] 奥个感觉他太老实了，[ɔo21kɪi24kæ̃51tɕyɛ24tʰa44tʰɛe44lɔo51ʂʅ21lɤ21] 他就不成着就他就一年的七月七的一天了他就。[tʰa21tɕiəɯ44pu44tʂʰəŋ21tʂɤ44tɕiəɯ21tʰa44tɕiəɯ44i24ȵiæ̃44ti21tɕʰi44ye44tɕʰi44ti21i24tʰiæ̃44lɤ21tʰa21tɕiəɯ44] 我们这说的奥时候老人说着七月七的奥一天阿么一呱燕鹊都全部没有了阿搭儿去了。[ŋɤ51mɤ21tʂɤ21ʂuɤ44tɤ21ɔo51sɿ21xəɯ44lɔo21zəŋ24ʂuɤ44tʂɤ21tɕʰi44yɛ44tɕʰi21tɤ21ɔo51i24tʰiæ̃44a44mɤ21i24kua44iæ̃24tɕʰiɔo21təɯ44tɕʰyæ̃24pu44mɤ21iəɯ44lɤ21a24tʰər24tɕʰi44lɤ51] 燕鹊给那个牛郎连织女两个儿搭桥去了，[iæ̃24tɕʰiɔo21kɪi21na44kɪi21ȵiəɯ24lɒ21lɛe24tʂʅ44mi51liɒ51kər44ta44tɕiɔo21tɕʰi33lɤ21] 再就燕鹊就到天空里去以后就搭下的桥来最来最把奥个尾巴柱衔住以后，[tsɛe44tɕiəɯ44iæ̃24tɕʰiɔo21tɕiəɯ44tɔo24tʰiæ̃44kʰuəŋ44ȵi21tɕʰi44i21xəɯ21tɕiəɯ21ta51xa44ti21tɕiəɯ44lɛe24tsuɪi51lɛe24tsuɪi51pa21ɔo21kɪi4i51pa24tʂu21tɕʰiæ̃44tʂu51i21xəɯ44] 桥搭上就他们两个儿就见那么一面。[tɕʰiɔo24ta44zɒ44tɕiəɯ51tʰa44məŋ21liɒ44kər44tɕiəɯ21tɕiæ̃44na44mɤ21i24miæ̃44] 到时候就一年才见的那么一次，[tɔo44sɿ21xəɯ44tɕiəɯ21i24ȵiæ̃44tsʰɛe21tɕiæ̃44ti21na44mɤ21i24tsʰɛe44] 就那么个的。[tɕiəɯ44na44mɤ21kɤ21ti21]

意译：同前。

三、自选条目

1. 折本的买卖要行家做呢。

ʂɤ24pəŋ51ti21mɛe44mɛe44iɔo44xɒ24tɕia44tsu44ȵi21.

2. 忙人干不了好道场。

mɒ24zəŋ44kæ̃44pu21liɔo51xɔo51tɔo44tʂʰɒ21.

3. 婆婆的嘴碎，媳妇儿的耳背。

pʰɤ21pʰɤ51ti21tsuɪi51suɪi44, ɕi24fər51ti21ɐr51pɪi44.

4. 碓窝里踏棉花——软的糟蹋。

tuɪi44vɤ21li21tʰa24miæ̃24xua21——zuæ̃51ti21tsɔo24tʰa44.

5. 西番的牦牛——只认一座毡房。

ɕi^{44}fæ̃^{44}ti^{21}mɔo^{24}ȵiəɯ^{21}——tʂʅ^{21}ʐəŋ^{51}i^{24}tsuɤ^{44}tʂæ̃^{44}fɒ^{21}.

6. 碌碡拉着半山上——上上不去，下下不去。

lu^{44}tʂu^{44}la^{44}tʂɤ^{21}pæ̃^{44}sæ̃^{44}ʐɒ^{51}——ʂɒ^{44}ʂɒ^{44}pu^{21}tɕʰi^{51}, ɕia^{44}ɕia^{44}pu^{21}tɕʰi^{51}.

7. 贼娃子打官司——场场输。

tsɪi^{24}va^{21}tsɿ^{21}ta^{51}kuæ̃^{44}sɿ^{44}——tʂʰɒ^{24}tʂʰɒ^{51}ʂu^{44}.

8. 茅坑板上等狗哩——迟早会来。

mɔo^{24}kʰəŋ^{44}pæ̃^{51}ʂɒ^{21}təŋ^{51}kəɯ^{44}ȵi^{21}——tʂʰʅ^{24}tsɔ^{51}xuɪi^{44}lɛe^{24}.

9. 茶壶里煮扁食——倒不出来。

tsʰa^{24}xu^{24}ȵi^{44}tʂu^{21}piæ̃^{51}ʂʅ^{21}——tɔo^{44}pu^{21}tʂʰu^{44}lɛe^{44}.

10. 苞谷面打浆子——面粘。

pɔo^{44}ku^{21}miæ̃^{44}ta^{51}tɕiɒ^{44}tsɿ^{21}——miæ̃^{51}ʐæ̃^{24}.

意译：略。

本卷参考文献

安丽卿 2015a　论临夏话中的后置介词,《贵州民族研究》第 10 期。

安丽卿 2015b　论西宁话和临夏话中的 SOV 句式,《辽东学院学报・社会科学版》第 2 期。

包金曼 2015　兰州方言中“都”类总括副词刍议,《鄂州大学学报》第 2 期。

包金曼 2016　兰州方言中的“把”字句，暨南大学硕士论文。

包萨仁 2006　从语言接触看东乡语和临夏话的语序变化,《西北第二民族学院学报・哲学社会科学版》第 2 期。

曹思远 2015　甘肃镇原方言的重叠式研究，陕西师范大学硕士论文。

陈立中 2010　甘肃合水太白镇方言中的“太没有 X”结构,《语言科学》第 1 期。

丁一欢 2015　兰州方言语气词研究，西北师范大学硕士论文。

杜　芊 2020　甘肃文县方言中的“倒”,《甘肃广播电视大学学报》第 2 期。

甘宪荣 2012　甘肃永登方言中的程度表示法,《甘肃高师学报》第 4 期。

甘宪荣 2013　永登方言副词、助词研究，西北师范大学硕士论文。

高葆泰 1984　兰州方言的叠音名词,《宁夏大学学报・社会科学版》第 4 期。

高天霞 2005　虚词“咧”在张掖方言中的意义,《河西学院学报》第 6 期。

高天霞 2008　张掖方言的程度表示法,《语文学刊》第 16 期。

郭延兵 2006　临夏方言中特殊“是”字句分析,《甘肃广播电视大学学报》第 4 期。

何剑丽 2007　河西方言里的助词“价”,《河西学院学报》第 6 期。

何天祥 1984　兰州方言里的叠字,《兰州大学学报》第 1 期。

何天祥 1986　兰州方言里的第三人称代词,《兰州大学学报》第 2 期。

何天祥 1987　兰州方言里的“上”与“下”,《兰州大学学报》第 4 期。

何艳萍 2010　镇原方言语法研究，西北师范大学硕士论文。

黄大祥 2013　民勤方言里的语气词“唧”及其形成,《甘肃高师学报》第 3 期。

黄大祥 2015　甘肃民勤方言的语气词“莽”、“门”及其来源,《河西学院学报》第 3 期。

黄大祥 2016　甘肃民勤方言的选择性问句——兼论其“X+ 啊 +Y”句式的来源,《方言》第 1 期。

贾　莹 2013　兰州方言“V 给 3”结构性质讨论，载《西北语言与文化研究・第一辑》，莫超主编，华东师范大学出版社。

贾　莹 2014　兰州方言“把 XV”构式分析,《宁夏大学学报・人文社会科学版》第 6 期。

贾　莹 2016a　兰州方言第三人称指称形式,《兰州文理学院学报 · 社会科学版》第 6 期。
贾　莹 2016b　兰州方言常用副词考察,《语言文化研究辑刊》第 1 期。
贾　莹 2017a　兰州方言常用介词,《兰州文理学院学报 · 社会科学版》第 5 期。
贾　莹 2017b 《兰州方言语法研究》，兰州大学出版社。
贾　莹 2018　兰州方言趋向范畴,《兰州文理学院学报 · 社会科学版》第 1 期。
贾泽林 2014　甘肃宁县方言中的助词“着来”,《现代语文 · 语言研究版》第 11 期。
姜昕玫 2017　甘肃合作方言的名词重叠式,《方言》第 1 期。
李　炜 1987　兰州方言给予句中的“给”——兼谈句子给予义的表达,《兰州大学学报》第 3 期。
李　炜 1988　兰州方言的两种“一个”句,《宁夏大学学报 · 社会科学版》第 2 期。
李　炜 2000　兰州方言名词、量词的重叠，载《华中语学论库 · 第二辑——汉语重叠问题》，汪国胜、谢晓明主编，华中师范大学出版社。
李建霞 2010 《兰州方言字典》中 ABB 结构的调查与分析,《和田师范专科学校学报》第 4 期。
李敬国、马婷婷 2015　榆中方言 V+ 卡 [k^hʌ] 与普通话动词重叠式对比分析,《甘肃广播电视大学学报》第 1 期。
李丽娟 2015　甘肃成县方言重叠式研究，陕西师范大学硕士论文。
李映忠 2010 《兰州方言志》名词理趣探微,《牡丹江师范学院学报 · 哲学社会科学版》第 4 期。
李毓秀 2016　西和方言介词研究，山东大学硕士论文。
刘　杰 2011　兰州方言的人称代词,《语文学刊》第 10 期。
刘小丽、穆冬霞 2015　甘肃临潭方言中的名词词缀,《甘肃高师学报》第 3 期。
刘媛媛 2018　凉州区方言词法研究，西北师范大学硕士论文。
龙选英 2012　永登方言“把”字句研究，西北师范大学硕士论文。
罗　堃 2010　甘肃宁县方言的语法特点,《华中师范大学研究生学报》第 3 期。
罗　堃 2011　甘肃宁县方言起始体标记“开”的多角度研究，华中师范大学硕士论文。
罗　堃 2015　叙述与肯定：甘肃宁县方言里的“VO 开”和“V 开 O”，载《2015 年中国语言文学研究暨汉语教学国际学术研讨会摘要集》，西北师范大学国际文化交流学院。
罗　堃 2016　情感助词及其语法化路径——以甘肃宁县方言情感助词“佁”为个案,《华中学术》第 2 期。
罗　堃 2018　甘肃宁县方言里的“VO 开”和“V 开 O”,《语言研究》第 4 期
雒　鹏 2006　甘肃方言第三人称代词,《西北师大学报 · 社会科学版》第 1 期。
雒　鹏 2013　甘肃汉语方言人称代词,《中国方言学报》第 6 期。
雒鹏年 1997　甘肃方言几类实词中存在的一些语法现象,《西北师大学报 · 社会科学版》

第 1 期。
吕超荣 2014a　甘肃静宁方言的指示代词，《泸州职业技术学院学报》第 3 期。
吕超荣 2014b　甘肃静宁方言形容词的生动形式，《泸州职业技术学院学报》第 3 期。
马企平 1984　临夏方言语法初探，《兰州学刊》第 1 期。
米　娜 2012　天水方言语法研究，兰州大学硕士论文。
敏春芳、程　瑶 2015　语言接触视域下临夏话“是”字句特殊用法研究，《兰州大学学报·社会科学版》第 6 期。
敏春芳、雷　雨 2016　临夏回民汉语的“S 是 +N 是 / 不是是”句，《方言》第 3 期。
莫　超 2004　也谈兰州及周边方言的“们$_3$”，《语言科学》第 6 期。
莫　超 2007　甘肃临夏方言的程度表示法，《西北成人教育学报》第 4 期。
莫　超 2009　甘肃汉语方言语法特点综述，《西北成人教育学报》第 2 期。
祁宏涛 2008　“着”字在陇南方言中的变体及其用法，《甘肃高师学报》第 3 期。
钱秀琴 2009　甘肃民乐方言的“子”尾词，《学理论》第 6 期。
钱秀琴 2018　民乐方言量词探析，《兰州教育学院学报》第 9 期。
邵云英 2014　甘肃汉语方言人称代词研究，西北师范大学硕士论文。
宋　珊 2016　天祝方言“上”“下”研究，《甘肃广播电视大学学报》第 3 期。
宋　珊 2017　甘肃天祝县汉语方言语法研究，兰州大学硕士论文。
孙骏超 2015　甘肃庆阳方言詈词词缀探析，《现代语文 (语言研究版)》第 7 期。
王　姬 2014　甘肃汉语方言疑问代词研究，西北师范大学硕士论文。
王　森、王　毅 2003　兰州话的“V+ 给”句——兼及甘宁青新方言的相关句式，《中国语文》第 5 期。
王　森 1993　甘肃临夏方言的两种语序，《方言》第 3 期。
王娟之 2014　甘肃汉语方言指示代词研究，西北师范大学硕士论文。
王娜娜 2019　甘肃庄浪方言“着”的用法浅析，《兰州教育学院学报》第 12 期。
王娜娜 2019　甘肃庄浪方言程度副词研究，《酒城教育》第 3 期。
王小娟 2019　浅析兰州方言中的词缀“头”，《文教资料》第 21 期。
吴怀仁、侯海燕 2005　谈陇东方言中“就”的特殊用法，《陇东学院学报·社会科学版》第 1 期。
吴怀仁 2004　谈陇东方言中“得来”、“得”的用法，《河西学院学报》第 1 期。
吴怀仁 2008　陇东方言中的虚词“来来”“口览”，《青海师专学报》第 1 期。
肖雁云 2019　民勤方言中的句尾语气词，《绥化学院学报》第 6 期。
谢晓安、华侃、张淑敏 1996　甘肃临夏汉语方言语法中的安多藏语现象，《中国语文》第 4 期。
谢晓安、张淑敏 1990　甘肃临夏方言的疑问句，《兰州大学学报》第 3 期。

谢心阳 2016　小议兰州方言中“才”的一种特殊用法，《语文学刊》第 2 期。

徐　丹 2013　甘肃唐汪话的语序，《方言》第 3 期。

杨晓林 2019　甘肃天水麦积方言中的几个程度副词，《汉字文化》第 2 期。

杨晓琴 2009　敦煌变文中的语气词在武威方言中的体现，《甘肃高师学报》第 1 期。

一　虚 1994　甘肃汉语方言词法初探，《西北师大学报·社会科学版》第 6 期。

尹　雯 2011　临夏方言动词的“体”，《甘肃高师学报》第 4 期。

袁卫华、肖雁云 2019　甘肃民勤方言的“给”字句研究，《宁夏大学学报·人文社会科学版》第 5 期。

张　巍 2016　兰州方言的构词特点，《现代语文·学术综合版》第 10 期。

张安生 2013　甘青河湟方言名词的格范畴，《中国语文》第 4 期。

张安生 2016　甘青河湟方言的差比句——类型学和接触语言学视角，《中国语文》第 1 期。

张建军 2007a　甘肃临夏话的虚词“着”，《甘肃高师学报》第 6 期。

张建军 2007b　河州方言语法特点说略，《甘肃广播电视大学学报》第 2 期。

张蓝天 2017　以甘肃秦安方言为例谈中古介词“闻”的消失，《汉字文化》第 21 期。

张文娟 2015　靖远方言词汇研究，西北师范大学硕士论文。

张文轩 1988　临夏方言的叠音名词和叠音形容词，《兰州大学学报》第 3 期。

赵绒绒 2019　甘肃靖远方言的名词重叠式，《陇东学院学报》第 3 期。

赵　艳 2017　甘肃庄浪方言人称代词研究，《集宁师范学院学报》第 2 期。

附　录

兰州市城关区方言发音人：毛建虎，男，汉族，1961 年 11 月出生，高中学历；王锡东，男，汉族，1991 年 10 月出生，大学学历；张巧菊，女，汉族，1956 年 1 月出生，初中学历；毛珺，女，汉族，1992 年 2 月出生，大学学历。口头文化发音人：毛建虎（同前）；张巧菊（同前）。

调查地点：兰州市安宁区社会主义学院通信大厦

调查人：莫超、张建军、任丽花

调查设备：索尼牌高灵敏度传声话筒，型号：MICROPHONE ECM-44B；松下牌高清摄像机，型号：HC-PV100GK；创新牌外置声卡，型号：Blaster X-Fi Surround 5.1 Pro；百灵达八通道带效果调音台，型号：EURORACK UB1204FX-PRO。甘肃所有点调查设备相同，下不赘述。

调查时间：2016 年 6 月 12 日至 6 月 16 日

摄录参与人：胡阿旭、郭丹丹、杨柳新、黄秋华

摄录时间：2016 年 7 月 2 日至 7 月 6 日

榆中县方言发音人：豆桂珊，男，汉族，1953 年 9 月出生，高中学历；董鹏，男，汉族，1987 年 3 月出生，大学学历；牛蕙英，女，汉族，1954 年 1 月出生，高中学历；金晶，女，汉族，1984 年 1 月出生，中专学历。口头文化发音人：杨诚，男，汉族，1963 年 10 月出生，高中学历；牛蕙英（同前）；金晶（同前）；豆桂珊（同前）。

调查地点：兰州市榆中县城关镇龙山宾馆 303 房间

调查人：邓文靖、郭鹂、张艾芸

协助调查人：祁德忠（榆中县教育局职工）

调查时间：2017 年 7 月 16 日至 7 月 27 日

摄录参与人：李永宏、胡阿旭、许娜、王红洁

摄录时间：2017 年 9 月 1 日至 9 月 5 日

永登县方言发音人：时建国，男，汉族，1951 年 7 月出生，初中学历；李晓东，男，汉族，1989 年 9 月出生，大学学历；蒋明芳，女，汉族，1960 年 10 月出生，高中学历；赵姗姗，女，汉族，1989 年 3 月出生，高中学历；王永德，男，汉族，1979 年 19 月出生，初中学历。口头文化发音人：时建国（同前）。

调查地点：兰州市永登县锦源大酒店

调查人：申文芳、王丹

协助调查人：陈延山（永登县教育局职工），李生孝（永登县柳树镇李家湾小学教师）

调查时间:2016年4月30日至5月14日
摄录参与人:胡阿旭、郭丹丹、黄秋华
摄录时间:2016年5月10日至5月15日

红古区方言发音人:李新民,男,汉族,1948年10月出生,初中肄业;祁万禄,男,汉族,1984年4月出生,中专学历;李玉梅,女,汉族,1954年10月出生,初中学历;张庆林,女,汉族,1990年出生,大学学历。口头文化发音人:张忠江,男,汉族,1965年1月出生,大专学历。
调查地点:兰州市红古区金连海宾馆
调查人:雒鹏、张宏剑、申文芳、王丹、康清俊
协助调查人:康清俊(红古区职教中心教师)
调查时间:2017年5月6日至5月16日
摄录参与人:胡阿旭、陈国强、刘美丽、王红洁
摄录时间:2017年5月25日至5月29日

凉州区方言发音人:李国才,男,汉族,1954年9月出生,高中学历;周化昌,男,汉族,1981年9月出生,大学学历;华惠云,女,汉族,1954年3月生,中专学历;贺清芸,女,汉族,大专学历。口头文化发音人:李国才(同前);蔺国贤,男,汉族,1962年10月出生,初中学历。
调查地点:武威市凉州区凉州宾馆
调查人:吴开华、李贵生、黄大祥、付康
协助调查人:吕国军、杨晓玲(武威市教育局职工)
调查时间:2017年5月8日至5月11日
摄录参与人:胡阿旭、李永宏、陈国强、刘美丽
摄录时间:2017年5月15日至5月21日

甘州区方言发音人:马世荣,男,汉族,1953年4月出生,小学学历;郝永波,男,汉族,1991年11月出生,大专学历;侯金华,女,汉族,1962年1月出生,高中学历;张晶晶,女,汉族,1987年8月出生,大学学历。口头文化发音人:马世荣(同前)。
调查地点:张掖市甘州区甘州饭店
调查人:黄大祥、李贵生、何剑丽、王小科
协助调查人:魏建华(河西学院新闻与传播学院职工)
调查时间:2017年8月6日至8月16日
摄录参与人:李永宏、胡阿旭、许娜、王红洁
摄录时间:2017年8月7日至8月11日

肃州区方言发音人:阎建成,男,汉族,1956年12月出生,高中学历;夏静洲,男,汉族,1993年10月出生,大专学历;毛雪琴,女,汉族,1963年8月出生,高中学历;景惠荣,女,汉族,1993年12月出生,大学学历。口头文化发音人:阎建成(同前);毛雪琴(同前)。
调查地点:酒泉市世纪大酒店

调查人:黄海英、杨梅、张海荣
调查时间:2018 年 7 月 18 日至 7 月 22 日
摄录参与人:胡阿旭、许娜、李颖、周璐昕、白羽
摄录时间:2018 年 7 月 18 日至 7 月 22 日

永昌县方言发音人:孙积庆,男,汉族,1960 年 6 月出生,大学学历;肖有伟,男,汉族,1990 年 8 月出生,大学学历;王德兰,女,汉族,1955 年 6 月出生,半文盲;党小雪,女,汉族,1991 年 9 月出生,大学学历。口头文化发音人:黄正平,男,汉族,1982 年出生,大学学历。
调查地点:金昌市永昌县天锦苑社区办公室
调查人:黄大祥、李贵生、何剑丽、王小科
协助调查人:刘庭虎(永昌县一中教师)
调查时间:2017 年 8 月 6 日至 8 月 16 日
摄录参与人:胡阿旭、王红洁、高晓梅、王晶、罗锦玲
摄录时间:2018 年 8 月 2 日至 8 月 7 日

崆峒区方言发音人:郑曙青,男,汉族,1951 年 3 月出生,高中学历;康凯,男,汉族,1983 年 4 月出生,大专学历;陈喜莲,女,汉族,1951 年 2 月出生,高中学历;高瑞阳,女,汉族,1990 年 10 月出生,大学学历;郭小兰,女,汉族,1953 年 4 月出生,高中学历。口头文化发音人:郑曙青(同前)。
调查地点:平凉市法院巷市工行颐都君悦酒店 1003、1015 室
调查人:雒鹏、申文芳、王丹、孙福婷、黄海英
协助调查人:王肃霜(平凉市语言文字工作委员会办公室职工)、田潇(平凉市崆峒区教育局教育科学研究所职工)
调查时间:2016 年 6 月 10 日至 6 月 21 日
摄录参与人:胡阿旭、郭丹丹、丁燕兵、黄秋华
摄录时间:2016 年 6 月 17 日至 6 月 21 日

庆城县方言发音人:温世民,男,汉族,1962 年 10 月出生,高中学历;樊龙江,男,汉族,1989 年 7 月出生,大专学历;韩庆丰,女,汉族,1957 年 10 月出生,初中学历;田莉莉,女,汉族,1990 年 1 月出生,大学学历。口头文化发音人:田会鹏,男,汉族,1977 年 5 月出生,大专学历;李生芳,女,1992 年 2 月出生,初中学历;田莉莉(同前);温世民(同前)。
调查地点:庆阳市庆城县义顺园宾馆
调查人:邓文靖、杜芊
协助调查人:李锦(庆城县宣传部职工)、彭佳(庆城县文化广播电视局职工)
调查时间:2018 年 7 月 28 日至 8 月 16 日
摄录参与人:胡阿旭、王红洁、高晓梅、王晶
摄录时间:2018 年 8 月 12 日至 8 月 17 日

宁县方言发音人：郑千里，男，汉族，1957 年 8 月出生，中师学历；李睿，男，汉族，1985 年 5 月出生，大专学历；左淑梅，女，汉族，1947 年出生，高中肄业；周芳芳，女，汉族，1975 年 1 月出生，高中学历。口头文化发音人：郑千里（同前）。

调查地点：庆阳市宁县大酒店、宁县宾馆

调查人：谭治琪、赵红、邢家严、李伯虎、罗雪萍

调查时间：2016 年 7 月 19 日至 7 月 28 日，8 月 16 日—8 月 20 日；2017 年 1 月 7 日—1 月 9 日

摄录参与人：胡阿旭、杨柳新、丁燕兵、陈国强、熊章元

摄录时间：2016 年 8 月 17 日至 8 月 20 日

武都区方言发音人：罗社平，男，汉族，1957 年出生，大专学历；张举，男，汉族，1981 年出生，大专学历；田晓琴，女，汉族，1954 年 9 月出生，中专学历；张耀婷，女，汉族，1987 年 8 月出生，初中学历；袁沁哲，男，汉族，1963 年 2 月出生，大学学历。口头文化发音人：袁沁哲（同前）；张秋红，女，汉族，1956 年 2 月出生，中专学历，“高山戏”传承人。

调查地点：陇南市武都区陇南大酒店

调查人：芦兰花、余粮才、申文芳、王丹

调查时间：2016 年 7 月 5 日至 7 月 20 日

摄录参与人：胡阿旭、陈国强、刘美丽、杨柳新

摄录时间：2016 年 7 月 15 日至 7 月 21 日

文县方言发音人：汪若浩，男，汉族，1957 年 12 月出生，中专学历；张亚鹏，男，汉族，1990 年 3 月出生，本科学历；叶翠琴，女，汉族，1960 年 1 月出生，初中学历；张立，女，汉族，1988 年 7 月出生，大学学历；李果，女，汉族，1988 年 2 月出生，大学学历。口头文化发音人：梁云凌，男，汉族，1945 年 11 月出生，初中学历；汪若浩（同前）。

调查地点：陇南市文县县城辉腾国际酒店 8702 房间

调查人：莫超、付康

调查时间：2016 年 2 月 25 日至 3 月 3 日

摄录参与人：胡阿旭、杨晓慧、刘美丽、陈国强

摄录时间：2016 年 2 月 25 日至 3 月 1 日

康县方言发音人：崔怀富，男，汉族，1963 年 1 月出生，小学学历；李应龙，男，汉族，1988 年 5 月出生，高中学历；何风鸣，女，汉族，1959 年 5 月出生，小学学历；刘亚丽，女，汉族，1987 年 10 月出生，高中学历。口头文化发音人：肖均山，男，汉族，1952 年 9 月出生，小学学历；肖炎久，男，汉族，1981 年 5 月出生，初中学历；崔怀富（同前）。

调查地点：陇南市康县金鑫大酒店 513 房间

调查人：付康

协助调查人：沈晓君、龙琳（康县教育局教育股职工）

调查时间：2017 年 9 月 13 日至 9 月 19 日

摄录参与人:胡阿旭、李永宏、陈国强、许娜、王红洁
摄录时间:2017 年 9 月 15 日至 9 月 19 日

礼县方言发音人:张奋效,男,汉族,1956 年出生,大专学历;杜伯坤,男,汉族,1992 年出生,大学学历;肖晓明,女,汉族,1957 年 9 月出生,中专学历;韩宇,女,汉族,1987 年 9 月出生,大专学历。口头文化发音人:肖晓明(同前)。
调查地点:陇南市礼县秦都酒店
调查人:莫超、曹兴隆、莫昱鼎
协助调查人:赵书艺(礼县电视台职工)
调查时间:2018 年 7 月 28 日至 8 月 7 日
摄录参与人:胡阿旭、王红洁、高晓梅、李颖
摄录时间:2018 年 7 月 26 日至 7 月 31 日

靖远县方言发音人:宋林侠,男,汉族,1957 年 6 月出生,高中学历;金秀龙,男,汉族,1989 年 12 月出生,大专学历;王爱霞,女,汉族,1956 年 2 月出生,小学学历;刘扬帆,女,汉族,1990 年 8 月出生,大学学历;胡颖钰,女,汉族,1979 年 10 月出生,大专学历。口头文化发音人:王怀仁,男,汉族,1944 年 5 月出生,高中学历。
调查地点:白银市靖远县文广局录播室
调查人:黄海英、王丹、杨梅
协助调查人:王望兴(靖远县教育局职工)
调查时间:2017 年 9 月 7 日至 9 月 11 日
摄录参与人:胡阿旭、李永宏、王红洁、许娜
摄录时间:2017 年 9 月 8 日至 9 月 12 日

陇西县方言发音人:汪世丰,男,汉族,1958 年 5 月出生,大专学历;田明武,男,汉族,1984 年 7 月出生,研究生学历;杜彬,男,汉族,1977 年 11 月出生,大学学历;李晓玲,女,汉族,1957 年 9 月出生,中专学历;赵辉,女,汉族,1987 年 11 月出生,大学学历。口头文化发音人:史建国,男,汉族,1964 年出生,大专学历;李晓玲(同前)。
调查地点:定西市陇西县巩昌镇中天宾馆
调查人:朱富林、包妍、王娜
协助调查人:金炎军(定西市教育局语委办职工)、张忠(陇西县教育局语委办职工)
调查时间:2016 年 6 月 15 日至 6 月 30 日
摄录参与人:胡阿旭、陈国强、刘美丽、丁燕兵
摄录时间:2016 年 6 月 23 日至 6 月 27 日

秦州区方言发音人:钱生虎,男,汉族,1958 年出生,中专学历;刘成,男,汉族,1990 年 3 月出生,大专学历;郭小惠,女,汉族,1957 年 3 月出生,高中学历;吴娇,女,汉族,1990 年 1 月出生,大学学历。口头文化发音人:钱生虎(同前)。

调查地点:天水市秦州区华辰酒店
调查人:任丽花、张建军、付康
协助调查人:陈文华(天水市图书馆职工)
调查时间:2016 年 4 月 12 日至 4 月 17 日,7 月 10 日至 7 月 15 日
摄录参与人:胡阿旭、陈国强、刘美丽、杨柳新
摄录时间:2016 年 7 月 12 日至 7 月 15 日

安定区方言发音人:马维铭,男,汉族,1963 年 8 月出生,中专学历;马喜,男,汉族,1993 年 9 月出生,大专学历;罗爱霞,女,汉族,1963 年 4 月出生,初中学历;张静,女,汉族,1994 年 11 月出生,大学学历。口头文化发音人:罗爱霞(同前);马维铭(同前)。
调查地点:定西市安定区定西天庆国际酒店
调查人:任丽花、张建军、曲大勇
协助调查人:张莉(安定区教育局干部)
调查时间:2018 年 8 月
摄录参与人:胡阿旭、许娜、白羽
摄录时间:2018 年 8 月 23 日至 8 月 27 日

会宁县方言发音人:刘振环,男,汉族,1951 年 4 月出生,初中学历;王富强,男,汉族,1981 年 11 月出生,大专学历;庞月娥,女,汉族,1950 年 2 月出生,小学学历;马丽娜,女,汉族,1990 年 8 月出生,大专学历。口头文化发音人:芦俊德,男,汉族,1933 年 9 月出生,小学学历;汪俊英,女,汉族,1951 年 9 月出生,小学学历。
调查地点:白银市会宁县会师大酒店
调查人:张建军、任丽花、李泽琴
协助调查人:牛志平(会宁县教育局语委办职工)
调查时间:2017 年 6 月 12 日至 7 月 15 日
摄录参与人:胡阿旭、许娜、王红洁
摄录时间:2017 年 7 月 10 日至 7 月 15 日

临洮县方言发音人:孙爱中,男,汉族,1955 年 8 月出生,中专学历;王立宝,男,汉族,1989 年 4 月出生,初中学历;田晓慧,女,汉族,1960 年 5 月出生,高中学历;杨飞,女,汉族,1980 年 2 月出生,大专学历。口头文化发音人:王立宝(同前)。
调查地点:定西市临洮县森源大酒店
调查人:任丽花、张建军、李泽琴、雒鹏、王丹
协助调查人:师红英(临洮县人民医院医生)
调查时间:2017 年 7 月 6 日至 7 月 12 日
摄录参与人:胡阿旭、许娜、王红洁、白羽
摄录时间:2017 年 7 月 5 日至 7 月 10 日

清水县方言发音人:温湘江,男,汉族,1949 年 5 月出生,小学学历;王金平,男,汉族,1983 年 9 月出生,大专学历;宁玉琴,女,汉族,1958 年 4 月出生,高中学历;张艳芳,女,汉族,1986 年 11 月出生,大专学历。口头文化发音人:温湘江(同前)。

调查地点:天水市清水县鸿辉宾馆(摄录)、玖嘉壹商务宾馆(纸笔调查)

调查人:曹兴隆

协助调查人:王小青(清水县教育局语管办职工)

调查时间:2017 年 5 月 20 日至 7 月 10 日

摄录参与人:胡阿旭、许娜、王红洁

摄录时间:2017 年 6 月 16 日至 6 月 21 日

永靖县方言发音人:孔令杰,男,汉族,1954 年 9 月出生,小学学历;孔维纲,男,汉族,1982 年 8 月出生,小学学历;孔令兰,女,汉族,1958 年 11 月出生,大专学历;孔德兰,女,汉族,1986 年 7 月出生,初中学历。口头文化发音人:孔德兰(同前);孔令杰(同前)。

调查地点:临夏回族自治州永靖县刘家峡镇鸿瑞大酒店

调查人:莫超、李泽琴、张建军

协助调查人:绵仲珊(永靖县刘家峡镇人,兰州城市学院文史学院教师)

调查时间:2017 年 8 月 16 日至 8 月 27 日

摄录参与人:胡阿旭、许娜、王红洁

摄录时间 2017 年 8 月 22 日至 8 月 26 日

敦煌市方言发音人:程永生,男,汉族,1962 年 3 月出生,高中学历;王赛,男,汉族,1985 年 4 月出生,大学学历;张京莲,女,汉族,1952 年 10 月出生,中专学历;张向花,女,汉族,1968 年 11 月出生,大专学历;何莎,女,汉族,1984 年 8 月出生,大学学历。口头文化发音人:陈钰,男,汉族,1946 年 1 月出生,大专学历;陈正清,男,汉族,1962 年 7 月出生,高中学历;段玉霞,女,汉族,1965 年 9 月出生,小学学历。

调查地点:酒泉市敦煌市敦煌太阳大酒店 7308 房间

调查人:雒鹏

协助调查人:夏春亮、王震(敦煌市志办公室职工)

调查时间:2018 年 6 月 11 日至 6 月 19 日

摄录参与人:胡阿旭、李永宏、许娜、王红洁、周璐昕

摄录时间:2018 年 6 月 14 日至 6 月 19 日

临夏市方言发音人:许成科,男,汉族,1959 年 4 月出生,高中学历;陈开明,男,汉族,1985 年 11 月出生,初中学历;张小彦,女,汉族,1956 年 7 月出生,小学学历;赵佳丽,女,汉族,1990 年 3 月出生,大专学历;陈灵娟,女,汉族,1969 年 11 月出生,大专学历。口头文化发音人:王忠良,男,汉族,1988 年 10 月出生,本科学历。

调查地点:临夏回族自治州临夏市南滨河路东路临夏河湟明珠国际饭店

调查人:张建军、任丽花

协助调查人:赵佳瑞(临夏市红园路50号居民)
调查时间:2016年7月5日至7月12日
摄录参与人:胡阿旭、陈国强、刘美丽、杨柳新
摄录时间:2016年7月7日至7月11日

合作市方言发音人:郭正强,男,汉族,1958年2月出生,高中学历;郭俊军,男,汉族,1985年2月出生,初中肄业;蒽永琴,女,汉族,1966年9月出生,高中学历;康红霞,女,汉族,1990年1月出生,大学学历;刘金玉,男,汉族,1964年8月出生,初中学历。口头文化发音人:郭正强(同前);刘金玉(同前)。
调查地点:甘南藏族自治州合作市珠峰大酒店712
调查人:张建军、任丽花、曹才让吉
协助调查人:蒋媛媛(甘肃民族师范学院汉语系教师)
调查时间:2018年9月6日至9月14日
摄录参与人:胡阿旭、王红洁、李颖、周璐昕
摄录时间:2018年9月10日至9月15日

临潭县方言发音人:金玉泉,男,汉族,1960年12月出生,高中学历;李锦,男,汉族,1989年6月出生,大学学历;何海花,女,汉族,1957年3月出生,高中学历;申晓燕,女,汉族,1985年11月出生,大学学历。口头文化发音人:金玉泉(同前);何海花(同前);李锦(同前)。
调查地点:甘南藏族自治州临潭县锦临饭店
调查人:敏春芳、雷雨、宋珊、刘星、李婕
协助调查人:马庭义(临潭县志办职工)、马林(临潭县政协职工)
调查时间:2016年6月20日至7月10日
摄录参与人:胡阿旭、王红洁、李颖、周璐昕
摄录时间:2018年9月10日至9月15日

后　记

《中国语言资源集·甘肃》(下简称《甘肃卷》)付梓之际,我想起了与《甘肃卷》有关的许多人、许多事,历历目下,阵阵心暖,永难忘怀,特"迻录"为记。

《甘肃卷》是在中国语言资源保护工程甘肃项目完成的基础上编纂的。在甘肃项目实施期间,时任甘肃省教育厅厅长王嘉毅同志、省教育厅总督学李晶同志、省教育厅副厅长赵凯同志、省语委办主任杨坚同志等都曾给予重要的支持和指导。在《甘肃卷》编纂过程中,现任省委教育工委专职副书记张晓东同志、省语委办主任刘彦文同志也都给予了大力的支持和帮助。兰州城市学院在配备人力、提供场地、补贴经费等方面提供了全程支持。

在甘肃项目实施期间,南京师范大学的刘俐李教授,北京语言大学的赵日新教授、王莉宁教授,陕西师范大学的邢向东教授、黑维强教授,安康学院的周政教授,西南大学的孙红举教授等中国语言资源保护工程核心专家不辞劳苦,长途奔波,参加了项目的预验收和验收工作,提出过重要的指导意见和建议。在《甘肃卷》编纂期间,浙江师范大学的曹志耘教授,北京语言大学的张世方教授、黄晓东教授都曾答疑解惑,悉心指导。

在甘肃项目27个点调查期间,以每个点平均4位(老男、老女、青男、青女)计算,总共大约有120位发音合作人。他们都投入了极大的热情,付出了很多时间和精力。许多调查点的调查并非一气呵成,而是多有反复,发音人随叫随到,不厌其烦,全力配合。我们调查的是语言资源,实际上他们更是语言资源的"资源"!我曾在一篇文章中引述民国期间甘肃著名方言学者李鼎超先生的话语:"设数千年后,蔼然如闻圣哲謦欬之音,其不欣然自喜?"的确,他们的无私奉献,更是值得学界永远"珍藏"和保护的"资源"!

在甘肃项目实施期间,所有调查点的负责人和摄录团队成员都倾注了大量心血,付出了艰辛的劳动。谈及共同感受,最贴切、会心的表达就是"累并快乐着"!作为首席专家之一,西北师大的雒鹏副教授,在项目实施期间也发挥了重要的指导作用;兰州城市学院文学院的张建军教授、任丽花副教授,西北师大文学院博士生李泽琴讲师在《甘肃卷》校对过程中都倾注了大量的精力。

在此,作为甘肃项目首席专家和《甘肃卷》主编,谨向上述所有领导、专家、同仁及有关单位致以由衷的敬意和谢意!

在《甘肃卷》编纂期间,作为主编,本人除审订材料、编辑校对之外,还将方言点顺序由原来按项目实施的先后顺序编排,调整为按方言特征编排。原先的顺序依次是:兰州市、临潭县、临夏市、陇西县、宁县、崆峒区、秦州区、武都区、永登县、文县、甘州区、红古区、会宁县、靖远县、康县、凉州区、临洮县、清水县、永靖县、榆中县、安定区、敦煌市、合作市、肃州区、礼县、庆城县、永昌县;调整后的顺序是:兰州市、榆中县、永登县、红古区(以上兰银官话金城片),凉州区、甘州区、肃州区、永昌县(以上兰银官话河西片),崆峒区、庆城县、宁县、武都区、文县、康县、礼县、靖远县、陇西县（以上中原官话秦陇片），秦州区、安定区、会宁县、临洮县、清水县、永靖县、敦煌市（党河西）（以上中原官话陇中片），临夏市、合作市、临潭县（以上中原官话河州片）。调整的目的是给读者查阅、比较提供便利，同时也更能展示《甘肃卷》的专业水准。这项调整是个浩繁的“工程”，字音比较、词汇对照、语法例句比较、口头文化都要逐一进行重新编排，2020 年防范疫情的两个多月期间，一直边改边校，心无旁骛，个中辛苦，自不待言，但充实更值得！

《甘肃卷》责任编辑——中华书局张可老师既很敬业、也很专业，从严把关，指出了书稿中的许多问题和瑕疵，在此申谢！

莫 超

2021 年 11 月 20 日